Großkommentare der Praxis

Löwe-Rosenberg

Die Strafprozeßordnung und das Gerichtsverfassungsgesetz

Großkommentar

28., neu bearbeitete Auflage

herausgegeben von
Volker Erb, Robert Esser †, Kirsten Graalmann-Scheerer,
Alexander Ignor, Matthias Korte, Andreas Mosbacher

Sechzehnter Band
§§ 1–140 GVG

bearbeitet von
§§ 1–21j: Holger Mann
§§ 22–122: Dirk Gittermann
§§ 123–131a, 133–140: Eric Simon
§ 132: Andreas Mosbacher
Sachregister: Christian Klie

DE GRUYTER

ISBN 978-3-11-073791-2
ISBN 978-3-11-074131-5 (PDF)
ISBN 978-3-11-074156-8 (EPUB)
DOI https://doi.org/10.1515/9783110741315

Library of Congress Control Number: 2026939818

Bibliografische Information der Deutschen Nationalbibliothek
Die Deutsche Nationalbibliothek verzeichnet diese Publikation in der Deutschen Nationalbibliografie; detaillierte bibliografische Daten sind im Internet über http://dnb.dnb.de abrufbar.

De Gruyter und Walter de Gruyter GmbH sind Teil von De Gruyter Brill.
www.degruyterbrill.com

Fragen zur allgemeinen Produktsicherheit:
productsafety@degruyterbrill.com

Druck: CPI books GmbH, Leck

FSC www.fsc.org MIX Papier | Fördert gute Waldnutzung FSC® C083411

Die Bearbeiterinnen und Bearbeiter der 28. Auflage

Dr. *Camilla Bertheau*, Rechtsanwältin in Berlin, Richterin am Anwaltsgericht Berlin
Dr. *Tillmann Böß*, Richter am Landgericht, Bundesanwaltschaft, Karlsruhe
Gabriele Cirener, Vorsitzende Richterin am Bundesgerichtshof, Leipzig
Dr. *Susanne Claus*, Regierungsdirektorin im Bundesministerium der Justiz und für Verbraucherschutz, Berlin
Dr. *Volker Erb*, Professor an der Johannes Gutenberg-Universität Mainz
Dr. *Robert Esser* †, Professor an der Universität Passau
Dr. *Karsten Gaede*, Professor an der Bucerius Law School, Hamburg
Kerstin Gärtner, Richterin am Kammergericht, Berlin
Dr. *Julia Geneuss*, Professorin an der Universität Potsdam
Dr. *Oliver Harry Gerson*, Privatdozent an der Universität Passau
Dr. *Dirk Gittermann*, Richter am Oberlandesgericht Celle
Dr. *Sabine Gleß*, Professorin an der Universität Basel
Dr. *Kirsten Graalmann-Scheerer*, Generalstaatsanwältin a.D. in Bremen, Honorarprofessorin an der Hochschule für öffentliche Verwaltung in Bremen
Dr. *Georg-Friedrich Güntge*, Leitender Oberstaatsanwalt bei der Generalstaatsanwaltschaft in Schleswig, Honorarprofessor an der Christian-Albrechts-Universität zu Kiel
Klaus-Peter Hanschke, Richter am Kammergericht a.D., Berlin
Dr. *Pierre Hauck*, Professor an der Justus-Liebig-Universität Gießen
Dr. Dr. *Alexander Ignor*, Rechtsanwalt in Berlin, Apl. Professor an der Humboldt-Universität zu Berlin
Dr. *Christian Jäger*, Professor an der Friedrich-Alexander-Universität Erlangen-Nürnberg
Dr. *Matthias Jahn*, Professor an der Goethe-Universität Frankfurt am Main, Richter am Oberlandesgericht Frankfurt a.M.
Dr. *Björn Jesse*, Vorsitzender Richter am Landgericht Frankfurt (Oder)
Dr. *Pascal Johann*, Rechtsanwalt in Wiesbaden
Dr. *Daniel M. Krause*, Rechtsanwalt in Berlin
Dr. *Matthias Krauß*, Bundesanwalt beim Bundesgerichtshof, Karlsruhe
Claudia Kurtze, Vorsitzende Richterin am Landgericht Landau in der Pfalz
Detlef Lind, Richter am Kammergericht a.D., Berlin
Dr. *Beatrix Lindner*, Referatsleiterin Opferschutz und Datenschutz im Strafverfahren; Gerichtsverfassung im Bundesministerium der Justiz und für Verbraucherschutz, Berlin
Dr. *Holger Mann*, Richter am Kammergericht, Berlin
Dr. *Markus Mavany*, Richter am Landgericht Trier
Dr. *Eva Menges*, Vorsitzende Richterin am Bundesgerichtshof, Karlsruhe
Dr. *Malte Merz*, Oberstaatsanwalt beim Bundesgerichtshof, Karlsruhe
Dr. *Andreas Mosbacher*, Richter am Bundesgerichtshof, Leipzig, Honorarprofessor an der Universität Leipzig
Dr. *Bernhard Nicknig*, Richter am Oberlandesgericht Köln
Dr. *Ali B. Norouzi*, Rechtsanwalt in Berlin, Honorarprofessor an der Humboldt-Universität zu Berlin
Dr. *Günther M. Sander*, Vorsitzender Richter am Bundesgerichtshof a.D., Leipzig, Honorarprofessor an der Humboldt-Universität zu Berlin
Dr. *Charlotte Schmitt-Leonardy*, Professorin an der Universität Bielefeld
Dr. *Frank Peter Schuster*, Professor an der Julius-Maximilians-Universität Würzburg
Dr. *Eric Simon*, Oberstaatsanwalt beim Bundesgerichtshof, Karlsruhe
Dr. *Carl-Friedrich Stuckenberg*, Professor an der Rheinischen Friedrich-Wilhelms-Universität Bonn
Dr. *Michael Tsambikakis*, Rechtsanwalt in Köln, Honorarprofessor an der Universität Passau
Dr. *Brian Valerius*, Professor an der Universität Passau
Marc Wenske, Richter am Bundesgerichtshof, Leipzig
Dr. *Raik Werner*, Richter am Bundesgerichtshof, Leipzig, Honorarprofessor an der Ludwig-Maximilians-Universität München

 | https://doi.org/10.1515/9783110741315-201

Vorwort

Der LÖWE-ROSENBERG feierte 2024 seinen 145. Geburtstag und ist damit das älteste aktuelle Erläuterungswerk zur Strafprozessordnung und der mit ihr verbundenen Gesetze. Als Großkommentar hat er die Aufgabe, die Rechtslage und die rechtlichen Probleme des Strafverfahrensrechts möglichst vollständig darzustellen und Wege zur Lösung auch entlegener Fragen aufzuzeigen. In einem an Praxis und Wissenschaft gleichermaßen gerichteten Werk muss dabei der Praxisbezug theoretischer Streitfragen und die historische Entwicklung des geltenden Rechts deutlich werden. Die Entstehungsgeschichte der Strafprozessordnung und der Strafgerichtsverfassung seit dem Inkrafttreten der Reichsjustizgesetze nebst dem Recht der Vereinigung Deutschlands sowie die Entstehungsgeschichte der einzelnen Vorschriften sind dabei sorgfältig darzustellen.

Die über 145-jährige Entwicklung des Strafprozessrechts in Deutschland seit Inkrafttreten der RStPO am 1.10.1879, die ständigen Änderungen sowie eine sich zunehmend verfeinernde und immer stärker ausdifferenzierende Auslegung der Normen in der Rechtsprechung und in der Strafrechtswissenschaft stellen vor dem Hintergrund des gesellschaftlichen und wissenschaftlich-technischen Wandels eine stetige Herausforderung dar. Zur Aufgabe eines Großkommentars gehört es, sowohl den Rückgriff auf die Grundprinzipien zu ermöglichen als auch die Ausdifferenzierung zu dokumentieren und, soweit erforderlich, zu bewerten und zu systematisieren.

Inhaltlich wird die Konzeption des LÖWE-ROSENBERG auch in der 28. Auflage im Wesentlichen beibehalten. Der Einfluss der Menschenrechte, des Rechts der Europäischen Union und der Rechtsprechung europäischer und internationaler Gerichte sowie das Recht der Strafgerichtsverfassung und die Rechtsprechung nationaler Gerichte werden eingehend berücksichtigt.

Auf der Grundlage dieser Konzeption ist jeder Autor und jede Autorin für den Inhalt seiner oder ihrer Kommentierung verantwortlich.

Die zunehmende Flut der Veröffentlichungen hat inzwischen einen Umfang erreicht, der es nicht mehr in allen Bereichen möglich macht, den Grundsatz der vollständigen Dokumentation des Materials uneingeschränkt zu erfüllen. Es bleibt daher der Verantwortung eines jeden Autors und einer jeden Autorin überlassen, ob und in welchem Umfang er oder sie eine Auswahl trifft.

Für die 28. Auflage sind derzeit 19 Bände mit etwa 15.000 Seiten geplant, wobei für die Bände 1 und 2 jeweils zwei Teilbände vorgesehen sind. Das Werk erscheint wie bisher bandweise. Die Autorinnen und Autoren sind im Autorenverzeichnis eines jeden Bandes aufgeführt.

Vier Herausgeber und eine Herausgeberin betreuen den Kommentar derzeit insgesamt, regelmäßig sind jeweils zwei für einen Band verantwortlich. Der Mitherausgeber dieses Bandes, Prof. Dr. Robert Esser, ist im November 2025 völlig unerwartet und viel zu früh gestorben. Mit ihm verlieren Verlag und Herausgeber einen bewundernswert tatkräftigen, hilfsbereiten und engagierten Mitstreiter, dessen Mitwirken seit der 26. Auflage den Kommentar maßgeblich geprägt hat.

Verlag, Herausgeber und Autoren sind stets bemüht, die hohen Erwartungen zu erfüllen, die sich mit dem LÖWE-ROSENBERG seit jeher verbinden.

Der hiermit vorgelegte Band 16 hat den Bearbeitungsstand von April 2026 und umfasst die Kommentierungen zu den §§ 1 bis 140 GVG, also die Titel eins bis neun des GVG. Aufgrund seines Umfangs ist der Band zum GVG und EGGVG geteilt worden. Als Autor der §§ 1 bis 21j GVG ausgeschieden ist Richter am Bundesgerichtshof Dr. Johannes Berg, dem unser herzlicher Dank gilt. Seinen Teil der Kommentierung hat Herr Richter am Kammergericht Dr. Holger Mann übernommen. Weitergeführt haben ihre Kommentierungen aus der Vorauflage Herr Richter am Oberlandesgericht Celle Dr. Dirk Gittermann (§§ 22 bis 122 GVG), Herr Oberstaatsanwalt am Bundesgerichtshof Dr. Eric Simon (§§ 123 bis 131a und §§ 133 bis 140 GVG) und Herr Richter am Bundesgerichtshof Prof. Dr. Andreas Mosbacher (§ 132 GVG).

Berlin, im Mai 2026 Die Herausgeber

Hinweise für die Benutzung des Löwe-Rosenberg

1. Inhalt der Kommentierung

Der LÖWE-ROSENBERG kommentiert die StPO, das EGStPO, das GVG und das EGGVG (mit Ausnahme der nur den Zivilprozess betreffenden Teile) sowie die EMRK und den IPBPR (mit Schwerpunkt auf den strafverfahrensrechtlich besonders bedeutsamen Regelungen). Wenig bekannte oder schwer auffindbare strafverfahrensrechtliche Nebengesetze, deren Wortlaut für die Kommentierung erforderlich ist, werden bei den einschlägigen Erläuterungen im Kleindruck wiedergegeben.

2. Erscheinungsweise und Stand der Bearbeitung

Die 28. Auflage des LÖWE-ROSENBERG erscheint in **Bänden**, deren Erscheinungs-Reihenfolge von der des Gesetzes abweichen kann. Die Bände werden in der vom Gesetz vorgegebenen Reihenfolge durchnummeriert.

Der **Stand der Bearbeitung** ist dem Vorwort jedes Bandes zu entnehmen. Die Autoren sind bemüht, besonders wichtige Änderungen und Entwicklungen auch noch nach diesem Stichtag bis zur Drucklegung des Bandes zu berücksichtigen.

3. Bearbeiter/in

Jede/r Bearbeiter/in (in der Fußzeile angegeben) trägt für seinen bzw. ihren Teil die alleinige inhaltliche Verantwortung. Die Stellungnahmen zu Rechtsfragen, die an mehreren Stellen des Kommentars behandelt werden, können daher voneinander abweichen. Auf solche Abweichungen wird nach Möglichkeit hingewiesen.

4. Aufbau der Kommentierung

Neben der umfassenden Einleitung zum Gesamtwerk sind den Untereinheiten der kommentierten Gesetze (Bücher, Abschnitte, Titel), soweit erforderlich, **Vorbemerkungen** vorangestellt, die das für die jeweilige Untereinheit Gemeinsame erläutern.

Der den Vorbemerkungen und den Kommentierungen der einzelnen Vorschriften erforderlichenfalls vorangestellte Abschnitt **Geltungsbereich** enthält Hinweise auf zeitliche und örtliche Besonderheiten. Der Abschnitt **Entstehungsgeschichte** gibt, abgesehen von ganz unwesentlichen Änderungen, die Entwicklung der geltenden Fassung der Vorschrift vom Erlass des jeweiligen Gesetzes an wieder. Fehlt er, so kann davon ausgegangen werden, dass die Vorschrift unverändert ist. Der Hinweis auf **geplante Änderungen** verzeichnet Änderungsvorschläge, die sich zum Redaktionsschluss im parlamentarischen Gesetzgebungsverfahren befinden.

Die Erläuterungen sind nach systematischen Gesichtspunkten gegliedert, die durch Überschriften oder Stichworte hervorgehoben sind. In der Regel ist den Erläuterungen eine **systematische Übersicht** vorangestellt. Soweit angebracht, wird sie bei besonders umfangreichen Erläuterungen durch eine **alphabetische Übersicht** ergänzt. Bei den Erläuterungen selbst werden für jede Vorschrift (zur Erleichterung des Zitierens) durchlaufende Randnummern verwendet.

5. Schrifttum

Der Kommentar enthält am Anfang jedes Bandes ein allgemeines Literaturverzeichnis, das nur die häufiger verwendete oder allgemeine Literatur enthält. Den Vorbemerkungen und den Kommentierungen der einzelnen Vorschriften sind Schrifttumsverzeichnisse vorangestellt, die einen Überblick über das wesentliche Schrifttum zu dem jeweils behandelten Thema geben.

6. Zitierweise

Literatur, die in diesen Schrifttumsverzeichnissen enthalten ist, wird im laufenden Text im Allgemeinen nur mit dem Namen des Verfassers/der Verfasserin oder der sonstigen im Schrifttumsverzeichnis angegebenen Kurzbezeichnung zitiert, doch wird bei Veröffentlichungen in Zeitschriften vielfach auch die genaue Fundstelle nachgewiesen. Sonst sind selbständige Werke mit (gelegentlich verkürztem) Titel und Jahreszahl, unselbständige Veröffentlichungen (auch Beiträge in Festschriften u.ä.) mit der Fundstelle angegeben. **Auflagen** sind durch hochgestellte Zahlen gekennzeichnet; fehlt eine solche Angabe, so wird aus der Auflage zitiert, die im allgemeinen Schrifttumsverzeichnis angegeben ist. Hat ein Werk Randnummern, so wird nach diesen, sonst nach Seitenzahl oder Gliederungspunkten zitiert.

Befindet sich beim Zitat anderer **Kommentare** die in Bezug genommene Stelle in demselben Paragraphen, so wird nur die Randnummer oder (bei deren Fehlen) der Gliederungspunkt angegeben; wird auf die Erläuterungen in einem anderen Paragraphen Bezug genommen, so wird dieser genannt. Entsprechend wird auch im LÖWE-ROSENBERG selbst verwiesen. Verweise innerhalb des Werks beziehen sich auf die aktuelle Auflage, sofern nicht anders angegeben. Ist der Band mit den Erläuterungen, auf die verwiesen werden soll, noch nicht erschienen, so ist, soweit dies sachdienlich erschien, in Klammern ergänzend die genaue Fundstelle in der 27. Auflage angegeben.

Zeitschriften werden regelmäßig mit dem Jahrgang zitiert. Ausnahmen (Bandangabe) bilden namentlich ZStW, GA (bis 1933) und VRS; hier ist regelmäßig die Jahreszahl zusätzlich angegeben. Bei der Angabe der Fundstelle eines amtlichen Verkündungsblattes wird die Jahreszahl nur angegeben, wenn sie von der Jahreszahl der Rechtsvorschrift abweicht.

Entscheidungen werden im Allgemeinen nur mit einer Fundstelle angegeben. Dabei hat die amtliche Sammlung eines obersten Bundesgerichtes den Vorrang, sonst die Fundstelle, die die Entscheidung mit Anmerkung oder am ausführlichsten wiedergibt.

7. Abkürzungen

Die verwendeten Abkürzungen, namentlich von Gesetzen, Verwaltungsvorschriften, Entscheidungssammlungen, Zeitschriften usw. sind im Abkürzungsverzeichnis nachgewiesen.

Inhaltsverzeichnis

Abkürzungsverzeichnis

AA	Auswärtiges Amt
a.A.	anderer Ansicht
a.a.O.	am angegebenen Ort
Abg.	Abgeordneter
AbgG	Gesetz über die Rechtsverhältnisse der Mitglieder des Deutschen Bundestages (Abgeordnetengesetz – AbgG) vom 18.2.1977 i.d.F. der Bek. vom 21.2.1996 (BGBl. I S. 326)
abl.	ablehnend
ABl.	Amtsblatt
ABlEG	Amtsblatt der Europäischen Gemeinschaften; Ausgabe C: Mitteilungen und Bekanntmachungen; Ausgabe L: Rechtsvorschriften (zit.: ABlEG Nr. L ... /(Seite) vom ...)
ABlEU	Amtsblatt der Europäischen Union (ab 2003); Ausgabe C: Mitteilungen und Bekanntmachungen; Ausgabe L: Rechtsvorschriften (zit.: ABlEU Nr. L .../(Seite) vom ...)
ABMG	Autobahnmautgesetz für schwere Nutzfahrzeuge vom 5.4.2002 (BGBl. I S. 1234) aufgehoben durch Art. 6 Nr. 1 des Gesetzes vom 12.7.2011 (BGBl. I S. 1378)
Abs.	Absatz
Abschn.	Abschnitt
abw.	abweichend
ACHR	Arab Charter on Human Rights
AChRMV	Afrikanische Charta der Rechte der Menschen und Völker vom 26.6.1981, deutsche Übersetzung EuGRZ 1990, 348
AcP	Archiv für die civilistische Praxis
AdG	Adoptionsgesetz vom 2.7.1976 (BGBl. I S. 1749)
AdVermiG	Adoptionsvermittlungsgesetz vom 27.11.1989 (BGBl. I S. 2014) neugefasst durch Bek. vom 21.6.2021 (BGBl. I S. 2010)
a.E.	am Ende
AEPC	Association of European Police Colleges
ÄndG	Änderungsgesetz
ÄndVO	Änderungsverordnung
a.F.	alte Fassung
AfkKR	Archiv für katholisches Kirchenrecht
AfP	Archiv für Presserecht, Zeitschrift für Medien- und Kommunikationsrecht
AG	Amtsgericht; in Verbindung mit einem Gesetz: Ausführungsgesetz
AGB	Allgemeine Geschäftsbedingungen
AGH	Anwaltsgerichtshof
AGIS	Beschluss des Rates der Europäischen Union vom 22.7.2002 über ein Rahmenprogramm für die polizeiliche und justitielle Zusammenarbeit in Strafsachen – AGIS (ABlEG Nr. C 203 vom 1.8.2002, S. 5)
AGGewVerbrG	Ausführungsgesetz zum Gesetz gegen gefährliche Gewohnheitsverbrecher und über Maßregeln der Sicherung und Besserung vom 24.11.1933 (RGBl. I S. 1000)
AGGVG	Gesetz zur Ausführung des Gerichtsverfassungsgesetzes (Landesrecht)
AGS	Zeitschrift für das gesamte Gebührenrecht und Anwaltsmanagement
AGStPO	Ausführungsgesetz zur Strafprozessordnung (Landesrecht)
AHK	Alliierte Hohe Kommission
AI	Amnesty International
AIDP	Association Internationale de Droit Pénal
AJIL	American Journal of International Law
AK	Arbeitskreis
AKLS	Automatisches Kennzeichenlesesystem
AktG	Gesetz über Aktiengesellschaften und Kommanditgesellschaften auf Aktien (Aktiengesetz) vom 6.9.1965 (BGBl. I S. 1089)
AktO	Anweisung für die Verwaltung des Schriftguts bei den Geschäftsstellen der Gerichte und der Staatsanwaltschaften (Aktenordnung)
allg. M.	allgemeine Meinung

 | https://doi.org/10.1515/9783110741315-205

Alsb.E	Die strafprozessualen Entscheidungen der Oberlandesgerichte, herausgegeben von Alsberg und Friedrich (1927), 3 Bände
Alt.	Alternative
a.M.	anderer Meinung
AMRK	Amerikanische Menschenrechtskonvention vom 22.11.1969 (Pact of San José), deutsche Übersetzung EuGRZ 1980, 435
amtl.	amtlich
amtl. Begr.	amtliche Begründung
Anh.	Anhang
AnhRügG	Gesetz über die Rechtsbehelfe bei Verletzung des Anspruchs auf rechtliches Gehör (Anhörungsrügengesetz) vom 9.12.2004 (BGBl. I S. 3220)
Anl.	Anlage
Anm.	Anmerkung
AnwBl.	Anwaltsblatt
AöR	Archiv des öffentlichen Rechts
AO	Abgabenordnung vom 16.3.1976 (BGBl. I S. 613) i.d.F. der Bek. vom 1.10.2002 (BGBl. I S. 3866)
AOStrÄndG	Gesetz zur Änderung strafrechtlicher Vorschriften der Reichsabgabenordnung und anderer Gesetze vom 10.8.1967 (BGBl. I S. 877)
apf	Ausbildung Prüfung Praxis – Zeitschrift für die staatliche und kommunale Verwaltung
APR	Allgemeines Persönlichkeitsrecht
APuZ	Aus Politik und Zeitgeschichte (Zeitschrift)
ArbGG	Arbeitsgerichtsgesetz vom 3.9.1953 i.d.F. der Bek. vom 2.7.1979 (BGBl. I S. 853)
ArbRB	Der Arbeits-Rechtsberater
ArchKrim.	Archiv für Kriminologie
ArchPF	Archiv für das Post- und Fernmeldewesen
ArchPT	Archiv für Post und Telekommunikation (bis 1991: Archiv für Post und Fernmeldewesen – ArchPF)
ArchVR	Archiv des Völkerrechts
arg.	argumentum
Art.	Artikel
ASIL	The American Society of International Law
AsylG	Asylgesetz i.d.F. der Bek. vom 2.9.2008 (BGBl. I S. 1798)
ATDG	Gesetz zur Errichtung einer standardisierten zentralen Antiterrordatei von Polizeibehörden und Nachrichtendiensten von Bund und Ländern (Antiterrordateigesetz – ATDG) vom 22.12.2006 (BGBl. I S. 3409)
AtG	Gesetz über die friedliche Verwendung der Kernenergie und den Schutz gegen ihre Gefahren (Atomgesetz) vom 31.10.1976 (BGBl. I S. 3053) i.d.F. der Bek. vom 15.7.1985 (BGBl. I S. 1565)
AufenthG	Gesetz über den Aufenthalt, die Erwerbstätigkeit und die Integration von Ausländern im Bundesgebiet (Aufenthaltsgesetz – AufenthG), neugefasst durch Bek. vom 25.2.2008 (BGBl. I S. 162)
aufg.	aufgehoben
Aufl.	Auflage
AUILR	American University International Law Review
AUR	Agrar- und Umweltrecht
AuR	Arbeit und Recht (Zeitschrift)
ausf.	ausführlich
AuslG	Gesetz über die Einreise und den Aufenthalt von Ausländern im Bundesgebiet (Ausländergesetz) vom 9.7.1990 (BGBl. I S. 1354), außer Kraft getreten am 31.12.2004
AusnVO	Ausnahme-(Not-)Verordnung (1) VO zur Sicherung von Wirtschaft und Finanzen vom 1.12.1930 (RGBl. I S. 517) (2) VO zur Sicherung von Wirtschaft und Finanzen vom 6.10.1931 (RGBl. I S. 537, 563)

	(3) VO zur Sicherung von Wirtschaft und Finanzen und zum Schutz des inneren Friedens vom 8.12.1931 (RGBl. I S. 743)
	(4) VO über Maßnahmen auf dem Gebiet der Rechtspflege und Verwaltung vom 14.6.1932 (RGBl. I S. 285)
AV	Allgemeine Verfügung
AVG	Allgemeines Verwaltungsverfahrensgesetz (Österreich)
AVR	Archiv des Völkerrechts
AWG	Außenwirtschaftsgesetz vom 28.4.1961 (BGBl. I S. 481)
Az	Aktenzeichen
AZR-Gesetz	Gesetz über das Ausländerzentralregister (AZR-Gesetz) vom 2.9.1994 (BGBl. I S. 2265) i.d.F. der Bek. vom 23.12.2003 (BGBl. I S. 2848)
BACDJ	Bundesarbeitskreis Christlich Demokratischer Juristen
BAFin	Bundesanstalt für Finanzdienstleistungsaufsicht
BAG	Bundesarbeitsgericht
BAGE	Sammlung der Entscheidungen des Bundesarbeitsgerichts
BÄO	Bundesärzteordnung, neugefasst durch Bek. vom 16.4.1987 (BGBl. I S. 1218)
BAK	Blutalkoholkonzentration
BMAS	Bundesministerium für Arbeit und Soziales
BMFSFJ	Bundesministerium für Familie, Senioren, Frauen und Jugend
BAMF	Bundesamt für Migration und Flüchtlinge
BAnz.	Bundesanzeiger
BaWü.	Baden-Württemberg
Bay.	Bayern, bayerisch
BayAGGVG	Bayerisches Gesetz zur Ausführung des Gerichtsverfassungsgesetzes und von Verfahrensgesetzen des Bundes vom 23.6.1981 (BayGVBl. S. 188)
BayBS	Bereinigte Sammlung des Bayerischen Landesrechts (1802 bis 1956)
BayObLG	Bayerisches Oberstes Landesgericht
BayObLGSt	Sammlung von Entscheidungen des Bayerischen Obersten Landesgerichts in Strafsachen
BayPAG	Gesetz über die Aufgaben und Befugnisse der Bayerischen Staatlichen Polizei (Polizeiaufgabengesetz – PAG) i.d.F. d. Bek. vom 14.9.1990 (GVBl. S. 397)
BayRS	Bayerische Rechtssammlung (ab 1.1.1983)
BayStVollzG	Bayerisches Strafvollzugsgesetz vom 10.9.2007 (BayGVBl. S. 866)
BayVerf.	Verfassung des Freistaates Bayern vom 2.12.1946 (BayBS. I 3)
BayVerfGH	Bayerischer Verfassungsgerichtshof
BayVerfGHE	s. BayVGHE
BayVerwBl.	Bayerische Verwaltungsblätter
BayVGH	Bayerischer Verwaltungsgerichtshof
BayVGHE	Sammlung von Entscheidungen des Bayerischen Verwaltungsgerichtshofs mit Entscheidungen des Bayerischen Verfassungsgerichtshofes, des Bayerischen Dienststrafhofs und des Bayerischen Gerichtshofs für Kompetenzkonflikte
BayZ	Zeitschrift für Rechtspflege in Bayern (1905–34)
BB	Betriebs-Berater (Zeitschrift)
BBG	Bundesbeamtengesetz vom 14.7.1953 (BGBl. I S. 551) i.d.F. der Bek. vom 31.3.1999 (BGBl. I S. 675)
Bbg.	Brandenburg
BbgVerfG	Brandenburgisches Verfassungsgericht
BC	Business Compliance (Zeitschrift)
Bd.	Band
BDG	Bundesdisziplinargesetz vom 9.7.2001 (BGBl. I S. 1510)
BDBOSG	Gesetz über die Errichtung einer Bundesanstalt für den Digitalfunk der Behörden und Organisationen mit Sicherheitsaufgaben (BDBOS-Gesetz - BDBOSG)
BDH	Bundesdisziplinarhof (jetzt Bundesverwaltungsgericht)

BDSG	Bundesdatenschutzgesetz i.d.F. der Bek. vom 14.1.2003 (BGBl. I S. 66)
beA	besonderes elektronisches Anwaltspostfach
BeamtStG	Gesetz zur Regelung des Statusrechts der Beamtinnen und Beamten in den Ländern (Beamtenstatusgesetz – BeamtStG) vom 17.6.2008 (BGBl. I S. 1010)
Begr.	Begründung
BegrenzungsVO	Verordnung über die Begrenzung der Geschäfte des Rechtspflegers bei der Vollstreckung in Straf- und Bußgeldsachen vom 26.6.1970 (BGBl. I S. 992) i.d.F. der Bek. vom 16.2.1982 (BGBl. I S. 188)
BEG-SchlußG	Zweites Gesetz zur Änderung des Bundesentschädigungsgesetzes vom 14.9.1965 (BGBl. I S. 1315)
Bek.	Bekanntmachung
Bek. 1924	Strafprozeßordnung i.d.F. der Bek. vom 22.3.1924 (RGBl. I S. 299, 322)
Bek. 1950	Strafprozeßordnung i.d.F. der Bek. vom 12.9.1950 (BGBl. I S. 629)
Bek. 1965	Strafprozeßordnung i.d.F. der Bek. vom 17.9.1965 (BGBl. I S. 1373)
Bek. 1975	Strafprozeßordnung i.d.F. der Bek. vom 7.1.1975 (BGBl. I S. 129)
Bek. 1987	Strafprozeßordnung i.d.F. der Bek. vom 7.4.1987 (BGBl. I S. 1074)
beN	besonderes elektronisches Notarpostfach
ber.	berichtigt
BerHG	Gesetz über Rechtsberatung und Vertretung für Bürger mit geringem Einkommen (Beratungshilfegesetz) vom 18.6.1980 (BGBl. I S. 689)
BerlPVG	Berliner Polizeiverwaltungsgesetz
BerlVerf	Verfassung von Berlin
BerlVerfGH	Berliner Verfassungsgerichtshof
BerRehaG	Gesetz über den Ausgleich beruflicher Benachteiligungen für Opfer politischer Verfolgung im Beitrittsgebiet (Berufliches Rehabilitierungsgesetz – BerRehaG) vom 23.6.1994 (BGBl. I S. 1314)
Beschl.	Beschluss
Bespr.	Besprechung
beSt	besonderes elektronisches Steuerberaterpostfach
betr.	betreffend
BeurkG	Beurkundungsgesetz vom 28.8.1969 (BGBl. I S. 1513)
BewHi.	Bewährungshilfe (Zeitschrift)
BezG	Bezirksgericht
Bf.	Beschwerdeführer
BFH	Bundesfinanzhof
BFHE	Sammlung der Entscheidungen des Bundesfinanzhofs (BFH)
BfJG	Gesetz über die Errichtung des Bundesamtes für Justiz = Art. 1 des Gesetzes zur Errichtung und zur Regelung der Aufgaben des Bundesamtes für Justiz vom 17.12.2006 (BGBl. I S. 3171)
BGB	Bürgerliches Gesetzbuch vom 18.8.1896 (RGBl. S. 195) i.d.F. der Bek. vom 2.1.2002 (BGBl. I S. 42, ber. S. 2909 und BGBl. 2003 I S. 738)
BGBl. I, II, III	Bundesgesetzblatt Teil I, II und III
BGer	Schweizerisches Bundesgericht
BGH	Bundesgerichtshof
BGH-DAT	Datenbank der Rechtsprechung des Bundesgerichtshofs auf CD-ROM, herausgegeben von Werner Theune
BGH (ER)	Ermittlungsrichter beim Bundesgerichtshof
BGHE Strafs.	Rechtsprechung des Bundesgerichtshofes in Strafsachen auf CD-ROM, herausgegeben von Mitgliedern des Gerichts
BGHGrS	Bundesgerichtshof, Großer Senat (hier in Strafsachen)
BGHR	BGH-Rechtsprechung in Strafsachen (Loseblattsammlung)
BGHRZ	BGH-Rechtsprechung in Zivilsachen (Loseblattsammlung)
BGHSt	Entscheidungen des Bundesgerichtshofs in Strafsachen
BGHZ	Entscheidungen des Bundesgerichtshofs in Zivilsachen

BGSG	Gesetz über den Bundesgrenzschutz (Bundesgrenzschutzgesetz – BGSG) vom 19.10.1994 (BGBl. I S. 2978)
BGSNeuRegG	Gesetz zur Neuregelung der Vorschriften über den Bundesgrenzschutz (Bundesgrenzschutzneuregelungsgesetz – BGSNeuRegG) vom 19.10.1994 (BGBl. I S. 2978)
BHRJ	Business and Human Rights Journal
BinSchG	Gesetz betr. die privatrechtlichen Verhältnisse der Binnenschiffahrt (Binnenschifffahrtsgesetz) vom 15.6.1895 i.d.F. der Bek. vom 15.6.1898 (RGBl. S. 868)
BinSchGerG	Gesetz über das gerichtliche Verfahren in Binnenschiffahrtssachen vom 27.9.1952 (BGBl. I S. 641)
BJM	Basler Juristische Mitteilungen
BJOG	An International Journal of Obstetrics and Gynaecology
BKA	Bundeskriminalamt
BKAG	Gesetz über das Bundeskriminalamt und die Zusammenarbeit des Bundes und der Länder in kriminalpolizeilichen Angelegenheiten (Bundeskriminalamtgesetz – BKAG) vom 1.6.2017 (BGBl. I S. 1354)
Bln.	Berlin
Bln.GVBl.Sb.	Sammlung des bereinigten Berliner Landesrechts, Sonderband I (1806 bis 1945) und II (1945 bis 1967)
Blutalkohol	Blutalkohol, Wissenschaftliche Zeitschrift für die medizinische und juristische Praxis
BMI	Bundesminister(-ium) des Innern und für Heimat
BMinG	Gesetz über die Rechtsverhältnisse der Mitglieder der Bundesregierung (Bundesministergesetz) vom 17.6.1953 (BGBl. I S. 407) i.d.F. der Bek. vom 27.7.1971 (BGBl. I S. 1166)
BMJ	Bundesminister(-ium) für Justiz
BMJV	Bundesminister(-ium) der Justiz und für Verbraucherschutz
BNDG	Gesetz über den Bundesnachrichtendienst vom 20.12.1990 (BGBl. I S. 2979) i.d.F. der Bek. vom 9.1.2002 (BGBl. I S. 361 ff.)
Bonn.Komm.	Kommentar zum Bonner Grundgesetz (Loseblattausgabe)
BORA	Berufsordnung für Rechtsanwälte i.d.F. der Bek. vom 1.11.2001
BPolBG	Bundespolizeibeamtengesetz i.d.F. der Bek. vom 3.6.1976 (BGBl. I S. 1357)
BR	s. BRat
BRAGO	Bundesgebührenordnung für Rechtsanwälte vom 26.7.1957 (BGBl. I S. 907); ersetzt durch das Rechtsanwaltsvergütungsgesetz (RVG) aufgehoben durch Art. 6 Nr. 4 des Gesetzes vom 5.5.2004 (BGBl. I. S. 718, 850)
BRAK	Bundesrechtsanwaltskammer
BRAK-Mitt.	Mitteilungen der Bundesrechtsanwaltskammer
BranntWMonG	Branntweinmonopolgesetz vom 8.4.1922 (RGBl. I S. 405; BGBl. III 612-7)
BRAO	Bundesrechtsanwaltsordnung vom 1.8.1959 (BGBl. I S. 565)
BRat	Bundesrat
BRDrucks.	Drucksachen des Bundesrats
BReg.	Bundesregierung
Brem.	Bremen
BRJ	Bonner Rechtsjournal
BRProt.	Protokolle des Bundesrates
BS	Sammlung des bereinigten Landesrechts
BSG	Bundessozialgericht
Bsp.	Beispiel
BT	Bundestag
BTDrucks.	Drucksachen des Bundestags
BtG	Gesetz zur Reform des Rechts der Vormundschaft und Pflegschaft für Volljährige (Betreuungsgesetz – BtG) vom 12.9.1990 (BGBl. I S. 2002) aufgehoben durch Art. 9 und 10 des Gesetzes vom 19.4.2006 (BGBl. I S. 866)
BtMG	Gesetz über den Verkehr mit Betäubungsmitteln (Betäubungsmittelgesetz) vom 28.7.1981 (BGBl. I S. 681) i.d.F. der Bek. vom 1.3.1994 (BGBl. I S. 358)

BTProt.	s. BTVerh.
BTRAussch.	Rechtsausschuss des Deutschen Bundestags
BTVerh.	Verhandlungen des Deutschen Bundestags
BVerfG	Bundesverfassungsgericht
BVerfGE	Entscheidungen des Bundesverfassungsgerichts
BVerfGG	Gesetz über das Bundesverfassungsgericht vom 12.3.1951 i.d.F. der Bek. vom 11.8.1993 (BGBl. I S. 1473)
BVerfGK	Kammerentscheidungen des Bundesverfassungsgerichts
BVerfSchG	Gesetz über die Zusammenarbeit des Bundes und der Länder in Angelegenheiten des Verfassungsschutzes und über das Bundesamt für Verfassungsschutz (Bundesverfassungsschutzgesetz) vom 20.12.1990 (BGBl. I S. 2954)
BVerwG	Bundesverwaltungsgericht
BVerwGE	Entscheidungen des Bundesverwaltungsgerichts
BV-G	Bundesverfassungsgesetz (österreichische Verfassung)
BVGer	Schweizerisches Bundesverwaltungsgericht (BVGer), St. Gallen
BW	Baden-Württemberg
BWahlG	Bundeswahlgesetz neugefasst durch Bek. vom 23.7.1993 (BGBl. I S. 1288, 1594)
bzgl.	bezüglich
BZR	Bundeszentralregister
BZRG	Gesetz über das Zentralregister und das Erziehungsregister (Bundeszentralregistergesetz), neugefasst durch Bek. vom 21.9.1984 (BGBl. I S. 1229, 1985 I S. 195);
2. BZRÄndG	Zweites Gesetz zur Änderung des Bundeszentralregistergesetzes (2. BZRÄndG) vom 17.7.1984 (BGBl. I S. 990)
bzw.	beziehungsweise
CAT	s. UN-CAT
Causa Sport	Die Sport-Zeitschrift für nationales und internationales Recht sowie für Wirtschaft
CB	Compliance Berater (Zeitschrift)
CCBE	Council of the Bars and Law Societies of the European Union
CCC	Constitutio Criminalis Carolina
CCJE	Consultative Council of European Judges
CCPR	s. HRC
CCZ	Corporate Compliance Zeitschrift
CD	Collection of Decisions Bd. 1 bis 46 (1960 bis 1974), Entscheidungen der Europäischen Kommission für Menschenrechte über die Zulässigkeit von Beschwerden
CDDH	Steering Committee for Human Rights (Europarat)
CDE	Cahiers de droit européen (Zeitschrift)
CDPC	European Committee on Crime Problems
CEAS	Common European Asylum System
CELJ	China-EU Law Journal
CEPEJ	European Commission on the Efficiency of Justice
CEPOL	European Police College (Budapest)
CERD	Internationales Übereinkommen zur Beseitigung von jeder Form von Rassendiskriminierung (CERD) vom 7.3.1966
CERT	Computer Emergency Response Team
CETS	(vgl. CTS)
ChE	Chiemsee-Entwurf (Verfassungsausschuß der Ministerpräsidentenkonferenz der Westlichen Besatzungszonen. Bericht über den Verfassungskonvent auf Herrenchiemsee vom 10. bis 23.8.1948) (1948)
ChemG	Chemikaliengesetz i.d.F. der Bek. vom 20.6.2002 (BGBl. I S. 2090)
CJ	Corpus Juris
CJEL	Columbia Journal of European Law
CMLRev	Common Market Law Review
COSI	Ständiger Ausschuss für die operative Zusammenarbeit im Bereich der inneren Sicherheit (EU)

COVuR	COVID-19 und Recht (Zeitschrift)
CPP	Code de procédure pénale
CPS	Crown Prosecution Service
CPT	Committee for the Prevention of Torture – Europäischer Ausschuss zur Verhütung von Folter und unmenschlicher oder erniedrigender Behandlung oder Strafe (Europarat)
CR	Computer und Recht (Zeitschrift)
CRC	Übereinkommen über die Rechte des Kindes vom 20.11.1989 (BGBl. 1992 II S. 122)
Crim.L.R.	Criminal Law Review
CrimeLawSoc-Change	Crime, Law and Social Change (Zeitschrift)
CSW	Cross-Border Surveillance Working Group
CWÜAG	Ausführungsgesetz zum Chemiewaffenübereinkommen vom 2.8.1994 (BGBl. I S. 1954)
DA	Dienstanweisung
DAG	Deutsches Auslieferungsgesetz vom 23.12.1929 (BGBl. I S. 239), aufgehoben durch IRG vom 23.12.1982 (BGBl. I S. 2071)
DAJV-Newsletter	Zeitschrift der Deutsch-Amerikanischen Juristen-Vereinigung e.V.
DAR	Deutsches Autorecht (Zeitschrift)
DAV	DeutscherAnwaltVerein
DB	Der Betrieb (Zeitschrift)
DDevR	Deutsche Devisen-Rundschau (1951–59)
DDR	Deutsche Demokratische Republik
ders.	derselbe
DERechtsmittelG	Diskussionsentwurf für ein Gesetz über die Rechtsmittel in Strafsachen, im Auftrag der JMK vorgelegt von der Bund-Länder-Arbeitsgruppe Strafverfahrensreform (1975)
DG	Disziplinargesetz (der Länder)
Die Justiz	Die Justiz, Amtsblatt des Justizministeriums Baden-Württemberg
Die Polizei	Die Polizei (seit 1955: Die Polizei – Polizeipraxis)
dies.	dieselbe
Diss.	Dissertation
DiszO	Disziplinarordnung (der Länder)
DJ	Deutsche Justiz, Rechtspflege und Rechtspolitik (1933–45)
DJT	Deutscher Juristentag (s. auch VerhDJT)
DJZ	Deutsche Juristenzeitung (1896–1936)
DNA-AnalyseG	Gesetz zur Novellierung der forensischen DNA-Analyse vom 12.8.2005 (BGBl. I S. 2360)
DNA-IFG	DNA-Identitätsfeststellungsgesetz vom 7.9.1998 (BGBl. I S. 2646; 1999 I S. 1242) aufgehoben durch Art. 4 des Gesetzes vom 12.8.2005 (BGBl. I S. 2360, 2362)
DNP	Die Neue Polizei
DNutzG	Gesetz zur effektiveren Nutzung von Dateien im Bereich der Staatsanwaltschaften vom 10.9.2004 (BGBl. I S. 2318)
DÖD	Der Öffentliche Dienst
DÖV	Die Öffentliche Verwaltung
DOGE	Entscheidungen des Deutschen Obergerichts für das Vereinigte Wirtschaftsgebiet
DPA	Deutsches Patentamt
DR	Deutsches Recht (1931 bis 1945) Decisions and Reports (ab 1975): Entscheidungen über die Zulässigkeit von Beschwerden; Berichte der Europäischen Kommission für Menschenrechte; Resolutionen des Ministerkomitees des Europarates
DRechtsw.	Deutsche Rechtswissenschaft (1936–43)
DRiG	Deutsches Richtergesetz, neugefasst durch Bek. vom 19.4.1972 (BGBl. I S. 713);
DRiZ	Deutsche Richterzeitung
DRpfl.	Deutsche Rechtspflege (1936–1939)
DRsp.	Deutsche Rechtsprechung, herausgegeben von Feuerhake (Loseblattsammlung)
Drucks.	Drucksache
DRZ	Deutsche Rechts-Zeitschrift (1946 bis 1950)
DSB	Datenschutz-Berater

DSGVO	Datenschutzgrundverordnung
DSteuerR	Deutsches Steuerrecht (Zeitschrift)
DStR	Deutsches Strafrecht (1934 bis 1944)
DStRE	Deutsches Steuerrecht Entscheidungsdienst (Zeitschrift)
DStrZ	Deutsche Strafrechts-Zeitung (1914 bis 1922)
DStZ	Deutsche Steuer-Zeitung
dt.	deutsch
DtBR	Das Deutsche Bundesrecht, Gesetzessammlung mit Erläuterungen (Loseblattausgabe)
DtZ	Deutsch-Deutsche Rechts-Zeitschrift
DuD	Datenschutz und Datensicherheit (Zeitschrift)
DuR	Demokratie und Recht (Zeitschrift)
DVBl.	Deutsches Verwaltungsblatt (Zeitschrift)
DVO	Durchführungsverordnung
DVollzO	Dienst- und Vollzugsordnung
DVOVereinf.VO	Verordnung zur Durchführung der Verordnung über Maßnahmen auf dem Gebiete der Gerichtsverfassung und der Rechtspflege vom 8.9.1939 (RGBl. I S. 1703)
DVOZust.VO	Verordnung zur Durchführung der Verordnung über die Zuständigkeit der Strafgerichte, die Sonderstrafgerichte sowie sonstige strafverfahrensrechtliche Vorschriften vom 13.3.1940 (RGBl. I S. 489)
DVP	Deutsche Verwaltungspraxis – Fachzeitschrift für die öffentliche Verwaltung
DVR	Datenverarbeitung im Recht (Zeitschrift)
DWiR	Deutsche Zeitschrift für Wirtschaftsrecht
E	Entwurf
e^2A	ergonomischer elektronischer Arbeitsplatz
E. & P.	International Journal of Evidence & Proof
EA	Vertrag über Gründung der Europäischen Atomgemeinschaft i.d.F. nach dem 1.5.1999
EAG	Europäische Atomgemeinschaft
EAGV	Vertrag zur Gründung der Europäischen Atomgemeinschaft vom 25.3.1957, Ges. vom 27.7.1957 (BGBl. II S. 753), Bek. vom 27.12. 1957 (BGBl. 1958 II S. 1)
EAJLG	European-Asian Journal of Law and Governance
E-Akte	Elektronische Akte
EAkteJEG	Gesetz zur Einführung der elektronischen Akte in der Justiz und zur weiteren Förderung des elektronischen Rechtsverkehrs vom 5.7.2017 (BGBl. I S. 2208)
eaS	E-Akte als Service
EAW	European Arrest Warrant, s. EuHb
EB	Ergänzungsband
EBA	Europäische Beweisanordnung
EBAO	Einforderungs- und Beitreibungsanordnung i.d.F. der Bek. vom 1.4.2001
ebda.	Ebenda
eBO	elektronisches Bürger- und Organisationenpostfach
ECBA	European Criminal Bar Association
ECG	European Cooperation Group on Undercover Activities (ECG)
ECJ	s. EuGH (European Court of Justice)
ECLAN	European Criminal Law Academic Network
ECOSOC	Wirtschafts- und Sozialrat (UN)
ECPI	European Criminal Policy Initiative
ECPT	Europäisches Übereinkommen zur Verhütung von Folter und unmenschlicher oder erniedrigender Behandlung oder Strafe vom 26.11.1987 (ETS 126; BGBl. 1989 II S. 946)
ECRI	European Commission against Racism and Intolerance/Europäische Kommission gegen Rassismus und Intoleranz
ECRIS	European Criminal Records Information System
EDS/EDU	Europäische Drogeneinheit (Vorläufer von Europol)/European Drug Unit
EDV	Elektronische Datenverarbeitung

EEA	Europäische Ermittlungsanordnung/European Investigation Order (EIO)
EFG	Entscheidungen der Finanzgerichte (Zeitschrift)
EG	Vertrag zur Gründung einer Europäischen Gemeinschaft i.d.F. nach dem 1.5.1999 (vor dem 1.5.1999: EGV); Europäische Gemeinschaft
EGBGB	Einführungsgesetz zum Bürgerlichen Gesetzbuch vom 18.8.1896 (RGBl. S. 604) i.d.F. der Bek. vom 21.9.1994 (BGBl. I S. 2494)
EGFaxÜbk	Abkommen vom 26.5.1989 zwischen den Mitgliedstaaten der Europäischen Gemeinschaften über die Vereinfachung und Modernisierung der Verfahren zur Übermittlung von Auslieferungsersuchen (BGBl. 1995 II S. 969)
EGFinSchÜbk	Übereinkommen vom 26.7.1995 über den Schutz der finanziellen Interessen der Europäischen Gemeinschaften (PIF-Übereinkommen; ABlEG Nr. C 316 vom 27.11.1995, S. 49)
EGFinSchG	Gesetz zu dem Übereinkommen vom 26. Juli 1995 über den Schutz der finanziellen Interessen der Europäischen Gemeinschaften (EG-Finanzschutzgesetz – EGFinSchG) vom 10.9.1998 (BGBl. II S. 2322)
EGG	Gesetz über rechtliche Rahmenbedingungen für den elektronischen Geschäftsverkehr (Elektronischer Geschäftsverkehr-Gesetz – EGG) vom 14.12.2001 (BGBl. I S. 3721)
EGGVG	Einführungsgesetz zum Gerichtsverfassungsgesetz vom 27.1.1877 (RGBl. S. 77) zuletzt geändert durch Art. 3 des Gesetzes vom 25.6.2021 (BGBl. I S. 2099)
EGH	Ehrengerichtshof in Anwaltssachen
EGInsO	Einführungsgesetz zur Insolvenzordnung vom 5.10.1994 (BGBl. I S. 2911) zuletzt geändert durch Art. 36 des Gesetzes vom 10.8.2021 (BGBl. I S. 3436)
EGKS	Europäische Gemeinschaft für Kohle und Stahl
EGKSV	Vertrag über die Gründung der EGKS vom 18.4.1951 (BGBl. II S. 447)
EGMR	Europäischer Gerichtshof für Menschenrechte
EGMR (GK)	Europäischer Gerichtshof für Menschenrechte (Große Kammer)
EGMR (K)	Europäischer Gerichtshof für Menschenrechte (Kammer)
EGMRVerfO	Verfahrensordnung des Europäischen Gerichtshofs für Menschenrechte (Rules of Court) i.d.F. der Bek. vom 28.3.2024 (www.echr.coe.int)
EG-ne bis in idem-Übk	Übereinkommen vom 25.5.1987 zwischen den Mitgliedstaaten der Europäischen Gemeinschaften über das Verbot der doppelten Strafverfolgung – EG-ne bis in idem-Übk (BGBl. 1998 II S. 2227)
EGOWiG	Einführungsgesetz zum Gesetz über Ordnungswidrigkeiten vom 24.5.1968 (BGBl. I S. 503)
EGStGB 1870	Einführungsgesetz zum Strafgesetzbuch vom 31.5.1870 (RGBl. S.195)
EGStGB 1974	Einführungsgesetz zum Strafgesetzbuch vom 2.3.1974 (BGBl. I S.469)
EGStPO	Einführungsgesetz zur Strafprozeßordnung vom 1.2.1877
EGV	Vertrag zur Gründung einer Europäischen Gemeinschaft i.d.F. vor dem 1.5.1999 (nach dem 1.5.1999: EG)
EGVollstrÜbk	Übereinkommen vom 13.11.1991 zwischen den Mitgliedstaaten der Europäischen Gemeinschaft über die Vollstreckung ausländischer strafrechtlicher Verurteilungen
EGVP	Elektronisches Gerichts- und Verwaltungspostfach
EGWStrG	Einführungsgesetz zum Wehrstrafgesetz vom 30.4.1957 (BGBl. I S. 393)
EGZPO	Einführungsgesetz zur Zivilprozeßordnung vom 30.1.1877 (RGBl. S. 244)
EhrenGHE	Ehrengerichtliche Entscheidungen (der Ehrengerichtshöfe der Rechtsanwaltschaft des Bundesgebietes und des Landes Berlin)
EHRLR	European Human Rights Law Review
EhrRiVG	Gesetz zur Vereinfachung und Vereinheitlichung der Verfahrensvorschriften zur Wahl und Berufung ehrenamtlicher Richter vom 21.12.2004 (BGBl. I S. 3599)
eIDKG	eID-Karte-Gesetz vom 21. Juni 2019 (BGBl. I S. 846)
Einf.	Einführung
EinigungsV	Vertrag zwischen der Bundesrepublik Deutschland und der Deutschen Demokratischen Republik über die Herstellung der Einheit Deutschlands vom 31.8.1990 (BGBl. II S. 889)
EinigungsVG	Gesetz zu dem Vertrag vom 31.8.1990 zwischen der Bundesrepublik Deutschland und der Deutschen Demokratischen Republik über die Herstellung der Einheit Deutsch-

	lands – Einigungsvertragsgesetz – und der Vereinbarung vom 18.9.1990 vom 23.9.1990 (BGBl. II S. 885)
Einl.	Einleitung
EIO	s. EEA
eIP	elektronisches Integrationsportal
EIS	Europol-Informationssystem
EJB	Beschluss des Rates (2002/187/JI) vom 28.2.2002 über die Errichtung von Eurojust zur Verstärkung der Bekämpfung der schweren Kriminalität (ABlEG Nr. L 63 vom 6.3.2002, S. 1), geändert durch Beschluss 2003/659/JI des Rates vom 18.6.2003 (ABlEU Nr. L 245 vom 23.9.2003, S. 44) und den Beschluss 2009/426/JI des Rates vom 16.12.2008 zur Stärkung von Eurojust (ABlEU Nr. L 138 vom 4.6.2009, S. 14)
EJF	Entscheidungen aus dem Jugend- und Familienrecht (1951–1969)
EJG	Gesetz zur Umsetzung des Beschlusses (2002/187/JI) des Rates vom 28. Februar 2002 über die Errichtung von Eurojust zur Verstärkung der Bekämpfung der schweren Kriminalität (Eurojust-Gesetz – EJG) vom 12.5.2004 (BGBl. I S. 902)
EJKoV	Verordnung über die Koordinierung der Zusammenarbeit mit Eurojust (Eurojust-Koordinierungs-Verordnung –) vom 26.9.2012 (BGBl. I S. 2093)
EJN	Europäisches Justitielles Netz/European Judicial Network
EJTAnV	Verordnung über die Benennung und Einrichtung der nationalen Eurojust-Anlaufstelle für Terrorismusfragen (Eurojust-Anlaufstellen-Verordnung – EJTAnV) vom 17.12.2004 (BGBl. I S. 3520)
EJTN	European Judicial Training Network
EKMR	Europäische Kommission für Menschenrechte
EKMRVerfO	Verfahrensordnung der Europäischen Kommission für Menschenrechte i.d.F. der Bek. vom 29.5.1991 (BGBl. II S. 838)
EL	Ergänzungslieferung
eIDAS	elektronische Identifizierung und Vertrauensdienste für elektronische Transaktionen im Binnenmarkt
eIDASDG	Gesetz zur Durchführung der Verordnung (EU) Nr. 910/2014 des Europäischen Parlaments und des Rates vom 23. Juli 2014 über und zur Aufhebung der Richtlinie 1999/93/EG (eIDAS-Durchführungsgesetz) vom 18.7.2017 (BGBl. I S. 2745)
ELJ	European Law Journal
ELRev	European Law Review
EMCDDA	European Monitoring Centre for Drugs and Drug Addiction
EmmingerVO	Verordnung über Gerichtsverfassung und Strafrechtspflege vom 4.1.1924 (RGBl. I S. 23)
EMöGG	Gesetz zur Erweiterung der Medienöffentlichkeit in Gerichtsverfahren und zur Verbesserung der Kommunikationshilfen für Menschen mit Sprach- und Hörbehinderungen (Gesetz über die Erweiterung der Medienöffentlichkeit in Gerichtsverfahren – EMöGG) vom 8.10.2017 (BGBl. I S. 3546)
EMRK	Konvention zum Schutze der Menschenrechte und Grundfreiheiten vom 4.11.1950 (BGBl. II S. 685, 953) i.d.F. der Bek. vom 22.10.2010 (BGBl. II S. 1198) 1. ZP-EMRK vom 20.3.1952 (BGBl. 1956 II S. 1880) 2. P-EMRK vom 6.5.1963 (BGBl. 1968 II S. 1112) 3. P-EMRK vom 6.5.1963 (BGBl. 1968 II S. 1116) 4. ZP-EMRK vom 16.9.1963 (BGBl. 1968 II S. 423) 5. P-EMRK vom 20.1.1966 (BGBl. 1968 II S. 1120) 6. ZP-EMRK vom 28.4.1983 (BGBl. 1988 II S. 662) 7. ZP-EMRK vom 22.11.1984 8. P-EMRK vom 19.3.1985 (BGBl. 1989 II S. 547) 9. P-EMRK vom 6.11.1990 (BGBl. 1994 II S. 490) 10. P-EMRK vom 25.3.1992 (BGBl. 1994 II S. 490) 11. P-EMRK vom 11.5.1994 (BGBl. 1995 II S. 578) 12. ZP-EMRK vom 4.11.2000 13. ZP-EMRK vom 3.5.2002 (BGBl. 2004 II S. 982)

	14. P-EMRK vom 13.5.2004 (BGBl. 2006 II S. 138)
	14bis P-EMRK vom 27.5.2009
	15. P-EMRK vom 24.6.2013 (BGBl. 2014 II S. 1034)
	16. P-EMRK vom 2.10.2013
ENeuOG	Gesetz zur Neuordnung des Eisenbahnwesens (Eisenbahnneuordnungsgesetz – ENeuOG) vom 27.12.1993 (BGBl. I S. 2378) zuletzt geändert durch Art. 107 des Gesetzes vom 8.7.2016 (BGBl. I S. 1594)
ENFSI	European Network of Forensic Institute
EntlG	Gesetz zur Entlastung der Gerichte vom 11.3.1921 (RGBl. S. 229)
Entsch.	Entscheidung
entspr.	entsprechend
Entw.	Entwurf
Entw. 1908	Entwurf einer Strafprozeßordnung und Novelle zum Gerichtsverfassungsgesetz nebst Begründung (1908), E 1908, MatStrRef. Bd. 11
Entw. 1909	Entwürfe 1. eines Gesetzes, betreffend Änderungen des Gerichtsverfassungsgesetzes, 2. der Strafprozeßordnung (1909), E 1909 RT-Verhandl. Bd. 254 Drucks. Nr. 1310 = MatStrRRef. Bd. 12; Bericht der 7. Kommission des Reichstags 1909 bis 1911 zur Vorbereitung der Entwürfe 1. eines Gesetzes betreffend die Änderung des Gerichtsverfassungsgesetzes, 2. einer Strafprozeßordnung, 3. eines zu beiden Gesetzen gehörenden Einführungsgesetzes = MatStrRRef. Bd. 13
Entw. 1919/1920	Entwürfe 1. eines Gesetzes zur Änderung des Gerichtsverfassungsgesetzes (1919), 2. eines Gesetzes über den Rechtsgang in Strafsachen (1920), E 1919/1920, MatStrRRef. Bd. 14
Entw. 1930	Entwurf eines Einführungsgesetzes zum Allgemeinen Deutschen Strafgesetzbuch und zum Strafvollzugsgesetz 1930, EGStGB-Entw. 1930, RT-Drucks. Nr. 2070 = MatStrRRef. Bd. 7
Entw. 1939	Entwurf einer Strafverfahrensordnung und einer Friedens- und Schiedsmannsordnung (1939), StPO-Entw. 1939, Nachdruck 1954
EP	Europäisches Parlament
EPA	Europäisches Patentamt
EPO	s. ESA
EPPO	European Public Prosecutor's Office / Europäische Staatsanwaltschaft
EPZ	Europäische Politische Zusammenarbeit
ERA	Europäische Rechtsakademie (Trier)
ERA-Forum	ERA-Forum (Zeitschrift)
ErbR	Zeitschrift für die gesamte erbrechtliche Praxis
erg.	ergänzend
Erg.	Ergänzung; Ergebnis
ErgBd.	Ergänzungsband
Erl.	Erlass; Erläuterung(en)
ERVV	Verordnung über die technischen Rahmenbedingungen des elektronischen Rechtsverkehrs und über das besondere elektronische Behördenpostfach (Elektronischer-Rechtsverkehr-Verordnung) vom 24.11.2017 (BGBl. I S. 3803), zuletzt geändert durch Art. 43 des Gesetzes vom 12.7.2024 (BGBl. 2024 I Nr. 234)
ErwG	Erwägungsgrund
ESA	Europäische Schutzanordnung/European Protection Order (EPO)
EStG	Einkommensteuergesetz
ETS	European Treaty Series; Übereinkommen des Europarates (fortlaufend nummeriert; www.coe.int; ab 1949)
EU	Vertrag über die Europäische Union
EU-RHÜ	Europäisches Übereinkommen über die Rechtshilfe in Strafsachen vom 20. April 1959 (BGBl. 1964 II S. 1369, 1386)
EuAbgG	Europaabgeordnetengesetz vom 6.4.1979 (BGBl. I S. 413) zuletzt geändert durch Art. 2 des Gesetzes vom 11.7.2014 (BGBl. I S. 906)
EuAlÜbk	Europäisches Auslieferungsübereinkommen vom 13.12.1957 (ETS 024; BGBl. 1964 II S. 1369); 2. ZP EuAlÜbk vom 17.3.1978 (ETS 098; BGBl. 1990 II S. 118; 1991 II S. 874)

EUAlÜbk	Übereinkommen vom 27.9.1996 aufgrund von Artikel K.3 des Vertrags über die Europäische Union über die Auslieferung zwischen den Mitgliedstaaten der Europäischen Union (ABlEG Nr. C 313 vom 23.10.1996, S. 11; BGBl. 1998 II S. 2253)
EuArch	Europa-Archiv
EUBestG	Gesetz zu dem Protokoll vom 27. September 1996 zum Übereinkommen über den Schutz der finanziellen Interessen der Europäischen Gemeinschaften (EU-Bestechungsgesetz – EUBestG) vom 10.9.1998 (BGBl. II S. 2340)
EUC	Charta der Grundrechte der Europäischen Union
EUCARIS	Vertrag über ein Europäisches Fahrzeug- und Führerscheininformationssystem
EuCLR	European Criminal Law Review (Zeitschrift)
eucrim	Journal for the Protection of the Financial Interests of the European Communities
EuDrogenÜbk	Übereinkommen vom 31.1.1995 über den unerlaubten Verkehr mit Drogen auf hoher See zur Durchführung des Art. 17 des Übereinkommens der Vereinten Nationen vom 20.12.1988 gegen den unerlaubten Verkehr mit Suchtstoffen und psychotropen Stoffen (ETS 156; BGBl. 2000 II S. 1313)
EuG	Europäisches Gericht erster Instanz (Luxemburg)
EuGeldwÜbk	Übereinkommen vom 8.11.1990 über Geldwäsche sowie Ermittlung, Beschlagnahme und Einziehung von Erträgen aus Straftaten (ETS 141; BGBl. 1998 II S. 519)
EuGH	Gerichtshof der Europäischen Union
EuGH Slg.	Entscheidungen des Gerichtshofs der Europäischen Union (EuGH) – Amtliche Sammlung
EuGHG	Gesetz vom 6.8.1998 betreffend die Anrufung des Gerichtshofs der Europäischen Gemeinschaften im Wege des Vorabentscheidungsverfahrens auf dem Gebiet der polizeilichen Zusammenarbeit und der justitiellen Zusammenarbeit in Strafsachen nach Art. 35 des EU-Vertrages – EuGHG (BGBl. 1998 I S. 2035; 1999 II S. 728)
EuGRAG	Gesetz zur Durchführung der Richtlinie des Rates der EG vom 22.3.1977 zur Erleichterung der tatsächlichen Ausübung des freien Dienstleistungsverkehrs der Rechtsanwälte vom 16.8.1980 (BGBl. I S. 1453)
EuGRZ	Europäische Grundrechte-Zeitschrift
EuHb	Europäischer Haftbefehl/European Arrest Warrant (EAW)
EuHbG	Gesetz zur Umsetzung des Rahmenbeschlusses über den Europäischen Haftbefehl und die Übergabeverfahren zwischen den Mitgliedstaaten der Europäischen Union (Europäisches Haftbefehlsgesetz – EuHbG) vom 21.7.2004 (BGBl. I S. 1748) und vom 20.7.2006 (BGBl. I S. 1721)
EuJCCCJ	European Journal of Crime, Criminal Law and Criminal Justice (Zeitschrift)
EuKonv	Europäischer Konvent
EUMC	s. ECRI
EuOEÜbk	Europäisches Übereinkommen vom 24.11.1983 über die Entschädigung für Opfer von Gewalttaten (ETS 116; BGBl. 2000 II S. 1209)
EuR	Europarecht (Zeitschrift)
EuRAG	Gesetz über die Tätigkeit europäischer Rechtsanwälte in Deutschland vom 9.3.2000 (BGBl. I S. 182) zuletzt geändert durch Art. 24 des Gesetzes vom 5.10.2021 (BGBl. I S. 4607)
EuRhÜbk	Europäisches Übereinkommen über die Rechtshilfe in Strafsachen vom 20.4.1959 (ETS 30; BGBl. 1964 II S. 1369; 1976 II S. 1799); ZP EuRhÜbk vom 17.3.1978 (ETS 99; BGBl. 1990 II S. 124; 1991 II S. 909); 2. ZP EuRHÜbk vom 8.11.2001 (ETS 182)
EURhÜbk	Rechtshilfeübereinkommen der Mitgliedstaaten der Europäischen Union vom 29.5.2000, ABlEG Nr. C 197 vom 12.7.2000, S. 1; ZP EURHÜbk vom 16.10.2001 (ABlEG Nr. C 326 vom 21.11.2001, S. 1)
EurJCrimeCrLJ	European Journal of Crime, Criminal Law and Criminal Justice
EURODAC	Daktyloskopische Datenbank im Rahmen von Asylantragsverfahren
Eurojust	Europäische Justitielle Clearing- und Dokumentationsstelle (Den Haag)
Europol	Europäisches Polizeiamt (Den Haag)
EuropolG	Europolgesetz vom 16.12.1997 (BGBl. II S. 2150)
EuropolÜbk	Übereinkommen vom 26.7.1995 auf Grund von Artikel K.3 des EUV über die Errichtung eines Europäischen Polizeiamtes, ABlEG Nr. C 316 vom 27.11.1995, S. 1

EuropolVO	Verordnung (EU) 2016/794 des Europäischen Parlaments und des Rates vom 11. Mai 2016 über die Agentur der Europäischen Union für die Zusammenarbeit auf dem Gebiet der Strafverfolgung (Europol) und zur Ersetzung und Aufhebung der Beschlüsse 2009/371/JI, 2009/934/JI, 2009/935/JI, 2009/936/JI und 2009/968/JI des Rates, ABlEU Nr. L 135 vom 23.5.2016, S. 53
EuroPris	European Organisation of Prison and Correctional Services
EUStA	Europäische Staatsanwaltschaft
EUStAVO	Verordnung (EU) 2017/1939 des Rates vom 12.10.2017 zur Durchführung einer Verstärkten Zusammenarbeit zur Errichtung der Europäischen Staatsanwaltschaft (EUStA)
EuTerrÜbk	Übereinkommen zur Bekämpfung des Terrorismus vom 27.1.1977 (ETS 90; BGBl. 1978 II S. 321, 907)
EUV	Vertrag über die Europäische Union
EUV-Entw.	Entwurf einer Europäischen Verfassung i.d.F. des am 18.6.2004 zwischen den Staats- und Regierungschefs erzielten Konsenses (Dokument der Regierungskonferenz CIG 86/04 vom 25.6.2004)
EUVereinfAlÜbk	Übereinkommen vom 10.3.1995 aufgrund von Artikel K.3 des Vertrags über die Europäische Union über das vereinfachte Auslieferungsverfahren zwischen den Mitgliedstaaten der Europäischen Union (ABlEG Nr. C 78 vom 30.3.1995, S. 1; BGBl. 1998 II S. 2229)
EuVKonv	Entwurf eines Vertrags über eine Verfassung für Europa – vom Europäischen Konvent im Konsensverfahren angenommen am 13.6. und 10.7.2003 – dem Präsidenten des Europäischen Rates in Rom überreicht am 18.7.2003
EuZ	Zeitschrift für Europarecht (Schweiz)
EuZA	Europäische Zeitschrift für Arbeitsrecht
EuZW	Europäische Zeitschrift für Wirtschaftsrecht
evt.	eventuell
EWG	Europäische Wirtschaftsgemeinschaft
EWGV	Vertrag zur Gründung der Europäischen Wirtschaftsgemeinschaft vom 25.3.1957 (BGBl. II S. 766)
EWiR	Entscheidungen zum Wirtschaftsrecht
EWR-Abk.	Gesetz zu dem Abkommen vom 2.5.1992 über den Europäischen Wirtschaftsraum
EYHR	European Yearbook on Human Rights
EZAR	Entscheidungssammlung zum Zuwanderungs-, Asyl- und Freizügigkeitsrecht
EzSt	Entscheidungssammlung zum Straf- und Ordnungswidrigkeitenrecht, 1983 bis 1990 (Loseblattausgabe)
f., ff.	folgende
FAG	Gesetz über Fernmeldeanlagen vom 6.4.1892 i.d.F. der Bek. vom 3.7.1989 (BGBl. I S. 1455); ersetzt durch das TKG
FAGO	Geschäftsordnung für die Finanzämter
FamFG	Gesetz über das Verfahren in Familiensachen und in den Angelegenheiten der freiwilligen Gerichtsbarkeit (FamFG), Art. 1 des Gesetzes vom 17.12.2008 (BGBl. I S. 2586, 2009 I S. 1102)
FamPLG	Gesetz über Aufklärung, Verhütung, Familienplanung und Beratung vom 27.7.1992 (BGBl. I S. 1398) nun Schwangerschaftskonfliktgesetz (SchKG)
FamRZ	Zeitschrift für das gesamte Familienrecht
FAO	Fachanwaltsordnung i.d.F. vom 1.1.2020
FG	Finanzgericht/Festgabe
FGG	Gesetz über die Angelegenheiten der freiwilligen Gerichtsbarkeit vom 17.5.1898 i.d.F. der Bek. vom 20.5.1898 (RGBl. S. 771) aufgehoben durch Art. 112 Abs. 1 des Gesetzes vom 17.12.2008 (BGBl. I S. 2586)
FGO	Finanzgerichtsordnung, neugefasst durch Bek. vom 28.3.2001 (BGBl. I S. 442, 2262, 2002 I S. 679)
FGPrax	Praxis der freiwilligen Gerichtsbarkeit

1. FiMaNoG	Erstes Gesetz zur Novellierung von Finanzmarktvorschriften auf Grund europäischer Rechtsakte (Erstes Finanzmarktnovellierungsgesetz) vom 30.6.2016 (BGBl. I S. 1514)
2. FiMaNoG	Zweites Gesetz zur Novellierung von Finanzmarktvorschriften auf Grund europäischer Rechtsakte (Zweites Finanzmarktnovellierungsgesetz) vom 23.6.2017 (BGBl. I S. 1693)
FinB	Finanzbehörde
FinVerwG	Gesetz über die Finanzverwaltung vom 6.9.1950 (BGBl. I S. 448) i.d.F. der Bek. vom 30.8.1971 (BGBl. I S. 1426)
FLF	Finanzierung Leasing Factoring (Zeitschrift)
FlRG	Gesetz über das Flaggenrecht der Seeschiffe und die Flaggenführung der Binnenschiffe (Flaggenrechtsgesetz) vom 8.2.1951 i.d.F. der Bek. vom 29.10.1994 (BGBl. I S. 3140)
FIU	Financial Intelligence Unit
Fn.	Fußnote
FN A	Fundstellennachweis des Deutschen Bundesrechts, Bundesrecht ohne völkerrechtliche Vereinbarungen und Verträge mit der DDR
FN B	Fundstellennachweis des Deutschen Bundesrechts, Völkerrechtliche Vereinbarungen und Verträge mit der DDR
FO	Fernmeldeordnung i.d.F. der Bek. vom 5.5.1971 (BGBl. I S. 541)
FoR	Forum Recht (Zeitschrift)
FP-IPBPR	1. Fakultativprotokoll zum Internationalen Pakt über bürgerliche und politische Rechte vom 19.12.1966 (BGBl. 1992 II S. 1247)
2. FP-IPBPR	2. Fakultativprotokoll zu dem Internationalen Pakt über bürgerliche und politische Rechte zur Abschaffung der Todesstrafe vom 15.12.1989 (BGBl. 1992 II S. 390)
FPR	Familie Partnerschaft Recht
FRA	Agentur der Europäischen Union für Grundrechte/Agency for Fundamental Rights
FRONTEX	Europäische Grenzschutzagentur
FS	Forum Strafvollzug – Zeitschrift für Strafvollzug und Straffälligenhilfe (früher ZfStrV)
FS (Name)	Festschrift, auch Festgabe usw. (angefügt Name des Geehrten)
FuR	Familie und Recht
G 10	Gesetz zur Beschränkung des Brief-, Post- und Fernmeldegeheimnisses vom 26.6.2001 (BGBl. I S. 1254)
GA	Goltdammer's Archiv für Strafrecht, zitiert nach Jahr und Seite (bis 1933: Archiv für Strafrecht und Strafpolitik, zitiert nach Band und Seite)
GASP	Gemeinsame Außen- und Sicherheitspolitik
GBA	Generalbundesanwalt
GBl.	Gesetzblatt
GBl./DDR I, II	Gesetzblatt der Deutschen Demokratischen Republik, Teil I und II (1949 bis 1990)
GDolmG	Gesetz über die allgemeine Beeidigung von gerichtlichen Dolmetschern (Gerichtsdolmetschergesetz) vom 10.12.2019 (BGBl. I S. 2121, 2124)
GedS	Gedächtnisschrift (angefügt Name des Geehrten)
gem.	gemäß
GemDatG	Gesetz zur Errichtung gemeinsamer Dateien von Polizeibehörden und Nachrichtendiensten des Bundes und der Länder vom 22.12.2006 (Gemeinsame-Dateien-Gesetz) (BGBl. I S. 3409)
GemProt.	Gemeinsames Protokoll
GenG	Gesetz betreffend die Erwerbs- und Wirtschaftsgenossenschaften vom 1.5.1889, neugefasst durch Bek. vom 16.10.2006 (BGBl. I S. 2230)
GenStA	Generalstaatsanwaltschaft
GerS	Der Gerichtssaal (1849–1942)
Ges.	Gesetz
GeschlkrG	Gesetz zur Bekämpfung der Geschlechtskrankheiten vom 23.7.1953 (BGBl. I S. 700)
GeschO	Geschäftsordnung
GETZ	Gemeinsames Extremismus- und Terrorismusabwehrzentrum
GewO	Gewerbeordnung vom 21.6.1869, neugefasst durch Bek. vom 22.2.1999 (BGBl. I S. 202)

GewSchG	Gesetz vom 11.12.2001 zur Verbesserung des zivilgerichtlichen Schutzes bei Gewalttaten und Nachstellungen sowie zur Erleichterung der Überlassung der Ehewohnung bei Trennung (Gewaltschutzgesetz – GewSchG; BGBl. I S. 3513)
GewVerbrG	Gesetz gegen gefährliche Gewohnheitsverbrecher und über Maßregeln der Sicherung und Besserung vom 24.11.1933 (RGBl. I S. 995)
GG	Grundgesetz für die Bundesrepublik Deutschland vom 23.5.1949 (BGBl. S. 1)
ggf.	gegebenenfalls
GKG	Gerichtskostengesetz vom 5.5.2004 (BGBl. I S. 718)
GKI	Gemeinsame Kontrollinstanz (jeweils eingerichtet bei Europol und Eurojust)
GKÖD	Gesamtkommentar Öffentliches Dienstrecht
GLY	German Law Journal (Internet-Zeitschrift; www.germanlawjournal.de)
GmbH	Gesellschaft mit beschränkter Haftung
GmbHG	Gesetz betreffend die Gesellschaften mit beschränkter Haftung vom 20.4.1892 (RGBl. S. 477)
GMBl.	Gemeinsames Ministerialblatt
GmS-OGB	Gemeinsamer Senat der obersten Gerichtshöfe des Bundes
GnO	Gnadenordnung
GNotKG	Gesetz über Kosten der freiwilligen Gerichtsbarkeit für Gerichte und Notare (Gerichts- und Notarkostengesetz) vom 23.7.2013
GoJIL	Göttingen Journal of International Law (Online-Zeitschrift)
GoltdA	s. GA
G&R	Geldwäsche & Recht (Zeitschrift)
GRC	Europäische Grundrechtecharta
grds.	grundsätzlich
GRECO	Group of States against Corruption
GreifRecht	Greifswalder Halbjahresschrift für Rechtswissenschaft
GRETA	Group of Experts on Action against Trafficking in Human Beings
GREVIO	Expertengruppe zur Überwachung des Übereinkommens zum Schutz von Frauen vor Gewalt und häuslicher Gewalt (CETS 210)
GrSSt	Großer Senat in Strafsachen
Gruchot	Beiträge zur Erläuterung des deutschen Rechts, begründet von Gruchot
GRUR	Gewerblicher Rechtsschutz und Urheberrecht (Zeitschrift)
GRURInt	Gewerblicher Rechtsschutz und Urheberrecht International (Zeitschrift)
GS	Gesetzessammlung
GSNW	Sammlung des bereinigten Landesrechts Nordrhein-Westfalen (1945–56)
GSSchlH	Sammlung des schleswig-holsteinischen Landesrechts, 2 Bände (1963)
GStA	Generalstaatsanwalt
GSZ	Zeitschrift für das Gesamte Sicherheitsrecht
GÜG	Gesetz zur Überwachung des Verkehrs mit Grundstoffen, die für die unerlaubte Herstellung von Betäubungsmitteln mißbraucht werden können (Grundstoffüberwachungsgesetz – GÜG) vom 7.10.1994 (BGBl. I S. 2835)
GuP	Gesundheit und Pflege (Zeitschrift)
GÜV	Gesetz zur Überwachung strafrechtlicher und anderer Verbringungsverbote vom 24.5.1961 (BGBl. I S. 607)
GV	Gemeinsame Verfügung (mehrerer Ministerien)
GVBl.	Gesetz- und Verordnungsblatt
GVBl. II	Sammlung des bereinigten Hessischen Landesrechts
GVG	Gerichtsverfassungsgesetz vom 27.1.1877 i.d.F. der Bek. vom 9.5.1975 (BGBl. I S. 1077)
GVGA	Geschäftsanweisung für Gerichtsvollzieher
GVGÄG 1971	Gesetz zur Änderung des Gerichtsverfassungsgesetzes vom 8.9.1971 (BGBl. I S. 1513)
GVGÄG 1974	Gesetz zur Änderung des Gerichtsverfassungsgesetzes vom 25.3.1974 (BGBl. I S. 761)
GVG/DDR	Gesetz über die Verfassung der Gerichte der Deutschen Demokratischen Republik – Gerichtsverfassungsgesetz – vom 27.9.1974 (GBl. I S. 457)
GVO	Gerichtsvollzieherordnung
GVRZ	Zeitschrift für das gesamte Verfahrensrecht

GVVG-ÄndG	Gesetz zur Änderung der Verfolgung der Vorbereitung von schweren staatsgefährdenden Gewalttaten vom 12.6.2015 (BGBl. I S. 926)
GVVO	Verordnung zur einheitlichen Regelung der Gerichtsverfassung vom 20.3.1935 (RGBl. I S. 403) in der im BGBl. III Gliederungsnummer 300-5 veröffentlichten bereinigten Fassung
GWB	Gesetz gegen Wettbewerbsbeschränkungen vom 27.7.1957 i.d.F. der Bek. vom 26.8.1998 (BGBl. I S. 2546)
GwG	Gesetz über das Aufspüren von Gewinnen aus schweren Straftaten (Geldwäschegesetz – GwG) vom 25.10.1993 (BGBl. I S. 1770)
GWR	Gesellschafts- und Wirtschaftsrecht (Zeitschrift)
GWuR	Geldwäsche & Recht (Zeitschrift)
GYIL	German Yearbook of International Law (Zeitschrift)
Gz	Geschäftszeichen
Haager Abk.	Haager Abkommen über den Zivilprozeß vom 17.7.1905 (RGBl. 1909 S. 409)
HalbleiterschutzG	Gesetz über den Schutz der Topographien von mikroelektronischen Halbleitererzeugnissen (Halbleiterschutzgesetz) vom 22.10.1987 (BGBl. I S. 2294)
Hamb.	Hamburg
HambJVBl.	Hamburgisches Justizverwaltungsblatt
Hans.	Hanseatisch
HansGZ	Hanseatische Gerichtszeitung (1880 bis 1927)
HansJVBl.	Hanseatisches Justizverwaltungsblatt (bis 1946/47)
HansOLGSt	Entscheidungen des Hanseatischen Oberlandesgerichts in Strafsachen (1879 bis 1932/33)
HansRGZ	Hanseatische Rechts- und Gerichtszeitschrift (1928–43), vorher: HansGZ (1880–1927)
HansRZ	Hanseatische Rechtszeitschrift für Handel, Schiff-Fahrt und Versicherung, Kolonial- und Auslandsbeziehungen sowie für Hansestädtisches Recht (1918 bis 1927)
HbStrVf/*Verfasser*	Heghmanns/Scheffler (Hrsg.), Handbuch zum Strafverfahren
HdR	Stier-Somlo/Elster (Hrsg.), Handwörterbuch der Rechtswissenschaft (1926 bis 1937)
Hess.	Hessen
HESt	Höchstrichterliche Entscheidungen, Sammlung von Entscheidungen der Oberlandesgerichte und der Obersten Gerichte in Strafsachen (1948–49)
HGB	Handelsgesetzbuch vom 10.5.1897 (RGBl. S. 219)
HKÜ	Haager Übereinkommen über die zivilrechtlichen Aspekte internationaler Kindesentführung vom 25.10.1980
h.M.	herrschende Meinung
HmbStVollzG	Hamburgisches Strafvollzugsgesetz
HRC	Human Rights Committee – UN-Menschenrechtsausschuss
HRLJ	Human Rights Law Journal
HRLR	Human Rights Law Review
HRN	Hamburger Rechtsnotizen (Zeitschrift)
HRR	Höchstrichterliche Rechtsprechung (1928 bis 1942)
HRRS	Online-Zeitschrift für Höchstrichterliche Rechtsprechung im Strafrecht (www.hrr-strafrecht.de)
Hrsg.	Herausgeber
HRSt	Entscheidungen zum Strafrecht, Strafverfahrensrecht und zu den Nebengebieten (Höchstrichterliche Rechtsprechung) (ab 1996)
Hs.	Halbsatz
HSOG	Hessisches Gesetz über die öffentliche Sicherheit und Ordnung
HStVollzG	Hessisches Strafvollzugsgesetz
HUDOC	Human Rights Documentation des Europarates
HuV-I	Humanitäres Völkerrecht – Informationsschriften
HV	Hauptverhandlung
IAGMR	Interamerikanischer Gerichtshof für Menschenrechte
ICC	s. IStGH

ICC-Statut	s. IStGH-Statut
ICJ	s. IGH
ICLQ	The International and Cooperative Law Quarterly
ICLR	International Criminal Law Review
ICPA	International Corrections and Prisons Association
ICTR	Internationaler Strafgerichtshof für Ruanda
ICTY	Internationaler Strafgerichtshof für das ehemalige Jugoslawien
i.d.F.	in der Fassung
i.d.R.	in der Regel
i.E.	im Ergebnis
i.e.S.	im engeren Sinne
IFCCLGE	International Forum on Crime and Criminal Law in the Global Era (Peking)
IGH	Internationaler Gerichtshof ICJ (Den Haag)
i.H.v.	in Höhe von
IKV	Internationale Kriminalistische Vereinigung
ILEA	International Law Enforcement Academy
ILO	International Labour Organization (Internationale Arbeitsorganisation)
InfAuslR	Informationsbrief Ausländerrecht
INPOL	Informationssystem der Polizei
InsO	Insolvenzordnung vom 5.10.1994 (BGBl. I S. 2866); zuletzt geändert durch Art. 34 Abs. 13 des Gesetzes vom 22.12.2023 (BGBl. I Nr. 411)
INTERPA	International Association of Police Academies
IntJLegalMed	International Journal of Legal Medicine
IPBPR	Internationaler Pakt über bürgerliche und politische Rechte vom 19.12.1966 (BGBl. 1973 II S. 1534)
IPBPRG	Zustimmungsgesetz zu dem Internationalen Pakt über bürgerliche und politische Rechte vom 15.11.1973 (BGBl. II S. 1533)
IPWSKR	Internationaler Pakt über die wirtschaftlichen, sozialen und kulturellen Rechte vom 19.12.1966 (BGBl. 1973 II S. 1570)
IRG	Gesetz über die internationale Rechtshilfe in Strafsachen i.d.F. der Bek. vom 27.6.1994 (BGBl. I S. 1537)
i.S.	im Sinne
i.S.d.	im Sinne des/der
IStR	Internationales Steuerrecht – Zeitschrift für europäische und internationale Wirtschaftsberatung
i.S.v.	im Sinne von
IStGH	Internationaler Strafgerichtshof ICC (Den Haag)
IStGHG	Gesetz über die Zusammenarbeit mit dem Internationalen Strafgerichtshof vom 21.6.2002 (BGBl. I S. 2144)
IStGHSt	Gesetz vom 4.12.2000 zum Römischen Statut des Internationalen Strafgerichtshofs vom 17. Juli 1998 – IStGH-Statutgesetz (BGBl. II S. 1393)
ITRB	IT-Rechts-Berater
Iurratio	Zeitschrift für Stud. iur und junge Juristen
i.V.m.	in Verbindung mit
IWG	International Working Group on Police Undercover Activities
i.w.S.	im weiteren Sinne
JA	Juristische Arbeitsblätter für Ausbildung und Examen
JahrbÖR	Jahrbuch des öffentlichen Rechts der Gegenwart
JahrbPostw.	Jahrbuch des Postwesens (1937 bis 1941/42)
JAVollzO	Jugendarrestvollzugsordnung vom 12.8.1966 i.d.F. der Bek. vom 30.11.1976 (BGBl. I S. 3270)
JBeitrG	Justizbeitreiungsgesetz vom 27.6.2017 (BGBl. I S. 1926)
JBeitrO	Justizbeitreibungsordnung vom 11.3.1937 (RGBl. I S. 298)
JBl.	Justizblatt/Juristische Blätter (Österreich)

JBlRhPf.	Justizblatt Rheinland-Pfalz
JBlSaar	Justizblatt des Saarlandes
JGG	Jugendgerichtsgesetz vom 4.8.1953 i.d.F. der Bek. vom 11.12.1974 (BGBl. I S. 3427)
JICJ	Journal of International Criminal Justice
JIR	Jahrbuch für internationales Recht
JK	Jura-Kartei
JKassO	Justizkassenordnung
JKomG	Gesetz über die Verwendung elektronischer Kommunikationsformen in der Justiz (Justizkommunikationsgesetz – JKomG) vom 22.3.2005 (BGBl. I S. 832)
JKostG	Justizkostengesetz (Landesrecht)
JLCJ	Journal of Law and Criminal Justice
jM	juris – Die Monatsschrift
JMBl.	Justizministerialblatt
JMBlNRW, JMBlNW	Justizministerialblatt für das Land Nordrhein-Westfalen
JMK	Justizministerkonferenz (Konferenz der Landesjustizministerinnen und -minister)
JoJZG	Journal der Juristischen Zeitgeschichte
JOR	Jahrbuch für Ostrecht
JöR	Jahrbuch des öffentlichen Rechts
JP	Juristische Person
JR	Juristische Rundschau
JRP	Journal für Rechtspolitik
JSt	Journal für Strafrecht
JStVollzG (NRW)	Gesetz zur Regelung des Vollzuges der Freiheitsstrafe in Nordrhein-Westfalen (Strafvollzugsgesetz Nordrhein-Westfalen – StVollzG NRW) vom 27.1.2015 (GVNRW S. 76)
JStVollzG (Saarland)	Gesetz über den Vollzug der Freiheitsstrafe im Saarland (Saarländisches Strafvollzugsgesetz – SLStVollzG) vom 24.4.2013 (ABl. I S. 116)
JugG	Jugendgericht
JugK	Jugendkammer
JugSchG	Jugendschöffengericht
JugStrafgG	Gesetz über die Zusammenarbeit mit dem Internationalen Strafgerichtshof für das ehemalige Jugoslawien (Jugoslawien-Strafgerichtshof-Gesetz) vom 10.4.1995 (BGBl. I S. 485)
Jura	Juristische Ausbildung (Zeitschrift)
JUFIL	Journal on the Use of Force and International Law
JurBüro	Das juristische Büro (Zeitschrift)
JurJahrb.	Juristen-Jahrbuch
JuS	Juristische Schulung (Zeitschrift)
JustG NRW	Gesetz über die Justiz im Land Nordrhein-Westfalen (Justizgesetz Nordrhein-Westfalen – JustG NRW) vom 1.1.2011 (GVNRW S. 30)
Justiz	Die Justiz, Amtsblatt des Justizministeriums Baden-Württemberg
JV	Justizverwaltung
JVA	Justizvollzugsanstalt
JVBl.	Justizverwaltungsblatt
JVEG	Gesetz über die Vergütung von Sachverständigen, Dolmetscherinnen, Dolmetschern, Übersetzerinnen und Übersetzern sowie die Entschädigung von ehrenamtlichen Richterinnen, ehrenamtlichen Richtern, Zeuginnen, Zeugen und Dritten (Justizvergütungs- und -entschädigungsgesetz) vom 5.5.2004 (BGBl. I S. 718)
JVerwA	Justizverwaltungsakt
JVerwB	Justizverwaltungsbehörde
JVKostG	Gesetz über Kosten in Angelegenheiten der Justizverwaltung vom 23.7.2013 (BGBl. I S. 2586)
JVKostO	Verordnung über Kosten im Bereich der Justizverwaltung vom 14.2.1940 (RGBl. I S. 357) – ersetzt durch das JVKostG mit Wirkung zum 1.8.2013 (BGBl. I S. 2586)
JVollz.	Jugendstrafvollzugsordnung: s. auch JAVollzO
JVollzGB	Gesetzbuch über den Justizvollzug in Baden-Württemberg
JW	Juristische Wochenschrift

JZ	Juristen-Zeitung
1. JuMoG	Erstes Gesetz zur Modernisierung der Justiz (1. Justizmodernisierungsgesetz) vom 24.8.2004 (BGBl. I S. 2198)
2. JuMoG	Zweites Gesetz zur Modernisierung der Justiz (2. Justizmodernisierungsgesetz) vom 22.10.2006 (BGBl. I S. 3416)
Kap.	Kapitel
KAS	Konrad-Adenauer-Stiftung
kes	Zeitschrift für Informations-Sicherheit
KFZ	Kraftfahrzeug
KG	Kammergericht/Kommanditgesellschaft
KGJ	Jahrbuch der Entscheidungen des Kammergerichts in Sachen der freiwilligen Gerichtsbarkeit, in Kosten-, Stempel- und Strafsachen (1881–1922)
KJ	Kritische Justiz (Zeitschrift)
KO	Konkursordnung vom 10.2.1877 i.d.F. der Bek. vom 20.5.1898 (RGBl. S. 612)
KoDD	Koordinierungsdauerdienst (Eurojust)
KOM	Dokument(e) der Europäischen Kommission
KonsG	Gesetz über die Konsularbeamten, ihre Aufgaben und Befugnisse (Konsulargesetz) vom 1.9.1974 (BGBl. I S. 2317)
KostÄndG	Gesetz zur Änderung und Ergänzung kostenrechtlicher Vorschriften vom 26.7.1957 (BGBl. I S. 861)
KostRMoG	Gesetz zur Modernisierung des Kostenrechts vom 5.5.2004 – Kostenrechtsmodernisierungsgesetz (BGBl. I S. 718)
2. KostRMoG	Zweites Gesetz zur Modernisierung des Kostenrechts vom 23.7.2013 – 2. Kostenrechtsmodernisierungsgesetz (BGBl. I S. 2586)
KostMaßnG	Gesetz über Maßnahmen auf dem Gebiet des Kostenrechts vom 7.8.1952 (BGBl. I S. 401)
KostO	Gesetz über die Kosten in Angelegenheiten der freiwilligen Gerichtsbarkeit i.d.F. der Bek. vom 26.7.1957 (BGBl. I S. 861) – ersetzt durch das GNotKG mit Wirkung zum 1.8.2013
KostRÄndG 1994	Gesetz zur Änderung von Kostengesetzen und anderen Gesetzen (Kostenrechtsänderungsgesetz 1994 – KostRÄndG 1994) vom 24.6.1994 (BGBl. I S. 1325)
KostRspr.	Kostenrechtsprechung (Loseblattsammlung)
KostVfg.	Kostenverfügung, Durchführungsbestimmungen zu den Kostengesetzen
K&R	Kommunikation und Recht (Zeitschrift)
KrG	Kreisgericht
Krim. Forens. Wiss	Kriminalistik und forensische Wissenschaften
Kriminalist	Der Kriminalist (Zeitschrift)
Kriminalistik	Kriminalistik, Zeitschrift für die gesamte kriminalistische Wissenschaft und Praxis
KrimJ	Kriminologisches Journal
KrimOJ	Kriminologie – Das Online-Journal
KrimPäd.	Kriminalpädagogische Praxis (Zeitschrift)
KriPoZ	Kriminalpolitische Zeitschrift
krit.	kritisch
KritV/CritQ/RCrit	Kritische Vierteljahresschrift für Gesetzgebung und Rechtswissenschaft/Critical Quarterly for Legislation and Law/Revue critique trimestrielle de jurisprudence et de législation
KronzG	Gesetz zur Einführung einer Kronzeugenregelung bei terroristischen Straftaten (Art. 4 des StGBÄndG 1989) vom 9.6.1989 (BGBl. I S. 1059)
KronzVerlG	Gesetz zur Änderung des Gesetzes zur Änderung des Strafgesetzbuches, der Strafprozeßordnung und des Versammlungsgesetzes und zur Einführung einer Kronzeugenregelung bei terroristischen Straftaten (Kronzeugen-Verlängerungs-Gesetz) vom 16.2.1993 (BGBl. I S. 238)
2. KronzVerlG	Zweites Gesetz zur Änderung des Gesetzes zur Änderung des Strafgesetzbuches, der Strafprozeßordnung und des Versammlungsgesetzes und zur Einführung einer Kronzeugenregelung bei terroristischen Straftaten (2. Kronzeugen-Verlängerungs-Gesetz) vom 19.1.1996 (BGBl. I S. 58)
KSI	Krisen-, Sanierungs- und Insolvenzberatung (Zeitschrift)

KSZE	Konferenz für Sicherheit und Zusammenarbeit in Europa
KSzW	Kölner Schrift zum Wirtschaftsrecht
KUG	Gesetz über das Urheberrecht an Werken der bildenden Künste und der Fotografie vom 9.1.1907 (RGBl. S. 7)
KUP	Kriminologie und Praxis (Schriftenreihe der Kriminologischen Zentralstelle)
KuR	Kirche und Recht (Zeitschrift)
KUR	Kunst und Recht (Zeitschrift)
k + v	Kraftfahrt und Verkehrsrecht, Zeitschrift der Akademie für Verkehrswissenschaft
KVGKG	Kostenverzeichnis (Anlage 1 zum GKG)
KWKG	Gesetz über die Kontrolle von Kriegswaffen i.d.F. der Bek. vom 22.11.1990 (BGBl. I S. 2506)
LDÜJG RP	Landesgesetz über Dolmetscherinnen und Dolmetscher und Übersetzerinnen und Übersetzer in der Justiz (LDÜJG) vom 10.9.2008 (GVBl. 358)
LegPer.	Legislaturperiode
Lfg.	Lieferung
LFGB	Lebensmittel-, Bedarfsgegenstände- und Futtermittelgesetzbuch
LG	Landgericht
LJV	Landesjustizverwaltung
LKA	Landeskriminalamt
LKV	Landes- und Kommunalverwaltung (Zeitschrift)
LM	Lindenmaier/Möhring u.a. (Hrsg.), Nachschlagewerk des Bundesgerichtshofs (Loseblattsammlung)
LMBG	Gesetz über den Verkehr mit Lebensmitteln, Tabakerzeugnissen, kosmetischen Mitteln und sonstigen Bedarfsgegenständen (Lebensmittel- und Bedarfsgegenständegesetz) i.d.F. der Bek. vom 9.9.1997 (BGBl. I S. 2297) aufgehoben durch Art. 8 des Gesetzes vom 4.4.2016 (BGBl. I S. 569)
LMG (1936)	Gesetz über den Verkehr mit Lebensmitteln und Bedarfsgegenständen (Lebensmittelgesetz) vom 5.7.1927 i.d.F. der Bek. vom 17.1.1936 (RGBl. I S. 17)
LPartG	Gesetz über die Eingetragene Lebenspartnerschaft (Lebenspartnerschaftsgesetz) vom 16.2.2001 (BGBl. I S. 266)
LPG	Landespressegesetz
LRE	Sammlung lebensmittelrechtlicher Entscheidungen
Ls.	Leitsatz
LuftFzgG	Gesetz über Rechte an Luftfahrzeugen vom 26.2.1959 (BGBl. I 57)
LuftVG	Luftverkehrsgesetz i.d.F. der Bek. vom 27.3.1999 (BGBl. I S. 550)
LuftVO	Luftverkehrs-Ordnung i.d.F. der Bek. vom 27.3.1999 (BGBl. I S. 580)
LV	Literaturverzeichnis, Schrifttumsverzeichnis
LVerf.	Landesverfassung
LVG	Landesverwaltungsgericht
LZ	Leipziger Zeitschrift für Deutsches Recht (1907 bis 1933)
m. Anm.	mit Anmerkung
MABl.	Ministerialamtsblatt
MarkenG	Gesetz über den Schutz von Marken und sonstigen Kennzeichen (Markengesetz – MarkenG) vom 25.10.1994 (BGBl. I S. 3082, 1995 I S. 156, 1996 I S. 682)
Mat.	s. Hahn
MatStrRRef.	Materialien zur Strafrechtsreform, herausgegeben vom BMJ, Bd. 1–15 (1954–1960) (s. auch Entw.)
MBl.	Ministerialblatt
MdL	Mitglied des Landtags
MDR	Monatsschrift für Deutsches Recht
MedR	Medizinrecht (Zeitschrift)
medstra	Zeitschrift für Medizinstrafrecht
MEPA	Mitteleuropäische Polizeiakademie

MHfS	Mannheimer Hefte für Schriftvergleichung
MiStra.	Anordnung über Mitteilungen in Strafsachen vom 15.3.1985 i.d.F. der Bek. vom 29.4.1998, bundeseinheitlich
MittKV	Mitteilungen der Internationalen Kriminalistischen Vereinigung (1889 bis 1914; 1926 bis 1933)
MMR	MultiMedia und Recht (Zeitschrift)
MOG	Gesetz zur Durchführung der Gemeinsamen Marktorganisation vom 31.8.1972 (BGBl. I S. 1617)
MONEYVAL	Committee of Experts on the Evaluation of Anti-Money Laundering Measures and the Financing of Terrorism
Mot.	Begründung zur Strafprozeßordnung bei Hahn (s. dort)
MR	Medien und Recht (Österreich)
MRG	Militärregierungsgesetz
MSchrKrim.	Monatsschrift für Kriminologie und Strafrechtsreform
MSchrKrimPsych.	Monatsschrift für Kriminalpsychologie und Strafrechtsreform (1904/05 bis 1936)
MStGO	Militärstrafgerichtsordnung i.d.F. der Bek. vom 29.9.1936 (RGBl. I S. 755)
Muster-Entw.	Muster-Entwurf eines einheitlichen Polizeigesetzes, verabschiedet von der JMK am 10./11.6.1976, geändert durch Beschluss der JMK vom 25.11.1977
MV	Mecklenburg-Vorpommern
m.w.B.	mit weiteren Beispielen
m.w.N.	mit weiteren Nachweisen
NachtrSichVG	Gesetz zur Einführung einer nachträglichen Sicherungsverwahrung vom 23.7.2004 (BGBl. I S. 1838)
NATO-Truppenstatut	Abkommen zwischen den Parteien des Nordatlantikvertrags vom 19.6.1951 über die Rechtsstellung ihrer Truppen (BGBl. 1961 II S. 1183, 1190), Bek. vom 16.6.1963 (BGBl. II S. 745)
Nds.	Niedersachsen
NdsAGGVG	Niedersächsisches Ausführungsgesetz zum Gerichtsverfassungsgesetz vom 5.4.1963 (GVBl. S. 225)
NdsRpfl.	Niedersächsische Rechtspflege
NdsVBl.	Niedersächsische Verwaltungsblätter
n.F.	neue Fassung
N.F.	Neue Folge
Nieders. GVBl. Sb. I, II	Niedersächsisches Gesetz- und Verordnungsblatt, Sonderband I und II, Sammlung des bereinigten niedersächsischen Rechts
NJ	Neue Justiz (bis 1990 DDR)
NJECL	New Journal of European Criminal Law
NJOZ	Neue Juristische Online-Zeitschrift (nur über beck-online abrufbar)
NJVollzG	Niedersächsisches Justizvollzugsgesetz
NJW	Neue Juristische Wochenschrift
NKrimpol.	Neue Kriminalpolitik (Zeitschrift)
NLMR	Newsletter Menschenrechte
noeP	Nicht offen ermittelnder Polizeibeamter
NordÖR	Zeitschrift für Öffentliches Recht in Norddeutschland
NotVO	s. Ausn. VO
NPA	Neues Polizei-Archiv
NRO	Nichtregierungsorganisation
NRW	Nordrhein-Westfalen
NRWO	(österreichisches) Bundesgesetz über die Wahl des Nationalrates (Nationalrats-Wahlordnung 1992)
NStE	Neue Entscheidungssammlung für Strafrecht
NStZ	Neue Zeitschrift für Strafrecht
NStZ-RR	NStZ – Rechtsprechungs-Report (Zeitschrift, ab 1996)
NSW	Neue Strafrechtswissenschaft (Zeitschrift)

NuR	Natur und Recht (Zeitschrift)
NVwZ	Neue Zeitschrift für Verwaltungsrecht
NWB	NWB Steuer- und Wirtschaftsrecht (Zeitschrift)
NWVBl.	Nordrheinwestfälische Verwaltungsblätter
NZA	Neue Zeitschrift für Arbeitsrecht
NZA-RR	NZA-Rechtsprechungs-Report Arbeitsrecht
NZI	Neue Zeitschrift für Insolvenzrecht
NZM	Neue Zeitschrift für Miet- und Wohnungsrecht
NZS	Neue Zeitschrift für Sozialrecht
NZV	Neue Zeitschrift für Verkehrsrecht
NZWehrr	Neue Zeitschrift für Wehrrecht
NZWiSt	Neue Zeitschrift für Wirtschafts-, Steuer- und Unternehmensstrafrecht
OASG	Gesetz zur Sicherung der zivilrechtlichen Ansprüche der Opfer von Straftaten (Opferanspruchsicherungsgesetz) vom 8.5.1998 (BGBl. I S. 905)
OBLG	Oberstes Landesgericht
OECD	Organisation für Wirtschaftliche Zusammenarbeit und Entwicklung
OEG	Gesetz über die Entschädigung für Opfer von Gewalttaten vom 11.5.1976 (BGBl. I S. 1181) i.d.F. der Bek. vom 7.1.1985 (BGBl. I S. 1)
OER	Osteuropa-Recht
OG	Oberstes Gericht der DDR
OGH	Oberster Gerichtshof (Österreich)
OGHSt	Entscheidungen des Obersten Gerichtshofes für die Britische Zone in Strafsachen (1949/50)
ÖJZ	Österreichische Juristen-Zeitung
OLAF	Europäisches Amt für Betrugsbekämpfung (Office Européen de Lutte Anti-Fraude)
OLG	Oberlandesgericht
OLG-NL	OLG-Report Neue Länder
OLGR	OLG-Report
OLGSt	Entscheidungen der Oberlandesgerichte zum Straf- und Strafverfahrensrecht (Loseblattausgabe, bis 1983)
OLGSt N.F.	Entscheidungen der Oberlandesgerichte zum Straf- und Strafverfahrensrecht, Neue Folge (Loseblattausgabe, ab 1983)
OLGVertrÄndG	Gesetz zur Änderung des Rechts der Vertretung durch Rechtsanwälte vor den Oberlandesgerichten vom 23.7.2002 (BGBl. I S. 2850)
OPCAT	s. UNCAT
OpferRRG	Gesetz zur Verbesserung der Rechte von Verletzten im Strafverfahren (Opferrechtsreformgesetz – OpferRRG) vom 24.6.2004 (BGBl. I S. 1354)
2. OpferRRG	Gesetz zur Stärkung der Rechte von Verletzten und Zeugen im Strafverfahren (2. Opferrechtsreformgesetz) vom 29.7.2009 (BGBl. I S. 2280)
3. OpferRRG	Gesetz zur Stärkung der Opferrechte im Strafverfahren (3. Opferrechtsreformgesetz) vom 21.12.2015 (BGBl. I S. 2525)
OpferschutzG	Erstes Gesetz zur Verbesserung der Stellung des Verletzten im Strafverfahren (Opferschutzgesetz) vom 18.12.1986 (BGBl. I S. 2496) aufgehoben durch Art. 68 des Gesetzes vom 19.4.2006 (BGBl. I S. 866)
OrgKG	Gesetz zur Bekämpfung des illegalen Rauschgifthandels und anderer Erscheinungsformen der Organisierten Kriminalität (OrgKG) vom 15.7.1992 (BGBl. I S. 1302)
OrgStA	Anordnung über Organisation und Dienstbetrieb der Staatsanwaltschaften
ÖRiZ	Österreichische Richterzeitung
ÖRZ	Österreichische Raiffeisen-Zeitung
OStA	Oberstaatsanwalt
ÖstAnwBl.	Österreichisches Anwaltsblatt
öStVG	Österreichisches Strafvollzugsgesetz
ÖStZ	Österreichische Steuerzeitung
OSZE	Organisation für Sicherheit und Zusammenarbeit in Europa

OSCI	Online Services Computer Interface
ÖVerfG	Österreichischer Verfassungsgerichtshof
OVG	Oberverwaltungsgericht
OWG/DDR	Gesetz zur Bekämpfung von Ordnungswidrigkeiten (der Deutschen Demokratischen Republik) vom 12.1.1968 (GBl. I S. 101)
OWiG	Gesetz über Ordnungswidrigkeiten, neugefasst durch Bek. vom 19.2.1987 (BGBl. I S. 602)
OWiGÄndG	Gesetz zur Änderung des Gesetzes über Ordnungswidrigkeiten, des Straßenverkehrsgesetzes und anderer Gesetze vom 7.7.1986 (BGBl. I S. 977)
PAO	Patentanwaltsordnung vom 7.9.1966 (BGBl. I S. 557)
ParlStG	Gesetz über die Rechtsverhältnisse der parlamentarischen Staatssekretäre vom 24.7.1974 (BGBl. I S. 1538)
PartG	Gesetz über die politischen Parteien (Parteiengesetz) neugefasst durch Bek. vom 31.1.1994, (BGBl. I S. 149)
PaßG	Paßgesetz vom 19.4.1986 (BGBl. I S. 537)
PatG	Patentgesetz, neugefasst durch Bek. vom 16.12.1980 (BGBl. 1981 I S. 1)
PAuswG	Gesetz über Personalausweise vom 19.12.1950 (BGBl. I S. 807) i.d.F. der Bek. vom 21.4.1986 (BGBl. I S. 548)
PD-Art. 43	Practice Direction – Requests under Article 43 of the Convention
PD-EF	Practice Direction – Electronic filing by applicants
PD-I	Practice Direction – Institution of proceedings (EGMR)
PD-IM	Practice Direction – Request for interim measures (Rule 39) (EGMR)
PD-JS	Practice Direction – Just satisfaction claims (Art. 41 ECHR) (EGMR)
PD-MI	Practice Direction – Processing of applications in the event of a mass influx
PD-RfA	Practice Direction – Request for anonymity (EGMR)
PD-RoJ	Practice Direction – Recusal of judges (Rule 28)
PD-SEF	Practice Direction – Secured electronic filing (EGMR)
PD-TPI	Practice Direction – Third-party intervention (Art. 36 § 2 of the Convention or Art. 3, second sentence, of Protocol No. 16)
PD-WP	Practice Direction – Written pleadings (EGMR)
PdR	Praxis der Rechtspsychologie (Zeitschrift)
PflVG	Gesetz über die Pflichtversicherung für Kraftfahrzeughalter i.d.F. der Bek. vom 5.4.1965 (BGBl. I S. 213)
PinG	Privacy in Germany
PJZS	Polizeiliche und Justizielle Zusammenarbeit in Strafsachen
PKH	Prozesskostenhilfe
PKHÄndG	Gesetz zur Änderung von Vorschriften über die Prozeßkostenhilfe (Prozeßkostenhilfeänderungsgesetz – PKHÄndG) vom 10.10.1994 (BGBl. I S. 2954) aufgehoben durch Art. 64 des Gesetzes vom 19.4.2006 (BGBl. I S. 866)
PlenProt.	Plenarprotokoll, Stenographische Berichte der Sitzungen des Deutschen Bundestages
PNR	Passenger Name Record
POGNRW	Polizeiorganisationsgesetz (des Landes NRW) i.d.F. der Bek. vom 22.10.1994 (GVNRW S. 852)
PolGBW	Polizeigesetz (des Landes BW) i.d.F. der Bek. vom 13.1.1992 (GBl. S. 1)
Polizei	s. Die Polizei
PostG	Gesetz über das Postwesen i.d.F. der Bek. vom 22.12.1997 (BGBl. I S. 3294)
PostO	Postordnung vom 16.5.1963 (BGBl. I S. 341)
PostStruktG	Gesetz zur Neustrukturierung des Post- und Fernmeldewesens und der Deutschen Bundespost (Poststrukturgesetz – PoststruktG) vom 8.6.1989 (BGBl. I S. 1026)
Pr.	Preußen
prALR	Allgemeines Landrecht für die Preußischen Staaten
PräsLG	Präsident des Landgerichts
PräsOLG	Präsident des Oberlandesgerichts
PräsVerfG	Gesetz über die Änderung der Bezeichnungen der Richter und ehrenamtlichen Richter und der Präsidialverfassungen der Gerichte vom 26.5.1972 (BGBl. I S. 841)

PrG	Pressegesetz (Landesrecht)
PrGS	Preußische Gesetzessammlung (1810–1945)
Prot.	Protokoll
ProzeßkostenhG	Gesetz über die Prozeßkostenhilfe vom 13.6.1980 (BGBl. I S. 677) aufgelöst durch Art. 62 des Gesetzes vom 19.4.2006 (BGBl. I S. 866)
Pro-Eurojust	Vorgänger- und Gründungseinheit von Eurojust
PrPG	Gesetz zur Stärkung des Schutzes des geistigen Eigentums und zur Bekämpfung der Produktpiraterie (PrPG) vom 7.3.1990 (BGBl. I S. 422)
PrZeugnVerwG	Gesetz über das Zeugnisverweigerungsrecht der Mitarbeiter von Presse und Rundfunk vom 25.7.1975 (BGBl. I S. 1973)
PStR	Praxis Steuerstrafrecht
PsychPbG	Gesetz über die psychosoziale Prozessbegleitung im Strafverfahren, Art. 4 des Gesetzes vom 21.12.2015, BGBl. I S. 2525, 2529 (Nr. 55).
PTNeuOG	Gesetz zur Neuordnung des Postwesens und der Telekommunikation (Postneuordnungsgesetz – PTNeuOG) vom 14.9.1994 (BGBl. I S. 2325)
PUAG	Gesetz zur Regelung des Rechts der Untersuchungsausschüsse des Deutschen Bundestages (Untersuchungsausschussgesetz – PUAG) vom 19.6.2001 (BGBl. I S. 1142)
PV	Personenvereinigung
PVG	Polizeiverwaltungsgesetz
PVR	Praxis Verkehrsrecht
RA	Rechtsanwalt
RabelsZ	Rabels-Zeitschrift für ausländisches und internationales Privatrecht
RAG/DDR	Rechtsanwaltsgesetz der Deutschen Demokratischen Republik vom 13.9.1990 (GBl. I S. 1504)
RAHG	s. RHG
RANotz.PrG	Gesetz zur Prüfung von Rechtsanwaltszulassungen, Notarbestellungen und Berufungen ehrenamtlicher Richter vom 24.6.1992 (BGBl. I S. 1386)
RAO	Reichsabgabenordnung vom 13.12.1919, aufgehoben durch AO vom 16.3.1976
RAussch.	Rechtsausschuss
RAVPV	Verordnung über die Rechtsanwaltsverzeichnisse und die besonderen elektronischen Anwaltspostfächer (Rechtsanwaltsverzeichnis- und -postfachverordnung – RAVPV) vom 23.9.2016 (BGBl. I S. 2167)
RAW	Recht Automobil Wirtschaft
RB	Rahmenbeschluss (Art. 34 EU)
RBerG	Gesetz zur Verhütung von Mißbrauch auf dem Gebiet der Rechtsberatung vom 13.12.1935 (RGBl. I S. 1478); aufgehoben durch Art. 20 des Gesetzes vom 12.12.2007 (BGBl. I S. 2840)
RBEuHb	Rahmenbeschluss des Rates (2002/584/JI) vom 13.6.2002 über den Europäischen Haftbefehl und die Übergabeverfahren zwischen den Mitgliedstaaten (ABlEU Nr. L 190 vom 18.7.2002, S. 1)
RdA	Recht der Arbeit
RdErl.	Runderlass
RDG	Gesetz über außergerichtliche Rechtsdienstleistungen (Rechtsdienstleistungsgesetz – RDG) vom 12.12.2007 (BGBl. I. S. 2840)
RDH	Revue des Droits de l'Homme
Rdi	Recht Digital
RDIDC	Revue de droit international et de droit comparé
RdJB	Recht der Jugend und des Bildungswesens (Zeitschrift)
RdK	Das Recht des Kraftfahrers (1926–43, 1949–55)
RdM	Recht der Medizin
RDStH	Entscheidungen des Reichsdienststrafhofs (1939–41)
RDStO	Reichsdienststrafordnung vom 26.1.1937 (RGBl. I S. 71)
RDV	Recht der Datenverarbeitung
Recht	Das Recht, begründet von Soergel (1897 bis 1944)

recht	Information des Bundesministers der Justiz
RefE	Referentenentwurf
Reg.	Regierung
RegBl.	Regierungsblatt
RegE	Regierungsentwurf
RegE TKÜ	Entwurf der Bundesregierung eines Gesetzes zur Neuregelung der Telekommunikationsüberwachung und anderer verdeckter Ermittlungsmaßnahmen sowie zur Umsetzung der Richtlinie 2006/EG vom 18.4.2007
RehabG	Rehabilitierungsgesetz (der Deutschen Demokratischen Republik) vom 6.9.1990 (GBl. I S. 1459), aufgehoben durch StrRehaG
Res.	Resolution
RevMC	Revue du Marché commun et de l'Union européenne
Rev.trim.dr.h.	Revue trimestrielle des droits de l'homme
RG	Reichsgericht
RGBl., RGBl. I, II	Reichsgesetzblatt, von 1922 bis 1945 Teil I und II
RGRspr.	Rechtsprechung des Reichsgerichts in Strafsachen (1879 bis 1888)
RGSt	Entscheidungen des Reichsgerichts in Strafsachen
RGZ	Entscheidungen des Reichsgerichts in Zivilsachen
RheinSchA	Revidierte Rheinschiffahrtsakte (Mannheimer Akte) i.d.F. der Bek. vom 11.3.1969 (BGBl. II S. 597)
RHG	Gesetz über die innerdeutsche Rechts- und Amtshilfe in Strafsachen vom 2.5.1953 (BGBl. I S. 161)
RHGDVO	Verordnung zur Durchführung des Gesetzes über die innerdeutsche Rechts- und Amtshilfe in Strafsachen vom 23.12.1953 (BGBl. I S. 1569)
RhPf.	Rheinland-Pfalz
RiA	Recht im Amt
RichtlRA	Grundsätze des anwaltlichen Standesrechts – Richtlinien gem. § 177 Abs. 2 Satz 2 BRAO vom 21.6.1973
RiG/DDR	Richtergesetz der Deutschen Demokratischen Republik vom 5.7.1990 (GBl. I S. 637)
RiJGG	Richtlinien zum Jugendgerichtsgesetz
RiStBV	Richtlinien für das Strafverfahren und das Bußgeldverfahren vom 1.12.1970 (BAnz. Nr. 17/1971), i.d.F. der Bek. vom 1.2.1997 mit spät. Änderungen, bundeseinheitlich
RiVASt	Richtlinien für den Rechtshilfeverkehr mit dem Ausland in strafrechtlichen Angelegenheiten
RIW	Recht der Internationalen Wirtschaft (Zeitschrift)
RKG(E)	Reichskriegsgericht (Entscheidungen des RKG)
RL	Richtlinie
RMBl.	Reichsministerialblatt, Zentralblatt für das Deutsche Reich (1923–45)
RMilGE	Entscheidungen des Reichsmilitärgerichts
Rn.	Randnummer
ROW	Recht in Ost und West (Zeitschrift)
RpflAnpG	Gesetz zur Anpassung der Rechtspflege im Beitrittsgebiet (Rechtspflege-Anpassungsgesetz – RpflAnpG) vom 26.6.1992 (BGBl. I S. 1147)
RpflAnpÄndG	Gesetz zur Änderung des Rechtspflege-Anpassungsgesetzes – RpflAnpG vom 7.12.1995 (BGBl. I S. 1590)
Rpfleger	Der Deutsche Rechtspfleger
RpflEntlG	Gesetz zur Entlastung der Rechtspflege vom 11.1.1993 (BGBl. I S. 50) aufgehoben durch Art. 5 des Gesetzes vom 6.12.2011 (BGBl. S. 2554)
RPflG	Rechtspflegergesetz vom 5.11.1969 (BGBl. I S. 2065)
RpflVereinfG	Rechtspflege-Vereinfachungsgesetz vom 17.12.1990 (BGBl. I S. 2847)
RPsych	Rechtspsychologie (Zeitschrift)
Rs.	Rechtssache
Rspr.	Rechtsprechung
RT	Reichstag
RTDE	Revue trimestrielle de droit européen

RTDrucks.	Drucksachen des Reichstags
RTh	Zeitschrift für Logik und Juristische Methodenlehre, Rechtsinformatik, Kommunikationsforschung, Normen- und Handlungstheorie, Soziologie und Philosophie des Rechts – eJournal
RTVerh.	Verhandlungen des Reichstags
RuP	Recht und Politik (Zeitschrift)
RVerf.	s. WeimVerf.
RVG	Gesetz über die Vergütung der Rechtsanwältinnen und Rechtsanwälte – Rechtsanwaltsvergütungsgesetz vom 5.5.2004 (BGBl. I S. 718)
RVO	Reichsversicherungsordnung vom 19.7.1911 i.d.F. der Bek. vom 15.12.1924 (RGBl. I S. 779)
RW	Rechtswissenschaft – Zeitschrift für rechtswissenschaftliche Forschung
RZ	s. ÖRiZ
R&P	Recht und Psychiatrie (Zeitschrift)
r+s	Recht und Schaden (Zeitschrift)
s.	siehe
s.a.	siehe auch
s.o.	s. oben / siehe oben
s.u.	s. unten / siehe unten
S.	Satz, Seite
Sa.	Sachsen
SaAnh.	Sachsen-Anhalt
SaBremR	Sammlung des bremischen Rechts (1964)
SächsArch.	Sächsisches Archiv für Rechtspflege, seit 1924 (bis 1941/42) Archiv für Rechtspflege in Sachsen, Thüringen und Anhalt
SächsOLG	Annalen des Sächsischen Oberlandesgerichts zu Dresden (1880 bis 1920)
SächsVBl.	Sächsische Verwaltungsblätter
SAM	Steueranwaltsmagazin
SchAZtg	Schiedsamtszeitung
SchiedsmZ	Schiedsmannszeitung (1926 bis 1945), seit 1950 Der Schiedsmann
SchiedsstG	Gesetz (der Deutschen Demokratischen Republik) über die Schiedsstellen in den Gemeinden vom 13.9.1990 (GBl. I S. 1527)
SchlH	Schleswig-Holstein
SchlHA	Schleswig-Holsteinische Anzeigen
SchrR	Schriftenreihe
SchrRAGStrafR	Schriftenreihe der Arbeitsgemeinschaft Strafrecht im Deutschen Anwaltverein
SchRG	Gesetz über Rechte an eingetragenen Schiffen und Schiffsbauwerken vom 15.11.1940 (RGBl. I S. 1499)
SchrRBRAK	Schriftenreihe der Bundesrechtsanwaltskammer
SchwarzArbG	Gesetz zur Bekämpfung der Schwarzarbeit und illegalen Beschäftigung vom 23.7.2004 (Schwarzarbeitsbekämpfungsgesetz – SchwarzArbG) (BGBl. I S. 1842)
SchwGBG	Gesetz zur Verbesserung der Bekämpfung der Geldwäsche und Steuerhinterziehung vom 28.4.2011 (Schwarzgeldbekämpfungsgesetz) (BGBl. I S. 676)
SchwJZ	Schweizerische Juristenzeitung
SchwZStr	Schweizer Zeitschrift für Strafrecht
SDÜ	Übereinkommen vom 19.6.1990 zwischen dem Königreich Belgien, der Bundesrepublik Deutschland, der Französischen Republik, dem Großherzogtum Luxemburg und dem Königreich der Niederlande zur Durchführung des am 14.6.1985 in Schengen unterzeichneten Übereinkommens betreffend den schrittweisen Abbau der Kontrollen an den gemeinsamen Grenzen (Schengener Durchführungsübereinkommen; ABlEG Nr. L 239 vom 22.9.2000, S. 19)
1. SED-UnberG	Erstes Gesetz zur Bereinigung von SED-Unrecht (Erstes SED-Unrechtsbereinigungsgesetz – 1. SED-UnberG) vom 29.10.1992 (BGBl. I S. 1814)
2. SED-UnberG	Zweites Gesetz zur Bereinigung von SED-Unrecht (Zweites SED-Unrechtsbereinigungsgesetz – 2. SED–UnBerG) vom 23.6.1994 (BGBl. I S. 1311)

SeeAufgG	Gesetz über die Aufgaben des Bundes auf dem Gebiet der Seeschiffahrt (Seeaufgabengesetz – SeeAufgG) vom 24.5.1965 i.d.F. der Bek. vom 27.9.1994 (BGBl. I S. 2802)
SeemG	Seemannsgesetz vom 26.7.1957 (BGBl. II S. 713) aufgehoben durch Art. 7 des Gesetzes vom 20.4.2013 (BGBl. I S. 868)
SeuffBl.	Seufferts Blätter für Rechtsanwendung (1836–1913)
SFHÄndG	Schwangeren- und Familienhilfeänderungsgesetz (SFHÄndG) vom 21.8.1995 (BGBl. I S. 1050)
SFHG	Gesetz zum Schutz des vorgeburtlichen/werdenden Lebens, zur Förderung einer kinderfreundlicheren Gesellschaft, für Hilfe im Schwangerschaftskonflikt und zur Regelung des Schwangerschaftsabbruchs (Schwangeren- und Familienhilfegesetz) vom 27.7.1992 (BGBl. I S. 1398)
SGb	Die Sozialgerichtsbarkeit (Zeitschrift)
SGB	Sozialgesetzbuch I – Sozialgesetzbuch, Allgemeiner Teil (1. Buch), vom 27.12. 2003 (BGBl. I S. 3022) II – Sozialgesetzbuch, Grundsicherung für Arbeitsuchende (2. Buch), vom 24.12.2003 (BGBl. I S. 2954) III – Sozialgesetzbuch, Arbeitsförderung (3. Buch), vom 27.12. 2003 (BGBl. I S. 3022) IV – Sozialgesetzbuch, Gemeinsame Vorschriften für die Sozialversicherung (4. Buch) vom 24.7.2003 (BGBl. I S. 1526) V – Sozialgesetzbuch, Gesetzliche Krankenversicherung (5. Buch) vom 27.12.2003 (BGBl. I S. 3022) VI – Sozialgesetzbuch, Gesetzliche Rentenversicherung (6. Buch) vom 29.4.2004 (BGBl. I S. 678) VII – Sozialgesetzbuch, Gesetzliche Unfallversicherung (7. Buch) vom 27.12.2003 (BGBl. I S. 3019) VIII – Sozialgesetzbuch, Kinder- und Jugendhilfe (8. Buch) vom 27.12.2003 (BGBl. I S. 3022) IX – Sozialgesetzbuch, Rehabilitation und Teilhabe behinderter Menschen (9. Buch) vom 23.4.2004 (BGBl. I S. 606) X – Sozialgesetzbuch, Verwaltungsverfahren (10. Buch) vom 5.4.2004 (BGBl. I S. 718) XI – Sozialgesetzbuch, Soziale Pflegeversicherung (11. Buch) vom 27.12.2003 (BGBl. I S. 3022) XII – Sozialgesetzbuch, Sozialhilfe (12. Buch) vom 27.12.2003 (BGBl. I S. 3022)
SGG	Sozialgerichtsgesetz, neugefasst durch Bek. vom 23.9.1975 (BGBl. I S. 2535)
SGV.NW	Sammlung des bereinigten Gesetz- und Verordnungsblatts für das Land Nordrhein-Westfalen (Loseblattsammlung)
SIAK	Zeitschrift für Polizeiwissenschaft und polizeiliche Praxis (Österreich)
SichVG	Gesetz zur Rechtsvereinheitlichung der Sicherungsverwahrung (SichVG) vom 16.6.1995 (BGBl. I S. 818)
SIRENE	Supplementary Information Request at the National Entry (nationale Kontaktstelle des SIS)
SIS	Schengener Informationssystem
SJIR	Schweizerisches Jahrbuch für internationales Recht
SJZ	Schweizerische Juristen-Zeitung/Süddeutsche Juristenzeitung (1946–50), dann Juristenzeitung
SkAufG	Gesetz über die Rechtsstellung ausländischer Streitkräfte bei vorübergehenden Aufenthalten in der Bundesrepublik Deutschland (Streitkräfteaufenthaltsgesetz – SkAufG) vom 20.7.1995 (BGBl. II S. 554)
s.o.	siehe oben
SortSchG	Gesetz über den Schutz von Pflanzensorten (Sortenschutzgesetz) vom 20.5.1968 i.d.F. der Bek. vom 4.1.1977 (BGBl. I S. 105)
SozVw	Die Sozialverwaltung (Zeitschrift)
SprengG	Gesetz über explosionsgefährliche Stoffe (Sprengstoffgesetz – SprengG) vom 13.9.1976 (BGBl. I S. 2737) i.d.F. der Bek. vom 17.4. 1986 (BGBl. I S. 577)

SprengstG	Gesetz über explosionsgefährliche Stoffe (Sprengstoffgesetz) vom 25.8.1969 (BGBl. I S. 1358, ber. BGBl. 1970 I S. 224), aufgehoben durch SprengG vom 13.9.1976
SpuRt	Sport und Recht (Zeitschrift)
SR	Soziales Recht (Zeitschrift)
SRÜ	Seerechtsübereinkommen der Vereinten Nationen vom 10.12.1982 (BGBl. 1994 II S. 1799)
StA	Staatsanwalt, Staatsanwaltschaft
StaatsGH	Staatsgerichtshof
StaatsschStrafsG	Gesetz zur allgemeinen Einführung eines zweiten Rechtszuges in Staatsschutz-Strafsachen vom 8.9.1969 (BGBl. I S. 1582)
StAG/DDR	Gesetz über die Staatsanwaltschaft der Deutschen Demokratischen Republik vom 7.4.1977 (GBl. I S. 93)
StAZ	Das Standesamt (Zeitschrift)
StBerG	Steuerberatungsgesetz, neugefasst durch Bek. vom 4.11.1975 (BGBl. I S. 2735)
StGB	Strafgesetzbuch, neugefasst durch Bek. vom 13.11.1998 (BGBl. I S. 3322)
StGB/DDR	Strafgesetzbuch der Deutschen Demokratischen Republik vom 12.1.1968 in der Neufassung vom 14.12.1988 (GBl. I S. 93)
StGBÄndG 1976	Gesetz zur Änderung des Strafgesetzbuches, der Strafprozeßordnung, des Gerichtsverfassungsgesetzes, der Bundesrechtsanwaltsordnung und des Strafvollzugsgesetzes vom 18.8.1976 (BGBl. I S. 2181)
StGBÄndG 1989	Gesetz zur Änderung des Strafgesetzbuches, der Strafprozeßordnung und des Versammlungsgesetzes und zur Einführung einer Kronzeugenregelung bei terroristischen Straftaten vom 9.6.1989 (BGBl. I S. 1059)
StORMG	Gesetz zur Stärkung der Rechte von Opfern sexuellen Missbrauchs vom 26.6.2013 (BGBl. I S. 1805)
StPÄG 1964	Gesetz zur Änderung der Strafprozeßordnung und des Gerichtsverfassungsgesetzes vom 19.12.1964 (BGBl. I S. 1067)
StPÄG 1972	Gesetz zur Änderung der Strafprozeßordnung vom 7.8.1972 (BGBl. I S. 1361)
StPÄG 1978	Gesetz zur Änderung der Strafprozeßordnung vom 14.4.1978 (BGBl. I S. 497)
StPÄG 1986	Paßgesetz und Gesetz zur Änderung der Strafprozeßordnung vom 19.4.1986 (BGBl. I S. 537)
StPÄG 1988	Gesetz zur Änderung der Strafprozeßordnung vom 17.5.1988 (BGBl. I S. 606)
StPO	Strafprozeßordnung vom 1.2.1877 i.d.F. der Bek. vom 7.4.1987 (BGBl. I S. 1074)
StPO/DDR	Strafprozeßordnung der Deutschen Demokratischen Republik vom 12.1.1968 in der Neufassung vom 19.12.1974 (GBl. 1975 I S. 61)
str.	streitig/strittig
StraFo	Strafverteidiger Forum (Zeitschrift)
StrafrAbh.	Strafrechtliche Abhandlungen, herausgegeben von Bennecke, dann von Beling, v. Lilienthal und Schoetensack
StraftVVG	Gesetz zur Verfolgung der Vorbereitung von schweren staatsgefährdenden Gewalttaten vom 30.7.2009 (BGBl. I S. 2437)
StRÄndG	Strafrechtsänderungsgesetz 1. ~ vom 30.8.1951 (BGBl. I S. 739) 2. ~ vom 6.3.1953 (BGBl. I S. 42) 3. ~ vom 4.8.1953 (BGBl. I S. 735) 4. ~ vom 11.6.1957 (BGBl. I S. 597) 5. ~ vom 24.6.1960 (BGBl. I S. 477) 6. ~ vom 30.6.1960 (BGBl. I S. 478) 7. ~ vom 1.6.1964 (BGBl. I S. 337) 8. ~ vom 25.6.1968 (BGBl. I S. 741) 9. ~ vom 4.8.1969 (BGBl. I S. 1065) 10. ~ vom 7.4.1970 (BGBl. I S. 313) 11. ~ vom 16.12.1971 (BGBl. I S. 1977) 12. ~ vom 16.12.1971 (BGBl. I S. 1779) 13. ~ vom 13.6.1975 (BGBl. I S. 1349) 14. ~ vom 22.4.1976 (BGBl. I S. 1056)

15. ~ vom 18.5.1976 (BGBl. I S. 1213)
16. ~ vom 16.7.1979 (BGBl. I S. 1078)
17. ~ vom 21.12.1979 (BGBl. I S. 2324)
18. ~ vom 28.3.1980 (BGBl. I S. 379) – Gesetz zur Bekämpfung der Umweltkriminalität
19. ~ vom 7.8.1981 (BGBl. I S. 808)
20. ~ vom 8.12.1981 (BGBl. I S. 1329)
21. ~ vom 13.6.1985 (BGBl. I S. 963)
22. ~ vom 18.7.1985 (BGBl. I S. 1510)
23. ~ vom 13.4.1986 (BGBl. I S. 1986)
24. ~ vom 13.1.1987 (BGBl. I S. 141)
25. ~ vom 20.8.1990 – § 201 StG – (BGBl. I S. 1764)
26. ~ vom 24.7.1992 – Menschenhandel – (BGBl. I S. 1255)
27. ~ vom 23.7.1993 – Kinderpornographie – (BGBl. I S. 1346)
28. ~ vom 13.1.1994 – Abgeordnetenbestechung – (BGBl. I S. 84)
29. ~ vom 31.5.1994 – §§ 175, 182 StGB – (BGBl. I S. 1168)
30. ~ vom 23.6.1994 – Verjährung von Sexualstraftaten an Kindern und Jugendlichen – BGBl. I S. 1310)
31. ~ vom 27.6.1994 – 2. Gesetz zur Bekämpfung der Umweltkriminalität – (BGBl. I S. 1440)
32. ~ vom 1.6.1995 – §§ 44, 69b StGB – (BGBl. I S. 747)
33. ~ vom 1.7.1997 – §§ 177, 178 StGB (BGBl. I S. 1607)
34. ~ vom 22.8.2002 – § 129b StGB (BGBl. I S. 3390)
35. ~ vom 22.12.2003 – Betrug und Fälschung im Zusammenhang mit unbaren Zahlungsmitteln (BGBl. I S. 2838)
36. ~ vom 30.7.2004 – § 201a StGB (BGBl. I S. 2012)
37. ~ vom 18.2.2005 – §§ 180b, 181 StGB (BGBl. I S. 239)
38. ~ vom 4.8.2005 – § 78b StGB (BGBl. I S. 2272)
39. ~ vom 1.9.2005 – §§ 303, 304 StGB (BGBl. I S. 2674)
40. ~ vom 22.3.2007 – Strafbarkeit beharrlicher Nachstellungen (Anti-Stalking-Gesetz) (BGBl. I S. 354)
41. ~ vom 7.8.2007 – Bekämpfung der Computerkriminalität (BGBl. I S. 1786)
42. ~ vom 29.6.2009 – Anhebung der Höchstgrenze des Tagessatzes bei Geldstrafen (BGBl. I S. 1658)
43. ~ vom 29.7.2009 – Strafzumessung bei Aufklärungs- und Präventionshilfe (BGBl. I S. 2288)
44. ~ vom 1.11.2011 – Widerstand gegen Vollstreckungsbeamte (BGBl. I S. 2130)
45. ~ vom 6.12.2011 – Umsetzung der Richtlinie des Europäischen Parlaments und des Rates zum strafrechtlichen Schutz der Umwelt (BGBl. I S. 2557)
46. ~ vom 10.6.2013 – Beschränkung der Möglichkeit zur Strafmilderung bei Aufklärungs- und Präventionshilfe (BGBl. I S. 1497)
47. ~vom 24.9.2013 – Strafbarkeit der Verstümmelung weiblicher Genitalien (BGBl. I S. 3671)
48. ~ vom 23.4.2014 – Erweiterung des Straftatbestandes der Abgeordnetenbestechung (BGBl. I S. 410)
49. ~ vom 21.1.2015 – Umsetzung europäischer Vorgaben zum Sexualstrafrecht (BGBl. I S. 10)
50. ~ vom 4.11.2016 – Verbesserung des Schutzes der sexuellen Selbstbestimmung (BGBl. I S. 2460)
51. ~ vom 11.4.2017 – Strafbarkeit von Sportwettbetrug und der Manipulation von berufssportlichen Wettbewerben (BGBl. I S. 815)
52. ~ vom 23.5.2017 – Stärkung des Schutzes von Vollstreckungsbeamten und Rettungskräften (BGBl. I S. 1226)
53. ~ vom 11.6.2017 – Ausweitung des Maßregelrechts bei extremistischen Straftätern (BGBl. I S. 1612)
54. ~ vom 17.7.2017 – Umsetzung des Rahmenbeschlusses 2008/841/JI des Rates vom 24. Oktober 2008 zur Bekämpfung der organisierten Kriminalität (BGBl. I S. 2440)

	55. ~ vom 17.7.2017 – Wohnungseinbruchdiebstahl (BGBl. I S. 2442)
	56. ~ vom 30.9.2017 – Strafbarkeit nicht genehmigter Kraftfahrzeugrennen im Straßenverkehr (BGBl. I S. 3532)
	57. ~ vom 3.3.2020 – Versuchsstrafbarkeit des Cybergroomings (BGBl. I S. 431)
	58. ~ vom 12.6.2020 – Strafrechtlicher Schutz bei Verunglimpfung der Europäischen Union und ihrer Symbole (BGBl. I S. 1247)
	59. ~ vom 9.10.2020 – Verbesserung des Persönlichkeitsschutzes bei Bildaufnahmen (BGBl. I S. 2075)
	60. ~ vom 30.11.2020 – Modernisierung des Schriftenbegriffs und anderer Begriffe sowie Erweiterung der Strafbarkeit nach den §§ 86, 86a, 111 und 130 des Strafgesetzbuches bei Handlungen im Ausland (BGBl. I S. 2600)
	61. ~ vom 10.3.2021 – Umsetzung der Richtlinie (EU) 2019/713 des Europäischen Parlaments und des Rates vom 17. April 2019 zur Bekämpfung von Betrug und Fälschung im Zusammenhang mit unbaren Zahlungsmitteln und zur Ersetzung des Rahmenbeschlusses 2001/413/JI des Rates (BGBl. I S. 333)
StraßenVSichG	1. Gesetz zur Sicherung des Straßenverkehrs (Straßenverkehrssicherungsgesetz) vom 19.12.1952 (BGBl. I S. 832) 2. Zweites ~ vom 26.11.1964 (BGBl. I S. 921)
StREG	Gesetz über ergänzende Maßnahmen zum 5. StrRG (Strafrechtsreformergänzungsgesetz) vom 28.8.1975 (BGBl. I S. 2289)
StrEG	Gesetz über die Entschädigung für Strafverfolgungsmaßnahmen vom 8.3.1971 (BGBl. I S. 157)
STREIT	Feministische Rechtszeitschrift
StrFG	Straffreiheitsgesetz – 1949 vom 31.12.1949 (BGBl. I S. 37) – 1954 vom 17.7.1954 (BGBl. I S. 203) – 1968 vom 9.7.1968 (BGBl. I S. 773) – 1970 vom 20.5.1970 (BGBl. I S. 509)
StRR	StrafRechtsReport – Arbeitszeitschrift für das gesamte Strafrecht
StrRehaG	Gesetz über die Rehabilitierung und Entschädigung von Opfern rechtsstaatswidriger Strafverfolgungsmaßnahmen im Beitrittsgebiet (Strafrechtliches Rehabilitierungsgesetz – StrRehaG) vom 29.10.1992 (BGBl. I S. 1814) i.d.F. der Bek. vom 17.12.1999 (BGBl. I S. 2664)
StrRG	Gesetz zur Reform des Strafrechts 1. ~ vom 25.6.1969 (BGBl. I S. 645) 2. ~ vom 4.7.1969 (BGBl. I S. 717) 3. ~ vom 20.5.1970 (BGBl. I S. 505) 4. ~ vom 23.11.1973 (BGBl. I S. 1725) 5. ~ vom 18.6.1974 (BGBl. I S. 1297) 6. ~ vom 26.1.1998 (BGBl. I S. 164)
StVÄG 1987	Strafverfahrensänderungsgesetz 1987 vom 27.1.1987 (BGBl. I S. 475)
StVÄG 1999	Strafverfahrensänderungsgesetz 1999 vom 2.8.2000 (BGBl. I S. 1253)
StVG	Straßenverkehrsgesetz vom 3.5.1909 i.d.F. der Bek. vom 19.12.1952 (BGBl. I S. 837)
StVO	Straßenverkehrsordnung vom 16.11.1970 (BGBl. I S. 1565, ber. 1971, S. 38)
StVollstrO	Strafvollstreckungsordnung vom 1.4.2001 (BAnz. Nr. 87) bundeseinheitlich
StVollzG	Gesetz über den Vollzug der Freiheitsstrafe und der freiheitsentziehenden Maßregeln der Besserung und Sicherung – Strafvollzugsgesetz – vom 16.3.1976 (BGBl. I S. 581)
StVollzGK	Strafvollzugsgesetz-Kommissionsentwurf, herausgegeben vom Bundesministerium der Justiz
StVollzK	Blätter für Strafvollzugskunde (Beilage zur Zeitschrift „Der Vollzugsdienst")
1. StVRErgG	Gesetz zur Ergänzung des 1. StVRG vom 20.12.1974 (BGBl. I S. 3686)
1. StVRG	Erstes Gesetz zur Reform des Strafverfahrensrechts vom 9.12.1974 (BGBl. I S. 3393)
StVZO	Straßenverkehrs-Zulassungs-Ordnung vom 13.11.1937 i.d.F. der Bek. vom 28.9.1988 (BGBl. I S. 1793)
s.u.	siehe unten

SubvG	Subventionsgesetz vom 29.7.1976 (BGBl. I S. 2034)
SVR	Straßenverkehrsrecht (Zeitschrift)
SZ	Süddeutsche Zeitung
SZIER	Schweizerische Zeitschrift für internationales und europäisches Recht
TDDDG	Telekommunikations-Digitale-Dienste-Datenschutz-Gesetz vom 23.6.2021 (BGBl. I S. 1982)
TerrorismusG	Gesetz zur Bekämpfung des Terrorismus vom 19.12.1986 (BGBl. I S. 2566)
TerrorBekämpfG	Gesetz vom 9.1.2002 zur Bekämpfung des internationalen Terrorismus (Terrorismusbekämpfungsgesetz) (BGBl. I S. 361)
TerrorBekErgG	Gesetz zur Ergänzung des Terrorismusbekämpfungsgesetzes (Terrorismusbekämpfungsergänzungsgesetz) vom 5.1.2007 (BGBl. I S. 2)
TFTP	Terrorist Finance Tracking Program
ThUG	Gesetz zur Therapierung und Unterbringung psychisch gestörter Gewalttäter (Therapieunterbringungsgesetz) vom 22.12.2010 (BGBl. I S. 2300, 2305)
Thür.	Thüringen
ThürVBl.	Thüringer Verwaltungsblätter
TiefseebergbauG	Gesetz zur vorläufigen Regelung des Tiefseebergbaus vom 16.8.1980 (BGBl. I S. 1457)
TierSchG	Tierschutzgesetz vom 24.7.1972 (BGBl. I S. 1277)
TKG	Telekommunikationsgesetz (TKG) vom 25.7.1996 (BGBl. I S. 1120) i.d.F. vom 22.6.2004 (BGBl. I S. 1190)
TKÜG	Gesetz zur Neuregelung der Telekommunikationsüberwachung und anderer Ermittlungsmaßnahmen sowie zur Umsetzung der Richtlinie 2006/24/EG vom 21.12.2007 (BGBl. I S. 3198)
TKO	Telekommunikationsordnung vom 16.7.1987 (BGBl. I S. 1761)
TMG	Telemediengesetz vom 26.2.2007 (BGBl. I S. 179)
TR-RESISCAN	Technische Richtlinie 03138 Ersetzendes Scannen
TREVI	Terrorisme, Radicalisme, Extremisme et Violence Internationale (1975) – Koordinierungsgruppe
TVöD	Tarifvertrag für den öffentlichen Dienst
TV/L	Tarifvertrag für den öffentlichen Dienst der Länder
Tz.	Teilziffer
UCLAF	Unité de Coordination de la Lutte Anti-Fraude
UdG	Urkundsbeamter der Geschäftsstelle
ÜAG	Gesetz vom 26.9.1991 zur Ausführung des Übereinkommens über die Überstellung verurteilter Personen vom 21.3.1983 – Überstellungsausführungsgesetz (BGBl. 1991 I S. 1954)
ÜberlG	Gesetz zur Überleitung von Bundesrecht nach Berlin (West) (Sechstes Überleitungsgesetz) vom 25.9.1990 (BGBl. I S. 2106)
ÜberstÜbk	Übereinkommen über die Überstellung verurteilter Personen vom 21.3.1983 (ETS 112; BGBl. 1991 II S. 1006; 1992 II S. 98); ZP ÜberstÜbk vom 18.12.1997 (ETS 167)
Übk	Übereinkommen
ÜF	Übergangsfassung
UFITA	Archiv für Medienrecht und Medienwissenschaft
UHaftVollzG	Untersuchungshaftvollzugsgesetz
UHaftÄndG	Gesetz zur Abänderung der Untersuchungshaft vom 27.12.1926 (RGBl. I S. 529)
UN	Vereinte Nationen
UNCAT	Übereinkommen (der Vereinten Nationen) gegen Folter und andere grausame, unmenschliche oder erniedrigende Behandlung oder Strafe vom 10.12.1984 (BGBl. 1990 II S. 246) OPCAT – Fakultativprotokoll vom 18.12.2002 zum Übereinkommen gegen Folter und andere grausame, unmenschliche oder erniedrigende Behandlung oder Strafe; Gesetz vom 26.8.2008 (BGBl. 2008 II S. 854)
UN-CAT	United Nations Committee against Torture – UN-Anti-Folter-Ausschuss
UN-FoltKonv.	s. UNCAT

UNHCR	United Nations High Commissioner for Refugees – Hoher Flüchtlingskommissar der Vereinten Nationen
UNO-Pakt	s. IPBPR
UnterbrSichG	Gesetz zur Reform des Rechts der Unterbringung in einem psychiatrischen Krankenhaus und in einer Entziehungsanstalt vom 16.7.2007 (BGBl. I S. 1327)
UrhG	Gesetz über Urheberrecht und verwandte Schutzrechte (Urheberrechtsgesetz) vom 9.9.1965 (BGBl. I S. 1273)
UVollzO	Untersuchungshaftvollzugsordnung vom 12.2.1953 i.d.F. der Bek. vom 15.12.1976, bundeseinheitlich
UZwG	Gesetz über den unmittelbaren Zwang bei Ausübung öffentlicher Gewalt durch Vollzugsbeamte des Bundes vom 10.3.1961 (BGBl. I S. 165)
UZwGBw	Gesetz über die Anwendung unmittelbaren Zwanges und die Ausübung besonderer Befugnisse durch Soldaten der Bundeswehr und verbündeter Streitkräfte sowie zivile Wachpersonen vom 12.8.1965 (BGBl. I S. 796)
VA	Verwaltungsakt/Verkehrsrecht aktuell
V.A.	Vorzeitige Anwendung (internationaler Übereinkommen)
VBlBW	Verwaltungsblätter für Baden-Württemberg (Zeitschrift)
VDA	Vergleichende Darstellung des deutschen und ausländischen Strafrechts, Allgemeiner Teil, Bd. 1 bis 6 (1908)
VDB	Vergleichende Darstellung des deutschen und ausländischen Strafrechts, Besonderer Teil, Bd. 1 bis 9 (1906)
VerbrbekG	Gesetz zur Änderung des Strafgesetzbuches, der Strafprozeßordnung und anderer Gesetze (Verbrechensbekämpfungsgesetz) vom 28.10.1994 (BGBl. I S. 3186)
VerbringungsverbG	Gesetz zur Überwachung strafrechtlicher und anderer Verbringungsverbote vom 24.5.1961 (BGBl. I S. 607)
VereinfVO	Vereinfachungsverordnung 1. ~, VO über Maßnahmen auf dem Gebiet der Gerichtsverfassung und Rechtspflege vom 1.9.1939 (RGBl. I S. 1658) 2. ~, VO zur weiteren Vereinfachung der Strafrechtspflege vom 13.8.1942 (RGBl. I S. 508) 3. ~, Dritte VO zur Vereinfachung der Strafrechtspflege vom 29.5.1943 (RGBl. I S. 342) 4. ~, Vierte VO zur Vereinfachung der Strafrechtspflege vom 13.12.1944 (RGBl. I S. 339)
VereinhG	Gesetz zur Wiederherstellung der Rechtseinheit auf dem Gebiete der Gerichtsverfassung, der bürgerlichen Rechtspflege, des Strafverfahrens und des Kostenrechts vom 12.9.1950 (BGBl. I S. 455)
VereinsG	Gesetz zur Regelung des öffentlichen Vereinsrechts (Vereinsgesetz) vom 5.8.1964 (BGBl. I S. 593) zuletzt geändert durch Art. 5 des Gesetzes vom 30.11.2020 (BGBl. I S. 2600)
VerfGH	Verfassungsgerichtshof
VerfO	Verfahrensordnung (s. EGMRVerfO)
Verh.	Verhandlungen des Deutschen Bundestages (BT), des Deutschen Juristentages (DJT) usw.
1. VerjährungsG	Gesetz über das Ruhen der Verjährung bei SED-Unrechtstaten vom 26.3.1993 (BGBl. I S. 392)
2. VerjährungsG	Gesetz zur Verlängerung strafrechtlicher Verjährungsfristen vom 27.9.1993 (BGBl. I S. 1657)
VerkA	Der Verkehrsanwalt
VerkMitt.	Verkehrsrechtliche Mitteilungen
VerpflG	Gesetz über die förmliche Verpflichtung nichtbeamteter Personen (Verpflichtungsgesetz) vom 2.3.1974 (BGBl. I S. 469) zuletzt geändert durch § 1 Nr. 4 des Gesetzes vom 15.8.1974 (BGBl. I S. 1942)
VerschG	Verschollenheitsgesetz vom 15.1.1951 (BGBl. I S. 59) zuletzt geändert durch Art.182 der Verordnung vom 31.8.2015 (BGBl. I S. 1474)
VersMed	Die Versicherungsmedizin

VersR	Versicherungsrecht, Juristische Rundschau für die Individualversicherung
VerständigungsG	Gesetz zur Regelung der Verständigung im Strafverfahren vom 29.7.2009 (BGBl. I S. 2353)
VerwArch	Verwaltungsarchiv
VG	Verwaltungsgericht
VGH	Verfassungsgerichtshof; Verwaltungsgerichtshof
vgl.	vergleiche
Vhdlgen	s. Verh.
VideokonfIntensG	Gesetz zur Intensivierung des Einsatzes von Videokonferenztechnik in gerichtlichen und staatsanwaltschaftlichen Verfahren v. 25.4.2013 (BGBl. I S. 935).
VIS	Visa-Informations-System
VIZ	Vermögens- und Immobilienrecht (Zeitschrift)
VO	Verordnung; s. auch AusnVO
VOBl.	Verordnungsblatt
Vor	Vorbemerkung/en
VOR	Zeitschrift für Verkehrs- und Ordnungswidrigkeitenrecht
VR	Verwaltungsrundschau
VRR	VerkehrsRechtsReport
VRS	Verkehrsrechts-Sammlung
VRÜ	Verfassung und Recht in Übersee
VStGB	Völkerstrafgesetzbuch vom 26.6.2002 (BGBl. I 2254), zuletzt geändert durch Art. 1 des Gesetzes vom 22.12.2016 (BGBl. I 3150).
VStGBG	Gesetz vom 26.6.2002 zur Einführung des Völkerstrafgesetzbuches (BGBl. I S. 2254)
VVDStRL	Veröffentlichungen der Vereinigung der Deutschen Staatsrechtslehrer
VVStVollzG	Verwaltungsvorschriften zum Strafvollzugsgesetz (bundeseinheitlich) vom 1.7.1976
VwGO	Verwaltungsgerichtsordnung, neugefasst durch Bek. vom 19.3.1991 (BGBl. I S. 686); zuletzt geändert durch Art. 11 des Gesetzes vom 22.12.2023 (BGBl. I Nr. 409)
VwRehaG	Gesetz über die Aufhebung rechtsstaatswidriger Verwaltungsentscheidungen im Beitrittsgebiet und die daran anknüpfenden Folgeansprüche (Verwaltungsrechtliches Rehabilitierungsgesetz – VwRehaG) vom 23.6.1994 (BGBl. I S. 1311) zuletzt geändert durch Art. 13 des Gesetzes vom 12.12.2019 (BGBl. I S. 2652)
VwVfG	Verwaltungsverfahrensgesetz vom 25.5.1976 (BGBl. I S. 1253) zuletzt geändert durch Art. 1 des Gesetzes vom 4.12.2023 (BGBl. I Nr. 344)
VwZG	Verwaltungszustellungsgesetz vom 3.7.1952 (BGBl. I S. 379)
WDO	Wehrdisziplinarordnung vom 15.3.1957 i.d.F. der Bek. vom 9.6.1961 (BGBl. I S. 697)
WbeauftrG	Gesetz über den Wehrbeauftragten des Deutschen Bundestages i.d.F. der Bek. vom 16.6.1982 (BGBl. I S. 673) zuletzt geändert durch Art. 17 des Gesetzes vom 22.12.2023 (BGBl. I Nr. 414)
WeinG	Gesetz über Wein, Likörwein, Schaumwein, weinhaltige Getränke und Branntwein aus Wein (Weingesetz) vom 14.1.1971 (BGBl. I S. 893)
Wiener Übereinkommen	1. Wiener Übereinkommen über diplomatische Beziehungen vom 18.4.1961 (Zustimmungsgesetz vom 6.8.1964, BGBl. II S. 957) 2. Wiener Übereinkommen über konsularische Beziehungen vom 24.4.1963 (Zustimmungsgesetz vom 26.8.1969, BGBl. II S. 1585)
WiJ	Journal der Wirtschaftsstrafrechtlichen Vereinigung e.V.
1. WiKG	Erstes Gesetz zur Bekämpfung der Wirtschaftskriminalität vom 29.7.1976 (BGBl. I S. 2034)
2. WiKG	Zweites Gesetz zur Bekämpfung der Wirtschaftskriminalität vom 15.5.1986 (BGBl. I S. 721)
WisteV	Wirtschaftsstrafrechtliche Vereinigung e.V.
WiStG	Gesetz zur weiteren Vereinfachung des Wirtschaftsstrafrechts (Wirtschaftsstrafgesetz 1954) vom 9.7.1954 i.d.F. der Bek. vom 3.6.1975 (BGBl. I S. 1313)
wistra	Zeitschrift für Wirtschafts- und Steuerstrafrecht
WLR	Weekly Law Reports (Zeitschrift)

WoÜbG	Gesetz zur Umsetzung des Urteils des Bundesverfassungsgerichts vom 3. März 2004 (akustische Wohnraumüberwachung) vom 24.6.2005 (BGBl. I S. 1841)
WPO	Gesetz über eine Berufsordnung der Wirtschaftsprüfer (Wirtschaftsprüferordnung) vom 24.7.1961 i.d.F. der Bek. v. vom 5.11.1975 (BGBl. I S. 2803)
WRV	Weimarer Verfassung, Verfassung des Deutschen Reichs vom 11.8.1919 (RGBl. S. 1383)
WStG	Wehrstrafgesetz vom 30.3.1957 i.d.F. der Bek. vom 24.5.1974 (BGBl. I S. 1213)
WM	Wertpapiermitteilungen (Zeitschrift)
WuV	Wirtschaft und Verwaltung (Zeitschrift)
WuW	Entscheidungssammlung der Zeitschrift Wirtschaft und Wettbewerb
WÜD	s. 1. Wiener Übereinkommen
WÜK	s. 2. Wiener Übereinkommen
WVK	Wiener Vertragsrechtskonvention vom 23.5.1969 (BGBl. 1985 II S. 926)
WWSUV	Vertrag über die Schaffung einer Währungs-, Wirtschafts- und Sozialunion zwischen der Bundesrepublik Deutschland und der Deutschen Demokratischen Republik vom 18.5.1990 (BGBl. II S. 537)
WWSUVG	Gesetz zu dem Vertrag vom 18.5.1990 über die Schaffung einer Währungs-, Wirtschafts- und Sozialunion ... vom 25.6.1990 (BGBl. II S. 518)
WZG	Warenzeichengesetz vom 5.5.1936 i.d.F. der Bek. vom 2.1.1968 (BGBl. I S. 29)
WzS	Wege zur Sozialversicherung (Zeitschrift)
YB	Europarat (Hrsg.), Yearbook of the European Convention of the Human Rights, the European Commission and the European Court of Human Rights/Annuaire de la Convention Européenne des Droits de l'Homme; Commission et Cour Européenne des Droits de l'Homme
YEL	Yearbook of European Law
ZAG	Zahlungsdiensteaufsichtsgesetz
ZahlVGJG	Gesetz über den Zahlungsverkehr mit Gerichten und Justizbehörden vom 22.12.2006 = Art. 2 des 2. Justizmodernisierungsgesetzes (BGBl. 2006 I S. 3416)
ZAkDR	Zeitschrift der Akademie für Deutsches Recht (1934–44)
ZaöRV	Zeitschrift für ausländisches öffentliches Recht und Völkerrecht
ZAP	Zeitschrift für die Anwaltspraxis
ZAR	Zeitschrift für Ausländerrecht und Ausländerpolitik
ZBJV	Zeitschrift des Bernischen Juristenvereins
ZBlJugR	Zentralblatt für Jugendrecht und Jugendwohlfahrt
ZBR	Zeitschrift für Beamtenrecht
ZCG	Zeitschrift für Corporate Governance
ZD	Zeitschrift für Datenschutz
ZDRW	Zeitschrift für Didaktik der Rechtswissenschaft
ZER	Zeitschrift für Europarecht (Österreich)
ZERP	Zentrum für europäische Rechtspolitik (Universität Bremen)
ZESAR	Zeitschrift für europäisches Sozial- und Arbeitsrecht
ZEUP	Zeitschrift für europäisches Privatrecht
ZEuS	Zeitschrift für Europarechtliche Studien
ZEV	Zeitschrift für Erbrecht und Vermögensnachfolge
ZfBR	Zeitschrift für deutsches und internationales Bau- und Vergaberecht
ZfC	Zeitschrift für Compliance
ZFdG	Gesetz über das Zollkriminalamt und die Zollfahndungsämter (Zollfahndungsdienstgesetz) vom 16.8.2002 (BGBl. I S. 3202) aufgehoben durch Art. 3 des Gesetzes vom 30.3.2021 (BGBl. I S. 402)
ZfDR	Zeitschrift für Digitalisierung und Recht (ZfDR)
ZfIStw	Zeitschrift für Internationale Strafrechtswissenschaft
ZfJ	Zentralblatt für Jugendrecht
ZfL	Zeitschrift für Lebensrecht
ZfRV	Zeitschrift für Europarecht, Internationales Privatrecht und Rechtsvergleichung

ZfS	Zeitschrift für Schadensrecht
ZFSH/SGB	Zeitschrift für die sozialrechtliche Praxis
ZfStrVo	Zeitschrift für Strafvollzug und Straffälligenhilfe (jetzt: FS – Forum Strafvollzug)
ZfWG	Zeitschrift für Wett- und Glücksspielrecht
ZfZ	Zeitschrift für Zölle und Verbrauchssteuern
ZG	Zeitschrift für Gesetzgebung
ZInsO	Zeitschrift für das gesamte Insolvenzrecht
ZIP	Zeitschrift für Wirtschaftsrecht
ZIR	Zeitschrift für Interne Revision
ZIS	Zeitschrift für Internationale Strafrechtsdogmatik (Online-Zeitschrift)
ZJJ	Zeitschrift für Jugendkriminalrecht und Jugendhilfe
ZJS	Zeitschrift für das Juristische Studium (Online-Zeitschrift)
ZKA	Zollkriminalamt
ZKJ	Zeitschrift für Kindschaftsrecht und Jugendhilfe
ZLR	Zeitschrift für Lebensmittelrecht
ZOV	Zeitschrift für offene Vermögensfragen
ZÖR	Zeitschrift für öffentliches Recht
ZollG.	Zollgesetz vom 14.6.1961 i.d.F. der Bek. vom 18.5.1970 (BGBl. I S. 529) mit der Vollendung des EU-Binnenmarktes aufgehoben
ZP	Zusatzprotokoll
ZPO	Zivilprozeßordnung vom 30.1.1877 i.d.F. der Bek. vom 12.9.1950 (BGBl. I S. 533)
ZRFC	Zeitschrift für Risk, Fraud & Compliance
ZRP	Zeitschrift für Rechtspolitik
ZSchG	Gesetz vom 30.4.1998 zum Schutz von Zeugen bei Vernehmungen im Strafverfahren und zur Verbesserung des Opferschutzes (Zeugenschutzgesetz – ZSchG) (BGBl. I S. 820)
ZSE	Zeitschrift für Staats- und Europawissenschaften
ZSEG	Gesetz über die Entschädigung von Zeugen und Sachverständigen vom 26.7.1957 i.d.F. der Bek. vom 1.10.1969 (BGBl. I S. 1756); abgelöst durch das JVEG vom 5.5.2004
ZSHG	Gesetz zur Harmonisierung des Schutzes gefährdeter Zeugen (Zeugenschutz-Harmonisierungsgesetz) vom 11.12.2001 (BGBl. I S. 3510)
ZSR	Zeitschrift für Schweizerisches Recht
ZST	Zeitschrift für Schweizer Recht
ZSteu	Zeitschrift für Steuern und Recht
ZStW	Zeitschrift für die gesamte Strafrechtswissenschaft
ZStV	Zentrales staatsanwaltschaftliches Verfahrensregister
ZTR	Zeitschrift für Tarif-, Arbeits- und Sozialrecht des öffentlichen Dienstes
ZUM	Zeitschrift für Urheber- und Medienrecht
ZUM-RD	Zeitschrift für Urheber- und Medienrecht – Rechtsprechungsdienst
ZUR	Zeitschrift für Umweltrecht
ZusatzAbk.	Zusatzabkommen zum NATO-Truppenstatut vom 3.8.1959 (BGBl. 1961 II S. 1183, 1218)
Zusatzvereinb.	Vereinbarung zwischen der Bundesrepublik Deutschland und der Deutschen Demokratischen Republik zur Durchführung und Auslegung des am 31.8.1990 in Berlin unterzeichneten Vertrages zwischen der Bundesrepublik Deutschland und der Deutschen Demokratischen Republik über die Herstellung der Einheit Deutschlands vom 18.9.1990 (BGBl. II S. 1239)
zust.	zustimmend
ZustErgG	Gesetz zur Ergänzung von Zuständigkeiten auf den Gebieten des Bürgerlichen Rechts, des Handelsrechts und des Strafrechts (Zuständigkeitsergänzungsgesetz) vom 7.8.1952 (BGBl. I S. 407)
ZustG	Gesetz über die Zuständigkeit der Gerichte bei Änderung der Gerichtseinteilung vom 6.12.1933 (RGBl. I S. 1037)
ZustRG	Gesetz zur Reform des Verfahrens bei Zustellung im gerichtlichen Verfahren (Zustellungsreformgesetz – ZustRG) vom 25.6.2001 (BGBl. I S. 1206)
ZustVO	Verordnung über die Zuständigkeit der Strafgerichte, die Sondergerichte und sonstige strafverfahrensrechtliche Vorschriften vom 21.2.1940 (RGBl. I S. 405)

Zuwanderungsgesetz	Gesetz zur Steuerung und Begrenzung der Zuwanderung und zur Regelung des Aufenthalts und der Integration von Unionsbürgern und Ausländern vom 30.7.2004 (BGBl. I S. 1950)
ZVG	Gesetz über die Zwangsversteigerung und die Zwangsverwaltung (Zwangsversteigerungsgesetz) vom 24.3.1897 i.d.F. der Bek. vom 20.5.1898 (RGBl. S. 369, 713)
ZWehrR	Zeitschrift für Wehrrecht (1936/37–44)
ZWF	Zeitschrift für Wirtschafts- und Finanzstrafrecht (Österreich)
ZWH	Zeitschrift für Wirtschaftsstrafrecht und Haftung im Unternehmen
ZwHeiratBekG	Gesetz zur Bekämpfung der Zwangsheirat und zum besseren Schutz der Opfer von Zwangsheirat sowie zur Änderung weiterer aufenthalts- und asylrechtlicher Vorschriften vom 23.6.2011 (BGBl. I S. 1266)
ZZP	Zeitschrift für Zivilprozeß

Literaturverzeichnis

Achenbach/Ransiek/Rönnau	Achenbach/Ransiek/Rönnau, Handbuch Wirtschaftsstrafrecht, 6. Aufl. (2023)
AE-EV	Alternativ-Entwurf Reform des Ermittlungsverfahrens (AE-EV); Entwurf eines Arbeitskreises deutscher, österreichischer und schweizerischer Strafrechtslehrer (2001)
AE-EuStV	Schünemann (Hrsg.), Alternativentwurf Europäische Strafverfolgung (2004)
AE-StuM	Alternativ-Entwurf Strafjustiz und Medien (AE-StuM: Entwurf eines Arbeitskreises deutscher, österreichischer und schweizerischer Strafrechtslehrer (2004)
Ahlbrecht/Böhm/Esser/Eckelmans	Ahlbrecht/Böhm/Esser/Eckelmans, Internationales Strafrecht, 2. Aufl. (2017)
Ahlmann/Kapischke/Pankatz/Rech/Schneider/Schütz	Ahlmann/Kapischke/Pankatz/Rech/Schneider/Schütz (vormals Riedel/Sußbauer), Rechtsanwaltsvergütungsgesetz, 11. Aufl. (2024)
AK	Alternativkommentar zur Strafprozessordnung, Bd. I (§§ 1 bis 93; 1988), Bd. II 1 (§§ 94 bis 212b; 1992), Bd. II 2 (§§ 213 bis 275; 1993), Bd. III (§§ 276 bis 477; 1996)
AK-GG	Alternativkommentar zum Grundgesetz, 2. Aufl., Bd. I (Art. 1 bis 37; 1989), Bd. II (Art. 38 bis 146; 1989)
AK-StGB	Alternativkommentar zum Strafgesetzbuch, Bd. I (§§ 1 bis 21; 1990), Bd. III (§§ 80 bis 145d; 1986)
AnwK	Krekeler/Löffelmann/Sommer, AnwaltKommentar zur Strafprozessordnung, 2. Aufl. (2009)
AnwK-StGB	Leipold/Tsambikakis/Zöller (Hrsg.), AnwaltKommentar StGB, 4. Aufl. (2026)
AnwK-UHaft	König (Hrsg.), AnwaltKommentar Untersuchungshaft (2011)
Albrecht	Albrecht, Jugendstrafrecht, 3. Aufl. (2000)
Albrecht (Krim.)	Albrecht, Kriminologie, 4. Aufl. (2010)
Alsberg	Alsberg, Der Beweisantrag im Strafprozess, 8. Aufl. (2021)
Ambos	Ambos, Internationales Strafrecht, 5. Aufl. (2018)
Ambos/König/Rackow	Ambos/König/Rackow (Hrsg.), Rechtshilferecht in Strafsachen, 2. Aufl. (2020)
Anders/Gehle	Anders/Gehle (vormals Baumbach/Lauterbach/Hartmann/Anders/Gehle), Zivilprozessordnung, Kurz-Kommentar, 84. Aufl. (2026)
Arloth	Arloth, Strafprozeßrecht (1995)
Arloth/Krä	Arloth/Krä, Strafvollzugsgesetz, 5. Aufl. (2021)
Aschrott	Aschrott (Hrsg.), Reform des Strafprozesses, kritische Besprechung der von der Kommission für die Reform des Strafprozesses gemachten Vorschläge (1906)
Artkämper	Artkämper, Die „gestörte" Hauptverhandlung, 7. Aufl. (2026)
Artkämper/Esders/Jakobs/Sotelsek	Artkämper/Esders/Jakobs/Sotelsek, Praxiswissen Strafverfahren bei Tötungsdelikten (2012)
Aubert	Aubert, Fernmelderecht I, 3. Aufl. (1976)
Barczak	Barczak (Hrsg.), BKAG – Gesetz über das Bundeskriminalamt (2023)
Bäcker	Bäcker (Hrsg.; vormals Lisken/Denninger), Handbuch Polizei- und Sicherheitsrecht, 8. Aufl. (2026)
Barton	Barton, Mindeststandards der Strafverteidigung (1994)
Barton (Verfahrensg.)	Barton, Verfahrensgerechtigkeit und Zeugenbeweis (2002)
Barton (Strafverteidigung)	Barton, Einführung in die Strafverteidigung, 2. Aufl. (2013)
Baumann	Baumann, Grundbegriffe und Verfahrensprinzipien des Strafprozeßrechts, 3. Aufl. (1979)
Baumann/Weber/Mitsch/Eisele	Baumann/Weber/Mitsch/Eisele, Strafrecht, Allgemeiner Teil, Lehrbuch, 13. Aufl. (2021)
Beck/Berr/Schäpe	Beck/Berr/Schäpe, OWi-Sachen im Straßenverkehrsrecht, 8. Aufl. (2022)
Beck/Müller	Beck/Müller, Fälle und Lösungen zur StPO, 6. Aufl. (2020)
Beck'sches Formularbuch	Hamm/Leipold (Hrsg.), Beck'sches Formularbuch für den Strafverteidiger, 7. Aufl. (2026)

 | https://doi.org/10.1515/9783110741315-206

Beling	Beling, Deutsches Reichsstrafprozeßrecht (1928)
Bender/Nack/Treuer	Bender/Nack/Treuer, Tatsachenfeststellung vor Gericht, 6. Aufl. (2025)
Benfer/Bialon	Benfer/Bialon, Rechtseingriffe von Polizei und Staatsanwaltschaft, 4. Aufl. (2010)
Bernsmann/Gatzweiler	Bernsmann/Gatzweiler, Verteidigung bei Korruptionsfällen, 2. Aufl. (2014)
Berz/Burmann	Berz/Burmann, Handbuch des Straßenverkehrsrechts, Loseblattausgabe, 2 Bände, 48. Aufl. (2023)
Beulke/Swoboda	Beulke, Strafprozessrecht, 17. Aufl. (2025)
Beulke/Swoboda (JugStr)	Beulke/Swoboda, Jugendstrafrecht, 16. Aufl. (2020)
Beulke/Ruhmannseder	Beulke/Ruhmannseder, Die Strafbarkeit des Verteidigers, 2. Aufl. (2010)
Binding	Binding, Grundriss des Deutschen Strafprozessrechts, 5. Aufl. (1904)
Birkenstock	Birkenstock, Verfahrensrügen im Strafprozess – Rechtsprechungssammlung, 2 Bände (2004)
Birkmeyer	Birkmeyer, Deutsches Strafprozeßrecht (1898)
Bittmann/Köhler/Seeger/Tschakert/Rettke	Bittmann/Köhler/Seeger/Tschakert/Rettke, Handbuch der strafrechtlichen Vermögensabschöpfung: Sicherstellung – Einziehung – Opferentschädigung, 2. Aufl. (2025)
Bock	Bock, Criminal Compliance, 2. Aufl. (2013)
Bockemühl	Bockemühl (Hrsg.), Handbuch Strafrecht, 9. Aufl. (2024)
Bohnert	Bohnert, Beschränkungen der strafprozessualen Revision durch Zwischenverfahren (1983)
Bonn.Komm.	Kommentar zum Bonner Grundgesetz, Loseblattausgabe (ab 1950)
Booß	Booß, Straßenverkehrsordnung, Kommentar, 3. Aufl. (1980)
Bosbach/Ackermann/Caba	Bosbach/Ackermann/Caba, Verteidigung im Ermittlungsverfahren, 9. Aufl. (2022)
Bouska/Laeverenz	Bouska/Laeverenz, Fahrerlaubnisrecht, 3. Aufl. (2004)
Böhm/Feuerhelm	Böhm/Feuerhelm, Einführung in das Jugendstrafrecht, 4. Aufl. (2004)
Böhm (Strafvollzug)	Böhm, Strafvollzug, 3. Aufl. (2002)
Böse	Böse (Hrsg.), Europäisches Strafrecht, Enzyklopädie Europarecht, 2. Aufl. Band 9 (2021)
Böttger	Böttger (Hrsg.), Wirtschaftsstrafrecht in der Praxis, 3. Aufl. (2022)
Brandstetter	Brandstetter, Straffreiheitsgesetz, Kommentar (1956)
Brenner	Brenner, Ordnungswidrigkeitenrecht (1996)
Brettel/Schneider	Brettel/Schneider, Wirtschaftsstrafrecht, 4. Aufl. (2020)
Breyer/Mehle/Osnabrügge/Schaefer	Breyer/Mehle/Osnabrügge/Schaefer, Strafprozessrecht (2005)
von Briel/Ehlscheid	von Briel/Ehlscheid, Steuerstrafrecht, 2. Aufl. (2000)
Bringewat	Bringewat, Strafvollstreckung, Kommentar zu den §§ 449 bis 463d StPO (1993)
Brodag	Brodag, Strafverfahrensrecht, 13. Aufl. (2014)
Brunner	Brunner, Abschlussverfügung der Staatsanwaltschaft, 16. Aufl. (2025)
Brunner/Dölling	Brunner/Dölling, Jugendgerichtsgesetz, Kommentar, 14. Aufl. (2023)
Bruns/Schröder/Tappert	Bruns/Schröder/Tappert, Kommentar zum strafrechtlichen Rehabilitierungsgesetz (1993)
Brüssow/Gatzweiler/Krekeler/Mehle	Brüssow/Gatzweiler/Krekeler/Mehle, Strafverteidigung in der Praxis, 4. Aufl. (2007)
Buddendiek/Rutkowski	Buddendiek/Rutkowski, Lexikon des Nebenstrafrechts, Stichwortband zu Erbs/Kohlhaas, Strafrechtliche Nebengesetze, 48. Aufl. (2025)
Bülte/Krumm	Bülte/Krumm, Ordnungswidrigkeitenrecht, 7. Aufl. (2024)
Burchardi/Klempahn/Wetterich	Burchardi/Klempahn/Wetterich, Der Staatsanwalt und sein Arbeitsgebiet, 5. Aufl. (1982)
Burhoff (Ermittlungsv.)	Burhoff, Handbuch für das strafrechtliche Ermittlungsverfahren, 10. Aufl. (2024)
Burhoff (Hauptv.)	Burhoff, Handbuch für die strafrechtliche Hauptverhandlung, 11. Aufl. (2024)

Burhoff (StrV-OWi)	Burhoff, Handbuch für das straßenverkehrsrechtliche OWi-Verfahren, 7. Aufl. (2024)
Burhoff/Stephan	Burhoff/Stephan, Strafvereitelung durch Strafverteidiger (2008)
Burhoff/Kotz	Burhoff/Kotz, Handbuch für strafrechtliche Rechtsmittel und Rechtsbehelfe, 3. Aufl. (2024)
Burhoff/Volpert	Burhoff/Volpert, RVG Straf- und Bußgeldsachen, 7. Aufl. (2025)
Burmann/Heß/Hühnermann/Jahnke	Burmann/Heß/Hühnermann/Jahnke, Straßenverkehrsrecht, 29. Aufl. (2026)
Ciolek-Krepold	Ciolek-Krepold, Durchsuchung und Beschlagnahme in Wirtschaftsstrafsachen (2000)
Cirener/Jahn/Radtke	Cirener/Jahn/Radtke (Hrsg.), Bild-Ton-Dokumentation und »Konkurrenzlehre 2.0« (2020)
Corstens/Pradel	Corstens/Pradel, European Criminal Law (2002)
Cramer	Cramer, Straßenverkehrsrecht StVO – StGB, Kommentar, 2. Aufl. (1977)
Cramer/Bürgle	Cramer/Bürgle, Die strafprozessualen Beweisverwertungsverbote, 2. Aufl. (2004)
Cramer/Cramer	Cramer/Cramer, Anwalts-Handbuch Strafrecht (2002)
Cryer/Friman/Robinson/Wilmshurst	Cryer/Friman/Robinson/Wilmshurst, An Introduction to International Criminal Law and Procedure, 4th ed. (2019)
Cullen/Jund	Cullen/Jund, Strafrechtliche Zusammenarbeit in der Europäischen Union nach Tampere (2002)
Dahs (Hdb.)	Dahs, Handbuch des Strafverteidigers, 8. Aufl. (2015)
Dahs (Rechtl. Gehör)	Dahs, Rechtliches Gehör im Strafverfahren (1963)
Dahs	Dahs, Die Revision im Strafprozess, 9. Aufl. (2017)
Daimagüler	Daimagüler, Der Verletzte im Strafverfahren – Handbuch für die Praxis (2016)
Dalcke/Fuhrmann/Schäfer	Dalcke/Fuhrmann/Schäfer, Strafrecht und Strafverfahren, Kommentar, 37. Aufl. (1961) (Reprint 2020)
Dallinger/Lackner	Dallinger/Lackner, Jugendgerichtsgesetz und ergänzende Vorschriften, Kommentar, 2. Aufl. (1965)
Dannecker/Knierim	Dannecker/Knierim, Insolvenzstrafrecht, 3. Aufl. (2018)
Deckers	Deckers, Der strafprozessuale Beweisantrag, 3. Aufl. (2013)
Delmas-Marty	Delmas-Marty, Corpus Juris der strafrechtlichen Regelungen zum Schutz der finanziellen Interessen der Europäischen Union (1998)
Delmas-Marty/Vervaele	Delmas-Marty/Vervaele, The Implementation of the Corpus Juris in the Member States, 4 Bände (2001)
Detter	Detter, Revision im Strafverfahren (2011)
Diemer/Schatz/Sonnen	Diemer/Schatz/Sonnen, Jugendgerichtsgesetz, Kommentar, 8. Aufl. (2020)
Dölling/Duttge/König/Rössner	Dölling/Duttge/König/Rössner, Gesamtes Strafrecht – Handkommentar, 5. Aufl. (2022) (zit.: HK-GS/*Verfasser*)
Dörndorfer	Dörndorfer, Rechtspflegergesetz, Kommentar, 4. Aufl. (2023)
Dörr/Grote/Marauhn	Dörr/Grote/Marauhn, EMRK/GG, Konkordanzkommentar zum europäischen und deutschen Grundrechtsschutz, 3. Aufl. (2022)
Doswald-Beck/Kolb	Doswald-Beck/Kolb, Judicial Process and Human Rights – United Nations, European, American and African Systems – Texts and summaries of international case law (2004)
Dürig/Herzog/Scholz	Dürig/Herzog/Scholz, Grundgesetz, Kommentar, Loseblattausgabe, 108. Aufl. (2025)
Eb. Schmidt	Eberhard Schmidt, Lehrkommentar zur Strafprozeßordnung und zum Gerichtsverfassungsgesetz, Teil I: Die rechtstheoretischen und die rechtspolitischen Grundlagen des Strafverfahrensrechts, 2. Aufl. (1964); Teil II: Erläuterungen zur Strafprozeßordnung und zum Einführungsgesetz (1957); Teil III: Erläuterungen zum Gerichtsverfassungsgesetz und zum Einführungsgesetz (1960), Nachtrag I: Nachträge und Ergänzungen zu Teil II (1967), Nachtrag II: Nachtragsband II (1970)

Eb. Schmidt (Geschichte)	Eberhard Schmidt, Einführung in die Geschichte der deutschen Strafrechtspflege, 3. Aufl. (1965)
Eb. Schmidt (Kolleg)	Eberhard Schmidt, Deutsches Strafprozeßrecht, ein Kolleg (1967)
Eberth/Müller/Schütrumpf/Just	Eberth/Müller/Schütrumpf/Just (vormals Eberth/Müller/Schütrumpf), Verteidigung in Betäubungsmittelsachen, 8. Aufl. (2025)
Eidam	Eidam, Unternehmen und Strafe, 5. Aufl. (2018)
Eisenberg/Kölbel (JGG)	Eisenberg/Kölbel, Jugendgerichtsgesetz, Kommentar, 27. Aufl. (2026)
Eisenberg/Kölbel (Kriminologie)	Eisenberg/Kölbel, Kriminologie, 8. Aufl. (2024)
Eisenberg (Beweismittel)	Eisenberg, Persönliche Beweismittel in der StPO, 2. Aufl. (1996)
Eisenberg (Beweisrecht)	Eisenberg, Beweisrecht der StPO, Spezialkommentar, 10. Aufl. (2017)
Endriß (BtM-Verfahren)	Endriß, Verteidigung in Betäubungsmittelverfahren (1998)
Engländer	Engländer, Examensrepetitorium Strafprozessrecht, 12. Aufl. (2024)
Erbs/Kohlhaas	Erbs/Kohlhaas, Strafrechtliche Nebengesetze, Kurzkommentar, Loseblattausgabe, 259. Aufl. (2026)
Erhardt	Erhardt, Strafrecht für Polizeibeamte, 8. Aufl. (2023)
ERST	Esser/Rübenstahl/Saliger/Tsambikakis (Hrsg.), Wirtschaftsstrafrecht (2017)
Eser	Eser, Einführung in das Strafprozeßrecht (1983)
Eser/Hassemer/Burkhardt	Eser/Hassemer/Burkhardt, Die deutsche Strafrechtswissenschaft vor der Jahrtausendwende (2000)
Esser	Esser, Auf dem Weg zu einem europäischen Strafverfahrensrecht (2002)
Esser, EuStR	Esser, Europäisches und Internationales Strafrecht, 3. Aufl. (2023)
Esser/Ida	Esser/Ida (Hrsg.), Menschenrechtsschutz und Zusammenarbeit im Strafrecht als globale Herausforderung (2018)
Esser/Tsambikakis	Esser/Tsambikakis (Hrsg.), Pandemiestrafrecht (2020)
Fahl	Fahl, Rechtsmißbrauch im Strafprozeß (2004)
Fahrner	Fahrner, Handbuch Internationale Ermittlungen (2020)
Feest/Lesting/Lindemann	Feest/Lesting/Lindemann (Hrsg.), Strafvollzugsgesetze, 8. Aufl. (2021)
Fehn/Wamers	Fehn/Wamers, ZFdG – Zollfahndungsdienstgesetz – Handkommentar (2003)
Feisenberger	Feisenberger, Strafprozeßordnung und Gerichtsverfassungsgesetz (1926)
Ferner	Ferner, Strafzumessung (2005)
Fezer	Fezer, Strafprozeßrecht, 2. Aufl. (1995)
FG Beulke	Strafverteidigung – Grundlagen und Stolpersteine: Symposion für Werner Beulke (2012)
FG Kempf	Freundesgabe für Eberhard Kempf zum 80. Geburtstag (2023)
Fischer	Fischer, Strafgesetzbuch und Nebengesetze, Kommentar, 73. Aufl. (2025)
Flore/Tsambikakis	Flore/Tsambikakis (Hrsg.), Steuerstrafrecht, 3. Aufl. (2024)
Franke/Wienroeder	Franke/Wienroeder, BtMG, 3. Aufl. (2007)
Freyschmidt/Krumm	Freyschmidt/Krumm, Verteidigung in Straßenverkehrssachen, 12. Aufl. (2024)
Fromm	Fromm, Verteidigung in Straßenverkehrs- und Ordnungswidrigkeitenverfahren, 2. Aufl. (2015)
Frowein/Peukert	Frowein/Peukert, Europäische Menschenrechtskonvention, EMRK-Kommentar, 4. Aufl. (2023)
FS 45. DJT	Festschrift für den 45. Deutschen Juristentag (1964)
FS 50 Jahre DStV	Strafverteidigung im Wandel der Zeit – Festschrift 50 Jahre Deutsche Strafverteidiger e.V. (2024)
FS Achenbach	Festschrift für Hans Achenbach zum 70. Geburtstag (2011)
FS Adamovich	Staatsrecht und Staatswissenschaften in Zeiten des Wandels – Festschrift für Ludwig Adamovich zum 60. Geburtstag (1992)
FS AG Strafrecht DAV	Strafverteidigung im Rechtsstaat – 25 Jahre Arbeitsgemeinschaft Strafrecht des Deutschen Anwaltvereins (2009)
FS Albrecht	Unterwegs in Kriminologie und Strafrecht – Exploring the World of Crime and Criminology, Festschrift für Hans-Jörg Albrecht zum 70. Geburtstag (2021)
FS Amelung	Grundlagen des Straf- und Strafverfahrensrechts – Festschrift für Knut Amelung zum 70. Geburtstag (2009)

FS Androulakis	Festschrift für Nikolaos Androulakis zum 70. Geburtstag (2003)
FS Augsburg	Recht in Europa – Festgabe zum 30-jährigen Bestehen der Juristischen Fakultät Augsburg (2002)
FS Barton	Festschrift für Stefan Barton zum 70. Geburtstag (2023)
FS Baudenbacher	Economic law and justice in times of globalisation – Festschrift für Carl Baudenbacher (2007)
FS Baumann	Festschrift für Jürgen Baumann zum 70. Geburtstag (1992)
FS Baumgärtel	Festschrift für Gottfried Baumgärtel zum 70. Geburtstag (1990)
FS BayVerfGH	Festschrift zum 50-jährigen Bestehen des Bayerischen Verfassungsgerichtshofs (1997)
FS Bemmann	Festschrift für Günther Bemmann zum 70. Geburtstag (1997)
FS Bernhardt	Recht zwischen Umbruch und Bewahrung – Festschrift für Rudolf Bernhardt (1995)
FS Beulke	Ein menschengerechtes Strafrecht als Lebensaufgabe – Festschrift für Werner Beulke zum 70. Geburtstag (2015)
FS Binding	Festschrift für Karl Binding zum 4. Juni 1911
FS BGH	Festschrift aus Anlass des 50-jährigen Bestehens von Bundesgerichtshof, Bundesanwaltschaft und Rechtsanwaltschaft beim Bundesgerichtshof (2000)
FS II BGH	Roxin/Widmaier (Hrsg.), 50 Jahre Bundesgerichtshof, Festgabe aus der Wissenschaft, Bd. IV: Strafrecht (2000)
FS Blau	Festschrift für Günter Blau zum 70. Geburtstag (1985)
FS Bockelmann	Festschrift für Paul Bockelmann zum 70. Geburtstag (1979)
FS Böhm	Festschrift für Alexander Böhm zum 70. Geburtstag (1999)
FS Böttcher	Recht gestalten – dem Recht dienen, Festschrift für Reinhard Böttcher zum 70. Geburtstag (2007)
FS Boujong	Verantwortung und Gestaltung – Festschrift für Karlheinz Boujong zum 65. Geburtstag (1996)
FS BRAK	Festschrift zu Ehren des Strafrechtsausschusses der Bundesrechtsanwaltskammer (2006)
FS Brauneck	Ehrengabe für Anne-Eva Brauneck (1999)
FS Breidling	Festschrift für Ottmar Breidling zum 70. Geburtstag (2017)
FS v. Brünneck	Festschrift für Alexander von Brünneck zum 70. Geburtstag (2011)
FS Bruns	Festschrift für Hans-Jürgen Bruns zum 70. Geburtstag (1978)
FS Burgstaller	Festschrift für Manfred Burgstaller zum 65. Geburtstag (2004)
FS Burhoff	Festschrift für Detlef Burhoff zum 70. Geburtstag (2020)
FS Carstens	Einigkeit und Recht und Freiheit – Festschrift für Karl Carstens zum 70. Geburtstag (1984)
FS Dahs	Festschrift für Hans Dahs zum 70. Geburtstag (2005)
FS Damaska	Festschrift for Mirjan Damaska (2008)
FS Dannecker	Strafrecht in Deutschland und Europa – Festschrift für Gerhard Dannecker zum 70. Geburtstag (2023)
FS Delbrück	Liber Amicorum Jost Delbrück (2005)
FS Dencker	Festschrift für Friedrich Dencker zum 70. Geburtstag (2012)
FS Doehring	Staat und Völkerrechtsordnung – Festschrift für Karl Doehring; Beiträge zum ausländischen Recht und Völkerrecht Bd. 98 (1989)
FS Dölling	Die Kriminalwissenschaften als Teil der Humanwissenschaften, Festschrift für Dieter Dölling zum 70. Geburtstag (2022)
FS Dreher	Festschrift für Eduard Dreher zum 70. Geburtstag (1977)
FS Dünnebier	Festschrift für Hanns Dünnebier zum 75. Geburtstag (1982)
FS Eide	Human rights and criminal justice for the downtrodden – Essays in honour of Asbjørn Eide (2003)
FS Eisenberg	Festschrift für Ulrich Eisenberg zum 70. Geburtstag (2009)
FS Eisenberg II	Für die Sache – Kriminalwissenschaften aus unabhängiger Perspektive – Festschrift für Ulrich Eisenberg zum 80. Geburtstag (2019)

FS Engisch	Festschrift für Karl Engisch zum 70. Geburtstag (1969)
FS Ermacora	Fortschritt im Bewußtsein der Grund- und Menschenrechte – Festschrift für Felix Ermacora zum 65. Geburtstag (1988)
FS Eser	Menschengerechtes Strafrecht – Festschrift für Albin Eser zum 70. Geburtstag (2005)
FS Eser II	Scripta amicitiae – Freundschaftsgabe für Albin Eser zum 80. Geburtstag (2015)
FS Europa-Institut	Europäische Integration und Globalisierung – Festschrift zum 60-jährigen Bestehen des Europa-Instituts (2011)
FS Everling	Festschrift für Ulrich Everling (1993)
FS Faller	Festschrift für Hans Joachim Faller (1984)
FS Feltes	Auf neuen Wegen. Kriminologie, Kriminalpolitik und Polizeiwissenschaft aus interdisziplinärer Perspektive – Festschrift für Thomas Feltes zum 70. Geburtstag (2021)
FS Fezer	Festschrift für Gerhard Fezer zum 70. Geburtstag (2008)
FS Fiedler	Verfassung – Völkerrecht – Kulturgüterschutz, Festschrift für Wilfried Fiedler zum 70. Geburtstag (2011)
FS Fischer	Festschrift für Thomas Fischer (2018)
FS Flume	Festgabe für Werner Flume zum 90. Geburtstag (1998)
FS Friauf	Festschrift für Karl Heinrich Friauf (1996)
FS Friebertshäuser	Festgabe für den Strafverteidiger Dr. Heino Friebertshäuser (1997)
FS Frisch	Grundlagen und Dogmatik des gesamten Strafrechtssystems – Festschrift für Wolfgang Frisch zum 70. Geburtstag (2013)
FS Fuchs	Festschrift für Helmut Fuchs zum 65. Geburtstag (2014)
FS Gallas	Festschrift für Wilhelm Gallas zum 70. Geburtstag (1973)
FS Geerds	Kriminalistik und Strafrecht – Festschrift für Friedrich Geerds zum 70. Geburtstag (1995)
FS Geiger	Verantwortlichkeit und Freiheit. Die Verfassung als wertbestimmende Ordnung; Festschrift für Willi Geiger zum 80. Geburtstag (1989)
FS Geiß	Festschrift für Karlmann Geiß zum 65. Geburtstag (2000)
FS Geppert	Festschrift für Klaus Geppert zum 70. Geburtstag (2011)
FS Gollwitzer	Verfassungsrecht – Menschenrechte – Strafrecht, Kolloquium für Dr. Walter Gollwitzer zum 80. Geburtstag (2004)
FS Gössel	Festschrift für Karl Heinz Gössel zum 70. Geburtstag (2002)
FS Graf-Schlicker	Festschrift zu Ehren von Marie Luise Graf-Schlicker (2018)
FS Graßhoff	Der verfasste Rechtsstaat – Festgabe für Karin Graßhoff (1998)
FS Graulich	Sicherheitsverfassung – Sicherheitsrecht, Festgabe für Kurt Graulich zum 70. Geburtstag (2019)
FS Grünwald	Festschrift für Gerald Grünwald zum 70. Geburtstag (1999)
FS Grützner	Aktuelle Probleme des Internationalen Strafrechts – Festschrift für Heinrich Grützner zum 65. Geburtstag (1970)
FS Hacker	Wandel durch Beständigkeit – Festschrift für Jens Hacker (1998)
FS Haffke	Das Dilemma des rechtsstaatlichen Strafrechts – Symposium für Bernhard Haffke zum 65. Geburtstag (2009)
FS Hamm	Festschrift für Rainer Hamm zum 65. Geburtstag (2008)
FS Hanack	Festschrift für Ernst-Walter Hanack zum 70. Geburtstag (1999)
FS Hassemer	Festschrift für Winfried Hassemer zum 70. Geburtstag (2010)
FS Heinitz	Festschrift für Ernst Heinitz zum 70. Geburtstag (1972)
FS Heintschel-Heinegg	Festschrift für Bernd von Heintschel-Heinegg zum 70. Geburtstag (2015)
FS Heinz	Festschrift für Wolfgang Heinz zum 70. Geburtstag (2012)
FS Heldrich	Festschrift für Andreas Heldrich zum 70. Geburtstag (2005)
FS Helmrich	Für Staat und Recht – Festschrift für Herbert Helmrich zum 60. Geburtstag (1994)
FS Henkel	Grundfragen der gesamten Strafrechtswissenschaft – Festschrift für Heinrich Henkel zum 70. Geburtstag (1974)

FS Herzberg	Strafrecht zwischen System und Telos – Festschrift für Rolf Dietrich Herzberg zum 70. Geburtstag (2008)
FS Heusinger	Ehrengabe für Bruno Heusinger (1968)
FS Hilger	Datenübermittlungen und Vorermittlungen – Festgabe für Hans Hilger (2003)
FS Hirsch	Berliner Festschrift für Ernst E. Hirsch (1968)
FS B. Hirsch	Mit Recht für Menschenwürde und Verfassungsstaat – Festgabe für Burkhard Hirsch (2007)
FS H. J. Hirsch	Festschrift Hans Joachim Hirsch zum 70. Geburtstag (1999)
FS Höpfel	Vielfalt des Strafrechts im internationalen Kontext – Festschrift für Frank Höpfel zum 65. Geburtstag (2018)
FS HU Berlin	Festschrift 200 Jahre Juristische Fakultät der Humboldt-Universität zu Berlin (2010)
FS Hubmann	Beiträge zum Schutz der Persönlichkeit und ihrer schöpferischen Leistung – Festschrift für Heinrich Hubmann zum 70. Geburtstag (1985)
FS Huber	Recht als Prozess und Gefüge – Festschrift für Hans Huber zum 80. Geburtstag (1981)
FS Ignor	Strafrecht und Strafverteidigung in Geschichte, Praxis und Politik – Festschrift für Alexander Ignor zum 70. Geburtstag (2023)
FS Imme Roxin	Festschrift für Imme Roxin zum 75. Geburtstag (2012)
FS Ismayr	Analyse demokratischer Regierungssysteme – Festschrift für Wolfgang Ismayr zum 65. Geburtstag (2010)
FS Jahrreiß	Festschrift für Hermann Jahrreiß zum 70. Geburtstag (1964)
FS II Jahrreiß	Festschrift für Hermann Jahrreiß zum 80. Geburtstag (1974)
FS Renate Jäger	Grundrechte und Solidarität: Durchsetzung und Verfahren – Festschrift für Renate Jäger zum 70. Geburtstag (2011)
FS Jakobs	Festschrift für Günther Jakobs zum 70. Geburtstag (2007)
FS Jescheck	Festschrift für Hans-Heinrich Jescheck zum 70. Geburtstag (1985)
FS Joerden	Liberalität und Verantwortung – Festschrift für Jan Joerden zum 70. Geburtstag (2023)
FS Jung	Festschrift für Heike Jung zum 65. Geburtstag (2007)
FS JurGes. Berlin	Festschrift zum 125jährigen Bestehen der Juristischen Gesellschaft zu Berlin (1984)
FS Kaiser	Internationale Perspektiven in Kriminologie und Strafrecht – Festschrift für Günther Kaiser zum 70. Geburtstag (1998)
FS Kargl	Festschrift für Walter Kargl zum 70. Geburtstag (2015)
FS Katoh	Blick über den Tellerrand – Festschrift für Hisao Katoh (2008)
FS Arthur Kaufmann	Strafgerechtigkeit – Festschrift für Arthur Kaufmann zum 70. Geburtstag (1993)
FS Kern	Tübinger Festschrift für Eduard Kern (1968)
FS Kerner	Kriminologie – Kriminalpolitik – Strafrecht, Festschrift für Hans-Jürgen Kerner zum 70. Geburtstag (2013)
FS Kielwein	Dogmatik und Praxis des Strafverfahrens – Beiträge anläßlich des Colloquiums zum 65. Geburtstag von Gerhard Kielwein (1989)
FS Kindhäuser	Festschrift für Urs Kindhäuser zum 70. Geburtstag (2019)
FS Kirchberg	Festschrift für Christian Kirchberg zum 70. Geburtstag (2017)
FS Klecatsky	Auf dem Weg zur Menschenwürde und Gerechtigkeit – Festschrift für Hans Klecatsky zum 60. Geburtstag (1980)
FS Klein	Festschrift für Franz Klein zum 60. Geburtstag (1914)
FS Kleinheyer	Festschrift für Gerd Kleinheyer zum 70. Geburtstag (2001)
FS Kleinknecht	Strafverfahren im Rechtsstaat – Festschrift für Theodor Kleinknecht zum 75. Geburtstag (1985)
FS Klug	Festschrift für Ulrich Klug zum 70. Geburtstag (1983)
FS Koch	Strafverteidigung und Strafprozeß – Festgabe für Ludwig Koch (1989)
FS Kohlmann	Festschrift für Günter Kohlmann zum 70. Geburtstag (2003)

FS Kralik	Festschrift für Winfried Kralik zum 65. Geburtstag (1986)
FS Krause	Festschrift für Friedrich-Wihelm Krause zum 70. Geburtstag (1990)
FS Krauss	Prozessuales Denken als Innovationsanreiz für das materielle Strafrecht – Kolloquium zum 70. Geburtstag von Detlef Krauss (2006)
FS Kreuzer	Mittler zwischen Recht und Wirklichkeit – Festschrift für Arthur Kreuzer zum 80. Geburtstag (2018)
FS Kriele	Staatsphilosophie und Rechtspolitik – Festschrift für Martin Kriele zum 65. Geburtstag (1997)
FS Krey	Festschrift für Volker Krey zum 70. Geburtstag (2010)
FS Kroeschell	Wirkungen europäischer Rechtskultur – Festschrift für Karl Kroeschll zum 70. Geburtstag (1997)
FS Kunert	Freiheit, Gesetz und Toleranz – Symposium zum 75. Geburtstag von Karl Heinz Kunert (2006)
FS Kühl	Festschrift für Kristian Kühl zum 70. Geburtstag (2014)
FS Kühne	Festschrift für Hans-Heiner Kühne zum 70. Geburtstag (2013)
FS Küper	Festschrift für Wilfried Küper zum 70. Geburtstag (2007)
FS Lackner	Festschrift für Karl Lackner zum 70. Geburtstag (1987)
FS Lampe	Jus humanum: Grundlagen des Rechts und Strafrechts – Festschrift für Ernst-Joachim Lampe zum 70. Geburtstag (2003)
FS Landau	Grundgesetz und Europa – Liber Amicorum für Herbert Landau zum Ausscheiden aus dem Bundesverfassungsgericht (2016)
FS Lange	Festschrift für Richard Lange zum 70. Geburtstag (1976)
FS Leferenz	Kriminologie – Psychiatrie – Strafrecht, Festschrift für Heinz Leferenz zum 70. Geburtstag (1983)
FS Leitner	Verteidigung und Vielfalt – Festschrift für Werner Leitner zum 70. Geburtstag (2025)
FS Lenckner	Festschrift für Theodor Lenckner zum 70. Geburtstag (1998)
FS Lerche	Wege und Verfahren des Verfassungslebens – Festschrift für Peter Lerche zum 65. Geburtstag (1993)
FS Loebenstein	Der Rechtsstaat in der Krise – Festschrift für Edwin Loebenstein zum 80. Geburtstag (1991)
FS Loewenstein	Festschrift für Karl Loewenstein zum 80. Geburtstag (1971)
FS von Lübtow	De iustitia et iure – Festschrift für Ulrich von Lübtow zum 80. Geburtstag (1980)
FS Lüderssen	Festschrift für Klaus Lüderssen zum 70. Geburtstag (2002)
FS Machacek und Matscher	Rechtsschutz gestern – heute – morgen, Festgabe zum 80. Geburtstag für Rudolf Machacek und Franz Matscher (2008)
FS Maelicke	Wertschöpfung durch Wertschätzung – Festschrift für Bernd Maelicke zum 70. Geburtstag (2011)
FS Maihofer	Festschrift für Werner Maihofer zum 70. Geburtstag (1988)
FS Maiwald	Fragmentarisches Strafrecht – Für Manfred Maiwald aus Anlass seiner Emeritierung (2003)
FS Maiwald II	Gerechte Strafe und legitimes Strafen – Festschrift für Manfred Maiwald zum 75. Geburtstag (2010)
FS Mangakis	Festschrift für Georgios Mangakis (1999)
FS Manoledakis	Festschrift für Ioannis Manoledakis (2005)
FS Maurach	Festschrift für Reinhard Maurach zum 70. Geburtstag (1972)
FS Mayer	Beiträge zur gesamten Strafrechtswissenschaft – Festschrift für Hellmuth Mayer zum 70. Geburtstag (1966)
FS Mehle	Festschrift für Volkmar Mehle zum 65. Geburtstag (2009)
FS Merkel	Recht – Philosophie – Literatur, Festschrift für Reinhard Merkel zum 70. Geburtstag (2020)
FS Meyer-Goßner	Festschrift für Lutz Meyer-Goßner zum 65. Geburtstag (2001)
FS Mezger	Festschrift für Edmund Mezger zum 70. Geburtstag (1954)
FS Middendorf	Festschrift für Wolf Middendorf zum 70. Geburtstag (1986)

FS Miebach	NStZ-Sonderheft – Zum Eintritt in den Ruhestand für Klaus Miebach (2009)
FS Miklau	Strafprozessrecht im Wandel – Festschrift für Roland Miklau zum 65. Geburtstag (2006)
FS Miyazawa	Festschrift für Koichi Miyazawa (1995)
FS Möhring	Festschrift für Philipp Möhring zum 65. Geburtstag (1965)
FS Mosler	Völkerrecht als Rechtsordnung, Internationale Gerichtsbarkeit, Menschenrechte – Festschrift für Hermann Mosler zum 70. Geburtstag (1983)
FS E. Müller	Opuscula Honoraria – Egon Müller zum 65. Geburtstag (2003)
FS E. Müller II	Festschrift für Egon Müller zum 70. Geburtstag (2008)
FS Müller-Dietz	Grundlagen staatlichen Strafens – Festschrift für Heinz Müller-Dietz zum 70. Geburtstag (2001)
FS Nehm	Strafrecht und Justizgewährung – Festschrift für Kay Nehm zum 65. Geburtstag (2006)
FS Neumann	Rechtsstaatliches Strafrecht – Festschrift für Ulfrid Neumann zum 70. Geburtstag (2017)
FS Nishihara	Festschrift für Harua Nishihara zum 70. Geburtstag (1998)
FS Odersky	Festschrift für Walter Odersky zum 65. Geburtstag (1996)
FS Oehler	Festschrift für Dietrich Oehler zum 70. Geburtstag (1985)
FS Ostendorf	Strafrecht – Jugendstrafrecht – Kriminalprävention in Wissenschaft und Praxis – Festschrift für Heribert Ostendorf zum 70. Geburtstag (2015)
FS Otto	Festschrift für Harro Otto zum 70. Geburtstag (2007)
FS Paarhammer	In mandatis meditari – Festschrift für Hans Paarhammer zum 65. Geburtstag (2012)
FS Paeffgen	Strafe und Prozess im freiheitlichen Rechtsstaat – Festschrift für Hans-Ullrich Paeffgen zum 70. Geburtstag (2015)
FS Partsch	Des Menschen Recht zwischen Freiheit und Verantwortung – Festschrift für Karl Josef Partsch zum 75. Geburtstag (1989)
FS Paulus	Festgabe des Instituts für Strafrecht und Kriminologie der Juristischen Fakultät der Julius-Maximilians-Universität Würzburg für Rainer Paulus zum 70. Geburtstag (2009)
FS Pavisic	Kazneno Pravo, Kazneno Postupovno I Kriminalistika – Festschrift für Berislav Pavisic zum 70. Geburtstag (2014)
FS Peters	Einheit und Vielfalt des Strafrechts – Festschrift für Karl Peters zum 70. Geburtstag (1974)
FS Peters II	Wahrheit und Gerechtigkeit im Strafverfahren – Festgabe für Karl Peters zum 80. Geburtstag (1984)
FS Chr. Pfeiffer	Kriminologie ist Gesellschaftswissenschaft – Festschrift für Christian Pfeiffer zum 70. Geburtstag (2014)
FS Pfeiffer	Strafrecht, Unternehmensrecht, Anwaltsrecht – Festschrift für Gerd Pfeiffer zum Abschied aus dem Amt als Präsident des Bundesgerichtshofes (1988)
FS Pfenniger	Strafprozeß und Rechtsstaat – Festschrift zum 70. Geburtstag von H. F. Pfenniger (1976)
FS Platzgummer	Festschrift für Winfried Platzgummer zum 65. Geburtstag (1995)
FS Posser	Anwalt des Rechtsstaats – Festschrift für Diether Posser zum 75. Geburtstag (1997)
FS Pöttering	Processus Criminalis Europeus – Festschrift für Hans-Gert Pöttering (2008)
FS Prittwitz	Risikostrafrecht und Strafrecht als Risiko – Festschrift für Cornelius Prittwitz zum 70. Geburtstag (2023)
FS Puppe	Strafrechtswissenschaft als Analyse und Konstruktion – Festschrift für Ingeborg Puppe zum 70. Geburtstag (2011)
FS RAV	40 Jahre RAV – Im Kampf um die freie Advokatur und um ein demokratisches Recht (2019)
FS Rebmann	Festschrift für Kurt Rebmann zum 65. Geburtstag (1989)

FS Reichsgericht	Die Reichsgerichtspraxis im deutschen Rechtsleben – Festgabe der juristischen Fakultäten zum 50jährigen Bestehen des Reichsgerichts, Bd. 5, Strafrecht und Strafprozeß (1929)
FS Reichsjustizamt	Vom Reichsjustizamt zum Bundesministerium der Justiz – Festschrift zum 100jährigen Gründungstag des Reichsjustizamtes am 1.1.1877 (1977)
FS Remmers	Vertrauen in den Rechtsstaat, Beiträge zur deutschen Einheit im Recht – Festschrift für Walter Remmers (1995)
FS Rengier	Festschrift für Rudolf Rengier zum 70. Geburtstag (2018)
FS Ress	Internationale Gemeinschaft und Menschenrechte – Festschrift für Georg Ress zum 70. Geburtstag (2005)
FS Richter	Verstehen und Widerstehen – Festschrift für Christian Richter II zum 65. Geburtstag (2006)
FS Rieß	Festschrift für Peter Rieß zum 70. Geburtstag (2002)
FS Rill	Grundfragen und aktuelle Probleme des öffentlichen Rechts – Festschrift für Heinz Peter Rill zum 60. Geburtstag (1995)
FS Rissing-van Saan	Festschrift für Ruth Rissing-van Saan zum 65. Geburtstag (2011)
FS Rittler	Festschrift für Theodor Rittler zu seinem achtzigsten Geburtstag (1957)
FS Rogall	Systematik in Strafrechtswissenschaft und Gesetzgebung – Festschrift für Klaus Rogall zum 70. Geburtstag (2018)
FS Rolinski	Festschrift für Klaus Rolinski zum 70. Geburtstag (2002)
FS Rosenfeld	Festschrift für Ernst Heinrich Rosenfeld zu seinem 80. Geburtstag (1949)
FS Rowedder	Festschrift für Heinz Rowedder zum 75. Geburtstag (1994)
FS Roxin	Festschrift für Claus Roxin zum 70. Geburtstag (2001)
FS Roxin II	Festschrift für Claus Roxin zum 80. Geburtstag (2011)
FS Rössner	Über allem: Menschlichkeit – Festschrift für Dieter Rössner zum 70. Geburtstag (2015)
Rudolphi-Symp.	Zur Theorie und Systematik des Strafprozeßrechts – Symposium zu Ehren von Hans-Joachim Rudolphi zum 60. Geburtstag (1995)
FS Rudolphi	Festschrift für Hans-Joachim Rudolphi zum 70. Geburtstag (2004)
FS Rüping	Recht und Macht: zur Theorie und Praxis von Strafe – Festschrift für Hinrich Rüping zum 65. Geburtstag (2008)
FS Rüter	Festschrift für C. F. Rüter zum 65. Geburtstag (2003)
FS Salger	Straf- und Strafverfahrensrecht, Recht und Verkehr, Recht und Medizin – Festschrift für Hannskarl Salger zum Abschied aus dem Amt als Vizepräsident des Bundesgerichtshofes (1995)
FS Samson	Festschrift für Erich Samson zum 70. Geburtstag (2010)
FS Sarstedt	Festschrift für Werner Sarstedt zum 70. Geburtstag (1981)
FS Sauer	Festschrift für Wilhelm Sauer zu seinem 70. Geburtstag (1949)
FS G. Schäfer	NJW-Sonderheft für Gerhard Schäfer zum 65. Geburtstag (2002)
FS Schäfer	Festschrift für Karl Schäfer zum 80. Geburtstag (1980)
FS Scharf	Festschrift für Ulrich Scharf zum 70. Geburtstag (2008)
FS W. Schiller	Festschrift für Wolf Schiller zum 65. Geburtstag (2014)
FS Schindler	Im Dienst an der Gemeinschaft – Festschrift für Dietrich Schindler zum 65. Geburtstag (1989)
FS Schlochauer	Staatsrecht – Völkerrecht – Europarecht, Festschrift für Hans Jürgen Schlochauer (1981)
FS Schlothauer	Festschrift für Reinhold Schlothauer zum 70. Geburtstag (2018)
FS Schlüchter	Freiheit und Verantwortung in schwieriger Zeit – Kritische Studien aus vorwiegend straf(prozess-)rechtlicher Sicht zum 60. Geburtstag von Ellen Schlüchter (1998)
FS Schmidt	Festschrift für Eberhard Schmidt zum 70. Geburtstag (1961)
FS H. Schmidt	Kostenerstattung und Streitwert – Festschrift für Herbert Schmidt (1981)
FS Schmidt-Leichner	Festschrift für Erich Schmidt-Leichner zum 65. Geburtstag (1975)
FS Schmitt-Glaeser	Recht im Pluralismus – Festschrift für Walter Schmitt-Glaeser zum 70. Geburtstag (2003)

FS Schneider	Kriminologie an der Schwelle zum 21. Jahrhundert – Festschrift für Hans Joachim Schneider zum 70. Geburtstag (1998)
FS Schomburg	Justice Without Borders – Essays in Honour of Wolfgang Schomburg (2018)
FS Schöch	Festschrift für Heinz Schöch zum 70. Geburtstag (2010)
FS Schreiber	Strafrecht, Biorecht, Rechtsphilosophie – Festschrift für Hans-Ludwig Schreiber zum 70. Geburtstag (2003)
FS Schroeder	Festschrift für Friedrich-Christian Schroeder zum 70. Geburtstag (2006)
FS Schüler-Springorum	Festschrift für Horst Schüler-Springorum zum 65. Geburtstag (1993)
FS Schünemann	Festschrift für Bernd Schünemann zum 70. Geburtstag (2014)
FS Schultz	Lebendiges Strafrecht – Festgabe zum 65. Geburtstag von Hans Schultz (1977)
FS Schwenn	Verteidigung – Festschrift für Johann Schwenn (2024)
FS Schwind	Kriminalpolitik und ihre wissenschaftlichen Grundlagen – Festschrift für Hans-Dieter Schwind zum 70. Geburtstag (2006)
FS Seebode	Festschrift für Manfred Seebode zum 70. Geburtstag (2008)
FS Seidl-Hohenveldern	Völkerrecht, Recht der Internationalen Organisationen, Weltwirtschaftsrecht – Festschrift für Ignaz Seidl-Hohenveldern zum 70. Geburtstag (1988)
FS Sellert	Zur Erhaltung guter Ordnung – Beiträge zur Geschichte von Recht und Justiz, Festschrift für Wolfgang Sellert zum 65. Geburtstag (2000)
FS Sellner	Verfassung – Umwelt – Wirtschaft, Festschrift für Dieter Sellner zum 75. Geburtstag (2010)
FS Sendler	Bürger-Richter-Staat – Festschrift für Horst Sendler zum Abschied aus seinem Amt (1991)
FS Sieber	Digitalisierung, Globalisierung und Risikoprävention – Festschrift für Ulrich Sieber zum 70. Geburtstag (2021)
FS Spendel	Festschrift für Günter Spendel zum 70. Geburtstag (1992)
FS Spinellis	Festschrift für Dionysios Spinellis zum 70. Geburtstag (1999–2003)
FS StA Schleswig-Holstein	Strafverfolgung und Strafverzicht – Festschrift zum 125jährigen Bestehen der Staatsanwaltschaft Schleswig-Holstein (1992)
FS Steinberger	Tradition und Weltoffenheit des Rechts – Festschrift für Helmut Steinberger (2002)
FS Steinhilper	Kriminologie und Medizinrecht – Festschrift für Gernot Steinhilper zum 70. Geburtstag (2013)
FS Stober	Wirtschaft – Verwaltung – Recht, Festschrift für Rolf Stober zum 65. Geburtstag (2008)
FS Stock	Studien zur Strafrechtswissenschaft – Festgabe für Ulrich Stock zum 70. Geburtstag (1966)
FS Stöckel	Strafrechtspraxis und Reform – Festschrift für Heinz Stöckel zum 70. Geburtstag (2010)
FS Strauda	Festschrift zu Ehren des Strafrechtsausschusses der Bundesrechtsanwaltskammer anlässlich seiner 196. Tagung vom 13.–15.10.2006 in Münster (2006)
FS Stree/Wessels	Beiträge zur Rechtswissenschaft – Festschrift für Walter Stree und Johannes Wessels zum 70. Geburtstag (1993)
FS Streng	Festschrift für Franz Streng zum 70. Geburtstag (2017)
FS Szwarc	Vergleichende Strafrechtswissenschaft – Frankfurter Festschrift für Andrzej J. Szwarc zum 70. Geburtstag (2009)
FS Tepperwien	NJW-Festheft zum 65. Geburtstag von Ingeborg Tepperwien (2010)
FS Tiedemann	Strafrecht und Wirtschaftsstrafrecht – Festschrift für Klaus Tiedemann zum 70. Geburtstag (2008)
FS Tondorf	Festschrift für Günter Tondorf zum 70. Geburtstag (2004)
FS Trechsel	Strafrecht, Strafprozessrecht und Menschenrechte – Festschrift für Stefan Trechsel zum 65. Geburtstag (2002)
FS Triffterer	Festschrift für Otto Triffterer zum 65. Geburtstag (1996)
FS Tröndle	Festschrift für Herbert Tröndle zum 70. Geburtstag (1989)

FS Trusen	Festschrift für Winfried Trusen zum 70. Geburtstag (1994)
FS Verdross	Völkerrecht und zeitliches Weltbild – Festschrift für Alfred Verdross zum 70. Geburtstag (1960)
FS Verdross II	Ius humanitas – Festschrift für Alfred Verdross zum 90. Geburtstag (1980)
FS Verosta	Völkerrecht und Rechtsphilosophie – Internationale Festschrift für Stephan Verosta zum 70. Geburtstag (1980)
FS Volk	In dubio pro libertate – Festschrift für Klaus Volk zum 65. Geburtstag (2009)
FS von Simson	Grundrechtsschutz im nationalen und internationalen Recht – Festschrift für Werner von Simson zum 75. Geburtstag (1983)
FS Vormbaum	Strafrecht und Juristische Zeitgeschichte – Symposium anlässlich des 70. Geburtstages von Thomas Vormbaum
FS Wiarda	Festschrift für Gerard J. Wiarda zum 70. Geburtstag (1990)
FS Wassermann	Festschrift für Rudolf Wassermann zum 60. Geburtstag (1985)
FS v. Weber	Festschrift für Hellmuth von Weber zum 70. Geburtstag (1963)
FS Weber	Festschrift für Ulrich Weber zum 70. Geburtstag (2004)
FS Weißauer	Ärztliches Handeln – Verrechtlichung eines Berufsstandes, Festschrift für Walther Weißauer zum 65. Geburtstag (1986)
FS Welp	Strafverteidigung in Forschung und Praxis – Kriminalwissenschaftliches Kolloquium aus Anlaß des 70. Geburtstages von Jürgen Welp (2006)
FS Welzel	Festschrift für Hans Welzel zum 70. Geburtstag (1974)
FS Werle	Strafrecht und Systemunrecht – Festschrift für Gerhard Werle zum 70. Geburtstag (2022)
FS Wessing	Unternehmensstrafrecht – Festschrift für Jürgen Wessing zum 65. Geburtstag (2015)
FS Widmaier	Strafverteidigung, Revision und die gesamten Strafrechtswissenschaften – Festschrift für Gunter Widmaier zum 70. Geburtstag (2008)
FS Wildhaber	Liber Amicorum Luzius Wildhaber – Human Rights – Strasbourg Views (2007)
FS Winkler	Beiträge zum Verfassungs- und Wirtschaftsrecht – Festschrift für Günther Winkler (1989)
FS Wolff	Festschrift für Ernst Amadeus Wolff zum 70. Geburtstag (1998)
FS Wolter	Festschrift für Jürgen Wolter zum 70. Geburtstag (2013)
FS Würtenberger	Kultur, Kriminalität, Strafrecht – Festschrift für Thomas Würtenberger zum 70. Geburtstag (1977)
FS Würtenberger II	Verfassungsstaatlichkeit im Wandel – Festschrift für Thomas Würtenberger zum 70. Geburtstag (2013)
FS Würzburger Juristenfakultät	Raum und Recht – Festschrift 600 Jahre Würzburger Juristenfakultät (2002)
FS Yamanaka	Rechtsstaatliches Strafen – Festschrift für Keiichi Yamanaka zum 70. Geburtstag (2017)
FS Zeidler	Festschrift für Wolfgang Zeidler (1987)
FS Zoll	Rechtsstaat und Strafrecht – Festschrift für Andrzej Zoll zum 70. Geburtstag (2012)
Gaede	Gaede, Fairness als Teilhabe – Das Recht auf konkrete und wirksame Teilhabe durch Verteidigung gemäß Art. 6 EMRK (2007)
Gaier/Wolf/Göcken	Gaier/Wolf/Göcken, Anwaltliches Berufsrecht, 3. Aufl. (2019)
Ganter/Jöbges/Stollenwerk	Ganter/Jöbges/Stollenwerk, Das strafrichterliche Dezernat, 2. Aufl. (2023)
GedS Bleckmann	Rechtsstaatliche Ordnung Europas – Gedächtnisschrift für Albert Bleckmann (2007)
GedS Blomeyer	Recht der Wirtschaft und Arbeit in Europa. Gedächtnisschrift für Wolfgang Blomeyer (2004)
GedS Blumenwitz	Iustitia et Pax, Gedächtnisschrift für Dieter Blumenwitz (2008)
GedS Bruns	Gedächtnisschrift für Rudolf Bruns (1980)
GedS Eckert	Gedächtnisschrift für Jörn Eckert (2008)
GedS Geck	Verfassungsrecht und Völkerrecht – Gedächtnisschrift für Wilhelm Karl Geck (1989)

GedS Heine	Strafrecht als ultima ratio – Gießener Gedächtnisschrift für Günter Heine (2015)
GedS Joecks	Strafrecht – Wirtschaftsstrafrecht – Steuerrecht, Gedächtnisschrift für Wolfgang Joecks (2018)
GedS A. Kaufmann	Gedächtnisschrift für Armin Kaufmann (1986)
GedS H. Kaufmann	Gedächtnisschrift für Hilde Kaufmann (1986)
GedS Keller	Gedächtnisschrift für Rolf Keller (2003)
GedS Küchenhoff	Recht und Rechtsbesinnung – Gedächtnisschrift für Günter Küchenhoff (1987)
GedS Lisken	Lauschen im Rechtsstaat – Zu den Konsequenzen des Urteils des Bundesverfassungsgerichts zum großen Lauschangriff, Gedächtnisschrift für Hans Lisken (2004)
GedS Lüderssen	Gedächtnisschrift für Klaus Lüderssen (2023)
GedS Meurer	Gedächtnisschrift für Dieter Meurer (2002)
GedS Meyer	Gedächtnisschrift für Karlheinz Meyer (1990)
GedS Noll	Gedächtnisschrift für Peter Noll (1984)
GedS H. Peters	Gedächtnisschrift für Hans Peters (1967)
GedS Ryssdal	Protection des droits de l'homme: la perspective européenne/Protecting Human Rights: The European Perspective – Gedächtnisschrift für Rolv Ryssdal (2000)
GedS Schlüchter	Gedächtnisschrift für Ellen Schlüchter (2002)
GedS Schröder	Gedächtnisschrift für Horst Schröder (1978)
GedS Seebode	Im Zweifel für die Freiheit – Gedächtnisschrift für Manfred Seebode (2015)
GedS Tröndle	Gedächtnisschrift für Herbert Tröndle (2020)
GedS Trzaskalik	Gedächtnisschrift für Christoph Trzaskalik (2005)
GedS Walter	Kriminologie – Jugendkriminalrecht – Strafvollzug, Gedächtnisschrift für Michael Walter (2014)
GedS Weßlau	Rechtsstaatlicher Strafprozess und Bürgerrechte – Gedächtnisschrift für Edda Weßlau (2016)
GedS Vogler	Gedächtnisschrift für Theo Vogler (2004)
GedS Zipf	Gedächtnisschrift für Heinz Zipf (1999)
Geerds	Handbuch der Kriminalistik, begr. von H. Groß, neubearbeitet von Geerds, 10. Aufl. (Bd. I 1977, Bd. II 1978)
Geiger/Khan/Kotzur/Kirchmair	Geiger/Khan/Kotzur/Kirchmair, EUV/AEUV, Kommentar, 7. Aufl. (2023)
Geipel	Geipel, Handbuch der Beweiswürdigung, 3. Aufl. (2017)
Geppert/Schütz	Geppert/Schütz, Beck'scher Kommentar zum TKG, 5. Aufl. (2023)
Gercke/Leimenstoll/Stirner	Gercke/Leimenstoll/Stirner, Handbuch Medizinstrafrecht (2020)
Gercke/Temming/Zöller	Gercke/Temming/Zöller, Strafprozessordnung, 7. Aufl. (2023)
Gerland	Gerland, Der Deutsche Strafprozeß (1927)
Gerold/Schmidt	Gerold/Schmidt, Rechtsanwaltsvergütungsgesetz, Kommentar, 27. Aufl. (2025)
Gerson	Gerson, Das Recht auf Beschuldigung (2016)
Gerst	Gerst (Hrsg.), Zeugen in der Hauptverhandlung, 2. Aufl. (2020)
Glaser	Glaser, Handbuch des Strafprozesses, in Binding, Systematisches Handbuch der Deutschen Rechtswissenschaft (Bd. I 1883, Bd. II 1885)
Gleß	Gleß, Internationales Strafrecht: Grundriss für Studium und Praxis, 3. Aufl. (2021)
Göbel/Schuster	Göbel/Schuster, Strafprozess, 9. Aufl. (2023)
Göhler	Göhler, Ordnungswidrigkeitengesetz, Kurzkommentar erläutert von Erich Göhler, fortgef. von Peter König und Helmut Seitz, 19. Aufl. (2024)
Gössel	Gössel, Strafverfahrensrecht, Studienbuch (1977)
Gössel/Dölling	Gössel/Dölling, Strafrecht, Besonderer Teil 1, 2. Aufl. (2004)
Goldschmidt	Goldschmidt, Der Prozeß als Rechtslage (1925)

Grabenwarter/Pabel	Grabenwarter/Pabel, Europäische Menschenrechtskonvention, 7. Aufl. (2021)
Grabitz/Hilf/Nettesheim	Grabitz/Hilf/Nettesheim, Das Recht der Europäischen Union, begr. von Grabitz, Loseblattausgabe, 86. Aufl. (2025)
Graf	Graf, Strafprozessordnung, 5. Aufl. (2025)
Graf/Goers (BGH Jahr)	Graf, BGH-Rechtsprechung Strafrecht 2010 (2011); 2011 (2012); 2012/2013 (2013); 2014 (2014); 2015 (2015); 2016 (2016); 2017 (2017); 2018 (2018); 2020 (2020)
Graf/Jäger/Wittig	Graf/Jäger/Wittig, Wirtschafts- und Steuerstrafrecht, 3. Aufl. (2024)
Graf zu Dohna	Graf zu Dohna, Das Strafprozeßrecht, 3. Aufl. (1929)
Greeve/Leipold	Greeve/Leipold, Handbuch des Baustrafrechts (2004)
Grunau/Tiesler	Grunau/Tiesler, Strafvollzugsgesetz, Kommentar, 2. Aufl. (1982)
von der Grün	von der Grün, Verdeckte Ermittlungen (2018)
Grüneberg	Grüneberg (vormals Palandt), Bürgerliches Gesetzbuch, 85. Aufl. (2026)
Grützner/Pötz/Kreß/Gazeas	Grützner/Pötz/Kreß/Gazeas, Internationaler Rechtshilfeverkehr in Strafsachen, Loseblattausgabe, Stand 2024
Guradze	Guradze, Die Europäische Menschenrechtskonvention (1968)
Gürtner	Gürtner (Hrsg.), Das kommende deutsche Strafverfahren, Bericht der amtlichen Strafprozeßkommission (1938)
Habschick	Habschick, Erfolgreich Vernehmen, 4. Aufl. (2016)
Hackner/Schierholt	Hackner/Schierholt, Internationale Rechtshilfe in Strafsachen, 4. Aufl. (2023)
Hahn	Hahn, Die gesammten Materialien zu dem Gerichtsverfassungsgesetz und dem Einführungsgesetz zum demselben vom 27. Januar 1877, 2 Bände (1879)
Haller/Conzen	Haller/Conzen, Das Strafverfahren, 10. Aufl. (2025)
Hamm/Hassemer/Pauly	Hamm/Hassemer/Pauly, Beweisantragsrecht, 3. Aufl. (2019)
Hamm/Pauly	Hamm/Pauly, Die Revision in Strafsachen, 8. Aufl. (2020)
Hanack-Symp.	Aktuelle Probleme der Strafrechtspflege – Beiträge eines Symposions anläßlich des 60. Geburtstags von Ernst Walter Hanack (1991)
Hansens	Hansens, RVG, Rechtsanwaltsvergütungsgesetz, 8. Aufl. (2018)
Hartung/Schons/Enders	Hartung/Schons/Enders, Rechtsanwaltsvergütungsgesetz (RVG), Kommentar, 3. Aufl. (2017)
Hauck	Heimliche Strafverfolgung und Schutz der Privatheit (2014)
Haupt/Weber/Bürner/ Frankfurth/Luxemburger/ Marth	Haupt/Weber/Bürner/Frankfurth/Luxemburger/Marth, Handbuch Opferschutz und Opferhilfe, 2. Aufl. (2003)
HdbGR	Merten/Papier (Hrsg.), Handbuch der Grundrechte in Deutschland und Europa (ab 2004)
HdbStR	Hilgendorf/Kudlich/Valerius (Hrsg.), Handbuch des Strafrechts (ab 2018)
HdbVerfR	Benda/Maihofer/Vogel (Hrsg.), Handbuch des Verfassungsrechts, 2. Aufl. (1994)
Hecker	Hecker, Europäisches Strafrecht, 7. Aufl. (2024)
Heghmanns/Herrmann	Heghmanns/Herrmann, Das Arbeitsgebiet des Staatsanwalts, 6. Aufl. (2021)
Heghmanns, Verteidigung	Heghmanns, Verteidigung in Strafvollstreckung und Strafvollzug, 2. Aufl. (2012)
Heghmanns/Scheffler	Heghmanns/Scheffler, Handbuch zum Strafverfahren (2008) (zit.: HbStrVf/ Verfasser)
Held/Legner	Held/Legner, Digitale-Dienste-Gesetz: DDG (2025)
Hellebrand	Hellebrand, Die Staatsanwaltschaft (1999)
Hellmann	Hellmann, Strafprozessrecht, 2. Aufl. (2005)
Henkel	Henkel, Strafverfahrensrecht, Lehrbuch, 2. Aufl. (1968)
Henneke/Hofmann	Henneke/Hofmann (vormals Schmidt-Bleibtreu/Hofmann/Henneke), Kommentar zum Grundgesetz, 16. Aufl. (2025)
Henssler/Prütting	Henssler/Prütting (Hrsg.), Bundesrechtsanwaltsordnung, Kommentar, 6. Aufl. (2024)

Hentschel	Hentschel, Trunkenheit, Fahrerlaubnisentziehung, Fahrverbot im Straf- und Ordnungswidrigkeitenrecht, 10. Aufl. (2006)
Hentschel/König	Hentschel/König (vormals Hentschel/König/Dauer), Straßenverkehrsrecht, 48. Aufl. (2025)
Herdegen	Herdegen, Völkerrecht, 23. Aufl. (2024)
Herdegen, EuR	Herdegen, Europarecht, 25. Aufl. (2025)
Herrmann	Herrmann, Untersuchungshaft (2007)
Herrnfeld/Brodowski/Burchard	Herrnfeld/Brodowski/Burchard, European Public Prosecutor's Office (2021)
Herrnfeld/Esser	Herrnfeld/Esser (Hrsg.), Europäische Staatsanwaltschaft (2022)
Heselhaus/Nowak	Heselhaus/Nowak, Handbuch der Europäischen Grundrechte, 2. Aufl. (2020)
Herzog/Mülhausen	Herzog/Mülhausen, Geldwäschebekämpfung und Gewinnabschöpfung (2006)
von Hippel	von Hippel, Der deutsche Strafprozeß, Lehrbuch (1941)
HK	Heidelberger Kommentar zur Strafprozessordnung, 7. Aufl. (2023)
HK-GS	s. Dölling/Duttge/König/Rössner
HK-JGG	Meier/Rössner/Trüg/Wulf/Bannenberg/Bartsch (Hrsg.), Jugendgerichtsgesetz, 3. Aufl. (2024)
Höflich/Schriever/Bartmeier	Höflich/Schriever/Bartmeier, Grundriss Vollzugsrecht, 4. Aufl. (2014)
Hömig/Wolff	Hömig/Wolff, Grundgesetz für die Bundesrepublik Deutschland, 14. Aufl. (2025)
Hofmann	Hofmann, IPBPR Erläuterung, in: Das Deutsche Bundesrecht I A 10c (1986)
von Holtzendorff	von Holtzendorff, Handbuch des deutschen Strafprozesses (1879)
HRRS-FG Fezer	HRRS-Festgabe für Gerald Fezer zum 70. Geburtstag (2008)
Huber/Voßkuhle	Huber/Voßkuhle (Hrsg.; vormals von Mangoldt/Klein/Starck), Das Bonner Grundgesetz, 8. Aufl. (2024), 3. Bd.
Ignor/Mosbacher	Ignor/Mosbacher, Handbuch Arbeitsstrafrecht, 3. Aufl. (2016)
IK-EMRK	Pabel/Schmahl (Hrsg.), Internationaler Kommentar zur Europäischen Menschenrechtskonvention, Loseblattausgabe, 21. Lfg., Kommentar, 8. Aufl. (2015)
Ipsen	Ipsen, Völkerrecht, 8. Aufl. (2024)
Isele	Isele, Bundesrechtsanwaltsordnung, Kommentar (1976)
Jacobs/White/Ovey	Jacobs/White/Ovey, The European Convention on Human Rights, 8th ed. (2020)
Jahn/Krehl/Löffelmann/Güntge	Jahn/Krehl/Löffelmann/Güntge, Die Verfassungsbeschwerde in Strafsachen, 3. Aufl. (2025)
Jahn/Nack (I)	Jahn/Nack (Hrsg.), Strafprozessrechtspraxis und Rechtswissenschaft, 1. Karlsruher Strafrechtsdialog (2007)
Jahn/Nack (II)	Jahn/Nack (Hrsg.), Rechtsprechung, Gesetzgebung, Lehre: Wer regelt das Strafrecht? 2. Karlsruher Strafrechtsdialog (2009)
Jahn/Nack (III)	Jahn/Nack (Hrsg.), Gegenwartsfragen des europäischen und deutschen Strafrechts, 3. Karlsruher Strafrechtsdialog (2011)
Jahn/Nack (IV)	Jahn/Nack (Hrsg.), Rechtsprechung in Strafsachen zwischen Theorie und Praxis – zwei Seiten einer Medaille? 4. Karlsruher Strafrechtsdialog (2013)
Jahn/Radtke (V)	Deutsche Strafprozessreform und Europäische Grundrechte – Herausforderungen auch für die Rechtsprechung des BGH in Strafsachen? – Referate und Diskussionen auf dem 5. Karlsruher Strafrechtsdialog (2015)
Jahn/Radtke (VI)	Der Bundesgerichtshof im Spiegel der Öffentlichkeit – Referate und Diskussionen auf dem 6. Karlsruher Strafrechtsdialog (2017)
Jakobs	Jakobs, Strafrecht Allg. Teil, Lehrbuch, 2. Aufl. (1991)
Janiszewski	Janiszewski, Verkehrsstrafrecht, 5. Aufl. (2004)
Jansen	Jansen, Zeuge und Aussagepsychologie, 3. Aufl. (2021)
Janssen	Janssen, Gewinnabschöpfung im Strafverfahren (2007)
Jarass	Jarass, Charta der Grundrechte der Europäischen Union, 4. Aufl. (2021)

Jarass/Pieroth	Jarass/Pieroth, Grundgesetz für die Bundesrepublik Deutschland, 19. Aufl. (2026)
Jescheck/Weigend	Jescheck/Weigend, Lehrbuch des Strafrechts, Allgemeiner Teil, 5. Aufl. (1996)
Joachimski/Haumer	Joachimski/Haumer, Strafverfahrensrecht, 7. Aufl. (2015)
Joecks/Jäger	Joecks/Jäger, Studienkommentar StPO, 5. Aufl. (2022)
Joecks/Jäger/Randt	Joecks/Jäger/Randt, Steuerstrafrecht mit Zoll- und Verbrauchsteuerstrafrecht, 9. Aufl. (2023)
Johann	Johann, Möglichkeiten und Grenzen des neuen Vermögensabschöpfungsrechts (2019)
John	John, Strafprozeßordnung, Kommentar, Bd. I (1884), Bd. II (1888), Bd. III Lfg. 1 (1889)
Joseph/Castan	The International Covenant on Civil and Political Rights, 3. Aufl. (2013)
Jung	Jung, Praxiswissen Strafverteidigung von Ausländern (2009)
Junker	Junker, Beweisantragsrecht im Strafprozess, 3. Aufl. (2019)
Junker/Armatage	Junker/Armatage, Praxiswissen Strafverteidigung (2009)
Kaiser	Kaiser, Kriminologie, Lehrbuch, 3. Aufl. (1996)
Kaiser/Schöch/Kinzig	Kaiser/Schöch/Kinzig, Kriminologie, Jugendstrafrecht, Strafvollzug, Lehrbuch, 8. Aufl. (2015)
Kamann	Kamann, Handbuch für die Strafvollstreckung und den Strafvollzug, 2. Aufl. (2008)
Kammeier/Pollähne	Kammeier/Pollähne (Hrsg.), Kommentar zum Maßregelvollzugsrecht, 4. Aufl. (2018)
Karpenstein/Mayer	Karpenstein/Mayer (Hrsg.), EMRK – Konvention zum Schutz der Menschenrechte und Grundfreiheiten, 3. Aufl. (2022)
Katholnigg	Katholnigg, Strafgerichtsverfassungsrecht, 3. Aufl. (1999)
Kämmerer/Eidenmüller	Kämmerer/Eidenmüller, Post- und Fernmeldewesen (1971)
Kindhäuser/Hilgendorf	Kindhäuser/Hilgendorf, Strafgesetzbuch, Lehr- und Praxiskommentar, 10. Aufl. (2025)
Kindhäuser/Schumann	Kindhäuser/Schumann, Strafprozessrecht, 8. Aufl. (2025)
Kinzig	Kinzig, Die rechtliche Bewältigung von Erscheinungsformen organisierter Kriminalität (2004)
Kirsch	Kirsch (Hrsg.), Internationale Strafgerichtshöfe (2005)
Kissel/Mayer	Kissel/Mayer, Gerichtsverfassungsgesetz (GVG), 11. Aufl. (2025)
KK	Barthe/Gericke (Hrsg.), Karlsruher Kommentar zur Strafprozeßordnung, 9. Aufl. (2023)
KK-OWiG	Mitsch (Hrsg.), Karlsruher Kommentar zum Ordnungswidrigkeitengesetz, 6. Aufl. (2025)
Klein/(Orlopp)	Klein, Abgabenordnung, Kommentar, 19. Aufl. (2025)
Kleine-Cosack	Bundesrechtsanwaltsordnung, 9. Aufl. (2022)
Klemke/Elbs	Klemke/Elbs, Einführung in die Praxis der Strafverteidigung, 4. Aufl. (2019)
Klesczewski	Klesczewski, Strafprozessrecht, 2. Aufl. (2013)
KMR	Heintschel-Heinegg/Bockemühl (Hrsg.), Kommentar zur Strafprozeßordnung und zum Gerichtsverfassungsgesetz, Loseblattausgabe (Stand Oktober 2026)
Knierim/Rübenstahl/Tsambikakis	Knierim/Rübenstahl/Tsambikakis (Hrsg.), Internal Investigations, 2. Aufl. (2016)
Koch/Scholtz	Koch/Scholtz, Abgabenordnung, Kommentar, 5. Aufl. (1996)
Koeniger	Koeniger, Die Hauptverhandlung in Strafsachen (1966)
Kohlmann	Kohlmann, Steuerstrafrecht mit Ordnungswidrigkeitenrecht und Verfahrensrecht, Loseblattausgabe, Stand Dezember 2025
Kohlrausch	Kohlrausch, Strafprozeßordnung und Gerichtsverfassungsgesetz, Kommentar, 24. Aufl. (1936)
Kraatz	Kraatz, Ordnungswidrigkeitenrecht (2023)
Krack	Krack, Die Rehabilitierung des Beschuldigten im Strafverfahren (2002)

Kramer	Kramer, Grundlagen des Strafverfahrensrechts, 9. Aufl. (2021)
Krause/Nehring	Krause/Nehring, Strafverfahrensrecht in der Polizeipraxis (1978)
Krekeler/Werner	Krekeler/Werner, Verteidigung in Wirtschaftsstrafsachen, 2. Aufl. (2013)
Krenberger/Krumm	Krenberger/Krumm, Ordnungswidrigkeitengesetz, 8. Aufl. (2024)
Krey	Krey, Deutsches Strafverfahrensrecht, Bd. I (2006), Bd. II (2007)
Krey/Esser	Krey/Esser, Strafrecht, Allgemeiner Teil, 7. Aufl. (2022)
Krey/Heinrich	Krey/Heinrich, Deutsches Strafverfahrensrecht, 2. Aufl. (2018)
von Kries	von Kries, Lehrbuch des Deutschen Strafprozeßrechts (1892)
Kühling/Buchner	Kühling/Buchner, DS-GVO/BDSG, 4. Aufl. (2024)
Kühne	Kühne, Strafprozessrecht, 9. Aufl. (2015)
Kunz	Kunz, StrEG – Gesetz über die Entschädigung für Strafverfolgungsmaßnahmen, 4. Aufl. (2010)
Kunz/Zellner/Gelhausen/Weiner	Kunz/Zellner/Gelhausen/Weiner, Opferentschädigungsgesetz, 6. Aufl. (2015)
Lackner/Kühl	Lackner/Kühl, Strafgesetzbuch, Kommentar, 31. Aufl. (2025)
Laubenthal	Laubenthal, Strafvollzug, 8. Aufl. (2019)
Laubenthal/Baier/Nestler	Laubenthal/Baier/Nestler, Jugendstrafrecht, 3. Aufl. (2015)
Laubenthal/Nestler	Laubenthal/Nestler, Strafvollstreckung, 2. Aufl. (2018)
Laubenthal/Nestler/Neubacher/Verrel	Laubenthal/Nestler/Neubacher/Verrel, Strafvollzugsgesetze, Kommentar, 13. Aufl. (2024)
Lemke/Mosbacher	Lemke/Mosbacher, Ordnungswidrigkeitengesetz, 2. Aufl. (2005)
Lesch	Lesch, Strafprozeßrecht, 2. Aufl. (2002)
von Lilienthal	von Lilienthal, Strafprozeßrecht, Lehrbuch (1923)
Lindemann	Lindemann, Voraussetzungen und Grenzen legitimen Wirtschaftsstrafrechts (2012)
Lingens/Korte	Lingens/Korte, Wehrstrafgesetz, 6. Aufl. (2023)
LK	Cirener/Radtke/Rissing-van Saan/Rönnau/Schluckebier (Hrsg.), Leipziger Kommentar zum Strafgesetzbuch, 13. Aufl. (2019 bis 2024); Cirener/Greco/Radtke/Rönnau/Schluckebier (Hrsg.), 14. Aufl. (ab 2024)
Löffler	Löffler, Presserecht, 7. Aufl. (2023)
LR	Becker/Erb/Esser/Graalmann-Scheerer/Hilger/Ignor (Hrsg.), Die Strafprozeßordnung und das Gerichtsverfassungsgesetz, 27. Aufl. (ab 2016); Erb/Esser/Graalmann-Scheerer/Ignor/Korte/Mosbacher (Hrsg.), 28. Aufl. (ab 2024)
MAH	Müller/Schlothauer/Knauer (Hrsg.), Münchener Anwaltshandbuch Strafverteidigung, 3. Aufl. (2022)
MAH (WSSt)	Volk/Beukelmann (Hrsg.), Münchener Anwaltshandbuch Verteidigung in Wirtschafts- und Steuerstrafsachen, 3. Aufl. (2020)
Malek	Malek, Verteidigung in der Hauptverhandlung, 5. Aufl. (2017)
Malek (BtMG)	Malek, Betäubungsmittelstrafrecht, 4. Aufl. (2014)
Malek/Popp (Internet)	Malek/Popp, Strafsachen im Internet, 3. Aufl. (2024)
Malek/Wohlers	Malek/Wohlers, Zwangsmaßnahmen und Grundrechtseingriffe im Ermittlungsverfahren, 6. Aufl. (2026)
Marberth-Kubicki	Marberth-Kubicki, Computer- und Internetstrafrecht, 2. Aufl. (2010)
Marschner/Lesting/Stahmann	Marschner/Lesting/Stahmann, Freiheitsentziehung und Unterbringung, 7. Aufl. (2024)
Marx/Roderfeld	Marx/Roderfeld, Rechtsschutz bei überlangen Gerichts- und Ermittlungsverfahren (2013)
Marxen/Tiemann	Marxen/Tiemann, Die Wiederaufnahme in Strafsachen, 3. Aufl. (2014)
Matt/Renzikowski	Matt/Renzikowski, StGB, Kommentar, 2. Aufl. (2020)
Maurach/Zipf	Maurach/Zipf, Strafrecht, Allgemeiner Teil, Teilbd. 1, 8. Aufl. (1992)
Maurach/Gössel/Zipf	Maurach/Gössel/Zipf, Strafrecht, Allgemeiner Teil, Teilbd. 2, 8. Aufl. (2014)
Maurach/Schroeder/Maiwald	Maurach/Schroeder/Maiwald, Strafrecht, Besonderer Teil, Teilbd. 1, 11. Aufl. (2019), Teilbd. 2, 10. Aufl. (2013)

Mayer/Kroiß	Mayer/Kroiß, Rechtsanwaltsvergütungsgesetz, 9. Aufl. (2025)
Meier (Kriminologie)	Meier, Kriminologie, 6. Aufl. (2021)
Meier (Sanktionen)	Meier, Strafrechtliche Sanktionen, 6. Aufl. (2025)
Meier/Rössner/Trüg/Wulf/ Bannenberg/Bartsch	Meier/Rössner/Trüg/Wulf/Bannenberg/Bartsch (Hrsg.), Jugendgerichtsgesetz, 3. Aufl. (2024)
Meißner/Schütrumpf	Meißner/Schütrumpf, Vermögensabschöpfung, 2. Aufl. (2022)
Mellinghoff	Mellinghoff, Fragestellung, Abstimmungsverfahren und Abstimmungsgeheimnis im Strafverfahren (1988)
Mende	Mende, Grenzen privater Ermittlungen durch den Verletzten einer Straftat (2001)
Merten/Papier	Merten/Papier, Handbuch der Grundrechte in Deutschland und Europa (ab 2004)
Mertens/Stuff/Mück	Mertens/Stuff/Mück, Verteidigervergütung, 2. Aufl. (2016)
Meyer D.	Meyer D., Strafrechtsentschädigung, 11. Aufl. (2020)
Meyer D. (GKG)	Meyer D., GKG/FamGKG, Kommentar, 17. Aufl. (2020)
Meyer/Höver/Bach/Oberlack	Meyer/Höver/Bach/Oberlack, Die Vergütung und Entschädigung von Sachverständigen, Zeugen, Dritten und von ehrenamtlichen Richtern nach dem JVEG, 28. Aufl. (2021)
Meyer-Goßner (Prozess)	Meyer-Goßner, Prozessvoraussetzungen und Prozesshindernisse (2011)
Meyer-Goßner/Appl	Meyer-Goßner/Appl, Die Urteile in Strafsachen sowie Beschlüsse und Protokoll der Hauptverhandlung, 30. Aufl. (2021)
Meyer-Ladewig/Nettesheim/ v. Raumer	Meyer-Ladewig/Nettesheim/v. Raumer, Handkommentar zur EMRK, 5. Aufl. (2023)
Michalke	Michalke, Strafprozessuale Zwangsmaßnahmen, 2. Aufl. (2022)
Minkoff/Sahan/Wittig	Minkoff/Sahan/Wittig, Konzernstrafrecht (2020)
Minoggio	Minoggio, Unternehmensverteidigung, 3. Aufl. (2016)
Mitsch	Mitsch, Recht der Ordnungswidrigkeiten, Lehrbuch, 2. Aufl. (2005)
Momsen/Grützner	Momsen/Grützner, Wirtschafts- und Steuerstrafrecht, 2. Aufl. (2020)
Möller/Warg	Möller/Warg, Allgemeines Polizei- und Ordnungsrecht, 6. Aufl. (2011)
Möthrath/Rüther/Bahr	Möthrath/Rüther/Bahr, Verteidigung ausländischer Beschuldigter (2012)
Müller	Müller, Der Sachverständige im gerichtlichen Verfahren, Handbuch des Sachverständigenbeweises, 3. Aufl. (1988)
Müller (Beiträge)	Müller, Beiträge zum Strafprozessrecht 1969–2001 (2003)
Müller-Gugenberger	Müller-Gugenberger, Wirtschaftsstrafrecht, 8. Aufl. (2024)
von Münch/Kunig	von Münch/Kunig, Grundgesetz, Kommentar, 2 Bände, 8. Aufl. (2025)
Münchhalffen/Gatzweiler	Münchhalffen/Gatzweiler, Das Recht der Untersuchungshaft, 3. Aufl. (2009)
Murmann	Murmann, Prüfungswissen Strafprozessrecht, 5. Aufl. (2022)
MüKo	Knauer/Kudlich/Schneider (Hrsg., ab 2014), Münchener Kommentar zur Strafprozessordnung, 2. Aufl. (ab 2023)
MüKo-ZPO	Krüger/Rauscher (Hrsg.), Münchener Kommentar zur Zivilprozessordnung, 6. Aufl. (ab 2020), 7. Aufl. (ab 2025)
MüKo-BGB	Rixecker/Säcker/Limperg/Oetker (Hrsg.), Münchener Kommentar zum Bürgerlichen Gesetzbuch, 9. Aufl. (ab 2021), 10. Aufl. (ab 2025)
MüKo-StGB	Erb/Schäfer (Hrsg.), Münchener Kommentar zum Strafgesetzbuch; 4. Aufl. (ab 2020), 5. Aufl. (ab 2024)
Niese	Niese, Doppelfunktionelle Prozeßhandlungen (1950)
Nipperdey/Scheuner	Nipperdey/Scheuner, Die Grundrechte, 4 Bände (ab 1954)
NK-StGB	Kindhäuser/Neumann/Paeffgen/Saliger (Hrsg.), Nomos-Kommentar zum Strafgesetzbuch, 6. Aufl. (2023)
NK	Rotsch/Saliger/Tsambikakis (Hrsg.), Nomos-Kommentar zur Strafprozessordnung (2025)
Nobis	Nobis, Strafverteidigung vor dem Amtsgericht, 2. Aufl. (2018)

Nöding	Nöding, Verteidigung in Jugendstrafsachen, 8. Aufl. (2023)
Nowak	Nowak, CCPR – Commentary – Commentary on the U.N. Covenant on Civil and Political Rights, 2nd Edition (2005)
Oetjen/Endriß	Oetjen/Endriß, Leitfaden Untersuchungshaft (1999)
OK	Beck-Online-Kommentar zur StPO
OK-GG	Beck-Online-Kommentar zum GG
OK-InfoMedienR	Beck-Online-Kommentar zum Informations- und Medienrecht
OK-StGB	Beck-Online-Kommentar zum StGB
Ory/Weth	Ory/Weth, juris PraxisKommentar Elektronischer Rechtsverkehr, Band 4 – Strafverfahren, 2. Aufl. (2022)
Ostendorf/Brüning	Ostendorf/Brüning, Strafprozessrecht, 5. Aufl. (2024)
Ostendorf (U-Haft)	Ostendorf, Untersuchungshaft und Abschiebehaft (2012)
Ostendorf (JStVollzR)	Ostendorf (Hrsg.), Jugendstrafvollzugsrecht, 4. Aufl. (2022)
Ostendorf (JGG)	Ostendorf, Jugendgerichtsgesetz, 12. Aufl. (2026)
Ostendorf/Drenkhahn	Ostendorf/Drenkhahn, Jugendstrafrecht, 12. Aufl. (2026)
Paal/Pauly	Paal/Pauly, DS-GVO/BDSG, 4. Aufl. (2026)
Park	Park, Handbuch Durchsuchung und Beschlagnahme, 5. Aufl. (2022)
Park (Kapitalmarkt)	Park, Kapitalmarktstrafrecht, Handkommentar, 6. Aufl. (2024)
Partsch	Partsch, Die Rechte und Freiheiten der Europäischen Menschenrechtskonvention, 1966 (Sonderdruck aus Bettermann/Neumann/Nipperdey (Hrsg.), Die Grundrechte der Welt Bd. I 1)
Patzak/Fabricius	Patzak/Fabricius, Betäubungsmittelgesetz, Kommentar, 11. Aufl. (2024)
Peter	Peter, Das 1x1 der Hauptverhandlung, 3. Aufl. (2017)
Peter (Opferanwalt)	Peter, Das 1x1 des Opferanwalts, 3. Aufl. (2017)
Peters/Altwicker (EMRK)	Peters/Altwicker, Europäische Menschenrechtskonvention, 2. Aufl. (2012)
Peters	Peters, Strafprozeß, Lehrbuch, 4. Aufl. (1985)
Peters (Fehlerquellen)	Peters, Fehlerquellen im Strafprozeß, Band I (1970), Band II (1972), Band III (1974)
Pfeiffer	Pfeiffer, Strafprozessordnung, Kommentar, 5. Aufl. (2005)
Pfordte/Degenhard	Pfordte/Degenhard, Der Anwalt im Strafrecht (2005)
Piller/Hermann	Piller/Hermann, Justizverwaltungsvorschriften, Loseblattsammlung
Plötz (Fürsorgepflicht)	Plötz, Die gerichtliche Fürsorgepflicht im Strafverfahren (1980)
Poller/Teubel/Köpf	Poller/Teubel/Köpf, Gesamtes Kostenhilferecht, 3. Aufl. (2018)
Popp	Popp, Grundzüge der internationalen Rechtshilfe in Strafsachen (2001)
Potrykus	Potrykus, Kommentar zum Jugendgerichtsgesetz, 4. Aufl. (1955)
Protokolle	Protokolle der Kommission für die Reform des Strafprozesses (1905)
Püschel/Bartmeier/Mertens	Püschel/Bartmeier/Mertens, Untersuchungshaft in der anwaltlichen Praxis (2011)
Putzke/Scheinfeld/Putzke	Putzke/Scheinfeld/Putzke, Strafprozessrecht, 9. Aufl. (2022)
Quedenfeld/Füllsack	Quedenfeld/Füllsack, Verteidigung in Steuerstrafsachen, 6. Aufl. (2024)
Quellen	Schubert/Regge/Rieß/Schmid (Hrsg.), Quellen zur Reform des Straf- und Strafprozeßrechts, I. Abt. – Weimarer Republik, II. Abt. NS-Zeit – Strafgesetzbuch, III. Abt. NS-Zeit – Strafverfahrensrecht (ab 1988)
Radtke/Hohmann	Radtke/Hohmann, Strafprozessordnung, Kommentar, 2. Aufl. (2025)
Randt	Randt, Der Steuerfahndungsfall (2004)
Ranft	Ranft, Strafprozeßrecht, (2005)
Rebmann/Roth/Hermann	Rebmann/Roth/Hermann, Gesetz über Ordnungswidrigkeiten, Kommentar, Loseblattausgabe, Stand 2024
Rebmann/Uhlig/Pieper	Rebmann/Uhlig/Pieper, Bundeszentralregistergesetz, Kommentar (1985)
Reisert	Reisert, Anwaltsgebühren im Straf- und Bußgeldrecht, 3. Aufl. (2021)
Ricker/Weberling	Ricker/Weberling, Handbuch des Presserechts, 7. Aufl. (2021)
Rieß	Rieß, Beiträge zur Entwicklung der deutschen Strafprozessordnung (2012)
Rode/Legnaro	Rode/Legnaro, Psychiatrische Sachverständige im Strafverfahren (1994)
Röttle/Wagner/Theurer	Röttle/Wagner/Theurer, Strafvollstreckung, 9. Aufl. (2023)

Rolletschke	Rolletschke, Steuerstrafrecht, 5. Aufl. (2021)
Rolletschke/Kemper	Rolletschke/Kemper, Steuerstrafrecht – Kommentar zum Steuerstrafrecht, Loseblattausgabe (2018)
Rosenberg/Schwab/Gottwald	Rosenberg/Schwab/Gottwald, Zivilprozessrecht, 18. Aufl. (2018)
Rosenfeld	Rosenfeld, Deutsches Strafprozeßrecht, 2 Bände (1926)
Rostek	Rostek, Verteidigung in Kapitalstrafsachen, 2. Aufl. (2012)
Rotberg	Rotberg, Gesetz über Ordnungswidrigkeiten, Kommentar, 5. Aufl., bearbeitet von Kleinwefers, Boujong und Wilts (1975)
Rotsch	Rotsch (Hrsg.), Criminal Compliance (2015)
Roxin/Greco	Roxin/Greco, Strafrecht, Allgemeiner Teil, Bd. I, 5. Aufl. (2020), Bd. II (2003)
Roxin/Schünemann	Roxin/Schünemann, Strafverfahrensrecht, 30. Aufl. (2022)
Roxin-Symp.	Schünemann/de Figueiredo Dias (Hrsg.), Bausteine des Europäischen Strafrechts, Coimbra-Symposium für Claus Roxin (1995)
Roxin (I.)	Roxin, I., Die Rechtsfolgen schwerwiegender Rechtsstaatsverstöße in der Strafrechtspflege, 5. Aufl. (2022)
Rönnau	Rönnau, Vermögensabschöpfung in der Praxis, 2. Aufl. (2015)
Rösch (Jugendrichter)	Rösch, Handbuch für den Jugendrichter (2001)
Rüping	Rüping, Das Strafverfahren, 3. Aufl. (1997)
Rüth/Berr/Berz	Rüth/Berr/Berz, Straßenverkehrsrecht, 2. Aufl. (1988)
Sachs	Sachs, Grundgesetz, Kommentar, 10. Aufl. (2024)
Sack	Sack, Umweltschutz-Strafrecht, Erläuterungen der Straf- und Bußgeldvorschriften, Loseblattausgabe (ab 2003)
Saliger/Tsambikakis	Saliger/Tsambikakis (Hrsg.), Strafrecht der Medizin (2022)
Satzger	Satzger, Die Europäisierung des Strafrechts (2001)
Satzger (Intern. Strafrecht)	Satzger, Internationales und Europäisches Strafrecht, 11. Aufl. (2025)
Sauer	Sauer, Allgemeine Prozeßrechtslehre (1951)
Sauer/Münkel (Absprachen)	Sauer/Münkel, Absprachen im Strafprozess, 2. Aufl. (2014)
Schäfer/Fresemann/Hinrichs	Schäfer/Fresemann/Hinrichs, Die Praxis des Strafverfahrens, 7. Aufl. (2024)
Schäfer/Sander/ van Gemmeren	Schäfer/Sander/van Gemmeren, Praxis der Strafzumessung, 7. Aufl. (2024)
Schellenberg	Schellenberg, Die Hauptverhandlung im Strafverfahren, 2. Aufl. (2000)
Schenke	Schenke, Polizei- und Ordnungsrecht, 12. Aufl. (2023)
Schenke/Graulich/Ruthig	Schenke/Graulich/Ruthig, Sicherheitsrecht des Bundes, 2. Aufl. (2019)
Schilken	Schilken, Gerichtsverfassungsrecht, Lehrbuch, 4. Aufl. (2007)
Schlothauer/Nobis/Voigt/Wolf	Schlothauer/Nobis/Voigt/Wolf, Untersuchungshaft, 6. Aufl. (2023)
Schlothauer/Wollschläger/Piel	Schlothauer/Wollschläger/Piel, Verteidigung im Revisionsverfahren, 4. Aufl. (2024)
Schlüchter	Schlüchter, Das Strafverfahren, Lehrbuch, 2. Aufl. (1983)
Schmahl	Schmahl, Kinderrechtskonvention, 2. Aufl. (2017)
Schmid	Schmid, Die Verwirkung von Verfahrensrügen im Strafprozess (1967)
Schmidt	s. Eb. Schmidt
Schmidt (Ausländer)	Schmidt, Verteidigung von Ausländern, 4. Aufl. (2016)
Schmidt/Sauter/Scheuß (Vermögensabschöpfung)	Schmidt/Sauter/Scheuß, Vermögensabschöpfung, Handbuch für das Straf- und Ordnungswidrigkeitenverfahren, 3. Aufl. (2024)
Schmidt-Räntsch	Schmidt-Räntsch, Deutsches Richtergesetz, Kommentar, 6. Aufl. (2009)
Schmitt/Köhler	Schmitt/Köhler, Strafprozessordnung mit GVG, Nebengesetzen und ergänzenden Bestimmungen, Kommentar, 69. Aufl. (2026)
Schneider	Schneider, Kriminologie, Lehrbuch, 3. Aufl. (1992)
Schneider (JVEG)	Schneider, JVEG, Justizvergütungs- und -entschädigungsgesetz, 4. Aufl. (2021)
Schneider/Volpert/Fölsch	Schneider/Volpert/Fölsch (Hrsg.), Gesamtes Kostenrecht, 3. Aufl. (2021)
Schomburg/Lagodny/Gleß/ Hackner	Schomburg/Lagodny/Gleß/Hackner, Internationale Rechtshilfe in Strafsachen, 6. Aufl. (2020)
Schönke/Schröder	Schönke/Schröder, Strafgesetzbuch, Kommentar, 30. Aufl. (2019)

Schorn	Schorn, Die Europäische Konvention zum Schutze der Menschenrechte und Grundfreiheiten und ihr Zusatzprotokoll in Einwirkung auf das deutsche Recht (1965)
Schorn/Stanicki	Schorn/Stanicki, Die Präsidialverfassung der Gerichte aller Rechtswege, 2. Aufl. (1975)
Schroeder/Verrel	Schroeder/Verrel, Strafprozessrecht, 8. Aufl. (2022)
Schröder	Schröder, Europäische Richtlinien und deutsches Strafrecht (2002)
Schröder (KapitalStR)	Schröder, Handbuch Kapitalmarktstrafrecht, 4. Aufl. (2020)
Schroth	Schroth, Die Rechte des Opfers im Strafprozess, 4. Aufl. (2020)
Schulz/Berke-Müller/Händel	Schulz/Berke-Müller/Händel, Strafprozeßordnung, 7. Aufl. (1983)
Schünemann-Symp.	Hefendehl (Hrsg.), Empirische und dogmatische Fundamente, kriminalpolitischer Impetus, Symposium für Bernd Schünemann zum 60. Geburtstag (2005)
Schwind	Schwind, Kriminologie und Kriminalpolitik, 24. Aufl. (2021)
Schwind/Böhm/Jehle/Laubenthal	Schwind/Böhm/Jehle/Laubenthal (Hrsg.), Strafvollzugsgesetz, Kommentar, 7. Aufl. (2024)
Schwinge	Schwinge, Grundlagen des Revisionsrechts, 2. Aufl. (1960)
Seier	Seier, Verteidigung in Straßenverkehrssachen (2012)
Sieber/Satzger/v. Heintschel-Heinegg	Sieber/Satzger/v. Heintschel-Heinegg, Europäisches Strafrecht, 2. Aufl. (2014)
Simma/Fastenrath	Simma/Fastenrath, Menschenrechte. Ihr Internationaler Schutz, Textsammlung, 7. Aufl. (2018)
Sinn/Zöller/Esser	Sinn/Zöller/Esser (Hrsg.), Reform der Vermögensabschöpfung (2019)
SK	Wolter/Deiters (Hrsg.), Systematischer Kommentar zur Strafprozeßordnung. Mit GVG und EMRK, 6. Aufl. (ab 2022)
SK-StGB	Wolter/Hoyer (Hrsg.), Systematischer Kommentar zum Strafgesetzbuch, 10. Aufl. (ab 2023)
Sommer	Sommer, Effektive Strafverteidigung, 5. Aufl. (2023)
Sowada	Sowada, Der gesetzliche Richter im Strafverfahren (2002)
Spindler/Schmitz	Spindler/Schmitz, Telemediengesetz: TMG mit Netzwerkdurchsuchungsgesetz (NetzDG), 2. Aufl. (2018)
SSW-StGB	Satzger/Schluckebier/Werner (Hrsg.), Strafgesetzbuch, Kommentar, 6. Aufl. (2024)
SSW	Satzger/Schluckebier/Widmaier (Hrsg.), Strafprozessordnung, Kommentar, 6. Aufl. (2025)
Stegbauer	Stegbauer, Das Urteil in Straf- und Bußgeldsachen, 5. Aufl. (2022)
Stein	Stein, Zivilprozessordnung, 24. Aufl. (ab 2024)
Stern	Stern, Verteidigung in Mord- und Totschlagsverfahren, 3. Aufl. (2013)
Strauda-Denkschrift	Reform der Verteidigung im Ermittlungsverfahren – Thesen mit Begründung, vorgelegt vom Strafrechtsausschuss der Bundesrechtsanwaltskammer (2004)
Strauda-Denkschrift Rechtsmittelreform	Denkschrift zur Reform des Rechtsmittelrechts und der Wiederaufnahme des Verfahrens im Strafprozess (1971)
Streinz/Ohler/Herrmann	Streinz/Ohler/Herrmann, Der Vertrag von Lissabon zur Reform der EU, 3. Aufl. (2010)
Streng	Streng, Strafrechtliche Sanktionen, 3. Aufl. (2012)
Sydow/Marsch	Sydow/Marsch, DS GVO/BDSG, 3. Aufl. (2022)
Taegler/Gabel	Taegler/Gabel, DS-GVO/BDSG/TDDDG, 5. Aufl. (2026)
Taylor	A Commentary on the International Covenant on Civil and Political Rights (2020)
Tettinger/Stern	Tettinger/Stern, Kölner Gemeinschaftskommentar zur Europäischen Grundrechte-Charta (2006)
Thomas/Putzo	Thomas/Putzo, Zivilprozessordnung, Kommentar, 46. Aufl. (2025)

TK-StGB	Tübinger Kommentar Strafgesetzbuch (vormals Schönke/Schröder), 31. Aufl. (2025)
Tolzmann	Bundeszentralregistergesetz, Kommentar, 5. Aufl. (2015)
Tondorf/Tondorf	Tondorf, Psychologische und psychiatrische Sachverständige im Strafverfahren, 3. Aufl. (2011)
Toussaint	Toussaint, Kostenrecht, 56. Aufl. (2026)
Trechsel	Trechsel, Human Rights in Criminal Prodeedings (2005)
Tsambikakis/Rostalski	Tsambikakis/Rostalski (Hrsg.), Medizinstrafrecht (2023)
Ulrich	Ulrich, Der gerichtliche Sachverständige, Handbuch für die Praxis, 13. Aufl. (2019)
Ulsenheimer/Gaede	Ulsenheimer/Gaede, Arztstrafrecht in der Praxis, 6. Aufl. (2020)
Umbach/Clemens/Dollinger	Umbach/Clemens/Dollinger, Bundesverfassungsgerichtsgesetz: Mitarbeiterkommentar und Handbuch, 2. Aufl. (2005)
Verdross/Simma	Verdross/Simma, Universelles Völkerrecht, 3. Aufl. (1984)
Villiger	Villiger, Handbuch der Europäischen Menschenrechtskonvention (EMRK), 3. Aufl. (2020)
Vogler/Walter/Wilkitzki	Vogler/Walter/Wilkitzki, Gesetz über die internationale Rechtshilfe in Strafsachen, Kommentar (1983)
Volckart/Pollähne/Woynar	Volckart/Pollähne/Woynar, Verteidigung in der Strafvollstreckung und im Vollzug, 5. Aufl. (2014)
Volk (Prozessvoraussetzungen)	Volk, Prozeßvoraussetzungen im Strafrecht (1978)
Volk/Engländer	Volk/Engländer, Grundkurs StPO, 10. Aufl. (2021)
Vordermayer/v. Heintschel-Heinegg/Schnabl/Beckstein	Vordermayer/v. Heintschel-Heinegg/Schnabl/Beckstein (Hrsg.), Handbuch für den Staatsanwalt, 7. Aufl. (2022)
Wabnitz/Janovsky/Schmitt	Wabnitz/Janovsky/Schmitt, Handbuch des Wirtschafts- und Steuerstrafrechts, 6. Aufl. (2025)
Wagner/Kallin/Kruse	Wagner/Kallin/Kruse, Betäubungsmittelstrafrecht, 2. Aufl. (2004)
Wankel	Wankel, Zuständigkeitsfragen im Haftrecht (2002)
Wasmeier/Möhlig	Wasmeier/Möhlig, Strafrecht der Europäischen Union, 2. Aufl. (2008)
Weber/Kornprobst/Maier/Dietsch	Weber/Kornprobst/Maier/Dietsch, Betäubungsmittelgesetz: BtMG, 7. Aufl. (2025)
Weidemann/Glaser	Weidemann/Glaser, Die Revision im Strafrecht, 5. Aufl. (2026)
Weiner/Ferber	Weiner/Ferber, Handbuch des Adhäsionsverfahrens, 2. Aufl. (2016)
Welzel	Welzel, Das Deutsche Strafrecht, 11. Aufl. (1969)
Wendler/Hoffmann	Wendler/Hoffmann, Technik und Befragung im Gerichtsverfahren, 2. Aufl. (2015)
Werle/Jeßberger	Werle/Jeßberger, Völkerstrafrecht, 5. Aufl. (2020)
Weyland	Weyland, Bundesrechtsanwaltsordnung, Kommentar, 11. Aufl. (2024)
Wieczorek/Schütze	Wieczorek/Schütze, Zivilprozeßordnung und Nebengesetze, 4. Aufl. (ab 2012), 5. Aufl. (ab 2019)
Wiesneth	Wiesneth, Handbuch für das ermittlungsrichterliche Verfahren (2006)
Wiesneth (U-Haft)	Wiesneth, Untersuchungshaft (2010)
Wiesneth (Bereitschaftsdienst)	Wiesneth, Der amtsgerichtliche Bereitschaftsdienst, 2. Aufl. (2012)
Wolf	Wolf, Gerichtsverfassungsrecht aller Verfahrenszweige, 6. Aufl. (1987)
Wolf/Kempfer	Wolf/Kempfer, Strafvollstreckungsordnung, Kommentar, 10. Aufl. (ab 2024)
Zieschang/Hilgendorf/Laubenthal	Zieschang/Hilgendorf/Laubenthal (Hrsg.), Strafrecht und Kriminalität in Europa (2003)
Ziegert	Ziegert, Grundlagen der Strafverteidigung (2000)
Zipf	Zipf, Kriminalpolitik, 2. Aufl. (1980)
Zöller (ZPO)	Zöller, Zivilprozessordnung, Kommentar, 36. Aufl. (2026)
Zöller	Terrorismusstrafrecht (2009)
Zöller/Esser	Zöller/Esser (Hrsg.), Justizielle Medienarbeit im Strafverfahren (2019)
Zwiehoff	Zwiehoff, Der Befangenheitsantrag im Strafverfahren, 2. Aufl. (2013)

Gerichtsverfassungsgesetz

Vom 27.1.1877 (RGBl. S. 41) in der Fassung der Bekanntmachung
vom 9.5.1975 (BGBl. I S. 1077), zuletzt geändert durch Art. 5 des Gesetzes vom 2.7.2026
(BGBl. I Nr. 198)

Vorbemerkungen

Übersicht

1. Begriff der Gerichtsverfassung. Das Gerichtsverfassungsrecht umfasst, weit verstanden, alle Rechtsnormen, die sich auf die „Verfassung" der Gerichte beziehen, d.h. auf die Grundsätze für die Einrichtung und das Tätigwerden der Gerichte.[1] Aus diesem großen Normenkomplex regelt das GVG nur einen Teil. Dies zeigt sich darin, dass das GVG unmittelbar nur für die ordentliche Gerichtsbarkeit gilt (§ 2 EGGVG). Es ist ferner die Folge dessen, dass wichtige, zur Gerichtsverfassung im weiten Sinn gehörende Materien aus dem GVG ausgegliedert wurden, z.B. in das DRiG. Es ergibt sich schließlich daraus, dass wegen der Aufteilung der Kompetenzen zwischen Bund und Ländern der Bund im GVG nicht alle die Einrichtung und das Tätigwerden der Gerichte betreffenden Regelungen treffen kann. 1

2. Gesetzgebungskompetenz, Justizhoheit

a) Gesetzgebungszuständigkeit. Nach Art. 74 Abs. 1 Nr. 1 GG hat der Bund die **konkurrierende** Gesetzgebungszuständigkeit für die Gerichtsverfassung. Dazu zählen alle Vorschriften, die das Errichten und das Einrichten der Gerichte regeln,[2] z.B. die Regelungen über den Aufbau der Gerichte,[3] über die sachliche und örtliche Zuständigkeit und über den Rechtszug,[4] aber auch über die Organe der Rechtsprechung.[5] Das Gerichtsverfassungsrecht ist abzugrenzen vom Gerichtsorganisationsrecht, für das die Länder die Gesetzgebungskompetenz haben. Dazu gehört insbesondere die Bestimmung von Sitz, Bezirk und Größe der Gerichte.[6] Im Einzelfall kann zweifelhaft sein, ob eine Regelung dem Gerichtsverfassungsrecht oder dem Gerichtsorganisationsrecht angehört.[7] Da sich das GVG aber, wie aus den Motiven ersichtlich ist, von Anfang an als „fragmentarisch" verstanden hat[8] und den Ländern auch im Bereich der Gerichtsverfassung Raum für ergänzende Regelungen lässt,[9] hat dieses Abgrenzungsproblem in neuerer Zeit nicht zu Konflikten geführt. 2

---

1 Vgl. Kissel/*Mayer* Einl. 1.

2 Vgl. Dürig/Herzog/Scholz/*Uhle* Art. 74 GG, 112.

3 Dürig/Herzog/Scholz/*Uhle* Art. 74 GG, 112.

4 Vgl. BVerfGE **10** 285, 292; **24** 155, 166; **37** 191, 198.

5 Vgl. BVerfGE **56** 110, 119.

6 BVerfGE **2** 307, 316; **24** 155, 166; Dreier/*Wittreck* Art. 74 GG, 22.

7 Vgl. dazu die in der 24. Auflage (Vor 1) noch abgedruckte Stellungnahme der Bundesregierung aus dem Jahre 1954, DRiZ **1954** 126.

8 Mot. S. 14.

9 Vgl. etwa BVerfGE **56** 110, 119 betreffend die Bestimmung des für die Ausübung des Amtes der Amtsanwaltschaft in Betracht kommenden Personenkreises.

Tatsächlich bestehen in den Ländern nicht nur gerichtsorganisatorische Regelungen, sondern auch ergänzende Regelungen zum Gerichtsverfassungsrecht.

3 **b) Justizhoheit.** Von der Frage der Gesetzgebungszuständigkeit zu unterscheiden ist die Frage der Justizhoheit. Art. 92 GG bestimmt, dass die rechtsprechende Gewalt – mit Ausnahme des Bundesverfassungsgerichts und der wenigen im GG vorgesehenen Bundesgerichte – durch die Gerichte der Länder ausgeübt wird. Die **Länder** tragen damit **ganz überwiegend** die Last und die **Verantwortung** für die Funktionstüchtigkeit der Gerichte und Staatsanwaltschaften. Das aus dem Rechtsstaatsprinzip (Art. 20 Abs. 3 GG) sowie aus Art. 19 Abs. 4 GG folgende Gebot, wirksamen Rechtsschutz und eine funktionstüchtige Strafrechtspflege zu gewährleisten,[10] ist im Wesentlichen von den Ländern umzusetzen. Deren Justizverwaltungen obliegt es von Verfassungs wegen, die Gerichte in einer Weise mit Personal auszustatten, die eine den rechtsstaatlichen Anforderungen genügende Verfahrensgestaltung erlaubt.[11] Ungeachtet dessen wird die Wirklichkeit der Rechtsgewährung nicht nur durch den bundesrechtlichen Rahmen, sondern maßgeblich auch durch die Personal- und Haushaltspolitik der Länder bestimmt.

4 Daraus, dass der Bund über die Gerichtsverfassung und das gerichtliche Verfahren entscheidet und die Länder ihre Gerichte in die Lage versetzen müssen, dem bundesrechtlichen Handlungsprogramm zu entsprechen, können sich Spannungen ergeben, die man durch Beteiligung der Landesjustiz an entsprechenden Gesetzgebungsvorhaben abzumildern sucht. Das **Spannungsverhältnis** zwischen der bundesrechtlich determinierten Justizgewährungspflicht und dem Budgetrecht der Landesparlamente[12] erführe eine bedenkliche Zuspitzung, wenn versucht würde, über den Haushalt auf die Verfahrens- und Entscheidungspraxis der Gerichte gezielt Einfluss zu nehmen.[13] Davon zu unterscheiden und unbedenklich ist es, wenn das Kostenbewusstsein und die Kostenverantwortung auch bei den Gerichten stärker entwickelt wird.

5 **3. Bedeutung des GVG.** Zusammen mit den anderen Reichsjustizgesetzen ZPO, StPO, KO und RAO trat das GVG am 1.10.1879 in Kraft, ein **Meilenstein in der deutschen Rechtsentwicklung.**[14] Die Regelungen des GVG waren auch deshalb von besonderer Bedeutung, weil die Reichsverfassung von 1871 keine Bestimmungen über die Justiz enthielt. Das hat sich geändert. Das GG hat es in Abschnitt IX „Die Rechtsprechung" (Art. 92 bis 104) – weit über den Abschnitt „Die Rechtspflege" der Weimarer Reichsverfassung (Art. 102 bis 108) hinausgehend – unternommen, die Grundzüge der gesamten Gerichtsbarkeit verfassungsrechtlich festzulegen, von der die ordentliche Gerichtsbarkeit nur einen Zweig darstellt. Es hat dabei in der Sache eine Reihe der grundlegenden Vorschriften des GVG übernommen. Damit sind nicht nur diese Vorschriften innerhalb des GVG mit der erhöhten Kraft des Verfassungssatzes ausgestattet worden, sondern über ihren ursprünglichen Geltungs-

---

10 Dazu Schmidt-Bleibtreu/Hofmann/Henneke/*Hofmann* Art. 20 GG, 64, 69, m. Nachw. der Rechtsprechung; für die Ziviljustiz vgl. BVerfGE **52** 203, 207; **74** 228, 234; **82** 126, 155; für die Strafjustiz vgl. BVerfGE **33** 367, 383; **46** 214, 222; **51** 324, 343 f.; 77 65, 76; **130** 1, 26; **133** 168, 199 f.; BVerfG NJW **2019** 2837, 2840.

11 BVerfG NJW **2018** 2948, 2949.

12 Vgl. dazu BayVerfGH NJW **1986** 1326 betreffend eine im Haushaltsgesetz verankerte Wiederbesetzungssperre für freigewordene Richterstellen.

13 Zu den sogenannten *Neuen Steuerungsmodellen* vgl. *Papier* NJW **2001** 1093 f. m.w.N.; ferner *Röhl* JZ **2002** 842 sowie jeweils in Schulze-Fielitz/Schütz (Hrsg.) Justiz und Justizverwaltung zwischen Ökonomisierungsdruck und Unabhängigkeit (2002) u.a. *Schulze-Fielitz/Schütz* 20; *Böttcher* 32; *Reinhardt* 190; s.a. SK/*Frister* § 1, 27 m.w.N.

14 *Kissel* NJW **2004** 2872.

bereich hinaus zu tragenden Bestandteilen des Gesamtsystems der Rechtsprechung mit ihren verschiedenen Zweigen der Gerichtsbarkeit, der „rechtsprechenden Gewalt", geworden, die das GG als dritten Machtträger im System der Gewaltenteilung ausgebaut und verselbständigt hat. Über diese Bedeutungserweiterung, die einzelne seiner Vorschriften durch die Aufnahme in das GG erlangt haben, hinaus hat das GVG dadurch eine Erweiterung seines Anwendungsbereichs erfahren, dass seine allgemeinen, also nicht speziell auf die ordentlichen Gerichte zugeschnittenen Vorschriften in den Verfahrensordnungen der übrigen Zweige der Gerichtsbarkeit in mehr oder weniger großem Umfang für anwendbar erklärt worden sind. Das gilt insbesondere für die Vorschriften über die Präsidialverfassung. Die Regelung der Rechtsstellung der Richter aller Zweige der Gerichtsbarkeit im Deutschen Richtergesetz 1961 hat dazu geführt, dass die allgemeinen Vorschriften über die Rechtsstellung der Richter der ordentlichen Gerichtsbarkeit dorthin übernommen und damit im GVG entbehrlich geworden sind. Zur durch Artikel 21 des Ersten Gesetzes über die Bereinigung von Bundesrecht im Zuständigkeitsbereich des Bundesministeriums der Justiz v. 19.4.2006[15] mit Wirkung v. 24.4.2008 aufgehobenen GVGVO s. LR/*Böttcher*[26] GVGVO; zu deren Einzelbestimmungen LR/*Böttcher*[25] GVGVO.

15 BGBl. I S. 866.

ERSTER TITEL
Gerichtsbarkeit

Vorbemerkungen

Übersicht

1 **1. Entstehungsgeschichte.** Der erste Titel bestand ursprünglich aus den §§ 1 bis 11 und trug die Überschrift „Richteramt“. Er enthielt Regelungen zur sachlichen und persönlichen Unabhängigkeit der Richter sowie zum Erwerb der Richteramtsbefähigung. Die Unabhängigkeit wurde schon in der Weimarer Reichsverfassung Gegenstand verfassungsrechtlicher Regelungen (Art. 102, 104 WRV). Das Grundgesetz normiert sie in Art. 97 GG. Das Deutsche Richtergesetz trifft in §§ 25 ff. DRiG nähere Bestimmungen zur Unabhängigkeit der Richter und regelt in §§ 5 ff. DRiG die Befähigung zum Richteramt. Das war der Grund dafür, dass § 85 Nr. 1 DRiG v. 8.9.1961[1] die §§ 2 bis 9, 11 GVG aufhob; bestehen blieben § 1 und – in geänderter Form – § 10. Durch das Gesetz v. 26.5.1972[2] wurde der bisherige 1. Titel mit dem 2. Titel (§§ 12 bis 21), der schon zuvor die Überschrift „Gerichtsbarkeit“ trug, zu einem Titel unter der Überschrift „Gerichtsbarkeit“ vereinigt. Artikel 4 des Gesetzes zur Ausführung des Römischen Statuts des Internationalen Strafgerichtshofes v. 21.6.2002[3] schuf die Vorschrift des § 21 über die Zusammenarbeit mit internationalen Strafgerichtshöfen. Durch Artikel 17 des Ersten Gesetzes über die Bereinigung von Bundesrecht im Zuständigkeitsbereich des Bundesministeriums der Justiz v. 19.4.2006[4] wurde die Konzentrationsermächtigung des § 13a eingefügt. Artikel 22 des FGG-Reformgesetzes v. 17.12.2008[5] änderte als Konsequenz aus der Neuregelung des Verfahrens in Familiensachen und in Angelegenheiten der freiwilligen Gerichtsbarkeit die §§ 12, 13, 17a und 17b; die Strafgerichtsverfassung war davon nicht betroffen. Durch Artikel 28 des Gesetzes zur Einführung der elektronischen Akte in der Justiz und zur weiteren Förderung des elektronischen Rechtsverkehrs v. 5.7.2017[6] wurde § 17c geschaffen, der bei Änderungen der Gerichtsorganisation die landesrechtliche Durchbrechung des Prinzips der perpetuatio fori (§ 17 Abs. 1 Satz 1) erlaubt.

2 **2. Regelung der richterlichen Unabhängigkeit.** In seinem Wortlaut gegenüber der ursprünglichen Fassung nicht geändert, enthält § 1 den **Kardinalgrundsatz** jeder rechtsstaatlichen Rechtsprechung, die Gewährleistung der Unabhängigkeit der Gerichte. Da die

1 BGBl. I S. 1665.
2 BGBl. I S. 841.
3 BGBl. I S. 2144.
4 BGBl. I S. 866.
5 BGBl. I S. 2586.
6 BGBl. I S. 2208.

 | https://doi.org/10.1515/9783110741315-002

Reichsverfassung von 1871 die richterliche Unabhängigkeit nicht erwähnte, war die Regelung in § 1 im Jahr 1877 durchaus ein Fortschritt, obwohl sie nur für die ordentliche Gerichtsbarkeit Geltung beanspruchte (§ 2 EGGVG). In der Folgezeit zogen die Verfassungstexte das Thema, das schon in der Frankfurter Reichsverfassung von 1849 eine Regelung gefunden hatte, wieder an sich mit der Folge, dass die einfachrechtliche Regelung in § 1 verfassungsrechtlich überlagert wurde. Art. 102 WRV garantierte mit den Worten, die jetzt auch Art. 97 Abs. 1 GG verwendet („Die Richter sind unabhängig und nur dem Gesetze unterworfen"), die sachliche Unabhängigkeit der Richter. Art. 104 WRV regelte die persönliche Unabhängigkeit. Nach dem Zusammenbruch des nationalsozialistischen Regimes, das tiefe Einschnitte in die Unabhängigkeit der Gerichte gebracht hatte, trafen die neu entstehenden Landesverfassungen Bestimmungen über die Unabhängigkeit der Gerichte (Art. 85, 87 BayVerf.; Art. 135 BremVerf; Art. 62 HambVerf; Art. 126 HessVerf; Art. 121 RhPfVerf). Das GG regelt in Art. 97 GG die sachliche und persönliche Unabhängigkeit der Richter und bestimmt in Art. 98 GG, dass die Rechtsstellung der Richter durch besonderes Gesetz zu regeln ist, der Bundesrichter durch Bundesgesetz (Art. 98 Abs. 1 GG), der Richter in den Ländern durch Landesgesetz (Art. 98 Abs. 3 GG), soweit sich nicht aus Art. 74 Abs. 1 Nr. 27 GG etwas anderes ergibt. Durch die Föderalismusreform v. 28.8.2006[7] wurde die bisherige Rahmenkompetenz des Bundes durch eine konkurrierende Gesetzgebungskompetenz ersetzt, beschränkt auf die Statusrechte und -pflichten der Richter in den Ländern mit Ausnahme der Laufbahnen, Besoldung und Versorgung (Art. 74 Abs. 1 Nr. 27 GG). Dem ist durch das Deutsche Richtergesetz und die Richtergesetze der Länder entsprochen. § 1 ist ebenso zu verstehen wie Art. 97 Abs. 1 GG und der gleichlautende § 25 DRiG. Wenn § 1 die Unabhängigkeit den Gerichten, nicht den Richtern zugesteht, so kommt diesem sprachlichen Unterschied im Lichte der geschichtlichen Entwicklung keine sachliche Bedeutung zu.

3. Rechtsprechung, Rechtspflege, Gerichtsbarkeit

a) Rechtsprechungsmonopol der Gerichte. Art. 92 GG bestimmt: „Die rechtspre- 3
chende Gewalt ist den Richtern anvertraut." Damit werden verfassungsmäßig die Richter als Repräsentanten, als die „besonderen Organe" (Art. 20 Abs. 2 GG) der Rechtsprechung anerkannt, die ihrerseits im System der Gewaltenteilung die dritte staatliche Gewalt ist. Das GG hat die Richter nach dem viel zitierten Wort von *Zinn*[8] auf die Ebene verfassungsrechtlicher Organe emporgehoben. Es wollte, dass der Richter nicht länger ein „kleiner Justizbeamter" ist, sondern ein durch die Volkssouveränität unmittelbar legitimierter Vertreter der Rechtsprechung.[9] Da Art. 92 GG die Rechtsprechung allein den Richtern anvertraut,[10] ist die Verwaltung von jeder rechtsprechenden Tätigkeit ausgeschlossen. Nur Richter, nicht auch Verwaltungsbeamte oder andere Amtsträger können Recht sprechen.[11]

b) Begriff der Rechtsprechung. Rechtsprechung im Sinne des IX. Abschnitts des GG 4
ist materiell die verbindliche Entscheidung von Einzelfällen im Wege der Rechtsanwendung in einem gesetzlich geregelten Verfahren durch unbeteiligte, unparteiische und unabhängige, mit staatlicher Macht ausgestattete Dritte.[12] Weil Art. 92 GG Fragen nach Inhalt und Umfang der rechtsprechenden Gewalt nicht beantwortet, ist strittig, nach welchen

7 BGBl. I S. 2034.
8 *Zinn* DÖV **1949** 280.
9 *Zinn* DÖV **1949** 280.
10 BVerfGE **32** 213.
11 Schmidt-Bleibtreu/Hofmann/Henneke/*Hopfauf* Art. 92 GG, 2 m.w.N.
12 Vgl. Kissel/*Mayer* Einl. 150 m.w.N.

Kriterien im Einzelnen abzugrenzen ist.[13] Ein formelles (deskriptives) Verständnis, wie es zur Auslegung der Reichsverfassung von 1871 und der Weimarer Reichsverfassung vertreten wurde, stellt auf die Entstehungsgeschichte und das vorrechtliche Gesamtbild des Art. 92 GG ab und fasst unter Rechtsprechung die Gesamtheit der den Gerichten zugewiesenen Aufgaben.[14] Heute wird ein **materiell-funktionelles Verständnis** vertreten, wie es auch hier in der einleitenden Definition zugrunde gelegt ist. Danach hat schon die Verfassung selbst bestimmte Aufgaben der rechtsprechenden Gewalt zugewiesen. Diese Auffassung vertritt das BVerfG; möge die Grenzziehung im Einzelnen schwierig sein, so könne doch nicht zweifelhaft sein, dass der Verfassungsgeber die traditionellen Kernbereiche der Rechtsprechung – bürgerliche Rechtspflege und Strafgerichtsbarkeit – der Rechtsprechung zugerechnet habe.[15] Beide Wege führen für die **Strafjustiz** zu dem Ergebnis, dass sie als **klassische Kernaufgabe** der Rechtsprechung auch im Sinne des Grundgesetzes der Rechtsprechung zuzuordnen ist. Strafjustiz in diesem Sinne bedeutet die Ahndung von Straftaten. Davon zu unterscheiden ist die Verhängung von Geldbußen wegen Ordnungswidrigkeiten. Da der Geldbuße „der Ernst des staatlichen Strafens" fehlt,[16] handelt es sich hierbei nicht um Strafjustiz; deshalb kann die Zuständigkeit der Verwaltungsbehörde begründet werden;[17] die nachträgliche gerichtliche Kontrolle im Einspruchsverfahren genügt Art. 19 Abs. 4 GG. In gewissem Umfang ist der Gesetzgeber befugt, bisher für strafwürdig erklärtes Unrecht zur Ordnungswidrigkeit herabzustufen.[18] Die Verhängung von Disziplinarmaßnahmen gehört ebenso wenig zur Rechtsprechung.[19]

5 **c) Rechtspflege.** Von der Rechtsprechung durch die Einzelfallentscheidung im Wege der Rechtsanwendung unter richterlicher Unabhängigkeit hebt sich der weitere Bereich der Rechtspflege ab, mit dem sich das Grundgesetz gewolltermaßen nicht befasst. Die Rechtspflege, die man als staatliches Bemühen um die Durchsetzung der Gerechtigkeit und die Wahrung des Rechtsfriedens umschreiben mag,[20] umfasst neben der Rechtsprechung insbesondere die weisungsgebundene Justizverwaltungstätigkeit, die sich ihrerseits in die Gerichtsverwaltung (vgl. § 4 Abs. 2 Nr. 1 DRiG) und die Justizverwaltung im engeren Sinn gliedert. Zur Rechtspflege gehört die Tätigkeit der Staatsanwaltschaft, die durch ihre Verklammerung mit der rechtsprechenden Tätigkeit der Gerichte und durch ihre Nähe zum richterlichen Handeln gekennzeichnet ist. Zur Rechtspflege zählen die Strafvollstreckung und der Strafvollzug, welche freilich ihrerseits wiederum der Kontrolle durch die Rechtsprechung unterliegen. Andererseits gibt es Formen der Rechtspflegetätigkeit, die, da sie nicht unmittelbar auf eine Einzelfallentscheidung gerichtet und daher materiell keine Rechtsprechung sind, gleichwohl der Rechtsprechung zugerechnet werden können, weil sie von Richtern in richterlicher Unabhängigkeit wahrgenommen werden. Das ist der Fall bei der vom Präsidium beschlossenen richterlichen Geschäftsverteilung gem. § 21e und bei der Geschäftsverteilung innerhalb des richterlichen Spruchkörpers gem. § 21g.[21] Zur Rechtspflege, aber nicht zur Rechtsprechung gehört die Gewährung von

---

13 Vgl. dazu Huber/Voßkuhle/*Classen* Art. 92 GG, 15 ff.; Dürig/Herzog/Scholz/*Hillgruber* Art. 92 GG, 18 ff.; Schmidt-Bleibtreu/Hofmann/Henneke/*Hopfauf* Art. 92 GG, 7 ff., jew. m.w.N.

14 Vgl. etwa RGZ **107** 320, 323; dazu Kissel/*Mayer* Einl. 144.

15 BVerfGE **22** 49, 73 ff.; vgl. auch BVerfGE **27** 18, 28; **76** 100, 106.

16 BVerfGE **9** 167, 171; **22** 49, 79.

17 BVerfGE **27** 18, 33.

18 BVerfGE **22** 49, 78; **27** 18, 28.

19 BVerfGE **22** 311, 317; für die Verhängung von Arreststrafen krit. Schmidt-Bleibtreu/Hofmann/Henneke/*Hopfauf* Art. 92 GG, 24.

20 Zum Begriff der Strafrechtspflege vgl. auch LR/*Kühne* Einl. B 56 ff.

21 S. § 21e, 6; Kissel/*Mayer* § 21a, 7; § 21e, 20; § 21g, 31.

Amtshilfe einschließlich der Vornahme richterlicher Untersuchungshandlungen auf Ersuchen der Staatsanwaltschaft nach § 162 StPO.[22] Die richterliche Anordnung von Zwangsmaßnahmen ist dagegen Rechtsprechung.[23]

d) Gerichtsbarkeit. Gerichtsbarkeit bedeutet die Befugnis zur Ausübung der Recht- 6
sprechung.[24] Je nach Art der Rechtsstreitigkeit steht die Ausübung der Rechtsprechung einem bestimmten Zweig der Gerichtsbarkeit zu.[25] Rechtsweg bedeutet den Weg zu den Gerichten eines Zweigs der Gerichtsbarkeit; es gibt mithin so viele Rechtswege wie es Zweige der Gerichtsbarkeit (ordentliche Gerichtsbarkeit und Fachgerichtsbarkeiten)[26] gibt. Den Weg zu den ordentlichen Gerichten bezeichnet Art. 19 Abs. 4 Satz 2 GG als den ordentlichen Rechtsweg.

4. Richter, Gerichte

a) Begriff. Eine Begriffsbestimmung des „Richters" und des „Gerichts" trifft das Grund- 7
gesetz nicht. Aus Art. 97 Abs. 1 GG („Die Richter sind unabhängig und nur dem Gesetze unterworfen") i.V.m. Art. 92 Hs. 2 GG, wonach die rechtsprechende Gewalt durch die in Art. 92 bis 96 GG aufgeführten Bundesgerichte und durch die Gerichte der Länder ausgeübt wird, ergibt sich aber, dass Richter i.S.d. GG nur ist, wer als Mitglied eines Gerichts und mit sachlicher Unabhängigkeit ausgestattet zur Ausübung der rechtsprechenden Gewalt berufen ist, wobei die sachliche Unabhängigkeit durch ein Mindestmaß persönlicher Unabhängigkeit garantiert sein muss.[27] Daraus, dass nach Art. 92 GG nur Richter Recht sprechen dürfen, folgt, dass **„Gericht"** i.S.d. Art. 92 GG nur ein **staatliches Organ** sein kann, das als **„unbeteiligter Dritter"** und demnach als besondere, **von der Exekutive organisatorisch und personell getrennte Institution** über Einzelfälle in Anwendung des Rechts entscheidet und dessen Mitglieder – Berufsrichter oder ehrenamtliche Richter – sowohl sachlich unabhängig (weisungsfrei) als auch persönlich mindestens in dem Sinne unabhängig sind, dass sie nicht jederzeit frei abberufbar sind, sondern vor Ablauf ihrer Amtszeit gegen ihren Willen nur kraft richterlicher Entscheidung und nur aus Gründen und in den Formen, die das Gesetz bestimmt, abberufen werden können (Art. 97 Abs. 2 Satz 1 GG; vgl. auch §§ 21 ff., § 44 Abs. 2 DRiG).[28] Zur Unparteilichkeit gehört, dass im Einzelfall ein Richter, der nicht die Gewähr der Unparteilichkeit bietet, von der Ausübung ausgeschlossen ist oder wegen Befangenheit abgelehnt werden kann.[29] Auch ein von einer Körperschaft des öffentlichen Rechts getragenes Gericht kann „staatliches" Gericht sein, wenn der Staat bei der **Berufung der Richter** mindestens in Form einer Bestätigung mitwirkt.[30] Unter dieser Voraussetzung ist es auch zulässig, wenn Berufsgerichte – wie die Anwaltsgerichte (§ 94 Abs. 1 Satz 1 BRAO i.V.m. § 123 Satz 1 DRiG) – in erster Instanz ausschließlich mit Berufsangehörigen besetzt sind.[31]

---

22 BVerfGE **31** 43, 46; LR/*Erb* § 162 StPO, 3 m.w.N.
23 LR/*Erb* § 162 StPO, 3; KK/*Weingarten* § 162 StPO, 1a; Schmitt/*Köhler* § 162 StPO, 1, jew. m.w.N.
24 OLG Saarbrücken NJW **1975** 506, 509; vgl. auch Bonn.Komm./*Achterberg* Art. 92 GG, 63: „kompetenzieller Begriff".
25 Vor § 12, 1.
26 Vgl. *v. Bargen* DRiZ **2010** 100.
27 BVerfGE **16** 56, 69 ff.
28 BVerfGE **14** 56, 70; **18** 241, 255; **26** 186, 199; zum Gerichtsbegriff i.S.v. Art. 234 EGV (jetzt Art. 267 AEUV) vgl. EuGH NJW **1997** 3365, 3366 m.w.N. aus der Rspr. des EuGH.
29 BVerfGE **21** 139, 145.
30 BVerfGE **18** 241, 255.
31 BVerfGE **48** 300, 320 f.

8 **b) Gerichtsähnlich organisierte Behörden.** Nicht unter Art. 92 GG fallen gerichtsähnlich organisierte Behörden, denen keine streitentscheidenden Aufgaben zufallen, wie etwa die **Bundesstelle für Seeunfalluntersuchung** und die **Seeämter**;[32] sie sind keine Gerichte.[33] Werden solche Behörden herkömmlicherweise als Gerichte angesehen und bezeichnet, unterfallen sie aber Art. 74 Abs. 1 Nr. 1 GG („Gerichtsverfassung").[34] Ein Organ, das zwar über Rechtstreitigkeiten nach Rechtsgrundsätzen entscheidet, aber nicht institutionell von der Verwaltung getrennt ist (vgl. Art. 20 Abs. 2 Satz 2 GG: „besondere Organe"), ist kein Gericht;[35] seine Entscheidungen sind Verwaltungsakte. Unter diesem Gesichtspunkt gegen die Gerichtsqualität der Nichtigkeits- und Beschwerdesenate des **Bundespatentamtes** erhobene Bedenken führten zur Einrichtung des Bundespatentgerichts als Bundesgericht (Art. 96 Abs. 2 GG). Ebenso wenig entspricht dem Art. 92 GG eine Besetzung – entsprechend der früher bei den Verwaltungsgerichten anzutreffenden Übung – mit Personen, die teils als abhängige Verwaltungsbeamte, teils als unabhängige Richter verwendet werden.[36] Dagegen steht es mit Art. 92, 97 GG nicht im Widerspruch, die hauptamtlichen Richter eines Zweigs der Gerichtsbarkeit als nebenamtliche Richter eines anderen Zweigs der Gerichtsbarkeit zu verwenden.[37] Auch das Unabhängige Gremium, das frühere besondere Kontrollorgan für den Bundesnachrichtendienst (§ 16 BNDG a.F.), war kein Gericht. Deshalb war es nicht zu beanstanden, dass es sich nicht nur aus Richtern des BGH, sondern auch aus Bundesanwälten beim BGH zusammensetzte. Nach dem Urteil des BVerfG zur Ausland-Ausland-Fernmeldeaufklärung des BND[38] verpflichtet allerdings die Verfassung den Gesetzgeber, die Kontrolle gerichtsähnlich auszugestalten, so dass die gesetzlichen Regelungen institutionell und prozessual wesentliche Elemente einer Gerichtsprüfung vorzusehen haben. Diesen Anforderungen hat der Gesetzgeber in Art. 1 Nr. 21 des Gesetzes zur Änderung des BND-Gesetzes zur Umsetzung der Vorgaben des BVerfG sowie des BVerwG v. 19.4.2021[39] Rechnung getragen, indem er den **Unabhängigen Kontrollrat** als neue Bundesbehörde geschaffen hat (§§ 40 ff. BNDG), der zum 1.1.2022 das Unabhängige Gremium ersetzt hat und ebenso wenig wie dieses Gericht ist. Seine – als Beamte auf Zeit ernannten (§ 44 Abs. 1 Satz 1 BNDG) – Mitglieder werden aber aus dem Kreis langjährig erfahrener Richter des BGH sowie des BVerwG gewählt (§ 43 Abs. 1 BNDG) und nehmen ihre Aufgaben unabhängig, nicht weisungsgebunden wahr (§ 44 Abs. 1 Satz 3 BNDG).

9 **c) Richter und Beamte.** Die hauptamtlich angestellten Richter waren früher grundsätzlich dem allgemeinen Beamtenrecht unterstellt; sie waren richterliche Beamte (Beamtenrichter). Damit hat das GG gebrochen.[40] So wie es die rechtsprechende Gewalt als dritten Machtträger im System der Gewaltenteilung herausgestellt hat, hebt es die Richter als Repräsentanten der dritten Gewalt äußerlich von den Amtsträgern der Verwaltung, den Beamten, ab. Das kommt u.a. in den Regelungen über das Tätigwerden von Richterwahlausschüssen bei der Berufung von Richtern (Art. 95 Abs. 2, Art. 98 Abs. 4 GG), in dem Institut der Richteranklage (Art. 98 Abs. 2, 5 GG) und insbesondere in dem Verfassungsge-

---

32 Seesicherheits-Untersuchungs-Gesetz v. 16.6.2002 (BGBl. I S. 1815, 1817); neugefasst durch Bek. v. 1.3.2012 (BGBl. I S. 390); zuletzt geändert durch Art. 71 des Gesetzes v. 23.10.2024 (BGBl. I Nr. 323).
33 BVerwG JZ **1970** 137 m. Anm. *Schick*; Kissel/*Mayer* § 14, 9.
34 BVerfGE **11** 192.
35 BVerfGE **18** 241, 254.
36 BVerfGE **18** 241, 255; BGHZ **34** 239.
37 Vgl. § 27 Abs. 2 DRiG; dazu *Schmidt-Räntsch* § 27 DRiG, 14 ff.
38 BVerfGE **154** 152, 286 f.
39 BGBl. I S. 771.
40 Dazu BayVerfGH JZ **1961** 418.

bot, die Rechtsstellung der Richter in besonderen Richtergesetzen des Bundes und der Länder zu regeln (Art. 98 Abs. 1, 3 GG) zum Ausdruck, aber auch in der Gesetzessprache des Grundgesetzes, die zwischen „Richtern" und „Beamten" selbst da unterscheidet, wo Vorschriften erlassen werden, die für beide Berufsgruppen gelten (vgl. Art. 60 Abs. 1 GG). Heute ist die Rechtsstellung der Richter im DRiG und in den Richtergesetzen der Länder geregelt; das DRiG verweist allerdings sowohl für die Bundesrichter (§ 46 DRiG) als auch für das Statusrecht der Richter im Landesdienst (§ 71 DRiG) teilweise auf Regelungen des Beamtenrechts.

d) Rechtspfleger. In seiner ursprünglichen Fassung kannte das GVG als Rechtspflege- 10
organ nur den Richter (und den Staatsanwalt). Die spätere Rechtsentwicklung[41] hat über das Entlastungsgesetz 1921 und das Rechtspflegergesetz 1957 bis zum Rechtspflegergesetz 1969 mit späteren Änderungen eine deutliche Akzentverschiebung gebracht, indem zur Entlastung des Richters zahlreiche seiner Aufgaben auf den Rechtspfleger als einen Beamten des gehobenen Dienstes verlagert wurden. Der Rechtspfleger ist heute aus der Justiz nicht mehr wegzudenken. Gleichwohl findet sich der Begriff des Rechtspflegers in der StPO nicht; im GVG wird der Rechtspfleger nur marginal erwähnt.[42] Rechtsstellung und Aufgabenbereich sind geregelt im Rechtspflegergesetz v. 5.11.1969,[43] das seitdem wiederholt geändert wurde, wobei das Änderungsgesetz v. 6.8.1998[44] die Stellung des Rechtspflegers noch einmal deutlich gestärkt hat. Im Strafverfahren wird der Rechtspfleger u.a. auf den Gebieten der Strafvollstreckung[45] und der Kostenfestsetzung[46] sowie bei der Aufnahme von Erklärungen nicht auf freiem Fuß befindlicher Beschuldigter betreffend Rechtsmittel (§ 299 Abs. 1 StPO), von Revisionsanträgen und ihrer Begründung seitens des Angeklagten (§ 341 Abs. 1, § 345 Abs. 2 StPO) oder von Wiederaufnahmeanträgen (§ 366 Abs. 2 StPO) tätig. Der Rechtspfleger erledigt die ihm übertragenen Aufgaben selbständig, soweit sich aus dem Gesetz nichts anderes ergibt. Er ist sachlich unabhängig und nur an Gesetz und Recht gebunden (§ 9 RPflG). Es finden die Regelungen über Ausschließung und Ablehnung auf ihn Anwendung (§ 10 RPflG). Gleichwohl ist er nicht Richter,[47] weder i.S.d. GG noch des GVG. Durch seine Rechtspflegertätigkeit übt er keine rechtsprechende Gewalt gem. Art. 92 GG aus; dem entspricht, dass er nicht mit richterlicher Unabhängigkeit nach Art. 97 Abs. 1 und 2 GG ausgestattet ist.[48]

e) Ehrenamtliche Richter (Schöffen). Das GG enthält keine Regelungen über die 11
Mitwirkung ehrenamtlicher Richter an der Rechtsprechung. Dagegen schreiben einzelne Länderverfassungen eine Mitwirkung ehrenamtlicher Richter vor.[49] Das GVG regelt die Rechtsstellung der Schöffen in §§ 29 ff. ausführlich. Richterrechtliche Regelungen enthalten §§ 44 ff. DRiG. Nach § 45 Abs. 1 Satz 1 DRiG ist der ehrenamtliche Richter in gleichem

---

41 Dazu *Arnold/Meyer-Stolte/Hansens/Rellermeyer* RPflG, Einf.; Kissel/*Mayer* Einl. 79, 88 f.

42 § 153 Abs. 3 Nr. 1: „Rechtspflegerprüfung".

43 BGBl. I S. 2065.

44 BGBl. I S. 2130.

45 Vgl. LR/*Graalmann-Scheerer* § 451 StPO, 28 ff.; KK/*Appl* Vor § 449 StPO, 5.

46 Vgl. LR/*Kurtze* § 464b StPO, 8; KK/*Gieg* § 464b StPO, 3a.

47 BVerfGE **30** 170, 178; **56** 110, 127; **101** 397, 404; krit. *Gottwald* FamRZ **2000** 1477; *Habscheid* Rpfleger **2001** 209; *Arnold/Meyer-Stolte/Hansens/Rellermeyer* § 1 RPflG, 71 ff. m.w.N.

48 BGH NJW-RR **2010** 1366, 1367; BVerwGE **125** 365, 369 = Rpfleger **2007** 19 m. Anm. *Herrmann*.

49 Vgl. z.B. Art. 88 BayVerf.; Art. 79 Abs. 2 BerlVerf; Art. 108 Abs. 2 BrandVerf; Art. 135 Abs. 2 BremVerf; Art. 72 Abs. 2 NWVerf; Art. 123 Abs. 1 RhPfVerf.

Maße wie ein Berufsrichter unabhängig; dies kann freilich nur für die sachliche Unabhängigkeit i.S.d. Art. 97 Abs. 1 GG gelten.[50]

12 **5. Staatsanwaltschaft.** Die Staatsanwaltschaft, welcher der 10. Titel des GVG (§§ 141 ff.) gewidmet ist, gehört nicht zur rechtsprechenden Gewalt i.S.d. Art. 92 GG;[51] diese ist nur den Richtern anvertraut. Die Staatsanwaltschaft ist ein der rechtsprechenden Gewalt zugeordnetes Organ der Rechtspflege, das gemeinsam mit den Gerichten auf dem Gebiet der Strafrechtspflege die Aufgabe der Justizgewährung erfüllt.[52] Dabei ist die Staatsanwaltschaft vom Gericht unabhängig (§ 150). Sie ist zur Objektivität verpflichtet und deshalb im Strafprozess nicht Partei.[53] Auf Staatsanwälte finden grundsätzlich die beamtenrechtlichen Vorschriften Anwendung. Wenngleich für sie auch einzelne richterdienstrechtliche Vorschriften gelten, wie etwa diejenigen des Deutschen Richtergesetzes über die Befähigung zum Richteramt oder die Zuständigkeit des Dienstgerichts für Richter (vgl. § 122 Abs. 1 und 4 DRiG), ist damit eine Einbeziehung in die rechtsprechende Gewalt nicht verbunden.

13 **6. Private Gerichtsbarkeit.** Private Gerichtsbarkeit gibt es nur in engen Grenzen. Nur staatliche Gerichte sind Gerichte i.S.d. GG und des GVG.[54] Niemand darf gegen seinen Willen von den staatlichen Gerichten ferngehalten werden. Die **Schiedsgerichtsbarkeit**, die in §§ 1025 ff. ZPO geregelt ist, hat ihre Grundlage in der Privatautonomie. Ihre Entscheidungen werden als denen der staatlichen Gerichte grundsätzlich gleichwertig anerkannt, sofern die Freiwilligkeit der Schiedsvereinbarung, die Unparteilichkeit der Schiedsrichter und die Einhaltung gewisser verfahrensrechtlicher Standards sichergestellt sind.[55] Dies ist Ziel der gesetzlichen Regelung der ZPO. Nicht gesetzlich geregelt ist die sogenannte **Betriebsjustiz**, in deren Rahmen, vielfach unter Einhaltung eines gerichtsähnlichen Verfahrens, bei Verstößen der Arbeitnehmer gegen die betriebliche Ordnung Betriebsbußen festgesetzt werden. Diese Maßnahmen unterliegen der (arbeits-)gerichtlichen Nachprüfung daraufhin, ob eine entsprechende Betriebsbußenordnung existiert, die dort genannten Voraussetzungen in materieller und verfahrensrechtlicher Hinsicht erfüllt sind und die Mitbestimmung beachtet wurde.[56] Ähnliches gilt bei Sanktionen, die durch die **Vereins- oder Verbandsgerichtsbarkeit** festgesetzt werden, sofern im Einzelfall nicht eine Schiedsvereinbarung getroffen wurde. Zwar unterliegt die Nachprüfung der von ihnen verhängten Maßnahmen durch die Zivilgerichte im Hinblick auf die Vereinsautonomie bestimmten Grenzen. Es ist aber seit langem anerkannt, dass die Zivilgerichte jedenfalls nachprüfen können, ob die verhängte Maßnahme eine Stütze im Gesetz oder in der Satzung hat, ob das satzungsmäßig vorgeschriebene Verfahren beachtet ist, sonst keine Gesetzes- oder Satzungsverstöße vorgekommen sind und ob die Maßnahme nicht grob unbillig oder willkürlich ist; die Gerichte haben auch darüber zu befinden, ob die maßgebenden Tatsachen bei objektiver, an rechtsstaatlichen Grundsätzen ausgerichteter Tatsachenermittlung zutreffend festgestellt sind.[57]

---

50 *Schmidt-Räntsch* § 44 DRiG, 2.

51 Vgl. BVerfG wistra **2002** 96; *Roxin* DRiZ **1997** 113; Dreier/*Schulze-Fielitz* Art. 92 GG, 55; Kissel/*Mayer* § 141, 8; KK/*Mayer* § 141, 3; LR/*Krauß* Vor § 141, 16; LR/*Kühne* Einl. J 55 m.w.N.

52 BVerfGE **9** 223, 228; **32** 199, 216; BGHSt **24** 170, 171.

53 RGSt **60** 189; *Schmitt*/Köhler Vor § 141, 8; LR/*Krauß* Vor § 141, 20; LR/*Kühne* Einl. J 48 ff.

54 Dazu Dreier/*Schulze-Fielitz* Art. 92 GG, 49 ff.

55 Dazu Zöller/*Althammer* Vor § 1025 ZPO, 1 ff.; krit. Kissel/*Mayer* § 16, 73.

56 Vgl. BAGE **63** 169; Kissel/*Mayer* § 16, 74.

57 Für die Vereinsgerichtsbarkeit BGH NJW **1997** 3368; **2017** 402, 405 ff.; für die Parteischiedsgerichte BGH NJW **1994** 2610.

§ 1

Die richterliche Gewalt wird durch unabhängige, nur dem Gesetz unterworfene Gerichte ausgeübt.

Schrifttum

Die Literatur ist, der Bedeutung der richterlichen Unabhängigkeit für den gewaltenteilenden Rechtsstaat entsprechend, umfangreich und kann hier nur exemplarisch dokumentiert werden. Wegen älterer Literatur wird auf die Nachweise in der 24. Aufl. Bezug genommen. Die nachfolgenden Hinweise beziehen sich überwiegend auf neuere Beiträge.

Achterberg Die richterliche Unabhängigkeit im Spiegel der Dienstgerichtsbarkeit, NJW **1985** 3041; *Arndt* Die Unabhängigkeit des Richters, DRiZ **1971** 254; *Baer* Die Unabhängigkeit der Richter in der Bundesrepublik Deutschland und in der DDR, Diss. Berlin 1999; *v. Bargen* Die Rechtsstellung der Richterinnen und Richter in Deutschland, DRiZ **2010** 100; **2010** 133; *Benda* Bemerkungen zur richterlichen Unabhängigkeit, DRiZ **1975** 166; *Forkel* Erledigungszahlen unter (Dienst-)Aufsicht! DRiZ **2013** 132; *Fuchs* Verfassungsmäßigkeit und Umsetzbarkeit von Modellen für eine selbstverwaltete Justiz in Deutschland (2013); *Groß* Selbstverwaltung der Gerichte als Voraussetzung ihrer Unabhängigkeit, DRiZ **2003** 298; *Haberland* Richterliche Unabhängigkeit und dienstliche Beurteilungen, DRiZ **2009** 242; *Hassemer* Für eine Reform der Dritten Gewalt, DRiZ **1998** 391; *Herrmann* Die Unabhängigkeit des Richters, DRiZ **1982** 286; *Hirsch* Auf dem Weg zum Richterstaat? Vom Verhältnis des Richters zum Gesetzgeber in unserer Zeit, JZ **2007** 853; *Hoffmann-Riem* Wahrheit, Gerechtigkeit, Unabhängigkeit und Effizienz – das Magische Viereck der Dritten Gewalt? JZ **1997** 1; *ders.* Privilegien und Verantwortung – Justiz zwischen Autonomie und Anomie, AnwBl. **1999** 2; *ders.* Mehr Selbständigkeit für die Dritte Gewalt? DRiZ **2003** 284; *Ignor* KI im Strafprozess – Plädoyer für rechtzeitige rechtliche Einhegungen, FS Neuhaus (2025) 781; *ders.* StV-Spezial **2026** 78; *Arthur Kaufmann* Richterpersönlichkeit und richterliche Unabhängigkeit, FS Peters (1974) 295; *Keldungs* Fortbildungspflicht und Unabhängigkeit, BauR **2013** 24; *Klein* Richterrecht und Gesetzesrecht, DRiZ **1972** 333; *Kohn* Künstliche Intelligenz und Strafzumessung, Diss. Augsburg 2021; *Kramer* Das neue Steuerungsmodell und die Unabhängigkeit der Richter, ZZP **114** (2001) 267; *Kuchenbauer* Der gläserne Richter, JZ **2021** 647; *Kühne* Grenzen richterlicher Unabhängigkeit im Strafverfahren, GA **2013** 39; *Lamprecht* Vom Mythos der Unabhängigkeit – über das Dasein und Sosein der deutschen Richter (1996); *Limbach* Die richterliche Unabhängigkeit – ihre Bedeutung für den Rechtsstaat, NJ **1995** 281; *dies.* „Im Namen des Volkes" – Macht und Verantwortung der Richter (1999); *Mishra* Zulässigkeit und Grenzen der Urteilsschelte, Diss. Münster 1997; *Müller* Richterliche Unabhängigkeit und Unparteilichkeit nach Art. 6 EMRK (2015); *Müller-Piepenkötter* Die dienstlichen Beurteilungen der Richter und Staatsanwälte, DRiZ **2005** 101; *Münchbach* Richterliche Unabhängigkeit contra Vorgabe von Erledigungszahlen, NJW **2020** 3283; *Nink* Justiz und Algorithmen, Diss. Speyer 2021; *Papier* Richterliche Unabhängigkeit und Dienstaufsicht, NJW **1990** 8; *ders.* Die richterliche Unabhängigkeit und ihre Schranken, NJW **2001** 1089; *ders.* Die Selbstverwaltung der Dritten Gewalt, NJW **2002** 2585; *ders.* Zur Frage der Selbstverwaltung der Dritten Gewalt, FS Merten (2007) 185; *Pfeiffer* Zum Spannungsverhältnis richterliche Unabhängigkeit – Justizaufsicht – Justizgewährungspflicht, FS Bengl (1984) 85; *Redeker* Legitimation und Grenzen richterlicher Rechtssetzung, NJW **1972** 409; *ders.* Justizgewährungspflicht des Staates versus richterliche Unabhängigkeit, NJW **2000** 2796; *Rudolph* Die Unabhängigkeit des Richters, DRiZ **1984** 135; *Rupp* Die Bindung des Richters an das Gesetz, NJW **1973** 1769; *Schaffer* Die Unabhängigkeit der Rechtspflege und des Richters, BayVerwBl. **1991** 641; **1991** 678; *ders.* Die dienstliche Beurteilung von Richtern und Staatsanwälten – Besonderheiten der Richterbeurteilung, DRiZ **1992** 292; *Schilken* Die Sicherung der Unabhängigkeit der Dritten Gewalt, JZ **2006** 860; *Eb. Schmidt* Probleme der richterlichen Unabhängigkeit, DRiZ **1962** 401; *Schmidt-Jortzig* Aufgabenstellung und Funktion des Richters im demokratischen Rechtsstaat, NJW **1991** 2377; *R. Schmidt-Räntsch* Dienstaufsicht über Richter (1985); *Schröder* Dienstzeiten und Anwesenheitspflichten für Richterinnen und Richter, NJW **2005** 1160; *Schulze-Fielitz/Schütz* (Hrsg.) Justiz und Justizverwaltung zwischen Ökonomisierungsdruck und Unabhängigkeit (2002); *Sendler* Fragwürdigkeit der richterlichen Unabhängigkeit, NJW **2001** 1256; *Staats* Richterbeförderung und richterliche Unabhängigkeit in Deutschland: Ein systemimmanenter, aber reduzierbarer Konflikt, FS Rieß (2002) 1017; *Starosta* Die richterliche Unabhängigkeit im Zeitalter der Digitalisierung, DÖV **2020** 216; *Tepperwien* Richterliche Unabhängigkeit – Anspruch und Grenzen, FS Tolksdorf (2014) 577; *Thiele* Die Unabhängigkeit des Richters – grenzenlose Freiheit? Der Staat **52** (2013) 415; *Tietjen* Der geeignete Richter – Richterauswahl im europäischen Rechtsvergleich, Diss. Göttingen 2021; *Voß* Kostencontrolling und richterliche Unabhängigkeit oder neues Steuerungsmodell contra unabhängige Rechtsprechung, DRiZ **1998** 379; *Wassermann* Die richterliche Gewalt – Macht und Verantwortung der Richter in der modernen Gesellschaft (1985); *Weber* Richterliche Unabhängigkeit aus menschenrechtlicher Perspektive, DRiZ **2012** 16; **2012** 59; *Wittreck* Die Verwaltung der Dritten Gewalt (2006); *ders.* Empfehlen sich Regelungen zur Sicherung der Unabhängigkeit der Justiz bei der Besetzung von Richterpositionen? Verhandlungen des 73. DJT, Band I Gutachten G (2020); *Yanik* Algorithmenbasierte Systeme in der Strafzumessung, Diss. Passau 2025; *Zätsch* Richterliche Unabhängigkeit und Richterauswahl in den USA und Deutschland, Diss. Dresden 2000; *Zippelius* Rechtsnorm und richterliche Entscheidungsfreiheit, JZ **1970** 241.

Übersicht

I. Entwicklung und Reichweite

1 § 1 normiert, in seinem Geltungsbereich beschränkt auf die ordentliche Gerichtsbarkeit (§ 2 EGGVG), die sachliche Unabhängigkeit der rechtsprechenden Organe. Der Gesetzestext ist seit Inkrafttreten des GVG unverändert. Er hatte, da die Reichsverfassung von 1871 anders als andere Verfassungen des 19. Jahrhunderts[1] keine Regelung der richterlichen Unabhängigkeit enthielt, als reichsrechtliche Regelung durchaus sachliche Bedeutung,[2] auch wenn der mit der Aufklärung eingeleitete Wandel von der Kabinettsjustiz hin

1 Vgl. Titel VIII § 3 der bayerischen Verfassung v. 1818; § 175 Frankfurter Reichsverfassung v. 1849; Art. 86 der preußischen Verfassung v. 1850.

2 *Sowada* 69: „weiterer Markstein auf dem Weg zu einer Absicherung der richterlichen Unabhängigkeit".

zur Gewaltenteilung und zur Unabhängigkeit der Gerichte damals schon vollzogen war.[3] Seit Art. 97 Abs. 1 GG für alle Richter und für alle Zweige der Gerichtsbarkeit bestimmt, „[d]ie Richter sind unabhängig und nur dem Gesetze unterworfen“, hat § 1 keinen selbständigen Regelungsgehalt mehr. Gleichwohl erscheint es angemessen, dass dieser **kardinale Grundsatz**,[4] der mit dem Konzept des Rechtsstaats untrennbar verbunden ist,[5] im GVG weiterhin ausgesprochen wird, ebenso wie auch das Deutsche Richtergesetz nicht darauf verzichtet, den Grundsatz in § 25 DRiG den Einzelregelungen zur richterlichen Unabhängigkeit voranzustellen.[6] Maßgebend für die Auslegung sowohl des § 1 als auch des § 25 DRiG ist diejenige des Art. 97 Abs. 1 GG, weshalb Rechtsprechung und Literatur zu dieser Verfassungsbestimmung heranzuziehen sind.[7] Die richterliche Gewalt, von der § 1 spricht, ist deckungsgleich mit der „rechtsprechenden Gewalt“ des Art. 92 GG; der Ausdruck umfasst den Inbegriff der Aufgaben und Befugnisse, die den Gerichten bei Ausübung der Rechtsprechung zufallen. Die Unabhängigkeitsgarantie beschränkt sich nicht auf den Rechtsspruch selbst, sondern erstreckt sich auch auf die zahlreichen richterlichen Entscheidungen und Maßnahmen, die dem Rechtsspruch dienen, indem sie ihn vorbereiten, begleiten oder ihm nachfolgen, oder die eine nichtstreitige Erledigung zum Ziel haben. Zu den vorbereitenden Maßnahmen, die unter dem Schutz der Unabhängigkeit stehen, gehören auch die richterliche Geschäftsverteilung durch das Präsidium (§ 21e) und innerhalb des Spruchkörpers (§ 21g). Zu eng wäre es, wollte man den Bereich weisungsfreier Rechtsprechung auf die Wahrnehmung solcher Aufgaben begrenzen, für die eine Zuständigkeit des Richters im Gesetz selbst vorgesehen ist.[8] Vielmehr zählen auch nicht gesetzlich geregelte fürsorgliche Maßnahmen im Interesse rechtsunkundiger Rechtsuchender – wie etwa die Weiterleitung eines fehlgeleiteten Rechtsmittels an das zuständige Gericht – noch zur Rechtsprechung.[9]

II. Weisungsgebundenheit in Justizverwaltungsangelegenheiten

Nicht zur „richterlichen Gewalt“ gehören die Geschäfte der Justizverwaltung, zu denen auch die Gerichtsverwaltung i.S.d. § 4 Abs. 2 Nr. 1 DRiG[10] zählt. Bei ihnen sind die Richter, denen Aufgaben der Justizverwaltung übertragen sind, nicht unabhängig, sondern müssen den Weisungen Vorgesetzter Folge leisten. Nach den landesrechtlichen Regelungen, die an die Stelle der früher in der GVVO[11] getroffenen Bestimmungen getreten sind,[12] haben die Präsidenten beziehungsweise Direktoren und aufsichtführenden Richter der Gerichte die ihnen zugewiesenen Geschäfte der Justizverwaltung zu erledigen. Sie werden bei Verhinderung durch ihre ständigen Vertreter vertreten und können die ihrer Dienst- 2

3 Vgl. Dürig/Herzog/Scholz/*Hillgruber* Art. 97 GG, 10 ff.; Kissel/*Mayer* 13 ff., 18; *Schaffer* BayVerwBl. **1991** 644; *Eb. Schmidt* I 457; eindrucksvoll *Feuerbachs* Antrittsrede am Appellationsgericht Ansbach am 21.4.1817 „Die hohe Würde des Richteramts“, Kleine Schriften, Neudruck der Ausgabe von 1833 (1966) 123 ff.

4 Vor § 1, 2.

5 BVerfGE **148** 69, 89; Kissel/*Mayer* 1; zur Rspr. des EGMR s. *Müller* 28 ff.; *Weber* DRiZ **2012** 18; **2012** 59 ff.

6 Dazu *Schmidt-Räntsch* § 25 DRiG, 2.

7 So für § 25 DRiG auch *Schmidt-Räntsch* § 25 DRiG, 2.

8 Vgl. BVerwG JZ **1958** 577.

9 *Eb. Schmidt* III 5; *Schmidt-Räntsch* § 25 DRiG, 10.

10 Dazu *Schmidt-Räntsch* § 4 DRiG, 30; SK/*Frister* 4.

11 Aufgehoben mit Wirkung v. 24.4.2008 durch Art. 21 des Ersten Gesetzes über die Bereinigung von Bundesrecht im Zuständigkeitsbereich des Bundesministeriums der Justiz v. 19.4.2006 (BGBl. I S. 866).

12 Z.B. § 17 BaWüAGGVG; Art. 19 Abs. 1 BayAGGVG; § 18 JustG Bln.; § 22 HmbAGGVG; § 12 NdsAGGVG; § 8 ThürAGGVG.

aufsicht unterstellten Beamten sowie – nach Maßgabe der § 4 Abs. 2, § 42 DRiG – auch die Richter zu den Geschäften der Justizverwaltung heranziehen, die insoweit als Organe der Justizverwaltung tätig werden.

III. Bedeutung der Unabhängigkeit

3 **1. Sachliche Unabhängigkeit.** Was die richterliche Unabhängigkeit umfasst, ist in Art. 97 Abs. 1 GG nicht konkret bestimmt.[13] Aus der historischen Entwicklung, in der die Unabhängigkeit der Gerichte gegen obrigkeitliche Eingriffe in die Rechtsprechung (Kabinettsjustiz) erstritten wurde, ergibt sich, dass die **Weisungsfreiheit des Richters** im Bereich der Rechtsprechung ein Kerninhalt der sachlichen Unabhängigkeit ist.[14] Dabei bedeutet Weisungsfreiheit nicht nur die Unzulässigkeit von Weisungen im engeren Sinne, sondern jede Form der vermeidbaren, zur Erhaltung der Funktionsfähigkeit der Gerichte nicht erforderlichen Einflussnahme auch mittelbarer, subtiler oder psychologischer Art,[15] also auch von Ersuchen, Empfehlungen, Anregungen oder Bitten.[16] Die Gewährleistung des Art. 97 Abs. 1 GG steht in engem Zusammenhang mit dem Grundsatz der **Gewaltenteilung** (Art. 20 Abs. 2 Satz 2 GG). Dieser kann Machtmissbrauch nur verhindern, wenn die rechtsprechende Gewalt von den beiden anderen Gewalten unabhängig ist.[17] Die Unabhängigkeit des Richters ist weder Grundrecht oder Standesprivileg des Richters, noch schützt sie seine individuelle Entfaltung.[18] Vielmehr dient sie der Erfüllung der **Justizgewährungspflicht des Staates.**[19] Sie soll die ausschließliche Bindung des Richters an Gesetz und Recht gegen sachfremde Einflüsse von außen absichern, es ermöglichen, dass der Richter objektiv und unparteiisch im Dienste von Wahrheit und Gerechtigkeit (vgl. die Formel des Richtereides, § 38 DRiG) verhandelt und entscheidet.[20] Die Kehrseite der Weisungsfreiheit ist damit ein verfassungsmäßiges Verbot an Parlament, Regierung und Verwaltung, bei schwebenden Verfahren in anderer als prozessordnungsgemäß vorgesehener Weise auf die zur Rechtsfindung berufenen Richter einzuwirken, ein **Verbot jeglicher „Kabinetts- oder Ministerialjustiz“**. Davon ist die Kritik an richterlichen Verfahrensweisen oder Entscheidungen grundsätzlich zu unterscheiden. Die Justiz steht von Verfassungs wegen nicht außerhalb der **Kritik**. Funktionsträgern der anderen Gewalten, insbesondere Parlamentariern, aber auch Mitgliedern der Regierung ist es nicht verwehrt, sich kritisch zu Gerichtsentscheidungen zu äußern. Die rechtliche Grenze liegt dort, wo darin eine unzulässige Einflussnahme auf das kritisierte Verfahren oder auf zukünftige Verfahren zu sehen ist.[21] Das wird bei Diskussionen im Parlament oder sonst im politischen Raum selten der Fall sein. Enger sind die **Grenzen für den Justizminister** gezogen, der als oberste Dienstauf-

---

13 BGHZ **42** 163, 169.

14 BVerfGE **14** 56, 69; **27** 312, 322; **31** 137, 140; **36** 174, 185; **107** 395, 402 f.; **148** 69, 90; BVerfG NJW **2012** 2334, 2335; BGH NJW **2002** 359, 360.

15 BVerfGE **26** 79, 93 f.; **55** 372, 389; **148** 69, 90 f.

16 BGHZ **46** 147, 149; SK/*Frister* 7; für eine Beschränkung auf Weisungen sowie Maßnahmen mit weisungsähnlichem Charakter oder weisungsgleicher Wirkung hingegen Dürig/Herzog/Scholz/*Hillgruber* Art. 97 GG, 23.

17 Vgl. *Papier* NJW **2001** 1089.

18 BVerfGE **27** 211, 217; BGHZ **67** 184, 187; **112** 189, 193; BGH MDR **2011** 140.

19 BVerfGE **148** 69, 89.

20 Dazu *v. Bargen* DRiZ **2010** 102; *Haberland* DRiZ **2009** 242; *Keldungs* BauR **2013** 25; *Papier* NJW **2001** 1089; *Tepperwien* FS Tolksdorf 580 ff.

21 Vgl. *v. Bargen* DRiZ **2010** 133; Kissel/*Mayer* 103, Einl. 170 a.E.; **a.A.** SK/*Frister* 20 (lediglich Frage des politischen Stils).

sichtsbehörde § 26 DRiG zu beachten hat. Es entspricht darüber hinaus gutem Stil, dass der Justizminister sich mit Kritik an gerichtlichen Entscheidungen seines Geschäftsbereichs völlig zurückhält und dass Kritik im Übrigen in einer Weise geäußert wird, die dem gebotenen Respekt der drei Gewalten voreinander entspricht. Es begründet keinen Verstoß gegen die richterliche Unabhängigkeit, dass richterliche **Beförderungsämter** bestehen und die Exekutive über entsprechende Beförderungen von Richtern entscheidet.[22] Die richterliche Unabhängigkeit ist auch im Falle einer **unzulässigen Einflussnahme innerhalb des Gerichts** verletzt, etwa durch den Vorsitzenden des Spruchkörpers bei einer Einzelrichterentscheidung oder sonst im Innenverhältnis eines Kollegialgerichts.[23] Dagegen schützt Art. 97 Abs. 1 GG nicht unmittelbar vor Kritik und Angriffen aus dem gesellschaftlichen Bereich, insbesondere vor Medienkritik, auch wenn es sich um überzogene Urteilsschelte handelt.[24] Der Gesetzgeber ist nicht verpflichtet, rechtliche Instrumente zur Abwehr solcher Angriffe zu schaffen, z.B. einen Straftatbestand der Missachtung des Gerichts (entsprechend dem „contempt of court" in anglikanischen Rechtssystemen), was er wiederholt geprüft und bisher unterlassen hat.[25] Hier ist im Wesentlichen die innere Unabhängigkeit (u. Rn. 5) im Sinne eines Amtsethos gefordert, das den Richter befähigt, sich von den Erwartungen und Wünschen Dritter frei zu machen.[26] Ähnlich verhält es sich, wenn finanziell leistungsfähige Beschuldigte Öffentlichkeitsarbeit mit dem Ziel betreiben, das Ergebnis des Strafverfahrens zu ihren Gunsten zu beeinflussen (**„Litigation-PR"**).[27] Nach der Rechtsprechung des BGH (Dienstgericht des Bundes) und des BVerwG gehört zur richterlichen Unabhängigkeit ferner, dass der Richter nicht an **festgesetzte Dienststunden** gebunden ist.[28] Auch eine Pflicht zur Erfassung der **Arbeitszeit** besteht nicht;[29] die richterliche Arbeitsleistung bemisst sich dienstrechtlich nicht nach normativ festgelegten Arbeitszeiten, sondern orientiert sich pauschalierend an dem in der für Beamte geltenden regelmäßigen wöchentlichen Arbeitszeit durchschnittlich zu bewältigenden Arbeitspensum.[30] Der **Verwendung moderner Büro- und Kommunikationstechnik** kann sich der Richter nicht unter Berufung auf seine Unabhängigkeit widersetzen.[31]

2. Persönliche Unabhängigkeit. Sachliche Unabhängigkeit kann nur bestehen, wenn 4
sie durch persönliche Unabhängigkeit institutionell abgesichert ist. Die persönliche Unab-

22 BVerfGE **56** 146, 165 f.; Vorschläge zur Minimierung des Einflusses des Beförderungswesens bei *Staats* FS Rieß 1036.

23 BVerfGE **148** 69, 90; BVerfG NJW **1996** 2149, 2150.

24 Anders noch LR/*K. Schäfer*[24] 3 a.E.

25 Vgl. *Hassemer* NJW **1985** 1921; *Roxin* NStZ **1991** 153; *Stürner* JZ **1978** 161; zu neueren Überlegungen s. *Jahn* StV **2026** 363.

26 *Papier* NJW **2001** 1091; vgl. auch *Thiele* Der Staat **52** (2013) 416 f. Fn. 9; Kissel/*Mayer* § 16, 68.

27 Dazu *Berger* DRiZ **2012** 70; *Huff* DRiZ **2010** 114; ferner *v. Bargen* DRiZ **2010** 133 f. Fn. 9; *Höch/Schertz* K&R **2013** 304.

28 BGHZ **113** 36; BVerwG NJW **1983** 62 ff.; DRiZ **1981** 470; s. auch BVerfGE **105** 239, 251; zust. *Papier* NJW **2001** 1093; Kissel/*Mayer* 154; *Schmidt/Räntsch* § 26 DRiG, 29; krit. *v. Bargen* DRiZ **2010** 103; *Schilken* JZ **2006** 866 ff.; *Wittreck* NJW **2004** 3014; **2012** 3289; DRiZ **2007** 362; SK/*Frister* 26; zur Haltung der Bundesregierung vgl. BTDrucks. **15** 5823; DRiZ **2005** 305.

29 *Bayreuther* DRiZ **2024** 68 empfiehlt mit Blick auf das CCOO-Urteil des EuGH (EuZW **2019** 476) und den daran anknüpfenden Zeiterfassungsbeschluss des Bundesarbeitsgerichts (BAGE **179** 51) allerdings eine entsprechende gesetzliche Klarstellung im Sinne eines Dispenses nach Art. 17 der Richtlinie 2003/88/EG.

30 BVerfGK **19** 407, 411; BVerwGE **172** 187; BVerwG NJW **2023** 2294, 2295.

31 Dies gilt auch dann, wenn die Bearbeitung entsprechend gesetzlichen Anforderungen in elektronischer Form eingereichter Eingaben die Anwesenheit des Richters an einem computergestützten Arbeitsplatz erfordert; vgl. BGH MDR **2011** 140. Zum Einsatz von Systemen künstlicher Intelligenz s. Rn. 39.

hängigkeit ist demnach die notwendige Ergänzung der sachlichen Unabhängigkeit.[32] Bei den hauptamtlich und endgültig planmäßig angestellten Richtern trifft Art. 97 Abs. 2 GG selbst die Regelung, dass sie vor Ablauf ihrer Amtszeit grundsätzlich **weder entlassen noch dauernd oder zeitweise ihres Amtes enthoben noch an eine andere Stelle oder in den Ruhestand versetzt** werden können. Das gilt nach der Rechtsprechung des BVerfG entsprechend für Maßnahmen mit vergleichbarer Wirkung, etwa für den Fall, dass ein Richter gegen seinen Willen durch die Geschäftsverteilung praktisch von rechtsprechender Tätigkeit ferngehalten wird.[33] Problematisch erscheint es auch, wenn das Aufschieben des Eintritts in den Ruhestand über die Regelaltersgrenze hinaus (§ 76 Abs. 1, 2 DRiG) an Voraussetzungen wie etwa ein dienstliches Interesse geknüpft wird, über welches die Justizverwaltung befindet.[34] Auch bei den nicht „planmäßig endgültig" angestellten Berufsrichtern (Richtern auf Probe und Richtern kraft Auftrags, §§ 12 ff. DRiG) und bei den ehrenamtlichen Richtern muss entsprechend dem Grundgedanken des Art. 97 Abs. 2 GG durch (einfaches) Gesetz ein Mindestmaß an persönlicher Unabhängigkeit gewährleistet sein, das – von bestimmten, durch zwingende Notwendigkeiten gebotenen Ausnahmen abgesehen – jedenfalls so weit reicht, dass der Richter vor Ablauf seiner Amtszeit nur unter den gesetzlich bestimmten Voraussetzungen und gegen seinen Willen nur kraft richterlicher Entscheidung abberufen werden kann.[35] Das GG schließt die Verwendung von Berufsrichtern, die nicht auf Lebenszeit ernannt sind und daher den Schutz der in Art. 97 Abs. 2 GG garantierten persönlichen Unabhängigkeit nicht in vollem Umfang genießen, nicht aus. Es verlangt aber, dass die Verwendung von Richtern mit vollem Schutz ihrer persönlichen Unabhängigkeit die Regel ist, die **Verwendung von Richtern auf Probe und kraft Auftrags** ebenso wie **abgeordneter Richter** die nur aus zwingenden Gründen – insbesondere zur Heranbildung von Nachwuchs, zur Eignungserprobung oder bei einem vorübergehenden außerplanmäßigen Personalbedarf – zulässige und auf das unverzichtbare Maß zu beschränkende **Ausnahme** (s. auch § 28 Abs. 1, § 29 DRiG).[36]

5 **3. Innere Unabhängigkeit.** Die Überzeugungskraft richterlicher Entscheidungen beruht nicht nur auf der juristischen Qualität ihrer Gründe, sondern in hohem Maße auch auf dem Vertrauen, das den Richtern von der Bevölkerung entgegengebracht wird; dieses Vertrauen fußt nicht zuletzt auf der äußeren und inneren Unabhängigkeit des Richters, seiner Neutralität und erkennbaren Distanz.[37] Innere Unabhängigkeit um der **Neutralität** und **Objektivität** willen bedeutet, dass der Richter sachfremden Einflüssen widersteht, die aus seiner Persönlichkeit stammen oder durch diese vermittelt werden. Das ist kein Zustand, sondern ein Auftrag;[38] in **steter Selbstkontrolle** muss der Richter seine innere Unabhängigkeit immer wieder neu gewinnen.[39] Rechtlich absichern lässt sich dies nur teilweise. Eine zentrale Vorschrift ist § 39 DRiG, der den Richter verpflichtet, sich innerhalb und außerhalb seines Amtes, auch bei politischer Betätigung, so zu verhalten, dass das Vertrauen in seine Unabhängigkeit nicht gefährdet wird. Eine wichtige Funktion haben auch die Regelungen der Verfahrensgesetze über die **Ausschließung und Ablehnung von**

---

32 BVerfGE **14** 56, 69; **14** 156, 162; **21** 139, 148; **30** 149, 160; **148** 69, 94.

33 BVerfGE **17** 252, 259; **148** 69, 94.

34 Krit. zu entsprechenden landesrechtlichen Regelungen *Hebeler* NJW **2023** 2974.

35 BVerfGE **14** 56, 70 ff.; **87** 68, 85; SSW/*Spiess* 3.

36 BVerfGE **4** 331, 345; **14** 156, 162; **148** 69, 95f.; BVerfG NVwZ **2023** 418, 419 Rn. 11 ff. m. Anm. *Rechenbach*; Kissel/*Mayer* § 22, 8 f.; § 59, 18; LR/*Gittermann* § 22, 23; § 59, 9; s. auch § 21e, 13.

37 BVerfG NJW **1989** 93.

38 BVerfGE **148** 69,92; Kissel/*Mayer* 157; näher *Nink* 103 ff.

39 *Schaffer* BayVerwBl. **1991** 648.

Richtern.[40] Bei der inneren Unabhängigkeit geht es um die Abwehr unerwünschter Einflüsse der verschiedensten Art. Furcht vor Kritik in der Öffentlichkeit muss der Richter ebenso überwinden wie er der Versuchung widerstehen muss, bei seiner Rechtsprechung nach öffentlichem Beifall zu schielen. Die Hoffnung, sein berufliches Fortkommen zu fördern, darf ihn nicht bestimmen.[41] Er muss versuchen, sich die vielfältigen Einflüsse bewusst zu machen, die sich aus seiner Herkunft, seiner Ausbildung, seiner Zugehörigkeit zu sozialen Gruppierungen, aber auch aus seinen ganz persönlichen Erlebnissen und Erfahrungen sowie aus seinen politischen, ethischen und religiösen Überzeugungen ergeben.[42] Je mehr er sich seiner Vorurteile und Abhängigkeiten bewusst ist und je mehr er sich deshalb um „intersubjektiven Konsens" bemüht, desto unabhängiger und objektiver vermag er zu urteilen.[43] Die Beratung im Kollegialgericht fördert derartige Prozesse. Gleichwohl wird dem Richter ein völliges Absehen von der eigenen Persönlichkeit kaum gelingen können.[44] Wie in § 39 DRiG zum Ausdruck kommt, genügt es nicht, dass der Richter tatsächlich frei von unsachgemäßen Einflüssen ist; dies muss auch für den Außenstehenden erkennbar sein, damit nicht das Vertrauen in die Unabhängigkeit gefährdet wird. Für den Richter muss es Leitlinie seines gesamten, auch des privaten Verhaltens sein, dass das Vertrauen in seine moralische und persönliche Integrität und seine innere Unabhängigkeit nicht Schaden nimmt.[45] Dies erlegt ihm nicht zuletzt **Zurückhaltung und Mäßigung bei politischer Betätigung** auf; der Richter darf es nicht dazu kommen lassen, dass nach außen der Eindruck der Voreingenommenheit, insbesondere der Unsachlichkeit, entsteht.[46] Nutzt er die Urteilsgründe zur Verbreitung seiner politischen Meinung, die für die eigentliche Rechtsfindung ohne Bedeutung ist, verlässt er mit dieser Zweckentfremdung grundsätzlich den Schutzbereich der richterlichen Unabhängigkeit.[47] Neuere Fragen stellen sich für den Richter im Zuge der Bemühungen der Justizverwaltungen, das Kostenbewusstsein und die **Kostenverantwortung** in der Justiz zu stärken (Budgetierung, Neues Haushaltswesen). Es ist zwar sachgerecht, wenn der Richter den finanziellen Aufwand, den er mit seinem Verfahren verursacht, vor Augen hat; jedoch darf er Erwartungen und Wünschen der Justizverwaltung oder der Öffentlichkeit in Bezug auf eine möglichst kostensparende Verfahrensweise nicht nachgeben, wenn sachliche Gründe dem entgegenstehen.[48] Zum Einsatz von Systemen künstlicher Intelligenz vgl. Rn. 39.

IV. Unterwerfung unter das Gesetz

1. Grundsatz. Die Richter sind nach § 1 und den gleichlautenden Bestimmungen in 6
Art. 97 Abs. 1 GG und § 25 DRiG „nur dem Gesetz unterworfen". Dagegen bezeichnet Art. 20 Abs. 3 GG die Rechtsprechung als ebenso wie die vollziehende Gewalt „an Gesetz und Recht gebunden". Darin liegt kein Gegensatz. § 1 akzentuiert ebenso wie Art. 97 Abs. 1 GG

40 Zum Bild des innerlich unabhängigen und unparteilichen Richters im Zusammenhang mit der Frage der Befangenheit aufgrund Vorbefassung *Kulhanek* NStZ **2024** 577.

41 Vgl. Kissel/*Mayer* 152.

42 Kissel/*Mayer* 158; MüKo/*Schuster* 32.

43 *Arthur Kaufmann* FS Peters 306.

44 *Benda* DRiZ **1975** 168.

45 BGH NJW **1995** 2495.

46 BVerfG NJW **1983** 2691; **1989** 93; Zöller/*Lückemann* 9; *Wagner* NJW **2023** 501.

47 BVerfG NJW **2021** 2955, 2957; BGH JZ **2021** 681 m. krit. Anm. *Lenk*; ferner BGH NStZ **2021** 365, 367.

48 *Papier* NJW **2001** 1093.

als notwendige Kehrseite der sachlichen Unabhängigkeit des Richters[49] seine Gesetzesbindung. Dass der Richter „nur" dem Gesetz unterworfen ist, unterstreicht zugleich seine sachliche Unabhängigkeit. Der Gesetzesbegriff ist dabei derselbe wie in § 7 EGStPO und § 337 StPO; gemeint ist jede Rechtsnorm einschließlich des Gewohnheitsrechts. Wenn Art. 20 Abs. 3 GG neben der Gesetzesbindung auch die Bindung an das Recht bestimmt, so soll die Rechtsprechung damit nicht etwa ermächtigt werden, unter Berufung auf überpositives Recht ihr eigenes Rechtsgefühl über das gesetzte Recht zu stellen.[50] Vielmehr soll einem engen Gesetzespositivismus abgesagt werden. Mit den Worten des BVerfG: „Die Formel hält das Bewusstsein aufrecht, dass sich **Gesetz und Recht** zwar faktisch im Allgemeinen, aber nicht notwendig und immer decken. Das Recht ist nicht mit der Gesamtheit der geschriebenen Gesetze identisch. Gegenüber den positiven Satzungen der Staatsgewalt kann unter Umständen ein Mehr an Recht bestehen, das seine Quelle in der verfassungsmäßigen Rechtsordnung als einem Sinnganzen besitzt und dem geschriebenen Gesetz gegenüber als Korrektiv zu wirken vermag".[51]

7 **2. Auslegung und Fortbildung des Rechts.** Sowohl die Auslegung als auch die Fortbildung des Rechts sind Aufgaben der Gerichte.[52] Was die **Auslegung** betrifft, so bedeutet das Unterworfensein unter das Gesetz „nicht Bindung an dessen Buchstaben mit dem Zwang zur wörtlichen Auslegung, sondern Gebundensein an Sinn und Zweck des Gesetzes".[53] Das Gericht ist nicht gezwungen, einer „herrschenden Meinung" zu folgen. Es kann seine eigene Rechtsauffassung vertreten und seinen Entscheidungen zugrunde legen, selbst wenn alle anderen Gerichte – einschließlich der im Rechtszug übergeordneten – den gegenteiligen Standpunkt einnehmen (s. auch u. Rn. 22).[54] Grenzen bei der Auslegung setzt allerdings das aus dem allgemeinen Gleichheitssatz (Art. 3 Abs. 1 GG) hergeleitete **Willkürverbot**. Dieses ist indes erst im Fall grober Missachtung oder Fehlanwendung des Gesetzesrechts verletzt,[55] namentlich wenn die Entscheidung unter keinem denkbaren Aspekt rechtlich vertretbar ist und sich daher der Schluss aufdrängt, dass sie auf sachfremden Erwägungen beruht. So liegt es, wenn etwa der Inhalt einer Norm in krasser Weise missdeutet oder sonst in nicht mehr nachvollziehbarer Weise angewendet wird[56] oder wenn sich der Richter von der Bindung an das Gesetz löst und von der Rechtsordnung fremden Wertvorstellungen leiten lässt.[57] Auch die Auslegung und Anwendung von Verfahrensrecht kann sich in diesem Sinne als willkürlich darstellen[58] (bzgl. des Rechts auf den gesetzlichen Richter vgl. § 16, 26 f.).

8 Sind die Gerichte nach Art. 20 Abs. 3 GG gehalten, neben den geschriebenen Rechtsnormen die Wertvorstellungen zu berücksichtigen, die sich in der Rechtsordnung niedergeschlagen haben und ihr deshalb immanent sind,[59] so ergibt sich daraus die Aufgabe der **Fortbildung des Rechts**. Für die Ober- und Höchstgerichte ist dies gesetzlich anerkannt

---

49 BGHZ **67** 184, 189: „unverzichtbares Komplementärelement"; ferner BVerfGE **49** 304, 318: „Eckpfeiler im Gewaltenteilungssystem".

50 BGHSt 7 240, 245; Kissel/*Mayer* 113.

51 BVerfGE **34** 269, 286; vgl. auch BVerfGE **35**, 263, 279; **38** 386, 396; **49** 304, 318.

52 Grundlegend und restriktiv Dürig/Herzog/Scholz/*Hillgruber* Art. 97 GG, 63 ff.; *Hirsch* ZRP **2006** 161 prägte das Bild vom Pianisten und Komponisten für das Verhältnis des Richters zum Gesetzgeber.

53 BVerfGE **35** 263, 279.

54 BVerfGE **87** 273, 278.

55 BVerfGE **29** 45, 49; **82** 159, 197; **87** 282, 286.

56 BVerfGE **80** 48, 51; **87** 273, 278; BVerfG NJW **2020** 3774, 3775; **2024** 142, 143.

57 Vgl. BGHSt 7 240, 245; BAG MDR **1962** 249; Kissel/*Mayer* 112 f.

58 BVerfGE **42** 64, 73 f.; **54** 117, 125; BVerfG NJW **2020** 3774, 3775; **2024** 142, 143.

59 Vgl. BVerfGE **39** 1, 41.

(z.B. § 80 Abs. 1 Nr. 1 OWiG; § 116 Abs. 1 StVollzG; § 543 Abs. 2 Satz 1 Nr. 2, § 552b ZPO[60]). Die Großen Senate der obersten Bundesgerichte (z.B. § 132; § 11 VwGO) sind zur Fortbildung des Rechts in besonderem Maße berufen.[61] Rechtsfortbildung ist dabei vielgestaltig. Sie erfasst neben der Gesetzesergänzung etwa auch den Bruch mit einem hergebrachten Normverständnis oder die Entwicklung von Rechtssätzen zur Ausfüllung gesetzlicher Tatbestände. Bei der Gesetzesauslegung haben die Gerichte nicht notwendig einen engeren Gestaltungsspielraum; denn der Vorrang des Gesetzes setzt dem Richterrecht umso weniger Grenzen und höchstrichterliche Rechtsprechung wird umso verbindlicher, je inhaltsärmer der Normtext und damit geringer die gesetzlichen Vorgaben sind.[62] Als **Beispiel** kann § 25 Abs. 1 Alt. 2 StGB dienen, der offen formuliert ist und für die **mittelbare Täterschaft** lediglich verlangt, dass der Täter die Straftat durch einen anderen begeht. Dies ermöglichte es den Strafsenaten des BGH, im Rahmen ihrer Dogmatik zu Beteiligungsformen die von *Roxin* im Jahr 1963 entwickelte Rechtsfigur der mittelbaren Täterschaft kraft Organisationsherrschaft[63] über 30 Jahre später im sogenannten (ersten) Mauerschützen-Urteil[64] zu übernehmen. Mittlerweile finden die Kriterien der Rechtsfigur Anwendung nicht nur auf staatliche Machtapparate, sondern grundsätzlich auch auf kriminelle und betriebliche Organisationen mit regelhaften Abläufen.[65]

Legt man ein **engeres Verständnis** von Rechtsfortbildung zugrunde, wonach nicht be- 9
reits die bloße Gesetzesauslegung, sondern erst die gesetzesergänzende oder -korrigierende (dazu auch Rn. 12) Rechtsfindung erfasst ist, so reicht die Rechtsfortbildung von der Analogie zu einer einzelnen Vorschrift oder deren teleologischer Reduktion bis hin zu gesetzesvertretendem Richterrecht, durch das normübergreifend ganze Rechtsbereiche geregelt werden, in denen der Gesetzgeber untätig geblieben ist. Beispielsweise nimmt die Rechtsprechung, wonach bloße „Schiebetermine" auf die **Unterbrechungsfristen** nach § 229 Abs. 1 bis 3 StPO keinen Einfluss haben,[66] der Sache nach eine **teleologische Reduktion** des § 229 Abs. 4 Satz 1 StPO vor. Denn auch dann, wenn ein Strafregisterauszug über drei Hauptverhandlungstage hinweg verlesen wird,[67] lässt es sich schwerlich begründen, dass an diesen Tagen begrifflich keine Hauptverhandlung stattgefunden habe; für das Gebührenrecht dürfte eine solche Konsequenz dementsprechend nicht gezogen werden. Der **Rechtsmissbrauchsgedanke** – bewusste Umgehung des Normzwecks (Konzentrationsmaxime) unter formaler Einhaltung der gesetzlichen Voraussetzungen – lässt indes ein streng wortlautgetreues Verständnis als verfehlt erscheinen. Soweit die Rechtsprechung normübergreifend ganze Rechtsbereiche regelt, ist in besonderer Weise Bedacht auf den Gewaltenteilungsgrundsatz und das Demokratieprinzip zu nehmen. Die Bezeichnung als **gesetzesvertretendes Richterrecht** darf nicht darüber hinwegtäuschen, dass sich die Rechtsfortbildung von der Rechtssetzung nicht nur in der Legitimation, sondern auch in der Methode unterscheidet. Während dem Gesetzgeber bei der Rechtssetzung eine weite Einschätzungsprärogative – begrenzt nur durch die Verfassung sowie unions- und völkerrechtliche Vorgaben – zusteht, ist die rechtsprechende Gewalt über-

---

60 Krit. zum zivilrechtl. Leitentscheidungsverfahren beim BGH *Vollkommer* NJW **2024** 3252.

61 Vgl. BVerfGE **54** 100, 112; LR/*Mosbacher* § 132, 56 zu der für den BGH geltenden Vorschrift des § 132 Abs. 4.

62 *Vogel* Juristische Methodik (1998) 86; zur zunehmenden Neigung moderner Gesetzgebung, großzügig von Generalklauseln und unbestimmten Rechtsbegriffen Gebrauch zu machen, s. LR/*Böttcher*[26] 8 m.w.N.

63 *Roxin* GA **1963** 193.

64 BGHSt **40** 218; vgl. auch BGHSt **45** 270, 296.

65 Etwa BGHSt **48** 331, 342; **49** 147, 163; ferner MüKo-StGB/*Scheinfeld* § 25 StGB, 143 ff.

66 Vgl. BGH NStZ **2008** 115; **2016** 171; **2018** 297 m. Anm. *Gubitz*; NJW **2023** 377; LR/*Becker* § 229 StPO, 12 m.w.N.

67 BGH NJW **1996** 3019.

dies an gesetzliche Wertungen sowie gesetzesimmanente übergreifende Wertvorstellungen gebunden; zu freier Rechtsschöpfung ist sie nicht berechtigt.[68] Gleichwohl kann Rechtsfortbildung durch aufeinander bezogene Entscheidungen („Entscheidungsketten") zur **Ausformung gesetzesähnlicher Regelungssysteme** führen. Solche Rechtsbereiche betreffen naturgemäß überwiegend – insbesondere wegen des materiell-strafrechtlichen Analogieverbots (Art. 103 Abs. 2 GG, Art. 7 Abs. 1 EMRK, § 1 StGB; vgl. dazu Rn. 10) – das Strafverfahrensrecht. **Beispielhaft** genannt seien neben der Befangenheit des Staatsanwalts,[69] der Tatprovokation durch Lockspitzel[70] sowie der Kompensation rechtsstaatswidriger Verfahrensverzögerung[71] besonders die **Beweisverwertungsverbote**, die der Gesetzgeber über punktuelle Vorschriften hinaus nicht normiert hat. Dies verleiht der Rechtsprechung die Legitimation zu gesetzesvertretendem Richterrecht; denn erkennt die Rechtsprechung ungeschriebene Verwertungsverbote an, so kommt sie nicht umhin, deren Anwendungsvoraussetzungen festzulegen.[72] Im materiellen (**Betäubungsmittel**-)Strafrecht hat der Gesetzgeber die Ausfüllung des unbestimmten Begriffs der **„nicht geringen Menge"** (§ 29a Abs. 1 Nr. 2, § 30 Abs. 1 Nr. 4, § 30a Abs. 1, Abs. 2 Nr. 2 BtMG) seit jeher der Rechtsprechung überlassen. Der BGH hat daraufhin auf alle Betäubungsmittel gleichermaßen anwendbare Maßstäbe für die Festlegung des Grenzwerts entwickelt und stellt dabei in ständiger Rechtsprechung auf die konkrete Wirkungsweise und Gefährlichkeit des jeweiligen Wirkstoffs ab.[73] An einer Übertragung des danach geltenden bisherigen Grenzwerts für THC von 7,5 g auf die Neuregelung in § 34 Abs. 3 Satz 2 Nr. 4 KCanG hat sich der BGH zu Recht nicht durch die lediglich in den Gesetzesmaterialien geäußerte und die Rechtsprechung damit nicht bindende entgegenstehende Erwartung des Gesetzgebers gehindert gesehen, dessen „geänderte Risikobewertung" sich nicht auf neue medizinisch-toxikologische Erkenntnisse stützt.[74]

10 Das BVerfG hat wiederholt die **Grenzen** unterstrichen, die sich für die **richterliche Rechtsfortbildung** aus dem Gewaltenteilungsgrundsatz und dem Demokratieprinzip ergeben.[75] Einerseits ist es dem Richter aufgetragen, „Wertvorstellungen, die in der verfassungsmäßigen Rechtsordnung immanent, aber in den Texten der geschriebenen Gesetze nicht oder nur unvollkommen zum Ausdruck gelangt sind, in einem Akt des bewertenden Erkennens, dem auch willenhafte Elemente nicht fehlen, ans Licht zu bringen und in Entscheidungen zu realisieren".[76] Andererseits findet die verfassungskonforme Auslegung ihre Grenze dort, „wo sie mit dem Wortlaut und dem klar erkennbaren Willen des Gesetzes in Widerspruch treten würde".[77] Das gilt besonders im Geltungsbereich des Art. 103 Abs. 2 GG. Dieser enthält ein an die Rechtsprechung gerichtetes **Verbot strafbegründen-**

---

68 *Looschelders/Roth* Juristische Methodik im Prozeß der Rechtsanwendung (1996) 228 f., 301 ff.

69 Dazu etwa BGH NStZ-RR **2024** 252, 253 m. Anm. *Anders* GA **2026** 78; NStZ **2025** 765, 766 f. m. Anm. *Petersen* JR **2026** 194; s. auch LR/*Nicknig* Vor § 22 StPO, 8 ff.

70 Vgl. aus jüngster Zeit BGH JR **2023** 451 m. Anm. *Kudlich/Göken*; NStZ **2023** 243; *Schneider* NStZ **2023** 325; s. außerdem LR/*Gössel* Einl. L 178 ff. Ein Gesetzentwurf, mit dem die Materie einer Regelung zugeführt werden sollte (BTDrucks. **20** 11312 S. 38 ff.; dazu eingehend LR/*Hauck* § 110b-E f. StPO), ist durch Ablauf der Wahlperiode der Diskontinuität unterfallen.

71 Vgl. LR/*Becker* Vor § 226 StPO, 14.

72 Vgl. LR/*Gössel* Einl. L 38 ff.; zu Überlegungen bzgl. einer gesetzlichen Regelung *Ransiek* ZRP **2023** 83 m.w.N.

73 Vgl. dazu BGH NJW **2024** 1968, 1969 f. m. zahlr. w.N.

74 BTDrucks. **20** 8704 S. 132; BGH NJW **2024** 1968, 1969 ff.; NStZ **2024**, 547 sowie NStZ-RR **2024** 216 und 251; zustimmend *Greier* jurisPR-StrafR 9/2024 Anm. 1; abl. etwa *Gärditz* JZ **2024** 564; *Schneck* JR **2024** 515; krit. auch *Hillenbrand* StRR **2024** 24.

75 BVerfGE **118** 212, 243; **122** 248, 268.

76 BVerfGE **34** 269, 286.

77 BVerfGE **18** 97, 111; **71** 81, 105; **90** 263, 275; **138** 296, 350; vgl. auch BGH NJW **2019** 1891, 1895.

der Analogie.[78] Ausgeschlossen ist danach jede Rechtsanwendung, die tatbestandsausweitend über den Inhalt einer gesetzlichen Sanktionsnorm hinausgeht; dabei markiert der – aus der Sicht des Normadressaten zu bestimmende – mögliche Wortsinn die äußerste Grenze zulässiger richterlicher Interpretation.[79] In Fällen, die vom Wortlaut einer Strafvorschrift nicht mehr gedeckt sind, dürfen die Gerichte in die Entscheidung des Gesetzgebers nicht korrigierend eingreifen und müssen zum Freispruch gelangen, mag auch das angeklagte Verhalten ebenso strafwürdig erscheinen wie das pönalisierte Verhalten.[80] Insbesondere bei Straftatbeständen, die der Gesetzgeber im Rahmen des Zulässigen durch Verwendung von Generalklauseln verhältnismäßig weit und unscharf gefasst hat und bei denen sich erst aufgrund einer gefestigten Rechtsprechung eine zuverlässige Grundlage für die Auslegung und Anwendung einer Strafnorm Norm gewinnen lässt, formuliert das BVerfG allerdings ein an die Gerichte adressiertes **Präzisierungsgebot** im Sinne einer Verpflichtung, verbleibende Unklarheiten über den Anwendungsbereich der Norm nach Möglichkeit durch Präzisierung und Konkretisierung im Wege der Auslegung auszuräumen.[81] Insgesamt gesehen muss sich der Richter bei der Rechtsfortbildung am System der Rechtsordnung, an den Wertentscheidungen des GG, letztlich an der Idee der materialen Gerechtigkeit orientieren,[82] zugleich anstreben, die das Wesen der Rechtsstaatlichkeit charakterisierenden Postulate der Gerechtigkeit und der Rechtssicherheit zu vereinigen[83] und die Kompetenzgrenzen wahren, die sich aus Art. 20 Abs. 2 Satz 2, Abs. 3 GG ergeben.[84] Angesichts des zunehmenden Umfangs gesetzlicher Regelungen, die europäisches supranationales Recht umsetzen, gewinnt für die Normanwendung darüber hinaus die Berücksichtigung unionsrechtlicher Vorgaben nach Maßgabe des „effet utile“ an Bedeutung.[85]

3. Wandel der Auslegung. Die Bindung an „Gesetz und Recht“ bedeutet nicht, dass die Gerichte bei der Anwendung und Auslegung des Gesetzes an die Vorstellungen gebunden sind, von denen der historische Gesetzgeber bei Schaffung der Vorschrift ausgegangen ist.[86] Die Auslegung eines Gesetzes kann sich im Laufe der Zeiten ändern entsprechend dem Wandel der tatsächlichen Verhältnisse und der gesellschaftlichen Lebensformen seit seiner Verabschiedung, der Bewertung der Bedürfnisse, denen es genügen soll, und vor allem der in der Rechtsgemeinschaft herrschenden Bewertungsmaßstäbe, die ihm zugrunde liegen.[87] Unter dem Gesichtspunkt der Rechtsfortbildung müssen deshalb insbesondere oberste Bundesgerichte ihre Rechtsauslegung immer wieder anhand der Kritik überprüfen, der sie im Schrifttum unter Berufung auf einen Wandel der tatsächlichen oder rechtlichen Auffassungen begegnen. Indessen wird sich ein Revisionsgericht im Interesse der Rechtssicherheit, der Gleichbehandlung und des Vertrauensschutzes zu einer Aufgabe der bisherigen „gefestigten Rechtsprechung“ unter dem Eindruck solch kritischer Stimmen nur bereitfinden, wenn wirklich schwerwiegende Gründe sie gebieten, und nicht schon, wenn sowohl für die eine 11

78 BVerfGE **75** 329, 340; **126** 170, 194; **130** 1, 43; **160** 284, 320; BVerfG NJW **2019** 2837, 2838 Rn. 26; NStZ **2023** 215, 216; dazu Dürig/Herzog/Scholz/*Remmert* Art. 103 Abs. 2, 82 ff. GG; LK/*Dannecker*/*Schuhr* § 1 StGB, 238 ff.

79 BVerfGE **75** 329, 340; **126** 170, 194; **130** 1, 43; BVerfG NStZ **2023** 215, 216.

80 BVerfGE **64** 389, 393; **73** 206, 236; **92** 1, 19; **160** 284, 320; BVerfG NJW **2019** 2837, 2838 Rn. 26; NStZ **2023** 215, 216.

81 BVerfGE **126** 170, 198; **160** 284, 321 f.; BVerfG NStZ **2023** 215, 216 f.

82 BVerfG NJW **1976** 1392; *Eb. Schmidt* DRiZ **1963** 376.

83 BVerfGE 7 89, 92.

84 BVerfGE **122** 248, 258.

85 Zu den Vorgaben des Gemeinschaftsrechts *Hirsch* JZ **2007** 853, 857.

86 Vgl. BGHSt **10** 157, 159.

87 BVerfGE **34** 269, 287; BVerfG NJW **1960** 619, 620 f.; in diesem Sinne ist das Gesetz tatsächlich „klüger“ als der Gesetzgeber, s. BVerfGE **36** 342, 362; *Hirsch* JZ **2007** 853, 855.

wie für die andere Auffassung gute Gründe sprechen.[88] Die Änderung einer ständigen höchstrichterlichen Rechtsprechung erachtet das BVerfG auch unter dem Gesichtspunkt des Vertrauensschutzes allerdings zumindest solange für unbedenklich, wie sie hinreichend begründet ist und sich im Rahmen einer vorhersehbaren Entwicklung hält.[89]

12 **4. „Rechtsändernde Auslegung“.** Die Deutung einer gesetzlichen Vorschrift kann ausnahmsweise im praktischen Ergebnis rechtsändernder Natur sein, d.h. im Widerspruch zu ihrem an sich klaren Sinn und Zweck stehen.[90] Ein solcher Akt der Rechtsfortbildung ist – auch außerhalb des Geltungsbereichs des Analogieverbots – im Hinblick auf Art. 20 Abs. 3 GG nur in engen Grenzen denkbar, namentlich bei älteren Gesetzesvorschriften, deren Regelung auf Rechtsvorstellungen beruht, die mit den aus neuen Gesetzen erkennbaren Rechtsvorstellungen nicht vereinbar sind und zu nicht zu rechtfertigenden Ergebnissen führen, so dass Rechtseinheit und Rechtsgleichheit dazu zwingen, das alte Recht mit dem Grundgedanken des neuen Rechts durch „rechtsändernde Auslegung“ in Übereinstimmung zu bringen.[91] Ebenso kann es geboten sein, eine dem Wortlaut nach eindeutige Verbotsnorm einzuschränken, wenn sie Fallgestaltungen erfasst, die der Gesetzgeber ersichtlich nicht bedacht hat und die vernünftigerweise nicht so haben geregelt werden dürfen, wie es bei wortlautgetreuer Auslegung anzunehmen wäre, und wenn erst durch die Einschränkung eine Rechtsfolge herbeigeführt wird, die mit den Wertungen des geltenden Rechts in Einklang steht.[92]

13 **5. Abweichen von neuen Gesetzen.** Sollte bei einem neuen (nachkonstitutionellen) Gesetz ein Gericht zu der Überzeugung gelangen, dass dessen Anwendung nach seinem klaren, einer Auslegung unzugänglichen Wortlaut „Unrecht“ bedeutet, so kann die Abweichung vom „Recht“ nur an den allgemeinen Wertvorstellungen des gesamten Rechtssystems gemessen werden, wie sie letztlich in der Verfassung ausdrücklich oder stillschweigend ihren Ausdruck gefunden haben. So gesehen läuft die Frage nach der Verbindlichkeit eines vom Gericht als Unrecht erachteten Rechtssatzes auf die Frage nach seiner **Verfassungswidrigkeit** hinaus. Diese kann aber – soweit es sich nicht um vorkonstitutionelles Recht handelt, über dessen Vereinbarkeit mit dem Verfassungsrecht jedes Gericht selbst entscheidet – nur auf dem durch Art. 100 Abs. 1 GG vorgesehenen Weg geklärt werden, wie dies z.B. in dem Streit um die Verfassungsmäßigkeit der bei Mord in § 211 StGB obligatorisch angedrohten lebenslangen Freiheitsstrafe[93] oder um die Verfassungsmäßigkeit der Strafdrohung gegen den Umgang mit Cannabisprodukten (§ 29 BtMG a.F.)[94] geschehen ist. Ebenso hat es sich bei der Frage verhalten, ob die Übergangsregelung des Art. 316h Satz 1 EGStGB für das neue Recht der strafrechtlichen Vermögensabschöpfung[95] gegen das verfassungsrechtliche Rückwirkungsverbot verstößt, soweit sie die selbständige Einziehung von Taterträgen (§ 76a StGB) auch in Konstellationen ermöglicht, in denen die zugrundelie-

88 BSG MDR **1976** 435.

89 BVerfGE **84** 212, 227 f.; **122** 248, 277 ff.; vgl. dazu auch BVerwG NJW **1996** 867; zur Vorbereitung einer Rechtsprechungsänderung durch nicht tragende Entscheidungsgründe (obiter dicta) *Bechtel* NStZ **2022** 1, 3.

90 BGHSt **23** 176, 179.

91 BVerfGE **34** 269, 287; BAG NJW **1955** 807; JZ **1958** 254, 255; vgl. auch BGHSt **18** 274, 277.

92 BGHZ **4** 153, 158 f.; **13** 360, 367.

93 BVerfG NJW **1977** 1525.

94 BVerfGE **90** 145 sowie – nur kurze Zeit vor Inkrafttreten des Konsumcannabisgesetzes v. 27.3.2024 (BGBl. I Nr. 109 S. 2) – nochmals BVerfG NJW **2023**, 3072.

95 Gesetz v. 13.4.2017 (BGBl. I S. 872).

gende rechtswidrige Tat bei Inkrafttreten der Gesetzesreform am 1.7.2017 bereits verjährt und damit die Anordnung des Verfalls nach altem Recht ausgeschlossen war.[96]

14 **6. Nichtanwendung von Verfassungsrecht.** Entsprechendes gilt, wenn ein Gericht eine Bestimmung des GG nicht anwenden will, weil es diese als in Widerspruch zu einer höherrangigen Norm stehend ansieht, mag diese ihren Platz ebenfalls im GG oder „in einem anderen Rechtsquellenbereich" haben.[97] Art. 100 GG will verhindern, dass jedes Gericht sich über den Willen des unter dem GG tätig gewordenen Bundes- oder Landesgesetzgebers hinwegsetzt. Ist aber die Sorge vor einer Beeinträchtigung der gesetzgeberischen Gewalt durch eine allgemeine, nicht bei einem höchsten Gericht konzentrierte richterliche Prüfungsbefugnis der Grund für die ausschließliche Zuständigkeit des BVerfG, Gesetze für nichtig zu erklären, dann muss diese Zuständigkeit um der Würde und der Autorität des pouvoir constituant willen erst recht für die Überprüfung des Staatsgrundgesetzes selbst, gleich an welchen Normen, gelten.[98]

V. Gewissenskonflikt

15 Der Grundsatz der Bindung des Richters an das Gesetz besagt nur, dass der Richter, wenn er tätig wird, dem Gesetz unterworfen ist; er ordnet als solcher nicht an, dass der Richter sein Amt auch ausüben muss, wenn er die Anwendung eines Gesetzes – allgemein oder im Einzelfall – als mit seinem Gewissen unvereinbar ansieht. *Peters* hat die Auffassung vertreten, dass der Richter seine Mitwirkung an Sachen, die nach dem Gesetz in einer seinem Gewissen widerstreitenden Weise zu lösen sind, unter Berufung auf Art. 4 GG versagen darf.[99] Dieser Auffassung kann der Respekt nicht versagt werden, zumal im Richtereid (§ 38 Abs. 1 DRiG) ausdrücklich auf das Gewissen des Richters Bezug genommen wird. Für **Fälle einer äußersten Zuspitzung**, wie sie in einer freiheitlich-demokratischen Rechtsordnung – anders als in menschenverachtenden Diktaturen – wohl nicht vorkommen werden, muss ihr im Ergebnis Rechnung getragen werden.[100] Anderes wäre angesichts des vielfachen Versagens der Justiz im nationalsozialistischen Unrechtsstaat schwer verständlich. Wenn im Rückblick auf diese Zeit nichts erwünschter gewesen wäre, als wenn Richter häufiger unter Berufung auf ihr Gewissen dem Gesetz den Gehorsam versagt hätten, dann muss für solche Extremsituationen die Gesetzesbindung des Richters hinter seiner Gewissensbindung zurücktreten.[101]

16 Im **rechtsstaatlichen Alltag**, der durch das GG geprägt ist, gilt anderes: Hält ein Richter das anzuwendende Gesetz für Unrecht, weil es gegen höherrangiges Recht verstößt, sei dieses geschrieben oder ungeschrieben, so hat er bei nachkonstitutionellen Gesetzen nach Art. 100 Abs. 1 GG zu verfahren (o. Rn. 13 f.). Dringt er auf diesem Weg mit seiner Auffassung nicht durch, so gebieten ihm seine Amtspflicht und die Garantie des gesetzlichen Richters (Art. 101 Abs. 1 Satz 2 GG, § 16 Satz 2) grundsätzlich, die ihm zugewie-

---

96 BVerfGE **156** 354 = BVerfG NJW **2021** 1222 m. krit. Anm. *Lenk* = NStZ **2021** 413 m. krit. Anm. *Reichling/Lange/Borgel* = JR **2022** 89 m. krit. Anm. *Bauerkamp* = wistra **2021** 193 m. krit. Anm. *Schilling/Corsten/Hübner* 174 = NZWiSt **2021** 188 m. abl. Anm. *Bülte*; krit. auch *Rönnau/Begemeier* NStZ **2021** 705; zust. *Weinbrenner* NStZ **2022** 65; BGH NJW **2019** 1891 m. zust. Anm. *Trüg*.

97 BVerfG NJW **1954** 65.

98 BVerfG NJW **1954** 65.

99 *Peters* 112 ff. m.w.N.; dazu krit. z.B. *Benda* DRiZ **1975** 170; *Eb. Schmidt* I 511.

100 Ebenso *Schmidt-Räntsch* § 25 DRiG, 27; vgl. auch BGHSt **2** 234, 237; *Odersky* NJW **1994** 370.

101 Vgl. BVerfGE **3** 225, 232.

senen Aufgaben unter Bindung an das Gesetz zu erfüllen. Es ist ihm zumutbar, die Loyalität gegenüber dem Gesetzgeber in einer freiheitlichen Demokratie über seine persönlichen Überzeugungen zu stellen. So hat es der Parlamentarische Rat gesehen; aus diesem Grund fand der Vorschlag des Entwurfs von Herrenchiemsee, den entsprechenden Verfassungssatz wie folgt zu fassen „Die Richter sind unabhängig und nur dem Gesetz und ihrem Gewissen unterworfen", keine Unterstützung.[102] Allerdings kann der Richter seine Gewissensbedenken anzeigen (Selbstablehnung, § 30 StPO) und so eine Entscheidung richterlicher Kollegen über eine Befangenheit herbeiführen. Dabei geht es dann nur mittelbar um das Gewissen des betroffenen Richters. Entscheidungsgegenstand ist, ob Misstrauen in seine Unparteilichkeit gerechtfertigt ist. In Fällen einer schweren Gewissensnot ist nicht ausgeschlossen, dass die Selbstablehnung Erfolg hat; eine kritische Einstellung zu der anzuwendenden Rechtsnorm wird freilich für sich gesehen nicht genügen.[103] Teilweise wird die Möglichkeit einer Selbstablehnung unter Berufung auf die Bedürfnisse der Allgemeinheit nach Rechtssicherheit unter Beachtung der verfassungsmäßigen Gesetze und unter Hinweis darauf, dass der Richter die Amtspflicht, die geltenden Gesetze anzuwenden, freiwillig übernommen hat, abgelehnt.[104] Das scheint nicht überzeugend; denn dass der Richter freiwillig in den Dienst der Justiz getreten ist, schließt spätere Gewissensnöte bei der Anwendung des Rechts nicht aus. Wenn sich daraus Zweifel an seiner Unparteilichkeit ergeben, ist das Ablehnungsverfahren der richtige Weg, dies im Interesse der Rechtspflege zu klären. Im Gerichtsalltag dürften sich solche Probleme allerdings kaum jemals stellen.

VI. Prüfung der Gültigkeit von Rechtsnormen

17 **1. Allgemeines.** Damit der Richter gemäß seiner Gesetzesbindung handeln kann, hat er die Gültigkeit der jeweils anzuwendenden Norm im Wege der Inzidenzkontrolle nachzuprüfen. Zu einer abstrakten Normenkontrolle sind die ordentlichen Gerichte anders als die Verfassungsgerichte und die Verwaltungsgerichte (vgl. § 47 VwGO) nicht berufen. Die Prüfungskompetenz ist grundsätzlich unbeschränkt. Sie betrifft Rechtsnormen jeden Ranges und umfasst die formelle wie die materielle Wirksamkeit.[105]

18 **2. Formelle und materielle Gültigkeit von Gesetzen.** Die richterliche Prüfung umfasst zunächst die formelle Gültigkeit, bezieht sich also auf das ordnungsgemäße Zustandekommen sowie die ordnungsgemäße Ausfertigung und Verkündung des Gesetzes. Für die Verkündung von Bundesgesetzen gilt Art. 82 Abs. 1 Satz 1 GG, für die von Rechtsverordnungen des Bundes Art. 82 Abs. 1 Satz 3 GG, jeweils in Verbindung mit dem Gesetz über die Verkündung von Gesetzen und Rechtsverordnungen und über Bekanntmachungen (Verkündungs- und Bekanntmachungsgesetz – VkBkmG) v. 20.12.2022 (BGBl. I S. 2752).[106] Die Verkündung von Gesetzen und Verordnungen der Länder richtet sich nach Landesrecht, also nach der Landesverfassung und etwaigen ergänzenden Vorschriften über die Verkündung von Landesrechtsverordnungen. Bei Rechtsverordnungen hat das Gericht auch zu prüfen, ob die für ihren Erlass erforderliche Ermächtigung erteilt ist (vgl. Art. 80 Abs. 1 GG). Neben der formellen Prüfungskompetenz hat das Gericht eine umfassende materielle Prüfungskompetenz, die insbesondere die Vereinbarkeit mit höherrangigem Recht um-

102 N. bei Bonn.Komm./*Payandeh* Art. 97 GG, 71; Dürig/Herzog/Scholz/*Hillgruber* Art. 97 GG, 33.
103 Vgl. LR/*Gittermann* § 24, 32.
104 Kissel/*Mayer* 139; *Schmidt-Räntsch* § 25 DRiG, 27.
105 Kissel/*Mayer* 115 ff.; MüKo-ZPO/*Pabst* 36 ff.; Zöller/*Lückemann* 13 ff.
106 Zu Einzelfragen vgl. BVerfGE **16** 6, 19; BGH NJW **1954** 1081.

fasst. Kommt das Gericht zu dem Ergebnis, dass die anzuwendende Norm gültig ist, hat es sie seiner Entscheidung zugrunde zu legen. Das Recht, einen für unwirksam erachteten Rechtssatz nicht anzuwenden (Verwerfungskompetenz), ist zugunsten der Verfassungsgerichte eingeschränkt (o. Rn. 13 ff.).

3. Entscheidungsmonopol des Bundesverfassungsgerichts. Bei nachkonstitutionellen förmlichen Gesetzen, seien es Bundesgesetze oder Landesgesetze, behält Art. 100 Abs. 1 GG dem BVerfG die Feststellung vor, dass das Gesetz grundgesetzwidrig ist. Gleiches gilt für die Feststellung, dass ein Landesgesetz mit einem Bundesgesetz unvereinbar ist. Art. 126 GG begründet zusätzlich ein Entscheidungsmonopol des BVerfG für die Frage, ob vorkonstitutionelles Gesetzesrecht als Bundesrecht weitergilt. In diesen Fällen hat das erkennende Gericht die Frage dem BVerfG vorzulegen. Schließlich ist nach Art. 100 Abs. 2 GG eine Entscheidung des BVerfG einzuholen, wenn zweifelhaft ist, ob eine Regel des Völkerrechts Bestandteil des Bundesrechts ist und ob sie unmittelbare Rechte und Pflichten des Einzelnen erzeugt (Art. 25 GG).[107] 19

4. Verwerfungskompetenz der Landesverfassungsgerichte. Kommt das Gericht bei der Prüfung eines Landesgesetzes zu dem Schluss, dass dieses die Landesverfassung verletzt, so hat es die Entscheidung des für Verfassungsstreitigkeiten zuständigen Gerichts des Landes einzuholen (Art. 100 Abs. 1 Satz 1 GG). In den Verfassungen der Länder sind überwiegend entsprechende Zuständigkeiten für die Landesverfassungsgerichte begründet.[108] 20

5. Vorabentscheidung des EuGH. Art. 267 AEUV (früher: Art. 234 EGV bzw. Art. 177 EWGV) regelt das Vorabentscheidungsverfahren des Gerichtshofs der Europäischen Union. Der EuGH entscheidet im Wege der Vorabentscheidung über die Auslegung des primären Unionsrechts (Gemeinschaftsrechts) und über die Gültigkeit und Auslegung des sekundären Unionsrechts (Gemeinschaftsrechts). Er befindet dagegen nicht über die Gültigkeit und Auslegung des nationalen Rechts; dies ist dem jeweils zuständigen nationalen Gericht vorbehalten. Kommt es für die Gültigkeit des deutschen Rechts aus der Sicht des deutschen Gerichts darauf an, wie primäres oder sekundäres Unionsrecht auszulegen ist bzw. ob sekundäres Unionsrecht gültig ist, so kann es diese Frage dem EuGH zur Entscheidung vorlegen. Letztinstanzlich entscheidende Gerichte sind zur Vorlage verpflichtet. Die Verpflichtung betrifft auch das Bundesverfassungsgericht, soweit es die Grundrechte der Grundrechtecharta als Prüfungsmaßstab heranzieht.[109] Eine **Vorlagepflicht** besteht indes nicht, wenn die betreffende gemeinschaftsrechtliche Bestimmung bereits Gegenstand einer Auslegung durch den EuGH war („acte éclairé") oder wenn die richtige Anwendung des Unionsrechts derart offenkundig ist, dass für einen vernünftigen Zweifel kein Raum bleibt („acte clair").[110] Zur Entziehung des gesetzlichen Richters bei Verletzung der Vorlagepflicht vgl. § 16, 25. 21

---

107 Vgl. auch LR/*Franke*[26] § 337 StPO, 24; LR/*Stuckenberg* § 262 StPO, 8 f., 45.

108 Vgl. Art. 68 Abs. 1 Nr. 3, Art. 88 BaWüVerf; Art. 92 BayVerf.; Art. 84 Abs. 2 Nr. 4 BerlVerf; Art. 113 Nr. 3 BrandVerf; Art. 142 BremVerf; Art. 64 Abs. 2 HmbVerf; Art. 133 HessVerf; Art. 53 Nr. 5 MVVerf; Art. 54 Nr. 4 NdsVerf; Art. 97 Nr. 3 SaarlVerf; Art. 81 Abs. 1 Nr. 3 SächsVerf; Art. 75 Nr. 5 SaAnhVerf; Art. 80 Abs. 1 Nr. 5 ThürVerf.

109 BVerfGE **152** 216, 244; dazu *Eichhorn/Meixner* NJW **2023** 1911.

110 Vgl. EuGH NJW **1983** 1257 f.; EuZW **2016** 111, 113 f. m. Anm. *Wendenburg*; s. ferner Kissel/*Mayer* § 12, 53 ff.; MüKo-ZPO/*Pabst* 43; Zöller/*Lückemann* 18.

VII. Bindung des Richters an Vorentscheidungen

22 **1. Bindung an gerichtliche Entscheidungen.** Ebenso wie die Bindung des Richters an Gesetz und Recht (Art. 20 Abs. 3 GG) keine Bindung an eine „herrschende Meinung" bedeutet (o. Rn. 7), ist der Richter auch nicht an eine „ständige Rechtsprechung" gebunden, es sei denn, es hat sich aufgrund dieser Rechtsprechung ein entsprechendes Gewohnheitsrecht gebildet.[111] An Gewohnheitsrecht ist er gebunden (o. Rn. 6), an „Richterrecht", das nicht zum Gewohnheitsrecht erstarkt ist, dagegen nicht; solches „Richterrecht" ist kein Gesetz i.S.d. Art. 97 Abs. 1 GG.[112] „Der Geltungsanspruch höchstrichterlicher Urteile beruht allein auf der Überzeugungskraft ihrer Gründe sowie der Autorität und den Kompetenzen des Gerichts",[113] nicht auf einer rechtlichen Bindungswirkung. Der Richter wird eine vorliegende höchstrichterliche Rechtsprechung in aller Regel als Hilfe empfinden[114] und sie, wenn er nicht gute Gründe für eine abweichende Auffassung hat, im Interesse der Rechtssicherheit zugrunde legen. Meint er aber, ihr nicht folgen zu können, so steht ihm dies – bis zur Grenze der Willkür (o. Rn. 7) – offen. In den Worten des BVerfG ist Rechtsprechung wegen der Unabhängigkeit der Richter „konstitutionell uneinheitlich".[115] Davon unberührt bleibt die im Interesse der Aufgabenerfüllung der Revisionsgerichte in den Verfahrensgesetzen für den Einzelfall gesetzlich angeordnete Bindungswirkung der Revisionsentscheidung nach Aufhebung und Zurückverweisung (vgl. § 358 Abs. 1 StPO, § 563 Abs. 2 ZPO).[116] Dabei handelt es sich ebenso um eine zulässige Begrenzung richterlicher Unabhängigkeit[117] wie bei den teils in der Verfassung (vgl. Art. 100 GG), teils durch das einfache Recht statuierten Vorlagepflichten (vgl. § 121 Abs. 2, § 132 Abs. 2).[118] Gleiches gilt selbstverständlich für die in Art. 94 Abs. 4 Satz 1 GG, § 31 Abs. 1 BVerfGG angeordnete Bindungswirkung der Entscheidungen des BVerfG, auch soweit diese nicht in Gesetzeskraft erwachsen (Art. 94 Abs. 4 Satz 2 GG, § 31 Abs. 2 BVerfGG).

23 **2. Beachtung von Rechtskraft und Bestandskraft.** Dass der Richter die Rechtskraft gerichtlicher Entscheidungen beachten muss,[119] ist als Ausfluss des sich aus dem Rechtsstaatsprinzip ergebenden Prinzips der Rechtssicherheit mit Art. 97 Abs. 1 GG vereinbar.[120] Auch in der Pflicht zur Beachtung der Gestaltungs- und Feststellungswirkung gerichtlicher Entscheidungen und bestandskräftiger Verwaltungsakte liegt kein Verstoß gegen die Gewährleistung der richterlichen Unabhängigkeit.[121]

VIII. Unabhängigkeit und Dienstaufsicht

24 **1. Grundsatz.** Die richterliche Unabhängigkeit soll ermöglichen, dass der Richter frei von fremden Einflüssen das Recht anwendet und nur der Wahrheit und Gerechtigkeit ver-

---

111 Dazu *Aden* JZ **1994** 1109; Kissel/*Mayer* 129; sehr weitgehend *Kühne* GA **2013** 41 f.
112 BVerfGE **38** 386, 396; **84** 212, 227.
113 BVerfGE **84** 212, 227.
114 Kissel/*Mayer* 131.
115 BVerfGE **78** 123, 126; **87** 273, 278; BVerfG NVwZ **2020** 1744, 1746.
116 Dazu Stein/Jonas/*Grunsky* § 565 ZPO, 8; LR/*Franke*[26] § 358 StPO, 1.
117 Vgl. BVerfGE **12** 67.
118 Dazu LR/*Gittermann* § 121, 33a ff.; LR/*Mosbacher* § 132, 2 f.
119 Dazu LR/*Kühne* Einl. K 74 ff.
120 Kissel/*Mayer* 132.
121 Kissel/*Mayer* 133.

pflichtet ist (o. Rn. 3). Sie dient der Erfüllung der Justizgewährungspflicht durch den gewaltenteilenden Rechtsstaat.[122] Dem gleichen Zweck dient die Dienstaufsicht über Richter.[123] Sie ist praktisch unerlässlich, wenn die Aufgabenerfüllung durch die Justiz gewährleistet sein soll.[124] Eine Dienstaufsicht über Richter ist mit Art. 97 Abs. 1 GG vereinbar, steht allerdings in einem Spannungsverhältnis zur richterlichen Unabhängigkeit und darf diese nicht beeinträchtigen.[125] Dies ist Inhalt der Regelung in **§ 26 DRiG**. Die Vorschrift geht nach der Rechtsprechung des BGH davon aus, dass es einerseits einen weiten Bereich richterlicher Tätigkeit gibt, in dem jegliche Maßnahme der Dienstaufsicht schlechthin unzulässig ist, andererseits aber auch richterliche Tätigkeiten, die dem Kernbereich der eigentlichen Rechtsprechung so weit entrückt sind, dass für sie die Garantie des Art. 97 Abs. 1 GG nicht in Anspruch genommen werden kann.[126] Hinsichtlich der Frage, welche Institution die Dienstaufsicht ausüben soll, sind, wie nicht zuletzt der Blick in verwandte ausländische Rechtsordnungen[127] zeigt, verschiedene Lösungen denkbar, insbesondere auch die Lösung, die Dienstaufsicht in die Hand richterlicher Gremien (Räte) zu legen.[128] § 26 DRiG hat sich für den überkommenen Weg entschieden, die Dienstaufsicht der Justizverwaltung, in oberster Instanz dem zuständigen Minister, zu übertragen.[129] Diese Lösung ist verfassungsgemäß.[130] Inhaltlich ist die Dienstaufsicht über Richter durch § 26 DRiG nur in Umrissen geregelt. Die Vorschrift besagt, dass grundsätzlich eine Dienstaufsicht besteht, jedoch nur soweit sie die Unabhängigkeit des Richters nicht beeinträchtigt (§ 26 Abs. 1 DRiG). Streitfragen können einer gerichtlichen Entscheidung zugeführt werden (§ 26 Abs. 3 DRiG). Nach § 26 Abs. 2 DRiG umfasst – unter dem Vorbehalt, dass die richterliche Unabhängigkeit nicht beeinträchtigt wird – die Dienstaufsicht „auch" die Befugnis, die ordnungswidrige Art der Ausführung eines Amtsgeschäfts vorzuhalten und zu ordnungsgemäßer, unverzögerter Erledigung der Amtsgeschäfte zu ermahnen. Dabei bedeutet das Wort „auch" nach der Entstehungsgeschichte der Vorschrift nicht etwa, dass der Dienstaufsicht außer den in § 26 Abs. 2 DRiG ausdrücklich für zulässig erklärten Maßnahmen noch weitergehende Befugnisse zustünden; vielmehr soll es zum Ausdruck bringen, dass sich die in § 26 Abs. 1 DRiG normierte Unterstellung unter die Dienstaufsicht nicht auf die außerrichterliche Tätigkeit beschränkt, sondern sich in dem in Absatz 2 umschriebenen Umfang auf die richterliche Tätigkeit erstreckt.[131]

Mit Vorhalt und Ermahnung ist also die **obere Grenze der zulässigen Dienstaufsichts-** 25
maßnahmen gesetzt.[132] Weniger eingreifende Maßnahmen sind zulässig, so die Belehrung und der Hinweis, das kollegiale Gespräch im Sinne einer gemeinsamen Problemerörterung sowie – vorbereitend, als Ausfluss der sogenannten Beobachtungsfunktion der Dienstaufsicht[133] – die Geschäftsprüfung und die Berichtsanforderung, die allerdings nicht so gestaltet werden dürfen, dass sie sich als Einflussnahme auf konkret anhängige Verfahren darstel-

122 BGH NJW **2002** 359, 360; DRiZ **1978** 185.

123 BGH DRiZ **1978** 185; *Papier* NJW **1990** 9; NJW **2001** 1991.

124 BGH DRiZ **1974** 99; **1978** 185; *Thiele* Der Staat **52** (2013) 417 f.; Kissel/*Mayer* 43 ff.; *Schmidt-Räntsch* § 26 DRiG, 3; SK/*Frister* 8; **a.A.** *Simon* DRiZ **1980** 91.

125 Vgl. BVerfGE **38** 139, 151; BVerfG DRiZ **1975** 284.

126 Vgl. BGHZ **42** 163, 169; **181** 268, 274; BGH NJW **2012** 939; **2018** 158, 159 f.; **2020** 3320, 3321; NVwZ-RR **2015** 826, 827.

127 Vgl. die N. bei *Schmidt-Räntsch* Einl. 42 ff. DRiG; erg. *Feier* DRiZ **2001** 436; *Henkes* DRiZ **2000** 32; *Manzanares-Samaniego* DRiZ **1999** 317; *Mariuzzo* DRiZ **2001** 161.

128 Dagegen Bedenken bei Kissel/*Mayer* 45.

129 Dazu *Schmidt-Räntsch* § 26 DRiG, 6.

130 BVerfGE **38** 139, 151; BGH NJW **2002** 359, 360.

131 BGHZ **42** 163; Kissel/*Mayer* 46; *Schmidt-Räntsch* § 26 DRiG, 20.

132 BGHZ **57** 244.

133 BGHZ **112** 189, 193; BGH JR **2012** 378, 380; *Schmidt-Räntsch* § 26 DRiG, 5.

len.[134] Unzulässig dürfte auch die – rückblickende – Aufforderung an einen Richter sein, eine getroffene Entscheidung über die bloße Mitteilung ihres Inhalts hinaus näher zu erläutern oder gar zu rechtfertigen. Strengere Maßnahmen als Vorhalt und Ermahnung sind nicht gestattet, wie die Rüge, die Missbilligung oder eine Beanstandung, die eine „Bemängelung" bedeutet und sich damit einer Rüge oder Missbilligung nähert.[135] Nach bestrittener Auffassung des BGH gilt die Beschränkung auf Vorhalt und Ermahnung nicht nur für die richterliche Tätigkeit, sondern auch für das sonstige dienstliche und das außerdienstliche Verhalten des Richters.[136] Dem ist im Interesse des Schutzes der persönlichen Unabhängigkeit des Richters beizutreten, die, wie der BGH zutreffend beschreibt, durch Dienstaufsichtsmaßnahmen im Bereich außerhalb der richterlichen Tätigkeit vielfältig berührt werden kann.[137] Zu Weisungen im Hinblick auf die richterliche Tätigkeit ist der Dienstherr unter keinen Umständen befugt.[138] Eine dienstaufsichtliche Maßnahme ist unzulässig, wenn sie im Bereich der eigentlichen Rechtsfindung auf eine direkte oder indirekte Weisung hinausläuft, wie der Richter entscheiden oder verfahren soll; insoweit muss sich die Dienstaufsicht auch jeder psychologischen Einflussnahme enthalten.[139]

2. Vorhalt

26 **a) Begriff.** Die Vorgängerregelungen des § 26 DRiG, § 9 der Preußischen Dienststrafordnung für die richterlichen Beamten von 1932[140] und § 16 Abs. 2 GVVO,[141] gaben der Dienstaufsicht das Recht, „die ordnungswidrige Ausführung eines Amtsgeschäfts zu rügen". Davon unterscheidet sich § 26 Abs. 2 DRiG nicht nur durch den ausdrücklichen Vorbehalt zugunsten der richterlichen Unabhängigkeit. Er ersetzt die Befugnis zur Rüge durch die zum Vorhalt. Damit wird zum Ausdruck gebracht, dass das Element der Missbilligung entfällt, das dem Begriff der Rüge eigen ist. Vorhalt ist der zur Kenntnisnahme durch den Richter bestimmte Ausspruch, die Art der Ausführung des Dienstgeschäfts sei ordnungswidrig. Der Vorhalt ist sachbezogen, nicht personenbezogen.[142] Er hat sich in der Anführung von Tatsachen und in deren sachbezogener Wertung zu erschöpfen. Dazu gehört zwar auch die objektive Feststellung eines Verschuldens des Richters, ohne die ein Vorhalt nicht gemacht werden darf. Das objektiv festgestellte Verschulden darf jedoch nicht zu einer persönlichen Herabsetzung des Richters führen. Geschieht dies, liegt hierin der – unzulässige – Ausspruch einer Missbilligung.[143] Ein Vorhalt kann in vielfältiger Weise erfolgen, auch dergestalt, dass der Dienstvorgesetzte eine Dienstaufsichtsbeschwerde gegen einen Richter dahin bescheidet, er teile die erhobenen Bedenken, könne aber wegen der richterlichen Unabhängigkeit nichts zugunsten des Beschwerdeführers veranlassen, und dieser Bescheid dem Richter zur Kenntnis gebracht wird.[144] Stets muss sich der Vorhalt –

---

134 Vgl. Kissel/*Mayer* 52.
135 BGHZ **47** 275, 285.
136 BGHZ **90** 34, 39; vgl. auch BGH DRiZ **1994** 141; **1997** 467 ff.; ebenso Kissel/*Mayer* 46; *Schmidt-Räntsch* § 26 DRiG, 19 m.w.N. zur gegenteiligen Auffassung.
137 BGHZ **90** 34, 39.
138 BGH NJW **2015** 1250, 1251.
139 BVerfG NVwZ **2016** 764, 766; NJW **2021** 3717, 3718 Rn. 19; BGHZ **181** 268, 273 f.; BGH NJW **2018** 158, 159; **2020** 3320, 3321; ferner BGH Urt. v. 3.12.2014 – RiZ (R) 1/14 (juris, Rn. 40).
140 V. 27.1.1932 (GS 79).
141 LR/*Böttcher*[25] § 16 GVGVO.
142 Vgl. dazu BGHZ **46** 147, 150; **67** 184, 188.
143 BGHZ **181** 268, 275; vgl. auch BGH DRiZ **1985** 394.
144 BGH DRiZ **1967** 236, 237.

in gleicher Weise wie eine Ermahnung (u. Rn. 30) – jeglicher Einflussnahme auf eine noch ausstehende oder künftige richterliche Entscheidung enthalten.

b) Gegenstand des Vorhalts. Anders als die Vorgängerregelungen bestimmt § 26 Abs. 2 DRiG ferner, dass nicht die ordnungswidrige Ausführung eines Amtsgeschäfts vorgehalten (früher: gerügt) werden darf, sondern die ordnungswidrige Art der Ausführung eines Amtsgeschäfts. Auch dies soll dem Schutz der richterlichen Unabhängigkeit dienen. Die Rechtsprechung des Dienstgerichts des Bundes knüpft daran die Unterscheidung zwischen dem **Kernbereich** der Rechtsprechung, in dem Maßnahmen der Dienstaufsicht schlechthin unzulässig sind, und dem Bereich der **äußeren Ordnung**, in dem Vorhalt und Ermahnung statthaft sind.[145] Zum Kernbereich gehört die eigentliche Rechtsfindung einschließlich der sie vorbereitenden, unterstützenden und ihr nachfolgenden Maßnahmen.[146] 27

c) Kasuistik. Wie angesichts der Konzeption des § 26 DRiG zu erwarten, hat sich eine reiche Kasuistik zur Zulässigkeit dienstaufsichtlicher Maßnahmen entwickelt.[147] Auf der Grundlage der Unterscheidung zwischen Kernbereich und äußerem Ordnungsbereich, die im Einzelfall schwierig sein kann,[148] wurde namentlich eine unzureichende Arbeitsleistung des Richters in quantitativer Hinsicht als dem äußeren Ordnungsbereich zugehörig und damit Maßnahmen der Dienstaufsicht nach Maßgabe des § 26 Abs. 2 DRiG zugänglich angesehen, z.B. ein Auflaufenlassen von Rückständen[149] und ungünstige Erledigungszahlen im Vergleich mit anderen Richtern des Gerichts.[150] Für die Frage, ob eine dienstaufsichtliche Maßnahme die richterliche Unabhängigkeit beeinträchtigt, kommt es dabei nicht auf die individuelle Belastbarkeit des Richters an, sondern darauf, inwieweit ihm ein Arbeitspensum abverlangt wird, das sich allgemein, also auch von anderen Richtern nicht mehr sachgerecht bewältigen lässt.[151] Die tatsächlichen Erledigungszahlen anderer Richter können einen Anhalt für das sachgerecht zu bewältigende Arbeitspensum geben, wenn tatsächlich festgestellt wird, dass es sich um sachgerechte Erledigungen handelt.[152] Dem der Dienstaufsicht unterliegenden äußeren Ordnungsbereich wurden gleichermaßen zugerechnet eine verzögerte Terminierung älterer Sachen,[153] eine unzureichende Überwachung des Dezernats mit Blick auf drohende Verjährung[154] sowie nicht gewahrte Urteilsabsetzungsfristen,[155] außerdem Unpünktlichkeit mit dem Sitzungsbeginn,[156] ein grundsätzliches Nichttragen der Robe[157] und ein 28

---

145 Vgl. BGHZ **42** 163, 169; **46** 147, 149; **47** 275, 287; **57** 344, 349; **67** 184, 187; **70** 1, 4; **90** 41, 45; BGH NJW-RR **2001** 498.

146 BGHZ **47** 275, 286; **76** 288, 291; **93** 238, 241; **176** 162, 167; BGH NJW **1978** 2509; **2006** 1674, 1675; DRiZ **1997** 467.

147 Vgl. dazu *Joeres* DRiZ **2005** 321; Kissel/*Mayer* 63 ff.; *Schmidt-Räntsch* § 26 DRiG, 24.

148 *Papier* NJW **2001** 1092.

149 BGH NJW **1988** 419, 420; NJOZ **2010** 2575.

150 BGHZ **69** 309, 313; BGH NJW **2002** 359, 361.

151 BGH NJW **1988** 421, 422; **2006** 692 f.; **2018** 158, 160 f.; NJOZ **2010** 2575; Urt. v. 3.11.2004 – RiZ [R] 5/03 (juris, Rn. 34); vgl. auch BVerfG NJW **2012** 2334, 2336; **2021** 3717, 3719 Rn. 22; ferner *Forkel* DRiZ **2013** 132; *Thiele* Der Staat **52** (2013) 430 ff.; **a.A.** *Kirchhoff* Betrifft Justiz **2013** 63; *Münchbach* NJW **2020** 3284 f.; *Wittreck* NJW **2012** 3289 ff.; DRiZ **2013** 60.

152 BGH NJW **2018** 158, 161 m. Anm. *Wittkowski* = DRiZ **2017** 404 m. Anm. *Vetter*; BGH NJW **2020** 3320, 3322 f. m. abl. Bespr. *Münchbach* S. 3283; m. Anm. *Schwamb* Betrifft Justiz **2020** 351.

153 BGHZ **90** 41, 45.

154 BGH NJW **1988** 421, 432.

155 BGHZ **90** 41, 44; **181** 268, 274; BGH NJW **2012** 939 f.

156 BGH DRiZ **1997** 468.

157 OLG Frankfurt NJW **1987** 1208.

völlig unangebrachter Umgangston mit Kollegen, Parteien, Zeugen, Sachverständigen und Anwälten („verbale Exzesse").[158] Zur äußeren Ordnung zählen des Weiteren die Nutzung der zur Verfügung gestellten EDV,[159] sowohl der Hard- als auch der Software; allerdings ist begründeter Sorge vor einer Kontrolle Rechnung zu tragen, indem die Möglichkeiten eines Datenzugriffs und einer Datenauswertung strikt begrenzt werden.[160] Allein die äußere Ordnung betreffen darüber hinaus die Sicherstellung der Erreichbarkeit für die Geschäftsstelle (Serviceeinheit) – an Dienststunden darf der Richter nach herrschender Auffassung nicht gebunden werden[161] – und ein angemessener Umgang mit den dortigen Mitarbeitern, ebenso ein Mindestmaß an Teamarbeit sowie die Bereitschaft, Fortbildungsangebote wahrzunehmen. Anders als im DRiG ist in einigen Landesrichtergesetzen eine allgemeine Fortbildungspflicht sogar ausdrücklich normiert.[162] Sehr weitgehend erscheint die Auffassung des HessDGH, jede zeitliche Beschränkung beim Zugang des Richters zu seinem Dienstzimmer verletze ihn in seiner Unabhängigkeit.[163]

29 **d) Offensichtlicher Fehlgriff im Kernbereich.** Zur Art der Ausführung des Amtsgeschäfts und damit zu dem der Dienstaufsicht zugänglichen Bereich rechnet der BGH auch Fälle, in denen es im Kernbereich der Rechtsprechung zu einem offensichtlichen Fehler kommt, der für jeden Rechtskundigen ohne Weiteres zu erkennen, jedem Zweifel entrückt ist.[164] Gemeint sind die Fälle eines offenkundigen Übersehens von Tatsachen (etwa eines vorliegenden Strafantrags) oder das Nichterkennen oder Falschbeurteilen von Rechtsfragen, die ohne Schwierigkeiten erkannt bzw. gelöst werden können, so wenn das Gesetz für jedermann ersichtlich falsch gelesen wird oder veraltetes Recht angewendet wird. Damit unterstellt der BGH auch ein evident willkürliches Verhalten des Richters der Dienstaufsicht.[165]

30 **e) Zweifelsfälle.** Ist zweifelhaft, ob ein Fall der Dienstaufsicht unterliegt, so ist – „im Zweifel für die Unabhängigkeit" – ein Eingreifen der Dienstaufsicht ausgeschlossen.[166]

31 **f) Kritik des Schrifttums.** Die Unterscheidung des BGH zwischen dem der Dienstaufsicht zugänglichen Bereich der äußeren Ordnung richterlicher Tätigkeit und dem der Dienstaufsicht grundsätzlich verschlossenen Kernbereich der Rechtsprechung ist im Schrifttum auf Kritik gestoßen.[167] In besonderer Weise wurde kritisiert, dass bei groben Fehlern im Kernbereich dienstaufsichtliche Maßnahmen für zulässig gehalten werden. Überwie-

---

158 BGHZ **70** 1, 5 = NJW **1978** 824 m. krit. Anm. *Wolf*; BGH NJW **2006** 1674, 1675; Urt. v. 27.10.2020 – RiZ (R) 3/20 (juris, Rn. 28); dazu Kissel/*Mayer* 63; SK/*Frister* 10 m.w.N.

159 BGH DRiZ **2011** 66, 67 m. zust. Anm. *Haberland* 102 = CR **2011** 89 m. zust. Anm. *Hullen*; *Lorse* Die dienstliche Beurteilung[7] (2020) Rn. 340; *v. Notz* JZ **2017** 613; zur E-Akte *Starosta* DÖV **2020** 216.

160 BVerfG NJW **2013** 2102, 2103 (verbotene Einflussnahme infolge des berechtigten Gefühls unkontrollierbaren Beobachtetwerdens); *Starosta* DÖV **2020** 225; vgl. auch BGH JR **2012** 378 m. krit. Anm. *Kamphausen* = DRiZ **2012** 169 m. Bespr. *Köbler* 162; *Kuchenbauer* JZ **2021** 654.

161 O. Rn. 3; zu BGHZ **113** 36, 40 ff.; krit. *Hoffmann-Riem* AnwBl. **1999** 6; *Redeker* NJW **2000** 2797.

162 Z.B. § 3b HmbRiG; § 8a LRiStAG BaWü.; § 13 LRiStaG NRW; vgl. BTDrucks. **19** 21685 S. 11; *Keldungs* BauR **2013** 26.

163 HessDGH NJW **2001** 2640.

164 BGHZ **46** 147, 150; **47** 275, 287; **67** 184, 187; **70** 1, 4; **76** 288, 291; **176** 162, 167; BGH NJW-RR **2005** 433, 435; DRiZ **1984** 194, 195; **1996** 371, 372; **2018** 184.

165 MüKo/*Schuster* 50.

166 BGHZ **67** 184, 188; **76** 288, 291.

167 Zusammenfassend *Thiele* Der Staat **52** (2013) 421 ff.

gend geht die Kritik dahin, dass der Dienstaufsicht zu viel Spielraum gewährt werde,[168] teilweise aber auch dahin, dass sie zu eng beschnitten sei.[169] Wer die Außenwahrnehmung der Justiz sowie ihre Akzeptanz in Fachkreisen, der Öffentlichkeit und bei Betroffenen in die Beurteilung mit einbezieht, wird in der Tat kaum davon ausgehen können, dass die Rechtsprechung des BGH der richterlichen Unabhängigkeit zu wenig Raum lässt.[170] Indes ist dem BGH zuzugestehen, dass sich die Kernbereichslehre auf den Wortlaut des § 26 Abs. 2 DRiG (Art der Ausführung) und dessen Genese (o. Rn. 23 f.) stützen kann, und sie hat den Vorzug, dass sie der richterlichen Unabhängigkeit, von der die allermeisten Richter mit Augenmaß einen sachgerechten Gebrauch machen, einen weiten Raum belässt. Alles in allem nimmt die Rechtsprechung des BGH einen angemessenen Ausgleich zwischen der richterlichen Unabhängigkeit einerseits sowie der Sicherstellung staatlicher Justizgewährung durch Dienstaufsicht andererseits vor.[171]

g) Inhalt des Vorhalts. Der Vorhalt erschöpft sich in der Feststellung, ein bestimmtes 32
richterliches Verhalten sei ordnungswidrig (o. Rn. 26). Fallbezogene Erwartungen dürfen damit nicht verbunden werden, weil das die Unabhängigkeit beeinträchtigen würde; allenfalls ein allgemeiner Appell zur ordnungsgemäßen Erledigung „von Fällen dieser Art" kann gestattet sein. Überhaupt verbietet die richterliche Unabhängigkeit jede Äußerung der Dienstaufsicht, die als Einwirkung auf zukünftiges richterliches Verhalten im Kernbereich verstanden werden könnte. Das gilt auch bei der Erörterung rechtskräftiger Entscheidungen: Eine hieran anknüpfende, auch in verallgemeinerter Form gehaltene Äußerung der Dienstaufsichtsbehörde gegenüber den beteiligten Richtern, dass in zukünftigen Fällen eine andere Beurteilung der Sach- und Rechtslage, etwa eine schärfere oder mildere Strafzumessungspraxis, angezeigt sei oder dass sie empfohlen, angeregt oder zur Erwägung gestellt werde, ist unzulässig; denn darin liegt eine Kritik des richterlichen Verhaltens, die geeignet ist, in künftigen Fällen die beteiligten Richter in der Freiheit ihrer Entschließung, mithin ihrer Unabhängigkeit, zu beeinträchtigen.[172] Gleichermaßen unzulässig wäre eine allgemeine, zur Kenntnis der Richter bestimmte Aufforderung der Justizverwaltung, bei bestimmten Arten von Delikten schärfere Strafen zu verhängen.[173] Jedoch ist keine Maßnahme der Dienstaufsicht i.S.d. § 26 Abs. 3 DRiG gegeben, wenn die Dienstaufsichtsbehörde, von einem bestimmten Einzelfall ausgehend, ihre Meinung zu einer allgemein umstrittenen Rechtsfrage zum Ausdruck bringt.[174] Es muss eine „gegen" den Richter oder eine Gruppe von Richtern gerichtete Maßnahme vorliegen, ein Konflikt zwischen Dienstaufsicht und Richter, damit eine dienstaufsichtliche Maßnahme bejaht werden kann.[175] Zulässig sind dementsprechend auch allgemeine Hinweise auf gerichtliche Entscheidungen, insbesondere in der Form, dass die Justizverwaltung Entscheidungen, die sie für zutreffend und beachtlich hält, zur Kenntnisnahme durch die Richter in den Amtsblättern veröffentlichen lässt. Ebenso ist es Referenten des Ministeriums, die dafür die wissenschaftliche Verantwortung tragen, erlaubt, ihre mit der Auffassung der Behörde übereinstimmenden Standpunkte in Vorträgen oder Aufsätzen

---

168 Vgl. *Funk* DRiZ **1978** 357; *Mayer* DRiZ **1978** 1313; *Rudolph* DRiZ **1979** 97; *Simon* DRiZ **1980** 92; *Thiele* Der Staat **52** (2013) 426 ff.; *Wolf* NJW **1977** 1063.

169 *Schmidt-Räntsch* § 26 DRiG, 33 im Anschluss an *R. Schmidt-Räntsch* Dienstaufsicht über Richter (1985) 61 ff., 111 ff.; vgl. auch *Tepperwien* FS Tolksdorf 581 ff.

170 Vgl. *Redeker* NJW **2000** 2797; *Seidel* AnwBl. **2002** 325.

171 Vgl. *Papier* NJW **2001** 1091 ff.; Kissel/*Mayer* 60.

172 BGH DRiZ **1963** 351.

173 BGH DRiZ **1963** 351.

174 Vgl. BGHZ **61** 374, 378; BGH NJW-RR **2014** 702, 704.

175 BGH NJW-RR **2011** 700, 702; vgl. BGH DRiZ **1979** 378 betreffend „Gespräch unter vier Augen".

darzulegen. Inhaltliche Zurückhaltung geboten ist indes bei Stellungnahmen des Justizministers zu Verfassungsbeschwerden gegen Gerichtsentscheidungen (§ 94 Abs. 2 BVerfGG); in der Praxis sehen die Justizministerien zumindest in Kammersachen (§ 93c BVerfGG) häufig von einer Stellungnahme ab.[176]

33 **3. Ermahnung.** Während der Vorhalt sich auf ein einzelnes Dienstgeschäft bezieht, ist die Ermahnung zu ordnungsgemäßer unverzögerter Erledigung der Amtsgeschäfte ein allgemeiner Appell an das Verantwortungsbewusstsein des Richters.[177] Das Wort „ordnungsgemäß" – und nicht das Wort „sachgemäß" – ist gewählt worden, weil eine Einflussnahme auf die „sachgemäße" Erledigung wegen der Unabhängigkeit des Richters unzulässig ist. Die Verwendung des Plurals („der Amtsgeschäfte") soll nach der Entstehungsgeschichte der Vorschrift sicherstellen, dass sich die Ermahnung, um selbst den Anschein einer Einflussnahme auf den Inhalt einer Entscheidung zu vermeiden, nicht auf den Einzelfall bezieht, mag sie auch durch einen solchen veranlasst sein.[178] Die Ermahnung soll dahin gehen, dass der Richter sich künftig bei Fällen dieser Art anders zu verhalten habe.

34 **4. Dienstliche Beurteilung.** Die sich aus dem Rechtsstaatsprinzip, teilweise auch aus Art. 19 Abs. 4 GG ergebende Justizgewährungspflicht des Staates verlangt, die unterschiedlichen Richterämter bestmöglich zu besetzen. Dabei ist der Leistungsgrundsatz (Art. 33 Abs. 2, 5 GG) zugrunde zu legen, der für die Justiz wie für den öffentlichen Dienst im Übrigen gilt.[179] Angesichts der großen Zahl von Richtern, aber auch im Interesse der Transparenz und Gleichmäßigkeit der Ernennungspraxis ist bei Richtern eine dienstliche Beurteilung notwendig,[180] die es ermöglicht, die **Befähigung und Eignung** der Richter für die verschiedenen Aufgaben und Ämter in der Justiz in einem rechtsstaatlich geordneten Verfahren festzustellen. Die Frage, wer beurteilen soll, lässt sich unterschiedlich beantworten, wie etwa das österreichische Beispiel zeigt, wo die Zuständigkeit bei den bei den Gerichten gebildeten Personalsenaten liegt.[181] Die in Deutschland hergebrachte Lösung, wonach der Dienstvorgesetzte als Ausfluss seiner Dienstaufsicht zuständig ist,[182] ist verfassungsmäßig.[183] Da die dienstliche Beurteilung als Teil der Dienstaufsicht begriffen wird, gelten auch für sie die **Grenzziehungen des § 26 DRiG**. Insbesondere darf die dienstliche Beurteilung die richterliche Unabhängigkeit nicht beeinträchtigen.[184] Es muss also alles vermieden werden, was den Richter veranlassen kann, zukünftig Sach- oder Verfahrensentscheidungen in einem bestimmten Sinne zu treffen. Wegen der durch die Rechtsprechung zahlreich entschiedenen Einzelfragen wird auf die Kommentierung bei Kissel/*Mayer* und *Schmidt-Räntsch* verwiesen.[185]

---

176 Vgl. Burkiczak/Dollinger/Schorkopf/*Haberzettl* § 94 BVerfGG, 14.

177 BGH NJW-RR **2001** 498, 499; *Schmidt-Räntsch* § 26 DRiG, 39.

178 Vgl. *Schmidt-Räntsch* § 26 DRiG, 39.

179 Vgl. BVerfGE **38** 1, 12.

180 BGH NJW **1992** 46, 47; MüKo/*Schuster* 57.

181 Vgl. *Schmidt-Räntsch* Einl. 54; § 26, 43 DRiG; zu Verfahren und Kriterien dienstlicher Beurteilung von Richtern im europäischen Vergleich s. auch *Sanders* FS Barton 569, 575; zu Reformüberlegungen auf Bundesebene vgl. *Domgörgen* ZRP **2023** 19, 20.

182 Vgl. BGHZ **52** 287, 292; **57** 344, 348; **162** 333, 338; BGH NJW **2002** 359, 360; **2018** 158, 160; **2020** 3320, 3322; DRiZ **1977** 341.

183 BVerfG DRiZ **1975** 284; BGH NJW **2002** 359, 360.

184 BGHZ **57** 344, 348; BGH DRiZ **1998** 20, 22; dazu *Müller-Piepenkötter* DRiZ **2005** 101; krit. *Wittreck* (Gutachten) G 44 ff.; NJW **2012** 3291 f.

185 Kissel/*Mayer* 93 ff.; *Schmidt-Räntsch* § 26 DRiG, 51 ff.; ferner Haberland DRiZ **2009** 243 ff.; SK/*Frister* 23.

5. Zuständigkeit. Die Zuständigkeit zur Ausübung der Dienstaufsicht, früher geregelt in § 14 GVVO,[186] ergibt sich heute aus den jeweiligen landesrechtlichen Vorschriften, die schon in der Vergangenheit vielfach an die Stelle der Regelung in der GVVO getreten waren.[187] 35

6. Rechtsschutz. Gegen Maßnahmen der Dienstaufsicht, durch die sich der Richter in seiner Unabhängigkeit beeinträchtigt sieht, kann er das Richterdienstgericht anrufen (§ 26 Abs. 3, § 62 Abs. 1 Nr. 4 Buchst. e, § 78 Nr. 4 Buchst. e DRiG). Angegriffen werden kann jede dienstaufsichtliche Maßnahme; sie braucht kein Verwaltungsakt zu sein. Es genügt jede Einflussnahme einer dienstaufsichtführenden Stelle, die sich auch nur mittelbar auf die Tätigkeit des Richters auswirkt; erforderlich ist lediglich, dass ein konkreter Bezug zu der Tätigkeit des Richters besteht.[188] Zulässigkeitsvoraussetzung für das Verfahren ist die Behauptung des Richters, dass eine Verletzung seiner Unabhängigkeit vorliegt;[189] sie darf allerdings nicht „aus der Luft gegriffen" sein,[190] sondern muss „nachvollziehbar" sein.[191] Der Rechtsschutz nach § 26 Abs. 3 DRiG ist nicht auf die behauptete Beeinträchtigung der sachlichen Unabhängigkeit beschränkt; vielmehr erfasst er ebenso den geltend gemachten Eingriff in die persönliche Unabhängigkeit.[192] Dieser beschränkten Prüfungsbefugnis begegnen keine verfassungsrechtlichen Bedenken.[193] Im Verfahren nach § 26 Abs. 3 DRiG wird nur geprüft, ob die Maßnahme der Dienstaufsicht die richterliche Unabhängigkeit beeinträchtigt. Im Übrigen bleibt es gem. § 71 DRiG i.V.m. § 54 Abs. 1 BeamtStG dabei, dass für Klagen von Richtern aus dem Richterverhältnis der Verwaltungsrechtsweg gegeben ist. Der Gesetzgeber hat nebeneinander zwei Rechtsbehelfe mit unterschiedlichen Rechtsschutzzielen zugelassen.[194] 36

IX. Disziplinarrechtliche Verantwortung

Die richterliche **Unabhängigkeit** und die sich daraus ergebenden **Schranken für die Dienstaufsicht** schließen nicht aus, dass der Richter wegen schuldhafter Verletzung seiner Dienstpflichten dienststrafrechtlich zur Verantwortung gezogen wird. Ein eigenständiges Richterdisziplinargesetz gibt es nicht. § 63 Abs. 1 DRiG verweist für die Richter im Bundesdienst auf das Bundesdisziplinargesetz und trifft nur in wenigen Punkten Sonderregelungen.[195] Danach hat der Dienstvorgesetzte gegenüber Richtern eine allerdings eingeschränkte Disziplinargewalt und kann durch Disziplinarverfügung einen Verweis (keine Geldbuße) verhängen (§ 64 Abs. 1 DRiG). Schwerere Sanktionen – bis hin zur Entfernung aus dem 37

---

186 Dazu LR/*Böttcher*[25] § 14 GVGVO; aufgeh. mit Wirkung v. 24.4.2008 durch Art. 21 des Ersten Gesetzes über die Bereinigung von Bundesrecht im Zuständigkeitsbereich des Bundesministeriums der Justiz v. 19.4.2006 (BGBl. I S. 866).

187 Z.B. § 16 BaWüAGGVG; Art. 20 BayAGGVG; § 14 BerlAGGVG; § 23 HmbAGGVG; § 10 NdsAGGVG; § 10 ThürAGGVG.

188 BGH JR **2012** 378, 380 m. Anm. *Kamphausen*.

189 BGHZ **46** 66, 68.

190 BGHZ **113** 36, 39.

191 BGHZ **162** 333, 338; BGH DRiZ **1994** 141; SK/*Frister* 19.

192 BGHZ **51** 363, 369; MüKo/*Schuster* 65.

193 BVerfG NVwZ **2016** 764, 768; BGH NJW **2018** 158, 159; **2020** 3320.

194 Vgl. BVerfG NVwZ **2016** 764, 768; BGHZ **90** 41, 50; BGH NJW **2002** 359, 360; **2015** 1250, 1251; NJW-RR **2011** 700, 701 f.; DRiZ **1997** 467; dazu Kissel/*Mayer* 173; *Schmidt-Räntsch* § 26 DRiG, 59; SK/*Frister* 24.

195 Für die Richter im Landesdienst vgl. § 83 DRiG und die entsprechenden Regelungen der Landesrichtergesetze (z.B. Art. 67 ff. BayRiG).

Dienst – können nur mit der Disziplinarklage vor den Dienstgerichten durchgesetzt werden (§ 62 Abs. 1 Nr. 1, § 64 Abs. 2, § 78 Nr. 1 DRiG, § 34 BDG). Dienstvergehen können Pflichtverletzungen innerhalb und außerhalb des Dienstes sein. Letzteres liegt vor, wenn das Verhalten des Richters geeignet ist, Achtung und Vertrauen in einer für das Richteramt oder das Ansehen des Richterberufs bedeutsamen Weise zu beeinträchtigen.[196] Streitig ist, ob die spruchrichterliche Tätigkeit des Richters uneingeschränkt Gegenstand disziplinarischer Würdigung sein kann. Nach zutreffender Ansicht ist zum Schutz der richterlichen Unabhängigkeit auch insoweit § 26 DRiG heranzuziehen.[197] Die disziplinarrechtliche Ahndung ist eine „gesteigerte Dienstaufsicht" und kann inhaltlich nicht weiterreichen als diese. Nur in dem danach der Dienstaufsicht zugänglichen Bereich der äußeren Ordnung einschließlich der groben Fehlgriffe im Kernbereich ist danach eine disziplinarische Ahndung möglich. Auch die strafrechtliche Haftung trägt mit ihrer Beschränkung auf den Fall der Rechtsbeugung (§ 339 StGB) der richterlichen Unabhängigkeit Rechnung, ebenso die zivilrechtliche Schadensersatzhaftung mit dem Spruchrichterprivileg des § 839 Abs. 2 BGB.[198]

X. Richterliche Unabhängigkeit und Selbstverwaltung der Gerichte

38 Über die durch Art. 97 GG gewährleistete sachliche und persönliche Unabhängigkeit hinaus wird im Interesse einer umfassend verstandenen Unabhängigkeit der Justiz vielfach eine **weitergehende Selbstverwaltung** der Gerichte, insbesondere in Personal- und Haushaltsangelegenheiten gefordert.[199] Dabei wird auf das Vorbild europäischer Nachbarstaaten verwiesen.[200] Auf die Unabhängigkeitsgarantie können derartige Forderungen nicht gestützt werden. Sie gilt nur funktional begrenzt für die rechtsprechende Tätigkeit, das „Kerngeschäft" der Richter, nicht dagegen für die Berufung des Personals sowie die Aufstellung und den Vollzug des Haushaltsplans[201] und auch nicht im Sinne einer „institutionellen Unabhängigkeit" der Justiz als Dritter Gewalt.[202] Die Politik in Deutschland zeigte sich bisher zurückhaltend. Neu belebt wurde die Diskussion – wenngleich vor allem unter dem Gesichtspunkt einer **Stärkung der Resilienz der Justiz** – durch die vom Erstarken illiberaler und autoritärer Strömungen im (auch europäischen) Ausland wie auch im Inland ausgelöste Sorge, die Justiz könnte von politischer Seite daran gehindert werden, ihre Funktion im System der Gewaltenteilung wahrzunehmen und insbesondere die Exekutive wirksam zu kontrollieren.[203] Auf dem 73. Deutschen Juristentag sind in diesem Zusammenhang auch Vorschläge zur Sicherung der Unabhängigkeit der Justiz bei der **Stellenbeset-**

---

196 Vgl. BVerfG NJW **2005** 1344, 1345; HessDG DRiZ **1973** 131; OLG Hamburg DRiZ **1975** 373.

197 Ebenso *Achterberg* NJW **1985** 3047; Kissel/*Mayer* 203; MüKo/*Schuster* 61; *Schmidt-Räntsch* Vor § 63 DRiG, 15 ff. m.N. auch zu älteren abw. Stimmen; SK/*Frister* 35; **a.A.** LR/*K. Schäfer*[24] 32.

198 Vgl. *Kühne* GA **2013** 46 f.; SK/*Frister* 54 ff.

199 Zur Diskussion s. Deutscher Richterbund (DRiB) DRiZ **2003** 13; **2007** 161; *v. Bargen* DRiZ **2010** 101 f.; *Groß* DRiZ **2003** 298; *Hochschild* ZRP **2011** 65; *Hoffmann-Riem* DRiZ **2003** 284; *Kramer* NJW **2009** 3079; ZZP **114** (2001) 267; *Kreth* DRiZ **2013** 236; *Lütgens* ZRP **2009** 82; *Mackenroth* DRiZ **2009** 79; *Marques* Betrifft Justiz **2018** 138; *Papier* NJW **2002** 2585; FS Merten 185 ff.; *Poseck* NJW **2022** 2734, 2737; *Schulte-Kellinghaus* ZRP **2008** 205; KritV **2010** 256; *Sennekamp* NVwZ **2010** 213; *Steffen* ZRP **2008** 208; *Weber-Grellet* DRiZ **2012** 2; **2012** 46; *Wittreck* (Verwaltung) 660 ff.; Kissel/*Mayer* 35; ausführlich zu den Modellen des DRiB und der Neuen Richtervereinigung (NRV) *Fuchs* 137 ff.

200 Vgl. die Übersicht in DRiZ **2003** 44.

201 AK-GG/*Wassermann* Art. 97 GG, 24; Dürig/Herzog/Scholz/*Hillgruber* Art. 97 GG, 112; Schmidt-Bleibtreu/Hofmann/Henneke/*Heusch* Art. 97 GG, 15.

202 *Wittreck* (Gutachten) G 32 ff.

203 Dazu *Stadler* DRiZ **2022** 398; **2024** 272.

zung diskutiert worden.[204] Konkrete Konsequenzen gezogen hat der Gesetzgeber bislang lediglich für das Bundesverfassungsgericht, indem er für die Nachbesetzung vakanter Richterstellen einen Mechanismus zur Lösung etwaiger politischer Blockaden geschaffen hat (Art. 93 Abs. 2 Satz 3 GG, § 7a BVerfGG).[205]

XI. Richterliche Unabhängigkeit und Einsatz künstlicher Intelligenz

Gänzlich neue Probleme mit Blick auf die richterliche Unabhängigkeit stellen sich 39
beim Einsatz von Systemen künstlicher Intelligenz (KI) in der Justiz. Nach der (etwas sperrigen) Begriffsbestimmung in Art. 3 Nr. 1 der **KI-Verordnung der EU**[206] bezeichnet ein KI-System „ein maschinengestütztes System, das für einen in unterschiedlichem Grade autonomen Betrieb ausgelegt ist und das nach seiner Betriebsaufnahme anpassungsfähig sein kann und das aus den erhaltenen Eingaben für explizite oder implizite Ziele ableitet, wie Ausgaben wie etwa Vorhersagen, Inhalte, Empfehlungen oder Entscheidungen erstellt werden, die physische oder virtuelle Umgebungen beeinflussen können." Umfasst sind logik- und wissensgestützte Konzepte ebenso wie Techniken für maschinelles Lernen aus Datensätzen, die jeweils dem Zweck dienen, über eine einfache Datenverarbeitung hinaus selbständig Aufgaben zu erfüllen.[207] Mögliche Anwendungsfelder im Zusammenhang mit der richterlichen Tätigkeit sind die Kategorisierung und Strukturierung von Massenverfahren (etwa bei Fluggast- oder sog. Dieselklagen),[208] der Einsatz generativer KI zu Recherchezwecken[209] oder die Texterstellung bis hin zur Falllösung mittels sog. großer Sprachmodelle.[210] Im Strafverfahren können KI-Systeme etwa bei der Auswertung von Beweismitteln aus umfangreichen Datenbeständen[211] oder zur Erkennung und Klassifizierung potenziell kinder- oder jugendpornographischer Inhalte[212] zum Einsatz kommen. Unproblematisch sind solche Anwendungen, solange sie lediglich der **Unterstützung** des Richters jenseits der eigentlichen Entscheidungsfindung dienen. Demgegenüber verbietet es sich von vornherein, dass ein **KI-System an die Stelle des Richters** tritt und statt seiner die Entscheidung trifft; dies wäre nicht zuletzt mit Art. 92 Halbsatz 1 GG unvereinbar, der die rechtsprechende Gewalt „den Richtern" anvertraut, bei denen es sich um natürliche Personen handeln muss.[213] Kritisch zu betrachten sind daher KI-gestützte **Entscheidungsassistenzsysteme**, wie sie etwa bei Prognoseentscheidungen über eine Strafaussetzung zur Bewäh-

204 Vgl. insb. *Wittreck* (Gutachten) G 70 ff.; s. auch *Sanders* DRiZ **2022** 364.
205 Vgl. BTDrucks. **20** 12977 S. 7 f. und **20** 12978 S. 5; dazu *Britz* NJW **2025** 609; krit. *Sauer* JZ **2025** 12.
206 Verordnung (EU) 2024/1689 des Europäischen Parlaments und des Rates vom 13.6.2024 zur Festlegung harmonisierter Vorschriften für künstliche Intelligenz und zur Änderung der Verordnungen (EG) Nr. 300/2008, (EU) Nr. 167/2013, (EU) Nr. 168/2013, (EU) 2018/858, (EU) 2018/1139 und (EU) 2019/2144 sowie der Richtlinien 2014/90/EU, (EU) 2016/797 und (EU) 2020/1828 (Verordnung über künstliche Intelligenz), ABl. 2024/1689 Reihe L v. 12.7.2024; dazu *Chibanguza/Steege* NJW **2024** 1769.
207 Vgl. Erwägung Nr. 12 der KI-Verordnung der EU; näher dazu *Mielke* JZ **2025** 759 ff.; *Mielke/Wolff* LTZ **2024** 144 ff.; *Nink* 146 ff.
208 *Mielke/Wolff* LTZ **2024** 144, 147 ff.; *Richter* DRiZ **2023** 406; *Schröder* DRiZ **2023** 412; *Spoenle* DRiZ **2023** 386; jew. auch zu Modellprojekten in den Ländern.
209 Vgl. *Caspar* DRiZ **2025** 160, 164.
210 Dazu *Conrads/Schweitzer* NJW **2025** 2888; *Mielke* JZ **2025** 759, 761 f.; *Mielke/Wolff* LTZ **2024** 144, 152.
211 *Hartmann* LTZ **2024** 93 f.
212 *Brodowski/Hartmann/Sorge* NJW **2023** 583; *Hartmann* DRiZ **2023** 408; *Mielke/Wolff* LTZ **2024** 144, 150.
213 *Enders* JA **2018** 721, 723; *Hartmann* LTZ **2024** 93, 94; *Schwartmann/Kessen/Hartmann/Benedikt* DRiZ **2023** 390; näher zur Herleitung *Nink* 261 ff.; eine fehlende Fähigkeit derzeitiger KI-Systeme zu rechtlichem Verstehen und Urteilen im Kontext normativer Begründungszusammenhänge konstatiert *Bilgin* NJW **2026** 1332.

rung,[214] zum Zwecke einer evidenzbasierten und einheitlicheren Strafzumessung (sog. Smart Sentencing)[215] oder sogar im Rahmen der Beweiswürdigung zur Aussageanalyse und Indizienbewertung[216] zum Einsatz kommen können. Von zentraler Bedeutung ist in diesen Fällen die **Sicherstellung menschlicher Entscheidungshoheit** im Sinne der Gewährleistung eines die sachliche Unabhängigkeit wahrenden richterlichen Entscheidungsprozesses.[217] Damit scheidet ein auch nur mittelbarer (etwa durch die Arbeitsbelastung verursachter) Zwang zur Nutzung derartiger Systeme ebenso aus wie eine Verpflichtung des Richters, eine Abweichung von Entscheidungsvorschlägen des KI-Systems gesondert zu begründen. Der Richter muss sich jedoch auch bei freiwilliger Anwendung von KI-Systemen – im Sinne seiner **inneren Unabhängigkeit** (o. Rn. 5) – bewusst machen, welche Probleme hiermit verbunden sein können. So wird ihm regelmäßig der Einblick in die Grundlagen und den Prozess der Entscheidungsfindung fehlen; das KI-System stellt sich als „Black Box" dar.[218] Eine der Datenbasis etwa immanente Diskriminierung wird sich auch in den ausgegebenen Ergebnissen niederschlagen.[219] Auch neigen Nutzer eines KI-Systems erwiesenermaßen dazu, dessen Entscheidungsvorschläge zu übernehmen (sog. Automation Bias).[220] Die KI-Verordnung der EU stuft KI-Systeme, die in der Justiz zur Ermittlung und Auslegung von Sachverhalten und Rechtsvorschriften und zur Anwendung des Rechts auf konkrete Sachverhalte bestimmt sind, daher auch als Hochrisiko-Systeme ein, für deren Entwicklung und Einsatz hohe Anforderungen gelten, was die Datenqualität, Transparenz, Nachvollziehbarkeit und Zuverlässigkeit, das Risikomanagement und nicht zuletzt die Verantwortlichkeit der (menschlichen) Anwender betrifft.[221]

§§ 2 bis 9

(aufgehoben durch § 85 Nr. 1 DRiG)

§ 10

[1]Unter Aufsicht des Richters können Referendare Rechtshilfeersuchen erledigen und außer in Strafsachen Verfahrensbeteiligte anhören, Beweise erheben und die

---

214 *Ignor* FS Neuhaus 781, 791 f.; *Nink* 388 ff., 416 ff.

215 Dazu *Achermann* DRiZ **2025** 236; *Kaspar/Höffler/Harrendorf* NK **2020** 35; *Kohn* 311 ff.; *Mielke/Wolff* LTZ **2024** 144, 151; *Nink* 402 ff.; *Valerius* ZStW **133** (2021) 152, 156 ff.; *Yanik* 116 ff.

216 Vgl. *Hess* LTZ **2024** 200, 203 ff.; *Nink* 444 ff.

217 *Caspar* DRiZ **2025** 160, 162 ff.; *Hartmann* LTZ **2024** 93, 94; *Nink* 288 f., 294; *Schwartmann/Kessen/Hartmann/Benedikt* DRiZ **2023** 390; *Yanik* 191 ff.; zur Absicherung plädiert *Ignor* FS Neuhaus 781, 796 ff. für die Normierung eines grundrechtsgleichen Rechts auf menschliche Entscheidung.

218 Vgl. etwa *Dötterl* NJW **2025** 3409, 3412; *Ignor* FS Neuhaus 781, 793, 803, 805; *Mielke* JZ **2025** 759, 760 m.w.N.; *Rückert* GA **2023** 361; *Vasel* LTZ **2023** 179, 184 f.

219 *Caspar* DRiZ **2025** 160, 164; *Nink* 167 ff.; 334 ff.; 381 ff.; umgekehrt wird darauf verwiesen, der Einsatz von Algorithmen und KI-System könne der Gefahr kognitiver Verzerrungen bei menschlichen Entscheidungen entgegenwirken, vgl. *Preuß* JZ **2023** 68, 78; *Valerius* ZStW **133** (2021) 152, 156 ff.

220 *Caspar* DRiZ **2025** 160, 163; *Dötterl* NJW **2025** 3409, 3412 f.; *Enders* JA **2018** 721, 723; *Nink* 295 ff., 424 ff., 441; *Schwartmann/Kessen/Hartmann/Benedikt* DRiZ **2023** 390, 391; *Vasel* LTZ **2023** 179, 184 f.

221 Vgl. Art. 6 Abs. 2 i.V.m. Anhang III Nr. 8 Buchst. a), Art. 8 ff. der KI-Verordnung der EU; s. dazu auch *Caspar* DRiZ **2025** 160, 165; näher zur Anwendung der KI-Verordnung im justiziellen Kontext *Ebers/Quarch/Rode* LTZ **2025** 21; *Ignor* FS Neuhaus 781, 783 ff.; *Kaeber/Roth-Isigkeit* LTZ **2025** 3; *Mielke* JZ **2025** 759, 762 ff.

mündliche Verhandlung leiten. [2]Referendare sind nicht befugt, eine Beeidigung anzuordnen oder einen Eid abzunehmen.

Schrifttum

Franzki Die Verhandlungsleitung durch Referendare, JuS **1972** 615; *Gruschwitz* Die Übertragung von Aufgaben der Rechtspflege auf Referendare, DRiZ **2012** 239; *Hahn* Die Befugnisse des Referendars im Zivilprozess, NJW **1973** 1783; *Oexmann* Zeugenvernehmung und Fortsetzung der mündlichen Verhandlung durch den Referendar nach § 10 GVG, JuS **1976** 36; *Pfeiffer/Buchinger* Die Zeugenvernehmung durch Rechtsreferendare (§ 10 GVG), JA **2005** 138.

Entstehungsgeschichte

§ 10 lautete ursprünglich:
Die landesgesetzlichen Bestimmungen über die Befähigung zur zeitweiligen Wahrnehmung richterlicher Geschäfte bleiben unberührt.

Durch das VereinhG 1950 erhielt § 10 folgende Fassung:

(1) Nach näherer landesgesetzlicher Bestimmung können Gerichtsreferendare mit der Wahrnehmung einzelner richterlicher Geschäfte betraut werden. Der Auftrag ist in jedem Fall durch den Richter aktenkundig zu machen.
(2) Bei Amtsgerichten und Landgerichten kann, wer zum Richteramt befähigt ist, als Hilfsrichter verwendet werden, ohne gemäß § 6 zum Richter auf Lebenszeit ernannt zu sein.
(3) Unberührt bleiben die Vorschriften über die Übertragung richterlicher Geschäfte auf den Rechtspfleger.

Durch § 85 Nr. 2 DRiG wurde – unter Streichung des Absatzes 3 – § 10 wie folgt geändert:

(1) Referendaren, die mindestens 12 Monate im juristischen Vorbereitungsdienst tätig sind, kann im Einzelfall die Erledigung von Rechtshilfeersuchen mit Ausnahme der Beeidigung übertragen werden.
(2) Bei Amtsgerichten und Landgerichten können Richter auf Probe und Richter kraft Auftrags verwendet werden.

Absatz 1 erhielt durch Art. II Nr. 10 des Gesetzes zur Änderung des Richtergesetzes v. 10.9.1971[1] die jetzt geltende Fassung. Absatz 2 wurde durch Art. 2 Nr. 2 des Gesetzes v. 26.5.1972[2] gestrichen; vgl. jetzt § 22 Abs. 5, 6, § 59 Abs. 3.

Übersicht

1 BGBl. I S. 1557.
2 BGBl. I S. 841.

1 **1. Ziel der Regelung, geschichtliche Entwicklung.** In ihrer langen Geschichte hat die Regelung des § 10 unterschiedliche Zwecke verfolgt. Ging es teilweise darum, den Richter durch Einsatz von Hilfskräften zu entlasten, so steht zunehmend das Ziel im Vordergrund, den im praktischen Teil der Ausbildung befindlichen Juristen, den Rechtsreferendar, in die praktische richterliche Tätigkeit einzuführen und ihm Gelegenheit zu selbständiger Betätigung in der Rechtspflege zu geben.[3] Daneben lässt sich eine Entwicklung erkennen, den Regelungsspielraum der Länder zu beseitigen. In der ursprünglichen Fassung (vgl. den o. wiedergegebenen Wortlaut) überließ § 10 es dem Landesgesetzgeber, zu bestimmen, ob und in welchem Umfang richterliche Geschäfte zeitweilig durch andere Personen als auf Lebenszeit ernannte Richter ausgeübt werden können. Da diese Vorschrift nicht die Befähigung zum Richteramt forderte, konnte der Landesgesetzgeber Vorschriften über die Erledigung richterlicher Geschäfte durch Referendare treffen. Es stand ihm aber auch offen, Personen ohne jede juristische Vorbildung zur zeitweiligen Wahrnehmung richterlicher Geschäfte zuzulassen.[4] Nach dem Übergang der Justizhoheit der Länder auf das Reich im Jahre 1934 wurde § 10, ohne förmlich aufgehoben zu werden, durch andere Vorschriften ersetzt. In § 10 Abs. 2 GVVO[5] wurde die Verwendung von „Hilfsrichtern" geregelt. Nach § 39 Abs. 3 JAO 1939[6] konnte der Vorstand des Gerichts oder der ausbildende Richter einen Referendar mit der Vernehmung von Parteien, Beschuldigten und Zeugen (nicht zur Abnahme von Eiden) beauftragen. Während des Kriegs ordnete § 1 der VO v. 16.5.1942[7] an, dass Referendare mit einem Vorbereitungsdienst von einem Jahr und drei Monaten in vollem Umfang mit der selbständigen Wahrnehmung richterlicher Geschäfte betraut werden können. Das VereinhG 1950 hob § 10 GVVO und § 1 der Verordnung v. 16.5.1942 auf[8] und ersetzte sie durch die oben wiedergegebenen Absätze 1 und 2 des § 10; die Gestaltungsfreiheit des Landesrechts wurde nur mit Einschränkungen wiederhergestellt. Die wesentliche Änderung des § 10 Abs. 1 durch § 85 DRiG bestand in der abschließenden bundesrechtlichen Umgrenzung der richterlichen Aufgaben, die Referendaren übertragen werden konnten, und der Voraussetzungen, unter denen eine Übertragung zulässig war. Für landesrechtliche Regelungen war kein Raum mehr. Zugleich wurde die Regelung des Charakters einer Notmaßnahme für eine überlastete Justiz ganz entkleidet und wieder in den Dienst der Ausbildung des juristischen Nachwuchses gestellt. Das Tätigkeitsfeld für Referendare wurde eng eingegrenzt auf die Erledigung von Rechtshilfeersuchen. Der Charakter als Regelung der Juristenausbildung wurde noch deutlicher durch die Änderungen, die das Gesetz zur Änderung des Richtergesetzes v. 10.9.1971[9] brachte. Das Erfordernis, dass eine bestimmte Ausbildungsstufe des Referendars („die mindestens 12 Monate ... tätig sind") erreicht ist, wurde gestrichen, die Wahrnehmung von richterlichen Aufgaben durch den Referendar aber nur unter Aufsicht des Richters zugelassen. Der Umfang der wahrnehmbaren Aufgaben blieb, soweit es sich um Strafsachen handelte, unverändert: ausschließlich Erledigung von Rechtshilfeersuchen, Aus-

---

3 Vgl. Kissel/*Mayer* 1; KK/*Barthe* 1; MüKo/*Schuster* 1.
4 Vgl. LR/*Hartung*[19] § 10, 2 m.w.N.
5 GVVO v. 20.3.1935 (RGBl. I S. 403).
6 JAO v. 4.1.1939 (RGBl. I S. 6).
7 RGBl. I S. 333.
8 Vgl. Art. 8 II Nr. 7.
9 BGBl. I S. 1557.

schluss der Anordnung einer Beeidigung oder der Abnahme eines Eides. Für den zivilrechtlichen Bereich wurde er dagegen deutlich ausgeweitet.

Die spätere Entwicklung hat unterstrichen, dass es in § 10 darum geht, den juristischen Nachwuchs im Interesse der **Praxisnähe der Ausbildung** an richterliche Tätigkeit heranzuführen. Weil die Richtergesetznovelle 1971 Modellversuche mit einer einstufigen Juristenausbildung ermöglichte, sah die diesbezügliche Regelung des § 5b DRiG a.F. in Absatz 2 vor, dass Teilnehmer an der einstufigen Ausbildung „die in § 10 Abs. 1 und § 142 Abs. 3 ... bezeichneten Tätigkeiten wahrnehmen können", wenn sie den Ausbildungsstand erreicht haben, der für die jeweilige Tätigkeit erforderlich ist. In Beziehung auf diese Tätigkeiten wurden ihnen die Rechte und Pflichten eines Referendars zuerkannt. Die Experimentierklausel des § 5b DRiG a.F. wurde durch Gesetz v. 25.7.1984[10] wieder aufgehoben. Nach der Wiedervereinigung bestimmte § 8 des Rechtspflege-Anpassungsgesetzes v. 28.6.1992[11] für Rechtspraktikanten aus den damals neuen Bundesländern Entsprechendes, ebenso für Richterassistenten, Staatsanwaltsassistenten und Diplomjuristen, die nach Maßgabe des Einigungsvertrages bei einem Gericht oder bei einer Staatsanwaltschaft eingearbeitet wurden. Beides Mal ging es darum, Juristen, die nicht die herkömmliche zweistufige Ausbildung mit Studium und Vorbereitungsdienst absolvierten, im Interesse dieser Ausbildung ein Tätigwerden nach Maßgabe des § 10 zu ermöglichen. Klassische Zielgruppe des § 10 sind die Referendare, d.h. junge Juristen, die sich im praktischen Vorbereitungsdienst (§ 5b DRiG) befinden, unabhängig davon, ob er im Beamtenverhältnis abgeleistet wird oder, wie inzwischen üblich, in einem öffentlich-rechtlichen Ausbildungsverhältnis eigener Art.[12] 2

2. Verfassungsmäßigkeit des § 10

a) Zweifelsfragen des früheren Rechts. Zu der bis zur Richtergesetznovelle von 1971 geltenden Fassung bestanden Zweifel hinsichtlich der Verfassungsmäßigkeit. Sah man in der Erledigung eines Rechtshilfeersuchens die Wahrnehmung einer Rechtsprechungsaufgabe, so fragte sich, da eine Aufsicht des Richters damals nicht vorgesehen war, inwieweit § 10 Abs. 1 a.F. mit Art. 92, 97 GG vereinbar war, wonach Rechtsprechung nur durch unabhängige Richter ausgeübt werden kann. Es gab unterschiedliche Lösungsansätze. Teilweise wurde § 28 Abs. 1 DRiG herangezogen und in § 10 eine bundesgesetzliche Ausnahmebestimmung gesehen.[13] Teilweise wurde die Erledigung eines Rechtshilfeersuchens lediglich als eine die richterliche Entscheidung vorbereitende Tätigkeit angesehen, die noch nicht Ausdruck der dem Richter anvertrauten rechtsprechenden Gewalt sei.[14] Beide Lösungen waren wenig überzeugend; somit ist zu begrüßen, dass sich die Problematik durch die Richtergesetznovelle von 1971 erledigt hat. 3

b) Geltendes Recht. In § 10 ist durch die Gesetzesnovelle von 1971 der Kreis der durch Referendare wahrnehmbaren Geschäfte für den zivilrechtlichen Bereich[15] auf solche erweitert worden (Beweiserhebung, Leitung der mündlichen Verhandlung), an deren Zugehörigkeit zur Rechtsprechung kein Zweifel möglich ist; der ehemalige Streit um die Zugehörigkeit der Erledigung von Rechtshilfeersuchen zur Rechtsprechung spielt demge- 4

10 BGBl. I S. 995.

11 BGBl. I S. 1147.

12 Dazu *Schmidt-Räntsch* § 5 DRiG, 19 ff.; MüKo-ZPO/*Pabst* 2.

13 Vgl. LR/*K. Schäfer*[21] § 10, 2a.

14 Vgl. OLG Celle NJW **1967** 993 m. Anm. *Booss* NJW **1967** 1869 = JZ **1967** 285 m. Anm. *Herzog.*

15 Über § 173 Satz 1 VwGO ist § 10 auch in der Verwaltungsgerichtsbarkeit anwendbar, vgl. OVG Münster NVwZ **2025** 2034, 2036 Rn. 16 m. Anm. *Seyer.*

mäß keine Rolle mehr. Dem Vorwurf der Verfassungswidrigkeit ist dadurch begegnet, dass die Wahrnehmung der in § 10 bezeichneten Geschäfte nur unter Aufsicht des Richters zulässig ist. Diese auf Vorschlag des Bundesrats in das Gesetz aufgenommene Regelung[16] bedeutet, dass der Rechtsreferendar zwar im Interesse seiner Ausbildung selbständig handeln kann, letztlich aber der **Richter die Verantwortung für die Durchführung des Amtsgeschäfts** trägt. Rechtlich nimmt der Richter mit Hilfe des Referendars das Amtsgeschäft wahr.[17] Bei einer Vernehmung muss die Mitwirkung des Richters im Protokoll zum Ausdruck kommen. Von den Formulierungen, die insofern vorgeschlagen wurden,[18] verdienen die den Vorzug, aus denen deutlich hervorgeht, dass der Träger der Amtsausübung der aufsichtführende Richter ist. Gesetzwidrig ist es, wenn das Protokoll als Vernehmungsperson nur den Referendar ausweist und mit dem Vermerk schließt, es sei von dem Richter „unter Rücksprache mit dem vernehmenden Referendar geprüft und für ordnungsgemäß befunden worden“, weil sich daraus ohne Weiteres ergibt, dass die Vernehmung nicht unter Aufsicht des Richters durchgeführt worden ist.[19]

3. Aufsicht des Richters

5 **a) Streitfrage.** Was unter der vom Gesetz verlangten Aufsicht des Richters zu verstehen ist, ist streitig. Unstreitig ist allerdings, dass, nachdem eine bestimmte Mindestdauer des Vorbereitungsdienstes nicht mehr vorgeschrieben ist, zur „Aufsicht“ die vorangehende Prüfung gehört, ob der Referendar nach dem Stand seiner Ausbildung in der Lage ist, die Aufgabe zu erledigen. Im Übrigen zählt nach ganz überwiegend vertretener Ansicht[20] zur Aufsicht bei einer Vernehmung die ständige Anwesenheit des Richters, weil er nur so darauf hinwirken könne, dass alle für die Entscheidung sachdienlichen Fragen an die Zeugen gestellt werden, während er bei einer nur zeitweisen Gegenwart schwer alle bei der Beweisaufnahme auftretenden Fragen gehörig überblicken und bereits aufgetretene Unzulänglichkeiten bemerken könne. Die Gegenauffassung[21] stellt darauf ab, dass der Rechtsausschuss des Bundestags angestrebt hat, dem Referendar „ein größeres Maß von Eigenverantwortlichkeit und selbständigem Tätigwerden“ zuzubilligen;[22] damit stehe es im Widerspruch, wenn zur Gewährleistung der Aufsicht in allen Fällen eine ständige Anwesenheit des Richters gefordert werde.

6 **b) Stellungnahme.** Der Gesetzeswortlaut lässt verschiedene Deutungen zu. Einerseits wollte der historische Gesetzgeber dem Referendar ein gewisses Maß selbständiger Tätigkeit eröffnen. Dies ist im Interesse der Ausbildung.[23] Andererseits ist die Aufsicht des Richters, vernünftig gehandhabt, nicht ausbildungsschädlich. Optimal wäre im Sinne der Ausbildung eine flexible Regelung, die es dem Richter überlässt, im Einzelfall zu entscheiden, wie dicht die Kontrolle sein muss. Da die Aufsicht des Richters aber nicht unter Ausbildungsaspekten

16 Vgl. BTDrucks. **VI** 1380 S. 3, 12, 15.

17 Vgl. Abgeordneter *Arndt* in BT-Rechtsausschuss-Prot. VI 48/64.

18 Vgl. *Schulz* MDR **1972** 478.

19 Vgl. OLG Köln JMBl. NRW **1973** 282.

20 KG NJW **1974** 2094; *Oexmann* JuS **1976** 37; Kissel/*Mayer* 12; KK/*Barthe* 2; MüKo/*Schuster* 8; MüKo-ZPO/*Pabst* 12; Musielak/Voit/*Wittschier* 12; SK/*Frister* 6; SSW/*Spiess* 2; Stein/Jonas/*Jacobs* 10; Zöller/*Lückemann* 5.

21 *Hahn* NJW **1973** 1782; *Müller/Sax/Paulus* 4; vgl. auch OLG Köln JMBl. NRW **1973** 282; OLG Zweibrücken OLGSt § 142, 2; LR/*K. Schäfer*[24] 7.

22 Bericht des Rechtsausschusses BTDrucks. **VI** 2269 S. 7.

23 So etwa § 44 Abs. 2 Satz 1 BayJAPO; § 33 Abs. 2 Satz 1 SächsJAPO; § 27 Abs. 2 Satz 1 JAPO BaWü.; vgl. *Gruschwitz* DRiZ **2012** 239.

vorgeschrieben wurde, sondern verfassungsrechtliche Bedenken ausräumen soll, die andernfalls im Hinblick auf Art. 92, 97 GG bestünden, muss die Aufsicht so intensiv sein, dass der Richter die **inhaltliche Verantwortung** für die vorzunehmende Rechtsprechungstätigkeit übernehmen kann. Es genügt also in keinem Fall, dass der Richter sich über die Kompetenz des eingesetzten Referendars vorher vergewissert, ebenso wenig, dass er zu Beginn und Ende der Diensthandlung anwesend ist. Vielmehr ist **grundsätzlich die ständige Anwesenheit des Richters bei der Diensthandlung** erforderlich. Je nach den Umständen des Einzelfalles mögen kurzzeitige Abwesenheiten des Richters ausnahmsweise unschädlich sein, wenn sie nichts daran ändern, dass er das Geschehen völlig in der Hand hat. Ist der Richter bei der Diensthandlung anwesend, so kann es in Einzelfällen zulässig sein, dass er „nur mit halbem Ohr" hinhört, weil dies für eine Kontrolle des Geschehensablaufs ausreicht. Entscheidend ist dabei die Art des Geschäfts und in gewissem Umfang auch die Qualifikation des Referendars. Weitergehend kann dem Ausbildungsinteresse, dem Referendar ein selbständiges Tätigwerden zu ermöglichen, bei der Auslegung des Aufsichtserfordernisses nicht entgegengekommen werden.[24]

4. Erledigung von Rechtshilfeersuchen

a) Begriff des Rechtshilfeersuchens. Referendare können Rechtshilfeersuchen in allen Angelegenheiten erledigen; die Einschränkung „außer in Strafsachen" bezieht sich nur auf die übrigen in § 10 bezeichneten Amtshandlungen. Zu den „Strafsachen" (§ 3 EGStPO) gehören auch die Bußgeldsachen nach dem OWiG. Der Begriff des Rechtshilfeersuchens ist im weitesten Sinn zu verstehen.[25] Er umfasst – entsprechend dem Zweck des § 10, dem Referendar zu Ausbildungszwecken in möglichst weitem Umfang Gelegenheit zur Durchführung von Vernehmungen zu schaffen – nicht nur Rechtshilfeersuchen im technischen Sinn (§§ 156 ff.), d.h. die von einem Gericht ausgehenden Ersuchen, sondern erstreckt sich auf Amtshilfeersuchen um Vernehmung, d.h. von anderen Stellen ausgehende Ersuchen, denen das Amtsgericht nach gesetzlicher Vorschrift zu entsprechen hat, z.B. auf Anträge der Staatsanwaltschaft im Ermittlungsverfahren gem. § 162 StPO oder der Verwaltungsbehörde im Bußgeldverfahren gem. § 46 OWiG i.V.m. § 162 StPO. Die insoweit gegenüber § 10 Abs. 1 a.F. vorgetragenen Bedenken[26] sind dadurch überholt, dass die Entscheidung des OLG Celle aus dem Jahr 1967, das bereits diese weite Auffassung vertreten hatte, dem Gesetzgeber der Richtergesetznovelle von 1971 bekannt war, ihm aber keine Veranlassung zu einer Einschränkung gab.[27] 7

b) Erledigung von Rechtshilfeersuchen. Da für die Erledigung von Rechtshilfeersuchen nur das Amtsgericht zuständig ist (§ 157), kommt die Verwendung von Referendaren zu diesem Zweck nur beim Amtsgericht in Betracht. Damit ist nicht gesagt, dass nur ein Referendar beauftragt werden könnte, der der Abteilung, in der das Rechtshilfeersuchen anfällt, zur Ausbildung zugewiesen ist. „Erledigung von Rechtshilfeersuchen" meint die Ausführung eines eingehenden Ersuchens. Die Veranlassung ausgehender Ersuchen kann 8

---

24 Wie hier *Katholnigg* 2; ähnlich *Schmitt*/Köhler 1 („i.d.R."); Radtke/Hohmann/*Rappert* 3 („regelmäßig"); Thomas/Putzo/*Hüßtege* 2 („i.d.R."); hinsichtlich der geforderten Aufmerksamkeit auch KK/*Barthe* 2.

25 OLG Celle NJW **1967** 993; zustimmend *Herzog* JZ **1967** 285.

26 Vgl. *Booss* NJW **1967** 1869; SK/*Frister* 3.

27 Wie hier *Katholnigg* 3; Kissel/*Mayer* 7; KK/*Barthe* 4; MüKo/*Schuster* 8; MüKo-ZPO/*Pabst* 5; Musielak/Voit/*Wittschier* 6; *Schmitt*/Köhler 2; SSW/*Spiess* 3; Zöller/*Lückemann* 3.

ebenso wie die Ablehnung eines eingehenden Ersuchens nach § 158 Abs. 2 von einem Referendar nicht vorgenommen werden; zuständig ist der Richter.[28]

9 **5. Eid.** Ausgenommen von den wahrnehmbaren Aufgaben ist, wie schon nach früherem Recht, die Anordnung einer Beeidigung oder Abnahme eines Eides. Das bedeutet nicht, dass, wenn eine Beeidigung zulässig ist (§ 63 StPO), der beauftragte Referendar die Vernehmung durchführen könnte und lediglich die Beeidigung dem Richter überlassen müsste. Vielmehr ist die Vorschrift so zu verstehen, dass die Entschließung, ob die Voraussetzungen einer Beeidigung vorliegen (§§ 59 ff. StPO), nur von einem Berufsrichter getroffen werden kann. Dieser muss, wenn der Referendar die Aussage unter seiner Aufsicht entgegengenommen hat, die Verhandlung übernehmen, die Aussage noch einmal vorlesen lassen oder vorspielen und diesen Teil der Niederschrift unterschreiben; andernfalls läge keine eidliche richterliche Vernehmung vor.[29] Der BGH hat zum früheren Recht offen gelassen, ob die Beauftragung eines Referendars mit der Vernehmung zulässig ist, wenn das ersuchende Gericht die eidliche Vernehmung (§ 66b Abs. 2 StPO a.F.) verlangt hat.[30] Für das neue Recht (§ 63 StPO) ist diese Frage zu bejahen. Es besteht kein sachlicher Grund, die Erledigung von Rechtshilfeersuchen durch Vernehmung von Zeugen auf die Fälle zu beschränken, in denen – ohnehin nicht bindend[31] – um uneidliche Vernehmung ersucht wird oder in denen eine Beeidigung zweifellos ausscheidet. Es ist ausreichend, wenn die endgültige Entschließung, ob die Voraussetzungen der Beeidigung erfüllt sind, dem Berufsrichter vorbehalten bleibt. Dieser kann seine Entscheidung im Allgemeinen erst treffen, wenn er den Inhalt der Aussage kennt. Hier muss es zulässig sein, zunächst den Referendar die Vernehmung durchführen zu lassen. Erst dann trifft der Richter die Entschließung, ob eine Beeidigung erfolgen soll, wobei er bejahendenfalls wie oben dargestellt verfahren müsste. Ein unzulässigerweise (in Überschreitung der Zuständigkeit) von einem Referendar abgenommener Eid kann nicht als Meineid bestraft werden.[32] Das vorstehend Gesagte gilt entsprechend für die Versicherung an Eides statt.[33]

10 **6. Zwangsmaßnahmen.** Nach früherem Recht umfasste die dem Referendar aufgetragene Erledigung eines Rechtshilfeersuchens alle Befugnisse, über die ein ersuchter Richter bei und zur Erledigung von Rechtshilfeersuchen verfügt, wie Erzwingung des Erscheinens eines Zeugen und seines Zeugnisses (§ 51 Abs. 1 Satz 3, § 70 Abs. 2 StPO).[34] Das war eine Folgerung daraus, dass dem Referendar in vollem Umfang die selbständige Erledigung des Rechtshilfeersuchens aufgetragen wurde. Da aber nach § 10 der Referendar nur unter Aufsicht des Richters handelt, der Richter, der den Referendar bei seiner Tätigkeit beaufsichtigt, also selbst jederzeit in der Lage ist, die erforderlichen Maßnahmen anzuordnen, ist der Grund, dem Referendar Zwangsbefugnisse zuzubilligen, entfallen.[35]

11 **7. Unwirksamkeit, Anfechtbarkeit.** Unter der Geltung des § 10 Abs. 1 a.F. wurde angenommen, dass die Amtshandlung, die ein Referendar ohne Auftrag wahrnahm, unwirk-

28 Kissel/*Mayer* 7; MüKo-ZPO/*Pabst* 6; SK/*Frister* 5.
29 BGHSt **12** 92, 94; Kissel/*Mayer* 8.
30 BGHSt **12** 92, 93 f.
31 LR/*Bertheau*/*Ignor* § 63 StPO, 5 m.w.N.
32 RGSt **65** 206; BGHSt **10** 142, 143.
33 Kissel/*Mayer* 10; Zöller/*Lückemann* 4.
34 Dazu LR/*K. Schäfer*[21] 1b.
35 *Katholnigg* 3; Kissel/*Mayer* 16; Musielak/Voit/*Wittschier* 9; ferner MüKo-ZPO/*Pabst* 9 (keine rechtsmittelfähigen Entscheidungen); **a.A.** *Hahn* NJW **1973** 1783; *Oexmann* JuS **1976** 36, 37; *Pfeiffer*/*Buchinger* JA **2005** 139.

sam sei,[36] während eine Amtshandlung, die auftragsgemäß vorgenommen wurde, aber andere als die nach dieser Vorschrift wahrnehmbaren Geschäfte zum Gegenstand hatte, nicht nichtig, sondern nur nach den allgemeinen Vorschriften anfechtbar sei.[37] Die 24. Auflage dieses Kommentars[38] ging im Sinne dieser Handhabung davon aus, dass in Strafsachen das Fehlen jeglicher Aufsicht des Richters die Erledigung des Rechtshilfeersuchens unwirksam macht, während Überschreitungen des § 10 anderer Art (von der Eidesabnahme abgesehen), die sich unter – wenn auch mangelhafter – Aufsicht des Richters ereignen und denen dieser nicht korrigierend abhilft, nur zur Anfechtbarkeit nach den allgemeinen Vorschriften führen. Diese Auffassung wurde mit der 25. Aufl.[39] aufgegeben. Abzustellen ist auf die **Offenkundigkeit und Schwere des Gesetzesverstoßes**. Unwirksam ist es danach, wenn der Referendar in Strafsachen andere Geschäfte als die Erledigung eines Rechtshilfeersuchens vornimmt.[40] Lediglich zur Anfechtbarkeit nach Maßgabe der allgemeinen Vorschriften führt es hingegen, wenn der Referendar bei der Erledigung eines Rechtshilfeersuchens unter Aufsicht des Richters fehlerhaft handelt, etwa deshalb, weil er ungenügend beaufsichtigt wird. Unterschiedlich beurteilt werden Fälle, in denen es an der richterlichen Aufsicht bei der Erledigung eines Rechtshilfeersuchens überhaupt mangelt. Hier nimmt die überwiegende Auffassung bloße Fehlerhaftigkeit an.[41] Dies überzeugt nicht. Die richterliche Aufsicht ist ein derart essentielles Moment für das Tätigwerden des Referendars gem. § 10, dass ihr gänzliches Fehlen zur Unwirksamkeit der Amtstätigkeit des Referendars führen muss, zumal die Regelung in § 10 nur im Hinblick auf die vorgesehene richterliche Aufsicht in Einklang mit Art. 92, 97 GG steht.[42] Fehlt hingegen die richterliche Aufsicht nicht völlig, sondern ist sie nur nicht intensiv genug, hat dies die bloße Anfechtbarkeit zur Folge.

8. Andere durch Referendare wahrnehmbare Geschäfte. Über § 10 hinaus können 12
Referendare verwendet werden gem. § 142 Abs. 3 als Amtsanwalt und Staatsanwalt, gem. § 139 StPO als Verteidiger, gem. § 2 Abs. 5 RPflG als Rechtspfleger und nach Maßgabe des § 53 Abs. 2 Satz 2 BRAO als Vertreter eines Anwalts. Überdies kommt in Betracht, dass – entsprechend geschulte – Referendare mit der selbständigen Wahrnehmung von Aufgaben des Urkundsbeamten der Geschäftsstelle beauftragt werden; denn nach § 153 Abs. 5 Satz 1 können der Bund und die Länder bestimmen, dass mit diesen Aufgaben auch derjenige betraut werden kann, der auf dem Sachgebiet, das ihm übertragen werden soll, einen Wissens- und Leistungsstand aufweist, der dem durch die Ausbildung i.S.d. § 153 Abs. 2 für den mittleren Justizdienst vermittelten Stand gleichwertig ist.[43] Zum Zweck der Nachwuchsgewinnung ermöglichen die Länder Referendaren teilweise auch eine Nebentätigkeit als wissenschaftliche Mitarbeiter bei einem Gericht oder einer Staatsanwaltschaft als sog. Justizassistenz.[44]

---

36 LR/*K. Schäfer*[21] 2c.

37 OLG Frankfurt NJW **1954** 207; OLG Hamm JMBlNRW **1964** 31; *Müller-Sachs* 1; *Eb. Schmidt* § 10, 6.

38 LR/*K. Schäfer*[24] 12.

39 LR/*Böttcher*[25] 11.

40 *Katholnigg* 5; Kissel/*Mayer* 18; KK/*Barthe* 7; MüKo/*Schuster* 9; Musielak/Voit/*Wittschier* 13; *Schmitt*/Köhler 7; SK/*Frister* 7.

41 *Katholnigg* 5; Kissel/*Mayer* 18; KK/*Barthe* 7; MüKo/*Schuster* 10; Musielak/Voit/*Wittschier* 13; *Schmitt*/Köhler 7.

42 Ebenso Thomas/Putzo/*Hüßtege* 3; SK/*Frister* 7; SSW/*Spiess* 5.

43 Zu § 20 Abs. 1 BremAGGVG vgl. BGH NJW **2017** 1126; Beschl. v. 22.2.2017 – 5 StR 605/16 (juris); zu hamburgischen, niedersächsischen und baden-württembergischen Vorschriften BGH NStZ **1984** 327; MDR **1985** 862; Urt. v. 20.4.1982 – 5 StR 521/81, BeckRS **1982** 108208; vgl. auch *Gruschwitz* DRiZ **2012** 240.

44 Vgl. NordÖR **2023** 504; Zöller/*Lückemann* 6.

§ 11

(aufgehoben durch § 85 Nr. 3 DRiG)

Vorbemerkungen

Übersicht

I. Bundes- und Landesgerichte

1 **1. Aufteilung der Gerichtsbarkeit zwischen Bundes- und Landesgerichten.** Mit dem Inkrafttreten der Reichsjustizgesetze wurde die Ausübung der ordentlichen Gerichtsbarkeit (§ 2 EGGVG) in der Art geregelt, dass das ganze Reichsgebiet in fast allen verfahrensrechtlichen Beziehungen wie das Gebiet eines Staates behandelt wurde, obwohl die Gerichtsbarkeit nur zum Teil von Gerichten des Reichs und in der Hauptsache von den Gerichten der Länder ausgeübt wurde. Dieser Rechtszustand besteht, nachdem die im Jahr 1934 vollzogene Übertragung der Justizhoheit der Länder auf das Reich im Jahr 1945 hinfällig wurde, auch heute. Art. 92 ff. GG sehen eine Aufteilung der Gerichtsbarkeit zwischen Gerichten des Bundes und den Gerichten der Länder vor, wobei Bundesgerichte lediglich das BVerfG sowie die in Art. 95 GG vorgesehenen obersten Bundes-

gerichte (BGH, BVerwG, BFH, BAG und BSG nebst dem Gemeinsamen Senat der Obersten Bundesgerichte gem. Art. 95 Abs. 3 GG) sowie die in Art. 96 GG bezeichneten fakultativen Bundesgerichte sind, namentlich das Bundespatentgericht (§§ 65 ff. PatG). Weitere Bundesgerichte können ohne Änderung der Verfassung nicht errichtet werden, insbesondere nicht unter Berufung auf die Gesetzgebungszuständigkeit des Bundes für die Gerichtsverfassung (Art. 74 Abs. 1 Nr. 1 GG). Alle übrigen Gerichte sind Landesgerichte. Allerdings schweigt das Grundgesetz zu der Frage, wie die einzelnen Befugnisse der rechtsprechenden Gewalt auf die Bundes- und Landesgerichte verteilt werden sollen. Dies zu bestimmen, bleibt grundsätzlich dem Bundesgesetzgeber aufgrund seiner Gesetzgebungskompetenz für das Gerichtsverfassungsrecht vorbehalten.[1] Allerdings ergibt sich aus der Bezeichnung der in Art. 95 GG genannten Bundesgerichte als oberste Gerichtshöfe, dass sie zumindest überwiegend als letztinstanzlich tätige, mit Aufgaben der Rechtsfortbildung und der Wahrung der Rechtseinheit befasste Revisionsgerichte konzipiert sind, wie es der deutschen Rechtstradition entspricht.[2] Damit bringt das GG zugleich zum Ausdruck, dass es einen Instanzenzug von Landesgerichten zu Bundesgerichten, also eine Mischzuständigkeit bei der Justizgewährung voraussetzt.[3]

2. Originäre Gerichtsbarkeit der Länder, einheitliches Rechtspflegegebiet. Früher 2
war es streitig, ob die Gerichte der Länder der Sache nach rechtsprechende Gewalt des Bundes ausüben, d.h. ob die Justizhoheit der Länder aus der Bundesstaatsgewalt abgeleitet ist oder ob sie originäre Hoheitsrechte ihres Landes kraft eigenen Rechts wahrnehmen.[4] Die Frage ist im Sinne der zweiten Alternative zu beantworten.[5] Aus Art. 96 Abs. 5 GG folgt, dass Gerichte der Länder nur in dem dort bezeichneten Umfang im Wege der „Organleihe" substantiell Gerichtsbarkeit des Bundes ausüben (vgl. dazu § 120 Abs. 6, § 142a). Im Übrigen üben sie originäre Gerichtsbarkeit der Länder aus. Für eine Bundesaufsicht entsprechend Art. 84 GG ist in diesem Bereich kein Raum.[6] Unabhängig davon, ob Gerichtsbarkeit des Bundes oder eines Landes ausgeübt wird, ist die Bundesrepublik Deutschland ein einheitliches Rechtspflegegebiet; rechtskräftige Entscheidungen eines Landesgerichts entfalten über die Landesgrenzen hinaus die gleiche Wirkung, wie wenn die Justizhoheit allein dem Bund zustünde und alle Gerichte solche des Bundes wären.[7]

II. Die Befugnis der einzelnen Länder zur Strafverfolgung in ihrem Verhältnis zueinander

1. Träger der Strafverfolgung. Abgesehen von den Fällen, in denen ihre Gerichte 3
Gerichtsbarkeit des Bundes ausüben (Rn. 2), handeln die Gerichte der Länder aufgrund der Justizhoheit des jeweiligen Landes; es ergeben sich jedoch Einschränkungen aus dem Gedanken der Einheit des Rechtspflegegebiets. GVG und StPO gehen von dem Grundgedanken aus, dass die Länder als zu gemeinsamer Ausübung der Strafrechtspflege verbunden angesehen und sämtliche Gerichte und Staatsanwaltschaften im Bundesgebiet wie

1 Dürig/Herzog/Scholz/*Hillgruber* Art. 92 GG, 79.
2 BVerfGE **8** 377, 391; **92** 365, 410.
3 Dürig/Herzog/Scholz/*Hillgruber* Art. 92 GG, 80.
4 Vgl. RGSt **53** 41.
5 Vgl. BVerfGE **96** 345, 366; Schmidt-Bleibtreu/Hofmann/Henneke/*Hopfauf* Art. 92 GG, 97; Dürig/Herzog/Scholz/*Hillgruber* Art. 92 GG, 77.
6 Anders noch LR/*K. Schäfer*[24] Vor § 12, 2.
7 OLG Düsseldorf MDR **1951** 489; Kissel/*Mayer* Einl. 40.

Organe einer und derselben Strafgewalt betrachtet werden. Dieses Prinzip – von dem sich eine wesentliche Abweichung nur in § 210 Abs. 3 Satz 1 und § 354 Abs. 2 Satz 1 StPO findet – tritt insbesondere deutlich hervor in den Bestimmungen über den Gerichtsstand (§§ 7 ff. StPO) und über die Rechtshilfe (§§ 156 ff.). In den Vorschriften über den Gerichtsstand ist (abgesehen von § 11 Abs. 1 StPO) von den einzelnen Ländern überhaupt nicht die Rede. Unterschieden wird lediglich zwischen Gerichtsbezirken, nicht aber zwischen Staatsgebieten. In dem die Rechtshilfe behandelnden Titel ist nur in wenigen Beziehungen auf die Staatszugehörigkeit der beteiligten Behörden Rücksicht genommen (§§ 167, 168).

4 **2. Begründung der Zuständigkeit zur Strafverfolgung.** Sind für dieselbe Sache mehrere Gerichte zuständig (§§ 12, 13 StPO) und gehören sie verschiedenen deutschen Ländern an, so sind für die Entschließung der Staatsanwaltschaft darüber, bei welchem Gericht die Sache anhängig zu machen ist, nur die Gründe maßgebend, die ebenfalls gelten, wenn die zuständigen Gerichte demselben Land angehören (zur Bestimmung der zuständigen Staatsanwaltschaft s. § 143 Rn. 7 f.). Die Übertragung einer Sache von dem mit ihr befassten Gericht auf ein anderes zuständiges Gericht (§ 12 Abs. 2, § 13 Abs. 2, 3 StPO) ist unter Gerichten verschiedener Länder in derselben Weise statthaft wie unter Gerichten desselben Landes; die Landeszugehörigkeit der beteiligten Gerichte ist auf die Entscheidung darüber, ob die Übertragung stattfinden soll, rechtlich ohne Einfluss. Auch wenn es sich um die Übertragung einer Sache auf ein an sich nicht zuständiges Gericht, also um die Begründung der Zuständigkeit durch den Auftrag eines oberen Gerichts (§ 15 StPO) handelt, ist die Wahl eines Gerichts eines anderen Landes (durch den BGH) nicht ausgeschlossen.[8] Schließlich hängt die Zuständigkeit für Vollstreckungsentscheidungen (§§ 462a, 463 StPO) nicht davon ab, welchem Land die Gerichte angehören, die die Strafurteile erlassen haben.

5 **3. Folgerungen.** Für die einzelnen Untersuchungshandlungen ist das Prinzip der Rechtspflegeeinheit des Bundesgebiets in folgender Weise verwirklicht: Die Gerichtsgewalt, die dem mit der Sache befassten Gericht außerhalb seines Bezirks zusteht, ist im ganzen Bundesgebiet dieselbe; sie ist in dem Gebiet eines anderen Landes ebenso begründet wie in einem anderen Gerichtsbezirk des eigenen Landes. Auch die Befugnis des befassten Gerichts, Amtshandlungen außerhalb seines Bezirks vorzunehmen (vgl. § 166), ist ohne Rücksicht auf die Grenzen des Landes gegeben. Die Rechts- und Vollstreckungshilfe wird den Behörden eines anderen Landes in derselben Weise wie denen des eigenen Landes geleistet (§§ 156, 162). Das alles gilt gleichermaßen, wenn die Tat nur nach Landesrecht strafbar ist; hier hat jedes Gericht, bei dem ein Gerichtsstand nach den Vorschriften der StPO gegeben ist, nach den Grundsätzen des interlokalen Strafrechts das Recht des Tatorts anzuwenden, auch wenn es in seinem Gebiet nicht gilt.[9]

6 **4. Wirkungen von Rechtshängigkeit, Rechtskraft.** Die Wirkungen der Rechtshängigkeit der Sache (§ 151 StPO) sowie der Rechtskraft einer gerichtlichen Entscheidung erstrecken sich gleichmäßig auf das ganze Bundesgebiet. Das gilt insbesondere für die Vollstreckbarkeit der Entscheidungen, ferner für den Verbrauch der Strafklage; die Entscheidung, durch die die Strafklage für ein Land verbraucht wird, bewirkt notwendig zugleich den Verbrauch für alle übrigen etwa zur Strafverfolgung berechtigten deut-

8 BGHSt **22** 250, 252; LR/*Erb* § 15 StPO, 14.
9 BGH NJW **1958** 1500; *Fischer* Vor §§ 3 bis 7 StGB, 24 ff.

schen Länder; die Rechtshängigkeit in einem Land hindert ebenfalls die Verfolgung in den anderen Ländern.

III. Räumlicher Bereich der Rechtsprechungsgewalt

1. Grundsatz und Ausnahmen. Die Ausübung deutscher Rechtsprechungsgewalt erstreckt sich auf das deutsche Hoheitsgebiet. Beschränkungen ergeben sich aus dem Grundsatz der Exterritorialität (§§ 18 bis 20). Auch im Verhältnis zu den Gerichten der DDR ging man bis zur Wiedervereinigung grundsätzlich von der Einheit des Rechtspflegegebietes aus. Das zeigte sich u.a. darin, dass durch Urteile der dortigen Strafgerichte grundsätzlich die Strafklage auch mit Wirkung für die Gerichte der Bundesrepublik verbraucht wurde und dass diese Urteile grundsätzlich in der Bundesrepublik vollstreckbar waren. Die durch die Unterschiede der politischen und rechtlichen Systeme gebotenen weitreichenden Ausnahmen waren im Gesetz über die innerdeutsche Rechts- und Amtshilfe in Strafsachen v. 2.5.1953[10] geregelt. Der Einigungsvertrag hob dieses Gesetz auf. Artikel 18 des Einigungsvertrages bestimmte die grundsätzliche Fortgeltung der Strafurteile der DDR, jedoch mit der Möglichkeit einer Durchbrechung der Rechtskraft aufgrund der dort den Verurteilten eröffneten Kassation und nach Maßgabe des vom Einigungsvertrag im wesentlichen aufrechterhaltenen Rehabilitierungsgesetzes v. 6.9.1990.[11] Der Komplex wurde später im Strafrechtlichen Rehabilitierungsgesetz v. 29.10.1992[12] geregelt, neu gefasst am 17.12.1999[13] und zuletzt geändert durch Gesetz vom 2.6.2021.[14] 7

2. Verhältnis zur Strafverfolgung durch die Gerichte der Mitgliedstaaten der EU. Auf der Grundlage gegenseitigen Vertrauens, gegenseitigen Verständnisses und gegenseitiger Achtung weiten die Mitgliedstaaten der EU ihre Zusammenarbeit in Strafsachen aus.[15] Ein wesentlicher Inhalt ist die wechselseitige Anerkennung des Grundsatzes ne bis in idem in Bezug auf Justizentscheidungen der anderen Mitgliedstaaten, wodurch, wie umgekehrt, die Reichweite deutscher Straferkenntnisse in den europäischen Rechtsraum hinein erweitert wird. Für den Schengen-Raum ist seit 1995 Art. 54 des Schengener Durchführungsübereinkommens (SDÜ) von 1990[16] in Kraft.[17] Im Verhältnis zu den Mitgliedstaaten gilt inzwischen Art. 50 der GRC. 8

3. Verhältnis zur Strafverfolgung durch sonstige nichtdeutsche Strafgerichte. Unterschiedlich ausgestaltete Bestimmungen zur Überleitung von Verfahren bzw. zum Strafklageverbrauch enthalten die Regelungen zu den internationalen Strafgerichtshöfen für 9

---

10 BGBl. I S. 161 mit späteren Änderungen; dazu die Erläuterung durch LR/*K. Schäfer*[23] Anhang.

11 GBl./DDR I Nr. 60 S. 1459; zu Kassation und strafrechtlicher Rehabilitierung vgl. LR/*Hilger*[25] Nachtrag II (Einigungsvertrag) Teil C, 4 ff.; 45 ff.; 80 ff.

12 BGBl. I S. 1814.

13 BGBl. I S. 2664.

14 BGBl. I S. 1387.

15 Übersicht bei *Satzger* (Intern. Strafrecht) § 9.

16 BGBl. 1993 II S. 1010.

17 Zu den zahlreichen Auslegungsfragen vgl. Schomburg/Lagodny/Gleß/Hackner/*Schomburg*/*Wahl* Art. 54 SDÜ, 38 ff.; BGH Beschl. v. 22.1.2026 – 6 StR 245/25 (juris, Rn. 6 ff.) m.w.N.; ferner *Schmitt*/Köhler Einl. 177a; LR/*Kühne* Einl. K 98; einführend *Ambos* § 9, 34 ff.; *Satzger* (Intern. Strafrecht) § 10, 58 ff.; zum Ganzen auch *Harms* FS Rieß 725 ff.

Jugoslawien (IStGHJ, ICTY)[18] und Ruanda (IStGHR, ICTR)[19] sowie Art. 20 des Römischen Statuts des Internationalen Strafgerichtshofs (IStGH) v. 17.7.1998.[20]

IV. Gnade und Amnestie

Schrifttum

Literatur aus der Zeit vor 1949 hat aufgrund der veränderten verfassungsrechtlichen Lage an Relevanz erheblich eingebüßt. Auch die Literatur aus der frühen Zeit der Bundesrepublik Deutschland ist nur noch mit Einschränkung aktuell. Insoweit wird auf die zahlreichen Nachweise in der 24. Aufl. verwiesen. Die nachfolgenden Hinweise beschränken sich auf neueres Schrifttum.

Bachof Über Fragwürdigkeiten der Gnadenpraxis und die Gnadenkompetenz, JZ **1983** 469; *Birkhoff/Lemke* Gnadenrecht – Handbuch (2012); *Bröcker* Amnestien vor dem Internationalen Strafgerichtshof, Diss. Köln 2024; *Cárdenas* Die Zulässigkeitsprüfung vor dem Internationalen Strafgerichtshof (2005); *Dimoulis* Die Begnadigung in vergleichender Perspektive (1996); *Freuding* Das Gnadenrecht, StraFo **2009** 491; *Funk* Gnade und Gesetz (2017); *Gauck* Wem würde eine Amnestie nützen? DRiZ **1999** 90; *Glander* Das Gnadenrecht. Eine zeitgemäße Ergänzung des deutschen Sanktionenrechts?, Diss. Bochum 2025; *Held* Gnade und Recht, FS Odersky (1996) 413; *Hillenkamp* Offene oder verdeckte Amnestie, JZ **1996** 179; *Jekewitz* Verfassungsrechtliche Aspekte des strafgerichtlichen Zugriffs auf Geldvermögen und seine Rückgängigmachung auf dem Gnadenweg, GA **1998** 276; *Klein* Gnade – ein Fremdkörper im Rechtsstaat? (2001); *Laule* Steueramnestie in Deutschland, FS Ress (2005) 1197; *Marxen* Rechtliche Grenzen der Amnestie (1984); *Maurer* Das Begnadigungsrecht in modernen Verfassungsprozessen und das Kriminalrecht (1979); *Merten* Rechtsstaatlichkeit und Gnade (1978); *Mickisch* Die Gnade im Rechtsstaat (1996); *Mrozjinski* Rehabilitationsrecht (1979); *Müller-Dietz* Recht und Gnade, DRiZ **1987** 474; *Pflieger* Gnade vor Recht? ZRP **2008** 84; *Pieper* Das Gnadenrecht des Bundespräsidenten, FS Herzog (2009) 355; *Raue* Steueramnestien, Selbstanzeige und die verfassungsrechtliche Bewertung von Straffreiheitsgesetzen, Diss. Frankfurt/M. 2015; *Rino* Rechtsprechungsübersicht zum Widerruf von Gnadenerweisen, NStZ **2006** 438; *Rüping* Die Gnade im Rechtsstaat, FS Schaffstein (1985) 31; *Schabas* Kein Frieden ohne Gerechtigkeit? (2013); *Schätzler* Gnade vor Recht, NJW **1975** 1249; *ders.* Handbuch des Gnadenrechts² (1992); *Schneider* Anmerkungen zum Begnadigungsrecht, MDR **1991** 101; *Schorlemmer* Amnestie zum 9. Oktober 1999, DRiZ **1999** 88; *Sendler* Strafrechtliche Aufarbeitung der DDR-Vergangenheit oder Amnestie? NJW **1997** 3146; *Süß* Studien zur Amnestiegesetzgebung (2001); *Wassermann* Amnestie – eine endlose Debatte? NJW **1998** 204; *Weichert* Strafrechtlicher Schutz von Menschenrechten, in: Neumann u.a. (Hrsg.) Transitional Justice (2013) 113; *Weiß* Eingeschränkte Gnadenbefugnis des Bundespräsidenten gegenüber Bundesbeamten bei landesdisziplinargerichtlicher Entscheidung, ZRP **2014** 117.

10 **1. Gnade und Strafgerichtsbarkeit, Formen der Gnade.** Wie in anderen Staaten[21] tritt der den Gerichten anvertrauten rechtsprechenden Gewalt auf dem Gebiet des Strafrechts auch nach deutschem Verfassungsrecht die Gnadenmacht (pardoning power), das Gnadenrecht des Staates gegenüber. Wie die Strafgerichtsbarkeit ist das Gnadenrecht in der Bundesrepublik Deutschland zwischen Bund und Ländern aufgeteilt (§ 452 StPO). Im weiteren Sinn umfasst die Befugnis, Gnade zu gewähren, die Amnestie, d.h. die Gewährung von Straffreiheit an einen unbestimmten, wenn auch nicht notwendig großen Personenkreis[22] nach allgemein bezeichneten Merkmalen ohne Rücksicht auf die individuelle

18 Vgl. § 2 Jugoslawien-Strafgerichtshof-Gesetz v. 10.4.1995 (BGBl. I S. 485); dazu *Schomburg* NStZ **1995** 428; *Trautwein* NJW **1995** 1658.

19 Vgl. § 2 Ruanda-Strafgerichtshof-Gesetz v. 4.5.1998 (BGBl. I S. 843).

20 BGBl. 2000 II S. 1393; dazu § 21 Rn. 1; *Ambos* ZStW **111** (1999) 175; *Hermsdörfer* JR **2001** 1; *Kinkel* NJW **1998** 2650; *Kreß* NStZ **2000** 617.

21 Dazu *Schätzler* (Handbuch) 146 ff.

22 BVerfGE **10** 234.

Gnadenwürdigkeit. Dabei kann es um den Erlass oder die Abmilderung rechtskräftig erkannter Strafen gehen. Es kann sich aber auch, und das ist die Regel, um eine Freistellung von laufender oder künftiger Strafverfolgung für begangene Straftaten handeln mit der Folge, dass es zu einer rechtskräftigen Verurteilung nicht mehr kommt. Es ist anerkannt, dass Amnestien Rechtsnormcharakter haben und eines Gesetzes bedürfen, wenngleich das GG dies anders als Art. 49 Abs. 2 WRV und einzelne Landesverfassungen nicht ausdrücklich bestimmt.[23] Amnestien (Straffreiheitsgesetze) gab es in der Geschichte der Bundesrepublik Deutschland wiederholt. Ausfluss des Gnadenrechts ist aber vor allem die Befugnis, im Einzelfall in den Lauf des Rechts einzugreifen (Gnade, Begnadigung im engeren Sinn).[24] Dies kann z.B. geschehen durch Erlass oder Teilerlass einer rechtskräftig verhängten Strafe oder deren Abmilderung sowie durch Aufschub der Vollstreckung. Früher hielt man es für möglich, dass im Wege der Gnade im Einzelfall vor rechtskräftiger Aburteilung eingegriffen und eine Strafverfolgung untersagt wird (Niederschlagung, Abolition im Einzelfall). § 3 Abs. 1 der Gnadenordnung 1935[25] sah die Befugnis dazu noch als Inhalt des Gnadenrechts an. Heute ist anerkannt, dass im gewaltenteilenden Rechtsstaat des GG eine Niederschlagung im Einzelfall unzulässig ist, weil damit in die den Gerichten anvertraute Rechtsprechung eingegriffen würde.[26]

2. Begnadigung

a) Geschichtliche Entwicklung, verfassungsrechtliche Grundlagen. Eine wichtige Entwicklungslinie des Gnadenrechts in Deutschland[27] ist, dass die im späten Mittelalter den Gerichten vielfach zugestandene Befugnis des „Richtens nach Gnade" – d.h. das Recht, die verwirkte Strafe nachzulassen, zu mildern oder auch zu schärfen[28] – u.a. wegen vielfacher Missbräuche zurückgedrängt (Bambergensis 1507, Carolina 1532) und die Gnadenmacht dem Landesherrn zuerkannt wurde. Sie wurde als eine außerhalb des Rechts oder neben dem Recht stehende besondere Befugnis des Staatsoberhaupts begriffen, ausnahmsweise im Einzelfall Milde walten zu lassen.[29] In der Person des Landesherrn vereinigte sich das Recht zur Gnade mit der Befugnis zu anderen Gunstbezeigungen,[30] eine Verbindung, die später hinfällig wurde. Verstanden als Befugnis des Staatsoberhaupts, Nachteile, die für Pflichtverstöße verhängt wurden, zu mildern oder zu beseitigen, haben die deutschen Verfassungen nach 1945 das Institut der Gnade übernommen und inkorporiert.[31] Ohne sich zum Inhalt des Gnadenrechts zu verhalten, wurden im GG der Bundespräsident (Art. 60 Abs. 2 GG) und in den Landesverfassungen die Ministerpräsidenten, in einzelnen Ländern auch die Landesregierungen,[32] als Träger des Gnadenrechts bestimmt. Diese ha- 11

23 BVerfGE **2** 213, 219; Schmidt-Bleibtreu/Hofmann/Henneke/*Butzer* Art. 60 GG, 32; vgl. auch *Schätzler* (Handbuch) 208.

24 „Der Gerechtigkeit ihren Lauf lassen" ist eine überkommene Formel für ablehnende Gnadenentscheidungen.

25 Verordnung über das Verfahren in Gnadensachen v. 6.2.1935 (DJ S. 203).

26 Dürig/Herzog/Scholz/*Herzog* Art. 60 GG, 31; Huber/Voßkuhle/*Fink* Art. 60 GG, 27; v. Münch/Kunig/*Arnauld* Art. 60 GG, 13; Schmidt-Bleibtreu/Hofmann/Henneke/*Butzer* Art. 60 GG, 32; w.N. bei *Schätzler* (Handbuch) 16.

27 Vgl. dazu BVerfGE **25** 352, 358; *Funk* 24 ff.; *Glander* 38 ff.; *Held* FS Odersky 413; *Klein* 3 ff.; *Pieper* 361 f.; *Rüping* FS Schaffstein 31 m.w.N.; *Schätzler* (Handbuch) 7.

28 *Rüping* FS Schaffstein 32.

29 *Held* FS Odersky 415.

30 *Pflieger* ZRP **2008** 86; *Schätzler* (Handbuch) 9.

31 BVerfGE **25** 352, 359.

32 Art. 81 Satz 1 BerlVerf; Art. 121 Abs. 1 Satz 1 BremVerf; Art. 44 Abs. 1 HambVerf; vgl. auch Art. 93 SaarlVerf; s. auch *Pieper* 362 ff.

ben das Gnadenrecht im weiten Umfang auf den Justizminister und die Staatsanwaltschaften delegiert. Der Bundespräsident nimmt das Gnadenrecht ausschließlich in Angelegenheiten wahr, in denen bereits im ersten Rechtszug durch ein Bundesgericht oder in Ausübung der Gerichtsbarkeit des Bundes entschieden worden ist (Art. 96 Abs. 5 GG, § 452 StPO), wie es ausschließlich in Staatsschutzverfahren vor den Oberlandesgerichten gem. § 120 Abs. 6, § 142a der Fall ist.[33] Darüber hinaus steht es ihm im Zusammenhang mit der Aberkennung von Grundrechten gem. Art. 18 Satz 2 GG[34] und dem Verlust von Beamtenrechten gem. § 41 BBG zu; insoweit bezieht sich das Gnadenrecht nur auf die dienstrechtlichen Folgen des Urteils, nicht auf die unmittelbar in dem Urteil ausgesprochenen Rechtsfolgen.[35] Diskutiert wird, ob dem Bundespräsidenten mit Blick auf Art. 60 Abs. 2 GG weiterhin das Gnadenrecht nach § 81 BDG bezüglich disziplinarrechtlicher Entscheidungen gegenüber Bundesbeamten zustehen kann, nachdem diese gem. § 45 Satz 1 BDG den Verwaltungsgerichten der Länder übertragen worden sind.[36]

12 **b) Gnadengründe.** Mit dem Übergang des Gnadenrechts vom gekrönten Herrscher auf das demokratisch legitimierte Staatsoberhaupt kamen früher anerkannte Gnadengründe in Wegfall, die mit der Person des Herrschers und seiner Familie verknüpft waren (Geburtstage, Jubiläen etc.). Im Wesentlichen geht es, wie das BVerfG dargelegt hat, heute darum, „Härten des Gesetzes, etwaige Irrtümer der Urteilsfindung sowie Unbilligkeiten bei nachträglich veränderten allgemeinen oder persönlichen Verhältnissen auszugleichen“.[37] Ähnliche Umschreibungen finden sich in einzelnen Gnadenordnungen, wobei regelmäßig ein Vorbehalt zugunsten der Verteidigung der Rechtsordnung gemacht wird.[38] Sie schließen allerdings nicht aus, dass weitere Gesichtspunkte bei der Gnadenentschließung eine Rolle spielen.[39] Indem die Verfassungen die Gnadenkompetenz dem Staatsoberhaupt zugewiesen haben und nicht einer Justizbehörde, haben sie die Mitberücksichtigung der dem Staatsoberhaupt anvertrauten gesamtstaatlichen Interessen nicht nur zugelassen, sondern gewollt; es wäre deshalb zu eng, die Gnade als Aspekt der Justizhoheit zu begreifen und ihre Aufgabe „als individualisierende Gerechtigkeit“ zu verstehen,[40] wenngleich dies ihr Kerninhalt ist.

13 **c) Verrechtlichung.** Im Prozess der Ausdifferenzierung und Abmilderung der Strafrechtsordnung ist die Notwendigkeit eines gnadenweisen Eingreifens in verschiedenen Bereichen entfallen oder geringer geworden. Die Todesstrafe ist abgeschafft; über die Aussetzung verhängter Freiheitsstrafen bis hin zur lebenslangen Freiheitsstrafe[41] entscheiden heute die Gerichte (§§ 56ff. StGB), ebenso über die Aussetzung von Maßregeln der Besserung und Sicherung (§§ 67b ff. StGB), ferner über die vorzeitige Wiederverleihung durch Strafurteil verlorener Fähigkeiten und Rechte (§ 45b StGB). Bei der Festsetzung und Voll-

---

33 *Pieper* 356; Dreier/*Heun* Art. 60 GG, 28; KK/*Appl* § 452 StPO, 2; MüKo/*Nestler* § 452 StPO, 6; Schmidt-Bleibtreu/Hofmann/Henneke/*Butzer* Art. 60 GG, 36 f.; *Schmitt*/Köhler § 452 StPO, 2 f.

34 *Pieper* 357; Dreier/*Heun* Art. 60 GG, 28; Huber/Voßkuhle/*Fink* Art. 60 GG, 25.

35 *Battis* § 43 BBG, 4; *Weiß* ZRP **2014** 118.

36 Zust. *Pieper* 357; Plog/Wiedow/*Lemhöfer* § 43 BBG, 5a; Schmidt-Bleibtreu/Hofmann/Henneke/*Butzer* Art. 60 GG, 35, 39; abl. *Weiß* ZRP **2014** 117.

37 BVerfGE **25** 352, 360.

38 Nachweise bei *Schätzler* (Handbuch) 80 ff.

39 Ebenso *Freuding* StraFo **2009** 497; *Funk* 196; *Pflieger* ZRP **2008** 86; *Schätzler* (Handbuch) 85 ff., 157 ff.

40 So LR/K. *Schäfer*[24] Vor § 12, 9; ebenso etwa *Klein* 15; *Rüping* FS Schaffstein 42.

41 Allein die Möglichkeit der Begnadigung genügt nach der zur Schaffung des § 57a StGB führenden Grundsatzentscheidung BVerfGE **45** 187 nicht, um die Chance des zu lebenslanger Freiheitsstrafe Verurteilten auf Wiedererlangung seiner Freiheit in der verfassungsrechtlich gebotenen Weise abzusichern.

streckung von Geldstrafen sieht das Gesetz die Möglichkeit von Zahlungserleichterungen vor, über die letztlich das Gericht entscheidet (§ 42 StGB, §§ 459a, 459f, 459o StPO). Früher für Gnadengesuche typische Konfliktlagen wurden damit in die Hand der Gerichte gelegt. Da das Gnadenrecht vom Grundsatz des Vorrangs der gerichtlichen Entscheidung geprägt ist, wie dies in verschiedenen Gnadenordnungen auch ausdrücklich bestimmt ist,[42] wird von einer Verrechtlichung der Gnade gesprochen. Eine Tendenz zur Verrechtlichung lässt sich aber auch insoweit feststellen, als die Gnadenbefugnis weitgehend auf die Staatsanwaltschaften delegiert ist und dort als ein durch Gnadenordnungen und -erlasse geregeltes Alltagsgeschäft erlebt wird.[43]

d) Bedürfnis für Gnade, ihr Platz im gewaltenteilenden Rechtsstaat. Dies bedeutet nicht, dass es kein Bedürfnis für Gnade mehr gäbe.[44] Sie beschränkt sich allerdings auf die Konfliktsituationen, in denen mit rechtlichen Mitteln keine Abhilfe möglich ist. Die Gnadenpraxis der Länder zeigt, dass – bei rückläufiger Tendenz – jährlich insgesamt mehrere tausend Gnadenverfahren bearbeitet werden, von denen ein nicht zu vernachlässigender Teil einen gewissen Erfolg hat.[45] Jenseits der praktischen Bedeutung für die Strafrechtspraxis, wie sie sich in diesen Zahlen ausdrückt, ist die Existenz von Gnade eine kulturelle Errungenschaft so wie das Recht selbst.[46] In der Gnade reichen, wie *Radbruch*[47] erklärt hat, „rechtsfremde Wertgebiete mitten in die Rechtswelt hinein, religiöse Barmherzigkeitswerte, ethische Duldsamkeitwerte". Darauf sollte auch im freiheitlich-demokratischen Rechtsstaat nicht verzichtet werden. Ein Problem ist sicher, dass diese außerordentliche Dimension der Gnade in der Gnadenpraxis der Staatsanwaltschaften oft nicht sichtbar wird, die Gnade dort als „kleine Münze" erscheint, die sich von den Aufgaben der Staatsanwaltschaft im Bereich der Strafvollstreckung nicht substanziell unterscheidet und deshalb die Frage provoziert, warum anders als dort keine gerichtliche Kontrolle besteht.[48] Das sollte jedoch eher Anlass sein, die weitgehende Delegation der Gnade auf die Staatsanwaltschaften zu hinterfragen als die Gnade selbst in Frage zu stellen. Bundespräsident *von Weizsäcker* hat 1986 beim 56. Deutschen Juristentag in Berlin so formuliert: „Je enger das Netz unserer Gesetze wird, desto mehr sollten wir uns der Gnade entsinnen, nicht nur weil wir alle allzumal Sünder sind, Verurteilte und Urteilende – die ganze Rechtsordnung bleibt darauf angewiesen, dass eine Gnade erfahrbar bleibt, die das Recht achtet, ihm aber nicht unterworfen ist".[49] Zu Recht haben die Verfassungen die Gnadenkompetenz deshalb dem Staatsoberhaupt zugewiesen. Das Gewähren von Gnade ist nicht ein Akt der Rechtsprechung;[50] sie ist anders als der Erlass einer Amnestie (Rn. 24) ebenso wenig ein Akt der Gesetzgebung. 14

---

42 Vgl. § 14 BWGnO; § 5 BayGnO; § 4 BerlGnO; § 6 HessGnO; § 11 NdsGnO; § 10 NRWGnO; § 9 RpfGnO; § 13 SächsGnO.

43 Dazu *Klein* 34 ff.

44 Vgl. *Pieper* 371 ff.; zur Legitimation *Glander* 252 ff.; zu einer spezifischen Aufgabe der Gnade beim Rückgängigmachen des strafrechtlichen Zugriffs auf Geldvermögen vgl. *Jekewitz* GA **1998** 276.

45 Im Durchschnitt der Jahre 2010 bis 2021 bundesweit knapp 13.000 Verfahren jährlich mit (Teil-)Erfolgsquoten zwischen ca. 13 % und 67 %; vgl. im Einzelnen *Glander* 383 ff., insbesondere zur jüngeren zeitlichen Entwicklung und zu regionalen Divergenzen.

46 *Schätzler* (Handbuch) 4; vgl. auch *Hattenhauer* ZStW **78** (1966) 197 ff.; *Arthur Kaufmann* NJW **1984** 1062; *Müller-Dietz* DRiZ **1987** 481.

47 *Radbruch* Rechtsphilosophie^4 (1950) § 24.

48 Vgl. aus der Sicht des Praktikers *Klein* 34 ff.

49 Verhandlungen des 56. DJT, Band II J 25, 34.

50 Für eine materielle Zuordnung zur Rechtsprechung *Dimoulis* 128 ff.; für eine Übertragung auf die Strafvollstreckungskammern de lege ferenda *Klein* 124 ff.

Gnade ist ein Akt der Exekutive,[51] aber mit der Besonderheit, dass die Gnadenkompetenz dem höchsten Repräsentanten des Staates zugeordnet ist und damit innerhalb der exekutiven Gewalt eine Sonderstellung hat.[52] Funktional handelt es sich bei der keinen normativen Bindungen oder Beschränkungen unterliegenden Ausübung des Begnadigungsrechts nicht um einfachen Gesetzesvollzug, sondern um verfassungsrechtliches Handeln im Sinne einer „Gestaltungsmacht besonderer Art".[53]

15 **e) Inhalt und Wirkung der Gnadenentscheidung, Gnadentheorien.** Die Gnadenentschließung lässt, das ist heute allgemein anerkannt,[54] das rechtskräftige Urteil unberührt, kassiert es nicht, sondern erstreckt sich nur auf die Vollziehbarkeit des Urteils. Wie diese Wirkung zu klassifizieren ist, ist Gegenstand der Gnadentheorien, die in der 24. Auflage ausführlich dargestellt worden sind.[55] Mit Hilfe der Befehls-, der Verzichts- und der Restitutionstheorie können jeweils einzelne Aspekte des Gnadenakts einleuchtend umschrieben werden. Der von *Schätzler*[56] bevorzugte Begriff der Dispensation macht zudem deutlich, dass Gnade etwas anderes ist als Rechtsanwendung. Praktische Bedeutung kommt der Frage nach der Wirkung eines Gnadenerweises bei der Auslegung der transnationalen Ne-bis-in-idem-Regelung des Art. 54 SDÜ zu. Nach zutreffender Auffassung begründet eine Begnadigung ein Vollstreckungshindernis im Sinne der Vorschrift und löst deshalb das Verbot der Doppelbestrafung aus.[57]

16 **3. Gnade außerhalb des Strafrechts.** Gnadenfähig sind nicht nur Strafen und sonstige aus Anlass einer Straftat verhängte Rechtsfolgen,[58] sondern auch wegen Ordnungswidrigkeiten verhängte Geldbußen (§ 17 OWiG), das Fahrverbot nach § 25 StVG und sonstige Sanktionen des Ordnungswidrigkeitenrechts,[59] ferner Disziplinarmaßnahmen[60] und Maßnahmen der Berufsgerichtsbarkeit,[61] schließlich Ordnungsgeld und Ordnungshaft.[62] Wegen der Vielfalt der gnadenfähigen Maßnahmen sowie der Gnadenzuständigkeit in diesen Bereichen wird auf die Darstellung bei *Schätzler* Bezug genommen. Auch hier gilt, dass die Gnade die jeweilige (gerichtliche) Entscheidung nicht antastet, sondern nur die sich daraus ergebenden Nachteile, die sie erlässt oder mildert.

---

51 Vgl. auch BVerfGE **25** 352, 361, 365; BVerfG NJW **1971** 795; den politischen Charakter der Gnadenentscheidung, die irrationale und emotionale Elemente beinhaltet, betonen auch Dreier/*Heun* Art. 60 GG, 23 und Schmidt-Bleibtreu/Hofmann/Henneke/*Butzer* Art. 60 GG, 46.

52 *Schätzler* (Handbuch) 122 spricht von einer „Gewalt sui generis", ähnlich *Peters* 699; zur Deutung als „Regierungsakt" in Frankreich und Griechenland *Dimoulis* 121 ff.

53 OVG Berlin-Brandenburg NJW **2024** 2054 zu Art. 60 Abs. 2 GG.

54 OLG Hamburg MDR **1977** 771; OLG Saarbrücken NJW **1973** 2037; *Glander* 213 ff.; *Schätzler* (Handbuch) 33, 35.

55 LR/*K. Schäfer*[24] Vor § 12, 13 ff.; vgl. auch *Schätzler* (Handbuch) 77.

56 *Schätzler* (Handbuch) 78.

57 Dazu *Ambos* § 10, 191 m.w.N.; *Satzger* (Intern. Strafrecht) § 10, 87, auch zur abw. Auffassung von Generalanwalt *Colomer* in einem Verfahren vor dem EuGH.

58 Im Einzelnen *Glander* 81 ff.; *Schätzler* (Handbuch) 34 ff.; zu nicht gnadenfähigen Eingriffen s. auch *Freuding* StraFo **2009** 492 f.

59 Vgl. näher *Schätzler* (Handbuch) 50 ff.

60 *Schätzler* (Handbuch) 52 ff.

61 *Schätzler* (Handbuch) 56 ff.

62 Vgl. *Schätzler* (Handbuch) 60.

4. Gerichtliche Nachprüfung von Gnadenentscheidungen

a) Rechtsprechung des BVerfG. Die Frage, ob Gnadenentschließungen, insbesondere ablehnende, gerichtlich nachprüfbar sind, ist seit langem umstritten. Das BVerfG hatte 1969 über eine Verfassungsbeschwerde gegen einen Beschluss des OLG München zu entscheiden, das einen Antrag auf gerichtliche Entscheidung nach § 23 EGGVG gegen eine ablehnende Gnadenentscheidung als unzulässig verworfen hatte.[63] Mit 4:4 Stimmen vermochte der Zweite Senat einen Verstoß gegen Art. 19 Abs. 4 GG nicht festzustellen. Nach der diese Entscheidung tragenden Auffassung gilt Art. 19 Abs. 4 GG für ablehnende Gnadenentscheidungen nicht. Der Grundgesetzgeber habe das Institut des Begnadigungsrechts in seinem historisch überkommenen Sinn übernommen. Hiernach bedeute der Gnadenakt einen Eingriff der Exekutive in die rechtsprechende Gewalt, wie er sonst dem Grundsatz der Gewaltenteilung fremd sei. Das Gnadeninstitut unterliege daher nicht den Sicherungen, den Gewaltenverschränkungen und -balancierungen, die gewährleisten sollen, dass Übergriffe der Exekutive durch Anrufung der Gerichte abgewehrt werden können. Die Delegation der Gnadenbefugnis an untere Instanzen ändere daran nichts. Da sich der Ausschluss der Anfechtbarkeit positiver wie negativer Gnadenentscheidungen aus dem GG selbst ergebe, bedürfe es keiner Erörterung der Frage, ob ein Gnadenakt den Einzelnen überhaupt in seinen Rechten verletzen könne. Da zur Eigenart des Gnadenakts gehöre, dass er ohne Antrag, ohne Zustimmung, ohne Billigung und sogar gegen den Willen des Begünstigten ergehen könne und dass ein Recht auf einen Gnadenerweis nicht bestehe, könne ein solches Recht des Betroffenen auch nicht verletzt werden. Für eine gerichtliche Nachprüfbarkeit würde es zudem an Maßstäben fehlen. Etwaige Missbräuche bei der Handhabung des Gnadenrechts seien der politischen Verantwortlichkeit der Verfassungsorgane überantwortet. 17

Die vier **dissentierenden Richter** vertraten die Auffassung, dass Art. 19 Abs. 4 GG den Rechtsweg gegen willkürliche Gnadenentscheidungen eröffne. Die Gnadenbefugnis könne nicht aus dem umfassenden, durch Art. 19 Abs. 4 GG mitgeprägten rechtsstaatlichen Verhältnis, in dem nach dem GG der einzelne Mensch zur öffentlichen Gewalt stehe, herausgenommen werden. Die Inhaber des Gnadenrechts dürften dieses nur im Rahmen der verfassungsmäßigen Ordnung und der durch diese, insbesondere durch Art. 1 Abs. 3 und Art. 20 Abs. 3 GG gezogenen Grenzen ausüben. Jede positive und jede negative Gnadenentscheidung müsse von Motiven getragen sein, die sich an der Gerechtigkeitsidee orientierten, wie sie im Grundgesetz im Einzelnen konkretisiert sei. Eine willkürliche oder leichtfertige Kassation gerichtlicher Urteile im Gnadenwege wäre hiermit unvereinbar. Zwar könne ein Gnadenerweis aus jedem von der Wertordnung des GG nicht missbilligten Grund abgelehnt werden. Wenn das Begnadigungsrecht durch willkürliche Handhabung missbraucht werde, werde der Verurteilte aber in seinem durch Art. 1 und 3 GG begründeten Recht auf eine rechtsstaatskonforme, d.h. nicht diskriminierende, gerechte und sachbezogene Gnadenentscheidung verletzt. Es handle sich bei Gnadenentscheidungen, zumal wenn sie von nachgeordneten Behörden administrativ bearbeitet und entschieden würden, um exekutivische Akte, gegen die durch Art. 19 Abs. 4 GG der Rechtsweg eröffnet werde. Der Rechtsweg nach §§ 23 ff. EGGVG erscheine als der sachnächste. 18

In einem Beschluss aus dem Jahre 1978,[64] mit dem eine Verfassungsbeschwerde, die sich gegen das Unterlassen eines Gnadenerweises richtete, nicht zur Entscheidung angenommen wurde, hat das BVerfG keinen Anlass gesehen, die Frage der Justitiabilität von Gnadenentscheidungen noch einmal zu erörtern. Es hat aber darauf hingewiesen, dass, sollte eine Justitiabilität angenommen werden, die Prüfung nur dahin gehen könne, ob 19

63 BVerfGE **25** 352.

64 BVerfG NJW **1978** 2591.

die Verweigerung eines Gnadenerweises den durch das GG abgesicherten Mindestanforderungen – insbesondere dem Erfordernis der Willkürfreiheit – entspreche, was für den entschiedenen Fall bejaht worden ist. In **späteren Entscheidungen** ist das BVerfG davon ausgegangen, nach seiner ständigen Rechtsprechung seien die Gewährung oder Versagung eines Gnadenerweises von Verfassungs wegen gerichtlich nicht überprüfbar.[65]

20 Demgegenüber kam das BVerfG bereits in einer Entscheidung aus dem Jahre 1971 in Ergänzung seiner bisherigen Rechtsprechung zu dem Ergebnis, dass der **Widerruf eines Gnadenerweises** der gerichtlichen Kontrolle nach Art. 19 Abs. 4 GG unterliegt.[66] Durch den Gnadenerweis werde die Wirkung des Urteils umgestaltet. Wie vorher die Vollstreckungsbehörde an das rechtskräftige Urteil sei nunmehr die Exekutive durch ihre Gnadenentscheidung gebunden. Der dem Verurteilten gewährte Freiraum unterliege nicht mehr der freien Verfügung der Exekutive. Er könne dem Verurteilten nur noch unter den im Gnadenakt selbst gesetzten Voraussetzungen genommen werden. Anders als die Ablehnung des Gnadenerweises, auf den ein Rechtsanspruch nicht bestehe, sei jeder nachträgliche Eingriff in die durch den Gnadenakt gewährte Rechtsstellung ein rechtlich gebundener Akt, welcher der gerichtlichen Kontrolle nach Art. 19 Abs. 4 GG unterliege. In jüngerer Zeit hat das BVerfG die Auffassung vertreten, die Justiziabilität von Gnadenentscheidungen sei komplex und bedürfe differenzierter Beurteilung, so dass dem Betroffenen beim Widerruf eines Gnadenerweises eine Rechtsmittelbelehrung zu erteilen sei.[67] Außerdem hat es betont, anders als die Ablehnung eines Gnadenerweises, auf den ein Anspruch nicht bestehe, sei der Widerruf einer Gnadenentscheidung ein rechtlich gebundener Akt; insoweit seien Maßgaben des Vertrauensschutzes, wie sie für einen Bewährungswiderruf nach § 56f StGB gelten, auch beim Widerruf einer gnadenweise erfolgten Aussetzungsentscheidung zu beachten.[68]

21 **b) Entwicklung des Meinungsstandes.** Die fachgerichtliche Rechtsprechung verneint ganz überwiegend eine Justitiabilität ablehnender Gnadenentscheidungen. Dies ist insbesondere die Position des BVerwG,[69] aber auch der mit Anträgen nach § 23 EGGVG befassten Oberlandesgerichte.[70] Die Literatur ist dem zu einem beachtlichen Teil gefolgt,[71] tritt aber, vor allem im verfassungs- und verwaltungsrechtlichen Schrifttum, zu einem ebenfalls beträchtlichen Teil für die Justitiabilität von Gnadenentscheidungen ein.[72] In Auslegung des jeweiligen Landesverfassungsrechts hatten die Verfassungsgerichte von Bayern und Hes-

65 Vgl. BVerfGE **66** 337, 363; BVerfG NJW **2001** 3771; Beschl. v. 26.10.2006 – 2 BvR 1587/06 (juris, Rn. 2); vgl. auch SächsVerfGH Beschl. v. 27.9.2010 – Vf. 47-IV-10 (juris, Rn. 15).

66 BVerfGE **30** 108; vgl. auch BVerfG NStZ **1995** 205.

67 BVerfGK **20** 60.

68 BVerfGK **20** 260.

69 Vgl. BVerwG NJW **1983** 187 m.w.N.

70 Vgl. OLG Celle Nds.RPfl **1996** 310; OLG Hamburg NJW **1975** 1985; MDR **1996** 193 = JR **1997** 257 m. Anm. *Streng*; OLG Hamm JMBl. NRW **1988** 154; OLG München NJW **1977** 1115; OLG Stuttgart NStZ **1985**, 331, 332.

71 Vgl. *Dreher* FS Lange 345; *Held* FS Odersky 416; *Schätzler* (Handbuch) 126 ff.; NJW **1975** 1254; *Eyermann/Rennert* § 40 VwGO, 12; *Katholnigg* § 23 EGGVG, 7; Kissel/*Mayer* § 23 EGGVG, 130; KK/*Appl* § 452 StPO, 6; KMR/*Paulus/Stöckel* § 452 StPO, 13; *Pfeiffer* § 452 StPO, 3; *Schmitt*/Köhler § 23 EGGVG, 17; SK/*Paeffgen* § 452 StPO, 8; LR/*Gerson* § 23 EGGVG, 34; LR/*Wendisch*[25] § 456 StPO, 13; im Ergebnis übereinstimmend (aber unter Ablehnung einer Begründung mit der Natur der Gnade als einer Gewalt sui generis) und mit Hinweisen auf die entsprechende Rechtslage in Frankreich, Griechenland und Italien *Dimoulis* 175 ff.

72 Vgl. *Bachof* JZ **1983** 469; Schmidt-Bleibtreu/Hofmann/Henneke/*Butzer* Art. 60 GG, 48 f.; v. Münch/Kunig/*Ernst* Art. 19 GG, 129; Huber/Voßkuhle/*Fink* Art. 60 GG, 31; *Glander* 234 ff.; *Klein* 69 ff.; *Mickisch* 157 ff.; *Rüping* FS Schaffstein 43; Dürig/Herzog/Scholz/*Schmidt-Aßmann* Art. 19 Abs. 4 GG, 80; *Streng* JR **1997** 257; teilw. abw. Schmidt-Bleibtreu/Hofmann/Henneke/*Hofmann* Art. 19 GG, 82; Schoch/Schmidt-Aßmann/Pietzner/*Ehlers* § 40 VwGO, 124, 125.

sen über die Frage zu entscheiden. Der BayVerfGH hält die Verfassungsbeschwerde gegen eine ablehnende Gnadenentscheidung in ständiger Rechtsprechung für zulässig; insbesondere könne ein Verstoß gegen das in Art. 118 Abs. 1 der bayerischen Verfassung enthaltene Willkürverbot geltend gemacht werden.[73] Allerdings hat er ausdrücklich die Auffassung vertreten, Art. 19 Abs. 4 GG sei nicht anwendbar.[74] Ebenso hat der Hessische Staatsgerichtshof[75] für die Grundrechtsklage nach hessischem Verfassungsrecht entschieden; das in der Hessischen Verfassung enthaltene Recht, den Staatsgerichtshof mit der Begründung anzurufen, der Antragsteller sei in seinen durch die Landesverfassung gewährleisteten Grundrechten verletzt, gehe weiter als Art. 19 Abs. 4 GG und als § 90 BVerfGG (Art. 94 Abs. 1 Nr. 4a GG). Der Verfassungsgerichtshof Rheinland-Pfalz hat die Frage in einer Entscheidung v. 9.6.1993[76] offen gelassen. Hinsichtlich des Widerrufs von Gnadenentscheidungen ist die Rechtsprechung der Oberlandesgerichte derjenigen des BVerfG gefolgt und hält eine Überprüfung im Verfahren nach §§ 23 ff. EGGVG für zulässig.[77]

c) Stellungnahme. Bei alldem sollten auch praktische Gesichtspunkte nicht außer Be- 22
tracht bleiben. Es sind, soweit ersichtlich, keine Fälle berichtet worden, in denen (positive oder negative) Gnadenentscheidungen auf skandalösen Erwägungen beruht hätten, eine Begnadigung etwa aus Gründen der Rasse, der Hautfarbe, des Geschlechts oder der Konfession abgelehnt worden wäre. Da es immer sachliche Gründe für die Entscheidung geben wird, könnten solche Motive auch nur festgestellt werden, wenn der Gnadenträger sich offen dazu bekennt, was unter der Geltung des Grundgesetzes kaum vorstellbar erscheint. Ebenso wenig wird in Rechnung gestellt, was eine Justitiabilität von Gnadenentscheidungen in der Praxis bewirken würde. Es geht in prinzipieller Weise darum, ob man die Gnade als Fremdkörper im gewaltenteilenden Rechtsstaat akzeptiert oder ob man zur Verhinderung denkbarer Missbrauchsfälle eine gerichtliche Kontrolle für erforderlich hält. Anders als in früheren Auflagen dieses Kommentars[78] wird uneingeschränkt der Rechtsprechung des BVerfG beigetreten, wonach eine gerichtliche Kontrolle von Gnadenentscheidungen – mit Ausnahme des Widerrufs eines Gnadenerweises – nicht eröffnet ist, auch nicht mit der Behauptung von Grundrechtsverletzungen. Das entspricht dem hergebrachten Verständnis der Gnade, das in das GG und die Landesverfassungen Eingang gefunden hat, und der Stärke des durch das GG verfassten freiheitlich demokratischen Rechtsstaats, der sich einen solchen Fremdkörper im System leisten kann, ohne ernsthaft einen Missbrauch befürchten zu müssen. Die fehlende Justiziabilität wird dem Wesen der Gnade gerecht, das sich nicht darin erschöpft, eine mildere Form des Rechts zu sein (bzw. ein „Sicherheitsventil des Rechts"), sondern das ein Ausdruck der Erkenntnis ist, dass es neben dem Recht noch andere Werte gibt und es geboten sein kann, diesen Werten gegen die Härte des Rechts zur Geltung zu verhelfen.[79] Dem entspricht es besser, wenn die Kontrolle etwaiger Missbrauchsfälle der politischen Verantwortung der Gnadenträger unterliegt, als wenn wiederum Gerichte darüber entscheiden.[80] Ob sich aus Landesverfassungsrecht die Zulässigkeit einer Verfassungsbeschwerde (Grundrechtsklage) zum

---

73 BayVerfGHE **18** 140; **21** 11, 12; **23** 6; **24** 53; dazu kritisch *Held* FS Odersky 415.

74 BayVerfGHE **31** 230; BayVerfGH NStZ-RR **1997** 39.

75 HessStGH NJW **1974** 791; vgl. auch HessStGH Beschl. v. 13.5.1992 – P.St. 1099 (juris, Rn. 17).

76 Az VGH B 5/93 (juris).

77 KG NStZ **1993** 54 m. Anm. *Eisenberg*; KG GA **1978** 14; Beschl. v. 2.7.2001 – 4 VAs 18/01 (juris, Rn. 3); OLG Celle NJW **1989** 114; OLG Saarbrücken MDR **1979** 338; OLG Stuttgart MDR **1988** 886; vgl. auch *Rino* NStZ **2006** 438; LR/*Gerson* § 23 EGGVG, 34 m.w.N.

78 LR/*K. Schäfer*[24] Vor § 12, 24; wie hier bereits LR/*Böttcher*[26] 21.

79 *Radbruch* Rechtsphilosophie[4] § 24.

80 Ähnlich *Schätzler* (Handbuch) 131; kritisch z.B. *Dimoulis* 194.

Landesverfassungsgericht ergeben kann, soll hier nicht vertieft werden.[81] Auf einem anderen Blatt steht auch, ob die weitgehende Delegation der Gnade auf die Staatsanwaltschaften sinnvoll ist.[82]

23 **d) Zivilrechtliche Haftung.** Der BGH hat in einer Entscheidung aus dem Jahre 1971[83] die Auffassung vertreten, dass der Betroffene einer ablehnenden Gnadenentscheidung gegen den Staat nach § 839 BGB, Art. 34 GG Schadensersatzansprüche mit der Begründung geltend machen kann, die Gnadenbehörde habe ihm gegenüber ihre Amtspflicht verletzt. Ohne sich mit der Rechtsprechung des BVerfG vertieft auseinanderzusetzen, nahm der BGH an, dass, wenngleich ein Anspruch auf Gnade nicht bestehe, der Betroffene doch Anspruch auf ein ordnungsgemäßes Verfahren und ein pflichtgemäßes Verhalten der beteiligten Hoheitsträger habe, dessen Verletzung Schadensersatzansprüche auslösen könne. Auf der Basis der die Rechtsprechung des BVerfG tragenden Auffassung liegt es indes näher, auch eine Inzidentkontrolle der ablehnenden Gnadenentscheidung und des ihr zugrundeliegenden Verfahrens im Zivilprozess für unzulässig zu halten.

5. Amnestie

24 **a) Begriff, geschichtliche Entwicklung.** Amnestie (wörtlich: Vergessen, Vergeben) bedeutet, dass für eine unbestimmte Vielzahl von Fällen rechtskräftig erkannte Strafen erlassen oder gemildert werden oder dass anhängige Verfahren niedergeschlagen werden und angeordnet wird, neue Verfahren nicht einzuleiten. Während die Niederschlagung (Abolition) eines einzelnen Verfahrens unzulässig ist (Rn. 10), ist die Niederschlagung anhängiger Verfahren, die nach allgemeinen Merkmalen bezeichnet sind, für die Amnestie gerade kennzeichnend und insoweit verfassungsrechtlich unbedenklich. Amnestien sind Rechtsnormen und bedürfen eines Gesetzes.[84] Amnestie- oder Straffreiheitsgesetze gab es in der Geschichte der Bundesrepublik wiederholt.[85]

25 **b) Wirkung der Amnestie.** Die neueren Straffreiheitsgesetze pflegen ihre Wirkungen selbst zu bestimmen. Soweit sie auf eine Niederschlagung anhängiger oder zukünftiger Verfahren zielen, schaffen sie ein Prozesshindernis, das in jeder Lage des Verfahrens von Amts wegen zu beachten und nach den Grundsätzen des Freibeweises zu ermitteln ist.[86] Die Amnestie steht in diesen Fällen der Einleitung eines Verfahrens, der Fortsetzung eines anhängigen Verfahrens und, wenn das Prozesshindernis erst in der Hauptverhandlung hervortritt, einer sachlichen Entscheidung über Schuld und Nichtschuld entgegen. Anhängige Verfahren sind stets einzustellen, und zwar vorbereitende Verfahren durch die Staatsanwaltschaft, die damit aktenkundig verlautbart, dass das Verfahren kraft Gesetzes ein Ende gefunden hat, gerichtlich anhängige Verfahren durch gerichtliche Entscheidung, die außerhalb der Hauptver-

81 Zur Rechtsprechung des BayVerfGH kritisch *Held* FS Odersky 420.
82 Verfassungsrechtliche Bedenken dagegen bei *Klein* 106 ff., der in Gnadenkommissionen eine überlegene Alternative sieht.
83 BGH NJW **1971** 1986, 1990; dazu Staudinger/*Wöstmann* § 839 BGB, 695.
84 BVerfGE **2** 213, 219; Dreier/*Heun* Art. 60 GG, 26; Schmidt-Bleibtreu/Hofmann/Henneke/*Butzer* Art. 60 GG, 32; vgl. auch *Schätzler* (Handbuch) 208; *Süß* 90.
85 Nachweise, auch zur Geschichte vor 1949, bei *Schätzler* (Handbuch) 219 ff., zur Steueramnestie vgl. *Laule* 1209 ff., 1214 ff.; *Raue* 59 ff.; zur Amnestiepraxis in anderen Ländern vgl. *Gierhake* ZIS **2017** 391 ff.; *Greco* GA **2012** 671 ff.; *Schätzler* (Handbuch) 260 ff.; *Werle/Jeßberger* Rn. 290 Fn. 649; zur Auswirkung nationaler Amnestien in Verfahren vor dem IStGH *Bröcker* 82 ff.
86 Vgl. LR/*Stuckenberg* § 206a StPO, 57 m.w.N.

handlung als Beschluss (§ 206a StPO), in der Hauptverhandlung als Urteil (§ 260 Abs. 3 StPO) ergeht. Materiell-rechtlich bedeutet die Niederschlagung einen Verzicht auf staatliche Strafverfolgung, einen Strafaufhebungsgrund, und zwar einen persönlichen für den durch die Straffreiheit begünstigten Täter oder Teilnehmer, so dass die Niederschlagung die Verfolgung eines anderen an der Tat Beteiligten, in dessen Person die besonderen Amnestievoraussetzungen nicht gegeben sind, nicht hindert.[87] Die Niederschlagung hat also einen **Doppelcharakter**, Strafaufhebungsgrund und Verfahrenshindernis.[88] Ob Amnestien für **Völkerrechtsverbrechen** zulässig sind und einer Strafverfolgung im Drittstaat entgegenstehen, wird in der Literatur nicht einheitlich beantwortet; es besteht jedoch eine deutliche Tendenz, diese für völkerrechtswidrig und unbeachtlich zu erklären.[89] Nicht abschließend geklärt ist bisher auch die Frage, ob nationale Amnestiegesetze die Zulässigkeit eines Verfahrens vor dem IStGH beeinflussen können, nachdem mangels Konsenses eine Regelung hierüber nicht Eingang in das IStGH-Statut gefunden hat.[90]

c) Bedeutung der Einstellungsentscheidung. Die Rechtsprechung hat angenommen, 26
auch die gerichtliche Einstellungsentscheidung spreche lediglich deklaratorisch die Verfahrensbeendigung aus und das Gericht sei an diese Entscheidung nicht gebunden, sondern könne dem Verfahren Fortgang geben, wenn es später erkenne, dass es die Niederschlagung infolge eines tatsächlichen oder rechtlichen Irrtums als eingetreten angenommen habe.[91] Neuere Amnestiegesetze beschreiben die Amnestievoraussetzungen in der Regel so, dass ihr Vorliegen nicht ohne Weiteres aus den Akten abgelesen, sondern nur aufgrund wertender Prüfung im Einzelfall festgestellt werden kann, etwa wenn sie auf die Höhe der zu erwartenden Strafe, auf Handeln aus unverschuldeter Not oder ähnliche Gesichtspunkte abstellen. Gerichtliche Entscheidungen, die in dieser Weise die Amnestievoraussetzungen feststellen, müssen daher in gewissem Umfang in materieller Rechtskraft erwachsen.[92]

d) Verfahrensfortsetzung und Freispruch trotz Niederschlagung. Das Prozesshin- 27
dernis der Amnestie hindert nicht in allen Fällen die Fortsetzung des Verfahrens. Sind nach durchgeführter Hauptverhandlung die Voraussetzungen eines Freispruchs erwiesen, so muss das Gericht auf Freispruch erkennen; eine bloße Einstellung würde den Angeklagten beschweren.[93] § 11 des Straffreiheitsgesetzes 1970 (BGBl. I S. 509) sah vor, dass der Beschuldigte trotz Vorliegens der Niederschlagungsvoraussetzungen die Fortsetzung des gerichtlichen Verfahrens beantragen konnte, um seine Unschuld darzutun.

e) In dubio pro reo. Wegen der Bedeutung des Grundsatzes in dubio pro reo für die 28
Feststellung der Amnestievoraussetzungen wird auf die Kommentierung von *Stuckenberg* zu § 206a StPO[94] Bezug genommen. Sind nach Ausschöpfung aller Erkenntnismöglichkeiten die Voraussetzungen der Amnestie nach den konkreten Umständen möglicherweise

87 Vgl. RGSt **50** 388; **50** 395.
88 H.M.; vgl. RGSt **69** 126 m.w.N.; BGHSt **3** 134, 136; **4** 287, 289; **24** 262, 265; zur Bedeutung im Rahmen von Art. 54 SDÜ vgl. oben Rn. 15.
89 *Ambos* § 7, 109; *Cárdenas* 153 Fn. 478; *Greco* GA **2012** 670 ff.; *Weichert* 129; *Werle/Jeßberger* Rn. 298 ff.; **a.A.** *Schabas* 73.
90 *Ambos* § 7, 109 f.; *Cárdenas* 155 ff.; *Werle/Jeßberger* Rn. 301.
91 So RGSt **54** 11; **69** 126; BGHSt **3** 134, 136; **16** 399, 403.
92 Vgl. z.B. §§ 7 f. des Straffreiheitsgesetzes 1970 (BGBl. I S. 509).
93 Vgl. RGSt **70** 193; BGHSt **13** 268, 273; BGH NJW **2021** 395, 404; bei *Becker* NStZ-RR **2005** 259.
94 LR/*Stuckenberg* § 206a StPO, 38 ff. m.w.N. zur teilw. abw. älteren Rspr.; s. außerdem SK/*Paeffgen* § 206a StPO, 26 ff. m.w.N.

erfüllt, so ist von einem Verfahrenshindernis auszugehen, sofern sich nicht aus dem Amnestiegesetz Abweichendes ergibt.

29 **f) Gesetzgebungskompetenz.** In Fortführung einer Kontroverse aus der Weimarer Zeit war früher streitig, ob der Bund die Gesetzgebungskompetenz für eine Amnestie auch insoweit hat, als die Zuständigkeit für einen Gnadenerweis im Einzelfall bei den Ländern liegt. Das Schweigen des GG machte eine Entscheidung des BVerfG[95] notwendig, mit der es eine Gesetzgebungskompetenz des Bundes aus Art. 74 Abs. 1 Nr. 1 GG mit der Erwägung bejaht hat, es handle sich um Strafverfahrens- und Strafvollzugsrecht. Wenngleich Einiges dafür spricht, die Amnestiegesetzgebung dem materiellen Strafrecht zuzuordnen,[96] ist jedenfalls die Kompetenz des Bundes zur konkurrierenden Gesetzgebung bindend festgestellt worden. Für Amnestiegesetze der Länder, die grundsätzlich möglich sind, bleibt damit nur ein enger Raum.[97]

30 **g) Amnestiegründe.** Amnestiegesetze sprechen gewöhnlich ausdrücklich aus, welche Gründe ihnen zugrunde liegen. Heute wird zwischen verschiedenen Typen von Amnestiebegründungen unterschieden: Die Rechtskorrekturamnestie will eine Rücknahme oder Milderung des materiellen Strafrechts flankieren, indem sie deren Wirkungskreis ausdehnt. Die Befriedungsamnestie will nach Zeiten politischer Gegensätze und Unruhen den inneren Frieden wiederherstellen. In ähnlicher Weise zielt die Schlussstrichamnestie auf eine Befriedung, indem sie den Verzicht auf eine Verfolgung von Straftaten vorsieht, zu denen außergewöhnliche Lebensverhältnisse, die die ganze Bevölkerung oder große Teile davon betroffen haben, geführt haben. Die sogenannte Jubelamnestie knüpft an wichtige Ereignisse im staatlichen Leben wie die Wahl des Staatsoberhauptes, Verfassungsjubiläen, Gedenktage, kirchliche Feiertage (Weihnachten) an.[98] Während die Rechtskorrekturamnestie in ihrer Berechtigung allgemein anerkannt ist, sind andere Amnestiegründe regelmäßig streitig. So war in der Nachkriegszeit sehr umstritten, ob eine Generalamnestie für Straftaten unter dem NS-Regime veranlasst ist. Nach der Wiedervereinigung wurde eine lebhafte Debatte darüber geführt, ob eine Amnestie für Straftaten im System der DDR angezeigt ist. In beiden Fällen kam es nicht zu einer Amnestie. Bei der Gewährung von Straffreiheit hat der Gesetzgeber ein weites Gestaltungsermessen; jedoch muss das Amnestiegesetz einer Prüfung am Maßstab des allgemeinen Gleichheitssatzes standhalten.[99]

31 **h) Amnestien in der DDR.** In der früheren DDR ergingen zahlreiche Amnestien, teils durch Rechtssatz, teils aufgrund Beschlusses des Staatsrates.[100] Zu ihrer Wirkung im wiedervereinigten Deutschland hat der Einigungsvertrag für erwachsene Straftäter keine ausdrückliche Regelung getroffen. Die Rechtsprechung geht grundsätzlich davon aus, dass den von den Amnestien Begünstigten die dadurch erlangte Rechtsposition unter dem Gesichtspunkt des Vertrauensschutzes erhalten werden muss.[101] Soweit es um die Strafbarkeit und Verfolgung von Amtsträgern der DDR wegen systemimmanenter Straftaten geht

---

95 BVerfGE **2** 213 = JZ **1953** 506 m. Anm. *v. d. Heydte*; BVerfGE **10** 234, 238.

96 Vgl. auch *Schätzler* (Handbuch) 210.

97 Zur Wirkung einer Landesamnestie auf die Gerichte und Strafverfolgungsbehörden anderer Länder s. LR/*K. Schäfer*[24] Vor § 12, 43.

98 *Schätzler* (Handbuch) 212 ff.; eine differenziertere Systematik entwickelt *Süß* 187 ff., 268 ff.

99 BVerfGE **10** 340.

100 Vgl. Art. 74 Abs. 2 DDRVerf.

101 Vgl. BVerfG NStZ **1995** 205; OLG Brandenburg NStZ **1995** 102; OLG Jena ZStrVO **1996** 50; OLG Koblenz MDR **1992** 1175; OLG Rostock MDR **1993** 231; vgl. auch LK/*Werle/Jeßberger* Vor § 3 StGB, 442 m.w.N.

(Mauerschützenfälle, Verschleppung von Westspionen), vertritt der BGH die Auffassung, dass – ungeachtet der Wirkungsweise der DDR-Amnestien im Grundsätzlichen – nach dem Willen des damaligen Amnestiegesetzgebers diese Amnestien jedenfalls keine Geltung für ein Verhalten haben sollten, das damals außerhalb jeder Verfolgung stand.[102]

§ 12

Die ordentliche Gerichtsbarkeit wird durch Amtsgerichte, Landgerichte, Oberlandesgerichte und durch den Bundesgerichtshof (den obersten Gerichtshof des Bundes für das Gebiet der ordentlichen Gerichtsbarkeit) ausgeübt.

Entstehungsgeschichte

Die ursprüngliche Fassung lautete: „Die ordentliche streitige Gerichtsbarkeit wird durch Amtsgerichte und Landgerichte, durch Oberlandesgerichte und durch das Reichsgericht ausgeübt". Das VereinhG 1950 ersetzte die Worte „das Reichsgericht" durch die Worte „den Bundesgerichtshof (das obere Bundesgericht für das Gebiet der ordentlichen Gerichtsbarkeit)". Aufgrund § 21 des Gesetzes zur Wahrung der Einheitlichkeit der Rechtsprechung der obersten Gerichtshöfe des Bundes v. 19.6.1968[1] erhielt der Klammerzusatz die heutige Fassung. Durch Art. 22 Nr. 1 des FGG-Reformgesetzes v. 17.12.2008[2] wurde als Konsequenz aus der Neuregelung des Verfahrens in Familiensachen und in Angelegenheiten der freiwilligen Gerichtsbarkeit das Wort „streitige" gestrichen.

Übersicht

1. Ordentliche Gerichte

a) Bedeutung des § 12. Nach Art. 92 GG wird die rechtsprechende Gewalt – außer durch 1
das BVerfG – durch die im GG vorgesehenen Bundesgerichte und durch die Gerichte der Länder ausgeübt. Das durch Art. 95 Abs. 1 GG errichtete oberste Bundesgericht für das Gebiet der ordentlichen Gerichtsbarkeit trägt die Bezeichnung „Bundesgerichtshof". Wie Vor § 12, 1 ausgeführt, bedeutet die Regelung in Art. 92, 95, 96 GG, dass auf dem Gebiet der ordentlichen Gerichtsbarkeit[3] als Bundesgericht allein der BGH besteht, während die übrigen auf dem Gebiet der ordentlichen Gerichtsbarkeit tätigen Gerichte solche der Länder sein

102 BGHSt **39** 353 = JR **1994** 255 m. Anm. *Bohnert*; BGHSt **41** 247; **42** 332.
1 BGBl. I S. 661.
2 BGBl. I S. 2586.
3 Dazu LR/*R. Werner* § 2 EGGVG, 1 f.; zum Verhältnis dieser Gerichtsbarkeit zu derjenigen der Sondergerichte s. § 13, 11.

müssen; in den Bereichen, in denen früher der BGH Strafgericht erster Instanz war, üben die OLG nach Maßgabe des Art. 96 Abs. 5 GG, § 120 Abs. 6 Gerichtsbarkeit des Bundes aus. Die Bedeutung des § 12 besteht darin, dass er die auf dem Gebiet der ordentlichen Gerichtsbarkeit zu errichtenden Gerichte der Länder festlegt, denen die Rechtsprechung in allen Sachen dieser Gerichtsbarkeit zufällt, soweit nicht für besondere Sachgebiete andere Gerichte errichtet werden (Art. 101 Abs. 2 GG). Nur die in § 12 genannten Gerichte können die ordentliche Gerichtsbarkeit ausüben (funktionale Ausschließlichkeit).[4] Während die Existenz des BGH bundesverfassungsrechtlich verankert ist, könnten die Gerichte der Länder kraft der konkurrierenden Gesetzgebungszuständigkeit des Bundes für das Gerichtsverfassungsrecht (Art. 74 Abs. 1 Nr. 1 GG) durch einfaches Bundesgesetz abweichend von der Regelung in § 12 bestimmt werden. Das ist der kompetenzrechtliche Hintergrund der Diskussion über einen Übergang zu einem dreigliedrigen Gerichtsaufbau in der ordentlichen Gerichtsbarkeit. Die Zuständigkeiten der Gerichte der Länder ergeben sich aus dem GVG und den Verfahrensgesetzen. Über Sitz und Bezirke der Gerichte der Länder entscheiden die Länder aufgrund ihrer Zuständigkeit für das Gerichtsorganisationsrecht. § 12 setzt voraus, dass die Zuständigkeit der dort genannten Gerichte flächendeckend ist.[5]

2 **b) Besondere Namen für Gerichte.** Schon die Entwurfsbegründung zum GVG hat klargestellt: „Die gesetzliche Bezeichnung der Gerichte als Amtsgerichte, Landgerichte und Oberlandesgerichte schließt es nicht aus, daß für einzelne Gerichte unbeschadet ihres Charakters als Gericht einer dieser Ordnungen besondere Namen aufrechterhalten werden, die durch die sich daran anknüpfenden historischen Erinnerungen besondere Bedeutung haben".[6] Durch königlichen Erlass v. 1.8.1879[7] wurde bestimmt, dass das OLG zu Berlin auch ferner den Namen „Kammergericht" zu führen hat. Dabei ist es geblieben. Die OLG in Brandenburg, Jena, Schleswig und Zweibrücken führen jeweils einen auf das Bundesland oder einen Landesteil hinweisenden Zusatz. Das OLG in Hamburg führt traditionell den Zusatz „Hanseatisches Oberlandesgericht", das erst nach 1945 errichtete in Bremen die Bezeichnung „Hanseatisches Oberlandesgericht in Bremen". Das Bayerische Oberste Landesgericht, das durch Gesetz v. 25.10.2004[8] aufgelöst und durch Gesetz v. 12.7.2018[9] wieder errichtet wurde, ist kein OLG mit besonderer Bezeichnung, sondern ein aufgrund der §§ 8, 9 EGGVG errichtetes Oberstes Landesgericht.

3 **c) Neue Bundesländer.** In der DDR bestand ein dreigliedriger Gerichtsaufbau (Kreisgerichte, Bezirksgerichte, Oberstes Gericht der DDR). Der **Einigungsvertrag** beließ es für die ordentliche Gerichtsbarkeit zunächst bei der Existenz der Kreis- und Bezirksgerichte und übertrug in Strafsachen den Kreisgerichten die Aufgaben des Amtsgerichts, den Bezirksgerichten die des Landgerichts; die Aufgaben des OLG wurden besonderen Senaten der Bezirksgerichte übertragen, in deren Bezirk die Landesregierung ihren Sitz hatte.[10] Die neuen Länder hatten nach den Maßgaben des Einigungsvertrages die in § 12 vorgesehenen Gerichte einzurichten, sobald hierfür unter Berücksichtigung der Bedürfnisse einer geordneten Rechtspflege jeweils die personellen und sachlichen Voraussetzungen gegeben waren. Das ist in allen neuen Ländern zügig geschehen. Nach Maßgabe des Rechtspflegean-

4 Kissel/*Mayer* 3; MüKo/*Schuster* 3.
5 *Katholnigg* 1.
6 Begründung S. 25.
7 GS 587.
8 GVBl. S. 400.
9 GVBl. S. 545.
10 Anlage I zu Art. 8 Kapitel III Sachgebiet A Abschnitt III Nr. 1.

passungsgesetzes v. 26.6.1992[11] sind die Sonderregelungen des Einigungsvertrages für die neuen Bundesländer entfallen.

d) Verfassungsgerichte und Europäische Gerichtshöfe. Nicht zur ordentlichen Gerichtsbarkeit gehören das BVerfG und die Landesverfassungsgerichte. Dass das BVerfG nach Art. 94 Abs. 1 Nr. 4a GG gegen Entscheidungen der ordentlichen Gerichte angerufen werden kann, macht es ebenso wenig zu einem Teil der ordentlichen Gerichtsbarkeit wie die Verpflichtung (auch) der Richter der ordentlichen Gerichtsbarkeit zur Richtervorlage (Art. 100 Abs. 1 u. 2 GG). Entsprechendes gilt für die Verfassungsgerichte der Länder.[12] Ebenfalls nicht zur ordentlichen Gerichtsbarkeit gehören selbstverständlich der Gerichtshof der Europäischen Union und der Europäische Gerichtshof für Menschenrechte, wenngleich sie Entscheidungen der ordentlichen Gerichtsbarkeit einer Überprüfung unterziehen.[13] Zur internationalen Strafgerichtsbarkeit vgl. bei § 21. 4

e) Gericht und Spruchkörper. § 12 bestimmt die Gerichte, die organisatorischen Einheiten, bei denen die zur Ausübung der Gerichtsbarkeit berufenen Organe, insbesondere die „Spruchkörper" (§ 21e Abs. 1), bestehen. Die Gerichtsbarkeit wird in Strafsachen teils durch Einzelrichter – Richter beim Amtsgericht als „Strafrichter" (§ 25), Ermittlungsrichter des BGH und des OLG (§ 169 StPO), Jugendrichter (§ 33 Abs. 2 Var. 1, § 34 JGG), „kleine" Strafvollstreckungskammer (§ 78b Abs. 1 Nr. 2), Einzelrichter der Bußgeldsenate des OLG (§ 80a Abs. 1 OWiG) – ausgeübt, teils durch Kollegialgerichte, die in einer bestimmten, vom Gesetzgeber vorgeschriebenen Zahl von Mitgliedern (§ 192) zu entscheiden haben. Ein Teil dieser Spruchkörper besteht ausschließlich aus Berufsrichtern (Straf- und Bußgeldsenate, Strafvollstreckungskammern), während ein anderer Teil, wenn er als erkennendes Gericht tätig wird, aus Berufsrichtern und ehrenamtlichen Richtern („Schöffen") zusammengesetzt ist. Den mit Schöffen besetzten Spruchkörpern legt das Gesetz teilweise besondere, diese Besetzung zum Ausdruck bringende Bezeichnungen bei („Schöffengericht", „Jugendschöffengericht"). Andere Spruchkörper führen Bezeichnungen, die ihre Besetzung kennzeichnen, wie „große" und „kleine" Strafkammer (§ 76 Abs. 1), oder die Art der ihnen zugewiesenen Geschäfte angeben, wie „Schwurgericht" (§ 74 Abs. 2, § 74e), „Kammer nach § 74a" (sog. Staatsschutzkammer), Wirtschaftsstrafkammer (§ 74c), Strafvollstreckungskammer (§§ 78a, 78b), Kammer und Senat für Bußgeldsachen (§ 46 Abs. 7 OWiG), oder beides kombinieren, wie „große" und „kleine" Jugendkammer (§ 33 Abs. 2, § 33b Abs. 1 JGG). § 12 nennt diese Spruchkörper nicht; die Vorschrift zählt nur die Gerichtskörper auf, bei denen diese Spruchkörper gebildet sind. Andere Spruchkörper führen wegen der Art der ihnen zugewiesenen Geschäfte in der Alltagssprache Bezeichnungen, die das Gesetz als terminus technicus nicht kennt, z.B. sog. Jugendschutzgericht (§§ 26, 74b). 5

f) Organe der Strafgerichtsbarkeit. Die einzelnen Organe der Strafgerichtsbarkeit sind 6

(1) der Richter beim Amtsgericht in der Eigenschaft als Einzelrichter – „Strafrichter" – als erkennendes Gericht (§ 25);
(2) der Ermittlungsrichter des BGH und des OLG (§ 169 StPO);
(3) beim Amtsgericht das aus einem Richter und zwei Schöffen bestehende Schöffengericht und das aus zwei Richtern und zwei Schöffen bestehende erweiterte Schöffenge-

11 BGBl. I S. 1147.
12 Zur Verfassungsgerichtsbarkeit eingehend Kissel/*Mayer* 17 ff.
13 Dazu ausführlich Kissel/*Mayer* 47 ff., 65 ff.

richt (§ 29); das Jugendschöffengericht bestehend aus dem Jugendrichter und zwei Jugendschöffen (§ 33a JGG);

(4) beim Landgericht die Strafkammer, die je nach der Art der auszuübenden Tätigkeit mit einem Richter und zwei Schöffen (kleine Strafkammer), mit drei Richtern und zwei Schöffen (große Strafkammer) – nach Beschluss der Strafkammer gem. § 76 Abs. 2 auch nur mit zwei Berufsrichtern und zwei Schöffen – oder (lediglich) mit einem oder mit drei Berufsrichtern (§§ 76, 78b) besetzt ist, einschließlich der auswärtigen Strafkammer, d.h. der Strafkammer, die am Sitz eines Amtsgerichts gebildet wird (§ 78); als Jugendkammer besteht die Strafkammer aus einem Jugendrichter und zwei Jugendschöffen (kleine Jugendkammer) oder aus drei Richtern und zwei Jugendschöffen (große Jugendkammer); § 33b Abs. 2 JGG trifft eine § 76 Abs. 2 entsprechende Regelung;

(5) die aus drei oder fünf Richtern bestehenden Strafsenate der OLG (§ 122) sowie der Bußgeldsenat und der Einzelrichter des Bußgeldsenats in den Fällen des § 80a OWiG;

(6) die aus drei oder fünf Richtern bestehenden Strafsenate des BGH (§ 139), der Große Senat für Strafsachen und die Vereinigten Großen Senate (§ 132).

Außerdem kommen noch in Betracht:

(7) die Vorsitzenden der Strafgerichte, sofern ihnen das Gesetz auch außerhalb der Gerichtssitzungen für gewisse Fälle ein selbständiges Entscheidungsrecht beilegt (z.B. § 142 Abs. 3 Nr. 3, §§ 219 bis 221 StPO);

(8) der beauftragte Richter, d.h. das Mitglied eines kollegialen Spruchkörpers, das im Auftrag des Gerichts bestimmte Untersuchungshandlungen anstelle des Kollegiums vornimmt (vgl. z.B. § 223 StPO); der „ersuchte Richter", der nicht Mitglied des erkennenden Gerichts ist und von diesem um einzelne Amtshandlungen ersucht wird, ist – ebenso wie der „Ermittlungsrichter" des Amtsgerichts (§ 162 StPO) – stets ein Richter beim Amtsgericht (§ 157);

(9) die Präsidenten und aufsichtführenden Richter der Gerichte sowie Vorsitzenden Richter (vgl. z.B. § 21i Abs. 2, § 77).

2. Gliederung der Gerichte und Geschäftskreis der einzelnen Arten von Gerichten

7 **a) Grundsatz.** In Strafsachen beruht die Gliederung der Gerichte und die Verschiedenheit ihres Geschäftskreises in sachlicher Hinsicht auf dem Bestehen mehrerer Rechtszüge und darauf, dass das Verfahren erster Instanz in verschiedene Abschnitte (Ermittlungsverfahren, Zwischenverfahren, Hauptverfahren, Entscheidungen nach Rechtskraft) gegliedert ist, sowie schließlich darauf, dass die Zuständigkeit als erkennendes Gericht erster Instanz für die verschiedenen Arten von Strafsachen auf verschiedene Gerichtskörper und zum Teil innerhalb der Gerichtskörper auf verschieden besetzte Spruchkörper aufgeteilt ist.

8 **b) Rechtszüge.** Der Richter beim Amtsgericht (Jugendrichter), das Schöffengericht (Jugendschöffengericht) und die Strafvollstreckungskammer sind ausschließlich Gerichte des ersten Rechtszuges.[14] Die übrigen Strafkammern (Jugendkammern) der Landgerichte sind teils Gerichte des ersten Rechtszuges, teils Rechtsmittelgerichte (Berufungs- und Beschwerdegerichte), teils zugleich erstinstanzliche und Rechtsmittelgerichte. Die Strafsenate der OLG sind teils Rechtsmittelgerichte (Revision, Rechtsbeschwerde- und Beschwerdegerichte), teils erstinstanzliche Gerichte (§§ 23 ff. EGGVG, § 120). Der BGH (Strafsenat) ist Rechtsmittelgericht (Revisions- und Beschwerdegericht [§ 135]). Bei Vorlegung nach § 121 Abs. 2 kann er die Entscheidungszuständigkeit des OLG übernehmen.

---

14 Nicht die Strafkammer als Schwurgericht, vgl. LR/*Gittermann* § 74, 8; anders noch LR/*Berg*[27].

Für Sachen, die im ersten Rechtszug an das Amtsgericht gelangen, bestehen in der Regel[15] drei **Instanzen**, nämlich Strafrichter und Schöffengericht als Gerichte des ersten Rechtszuges, die (kleinen) Strafkammern als Berufungsgerichte, die Strafsenate der OLG als Revisionsgerichte. In Bußgeldverfahren gibt es zwei gerichtliche Instanzen (Amtsgericht und OLG als Rechtsbeschwerdegericht). Gegen die Urteile, welche die Strafkammern der LG und Strafsenate der OLG als Gerichte des ersten Rechtszugs erlassen, ist nur die Revision an den Bundesgerichtshof gegeben. 9

Der allein entscheidende **Strafrichter und das Schöffengericht** sind im Sinne der sachlichen Zuständigkeit verschiedene Gerichte mit verschiedener Zuständigkeit, z.B. im Sinne des § 209 StPO. 10

c) Abschnitte des Verfahrens im ersten Rechtszug. Im Vorverfahren wird die Strafgerichtsbarkeit teils durch die Richter beim Amtsgericht (§§ 162, 165 StPO), teils durch den Ermittlungsrichter des OLG und des BGH (§ 169 StPO), teils durch die Strafkammern (§ 73) und die Strafsenate des OLG (§ 120) bzw. des BGH (§ 135 Abs. 2) ausgeübt. Im Hauptverfahren wird die Strafgerichtsbarkeit durch den Strafrichter, das Schöffengericht, die Strafkammern und den Strafsenat ausgeübt. Jugendgerichte sind der Jugendrichter, das Jugendschöffengericht und die Jugendkammer. Wegen der Zuständigkeit für Nachtragsentscheidungen vgl. § 462a StPO, § 83 JGG, § 140a. 11

3. Sitz und Bezirke der Gerichte. Sitz und Bezirke der Gerichte bestimmen die Länder durch Gesetz (Gerichtsorganisationsgesetze). Gleiches gilt für die Aufhebung oder Verlegung von Gerichten oder Änderungen ihres Bezirks. Der **Vorbehalt des Gesetzes** für die Änderung von Gerichtsbezirken besteht nach der Rechtsprechung des BVerfG bereits „kraft Herkommens" mit Blick auf zahlreiche historische (Verfassungs-)Normen mit entsprechendem Regelungsgehalt, folgt im gewaltengeteilten Rechtsstaat aber auch aus der Eigenart und Wirkung solcher Maßnahmen, welche die Unabhängigkeit der rechtsprechenden Gewalt ebenso berühren wie die Bestimmung des gesetzlichen Richters.[16] Dem Landesgesetzgeber steht ein weiter Gestaltungsspielraum zu.[17] Verfassungsrechtlicher Prüfungsmaßstab ist insbesondere der Grundsatz der Verhältnismäßigkeit.[18] Die Regelungen der GVVO[19] und des Gesetzes über die Zuständigkeit der Gerichte bei Änderungen der Gerichtseinteilung v. 6.12.1933[20] sind durch das Erste Gesetz zur Bereinigung von Bundesrecht im Zuständigkeitsbereich des Bundesministeriums der Justiz v. 19.4.2006[21] aufgehoben worden. 12

§ 13

Vor die ordentlichen Gerichte gehören die bürgerlichen Rechtsstreitigkeiten, die Familiensachen und die Angelegenheiten der freiwilligen Gerichtsbarkeit (Zivilsachen) sowie die Strafsachen, für die nicht entweder die Zuständigkeit von Verwaltungsbehörden oder Verwaltungsgerichten begründet ist oder auf Grund von Vorschriften des Bundesrechts besondere Gerichte bestellt oder zugelassen sind.

---

15 Vgl. aber § 55 Abs. 2 JGG.
16 BVerfGE **2** 307, 316 ff.; **24** 155, 166; BVerfGK **8** 395, 399 f.; Kissel/*Mayer* Einl. 21.
17 BayVerfGH NJW **2005** 3699 (Auflösung des BayObLG).
18 BVerfG NJW **2000** 1325 f.; BayVerfGH NJW **2005** 3699, 3703.
19 RGBl. I S. 403; dazu LR/*Böttcher*[25].
20 RGBl. I S. 1037.
21 BGBl. I S. 866.

Entstehungsgeschichte

Der Schlussteil der Vorschrift lautete ursprünglich: „... oder reichsgesetzlich besondere Gerichte bestellt oder zugelassen sind“. Durch das VereinhG 1950 ist „reichsgesetzlich“ durch „aufgrund von Vorschriften des Bundesrechts“ ersetzt worden. Der erste Halbsatz hatte zunächst den folgenden Wortlaut: „Vor die ordentlichen Gerichte gehören alle bürgerlichen Rechtsstreitigkeiten und Strafsachen, ...“. Er erhielt seine jetzige Fassung durch Art. 22 des FGG-Reformgesetzes vom 17.12.2008.[1]

Übersicht

1 **1. Bedeutung der Vorschrift.** Die Bedeutung des § 13 lag ursprünglich darin, dass er den Rechtsschutz durch unabhängige Gerichte überhaupt erst eröffnete, weil nur die Rechtsprechung durch die ordentlichen Gerichte diesem Anspruch gerecht wurde.[2] Heute besteht seine Funktion in der Abgrenzung des Zugangs zu den ordentlichen Gerichten einerseits und zu anderen gleichrangigen und gleichwertigen Zweigen der Gerichtsbarkeit andererseits, insbesondere zur Verwaltungsgerichtsbarkeit. § 13 ist dabei neben § 40 VwGO zu sehen, der für alle öffentlich-rechtlichen Streitigkeiten nicht verfassungsrechtlicher Art den Rechtsweg zu den Verwaltungsgerichten eröffnet. Auch in dieser weichenstellenden Funktion ist § 13 von erheblicher Bedeutung.[3] Seit dem Inkrafttreten des FGG-Reformgesetzes unterscheidet § 13 drei Arten von „Zivilsachen“: die bürgerlichen Rechtsstreitigkeiten, die Familiensachen (legaldefiniert in § 111 FamFG) sowie die Angelegenheiten der freiwilligen Gerichtsbarkeit (legaldefiniert in § 23a Abs. 2). Die Vorschrift wirft insoweit zahlreiche Abgrenzungsfragen auf, die ganz überwiegend an den Begriff der bürgerlichen Rechtsstreitigkeiten anknüpfen.[4] Wesentlich geringere Probleme bereitete die – seit jeher in § 13 geregelte – Zuweisung der Strafsachen an die ordentlichen Gerichte.

2. Monopol der Strafgerichtsbarkeit

2 **a) Grundsatz.** § 13 begründet die Zuständigkeit der ordentlichen Gerichte (§ 12) für alle Strafsachen, d.h. für alle Verfahren, die die Entscheidung über die Verhängung einer Kriminalstrafe oder die Festsetzung einer anderen Rechtsfolge zum Gegenstand haben, die im materiellen Strafrecht bei (mindestens) rechtswidriger Verwirklichung eines Straf-

---

1 BGBl. I S. 2589.
2 Zur Entwicklung Kissel/*Mayer* 1 ff.
3 Kissel/*Mayer* 11.
4 Dazu Kissel/*Mayer* 13 ff.; MüKo-ZPO/*Pabst* 4 ff.; Wieczorek/Schütze/*K. Schreiber* 5 ff.; zum Maßstab für die Abgrenzung von öffentlich-rechtlichen Streitigkeiten vgl. etwa BGH Beschl. v. 12.11.2024 – VIII ZB 36/23 (juris, Rn. 21) m.w.N.

tatbestandes vorgesehen ist.[5] Von dieser grundsätzlichen Zuständigkeit besteht nach dem Wortlaut des § 13 eine Ausnahme, soweit die Zuständigkeit von Verwaltungsbehörden oder Verwaltungsgerichten begründet ist oder Sondergerichte zuständig sind. Soweit es sich um die Zuständigkeit von Verwaltungsbehörden oder -gerichten handelt, ist diese Einschränkung für Strafsachen allerdings bedeutungslos. Verwaltungsbehörden ist die Festsetzung von Kriminalstrafen im Hinblick auf Art. 92 GG untersagt. Das ist seit BVerfGE **22** 49 allgemein anerkannt. Auch Verwaltungsgerichte sind nach ihrem durch die VwGO bestimmten gesetzlichen Zuständigkeitsbereich mit Strafsachen nicht befasst. So entscheidet z.B. darüber, ob eine Verwaltungsbehörde die von der Staatsanwaltschaft gem. § 161 Abs. 1 StPO verlangte Auskunft zu erteilen hat, nicht das Verwaltungsgericht, sondern gem. § 162 StPO das Strafgericht.[6]

b) Einstellung gegen Auflagen und Weisungen. Bei der kritischen Würdigung, die 3
§ 153a StPO teilweise in der Literatur gefunden hat,[7] wurde unter anderem beanstandet, dass die in § 153a Abs. 1 Satz 7 i.V.m. § 153 Abs. 1 Satz 2 StPO für die Staatsanwaltschaft geschaffene Befugnis, ohne Mitwirkung des Gerichts unter Auferlegung bestimmter Auflagen und Weisungen vorläufig von der Erhebung der Anklage abzusehen mit der Wirkung, dass, wenn der Beschuldigte fristgemäß die Auflagen und Weisungen erfüllt, die vorläufige Maßnahme endgültige Bedeutung gewinnt und einen (beschränkten) Strafklageverbrauch zur Folge hat, einen Einbruch in das Monopol der Strafgerichtsbarkeit darstelle.[8] Das BVerfG hat § 153a StPO allerdings nicht beanstandet.[9] Die herrschende Meinung sieht einen solchen Verstoß ebenfalls nicht.[10]

3. Nichtkrimineller Ungehorsam. Der Begriff „Strafsachen" in § 13 umfasst nur kri- 4
minelles Unrecht, d.h. Gesetzesverstöße, die mit den in §§ 38 ff. StGB und in strafrechtlichen Nebengesetzen bezeichneten „Rechtsfolgen der Tat" bedroht sind. Hierher gehören nicht die Verfehlungen von Beamten gegen ihre dienstlichen Pflichten, die mit den in den beamtenrechtlichen Vorschriften vorgesehenen Disziplinarmaßnahmen „geahndet" werden, oder ein Ungehorsam, der – sei es zur „Ahndung", sei es zur Erzwingung rechtlich gebotener Handlungen oder Unterlassungen – Ordnungs- und Zwangsmittel (Ordnungs- oder Zwangsgeld, Ordnungshaft) nach sich zieht. Keine Strafsachen sind nach der Grundkonzeption des Gesetzes über Ordnungswidrigkeiten an sich auch die mit Geldbuße und Nebenfolgen vermögensrechtlicher Art bedrohten Ordnungswidrigkeiten; diesen Sanktionen fehlt der „Ernst des staatlichen Strafens".[11] Im weiteren Sinne werden sie als Strafsachen im Sinne des § 13 angesehen, soweit Staatsanwaltschaft und Strafgericht zur Verfolgung und Entscheidung berufen sind.[12] Strafsachen im engeren Sinn sind dagegen die Jugendstrafsachen (§ 1 Abs. 1 JGG) ungeachtet der Tatsache, dass Erziehungsmaßregeln und Zuchtmittel, die von den Jugendgerichten in einem Großteil der Fälle verhängt werden, keinen Strafcharakter haben (vgl. auch Rn. 7).

---

5 Vgl. LR/*Hilger*[26] § 3 EGStPO, 2 ff.
6 BVerwG NJW **1959** 1456; LG Bonn JZ **1966** 33 m. Anm. *Rupp*.
7 Dazu LR/*Mavany* § 153a StPO, 13 ff. m.w.N.
8 Vgl. z.B. *Hirsch* ZStW **92** (1980) 233 ff.
9 Vgl. BVerfGE **50** 205, 214; **65** 377, 381; **92** 277, 362; BVerfG NJW **2002** 816.
10 N. bei LR/*Mavany* § 153a StPO, 16 f.
11 BVerfGE **22** 49, 79.
12 Vgl. LR/*Kühne* Einl. B 60; MüKo/*Schuster* 4; ferner BGHSt **65** 75, 87 m.w.N.

4. Sondergerichte

5 **a) Begriff des besonderen Gerichts.** Dieser ist in § 13 nicht näher bestimmt. Das Gesetz begnügt sich damit, in § 14 die zugelassenen Sondergerichte zu bezeichnen. Art. 101 Abs. 2 GG, der für die Auslegung des § 13 bestimmend ist, spricht von „Gerichten für besondere Sachgebiete", die (nur) durch Gesetz errichtet werden können. Besondere Gerichte in diesem Sinn sind Gerichte, die im Voraus abstrakt und generell für bestimmte Sachgebiete bestellt sind,[13] wobei nicht nur die sachliche und örtliche Zuständigkeit, sondern auch der Instanzenzug und die Zusammensetzung der Spruchkörper sowie die Auswahl und Ernennung der Richter durch Gesetz geregelt werden müssen.[14] Von den Sondergerichten zu unterscheiden sind die nach Art. 101 Abs. 1 Satz 1 GG, § 16 Satz 1 unzulässigen **Ausnahmegerichte**, die „in willkürlicher Abweichung von der gesetzlichen Zuständigkeit besonders gebildet und zur Entscheidung einzelner konkreter und individuell bestimmter Fälle berufen sind".[15]

6 **b) Keine Sondergerichte. Abweichungen in der Besetzung oder im Verfahren** machen ein ordentliches Gericht nicht zum Sondergericht. Die ordentlichen Gerichte werden also nicht schon dadurch Sondergerichte, dass bei bestimmten Strafsachen die Spruchkörper anders als nach den allgemeinen Vorschriften zusammengesetzt sind, wie dies z.B. bei den Jugendgerichten in der Besetzung mit Jugendschöffen der Fall ist, oder dass für ihre örtliche oder sachliche Zuständigkeit besondere Vorschriften gelten wie etwa in Staatsschutzsachen nach §§ 74a, 120, oder dass sie von den allgemeinen Vorschriften abweichende materiell- und verfahrensrechtliche Vorschriften anzuwenden haben.[16] Keine besonderen Gerichte sind deshalb (außerhalb des Strafrechts) auch die Landwirtschaftsgerichte,[17] die Baulandkammern,[18] die Familiengerichte[19] und der Senat für Anwaltssachen beim BGH.[20]

7 **c) Jugendgerichte.** Sie sind keine Sondergerichte, sondern lediglich Abteilungen bzw. Kammern des Amts- oder Landgerichts; § 33 Abs. 2 JGG bestimmt: „Jugendgerichte sind der Strafrichter als Jugendrichter, das Schöffengericht (Jugendschöffengericht) und die Strafkammer (Jugendkammer)." Jedoch nahm die Rechtsprechung früher an, dass die Jugendgerichte trotz ihrer Eigenschaft als allgemeine ordentliche Gerichte eine gewisse Sonderstellung einnehmen, Gerichte besonderer Art innerhalb der ordentlichen Gerichtsbarkeit seien[21] und der Aburteilung einer zur Zuständigkeit der Jugendgerichte gehörenden Sache durch das Erwachsenengericht deshalb der Mangel einer Verfahrensvoraussetzung entgegenstehe. Diese Auffassung ist später aufgegeben worden.[22] Seit dem StVÄG 1979 wird die Zuständigkeit der Jugendgerichte in mancherlei Weise wie die Zuständigkeit eines

---

13 BGHZ **38** 208, 210.

14 BVerfGE **18** 241, 257; **22** 42, 47; **26** 186, 192; **27** 355, 361.

15 BVerfGE **3** 213, 223; **8** 174, 182; **10** 200, 212; zur Bedeutung des Willkürverbots bei der Abgrenzung vgl. Schmidt-Bleibtreu/Hofmann/Henneke/*Müller-Terpitz* Art. 101 GG, 29 m.w.N.; s. auch § 16, 5.

16 Vgl. etwa die Kammer und den Senat für Wirtschaftsprüfersachen (§§ 72 ff. WPO) mit den besonderen Verfahrensvorschriften in §§ 82 ff. WPO.

17 BGHZ **12** 254.

18 OLG München NJW **1964** 1282 f.

19 *Kissel* NJW **1977** 1034; KK/*Barthe* 4; MüKo/*Schuster* 11.

20 BGHZ **34** 382, 385.

21 BGHSt 7 26.

22 BGHSt **18** 79 (GrSSt); seitdem st. Rspr., vgl. BGHSt **26** 198; BGH NStZ **1991** 503; **2013** 290, 291; Beschl. v. 17.12.2019 – 3 StR 376/19 (juris); ebenso SK/*Frister* 3.

Gerichtskörpers höherer Ordnung behandelt (§§ 209a Nr. 2, 225a Abs. 1, 270 Abs. 1 StPO; § 103 Abs. 2 JGG).

d) Errichtung von Sondergerichten. Das nach Art. 101 Abs. 2 GG zur Errichtung eines besonderen Gerichts erforderliche Gesetz kann, wie § 13 für das Gebiet der ordentlichen Gerichtsbarkeit klarstellt, ein Bundesgesetz sein, das selbst die Bestellung ausspricht, oder ein Landesgesetz, wenn Bundesrecht es zulässt, d.h. das Land zur Bestellung ermächtigt. Derzeit sind als besondere Gerichte für Strafsachen nur die in § 14 bezeichneten Gerichte zu nennen.[23] 8

e) Nichtgebrauch der Befugnis zur Errichtung von Sondergerichten. Soweit die Landesgesetzgebung von der Befugnis zur Einsetzung von Sondergerichten keinen Gebrauch macht, gehören die Sachen nach der allgemeinen Regel vor die ordentlichen Gerichte, ohne dass es einer besonderen landesgesetzlichen Bestimmung hierüber bedarf.[24] Nicht schon die Zulassung, sondern erst das Bestehen der Sondergerichte führt also die Einschränkung des Geschäftskreises der ordentlichen Gerichte herbei. In § 13 könnte (genauer) also wie folgt formuliert werden: „oder aufgrund von Vorschriften des Bundesrechts besondere Gerichte bestellt oder zugelassen und landesgesetzlich bestellt sind." 9

f) Bestellung ordentlicher Gerichte zu Sondergerichten. § 4 EGGVG ermächtigte den Landesgesetzgeber, ein bestimmtes ordentliches Gericht, einen Spruchkörper eines solchen Gerichts oder mehrere solcher Gerichte zugleich als Sondergericht für gewisse Rechtssachen zu bestellen. Die Vorschrift ist durch Art. 14 Nr. 1 des Ersten Gesetzes über die Bereinigung von Vorschriften im Zuständigkeitsbereich des Bundesministeriums der Justiz v. 19.4.2006[25] aufgehoben worden. In § 3 Abs. 2 EGStPO ist jedoch weiterhin vorausgesetzt, dass der Landesgesetzgeber diese Möglichkeit hat, wenn das Bundesrecht die Bestellung zulässt. 10

5. Verhältnis der ordentlichen Gerichtsbarkeit zu den Sondergerichten. Dieses Verhältnis spielt auf strafrechtlichem Gebiet heute, da es nur noch die in § 14 genannten Sondergerichte gibt, eine geringe Rolle. Wegen der Abgrenzung des Verhältnisses zu den ordentlichen Gerichten in früherer Zeit, in der auf strafrechtlichem Gebiet verschiedenste Sondergerichte existierten, wird auf die ausführliche Darstellung bei LR/*K. Schäfer*[24] 12 ff. verwiesen. Die dort wiedergegebene Rechtsprechung des RG kann allerdings für das Verhältnis der ordentlichen Gerichte zu Sondergerichten unter der Geltung des Grundgesetzes nicht ungeprüft übernommen werden. Zum Teil stammt sie noch aus der Zeit des Kaiserreichs,[26] zum Teil bezieht sie sich auf das Verhältnis der ordentlichen Gerichte zu den Sondergerichten, die in der NS-Zeit aufgrund der Verordnung der Reichsregierung vom 21.3.1933[27] errichtet worden waren.[28] Dagegen ist etwa die Rechtsprechung zur Abgrenzung des Verhältnisses der ordentlichen Gerichte zu dem aufgrund des Republikschutzge- 11

---

23 Wegen der früher für Strafsachen reichsgesetzlich bestellten oder zugelassenen, heute nicht mehr bestehenden Strafgerichte vgl. LR/*K. Schäfer*[20] 6a.

24 Begründung 26.

25 BGBl. I S. 866.

26 Vgl. etwa RGSt **49** 272.

27 RGBl. I S. 136.

28 Vgl. RGSt **72** 379.

setzes[29] errichteten Staatsgerichtshof zum Schutze der Republik[30] auch heute noch von Interesse. Die Wahrscheinlichkeit für ein Wiedererstehen von Sondergerichten auf strafrechtlichem Gebiet dürfte ohnehin gering sein; das ist zu begrüßen.

12 **6. Verfahren.** Wegen der **Anwendbarkeit der StPO** auf das Verfahren der Sondergerichte vgl. LR/*Hilger*[26] § 3 EGStPO, 8 f.

§ 13a

(1) [1]Die Landesregierungen werden ermächtigt, durch Rechtsverordnung einem Gericht für die Bezirke mehrerer Gerichte Sachen aller Art ganz oder teilweise zuzuweisen sowie auswärtige Spruchkörper von Gerichten einzurichten, sofern dies für die sachdienliche Förderung oder schnellere Erledigung von Verfahren zweckmäßig ist. [2]Die Landesregierungen können die Ermächtigung auf die Landesjustizverwaltungen übertragen. [3]Besondere Ermächtigungen der Landesregierungen zum Erlass von Rechtsverordnungen gehen vor.

(2) Mehrere Länder können die Einrichtung eines gemeinsamen Gerichts oder gemeinsamer Spruchkörper eines Gerichts oder die Ausdehnung von Gerichtsbezirken über die Landesgrenzen hinaus, auch für einzelne Sachgebiete, vereinbaren.

Entstehungsgeschichte

Die Vorschrift wurde durch Art. 17 Nr. 1 des Ersten Gesetzes über die Bereinigung von Bundesrecht im Zuständigkeitsbereich des Bundesministeriums der Justiz v. 19.4.2006[1] eingefügt. Ursprünglich lautete sie: „Durch Landesrecht können einem Gericht für die Bezirke mehrerer Gerichte Sachen aller Art ganz oder teilweise zugewiesen sowie auswärtige Spruchkörper von Gerichten eingerichtet werden.“ Gleichzeitig wurde in Art. 208 Nr. 1 Buchstabe a Doppelbuchstabe aa dieses Gesetzes die entsprechende im Beitrittsgebiet geltende Konzentrations- und Einrichtungsermächtigung für nicht mehr anwendbar erklärt, die den dortigen Landesregierungen mit der Maßgabenregelung nach Kapitel III Sachgebiet A Abschnitt III Nummer 1 Buchstabe n Absatz 1 der Anlage I zum EinigungsV[2] eingeräumt worden war. Seine jetzige Fassung erhielt § 13a durch Art. 3 Nr. 1 des Gesetzes zur Regelung der Wertgrenze für die Nichtzulassungsbeschwerde in Zivilsachen, zum Ausbau der Spezialisierung bei den Gerichten sowie zur Änderung weiterer prozessrechtlicher Vorschriften v. 12.12.2019[3] mit Wirkung v. 1.1.2021.

1 **1. Allgemeine Öffnungsklausel (Absatz 1).** § 13a Abs. 1 enthält eine allgemeine Öffnungsklausel, welche die Landesregierungen ermächtigt, **gerichtliche Zuständigkeiten zu konzentrieren** und **auswärtige Spruchkörper einzurichten**. Die Sätze 1 und 2 entsprechen inhaltlich weitgehend der – früher nur in den neuen Bundesländern geltenden – Maßgabenregelung nach Kapitel III Sachgebiet A Abschnitt III Nummer 1 Buchstabe n Absatz 1 der Anlage I zum EinigungsV, die sich nach Einschätzung des Bundesgesetzgebers

29 Gesetz v. 21.7.1922 (RGBl. I S. 585).
30 RGSt **59** 36.
1 BGBl. I S. 866.
2 BGBl. II 1990 S. 889, 925.
3 BGBl. I S. 2633.

bewährt hatte.[4] Während allerdings § 13a a.F. eine landesgesetzliche Regelung,[5] ggf. als Verordnungsermächtigung,[6] verlangte, enthält die aktuelle Vorschrift – wie der EinigungsV – eine (unmittelbare) Verordnungsermächtigung an die Landesregierungen und lässt eine Subdelegation an die Landesjustizverwaltungen zu. Erklärtes Ziel der Neuregelung ist, die Möglichkeit der Konzentration im Interesse einer sachdienlichen Förderung und schnelleren Erledigung von Verfahren flexibler zu gestalten.[7] Sie dient damit insbesondere dem Ausbau der Spezialisierung.[8] Zur Auswirkung einer neuen Zuständigkeitskonzentration auf anhängige Verfahren s. §§ 17–17c, 1 a.E.

Voraussetzung. Absatz 1 Satz 1 macht – anders als die Vorgängerregelung – die gerichts- 2
übergreifende Zuständigkeitskonzentration und die Einrichtung auswärtiger Spruchkörper davon abhängig, dass dies für die sachdienliche Förderung oder schnellere Erledigung von Verfahren zweckmäßig ist. Diese Voraussetzung hat praktisch so gut wie keine einschränkende Wirkung, weil sie aufgrund der Möglichkeit der Spezialisierung der zentral zuständigen Richter oder aufgrund der größeren Ortsnähe des auswärtigen Spruchkörpers in aller Regel erfüllt sein wird.[9] Der ermächtigte Landesverordnungsgeber hat – wie auch sonst bei gerichtsorganisatorischen Maßnahmen – ein sehr weites Gestaltungsermessen, das freilich nicht grenzenlos ist, insbesondere im Willkürverbot eine Schranke findet.[10]

Spezielle Ermächtigungen, wie sie etwa § 22c, § 23d, § 58, § 71 Abs. 4, § 74c Abs. 3, 3
§ 78, § 78a Abs. 2 und § 116 Abs. 2 enthalten, haben nach der deklaratorischen[11] Bestimmung des Absatzes 1 Satz 3 Vorrang. Die Aufhebung von – vor der Schaffung des § 13a gültigen – Ermächtigungsgrundlagen lässt die darauf beruhenden landesrechtlichen Regelungen nach allgemeinen Grundsätzen unberührt.[12]

2. Landesübergreifende Zuständigkeitskonzentrationen (Absatz 2). Die Neurege- 4
lung in § 13a Abs. 2 stellt klar,[13] dass die Länder die Errichtung gemeinsamer Gerichte oder Spruchkörper oder die Ausdehnung von Gerichtsbezirken auch über die Landesgrenze hinaus vereinbaren können. Diese Kompetenz ergab sich schon bisher aus der Organisationsgewalt der Länder.[14] Nach der Rechtsprechung des BVerfG fallen die Errichtung und Aufhebung ganzer Gerichte sowie die Änderung der Grenzen ihrer Bezirke mit Rücksicht auf ihre Bedeutung für die Unabhängigkeit der Rechtspflege im Rechtsstaat derart aus dem Rahmen der allgemeinen Behördenorganisation, dass sie grundsätzlich nur durch formelles Gesetz (Staatsvertrag mit Zustimmungsgesetz) angeordnet werden dürfen.[15] Spe-

---

4 BTDrucks. **16** 47 S. 49; ebenso OVG Greifswald Urt. v. 2.6.2015 – 2 K 13/15 (juris, Rn. 70).

5 OLG Jena Beschl. v. 7.5.2012 – 1 Ws 111/12 (juris, Rn. 18); Kissel/*Mayer* 1; offenlassend unter Hinweis auf den damaligen Gesetzeswortlaut „Landesrecht" in Abgrenzung zum „Landesgesetz" BVerfG Beschl. v. 20.11.2014 – 1 BvL 4/13 (juris, Rn. 14).

6 Stein/Jonas/*Jacobs* 3; **a.A.** Kissel/*Mayer*[9] 1 (Delegation an den Verordnungsgeber nicht eröffnet).

7 BTDrucks. **19** 13828 S. 21.

8 Dazu *Nöhre/Meller-Hannich* NJW **2023** 2701, 2705 Rn. 27; *Schultzky* MDR **2020** 2.

9 Zöller/*Lückemann* 1; vgl. auch MüKo/*Schuster* 3.

10 Vgl. BayVerfGH NJW **2005** 3699; Kissel/*Mayer* Einl. 21; MüKo/*Schuster* 3.

11 Zur Vorgängervorschrift s. BTDrucks. **16** 47 S. 49; dazu *Rieß* FS Böttcher 145 ff.; Stein/Jonas/*Jacobs* 3, 6.

12 Stein/Jonas/*Jacobs* 4, 6; **a.A.** für den EinigungsV OLG Jena Beschl. v. 7.5.2012 – 1 Ws 111/12 (juris, Rn. 28).

13 BTDrucks. **19** 13828 S. 21.

14 Ebenso Stein/Jonas/*Jacobs* 5; Zöller/*Lückemann* 2; **a.A.** – wegen zuvor fehlender bundesgesetzlicher Ermächtigungsgrundlage wirke § 13a Abs. 2 konstitutiv – Kissel/*Mayer* Einl. 23.

15 BVerfGK **8** 395, 399 f. für die Auflösung des Finanzgerichts Berlin und Errichtung eines gemeinsamen Fachobergerichts von Berlin und Brandenburg; allg. für die Änderung von Gerichtsbezirken vgl. bereits § 12, 12.

zielle Regelungen, z.B. § 120 Abs. 5 Satz 2, § 140a Abs. 4 Satz 2, Abs. 5, 6 Satz 2, sind gegenüber § 13a Abs. 2 vorrangig.

§ 14

Als besondere Gerichte werden Gerichte der Schiffahrt für die in den Staatsverträgen bezeichneten Angelegenheiten zugelassen.

Entstehungsgeschichte

Die Fassung des § 14 beruht auf Art. 1 Nr. 1 des Gesetzes v. 25.3.1974.[1] In seiner ursprünglichen Fassung zählte § 14 in mehreren Nummern eine Reihe von Gerichten auf, die als besondere Gerichte zugelassen waren, darunter in Nummer 1 die auf Staatsverträgen beruhenden Rheinschifffahrts- und Elbzollgerichte. Die Änderungen, die die ursprüngliche Fassung im Laufe der Zeit erfuhr, sind in LR/*K. Schäfer*[22] dargestellt. Vor dem Inkrafttreten des Gesetzes v. 25.3.1974 lautete § 14 in seiner auf dem VereinhG 1950 beruhenden Fassung: „Als besondere Gerichte werden zugelassen 1. Gerichte der Schiffahrt für die in den Staatsverträgen bezeichneten Angelegenheiten; 2. Gemeindegerichte für die Verhandlung und die Entscheidung in bürgerlichen Rechtsstreitigkeiten ...“ (es folgten Einzelheiten über Zuständigkeiten und Rechtsmittel). Gemeindegerichte, denen keine Strafgerichtsbarkeit zustand, gab es zuletzt nur in Baden-Württemberg; mit der Abschaffung dieser Gerichte durch Gesetz v. 19.10.1971[2] wurde § 14 Nr. 2 alter Fassung obsolet. Die im ehemaligen Land Württemberg-Baden erlassenen Vorschriften über die mit einer gewissen Strafgewalt ausgestatteten Friedensgerichte hatte das BVerfG schon früher für grundgesetzwidrig erachtet und das Gesetz über deren Errichtung für nichtig erklärt.[3]

Übersicht

1. Rheinschifffahrts- und Moselschifffahrtsgerichte

1 **a) Grundsatz.** Der Bundesgesetzgeber ermächtigt („werden zugelassen“) die Länder zur Errichtung von Schifffahrtsgerichten als Sondergerichte. Die zurzeit bestehenden Rhein- und Moselschifffahrtsgerichte sind aber nicht im Sinne des § 13 (nur) bundesgesetzlich zugelassen, sondern bundesgesetzlich bestellt; nur die Bestimmung des Sitzes und der Bezirke dieser Gerichte ist Sache der beteiligten Länder.

1 BGBl. I S. 761.
2 GBl. 397.
3 BVerfGE **10** 200.

b) Rheinschifffahrtsgerichte. Die Rheinschifffahrtsgerichte beruhten zunächst auf Art. 32 bis 40 der revidierten (Mannheimer) Rheinschiffahrtsakte v. 17.10.1868[4] nebst Abänderungen v. 4.6.1898[5] und 14.12.1922,[6] sodann auf Art. 354 bis 368 des Versailler Vertrags v. 28.6.1919[7] und dem Gesetz über die Rheinschiffahrtsgerichte v. 5.9.1935.[8] Durch das BinnenschiffahrtsG v. 30.1.1937[9] mit DVO v. 30.1.1937[10] wurden sie aufgehoben (vgl. die Note über die deutschen Wasserstraßen v. 14.11.1936[11]). Nach 1945 ordneten die Besatzungsmächte die Wiederherstellung der Rheinschiffahrtsgerichte in der Form an, in der sie vor der genannten Note v. 14.11.1936 bestanden hatten.[12] Durch das Gesetz über das gerichtliche Verfahren in Binnenschiffahrts- und Rheinschiffahrtssachen v. 27.9.1952[13] – mit Änderungen durch Gesetze v. 27.11.1964[14] und v. 6.7.1966,[15] zuletzt geändert durch Art. 7 des Gesetzes v. 20.4.2013[16] – wurde die Tätigkeit der Rheinschifffahrtsgerichte neu geordnet. Damit verlor die Nummer 1 des § 14 a.F. für die Rheinschifffahrtsgerichte erneut ihre Bedeutung; denn sie sind, soweit man sie überhaupt als Sondergerichte ansehen kann (Rn. 8), bundesgesetzlich „bestellt", nicht mehr nur „zugelassen" im Sinne des § 13. 2

c) Moselschifffahrtsgerichte. In der Vereinbarung zwischen der Bundesrepublik Deutschland, Frankreich und Luxemburg über die Schiffbarmachung der Mosel v. 27.10.1956[17] wurde nach dem Vorbild der Rheinschifffahrtsakte die Errichtung von Moselschifffahrtsgerichten vereinbart. Die Errichtung erfolgte durch Änderung und Ergänzung des Gesetzes v. 27.9.1952 mit Gesetz v. 14.5.1965;[18] das – unter Rn. 2 genannte – Gesetz v. 27.9.1952 erhielt damals die Bezeichnung „Gesetz über das gerichtliche Verfahren in Binnenschiffahrtssachen" (BSchVerfG). 3

d) Geltende Rechtsgrundlage. Die Rheinschiffahrtsakte 1868 wurde nach Änderungen durch Übereinkommen v. 20.11.1963[19] unter dem 11.3.1969[20] in der jetzt geltenden Fassung bekannt gemacht.[21] Die allgemeinen Vorschriften des BSchVerfG gelten nur, soweit sich für Rheinschifffahrtssachen aus der Rheinschiffahrtsakte und den §§ 15 bis 18 BSchVerfG und für Moselschifffahrtssachen aus der Moselschiffahrtskonvention 1956 und den §§ 18b bis 18e BSchVerfG nichts anderes ergibt. Auch die Moselschifffahrtsgerichte sind, soweit sie Sondergerichte sind, nicht im Sinne des § 13 „zugelassen", sondern bundesgesetzlich „bestellt". 4

---

4 PrGS 1869 S. 814.
5 PrGS 1900 9.
6 RGBl. II 1925 S. 147.
7 RGBl. I S. 687, 1235 ff.
8 RGBl. I S. 1142.
9 RGBl. I S. 97.
10 RGBl. I S. 101.
11 RGBl. II S. 361.
12 N. bei LR/*K. Schäfer*[20] 1.
13 BGBl. I S. 641.
14 BGBl. I S. 933.
15 BGBl. II S. 560.
16 BGBl. I S. 831.
17 BGBl. II S. 1838.
18 BGBl. I S. 389.
19 Zustimmungsgesetz v. 6.7.1966, BGBl. II S. 560.
20 BGBl. II S. 597.
21 Zusatzprotokoll v. 25.10.1972, BGBl. II 1974 S. 1385.

5 **e) Übrige Binnenschifffahrtssachen.** Die zuständigen Gerichte für die Binnenschifffahrtssachen, die nicht in den genannten Staatsverträgen bezeichnet sind (Amtsgericht als Gericht erster Instanz, Oberlandesgericht als Berufungs- und Beschwerdegericht), führen bei der Verhandlung und Entscheidung die Bezeichnung „Schiffahrtsgericht“ und „Schiffahrtsobergericht“ (§§ 5, 11 BSchVerfG). Gleichwohl bleiben sie Gerichte der ordentlichen Gerichtsbarkeit; die verfahrensrechtlichen Besonderheiten machen diese Gerichte, die lediglich Abteilungen des Amtsgerichts oder Senate des Oberlandesgerichts sind,[22] nicht zu Sondergerichten.[23] Zu ihrer Zuständigkeit gehören Strafsachen und Verfahren wegen Ordnungswidrigkeiten aufgrund Zuwiderhandlungen gegen strom- und schifffahrtspolizeiliche Vorschriften, die auf oder an Binnengewässern begangen werden. Der **Schwerpunkt** der Tat muss in der Verletzung dieser Vorschriften liegen (§ 2 Abs. 3 Satz 1 Buchst. a BSchVerfG). Dies ist mit Blick auf den Gesetzeszweck dann der Fall, wenn die Beurteilung der Tat gerade der **besonderen Sachkunde** der Schifffahrtsgerichte bedarf, nicht hingegen, wenn die Verletzung schifffahrtspolizeilicher Vorschriften nur zu den Begleitumständen des Tatgeschehens und nicht zu den Wesensmerkmalen der Tat gehört.[24] Eine Zuständigkeit der Schifffahrtsgerichte ist etwa dann begründet, wenn die Herbeiführung (der Gefahr) einer Gewässerverunreinigung (vgl. §§ 324, 326 StGB) gerade auf eine Missachtung der zur Sicherheit und Ordnung auf den Gewässern erlassenen Vorschriften zurückgeht.[25] In strafrechtlichen Binnenschifffahrtssachen ist die Revision ausgeschlossen (§ 10 BSchVerfG).

6 **f) Sitze und Bezirke der Binnenschifffahrtsgerichte.** Sitze und Bezirke der Rhein-, Mosel- und übrigen Binnenschifffahrtsgerichte sind in Vereinbarungen der beteiligten Länder geregelt.[26] Ist Täter ein Jugendlicher oder Heranwachsender, so verbleibt es zwar bei der ausschließlichen örtlichen Zuständigkeit des Tatortgerichts (§ 3 Abs. 3 BSchVerfG); das Verfahren und der Rechtsmittelzug richten sich aber nach dem JGG.[27]

2. Zuständigkeit und Rechtscharakter der Rheinschifffahrts- und Moselschifffahrtsgerichte

7 **a) Zuständigkeit der Rheinschifffahrtsgerichte.** Die Rheinschifffahrtsgerichte sind nach Artikel 34 der revidierten Rheinschiffahrtsakte sachlich zuständig zur Untersuchung und Bestrafung aller Zuwiderhandlungen gegen die schifffahrts- und strompolizeilichen Vorschriften auf dem Rhein, und zwar nicht nur auf dem Rheinstrom selbst, sondern auch in Rheinhäfen und künstlichen Gewässern, die unmittelbar oder über einen kurzen Stichkanal in den Strom einmünden,[28] nicht aber auf Altgewässern und damit etwa zusammenhängenden Baggerseen.[29] Strafsachen in diesem Sinn sind auch gerichtliche Verfahren wegen Ordnungswidrigkeiten. Wird gegen den Bußgeldbescheid der Verwaltungsbehörde Einspruch eingelegt, so ist zur Entscheidung nicht das in § 68 Abs. 1 OWiG bezeichnete Amtsgericht, sondern nach Art. 35 Halbsatz 1 der revidierten Rheinschiffahrtsakte dasjenige Rheinschifffahrtsgericht zuständig, in dessen Bereich die „strafbare Handlung“ begangen wurde. Dessen Zuständigkeit ist in jeder Lage des Verfahrens von Amts wegen zu

22 RGZ **167** 305, 307; BGHZ **45** 237, 240.
23 Vgl. § 13, 6.
24 OLG Hamm Beschl. v. 24.3.2020 – 4 (s) Sbd I – 4/20 (juris, Rn. 25 f.) m.w.N.
25 Vgl. BGH NStZ-RR **1998** 367; BayObLG MDR **1991** 1189; OLG Nürnberg NStZ-RR **1997** 271.
26 N. bei *Katholnigg* 4.
27 BGHSt **11** 116.
28 BGHZ **60** 92; OLG Karlsruhe VRS **48** (1975) 285.
29 BGH VRS **49** (1975) 416.

prüfen und somit auch ohne Rüge zu beachten.[30] Rheinschifffahrtsgericht erster Instanz ist das Amtsgericht (der Strafrichter als Einzelrichter), Berufungsgericht das Oberlandesgericht als Rheinschifffahrtsobergericht (§ 15 BSchVerfG). In Bußgeldsachen ist statt der Rechtsbeschwerde an das Rheinschifffahrtsobergericht unter der in Art. 37 der revidierten Rheinschiffahrtsakte vorgesehenen Beschränkung (Ausschluss von Bagatellen) auch die Anrufung der Zentralkommission in Straßburg zulässig (§ 18 BSchVerfG).[31]

b) Rechtscharakter. Ob die Rheinschifffahrtsgerichte (und die Moselschifffahrtsgerichte) heute noch als besondere Gerichte im Sinne des § 14 anzusehen sind, ist streitig und im Ergebnis zu verneinen. Die Rheinschifffahrtsgerichte sind, wie die Binnenschifffahrtsgerichte, Spruchkörper der Amts- oder Oberlandesgerichte. Bei ihnen kann daher kaum von Sondergerichten gesprochen werden, da es an der dafür erforderlichen Ausgliederung aus dem Bereich der ordentlichen Gerichte fehlt. Ein weiteres Argument ergibt sich aus § 14 BSchVerfG, der die Rheinschifffahrtssachen als Unterart der Binnenschifffahrtssachen behandelt. Die Binnenschifffahrtsgerichte sind aber nach allgemeiner Auffassung keine Sondergerichte (o. Rn. 5); auf diesen Gesichtspunkt hat der BGH abgestellt und deshalb die Rheinschifffahrtsgerichte ebenfalls als ordentliche Gerichte, nicht als besondere Gerichte gem. § 14 angesehen.[32] Die Gegenauffassung[33] hebt auf die internationale Rechtsgrundlage der Rheinschifffahrtsgerichte (und Moselschifffahrtsgerichte) ab; sie seien nur aus Zweckmäßigkeitsgründen den ordentlichen Gerichten angegliedert.[34] Die Auffassung des BGH ist vorzugswürdig.[35] Demgemäß ist in Zivilsachen auch die Revision an den BGH zulässig.[36] Nur die Zentralkommission in Straßburg ist ein Sondergericht i.S.d. § 14;[37] die dort eingerichtete Berufungskammer ist mit unabhängigen Richtern aus den Vertragsstaaten besetzt und deshalb als Gericht i.S.d. GG anzusehen.[38] Bei einem negativen Kompetenzkonflikt zwischen einem Rheinschifffahrtsgericht und einem allgemeinen Gericht (Schöffengericht usw.) hinsichtlich der sachlichen Zuständigkeit ist in entsprechender Anwendung der für den Fall des negativen örtlichen Kompetenzkonflikts geltenden Vorschriften (§§ 14, 19 StPO) zu verfahren.[39] Eine Überschreitung der sachlichen Zuständigkeit ist nicht anzunehmen, wenn bei dem als Rheinschifffahrtsgericht zuständigen Amtsgericht die allgemeine Strafabteilung anstelle der Schifffahrtsabteilung entscheidet.[40] 8

c) Moselschifffahrtsgerichte. Sie sind zuständig für Strafsachen, die sich auf Vorgänge auf der Mosel und den dazu gehörigen Einrichtungen beziehen (§ 18a BSchVerfG). In 1. Instanz entscheidet das Amtsgericht als Moselschifffahrtsgericht, Berufungsgericht ist das Oberlandesgericht als Moselschifffahrtsobergericht (§ 18b BSchVerfG). Die Berufung (keine Revision) unterliegt keiner Beschränkung (§ 18d BSchVerfG). Entsprechend der Anrufung der Zentralkommission in Straßburg bei den Rheinschifffahrtssachen besteht die 9

30 OLG Karlsruhe VRS **48** (1975) 286; zur Frage, in welchem Umfang die Vorschriften über die Rechtsbeschwerde in Bußgeldsachen in Rheinschifffahrtssachen anwendbar sind, vgl. OLG Karlsruhe MDR **1976** 514, 515 und *Göhler* § 79, 2a OWiG.

31 Zum Ausschluss von Bagatellen vgl. Beschluss der Zentralkommission v. 15.10.1964, VersR **1965** 335.

32 BGHZ **18** 267; **45** 237, 240.

33 *Katholnigg* 2; Kissel/*Mayer* 7.

34 *Katholnigg* 2.

35 Ebenso KK/*Barthe* 1; *Schmitt*/Köhler 1; SK/*Frister* 3, 6; SSW/*Spiess* 1; Zöller/*Lückemann* 1.

36 BGHZ **18** 267.

37 BGHZ **18** 267, 270.

38 Kissel/*Mayer* 7.

39 BGHSt **18** 381.

40 KG VRS **46** (1974) 43; OLG Hamm VRS **29** (1965) 236.

Möglichkeit einer Anrufung der Moselkommission in Trier (§ 18e BSchVerfG). Nur diese ist Sondergericht i.S.d. § 14, die Moselschifffahrtsgerichte sind hingegen Teil der ordentlichen Gerichte.

§ 15

(gestrichen durch VereinhG 1950)

§ 16

[1]Ausnahmegerichte sind unstatthaft. [2]Niemand darf seinem gesetzlichen Richter entzogen werden.

Schrifttum

Entsprechend der Bedeutung, die der Gewährleistung des gesetzlichen Richters im Rechtsstaat zukommt, ist die Literatur dazu kaum überschaubar. Die im Jahre 2002 erschienene Habilitationsschrift von *Sowada* enthält, obwohl sie bestimmte Aspekte des Themas ausklammert, ein Literaturverzeichnis von über 80 Seiten und fast 2000 Titeln. Es soll daher auf einige vorwiegend neuere Beiträge hingewiesen werden, die als Einstieg in die Thematik dienen können. Wegen älterer Titel wird ergänzend auf die Hinweise in der 24. Aufl. Bezug genommen.

Achenbach Staatsanwalt und gesetzlicher Richter – ein vergessenes Problem? FS Wassermann (1985) 849; *Backhaus* Der gesetzliche Richter im Staatsschutzstrafrecht (2010); *Britz* Das Grundrecht auf den gesetzlichen Richter in der Rechtsprechung des BVerfG, JA **2001** 573; *Dahs* Die Relativierung absoluter Revisionsgründe, GA **1976** 353; *Foth* Zur Besetzung von Strafkammern, Schöffengerichten und OLG-Senaten bei Haftentscheidungen während einer anhängigen Hauptverhandlung, NStZ **1998** 420; *Hamm* Der gesetzliche Richter und die Ablehnung wegen Besorgnis der Befangenheit unter besonderer Berücksichtigung des Strafverfahrens (1973); *Heghmanns* Auswahlermessen der Staatsanwaltschaft bei Klageerhebung und gesetzlicher Richter, StV **2000** 277; *Henkel* Der gesetzliche Richter (1967); *Herzog* Über bewegliche Zuständigkeitsregelungen, instrumentelle Zuständigkeitswahl und das Prinzip des gesetzlichen Richters, StV **1993** 609; *Katholnigg* Zum Gebot des gesetzlichen Richters bei Überbesetzung des Spruchkörpers, JZ **1997** 284; *Kern* Der gesetzliche Richter (1927); *Kindhäuser* Beitrag zu den Konsequenzen einer Verletzung der Geschäftsverteilung im Strafprozeß aus revisionsrechtlicher Sicht, JZ **1993** 478; *Koch* Rechtsvergleichende Fragen zum „gesetzlichen Richter", FS Nakamura (1996) 281; *Kolb* Rechtsnatur und Anfechtbarkeit der gerichtlichen Geschäftsverteilungspläne (1986); *Lotz* Flexibilisierung des Richtereinsatzes, FS Graf-Schlicker (2018) 73; *Marcelli* § 210 Abs. 3 StPO und der gesetzliche Richter, NStZ **1986** 59; *Marx* Der gesetzliche Richter i.S. von Art. 101 Abs. 1 S. 2 GG (1969); *Meinen* Die Heranziehung zum Schöffenamt – gerichtsverfassungs- und revisionsrechtliche Probleme (1993); *Müller* Zur Frage der richterlichen Zuständigkeiten bei Entscheidungen zwischen Beginn und Ende der strafprozessualen Hauptverhandlung (2003); *Oehler* Der gesetzliche Richter und die Zuständigkeit in Strafsachen, ZStW **64** (1952) 292; *Park* Die örtliche Gerichtszuständigkeit, FS Beulke (2015) 927; *Rieß* Ausschluß der Besetzungsrüge (§ 338 Nr. 1 StPO) bei irriger, aber vertretbarer Rechtsanwendung, GA **1976** 133; *Rieß* Die Besetzungsrüge in Strafsachen in der neueren Rechtsprechung des BGH, DRiZ **1977** 289; *Rinck* Gesetzlicher Richter, Ausnahmegericht und Willkürverbot, NJW **1964** 1649; *Roth* Das Grundrecht auf den gesetzlichen Richter (2000); *Sangmeister* Grundrechtsschutz durch Grundrechtsentziehung? NJW **1998** 721; *Seier* Die Eröffnung des Hauptverfahrens durch das Beschwerdegericht vor einem anderen Gericht, StV **2000** 586; *Sowada* Der gesetzliche Richter im Strafverfahren (2002); *Theile* Flexible Fallzuweisung und gesetzlicher Richter (Art. 101 I 2 GG), FS Heinz (2012) 892; *ders.* Gesetzlicher Richter und Wirtschaftsstrafsachen, StV **2019** 763; *Voßkuhle* Zur Verletzung des Rechts auf den gesetzlichen Richter bei Nichtvorlage an den EuGH, JZ **2001** 924; *Wiebel* Die senatsinterne Geschäftsverteilung beim Bundesgerichtshof (Zivilsachen), BB **1992** 573.

Entstehungsgeschichte

§ 16 lautete ursprünglich „Ausnahmegerichte sind unstatthaft. Niemand darf seinem gesetzlichen Richter entzogen werden. Die gesetzlichen Bestimmungen über Kriegsgerichte und Standrechte werden hiervon nicht berührt". Das VereinhG 1950 hat den dritten Satz gestrichen.

Übersicht

1. Entwicklung und Reichweite. § 16 steht historisch und sachlich in engem Zusammenhang mit § 1, der die richterliche Unabhängigkeit gewährleistet. Wie § 1[1] geht § 16 auf die ursprüngliche Fassung des GVG zurück. Übereinstimmend mit dem Vorgehen bei § 1 nahm der Gesetzgeber des Jahres 1877 in § 16 die Früchte älterer Reformbestrebungen auf.[2] Da die Reichsverfassung von 1871[3] ebenso wenig eine Regelung zum gesetzlichen Richter wie zur richterlichen Unabhängigkeit enthielt, hatte § 16 als reichsgesetzliche Regelung für seinen Geltungsbereich, nämlich für die ordentliche streitige Gerichtsbarkeit (§ 2 EGGVG), wie § 1 durchaus selbständige Bedeutung.[4] Damit war es zu Ende, als Art. 105 WRV die Regelung des § 16 wortgleich übernahm. Gleichzeitig entfiel die Beschränkung auf die ordentliche Gerichtsbarkeit. Nach 1945 fand die Regelung des § 16 ebenso wie die Gewährleistung der richterlichen Unabhängigkeit Eingang in die neu entstehenden Landesverfassungen.[5] Sodann übernahm das GG die Regelung. So wie es in Art. 97 GG die sachliche und persönliche Unabhängigkeit des Richters regelt, bestimmt es in engster Anlehnung an den Wortlaut des § 16 in Art. 101 Abs. 1 GG: „Ausnahmegerichte sind unzulässig. Niemand darf seinem gesetzlichen Richter entzogen werden." Dieser Verfassungssatz gilt selbstverständlich für alle Zweige der Gerichtsbarkeit. § 16 hat damit entspre- 1

1 Vgl. § 1, 1.

2 Zur erstmaligen Erwähnung der Gewährleistung des gesetzlichen Richters in der französischen Verfassung von 1791 vgl. *Rinck* NJW **1964** 1649; aus späterer Zeit § 175 Frankfurter Reichsverfassung von 1849; Art. 7 der Preußischen Verfassung von 1850; zu noch älteren Wurzeln *Oehler* ZStW **64** (1952) 292, 298 ff. und dazu wiederum *Sowada* 30 ff.

3 RGBl. S. 64.

4 Ebenso *Sowada* 70.

5 Vgl. Art. 86 Abs. 1 BayVerf; Art. 6 BremVerf; Art. 20 HessVerf; Art. 6 RPfVerf.

chend § 1 seine selbständige Bedeutung erneut verloren. Wie im Fall des § 1 erweist es sich gleichwohl als sinnvoll, dass § 16, in gewisser Weise die Mutterbestimmung des Art. 101 Abs. 1 GG, nicht aufgehoben, sondern im Kontext des GVG belassen wurde. Eine historische Reminiszenz an das Hervorgehen des Art. 101 Abs. 1 GG aus § 16 ist es, wenn das VereinhG 1950 die ursprüngliche Fassung des Satzes 1 („... sind unstatthaft") aufrechterhalten hat, während Art. 101 Abs. 1 GG Ausnahmegerichte als „unzulässig" bezeichnet; ein sachlicher Unterschied liegt darin nicht. Wie bei § 1 hat auch bei § 16 die Auslegung der einfachrechtlichen Regelung derjenigen der Verfassungsbestimmung zu folgen, weshalb auf Schrifttum und Rechtsprechung zu Art. 101 GG zu verweisen ist.

2 Es ist kein Zufall, dass das Schicksal des **§ 1** und des **§ 16** ähnlich verlaufen ist. Beide Vorschriften **gehören sachlich zusammen.**[6] Wirkliche Unabhängigkeit der Rechtspflege gegenüber Eingriffen von dritter Seite ist nur möglich, wenn gewährleistet ist, dass niemand dem unabhängigen „gesetzlichen Richter" entzogen werden kann. Es ist seit jeher ein beliebtes Mittel absolutistischer Machthaber gewesen, in Fällen, in denen ein bestimmtes Ergebnis aus politischen Gründen gewünscht wurde, sich dieses Ergebnisses dadurch zu versichern, dass das nach den allgemeinen Zuständigkeitsregeln zur Aburteilung berufene ordentliche Gericht ausgeschaltet und die Aburteilung einem anderen Gericht übertragen wurde, das möglicherweise ad hoc gebildet wurde, jedenfalls für diesen Fall keine Jurisdiktion hatte. Der Kampf um den Rechtsstaat, um die Unabhängigkeit der Richter, um die Gewaltenteilung und den Konstitutionalismus war daher zugleich ein Kampf um den gesetzlichen Richter.[7] Mit der Garantie des gesetzlichen Richters will Art. 101 Abs. 1 Satz 2 GG der Gefahr vorbeugen, dass die Justiz durch eine Manipulation der rechtsprechenden Organe sachfremden Einflüssen ausgesetzt wird und dass durch die auf den Einzelfall bezogene Auswahl der zur Entscheidung berufenen Richter das Ergebnis der Entscheidung beeinflusst werden kann.[8] Es geht dabei um die Abwehr von Willkür und um die Verwirklichung des Gleichheitssatzes,[9] um Gewaltenteilung und Freiheitssicherung[10] sowie nicht zuletzt um eine vertrauenswürdige Justiz.[11]

3 **Völkerrechtliche Grundrechtskodifikationen** wie die Europäische Menschenrechtskonvention[12] und der Internationale Pakt über bürgerliche und politische Rechte[13] sehen die Garantie des unabhängigen Richters ebenfalls in engem Zusammenhang mit derjenigen des gesetzlichen Richters. Art. 6 Abs. 1 Satz 1 EMRK und Art. 14 Abs. 1 Satz 1 IPBPR stellen die Gewähr des unabhängigen und unparteiischen Richters in unmittelbaren Zusammenhang damit, dass das Gericht „auf Gesetz beruht".[14] Letzteres entspricht der Garantie des gesetzlichen Richters nach Art. 101 Abs. 1 GG.[15] Auch die Charta der Grundrechte der Europäischen Union gewährleistet in Art. 47 Abs. 2 den Zugang zu einem „unabhängigen, unparteiischen und zuvor durch Gesetz errichteten Gericht". Was die konkrete Ausformung der Garantien betrifft, sind die Anforderungen, die sowohl der EGMR als auch der EuGH stellen, allerdings deutlich weniger streng als diejenigen in der nationalen Rechtsprechung.[16]

---

6 *Sowada* 71 ff., 114 ff.; Kissel/*Mayer* 1.

7 *Eb. Schmidt* I, 438; zur Entwicklung im 19. Jahrhundert *Sowada* 60 ff.

8 St. Rspr. des BVerfG; vgl. BVerfGE **95** 322, 327; NJW **2018** 1155 f.

9 *Rinck* NJW **1964** 1652; Kissel/*Mayer* 1; MüKo/*Schuster* 3.

10 *Sowada* 74 ff., 78.

11 BVerfGE **4** 412, 416; *Theile* FS Heinz 902; MüKo/*Schuster* 3.

12 Vom 4.11.1950, BGBl. 1952 II S. 685, 953, neu bekannt gemacht BGBl. 2010 II S. 1198.

13 Vom 19.12.1966, BGBl. II S. 1533.

14 Zum Inhalt der Gewährleistung vgl. EuGH NJW **2022** 1299, 1304 Rn. 71 m.w.N.

15 Vgl. LR/*Esser* Art. 6 EMRK/Art. 14 IPBPR, 134 m.w.N.

16 *Lotz* FS Graf-Schlicker 79 ff. m. Nachw.; *Rönnau/Hoffmann* ZIS **2018** 233; vgl. auch LR/*Esser* Art. 6 EMRK/Art. 14 IPBPR, 139 m.w.N.

§ 16 behandelt **Ausnahmegerichte und Richterentziehung** in zwei selbständigen Sätzen, so als ob es sich um verschiedene Materien handelte. Das entspricht der Tradition, dient der Anschaulichkeit und trägt nicht zuletzt leidvoller historischer Erfahrung Rechnung. Begrifflich notwendig wäre es nicht. Die Gewährleistung des gesetzlichen Richters schließt in der Sache das Verbot von Ausnahmegerichten ein.[17] 4

2. Verbot von Ausnahmegerichten

a) Begriff des Ausnahmegerichts. Ausnahmegerichte sind Gerichte, die „ad hoc bestimmt",[18] „in Abweichung von der gesetzlichen Zuständigkeit besonders gebildet und zur Entscheidung einzelner konkreter oder individuell bestimmter Fälle berufen" sind.[19] Ein einzelner Spruchkörper eines Gerichts kann ebenfalls Ausnahmegericht sein, wenn ihm durch die Geschäftsverteilung ein konkreter Einzelfall oder mehrere konkrete Einzelfälle zugewiesen werden.[20] Das Verbot des § 16 Satz 1 richtet sich nicht nur an den Landesgesetzgeber und an die Justizverwaltung, sondern auch an das Präsidium bei der Geschäftsverteilung; Art. 101 Abs. 1 Satz 1 GG bindet darüber hinaus den Bundesgesetzgeber.[21] Kein Ausnahmegericht, sondern eine Form der Vertretungsregelung für Fälle einer vorübergehenden Überlastung der ordentlichen Strafkammer[22] ist die Hilfsstrafkammer, auch wenn es ein oder mehrere Großverfahren sind, die Anlass zu ihrer Bildung geben; ihre Zuständigkeit ist abstrakt zu umschreiben.[23] Ein Ausnahmegericht ist jedes Gericht, das nach Begehung einer Straftat für einen Einzelfall oder für eine nach individuellen Merkmalen bestimmte Gruppe von Einzelfällen zur Entscheidung eingesetzt wird.[24] Aber auch ein vor begangener Tat zur Aburteilung bestimmtes Gericht ist ein Ausnahmegericht, wenn seine Zuständigkeit nicht durch abstrakte und generelle Merkmale bestimmt, sondern in der Weise geregelt ist, dass ein oder mehrere individuell umgrenzte Einzelfälle von vornherein der allgemeinen Zuständigkeitsordnung entzogen werden.[25] Selbst eine im Voraus nach abstrakt-generellen Merkmalen bestimmte Zuständigkeit begründete ein Ausnahmegericht, wenn die Abweichung von der allgemeinen Zuständigkeit willkürlich wäre.[26] Kein Ausnahmegericht wird hingegen errichtet, wenn sich eine allgemeine Änderung der Zuständigkeitsvorschriften auf die Aburteilung von Handlungen erstreckt, die vor der Änderung begangen wurden. § 16 Satz 1 gilt ebenso wie Art. 101 Abs. 1 Satz 1 GG ausnahmslos; selbst für Ausnahmezeiten, z.B. bei Naturkatastrophen oder bei terroristischen Anschlägen, gestattet er keine Abweichung.[27] Es besteht ledig- 5

17 BayVerfGHE **37** 1, 2; *Rinck* NJW **1964** 1652; KK/*Barthe* 1; MüKo/*Schuster* 2; MüKo-ZPO/*Pabst* 1; ebenso *Roth* 70 ff.; *Sowada* 136 m.w.N.; *Eb. Schmidt* I, 438.

18 *Sowada* 139; *Eb. Schmidt* I, 440 mit Nachw. aus der älteren Literatur.

19 BVerfGE **3** 213, 223; **8** 174, 182; **10** 200, 212; BayVerfGHE **37** 1; BGHZ **38** 208, 210; BGH NJW **2000** 1580.

20 Vgl. BVerfGE **40** 356, 361; BayVerfGHE **37** 1; Kissel/*Mayer* 14; *Schmitt*/Köhler 1; SSW/*Spiess* 3.

21 Vgl. BVerfGE **6** 45, 50; **9** 223, 226; **10** 200, 213; **22** 49, 73.

22 Vgl. dazu BGH NJW **2000** 1580.

23 BGHSt **12** 104; **31** 157, 158 = StV **1983** 9 m. Anm. *Jungfer*; BGHSt **31** 389 = JR **1983** 519 m. Anm. *Katholnigg* = NStZ **1984** 84 m. Anm. *Frisch*; BGHSt **33** 303 = JR **1986** 260 m. Anm. *Katholnigg*; BGH NJW **2000** 1580; vgl. zum Hilfsspruchkörper im Übrigen § 21e, 47 sowie speziell zur Hilfsstrafkammer LR/*Gittermann* § 60, 8 ff.

24 BVerfGE **8** 174, 182; *Eb. Schmidt* I, 440; zu den nach dem 1. Weltkrieg errichteten Wuchergerichten RG JW **1924** 192, 193; KG JW **1920** 400, 402; OLG Königsberg GA **68** (1920) 391, 392.

25 *Eb. Schmidt* I, 440; SK/*Frister* 5.

26 BVerfGE **8** 174, 182; *Rinck* NJW **1964** 1651; *Sowada* 140 ff.; oben § 13, 5; enger *Oehler* ZStW **64** (1952) 297, 302 ff., der den anstößigen Zweck der Einflussnahme auf die Rechtsprechung zum Kriterium macht.

27 Kissel/*Mayer* 15.

lich die Möglichkeit einer Übertragung nach § 15 StPO, der im Lichte des Art. 101 Abs. 1 Satz 2 GG jedoch eng auszulegen ist.[28]

6 **b) Abgrenzung gegen Sondergerichte.** Keine Ausnahmegerichte sind die besonderen Gerichte i.S.d. §§ 13, 14 („Gerichte für besondere Sachgebiete" i.S.d. Art. 101 Abs. 2 GG).[29] Sie sind gesetzlich für ein bestimmtes Sachgebiet nach abstrakten und generellen Merkmalen im Voraus zur Entscheidung berufen. Es verstößt nicht gegen § 16 Satz 1 und Art. 101 Abs. 1 Satz 1 GG, wenn bei der Errichtung von besonderen Gerichten deren Zuständigkeit auf die vor der Errichtung begangenen Taten erstreckt wird, sofern die allgemeine Fassung der Zuständigkeitsänderung nicht lediglich verschleiern soll, dass es in Wirklichkeit gerade darum geht, die vorher begangenen Taten dem nach bisherigem Recht zuständigen Richter zu entziehen.[30] Erst recht verstößt es nicht gegen Art. 101 Abs. 1 Satz 1 GG, wenn durch Bundesgesetz aus der allgemeinen Zuständigkeit eines Zweiges der Gerichtsbarkeit Einzelmaterien ausgegliedert und der Zuständigkeit eines anderen Zweiges der Gerichtsbarkeit angegliedert werden, z.B. wenn (vgl. § 40 VwGO) bestimmte verwaltungsrechtliche Streitsachen, für die nach der allgemeinen Zuständigkeitsregelung der Verwaltungsrechtsweg eröffnet wäre, im Interesse einheitlicher Beurteilung eines ganzen Sachgebiets der ordentlichen Gerichtsbarkeit zugewiesen werden.[31] Ebenso ist es zulässig, wenn nach dem Geschäftsverteilungsplan bestimmte Straftaten einem bestimmten Spruchkörper zugewiesen sind, auch wenn keine gesetzliche Zuständigkeitskonzentration (§ 74 Abs. 2, §§ 74a, 74c usw.) besteht; dies gilt auch dann, wenn im Einzelfall zugleich ein anderes Delikt zur Aburteilung kommt, das schwerer wiegt als das Spezialdelikt.[32]

7 **c) Verstöße.** Hat ein Gericht entschieden, das als Ausnahmegericht zu qualifizieren ist, so ist die Entscheidung wegen Verstoßes gegen den Grundsatz des gesetzlichen Richters (vgl. Rn. 4) fehlerhaft und nach allgemeinen Grundsätzen anfechtbar,[33] nicht etwa nichtig. Der gegenteiligen Auffassung[34] kann nur für krasse Verstöße gegen das Verbot von Ausnahmegerichten zugestimmt werden, wenn die Annahme einer wirksamen Entscheidung „geradezu unerträglich wäre, weil sie dem Geist der StPO und wesentlichen Prinzipien unserer rechtsstaatlichen Ordnung widersprechen würde", und diese grobe Fehlerhaftigkeit überdies offenkundig ist.[35] So kann es liegen, wenn in Zeiten innerer Unruhen Revolutionstribunale, Standgerichte und ähnliche Einrichtungen Strafgewalt ausüben, wobei es sich bei ihren „Erkenntnissen" je nach den Umständen auch um Nichturteile handeln kann.[36] Da die Verurteilung durch ein Ausnahmegericht das Verfahrensgrundrecht auf

---

28 BGH NJW **2002** 1589.

29 Zur Einordnung von Sondergerichten in der Weimarer Republik, mit denen situativ auf politische Entwicklungen reagiert wurde, vgl. *Bertheau* FS Ignor 37, 44.

30 Für die nach dem 1. Weltkrieg (Verordnung vom 27.11.1919 – RGBl. 1909) errichteten Wuchergerichte wurde das diskutiert, von der Rechtsprechung aber verneint; vgl. RG JW **1924** 192, 193; BayObLG JW **1920** 563 m. Anm. *Kern*; KG JW **1920** 400, 402; OLG Königsberg GA **68** (1920) 391, 392.

31 BVerfGE **4** 387, 399; BGH NJW **1963** 446, 447; MüKo-ZPO/*Pabst* 8.

32 Vgl. BayVerfGH NJW **1968** 99, 101; Kissel/*Mayer* 19; KK/*Barthe* 3; MüKo/*Schuster* 6; *Schmitt*/Köhler 1.

33 Vgl. BGHZ **37** 125, 128; Kissel/*Mayer* 20, 50; MüKo/*Schuster* 28; SK/*Frister* 5.

34 *Peters* 522; *Roxin*/*Schünemann* § 52, 26.

35 BGH NStZ **1984** 279; ferner RGSt **40** 271, 273; BGHSt **29** 351, 352 ff.; BGH bei *Dallinger* MDR **1954** 400; MüKo/*Schuster* 28; SSW/*Spiess* 5.

36 Dazu LR/*Kühne* Einl. K 105 ff.; zur Bewertung der SS-Standgerichtsverfahren gegen von Dohnanyi in Oranienburg und gegen Bonhoeffer, Canaris, Oster u.a. in Flossenbürg als bloße Scheinverfahren vgl. BGHSt **2** 173, 176 ff.; *Mohr* NJW **1998** 958; *Mosbacher* GA **2025** 541, 543 ff.; *Spendel* ZRP **1997** 43.

den gesetzlichen Richter (dazu Rn. 13) verletzt, ist nach Maßgabe der allgemeinen Vorschriften die Verfassungsbeschwerde eröffnet.

3. Verbot der Richterentziehung im Allgemeinen

a) Regelungszweck. Zweck des Art. 101 Abs. 1 Satz 2 GG ist es, der Gefahr vorzubeugen, dass die Justiz durch eine Manipulation der rechtsprechenden Organe sachfremden Einflüssen ausgesetzt wird; es soll vermieden werden, dass durch eine auf den Einzelfall bezogene Auswahl der zur Entscheidung berufenen Richter das Ergebnis der Entscheidung beeinflusst werden kann, gleichgültig, von welcher Seite eine solche Manipulation ausgeht.[37] Damit soll die Unabhängigkeit der Rechtsprechung gewahrt und das Vertrauen der Rechtsuchenden sowie der Öffentlichkeit in die Unparteilichkeit und Sachlichkeit der Gerichte gesichert werden.[38] Dieses Vertrauen nähme Schaden, müsste der rechtsuchende Bürger befürchten, sich einem Richter gegenüberzusehen, der mit Blick auf seinen Fall und seine Person bestellt worden ist. Nichts anderes gilt für den Zweck des § 16 Satz 2. 8

b) Adressaten. Ursprünglich zielte der Satz „niemand darf seinem gesetzlichen Richter entzogen werden" vor allem nach außen, insbesondere gegen jede Art von Kabinettsjustiz.[39] Dieses „historische Feindbild" ist durch die Entwicklung überholt.[40] Heute ist anerkannt, dass die Gewähr des gesetzlichen Richters Manipulationen gleich von welcher Seite verhindern will, sich also gleichermaßen an den Gesetzgeber, die Verwaltung, aber auch die Rechtsprechung selbst richtet. § 16 Satz 2 will in Übereinstimmung mit Art. 101 Abs. 1 Satz 2 GG vor allem sicherstellen, dass niemand durch Maßnahmen innerhalb der Gerichtsorganisation dem in seiner Sache gesetzlich berufenen Richter entzogen wird.[41] Diese Schutzrichtung ist mittlerweile ganz in den Vordergrund getreten. Während Eingriffe von außen in die Gewährleistung des gesetzlichen Richters kaum vorkommen,[42] sind die Anforderungen, die sich aus der Gewähr des gesetzlichen Richters an die Geschäftsverteilungs- und Mitwirkungspläne der Gerichte ergeben, ein Dauerthema für Rechtsprechung und Literatur, wobei – wie das BVerfG in seinem Plenarbeschluss vom 8.4.1997[43] festgestellt hat – sich die Anforderungen an den gesetzlichen Richter im Laufe der Zeit allmählich verfeinert haben und im Zuge dieser Entwicklung die Forderung nach einer möglichst präzisen Vorherbestimmung auch der im Einzelfall an der gerichtlichen Entscheidung mitwirkenden Richter zunehmend stärkeres Gewicht gewonnen hat. Wie die Vereinigten Großen Senate des BGH zu Recht hervorgehoben haben,[44] hat die damit in einem Spannungsverhältnis stehende Forderung, dass der Spruchkörper bei der Erledigung seiner Aufgaben möglichst effektiv und deshalb flexi- 9

---

37 BVerfGE **17** 294, 299; **20** 336, 344; **48** 246, 254; **82** 286, 296; **95** 322, 327 = JR **1997** 278 m. Anm. *Berkemann* und Anm. *Katholnigg*; BVerfG NJW **2017** 1233, 1234 Rn. 21; **2018** 1155 f. Rn. 16 f.

38 BVerfGE **4** 412, 416, 418; **95** 322, 327; BVerfG NJW **2017** 1233, 1234 Rn. 21; **2022** 1236, 1237 Rn. 39 f.; BGH NStZ **2023** 122, 124.

39 *Träger* FS Zeidler Bd. I 124.

40 *Sowada* 5; *Theile* StV **2019** 763.

41 BVerfGE **3** 359, 364; **4** 412, 416; **17** 294, 299.

42 Kissel/*Mayer* 22 zählt hierzu die Verzögerung von Nachwahlen zum BVerfG mit dem Ziel, dass bestimmte Verfahren noch von der bisherigen Richterbank entschieden werden; dazu auch *Rüthers* NJW **1996** 1867; *Wassermann* NJW **1996** 702.

43 BVerfGE **95** 322, 333.

44 BGHZ **126** 63, 85 = JZ **1994** 1174 m. Anm. *Kissel*.

bel sein sollte, dahinter zurücktreten müssen.[45] In der Literatur wird dies überwiegend positiv gesehen; das Leitbild des Art. 101 Abs. 1 Satz 2 GG sei der „zufällige", nicht der für den jeweiligen Fall „geeignete" Richter.[46]

10 **c) Inhalt.** Art. 101 Abs. 1 Satz 2 GG, § 16 Satz 2 enthalten einerseits das Verbot, die nach den Verfahrensvorschriften begründete Zuständigkeit eines Gerichts durch die Bildung eines Ausnahmegerichts zu beseitigen oder in sonstiger Weise von Regelungen zur Bestimmung des gesetzlichen Richters abzuweichen,[47] sei es, dass an die Stelle des gesetzlichen Richters ein anderer Richter treten soll, sei es, dass eine nach dem Gesetz dem Richter zukommende Aufgabe einer Stelle zugewiesen wird, die nicht als Gericht im Sinne des Art. 92 GG anzusehen ist.[48] Andererseits enthalten Art. 101 Abs. 1 Satz 2 GG, § 16 Satz 2 das Gebot, einen Bestand von Rechtssätzen zu schaffen, die für jeden Streitfall den Richter bezeichnen, der für die Entscheidung zuständig ist.[49] Diese Verpflichtung richtet sich an den Gesetzgeber. Allerdings ist es angesichts der Vielfalt der Gerichtsbarkeiten, der Verschiedenheit der Größe und Organisation der Gerichte, der unterschiedlich großen Zahl der bei ihnen tätigen Richter, des verschiedenen Umfangs der Geschäftslast der Gerichte sowie der schwankenden Geschäftslast innerhalb eines Gerichts für den Gesetzgeber nicht möglich, den gesetzlichen Richter stets endgültig zu bestimmen, indem er eine gesetzliche Regelung trifft, aus der sich ohne Weiteres für jeden Einzelfall ergibt, welcher Richter zur Entscheidung berufen ist.[50] Die Garantie des gesetzlichen Richters verlangt deshalb nicht stets ein formelles, im parlamentarischen Verfahren beschlossenes Gesetz. Zwar muss der Gesetzgeber die fundamentalen Zuständigkeitsregeln selbst aufstellen,[51] also durch die Prozessgesetze bestimmen, welche Gerichte mit welchen Spruchkörpern für welche Verfahren sachlich, örtlich und instanziell zuständig sind. Der Gesetzgeber oder aufgrund Verordnungsermächtigung die Exekutive müssen außerdem durch organisationsrechtliche Normen die einzelnen Gerichte errichten und ihre Gerichtsbezirke festlegen. Ergänzend zu solchen Vorschriften müssen aber Geschäftsverteilungspläne der Gerichte hinzutreten, in denen insbesondere die Zuständigkeit der jeweiligen Spruchkörper festzulegen sowie diesen die erforderlichen Richter zuzuweisen sind (vgl. § 21e). Schließlich bedarf es bei überbesetzten und in der Besetzung reduzierten Spruchkörpern der Regelung in Mitwirkungsplänen, welche Richter bei der Entscheidung welcher Verfahren mitwirken (vgl. § 21g).[52] Keine Frage des gesetzlichen Richters ist für sich gesehen die Bestimmung des Berichterstatters.[53] Richter i.S.d.

---

45 Ob das Vertrauen in die Gerichte abnähme, wenn bei der Zuteilung der Verfahren Stärken und Schwächen, Belastungen und Ressourcen des einzelnen Richters mehr berücksichtigt werden könnten, wäre diskussionswürdig. Dabei wäre auch zu erörtern, weshalb der gesetzliche Richter in anderen rechtsstaatlich-demokratischen Systemen eine geringere Rolle spielt; vgl. dazu *Koch* FS Nakamura 281, 294 ff.; *Lotz* FS Graf-Schlicker 81 ff.

46 *Sowada* 820, 833; ähnlich *Theile* FS Heinz 898; andere nehmen durchaus in den Blick, dass die Belange einer effektiven Rechtspflege gegenläufig sein können; vgl. *Roth* 95 ff.

47 BVerfGE **95** 322, 327.

48 Vgl. zur Ausübung der Strafgerichtsbarkeit durch Friedensgerichte BVerfGE **10** 200; dazu *Kern* JZ **1960** 244.

49 BVerfGE **2** 307, 319 ff.; **19** 52, 60; **95** 322, 328; BVerfG NJW **2012** 2334, 2335; vgl. auch LR/*Kühne* Einl. J 18.

50 BVerfGE **19** 52, 60.

51 BVerfGE **19** 52, 60; **95** 322, 328.

52 BVerfGE **95** 322, 328; **97** 1; BVerfG NJW **2004** 3482; BGH NJW **2009** 931, 932.

53 BVerfGE **95** 322, 331; s. § 21g, 7.

Art. 101 Abs. 1 Satz 2 GG, § 16 Satz 2 sind die Berufsrichter und die ehrenamtlichen Richter (Schöffen),[54] nicht hingegen die Rechtspfleger.[55]

Die **Geschäftsverteilungs- und Mitwirkungsregelungen** müssen als Grundlage zur Bestimmung des „gesetzlichen" Richters Merkmale aufweisen, die für Gesetze kennzeichnend sind: Sie bedürfen der Schriftform und müssen im Voraus abstrakt-generell die Zuständigkeit der Spruchkörper und ebenso die Mitwirkung der Richter im Spruchkörper regeln. Es gehört zum Begriff des gesetzlichen Richters, dass nicht für bestimmte Einzelfälle bestimmte Richter ausgesucht werden, sondern dass die einzelne Sache „blindlings", aufgrund allgemeiner, vorab festgelegter Merkmale an den entscheidenden Richter gelangt. Darüber hinaus müssen die Regelungen hinreichend bestimmt sein. Welcher Richter in einem konkreten Verfahren mitwirkt, muss sich daraus möglichst eindeutig ergeben.[56] Sie dürfen keinen vermeidbaren Spielraum bei der Heranziehung der einzelnen Richter zur Entscheidung einer Sache und damit keine unnötige Unbestimmtheit hinsichtlich des gesetzlichen Richters lassen.[57] Nicht erst eine willkürliche Heranziehung im Einzelfall begründet den Verstoß. Unzulässig ist vielmehr schon das Fehlen einer abstrakt-generellen und hinreichend klaren Regelung, aus der sich der zur Entscheidung berufene Richter möglichst eindeutig ablesen lässt. Dass Geschäfts- und Mitwirkungspläne mit unbestimmten, auslegungsbedürftigen Begriffen arbeiten, ist für sich allein nicht schädlich; entscheidend ist, dass nicht mehr als nach dem jeweiligen Regelungskonzept notwendig auf solche Begriffe zurückgegriffen wird.[58] 11

d) Materielle Komponente. Nach der Rechtsprechung des BVerfG erschöpft sich Art. 101 Abs. 1 Satz 2 GG nicht darin, sicherzustellen, dass der nach Gesetz sowie Geschäftsverteilungs- und Mitwirkungsplänen zuständige Richter tätig wird. Die Verfassungsbestimmung will weiter gewährleisten, dass **Neutralität und Distanz** des Richters gegenüber den Verfahrensbeteiligten gewährleistet sind.[59] Im System der normativen Vorausbestimmung des gesetzlichen Richters muss deshalb Vorsorge dafür getroffen werden, dass im Einzelfall ein Richter, der nicht die Gewähr der Unparteilichkeit bietet, von der Ausübung seines Amtes ausgeschlossen ist oder abgelehnt werden kann. Der Gesetzgeber hat bezüglich Einzelheiten, etwa bezüglich des Katalogs der Ausschließungs- und Ablehnungsgründe, einen Gestaltungsspielraum. Dagegen verstieße es gegen Art. 101 Abs. 1 Satz 2 GG, wenn dem Ziel, die Unparteilichkeit und Neutralität des Richters zu sichern, nicht durch geeignete Regelungen Rechnung getragen würde.[60] Das Tätigwerden eines kraft Gesetzes ausgeschlossenen Richters ist ein Verstoß gegen Art. 101 Abs. 1 Satz 2 GG.[61] Wird ein **Ablehnungsgesuch** gegen einen Richter zu Unrecht zurückgewiesen, ist die Garantie des gesetzlichen Richters allerdings erst dann verletzt, wenn die Zurückweisung auf willkürlichen Erwägungen beruht oder den Gewährleistungsgehalt der grundgesetzlichen Garantie 12

---

54 Vgl. BVerfGE **48** 246, 253; MüKo-ZPO/*Pabst* 16.

55 Vgl. BVerfGE **56**, 110, 127; **101** 397, 404; BGH MDR **2010** 341; MüKo-ZPO/*Pabst* 19; zur Reformdiskussion *Arnold/Meyer-Stolte/Hansens/Rellermeyer* § 1 RPflG, 18 ff.; vgl. auch oben Vor § 1, 10.

56 BVerfGE **9** 223, 226; **17**, 294, 298; **23** 321, 325; **95** 322, 329.

57 BVerfGE **17** 294, 300; **95** 322, 329.

58 BVerfGE **95** 322, 331; s. § 21g, 15.

59 BVerfG NJW **2012** 2334, 2335 Rn. 12; **2021** 2955, 2956 Rn. 14; **2022** 1236, 1237 Rn. 39.

60 BVerfGE **21** 139, 145 ff.; **30** 149, 153; **89** 28, 36; **148** 69, 97; BVerfGK **11** 62, 71 f.; BVerfG NJW **1998** 369; **2001** 3533; NJW-RR **2021** 1436, 1437; ablehnend zu dieser Materialisierung des Art. 101 Abs. 1 Satz 2 GG *Roth* 45 ff.; *Sowada* 179 ff.

61 BVerfGE **30** 165, 167; **31** 295, 297; BVerfG NJW **1992** 2471.

verkennt.[62] Auch die willkürliche Behandlung eines Befangenheitsgesuchs als unzulässig (§ 26a Abs. 1 StPO) entzieht den Verfahrensbeteiligten den gesetzlichen Richter, weil das Gericht über das Gesuch in anderer Besetzung zu entscheiden gehabt hätte als im vereinfachten Ablehnungsverfahren (§ 26a Abs. 2 Satz 1, § 27 Abs. 1 StPO).[63]

13 **e) Art. 101 Abs. 1 Satz 2 GG als Grundrecht und objektives Verfassungsrecht.** Art. 101 Abs. 1 Satz 2 GG begründet ein subjektives Recht, einen „Anspruch" des Bürgers auf den ihm gesetzlich zustehenden Richter,[64] das vom BVerfG teilweise als „Grundrecht", teilweise als „grundrechtsähnliches Recht" bezeichnet wird.[65] Seine Verletzung kann nach allgemeinen Regeln mit der Verfassungsbeschwerde geltend gemacht werden (Art. 94 Abs. 1 Nr. 4a GG, § 90 BVerfGG). Art. 101 Abs. 1 Satz 2 GG verbietet ferner den anderen Staatsgewalten, dem Bürger „seinen Richter" durch unbefugte Eingriffe wegzunehmen.[66] Die Verfassungsbestimmung enthält außerdem das Gebot, die richterliche Zuständigkeit so eindeutig wie möglich durch allgemeine Normen zu regeln (Rn. 11). An diese Regelungen sind die Gerichte auch gebunden. Sie dürfen sich nicht über sie hinwegsetzen, sondern haben von sich aus über deren Einhaltung zu wachen.[67] Denn der Grundsatz des gesetzlichen Richters dient der Sicherung der Rechtsstaatlichkeit im gerichtlichen Verfahren schlechthin; er enthält objektives Verfassungsrecht.[68] Jedes Gericht hat, soweit Anlass zu Zweifeln besteht, seine sachliche, örtliche, funktionelle, geschäftsplanmäßige Zuständigkeit und die ordnungsgemäße Besetzung der Richterbank von Amts wegen zu prüfen,[69] soweit nicht nach den Verfahrensgesetzen in einer dem Grundgedanken des Art. 101 Abs. 1 Satz 2 GG gerecht werdenden Weise etwas anderes vorgesehen ist.[70]

14 **f) Anspruchsberechtigte.** „Niemand" darf seinem gesetzlichen Richter entzogen werden; jeder, für den oder für dessen Sache ein Richter bestimmt ist, hat ein Recht, vor diesen Richter zu kommen. Das BVerfG hat formuliert, dass anspruchsberechtigt aus Art. 101 Abs. 1 Satz 2 GG „der Rechtsuchende" ist.[71] Jedem, der an einem gerichtlichen Verfahren als Partei beteiligt ist, gleichgültig ob er eine natürliche oder eine juristische Person, eine inländische oder eine ausländische Person ist, steht das Recht auf den gesetzlichen Richter zu.[72] Es kommt jedem zugute, der nach den Verfahrensnormen parteifähig ist oder von dem Verfahren unmittelbar betroffen wird, auch juristischen Personen des öffentlichen Rechts.[73] Anspruchsberechtigt ist deshalb der Beschuldigte, ferner der Einziehungsbeteiligte (vgl. §§ 424 ff. StPO). Berechtigt ist überdies der Verletzte mit förmlicher Verfahrensstellung. Das gilt für den Privat- und den Nebenkläger sowie für den Beschwer-

---

62 BVerfGE **31** 145, 164; **37** 67, 75; **82** 286, 299; BVerfG NJW **1995** 2912 f.; **2021** 2955, 2956 Rn. 15; **2024** 2107, 2109 Rn. 21; NJW-RR **2021** 1436 f.

63 BVerfGK **9** 13, 15; BVerfG NJ **2025** 331, 333.

64 BVerfGE **26** 281, 291; **40** 356, 360.

65 Vgl. einerseits BVerfGE **14** 156, 161; andererseits BVerfGE **21** 362, 373.

66 BVerfGE **17** 294, 299; **21** 139, 145; **30** 149, 152; **40** 356, 360.

67 BVerfGE **29** 45, 48; **40** 356, 361.

68 BVerfGE **40** 356, 361; BVerfG NJW **2024** 956, 959 Rn. 66.

69 BVerfGE **65** 152, 154.

70 Kissel/*Mayer* 25.

71 BVerfGE **17** 294, 299.

72 BVerfGE **3** 359, 363; BVerfGE **18** 441, 447; Schmidt-Bleibtreu/Hofmann/Henneke/*Müller-Terpitz* Art. 101 GG, 6.

73 BVerfGE **61** 82, 104 m.w.N.

deführer im Klageerzwingungsverfahren,[74] ebenso für den Adhäsionskläger;[75] auch er hat daher das Recht der Richterablehnung.[76] Der Verteidiger und der Nebenklägervertreter selbst werden nicht durch Art. 101 Abs. 1 Satz 2 GG geschützt, ebenso wenig der Zeuge[77] und der Sachverständige.[78] Die Staatsanwaltschaft kann sich auf die einfachgesetzlichen Ausprägungen des Art. 101 Abs. 1 Satz 2 GG berufen.[79] Ob sie dessen Verletzung mit der Verfassungsbeschwerde rügen kann,[80] erscheint jedoch zweifelhaft.[81] Nicht durch Art. 101 Abs. 1 Satz 2 GG geschützt ist der Richter, dem ein Verfahren zu Unrecht entzogen oder übertragen wird.[82]

4. „Gesetzlicher Richter" und bewegliche Zuständigkeit

a) Gesetzliche Zuständigkeitsregelung. Eine feste für katalogmäßig aufgeführte 15
Straftaten begründete erstinstanzliche sachliche Zuständigkeit sieht das GVG, von § 25 Nr. 1 abgesehen, nur bei der Strafkammer als Schwurgericht (§ 74 Abs. 2) und dem Oberlandesgericht nach § 120 Abs. 1 vor. Im Übrigen beurteilt sich die Zuständigkeit in weitem Umfang nach der besonderen Gestaltung des Einzelfalls, indem das Gesetz die Zuständigkeit eines Gerichts höherer oder niederer Ordnung für die Verhandlung und Entscheidung davon abhängig macht, ob eine bestimmte Straferwartung besteht (§ 24 Abs. 1 Satz 1 Nr. 2, § 25 Nr. 2, § 74 Abs. 1 Satz 2) oder dem Fall „besondere Bedeutung" zukommt (§ 24 Abs. 1 Satz 1 Nr. 3, § 74 Abs. 1 Satz 2, § 74a Abs. 2, § 120 Abs. 2, § 142a Abs. 4). Einen ähnlichen Beurteilungsspielraum eröffnen § 26 Abs. 2, § 74b Satz 2 und § 74c Abs. 1 Satz 1 Nr. 6.[83] Dabei überlässt das Gesetz die Beurteilung zunächst der Staatsanwaltschaft, die bei dem einen oder anderen Gericht die Anklage erhebt. Das Gericht, zu dem Anklage erhoben wird, ist jedoch grundsätzlich an die Beurteilung der Staatsanwaltschaft nicht gebunden (§ 206 StPO), sondern hat aufgrund eigener Beurteilung zu entscheiden, ob nach § 209 StPO zu verfahren ist. Etwas anderes gilt nur dann, wenn das Gesetz der Staatsanwaltschaft die Entscheidung ausnahmsweise überlässt, wie die Wahl zwischen verschiedenen Gerichtsständen (dazu Rn. 18). Gibt das Beschwerdegericht der sofortigen Beschwerde der Staatsanwaltschaft gegen die Nichteröffnung des Hauptverfahrens statt, so räumt ihm das Gesetz die Befugnis ein, die Zuständigkeit eines anderen Gerichts als desjenigen, das zunächst entschieden hatte, zu begründen (§ 210 Abs. 3 StPO).[84] Auch die Besetzung eines Gerichts kann sich nach unbestimmten Rechtsbegriffen richten (vgl. § 76 Abs. 2 Satz 3 Nr. 3).

---

74 OLG Hamm NJW **1974** 682; OLG Karlsruhe NJW **1973** 1658; MüKo/*Schuster* 12.

75 BVerfG NJW **2007** 1670, 1671; OLG Hamm NJW **1974** 682, 683; *Köckerbauer* NStZ **1994** 307; *Teplitzky* MDR **1970** 106; MüKo/*Schuster* 12; **a.A.** *Sowada* 156.

76 BVerfG NJW **2007** 1670, 1671 m.N. zum früheren Meinungsstand; LR/*Nicknig* § 24 StPO, 75.

77 Vgl. BayVerfGHE **5** 277.

78 MüKo/*Schuster* 12.

79 BGH NJW **2025** 2333, 2334 f.; MüKo/*Schuster* 13.

80 Ablehnend *Sowada* 162; bejahend *A. Arndt* DRiZ **1959** 368.

81 Zur Anspruchsberechtigung der Staatsanwaltschaft eingehend *Sowada* 158 ff.; näher auch LR/*Böttcher*[26] 14.

82 BVerfGE **15** 298, 301; OVG Koblenz NJW-RR **2008** 579 f.; MüKo/*Schuster* 14; MüKo-ZPO/*Pabst* 11; **a.A.** Kissel/*Mayer* 24; KK/*Barthe* 7; SSW/*Spiess* 7.

83 Außerhalb des GVG s. etwa § 40 Abs. 2, § 41 Abs. 1 Nr. 2, 4 JGG (besonderer Umfang der Sache, besondere Schutzbedürftigkeit verletzter Zeugen).

84 Dazu Rn. 18; Entsprechendes galt nach früherem Recht für das Revisionsgericht im Fall des § 354 Abs. 2 StPO; vgl. LR/*Franke*[26] § 354 StPO, 63.

16 **b) Einwendungen des Schrifttums.** In der Literatur sind solche Vorschriften, die schon in der Weimarer Zeit kritisiert wurden, zum Teil als grundgesetzwidrig, zumindest als verfassungsrechtlich bedenklich bewertet worden, so insbesondere die Vorschriften über die „bewegliche Zuständigkeit" nach § 24 Abs. 1 Satz 1 Nr. 3, § 74 Abs. 1 Satz 2, § 120 Abs. 2[85] und selbst die Vorschrift des § 354 Abs. 2 StPO.[86] Mit Blick auf die Rechtsprechung des BVerfG zur beweglichen Zuständigkeit (Rn. 17) geht der wohl überwiegende Teil der Literatur[87] nunmehr davon aus, dass insbesondere die Regelung des § 24 Abs. 1 Satz 1 Nr. 3 verfassungsgemäß ist. Der Gesetzgeber hat trotz der geäußerten Kritik im Grundsatz an der beweglichen Zuständigkeit festgehalten. Durch Streichung des § 25 Nr. 3[88] hat er allerdings einen Angriffspunkt (dazu Rn. 17) beseitigt; auch hat er mit der Neufassung des § 209 StPO[89] die gerichtlichen Entscheidungskompetenzen in Fällen beweglicher Zuständigkeit klargestellt und damit das Gewicht der verfassungsrechtlichen Bedenken verringert.[90]

17 **c) Auffassung der Rechtsprechung.** Die Rechtsprechung ist den Einwendungen des Schrifttums nicht gefolgt. Im Ergebnis übereinstimmend mit dem BGH, der in mehreren Entscheidungen die bewegliche Zuständigkeit als verfassungsrechtlich unbedenklich erachtet hat,[91] hat das BVerfG das geltende Recht als verfassungskonform beurteilt, allerdings unter der Voraussetzung, dass die entsprechenden Regelungen nicht als Zuweisung eines unüberprüfbaren Ermessens an die Staatsanwaltschaft, sondern die jeweiligen gesetzlichen Merkmale als **unbestimmte Rechtsbegriffe** zu verstehen sind. Diese hat die Staatsanwaltschaft auszulegen; sie wird dabei vom Gericht gem. § 209 StPO kontrolliert. Die zum heutigen § 24 Abs. 1 Satz 1 Nr. 3 ergangene grundlegende Entscheidung[92] hatte deshalb zum Leitsatz, dass die Staatsanwaltschaft zum Landgericht Anklage erheben muss, wenn sie die besondere Bedeutung des Falles bejaht. Dies hat das BVerfG später dahin erweitert, dass der heute nicht mehr existierende § 25 Nr. 2 Buchst. c (später: § 25 Nr. 3), der die Zuständigkeit des Strafrichters bestimmte, wenn die Staatsanwaltschaft Anklage zum Einzelrichter erhebt und keine höhere Strafe als Gefängnis von einem Jahr zu erwarten ist, im Wege verfassungskonformer Auslegung dahin zu lesen sei, dass er das ungeschriebene Merkmal der minderen Bedeutung des Falles enthalte, das – als unbestimmter Rechtsbegriff – von der Staatsanwaltschaft in vom Gericht in vollem Umfang nachzuprüfender Weise auszulegen sei.[93] Hinter dieser Rechtsprechung steht einerseits die Tradition; der Verfassungsgeber fand eine vom Prinzip der beweglichen Zuständigkeit geprägte Zuständigkeitsordnung vor, die, wenn auch wechselnd in Gestalt und Umfang,[94] schon seit Jahrzehnten bestand. Das BVerfG hat anerkannt, dass bei der Regelung gerichtlicher Zuständigkeiten ein Spannungsverhältnis zwischen dem Gesichtspunkt der Rechtssicherheit

---

85 Vgl. *Backhaus* 225; *Bettermann* AöR **94** (1969) 263, 294 ff.; *Bockelmann* NJW **1958** 889; GA **1957** 353; *Grünwald* JuS **1968** 452; *Herzog* StV **1993** 609; *Moller* MDR **1966** 100; *Oehler* ZStW **64** (1952) 302 ff.; *Roth* 110 ff.; *Eb. Schmidt* MDR **1958** 721; JZ **1959** 535; *Schroeder* MDR **1965** 177; *Sowada* 572 ff., 585 ff., 882 ff.; *Eb. Schmidt* I, 560d m.w.N.; SK/*Frister* 11; SK/*Paeffgen* § 209 StPO, 7; *Roxin*/*Schünemann* § 7, 9 ff.

86 *Bettermann* JZ **1959** 17; *Sowada* 760 ff., 824.

87 *Engelhardt* DRiZ **1982** 418; *Ranft* 102 f.; *Rieß* GA **1976** 1, 8; *Katholnigg* 4; Kissel/*Mayer* § 24, 11; KK/*Barthe* 11; *Schmitt*/Köhler § 24, 5.

88 Art. 3 Nr. 5c des Gesetzes zur Entlastung der Rechtspfl. v. 11.1.1993, BGBl. I S. 50.

89 Art. 1 Nr. 15 StVÄG 1979 v. 5.10.1978, BGBl. I S. 1645.

90 LR/*Stuckenberg* § 209 StPO, 1.

91 BGHSt **9** 367; **13** 297; **21** 268, 271.

92 BVerfGE **9** 223.

93 BVerfGE **22** 254.

94 Vgl. *Oehler* ZStW **64** (1952) 292 ff.

und dem Prinzip der materiellen Gerechtigkeit besteht.[95] Verlange jene die Voraussehbarkeit des „gesetzlichen Richters" durch eine allgemeine Regelung, so gebiete dieses, in der Ordnung der Zuständigkeiten und des Verfahrens der Eigenart des Rechtsgebiets im Einzelfall gerecht zu werden. Es entspreche nicht nur der Rechtstradition, sondern auch dem Gerechtigkeitsempfinden, bedeutendere Sachen, insbesondere solche, bei denen schwerere Strafen zu erwarten sind, schon in erster Instanz höheren Gerichten zuzuweisen. Früher habe dem dadurch Rechnung getragen werden können, dass die Aburteilung der einzelnen Straftatbestände mit ihrem relativ eng begrenzten Strafrahmen jeweils bestimmten Gerichten abstrakt zugewiesen worden sei. Bei den weiten Strafrahmen des modernen Strafrechts bedürfe es vielfach innerhalb der gesetzlichen Tatbestände einer Aufgliederung, damit nicht nur jeder Beschuldigte durch das hierzu am besten geeignete Gericht abgeurteilt wird und binnen angemessener Frist ein sachgerechtes Urteil erhält, sondern auch Einzelrichter und Schöffengerichte nicht überfordert werden. Nicht jede bewegliche Zuständigkeit widerspreche also dem Grundgedanken des Art. 101 Abs. 1 Satz 2 GG; sie müsse nur so geartet sein, dass sachfremden Einflüssen vorgebeugt werde. Eine solche Gegensteuerung sieht das BVerfG durch die von ihm verlangte verfassungskonforme Auslegung der Zuständigkeitsregeln gesichert. Die damit den Gerichten im Rahmen der Eröffnungsentscheidung obliegende Kontrolle unterliegt ihrerseits der Nachprüfung durch die Revisionsgerichte.[96] Diese haben im Einzelfall die Eröffnung vor der Strafkammer anstatt vor dem Schöffengericht[97] oder vor dem Schöffengericht anstelle des Strafrichters[98] als willkürlich beanstandet.

d) Fälle eines Wahlrechts. Es verbleiben allerdings Fälle bei der Begründung von 18
Zuständigkeiten, in denen ein Wahlrecht besteht und der vom BVerfG bei der Auslegung der Zuständigkeitsvorschriften der §§ 24, 25 gewiesene Weg nicht gangbar ist. So liegt es bei der Befugnis des Gerichts, bei einer zuständigkeitsbegründenden Entscheidung zwischen mehreren Gerichten zu wählen, etwa in den Fällen der §§ 13a, 210 Abs. 3, § 354 Abs. 2 StPO (Rn. 15). Für § 354 Abs. 2 StPO hat das BVerfG entschieden, dass die Bestimmung des Gerichts, an das zurückzuverweisen ist, zur Rechtsfindung gehöre, weil sie ein Mittel sei, die Rechtsauffassung des Revisionsgerichts durchzusetzen;[99] dementsprechend sei Art. 101 Abs. 1 Satz 2 GG nicht verletzt, solange die Entscheidung des Revisionsgerichts nicht willkürlich sei.[100] Das Bestimmungsermessen des Beschwerdegerichts gem. § 210 Abs. 3 StPO hat das BVerfG mit der Maßgabe für verfassungsgemäß erachtet, dass das Verfahren in der Regel bei dem ursprünglich zuständigen Spruchkörper zu belassen ist; nur aus besonderen Gründen kann bestimmt werden, dass die Hauptverhandlung vor einem anderen Gericht stattzufinden hat.[101] Mit Art. 101 Abs. 1 Satz 2 GG vereinbar ist auch die – durch § 143 Abs. 1 Satz 2 nicht entbehrlich gewordene[102] – Gerichtsstandsbestimmung durch den Bun-

---

95 BVerfGE **9** 223, 226 f.

96 Vgl. etwa BGH NJW **2025** 2042 f. zu § 40 Abs. 2, § 41 Abs. 1 Nr. 2 JGG.

97 BGHSt **38** 212; **40** 120 = JR **1995** 255 m. Anm. *Sowada*; BGH NStZ **1999** 578; s. auch LR/*Stuckenberg* § 206a StPO, 76.

98 Vgl. OLG Oldenburg StV **1994** 421 = NStZ **1994** 449 m. Anm. *Fuhse* NStZ **1995** 165; OLG Hamm StV **1995** 182 m. Anm. *Neuhaus* StV **1995** 212; OLG Düsseldorf NStZ **1996** 206 m. Anm. *Bachem*; vgl. auch OLG Bremen NStZ-RR **1998** 53.

99 BVerfGE **20** 336; dagegen *Sowada* 766: „autoritätsgeprägte Vorstellung"; kritisch auch *Roth* 155.

100 BVerfGE **20** 336, 346.

101 BVerfG Beschl. v. 13.6.1993 – 2 BvR 848/93 (juris, Rn. 4); Beschl. v. 15.9.2005 – 2 BvR 1229/05 (juris, Rn. 2); s. auch BVerfG StV **2000** 537; dazu kritisch *Seier* StV **2000** 586; ebenso BGH NStZ **2017** 420 m. krit. Anm. *Ventzke*; **a.A.** LR/*Stuckenberg* § 210 StPO, 32 m. Nachw. zum Meinungsstand.

102 BGH NStZ-RR **2020** 320.

desgerichtshof nach § 13a StPO.[103] Problematisch und heftig umstritten ist das **Wahlrecht der Staatsanwaltschaft** unter mehreren Gerichtsständen. Das BVerfG hat sich, soweit ersichtlich, mit dieser Frage noch nicht ausdrücklich befasst. Die Rechtsprechung des BGH ist in der Vergangenheit von einem Wahlrecht der Staatsanwaltschaft ausgegangen, zu welchem von mehreren örtlich zuständigen Gerichten sie eine Sache bringen will, sowie davon, dass die Gerichte die Entscheidung der Staatsanwaltschaft hinzunehmen haben.[104] In einer Entscheidung aus dem Jahr 1975 hat der BGH die Vereinbarkeit mit Art. 101 Abs. 1 Satz 2 GG ausdrücklich bejaht.[105] Dem ist trotz der Einwendungen im Schrifttum[106] zuzustimmen;[107] indes bildet die Grenze jeder Ermessensausübung das Willkürverbot.[108]

5. Der Spruchkörper und seine Besetzung

19 **a) Grundsatz.** Zur Wahrung des Grundsatzes des gesetzlichen Richters gehört, dass das zuständige Gericht entscheidet. Ebenso zählt dazu, dass innerhalb des Gerichts der zuständige Spruchkörper (Senat, Kammer, Abteilung) sowie der der Person nach bestimmte Richter tätig wird. Ein „Idealzustand" in dem Sinne, dass jede Sache „blindlings" in die Hand des im Voraus der Person nach bestimmten, unveränderlich feststehenden Richters gelangt,[109] ist nicht erreichbar. Es genügt deshalb, wenn der zuständige Spruchkörper und die zuständigen Richter mit „möglichster Eindeutigkeit" bestimmt sind.[110] Neben etwaigen gesetzlichen Zuständigkeitskonzentrationen geschieht dies durch die Geschäftsverteilungspläne (§ 21e) und Mitwirkungspläne (§ 21g), und zwar grundsätzlich im Voraus für das Geschäftsjahr. Änderungen im Laufe des Geschäftsjahres sind nur zulässig, wenn sie wegen Überlastung, ungenügender Auslastung, Wechsels oder dauernder Verhinderung eines Richters nötig werden (§ 21e Abs. 3 Satz 1, § 21g Abs. 2). Die entsprechende Entscheidung ist, von Eilmaßnahmen abgesehen (§ 21e Abs. 7 Satz 2, § 21g Abs. 5, § 21i Abs. 2), in die Hand richterlicher Kollegien gelegt, bei der Geschäftsverteilung in die Hand des Präsidiums, bei den Mitwirkungsgrundsätzen in die Hand der dem Spruchkörper angehörenden Berufsrichter. Auf die Kommentierung zu §§ 21e und 21g wird verwiesen.

20 **b) Überbesetzter und in der Besetzung reduzierter Spruchkörper.** Ist ein Kollegialgericht „gesetzlich", d.h. mit der vom Gesetz vorgesehenen Zahl von Richtern besetzt, hat der spruchkörperinterne Mitwirkungsplan in den Fällen, in denen alle Mitglieder des Spruchkörpers mitzuwirken haben, keinen Einfluss auf den gesetzlichen Richter. Anders verhält es sich bei überbesetzten Spruchkörpern. Die Überbesetzung verletzt per se nicht den Grundsatz des gesetzlichen Richters. Allerdings nahm das BVerfG in der Vergangenheit einen Verstoß gegen den gesetzlichen Richter an, wenn die Zahl der Richter es gestatte, dass der Spruchkörper in zwei personell völlig verschiedenen Sitzgruppen entscheide oder der Vorsitzende drei Spruchkörper mit je verschiedenen Beisitzern bilden könne; mit dem Vorsitzenden und mehr als vier Beisitzern dürfe eine Strafkammer deshalb nicht besetzt

103 BVerfGE **20** 336, 343; KK/*Geilhorn* § 13a StPO, 1.
104 BGHSt **10** 391, 392; **21** 212, 215; **21** 247, 249; **26** 374.
105 BGH Urt. v. 18.3.1975 – 1 StR 559/74 (juris, Rn. 4); vgl. auch OLG Hamm StV **1999** 240; dazu zustimmend LR/*Böttcher*[26] 18.
106 Etwa *Park* FS Beulke 929 f. m.w.N.
107 So im Erg. auch *Sowada* 631 ff., 648 m.w.N.
108 Zum Ganzen LR/*Erb* Vor § 7 StPO, 20 ff.
109 BVerfGE **95** 322, 329; BVerfG NJW **2018** 1155, 1156; *Gravenhorst* NJW **2018** 2162; *Theile* StV **2019** 764 f.; Kissel/*Mayer* 7, 23.
110 BVerfGE **22** 254, 258; **30** 149, 152; **95** 322, 329; BVerfG NJW **2017** 1233, 1234; wistra **2017** 187, 188 f.

sein.[111] In seiner Plenarentscheidung vom 8.4.1997[112] hat das BVerfG, die bisherige Rechtsprechung weiter verfeinernd, ausgeführt, dass in überbesetzten Spruchkörpern die Mitwirkung des einzelnen Richters nach abstrakt-generellen Merkmalen im Voraus so eindeutig wie möglich geregelt sein muss. Dies gilt gleichermaßen in den Fällen der Besetzung nach § 76 Abs. 2 Satz 4[113] und § 122 Abs. 2 Satz 2. Das Gesetz zur Stärkung der Unabhängigkeit der Richter und Gerichte vom 22.12.1999[114] hat die Kompetenz für diese internen Regelungen dem Vorsitzenden genommen und sämtlichen Berufsrichtern eines Senats bzw. einer Kammer übertragen (§ 21g Abs. 1 Satz 1). In jüngster Zeit ist das BVerfG von der Forderung nach einer starren Obergrenze für die Besetzung eines Spruchkörpers abgerückt (vgl. näher zur Überbesetzung § 21e, 11).[115]

c) Zahl der entscheidenden Richter. Nicht gegen Art. 101 Abs. 1 Satz 2 GG verstößt 21
es, wenn das Gesetz den Spruchkörper ermächtigt, für jeden einzelnen Fall zu befinden, ob er in größerer oder kleinerer Besetzung entscheidet (§ 29 Abs. 2, § 76 Abs. 2, § 122 Abs. 2 Satz 2). Dies gilt allerdings nur, wenn die Entscheidung über die Besetzung nicht in das freie Ermessen des Spruchkörpers gestellt, sondern (zumindest) an unbestimmte Rechtsbegriffe geknüpft ist. Deren fehlerhafte Auslegung durch den Spruchkörper begründet einen Verstoß gegen den Grundsatz des gesetzlichen Richters nur, wenn sie willkürlich ist (Rn. 26 f.). Die personelle Zusammensetzung der Kammer oder des Senats muss auch für diesen Fall durch Geschäftsverteilung und Mitwirkungsplan nach allgemeinen Grundsätzen abstrakt-generell geregelt sein. Wenn etwa die mit drei Richtern besetzte Strafvollstreckungskammer anstelle des nach § 78b Abs. 1 Nr. 2 zuständigen Einzelrichters entscheidet, wird dies teilweise unter Heranziehung des Rechtsgedankens des § 269 StPO als unschädlich bewertet, soweit es sich nicht um einen Fall der Willkür handelt.[116] Dem kann nicht gefolgt werden; das **Kollegialgericht** ist gegenüber dem **Einzelrichter** bereits kein Gericht höherer Ordnung i.S.d. § 269 StPO.[117] Ungeachtet der Frage, ob wegen objektiver Willkür zugleich auch Art. 101 Abs. 1 Satz 2 GG verletzt ist,[118] unterliegt die Entscheidung im Falle ihrer Anfechtung jedenfalls deshalb der Aufhebung,[119] weil sie unter Verstoß gegen (einfaches) Verfahrensrecht durch ein **funktionell unzuständiges Gericht** getroffen worden ist.[120] Gleiches gilt, wenn über Beschränkungen nach § 119 Abs. 1 StPO entgegen § 126 Abs. 2 Satz 3 StPO[121] oder über die Gewährung von Akteneinsicht im Falle des § 142 Abs. 3 Nr. 3 StPO[122] nicht der funktionell zuständige Vorsitzende, sondern die Kammer als Kollegialgericht entschieden hat.

---

111 BVerfGE **17** 294, 301; **18** 65, 70; **18** 345, 349; **19** 145, 147; **22** 282, 285.

112 BVerfGE **95** 322.

113 BGH NJW **2000** 371 = JR **2000** 166 m. Anm. *Katholnigg*.

114 BGBl. I S. 2598.

115 BVerfG DRiZ **2020** 406, 407; offen gelassen noch von BVerfG NJW **2004** 3482.

116 *Katholnigg* § 78b, 1; *Peters* JR **1977** 400; LR/*Siolek*[26] § 78b, 15; LR/*Berg*[27] 21; ebenso sogar ohne die Einschränkung auf Fälle der Willkür und unter Verweis auf die „höhere Richtigkeit" der Kollegialentscheidung OLG Düsseldorf NStZ **1984** 477.

117 Kissel/*Mayer* § 78b, 9; LR/*Gittermann* § 78b, 15.

118 Vgl. BVerfG NJW **2023** 2336, 2337 bzgl. § 568 ZPO.

119 Bei gleichzeitiger eigener Sachentscheidung des Beschwerdegerichts nach § 309 Abs. 2 StPO; dazu LR/*Gittermann* § 78b, 17; KK/*Zabeck* § 309 StPO, 10b.

120 OLG Celle NdsRpfl. **2014** 52; OLG Düsseldorf NStZ **2000** 444; OLG Hamm Beschl. v. 28.5.2024 – III-3 Ws 159/24 (juris, Rn. 15).

121 OLG Stuttgart OLGSt § 119, 43; LR/*Gärtner* § 126 StPO, 33; *Schmitt*/Köhler § 126 StPO, 10.

122 OLG Bamberg Beschl. v. 8.4.2021 – 1 Ws 195/21 (juris, Rn. 3 ff.); OLG Hamm NStZ **2023** 179; **a.A.** BGH NStZ **2004** 632 bzgl. § 141 Abs. 4 StPO a.F.

22 **d) Anforderungen an die Richterbank.** Das Recht auf den gesetzlichen Richter kann verletzt sein, wenn die Richterbank qualitativ hinter den gesetzlichen Anforderungen zurückbleibt. So liegt es, wenn die Überlastung eines Richters oder Spruchkörpers ein solches Ausmaß erreicht, dass praktisch ein Rechtsstillstand eintritt;[123] hiervon abgesehen berührt eine Überbeanspruchung die Gewährleistung des gesetzlichen Richters nicht.[124] Die in einer grundlosen Nichtbearbeitung bestimmter Sachen liegende dauernde formelle Justizverweigerung kann ebenfalls gegen Art. 101 Abs. 1 Satz 2 GG verstoßen.[125] Als Besetzungsfehler ist es angesehen worden, wenn ein blinder Richter als Kammervorsitzender an einer Hauptverhandlung erster Instanz mitwirkt.[126] Demgegenüber hat das BVerfG in einem Kammerbeschluss[127] betont, dass Mängel in der physischen oder psychischen Konstitution des Richters, wie Blindheit, Taubheit, Schwerhörigkeit, Krankheit oder Übermüdung, die seine Verhandlungsfähigkeit beeinträchtigen, im Einzelfall – unter verfassungsrechtlichen Gesichtspunkten – zwar eine Verletzung des rechtlichen Gehörs oder des Rechts auf ein rechtsstaatliches faires Verfahren begründen können, den Anspruch auf den gesetzlichen Richter hingegen nicht betreffen, weil sie den Schutzzweck dieser Gewährleistung nicht berühren.[128] Einen Verstoß gegen den Grundsatz des gesetzlichen Richters stellt es dar, wenn die Wiederbesetzung einer frei gewordenen Vorsitzendenstelle nicht in angemessener Zeit vorgenommen wird und somit die Aufgaben des Vorsitzenden mehr als nur vorübergehend durch den geschäftsplanmäßigen Vertreter wahrgenommen werden müssen.[129] Nach BGHSt **61** 296 führt der nachgeburtliche **Mutterschutz** einer Richterin zu einem „absoluten Dienstleistungsverbot", das ihrer Mitwirkung in der Hauptverhandlung entgegensteht und die gesetzwidrige Besetzung des erkennenden Gerichts zur Folge hat.[130] Auf den vorgeburtlichen Mutterschutz kann die Richterin[131] hingegen verzichten; diese Dispositionsmöglichkeit verstößt nicht gegen die Gewährleistung des gesetzlichen Richters.[132] Bezüglich der Verwendung nicht hauptamtlich und endgültig planmäßig angestellter Richter wird auf die Kommentierung zu § 1 (Rn. 4) verwiesen, hinsichtlich der **Verhinderung und Vertretung** der Mitglieder eines Spruchkörpers auf die Kommentierung zu § 21e (Rn. 16) und § 21f (Rn. 20 ff.).

23 **e) Heranziehung der Schöffen.** Auch Fehler bei der Heranziehung der Schöffen können einen Verstoß gegen Art. 101 Abs. 1 Satz 2 GG begründen, vor allem – trotz § 54 Abs. 3 Satz 1 – wenn ein Schöffe zu Unrecht nach § 54 **entbunden** wird.[133] Wegen weiterer Fehler z.B. bei der Schöffenwahl, bei der Auslosung und Verteilung der Schöffen sowie bei der Streichung von der Schöffenliste wird auf die Kommentierung zu § 338 Nr. 1 StPO[134] und

123 Vgl. BGHSt 7 205, 209; Kissel/*Mayer* 26, 37, 66; KK/*Barthe* 8.

124 BVerfG NJW **2012** 2334, 2335; BGH wistra **2020** 288, 291.

125 BVerfGE **3** 359, 364; Kissel/*Mayer* 37; KK/*Barthe* 8; **a.A.** MüKo/*Schuster* 17, der in diesen Fällen allein den Anspruch auf effektiven Rechtsschutz berührt sieht.

126 BGHSt **35** 164; KK/*Barthe* 4.

127 BVerfG NStZ **1992** 246; zustimmend *Sowada* 193; vgl. auch OLG Zweibrücken NJW **1992** 2437; KK/*Barthe* 4; KK/*Gericke* § 338 StPO, 50; LR/*Becker* § 226 StPO, 14.

128 In einem anderen Kammerbeschluss (BVerfG NJW **2004** 2150) ist festgestellt worden, dass die Streichung eines blinden Schöffen von der Schöffenliste unter Hinweis auf den strafprozessualen Unmittelbarkeitsgrundsatz verfassungsrechtlich unbedenklich ist, insbesondere nicht gegen das Benachteiligungsverbot des Art. 3 Abs. 3 Satz 2 GG verstößt.

129 S. § 21f, 27.

130 Zweifelnd BGHSt **66** 260, 264 f.; BGH wistra **2020** 288, 291; NStZ **2021** 434, 435.

131 Für eine Schöffin vgl. BGHSt **66** 260 = NJW **2022** 1111 m. krit. Anm. *Müller-Jacobsen*; BGH NStZ-RR **2022** 56.

132 BGH NStZ **2021** 434.

133 BVerfG NStZ-RR **2022** 76; BGHSt **27** 105; BGH NJW **1982** 1655; StV **2021** 807; StraFo **2022** 33, 34; **2022** 64 f.

134 LR/*Franke*[26] § 338 StPO, 29 ff.; vgl. auch *Meinen* 158 ff.; zum Verfahren s. § 222b StPO.

§§ 40 ff.[135] Bezug genommen. Dass für einen Verstoß gegen Art. 101 Abs. 1 Satz 2 GG eine fehlerhafte Rechtsanwendung grundsätzlich nicht genügt, sondern willkürliches Handeln erforderlich ist (Rn. 26 f.), hat hier besondere praktische Relevanz. An diesem Maßstab müssen sich auch der für die Gerichtsbesetzung konstituierende Aufruf der Sache (§ 243 Abs. 1 Satz 1 StPO)[136] oder die Feststellung des Ergänzungsfalls[137] messen lassen. Umstritten ist, inwieweit während der Dauer der Hauptverhandlung die **Schöffen an Haftentscheidungen mitzuwirken** haben. Hierzu hat sich der BGH – verfassungskonform[138] – dahin positioniert, dass stets in der Besetzung außerhalb der Hauptverhandlung zu entscheiden sei.[139] Dem ist zuzustimmen: Im Ausgangspunkt ist es zunächst geboten, alle Entscheidungen während laufender Hauptverhandlung, die nicht von Gesetzes wegen in der Sitzung zu ergehen haben, sondern auch während einer Unterbrechung getroffen werden können, einem einheitlichen Regime zu unterstellen.[140] Würde die Besetzung davon abhängig gemacht, ob in der Sitzung der zugrundeliegende Antrag gestellt wurde[141] oder der entsprechende Beschluss gefasst wird,[142] bestände die Gefahr unterschiedlicher Mehrheitsverhältnisse sowie einer manipulativen Einflussnahme auf die Zusammensetzung des Spruchkörpers, sei es von außen oder von innen. Bei der Wahl zwischen der Besetzung außerhalb und derjenigen in der Hauptverhandlung[143] sprechen die besseren Gründe gegen eine Beteiligung der Schöffen. Denn diese sind gerade bei längeren Unterbrechungen vielfach kaum erreichbar und können anders als Berufsrichter nicht vertreten werden, weshalb für den Fall, dass sie zwingend mitzuwirken hätten, erhebliche Verzögerungen gerade bei beschleunigt zu treffenden Haftentscheidungen drohten.

f) Kontrolle. Die ordnungsgemäße Besetzung des Spruchkörpers hat das Gericht selbst von Amts wegen zu prüfen,[144] soweit davon nicht nach den Regeln der Verfahrensgesetze, die dem Grundsatz des gesetzlichen Richters Rechnung tragen müssen, abzusehen ist. Ein Verstoß kann grundsätzlich einen absoluten Revisionsgrund nach § 338 Nr. 1 StPO darstellen.[145] Die Unanfechtbarkeit einer – die Besetzung regelnden (z.B. § 54 Abs. 3 Satz 1) – Entscheidung nach § 336 Satz 2 StPO steht einer revisionsgerichtlichen Überprüfung dann nicht entgegen, wenn der Verstoß zugleich eine Entziehung des gesetzlichen Richters darstellt.[146] Zu beachten ist allerdings eine mögliche Rügepräklusion nach den Vorschriften der §§ 222a, 222b StPO für Strafsachen, die im ersten Rechtszug vor dem **24**

135 Dazu LR/*Gittermann* § 40, 11 ff.
136 BGH NJW **2024** 1523, 1524 f.
137 BGH NStZ **2023** 509.
138 BVerfG NStZ **1998** 418.
139 BGH NStZ **2011** 356 m. zust. Anm. *Krüger* NStZ **2012** 341 = JR **2011** 361 m. krit. Anm. *Börner*; ebenso KG StraFo **2015** 110; OLG Hamburg StraFo **2010** 383; NStZ **1998** 99 m. zust. Anm. *Foth* NStZ **1998** 420 = StV **1998** 143 m. abl. Anm. *Schlothauer* = JR **1998** 169 m. diff. Anm. *Katholnigg*; OLG Jena StV **2010** 34; **1999** 101; OLG München Beschl. v. 18.4.2007 – 2 Ws 347/07 (juris, Rn. 3); OLG Schleswig NStZ **1990** 198.
140 MüKo/*Schuster* § 30, 13; ebenso insoweit LR/*Gärtner* § 126 StPO, 27.
141 OLG Düsseldorf StV **1984** 159.
142 OLG München Beschl. v. 27.2.2018 – 2 Ws 185/18 (juris, Rn. 19 ff.); OLG Naumburg NStZ-RR **2001** 347; LR/*Gittermann* § 30, 22 ff.; ähnlich *Müller* 148 ff. (ohne Schöffen nur zulässig, wenn Entschließung „erforderlich“, bevor sie in einem Hauptverhandlungstermin getroffen werden kann).
143 KG StV **2016** 171, 174; StraFo **2016** 292; OLG Koblenz StV **2010** 36; OLG Köln NStZ **1998** 419 m. zust. Anm. *Siegert*; LR/*Gärtner* § 126 StPO, 27.
144 BVerfGE **65** 152; **89** 359.
145 Kissel/*Mayer* 50; KK/*Barthe* 13; *Schmitt*/Köhler 8.
146 OLG Karlsruhe NStZ **1981** 272; *Katholnigg* NJW **1978** 2375, 2378; *Rieß* NJW **1978** 2265, 2271; KK/*Barthe* 13.

Landgericht oder dem Oberlandesgericht stattfinden. Mit dem Vorabentscheidungsverfahren nach § 222b Abs. 3 StPO, das hinsichtlich der formalen Anforderungen wie auch des Kontrollmaßstabs an das Revisionsverfahren angelehnt werden sollte,[147] hat der Gesetzgeber im Interesse der Verfahrenssicherheit eine abschließende Überprüfung der meisten Besetzungsfragen bereits vor dem Ende der Hauptverhandlung vorgesehen.[148]

25 **6. Eingriff in fremde Zuständigkeit.** Ein Verstoß gegen das Verbot der Richterentziehung kommt in Betracht, wenn ein Gericht in die örtliche, sachliche oder funktionelle Zuständigkeit eines anderen Gerichts eingreift.[149] Dies ist etwa dann der Fall, wenn anstelle des **Beschwerdegerichts** das Ausgangsgericht selbst über eine gegen seine Entscheidung erhobene Beschwerde befindet[150] oder wenn das **Revisionsgericht** einen Freispruch durch einen Schuldspruch ersetzt und die erforderlichen Feststellungen dafür gewinnt, indem es das Beweisergebnis des Tatrichters anders würdigt.[151] Ebenso liegt es, wenn innerhalb eines Gerichts ein **Spruchkörper** (Abteilung, Kammer, Senat) in die nach dem Gesetz oder nach der Geschäftsverteilung bestehende Zuständigkeit eines anderen Spruchkörpers übergreift,[152] und sei es dadurch, dass er sich einer darauf gerichteten Maßnahme der Staatsanwaltschaft nicht versagt.[153] Innerhalb eines Spruchkörpers entzieht ein Richter den Verfahrensbeteiligten den gesetzlichen Richter, wenn er eine Tätigkeit entfaltet, die nach gesetzlicher Vorschrift einem anderen Richter zusteht, etwa wenn der in einer bestimmten Sache kraft Gesetzes vom Vorsitz ausgeschlossene Vorsitzende Richter der Strafkammer selbst den Hauptverhandlungstermin anberaumt oder seinen zum Vorsitz berufenen Vertreter veranlasst, entsprechend seinen – des Vorsitzenden Richters – Wünschen auf einen bestimmten Tag zu terminieren,[154] ferner, wenn statt des nach dem Geschäftsverteilungsplan zum Vertreter des verhinderten Vorsitzenden berufenen Richters ein anderer Richter den Vorsitz führt[155] oder wenn ein Richter, der dem Gericht nicht mehr angehört, dennoch bei ihm tätig wird.[156] Eine Richterentziehung kann auch gegeben sein, wenn ein Richter von einem Verhältnis Anzeige macht, das eine Ablehnung rechtfertigen könnte, und von da ab der **Vertreter** seine Aufgabe übernimmt, ohne dass der anzeigende Richter gem. § 30 StPO förmlich durch das zuständige Gericht von der Mitwirkung entbunden ist. In einem solchen Fall kann die fehlende Entbindung auch nicht durch eine Entscheidung des Revisionsgerichts ersetzt werden, das die Selbstablehnung nachträglich für begründet erklärt; denn die Ausübung des Richteramts durch einen hierzu nicht bestellten Richter kann nicht nachträglich in Übereinstimmung mit Art. 101 Abs. 1 Satz 2 GG, § 16 Satz 2 gebracht werden.[157] Der gesetzliche Richter kann dem Rechtsschutzsuchenden schließlich durch **Nichtzulassung eines Rechtmittels**[158] sowie bei **Nichtbe-**

147 BTDrucks. **19** 14747 S. 29; dazu BVerfG NStZ-RR **2022** 76 f.; BGH NStZ **2021** 762.

148 Vgl. OK/*Wiedner* § 338 StPO, 9 ff.

149 Kissel/*Mayer* 44 ff.; zur Anmaßung eigener Zuständigkeit unter bewusster Missachtung von Verfahrensvorschriften als Fall der Rechtsbeugung BGH FamRZ **2025** 639 m. Anm. *Oehms* GA **2026** 129.

150 BVerfG NJW **2026** 151, 152.

151 BVerfG NStZ **1991** 499 m. Anm. *Foth* NStZ **1992** 444; vgl. auch BVerfG NJW **1995** 443; **1995** 573, 574; **1996** 116, 117; dazu *Sowada* 746.

152 BGHSt 11, 106 = MDR **1958** 253 m. Anm. *Marquordt.*

153 OLG Nürnberg NJW **1963** 502.

154 BVerfGE **4** 412, 422.

155 BGH NJW **1974** 109.

156 BAG NJW **1960** 1542.

157 BGHSt **25** 122 = JR **1974** 73 m. Anm. *Arzt.*

158 BVerfG NJW **2023** 593, 596 f.

achtung von Vorlagepflichten (z.B. nach § 121 Abs. 2, § 132 Abs. 2) entzogen sein.[159] Darunter fällt insbesondere auch die Vorlagepflicht an das BVerfG nach Art. 100 GG[160] sowie an den EuGH (vgl. dazu § 1 Rn. 21).[161] Im letztgenannten Fall nimmt das BVerfG einen Verstoß gegen Art. 101 Abs. 1 Satz 2 GG mit Blick auf den insoweit maßgeblichen Willkürmaßstab (u. Rn. 26) allerdings nur an, wenn das Gericht die unionsrechtliche Vorlagepflicht offensichtlich unhaltbar handhabt, indem es sich entweder hinsichtlich des materiellen Unionsrechts nicht hinreichend kundig macht, trotz Zweifeln an der Rechtsauslegung eine Vorlage gar nicht in Betracht zieht oder ohne Vorlagebereitschaft bewusst von der Rechtsprechung des EuGH abweicht. Gleiches gilt bei willkürlicher Annahme eines „acte clair" oder „acte éclairé", wenn der EuGH die entscheidungserhebliche Frage noch nicht abschließend beantwortet hat (Unvollständigkeit der Rechtsprechung).[162]

7. **Willkür als Voraussetzung eines Verfassungsverstoßes.** Aus dem Sinn und 26
Zweck der Gewährleistung des gesetzlichen Richters, zu verhindern, dass die Justiz durch Manipulation der rechtsprechenden Organe sachfremden Einflüssen ausgesetzt wird,[163] leitet das BVerfG seit BVerfGE **3** 359 in ständiger Rechtsprechung her, dass nicht jeder „error in procedendo", d.h. nicht jede richterliche Nichtbeachtung oder fehlerhafte **Auslegung und Anwendung von Zuständigkeitsvorschriften**, seien es gesetzliche oder solche eines Geschäfts- oder Mitwirkungsplans,[164] einen Verstoß gegen Art. 101 Abs. 1 Satz 2 GG begründet, sondern grundsätzlich nur willkürliches Handeln.[165] Die Verfassungsnorm wolle „nur Schutz gegen Willkür, nicht gegen Irrtum bieten", heißt es in BVerfGE **15** 245, 248.[166] Zugleich betont das BVerfG, dass, wollte man jeden Fehler bei der Anwendung von Zuständigkeitsregeln genügen lassen, „die Anwendung des einfachen Rechts auf die Ebene des Verfassungsrechts gehoben würde",[167] mit der – unausgesprochenen – Folge, dass das BVerfG zur „Superrevisionsinstanz" würde.[168] Dem BVerfG sind die Rechtsprechung der anderen Gerichte für die Revision, insbesondere auch die Rechtsprechung des BGH in Strafsachen, und im Wesentlichen das Schrifttum gefolgt.[169] Die Grenzen zum Verfassungsverstoß sind nach der Rechtsprechung des BVerfG auch dann überschritten, wenn eine richterliche Entscheidung Bedeutung und Tragweite der Verfassungsgarantie des Art. 101

---

159 BVerfGE **87** 282; BVerfG NStZ **1995** 76; *Kothe* DÖV **1988** 284; *Leisner* NJW **1989** 2446; Kissel/*Mayer* 42; KK/*Barthe* 12.

160 BVerfGE **64** 1, 12; **109** 13 = StV **2004** 432 m. Anm. *Dickersbach*; BVerfG NJW **1999** 1020, 1021; **2020** 3647; **2025** 3706, 3707 ff.

161 BVerfGE **73** 339; **82** 159, 194 ff.; **129** 78, 105 ff.; BVerfG NJW **1997** 2512; **2001** 1267, 1268; **2014** 2489; **2016** 2401; **2021** 1005; NJW-RR **2021** 617; *Lenz* NJW **1994** 2063, 2065; Kissel/*Mayer* § 12, 58 m.w.N.

162 BVerfGE **82** 159, 194 ff.; **129** 78, 105 ff.; **135** 155, 231 ff.; **147** 364, 378 ff.; BVerfG NJW **2021** 1005, 1006 f.; NJW-RR **2021** 617, 619; NStZ-RR **2025** 25, 27 f.

163 BVerfGE **95** 322.

164 Bzgl. letzterer s. § 21e, 35, 80; § 21f, 24; § 21g, 22.

165 BVerfGE **3** 359, 364; **4** 412, 416; 7 327, 329; **9** 223, 230; **11** 1, 6; **11** 263; **15** 298, 306; **19** 38, 43; **20** 336, 346; **22** 254 266; **23** 288, 319; **29** 45, 48; **42** 237; 241; **45** 142, 181; **87** 282; BVerfG NJW **2011** 2191, 2192; NStZ-RR **2022** 76, 77; DRiZ **2020** 406, 407.

166 Vgl. BVerfGE **15** 303, 306; **17** 99, 104.

167 BVerfGE **82** 286, 299; **87** 282, 284; BVerfG NJW-RR **2021** 1436, 1437.

168 Vgl. MüKo-ZPO/*Pabst* 25; dazu *Roth* 210 ff.; *Sowada* 213 ff.

169 Vgl. u.a. BGHSt **11** 106; **12** 227, 234; **25** 66, 72; **26** 206, 211; **27** 105, 107; BGHZ **85**, 116,118; BGH NJW **1993** 1607, 1608; BVerwG NJW **1974** 1885; **1988** 1339; BFH NJW **1992** 1061, 1062; BAG NJW **1984** 1990; OLG Karlsruhe StV **1998** 252; *Rieß* GA **1976** 133 (m. Nachw. zur Entwicklung der Rspr. des BGH); Kissel/*Mayer* 51; KK/*Barthe* 13; MüKo/*Schuster* 29; *Schmitt*/Köhler 6; ferner – zu Art. 86 Abs. 1 Satz 2 BayVerf. – BayVerfGH NStZ **1986** 88; **a.A.** *Dahs* GA **1976** 353; *Roth* 212 ff.; eingehend *Sowada* 202 ff.; zur Kritik vgl. auch LR/*Böttcher*[26] 28 m.w.N.

Abs. 1 Satz 2 GG grundlegend verkennt.[170] Keine bloße Willkürkontrolle sondern eine **vollständige Nachprüfung** nimmt das BVerfG hingegen vor, soweit es um die inhaltliche Überprüfung der Bestimmungen von Geschäftsverteilungs- und Mitwirkungsplänen, deren rechtmäßiges Zustandekommen i.S.d. § 21e Abs. 3, § 21g Abs. 2 Halbsatz 2 oder um die Frage geht, ob eine Zuständigkeitsregel überhaupt als generell-abstrakte Regelung im Sinne der Garantie des gesetzlichen Richters anzusehen ist.[171]

27 Der **Begriff der Willkür** bestimmt sich nach ständiger Rechtsprechung des BVerfG nach objektiven Maßstäben; darauf, ob ein subjektiver Schuldvorwurf zu erheben ist, kommt es nicht an.[172] Das BVerfG verwendet verschiedene Umschreibungen. Willkür ist gegeben im „Fall grober Missachtung oder grober Fehlanwendung des Gesetzesrechts",[173] wenn sich also die Entscheidung eines Gerichts „bei der Auslegung und Anwendung einer Zuständigkeitsnorm so weit von dem sie beherrschenden verfassungsrechtlichen Grundsatz des gesetzlichen Richters entfernt hat, dass sie nicht mehr zu rechtfertigen ist. Dies bedeutet, dass Art. 101 Abs. 1 Satz 2 GG auch durch eine gerichtliche Entscheidung verletzt wird, die bei verständiger Würdigung der das GG beherrschenden Gedanken nicht mehr verständlich erscheint und offensichtlich unhaltbar ist".[174] Willkür ist anzunehmen, wenn die Maßnahme „objektiv unter keinem Gesichtspunkt vertretbar ist".[175] Als willkürlich stellt sich eine fehlerhafte Entscheidung dar, wenn sie „bei verständiger Würdigung der das GG beherrschenden Gedanken nicht mehr verständlich ist und sich deshalb der Schluss aufdrängt, dass sie auf sachfremden Erwägungen beruht".[176] So liegt es, „wenn eine offensichtlich einschlägige Norm nicht berücksichtigt oder der Inhalt einer Norm in krasser Weise missdeutet wird".[177]

§ 17

(1) [1]Die Zulässigkeit des beschrittenen Rechtsweges wird durch eine nach Rechtshängigkeit eintretende Veränderung der sie begründenden Umstände nicht berührt. [2]Während der Rechtshängigkeit kann die Sache von keiner Partei anderweitig anhängig gemacht werden.

(2) [1]Das Gericht des zulässigen Rechtsweges entscheidet den Rechtsstreit unter allen in Betracht kommenden rechtlichen Gesichtspunkten. [2]Artikel 14 Abs. 3 Satz 4 und Artikel 34 Satz 3 des Grundgesetzes bleiben unberührt.

§ 17a

(1) Hat ein Gericht den zu ihm beschrittenen Rechtsweg rechtskräftig für zulässig erklärt, sind andere Gerichte an diese Entscheidung gebunden.

---

170 BVerfGE **82** 286, 299; **87** 282, 285; BVerfG NJW **2011** 2191, 2192; **2012** 2334, 2335; DRiZ **2020** 406, 407; NJW-RR **2021** 1436, 1437; Kissel/*Mayer* 51; KK/*Barthe* 13.

171 BVerfG NJW **2005** 2689; **2018** 1155, 1156; **2025** 2455, 2458.

172 BVerfGE **62** 189, 192; BVerfG JZ **1985** 957 m.w.N.

173 BVerfGE **82** 159, 197; **87** 282, 286; BVerfG NJW **2011** 2191, 2192; NStZ-RR **2022** 76, 77.

174 BVerfGE **6** 45, 53; **19** 38, 43; **29** 45, 49; BVerfG NJW **2001** 3533.

175 BVerfGE **42** 237, 242.

176 BVerfGE **67** 90, 94; **81** 132, 137; BVerfG NJW **1996** 1049; s. zum Ganzen auch BGH StraFo **2022** 60, 62 f.

177 BVerfGE **87** 273; BVerfG NJW **1994** 1645.

(2) [1]Ist der beschrittene Rechtsweg unzulässig, spricht das Gericht dies nach Anhörung der Parteien von Amts wegen aus und verweist den Rechtsstreit zugleich an das zuständige Gericht des zulässigen Rechtsweges. [2]Sind mehrere Gerichte zuständig, wird an das vom Kläger oder Antragsteller auszuwählende Gericht verwiesen oder, wenn die Wahl unterbleibt, an das vom Gericht bestimmte. [3]Der Beschluß ist für das Gericht, an das der Rechtsstreit verwiesen worden ist, hinsichtlich des Rechtsweges bindend.

(3) [1]Ist der beschrittene Rechtsweg zulässig, kann das Gericht dies vorab aussprechen. [2]Es hat vorab zu entscheiden, wenn eine Partei die Zulässigkeit des Rechtsweges rügt.

(4) [1]Der Beschluß nach den Absätzen 2 und 3 kann ohne mündliche Verhandlung ergehen. [2]Er ist zu begründen. [3]Gegen den Beschluß ist die sofortige Beschwerde nach den Vorschriften der jeweils anzuwendenden Verfahrensordnung gegeben. [4]Den Beteiligten steht die Beschwerde gegen einen Beschluß des oberen Landesgerichts an den obersten Gerichtshof des Bundes nur zu, wenn sie in dem Beschluß zugelassen worden ist. [5]Die Beschwerde ist zuzulassen, wenn die Rechtsfrage grundsätzliche Bedeutung hat oder wenn das Gericht von der Entscheidung eines obersten Gerichtshofes des Bundes oder des Gemeinsamen Senats der obersten Gerichtshöfe des Bundes abweicht. [6]Der oberste Gerichtshof des Bundes ist an die Zulassung der Beschwerde gebunden.

(5) Das Gericht, das über ein Rechtsmittel gegen eine Entscheidung in der Hauptsache entscheidet, prüft nicht, ob der beschrittene Rechtsweg zulässig ist.

(6) Die Absätze 1 bis 5 gelten für die in bürgerlichen Rechtsstreitigkeiten, Familiensachen und Angelegenheiten der freiwilligen Gerichtsbarkeit zuständigen Spruchkörper in ihrem Verhältnis zueinander entsprechend.

§ 17b

(1) [1]Nach Eintritt der Rechtskraft des Verweisungsbeschlusses wird der Rechtsstreit mit Eingang der Akten bei dem im Beschluss bezeichneten Gericht anhängig. [2]Die Wirkungen der Rechtshängigkeit bleiben bestehen.

(2) [1]Wird ein Rechtsstreit an ein anderes Gericht verwiesen, so werden die Kosten im Verfahren vor dem angegangenen Gericht als Teil der Kosten behandelt, die bei dem Gericht erwachsen, an das der Rechtsstreit verwiesen wurde. [2]Dem Kläger sind die entstandenen Mehrkosten auch dann aufzuerlegen, wenn er in der Hauptsache obsiegt.

(3) Absatz 2 Satz 2 gilt nicht in Familiensachen und in Angelegenheiten der freiwilligen Gerichtsbarkeit.

§ 17c

(1) Werden Zuständigkeitskonzentrationen oder Änderungen der Gerichtsbezirksgrenzen aufgrund dieses Gesetzes, aufgrund anderer bundesgesetzlicher Regelungen oder aufgrund Landesrechts vorgenommen, stehen in diesen Fällen bundesrechtliche Bestimmungen, die die gerichtliche Zuständigkeit in anhängigen und rechtshängigen Verfahren unberührt lassen, einer landesrechtlichen Zuweisung dieser Verfahren an das neu zuständige Gericht nicht entgegen.

(2) [1]Ist im Zeitpunkt der Zuweisung die Hauptverhandlung in einer Straf- oder Bußgeldsache begonnen, aber noch nicht beendet, so kann sie vor dem nach dem Inkrafttreten der Zuständigkeitsänderung zuständigen Gericht nur fortgesetzt werden, wenn die zur Urteilsfindung berufenen Personen personenidentisch mit denen zu Beginn der Hauptverhandlung sind. [2]Soweit keine Personenidentität gegeben ist, bleibt das Gericht zuständig, das die Hauptverhandlung begonnen hat.

Entstehungsgeschichte

Absatz 1 des § 17 lautete ursprünglich: „Die Gerichte entscheiden über die Zulässigkeit des Rechtswegs." Der ursprüngliche Absatz 2 enthielt Regelungen über die Bildung von besonderen Behörden für die Entscheidung von Kompetenzkonflikten durch die Landesgesetzgebung; diese Regelungen wurden durch die Änderungsvorschrift des § 178 VwGO in einem neuen § 17a verselbstständigt und sind inzwischen durch das Vierte Gesetz zur Änderung der VwGO (4. VwGOÄndG)[1] aufgehoben. Der ursprüngliche § 17 Abs. 1 wurde durch die VwGO wesentlich erweitert, sah insbesondere im Verhältnis der verschiedenen Zweige der Gerichtsbarkeit eine Bindungswirkung für positive oder negative Entscheidungen zum jeweiligen Rechtsweg vor und bestimmte für die ordentlichen Gerichte, dass sie in dem Urteil, in dem sie den Rechtsweg für unzulässig erklären, auf Antrag des Klägers die Sache an das Gericht des ersten Rechtszuges zu verweisen haben, zu dem sie den Rechtsweg für gegeben erachten. Das 4. VwGOÄndG fasste die §§ 17 bis 17b grundlegend neu. Das FGG-Reformgesetz v. 17.12.2008[2] fügte in § 17a den Absatz 6 und in § 17b den Absatz 3 an. Durch Artikel 28 des Gesetzes zur Einführung der elektronischen Akte in der Justiz und zur weiteren Förderung des elektronischen Rechtsverkehrs v. 5.7.2017[3] wurde § 17c geschaffen.

Übersicht

1 **1. Allgemeine Bedeutung.** Die Neufassung der §§ 17 bis 17b durch das 4. VwGOÄndG diente der raschen und einfacheren Entscheidung von Rechtswegstreitigkeiten, die als „Erbübel des deutschen Prozesses" bezeichnet worden waren;[4] die Neuregelung brachte zugleich die **Gleichwertigkeit der Zweige der Gerichtsbarkeit** zum Ausdruck. Das Verfahren bis zu einer endgültigen Entscheidung über den Rechtsweg wurde gestrafft. Der Fall eines negativen wie eines positiven Kompetenzkonflikts zwischen den Zweigen der Gerichtsbarkeit sollte ausgeschlossen werden; die vordem in § 17a vorgesehene Möglichkeit der Errichtung eines Kompetenzkonfliktgerichts wurde deshalb gestrichen.[5] In § 173 VwGO, § 155 FGO und § 202 SGG wird auf das GVG insgesamt verwiesen; § 48 Abs. 1 ArbGG verweist (mit hier nicht relevanten Maßgaben) auf §§ 17 bis 17b. Diese gelten damit ungeachtet des § 2 EGGVG für alle Zweige der Gerichtsbarkeit. Eine entsprechende

1 Gesetz v. 17.12.1990, BGBl. I S. 2809.
2 BGBl. I S. 2586.
3 BGBl. I S. 2208.
4 *Kissel* NJW **1991** 947; *Redeker* AnwBl. **1977** 108.
5 Zum Ganzen *Kissel* NJW **1991** 945.

Geltung im Verhältnis zwischen den verschiedenen mit Zivilsachen befassten Spruchkörpern der ordentlichen Gerichtsbarkeit ist jetzt in § 17a Abs. 6 angeordnet.[6] Das zuerst angerufene Gericht prüft die Eröffnung des Rechtswegs von Amts wegen (§ 17a Abs. 2 Satz 1). Bei nachträglicher Änderung der Umstände bleibt die einmal gegebene Zulässigkeit des Rechtswegs gemäß dem Prinzip der perpetuatio fori bestehen (§ 17 Abs. 1 Satz 1). Erachtet das Gericht den beschrittenen Rechtsweg für nicht eröffnet, verweist es das Verfahren – bei fortbestehender Rechtshängigkeit (§ 17 Abs. 1 Satz 2, § 17b Abs. 1 Satz 2) – an das zuständige Gericht des zulässigen Rechtswegs (§ 17a Abs. 2 Satz 1), das hieran gebunden ist (§ 17a Abs. 2 Satz 3). Das Verfahren bei Rechtswegstreitigkeiten regelt § 17a Abs. 2 bis 4). Die Entscheidung über den Rechtsweg ist der Überprüfung im Rechtsmittelverfahren der Hauptsache entzogen (§ 17a Abs. 5). § 17c Abs. 1 gestattet bei Zuständigkeitskonzentrationen oder Änderungen der Gerichtsbezirksgrenzen die landesrechtliche Durchbrechung des Perpetuatio-fori-Prinzips betreffend die gerichtliche Zuständigkeit. Macht der Landesgesetzgeber von dieser Möglichkeit Gebrauch, ändert sich die Zuständigkeit des Gerichts in anhängigen bzw. rechtshängigen Verfahren kraft Gesetzes, ohne dass es einer gesonderten Verweisungsentscheidung in den Einzelverfahren bedarf.[7] Für Straf- und Bußgeldverfahren enthält § 17c Abs. 2 eine Ausnahmeregelung; hat die Hauptverhandlung bereits begonnen (§ 243 Abs. 1 Satz 1 StPO) und ist sie nicht ausgesetzt (§ 228 Abs. 1 Satz 1 StPO), kann der Zuständigkeitswechsel nur eintreten, wenn der aufgrund der Neuregelung zur Entscheidung berufene Spruchkörper mit dem bisherigen personenidentisch besetzt ist.[8]

2. Bedeutung in Strafsachen

a) Unmittelbare Geltung. Für die Strafrechtspflege haben §§ 17 bis 17b bei unmittelbarer Anwendung keine große praktische Bedeutung. Zu Rechtswegfragen kann es im Verhältnis zu den **Verwaltungsgerichten** kommen, etwa bei Rechtsbehelfen gegen Maßnahmen im **Straf- oder Maßregelvollzug.**[9] Ein Anwendungsfall kann sich auch ergeben im Verhältnis zwischen den **Strafsenaten der Oberlandesgerichte**, die im **Verfahren nach §§ 23 ff. EGGVG** über die Rechtmäßigkeit von Justizverwaltungsakten auf dem Gebiet der Strafrechtspflege zu entscheiden haben, und den Verwaltungsgerichten.[10] Kommt das angerufene OLG zu dem Schluss, dass die angegriffene Maßnahme nicht als Maßnahme einer Justizbehörde[11] auf dem Gebiet der Strafrechtspflege[12] anzusehen ist, etwa weil die ausführende Polizeibehörde nicht strafverfolgend, sondern ausschließlich präventivpolizeilich tätig geworden ist[13] oder jedenfalls der Schwerpunkt ihres Handelns nach seiner objektiven Zweckrichtung beim präventiv-polizeilichen Einschreiten gelegen hat,[14] so verfährt es nach § 17a Abs. 2 und verweist die Sache von Amts wegen mit bindender Wirkung an das zuständige Verwaltungsgericht. Ein weiterer Anwendungsfall ist gegeben, wenn gegen eine polizeiliche Maßnahme, deren Zuordnung zum repressiven oder präventiv-polizeilichen Aufgabenbereich nicht zweifelsfrei ist, der **Ermittlungsrichter entspre-** 2

6 Dazu *Fritzsche* NJW **2015** 586.
7 BTDrucks. **18** 12203 S. 91.
8 Kissel/*Mayer* § 17c, 5; MüKo/*Schuster* 2; SSW/*Spiess* § 17c, 3.
9 Vgl. etwa OVG Lüneburg NdsRpfl. **2019** 130.
10 Vgl. BGHSt **46** 261; KK/*Barthe* § 17b, 3.
11 Dazu LR/*Gerson* § 23 EGGVG, 2 ff.
12 Dazu LR/*Gerson* § 23 EGGVG, 25 ff.
13 Vgl. BVerwG NJW **1975** 893; LR/*Gerson* § 23 EGGVG, 13 m.w.N.
14 Vgl. BVerwGE **47** 255, 264; OVG Lüneburg NVwZ-RR **2014** 327; LR/*Gerson* § 23 EGGVG, 17 m.w.N.

chend § 98 Abs. 2 Satz 2 StPO mit dem Antrag angerufen wird, die Maßnahme aufzuheben oder ihre Rechtswidrigkeit festzustellen.[15] Kommt der Richter zu dem Ergebnis, dass die Polizei präventiv tätig geworden ist (und ist das Amtsgericht nicht ausnahmsweise auch zur Kontrolle des präventiv-polizeilichen Handelns berufen[16]), verweist er die Sache an das Verwaltungsgericht.[17] Umgekehrt hat das Verwaltungsgericht ebenso zu verfahren (§ 173 VwGO i.V.m. § 17a Abs. 2).[18] § 17a ist auch anwendbar, wenn zweifelhaft ist, ob überhaupt ein Rechtsweg gegeben ist, wie bei der Ablehnung von **Gnadengesuchen**;[19] es kann daher das gegen eine ablehnende Gnadenentscheidung angerufene Verwaltungsgericht, wenn die Ausübung des Gnadenrechts dem Landesjustizminister oder dem Generalstaatsanwalt übertragen ist, die Sache mit bindender Wirkung (§ 17a Abs. 2 Satz 3) an das Oberlandesgericht verweisen, dessen Strafsenat nach § 23 EGGVG zuständig wäre, wenn die Justiziabilität zu bejahen sein sollte.[20]

3 **b) Entsprechende Anwendung.** §§ 17 bis 17b betreffen den Rechtsweg, also das Verhältnis der einzelnen Zweige der Gerichtsbarkeit zueinander.[21] Für das Verhältnis zwischen verschiedenen Gerichten der ordentlichen Gerichtsbarkeit galten sie nach ihrem früheren Wortlaut nicht. Jetzt ordnet § 17a Abs. 6 für Zuständigkeitsstreitigkeiten unter den mit Zivilsachen befassten Spruchkörpern die entsprechende Geltung an. §§ 17 bis 17b sind darüber hinaus **im Verhältnis der Straf- und der Zivilgerichtsbarkeit zueinander** analog anzuwenden.[22] Das BVerfG hält es im Hinblick auf Art. 19 Abs. 4 GG grundsätzlich für verfassungsrechtlich geboten, dass in allen Verfahrensordnungen die Möglichkeit eröffnet ist, hilfsweise die Verweisung an das zuständige Gericht zu beantragen.[23] Auch **innerhalb der Strafrechtspflege** wird in zwei Bereichen eine entsprechende Anwendung als notwendig erachtet, nämlich zum einen im Verhältnis des nach §§ 23 ff. EGGVG angerufenen Strafsenats des OLG zur Strafvollstreckungskammer und zum Ermittlungsrichter, zum anderen im Verhältnis des für Kartellbußgeldverfahren zuständigen Kartellsenats des OLG (§ 83 GWB) zu den Strafgerichten. Die Vorschriften der §§ 23 ff. EGGVG enthalten keine Regelung dazu, dass bei fehlender Zuständigkeit des Strafsenats innerhalb der ordentlichen Gerichtsbarkeit an das zuständige Gericht verwiesen werden kann. Dem ist dadurch Rechnung zu tragen, dass eine Verweisung vom Strafsenat an den Ermittlungs- bzw. Beschwerderichter ebenso wie an die Strafvollstreckungskammer und – umgekehrt –

---

15 Vgl. Schmitt/*Köhler* § 98 StPO, 18 ff.; SK/*Wohlers*/*Singelnstein* § 98 StPO, 44 ff.; LR/*Gerson* § 23 EGGVG, 72 ff., jew. m.w.N.

16 Z.B. Art. 98 BayPAG; § 31 Abs. 3 Satz 1 ASOG Bln.; § 13a Abs. 2 HmbSOG.

17 MüKo/*Schuster* 3.

18 BGHR § 17a Rechtswegstreitigkeit 1; BGH NJW **2017** 1689, 1690.

19 Vor § 12, 17 ff.

20 BVerwG NJW **1976** 305; Kissel/*Mayer* § 17, 7.

21 BGH NStZ-RR **2021** 52, 54; Kissel/*Mayer* § 17, 4. Nicht anwendbar sind §§ 17 bis 17b mit Blick auf die besondere Stellung der Verfassungsgerichte als Verfassungsorgane allerdings im Verhältnis zur Verfassungsgerichtsbarkeit; vgl. BVerwG NVwZ **2025** 856, 857 Rn. 14 m.w.N. und m. Anm. *Muckel* JA **2025** 963.

22 KG NJW **2015** 2437, 2438; OLG Brandenburg Beschl. v. 6.3.2013 – 11 W 40/12 (juris, Rn. 5); OLG Düsseldorf FGPrax **2016** 44, 45; OLG Frankfurt NStZ-RR **2010** 379, 380; OLG Hamm Beschl. v. 13.11.2014 – III-1 Vollz (Ws) 533/14 (juris, Rn. 6 ff.); OLG München Beschl. v. 25.11.2009 – 4 Ws 130/09 (R) (juris, Rn. 38 ff.); OLG Saarbrücken NJW **1994** 1423, 1424 f.; ferner BGHR GVG § 17a Rechtswegstreitigkeit 1 (dazu neigend); **a.A.** OLG Stuttgart NJW **2006** 2565, 2567; NStZ-RR **2002** 111, 112; OLG Nürnberg NStZ **2006** 654, 655.

23 BVerfGE 57 9, 22.

eine Verweisung an den Strafsenat zulässig ist.[24] Verweisungen an ein ordentliches Gericht nach oder entsprechend § 17a Abs. 2 Satz 1 entfalten allerdings **innerhalb der Strafgerichtsbarkeit keine Bindungswirkung**; für eine analoge Anwendung des § 17a Abs. 2 Satz 3 fehlt es an einer planwidrigen Regelungslücke. Die Weiterverweisung an das für die einschlägigen Prozessvorschriften zuständige Gericht ist daher möglich.[25] Dem Strafgericht ist es hingegen verwehrt, das Verfahren an ein Gericht der Zivilgerichtsbarkeit weiter zu verweisen.[26] Für das Verhältnis von Kartellsenat und Strafgericht wird teilweise ebenfalls eine entsprechende Anwendung der §§ 17 bis 17b befürwortet.[27] In dem Fall, dass sich in dem Kartellbußgeldverfahren vor dem Kartellsenat das Vorliegen einer Straftat ergibt, hat der BGH eine Verweisung an die zuständige Wirtschaftsstrafkammer für geboten erachtet, allerdings in entsprechender Anwendung des § 270 StPO und ohne Rückgriff auf §§ 17 bis 17b.[28] Es mag vorzugswürdig sein, stattdessen die §§ 6, 6a, 209, 209a, 225a, 269 und 270 StPO analog anzuwenden;[29] im Ergebnis ist dem BGH jedenfalls zuzustimmen.[30] Zutreffend ist auch, dass es insoweit einer Heranziehung der §§ 17 bis 17b nicht bedarf.[31]

3. Verfahren

a) Verweisung. Soweit §§ 17 bis 17b im Bereich der Strafrechtspflege unmittelbar oder analog Anwendung finden, hat das mit der Sache befasste unzuständige Gericht die Verweisung an das zuständige Gericht nach Anhörung der Beteiligten von Amts wegen durch begründeten Beschluss vorzunehmen. Gem. § 17a Abs. 4 Satz 3 ist gegen den Verweisungsbeschluss die sofortige Beschwerde nach den Vorschriften der jeweils anzuwendenden Verfahrensordnung, hier also § 311 StPO, eröffnet. Die Verweisung auf die jeweilige Verfahrensordnung bedeutet nicht, dass gegen einen Verweisungsbeschluss des Strafsenats im Verfahren nach §§ 23 ff. EGGVG im Hinblick auf § 29 Abs. 1 Satz 1 EGGVG eine sofortige Beschwerde nicht statthaft wäre. Zwar ist die Regelung über die Zulassungsbeschwerde gem. § 17a Abs. 4 Satz 4 bis 6 auf diesen Fall nicht zugeschnitten, denn sie eröffnet eine weitere Beschwerde in Fällen, in denen das OLG als Beschwerdegericht entschieden hat;[32] 4

---

24 KG StV **1996** 326; GA **1985** 271; OLG Braunschweig NStZ **1990** 608; **1991** 551; OLG Hamm NStZ-RR **1996** 210; OLG Jena Beschl. v. 19.10.2010 – 1 VAs 5/10 (juris, Rn. 11); OLG Karlsruhe NJW **1988** 84; ebenso *Krack* JR **1996** 260; *Katholnigg* § 29 EGGVG, 7; MüKo-ZPO/*Pabst* § 25 EGGVG, 5; *Schmitt*/Köhler § 25 EGGVG, 2; Wieczorek/Schütze/*K. Schreiber* § 25 EGGVG, 4; **a.A.** KG GA **1977** 149; OLG Hamburg NStZ **1995** 252; OLG Oldenburg NStZ **1990** 540 m. krit. Anm. *Katholnigg*; ferner OLG Frankfurt NJW **1998** 1165; StV **1997** 260 (keine Verweisung, aber formlose Abgabe); aufgegeben durch OLG Frankfurt NStZ-RR **2010** 379, 380.

25 BGH NJW **2020** 3123, 3124; NStZ-RR **2021** 52, 53 ff.; KG Beschl. v. 29.9.1999 – 2 AR 120/99 (juris, Rn. 3); OLG Hamburg NStZ-RR **2014** 255; OLG Karlsruhe MDR **1995** 88; *Schmitt*/Köhler § 25 EGGVG, 2; **a.A.** OLG Hamm NStZ-RR **1996** 209; OLG Jena Beschl. v. 19.10.2010 – 1 VAs 5/10 (juris, Rn. 12); ferner OLG Karlsruhe NJW **2013** 3738 (zur Aufgabe der bisherigen Rspr. neigend).

26 BGHR GVG § 17a Rechtswegstreitigkeit 1; OLG Brandenburg Beschl. v. 6.3.2013 – 11 W 40/12 (juris, Rn. 5); OLG Frankfurt NStZ-RR **2010** 379, 380; vgl. ferner BGH NStZ-RR **2021** 52, 55; OLG Hamburg NStZ-RR **2014** 255, 256.

27 *Schmitt*/Köhler § 270 StPO, 2; SSW/*Spiess* §§ 17 bis 17b, 2.

28 BGHSt **39** 202.

29 Dafür *Rieß* NStZ **1993** 513 ff.

30 *Rieß* NStZ **1993** 517; KK/*Barthe* § 17b, 3; *Schmitt*/Köhler § 17b, 2; § 270 StPO, 2; **a.A.** *Göhler* wistra **1994** 17, der eine Aburteilung durch den Kartellsenat für notwendig, insbesondere vom Gesetzgeber gewollt ansieht; abl. auch *Bauer* wistra **1994** 132, der in Übereinstimmung mit der Ausgangsentscheidung des KG die Einstellung des Bußgeldverfahrens durch den Kartellsenat wegen eines Verfahrenshindernisses befürwortet.

31 MüKo/*Schuster* 4; SK/*Frister* 7.

32 Kissel/*Mayer* § 17, 29.

so liegt es hier nicht. Aus dem Sinn der Regelung, möglichst früh im Verfahren eine abschließende Entscheidung zum Rechtsweg herbeizuführen, folgt aber, dass § 17a Abs. 4 Satz 4 bis 6 auch Anwendung finden muss, wenn das Oberlandesgericht im Verfahren nach §§ 23 ff. EGGVG entschieden hat. Davon ist der BGH in einem Beschluss v. 12.1.2001[33] ausgegangen. In dem zugrundeliegenden Verfahren hatte das OLG Frankfurt im Verfahren nach §§ 23 ff. EGGVG den zu ihm beschrittenen Rechtsweg vorab für zulässig erklärt und dagegen die sofortige Beschwerde zugelassen. Der BGH hat die eingelegte Beschwerde für zulässig gehalten und ausgeführt, „Bedenken im Hinblick auf § 29 Abs. 1 EGGVG" stelle er „angesichts des Wortlauts des § 17a Abs. 4 Satz 5 zurück". Dem ist in der Sache zu folgen.[34] Der in LR/*Böttcher*[25] 4 unternommene Versuch, das Problem dadurch zu lösen, dass, ausgehend von der damaligen Fassung des § 29 Abs. 1 EGGVG, eine über die Divergenzfälle hinaus erweiterte Pflicht zur Vorlage durch das OLG angenommen wird,[35] ist durch die Änderung des § 29 EGGVG überholt.

5 **b) Rechtswirkungen.** Ein Verweisungsbeschluss ist für das Gericht, an das der Rechtsstreit verwiesen worden ist, hinsichtlich des Rechtsweges bindend (§ 17a Abs. 2 Satz 3). Die **Bindungswirkung** erstreckt sich auch auf einen nachfolgenden Entschädigungsrechtsstreit wegen überlanger Verfahrensdauer (§ 198).[36] Sie tritt grundsätzlich auch bei einem fehlerhaften Verweisungsbeschluss ein, etwa wenn der Rechtsweg zu dem verweisenden Gericht entgegen dessen Rechtsauffassung gegeben war oder das Gericht den Verweisungsbeschluss entgegen § 17a Abs. 4 Satz 2 nicht begründet oder unter Verletzung des rechtlichen Gehörs getroffen hat.[37] Die Bindungswirkung kann jedoch bei extremen Rechtsverstößen durchbrochen werden, wenn sich die Verweisung bei der Auslegung und Anwendung der Zuständigkeitsnormen so weit vom Grundsatz des gesetzlichen Richters entfernt, dass sie offensichtlich unhaltbar und damit schlechthin nicht mehr zu rechtfertigen ist.[38]

6 Nach § 17a Abs. 5 kann die Frage, ob der beschrittene Rechtsweg zulässig ist, im allgemeinen **Rechtsmittelverfahren** nicht mehr überprüft werden. Das Rechtsmittelgericht ist grundsätzlich an die Hauptsacheentscheidung des Ausgangsgerichts gebunden, mit der dieses auch – ausdrücklich oder konkludent[39] – über die Rechtswegfrage befunden hat. Diese Bindung ist ein Kernelement der Neuregelung der Rechtswegvorschriften durch das 4. VwGOÄndG.[40] Sie tritt unabhängig davon ein, ob das Ausgangsgericht oder die Verfahrensbeteiligten das Rechtswegproblem überhaupt erkannt haben.[41] Trifft etwa das nach Anklageerhebung erstinstanzlich mit einer Strafsache befasste Gericht gem. § 101 Abs. 7 Satz 2, 4 StPO die Feststellung, präventiv-polizeiliche verdeckte Überwachungsmaßnahmen seien rechtmäßig gewesen, so liegt darin zugleich eine Entscheidung über die Eröffnung des Rechtswegs. Hieran ist das vom Betroffenen mit der sofortigen Beschwerde (§ 101 Abs. 7 Satz 3 StPO) angerufene Rechtsmittelgericht gebunden. Die Bindungswirkung erstreckt sich in diesem Fall indes neben dem Rechtsweg nur auf die sachliche und örtliche Zuständigkeit des Erstgerichts; die weiteren Zulässigkeitsvoraussetzungen hat das Rechtsmittelgericht in eigener Kompetenz

---

33 BGHSt **46** 261 = NStZ **2001** 389 m. Anm. *Katholnigg.*

34 Ebenso *Katholnigg* NStZ **2001** 390 f.; MüKo/*Schuster* 5.

35 Ähnlich *Katholnigg* 7.

36 BVerwGE **174** 234, 239 f.

37 BVerwG NVwZ-RR **2021** 740, 741 m.w.N.; vgl. auch BGH MDR **2025** 1617, 1618.

38 BVerfGE **29** 45, 48 f.; **58** 1, 45; BGH NJW **2003** 2990, 291; **2017** 1689; BVerwG NVwZ-RR **2021** 740, 741; NVwZ **2022** 421, 422.

39 BGH DStR **2010** 1145; Kissel/*Mayer* § 17, 38, 53; Zöller/*Lückemann* § 17a, 18.

40 BGH NJW **2008** 3572, 3573.

41 BGH NJW **2008** 3572, 3573; MüKo-ZPO/*Pabst* § 17a, 24; Zöller/*Lückemann* § 17a, 18.

zu überprüfen. Es hat – ebenso wie ein durch bindende Verweisung zuständig gewordenes Gericht – den Rechtsstreit nach der **Verfahrensordnung** seiner Gerichtsbarkeit („Hausverfahrensordnung") fortzuführen.[42] Nicht abschließend geklärt ist insoweit, ob ein Strafgericht allein nach Strafverfahrensrecht vorgehen oder alternativ auf andere Prozessvorschriften der ordentlichen Gerichtsbarkeit (FamFG oder §§ 23 ff. EGGVG) zurückgreifen darf.[43] Die Anwendung anderer Prozessvorschriften dürfte zumindest insoweit ausscheiden, als für den Fall einer Verweisung an das Strafgericht der ersten Instanz eine Weiterverweisung analog § 17a Abs. 2 Satz 3 ausgeschlossen wäre (vgl. Rn. 3), so dass das für die sofortige Beschwerde zuständige Rechtsmittelgericht jedenfalls nicht Vorschriften der freiwilligen Gerichtsbarkeit wird heranziehen können. Die Beschränkung der Befugnis des Rechtsmittelgerichts, die Zulässigkeit des Rechtswegs zu überprüfen, gilt jedoch ausnahmsweise dann nicht, wenn die Zulässigkeit des Rechtswegs bereits in erster Instanz gerügt worden war und das Erstgericht nicht – wie gemäß § 17a Abs. 3 Satz 2 geboten – einen beschwerdefähigen Beschluss über die Zulässigkeit des Rechtswegs gefasst hat; in diesem Fall ist die Prüfung des Rechtswegs im Rechtsmittelverfahren nachzuholen.[44] Eine rechtsfehlerhafte, aber bindende Verweisung führt zu einer Erweiterung der **sachlich-rechtlichen Prüfungskompetenz** des Empfangsgerichts. Dieses hat – was im Rechtsmittelverfahren der Nachprüfung unterliegt – die volle Rechtsschutzfunktion zu übernehmen, die eigentlich das verweisende Ausgangsgericht wahrzunehmen gehabt hätte. Dabei hat es das für den Verfahrensgegenstand tatsächlich einschlägige materielle Recht anzuwenden.[45]

§ 18

[1]Die Mitglieder der im Geltungsbereich dieses Gesetzes errichteten diplomatischen Missionen, ihre Familienmitglieder und ihre privaten Hausangestellten sind nach Maßgabe des Wiener Übereinkommens über diplomatische Beziehungen vom 18. April 1961 (Bundesgesetzbl. 1964 II S. 957 ff.) von der deutschen Gerichtsbarkeit befreit. [2]Dies gilt auch, wenn ihr Entsendestaat nicht Vertragspartei dieses Übereinkommens ist; in diesem Falle findet Artikel 2 des Gesetzes vom 6. August 1964 zu dem Wiener Übereinkommen vom 18. April 1961 über diplomatische Beziehungen (Bundesgesetzbl. 1964 II S. 957) entsprechende Anwendung.

Schrifttum (zu §§ 18, 19)

Denza Diplomatic Law[5] (2025); *Fliedner* Neue Vorschriften für Exterritoriale, ZRP **1973** 263; *Folz/Soppe* Zur Frage der Verhältnismäßigkeit von Haftbefehlen gegen Regierungsmitglieder anderer Staaten, NStZ **1996** 576; *Jabloner-Fugger* Die Immunität konsularischer Funktionäre in der Wiener Konvention 1963, NJW **1964** 712; *Jakobs* Zur dogmatischen Abgrenzung von Strafrecht und Strafverfahrensrecht und zur Rechtsnatur des Ausschlusses einer strafrechtlichen Ahndung wegen diplomatischer Immunität, NStZ **1987** 88; *Knuth* Zur völkerrechtlichen Exemption Ostberliner Regierungsdelegationen und Emissäre in der Bundesrepublik, JZ **1970** 539; *Krauskopf* Die Rechtsprechung zur Immunität ausländischer Zentralbanken und Währungsbehörden in der Bundesrepublik Deutschland, WM **1986** 89; *Kreicker* Völkerrechtliche Exemtionen, Bd. I und II (2007); *ders.* Konsularische Immunität und Spionage, ZIS **2014** 129; *Mössner* Spionage und Immunität von

42 BGHSt **62** 22, 34 = JR **2018** 45 m. Anm. *Löffelmann*; BGH MDR **2025** 1617, 1618; vgl. auch BVerwG NVwZ-RR **2021** 740, 742; OLG Brandenburg Beschl. v. 6.3.2013 – 11 W 40/12 (juris, Rn. 5); OLG Frankfurt NStZ-RR **2010** 379, 380; OLG Hamm NStZ-RR **1996** 209.

43 Offengelassen von BGHSt **62** 22, 34 f.

44 BGH MDR **2024** 924, 925.

45 BGH MDR **2025** 1617, 1619 m.w.N.

Kriegsschiffen, NJW **1982** 1196; *Münch* Immunität fremder Staaten in der deutschen Rechtsprechung, ZAÖR **1964** 265; *Oehler* Immunität, Exterritorialität und Asylrecht im internationalen Strafrecht, ZStW **91** (1979) 395; *Raap* Truppenstationierung in Deutschland nach der Wiedervereinigung, MDR **1991** 1129; *Richtsteig* Wiener Übereinkommen über diplomatische und konsularische Beziehungen[2] (2010); *Rüping* Die völkerrechtliche Immunität im Strafverfahren, FS Kleinknecht (1985) 397; *v. Schönfeld* Die Immunität ausländischer Staaten vor deutschen Gerichten, NJW **1986** 2980; *Seidenberger* Die diplomatischen und konsularischen Immunitäten und Privilegien (1994); *Sonnenberger* Inländische Gerichtsbarkeit über ausländische Staaten und sonstige öffentlich-rechtliche Rechtsträger, AcP **162** (1963) 485; *Steinmann* Ein Beitrag zu Fragen der zivilrechtlichen Immunität von ausländischen Diplomaten, Konsuln und den bevorrechtigten Personen, MDR **1965** 706; **1965** 795; *Vogler* Immunität, Exterritorialität und Asylrecht im internationalen Strafrecht, ZStW **92** (1980) 1021; *Wenckstern* Verfassungsrechtliche Fragen der Immunität internationaler Organisationen, NJW **1987** 1113.

Entstehungsgeschichte

Die heutige Fassung des § 18 beruht auf Art. 1 Nr. 2 des Gesetzes v. 25.3.1974.[1] Davor lautete § 18 in der Fassung des VereinhG 1950:

> „[1]Die deutsche Gerichtsbarkeit erstreckt sich nicht auf die Leiter und Mitglieder der bei der Bundesrepublik Deutschland beglaubigten diplomatischen Vertretungen. [2]Sie erstreckt sich auch nicht auf andere Personen, die nach den allgemein anerkannten Regeln des Völkerrechts oder nach einem Staatsvertrag von der Deutschen Gerichtsbarkeit befreit sind."

In der Ursprungsfassung von 1877 bestimmte § 18 Abs. 1 Satz 1, dass sich die inländische Gerichtsbarkeit nicht auf die Chefs und Mitglieder der bei dem Deutschen Reich beglaubigten Missionen erstreckt; diese Regelung galt nach § 19 auch für Familienmitglieder und Geschäftspersonal der genannten Person sowie für solche Bedienstete derselben, welche nicht Deutsche waren.[2]

Übersicht

1 **1. Bedeutung der Vorschrift.** § 18 regelt, inwieweit die Mitglieder der in Deutschland errichteten diplomatischen Missionen, ihre Familienmitglieder und die privaten Hausangestellten von der deutschen Gerichtsbarkeit befreit sind, d.h. Immunität (auch als Exterritorialität oder Exemption bezeichnet)[3] genießen. Die Befreiung der ausländischen Diplomaten und ihrer Familien von der inländischen Gerichtsbarkeit ist im Völkerrecht seit Langem anerkannt. Im Interesse der internationalen Beziehungen tritt die Durchsetzung des inländischen Rechts zurück.[4] Völkerrechtlich kodifiziert ist der Immunitätsschutz im Wiener Übereinkommen über diplomatische Beziehungen (WÜD) v. 18.4.1961. Diesem Übereinkommen hat die Bundesrepublik Deutschland mit Gesetz v.

1 BGBl. I S. 761.
2 Zur Entstehungsgeschichte der §§ 18 ff. s. *Kreicker* (Exemtionen I) 32 ff.
3 N. zum Sprachgebrauch bei *Fliedner* ZRP **1973** 263.
4 Zur Problematik *Vogler* ZStW **92** (1980) 1021.

6.8.1964[5] zugestimmt. Seit 11.12.1964 ist das Übereinkommen für die Bundesrepublik Deutschland in Kraft.[6] Als geltendes Recht ist es von den Gerichten unmittelbar anzuwenden.[7] Anders als § 18 a.F. und der ihn ergänzende § 19 a.F., die die Immunität selbständig regelten, beschränkt sich § 18 Satz 1 heute auf eine Verweisung auf das WÜD; dies sah der Bundesgesetzgeber als für die Praxis hilfreicher an als eine ersatzlose Streichung der §§ 18 bis 20, bei der das WÜD direkt heranzuziehen gewesen wäre.[8] § 18 Satz 2 bestimmt, dass die Mitglieder der diplomatischen Missionen, ihre Familienmitglieder und privaten Hausangestellten nach Maßgabe des Wiener Übereinkommens auch dann von der deutschen Gerichtsbarkeit befreit sind, wenn ihr Entsendestaat dem Übereinkommen (noch) nicht beigetreten ist. In diesem Fall findet Artikel 2 des Zustimmungsgesetzes v. 6.8.1964 entsprechende Anwendung, in dem die Bundesregierung ermächtigt wird, durch Rechtsverordnung die Befreiung von der deutschen Gerichtsbarkeit zu erweitern oder einzuschränken; solche Verordnungen sind bisher nicht erlassen worden.[9]

Die Befreiung der in § 18 genannten Personen von der deutschen **Strafgerichtsbarkeit** 2
(einschließlich der Verfolgung und Ahndung von Ordnungswidrigkeiten)[10] ist insbesondere in Art. 31, 37 WÜD geregelt. Insgesamt liegt dem WÜD ein Konzept abgestufter Immunität zugrunde, das weniger von dem Gesichtspunkt der Rücksichtnahme auf die Achtung und Würde des fremden Staates bestimmt ist als von dem funktionalen Gesichtspunkt, die Unabhängigkeit der ausländischen Missionen und den Schutz ihrer Funktionen zu sichern („Funktionstheorie").[11] Dieser funktionale Aspekt wird in der Präambel des WÜD ausdrücklich hervorgehoben.[12] Im strafrechtlichen Bereich genießen die Mitglieder der diplomatischen Missionen volle Immunität; das gilt auch für die zum Haushalt eines Diplomaten gehörenden Familienmitglieder, wenn sie nicht Deutsche sind, ferner für die Mitglieder des Verwaltungs- und technischen Personals der Mission und die zu deren Haushalt gehörenden Familienmitglieder, wenn sie weder Deutsche noch ständig in Deutschland ansässig sind. Die Mitglieder des dienstlichen Hauspersonals, die weder Deutsche noch ständig in Deutschland ansässig sind, genießen Immunität in Bezug auf die in Ausübung ihrer dienstlichen Tätigkeit vorgenommenen Handlungen (sog. Amtsimmunität); privaten Hausangestellten von Mitgliedern der Mission steht dagegen keine strafrechtliche Immunität zu. Zur **Behandlung der ehemaligen DDR** s. LR/*Böttcher*[26] 3.[13]

2. Anwendungshilfen. Neben den Richtlinien in Nr. 193 ff. RiStBV gab es in der Ver- 3
gangenheit umfangreiche Erläuterungen des Bundesministers des Innern über das Verhalten der Behörden gegenüber Diplomaten und anderen bevorrechtigten Personen, zuletzt enthalten in einem Rundschreiben des Bundesministers des Innern v. 17.8.1993.[14] Das Rundschreiben wurde abgelöst durch das Rundschreiben des Auswärtigen Amtes v. 19.9.2008;[15] dieses wurde seinerseits ersetzt durch das Rundschreiben des Auswärtigen

5 BGBl. II S. 957.
6 BGBl. 1965 II S. 147.
7 *Fliedner* ZRP **1973** 265; Kissel/*Mayer* 4.
8 BTDrucks. 7 1586 S. 3; Kissel/*Mayer* 4.
9 *Katholnigg* 4; SK/*Frister* 1.
10 Vgl. Rundschreiben des AA v. 15.9.2015 (Rn. 8) Teil 1 B. 2.1.2.1.1; KK-OWiG/*Lutz* Vor § 53, 48 ff.; *Schmitt*/Köhler 3.
11 SK/*Frister* Vor §§ 18 bis 21, 33.
12 Vgl. dazu *Fliedner* ZRP **1973** 263, 264; *Rüping* FS Kleinknecht 402; zur Immunität internationaler Organisationen EGMR NJW **1999** 1173, 1174.
13 Vgl. auch SK/*Frister* 21 ff.
14 GMBl. S. 591 ff.
15 GMBl. S. 1154 ff.

Amtes „Zur Behandlung von Diplomaten und anderen bevorrechtigten Personen in der Bundesrepublik Deutschland" v. 15.9.2015.[16] Letztgenanntes ist auszugsweise unter Rn. 8 wiedergegeben.

4 **3. Kreis der Exterritorialen.** Wegen der genauen Umschreibung des Kreises der nach § 18 von der deutschen Strafgerichtsbarkeit befreiten Personen und des Umfangs der Befreiung im Einzelnen kann auf das Rundschreiben des Auswärtigen Amtes v. 15.9.2015 (Rn. 8) unter Teil 1 B. 2.1 bis 2.7 Bezug genommen werden. Das Auswärtige Amt stellt für die Mitglieder ausländischer Vertretungen und internationaler Organisationen rote Ausweise aus, auf deren Rückseite, differenziert nach dem Status des Ausweisinhabers, jeweils auf die Vorrechte und Befreiungen des Ausweisinhabers hingewiesen wird (vgl. Teil 5 des Rundschreibens). Die Auffassung des Auswärtigen Amtes ist aber für die Gerichte und Staatsanwaltschaften nicht verbindlich (Rn. 5).

4. Wirkungen der Immunität

5 **a) Grundsatz.** Die Befreiung von der deutschen Strafgerichtsbarkeit hat nach herrschender Meinung keine materiellrechtliche Bedeutung, etwa im Sinne eines persönlichen Strafausschließungsgrundes.[17] Notwehr und Notstandshandlungen sind statthaft, nach überwiegender Meinung auch Selbsthilfe.[18] Die Wirkung der Befreiung von der inländischen Gerichtsbarkeit besteht darin, dass gegenüber den befreiten Personen Handlungen, die eine Ausübung der inländischen Gerichtsbarkeit darstellen, grundsätzlich unzulässig sind (vgl. Nr. 195 RiStBV). Ein Verzicht auf die Immunität ist möglich, kann aber grundsätzlich nur vom Entsendestaat ausgesprochen werden (Art. 32 WÜD). Dieser kann die Entscheidung dem von der inländischen Gerichtsbarkeit Befreiten überlassen, z.B. die Zustimmung zu einer Vernehmung (Rn. 6). Die Immunität stellt ein **Verfahrenshindernis** dar, das in jeder Lage des Verfahrens von Amts wegen vorrangig zu beachten ist.[19] Ob es im Einzelfall besteht, prüft die jeweils nach Verfahrenslage zuständige Stelle (Staatsanwaltschaft, Gericht) in eigener Kompetenz. Die Justizbehörde hat, wie Nr. 193 Abs. 2 RiStBV klarstellt, selbständig die notwendigen tatsächlichen Feststellungen zu treffen sowie rechtlich zu beurteilen und somit über die Befreiung und ihr Ausmaß zu befinden. Dabei ist wie folgt zu differenzieren: Soweit es um tatsächliche Feststellungen geht, stellen Äußerungen des Auswärtigen Amtes, ungeachtet seiner Zuständigkeit für die Auslandsbeziehungen der Bundesrepublik Deutschland und seiner besonderen Sachkenntnis, nur gutachtliche Stellungnahmen dar, wenngleich solche von besonderem Gewicht.[20] Soweit das Rundschreiben des Auswärtigen Amtes v. 15.9.2015 Rechtsfragen behandelt, sind die Darlegungen als Auslegungsempfehlungen (Anwendungshilfen) des auf die Rechtsmaterie spezialisierten Fachministeriums zu behandeln. In der Praxis werden die Justizbehörden ihnen im Regelfall folgen; eine normative – auch nur eingeschränkte Bindungswirkung – kommt ihnen indes

---

16 GMBl. S. 1206 ff.

17 Nachweise zum Meinungsstand bei OLG Düsseldorf NStZ **1987** 87 mit Anm. *Jakobs*; wie hier *Rüping* FS Kleinknecht 405; MüKo-StGB/*Ambos* Vor § 3, 130 ff.

18 Vgl. OLG Köln NJW **1996** 472; *Bongartz* MDR **1995** 780; Kissel/*Mayer* 8; für die Selbsthilfe einschränkend SK/*Frister* Vor §§ 18 bis 21, 51 f. (nur im Bereich des Art. 31 Abs. 1 Satz 2 WÜD).

19 BVerfGE **46** 342, 359; BGHSt **32** 275, 276; BGHZ **10** 350, 354; OLG Stuttgart Justiz **2013** 331; Kissel/*Mayer* 3, 19; KK/*Barthe* 4, 7; MüKo/*Schuster* 3; *Schmitt*/Köhler 4; SK/*Frister* Vor §§ 18 bis 21, 37 f.; SSW/*Spiess* 4; LR/*Stuckenberg* § 206a StPO, 52; ferner BGHZ **217** 153, 157 (für Art. 25 GG); BGHSt **65** 286, 288 (für Art. 25 GG und § 20 Abs. 2); *Kreicker* ZIS **2014** 132 (für § 19).

20 BGHSt **32** 275, 276; OLG Karlsruhe Justiz **1983** 133, 134; KK/*Barthe* 8; MüKo-StGB/*Ambos* Vor § 3, 138; MüKo/*Schuster* 4; *Schmitt*/Köhler 7a; SK/*Frister* Vor §§ 18 bis 21, 43.

nicht zu.[21] **Gerichtliche Entscheidungen**, welche die Immunität verletzen, sind nach zutreffender – ebenso vom Auswärtigen Amt in seinem vorbenannten Rundschreiben vertretener[22] – Ansicht **nichtig**.[23] Die aufgrund staatlicher Souveränität bestehende Gerichtsgewalt findet dort ihre Grenzen, wo das Völkerrecht sie personell oder gegenständlich einschränkt.[24] Die Gegenauffassung, die lediglich eine Anfechtbarkeit annimmt,[25] geht zwar zu Recht davon aus, es müsse eine Anfechtung solcher Entscheidungen im Rechtsmittelweg zu dem Zweck möglich sein, zu klären, dass keine Immunität besteht; denn die Befreiung von der inländischen Gerichtsbarkeit ist nicht notwendig offenkundig.[26] Jedoch schließt die Nichtigkeit der Entscheidung es nicht aus, gegen sie im Rechtsmittelweg mit dem Ziel einer entsprechenden Feststellung vorzugehen.[27] Ermittlungserkenntnisse, die unter Verletzung der Immunität gewonnen wurden, unterliegen einem strafrechtlichen **Beweisverwertungsverbot** in Bezug auf die geschützte Person.[28] In Verfahren gegen Dritte sind solche Erkenntnisse hingegen verwertbar.[29]

b) Einzelheiten. Die persönliche Befreiung erstreckt sich grundsätzlich auch auf die 6
Wohn- und Diensträume der befreiten Person (Art. 22, 30 WÜD). In diesen dürfen daher Amtshandlungen, durch welche die deutsche Strafgerichtsbarkeit ausgeübt wird, auch nicht gegenüber Personen vorgenommen werden, die keine Immunität genießen (Nr. 199 Abs. 2 RiStBV), ohne dass damit ein Asylrecht für die nichtexterritorialen Personen begründet wäre oder dass Wohn- und Diensträume den Charakter des inländischen Begehungsortes im Sinne des § 3 StGB verlören.[30] Zum Verhalten der Justizbehörden gegenüber Exterritorialen enthalten die Nr. 195 ff. RiStBV nähere Hinweise. Für die Zustellung von Schriftstücken, z.B. von Ladungen oder Urteilen, ist stets die Vermittlung des Auswärtigen Amtes in Anspruch zu nehmen; wenn jedoch ein Exterritorialer als Privat- oder Nebenkläger durch einen mit schriftlicher Vollmacht versehenen Rechtsanwalt vertreten ist, kann nach § 378 StPO an letzteren zugestellt werden (Nr. 196 Abs. 6 RiStBV). Kommen Exterritoriale als Zeugen in Betracht, so sind Zwangsmaßnahmen jeder Art unzulässig (Nr. 198, 199 RiStBV), da eine Verpflichtung, als Zeuge auszusagen, nicht besteht (Art. 31 Abs. 2, Art. 37 WÜD). Auf das Zeugnisverweigerungsrecht verzichten kann grundsätzlich nur der Entsendestaat, der die Entscheidung aber dem Exterritorialen überlassen kann.[31] Auch ein freiwillig erschienener Diplomat kann nicht ohne Weiteres als Zeuge vernommen werden.[32] Seine Einvernahme gegen den erklärten Willen des Entsendestaates ist unzulässig; denn die Privilegien des WÜD dienen letztlich dessen

---

21 BGH NStZ **2026** 383, 384 Rn. 15; NStZ-RR **2018** 386, 387; SK/*Frister* Vor §§ 18–21, 43; ferner MüKo/*Schuster* 12.

22 Vgl. (Rn. 8) Teil 1 B. 2.1.2.1.3.

23 BVerfG NJW **2014** 1723, 1725; BGHZ **182** 10, 16 f.; BayObLG FamRZ **1972** 212; OLG München FamRZ **1972** 210, 211; Kissel/*Mayer* 6; KK/*Barthe* 7; MüKo/*Schuster* 6; Wieczorek/Schütze/*K. Schreiber* 10; Zöller/*Lückemann* Vor §§ 18 bis 20, 3; offengelassen in BGH NJW-RR **2003** 1218, 1219.

24 BGHZ **182** 10, 16.

25 *Rüping* FS Kleinknecht 408 f.; *Katholnigg* Vor § 18, 2; MüKo-StGB/*Ambos* Vor § 3, 138; Radtke/Hohmann/*Rappert* 10; *Schmitt*/Köhler 4; SK/*Frister* Vor §§ 18 bis 21, 45 f.; LR/*Böttcher*[26] 6; LR/*Kühne* Einl. K 120; LR/*Rieß*[25] Einl. J 131; LR/*Stuckenberg* § 206a StPO, 52.

26 LR/*Böttcher*[26] 6; LR/*Kühne* Einl. K 120.

27 BGHZ **182** 10, 17; Kissel/*Mayer* 6; MüKo/*Schuster* 6; vgl. auch RGZ **157** 389, 393; BGHZ **18** 1, 9; BayObLG FamRZ **1972** 212; ferner Rundschreiben des AA v. 15.9.2015 (Rn. 8) Teil 1 B. 2.1.2.1.3.

28 BGHSt **36** 396; Kissel/*Mayer* 6; KK/*Barthe* 7; MüKo/*Schuster* 7.

29 BGHSt **37** 30; KK/*Barthe* 7; MüKo/*Schuster* 7.

30 RGSt **69** 54, 55; Kissel/*Mayer* 18; KK/*Barthe* 5.

31 Rundschreiben des AA v. 15.9.2015 (Rn. 8) Teil 1 B. 2.1.2.1.4.

32 SK/*Frister* Vor §§ 18 bis 21, 48.

Schutz, nicht den persönlichen Interessen des Diplomaten.[33] In aller Regel wird es allerdings ausreichend sein, wenn der Diplomat bekundet, der Entsendestaat habe der Vernehmung zugestimmt oder ihm die Entscheidung hierüber überlassen. Die Befreiung von der deutschen Strafgerichtsbarkeit ist umfassend. Sie verbietet nicht zuletzt Ermittlungsmaßnahmen wie vorläufige Festnahme, Verhaftung, Durchsuchung, Beschlagnahme, Sicherstellung, Vernehmung (jedenfalls) gegen den Willen des Betroffenen, Telefonüberwachung, Entnahme von Blutproben oder Durchführung eines Atemalkoholtests gegen den Willen des Betroffenen.[34] Soweit die Auffassung vertreten wird, Ordnungsmaßnahmen nach § 177 seien hiervon nicht erfasst,[35] setzt dem Art. 29 WÜD, wonach die Person des Diplomaten unverletzlich ist und er keiner Festnahme oder Haft irgendwelcher Art unterliegt, mit der gebührenden Achtung zu behandeln ist und vor allen Angriffen auf seine Person, seine Freiheit oder seine Würde zu schützen ist, jedenfalls engste Grenzen. Unzulässig ist die Festsetzung von Ordnungsmitteln zur Ahndung von Ungebühr nach § 178.[36] Für den Transitimmunitätsschutz von in Drittländern akkreditierten Diplomaten gilt § 20 Abs. 2 Satz 1 i.V.m. Art. 40 WÜD.[37]

7 **5. Dauer der Befreiung.** Die Befreiung von der deutschen Strafgerichtsbarkeit dauert nach Beendigung der dienstlichen Tätigkeit bis zum Zeitpunkt der Ausreise oder des Ablaufs einer hierfür gewährten angemessenen Frist fort (Art. 39 Abs. 2 WÜD); nach deutscher Praxis beträgt diese regelmäßig drei Monate ab dem Datum der Abmeldung.[38] Ob nach Beendigung der Immunität auch die Verfolgung einer während ihrer Dauer begangenen Straftat wieder zulässig ist, war früher streitig. Im Hinblick auf Art. 39 Abs. 2 Satz 2 WÜD ist jetzt zu unterscheiden: Für Straftaten, die in Ausübung der dienstlichen Tätigkeit als Mitglied der Mission begangen wurden, bleibt die Immunität weiterhin bestehen, während bei anderen Straftaten das Verfahrenshindernis entfällt;[39] hierdurch wird der Mangel der deutschen Gerichtsbarkeit nachträglich geheilt.[40] Entsprechendes gilt für den Sonderbotschafter im Sinne des § 20.[41] Zur Frage der Beendigung der Exterritorialität, wenn der Empfangsstaat dem Entsendestaat mitteilt, der Betreffende sei ihm nicht als Diplomat genehm (persona non grata), vgl. Art. 9, 43 WÜD.[42]

6. Rundschreiben des Auswärtigen Amtes.

8 **Auszug aus dem Rundschreiben des Auswärtigen Amtes v. 15.9.2015** – GMBl. S. 1206

Zur Behandlung von Diplomaten und anderen bevorrechtigten Personen in der Bundesrepublik Deutschland

– RdSchr. v. 15.9.2015 – 503-90-507.00 –

Dieses Rundschreiben erläutert den Rechtsstatus von Diplomaten und anderen bevorrechtigten Personen in Deutschland. Die Erläuterungen sollen die Umsetzung der relevanten Regelungen erleichtern und eine angemessene Behandlung dieses Personenkreises durch deutsche Behörden und Gerichte sicherstellen.

---

33 SK/*Frister* Vor §§ 18 bis 21, 48 m.w.N.

34 So Rundschreiben des AA vom 15.9.2015 (Rn. 8) Teil 1 B. 2.1.2.2.1.

35 Kissel/*Mayer* 7; **a.A.** SK/*Frister* Vor §§ 18 bis 21, 50.

36 Ebenso Kissel/*Mayer* 7; MüKo/*Schuster* 8; SK/*Frister* Vor §§ 18 bis 21, 50; **a.A.** KK/*Barthe* 11.

37 Vgl. § 20, 8.

38 So Rundschreiben des AA vom 15.9.2015 (Rn. 8) Teil 1 B. 2.1.1.3.

39 *Katholnigg* 1; Kissel/*Mayer* 19; KK/*Barthe* 6.

40 BAG NZA **2013** 343.

41 OLG Düsseldorf NJW **1986** 2204; s. auch § 20, 7.

42 Dazu LG Heidelberg NJW **1970** 1514; SK/*Frister* 11 ff.

D. **Rechtsstatus bei vorübergehendem Aufenthalt von Streitkräften aus PfP-Staaten**
E. **Rechtsstatus bei vorübergehendem Aufenthalt von Streitkräften aus Drittstaaten**
F. **Vorübergehende Aufenthalte ausländischer Streitkräfte in den neuen Bundesländern**
G. **Rechtsstellung von NATO-Hauptquartieren**

Teil 5
Ausweise für Mitglieder ausländischer Vertretungen und Internationaler Organisationen
A. **Protokollausweis des Auswärtigen Amtes**
B. **Diplomatenpass des Entsendestaates**

Teil 6
Behandlung von bevorrechtigten Personen bei Verstößen gegen die Straßenverkehrsordnung und die öffentliche Ordnung
A. **Nach dem Wiener Übereinkommen über diplomatische Beziehungen (WÜD) bevorrechtigte Personen**
1. Diplomaten und ihre im Haushalt lebenden Familienmitglieder: Grundsätze der Bevorrechtigung
2. Verfahren bei Trunkenheitsfahrten
3. Verfahren bei Falschparken und Umsetzen
4. Entzug der Fahrerlaubnis
5. Missbräuchliche Nutzung von Missions- und Diplomatenfahrzeugen
6. Diplomaten, die Angehörige des Empfangsstaates oder dort ständig ansässig sind
7. Mitglieder des Verwaltungs- und technischen Personals sowie in ihrem Haushalt lebende Familienmitglieder
8. Mitglieder des dienstlichen Hauspersonals
9. Private Hausangestellte
10. Mitglieder des Verwaltungs- und technischen Personals, des dienstlichen Hauspersonals, private Hausangestellte, die Angehörige des Empfangsstaates bzw. dort ständig ansässig sind, sowie Ortskräfte

B. **Nach dem Wiener Übereinkommen über konsularische Beziehungen (WÜK) bevorrechtigte Personen**
1. Berufskonsularbeamte
   1.1 Dienst- und Privatfahrten von Berufskonsularbeamten
   1.2 Verfahren bei Trunkenheitsfahrten
   1.3 Verfahren bei Falschparken und Umsetzen
   1.4 Entzug der Fahrerlaubnis
   1.5 Missbräuchliche Nutzung von Konsulatsfahrzeugen und Fahrzeugen des Konsularbeamten
2. Berufskonsularbeamte, die Angehörige des Empfangsstaates oder dort ständig ansässig sind
3. Mitglieder des Verwaltungs- und technischen Personals
4. Mitglieder des dienstlichen Hauspersonals
5. Mitglieder des Privatpersonals
6. Mitglieder des Verwaltungs- und technischen Personals, des dienstlichen Hauspersonals und private Hausangestellte, die Angehörige des Empfangsstaates bzw. dort ständig ansässig sind, sowie Ortskräfte
7. Familienmitglieder des konsularischen Personals berufskonsularischer Vertretungen
8. Honorarkonsularbeamte
   8.1 Allgemeines
   8.2 Honorarkonsularbeamte, die nicht Angehörige des Empfangsstaates oder dort ständig ansässig sind
   8.3 Honorarkonsularbeamte, die Angehörige des Empfangsstaates oder dort ständig ansässig sind
   8.4 Familienmitglieder von Honorarkonsularbeamten

C. **Bedienstete und Vertreter Internationaler Organisationen**
D. **Kraftfahrzeug-Haftpflichtversicherungsschutz/TÜV/AU**

Teil 7
Kraftfahrzeugkennzeichen
A. **Diplomatische Vertretungen**
1. Fahrzeuge von Personen mit Protokollausweis „D"
2. Fahrzeuge des Verwaltungs- und technischen Personals
3. Fahrzeuge des dienstlichen Hauspersonals

B. **Berufskonsularische Vertretungen**
1. Dienstfahrzeuge der Konsulate
2. Privatfahrzeuge der Mitglieder berufskonsularischer Vertretungen
   2.1 Fahrzeuge der Konsularbeamten
   2.2 Mitglieder des Verwaltungs- und technischen Personals
3. Honorarkonsuln
4. Internationale Organisationen (Vertretungen zwischen- und überstaatlicher Organisationen in Deutschland)
5. Gemeinsame Verfahrensbestimmungen

Teil 8
Ehrung und Schutz von Besuchern
A. **Grundsatz**
B. **Einsatz von Eskorten der Polizei und der -Bundeswehr**
C. **Stärke der Eskorte**
D. **Rechte und Pflichten der Eskorte im Straßenverkehr**
E. **Ehreneinheiten und -posten der Bundeswehr**
F. **Vorbereitung der Schutzmaßnahmen**

Teil 9
Schlussbestimmungen

Teil 1
A. Grundlagen der Privilegierung bevorrechtigter Personen und Institutionen
Mitglieder diplomatischer Missionen und konsularischer Vertretungen sowie Bedienstete, Vertreter der Mitgliedsstaaten und Sachverständige bei Internationalen Organisationen sowie Mitglieder weiterer bevorrechtigter Personengruppen genießen bei ihrem (dienstlichen) Aufenthalt in der Bundesrepublik Deutschland bestimmte Vorrechte und Befreiungen. Die Grundlagen für diese Privilegien finden sich in den allgemeinen Regeln des Völkerrechts, die nach dem Grundgesetz Bestandteil des Bundesrechtes sind, und in besonderen völkerrechtlichen Vereinbarungen, wie z.B. dem Wiener Übereinkommen über diplomatische Beziehungen,[43] dem Wiener Übereinkommen über konsularische Beziehungen[44] oder besonderen bilateralen Vereinbarungen. Alle Personen, die Vorrechte und Befreiungen genießen, sind unbeschadet dieser Privilegierungen verpflichtet, die in der Bundesrepublik Deutschland geltenden Gesetze und anderen Rechtsvorschriften zu beachten und sich nicht in innere Angelegenheiten der Bundesrepublik Deutschland einzumischen (so z.B. normiert in Art. 41 Abs. 1 WÜD und Art. 55 Abs. 1 WÜK).

Über die völkerrechtlichen Regeln hinaus ist als zwischenstaatliche Verhaltensregel beim Umgang mit bevorrechtigten Personen anerkannt, dass dieser Personenkreis mit besonderer Höflichkeit zu behandeln ist. Unter den Staaten besteht die gegenseitige Erwartung, dass diese Regel als Courtoisie (Völkersitte) eingehalten wird. Die unangemessene Behandlung bevorrechtigter Personen durch deutsche Behörden und Gerichte kann die bilateralen Beziehungen zum Herkunftsland der bevorrechtigten Person nachhaltig belasten. Hierdurch können sich auch negative Auswirkungen für staatlich entsandtes deutsches Personal im Ausland ergeben. Unhöflichkeit gegenüber bevorrechtigten Personen schadet

43 Wiener Übereinkommen vom 18.4.1961 über diplomatische Beziehungen, BGBl. 1964 II S. 957 – im Folgenden „WÜD".
44 Wiener Übereinkommen vom 24.4.1963 über konsularische Beziehungen, BGBl. 1969 II S. 1585 – im Folgenden „WÜK".

zudem massiv dem internationalen Ansehen der Bundesrepublik Deutschland und beeinträchtigt das Interesse, als weltoffenes und einer Willkommenskultur verpflichtetes Land und nicht zuletzt auch als attraktiver Wirtschaftsstandort wahrgenommen zu werden.

B. Bevorrechtigung von Einzelpersonen

1. Staatsoberhäupter, Regierungschefs und Regierungsmitglieder

Staatsoberhäupter, Regierungschefs und Regierungsmitglieder anderer Staaten und deren Begleitung, die sich auf amtliche Einladung der Bundesrepublik Deutschland in Deutschland aufhalten, genießen Immunität von der deutschen Gerichtsbarkeit.

Dies folgt aus § 20 Absatz 1 GVG, wonach sich die deutsche Gerichtsbarkeit nicht auf Repräsentanten anderer Staaten erstreckt. § 20 Absatz 2 GVG stellt klar, dass sich die deutsche Gerichtsbarkeit auch nicht auf andere als die in § 20 Absatz 1 und in den §§ 18 und 19 (Mitglieder diplomatischer und konsularischer Missionen bzw. Vertretungen) genannten Personen erstreckt, soweit sie nach den allgemeinen Regeln des Völkerrechts, aufgrund völkerrechtlicher Vereinbarungen oder sonstigen Rechtsvorschriften von ihr befreit sind. Nach den allgemeinen Regeln des Völkerrechts sind ausländische Staatsoberhäupter selbst dann, wenn sie sich nicht auf amtliche Einladung in der Bundesrepublik aufhalten, von der deutschen Gerichtsbarkeit befreit (zur völkergewohnheitsrechtlichen Immunität von Mitgliedern ausländischer Streitkräfte, s.u. D.2). Ausnahmen von der Immunität vor der **nationalen** Strafgerichtsbarkeit werden – anders als bei der **internationalen** Strafgerichtsbarkeit (vgl. etwa Art. 27 Römisches Statut des Internationalen Strafgerichtshofs) – bei Strafverfahren, selbst wenn diese gravierende, durch das Völkerstrafrecht pönalisierte Verbrechen zum Gegenstand haben, vom Völkergewohnheitsrecht nicht anerkannt und bestehen vor deutschen Gerichten nicht.

Zur Begleitung von Repräsentanten anderer Staaten zählen bei Zugrundelegung der vom Entsendestaat übermittelten Delegationsliste bspw. mitreisende Familienangehörige, Berater, Dolmetscher, Pressemitglieder und sonstige persönliche Berater. Bei Familienangehörigen der Repräsentanten anderer Staaten ist die Befreiung von der Gerichtsbarkeit an den Aufenthalt aufgrund amtlicher Einladung und ihre Eigenschaft als Teil einer Besuchsdelegation geknüpft. Sie gilt nicht bei Aufenthalten zu anderen Zwecken (etwa bei Aufenthalten zu touristischen Zwecken oder zum Studium).

Nach allgemeinem Völkergewohnheitsrecht, das nach dem Grundgesetz als Teil des Bundesrechts zu beachten ist, sind Staatsoberhäupter, Regierungschefs und Regierungsmitglieder darüber hinaus „unverletzlich", so dass keine hoheitlichen Zwangsmaßnahmen gegen sie ergriffen werden dürfen. Hieraus ergibt sich u.a. die Verpflichtung zur Freistellung dieses Personenkreises von Luftsicherheitskontrollen, zu der die EU-Mitgliedstaaten nach den in diesem Bereich zu beachtenden EU-Regelungen[45] berechtigt sind.

Freistellungen von den Sicherheitskontrollen werden nach den „Grundsätzen des Bundesministeriums des Innern für die Befreiung von Fluggästen von der Luftsicherheitskontrolle" sowie Ausnahmen für das Personal von der Sicherheitskontrolle"[46] beantragt. Die völkerrechtliche Verpflichtung der Bundesrepublik Deutschland, die Unverletzlichkeit der o.g. bevorrechtigten Person zu respektieren, hängt jedoch nicht vom Vorliegen einer Freistellungsmitteilung ab, sondern ist auch zu beachten, sobald dessen Identität und seine bevorrechtigte Stellung zweifelsfrei festgestellt sind. Liegt eine Freistellungsmitteilung nicht vor, wird aber von der zu kontrollierenden Person unter Vorlage eines gültigen Diplomatenpasses geltend gemacht, dass er/sie als Staatsoberhaupt, Regierungschef oder Regierungsmitglied als Repräsentant eines ausländischen Staates von den Luftsicherheitskontrollen befreit sei, ist nach Identitätsfeststellung in Zweifelsfällen unverzüglich zur Klärung des Status' mit dem Auswärtigen Amt (Lagezentrum, Tel-Nr. 030-5000-2911) Kontakt aufzunehmen. Während dieser Sachverhaltsaufklärung ist von der Durchführung weiterer Kontrollmaßnahmen zunächst abzusehen; die zu kontrollierende Person ist mit ausgesuchter Höflichkeit zu behandeln.

Nach Völkergewohnheitsrecht können darüber hinaus auch Mitglieder sogenannter „Sondermissionen" (offiziell vom Entsendestaat angezeigte Delegationsreisen, denen der Empfangsstaat zugestimmt hat[47]) Befreiung von der Gerichtsbarkeit und Unverletzlichkeit genießen. Bei Zweifelsfällen muss zur

---

45 Verordnung (EG) Nr. 300/2008.

46 Anlage M zum Nationalen Luftsicherheitsprogramm.

47 Zu den Voraussetzungen einer Sondermission s.a. die Entscheidung des BGH NJW **1984** 2049 („Tabatabai").

Klärung der Statusfragen mit dem Auswärtigen Amt (Lagezentrum, Tel-Nr. 030-5000-2911) Kontakt aufgenommen werden.

2. Diplomaten, Konsularbeamte und gleichgestellte Personen

2.1 Diplomaten und ihre Familienmitglieder

2.1.1 Anwendungsbereich der Privilegierung

2.1.1.1 Diplomaten

Nach dem WÜD zählen zu den Diplomaten zum einen die Missionschefs, d.h. die beim Bundespräsidenten oder beim Bundesaußenminister akkreditierten Leiter der ausländischen diplomatischen Missionen: die Botschafter, der Apostolische Nuntius und die notifizierten Geschäftsträger. Diplomaten sind nach WÜD zum anderen die Mitglieder des diplomatischen Personals: Gesandte, Räte, Sekretäre und Attachés der Botschaften und der Apostolischen Nuntiatur sowie die Sonderattachés, z.B. Wirtschafts-, Handels-, Finanz-, Landwirtschafts-, Kultur-, Presse-, Militärattachés und die Botschaftsseelsorger und -ärzte.

Grundsätzlich gilt, dass nur diejenigen Diplomaten Vorrechte und Immunitäten genießen, die in der Bundesrepublik Deutschland notifiziert, d.h. von einer ausländischen Vertretung in Deutschland zur Diplomatenliste angemeldet sind. Die Anmeldung erfolgt beim Auswärtigen Amt. Zum Nachweis der Zugehörigkeit zu einer ausländischen Mission stellt das Auswärtige Amt Diplomaten einen Protokollausweis aus. Auch in Drittstaaten angemeldete Diplomaten können auf einer dienstlichen Reise durch das Gebiet der Bundesrepublik Deutschland Immunität genießen (Art. 40 WÜD, s.a. die Ausführungen unter 2.6).

Der Besitz eines ausländischen Diplomatenpasses allein begründet noch keine Privilegien, sollte aber Veranlassung zur Klärung des Status' der Person geben. Wie in Deutschland[48] entspricht es auch internationaler Übung, dass die Erteilung von Diplomatenpässen nur an einen zahlenmäßig begrenzten Personenkreis und bei Vorliegen bestimmter Voraussetzungen erfolgt. Die Entscheidung eines anderen Staates, einer Person einen Diplomatenpass zu erteilen, ist zu respektieren. Es ist grundsätzlich davon auszugehen, dass der Diplomatenpassinhaber in dem Herkunfts-/Entsendestaat eine hervorgehobene Stellung einnimmt und sein Aufenthalt in der Bundesrepublik Deutschland von besonderem Interesse für diesen Staat ist. In Zweifelsfällen ist das Auswärtige Amt (unter der Rufnummer 030-5000-3411, 9.00–16.00 Uhr, ansonsten unter der Rufnummer 030-5000-2911) zu befassen.

Ins Ausland entsandte deutsche Diplomaten oder andere Inhaber eines deutschen Diplomatenpasses genießen in Deutschland keine Vorrechte und Immunitäten.[49]

Die Vorrechte und Immunitäten stehen einem zur Diplomatenliste angemeldeten Berechtigten von dem Zeitpunkt an zu, in dem er in das Gebiet der Bundesrepublik Deutschland einreist, um seinen Posten dort anzutreten. Wenn er sich bereits in der Bundesrepublik Deutschland befindet, ist für den Beginn der Privilegierung auf den Zeitpunkt abzustellen, zu dem der Entsendestaat den Beginn seiner Tätigkeit dem Auswärtigen Amt notifiziert hat.

2.1.1.2 Familienmitglieder des Diplomaten

Zu den Familienmitgliedern eines Diplomaten gehören die mit dem Diplomaten in häuslicher Gemeinschaft lebenden Ehepartner und Kinder, letztere jedoch nur bis zum 25. Lebensjahr und soweit sie unverheiratet und von dem Diplomaten wirtschaftlich abhängig sind.

Gleichgeschlechtliche Lebenspartner von Diplomaten genießen dann entsprechende Vorrechte und Befreiungen, wenn sie den Nachweis erbringen, dass sie in einer „eingetragenen Lebenspartnerschaft" mit dem Diplomaten leben, die den Anforderungen entspricht, die das deutsche LPartG für diese Lebenspartnerschaften aufstellt. Darüber hinaus ist erforderlich, dass der Entsendestaat dem Lebenspartner einen Diplomaten-/Dienstpass ausgestellt hat und Gegenseitigkeit bei der Behandlung von gleichgeschlechtlichen Lebenspartnerschaften zugesichert wird. Sie erhalten dann wie andere bevorrechtigte Personen einen Protokollausweis. Andere Nachweismöglichkeiten zum Bestehen der Lebenspartnerschaft (etwa durch eidesstattliche Versicherung) können im Einzelfall anerkannt werden.

48 S. Allgemeine Verwaltungsvorschrift über die Ausstellung amtlicher Pässe der Bundesrepublik Deutschland vom 27.6.2014 auf Grundlage des § 27 PaßG.

49 Zu Diplomaten an Auslandsvertretungen in Deutschland, die die deutsche Staatsangehörigkeit besitzen oder ständig in Deutschland ansässig sind s.u. 2.7.

Andere Familienangehörige, wie z.B. Eltern oder Schwiegereltern, zählen grundsätzlich nicht zu den Familienmitgliedern. Wenn ihnen jedoch auf Grund besonderer Umstände im Einzelfall ein Protokollausweis erteilt worden sein sollte, müssen sie wie Diplomaten und mit besonderer Höflichkeit behandeln werden (s. auch Ausführungen unter 2.1.2.2.2).

Familienmitglieder von Diplomaten genießen grundsätzlich die gleichen Vorrechte und Befreiungen wie Diplomaten (s. Art. 37 Abs. 1 WÜD).[50] Auch für sie gilt das Erfordernis der Notifizierung ggü. dem Empfangsstaat.

2.1.1.3 Ende der Privilegierung

Die Vorrechte und Befreiungen erlöschen bei einer Person, deren dienstliche Tätigkeit beendet ist, normalerweise mit Zeitpunkt der Ausreise oder werden bei Ablauf einer hierfür gewährten angemessenen Frist hinfällig. Nach der deutschen Praxis haben ausländische Missionsmitglieder, deren Tätigkeitsbeendigung dem Auswärtigen Amt notifiziert wird, ab dem Datum der Abmeldung bis zu drei Monate Zeit, um die Bundesrepublik als Bevorrechtigte zu verlassen.

2.1.2 Umfang der Privilegierung

2.1.2.1 Befreiung von der Gerichtsbarkeit – Immunität – (Art. 31 WÜD)

2.1.2.1.1 Diplomatische Immunität

Aufgrund der diplomatischen Immunität sind Diplomaten in weitem Umfang von der Gerichtsbarkeit des Empfangsstaats befreit.

Für den Bereich des Strafrechts gilt, dass der ausländische Diplomat in der Bundesrepublik Deutschland uneingeschränkt Immunität **von der deutschen Strafgerichtsbarkeit** genießt.

Die Immunität ist als ein Verfahrenshindernis von Amts wegen zu beachten. Gegen den Diplomaten darf weder ein Straf- noch ein Ordnungswidrigkeitsverfahren durchgeführt werden. Er darf nicht geladen und es darf kein Termin zur mündlichen Verhandlung anberaumt werden. Unerheblich ist dabei, ob der Diplomat dienstlich oder als Privatperson gehandelt hat.

Grundsätzlich genießt der Diplomat auch Befreiung **von der Zivil- und Verwaltungsgerichtsbarkeit** sowie von Vollstreckungsmaßnahmen. Unerheblich ist dabei, ob er dienstlich oder als Privatperson gehandelt hat.

Unbeschadet der diplomatischen Immunität sind Diplomaten verpflichtet, die in der Bundesrepublik Deutschland geltenden Gesetze und anderen Rechtsvorschriften zu beachten (s. Art. 41 Abs. 1 WÜD).

2.1.2.1.2 Ausnahmen von der Immunität des Diplomaten

Es gelten folgende Ausnahmen (Art. 31 Abs. 1 WÜD):

Bei **dinglichen Klagen** in Bezug auf privates, im Hoheitsgebiet des Empfangsstaats gelegenes unbewegliches Vermögen; es sei denn, dass der Diplomat dieses im Auftrag des Entsendestaats für die Zwecke der Mission in Besitz hat.

Praxisrelevantes Beispiel: Bei Rechtsstreitigkeiten aus einem Mietrechtsverhältnis genießt der Diplomat Immunität. Nicht jedoch, wenn Streitgegenstand sein unbewegliches Eigentum (Grundstück) ist.

Bei Klagen im Zusammenhang mit einem **freien Beruf oder einer gewerblichen Tätigkeit**, die der Diplomat neben seiner amtlichen Tätigkeit ausübt. Darunter fallen Geschäfte, die nicht alltäglich und für den Aufenthalt in der Bundesrepublik nicht notwendig sind, so z.B. Spekulationsgeschäfte an der Börse oder die maßgebliche Beteiligung an einem Unternehmen.

Bei Klagen in **Nachlasssachen**, in denen der Diplomat als Testamentsvollstrecker, Verwalter, Erbe oder Vermächtnisnehmer in privater Eigenschaft und nicht als Vertreter des Entsendestaates beteiligt ist.

Strengt der Diplomat selbst einen Prozess an, ist zu beachten: Die Immunität hindert den Diplomaten unter völkerrechtlichen Gesichtspunkten nicht, die Gerichte des Empfangsstaates in Anspruch zu nehmen. Dies gilt zivilprozessual im Außenverhältnis auch ohne entsprechende Erklärung des Entsendestaates als stillschweigender Verzicht des Diplomaten auf die diplomatische Immunität mit der Rechtsfolge, dass er sich nach Klageerhebung auch in Bezug auf eine zulässige **Widerklage** nach § 33 der Zivilprozessordnung (ZPO) nicht mehr auf seine Immunität berufen kann. Zu beachten ist aller-

---

50 Eine Ausnahme bildet die Amtshandlungsimmunität (zum Begriff s.u. 2.7), die nicht für Familienmitglieder von ständig ansässigen Diplomaten gilt, da sie keine Amtshandlungen vornehmen können.

dings, dass grundsätzlich nur der Entsendestaat auf die Immunität verzichten kann. Ein ggf. durch den Diplomaten gesetzter Rechtschein des Immunitätsverzichts kann daher nachträglich durch den Entsendestaat wieder beseitigt werden, indem der Entsendestaat gegenüber dem Empfangsstaat geltend macht, keinen Verzicht ausgesprochen zu haben.

Werden in diesen Fällen Urteile gegen den Diplomaten gefällt, darf in die Vermögensgegenstände des Diplomaten vollstreckt werden, die sich außerhalb der – unverletzlichen – Privatwohnung befinden, z.B. in Bankkonten.

2.1.2.1.3 Rechtsfolge bei Nichtbeachtung der Immunität

Gerichtsentscheidungen, die unter Nichtbeachtung der Immunität ergangen sind, sind nichtig. Rechtsmittel sind möglich, insbesondere zur Klärung des Bestehens oder Nicht-Bestehens der Immunität.

2.1.2.1.4 Befreiung von der Verpflichtung zu Zeugenaussagen

Der Diplomat ist nicht verpflichtet, weder in privaten noch in dienstlichen Angelegenheiten, als Zeuge auszusagen (Art. 31 Abs. 2 WÜD).[51] Er selbst kann auf dieses Recht, die Aussage zu verweigern, nicht verzichten. Hierzu ist allein der Entsendestaat berechtigt (Art. 32 Abs. 1 WÜD). Der Entsendestaat kann es jedoch dem Diplomaten überlassen, selbst zu entscheiden, wann er aussagen will und wann nicht. Ein Richter sollte den Diplomaten über sein Recht, die Aussage zu verweigern, belehren und von Amts wegen ermitteln, ob ggf. ein Verzicht auf das Aussageverweigerungsrecht vorliegt.

2.1.2.2 Unverletzlichkeit des Diplomaten (Art. 29 WÜD)

2.1.2.2.1 Begriff und Anwendungsfälle der Unverletzlichkeit

Unverletzlichkeit bedeutet, dass die Androhung oder Durchführung von hoheitlichen Zwangsmaßnahmen unzulässig ist. Zu beachten ist, dass darüber hinaus die Zustellung (Zusendung) eines Hoheitsakts an die Mission oder an die Privatwohnung eines Diplomaten unzulässig ist, weil auch die Räumlichkeiten der Mission und die Privatwohnung unverletzlich sind (Art. 22 und Art. 30 Abs. 2 WÜD).

In besonderen, seltenen Ausnahmefällen kann es geboten sein, die Unverletzlichkeit insbesondere zur Abwehr von Gefahren für die Allgemeinheit oder die bevorrechtigte Person selbst einzuschränken. Der Verhältnismäßigkeitsgrundsatz ist dabei zu beachten. Wegen des Ausnahmecharakters derartiger Maßnahmen ist es unerlässlich, die bevorrechtigte Person und ggf. begleitende Personen (Angehörige), selbst wenn Letztere keine Vorrechte genießen sollten, mit besonderer Höflichkeit zu behandeln.

Unangemessene/nicht verhältnismäßige Einschränkungen der Unverletzlichkeit können erhebliche negative Auswirkungen auf das Ansehen Deutschlands im Ausland haben und die bilateralen Beziehungen zum Entsendestaat nachhaltig belasten.

Praxisrelevante Beispiele:

Maßnahmen der Strafverfolgung ggü. dem Diplomaten sind unzulässig (z.B. vorläufige Festnahme, Verhaftung, Durchsuchung, Beschlagnahme und Sicherstellung von Eigentum des Diplomaten, auch im Rahmen der Barmittelkontrolle, Vernehmung gegen den Willen des Betroffenen, Telefonüberwachung, Entnahme von Blutproben oder Durchführung eines Alkohol-Atem-Tests gegen den Willen des Betroffenen zur Feststellung des BAK-Wertes bei Verdacht des Führens eines Kfz in alkoholisiertem Zustand).

Unter Beachtung des Verhältnismäßigkeitsgrundsatzes kann ausnahmsweise ein kurzfristiges Festhalten zulässig sein, etwa um den Diplomaten an einem gravierenden Rechtsverstoß zu hindern oder um seine Identität festzustellen.

Belastende Verwaltungs- oder Realakte der Verwaltungsvollstreckung, z.B. die Androhung, Festsetzung und Durchführung von Zwangsmitteln gegen den Diplomaten, sind unzulässig (z.B. Bußgeldverfahren bei Verstößen gegen Anzeigepflicht bei Einfuhr von Zahlungsmitteln über der Barmittelgrenze).

Weitere belastende Real- oder Verwaltungsakte, wie z.B. Standardmaßnahmen aufgrund der Polizeigesetze der Länder, sind unzulässig, z.B. die Ingewahrsamnahme, Durchsuchung oder Beschlagnahme von Gegenständen, die im Besitz des Betroffenen stehen (z.B. das Umsetzen eines Kfz) oder der Einzug des Führerscheins (s. im Einzelnen zu staatlichen Zwangsmaßnahmen bei Verstößen gegen die Straßenverkehrsordnung – Teil 6).

51 Wegen des Grundsatzes der Unverletzlichkeit (s.u. 2.1.2.2) sind bereits Zeugenladungen, in denen eine Erscheinens- und Aussagepflicht begründet wird, gesandtschaftsrechtlich unzulässig.

Strengt der Diplomat jedoch selbst ein Verwaltungsverfahren an (z.B. Antrag auf Vergütung einer Steuer), dürfen die auf diesen Antrag ergangenen Bescheide (z.B. Vergütungssteuerbescheid) an die Mission oder an die Privatwohnung des Diplomaten ausnahmsweise versandt werden.

2.1.2.2.2 Unverletzlichkeit bei Sicherheitskontrollen an Flughäfen

Die Sicherheitskontrollen an deutschen Flughäfen werden nach der Verordnung (EG) Nr. 300/2008 über gemeinsame Vorschriften für die Sicherheit in der Zivilluftfahrt und auf Grundlage der nationalen Anordnungslage bzgl. der Grundsätze des Bundesministeriums des Innern für die Befreiung von Fluggästen von der Luftsicherheitskontrolle[52] durchgeführt. Sofern keine Freistellung nach den vorgenannten Grundsätzen vorliegt, unterliegen Diplomaten sowie ihr persönliches Gepäck grundsätzlich den allgemeinen Luftsicherheitskontrollen.

Für die Durchführung der Kontrollen ist in diesem Zusammenhang jedoch an die grundsätzliche Verpflichtung aus Art. 29 WÜD zu erinnern, wonach der Empfangsstaat die Unverletzlichkeit des Diplomaten garantiert, ihn mit der gebührenden Achtung behandelt und jeden Angriff auf seine Würde verhindert. (Dies gilt sowohl bei unmittelbar in Deutschland akkreditierten Diplomaten als auch bei durchreisenden Diplomaten, s. hierzu auch Ziff. 2.6.) **Wie oben ausgeführt (Teil 1.A und Ziff. 2.1.2.2.1), entspricht es zwischenstaatlichen Verhaltensregeln, Diplomaten mit besonderer Höflichkeit zu behandeln. Eine Missachtung dieser Verhaltensregeln durch deutsche Behörden schadet dem internationalen Ansehen der Bundesrepublik Deutschland und kann negative Auswirkungen auf die Behandlung deutscher Diplomaten, Konsularbeamten oder anderes staatlich entsandtes Personal im Ausland haben.**

Die o.g. Grundsätze des Bundesministeriums des Innern für die Befreiung von Fluggästen von der Luftsicherheitskontrolle sehen die Möglichkeit der Befreiung von Diplomaten von den Luftsicherheitskontrollen vor. In den Fällen, in denen eine Freistellung nicht erfolgt ist, können Diplomaten unter Berufung auf ihre Unverletzlichkeit eine Leibesvisitation und die Durchsuchung ihres persönlichen Gepäcks verweigern. In einem solchen Fall ist der Diplomat darauf hinzuweisen, dass er von der Beförderung ausgeschlossen wird, wenn er sich nicht freiwillig der Personenkontrollen und der Kontrolle seines persönlichen Gepäcks unterzieht. Hält der Diplomat seine Weigerung aufrecht, darf er den Kontrollpunkt nicht passieren. Eine freiwillige Unterwerfung des Diplomaten unter die Sicherheitskontrollen ist jederzeit möglich.

Vorfälle, in denen Meinungsverschiedenheiten über die Angemessenheit der durchgeführten Kontrollmaßnahmen bei Diplomaten und anderen bevorrechtigten Personen auftreten, sind beschwerdeträchtig und können zu einer erheblichen Belastung der bilateralen Beziehungen mit dem Herkunftsland der bevorrechtigten Person führen. Im Falle von Beschwerden muss das Auswärtige Amt zu dem Vorfall Stellung nehmen können, um weiteren außenpolitischen Schaden abzuwenden. **Daher müssen im Fall von Meinungsverschiedenheiten Anlass und Rechtfertigung der Maßnahmen sowie die angestellten Ermessenserwägungen umfassend schriftlich festgehalten werden.** Dabei sollte in diesen Fällen detailliert dargelegt werden, welche besonderen Umstände im Einzelfall dazu Veranlassung gegeben haben, die von den Diplomaten oder anderen bevorrechtigten Personen beanstandete Kontrollmaßnahme in der gewählten Art und Weise durchzuführen. Diese Dokumentationsanforderung dient nicht zuletzt dem Schutz des kontrollierenden Personals. Auf die Ausführungen unter Ziff. 2.1.1.1 oben zur Stellung von Diplomatenpassinhabern wird in diesem Zusammenhang verwiesen. Bei Zweifeln über den Status des Diplomatenpassinhabers ist das Auswärtige Amt (unter der Rufnummer 030-5000-3411, 9.00–16.00 Uhr, ansonsten unter der Rufnummer 030-5000-2911) zu befassen.

2.1.2.3 Maßnahmen zum Gesundheitsschutz der Bevorrechtigten und der Bevölkerung

Das Auswärtige Amt bittet die ausländischen Vertretungen in der Bundesrepublik Deutschland ausdrücklich, im Falle einer akuten Bedrohung den Maßnahmen zur Verhütung und Bekämpfung übertragbarer Krankheiten nach dem Infektionsschutzgesetz (IfSG) und zum Schutz von Leib und Leben ihrer Angehörigen sowie der gesamten Bevölkerung in vollem Umfang zu entsprechen.

Ferner bitten die deutschen Behörden, bei Tieren, die sich auf dem Grundstück der diplomatischen Mission oder der konsularischen Vertretung oder dem Privatgrundstück eines Diplomaten oder in den dort vorhandenen Räumlichkeiten befinden, tierseuchenrechtliche Maßnahmen nach den in

52 Anlage M zum Nationalen Luftsicherheitsprogramm.

der Bundesrepublik Deutschland geltenden Bestimmungen, besonders dem Tiergesundheitsgesetz, zuzulassen.

Hier ist zu beachten, dass die Räumlichkeiten der Mission, die Privatwohnungen von Diplomaten und von Mitgliedern des verwaltungs- und technischen Personals einer diplomatischen Mission ohne Zustimmung des Missionschefs oder der jeweils bevorrechtigten Personen nicht betreten werden dürfen (vgl. Teil 2.A).

Die Diplomaten unterliegen auch den Gesundheitsmaßnahmen in Übereinstimmung mit den Internationalen Gesundheitsvorschriften (IGV, 2005) vom 23. Mai 2005 in der Fassung der Bekanntmachung vom 1. Oktober 2007 (BGBl. II S. 930, 1528), geändert durch Verordnung vom 23. Mai 2008 (BGBl. 2009 II S. 275, 276) und spezifiziert durch das IGV-Durchführungsgesetz vom 21. März 2013. **Die Befolgung und Umsetzung dieser Maßnahmen können jedoch, soweit die genannten Räumlichkeiten betroffen sind, grundsätzlich wegen des Grundsatzes der Unverletzlichkeit nicht erzwungen werden.**

2.1.2.4 Befreiung des Diplomaten von der Besteuerung (Art. 23 und 34 WÜD)

Der Diplomat genießt nach Artikel 34 WÜD Befreiung von der Besteuerung, für den Botschafter ergibt sich dies aus Artikel 23 WÜD.

Botschafter und sonstige Diplomaten sind von allen **staatlichen, regionalen und kommunalen Personal- und Realsteuern oder -abgaben** befreit. Indirekte Steuern (z.B. USt) sind zu entrichten, vgl. Artikel 34 lit. a WÜD. Gleichwohl hat sich eine Staatenpraxis auf Basis der Gegenseitigkeit herausgebildet, wonach die meisten Staaten auch **Entlastung von indirekten Steuern** gewähren.

In Deutschland besteht grundsätzlich – im Rahmen der Gegenseitigkeit – Entlastung von der

Umsatzsteuer (Umsatzsteuererstattungsverordnung (UStErstV) in der Fassung der Bekanntmachung vom 3. Oktober 1988; BGBl. I S. 1780, zuletzt geändert durch Artikel 8 des Gesetzes vom 8. April 2010; BGBl. I S. 386),

Energiesteuer (Energiesteuergesetz (EnergieStG) vom 15. Juli 2006; BGBl. I S. 1534; 2008 I S. 660; 1007, zuletzt geändert durch Artikel 11 des Gesetzes vom 18. Juli 2014; BGBl. I S. 1042),

Kraftfahrzeugsteuer (Kraftfahrzeugsteuergesetz (KraftStG) in der Fassung der Bekanntmachung vom 26. September 2002; BGBl. I S. 3818, zuletzt geändert durch Artikel 1 des Gesetzes vom 8. Juni 2015; BGBl. I S. 901),

Versicherungsteuer (Versicherungsteuergesetz (VersStG) in der Fassung der Bekanntmachung vom 10. Januar 1996; BGBl. I S. 22, zuletzt geändert durch Artikel 14 des Gesetzes vom 18. Dezember 2013; BGBl. I S. 4318).

Befreiung wird auch gewährt von den Rundfunkbeiträgen gem. § 5 Absatz 6 Nummer 2 Rundfunkbeitragsstaatsvertrag und den Gebühren für die Ausstellung und Umschreibung von Fahrerlaubnissen und der Zulassung von Kraftfahrzeugen (Gebührenordnung für Maßnahmen im Straßenverkehr). Ebenso besteht Gebührenfreiheit von den Gebühren nach Teil II Nummern 1 bis 27 der Anlage zur Kostenverordnung zum Waffengesetz in der Fassung der Neubekanntmachung vom 20. April 1990 (BGBl. I S. 780, zuletzt geändert durch Artikel 2 der Verordnung vom 10. Januar 2000, BGBl. I S. 38) für einige Gebühren nach Waffenrecht, sofern Gegenseitigkeit vorliegt.

Die Gegenseitigkeit als Voraussetzung des Steuerprivilegs wird durch das Auswärtige Amt per Abfrage bei den deutschen Auslandsvertretungen geklärt und per Verbalnotenaustausch zwischen dem Auswärtigen Amt und der jeweiligen Botschaft in Deutschland festgestellt.

Keine Befreiung erfolgt von

der Entrichtung von Abgaben, wenn diese als **Vergütung für bestimmte Dienstleistungen** erhoben werden, bspw. der Anliegerbeitrag für die Straßenreinigung,

der Entrichtung von Steuern und sonstigen Abgaben von privatem, in Deutschland gelegenem unbeweglichen Vermögen (es sei denn, der Diplomat hat es für die Zwecke der Mission in Besitz),

der Erbschaftsteuer, es sei denn, es handelt sich um bloße bewegliche Gegenstände, die sich aus Anlass des dienstlichen Aufenthalts des Verstorbenen im Gebiet der Bundesrepublik Deutschland befinden, z.B. Mobiliar, Schmuck oder Ersparnisse aus Gehaltszahlungen (Art. 34 c WÜD i.V.m. Art. 39 Abs. 4 WÜD),

den Steuern und sonstigen Abgaben von privaten Einkünften, deren Quelle sich in der Bundesrepublik Deutschland befindet, sowie Vermögenssteuern von Kapitalanlagen in gewerblichen Unternehmen, die in der Bundesrepublik Deutschland gelegen sind,

Eintragungs-, Gerichts-, Beurkundungs-, Beglaubigungs-, Hypotheken- und Stempelgebühren in Bezug auf unbewegliches Vermögen, es sei denn, dass nationale Regelungen auf der Grundlage der Gegenseitigkeit eine Befreiung vorsehen.

2.1.2.5 Privilegierungen diplomatischen Vermögens

2.1.2.5.1 Befreiung von Zöllen und ähnlichen Abgaben bei der Einfuhr persönlicher Gegenstände (Art. 36 Abs. 1 WÜD)

In die Bundesrepublik eingeführte Gegenstände für den persönlichen Gebrauch von Diplomaten sind grundsätzlich von Zöllen, Steuern und ähnlichen Abgaben befreit, mit Ausnahme von Gebühren für Einlagerung, Beförderung und ähnliche Dienstleistungen.

2.1.2.5.2 Befreiung von Kontrollen des persönlichen -Gepäcks (Art. 36 Abs. 2 WÜD)

Diplomaten genießen grundsätzlich Befreiung von der (Zoll-)Kontrolle ihres persönlichen Gepäcks, sofern nicht triftige Gründe für die Vermutung vorliegen, dass es Gegenstände enthält, die nicht für den amtlichen Gebrauch der Mission oder den persönlichen Gebrauch des Diplomaten bestimmt sind oder deren Ein- und Ausfuhr nach dem Recht der Bundesrepublik Deutschland verboten oder durch Quarantänevorschriften geregelt ist (etwa durch das Bundesseuchen- oder Tierseuchengesetz). Ein triftiger Grund erfordert objektiv vorhandene, gleichsam „ins Auge springende" Hinweise auf eine missbräuchliche Verwendung. Die Kontrolle muss daher ein Ausnahmefall bleiben. Selbst bei Vorliegen triftiger Gründe darf die Kontrolle nur in Anwesenheit des Diplomaten oder eines ermächtigten Vertreters stattfinden (Art. 36 Abs. 2 WÜD). Daher müssen Anlass und Rechtfertigung der Maßnahmen sowie die angestellten Ermessenserwägungen umfassend schriftlich festgehalten werden, s. zu diesem Dokumentationserfordernis im Einzelnen oben unter Ziff. 2.1.2.2.1.

Zu Flugsicherheitskontrollen s.o., Ziff. 2.1.2.2.2.

2.1.2.5.3 Unverletzlichkeit der Privatwohnung und des Vermögens (Art. 30 WÜD)

Die Privatwohnung eines Diplomaten ist unverletzlich und genießt denselben Schutz wie die Räumlichkeiten der Mission (vgl. Teil 2.A.2). In den Schutzbereich des Art. 30 WÜD fallen auch Zweitwohnungen und Ferienhäuser, wenn die Nutzung regelmäßig erfolgt und es der Bundesrepublik Deutschland möglich ist, ihrer Schutzverpflichtung dort wirksam nachzukommen. Die Papiere des Diplomaten, seine Korrespondenz und sein Vermögen sind ebenfalls unverletzlich. Unverletzlich ist nach Artikel 30 Absatz 2 WÜD grundsätzlich auch das Vermögen des Diplomaten. Eine Ausnahme besteht für die Vollstreckung aus Urteilen, die in nach dem WÜD zulässigen Verfahren gegen Diplomaten ergangen sind (s.o. Teil 2.1.2.1.2), soweit die Vollstreckung Gegenstände außerhalb der Privatwohnung des Diplomaten betrifft (zu Vollstreckungsmaßnahmen in private Kfz von Diplomaten, vgl. unten Teil 6).

2.1.2.6 Freizügigkeit (Art. 26 WÜD)

Der Diplomat darf sich im gesamten Hoheitsgebiet des Empfangsstaates frei bewegen. Zu beachten sind jedoch Gesetze oder Rechtsvorschriften über Zonen, deren Betreten aus Gründen der nationalen Sicherheit verboten oder reglementiert ist.

2.1.2.7 Weitere Privilegien

Der Diplomat unterliegt nicht den Vorschriften über soziale Sicherheit des Empfangsstaates (Art. 33 Abs. 1 und 3 WÜD). Ferner ist er von persönlichen und öffentlichen Dienstleistungen (Art. 35 WÜD) sowie der Ausländermelde[53] – und Aufenthaltstitelpflicht befreit (vgl. Teil 3.A).

2.2 Mitglieder des Verwaltungs- und technischen Personals der Mission (VtP) und ihre Familienmitglieder

2.2.1 Verwaltungs- und technisches Personal

Mitglieder des VtP sind die im Verwaltungs- und technischen Dienst der Mission beschäftigten Mitglieder ihres Personals, die weder als Mitglied des diplomatischen noch des dienstlichen Hauspersonals anzusehen sind. Beispiele hierfür sind Schreibkräfte, Kanzleibeamte und Übersetzer (soweit sie nicht als Ortskräfte angestellt sind).

Die Familienmitglieder (Definition s.o. Teil 2.1.1.2) der Mitglieder des VtP genießen die gleichen Privilegien wie das Mitglied des VtP selbst.

53 Der ausländerrechtlichen Meldepflicht wird durch die Notifizierungspflicht nach Art. 10 Abs. 1 WÜD Genüge getan.

2.2.2 Umfang der Privilegierung

2.2.2.1 Befreiung von der Gerichtsbarkeit – Immunität – (Art. 31 i.V.m. Art. 37 Abs. 2 WÜD)

Mitglieder des VtP sind grundsätzlich im selben Umfang von der Gerichtsbarkeit befreit wie Diplomaten – mit folgender Ausnahme: Sie genießen Immunität von der Zivil- oder Verwaltungsgerichtsbarkeit nur für Handlungen, die in Ausübung ihrer dienstlichen Tätigkeit vorgenommen wurden. Das sind die Handlungen, die für den Dienst oder dienstlich angeordnete Veranstaltungen unumgänglich sind. Da bei Familienmitgliedern Handlungen in Ausübung dienstlicher Tätigkeit nicht möglich sind, genießen Familienmitglieder – anders als Familienmitglieder von Diplomaten i.S.d. Art. 1 lit. e) WÜD (Missionschef/Mitglieder des diplomatischen Personals) – in der Praxis keine Befreiung von der Zivil- und Verwaltungsgerichtsbarkeit.

2.2.2.2 Weitere Vorrechte des VtP

Darüber hinaus gelten folgende Vorrechte von Diplomaten im selben Umfang für Mitglieder des VtP, sofern sie weder deutsche Staatsangehörige noch in Deutschland ansässig sind (vgl. Art. 37 Abs. 2 WÜD):

Schutz des VtP vor hoheitlichen Maßnahmen (Unverletzlichkeit),
Maßnahmen zum Schutz der Gesundheit des VtP und der Bevölkerung,
Befreiung von der Besteuerung,
Befreiung von Kontrollen des persönlichen Gepäcks,
Unverletzlichkeit der Privatwohnung,
Freizügigkeit,
Zeugnisverweigerungsrecht,
Befreiung von den Vorschriften über soziale Sicherheit, persönliche und öffentliche Dienstleistungen, Ausländermelde-, Aufenthaltstitelpflicht.

Von Zöllen, Steuern und ähnlichen Abgaben bei der Einfuhr persönlicher Gegenstände ist das VtP im Gegensatz zu Diplomaten nur in Bezug auf Gegenstände befreit, die anlässlich der Ersteinrichtung nach der Versetzung nach Deutschland eingeführt werden (Art. 37 Abs. 2 Satz 2 i.V.m. Art. 36 Abs. 1 WÜD).

2.3 Mitglieder des dienstlichen Hauspersonals (dHP) der Mission und ihre Familienmitglieder

2.3.1 Dienstliches Hauspersonal

Mitglieder des dHP sind nach dem WÜD die als Hausbedienstete bei der Mission beschäftigten Mitglieder ihres Personals, z.B. Fahrer, Pförtner, Boten, Gärtner, Köche und Nachtwächter der diplomatischen Mission.

Die **Familienmitglieder** (Definition s.o. Teil 2.1.1.2) des dHP genießen keine Privilegien. Wegen der verwandtschaftlichen Zugehörigkeit zu der als dHP bevorrechtigten Person entspricht es den zwischenstaatlich anerkannten Verhaltensregeln, auch diese Personengruppe mit der gebotenen Höflichkeit zu behandeln.

2.3.2 Umfang der Privilegierung

2.3.2.1 Befreiung von der Gerichtsbarkeit – Immunität – (Art. 31 i.V.m. Art. 37 Abs. 3 WÜD)

Mitglieder des dHP sind grundsätzlich im selben Umfang von der Gerichtsbarkeit befreit wie Diplomaten – mit folgender Ausnahme:

Das dHP genießt die Befreiung von der Straf-, Zivil- oder Verwaltungsgerichtsbarkeit nur für Handlungen, die in Ausübung der dienstlichen Tätigkeit vorgenommen wurden. Hierunter sind Handlungen zu verstehen, die für den Dienst oder dienstlich angeordnete Veranstaltungen unumgänglich sind (bspw. aber nicht Fahrten zum täglichen Dienst).

2.3.2.2 Weitere Vorrechte des dHP

Mitglieder des dHP, die weder deutsche Staatsangehörige noch in Deutschland ständig ansässig sind, zahlen keine Steuern oder sonstigen Abgaben auf ihre Dienstbezüge (Art. 37 Abs. 3 WÜD). Außerdem sind sie von den Vorschriften über die soziale Sicherheit (Art. 37 Abs. 3 WÜD i.V.m. Art. 33 WÜD) sowie der Ausländermelde- und Aufenthaltstitelpflicht (vgl. Teil 3.A) befreit. Nach Absatz 2 Buchstabe a) der Dienstvorschrift zum Diplomaten- und Konsulargut des Bundesministeriums der Finanzen (Kennung Z 0842 der vom Bundesministerium der Finanzen herausgegebenen Vorschriftensammlung VSF) in Verbindung mit § 17 Absatz 1 Nummer 1 der Zollverordnung kann den Mitgliedern des dHP und ihren Familienmitgliedern auf der Basis der Gegenseitigkeit auch das Privileg der zollfreien Einfuhr gewährt werden.

Die Gegenseitigkeit wird durch Abfrage des Auswärtigen Amtes bei den deutschen Auslandsvertretungen geklärt und per Verbalnotenaustausch zwischen dem Auswärtigen Amt und der jeweiligen Botschaft in Deutschland festgestellt. Meist besteht sie nur hinsichtlich des Umzugsguts innerhalb einer beschränkten Frist nach Dienstantritt des dHP. Darüber hinaus genießen Mitglieder des dHP keine weiteren Privilegien.

2.4 Private Hausangestellte von Mitgliedern diplomatischer Missionen

Private Hausangestellte sind im häuslichen Dienst eines Mitglieds der Mission beschäftigte Personen, die nicht Bedienstete des Entsendestaates sind, z.B. Fahrer, Erzieher, Reinigungskräfte, Kindermädchen und sonstiges Personal.

Private Hausangestellte, die weder deutsche Staatsangehörige noch in Deutschland ständig ansässig sind, zahlen keine Steuern oder sonstige Abgaben auf ihre Bezüge (Art. 37 Abs. 4 WÜD).

Private Hausangestellte sind von der Arbeitserlaubnispflicht sowie von den Vorschriften über soziale Sicherheit befreit, soweit sie den im Entsendestaat oder einem dritten Staat geltenden Vorschriften über soziale Sicherheit unterstehen (Art. 33 Abs. 2 WÜD). Soweit Gegenseitigkeit besteht, sind sie von der Aufenthaltstitelpflicht (vgl. Teil 3.A) befreit. Weitere Privilegien stehen privaten Hausangestellten nicht zu.

Der Nachzug von Familienmitgliedern privater Hausangestellter ist nicht gestattet. Soweit sich Familienmitglieder von privaten Hausangestellten in der Bundesrepublik Deutschland aufhalten, genießen diese keine Privilegien.

2.5 Ortskräfte der Mission

Ortskräfte sind die Mitarbeiter einer ausländischen Vertretung, die auf dem lokalen Arbeitsmarkt angeworben werden und die nicht der Stellenrotation in einem ausländischen Auswärtigen Dienst unterliegen. Sie besitzen entweder die deutsche Staatsangehörigkeit, genießen als EU/EWR-Bürger oder Schweizer Staatsangehörige Freizügigkeit oder haben einen deutschen Aufenthaltstitel, der die Beschäftigung erlaubt.

Ortskräften werden in der Bundesrepublik Deutschland grundsätzlich keine Vorrechte und Befreiungen gewährt. Wegen ihrer Einbindung in die Amtshandlungen der Mission (etwa bei Visumerteilungen) ist insoweit eine analoge Anwendung des Artikel 38 Absatz 1 WÜD und Amtshandlungsimmunität geboten. Jedenfalls darf der Empfangsstaat seine Befugnisse gegenüber den Ortskräften nicht in einer Weise ausüben, die die Mission bei der Wahrnehmung ihrer Aufgaben ungebührlich behindert (s. Art. 38 Abs. 2 S. 2 WÜD, der hier zumindest insoweit analog anzuwenden ist).

2.6 In Drittstaaten angemeldete Diplomaten auf (Dienst-)Reise durch/in das Gebiet der Bundesrepublik Deutschland (Art. 40 WÜD)

Reist ein nicht in Deutschland notifizierter Diplomat, ein Mitglied des Verwaltungs- und technischen Personals oder des dienstlichen Hauspersonals (nicht jedoch des privaten Hauspersonals) **durch das Gebiet der Bundesrepublik Deutschland**, um sein Amt in einem dritten Staat anzutreten oder um auf seinen Posten oder in seinen Heimatstaat zurückzukehren, so stehen ihm Unverletzlichkeit und alle sonstigen für seine sichere Durchreise oder Rückkehr erforderlichen Vorrechte und Befreiungen zu. Das gilt auch, wenn er in den Heimaturlaub fährt oder aus dem Urlaub an seine Dienststelle zurückkehrt. Es ist auch hier zu beachten, dass die betroffene Person mit Höflichkeit zu behandeln ist (s.a. die Ausführungen unter 2.1.2.2.2 zur höflichen Behandlung von Diplomaten, die hier entsprechend Gültigkeit haben).

Der Transit darf allerdings grundsätzlich nicht über das notwendige Maß hinaus verlängert und mit touristischen oder persönlichen Zwecken verbunden werden. Dies gilt auch für die Familienmitglieder, die ihn begleiten oder die getrennt von ihm reisen, um sich zu ihm zu begeben oder die in ihren Heimatstaat zurückkehren. Notwendig ist der Transit in der Regel dann, wenn aus den vorzuweisenden Flugtickets hervorgeht, dass ein Zwischenaufenthalt für einige Stunden, möglicherweise auch eine Übernachtung erforderlich ist, ehe der Anschlussflug beginnt. Ein mehrtägiger Aufenthalt, etwa zu touristischen Zwecken oder zu Durchführung nicht akut erforderlicher medizinischer Behandlungen, kann nicht als Transit im Sinne von Artikel 40 WÜD anerkannt werden.

Hält sich die betroffene Person **dienstlich in der Bundesrepublik Deutschland auf** (z.B. als Teilnehmer einer Konferenz), genießt sie Privilegien nur, wenn die entsprechende Reise offiziell angekündigt war, auf offizielle deutsche Einladung hin erfolgte oder wenn für die Durchführung der Konferenz mit der durchführenden Internationalen Organisation ein sog. „Konferenzabkommen“ abgeschlossen wurde, welches Privilegien vorsieht. Möglich ist auch, dass mit der betreffenden Internationalen Organisation bereits entsprechende Privilegienabkommen existieren (so z.B. mit den Vereinten Nationen).

2.7 Diplomaten mit deutscher Staatsangehörigkeit oder in der Bundesrepublik Deutschland ständig ansässige Diplomaten (Art. 38 WÜD)

Diplomaten, die deutsche Staatsangehörige oder in der Bundesrepublik Deutschland ständig ansässig sind, genießen in der Bundesrepublik Deutschland Immunität von der Gerichtsbarkeit und Unverletzlichkeit lediglich in Bezug auf die in Ausübung ihrer dienstlichen Tätigkeit vorgenommenen Amtshandlungen. Die **Amtshandlungsimmunität** umfasst nur die Amtshandlung selbst, nicht jedoch Handlungen, die mit der Amtshandlung in sachlichen Zusammenhang stehen, wie z.B. die Fahrt mit dem Kfz zum Dienstort.

Ständig ansässig ist eine Person in der Regel, wenn sie zum Zeitpunkt ihrer Anstellung durch die Mission bereits längere Zeit im Empfangsstaat ihren Wohnsitz hat. Bei einem entsandten Mitglied einer Mission ist in der Regel von einer ständigen Ansässigkeit bei einem Aufenthalt von über zehn Jahren in Deutschland auszugehen.

Die Bundesrepublik Deutschland darf jedoch grundsätzlich Hoheitsrechte gegenüber diesen Personen nur in der Weise ausüben, dass sie die Mission bei ihrer Arbeit nicht ungebührlich behindert.

2.8 Berufskonsularbeamte

2.8.1 Berufskonsularbeamte

Nach dem WÜK zählen zu den Berufskonsularbeamten Generalkonsuln, Konsuln, Vizekonsuln, Konsularagenten und andere mit der Wahrnehmung von konsularischen Aufgaben beauftragte Personen.

2.8.2 Vorrechte und Befreiungen des Berufskonsularbeamten

2.8.2.1 Befreiung von der Gerichtsbarkeit – Immunität – (Art. 43 WÜK)

Für Konsularbeamte gilt hinsichtlich der Immunität dasselbe wie für Diplomaten, allerdings mit folgender Einschränkung: Konsularbeamte genießen die Befreiung von der Straf-, Zivil- oder Verwaltungsgerichtsbarkeit nur für Handlungen, die sie in Wahrnehmung konsularischer Aufgaben vorgenommen haben. Diese sog. **Amtsimmunität** betrifft alle Handlungen, die bei der Wahrnehmung der amtlichen bzw. dienstlichen Tätigkeit ausgeübt wurden. Der Begriff ist weit zu verstehen und umfasst nicht nur die eigentliche Amtshandlung, sondern ebenso Akte in engem sachlichen und zeitlichen Zusammenhang mit der Amtshandlung, z.B. auch die Fahrten zum täglichen Dienst.

Allerdings sind im Hinblick auf solche Amtshandlungen die Konsularbeamten nach Artikel 43 Absatz 2 WÜK bei Zivilklagen **nicht** von der Gerichtsbarkeit befreit,

wenn die Klage aufgrund eines Vertrages erhoben wurde, den der Konsularbeamte geschlossen hat, ohne dabei ausdrücklich oder erkennbar im Auftrag seines Entsendestaates zu handeln (Rechtsscheinhaftung),

wenn die Klage von einem Dritten wegen eines Schadens angestrengt wird, der aus einem in der Bundesrepublik durch ein Land-, Wasser- oder Luftfahrzeug verursachten Unfall entstanden ist, z.B. bei Verkehrsunfällen.

2.8.2.2 Unverletzlichkeit des Berufskonsularbeamten (Art. 41, 43 WÜK)

Für **Handlungen, die amtlich vorgenommen werden**, genießt der Konsularbeamte umfassenden Schutz vor staatlichen Eingriffen (Art. 43 Abs. 1 WÜK).

Im privaten Bereich ist der Schutz der Unverletzlichkeit grundsätzlich geringer (vgl. Art. 41 WÜK). Der Konsularbeamte darf zwar grundsätzlich nicht in seiner persönlichen Freiheit beschränkt werden, etwa durch Festnahme oder Untersuchungshaft. Hiervon gelten jedoch folgende Ausnahmen:

bei Vorliegen einer schweren strafbaren Handlung und einer Entscheidung der zuständigen Justizbehörde über die freiheitsentziehende Maßnahme (Art. 41 Abs. 1 WÜK). Die Entscheidung, wann eine schwere strafbare Handlung vorliegt, obliegt dem mit der Haftprüfung befassten Gericht.

bei der Vollstreckung einer rechtskräftigen gerichtlichen Entscheidung (Art. 41 Abs. 2 WÜK).

Wird ein Mitglied des konsularischen Personals vorläufig festgenommen oder in Untersuchungshaft genommen oder wird ein Strafverfahren gegen das Mitglied eingeleitet, so hat die zuständige Behörde in der Bundesrepublik Deutschland sofort den Leiter der konsularischen Vertretung zu benachrichtigen. Ist dieser selbst von einer der genannten Maßnahmen betroffen, so ist sofort das Auswärtige Amt (unter der Rufnummer 030-5000-3411, 9.00–16.00 Uhr, ansonsten unter der Rufnummer 030-5000-2911) zu unterrichten (Art. 42 **WÜK)**.

Zu beachten ist, dass in der Staatenpraxis eine Tendenz festzustellen ist, Konsularbeamte auch bei nicht-dienstlichem Handeln wie Diplomaten zu behandeln. Zwangsmaßnahmen (z.B. Blutentnahme, Alkoholtest) sind deshalb jedenfalls dann nicht erlaubt, wenn schon die freiheitsentziehende Maßnahme nicht erlaubt wäre, wenn also kein Verdacht auf eine schwere strafbare Handlung vorliegt. Eine Zwangsmaßnahme sollte auch bei nichtdienstlichem Handeln nur eine Ausnahme darstellen (s. im Einzelnen zu staatlichen Zwangsmaßnahmen bei Verstößen gegen die Straßenverkehrsordnung, Teil 6).

Auch Konsularbeamte sind nach den etablierten zwischenstaatlichen Verhaltensregeln zum Umgang mit bevorrechtigten Personen mit **besonderer Höflichkeit** zu behandeln. Jeder Eingriff in die persönliche Unverletzlichkeit ist genau auf Zulässigkeit und Erforderlichkeit zu prüfen. Vorfälle, in denen Meinungsverschiedenheiten über die Angemessenheit der durchgeführten Kontrollmaßnahmen bei Diplomaten und anderen bevorrechtigten Personen auftreten, sind beschwerdeträchtig und können zu einer erheblichen Belastung der bilateralen Beziehungen mit dem Herkunftsland der bevorrechtigten Person führen. Im Falle von Beschwerden muss das Auswärtige Amt zu dem Vorfall Stellung nehmen können, um weiteren außenpolitischen Schaden abzuwenden. Daher müssen Anlass und Rechtfertigung der Maßnahmen sowie die angestellten Ermessenserwägungen umfassend schriftlich festgehalten werden, s. zu diesem Dokumentationserfordernis im Einzelnen oben unter Ziff. 2.1.2.2.1. Diese Dokumentationsanforderung dient nicht zuletzt dem Schutz des kontrollierenden Personals.

2.8.2.3 Sonstige Vorrechte des Berufskonsularbeamten

Bei folgenden Regelungsgegenständen gelten für Konsularbeamte dieselben Vorrechte wie für Diplomaten:

Befreiung von Besteuerung (Art. 49 Abs. 1 WÜK),

Befreiung von Zöllen und ähnlichen Abgaben hinsichtlich der Einfuhr persönlicher Gegenstände sowie Zollkontrollen (Art. 50 Abs. 1 WÜK),

Befreiung von Kontrollen persönlichen Gepäcks (Art. 50 Abs. 3 WÜK),

Freizügigkeit (Art. 34 WÜK),

Befreiung von den Vorschriften über soziale Sicherheit, persönliche und öffentliche Dienstleistungen sowie über Ausländermelde- und Aufenthaltstitelpflicht (Art. 46, 47, 48, 52 WÜK).

Hinsichtlich der Maßnahmen zum Schutz der Gesundheit gelten die hierzu im Abschnitt 2.1.2.3 gemachten Ausführungen zu Diplomaten.

2.8.2.4 Die Privatwohnung des Berufskonsularbeamten

Die Privatwohnungen von Mitgliedern einer konsularischen Vertretung, einschließlich des Leiters, sind **nicht** unverletzlich.

2.8.2.5 Zeugnisverweigerungsrecht des Berufskonsularbeamten (Art. 44 Abs. 1 und Abs. 3 WÜK)

Der Konsularbeamte kann in einem Gerichts- oder Verwaltungsverfahren als Zeuge geladen werden. Er ist jedoch nicht verpflichtet, Zeugnis über die Angelegenheiten abzulegen, die mit der Wahrnehmung seiner Aufgaben zusammenhängen, oder die darauf bezogenen amtlichen Korrespondenzen und Schriftstücke vorzulegen. Gegen den Konsularbeamten dürfen keine Zwangsmaßnahmen ergriffen werden, auch wenn er das Zeugnis zu Angelegenheiten aus dem privaten Bereich verweigert.

2.8.3 Berufskonsularbeamte, die deutsche Staatsangehörige oder in Deutschland ständig ansässig sind (Art. 71 WÜK)

Konsularbeamte, die die deutsche Staatsangehörigkeit besitzen oder in Deutschland ständig ansässig sind,[54] genießen neben der Immunität von der Gerichtsbarkeit und der persönlichen Unverletzlichkeit wegen ihrer in Wahrnehmung ihrer Aufgaben vorgenommenen Amtshandlungen außerdem noch die Befreiung von der Zeugnispflicht über Angelegenheiten, die mit der Wahrnehmung ihrer Aufgaben zusammenhängen. Darüber hinausgehende Vorrechte und Befreiungen werden ihnen in Deutschland nicht gewährt. Außerdem muss der Leiter der konsularischen Vertretung im Falle ihrer Festnahme, bei der Anordnung von Untersuchungshaft oder der Einleitung eines Strafverfahrens gegen einen Konsularbeamten unverzüglich unterrichtet werden. Strafverfahren sind, außer wenn der Betroffene

54 Zum Begriff der ständigen Ansässigkeit s.o. 2.7.

festgenommen oder inhaftiert ist, in einer Weise zu führen, welche die Wahrnehmung der konsularischen Aufgaben möglichst wenig beeinträchtigt.

2.8.4 Familienmitglieder des Berufskonsularbeamten

Familienmitglieder (Definition s.o. Teil 2.1.1.2) des Berufskonsularbeamten genießen im gleichen Umfang wie der Konsularbeamte selbst Befreiung von der Besteuerung (Art. 49 Abs. 1 WÜK), von Zöllen (Art. 50 Abs. 1 lit. b WÜK), von persönlichen Dienstleistungen und Auflagen sowie von der Ausländermeldepflicht, der Aufenthaltstitelpflicht (Art. 46, 47 WÜK) und von den Vorschriften über soziale Sicherheit. Sie dürfen einer privaten Erwerbstätigkeit nachgehen, sind in diesem Bereich dann jedoch nicht bevorrechtigt (Art. 57 Abs. 2 WÜK) und benötigen als Arbeitnehmer im Empfangsstaat eine Arbeits- und Aufenthaltserlaubnis.

Weitere Privilegien genießen sie nicht. Die Amtsimmunität gilt nicht für Familienmitglieder von Konsularbeamten, da davon ausgegangen wird, dass sie keine Amtshandlungen vornehmen können. Es besteht kein Anspruch auf die Wahrung der persönlichen Unverletzlichkeit. Gleichwohl sollte die familiäre Bindung zum Konsularbeamten und evtl. negative Auswirkungen auf das bilaterale Verhältnis zum Entsendestaat bei der Durchführung von Zwangsmaßnahmen angemessen berücksichtigt werden. Die Familienmitglieder eines Konsularbeamten, der deutscher Staatsangehöriger oder in der Bundesrepublik Deutschland ständig ansässig ist, genießen ebenso wenig Privilegien wie Familienmitglieder, die selbst die deutsche Staatsangehörigkeit besitzen oder ständig in Deutschland ansässig sind (Art. 71 Abs. 2 WÜK).

2.9 Mitglieder des Verwaltungs- oder technischen Personals (VtP) der berufskonsularischen Vertretung und ihre Familienmitglieder

2.9.1 Konsularisches VtP

Der Begriff der Mitglieder des VtP ist im WÜK nur dahingehend definiert, dass hierzu jede in dieser Eigenschaft in der konsularischen Vertretung beschäftigte Person zu zählen ist. Hierzu zählen in der Praxis bspw. Kanzleibeamte, Chiffrierer, Übersetzer oder Schreibkräfte.

2.9.2 Umfang der Privilegierung

2.9.2.1 Immunität

In Bezug auf die Immunität gilt für das VtP dasselbe wie für Diplomaten (Teil 2.1.2.1), jedoch mit folgender Einschränkung: Das VtP genießt die Befreiung von der Straf-, Zivil- und Verwaltungsgerichtsbarkeit nur für Handlungen, die in Wahrnehmung konsularischer Aufgaben vorgenommen wurden (Amtsimmunität, vgl. Art. 43 WÜK).

Allerdings ist das VtP selbst in solchen Fällen bei Zivilklagen **nicht** von der Gerichtsbarkeit befreit,

wenn das Konsulatsmitglied aufgrund eines Vertrages verklagt wird, den es geschlossen hat, ohne dabei ausdrücklich oder erkennbar im Auftrag des Entsendestaates zu handeln (Rechtsscheinhaftung),

wenn die Klage von einem Dritten wegen eines Schadens angestrengt wird, der aus einem in der Bundesrepublik durch ein Land-, Wasser- oder Luftfahrzeug verursachten Unfall entstanden ist, z.B. bei Verkehrsunfällen.

2.9.2.2 Unverletzlichkeit

Für **Handlungen, die in Wahrnehmung konsularischer Aufgaben vorgenommen wurden**, genießen Mitglieder des VtP umfassenden Schutz vor staatlichen Eingriffen (Art. 43 Abs. 1 WÜK). **Im privaten Bereich** genießen Mitglieder des VtP nicht das Privileg der Unverletzlichkeit, so dass grundsätzlich Zwangsmaßnahmen durchgeführt werden dürfen. Ein Anspruch auf Wahrung der persönlichen Unverletzlichkeit besteht nicht und es gelten wie schon beim Konsularbeamten die Ausnahmen bei schweren strafbaren Handlungen. Gleichwohl sollte bei Zwangsmaßnahmen wegen Handlungen, die im privaten Bereich vorgenommen worden sind, die Eigenschaft als Mitglied der konsularischen Mission angemessen berücksichtigt werden.

2.9.2.3 Sonstige Privilegierungen

Bei folgenden Regelungsgegenständen gelten für das VtP dieselben Vorrechte wie für den Konsularbeamten bzw. Diplomaten

Befreiung von Besteuerung (vgl. Art. 49 Abs. 1 WÜK),

Freizügigkeit (Art. 34 WÜK),

Befreiung von den Vorschriften über soziale Sicherheit, persönliche und öffentliche Dienstleistungen, Ausländermelde- sowie Aufenthaltstitelpflicht (Art. 46, 47, 48, 52 WÜK).

Es ist jedoch zu beachten, dass diese Privilegien nicht in Anspruch genommen werden können, wenn sie eine private Erwerbstätigkeit des Mitglieds des VtP betreffen (Art. 57 Abs. 2 WÜK, Art. 47 Abs. 2 WÜK).

2.9.2.4 Zeugnisverweigerungsrecht

Für das VtP gilt dasselbe wie für die Konsularbeamten (vgl. Teil 2.8.2.5) – mit folgender Ausnahme: Verweigert das Mitglied des VtP in Bezug auf private Tätigkeitsbereiche die Aussage, können Zwangsmaßnahmen durchgeführt werden (Art. 44 Abs. 1 und Abs. 3 WÜK).

2.9.2.5 Befreiung von Zöllen und ähnlichen Abgaben

Das VtP ist bezüglich der Ersteinfuhr von persönlichen Gegenständen anlässlich der Versetzung nach Deutschland von Zöllen, Steuern und ähnlichen Abgaben befreit (Art. 50 Abs. 2 WÜK).

2.9.3 Familienmitglieder des VtP einer berufskonsularischen Vertretung

Die Familienmitglieder (Definition s.o. 2.1.1.2) von Mitgliedern des VtP genießen die gleichen Privilegien wie die Familienmitglieder von Konsularbeamten. Die Familienmitglieder eines Konsularbeamten, der deutscher Staatsangehöriger oder in der Bundesrepublik Deutschland ständig ansässig ist, genießen ebenso wenig Privilegien wie Familienmitglieder, die selbst die deutsche Staatsangehörigkeit besitzen oder ständig in DEU ansässig sind (Art. 71 Abs. 2 WÜK).

2.10 Mitglieder des dienstlichen Hauspersonals der berufskonsularischen Vertretungen (dHP) und ihre Familienmitglieder

Das WÜK definiert als Mitglieder des dHP jede als Hausbediensteter bei einer konsularischen Vertretung beschäftigte Person. Hierzu zählen bspw. Kraftfahrer, Pförtner, Boten, Gärtner, Köche und Nachtwächter.

Mitglieder des dHP sind von der Verpflichtung hinsichtlich der Erlangung einer **Arbeitserlaubnis, den Vorschriften über soziale Sicherheit**, von **Steuern und sonstigen Abgaben auf ihre Dienstbezüge** (Art. 49 Abs. 2 WÜK) und von **persönlichen und öffentlichen Dienstleistungen** befreit. Es ist jedoch zu beachten, dass diese Privilegien in Bezug auf eine evtl. private (Neben-) Erwerbstätigkeit nicht in Anspruch genommen werden können (Art. 57 Abs. 2 WÜK). Hinsichtlich des Zeugnisverweigerungsrechts gilt dasselbe wie für Konsularbeamte mit folgender Ausnahme: Verweigert das Mitglied des dHP in Bezug auf private Tätigkeitsbereiche die Aussage, können Zwangsmaßnahmen durchgeführt werden (Art. 44 Abs. 1 und Abs. 3 WÜK).

Darüber hinausgehende Privilegien genießt das dHP konsularischer Vertretungen nicht. **Familienmitglieder** des dHP genießen keine Privilegien.

Besonders zu beachten ist, dass das dHP und seine Familienmitglieder zwar grundsätzlich einen **Aufenthaltstitel** benötigen, hiervon jedoch im Falle der Gegenseitigkeit abgesehen werden kann (§ 27 Abs. 1 Nr. 1 AufenthV).

2.11 Privates Hauspersonal von Mitgliedern der -berufskonsularischen Vertretung

Zum privaten Hauspersonal gehören Personen, die ausschließlich im privaten Dienst eines Mitglieds der konsularischen Vertretung beschäftigt sind, z.B. Kindermädchen, persönliche Hausangestellte, Fahrer und sonstige Hausangestellte. Für die Tätigkeit als privates Hauspersonal benötigen sie keine **Arbeitserlaubnis**. Das private Hauspersonal ist ferner von den **Vorschriften über soziale Sicherheit** befreit, sofern es den im Entsendestaat oder einem dritten Staat geltenden Vorschriften über soziale Sicherheit untersteht (Art. 48 Abs. 2 WÜK).

2.12 Ortskräfte der berufskonsularischen Vertretung

Ortskräfte (s. Definition oben 2.5) genießen in der Bundesrepublik Deutschland keine Vorrechte und Befreiungen, da sie grundsätzlich wie ständig Ansässige (im Sinne des Art. 71 WÜK) behandelt werden, denen aus gesandtschaftsrechtlicher Sicht kein Sonderstatus erteilt werden muss.

Wegen ihrer Einbindung in die Amtshandlungen der konsularischen Vertretung (etwa bei Visumerteilungen) ist fraglich, ob zumindest Raum für eine analoge Anwendung des Artikel 71 Absatz 1 WÜK besteht und Amtshandlungsimmunität gewährt werden sollte. Jedenfalls darf der Empfangsstaat seine Befugnisse ggü. den Ortskräften nicht in einer Weise ausüben, die die Mission bei der Wahrnehmung ihrer Aufgaben ungebührlich behindert (s. Art. 71 Abs. 2 WÜK, der hier zumindest insoweit analog anzuwenden ist).

2.13 Honorarkonsularbeamte, Mitarbeiter und -Personal in Honorarkonsulaten und ihre Familienmitglieder

2.13.1 Honorarkonsularbeamte

Zu den Honorarkonsularbeamten zählen nach dem WÜK Honorargeneralkonsuln und Honorarkonsuln.

2.13.2 Vorrechte und Befreiungen des Honorarkonsularbeamten

Der Honorarkonsularbeamte besitzt in der Regel die deutsche Staatsangehörigkeit oder ist in der Bundesrepublik ständig ansässig. Er genießt in dem Fall lediglich Befreiung von der Gerichtsbarkeit (Immunität) und Schutz vor hoheitlichen Maßnahmen (persönliche Unverletzlichkeit) in Bezug auf seine bei der Wahrnehmung konsularischer Aufgaben vorgenommenen Amtshandlungen (Art. 71 Abs. 1 WÜK). Diese sogenannte **Amtshandlungsimmunität** ist enger als die den Berufskonsularbeamten zustehende **Amtsimmunität** (vgl. Art. 43 WÜK sowie oben 2.8.2.1). Sie umfasst nur die Amtshandlung selbst, nicht aber andere – von der Amtsimmunität noch erfasste – Handlungen, die mit der eigentlichen Amtshandlung lediglich in einem engen zeitlichen Zusammenhang stehen. Folglich besteht z.B. bei Kfz-Fahrten von Honorarkonsuln ein Schutz nur in solchen Fällen, in denen der Gebrauch des Fahrzeuges selbst als konsularische Amtshandlung anzusehen ist (z.B. beim Transport eines diplomatischen oder konsularischen Kuriers). Von der Amtshandlungsimmunität nicht erfasst sind deshalb z.B. tägliche Fahrten zum Dienst.

Ist der Honorarkonsularbeamte **nicht** deutscher Staatsangehöriger und bei Übernahme des Amtes nicht in Deutschland ständig ansässig, dann genießt er Amtsimmunität und unterliegt wie ein Berufskonsularbeamter wegen Handlungen, die er in Wahrnehmung konsularischer Aufgaben vorgenommen hat, weder der deutschen Gerichtsbarkeit noch Eingriffen deutscher Verwaltungsbehörden (persönliche Unverletzlichkeit im dienstlichen Bereich). Im Übrigen besteht gemäß Artikel 64 WÜK die Verpflichtung, dem entsandten Honorarkonsularbeamten den aufgrund seiner amtlichen Stellung erforderlichen Schutz zu gewähren. Dies kann etwa besondere Maßnahmen zum Schutz der körperlichen Unversehrtheit beinhalten oder auch darin bestehen, Angriffe auf die Freiheit und Würde des Honorarkonsularbeamten zu unterbinden.

Außerdem genießen diese Honorarkonsularbeamten Befreiung von

der Ausländermelde- und Aufenthaltstitelpflicht, soweit der Honorarkonsul nicht im Bundesgebiet einen freien Beruf oder eine gewerbliche Tätigkeit ausübt, welche auf persönlichen Gewinn gerichtet ist (Art. 65 WÜK, vgl. Teil 3.A.1),

der Besteuerung hinsichtlich seiner Bezüge, die er für seine amtliche Tätigkeit erhält (Art. 66 WÜK),

persönlichen Dienstleistungen und Auflagen (Art. 67 WÜK).

Honorarkonsularbeamten stehen in der Bundesrepublik Deutschland Vorrechte und Befreiungen in der Regel nur für die Dauer ihrer Zulassung durch die Bundesregierung zu.

Wird ein Honorarkonsulbeamter festgenommen, in Untersuchungshaft genommen oder wird gegen ihn ein Strafverfahren eingeleitet, muss die Bundesrepublik unverzüglich den Entsendestaat auf diplomatischem Wege benachrichtigen. Dies gilt auch, wenn er, was in der Regel der Fall sein dürfte, als deutscher Staatsangehöriger oder in Deutschland ständig Ansässiger in seinen Privilegien beschränkt sein sollte (Art. 71 Abs. 1 WÜK).

Für nichtamtliche Handlungen genießen Honorarkonsulbeamte weder Befreiung von der Gerichtsbarkeit noch Schutz vor hoheitlichen Maßnahmen (Art. 63 WÜK), allerdings sollte bei der Durchführung eines Strafverfahrens ihre amtliche Stellung gebührend berücksichtigt werden. Hinsichtlich eines Zeugnisverweigerungsrechts gilt dasselbe wie für Konsularbeamte (s.o. – 2.8.2.5).

2.13.3 Familienmitglieder des Honorarkonsularbeamten

Die Familienmitglieder (Definition s.o. Teil 2.1.1.2) von Honorarkonsulbeamten genießen keine Privilegien.

2.13.4 In der honorarkonsularischen Vertretung tätige Berufskonsularbeamte, VtP und dHP im Honorarkonsulat und ihre Familienmitglieder

Die zeitweise oder dauerhafte Unterstützung eines Honorarkonsularbeamten durch Berufskonsularbeamte ist gesandtschaftsrechtlich zulässig. In solchen Fällen genießen Berufskonsularbeamte, das VtP und das dHP weiterhin die Privilegien, die sie auch in anderen Konsulaten genießen würden (vgl. oben). Die Familienmitglieder der Berufskonsularbeamten sind ebenfalls gesandtschaftsrechtlich privilegiert, nicht jedoch die Familienmitglieder des VtP und dHP (Art. 58 Abs. 1 und Abs. 3 WÜK)

2.13.5 Bedienstete Internationaler Organisationen, Vertreter der Mitgliedstaaten und Kongressteilnehmer sowie Durchreisende

2.13.5.1 Vorrechte und Immunitäten für Vertreter der Mitgliedstaaten und Bedienstete Internationaler Organisationen, ihre Familienmitglieder sowie die im Auftrag der betreffenden Organisationen tätigen Sachverständigen

Der Umfang der gewährten Vorrechte und Immunitäten für Vertreter der Mitgliedstaaten und Bedienstete Internationaler Organisationen, ihre Familienmitglieder sowie die im Auftrag der betreffenden Organisationen tätigen Sachverständigen richtet sich nach den jeweiligen, auf die Internationale Organisation anwendbaren völkerrechtlichen Vereinbarungen und dazu erlassenen innerstaatlichen Vorschriften.[55] Diese sind je nach Aufgabe der Organisation unterschiedlich ausgestaltet. Eine abschließende Darstellung der für diesen Personenkreis in Betracht kommenden Vorrechte und Befreiungen kann an dieser Stelle nicht erfolgen.

Für die Vereinten Nationen (VN) sind von besonderer Bedeutung das Übereinkommen vom 13. Februar 1946 über die Vorrechte und Immunitäten der Vereinten Nationen[56] sowie das Abkommen vom 21. November 1947 über die Vorrechte und Befreiungen der Sonderorganisationen der Vereinten Nationen,[57] seit 1995 auch das mit den VN unterzeichnete Sitzstaatabkommen für das VN-Freiwilligenprogramm.[58] Es gilt als Rahmenabkommen auch für andere Organisationen aus dem Bereich der Vereinten Nationen und wird durch das Rechtsstatut der konkret betroffenen Organisation jeweils mit Einschränkungen oder Ergänzungen versehen.

Für die EU ist das Protokoll über die Vorrechte und Befreiungen der Europäischen Union[59] maßgebend.

Folgende Bedienstete Internationaler Organisationen genießen während der Wahrnehmung ihrer dienstlichen Aufgaben innerhalb der Bundesrepublik Deutschland **in der Regel** Vorrechte und Immunitäten aufgrund völkerrechtlicher Vereinbarungen und innerstaatlichen Rechts:

Vertreter der Mitgliedstaaten und deren Familienmitglieder (Definition s.o. 2.1.1.2),

Bedienstete Internationaler Organisationen und deren Familienmitglieder,

die im Auftrag der betreffenden Organisationen tätigen Sachverständigen.

Eine aktuelle Liste der in Deutschland tätigen Internationalen Organisationen, die auch die Namen ihrer Bediensteten, der Organe und der Staatenvertreter mit diplomatenähnlichem Sonderstatus enthält, ist auf der Homepage des Auswärtigen Amts zu finden unter: http://www.auswaertiges-*amt.de/cae/servlet/contentblob/332544/publicationFile/194407/VertretungenFremderStaatenListeIO.pdf*

2.13.5.2 Vorrechte und Immunitäten für Teilnehmer an Kongressen, Seminaren oder ähnlichen Veranstaltungen der Vereinten Nationen, ihrer -Sonderorganisationen oder der durch zwischenstaatliche Vereinbarungen geschaffenen -Organisationen unter dem Schirm der Vereinten Nationen

Für die Vorrechte und Immunitäten von **Teilnehmern an Kongressen, Seminaren oder ähnlichen Veranstaltungen der Vereinten Nationen**, ihrer Sonderorganisationen oder der durch zwischenstaatliche Vereinbarungen geschaffenen Organisationen unter dem Schirm der Vereinten Nationen, die mit ausdrücklicher Zustimmung der Bundesregierung in der Bundesrepublik Deutschland stattfinden, gilt das Übereinkommen von 1946 über die Vorrechte und Immunitäten der Vereinten Nationen (VN-Privilegienabkommen, s. dazu Art. 3 Abs. 2 des Gesetzes vom 16. August 1980, BGBl. 1980 II, 941) bzw. das jeweilige Sitzstaatabkommen. Außerdem werden bisweilen Konferenzabkommen geschlossen, aus de-

55 Eine Zusammenstellung der völkerrechtlichen Übereinkünfte und der damit in Zusammenhang stehenden Rechtsvorschriften, aufgrund derer Personen, insbesondere Bedienstete von Internationalen Organisationen aus anderen Staaten, in der Bundesrepublik Deutschland besondere Vorrechte und Befreiungen genießen, ist in dem vom Bundesministerium der Justiz und für Verbraucherschutz jährlich als Beilage zum Bundesgesetzblatt Teil I herausgegebenen Fundstellennachweis A und als Beilage zum Bundesgesetzblatt Teil II herausgegebenen Fundstellennachweis B enthalten. Nähere Auskunft erteilt das Auswärtige Amt, Referat OR02, unter der Rufnummer 0228-9917-2633, 9.00–16.00 Uhr.

56 BGBl. 1980 II S. 941.

57 BGBl. 1954 II S. 639.

58 BGBl. 1996 II S. 903.

59 BGBl. 1965 II 1482.

nen sich die gewährten Vorrechte und Befreiungen ergeben. Diese orientieren sich i.d.R. weitestgehend an den Regelungen des o.g. VN-Privilegienabkommens von 1946.

Teilnehmer an derartigen Veranstaltungen, die weder Staatenvertreter noch Bedienstete oder Sachverständige der veranstaltenden Organisation sind, genießen nach Artikel 3 Absatz 2 und 3 des Gesetzes vom 16. August 1980 zum o.g. VN-Privilegienabkommen diejenigen Vorrechte und Immunitäten, die im Auftrag der Vereinten Nationen tätigen Sachverständigen i.S. dieses Abkommens zustehen.

2.13.5.3 Konferenzteilnehmer mit deutscher Staatsangehörigkeit oder Teilnehmer, die in Deutschland ständig ansässig sind

Für Konferenzteilnehmer, die Deutsche im Sinne des Grundgesetzes sind (und die einen gültigen Reisepass oder Personalausweis besitzen) oder die in der Bundesrepublik Deutschland ständig ansässig sind, gelten die durch Privilegienabkommen gewährten Vorrechte und Immunitäten i.d.R. nur in eingeschränktem Maße. Entscheidend ist hier auf das jeweilige Abkommen abzustellen. Oftmals werden folgende Vorrechte gewährt:

Befreiung von jeder Gerichtsbarkeit hinsichtlich der von ihnen in Wahrnehmung ihrer Aufgaben vorgenommenen Handlungen; die vorgesehene Befreiung von der Gerichtsbarkeit gilt jedoch nicht für Verstöße gegen das Straßenverkehrsrecht bei Schäden, die durch ein Motorfahrzeug verursacht wurden, das einem Teilnehmer gehört oder von einem solchen gesteuert wurde,

Unverletzlichkeit aller Papiere und Schriftstücke,

Recht zur Verwendung von Verschlüsselungen für ihren Verkehr mit der veranstaltenden Organisation sowie zum Empfang von Papieren und Korrespondenz durch Kurier oder in versiegelten Behältern.

2.13.5.4 Durchreisende

Der unter 2.13.5.1 und 2.13.5.2 genannte Personenkreis kann auf einer dienstlichen Reise durch das Gebiet der Bundesrepublik Deutschland Immunität genießen (Art. 40 WÜD-vergleichbare Regelungen, s.a. die Ausführungen unter 2.6).

Unabhängig hiervon sind durchreisende Diplomatenpassinhaber anderer Staaten stets mit besonderer Höflichkeit zu behandeln, da dem internationalen Ansehen der Bundesrepublik Deutschland anderenfalls geschadet werden kann, s. hierzu oben Ausführungen unter A und Ziff. 2.1.1.1. Anlass und Rechtfertigung von Kontrollmaßnahmen sowie die angestellten Ermessenserwägungen sind umfassend schriftlich festzuhalten, s. zu diesem Dokumentationserfordernis im Einzelnen oben unter Ziff. 2.1.2.2.1.

C. Vorgehen bei Zweifeln über den Status einer Person

1. Feststellung der Personalien

Allgemein zur Feststellung von Personalien ermächtigte Behörden und Beamte sind befugt, Namen und Anschrift von Personen festzustellen, sofern dies sachlich notwendig ist. Beruft sich eine Person auf Vorrechte und Befreiungen, so kann verlangt werden, dass der Nachweis durch Vorlage entsprechender Urkunden, insbesondere durch die in Teil 6 genannten Ausweise (Protokollausweise), den Diplomatenpass oder auf andere Weise geführt wird.

Es ist jedoch unerlässlich, die betroffene Person mit besonderer Höflichkeit zu behandeln, damit die Maßnahme keine negativen und evtl. politischen Reaktionen hervorruft.

2. Ansprechpartner

In eiligen Zweifelsfällen kann unmittelbar beim Auswärtigen Amt (unter der Rufnummer 030-5000-3411 bzw. 0228-9917-2633 von 9.00–16.00 Uhr, ansonsten im Lagezentrum unter der Rufnummer 030-5000-2911) über Mitglieder diplomatischer Missionen, über Angehörige der konsularischen Vertretungen und über Bedienstete Internationaler Organisationen,

und hilfsweise auch bei den Staats-/Senatskanzleien der Länder über Angehörige der konsularischen Vertretungen

Auskunft eingeholt werden. Anhaltspunkte, die für oder gegen die Zugehörigkeit der Person zu einer in der Bundesrepublik Deutschland errichteten diplomatischen oder konsularischen Vertretung oder einer zwischenstaatlichen oder überstaatlichen Organisation sprechen, sind hierbei mitzuteilen.

3. Listen diplomatischer Missionen und konsularischer Vertretungen, Internationaler Organisationen sowie sonstiger Vertretungen

Aktuelle Listen der diplomatischen Missionen und konsularischen Vertretungen, Internationaler Organisationen sowie sonstiger Vertretungen, die auch die Namen der diplomatischen Mitglieder enthalten, werden bei Ref. 703 bzw. Ref. OR02 geführt (nicht alle Leiter Internationaler Organisationen haben einen Diplomatenstatus) und sind auf der Homepage des Auswärtigen Amts unter http://www.auswaer

tiges-*amt.de/DE/Laenderinformationen/VertretungenFremderStaatenA-Z-Laenderauswahlseite_node.html* zu finden. Darüber hinaus erscheint ein- bis zweimal jährlich eine Liste im Bundesanzeiger-Verlag, Postfach 100534, 50445 Köln unter dem Titel: „Diplomatische und konsularische Vertretungen in der Bundesrepublik Deutschland". Das Verzeichnis ist im Buchhandel erhältlich. Eine Bestellung kann auch telefonisch unter 0221-97668-200 oder unter http://www.bundesanzeiger.de *er*folgen.

D. Weitere bevorrechtigte Personen und Personengruppen

1. Rüstungskontrolleure

Teilnehmer an Inspektionen zur Rüstungskontrolle und an vertrauens- und sicherheitsbildenden Maßnahmen (VSBM) genießen Vorrechte und Befreiungen gemäß entsprechender völkerrechtlicher Verträge über Abrüstung, Rüstungskontrolle und VSBM.

Dazu zählen bei Maßnahmen anderer Staaten in der Bundesrepublik Deutschland insbesondere die Erteilung unentgeltlicher Visa für die Inspektoren und bei Vorliegen der gesetzlichen Voraussetzungen die Gewährleistung ihrer Einreise in die Bundesrepublik Deutschland innerhalb der in den internationalen Rüstungskontrollverträgen/Abkommen festgelegten Fristen.

Bei eigenen Maßnahmen in fremden Staaten haben deutsche Inspektoren das Recht, bei entsprechender Notwendigkeit die Hilfe der jeweiligen deutschen Botschaft oder anderen zuständigen deutschen diplomatischen Vertretung zur Sicherstellung des Auftrags in Anspruch zu nehmen.

2. Angehörige von Streitkräften anderer Staaten

2.1 Besatzungen von Staatsschiffen und Staatsluftfahrzeugen

Ausländische Kriegsschiffe und andere hoheitlichen Zwecken dienende Staatsschiffe und Staatsluftfahrzeuge genießen aufgrund Völkergewohnheitsrechts Vorrechte und Befreiungen.

Zwangsmaßnahmen an Bord von hoheitlichen Zwecken dienenden Staatsschiffen sind generell unzulässig. Besatzungsmitglieder und Passagiere partizipieren an dieser Befreiung, sofern sie sich an Bord des Staatsschiffs befinden. Befreiungen bei Staatsluftfahrzeugen entsprechen jenen bei Staatsschiffen. An Bord von fremden Staatsluftfahrzeugen und gegen solche dürfen daher keine hoheitlichen Maßnahmen eines fremden Staates unternommen werden. An der Exemtion partizipieren Besatzungsmitglieder und Passagiere, sofern sie sich an Bord des Staatsluftfahrzeugs befinden.

Diese völkerrechtlichen Regelungen gelten nur vorbehaltlich anderweitiger vertraglicher Bestimmungen. Solche existieren für Besatzungsmitglieder von Kriegsschiffen aus NATO-Staaten nach dem NATO-Truppenstatut und dem Zusatzabkommen zum NATO-Truppenstatut. Hinsichtlich des Inhalts der in diesen Abkommen enthaltenen Privilegien wird auf Teil 4.A verwiesen.

2.2 Verbände ausländischer Streitkräfte

Kraft Völkergewohnheitsrechts genießen Mitglieder der Streitkräfte funktionale Immunität vor der Gerichtsbarkeit des Empfangsstaats, sofern sie hoheitlich-dienstlich tätig werden. Wenn sich Truppen auf fremdem Staatsgebiet mit Einverständnis des Empfangsstaats aufhalten, wird ihr Status allerdings in der Regel vertraglich geregelt. Hinsichtlich der NATO-Mitgliedstaaten und Teilnehmerstaaten der NATO-Partnerschaft für den Frieden (PfP) wird auf Teil 4 verwiesen.

3. Kuriere und Kurierverkehr

3.1 Schutz diplomatischer und konsularischer Kuriere

Diplomatische oder konsularische Kuriere sowie ihnen gleichgestellte Personen genießen, soweit sie ein amtliches Schriftstück mitführen, aus welchem ihre Stellung hervorgeht („Kurierausweis"), umfassenden Schutz vor hoheitlichen Zwangsmaßnahmen. Dies gilt insbesondere für den Schutz vor Festnahme und Untersuchungshaft. Dabei ist zu beachten, dass die Gewährung dieser Privilegierung zeitlich auf die Anreise in den Empfangsstaat, ggf. mit Zwischenstopp in einem Drittstaat (vgl. Art. 40 Abs. 3 WÜD, Art. 54 Abs. 3 WÜK), den Aufenthalt im Empfangsstaat und die Rückkehr in den Entsendestaat zu beschränken ist.

In der deutschen Praxis unterliegt der Kurier zwar den Sicherheitskontrollen an den Flughäfen. Er ist jedoch wegen des umfassenden Schutzes vor Zwangsmaßnahmen berechtigt, die Leibesvisitationen zu verweigern (Art. 27 Abs. 5 WÜD, Art. 35 Abs. 5 WÜK). In einem solchen Fall ist der Kurier darauf hinzuweisen, dass er von der Beförderung ausgeschlossen wird, wenn er sich nicht freiwillig der Personenkontrolle und der Kontrolle seines persönlichen Gepäcks (nicht aber der Kontrolle des amtlichen Kuriergepäcks) unterzieht. Hält der Kurier seine Weigerung aufrecht, darf er den Kontrollpunkt nicht passieren.

Fungieren Diplomaten oder Konsularbeamte als Kuriere, genießen sie die ihnen als Diplomaten/Konsularbeamten zustehenden Vorrechte, so bspw. die Befreiung von der Kontrolle ihres **persönlichen**

Gepäcks. Dies schließt nicht die Befreiung des Gepäcks von den Luftsicherheitskontrollen ein (s. hierzu 2.1.2.5.2). Eine Befreiung von den Luftsicherheitskontrollen gilt nur für Kuriergepäck (s. unten 4.1).

3.2 Schutz des Kurierverkehrs und der amtlichen Korrespondenz

Die Bundesrepublik Deutschland gestattet und schützt den freien Verkehr eines sich in der Bundesrepublik aufhaltenden Staatsoberhauptes, des Chefs oder Ministers einer anderen Regierung oder des Chefs einer diplomatischen Mission, einer konsularischen oder sonstigen Vertretung, der dieses Recht eingeräumt wurde, für alle amtlichen Zwecke. Daraus folgt, dass sich diese im Verkehr mit anderen amtlichen Vertretungen des Entsendestaates aller geeigneten Mittel einschließlich Kurieren und verschlüsselten Nachrichten bedienen können, des Funkverkehrs jedoch nur nach Antrag an das Auswärtige Amt und mit Zustimmung der Bundesnetzagentur, wenn Gegenseitigkeit besteht (s.a. Art. 27 Abs. 1 WÜD, Art. 35 Abs. 1 WÜK).

Gemäß Artikel 27 Absatz 2 WÜD sowie Artikel 35 Absatz 2 WÜK ist auch zu beachten, dass die gesamte amtliche Korrespondenz, welche die Mission oder konsularische Vertretung und ihre Aufgaben betrifft, unverletzlich ist, auch wenn sie nicht als diplomatisches oder konsularisches Kuriergepäck gekennzeichnet und befördert wird. Die amtliche Korrespondenz darf daher in keiner Weise beeinträchtigt, d.h. weder geöffnet oder durchsucht noch beschlagnahmt werden.

4. Schutz des Kuriergepäcks

4.1 Grundsatz

Diplomatisches und konsularisches Kuriergepäck darf weder geöffnet noch zurückgehalten werden. Auch die Durchleuchtung und die Identifizierung des Inhalts mit elektronischen Mitteln sind unzulässig (s.a. für Luftsicherheitskontrollen Anlage M zum Nationalen Luftsicherheitsprogramm, Teil A, Nr. 4).

4.2 Ausnahmen für diplomatisches Kuriergepäck

Eine Ausnahme von diesem Grundsatz für **diplomatisches Kuriergepäck** ist vom WÜD nicht vorgesehen. In der deutschen Praxis kann lediglich in dringenden Verdachtsfällen hinsichtlich eines besonders gravierenden Missbrauchs der Unverletzlichkeit von Kuriergepäck im äußersten Notfall im Beisein eines Botschaftsmitgliedes eine Überprüfung (Durchleuchtung) gefordert werden. Voraussetzungen dafür sind eine Weisung des Auswärtigen Amtes und die Vornahme einer umfassenden Güterabwägun../ 01_Original_Daten/02_Word_von_Autoren_zurueck_zum_Satz/r%C3 %B6mische%20Seiten/05_LR%20-%2 0AbkV%20Stand%2024.2.22.docg mit dem Ergebnis, dass es sich um einen rechtfertigenden Notstand handelt (bspw. bei Gefahr für Leib und Leben bei Weiterbeförderung, etwa wenn eindeutige Hinweise darauf vorliegen, dass Sprengstoff im Kuriergepäck befördert wird). Verweigert der Entsendestaat die Überprüfung, kommt nur eine Rücksendung an den Ursprungsort in Betracht. Andere Maßnahmen (Öffnung ohne Einverständnis des Entsendestaates) dürften nur dann ergriffen werden, wenn andernfalls unmittelbar lebensgefährliche Bedrohungen für Rechtsgüter im Empfangsstaat (bspw. bei Beförderung radioaktiven Materials) zu befürchten sind.

4.3 Ausnahmen für konsularisches Kuriergepäck

Für konsularisches Kuriergepäck ist in Artikel 35 Absatz 3 WÜK eine ausdrückliche Ausnahme vom Verbot der Öffnung und Zurückbehaltung vorgesehen. Wenn die zuständigen deutschen Behörden triftige Gründe für die Annahme haben, dass das konsularische Kuriergepäck nicht nur amtliche Korrespondenz bzw. für den amtlichen Gebrauch bestimmte Schriftstücke oder Gegenstände enthält, können sie die Öffnung durch einen ermächtigten, d.h. entsprechend ausgewiesenen (amtlicher Kurierausweis, Diplomatenausweis, evtl. in Verbindung mit einer besonderen Vollmacht) Vertreter des Entsendestaates in Gegenwart eines Vertreters der deutschen Behörden verlangen. Lehnen die Behörden des Entsendestaates eine Öffnung ab, ist das Gepäck zurückzuschicken. Eine zwangsweise Öffnung ist nicht zulässig.

4.4 Verfahren bei Missbrauch des Schutzes von -Kuriergepäck

Für die Abfertigung der Kuriere ergibt sich aus dem Vorgesagten, dass bei begründetem Verdacht auf eine missbräuchliche Nutzung des gesandtschaftsrechtlich geschützten Kuriergepäcks in jedem Fall sofort auf dem Dienstweg Weisung einzuholen ist, wie verfahren werden soll.

4.5 Vorschriften zur Beförderung des Kuriergepäcks

Kuriergepäck kann befördert werden

a) **durch einen diplomatischen oder konsularischen Kurier.** Dieser muss ein amtliches Schriftstück mit sich führen, aus dem seine Stellung und die Anzahl der Gepäckstücke ersichtlich sind, aus denen das diplomatische oder konsularische Kuriergepäck besteht. Der Kurier genießt persönliche Unverletzlichkeit und unterliegt keiner Festnahme oder Haft (Art. 27 Abs. 5 WÜD, Art. 35 Abs. 5 WÜK).

b) als diplomatisches oder konsularisches Kuriergepäck **durch den verantwortlichen Flugzeugführer (Kommandanten) eines im gewerblichen Luftverkehr eingesetzten Luftfahrzeuges**, dessen Bestimmungsort ein zugelassener Einreiseflugplatz ist. Der Kommandant muss ein amtliches Schriftstück mit sich führen, aus dem die Anzahl der Gepäckstücke ersichtlich ist, die das Kuriergepäck bilden. Er gilt jedoch nicht als diplomatischer oder konsularischer Kurier. Ein entsandtes Mitglied einer diplomatischen Mission oder konsularischen Vertretung darf nicht daran gehindert werden, das Kuriergepäck unmittelbar von dem Kommandanten entgegenzunehmen, wobei in Bezug auf konsularisches Kuriergepäck eine entsprechende Abmachung mit den zuständigen Ortsbehörden zur Voraussetzung gemacht werden darf (Art. 27 Abs. 7 WÜD, Art. 35 Abs. 7 WÜK).

c) als diplomatisches oder konsularisches Kuriergepäck **durch den Kapitän eines Seeschiffes**, dessen Bestimmungsort ein zugelassener Einreisehafen ist. Der Kapitän muss ein amtliches Schriftstück mit sich führen, aus dem die Anzahl der Gepäckstücke ersichtlich ist, die das Kuriergepäck bilden. Er gilt jedoch nicht als diplomatischer oder konsularischer Kurier. Ein entsandtes Mitglied der diplomatischen oder konsularischen Vertretung darf nicht daran gehindert werden, das Kuriergepäck unmittelbar von dem Kapitän entgegenzunehmen (Art. 35 Abs. 7 WÜK, der im Bereich des WÜD analog angewendet wird).

4.6 Kennzeichnung des Kuriergepäcks

Gepäckstücke, die das Kuriergepäck bilden, müssen äußerlich sichtbar als solche gekennzeichnet sein (Art. 27 Abs. 4 WÜD, Art. 35 Abs. 4 WÜK). Der Kurier, der Kuriergepäck befördert, muss ein amtliches Schriftstück mit sich führen, aus dem seine Stellung und die Anzahl der Gepäckstücke ersichtlich sind, die das Kuriergepäck bilden.

4.7 Zollabfertigung des Kuriergepäcks

Für die Zollabfertigung von diplomatischem und konsularischem Kuriergepäck gelten die Weisungen in der Kennung Z 2554 der vom Bundesministerium der Finanzen herausgegebenen Vorschriftensammlung Bundesfinanzverwaltung, VSF.

Teil 2

Bevorrechtigung und Schutz diplomatischer Missionen, konsularischer Vertretungen, Internationaler Organisationen und sonstiger Vertretungen

A. Diplomatische Missionen

1. Unterstützungspflicht des Empfangsstaates

Der diplomatischen Mission ist zur Wahrnehmung ihrer Aufgaben jede Erleichterung zu gewähren (Art. 25 WÜD). Diese allgemeine Beistandspflicht beinhaltet einerseits die Verpflichtung des Empfangsstaates, der ausländischen Mission jede ihm mögliche und zumutbare Hilfeleistung zur Sicherstellung der Funktionsfähigkeit der ausländischen Mission zu gewähren. Andererseits muss der Empfangsstaat Maßnahmen unterlassen, die die diplomatischen Vertretungen und ihre Mitglieder bei der wirksamen Wahrnehmung der ihnen nach dem WÜD übertragenen Aufgaben nachhaltig behindern könnte.

Die Vorschrift beinhaltet für den Empfangsstaat u.a. die Verpflichtung, freien Zugang zur ausländischen Mission zu gewähren. Diese Verpflichtung gilt v.a. für den Zugang von Staatsangehörigen des Entsendestaates, aber grundsätzlich auch für Staatsangehörige des Empfangsstaates. Zugangsbehinderungen bedürfen der besonderen Begründung (bspw. Sicherheitserwägungen) und müssen verhältnismäßig sein.

2. Schutz der Räumlichkeiten und Sachmittel der Mission

2.1 Unverletzlichkeit (Art. 22 WÜD)

Die Räumlichkeiten der Mission, d.h. die Residenz des Missionschefs, die Botschaftskanzlei und die für amtliche Zwecke genutzten Räume und Gebäudeteile sowie das dazugehörige Gelände und die Beförderungsmittel der Mission sind **unverletzlich**. Das Gebäude, die Räume und das Grundstück sind dadurch jedoch nicht „exterritorial" – es handelt sich weiterhin um Hoheitsgebiet der Bundesrepublik Deutschland. Die Vornahme von Hoheitsakten durch deutsche Behörden ist dort jedoch ausgeschlossen (uneingeschränkte deutsche Gebietshoheit, aber eingeschränkte Rechtshoheit). Die Räumlichkeiten, ihre Einrichtung und die sonstigen darin befindlichen Gegenstände sowie die Beförderungsmittel genießen **Befreiung von jeder Durchsuchung, Beschlagnahme, Pfändung oder Vollstreckung** (Art. 22 Abs. 3 WÜD). Vertreter deutscher Behörden dürfen die Räumlichkeiten einer Mission nur mit **Zustimmung des Leiters** betreten (Art. 22 Abs. 1 Satz 2 WÜD).

Daraus ergibt sich für die zuständige Behörde die besondere Pflicht, durch geeignete Maßnahmen die Missionsräumlichkeiten vor jedem Eindringen und jeder Beschädigung zu schützen und zu verhindern, dass der Friede der Mission gestört oder ihre Würde beeinträchtigt wird (Art. 22 Abs. 1, 2 WÜD).

Praxisrelevante Beispiele:

Da der Empfangsstaat auf dem Missionsgelände und in anderen geschützten Räumlichkeiten keine Hoheitsakte vornehmen darf, sind Zustellungen sowie jede andere Form der Aushändigung von Hoheitsakten – auch mit einfachem Brief per Post – unzulässig. Unter den Begriff „Hoheitsakt" fallen Verfügungen, Entscheidungen, Anordnungen und andere Maßnahmen, mit denen Behörden, Gerichte oder sonstige Träger von hoheitlicher Gewalt ein bestimmtes Handeln, Dulden oder Unterlassen fordern, oder die verbindlichen Feststellungs- bzw. Entscheidungscharakter haben. Es handelt sich hierbei vor allem um Verwaltungsakte (§ 35 VwVfG) sowie Gerichtsurteile und -beschlüsse, aber auch vorbereitende Maßnahmen wie Anhörungsbögen.

Ausnahmsweise dürfen Verwaltungsakte (z.B. Steuerbescheide) per Post an die Mission gesandt werden, sofern die Mission die Erteilung des Verwaltungsaktes ausdrücklich beantragt hat.

Verbotswidrig abgestellte **Dienstwagen** dürfen nicht **abgeschleppt, sondern höchstens aus der Gefahrenzone verbracht** werden, wenn Leib und Leben anderer Personen gefährdet sind.

Die **Zwangsvollstreckung** in den Räumlichkeiten und in Gegenstände der Mission sowie in ihre Immobilien ist unzulässig.

Öffnen des Kofferraums der Dienst-Kfz und Durchsuchen des mitgeführten Gepäcks sind unzulässig.

Abhörmaßnahmen sind unzulässig.

Bei Unglücksfällen auf dem Grundstück der Mission gilt Folgendes:

Grundsätzlich ist auch in einem solchen Fall z.B. die Feuerwehr oder das Technische Hilfswerk gehalten, die Genehmigung des Missionschefs oder seines Vertreters zum Betreten des Grundstücks einzuholen. Ist dies nicht möglich, ist es zweckmäßig, unverzüglich das Auswärtige Amt – Protokoll – Berlin (030-5000-2424 von 9.00–16.00 Uhr, ansonsten: 030-5000-2911) zu unterrichten. Ist wegen der Dringlichkeit der Maßnahmen (z.B. wg. Gefährdung von Menschenleben) ein sofortiges Eingreifen geboten, so ist der verantwortliche Leiter der Rettungskräfteeinheit nach pflichtgemäßem Ermessen berechtigt, das Betreten anzuordnen. Die Hilfsmaßnahmen haben sich auf das zur Abwehr der Gefahr Erforderliche zu beschränken.

2.2 Befreiung der Mission von der Gerichtsbarkeit (Immunität)

Botschaften haben keine eigene Rechtspersönlichkeit. Sie handeln stets nur im Namen des Staates, den sie vertreten. Dieser ist nach dem völkergewohnheitsrechtlichen Grundsatz der Staatenimmunität im Bereich seiner hoheitlichen Tätigkeit von der Gerichtsbarkeit anderer Staaten befreit.

2.3 Schutz des Missionsvermögens

Die Archive und Schriftstücke der Mission sind jederzeit unverletzlich, wo immer sie sich befinden (Art. 24 WÜD).

Auf Grundlage des völkergewohnheitsrechtlich anerkannten Grundsatzes, wonach die Arbeit und Funktionsfähigkeit der ausländischen Mission nicht behindert werden soll („ne impediatur legatio") ist in Deutschland höchstrichterlich anerkannt, dass in Bankkonten ausländischer Missionen, soweit diese für den Zahlungsverkehr zur Erfüllung der Aufgaben der diplomatischen Mission dienen, nicht vollstreckt werden darf.

2.4 Berechtigung zum Führen von Hoheitszeichen

Diplomatische Missionen haben das Recht, die Hoheitszeichen ihres Staates (Flagge, Wappen usw.) zu führen (Art. 20 WÜD).

B. Konsularische Vertretungen

1. Unterstützungspflicht des Empfangsstaates

Den konsularischen Vertretungen ist bei der Wahrnehmung ihrer Aufgaben jede Erleichterung zu gewähren (Art. 28 WÜK). Der Empfangsstaat ist hierdurch einerseits verpflichtet, der konsularischen Vertretung jede ihm mögliche und zumutbare Hilfeleistung zur Sicherstellung der Funktionsfähigkeit der Vertretung zu gewähren. Andererseits muss der Empfangsstaat Maßnahmen unterlassen, die die konsularischen Vertretungen und ihre Mitglieder bei der wirksamen Wahrnehmung der ihnen nach dem WÜK übertragenen Aufgaben nachhaltig behindern könnte.

Die Vorschrift beinhaltet für den Empfangsstaat u.a. die Verpflichtung, freien Zugang zur ausländischen Mission zu gewähren. Diese Verpflichtung gilt v.a. für den Zugang von Staatsangehörigen des Entsendestaates, aber grundsätzlich auch für Staatsangehörige des Empfangsstaates. Zugangsbehinderungen bedürfen der besonderen Begründung (bspw. Sicherheitserwägungen) und müssen verhältnismäßig sein.

2. Schutz der Räumlichkeiten der konsularischen Vertretung

2.1 Schutz der Räumlichkeiten bei berufskonsularischen Vertretungen

Für die Räumlichkeiten der konsularischen Vertretung gilt grundsätzlich dasselbe wie für die Räumlichkeiten einer diplomatischen Mission (vgl. Teil 2.A). Artikel 31 Absatz 4 WÜK ist bzgl. staatlicher Zwangsmaßnahmen so wie die Parallelvorschrift im WÜD (Art. 22 Abs. 3) zu lesen und als umfassende Immunitätsregelung zu verstehen.

Nach dem Wortlaut von Artikel 31 Absatz 4 WÜK sind die konsularischen Räumlichkeiten, ihre Einrichtung sowie das Vermögen und die Beförderungsmittel einer konsularischen Vertretung zwar nur von der *Beschlagnahme* zum Zweck der Landesverteidigung und des öffentlichen Wohls befreit. Eine Pfändung oder eine Vollstreckung stellen allerdings ähnlich gravierende Eingriffe dar wie die Beschlagnahme und müssen demnach ebenso behandelt werden. Erst recht ist auch davon auszugehen, dass weniger gravierende Maßnahmen wie die Durchsuchung ausgeschlossen sein müssen.

Wenn eine Beschlagnahme nur in den o.g. Fällen überhaupt denkbar ist, dann spricht außerdem vieles für den Ausschluss von Pfändung und Vollstreckung in Fällen, in denen die Maßnahmen nicht zur Wahrung der genannten Belange der Landesverteidigung und des öffentlichen Wohls ergriffen werden sollen.

Es sind jedoch folgende Ausnahmen zu beachten:

Die Räumlichkeiten genießen den Schutz nur, wenn sie ausschließlich bzw. auch für dienstliche Zwecke genutzt werden. Anders als die Residenz eines Botschafters gehört die Residenz eines Konsuls nicht zu den geschützten Räumlichkeiten (Art. 31 Abs. 1 WÜK).

In einer Notlage kann das Einverständnis des Leiters der konsularischen Vertretung zum Betreten der geschützten Räumlichkeiten vermutet werden (Art. 31 Abs. 2 WÜK). In einem solchen Fall ist die zuständige Landesbehörde – Staats- oder Senatskanzlei – unverzüglich zu unterrichten.

2.2 Schutz der Räumlichkeiten bei honorarkonsularischen Vertretungen

Für die Räumlichkeiten einer honorarkonsularischen Vertretung gilt das Privileg der Unverletzlichkeit nicht. Die Bundesrepublik Deutschland trifft nach Artikel 59 WÜK jedoch die Pflicht, alle erforderlichen Maßnahmen zu treffen, um die Räumlichkeiten vor jedem Eindringen und jeder Beschädigung zu schützen und um zu verhindern, dass der Friede der honorarkonsularischen Vertretung gestört und ihre Würde beeinträchtigt wird.

2.3 Unverletzlichkeit konsularischer Archive und Schriftstücke

Konsularische Archive und Schriftstücke sind jederzeit unverletzlich, wo auch immer sie sich befinden (Art. 33 WÜK). Dasselbe gilt für die konsularischen Archive und Schriftstücke in einer von einem Honorarkonsularbeamten geleiteten konsularischen Vertretung, sofern sie von anderen Papieren und Schriftstücken getrennt gehalten werden, insbesondere von der privaten Korrespondenz sowie von den Gegenständen, Büchern oder Schriftstücken, die sich auf den Beruf oder das Gewerbe eines Konsulatsmitarbeiters beziehen (Art. 61 WÜK).

2.4 Berechtigung zum Führen von Hoheitszeichen

Konsularische Vertretungen können die Hoheitszeichen ihres Staates (Flagge, Wappen) an dem Gebäude, in dem sich die konsularische Vertretung befindet, an der Wohnung des Leiters der konsularischen Vertretung und an den Beförderungsmitteln führen, wenn diese dienstlich benutzt werden (Art. 29 Abs. 2 WÜK). Konsularische Vertretungen, die von einem Honorarkonsularbeamten geleitet werden, führen gemäß Artikel 29 Absatz 3 WÜK die Hoheitszeichen nur an dem Gebäude, in dem sich die dienstlichen Räumlichkeiten befinden.

C. Internationale Organisationen

Zu beachten ist, dass auch Internationalen Organisationen Vorrechte und Befreiungen genießen (z.B. Unverletzlichkeit der Räumlichkeiten, Schutz der Archive und des Kuriers). Da diese Privilegien auf unterschiedlichen völkerrechtlichen Übereinkünften beruhen, können sie nicht zusammenfassend dargestellt werden. In Zweifelsfällen sollte das Auswärtige Amt, Referat OR02 (Tel. 0228-9917-2633, 9.00–16.00 Uhr) befragt werden.

Teil 3
Spezialgesetzliche Regelungen zur Behandlung gesandtschaftsrechtlich bevorrechtigter Personen im deutschen Recht
(nicht abgedruckt)

Teil 4
Sonderbestimmungen für die Rechtsstellung der -Stationierungsstreitkräfte, der Streitkräfte der NATO-Mitgliedsstaaten, der aufgrund des Nordatlantikvertrages errichteten internationalen militärischen Hauptquartiere, der Teilnehmerstaaten an der NATO-Partnerschaft für den Frieden (PfP) sowie der Streitkräfte aus Drittstaaten

A. Rechtsstellung der Stationierungsstreitkräfte

Für die Rechtsstellung der Stationierungsstreitkräfte Belgiens, Frankreichs, Kanadas, der Niederlande, Großbritanniens und der Vereinigten Staaten von Amerika innerhalb der Bundesländer Baden-Württemberg, Bayern, Bremen, Hamburg, Hessen, Niedersachsen, Nordrhein-Westfalen, Rheinland-Pfalz, Saarland und Schleswig-Holstein gelten das Abkommen zwischen den Parteien des Nordatlantikvertrags vom 19. Juni 1951 über die Rechtsstellung ihrer Truppen (NATO-Truppenstatut, BGBl. 1961 II S. 1190) und das Zusatzabkommen vom 3. August 1959 zu dem Abkommen zwischen den Parteien des Nordatlantikvertrags über die Rechtsstellung ihrer Truppen hinsichtlich der in der Bundesrepublik Deutschland stationierten ausländischen Truppen (Zusatzabkommen zum NATO-Truppenstatut, BGBl. 1961 II S. 1183, 1218, 1973 II S. 1021, 1982 II S. 838). Das Zusatzabkommen zum NATO-Truppenstatut wurde in der Folge der deutschen Einheit durch das Abkommen vom 18. März 1993 (BGBl. 1994 II S. 2594, 2598) umfassend geändert.

Im NATO-Truppenstatut und im Zusatzabkommen zum NATO-Truppenstatut werden den jeweiligen Stationierungsstreitkräften vielfältige Vorrechte und Privilegien gewährt. Diese umfassen beispielsweise die Bereiche Zivil-, Verwaltungs- und Strafgerichtsbarkeit, Sozialrecht, Zoll- und Steuerpflicht und das Führen von Kraftfahrzeugen. Daneben finden sich zusätzlich vor allem im Zusatzabkommen zum NATO-Truppenstatut Regelungen zur Liegenschaftsnutzung oder auch zur Beschäftigung deutscher Ortskräfte als Arbeitnehmer bei den Stationierungsstreitkräften.

B. Rechtsstatus bei vorübergehendem Aufenthalt von Streitkräften aus NATO-Mitgliedsstaaten: Unterzeichner des Notenwechsels vom 29. April 1998

Der vorübergehende Aufenthalt von Streitkräften aus -NATO-Mitgliedsstaaten in der Bundesrepublik, die nicht zu den oben genannten ehemaligen Stationierungsstaaten zählen, die aber Unterzeichner des Notenwechsels vom 29. April 1998 sind (Dänemark, Griechenland, Italien, Luxemburg, Norwegen, Portugal, Spanien, Türkei; BGBl. 1999 II S. 508), unterliegt dem NATO-Truppenstatut sowie ggf. Sonderregelungen gemäß Artikel 2 des Notenwechsels.

C. Rechtsstatus bei vorübergehendem Aufenthalt von Streitkräften aus den übrigen NATO-Mitgliedsstaaten (Nichtunterzeichner des Notenwechsels vom 29. April 1998)

Der Aufenthalt von Streitkräften aus NATO-Mitgliedsstaaten, die weder Stationierungsstaaten noch Unterzeichner des Notenwechsels vom 29. April 1998 sind (Albanien, Bulgarien, Estland, Island, Kroatien, Lettland, Litauen, Polen, Rumänien, Slowakei, Slowenien, Tschechische Republik, Ungarn), unterliegt in den Bundesländern Baden-Württemberg, Bayern, Bremen, Hamburg, Hessen, Niedersachsen, Nordrhein-Westfalen, Rheinland-Pfalz, Saarland und Schleswig-Holstein den Regelungen des NATO-Truppenstatuts und – im gesamten Bundesgebiet – gegebenenfalls ergänzenden Vereinbarungen, die in einem bilateralen Streitkräfteaufenthaltsabkommen auf der Grundlage des Streitkräfteaufenthaltsgesetzes abgeschlossen werden. Solche Streitkräfteaufenthaltsabkommen hat die Bundesregierung bisher mit Polen (Abkommen vom 23. August 2000, BGBl. 2002 II 1660), der Tschechischen Republik (Abkommen vom 31. Juli 2003), Estland (Abkommen vom 21. November 2007, BGBl. 2008 II 1278) und Ungarn (Abkommen vom 27. Februar 2014, BGBl. II S. 696) abgeschlossen.

D. Rechtsstatus bei vorübergehendem Aufenthalt von Streitkräften aus PfP-Staaten

Die Rechtsstellung der Streitkräfte aus PfP-Staaten, die nicht auch Vertragsparteien des NATO-Truppenstatuts sind und sich vorübergehend rechtmäßig in Deutschland aufhalten, bemisst sich gemäß Art. I des PfP-Truppenstatuts vom 19. Juni 1995 (Übereinkommen vom 19. Juni 1995 zwischen den Vertragsstaaten des Nordatlantikvertrags und den anderen an der Partnerschaft für den Frieden teilnehmenden Staaten über die Rechtsstellung ihrer Truppen, BGBl. 1998 II S. 1340) ebenfalls nach dem NATO-Truppenstatut, soweit im PfP-Truppenstatut oder in ergänzenden Vereinbarungen, z.B. nach dem Streitkräfteaufenthaltsgesetz (bisher: Österreich, Abkommen vom 5. November 2007, BGBl. 2010 II 11 und Schweiz, Abkommen vom 7. Juni 2010, BGBl. 2010 II 550) nichts anderes bestimmt ist.

E. Rechtsstatus bei vorübergehendem Aufenthalt von Streitkräften aus Drittstaaten

Der vorübergehende Aufenthalt von Streitkräften aus Staaten, die weder Parteien des NATO- noch des PfP-Truppenstatuts sind (Drittstaaten), wird durch bilaterale Streitkräfteaufenthaltsabkommen nach Maßgabe des Streitkräfteaufenthaltsgesetzes vom 20. Juli 1995 geregelt (bisher: Neuseeland, Abkommen vom 4. November 2008, BGBl. 2009 II 489 und Singapur, Abkommen vom 9. Januar 2009, BGBl. 2009 II 166).

F. Vorübergehende Aufenthalte ausländischer Streitkräfte in den neuen Bundesländern

In den Ländern Berlin, Brandenburg, Mecklenburg-Vorpommern, Sachsen, Sachsen-Anhalt und Thüringen genießen die Stationierungsstreitkräfte der sechs ständigen NATO-Stationierungskräfte, ihr ziviles Gefolge, ihre Mitglieder und Angehörigen nach der Regelung des Notenwechsels vom 25. September 1990 in der Fassung des Notenwechsels vom 12. September 1994 (BGBl. 1994 II 29, 3716) bei einem vorübergehenden Aufenthalt die gleiche Rechtsstellung wie in den Altbundesländern. Gleiches gilt gemäß Notenwechsel vom 29. April 1998 für Aufenthalte der Streitkräfte Dänemarks, Griechenlands, Italiens, Luxemburgs, Norwegens, Portugals, Spaniens und der Türkei, ihres zivilen Gefolges, ihrer Mitglieder und Angehörigen in den neuen Bundesländern. Eine dauerhafte Stationierung in den neuen Bundesländern ist ausgeschlossen.

G. Rechtsstellung von NATO-Hauptquartieren

Die Rechtsstellung der NATO-Hauptquartiere in den Bundesländern Baden-Württemberg, Bayern, Bremen, Hamburg, Hessen, Niedersachsen, Nordrhein-Westfalen, Rheinland-Pfalz, Saarland und Schleswig-Holstein richtet sich nach dem Pariser Protokoll vom 28. August 1952 über die Rechtsstellung der aufgrund des Nordatlantikvertrages errichteten internationalen militärischen Hauptquartiere (Protokoll über die NATO-Hauptquartiere, BGBl. 1969 II 2000), dem Abkommen zwischen der Bundesrepublik Deutschland und dem Obersten Hauptquartier der Alliierten Mächte, Europa, vom 13. März 1967 über die besonderen Bedingungen für die Einrichtung und den Betrieb internationaler militärischer Hauptquartiere in der Bundesrepublik Deutschland (Ergänzungsabkommen, BGBl. 1969 II 2009), dem Übereinkommen vom 7. Februar 1969 über die Rechtsstellung des einem internationalen militärischen Hauptquartier der NATO in der Bundesrepublik Deutschland zugeteilten Personals der Entsendestaaten (Statusübereinkommen, BGBl. 1969 II 2044) und dem Gesetz zu dem Protokoll über die NATO-Hauptquartiere und zu den Ergänzungsvereinbarungen vom 17. Oktober 1969 (BGBl. 1969 II S. 1997).

Teil 5

Ausweise für Mitglieder ausländischer Vertretungen und Internationaler Organisationen

A. Protokollausweis des Auswärtigen Amtes

Das Auswärtige Amt – Protokollabteilung – stellt den Mitgliedern ausländischer Vertretungen und Internationaler Organisationen seit 1999 einen roten Protokollausweis (laminierte Plastikkarte im Format 110 mm × 80 mm) aus.

Auf der Vorderseite befindet sich neben dem Lichtbild und den persönlichen Informationen die Funktionsbezeichnung des Ausweisinhabers. Oben rechts wird der Typ des Protokollausweises mitgeteilt (vgl. sogleich folgende Liste) sowie die Nummer des Protokollausweises.

Auf der Rückseite befindet sich ein zweisprachiger Hinweis auf die Vorrechte und Befreiungen des Ausweisinhabers sowie auf die aufenthaltsrechtlichen Besonderheiten. Daneben wird auf die Nummer des dazugehörigen Reisedokuments verwiesen sowie in der unteren rechten Ecke der Typ des Protokollausweises gekennzeichnet. Derzeit gibt es elf Ausweistypen:

„D“ Ausweis für Diplomaten und deren Familienmitglieder

„VB“ Ausweis für Verwaltungs- und technisches Personal an Botschaften und deren Familienmitglieder

„DP“ Ausweis für dienstliches Hauspersonal an Botschaften und deren Familienmitglieder

„K“ Ausweis für Konsularbeamte

„VK“ Ausweis für Verwaltungs- und technisches Personal an Konsulaten

„DH“ Ausweis für dienstliches Hauspersonal an Konsulaten

„KF“ Ausweis für Familienmitglieder von Konsularbeamten, Verwaltungs- und technisches Personal und Hauspersonal an Konsulaten

„OK“ Ausweis für Ortskräfte und deren Familienmitglieder (nur noch sog. „Altfälle“; Ortskräfte, die nach dem 1. Januar 2013 eingestellt wurden, haben keinen Protokollausweis mehr erhalten, da sie bereits bei Einstellung über einen Aufenthaltstitel verfügen mussten, der ihnen die Erwerbstätigkeit gestattet)

„PP“ Ausweis für privates Hauspersonal

„IO“ Ausweis für Mitglieder von in Deutschland eingerichteten Vertretungen Internationaler und Supranationaler Organisationen sowie zwischenstaatlicher Einrichtungen und deren Familienmitglieder

„S“ Sonderausweise für Haushaltsangehörige i.S.v. § 27 Absatz 1 Nummer 5 AufenthV, sowie in bestimmten Sonderfällen bei Internationalen Organisationen.

Hinweis: Die jeweiligen Vorrechte, die auf den Karten mitgeteilt werden, können voneinander abweichen, auch wenn derselbe Ausweistyp vorliegt. Dies liegt daran, dass z.B. bei Diplomaten die Vorrechte u.a. davon abhängen, ob der Diplomat Ausländer oder Deutscher ist. Zu den Vermerken, die einen abweichenden Status anzeigen, zählen (Vermerk auf der Vorderseite des Ausweises oben rechts):

Zusatz „A“

(zum Beispiel: „Protokollausweis für Diplomaten A“)

= Arbeitsaufnahme durch den Ausweisinhaber, dadurch Privilegienbeschränkung gemäß Artikel 31 Absatz 1 lit. c WÜD, s. hierzu Teil 2.1.2.1.2.

Zusatz „Art. 38 I WÜD“

(zum Beispiel: „Protokollausweis für Diplomaten Art. 38 I WÜD“) = Ausweisinhaber ist deutscher Staatsangehöriger oder ständig in Deutschland ansässig, dadurch Privilegienbeschränkung gemäß Artikel 38 Absatz 1 WÜD, s. hierzu 2.7.

Zusatz „Art. 71 I WÜK“

(zum Beispiel: „Protokollausweis für Konsularbeamte Art. 71 I WÜK“) = Ausweisinhaber ist deutscher Staatsangehöriger oder ständig in Deutschland ansässig, dadurch Privilegienbeschränkung nach Artikel 71 Absatz 1 WÜK, s. hierzu Teil 2.8.3.

Hinweis: Honorarkonsuln erhalten keine Ausweise vom Auswärtigen Amt. Ihnen werden vom Protokoll des jeweiligen Bundeslandes (Senats- oder Staatskanzlei) weiße Ausweise im Scheckkartenformat ausgestellt, die im Jahr 2008 für alle Bundesländer einheitlich neu gestaltet wurden (s. nachstehendes Muster).

Lediglich Rheinland-Pfalz und Saarland verwenden noch ein älteres Ausweismodell (weiß mit grünem Querstreifen).

B. Diplomatenpass des Entsendestaates

Die Entsendestaaten pflegen ihrerseits die Angehörigen ihres Auswärtigen Dienstes mit amtlichen Pässen zu versehen (Diplomatenpass, Dienstpass). Diese Pässe haben für den Status des Inhabers in der Bundesrepublik Deutschland zwar keine unmittelbare Bedeutung, doch können sie als Hinweis auf die Sonderstellung wichtig sein. Wie in Deutschland[60] entspricht es auch internationaler Übung, dass die Erteilung von amtlichen Pässen nur an einen zahlenmäßig begrenzten Personenkreis und bei Vorliegen bestimmter Voraussetzungen erfolgt. Die Entscheidung eines anderen Staates, einer Person einen amtlichen Pass zu erteilen, ist zu respektieren. Es ist grundsätzlich davon auszugehen, dass der Passinhaber in dem Herkunfts-/Entsendestaat eine hervorgehobene Stellung einnimmt und sein Aufenthalt in der Bundesrepublik Deutschland von besonderem Interesse für diesen Staat ist. Bei Vorweisen amtlicher Pässe ist daher eine vorsichtige/sorgfältige Prüfung aller Maßnahmen, notfalls Rückfrage angezeigt (vgl. die besonderen Rechte durchreisender Diplomaten Art. 40 Abs. 2 WÜD, s. auch 2.1 und 2.6, und für Konsularbeamte Art. 54 Abs. 2 WÜK). In Zweifelsfällen ist das Auswärtige Amt (unter der Rufnummer 030-5000-3411, 9.00–16.00 Uhr, ansonsten unter der Rufnummer 030-5000-2911) zu befassen. Anlass und Rechtfertigung von evtl. Kontrollmaßnahmen sowie die angestellten Ermessenserwägungen sind

60 S. Allgemeine Verwaltungsvorschrift über die Ausstellung amtlicher Pässe der Bundesrepublik Deutschland vom 27.6.2014 auf Grundlage des § 27 Pass G.

umfassend schriftlich festzuhalten, s. zu diesem Dokumentationserfordernis im Einzelnen oben unter Ziff. 2.1.2.2.1.

Teil 6
Behandlung von bevorrechtigten Personen bei Verstößen gegen die Straßenverkehrsordnung und die öffentliche Ordnung
A. Nach dem Wiener Übereinkommen über diplomatische Beziehungen (WÜD) bevorrechtigte Personen
1. Diplomaten und ihre im Haushalt lebenden Familienmitglieder: Grundsätze der Bevorrechtigung

Artikel 29 WÜD regelt den fundamentalen Grundsatz der Unverletzlichkeit des Diplomaten. Danach sind hoheitliche Zwangsmaßnahmen gegen Diplomaten unzulässig. Folgende Maßnahmen widersprechen diesem Grundsatz:

Maßnahmen der Strafverfolgung (vorläufige Festnahme, Verhaftung, Durchsuchung, Beschlagnahme, Entnahme von Blutproben oder andere Alkoholtests bei Trunkenheitsverdacht im Straßenverkehr, Vernehmung gegen den Willen des Betroffenen)

Maßnahmen zur Verfolgung und Ahndung von Ordnungswidrigkeiten einschließlich der Verwarnung mit Verwarnungsgeld

Verwaltungsakte, welche die persönliche Freiheit der Diplomaten einschränken (z.B. polizeilicher Gewahrsam) oder mit denen Gegenstände beschlagnahmt oder sichergestellt werden, die im Eigentum oder in der tatsächlichen Gewalt dieser Person stehen (z.B. von der Polizei angeordnetes Umsetzen eines Kfz). Die Inverwahrungnahme solcher Gegenstände ist nur zulässig, soweit kein entgegenstehender Wille des Berechtigten erkennbar ist und die Verwahrung in seinem Interesse liegt.

Sonstige Verwaltungsakte mit Sanktionscharakter (z.B. Beschlagnahme des Führerscheins, Sicherstellen eines Kraftfahrzeugs, Anbringen von Parkkrallen).

Die genannten Verbote beschränken sich nicht nur auf die Ausführung, sondern bereits auf eine entsprechende Androhung derartiger Maßnahmen.

Der Grundsatz der Unverletzlichkeit gemäß Artikel 29 WÜD gilt sowohl bei dienstlichen als auch bei rein privaten Handlungen des Diplomaten.

Zwangsmaßnahmen dürfen gegen einen Diplomaten grundsätzlich nicht vorgenommen werden. Gerichtliche und behördliche Maßnahmen mit Sanktionscharakter gegen einen Diplomaten sind nur möglich, wenn der Entsendestaat über seine Mission ausdrücklich nach Artikel 32 WÜD einen Immunitätsverzicht erklärt. Hierzu haben Gerichte und Behörden in jedem Einzelfall das Auswärtige Amt zu konsultieren. **Der Diplomat selbst kann nicht wirksam auf seine Immunität verzichten.** Unzulässiger Zwang liegt auch schon vor, wenn der Betroffene im Falle einer Weigerung mit tatsächlichen Behinderungen durch Behörden, wie z.B. der Polizei, zu rechnen hat. Zur ausnahmsweisen Zulässigkeit von Zwangsmaßnahmen gegen Diplomaten s.o. Teil 2.1.2.2.

Die Frage, ob die Voraussetzungen für das ausnahmsweise Einschreiten vorliegen, ist seitens der deutschen Behörden mit größter Sorgfalt zu prüfen. Die Unverletzlichkeit des Diplomaten gehört zu den überragenden Schutzgütern des Gesandtschaftsrechts und darf in keinem Fall unter Hinweis auf die Durchsetzung der Straßenverkehrsvorschriften durchbrochen werden.

Eine **Anzeige der Polizei** bei der Staatsanwaltschaft ist möglich, soweit die Einleitung eines Ermittlungsverfahrens dazu dient, evtl. Zweifel über die Immunität des Diplomaten zu klären. Die Eröffnung eines Hauptverfahrens gegen Diplomaten ist unzulässig. Insoweit besteht ein Verfahrenshindernis, das von Amts wegen zu beachten ist.

Die direkte Zustellung von Bescheiden (auch Verwarnungen für Parkverstöße) an Botschaften und Diplomaten im Zusammenhang mit Verkehrsordnungswidrigkeiten nach der Straßenverkehrsordnung (StVO) ist aufgrund der Unverletzlichkeit der Mission und des Diplomaten (Art. 22 und 29 WÜD) völkerrechtswidrig und daher unzulässig.

Dazu zählen insbesondere:

das Anheften von Bescheiden an die Windschutzscheibe von Kraftfahrzeugen mit amtlichen diplomatischen Kennzeichen, die Übersendung von Bußgeldbescheiden an die Adresse fremder Missionen oder an die Privatadresse von Diplomaten und

jede andere direkte Zustellung (z.B. durch persönliche Übergabe) an Diplomaten.

Gesandtschaftsrechtlich zulässig sind schlichte Hinweise – auch schriftlich – auf den begangenen Verkehrsverstoß, solange diese Hinweise nicht hoheitlich-autoritativen Charakter haben. Bund und Länder haben sich im Juni 2007 im Rahmen des Bund-Länder-Fachausschusses StVO/StVOWi mit Schwerpunkt Straßenverkehrsordnungswidrigkeiten (Sitzung I/07) auf entsprechende Mustertexte und Hinweise geeinigt (vgl. die Ergebnisniederschrift v. 27./28.6., Gz des BMVI (ehemaliges BMVBS): S 02 (032)/7393.2/3-4/656550 (I/07)).

Wurde ein Diplomat z.B. bei einem Verkehrsunfall verletzt und ist nicht ansprechbar, können Behandlung und Transport in eine Klinik auch ohne seine Einwilligung erfolgen. Die zuständige Mission oder der Entsendestaat sind jedoch schnellstmöglich von diesen Maßnahmen zu unterrichten.

Über Artikel 37 Absatz 1 WÜD werden auch die **Familienmitglieder von Diplomaten, wenn sie nicht Angehörige des Empfangsstaates** sind, in den Schutz des Artikel 29 WÜD einbezogen.

2. Verfahren bei Trunkenheitsfahrten

Das Anhalten eines Diplomaten bei Anzeichen einer Trunkenheitsfahrt im Straßenverkehr ist zulässig. Erst durch die Identitätskontrolle (i.d.R. anhand des Protokollausweises und/oder des amtlichen Passes) ist eine abschließende Überprüfung möglich, ob der Fahrer tatsächlich Privilegien nach dem Gesandtschaftsrecht genießt. Der Betroffene hat in diesen Fällen mitzuwirken. Weigert er sich, so ist ein Festhalten bis zur Klärung der Identität zulässig.

Die Durchführung eines Alkoholtests ist nur im Einvernehmen mit dem Diplomaten möglich. Aus der Weigerung dürfen keine für ihn nachteiligen Schlüsse gezogen werden, d.h. es erfolgt keine Umkehr der Beweislast, da der Empfangsstaat keinen Anspruch auf Mitwirkung des Diplomaten hat. Will der Diplomat kooperieren und an dem Test teilnehmen, sollte darauf hingewirkt werden, dass der Diplomat eine rechtswahrende Erklärung zu Protokoll der kontrollierenden Polizeibeamten abgibt, da ein Immunitätsverzicht nur durch seinen Dienstherrn, den Entsendestaat, erklärt werden kann.

Hindert die Polizei einen offensichtlich fahruntüchtigen Diplomaten an der Weiterfahrt und behält gegebenenfalls die Fahrzeugschlüssel ein, ist diese Maßnahme nur zu seinem eigenen Schutz sowie dem anderer Verkehrsteilnehmer zulässig.

Die Polizei darf den Diplomaten nicht daran hindern, sich vom Ort der Verkehrskontrolle zu Fuß, mit dem Taxi oder mit einem öffentlichen Verkehrsmittel zu entfernen. Ausgeschlossen ist das Anlegen von Handschellen, um den Betroffenen am Weggehen zu hindern. Etwas anderes gilt z.B. dann, wenn eine akute Gefahr der Selbstgefährdung besteht. Dann ist es zulässig, den Diplomaten zu seiner Mission oder nach Hause zu bringen. Zu beachten ist in jedem Einzelfall der Grundsatz der Verhältnismäßigkeit.

Das Kfz eines offensichtlich fahruntüchtigen Diplomaten kann durch die Polizei an einer sicheren Stelle am Ort der Verkehrskontrolle oder in unmittelbarer Nähe dazu geparkt werden. Ein Umsetzen darüber hinaus ist dagegen nur möglich, wenn am Ort der Verkehrskontrolle keine Möglichkeit besteht, das Auto sicher zu parken.

3. Verfahren bei Falschparken und Umsetzen

Bußgelder nach Verstößen gegen die StVO müssen Diplomaten nicht bezahlen, sie können dies jedoch freiwillig tun.

Parkgebühren müssen auch von Diplomaten bezahlt werden. Sie sind Vergütungen für bestimmte Dienstleistungen und fallen damit nicht unter das gesandtschaftsrechtliche Steuerprivileg.

Staatlicher Zwang zur Durchsetzung der Bezahlung von Bußgeldern und Parkgebühren verstößt gegen den Unverletzlichkeitsgrundsatz aus Artikel 29 WÜD und ist deshalb nicht zulässig.

Nach Artikel 22 Absatz 3 WÜD genießen verbotswidrig abgestellte Kfz einer diplomatischen Mission Immunität von Beschlagnahme und Vollstreckungsmaßnahmen, nach Artikel 30 Absatz 2 WÜD ist das Privatfahrzeug eines Diplomaten als Teil seines Vermögens unverletzlich.

Das Umsetzen verbotswidrig geparkter Privatfahrzeuge von Diplomaten im Auftrag der Behörden des Empfangsstaates verstößt – ebenso wie bei Artikel 22 Absatz 3 WÜD (Dienstfahrzeuge der Mission) – gegen Artikel 30 Absatz 2 WÜD. Es wird jedoch von einer konkludenten Zustimmung des Diplomaten zum Umsetzvorgang dann ausgegangen, wenn das geparkte Fahrzeug eine konkrete Gefahr für Leib und Leben anderer Verkehrsteilnehmer oder Personen oder eine erhebliche Behinderung des

Straßenverkehrs darstellt, z.B. durch Blockieren einer Krankenhauseinfahrt oder der Straßenbahnschienen.

Dem Empfangsstaat steht in diesen Fällen nach Ende der Gefahrenlage kein Zurückbehaltungsrecht an dem Fahrzeug bis zur Bezahlung der Umsetzkosten durch den Diplomaten oder die Mission zu. Die Mission bzw. der Entsendestaat als Halter von Dienstfahrzeugen und der Diplomat als Halter seines Privatfahrzeugs können zwar zur Zahlung der Umsetzkosten aufgefordert werden, Sanktionen zur Durchsetzung der Zahlungsaufforderung sind jedoch unzulässig.

Gleiches gilt entsprechend für andere Maßnahmen der Außerbetriebsetzung von Fahrzeugen der Mission oder des Diplomaten, wie z.B. das Anbringen einer **„Parkkralle“**.

Dabei macht es keinen Unterschied, ob die jeweilige Verkehrsfläche privat oder öffentlich ist. Entscheidend ist, ob der Empfangsstaat behördlich in den Umsetzvorgang eingeschaltet wurde oder nicht. Es spielt keine Rolle, ob das Umsetzen selbst durch eine Privatfirma vorgenommen wurde. Wenn diese als Verwaltungshelfer im Auftrag der Behörden handelt, muss sich der Empfangsstaat den Umsetzvorgang zurechnen lassen.

Etwas anderes gilt jedoch bei einer Beauftragung eines Unternehmens durch einen Anlieger oder privaten Grundstücksbesitzer zur Durchsetzung seiner zivilrechtlichen Ansprüche. Hier kann diese Handlung dem Empfangsstaat nicht zugerechnet werden. Es handelt sich dabei um einen rein zivilrechtlichen Vorgang, bei dem das Gesandtschaftsrecht nicht zur Anwendung kommt. In diesen Fällen ist auch der Diplomat zur Bezahlung der Umsetzkosten verpflichtet. Eine Durchsetzung im Wege der Zwangsvollstreckung ist jedoch nicht möglich.

4. Entzug der Fahrerlaubnis

Der Entzug der Fahrerlaubnis bzw. die Sicherstellung oder Beschlagnahme des Führerscheins verstößt bei Diplomaten gegen die durch Artikel 31 WÜD gewährte Immunität bzw. gegen die Immunität gegenüber Vollstreckungsmaßnahmen (Art. 31 Abs. 3 WÜD sowie den Unverletzlichkeitsgrundsatz aus Art. 29 WÜD) und ist deshalb unzulässig.

5. Missbräuchliche Nutzung von Missions- und Diplomatenfahrzeugen

Die Mission und der Diplomat haben dafür Sorge zu tragen, dass ihre Fahrzeuge nur von gesandtschaftsrechtlich privilegierten Personen genutzt werden. Tun sie dies nicht, ist grundsätzlich von einem Privilegienmissbrauch auszugehen. Diese unzulässige Nutzung führt aber nicht automatisch dazu, dass die Fahrzeuge ihren gesandtschaftsrechtlichen Schutz verlieren. Sie sind zunächst weiterhin als Beförderungsmittel der Botschaft (Art. 22 Abs. 3 WÜD) bzw. als Vermögen des Diplomaten, auf dessen Namen sie angemeldet sind (Art. 30 Abs. 2 WÜD), geschützt. Durchsuchungen, Beschlagnahmen etc. sind daher grundsätzlich nicht zulässig. Dies gilt auch in Fällen des Diebstahls und der Gebrauchsanmaßung.

Bei fortgesetzter zweckwidriger Nutzung kann aber der betreffenden Mission oder dem Diplomaten mit der Aufhebung des geschützten Status und mit der Einziehung der das Fahrzeug nach außen privilegierenden Kennzeichen gedroht werden. Dabei ist der Grundsatz der Verhältnismäßigkeit zu beachten. Die Bundesrepublik ist als Empfangsstaat nicht verpflichtet, die völkerrechtlich unzulässige Nutzung der Fahrzeuge dauerhaft hinzunehmen. Bis zu einer entsprechenden Aufhebung sind die Behörden allerdings grundsätzlich verpflichtet, den geschützten Status der Fahrzeuge zu respektieren.

6. Diplomaten, die Angehörige des Empfangsstaates oder dort ständig ansässig sind

Diplomaten, die die deutsche Staatsangehörigkeit besitzen oder in der Bundesrepublik Deutschland ständig ansässig sind, genießen gemäß Artikel 38 Absatz 1 WÜD Immunität von der Gerichtsbarkeit und Unverletzlichkeit lediglich in Bezug auf ihre in Ausübung ihrer dienstlichen Tätigkeit vorgenommenen Amtshandlungen (s.o. 2.7).

Ihre Familienmitglieder besitzen keine Privilegien. Es gilt jedoch der Grundsatz, dass der Empfangsstaat seine Hoheitsgewalt über diese Personen nur so ausüben darf, dass er die Mission bei der Wahrnehmung ihrer Aufgaben nicht ungebührlich behindert.

7. Mitglieder des Verwaltungs- und technischen Personals (VtP) sowie in ihrem Haushalt lebende Familienmitglieder

Über Artikel 37 Absatz 2 WÜD werden Mitglieder des Verwaltungs- und technischen Personals (VtP) der Mission und die zu ihrem Haushalt gehörenden Familienmitglieder, wenn sie weder Angehörige des Empfangsstaats noch in demselben ständig ansässig sind, bei Verstößen gegen die StVO in den Schutz des Artikel 29 WÜD einbezogen. Die oben dargestellten Regelungen gelten daher für sie entsprechend.

8. Mitglieder des dienstlichen Hauspersonals
Mitglieder des dienstlichen Hauspersonals der Mission, die weder Angehörige des Empfangsstaats noch in demselben ständig ansässig sind, genießen nur Amtshandlungsimmunität. Diese umfasst in der Regel keine Immunität bei Verstößen gegen die StVO, da Handlungen im Straßenverkehr kaum jemals als Amtshandlung im Sinne des WÜD vorstellbar sind. Eine Ausnahme könnte für Fahrer der Mission bestehen, soweit diese als dienstliches Hauspersonal angemeldet sind.

Ihre **Familienmitglieder** besitzen unabhängig davon, ob sie Deutsche bzw. im Bundesgebiet ständig ansässig sind oder nicht, keine Privilegien. Auch hier gilt jedoch der Grundsatz, dass der Empfangsstaat seine Hoheitsgewalt über diese Personen nur so ausüben sollte, dass er die Mission bei der Wahrnehmung ihrer Aufgaben nicht ungebührlich behindert.

9. Private Hausangestellte
Nach Artikel 1 lit. h) WÜD ist das private Hauspersonal im häuslichen Dienst eines Missionsmitglieds beschäftigt und nicht Bediensteter des Entsendestaates. Private Hausangestellte von Mitgliedern der Mission, die weder Angehörige des Empfangsstaats noch in demselben ständig ansässig sind, sind unter bestimmten Voraussetzungen von der Sozialversicherungspflicht und von Steuern auf ihre Arbeitsbezüge befreit, genießen aber weder Unverletzlichkeit noch Immunität. Sie können aus diesem Grund für Verstöße gegen die StVO zur Verantwortung gezogen werden. Es gilt wiederum der Grundsatz, dass der Empfangsstaat seine Hoheitsgewalt über diese Personen nur so ausüben darf, dass er die Mission bei der Wahrnehmung ihrer Aufgaben nicht ungebührlich behindert.

10. Mitglieder des Verwaltungs- und technischen Personals (VtP), und des dienstlichen Hauspersonals sowie private Hausangestellte, wenn die Genannten Angehörige des Empfangsstaates bzw. dort ständig ansässig sind; Ortskräfte
Diesen Bediensteten stehen gemäß Artikel 38 Absatz 2 WÜD lediglich Vorrechte und Immunitäten in dem vom Empfangsstaat zugelassenen Umfang zu. Demnach besteht keinerlei Privilegierung, wenn es die innerstaatliche Rechtsordnung, wie in Deutschland, nicht vorsieht.

Ortskräfte (Definition s.o. 2.5) genießen grundsätzlich keine Immunität. Es gilt jedoch auch hier der Grundsatz, dass der Empfangsstaat seine Hoheitsgewalt über diese Personen nur so ausüben darf, dass er die Mission bei der Wahrnehmung ihrer Aufgaben nicht ungebührlich behindert.

B. Nach dem Wiener Übereinkommen über konsularische Beziehungen (WÜK) bevorrechtigte Personen

1. Berufskonsularbeamte
Die Unverletzlichkeit von Konsularbeamten ist im WÜK differenziert ausgestaltet (im Einzelnen s.o. Teil 2.8.2.2). Mit Blick auf Verstöße gegen die Straßenverkehrsordnung und die öffentliche Ordnung gilt Folgendes:

1.1 Dienst- und Privatfahrten von Berufskonsularbeamten
Die in Artikel 43 WÜK geregelte sog. **Amtsimmunität** erfasst alle Handlungen, die in Ausübung der amtlichen bzw. dienstlichen Tätigkeit vorgenommen werden, d.h. nicht nur die eigentliche Amtshandlung selbst, sondern ebenso Akte, die in engem zeitlichen und sachlichen Zusammenhang mit der Amtshandlung stehen. Von dem Begriff „Handlungen in Wahrnehmung konsularischer Aufgaben" werden deshalb auch eng mit der Amtshandlung als solcher zusammenhängende Handlungen erfasst.

So sind beispielsweise **Fahrten zum täglichen Dienst und nach Hause** (oder z.B. von der Wohnung zu einem offiziellen Empfang im Empfangsstaat und zurück) noch als in Wahrnehmung konsularischer Aufgaben erfolgt anzusehen. Denn sie sind für die Wahrnehmung konsularischer Aufgaben unumgänglich. Auch wenn die Rückfahrt nach Hause – anders als die Hinfahrt – bei enger Auslegung nicht mehr unmittelbar der Wahrnehmung konsularischer Aufgaben i.S.v. Artikel 5 WÜK dient, ist auch diese vom Schutzzweck des Artikel 43 WÜK erfasst. Hin- und Rückfahrt müssen – außer bei privaten Unterbrechungen – als einheitlicher Gesamtvorgang angesehen werden, der insgesamt zum Bereich der konsularischen Aufgabenwahrnehmung gehört.

Dabei ist nicht entscheidend, ob der betreffende Berufskonsularbeamte hierfür einen Privatwagen benutzt oder ob er einen Dienstwagen fährt. Allein die Benutzung des Dienstwagens spricht zwar dem ersten Anschein nach für eine Fahrt in Wahrnehmung konsularischer Aufgaben. Aber auch das Benutzen eines Privatwagens kann in Wahrnehmung konsularischer Aufgaben erfolgen. Erfolgt während der Fahrt ein Verkehrsunfall, ist die betreffende Person nach deutscher Praxis vor gerichtlicher Verfolgung im Empfangsstaat geschützt.

Auch die Fahrt eines Berufskonsularbeamten zum dienstlich angeordneten Sprachunterricht oder zum Flughafen, um dort das Kuriergepäck bzw. sonstige dienstliche Post abzuholen, geschieht in Ausübung dienstlicher Tätigkeit.

Dasselbe gilt, wenn der Berufskonsularbeamte etwa mit seinem eigenen Privatwagen unterwegs ist, um hilfsbedürftige Angehörige seines Entsendestaates aufzusuchen und ihre Heimführung vorzubereiten, oder wenn er zu einer Unfallstelle fährt, bei der solche Personen zu Schaden gekommen sind.

Wenn nach Beendigung des Dienstes z.B. eine Gaststätte besucht wird, besteht für die anschließende Heimfahrt allerdings kein enger sachlicher Zusammenhang mit der Wahrnehmung konsularischer Aufgaben mehr. Mit der Heimfahrt wird die dienstliche Tätigkeit nicht wieder aufgenommen, sondern dient allein privaten Interessen.

Kein Bezug zum Dienst besteht außerdem bei Wochenend- (außer im Bereitschaftsdienst) bzw. Urlaubsreisen.

Bei eindeutig außerdienstlicher Benutzung eines Kfz unterliegen Berufskonsularbeamte bei Zuwiderhandlungen gegen das Straßenverkehrsrecht des Empfangsstaates der Strafverfolgung oder dem Bußgeldverfahren. Allerdings ist eine Festnahme oder Untersuchungshaft nur im Rahmen des Artikel 41 Absatz 1 WÜK zulässig.

1.2 Verfahren bei Trunkenheitsfahrten

Das **Anhalten** eines Konsularbeamten bei Anzeichen einer Trunkenheitsfahrt im Straßenverkehr ist zulässig. Erst durch die Identitätskontrolle (i.d.R. Protokollausweis) ist eine abschließende Überprüfung möglich, ob der Fahrer tatsächlich Privilegien nach dem Gesandtschaftsrecht genießt. Der Betroffene hat in diesen Fällen mitzuwirken. Weigert er sich, so ist ein Festhalten bis zur Klärung der Identität zulässig.

Die **zwangsweise Durchführung von Alkoholtests** bei Trunkenheitsverdacht im Straßenverkehr ist **unzulässig**. Die Unverletzlichkeit des Konsularbeamten, die ihn auch vor der zwangsweisen Durchführung eines Alkoholtestes schützt, kann nach Artikel 41 WÜK nur aufgrund einer „Entscheidung der zuständigen Justizbehörde" und bei Vorliegen einer „schweren Straftat" eingeschränkt werden. **Hindert** die Polizei einen eindeutig angetrunkenen Konsularbeamten **an der Weiterfahrt** und entzieht ihm gegebenenfalls die Fahrzeugschlüssel, ist diese Maßnahme nur zu seinem eigenen Schutz sowie dem anderer Verkehrsteilnehmer zulässig. Der Grundsatz der Verhältnismäßigkeit ist stets zu beachten. Die Polizei darf außerdem den Konsularbeamten nicht daran hindern, sich vom Ort der Verkehrskontrolle zu Fuß, mit dem Taxi oder mit einem öffentlichen Verkehrsmittel zu entfernen.

1.3 Verfahren bei Falschparken und Umsetzen

Das Umsetzen verbotswidrig geparkter Dienstwagen durch Polizei- oder Ordnungsbehörden des Empfangsstaats ist mit der Unverletzlichkeit der Beförderungsmittel der konsularischen Vertretung unvereinbar. Zwar sieht Artikel 31 Absatz 4 WÜK keine generelle Unverletzlichkeit von Beförderungsmitteln vor, doch sind die in Artikel 31 Absatz 4 WÜK genannten Gegenstände über die genannten Beschlagnahmegründe hinaus geschützt. Die Behörden des Empfangsstaats dürfen nur ausnahmsweise bei einer konkreten Gefahrenlage Dienstfahrzeuge umsetzen.

Im WÜK ist keine Vorschrift zum Schutz des Privatvermögens des Konsularbeamten enthalten. Privatfahrzeuge sind nur bei Dienstfahrten geschützt. Dem Funktionsprinzip folgend wird der dienstlich genutzte Privatwagen für die Dauer eines Dienstgeschäfts zum „Dienstfahrzeug" im Rechtssinne, welches den Schutz des Artikels 31 Absatz 4 WÜK genießt. Ein Umsetzen des falsch geparkten Fahrzeugs ist in solchen Fällen unzulässig, sofern nicht eine konkrete Gefahrenlage vorliegt. Für die Behandlung verbotswidrig geparkter Dienstwagen oder dienstlich genutzter Privatfahrzeuge gilt ansonsten Teil 6.A.3 entsprechend.

1.4 Entzug der Fahrerlaubnis

Der Entzug der Fahrerlaubnis bzw. die Sicherstellung oder Beschlagnahme des Führerscheins von Berufskonsularbeamten im Zusammenhang mit einer Dienstfahrt ist ein unzulässiger Verwaltungseingriff in die bestehende Amtsimmunität im Sinne des Artikel 43 Absatz 1 WÜK.

Der Entzug der Fahrerlaubnis bzw. die Sicherstellung oder Beschlagnahme des Führerscheins eines Berufskonsularbeamten im Zusammenhang mit einer Privatfahrt durch die Behörden des Empfangsstaats ist eine hoheitliche Maßnahme, die zwangsläufig auch seinen dienstlichen Bereich berührt, und ist deshalb auch hier nicht zulässig. Sie kann dazu führen, dass der Betroffene nicht mehr seinen Dienst versehen kann. Verletzt würde durch eine solche Maßnahme das Gebot des Artikel 28 WÜK, die

Tätigkeit der konsularischen Vertretung nicht nur zu erleichtern, sondern alles zu unterlassen, was die Funktion der Vertretung erschwert.

1.5 Missbräuchliche Nutzung von Konsulatsfahrzeugen und Fahrzeugen des Konsularbeamten

Die konsularischen Vertretungen und der Konsularbeamte haben dafür Sorge zu tragen, dass ihre Dienstfahrzeuge nur von gesandtschaftsrechtlich privilegierten Personen genutzt werden. Tun sie dies nicht, ist grundsätzlich von einem Privilegienmissbrauch auszugehen. Diese unzulässige Nutzung führt aber nicht automatisch dazu, dass die Fahrzeuge ihren gesandtschaftsrechtlichen Schutz verlieren. Sie sind daher zunächst weiterhin als Beförderungsmittel des Konsulats (Art. 31 Abs. 4 WÜK) geschützt. Durchsuchungen, Beschlagnahmen etc. sind daher grundsätzlich nicht zulässig. Dies gilt auch in Fällen des Diebstahls und der Gebrauchsanmaßung.

Bei fortgesetzter zweckwidriger Nutzung kann aber dem betreffenden Konsulat mit der Aufhebung des geschützten Status und mit der Einziehung der das Fahrzeug nach außen privilegierenden Kennzeichen gedroht werden. Dabei ist der Grundsatz der Verhältnismäßigkeit zu beachten. Die Bundesrepublik ist als Empfangsstaat nicht verpflichtet, die völkerrechtlich unzulässige Nutzung der Fahrzeuge dauerhaft hinzunehmen. Bis zu einer entsprechenden Aufhebung sind die Behörden allerdings grundsätzlich verpflichtet, den geschützten Status der Fahrzeuge zu respektieren.

2. Berufskonsularbeamte, die Angehörige des Empfangsstaates oder dort ständig ansässig sind

Nach Artikel 71 Absatz 1 WÜK genießt ein Berufskonsularbeamter, der Angehöriger des Empfangsstaates oder dort ständig ansässig ist, Immunität von der Gerichtsbarkeit lediglich in Bezug auf seine in Ausübung seiner dienstlichen Tätigkeit vorgenommenen Amtshandlungen. Diese **Amtshandlungsimmunität** ist eingeschränkter als die Amtsimmunität, wie sie gemäß Artikel 43 Absatz 1 WÜK den entsandten Konsularbeamten zusteht. Erstere umfasst nur die Amtshandlung selbst, nicht jedoch Handlungen, die mit der Amtshandlung in engem sachlichen Zusammenhang stehen, wie z.B. die Fahrt mit dem Kfz zum Ort der Amtshandlung. Auch die Unverletzlichkeit ist auf Amtshandlungen begrenzt.

Des Weiteren muss der Empfangsstaat gem. Artikel 71 Absatz 1 Satz 2 WÜK die nach Artikel 42 WÜK vorgesehenen Benachrichtigungen an den Leiter der konsularischen Vertretung bzw. bei dessen Betroffenheit an den Entsendestaat vornehmen, wenn ein Konsularbeamter mit eingeschränktem Status festgenommen, in Untersuchungshaft genommen oder ein Strafverfahren gegen ihn eingeleitet wird.

Auch wenn dies in Artikel 71 Absatz 1 WÜK nicht ausdrücklich erwähnt ist, so muss der in Artikel 71 Absatz 2 Satz 3 WÜK verankerte Grundsatz, wonach der Empfangsstaat seine Hoheitsgewalt insbesondere über die dort erwähnten Konsulatsbediensteten nur so ausüben darf, dass dabei die Aufgabenwahrnehmung der konsularischen Vertretung nicht ungebührlich behindert wird, auch dann greifen, wenn es sich um nicht entsandte Konsularbeamte handelt. Was für das Verwaltungs- und technische Personal und das dienstliche Hauspersonal gilt, muss erst recht für Konsularbeamte gelten.

3. Mitglieder des Verwaltungs- und technischen Personals (VtP)

Die Mitglieder des Verwaltungs- und technischen Personals (VtP) einer konsularischen Vertretung können sich nur im Rahmen ihrer dienstlichen Tätigkeit auf die persönliche Unverletzlichkeit i.S.v. Artikel 43 Absatz 1 Alternative 2 WÜK berufen (Verbot des Eingriffs der Verwaltungsbehörden). Bei Fahrten im Straßenverkehr mit rein privater Natur besteht dagegen kein gesandtschaftsrechtlicher Schutz (Artikel 40 und 41 WÜK beziehen sich nur auf Konsularbeamte). Hier besteht daher grundsätzlich kein Schutz ggü. Vollstreckungsmaßnahmen bei Verstößen gegen die Straßenverkehrsordnung. Dennoch sollte die Zugehörigkeit zur konsularischen Vertretung bei der Durchführung der Maßnahmen angemessen berücksichtigt werden.

4. Mitglieder des dienstlichen Hauspersonals

Das dienstliche Hauspersonal genießt nach dem WÜK keine persönliche Unverletzlichkeit, auch nicht über Artikel 43 Absatz 1 Alternative 2 WÜK, der sich ausdrücklich nur auf die Konsularbeamten und das Verwaltungs- und technische Personal bezieht. Allerdings ist es herrschende Staatenpraxis, dass das entsandte und mit hoheitlichen Aufgaben betraute dienstliche Hauspersonal bei dienstlichen Handlungen weder der Gerichtsbarkeit noch administrativen Eingriffen des Empfangsstaats unterliegt. Diese Behandlung ist völkergewohnheitsrechtlich anerkannt. Deshalb kann zumindest bei amtlichen Handlungen ein Schutz des dienstlichen Hauspersonals angenommen werden. Für sie besteht grundsätzlich kein Schutz vor staatlichen Eingriffsmaßnahmen bei Verstößen gegen die Straßenverkehrsordnung.

5. Private Hausangestellte

Das private Hauspersonal von Mitgliedern konsularischer Vertretungen, das weder die Staatsangehörigkeit des Empfangsstaats hat, noch in demselben ständig ansässig ist, ist unter bestimmten Voraussetzungen von der Sozialversicherungspflicht und von Steuern auf seine Arbeitsbezüge befreit, genießt aber weder Unverletzlichkeit noch Immunität. Bei Verstößen gegen die StVO kann es grundsätzlich zur Verantwortung gezogen und staatliche Zwangsmaßnahmen gegen es verhängt werden. Es gilt jedoch zu beachten, dass der Empfangsstaat seine Hoheitsgewalt über diese Personen in jedem Fall nur so ausüben darf, dass er die konsularische Vertretung bei der Wahrnehmung ihrer Aufgaben nicht ungebührlich behindert.

6. Mitglieder des Verwaltungs- und technischen Personals (VtP), des dienstlichen Hauspersonals und private Hausangestellte, die Angehörige des Empfangsstaates bzw. dort ständig ansässig sind, sowie Ortskräfte

Diesen Bediensteten stehen gemäß Artikel 71 Absatz 2 WÜK lediglich Vorrechte und Immunitäten in dem vom Empfangsstaat zugelassenen Umfang zu. **Demnach besteht keinerlei Privilegierung, wenn es die innerstaatliche Rechtsordnung, wie in Deutschland, nicht vorsieht.**

Auch hier gilt jedoch der Grundsatz, dass der Empfangsstaat seine Hoheitsgewalt über diese Personen nur so ausüben darf, dass er die konsularische Vertretung bei der Wahrnehmung ihrer Aufgaben nicht ungebührlich behindert.

Ortskräfte genießen grundsätzlich keine Immunität (s. 2.5).

7. Familienmitglieder des konsularischen Personals berufskonsularischer Vertretungen

Familienmitglieder des konsularischen Personals genießen mangels entsprechender Regelung im WÜK keine persönliche Unverletzlichkeit und Immunität. Die enge persönliche Verbindung zum Personal der konsularischen Vertretung sollte jedoch bei der Durchführung staatlicher Zwangsmaßnahmen angemessen berücksichtigt werden.

8. Honorarkonsularbeamte

8.1 Allgemeines

Das WÜK gewährt Vorrechte und Befreiungen ausschließlich dem Honorarkonsularbeamten selbst, nicht jedoch seinen Hilfskräften oder Familienmitgliedern.

Für den Fall, dass **Berufskonsularbeamte des Entsendestaates einem Honorarkonsul zur Unterstützung zugeteilt werden**, gelten für sie weiterhin in vollem Umfang die Privilegien nach 2.8.2. Da sie auch im Rahmen einer solchen Beiordnung allein berufskonsularische Tätigkeiten ausüben, besteht kein Anlass dafür, ihren Status einzuschränken. Dementsprechend hat die Bundesregierung zu Kapitel II des WÜK (Artikel 28–57) beim Generalsekretär der Vereinten Nationen eine spezielle Interpretationserklärung abgegeben. Danach legt die Bundesrepublik Deutschland die Bestimmungen über die Vorrechte und Befreiungen i.S.v. Artikel 28 bis 57 WÜK so aus bzw. wendet sie so an, dass diese Regelungen ohne Unterschied für alle Berufsbediensteten einer konsularischen Vertretung einschließlich derjenigen gelten, die einer von einem Honorarkonsularbeamten geleiteten konsularischen Vertretung zugeteilt sind.

8.2 Honorarkonsularbeamte, die nicht Angehörige des Empfangsstaates oder dort ständig ansässig sind

Gemäß Artikel 58 Absatz 2 WÜK gilt Artikel 43 Absatz 1 WÜK auch für entsandte Honorarkonsularbeamte (die nicht Angehörige des Empfangsstaates oder dort ständig ansässig sind).

Danach unterliegt der Honorarkonsularbeamte wegen Handlungen, die er in Wahrnehmung konsularischer Aufgaben vorgenommen hat, weder der Gerichtsbarkeit des Empfangsstaates noch Eingriffen seiner Verwaltungsbehörden **(Amtsimmunität wie bei Berufskonsularbeamten)**.

Für alle Handlungen, die der entsandte Honorarkonsularbeamte nicht in Wahrnehmung konsularischer Aufgaben vorgenommen hat, genießt er keinerlei Unverletzlichkeit und Immunität. Mit Blick auf Verstöße gegen die Straßenverkehrsordnung besteht hier demnach kein Verfolgungshindernis und kein Schutz vor staatlichen Zwangsmaßnahmen.

8.3 Honorarkonsularbeamte, die Angehörige des Empfangsstaates oder dort ständig ansässig sind

In der Regel werden in Deutschland Honorarkonsuln zugelassen, die entweder die deutsche Staatsangehörigkeit besitzen oder im Bundesgebiet ständig ansässig sind.

Sie genießen nach Artikel 71 Absatz 1 WÜK lediglich Immunität von der Gerichtsbarkeit und persönliche Unverletzlichkeit wegen in Wahrnehmung ihrer Aufgaben vorgenommener Amtshandlungen **(Amtshandlungsimmunität)**. Die Amtshandlungsimmunität erfasst dabei nur echte Amtshandlungen, nicht aber Tätigkeiten, die mit der Amtshandlung bloß im sachlichen Zusammenhang stehen. Eine Dienstfahrt zum Ort der Amtshandlung ist daher z.B. von der Amtshandlungsimmunität nicht erfasst.

8.4 Familienmitglieder von Honorarkonsularbeamten

Familienmitglieder von Honorarkonsularbeamten genießen mangels entsprechender Regelung im WÜK keine persönliche Unverletzlichkeit und Immunität (Art. 58 Abs. 3 WÜK). Für die Personengruppe besteht daher bei Straßenverkehrsverstößen kein Verfolgungshindernis und kein Schutz vor staatlichen Zwangsmaßnahmen. Es gilt jedoch auch hier die Mindestforderung von Artikel 71 Absatz 2 WÜK, wonach der Empfangsstaat seine Hoheitsgewalt über diese Personen nur so ausüben darf, dass er die konsularische Vertretung bei der Wahrnehmung ihrer Aufgaben nicht ungebührlich behindert.

C. Bedienstete und Vertreter Internationaler Organisationen

Für den Status dieses Personenkreises sind die jeweiligen Privilegienübereinkommen oder Sitzstaatabkommen maßgeblich. Die Bandbreite reicht von einer Gleichbehandlung mit Diplomaten bis hin zur bloßen Amtshandlungsimmunität. Im konkreten Fall sollte der Status mit dem Auswärtigen Amt (Referat OR02, Tel. 0228-9917-2633, 9.00–16.00 Uhr) abgeklärt werden.

D. Kraftfahrzeug-Haftpflichtversicherungsschutz/TÜV/AU

Artikel 56 WÜK verpflichtet alle Mitglieder der konsularischen Vertretung (also Konsularbeamte sowie die Mitglieder des Verwaltungs- und technischen Personals und des dienstlichen Hauspersonals), bei der Benutzung von Land-, Wasser- oder Luftfahrzeugen eine entsprechende **Haftpflichtversicherung** abzuschließen, falls das innerstaatliche Recht des Empfangsstaates, wie in Deutschland, dies vorsieht.

Obwohl die Mitglieder der konsularischen Vertretung bereits über Artikel 55 Absatz 1 WÜK die Rechtsvorschriften des Empfangsstaates auch über den Abschluss von Haftpflichtversicherungen zu beachten haben, soll wegen des besonderen Gefährdungspotentials im Fahrzeugverkehr zusätzlich über die Bestimmung des Artikel 56 WÜK sichergestellt werden, dass Opfer von Unfällen, die von Konsulatspersonal verursacht werden, in jedem Fall durch einen Rückgriff auf den Versicherer ausreichend abgesichert sind.

Der Schutz über die Haftpflichtversicherung greift unabhängig von der Frage, ob es sich um eine Dienst- oder um eine Privatfahrt des Konsulatsmitglieds handelt.

Artikel 56 WÜK ergänzt außerdem Artikel 43 Absatz 2 lit. b) WÜK, wonach sich das Konsulatsmitglied bei Zivilklagen nach Verkehrsunfällen ausdrücklich nicht auf Amtsimmunität von der Gerichtsbarkeit des Empfangsstaates berufen kann. Auch mit dieser Regelung wird dem Opferschutz im besonders schadenstträchtigen Fahrzeugverkehr Rechnung getragen.

Die Versicherungspflicht des Artikel 56 WÜK widerspricht nicht der Pflicht des Empfangsstaates, die Aufgabenwahrnehmung der konsularischen Vertretung zu erleichtern (vgl. Art. 28 WÜK). Denn allein durch den Abschluss einer Haftpflichtversicherung, die auch dem Schutz des Konsulatsmitglieds dient, ist noch keine Erschwerung der Wahrnehmung seiner dienstlichen Aufgaben im Empfangsstaat gegeben.

Auch im Bereich des WÜD können Privilegierte zum Abschluss einer Haftpflichtversicherung für den Bereich des Fahrzeugverkehrs verpflichtet sein. Dies ergibt sich hier allerdings allein aus Artikel 41 Absatz 1 WÜD, wonach alle Personen, die Immunitäten und Privilegien genießen, die Gesetze und Rechtsvorschriften des Empfangsstaates einzuhalten haben.

Die Teilnahme am Straßenverkehr ohne ausreichenden Kraftfahrzeug-Haftpflicht-Versicherungsschutz bzw. ohne gültige TÜV- oder AU-Nachweise stellt einen erheblichen Verstoß gegen die deutschen Straßenverkehrsvorschriften dar. Das Auswärtige Amt behält sich vor, bei solch einem erheblichen Verstoß und nach vorausgegangener Notifikation gegenüber der ausländischen Vertretung bei den zuständigen Behörden eine Zwangsabmeldung des betroffenen Fahrzeugs zu veranlassen. Ferner sind die Polizeibehörden ermächtigt, das Fahrzeug an der Weiterfahrt zu hindern und aus dem Verkehr zu nehmen.

Teil 7
Kraftfahrzeugkennzeichen
(nicht abgedruckt)

Teil 8
Ehrung und Schutz von Besuchern
(nicht abgedruckt)

Teil 9
Schlussbestimmungen
Das Rundschreiben des Auswärtigen Amtes vom 19. September 2008 – Gz.: 503-90-507.00 – (GMBl. 2008, S. 1154) wird aufgehoben.

§ 19

(1) [1]Die Mitglieder der im Geltungsbereich dieses Gesetzes errichteten konsularischen Vertretungen einschließlich der Wahlkonsularbeamten sind nach Maßgabe des Wiener Übereinkommens über konsularische Beziehungen vom 24. April 1963 (Bundesgesetzbl. 1969 II S. 1585 ff.) von der deutschen Gerichtsbarkeit befreit. [2]Dies gilt auch, wenn ihr Entsendestaat nicht Vertragspartei dieses Übereinkommens ist; in diesem Falle findet Artikel 2 des Gesetzes vom 26. August 1969 zu dem Wiener Übereinkommen vom 24. April 1963 über konsularische Beziehungen (Bundesgesetzbl. 1969 II S. 1585) entsprechende Anwendung.

(2) Besondere völkerrechtliche Vereinbarungen über die Befreiung der in Absatz 1 genannten Personen von der deutschen Gerichtsbarkeit bleiben unberührt.

Schrifttum

S. bei § 18.

Entstehungsgeschichte

Ebenso wie § 18 beruht § 19 in seiner heutigen Fassung auf dem Gesetz v. 25.3.1974,[1] und zwar auf Art. 1 Nr. 3 dieses Gesetzes. Davor, in der Fassung des VereinhG 1950, enthielt § 19 die Bestimmung, dass § 18 für die Familienmitglieder und das Geschäftspersonal der in § 18 genannten Personen und für solche Bediensteten derselben, die nicht Deutsche sind, entsprechend gilt. Das war auch der Regelungsgehalt des § 19 in der Ursprungsfassung von 1877; er war mithin bis 1974 eine § 18 ergänzende Bestimmung zum Immunitätsschutz von Diplomaten. Die Immunität der Konsuln regelte das GVG ursprünglich in § 21. Diese Vorschrift war restriktiv. Die im Deutschen Reich angestellten Konsuln waren der inländischen Gerichtsbarkeit unterworfen, sofern nicht in Verträgen des Deutschen Reichs mit anderen Mächten abweichende Vereinbarungen getroffen waren. Eine entsprechende Regelung traf § 21 in der bis 1974 geltenden Fassung.

Übersicht

1 BGBl. I S. 761.

1. Bedeutung der Vorschrift. § 19 ist eine Parallelvorschrift zu § 18. So wie dort die Immunität der Mitglieder der diplomatischen Vertretungen durch Verweisung auf das von der Bundesrepublik Deutschland ratifizierte Wiener Übereinkommen über diplomatische Beziehungen (WÜD) v. 18.4.1961 geregelt ist, normiert § 19 die Befreiung der Mitglieder konsularischer Vertretungen von der deutschen Gerichtsbarkeit durch Verweisung auf das Wiener Übereinkommen über konsularische Beziehungen (WÜK) v. 24.4.1963. Dem WÜK hat die Bundesrepublik Deutschland mit Gesetz v. 26.8.1969[2] zugestimmt. Das Übereinkommen ist für die Bundesrepublik Deutschland seit 7.10.1971 in Kraft.[3] Als geltendes Recht ist es – wie das WÜD – von den Gerichten unmittelbar anzuwenden. § 19 Abs. 1 Satz 1 hat deshalb keine eigenständige Bedeutung. § 19 Abs. 1 Satz 2 bestimmt, dass das WÜK auch für die Mitglieder derjenigen in Deutschland errichteten konsularischen Vertretungen gilt, deren Entsendestaat (noch) nicht Vertragspartei des WÜK ist; in diesem Fall findet Artikel 2 des Zustimmungsgesetzes v. 26.8.1969 entsprechende Anwendung, in dem die Bundesregierung ermächtigt wird, durch Rechtsverordnung die gewährten Befreiungen zu erweitern oder einzuschränken. Solche Rechtsverordnungen sind nicht erlassen worden.[4] Nach Art. 73 WÜK lässt dieses Übereinkommen andere internationale Übereinkünfte, die zwischen den Vertragsparteien in Kraft sind, unberührt und hindert die Vertragsparteien nicht, Übereinkünfte zu schließen, die Bestimmungen des WÜK bestätigen, ergänzen, vervollständigen oder deren Geltungsbereich erweitern. Auf solche Abkommen bezieht sich § 19 Abs. 2.[5] 1

Die **Befreiung von der Strafgerichtsbarkeit** reicht bei den vom WÜK geschützten Mitgliedern der konsularischen Vertretungen deutlich weniger weit als bei den durch das WÜD geschützten Mitgliedern der diplomatischen Vertretungen. Art. 43 Abs. 1 WÜK sieht für Berufskonsularbeamte und Bedienstete des Verwaltungs- und technischen Personals eine solche Befreiung nur bezüglich Handlungen vor, die in Wahrnehmung konsularischer Aufgaben vorgenommen worden sind (Amtsimmunität). Was konsularische Aufgaben sind, ist in Art. 5 WÜK ausgeführt.[6] Nach Art. 41 Abs. 1 WÜK sind auch gegen Berufskonsuln Festnahme und Untersuchungshaft wegen schwerer Straftaten möglich (dazu Rn. 11). Schließlich besteht nach Maßgabe des Art. 44 WÜK für Mitglieder einer konsularischen Vertretung grundsätzlich keine Befreiung von der Zeugenpflicht. Ein Zeugnisverweigerungsrecht steht ihnen nach näherer Bestimmung in Art. 44 Abs. 3 WÜK nur hinsichtlich dienstlicher Angelegenheiten zu. Allerdings ist gegenüber Konsularbeamten (nicht gegenüber dem sonstigen Personal) die zwangsweise Durchsetzung der im privaten Bereich bestehenden Zeugenpflicht ausgeschlossen (Art. 44 Abs. 1 Satz 3 WÜK). Insgesamt tritt also die Durchsetzung der inländischen Strafrechtsordnung gegenüber Bediensteten der Konsulate wesentlich weniger zurück als gegenüber Diplomaten. Dies ist Ausfluss des das WÜK nach seiner Präambel ebenso wie das WÜD bestimmenden funktionalen Ansatzes; der Schutzzweck des Übereinkommens ist danach die wirksame Aufgabenerfüllung der konsularischen Vertretungen. 2

2. Anwendungshilfen. Die Nr. 193 ff. RiStBV und das – auszugsweise unter § 18, 8 wiedergegebene – Rundschreiben des Auswärtigen Amtes „Zur Behandlung von Diplomaten 3

2 BGBl. II S. 1585.

3 BGBl. II 1971 S. 1285.

4 *Katholnigg* 4; SK/*Frister* 1.

5 Vgl. die Übersicht bei *Steinmann* MDR **1965** 706, 708 und *Kreicker* (Exemtionen I) 332 ff. sowie den Fundstellennachweis B zum BGBl. II Sachgebiet I, 4 Vorrechte und Immunitäten, Konsularverträge, Diplomatische Vertretungen.

6 Dazu, ob der Aufgabenkatalog abschließend ist, vgl. SK/*Frister* 9 m.w.N.

und anderen bevorrechtigten Personen in der Bundesrepublik Deutschland“ v. 15.9.2015[7] sind Verwaltungsvorschriften bzw. Handreichungen zur Anwendung des WÜK wie des WÜD, die für den daran nicht gebundenen Richter wertvolle Hinweise enthalten können.

4 **3. Kreis der begünstigten Personen.** Das WÜK unterscheidet (Art. 1 Abs. 2 WÜK) zwischen Berufskonsularbeamten und Wahlkonsularbeamten (Honorarkonsuln) und regelt besonders (Art. 1 Abs. 3 i.V.m. Art. 71 WÜK) die Rechtsstellung der Mitglieder der konsularischen Vertretungen, die Angehörige des Empfangsstaates oder dort ständig ansässig sind. Die **Berufskonsularbeamten** und die Bediensteten des Verwaltungs- und technischen Personals des von einem Berufskonsul geleiteten Konsulats genießen nach Art. 43 Abs. 1 WÜK **Amtsimmunität**. Erfasst sind sowohl Bedienstete, die bereits bei ihrer Entsendung angestellt sind und einer Stellenrotation des ausländischen Auswärtigen Dienstes unterliegen, als auch solche, die erst am Ort der Vertretung unter Vertrag genommen werden und hier durchgängig beschäftigt sind (sog. Ortskräfte).[8] Die Amtsimmunität erstreckt sich im Zweifel auf jedes Handeln des Konsuls oder der Bediensteten, das mit ihrer dienstlichen Betätigung irgendwie in einem inneren Zusammenhang steht.[9] Darauf, ob eine solche Tätigkeit rechtmäßig ist, kommt es nicht an.[10] Darüber hinaus sind der Konsul und die Bediensteten von der deutschen Strafgerichtsbarkeit nicht befreit. Die Berufskonsularbeamten selbst genießen allerdings eine beschränkte persönliche Unverletzlichkeit. Nach Art. 41 Abs. 1 WÜK ist eine Festnahme oder die Anordnung von Untersuchungshaft gegen sie nur wegen einer schweren strafbaren Handlung zulässig. Nach Art. 41 Abs. 2 WÜK dürfen Konsularbeamte außer in dem in Art. 41 Abs. 1 WÜK genannten Fall weder inhaftiert noch auf andere Weise in ihrer persönlichen Freiheit beschränkt werden, es sei denn in Vollstreckung einer rechtskräftigen gerichtlichen Entscheidung. Das betrifft auch Blutentnahmen (Rn. 10). Die Familienangehörigen und das private Hauspersonal sind von der deutschen Strafgerichtsbarkeit in keiner Weise befreit. Auf den Transitimmunitätsschutz von in Drittländern akkreditierten Konsularbeamten ist § 20 Abs. 2 Satz 1 i.V.m. Art. 54 WÜK anzuwenden.[11]

5 Für Konsularbeamte, die **Angehörige des Empfangsstaates** oder dort ständig ansässig sind, gilt Art. 71 WÜK. Sie genießen, soweit der Empfangsstaat nicht zusätzliche Immunitäten gewährt, Befreiung von der Strafgerichtsbarkeit und persönliche Unverletzlichkeit nur wegen ihrer in Wahrnehmung ihrer Aufgaben vorgenommenen Amtshandlungen (Art. 71 Abs. 1 WÜK), nicht hingegen auf hiermit in einem inneren Zusammenhang stehende sonstige Betätigungen; diese sogenannte **Amtshandlungsimmunität** ist somit enger als die Amtsimmunität nach Art. 43 WÜK.[12] Das Zeugnisverweigerungsrecht in Bezug auf dienstliche Angelegenheiten i.S.d. Art. 44 Abs. 3 WÜK haben auch sie (Art. 71 Abs. 1 WÜK). Ihren Familienangehörigen und anderen Mitarbeitern der konsularischen Vertretung, die Angehörige des Empfangsstaates oder dort ständig ansässig sind, stehen Immunitäten nur in dem vom Empfangsstaat jeweils zugelassenen Umfang zu (Art. 71 Abs. 2 WÜK).

6 **Wahlkonsularbeamte (Honorarkonsularbeamte)** sind hinsichtlich der Befreiung von der deutschen Strafgerichtsbarkeit den Berufskonsularbeamten nur teilweise gleichge-

7 GMBl. S. 1206 ff.

8 BGH NStZ **2026** 383, 384 Rn. 15.

9 BGHSt **36** 396, 401; BGH NStZ **2013** 600 m. zust. Anm. *Kreicker* ZIS **2014** 129; speziell zu Straßenverkehrsdelikten s. Rn. 10.

10 BGH NStZ **2013** 600, 601 m. zust. Anm. *Kreicker* ZIS **2014** 129; *ders.* (Exemtionen I) 443, 487 f.; vgl. auch BVerfGE **92** 277, 321.

11 Vgl. § 20, 8.

12 BGH NStZ **2026** 383, 384 Rn. 16 ff.; OLG Zweibrücken NStZ **2013** 601, 602; SK/*Frister* 8; vgl. Rundschreiben des AA v. 15.9.2015 (§ 18, 8) Teil 1 B. 2.8.3.

stellt (Art. 58 Abs. 2 WÜK). Sie genießen zwar Amtsimmunität nach Art. 43 Abs. 1 WÜK;[13] aus Art. 63 WÜK ergibt sich nichts anderes. Jedoch gilt die in Art. 41 WÜK bestimmte beschränkte persönliche Unverletzlichkeit für sie nicht. Überdies wird bei ihnen regelmäßig Art. 71 WÜK zur Anwendung kommen, weil sie meist Staatsangehörige des Empfangsstaates sind.[14]

Die Bundesrepublik Deutschland hat **am 8.4.1974** gegenüber dem Generalsekretär der 7 Vereinten Nationen die **Erklärung** abgegeben, wonach sie Kapitel II des WÜK, das sich mit den Erleichterungen, Vorrechten und Immunitäten für konsularische Vertretungen, Berufskonsularbeamte und sonstige Mitglieder einer konsularischen Vertretung befasst, so auslegt und anwendet, dass die darin enthaltenen Bestimmungen für alle Berufsbediensteten einer konsularischen Vertretung (Konsularbeamte, Bedienstete des Verwaltungs- oder technischen Personals und Mitglieder des dienstlichen Hauspersonals) einschließlich derjenigen gelten, die einer von einem Honorarkonsularbeamten geleiteten konsularischen Vertretung zugeteilt sind.[15]

4. Wirkung und Umfang der Befreiung

a) Grundsatz. Soweit die Befreiung von der deutschen Strafgerichtsbarkeit reicht, gilt 8 grundsätzlich dasselbe wie zur Immunität der Diplomaten.[16] Es besteht ein Verfahrenshindernis. Ein Verzicht auf den Immunitätsschutz ist möglich, kann aber als (gänzlicher) Verzicht hinsichtlich eines Mitglieds der konsularischen Vertretung nur vom Entsendestaat erklärt werden (Art. 45 Abs. 1 WÜK). Ein Verzicht in Bezug auf einzelne Strafverfolgungsmaßnahmen durch den Berechtigten ist dagegen möglich (vgl. Nr. 199 RiStBV).[17] Ob das Verfahrenshindernis der Immunität besteht, hat die zuständige Stelle (Staatsanwaltschaft, Gericht) in eigener Zuständigkeit zu prüfen (Nr. 193 Abs. 2 RiStBV).[18] Unter Verstoß gegen den Immunitätsschutz gewonnene Ermittlungsergebnisse sind unverwertbar, soweit durch die Verwertung der Schutzzweck der Immunität verletzt werden kann. So dürfen Erkenntnisse, die aus der Überwachung eines in den Diensträumen eines Konsulats eingerichteten Telefonanschlusses nach dem G 10 gewonnen wurden, im Verfahren gegen Konsulatsangehörige jedenfalls dann nicht verwertet werden, wenn sich der zugrundeliegende Verdacht auf Handlungen bezieht, die mit der Wahrnehmung konsularischer Aufgaben im Zusammenhang stehen.[19]

b) Einzelheiten. Ebenso wie die persönliche Befreiung der Mitglieder der konsulari- 9 schen Vertretungen von der Strafgerichtsbarkeit wesentlich weniger weit reicht als bei den Mitgliedern der diplomatischen Vertretungen, ist auch der Schutz der **konsularischen Diensträume** beschränkt. Das Betretungsverbot für die Behörden des Empfangsstaates, das das Verbot umfasst, in diesen Räumen ohne den Willen des Leiters der konsularischen Vertretung amtliche Maßnahmen, insbesondere etwa Durchsuchungen oder Beschlagnah-

---

13 OLG Zweibrücken NStZ **2013** 601, 602; *Kreicker* (Exemtionen I) 471 f.; MüKo-ZPO/*Pabst* 3; SK/*Frister* 5; **a.A.** Kissel/*Mayer* 7; MüKo/*Schuster* 14.

14 BayObLG ZfS **2025** 107, 108.

15 BGBl. II 1974 S. 945.

16 Vgl. § 18, 5.

17 MüKo/*Schuster* 5.

18 S. § 18, 5.

19 BGHSt **36** 396 = JZ **1990** 1031 m. Anm. *Schroeder*; zur Verwertbarkeit in Verfahren gegen Dritte vgl. BGHSt **37** 30; ferner MüKo/*Schuster* 6.

men durchzuführen,[20] gilt nach Art. 31 Abs. 2 WÜK nur für den Teil der konsularischen Räumlichkeiten, der ausschließlich für dienstliche Zwecke genutzt wird. Allerdings sind die **konsularischen Archive**[21] und Schriftstücke nach Art. 33 WÜK jederzeit unverletzlich, wo immer sie sich befinden. Bei Konsulaten, die von einem Honorarkonsul geleitet werden, gilt dies nach Art. 61 WÜK jedoch nur dann, wenn sie von anderen Papieren und Schriftstücken, etwa solchen beruflicher oder privater Art des Honorarkonsuls, getrennt gehalten werden. Bei Gegenständen, deren Eigenschaft als konsularische Archive nicht offensichtlich ist, ist die vorläufige Sicherstellung zum Zwecke der Durchsicht zulässig.[22]

10 Die Beschränkung der persönlichen Befreiung von der Strafgerichtsbarkeit auf die Amtsimmunität kann insbesondere bei **Straßenverkehrsdelikten** Probleme aufwerfen. Es ist im Einzelfall zu entscheiden, ob eine Fahrt, in deren Verlauf ein Verkehrsdelikt (Straftat oder Ordnungswidrigkeit) begangen wurde, i.S.d. Art. 43 Abs. 1 WÜK „in Wahrnehmung konsularischer Aufgaben vorgenommen wurde“. Das ist zu bejahen, wenn der Gebrauch des Fahrzeugs in engem sachlichen Zusammenhang mit der wirksamen Wahrnehmung konsularischer Aufgaben steht,[23] wenn zwischen dem Zweck der Fahrt und der konsularischen Tätigkeit ein solcher innerer (und äußerer) Zusammenhang besteht, dass die Fahrt selbst noch der konsularischen Tätigkeit zuzurechnen ist.[24] Dem Schutzzweck der Amtsimmunität gemäß, der, wie die Präambel des WÜK ausspricht, nicht die Bevorzugung Einzelner, sondern die wirksame Aufgabenerfüllung durch das Konsulat ist, wird hierbei einerseits nicht zu großzügig verfahren werden können. Andererseits ist zu berücksichtigen, dass die Aufgaben der Konsulate gegenüber früheren Zeiten vielfältiger geworden sind. Sie umfassen insbesondere die Begleitung und Förderung des Austauschs, der in allen Bereichen des öffentlichen Lebens zwischen der Bundesrepublik Deutschland und dem jeweiligen Entsendestaat stattfindet. Dies bedingt die Anwesenheit bei einer Vielzahl wirtschaftlicher, kultureller und ähnlicher Veranstaltungen im Gastland.[25] Im Einzelfall kann die Abgrenzung der Wahrnehmung konsularischer Aufgaben von einer privaten Teilnahme am gesellschaftlichen Leben schwierig sein. Im Zweifel ist dann Amtsimmunität anzunehmen.[26] Die Fahrt zwischen Konsulat und Privatwohnung genießt allerdings grundsätzlich keinen Immunitätsschutz,[27] schon gar nicht, wenn die Fahrt noch mit einem privaten Gaststättenbesuch verbunden ist.[28] Rechtlich einwandfrei hat das LG Stuttgart die Fahrt einer italienischen Konsulatsangestellten zu einer deutsch-italienischen Diskussionsveranstaltung im Auftrag des Konsulats als unter Amtsimmunität stehend gewertet.[29] Ebenso zutreffend hat das OLG Hamburg entschieden, einem finnischen Konsulatsbeamten, der zunächst eine finnische Handelsdelegation betreut hatte, stehe kein Immunitätsschutz zu, wenn er erst nach Hause fuhr, nachdem er nach dem abschließenden gemeinsamen Arbeitsessen für mehrere Stunden Mitglieder der Delegation „auf privater Ebene“

---

20 Vgl. BGHSt **36** 396, 399.

21 Zur Begriffsbestimmung s. Art. 1 Abs. 1 Buchst. k WÜK; dazu BGH NJW **2025** 3516, 3518.

22 Vgl. BGH NJW **2025** 3516, 3518, unter Heranziehung der für Verteidigungsunterlagen geltenden Erwägungen.

23 BayObLG NJW **1974** 431; OLG Karlsruhe NJW **2004** 3273; OLG Zweibrücken NStZ **2013** 601, 602; vgl. auch Rundschreiben des AA v. 15.9.2015 (§ 18, 8) Teil 6 B. 1.1.

24 OLG Hamm GA **1967** 286; ebenso BayObLG NJW **1992** 641; OLG Düsseldorf VRS **92** (1997) 18; OLG Hamburg NJW **1988** 2191; LG Stuttgart VRS **89** (1995) 457.

25 Zu weitgehend allerdings – jedes gesellschaftliche Treffen – Kissel/*Mayer* 4; KK/*Barthe* 3.

26 OLG Schleswig VRS **62** (1982) 277; *Katholnigg* 6; Kissel/*Mayer* 4; KK/*Barthe* 3.

27 So OLG Hamm GA **1967** 286; KK/*Barthe* 3; Kissel/*Mayer* 4; SK/*Frister* 12; **a.A.** Rundschreiben des AA v. 15.9.2015 (§ 18, 8) Teil 6 B. 1.1.

28 OLG Düsseldorf VRS **92** (1997) 18; Rundschreiben des AA v. 15.9.2015 (§ 18, 8) Teil 6 B. 1.1.

29 LG Stuttgart VRS **89** (1995) 457.

zur Hamburger Reeperbahn begleitet hatte.[30] Erforderlich ist stets, dass der Zusammenhang mit der dienstlichen Tätigkeit nachvollziehbar dargetan ist; zu Recht hat daher das OLG Karlsruhe den Immunitätsschutz in einem Fall versagt, in dem die dienstliche Veranlassung einer Autofahrt nur pauschal behauptet, aber in keiner Weise konkretisiert wurde.[31] Soweit Immunitätsschutz besteht, ist eine Blutentnahme ausgeschlossen. Andernfalls ist sie möglich, wenn nicht die – nur für Berufskonsularbeamte in Betracht kommende – beschränkte persönliche Unverletzlichkeit des Art. 41 Abs. 2 WÜK (Rn. 4) entgegensteht.

Die den Berufskonsularbeamten nach Art. 41 WÜK zustehende beschränkte persönli- 11
che Unverletzlichkeit gilt nicht bei **„schweren strafbaren Handlungen"**. Der englische Text, eine der fünf verbindlichen Textfassungen (vgl. Art. 79 WÜK), spricht von „grave crime". In einer früheren Fassung des inzwischen aufgehobenen Rundschreibens des Bundesministeriums des Innern „Diplomaten und andere bevorrechtigte Personen"[32] war dies dahin erläutert worden, dass es sich um eine im Mindestmaß mit drei Jahren Freiheitsstrafe bedrohte Tat handeln müsse.[33] Diese Umschreibung war in der zuletzt geltenden Fassung dieses Rundschreibens[34] bereits aufgegeben; sie wird auch in den Rundschreiben des Auswärtigen Amtes, zuletzt v. 15.9.2015,[35] nicht mehr verwendet. Tatsächlich war die Schwelle damit wohl zu hoch angesetzt, so wie sie zu niedrig liegt, wenn – mit der erläuternden Bekanntmachung des Bayerischen Staatsministeriums der Justiz[36] – auf eine Höchststrafe von mindestens fünf Jahren Freiheitsstrafe abgestellt wird.[37] Entsprechende Hinweise können die Gerichte bei der Auslegung des WÜK ohnehin nicht binden.[38] Es ist sachgerecht, wenn sie sich nicht nur am Strafrahmen, sondern an der Schwere der konkreten Tat orientieren.[39] Von einer „schweren strafbaren Handlung" kann dabei im Einzelfall auch bei Vergehen auszugehen sein.[40] Kommt eine mehrjährige Freiheitsstrafe in Betracht, etwa bei einer Vergewaltigung (§ 177 Abs. 6 Satz 2 Nr. 1 StGB) oder bei einem sexuellen Missbrauch von Kindern (§ 176 StGB), ist es regelmäßig gerechtfertigt, ein „grave crime" anzunehmen und den Belangen der deutschen Strafrechtspflege den Vorrang einzuräumen.[41] Die in Art. 41 Abs. 1, 2 WÜK getroffenen Regelungen lassen die Durchbrechung der persönlichen Immunität der Berufskonsuln in Fällen einer schweren Straftat nur aufgrund einer Entscheidung der zuständigen Justizbehörde zu. Das meint in erster Linie das Gericht, daneben jedenfalls die Staatsanwaltschaft. Ob die Ermittlungspersonen der Staatsanwaltschaft erfasst sind, ist nicht zweifelsfrei,[42] entspricht aber der in Deutschland üblichen Zuordnung der strafverfolgenden Tätigkeit der Polizei zur Justiz.[43]

---

30 OLG Hamburg NJW **1988** 2191; zust. *Kreicker* (Exemtionen I) 507 Fn. 347.

31 OLG Karlsruhe NJW **2004** 3273; ähnlich betreffend die Amtshandlungsimmunität eines Honorarkonsuls BayObLG ZfS **2025** 107, 108 f.

32 Vgl. § 18, 3.

33 Rundschreiben „Diplomaten und andere bevorrechtigte Personen" des BMI v. 14.3.1975, Nr. IV B 2, GMBl. 337, 518, 629; vgl. auch Kissel/*Mayer* 5; *Schmitt*/Köhler 3.

34 § 18, 3.

35 Vgl. dort (§ 18, 8) Teil 1 B. 2.8.2.2.

36 Nr. 1.3 der Bek. v. 20.2.2009, JMBl. S. 27.

37 MüKo/*Schuster* 9.

38 S. § 18, 5.

39 Kritisch dazu SK/*Frister* 15.

40 Anders – nur bei Verbrechen – *Kreicker* (Exemtionen I) 457 f.; SK/*Frister* 15; vgl. auch MüKo/*Schuster* 9 (Straftatenkatalog des § 100a Abs. 2 StPO).

41 Vgl. zu entsprechenden Überlegungen bei der Beratung des WÜK *Jabloner-Fugger* NJW **1964** 712.

42 Bejahend Graf/*Valerius* 10; KK/*Barthe* 4; SK/*Frister* 16; MüKo/*Schuster* 10 (subsidiär); verneinend Kissel/*Mayer* 5.

43 Vgl. LR/*Gerson* § 23 EGGVG, 14 f.

12 **5. Dauer der Befreiung.** Beginn und Ende der konsularischen Vorrechte und Immunitäten regelt Art. 53 WÜK. Sie beginnen mit der Einreise in das Hoheitsgebiet des Empfangsstaates oder, wenn sich die betreffenden Personen bereits dort befinden, mit der Aufnahme der konsularischen Tätigkeit. Sie enden normalerweise mit der Ausreise oder dem Ablauf einer hierfür gewährten angemessenen Frist. Die Amtsimmunität in Bezug auf die Handlungen, die von einem Konsularbeamten oder einem Bediensteten des Verwaltungs- oder technischen Personals in Wahrnehmung seiner Aufgaben vorgenommen wurden, bleibt allerdings auf unbegrenzte Zeit bestehen (Art. 53 Abs. 4 WÜK).

§ 20

(1) Die deutsche Gerichtsbarkeit erstreckt sich auch nicht auf Repräsentanten anderer Staaten und deren Begleitung, die sich auf amtliche Einladung der Bundesrepublik Deutschland im Geltungsbereich dieses Gesetzes aufhalten.

(2) [1]Im übrigen erstreckt sich die deutsche Gerichtsbarkeit auch nicht auf andere als die in Absatz 1 und in den §§ 18 und 19 genannten Personen, soweit sie nach den allgemeinen Regeln des Völkerrechts, auf Grund völkerrechtlicher Vereinbarungen oder sonstiger Rechtsvorschriften von ihr befreit sind. [2]Funktionelle Immunität hindert nicht die Erstreckung deutscher Gerichtsbarkeit auf die Verfolgung von Verbrechen nach dem Völkerstrafgesetzbuch.

Schrifttum

Blumenwitz Genießt der Vorsitzende des Staatsrats der DDR in der Bundesrepublik Immunität nach den allgemeinen Regeln des Völkerrechts? JZ **1985** 614; *Engel* Zur Immunität eines Sonderbotschafters, JZ **1983** 627; *Folz/Soppe* Zur Frage der Völkerrechtmäßigkeit von Haftbefehlen gegen Regierungsmitglieder anderer Staaten, NStZ **1996** 577; *Frank/Barthe* Immunitätsschutz fremdstaatlicher Funktionsträger vor nationalen Gerichten, ZStW **133** (2021) 235; *Kreicker* Völkerrechtliche Exemtionen, Bd. I und II (2007); *ders.* Völkerrechtliche Immunitäten und die Ahndung von Menschenrechtsverletzungen, JR **2015** 298; *Kreß* Der Internationale Gerichtshof im Spannungsfeld von Völkerstrafrecht und Immunität, GA **2003** 25; *Weiß* Völkerstrafrecht zwischen Weltrechtsprinzip und Immunität, JZ **2002** 696; *Wolf* Die völkerrechtliche Immunität des ad-hoc-Diplomaten, EuGRZ **1983** 401.

Entstehungsgeschichte

§ 20 lautete in der Ursprungsfassung von 1877: „Durch die Vorschriften der §§ 18, 19 werden die Vorschriften über den ausschließlichen dinglichen Gerichtsstand in bürgerlichen Rechtsstreitigkeiten nicht berührt“. Durch Art. 1 Nr. 4 des Gesetzes v. 25.3.1974[1] erhielt § 20 die dem jetzigen Absatz 2 Satz 1 entsprechende Fassung; eine ähnliche Regelung war zuvor – seit 1950 – in § 18 als dessen Satz 2 enthalten gewesen.[2] Der jetzige Absatz 1 wurde eingefügt durch Artikel 4 des Gesetzes v. 17.7.1984;[3] der frühere Inhalt des § 20 wurde danach zu Absatz 2. Dessen bis dahin einziger Satz wurde durch Art. 4 Nr. 1 des Gesetzes zur Fortentwicklung des Völkerstrafrechts[4] mit Wirkung v. 3.8.2024 um den jetzigen Satz 2 ergänzt.

---

1 BGBl. I S. 761.
2 Rn. 3; § 18, Entstehungsgeschichte.
3 BGBl. I S. 990.
4 BGBl. I Nr. 255.

Übersicht

1 **1. „Lex Honecker" (Absatz 1).** Der 1984 eingefügte § 20 Abs. 1 verdankt seine Entstehung einem erwarteten (und einige Zeit später stattgefundenen) Besuch des Staatsratsvorsitzenden der DDR Erich Honecker. Zwar genießen nach den allgemeinen Regeln des Völkerrechts (und damit nach dem damals gültigen § 20 a.F., der dem jetzigen § 20 Abs. 2 Satz 1 entspricht) ausländische Staatsoberhäupter auf dem Boden der Bundesrepublik Deutschland Befreiung von deren Gerichtsbarkeit. Auch nach Abschluss des Grundlagenvertrags v. 21.12.1972 mit der DDR[5] durfte diese in der Bundesrepublik von Verfassungs wegen aber nicht als Ausland angesehen werden; sie war „ein anderer Teil Deutschlands".[6] Der Staatsratsvorsitzende war demnach nicht ausländisches Staatsoberhaupt; deshalb wollte der Gesetzgeber – über die partiellen, die Ständige Vertretung der DDR begünstigenden Vorschriften hinaus – eine allgemeine und in abstrakter Fassung die Exterritorialität ausdehnende Vorschrift schaffen.[7] Später hat der BGH in einem Beschluss über eine Zuständigkeitsbestimmung nach § 13a StPO die Auffassung vertreten, die Immunität des Staatsratsvorsitzenden der DDR ergebe sich aus den allgemeinen Regeln des Völkerrechts (§ 20 Abs. 2).[8] Diese Auffassung ist in der Literatur teilweise harsch kritisiert worden.[9] Die Geschichte ist über diese Streitfrage und den Anlass für die Regelung in Absatz 1 hinweggegangen. Die Bedeutung der Regelung ist allerdings deshalb nicht entfallen.

2 **Repräsentanten anderer Staaten.** Der Begriff des „Repräsentanten" ist weit zu fassen, reicht also über die Staatsoberhäupter und Mitglieder der Regierungen hinaus. Im Gesetzgebungsverfahren ist darauf hingewiesen worden, dass davon insbesondere auch die Manöverbeobachter nach den KSZE-Vereinbarungen erfasst sind.[10] Die Repräsentanten anderer Staaten müssen sich auf amtliche Einladung der Bundesrepublik in Deutschland aufhalten. **Amtlich** ist eine Einladung, wenn sie offiziell und eindeutig ist; eine besondere Form ist nicht vorgeschrieben. Sie muss von der Bundesrepublik Deutschland ausgegangen sein. Erforderlich ist somit, dass eine Stelle die Einladung ausgesprochen hat, die für die Bundesrepublik Deutschland dazu befugt ist. Das sind in erster Linie der Bundespräsident und die Bundesregierung, aber auch die anderen Verfassungsorgane des **Bundes**, insbesondere der Deutsche Bundestag.[11] Über die Verfassungsorgane des Bundes hinaus wird die Regelung im Hinblick auf Wortlaut und Entstehungsgeschichte indes nicht ausgedehnt werden können. Es geht also zu weit, wenn man darauf abstellt, ob die einladende Stelle nach der verfassungsmäßigen Ordnung der Bundesrepublik Deutschland eine entsprechende Einladung aussprechen kann.[12] Einladungen von Landesregierungen oder Landesministern, auch wenn sie den Vorsitz in der entsprechenden Ministerkonferenz führen,

5 BGBl. II S. 421.
6 BVerfGE **36** 1, 17, 29; **37** 57, 64.
7 Dazu BTDrucks. **10** 1447.
8 BGHSt **33** 97.
9 Vgl. *Blumenwitz* JZ **1985** 614; **a.A.** *Truckenbrodt* DRiZ **1985** 423.
10 BTProt. v. 7.6.1984 S. 5386.
11 MüKo/*Schuster* 5; SK/*Frister* 4.
12 So aber *Katholnigg* 1.

genügen nicht,[13] erst recht nicht solche von Kommunen, Universitäten, sonstigen Körperschaften oder Anstalten oder gar von privaten Organisationen. Das gilt auch, wenn die entsprechende Einladung mit der Bundesregierung abgestimmt worden ist.[14] Die Befreiung gem. Absatz 1 erstreckt sich auf die **Begleitung** des Eingeladenen, d.h. auf die Begleitpersonen, die auf der vom Gastland akzeptierten Delegationsliste genannt sind.[15] Darauf, welche Staatsangehörigkeit der eingeladene Repräsentant eines anderen Staates hat, kommt es nicht an, wie sich aus dem damaligen Anlass der Regelung ergibt.

2. Weitere Befreiungen (Absatz 2)

3 **a) Allgemeine Bedeutung.** Eine dem Absatz 2 Satz 1 entsprechende Vorschrift enthielt ursprünglich § 18 Satz 2. Gegenüber dieser Vorschrift ist § 20 Abs. 2 Satz 1 dahin erweitert, dass er als Rechtsgrundlage der Befreiung von der deutschen Gerichtsbarkeit nicht nur die allgemeinen Regeln des Völkerrechts und besondere völkerrechtliche Vereinbarungen (bisher „Staatsverträge“), sondern auch „sonstige Rechtsvorschriften“ anführt.[16] Der mit Wirkung v. 3.8.2024 eingefügte Absatz 2 Satz 2 dient der Festschreibung der neueren Rechtsprechung des BGH zum Ausschluss der Funktionsträgerimmunität bei Völkerstraftaten (dazu Rn. 6).[17]

4 **b) Befreiung nach den allgemeinen Regeln des Völkerrechts.** Nach Art. 25 GG sind die allgemeinen Regeln des Völkerrechts unmittelbar geltendes Bundesrecht, das den Gesetzen vorgeht. Stößt in einem Rechtsstreit das Gericht auf ernstzunehmende Zweifel, ob und mit welcher Tragweite eine allgemeine Regel des Völkerrechts gilt, so hat es nach Art. 100 Abs. 2 GG die Entscheidung des **BVerfG** einzuholen, die nach Art. 94 Abs. 4 Satz 1 GG, § 31 Abs. 1 BVerfGG bindende Wirkung hat.[18] Allgemeine Regeln des Völkerrechts sind Regeln, die von der weitaus größeren Zahl der Staaten – nicht notwendigerweise auch von der Bundesrepublik Deutschland – anerkannt werden.[19] Von der inländischen Gerichtsbarkeit befreit sind danach ausländische **Staatsoberhäupter**, auch wenn sie sich nicht in amtlicher Eigenschaft in Deutschland aufhalten.[20] Bei Besuchen aufgrund amtlicher Einladung erstreckt sich die Immunität auf die das Staatsoberhaupt begleitenden Angehörigen sowie ihr sonstiges Gefolge. Die Angehörigen von Staatsoberhäuptern genießen im Übrigen keine Immunität, so zum Beispiel nicht der in Deutschland studierende Sohn eines Staatspräsidenten.[21] Die Immunität des Staatsoberhaupts gilt für die Dauer seiner Amtszeit, danach jedenfalls – wie bei den Diplomaten (Art. 39 Abs. 2 Satz 2 WÜD) – für früheres amtliches Handeln. Ob auch sonstiges Handeln während der Amtszeit von der Strafverfolgung ausgenommen ist und ggf. in welchem Umfang, ist streitig.[22] Immunität genießen ferner die **Chefs und Minister von Regierungen** anderer Staaten bei Besuchen in amtlicher Eigenschaft sowie die sie amtlich begleitenden Angehörigen und ihr

---

13 *Schmitt*/Köhler 2; SK/*Frister* 4; Wieczorek/Schütze/*K. Schreiber* 3; Zöller/*Lückemann* 1; **a.A.** *Katholnigg* 1; zweifelnd MüKo-ZPO/*Pabst* 3.

14 Zum Ganzen *Kreicker* (Exemtionen II) 771 f.

15 BTDrucks. **10** 1447 S. 14.

16 Vgl. BGH NJW **1979** 1101 (Abs. 2 als „lückenausfüllende Generalklausel“).

17 Vgl. die Beschlussempfehlung des Rechtsausschusses, BTDrucks. **20** 11661 S. 19; im Gesetzentwurf der Bundesregierung (BTDrucks. **20** 9471) war die Regelung zunächst nicht enthalten.

18 Vgl. BVerfGE **96** 68, 77; BVerfG NJW **2012** 293, 295; BGHSt **65** 286, 303 f.; Kissel/*Mayer* 2; § 12, 28.

19 BVerfGE **15** 25, 33 ff.; **16** 27, 33; **46** 342; BGHSt **65** 286, 289 f.

20 OLG Köln NStZ **2000** 667 („Fall Saddam Hussein“); *Oehler* ZStW **91** (1979) 399.

21 Rundschreiben des AA v. 15.9.2015 (§ 18, 8) Teil 1 B. 1.

22 Vgl. *Weiß* JZ **2002** 702; Kissel/*Mayer* 11.

sonstiges Gefolge. Unter Bezugnahme auf die Entscheidung des IGH v. 14.2.2002 in der Sache Demokratische Republik Kongo gegen Belgien[23] wird für Regierungschefs und Außenminister teilweise darüber hinausgehend wie für das Staatsoberhaupt eine umfassende persönliche Immunität angenommen.[24] In dem Rundschreiben des Auswärtigen Amtes v. 15.9.2015[25] hat diese Auffassung allerdings keinen eindeutigen Niederschlag gefunden. Neben der persönlichen Immunität ist die **funktionelle Immunität (Funktionsträgerimmunität)** völkergewohnheitsrechtlich anerkannt. Da ein Staat nur durch Personen handeln kann, partizipieren diese bei hoheitlichen Handlungen an dessen Immunität. Die Ausübung von Hoheitsgewalt über fremdes Staatsgebiet unterliegt grundsätzlich nicht der inländischen Gerichtsbarkeit, so dass ausländische Amtsträger insoweit nicht strafrechtlich verfolgt werden können.[26] Hiervon ausgenommen sind allerdings die Bereiche des Völkerstrafrechts (dazu Rn. 6) und der Spionage sowie geheimdienstlich gesteuerter Gewaltakte auf fremdem Staatsgebiet.[27] Zu letzteren zählen nicht nur staatlich gesteuerte Entführungen oder gezielte Tötungen, sondern auch verdeckte staatliche Sabotageakte mit oder ohne Personenschäden, die völkerrechtliche Souveränitätsrechte eines anderen Staates verletzen.[28] Dies gilt auch nach Inkrafttreten des § 20 Abs. 2 Satz 2 fort. Die Regelung ist nicht etwa dahingehend zu verstehen, dass die Ausnahme nur noch Verbrechen nach dem Völkerstrafgesetzbuch betreffen soll; ebensowenig berührt die Norm andere völkerrechtliche Exemtionen.[29]

Nach Völkergewohnheitsrecht genießen Vorrechte und Befreiungen außerdem die **Besatzungen ausländischer** Kriegsschiffe und anderer **hoheitlichen Zwecken dienender Staatsschiffe und Luftfahrzeuge**, solange sie sich an Bord oder mit Erlaubnis der deutschen Behörden in geschlossenen Abteilungen im Lande befinden, ferner andere **geschlossene Truppenkörper**, wenn sie sich mit Genehmigung der deutschen Behörden in dienstlicher Eigenschaft in Deutschland aufhalten. Ihre Schiffe und Flugzeuge sowie die an Land benutzten Unterkünfte dürfen nur mit Zustimmung des jeweiligen Befehlshabers betreten werden; sie genießen Befreiung von Durchsuchung und Beschlagnahme.[30] Das Gesetz über die Rechtsstellung ausländischer Streitkräfte bei vorübergehendem Aufenthalt in der Bundesrepublik v. 20.7.1995[31] ermächtigt die Bundesregierung, mit den jeweiligen Entsendestaaten der ausländischen Truppen Vereinbarungen abzuschließen, die (Art. 2 § 7) auch ein Absehen von der Ausübung der deutschen Strafgerichtsbarkeit zum Gegenstand haben können; grundsätzlich unterliegen die Angehörigen der ausländischen Truppen der deutschen Strafgerichtsbarkeit.[32] Zum NATO-Truppenstatut vgl. unten Rn. 9. 5

Die Immunität von Staatsoberhäuptern und Regierungsmitgliedern sowie von sonstigen Amtsträgern erfährt im modernen Völkerrecht allerdings eine wichtige **Einschränkung**: Die Entwicklung des **Völkerstrafrechts** seit dem Nürnberger Internationalen Mili- 6

---

23 Vgl. *Kreß* GA **2003** 25; *Weiß* JZ **2002** 696.

24 KK/*Barthe* 2; SK/*Frister* 9; krit. MüKo-StGB/*Ambos* Vor § 3, 120, 145; *Folz/Soppe* NStZ **1996** 576, 577.

25 Vgl. dort (§ 18, 8) Teil 1 B. 1.

26 BGH NJW **2024** 3003, 3005 Rn. 23; OLG Köln NStZ **2000** 667; *Kreicker* (Exemtionen I) 109 ff.; JR **2015** 299; *Werle/Jeßberger* (Völkerstrafrecht) Rn. 806; Kissel/*Mayer* 3; LK/*Werle/Jeßberger* Vor §§ 3 ff., 390 StGB; MüKo-StGB/*Ambos* Vor § 3, 114 f., vgl. auch BGHSt **65** 286, 290; offengelassen in BGHSt **39** 260, 263 und BGH NJW **1991** 2498, 2499.

27 BVerfGE **92** 277, 321; BGHSt **39** 260, 263 f.; BGH NJW **1991** 2498 f.; **2024** 3003, 3005 Rn. 23; SK/*Frister* Vor §§ 18–21, 20.

28 BGH, Beschl. v. 10.12.2025 – StB 60/25 (juris, Rn. 26 f.).

29 BGH NJW **2024** 3003, 3005 Rn. 24; zust. *Raube* KriPoZ **2024** 475, 479 f.

30 Vgl. Rundschreiben des AA v. 15.9.2015 (§ 18, 8) Teil 1 D. 2.1.

31 BGBl. II S. 554.

32 Vgl. auch Kissel/*Mayer* 13.

tärgerichtshof bis hin zum IStGH geht dahin, dass die Immunität von (ehemaligen) staatlichen Repräsentanten und Hoheitsträgern zugunsten einer Durchsetzung völkerrechtlicher Strafdrohungen wegen Völkermordes, Verbrechen gegen die Menschlichkeit, Kriegsverbrechen und Verbrechen der Aggression zurücktritt.[33] Schon die Völkermordkonvention v. 9.12.1948[34] sah in Artikel IV vor, dass Völkermord zu bestrafen ist, gleichviel ob die Täter regierende Personen, öffentliche Beamte (public officials) oder private Einzelpersonen sind. Das Römische Statut des Internationalen Strafgerichtshofs v. 17.7.1998[35] bestimmt in Art. 27 Abs. 1 Satz 2, dass die amtliche Eigenschaft als Staats- oder Regierungschef, als Mitglied einer Regierung oder eines Parlaments, als gewählter Vertreter oder als Amtsträger einer Regierung eine Person nicht der strafrechtlichen Verantwortlichkeit nach diesem Statut enthebt; dessen Art. 27 Abs. 2 regelt, dass Immunitäten oder besondere Verfahrensregelungen, die nach innerstaatlichem Recht oder nach dem Völkerrecht mit der amtlichen Eigenschaft einer Person verbunden sind, den Gerichtshof nicht an der Ausübung seiner Gerichtsbarkeit hindern. Die Entwicklung[36] zeigt durchaus praktische Wirkungen, wie in den Verfahren vor den Internationalen Strafgerichtshöfen für das ehemalige Jugoslawien und für Ruanda sichtbar geworden ist.[37] Die Regelung des § 21 zieht daraus eine Konsequenz.[38] Durch den Gesetzgeber geklärt ist nunmehr, inwieweit auch deutsche Ermittlungsbehörden und Gerichte befugt sind, völkerstrafrechtswidriges hoheitliches Handeln von Amtsträgern fremder Staaten zu verfolgen und zu ahnden. Der mit Wirkung v. 3.8.2024[39] eingefügte **§ 20 Abs. 2 Satz 2** stellt insoweit klar, dass funktionelle Immunität nicht die Erstreckung deutscher Gerichtsbarkeit auf die Verfolgung von Verbrechen nach dem Völkerstrafgesetzbuch hindert. Dies hatte die (inländische) Literatur bereits zuvor ganz überwiegend so vertreten.[40] Mit der Neuregelung wollte der Gesetzgeber erklärtermaßen die jüngere Rechtsprechung des Bundesgerichtshofs festschreiben, die mit BGHSt **65** 286[41] ihren Ausgang genommen hatte.[42] Der BGH hatte dort entschieden, dass die strafrechtliche Ahndung von Kriegsverbrechen der Folter und der in schwerwiegender Weise entwürdigenden oder erniedrigenden Behandlung (§ 8 Abs. 1 Nr. 3 und 9 VStGB) sowie wegen damit zugleich verwirklichter allgemeiner Straftatbestände wie gefährlicher Körperverletzung und Nötigung durch ein inländisches Gericht nicht deshalb ausgeschlossen

---

33 *Kreicker* (Exemtionen I) 156 ff.; MüKo-StGB/*Ambos* Vor § 3, 143 ff.

34 BGBl. II 1954 S. 729; 1995 II S. 210; dazu *Jescheck* ZStW **66** (1954) 193 ff.

35 BGBl. II 2000 S. 1393.

36 Dazu *Jescheck* GA **1981** 49; *Kreicker* JR **2015** 298; *Schäfer/Kreicker u.a.* FS 75 Jahre BGH (2025) 243; *Weiß* GA **2003** 25; *Werle* ZStW **109** (1997) 808; JZ **2000** 755.

37 Zum Verfahren gegen Pinochet vor dem Britischen Oberhaus vgl. *Paulus* NJW **1999** 2644; SK/*Frister* Vor §§ 18–21, 26 f. m.w.N.

38 Vgl. Kissel/*Mayer* § 21, 18.

39 BGBl. I Nr. 255.

40 *Horsthemke* Immunitäten für Staatsoberhäupter und hochrangige Regierungsmitglieder vor dem IStGH (2019) 332; *Kreicker* (Exemtionen I) 232; JR **2015** 302; *Senn* Immunitäten vor dem Internationalen Strafgerichtshof (2010) 77; *Werle/Jeßberger* (Völkerstrafrecht) Rn. 807, 811, 828; LK/*Werle/Jeßberger* Vor §§ 3 ff., 397; NK-StGB/*Böse* Vor §§ 3 ff., 35; SK/Frister Vor §§ 18–21, 22; einschränkend MüKo-StGB/*Ambos* Vor § 3, 145 („gilt ... nicht ohne Weiteres für den zwischenstaatlichen Rechtsverkehr"); offenlassend Ambos/*Triffterer/Burchard* Rome Statute of the International Criminal Court[4] (2022) Art. 27, 16 („open question"); anders z.T. die Völkerrechtskommission der Vereinten Nationen (International Law Commission – ILC); dazu *Frank/Barthe* ZStW **133** (2021) 262 ff.; *Kreicker* JR **2015** 300; *Tladi* Leiden Journal of International Law **32** (2019) 169; ferner BGHSt **65** 286, 296 ff.

41 Dazu *Ambos* StV **2021** 557; *Frank/Barthe* ZStW **133** (2021) 235; *Jeßberger/Epik* JR **2022** 10; *Kreß* NJW **2021** 1335; *Werle* JZ **2021** 732.

42 BTDrucks. **20** 11661 S. 19.

ist, weil die Taten durch einen ausländischen (und im konkreten Fall: nachrangigen) Hoheitsträger in Ausübung seiner hoheitlichen Tätigkeit im Ausland zum Nachteil nicht inländischer Personen begangen wurden. Nachfolgend stellte der BGH klar,[43] die allgemeine Funktionsträgerimmunität gelte generell nicht bei völkerrechtlichen Verbrechen, und zwar unabhängig von Status und Rang des Täters. Dieser **Ausschluss der funktionellen Immunität** gehöre zum „zweifelsfreien Bestand des Völkergewohnheitsrechts". Erfasst sind danach alle Taten, wie sie als gewohnheitsrechtlich verfestigter Bestand des Völkerstrafrechts nicht zuletzt im Völkerstrafgesetzbuch festgeschrieben sind.[44]

c) Sonderbotschafter. Eine von der Staatenpraxis mit Rechtsüberzeugung getragene gewohnheitsrechtliche Regelung betrifft die Stellung des **Sonderbotschafters** (Ad-hoc-Botschafter, Spezialmission). Danach ist es möglich, von dem Entsendestaat mit einer besonderen politischen Aufgabe ausgestatteten Sonderbotschaftern durch Einzelabsprache mit dem Empfangsstaat über diese Aufgabe sowie ihren Status Immunität zu verleihen und sie auf diese Weise insoweit den Mitgliedern der ständigen Missionen der Staaten gleichzustellen. Die Verabredung der Sondermission zwischen dem Entsende- und dem Empfangsstaat kann auch nachträglich, nach Einreise des Botschafters in den Empfangsstaat vorgenommen werden.[45] Ohne Wirkung wäre dagegen eine Verabredung der beiden Staaten lediglich mit dem Zweck, den Abgesandten durch Begründung von Immunität als Person vor Strafverfolgung zu schützen.[46] Mit Beendigung der Sondermission und Ausreise endet die Immunität; sie steht deshalb einer anschließenden Strafverfolgung nicht entgegen;[47] ausgenommen sind in analoger Anwendung von Art. 39 Abs. 2 Satz 2 WÜD Straftaten, die in Ausübung des Dienstes während der Mission begangen wurden.[48] 7

d) Befreiung nach völkerrechtlichen Vereinbarungen. Solche völkerrechtlichen Vereinbarungen existieren in großer Zahl. Hierzu gehören auch das **WÜD** und das **WÜK**, soweit diese Übereinkommen nicht von §§ 18, 19 erfasst sind.[49] Der – insoweit rein deklaratorische – Verweis in § 20 Abs. 2 Satz 1 gilt namentlich für Diplomaten und Konsularbeamte, die nicht Mitglieder der in Deutschland errichteten diplomatischen Missionen bzw. konsularischen Vertretungen, sondern in Drittländern akkreditiert sind. Diplomaten genießen nach Art. 40 WÜD, Konsularbeamte nach Art. 54 WÜK Immunität auch während der **Durchreise** durch Deutschland, um ihr Amt in dem dritten Empfangsstaat anzutreten oder in den Entsendestaat, ihren Heimatstaat, zurückzukehren. Sie sind allerdings nur dann von der inländischen Gerichtsbarkeit befreit, wenn der Transit mit dem Ziel, den Empfangs- oder Entsendestaat zu erreichen, der ausschließliche Zweck der Reise ist; ein privater Urlaub ist nicht geschützt.[50] Hinsichtlich weiterer völkerrechtlicher Vereinbarungen wird auf den – jährlich erscheinenden – Fundstellennachweis B, Beilage zum BGBl. II, 8

43 Es handelt sich dabei nicht um eine Erweiterung der bisherigen Rspr., vgl. *Schäfer/Kreicker u.a.* FS 75 Jahre BGH (2025) 245.

44 BGHSt **68** 225, 234 f. = NJW **2024** 3166 m. Anm. *Wistinghausen/Braun*; BGH NJW **2024** 1674; s. dazu auch *Epik/Geneuss* JR **2025** 21; *Werle/Sayatz* JZ **2024** 669; krit. *Walther* ZaöRV **85** (2025) 199.

45 BGHSt **32** 275, 287 (Fall Tabatabai) = JR **1985** 77 m. zust. Anm. *Oehler*; anders noch LG Düsseldorf JZ **1983** 325 m. im Erg. zust. Anm. *Engel*.

46 BGHSt **32** 275, 281.

47 OLG Düsseldorf NStZ **1987** 87 (Fall Tabatabai) m. Anm. *Jakobs*; vgl. auch *Wolf* EuGRZ **1983** 401; SK/*Frister* 44.

48 KK/*Barthe* 2; MüKo/*Schuster* 10; SK/*Frister* 11.

49 **A.A.** Kissel/*Mayer* 15; MüKo/*Schuster* 12; ebenso LR/*Böttcher*[26] 4, der den Transitimmunitätsschutz den allgemeinen Regeln des Völkerrechts zuordnet.

50 BGH NStZ-RR **2018** 386; **2021** 259; OLG Bamberg NStZ-RR **2018** 385.

Sachgebiet I 4 (Vorrechte und Immunitäten, Konsularverträge, Diplomatische Vertretungen), verwiesen. Beispielhaft seien genannt aus dem Bereich

8a **Vereinte Nationen:** Übereinkommen v. 13.2.1946 über die Vorrechte und Immunitäten der Vereinten Nationen;[51] Abkommen v. 21.11.1947 über die Vorrechte und Befreiungen der Sonderorganisationen der Vereinten Nationen;[52] Vereinbarung v. 1.7.1959 über die Vorrechte und Befreiungen der Internationalen Atomenergie-Organisation;[53] aus neuerer Zeit: Abkommen zwischen der Bundesrepublik Deutschland und den Vereinten Nationen über den Sitz des Freiwilligenprogramms der Vereinten Nationen v. 10.11.1995;[54] Abkommen v. 18.8.1998 zwischen der Regierung der Bundesrepublik Deutschland, den Vereinten Nationen und dem Sekretariat des Übereinkommens der Vereinten Nationen zur Bekämpfung der Wüstenbildung über den Sitz des Ständigen Sekretariats des Übereinkommens;[55] Übereinkommen v. 9.9.2002 über die Vorrechte und Immunitäten des Internationalen Strafgerichtshofs;[56] Übereinkommen v. 13.1.2013 über die Vorrechte und Immunitäten der Internationalen Organisation für erneuerbare Energien;[57]

8b **Europarat und Europäische Union:** Allgemeines Abkommen v. 2.9.1949 über die Vorrechte und Befreiungen des Europarats und Zusatzprotokoll v. 6.11.1952;[58] Protokoll über die Vorrechte und Befreiungen der Europäischen Gemeinschaften – Anhang zum Vertrag v. 8.4.1965;[59] Protokoll v. 19.6.1997 über die Vorrechte und Immunitäten für Europol;[60] Abkommen zwischen der Regierung der Bundesrepublik Deutschland und der Europäischen Zentralbank über den Sitz der Europäischen Zentralbank v. 18.9.1998;[61] Protokoll v. 18.3.2004 über die Vorrechte und Immunitäten der Europäischen Organisation für Kernforschung;[62]

8c **NATO:** NATO-Truppenstatut v. 19.6.1951 mit Zusatzabkommen v. 3.8.1959,[63] zuletzt geändert durch Abkommen v. 18.3.1993[64] und Notenwechsel v. 29.4.1998.[65]

9 **e) NATO-Truppenstatut.** Die Gerichtsbarkeit über die Mitglieder der Truppen der NATO-Partner, die in Deutschland stationiert sind, ist im **NATO-Truppenstatut** (fortan: NTS) **nebst Zusatzvereinbarungen** (vgl. soeben Rn. 8) geregelt. Die Regelung unterscheidet zwischen der **ausschließlichen** Gerichtsbarkeit des Entsende- bzw. Aufnahmestaates und einer **konkurrierenden** Gerichtsbarkeit. Eine ausschließliche deutsche Gerichtsbarkeit ist gegeben, wenn nur nach deutschem Recht Strafbarkeit besteht (Art. 7 Abs. 2 Buchst. b NTS). Im Übrigen konkurriert die deutsche Strafgerichtsbarkeit mit der des Entsendestaates (Art. 7 Abs. 1 NTS). Art. 7 Abs. 1 Buchst. a NTS gestattet dem Entsendestaat allerdings nicht, in Deutschland die Strafgerichtsbarkeit über Angehörige von Mitgliedern seiner Truppe i.S.d.

51 BGBl. II 1980 S. 941; II 1981 S. 34.
52 BGBl. II 1954 S. 639; II 1993 S. 287; II 1967 S. 1207.
53 BGBl. II 1960 S. 1993, 2321; II 1964 S. 713.
54 BGBl. II 1996 S. 903, 1207; II 1998 S. 2603.
55 BGBl. II S. 2694.
56 BGBl. II 2004 S. 1138.
57 BGBl. II S. 1202, 1203; II 2014 S. 269.
58 BGBl. II 1954 S. 493; II 1958 S. 61.
59 BGBl. II S. 1453, 1482; II 1967 S. 2156.
60 BGBl. II 1998 S. 974.
61 BGBl. II S. 2744.
62 BGBl. II 2006 S. 970.
63 BGBl. II 1961 S. 1183, 1190, 1218; II 1963 S. 745.
64 Gesetz v. 28.9.1994, BGBl. II 1994 S. 2594.
65 Gesetz v. 9.7.1999, BGBl. II S. 506; II 2002 S. 2482.

Art. 1 Abs. 1 Buchst. c NTS auszuüben.[66] Die Konkurrenz ist grundsätzlich dahin geregelt (Art. 7 Abs. 3 Buchst. a NTS), dass die Militärbehörden des Entsendestaates das Vorrecht haben bei strafbaren Handlungen, die sich gegen den Entsendestaat oder gegen andere Mitglieder seiner Truppen nebst zivilem Gefolge und Angehörigen richten. In den anderen Fällen kommt das Vorrecht der deutschen Strafgerichtsbarkeit zu (Art. 7 Abs. 3 Buchst. b NTS). Auf das Vorrecht kann im Einzelfall verzichtet werden (Art. 7 Abs. 3 Buchst. c NTS). Die Bundesrepublik Deutschland hat gem. Art. 19 Abs. 1 des Zusatzabkommens generell auf ihr Vorrecht nach Art. 7 Abs. 3 NTS verzichtet. Der Verzicht kann nach Art. 19 Abs. 3 des Zusatzübereinkommens jedoch im Einzelfall zurückgenommen werden, wenn wesentliche Belange der deutschen Rechtspflege die Ausübung der deutschen Gerichtsbarkeit erfordern. Die Rücknahme wird durch den Staatsanwalt erklärt. Die Erklärung bedarf keiner Form; fernmündliche Erklärung genügt.[67] Das Absehen von einer Rücknahme des Verzichts verletzt den Betroffenen nicht in seinen rechtlich geschützten Interessen. Eine Anfechtung nach §§ 23 ff. EGGVG ist deshalb gem. § 24 Abs. 1 EGGVG nicht möglich.[68] Der Verzicht auf das Vorrecht beinhaltet keine Befreiung von der deutschen Gerichtsbarkeit. Scheidet der Täter aus der verbündeten Truppe aus, ohne dass gegen ihn wegen einer Straftat, die er während seiner Armeezugehörigkeit begangen hat, ein militärgerichtliches Verfahren durchgeführt wird, so steht der Verzicht einer Strafverfolgung durch die deutsche Justiz nicht entgegen.[69] Bei einer Verfahrenseinstellung durch die Militärgerichtsbarkeit ist jeweils zu prüfen, ob diese entsprechend Art. 7 Abs. 8 NTS Strafklageverbrauch bewirkt.[70] Das NATO-Truppenstatut gilt grundsätzlich auch für Ordnungswidrigkeiten.[71] Beispielsweise hat es bei von Mitgliedern der verbündeten US-Streitkräfte begangenen Verkehrsordnungswidrigkeiten praktische Bedeutung.[72] Zu den Vorrechten und Immunitäten für die Stationierungsstreitkräfte im Übrigen und für andere ausländische Streitkräfte in Deutschland vgl. Teil 4 des Rundschreibens des Auswärtigen Amtes v. 15.9.2015.[73]

f) Befreiung von sonstigen Rechtsvorschriften. Damit sind die durch die deutsche 10
Rechtssetzung einseitig vorgenommenen Befreiungen gemeint, etwa aufgrund von Ermächtigungen in Ratifizierungsgesetzen, wie sie z.B. – ohne dass davon Gebrauch gemacht worden wäre – jeweils Art. 2 der Ratifizierungsgesetze zum WÜD und zum WÜK vorsehen.[74]

§ 21

Die §§ 18 bis 20 stehen der Erledigung eines Ersuchens um Überstellung und Rechtshilfe eines internationalen Strafgerichtshofes, der durch einen für die Bundesrepublik Deutschland verbindlichen Rechtsakt errichtet wurde, nicht entgegen.

---

66 BGH NStZ **2021** 436 m. zust. Anm. *Gorf/Dietsch.*
67 Vgl. BGHSt **30** 378, 380.
68 Vgl. OLG Hamm NStZ **1998** 210; LR/*Gerson* § 23 EGGVG, 38.
69 BGHSt **28** 96, 99 – JR **1980** 125 m. zust. Anm. *Oehler*; ebenso *Fischer* Vor §§ 3 bis 7 StGB, 23; MüKo-StGB/*Ambos* Vor § 3, 128.
70 Dazu OLG Karlsruhe NStZ **1986** 369; OLG Nürnberg NJW **1975** 2151; OLG Stuttgart NJW **1977** 1019; NStZ **1985** 176.
71 Vgl. BayObLG NJW **1997** 335.
72 Dazu und allgemein zur Verfahrensweise bei Ordnungswidrigkeiten im Anwendungsbereich des NATO-Truppenstatuts *Göhler* Vor § 59 OWiG, 41 m.w.N.
73 § 18, 8.
74 § 18, 1; § 19, 1; Kissel/*Mayer* 38; SK/*Frister* 21.

Entstehungsgeschichte

§ 21 enthielt ursprünglich eine Regelung des Immunitätsschutzes von Konsuln. Durch Art. 1 Nr. 5 des Gesetzes v. 25.3.1974[1] wurde § 21 mit der Neuregelung der §§ 18 und 19 ersatzlos gestrichen. Die jetzige Regelung in § 21 beruht auf Artikel 4 des Gesetzes zur Ausführung des Römischen Statuts des Internationalen Strafgerichtshofes v. 21.6.2002.[2]

Übersicht

1 **1. Zweck.** Das **Römische Statut** des Internationalen Strafgerichtshofs v. 17.7.1998, das von der Bundesrepublik Deutschland am 10.12.1998 gezeichnet und aufgrund des Zustimmungsgesetzes v. 4.12.2000 (IStGHSt)[3] am 11.12.2000 ratifiziert wurde, trat gem. seinem Art. 126 am 11.4.2002 in Kraft. Der Internationale Strafgerichtshof (IStGH), der seinen Sitz in Den Haag hat (Art. 3 Abs. 1 IStGH-Statut), ist kein Organ der Vereinten Nationen, sondern besitzt eigene Völkerrechtspersönlichkeit (Art. 4 Abs. 1 Satz 1 IStGH-Statut). Er hat nach Maßgabe des Statuts die Gerichtsbarkeit über schwerste Verbrechen, welche die internationale Gemeinschaft als Ganzes berühren (Art. 5 Abs. 1 Satz 1 IStGH-Statut). Dazu zählen Völkermord (Art. 6 IStGH-Statut), Verbrechen gegen die Menschlichkeit (Art. 7 IStGH-Statut), Kriegsverbrechen (Art. 8 IStGH-Statut) sowie Verbrechen der Aggression (Art. 8*bis* IStGH-Statut).[4] Die Strafgewalt des Gerichtshofs erstreckt sich nach Art. 12 Abs. 2 IStGH-Statut auf die Staatsbürger der Vertragsstaaten sowie (ohne Rücksicht auf die Staatsangehörigkeit des Täters) auf im Hoheitsgebiet eines Vertragsstaats begangenen Straftaten. Art. 25 Abs. 1 IStGH-Statut bestimmt, dass der Gerichtshof die Gerichtsbarkeit über natürliche Personen hat. In Art. 25 Abs. 2 und 3 IStGH-Statut ist umschrieben, wer für die genannten Verbrechen individuell verantwortlich ist. Art. 27 Abs. 1 Satz 1 IStGH-Statut stellt klar, dass das Statut für alle Personen gleichermaßen gilt, ohne jeden Unterschied nach amtlicher Eigenschaft. Insbesondere enthebt nach Art. 27 Abs. 1 Satz 2 IStGH-Statut die amtliche Eigenschaft als Staats- oder Regierungschef, als Mitglied einer Regierung oder eines Parlaments, als gewählter Vertreter oder als Amtsträger einer Regierung eine Person nicht der strafrechtlichen Verantwortung nach dem Statut und stellt für sich genommen auch keinen Strafmilderungsgrund dar. Art. 27 Abs. 2 IStGH-Statut bestimmt, dass Immunitäten oder besondere Verfahrensregeln, die nach innerstaatlichem Recht oder nach dem Völkerrecht mit der amtlichen Eigenschaft einer Person verbunden sind, den Gerichtshof nicht an der Ausübung seiner Gerichtsbarkeit über eine solche Person hindern.[5] Die Vertragsstaaten sind zur Zusammenarbeit mit dem Gerichtshof verpflichtet (Art. 86 ff. IStGH-Sta-

---

1 BGBl. I S. 761.

2 BGBl. I S. 2144.

3 BGBl. 2000 II S. 1393.

4 Art. 8*bis* IStGH-Statut eingefügt durch Resolution v. 11.6.2010 (BGBl. 2013 II S. 139); zur Entstehungsgeschichte *Ambos* (Internationales Strafrecht) § 7, 262; *Werle/Jeßberger* Rn. 1595 ff.

5 S. § 20, 6; vgl. außerdem MüKo-StGB/*Ambos* Vor § 3, 145, auch zur Frage der Drittwirkung gegenüber Amtsträgern eines Nicht-Vertragsstaats.

tut). Die Erfüllung dieser Pflicht ist elementare Voraussetzung für die Effektivität der Institution des IStGH.[6]

Mit Artikel 1 des Gesetzes zur Ausführung des Römischen Statuts des Internationalen Strafgerichtshofes v. 21.6.2002 wurde das Gesetz über die Zusammenarbeit der Bundesrepublik Deutschland mit dem Internationalen Strafgerichtshof (**IStGHG**) geschaffen. Nach § 1 Abs. 1 Satz 1 IStGHG ergänzt der Internationale Strafgerichtshof die deutsche Strafgerichtsbarkeit. Die Zusammenarbeit der Bundesrepublik Deutschland mit dem Internationalen Strafgerichtshof vollzieht sich nach § 1 Abs. 1 Satz 2 IStGHG nach diesem Gesetz und dem Römischen Statut des Internationalen Strafgerichtshofs. Im Einzelnen regelt das IStGHG die Überstellung auf Ersuchen des Gerichtshofs (§§ 2 ff. IStGHG), die Durchbeförderung (§§ 34 ff. IStGHG), die Rechtshilfe durch Vollstreckung von Entscheidungen und Anordnungen des Gerichtshofs (§§ 40 ff. IStGHG) sowie die sonstige Rechtshilfe (§§ 47 ff. IStGHG). Darauf bezieht sich § 21. Die Vorschrift stellt klar, dass die in §§ 18 bis 20 genannten, auf Völkerrecht beruhenden Ausnahmen von der deutschen Strafgerichtsbarkeit der Erledigung der genannten Ersuchen des IStGH nicht entgegenstehen; denn die speziellen durch Völkervertragsrecht geregelten Pflichten zur Rechtshilfe gehen den generellen völkervertrags- und -gewohnheitsrechtlichen Immunitäten vor.[7] Die Entwicklung des Völkerstrafrechts, die dahin geht, dass der überkommene Immunitätsschutz zugunsten einer Durchsetzung völkerstrafrechtlicher Strafdrohungen gegen schwerste Verbrechen wie Völkermord und Verbrechen gegen die Menschlichkeit zurücktreten muss,[8] findet nunmehr auf diese Weise im Wortlaut des GVG Anerkennung. 2

2. Reichweite. § 21 beschränkt sich nicht darauf zu bestimmen, dass Ersuchen des auf der Grundlage des Römischen Statuts zu errichtenden Internationalen Strafgerichtshofs um Überstellung und Rechtshilfe auch dann entsprochen werden kann, wenn nach den §§ 18 bis 20 an sich Immunitätsschutz bestehen würde. Die Regelung ist allgemein gefasst und betrifft auch Ersuchen anderer internationaler Strafgerichtshöfe, wenn diese durch einen für die Bundesrepublik Deutschland verbindlichen Rechtsakt errichtet wurden.[9] Das IStGHG war somit Anlass, auch für das Verhältnis zu anderen internationalen Strafgerichten klarzustellen, dass der Erledigung von deren Ersuchen um Überstellung und Rechtshilfe die §§ 18 bis 20 nicht entgegenstehen. Dies betraf den Jugoslawien-Strafgerichtshof (ICTY) – § 1 des Gesetzes über die Zusammenarbeit mit dem Internationalen Strafgerichtshof für das ehemalige Jugoslawien v. 10.4.1995[10] – und beim Ruanda-Strafgerichtshof (ICTR) – § 1 des Gesetzes über die Zusammenarbeit mit dem Internationalen Strafgerichtshof für Ruanda v. 4.5.1998.[11] In beiden Fällen ergab sich die deutsche Verpflichtung jeweils aufgrund deutscher Beteiligung und Zustimmung[12] bzw. unmittelbar aus den auf der Basis der UN-Charta verabschiedeten Resolutionen 827 (1993) bzw. 955 (1994).[13] Gleiches gilt für den „International Residual Mechanism for Criminal Tribunals" 3

6 OLG Brandenburg Beschl. v. 7.8.2025 – 2 OAus 31/25 (juris, Rn. 43); Kissel/*Mayer* 11 f.; zu aktuellen Herausforderungen für das Kooperationsregime *Hiéramente* ZRP **2025** 86.

7 *Kreicker* (Exemtionen II) 1378 f.; SK/*Frister* 1.

8 Vgl. § 20, 6.

9 Entsprechend verfährt das Gesetz zur Ausführung des Römischen Statuts des Internationalen Strafgerichtshofes v. 21.6.2002 in Art. 3 bei den Änderungen der StPO und in Art. 5 bei den Änderungen des IRG.

10 BGBl. I S. 485.

11 BGBl. I S. 843.

12 So die Entwurfsbegr. der BReg. (BTDrucks. **14** 8527 S. 100).

13 Darauf stellen Schomburg/Lagodny/Gleß/Hackner/*Nemitz/Schomburg*[5] VI A. und VI B., 1 ab.

(MICT), die gemeinsame Nachfolgeeinrichtung der beiden Strafgerichtshöfe.[14] Teilweise wird in der Literatur als Anwendungsfall des § 21 noch der Special Court for Sierra Leone[15] genannt.[16]

4 **3. Beschränkung auf internationale Strafgerichtshöfe.** Nach seinem klaren Wortlaut gilt § 21 nur für die Zusammenarbeit mit internationalen Strafgerichtshöfen, nicht für Strafverfahren wegen einschlägiger Straftaten vor den nationalen Strafgerichten.[17] Dort verbleibt es bei der Geltung der §§ 18 bis 20. Die Entwurfsbegründung bemerkt dazu sibyllinisch, § 21 berühre nicht die Fragen möglicher Entwicklungen im Bereich der völkerrechtlichen Immunität vor nationalen Strafgerichten.[18]

5 **4. Auslieferung deutscher Staatsangehöriger.** Art. 16 Abs. 2 Satz 2 GG erlaubt es, durch Gesetz von dem grundsätzlich bestehenden Auslieferungsverbot zugunsten deutscher Staatsangehöriger für Auslieferungen an einen internationalen Strafgerichtshof abzuweichen, soweit rechtsstaatliche Grundsätze gewahrt sind. Das IStGHG ist ein solches Gesetz;[19] eine Überstellung an den IStGH ist also möglich.

---

14 *Schmitt*/Köhler 1; SSW/*Spiess* 1.

15 Dazu *Schomburg* NJW **2005** 3263.

16 So SK/*Frister* 5.

17 MüKo/*Schuster* 2.

18 BTDrucks. **14** 8527 S. 99.

19 SK/*Frister* 8; Kissel/*Mayer* 13; vgl. auch Dreier/*Breuer* Art. 16 GG, 79; Huber/Voßkuhle/*Becker* Art. 16 GG, 80 ff.; Schmidt-Bleibtreu/Hofmann/Henneke/*Gnatzy* Art. 16 GG, 33.

ZWEITER TITEL
Allgemeine Vorschriften über das Präsidium und die Geschäftsverteilung

Vorbemerkungen

Schrifttum

H.-E. Böttcher Reformen im Recht der Präsidien der Gerichte, Betrifft Justiz **2005** 22; *Driehaus* Nochmals: Erfahrungen mit den neuen Präsidien, DRiZ **1975** 43; *Kern* Geschichte des Gerichtsverfassungsrechts (1954); *Kissel* Die Novelle 1999 zur Präsidialverfassung, NJW **2000** 460; *Kronisch* Präsidialverfassung und Verwaltungsgericht, NordÖR **2001** 11; *Niewerth* Änderung der Präsidialverfassung – Einstieg in die Justizreform? DRiZ **2000** 4; *Remus* Präsidialverfassung und gesetzlicher Richter, Diss. Hamburg 2008; *Rieß* Präsidium und Geschäftsverteilung bei der Errichtung neuer Gerichte, DRiZ **1993** 76; *Rosso* Reform der Präsidialverfassung – reformatio in peius? DRiZ **1971** 6; *Schorn* Zweifelsfragen im Rahmen der Präsidialverfassung, DRiZ **1963** 185; *Schorn/Stanicki* Die Präsidialverfassung der Gerichte aller Rechtswege[2] (1975); *Sowada* Der gesetzliche Richter im Strafverfahren (2002); *Stanicki* Nochmals zur Präsidialverfassung, DRiZ **1969** 16; *Wassermann* Ist die Präsidialverfassung noch zeitgemäß? NJW **1968** 1513; *Wiebel* Effizienz und Gerichtsverfassung, ZRP **1998** 221; *Zeihe* §§ 21a, 21g und 21e des Gerichtsverfassungsgesetzes, SGb **2000** 665.

Entstehungsgeschichte

Reform 1972.[1] Der Zweite Titel (damals §§ 21a bis 21i) wurde – unter Aufgabe der vorherigen Überschrift („Zweiter Titel. Gerichtsbarkeit") vor § 12 – eingefügt durch Art. II Nr. 4 des Gesetzes zur Änderung der Bezeichnungen der Richter und ehrenamtlichen Richter und der Präsidialverfassung der Gerichte v. 26.5.1972 (BGBl. I S. 841) – **PräsVerfG**, das am 1.10.1972 in Kraft trat.[2] Der Titel wird ergänzt durch den durch dasselbe Gesetz neu gefassten § 22a und den seinerzeit neu eingefügten § 22b. Er trat an die Stelle der Vorschriften, die vormals die Bildung, Zusammensetzung und den Aufgabenbereich des Präsidiums sowie die Art der Geschäftsverteilung bei den Gerichten regelten (§§ 22a bis 22c, 61 bis 69, 117, 131 a.F.); diese Vorschriften wurden aufgehoben oder – § 117 – geändert. Die Reform 1972 war Ergebnis einer längeren – teils mit Schärfe geführten – Auseinandersetzung in den 1960er Jahren über die Demokratisierung der Justiz.[3] Zum **Werdegang** des Gesetzes v. 26.5.1972 vgl. LK/*K. Schäfer*[23] Vor § 21a, 5 f., mit Übersicht über die ersetzten, geänderten oder erledigten Vorschriften des früheren Rechts.

Novelle 1999.[4] Nachdem zwischenzeitlich lediglich Einzelvorschriften – teils nur temporär aufgrund von Übergangsregelungen im Zusammenhang mit der Erweiterung der Bundesrepublik Deutschland um fünf neue Länder – geändert wurden bzw. ihr Regelungs-

1 Kurzbezeichnung für die hiesigen Erläuterungen zu §§ 21a ff.

2 Materialien: Gesetzentw. der Bundesregierung BTDrucks. VI 557 v. 19.3.1970; Bericht des BTRAussch. BTDrucks. **VI** 2903 v. 2.12.1971; Beratung im Bundestag in 2. und 3. Lesung in der 159. BTSitzg. v. 15.12.1971 Plenprot. S. 9140 bis 9153; Anrufung des Vermittlungsausschusses durch den Bundesrat BTDrucks. **VI** 3145, teils abgedr. in DRiZ **1972** 103, und Bericht über die 376. BRSitzg. v. 9.2.1972 Plenprot. S. 454. Das Ergebnis der Erörterungen im Vermittlungsausschuss war der Vorschlag auf Wiederherstellung des Reg. Entw. in dem strittigen Punkt. Der Bundestag stimmte diesem Vorschlag zu, 178. BTSitzg. v. 16.3.1972 Plenprot. S. 10325 ff., der Bundesrat stimmte dem Beschl. des Bundestages zu, 378. BRSitzg. v. 24.3.1972 Plenprot. S. 490.

3 *Wassermann* NJW **1968** 1513; ferner *Kronisch* NordÖR **2001** 11.

4 Kurzbezeichnung für die hiesigen Erläuterungen zu §§ 21a ff. (in Anlehnung an *Kissel* NJW **2000** 460).

bereich berührt war,[5] hat der Zweite Titel durch das Gesetz zur Stärkung der Unabhängigkeit der Richter und Gerichte v. 22.12.1999 (BGBl. I S. 2598)[6] – **UnabhStärkG** – tiefgreifende Änderungen erfahren.[7] Ausgangspunkt des von den (Regierungs-)Fraktionen SPD und Bündnis 90/Die Grünen eingebrachten Gesetzentwurfs v. 4.5.1999[8] war die Auffassung, die geltenden Bestimmungen über die Präsidialverfassung der ordentlichen Gerichte entsprächen nicht mehr den gewandelten Anforderungen an die richterliche Selbstverwaltung; die Privilegien einzelner Richter (scil.: der Vorsitzenden) seien demokratisch nicht legitimiert und behinderten eine stärkere Selbstverantwortung aller Richter; mit den vorgeschlagenen Änderungen des Gerichtsverfassungsgesetzes werde die Präsidialverfassung reformiert und die richterliche Selbstverwaltung gestärkt; überkommene Privilegierungen würden beseitigt. Der Gesetzentwurf sah zur Umsetzung dieser Ziele insbesondere folgende Änderungen vor:[9]

– Abbau von Disparitäten hinsichtlich der Präsidiumsgrößen der einzelnen Gerichte durch stärkere Differenzierung der Mitgliederzahlen (§ 21a),[10]
– Beseitigung des Prinzips der funktionalen Parität von Vorsitzenden (sog. Vorsitzenden-Quorum) und beisitzenden Richtern bei der Zusammensetzung des Präsidiums (§ 21a);
– Änderungen hinsichtlich des aktiven und passiven Wahlrechts (§§ 21b und 21c); u.a. Wegfall der Blockwahl zur Gewährleistung des Vorsitzenden-Quorums (§ 21b);
– Erweiterung der Anhörungsrechte der nicht dem Präsidium angehörenden Richter (§ 21e);
– Wegfall des verstärkten Stimmrechts (Stichentscheids) des Präsidiumsvorsitzenden bei Stimmengleichheit (§ 21e);
– Einführung einer generellen Richteröffentlichkeit (§ 21e);

5 EinigungsV v. 18.9.1990 (BGBl. II S. 889), Anl. 1 Kap. III Sachgeb. A Abschn. III Nr. 1c; Rechtspflege-Vereinfachungsgesetz (RpflVereinfG) v. 17.12.1990 (BGBl. I S. 2847); Rechtspflege-Anpassungsgesetz (RpflAnpG) v. 26.6.1992 (BGBl. I S. 1147); Gesetz zur Entlastung der Rechtspflege (RpflEntlG) v. 11.1.1993 (BGBl. I S. 50); Gesetz zur Änderg. des RpflAnpG v. 7.12.1995 (BGBl. I S. 1590); Zweites Gesetz zur Änderg. des RpflAnpG v. 20.12.1996 (BGBl. I S. 2090); Drittes Ges. zur Änderung. des RPflG und anderer Gesetze v. 6.8.1998 (BGBl. I S. 2030); vgl. hierzu auch *Kronisch* NordÖR **2001** 11.

6 Berichtigung – zur Fassung des § 22a – v. 26.9.2000 (BGBl. I S. 1415).

7 Materialien: Gesetzentw. der Fraktionen SPD und Bündnis 90/Die Grünen BTDrucks. **14** 979 v. 4.5.1999; s. auch Gesetzentw. des Bundesrates BRDrucks. 47/99 (Beschl.) v. 5.2.1999 und BTDrucks. **14** 597 v. 23.3.1999; Beratung im Bundestag in 1. Lesung, 45. BTSitzg. v. 17.6.1999 Plenprot. **14** 45 S. 3806 f., 3830 bis 3837); Bericht des BTRAussch. BTDrucks. **14** 1875 (neu) v. 27.10.1999; Beratung im Bundestag in 2. und 3. Lesung, 64. BTSitzg. v. 29.10.1999 Plenprot. **14** 64 S. 5757 bis 5765) und Beschl. des Bundestages: Annahme des Gesetzentw. i.d.F. der Empfehlung des BTRAussch. BTDrucks. **14** 1875 (s. BRDrucks. 601/99 v. 5.11.1999 – Zuweisung an BRRAussch.); Empfehlungen des BRRAussch. (federführend) BRDrucks. 601/1/99 (Anrufung des Vermittlungsausschusses); Antrag des Landes Baden-Württemberg v. 24.11.1999 BRDrucks. 601/2/99 (Anrufung des Vermittlungsausschusses); Anrufung des Vermittlungsausschusses durch den Bundesrat, 765. BRSitzg. v. 26.11.1999 Plenprot. 765 S. 453, BRDrucks. 601/99 (Beschl. v. 26.11.1999); Unterrichtung des Bundestages durch den Bundesrat v. 7.12.1999 BTDrucks. **14** 2330; Beschlussempfehlung des Vermittlungsausschusses v. 15.12.1999, BTDrucks. **14** 2367 (Vorschlag: Zulassung fakultativer statt genereller Richteröffentlichkeit bei Präsidiumssitzungen; Einfügung einer Übergangsvorschrift); Annahme der Beschlussempfehlung des Vermittlungsausschusses durch den Bundestag, 79. BTSitzg. v. 16.12.1999 Plenprot. **14** 79 S. 7290; Antrag der Länder Baden-Württemberg, Bayern, Hessen v. 16.12.1999, BRDrucks. 734/1/99 (Einlegung eines Einspruchs); Beschl. des Bundesrates in der 79. Sitzung v. 17.12.1999 Plenprot. 79 S. 491, BRDrucks. 734/99 (keine Einlegung eines Einspruchs).

8 BTDrucks. **14** 979.

9 *Kronisch* NordÖR **2001** 11; umfassend zu den Zielen der Novelle 1999 *Sowada* 421 ff.

10 Dieses Anliegen wurde bereits vom Gesetzentw. des Bundesrates v. 23.3.1999 (BTDrucks. **14** 597) vertreten.

- Übertragung der Zuständigkeit für die spruchkörperinterne Geschäftsverteilung vom Vorsitzenden auf den gesamten (Berufsrichter-)Spruchkörper mit Stichentscheid des Präsidiums bei Stimmengleichheit (§ 21g).

Bereits kurz zuvor, am 5.2.1999, hatte der Bundesrat ebenfalls zu den Anliegen des Gesetzentwurfs der Regierungsfraktionen den Gesetzentwurf zur Reform der Präsidialverfassung der Gerichte (BRDrucks. 47/99 [Beschluss]), auf Antrag der Länder Hessen und Schleswig-Holstein erneut im Bundestag eingebracht.[11] Der Gesetzentwurf des Bundesrates entsprach dessen früherem Gesetzentwurf,[12] der wegen Ablaufs der 13. Legislaturperiode der Diskontinuität anheimgefallen war. Er unterschied sich vom Gesetzentwurf der Regierungsfraktionen in drei Punkten:[13]

- Während der Fraktionsentwurf vorsah (Art. 1 Nr. 4d), dass grundsätzlich sämtliche Richter des Gerichts das Recht erhalten sollten, an den Präsidiumssitzungen teilzunehmen (generelle Richteröffentlichkeit), sprach sich der Entwurf des Bundesrates (Art. 1 Nr. 4b) dafür aus, die zeitweise Anwesenheit der Richter in das Ermessen des Präsidiums zu stellen (fakultative oder eingeschränkte Richteröffentlichkeit).
- Der Fraktionsentwurf sah eine Länderöffnungsklausel vor (Art. 1 Nr. 2b), mit der die Länder ermächtigt werden sollten, anstelle des Mehrheitswahlrechts das Verhältniswahlrecht einzuführen; eine solche Regelung kannte der Entwurf des Bundesrates nicht.[14]
- Im Gegensatz zum Fraktionsentwurf, der bei der spruchkörperinternen Geschäftsverteilung im Fall der Stimmengleichheit eine Entscheidung des Präsidiums vorsah (Art. 1 Nr. 5), wollte der Entwurf des Bundesrates dem Vorsitzenden für diesen Fall ein verstärktes Stimmrecht (Stichentscheid) zubilligen (Art. 1 Nr. 5).[15]

Die Gesetzesinitiative der Regierungsfraktionen konnte sich im Gesetzgebungsverfahren nicht mit allen Vorschlägen durchsetzen. So rief der Bundesrat den Vermittlungsausschuss an, weil die vom Bundestag beschlossene generelle Richteröffentlichkeit mit Rücksicht auf die Rechte und Interessen betroffener Richter zu weitgehend sei, zumal hiernach der Ausschluss der Richteröffentlichkeit von Präsidiumssitzungen nicht auf Antrag des

11 BRDrucks. 47/99 v. 26.1.1999; BTDrucks. **14** 597 v. 13.3.1999. Materialien: Gesetzesantrag der Länder Hessen und Schleswig-Holstein v. 26.1.1999 BRDrucks. 47/99; erneute Einbringung des Gesetzentw. und Bestellg. eines Beauftragten durch den Bundesrat, 734. BRSitzg. v. 5.2.1999 Plenprot. 734 S. 6: BRDrucks. 47/99 (Beschl.); Empfehlungen des BRRAussch. BRDrucks. 293/99 v. 5.5.1999; Beschl. des Bundesrates, 738. BRSitzg. v. 21.5.1999 Plenprot. 738 S. 181, 212 f./Anl.: Bestellg. eines Beauftragten BRDrucks. 293/99 (Beschl.); Gesetzentw. des Bundesrates BTDrucks. **14** 597 v. 23.3.1999; 1. Beratung im Bundestag gemeinsam mit dem Gesetzentw. der Regierungsfraktionen BTDrucks. **14** 979, 45. BTSitzg. v. 17.6.1999 Plenprot. **14** 45 S. 3806 f., 3830 ff.; weitere Beratung mit Fraktionsentw.; Beschl. des Bundestages in der 2. Lesung, 64. BTSitzg. v. 29.10.1999 Plenprot. **14** 64 S. 5765: BRGesetzentw. BTDrucks. **14** 597 für erledigt erklärt.

12 BRDrucks. 97/98 (Beschl.), BTDrucks. **13** 11367. Materialien: Gesetzesantrag der Länder Hessen und Schleswig-Holstein v. 4.2.1998, BRDrucks. 97/98; Zuweisung an BRRAussch., 722. BRSitzg. v. 4.2.1998 Plenprot. 722 S. 81, 107 f.; Empfehlungen des BRRAussch. BRDrucks. 97/1/98 v. 25.6.1998 (Einbringung in geänderter Fassg. und Bestellg. eines Beauftragten); Beschl. des Bundesrates, 728. BRSitzg. v. 10.7.1998 Plenprot. 728 S. 356, 388 f.: Einbringung entspr. den Empfehlungen u. Bestellg. eines Beauftragten; Gesetzentw. des Bundesrates v. 25.8.1998, BTDrucks. **13** 11367 m. Stellungn. d. Bundesregierung.

13 *Niewerth* DRiZ **1999** 217 f.

14 Gegen diesen Vorschlag wandte sich der Antrag des Landes Baden-Württemberg BRDrucks. 601/2/99 v. 24.11.99, der jedoch in der 745. Sitzung des Bundesrates v. 26.11.1999 keine Mehrheit fand (Plenprot. 745 S. 453, 467).

15 Auch hiergegen wandte sich das Land Baden-Württemberg, vgl. Fn. 14.

Betroffenen, sondern nur auf Antrag eines Präsidiumsmitglieds möglich sein sollte; vorzugswürdig sei vielmehr die im früheren – in der 13. Wahlperiode eingebrachten (s.o.) – Gesetzentwurf des Bundesrates[16] enthaltene Regelung, nach der die Richteröffentlichkeit in das Ermessen des Präsidiums gestellt und der Schutz der Persönlichkeitsrechte zusätzlich durch eine entsprechende Anwendung des § 171b abgesichert werden sollte.[17] Im Übrigen schlug der Bundesrat wegen zu befürchtender Rechtsunsicherheiten für einzelne Neuregelungen eine Übergangsvorschrift vor. Der Vermittlungsausschuss entsprach diesen Vorschlägen. Mit Zustimmung des Bundestages und Bundesrates wurde zum einen die vorgeschlagene gesetzliche Regelung zur (lediglich) fakultativen Richteröffentlichkeit als § 21e Abs. 8 geschaffen und zum anderen die vorgeschlagene Übergangsvorschrift des Art. 5a in das UnabhStärkG aufgenommen.[18] Mit diesen Änderungen verabschiedeten Bundestag und Bundesrat – dieser gegen das Votum der Länder Baden-Württemberg, Bayern und Hessen – den Gesetzentwurf entsprechend den Empfehlungen des Rechtsausschusses des Bundestages.

Die Änderungen der Präsidialverfassung (Art. 1 des Gesetzes – Änderung des GVG) traten am 30.12.1999 in Kraft (Art. 6), jedoch hinsichtlich einzelner Neuregelungen nach Maßgabe der Übergangsvorschrift des Artikel 5a:

Artikel 5a Übergangsvorschrift

[1]Die Vorschriften des Artikels 1 Nr. 1, 2 und 4 finden erstmalig Anwendung auf Präsidien, deren Mitglieder gemäß § 21b Abs. 4 Satz 2 des Gerichtsverfassungsgesetzes frühestens drei Monate nach dem Inkrafttreten dieses Gesetzes neu gewählt werden. [2]Bei dieser Wahl sind abweichend von § 21b Abs. 4 Satz 1 und 2 des Gerichtsverfassungsgesetzes alle Mitglieder des Präsidiums neu zu wählen. § 21b Abs. 4 Satz 3 des Gerichtsverfassungsgesetzes gilt entsprechend.

Mit dieser Übergangsregelung, die sich auf die Änderungen zu § 21a Abs. 2, § 21b Abs. 1 bis 3 sowie § 21d Abs. 2 und 3 beziehen, wurde klargestellt, dass die bei Inkrafttreten des Gesetzes bestehenden wie auch die für das folgende Geschäftsjahr bereits beschlossenen Geschäftsverteilungspläne nicht gegenstandslos wurden, sondern in Kraft blieben. Gleichermaßen verblieben mit Inkrafttreten des Änderungsgesetzes die bestehenden Präsidien im Amt; die Neuregelungen zur zahlenmäßigen und „status-unabhängigen" Zusammensetzung des Präsidiums gem. § 21a Abs. 2, § 21b Abs. 2 wurden erst für die nächste Präsidiumswahl wirksam.[19] Die in Art. 5a UnabhStärkG angesprochenen Neuregelungen fanden danach erstmalig Anwendung auf Präsidien, deren Mitglieder gem. § 21b Abs. 4 Satz 2 frühestens am 1.4.2000 neu gewählt wurden. Bei dieser ersten Neuwahl waren abweichend von § 21b Abs. 4 Satz 1 und 2 alle Mitglieder des Präsidiums neu zu wählen; es waren demnach nicht nur die wegen Ablaufs der Wahlperiode ausscheidenden Richter zu ersetzen. Die sodann zum ersten Mal ausscheidenden Mitglieder wurden durch das Los bestimmt (§ 21b Abs. 4 Satz 3). Die Übergangsvorschrift des Art. 5a UnabhStärkG wurde durch das Erste Gesetz über die Bereinigung von Bundesrecht im Zuständigkeitsbereich des Bundesministeriums der Justiz (Art. 18 – Auflösung des Gesetzes zur Stärkung der Unabhängigkeit der Richter und Gerichte) v. 19.4.2006[20] mit Wirkung v. 25.4.2006 aufgeho-

16 BRDrucks. 97/98 (Beschl.).

17 BRDrucks. 601/1/99 Nr. 1; § 21e, 69.

18 Vgl. zum Gang des Gesetzgebungsverfahrens sowie zur Novelle 1999 allgemein *Kissel* NJW **2000** 460; *Niewerth* DRiZ **1999** 217; DRiZ **2000** 4; *Remus* 146; Beiträge ohne Verf.-Angabe in DRiZ **1998** 183 und DRiZ **1999** 464.

19 Umfassend zur Übergangsregelung *Kissel* NJW **2000** 460; *Kronisch* NordÖR **2001** 11.

20 BGBl. I S. 866.

ben,[21] weil bis zu diesem Zeitpunkt nach Einschätzung des Gesetzgebers sämtliche Übergangsfälle tatsächlich und rechtlich abgewickelt waren.[22]

Übersicht

I. Zweck der Vorschriften über die Präsidialverfassung

1. Selbstverwaltung und Unabhängigkeit. Die Vorschriften über das Präsidium und 1
die Geschäftsverteilung (§§ 21a bis 21j, Präsidialverfassung) enthalten mit der Übertragung der Aufgaben der Geschäftsverteilung (§ 21e) auf das sich aus Richtern zusammensetzende **Präsidium** (§ 21a) nicht weniger als die **institutionalisierte Selbstverwaltung** der Gerichte. Diese dient mit dazu, außergerichtlichen Einfluss, etwa der Justizverwaltung, auf die Abläufe bei den Gerichten auszuschließen. Dadurch wird die **Unabhängigkeit der Gerichtsbarkeit** als dritter Gewalt gegenüber der Exekutive gesichert; zugleich bedeutet es eine **Stärkung der Unabhängigkeit der einzelnen Richter** (Art. 97 Abs. 1 GG). Auf die Gewährleistung der Unabhängigkeit des Richters innerhalb des jeweiligen Richterkollegiums zielen insbesondere die Einzelregelungen über die Geschäftsverteilung durch das Präsidium, welche die Aufgabenzuweisung für ein Geschäftsjahr vorsehen und eine zwischenzeitliche Änderung grundsätzlich ausschließen (§ 21e Abs. 1 Satz 2, Abs. 3 Satz 1).

2. Gesetzlicher Richter. Die Vorschriften über die Präsidialverfassung konkretisieren 2
zugleich den **Verfassungsgrundsatz des gesetzlichen Richters** (Art. 101 Abs. 1 Satz 2 GG), der einfachgesetzlich in § 16 Satz 2 normiert ist.[23] Dies gilt namentlich für die Geschäftsverteilung durch das Präsidium (§ 21e) sowie für die spruchkörperinterne Geschäftsverteilung (§ 21g).

---

21 Materialien: Gesetzentw. der Bundesregierung BRDrucks. 329/05 v. 6.5.2005; Empfehlungen des BRRAussch. BRDrucks. 329/1/05 v. 6.6.2005; Beschl. des Bundesrates 812. BRSitzg. v. 17.6.2005 Plenprot. 812 S. 237, 252 ff.; Einbringung Gesetzentw. der Bundesregierung BTDrucks. **16** 47 v. 3.11.2005 m. Stellungn. d. Bundesrates u. Gegenäußerung. d. Bundesreg.; Beratung im Bundestag in 1. Lesung in der 8. BTSitzg. v. 15.12.2005 Plenprot. **16** 8 S. 458 f., Beschl., Überweisung an Ausschüsse; Bericht des BTRAussch. **16** 678 v. 15.2.2006 (Empfehlung Annahme in Ausschussfassung); Beratung in 2. und 3. Lesung in der 19. BTSitzg. v. 16.2.2006 Plenprot. S. 1371 (Beschl.: Annahme in Ausschussfassung); Unterrichtung des Bundesrates über GesetzesBeschl. des Bundestages v. 17.2.2006, BRDrucks. 114/06; Beschl. des Bundesrates in der 820. Sitzung v. 10.3.2006 Plenprot. 820 S. 62, BRDrucks. 114/06 (kein Antrag auf Einberufung des Vermittlungsausschusses).

22 Gesetzentw. der Bundesregierung, BRDrucks. 329/05 v. 6.5.2005 S. 146, Begr. zu Art. 21.

23 § 16, 1.

II. Inhalt der Regelungen

3 **1. Präsidien bei allen Gerichten.** Ein Präsidium besaßen bis zur **Reform 1972** alle Kollegialgerichte (Landgericht, Oberlandesgericht, BGH). Die mit mehreren Richtern besetzten Amtsgerichte hatten ein eigenes Präsidium nur, wenn es sich um ein besonders großes, d.h. mit einem Präsidenten besetztes Amtsgericht handelte (§ 22a a.F.). Bei den übrigen Amtsgerichten regelte das Präsidium des übergeordneten Landgerichts die Verteilung der Geschäfte unter den Richtern des Amtsgerichts und ihre Vertretung in Verhinderungsfällen. War jedoch einem Amtsgerichtspräsidenten von der Justizverwaltung die Dienstaufsicht über andere im Bezirk des übergeordneten Landgerichts gelegene Amtsgerichte übertragen, so trat das Präsidium des großen Amtsgerichts an die Stelle des Präsidiums des Landgerichts (§ 22c a.F.). Dagegen bestimmt § 21a Abs. 1, dass bei **jedem Gericht** – selbst bei einem mit nur einem Richter besetzten Amtsgericht[24] – ein Präsidium gebildet wird. Dem liegt der Gedanke zugrunde, dass das Präsidium ein „zentrales Organ der richterlichen Selbstverwaltung" ist, das deshalb kein Gericht entbehren soll.[25]

2. Zusammensetzung des Präsidiums

4 **a) Früheres Recht – vor der Reform 1972.** Nach vor der Reform 1972 gültigem Recht (§§ 64, 117, 131 a.F.) war die Zusammensetzung des Präsidiums unterschiedlich, je nachdem, ob es sich um ein kleines oder großes – mit mehr als zehn Vorsitzenden Richtern besetztes – Kollegialgericht handelte. Bei den „kleinen" Gerichten bestand das Präsidium ausschließlich aus „geborenen" Mitgliedern (dem Präsidenten, den Vorsitzenden Richtern und den beiden dienstältesten Richtern). Bei den „großen" Kollegialgerichten setzte es sich teils aus „geborenen" Mitgliedern (dem Präsidenten, seinem ständigen Vertreter und den acht dienstältesten Vorsitzenden Richtern), teils aus „gekorenen" Mitgliedern zusammen, nämlich aus drei „von der Gesamtheit der Mitglieder des Gerichts" gewählten Richtern („Räten"). Die Einzelheiten der Wahl (aktives und passives Wahlrecht, Wahlvorgang) sowie die Folgen einer fehlerhaften Wahl nach innen (Anfechtbarkeit?) und außen (Anfechtung der Entscheidungen des Spruchkörpers, dessen Besetzung von einem fehlerhaft gebildeten Präsidium beschlossen war) waren lediglich summarisch oder gar nicht geregelt.

5 **b) Geltendes Recht.** Das geltende Recht (§ 21a) beruht – auch in der Fassung **der Novelle 1999** – auf dem Gedanken, dass sich das Präsidium möglichst weitgehend aus von den Richtern des Gerichts **„gekorenen" Mitgliedern** zusammensetzen soll. Denn „die Selbstverwaltung ist" – so die Begr. zum Entw. des Reformgesetzes 1972[26] – „eine Angelegenheit aller Richter des Gerichts. Sie wird nach außen sichtbar durch die Verteilung der Geschäfte auf die einzelnen Spruchkörper und die Verteilung des Vorsitzes in den einzelnen Spruchkörpern. Es erscheint daher notwendig und folgerichtig, jedem Richter des Gerichts zumindest eine Einflussnahme auf die Zusammensetzung des diese Geschäfte ausführenden Gremiums zu ermöglichen. Allen Richtern – nicht nur den nach ihrer Dienststellung herausgehobenen und zugleich dienstältesten Richtern – des Gerichts sollte eine Mitwirkung in diesem Gremium möglich sein". **„Geborene" Mitglieder** sind allein die Gerichtspräsidenten (bei Amtsgerichten ohne Präsidenten die aufsichtführenden Richter) als Vorsitzende; eine Ausnahme für kleine Gerichte ergibt sich aus § 21a Abs. 2 Nr. 5 (vor der Novelle 1999: § 21a Abs. 2 Satz 1 Nr. 3). Die Zahl der Mitglieder ist nach der Größe

24 Vgl. § 21a, 2.
25 Begr. zum Entw. BTDrucks. VI 557 S. 15.
26 BTDrucks. VI 557 S. 15.

des Gerichts (der Zahl seiner Richterplanstellen) abgestuft. Die vormalige Regelung, wonach die **Hälfte der gewählten Richter** bei den Kollegialgerichten **aus Vorsitzenden Richtern** bestehen musste, weil „die Arbeit im Präsidium ... neben der fachlichen Befähigung insbesondere Personalkenntnisse und Erfahrung" erfordert und „beides ... am ehesten bei den Vorsitzenden der Spruchkörper zu erwarten" ist,[27] wurde **durch die Novelle 1999 abgeschafft**. Für diese einschneidende Änderung wurde neben den bereits genannten Gründen (vgl. oben Entstehungsgeschichte) angeführt, dass die in den vorausgegangenen 25 Jahren eingetretenen Rechtsentwicklungen und das veränderte Anforderungsprofil, dem sich die Justiz stellen müsse, eine Strukturveränderung zur Steigerung der Effizienz der Justiz und der Eigenverantwortung der Richter notwendig machten.[28] Um dieses Ziel zu erreichen, sei u.a. erforderlich, die hervorgehobene Stellung der Vorsitzenden Richter zugunsten der Gleichrangigkeit der Richter „zurückzufahren" und zugleich Regelungen vorzusehen, die es förderten, dass einvernehmliche Lösungen für die Geschäftsverteilung und die anderen vom Präsidium zu entscheidenden Fragen gefunden werden. Diese allgemeine Begründung des Gesetzentwurfs entsprach wortgleich der Begründung des Entwurfs des Bundesrates.[29] Über die **Wahl** trifft das Gesetz **eingehende Regelungen** (§ 21b Abs. 1 bis 5), die durch eine RechtsVO über das Wahlverfahren ergänzt werden. Grundsätzlich gilt das Mehrheitswahlrecht (§ 21b Abs. 3 Satz 2); jedoch enthält § 21b Abs. 3 Satz 3 eine Öffnungsklausel, die es dem Landesrecht überlässt, das Verhältniswahlrecht einzuführen.[30] Das Gesetz normiert insbesondere die Folgen einer fehlerhaften Wahl nach innen und außen (§ 21b Abs. 6) und trifft Bestimmung über die Beschlussfähigkeit des Präsidiums und die Eilzuständigkeit des Präsidenten oder aufsichtführenden Richters (§ 21i). Es regelt die Geschäftsverteilung sowie die Bildung eines Präsidiums bei neuerrichteten Gerichten (§ 21j).

3. Erweiterter Aufgabenbereich des Präsidiums

a) Früheres Recht – vor der Reform 1972. Die dem Präsidium zugewiesenen Aufgaben bestanden früher hauptsächlich[31] in der Aufstellung des Geschäftsverteilungsplans. Er umfasste die Verteilung der Geschäfte des Gerichts unter die Spruchkörper (Abteilungen des Amtsgerichts, Kammern des Landgerichts, Senate des Oberlandesgerichts und des BGH) derselben Art, die Besetzung der Spruchkörper mit Beisitzern und die Regelung der Vertretung, ferner die Bestellung der Ermittlungsrichter des Oberlandesgerichts und des BGH (§ 169). Dagegen war die Verteilung des Vorsitzes in den Spruchkörpern, soweit der Gerichtspräsident nicht den Spruchkörper bestimmte, dem er sich anschloss, Sache eines Vorsitzenden-Kollegiums („Direktorium", „Senatorium" [§ 62 a.F.]). 6

b) Geltendes Recht. Das PräsVerfG v. 26.5.1972 – Reform 1972 – beseitigte das Direktorium (Senatorium) und erweiterte die im Übrigen aufrechterhaltenen Aufgaben des Präsidiums – des **zentralen Organs der richterlichen Selbstverwaltung** – um die Verteilung des Vorsitzes in den Spruchkörpern; es handele sich hierbei um eine Aufgabe der Ge- 7

27 Begr. zum Entw. des Reformgesetzes 1972 BTDrucks. **VI** 557 S. 16.

28 Begr. des Gesetzentw. BTDrucks. **14** 979 S. 4.

29 BTDrucks. **14** 597 S. 4.

30 Begr. z. Gesetzentw. BTDrucks. **14** 979 S. 4.Von dieser Möglichkeit hat Schleswig-Holstein Gebrauch gemacht, *H.-E. Böttcher* Betrifft Justiz **2005** 22, der die Neureglungen durch die Novelle 1999 insgesamt positiv bewertet.

31 Vgl. erg. § 21e, 2.

schäftsverteilung, so dass es „nicht erforderlich und auch nicht gerechtfertigt" sei, sie einem gesonderten Gremium zuzuweisen.[32]

8 **c) Schrifttum.** Im Schrifttum ist darüber hinaus aus der Summe der einzelnen Neuregelungen z.T. hergeleitet worden, es bestehe nunmehr der Grundsatz der Allzuständigkeit des Präsidiums, kraft dessen es grundsätzlich für alle Aufgaben und Befugnisse im Zusammenhang mit der Geschäftsverteilung im weiteren Sinn zuständig sei.[33] Diese Auffassung findet indessen im Gesetz keine Stütze.[34]

III. Geltungsbereich der Vorschriften des Zweiten Titels

9 **1. Sachlicher Geltungsbereich.** Die Vorschriften über die Präsidialverfassung (§§ 21a bis 21j) gelten unmittelbar nur für die ordentlichen Gerichte (§ 12, § 2 EGGVG); entsprechend gelten sie – teils mit Ergänzungen oder bereichsspezifischen Abweichungen – für die übrigen Gerichtsbarkeiten, und zwar u.a. für die Arbeitsgerichtsbarkeit (§ 6a ArbGG), die Verwaltungsgerichtsbarkeit (§ 4 VwGO), die Finanzgerichtsbarkeit (§ 4 FGO), Sozialgerichtsbarkeit (§ 6 SGG), Patentgerichtsbarkeit (§ 68 PatG), die Anwaltsgerichtsbarkeit (§§ 97, 105 BRAO), Notargerichtsbarkeit (§§ 102, 107 BNotO), Wehrdisziplinargerichtsbarkeit (§ 74 WDO).

2. Räumlicher Geltungsbereich

10 **a) Neue Bundesländer.** Die Vorschriften über die Präsidialverfassung galten für die Kreis- und Bezirksgerichte in den neuen Bundesländern[35] mit dem Zeitpunkt des Beitritts am 3.10.1990 nach den Maßgaben des Einigungsvertrages,[36] die sich auf die Zusammensetzung der Präsidien bezogen. Diese Maßgaben wurden durch § 31 Abs. 1 Nr. 1a des Rechtspflege-Anpassungsgesetzes (RpflAnpG) v. 26.6.1992[37] aufgehoben. Anschließend galten v. 1.7.1992 an die Regelungen des **§ 10 RpflAnpG,**[38] geändert durch § 3 des Gesetzes zur Änderung des Rechtspflege-Anpassungsgesetzes v. 7.12.1995,[39] Art. 2b des Dritten Gesetzes zur Änderung des Rechtspflege-Anpassungsgesetzes v. 6.8.1998[40] sowie zuletzt durch Artikel 3 Nr. 2 des Gesetzes zur Stärkung der Unabhängigkeit der Richter und Gerichte v. 22.12.1999.[41] § 10 RpflAnpG wurde durch das Erste Gesetz über die Bereinigung von Bundesrecht im Zuständigkeitsbereich des Bundesministeriums der Justiz (Art. 3 – Aufhebung des Rechtspflegeanpassungsgesetzes) v. 19.4.2006[42] aufgehoben.[43] Die bis zum 24.4.2006 geltende Vorschrift lautete:

---

32 Begr. z. Entw. des Reformgesetzes 1972 – PräsVerfG – BTDrucks. **VI** 557 S. 15 f.
33 *Schorn/Stanicki* 72; *Stanicki* DRiZ **1972** 414, 415.
34 Dazu § 21e, 3.
35 *Stelkens* JuS **1991** 991.
36 Anlage I Kapitel III Sachgebiet A Abschnitt III Nr. 1 Buchst. c EVertr.
37 BGBl. I S. 1147.
38 *Rieß* DtZ **1992** 226, 229; LR/*Rieß*[24] GVG (Anh.) Rn. 63.
39 BGBl. I S. 1590.
40 BGBl. I S. 2030.
41 BGBl. I S. 2598.
42 BGBl. I S. 866.
43 Materialien: s. Fn. 21.

§ 10 Präsidium und Geschäftsverteilung
(1) [1]Für das am 1. Januar 2000 beginnende Geschäftsjahr sind in den in Artikel 1 Abs. 1 des Einigungsvertrages genannten Ländern die Präsidien nach § 21a Abs. 2 Nr. 1 bis 4 des Gerichtsverfassungsgesetzes neu zu wählen. [2]Bis dahin gelten die besonderen Vorschriften in den folgenden Absätzen 2 bis 3.
(2) Abweichend von § 21b Abs. 1 Satz 2 des Gerichtsverfassungsgesetzes sind alle nach § 21b Abs. 1 Satz 1 des Gerichtsverfassungsgesetzes wahlberechtigten Richter wählbar.
(3) (aufgehoben)
(4) [1]Abweichend von § 21f Abs. 1 des Gerichtsverfassungsgesetzes können bis zum Ablauf des am 31. Dezember 2004 endenden Geschäftsjahres neben Vorsitzenden Richtern auch andere Richter auf Lebenszeit den Vorsitz führen. [2]Diese Vorsitzenden bestimmt das Präsidium.
(5) Abweichend von Absatz 4 darf in den in Artikel 1 Abs. 1 des Einigungsvertrages genannten Ländern bis zum Ablauf des 31. Dezember 1996 bei den Landgerichten auch ein Richter auf Probe oder kraft Auftrags ein Jahr nach seiner Ernennung den Vorsitz in einer mit einem Richter besetzten Kammer führen oder in anderen Kammern den Vorsitzenden vertreten.

b) Errichtung von neuen Gerichten. Das frühere Recht enthielt keine ausdrücklichen Vorschriften über die Bildung von Präsidien und die Wahrnehmung der ihnen übertragenen Aufgaben bis zu ihrer Bildung bei der Errichtung von neuen Gerichten. Wegen der Schwierigkeiten bei der Bildung und Wahl der Präsidien neu errichteter Gerichte hielt der Gesetzgeber eine – **für das gesamte Bundesgebiet geltende** – **Regelung** für erforderlich, da wegen der in den neuen Ländern seinerzeit bevorstehenden Ausgliederung der Gerichte der Verwaltungs-, Finanz-, Arbeits- und Sozialgerichtsbarkeit und der Errichtung aller Amts-, Land- und Oberlandesgerichte eine solche Situation gehäuft bevorstand (vgl. Begründung zu § 28 des Entw. der Bundesregierung eines Gesetzes zur Anpassung der Rechtspflege im Beitrittsgebiet – RpflAnpG[44]).[45] Diese Regelungslücke schloss der Gesetzgeber mit **§ 30 RpflAnpG** (Gesetz v. 26.6.1992[46]).[47] Die Vorschrift – geändert durch Artikel 3 Nr. 3 des Gesetzes zur Stärkung der Unabhängigkeit der Richter und Gerichte v. 22.12.1999[48] – wurde durch das Erste Gesetz über die Bereinigung von Bundesrecht im Zuständigkeitsbereich des Bundesministeriums der Justiz (Art. 3 – Aufhebung des Rechtspflegeanpassungsgesetzes) v. 19.4.2006[49] aufgehoben.[50] Die bis zum 24.4.2006 geltende Vorschrift lautete: 11

§ 30 Präsidium und Geschäftsverteilung bei der Errichtung von Gerichten
(1) [1]Wird ein Gericht errichtet und ist das Präsidium nach § 21a Abs. 2 Nr. 1 bis 4 des Gerichtsverfassungsgesetzes zu bilden, so werden die in § 21e des Gerichtsverfassungsgesetzes bezeichneten Anordnungen bis zur Bildung des Präsidiums von den Präsidenten oder aufsichtführenden Richter getroffen. [2]§ 21i Abs. 2 Satz 2 bis 4 des Gerichtsverfassungsgesetzes gilt entsprechend.
(2) [1]Ein Präsidium nach § 21a Abs. 2 Nr. 1 bis 4 ist innerhalb von drei Monaten nach der Errichtung des Gerichts zu bilden. [2]Die in § 21b Abs. 4 Satz 1 des Gerichtsverfassungsgesetzes bestimmte Frist beginnt mit dem auf die Bildung des Präsidiums folgenden Geschäftsjahr, wenn das Präsidium nicht zu Beginn eines Geschäftsjahres gebildet wird.
(3) An die Stelle des in § 21d Abs. 1 des Gerichtsverfassungsgesetzes bezeichneten Zeitpunkts tritt der Tag der Errichtung des Gerichts.

44 BRDrucks. 10/92 S. 111 bzw. BTDrucks. **12** 2168 S. 37.
45 *Jöhnk* NVwZ **1991** 967; *Rieß* DtZ **1992** 229; DRiZ **1993** 76.
46 BGBl. I S. 1147.
47 Umfassende Erläuterungen zu § 30 RpflAnpG bei LR/*Rieß*[24] GVG (Anh.) Rn. 6 ff.
48 BGBl. I S. 2598.
49 BGBl. I S. 866.
50 Materialien: s. Fn. 21.

(4) [1]Die Aufgaben nach § 1 Abs. 2 Satz 2 und 3 und Abs. 3 der Wahlordnung für die Präsidien der Gerichte vom 19. September 1972 (BGBl. I S. 1821) nimmt bei der erstmaligen Bestellung des Wahlvorstandes der Präsident oder aufsichtführende Richter wahr. [2]Als Ablauf des Geschäftsjahres in § 1 Abs. 2 Satz 2 und § 3 Satz 1 der Wahlordnung für die Präsidien der Gerichte gilt der Ablauf der in Absatz 2 Satz 1 genannten Frist.

12 Das Rechtspflegeanpassungsgesetz wurde aufgehoben, weil es überwiegend vollzogen oder die den Aufbau der Gerichte betreffende rechtstatsächliche Entwicklung im Beitrittsgebiet gegenstandslos geworden bzw. über seinen zeitlich beschränkten Anwendungsbereich (u.a. § 10 Abs. 4) hinaus nach Auffassung des Gesetzgebers nicht mehr aufrechterhaltungsbedürftig war.[51] Da der Gesetzgeber jedoch einige Regelungen des aufgehobenen Rechtspflegeanpassungsgesetzes als Dauerregelungen für erhaltungsbedürftig erachtete, wurden diese Vorschriften im Zuge der Rechtsbereinigung in das jeweilige Stammgesetz überführt; so wurde § 30 (Präsidium und Geschäftsverteilung bei der Errichtung von Gerichten) gem. Artikel 17 Nummer 2 dieses Gesetzes in das Gerichtsverfassungsgesetz (§ 21j) eingestellt.[52]

§ 21a

(1) Bei jedem Gericht wird ein Präsidium gebildet.

(2) Das Präsidium besteht aus dem Präsidenten oder aufsichtführenden Richter als Vorsitzenden und

1. **bei Gerichten mit mindestens achtzig Richterplanstellen aus zehn gewählten Richtern,**
2. **bei Gerichten mit mindestens vierzig Richterplanstellen aus acht gewählten Richtern,**
3. **bei Gerichten mit mindestens zwanzig Richterplanstellen aus sechs gewählten Richtern,**
4. **bei Gerichten mit mindestens acht Richterplanstellen aus vier gewählten Richtern,**
5. **bei den anderen Gerichten aus den nach § 21b Abs. 1 wählbaren Richtern.**

Schrifttum

H.-E. Böttcher Reformen im Recht der Präsidien der Gerichte, Betrifft Justiz **2005** 22; *Kern* Geschichte des Gerichtsverfassungsrechts (1954); *Kissel* Die Novelle 1999 zur Präsidialverfassung, NJW **2000** 460; *Kronisch* Präsidialverfassung und Verwaltungsgericht, NordÖR **2001** 11; *Remus* Präsidialverfassung und gesetzlicher Richter, Diss. Hamburg 2008; *Rieß* Präsidium und Geschäftsverteilung bei der Errichtung neuer Gerichte, DRiZ **1993** 76; *Schorn/Stanicki* Die Präsidialverfassung der Gerichte aller Rechtswege² (1975); *Zeihe* §§ 21a, 21g und 21e des Gerichtsverfassungsgesetzes, SGb **2000** 665.

Entstehungsgeschichte

§ 21a geht zurück auf Artikel II Nr. 4 des Gesetzes zur Änderung der Bezeichnungen der Richter und ehrenamtlichen Richter und der Präsidialverfassung der Gerichte (Präs-

51 Gesetzentw. der Bundesregierung BRDrucks. 329/05 v. 6.5.2005 S. 129, Begr. zu Art. 3.

52 Gesetzentw. der Bundesregierung BRDrucks. 329/05 v. 6.5.2005 a.a.O.

VerfG) vom 26.5.1972[1] – **Reform 1972**, mit dem die Präsidialverfassung grundlegend reformiert wurde (Einfügung des Zweiten Titels – §§ 21a bis 21i). Die bis zur Novelle 1999 unveränderte Fassung lautete:

(1) Bei jedem Gericht wird ein Präsidium gebildet.
(2) [1]Das Präsidium besteht aus dem Präsidenten oder aufsichtführenden Richter als Vorsitzenden und
- bei Gerichten mit mindestens zwanzig Richterplanstellen aus acht gewählten Richtern,
- bei Gerichten mit mindestens acht Richterplanstellen aus vier gewählten Richtern,
- bei den anderen Gerichten aus den nach § 21b Abs. 1 wählbaren Richtern.

[2]Die Hälfte der gewählten Richter sind bei den Landgerichten, bei den Oberlandesgerichten und beim Bundesgerichtshof Vorsitzende Richter; sind bei einem Gericht nicht mehr als die hiernach zu wählenden Vorsitzenden Richter vorhanden, so gelten diese als gewählt.

Die geltende Fassung beruht auf dem Gesetz zur Stärkung der Unabhängigkeit der Richter und Gerichte (UnabhStärkG) vom 22.12.1999[2] – **Novelle 1999**, durch das Absatz 2 eine weitgehende Neufassung erfahren hat.

Übersicht

1. Geschichtliche Entwicklung des Präsidiums und seiner Zusammensetzung. Die früher – vor der **Reform 1972** – in § 64 Abs. 2, 3 a.F. enthaltenen Vorschriften über die Größe und Zusammensetzung des landgerichtlichen Präsidiums, die den Ausgangspunkt für die Regelung des Präsidialsystems bei den übrigen Gerichten der ordentlichen Gerichtsbarkeit bildeten, wurden im Laufe der Zeit wiederholt geändert. Nachdem schon lange vorher Versuche eingesetzt hatten, das Präsidium zu beseitigen oder der Justizverwaltung in anderer Weise Einfluss auf die Geschäftsverteilung zu verschaffen,[3] wurde es durch Gesetz vom 24.11.1937[4] unter dem Gesichtspunkt des „Führerprinzips" tatsächlich abgeschafft; die ihm obliegenden Aufgaben wurden als Justizverwaltungsangelegenheiten den Präsidenten der Gerichte übertragen.[5] Das VereinhG 1950 stellte das Präsidium wieder her, schuf daneben aber das Vorsitzendenkollegium, dem die früher ebenfalls dem Präsidium zustehende Aufgabe zufiel, die Vorsitzenden der einzelnen Kammern zu bestimmen.[6] Bei der Wiederherstellung des Präsidiums wurde an dem mit Gesetz vom 4.7.1933 verfolgten Ziel der Verkleinerung des Präsidiums bei großen Landgerichten festgehalten, jedoch mit folgenden Abweichungen: **a)** Große Landgerichte waren nur diejenigen mit mehr als zehn (früher sechs) Vorsitzenden Richtern („Direktoren"); **b)** acht (früher fünf) Direktoren gehörten – neben dem ständigen Vertreter des Präsidenten – dem Präsidium an; **c)** diese wurden nicht gewählt, sondern die Zugehörigkeit bestimmte sich nach dem Dienstalter; **d)** hinzu traten drei (nicht zwei) von den übrigen Mitgliedern gewählte Mitglieder. Das StPÄG 1964 bestimmte, dass bei „kleinen" Landgerichten stets die beiden dienstältesten Landgerichtsräte dem Präsidium angehörten. Bis dahin lautete § 64 Abs. 2: „Das Präsidium 1

1 BGBl. I S. 841.
2 BGBl. I S. 2598.
3 Vgl. *Kern* 221 ff.; *Schorn/Stanicki* 7 ff.; *Eb. Schmidt* I Nr. 483.
4 RGBl. I S. 1286.
5 *Eb. Schmidt* I[1] Nr. 79.
6 Vgl. Vor § 21a, 3.

wird durch den Präsidenten als Vorsitzenden, die Direktoren und das dem Dienstalter nach, bei gleichem Dienstalter das der Geburt nach älteste Mitglied, gebildet; ist kein Direktor ernannt, so besteht das Präsidium aus dem Präsidenten und den beiden ältesten Mitgliedern.“ Eine umfassende Reform der Präsidialverfassung brachte das am 1.10.1972 in Kraft getretene Gesetz zur Änderung der Bezeichnung der Richter und ehrenamtlichen Richter und der Präsidialverfassung der Gerichte vom 26.5.1972[7] – **Reform 1972**. Durch das Gesetz zur Stärkung der Unabhängigkeit der Richter und Gerichte vom 22.12.1999[8] – **Novelle 1999** – erfuhr die Präsidialverfassung eine weitgehende Novellierung (s. auch Vor § 21a, 4 f.).

2 **2. Präsidium bei allen Gerichten (Absatz 1).** Absatz 1 bestimmt, dass bei jedem Gericht ein eigenes Präsidium zu bilden ist (dazu Vor § 21a, 3), dessen Größe und Zusammensetzung Absatz 2 regelt. Im Fall der Neuerrichtung eines Gerichts muss dies innerhalb von drei Monaten geschehen (§ 21j Abs. 2 Satz 1).[9] Absatz 1 gilt – entsprechend seinem Wortlaut – auch für das **Amtsgericht**, das **nur eine Planstelle** hat.[10] Zwar hat das Präsidium des sog. Ein-Mann-Amtsgerichts im Regelfall keine Funktion, weil es nicht einer Verteilung der Geschäfte auf eine Mehrzahl von Richtern bedarf, so dass diese zentrale Aufgabe entfällt. Sobald jedoch dem Amtsgericht mit nur einer Planstelle – insbesondere wegen eines zeitweisen erhöhten Geschäftsanfalls – ein weiterer Richter zugewiesen wird, verhält es sich anders. Ist der weitere Richter nicht wählbar, etwa als Richter kraft Auftrags (§ 14 DRiG) oder abgeordneter Richter (§ 37 DRiG), so hat über die Geschäftsverteilung das Präsidium zu entscheiden, bestehend aus dem wählbaren Planstelleninhaber und dem zuständigen Präsidenten (§ 21a Abs. 2 Nr. 5, § 22a).

3 **Stellung und Aufgaben.** Das Präsidium ist das zentrale eigenständige Organ der richterlichen Selbstverwaltung (Vor § 21a, 3).[11] Seine Mitglieder handeln bei Ausübung ihres Amts in richterlicher Unabhängigkeit.[12] Das gilt auch für den Präsidenten (aufsichtführenden Richter).[13] In seiner Eigenschaft als Vorsitzender des Präsidiums ist er Richter, also Rechtsprechungsorgan, nicht Organ der Justizverwaltung, daher nach § 1 unabhängig und an keine Verwaltungsanweisungen gebunden.[14] Allerdings kann die Justizverwaltung ihn heranziehen, um dem Präsidium ihre Ansicht über bestimmte Fragen zur Kenntnis zu bringen. Als Vorsitzender hat der Präsident nur gleiches Stimmrecht wie die übrigen Mitglieder; bei Stimmengleichheit gibt seine Stimme – anders noch die durch die Novelle 1999 abgeschaffte Regelung des § 21e Abs. 7 a.F. – nicht den Ausschlag. Bei der Erfüllung seiner Aufgaben als Vorsitzender des Präsidiums kann sich der Präsident zwar – z.B. bei der Vorbereitung von Sitzungen des Präsidiums – der Mithilfe anderer Personen, insbesondere des sog. Präsidialrichters, bedienen, seine Aufgaben als Ganzes aber nicht auf sie übertragen.[15]

---

7 BGBl. I S. 841.

8 BGBl. I S. 2598.

9 Zur Vorgängervorschrift des § 30 Abs. 2 Satz 1 RpflAnpG s. Vor § 21, 11.

10 *Remus* 132 f.; Kissel/*Mayer* 9; MüKo/*Schuster* 5; MüKo-ZPO/*Pabst* 3; SSW/*Spiess* 6; Stein/Jonas/*Jacobs* 8; **a.A.** *Schorn/Stanicki* 23 ff.; KK/*Diemer* 6; *Schmitt*/Köhler 2; LR/*Breidling*[26] 1; offenlassend SK/*Velten* 3.

11 Kissel/*Mayer* 7; MüKo/*Schuster* 4.

12 *Nordmann* SchlHA **2018** 125; Kissel/*Mayer* § 21e, 7, 20; MüKo-ZPO/*Pabst* 14; SSW/*Spiess* 3; LR/*Kühne* Einl. J 14.

13 Vgl. dazu LR/*Gittermann* § 22, 43.

14 S. § 21e, 6. Wegen der Vertretung des als Präsidiumsvorsitzenden verhinderten Präsidenten (aufsichtführenden Richters) vgl. § 21c Abs. 1.

15 BGH GA **1979** 222.

3. Größe des Präsidiums (Absatz 2). Sie ist nach der Zahl der Richterplanstellen abgestuft. Richterplanstellen sind die Stellen, die im Haushaltsplan für das betreffende Gericht am Stichtag (dazu § 21d) zur Besetzung mit Richtern auf Lebenszeit (§ 28 DRiG) vorgesehen sind. Inwieweit sie voll besetzt sind oder nicht und ob die Planstelleninhaber mit richterlichen oder Verwaltungsaufgaben befasst sind, ist ohne Bedeutung.[16] Bei der Bestimmung der Zahl der Richterplanstellen sind diejenigen Planstellen mitzuzählen, die zwar im Haushaltsplan bereits als künftig wegfallend bezeichnet sind, deren Inhaber aber noch am maßgeblichen Stichtag planmäßige Richter des Gerichts sind.[17] **Vor** der **Reform 1972** war die Mitgliederzahl der Präsidien bedeutend größer; beim Landgericht und Oberlandesgericht betrug die Mindestzahl 13 (§ 64 Abs. 3, § 117 a.F.), beim großen Amtsgericht (§ 22a a.F.) und beim BGH (§ 131 a.F.) war sie noch höher. Maßgebend für die Herabsetzung der Mitgliederzahl – auf einschließlich des Vorsitzenden höchstens neun Mitglieder bei den großen Gerichten – durch das Reformgesetz vom 26.5.1972 war das Bestreben, die Leistungsfähigkeit des Präsidiums zu gewährleisten.[18] Hieran hat das Änderungsgesetz vom 22.12.1999 – Novelle 1999 – grundsätzlich festgehalten, auch wenn bei einer weiteren Differenzierung je nach Größe des Gerichts die Mitgliederzahl des Präsidiums für die besonders großen Gerichte angehoben wurde; Grund hierfür war die Konzentration der Gerichtszuständigkeiten an den Gerichten in den Großstädten, die zu Disparitäten der Vertretung der Richter im Präsidium geführt habe.[19] 4

Das Präsidium besteht bei Gerichten mit mindestens achtzig Richterplanstellen[20] aus **zehn gewählten**, insgesamt mit dem Vorsitzenden also aus elf Mitgliedern. Bei den Gerichten mit mindestens vierzig und höchstens 79 Richterplanstellen gehören neben dem Vorsitzenden **acht gewählte Richter**, bei Gerichten mit mindestens zwanzig und höchstens 39 Richterplanstellen **sechs gewählte Richter** und bei Gerichten mit mindestens acht und höchstens 19 Richterplanstellen **vier gewählte Richter** dem Präsidium an. Bei einem **kleinen Gericht** mit sieben Richterplanstellen kann das Präsidium dagegen – einschließlich des „externen" Präsidenten des Landgerichts oder eines anderen Amtsgerichts als Vorsitzenden – aus **acht Richtern** (§ 22a) bestehen, also aus einer größeren Zahl als bei dem mit acht bis 19 Richterplanstellen ausgestatteten Gericht. Diese Anomalie nahm der Gesetzgeber in Kauf; denn durch die Regelung des § 21a Abs. 2 Satz 1 Nr. 3 a.F. (jetzt Abs. 2 Nr. 5) wollte er vermeiden, dass möglicherweise nur ein oder zwei Richter außerhalb des Präsidiums verbleiben.[21] 5

Wegfall der paritätischen Besetzung. Die vormalige Regelung einer **paritätischen Besetzung (Absatz 2 Satz 2 a.F.)** bestimmte, dass bei den Landgerichten, Oberlandesgerichten und dem BGH die Hälfte der gewählten Richter aus Vorsitzenden Richtern (§ 19a DRiG) bestehen musste („Vorsitzenden-Quorum").[22] Diese Regelung wurde durch das **UnabhStärkG** vom 22.12.1999 (BGBl. I S. 2598) – **Novelle 1999** – abgeschafft. Das vormalige System der sog. Blockwahl der Vorsitzenden war durchaus umstritten,[23] wurde aber von 6

---

16 OLG Koblenz DRiZ **1996** 329; OVG Berlin-Brandenburg DRiZ **2016** 312 f.; MüKo-ZPO/*Pabst* 10.

17 OVG Berlin-Brandenburg DRiZ **2016** 312, 313; Kissel/*Mayer* § 21d, 4; Zöller/*Lückemann* 6.

18 Begr. BTDrucks. **VI** 557 S. 17.

19 Begr. BTDrucks. **14** 979 S. 4.

20 *Remus* 146 zu „sehr großen" und „großen" Präsidien; *H.-G. Böttcher* Betrifft Justiz **2005** 22 zust. zur Neuregelung.

21 Begr. BTDrucks. **VI** 557 S. 17.

22 Zur früheren Regelung *Wiebel* ZRP **1998** 221; *Zeihe* SGb **2000** 665; LR/*K. Schäfer*[24] 5 sowie § 21b, 1.

23 Dazu *Kissel* NJW **2000** 460; *Pfeiffer*[3] § 21b, 2; krit. zur früheren Regelung *Kronisch* NordÖR **2001** 11; *Wiebel* ZRP **1998** 221.

der Rechtsprechung für verfassungsgemäß erachtet.[24] Zur Begründung der Gesetzesänderung wurde angeführt, die Privilegierung der Vorsitzenden bei der Zusammensetzung des Präsidiums widerspreche demokratischen Grundsätzen. Zudem wollte der Gesetzgeber der prinzipiellen Gleichrangigkeit der Richterämter Rechnung tragen (kein „Zweiklassensystem“).[25] Als Kehrseite der Neuregelung ist die der früheren Regelung innewohnende Begrenzung des Anteils der dem Präsidium angehörenden Vorsitzenden Richter entfallen, die je nach den tatsächlichen (nicht zahlenmäßigen) Strukturen innerhalb der Richterschaft auch die Parität der Nicht-Vorsitzenden Richter sicherstellte. Denkbar sind nach der Neuregelung durch das UnabhStärkG Präsidien, in die keine Vorsitzenden Richter gewählt sind, aber auch Präsidien, denen Vorsitzende in einer das frühere Halbquorum übersteigenden Anzahl angehören.[26]

7 **4. Vorsitzender (Absatz 2). Vorsitzender des Präsidiums** ist nach Absatz 2 jeweils der **Gerichtspräsident** oder der **aufsichtführende Richter** des Gerichts. Eine Sonderregelung besteht gem. § 22a für die Amtsgerichte mit bis zu sieben Richterplanstellen; dort hat der Präsident des übergeordneten Landgerichts bzw. der die Dienstaufsicht ausübende Präsident eines anderen Amtsgerichts den Vorsitz.[27]

§ 21b

(1) [1]Wahlberechtigt sind die Richter auf Lebenszeit und die Richter auf Zeit, denen bei dem Gericht ein Richteramt übertragen ist, sowie die bei dem Gericht tätigen Richter auf Probe, die Richter kraft Auftrags und die für eine Dauer von mindestens drei Monaten abgeordneten Richter, die Aufgaben der Rechtsprechung wahrnehmen. [2]Wählbar sind die Richter auf Lebenszeit und die Richter auf Zeit, denen bei dem Gericht ein Richteramt übertragen ist. [3]Nicht wahlberechtigt und nicht wählbar sind Richter, die für mehr als drei Monate an ein anderes Gericht abgeordnet, für mehr als drei Monate beurlaubt oder an eine Verwaltungsbehörde abgeordnet sind.

(2) Jeder Wahlberechtigte wählt höchstens die vorgeschriebene Zahl von Richtern.

(3) [1]Die Wahl ist unmittelbar und geheim. [2]Gewählt ist, wer die meisten Stimmen auf sich vereint. [3]Durch Landesgesetz können andere Wahlverfahren für die Wahl zum Präsidium bestimmt werden; in diesem Fall erlässt die Landesregierung durch Rechtsverordnung die erforderlichen Wahlordnungsvorschriften; sie kann die Ermächtigung hierzu auf die Landesjustizverwaltung übertragen. [4]Bei Stimmengleichheit entscheidet das Los.

(4) [1]Die Mitglieder werden für vier Jahre gewählt. [2]Alle zwei Jahre scheidet die Hälfte aus. [3]Die zum ersten Mal ausscheidenden Mitglieder werden durch das Los bestimmt.

(5) Das Wahlverfahren wird durch eine Rechtsverordnung geregelt, die von der Bundesregierung mit Zustimmung des Bundesrates erlassen wird.

(6) [1]Ist bei der Wahl ein Gesetz verletzt worden, so kann die Wahl von den in Absatz 1 Satz 1 bezeichneten Richtern angefochten werden. [2]Über die Wahlanfechtung entscheidet ein Senat des zuständigen Oberlandesgerichts, bei dem Bundesge-

---

24 BGH NJW **1974** 184; BVerwGE **48** 251.

25 Begr. des Gesetzentw. BTDrucks. **14** 979 S. 4, unter Bezugnahme auf BVerfGE **26** 72, 76; zur Gegenposition im Gesetzgebungsverfahren vgl. etwa Plenprot. **14** 45 S. 3832 sowie **14** 64 S. 5759; Antrag des Landes BaWü. vom 24.11.1999 auf Anrufung des Vermittlungsausschusses, BRDrucks. 601/2/99.

26 *Remus* 149; krit., aber im Ergebnis der Neuregelung zust. Kissel/*Mayer* 14.

27 Zöller/*Lückemann* 7.

richtshof ein Senat dieses Gerichts. [3]Wird die Anfechtung für begründet erklärt, so kann ein Rechtsmittel gegen eine gerichtliche Entscheidung nicht darauf gestützt werden, das Präsidium sei deswegen nicht ordnungsgemäß zusammengesetzt gewesen. [4]Im Übrigen sind auf das Verfahren die Vorschriften des Gesetzes über das Verfahren in Familiensachen und in den Angelegenheiten der freiwilligen Gerichtsbarkeit entsprechend anzuwenden.

Schrifttum

Kissel Die Novelle 1999 zur Präsidialverfassung, NJW **2000** 460; *Schorn/Stanicki* Die Präsidialverfassung der Gerichte aller Rechtswege[2] (1975).

Entstehungsgeschichte

§ 21b beruht – in seiner bis zur Novelle 1999 unverändert gebliebenen Fassung – auf Artikel II Nr. 4 des Gesetzes zur Änderung der Bezeichnungen der Richter und ehrenamtlichen Richter und der Präsidialverfassung der Gerichte (PräsVerfG) v. 26.5.1972[1] – **Reform 1972**. Durch das Gesetz zur Stärkung der Unabhängigkeit der Richter und Gerichte (UnabhStärkG) v. 22.12.1999[2] – **Novelle 1999** – wurden die Absätze 1, 2 und 3 geändert; die vorherige Fassung dieser Absätze lautete:

(1) [1]Wahlberechtigt sind die Richter auf Lebenszeit und die Richter auf Zeit, denen bei dem Gericht ein Richteramt übertragen ist, sowie die bei dem Gericht tätigen Richter auf Probe, die Richter kraft Auftrags und die für eine Dauer von mindestens drei Monaten abgeordneten Richter, die Aufgaben der Rechtsprechung wahrnehmen. [2]Wählbar sind die Richter auf Lebenszeit und die Richter auf Zeit, denen bei dem Gericht ein Richteramt übertragen ist. [3]Nicht wahlberechtigt und nicht wählbar sind Richter, die an ein anderes Gericht für mehr als drei Monate oder an eine Verwaltungsbehörde abgeordnet sind.
(2) [1]Jeder Wahlberechtigte wählt die vorgeschriebene Zahl von Richtern, und zwar bei den Landgerichten, bei den Oberlandesgerichten und beim Bundesgerichtshof jeweils eine gleiche Zahl von Vorsitzenden Richtern und weiteren Richtern. [2]In den Fällen des § 21a Abs. 2 Satz 2 Halbsatz 2 wählt jeder Wahlberechtigte so viele weitere Richter, bis die in § 21a Abs. 2 Satz 1 bestimmte Zahl von Richtern erreicht ist.
(3) [1]Die Wahl ist unmittelbar und geheim. [2]Gewählt ist, wer die meisten Stimmen auf sich vereinigt. [3]Bei Stimmengleichheit entscheidet das Los.
(4) [unverändert]
(5) [unverändert]
(6) [unverändert]

Durch Gesetz zur Reform des Verfahrens in Familiensachen und in den Angelegenheiten der Freiwilligen Gerichtsbarkeit (FGG-Reformgesetz – FGG-RG) v. 17.12.2008[3] wurde in Absatz 6 Satz 4 die neue Bezeichnung des Gesetzes über das Verfahren in Familiensachen und in den Angelegenheit der freiwilligen Gerichtsbarkeit (FamFG) übernommen.[4] Diese Änderung trat am 1.9.2009 in Kraft.

---

1 BGBl. I S. 841.

2 BGBl. I S. 2598.

3 BGBl. I S. 2586.

4 Materialien: Gesetzentw. der Bundesregierung BRDrucks. 309/07 v. 10.5.2007; Beschluss des BRates BRDrucks. 309/07 (B) v. 6.7.2007; BTDrucks. **16** 6308 mit Stellungnahme des BRates und Gegenäußerung der

Übersicht

1. Wahlberechtigung (Absatz 1 Satz 1, 3) – Aktives Wahlrecht

1 **a) Aktive Wahlberechtigung. Aktiv wahlberechtigt** sind

(1) die **Richter auf Lebenszeit** (§ 10 DRiG), einschließlich des Präsidenten (aufsichtführenden Richters);

(2) die **Richter auf Zeit** (§ 11 DRiG), denen ein Richteramt bei dem betreffenden Gericht übertragen ist (§ 27 DRiG). Wahlberechtigt sind auch „Doppelrichter", d.h. Richter, denen noch ein **weiteres Richteramt bei einem anderen Gericht** übertragen ist (§ 27 Abs. 2 DRiG, § 22 Abs. 2, § 59 Abs. 2); sie sind bei beiden Gerichten wahlberechtigt.[5] Dies gilt aber nicht für Richter beim Amtsgericht, die durch das Präsidium des Landgerichts zum Mitglied der auswärtigen Strafkammer (§ 78) oder der Strafvollstreckungskammer (§ 78b Abs. 2) bestellt sind.[6] Denn selbst wenn man in einer solchen Heranziehung auch die Übertragung eines weiteren Richteramtes i.S.d. § 27 Abs. 2 DRiG sehen kann,[7] so handelt es sich doch in der Regel um eine vorübergehende Tätigkeit für das Landgericht, und zwar für einen bestimmten Spruchkörper, die nicht derart enge Beziehungen schafft, dass eine Einflussnahmemöglichkeit auf die Zusammensetzung des landgerichtlichen Präsidiums gerechtfertigt wäre.[8] Abweichendes folgt nicht aus § 4 Abs. 1 Satz 2 der Wahlordnung (Rn. 22), der die Aushängung der Wahlbekanntmachungen bei allen auswärtigen Spruchkörpern vorschreibt. Aus die-

---

Bundesregierung; Empfehlung und Bericht des BTRAussch. BTDrucks. **16** 9733; Änderungsantrag BTDrucks. **16** 9831 v. 27.6.2008; Beschluss des Bundestages in der 2. und 3. Lesung, 173. BTSitzung v. 27.6.2008 Plenprot. **16** 173 S. 18468, 18482 (Annahme des Gesetzentw. i.d.F. der Empfehlung des Rechtsausschusses und Annahme des Änderungsantrags); Unterrichtung des BRates BRDrucks. 617/08 v. 29.8.2008; Empfehlungen der Ausschüsse des BRates BRDrucks. 617/1/08 v. 5.9.2008; Beschluss des BRates in der 847. Sitzung v. 19.9.2008 Plenprot. 847 S. 271 (Beschluss: Feststellung der Zustimmungsbedürftigkeit; Zustimmung gem. Art. 104a Abs. 4 GG – BRDrucks. 617/08 [B]).

5 Ebenso *Richter* DRiZ **1974** 349.

6 **A.A.** *Feiber* NStZ **1984** 471; *Schorn/Stanicki* 44; Kissel/*Mayer* 6; SK/*Velten* 2.

7 LR/*Gittermann* § 78, 13.

8 Ebenso OLG Bamberg NStZ **1984** 471; *Richter* DRiZ **1974** 349; KK/*Diemer* 1; MüKo/*Schuster* 2a.

ser Vorschrift, die in erster Linie die Richter im Auge hat, die ihren dienstlichen Wohnsitz am Sitz eines auswärtigen Spruchkörpers (§ 116 Abs. 2, § 130 Abs. 2) haben, kann nicht gefolgert werden, dass deshalb auch alle Mitglieder der auswärtigen Strafkammern (Strafvollstreckungskammern) zum landgerichtlichen Präsidium wahlberechtigt seien. Die Aushängung hat vielmehr den Sinn, solche Richter zu unterrichten, die nicht zum amtsgerichtlichen Präsidium wahlberechtigt sind, wie die Mitglieder des Landgerichts, die nach § 7 Abs. 1 der WahlO briefwahlberechtigt sind. Nicht wahlberechtigt sind dementsprechend auch die Berufsrichter der Verwaltungsgerichtsbarkeit als Mitglieder der Baulandkammern beim LG oder der Baulandsenate beim OLG;[9]

(3) die **Richter auf Probe** (§ 12 DRiG), die bei dem Gericht tätig sind;

(4) die Richter **kraft Auftrags** (§ 14 DRiG);

(5) die zu dem Gericht **abgeordneten Richter** (§ 37 DRiG) unter der doppelten Voraussetzung, dass die Dauer der Abordnung (vgl. § 37 Abs. 2) mindestens drei Monate beträgt und sie – wenn auch nur zu einem Teil der Arbeitskraft[10] – Aufgaben der Rechtsprechung bei diesem Gericht wahrnehmen. Ein doppeltes Wahlrecht ist möglich, sofern es sich nur um eine Teilabordnung handelt.[11] Die Wahlberechtigung entfällt, wenn sie ausschließlich zur Wahrnehmung von Aufgaben der Justizverwaltung abgeordnet sind. Bei den zu (1) bis (4) bezeichneten Richtern kommt es dagegen nicht darauf an, ob sie Aufgaben der Rechtsprechung oder (ausschließlich oder zum Teil) Aufgaben der Justizverwaltung wahrnehmen;

(6) ordentliche **Universitätsprofessoren** der Rechte als auf Lebenszeit ernannte Richter im zweiten Hauptamt beziehungsweise im Nebenamt (§ 7 DRiG).

b) Keine aktive Wahlberechtigung. Nicht aktiv wahlberechtigt sind 2

(1) **ehrenamtliche** Richter;

(2) **Richter**, die für **mehr als drei Monate an ein anderes Gericht abgeordnet** sind. Diese sind dann nur bei diesem Gericht wahlberechtigt, sofern sie dort Aufgaben der Rechtsprechung wahrnehmen;

(3) **Richter**, die im Zeitpunkt der Wahl **an eine Verwaltungsbehörde**, auch an eine Justizverwaltungsbehörde **abgeordnet** sind, ohne Rücksicht auf die Dauer der Abordnung;

(4) **Richter**, die für **mehr als drei Monate beurlaubt** sind, wobei es auf den in der Urlaubsbewilligung bezeichneten Zeitraum und nicht darauf ankommt, wie lange der Urlaub (bereits) andauert. Auch ist der Grund des Urlaubs (Erholungsurlaub, Mutterschaftsurlaub, Sonderurlaub, Freistellung[12] etc.) unbeachtlich.[13] Die Regelung ist durch die Novelle 1999 eingeführt worden;[14] d.h., auch weiterhin sind beurlaubte Richter grundsätzlich wahlberechtigt. Damit hat der Gesetzgeber allerdings zugleich die strittige Frage des Wahlrechts im Fall des – in der Regel mehr als drei Monate dauernden – Erziehungsurlaubs[15] entschieden.

9 BGHZ **88** 143; abl. *Feiber* NStZ **1984** 471; Kissel/*Mayer* 6.

10 **A.A.** *Schorn/Stanicki* 43.

11 Kissel/*Mayer* 6.

12 Auch dann, wenn die Freistellung im Rahmen eines Teilzeitmodells gewährt wird („Sabbatical"; vgl. etwa § 5 Abs. 1 Satz 2 RiG Bln.).

13 Kissel/*Mayer* 1.

14 Dazu *Kissel* NJW **2000** 460.

15 *Heusch* ZRP **1998** 257.

3 **c) Stichtag.** Ob die Voraussetzungen des aktiven Wahlrechts gegeben sind, bestimmt sich nach dem Zeitpunkt der Wahl. Ein abgeordneter Richter ist z.B. auch wahlberechtigt, wenn die Wahl an dem Tag stattfindet, mit dessen Ablauf seine Abordnung endet.

2. Wählbarkeit (Absatz 1 Satz 2, 3) – Passives Wahlrecht

4 **a) Wählbarkeit. Wählbar** sind nur

(1) die **Richter auf Lebenszeit** und

(2) die **Richter auf Zeit**, denen bei dem Gericht ein Richteramt übertragen ist. Ihre **Wählbarkeit entfällt**, wenn sie im Zeitpunkt der Wahl **an** ein **anderes Gericht abgeordnet** sind, und zwar für **mehr als drei Monate**, wenn auch zur Erfüllung von Rechtsprechungsaufgaben, oder wenn sie – hier ohne Rücksicht auf die Abordnungsdauer – **an** eine **Verwaltungsbehörde**, auch eine solche der Justizverwaltung, **abgeordnet** sind. Beurlaubte Richter sind grundsätzlich wählbar; jedoch ist aufgrund der Novelle 1999 die Wählbarkeit bei einer – gleich aus welchen Gründen erfolgten – Beurlaubung für mehr als drei Monate entfallen.[16]

5 **b) Keine Wählbarkeit. Nicht wählbar** sind – abgesehen von den ehrenamtlichen Richtern –

(1) **Richter kraft Auftrags,**

(2) **Richter auf Probe** und

(3) **Präsident und aufsichtführender Richter,**

da sie – (1) (2) – erfahrungsgemäß häufiger das Gericht wechseln bzw. – (3) – schon kraft Gesetzes dem Präsidium angehören. Die Auffassung,[17] dass – abweichend von der im Schrifttum allgemein vertretenen Auffassung[18] – auch der Vizepräsident und der Vertreter des aufsichtführenden Richters nicht wählbar seien, lässt sich mit dem Gesetz (vgl. § 21c Abs. 1 Satz 2) nicht vereinbaren. Eine andere Frage ist es, ob im Interesse der Vermeidung eines übermäßigen Gewichts von Justizverwaltungsbelangen bei den Beratungen und der Beschlussfassung des Präsidiums von der Wahl dieser Richter – ebenso wie der weitgehend mit Verwaltungsaufgaben befassten sog. Präsidialrichter – abgesehen werden sollte.[19]

6 **c) Stichtag.** Auch hinsichtlich der Voraussetzungen für das passive Wahlrecht ist allein der Zeitpunkt der Wahl entscheidend. So sind Richter, die zu diesem Zeitpunkt kurz vor dem Antritt ihres Ruhestands stehen, nicht nur aktiv, sondern auch passiv wahlberechtigt, auch wenn sie ihr Amt nur noch kurzzeitig ausüben können.[20]

3. Wahl (Absätze 2 bis 5)

7 **a) Wahlverfahren.** Das Wahlverfahren hat durch die Novelle 1999 mit **Wegfall** des vormaligen Systems der sog. **Blockwahl,**[21] wonach jeder Wahlberechtigte die für das je-

---

16 *Kissel* NJW **2000** 460; Kissel/*Mayer* 1, 8.

17 So noch *Kissel*[3] 11.

18 *Schorn/Stanicki* 46; Kissel/*Mayer* 11; KK/*Diemer* 3; MüKo/*Schuster* 11; MüKo-ZPO/*Pabst* 12; SK/*Velten* 3; SSW/*Spiess* 4; Zöller/*Lückemann* 15.

19 S. § 21c, 2.

20 Kissel/*Mayer* 7; SK/*Velten* 2.

21 *Kronisch* NordÖR **2001** 11; *Pfeiffer*[4] 2; nach SK/*Velten* 4 sehen die Absätze 2 und 3 jetzt noch ein Blockwahlsystem vor; dem ist nicht zuzustimmen; vgl. zur Abschaffung des Blockwahlsystems Begr. des Gesetzentw. zum UnabhStärkG – Novelle 1999 – BTDrucks. **14** 979 S. 4 zu Art. 1 Nr. 2.

weilige Präsidium – je nach seiner zahlenmäßigen Größe – vorgeschriebene Zahl von Richtern, und zwar je zur Hälfte Vorsitzende Richter (Vorsitzenden-Quorum) bzw. beisitzende Richter, zu wählen hatte, eine durchgreifende Änderung erfahren.[22] Die Absätze 2 bis 4 normieren die Grundsätze des Wahlverfahrens; die Einzelheiten regelt die aufgrund des Absatzes 5 erlassene VO (**Wahlordnung für die Präsidien der Gerichte**; hierzu Rn. 22) v. 19.9.1972,[23] zuletzt geändert durch Art. 209 Abs. 2 des Gesetzes v. 19.4.2006.[24]

aa) Stimmabgabe. Die Stimmabgabe ist durch die Novelle 1999 wesentlich vereinfacht worden. Jeder Wahlberechtigte wählt **„höchstens“** so viele Richter, wie in das Präsidium „seines“ Gerichts gewählt werden dürfen **(Absatz 2)**.[25] Anders als nach dem früheren Recht darf er **auch weniger** Richter wählen,[26] etwa wenn er die Geeignetheit weiterer Richter nicht zu beurteilen vermag. So bestimmt dies auch die durch Art. 23 des OLGVerTrÄndG v. 23.7.2002 geänderte Fassung des § 5 Abs. 3 der Wahlordnung (eine bei der Novelle 1999 übersehene zwangsläufige Folgeänderung[27]). Der Gesetzgeber hat somit die Möglichkeit in Kauf genommen, dass trotz Abgabe gültiger Stimmzettel nicht die erforderliche Anzahl der zu wählenden Präsidiumsmitglieder (§ 21a Abs. 2, § 21b Abs. 4, § 21d) erreicht wird. In diesem Fall wird analog § 14 der Wahlordnung eine Nachwahl durchzuführen sein. Aus § 21b Abs. 2 und § 5 Abs. 2 Satz 1 der Wahlordnung (insoweit jeweils unverändert durch die Novelle 1999) ergibt sich, dass eine Listenwahl ausgeschlossen ist und jeder Wahlberechtigte so viele Stimmen hat, wie Richter zu wählen sind; eine Stimmenhäufung ist nicht zulässig.[28] Die Wahl ist unmittelbar und geheim **(Absatz 3 Satz 1)**. 8

bb) Gewählte Präsidiumsmitglieder. Gewählt sind die Richter, auf welche die meisten Stimmen entfallen, bis die für die Größe des jeweiligen Gerichts erforderliche Zahl der Mitglieder des Präsidiums erreicht ist **(Absatz 3 Satz 2)**. Das hiernach geltende Mehrheitswahlrecht kann durch Landesrecht zugunsten eines Verhältniswahlsystems abgeändert werden; dies ermöglicht nunmehr die in **Absatz 3 Satz 3** eingefügte Öffnungsklausel.[29] Bei Stimmengleichheit entscheidet das Los **(Absatz 3 Satz 4)**. Die nicht gewählten Richter bilden die sog. Vertreterliste in der Reihenfolge der für sie abgegebenen Stimmen; scheidet ein Präsidiumsmitglied aus, so rückt der Richter mit der nächsthöchsten Stimmenzahl als sog. Nächstberufener nach (§ 21c Abs. 2). 9

b) Pflicht zur Wahl und zur Annahme der Wahl

aa) „Aktive Wahlpflicht“. Ob eine (etwa disziplinarrechtlich relevante) **Pflicht** der aktiv Wahlberechtigten **zur Ausübung des Wahlrechts** bestehe, war früher zweifelhaft und streitig.[30] Heute entspricht die Existenz einer solchen Pflicht der allgemeinen Meinung.[31] Die Wahlpflicht ergibt sich bereits aus dem Wortlaut des Absatzes 2 („jeder Wahlberechtigte 10

22 Vgl. hierzu § 21a, 6; *Kissel* NJW **2000** 460 („Vorsitzenden-Dämmerung“).
23 BGBl. I S. 1821.
24 BGBl. I S. 866.
25 Vgl. § 21a, 5.
26 Kissel/*Mayer* 12; SK/*Velten* 4.
27 Bericht des BTRAussch. BTDrucks. **14** 9266 v. 5.6.2002 S. 42.
28 Begr. d. Gesetzentw. – Reform 1972 – BTDrucks. **VI** 557 S. 17; Kissel/*Mayer* 12; MüKo/*Schuster* 13.
29 Begr. des Gesetzentw. BTDrucks. **14** 979 S. 4; Zöller/*Lückemann* 3, 18, 24.
30 LR/*K. Schäfer*[21] § 64 a.F. 8c.
31 BVerwGE **48** 251, 254 f. m.w.N.; s. auch BVerfGE **41** 1; *Kronisch* NordÖR **2001** 11; *Katholnigg* 1; Kissel/*Mayer* 16; KK/*Diemer* 4; *Schmitt*/Köhler 4; Wieczorek/Schütze/*K. Schreiber* 9; Zöller/*Lückemann* 2; **a.A.** noch *Schickedanz* DRiZ **1996** 328.

wählt", d.h. hat zu wählen). Von ihr geht auch die amtl. Begr. des Reformgesetzes 1972 zu § 21b a.F.[32] aus. Eine **Sanktion** bei Nichterfüllung der Wahlpflicht ist **nicht** ausdrücklich statuiert.[33] Ob sich die Pflichtverletzung als disziplinarisch zu ahndendes Dienstvergehen darstellt, richtet sich nach den allgemeinen Vorschriften.[34] Dabei ist der Wahlvorstand gehalten, diejenigen, die der Wahlpflicht nicht nachgekommen sind, der Dienstaufsicht (§ 26 DRiG) zu melden. Dass die Wahl geheim ist (Absatz 3 Satz 1), steht dem nicht entgegen; denn das **Wahlgeheimnis** bezieht sich **nicht** auf das **„Ob"** der Wahl, sondern **allein** auf das **„Wie"**. Daher ist lediglich eine Nachprüfung, inwieweit der Wahlberechtigte in der in § 21b Abs. 2 und § 5 der Wahlordnung beschriebenen Weise, also formgerecht gewählt hat, ausgeschlossen. Die Verletzung der Wahlpflicht ist für die Wirksamkeit der Wahl ohne Bedeutung.[35]

11 **bb) „Passive Wahlpflicht".** Ebenso ist – mit der amtl. Begr. (a.a.O.) – davon auszugehen, dass ein Gewählter als Ausfluss der mit dem Richteramt verbundenen Pflichten und Obliegenheiten die Pflicht zur „Annahme der Wahl" hat. Durch die Wahl wird der Gewählte **kraft Gesetzes Mitglied des Präsidiums**, ohne dass es einer Annahmeerklärung bedürfte oder die Wahl abgelehnt werden könnte. Dies kommt darin zum Ausdruck, dass § 10 der Wahlordnung (Rn. 22) lediglich eine Benachrichtigung der gewählten Mitglieder und nicht – wie andere Wahlordnungen – eine Frist für die Ablehnung der Wahl vorsieht.[36] Auch ließe es sich nicht rechtfertigen, zwischen den gewählten Präsidiumsmitgliedern und den Mitgliedern kraft Gesetzes (insb. nach § 21a Abs. 2 Nr. 5) einen Unterschied zu machen.

12 **c) Keine Wahlvorschläge. Wahlvorschläge** sind nicht vorgesehen. Ebenso wenig kann sich der einzelne passiv Wahlberechtigte von der Liste der wählbaren Richter und damit vom Stimmzettel streichen lassen, der sämtliche wählbaren Richter enthalten muss. **Absprachen** und **Wahlempfehlungen** unter den Wahlberechtigten des jeweiligen Gerichts sind hingegen nicht nur **zulässig**, sondern auch **zweckmäßig**, um Zufallsergebnisse zu vermeiden und eine der Zweckrichtung des Gesetzes entsprechende möglichst repräsentative Vertretung sämtlicher Gruppen (Zivil-, Familien- und Strafrichter) innerhalb der Richterschaft eines Gerichts zu gewährleisten.[37]

13 **4. Amtsdauer (Absatz 4).** Absatz 4, wonach die Mitglieder für **vier Jahre gewählt** werden und **alle zwei Jahre die Hälfte ausscheidet**, bezweckt einerseits die Gewährleistung der **Stetigkeit** des Präsidiums. Andererseits ermöglicht er, die Besetzung des Präsidiums den Erfordernissen des § 21a Abs. 2 anzupassen, wenn sich die Zahl der Richterplanstellen über die in § 21a Abs. 2 Satz 1 gezogenen Grenzen hinaus ändert (vgl. § 21d Abs. 2, 3). Schließlich schafft er für eine größere Zahl wählbarer Richter die Möglichkeit, Mitglied des Präsidiums zu werden, und eröffnet zugleich den inzwischen neu wahlberechtigt gewordenen Richtern eine Einflussnahme auf die Besetzung des Präsidiums.

---

32 BTDrucks. **VI** 557 S. 17.

33 In den Leitsätzen für die zu erlassende Wahlordnung schlug die Amtsrechtskommission des Deutschen Richterbunds eine Bestimmung vor, dass eine Wahlpflicht mit dienstrechtlichen Folgen der Verletzung nicht bestehen solle (vgl. DRiZ **1972** 144). Diesem Vorschlag ist nicht entsprochen worden.

34 Dazu *Kronisch* NordÖR **2001** 11; *Schorn/Stanicki* 50; Kissel/*Mayer* 16.

35 *Kronisch* NordÖR **2001** 11; Kissel/*Mayer* 16; MüKo/*Schuster* 14; SSW/*Spiess* 10; MüKo-ZPO/*Pabst* 20.

36 Ebenso BVerwGE **48** 251, 255 f. vgl. auch BVerfGE **41** 1, 18; *Nordmann* SchlHA **2018** 124; *Scholz* DRiZ **1972** 302; Kissel/*Mayer* 16; SSW/*Spiess* 10; Wieczorek/Schütze/*K. Schreiber* 9.

37 Kissel/*Mayer* 14; MüKo/*Schuster* 16; s. auch KK/*Diemer* 4; Zöller/*Lückemann* 3.

5. Wahlanfechtung (Absatz 6 Satz 1, 2)

a) Entstehungsgeschichte. Absatz 6, der im RegE zum PräsVerfG – Reform 1972 – noch nicht enthalten war,[38] entspricht im Wesentlichen einem Vorschlag des Bundesrats,[39] dem die Bundesregierung zugestimmt hatte und der zur Begr. anführte: „Es erscheint erforderlich, die Wahlanfechtung ausdrücklich zu regeln. Geschieht dies nicht, so wird hierdurch die Anfechtung nicht ausgeschlossen (Art. 19 Abs. 4 GG). Kann die Anfechtung aber nicht ausgeschlossen werden, so empfiehlt es sich, die Anfechtungsgründe, die Anfechtungsberechtigung, den Rechtsweg und die Wirkungen der Anfechtung auf gerichtliche Entscheidungen, die davon betroffen sein könnten, ausdrücklich zu regeln. Das entspricht auch der gesetzlichen Praxis bei ähnlichen Sachverhalten (gewählte Gremien nach den Landesrichtergesetzen und nach Personalvertretungsgesetzen)." 14

b) Anfechtungsgrund. Absatz 6 Satz 1 lässt die Anfechtung einer Wahl zu, wenn dabei „ein Gesetz verletzt worden" ist; zu diesen „Gesetzen" gehört auch die Wahlordnung (Rn. 22). Die Vorschrift wurde geschaffen „aus der Erwägung, dass im Interesse der Rechtssicherheit die Wahl eines Präsidiums auch bei Gesetzesverstößen zunächst gültig sein soll und erst durch eine Wahlanfechtung unwirksam gemacht werden kann".[40] Da nicht jeder für das Wahlergebnis bedeutungslose Gesetzesverstoß die Anfechtung begründen kann, ist der Anfechtungsgrund dahin zu präzisieren, dass die Wahl auf einer Gesetzesverletzung beruhen muss; es darf also nicht auszuschließen sein, dass eine gesetzmäßig durchgeführte Wahl zu einem anderen Wahlergebnis geführt hätte.[41] 15

c) Anfechtungsberechtigung. Anfechtungsberechtigt sind die „in Absatz 1 Satz 1 bezeichneten Richter". Das bedeutet nicht, dass sie nur in ihrer Gesamtheit anfechten könnten; das Anfechtungsrecht steht vielmehr jedem einzelnen selbstständig zu. Einer besonderen Legitimation im Sinne einer **Beschwer**, etwa weil der Anfechtende sich zu Unrecht von der Wahl ausgeschlossen sieht, **bedarf es nicht**.[42] Die Verweisung auf Absatz 1 Satz 1 ist auch nicht dahin zu verstehen, dass nur die im Zeitpunkt der Wahl wahlberechtigten Richter anfechtungsberechtigt wären. Aus dem Zweck der Anfechtung, ein gesetzmäßig gewähltes Präsidium herbeizuführen, ist vielmehr zu folgern, dass anfechtungsberechtigt jeder Richter ist, der im Zeitpunkt der Wahl oder der Anfechtung die Merkmale des Absatzes 1 Satz 1 erfüllt,[43] und zwar auch dann, wenn er nach Absatz 1 Satz 3 nicht wahlberechtigt ist. Dies bedeutet etwa, dass der zum Mitglied der Strafvollstreckungskammer bestellte Richter beim Amtsgericht (§ 78 Abs. 2) kein Recht zur Anfechtung der Wahl des landgerichtlichen Präsidiums 16

---

38 Wie der RegE enthielt auch das frühere Recht (§ 64 Abs. 3 a.F.) keine Vorschriften über die Folgen einer unter Verletzung des Gesetzes zustande gekommenen Wahl des Präsidiums und der von einem solchen Präsidium beschlossenen Geschäftsverteilung. Diese Lücke wurde, soweit es sich um die Besetzungsrüge (§ 338 Nr. 1 StPO) handelte, erst durch BGHSt **12** 227, 231; **13** 362, und, soweit es sich um die auf Art. 101 Abs. 1 Satz 2 GG gestützte Verfassungsbeschwerde handelte, durch BVerfGE **31** 47 geschlossen. Insoweit wird auf die ausführliche Darstellung von LR/*K. Schäfer*[23] 13 f. verwiesen.

39 Anl. 2 S. 21 der BTDrucks. **VI** 557.

40 Bericht des RAussch. BTDrucks. **VI** 2903 S. 4.

41 Ebenso Kissel/*Mayer* 19; KK/*Diemer* 5; Zöller/*Lückemann* 21.

42 Ebenso BVerwGE **48** 251, 253 f. m.w.N.

43 Ebenso Kissel/*Mayer* 18; KK/*Diemer* 5; **a.A.** (nur Zeitpunkt der Wahl) – unter Berufung auf den Gesetzeswortlaut – *Schorn/Stanicki* 62; MüKo-ZPO/*Pabst* 23; *Schmitt*/Köhler 5; Zöller/*Lückemann* 20; **a.A.** (nur Zeitpunkt der Anfechtung) *Katholnigg* 5; MüKo/*Schuster* 19; SSW/*Spiess* 11; Wieczorek/Schütze/*K. Schreiber* 14.

hat,[44] während der für mehr als drei Monate an ein anderes Gericht abgeordnete Richter hinsichtlich der Präsidiumswahl seines „Heimatgerichts" anfechtungsberechtigt ist.

17 **d) Anfechtungsfrist.** Eine Frist, innerhalb deren die Anfechtung erfolgen muss, ist im Gesetz nicht bestimmt und besteht daher nicht.[45] Wenngleich eine Frist aus Gründen der Rechtssicherheit wünschenswert wäre, hat ihr Fehlen keine gravierenden Auswirkungen; denn die Anordnungen auch eines nicht ordnungsgemäß zusammengesetzten Präsidiums bleiben nach Absatz 6 Satz 3 von einer späteren erfolgreichen Anfechtung unberührt und sind als gültig zu behandeln (dazu Rn. 20).[46] Im Übrigen ergibt sich aus der Natur der Sache, dass eine Anfechtung nicht mehr möglich ist, wenn die Amtsdauer aller betroffenen Richter (Absatz 4) beendet ist, und dass sich in diesem Fall ein anhängiges Anfechtungsverfahren in der Hauptsache erledigt.

18 **e) Verfahren.** Die **Entscheidung** trifft der im Geschäftsverteilungsplan bestimmte Senat des Oberlandesgerichts (bzw. des BGH). Die sachliche Entscheidung kann dahin lauten, dass die Anfechtung begründet oder dass sie unbegründet ist; im ersten Fall findet, soweit zur Behebung des Mangels erforderlich, eine Neuwahl statt. Für das Verfahren sind nach Absatz 6 Satz 4 die Vorschriften des **FamFG** entsprechend anzuwenden.[47] Danach gilt der Grundsatz der **Amtsermittlung** (§ 26 FamFG); die Entscheidung ergeht durch Beschluss (§ 38 FamFG). Als **Rechtsmittel** gegen den Beschluss des Oberlandesgerichts ist die Rechtsbeschwerde zum BGH (§ 133 GVG) statthaft, wenn das OLG sie zugelassen hat (§ 70 Abs. 1, 2 FamFG). Insoweit hat sich die Rechtslage gegenüber derjenigen unter Geltung des FGG geändert; dieses sah lediglich die Möglichkeit einer Vorlage an den BGH (§ 28 FGG) vor.[48] Eine (einfache) Beschwerde ist hingegen auch weiterhin ausgeschlossen (§ 58 Abs. 1 FamFG).[49]

19 **f) Wirkungen der erfolgreichen Anfechtung.** Ist die Anfechtung begründet, so erklärt das Oberlandesgericht (bzw. der BGH) die Wahl für – ex tunc – ungültig.[50] Mit dem Wirksamwerden der Entscheidung scheiden die fehlerhaft gewählten Mitglieder aus dem Präsidium aus. Es ist unverzüglich eine Neuwahl durchzuführen, soweit sie – wie es regelmäßig der Fall sein wird – zur Behebung des Mangels geeignet und erforderlich ist. Bis dahin besteht das Präsidium nur noch aus dem Präsidenten oder aufsichtführenden Richter als Vorsitzendem, den in der vorausgegangenen Wahl gewählten Mitgliedern sowie, falls die letzte Wahl nur teilweise ungültig ist, aus den ordnungsgemäß gewählten Mitgliedern.[51] Die Beschlussfähigkeit dieses „Restpräsidiums" bemisst sich auf der Grundlage der verbleibenden Mitgliederzahl, also ohne dass die nicht ordnungsgemäß gewählten Mitglieder einzuberechnen wären.[52] Die Legitimation des „alten" Präsidiums (d.h. des Präsidiums in seiner bisherigen Zusammensetzung vor der angefochtenen Wahl) ist hingegen entfallen;[53] dies folgt aus den eindeutigen Regelungen in Absatz 4 Satz 1, 2. Für ein Fortbestehen

44 Dazu o. Rn. 1.

45 Kritisch hierzu Kissel/*Mayer* 19 und *Schorn/ Stanicki* 63, die de lege ferenda eine Befristung fordern.

46 Kissel/*Mayer* 21.

47 Ähnlich § 29 Abs. 3 EGGVG.

48 Kissel/*Mayer* 20.

49 Zum alten Recht vgl. BGHZ **88** 143 = NStZ **1984** 470 m. krit. Anm. *Feiber*; BGH MDR **1984** 1008 (Ls.).

50 OLG Hamm NJOZ **2013** 1466; Kissel/*Mayer* 22; MüKo-ZPO/*Pabst* 28; SSW/*Spiess* 14; **a.A.** – ex nunc – OVG Berlin-Brandenburg Beschl. v. 14.4.2016 – OVG 4 A 1.16 (juris, Rn. 23; in DRiZ **2016** 312 nicht abgedr.).

51 OVG Berlin-Brandenburg Beschl. v. 14.4.2016 – OVG 4 A 1.16 (juris, Rn. 23); Kissel/*Mayer* 22; MüKo/*Schuster* 23; **a.A.** – Auflösung des Präsidiums – Wieczorek/Schütze/*K. Schreiber* 18.

52 Kissel/*Mayer* 22.

53 **A.A.** noch LR/*Breidling*[26] 19; *Schorn/Stanicki* 65.

des bisherigen Präsidiums besteht auch kein Bedürfnis; insbesondere droht aufgrund der vorgenannten Regelungen kein präsidiumsloser Zustand. Hat die vorgeschriebene Wahl (Absatz 1, 4 Satz 2) überhaupt nicht stattgefunden oder zu keinem Ergebnis – z.B. wegen Abgabe nur von ungültigen Stimmzetteln (§ 8 Abs. 3 WahlO) – geführt, gilt Entsprechendes.

6. Außenwirkung einer fehlerhaften Wahl (Absatz 6 Satz 3). Den Kern des Absatzes 6 bildet dessen Satz 3, wonach, wenn eine Anfechtung für begründet erklärt wird, ein **Rechtsmittel** gegen eine gerichtliche Entscheidung **nicht darauf gestützt werden** kann, das Präsidium sei deswegen nicht ordnungsgemäß zusammengesetzt gewesen. Der Sinn der Vorschrift, die auf eine Beschränkung der Besetzungsrüge (§ 338 Nr. 1 StPO) gerichtet ist[54] und ein Vorbild in den §§ 65, 73 Abs. 2, § 88 ArbGG hatte, ist also, dass auch dann, wenn die Anfechtung sich als begründet erweist, „die zurückliegenden Entscheidungen nicht deshalb aufzuheben sind, weil das Präsidium nicht ordnungsmäßig zusammengesetzt war".[55] Daraus folgt zugleich, dass unabhängig davon, ob die Wahl nach Absatz 6 angefochten wird oder nicht, Einwände gegen die Besetzung des Gerichts (§§ 222b, 338 Nr. 1 StPO) nicht auf die fehlerhafte Zusammensetzung des Präsidiums wegen Gesetzesverstößen bei der Wahl gestützt werden können. Denn ungeachtet der Frage, ob dem erkennenden Gericht und dem Revisionsgericht eine Nachprüfung der Gesetzmäßigkeit der Wahl durch Absatz 6 Satz 2 ohnehin entzogen ist, kann sich aus einer dergestalt fehlerhaften Zusammensetzung des Präsidiums jedenfalls keine Auswirkung auf die vorschriftsmäßige Besetzung des Spruchkörpers ergeben. Es spielt danach – nach heute h.M.[56] – grundsätzlich keine Rolle, welches Gewicht der Gesetzesverstoß hat, ob es sich um eine unrichtige, aber noch vertretbare Auslegung des Gesetzes handelt und ob das Präsidium seine Zusammensetzung in der irrtümlichen Annahme einer gesetzmäßig verlaufenen Wahl für richtig hält. Auch wenn es dahingehende Bedenken hätte, bleibt es dabei, dass „im Interesse der Rechtssicherheit die Wahl eines Präsidiums auch bei Gesetzesverstößen zunächst gültig sein soll und erst durch eine Wahlanfechtung unwirksam gemacht werden kann" (Rn. 15). 20

7. Bedeutung nichtordnungsgemäßer Zusammensetzung des Präsidiums in anderen Fällen. Absatz 6 Satz 3 regelt nur den Fall, dass das Präsidium infolge fehlerhafter Wahl nicht ordnungsgemäß zusammengesetzt war. Denkbar ist aber auch die Konstellation, dass ein einwandfrei gewähltes Präsidium in nichtordnungsgemäßer Zusammensetzung Besetzungsbeschlüsse fasst, indem es sich etwa bei Zweifelsfragen des Ausscheidens und Nachrückens eines Präsidiumsmitglieds[57] für eine Auffassung entscheidet, die ein Rechtsmittelgericht für unzutreffend hält. Die Frage, welche Auswirkungen sich hier aus der nichtordnungsgemäßen Zusammensetzung des Präsidiums ergeben, wird verschieden beantwortet. Nach einer Meinung entscheiden letztlich die Revisionsgerichte über die „richtige" Auslegung; solange sich eine einheitliche höchstrichterliche Rechtsprechung noch nicht gebildet hat, soll eine Besetzungsrüge keinen Erfolg haben, wenn die letztlich als nicht ordnungsgemäß beurteilte Zusammensetzung des Präsidiums auf einer vertretbaren Gesetzesauslegung beruht.[58] Nach anderer Auffassung, die sich auf BVerfGE **31** 47 beruft, kann die Wirksamkeit des Aktes der Geschäftsverteilung bereits grundsätzlich nicht von der richtigen Zusammensetzung des Kollegiums abhängen, das ihn beschlossen 21

54 Entsprechend auch dem Anliegen des StVÄG 1979; vgl. hierzu LR/*K. Schäfer*[24] § 16, 23; § 21b, 18.
55 Bericht des BTRAussch. BTDrucks. **VI** 2903 S. 4.
56 Z.B. BGHSt **26** 309; Kissel/*Mayer* § 21e, 120; LR/*Franke*[26] § 338 StPO, 20.
57 Vgl. § 21c, 6, 14; zur Entscheidungsbefugnis des Präsidiums s. § 21c, 11 f.
58 *Schorn/Stanicki* 260; die Auffassung knüpft an BGHSt **12** 227, 231; **13** 362 an.

hat.[59] Näherliegend erscheint es, die Lösung des Problems unmittelbar dem **Grundgedanken des Absatz 6 Satz 3** zu entnehmen. Die Vorschrift behandelt zwar nur einen Ausschnitt aus dem Bereich der Bedeutung einer nichtordnungsgemäßen Zusammensetzung des Präsidiums für den Bestand der Entscheidungen, die von Spruchkörpern gefällt werden, deren Besetzung auf Beschlüssen eines solchen Präsidiums beruht. Die ratio legis dieser Bestimmung (o. Rn. 15), den Bestand gerichtlicher Entscheidungen im vorrangigen Interesse der Rechtssicherheit (als einem immanenten Postulat des Rechtsstaatsprinzips)[60] nicht von der ordnungsgemäßen Zusammensetzung des Präsidiums bei der Geschäftsverteilung abhängig zu machen, bringt jedoch einen allgemein gültigen Gedanken zum Ausdruck, der grundsätzlich immer Geltung beansprucht, wo die Ordnungsmäßigkeit der Zusammensetzung des Präsidiums in Zweifel gezogen werden kann. Ausgeschieden werden müssen dabei allerdings Fälle grober und offensichtlicher Gesetzwidrigkeit, in denen von einer ordnungsgemäßen Zusammensetzung nicht mehr gesprochen werden kann.[61] Zur grundsätzlichen Bedeutung des Absatz 6 Satz 3 vgl. auch LR/*Gittermann* § 40, 13 f.

22 **8. Wahlordnung (Absatz 5).** Absatz 5 sieht vor, dass durch Rechtsverordnung der Bundesregierung mit Zustimmung des Bundesrates eine Wahlordnung erlassen wird. Aufgrund der Öffnungsklausel des Absatz 3 Satz 3 bleibt es dem Landesgesetzgeber jedoch überlassen, ein von Absatz 3 Satz 2 abweichendes Wahlverfahren, also an Stelle des dort vorgesehenen **Mehrheitswahlrechts** ein **Verhältniswahlrecht** zu beschließen. Das Wahlverfahren ist – vorbehaltlich etwaiger landesrechtlicher Sonderregelungen – im Einzelnen geregelt in der **Wahlordnung für die Präsidien der Gerichte** (GerPräsWO) v. 19.9.1972[62] i.d.F. des Art. 2 des UnabhStärkG v. 22.12.1999,[63] geändert durch Art. 23 des OLG-Vertretungsänderungsgesetzes – OLGVertrÄndG – v. 23.7.2002[64] sowie – zuletzt – durch Art. 209 Abs. 2 des Ersten Gesetzes über die Bereinigung von Bundesrecht im Zuständigkeitsbereich des Bundesministeriums der Justiz v. 19.4.2006[65]:

Auf Grund des § 21b Abs. 5 des Gerichtsverfassungsgesetzes sowie auf Grund des § 10 Abs. 1 Halbsatz 1 des Einführungsgesetzes zum Gerichtsverfassungsgesetz, des § 4 der Verwaltungsgerichtsordnung, des § 4 der Finanzgerichtsordnung, des § 6a des Arbeitsgerichtsgesetzes, des § 6 des Sozialgerichtsgesetzes, des § 47 der Bundesdisziplinarordnung, des § 36e des Patentgesetzes und der §§ 97, 105 Abs. 1 der Bundesrechtsanwaltsordnung, jeweils in Verbindung mit § 21b Abs. 5 des Gerichtsverfassungsgesetzes, sämtlich zuletzt geändert durch das Gesetz zur Änderung der Bezeichnungen der Richter und ehrenamtlichen Richter und der Präsidialverfassung der Gerichte v. 26. Mai 1972,[66] verordnet die Bundesregierung mit Zustimmung des Bundesrates:

§ 1 Wahlvorstand

(1) [1]Der Wahlvorstand sorgt für die ordnungsmäßige Durchführung der Wahl der Mitglieder des Präsidiums. [2]Er faßt seine Beschlüsse mit Stimmenmehrheit.

(2) [1]Der Wahlvorstand besteht aus mindestens drei wahlberechtigten Mitgliedern des Gerichts. [2]Das amtierende Präsidium bestellt die erforderliche Zahl von Mitgliedern des Wahlvorstandes spätestens zwei Monate vor Ablauf des Geschäftsjahres, in dem eine Wahl stattfindet. [3]Es bestellt zugleich eine

59 Vgl. LR/*Meyer*[23] § 338 StPO, 21 m.w.N.; ebenso *Schmitt* SGb **2015** 664; LR/*Franke*[26] § 338 StPO, 20.
60 Vgl. BVerfGE 7 89, 92; **25** 269.
61 Ähnlich, aber noch weiter einschr. *Rieß* DRiZ **1977** 289.
62 BGBl. I S. 1821.
63 BGBl. I S. 2598.
64 BGBl. I S. 2850.
65 BGBl. I S. 866.
66 BGBl. I S. 841.

angemessene Zahl von Ersatzmitgliedern und legt fest, in welcher Reihenfolge sie bei Verhinderung oder Ausscheiden von Mitgliedern des Wahlvorstandes nachrücken.
(3) Das amtierende Präsidium gibt die Namen der Mitglieder und der Ersatzmitglieder des Wahlvorstandes unverzüglich durch Aushang bekannt.

§ 2 Wahlverzeichnisse

(1) [1]Der Wahlvorstand erstellt ein Verzeichnis der wahlberechtigten und ein Verzeichnis der wählbaren Mitglieder des Gerichts. [2]Die Verzeichnisse sind bis zum Wahltag auf dem Laufenden zu halten.
(2) In das Verzeichnis der wählbaren Mitglieder des Gerichts sind auch die jeweils wegen Ablaufs ihrer Amtszeit oder durch Los ausscheidenden Mitglieder des Präsidiums aufzunehmen, sofern sie noch die Voraussetzungen des § 21b Abs. 1 des Gerichtsverfassungsgesetzes erfüllen.
(3) In den Fällen des § 21b Abs. 4 Satz 3 und des § 21d Abs. 2 und 3 des Gerichtsverfassungsgesetzes nimmt der Wahlvorstand zuvor die Auslosung der ausscheidenden Mitglieder des Präsidiums vor.
(4) [1]Die Auslosung ist für die Richter öffentlich. [2]Zeitpunkt und Ort der Auslosung gibt der Wahlvorstand unverzüglich nach seiner Bestellung durch Aushang bekannt.
(5) [1]Über die Auslosung fertigt der Wahlvorstand eine Niederschrift, die von sämtlichen Mitgliedern des Wahlvorstandes zu unterzeichnen ist. [2]Sie muß das Ergebnis der Auslosung enthalten. [3]Besondere Vorkommnisse bei der Auslosung sind in der Niederschrift zu vermerken.

§ 3 Wahltag, Wahlzeit, Wahlraum

[1]Die Wahl soll mindestens zwei Wochen vor Ablauf des Geschäftsjahres stattfinden. [2]Der Wahlvorstand bestimmt einen Arbeitstag als Wahltag, die Wahlzeit und den Wahlraum. [3]Bei entsprechendem Bedürfnis kann bestimmt werden, dass an zwei aufeinander folgenden Arbeitstagen und in mehreren Wahlräumen gewählt wird. [4]Die Wahlzeit muss sich über mindestens zwei Stunden erstrecken.

§ 4 Wahlbekanntmachungen

(1) [1]Der Wahlvorstand gibt spätestens einen Monat vor dem Wahltag durch Aushang bekannt:
1. das Verzeichnis der wahlberechtigten und das Verzeichnis der wählbaren Mitglieder des Gerichts,
2. das Ergebnis der Auslosung nach § 21b Abs. 4 Satz 3 und § 21d Abs. 2 und 3 des Gerichtsverfassungsgesetzes,
3. den Wahltag, die Wahlzeit und den Wahlraum,
4. die Anzahl der zu wählenden Richter,
5. die Voraussetzungen, unter denen eine Briefwahl stattfinden kann,
6. den Hinweis auf das Einspruchsrecht nach Absatz 3.

[2]Bestehen Zweigstellen oder auswärtige Spruchkörper, so sind die Wahlbekanntmachungen auch dort auszuhängen.
(2) Auf den Wahlbekanntmachungen ist der erste Tag des Aushangs zu vermerken.
(3) [1]Jedes wahlberechtigte Mitglied des Gerichts kann gegen die Richtigkeit der Wahlverzeichnisse binnen einer Woche seit ihrer Bekanntmachung oder der Bekanntmachung einer Änderung schriftlich bei dem Wahlvorstand Einspruch einlegen. [2]Der Wahlvorstand hat über den Einspruch unverzüglich zu entscheiden und bei begründetem Einspruch die Wahlverzeichnisse zu berichtigen. [3]Die Entscheidung des Wahlvorstandes ist dem Mitglied des Gerichts, das den Einspruch eingelegt hat, schriftlich mitzuteilen. [4]Sie muß ihm spätestens am Tage vor der Wahl zugehen.

§ 5 Wahlhandlung

(1) Das Wahlrecht wird durch Abgabe eines Stimmzettels in einem Wahlumschlag ausgeübt.
(2) [1]Auf dem Stimmzettel sind die Anzahl der zu wählenden Richter sowie die Namen der wählbaren Richter in alphabetischer Reihenfolge untereinander aufzuführen. [2]Nicht aufzuführen sind die Namen der Richter, die dem Präsidium angehören und deren Amtszeit noch nicht abläuft.
(3) Der Wähler gibt seine Stimme ab, indem er auf dem Stimmzettel einen oder mehrere Namen von Richtern ankreuzt und den Stimmzettel im verschlossenen Wahlumschlag in die Wahlurne legt.

§ 6 Ordnung im Wahlraum

(1) Die Richter können während der gesamten Wahlzeit im Wahlraum anwesend sein.

(2) [1]Der Wahlvorstand trifft Vorkehrungen, dass der Wähler den Stimmzettel im Wahlraum unbeobachtet kennzeichnet und in den Wahlumschlag legt. [2]Für die Aufnahme der Umschläge ist eine Wahlurne zu verwenden. [3]Vor Beginn der Stimmabgabe hat der Wahlvorstand festzustellen, dass die Wahlurne leer ist, und sie zu verschließen. [4]Sie muss so eingerichtet sein, dass die eingelegten Umschläge nicht entnommen werden können, ohne dass die Urne geöffnet wird.

(3) Solange der Wahlraum zur Stimmabgabe geöffnet ist, müssen mindestens zwei Mitglieder des Wahlvorstandes im Wahlraum anwesend sein.

(4) [1]Stimmzettel und Wahlumschlag werden dem Wähler von dem Wahlvorstand im Wahlraum ausgehändigt. [2]Vor dem Einlegen des Wahlumschlages in die Wahlurne stellt ein Mitglied des Wahlvorstandes fest, ob der Wähler im Wählerverzeichnis eingetragen ist. Die Teilnahme an der Wahl ist im Wählerverzeichnis zu vermerken.

(5) [1]Wird die Wahlhandlung unterbrochen oder wird das Wahlergebnis nicht unmittelbar nach Abschluss der Stimmabgabe festgestellt, so hat der Wahlvorstand für die Zwischenzeit die Wahlurne so zu verschließen und aufzubewahren, dass das Einlegen oder die Entnahme von Stimmzetteln ohne Beschädigung des Verschlusses unmöglich ist. [2]Bei Wiedereröffnung der Wahl oder bei Entnahme der Stimmzettel zur Stimmzählung hat sich der Wahlvorstand davon zu überzeugen, dass der Verschluß unversehrt ist.

(6) [1]Nach Ablauf der Wahlzeit dürfen nur noch diejenigen Wahlberechtigten abstimmen, die sich in diesem Zeitpunkt im Wahlraum befinden. [2]Sodann erklärt der Wahlvorstand die Wahlhandlung für beendet.

§ 7 Briefwahl[67]

(1) [1]Den wahlberechtigten Mitgliedern des Gerichts, die

1. einem auswärtigen Spruchkörper oder einer Zweigstelle des Gerichts angehören oder für nicht mehr als drei Monate an ein anderes Gericht abgeordnet sind,
2. aus sonstigen Gründen an einer Stimmabgabe nach § 5 Abs. 3 verhindert sind und dies dem Wahlvorstand rechtzeitig anzeigen,

leitet der Wahlvorstand einen Stimmzettel und einen Wahlumschlag sowie einen größeren Freiumschlag zu, der die Anschrift des Wahlvorstandes und als Absender die Anschrift des wahlberechtigten Mitglieds des Gerichts sowie den Vermerk „Schriftliche Stimmabgabe zur Wahl des Präsidiums" trägt. [2]Er übersendet außerdem eine vorgedruckte, vom Wähler abzugebende Erklärung, in der dieser dem Wahlvorstand gegenüber versichert, dass er den Stimmzettel persönlich gekennzeichnet hat. [3]Die Absendung ist in der Wählerliste zu vermerken.

(2) In einem besonderen Schreiben ist zugleich anzugeben, bis zu welchem Zeitpunkt spätestens der Stimmzettel bei dem Wahlvorstand eingegangen sein muß.

(3) [1]Der Wähler gibt seine Stimme ab, indem er auf dem Stimmzettel einen oder mehrere Namen von Richtern ankreuzt und den Stimmzettel im verschlossenen Wahlumschlag unter Verwendung des Freiumschlages und Beifügung der von ihm unterzeichneten vorgedruckten Erklärung dem Wahlvorstand übermittelt. [2]Die Stimmabgabe kann vor dem Wahltag erfolgen.

(4) [1]Während der Wahlzeit vermerkt ein Mitglied des Wahlvorstandes die Absender der bei dem Wahlvorstand eingegangenen Briefe im Wählerverzeichnis, entnimmt den Briefen die Wahlumschläge und legt diese ungeöffnet in die Wahlurne. [2]Die vorgedruckten Erklärungen sind zu den Wahlunterlagen zu nehmen. [3]Briefe, die ohne die vorgedruckte Erklärung bei dem Wahlvorstand eingehen, sind mit dem darin enthaltenen Wahlumschlag sowie mit einem entsprechenden Vermerk des Wahlvorstandes zu den Wahlunterlagen zu nehmen. [4]Nach Ablauf der Wahlzeit eingehende Briefe sind unter Vermerk des Eingangszeitpunktes ungeöffnet zu den Wahlunterlagen zu nehmen.

§ 8 Feststellung des Wahlergebnisses

(1) [1]Unverzüglich nach Ablauf der Wahlzeit stellt der Wahlvorstand das Wahlergebnis fest. [2]Die Richter können bei der Feststellung des Wahlergebnisses anwesend sein.

67 Zu Ungereimtheiten, die sich bei der schriftlichen Stimmabgabe zur Wahl des Präsidiums ergeben können, vgl. *Schorn/Stanicki* 59.

(2) [1]Der Wahlvorstand öffnet die Wahlurne und entnimmt den darin befindlichen Wahlumschlägen die Stimmzettel. [2]Er prüft deren Gültigkeit und zählt sodann die auf jedes wählbare Mitglied des Gerichts entfallenden gültigen Stimmen zusammen.
(3) Ungültig sind Stimmzettel,
1. die nicht in einem Wahlumschlag abgegeben sind,
2. die nicht von dem Wahlvorstand ausgegeben sind,
3. aus denen sich der Wille des Wählers nicht zweifelsfrei ergibt,
4. die einen Zusatz oder Vorbehalt enthalten.

(4) Bei Stimmengleichheit zwischen zwei oder mehreren wählbaren Mitgliedern des Gerichts stellt der Wahlvorstand durch Auslosung fest, wer als gewählt gilt und wer in den Fällen des § 21c Abs. 2 des Gerichtsverfassungsgesetzes als Nächstberufener nachrückt.

§ 9 Wahlniederschrift
(1) [1]Über das Wahlergebnis fertigt der Wahlvorstand eine Niederschrift, die von sämtlichen Mitgliedern des Wahlvorstandes zu unterzeichnen ist. [2]Die Niederschrift muss enthalten:
1. die Zahl der abgegebenen Stimmzettel,
2. die Zahl der gültigen Stimmzettel,
3. die Zahl der ungültigen Stimmzettel,
4. die für die Gültigkeit oder Ungültigkeit zweifelhafter Stimmzettel maßgebenden Gründe,
5. die Angabe, wie viele Stimmen auf jeden der wählbaren Richter entfallen sind,
6. die Namen der gewählten Richter,
7. das Ergebnis einer etwaigen Auslosung nach § 8 Abs. 4.

(2) Besondere Vorkommnisse bei der Wahlhandlung oder der Feststellung des Wahlergebnisses sind in der Niederschrift zu vermerken.

§ 10 Benachrichtigung der gewählten Richter
Der Wahlvorstand benachrichtigt unverzüglich die in das Präsidium gewählten Mitglieder des Gerichts schriftlich von ihrer Wahl.

§ 11 Bekanntgabe des Wahlergebnisses
Der Wahlvorstand gibt das Wahlergebnis unverzüglich durch Aushang bekannt.

§ 12 Berichtigung des Wahlergebnisses
[1]Offenbare Unrichtigkeiten des bekanntgemachten Wahlergebnisses, insbesondere Schreib- und Rechenfehler, kann der Wahlvorstand von Amts wegen oder auf Antrag berichtigen. [2]Die Berichtigung ist gleichfalls durch Aushang bekannt zu machen.

§ 13 Aufbewahrung der Wahlunterlagen
Die Wahlunterlagen (Aushänge, Niederschriften, Stimmzettel, verspätet oder ohne vorgedruckte Erklärung eingegangene Wahlbriefe usw.) werden von dem Präsidium mindestens vier Jahre aufbewahrt; die Frist beginnt mit dem auf die Wahl folgenden Geschäftsjahr.

§ 14 Nachwahl
Ist in den Fällen des § 21c Abs. 2 des Gerichtsverfassungsgesetzes eine Nachwahl durchzuführen, weil kein Nächstberufener vorhanden ist, so gelten für die Durchführung der Nachwahl die Vorschriften dieser Verordnung entsprechend.

§§ 15, 17
betr. Übergangsvorschrift, Inkrafttreten (hier weggelassen)

§ 21c

(1) [1]Bei einer Verhinderung des Präsidenten oder aufsichtführenden Richters tritt sein Vertreter (§ 21h) an seine Stelle. [2]Ist der Präsident oder aufsichtführende Richter anwesend, so kann sein Vertreter, wenn er nicht selbst gewählt ist, an den Sitzungen des Präsidiums mit beratender Stimme teilnehmen. [3]Die gewählten Mitglieder des Präsidiums werden nicht vertreten.

(2) Scheidet ein gewähltes Mitglied des Präsidiums aus dem Gericht aus, wird es für mehr als drei Monate an ein anderes Gericht abgeordnet oder für mehr als drei Monate beurlaubt, wird es an eine Verwaltungsbehörde abgeordnet oder wird es kraft Gesetzes Mitglied des Präsidiums, so tritt an seine Stelle der durch die letzte Wahl Nächstberufene.

Schrifttum

Driehaus Nochmals: Erfahrungen mit den neuen Präsidien, DRiZ **1975** 42; *Kissel* Die Novelle 1999 zur Präsidialverfassung, NJW **2000** 460; *Kropp* Über die Nachfolge eines ausgeschiedenen Präsidiumsmitglieds, DRiZ **1978** 77; *Rehbein* Erfahrungen mit den neuen Präsidien, DRiZ **1974** 257; *Stanicki* Nochmals: Erfahrungen mit den neuen Präsidien, DRiZ **1974** 379.

Entstehungsgeschichte

§ 21c beruht auf Art. II Nr. 4 des Gesetzes zur Änderung der Bezeichnungen der Richter und ehrenamtlichen Richter und der Präsidialverfassung der Gerichte (PräsVerfG) v. 26.5.1972[1] – **Reform 1972**. Seither bestanden aufgrund der ursprünglichen Fassung des Absatzes 2 („..., so tritt an seine Stelle der durch die Wahl Nächstberufene") Zweifel, welche Wahl für die Bestimmung des „Nächstberufenen" maßgebend ist. Durch Art. 2 Nr. 1 des Rechtspflege-Vereinfachungsgesetzes v. 17.12.1990[2] wurden deshalb die Worte „durch die Wahl" durch die Worte „durch die letzte Wahl" ersetzt. Durch Art. 1 Nr. 3 des Gesetzes zur Stärkung der Unabhängigkeit der Richter und Gerichte (UnabhStärkG) v. 22.12.1999[3] – Novelle 1999 – wurde Absatz 2 insgesamt neu gefasst; hierbei handelte es sich um eine durch den Wegfall des § 21a Abs. 2 Satz 2 (Vorsitzenden-Quorum) bedingte Folgeänderung.[4] Die bis dahin geltende Fassung des Absatzes 2 lautete:

> (2) Scheidet ein gewähltes Mitglied des Präsidiums aus dem Gericht aus, wird es an ein anderes Gericht für mehr als drei Monate oder an eine Verwaltungsbehörde abgeordnet, wird es kraft Gesetzes Mitglied des Präsidiums oder wird es zum Vorsitzenden Richter ernannt, so tritt an seine Stelle der durch die letzte Wahl Nächstberufene.

Übersicht

1 BGBl. I S. 841.
2 BGBl. I S. 2847.
3 BGBl. I S. 2598.
4 Begr. des Gesetzentwurfs BTDrucks. **14** 979 S. 4.

1. Verhinderung von Präsidiumsmitgliedern – Teilnahme des Vertreters (Absatz 1)

a) Verhinderung. Ob ein Mitglied des Präsidiums (gewählt oder kraft Amtes) verhindert 1 ist, bestimmt sich nach den auch für die sonstigen Dienstobliegenheiten eines Richters geltenden Kriterien.[5] Verhinderungsgründe sind insbesondere Krankheit, Urlaub, Dienstreisen, daneben unaufschiebbare andere Dienstgeschäfte wie etwa je nach den Umständen des Einzelfalls die Teilnahme an Sitzungen (z.B. an fristwahrenden Fortsetzungshauptverhandlungen) oder die Bearbeitung einer Haftbeschwerde (s. § 306 Abs. 2 StPO). Die Teilnahme an Sitzungen des Präsidiums hat allerdings wegen der übergreifenden Bedeutung dessen Aufgaben für die gesamte Richterschaft eines Gerichts und seine regelmäßig im Hinblick auf das Verfassungsgebot des gesetzlichen Richters bedeutsamen Entscheidungen grundsätzlich Vorrang vor sonstigen Dienstgeschäften.[6] Festgestellt wird die Verhinderung vom Vorsitzenden, der sie im Sitzungsprotokoll vermerkt.[7] Bei Verhinderung von mehr als der Hälfte der gewählten Mitglieder ist das Präsidium nicht beschlussfähig (§ 21i Abs. 1); in diesem Fall treffen der Präsident bzw. aufsichtführende Richter die unaufschiebbaren Anordnungen allein (§ 21i Abs. 2 Satz 1).

aa) Verhinderung des Vorsitzenden (Satz 1). Satz 1 sieht im Fall der Verhinderung 2 des Präsidenten oder aufsichtführenden Richters – anders als bei der Verhinderung von gewählten Mitgliedern – seine Vertretung vor, und zwar durch seinen Vertreter (d.h. den Vizepräsidenten oder sonstigen bestellten ständigen Vertreter des Präsidenten oder aufsichtführenden Richters) gemäß der allgemeinen **Vertretungsregelung des § 21h**. Die Vorschrift des Satzes 1 trägt dem Umstand Rechnung, dass der ständige Vertreter des Präsidenten bzw. aufsichtführenden Richters als solcher – abweichend vom früheren Recht (§ 64 Abs. 3 a.F.) – nicht „geborenes" Mitglied des Präsidiums ist. Ist der Vertreter bereits gewähltes Mitglied des Präsidiums, so kann er seine Rechte und Pflichten in dieser Funktion für die Dauer der Vertretung nicht wahrnehmen; er ist insoweit verhindert, ohne – als gewähltes Mitglied – vertreten zu werden, mit der Folge, dass sich die Zahl der Mitglieder des Präsidiums für die Dauer der Verhinderung des Präsidenten entsprechend vermindert.[8] Dieses Ergebnis lässt es sinnvoll erscheinen, den Vizepräsidenten oder sonstigen ständigen Vertreter nicht in das Präsidium zu wählen. Eine Stimmenthaltung des Vorsitzenden ist unzulässig[9] und nicht mit seiner Verhinderung gleichzusetzen.[10]

bb) Verhinderung gewählter Mitglieder (Satz 3). Satz 3, wonach die gewählten 3 Richter nicht vertreten werden – und zwar weder durch Richter, die nicht Mitglieder des

5 Kissel/*Mayer* 1.
6 Kissel/*Mayer* 1; *Pfeiffer*[4] 1; Zöller/*Lückemann* 2.
7 Kissel/*Mayer* 1.
8 Kissel/*Mayer* 3; *Pfeiffer*[4] 1; MüKo/*Schuster* 2; MüKo-ZPO/*Pabst* 5; SK/*Velten* 2.
9 S. § 21e, 66.
10 So noch für gewählte Mitglieder (insoweit allerdings wegen Abs. 1 Satz 3 ohne rechtliche Relevanz) LR/*K. Schäfer*[24] 2.

Präsidiums sind, noch durch Mitglieder des Präsidiums –, entspricht dem früheren Recht.[11] Ist ein solches Mitglied an der Anwesenheit in der Sitzung verhindert, so beschließen die übrigen Mitglieder des Präsidiums,[12] solange dieses beschlussfähig ist (§ 21i Abs. 1).

4 **b) Teilnahme des Vertreters (Satz 2).** Die im RegE des PräsVerfG – Reform 1972[13] – noch nicht enthaltene und erst im Rechtsausschuss eingefügte Vorschrift, die dem Vertreter des anwesenden Präsidenten (aufsichtführenden Richters) das Recht der Teilnahme an den Sitzungen des Präsidiums mit lediglich beratender – im Gegensatz zu beschließender – Stimme einräumt, „soll sicherstellen, dass er einen umfassenden Überblick über die Arbeit des Präsidiums gewinnt, damit er im Fall der Verhinderung des Präsidenten den Vorsitz im Präsidium sachgerecht führen kann. Außerdem ist es wünschenswert, dass das Präsidium auch die Erfahrungen des Vertreters verwerten kann".[14] Die Bedeutung des Satzes 2 liegt darin, dass er dem Vertreter des Präsidenten ein eigenständiges **Recht auf Anwesenheit und Gehör** einräumt. Die Anwesenheit weiterer Personen mit beratender Stimme, die nicht Mitglied des Präsidiums sind, etwa eines weiteren ständigen Vertreters, wenn mehrere ständige Vertreter bestellt sind, des sog. Präsidialrichters oder des Sachbearbeiters, dem die Vorarbeit bei der Aufstellung des Geschäfts- bzw. Geschäftsverteilungsplans obliegt, ist damit nicht ausgeschlossen; sie setzt allerdings voraus, dass die Mitglieder des Präsidiums mit der Anwesenheit einverstanden sind. Hiervon zu unterscheiden ist die nunmehr aufgrund der Novelle 1999 unter dem Gesichtspunkt der Richteröffentlichkeit nach § 21e Abs. 8 mögliche Anwesenheit von Richtern bei den Beratungen und Abstimmungen des Gerichts.[15]

2. Wechsel im Präsidium (Absatz 2)

5 **a) Grundsatz.** Die Neufassung des Absatzes 2[16] durch die Novelle 1999 (Gesetz zur Stärkung der Unabhängigkeit der Richter und Gerichte – UnabhStärkG – v. 22.12.1999 [BGBl. I S. 2598]) ist eine notwendige Folgeänderung zu dem Wegfall des § 21a Abs. 2 Satz 2 a.F. (Vorsitzenden-Quorum) und der Ergänzung des § 21b Abs. 1 Satz 3, soweit sie das passive Wahlrecht betrifft. Absatz 2 regelt den Fall von Veränderungen in der Person der gewählten Mitglieder, die zu deren Ausscheiden aus dem Präsidium führen und damit seine gesetzmäßige Zusammensetzung (§ 21a Abs. 2) berühren. Der Grundgedanke der Vorschrift ist die Aufrechterhaltung der Zahl der Präsidiumsmitglieder. Als Gründe für das Ausscheiden aus dem Präsidium kommen in Betracht:

6 (1) das **Ausscheiden aus dem Gericht** durch Tod, Ruhestand, Versetzung, Entlassung. Ein Mitglied scheidet noch nicht aus dem Gericht aus, wenn es dauernd dienstunfähig wird; insoweit findet Absatz 1 Satz 3 Anwendung.[17] Die Auffassung,[18] in entsprechender Anwendung des Absatzes 2 sei eine Erkrankung von mehr als dreimonatiger Dauer einer Abordnung von mehr als drei Monaten gleichzusetzen, weil sonst beim Zusammentreffen von Abordnung, Beurlaubung und Erkrankung mehrerer Präsidiumsmitglieder das Präsidium handlungsunfähig werden könne (§ 21i Abs. 1), kann nicht zugestimmt wer-

11 Vgl. LR/*K. Schäfer*[21] § 64, 5.
12 BGHSt **12** 402, 405; **13** 126; BGH NJW **1959** 1378; OLG Hamm NJW **1957** 802.
13 BTDrucks. **VI** 557.
14 Bericht des BTRAussch. BTDrucks. **VI** 2903 S. 4.
15 Dazu § 21e, 69 ff.
16 Wegen der früheren Rechtslage vgl. LR/*K. Schäfer*[21] § 64, 8g; LR/*K. Schäfer*[24] 3.
17 OLG Hamm MDR **1970** 611; *Schorn/Stanicki* 30.
18 *Schorn/Stanicki* 35.

den.[19] Diese Auffassung widerspricht nicht nur dem Wortlaut des Absatzes 2, sondern auch der ratio legis (einheitliche Anforderungen an die passive Wahlunfähigkeit [§ 21b Abs. 1 Satz 3] und das Ausscheiden aus dem Präsidium). Sollte ein solcher Ausnahmefall praktisch werden, so müsste nach § 21i Abs. 2 verfahren werden;

(2) die **Abordnung an ein anderes Gericht** oder – nunmehr aufgrund der Novelle 1999 auch – die **Beurlaubung** für jeweils mehr als drei Monate oder die **Abordnung an eine Verwaltungsbehörde** (ohne Rücksicht auf deren Dauer), weil sie dem Mitglied die Wählbarkeit nimmt (§ 21b Abs. 1 Satz 3). Ob das Mitglied an ein anderes Gericht „für mehr als drei Monate abgeordnet" wird, richtet sich nicht nach der tatsächlichen Dauer der Abordnung, sondern nach der in der Abordnungsanordnung bestimmten Dauer. Wird eine zunächst auf kürzere Zeit verfügte Abordnung auf einen Zeitraum von insgesamt mehr als drei Monate verlängert, so tritt mit der Verlängerungsanordnung die Wirkung (Nachrücken des Nächstberufenen) des Absatzes 2 ein, während mehrere in zeitlichen Abständen erfolgende kürzere Abordnungen auch dann nicht unter die Vorschrift fallen, wenn ihre Gesamtdauer drei Monate übersteigt; 7

(3) die **Entstehung einer Mitgliedschaft kraft Gesetzes:** Ein zum Mitglied gewählter Richter wird zum Präsidenten oder zum aufsichtführenden Richter des Gerichts ernannt, wodurch er aus dem Kreis der wählbaren Mitglieder ausscheidet. 8

Diese Aufzählung ist abschließend. Daher ist ein **Niederlegen** des Amtes genauso wenig möglich wie die **Nichtannahme**;[20] auch eine Abwahl scheidet aus.[21] 9

b) Nächstberufener. An die Stelle des jeweils aus dem Präsidium Ausgeschiedenen tritt der durch die „letzte" Wahl Nächstberufene. Der Gesetzgeber hat durch die Einfügung des Wortes „letzte" mit dem RpflVereinfG v. 17.12.1990[22] eine frühere sich aus dem Umstand der zeitversetzten Wahl ergebende Streitfrage[23] in Sinne der seinerzeit herrschenden Meinung geklärt, wonach die bei der ersten Wahl entstandene Ersatzliste der Nächstberufenen mit der Neuwahl der Hälfte der Präsidiumsmitglieder ihre Bedeutung verliert und Nächstberufener nicht derjenige Richter ist, der bei der Wahl des ausscheidenden, sondern derjenige, der bei der letzten Wahl zum Präsidium die nach den Gewählten höchste Stimmenzahl erhalten hat.[24] Der RegE eines RpflVereinfG v. 1.12.1988 hat die dann Gesetz gewordene Regelung damit begründet, dass „die höhere demokratische Legitimation für die jeweils jüngste Wahl" spreche,[25] auch wenn sie nur eine Teilwahl war.[26] Nachrücken kann nur derjenige, der **selbst noch wählbar** (§ 21b Abs. 1 Satz 2, 3) ist.[27] Der Nächstberufene tritt in die **Amtszeit** des ausgeschiedenen Präsidiumsmitglieds ein, d.h. seine Amtszeit endet mit dem Ablauf der für den Ausgeschiedenen geltenden Wahlperiode.[28] Da bei einem Gericht mit weniger als acht Richterplanstellen sämtliche wählbaren Richter dem „ungewählten" **Plenarpräsidium** (§ 21a Abs. 2 Nr. 5) angehören, verringert sich bei Ausscheiden eines Richters aus den Gründen des insoweit entsprechend geltenden Absatz 2 10

---

19 Ebenso Kissel/*Mayer* 5; MüKo/*Schuster* 6; MüKo-ZPO/*Pabst* 7; Wieczorek/Schütze/*K. Schreiber* 8.
20 *Nordmann* SchlHA **2018** 124; Kissel/*Mayer* 5; § 21b, 16; vgl. auch § 21b, 11.
21 MüKo ZPO/*Pabst* 7.
22 BGBl. I S. 2847.
23 *Feiber* NStZ **1984** 542; *Kropp* DRiZ **1978** 77; *Stanicki* DRiZ **1974** 379; zu fortbestehenden Zweifelsfragen s. *Humborg* NWVBl. **1999** 298.
24 LR/*K. Schäfer*[24] 9.
25 BTDrucks. **11** 3621 S. 52.
26 S. BGHZ **112** 330, 337.
27 BGHZ **112** 330, 334; MüKo/*Schuster* 12.
28 Kissel/*Mayer* 8; MüKo-ZPO/*Pabst* 11.

zwangsläufig – bis zur Neubesetzung der Planstelle mit einem wählbaren Richter – die Größe des Plenarpräsidiums; im Übrigen gilt Absatz 2 mangels einer „letzten" Wahl und damit mangels eines „gewählten" Nächstberufenen nicht für das Plenarpräsidium.

11 **c) Feststellung des Nächstberufenen.** Die Feststellung, wer als Nächstberufener in das Präsidium nachrückt, trifft nicht der Wahlvorstand, sondern das **Präsidium** selbst, weil der Wahlvorstand mit der Durchführung der Wahl und der Bekanntgabe sowie ggf. der Berichtigung des Wahlergebnisses seine Aufgabe erfüllt hat und nicht mehr besteht.[29] Diese Feststellung zählt noch zu den Wahlangelegenheiten und kann daher **analog** § 21b **Abs. 6 angefochten** werden.[30] Das Präsidium entscheidet auf der Grundlage des vom Wahlvorstand nach §§ 8, 9 WahlO festgestellten und protokollierten Wahlergebnisses.

12 **d) Nachrücken aufgrund Losentscheides, Nachwahl.** Vor Beendigung seiner Tätigkeit hat der Wahlvorstand die Reihenfolge der Nächstberufenen festzustellen. Ist auf Nachrückkandidaten dieselbe Stimmenzahl entfallen, hat dies durch Losentscheid zu geschehen (§ 8 Abs. 4 WahlO). Die festgestellte Reihenfolge bindet das Präsidium bei dessen Entscheidung, wer konkret als Nächstberufener an die Stelle des Ausgeschiedenen tritt.[31] Falls kein Nächstberufener vorhanden ist, ist eine Nachwahl durchzuführen (§ 14 WahlO). Scheiden aus dem Präsidium gleichzeitig zwei Mitglieder aus, von denen das eine aufgrund der vorletzten Wahl und das andere aufgrund der letzten Wahl in das Präsidium gekommen war, so stellt das Präsidium durch Auslosung fest, wer von den Nächstberufenen für das eine und wer für das andere Mitglied nachrückt.[32]

13 **e) Ausscheiden des Präsidenten.** Scheidet der Präsident (aufsichtführender Richter) aus dem Gericht aus, so tritt sein Nachfolger kraft Gesetzes an seine Stelle. Bis zu dessen Eintritt vertritt der Vertreter (Absatz 1 Satz 1) den Ausgeschiedenen.

14 **f) Endgültige Wirkung des Ausscheidens.** Durch das Ausscheiden eines Mitglieds und das Nachrücken des Nächstberufenen wird ein endgültiger Zustand geschaffen. Der zu einer Verwaltungsbehörde Abgeordnete ist also auch dann endgültig aus dem Präsidium ausgeschieden, wenn er nach verhältnismäßig kurzer Zeit wieder zu seinem Gericht zurückkehrt. Gleiches gilt für denjenigen, der für mehr als drei Monate entweder an ein anderes Gericht abgeordnet oder beurlaubt wurde. Da es im Fall der Abordnung auf die in der zugrundeliegenden Anordnung festgesetzte Abordnungszeit ankommt (Rn. 7), kehrt er weder nach deren Ablauf noch dann in das Präsidium zurück, wenn – gleich aus welchen Gründen – die Abordnung vorzeitig (vor Ablauf von drei Monaten) endet.[33] Das gilt gleichermaßen für den Fall der vorzeitigen Beendigung eines zunächst für mehr als drei Monate bewilligten Urlaubs.

---

29 BGHZ **112** 330, 334 f.; BVerwGE **44** 172, 174; OLG Frankfurt OLGZ **1983** 372; **a.A.** OLG Zweibrücken DRiZ **1977** 311.

30 BGHZ **112** 330, 333 f.; MüKo-ZPO/*Pabst* 12; Wieczorek/Schütze/*K. Schreiber* 10; zu Einzelheiten der Anfechtung s. § 21b, 14 ff.

31 BGHZ **112** 330, 334; MüKo-ZPO/*Pabst* 10, 12.

32 BGHZ **112** 330, 338 f.

33 **H.M.**; vgl. z.B. *Driehaus* DRiZ **1975** 42, 43; *Schorn/Stanicki* 32; Kissel/*Mayer* 6; Thomas/Putzo/*Hüßtege* 3; Wieczorek/Schütze/*K. Schreiber* 8; **a.A.** *Rehbein* DRiZ **1974** 257, der allerdings mit Recht auf die – vom Gesetzgeber möglicherweise nicht bedachten – Schwierigkeiten hinweist, die sich bei größeren Landgerichten aus den sehr häufigen Abordnungen ergeben.

§ 21d

(1) Für die Größe des Präsidiums ist die Zahl der Richterplanstellen am Ablauf des Tages maßgebend, der dem Tage, an dem das Geschäftsjahr beginnt, um sechs Monate vorhergeht.

(2) [1]Ist die Zahl der Richterplanstellen bei einem Gericht mit einem Präsidium nach § 21a Abs. 2 Nr. 1 bis 3 unter die jeweils genannte Mindestzahl gefallen, so ist bei der nächsten Wahl, die nach § 21b Abs. 4 stattfindet, die folgende Zahl von Richtern zu wählen:

1. **bei einem Gericht mit einem Präsidium nach § 21a Abs. 2 Nr. 1 vier Richter,**
2. **bei einem Gericht mit einem Präsidium nach § 21a Abs. 2 Nr. 2 drei Richter,**
3. **bei einem Gericht mit einem Präsidium nach § 21a Abs. 2 Nr. 3 zwei Richter.**

[2]Neben den nach § 21b Abs. 4 ausscheidenden Mitgliedern scheidet jeweils ein weiteres Mitglied, das durch das Los bestimmt wird, aus.

(3) [1]Ist die Zahl der Richterplanstellen bei einem Gericht mit einem Präsidium nach § 21a Abs. 2 Nr. 2 bis 4 über die für die bisherige Größe des Präsidiums maßgebende Höchstzahl gestiegen, so ist bei der nächsten Wahl, die nach § 21b Abs. 4 stattfindet, die folgende Zahl von Richtern zu wählen:

1. **bei einem Gericht mit einem Präsidium nach § 21a Abs. 2 Nr. 2 sechs Richter,**
2. **bei einem Gericht mit einem Präsidium nach § 21a Abs. 2 Nr. 3 fünf Richter,**
3. **bei einem Gericht mit einem Präsidium nach § 21a Abs. 2 Nr. 4 vier Richter.**

[2]Hiervon scheidet jeweils ein Mitglied, das durch das Los bestimmt wird, nach zwei Jahren aus.

Schrifttum

Kissel Die Novelle 1999 zur Präsidialverfassung, NJW **2000** 460; *Schorn/Stanicki* Die Präsidialverfassung der Gerichte aller Rechtswege[2] (1975).

Entstehungsgeschichte

§ 21d beruht – in seiner bis zur Novelle 1999 unverändert gebliebenen – Fassung auf Art. II Nr. 4 des Gesetzes zur Änderung der Bezeichnungen der Richter und ehrenamtlichen Richter und der Präsidialverfassung der Gerichte (PräsVerfG) v. 26.5.1972[1] – **Reform 1972**. Durch Art. 1 Nr. 4 des Gesetzes zur Stärkung der Unabhängigkeit der Richter und Gerichte (UnabhStärkG) v. 22.12.1999[2] – **Novelle 1999** – wurden die Absätze 2 und 3 neu gefasst; hierbei handelt es sich um – auf Vorschlag des Rechtsausschusses beschlossene[3] – notwendige Folgeänderungen, die aus der Neufassung des § 21a Abs. 2 für den Fall resultieren, dass die Zahl der Richterplanstellen bei einem Gericht unter die für die bisherige Größe des Präsidiums maßgebliche Mindestzahl gefallen (§ 21d Abs. 2) oder über die für die bisherige Größe maßgebliche Höchstzahl gestiegen ist (§ 21d Abs. 3). Die bis dahin geltende Fassung der Absätze 2 und 3 lautete:

(2) Ist die Zahl der Richterplanstellen bei einem Gericht mit einem Präsidium nach § 21a Abs. 2 Satz 1 Nr. 1 unter zwanzig gefallen, so sind bei der nächsten Wahl, die nach § 21b Abs. 4 stattfindet, zwei

1 BGBl. I S. 841.
2 BGBl. I S. 2598.
3 Bericht des BTRAussch. BTDrucks. **14** 1875 S. 12.

Richter zu wählen; neben den nach Abs. 4 ausscheidenden Mitgliedern scheiden zwei weitere Mitglieder aus, die durch das Los bestimmt werden.

(3) Ist die Zahl der Richterplanstellen bei einem Gericht mit einem Präsidium nach § 21a Abs. 2 Satz 1 Nr. 2 über neunzehn gestiegen, so sind bei der nächsten Wahl, die nach § 21b Abs. 4 stattfindet, sechs Richter zu wählen; hiervon scheiden zwei Mitglieder, die durch das Los bestimmt werden, nach zwei Jahren aus.

Übersicht

1 **1. Inhalt der Vorschrift.** Die Vorschrift bestimmt zum einen im Absatz 1 den für die Größe des Präsidiums nach § 21a Abs. 2 maßgeblichen **Stichtag** und regelt zum anderen in den Absätzen 2 und 3 die sich aus einer für die Größe des Präsidiums relevanten Erhöhung oder Verminderung der Richterplanstellenzahl[4] des Gerichts ergebenden Folgen.

2 **2. Stichtag (Absatz 1).** Da sich die Größe des Präsidiums nach der Zahl der Richterplanstellen richtet und diese Zahl sich im Verlauf eines Geschäftsjahres ändern kann, musste ein Stichtag festgelegt werden, der für die Größe des Präsidiums maßgebend ist. Dieser Stichtag muss vor dem Termin liegen, an dem die Wahl zum Präsidium durchgeführt werden soll, weil am Wahltag genau feststehen muss, wie viele Mitglieder zum Präsidium zu wählen sind. Den Stichtag setzt Absatz 1 fest, wobei er an den Beginn des Geschäftsjahres anknüpft. Der Begriff des Geschäftsjahres, wie er auch sonst im GVG verwendet wird (vgl. etwa § 21e Abs. 1, 3, § 21g Abs. 2, § 21j Abs. 2, 4, § 42 Abs. 1, § 77 Abs. 4, § 132 Abs. 6), deckt sich nach herkömmlicher, zum Gewohnheitsrecht erstarkter Auffassung,[5] die z.T. in den landesrechtlichen Ausführungsgesetzen einen ausdrücklichen Niederschlag gefunden hat,[6] mit dem des Kalenderjahres;[7] für die früher vereinzelt im Schrifttum vertretene Auffassung,[8] bei Fehlen einer landesgesetzlichen Vorschrift setze das Präsidium das Geschäftsjahr fest, mangelt es an einer rechtlichen Grundlage. Bei einem Beginn des Geschäftsjahres am 1. Januar ist danach die Stellenplanzahl am 1. Juli des vorangegangenen Jahres maßgebend. Durch die großzügige Festlegung ist sichergestellt, dass für die Vorbereitung und Durchführung der Wahl ein angemessener Zeitraum zur Verfügung steht. Eine Veränderung der Richterplanstellenzahl nach dem Stichtag ist unbeachtlich. Sie gewinnt erst wieder nach den Absätzen 2 und 3 Bedeutung für die nächste (Teil-)Wahl nach § 21b Abs. 4.

3 **3. Verringerung der Richterplanstellenzahl (Absatz 2).** Fällt die Zahl der Richterplanstellen bis zum Stichtag der nächsten Wahl unter die jeweilige für die Größe des Präsidiums nach § 21a Abs. 2 maßgebende Mindestzahl, dann bleibt es bis zur nächsten (Teil-)Wahl bei der bisherigen Mitgliederzahl. Erst bei der nächsten (Teil-)Wahl wird der Verringerung der Richterplanstellenzahl Rechnung getragen. Die (nunmehr) zutreffende Mitgliederzahl des

4 Zu diesem Begriff s. § 21a, 4.
5 *Katholnigg* 1.
6 Z.B. § 1 BaWüAGGVG; Art. 6 BayAGGVG.
7 *Schorn/Stanicki* 26; Kissel/*Mayer* 9; SK/*Velten* 1; ebenso jetzt auch Zöller/*Lückemann* 1.
8 So noch *Baumbach/Lauterbach/Hartmann*[65] 2; Zöller/*Gummer*[22] 1.

Präsidiums wird dabei erreicht, indem zum einen (Satz 1) eine entsprechend niedrigere Zahl an Richtern neu gewählt wird; diese machen sodann die Hälfte der der geringeren Richterplanstellenzahl entsprechenden Mitglieder des Präsidiums aus (Wirkung: Verkleinerung des Präsidiums um ein „überzähliges" Mitglied). Zum anderen (Satz 2) scheidet ein weiteres „überzähliges" Mitglied aufgrund Losentscheids aus dem Präsidium aus. Diese Regelung betrifft nur Präsidien von Gerichten mit mehr als zwanzig Richterplanstellen, also mit sechs oder mehr Präsidiumsmitgliedern (§ 21a Absatz 2 Nr. 1 bis 3).

Die Verringerung der Richterplanstellenzahl an **kleinen Gerichten** mit höchstens 19 4
und mindestens acht Richterplanstellen (§ 21a Absatz 2 Nr. 4) auf sieben und weniger Richterplanstellen ist in Absatz 2 nicht gesondert geregelt; dies hat der Gesetzgeber bislang offenbar nicht für regelungsbedürftig gehalten, möglicherweise deshalb, weil sich die Anzahl der Präsidiumsmitglieder bei einer Absenkung der Richterplanstellen auf unter acht zwangsläufig nach der Anzahl der nach § 21b Abs. 1 wählbaren Richter richtet, also zwischen zwei und sieben Richter betragen kann.[9] Demnach muss bei einer Verringerung der Richterplanstellen auf sieben ein **Plenarpräsidium** gebildet werden (§ 21a Absatz 2 Nr. 5). Dies kann unverzüglich geschehen.[10] Denn für die Umstellung auf ein Plenarpräsidium bedarf es keines besonderen Aufwandes; eine Wahl findet nicht statt. Die unverzügliche Bildung widerspricht nicht dem Stetigkeitsprinzip,[11] weil sämtliche vorherigen Mitglieder des repräsentativen Präsidiums, soweit sie noch dem zahlenmäßig verkleinerten Gericht angehören, zwangsläufig auch Mitglieder des Plenarpräsidiums sind.

4. Steigerung der Richterplanstellenzahl (Absatz 3). Steigt die Zahl der Richterplan- 5
stellen bis zum Stichtag der nächsten Wahl über die jeweilige für die Größe des Präsidiums nach § 21a Abs. 2 maßgebende Höchstzahl, dann bleibt es bis zur nächsten (Teil-)Wahl bei der bisherigen Mitgliederzahl. Erst bei der nächsten (Teil-)Wahl wird der Steigerung der Richterplanstellenzahl in der Weise Rechnung getragen, dass jeweils zwei Präsidiumsmitglieder über die Hälfte der bisherigen Anzahl der Mitglieder hinaus gewählt werden, so dass dann die Größe des Präsidiums der Regelung des § 21a Abs. 2 – gemessen an der neuen Zahl der Richterplanstellen des Gerichts – entspricht (Satz 1). Damit gemäß § 21b Abs. 4 Satz 2 bei der nächsten (Teil-)Wahl die Hälfte der Präsidiumsmitglieder neu gewählt werden können, muss eines der neu gewählten Mitglieder bereits nach zwei Jahren durch Losentscheid wieder ausscheiden (Satz 2).

Nicht geregelt ist die **Steigerung** von weniger als acht **auf acht oder mehr Rich-** 6
terplanstellen. In diesem Fall muss sich die Größe des Präsidiums gem. § 21a Abs. 2 Nr. 5 von bis zu sieben Mitgliedern auf vier Mitglieder (§ 21a Abs. 2 Nr. 4) verringern; an die Stelle des Plenarpräsidiums tritt das gewählte, repräsentative Präsidium (§ 21a Abs. 2 Nr. 1 bis 4). Anders als die Einsetzung des Plenarpräsidiums kann die Wahl des neuen Präsidiums nicht sofort stattfinden. Sie ist allerdings rechtzeitig mit Wirkung zum nächsten Geschäftsjahr durchzuführen. Bis zum Beginn der Amtszeit des neuen Präsidiums amtiert das bisherige Plenarpräsidium, dem entsprechend der ratio legis des § 21a Abs. 2 Nr. 5 sämtliche wählbaren Richter des Gerichts, unabhängig von der Zahl der Richterplanstellen, angehören.[12]

---

9 Vgl. § 21a, 2, 5.

10 Ebenso HK-GS/*Duttge*/*Kangarani* 2; Kissel/*Mayer* 7; MüKo/*Schuster* 6; **a.A.** (mit Ablauf des Geschäftsjahres) KK/*Diemer* 1; SK/*Velten* 1; Zöller/*Lückemann* 5; **a.A.** (zum Zeitpunkt der nächsten Wahl) MüKo-ZPO/*Pabst* 6.

11 Vgl. § 21b, 13; § 21e, 5.

12 Kissel/*Mayer* 8; MüKo/*Schuster* 9; MüKo-ZPO/*Pabst* 8; Zöller/*Lückemann* 4.

7 **5. Folgerungen.** Da es auf die Zahl der am Stichtag dem Gericht im Haushaltsplan zur Besetzung mit Richtern auf Lebenszeit zugewiesenen Planstellen ankommt,[13] spielt es keine Rolle, ob diese am Stichtag besetzt sind und ob ihre Inhaber bei dem Gericht tätig oder an andere Gerichte oder an Verwaltungsstellen abgeordnet sind. Ebenso ist es bedeutungslos, ob Planstelleninhaber nach dem Stichtag ausscheiden, abgeordnet werden usw. Diese Umstände sind – bezogen auf die Verhältnisse zur Zeit der Wahl – allein für die Wahlberechtigung und Wählbarkeit relevant (§ 21b Abs. 1 Satz 3).

§ 21e

(1) [1]Das Präsidium bestimmt die Besetzung der Spruchkörper, bestellt die Ermittlungsrichter, regelt die Vertretung und verteilt die Geschäfte. [2]Es trifft diese Anordnungen vor dem Beginn des Geschäftsjahres für dessen Dauer. [3]Der Präsident bestimmt, welche richterlichen Aufgaben er wahrnimmt. [4]Jeder Richter kann mehreren Spruchkörpern angehören.

(2) Vor der Geschäftsverteilung ist den Richtern, die nicht Mitglied des Präsidiums sind, Gelegenheit zur Äußerung zu geben.

(3) [1]Die Anordnungen nach Absatz 1 dürfen im Laufe des Geschäftsjahres nur geändert werden, wenn dies wegen Überlastung oder ungenügender Auslastung eines Richters oder Spruchkörpers oder infolge Wechsels oder dauernder Verhinderung einzelner Richter nötig wird. [2]Vor der Änderung ist den Vorsitzenden Richtern, deren Spruchkörper von der Änderung der Geschäftsverteilung berührt wird, Gelegenheit zu einer Äußerung zu geben.

(4) Das Präsidium kann anordnen, daß ein Richter oder Spruchkörper, der in einer Sache tätig geworden ist, für diese nach der Änderung der Geschäftsverteilung zuständig bleibt.

(5) Soll ein Richter einem anderen Spruchkörper zugeteilt oder soll sein Zuständigkeitsbereich geändert werden, so ist ihm, außer in Eilfällen, vorher Gelegenheit zu einer Äußerung zu geben.

(6) Soll ein Richter für Aufgaben der Justizverwaltung ganz oder teilweise freigestellt werden, so ist das Präsidium vorher zu hören.

(7) [1]Das Präsidium entscheidet mit Stimmenmehrheit. [2]§ 21i Abs. 2 gilt entsprechend.

(8) [1]Das Präsidium kann beschließen, dass Richter des Gerichts bei den Beratungen und Abstimmungen des Präsidiums für die gesamte Dauer oder zeitweise zugegen sein können. [2]§ 171b gilt entsprechend.

(9) Der Geschäftsverteilungsplan des Gerichts ist in der von dem Präsidenten oder aufsichtführenden Richter bestimmten Geschäftsstelle des Gerichts zur Einsichtnahme aufzulegen; einer Veröffentlichung bedarf es nicht.

Schrifttum

Braun Richter/in auf Abruf, Betrifft Justiz **2019** 57; *Falk* Anmerkungen zum Grundsatz des gesetzlichen Richters im Bereitschaftsdienst, DRiZ **2007** 151; *Faßhauer* Richteröffentlichkeit von Präsidiumssitzungen, SchlHA **2006** 70; *Fickenscher/Dingelstadt* Richterlicher Bereitschaftsdienst „rund um die Uhr"? NJW **2009** 3473; *Gloria* Verfassungsrechtliche Anforderungen an die gerichtlichen Geschäftsverteilungspläne, DÖV **1988** 849; *Gravenhorst* Die Änderung der Geschäftsverteilung, Diss. Greifswald 2024; *Heintzmann* Negativer Kompetenzkonflikt und Ge-

13 Vgl. § 21a, 4.

schäftsverteilung, DRiZ **1975** 320; *Hartmann* Neuregelung des richterlichen Bereitschaftsdienstes und richterliche Unabhängigkeit, DRiZ **2004** 316; *Henke* Die Arbeit der Präsidien neuer Art bei großen Amtsgerichten, DRiZ **1972** 285; *ders.* Leitsätze der Kommission des Deutschen Richterbundes zur Rechtsstellung der Gerichtspräsidien, DRiZ **1972** 294; *Kissel* Die Novelle 1999 zur Präsidialverfassung, NJW **2000** 460; *Klein* Nachtzeit, Einrichtung von richterlichen Bereitschaftsdiensten, Gefahr in Verzug, Kriminalistik **2019** 526; *Kolmetz* Der sozialgerichtliche Präsidialbeschluss, NZS **2011** 124; *Kroll* Präsidenten und Direktoren gleichstellen, DRiZ **2010** 319; *Kronisch* Präsidialverfassung und Verwaltungsgericht, NordÖR **2001** 11; *Löbbert* Öffentlichkeit von Präsidiumssitzungen, SchlHA **2006** 65; *Lotz* Flexibilisierung des Richtereinsatzes, FS Graf-Schlicker (2018) 73; *Matthiessen* Die Einrichtung von Hilfsspruchkörpern – Das Instrument zur effizienteren Rechtsgewährung, MDR **2025** 1444; *ders.* Gestaltungsfreiheit für den Generationswechsel in der Justiz, NJW **2025** 2825; *P. Müller* Gesetzlicher Richter und Geschäftsplan, JZ **1976** 587; *Nordmann* Rechtliche Rahmenbedingungen für die Arbeit im Präsidium, SchlHA **2018** 123; **2018** 163; **2018** 208; *Peglau* Zur Überbesetzung großer Strafkammern, wistra **2005** 92; *Rabe von Kühlewein* Die Nachtruhe des Ermittlungsrichters, NStZ **2019** 501; *Rasehorn* Der Geschäftsverteilungsplan als Organisationsinstrument, ZRP **1972** 18; *Remus* Präsidialverfassung und gesetzlicher Richter, Diss. Hamburg 2008; *Renck* Geschäftsverteilungsplan und Normenkontrolle, NJW **1984** 2928; *Schmitt* Die Garantie des gesetzlichen Sozialrichters, SGb **2015** 662; *Schmitz* Rangierkunst oder Entgleisung, StraFo **2016** 397; *Schoenfeld* Teilzeitbeschäftigung von Richtern und das Gebot des gesetzlichen Richters, DStZ **2019** 547; *Schorn/Stanicki* Die Präsidialverfassung der Gerichte aller Rechtswege[2] (1975) 69; *Stanicki* Geschäftsordnung für das Präsidium, DRiZ **1972** 51; *ders.* Nochmals – Die neuen Präsidien und ihre Wahl, DRiZ **1974** 414; *Tappert* Einige Anmerkungen zu den Aufgaben des Präsidiums, DRiZ **2017** 394; *Theile* Flexible Fallzuweisung und gesetzlicher Richter (Art. 101 I 2 GG), FS Heinz (2012) 892; *ders.* Gesetzlicher Richter und Wirtschaftsstrafsachen, StV **2019** 763; *Weber-Grellet* Eigenständigkeit und Demokratisierung der Justiz, ZRP **2003** 145; *Zeihe* §§ 21a, 21g, und 21e des Gerichtsverfassungsgesetzes, SGb **2000** 665.

Entstehungsgeschichte

§ 21e beruht auf Art. II Nr. 4 des Gesetzes zur Änderung der Bezeichnungen der Richter und ehrenamtlichen Richter und der Präsidialverfassung der Gerichte v. 26.5.1972[1] – **PräsVerfG (Reform 1972)**. Durch Art. 2 Nr. 1 des 1. StVRG 1974 wurden in Absatz 1 Satz 1 die vor „Ermittlungsrichter" stehenden Worte „Untersuchungsrichter und die" gestrichen. Durch Art. 1 Nr. 5 des Gesetzes zur Stärkung der Unabhängigkeit der Richter und Gerichte v. 22.12.1999[2] – **UnabhStärkG (Novelle 1999)** – wurden Absatz 2 (Ausweitung des Beteiligungsrechts der nicht dem Präsidium angehörenden Richter auf sämtliche Richter) und Absatz 7 (Wegfall des „Stichentscheids" des Präsidiumsvorsitzenden bei Stimmengleichheit) neu gefasst und ein neuer Absatz 8 (Einführung der fakultativen Richteröffentlichkeit bei Präsidiumssitzungen) eingefügt; der vorherige Absatz 8 wurde Absatz 9.[3] Die bis dahin geltende Fassung der Absätze 2 und 7 lautete:

(2) Vor der Geschäftsverteilung ist den Vorsitzenden Richtern, die nicht Mitglieder des Präsidiums sind, Gelegenheit zu einer Äußerung zu geben.
(7) Das Präsidium entscheidet mit Stimmenmehrheit, bei Stimmengleichheit gibt die Stimme des Vorsitzenden den Ausschlag.

Übersicht

1 BGBl. I S. 841.
2 BGBl. I S. 2598.
3 Vgl. zur Begr. GesE BTDrucks. **14** 979 S. 4 f.; Bericht des BTRAussch. **14** 1875 (neu) S. 12.

Alphabetische Übersicht

I. Aufgabenbereich des Präsidiums im Allgemeinen (Absatz 1)

1 **1. Gesetzlicher Umfang.** § 21e stellt die zentrale Vorschrift der Regelungen über die Präsidialverfassung dar.[4] Der in Absatz 1 Satz 1 umschriebene Aufgabenbereich des Präsidiums ist gegenüber dem bis zum PräsVerfG v. 26.5.1972[5] – Reform 1972 – geltenden Recht insofern erweitert, als dem Präsidium außer der Verteilung der Geschäfte und der Beisitzer auch die Verteilung des Vorsitzes in den Spruchkörpern (Kammern, Senate) obliegt, die bis dahin Sache des Direktoriums oder Senatoriums war.[6] Ferner nennt Absatz 1 Satz 1 beispielhaft als Aufgabe des Präsidiums die Bestellung der Ermittlungsrichter. Deren besondere Erwähnung hat Sinn allenfalls für das Oberlandesgericht und den BGH (§ 169 StPO), weil dort ansonsten Spruchkörper tätig sind.[7]

2 **2. Ergänzende Vorschriften.** § 21e Abs. 1 Satz 1, 2 wird ergänzt durch § 78 Abs. 2 Satz 2 (Bezeichnung des Vorsitzenden und der übrigen Mitglieder der auswärtigen Strafkammer), § 78b Abs. 2 (Bestellung der Mitglieder der Strafvollstreckungskammer), § 132 Abs. 6 (Bestellung der Mitglieder der Großen Senate und ihrer Vertreter durch das Präsidium des BGH), § 140a Abs. 2 (Bestimmung der für die Entscheidung in Wiederaufnahmeverfahren zuständigen Gerichte). Unberührt bleibt die Zuständigkeit des Präsidiums zur Bildung von Hilfsstrafkammern[8] sowie zur Stellung des Antrags auf Abordnung von „Hilfsrichtern“ (§ 70 Abs. 1, § 117). Über die Mitwirkung des Präsidiums bei der Heranziehung von Ergänzungsrichtern vgl. die Erläuterungen unter Rn. 14 und bei LR/*Simon* § 192, 10.

3 **3. Abschließende Umgrenzung der Aufgaben des Präsidiums.** Nach einer im **Schrifttum** vertretenen Auffassung[9] ist mit der vorstehenden Aufzählung (Rn. 1, 2) der Umfang der Aufgaben des Präsidiums nicht erschöpft, vielmehr sei durch das PräsVerfG v. 26.5.1972 – Reform 1972 – der **Grundsatz der Allzuständigkeit des Präsidiums** eingeführt worden, dem zufolge das Präsidium grundsätzlich zur Wahrnehmung „aller Aufgaben und Befugnisse im Zusammenhang mit der Geschäftsverteilung im weiteren Sinn“ berufen sei. In Zweifelsfällen sei dabei stets davon auszugehen, dass anstelle der Justizverwaltung

4 Kissel/*Mayer* 1.
5 BGBl. I S. 841.
6 Vor § 21a, 6.
7 Kissel/*Mayer* 134.
8 LR/*Gittermann* § 60, 14.
9 Vgl. insbes. *Schorn/Stanicki* 72; *Stanicki* DRiZ **1972** 415.

oder des Präsidenten als Organ der Rechtspflege das Präsidium zuständig sei.[10] Aus der „Allzuständigkeit" wird etwa hergeleitet, dass nicht die Justizverwaltung, sondern das Präsidium über die Zahl der ständigen Spruchkörper (Kammern und Senate) zu bestimmen habe,[11] dass im Fall des § 70 die Justizverwaltung an die Bedürfnisfeststellung des Präsidiums gebunden sei,[12] dass die Feststellung, ob ein Richter verhindert und damit ein Vertretungsfall eingetreten ist, nur dem Präsidium zustehe.[13] Dem **kann nicht zugestimmt werden.**[14] Zwar wurden durch das PräsVerfG v. 26.5.1972 die Aufgaben des Präsidiums in gewisser Weise erweitert.[15] Jedoch ergibt sich weder aus der begrenzten Zielsetzung dieses Gesetzes, Präsidien bei allen Gerichten einzuführen und ihre Zusammensetzung neu zu regeln, noch aus der Entstehungsgeschichte des Gesetzes ein Anhalt für eine generelle Ausweitung der Aufgaben des Präsidiums im Sinne einer „Allzuständigkeit". Die Gegenauffassung mag daher Ausdruck eines Wunsches nach einer umfassenden gerichtlichen Selbstverwaltung sein, der indes in dieser Form bisher keine Erfüllung gefunden hat.

II. Geschäftsverteilung bei Rechtspflegern und Staatsanwaltschaft

Rechtspfleger sind keine Richter i.S.d. GVG.[16] Ihre Geschäfte werden – entgegen einer z.T. 4
im Schrifttum vertretenen Auffassung[17] – nicht im Geschäftsverteilungsplan verteilt.[18] Das schließt nicht aus, dass die Landesjustizverwaltung die Aufstellung eines Geschäftsverteilungsplans für die Rechtspfleger durch den Gerichtsvorstand anordnet, der den Grundgedanken des § 21e Rechnung trägt.[19] Die für die Geschäftsverteilung unter den Richtern geltenden Grundsätze sind auf die Geschäfte der Rechtspfleger nicht entsprechend anzuwenden.[20] Wegen der Geschäftsverteilung bei der Staatsanwaltschaft s. LR/*Krauß* § 142, 22; § 144, 3.

III. Geschäftsverteilungsplan

1. Allgemeine Bedeutung. Die §§ 21e und 21f (wie auch § 21g für die spruchkörperin- 5
terne Geschäftsverteilungs- und Mitwirkungsanordnung) dienen der Verwirklichung des Grundsatzes, dass Ausnahmegerichte im Sinne ad hoc zusammengesetzter Gerichte unzulässig sind[21] und niemand seinem gesetzlichen Richter entzogen werden darf (Art. 101 GG, § 16). Dieser Grundsatz fordert, dass nicht nur die sachliche und örtliche Zuständigkeit des zur Entscheidung berufenen Gerichts durch gesetzliche Vorschriften im Voraus feststeht,

---

10 *Schorn/Stanicki* 72 ff., 129 f.; vgl. auch *Schmitt*/Köhler § 21a, 1 („Art Allzuständigkeit").
11 Dazu LR/*Gittermann* § 60, 6.
12 Dazu LR/*Gittermann* § 70, 6.
13 Dazu § 21f, 22.
14 Ebenso *Sowada* 249; Kissel/*Mayer* 12; SK/*Velten* 1; SSW/*Spiess* 2; § 21a, 2; vgl. auch *Weber-Grellet* ZRP **2003** 145.
15 LR/*K. Schäfer*[23] Vor § 21a, 5.
16 Vor § 1, 10.
17 Vgl. *Eickmann/Riedel* § 1 RPflG, 6; wegen des aus Kreisen der Rechtspfleger de lege ferenda geforderten „Rechtspflegerpräsidiums" vgl. DRiZ **1972** 143; zu einem „Rechtspflegerpräsidium" aufgrund – vom Landesjustizministerium gebilligter – Dienstvereinbarung *Bulla* SchlHA **2006** 72; *Rellermeyer* Rpfleger **2007** 130.
18 *Dallmayer/Eickmann* § 1 RPflG, 82a; Kissel/*Mayer* 15; SSW/*Spiess* 3.
19 Vgl. RdErl. des HessJustMin. v. 17.11.1975, JMBl. 586; AV des Bad.-Württ. JustMin. v. 18.10.1976, Die Justiz 464; AV des SchlH JustMin. v. 5.10.1976, SchlHA 180; AV des NRW JustMin. v. 13.10.1976, JMBlNRW 242.
20 BGH NJW-RR **2010** 1366, 1367 m. abl. Anm. *Assmann* ZZP **123** (2010) 367.
21 S. § 16, 5; ferner *Schilken* 289; Kissel/*Mayer* § 16, 14.

sondern dass grundsätzlich auch der bei dem betreffenden Gericht zuständige Spruchkörper und damit die Person der bei der Entscheidung mitwirkenden Richter sowie sein Aufgabenbereich von vornherein auf längere Dauer (§ 21e Abs. 1 Satz 2) – **Grundsatz der Stetigkeit** – und nach allgemeinen (abstrakten) Merkmalen (Rn. 27) – **Abstraktionsgrundsatz** – sowie unter Ausschluss jeder Einflussnahme von dritter Seite, auch der Justizverwaltung, festgelegt ist. Demgemäß legt § 21e die Geschäftsverteilung auf die einzelnen Spruchkörper in die Hand des Präsidiums, eines in richterlicher Unabhängigkeit handelnden Kollegialorgans der richterlichen Selbstverwaltung[22] (vgl. Rn. 6). Die §§ 21e, 21f übertragen ihm gleichzeitig die Aufgabe, bei den Kollegialgerichten die Vorsitzenden, ihre ständigen Vertreter, die übrigen Beisitzer und die allgemeinen Vertreter vor Beginn des Geschäftsjahres den einzelnen Spruchkörpern zuzuweisen; bei den Amtsgerichten sind die Aufgabenbereiche zu übertragen. Die jeweilige Zuteilung der Richter durch ein richterliches Kollegium für die Dauer des Geschäftsjahres stärkt zugleich die richterliche Unabhängigkeit, weil neben die Unabsetzbarkeit und Unversetzbarkeit der Richter deren „Unverschiebbarkeit" durch die Justizverwaltung tritt.

6 **2. Richterliche Unabhängigkeit der Mitglieder des Präsidiums.** Die Tätigkeit des Präsidiums besteht nicht in der Entscheidung konkreter Rechtsstreitigkeiten und gehört daher nicht zur Rechtsprechung im materiellen Sinne.[23] Über die rechtliche Charakterisierung der Tätigkeit, die in der allgemeinen Vorsorge besteht, dass anhängige und künftig anfallende Verfahren vor den gesetzlichen Richter gelangen und von ihm entschieden werden, gehen die Auffassungen auseinander. Je nach der Rechtsnatur, die dem Geschäftsverteilungsplan beigemessen wird (Rn. 7), wird sie etwa als „Rechtsprechung im formellen Sinn",[24] als Verwaltungstätigkeit[25] oder als Rechtsetzung gewertet. Praktische Folgerungen knüpfen sich daran aber nicht, weil nicht zweifelhaft ist, dass die Mitglieder des Präsidiums – und zwar alle, also auch der Vorsitzende des Präsidiums[26] – in richterlicher Unabhängigkeit unter dem Schutz des Art. 97 Abs. 1 GG handeln.[27] Daraus ergibt sich, dass sie hinsichtlich ihrer Entscheidungen einer Dienstaufsicht der Gerichtsverwaltung nur in den engen Grenzen des § 26 DRiG unterliegen. Die Dienstaufsichtsbehörde kann zwar den Mitgliedern des Präsidiums die „ordnungswidrige Art der Ausführung eines Amtsgeschäfts" vorhalten. Wie bei richterlichen Entscheidungen, für die eine Nachprüfung im Rechtsmittelweg eröffnet ist, kann aber, was den sachlichen Inhalt eines Präsidialbeschlusses betrifft, die Vorhaltung nur in dem Hinweis auf **offensichtliche Rechtsfehler** bei der Geschäftsverteilung bestehen.[28] Dazu gehört etwa der Hinweis, bestimmte Regelungen im Geschäftsverteilungsplan, z.B. in der Besetzung der Spruchkörper, seien wiederholt durch die Rechtsmittelinstanz beanstandet worden und hätten zur Aufhebung von Entscheidungen der Spruchkörper geführt.[29] Darüber hinausgehende Maßnahmen der Gerichtsverwaltung, auch die bloße Anregung der dienstaufsichtführenden Stelle, eine im Rahmen der Geschäftsverteilung getroffene Entscheidung bei der nächsten Geschäftsverteilung in einem bestimmten Sinne zu überprüfen, stellen einen unzulässigen Eingriff in die Befugnis des Präsidiums dar, die Geschäftsverteilung nach seinem Ermessen zu

---

22 BGHSt **12** 227, 234; BGH DRiZ **1976** 25.

23 Vor § 1, 5.

24 So *Gerner/Decker/Kauffmann* Deutsches Richtergesetz (1963) § 1, 6 f.; Leitsätze der Amtsrechtskommission des Deutschen Richterbundes, DRiZ **1972** 294.

25 So z.B. *Schmidt-Räntsch*[5] § 25 DRiG, 10; LR/*K. Schäfer*[24] Einl. Kap. **8** 12.

26 Kissel/*Mayer* 20; § 21a, 15.

27 BGHSt **12** 227, 234; BGHZ **46** 147; **112** 197; BGH NStZ **2012** 406; DRiZ **1976** 25; BVerwGE **50** 11.

28 Vgl. LR/*K. Schäfer*[24] § 1, 23.

29 BGHZ **46** 147, 150.

regeln, der jedes Mitglied des Präsidiums zur Anrufung des Richterdienstgerichts berechtigt (§ 26 Abs. 3 DRiG).

3. Rechtsnatur des Geschäftsverteilungsplans. Die Rechtsnatur des Geschäftsverteilungsplans ist umstritten. Praktische Bedeutung kommt der Streitfrage hauptsächlich im Zusammenhang mit den Fragen zu, ob und in welcher Weise der Geschäftsverteilungsplan anfechtbar ist (Rn. 77 ff.) und wie sich eine Abweichung von der im Geschäftsverteilungsplan festgelegten Zuständigkeit eines Spruchkörpers auswirkt (dazu Rn. 35). Je nach dem Zusammenhang, in dem die Frage der Rechtsnatur gestellt wird, wird sie z.T. **unterschiedlich beantwortet**. Dabei wird teils auf die äußere Erscheinungsform, teils auf den materiellen Charakter abgestellt (Rn. 6) und eine Qualifizierung vorgenommen als Akt der Rechtsprechung im weiteren Sinne, als materieller Verwaltungsakt, als innerdienstlicher Organisationsakt, als Akt der gerichtlichen Selbstverwaltung,[30] als Akt der öffentlichen Gewalt i.S.d. Art. 19 Abs. 4 GG ohne weitere Charakterisierung, als Rechtsinstitut besonderer Art (multifunktionaler gerichtlicher Selbstverwaltungsakt sui generis),[31] als Regelungen, „die in einer mit autonomen Satzungen vergleichbaren Form erlassen werden",[32] als Organisationsakt der gerichtlichen Selbstverwaltung ohne Rechtsnormcharakter,[33] als Rechtsnorm i.S.d. Revisionsrechts mit Auswirkungen für den in den Prozess einbezogenen Bürger[34] sowie als **Akt mit gemischter Natur bzw. Doppelnatur**; hiernach hat der Geschäftsverteilungsplan zum einen Rechtsnormcharakter (mit Außenwirkung), soweit er abstrakt-generell die Zuständigkeit der einzelnen Spruchkörper für die anfallenden Geschäfte festlegt, zum anderen Verwaltungscharakter (als interner Organisationsakt), soweit er konkret unter Berücksichtigung individueller Gesichtspunkte dem einzelnen Richter Geschäfte zuweist und ihn einem bestimmten Spruchkörper zuteilt.[35] Die Rechtsprechung hat es bisher im Allgemeinen vermieden, sich in der Frage der Rechtsnatur festzulegen.[36] Auch an dieser Stelle soll – wenngleich Vieles für die Theorie von der Doppelnatur spricht – von einer Vertiefung der Frage nach der Rechtsnatur abgesehen werden, soweit es sich um Aspekte der Terminologie ohne praktische Auswirkungen handelt; soweit die praktische Bedeutung in Rede steht, wird auf die Ausführungen unter Rn. 35 und 77 ff. verwiesen. 7

4. Keine Übertragbarkeit der Aufgaben des Präsidiums. Das Präsidium muss die ihm übertragenen Aufgaben selbst wahrnehmen. Allerdings sieht § 21i Abs. 2 vor, dass in Eilfällen, in denen eine Entscheidung des Präsidiums nicht rechtzeitig ergehen kann, der Vorsitzende des Präsidiums vorläufig die notwendigen Anordnungen trifft. Dagegen kann das Präsidium erforderliche Anordnungen, die es treffen könnte, nicht dem Vorsitzenden zum selbständigen Befinden überlassen, noch sie, wenn er sie getroffen hat, durch nachträgliche Genehmigung rückwirkend – ex tunc – wirksam machen; Beschlüsse des Präsidiums wirken stets – auch im Fall des § 21i Abs. 2 – nur ex nunc.[37] 8

---

30 So *Peters* 142.

31 So Kissel/*Mayer* 105; wohl auch BayVerfGH NJW **1986** 1673.

32 Dürig/Herzog/Scholz/*Jachmann-Michel* Art. 101 GG, 50; ähnlich *Schmitt* SGb **2015** 664

33 LR/*Franke*[26] § 337 StPO, 13.

34 So *Peters* 637 unter Hinweis auf VGH München BayVerwBl. **1978** 142; s. auch BayVerfG NJW **1986** 1673.

35 *Erichsen* VerwArch **68** (1977) 179; *Gloria* NJW **1989** 445; *Gravenhorst* 271; *Kornblum* FS Schiedermair 342; *P. Müller* MDR **1977** 975, 976; *Pentz* DRiZ **1977** 179; *Wolf* DRiZ **1976** 364; *Wolf* (Gerichtsverfassungsrecht) § 14 III; SSW/*Spiess* 5; MüKo-ZPO/*Pabst* 9 ff.; hierzu umfassend LR/*K. Schäfer*[24] 83 ff., 103; SK/*Velten* 8 ff. qualifiziert die „institutionelle" und die „personelle" Geschäftsverteilung (Zuweisung der Verfahren bzw. der Richter an die Spruchkörper) als zwei unterschiedliche Regelungen mit jew. verschiedener Handlungsform.

36 Dazu etwa BVerfGE **17** 252, 256; **31** 47; BVerwGE **50** 11; anders z.B. HessVerwGH DRiZ **1969** 122.

37 RGSt **23** 166; **37** 59; **37** 301; **38** 416; BGHSt **3** 353; MüKo/*Schuster* 34.

IV. Besetzung der Spruchkörper

9 **1. Allgemeines.** Die Besetzung der Spruchkörper erfolgt beim Amtsgericht durch Bestimmung der für die einzelnen Abteilungen zuständigen Richter (einschl. des Ermittlungsrichters, des Überwachungsrichters nach § 148a StPO und des zweiten Richters beim erweiterten Schöffengericht, § 29 Abs. 2), bei den Kollegialgerichten durch Bestimmung der Vorsitzenden (§ 21f Abs. 1) und der Beisitzer der einzelnen Kammern bzw. Senate. Über die Zuweisung der Richter an die einzelnen Spruchkörper entscheidet das Präsidium grundsätzlich nach pflichtmäßigem Ermessen. Wo Spruchkörper mit gesetzlicher Zuständigkeitskonzentration zu bilden sind,[38] geht das Gesetz davon aus, dass sie mit Richtern besetzt werden, die über besondere Erfahrungen auf dem betreffenden Gebiet verfügen,[39] die sie, wenn sie sie nicht von vornherein besitzen, nur durch längere Tätigkeit in dem Spruchkörper erwerben können; auch dem muss das Präsidium im Rahmen des Möglichen Rechnung tragen. Demgegenüber steht dem einzelnen Richter nicht etwa ein Recht zu, entsprechend seinen besonderen Neigungen und Fähigkeiten auf einem bestimmten Rechtsgebiet verwendet zu werden.[40] § 21e Abs. 1 Satz 1 verlangt nicht, dass jeder Richter zum Mitglied eines Spruchkörpers ernannt werden muss; vielmehr ist es auch zulässig, einem Richter (mit seinem Einverständnis, § 42 DRiG) ausschließlich die Erledigung von Verwaltungsgeschäften zu übertragen[41] (s. § 21e Abs. 6) oder ihn von vornherein zum sog. Vertretungsrichter zu bestimmen, dessen Aufgabe (bei großen Gerichten) in der Vertretung verhinderter Richter besteht.[42] Dagegen ist es unzulässig und kommt einer gegen Art. 97 Abs. 2 Satz 1 GG verstoßenden Verdrängung aus dem Amt gleich, wenn das Präsidium im Wege der Geschäftsverteilung einen Richter auf Lebenszeit gegen seinen Willen praktisch von der rechtsprechenden Tätigkeit ausschließt.[43] Die in der Geschäftsverteilung als ordentliche Mitglieder eines Spruchkörpers bezeichneten, aber nach dem Sinn des Geschäftsverteilungsplans und der tatsächlichen Handhabung nur im Bedarfsfall zu den Sitzungen heranzuziehenden Richter sind in Wirklichkeit als Vertreter zu betrachten und zu behandeln.[44] Selbstverständlich ist das Präsidium nicht gehindert, einen Spruchkörper ohne Rücksicht auf die Art der ihm zugewiesenen Geschäfte ausschließlich mit männlichen Richtern[45] oder mit Richterinnen zu besetzen.

10 **2. „Überbesetzter" Spruchkörper.** Einem Spruchkörper dürfen mehr Richter (Beisitzer) zugeteilt werden, als zur Verhandlung und Entscheidung einer Sache erforderlich (vgl. § 192 Abs. 1) sind.

11 **a) Grundsätzliches.** Die Überbesetzung eines Spruchkörpers ist nach h.M. grundsätzlich zulässig.[46] Dies ist nach der neueren Rechtsprechung des BVerfG[47] nicht mehr zweifelhaft. Nach der **früheren Rechtsprechung des BVerfG** war eine Beschränkung geboten, um im

38 LR/*Gittermann* § 60, 20.
39 Vgl. für Jugendrichter und Jugendstaatsanwälte ausdrücklich § 37 Abs. 1 JGG.
40 Vgl. hierzu die umfassende Erl. bei LR/*K. Schäfer*[24] § 21e, 108 ff.
41 RGSt **46** 255; BGHSt **12** 159, 161.
42 RG HRR **1928** Nr. 2328.
43 BVerfGE **17** 252, 259 = NJW **1964** 1019; BVerfGE **38** 152.
44 RG GA **55** (1908) 109; BGH DRiZ **1965** 202.
45 OLG Köln NJW **1972** 911.
46 Kissel/*Mayer* 129; KK/*Diemer* 6; MüKo/*Schuster* 12; MüKo-ZPO/*Pabst* 19; *Schmitt*/Köhler 5; **a.A.** noch *Höfig* DRiZ **1972** 424; *P. Müller* DRiZ **1972** 356; DRiZ **1973** 49; DRiZ **1974** 41; *Schneider* DRiZ **1972** 424; *Sowada* 260 f.
47 BVerfGE **95** 322; **97** 1; BVerfG NJW **2004** 3482; DRiZ **2020** 406; ausführlich zur Rspr. des BVerfG *Sowada* 266 ff.

Hinblick auf den gesetzlichen Richter Manipulationsmöglichkeiten vorzubeugen. Eine Überbesetzung wurde nur dann als vereinbar mit dem Grundsatz des gesetzlichen Richters (Art. 101 Abs. 1 Satz 2 GG) angesehen, wenn sie zur Gewährleistung einer geordneten Rechtsprechung **unvermeidbar**[48] war und wenn folgende **Obergrenzen**[49] eingehalten wurden: Die Zahl der dem Spruchkörper zugeteilten Mitglieder durfte es nicht ermöglichen, a) dass sie in zwei personell (einschließlich des Vorsitzenden) voneinander verschiedenen Sitzgruppen verhandeln und entscheiden[50] oder b) dass drei gesonderte „Spruchkörper" mit jeweils verschiedenen Beisitzern gebildet werden können. Danach war die Besetzung einer großen Strafkammer mit sechs Beisitzern unzulässig, weil sie es gestatten würde, aus dem Vorsitzenden A und den Beisitzern B, C, D, E, F, G drei Spruchkörper in der Besetzung ABC, ADE und AFG zu bilden. Auch die Besetzung mit fünf Beisitzern schied aus, weil sie die Bildung von zwei voneinander verschiedenen Sitzgruppen ACD und BEF ermöglicht. Dagegen galt es bereits im Sinne der früheren Rechtsprechung des BVerfG als grundsätzlich verfassungsrechtlich unbedenklich, einem gesetzlich mit drei Richtern entscheidenden Spruchkörper (große Strafkammer, mit Rechtsmitteln befasster Strafsenat des OLG) ein oder zwei Mitglieder über die für die Entscheidung gesetzlich vorgeschriebene Richterzahl hinaus – und damit bis zu vier ständige Beisitzer – zuzuteilen.[51] Ohne Auswirkung hinsichtlich der großen Strafkammern war insoweit die Einführung des § 76 Abs. 2; denn die Frage der Zulässigkeit der Überbesetzung richtet sich stets nach der – bezogen auf die Anzahl der Beisitzer – höchsten gesetzlich vorgesehenen und nicht nach einer evt. reduzierten Besetzung.[52] Entsprechendes gilt auch für die erstinstanzlich zuständigen Strafsenate der Oberlandesgerichte, die gem. § 122 Abs. 2 Satz 2 je nach Umfang und Schwierigkeit der Sache mit drei, fakultativ mit fünf Richtern einschließlich des Vorsitzenden verhandeln. Einem solchen Senat können – über die Besetzung mit fünf Richtern hinaus – drei oder vier zusätzliche Beisitzer zugeteilt werden, weil auch dann die Bildung von zwei völlig getrennten Sitzgruppen oder von drei – abgesehen vom Vorsitzenden – verschieden besetzten Spruchkörpern ausgeschlossen ist.[53] Als Grundsatz ist demnach – bereits unter Zugrundelegung der früheren Rechtsprechung des BVerfG – festzuhalten, dass einem Spruchkörper zulässigerweise jedenfalls eine Zahl von Richtern zugewiesen werden darf, die **unterhalb des Doppelten der gesetzlichen (Höchst-)Mitgliederzahl** liegt. Nach der auf der Grundlage der Plenarentscheidung des BVerfG v. 8.4.1997[54] erfolgten **Neufassung des § 21g** durch das Gesetz zur Stärkung der Unabhängigkeit der Richter und Gerichte v. 22.12.1999[55] – UnabhStärkG (Novelle 1999) – ist die **Problematik der Überbesetzung im Hinblick auf Art. 101 Abs. 1 Abs. 2 GG entfallen.**[56] Denn seither ist ein spruchkörperinterner Mitwir-

---

48 BVerfGE **18** 344, 349; **22** 282, 286; zur verfassungsgerichtlichen Nachprüfung der Unvermeidbarkeit s. auch LR/*Breidling*[26] 11.

49 BVerfGE **17** 294, 301; **18** 65, 69 f.; **18** 344, 350; **19** 145, 147; **22** 282, 284.

50 Jedoch konnte nach BGHSt **33** 234 = JR **1986** 125 m. Anm. *Katholnigg* eine besondere Verfahrenslage ausnahmsweise eine Ausnahme von diesem Grundsatz rechtfertigen, wenn – wie in dem konkreten Fall – ein „Manipulieren" ausgeschlossen ist.

51 Kissel/*Mayer* 130. Wegen vereinzelter abweichender Stimmen, die – nach der alten Gesetzeslage vor der Novelle 1999 – eine solche Überbesetzung für grundgesetzwidrig hielten, vgl. Arndt NJW **1964** 1668; *Höfig* und *Schneider* DRiZ **1972** 424; *P. Müller* ZRP **1971** 150; DRiZ **1972** 356; **1973** 49; **1974** 41; **1974** 263.

52 BVerfG NJW **2004** 3482, 3483; BGH NJW **2004** 1118; *Böttcher/Mayer* NStZ **1993** 158; *Peglau* wistra **2005** 92; *Siegismund/Wickern* wistra **1993** 136, 139; Kissel/*Mayer* 132; LR/*Gittermann* § 76, 40; LR/*Rieß*[24] GVG (Anhang) 48; umfassend hierzu *Sowada* 271 ff., 282; **a.A.** *Schlothauer* StV **1993** 149 f.

53 Kissel/*Mayer* 130. Zu den Gestaltungsmöglichkeiten für die Fälle der reduzierten Richterbank s. § 21g, 17.

54 BVerfGE **95** 322.

55 BGBl. I S. 2598.

56 BGH NJW **2004** 1118; *Peglau* wistra **2005** 92; Kissel/*Mayer* 133; MüKo/*Schuster* 12; *Schmitt*/Köhler 5.

kungsplan (§ 21g) zu erlassen, der seinerseits den verfassungsrechtlichen Anforderungen genügen und die Heranziehung der einzelnen Richter zu den Verfahren des Spruchkörpers generell-abstrakt und mit der notwendigen Bestimmtheit vorab regeln muss.[57] Damit ist dem Grundsatz des gesetzlichen Richters hinreichend Rechnung getragen. Es ist daher nicht mehr erforderlich, die Zulässigkeit der Überbesetzung davon abhängig zu machen, dass das Präsidium sie für unvermeidbar hält, um eine geordnete Rechtsprechung zu gewährleisten.[58] Das Prinzip des gesetzlichen Richters gebietet auch **nicht mehr die Einhaltung zahlenmäßiger Obergrenzen.**[59] Das BVerfG hat hierzu in einer neueren Entscheidung ausgeführt, dass sich die (verfassungsrechtliche) Unzulässigkeit einer Überbesetzung nicht bereits aus der die bisherige Obergrenze übersteigenden Anzahl an Richtern, sondern erst aus einer unzureichenden Regelung der spruchkörperinternen Geschäftsverteilung ergeben kann.[60] Allerdings kann eine Überbesetzung gegen § 21f Abs. 1 verstoßen, wenn der Vorsitzende deswegen nicht mehr regelmäßig mindestens 75 % der ihm obliegenden Aufgaben selbst wahrnehmen kann.[61] In Grenzfällen kann auch die gesetzliche Aufgabenverteilung zwischen dem Präsidium einerseits (§ 21e Abs. 1) und dem Spruchkörper andererseits (§ 21g Abs. 1 Satz 1) berührt sein; mit dieser wäre es nicht vereinbar, wenn etwa – ins Extreme gedacht – an einem Landgericht nur eine Kammer, bestehend aus allen Richtern und zuständig für alle anfallenden Geschäfte, gebildet würde und die Bestimmung der im Einzelfall zur Entscheidung berufenen Richter allein dem kammerinternen Geschäftsverteilungs- und Mitwirkungsplan überlassen bliebe.[62]

12 **b) Sonderfälle.** Nach herkömmlicher Betrachtung ist eine Überbesetzung auch dann unzulässig, wenn einer Kammer oder einem mit Rechtsmitteln befassten Strafsenat des OLG fünf Beisitzer zugewiesen sind, auch wenn nicht alle Kräfte dem Spruchkörper voll zur Verfügung stehen,[63] z.B. weil der Vorsitzende Richter für mehrere Monate krankheitsbedingt dienstunfähig ist,[64] zwei Beisitzer im Zeitpunkt der Entscheidung wegen Erholungsurlaubs abwesend[65] oder zwei Beisitzer nur jeweils mit halber Arbeitskraft zugeteilt sind.[66] Eine durch die Natur der Sache gebotene Ausnahme wurde nur anerkannt, wenn dem Spruchkörper neben vier mit vollem Pensum zugewiesenen Beisitzern zusätzlich ein Hochschullehrer (§ 7 DRiG) mit einem kleinen Bruchteil einer Richterarbeitskraft zugeteilt ist.[67] Hingegen ist eine unzulässige Überbesetzung verneint worden, wenn einer Strafkammer zwar fünf Beisitzer zugeteilt sind, aber im Geschäftsverteilungsplan deutlich gemacht ist, dass (namentlich genannte) Beisitzer nur andere als die der Kammer sonst zugewiesenen Aufgaben wahrzunehmen haben,[68] oder wenn ein dem Spruchkörper zugeteilter Richter nach dem Sinn und Zweck des Geschäftsverteilungsplans nur als Vertreter verhinderter Mitglieder des Spruchkörpers tätig werden soll

---

57 § 21g, 5.

58 Ausführlich und zust. zum Abrücken von der „Unvermeidbarkeits-Doktrin" *Sowada* 266; ebenso MüKo/*Schuster* 12; MüKo-ZPO/*Pabst* 19; **a.A.** noch MüKo-ZPO/*Wolf*[2] 15.

59 Kissel/*Mayer* 133; MüKo/*Schuster* 12; SSW/*Spiess* 12; *Matthiessen* NJW **2025** 2825, 2828; **a.A.** OLG Celle NStZ **2013** 184 (für die Strafvollstreckungskammer); *Peglau* wistra **2005** 93; *Tappert* DRiZ **2017** 394; KK/*Diemer* 6; LR/*Berg*[27] 11; noch offenlassend BVerfG NJW **2004** 3482.

60 BVerfG DRiZ **2020** 406, 407.

61 Vgl. dazu § 21f, 9.

62 *Peglau* wistra **2005** 93.

63 Kissel/*Mayer* 131.

64 BGH NJW **1965** 1715 Nr. 8.

65 BGH NJW **1965** 1715 Nr. 9.

66 BGH NJW **1965** 1434.

67 BVerfG Beschl. v. 16.6.1977 – 2 BvR 928/76; BGH NJW **1966** 1458; *Wolf* § 14 II 2 a Fn. 8; **a.M.** Kissel/*Mayer* 131 (deutlicher noch *Kissel*[3]: „Richter ist Richter").

68 BGHSt **22** 94; entgegen BGH NJW **1966** 1458.

und auch tatsächlich nur in dieser Weise tätig wird.[69] Auch diese Einschränkungen dürften mit der Neufassung des § 21g und der seither ergangenen (insb. neueren) Rechtsprechung des BVerfG überholt sein, weil nunmehr davon auszugehen ist, dass dem Grundsatz des gesetzlichen Richters bereits durch einen den verfassungsrechtlichen Anforderungen genügenden spruchkörperinternen Geschäftsverteilungs- und Mitwirkungsplan hinreichend Rechnung getragen wird.

3. Nicht-planmäßige Richter („Hilfsrichter"). Nach § 29 Abs. 1 DRiG darf bei einer gerichtlichen Entscheidung nicht mehr als ein nicht-planmäßiger Richter (**Richter auf Probe, Richter kraft Auftrags oder abgeordneter Richter**) mitwirken. Die Beschränkung deren Zahl dient dem verfassungsrechtlichen Gebot, das Gewicht der Verwendung nicht vollständig persönlich unabhängiger Richter i.S.d. Art. 97 Abs. 2 GG zu reduzieren.[70] Eine Ausnahme gilt nach § 29 Abs. 2 DRiG für die Rückabordnung des während eines laufenden Verfahrens beförderten oder versetzten Lebenszeitrichters; denn die Gefahr eines von Rücksichtnahme auf die vorgesetzte Dienststelle geleiteten Entscheidungsverhaltens besteht bei ihm nicht.[71] Von der Frage, inwieweit die **Mitwirkung** nicht-planmäßiger Richter zulässig ist (§ 22 Abs. 5, § 23b Abs. 3 Satz 2, § 29 Abs. 1 Satz 2, § 59 Abs. 3; beim Oberlandesgericht können nur abgeordnete Richter verwendet werden; beim BGH gibt es keine „Hilfsrichter"), ist der Aspekt der **Besetzung des Spruchkörpers** zu unterscheiden; der BGH hat insoweit die Besetzung mit einem, beim überbesetzten Spruchkörper mit zwei „Hilfsrichtern" für zulässig erachtet.[72] Auch die Mitwirkung nur eines nicht-planmäßigen Richters kann allerdings zu einer nicht vorschriftsmäßigen Besetzung des Gerichts (§ 338 Nr. 1 StPO) führen, wenn sie auf dem nicht nur vorübergehenden Fehlen einer der langfristigen Belastung des Gerichts insgesamt entsprechenden Zahl von auf Lebenszeit ernannten Planstelleninhabern beruht.[73] Das Präsidium sollte zwar grundsätzlich eine gleichmäßige Verteilung der dem Gericht zugewiesenen nicht-planmäßigen Richter auf die einzelnen Spruchkörper (auch bei der Bestimmung der Vertreter der ständigen Mitglieder) anstreben, die dem Gesamtverhältnis von Planrichtern und nicht-planmäßigen Richtern entspricht. Eine rein proportionale Aufteilung ist jedoch nicht geboten; vielmehr bleibt dem Präsidium ein Ermessensspielraum, der ihm gestattet, notwendige Abweichungen entsprechend den verschiedenen Bedürfnissen vorzunehmen.[74] Ein von der Justizverwaltung zur Vertretung eines dauernd verhinderten Mitglieds überwiesener nicht-planmäßiger Richter tritt nicht von selbst in die Tätigkeit des verhinderten Mitglieds ein; vielmehr hat das Präsidium über seine Verwendung zu bestimmen.[75] Bei Verlängerung des Dienstleistungsauftrags gilt der Zuteilungsbeschluss weiter.[76] Selbstverständlich muss, wenn der Auftrag der Justizverwaltung über das Geschäftsjahr hinaus andauert, in dem für das neue Geschäftsjahr aufgestellten Geschäftsverteilungsplan von neuem über die Verwendung des nicht-planmäßiger Richters entschieden werden.[77] 13

69 BGH NJW **1965** 875.

70 BVerfGE **148** 69, 96; s. § 1, 4.

71 BTDrucks. **19** 27654 S. 121.

72 BGHSt **14** 321; ebenso Kissel/*Mayer* 128; krit. mit Blick auf die Notwendigkeit, Berufsanfänger in größerer Zahl auszubilden, um anstehende Ruhestandsabgänge auszugleichen, *Matthiessen* NJW **2025** 2825, 2827.

73 Näher dazu LR/*Gittermann* § 59, 11 f.

74 BVerfGE **14** 156 (Assessorenstrafkammern); BGHSt **14** 321, 328. Vgl. im Übrigen die Erl. zu § 70 in LR/*Gittermann*.

75 RGSt **37** 301; BGHSt **12** 159.

76 LR/*K. Schäfer*[24] Rn. 11 unter Hinweis auf RG Entsch. v. 30.4.1925 – II 87/25.

77 BGH NJW **1961** 1685.

14 **4. Ergänzungsrichter.** Bei Verhandlungen von längerer Dauer kann der Vorsitzende gem. § 192 Abs. 2 die Zuziehung von Ergänzungsrichtern anordnen. Bei einem überbesetzten Spruchkörper sind der oder die Ergänzungsrichter zunächst aus dem Kreis der „überzähligen" Beisitzer bestimmen.[78] Dies ist unproblematisch, sofern nur ein „überzähliger" Beisitzer zur Verfügung steht. Ein Auswahlrecht unter mehreren „überzähligen" Beisitzern hat der Vorsitzende jedoch nicht; auch aus § 192 Abs. 2 folgt keine Annexkompetenz zur Bestimmung des jeweiligen Ergänzungsrichters. Ist der Spruchkörper mit zwei oder mehr Richtern überbesetzt bzw. verhandelt der „normal" besetzte erstinstanzliche Spruchkörper (Strafkammer, Strafsenat des OLG) mit einer reduzierten Sitzgruppe nach § 76 Abs. 2 Satz 4, § 122 Abs. 2 Satz 2 Alt. 1, so muss sich in Ansehung der neueren höchstrichterlichen Rechtsprechung[79] „blindlings" aus dem Mitwirkungsplan gem. § 21g Abs. 2 ergeben, welcher der „überzähligen" Beisitzer als Ergänzungsrichter hinzutritt (kein Fall der spruchkörperinternen Vertretung); denn es wäre kaum zu begründen, an die Zuziehung des Ergänzungsrichters, der ja im Verhinderungsfall als „vollwertiger" Richter eintritt,[80] in Bezug auf das verfassungsrechtliche Gebot des gesetzlichen Richters geringere Anforderungen zu stellen als an den zunächst mitwirkenden Richter. Ist der Spruchkörper nicht überbesetzt oder gehört ihm etwa bei der Zuziehung von zwei Ergänzungsrichtern nur ein „überzähliger" Beisitzer an, so obliegt dem Präsidium die Bestimmung eines (ggf. des weiteren) oder mehrerer Ergänzungsrichter(s); hierbei handelt es sich **nicht um einen Fall der Vertretung**[81] (vgl. Rn. 19). Bei der Bestimmung des Ergänzungsrichters steht dem Präsidium kein allgemeines Auswahlermessen zu. Eine sog. **Ad-hoc-Bestellung** ist grundsätzlich **unzulässig**. Vielmehr muss der Geschäftsverteilungsplan hierfür – auch im Hinblick auf den Grundsatz der Stetigkeit – allgemeine Regelungen vorsehen, die ihrerseits den Anforderungen des Gebots aus Art. 101 Abs. 1 Satz 2 GG genügen.[82] Das gilt jedenfalls für Gerichte, bei denen der Bedarf an Ergänzungsrichtern nicht nur ausnahmsweise besteht.[83] Eine nicht vorhersehbare Regelungslücke kann das Präsidium allerdings unterjährig schließen.[84] Über die Frage der **Erforderlichkeit der Zuziehung** eines oder mehrerer Ergänzungsrichter (Frage des „Ob") befindet ausschließlich der Vorsitzende und nicht das Präsidium; dieses bestimmt grundsätzlich (nicht bei überbesetztem Spruchkörper, aus dessen Reihen der oder die Ergänzungsrichter bestimmt werden können – s. zuvor) lediglich, welcher bzw. welche Richter herangezogen werden (Frage des „Wen").[85] Wegen der Einzelheiten hinsichtlich der Zuziehung von Ergänzungsrichtern im Übrigen s. die Erl. bei LR/*Simon* § 192.

V. Regelung der Vertretung

15 **1. Umfang der Vertretungsregelung.** Die dem Präsidium obliegende Regelung der Vertretung bezieht sich hauptsächlich auf die Vertretung beim Amtsgericht (unbeschadet der Vorschrift des § 22b), der Ermittlungsrichter und der Beisitzer der Kollegialgerichte.

---

78 LR/*Simon* § 192, 10; ferner Kissel/*Mayer* 139.

79 Vgl. hierzu § 21g, 5.

80 Zum Status des Ergänzungsrichters BVerfGE **30** 149; *Katholnigg* 6; vgl. auch OLG Celle NJW **1973** 1054.

81 BGHSt **26** 324; Kissel/*Mayer* 139; MüKo/*Schuster* 11; *Schmitt*/Köhler 12; LR/*Simon* § 192, 10.

82 I.d.S. bereits *Schorn*/*Stanicki* 86 f.; mit umfassender Begr. *Sowada* 363 ff.; ebenso LG Köln wistra **2013** 366, 368; *Foth* DRiZ **1974** 87; *Schmitt*/Köhler § 192, 5; Zöller/*Lückemann* 21; LR/*Simon* § 192, 10; **a.A.** – allerdings ohne nähere Auseinandersetzung mit der neueren Rspr. zu § 21g Abs. 2 – Kissel/*Mayer* 139; KK/*Diemer* 12.

83 MüKo/*Schuster* 11.

84 BGH Beschl. v. 2.11.2010 – 1 StR 544/09 (juris, Rn. 49); MüKo/*Schuster* 11.

85 BGHSt **26** 324; BGH StV **2003** 8. Zu den Folgen der Weigerung des Präsidiums, einen Ergänzungsrichter zu benennen, vgl. LR/*Breidling*[26] 14.

Die Vertretung der Vorsitzenden Richter bei den Kollegialgerichten normiert § 21f Abs. 2; insoweit besteht die Aufgabe des Präsidiums nur in der Bestimmung des Mitglieds des Spruchkörpers, das „ständiger" Vertreter des Vorsitzenden ist (s. § 21f, 18). Zur Regelung der Vertretung bei der kleinen Strafkammer vgl. § 21f, 19, 34.

2. Allgemeines zur Vertretungsregelung. Die Regelung der Vertretung in dem vor Beginn des Geschäftsjahres aufzustellenden Geschäftsverteilungsplan hat – wie dies § 63 Abs. 1 a.F. deutlicher zum Ausdruck brachte – die Bestimmung der Richter zum Gegenstand, die regelmäßig („ständig"; vgl. § 22b Abs. 1), d.h. in allen vorkommenden Verhinderungsfällen, berufen sind, einen dem Spruchkörper zugewiesenen „ständigen" Beisitzer im Fall seiner Verhinderung zu vertreten. Bei der in § 21e Abs. 1 Satz 1 vorgesehenen Regelung der Vertretung handelt es sich nur um die Vertretung bei **vorübergehender Verhinderung**.[86] Steht ein Richter schon bei Aufstellung des Geschäftsverteilungsplans dem Spruchkörper dauernd nur beschränkt zur Verfügung, wie etwa ein zu Justizverwaltungsaufgaben herangezogener Richter, ein teilzeitbeschäftigter Richter oder ein zum Richter im zweiten Hauptamt oder im Nebenamt ernannter Hochschullehrer, so muss dies schon im Geschäftsverteilungsplan berücksichtigt werden, namentlich durch seine Zuweisung mit einem Bruchteil der Arbeitskraft;[87] er ist nicht etwa zu dem Teil seiner Arbeitskraft, der auf die andere Tätigkeit entfällt, i.S.d. § 21e Abs. 1 in einer durch einen „Vertreter" auszugleichenden Weise „verhindert".[88] Gesetzliche Richtlinien für die Ermessensausübung enthalten § 34 Abs. 2 JGG (Grundsatz der Einheit von Jugend- und Vormundschaftsrichter) und § 37 JGG, wonach die Richter erzieherisch befähigt und in der Jugenderziehung erfahren sein sollen. Bei einer im Laufe des Geschäftsjahres eintretenden dauernden Verhinderung bedarf es einer Änderung des Geschäftsverteilungsplans nach § 21e Abs. 3 Satz 1. Zum Begriff der Verhinderung, zur Abgrenzung der dauernden von der vorübergehenden Verhinderung und zur Feststellung des Verhinderungsfalls (Zuständigkeit und Form) vgl. § 21f, 20 ff. Dem Grundsatz des gesetzlichen Richters entsprechend soll durch die Regelung der Vertretung im Geschäftsverteilungsplan vermieden werden, dass für bestimmte Einzelsachen bestimmte Richter ausgesucht werden.[89] Unzulänglich ist demgemäß eine Vertretungsregelung, die von vornherein für voraussehbare vorübergehende Verhinderungen oder Überlastungen einzelner Richter nicht ausreicht, so etwa wenn für die nur mit der gesetzlichen Mindestzahl von drei Richtern besetzte Strafkammer lediglich vier bestimmte Vertreter aufgeführt sind, die ihrerseits, zumal in Urlaubszeiten, bei Berücksichtigung ihrer eigenen dringenden Dienstgeschäfte an der Vertretung gehindert sind.[90] Selbst wenn neun Vertreter vorgesehen sind, kann dies im Einzelfall unzureichend sein.[91] Es empfiehlt sich daher, in die Geschäftsverteilung eine Auffangregelung aufzunehmen, die weitere, nicht namentlich benannte Vertreter nach abstrakt-generellen Kriterien bestimmt.[92] 16

3. Regelung der Vertretung im Einzelnen. An die Stelle eines verhinderten Mitglieds tritt zunächst der regelmäßige („ständige") Vertreter.[93] Dieser braucht **nicht namentlich** be- 17

---

86 BGHZ **15** 135, 138; BayVerfGH NJW **1968** 99, 101; zu teilzeitbeschäftigten Richtern s. *Schoenfeld* DStZ **2019** 549 f.
87 BFH NJW **2019** 1326; *Matthiessen* DRiZ **2025** 468; *Schoenfeld* DStZ **2019** 548; Zöller/*Lückemann* 8.
88 BGHSt **25** 241 m.w.N. = NJW **1974** 109 m. Anm. *P. Müller* NJW **1974** 656.
89 BGHSt **27** 209; **28** 290; BGH NStZ **1988** 36.
90 BGH NStZ **1988** 36, 37; bei *Miebach* NStZ **1988** 449 Nr. 17; Kissel/*Mayer* 143; MüKo/*Schuster* 16; dazu auch § 21i, 11.
91 BGH NStZ **2015** 716 m. zust. Anm. *Ventzke*.
92 MüKo/*Schuster* 16.
93 Zur Problematik der Vertretung bei Ablehnung des Richters beim Amtsgericht wegen Besorgnis der Befangenheit in der Hauptverhandlung s. *Rostek* NJW **1975** 194.

stimmt zu sein. Es genügt z.B. im Geschäftsverteilungsplan eines Landgerichts die Bestimmung, dass ein Mitglied durch das jeweils dem Dienstalter nach jüngste Mitglied des Landgerichts oder der Strafkammer zu vertreten sei. Eine solche Bestimmung hat der BGH allerdings als bedenklich angesehen, wenn sie praktisch dazu führt, dass in jedem Vertretungsfall ein nicht-planmäßiger Richter („Hilfsrichter") mitwirkt.[94] Jedenfalls muss der Vertreter genügend deutlich bezeichnet werden. Unzulässig ist eine Bestimmung des Geschäftsverteilungsplans, die lediglich besagt, dass sich die Richter der Strafkammern oder der Straf- und Zivilkammern „gegenseitig vertreten"; es muss vielmehr die **Reihenfolge bestimmt** werden, in der die Mitglieder anderer Kammern als Vertreter eintreten sollen.[95] Doch kann auch eine Bestimmung, dass sich die Mitglieder zweier Kammern gegenseitig vertreten, ausreichend sein, wenn sich aus dem Gesamtzusammenhang des Geschäftsverteilungsplans in Verbindung mit dessen herkömmlicher Handhabung eindeutig als Sinn der Regelung ergibt, dass der jeweils dienstjüngste Richter die Vertretung zu übernehmen hat.[96] Unzulässig ist eine Bestimmung, dass alle Mitglieder zweier Kammern einander gegenseitig vertreten und es dem Landgerichtspräsidenten gem. § 21i Abs. 2 (§ 67 a.F.) oder dem Vorsitzenden (§ 69 a.F.; § 21g a.F.) überlassen bleibt, zu bestimmen, wer von den mehreren zur Vertretung berufenen Richtern als Vertreter einzutreten hat.[97] Unzulässig ist ferner die Bestimmung, dass bei Ablehnung aller Richter einer Jugendkammer eine bestimmte andere Strafkammer zur Entscheidung über das Ablehnungsgesuch zuständig sei.[98] Ist der **regelmäßige Vertreter verhindert**, so muss grundsätzlich schon im Geschäftsverteilungsplan bestimmt werden, wer an seiner Stelle die Vertretung übernimmt, z.B. in der Form, dass mehrere Richter in einer bestimmten Reihenfolge zu regelmäßigen Vertretern bestellt werden, dergestalt, dass, wenn der erste nach der Reihenfolge berufene regelmäßige Vertreter verhindert ist, der nächste als regelmäßiger Vertreter eintritt und so fort.[99] Ist die Feststellung einer Verhinderung Gegenstand einer Ermessensentscheidung, so trifft diese der Gerichtspräsident (oder sein Vertreter, § 21h), der dabei lediglich zu prüfen hat, ob die Voraussetzungen erfüllt sind, unter denen an die Stelle des ersten der nachfolgende regelmäßige Vertreter tritt usw.[100] Auch bei einer derartigen Vorsorge kann es aber ausnahmsweise vorkommen, dass alle im Geschäftsverteilungsplan vorgesehenen regelmäßigen Vertreter selbst verhindert sind oder unvorhergesehen ihre Zahl nicht ausreicht. In solchen außergewöhnlichen Ausnahmefällen ist auch (über den engen Wortlaut des § 21e Abs. 1 Satz 1 i.V.m. Satz 2, Abs. 3 Satz 1 – „dauernde Verhinderung" – hinaus), die Bestellung eines zeitweiligen Vertreters zulässig und geboten,[101] wie sich nicht zuletzt aus § 22b Abs. 3 ergibt. Die Bestellung obliegt dem Präsidium, in Eilfällen nach § 21i Abs. 2 dem Präsidenten. War dagegen die Vertretungsregelung zahlenmäßig unzureichend, ist auch eine **Ad-hoc-Vertreterbestellung** unzulässig.[102]

---

94 BGHSt **9** 107, 110; zum Einsatz nicht-planmäßiger Richter vgl. Rn. 13.

95 BGHSt **12** 159, 160; BVerwG DÖV **1976** 746; s. auch BVerfG DRiZ **1964** 175.

96 BVerwG DÖV **1976** 746.

97 OLG Hamm NJW **1959** 114; anders noch RG GA **74** (1930) 284.

98 OLG Zweibrücken MDR **1971** 861.

99 BGHSt **27** 209; KG JR **1966** 189; OLG Bremen NJW **1965** 1448; *P. Müller* JZ **1976** 588; *Münn* DRiZ **1973** 233.

100 § 21f, 21f.

101 BVerfGE **31** 145, 163f.; BGHSt **27** 209; BGH NStZ **1986** 469; **1991** 195; **2002** 400; bei *Becker* NStZ-RR **2004** 229; StV **1993** 397, 398; KK/*Diemer* 14c; MüKo/*Schuster* 16; SSW/*Spiess* 16; vgl. auch *Stanicki* DRiZ **1972** 415 und *Schorn/Stanicki* 92: entsprechende Anwendung des einen Grundsatz von allgemeiner Bedeutung enthaltenden § 22b Abs. 2.

102 BGH NJW **1988** 1921; NStZ **2015** 716 m. zust. Anm. *Ventzke*; BGH StV **1988** 194; *Sowada* 337f.; Kissel/*Mayer* 143.

4. Vertretungsregelung in §§ 70, 117. Soweit die Vertretung des Mitglieds eines Land- oder Oberlandesgerichts **nicht durch ein Mitglied desselben Gerichts möglich** ist, wird sie auf den Antrag des Präsidiums durch die Landesjustizverwaltung geregelt (§ 70 Abs. 1, § 117). Eine Vertretung ist nur aufgrund einer nach den §§ 21e, 21i Abs. 2 getroffenen Anordnung, nicht aber ohne eine solche durch einen sich zur Übernahme freiwillig erbietenden Richter zulässig; hieran kann durch Landgesetz (§ 70 Abs. 3) nichts geändert werden.[103] 18

5. Ergänzungsrichter. Auf **Ergänzungsrichter** (§ 192 Abs. 2) findet § 21e Abs. 1 keine Anwendung. Ihre Heranziehung wird vom Vorsitzenden nach seinem Ermessen angeordnet; es handelt sich daher nicht um einen Fall der Vertretung, der – unabhängig von einer solchen Anordnung – automatisch bei Verhinderung[104] des eigentlich zuständigen Richters eintritt. Daher müssen die Ergänzungsrichter gerade nicht regelmäßige Stellvertreter eines Mitglieds des erkennenden Gerichts sein[105] (Rn. 14). 19

VI. Wegfall der Ferienspruchkörper

Die frühere Vorschrift des § 201, die in ihrer Fassung v. 9.5.1975 die Möglichkeit zur Bildung von Ferienkammern und -senaten eröffnete, für die ebenfalls das Präsidium zuständig war, ist mit dem Gesetz zur Abschaffung der Gerichtsferien v. 28.10.1996[106] aufgehoben worden. 20

VII. Verteilung der Geschäfte

1. Grundsatz. Wo mehrere Spruchkörper bestehen, muss das Präsidium grundsätzlich sämtliche bei dem Gericht anfallenden Geschäfte unter sie verteilen. Die Art der Verteilung ist – ebenso wie bei der Zuweisung der Mitglieder des Gerichts – dem pflichtmäßigen Ermessen des Präsidiums überlassen.[107] Die Ermessensfreiheit entfällt, und es muss dem Gesetz Rechnung getragen werden, wenn dieses in Form einer Muss- oder Sollvorschrift die Konzentration bestimmter Verfahren bei einem Spruchkörper vorsieht.[108] 21

2. Maßnahmen zum Ausschluss oder zur Beseitigung von Streitigkeiten über die Zuständigkeit eines Spruchkörpers

a) Zur Entscheidungskompetenz des Präsidiums. Entsteht zwischen mehreren Spruchkörpern derselben Art (im Gegensatz zu Spruchkörpern verschiedener Ordnung oder mit gesetzlicher Zuständigkeitskonzentration; u. Rn. 25) ein Streit, welcher von ihnen nach dem Geschäftsverteilungsplan zur Bearbeitung einer bestimmten Sache zuständig ist (**„negativer Kompetenzkonflikt"**),[109] so finden die §§ 209, 209a StPO keine Anwendung. Vielmehr kommt zunächst, wenn der zur Eröffnung des Verfahrens angegangene Spruchkörper seine Zuständigkeit verneint, eine formlose Abgabe der Sache an den von ihm für 22

103 RGRspr. 7 41; *Schmitt*/Köhler 12.
104 Zum Begriff der Verhinderung s. § 21f, 20.
105 RGSt **59** 20; BGHSt **26**, 324; Kissel/*Mayer* 139.
106 BGBl. I S. 1546.
107 RGSt **28** 215; BGH NStZ **2021** 762, 763.
108 Dazu LR/*Gittermann* § 60, 20.
109 Vgl. dazu *Heintzmann* DRiZ **1975** 320; *P. Müller* JZ **1976** 587 sowie eingehend Kissel/*Mayer* 116 ff. m.w.N.

zuständig erachteten Spruchkörper in Betracht, die erst rechtliche Bedeutung erlangt, falls dieser sie, wenn auch nur durch konkludentes Handeln, übernimmt. Kommt eine solche Vereinbarung zwischen den beteiligten Spruchkörpern nicht zustande, so kommt es zunächst auf den Inhalt des **Geschäftsverteilungsplans** an, der der **Auslegung** nach allgemeinen Grundsätzen und dabei auch einer ausdehnenden Auslegung zugänglich ist.[110] Einer gewachsenen Übung kommt dabei maßgebende Bedeutung zu. Eine solche ungeschriebene Gerichtspraxis darf sich freilich nicht zu einer aus sich heraus eindeutigen Regelung in Widerspruch setzen.[111] Der Geschäftsverteilungsplan kann im Interesse beschleunigter Erledigung negativer Kompetenzkonflikte einer Abgabe an den für zuständig gehaltenen Spruchkörper bindende Wirkung beilegen.[112] Anderenfalls kann auch das Präsidium selbst zur Entscheidung berufen sein.[113] Wenn etwa die abstrakt-generelle Zuständigkeitsregelung (u. Rn. 27) den speziellen Fall nicht erfasst oder verschiedene Auslegungen zulässt, aber auch wenn ihr Sinn missverstanden wird, so ist grundsätzlich das Präsidium als Interpret dessen, was es im Geschäftsverteilungsplan bestimmen oder – wenn es den Fall bedacht hätte – mit umfassen wollte, zu einer pflichtgemäßem Ermessen entsprechenden **Klarstellung der Streitfrage** berufen; seine Entscheidung bindet den für zuständig erklärten Spruchkörper in gleicher Weise wie eine von vornherein im Geschäftsverteilungsplan enthaltene Bestimmung klarstellenden Inhalts.[114] Eine **Entscheidungskompetenz des Präsidiums** setzt nicht voraus, dass es seine Zuständigkeit im Geschäftsverteilungsplan festgeschrieben hat. Ein derartiger „Entscheidungsvorbehalt" hat keine konstitutive, die Entscheidungszuständigkeit erst begründende Bedeutung;[115] auch wenn er fehlt, ist das Präsidium zur Klärung im Geschäftsverteilungsplan wurzelnder Kompetenzkonflikte berufen.[116] Die ausdrückliche Aufnahme eines Entscheidungsvorbehalts in den Geschäftsverteilungsplan kann gleichwohl zweckmäßig sein.[117] Eine Differenzierung danach, ob die Meinungsverschiedenheit der beteiligten Spruchkörper die Auslegung des Geschäftsverteilungsplans betrifft oder die Auslegung gesetzlicher Merkmale, an welche die geschäftsplanmäßige Zuständigkeit knüpft, erscheint kaum praktikabel und ist nach dem Gesetz auch nicht geboten.[118] Das Präsidium kann die Entscheidung eines Kompetenzkonflikts zugleich zum Anlass nehmen, den Geschäftsverteilungsplan im Sinne einer Verdeutlichung oder Ergänzung zu ändern, um künftige Zuständigkeitsstreitigkeiten zu vermeiden; § 21e Abs. 3 steht dem nicht entgegen.

23 **b) Entscheidung in Sonderfällen.** Das Präsidium ist zur Klärung einer Streitfrage auch dann berufen, wenn zwar kein Zweifel hinsichtlich der Auslegung einer abstrakt-generellen Zuständigkeitsregelung besteht, wenn deren Anwendung aber im Hinblick auf besondere Umstände des Einzelfalls verneint wird. Ein solcher Fall ist beispielsweise gege-

---

110 BGH DRiZ **1980** 147; NStZ **2023** 122, 125 f.

111 BVerwG NVwZ **2015** 1695, 1697 m. Anm. *Heusch.*

112 BGH NStZ-RR **2015** 21, 23; *Heintzmann* DRiZ **1975** 320; *P. Müller* JZ **1976** 587; Kissel/*Mayer* 119; LR/*Stuckenberg* § 209 StPO, 10.

113 BGH NJW **2000** 80; Kissel/*Mayer* 117 m.w.N.; **a.A.** *P. Müller* JZ **1976** 587.

114 BGHSt **26** 199; BGH NJW **1975** 1424; VRS **46** (1974) 51; s. auch BGH NStZ **1984** 184; NStZ-RR **2022** 20, 22; h.M. auch im Schrifttum: LR/*Stuckenberg* § 209 StPO, 10 m.w.N.; dazu erg. Kissel/*Mayer* 117 f.; KK/*Diemer* 13; *Schmitt*/Köhler 22; **a.M.** *P. Müller* DRiZ **1978** 16; *Weitl* DRiZ **1977** 112.

115 BGH NJW **2000** 80, 81; Beschlüsse v. 18.11.2014 – 4 ARs 20-1/14 und 4 ARs 20-2/14, jeweils juris Rn. 6; noch offengelassen in BGHSt **26** 200.

116 Vgl. BGHSt **25** 242, 244; OLG Düsseldorf MDR **1984** 73; OLG Frankfurt NStZ-RR **2015** 314; OLG Rostock NStZ-RR **2010** 243, 244; ebenso Kissel/*Mayer* 117; SK/*Velten* 31; LR/*Stuckenberg* § 209a StPO, 9 m.w.N.

117 Vgl. exemplarisch den Geschäftsverteilungsplan des OLG Schleswig SchlHA **1977** 29.

118 Kissel/*Mayer* 118; vgl. auch LR/*Stuckenberg* § 209 StPO, 10.

ben, wenn sich nach dem Geschäftsverteilungsplan die Zuständigkeit einer allgemeinen großen Strafkammer nach dem Namen des zuerst in der Anklageschrift angeführten Angeschuldigten richtet, die danach zuständige Strafkammer ihre Eröffnungszuständigkeit jedoch verneint, weil die Staatsanwaltschaft durch die Platzierung des Angeschuldigten in der Reihenfolge der Anklageschrift ihre Zuständigkeit „bewusst manipuliert" habe, und sich die nach ihrer Auffassung zuständige Strafkammer, an die sie die Sache abgibt, ebenfalls für unzuständig erklärt, weil sie die angegebenen Gründe nicht gelten lässt.[119] Die Aufgabe des Präsidiums kann allerdings nicht darin bestehen, dass es untersucht, ob der Vorwurf bewusster Manipulation berechtigt ist und je nach dem Ergebnis die eine oder andere Strafkammer für zuständig erklärt; dies wäre eine dem Präsidium nicht zustehende Entscheidung.[120] Das Präsidium muss vielmehr entweder die abgebende Kammer für zuständig erklären, weil sie nach Sinn und Zweck der Geschäftsverteilung an die Namensaufzählung in der Anklageschrift gebunden ist (Rn. 24; s. aber auch Rn. 28); oder es muss das Verfahren der Kammer zuweisen, an die abgegeben wurde, weil – falls ausreichende Anhaltspunkte dafür bestehen – nach dem Gesamtzusammenhang der Regelungen im Geschäftsverteilungsplan Verweisungen bindend sind (Rn. 22); zugleich liegt es nahe, den Geschäftsverteilungsplan durch eine entsprechende allgemeine Bestimmung in diesem oder jenem Sinne zu ergänzen.

c) Streit über die Zuständigkeit eines lediglich durch den Geschäftsverteilungsplan gebildeten Spruchkörpers mit Spezialzuständigkeit. Bei der Zuweisung bestimmter Strafsachen (z.B. Verkehrsstrafsachen) an einen bestimmten Spruchkörper können sich Zuständigkeitsstreitigkeiten ergeben, ob eine bestimmte Sache von der Zuweisung erfasst wird, weil es nicht möglich war, diesen Bereich von vornherein in einer jeden Zweifel ausschließenden Weise abzugrenzen. Besteht zwischen der „Verkehrsstrafkammer" und einer anderen Strafkammer Streit, ob eine Sache nach der in der Anklageschrift als verletzt bezeichneten Vorschrift zu den „Verkehrsstrafsachen" gehört, so ist nach den in Rn. 22 dargestellten Grundsätzen das Präsidium zur Klarstellung dessen, was mit der Zuweisung beabsichtigt war, berechtigt und verpflichtet;[121] seine „Entscheidung" kann mit der Revision gegen das Urteil der für zuständig erklärten Strafkammer nur unter dem Gesichtspunkt eines Ermessensmissbrauchs des Präsidiums angegriffen werden.[122] Die zur Vermeidung eines negativen Kompetenzkonflikts im Geschäftsverteilungsplan getroffene Regelung, die durch Geschäftsverteilungsplan gebildete Spezialkammer sei an die in der Anklageschrift von der Staatsanwaltschaft als verletzt bezeichnete Strafnorm gebunden, auch wenn sie selbst aufgrund anderer rechtlicher Beurteilung die Zuständigkeit eines anderen Spruchkörpers als gegeben ansieht, hat das BVerfG[123] als mit dem Grundsatz des gesetzlichen Richters vereinbar angesehen, weil die Staatsanwaltschaft gesetzlich zur Mitwirkung im Strafverfahren berufen und, durch das Legalitätsprinzip sowie das Neutralitätsgebot (§ 160 Abs. 2 StPO) in ihrem Entscheidungsspielraum eng begrenzt, nicht einer „unbefugten Exekutive" gleichzuachten sei, deren sachfremde Einwirkungen abzuwehren wären.[124] Eine Analogie zu § 209 Abs. 1, § 209a StPO, § 74e dergestalt, dass – ohne einen Anhalt im Geschäftsverteilungsplan – der Spezialkammer die Kompetenz zukäme, über die eigene Zu- 24

---

119 Vgl. den Fall BGHSt **25** 242, 244.

120 Vgl. dazu auch BGHSt 7 23.

121 BGH Beschlüsse v. 18.11.2014 – 4 ARs 20-1/14 und 4 ARs 20-2/14, jeweils juris Rn. 6.

122 BGH MDR **1975** 770.

123 Beschl. des Vorprüfungsausschusses gem. § 93a Abs. 3 BVerfGG a.F. v. 4.11.1974 – 2 BvR 225/74.

124 Zust. *Heintzmann* DRiZ **1975** 322; ablehnend *P. Müller* JZ **1976** 587.

ständigkeit bindend zu entscheiden (sog. Kompetenzkompetenz),[125] ist hingegen abzulehnen. Sie steht im Widerspruch zum Entscheidungsvorbehalt des Präsidiums (Rn. 22).

25 **d) Streit über die Zuständigkeit eines Spruchkörpers mit gesetzlicher Zuständigkeitskonzentration.** Keine Entscheidungskompetenz des Präsidiums besteht bei einem Streit, ob die rechtlichen Voraussetzungen vorliegen, von denen die Zuständigkeit eines Spruchkörpers mit gesetzlicher Zuständigkeitskonzentration (§ 74e) abhängt. Denn das Präsidium ist nur berufen, nach Ermessensregeln den Tätigkeitsbereich der allgemeinen Spruchkörper in abstrakter Form abzugrenzen und die aus der gewählten Formulierung sich ergebenden Streitigkeiten zu schlichten, aber nicht befugt, die die Zuständigkeitskonzentration regelnden gesetzlichen Vorschriften autoritativ auszulegen.[126] Das gilt auch dann,[127] wenn die gesetzlichen Voraussetzungen der Zuständigkeitskonzentration einen unbestimmten (normativen) Rechtsbegriff enthalten. Wenn also z.B. im Fall des § 74c Abs. 1 Satz 1 Nr. 6 die Staatsanwaltschaft Anklage vor der Wirtschaftskammer erhebt, diese aber die Erforderlichkeit besonderer Kenntnisse des Wirtschaftslebens verneint,[128] ist ihre Entscheidung kraft der ihr durch § 74e Nr. 2 eingeräumten Vorrangstellung für die allgemeine Strafkammer verbindlich,[129] so dass für ein Tätigwerden des Präsidiums kein Raum ist. In diesen Fällen der gesetzlichen Geschäftszuweisung obliegt ausschließlich dem jeweiligen Gericht (bzw. dann dem Rechtmittelgericht) die Entscheidung über die Zuständigkeit.[130] Hält sich eine im Vorverfahren angegangene Wirtschaftsstrafkammer für unzuständig, so sind die Vorschriften über die Zuständigkeitsregelungen im Eröffnungsverfahren entsprechend anwendbar; fraglich ist allerdings, ob der Abgabebeschluss der Wirtschaftsstrafkammer anfechtbar ist.[131]

26 **3. Kein „Streikrecht" des Präsidiums.** Ein Streikrecht des Präsidiums – etwa für den Fall der die gesetzmäßige Justizgewährung erheblich beeinträchtigenden Überlastung eines Gerichts bei fehlender Aussicht auf Bewilligung weiterer Richterstellen – ist mit dem Gesetz nicht vereinbar.[132] Es ist daher rechtswidrig, unter Berufung auf einen Richtermangel bestimmte Geschäftsaufgaben unverteilt zu lassen.

VIII. Formen der Verteilung der Geschäfte

27 **1. Nach allgemeinen Merkmalen.** Der Grundsatz des gesetzlichen Richters erfordert, dass die Sachen an die einzelnen Spruchkörper und die einzelnen Richter (Ermittlungsrichter, Überwachungsrichter nach § 148a StPO) nach abstrakt-generellen Kriterien zugewiesen werden (**Abstraktionsprinzip**).[133] Diese müssen, wenn auch eine absolute Automatik nicht erreichbar ist, so eindeutig wie möglich vorab festgelegt werden (**Bestimmtheitsgrundsatz**),[134]

---

125 So noch LR/*Breidling*[26] 24.

126 BGHSt **26** 200.

127 Noch offengelassen in BGHSt **26** 200.

128 Zu Zuständigkeitskonflikten zwischen allg. Strafkammer und Wirtschaftsstrafkammer OLG Düsseldorf MDR **1982** 689; OLG München JR **1980** 77.

129 LR/*Stuckenberg* § 209a StPO, 15.

130 BGH NJW **2000** 80; **2022** 2936; Kissel/*Mayer* 117.

131 Dazu OLG Koblenz NStZ **1986** 425 m. Anm. *Rieß*.

132 U.a. BVerwG NJW **2001** 3493, 3494; OLG Schleswig NJW **1982** 246; KG JR **1982** 433, Kissel/*Mayer* 6, 92 f.; MüKo/*Schuster* 31; i.d.S. bereits LR/*K. Schäfer*[24] Rn. 23 ff. unter Aufgabe der noch in der 23. Aufl. vertretenen gegenteiligen Auffassung (dort Rn. 23 ff.).

133 *Sowada* 256; Kissel/*Mayer* 94; MüKo/*Schuster* 29; MüKo-ZPO/*Pabst* 15; SK/*Velten* Vor §§ 21a ff., 16.

134 *Sowada* 256; Kissel/*Mayer* 95; MüKo/*Schuster* 30; MüKo-ZPO/*Pabst* 18; SK/*Velten* Vor §§ 21a ff., 16.

um ein „Manipulieren" auszuschließen und sich dem Idealzustand zu nähern, dass die einzelne Sache „blindlings" an den zuständigen Spruchkörper gelangt.[135] Solche allgemeinen Merkmale[136] können etwa der Anfangsbuchstabe des Namens des Angeklagten,[137] die Endziffer des Aktenzeichens, die Herkunft aus einem Bezirk (Wohnsitz) oder das verletzte Strafgesetz sein. Unzulässig sind Merkmale, die es der **Justizverwaltung** ermöglichen, Einfluss auf die Zuweisung an einen bestimmten Spruchkörper auszuüben, sofern nicht Maßnahmen ergriffen werden, die einen Missbrauch praktisch ausschließen; mit einer schweren Verletzung von Dienstpflichten muss das Präsidium allerdings nicht rechnen.[138] Nur bei in diesem Sinne geeigneten Vorkehrungen begegnen dem sog. **Turnus- oder Rotationssystem** keine rechtlichen Bedenken.[139] Eine Regelung, welche die Zuständigkeit nach dem zeitlichen Eingang der Sachen bestimmt, kann nur dann den Anforderungen genügen, wenn eine eindeutige und überprüfbare Rangfolgeregelung für den Fall des gleichzeitigen Eingangs getroffen wird.[140] Nicht gestattet ist beim Amtsgericht eine Verteilung nach geraden oder ungeraden Endziffern auf die eine oder andere Abteilung, wenn es die Regelung der gemeinsamen Geschäftsstelle überlässt, durch die Bezifferung über die Zuständigkeit zu entscheiden.[141] Dem Turnus- oder Rotationssystem steht nicht entgegen, dass es der **Staatsanwaltschaft** theoretisch möglich ist, einzelne Anklagen trotz Anklagereife zurückzuhalten oder trotz fehlender Anklagereife vorzuziehen, um so einen unliebsamen Spruchkörper bei einer bestimmten Sache zu umgehen oder deren Zuweisung an den „Wunschsenat" bzw. die „Wunschkammer" zu erreichen. Die Staatsanwaltschaft ist kraft Gesetzes zur Mitwirkung im Strafverfahren berufen, organisch in die Gerichtsbarkeit eingegliedert und dem Neutralitätsgebot des § 160 Abs. 2 StPO verpflichtet. Allein die abstrakte Möglichkeit eines Missbrauchs macht eine Geschäftsverteilung weder verfassungs- noch gesetzeswidrig.[142] Unzulässig ist es, bestimmte, bei Beginn des Geschäftsjahres **noch anhängige Sachen** als solche, also ohne dass sie nach allgemeinen Merkmalen bezeichnet würden, auf Spruchkörper zu verteilen, soweit es sich nicht um eine Anordnung nach § 21e Abs. 4 handelt.[143] Für Rechtsmittelgerichte bietet sich oftmals eine Zuweisung nach dem Gericht oder Spruchkörper der Vorinstanz an.[144]

2. Andere Zuweisungsmöglichkeiten. Bei einer **Mehrzahl von Angeschuldigten** bestehen Zuweisungsmöglichkeiten darin, dass der im Alphabet erste oder letzte Anfangsbuchstabe des Namens eines Mitangeschuldigten maßgebend ist, und zwar ohne Änderung der Zuständigkeit bei Ausscheiden des zuständigkeitsbegründenden Angeschuldigten,[145] oder bei verschiedenen Teilnahmeformen (Haupttäter/Gehilfe) die schwerste Beteiligungsform den Ausschlag gibt. Ebenso kann sich die Zuständigkeit etwa nach dem Namen des ältesten Angeschuldigten richten. Auch derartige klare Bestimmungen des Geschäftsverteilungsplans können freilich unrichtige Zuweisungen nicht ausschließen; den Bestand der von einem irrtümlich für zuständig erachteten Spruchkörper getroffenen Entscheidungen stellen solche bloßen 28

---

135 § 16, 10 f.

136 Dazu Kissel/*Mayer* 150 ff.; MüKo/*Schuster* 37 ff.

137 Dazu BGH bei *Herlan* GA **1963** 100 zur Nichtberücksichtigung von Adelsprädikaten.

138 BGHZ **40** 91, 95 ff.

139 BAG NZA **1999** 107; OVG Berlin NJW **1999** 594; ausführlich Kissel/*Mayer* 154 f.; zu den Auswirkungen von Fehlern bei der Zuteilung im Turnus vgl. *Stollenwerk/Pflüger* DRiZ **2023** 182.

140 BGHSt **15** 116; BGHZ **40** 91, 94 f.; BVerwG bei *Gielen* JR **1983** 407.

141 OLG Neustadt MDR **1965** 255.

142 BGH NStZ **1990** 138; **2021** 762, 763; ferner BVerfGE **18** 423, 427; BGHZ **40** 91, 99.

143 BGH NJW **1955** 152; Beschl. v. 20.4.2021 – StB 13-15/21 (juris, Rn. 21); BVerwG NVwZ **2019** 82, 84; BFH NJW **2021** 2232; vgl. auch RG JW **1934** 565; BSG Beschl. v. 29.12.2021 – B 3 P 6/21 B (juris, Rn. 16).

144 Kissel/*Mayer* 153.

145 BGHSt **38** 376 = JZ **1993** 477 m. Anm. *Kindhäuser*.

Anwendungsfehler jedoch regelmäßig nicht in Frage.[146] Unzulässig ist es, die Zuständigkeit von der Reihenfolge der Nennung der Angeschuldigten in der Anklageschrift abhängig zu machen, weil anderenfalls Möglichkeiten der Einflussnahme bestünden.[147]

IX. Aufstellung des Jahresgeschäftsverteilungsplans (Absatz 1 Satz 2)

29 **1. Aufstellung vor Beginn des Geschäftsjahres.** Der Geschäftsplan ist vom Präsidium notwendigerweise vor Beginn des Geschäftsjahres – das ist überall das Kalenderjahr[148] – aufzustellen **(Vorauswirkungsprinzip)**;[149] gelingt dies aus irgendwelchen Gründen nicht, so muss notfalls nach § 21i Abs. 2 verfahren werden. Der Geschäftsverteilungsplan hat immer nur Wirkung für die Zukunft; eine Rückwirkung ist unzulässig **(Verbot der Rückwirkung)**.[150] Eine vor Beginn des Geschäftsjahres beschlossene Geschäftsverteilung kann ohne die Beschränkung des § 21e Abs. 3 Satz 1 („im Laufe des Geschäftsjahres") vor Beginn des Geschäftsjahres noch geändert werden.[151]

30 **2. Aufstellung für die Dauer des Geschäftsjahres.** Der Geschäftsverteilungsplan ist als Jahresplan aufzustellen **(Jährlichkeitsprinzip)**;[152] er muss grundsätzlich auch für die Dauer eines Jahres konzipiert sein und für die Dauer eines Geschäftsjahres Bestand haben **(Stetigkeitsprinzip)**.[153] Die Worte „für dessen Dauer" bedeuten aber nicht, dass das Präsidium nur solche Maßnahmen treffen dürfte, von denen zu erwarten ist, dass sie während des ganzen Geschäftsjahres Bestand haben; sonst wäre es z.B. unmöglich, einen Richter einzuteilen, der im Laufe des Geschäftsjahres die Altersgrenze erreicht und damit ausscheidet. Vielmehr können vor Beginn des Geschäftsjahres auch Anordnungen getroffen werden, von denen mit Gewissheit oder Wahrscheinlichkeit vorauszusehen ist, dass sie im Rahmen des Absatzes 3 demnächst geändert werden müssen; dies gilt auch für die Einteilung nicht-planmäßiger Richter, die gem. § 70 Abs. 2 auf eine kürzere Zeit als die Dauer des Geschäftsjahres beigeordnet sind.[154] Es müssen mit dem Jahresplan sämtliche in Betracht kommenden rich-

---

146 Vgl. den Fall in BGH NStZ **1984** 181. Dort war in der Anklageschrift versehentlich das Alter des Angeschuldigten A höher angegeben als das des Mitangeschuldigten B, so dass die Sache nicht an die für B zuständige 2. Strafkammer, sondern an die für A zuständige 1. Strafkammer kam und das Verfahren von ihr eröffnet und die Anklage zur Hauptverhandlung zugelassen wurde. Als der Fehler bemerkt wurde, wies das Gericht den Einwand der vorschriftswidrigen Besetzung des Gerichts (§ 222b StPO) zunächst mit dem Hinweis auf die allgemeine Bestimmung des Geschäftsverteilungsplans zurück, nach der die eröffnende Kammer mit der Sache auch bei nachträglichem Hervortreten ihrer Unzuständigkeit weiter befasst bleibe, und stützte sich dann auch auf einen „klarstellenden" Beschluss des Präsidiums, dass die erstgenannte Bestimmung alle Fälle erfasse, „in denen sich nachträglich – auf Grund welcher Umstände auch immer – die Unzuständigkeit herausstelle, also auch im vorliegenden Fall". Die auf „Willkür" gestützte Revision blieb erfolglos: Das Gericht habe lediglich das falsche Geburtsdatum nicht sogleich bemerkt; das könne aber einem Gericht auch bei sorgfältiger Prüfung seiner Zuständigkeit – besonders in umfangreichen Verfahren – unterlaufen, und die Befürchtung, durch Tolerierung des Versehens erhalte die StA die Gelegenheit zu Manipulationen, sei unbegründet.

147 MüKo/*Schuster* 37; vgl. auch Kissel/*Mayer* 150.

148 § 21d, 2.

149 *Sowada* 255; Kissel/*Mayer* 98; MüKo-ZPO/*Pabst* 22.

150 Kissel/*Mayer* 98; MüKo-ZPO/*Pabst* 23.

151 BGHSt **13** 53, 54.

152 *Sowada* 255; Kissel/*Mayer* 97; MüKo/*Schuster* 33; MüKo-ZPO/*Pabst* 25; SK/*Velten* Vor §§ 21a ff., 16; Zöller/*Lückemann* 14a.

153 *Sowada* 255; Kissel/*Mayer* 96; MüKo-ZPO/*Pabst* 41; Zöller/*Lückemann* 14a.

154 BGHSt **14** 321, 325.

terlichen Geschäfte verteilt werden (**Vollständigkeitsprinzip**).[155] Ferner ist grundsätzlich der Möglichkeit Rechnung zu tragen, dass bei Zurückverweisung an einen anderen Spruchkörper desselben Gerichts nach § 210 Abs. 3 oder § 354 Abs. 2 StPO ein **Auffangspruchkörper** der in Betracht kommenden Art (Abteilung des Amtsgerichts, Strafkammer des Landgerichts, Strafsenat eines Oberlandesgerichts) besteht; fehlt es daran, so darf und muss im Fall einer entsprechenden Zurückverweisung die Bildung eines solchen Spruchkörpers nachgeholt werden (vgl. Rn. 44). Unzulässig ist aber eine Geschäftsverteilung, die sich von vornherein auf **Teile des Geschäftsjahres** beschränkt[156] oder einem Spruchkörper einzelne Mitglieder nur für einen von vornherein fest bestimmten Teil eines Jahres oder nur bis zur Erledigung bestimmter Strafverfahren zuteilt.[157] Auch voraussehbare Veränderungen können grundsätzlich nur durch erneuten Beschluss nach § 21e Abs. 3 berücksichtigt werden.[158] Selbstverständlich ist es zulässig, einen solchen Beschluss nur für den Rest des Geschäftsjahres zu erlassen. Mit dem **Ende des Geschäftsjahres** endet regelmäßig die **Wirkung** aller Präsidialbeschlüsse. Wird allerdings eine im alten Geschäftsjahr begonnene Hauptverhandlung innerhalb der Fristen des § 229 StPO im neuen Geschäftsjahr fortgesetzt oder ergeht eine Anordnung nach § 21e Abs. 4, so behält die Entscheidung des Präsidiums über die Besetzung des Spruchkörpers auch über das Ende des Geschäftsjahres hinaus ihre Bedeutung.[159]

X. Bestimmung des Spruchkörpervorsitzes des Präsidenten (Absatz 1 Satz 3)

Die Befugnis des Präsidiums, über die Besetzung der Spruchkörper und damit über 31
die Verteilung des Vorsitzes (§ 21f) zu beschließen, ist dadurch beschränkt, dass nach § 21e Abs. 1 Satz 3 der **Präsident** – nicht auch der aufsichtführende Richter („Direktor" beim AG, der nicht Präsident ist)[160] – **bestimmt, „welche richterlichen Aufgaben er wahrnimmt"**. Die entsprechenden Vorschriften des früheren Rechts, die durch Satz 3 ersetzt wurden,[161] lauteten dahin, dass der Präsident beim Amtsgericht die Abteilung bestimmt, die er übernimmt, und bei den Kollegialgerichten (Landgericht, Oberlandesgericht, BGH) den Spruchkörper (Kammer, Senat) bezeichnet, „dem er sich anschließt". **Satz 3** soll gewährleisten, dass der Präsident, der zugleich Richter und Organ der Justizverwaltung ist, nur in geringerem Umfang mit richterlichen Aufgaben belastet wird; die Vorschrift ist deshalb elastischer gestaltet: Zwar muss der Präsident eines Kollegialgerichts nach § 21f Abs. 1 Vorsitzender einer Kammer oder eines Senats sein und die Aufgaben in vollem Umfang erfüllen, die ihm in dieser Eigenschaft obliegen. Nach dem Sinn des Satzes 3 ist jedoch so zu verfahren, dass dem Präsidenten allein die Entscheidung überlassen wird, welche Arbeitsbelastung durch richterliche Aufgaben sich mit den Justizverwaltungsgeschäften und den Pflichten als Vorsitzender des Präsidiums angemessen vereinbaren lässt; das Präsidium ist demnach verpflichtet, den Spruchkörper, dem der Präsident vorsitzt, entsprechend klein zu gestalten.[162] Unzulässig (u.a. bereits mit § 21f

---

155 *Sowada* 251; *Katholnigg* 2; Kissel/*Mayer* 92; MüKo/*Schuster* 31; MüKo-ZPO/*Pabst* 29; SK/*Velten* Vor §§ 21a ff., 16; Zöller/*Lückemann* 16.

156 RGSt **38** 416.

157 BGHSt **8** 252; **33** 234, 236; BGH NJW **1957** 800; Beschl. v. 20.4.2021 – StB 13-15/21 (juris, Rn. 22) m.w.N. auch zur Unzulässigkeit einer „verdeckten Einzelzuweisung".

158 Kissel/*Mayer* 107; **a.A.** *Matthiessen* DRiZ **2025** 468, 470.

159 BGH Beschl. v. 20.4.2021 – StB 13-15/21 (juris, Rn. 11); zu § 21e Abs. 4 vgl. Rn. 55.

160 MüKo/*Schuster* 8; **a.A.** – entgegen dem Wortlaut – *Kroll* DRiZ **2010** 319.

161 Dazu LR/*K. Schäfer*[23] § 21e, 28.

162 S. § 21f, 5.

Abs. 1 nicht zu vereinbaren) wäre es, den Spruchkörper, dessen Vorsitzender der Präsident ist, zusätzlich mit einem Vorsitzenden Richter zu besetzen, um ihn sodann regulär mit Geschäften zu belasten.

XI. Zugehörigkeit zu mehreren Spruchkörpern (Absatz 1 Satz 4)

32 Die Zuweisung eines Richters zum Mitglied mehrerer Spruchkörper ist zwar ausdrücklich zugelassen. Von dieser Möglichkeit darf aber im Hinblick auf den Grundsatz des gesetzlichen Richters nur in dem Umfang Gebrauch gemacht werden, als es zur ordnungsgemäßen Besetzung jedes Spruchkörpers erforderlich ist. Eine nicht gebotene (wahllose) Zuteilung mehrerer Richter an mehrere Spruchkörper verstößt gegen Art. 101 Abs. 1 Satz 2 GG.[163] In Betracht kommt jedoch beispielsweise die Zuweisung eines nicht genügend ausgelasteten Richters an eine weitere Kammer. Dabei muss stets in den Blick genommen werden, dass die Rechtsprechungsaufgaben in beiden Kammern zeitlich zusammentreffen können, so dass sie nicht gleichzeitig von demselben Richter wahrgenommen werden können. Es muss deshalb bereits im Geschäftsverteilungsplan abstrakt-generell **geregelt werden, welche Aufgabe vorrangig zu erfüllen ist.**[164] Ist dies unterblieben und tritt eine Kollision ein, so muss das Präsidium den Geschäftsverteilungsplan ergänzen; in Eilfällen trifft der Präsident die Entscheidung, von welcher Aufgabe der überlastete Richter zu befreien ist, nach pflichtgemäßem Ermessen,[165] wobei es keine Rolle spielt, ob man die Zuständigkeit des Präsidenten aus den für Kollisionsfälle ausgebildeten Grundsätzen[166] herleitet[167] oder ob man dafür § 21i Abs. 2 in Anspruch nimmt. Satz 4 gilt für alle Richter. Auch ein Vorsitzender Richter kann also zum **Vorsitzenden mehrerer Spruchkörper** bestimmt werden, der Präsident sich mehreren Spruchkörpern anschließen,[168] vorausgesetzt, dass er in jedem dieser Spruchkörper die einem Vorsitzenden Richter obliegenden Aufgaben in dem erforderlichen Umfang ohne Schwierigkeiten selbst wahrnehmen kann.[169] Nur dann bleibt Raum für die Annahme einer vorübergehenden Verhinderung im Einzelfall, wenn er wegen der Führung des Vorsitzes in dem einen Spruchkörper mitunter den Vorsitz in dem anderen Spruchkörper nicht wahrnehmen kann.[170] Wegen der – ebenfalls grundsätzlich zulässigen – Verwendung eines Vorsitzenden Richters als Vorsitzender in dem einen und als ständiger Beisitzer in dem anderen Spruchkörper vgl. die Erläuterungen zu § 21f, 11.

XII. Fehlerhafte Geschäftsverteilung

33 **1. Ihre Auswirkung.** Die Vorschriften über die Aufgaben (§ 21e), die Zusammensetzung (§ 21a) und das Verfahren (§ 21i Abs. 1, § 21e Abs. 7) des Präsidiums sind keine Ordnungsvorschriften, sondern zwingendes Recht. Ihre Befolgung ist erforderlich für den rechtlichen Be-

---

163 BVerfGE **17** 294.
164 BGHSt **25** 163.
165 BGHSt **25** 163.
166 BGHSt **18** 162, 163; **21** 174, 175.
167 So BGHSt **25** 163; dazu auch § 21f, 22.
168 RGSt **62** 366.
169 Vgl. § 21f, 5, 10.
170 BGHSt **25** 59.

stand der auf der Grundlage der Geschäftsverteilung entfalteten richterlichen Tätigkeit.[171] Ist die Geschäftsverteilung inhaltlich gesetzwidrig, z.B. dadurch, dass die Jugendgerichtssachen mit keinem Wort erwähnt sind oder das Erfordernis der Bildung anderer Spruchkörper mit gesetzlicher Zuständigkeitskonzentration (§ 74 Abs. 2, §§ 74a, 74c) nicht berücksichtigt ist, oder ist sie – vorbehaltlich des § 21b Abs. 6 Satz 3 und der aus dieser Vorschrift abzuleitenden Folgerungen[172] – von einem gesetzwidrig zusammengesetzten Präsidium oder nicht mit dem gesetzlichen Stimmenverhältnis beschlossen, so ist das erkennende Gericht i.S.d. § 338 Nr. 1 StPO nicht ordnungsgemäß besetzt (dazu Rn. 80).

2. Keine rückwirkende Heilung. Fehlerhafte Präsidiumsbeschlüsse können nicht 34
rückwirkend durch neue Beschlüsse geheilt werden, weil diese stets nur für die Zukunft wirken (Rn. 8, 29). Echte Lücken der Geschäftsverteilung müssen durch ergänzende Beschlüsse des Präsidiums mit Wirkung ex nunc geschlossen werden. Das Gleiche gilt bei unüberwindlichen Unklarheiten und widersprüchlichen Anordnungen eines Beschlusses. Wohl aber können bloße Auslegungszweifel durch klärende Beschlüsse des Präsidiums (in Eilfällen gem. § 21i Abs. 2) behoben werden, wie insbesondere bei internen Meinungsverschiedenheiten zwischen verschiedenen Spruchkörpern, welcher von ihnen nach Maßgabe des Geschäftsverteilungsplans zuständig ist (Rn. 22 f.).

XIII. Folgen der Abweichung von einem gesetzmäßigen Geschäftsverteilungsplan

Soweit nicht die Zuständigkeit eines Spruchkörpers mit gesetzlicher Zuständigkeits- 35
konzentration (Rn. 25) in Frage steht, ist es heute gefestigte höchst- und obergerichtliche Rechtsprechung, dass auf die bloße Abweichung von einem gesetzmäßigen Geschäftsverteilungsplan die Revision wegen nicht vorschriftsmäßiger Besetzung des erkennenden Gerichts (§ 338 Nr. 1 StPO) nicht gestützt werden, vielmehr **nur gerügt** werden kann, dass das Gericht objektiv **willkürlich**, d.h. offensichtlich grob fehlerhaft,[173] vom klaren **Geschäftsverteilungsplan abgewichen** sei,[174] während ein schlichter **Irrtum** über die eigene Zuständigkeit, ein error in procedendo, **folgenlos** bleibt, weil er eine Verletzung des Grundsatzes des gesetzlichen Richters nicht begründet.[175] Dem folgt das Schrifttum überwiegend.[176] Ursprünglich wurde diese Auffassung damit begründet,[177] der Geschäftsverteilungsplan sei keine Rechtsnorm i.S.d. § 337 StPO.[178] Hiergegen wurde vorgebracht, selbst

171 RGSt **37** 59; **65** 299; RGZ **53** 4; **89** 257.

172 Vgl. § 21b, 21.

173 Zum Maßstab § 16, 27.

174 Z.B. wenn der nach der Geschäftsverteilung nicht zuständige Spruchkörper die Hauptverhandlung durchführt, obwohl sich bei deren Beginn herausstellte, dass die Sache infolge irrtümlicher Namensumstellung der Angeklagten an ihn gelangt war (OLG Köln VRS **53** [1977] 276).

175 BVerfGE **29** 45, 49; **29** 198, 207; **48**, 246, 262; BVerfG NJW **2018** 1155, 1156; RGSt **36** 321; **45** 260, 351; RGZ **119** 379, 384; BGHSt **3** 353; **11** 106, 109; BGHZ **37** 125; **40** 148; BGH GA **1971** 34; NJW **1975** 1425; **1976** 1688; BFH NJW **1964** 1591; BVerwG NJW **1974** 1885; NVwZ **2015** 1695, 1697 m. Anm. *Heusch*; Beschl. v. 22.1.2014 – 4 B 53/13 (juris, Rn. 3); BSG NJW **1985** 2355; OLG Hamm JMBlNRW **1963** 252; OLG Frankfurt NJW **1976** 1545; OLG Karlsruhe MDR **1976** 777; ausführlich hierzu MüKo-ZPO/*Pabst* 100 f.

176 *Rieß* DRiZ **1977** 291; *Schorn/Stanicki* 256; LR/*Franke*[26] § 338 StPO, 23 m.w.N.

177 Vgl. RGSt **36** 321.

178 Krit. insoweit *Bockelmann* JZ **1952** 643; *Henckel* JZ **1963** 292; *Marquordt* MDR **1958** 254; *Sarstedt* LM Nr. 15 zu § 338 Nr. 1 StPO; *Schorn/Stanicki* 255.

wenn der Geschäftsverteilungsplan keine Rechtsnorm sei, so stelle sich doch die Abweichung von ihm als eine Verletzung des § 21e dar.[179] Indessen kann die Frage nach der Rechtsnatur des Geschäftsverteilungsplans (Rn. 7) in diesem Zusammenhang offen bleiben; denn die jetzt herrschende Auffassung ist als echte Rechtsfortbildung zu sehen, die im Zeichen einer auf Einschränkung der Besetzungsrügen gerichteten Entwicklung in legitimer Weise – und über die konkrete Fragestellung hinaus – die Gefährdung des Bestandes einer Entscheidung durch Besetzungsrügen allgemein nur davon abhängig macht, ob nach den in der Rechtsprechung des BVerfG herausgebildeten Grundsätzen das Verbot der Richterentziehung (Art. 101 Abs. 1 Satz 2 GG, § 16 Satz 2) verletzt ist.[180] Im Übrigen bringt auch § 22d den allgemeinen Grundsatz zum Ausdruck, dass eine bloße Abweichung vom Geschäftsverteilungsplan die Gültigkeit einer richterlichen Entscheidung nicht berührt.[181] Sieht der Geschäftsverteilungsplan eine Zuteilung im Turnus vor, sind selbst beachtliche Fehler bei der Zuteilung regelmäßig ohne Auswirkung auf die nachfolgend zugeteilten Verfahren.[182]

XIV. Anhörung von Richtern, die nicht Mitglieder des Präsidiums sind (Absatz 2, 3 Satz 2, Absatz 5)

36 **1. Allgemeine Anhörungspflicht des Präsidiums vor der Jahresgeschäftsverteilung hinsichtlich aller Richter (Absatz 2).** Absatz 2 schreibt zwingend („ist") vor, dass den Richtern, die nicht Mitglieder des Präsidiums sind, Gelegenheit zu einer Äußerung vor der allgemeinen Geschäftsverteilung nach Absatz 1 zu geben ist. Das bisherige Recht sah bis zum **UnabhStärkG (Novelle 1999)** in Absatz 2 eine Pflicht zur Anhörung lediglich der Vorsitzenden Richter vor. Die Novelle 1999 hat die Anhörungspflicht auf alle nicht zum Präsidium zählenden Richter ausgedehnt. Die Zielrichtung der Vorschrift hat sich hierdurch jedoch nicht verändert. Schon das Reformgesetz von 1972 wollte mit der vormaligen Regelung (Anhörungspflicht hinsichtlich der Vorsitzenden) gewährleisten, dass die Belange der einzelnen Spruchkörper bei der Geschäftsverteilung im gebotenen Maß berücksichtigt werden.[183] Die **Ausdehnung der Anhörungspflicht** auf sämtliche (betroffene) Richter liegt, auch wenn sich hierzu die Gesetzesbegründung nicht verhält,[184] im Interesse einer effektiven Erledigung der Geschäftsaufgaben und einer möglichst gleichmäßigen Belastung der Richter unter Berücksichtigung ihrer persönlichen Verhältnisse.[185] Jeder Richter muss also, bevor über die Jahresgeschäftsverteilung beschlossen wird, seine Auffassung dazu dartun können, insbesondere zu seiner eigenen Verwendung, aber auch zu derjenigen anderer Richter und allgemein zur Organisation der Geschäftsverteilung (etwa den Verteilungssystemen).[186] Im Allgemeinen wird es genügen, wenn er seine Auffassung dem mit der Vorbereitung des Entwurfs des Geschäftsverteilungsplans beauftragten „Präsidial-

179 So z.B. *Arndt* DRiZ **1959** 171; *Bettermann*/Neumann/Nipperdey (Hrsg.) Die Grundrechte III/2 (1959) 552; *Bockelmann* JR **1952** 642; *Niese* JZ **1953** 395.

180 Dazu § 16, 26.

181 Dazu LR/*Gittermann* § 22d, 1 f.

182 Dazu *Stollenwerk*/*Pflüger* DRiZ **2023** 182, 184.

183 EntwBegr. BTDrucks. **VI** 557 S. 17.

184 BTDrucks. **14** 979 S. 4; s. auch GesE des Bundesrates BTDrucks. **14** 597 S. 4.

185 *Kissel* NJW **2000** 460, 461.

186 Kissel/*Mayer* 44; enger wohl LR/*Breidling*[26] 36; für eine Möglichkeit eines Absehens von der Anhörung in „Eilfällen" analog § 21e Abs. 5 Kissel/*Mayer* 51; MüKo-ZPO/*Pabst* 77; **a.A.** *Schorn*/*Stanicki* 157; mit gleicher Tendenz Zöller/*Lückemann* 24.

richter" mitteilt und dieser sie, wenn nicht bei den der Präsidialsitzung vorangehenden Besprechungen eine Einigung erzielt wird, dem Präsidium vor der Beschlussfassung bekannt gibt. Der Richter kann aber auch verlangen, dass ihm Gelegenheit gegeben wird, seine Wünsche dem Präsidenten als Vorsitzenden des Präsidiums vorzutragen, bevor dieser dem Präsidium einen abweichenden Vorschlag unterbreitet; schließlich kann er – denn Adressat seiner Äußerung ist das Präsidium – verlangen, vor der Beschlussfassung unmittelbar durch das Präsidium mündlich angehört zu werden.[187] Ist die Anhörung unterblieben, so kann der Richter Einwendungen gegen den Beschluss erheben; das Präsidium ist dann in der Zeit vor Beginn des Geschäftsjahres gehalten, erneut zur Beschlussfassung zusammenzutreten. Hat allerdings inzwischen das Geschäftsjahr begonnen, so kann eine nachträgliche Anhörung nur unter den Voraussetzungen des Absatzes 3 zu einer Änderung der beschlossenen Geschäftsverteilung führen. Weitere Folgen hat die Verletzung der allgemeinen Anhörungspflicht nicht.[188]

2. Anhörung der Vorsitzenden Richter vor Änderungen im laufenden Geschäftsjahr (Absatz 3 Satz 2). Absatz 2 wird **ergänzt** durch Absatz 3 Satz 2 für den Fall, dass Regelungen des Geschäftsverteilungsplans während des laufenden Geschäftsjahres geändert werden. Im Interesse der Verfahrensvereinfachung sind hier nicht alle Vorsitzenden Richter, sondern nur diejenigen zu hören, deren Spruchkörper von der Änderung der Geschäftsverteilung berührt wird. Ist die Anhörung des Vorsitzenden Richters nicht möglich, etwa während einer längeren Erkrankung oder Beurlaubung, so ist (in sinngemäßer Anwendung des § 21f Abs. 2) sein Vertreter zu hören. Bis zum 31.12.2004 betraf die Anhörung nach Absatz 3 Satz 2 auch die (Nichtvorsitzenden) Richter auf Lebenszeit, die gem. **§ 10 Abs. 4 RpflAnpG** bei einem Gericht in den neuen Bundesländern den Vorsitz führen durften;[189] das Rechtspflege-Anpassungsgesetz wurde durch das Erste Gesetz über die Bereinigung von Bundesrecht im Zuständigkeitsbereich des Bundesministeriums der Justiz (Art. 3 – Aufhebung des Rechtspflegeanpassungsgesetzes) v. 19.4.2006[190] aufgehoben. 37

3. Spezielle Anhörungspflicht vor Änderungen des Aufgabenbereichs (Absatz 5)

a) Bedeutung des Absatzes 5. Diese Vorschrift, die gegenüber der Regelung des Absatzes 2 die Anlässe für eine **Anhörungspflicht** wesentlich **konkreter** benennt, betrifft **alle Richter**, also nicht nur Einzelrichter oder Beisitzer, sondern auch Vorsitzende.[191] Sie trägt dem Umstand Rechnung, dass das Präsidium bei der Aufstellung des Geschäftsverteilungsplans Freiheit über die Verwendung eines Richters besitzt, indem es „neben anderen sachgerechten Gesichtspunkten auch die größere oder geringere Leistungsfähigkeit berücksichtigen darf, die auf seine gesundheitlichen Verhältnisse, seine spezifische Sachkunde, sein größeres oder geringeres Geschick bei der Bearbeitung einer Sache, seine größere oder geringere Erfahrung, seine größere oder geringere Beherrschung des Rechtsstoffs zurückzuführen ist".[192] Absatz 5 **bezweckt**, dem einzelnen Richter vor bestimmten maßgeblichen Veränderungen gegenüber seiner bisherigen Tätigkeit eine gewisse Einflussnahme auf die Entscheidung des Präsidiums einzuräumen; gleichzeitig dient die Regelung 38

187 Ebenso *Schorn/Stanicki* 158; Kissel/*Mayer* 48; zu den Anhörungspflichten s. auch SK/*Velten* 51 ff.
188 VGH München BayVerwBl. **2016** 813, 814; MüKo-ZPO/*Pabst* 90; Zöller/*Lückemann* 51.
189 Vgl. Vor § 21a, 10; § 21f, 7.
190 BGBl. I S. 866; vgl. hierzu Vor § 21a, 10.
191 Kissel/*Mayer* 46.
192 BVerfGE **17** 252, 260.

dessen Informationsinteresse.[193] Dem betroffenen Richter ist vor einschlägigen Beschlüssen Gelegenheit zu geben, insoweit seine Auffassung vorzutragen, damit das Präsidium nicht entscheidet, ohne das Für und Wider vollständig zu kennen.[194] Auch insoweit (Rn. 36) kann der einzelne Richter verlangen, dass ihm die Möglichkeit gegeben wird, in der Sitzung des Präsidiums vor der Beschlussfassung seine Auffassung vorzutragen.

39 **b) Zuteilung an einen anderen Spruchkörper.** Die Zuteilung an einen anderen Spruchkörper umfasst sowohl das Ausscheiden aus dem Spruchkörper, dem der Richter bisher angehörte, und den Eintritt in einen anderen (Ausscheiden aus der Zivilkammer, Zuweisung an eine Strafkammer; Ausscheiden aus der Strafkammer 1 und Zuweisung an die Strafkammer 2) wie auch den Fall, dass er unter Verbleib im bisherigen Spruchkörper zugleich einem anderen zugeteilt wird (§ 21e Abs. 1 Satz 4); hierzu zählt auch die Zuweisung an eine auswärtige Strafkammer (§ 78 Abs. 2). Absatz 5 ist sowohl bei Änderungen im Laufe des Geschäftsjahres (Absatz 3) als auch dann anwendbar, wenn bei Aufstellung des Jahresgeschäftsplans (Absatz 1) ein Spruchkörperwechsel beabsichtigt ist. Beim Amtsgericht ist der Abteilungs- bzw. Dezernatswechsel ein Spruchkörperwechsel. Die Bestellung eines Richters zum Vertreter des verhinderten Richters eines anderen Spruchkörpers ist keine Zuteilung zu einem anderen Spruchkörper i.S.d. Absatz 5.

40 **c) Änderung des Zuständigkeitsbereichs.** Eine „Änderung des Zuständigkeitsbereichs" ohne Zuteilung an einen anderen Spruchkörper steht für den Vorsitzenden eines Kollegialgerichts (Kammer, Senat) im Raum, wenn die Zuständigkeit des Spruchkörpers um neue Aufgaben erweitert werden soll.[195] Ferner kommt sie in Betracht, wenn ein Richter zum Ermittlungsrichter bestellt werden soll oder wenn bei Vorhandensein mehrerer Ermittlungsrichter eine Änderung der Aufgabenverteilung zwischen ihnen eintreten soll. Beim Amtsgericht ist auch die Veränderung der Zuständigkeit einer Abteilung (z.B. durch Zuweisung weiterer Aufgaben) eine Veränderung des Zuständigkeitsbereichs des betreffenden Richters beim Amtsgericht. Werden hingegen dem Spruchkörper eines Kollegialgerichts während des Geschäftsjahres weitere Geschäfte zugeteilt, so ist nur der Vorsitzende Richter (§ 21e Abs. 3 Satz 2), nicht auch die übrigen Mitglieder des Spruchkörpers zu hören. Dem kann nicht entgegengehalten werden, dass ihr Zuständigkeitsbereich innerhalb des Spruchkörpers verändert werde;[196] vielmehr ist insoweit – auch nach der Novelle 1999 (UnabhStärkG) – Absatz 3 Satz 2 lex specialis, wobei der anzuhörende Vorsitzende Richter auch die Belange der übrigen Mitglieder mit wahrnimmt. Anzuhören nach Absatz 5 ist nach dem Sinn und Zweck der Vorschrift auch derjenige Richter, der im Laufe des Geschäftsjahres bei dem Gericht (infolge Ernennung, Versetzung, Abordnung) neu eintritt.[197]

41 **d) Eilfälle.** In Eilfällen ist die vorherige Anhörung nicht obligatorisch; damit soll verhindert werden, dass unaufschiebbare Entscheidungen des Präsidiums durch das Erfordernis vorheriger Anhörung beträchtlich verzögert werden. Ein Eilfall i.S.d. Absatz 5, der auch die Fälle des § 21i Abs. 2 umfasst, ist nicht bereits dann anzunehmen, wenn die zu treffende Maßnahme keinen Aufschub duldet. Sie muss vielmehr so dringlich sein, dass das Recht des Richters auf vorheriges Gehör hinter der Eilbedürftigkeit zurückzutreten hat, weil die Anhörung im Einzelfall zu einer nicht hinnehmbaren Verzögerung führen würde.

---

193 MüKo/*Schuster* 58.
194 EntwBegr. BTDrucks. **VI** 557 S. 18.
195 Kissel/*Mayer* 46.
196 So aber Kissel/*Mayer* 46; *Schorn*/*Stanicki* 159.
197 Kissel/*Mayer* 47; **a.A.** *Schorn*/*Stanicki* 159.

4. Anhörung des Richterrats. Dem Richterrat obliegt eine vertrauensvolle Zusammenarbeit mit dem Präsidium dahingehend, dass bei der Zuteilung der Geschäfte und der Zuweisung an die Spruchkörper das Wohl der einzelnen Richter in den Blick genommen wird.[198] Ein Richter, der – etwa nach dem Ergebnis von Vorerörterungen – damit rechnet, bei seiner Anhörung mit seinen Wünschen nicht durchzudringen, kann sich mit der Bitte um Unterstützung an den Richterrat wenden, der, wenn er Abhilfe für geboten hält, sich unmittelbar an das Präsidium wenden und der auch – in gleicher Weise wie der Richter selbst (Rn. 38) – verlangen kann, vor dem Plenum des Präsidiums mündlich gehört zu werden.[199] Ein Mitwirkungsrecht steht dem Richterrat jedoch im Hinblick auf die richterliche Unabhängigkeit des Präsidiums nicht zu.[200] Auf den Antrag eines schwerbehinderten Richters ist nach § 178 Abs. 4 Satz 4 SGB IX zwingend die Schwerbehindertenvertretung anzuhören.[201] 42

5. Anfechtbarkeit von Präsidialbeschlüssen. Zur Frage der Anfechtbarkeit von Präsidialbeschlüssen, wenn die angehörten Richter mit ihren bei der Anhörung geäußerten Wünschen nicht durchdringen, vgl. u. Rn. 77 ff. 43

XV. Zulässige Änderungen des Geschäftsverteilungsplans im Laufe des Geschäftsjahres (Absatz 3)

1. Keine abschließende Regelung des Absatz 3. Nach dem Wortlaut des Absatzes 3 Satz 1 („dürfen nur ..."), der insoweit dem früheren Recht (§ 63 Abs. 2 a.F.: „Die Anordnung kann im Laufe des Geschäftsjahres nur geändert werden, wenn dies wegen Überlastung einer Kammer infolge Wechsels oder dauernder Verhinderung einzelner Mitglieder des Gerichts erforderlich wird") entspricht, sind zwar die Gründe abschließend aufgezählt, die im Laufe des Geschäftsjahres zu einer Änderung des vor Beginn des Geschäftsjahres beschlossenen Plans berechtigen. Tatsächlich ist diese Aufzählung aber nicht erschöpfend, und Absatz 3 ist – unbeschadet zweifelhafter Einzelfragen[202] – bei vergleichbaren Fällen entsprechend anwendbar.[203] Eine Änderung des Plans ist etwa auch dann zulässig und geboten, wenn dem Gericht im Laufe des Geschäftsjahres neue Aufgaben zufallen, die der Verteilung bedürfen, wenn die Zahl der Spruchkörper vergrößert[204] oder verringert wird, oder wenn ein inhaltlich fehlerhafter oder fehlerhaft beschlossener Plan durch eine gesetzmäßige Anordnung zu ersetzen ist. Stets muss es sich aber um Änderungen handeln, die notwendig sind, um Entwicklungen Rechnung zu tragen, die bei Aufstellung des Ge- 44

---

198 Dies kommt etwa in der für Richter im Bundesdienst geltenden Regelung des § 52 DRiG i.V.m. § 2 Abs. 1 BPersVG zum Ausdruck; vgl. auch Kissel/*Mayer* 49. Aus der früheren Fassung des § 52 DRiG i.V.m. § 67 BPersVG v. 15.3.1974 (BGBl. I S. 693) wurde hergeleitet, der Richterrat habe gemeinsam mit dem Präsidium darüber zu wachen, dass bei der Geschäftsverteilung alle Richter „nach Recht und Billigkeit behandelt werden" (dazu LR/*Breidling*[26] 42, 77). In seiner nunmehr geltenden Fassung verweist § 52 DRiG nicht auf den dem früheren § 67 BPersVG entsprechenden § 2 Abs. 4 BPersVG; eine veränderte Rolle des Richterrats gegenüber dem Präsidium dürfte damit jedoch nicht verbunden sein.

199 Ebenso *Pentz* DRiZ **1975** 46; Kissel/*Mayer* 49.

200 BVerwG NJW **1987** 1215; Kissel/*Mayer* 42; **a.M.** *Pentz* DRiZ **1975** 46.

201 Vgl. *Pentz* DÖD **1974** 23 zur früheren Regelung in § 25 Abs. 4 SchwbG.

202 Vgl. BGH DRiZ **1986** 221.

203 BGHSt **27** 209; BGH NStZ **1986** 469; Kissel/*Mayer* 109; näher *Gravenhorst* 161 ff.

204 Z.B. Bildung eines bisher nicht bestehenden Auffangspruchkörpers desselben Gerichts bei Zurückverweisung nach § 210 Abs. 3 oder § 354 Abs. 2 StPO; s. BGH bei *Pfeiffer/Miebach* NStZ **1985** 204 Nr. 1; OLG Oldenburg NStZ **1985** 473 m. Anm. *Rieß*; KK/*Gericke* § 354 StPO, 32; LR/*Franke*[26] § 338 StPO, 22.

schäftsverteilungsplans nicht absehbar waren. Als Ausnahme („nur") von dem Grundsatz des Absatzes 1 ist Absatz 3 in diesem Sinn **eng auszulegen.**[205] Andererseits dürfen dem pflichtgemäßen Ermessen des Präsidiums jedoch keine zu engen Grenzen gesteckt werden.[206] So ist das Präsidium in seiner Regelungskompetenz nicht strikt an den konkreten Grund für die Änderung gebunden; es kann vielmehr in diesem Zusammenhang weitere zweckmäßige Änderungen des Geschäftsverteilungsplans vornehmen.[207]

2. Überlastung, Formen der Entlastung

45 **a) Grundsätze.** Ein Spruchkörper ist im Sinne des § 21e Abs. 3 Satz 1 überlastet, wenn über einen längeren Zeitraum ein erheblicher Überhang der Eingänge über die Erledigungen zu verzeichnen ist, so dass **mit einer Bearbeitung der Sachen innerhalb eines angemessenen Zeitraums nicht zu rechnen** ist und sich die Überlastung daher als so erheblich darstellt, dass der Ausgleich nicht bis zum Ende des Geschäftsjahres zurückgestellt werden kann.[208] In diesem Fall kann eine nachträgliche Änderung der Geschäftsverteilung auch verfassungsrechtlich geboten sein, wenn nur auf diese Weise **Rechtsschutz innerhalb angemessener Zeit**, insbesondere eine beschleunigte Behandlung von Strafsachen, gewährleistet werden kann.[209] Die Überlastung eines Spruchkörpers oder auch eines einzelnen Richters (des Mitglieds eines Spruchkörpers, des Ermittlungsrichters) kann eine vorübergehende oder eine dauernde sein; letzteres ist der Fall, wenn die Dauer der Überlastung nicht absehbar ist[210] oder wenn zumindest zu erwarten ist, dass sie sich auf das nächste Geschäftsjahr erstrecken wird.[211] Die Überlastung eines Spruchkörpers kann bereits aus der Anhängigkeit eines einzigen Umfangsverfahrens (z.B. aus dem Bereich des Staatsschutz- oder Wirtschaftsstrafrechts oder der organisierten Kriminalität) resultieren.[212] Ob ein Spruchkörper überlastet ist, unterliegt der pflichtgemäßen Beurteilung des Präsidiums, das sich dabei auf – regelmäßig durch den Präsidenten (aufsichtführenden Richter) zu ermittelnde – Tatsachen etwa in Gestalt einer zumindest provisorischen Verfahrensplanung seitens des Spruchkörpers stützen muss, die die Prognose einer Überlastung in dem vorstehend genannten Sinne tragen.[213] Diese Feststellungen sind mit Blick auf eine Rüge vorschriftswidriger Besetzung des erkennenden Gerichts gem. § 338 Nr. 1 StPO oder ein Vorabentscheidungsverfahren nach § 222b Abs. 3 StPO (s. dazu im Einzelnen Rn. 80) umfassend zu dokumentieren; es bedarf der Darlegung der Gründe, die die unterjährige Änderung der Geschäftsverteilung erfordern. Die **Dokumentation** kann bis zum

---

205 BGHSt **10** 179, 181 (zu § 63 Abs. 2 a.F.); **26** 382, 383; BGH NJW **2023** 2501, 2504 m. Anm. Kudlich; NStZ **1986** 469; **1988** 36; **2016** 562; NStZ-RR **2016** 341, 343; StV **1986** 236; **2022** 799; *Rieß* DRiZ **1977** 289, 291; Kissel/*Mayer* 111.

206 Kissel/*Mayer* 111, 113; einschränkend hingegen *P. Müller* MDR **1978** 948; *Peters* JR **1979** 82.

207 St. Rspr.; BGHSt **3** 353; **44** 161, 165, 170; BGH NStZ-RR **2016** 341, 343; BVerwG NJW **1982** 2394.

208 BGHSt **53** 268, 271 m. Bespr. *Gubitz/Bock* NStZ **2010** 190; BGH NStZ **2014** 226, 227; StV **2010** 294, 295; **2022** 799, 800; Beschl. v. 25.3.2021 – 3 StR 10/20 (juris, Rn. 50); ausführlich zum Begriff der Überlastung *Gravenhorst* 83 ff.

209 BVerfG NJW **2005** 2689, 2690; **2017** 1233, 1234; **2025** 2455, 2459; wistra **2017** 187, 189; BGH NJW **2023** 2501, 2504 m. Anm. Kudlich; NStZ **2014** 226, 227; **2014** 287, 288 = StraFo **2014** 121 m. Anm. *Grube*; NStZ **2015** 658, 659; StV **2010** 294, 295; **2022** 799, 800; Beschl. v. 25.3.2021 – 3 StR 10/20 (juris, Rn. 36).

210 BGHSt **10** 179, 181.

211 BGH NJW **1976** 60.

212 BGH Beschl. v. 25.3.2021 – 3 StR 10/20 (juris, Rn. 50).

213 BGH NJW **1977** 966.

Zeitpunkt des Beschlusses nachgeholt werden, mit dem gem. § 222b Abs. 2 StPO über den Besetzungseinwand entschieden wird.[214]

b) Änderung wegen Überlastung. Die Entlastung kann durch **Zuweisung weiterer Richter** an den überlasteten Spruchkörper – nicht jedoch für einzelne von vornherein bestimmte Sitzungen oder für eine einzelne Sache[215] – oder dadurch erreicht werden, dass dem Spruchkörper **Sachen abgenommen** und einem anderen – bereits bestehenden oder neu gebildeten[216] – Spruchkörper zugeteilt werden.[217] In letzterem Fall gelten im Ausgangspunkt die gleichen Grundsätze wie bei der Geschäftsverteilung vor Beginn des Geschäftsjahres (Rn. 27 ff.); d.h. die Änderung darf sich prinzipiell nicht auf bestimmte Sachen beziehen, sondern muss sich nach allgemeinen Merkmalen vollziehen.[218] Beruht die Überlastung auf einer besonders umfangreichen Sache, so kann diese dem bisher zuständigen Spruchkörper belassen werden, während alle anderen Sachen – nach allgemeinen Merkmalen – neu verteilt werden.[219] Ein Wechsel des zuständigen Spruchkörpers kommt nicht nur dann in Betracht, wenn die abstrakt-generelle Neuregelung neben mehreren bereits **anhängigen Verfahren** eine unbestimmte Vielzahl künftiger gleichartiger Fälle erfasst.[220] Vielmehr kann in Ausnahmefällen auch eine Änderung des Geschäftsverteilungsplans zulässig sein, die ausschließlich anhängige Verfahren überträgt, wenn nur so dem verfassungs- und konventionsrechtlichen **Beschleunigungsgebot** insbesondere in Haftsachen (Art. 5 Abs. 3 Satz 1 Halbsatz 2, Art. 6 Abs. 1 Satz 1 EMRK) angemessen Rechnung getragen werden kann. Jedoch muss in derartigen Fällen das Recht auf den gesetzlichen Richter mit dem Gebot einer funktionstüchtigen Strafrechtspflege und dem Beschleunigungsgrundsatz zu einem angemessenen Ausgleich gebracht werden.[221] Auf eine Erstreckung der Regelung auf künftig eingehende Verfahren kann ausnahmsweise verzichtet werden, wenn diese nur dazu dienen würde, die Abstraktheit der neuen Geschäftsverteilung zu dokumentieren.[222] Jede Umverteilung, die bereits anhängige Verfahren erfasst, muss geeignet sein, die Effizienz des Geschäftsablaufs zu erhalten oder wiederherzustellen.[223] Die Zuweisung einer **individuell bestimmten Sache** ist grundsätzlich unzulässig.[224] Die Entlastung des Spruchkörpers durch Abnahme eines besonders umfangreichen Verfah- 46

---

214 BGHSt **53** 268, 273, 276 f. m. Bespr. *Gubitz/Bock* NStZ **2010** 190; BGH NJW **2015** 2597, 2598 f.; NStZ **2014** 287, 288 = StraFo **2014** 121 m. Anm. *Grube*; NStZ **2015** 658, 659; **2016** 562 f.; NStZ-RR **2015** 288 f.; **2016** 341, 342 f.; wistra **2016** 499, 500; Beschl. v. 25.3.2021 – 3 StR 10/20 (juris, Rn. 39); BVerwG NVwZ **2019** 82, 85; vgl. auch BVerfG NJW **2009** 1734, 1735.

215 BGHSt **10** 179.

216 BGH NJW **1976** 60; dazu sogleich Rn. 47.

217 BGHSt **49** 29.

218 BVerfG NJW **2018** 1155, 1156; BGHSt 7 23; **12** 104, 105; BGH NJW **1976** 60.

219 BGHSt **11** 106, 107.

220 Dazu BVerfG NJW **2003** 345; **2005** 2689, 2690; **2017** 1233, 1234; **2018** 1155, 1156; **a.A.** *Feiber* MDR **1984** 677; *Frisch* NStZ **1987** 267 Fn. 27; *Gubitz/Bock* NStZ **2010** 192; *Theile* FS Heinz 905; StV **2019** 765 f.

221 BVerfG NJW **2009** 1734, 1735; BGHSt **30** 371; **44** 161, 165 ff.; **53** 268, 271 f. m. Bespr. *Gubitz/Bock* NStZ **2010** 190; BGH NJW **2015** 2597, 2598; **2023** 2501, 2505 m. Anm. Kudlich; NStZ **2014** 287, 288 = StraFo **2014** 121 m. Anm. *Grube*; StV **2010** 294, 295; **2022** 799, 800; wistra **2016** 499, 500; Beschl. v. 25.3.2021 – 3 StR 10/20 (juris, Rn. 37); BVerwG NVwZ **2019** 82, 85.

222 BVerfG NJW **2009** 1734, 1735; BGH NJW **2015** 2597, 2598; wistra **2016** 499, 500; Kissel/*Mayer* 99; für eine noch weitergehende Flexibilisierung de lege ferenda *Lotz* FS Graf-Schlicker 73 ff.

223 BVerfG NJW **2005** 2689, 2690; BGHSt **53** 268, 272 f. m. Bespr. *Gubitz/Bock* NStZ **2010** 190; BGH NJW **2015** 2597, 2598; **2023** 2501, 2505 m. Anm. Kudlich; NStZ **2014** 287, 288 = StraFo **2014** 121 m. Anm. *Grube*; NStZ **2015** 658, 659; StV **2016** 623, 625; wistra **2016** 499, 500.

224 BGH NStZ **2014** 668, 670; ferner BGH NJW **2015** 2597, 2599; Kissel/*Mayer* 111.

rens ist dadurch möglich, dass die abstrakt-generellen Merkmale, nach denen die Sachen neu verteilt werden, auch die nämliche erfassen.[225] Eine einzelne Sache darf nicht ohne objektive und sachgerechte Kriterien einem anderen Spruchkörper zugewiesen werden; eine solche Zuweisung ist nicht schon deshalb zulässig, weil sie in einer abstrakt-generellen Klausel enthalten ist („verdeckte Einzelzuweisung").[226] Allerdings wird eine nach allgemeinen Merkmalen bestimmte Übertragung nicht automatisch dadurch fehlerhaft, dass hiervon – erkennbar – allein eine Sache erfasst wird.[227] Soweit anhängige Verfahren von einer Neuregelung bestehender Zuständigkeiten betroffen sind, muss die **Neuverteilung durch das Präsidium selbst abschließend** vorgenommen werden. Hingegen ist die neue Geschäftsverteilung nicht in der gebotenen Weise im Voraus generell-abstrakt geregelt und verletzt daher den Grundsatz des gesetzlichen Richters, wenn im Einzelfall sowohl die Neuverteilung als auch die Beibehaltung bestehender Zuständigkeiten ermöglicht wird und dabei die konkrete Zuständigkeit von Verfahrenshandlungen einzelner Spruchkörper – etwa der Eröffnung des Hauptverfahrens bis zu einem Stichtag – abhängt.[228]

47 **c) Hilfsspruchkörper.** Bei **vorübergehender Überlastung** kann die Entlastung nach ständiger höchstrichterlicher Rechtsprechung auch in der Bildung einer Hilfsstrafkammer oder eines Hilfsstrafsenats bestehen.[229] Der Vorsitz muss dabei nicht durch einen Vorsitzenden Richter wahrgenommen werden.[230] Ein solcher Hilfsspruchköper darf allerdings nur für eine begrenzte Zeit errichtet werden.[231] Zu den Voraussetzungen der Errichtung einer Hilfsstrafkammer und der Dauer ihres Bestandes s. im Einzelnen LR/*Gittermann* § 60, 8 ff. In dem Errichtungsbeschluss des Präsidiums müssen von vornherein die Geschäfte zwischen dem ständigen und dem Hilfsspruchkörper in der unter Rn. 46 dargestellten Weise nach allgemeinen Merkmalen verteilt werden.[232] Auf die Hilfsstrafkammer bzw. den Hilfssenat dürfen nicht nur künftige, sondern auch anhängige Verfahren übertragen werden.[233] Für die Regelung der mit der Errichtung eines Hilfsspruchkörpers verbundenen Zuweisung von Aufgaben des ordentlichen Spruchkörpers gelten dieselben Grundsätze wie für sonstige Änderungen i.S.v. § 21e Abs. 3.[234] Das gilt insbesondere auch für die Übertragung bereits anhängiger Sachen sowie die Zuweisung einer einzelnen Sache (vgl. Rn. 46). Zur revisionsgerichtlichen Kontrolle s. Rn. 80.

48 **d) Überlastung eines Spruchkörpermitglieds.** Bei Überlastung des einzelnen Mitglieds eines Spruchkörpers – namentlich eines überbesetzten – kommt eine Änderung des

---

225 BGH NJW **1976** 60.
226 BVerfG NJW **2005** 2689, 2691; BGHSt **44** 161, 166; *Schmitt* SGb **2015** 664.
227 BGHSt **44** 161, 167; vgl. auch BGH NStZ **2014** 287, 289 = StraFo **2014** 121 m. Anm. *Grube*; offengelassen von BVerfG NJW **2005** 2689, 2691.
228 BVerfG NJW **2017** 1233, 1234; **2018** 1155, 1156; wistra **2017** 187, 189; BGH NJW **2025** 3720, 3721 Rn. 10; NStZ **2023** 122, 125; OLG Köln StraFo **2020** 154, 156.
229 RGSt **62** 309, 310; BGHSt **21** 260, 261; **31**, 389, 391; **33** 303; **53** 268, 271 f.; BGH StV **2022** 799, 801 f.; s. dazu auch BVerfG NJW **2025** 2455, 2459; **a.A.** SK/*Velten* 36, 57, wonach die Errichtung von Hilfsspruchkörpern de lege lata unzulässig sein soll.
230 BGHSt **31** 389, 392 ff.; **33** 303, 304.
231 BGHSt **31** 389, 391 f.; **33** 303; **53** 268, 271 m. Bespr. *Gubitz/Bock* NStZ **2010** 190; MüKo/*Schuster* 13; *Schmitt*/Köhler 16a; vgl. auch KK/*Diemer* 7.
232 RGSt **62** 309; BGHSt **10** 179, 181; BGH NJW **1963** 1882, 1883; NStZ-RR **2022** 20, 22; s. hierzu auch *Sowada* 342 ff.
233 BGHSt **53** 268, 272 m. Bespr. *Gubitz/Bock* NStZ **2010** 190.
234 BGH NStZ **2014** 287, 288 = StraFo **2014** 121 m. Anm. *Grube*; NStZ **2015** 658, 659.

Geschäftsverteilungsplans nur in Betracht, wenn nicht innerhalb des Spruchkörpers durch Maßnahmen nach § 21g Abs. 2 Abhilfe geschaffen werden kann.

3. Ungenügende Auslastung. Ungenügende Auslastung eines Spruchkörpers oder Richters kann auf der Verringerung des Geschäftsanfalls oder auf dem Wegfall bisheriger Aufgaben beruhen. Es kommt dann bei dem „überbesetzten" Spruchkörper (Rn. 10 ff.) eine Verringerung der Zahl seiner Mitglieder oder die Zuteilung weiterer Geschäfte aus einem anderen Spruchkörper nach allgemeinen Merkmalen (Rn. 46) in Betracht. 49

4. Wechsel einzelner Richter. Ein Wechsel tritt sowohl dann ein, wenn ein Mitglied des Gerichts (durch Tod, Versetzung, Eintritt in den Ruhestand usw.) wegfällt und ein neues Mitglied an seine Stelle tritt, als auch, wenn ein Mitglied ersatzlos wegfällt oder zusätzlich neu zugewiesen wird.[235] Ohne Bedeutung ist es, ob das ausscheidende oder neu eintretende ein ständiges (bei diesem Gericht auf Lebenszeit ernanntes) Mitglied oder ein Richter auf Probe, auf Zeit, kraft Auftrags oder ein abgeordneter Richter ist.[236] Die Änderung der Geschäftsverteilung aus Anlass des Wechsels kann sich auf alle Maßnahmen erstrecken, die notwendig sind, um der veränderten Personallage Rechnung zu tragen.[237] An der Notwendigkeit eines Wechsels (Rn. 44) fehlt es, wenn ein **Richter auf Probe** vor Ablauf der Zeit, für die er im Geschäftsverteilungsplan einem bestimmten Spruchkörper zugewiesen ist, lediglich im Interesse seiner Ausbildung einem anderen Spruchkörper zugeteilt wird, etwa von der Strafkammer zur Zivilkammer wechseln soll, weil ihm „die abgerundete Beurteilung für das Zivilverfahren fehle", oder die Zivilkammer mit der Strafkammer tauschen soll, weil er noch im Strafverfahren erprobt werden müsse.[238] Gesichtspunkte dieser Art müssen, da ein dem Landgericht zugewiesener Richter nicht für einen begrenzten Teil der Zuweisung einem bestimmten Spruchkörper zur Verfügung gestellt werden kann (Rn. 30), im Voraus bei der Bemessung der Dauer der Beiordnung (§ 70 Abs. 2) berücksichtigt werden; bei deren Ablauf ist Raum für eine erneute Beiordnung an das Gericht, die dem Präsidium die Zuweisung an einen anderen Spruchkörper ermöglicht. Andererseits ist aber das Präsidium im Rahmen seines pflichtmäßigen Ermessens nicht gehindert, bei einem Richter auf Probe unter dem Gesichtspunkt der Ausbildung eine Änderung vorzunehmen, wenn eine solche im Zusammenhang mit einem aus anderen Gründen gebotenen Richterwechsel in Betracht kommt.[239] Ist ein Richterwechsel als im Laufe des Geschäftsjahres eintretend voraussehbar, so kann ihn das Präsidium nicht schon bei der Aufstellung der Geschäftsverteilung vor Beginn des Geschäftsjahres in der Weise berücksichtigen, dass es den **der Person nach noch nicht feststehenden Nachfolger** in der Planstelle zum Nachfolger in den durch den Geschäftsverteilungsplan bestimmten Aufgabenbereich einweist (also nicht: Vorsitzender der ... Kammer: Vorsitzender Richter X bis zu seinem Eintritt in den Ruhestand, von da ab der auf seiner Planstelle zu erwartende neue Vorsitzende Richter). Denn das Präsidium kann Aufgaben nur sachgerecht verteilen, wenn es die Person kennt und weiß, wie sie am besten zu verwenden ist. Der Neuzugang eines Richters zwingt also grundsätzlich zu einem aktuell zu fassenden Beschluss über seine Verwendung.[240] 50

---

235 BGHSt **22** 237; s. dazu LR/*Gittermann* § 70, 7.

236 BGHSt **22** 237; vgl. auch BGH Beschl. v. 29.10.2021 – 5 StR 443/19 (juris, Rn. 23).

237 *Rieß* JR **1977** 300.

238 BGHSt **26** 382 = JR **1977** 298 m. Anm. *Rieß*.

239 BGHSt **27** 397; *Kröger* DRiZ **1978** 109; Kissel/*Mayer* 113; MüKo-ZPO/*Pabst* 49; *Schmitt*/Köhler 13; **a.A.** *Peters* JR **1979** 82 und dazu Rn. 44.

240 Ebenso BGHSt **19** 116; Kissel/*Mayer* 113.

51 **Ausnahme.** Es gibt indessen keinen ausnahmslos geltenden Grundsatz, dass das Präsidium über die Verwendung eines neu hinzutretenden Richters erst bestimmen darf, wenn er der Person nach feststeht. Wird z.B. zum 1.4. (also im Laufe des Geschäftsjahres) eine neue Kammer beim Landgericht aus Anlass der Zuweisung weiterer Kräfte errichtet und ergeben sich daraus wesentliche Änderungen der bisherigen Regelung, so kann das Präsidium nicht zuwarten, wenn sich möglicherweise die Ernennung oder die Benennung eines der zugewiesenen Richter der Person nach bis zum 31.3. verzögert, sondern muss angemessene Zeit vorher im März die notwendigen Änderungen beschließen, auch wenn es die neue Kraft der Person nach noch nicht kennt.[241]

52 **5. Dauernde Verhinderung.** Eine dauernde Verhinderung[242] besteht, wenn ein Mitglied des Gerichts für längere oder der Dauer nach ungewisse Zeit verhindert ist und es der Bestellung eines neuen Mitglieds (eines neuen Vorsitzenden) bedarf.[243] Wird aus solchem Anlass dem Landgericht ein Vertreter zugewiesen, so braucht über seine Verwendung im Geschäftsverteilungsplan nicht für die ganze (restliche) Dauer des Geschäftsjahres bestimmt zu werden; vielmehr genügt eine Bestimmung für die Zeit der Verhinderung (z.B. Richter auf Probe X „bis zum Wiedereintritt des abgeordneten Richters Y", oder „bis zum Wiedereintritt des erkrankten Richters Y"), so dass nach Wegfall der Verhinderung die ursprüngliche Geschäftsverteilung wieder von selbst maßgebend ist.[244] Bei nur vorübergehender Verhinderung regelt sich die Vertretung nach § 21e Abs. 1 Satz 1, § 21f Abs. 2. Eine förmliche Beschlussfassung des Präsidiums oder eine Anordnung des Präsidenten (§ 21i Abs. 2) kommt hier erst in Betracht, wenn es weiterer Maßnahmen bedarf, z.B. wenn der im Geschäftsverteilungsplan bestimmte Vertreter eines Beisitzers selbst verhindert ist oder wenn der Spruchkörper überlastet ist, weil der Vertreter des Vorsitzenden (§ 21f Abs. 2) neben dieser Aufgabe seine Aufgaben als Berichterstatter nicht mehr wahrnehmen kann. Anderenfalls müssen die Maßnahmen bis zum Ende des Geschäftsjahres zurückgestellt werden.[245]

53 **6. Anhörung der Vorsitzenden Richter nach Absatz 3 Satz 2.** Bei Änderungen des Geschäftsverteilungsplans i.S.v. Absatz 3 Satz 1 im laufenden Geschäftsjahr hat es der Gesetzgeber trotz der sonstigen Erweiterung der Anhörungsrechte auf sämtliche Richter bei der bisherigen Regelung belassen, wonach nur den betroffenen Vorsitzenden Richtern Gelegenheit zur Äußerung zu geben ist. Insoweit besteht ein Spannungsverhältnis zu Absatz 5, wonach jeder Richter, soweit er von der beabsichtigten Änderung berührt ist, angehört werden muss. Wegen der Bedeutung des Absatzes 3 Satz 2 vgl. o. Rn. 37 und 40.

XVI. Zuständigkeitsfortdauer trotz Änderung der Geschäftsverteilung (Absatz 4)

54 **1. Entwicklungsgeschichte des Absatz 4.** Absatz 4 ersetzte in verallgemeinerter Form den früheren, durch Art. II Nr. 14 des Gesetzes v. 26.5.1972[246] aufgehobenen § 65 („Der Präsi-

---

241 Im Erg. zust. für den Fall, dass der Sache nach ein Änderungsvorbehalt nach Absatz 3 vorgesehen wird oder eine Planstelle angewiesen ist und nur noch besetzt werden muss, BGHSt **34** 379, 381; *Sowada* 286; Kissel/*Mayer* 137; MüKo-ZPO/*Pabst* 21. S. dazu auch § 21f, 27.

242 Zum Begriff der Verhinderung s. § 21f, 20.

243 RGSt **46** 255; BGH NJW **2003** 150, 154; NStZ-RR **2016** 341, 343.

244 BGHSt **21** 250 = LM Nr. 1 zu § 69 m. Anm. *Hübner*; einschränkend Kissel/*Mayer* 114 (aus Gründen der Bestimmtheit nur kalendermäßige Befristung zulässig); vgl. auch § 70 Abs. 2 sowie LR/*Gittermann* § 70, 9.

245 BGH NStZ-RR **2016** 341, 343; Kissel/*Mayer* 112.

246 BGBl. I S. 841.

dent kann bestimmen, dass einzelne Untersuchungen von dem Untersuchungsrichter, dessen Bestellung mit dem Ende des Geschäftsjahres erlischt, zu Ende geführt werden, sowie dass in einzelnen Sachen, in denen während des Geschäftsjahres eine Verhandlung bereits stattgefunden hat, die Kammer in ihrer früheren Zusammensetzung auch nach Ablauf des Geschäftsjahres verhandele und entscheide"). Die **Änderungen** gegenüber dem Wortlaut des **früheren Rechts** bestehen darin, **a)** dass nicht mehr der Präsident, sondern das Präsidium die Anordnung trifft und der Präsident (aufsichtführende Richter) nur noch in Eilfällen (§ 21i Abs. 2) zuständig ist, **b)** dass nicht nur ein Spruchkörper, sondern auch „ein (einzelner) Richter" weiterhin in einer Sache tätig sein kann, **c)** dass nicht bereits eine Verhandlung stattgefunden haben muss, sondern es genügt, wenn der Richter in einer Sache tätig geworden ist, **d)** dass die Vorschrift nicht nur bei Ablauf des Geschäftsjahres, sondern auch bei Änderungen der Geschäftsverteilung während des Geschäftsjahres (Absatz 3) Anwendung findet. Die letztgenannte Änderung hat die erweiternde Auslegung des früheren § 65 a.F. durch die Rechtsprechung in Gesetzesform gefasst. Dass ein Spruchkörper (in seiner bisherigen Zusammensetzung) auch bei einer Änderung seiner Zuständigkeit im Laufe des Geschäftsjahres in einer Sache weiter tätig werden kann, war seit langem anerkannt.[247]

2. Vorangegangene Tätigkeit in einer Sache als Voraussetzung für die Anordnung der Zuständigkeitsfortdauer. Der Grundgedanke des Absatzes 4 ist, dass die besondere 55
Vertrautheit mit einer Sache in rechtlicher und tatsächlicher Hinsicht, die ein Spruchkörper (Richter) dadurch erlangt hat, dass er in ihr tätig wurde, nicht durch einen Zuständigkeitswechsel wertlos werden soll; im Interesse der Kontinuität der Bearbeitung und einer zügigen Erledigung soll deshalb das Präsidium die Fortdauer der Zuständigkeit für diese Sache anordnen können. „Änderung der Geschäftsverteilung" betrifft sowohl den Fall, dass nach Ablauf der alten Jahresgeschäftsverteilung eine neue Geschäftsverteilung beschlossen wird, als auch den Fall einer Änderung der Geschäftsverteilung während des laufenden Geschäftsjahres.[248] Mit dem Merkmal der „Änderung der Geschäftsverteilung" in Absatz 4 ist nicht jede Abweichung der neuen von der alten Geschäftsverteilung gemeint. Die Änderung muss die „Sachgruppe" (z.B. Zuständigkeit für ein bestimmtes Sachgebiet oder nach Buchstaben) betreffen, zu der die einzelne Sache gehört, die von der geänderten Geschäftsverteilung ausgenommen werden soll; denn nur dann besteht überhaupt Anlass für eine Ausnahmeregelung, wie sie Absatz 4 gestattet.[249] Während früher das Gesetz der Anordnung einer Zuständigkeitsfortdauer dadurch Grenzen setzte, dass es eine während des Geschäftsjahres bereits stattgefundene „Verhandlung" forderte, genügt es nach geltendem Recht, dass der Richter oder Spruchkörper in der Sache „tätig geworden ist". Damit ist der Anwendungsbereich der Vorschrift in einer Weise erweitert worden, die zu einem Meinungsstreit geführt hat: Nach überwiegend vertretener Auffassung[250] gehört zum **Tätigwerden** eine wenn auch nur im Vorverfahren getroffene **Entscheidung oder sonstige Prozesshandlung**. Auf eine inhaltliche Bearbeitung kommt es dagegen nicht an, zumal das Kriterium konturlos und für Außenstehende kaum nachvollziehbar wäre.[251] Die Gegenansicht[252] hält im Interesse der Rechtspflege eine ausdehnende Auslegung des Absatzes 4 für möglich und geboten, wonach zumindest für die Jahresgeschäftsverteilung die

247 RG DJZ **1907** 69; GA **53** (1906) 445; BGH NJW **1967** 2367.

248 *Schorn/Stanicki* 95 f.; s. auch KK/*Diemer* 16; *Schmitt*/Köhler 17.

249 BGHSt **30** 371, 375.

250 Vgl. BGHSt **30** 371, 375; Graf/*Valerius* 41; KK/*Diemer* 16; MüKo/*Schuster* 51; *Schmitt*/Köhler 17; Zöller/*Lückemann* 46; offenlassend BGH NJW **2009** 1351, 1352.

251 BGH NJW **2009** 1351, 1352.

252 *Katholnigg* 10; Kissel/*Mayer* 149; MüKo-ZPO/*Pabst* 54.

Anordnung fortdauernder Zuständigkeit auch hinsichtlich nur eingegangener, aber noch nicht bearbeiteter Sachen zulässig und auch verfassungsrechtlich unbedenklich sei, weil sie dem einmal bestimmten gesetzlichen Richter seine Zuständigkeit belasse. Dem kann im Hinblick auf den Wortlaut der Ausnahmevorschrift schwerlich gefolgt werden.[253] Eine Regelung, die es dem bislang zuständigen Spruchkörper für die Zeit bis zu ihrem Inkrafttreten überlässt, eine zuständigkeitserhaltende Prozesshandlung noch vorzunehmen, stellt sich nicht als im Voraus abstrakt-generell dar und ist daher unzulässig.[254]

56 **3. Weiterführung der begonnenen Hauptverhandlung.** Absatz 4 betrifft nicht den Fall, dass eine vor der Änderung der Geschäftsverteilung begonnene, aber noch nicht beendete Hauptverhandlung (nach der Änderung der Geschäftsverteilung) innerhalb der Fristen des § 229 StPO fortgesetzt wird, oder dass, wenn die Verhandlung vor der Änderung geschlossen wird, danach innerhalb der Frist des § 268 Abs. 3 Satz 2 StPO das Urteil beraten und verkündet wird. Es versteht sich vielmehr von selbst, dass auch bei einer Änderung der Geschäftsverteilung der Spruchkörper in seiner bisherigen Besetzung die Hauptverhandlung bis zur Beendigung durchführt.[255] Eine Anordnung nach Absatz 4 kommt allerdings in Betracht, wenn vor der Änderung eine Hauptverhandlung stattfand, die – namentlich wegen Überschreitung der Fristen des § 229 StPO – ausgesetzt wurde, und nach der Änderung mit der Hauptverhandlung neu zu beginnen ist.[256]

57 **4. Hilfsspruchkörper.** Auch auf den Hilfsspruchkörper (Hilfsstrafkammer, Hilfsstrafsenat) ist Absatz 4 anwendbar, wenn er außerhalb der Fristen des § 229 StPO nach Aussetzung in einer erneuten Hauptverhandlung entscheiden soll, und auch bei ihm bedarf es keiner Anordnung nach Absatz 4, wenn er eine begonnene Hauptverhandlung innerhalb der Fristen des § 229 StPO zu Ende führt.[257]

58 **5. Zuständigbleiben eines einzelnen Richters.** Der einzelne Richter („ein Richter"), der weiter tätig werden kann, ist zunächst der Ermittlungsrichter nach §§ 162, 169 StPO. Absatz 4 ist darüber hinaus anwendbar, wenn ein Mitglied eines Kollegialgerichts ausgeschieden ist, z.B. als Beisitzer einer anderen Kammer des Landgerichts zugeteilt ist, oder ein Richter am Landgericht zum Vorsitzenden Richter am Landgericht ernannt und Vorsitzender einer anderen Kammer geworden ist.[258] Ebenso wie ein Richter nach einer Zuweisung an eine andere Kammer an einer begonnenen und innerhalb der Fristen des § 229 StPO fortgesetzten Hauptverhandlung weiter mitwirken kann,[259] kann auch die weitere Zuständigkeit eines solchen Richters nach Absatz 4 angeordnet werden. Voraussetzung ist stets, dass er weiterhin bei demselben Gericht verwendet wird; denn nur dann unterliegt er der Verfügungsgewalt dieses Präsidiums. Absatz 4 ist also unanwendbar, wenn der Richter durch Eintritt in den Ruhestand oder Versetzung aus dem Gericht ausgeschieden oder an ein anderes Gericht oder eine Verwaltungsbehörde abgeordnet ist.

59 **6. Schöffen.** Absatz 4 bezieht sich nur auf die Berufsrichter, nicht auf die Schöffen (für diese vgl. §§ 50, 77 Abs. 1). Wurde eine frühere Hauptverhandlung ausgesetzt, so müs-

253 Vgl. aber BGH DRiZ **1980** 147 zur Bildung eines besonderen Spruchkörpers für Altverfahren.
254 BVerfG NJW **2018** 1155.
255 BGH NJW **1964** 1866; ebenso Graf/*Valerius* 41; KK/*Diemer* 16.
256 BGHSt **8** 250; **33** 234 = JR **1986** 125 m. Anm. *Katholnigg*; *Katholnigg* 10.
257 *Schorn/Stanicki* 142; *Katholnigg* 10.
258 RG JW **1905** 501.
259 BGH NJW **1967** 2367.

sen daher, wenn von Absatz 4 Gebrauch gemacht wird, neben den alten Berufsrichtern – in den allermeisten Fällen – andere Schöffen mitwirken, nämliche diejenigen, die nach den Schöffen- und ggf. Hilfsschöffenlisten für den (ersten) Sitzungstag vorgesehen sind.

7. Zeitpunkt und Wirkungsdauer der Anordnung. Die Anordnung braucht nicht gleichzeitig mit der Änderung der Geschäftsverteilung, sondern kann auch danach getroffen werden. Sie wirkt bis zur Beendigung der Sache in dem Rechtszug; es bedarf also bei wiederholter Änderung der Geschäftsverteilung keiner Erneuerung der Anordnung.[260] 60

XVII. Freistellung für Aufgaben der Justizverwaltung (Absatz 6)

Absatz 6 war im RegE zum Reformgesetz von 1972 noch nicht enthalten und ist erst vom BTRAussch. eingestellt worden: „Infolge der Freistellung eines Richters für Aufgaben der Justizverwaltung wird in der Regel eine Änderung der Geschäftsverteilung nötig. Die Vorschrift stellt sicher, dass das Präsidium rechtzeitig mit der Angelegenheit befasst wird".[261] Die Regelung hat demnach den Fall im Blick, dass ein dem Gericht zugeteilter Richter ihm nicht oder nicht in vollem Umfang zur Erledigung von Rechtsprechungsaufgaben zur Verfügung steht, sondern unter gänzlicher oder teilweiser „Freistellung" von Rechtsprechungsaufgaben solche der „Justizverwaltung" (§ 4 Abs. 2 Nr. 1, 4 DRiG) versehen soll. Das Präsidium soll dann Gelegenheit haben, sich zu der geplanten Freistellung im Hinblick auf ihre Auswirkungen bei der Geschäftsverteilung zu äußern. Absatz 6 ist unanwendbar, wenn die Heranziehung zu Justizverwaltungsaufgaben nicht mit einer Freistellung von Rechtsprechungsaufgaben verbunden ist, wie z.B. üblicherweise bei der Ernennung von Richtern zu nebenamtlichen Mitgliedern der juristischen Prüfungsämter. Absatz 6 ist ebenso wenig anwendbar auf **Präsidenten** (aufsichtführende Richter), zu deren Aufgabenbereich kraft Amtes die Wahrnehmung von Justizverwaltungsaufgaben gehört.[262] Beim Präsidenten sind die Aufgaben des Spruchkörpers, dessen Vorsitz er übernimmt (§ 21e Abs. 1 Satz 3), so zu bemessen, dass er die Aufgaben eines Vorsitzenden in dem gleichen Umfang wahrnehmen kann wie der Vorsitzende Richter eines anderen Spruchkörpers.[263] 61

XVIII. Verfahren des Präsidiums (Absätze 7 bis 9)

1. Arten der Beschlussfassung (Absatz 7). Insbesondere aus § 21c Abs. 1 Satz 2 („Sitzungen des Präsidiums") und § 21i Abs. 1 („anwesend ist") ergibt sich, dass das Gesetz für den Regelfall von einer Erledigung der Aufgaben des Präsidiums durch Beschlussfassung in einer Sitzung ausgeht. Eine Beschlussfassung im Umlaufverfahren ist dadurch aber nicht ausgeschlossen (Rn. 75). Das Präsidium entscheidet mit Stimmenmehrheit (Absatz 7 Satz 1); der „Stichentscheid" des Vorsitzenden ist durch das **UnabhStärkG (Novelle 1999)** abgeschafft worden.[264] Bei Stimmengleichheit gilt vielmehr § 21i Abs. 2 entsprechend (Absatz 7 Satz 2): Solange keine Mehrheitsentscheidung ergeht, werden die eilbedürftigen An- 62

260 RGZ **71** 79.
261 Bericht des BTRAussch. BTDrucks. **VI** 2903 S. 4.
262 **A.A.** *Matthiessen* DRiZ **2025** 468, 469, der aus Abs. 6 folgert, dass der Präsident (auch) den Umfang seines Einsatzes in der Gerichtsverwaltung selbst bestimmt.
263 Vgl. Rn. 31 sowie § 21f, 5.
264 *Kissel* NJW **2000** 460, 461; *Zeihe* SGb **2000** 665, 666.

ordnungen vom Präsidenten des Gerichts (aufsichtführenden Richter) unter den dort geregelten Voraussetzungen getroffen.[265]

63 **2. Geschäftsordnung.** Von § 21e Abs. 7, § 21i Abs. 1 und § 21c Abs. 1 abgesehen enthält das GVG keine Vorschriften über die Einberufung und Durchführung der Sitzung. Als autonomes Organ der gerichtlichen Selbstverwaltung ist das Präsidium zwar nicht verpflichtet, aber auch nicht gehindert, diese Fragen im Rahmen der bestehenden Gesetze durch eine von ihm zu beschließende Geschäftsordnung zu regeln.[266] Als interne Verfahrensregelung hat sie selbstverständlich nicht den Charakter einer Rechtsnorm, und Abweichungen von ihr entfalten keine rechtliche Außenwirkung. In die Befugnisse seines Vorsitzenden darf die Geschäftsordnung des Präsidiums nicht eingreifen.[267] Bei einem Wechsel in seiner Zusammensetzung (§ 21b Abs. 4) muss das Präsidium die Geschäftsordnung jeweils neu beschließen, gegebenenfalls in der Weise, dass es die bisherige übernimmt.[268]

64 **3. Einberufung der Sitzung.** Die Einberufung einer Sitzung des Präsidiums ist **Sache seines Vorsitzenden**, des Präsidenten (aufsichtführenden Richters). Er bestimmt Ort und Zeit der Sitzung und muss dazu – grundsätzlich schriftlich und mit ausreichender Frist und tunlichst auch unter Mitteilung der Tagesordnung[269] – Einladung an alle erreichbaren Mitglieder ergehen lassen. Er wird, wenn nicht Eilbedürftigkeit zu kurzfristiger Anberaumung zwingt, den Zeitpunkt für die Sitzung so wählen, dass, soweit übersehbar, möglichst wenige Mitglieder an der Teilnahme verhindert sind, jedenfalls aber die Beschlussfähigkeit (§ 21i Abs. 1 – Anwesenheit mindestens der Hälfte der Mitglieder) nicht in Frage gestellt ist. Indes entscheidet er darüber, ob er mit Rücksicht auf die Verhinderung eines Mitgliedes zu dem ins Auge gefassten Zeitpunkt einen anderen, die Teilnahme ermöglichenden Zeitpunkt wählen soll, nach **pflichtgemäßem Ermessen**, das – unter dem Gesichtspunkt des § 338 Nr. 1 StPO – gerichtlich nur daraufhin nachprüfbar ist, ob ein Ermessensmissbrauch – etwa bei beabsichtigter Fernhaltung eines Mitglieds – vorlag.[270] Beantragt auch nur ein Mitglied die Anberaumung einer Präsidiumssitzung zur Aussprache über Maßnahmen i.S.d. § 21e Abs. 1, 3, so muss der Vorsitzende einem solchen Verlangen entsprechen.[271] Die **Anberaumungspflicht** kann also nicht davon abhängig gemacht werden, dass sich die Mehrheit der Mitglieder des Präsidiums diesem Verlangen anschließt;[272] denn das Mitglied will – und muss – ja gerade Gelegenheit haben, seine Gründe eingehend vorzutragen und auf Einwände zu erwidern.

65 Entsprechendes gilt, wenn ein **Mitglied** des Präsidiums **beantragt**, eine nach seiner Auffassung in die Zuständigkeit des Präsidiums fallende **Angelegenheit auf die Tagesordnung** einer Sitzung zu setzen, der Vorsitzende dies aber ablehnt. Dann muss es diesem Mitglied zustehen, eine Entscheidung des Präsidiums selbst herbeizuführen, ob es die Angelegenheit be-

---

265 Kissel/*Mayer* 71; MüKo-ZPO/*Pabst* 84.

266 Ebenso VGH Mannheim DRiZ **1980** 147; *Nordmann* SchlHA **2018** 208; *Schorn/Stanicki* 172 m.w.N.; *Stanicki* DRiZ **1972** 51 mit Entwurf einer Mustergeschäftsordnung; Kissel/*Mayer* 29; MüKo-ZPO/*Pabst* 72; Zöller/*Lückemann* 30; **a.M.** *Funk* DRiZ **1973** 260, 265.

267 *Nordmann* SchlHA **2018** 208; Zöller/*Lückemann* 30.

268 Kissel/*Mayer* 29.

269 Kissel/*Mayer* 34.

270 BGHSt **13** 126, 127.

271 *Ehrig* NJW **1963** 1186; *Schorn* DRiZ **1958** 315; **1962** 185; *Schorn/Stanicki* 153; ähnlich Kissel/*Mayer* 33.

272 So früher *Schorn* Präsidialverfassung[1] 116.

raten will; abzulehnen ist demgegenüber die Auffassung,[273] wonach eine Meinungsdifferenz zwischen dem Vorsitzenden und einem Mitglied des Präsidiums justitiabel sein soll.

4. Beschlussfassung, Unanwendbarkeit der §§ 192 ff. Auch über die Beschlussfassung des Präsidiums hat das Gesetz keine erschöpfenden Bestimmungen getroffen. Die §§ 192 ff. (betreffend Beratung und Abstimmung) gelten für die Entscheidung in einem gerichtlichen Verfahren über eine bestimmte Rechtssache. Sie sind auf die Behandlung von Fragen der gerichtlichen Selbstverwaltung weder unmittelbar[274] noch entsprechend anzuwenden.[275] Das Verfahren ist somit dem eigenen pflichtgemäßen Ermessen des Präsidiums überlassen.[276] Die Mitglieder des Präsidiums sind kraft Amtes verpflichtet, an Sitzungen des Präsidiums teilzunehmen, soweit sie nicht (durch Krankheit, Urlaub, Teilnahme an nicht verlegbaren Gerichtsverhandlungen usw.) verhindert sind. Ist ein Mitglied erschienen, ist es verpflichtet, sich an der Abstimmung durch Ablehnung oder Befürwortung einer zur Entscheidung stehenden Maßnahme zu beteiligen; eine **Stimmenthaltung** ist **unzulässig.**[277] Eine Mitwirkungspflicht der Präsidiumsmitglieder folgt zum einen aus der Anwesenheitspflicht der Präsidiumsmitglieder und zum anderen aus der zu gewährleistenden Funktionstüchtigkeit des Präsidiums.[278] 66

5. Keine Ausschließung oder Ablehnung. Die **Ausschließung** eines Präsidiumsmitgliedes oder seine **Ablehnung** wegen der Besorgnis der Befangenheit **findet nicht statt.**[279] Sie ist weder im Gesetz vorgesehen, noch ergibt sich unter dem Gesichtspunkt der Neutralität und Distanz des Richters gegenüber den Verfahrensbeteiligten die Notwendigkeit einer etwa verfassungsrechtlich gebotenen ergänzenden Auslegung der Regelung der §§ 21a ff. in dem Sinne, dass der gem. § 21e Abs. 5 betroffene Richter bei seiner Anhörung auch aus den Gründen des § 24 Abs. 1, 2 StPO, § 42 Abs. 1, 2 ZPO ein Mitglied des Präsidiums ablehnen könnte, und dass etwa darüber, falls der Betreffende das Ablehnungsgesuch nicht selbst für begründet hält, das Präsidium ohne Mitwirkung des Abgelehnten (§ 27 StPO, § 45 ZPO) zur Entscheidung aufgerufen wäre.[280] Dass bei den Entscheidungen des Präsidiums auch über Sachverhalte zu befinden ist, die unmittelbar oder zumindest mittelbar Auswirkungen auf die Tätigkeit bzw. den Aufgabenbereich eines oder mehrerer Präsidiumsmitglieder haben, ist in der Natur des Präsidiums als richterlichem Selbstverwaltungsorgan begründet. Dies kann auch dem Gesetzgeber nicht verborgen geblieben sein. Hätte er insoweit eine Gesetzeslücke erkannt, hätte er die Möglichkeit gehabt, diese im Rahmen der Novelle 1999 (UnabhStärkG) – insbesondere im Hinblick auf ihre Zielsetzung, die Unabhängigkeit der Richter und Gerichte zu stärken – durch eine entsprechende Regelung zu schließen. Im Übrigen würde durch die Möglichkeit der Ablehnung von Mitgliedern des Präsidiums dessen Tätigkeit gerade wegen der notwendigerweise regelmäßigen Befassung mit jedenfalls mittelbar „eigenen" Angelegenheiten wesentlich beeinträchtigt. 67

---

273 So VGH Mannheim DRiZ **1980** 147; VG Sigmaringen DRiZ **1978** 344 m. zust. Anm. *Stanicki* DRiZ **1978** 334; ebenso *Frauendorf* DÖV **1980** 553; **a.A.** – wie hier – Kissel/*Mayer* 35; MüKo-ZPO/*Pabst* 75.

274 BGHSt **12** 227, 228; BGH NJW **1995** 2494.

275 Kissel/*Mayer* 28; *Schorn/Stanicki* 162; MüKo/*Schuster* 52, 55; MüKo-ZPO/*Pabst* 70.

276 BGHSt **12** 227, 228.

277 So die inzwischen h.M.; *Fischer* DRiZ **1978** 174; *Katholnigg* 12; Kissel/*Mayer* 72; MüKo/*Schuster* 55; MüKo-ZPO/*Pabst* 84; *Schmitt*/Köhler 21; Zöller/*Lückemann* 31; **a.A.** noch LR/*K. Schäfer*[24] 62; *Schorn/Stanicki* 163.

278 Kissel/*Mayer* 72; MüKo-ZPO/*Pabst* 84.

279 BVerwG MDR **1976** 429; *Katholnigg* 12; Kissel/*Mayer* 68; KK/*Diemer* § 21a, 3; MüKo-ZPO/*Pabst* 83; *Schorn/Stanicki* 195.

280 So noch LR/*K. Schäfer*[24] 102 f.; ebenso *Wömpner* DRiZ **1982** 404; Zöller/*Lückemann* 27.

Schließlich besteht in Anbetracht der verstärkten Anhörungsrechte und der Möglichkeit der fakultativen Richteröffentlichkeit einerseits sowie der Justitiabilität der Präsidiumsbeschlüsse andererseits kein unabweisbares Bedürfnis für eine Ablehnungsmöglichkeit, um hierdurch möglichst ermessensfehlerfreie und nicht ggf. an persönlichen Interessen einzelner oder mehrerer Präsidiumsmitglieder orientierte Entscheidungen sicherzustellen.

68 **6. Nichtöffentlichkeit.** Dass die Sitzungen des Präsidiums für Außenstehende nicht zugänglich, in diesem Sinn also nichtöffentlich sind, ist nicht zweifelhaft. Insoweit gilt nicht das Öffentlichkeitsprinzip des § 169.[281]

69 **a) Fakultative Richteröffentlichkeit (Absatz 8).** Streitig war vor dem **UnabhStärkG (Novelle 1999)** zunehmend, ob nicht jedenfalls „Richteröffentlichkeit" in dem Sinne besteht, dass die bei dem Gericht tätigen Richter ein Recht auf Zutritt haben.[282] Diese Streitfrage ist mit der Neuregelung des Absatzes 8 zur fakultativen Richteröffentlichkeit entschieden worden. So heftig diese Frage zuvor im Schrifttum diskutiert worden war, so kontrovers war auch das Gesetzgebungsverfahren. Der Gesetzentwurf der Regierungsfraktionen von SPD und Bündnis 90/Die Grünen v. 4.9.1999[283] sah eine generelle Richteröffentlichkeit vor; lediglich im Einzelfall sollte zum Schutz von Persönlichkeitsrechten betroffener Richter der Ausschluss der nicht dem Präsidium angehörenden Richter möglich sein, wobei auf Empfehlung des BTRAussch.[284] – abweichend vom ursprünglichen Gesetzentwurf – nicht der betroffene Richter antragsberechtigt, sondern der Antrag eines Präsidiumsmitglieds erforderlich sein sollte. Hiergegen rief der Bundesrat[285] den Vermittlungsausschuss an mit dem Ziel, Absatz 8 entsprechend seinem eigenen ursprünglichen Gesetzentwurf[286] zu fassen und damit den Schutz der Persönlichkeitsrechte der betroffenen Richter zusätzlich durch Anordnung einer entsprechenden Geltung des § 171b abzusichern. Diesem Vorschlag ist schließlich entsprochen worden. Ausgangspunkt der Einführung der Richteröffentlichkeit war zum einen die in den letzten Jahren vor der Novelle zunehmende Diskussion hierzu; zum anderen hatten einige Präsidien in verschiedenen Bundesländern bereits eigenständige Regelungen über die Richteröffentlichkeit der Präsidiumssitzungen getroffen. Die Entscheidung eines Präsidiums, die Richterschaft des Gerichts als Zuhörer bei der Beratung und Beschlussfassung über den Geschäftsverteilungsplan zuzulassen, hatte der BGH (Dienstgericht des Bundes) in einem Urteil v. 7.4.1995 für jedenfalls „nicht offensichtlich rechtswidrig" erklärt, wobei er die gesetzliche Regelung zum Verfahren des Präsidiums als lückenhaft bewertet hatte.[287] Hierauf Bezug nehmend beabsichtigte der Gesetzentwurf die Schaffung einer klaren Rechtsgrundlage; im Übrigen entspreche die Einführung der Richteröffentlichkeit einem vielfach vorgetragenen Bedürfnis der Richterschaft.[288] Die Einwände, die gegen eine generelle Richteröffentlichkeit

---

281 Kissel/*Mayer* 62.

282 Die Richteröffentlichkeit vor der Novelle 1999 **befürwortend** *Fischer* DRiZ **1979** 203; *Henke* DRiZ **1972** 285; *Knoche* DRiZ **1975** 404; *Menne* DRiZ **1973** 316; *Piorreck* DRiZ **1993** 213; *Stanicki* DRiZ **1970** 119; *Schorn/Stanicki* 171; i.d.S. wohl auch BGH (Richterdienstgericht) NJW **1995** 2494; **ablehnend** *Arndt* DRiZ **1976** 43; *Funk* DRiZ **1973** 263; *Holch* DRiZ **1973** 232; Die Justiz **1976** 216; *Baumbach/Lauterbach/Albers*[58] 19; *Kissel*[2] 41, 60, 61; *Kleinknecht/Meyer-Goßner*[44] 23; LR/*K. Schäfer*[24] 64.

283 BTDrucks. **14** 979.

284 BTDrucks. **14** 1875 (neu).

285 BRDrucks. 601/99.

286 BRDrucks. 97/98 u. 47/99.

287 BGH NJW **1995** 2494.

288 BTDrucks. **14** 979 S. 5.

angebracht wurden,[289] haben ihre Berechtigung nicht verloren; ihnen ist schließlich aufgrund der Initiative des Bundesrates weithin Rechnung getragen worden.[290]

b) Zur Regelung des Absatzes 8 im Einzelnen

aa) Richteröffentlichkeit durch Beschluss (Absatz 8 Satz 1). Die Nicht-Richteröffentlichkeit ist der gesetzliche Regelfall. Das Präsidium kann mit Stimmenmehrheit (Absatz 7 Satz 1) die Zulassung der Richteröffentlichkeit beschließen. Auch diese Entscheidung wird in richterlicher Unabhängigkeit getroffen. Die Richteröffentlichkeit bezieht sich nur auf Richter des jeweiligen Gerichts.[291] Sie muss sich jedoch nicht notwendigerweise auf alle Richter des Gerichts erstrecken; das Präsidium kann den personellen **Umfang der Richteröffentlichkeit** im Hinblick auf die – auf den Vermittlungsvorschlag des Bundesrates zurückgehende – Gesetzesformulierung „Richter des Gerichts" statt „die Richter des Gerichts", wie noch im ursprünglichen Entwurf der Regierungskoalitionen[292] vorgeschlagen, beschränken.[293] So kann das Präsidium die Teil-Richteröffentlichkeit etwa auf die betroffenen Richter[294] oder auch eine Richtergruppe („die Strafrichter")[295] begrenzen. Auch ist das Präsidium frei, für welchen Beratungsgegenstand und für welche Dauer („für die gesamte Dauer oder zeitweise") sie die Richteröffentlichkeit herstellt. Allerdings steht es dem Präsidium nicht zu, einen einzelnen oder auch mehrere Richter nur deshalb „auszuschließen", weil sie etwa als „schwierig" angesehen werden. Im Rahmen des Ermessens ist darauf Bedacht zu nehmen, dem Präsidium eine Meinungsbildung in freier Rede und Gegenrede unabhängig von informellen Vorgesprächen zu ermöglichen; sie kann durch die Anwesenheit eines Kreises von Zuhörern beeinträchtigt sein.[296] 70

bb) Ausschluss der Richteröffentlichkeit zum Schutz der Privatsphäre (Absatz 8 Satz 2). Das Präsidium hat bei der Beschlussfassung die Persönlichkeitsrechte der von den Beratungen betroffenen Richter zu berücksichtigen und zu schützen; Maßstab insoweit ist § 171b. Bei der Abwägung, ob das schutzwürdige Interesse des einzelnen Richters oder das Interesse einer öffentlichen Erörterung überwiegt (§ 171b Abs. 1 Satz 1 und 2), besteht ein Ermessensspielraum. Dieser ist allerdings in zweifacher Hinsicht eingeschränkt: Widerspricht der betroffene Richter trotz überwiegender schutzwürdiger Interessen dem Ausschluss der Richteröffentlichkeit, so können jedenfalls seine Belange weder als Grund für den Ausschluss der hergestellten noch für die Nichtherstellung der Richteröffentlichkeit herangezogen werden; andererseits ist die Richteröffentlichkeit unter den Voraussetzungen des § 171b Abs. 1 Satz 1 auszuschließen, wenn ein betroffener Richter dies beantragt (§ 171b Abs. 3 Satz 1). 71

c) Richterunterrichtung. Damit die Richterschaft in die Lage versetzt wird, an einer richteröffentlichen Beratung oder Abstimmung des Präsidiums teilzunehmen, sind ihr Ort, 72

289 LR/*K. Schäfer*[24] 64.

290 Krit. zur Neuregelung *Zeihe* SGb **2000** 665, 666; dieser zust. *Löbbert* SchlHA **2006** 65, 67 ff., *Faßhauer* SchlHA **2006** 70.

291 Kissel/*Mayer* 63.

292 BTDrucks. **14** 979 S. 3, Art. 1, 4d.

293 *Kissel* NJW **2000** 462; Kissel/*Mayer* 64; umfassend und zust. zur Neuregelung *Sowada* 425 ff., der eine weiterreichende Regelung im Sinne der Fassung des ursprünglichen Gesetzentwurfs anregt.

294 MüKo-ZPO/*Pabst* 82.

295 MüKo/*Schuster* 65.

296 Zöller/*Lückemann* 28; vgl. auch MüKo-ZPO/*Pabst* 82 (Vermeidung eines „imperativen Mandats").

Zeit und Gegenstand der Beratung rechtzeitig auf geeignete Weise – etwa durch Aushang, E-Mail oder im Intranet des Gerichts – bekannt zu machen.[297]

73 **d) Verstoß gegen Absatz 8.** Die Entscheidungen nach Absatz 8 sind nicht anfechtbar.[298] Verstöße gegen die Regelung des Absatzes 8 haben **keine Auswirkung auf die Wirksamkeit** der Präsidiumsbeschlüsse.[299] Dies ergibt sich mittelbar aus § 171b Abs. 5.[300]

74 **7. Beurkundung, Protokoll (Absatz 9).** Nach § 21e Abs. 9 ist der Geschäftsverteilungsplan in einer Geschäftsstelle des Gerichts zur Einsichtnahme aufzulegen. Aus dieser Vorschrift folgt, dass eine Urschrift vorhanden sein muss, in der als Ergebnis der Beratung und Abstimmung der Geschäftsverteilungsplan niedergelegt ist. Es ist vielfach üblich, dass alle Mitglieder des Präsidiums, auch wenn sie an der Sitzung nicht teilnehmen, oder doch wenigstens diejenigen Mitglieder, die bei der Sitzung anwesend waren, auch wenn sie bei der Abstimmung überstimmt wurden, die Originalurkunde unterschreiben und mit ihrer Unterschrift anerkennen, dass der Geschäftsverteilungsplan gesetzmäßig (§ 21i Abs. 1, § 21e Abs. 7 Satz 1) zustande gekommen sei. Eine Unterzeichnung des Plans mindestens durch die an der Beschlussfassung Beteiligten – wie beim Urteil, § 275 Abs. 2 StPO – schreibt das Gesetz nicht vor;[301] es kennt auch keine Verpflichtung dieser Richter zur Unterschrift. Allerdings muss in irgendeiner Form eine urkundliche Authentizitätsgewähr gegeben sein, dass die Urschrift den Inhalt der gefassten Beschlüsse darstellt und richtig wiedergibt; dazu reicht die Unterschrift des Vorsitzenden des Präsidiums aus.[302] Um aber Beweisschwierigkeiten zu begegnen, wenn die vorschriftsmäßige Besetzung eines Spruchkörpers (§ 338 Nr. 1 StPO) mit der Begründung angezweifelt wird, der Geschäftsverteilungsplan sei nicht von einem beschlussfähigen Präsidium oder nicht mit der erforderlichen Mehrheit beschlossen worden, ist es praktisch geboten, dass – nicht notwendig von einem Mitglied des Präsidiums – ein Protokoll über die Sitzung geführt wird, das mindestens, wenn auch nicht die Namen der Erschienenen, so doch deren Zahl und das Abstimmungsergebnis enthält und sinnvollerweise nicht nur vom Vorsitzenden, sondern auch vom Protokollführer unterschrieben ist. Der Geschäftsverteilungsplan wäre dann in dieses Protokoll oder als Anlage zum Protokoll aufzunehmen.[303]

75 **8. Beschlussfassung im Umlaufverfahren.** Ebenso wie nach dem bereits vor dem Reformgesetz von 1972 geltenden Recht[304] ist mangels entgegenstehender Vorschriften des neuen Rechts – **UnabhStärkG (Novelle 1999)** – eine (schriftliche) Beschlussfassung im Umlaufverfahren zulässig.[305] Jedoch wird sich ein solches Verfahren im Allgemeinen nur

---

297 Kissel/*Mayer* 66; MüKo/*Schuster* 65.

298 VGH Mannheim NJW **2006** 2424, 2425; Zöller/*Lückemann* 28.

299 Zöller/*Lückemann* 51 allgemein zu Verfahrensverstößen; MüKo-ZPO/*Pabst* 90 allgemein zur Verletzung des Anhörungsrechts.

300 Kissel/*Mayer* 67.

301 BFH Beschl. v. 13.1.2016 – IX B 94/15 (juris, Rn. 7); OLG Zweibrücken MDR **2025** 1290.

302 BVerfG NJW **1984** 575.

303 Im Erg. ähnlich *Schorn/Stanicki* 165; Kissel/*Mayer* 74; Zöller/*Lückemann* 26a.

304 Dazu RGSt **65** 299; BGHSt **12** 402.

305 So BGHSt **44** 161, 164 f.; BVerwGE **88** 159; OLG Köln StraFo **2020** 154, 156; *Grunsky* § 6a Rn. 11; *Holch* Die Justiz **1976** 216; *Nordmann* SchlHA **2018** 210; *Katholnigg* 12; Kissel/*Mayer* 37 ff. (ausführlich zu zahlreichen Einwänden); ferner *Schmidt* DRiZ **1973** 163; *Schorn/Stanicki* 164; *Schmitt*/Köhler § 21i, 1; *Wieczorek/Schütze/K. Schreiber* 20; Zöller/*Lückemann* § 21i, 3; mit Einschränkungen auch KK/*Diemer* § 21a, 6; MüKo-ZPO/*Pabst* 74; Thomas/Putzo/*Hüßtege* 6 (ablehnend noch in der 36. Aufl.); **a.M.** *Feiber* HessJMBl. **1976** 223; *P. Müller* NJW **1978** 899.

für eilbedürftige und einfach liegende bzw. nicht streitige Entscheidungen eignen. In jedem Fall muss das durch das UnabhStärkG erweiterte Anhörungsrecht von Nichtmitgliedern (Rn. 36 ff.) gewahrt bleiben. Darüber hinaus verschließen sich der Beschlussfassung durch Umlauf Entscheidungen zu Sachfragen, bei denen die Herstellung der **Richteröffentlichkeit nach Absatz 8 geboten** ist. Insoweit hat der Gesetzgeber mit der Novelle 1999 mittelbar den Anwendungsbereich des Umlaufverfahrens eingeschränkt.[306] Ein Beschluss ist im Umlaufverfahren erst gefasst, wenn die erreichbaren (nicht durch Urlaub, Krankheit usw. verhinderten) Mitglieder des Präsidiums mitgewirkt, d.h. den Umlauf abgezeichnet, und hierdurch – konkludent – auch ihr Einverständnis mit dieser Vorgehensweise zum Ausdruck gebracht haben.[307] Entsprechend § 21i Abs. 1 muss mindestens die Hälfte der gewählten Mitglieder erreichbar sein; anderenfalls gilt für Eilfälle § 21i Abs. 2. Einer Mitteilung des Beschlusses an alle Mitglieder des Präsidiums bedarf es zu seiner Wirksamkeit nicht.[308] Dem Verlangen auch nur eines Präsidiumsmitglieds, das gegen den Inhalt des Beschlusses Bedenken hat, zwecks Aussprache und mündlicher Abstimmung eine Sitzung des Präsidiums anzusetzen, ist auch hier nachzukommen.[309]

9. Schweigepflicht über die Vorgänge in der Präsidiumssitzung. Zwar besteht **keine absolute Schweigepflicht** über die Vorgänge in der Präsidiumssitzung. Weder § 43 DRiG noch § 193 Abs. 2 ist unmittelbar anwendbar.[310] Erst recht besteht keine Verschwiegenheitspflicht der nicht dem Präsidium angehörenden Richter, soweit sie nach Herstellung der Richteröffentlichkeit oder in Ausübung ihres Anhörungsrechts einer Präsidiumssitzung beiwohnen.[311] Die Präsidiumsmitglieder sind jedoch hinsichtlich solcher Vorgänge zur Verschwiegenheit verpflichtet, die bei nichtrichteröffentlichen Beratungen und Abstimmungen stattgefunden haben. Über dieses Geschehen haben sie nicht nur gegenüber Personen Stillschweigen zu wahren, die außerhalb des Gerichts stehen,[312] sondern auch gegenüber ihren richterlichen Kollegen, die dem Präsidium nicht angehören. Für Vorgänge, die sich in Sitzungen nach Herstellung der Richteröffentlichkeit ereignet haben, besteht eine solche Verpflichtung zur amtlichen Verschwiegenheit dagegen grundsätzlich nur gegenüber dritten Personen, da Richtern, die ihrerseits dieser Verpflichtung nicht unterliegen, die Anwesenheit gestattet war. Ob sich die dargelegte **relative Schweigepflicht** aus einer entsprechenden Anwendung der § 43 DRiG und § 193 Abs. 2 und/oder aus §§ 46, 71 DRiG i.V.m. § 67 BBG bzw. § 37 BeamtStG sowie entsprechenden landesrechtlichen Vorschriften ergibt, kann dahinstehen. Der Ansicht, dass die Präsidiumsmitglieder auch berechtigt seien, den übrigen Richtern über nichtrichteröffentliche Sitzungen Auskunft zu geben, weil sich aus ihrer Aufgabe, sämtliche Richter zu repräsentieren, das Recht ergebe, Kollegen, denen beschlossene Maßnahmen unbequem oder unverständlich seien, über die Gründe für das Vorgehen des Präsidiums zu unterrichten,[313] ist nicht 76

---

306 Umfassend hierzu Kissel/*Mayer* 39.

307 Vgl. BGHSt **44** 161, 164 f.; Zöller/*Lückemann* § 21i, 3; ferner RGSt **65** 299; BGHSt **12** 402, 404.

308 BGHSt **12** 402, 406; wegen seiner Offenlegung gilt § 21e Abs. 8.

309 *Ehrig* NJW **1963** 1186 Fn. 17; *Schorn* DRiZ **1962** 185; *Schorn/Stanicki* 165.

310 BGH NJW **1995** 2494; vgl. auch *Fischer* DRiZ **1979** 203 m.w.N.; *Rasehorn* DRiZ **1961** 357; Zöller/*Lückemann* 29; zur früheren – vor Einführung der fakultativen Richteröffentlichkeit – h.M., die von einem auf § 43 DRiG gestützten Beratungsgeheimnis ausging, vgl. *Funk* DRiZ **1973** 260, 261; *Röwer* DRiZ **1961** 178; *Schorn/Stanicki* 171; *Baumbach/Lauterbach/Albers*[58] 19; *Kissel*[2] 22; *Kleinknecht/Meyer-Goßner*[44] 23.

311 Kissel/*Mayer* 22.

312 Zöller/*Lückemann* 29.

313 LR/*Breidling*[26] 76; im Erg. ebenso *Fischer* DRiZ **1979** 203; *Knoche* DRiZ **1975** 404; *Nordmann* SchlHA **2018** 125; *Schorn/Stanicki* 72; *Stanicki* DRiZ **1970** 119.

beizutreten.[314] Denn es ist Sache des Präsidiums als Ganzes, ggf. seines – hiermit beauftragten – Vorsitzenden, die Richterschaft in angemessener Weise über die Beratungsinhalte und Abstimmungsergebnisse zu informieren. Dies steht nicht im Ermessen jedes einzelnen Präsidiumsmitglieds. Das BVerfG hat in einer jüngeren Entscheidung[315] ausgeführt, die „die Verschwiegenheitspflicht von Richtern regelnden Vorschriften" des § 43 DRiG sowie des § 193 bestätigten, was sich bereits aus dem Wortlaut des § 21e Abs. 8 ergebe, dass nämlich die Richteröffentlichkeit bei Präsidiumssitzungen die Ausnahme darstelle und der besonderen Zulassung bedürfe. Es ist dabei davon ausgegangen, für nichtrichteröffentliche Sitzungen gelte, dass die Präsidiumsmitglieder über das Geschehen auch gegenüber Richterkollegen Stillschweigen zu wahren hätten. Denn aus den benannten Vorschriften werde ein gesetzgeberisches Leitbild deutlich, wonach die richterliche Meinungsbildung in Gremien nur den zugehörigen Gremienmitgliedern zur Kenntnis zu gelangen habe. Dass Umstände aus dem persönlichen Lebensbereich von Richtern, namentlich solche Umstände, die gem. Absatz 8 Satz 2 i.V.m. § 171b der Herstellung der Öffentlichkeit entgegenstehen, keinesfalls offenbart werden dürfen, versteht sich von selbst.

XIX. Anfechtbarkeit von Beschlüssen und anderen Maßnahmen des Präsidiums

1. Verwaltungsgerichtliche Kontrolle

77 **a) Geschichtliche Entwicklung des Problems.** § 21b Abs. 6 Satz 1 ermöglicht die Anfechtung einer gesetzwidrigen Wahl des Präsidiums; § 21b Abs. 6 Satz 3 regelt, dass ein Rechtsmittel gegen eine gerichtliche Entscheidung (wegen nicht vorschriftsmäßiger Besetzung des Gerichts) nicht darauf gestützt werden kann, das Präsidium sei wegen der Verletzung einer gesetzlichen Vorschrift bei der Wahl nicht ordnungsgemäß zusammengesetzt gewesen). Zur Anfechtbarkeit von Beschlüssen oder sonstiger (ergriffener oder unterlassener) Maßnahmen des Präsidiums enthält das GVG demgegenüber keine Vorschriften. Nach der früher durchaus herrschenden Auffassung beschränkte sich die Justitiabilität von Maßnahmen des Präsidiums auf eine **mittelbare gerichtliche Nachprüfung** im Rahmen der im einzelnen Rechtsmittelverfahren von einem Verfahrensbeteiligten erhobenen Rüge vorschriftswidriger Besetzung des erkennenden Gerichts (dazu Rn. 80). Dagegen wurde der einzelne Richter oder auch ein Spruchkörper, wenn er sich durch eine Regelung der Geschäftsverteilung beschwert (z.B. ein Richter sich nicht zweckmäßig verwendet, eine Kammer sich überlastet) sah, darauf verwiesen, Gegenvorschläge zu erheben, denen aber das Präsidium, soweit es darauf eingehen will, im Laufe des Geschäftsjahres nur insoweit Raum geben kann, als es nach § 21e Abs. 3 zu einer Änderung des Beschlusses befugt ist.[316] Der Referentenentwurf 1954 des DRiG sah vor, dem einzelnen Richter die Anrufung eines erweiterten Präsidiums zu ermöglichen, wenn er nach seiner Auffassung durch einen Präsidiumsbeschluss überlastet ist;[317] dieser Ansatz ist aber nicht Gesetz geworden.[318] Eine gewisse Einflussnahme der einzelnen Richter und der Spruchkörper auf die Entscheidun-

314 Wie hier VGH Mannheim NJW **2006** 2424, 2426; *Kissel* NJW **2000** 462; *Tappert* DRiZ **2017** 397; Graf/*Valerius* 44; Kissel/*Mayer* 22 f.; KK/*Diemer* 17; *Schmitt*/Köhler 23; SSW/*Spiess* 29; vgl. auch *Funk* DRiZ **1973** 260, 261; *Röwer* DRiZ **1961** 178.

315 NJW **2008** 909, 910.

316 *Schulte* DRiZ **1955** 112.

317 Vgl. DRiZ **1954** 182.

318 Dazu LR/*K. Schäfer*[24] 96.

gen des Präsidiums ist seither durch die Vorschriften über die Anhörung in § 21e Abs. 2, 3 Satz 2, Abs. 5 erreicht worden; die Anhörungsrechte sind durch das Gesetz zur Stärkung der Unabhängigkeit der Richter und Gerichte v. 22.12.1999[319] – **UnabhStärkG (Novelle 1999)** – ausgebaut worden (Rn. 36 ff.). Diese Einwirkungsmöglichkeit ist weiter dadurch verstärkt, dass der Richter sich mit der Bitte um Unterstützung an den Richterrat wenden kann (Rn. 42). Jedoch ist die Behandlung von Fällen nicht geregelt, in denen ein Richter zwar angehört wurde, mit seinen Vorstellungen und Einwendungen aber nicht durchzudringen vermochte, oder in denen er, ohne dass die Voraussetzungen einer Anhörung erfüllt waren, eine Änderung der Geschäftsverteilung erstrebte, das Präsidium dem aber nicht Rechnung trug. Insbesondere zur Frage, ob bzw. bei welchen Fallgestaltungen und im Wege welcher Klageform und vor welchen Gerichten Beschlüsse und andere Maßnahmen des Präsidiums ggf. anfechtbar bzw. überprüfbar sind, war **ab den 1960er Jahren** ein – teils heftiger – **Meinungsstreit** in Rechtsprechung und Schrifttum ausgetragen worden. Hierzu (bis zum Meinungsstand 1989) wird auf LR/*K. Schäfer*[24] 69 ff. verwiesen.

b) Heutiger Meinungsstand. Eine isolierte **unmittelbare Anfechtung** des Geschäfts- 78
verteilungsplans oder sonstiger Präsidiumsbeschlüsse durch Angehörige der Richterschaft oder Außenstehende (Verfahrensbeteiligte) **sieht das Gesetz nicht vor.** Die früher h.M. sah eine Anfechtung als ausnahmslos unzulässig an.[320] Diese Auffassung ist zwar seither nicht grundsätzlich aufgegeben worden.[321] Nachdem jedoch zunächst das **BVerfG** – mangels seinerzeit eindeutigen sonstigen Rechtsweges – die unmittelbar erhobene Verfassungsbeschwerde eines Richters, den das Präsidium wegen mangelnder Eignung „praktisch von jeder richterlichen Tätigkeit fernhalten wollte" und deshalb als Beisitzer einem nahezu beschäftigungslosen Spruchkörper zugeteilt hatte, für zulässig erachtet hatte,[322] hat in der Folgezeit die **verwaltungsgerichtliche Rechtsprechung** bis hin zum **BVerwG**[323] im Hinblick auf die Rechtsschutzgarantie des **Art. 19 Abs. 4 GG** zugunsten der unmittelbar betroffenen Richter anerkannt, dass sie zur Überprüfung der Geschäftsverteilung **die Verwaltungsgerichte anrufen** können. Dieser Auffassung haben sich sodann das BVerfG[324] – unter Hinweis auf die insoweit „gefestigte verwaltungsgerichtliche Rechtsprechung" – und der BGH[325] – unter Aufgabe seiner früheren entgegengesetzten Auffassung – angeschlossen. Im Schrifttum fanden sich neben zustimmenden zunächst auch kritische bis ablehnende Stimmen.[326] Mittlerweile ist die Eröffnung von Rechtsschutz im Verwaltungsrechtsweg auch in der Literatur allgemein anerkannt.[327] Den Argumenten für eine Justitiabilität ist beizupflichten,[328] wenngleich eine Zuständigkeit des Richterdienstgerichtes aus Gründen der Sachnähe vorzuziehen wäre; dem stehen jedoch de lege lata die enumerativ-abschließenden Zuständigkeitszuweisungen an die Dienstgerichte in den Richtergeset-

319 BGBl. I S. 2598.

320 BGH NJW **1975** 1424; DRiZ **1973** 280; vgl. LR/*K. Schäfer*[24] 74 m.w.N.

321 BGHZ **93** 100.

322 BVerfGE **17** 252, 257 unter Hinweis auf neuere Auffassungen zur Anfechtbarkeit.

323 BVerwGE **50** 11; **67** 222; VGH Mannheim DRiZ **1973** 320; VG Freiburg DRiZ **1973** 319.

324 BVerfG NJW **1976** 325; DRiZ **1991** 100.

325 BGHZ **90** 41; BGH NJW **1991** 425.

326 So *Fischer* DRiZ **1979** 203; *Kornblum* FS Schiedermair (1976) 331; NJW **1977** 666; *P. Müller* MDR **1977** 975; *Pentz* DRiZ **1977** 179; *Wolf* DRiZ **1976** 364; LR/*K. Schäfer*[24] 97.

327 *Nordmann* SchlHA **2018** 125 f.; Graf/*Valerius* 45; Kissel/*Mayer* 122; KK/*Diemer* § 21a, 4; MüKo/*Schuster* 69; MüKo-ZPO/*Pabst* 97; *Schmitt*/Köhler 24; Zöller/*Lückemann* 54.

328 Anders noch LR/*K. Schäfer*[24] 99, 110 ff.

zen[329] sowie der Umstand entgegen, dass Entscheidungen des Präsidiums als eines richterlichen Selbstverwaltungsorgans nicht der Dienstaufsicht (§ 26 DRiG) zuzurechnen sind.[330]

79 **c) Feststellungsklage.** Zutreffende Klageart ist die Feststellungsklage (§ 43 VwGO); diese hat **keine aufschiebende Wirkung** nach § 80 VwGO; der „angefochtene" Präsidiumsbeschluss ist für den klagenden Richter weiterhin bis zur Feststellung seiner Rechtswidrigkeit verbindlich.[331] Allerdings besteht die Möglichkeit **vorläufigen Rechtsschutzes** nach § 123 VwGO.[332] Mit der Feststellungsklage kann nicht etwa die Aufhebung der Geschäftsverteilung, sondern nur die Feststellung begehrt werden, dass der Geschäftsverteilungsplan bzw. Änderungsbeschluss hinsichtlich der den klagenden Richter betreffenden Aufgabenzuweisung bzw. Zuteilung zu einem Spruchkörper aus in seiner Person liegenden Gründen rechtswidrig ist.[333] Zu richten ist die Klage nicht gegen das Präsidium, sondern gegen das Land bzw. die Bundesrepublik als Rechtsträger des jeweiligen Gerichts.[334] Eines Vorverfahrens bedarf es nicht.[335] Erfolg hat die Klage, wenn der Richter in einem eigenen Recht verletzt ist, namentlich in seiner richterlichen Unabhängigkeit.[336] Rechtswidrig ist etwa eine Aufgabenzuweisung, die überwiegend disziplinierenden Charakter hat („verdeckte Disziplinarmaßnahme")[337] oder sonst gegen das Willkürverbot verstößt.[338] Allerdings besteht insoweit kein Anspruch des einzelnen Richters auf eine bestimmte Aufgabenzuweisung oder auf Zuteilung zu einem bestimmten Spruchkörper bzw. auf einen Wechsel,[339] vielmehr nur ein **Anspruch auf fehlerfreien Ermessensgebrauch.**[340] Dabei ist dem Präsidium innerhalb der gesetzlichen Grenzen grundsätzlich ein weites Ermessen eröffnet.[341] Auf die Verletzung von Vorschriften, die allein der Gewährleistung des gesetzlichen Richters dienen, kann sich der klagende Richter nicht berufen.[342] Hat die Klage Erfolg, so ist die Umsetzung der Feststellung in eine rechtmäßige Geschäftsverteilung Aufgabe des Präsidiums.[343] Kommt es **innerhalb des**

---

329 § 62 DRiG für das Dienstgericht des Bundes; entsprechend im Landesrecht, vgl. etwa Art. 53 BayRiStAG, § 63 LRiStAG BW, § 65 RiGBln, § 65 BbgRiG, § 56 LRiG RP, § 44 SächsRiG.

330 BGHZ **46** 147; **93** 100; BGH NJW **1991** 425; Kissel/*Mayer* 122; MüKo-ZPO/*Pabst* 97; Zöller/*Lückemann* 54; **a.A.** KK/*Diemer* 17; § 21a, 4; LR/*K. Schäfer*[24] 99, 107 („für Extremfälle"), 111.

331 BGHZ **85** 154; BGH DRiZ **1984** 62; *Kolmetz* NZS **2011** 124, 128; Kissel/*Mayer* 122.

332 BVerwG NJW **1976** 1224; DÖD **1986** 219; OVG Hamburg NJW **1987** 1215; NVwZ-RR **2018** 793; VGH Kassel DRiZ **1984** 62; VGH München BayVerwBl. **2016** 813, 814.

333 Kissel/*Mayer* 121 f.

334 BVerwGE **50** 11; OVG Hamburg NJW **1987** 1215; VGH Mannheim NJW-RR **2011** 861; DRiZ **1973** 320; VGH München BayVerwBl. **2016** 813, 814; OVG Münster Urt. v. 23.4.2008 – 1 A 1703/07 (juris, Rn. 73 ff.); Kissel/*Mayer* 123; **a.A.** VGH Kassel DRiZ **1984** 62; OVG Koblenz NJW-RR **2008** 579; MüKo-ZPO/*Pabst* 99; Zöller/*Lückemann* 57.

335 Kissel/*Mayer* 122; MüKo-ZPO/*Pabst* 97; **a.A.** VGH Kassel NJW-RR **2010** 1652.

336 MüKo-ZPO/*Pabst* 96; vgl. auch OVG Hamburg NVwZ-RR **2018** 793, 795; VGH München BayVerwBl. **2016** 813, 814; Kissel/*Mayer* 82 ff., 122.

337 Vgl. BVerfG NVwZ **2017** 51, 53; OVG Hamburg DRiZ **1987** 58; VGH Mannheim NJW-RR **2011** 861, 862; s. auch die Fallgestaltungen bei LR/*K. Schäfer*[24] 113.

338 OVG Hamburg NVwZ-RR **2018** 793, 795; VGH Mannheim NJW-RR **2011** 861, 862; VGH München BayVerwBl. **2016** 813, 814.

339 **A.A.** *Kornblum* FS Schiedermair (1976) 347; *Schorn/Stanicki* 200; *Wolf* NJW **1976** 368; vgl. umfassend hierzu m.w.N. LR/*K. Schäfer*[24] 108 ff.

340 VGH Mannheim NJW **2006** 2424, 2426; NJW-RR **2011** 861, 862; vgl. auch VG München DÖD **1987** 83.

341 OVG Hamburg NVwZ-RR **2018** 793, 795; VGH Mannheim NJW-RR **2011** 861, 862; VGH München BayVerwBl. **2016** 813, 814.

342 OVG Koblenz NJW-RR **2008** 579 f.; Kissel/*Mayer* 122; MüKo-ZPO/*Pabst* 96.

343 Kissel/*Mayer* 123.

Präsidiums zu Meinungsverschiedenheiten, können auch diese notfalls vor den Verwaltungsgerichten ausgetragen werden.[344]

2. Besetzungsrüge, Vorabentscheidungsverfahren. Auf die Rüge vorschriftswidriger 80
Besetzung des erkennenden Gerichts (§ 338 Nr. 1 StPO, § 547 Nr. 1, § 579 Abs. 1 Nr. 1 ZPO, § 138 Nr. 1 VwGO) findet eine **mittelbare gerichtliche Nachprüfung** der Rechtmäßigkeit der der Gerichtsbesetzung zugrundeliegenden Regelung der Geschäftsverteilung statt, soweit sie der Beschwerdeführer konkret beanstandet. Gleiches gilt für das Vorabentscheidungsverfahren nach § 222b Abs. 3 StPO. Zum einen kann dies **Fehler im Verfahren** des Präsidiums betreffen. Der Beurteilung durch das Rechtsmittelgericht unterliegt, ob das Präsidium den Plan in gesetzmäßiger Zusammensetzung (vgl. § 21c Abs. 1 Satz 3, Abs. 2) und in einem dem Gesetz entsprechenden Verfahren (vgl. § 21e Abs. 7 Satz 1, § 21i Abs. 1) beschlossen hat. Allerdings sind die Vorschrift des § 21b Abs. 6 Satz 3, die Fehler bei der Wahl von der Nachprüfung ausnimmt, und die hieraus abzuleitenden Folgerungen[345] zu beachten. Verfahrensmängel berühren die Wirksamkeit des Geschäftsverteilungsplans nur in Fällen grober und offensichtlicher Gesetzwidrigkeit.[346] Zum anderen kann der Geschäftsverteilungsplan **inhaltliche Rechtsfehler** aufweisen. Das Rechtsmittelgericht prüft, ob die Regelungen des Geschäftsverteilungsplans dem Gesetz entsprechen,[347] insbesondere ob er anhand abstrakt-genereller Kriterien eindeutig bestimmt, welcher Spruchkörper bzw. welcher Richter im Einzelfall als gesetzlicher Richter berufen ist.[348] Inhaltlich fehlerhaft ist die Geschäftsverteilung danach etwa, wenn sie Jugendgerichtssachen nicht erwähnt[349] oder das Erfordernis der Bildung anderer Spruchkörper mit gesetzlicher Zuständigkeitskonzentration (§ 74 Abs. 2, §§ 74a, 74c) nicht berücksichtigt. Die am durchschnittlichen Arbeitspensum orientierte Überbeanspruchung eines Richters durch eine im Geschäftsverteilungsplan enthaltene umfangreiche Aufgabenzuweisung beeinträchtigt das (subjektive) Recht eines Verfahrensbeteiligten auf den gesetzlichen Richter allerdings nicht.[350] Die Bestimmungen des Geschäftsverteilungsplans unterliegen einer **uneingeschränkten Kontrolle auf ihre Gesetzmäßigkeit**; den früher generell geltenden Maßstab einer reinen Willkürprüfung hat die neuere Rechtsprechung des BVerfG und des BGH insoweit aufgegeben.[351] Das Rechtsmittelgericht prüft insbesondere, ob die Sachen dem Spruchkörper nach Merkmalen zugewiesen worden sind, die dem Abstraktionsprinzip und dem Bestimmtheitsgrundsatz genügen (Rn. 27 f.). Allerdings beschränken sich die Rechtsmittelgerichte nach wie vor auf eine **Willkürkontrolle**,[352] soweit lediglich die Auslegung und Anwendung eines gesetzmäßigen Geschäftsverteilungsplans betroffen ist (Rn. 35).[353] Gleiches gilt, soweit das Präsidium im Rahmen eines ihm eröffneten Beurteilungs- oder Ermessensspielraums entschieden hat. Die gerichtliche Kontrolle erstreckt sich grund-

---

344 BVerwG Beschl. v. 29.10.1980 – 7 C 5/79 (juris, Rn. 3); *Nordmann* SchlHA **2018** 126 m.w.N.
345 S. dazu § 21b, 20 f.
346 Kissel/*Mayer* 120; MüKo/*Schuster* 67; MüKo-ZPO/*Pabst* 91.
347 BGHSt **3** 353; NJW **1953** 353; vgl. zu den Rügeanforderungen BGH NStZ **1994** 537, 539.
348 Vgl. BVerfGE **31**, 47, 54; BVerfG NJW **1964** 1020; **1966** 1418.
349 Dazu OLG Saarbrücken OLGSt § 16, 3; LR/*Gittermann* § 22d, 6.
350 So für den Doppelvorsitz BVerfG NJW **2012** 2334, 2335 f.; **a.A.** BGH NStZ **2012** 406; insoweit zust. *Sowada* NStZ **2012** 353.
351 BVerfG NJW **2005** 2689, 2690; **2012** 2334, 2335; **2017** 1233, 1234 f.; **2018** 1155, 1156; wistra **2017** 187, 189; BGHSt **53** 268, 275 f. m. Bespr. *Gubitz/Bock* NStZ **2010** 190; BGH NJW **2015** 2597, 2599; NStZ **2016** 562; StV **2010** 294, 295; wistra **2016** 499, 500; s. ferner BVerwGE **185** 165, 172; KG NStZ **2018** 491, 492; OLG Köln StraFo **2020** 154, 156.
352 § 16, 27.
353 BGH NJW **2015** 2597, 2599; NStZ **2016** 562; NStZ-RR **2022** 20, 21; wistra **2016** 499, 500; BVerwG NVwZ **2015** 1695, 1697 m. Anm. *Heusch*; OLG Köln StraFo **2020** 154, 156.

sätzlich nicht darauf, ob sich die getroffene Regelung als die zweckmäßigste darstellt oder sich wirksamere Alternativen angeboten hätten.[354] Nicht abschließend geklärt ist, welcher Prüfungsmaßstab für das Rechtsmittelgericht gilt, wenn das Präsidium die Geschäftsverteilung im laufenden Geschäftsjahr geändert hat. Ob die **Voraussetzungen des § 21e Abs. 3 erfüllt** waren, wurde nach früherer Rechtsprechung nur unter dem Gesichtspunkt der Richterentziehung (Art. 101 Abs. 1 Satz 2 GG, § 16 Satz 2), also auf willkürliche Handhabung,[355] nachgeprüft.[356] In einer Entscheidung aus dem Jahr 2005 hat das Bundesverfassungsgericht die Prüfung der Voraussetzungen des § 21e Abs. 3 zwar als lediglich einer Willkürkontrolle unterliegende Auslegung bzw. Anwendung einer Zuständigkeitsregel bewertet, zugleich aber unter Heranziehung des strengen Kontrollmaßstabs die Verfassungsmäßigkeit einer nachträglichen Zuständigkeitsänderung verneint, deren Eignung zur Wiederherstellung der Effizienz des Geschäftsablaufs nicht erkennbar war.[357] Im Anschluss an diese Entscheidung hat der BGH die revisionsrechtliche Nachprüfung über eine reine Willkürprüfung hinaus auf jede Rechtswidrigkeit erweitert.[358] Um diese Kontrolle zu ermöglichen, bedarf die unterjährige Änderung des Geschäftsverteilungsplans stets einer umfassenden **Dokumentation** und Darlegung der Gründe, die eine derartige Umverteilung erfordern;[359] dies kann bis zum Zeitpunkt des Beschlusses nachgeholt werden, mit dem gem. § 222b Abs. 2 StPO über den Besetzungseinwand entschieden wird.[360] Nach dem BVerwG besteht, soweit das Präsidium eine Geschäftsverteilungsänderung nach § 21e Abs. 3 beschließt, auch in Anbetracht der neueren verfassungsrechtlichen Rechtsprechung Raum für eine Prüfung (nur) nach dem Willkürmaßstab.[361] Im Sinne einer vermittelnden Lösung können die Entscheidungen des BGH einerseits und des BVerwG andererseits sachgerecht miteinander in Einklang gebracht werden, indem das Rechtsmittelgericht die Frage, ob eine tatsächliche „Überlastung“ als Grundlage für das Eingreifen des Präsidiums eingetreten war, anhand der gebotenen Dokumentation vollständig überprüft, während dem Präsidium für die Frage, ob zur Abhilfe eine Änderung der Geschäftsverteilung „nötig“ ist, sowie bejahendenfalls für das Tätigwerden und für die Wahl der konkreten abhelfenden Maßnahme ein nur eingeschränkter Kontrolle unterliegender Beurteilungs- und Ermessensspielraum zugebilligt wird.[362] Den Vorgaben des

354 BGH NStZ **2012** 406; **2021** 762, 763; Kissel/*Mayer* 120; MüKo/*Schuster* 68; vgl. auch BVerfG NJW **2008** 909, 910.

355 § 16, 26.

356 BGH NJW **1956** 111; **1976** 60; NStZ **2007** 537; ebenso noch LR/*Breidling*[25] 45; vgl. zum früheren Meinungsstand auch BGHSt **53** 268, 274 f. m. Bespr. *Gubitz/Bock* NStZ **2010** 190.

357 BVerfG NJW **2005** 2689, 2690 f.

358 BGHSt **53** 268, 275 f. m. Bespr. *Gubitz/Bock* NStZ **2010** 190; BGH NJW **2015** 2597, 2599; **2023** 2501, 2505 m. Anm. Kudlich; NStZ **2016** 562; NStZ-RR **2015** 288; **2016** 341, 343; StV **2010** 294, 295; StraFo **2021** 383, 384; vgl. auch *Schmitz* StraFo **2016** 397, 400 ff. mit einer zusammenfassenden Darstellung einzelner neuerer Entscheidungen.

359 BVerfG NJW **2009** 1734, 1735; BGHSt **53** 268, 273 m. Bespr. *Gubitz/Bock* NStZ **2010** 190; BGH NJW **2015** 2597, 2598 f.; **2023** 2501, 2504 m. Anm. Kudlich; NStZ **2007** 537 f.; **2014** 287, 288 = StraFo **2014** 121 m. Anm. *Grube*; NStZ **2015** 658, 659; **2016** 562; **2023** 122, 124 f.; NStZ-RR **2015** 288; wistra **2016** 499, 500; BVerwG NVwZ **2019** 82, 85.

360 BGHSt **53** 268, 276 f. m. Bespr. *Gubitz/Bock* NStZ **2010** 190; BGH NStZ **2016** 562 f.; NStZ-RR **2015** 288, 289; **2016** 341, 342 f.

361 So BVerwG NVwZ **2019** 82, 85; Beschl. v. 4.4.2018 – 3 B 46.16 (juris, Rn. 24).

362 Vgl. auch BGH Beschl. v. 25.3.2021 – 3 StR 10/20 (juris, Rn. 44). In dieser Entscheidung neigte der 3. Strafsenat – nicht tragend – dazu, dem Präsidium bei der Beurteilung der Überlastung einen Prognosespielraum zuzugestehen und die revisionsgerichtliche Überprüfung auf eine Plausibilitätskontrolle zu beschränken (a.a.O., Rn. 47); dabei hat der Senat die Reaktion auf die Überlastung ganz dem Entschließungs- und Auswahlermessen des Präsidiums überantwortet, das vom Revisionsgericht nur auf Ermessensfehler zu überprüfen sei (a.a.O., Rn. 56 f.); zust. Zöller/*Lückemann* 44, 52; s. nunmehr auch BGH StV **2022** 799, 801 f.

BVerfG würde diese Lösung gerecht.[363] Indes unterliegt jedenfalls der Inhalt der Regelungen des geänderten Geschäftsverteilungsplans der uneingeschränkten Kontrolle.

XX. Auflegung des Geschäftsverteilungsplans zur Einsichtnahme (Absatz 9)

1. Bedeutung der Vorschrift. Absatz 9 verdankt seine Entstehung im Rahmen der Novelle 1972 (bis zur Novelle 1999 Absatz 8) einer Anregung des Bundesrats, zur Vermeidung von Zweifeln (wie sie in der vorangegangenen Zeit bestanden hatten)[364] förmlich auszusprechen, dass der Geschäftsverteilungsplan zu seiner Wirksamkeit einer **Veröffentlichung** nicht bedürfe.[365] Eine Veröffentlichung ist aber nicht nur für die Geschäftsverteilungspläne der obersten Bundesgerichte (im Bundesanzeiger) vorgesehen, sondern auch sonst zulässig und im Sinne einer größtmöglichen Transparenz auch wünschenswert; die meisten Gerichte veröffentlichen sie mittlerweile im Internet.[366] Aktuelle gesetzgeberische Bestrebungen zielen auf eine Änderung des Absatzes 9 Halbsatz 2 dahingehend, dass eine Verpflichtung zur Veröffentlichung auf der Internetseite des Gerichts eingeführt wird.[367] 81

2. Einsichtsberechtigte, Form der Offenlegung. Die vorgeschriebene **Auflegung** des Geschäftsverteilungsplans zur Einsichtnahme auf einer vom Präsidenten (aufsichtführenden Richter) bestimmten Geschäftsstelle des Gerichts gibt **jedermann** – wie allgemein anerkannt auch ohne Darlegung eines konkreten Anlasses oder eines „berechtigten Interesses" – das Recht zur Einsichtnahme des Geschäftsverteilungsplans in seiner gegenwärtigen Gestalt, also einschließlich der nach Aufstellung des ursprünglichen Plans vorgenommenen Änderungen und Ergänzungen.[368] Aufzulegen ist jedoch nur der Plan für das jeweils **laufende Geschäftsjahr**; dies folgt neben dem Wortlaut der Norm auch aus deren Sinn und Zweck, für Rechtsuchende und Öffentlichkeit die Wahrung des Prinzips des gesetzlichen Richters transparent zu machen.[369] Eine besondere **Mitteilungspflicht** über die Besetzung des Gerichts normiert § 222a Abs. 1 StPO für die Hauptverhandlung im ersten Rechtszug vor den Land- und Oberlandesgerichten. Wenngleich die Mitteilung als solche an den Verteidiger und den Angeklagten zu richten ist,[370] kann nach § 222a Abs. 3 StPO für den Angeklagten nur sein Verteidiger oder ein Rechtsanwalt Einsicht in die für die Besetzung maßgebenden Unterlagen[371] nehmen; dies hindert den Angeklagten jedoch nicht, selbst von dem jedermann zustehenden Recht zur Einsichtnahme in den Geschäftsverteilungsplan Gebrauch zu machen. Nach Einführung des § 21g Abs. 7 durch das UnabhStärkG (Novelle 1999) findet § 21e Abs. 9 entsprechend auf den **spruchkörperinternen Mitwirkungsplan** nach § 21g Anwendung. Aufzulegen ist eine Abschrift des Geschäftsver- 82

---

363 Vgl. insb. die neueren Entscheidungen BVerfG NJW **2012** 2334, 2335; **2017** 1233, 1234 f.; **2018** 1155, 1156; **2025** 2455, 2458.

364 Dazu LR/*K. Schäfer*[23] § 21e, 117.

365 Stellungnahme des Bundesrates zum GesE BTDrucks. **VI** 557 Anlage 2 S. 23.

366 Näher dazu *Labusga/Petit* NJW **2022** 300, auch unter datenschutzrechtlichen Gesichtspunkten; insoweit krit. *Schild* DuD **2025** 110.

367 GesE d. BReg. v. 2.4.2025, BTDrucks. **21** 15; dazu *Herberger* NJW **2025** 3722 f.

368 OLG Düsseldorf MDR **2019** 502, 503; *Schmitz* StraFo **2016** 397, 399; SK/*Velten* 56.

369 OVG Münster NJW **2023** 94, 95 m.w.N. auch zur Einsichtnahme in „alte" Geschäftsverteilungspläne bei berechtigtem Interesse.

370 § 222a Abs. 1 Satz 3 StPO in der Fassung d. Ges. v. 10.12.2019 (BGBl. I S. 2121, 2122); s. dazu KK/*Gmel* § 222a StPO, 8a. Die frühere Fassung der Vorschrift sah demgegenüber nur eine Mitteilung an den Verteidiger vor.

371 Zu diesem Begriff LR/*Jäger* § 222a StPO, 17; vgl. auch Kissel/*Mayer* 75.

teilungsplans.[372] Ein **Anspruch auf Überlassung** oder Übersendung einer solchen Abschrift besteht grundsätzlich nicht; über ein entsprechendes Ersuchen des Einsichtsberechtigten ist vielmehr nach pflichtgemäßem Ermessen zu entscheiden. Nur im Ausnahmefall ist eine Ermessensreduktion auf null denkbar.[373]

83 **3. § 14 Abs. 4 BVerfGG.** Unberührt bleibt § 14 Abs. 4 Satz 3 BVerfGG betreffend die **Bekanntmachung** des Beschlusses über die **Änderung der Zuständigkeit der Senate des BVerfG** im **Bundesgesetzblatt**. Die Vorschrift trägt dem Umstand Rechnung, dass die Geschäftsverteilung zwischen den beiden Senaten im Ausgangspunkt durch § 14 Abs. 1 bis 3 BVerfGG vorgegeben ist. Änderungen, die das Plenum des Gerichts nur unter den Voraussetzungen des § 14 Abs. 4 Satz 1 und 2 BVerfGG mit Wirkung zum Beginn des nächsten Geschäftsjahres regeln kann, bedürfen daher ebenfalls der Bekanntmachung in der für Gesetze vorgesehenen Form.

XXI. Bereitschaftsdienst

84 Zur Aufgabe des Präsidiums gehört die Einrichtung und Ausgestaltung eines richterlichen Bereitschaftsdienstes für unaufschiebbare Dienstgeschäfte durch die Bestellung von Bereitschaftsrichtern und die Bildung von Bereitschaftsspruchkörpern.[374] Nach der Rechtsprechung des BVerfG haben die Gerichte im Hinblick auf den verfassungsrechtlich verankerten **Richtervorbehalt** in Art. 13 Abs. 2 GG für **Durchsuchungsanordnungen**[375] und in Art. 104 Abs. 2 und 3 GG für **freiheitsentziehende Maßnahmen** – wie strafrechtliche Haft- und Unterbringungsanordnungen, zivil- und öffentliche-rechtliche Freiheitsentziehungen[376] sowie Fixierungsmaßnahmen[377] – im Rahmen des Möglichen tatsächliche und rechtliche Vorkehrungen zu treffen, damit die in der Verfassung vorgesehene Regelzuständigkeit des Richters auch in der Masse der Alltagsfälle gewahrt bleibt und hierdurch die Wirksamkeit des Richtervorbehalts sichergestellt wird.[378] Unabhängig vom konkreten Bedarf ist die Erreichbarkeit eines Richters für unaufschiebbare Dienstgeschäfte bei Tage uneingeschränkt zu gewährleisten; dies gilt auch an Wochenenden und gesetzlichen Feiertagen.[379] Die Tageszeit umfasst (ganzjährig) den Zeitraum zwischen 6 Uhr und 21 Uhr (vgl. § 104 Abs. 3 StPO in der ab 1.7.2021 geltenden Fassung; § 758a Abs. 4 Satz 2 ZPO).[380] Ob die Einrichtung eines Bereitschaftsdienstes auch für die Nachtzeit geboten ist, richtet sich danach, ob und inwieweit ein Bedarf an

372 BFH Beschl. v. 13.1.2016 – IX B 94/15 (juris, Rn. 7).

373 Ausführlich BGH NJW **2019** 3307, 3308 f. m. zust. Anm. *Leitmeier*; OLG Hamburg FamRZ **2020** 525; ferner OLG Koblenz MDR **2019** 1213; OLG Oldenburg NdsRpfl. **2020** 117; OLG Zweibrücken MDR **2025** 1290; **a.A.** – Anspruch auf Abschrift – OLG Düsseldorf MDR **2019** 502, 503 (alle Entscheidungen zu § 21g Abs. 7 i.V.m. § 21e Abs. 9 Halbsatz 1).

374 Vgl. zu Bereitschaftsspruchkörpern *Fischer* DRiZ **1968** 341; *Schorn/Stanicki* 143; Kissel/*Mayer* 136; LR/*Breidling*[26] 80.

375 BVerfGE **151** 67 = NJW **2019**, 1428 m. Anm. *Krumm*; BVerfG NJW **2004** 1442; **2005** 1637; StV **2006** 676.

376 *Braun* Betrifft Justiz **2019** 57, 61; Kissel/*Mayer* 136.

377 BVerfGE **105** 239; **149** 293, 335; BVerfG NVwZ **2006** 579.

378 BVerfGE **103** 142; Zöller/*Lückemann* § 22c 1, 6.

379 BVerfGE **105** 239, 248; **139** 245, 267 f.; **151** 67, 96; BVerfG NJW **2004** 1442; **2005** 1637, 1638; StV **2006** 676; BayVerwBl. **2026** 45, 48 Rn. 38.

380 BVerfGE **149** 293, 335; **151** 90 ff.; *Rabe von Kühlewein* NStZ **2019** 501; noch auf § 104 Abs. 3 StPO a.F. abstellend BVerfGE **105** 239; **139** 245; LR/*Siolek*[26] 22c, 4.

richterlichen Anordnungen besteht, der über den Ausnahmefall hinausgeht.[381] Dem Präsidium steht ein Beurteilungs- und Prognosespielraum zu, ob es die Notwendigkeit eines 24-Stunden-Bereitschaftsdienstes in den jeweiligen Gerichtsbezirken anhand statistischer Erhebungen oder hinreichend plausibler allgemeiner Erfahrungswerte schätzt.[382] Ein erhöhter Bedarf kann auch zeitlich begrenzt während der Dauer von Großereignissen (z.B. Castortransporte,[383] G20-Gipfel) bestehen. Eine auf Gefahr im Verzug gestützte Anordnung ist rechts- und verfassungswidrig, wenn die Einrichtung des Bereitschaftsdienstes nicht den verfassungsrechtlichen Anforderungen entspricht.[384]

Um eine ungleichmäßige Auslastung mit Bereitschaftsdiensten zu vermeiden und einen flexiblen Einsatz des vorhandenen richterlichen Personals zu ermöglichen, sind die Landesregierungen gem. § 22c Abs. 1 (oder gem. § 22c Abs. 2 die Landesjustizverwaltung) ermächtigt, durch Rechtsverordnung zu bestimmen, dass ein gemeinsamer Bereitschaftsdienstplan für mehrere (nicht notwendig alle) Amtsgerichte eines Landgerichtsbezirks aufgestellt (**Pool-Lösung**) oder die Wahrnehmung des Bereitschaftsdienstes (ganz oder teilweise) bei einem Amtsgericht konzentriert wird (**Konzentrationslösung**).[385] Hat die Landesregierung eine entsprechende Regelung durch Rechtsverordnung getroffen, obliegt es dem Präsidium des übergeordneten Landgerichts, die konkret wahrzunehmenden richterlichen Geschäfte des Bereitschaftsdienstes und die Einteilung der Richter festzulegen, und zwar im Einvernehmen mit den Präsidien der betroffenen Amtsgerichte (§ 22c Abs. 1 Satz 4); kommt eine Einigung nicht zustande, geht die Zuständigkeit zur Aufstellung des Bereitschaftsdienstplans auf das Präsidium des Oberlandesgerichts über, zu dessen Bezirk das Landgericht gehört (§ 22c Abs. 1 Satz 5).[386] 85

Für den **Bereitschaftsdienstplan** gilt das Jährlichkeitsprinzip;[387] aus ihm müssen sich nach den Grundsätzen des § 21e die abstrakt-generelle Verteilung der Geschäfte, die Namen der Bereitschaftsrichter, der Zeitraum ihrer Heranziehung und die konkrete Vertretungsregelung im Verhinderungsfall ergeben.[388] Im Hinblick auf das Gebot des gesetzlichen Richters ist ein formloser „Tausch" zwischen den im Bereitschaftsdienst eingesetzten Richtern unzulässig.[389] Zudem sollte eine Abgrenzung zur Zuständigkeit des nach dem regulären Geschäftsverteilungsplan zuständigen Richters vorgenommen werden.[390] Das Präsidium ist zur Heranziehung aller Richter ermächtigt, aber nicht verpflichtet; es kann Ausnahmen z.B. für Proberichter zulassen.[391] Im Fall der Bereitschaftsdienstkonzentration können neben den Richtern der Amtsgerichte sämtliche Richter des Landgerichts einschließlich der Vorsitzenden 86

381 BVerfGE **139** 245, 267 f.; **151** 88 f.; BVerfG NJW **2004** 1442; **2005** 1637, 1638; für einen generellen 24-Stunden-Bereitschaftsdienst *Fickenscher/Dingelstadt* NJW **2009** 3473.

382 BVerfGE **151** 93 f.; *Klein* Kriminalistik **2019** 528; *Rabe von Kühlewein* NStZ **2019** 501; Zöller/*Lückemann* § 22c, 1.

383 BVerfGE **151** 94; Kissel/*Mayer* 136.

384 BVerfGE **151** 76; zur Annahme eines Beweisverwertungsverbots OLG Hamm NStZ **2010** 165 m. Anm. *Rabe von Kühlewein.*

385 Art. 20 Nr. 1 OLGVertrÄndG v. 23.7.2002 (BGBl. I 2850, 2855); *Falk* DRiZ **2007** 151; *Hartmann* DRiZ **2004** 316; Kissel/*Mayer* § 22c, 3 f.; KK/*Barthe* § 22c, 1; zum Gesetzgebungsverfahren s. Beschlussempfehlung und Bericht des BTRAussch. BTDrucks. **14** 9266 S. 38 ff.

386 Wegen der Einzelheiten der Regelung des § 22c s. die Ausführungen bei LR/*Gittermann* § 22c.

387 Vgl. § 21f, 30.

388 *Falk* DRiZ **2007** 154; Kissel/*Mayer* 136a; KK/*Barthe* § 22c, 5; MüKo/*Schuster* § 22c, 6, 8.

389 *Falk* DRiZ **2007** 154 ff.; Kissel/*Mayer* 136a; Zöller/*Lückemann* § 22c, 5.

390 *Falk* DRiZ **2007** 153; *Schmitt*/Köhler § 22c, 5; Zöller/*Lückemann* § 22c, 4.

391 Zöller/*Lückemann* § 22c, 2.

Richter herangezogen werden.[392] Im Hinblick auf die zunehmenden inhaltlichen Anforderungen an den Bereitschaftsdienstrichter ist es zur Professionalisierung des Eildienstes zulässig, einen zentralisierten und spezialisierten Bereitschaftsdienst aus ausgewählten Richtern zu bilden.[393]

§ 21f

(1) Den Vorsitz in den Spruchkörpern bei den Landgerichten, bei den Oberlandesgerichten sowie bei dem Bundesgerichtshof führen der Präsident und die Vorsitzenden Richter.

(2) [1]Bei Verhinderung des Vorsitzenden führt den Vorsitz das vom Präsidium bestimmte Mitglied des Spruchkörpers. [2]Ist auch dieser Vertreter verhindert, führt das dienstälteste, bei gleichem Dienstalter das lebensälteste Mitglied des Spruchkörpers den Vorsitz.

Schrifttum

Frisch Problematik und Grenzen der Errichtung von Hilfsstrafkammern, NStZ **1987** 265; **1987** 304; *Helber* Das Reichsgericht zur Besetzung der Gerichte und zur Geschäftsverteilung, DRiZ **1929** 48; *Kissel* Die Verhinderung des Richters und seine Vertretung, FS Rebmann (1989) 63; *W. Müller* Die Rechtsprechung des BGH über die Verwendung von Hilfsrichtern, DRiZ **1963** 37; *Röpke* Die vorschriftswidrige Besetzung des Gerichtsvorsitzenden als Revisionsgrund, JZ **1962** 698; *Sarstedt* Der Vorsitzende des Kollegialgerichts, Juristen-Jahrbuch **8** 104; *Schorn/Stanicki* Präsidialverfassung der Gerichte aller Rechtswege[2] (1975) 89; *Schünemann* Die Vorsitzendenkrise im 2. und 4. Strafsenat des BGH im Lichte der Verfassungsgarantie des gesetzlichen Richters, ZIS **2012** 1; *Siegert* Fehlerhafte Besetzung des Kollegialgerichts nach der Rechtsprechung des BGH, NJW **1957** 1622; *Sowada* Der Doppelvorsitz beim BGH und das Prinzip des gesetzlichen Richters, NStZ **2012** 353; *Stanicki* Welches Rechtspflegeorgan stellt die tatsächliche Verhinderung eines Richters fest? DRiZ **1973** 124.

Entstehungsgeschichte

§ 21f beruht – in seiner auch durch das **UnabhStärkG (Novelle 1999)** unverändert gebliebenen – Fassung auf Art. II Nr. 4 des Gesetzes zur Änderung der Bezeichnungen der Richter und ehrenamtlichen Richter und der Präsidialverfassung der Gerichte v. 26.5.1972[1] – **Reform 1972.**

Übersicht

392 Beschlussempfehlung und Bericht des BTRAussch. BTDrucks. **14** 9266 S. 39; KK/*Barthe* § 22c, 4; MüKo-ZPO/*Pabst* § 22c, 8; *Schmitt*/Köhler § 22c, 3; Zöller/*Lückemann* § 22c, 2.

393 Zöller/*Lückemann* § 22c, 2.

1 BGBl. I S. 841.

Alphabetische Übersicht

I. Ordentliche Vorsitzende der Spruchkörper der Kollegialgerichte (Absatz 1)

1. Geltungsbereich des Absatz 1. § 21f Abs. 1 ist – durch das PräsVerfG (Reform 1972) 1
v. 26.5.1972 – an die Stelle des § 62 Abs. 1 Satz 1 a.F. („Den Vorsitz in den Kammern führen

der Präsident und die Direktoren") getreten, der nach §§ 117, 131 a.F. für die Senate des Oberlandesgerichts und des BGH entsprechend anwendbar war. § 21f gilt für nahezu alle beim Landgericht und alle bei den höheren Gerichten gebildeten **ordentlichen Spruchkörper** (zu Hilfsspruchkörpern s. Rn. 13), also auch für die kleine Strafkammer (§ 76 Abs. 1 Satz 1 Alt. 2), abweichend vom früheren Recht, das die Führung des Vorsitzes durch ein „ständiges Mitglied des Landgerichts" (d.h. auch durch einen Landgerichtsrat) zuließ (§ 62 Abs. 1 Satz 2 a.F.), für die auswärtige Strafkammer (§ 78) und für die Strafvollstreckungskammer (§ 78a). Die sog. **„kleine" Strafvollstreckungskammer** – bei Entscheidungen in der Besetzung mit einem Richter (§ 78b Abs. 1 Nr. 2) – stellt dagegen keinen selbstständigen Spruchkörper dar; vielmehr ist der entscheidende Richter Mitglied der mit drei Richtern besetzten Strafvollstreckungskammer.[2] Eine Ausnahme von § 21f Abs. 1 gilt nach der spezielleren Vorschrift des § 106 lediglich für die auswärtige Kammer für Handelssachen (§ 93 Abs. 1 Satz 2).

2 **2. Grundgedanke des Absatz 1.** Nach § 28 Abs. 2 Satz 2 DRiG kann, wenn ein Gericht in der Besetzung mit mehreren Richtern tätig wird (so auch beim erweiterten Schöffengericht, § 29 Abs. 2), nur ein Richter auf Lebenszeit den Vorsitz führen. § 21f Abs. 1 bestimmt darüber hinaus, dass der ordentliche **Vorsitz in den Spruchkörpern** der Kollegialgerichte außer dem Präsidenten **nur** den **Vorsitzenden Richtern** (§ 19a DRiG; den früheren Landgerichtsdirektoren und Senatspräsidenten) übertragen werden kann. Die Vorschrift bezweckt, dass nur solche Richter den Spruchkörpern vorsitzen, die – so die Idee – nach ihrer Auswahl, größeren Sachkunde, reiferen Erfahrung und besseren Menschenkenntnis die Qualität und die im Interesse der Rechtssicherheit erforderliche Einheitlichkeit der Rechtsprechung ihres Spruchkörpers in besonderem Maße gewährleisten.[3] Demgemäß kann von einer Führung des Vorsitzes nur gesprochen werden, wenn der Präsident oder Vorsitzende Richter in der Lage ist, den Vorsitz (durch Anberaumung der Termine, Vorsitz in der Sitzung und bei Beratungen etc.) in einem Umfang wahrzunehmen, der ihm einen **richtungweisenden Einfluss** auf die Rechtsprechung des Spruchkörpers sichert.[4]

3 Die mit seiner Funktion einhergehende **hervorgehobene Stellung des Vorsitzenden** wurde durch das **UnabhStärkG (Novelle 1999)** relativiert – „Vorsitzenden-Dämmerung"[5] – und „zugunsten der Gleichrangigkeit der Richter zurückgefahren", wodurch erklärtermaßen „sachlich nicht mehr gerechtfertigte Privilegien (...) überwunden" werden sollten.[6] Bereits zuvor gab es Stimmen, die in der unterschiedlichen Stellung von Vorsitzenden und Beisitzern sowie der hierzu ergangenen (zu Rn. 2 angeführten) Rechtsprechung einen unzeitgemäßen „Rest hierarchischer Strukturen" sahen und den – in diesem Zusammenhang bereits mit Blick auf ganz unterschiedliche Erfahrungshintergründe nicht den Tatsachen entsprechenden – Gedanken von der Gleichwertigkeit aller Richter und Richterämter als Argument für einen rotierenden Vorsitz im Kollegialgericht fruchtbar machen wollten[7] oder unter Berufung auf Einzelfälle das Idealbild des „Vorsitzenden Rich-

---

2 LR/*Gittermann* Vor § 78a, 6 ff.

3 BGH NJW **2009** 931, 932; **2015** 1685, 1687; NJW-RR **2017** 635, 636; KG NStZ **2018** 491, 492.

4 BVerfG NJW **2004** 3482; BGHSt **2** 71, 73; **21** 131, 133; **25** 54; BGHZ (GrSZ) **37** 210; **49** 64; **88** 1; BGH NJW **1974** 1572; **2009** 931; BayVerfGH NJW **1969** 1808; *Sowada* 407 ff.; Kissel/*Mayer* 4; KK/*Diemer* 2; MüKo-ZPO/*Pabst* 7; *Schmitt*/Köhler 3; krit. SK/*Velten* 1.

5 *Kissel* NJW **2000** 460, 461.

6 BTDrucks. **14** 979 S. 4 f.; krit. zu den genannten Prämissen MdB *Kauder* 45. BTSitzg. v. 17.6.1999 Plenprot. **14** 45 S. 3832 f.; 64. BTSitzg. v. 29.10.1999 Plenprot. **14** 64 S. 5758 f.

7 Dazu *Hanack* ZZP **87** (1974) 413.

ters" generell in Zweifel zogen.[8] Die Diskussion erhielt weitere Nahrung durch die Entscheidung BVerfGE **26** 72, aus der einige Stimmen folgerten, dass der „richtungweisende Einfluss" des Vorsitzenden als solcher überholt und unzeitgemäß sei.[9] Der Beschluss hatte zum Gegenstand, ob es verfassungsrechtlich zulässig sei, in Bayern die Senatspräsidenten am Oberlandesgericht höher zu besolden als einen Rat am BayObLG; dazu heißt es u.a.: „Es ist zwar eine gängige Formulierung, dass die Senatspräsidenten eine besondere Verantwortung für die Kontinuität und Einheitlichkeit ihres Senats haben; in Wahrheit tragen dafür auch die übrigen Mitglieder dieses Senats die Verantwortung. Bei der Rechtsfindung im konkreten Fall ist die Aufgabe, Leistung und Verantwortung aller Mitglieder des erkennenden Gerichts völlig gleich. Unter dem Gesichtspunkt Aufgabe, Leistung und Verantwortung darf deshalb der Oberstlandesgerichtsrat gegenüber dem Senatspräsidenten an einem Oberlandesgericht keine Minderbewertung erfahren; ..."[10] Hiergegen lässt sich einwenden, dass die – nicht in Frage stehende – gleiche Verantwortung aller mitwirkenden Richter bei der Entscheidung im konkreten Fall nicht den Schluss trägt, auch die Verantwortung für die Kontinuität und Einheitlichkeit der Rechtsprechung des Senats im Allgemeinen sei (schlechthin) die gleiche. In aller Regel behält der Vorsitzende Richter „seinen" Senat auf längere Zeit, während die Beisitzer mehr oder weniger häufig wechseln. Indem der Vorsitzende so als „ruhender Pol" und – zumal in einem Spruchkörper mit verschiedenen Spruchgruppen – auch als „Klammer" fungiert, übt er fraglos **„richtungweisenden Einfluss"** aus. Das **UnabhStärkG (Novelle 1999)** hat die herausgehobene Stellung des Vorsitzenden auch nicht aufgegeben, sondern lediglich abgeschwächt; insbesondere ist **§ 21f unverändert** geblieben, mit dem das PräsVerfG v. 26.5.1972 das frühere Recht aufrecht erhalten hatte, so dass auch die Rechtsprechung zu § 66 a.F. keineswegs als überholt anzusehen ist.[11] Das BVerfG und der BGH haben die Bedeutung der Rolle des Vorsitzenden in neueren Entscheidungen nicht in Frage gestellt.[12] Die Kontroverse ist mittlerweile einer sachlichen Auseinandersetzung gewichen, die zwischen Prestige und Funktion trennt.[13]

Der Grundgedanke des § 21f Abs. 1 wird in unzulässiger Weise unterlaufen, wenn dem **4** Präsidenten als Vorsitzendem oder dem Vorsitzenden Richter durch die Gesamtgestaltung seiner dienstlichen Verhältnisse die **Möglichkeit**, auf die Arbeit des Spruchkörpers einen **richtunggebenden Einfluss auszuüben**, (nicht nur vorübergehend) **tatsächlich genommen** ist und in Wahrheit der Vertreter (§ 21f Abs. 2) dauernd oder für unbestimmte Zeit den Vorsitz allein oder zu einem ganz erheblichen Teil führt; dies eröffnet den absoluten Revisionsgrund des § 338 Nr. 1 StPO.[14] Ebenso unzulässig ist es, dem ständigen Vertreter den Vorsitz in nach Endziffern des Aktenzeichens bezeichneten Verfahren generell zu übertragen, unabhängig davon, ob im konkreten Fall eine Verhinderung gegeben ist oder

8 Abl. dazu auch *Haehling* DRiZ **1968** 383; *Hülle* DRiZ **1972** 369; *Krause* DRiZ **1972** 171.

9 So z.B. *Mattern* JZ **1970** 556, 557; *P. Müller* NJW **1974** 2242; DRiZ **1972** 127, 128; s. auch *Wolf* § 13 II 1 c, wonach zwar der „rotierende Vorsitz" abzulehnen ist, die Aufgabe des Vorsitzenden aber nicht in der Ausübung richtungweisenden Einflusses auf die Rechtsprechung des Spruchkörpers besteht, sondern sich allein auf den äußerlich ordnungsgemäßen Ablauf beschränkt; so bereits *Kern* (Gerichtsverfassungsrecht)[4] 150.

10 BVerfGE **26** 72, 76 f.; anders BayVerfGH, NJW **1969** 1808 sowie ausführlich LR/*K. Schäfer*[22] § 21f, I 2.

11 Vgl. *Hülle* DRiZ **1972** 369: „Die herausragende Stellung des Vorsitzenden hat das Parlament schließlich anerkannt".

12 BVerfG NJW **2004** 3482, 3483; BGHSt **25** 54; BGH NJW **2009** 931, 932; ferner BGH NJW **2015** 1685, 1687; NJW-RR **2017** 635, 636.

13 *Sowada* NStZ **2012** 355 f.

14 BGHSt **8** 17; **21** 131, 133; BGHZ (GrSZ) **37** 210; **49** 64; BFH NJW **2019** 1326, 1327.

nicht (vgl. hierzu Rn. 22).[15] War ein Gericht zur Zeit der Hauptverhandlung in diesem Sinne nicht vorschriftsmäßig besetzt, so ist das Urteil auch dann stets als auf diesem Mangel beruhend anzusehen, wenn der den Vorsitz führende Richter zur Zeit der Beratung und Urteilsverkündung nachträglich zum Vorsitzenden Richter ernannt worden war.[16] Diese Grundsätze sind uneingeschränkt anwendbar auf den Vorsitz bei allen Kollegialgerichten.[17]

5 **3. Durchführung des Grundgedankens im Einzelnen.** Die Rechtsprechung hat **feste Regeln** dafür aufgestellt, wann noch von einem **„richtunggebenden Einfluss“** des **Vorsitzenden Richters** gesprochen werden kann; dabei gehen die Anforderungen an das Maß der eigenen Mitwirkung des Vorsitzenden heute weit über diejenigen hinaus, welche die Rechtsprechung des RG gestellt hatte. Nach der mit BGHZ **37** 210 (GrSZ) eingeleiteten ständigen Rechtsprechung muss der Vorsitzende Richter grundsätzlich (von Fällen vorübergehender Verhinderung abgesehen) **mindestens 75 %** aller einem Vorsitzenden zufallenden Obliegenheiten – insbesondere Leitung der Verhandlung, Durchführung der Beweisaufnahme, Leitung der Beratung – selbst erledigen, wobei die einzelnen Spruchsachen nach ihrem Schwierigkeitsgrad gewogen werden müssen und nicht lediglich gezählt werden dürfen.[18] Es kommt daher nicht etwa allein auf die Anzahl der Sitzungen an, die der Vorsitzende leitet.[19] Allerdings betrifft diese Rechtsprechung nicht die Qualität der Betätigung in dem Sinne, dass sie eine bestimmte Art und Weise der Aufgabenwahrnehmung einfordert.[20] Die 75 %-Regel gilt auch für die überwiegend mit Justizverwaltungsangelegenheiten beschäftigten **Präsidenten** der Oberlandesgerichte und Landgerichte, die den Vorsitz in einem Senat (einer Kammer) übernehmen müssen (§ 21e Abs. 1 Satz 3, § 21f Abs. 1), sowie für ihre gleichfalls mit Verwaltungsangelegenheit befassten ständigen Vertreter i.S.d. § 21h Satz 1, die „Vizepräsidenten“.[21] Das Präsidium muss dann durch die Geschäftsverteilung dafür sorgen, dass dem Senat bzw. der Kammer des Präsidenten (und seines ständigen Vertreters) nur so viele Geschäfte zugewiesen werden, dass dieser noch einen richtunggebenden Einfluss auf die Rechtsprechung seines Spruchkörpers ausüben kann.[22]

6 **Vorübergehende Verhinderung.** In gleicher Weise hat die Rechtsprechung Grundsätze aufgestellt, wie lange eine Verhinderung des Vorsitzenden als nur vorübergehend anzusehen und die Wahrnehmung seiner Obliegenheiten durch den Vertreter (§ 21f Abs. 2) statthaft ist (Rn. 17 ff.).

7 **Zeitweise Ausnahme in den neuen Bundesländern.** Nach § 10 Abs. 4 RpflAnpG i.d.F. des dritten Änderungsgesetzes v. 6.8.1998[23] – die letzte Änderung der Vorschrift durch das UnabhStärkG v. 22.12.1999[24] hatte Absatz 4 unberührt gelassen – **konnten** in den in Absatz 1 des EinigungsV genannten Ländern abweichend von § 21f Abs. 1 **bis** zum Ablauf des am **31.12.2004** endenden Geschäftsjahres **neben Vorsitzenden Richtern auch andere**

---

15 OLG Düsseldorf StV **1994** 533; SK/*Velten* 7.

16 BGHZ **10** 130.

17 BGHZ **37** 210.

18 Ebenso BGH NJW **1984** 129, 131; Beschl. v. 23.8.2016 – X ARZ 292/16 (juris, Rn. 7); BSG NJW **1974** 377; ferner *Sowada* NStZ **2012** 355; Kissel/*Mayer* 4; MüKo-ZPO/*Pabst* 7; Zöller/*Lückemann* 3.

19 BGH NJW-RR **2017** 635, 637.

20 BVerfG NJW **2012** 2334, 2337; Graf/*Valerius* 5; KK/*Diemer* 2; MüKo/*Schuster* 5; **a.A.** BGH (2. Strafsenat) NStZ **2012** 406 m. Bespr. *Sowada* NStZ **2012** 353.

21 BGHZ (GrSZ) **49** 64 = JZ **1968** 567 m. krit. Anm. *Kern*; BGH NJW-RR **2017** 635, 637.

22 Kissel/*Mayer* § 21e, 126; *Matthiessen* DRiZ **2025** 468, 469; Zöller/*Lückemann* 3; vgl. auch BGH Beschl. v. 23.8.2016 – X ARZ 292/16, juris Rn. 7.

23 BGBl. I S. 2030.

24 BGBl. I S. 2598.

Richter den Vorsitz führen;[25] das Rechtspflege-Anpassungsgesetz wurde durch das Erste Gesetz über die Bereinigung von Bundesrecht im Zuständigkeitsbereich des Bundesministeriums der Justiz (Art. 3 – Aufhebung des Rechtspflegeanpassungsgesetzes) v. 19.4.2006[26] aufgehoben.

4. Unzulässige Umgehung des Absatzes 1

a) Bildung selbständiger Abteilungen innerhalb des Spruchkörpers. Schon in der älteren Rechtsprechung war es als eine unzulässige Umgehung der Vorschriften über die Vorsitzführung durch einen Landgerichtsdirektor (Senatspräsident) angesehen worden, wenn bei demselben Spruchkörper (Kammer, Senat) mehrere selbstständige „Abteilungen" mit getrenntem Personal und getrennten Dienstgeschäften gebildet wurden, von denen die eine von dem Landgerichtsdirektor (Senatspräsident), die andere von seinem Vertreter geleitet wurde.[27] Das galt auch dann, wenn der Vorsitzende zwar der von dem Vertreter geleiteten „Abteilung" die Geschäfte jeweils zuwies, er aber nachfolgend keinen Einfluss auf die weitere Behandlung mehr nahm oder nehmen konnte.[28] Eine solche Handhabung wäre jetzt nach der Rechtsprechung zum notwendigen Umfang des einem Vorsitzenden Richter obliegenden Anteils an den Geschäften seines Spruchkörpers unzulässig (Rn. 5).[29] Eine gewisse „Aufweichung" haben diese Grundsätze, die der Wahrung der **Einheitlichkeit und Kontinuität der Rechtsprechung eines Spruchkörpers** dienen sollen, durch die Einführung des Einzelrichters bei den Bußgeldsenaten der Oberlandesgerichte erfahren (§ 80a Abs. 1 OWiG).[30] 8

b) „Überbesetzter" Spruchkörper. Die Überbesetzung eines Spruchkörpers verstößt – unabhängig von den aus dem Grundsatz des gesetzlichen Richters herzuleitenden Vorgaben – gegen § 21f Abs. 1, wenn der Vorsitzende Richter (Präsident) nicht regelmäßig mindestens 75 % der einem Vorsitzenden obliegenden Aufgaben selbst wahrnehmen kann.[31] 9

5. Vorsitz in mehreren Spruchkörpern. Gem. § 21e Abs. 1 Satz 4 ist es nicht unzulässig, einen Vorsitzenden Richter zum Vorsitzenden mehrerer Spruchkörper zu bestimmen.[32] Wird etwa einem Vorsitzenden Richter am Bundesgerichtshof der **Doppelvorsitz** in zwei voll ausgelasteten Strafsenaten übertragen, verstößt dies für sich genommen auch nicht gegen den Grundsatz des gesetzlichen Richters.[33] Insbesondere sind die Beteiligten eines Verfahrens, über das ein derart besetzter Senat entschieden hat, selbst bei einer Überbean- 10

---

25 Vgl. Vor § 21a, 10; § 21e, 37.

26 BGBl. I S. 866; vgl. hierzu Vor § 21a, 10.

27 RGSt **55** 238; RG JW **1914** 427; **1915** 96.

28 Vgl. *Sprinkhardt* DJZ **1914** 299.

29 Vgl. dazu § 21e, 10 ff.

30 Eingeführt durch Gesetz v. 26.1.1998 (BGBl. I S. 156). Nach der seit dem 1.9.2004 geltenden Fassung des § 80a OWiG ist die Entscheidung durch den Einzelrichter als Regelfall vorgesehen.

31 S. hierzu und zur Überbesetzung im Übrigen Rn. 5 sowie § 21e, 10 ff., 31.

32 RGSt **55** 202, 238; BGHSt **2** 71; **8** 17; **25** 59 = JZ **1974** 586 m. krit. Anm. *Kleinknecht*; BGH NJW **1967** 1566; **1974** 1572; BSG NJW **1974** 377; OLG Koblenz MDR **1966** 1023.

33 BVerfG NJW **2012** 2334, 2335 f.; BGH StV **2012** 209; **2012** 272; KK/*Diemer* 2; MüKo/*Schuster* 5; **a.A.** BGH NStZ **2012** 406; insoweit zust. *Sowada* NStZ **2012** 356. Zur Besetzungsrüge bei Überbeanspruchung vgl. § 21e, 80.

spruchung des Vorsitzenden nicht in ihrem Recht aus Art. 101 Abs. 1 Satz 2 GG verletzt.[34] Entscheidend ist vielmehr auch in derartigen Fällen nur, inwieweit dem Vorsitzenden in den Spruchkörpern – und sei es durch überobligatorischen Einsatz – ein „richtunggebender Einfluss“ im Sinne der Erläuterungen unter den Rn. 2 ff. zukommt.[35] Das durchschnittliche richterliche Arbeitspensum ist insoweit nicht maßgebend.[36] Eine offenkundige Umgehung des § 21f Abs. 1 wäre aber anzunehmen, wenn der Vorsitzende gleichzeitig mit der Übertragung eines weiteren Vorsitzes für (nicht nur vorübergehend) verhindert erklärt würde, den Vorsitz in dem Spruchkörper zu führen.[37]

6. Verwendung von Vorsitzenden Richtern in anderer Funktion

11 **a) Vorsitzender Richter als Beisitzer.** Es ist nicht unzulässig, dass ein Vorsitzender Richter in dem Spruchkörper, dem er vorsitzt, als Beisitzer tätig wird, z.B. wenn er vorübergehend (etwa aus gesundheitlichen Gründen) verhindert ist, als Vorsitzender zu fungieren, und in dieser Eigenschaft gem. § 21f Abs. 2 vertreten werden muss.[38] Ebenso kann, wenn es in einem anderen Spruchkörper einer vorübergehenden Vertretung eines Beisitzers bedarf, als Vertreter auch ein Vorsitzender Richter (in Eilfällen gem. § 21i Abs. 2) bestellt werden. Darüber hinaus ist es auch zulässig, im Geschäftsverteilungsplan einen Vorsitzenden Richter zwei Spruchkörpern (§ 21e Abs. 1 Satz 4) in der Weise zuzuteilen, dass er in dem einen den Vorsitz führt, in dem anderen ständig als Beisitzer verwendet wird.[39] Dem steht weder der Wortlaut des § 21f Abs. 1 noch dessen Sinn entgegen, soweit nicht die Tätigkeit als Beisitzer auf Dauer deutlich überwiegt; vielmehr sieht § 21e Abs. 1 Satz 4 die Verwendung auch des Vorsitzenden Richters in einem weiteren Spruchkörper ohne Beschränkung auf die Vorsitzendentätigkeit vor.[40] Ebenso wenig spricht gerichtsverfassungsrechtlich etwas dagegen, den Vorsitzenden Richter am Landgericht in Form eines sog. Doppelrichters (§ 59 Abs. 2) beim Amtsgericht als Einzelrichter oder als Beisitzer beim erweiterten Schöffengericht zu verwenden[41] oder einen Vorsitzenden Richter am Landgericht gem. § 37 DRiG als Beisitzer zum Oberlandesgericht abzuordnen. Die Heranziehung eines Vorsitzenden Richters zu einem weiteren richterlichen Amt findet allerdings dort ihre Grenze, wo er an der Wahrnehmung der Aufgaben in seinem Spruchkörper gehindert werden kann.[42]

12 **b) Rückabordnung eines Vorsitzenden vom Oberlandesgericht zum Landgericht.** Der Vorsitz bei einer großen Strafkammer darf auch geführt werden durch einen während einer laufenden Hauptverhandlung zum Vorsitzenden Richter am Oberlandesgericht beförderten und teilweise (zum Zwecke der Fortführung der Hauptverhandlung) zum Land-

---

34 BVerfG NJW **2012** 2334, 2336; dem Vorsitzenden selbst steht es als Ausdruck seiner richterlichen Unabhängigkeit frei, ob er sich auf sein Recht beruft, nur mit einem durchschnittlichen Arbeitspensum belastet zu werden, oder ob er ggf. sein erhöhtes Leistungsvermögen bzw. seine erhöhte Leistungsbereitschaft zur Bewältigung überobligatorischer Aufgaben einsetzt.

35 MüKo/*Schuster* 12.

36 So aber *Schünemann* ZIS **2012** 5 f.; *Sowada* NStZ **2012** 356.

37 RGSt **55** 238; **56** 157; **62** 366, 368; BGHSt **2** 71; **12** 104, 107; BGHZ **9** 291, 293; **10** 130, 131.

38 BGH MDR **1994** 764 zum Fall eines Vorsitzenden, der sein Bein wegen einer aktuellen Beeinträchtigung hochlagern musste.

39 BGHZ **88** 1; *Fischer* DRiZ **1967** 52; Kissel/*Mayer* 5; MüKo/*Schuster* 4; Zöller/*Lückemann* 10; **a.A.** Graf/*Valerius* 3; LR/*Breidling*[26] 11.

40 BGHZ **88** 1, 6 f.

41 Zöller/*Lückemann* 10.

42 BGHZ **88** 1, 8 f.; unberührt bleibt ferner das Recht des Vorsitzenden Richters auf eine seinem Statusamt angemessene Beschäftigung (vgl. für das Beamtenrecht BVerfGE **70** 251, 266).

gericht rückabgeordneten vormaligen Vorsitzenden Richter am Landgericht. § 21f Abs. 1, wonach den Vorsitz in einem Spruchkörper des Landgerichts ein Vorsitzender Richter führen muss, ist hierdurch nicht verletzt. Die Wahrnehmung des Vorsitzes durch einen in ein höheres Richteramt beförderten Vorsitzenden Richter läuft Sinn und Zweck des § 21f Abs. 1 (Rn. 2) nicht zuwider; dieser soll sicherstellen, dass die herausgehobene Stellung des Vorsitzenden durch entsprechend qualifizierte Richter ausgeübt wird.[43]

7. Vorsitz im Hilfsspruchkörper. Wird aus Anlass einer vorübergehenden Überbelastung der ordentlichen Strafkammer eine Hilfsstrafkammer (des ordentlichen Strafsenats ein Hilfsstrafsenat) gebildet, so darf der Hilfsspruchkörper, wenn ein Vorsitzender Richter hierfür nicht zur Verfügung steht, grundsätzlich **mit einem anderen Richter am Landgericht als Vorsitzendem besetzt werden.**[44] Die Frage ist allerdings nicht unumstritten, wobei die Kontroverse im Laufe der Zeit eine gewisse Entwicklung durchgemacht hat. Die Einwendungen gingen zunächst dahin, dass es nach § 21f nicht zulässig sei, einen Spruchkörper – wenn auch von vornherein nur auf begrenzte Dauer angelegt – zu errichten, dessen Vorsitz nicht von einem Vorsitzenden Richter geführt werde. Dem wurde entgegengehalten, § 21f Abs. 1 gelte nur für die Strafkammer als Dauerinstitution, nicht für die Hilfsstrafkammer; denn es liege nicht anders, als wenn unter Verzicht auf die Bildung einer Hilfsstrafkammer die überlastete Kammer durch Zuweisung von Mitgliedern entlastet würde. Dann wäre der Vorsitzende Richter durch die Erledigung der regelmäßig anfallenden Sachen an der Führung des Vorsitzes in den übrigen Sachen vorübergehend verhindert und könnte gem. § 21f Abs. 2 durch einen Richter am Landgericht vertreten werden. Es könne aber keinen Unterschied begründen, ob die Entlastung der Kammer durch Zuweisung von Mitgliedern oder durch die Bildung einer Hilfsstrafkammer erfolge.[45] 13

Die Problematik verschärfte sich, als im Laufe der Zeit die großen Strafkammern häufiger mit Verfahren von jahrelanger Dauer (sog. Umfangverfahren) – anfänglich insbesondere mit NS-Konzentrationslager-Verbrechen – überlastet waren und nunmehr auch die zur Entlastung gebildeten Hilfsstrafkammern nicht mehr Einrichtungen von nur „vorübergehender" Dauer, sondern teilweise ebenfalls von jahrelangem Bestand waren, ohne dass für sie Vorsitzende Richter zur Verfügung gestanden hätten. Auf diese unter dem Gesichtspunkt des gesetzlichen Richters problematische Entwicklung hat die Rechtsprechung reagiert, indem sie der **Dauer des Bestandes der Hilfsstrafkammern Grenzen gesetzt** hat. Die Einrichtung einer Hilfsstrafkammer setzt danach die begründete Erwartung voraus, dass sie, wenn auch nicht im laufenden, so doch im nächsten Geschäftsjahr wieder aufgelöst werden wird.[46] Im Grundsatz ist heute weitgehend anerkannt, dass die 14

---

43 BGHSt **53** 99 m. Anm. *Winkler* jurisPR-StrafR 4/2009 Anm. 3.

44 So die heute **h.M.**, vgl. BGHSt **12** 104; **18** 178; **31** 389 (mit ausführlicher Begr.); **33** 303; umfassend hierzu *Sowada* 351ff., 362; ferner *Katholnigg* JR **1983** 521; MüKo-ZPO/*Pabst* 6; *Schmitt*/Köhler 12; Thomas/Putzo/*Hüßtege* 2; Zöller/*Lückemann* 2; **a.M.** *Dahs/Dahs* 133; *Frisch* NStZ **1984** 86, 87f.; **1987** 265ff., 304ff.; *Schorn/Stanicki* 142; Kissel/*Mayer* 7; KK/*Diemer* 1; SK/*Velten* 3; zum Vorsitz in einem Hilfsspruchkörper für Zivilsachen vgl. BVerfG NJW **2025** 2455, 2459; BGH NJW **2025** 3228.

45 RG JW **1932** 2888; BGHSt **12** 104 = NJW **1959** 218 m. zust. Anm. *Kern*; BGHSt **18** 176, 178; **21** 23; **31** 389 = JR **1983** 519 m. Anm. *Katholnigg* = NStZ **1984** 84 m. Anm. *Frisch*; s. auch BGHSt **33** 234 = JR **1986** 125 m. Anm. *Katholnigg*; OLG Koblenz DRiZ **1968** 22; anders früher RGSt **62** 309; RG JW **1925** 140 1; HRR **1930** Nr. 1855, wo die Besetzung mit einem Landgerichtsdirektor für erforderlich, es aber für zulässig erklärt wurde, dass er von vornherein als ständig an der Führung des Vorsitzes verhindert bezeichnet werde.

46 BGHSt **31** 389; **33** 303; LR/*Gittermann* § 60, 15f.; s. auch BGH NJW **2000** 1580, 1581; vgl. zum seit 21.7.2021 eingerichteten und im Jahr 2026 immer noch tätigen „Diesel"-Hilfssenat VIa des BGH aber auch BVerfG NJW **2025** 2455 Rn. 45, BGH NJW **2025** 3228 Rn. 26, wonach die für die Strafgerichte entwickelten Grundsätze nicht ohne weiteres auf die Zivilgerichte übertragen werden können.

praktisch unentbehrliche Hilfsstrafkammer auch ohne „Vorsitzenden Richter“ in dem Gebot der Sicherung einer funktionsfähigen Strafrechtspflege[47] ihre legitime Grundlage findet. Systematisch wird die Bildung einer Hilfskammer dabei als Maßnahme des Präsidiums zur kammerinternen Ausgleichung einer Überlastung behandelt. Die Hilfskammer ist danach keine selbstständige Kammer, sondern allein zur Vertretung der Stammkammer berufen, und dies nur in Sachen, die die Stammkammer infolge anderweitiger Inanspruchnahme nicht selbst erledigen kann. Unter dieser Prämisse und unter Beachtung der Vorgaben für die zeitlichen Grenzen ihres Bestandes wird man bei der Hilfskammer auch auf den richtunggebenden Einflusses eines Vorsitzenden Richters verzichten können, den dieser ohnehin nur begrenzt zur Geltung bringen könnte.[48]

15 Nach diesen Grundsätzen ist auch der Fall zu beurteilen, dass **zum Vorsitzenden der Hilfsstrafkammer zugleich der Vorsitzende Richter der Strafkammer bestellt** wird und mit den Aufgaben der Hilfskammer in einem Maße belastet ist, dass ihm für die Aufgaben der Stammkammer nur noch geringe oder keine Zeit mehr verbleibt. Geht man davon aus, dass zum Vorsitzenden einer Hilfsstrafkammer auch ein Richter, der nicht Vorsitzender Richter ist, bestellt werden kann, so ist es grds. nicht zu beanstanden, wenn sich der zugleich zum Vorsitzenden einer solchen Hilfskammer bestellte Vorsitzende Richter in der Stammkammer wegen Verhinderung ständig oder überwiegend von dem zu seinem regelmäßigen Vertreter bestellten Richter vertreten lässt.[49] Allerdings ist darauf Bedacht zu nehmen, dass die Stammkammer in der Lage bleibt, trotz des (teilweisen) „Verlusts“ ihres Vorsitzenden ihre Überlastung abzubauen; anderenfalls wäre der für die Einrichtung der Hilfskammer erforderlichen Prognose die Grundlage entzogen.

16 Die Vorschrift des § 29 DRiG, wonach an der Entscheidung grundsätzlich **nicht mehr als ein nicht-planmäßiger Richter** (Richter auf Probe, kraft Auftrags oder abgeordneter Richter) mitwirken darf,[50] gilt auch für die Hilfsstrafkammer.

II. Vertretung des verhinderten Vorsitzenden Richters durch den ständigen Vertreter (Absatz 2 Satz 1)

17 **1. Entwicklungsgeschichte.** § 21f Abs. 2 ist – durch das PräsVerfG v. 26.5.1972 (Reform 1972) – an die Stelle des früheren § 66 Abs. 1 a.F. („Bei Verhinderung des ordentlichen Vorsitzenden führt den Vorsitz in der Kammer das von dem Präsidium vor Beginn des Geschäftsjahres zum regelmäßigen Vertreter bestimmte Mitglied der Kammer; ist ein solcher Vertreter nicht bestellt oder ist auch er verhindert, so führt das Mitglied der Kammer, das dem Dienstalter (§ 20 DRiG) nach, bei gleichem Dienstalter der Geburt nach das älteste ist, den Vorsitz“) getreten. Die Neuerung gegenüber dem § 66 Abs. 1 a.F. besteht in der Klarstellung, dass das Präsidium nach Absatz 2 Satz 1 verpflichtet ist, dem Vorsitzenden Richter einen „regelmäßigen“ Vertreter zu bestellen.[51] Früher wurde aus den Worten „ist ein solcher Vertreter nicht bestellt“ gefolgert, dass die Bestellung eines „regelmäßigen“ Vertreters im Ermessen des Präsidiums stehe; dies war jedoch streitig.[52]

47 Dazu LR/*Kühne*/*Gössel*/*Lüderssen* Einl. H, 10 ff.

48 Zu den Voraussetzungen der Errichtung einer Hilfskammer, ihrer Rechtsnatur und der Dauer ihres Bestehens vgl. i.Ü. LR/*Gittermann* § 60, 8 ff.

49 So BGH bei *Herlan* GA **1963** 101 (zu § 62 a.F.); wegen der dagegen im Schrifttum erhobenen Einwendungen vgl. LR/*K. Schäfer*[23] § 21e, 10.

50 S. § 21e, 13.

51 BGH NJW **2009** 931, 932; Radtke/Hohmann/*Rappert* 13.

52 LR/*K. Schäfer*[21] § 66, 1a.

2. Regelmäßiger („ständiger") Vertreter. Das Präsidium kann zum regelmäßigen Vertreter des Vorsitzenden das dienstälteste (oder bei gleichem Dienstalter das lebensälteste) Mitglied des Spruchkörpers bestimmen. Es kann aber auch – und gerade das ist der Sinn der Vorschrift – ein **anderes als das dienstälteste (bzw. lebensälteste) Mitglied zum regelmäßigen Vertreter bestellen**, insbesondere weil das jüngere Mitglied zur Vertretung des Vorsitzenden geeigneter ist. Stets muss der Vertreter ein auf Lebenszeit ernannter Richter (§ 28 Abs. 2 Satz 2 DRiG) und Mitglied des Spruchkörpers, und zwar ein ständiges Mitglied, sein.[53] Dabei ist ständige Zugehörigkeit nicht gleichbedeutend mit der Pflicht, an allen dem Spruchkörper übertragenen Geschäften mitzuwirken.[54] Jedoch genügt es nicht, dass der Vertreter nur formal (dem Namen nach) zum Mitglied des Spruchkörpers bestellt wird und z.B. außer zur Urlaubsvertretung des Vorsitzenden Richters lediglich in ganz geringem Umfang als Beisitzer herangezogen wird.[55] Einzelne Mitglieder, wie z.B. Richter im zweiten Haupt- oder im Nebenamt (Hochschullehrer), können von der Vertretung des Vorsitzenden ausgenommen werden.[56] Ebenso könnte verfahren werden, wenn man – anders als hier (Rn. 34) – annimmt, ein zum Landgericht oder Oberlandesgericht abgeordneter Richter (§ 37 DRiG) könne Vertreter des Vorsitzenden sein.[57] Bei einer **Verhinderung aller Mitglieder des Spruchkörpers** kann das Präsidium gehalten sein, alsbald eine Vertretungsregelung nach § 21e zu treffen (vgl. Rn. 33). Anders als man nach dem Wortlaut des § 21f Abs. 2 annehmen könnte, ist das Präsidium nicht darauf beschränkt, nur einen Vertreter des Vorsitzenden zu bestimmen; vielmehr kann es für den Fall der Verhinderung des ersten – abweichend von der Regelung des Absatzes 2 Satz 2 – einen oder mehrere **weitere Vertreter** bestellen.[58] Die Gegenauffassung,[59] die Bestellung eines zweiten ständigen Vertreters widerspreche nicht nur dem Wortlaut, sondern auch dem Sinn des Gesetzes, das nicht wolle, dass der dienstälteste Richter bei der stellvertretenden Vorsitzführung derart übergangen werde, übersieht, dass dieser, z.B. wegen seines Gesundheitszustandes, zur Vorsitzführung, insbesondere in schwierigen und umfangreichen Sachen, ungeeignet sein kann. Die Befugnis des Präsidiums zur Bestimmung des Vertreters beschränkt sich nicht auf die Bestellung „vor dem Beginn des Geschäftsjahres" (§ 21e Abs. 1Satz 2); vielmehr gilt auch insoweit § 21e Abs. 3; unter den dort genannten Voraussetzungen kann das Präsidium die Vertretung auch im Laufe des Geschäftsjahres regeln oder ändern. 18

3. Kleine Strafkammer. Bei der kleinen Strafkammer, die als erkennendes und beschließendes Gericht grundsätzlich mit einem (§ 76 Abs. 1 Satz 1 Alt. 2), in Verfahren über Berufungen gegen Urteile des erweiterten Schöffengerichts mit einem zweiten (§ 76 Abs. 6 Satz 1) – entsprechend § 29 Abs. 2 hinzuzuziehenden – Berufsrichter besetzt ist,[60] entfällt die Möglichkeit der Vertretung nach § 21f Abs. 2, weil keine anderen ständigen Mitglieder der Kammer als der ordentliche Vorsitzende vorhanden sind. Hier bleibt dem Präsidium nur die Möglichkeit, nach § 21e Abs. 1 Satz 1 vorzugehen[61] und für Fälle vorübergehender 19

53 RGSt **66** 435; **69** 325; BGHSt **20** 61 = LM Nr. 18 m. Anm. *Geier*.
54 RG JW **1925** 1012.
55 BGHSt **20** 61; OLG Schleswig SchlHA **1956** 382.
56 Kissel/*Mayer* 9.
57 So Kissel/*Mayer* 12; KK/*Diemer* 3.
58 So RGSt **69** 325; OLG Hamm StV **2004** 366; Graf/*Valerius* 12; *Katholnigg* 4; Kissel/*Mayer* 9; MüKo-ZPO/*Pabst* 8; Zöller/*Lückemann* 6.
59 *Schorn/Stanicki* 90.
60 Vgl. LR/*Gittermann* § 76, 44.
61 OLG Rostock NStZ **2020** 242, 243 m. Anm. *Loose/Scheuring*; SSW/*Spiess* 6; Zöller/*Lückemann* 8.

Verhinderung einen regelmäßigen Vertreter aus den **übrigen ständigen Mitgliedern des Landgerichts** (nicht notwendig aus der Zahl der Vorsitzenden Richter)[62] zu bestimmen (näher dazu Rn. 34). Bei der Verhinderung des regelmäßigen Vertreters muss das Präsidium, notfalls der Präsident (§ 21i Abs. 2), einen zeitweiligen Vertreter bestellen.[63] Bei dauernder Verhinderung des Vorsitzenden bedarf es der Bestellung eines neuen Vorsitzenden.[64] Soweit außerhalb der Hauptverhandlung für Beschwerden gegen Verfügungen und Entscheidungen des Richters beim Amtsgericht und der Schöffengerichte (also in „Sachen der kleinen Strafkammer")[65] gem. §§ 73, 76 Abs. 1 Satz 1 weiterhin die große Strafkammer zuständig ist, gilt – wie früher[66] – uneingeschränkt § 21f Abs. 2. Nicht um einen Fall der Vertretung handelt es sich, wenn eine kleine Strafkammer längerfristig nicht mit einem Vorsitzenden Richter besetzt wird, sondern wenn der Vorsitz für einen zuvor festgelegten Zeitraum (z.B. von sechs Monaten) zum Zwecke der **Erprobung** einem **Richter im Eingangsamt** übertragen wird.[67] Wenngleich der Wortlaut des § 21f Abs. 1 dies nicht vorsieht, ist ein solches Vorgehen entsprechend den für eine Abordnung an ein Obergericht geltenden Grundsätzen zulässig, soweit dafür ein unabweisbares Bedürfnis besteht – wie hier in Form der Notwendigkeit, Nachwuchs für das Amt eines Vorsitzenden Richters heranzubilden oder Beurteilungsgrundlagen für ein richterliches Beförderungsamt zu schaffen.[68]

20 **4. Begriff der Verhinderung.** Vertretung im Vorsitz setzt voraus, dass der Vorsitzende Richter an der Führung des Vorsitzes verhindert ist. Darunter ist jede tatsächliche oder rechtliche Unmöglichkeit zu verstehen, den Vorsitz zu führen.[69] Eine Vertretung im Vorsitz kommt grundsätzlich nur im Fall der **vorübergehenden Verhinderung** in Betracht, d.h. einer Verhinderung, die sich in der Regel nur über einen gewissen übersehbaren Zeitraum erstreckt;[70] dies ist ex ante zum Zeitpunkt des Eintritts des Verhinderungsfalls zu beurteilen.[71] Bei dauernder vollständiger Verhinderung muss nach § 21e Abs. 3 verfahren, also ein neuer Vorsitzender bestellt werden; im Interesse der eindeutigen Ermittlung des gesetzlichen Richters ist es nicht zulässig, neben dem dauernd verhinderten Vorsitzenden Richter einen weiteren Vorsitzenden Richter zu bestellen.[72] Wegen des besonderen Falles einer **dauernden Verhinderung für einen Teil der Geschäfte** s. Rn. 29. Eine vorübergehende Verhinderung kann in eine dauernde übergehen. Wird der Vorsitzende Richter zunächst vorübergehend in einen anderen Geschäftsbereich abgeordnet und ist eine länger dauernde Abordnung oder Versetzung zwar in Aussicht genommen oder in Erwägung gezogen, soll aber noch nicht sofort angeordnet werden, so handelt es sich ebenfalls um einen Fall der vorübergehenden Verhinderung. Wann diese in eine dauernde Verhinderung übergeht, kann hier jedoch nicht unbegrenzte Zeit in der Schwebe bleiben; vielmehr muss die Verwaltungsbehörde nach spätestens drei Monaten eine endgültige Bestimmung treffen, die dem Präsidium eine klare Entscheidung ermöglicht, ob noch (für eine begrenzte Zeit) von einer vorübergehenden Verhinderung gesprochen werden kann oder ob we-

---

62 OLG Oldenburg StV **2001** 159; KG NStZ **2018** 491, 492.

63 Vgl. für das frühere Recht OLG Saarbrücken JBlSaar **1961** 148.

64 OLG Hamm MDR **1970** 611.

65 *Katholnigg* 3.

66 RGSt **54** 252; RG JW **1930** 1701.

67 KG NStZ **2018** 491, 492 f.

68 Ebenso KG NStZ **2018** 491, 493 ff. = StraFo **2018** 72 m. abl. Anm. *Sowada*; ähnlich KG StraFo **2023** 364 f.; **a.A.** MüKo/*Schuster* 2; *Sowada* StraFo **2018** 75 f.; LR/*Berg*[27] 1.

69 BGHSt **14** 11, 15; **21** 40, 42.

70 BGHSt **21** 131, 133; BGHZ **164** 87; BGH NJW **1974** 1572; NJW-RR **2017** 635, 636; KG NStZ **2018** 491, 492 f.

71 MüKo-ZPO/*Pabst* 11.

72 BGHZ **15** 135.

gen der langen Dauer oder der Ungewissheit der Dauer der Abordnung eine dauernde Verhinderung besteht, die zur Bestellung eines neuen Vorsitzenden zwingt. Zur Abgrenzung der vorübergehenden von der dauernden Verhinderung im Einzelnen vgl. Rn. 25 f.

5. Feststellung der Verhinderung. Der Eintritt des Verhinderungsfalls bedarf keiner besonderen Feststellung (vgl. Rn. 23), wenn der Verhinderungsgrund offensichtlich und unzweifelhaft ist.[73] So liegt es etwa bei Erkrankung, die nicht stets – namentlich nicht bei einer solchen von kürzerer Dauer – durch ärztliches Attest nachgewiesen werden muss,[74] des Weiteren bei Urlaub, Abordnung sowie Vorsitz in einer gleichzeitig anstehenden anderen Sache in der eigenen Kammer[75] oder auch in einer anderen Kammer, wenn der Vorsitzende nach dem Geschäftsverteilungsplan mehreren Kammern unter entsprechender Regelung des Kollisionsfalls zugeteilt ist.[76] Liegt der Verhinderungsgrund hingegen nicht offen zutage, handelt es sich vielmehr um eine Ermessensfrage, wie insbesondere, wenn in Frage steht, ob der Richter durch Überlastung verhindert ist, eine bestimmte dienstliche Aufgabe zu bestimmter Zeit zu erfüllen, so bedarf die Verhinderung im Hinblick auf den Grundsatz des gesetzlichen Richters einer Feststellung durch das dazu berufene Rechtsprechungsorgan (Rn. 22). Diese Feststellung ist vorzugsweise vor Aufnahme der richterlichen Tätigkeit,[77] spätestens aber im Rahmen des Verfahrens nach § 222a, § 222b Abs. 1, 2 StPO[78] in einer nachprüfbaren Weise zu treffen. Fehlt es daran, begründet dies die Revision[79] bzw. den Besetzungseinwand im Verfahren gem. § 222b Abs. 3 StPO. Die einmal getroffene Feststellung der Verhinderung hat allerdings **keine konstitutive Wirkung**, verliert vielmehr ihre Bedeutung, wenn sich rechtzeitig herausstellt, dass eine Verhinderung offensichtlich nicht mehr besteht, z.B. wenn der Vorsitzende, der geschäftsplanmäßig den Vorsitz in einer anderen Kammer führt oder der wegen Erkrankung vorübergehend dem Dienst fernbleiben musste, rechtzeitig vor Beginn der Verhandlung (§ 243 Abs. 1 StPO) wieder zur Verfügung steht, so dass er, wenn auch unerwartet und in letzter Minute (auf dem Weg der übrigen Kammerbesetzung zum Sitzungssaal), sein Amt wieder wahrnehmen kann. In solchen Fällen ist es nicht erforderlich, aber aus Gründen der Rechtsklarheit empfehlenswert, dass das zuständige Rechtspflegeorgan den offensichtlichen Wegfall der Verhinderung feststellt.[80] 21

6. Zuständigkeit zur Feststellung der Verhinderung. Zuständig für diese Feststellung ist der **Vorsitzende Richter** selbst, wenn seine Verhinderung ausschließlich durch Überlastung mit den in seinem Spruchkörper anfallenden Rechtsprechungsaufgaben verursacht wird, er durch ein Mitglied seines Spruchkörpers vertreten wird und diese Vertretung sich auch sonst nicht auf die übrigen Spruchkörper des Gerichts auswirkt; hieran hat sich auch 22

---

73 BGHSt **12** 33; **18** 162; BVerwG DÖV **1976** 746; BGH NStZ **1988** 418 m. Anm. *Kissel*; MüKo/*Schuster* 13; § 21e, 21.

74 BGH bei *Herlan* GA **1971** 34.

75 BayObLGSt **1962** 4; OLG Koblenz MDR **1966** 1024.

76 BayObLGSt **1977** 141, 142; *Kissel* NStZ **1988** 419.

77 BGHSt **21** 174, 179 („muß“) = LM Nr. 22 mit Anm. *Hübner*.

78 BGHSt **30** 268 = NStZ **1982** 295 m. Anm. *Rieß*; BGHSt **33** 234 = JR **1986** 125 m. Anm. *Katholnigg*; BGH NStZ **1989** 32; KK/*Diemer* 5; *Schmitt*/Köhler 8; SK/*Velten* 8.

79 BGH NStZ **1988** 325; *Rieß* NStZ **1982** 296; LR/*Franke*[26] § 338 StPO, 25; dazu auch BGH NStZ **1984** 181; StV **1982** 257; BayObLG VRS **59** (1980) 24; OLG Hamburg JR **1985** 38 m. Anm. *Katholnigg*; OLG Hamm JMBlNRW **1982** 45; OLG Köln VRS **70** (1986) 437.

80 BGH NStZ **1988** 418 m. Anm. *Kissel*.

durch die Neuregelung des § 21g nichts geändert.[81] Allerdings ist eine generelle Feststellung des Vorsitzenden, wonach er an bestimmten Sitzungstagen (etwa in jeder vierten Sitzungswoche des Monats) oder an der Mitwirkung an – dem Buchstaben oder der Endziffer des Aktenzeichens nach – bestimmten Strafsachen aus Gründen der Überlastung verhindert sei, jedenfalls seit der Änderung des § 21g[82] unzulässig.[83] Der Vorsitzende Richter eines „überbesetzten" Spruchkörpers kann also ohne Mitwirkung eines anderen Rechtspflegeorgans selbst wegen Überlastung durch Rechtsprechungsaufgaben seine Verhinderung feststellen, indem er die Vorsitzführung seinem ständigen Vertreter überlässt, der die Verhandlung mit den übrigen Mitgliedern des Spruchkörpers durchführt. Diese Grundsätze gelten auch, wenn der Vorsitzende Richter zwei Spruchkörpern vorsitzt und die Rechtsprechungstätigkeit in dem einen sein Tätigwerden in dem anderen vorübergehend unmöglich macht.[84] Beruht dagegen die Überlastung auf dem Zusammentreffen von Rechtsprechungsaufgaben in verschiedenen Spruchkörpern mit unterschiedlichem Vorsitz (als Vorsitzender in einer, als Beisitzer in einer anderen Kammer), so ist für die Feststellung der vorübergehenden Verhinderung das nach der Gerichtsverfassung dafür vorgesehene Rechtspflegeorgan zuständig, d.h. der **Gerichtspräsident** (oder sein Vertreter).[85] Dabei gibt es keinen Grundsatz, dass die allgemeine Diensttätigkeit in der „eigenen" Strafkammer stets derjenigen in einer anderen Strafkammer vorginge.[86] Ebenso ist der Präsident zur Feststellung berufen, wenn die Überlastung in der Wahrnehmung von Rechtsprechungsaufgaben und der Erledigung anderer nach § 4 Abs. 2 DRiG dem Richter übertragener Angelegenheiten begründet ist[87] oder eine notwendige Vertretung Auswirkungen auf die übrigen Spruchkörper des Gerichts hat (etwa im Fall der erforderlich werdenden Mitwirkung eines nichtständigen Spruchkörpermitglieds).[88] Im Schrifttum findet sich z.T. die Auffassung, dass das **Präsidium** aufgrund seiner Allzuständigkeit generell für die Feststellung der tatsächlichen Verhinderung eines Richters zuständig sei und dem Präsidenten nur in Fällen besonderen Eilbedürfnisses diese Aufgabe zufalle.[89] Indessen gibt es den Grundsatz der **Allzuständigkeit** mit den ihm beigelegten Folgerungen **nicht**,[90] und es ist nicht erkennbar, dass das PräsVerfG v. 26.5.1972 – Reform 1972 – an den schon vorher aus dem Grundsatz des gesetzlichen Richters entwickelten Regeln über die Feststellung einer vorübergehenden tatsächlichen Verhinderung etwas ändern wollte. Der Präsident stellt auch selbständig seine eigene Verhinderung fest, wenn diese auf einer Überlastung durch Rechtsprechungsaufgaben in seinem Spruchkörper zusammen mit den ihm obliegenden Justizverwaltungsaufgaben beruht.[91]

---

81 BGHSt **30** 268; BGH NJW **1968** 512; **1995** 335; NStZ **1990** 29; NJW-RR **1993** 335; **2017** 635, 637; OLG Rostock OLGR **2006** 633; *Börner* JR **2017** 17; Graf/*Valerius* 10; *Katholnigg* 3; Kissel/*Mayer* 19; KK/*Diemer* 5; *Schmitt*/Köhler 8; Zöller/*Lückemann* 9; vgl. näher *Kissel* FS Rebmann 69; **a.A.** SK/*Velten* 8: Zuständigkeit des Spruchkörpers insgesamt.

82 Vgl. § 21g, 9.

83 BayObLGZ **1987** 228, 231; OLG Düsseldorf StV **1994** 533; *Katholnigg* 3; Kissel/*Mayer* 19; KK/*Diemer* 5; **a.A.** zur früheren Gesetzeslage BGH NJW **1995** 335.

84 OLG Celle NJW **1968** 1489.

85 BGHSt **21** 174, 175 f. = LM Nr. 22 m. Anm. *Hübner*; BGHSt **30** 268 f.; BGH NJW **1974** 870; NStZ **1988** 325; OLG Düsseldorf StV **1994** 533; *Börner* JR **2017** 17; *Münn* DRiZ **1973** 233; Kissel/*Mayer* § 21e, 148.

86 BGH NStZ **1988** 325.

87 BGHSt **21** 174, 175 f. = LM Nr. 22 m. Anm. *Hübner*; BGH NJW **1974** 870; MüKo/*Schuster* 13; vgl. auch BGH StV **1989** 338.

88 BGHSt **21** 174, 176 = LM Nr. 22 m. Anm. *Hübner*; BGHSt **30** 268 f.; BGH NJW **1995** 335, 336; NStZ **2026** 62, 63; Kissel/*Mayer* 19; KK/*Diemer* 5; MüKo/*Schuster* 13.

89 *P. Müller* NJW **1974** 1665; *Schorn/Stanicki* 102 ff.; *Stanicki* DRiZ **1973** 124; SK/*Velten* 8.

90 Vgl. hierzu § 21e, 3.

91 BGHSt **21** 174 = LM Nr. 22 m. Anm. *Hübner*.

7. Form der Feststellung der Verhinderung. Die Feststellung der Verhinderung ist grundsätzlich **formfrei** möglich.[92] Eine bestimmte Art der Feststellung der (nicht offenkundigen) Verhinderung ist nicht vorgeschrieben; es genügt die Feststellung in einer für das Revisionsgericht rechtlich nachprüfbaren Weise.[93] Zweckmäßigerweise wird die Feststellung aber schriftlich durch **Aktenvermerk** getroffen.[94] Wegen der Festlegung einer Verhinderung des Vorsitzenden Richters durch Überlastung im Voraus im Wege des Geschäftsverteilungsplans oder der Grundsätze des § 21g Abs. 2 s. Rn. 29. 23

8. Nachprüfung der Verhinderung. „Verhinderung" ist ein Rechtsbegriff. Ob seine tatsächlichen Voraussetzungen erfüllt waren, ist einer Nachprüfung durch das Rechtsmittelgericht entzogen, das nur prüft, ob der **Rechtsbegriff der Verhinderung verkannt** ist, ob also rechtlich ein Verhinderungsfall vorgelegen hat, nicht aber, ob die Verhinderung tatsächlich bestanden hat; darüber hinaus ist der Umfang der Kontrolle auf eine Vertretbarkeits- bzw. **Willkürprüfung** begrenzt.[95] Für die Frage der (vorübergehenden) Verhinderung des Vorsitzenden Richters kommt es, vom Fall der Rügepräklusion abgesehen, auf den Zeitpunkt der in Frage stehenden Amtshandlungen – also bei der Prüfung, ob der Revisionsgrund des § 338 Nr. 1 StPO gegeben ist, auf den Zeitpunkt der Hauptverhandlung – an; später eingetretene Umstände sind belanglos.[96] 24

9. Einzelheiten. Wann eine den Eintritt des regelmäßigen Vertreters rechtfertigende vorübergehende Verhinderung besteht, richtet sich weitgehend, aber nicht stets nach der Dauer der Verhinderung. Die Frage, ob noch eine vorübergehende oder bereits eine dauernde Verhinderung anzunehmen und je nachdem eine Vertretung möglich oder ausgeschlossen ist, kann nicht losgelöst von dem Grund der Verhinderung beantwortet werden. Danach ist auch eine **längere Verhinderung** noch eine vorübergehende, wenn nicht die **Gefahr einer Manipulation** in dem Sinne besteht, dass die Dauer der Verhinderung von Erwägungen abhängig gemacht werden kann, welche die Belange der Rechtspflege nicht genügend berücksichtigen. Vorübergehend kann daher die Verhinderung auch bei einer längeren Erkrankung sein, bei der jedenfalls in aller Regel eine Manipulationsgefahr ausgeschlossen ist.[97] Wann in einem derartigen Fall aus der vorübergehenden eine dauernde Verhinderung wird, ist eine unter Berücksichtigung des Zwecks von § 21f Abs. 1 zu beantwortende Frage des Einzelfalls. Jedenfalls dann, wenn der ordentliche Vorsitzende über ein ganzes Geschäftsjahr wegen Krankheit dienstunfähig war, hat das Präsidium vor der Aufstellung des Geschäftsverteilungsplans für das nächste Geschäftsjahr die ihm zur Verfügung stehenden Möglichkeiten zu nutzen, um die Frage nach der voraussichtlichen Fortdauer der Verhinderung zu klären. Kann hiernach nicht mit einer Wiederherstellung der Dienstfähigkeit in absehbarer Zeit gerechnet werden, muss das Präsidium von einer dauernden Verhinderung ausgehen und dies bei der Aufstellung des Geschäftsverteilungsplans für das nächste Geschäftsjahr berücksichtigen.[98] Als noch vorübergehend stellt sich die Verhinderung bei einer längeren Inanspruchnahme des Vorsitzenden Richters einer Strafkammer durch die gleichzeitige Wahrnehmung des Vorsitzes in einer anderen Strafkammer dar, die in diesem Umfang unerwartet kam und bei der Jahresgeschäftsverteilung 25

92 BGH NJW-RR **2001** 38; **2017** 635, 637.
93 BGHSt **12** 33, 36; **21** 174, 179 = LM Nr. 22 m. Anm. *Hübner*; BGH NJW **1974** 870.
94 RGSt **65** 299, 301; BGHSt **21** 174, 179; BGH NJW **1968** 512; **1974** 870.
95 BGH NStZ **2026** 62, 63 m.w.N.
96 RG Recht **1928** Nr. 1128; BGHSt **14** 11, 16 f.; BGHZ **10** 136.
97 BGHSt **21** 131, 133 = LM Nr. 21 m. Anm. *Martin* (im entschiedenen Fall: neun Monate).
98 BGHZ **164** 87.

nicht vorauszusehen war;[99] dann ist hinsichtlich des Grundsatzes, dass eine Führung des Vorsitzes i.S.d. § 21f Abs. 1 einen richtungweisenden Einfluss des Vorsitzenden Richters in jedem Spruchkörper auf dessen Geschäftsgang und seine Rechtsprechung voraussetzt (Rn. 2f.), eine gewisse Einschränkung hinzunehmen.[100]

26 **Aus der Rechtsprechung.** Absatz 2 gilt bei **Krankheit**, bei der unter Berücksichtigung der Unsicherheit von Prognosen mit Wiedergesundung in absehbarer Zeit gerechnet werden kann,[101] insbesondere auch dann, wenn nach den vorgelegten ärztlichen Attesten von Monat zu Monat anzunehmen ist, dass die Dienstfähigkeit alsbald wieder eintritt[102] (zur Abgrenzung s. Rn. 25). Ferner kommen in Betracht **körperliche Unfähigkeit**, z.B. Heiserkeit, die kein anhaltendes Sprechen gestattet,[103] **Beurlaubung** in üblichen Grenzen, insbesondere beim Jahresurlaub,[104] geschäftliche **Überlastung** durch Häufung von Aufgaben der Rechtsprechung in dem gleichen oder in verschiedenen Spruchkörpern[105] oder durch Zusammentreffen von Rechtsprechungsaufgaben und anderen dem Vorsitzenden Richter übertragenen Angelegenheiten (vgl. § 4 Abs. 2, §§ 40 bis 42 DRiG),[106] wie z.B. der Vorsitz in einer anderen Sache,[107] sowie eine auf anderen Gründen beruhende **Unmöglichkeit einer rechtzeitigen Vorbereitung** und die hierdurch bedingte Unkenntnis der Prozessakten.[108] Der Vorsitzende Richter kann an der Wahrnehmung einer anberaumten Sitzung auch dadurch verhindert sein, dass er nachträglich anberaumte Sitzungen selbst wahrnimmt und die Vorbereitung dieser Sitzungen ihm keine Zeit lässt, den Vorsitz in der zuerst anstehenden Sache zu führen; denn in welcher von mehreren Sachen, die er nicht sämtlich selbst wahrnehmen kann, er den Vorsitz dem Vertreter überlassen will, liegt ohne Vorgabe aufgrund deren zeitlicher Reihenfolge in seinem pflichtgemäßen Ermessen. Anders läge es nur, wenn die Wahrnehmung der später angesetzten Termine den Zweck verfolgte, einen Hinderungsgrund für den Vorsitz in der zeitlich zuerst anstehenden Sache zu schaffen und dadurch den Angeklagten in dieser Sache seinem gesetzlichen Richter zu entziehen.[109] Fälle einer **rechtlichen Verhinderung** sind z.B. die (begründete) Ablehnung wegen der Besorgnis der Befangenheit sowie die vorläufige Dienstenthebung im Zuge eines Disziplinarverfahrens,[110] ferner die Vernehmung des Vorsitzenden als Zeuge in der Sache (§ 22 Nr. 5 StPO) und auch schon das Erscheinen als Zeuge auf Ladung, im Hinblick auf § 245 StPO[111] dagegen nicht schon die Ladung, da sonst ein Angeklagter jeden ihm nicht genehmen Richter an der Amtsausübung hindern könnte;[112] noch weniger stellt die bloße Möglichkeit, dass die Vernehmung als Zeuge in Betracht kommt, eine Verhinderung dar.[113]

---

99 BGH NJW **1974** 1572 m. Anm. *Müller* NJW **1974** 2242.
100 BGHSt **21** 131, 134.
101 BGHZ **16** 256.
102 OLG Neustadt MDR **1961** 344.
103 RGSt **10** 318; **18** 302; BGH NStZ **1995** 19; *Katholnigg* 3; Kissel/*Mayer* 14; § 21e, 144.
104 BGHSt **17** 223, 224; BGH StraFo **2022** 60 f.; GRUR **2026** 597, 598 f.; OLG Rostock NStZ **2020** 242, 243 m. Anm. *Loose/Scheuring*.
105 Dazu BGH DRiZ **1973** 25.
106 BGHSt **21** 174, 175 = LM Nr. 22 m. Anm. *Hübner*; vgl. auch Rn. 22.
107 BayObLG MDR **1962** 498.
108 RGSt **56** 63; **62** 273, 274; BGHSt **21** 40; BGH NJW-RR **2017** 635, 636.
109 BGHSt **15** 390.
110 BSG MDR **1963** 960.
111 BGHSt 7 44.
112 RGSt **42** 1; BGHSt 7 44.
113 BVerfG NJW **1983** 1541; BGH bei *Holtz* MDR **1977** 107; s. auch BGHSt **35** 164; BGH bei *Miebach* NStZ **1989** 240 Nr. 16 betr. Ausschluss eines blinden Richters von der Führung des Vorsitzes in einer erstinstanzlichen Hauptverhandlung in Strafsachen.

10. Ausscheiden aus dem Amt; Neubesetzung. Der vorübergehenden Verhinderung 27
steht es gleich, wenn der ordentliche Vorsitzende verstorben oder sonst aus dem Amt ausgeschieden und ein **Nachfolger noch nicht ernannt** ist oder sein Amt noch nicht angetreten hat,[114] sofern die Wiederbesetzung einen **angemessenen Zeitraum** nicht überschreitet.[115] Welcher Zeitraum noch angemessen ist, lässt sich nicht für alle Fälle allgemeingültig und losgelöst vom Grund der Vakanz festlegen.[116] Wesentlich ist, ob die **Wiederbesetzung** ungerechtfertigt hinausgezogen wird oder ob die Umstände des Einzelfalls, wie z.B. Stellenausschreibung, Beteiligung von Richterwahlausschuss oder Präsidialrat, ggf. auch eine Konkurrentenklage, der zügigen Auswahl und Ernennung eines geeigneten Nachfolgers entgegenstehen.[117] In BGHSt **8** 17 und BSG NJW **1974** 377 ist eine Zeit von etwa fünf Monaten als angemessener Zeitraum gewertet worden.[118] In BGH NJW **2015** 1685, 1687 f. sind **sechs Monate als äußerster Zeitraum** angesehen worden, nach dessen Überschreiten das Präsidium verpflichtet ist, den vakanten Vorsitz zusätzlich auf einen oder mehrere Vorsitzende Richter zu übertragen oder aber den Spruchkörper aufzulösen und dessen Geschäfte auf andere umzuverteilen.[119] Entsprechende Grundsätze gelten, wenn die **Stelle** eines Vorsitzenden Richters **neu geschaffen**, aber noch nicht besetzt ist, falls die Besetzung in angemessener Zeit zu erwarten ist.[120] In solchen Fällen kann es, wenn es sich um die Aufstellung des Geschäftsverteilungsplans vor Beginn des Geschäftsjahres handelt, keinen Unterschied machen, ob der der Person nach noch nicht feststehende Vorsitzende Richter als Anonymus („N.N.") im Geschäftsverteilungsplan auftritt und durch den regelmäßigen Vertreter des Vorsitzenden oder das älteste Spruchkörpermitglied vertreten wird oder ob der Vorsitzende einer anderen Kammer formell zum Vorsitzenden dieser Kammer bestellt, aber gleichzeitig bis zum Dienstantritt des neu zu ernennenden Vorsitzenden Richters als vorübergehend am Vorsitz in der zweiten Kammer verhindert erklärt wird.[121] Anders liegt es, wenn die neue Stelle zwar beantragt, aber noch nicht bewilligt und deshalb nicht absehbar ist, ob und wann gegebenenfalls mit einer Besetzung der Stelle zu rechnen ist (Rn. 28). Erfolgt das Ausscheiden aus dem Amt **nicht unerwartet** (durch Tod, wegen Dienstunfähigkeit, vorzeitige Entlassung auf Antrag usw.), sondern vorhersehbar durch Erreichung der Altersgrenze, so kann in der Regel die Neubesetzung der Stelle so zeitig betrieben werden, dass sie gleichzeitig mit dem Ausscheiden des bisherigen Stelleninhabers – oder jedenfalls nach einer angemessen kurzen Zeitspanne – eintritt.[122] Auch hier können indes besondere Umstände, insbesondere eine Konkurrentenklage,

---

114 RGSt **56** 63; **69** 321; BGHSt **34** 379, 381 f.; BGHZ **95** 246, 247; BGH NStZ-RR **2013** 259; BFHE **155** 470, 471; **190** 47, 52 f.; BSGE **40** 53; BSG NJW **2007** 2717.

115 BVerfGE **18** 423, 426; BGH NJW **2015** 1685, 1687 f.; NStZ-RR **2013** 259; BVerwG NJW **1986** 1366, 1367; **2001** 3493; BSG NJW **2007** 2717, 2718; KG NStZ **2018** 491, 493; vgl. auch die Rspr.-Übersicht bei *Schünemann* ZIS **2012** 1 ff.

116 BGH NJW **2006** 154, 155; NStZ-RR **2013** 259.

117 BGHSt **8** 17, 19 ff.; BGHZ **16** 254; BSG NJW **1974** 377; OLG Koblenz VRS **47** (1974) 270.

118 In dem von *Ridder* NJW **1972** 1689 mitgeteilten und kritisierten Beschluss des BVerfG v. 23.3.1972 ist eine Verfassungsbeschwerde wegen Verletzung des Grundsatzes des gesetzlichen Richters (Art. 101 Abs. 1 Satz 2 GG) nicht angenommen worden in einem Fall, in dem seit dem Tod des Vorsitzenden Richters bis zur Hauptverhandlung acht Monate verstrichen waren, weil „eine ungebührliche Verzögerung" der Wiederbesetzung nicht hinreichend habe festgestellt werden können.

119 Zu diesem Sechs-Monats-Zeitraum s. auch BSG NJW **2007** 2717, 2718 („zumindest im Regelfall"); *Sowada* NStZ **2012** 353, 354; KK/*Diemer* 4; vgl. aber auch BFHE **190** 47, 55; SSW/*Spiess* 7.

120 BGHSt **14** 11.

121 BVerfGE **18** 423; BGHSt **14** 11; *Katholnigg* JR **1985** 38; **a.A.** OLG Frankfurt MDR **1978** 162; OLG Köln MDR **1958** 52; offen gelassen von OLG Hamburg NStZ **1984** 570.

122 BGH JR **1986** 66.

eine – mehr als unerhebliche – Verzögerung der Wiederbesetzung rechtfertigen.[123] Ein solcher besonderer Umstand liegt allerdings nicht darin, dass die Wiederbesetzung infolge einer **Haushaltssperre** auf längere Zeit verzögert wird und deshalb die Aufgaben des Vorsitzenden ständig durch einen vom Präsidium bestellten Vertreter wahrgenommen werden.[124] Denn eine langfristige haushaltsrechtliche Sperre verstößt nicht nur gegen Art. 101 Abs. 1 Satz 2 GG,[125] sondern ist auch mit dem Grundgedanken des § 21f unvereinbar, weil sie auf Gründen beruht, die mit der Auswahl des neuen Vorsitzenden nichts zu tun haben und nach dem GVG als sachfremd anzusehen sind.[126] Ähnlich dürfte es zu bewerten sein, wenn in einem an der Neubesetzung zu beteiligenden **Richterwahlausschuss** eine längerfristige **Blockade aus politischen Gründen** eintritt.[127] Abzulehnen ist nach den dargelegten Grundsätzen die Ansicht,[128] dass die Verhinderung regelmäßig solange als eine nur vorübergehende anzusehen sei, als eine **Konkurrentenklage** um die neu zu besetzende Vorsitzendenstelle vor den Verwaltungsgerichten anhängig sei.[129] Die Vertretung des ausgeschiedenen Vorsitzenden Richters durch ein Mitglied des Spruchkörpers wird nicht dadurch unzulässig, dass die Landesjustizverwaltung beschließt, die Stelle nicht wieder zu besetzen, solange dem Präsidium diese Entschließung nicht bekannt gemacht und ihm keine Gelegenheit gegeben worden ist, die Folgerungen daraus zu ziehen.[130] Dagegen ist der Vorsitzende Richter nicht verhindert, wenn ihm eine andere Stelle übertragen ist, solange er das neue Amt nicht angetreten hat.[131]

28 **11. Abordnung, beantragte Schaffung einer neuen Planstelle.** Wird der bisherige Vorsitzende an eine andere Stelle **abgeordnet** (§ 37 DRiG), so wird die Dauer einer vorübergehenden Verhinderung noch kürzer bemessen. Nach BGHZ **16** 254 und BGHSt **8** 17, 21 muss sich die Justizverwaltung **spätestens nach drei Monaten** entscheiden, ob die Abordnung bestehen bleibt und dann ein neuer Vorsitzender zu bestellen ist. Nicht nur vorübergehend ist eine Verhinderung, wenn die **Schaffung einer neuen Planstelle** eines Vorsitzenden Richters von der Justizverwaltung beantragt, vom Gesetzgeber aber noch nicht durch Festsetzung im Stellenplan bewilligt ist. Es ist daher nicht zulässig, den Vorsitz in einer Kammer, der dem künftigen Inhaber der neu zu schaffenden Stelle zufallen soll, bis zu dessen Amtsantritt „formell" dem Vorsitzenden Richter einer anderen Kammer zu übertragen; denn es ist bei solcher Lage nicht absehbar, ob und wann die beantragte Stelle bewilligt wird.[132] Ist aber die Stelle bereits bewilligt, so ist – nicht anders als bei der Wiederbesetzung einer vorhandenen Planstelle – von einer nur vorübergehenden Verhinderung auszugehen, wenn die Besetzung der neu geschaffenen Stelle in angemessener Zeit erfolgt; in der Zwischenzeit kommt auch die „formelle" Übertragung des Vorsitzes an den Vorsitzenden Richter einer anderen Kammer in Betracht.[133]

---

123 RGSt **62** 273; **64** 6 gegen OLG Dresden JW **1928** 2738.

124 BGHZ **95** 246 (im entschiedenen Fall: Dauer von einem Jahr); BDiG Frankfurt ZBR **2001** 336; zur Vereinbarkeit mit Art. 86 Abs. 1 Satz 2 BayVerf. vgl. BayVerfGH NJW **1986** 1326.

125 BVerfG NJW **1983** 1541.

126 BGHZ **95** 246, 247; BSG DRiZ **1975** 377; OLG Frankfurt MDR **1978** 162; OLG Hamburg JR **1985** 36 m. Anm. *Katholnigg.*

127 Zur Nachbesetzung vakanter Richterstellen am BVerfG und zu dem insoweit geschaffenen Mechanismus zur Lösung etwaiger Blockaden (Art. 93 Abs. 2 Satz 3 GG, § 7a BVerfGG) vgl. BTDrucks. **20** 12977 S. 7 f. und **20** 12978 S. 5; s. auch § 1 Rn. 38.

128 BGH NStZ **2012** 406, 408; *Schünemann* ZIS **2012** 7.

129 *Sowada* NStZ **2012** 354.

130 RG Entsch. v. 13.4.1931 – III 219/31.

131 RGSt **9** 197; **26** 412; RG Recht **1925** Nr. 1082; **1926** Nr. 177.

132 BGHSt **14** 11, 15; BGHZ **9** 291; **10** 135; *Schorn/Stanicki* 126.

133 BGHSt **14** 11, 16.

Statt einer solchen formalen Vorsitzendenbestellung ist es ebenfalls zulässig, den künftigen Vorsitzenden als „Vorsitzenden Richter N.N." im Geschäftsverteilungsplan erscheinen zu lassen.[134]

12. Ständige Teilverhinderung. Von den Fällen, dass der Präsident oder der Vorsitzende Richter nur vorübergehend oder dauernd in vollem Umfang verhindert ist, ist der Fall zu unterscheiden, dass er nur **teilweise, aber während der ganzen Dauer oder eines unabsehbaren Teils des Geschäftsjahres** und in diesem Sinne dauernd an der Wahrnehmung der mit der Vorsitzführung verbundenen spezifischen Aufgaben verhindert ist, z.B. wenn die ihm obliegenden Aufgaben der Gerichtsverwaltung oder die Summe seiner Rechtsprechungsaufgaben in seinem Spruchkörper es ausschließen, dass er den Vorsitz an allen Sitzungstagen führt. Eine solche – wenngleich ständige – Teilverhinderung hat die Rechtsprechung seit jeher einer vorübergehenden Verhinderung gleichgestellt.[135] Es ist danach zulässig, dass das Präsidium im Geschäftsverteilungsplan oder der Spruchkörper in der Anordnung nach § 21g Abs. 2 im Voraus über die turnusmäßige Verhinderung des Vorsitzenden und seine Vertretung nach § 21f Abs. 2 eine Anordnung trifft, vorausgesetzt, dass der richtunggebende Einfluss auf die Gesamtarbeit des Spruchkörpers und der notwendige Umfang seiner Mitwirkung (o. Rn. 2f.) gewahrt bleibt.[136] Zu unterscheiden hiervon ist die **unzulässige generelle Verhinderungserklärung des Vorsitzenden** etwa hinsichtlich jeder vierten Sitzung (vgl. Rn. 22). Unzulässig ist es auch, den Verhinderungsfall für bestimmte Gruppen von Sachen (z.B. für politische Strafsachen) auszusprechen und diese dem Vertreter zuzuweisen.[137] 29

13. Bestimmung der turnusmäßigen Verhinderung des regelmäßigen Vertreters am Vorsitz nach allgemeinen Merkmalen. In gleicher Weise (Rn. 29) kann im Voraus bestimmt werden, wann der regelmäßige Vertreter als am stellvertretenden Vorsitz verhindert anzusehen ist. Eine solche generelle Regelung des Vertretungsfalls darf jedoch nur nach allgemeinen Merkmalen vorgenommen werden, die in der Sache selbst begründet sind (vgl. § 21e, 27). Eine solche generelle Regelung muss nach der Änderung des § 21g Abs. 1 und 2 im spruchkörperinternen Geschäftsverteilungs- bzw. Mitwirkungsplan getroffen werden; der Vorsitzende Richter kann sie nicht mehr selbst treffen.[138] 30

14. Mitwirkung des verhinderten Vorsitzenden als Beisitzer. Ist der Vorsitzende Richter nur an der Führung des Vorsitzes, nicht aber an einer sonstigen Mitwirkung in der Verhandlung verhindert (z.B. wegen Heiserkeit, Unzureichende Kenntnis der Akten), so ist es nicht unzulässig, dass er in dieser als Beisitzer tätig wird (Rn. 11).[139] 31

---

134 BVerfGE **18** 423, 426; s. dazu auch BGHSt **28** 290, wonach die Bezeichnung des noch nicht ernannten Vorsitzenden „jedenfalls dann" gesetzwidrig ist, wenn für diesen keine Planstelle ausgewiesen ist; **a.M.** Kissel/*Mayer* § 21e, 137 (Angabe „NN" im Geschäftsverteilungsplan unzulässig, sofern sie bedeuten soll, dass einem ganz bestimmten, namentlich noch nicht bekannten Richter diese Aufgabe zugedacht sei).

135 I.S.d. § 66 Abs. 1 a.F.; RGSt **54** 298; **55** 238; **62** 366; **69** 321; RGZ **115** 162; **126** 97; 243; **130** 154; **132** 295, 301; BGHSt **2** 71.

136 BGHZ **37** 210; **49** 64; BGH NJW **1970** 901; **1995** 335; *Groß* NJW **1969** 1312; *Schorn/Stanicki* 128; **a.A.** OLG Frankfurt NJW **1969** 854; **1969** 2214; Kissel/*Mayer* 18.

137 Vgl. RG JW **1938** 311 Nr. 5; OLG Stuttgart Die Justiz **1971** 325.

138 Vgl. zur Rechtslage vor der Novelle 1999 LR/*K. Schäfer*[24] 24.

139 RGSt **3** 310; **10** 318; **18** 302; **23** 99; RG GA **55** (1908) 109; BGH NStZ **1995** 19; MDR **1994** 764; LG Frankfurt DRiZ **1984** 311; Kissel/*Mayer* 14 f.; § 21e, 144; MüKo-ZPO/*Pabst* 11.

III. Vertretung des Vorsitzenden Richters bei Verhinderung des ständigen Vertreters (Absatz 2 Satz 2)

32 **1. Ältestes Mitglied.** Ist auch der vom Präsidium bestellte ständige Vertreter verhindert, so steht der **Vorsitz dem ältesten ständigen Mitglied des Spruchkörpers** zu, sollte auch der für ihn aus einem anderen Spruchkörper eintretende Vertreter dienst- oder lebensälter sein.[140] Dies gilt auch für die auswärtige Strafkammer (§ 78).[141] Ist das zunächst berufene älteste Mitglied ebenfalls verhindert, so geht der Vorsitz auf das nächstälteste ständige Mitglied des Spruchkörpers über.[142] Das älteste Mitglied in diesem Sinne ist aber nicht das älteste der für die einzelne Sitzung eingeteilten Mitglieder, sondern bei einem „überbesetzten" Spruchkörper[143] **das älteste der diesem überhaupt zugeteilten Mitglieder**, soweit dieses dienstlich verfügbar ist.[144] Richter, die in der Geschäftsverteilung als ständige Mitglieder bezeichnet sind, aber nur im Bedarfsfall herangezogen werden, sind in Wirklichkeit nur Vertreter und bleiben daher außer Betracht.[145] Auch ein Richter, der dem Spruchkörper nur als gelegentlicher Beisitzer (z.B. als Urlaubsvertreter) oder nur zu einem ganz geringen Bruchteil seiner Arbeitskraft zugewiesen ist und im Übrigen anders verwendet wird, ist kein ständiges Mitglied dieses Spruchkörpers.[146]

33 **Ausnahmsweise** kann auch ein **nichtständiges Mitglied** einer Kammer (aber nur ein ständiges Mitglied des Landgerichts, Rn. 34) den Vorsitz führen, nämlich dann, wenn zur Vorsitzführung geeignete ständige Mitglieder der Kammer nicht mehr vorhanden sind. Wenn z.B. für eine Hauptverhandlung als einziges ständiges Mitglied der großen Strafkammer nur ein Richter auf Probe verfügbar ist, im Übrigen aber neben einem regelmäßigen Vertreter aus einer anderen Kammer nur ein nach § 21i Abs. 2 bestimmter zeitweiliger Vertreter eintritt, so führt nach dem Rechtsgedanken des § 21f Abs. 2 Satz 2 der dienstältere der beiden Vertreter, also u.U. der zeitweilige Vertreter, den Vorsitz.[147] Ebenso nach dem Dienstalter bestimmt sich die Vertretung, falls (z.B. infolge Ablehnung wegen Befangenheit) sämtliche auf Lebenszeit ernannte Mitglieder der Kammer an der stellvertretenden Führung des Vorsitzes verhindert sind und diese aus regelmäßigen Vertretern aus einer anderen Kammer besteht.[148] Eine abweichende Anordnung des Präsidiums ist allerdings vorrangig zu beachten.[149] Ausnahmsweise spielt das Dienst- oder Lebensalter keine Rolle, z.B. wenn als ständiges Mitglied einer Kammer nur ein Richter auf Probe übrig bleibt und von den eintretenden Vertretern nur der dienstjüngere (aus früherer Befassung mit der Sache) die Akten kennt, während der Dienst- oder Lebensältere sich aus Zeitmangel mit dem Akteninhalt nicht vertraut machen konnte.[150]

---

140 RGSt **1** 238; BGHSt **20** 61, 62; **21** 40, 42; MüKo/*Schuster* 9.
141 BGH MDR **1951** 539.
142 RGSt **23** 99.
143 Vgl. hierzu § 21e, 10 ff.
144 RGSt **18** 302; **25** 389; **41** 184; **62** 276; MüKo/*Schuster* 9.
145 RG GA **55** (1908) 109.
146 BGHSt **20** 61; Kissel/*Mayer* 8.
147 RG Urt. v. 11.5.1931 – II 216/31; ferner BGHSt **21** 40, 42.
148 BGH NJW **1959** 1141; ferner BGHSt **21** 40, 42; MüKo/*Schuster* 11; MüKo-ZPO/*Pabst* 10; **a.A.** Kissel/*Mayer* 13 (Präsidiumsregelung erforderlich).
149 Vgl. BGH NJW **2009** 931, 932.
150 BGHSt **21** 40; der Sachverhalt lässt sich auch als Verhinderung des vorrangig zur Vertretung Berufenen bewerten, so dass das Vorgehen nicht im Widerspruch zu § 21f Abs. 2 Satz 2 steht.

2. Mitglied des Gerichts. Als Vertreter des Vorsitzenden Richters i.S.d. § 21f Abs. 2 kommt nur ein planmäßiges Mitglied des Gerichts (§ 27 DRiG) in Betracht.[151] Der Ausschluss von Richtern auf Probe und kraft Auftrags ergibt sich bereits aus § 28 Abs. 2 Satz 2 DRiG. Ein abgeordneter Richter auf Lebenszeit (§ 37 DRiG) darf zwar an sich den Vorsitz führen. Aus § 62 Abs. 1 Satz 2 a.F., wonach den Vorsitz in der kleinen Strafkammer „auch ein *ständiges* Mitglied des Landgerichts" führen konnte, wurde aber hergeleitet, dass, soweit von dem Grundsatz des § 62 Abs. 1 Satz 1 a.F. (jetzt § 21f Abs. 1) abgewichen werden durfte, der Vorsitzende beim Landgericht, also auch der Vertreter i.S.d. Vorgängerregelung des § 66 Abs. 1 a.F., ein konkretes Richteramt bei dem betreffenden Landgericht innehaben müsse (§ 27 DRiG).[152] Diese Begründung ist zwar mit dem Wegfall des § 62 Abs. 1 Satz 2 a.F. im positiven Recht nicht mehr verankert. Da der Gesetzgeber aber bei der Neufassung des § 21f Abs. 2 an den stellvertretenden Vorsitzenden keine geringeren Anforderungen stellen wollte als das alte Recht,[153] hat die Auslegung des § 66 a.F. auch für § 21f Abs. 2 ihre Bedeutung behalten. Abweichendes gilt jedoch für den gemäß § 29 Abs. 2 DRiG rückabgeordneten Richter, der wie ein planmäßiger Richter behandelt werden kann.[154] Dass – mit dieser Ausnahme – beim Landgericht der nach § 21f Abs. 2 Satz 1 zu bestimmende Vertreter des Vorsitzenden Richters (planmäßiges) Mitglied des Landgerichts sein muss, gilt auch für die Beschluss-Strafkammer.[155] Für die **kleine Strafkammer** ist aufgrund der Neuregelung des § 76 Abs. 1 Satz 1 Alt. 2, wonach sie kein weiteres berufsrichterliches Mitglied umfasst, die Vorschrift des § 21f Abs. 2 Satz 1 nicht mehr einschlägig. Deshalb bedarf es insoweit einer Vertretungsregelung durch das Präsidium nach § 21e Abs. 1 Satz 1 (Rn. 19). Auch insoweit kann – ungeachtet der Anwendbarkeit des § 28 Abs. 2 DRiG[156] – zum Vertreter nur ein (planmäßiges) ständiges Mitglied des Landgerichts bestimmt werden.[157] Die abw. Ansicht des OLG Rostock,[158] wonach auch ein Richter auf Probe – der kein Richteramt an einem bestimmten Gericht hat[159] – vertretungsweise den Vorsitz einer kleinen Strafkammer führen könne, ist abzulehnen. Die Entscheidung setzt sich mit der hier dargelegten Argumentation nicht auseinander und führt zu dem befremdlichen Ergebnis, dass ein Proberichter im ersten Jahr seiner Ernennung über die Berufung gegen ein Urteil des Schöffengerichts verhandeln darf, obgleich er nach § 29 Abs. 1 Satz 2 nicht dessen Vorsitzender hätte sein können. Dass beim Landgericht, für das eine § 29 Abs. 1 Satz 2 entsprechende Regelung fehlt, nur ein (planmäßiges) Mitglied des Gerichts den Vorsitz in einem der Spruchkörper führen kann, steht auch im Einklang mit der Regelung des § 105 Abs. 1, die dies mit gutem Grund für die Kammer für Handelssachen bestimmt.[160] Wegen der **auswärtigen Strafkammer** s. LR/*Gittermann* § 78, 14. Die Rüge der vorschriftswidrigen Besetzung (§ 338 Nr. 1 StPO), wenn ein nicht ordentliches Mitglied des Gerichts 34

151 *Katholnigg* 4; *Schorn/Stanicki* 89; für den regelmäßigen Vertreter nach Abs. 2 Satz 1 Zöller/*Lückemann* 6; **a.A.** Kissel/*Mayer* 12; KK/*Diemer* 3; MüKo/*Schuster* 7; MüKo-ZPO/*Pabst* 10; SSW/*Spiess* 6; vgl. auch OLG Hamm StV **2004** 366.

152 RGSt **18** 307; BGHSt **13** 262, 266; **h.M.**, vgl. Nachw. bei LR/*K. Schäfer*[21] § 66, 3b.

153 Vgl. die Begr. zu § 21f Abs. 2 in BTDrucks. **VI** 557 S. 18: „§ 21f Abs. 2 enthält im Wesentlichen die Regelung des geltenden § 66 Abs. 2 GVG".

154 Vgl. BTDrucks. **19** 27654 S. 121.

155 RGSt **54** 252; RG JW **1930** 2141.

156 Ablehnend OLG Rostock NStZ **2020** 242, 243 m. zust. Anm. *Loose/Scheuring*; *Schmidt-Räntsch* § 28 DRiG, 8; befürwortend – für die Kammer für Handelssachen – OK-GVG/*Pernice* § 105, 2 m.w.N.

157 Ebenso SSW/*Spiess* 6; für die frühere Rechtslage BGHSt **13** 262, 265; OLG Dresden GA **72** 151, 152; OLG Hamm JMBlNRW **1965** 34; OLG Naumburg HRR **1929** Nr. 982.

158 OLG Rostock in NStZ **2020** 242 m. zust. Anm. *Loose/Scheuring*.

159 *Schmidt-Räntsch* § 27 DRiG, 2; vgl. auch Kissel/*Mayer* § 22, 12.

160 Vgl. Kissel/*Mayer* § 105, 2.

als stellvertretender Vorsitzender mitwirkt, wird nicht dadurch ausgeschlossen, dass der Vertreter demnächst mit Rückwirkung zum ordentlichen Mitglied ernannt wird; eine solche rückwirkende Ernennung hat nur dienstrechtliche Wirkung.[161]

IV. Vertretung des Vorsitzenden Richters bei Zuziehung eines Ergänzungsrichters

35 Tritt im Laufe einer Verhandlung, zu der ein Ergänzungsrichter zugezogen ist (§ 192), eine Verhinderung des Vorsitzenden Richters ein und befindet sich (bei „Überbesetzung") das älteste ständige Mitglied des Spruchkörpers nicht unter den in der Verhandlung mitwirkenden Richtern, so muss – falls die Geschäftsverteilung für diesen Fall keine Regelung enthält[162] – der Vorsitz auf den (dienst)ältesten unter den mitwirkenden Richtern übergehen; denn die Ersetzung des Vorsitzenden durch das nicht mitwirkende (dienst)älteste Mitglied des Spruchkörpers würde eine Wiederholung der Verhandlung erforderlich machen, während die Zuziehung des Ergänzungsrichters gerade den Zweck hat, die Notwendigkeit einer solchen Wiederholung auszuschließen. Diesen Fall hat § 21f Abs. 2 nicht im Blick.[163]

V. Revision

36 Wegen der Revision s. § 338 Nr. 1 StPO.[164]

§ 21g

(1) [1]Innerhalb des mit mehreren Richtern besetzten Spruchkörpers werden die Geschäfte durch Beschluss aller dem Spruchkörper angehörenden Berufsrichter auf die Mitglieder verteilt. [2]Bei Stimmengleichheit entscheidet das Präsidium.

(2) Der Beschluss bestimmt vor Beginn des Geschäftsjahres für dessen Dauer, nach welchen Grundsätzen die Mitglieder an den Verfahren mitwirken; er kann nur geändert werden, wenn es wegen Überlastung, ungenügender Auslastung, Wechsels oder dauernder Verhinderung einzelner Mitglieder des Spruchkörpers nötig wird.

(3) Absatz 2 gilt entsprechend, soweit nach den Vorschriften der Prozessordnungen die Verfahren durch den Spruchkörper einem seiner Mitglieder zur Entscheidung als Einzelrichter übertragen werden können.

(4) Ist ein Berufsrichter an der Beschlussfassung verhindert, tritt der durch den Geschäftsverteilungsplan bestimmte Vertreter an seine Stelle.

(5) § 21i Abs. 2 findet mit der Maßgabe entsprechende Anwendung, dass die Bestimmung durch den Vorsitzenden getroffen wird.

(6) Vor der Beschlussfassung ist den Berufsrichtern, die von dem Beschluss betroffen werden, Gelegenheit zur Äußerung zu geben.

(7) § 21e Abs. 9 findet entsprechende Anwendung.

---

161 BGHSt **1** 265.
162 Vgl. BGH NJW **2009** 931, 932.
163 So MüKo/*Schuster* 11; *Schmitt*/Köhler 15; ebenso überwiegend bereits das ältere Schrifttum (Nachweise in LR/*K. Schäfer*[20] 4); *Kleinknecht*[33] 16; *Müller-Sax* § 192, 4a; **a.M.** „ganz entschieden" *Eb. Schmidt* III § 66, 7.
164 LR/*Franke*[26] § 338 StPO, 9 ff., 12.

Schrifttum

Driehaus Nochmals: Erfahrungen mit den neuen Präsidien, DRiZ **1975** 43; *Kern* Geschichte der Gerichtsverfassung; *Kissel* Die Novelle 1999 zur Präsidialverfassung, NJW **2000** 460; *Kronisch* Präsidialverfassung und Verwaltungsgericht, NordÖR **2001** 11; *Niewerth* Änderung der Präsidialverfassung – Einstieg in die Justizreform? DRiZ **2000** 4; *Remus* Präsidialverfassung und gesetzlicher Richter, Diss. Hamburg 2008; *Rieß* Präsidium und Geschäftsverteilung bei der Errichtung neuer Gerichte, DRiZ **1993** 76; *Rosso* Reform der Präsidialverfassung – reformatio in peius? DRiZ **1971** 6; *Schorn* Zweifelsfragen im Rahmen der Präsidialverfassung, DRiZ **1963** 185; *Schorn/Stanicki* Die Präsidialverfassung der Gerichte aller Rechtswege² (1975) 178; *Schwab* Der gesetzliche sachverständige Laienrichter, DRiZ **2014** 252; *Stanicki* Nochmals zur Präsidialverfassung, DRiZ **1969** 16; *Vogel* Das Recht auf den gesetzlichen Berichterstatter, jM **2018** 245; *Wassermann* Ist die Präsidialverfassung noch zeitgemäß? NJW **1968** 1513; *Wiebel* Effizienz und Gerichtsverfassung, ZRP **1998** 221; *Zeihe* §§ 21a, 21g und 21e des Gerichtsverfassungsgesetzes, SGb **2000** 665.

Entstehungsgeschichte

§ 21g a.F. ersetzte inhaltlich unverändert den früheren § 69 Abs. 1, 2, der nach §§ 117, 131 auch für die Oberlandesgerichte und den BGH galt. § 69 Abs. 2 a.F. war durch das StPÄG 1964 eingefügt worden. Bei Schaffung des § 21g Abs. 2 a.F. wiederholte sich der gleiche Vorgang wie schon im Entstehungsstadium des § 69 Abs. 2 a.F. (vgl. Rn. 2). Der RegE des PräsVerfG v. 26.5.1972 enthielt nur die dem Absatz 1 a.F. entsprechende Vorschrift, wollte also eine dem § 69 Abs. 2 a.F. entsprechende Vorschrift aufgeben, ohne dies zu begründen; der Bundesrat erhob dagegen keine Einwendungen. Der BTRAussch. fügte aber den bisherigen § 69 Abs. 2 als Absatz 2 des § 21g wieder ein: „Die Mehrheit des Ausschusses war der Auffassung, dass diese Vorschrift im Hinblick auf eine möglichst konkrete Bestimmung des gesetzlichen Richters beibehalten werden sollte" (Bericht des BTRAussch. **VI** 2903 S. 5). Die Anrufung des Vermittlungsausschusses durch den Bundesrat in seiner 376. Sitzung v. 9.2.1972, Plenprot. S. 454,[1] verfolgte u.a. das Ziel, den Absatz 2 wieder zu streichen. Der Vermittlungsausschuss entschloss sich allerdings – unter Berufung auf BVerfGE **18** 344, 352 (vgl. Rn. 4) – zur Aufrechterhaltung des § 21g Abs. 2, und der Bundesrat stimmte in seiner 378. Sitzung v. 24.3.1972, Plenprot. S. 490, dem in dieser Form verabschiedeten Gesetz zu. Durch das Gesetz zur Entlastung der Landgerichte und zur Vereinfachung des gerichtlichen Protokolls v. 20.12.1974[2] wurde – der nicht Strafsachen betreffende – Absatz 3 angefügt. In Absatz 3 wurde durch das Gesetz zur Entlastung der Rechtspflege (RpflEntlG) v. 11.1.1993[3] mit dem angefügten – mittlerweile wieder weggefallenen – Satz 2 klargestellt, dass der Vorsitzende in seiner Anordnung betreffend die interne Geschäftsverteilung auch eine eigene Tätigkeit als Einzelrichter in angemessenem Umfang vorzusehen hat.[4] Völlig neu wurde § 21g schließlich durch das Gesetz zur Stärkung der Unabhängigkeit der Richter und Gerichte v. 22.12.1999[5] – **Novelle 1999** – gefasst. Die bis dahin geltende Fassung lautete:

(1) Innerhalb des mit mehreren Richtern besetzten Spruchkörpers verteilt der Vorsitzende die Geschäfte auf die Mitglieder.

(2) Der Vorsitzende bestimmt vor Beginn des Geschäftsjahres für dessen Dauer, nach welchen Grundsätzen die Mitglieder an den Verfahren mitwirken; diese Anordnung kann nur geändert werden, wenn

1 Vor § 21a Fn. 2.
2 BGBl. I S. 3651.
3 BGBl. I S. 50.
4 EntwBegr. BTDrucks. **12** 1217 S. 43 f.
5 BGBl. I S. 2598.

dies wegen Überlastung, ungenügender Auslastung, Wechsels oder dauernder Verhinderung einzelner Mitglieder des Spruchkörpers nötig wird.
(3) [betr. nicht Strafsachen]

Übersicht

1 **1. Grundsätzliches.** Die Regelung des § 21g betrifft die Geschäftsverteilung innerhalb des Spruchkörpers (Absatz 1 Satz 1) sowie die Bestimmung der Grundsätze hinsichtlich der Mitwirkung der Mitglieder des Spruchkörpers (Absatz 2 Hs. 1)[6] – **Geschäftsverteilungs- und Mitwirkungsplan** (spruchkörperinterne Geschäftsverteilung). Während § 21e den einzelnen Spruchkörpern ihre Besetzung und ihre Aufgaben zuweist, bestimmt sich nach dem gem. § 21g intern zu erstellenden Geschäftsverteilungs- und Mitwirkungsplan, welche Aufgaben das einzelne Mitglied des Spruchkörpers zu erledigen hat. Die spruchkörperinterne Geschäftsverteilung ist – abgesehen vom Ausnahmefall der Stimmengleichheit gem. § 21g Abs. 1 Satz 2 – der Zuständigkeit des Präsidiums entzogen.[7] Da beim nicht überbesetzten (mindestbesetzten) Spruchkörper die jeweilige Besetzung – abgesehen von Fällen einer sog. reduzierten Besetzung u.a. gem. § 76 Abs. 2 Satz 4, § 122 Abs. 2 Satz 2 oder einer „Einzelrichterzuständigkeit" gem. § 80a Abs. 1 OWiG – feststeht, beschränkt sich der interne Geschäftsverteilungsplan insoweit auf die Verteilung der Aufgaben (Berichterstattung) ohne Festlegung einer Mitwirkungsregelung. Darüber hinaus wird die Stellung des einzelnen Richters innerhalb des Spruchkörpers – auch im Verhältnis zum Vorsitzenden – gestärkt.[8] Die besondere Bedeutung der Vorschrift liegt beim nicht überbesetzten Spruchkörper in den Fällen der sog. reduzierten Besetzung sowie vor allem beim überbesetzten Spruchkörper generell in der Umsetzung des verfassungsrechtlichen **Gebots des gesetzlichen Richters** nach Art. 101 Abs. 1 Satz 2 GG, § 16 Satz 2;[9] dies betrifft die Mitwirkungsgrundsätze gem. Absatz 2.

2 **a) Entwicklungsgeschichte.** § 21g Abs. 2 a.F. war, wie oben unter „Entstehungsgeschichte" dargestellt, wörtlich aus dem früheren § 69 Abs. 2 übernommen worden. Diese Vorschrift war im Zusammenhang mit den Erörterungen des Problems des „überbesetz-

6 *Kronisch* NordÖR **2001** 11, 13.
7 BVerwG NJW **1988** 1339; Kissel/*Mayer* 1.
8 *Felix* BB **1992** 1004.
9 OVG Hamburg NJW **1994** 274; *Kronisch* NordÖR **2001** 13; Kissel/*Mayer* 1 ff.

ten“ Spruchkörpers[10] entstanden. Bereits damals wurde im Schrifttum z.T. die Auffassung[11] vertreten, schon der Grundsatz des gesetzlichen Richters (Art. 101 Abs. 1 Satz 2 GG) verlange, dass die Verteilung der Geschäfte durch den Vorsitzenden nach im Voraus bestimmten generellen und objektiven Merkmalen sowie die Heranziehung der Beisitzer zu den einzelnen Sitzungen in einer im Voraus festgelegten bestimmten Reihenfolge geschehe und damit der Einfluss des Vorsitzenden auf die Person des Berichterstatters und die Zusammensetzung des Spruchkörpers in der einzelnen Sache entfalle. Aufgrund solcher Erwägungen waren bereits in einzelnen Verfahrensordnungen – § 8 Abs. 2 VwGO a.F. für die Verwaltungsgerichte,[12] § 36e Abs. 5 PatG a.F. für die Nichtigkeitssenate des Bundespatentgerichts, § 10 Abs. 4 GebrMG a.F. für den Gebrauchsmusterbeschwerdesenat[13] – Vorschriften aufgenommen worden, die dem § 21g a.F. entsprachen. Gegen ihre Praktikabilität waren gewichtige Bedenken geäußert worden.[14] Wie bei der Schaffung des § 21g a.F. (s.o. zur Entstehungsgeschichte) war die Frage nach dem Bedürfnis und der Zweckmäßigkeit auch im Entstehungsstadium des § 69 Abs. 2 a.F. umstritten. Die Vorschrift wurde erst bei der zweiten Lesung des Entw. des StPÄG 1964 im Bundestag eingefügt.[15] Nach der Verabschiedung des Gesetzes in dritter Lesung rief der Bundesrat den Vermittlungsausschuss u.a. mit dem Ziel an, die Vorschrift noch zu streichen, wobei er darauf hinwies, dass die Grundsatzentscheidung des BVerfG v. 24.3.1964[16] in der Frage des gesetzlichen Richters bereits zu einer gewissen Klärung geführt habe und deshalb z.Zt. keine Veranlassung zur Regelung dieser Frage in dem damaligen Reformgesetz bestehe. „Die in § 69 Abs. 2 vorgesehene Regelung wäre für die Praxis in der ordentlichen Gerichtsbarkeit – und zwar sowohl für die Straf- als auch für die Zivilgerichtsbarkeit – von so weitgehender Bedeutung, dass sie noch eingehender Überlegung bedarf“.[17] Bei den Kompromissverhandlungen im Vermittlungsausschuss verblieb es indes bei der Einfügung des Absatzes 2.

b) Gesetzgeberische Vorhaben. Im gesetzgeberischen Raum verlagerte sich die Dis- 3
kussion zunehmend auf die Anordnungskompetenz des Vorsitzenden (§ 21g Abs. 1 a.F.). Bereits Ende der 1980er Jahre gab es Bestrebungen, diese Kompetenz auf den gesamten Spruchkörper zu übertragen. Der Entwurf der Bundesregierung v. 1.12.1988[18] für ein **Rechtspflegevereinfachungsgesetz** sah eine Neufassung des § 21g Abs. 3 dahingehend vor, dass die Mitglieder der Zivilkammer zu Beginn des Geschäftsjahres für dessen Dauer beschließen, nach welchen Grundsätzen der Einzelrichter bestimmt wird; damit sollte die Vorschrift an § 348 ZPO angeglichen werden.[19] Gegen diesen Vorschlag wandte sich der Bundesrat u.a. mit dem Argument, es müsse weiterhin gewährleistet sein, dass der Vorsitzende richtungweisenden Einfluss auf den Geschäftsgang sowie – aufgrund seiner größe-

---

10 Rn. 5; vgl. § 21e, 10 ff.

11 Z.B. *Arndt* NJW **1964** 1667; *Bettermann*/Neumann/Nipperdey (Hrsg.) Die Grundrechte III/2, 555; *Schneider* ZZP **1977** 409.

12 *Richter* JZ **1961** 689.

13 Nunmehr generelle Verweisung auf den 2. Titel des GVG in § 68 PatG bzw. Verweisung auf das PatG in § 18 GebrMG.

14 Vgl. die in DRiZ **1960** 371, 372 angeführte Stellungnahme der Präsidenten der obersten Bundesgerichte; *Dinslage* DRiZ **1965** 12; *Erdsiek* NJW **1963** 240; *Naumann* NJW **1963** 1701; *Schilgen* NJW **1964** 2290; *Schraeder* und *v. Mallinckrodt* DRiZ **1959** 322; *Schultz* MDR **1960** 893; *Tittel* DRiZ **1960** 102, 103.

15 69. Sitzung v. 27.3.1963, Plenprot. S. 3144.

16 BVerfGE **17** 294.

17 BTDrucks. **IV** 2459 S. 4.

18 BTDrucks. **11** 3621, Art. 2 Nr. 2.

19 EntwBegr. S. 52.

ren Sachkunde und Erfahrung – auf die Rechtsprechung seines Spruchkörpers ausübe.[20] Diesem Einwand folgte der Bundestag auf einstimmigen Vorschlag des Rechtsausschusses.[21] Der – auf Initiative der Länder Hessen und Schleswig-Holstein – vom Bundesrat eingebrachte **Gesetzentwurf zur Reform der Präsidialverfassung**[22] schlug – wie bereits der frühere Entwurf des Bundesrates zur Vereinfachung des zivilgerichtlichen Verfahrens und des Verfahrens der freiwilligen Gerichtsbarkeit[23] – eine Übertragung der internen Geschäftsverteilungskompetenz auf den Spruchkörper vor. Dieser Gesetzentwurf fiel der Diskontinuität anheim und wurde am 5.2.1999 erneut eingebracht;[24] der Entwurf des Bundesrates erledigte sich durch den Vorstoß der Regierungsfraktionen zur selben Thematik mit dem Entwurf[25] eines **Gesetzes zur Stärkung der Unabhängigkeit der Richter und Gerichte** (UnabhStärkG) – **Novelle 1999**. Die Einzelbegründung des Gesetzentwurfs zu der tiefgreifenden Änderung des § 21g Abs. 1 fiel – wie auch im Übrigen – überaus knapp aus; im allgemeinen Teil der Begründung wird allerdings auf die „überkommene hervorgehobene Stellung der Vorsitzenden Richter" verwiesen, die „zugunsten der Gleichrangigkeit der Richter zurückgefahren" werde. Die Novelle 1999 zog gleichsam einen Schlussstrich unter die Diskussion um die Geschäftsverteilung innerhalb des mit mehreren (Berufs-)Richtern besetzten Spruchkörpers. Die Regelung des Absatzes 2 ließ der Gesetzgeber dabei – abgesehen von einer redaktionellen Folgeänderung, die sich aus der Ersetzung der bisherigen Vorsitzenden-Anordnung durch einen Kollegiumsbeschluss ergab[26] – unverändert. Insbesondere blieb auch die Begrifflichkeit der „Grundsätze" der Mitwirkung erhalten, ohne dass damit allerdings eine Aussage über die Anforderungen an die Detailliertheit der Regelungen verbunden gewesen wäre.[27] Ob der Gesetzgeber übersehen hat, dass es geboten sein könnte, den Begriff der „Grundsätze" zu präzisieren bzw. sich zum Verständnis dieses Begriffs klarstellend zu äußern,[28] oder ob er im Hinblick auf die Entwicklung der höchstrichterlichen Rechtsprechung insoweit kein Regelungsbedürfnis gesehen hat, lässt sich nach den Materialien nicht beurteilen.

4 **c) Frühere Rechtsprechung.** Durch die Rechtsprechung des BVerfG[29] war – für die Praxis über Jahrzehnte richtungweisend – klargestellt, dass § 21g Abs. 2 a.F. nicht zwingend durch den Grundsatz des gesetzlichen Richters (Art. 101 Abs. 1 Satz 2 GG, § 16 Satz 2) geboten sei.[30] Danach werde den Beteiligten der gesetzliche Richter nicht dadurch entzogen, dass der Vorsitzende des Spruchkörpers dessen Mitglieder nach seinem Ermessen und nicht nach einem vorher festgelegten Plan zu Entscheidungen heranziehe; durch die Entscheidung des Vorsitzenden seien die Beisitzer zum „gesetzlichen Richter" berufen.[31] „Bei Kollegialgerichten ist der einzelne Richter gesetzlicher Richter insofern, als er aufgrund gesetzlicher Vorschriften dem sachlich zuständigen Spruchkörper durch einen gültigen

20 BTDrucks. **11** 3621 S. 72.

21 Beschlussempfehlung und Bericht des BTRAussch. BTDrucks. **11** 8283 S. 50. Zum Verlauf des Gesetzgebungsverfahrens vgl. Kissel/*Mayer* 22 f.; vgl. auch *Sowada* 403 f.

22 BRDrucks. 97/98.

23 BTDrucks. **13** 6398.

24 BRDrucks. 47/99.

25 BTDrucks. **14** 979.

26 Bericht d. BTRAussch. BTDrucks. **14** 1875 (neu) S. 13.

27 Kissel/*Mayer* 34; Zöller/*Gummer*[22] 6.

28 So Kissel/*Mayer* 34.

29 BVerfGE **18** 344, 352; **22** 282, 286.

30 **A.A.** *Arndt* NJW **1965** 1219; *Wendt* DVBl. **1965** 941; *Müller* DRiZ **1972** 356; **1973** 49; **1974** 41; NJW **1975** 860; *Schorn/Stanicki* 181; *Seide* NJW **1973** 265; *Kissel*[2] 4.

31 BVerfGE **22** 282, 286.

Geschäftsverteilungsplan zugeteilt und im einzelnen Verfahren vom Vorsitzenden zur Mitwirkung berufen worden ist. Das **verfassungsmäßige Erfordernis der Bestimmtheit des Richters** ist somit erfüllt, wenn sich die Entscheidungsbefugnis des Richters im konkreten Fall aus der generellen Zuständigkeitsordnung der Prozessgesetze, aus der Geschäftsverteilung und **aus der Berufung durch den Vorsitzenden** ergibt".[32] Allerdings entspreche es der Tendenz des Art. 101 Abs. 1 Satz 2 GG, wenn der (einfache) Gesetzgeber – mit § 69 Abs. 2 a.F. und § 21g Abs. 2 – über das verfassungsrechtlich Gebotene hinausgehe.[33] Aus Art. 101 Abs. 1 Satz 2 GG könne aber nicht hergeleitet werden, dass die gem. § 21g Abs. 2 aufzustellenden Grundsätze nach Art einer Geschäftsverteilung offengelegt werden müssten, damit die Beteiligten ihre Einhaltung kontrollieren könnten.[34]

d) Heutige Rechtsprechung. In den 1990er Jahren verschärften das BVerfG und der BGH die Anforderungen an die interne Geschäftsverteilung **überbesetzter Spruchkörper.**[35] Der **BGH** hatte in seinen früheren Entscheidungen zu § 21g Abs. 2 a.F. bzw. zu der wortgleichen vorausgegangenen Vorschrift des § 69 Abs. 2 dem Vorsitzenden einen gewissen Spielraum bei der internen – nach damaliger Rechtsprechung nicht notwendigerweise schriftlich abgefassten – Geschäftsverteilung zugebilligt und ihm die Möglichkeit eingeräumt, im Einzelfall aus sachlichen Gründen von den von ihm selbst aufgestellten Mitwirkungsgrundsätzen abzuweichen.[36] Als er allerdings über Nichtigkeitsklagen zu befinden hatte, die sich gegen mehrere Entscheidungen seines I. Zivilsenats wegen – aufgrund den gesetzlichen Anforderungen nicht genügender interner Mitwirkungsgrundsätze – nicht vorschriftsmäßiger Besetzung richteten, erhob er mit Beschluss der Vereinigten Großen Senate v. 5.5.1994[37] zwei weitreichende grundsätzliche Forderungen zur Umsetzung des Gebots der gesetzlichen Richters: „**1.** Die vom Vorsitzenden eines überbesetzten Zivilsenates des BGH nach § 21g Abs. 2 aufzustellenden **Mitwirkungsgrundsätze** müssen mit **abstrakten Merkmalen** regeln, welche Richter an der Entscheidung mitzuwirken haben. Sie müssen ein System in der Weise ergeben, dass die **Besetzung** des Spruchkörpers bei den einzelnen Entscheidungen **im Regelfall** aus ihnen **ableitbar** ist. **2.** Die Mitwirkungsgrundsätze müssen **schriftlich** abgefasst sein." Nachdem diese Entscheidung noch einige Fragen zur (eingeschränkten) Gestaltungsfreiheit des Vorsitzenden offengelassen hatte, wurden diese schließlich weithin durch den Plenarbeschluss des **BVerfG** v. 8.4.1997[38] geklärt. Gegenstand der Entscheidung war die Mitwirkungsregelung eines Senats des BFH, wonach die Bestimmung des Berichterstatters dem pflichtgemäßen Ermessen der Vorsitzenden unter Berücksichtigung von Eilbedürftigkeit und Arbeitsbelastung oblag, so dass die konkrete Besetzung der Richterbank von einer Einzelfallentscheidung der Vorsitzenden abhängig war. Auf den Vorlagebeschluss des Ersten Senats **hob** das Plenum des BVerfG im Sinne des Votums des vorlegenden Senats und abweichend von der – von diesem aufrechterhaltenen – Auffassung des Zweiten Senats[39] die **Anforderungen** an die **interne Geschäftsverteilung bei überbesetzten Spruchkörpern** weiter **an.** Danach sei es grds. geboten, für mit Berufsrichtern überbesetzte Spruchkörper eines Gerichts im Voraus nach abstrakten Merkmalen zu bestimmen, welche Richter an den jeweiligen Verfahren mitzu- 5

32 BVerfGE **18** 344, 351 f.

33 BVerfGE **18** 344, 351.

34 BVerfG DRiZ **1970** 269.

35 Umfassend zur Entwicklung in der Rspr. Kissel/*Mayer* 4 ff. und *Sowada* 263 ff., 385 ff.

36 BGHZ **21** 250; **29** 162.

37 BGHZ **126** 63.

38 BVerfGE **95** 322.

39 Vgl. BVerfGE **18** 344, 351; **69** 112, 120 f.

wirken haben. Aus dieser Vorausbestimmung müsse für den Regelfall die Besetzung des zuständigen Spruchkörpers bei den einzelnen Verfahren ableitbar sein. Da gesetzliche Richter i.S. von Art. 101 Abs. 1 Satz 2 GG die im Einzelfall zur Mitwirkung berufenen Richter seien, müsse sich die **abstrakt-generelle Vorausbestimmung bis auf die letzte Regelungsstufe** erstrecken, auf der es um die Person des konkreten Richters gehe. Es gelte auch auf dieser Ebene Vorkehrungen schon gegen die bloße Möglichkeit und den Verdacht einer Manipulation der rechtsprechenden Gewalt zu treffen. Auch insoweit müsse deshalb die richterliche Zuständigkeit „gesetzlich", das heiße in Rechtssätzen, festgelegt werden. Es gehöre zum Begriff des gesetzlichen Richters, dass nicht für bestimmte Einzelfälle bestimmte Richter ausgesucht werden, sondern die einzelne Sache **„blindlings"** aufgrund allgemeiner, vorab festgelegter Merkmale **an den entscheidenden Richter** gelange. Der rechtsstaatliche Grundsatz des gesetzlichen Richters untersage mithin die Auswahl des zur Mitwirkung berufenen Richters von Fall zu Fall. Mit dieser Entscheidung hat das BVerfG die gebotene Regelungsdichte der Mitwirkungsgrundsätze bei überbesetzten Spruchkörpern derjenigen des Geschäftsverteilungsplans des Präsidiums gem. § 21e Abs. 1 weithin gleichgesetzt. Nicht abschließend geklärt ist, ob und gegebenenfalls welche Ausnahmen das BVerfG für zulässig erachtet, wenn es davon spricht, dass solche Bestimmungen „grundsätzlich" geboten seien. Das BVerfG hat diese Rechtsprechung insbesondere mit seinen weiteren Entscheidungen v. 28.10.1997[40] und v. 3.5.2004[41] fortgeführt und betont, dass der Geschäftsverteilungs- und Mitwirkungsplan mit Rücksicht auf Art. 101 Abs. 1 Satz 2 GG keine vermeidbare Freiheit in der Heranziehung der einzelnen Richter zur Entscheidung einer Sache und damit **keine unnötige Unbestimmtheit** hinsichtlich des gesetzlichen Richters lassen darf („so genau wie möglich"). Die Grundsätze zur spruchkörperinternen Geschäftsverteilung gelten ebenso für die **reduzierte Richterbank** (Rn. 17), so für die mit dem Vorsitzenden und zwei Beisitzern besetzten Strafkammern, wenn die Besetzung gem. § 76 Abs. 2 Satz 4 in Frage steht[42] wie auch für den mit vier Beisitzern besetzten erstinstanzlichen OLG-Strafsenat hinsichtlich der Besetzung gem. § 122 Abs. 2 Satz 2 Alt. 1. Die Rechtsprechung hat die Auffassung bestätigt, dass die Überbesetzung eines Spruchkörpers grds. – insbesondere nach der Neufassung des § 21g – kein verfassungsrechtliches Problem mehr darstellt. Danach ist die Überbesetzung von Kammern und Senaten gerechtfertigt, um unter anderem Schwankungen der Geschäftslast und Fällen des Ausscheidens, des Urlaubs oder der Erkrankung von Richtern Rechnung zu tragen.[43] Allerdings erlangt insbesondere beim übersetzten Spruchkörper besondere Bedeutung, dass im Mitwirkungsplan gem. Absatz 2 abstrakt-generelle Regelungen für die Mitwirkung der einzelnen Richter aufgestellt werden müssen.[44]

6 **e) Meinungsbild im Schrifttum.** Im Schrifttum, das sich von jeher engagiert der internen Geschäftsverteilung angenommen hatte, entwickelte sich verstärkt in den 1990er Jahren in Auseinandersetzung mit der Rechtsprechung eine teils heftig geführte Diskussion zur Anordnungskompetenz des Vorsitzenden, einerseits unter dem Gesichtspunkt der notwendigen abstrakten Vorherbestimmbarkeit des jeweils an einer Rechtssache beteiligten gesetzlichen Richters (statt einer „willkürlichen" Bestimmung durch den Vorsitzenden) und andererseits unter dem Gesichtspunkt der Unabhängigkeit der Richter innerhalb des

40 BVerfGE **97** 1.
41 NJW **2004** 3482.
42 BGH NJW **2000** 371 = JR **2000** 166 m. Anm. *Katholnigg.*
43 BVerfG NJW **2004** 3482.
44 BVerfG NJW **2004** 3482.

Spruchkörpers.[45] Die Diskussion hierzu verstummte auch nach der Neuregelung durch die Novelle 1999 nicht.[46]

2. Verteilung der Geschäfte innerhalb des Spruchkörpers (Absätze 1, 4 bis 7)

a) Beschluss des Spruchkörpers (Absatz 1 Satz 1). Bis zur Novelle 1999 oblag bei 7 mit mehreren Mitgliedern besetzten Spruchkörpern nach der – die im Interesse eines geordneten Rechtsgangs notwendige Art der Arbeitsteilung regelnden – Vorschrift des § 21g Abs. 1 a.F. dem Vorsitzenden die Verteilung der Geschäfte auf die Beisitzer; diese Regelung trug dem Umstand Rechnung, dass der Vorsitzende die Verantwortung für den ordnungsgemäßen Geschäftsablauf in seinem Spruchkörper, insbesondere für die rechtzeitige und sachgemäße Erledigung der anfallenden Geschäfte innehat.[47] Der Gesetzgeber hat mit der Novelle 1999 die Kompetenz für die spruchkörperinterne Geschäftsverteilung vom Vorsitzenden auf alle dem jeweiligen Spruchkörper angehörigen Berufsrichter übertragen. Diese Neuregelung bildet gleichsam das Ergebnis der Diskussion zur Anordnungskompetenz des Vorsitzenden ab (Rn. 3 ff.). Der Beschluss muss hinreichend erkennen lassen, dass der Spruchkörper – und nicht der Vorsitzende – die maßgeblichen Kriterien für die richterliche Zuständigkeit festgelegt hat.[48] Trotz des Übergangs der Verteilungskompetenz auf den Spruchkörper insgesamt liegt beim Vorsitzenden weiterhin die Verantwortung für eine zweckmäßige Organisation der Arbeit seines Spruchkörpers und für einen zügigen Geschäftsgang. Die Vorschrift bezieht sich aufgrund der Neuregelung nunmehr nicht nur – so noch § 21g Abs. 1 a.F.[49] – auf die Geschäfte, die die Verfahrensvorschriften den beisitzenden Richtern zuweisen, z.B. auf die Aufgaben eines Berichterstatters und die Anfertigung des Entscheidungsentwurfs, sondern etwa auch auf die Einzelrichtersachen, die vom Vorsitzenden selbst übernommen werden (z.B. nach § 80a Abs. 1 OWiG). Die Verteilung erstreckt sich jedoch weiterhin nicht auf die dem Vorsitzenden als solchem von Gesetzes wegen obliegenden Geschäfte wie insbesondere die Verhandlungsleitung (§ 238 Abs. 1 StPO) oder die Aufgaben nach § 125 Abs. 2 Satz 2, § 142 Abs. 3 Nr. 3, § 145 Abs. 1 Satz 1, § 147 Abs. 5 Satz 1, §§ 213, 221, 231 Abs. 1 Satz 2 StPO. Die Art der Verteilung steht im pflichtgemäßen Ermessen des Spruchkörpers, dessen **sämtliche berufsrichterlichen Mitglieder** zur Mitwirkung berufen sind, auch wenn es sich um Richter auf Probe, kraft Auftrags, auf Zeit handelt oder wenn sie von einem anderen Gericht abgeordnet sind.[50] Mit der Verteilung üben sie eine richterliche, zur Rechtsprechung gehörige Tätigkeit aus und handeln demgemäß **in richterlicher Unabhängigkeit**.[51] Der Beschluss ist allerdings keine „gerichtliche Entscheidung" i.S.d. § 29 Abs. 1 DRiG,[52] so dass dessen Beschränkungen hinsichtlich der Zahl der mitwirkenden nicht-planmäßigen Richter nicht gelten. In die Verteilung darf das Präsidium nicht eingreifen.[53] Dies gilt auch, wenn einem Spruchkörper ein Richter

45 *Eser* FS Salger 268 f.; *Felix* NJW **1992** 217 und 1607; BB **1992** 1001; **1995** 1665; *Katholnigg* NJW **1992** 2256; *Kissel* JZ **1994** 1178 und DRiZ **1995** 125; *Leisner* NJW **1995** 285; *Sangmeister* NJW **1995** 289; *E. Schneider* BB **1995** 1430; *Wiebel* BB **1992** 573.

46 Krit. zur Neuregelung *Zeihe* SGb **2000** 665, 666.

47 BVerfGE **18** 344, 352.

48 BVerfG NJW **2005** 2540, 2541; BGH NJW **2009** 931, 932; zur Form der Beschlussfassung *Just* NJ **2025** 504.

49 LR/*K. Schäfer*[24] 1; s. dazu BGHZ **42** 163, 168.

50 MüKo-ZPO/*Pabst* 10; vgl. auch MüKo/*Schuster* 1.

51 BVerfGE **18** 344, 352; BGHZ **42** 163, 168 (jew. bzgl. des Vorsitzenden nach § 21g a.F.); MüKo-ZPO/*Pabst* 13; vgl. auch MüKo/*Schuster* 1.

52 Dazu *Schmidt-Räntsch* § 29 DRiG, 5.

53 Kissel/*Mayer* 1; bzgl. des Vorsitzenden nach § 21g a.F. RG JW **1938** 311; *Baur* Justizaufsicht und richterl. Unabhängigkeit 27; *Eb.* Schmid III § 69, 4; s.a. BVerwG NJW **1988** 1339.

nur zu einem Bruchteil seiner Arbeitskraft zugewiesen und er im Übrigen anderswo verwendet wird. Das Präsidium kann also nicht einen Richter einer Kammer nur für einen Teil ihrer Aufgabengebiete – etwa nur für Beschwerden oder Urteilssachen – zuweisen;[54] vielmehr muss die Zuweisung des Richters zu dem Bruchteil der Arbeitskraft erfolgen, der auf die Erledigung dieser Sachen entfällt.[55] Die **Bestimmung des Berichterstatters** kann – sofern hiervon nicht abhängt, in welcher Besetzung ein überbesetzter oder reduzierter[56] Spruchkörper über die Sache entscheidet oder welches Mitglied zum Einzelrichter bestimmt wird – auch nach der Neuregelung des Absatzes 1 ohne Verstoß gegen Art. 101 Abs. 1 Satz 2 GG **dem Vorsitzenden überlassen** bleiben;[57] nach zutreffender Auffassung gibt es grds.[58] **keinen „gesetzlichen Berichterstatter"**.[59] Von Rechts wegen ist es, abgesehen von der Rechtsmittelhauptverhandlung (§ 324 Abs. 1 Satz 1, § 351 Abs. 1 StPO), nicht zwingend geboten, überhaupt einen Berichterstatter festzulegen (arg. § 197 Satz 3).[60] Dessen Bestimmung durch den Vorsitzenden kann insbesondere unter dem Gesichtspunkt einer effizienten Erledigung der anfallenden Verfahren sachgerecht sein, etwa mit Blick auf schwierige Umfangverfahren, die die besondere Erfahrung oder spezifische Kenntnisse des Berichterstatters voraussetzen. Dementsprechend sieht das BVerfG den Vorsitzenden auch eines überbesetzten Spruchkörpers nicht gehindert, aus den Mitgliedern der jeweiligen Sitzgruppe – gegebenenfalls ad hoc – einen bestimmten Beisitzer als Berichterstatter zu bestellen.[61] Ebenso hat der Vorsitzende die Möglichkeit, abweichend von der spruchkörperinternen Geschäftsverteilung einen anderen oder weiteren Berichterstatter zu bestimmen, später den Berichterstatter auszuwechseln oder die Berichterstattung an sich zu ziehen, wenn dies aus einem sachlichen Grund geboten ist und die Zusammensetzung der zur Entscheidung berufenen Spruchgruppe unberührt bleibt.

8 **b) Abstimmungsverfahren.** Eine ausdrückliche Regelung über den **Vorsitz bei** der **Beratung und Abstimmung** über die spruchkörperinterne Geschäftsverteilung sieht das Gesetz – anders als beim Präsidium – nicht vor. Eine solche Regelung ist auch nicht erforderlich, da es sich um eine richterliche Entscheidungsfindung innerhalb eines Spruchkör-

---

54 RG JW **1938** 311; Kissel/*Mayer* 33; **a.A.** OLG Schleswig SchlHA **1956** 332 (betr. eine Zuweisung nur für Beschwerden in Privatklagesachen).

55 Vgl. BFH NJW **2019** 1326; *Schoenfeld* DStZ **2019** 548; **a.A.** Zöller/*Lückemann* § 21e, 8 („Zuweisung für bestimmte Rechtsprechungsaufgaben"); s. auch u. Rn. 16.

56 So etwa im Fall von BGH wistra **2006** 378, 379, wo die kammerinterne Geschäftsverteilung nur die Person des Berichterstatters, nicht aber – die sich hieraus von selbst ergebende – Besetzung der Kammer in der Hauptverhandlung im Falle des § 76 Abs. 2 Satz 4 bestimmt hatte.

57 BGH NJW **2009** 931, 932; MüKo/*Schuster* 4; SSW/*Spiess* 2; s.a. Kissel/*Mayer* 41 f. (Vorsitzender „in der Auswahl des Berichterstatters frei"); LR/*Franke*[26] § 351 StPO, 2 (für die Revisionshauptverhandlung); für das frühere Recht vgl. BGHSt **21** 250, 255; BGH MDR **1980** 843; bei *Dallinger* MDR **1973** 903; BVerwGE **24** 315 = NJW **1967** 642 m. Anm. *Dinslage*; *Kleinknecht* JZ **1965** 162; *Naumann* NJW **1963** 1701, 1703; einschränkend beim überbesetzten Spruchkörper BVerwG NJW **1968** 811; **a.A.** Zöller/*Lückemann* 4.

58 Zur Ausnahme des „alleinentscheidungsbefugten gesetzlichen Berichterstatters" im Verwaltungs-, Sozial- und Steuerrecht vgl. *Vogel* jM **2018** 249 f.

59 BVerfGE **95** 322, 331; BVerfG DRiZ **2020** 406 f.; BGH NStZ-RR **2023** 327, 328; *Schmitt* SGb **2015** 663; *Tappert* DRiZ **2017** 396; *Vogel* jM **2018** 247 f.; Kissel/*Mayer* 41; KK/*Diemer* 1; MüKo-ZPO/*Pabst* 7; Radtke/Hohmann/*Rappert* 16; *Schmitt*/Köhler 2; SSW/*Spiess* 2; ebenso – trotz Annahme einer Anordnungskompetenz des Spruchkörpers nach Abs. 1 – Zöller/*Lückemann* 4; **a.A.** *Berkemann* JR **1997** 284; *Bettermann* AöR **1969** 306; *Katholnigg* NJW **1992** 2258; NStZ **1994** 446 f.; JZ **1997** 284; *Schneider* ZZP **1964** 409, 438; *Sowada* NStZ **2012** 356; *Wiebel* BB **1995** 1197; *Katholnigg* 1; *Schorn/Stanicki* 188; SK/*Velten* 3, Vor §§ 21a ff., 11 ff.; im Erg. dieser abweichenden Meinung aufgrund der Neuregelung des § 21g zuneigend *Sowada* 448 ff., 456 ff.

60 Radtke/Hohmann/*Rappert* 16.

61 BVerfGE 95 322, 331; BVerfG DRiZ **2020** 406 f.

pers handelt, für die die allgemeinen Regeln gelten, wonach die Zuständigkeit u.a. für die Anberaumung der Sitzung sowie die Leitung der Beratung und Abstimmung bei seinem **Vorsitzenden** liegt.[62] Für die Abstimmung gilt das **Mehrheitsprinzip**. Bei **Stimmengleichheit** entscheidet das **Präsidium (Abs. 1 Satz 2)**. Der Gesetzentwurf des Bundesrats[63] hatte – wie bereits der frühere Bundesratsentwurf einer Vereinfachungsnovelle[64] – noch unter Hinweis auf sonstige vergleichbare gesetzliche Regelungen (vgl. § 320 Abs. 3 Satz 3 ZPO) für den Fall der Stimmengleichheit ein verstärktes Stimmrecht des Vorsitzenden vorgeschlagen. Der Gesetzgeber hat von einer solchen Regelung abgesehen, weil ein verstärktes Stimmrecht des Vorsitzenden der Gleichwertigkeit der Richterämter widerspreche; auch hat er mit der Gesetz gewordenen Regelung die Erwartung verbunden, dass hierdurch einvernehmliche Lösungen innerhalb des Spruchkörpers gefördert werden.[65] Eine Stimmenthaltung ist unzulässig; eine Beschlussfassung durch Umlauf ist nicht generell ausgeschlossen. Insoweit gelten die für § 21e dargelegten Grundsätze sinngemäß.[66]

c) Verhinderung, Vertretung (Absatz 4). Bei Verhinderung eines Mitglieds des Spruchkörpers an der Beschlussfassung gem. Absatz 1 Satz 1 tritt der geschäftsplanmäßige Vertreter an seine Stelle, d.h. das zum Vertreter berufene Mitglied eines anderen Spruchkörpers. Die Vertretungsregelung scheint wenig sinnvoll; denn sie führt dazu, dass nicht dem Spruchkörper angehörende Richter über die Aufteilung von sie nicht berührenden Geschäften in einem ihnen zudem nicht vertrauten Spruchkörper befinden.[67] Sie betrifft gleichfalls eine etwaige Verhinderung des Vorsitzenden. Es kommt letztlich nicht darauf an, ob diesbezüglich Absatz 4 unmittelbar anwendbar ist[68] oder der Vorsitzende nach § 21f Abs. 2 durch ein Mitglied des Spruchkörpers vertreten wird, für das dann seinerseits Absatz 4 gilt, weil das Gesetz keine Doppelfunktion dieses Mitglieds bei Abstimmungen kennt. Die **Feststellung** einer Verhinderung kann der Vorsitzende (oder dessen Vertreter) treffen; sie ist nicht dem Gerichtspräsidenten vorbehalten.[69] Zwar hat die notwendige Vertretung Auswirkungen auf einen anderen Spruchkörper insofern, als dessen Mitglied ihm nicht zur Verfügung steht, soweit es an der Beschlussfassung für den Geschäftsverteilungs- und Mitwirkungsplan zu beteiligen ist.[70] In aller Regel werden jedoch hierdurch Rechtsprechungsaufgaben der anderen Kammer oder des anderen Senats allenfalls geringfügig beeinträchtigt. 9

d) Eilzuständigkeit (Absatz 5). In Eilfällen findet § 21i Abs. 2 entsprechende Anwendung mit der Maßgabe, dass die Anordnungen vom Vorsitzenden zu treffen sind. In besonderen Eilfällen kann der Vorsitzende einstweilig die gesamte spruchkörperinterne Geschäftsverteilung vornehmen. Seine Eilkompetenz gilt bereits für die Verhinderung eines Spruchkörpermitglieds, das nicht vertreten werden kann.[71] Der Vorsitzende hat die Gründe der Eilentscheidung schriftlich niederzulegen und dem Spruchkörper unverzüglich zur 10

---

62 Kissel/*Mayer* 25; MüKo/*Schuster* 12.
63 BTDrucks. **14** 597.
64 BTDrucks. **13** 6398.
65 Krit. *Schmitt*/Köhler 7; LR/*Breidling*[26] 8 a.E.
66 S. § 21e, 66, 75; ferner MüKo/*Schuster* 13.
67 Ebenso *Schmitt*/Köhler 7.
68 Vgl. Zöller/*Lückemann* 13.
69 **A.A.** MüKo/*Schuster* 13; LR/*Breidling*[26] 9.
70 S. § 21f, 22.
71 *Remus* 163.

Genehmigung vorzulegen; sie bleibt in Kraft, solange der Spruchkörper nicht anderweitig beschließt.

11 **e) Anhörung (Absatz 6).** Dem Wortlaut der Vorschrift des Absatzes 6 ist nicht eindeutig zu entnehmen, welche Fallgestaltungen von dem **Anhörungsrecht** erfasst werden sollen. Da die nicht verhinderten Berufsrichter eines Spruchkörpers ohnehin an der Beschlussfassung und somit an der vorausgehenden Beratung teilnehmen, macht die Regelung nur Sinn zum einen (soweit möglich) in Bezug auf das verhinderte Mitglied des Spruchkörpers, da es von der Beschlussfassung betroffen ist,[72] sowie – so ausdrücklich der Bericht des BTRAussch.[73] – die dem Spruchkörper vom Präsidium für das folgende Jahr bereits zugewiesenen Richter, die zum Zeitpunkt der Beschlussfassung dem Gericht, aber noch nicht dem Spruchkörper angehören.[74] Bedeutung kann das Anhörungsrecht auch für den Fall der bei Stimmengleichheit nach § 21g Abs. 1 Satz 2 erforderlichen Entscheidung des Präsidiums haben.[75]

12 **f) Abfassung und Auflegung (Absatz 7).** Der Beschluss nach Absatz 1 wie auch Änderungsbeschlüsse nach Absatz 2 Hs. 2 sind **vollständig schriftlich** abzufassen[76] und in entsprechender Anwendung des § 21e Abs. 9 auf der Geschäftsstelle des Spruchkörpers **zur Einsicht aufzulegen**. Ein Recht zur Einsichtnahme steht nicht nur den Beteiligten, Verteidigern und Prozessbevollmächtigten, sondern jedermann zu.[77] Die frühere Diskussion zu dieser Frage[78] ist mit der Einführung des Absatzes 7 obsolet geworden. Ein Anspruch auf Überlassung oder Übersendung einer Abschrift besteht grds. nicht.[79]

3. Grundsätze über die Mitwirkung der Mitglieder (Abs. 2)

13 **a) Bedeutung der „Grundsätze“.** Nach § 21g Abs. 1 Satz 1 werden die Geschäfte – entsprechend der Regelung des § 21e Abs. 1 Satz 1 für die Verteilung der Geschäfte auf die Spruchkörper durch das Präsidium – auf die Mitglieder des Spruchkörpers verteilt. Wie dies zu geschehen hat, d.h. inwieweit die Mitglieder des Spruchkörpers an den ihm zugewiesenen Verfahren mitwirken, bestimmt sich nach Absatz 2 Hs. 1. Nach seinem Wortlaut (vgl. Rn. 2) gilt **§ 21g Abs. 2** sowohl für den „überbesetzten“ Spruchkörper als auch für den Spruchkörper, der nur mit der für Entscheidungen notwendigen Zahl von Mitgliedern ausgestattet ist (mindestbesetzter Spruchkörper). Die Vorschrift hat allerdings hauptsächlich **Bedeutung** für den **„überbesetzten“ Spruchkörper**,[80] weil nur hier manipulative Einwirkungen des Vorsitzenden auf die Besetzung des im Einzelfall zur Entscheidung berufenen Spruchkörpers möglich sind.[81] Daneben ist sie bedeutsam in Fällen der Reduktion der Richterbank nach § 76 Abs. 2 Satz 4, § 78b Abs. 1 Nr. 2, § 122 Abs. 2 Satz 2 (Rn. 17). Soweit dagegen ein Spielraum bei der Heranziehung einzusetzender Richter nicht besteht,

---

72 MüKo/*Schuster* 15; Thomas/Putzo/*Hüßtege* 6; Zöller/*Lückemann* 16; **a.A.** *Remus* 161 f.

73 BTDrucks. **14** 1875 S. 13.

74 MüKo/*Schuster* 15; MüKo-ZPO/*Pabst* 25; Zöller/*Lückemann* 16.

75 *Kronisch* NordÖR **2001** 11, 14.

76 BGHSt **49** 139; BGH NStZ **2017** 429 m. Anm. *Tully.*

77 BGH NJW **2019** 3307, 3308 m. zust. Anm. *Leitmeier.*

78 S. LR/*K. Schäfer*[24] 7.

79 BGH NJW **2019** 3307, 3308 f. m. zust. Anm. *Leitmeier*; OLG Zweibrücken MDR **2025** 1290; näher hierzu § 21e, 82.

80 Vgl. hierzu auch § 21e, 10 ff.

81 So z.B. BVerwG NJW **1968** 811; Kissel/*Mayer* 2; **a.A.** *Schorn/Stanicki* 184.

ist das Fehlen eines Geschäftsverteilungs- und Mitwirkungsplans unschädlich.[82] Die Bestellung des Berichterstatters berührt das Gebot des gesetzlichen Richters nicht (Rn. 7). Die nach § 21g Abs. 2 erforderliche Bestimmung durch den Beschluss des Spruchkörpers beschränkt sich dem Wortlaut nach auf die Aufstellung von „Grundsätzen", nach denen die Mitglieder in den Verfahren mitwirken.

Nach **früherer h.M.** war aufgrund dessen eine vorgeplante „Verteilung der Geschäfte" 14
des Spruchkörpers innerhalb seiner Mitglieder nach Art der Geschäftsverteilung unter die einzelnen Spruchkörper, wie sie dem Präsidium nach § 21e Abs. 1 Satz 1 obliegt, nicht erforderlich.[83] Diese Beschränkung wurde als sinnvoll angesehen, weil sich die auf längere Zeit („vor Beginn des Geschäftsjahres für dessen Dauer") im Voraus nicht übersehbaren tatsächlichen Gegebenheiten – insbesondere die Unterschiede in Umfang und Art der mit den verschiedenen Sachen verbundenen Arbeitsbelastung sowie die Verhinderung der einzelnen Richter, z.B. infolge Krankheit, Urlaub oder früherer Befassung mit einem Verfahren – bei der Erledigung der einzelnen Geschäfte erheblich stärker auf den betroffenen Spruchkörper auswirkten als bei der Verteilung der nach Erfahrungszahlen geschätzten Aufgabengruppen auf die gesamten Spruchkörper des Gerichts.[84] Das praktische Bedürfnis verlange ebenso wie die dem Vorsitzenden gegenüber den anderen Richtern obliegende Fürsorgepflicht, dass der Vorsitzende in der Lage sei, bei der Zuweisung der Sachen auf erhebliche durch Alter, Gesundheitszustand usw. bedingte Unterschiede in der Belastbarkeit der einzelnen Spruchkörpermitglieder oder eine aus anderen Gründen eingetretene Überlastung eines Mitglieds ausgleichend Rücksicht zu nehmen.[85] Ebenso müsse er, wenn einem Spruchkörper verschiedene Spezialmaterien zugewiesen seien oder wenn sich die gleichen oder ähnliche Spezialfragen in verschiedenen Verfahren stellten, die besonderen Kenntnisse und Erfahrungen der einzelnen Richter durch entsprechende Verteilung nutzbar machen können.[86] Diese Auffassung war **an den praktischen Bedürfnissen** des Arbeitsablaufs in einem Spruchkörper **orientiert und gewährleistete**, dass mit Blick auf das Gebot des gesetzlichen Richters einerseits und unter Berücksichtigung der individuellen jeweiligen Besonderheiten innerhalb des Spruchkörpers andererseits die anfallenden Aufgaben im Sinne einer **effektiven Erledigung** – wenn aus sachlichen Gründen im Einzelfall erforderlich – flexibel verteilt werden konnten.

Nach der **heutigen Rechtsprechung** (Rn. 5) des BVerfG, der sich der BGH ange- 15
schlossen hat,[87] sind die Spruchkörper nunmehr jedoch gehalten, ihre Mitwirkungspläne im Sinne einer abstrakt-generellen Vorausbestimmung **bis auf die letzte Regelungsstufe**, auf der es um die Person des konkreten Richters geht, „so genau wie möglich" zu gestalten; die **jährlich im Voraus** zu beschließenden **Geschäftsverteilungs- und Mitwirkungspläne** dürfen **keinen vermeidbaren Spielraum bei der Heranziehung der einzelnen Richters** zur Entscheidung einer Sache lassen;[88] hierbei wird jedoch nicht verkannt, dass es eine sichere Vorausbestimmung für alle erdenklichen Fälle nicht geben

---

82 BGHSt **49** 130, 135 f.; BGH NStZ **2017** 429, 430 m. Anm. *Tully.*

83 BVerfG DRiZ **1970** 269; BGHSt **21** 250 = LM Nr. 1 zu § 69 m. Anm. *Hübner*; BGH MDR **1980** 843; so auch noch LR/*K. Schäfer*[24] 4.

84 BGHSt **21** 250, 254.

85 BGHSt **29** 162 = LM Nr. 3 m. Anm. *Hürxthal*; KK/*Diemer* 2 betr. Eingreifen der Dienstaufsicht.

86 KK/*Diemer* 2, 5; LR/*K. Schäfer*[24] 4; grds. **a.A.** *Seide* NJW **1973** 265; *Kissel*[2] 4: Anwendung gleich strenger Grundsätze wie bei der Geschäftsverteilung durch das Präsidium.

87 BGHSt **49** 130, 133; BGH NStZ **2017** 429 m. Anm. *Tully.*

88 MüKo/*Schuster* 7; SK/*Velten* 3 f.

kann.[89] Darüber hinaus sind nach dieser Rechtsprechung Regelungen zulässig, die vorsehen, dass die zuständige Sitzgruppe oder der für die Entscheidung einer Sache zuständige Richter nach dem Schwerpunkt des Falles zu bestimmen ist. Das BVerfG sieht ferner keine verfassungsrechtlichen Bedenken, wenn der Beschluss nach Absatz 1 bzw. ggf. der Änderungsbeschluss nach Absatz 2 Hs. 2 rechtlich oder tatsächlich zusammenhängende Sachen einer von mehreren an sich zuständigen Sitzgruppen zuweist. In diesem Zusammenhang ist die Verwendung unbestimmter Rechtsbegriffe wie „Verhinderung", „Schwerpunkt" oder „Sachzusammenhang" nicht ausgeschlossen.[90] Die Forderung nach Bestimmtheit und Konkretisierung ist nur verletzt, wenn die Regelung mehr als nach dem Regelungskonzept notwendig auf solche Begriffe zurückgreift. Dass es im Einzelfall einer Auslegung bedarf, ist dagegen unschädlich.[91] In der Ausgestaltung der Mitwirkungspläne sind die Spruchkörper frei; ihnen ist nach der Rechtsprechung des BVerfG nicht vorgegeben, nach welchen Regeln oder Anknüpfungsgesichtspunkten sie die Mitwirkung im Spruchkörper bestimmen.[92] So bestehen insbesondere folgende **Gestaltungsmöglichkeiten**: **a)** Für jedes Mitglied des Spruchkörpers wird nach fixen Merkmalen (Aktenzeichen, Zählkartennummer,[93] Anfangsbuchstabe des Namens des – ggf. ältesten – Angeklagten usw.[94]) die Mitwirkung an den zu entscheidenden Verfahren unabhängig von der Funktion als Berichterstatter festgeschrieben; **b)** hinsichtlich der Mitwirkung eines Richters an einem Verfahren wird an die Person des fest bestimmten Berichterstatters angeknüpft; **c)** die Mitwirkung der jeweiligen Richter bzw. Sitzgruppen wird für jeweils im einzelnen festgelegte Sitzungstage bestimmt, wobei jedoch zusätzlich nach abstrakt-generellen Regeln den Sitzungstagen die zu verhandelnden Sachen zuzuweisen sind, um eine Einflussnahme durch den Vorsitzenden auf die Besetzung der Richterbank hinsichtlich der einzelnen Verfahren durch die Terminierung auszuschließen.[95] Die Mitwirkungsgrundsätze sind vor Beginn des **Geschäftsjahres** für dessen Dauer zu beschließen; sie haben Geltung nur für das betreffende Geschäftsjahr und treten mit dessen Ablauf ohne Weiteres außer Kraft.[96]

16 **b) Teilzuweisung.** Ist ein **Richter** dem Spruchkörper dauernd **nur mit einem Teil** seiner richterlichen Arbeitskraft **zugewiesen**, so gehört es nicht zu der Verteilungsaufgabe des Spruchkörpers im Rahmen seines Beschlusses aus Absatz 1, nach eigenem Ermessen das Ausmaß der „Teildauerverhinderung" in den „Grundsätzen" festzulegen; dies ist Aufgabe des Präsidiums bei Aufstellung des Geschäftsverteilungsplans.[97] Über diese quantitative Festsetzung des Ausmaßes der Zuweisung (also etwa „zu 1/3 seiner Gesamtbelastung") hinaus ist es aber nicht Aufgabe des Präsidiums, sondern ausschließlich die des Spruchkörpers nach § 21g, über die Art der Verwendung des Bruchteils innerhalb des Spruchkörpers zu bestimmen.[98]

---

89 Zöller/*Gummer*[22] 6; im Ergebnis ebenso Zöller/*Lückemann* 6 („perfektionistisches Regelwerk nicht erforderlich").

90 BVerfGE **95** 322, 330; *Schmitt* SGb **2015** 664; *Schwab* DRiZ **2014** 253; MüKo/*Schuster* 7; SSW/*Spiess* 11; **a.A.** SK/*Velten* 5; s. auch o. Rn. 7.

91 BVerfGE **95** 322, 333.

92 BVerfGE **95** 322.

93 BFHE **187** 412.

94 Zu Verteilungssystemen *Katholnigg* JR **2000** 165, 166; hierzu auch *Sowada* 320 ff.

95 Vgl. Rn. 17; § 21e, 10 ff.; ausf. hierzu Kissel/*Mayer* 14, 17.

96 BGHSt **49** 130, 133; BGH NJW **1999** 796; NStZ **2017** 429 m. Anm. *Tully*; BVerwG NJW **1991** 1370; OLG Nürnberg StraFo **2014** 17.

97 BGHSt **25** 241; s.a. Rn. 7 sowie § 21e, 16.

98 Kissel/*Mayer* 33 mit Beispielen; ferner *Schoenfeld* DStZ **2019** 549; KK/*Diemer* 3.

c) Reduzierte Richterbank. Hinsichtlich der Geschäftsverteilung bei einem u.a. gem. § 76 Abs. 2 Satz 4, § 78b Abs. 1 Nr. 2, § 122 Abs. 2 Satz 2 fakultativ mit reduzierter Richterbank verhandelnden Spruchkörper ergeben sich zwei **Gestaltungsmöglichkeiten**: **a)** Werden dem Spruchkörper vom Präsidium so viele Richter wie für die **nicht reduzierte („normale") Besetzung** erforderlich zugewiesen, so ist im Mitwirkungsplan gem. Absatz 1 und 2 die Beteiligung der einzelnen Richter an der Besetzung der reduzierten Sitzgruppe festzulegen.[99] Allein die nach der Anzahl gegebene Möglichkeit der Errichtung zweier personell voneinander getrennter „reduzierter" Spruchkörper ist unschädlich;[100] die Frage der Zulässigkeit einer Überbesetzung richtet sich nämlich nach der „normalen" und nicht nach der reduzierten Besetzung.[101] Nach der heutigen Rechtsprechung genügt zur Regelung der Heranziehung zum Sitzungsdienst bei einem mit einem Richter überbesetzten Spruchkörper nicht mehr eine Bestimmung,[102] dass jeweils ein Richter während eines kalendermäßig bestimmten Zeitabschnitts im Sitzungsdienst aussetzt und in welcher Reihenfolge das geschieht, z.B. dass wochenweise wechselnd, in der Reihenfolge des Dienstalters, beginnend mit dem Dienstältesten ein Beisitzer aussetzt;[103] ausreichend ist auch nicht mehr eine Bestimmung, dass zwei an einer Sitzung beteiligte Berichterstatter an der Entscheidung aller in der Sitzung anstehenden Sachen mitzuwirken haben.[104] Denn bei solchen Regelungen entscheidet der Vorsitzende erst mit der Terminierung der einzelnen Sache mittelbar über die Zuordnung der Spruchkörpermitglieder zu der zur Entscheidung berufenen Sitzgruppe. Damit bleibt ihm bei der Heranziehung der einzelnen Richter zur Mitwirkung an der jeweiligen Sache ein Entscheidungsspielraum, dessen es angesichts der anderen zur Verfügung stehenden Mitwirkungssysteme nicht bedarf.[105] **b)** Das Präsidium kann bereits im Jahresgeschäftsverteilungsplan eine differenzierte Regelung dahin treffen, dass dem Spruchkörper (große Strafkammer, erstinstanzlicher Strafsenat) die Beisitzer **beschränkt auf die jeweilige Besetzung** zugewiesen werden; so kann eine große Strafkammer mit dem Vorsitzenden und einem Beisitzer, ein erstinstanzlicher OLG-Strafsenat mit dem Vorsitzenden und zwei Beisitzern besetzt und ergänzend vorgesehen werden, dass für die Eröffnungsberatungen, bei denen zugleich über die Frage der reduzierten bzw. nicht-reduzierten Richterbank zu entscheiden ist, sowie für die Hauptverhandlung mit nicht-reduzierter Richterbank jeweils ein bzw. zwei weitere Beisitzer zugewiesen werden.[106] Eine solche Regelung kann jedoch ggf. mit Abstimmungsschwierigkeiten belastet sein, weil die ergänzend hinzutretenden Richter für den Fall der Verhandlung mit einer nicht-reduzierten Richterbank für die ihnen sonst zugewiesenen Aufgaben bzw. in ihren Spruchkörpern für eine gewisse Zeit nur noch eingeschränkt oder überhaupt nicht zur Verfügung stehen. Außerdem erscheint es nicht ganz ausgeschlossen, dass solche Umstände in die Entscheidung über die Frage der Besetzung nach § 76 Abs. 2, § 122 Abs. 2 Satz 2 (in unzulässiger Weise) mit einfließen. 17

d) Berichterstatter. Auch unter den durch das BVerfG erhöhten Anforderungen an die spruchkörperinterne Geschäftsverteilung zwingt Absatz 2 nicht dazu, im Voraus bin- 18

---

99 BVerfG NJW **2004** 3482, 3483; BGHSt **49** 130, 135 f.; BGH NJW **2000** 371 = JR **2000** 166 m. Anm. *Katholnigg*.

100 Kissel/*Mayer* 48; § 21e, 132; **a.A.** noch *Kissel*[3] 48; vgl. hierzu auch § 21e, 10 ff.

101 Rn. 5; vgl. § 21e, 11; LR/*Gittermann* § 76, 40.

102 So noch LR/*K. Schäfer*[24] 5.

103 So noch BGHSt **21** 250, 255.

104 So noch BVerwG DVBl. **1965** 947.

105 BVerfGE **97** 1, 10 f.; BGH NJW **2000** 371 = JR **2000** 166 m. Anm. *Katholnigg*; *Schwab* DRiZ **2014** 254; MüKo-ZPO/*Pabst* 14; anders für ehrenamtliche Richter BVerwG Beschl. v. 20.2.2014 – 8 B 64.1 (juris, Rn. 24); *Schmitt* SGb **2015** 665.

106 Hierzu ausführlich Kissel/*Mayer* § 21e, 132.

dend festzulegen, welcher Richter jeweils zum Berichterstatter in den einzelnen Sachen bestimmt wird, soweit hiermit nicht die Zusammensetzung der jeweiligen Sitzgruppe beim überbesetzten oder reduzierten Spruchkörper verknüpft ist (**kein „gesetzlicher" Berichterstatter"**; näher hierzu Rn. 7). Die Benennung des Berichterstatters gehört demgemäß auch nicht zum Inhalt der Besetzungsmitteilung nach § 222a StPO.

19 **e) Vertretung.** Zum Inhalt einer Anordnung nach Absatz 2 gehört die der Vertretung der Spruchkörpermitglieder (Beisitzer) untereinander.

20 **f) Änderungsbeschluss (Absatz 2 Hs. 2).** Der Geschäftsverteilungs- und Mitwirkungsplan gilt grds. für ein Jahr (Rn. 15 a.E.). An den Änderungsbeschluss nach Absatz 2 Hs. 2 sind dieselben Anforderungen zu stellen wie an den vor Beginn des Geschäftsjahres getroffenen Beschluss gem. Absatz 1. Nach der **früher h.M.**[107] waren an die Verteilung der Geschäfte wie auch an die Änderung der Anordnung geringere Anforderungen zu stellen als im Fall des § 21e Abs. 3; so wurde es für zulässig erachtet, dass der Vorsitzende im Einzelfall bei einer vorübergehenden Verhinderung von der spruchkörperinternen Geschäftsverteilung ohne Änderung der generellen Anordnung abwich.[108] Soweit der Vorsitzende getroffene Anordnungen änderte oder Verteilungsmaßnahmen vornahm, wurde dies nur dann für unzulässig gehalten, wenn er willkürlich, also aufgrund sachfremder und mit dem Grundgedanken des gesetzlichen Richters nicht zu vereinbarender Erwägungen, handelte.[109] Diese Auffassung ist in Ansehung der heutigen Rechtsprechung nicht aufrechtzuerhalten.[110] Eine **Änderung nach Absatz 2 Hs. 2** ist lediglich im Fall der Überlastung, ungenügenden Auslastung, eines Wechsels oder dauernder Verhinderung einzelner Mitglieder des Spruchkörpers möglich.[111] Abweichungen vom Mitwirkungsplan im Einzelfall sind demgegenüber unzulässig; denn § 21g dient dazu, innerhalb des Spruchkörpers die Wahrung des Grundsatz des gesetzlichen Richters sicherzustellen. Im Fall einer Änderung nach Absatz 2 Hs. 2 kann allerdings – wie bei einer Änderung des Mitwirkungsplans für das neue Geschäftsjahr – in entsprechender Anwendung des § 21e Abs. 4 angeordnet werden, dass der in einer Sache bereits einmal zuständig gewesene Richter weiterhin zuständig bleibt.[112]

21 **g) Folgen der Nichtbeachtung des Absatzes 2.** Der betroffene Richter, unabhängig ob er – als überstimmtes Mitglied des Spruchkörpers – an dem Beschluss mitgewirkt hat oder nicht bzw. ob er vertreten worden ist, kann ggf. nach den für die Geschäftsverteilung durch das Präsidium geltenden Grundsätzen[113] die **Verwaltungsgerichte** anrufen.[114]

22 Mit der **Revision** können Verstöße gegen Absatz 2 im Wege der **Besetzungsrüge** gem. § 338 Nr. 1 StPO geltend gemacht werden.[115] Diese dringt nicht erst bei einer willkürlichen Heranziehung eines Spruchkörpermitglieds im Einzelfall durch. Unzulässig ist vielmehr

---

107 So noch LR/*K. Schäfer*[24] 5.

108 BGHSt **29** 162 = LM Nr. 3 m. Anm. *Hürxthal*; LR/*K. Schäfer*[24] 5.

109 S. BGHSt **20** 355; BGH NJW **1964** 159; OLG München MDR **1975** 584; *Erdsiek* NJW **1959** 618; *Kern* DRiZ **1959** 142.

110 *Kissel* NJW **2000** 463.

111 Vgl. zu weiteren Änderungsanlässen § 21e, 44.

112 BGHSt **27** 105; BGH NJW **1987** 124; *Rieß* DRiZ **1977** 291; MüKo-ZPO/Pabst 18.

113 Vgl. § 21e, 78 f.

114 Zöller/*Lückemann* 18.

115 S.a. § 21e, 35, 80.

schon das Fehlen einer abstrakt-generellen und hinreichend klaren Regelung, aus der sich der im Einzelfall zur Mitwirkung berufene Richter möglichst eindeutig ablesen lässt.[116] So ist etwa eine Rüge begründet, mit der beanstandet wird, dass im Mitwirkungsplan einer Strafkammer lediglich geregelt war, welche Richter an welchen Sitzungstagen mitzuwirken haben, so dass erst aufgrund der Terminierung der einzelnen Sache feststand, welche Richter daran beteiligt waren.[117] Wird hingegen geltend gemacht, die Besetzung weiche von den aufgestellten – den rechtlichen Anforderungen genügenden – „Grundsätzen" ab, so hat die Rüge nur dann Erfolg, wenn es sich um eine willkürliche oder sonst missbräuchliche Nichteinhaltung gehandelt hat.[118]

4. Übertragung auf den Einzelrichter (Absatz 3). Absatz 3 stellt eine Sonderregelung für den Fall dar, dass nach den Vorschriften der Prozessordnungen Verfahren durch den Spruchkörper einem seiner Mitglieder zur Entscheidung als Einzelrichter übertragen werden können (vgl. insb. § 348a ZPO[119]); in Strafsachen hat die Regelung keinen Anwendungsbereich. 23

§ 21h

[1]Der Präsident oder aufsichtführende Richter wird in seinen durch dieses Gesetz bestimmten Geschäften, die nicht durch das Präsidium zu verteilen sind, durch seinen ständigen Vertreter, bei mehreren ständigen Vertretern durch den dienstältesten, bei gleichem Dienstalter durch den lebensältesten von ihnen vertreten. [2]Ist ein ständiger Vertreter nicht bestellt oder ist er verhindert, wird der Präsident oder aufsichtführende Richter durch den dienstältesten, bei gleichem Dienstalter durch den lebensältesten Richter vertreten.

Schrifttum

Schorn/Stanicki Die Präsidialverfassung der Gerichte aller Rechtswege[2] (1975) 115.

Entstehungsgeschichte

§ 21h beruht – in seiner auch durch die Novelle 1999 unverändert gebliebenen – Fassung auf Art. II Nr. 4 des Gesetzes zur Änderung der Bezeichnungen der Richter und ehrenamtlichen Richter und der Präsidialverfassung der Gerichte v. 31.5.1972[1] – **Reform 1972.**

Übersicht

116 BGH NStZ **2017** 429 m. Anm. *Tully.*
117 BGH NJW **2000** 371 = JR **2000** 166 m. Anm. *Katholnigg*; s. Rn. 17.
118 Aus der früheren Rspr. BGHSt **21** 250, 255; **29** 162; s. dazu LR/*Franke*[26] § 338 StPO, 24; ferner § 16, 26 ff.
119 Dazu Kissel/*Mayer* 45.
1 BGBl. I S. 841.

1 **1. Geltungsbereich.** § 21h regelt[2] die Vertretung des Präsidenten (bzw. aufsichtführenden Richters) ausschließlich in den ihm nach dem GVG obliegenden Geschäften, die nicht (gem. § 21e Abs. 1 Satz 1, Abs. 3, 4) durch das Präsidium zu verteilen sind und soweit es sich nicht um Aufgaben der Rechtsprechung handelt. In Betracht kommen somit nur die Geschäfte des GVG, die der Präsident in richterlicher Unabhängigkeit als sog. **justizförmige Verwaltungsaufgaben** wahrnimmt,[3] also Aufgaben der gerichtlichen Selbstverwaltung, so insbesondere der Vorsitz im Präsidium. § 21h erfasst hingegen – trotz des weitergehenden Wortlauts – nicht die Tätigkeit, die er als Organ der Justizverwaltung ausübt.[4] Daher gilt die Norm nicht für die Vertretung bei Ausübung der Dienstaufsicht, und zwar auch nicht im Fall des § 22 Abs. 3, selbst wenn diese Vorschrift Fragen der Dienstaufsicht beim Amtsgericht regelt; denn die Dienstaufsicht ist, gleich über welches Gericht sie ausgeübt wird, „reine" Justizverwaltungstätigkeit.[5]

2 **2. Vertretung in „reinen" Justizverwaltungsaufgaben.** Die Vertretung des Präsidenten in Angelegenheiten der „reinen" Justizverwaltung ist nicht durch § 21h geregelt.[6] Sie bestimmte sich bis zur Aufhebung der GVVO mit Wirkung zum 24.4.2008[7] nach deren §§ 13, 14, soweit diese Vorschriften nicht durch abweichende neue landesrechtliche Bestimmungen überholt waren.[8] Seither richtet sich die Vertretung nach Landesrecht. Allerdings können die Vorschriften der GVVO insoweit weiterhin anwendbar sein, als der Landesgesetzgeber sie durch gesetzgeberischen Akt in seinen Willen aufgenommen und dadurch originäres Landesrecht geschaffen hat.[9] Trifft er abweichende Regelungen, steht es ihm frei, zu bestimmen, dass der Vertreter i.S.d. § 21h zugleich der Vertreter bei der Wahrnehmung der Justizverwaltungsaufgaben ist.[10] Fraglich kann sein, wie die Grenze zwischen „justizförmiger" und „reiner" Justizverwaltungstätigkeit zu ziehen ist. Anerkannt ist z.B., dass außer der Ausübung der Dienstaufsicht – auch über die Amtsgerichte (Rn. 1) – die Bestimmung der für das Amts- oder Landgericht erforderlichen und vom Wahlausschuss beim Amtsgericht (§ 40) zu wählenden Zahl von Schöffen (§ 43 Abs. 1, § 77 Abs. 1) und die für das ganze Jahr im Voraus zu treffende Festlegung der Tage der ordentlichen Sitzungen (§ 45 Abs. 1) zur „reinen" Justizverwaltung gehören.

3 **Meinungsverschiedenheiten** bestanden bzgl. der Auslosung der Hauptschöffen für die einzelnen ordentlichen Sitzungen, die von dem Richter beim Amtsgericht (§ 45 Abs. 3) bzw. dem Präsidenten des Landgerichts (§ 77 Abs. 3 Satz 1) vorzunehmen ist. Mit dem BGH[11] ist die Auslosung ebenfalls als ein „reiner" Justizverwaltungsakt zu bewerten,[12] weil sie sich „noch im Vorfeld der Laienrichterbestimmung abspielt" und „als bloßer formaler Akt dem alleinigen Zweck (dient), dass nur der Zufall, nämlich das Los darüber entschei-

2 Zur früheren Regelung vgl. LR/*K. Schäfer*[24] 1.
3 BGHSt **25** 257; Kissel/*Mayer* 1; vgl. LR/*Rieß*[25] Einl. I 14 ff.; LR/*K. Schäfer*[24] Einl. Kap. 8, 11 ff.
4 BGHSt **25** 257.
5 Vgl. LR/*Gittermann* § 22, 41.
6 BGHSt **25** 257; Kissel/*Mayer* 3; Zöller/*Lückemann* 3.
7 Aufgehoben durch Art. 21 des Ersten Gesetzes über die Bereinigung von Bundesrecht im Zuständigkeitsbereich des Bundesministeriums der Justiz vom 19.4.2006 (BGBl. I S. 866).
8 BGHSt **25** 257.
9 Zöller/*Lückemann* Einl. 11.
10 So etwa § 7 Abs. 2 BaWüAGGVG; § 3 Abs. 2 NdsAGGVG.
11 BGHSt **25** 257, 258 = JR **1975** 206 m. krit. Anm. *Kohlhaas*.
12 So die heute h.M., vgl. *Eb. Schmidt* III § 45, 9; Kissel/*Mayer* 1; *Schmitt*/Köhler 1.

det, welche Laienrichter als gesetzliche Richter zur Aburteilung einer Straftat berufen sind". Der Gegenmeinung[13] erschien dies nicht überzeugend. Das Argument des „Abspielens im Vorfeld" habe kein Gewicht; denn auch die Wahl der Schöffen durch den Wahlausschuss des § 40 spiele sich – und in noch größerer Entfernung – im Vorfeld der Laienrichterbestimmung ab, und doch könne nicht zweifelhaft sein, dass der den Vorsitz führende Richter beim Amtsgericht in richterlicher Unabhängigkeit handle.[14] Die Frage, ob die Auslosung „justizförmige" oder „reine" Verwaltungstätigkeit ist, hat allerdings letztlich mehr dogmatische als praktische Bedeutung.[15]

3. Verhältnis zu § 21e Abs. 1 Satz 3, § 21f Abs. 2. Unberührt bleibt § 21e Abs. 1 Satz 3, wonach der Präsident (aufsichtführende Richter) persönlich bestimmt, welche richterlichen Aufgaben er wahrnimmt, ferner § 21f Abs. 2 über die Vertretung des Präsidenten, wenn er als Vorsitzender eines Spruchkörpers verhindert ist. 4

4. Gegenstand der Vertretung. In Betracht kommen hiernach für § 21h die Tätigkeiten (Rn. 1), die dem Präsidenten als Vorsitzendem des Präsidiums (§ 21a Abs. 2, § 21c Abs. 1 Satz 1, § 22a) oder nach § 43 Abs. 1, § 58 Abs. 2, § 77 Abs. 2, 3 obliegen. Zu diesen Tätigkeiten zählen auch die in § 21i Abs. 2 bezeichneten Eilmaßnahmen; denn insoweit handelt der Präsident als Vorsitzender des Präsidiums, das er vertritt. Zu den Aufgaben der gerichtlichen Selbstverwaltung gehört ebenso die Feststellung der Verhinderung eines Richters.[16] In all diesen Fällen ist der Präsident Organ der Rechtspflege, der in richterlicher Unabhängigkeit handelt;[17] infolgedessen bedurfte es für diese Geschäfte einer gesetzlichen Regelung der Vertretung. 5

5. Vertretungsgründe. Nach § 21c Abs. 1 Satz 1 wird der Präsident (aufsichtführende Richter) in seiner Eigenschaft als Vorsitzender des Präsidiums (§ 21a Abs. 2) nur gem. § 21h vertreten, wenn er verhindert ist, d.h. durch Umstände irgendwelcher Art nicht in der Lage ist, die einem Vorsitzenden des Präsidiums obliegenden Aufgaben selbst wahrzunehmen. Der Begriff der Verhinderung ist der gleiche wie in § 21f Abs. 2. Die Feststellung der Verhinderung trifft, wenn der Grund nicht offensichtlich ist (Krankheit, Urlaub usw.), der Präsident selbst.[18] Bei den übrigen unter Rn. 5 bezeichneten Geschäften setzt eine Vertretung nach § 21h nicht voraus, dass der Präsident verhindert ist; er ist daher befugt, generell und im Voraus zu bestimmen, welche Geschäfte von dem Vertreter wahrgenommen werden können. Allerdings darf die Vertretung, wenn der Präsident etwa durch Versetzung, Pensionierung oder Tod aus seinem Amt ausgeschieden ist, nicht zur Umgehung der Vorschriften führen, wonach die Kollegialgerichte einen Präsidenten haben müssen (§§ 59 Abs. 1, 115, 124); je länger die Vakanz andauert, desto gewichtiger müssen die die Verzögerung der Wiederbesetzung rechtfertigenden Gründe sein.[19] 6

6. Vertreter. Vertreten wird der Präsident entweder durch einen eigens bestellten „ständigen Vertreter" oder durch einen unmittelbar vom Gesetz bestimmten Vertreter. Den ständigen Vertreter (Vizepräsident) bestellt die Justizverwaltung. Ist im Haushaltsplan eine 7

---

13 So noch LR/*K. Schäfer*[24] 3 m.w.N.

14 Vgl. BGH NJW **1980** 2364 m. zust. Anm. *Katholnigg* NStZ **1981** 232.

15 BGHSt **25** 257, 258; dazu krit. *Katholnigg* NStZ **1981** 32.

16 S. § 21e, 16; § 21f, 22; KK/*Diemer* 1; MüKo/*Schuster* 1.

17 BVerfGE **25** 337, 348; BGHSt **21** 40, 44.

18 Dazu auch § 21f, 21 f.

19 RGSt **64** 6.

Planstelle für einen ständigen Vertreter vorgesehen, so liegt in der Einweisung in diese Stelle ohne Weiteres die Bestellung zum ständigen Vertreter. Eine Bestellung von zwei und mehr ständigen Vertretern sieht § 21h Satz 1 ausdrücklich vor; sie kann auch in der Form erfolgen, dass die mehreren Vertreter oder einer von ihnen jeweils nur für Teilgebiete des Aufgabenbereichs des Präsidenten eingesetzt werden.[20] Ist kein ständiger Vertreter bestellt oder ist der Bestellte verhindert, so vertritt kraft Gesetzes der dienstälteste Richter (§ 20 DRiG). Ein Richter einer höheren Besoldungsstufe gilt dabei immer als dienstälter als ein Richter einer niedrigeren Besoldungsstufe; da eine Amtszulage zu einem höheren Richteramt im statusrechtlichen Sinne führt,[21] ist auch sie zu berücksichtigen.[22] Ist der Dienstälteste ebenfalls verhindert, so vertritt der nächstdienstälteste Richter den Präsidenten. Stets muss es sich um einen auf Lebenszeit bei dem Gericht ernannten Richter handeln.[23] Der Präsident ist (anders als bei Justizverwaltungsgeschäften) nicht berechtigt, einen anderen Richter mit seiner Vertretung in einer der hier in Rede stehenden Angelegenheiten zu beauftragen.[24]

§ 21i

(1) Das Präsidium ist beschlußfähig, wenn mindestens die Hälfte seiner gewählten Mitglieder anwesend ist.

(2) [1]Sofern eine Entscheidung des Präsidiums nicht rechtzeitig ergehen kann, werden die in § 21e bezeichneten Anordnungen von dem Präsidenten oder aufsichtführenden Richter getroffen. [2]Die Gründe für die getroffene Anordnung sind schriftlich niederzulegen. [3]Die Anordnung ist dem Präsidium unverzüglich zur Genehmigung vorzulegen. [4]Sie bleibt in Kraft, solange das Präsidium nicht anderweit beschließt.

Schrifttum

Schorn/Stanicki Die Präsidialverfassung der Gerichte aller Rechtswege[2] (1975) 160.

Entstehungsgeschichte

§ 21i beruht – in seiner auch durch die Novelle 1999 unverändert gebliebenen – Fassung auf Art. II Nr. 4 des Gesetzes zur Änderung der Bezeichnungen der Richter und ehrenamtlichen Richter und der Präsidialverfassung der Gerichte v. 31.5.1972[1] – **Reform 1972.** Zur Entstehungsgeschichte im Einzelnen s. die Erläuterungen Rn. 1, 6.

Übersicht

20 BGHSt **12** 11; **12** 35.
21 OVG Koblenz NJW-RR **2001** 281.
22 Ausführlich hierzu Kissel/*Mayer* 6; vgl. auch MüKo/*Schuster* 2; MüKo-ZPO/*Pabst* 6; Zöller/*Lückemann* 4.
23 BGHSt **13** 262, 265.
24 RGSt **41** 186; **60** 32.
1 BGBl. I S. 841.

I. Beschlussfähigkeit des Präsidiums (Absatz 1)

1. Entstehungsgeschichte des Absatzes 1. Über die Beschlussfassung des Präsidiums 1 enthielt das Gesetz früher lediglich die – mit der Reform 1972 in § 21e Abs. 7 a.F. wiederkehrende und mit der Novelle 1999 durch Wegfall des Stichentscheids[2] geänderte – Regelung des § 64 Abs. 4 a.F., dass das Präsidium nach Stimmeneinheit entscheide und bei Stimmengleichheit die Stimme des Präsidenten den Ausschlag gebe. In Ermangelung einer die Beschlussfähigkeit regelnden Vorschrift wurde angenommen, dass es weder der Anwesenheit aller Mitglieder noch eines bestimmten Teils davon bedürfe; theoretisch war danach das Präsidium selbst dann beschlussfähig, wenn lediglich ein Mitglied erschien. Der RegE des PräsVerfG – Reform 1972 – sah folgende Fassung des § 21i Abs. 1 vor: „Das Präsidium ist auch beschlussfähig, wenn einzelne Mitglieder verhindert sind." Diese wenig klare Vorschrift konnte dahin verstanden werden, dass sie die bis dahin praktizierte Auslegung legalisieren oder allenfalls dahin abschwächen wolle, es müssten wenigstens zwei Mitglieder anwesend sein. Seine jetzige – durch die Novelle 1999 unveränderte – Fassung erhielt Absatz 1 durch den BTRAussch., der davon ausging, dass „eine hinreichende Legitimation des Präsidiums nur gegeben (sei), wenn mindestens die Hälfte seiner Mitglieder zugegen ist".[3]

2. Beschlussfähigkeit. Sie setzt nach dem Gesetzeswortlaut voraus, dass die **Hälfte** 2 **der „gewählten" Richter** anwesend ist. Diese Formulierung bedeutet nicht, dass die Regelung allein das repräsentative, „gewählte" Präsidium und nicht auch die Richter des Plenarpräsidiums i.S.d. § 21a Abs. 2 Nr. 5 erfasst. Mit der Gesetzesformulierung wird lediglich der Gegensatz zum Vorsitzenden als Mitglied „kraft Amtes" zum Ausdruck gebracht.[4] Auch wenn der Vorsitzende des Präsidiums an dieser Stelle nicht erwähnt ist, kann daraus nicht geschlossen werden, dass, wenn die Hälfte der gewählten Mitglieder anwesend ist, es für die Beschlussfähigkeit des Präsidiums ohne Bedeutung sei, ob auch der Präsident (aufsichtführende Richter) oder sein Vertreter (§ 21c Abs. 1 Satz 1) anwesend ist.[5] Eine solche Auslegung widerspräche § 21a Abs. 2, wonach das Präsidium aus dem Präsidenten als Vorsitzendem und einer bestimmten Zahl gewählter Richter besteht; auch die frühere Fassung des § 21e Abs. 7, wonach – abweichend vom Prinzip der grundsätzlichen Entscheidung des Präsidiums mit Stimmenmehrheit – bei Stimmengleichheit die Stimme des Vorsitzenden den Ausschlag gab, setzte die Anwesenheit des Präsidenten als selbstverständlich voraus. § 21i Abs. 1 regelt also nur, welcher Zahl von gewählten Mitgliedern es – außer dem Vorsitzenden – zur Beschlussfähigkeit bedarf.[6] Eine Präsidiumssitzung kann **bei Abwesenheit des Präsidenten** oder seines Vertreters **nicht** stattfinden.[7] § 21c Abs. 1 Satz 1, § 21h stellen dementsprechend sicher, dass der Präsident stets vertreten werden kann und somit ein

2 Vgl. hierzu § 21e, Entstehungsgeschichte u. 62.
3 Bericht des BTRAussch. BTDrucks. **VI** 2903 S. 5.
4 Kissel/*Mayer* 2; MüKo-ZPO/*Pabst* 2; Zöller/*Lückemann* 2.
5 **A.A.** noch *Baumbach/Lauterbach/Hartmann*[65] 2; LR/*K. Schäfer*[23] 2.
6 Ebenso *Schorn/Stanicki* 161; *Katholnigg* 1; Kissel/*Mayer* 3; MüKo/*Schuster* 2; SK/*Velten* 1.
7 Kissel/*Mayer* 3; § 21e, 69; MüKo/*Schuster* 4; MüKo-ZPO/*Pabst* 4.

Vorsitzender zur Verfügung steht.[8] Tritt der Vertretungsfall ein und ist der Vertreter selbst gewähltes Mitglied, bleibt er als solches für die Frage der Beschlussfähigkeit unberücksichtigt, weil er in dieser Funktion verhindert ist.[9] Beschlussfähig ist das Präsidium z.B. eines Gerichts mit mindestens achtzig Planstellen (§ 21a Abs. 2 Nr. 1) bei Anwesenheit von fünf der zehn gewählten Richter außer dem Präsidenten bzw. seinem Vertreter; dies gilt für die Gerichte mit niedrigerer Richterplanstellenzahl gemäß den Schwellenwerten des § 21a Abs. 2 entsprechend. Eine Vertretung findet bei Verhinderung eines gewählten Mitglieds nicht statt (§ 21c Abs. 1 Satz 3).

3 **Nicht ausdrücklich geregelt** ist die **Beschlussfähigkeit** des **Plenarpräsidiums**, also des aus den wählbaren Richtern bestehenden Präsidiums (§ 21a Abs. 2 Nr. 5); hier ist § 21i Abs. 1 entsprechend anwendbar. Das Präsidium bei einem Gericht mit bis zu sieben Richterplanstellen ist nur beschlussfähig bei Anwesenheit der Hälfte der wählbaren Richter; d.h. bei sieben wählbaren Richtern müssen nach dem Sinn des Gesetzes vier Präsidiumsmitglieder anwesend sein, denn bei einer ungeraden Mitgliederzahl muss die rechnerische Hälfte stets überschritten werden („*mindestens* die Hälfte").[10] Zu dem für die Berechnung der Beschlussfähigkeit maßgebenden Mitglieder-Quorum zählt in entsprechender Anwendung des § 21i Abs. 1 auch der aufsichtführende Richter, da gem. § 22a der Präsident des übergeordneten Landgerichts oder eines anderen Amtsgerichts und nicht der aufsichtführende Richter i.S.d. § 22 Abs. 3 Satz 2 Vorsitzender des nach § 21a Abs. 2 Nr. 5 gebildeten Präsidiums ist.[11]

4 **3. Fehlende Beschlussfähigkeit.** Ist das Präsidium **nicht beschlussfähig,** so muss eine neue Sitzung einberufen werden. In Eilfällen trifft der Präsident nach § 21i Abs. 2 die erforderlichen Anordnungen anstelle des Präsidiums.[12]

5 **4. Beschlussfassung.** Zur Beschlussfähigkeit genügt zwar bereits die *Anwesenheit* der Hälfte der gewählten Richter. Hieraus kann jedoch nicht geschlossen werden, dass ihre Beteiligung an Beratung und Abstimmung nicht erforderlich wäre und ein Beschluss danach zustande käme, wenn etwa nur ein Mitglied beschließt und alle übrigen Anwesenden sich der Stimme enthalten.[13] Aus der besonderen Bedeutung der Funktion und Aufgaben des Präsidiums folgt, dass Stimmenthaltung nicht zulässig ist.[14]

II. Eilmaßnahmen (Absatz 2)

6 **1. Entstehungsgeschichte des Absatzes 2.** Absatz 2 hat ein Vorbild in dem früheren (nur die Präsidenten der Amtsgerichte betreffenden) § 22c Abs. 3 a.F. und ersetzte in verallgemeinernder und zugleich einschränkender Form den § 67 a.F. („Bei Verhinderung des regelmäßigen Vertreters eines Mitgliedes wird ein zeitweiliger Vertreter durch den Präsidenten bestimmt"). Gegen die Verfassungsmäßigkeit des § 67 a.F. bestanden – unter dem Gesichtspunkt des gesetzlichen Richters – keine Bedenken, weil der Präsident nicht als Organ der Justizverwaltung, sondern in richterlicher Unabhängigkeit tätig wurde.[15] Dies

8 Zöller/*Lückemann* 1.
9 S. § 21c, 2.
10 MüKo-ZPO/*Pabst* 3.
11 Vgl. LR/*Gittermann* § 22a, 3.
12 Vgl. im Übrigen § 21e, 62 ff.
13 So noch LR/*K. Schäfer*[24] 3.
14 Vgl. hierzu § 21e, 66. Zum Umlaufverfahren s. § 21e, 75.
15 BGH bei *Holtz* MDR **1977** 461.

gilt erst recht für § 21i Abs. 2, der durch seine Stellung und seinen Wortlaut deutlich macht, dass der Präsident (aufsichtführende Richter) in seiner Eigenschaft als Vorsitzender des Präsidiums in Eilfällen diejenigen notwendigen Maßnahmen trifft, die das Präsidium nicht rechtzeitig treffen kann.[16]

2. Anwendungsgebiet. § 21i Abs. 2 schafft, indem er den Präsidenten oder aufsichtführenden Richter (für den Fall der Verhinderung den Vertreter gem. § 21h) in seiner Eigenschaft als Vorsitzender des Präsidiums zum „Notvertreter" bestellt, in einer rechtsstaatlichen Bedürfnissen angemessenen Weise Abhilfe in den Fällen, in denen eine Entscheidung des Präsidiums bis zu einem bestimmten Zeitpunkt oder für eine bestimmte Gelegenheit ergehen müsste, aber nicht rechtzeitig ergehen kann. Eine Entscheidung des Präsidenten (aufsichtführenden Richters) nach Absatz 2 Satz 1 ist mithin nur bei **Eilbedürftigkeit** zulässig, sei es, weil es aus Zeitgründen nicht möglich ist, rechtzeitig eine Präsidiumssitzung oder die Beschlussfassung im Umlaufweg herbeizuführen, sei es, weil die Bemühungen, einen Beschluss zu erwirken, daran scheitern, dass das Präsidium nicht beschlussfähig ist (§ 21i Abs. 1) oder trotz Beschlussfähigkeit eine Mehrheit der abgegebenen Stimmen nicht zustande kommt; so liegt es im Fall der Stimmengleichheit (§ 21e Abs. 7 Satz 2) oder etwa dann, wenn von fünf anwesenden Mitgliedern jedes für eine andere Lösung stimmt. In den letztgenannten Fällen ist allerdings erforderlich, dass eine Entscheidung des Präsidiums, z.B. aufgrund nochmaliger Beratung, nicht mehr rechtzeitig möglich ist.[17] Anders als der lediglich einen eng umgrenzten Bereich der Bestellung eines zeitweiligen Vertreters (s. dazu Rn. 11) betreffende § 67 a.F. und in Erweiterung des nur für das Amtsgericht geltenden § 22c Abs. 3 a.F. auf alle Gerichte bezieht sich § 21i Abs. 2 nicht nur auf den Fall, dass eine Änderungsanordnung nach § 21e Abs. 3 nicht rechtzeitig ergehen kann, sondern auf alle nach § 21e vom Präsidium zu treffenden Regelungen. Die Vorschrift gilt also auch für den Fall, dass der vor Beginn des Geschäftsjahres aufzustellende Geschäftsverteilungsplan nicht rechtzeitig zustande kommt. Sinngemäß gilt § 21i Abs. 2 – über seinen Wortlaut („in § 21e bezeichneten Anordnungen") hinaus – auch für die sonstigen außerhalb des § 21e bezeichneten Aufgaben des Präsidiums.[18] 7

3. Prüfungszuständigkeit des Präsidenten. Ob die Voraussetzungen des Absatzes 2 Satz 1 erfüllt sind, also eine Entscheidung des Präsidiums nicht rechtzeitig ergehen kann, hat der Präsident (aufsichtführende Richter) nach pflichtgemäßem Ermessen und in eigener Verantwortung zu prüfen und zu entscheiden. Ist die Eilbedürftigkeit, die sich auch daraus ergeben kann, dass der Präsident verspätet von den die Notwendigkeit seines Eingreifens begründenden Umständen Kenntnis erlangt, nicht offensichtlich, so muss er zuvor Ermittlungen anstellen. Die Gründe, die ihn veranlasst haben, seine Regelungsbefugnis anzunehmen und eine Maßnahme dieses Inhalts zu treffen, sind gem. Absatz 2 Satz 2 schriftlich zum Zweck der Nachprüfbarkeit niederzulegen; es genügt eine knappe Begründung, die das Wesentliche erkennen lässt. In der Revisionsinstanz ist unter dem Gesichtspunkt des § 338 Nr. 1 StPO nur nachprüfbar, ob der Präsident die rechtlichen Voraussetzungen seines Eingreifens verkannt oder sein Ermessen fehlerhaft ausgeübt hat, nicht hingegen, ob die von ihm angenommenen und dokumentierten tatsächlichen Voraussetzungen erfüllt waren und ob er von seiner Anordnungsbefugnis zweckmäßigen Gebrauch gemacht hat.[19] Sind aber gebotene vorherige Feststellungen, ob die Voraussetzungen eines 8

16 BVerfG NJW **1982** 29.

17 MüKo-ZPO/*Pabst* 9.

18 Vgl. § 21e, 2.

19 BGH bei *Holtz* MDR **1977** 461; LR/*Franke*[26] § 338 StPO, 27.

Eingreifens nach § 21i Abs. 2 gegeben sind, unterblieben oder von einem zu Anordnungen nach § 21i Abs. 2 nicht befugten Richter getroffen worden, so können sie nicht durch nachträgliche dienstliche Äußerungen des Präsidenten ersetzt werden.[20] Fehlt es an der schriftlichen Niederlegung der Gründe für die getroffene Eilentscheidung, hat dies dieselben Folgen wie ein fehlerhafter Geschäftsverteilungsplan.[21]

9 **4. Keine Übertragung der Befugnisse aus § 21i Abs. 2.** Im Fall des § 21i Abs. 2 vertritt der Präsident (aufsichtführende Richter) das Präsidium in seiner Eigenschaft als dessen Vorsitzender (§ 21a Abs. 2). Er handelt also nicht als Organ der Justizverwaltung, sondern, wie die Mitglieder des Präsidiums, als Rechtspflegeorgan in richterlicher Unabhängigkeit.[22] Daraus folgt, dass nur der Präsident selbst (im Fall seiner Verhinderung der in § 21h bezeichnete Vertreter) Anordnungen nach § 21i Abs. 2 treffen kann.[23] Eine Übertragung der Befugnis auf andere Richter ist unzulässig.[24]

10 **5. Vorlage an das Präsidium.** Die getroffene Anordnung ist dem Präsidium unverzüglich, d.h. ohne schuldhaftes Zögern (§ 121 Abs. 1 Satz 1 BGB), „zur Genehmigung" vorzulegen (Absatz 2 Satz 3). Die Worte „zur Genehmigung" fehlten im RegE des PräsVerfG; sie sind erst vom BTRAussch. eingefügt worden; sie sollen der Klarstellung dienen.[25] Tatsächlich erweisen sie sich eher als irreführend, weil sie geeignet sind, den Eindruck zu erwecken, als könne das Präsidium durch Erteilung seiner Genehmigung einer Anordnung, die getroffen wurde, ohne dass die in Absatz 2 Satz 1 bezeichneten Voraussetzungen erfüllt gewesen wären, rückwirkend Wirksamkeit verleihen, während umgekehrt eine Versagung der Genehmigung die entgegengesetzte Wirkung habe. In Wirklichkeit bedeutet „zur Genehmigung" nur „zur Prüfung", nämlich ob die Eilanordnung des Präsidenten (aufsichtführenden Richters) für die Zukunft abzuändern oder aufzuheben ist.[26] Bei Abänderung der Anordnung gilt die Einschränkung des § 21e Abs. 3 nicht; diese Vorschrift bezieht sich vielmehr auf Änderungen des Geschäftsverteilungsplans, den das Präsidium selbst beschlossen hat. Hält das Präsidium die Anordnung des Präsidenten für richtig, empfiehlt es sich, zu beschließen, dass sie aufrechterhalten wird oder – zumindest klarstellend – dass zu einer abweichenden Regelung kein Anlass besteht.[27] Ohnedies bleibt sie bis zu einer etwaigen anderweitigen Entscheidung des Präsidiums in Kraft (Absatz 2 Satz 4). Bei Anordnungen des Präsidenten für vorübergehende Situationen, die inzwischen erledigt sind, führt die Vorlegung bloß zu einer nachträglichen Kontrolle des Präsidiums, ob er sich in den Grenzen seiner Notkompetenz gehalten hat, welche Folgerungen daraus für künftige Fälle zu ziehen sind usw. Rückwirkungen auf den rechtlichen Bestand einer sich auf die Anordnung gründenden gerichtlichen Entscheidung ergeben sich hieraus nicht, soweit die Anordnung wirksam (Rn. 8) getroffen war.

11 **6. Bestellung zeitweiliger Vertreter.** Für den früher in § 67 a.F. geregelten Fall der Bestellung eines zeitweiligen Vertreters waren in Rechtsprechung und Schrifttum norm-

20 Dazu RGSt **2** 57; **3** 241; **23** 169; **40** 268; **55** 237; **62** 310; BGHSt **12** 33, 34; **15** 390, 391.

21 MüKo-ZPO/*Pabst* 8; Zöller/*Lückemann* 5; vgl. § 21e, 33, 80.

22 Vgl. § 21e, 6.

23 BGHSt **12** 33; **12** 113.

24 RGSt **41** 86; 57 269; **60** 32; BGHSt a.a.O.

25 Bericht des BTRAussch. BTDrucks. **VI** 2903 S. 5.

26 Kissel/*Mayer* 10; MüKo-ZPO/*Pabst* 8, 10; SSW/*Spiess* 4.

27 Kissel/*Mayer* 11; *Schmitt*/Köhler 3.

konkretisierende Grundsätze ausgeformt worden.[28] Diese haben allerdings weitgehend ihre **Bedeutung verloren**. Denn eine Vertreterbestellung im Wege einer Anordnung nach Absatz 2 Satz 1 verletzt das Gebot des gesetzlichen Richters, wenn die Vertretungsregelung des Geschäftsverteilungsplans unzureichend ist; dann ist vielmehr eine Ergänzung der Geschäftsverteilung nach § 21e Abs. 3 geboten.[29] Eine Eilentscheidung des Präsidenten kommt somit lediglich in Betracht, wenn der Geschäftsverteilungsplan voraussehbare Verhinderungen und Überlastungen einzelner Richter berücksichtigt, die entsprechenden Bestimmungen aber nicht ausreichend sind. Die Anforderungen, welche die Rechtsprechung an diese Bestimmungen stellt, sind streng. Die Bestellung eines zeitweiligen Vertreters durch den Präsidenten ist nur zulässig, wenn der Geschäftsverteilungsplan den Anforderungen an eine vorausschauende und umfassende Vertretungsregelung genügt, so dass die Notwendigkeit einer Ergänzung allenfalls bei einer nicht voraussehbaren außergewöhnlichen Häufung von Verhinderungsfällen entstehen kann.[30] Es empfiehlt sich und entspricht der Handhabung in der Praxis, dass in die Geschäftsverteilung eine Auffangregelung aufgenommen wird, die – über die zunächst vorgesehene konkrete Vertretungsreihenfolge hinaus – weitere nicht namentlich benannte Vertreter nach abstrakt-generellen Kriterien bestimmt,[31] so dass die geregelte Vertretung allein durch die Anzahl der Richter des Gerichts begrenzt ist.

§ 21j

(1) ¹Wird ein Gericht errichtet und ist das Präsidium nach § 21a Abs. 2 Nr. 1 bis 4 zu bilden, so werden die in § 21e bezeichneten Anordnungen bis zur Bildung des Präsidiums von dem Präsidenten oder aufsichtführenden Richter getroffen. ²§ 21i Abs. 2 Satz 2 bis 4 gilt entsprechend.

(2) ¹Ein Präsidium nach § 21a Abs. 2 Nr. 1 bis 4 ist innerhalb von drei Monaten nach der Errichtung des Gerichts zu bilden. ²Die in § 21b Abs. 4 Satz 1 bestimmte Frist beginnt mit dem auf die Bildung des Präsidiums folgenden Geschäftsjahr, wenn das Präsidium nicht zu Beginn eines Geschäftsjahres gebildet wird.

(3) An die Stelle des in § 21d Abs. 1 bezeichneten Zeitpunkts tritt der Tag der Errichtung des Gerichts.

(4) ¹Die Aufgaben nach § 1 Abs. 2 Satz 2 und 3 und Abs. 3 der Wahlordnung für die Präsidien der Gerichte vom 19. September 1972 (BGBl. I S. 1821) nimmt bei der erstmaligen Bestellung des Wahlvorstandes der Präsident oder aufsichtführende Richter wahr. ²Als Ablauf des Geschäftsjahres in § 1 Abs. 2 Satz 2 und § 3 Satz 1 der Wahlordnung für die Präsidien der Gerichte gilt der Ablauf der in Abs. 2 Satz 1 genannten Frist.

Schrifttum

Zu § 30 RpflAnpG *Jöhnk* Ein eigenes Oberverwaltungsgericht für das Land Schleswig-Holstein, NVwZ **1991** 967; *Rieß* Das Gesetz zur Anpassung der Rechtspflege im Beitrittsgebiet, DtZ **1992** 229; *ders.* Präsidium und Geschäftsverteilung bei der Errichtung neuer Gerichte, DRiZ **1993** 76.

---

28 S. dazu LR/*Breidling*[26] 11 ff.
29 LG Berlin StV **1994** 366; Kissel/*Mayer* 9; MüKo/*Schuster* 5.
30 BGHSt **27** 209; BGH StV **1987** 514; **1993** 397; Kissel/*Mayer* 9; vgl. § 21e, 17.
31 Vgl. § 21e, 16.

Entstehungsgeschichte

§ 21j wurde durch das Erste Gesetz über die Bereinigung von Bundesrecht im Zuständigkeitsbereich des Bundesministeriums der Justiz (Art. 17 Nr. 2) vom 19.4.2006[1] mit Wirkung vom 25.4.2006 eingefügt. Mit dieser Vorschrift wurde die erhaltungsbedürftige Regelung in § 30 des Rechtspflege-Anpassungsgesetzes vom 26.6.1996, das insgesamt durch das Erste Gesetz über die Bereinigung von Bundesrecht im Zuständigkeitsbereich des Bundesministeriums der Justiz (Art. 3) aufgehoben wurde, ohne sachliche Änderung in das GVG überführt.[2]

Übersicht

1 **1. Grundsatz.** Die Vorschrift regelt die Wahrnehmung der an sich dem Präsidium obliegenden Aufgaben **nach der Errichtung eines neuen Gerichts** bis zum Zeitpunkt der **Bildung eines Präsidiums**. Der Gesetzgeber hatte wegen der sich aus der Errichtung neuer Gerichte ergebenden Schwierigkeiten bereits mit der Schaffung des § 30 RpflAnpG die Erforderlichkeit einer ausdrücklichen Regelung bejaht und mit dieser für das gesamte Bundesgebiet geltenden Vorschrift eine Regelungslücke geschlossen. Bei der Errichtung neuer Gerichte bedarf es unverzüglich einer Geschäftsverteilung, um bei der Rechtsprechung die Garantie des gesetzlichen Richters (Art. 101 Abs. 1 Satz 2 GG, § 16 Satz 2) zu wahren.[3] § 21j gilt grundsätzlich nicht für ein neuerrichtetes Gericht mit Plenarpräsidium, weil hier kein Präsidium zu bilden ist; ausgenommen ist lediglich die Stichtagsregelung des Absatzes 3 (Rn. 4).[4] Ihrem Wortlaut nach regelt die Vorschrift nicht den Fall der **Zusammenlegung von Gerichten**; insoweit ist sie allerdings entsprechend anzuwenden.[5] Abweichendes gilt, wenn ein Gericht aufgelöst wird und seine Aufgaben einem anderen Gericht anwachsen, dessen Richterplanstellen entsprechend erhöht werden.[6]

2 **2. Absatz 1.** Gem. Satz 1 hat der Präsident bzw. aufsichtführende Richter – begrenzt auf eine Übergangsfrist bis zur Bildung des Präsidiums – die **Notkompetenz** zum Erlass der für die Geschäftsverteilung erforderlichen Anordnungen. Konsequenterweise verweist Satz 2 auf die Regelungen über die Eilmaßnahmen des Präsidenten (aufsichtführenden Richters) nach § 21i Abs. 2 Satz 2 bis 4: Der Präsident muss die Gründe der jeweiligen Anordnungen schriftlich niederlegen. Ist ein Präsidium gebildet, so müssen diese Anordnungen ihm unverzüglich zur Genehmigung vorgelegt werden. Sie bleiben bis zu einer etwaigen anderweitigen Entscheidung des Präsidiums in Kraft.[7]

3 **3. Absatz 2.** Satz 1 bestimmt eine **Dreimonatsfrist** ab dem Tag der Errichtung des Gerichts, innerhalb der ein Präsidium zu bilden ist. Das Präsidium ist erst dann in diesem Sinne gebildet, wenn der Wahlvorstand (Rn. 5) das ordnungsgemäße Wahlergebnis gem.

---

1 BGBl. I S. 866.
2 Begr. des RegE BRDrucks. 329/05 S. 144. S. hierzu die Erl. Vor § 21a, 10 f.
3 Kissel/*Mayer* 1; MüKo/*Schuster* 2; Zöller/*Lückemann* 2.
4 *Rieß* DRiZ **1993** 77; SK/*Velten* 1.
5 Kissel/*Mayer* 2; Zöller/*Lückemann* 1; **a.A.** MüKo-ZPO/*Pabst* 3 („erscheint dies schwierig").
6 VG Gießen LKRZ **2012** 114, 116; Zöller/*Lückemann* 1; SK/*Velten* 1; **a.A.** wohl Kissel/*Mayer* 2.
7 S. § 21i, 8, 10.

§ 11 der Wahlordnung[8] bekanntgegeben hat. Die Notkompetenz des Präsidenten bleibt im Fall einer Fristüberschreitung gleichwohl bestehen.[9] Nach Satz 2 beginnt für die neugewählten Präsidiumsmitglieder die regelmäßige **Amtsdauer** von vier Jahren i.S.d. § 21b Abs. 4 Satz 1 mit dem auf die Bildung des Präsidiums folgenden Geschäftsjahr, es sei denn, das neue Präsidium wird zu Beginn eines Geschäftsjahres gebildet. Die – durch Los zu bestimmende – Hälfte der Mitglieder scheidet allerdings bereits nach Ablauf des auf diese Weise bestimmten zweiten Geschäftsjahres wieder aus (§ 21b Abs. 4 Satz 2, 3).[10]

4. Absatz 3. Für die **Größe des Präsidiums** ist abweichend von § 21d Abs. 1 die Zahl 4
der Richterplanstellen am Tag der Errichtung des Gerichts maßgebend.

5. Absatz 4. Diese Bestimmung regelt die Bildung des **Wahlvorstandes** bei der ersten 5
Wahl des Präsidiums. Nach Satz 1 bestellt der Präsident oder aufsichtführende Richter bei neuerrichteten Gerichten die Mitglieder des Wahlvorstandes. Hierfür bestimmt Satz 2 – durch Bezugnahme auf die Regelung des § 1 Abs. 2 Satz 2 der Wahlordnung[11] (zwei Monate vor Ablauf des Geschäftsjahres) und die Dreimonatsfrist gem. Absatz 2 Satz 1 – eine Frist von einem Monat nach Errichtung des Gerichts.

8 Abgedruckt unter § 21b, 22.
9 Zöller/*Lückemann* 2.
10 *Rieß* DRiZ **1993** 78; SK/*Velten* 2.
11 Abgedruckt unter § 21b, 22.

DRITTER TITEL
Amtsgerichte

Vorbemerkungen

1 Der dritte Titel regelt den Aufbau der Amtsgerichte (mit Ausnahme der in Titel 4 erfassten Schöffengerichte), deren sachliche und funktionelle Zuständigkeit, die auch für die Amtsgerichte durchgeführte Präsidialverfassung sowie die Geschäftsverteilung. Während § 22 mit der Normierung des Einzelrichters als Regelspruchkörper als zentrale Organisationsvorschrift für die Amtsgerichte verstanden werden kann,[1] regeln die §§ 22a bis 22d in Ergänzung der §§ 21a ff. die amtsgerichtliche Präsidialverfassung sowie den richterlichen Bereitschaftsdienst und bestimmen die §§ 23 bis 27 die Zuständigkeiten der verschiedenen Spruchkörper. Die §§ 22 bis 27 haben nach dem VereinhG 1950 bis heute im strafrechtlichen Bereich nur wenige Änderungen erfahren. Der bislang gravierendste Einschnitt erfolgte erst durch das Gesetz zur Entlastung der Rechtspflege – Rechtspflegeentlastungsgesetz – vom 11.1.1993 (BGBl. I S. 50), der hier durch eine Anhebung der Strafgewalt des Amtsgerichts zu Zuständigkeitsverschiebungen zwischen den Amts- und Landgerichten führte. Es werden derzeit zwar weitere Änderungen des GVG erwogen, aber soweit absehbar, sind die vorgenannten Regelungen davon nicht berührt.

2 Die wesentlichen Änderungen durch das Rechtspflegeentlastungsgesetz wurden zwar schon seit längerer Zeit im parlamentarischen Bereich diskutiert,[2] aber erst der durch den Einigungsprozess unmittelbar auf der Justiz lastende Druck und die Notwendigkeit, die vorhandenen Ressourcen effizient einzusetzen und darüber hinaus für den Aufbau der Justiz in den neuen Bundesländern nutzbar zu machen,[3] haben die Rechtsänderungen begünstigt. Die seit Inkrafttreten der Änderungen gesammelten Erfahrungen dürften die Kompetenzverlagerungen nicht nur als Erfolg bestätigt haben, sondern sie auf weiteres auch als unumkehrbar erscheinen lassen.

§ 22

(1) Den Amtsgerichten stehen Einzelrichter vor.

(2) Einem Richter beim Amtsgericht kann zugleich ein weiteres Richteramt bei einem anderen Amtsgericht oder bei einem Landgericht übertragen werden.

(3) [1]Die allgemeine Dienstaufsicht kann von der Landesjustizverwaltung dem Präsidenten des übergeordneten Landgerichts übertragen werden. [2]Geschieht dies nicht, so ist, wenn das Amtsgericht mit mehreren Richtern besetzt ist, einem von ihnen von der Landesjustizverwaltung die allgemeine Dienstaufsicht zu übertragen.

(4) Jeder Richter beim Amtsgericht erledigt die ihm obliegenden Geschäfte, soweit dieses Gesetz nichts anderes bestimmt, als Einzelrichter.

(5) [1]Es können Richter kraft Auftrags verwendet werden. [2]Richter auf Probe können verwendet werden, soweit sich aus Absatz 6, § 23b Absatz 3 Satz 2 bis 5, § 23c Abs. 2 oder § 29 Abs. 1 Satz 2 nichts anderes ergibt.

---

1 MK/*Schuster* 3.
2 Vgl. 125. BTSitzg. v. 27.11.1992 Plenarprot. **12** 125 S. 10787. Danach waren bereits 1977 erste Sachverständigenanhörungen.
3 BTDrucks. **12** 1217 S. 17.

(6) [1]Ein Richter auf Probe darf im ersten Jahr nach seiner Ernennung Geschäfte in Insolvenzsachen nicht wahrnehmen. [2]Richter in Insolvenz- Restrukturierungssachen sollen, soweit dies zur Erfüllung der jeweiligen Richtergeschäftsaufgabe erforderlich ist, über belegbare Kenntnisse auf den Gebieten des Insolvenzrechts, des Restrukturierungsrechts, des Handels- und Gesellschaftsrechts sowie über Grundkenntnisse der für das Insolvenz- und Restrukturierungsverfahren notwendigen Teile des Arbeits-, Sozial- und Steuerrechts und des Rechnungswesens verfügen. [3]Einem Richter, dessen Kenntnisse auf diesem Gebiet nicht belegt sind, dürfen Aufgaben eines Insolvenz- oder Restrukturierungsrichters nur zugewiesen werden, wenn der Erwerb der Kenntnisse alsbald zu erwarten ist.

Schrifttum

Blankenburg/Morasch Zur neueren Entwicklung in der Justiz, DRiZ **1979** 197; *Bohnen* Überlegungen zur Arbeitsbelastung des Familienrichters, DRiZ **1977** 199; *Fink* Amtsgerichtliche Zweigstelle und Zweig-(Stellen-)Gericht, DRiZ **1955** 159; *Heyer* Reform der Justizorganisation im Insolvenzverfahren – Spezialisierung der Insolvenzjustiz?, NZI-Beil. **2025** 20; *Hoepner* Die Unabhängigkeit des Richters und seine Abberufung aus der ihm übertragenen Dienstaufsichtsbefugnis, DRiZ **1961** 238; *Holch* Gerichtsorganisation und Grundgesetz, DRiZ **1970** 183; *Hückstädt/Lautebach* Die neuen Grundsätze für die Personalbedarfsberechnung der Richter, Staatsanwälte und Amtsanwälte, SchlHA **1976** 101; *Löwisch* Hilfsrichter und Einzelrichter, DRiZ **1964** 164; *Matthiessen* Gestaltungsfreiheit für den Generationswechsel in der Justiz – Umfang des Einsatzes von Proberichtern bei den Amts- und Landgerichten, NJW **2025** 2825; *Müller* Abweichungen von der gewöhnlichen Gerichtsorganisation und ihre Auswirkungen, NJW **1963** 614; *Schnigula* Probleme der internationalen Rechtshilfe in Strafsachen bei ausgehenden deutschen Gesuchen im Bereich der sonstigen Rechtshilfe, DRiZ **1984** 177; *Vallender* Die Zeit ist reif für eine Reform der Struktur des Insolvenzgerichts – Zu den künftigen Aufgaben des Insolvenzrichters in einem Insolvenzverfahren, NZI-Beil. **2025** 16. Weiteres Schrifttum bei § 1 GVG.

Entstehungsgeschichte

Entw. § 10. Spätere Änderungen: Gesetz vom 17.5.1898 (RGBl. 252); VO vom 4.1.1924 (RGBl. I S. 15), Bek. vom 23.3.1924 (RGBl. I S. 301). Durch § 19 der VO vom 20.3.1935 (RGBl. I S. 403) verlor § 22 Abs. 2, 3, ohne förmlich aufgehoben zu werden, seine Bedeutung. Das VereinhG 1950 übernahm § 22 unverändert. Durch Art. II Nr. 5, 6 des PräsVerfG erfuhr § 22 folgende Änderungen: a) Absatz 2 (bisher: „Ein Amtsrichter kann zugleich Mitglied oder Direktor bei dem übergeordneten Landgericht sein") erhielt seine jetzige Fassung; b) in Absatz 3 wurde der bisherige Halbsatz 2 des Satzes 2 („ist die Zahl der Richter höher als fünfzehn, so kann die Dienstaufsicht zwischen mehreren von ihnen geteilt werden") gestrichen; c) in Absatz 4 wurde „Amtsrichter" durch „Richter beim Amtsgericht" ersetzt; d) Absatz 5 wurde neu eingefügt.

Die seit dem 1.1.1999 geltende Fassung beruht auf Art. 12 Nr. 1 EGInsO. In Absatz 5 wurden die Regelungen des GVG, nach denen ein Richter auf Probe bestimmte Geschäfte zeitlich begrenzt oder unbegrenzt nicht wahrnehmen darf, nunmehr zusammengefasst. Durch das FGG-RG vom 17.12.2008 wurde Absatz 5 um die Regelung des § 23c Abs. 2 ergänzt. Absatz 6 hat die Vorschrift um eine neue Regelung betreffend die Insolvenzsachen ergänzt.

Durch das am 1.3.2012 in Kraft getretene Gesetz zur weiteren Erleichterung der Sanierung von Unternehmen (InsOuaÄndG) vom 7.12.2011 (BGBl. I S. 2582) wurden mit Wirkung ab 1.1.2013 in Absatz 6 der Vorschrift zwei weitere Sätze eingefügt. Ziel des Gesetzes vom 7.12.2011 ist eine Erleichterung der Sanierung von Unternehmen und hierdurch der Erhalt von Arbeitsplätzen.[1] Hierzu soll sichergestellt werden, dass auch auf Seiten der Gerichte Personen tätig werden, die über die erforderlichen und jedenfalls mehr als nur rudimentären Kenntnisse der für die Bearbeitung von Insolvenzsachen relevanten Rechtsgebiete verfügen.[2] Die bewusst nur als Soll-Vorschrift ausgestaltete Regelung hat für den strafrechtlichen Bereich keine Bedeutung. Soweit zum Bearbeiten von Insolvenzstrafsachen entsprechende Kenntnisse i.S.v. § 74c Abs. 1 Nr. 1 GVG erforderlich sind, wird dem seitens der Präsidien bereits regelmäßig durch eine Auswahl der hierzu berufenen und besonders fortgebildeten Richter Rechnung getragen. Entsprechendes gilt, soweit durch Artikel 2 des Gesetzes zur Fortentwicklung des Sanierungs- und Insolvenzrechts (Sanierungs- und Insolvenzrechtsfortentwicklungsgesetz – San InsFoG) vom 22.12.2020 (BGBl. I S. 3256) in Absatz 2 die Geschäfte des Insolvenzrechts um jene der Restrukturierungssachen ergänzt wurden. Die durch das Gesetz zur Bekämpfung sexualisierter Gewalt gegen Kinder (SexualGewBekG) vom 16.6.2021 (BGBl. I S. 1810) mit Wirkung zum 1.7.2022 in Kraft getretenen Änderungen in Absatz 5 sind redaktioneller Natur und beziehen sich allein auf die Verweisung auf die ebenfalls geänderten Regelungen in § 23b Abs. 3 betreffend die besonderen Kenntnisse der Richter in Familiensachen.

Übersicht

I. Errichtung und Aufhebung von Amtsgerichten

1 **1. Zuständigkeit.** Das GVG regelt lediglich die sachliche und funktionelle Zuständigkeit im Bereich der ordentlichen Gerichtsbarkeit. Die weiter erforderlichen Ergänzungen zur örtlichen Zuständigkeit der Gerichte erfährt es durch die Bestimmungen des Verfahrensrechts.[3] Das Recht zur Errichtung der Gerichte folgt dagegen aus dem den Ländern

1 BTDrucks. **17** 5712 S. 2.
2 BTDrucks. **17** 5712 S. 43.
3 SK/*Degener* 1.

zustehenden Organisationsrecht unter Berücksichtigung der sich aus Art. 92 ff. GG ergebenden Kompetenzverteilung.[4] Insoweit hat das BVerfG seit langem klargestellt, dass Art. 92 GG auch als Organisationsnorm zu verstehen ist.[5] Allerdings stehen die Errichtung und Aufhebung (ebenso wie die Verlegung) von Amtsgerichten unter dem Vorbehalt des Gesetzes.[6] Dem tragen die landesrechtlichen Vorschriften[7] durchweg Rechnung.

2. Zweigstellen. Nach Maßgabe des § 3 GVGVO 1935 bzw. der nach 1945 an ihre Stelle getretenen landesrechtlichen Vorschriften über die Gerichtsorganisation können außerhalb des Sitzes eines Amtsgerichts Zweigstellen errichtet oder Gerichtstage abgehalten werden. Anders als etwa die gemäß § 78 bei einem Amtsgericht gebildete auswärtige Strafkammer (dazu § 78, 6) ist die Zweigstelle kein selbständig neben dem Amtsgericht bestehendes eigenständiges Gericht, sondern nur eine Außenstelle, ein unselbständiger Teil des Hauptgerichts.[8] Die Abgrenzung ihres Aufgabenbereichs hat deshalb nur für den inneren Geschäftsbetrieb Bedeutung, und zwar für die Frage, welcher Richter des einheitlichen Amtsgerichts in der einzelnen Sache zu entscheiden hat. Aus dieser Einheitlichkeit des Gerichts folgt, dass fristgebundene Rechtsmittel oder fristwahrende Schriftsätze auch dann bei der Zweigstelle eingereicht werden können, wenn die Sachentscheidung dort nicht getroffen worden ist oder getroffen wird.[9] Die entsprechenden Anordnungen der Landesjustizverwaltungen bedürfen, soweit hierdurch die örtliche Zuständigkeit des Gerichts nicht berührt wird, im Gegensatz zu den Anordnungen nach §§ 58, 78, 116 nicht der Form der RechtsVO.[10] Die gegenteilige Ansicht,[11] es handele sich um einen Akt der Gerichtsorganisation, der für die Bestimmung des gesetzlichen Richters wesentlich sei und deswegen eines Rechtsetzungsaktes bedürfe, vermag nicht zu überzeugen, weil es sich nur um eine räumliche Auslagerung von Teilen des Hauptgerichts handelt. Die Frage des gesetzlichen Richters ist davon unabhängig und wird zudem durch die jährliche Geschäftsverteilung geregelt (§ 21e). 2

3. Gerichtstage. Über die Abhaltung von Gerichtstagen außerhalb des Sitzes des Amtsgerichts bestimmte § 3 GVGVO vom 28.3.1935 (DJ 50), dass die bisherigen Gerichtstage bis auf weiteres beibehalten werden. Die landesrechtlichen Nachfolgeregelungen enthalten für die Anordnung der in regelmäßigen Zeitabständen stattfindenden Gerichtstage vergleichbare Bestimmungen. Unter Gerichtstagen ist nach diesen Vorschriften die Anwesenheit eines Richters oder Rechtspflegers an einem Ort des Gerichtsbezirks außerhalb des Gerichtssitzes zur Erledigung von Amtshandlungen und die Entgegennahme von Anträgen und Erklärungen zu verstehen.[12] Im Rahmen der verfahrensrechtlichen Möglichkeiten können aber auch spontan Streitsachen an das Gericht herangetragen werden.[13] Die Bestimmung von Zahl und Dauer der Tagungen und die Entscheidung, ob der Gerichtstag durch einen Richter oder nur durch einen Urkundsbeamten der Geschäftsstelle wahrzu- 3

4 Vgl. dazu näher die Erl. Vor § 12.
5 BVerfGE **22** 49, 76 ff.
6 BVerfGE **2** 307.
7 Z.B. § 5 Hess. Ges. v. 10.12.1976 (GVBl. I S. 539) i.d.F. v. 11.2.05; § 32 Nds. NJG i.V.m. Anl. 1 v. 12.11.15 (Nds. GVBl. S. 436).
8 BGHZ **93** 100 = NJW **1985** 1084; BayVerfGH NJW **1978** 1515; OLG Zweibrücken VRS **68** (1985) 54; Kissel/*Mayer* 2; *Katholnigg* 2; dazu näher *Fink* DRiZ **1955** 159.
9 BayObLGSt **1975** 9 = NJW **1975** 946.
10 *Holch* DRiZ **1970** 183; *Schmitt/Köhler* 4.
11 BayVerfGH NJW **1978** 1515; Kissel/*Mayer* 2; SK/*Degener* 4; KK/*Barthe* 4.
12 SK/*Degener* 3, 6.
13 *Müller* NJW **1963** 614; Kissel/*Mayer* 3.

nehmen ist, war den Präsidenten der Oberlandesgerichte übertragen worden. Wegen ergänzender früherer Verwaltungsvorschriften des ehem. Preußen vgl. LR[19] § 22, 1a. Nach heutigem Recht ist die Regelung von Gerichtstagen Sache des Präsidiums. Die Anordnung erstreckt sich grundsätzlich nur auf den bei der Errichtung des Amtsgerichts angegebenen Bezirk. Soweit allerdings bei einem Amtsgericht Sachen aus dem Bezirk mehrerer Amtsgerichte konzentriert sind (§ 22c), können Gerichtstage auch bei dem Amtsgericht abgehalten werden, dem die konzentrierten Sachen entzogen worden sind.[14] Die Wahrnehmung des Gerichtstages obliegt, wenn das Präsidium nichts anderes beschließt, dem nach der allgemeinen Geschäftsverteilung zuständigen Richter, dem die für die Einrichtung des Gerichtstages maßgeblichen Sachen zugewiesen sind.[15]

II. Einzelrichter

4 Das heute in den Absätzen 1 und 4 sowohl für Zivil-[16] als auch für Strafsachen durchgängig verankerte Einzelrichterprinzip will deutlich machen, dass die Amtsgerichte **grundsätzlich nicht Kollegialgerichte** sind und dass der Richter beim Amtsgericht als Einzelrichter entscheidet. Dieser Grundsatz erfährt nur dort eine Ausnahme, wo dies gesetzlich besonders bestimmt wird, wie im Fall des Schöffengerichts (§§ 28, 29), des Jugendschöffengerichts (§ 33 Abs. 2 JGG) und des § 2 LwVG. Entscheidet das Amtsgericht in einer anderen als der vorgeschriebenen Besetzung, liegt zwar ein Verstoß gegen das Prinzip des gesetzlichen Richters (Art. 101 GG) vor, der aber nicht automatisch zur Unwirksamkeit der Entscheidung führt, sondern nur im Rahmen der allgemeinen Anfechtungsmöglichkeiten gerügt werden kann. Vom Grundsatz her repräsentiert der Einzelrichter damit das Amtsgericht. Ist ein Amtsgericht mit mehr als einem Richter besetzt (§ 22b, 2), müssen „Abteilungen" (Spruchkörper) gebildet werden, für die das Präsidium des Amtsgerichts den Geschäftsverteilungsplan (§ 21e) aufzustellen hat. **Zur Terminologie:** „Richter beim Amtsgericht" ist jeder bei dem Amtsgericht tätige Richter, also sowohl der Präsident des Amtsgerichts, der aufsichtführende Richter (Rn. 37, 39, 43), der Planstelleninhaber, der nach § 19a DRiG die Amtsbezeichnung „Richter am Amtsgericht" führt (früher: „Amtsgerichtsrat"), der abgeordnete Richter (§ 37 DRiG) und die in Absatz 5 bezeichneten Richter. Als „Strafrichter" bezeichnet das Gesetz den erkennenden Einzelrichter (§§ 25, 76 GVG, §§ 407, 408 StPO).

III. Übertragung eines weiteren Richteramtes (Doppelrichter)

5 **1. Entwicklungsgeschichte.** In der früheren Fassung (s. Entstehungsgeschichte) entstammte die Vorschrift des Absatzes 2 der EmmingerVO. Sie sollte hauptsächlich ermöglichen, dass als Vorsitzender des erweiterten Schöffengerichts (§ 29 Abs. 2) ein Landgerichtsdirektor tätig sein könne. Eine dem § 22 Abs. 2 entsprechende Vorschrift enthielt § 59 Abs. 2 a.F. betr. Doppelrichteramt der Landgerichtsdirektoren und Mitglieder des Landgerichts als Amtsrichter im Bezirk des Landgerichts (vgl. jetzt § 59 Abs. 2). Außerdem bestimmte § 3 des 9. Teils der VO des Reichspräs. vom 1.12.1930 (RGBl. I S. 517, 604): „Ein Amtsrichter kann zugleich mehreren Amtsgerichten angehören". Die Weitergeltung der letzteren Vorschrift verneinte OLG Oldenburg,[17] weil sie durch das VereinhG 1950 zwar

---

14 Kissel/*Mayer* a.a.O.
15 Kissel/*Mayer* a.a.O.
16 Mit dem Einzelrichter in Zivilsachen gemäß §§ 348, 348a ZPO hat § 22 GVG nichts zu tun.
17 NdsRpfl. **1970** 61.

nicht förmlich aufgehoben, aber gegenstandslos geworden sei, und weil „die unbegrenzte Möglichkeit der Häufung von Richterämtern bei mehreren Amtsgerichten" grundgesetzwidrig sei. Demgegenüber bejahte die herrschende Meinung[18] mit Recht sowohl die Grundgesetzmäßigkeit wie die Weitergeltung des § 22 Abs. 2 a.F.

Durch das PräsVerfG vom 26.5.1972 (BGBl. I S. 841) wurde sowohl der Wortlaut des § 22 Abs. 2 wie der des § 59 Abs. 2 neu gefasst, und zwar[19] im Hinblick auf § 27 Abs. 2 DRiG, wonach einem auf Lebenszeit bei einem bestimmten Gericht angestellten Richter zugleich ein weiteres Richteramt bei einem anderen Gericht übertragen werden kann, „soweit ein Gesetz dies zuläßt". Ein solches **zulassendes Gesetz** stellen die Absätze 2 der §§ 22, 59 dar. Da § 22 nunmehr auch die Zugehörigkeit eines Richters beim Amtsgericht zu einem anderen Amtsgericht ausdrücklich regelt, wurde § 3 der oben genannten VO vom 1.12.1930 überflüssig[20] und durch Art. XII Nr. 3 des Gesetzes vom 26.5.1972 förmlich aufgehoben. 6

2. Das weitere Richteramt. Die Bedeutung des Absatzes 2 besteht darin, dass jedem Richter beim Amtsgericht (Rn. 4) – gemeint sind hier aber nur die Planstelleninhaber, weil andere Richter noch kein festes Richteramt innehaben –, also auch dem aufsichtführenden Richter und theoretisch auch dem Präsidenten des Amtsgerichts abweichend von § 27 Abs. 1 DRiG neben dem bei einem bestimmten Gericht übertragenen Amt ein weiteres Richteramt bei einem anderen Amtsgericht oder einem Landgericht übertragen werden kann. Mit der Übertragung eines weiteren Richteramtes wird das „abstrakte Amt im funktionellen Sinn" bestimmt.[21] Dadurch soll im allgemeinen Interesse an einer geordneten Rechtspflege die personelle Unterbesetzung eines Amts- oder Landgerichts mit Hilfe der Überbesetzung bei einem anderen Amtsgericht ausgeglichen werden. Das Landgericht braucht nicht das im Instanzenzug dem Amtsgericht übergeordnete Landgericht zu sein, es kann vielmehr auch ein benachbartes Landgericht innerhalb des Landes sein; ebenso braucht das andere Amtsgericht nicht dem gleichen Land- oder Oberlandesgerichtsbezirk wie das Stammgericht anzugehören. Das übertragene Amt kann auch das eines Vorsitzenden Richters am Landgericht sein.[22] Über diesen Rahmen hinaus ist die Übertragung eines Richteramtes bei einem anderen Gericht unzulässig.[23] Zur Bestellung zum Doppelrichter genügt eine Verfügung der Landesjustizverwaltung,[24] die als Verwaltungsakt der verwaltungsgerichtlichen Kontrolle unterliegt.[25] 7

Eine **Zustimmung des Richters** zur Übertragung des weiteren Amtes ist, wenn sie auch wohl in der Regel eingeholt wird, **grundsätzlich nicht erforderlich**. Etwas anderes gilt aber dann, wenn durch die Übertragung eines weiteren Amtes die richterliche Unabhängigkeit berührt wird. Das kommt insbesondere dann in Betracht, wenn durch das weitere Amt mehr als die Hälfte der Arbeitskraft des Richters in Anspruch genommen wird.[26] 8

Die **Verwendung** des Richters bei dem **anderen Amtsgericht** oder beim Landgericht hängt, sobald ihm das Doppelamt übertragen ist, nicht von einer besonderen Zuweisung 9

---

18 Vgl. LR[21] 2. Später auch OLG Celle NJW **1972** 1433.

19 Vgl. Begr. zum RegE des PräsVerfG v. 26.5.1972, BTDrucks. **VI** 557 S. 18.

20 Vgl. Begr. zum RegE, S. 20.

21 *Schmidt-Räntsch* § 27, 6; VG Arnsberg Beschl. v. 11.2.2008 – 2 L 31/08.

22 Kissel/*Mayer* 13; MüKo/*Schuster* 9.

23 *Schmidt-Räntsch* § 27, 16.

24 BGHSt **24** 283 = NJW **1972** 779; BGHZ **67** 159 = NJW **1977** 248.

25 VG Arnsberg Beschl. v. 11.2.2008 – 2 L 31/08.

26 Vgl. BGHZ **67** 159 = NJW **1977** 248; Kissel/*Mayer* 14; MüKo/*Schuster* 9; KK/*Barthe* 6; OK/*Graf* 12; *Katholnigg* 3 hält demgegenüber in jedem Fall eine Zustimmung für erforderlich.

ab.[27] Vielmehr bestimmt das Präsidium des Landgerichts oder des anderen Amtsgerichts über den Einsatz des Doppelrichters, der nunmehr auch diesem Gericht als planmäßiges Mitglied angehört,[28] nach § 21e Abs. 1, 3, wobei es sich naturgemäß, um Überschneidungen zu verhindern, mit dem Präsidium des Stammamtsgerichts im Einvernehmen halten muss.[29] „Bei einem anderen Amtsgericht" muss nicht notwendig singularisch („einem" = nur einem) verstanden werden; die Verwendung eines Richters beim Amtsgericht jeweils nach Bedarf bei einer Mehrzahl anderer Amtsgerichte nach Art eines „fliegenden" Richters wäre freilich mit dem Grundsatz des gesetzlichen Richters, wie er auch in § 27 DRiG zum Ausdruck kommt, nicht verträglich.[30]

10 Obwohl § 22 nur den Übertragungsakt regelt, besteht dennoch in analoger Anwendung der Vorschriften des Verwaltungsverfahrensgesetzes über die Rücknahme rechtmäßiger nicht begünstigender Verwaltungsakte ein **Anspruch auf Rücknahme der Übertragung**, wenn die Übertragung als solche ermessensfehlerhaft war,[31] z.B. bei falscher Bedarfsberechnung von Planstellen[32] oder bei unzumutbaren Erschwernissen durch die „gesplittete" Tätigkeit.[33] Auch die Ablehnung der Rücknahme der Übertragung ist insoweit verwaltungsgerichtlich überprüfbar.[34]

11 **3. Andere Fälle.** Von den Übertragungsmöglichkeiten des § 22 Abs. 2 sind die Fälle zu unterscheiden, in denen dem Präsidium gestattet wird, einen Richter zu besonderen Aufgaben heranzuziehen. Dabei handelt es sich namentlich um die Heranziehung zur Vertretung (§ 22b Abs. 2), Mitwirkung in einer auswärtigen Strafkammer des Landgerichts (§ 78 Abs. 2), Mitwirkung in einer Strafvollstreckungskammer des Landgerichts (§ 78b Abs. 2) oder in einer auswärtigen Kammer für Handelssachen (§ 106) sowie um den Einsatz als Ergänzungsrichter (§ 192 Abs. 2). Anders als die Übertragung eines weiteren Richteramtes ist die Bestimmung des jeweiligen Tätigkeitsumfangs kein Verwaltungsakt, sondern es handelt sich um einen reinen **Organisationsakt**.[35]

12 Einer **Mitwirkung** der Landesjustizverwaltung bedarf es hierbei nicht.[36] Ist die Bestellung indessen durch die Landesjustizverwaltung erfolgt, kann das Präsidium den Richter ohne Weiteres heranziehen, ohne dass es einer besonderen Zuweisung des Richters an das betreffende Gericht bedarf.[37] Der betroffene Richter kann sich gegen seine Bestellung nicht mit den Mitteln des DRiG wehren, sondern lediglich im Rahmen der Geschäftsverteilung. Unberührt bleiben ferner die Möglichkeiten, einen Richter auf Probe oder kraft Auftrags (§ 22 Abs. 5) gleichzeitig bei mehreren Gerichten zu verwenden (§§ 13, 16 DRiG). Auch die Abordnung eines Richters an das Landgericht oder das Oberlandesgericht oder ein anderes Amtsgericht (§ 37 DRiG) fällt nicht unter § 22 Abs. 2, weil sich dadurch der Status des Richters nicht verändert. Dasselbe gilt für Abordnungen an andere Behörden (z.B. Bundes- oder Landesjustizministerium), wenngleich der Richter für die Dauer der

27 BGH a.a.O.
28 OLG Bamberg BayZ **1929** 332.
29 Kissel/*Mayer* 14.
30 OLG Oldenburg NdsRpfl. **1970** 61.
31 VG Arnsberg v. 25.9.2008 – 2 K 85/08; Kopp/*Ramsauer* VwVfG, § 48, 64 und § 49, 21.
32 VG Arnsberg v. 25.9.2008 – 2 K 85/08, Rn. 72.
33 VG Arnsberg v. 25.9.2008 – 2 K 85/08, Rn. 74.
34 VG Arnsberg v. 25.9.2008 – 2 K 85/08.
35 Vgl. BGH NJW **1984** 129; VG Arnsberg Beschl. v. 11.2.2008 – 2 L 31/08, Rn. 26.
36 BGHSt **24** 283; Kissel/*Mayer* 16; SK/*Degener* 9; SSW/*Spiess* 3; *Schmitt*/*Köhler* 2.
37 BGHSt a.a.O.: Radtke/Hohmann 5.

Abordnung dem Dienstrecht der aufnehmenden Behörde unterliegt. Allerdings bedarf es hierfür des Einverständnisses des Abzuordnenden (§ 37 DRiG).

Einen **Sonderfall der Übertragung** eines weiteren Richteramtes regelt § 22c, soweit es die Inanspruchnahme von Planstelleninhabern betrifft (s. dort Rn. 2). 13

IV. Status des Richters beim Amtsgericht

1. Allgemeines. Die Vorbemerkungen zu § 1 und die Erläuterungen zu § 1 geben bereits einen ausführlichen Überblick über Entwicklung und Inhalt der verfassungsrechtlich garantierten richterlichen Unabhängigkeit (Art. 97 GG). Hier ist lediglich zu ergänzen, dass die dort beschriebene statusrechtliche Stellung des einzelnen Richters andererseits mit der Besetzung des Gerichts und damit auch mit dem gesetzlichen Richter eng verzahnt ist.[38] Das GVG enthält dazu allerdings keine Einzelaussagen, sondern diese erschließen sich erst aus Vorschriften des DRiG. Insoweit bestimmt § 28 Abs. 1 DRiG, dass bei einem Gericht grundsätzlich nur Richter auf Lebenszeit tätig sein dürfen, sofern nicht durch Bundesrecht Ausnahmen zugelassen sind. Eine dieser Ausnahmen enthält § 22 Abs. 5, wonach auch Richter auf Probe und Richter kraft Auftrags verwendet werden können. Das DRiG kennt zwar des Weiteren noch den Richter auf Zeit (§ 11), aber im Rahmen der amtsgerichtlichen Tätigkeit ist ein derartiger Einsatz nach der eindeutigen Regelung des Absatzes 5 unzulässig. 14

2. Anzahl der Richter auf Lebenszeit. Trotz der zuvor erwähnten Regelung des § 28 DRiG fehlen ergänzende Bestimmungen über die Mindestzahl bzw. höchstzulässige Zahl der nach § 22 Abs. 5 einsetzbaren Richter. Weder GVG noch DRiG geben dazu eine Antwort. Aus verschiedenen Regelungen des GVG (§ 22b Abs. 1, § 23b Abs. 3) und des DRiG (§ 28 Abs. 2) kann umgekehrt lediglich abgeleitet werden, dass mindestens ein Richter auf Lebenszeit bei jedem Amtsgericht tätig sein muss.[39] Das Fehlen positiver Regelungen mag zwar auch ein Spannungsverhältnis zwischen Gerichtsverfassung, Haushaltsrecht und Personallenkung offenbaren,[40] aber es ist nicht zu verkennen, dass eine Festlegung von Personalstärken, die sich an den anfallenden Aufgaben zu orientieren hat, wegen unterschiedlicher Entwicklungen einer ständigen Anpassung unterfiele. Ob diese Problematik durch an sog. Pensen gekoppelte Personalzuweisungen befriedigend gelöst worden ist, kann letztlich dahingestellt bleiben, muss allerdings bezweifelt werden, weil die Erfahrungen der letzten Jahre gezeigt haben, dass die Zahl der Richter weniger den ermittelten Pensen, als eher umgekehrt die Pensenschlüssel der Zahl der vorhandenen Richter und deren Arbeitsbelastung angepasst wurden. 15

3. Richter auf Probe und Richter kraft Auftrags (Abs. 5 und 6)

a) Bedeutung der Vorschrift. Die dem Absatz 5 entsprechende Bestimmung war früher in § 10 Abs. 2 a.F. enthalten.[41] Als Richter, die beim Amtsgericht zu Rechtsprechungsaufgaben verwendet werden können, ohne dass ihnen bei diesem Gericht auf Lebenszeit ein Richteramt übertragen worden ist (§ 27 Abs. 1 DRiG), kommen Richter auf Probe (§ 12 DRiG), kraft Auftrags (§ 14 DRiG) und abgeordnete Richter (§ 37 DRiG) in Betracht. Die letzteren – auf Lebenszeit bei einem bestimmten Gericht (§ 27 DRiG), gleichviel bei welchem Gerichtsbarkeitszweig angestellte Richter – können bei jedem Gericht der ordentli- 16

38 Kissel/*Mayer* 6.
39 Kissel/*Mayer* 7, 18; MüKo/*Schuster* 7; MüKo-ZPO/*Zimmermann* 5.
40 Kissel/*Mayer* a.a.O.
41 Zur geschichtlichen Entwicklung dieser Vorschrift vgl. LR[21] § 10 a.F., 3a.

chen Gerichtsbarkeit (außer beim BGH, vgl. § 124, 1) verwendet werden. Sie können ohne besondere Ernennung bei mehreren Gerichten beschäftigt werden (§§ 13, 16 Abs. 2 DRiG).[42] Die Bedeutung des § 22 Abs. 5 i.V.m. § 59 Abs. 3 besteht darin, dass er die Verwendung von Richtern auf Probe und kraft Auftrags zur Wahrnehmung richterlicher Aufgaben (§ 28 Abs. 1 DRiG) nur beim Amtsgericht und Landgericht zulässt und damit die Verwendung beim OLG ausschließt.[43] § 118 a.F., der dies ausdrücklich aussprach, wurde als entbehrlich gestrichen. Abweichend von früheren Regelungen ist die vorübergehende Heranziehung von anderen zum Richteramt befähigten Personen (Richtern im Ruhestand usw.) also nicht mehr möglich, sofern nicht ein besonderes Bundesgesetz es zulassen würde. Nach § 70 Abs. 3 ist es dem Landesrecht vorbehalten, abweichend von §§ 22 Abs. 5, 59 Abs. 3 die Verwendung von Richtern auf Probe oder kraft Auftrags beim Amts- und beim Landgericht allgemein oder für bestimmte Aufgaben auszuschließen. Richter auf Probe und kraft Auftrags werden – in den Grenzen des § 70 Abs. 2 – bei dem (Amts- oder Land-)Gericht verwendet, dem die Justizverwaltung sie zuweist. Eine Pflicht der auf Lebenszeit angestellten Richter, auf Verlangen der Justizverwaltung an einem anderen Gericht tätig zu werden, wie sie § 10 Abs. 1 der VO vom 20.3.1935 aussprach, ist nur noch unter den Voraussetzungen des § 70 Abs. 3 Halbsatz 2 GVG, § 37 Abs. 3 DRiG begründet.

17 Der **Grund für die Verwendung** von Richtern auf Probe oder kraft Auftrags ist stets kenntlich zu machen. Unterbleibt dies, ist das nur dann unschädlich, wenn die Gesamtzahl der Richter auf Probe oder kraft Auftrags nicht höher ist als die Zahl aller Fälle, in denen die Heranziehung eines solchen Richters statthaft ist.[44] In jedem Fall muss aber die Anzahl der planmäßig angestellten Richter überwiegen.[45]

18 **Über** die **Einberufung** der Richter auf Probe oder kraft Auftrags **entscheidet die Landesjustizverwaltung**, über die ihnen zu übertragenden Aufgaben befindet das Präsidium (§ 21e Abs. 1).

19 **b) Grenzen der Verwendung.** § 22 Abs. 5 a.F. ließ ebenso wie § 59 Abs. 3 nach seinem Wortlaut die Verwendung von **Richtern auf Probe und kraft Auftrags** ohne Einschränkungen zu. Gleichwohl galt es als gesichert, dass es sich dabei um eine Ausnahmeregelung handelte[46] und die Anwendung der Regelung einer besonderen Rechtfertigung bedurfte. Die Verwendung von Richtern auf Probe und kraft Auftrags nach Maßgabe von **Absatz 5** muss daher die Ausnahme bleiben, auf einem sachlichen Grund beruhen und weitestgehend vermieden werden.[47] Die hier normierten Einschränkungen erstrecken sich auf Tätigkeiten **im Familiengericht** (§ 23b), in **Betreuungs- und Unterbringungssachen** (§ 23c) sowie auf den **Vorsitz im erweiterten Schöffengericht** (§ 29) und umfassen das erste Jahr der Tätigkeit eines Richters auf Probe. Die sich schon früher ergebenden Grenzen der Verwendung aus § 28 Abs. 2 Satz 2, § 29 DRiG und aus § 29 Abs. 1 Satz 2 sind nun um weitere, in Absatz 6 enthaltene Ausnahmen bzw. Einschränkungen erweitert worden. Gleichzeitig sind die bisherigen Ausnahmen in Absatz 5 namentlich zusammengefasst worden. Die durch das Gesetz zur Bekämpfung sexualisierter Gewalt gegen Kinder (SexualGewBekG) vom 16.6.2021 (BGBl. I S. 1810) mit Wirkung zum 1.7.2022 in Kraft getretenen Änderungen in Absatz 5 sind redaktioneller Natur und beziehen sich allein auf die Verweisung auf die ebenfalls geänderten Regelungen in § 23b Abs. 3 betreffend die besonderen Kenntnisse der Richter in Familiensachen.

---

42 Radtke/Hohmann 6.
43 SK/*Degener* 16.
44 BGHZ **34** 260.
45 H.M.; vgl. MüKo/*Schuster* 7; *Löwisch* DRiZ **1964** 164; *Katholnigg* 6.
46 BVerfGE **4** 331, 345.
47 BVerfGE **14** 156; Kissel/*Mayer* 8; MüKo/*Schuster* 7; vgl. zum Problem auch *Matthiessen* NJW **2025** 2825.

Der Regelung in **Absatz 6** liegt der Gedanke zugrunde, dass das Insolvenzrecht an die Qualifikation des **Insolvenzrichters** besondere Anforderungen stellt und dass ein damit betrauter Richter jedenfalls mit der richterlichen Tätigkeit als solcher hinreichend vertraut sein soll.[48] Auch wenn die Funktion des Insolvenzrichters im Wesentlichen auf die Leitung des Verfahrens und die Aufsicht über die Vermögensverwaltung beschränkt ist und viele wirtschaftlich bedeutsame Entscheidungen vom Verwalter und den Gläubigergremien getroffen werden, muss der Insolvenzrichter doch über Erfahrung, Verhandlungsgeschick, Entschlusskraft und Durchsetzungsvermögen verfügen. Schon die Entscheidung über die Eröffnung des Insolvenzverfahrens über ein großes oder mittleres Unternehmen würde einen jungen Richter daher wohl regelmäßig überfordern.[49] 20

Von diesen Ausnahmen abgesehen gilt aber für die übrigen Tätigkeiten nach wie vor der im früheren Recht ausgebildete Grundsatz, dass ihre **Verwendung unzulässig** ist, wo sie nicht aus besonderem Anlass (Erprobung eines Anwärters,[50] Vertretung eines regelmäßigen Mitgliedes, Bewältigung vorübergehend gesteigerten Geschäftsanfalls, auch wenn sich die Dauer zeitlich nicht genau bestimmen lässt[51]) geschieht, sondern dazu dient, dauernden Bedarf auf unabsehbare Zeit zu befriedigen, statt durch Besetzung der freien oder Vermehrung der vorhandenen besetzten Planstellen Abhilfe zu schaffen.[52] Fehlerhaft ist auch, wenn es die Justizverwaltung verabsäumt, offene Planstellen binnen angemessener Frist zu besetzen und die Vakanz mit Hilfe der Regelung des Absatzes 5 überbrückt.[53] 21

Die in den Erläuterungen zu § 59 im Einzelnen dargestellten **Grundsätze** über die Verwendbarkeit von Hilfsrichtern beim Landgericht **gelten sinngemäß auch für** ihre **Verwendung beim Amtsgericht.** 22

c) Besetzungsfehler. Es bedarf an sich keiner weiteren Erläuterung, dass ein nach dem vorher Gesagten fehlerhafter Einsatz von Richtern auf Probe oder kraft Auftrags eine fehlerhafte Besetzung des Gerichts zur Folge hat, weil Entscheidungen dieser Richter nicht vom gesetzlichen Richter getroffen werden. Gleichwohl sind trotz dieser eindeutigen Rechtslage gelegentliche Versäumnisse festzustellen, die umso ärgerlicher sind, als sie sich auf die gesamte Geschäftsverteilung auswirken.[54] Dies gilt nur dann nicht, wenn der Richter ausdrücklich für einen konkreten Vertretungsfall herangezogen wurde und seine Tätigkeit darauf beschränkt ist[55] oder die Gesamtzahl der unterschiedslos bestellten Hilfsrichter nicht höher ist als die Zahl aller Fälle, in denen die Heranziehung eines Hilfsrichters wegen vorübergehenden Geschäftsandrangs, wegen Erkrankung eines Planrichters oder aus sonstigen zeitlich begrenzten Bedürfnissen statthaft war.[56] 23

4. Dienstrechtliche Stellung

a) Dienststunden, Tätigkeit an Gerichtsstelle. Ein nicht selten kritisierter Aspekt der richterlichen Unabhängigkeit ist die Freiheit, keine festen Dienststunden einhalten zu müssen. Anders als der Beamte unterliegt ein Richter insoweit nahezu keiner Beschrän- 24

48 Vgl. zu Reformüberlegungen *Vallender* NZI-Beil. **2025** 16; *Heyer* NZI-Beil. **2025** 20.
49 BTDrucks. **12** 3803 S. 63; BTDrucks. **12** 7303 S. 107.
50 BVerfGE **14** 156, 162 ff.; **15** 245, 248.
51 BGH NJW **1966** 352.
52 BVerfGE **14** 156, 164 f; BGHZ **34** 260; BGHSt **8** 159; **14** 321, 326.
53 BVerfGE **14** 156, 164 f.; BDiG Beschl. v. 26.4.2001 – XIV VL 21/00 = ZBR **2001** 336.
54 BGHSt 7 205, 209; BGHZ **22** 142; BGH NJW **1962** 1153; NJW **1966** 352.
55 BGH NJW **1962** 1153.
56 BGH NJW **1966** 352; Kissel/*Mayer* 10.

kung. Was Kritiker dabei jedoch regelmäßig übersehen, sind die pensenmäßigen Arbeitsvorgaben durch die Justizverwaltung, die bundesweit zu einer Belastung führen, die jedenfalls, wenn man die volle Arbeitskraft mit 100 % ansetzt, seit Jahren erheblich über diesem Wert liegt. Dies hat sich auch nach Einführung des **PEBB§Y** genannten Personalberechnungssystems[57] nicht wesentlich geändert. Unabhängig davon zeigt sich vielfach in der Praxis, dass diese Freiheit jedenfalls für den Bereich des strafrechtlichen Tatrichters zu weiten Teilen eingeschränkt ist. Auch wenn sich die Möglichkeiten des **Homeoffice** nicht nur aufgrund der technischen Entwicklung (elektronische Anbindung an das Gericht mit Zugriff auf den Datenbestand) und letztlich auch infolge pandemiebedingter Einschränkungen und den hieraus gezogenen Weiterungen in jüngster Zeit wesentlich erweitert haben und nicht zuletzt durch Einführung der elektronischen Akte noch erweitern werden, bleibt zu berücksichtigen, dass nach geltender Rechtslage – anders als in Zivilsachen – jedenfalls die Verhandlungen des Strafrichters an der Gerichtsstelle abzuhalten sind und dort in den von der Justizverwaltung zugewiesenen Räumlichkeiten stattfinden müssen.[58] Das kann auch die bereits erwähnte Zweigstelle (vgl. Rn. 2) oder im Falle eines auswärtigen Spruchkörpers dessen auswärtiger Sitz sein. Ebenso sind Gerichtstage (vgl. Rn. 3) an dem dafür vorgesehenen Ort durchzuführen. Im Falle einer Zuständigkeitskonzentration nach § 23c ist es der Sitz des Gerichts, bei dem konzentriert worden ist. Da es keinen Einzelfall darstellt, dass dem einzelnen Richter wöchentlich mindestens zwei Sitzungstage zugewiesen werden, reduziert sich bereits die Freiheit zur Zeiteinteilung nicht unerheblich. Dem kann auch nicht damit begegnet werden, dass es dem jeweiligen Richter noch freistehe, inwieweit er diese Sitzungstage zeitlich voll ausschöpft, weil die schon angesprochene Belastung von der Justizverwaltung bestimmt wird und es in der Praxis in erster Linie darum geht, dieser Last Herr zu werden. Kennzeichnend dafür mögen Beispiele sein, in denen der Richter sogar weit über den allgemeinen Geschäftsbetrieb hinaus gehalten ist, Hauptverhandlungen zu führen und dadurch notwendigerweise mit der Dienstzeitregelung von Wachtmeistern, Protokollführern und Kostenbeamten kollidiert. Die mit der Vielzahl von Verfahren verbundenen Vor- und Nacharbeiten reduzieren die Möglichkeit einer freien Zeiteinteilung doch erheblich.

25 Die **Kritik** bezieht sich häufig aber auch darauf, dass der Richter nicht gehalten ist, außerhalb der Verhandlungen ständig im Gerichtsgebäude anwesend zu sein. Hierdurch könnte die Kommunikation zwischen Gericht und Verteidigung einerseits und zwischen Gericht und Bürger andererseits Einbußen erfahren; nennenswerte Beeinträchtigungen werden indessen selten beklagt, weil notwendige Kontakte regelmäßig zustande kommen dürften. Auch insoweit bleibt die technische (und rechtliche) Entwicklung des Homeoffice mit all seinen neuzeitlichen Kommunikationsmöglichkeiten zu berücksichtigen, die überdies eine Kontaktaufnahme auch außerhalb gerichtlicher Dienstzeiten ermöglicht. Die **praktische Erfahrung** zeigt, dass Verfahrensbeteiligte wie Verteidiger oder Sachverständige hierauf gerne zurückgreifen. Gleichwohl sollte jeder Richter bei aller verbleibenden Freiheit bedenken, dass auch die Justiz nicht um ihres Selbstzweck Willens besteht und dass er aus diesem Aspekt heraus auch an Nichtsitzungstagen, und sei es vermittels neuzeitlicher Kommunikationsmittel, in einer gewissen Kernzeit erreichbar sein sollte.

26 Von der Dienstzeit des Richters zu unterscheiden ist die **institutionelle Öffnungszeit** des Gerichts. Diese ist nicht allgemeinverbindlich festgelegt, sondern wird in eigener Verantwortung der Gerichte bestimmt. Wegen der Vielfältigkeit gerichtlicher Aufgaben hat sich weitgehend eine einheitliche Regelung dahin ausgebildet, dass Gerichte während der

---

57 Vgl. hierzu das zugrunde liegende Gutachten von PWC, https://www.drb.de/fileadmin/DRB/pdf/Belastung/150410_PEBBSY_Hauptband.pdf; Kissel/*Mayer* 19.

58 Für Anhörungen etwa in Strafvollstreckungs- oder Strafvollzugssachen kann anderes gelten.

gesamten, für die Justizangehörigen verbindlichen Arbeitszeit auch für Besucher geöffnet sind.[59] Um einen geordneten Geschäftsbetrieb zu gewährleisten, sind dabei allerdings für bestimmte Aufgaben (z.B. Protokollierung von Anträgen, Einsicht in Register, Rechtsberatung) eigene Geschäftsstunden festgesetzt worden.

Eine gesonderte Regelung gilt für den sog. richterlichen **Eildienst**, durch den eine 27
ständige Dienstbereitschaft sichergestellt wird. Hierdurch soll sich der Bürger in dringenden, unaufschiebbaren Angelegenheiten gewissermaßen rund um die Uhr an die Justiz wenden können. Gedacht ist dabei insbesondere an einstweilige Verfügungen, einstweilige Anordnungen, Arreste oder Beweissicherungsverfahren. Dieser richterliche Eildienst ist im Rahmen der Geschäftsverteilung (§ 21e) zu regeln; er muss aber nicht zwingend eingerichtet werden. In jedem Fall muss jedoch dafür Sorge getragen werden, dass in fristgebundenen Angelegenheiten die Frist voll ausgeschöpft werden kann. Hier haben sich uhrgesteuerte Nachtbriefkästen bewährt.

Gelegentlich ergibt sich die Notwendigkeit, ein gesamtes **Verfahren** oder Teile davon 28
außerhalb der Gerichtsstelle durchzuführen. Die Gründe dafür können vielfältiger Art sein. In Betracht kommen namentlich:

- Augenscheinseinnahmen;
- auswärtige Verhandlungen, weil an der Verhandlung beteiligte Personen am Erscheinen gehindert sind;
- auswärtige Vernehmungen in besonderen Fällen (Bundespräsident, Minister, Abgeordnete);
- Vernehmung von Zeugen im Ausland;
- Durchführung von Großverfahren in anderweitigen Räumlichkeiten, wenn die vorhandenen Räume der Justiz die Zahl der Verfahrensbeteiligten nicht aufnehmen können oder wenn aus Sicherheitsgründen eine Verlegung angezeigt ist. Hierfür kann auch ein Ort außerhalb des Gerichtsbezirks gewählt werden.[60]

Ob eine Amtshandlung außerhalb der Gerichtsstelle erforderlich ist, entscheidet das 29
Gericht zunächst im Rahmen des jeweiligen Verfahrensrechts nach pflichtgemäßem Ermessen[61] in richterlicher Unabhängigkeit.[62] Insoweit unterliegt es **keinerlei Beschränkungen durch die Justizverwaltung**, insbesondere etwaigen haushaltsrechtlichen Erwägungen. Es bedarf für die Vornahme dieser Tätigkeiten auch keiner Genehmigung wie im allgemeinen öffentlichen Dienstrecht (§ 21 BRKG). Sobald eine dieser Tätigkeiten erforderlich ist, ist der Richter auch zur Teilnahme daran verpflichtet.

b) Richterliche Tätigkeiten im Ausland. Ein besonderes Spannungsfeld ergibt sich 30
bei richterlichen Tätigkeiten im Ausland, weil sie sich als Ausübung deutscher Justizhoheit auf fremdem Staatsgebiet darstellen und die eigene Befugnis grundsätzlich an der Staatsgrenze endet. Unter Berücksichtigung der gegenseitigen Souveränität sehen die internationalen Rechtshilfeübereinkommen deshalb grundsätzlich vor, im Ausland notwendige Handlungen im Wege der Rechtshilfe vorzunehmen.[63] Dieser Weg kann jedoch nicht immer beschritten werden, weil es u.U. auf persönliche Wahrnehmungen des erkennenden Gerichts ankommt. Dann bedarf es zunächst eines entsprechenden Gerichtsbeschlusses[64] und des Weiteren nicht nur der Zulassung durch den ausländischen Staat, sondern wegen

---

59 Kissel/*Mayer* 33.
60 BGHSt **22** 250.
61 RGZ **56** 357.
62 Kissel/*Mayer* 28.
63 *Schnigula* DRiZ **1984** 177.
64 Kissel/*Mayer* 32.

der aus Art. 32 Abs. 1 GG folgenden Kompetenz des Bundes auch der Beteiligung der Bundesregierung. Diese kann sich aus außenpolitischen Bedenken einer richterlichen Tätigkeit im Ausland entgegenstellen mit der Folge, dass der jeweilige Landesjustizminister die Bewilligung einer entsprechenden Dienstreise und deren Erstattung verweigern darf.[65]

31 **c) Abordnung.** Nach § 37 Abs. 1 DRiG können Richter auf Lebenszeit oder auf Zeit mit ihrer Zustimmung abgeordnet werden. Wenngleich die Abordnung auf bestimmte Zeit ausgesprochen werden soll (§ 37 Abs. 2 DRiG), bedeutet dies nicht, dass damit eine endgültige zeitliche Festlegung erfolgt, sondern es sind zeitlich bestimmte Verlängerungen zulässig. Die mit Einwilligung des Betroffenen erfolgte Abordnung kann sowohl an ein Gericht höherer als auch niedrigerer Ordnung erfolgen. Die Abordnung ist im Geschäftsverteilungsplan des aufnehmenden Gerichts kenntlich zu machen (§ 29 DRiG). Abordnungen sind dabei nicht an Landesgrenzen gebunden. Bei abgeordneten Richtern gelten keine Besonderheiten gegenüber anderen Richtern des Gerichts, d.h. sie werden gerichtsverfassungsrechtlich in vollem Umfang Richter des aufnehmenden Gerichts. Die häufigsten Fälle einer Abordnung sind die an ein oberes Gericht zur Erprobung für ein Beförderungsamt.

32 Ferner kommen **Abordnungen an Bundes- oder Landesbehörden oder internationale Einrichtungen** in Betracht. Der abgeordnete Richter behält für diese Zeit zwar seinen Status als Richter, unterliegt aber für die Zeit der Abordnung dem Dienstrecht der aufnehmenden Behörde. Wenngleich das DRiG in diesen Fällen keine Regelung zur Frage einer Teilabordnung enthält, dürfte sich jedoch aus § 4 DRiG deren Unzulässigkeit ergeben, soweit es zu Überschneidungen mit Aufgaben der gesetzgebenden oder vollziehenden Gewalt käme. Das dürfte selbst zeitlich befristete Überschneidungen, etwa bis zur Beendigung einer längeren Hauptverhandlung, ausschließen.

V. Heranziehung zu nicht-richterlichen Aufgaben

33 Nicht im GVG, sondern im DRiG geregelt ist die Heranziehung von Richtern zu **anderen als richterlichen** Aufgaben im Bereich der Rechtspflege, insbesondere zu Aufgaben der Gerichtsverwaltung. Die Mitwirkungspflicht des Richters beschränkt sich aber auch insoweit darauf (§ 42 DRiG). Die Heranziehung z.B. zur Bearbeitung von Personalsachen, Dienstaufsichtsbeschwerden, Vorermittlungen in Disziplinarverfahren, Notarprüfungen oder zu Ausbildungsaufgaben (Studenten, Referendare, Rechtspfleger) ist mit Einverständnis des Betrauten stets zulässig. Richter auf Probe und Richter kraft Auftrags können ohne ihre Zustimmung dazu verwendet werden (§§ 13, 16 Abs. 2 DRiG). Richter auf Lebenszeit können dagegen ohne ihre Zustimmung nur im Umfang einer Nebentätigkeit herangezogen werden (§§ 4 Abs. 2, 42 DRiG). Die Heranziehung kann beim Dienstgericht angefochten werden (§§ 62 Abs. 1 Nr. 4 d, 78 Nr. 4 d DRiG).

VI. Geschäftsverteilung

34 Soweit ein Amtsgericht nur mit einem Richter besetzt ist, obliegen ihm **alle Aufgaben** dieses Gerichts. Der Regelfall ist jedoch die Besetzung mit mehreren Richtern. Deswegen bedarf es der nach § 21e vorgesehenen Geschäftsverteilung und dadurch der Zuweisung einzelner Aufgaben auf die jeweiligen Richter und die beim Gericht gebildeten Spruchkör-

65 BGHZ 71 9.

per (Abteilungen). Wegen der inhaltlichen Ausgestaltung der Geschäftsverteilung wird auf die Erläuterungen zu § 21e (dort III.) verwiesen.

VII. Anzahl der Richter beim Amtsgericht

Die **personelle Ausstattung** der Amtsgerichte und damit die Bestimmung der Zahl der Richterplanstellen, der Abordnungen, der Zuweisung und des Abzugs von Richtern auf Probe und kraft Auftrags obliegt der Justizverwaltung. § 22 enthält insoweit keinerlei Vorgaben. Ebenso wenig ist ihm zu entnehmen, wie die Zahl der Planstellen durch die Justizverwaltung festgelegt wird. Ausgangspunkt für die Bedarfsberechnung sind im Grunde die von einer Kommission der Landesjustizverwaltungen im Jahre 1974 entwickelten Grundsätze.[66] Diese gehen von der fiktiven Frage aus, wie viele gleichartige richterliche Aufgaben von durchschnittlichem Schwierigkeitsgrad von einem „durchschnittlichen" Richter in einem Jahr bearbeitet werden können, wenn er ausschließlich damit beschäftigt wäre. Dieses Pensum wird durch die Zahl der statistisch erfassten tatsächlichen Geschäftsvorfälle geteilt und als Ergebnis erhält man die Zahl der erforderlichen Planstellen. Gegenwärtig erfolgt die Berechnung der erforderlichen Richterstellen für alle Gerichtsbarkeiten auf der Grundlage des **PEBB§Y** genannten Personalberechnungssystems, das auf einer bundesweit in einzelnen Gerichten erhobenen zeitlichen Erfassung (nicht nur) der einzelnen richterlichen Tätigkeiten beruht.[67] Dieser auf einen einfachen Nenner gebrachte Modus erfährt noch Korrekturen durch Zuschläge für die von Richtern zu erledigenden Verwaltungsaufgaben.[68] Diese Berechnungsmethode ist keineswegs unumstritten.[69] Wenngleich die geistige Leistung, die der richterlichen Tätigkeit inhärent ist, sich jeder konkreten Messung entzieht, besteht Einigkeit, dass es zumindest für die Haushaltsberatungen einer Bemessungsgrundlage bedarf.[70] Ganz unbestritten dürfte jedoch sein, dass es sich bei den ermittelten Zahlen nur um Annäherungswerte handelt, die zudem noch auf statistischen Erhebungen der Vergangenheit beruhen.[71] Individuelle Aspekte (insbesondere gesundheitlicher Art) bei den einzelnen Gerichten können naturgemäß allenfalls bedingt erfasst werden. 35

Auch wenn die verbindliche **Festlegung der Zahl der Richterstellen** allein Sache des Haushaltsgesetzgebers ist und ihr keine unmittelbare gerichtsverfassungsrechtliche Relevanz zukommt, ist dieser Bereich nicht nur Gegenstand rechtspolitischer Diskussionen, sondern hat in zunehmendem Maße auch die Rechtsprechung bewegt,[72] und zwar im Zusammenhang mit Besetzungsrügen. Hintergrund waren Nichtbesetzungen wegen Haushaltssperren oder vermeidbare Verzögerungen bei der Nachfolge von pensionierten Vorsitzenden. Soweit der Justizverwaltung hier Versäumnisse angelastet werden können, führt dies regelmäßig zu einem Verstoß gegen den gesetzlichen Richter und damit zur Aufhebung richterlicher Entscheidungen. Trotz dieser Rechtsprechung ist allgemein nach wie vor zu beobachten, dass vereinzelt Stellen planmäßig ausscheidender Richter erst nach deren Pensionierung ausgeschrieben und teilweise erst nach mehr als einem Jahr 36

---

66 *Hückstädt/Lautebach* SchlHA **1976** 101.
67 Vgl. hierzu das zugrunde liegende Gutachten von PWC, https://www.drb.de/fileadmin/DRB/pdf/Belastung/150410_PEBBSY_Hauptband.pdf.
68 *Hückstädt/Lautebach* SchlHA **1976** 101.
69 Vgl. OLG Frankfurt DRiZ **1969** 214; Kissel/*Mayer* 19.
70 Vgl. hierzu auch BGH v. 28.3.2017 – RDG 7/12.
71 *Blankenburg/Morasch* DRiZ **1979** 197.
72 BVerfGE **18** 423; BVerfG NJW **1995** 2703; BGH NStZ **1989** 32; BGHZ **1995** 246; BVerwG NJW **1986** 1366.

wieder besetzt wurden.[73] Soweit erkennbar, hat dies allerdings keine revisionsrechtlichen Auswirkungen gehabt.

VIII. Dienstaufsicht (Abs. 3)

37 **1. Zuständigkeit zur Ausübung der Dienstaufsicht.** Die Dienstaufsicht wird in Absatz 3 nicht inhaltlich geregelt, sondern vorausgesetzt.[74] Nach **§ 14 Abs. 1 Nr. 1 GVGVO** 1935 sowie den an die Stelle dieser Vorschrift getretenen landesrechtlichen Bestimmungen wurde bzw. wird die Dienstaufsicht über alle Gerichte (der ordentlichen Gerichtsbarkeit) des Landes von der Landesjustizverwaltung ausgeübt. Die Ausübung der Dienstaufsicht ist aber übertragbar. § 22 Abs. 3 regelt, wer beim Amtsgericht die ihm übertragene „allgemeine" Dienstaufsicht ausübt. Die Vorschrift ist aber wenig glücklich gefasst. Aus ihr scheint sich zu ergeben, dass entweder nur dem Präsidenten des übergeordneten Landgerichts oder – bei mit mehreren Richtern besetzten **Amtsgerichten** – einem von ihnen die Dienstaufsicht übertragen werden kann. Aus §§ 22a, 22b Abs. 4 folgt aber, dass auch der Präsident eines anderen Amtsgerichts die Dienstaufsicht ausüben kann. Die Unstimmigkeit ist darauf zurückzuführen, dass § 22 Abs. 3 nicht auf die die Dienstaufsicht regelnden Vorschriften der §§ 4, 14, 15 der GVGVO 1935 bzw. der an ihre Stelle getretenen landesrechtlichen Vorschriften abgestimmt ist. Nach diesen Vorschriften steht, wenn ein Amtsgerichtspräsident ernannt ist, diesem anstelle des **Landgerichtspräsidenten** die allgemeine Dienstaufsicht über das Amtsgericht zu.[75] Ihm kann auch anstelle des Präsidenten des übergeordneten Landgerichts die Dienstaufsicht über andere Amtsgerichte des Landgerichtsbezirks übertragen werden. Der Präsident darf sich aber nicht auf das Ausüben von Verwaltungsaufgaben beschränken, sondern muss neben seiner Tätigkeit auch das Richteramt ausüben. In der nächsthöheren Instanz wird die Dienstaufsicht über alle Amtsgerichte eines OLG-Bezirks von dessen Präsidenten ausgeübt.[76]

38 Die Übertragung der allgemeinen Dienstaufsicht durch die Landesjustizverwaltung ist eine **Organisationsanordnung**, die keiner besonderen Form bedarf[77] und jederzeit geändert werden kann. Sie begründet für denjenigen, dem sie übertragen wird, keine Rechtsposition, und zwar auch dann nicht, wenn gleichzeitig mit der Übertragung eine Beförderung oder förmliche Ernennung verbunden ist.[78]

39 **2. Umfang und Inhalt der Dienstaufsicht.** Absatz 3 besagt nichts über Umfang und Inhalt der Dienstaufsicht. Der Umfang bestimmt sich wiederum nach der GVGVO 1935 sowie den an ihre Stelle getretenen landesrechtlichen Vorschriften. Danach steht die Dienstaufsicht über die Richter beim Amtsgericht, wenn nicht ein Amtsgerichtspräsident die Dienstaufsicht führt, nur dem Landgerichtspräsidenten zu; die sonstigen mit der Dienstaufsicht betrauten Richter sind auf die Dienstaufsicht über die beim Amtsgericht angestellten oder beschäftigten Beamten, Angestellten und Arbeiter beschränkt. Die allgemeine Dienstaufsicht beinhaltet die „Pflicht zur Überwachung der Untergebenen, um sie zur treuen Erfüllung ihrer Pflichten anzuhalten und um das Begehen von Pflichtverletzun-

---

73 Hiervon nicht betroffen sind diejenigen Fälle, in denen Besetzungen infolge angestrengter Konkurrentenklagen einstweilen nicht besetzt werden können.

74 MüKo/*Schuster* 11.

75 Kissel/*Mayer* 42.

76 Kissel/*Mayer* 47.

77 Kissel/*Mayer* 43.

78 Vgl. BVerfGE **38** 139 = DRiZ **1975** 54; Kissel/*Mayer* 43.; **a.A.** *Hoepner* DRiZ **1961** 238.

gen zu verhindern".[79] Aus dieser Kontrollbefugnis folgt, dass Pflichtverletzungen bis hin zur möglichen Entfernung aus dem Dienst verfolgt und notwendige Maßnahmen eingeleitet werden müssen. Andererseits gehören zur Dienstaufsicht alle sonstigen Rechte und Pflichten, die nach dem öffentlichen Dienstrecht einem Vorgesetzten obliegen, wie Bewilligung von Urlaub, Nebentätigkeiten, Dienstreisen oder die Mitwirkung bei Personalentscheidungen. Schließlich umfasst die Dienstaufsicht die Erfüllung der Fürsorgepflicht gegenüber den Bediensteten.

Der **Inhalt der Dienstaufsicht über Richter** ergibt sich aus § 26 DRiG. Diese unterliegt wegen der richterlichen Unabhängigkeit erheblichen Einschränkungen. Maßnahmen sind hier nur in geringem, im Wesentlichen auf die äußere Ordnung richterlicher Tätigkeit beschränktem Umfang zulässig.[80] Inhaltlich umfasst die Dienstaufsicht die Aufgabe des Dienstvorgesetzten, dafür zu sorgen, dass die ihm unterstellten Bediensteten die ihnen obliegenden Dienstaufgaben ordnungsgemäß erledigen.[81] Dazu gehören die Pflichten, für die Einhaltung der Gesetze zu sorgen und den dem Amt angemessenen Umgang mit anderen Personen sicherzustellen aber auch die allgemeinen Dienstpflichten des Vorgesetzten (Urlaubsbewilligung, Dienstreisegenehmigung, Genehmigung von Nebentätigkeiten usw.) sowie die Wahrnehmung der Fürsorgepflicht.[82] Dabei ist aber zu berücksichtigen, dass der Richter an bestimmte Arbeitszeiten nicht gebunden ist.[83] 40

3. Wesen der Dienstaufsichtsführung. Die Führung der Dienstaufsicht gehört, wie auch die Überschrift des Art. IX (§§ 13 ff.) der GVGVO 1935 („Justizverwaltung") klarstellte, zu den Aufgaben der Justizverwaltung; §§ 1, 21h gelten insoweit nicht. Die Übertragung der Dienstaufsicht kann zurückgenommen werden. Das verstößt nicht gegen den Grundsatz der richterlichen Unabhängigkeit,[84] eine solche Zurücknahme hat jedoch keinen Einfluss auf die sonstigen statusrechtlichen Folgen einer vorher mit der Übertragung verbundenen Beförderung oder förmlichen Ernennung.[85] Über das Verhältnis der Dienstaufsicht zur richterlichen Unabhängigkeit im Übrigen vgl. die Erl. zu § 1 (24. Aufl. Rn. 18). 41

4. Weisungsgebundene Dienstaufsicht. Nicht nur dem Inhaber der Dienstaufsicht steht gegenüber den ihm unterstellten Angehörigen die Befugnis zu, Weisungen zu erteilen, Aufgaben im Einzelfall an sich zu ziehen oder von der allgemeinen Verteilung abzuweichen, sondern im Rahmen des Kontrollrechts der nächst höheren Instanz stehen diese Rechte auch dem Präsidenten des Oberlandesgerichts für die ihm nachgeordneten Amts- und Landgerichte zu. Der Präsident des Oberlandesgerichts wiederum untersteht dem Minister der Justiz als höherer Dienstaufsichtsbehörde. 42

5. Der „aufsichtführende" Richter und seine Vertretung. Ist weder ein Amtsgerichtspräsident ernannt noch die Dienstaufsicht dem Land- oder einem anderen Amtsgerichtspräsidenten übertragen, so ist nach § 22 Abs. 3 Satz 2 bei einem mit mehreren Richtern besetzten Amtsgericht „einem von ihnen" die allgemeine Dienstaufsicht zu übertragen, die sich aber nicht auf die Richter erstreckt (oben Rn. 39). Es ist dies der „aufsichtführende Richter", der – 43

---

79 BVerfGE **83** 285; OK/*Niesler* 19; SK/*Degener* 12.
80 Siehe auch BGHZ **67** 186; **93** 244; **102** 372.
81 KK/*Barthe* 9.
82 Kissel/*Mayer* 38; MüKo/*Schuster* 12.
83 BVerwGE **78** 213; BGHZ **113** 40; vgl. auch o. Rn. 20.
84 BVerfG DRiZ **1975** 54; BVerwGE **11** 195; **38** 139, 151 ff.; Kissel/*Mayer* 43 und § 1, 41; **a.M.** *Hoepner* DRiZ **1961** 238.
85 Kissel/*Mayer* a.a.O.

vorbehaltlich des § 22a – im Präsidium des Amtsgerichts den Vorsitz führt (§ 21a Abs. 2). Nach Art. 3 des Gesetzes vom 22.12.1975 (BGBl. I S. 3176) führt der Richter, der ständig mit der „Leitung" – also mit der Führung der Aufsicht – eines Amtsgerichts betraut und nicht zum Präsidenten ernannt ist, die Amtsbezeichnung „Direktor des Amtsgerichts". Bei größeren Amtsgerichten kann ein ständiger Vertreter, und es können daneben ein oder mehrere weitere „aufsichtführende Richter" bestellt werden, die durch ihre Einreihung in die Besoldungsgruppe R 2 nach Maßgabe des Art. 3 des Gesetzes hervorgehoben sind. Dem Wortlaut des Artikel 2 („der ständige Vertreter eines Direktors") scheint zu entnehmen zu sein, dass das Gesetz vom 22.12.1975 nur von der Bestellung eines (jedenfalls nur eines gehaltlich hervorgehobenen) ständigen Vertreters ausgeht, während § 21h Satz 1 – als die lex prior – von der Möglichkeit ausgeht, dass dem „Direktor" mehrere ständige Vertreter bestellt sind. Das wird nunmehr dahin zu verstehen sein, dass mit den mehreren ständigen Vertretern i.S.d. § 21h die „weiteren aufsichtführenden Richter" gemeint sind, die neben dem ständigen Vertreter bestellt sind. Aufsichtführender Richter, der nicht „Direktor" ist, kann nur ein bei dem Amtsgericht auf Lebenszeit angestellter Richter, nicht ein Richter auf Probe, ein abgeordneter oder ein beauftragter Richter sein.

44 **6. Die Landesjustizverwaltung.** Der Ausdruck Landesjustizverwaltung in Absatz 3 bezeichnet – wie auch sonst im GVG – nicht allein die Zentralbehörde (Justizministerium usw.), sondern er umfasst vielmehr alle Organe der Justizverwaltung. Von welchem dieser Organe die einzelnen Aufgaben der Landesjustizverwaltung wahrzunehmen sind, bestimmt sich, soweit nicht Bundesrecht entgegensteht, nach Landesrecht. Die Landeszentralbehörden können die Rechte und Pflichten, die das GVG der Landesjustizverwaltung zuweist, allgemein auf andere Justizverwaltungsorgane übertragen.[86]

§ 22a

Bei Amtsgerichten mit einem aus allen wählbaren Richtern bestehenden Präsidium (§ 21a Abs. 2 Nr. 5) gehört der Präsident des übergeordneten Landgerichts oder, wenn der Präsident eines anderen Amtsgerichts die Dienstaufsicht ausübt, dieser Präsident dem Präsidium als Vorsitzender an.

Schrifttum

Buschmann Ein Beitrag zur Präsidialverfassung der Gerichte, RiA **1974** 165; *Funk* Fragen zur neuen Präsidialverfassung, DRiZ **1973** 260; *Stanicki* Die neuen Präsidien und ihre Wahl, DRiZ **1972** 416.

Entstehungsgeschichte

Der frühere § 22a hatte folgenden Wortlaut:

(1) „Bei den mit einem Präsidenten besetzten Amtsgerichten wird ein Präsidium gebildet.
(2) Das Präsidium besteht aus dem Amtsgerichtspräsidenten als Vorsitzenden, den Amtsgerichtsdirektoren, den Oberamtsrichtern und den beiden dem Dienstalter nach, bei gleichem Dienstalter der Geburt nach ältesten Amtsrichtern.

86 RG v. 17.1.1927 – III 975/26; vgl. auch § 4, 1 EGGVG.

(3) Das Präsidium entscheidet nach Stimmenmehrheit; bei Stimmengleichheit gibt die Stimme des Amtsgerichtspräsidenten den Ausschlag."

Diese Regelung wurde durch Art. II Nr. 7 des PräsVerfG gestrichen (vgl. jetzt §§ 21a, 21i Abs. 7). Der jetzige Wortlaut der Vorschrift beruht auf Art. II Nr. 8 des PräsVerfG. Die letzte redaktionelle Änderung erfolgte durch das Gesetz zur Stärkung der Unabhängigkeit der Richter und Gerichte vom 22.12.1999 (BGBl. I S. 2598; berichtigt in BGBl. 2000 I S. 1415), weil § 21a Abs. 2 erweitert wurde, sodass die ursprüngliche Nummer 3 jetzt Nummer 5 geworden ist.

Übersicht

1. Zur Entwicklung der Geschäftsverteilung beim Amtsgericht. Über die Vertei- 1
lung der Geschäfte bei den mit mehreren Richtern besetzten Amtsgerichten und über die Vertretung der Richter enthielt das GVG früher keine Vorschriften: es überließ die Regelung dem Landesrecht (vgl. z.B. für Preußen §§ 23, 24 AGGVG). Eine reichseinheitliche Regelung trafen §§ 5, 6 GVGVO 1935. Danach verteilte bei den mit einem Amtsgerichtspräsidenten besetzten Amtsgerichten dieser, im Übrigen der Landgerichtspräsident vor Beginn des Geschäftsjahrs und auf dessen Dauer die Geschäfte und regelte in gleicher Weise die Vertretung der Amtsrichter in Verhinderungsfällen. Diese Anordnungen durften im Laufe des Geschäftsjahrs nur geändert werden, wenn dies wegen Überlastung, Wechsels oder dauernder Verhinderung eines Richters erforderlich war. Die Regelung der Geschäftsverteilung und Vertretung entsprach also den für die Kollegialgerichte geltenden Vorschriften mit der Abweichung, dass nicht ein Präsidium, sondern der Amts- oder Landgerichtspräsident als Justizverwaltungsorgan die erforderlichen Anordnungen zu treffen hatte. Das Gesetz über die Geschäftsverteilung bei den Gerichten vom 24.11.1937 (RGBl. I S. 1286), das das Präsidium bei den Kollegialgerichten beseitigte und seine Aufgaben auf die Präsidenten als Justizverwaltungsangelegenheit übertrug, hielt für die Amtsgerichte inhaltlich die in §§ 5, 6 GVGVO 1935 getroffene Regelung aufrecht. Im Anschluss an die Wiederherstellung des Präsidiums bei den Kollegialgerichten in den Ländern der britischen Besatzungszone wurde dort durch die VO des Zentraljustizamts vom 9.9.1948 (VOBl. BZ 261) mit den neu geschaffenen §§ 22a bis 22d a.F. die Aufstellung des Geschäftsverteilungsplans auch für die Amtsgerichte durch ein Richterkollegium, das Präsidium des Landgerichts und bei großen Amtsgerichten ein beim Amtsgericht selbst gebildetes Präsidium, eingeführt. Diese Regelung übernahm das VereinhG 1950.

2. Präsidium des Amtsgerichts. Ein **eigenes Präsidium** hatten danach nur die mit 2
einem Amtsgerichtspräsidenten besetzten Amtsgerichte. Bei den übrigen Amtsgerichten wurde der Geschäftsverteilungsplan vom Präsidium des Landgerichts aufgestellt. War jedoch einem Amtsgerichtspräsidenten von der Justizverwaltung die Dienstaufsicht über andere im Bezirk des übergeordneten Landgerichts gelegene Amtsgerichte übertragen, so trat das Präsidium des großen Amtsgerichts für die kleinen Amtsgerichte an die Stelle des Präsidiums des Landgerichts (§ 22c Abs. 1 a.F.). Mit der Neuregelung der Präsidialverfassung durch das PräsVerfG vom 26.5.1972 wurde § 22 a.F. überflüssig und aufgehoben.

3 **3. Bedeutung des § 22a.** Nach § 21a Abs. 1 besteht bei jedem Gericht, also auch bei jedem (mit mehr als einem Richter besetzten, § 22b Abs. 1) Amtsgericht ein eigenes Präsidium, dessen Vorsitzender der Amtsgerichtspräsident oder der aufsichtführende Richter (§ 22 Abs. 3 Satz 2) ist. § 22a enthält eine **Sondervorschrift** über den Vorsitz im amtsgerichtlichen Präsidium **für** solche **Amtsgerichte, die weniger als acht Richterplanstellen haben** (§ 21a Abs. 2 Satz 1 Nr. 3); dabei kommt es nur auf die Planstellenzahl, nicht aber darauf an, wie viele Planstellen besetzt sind.[1] Ebenso wenig kommt es auf die Zahl der Richter an, die – ohne Planstelleninhaber zu sein – bei diesem Gericht haushaltsrechtlich geführt werden (z.B. abgeordnete Richter).[2] Bei diesen ist Vorsitzender des Präsidiums nicht der aufsichtführende Richter, sondern der Präsident des übergeordneten Landgerichts oder, wenn die Dienstaufsicht über das Amtsgericht dem Präsidenten eines anderen Amtsgerichts übertragen ist, dieser Amtsgerichtspräsident. Der Landgerichts- oder Amtsgerichtspräsident soll hier als „neutraler Dritter" fungieren, um hierdurch Spannungen und Ungewichtungen entgegenzuwirken.[3] Die Vertretung des Präsidenten richtet sich nach §§ 21c, 21h. Dem Präsidenten steht in Notfällen weiterhin die Eilkompetenz nach § 21i Abs. 2 zu.[4]

4 **4. Erhöhung der Planstellenzahl.** Erhöht sich die Anzahl der Planstellen auf mindestens acht, ist ein Präsidium zu wählen und die Wirkung des § 22a entfällt.[5] Bei nachträglicher Erhöhung der Planstellenzahl auf mehr als acht bleibt die vorher beschlossene Geschäftsverteilung aber zunächst in Kraft. Sache des nunmehr nach § 21a zu bildenden neuen Präsidiums ist es, die erforderlichen Änderungen zu beschließen. Bis dahin gilt die Notlösung des § 21i Abs. 2.

§ 22b

(1) Ist ein Amtsgericht nur mit einem Richter besetzt, so beauftragt das Präsidium des Landgerichts einen Richter seines Bezirks mit der ständigen Vertretung dieses Richters.

(2) Wird an einem Amtsgericht die vorübergehende Vertretung durch einen Richter eines anderen Gerichts nötig, so beauftragt das Präsidium des Landgerichts einen Richter seines Bezirks längstens für zwei Monate mit der Vertretung.

(3) [1]In Eilfällen kann der Präsident des Landgerichts einen zeitweiligen Vertreter bestellen. [2]Die Gründe für die getroffene Anordnung sind schriftlich niederzulegen.

(4) Bei Amtsgerichten, über die der Präsident eines anderen Amtsgerichts die Dienstaufsicht ausübt, ist in den Fällen der Absätze 1 und 2 das Präsidium des anderen Amtsgerichts und im Falle des Absatzes 3 dessen Präsident zuständig.

Schrifttum

Buschmann Ein Beitrag zur Präsidialverfassung der Gerichte, RiA **1974** 165; *Stanicki* Die neuen Präsidien und ihre Wahl, DRiZ **1972** 416.

1 Kissel/*Mayer* 2; *Katholnigg* 1; MüKo/*Schuster 2.*
2 Kissel/*Mayer* a.a.O.
3 Ausschussbericht BTDrucks. **VI** 2903 S. 5; MüKo/*Schuster* 1; SK/*Degener* 2; SSW/*Spiess* 1.
4 Kissel/*Mayer* 5; MüKo/*Schuster* 3.
5 KK/*Diemer* 2.

Entstehungsgeschichte

§ 22b a.F. wurde durch Art. II Nr. 7 des am 1.10.1972 in Kraft getretenen Gesetzes über die Änderung der Bezeichnung der Richter und ehrenamtlichen Richter und der Präsidialverfassungen der Gerichte (PräsVerfG) vom 26.5.1972 (BGBl. I S. 841) gestrichen (vgl. jetzt §§ 21a, 21e). An seine Stelle ist nach Art. II Nr. 9 des genannten Gesetzes § 22b n.F. eingefügt worden.

Übersicht

1. Bestellung des ständigen Vertreters beim Ein-Mann-Amtsgericht (Abs. 1)

a) Entwicklungsgeschichte. Absatz 1 regelt bundesrechtlich einheitlich die Bestellung des ständigen Vertreters bei Amtsgerichten, die nur mit einem Richter besetzt sind. Das frühere Recht kannte insoweit keine bundesrechtliche Regelung; sie war dem Landesrecht überlassen. Jedoch bestanden nur in einzelnen Ländern einschlägige Vorschriften. Die Rechtslage in den Ländern, in denen es an gesetzlichen Vorschriften fehlte, war bis dahin zweifelhaft.[1] 1

b) Begriff des „nur mit einem Richter besetzten" Amtsgerichts. Gegenstand der Regelung in Absatz 1 sind sog. ‚**Ein-Mann-Gerichte**', also Amtsgerichte, die in tatsächlicher Hinsicht mit nur einem Richter besetzt sind. Nicht nur mit einem, sondern mit mehreren Richtern (sodass ein Präsidium gebildet wird, § 21a Abs. 1) ist ein Amtsgericht besetzt, wenn ihm für das kommende Geschäftsjahr mehr als eine Richterkraft zugewiesen ist. Das Gesetz stellt hierbei nicht auf die Anzahl der Planstellen ab, sondern auf die **tatsächliche dauerhafte Besetzung** des Gerichts.[2] Dass das Amtsgericht mit mindestens zwei planmäßigen Stellen (zwei „Richtern am Amtsgericht", § 19a Abs. 1 DRiG) besetzt ist, ist dazu nicht erforderlich; § 21a Abs. 1 gilt nach seinem Zweck, den „gesetzlichen Richter" von vornherein zu bestimmen (s. § 16, 4 GVG, 24. Aufl.) auch dann, wenn das Amtsgericht das Geschäftsjahr in der Besetzung mit einem auf Lebenszeit angestellten Richter und einem Hilfsrichter (Richter auf Probe, Richter kraft Auftrags, abgeordneter Richter, §§ 12, 14, 37 DRiG) beginnt. Ein Verhinderungsfall im Sinne dieser Regelung liegt aber auch dann vor, wenn ein Richter auf Probe als einziger Richter des Amtsgerichts nicht als Familienrichter, Betreuungsrichter oder Insolvenzrichter tätig werden darf.[3] Wird einem nur mit einem Richter besetzten Amtsgericht im Laufe des Geschäftsjahres – wenn auch nur vorübergehend – ein neben ihm tätiger Hilfsrichter zugewiesen, so wird nunmehr ein Präsidium 2

---

1 LR[21] § 22b a.F., 2 b.

2 *Katholnigg* 1; MüKo/*Schuster* 2; SSW/*Spiess* 2; OK/*Niesler* 1.

3 Kissel/*Mayer* 1; MüKo-ZPO/*Pabst* 3. Hierbei dürfte es sich indessen um einen eher theoretischen Fall handeln.

kraft Gesetzes gebildet (§ 21a Abs. 1), das sich gemäß § 21a Abs. 2 Satz 1 Nr. 3, § 22a zusammensetzt[4] und einen Geschäftsverteilungsplan für die Dauer der Besetzung des Gerichts mit mehr als einem Richter aufstellen und in ihm die Vertretung regeln muss. Für eine Vertretungsregelung nach Maßgabe von Absatz 1 besteht dann weder Anlass noch Möglichkeit.

3 **c) Vertreterbestellung.** Das nur mit einem Richter besetzte Amtsgericht hat – trotz des § 21a Abs. 1, wonach bei jedem Gericht ein Präsidium gebildet wird – kein eigenes Präsidium. Denn die Hauptaufgabe eines Präsidiums ist die Aufstellung eines Geschäftsverteilungsplans, der die Besetzung der mehreren bei ihm bestehenden Spruchkörper und die Verteilung der Geschäfte unter ihnen regelt (§ 21e Abs. 1). Ist ein Amtsgericht nur mit einem Richter besetzt, so entfällt, weil sie sich von selbst versteht, eine Besetzung der „Spruchkörper" (= der Abteilungen des Amtsgerichts) und eine Verteilung der Geschäfte unter ihnen; ein eigenes Präsidium hätte keine Aufgaben und keinen Sinn. Aber auch beim Ein-Mann-Amtsgericht bedarf es der Regelung der Vertretung, wenn der einzige Richter **vorübergehend verhindert** ist. Diese Aufgabe überträgt § 22b dem Präsidium des im Instanzenzug übergeordneten Landgerichts. Dieses bestellt nach Absatz 1 vor Beginn des Geschäftsjahres für alle Fälle einer vorübergehenden Verhinderung einen ständigen Vertreter (Parallele: § 21f Abs. 2 Satz 1) aus der Zahl der **Richter im Landgerichtsbezirk**, also der Richter der übrigen Amtsgerichte und des Landgerichts selbst. Das kann auch der Gerichtspräsident sein[5] oder, in den Grenzen des § 22 Abs. 5 und 6, ein Richter auf Probe.[6] Die Justizverwaltung ist an der Auswahl des Vertreters nicht beteiligt; dies ist weder erforderlich noch zulässig.[7] Auf die Zustimmung des zum ständigen Vertreter bestellten Richters kommt es nicht an (Parallele: § 78 Abs. 2). Ist auch der ständige Vertreter vorübergehend verhindert, so gilt Absatz 2. Dass das Präsidium „einen" Richter zum ständigen Vertreter zu bestellen hat, bedeutet nicht, dass nur ein und derselbe Richter bestellt werden könnte; Absatz 1 schließt nicht aus, die Vertretung von vornherein für fest bestimmte Zeitabschnitte auf mehr als einen Richter des Landgerichtsbezirks zu verteilen.[8]

2. Regelung der vorübergehenden Vertretung (Abs. 2)

4 **a) Anwendungsbereich.** Im Gegensatz zu Absatz 1 gilt Absatz 2 für **alle Amtsgerichte** („an einem Amtsgericht"), also sowohl dann, wenn ein Amtsgericht nur mit einem Richter besetzt ist, wie auch bei Besetzung mit mehreren Richtern.[9] Voraussetzung des Absatzes 2 ist, dass eine vorübergehende Vertretung durch einen **Richter eines anderen Gerichts** nötig ist. Beim Ein-Mann-Amtsgericht (Absatz 1) ist diese Voraussetzung ohne Weiteres gegeben, wenn auch der ständige Vertreter vorübergehend verhindert ist. Bei dem mit mehreren Richtern besetzten Amtsgericht ist Absatz 2 anwendbar, wenn die im Geschäftsverteilungsplan vorgesehene Vertreterregelung (§ 21e Abs. 1) oder Maßnahmen nach § 21e Abs. 3 nicht ausreichen, weil eine ordnungsmäßige Bewältigung der Vertretung mit den vorhandenen Kräften nicht möglich ist, sondern es der Zuziehung eines Richters eines anderen Gerichts bedarf. Nach Absatz 2 ist es dann Sache des landgerichtlichen

---

4 Ebenso Kissel/*Mayer* 1; SK/*Degener* 2; MüKo/*Schuster* 2; OK/*Niesler* 1; **a.M.** *Schorn/Stanicki* 24: zuständig sei in entsprechender Anwendung des § 22b Abs. 1 das Präsidium des LG oder das Präsidium des anderen Amtsgerichts nach § 22b Abs. 4.

5 MüKo/*Schuster* 4; OK/*Niesler* 2.2.

6 Kissel/*Mayer* 2; MüKo-ZPO/*Zimmermann* 5.

7 *Katholnigg* 1; Kissel/*Mayer* 3; OK/*Niesler* 3.

8 So auch *Schmitt/Köhler* 2.

9 *Katholnigg* 2.

Präsidiums, einen Richter im Bezirk des Landgerichts mit der Vertretung zu beauftragen. Einer Zustimmung dieses Richters bedarf es auch hier nicht, indessen ist dieser (außer in Eilfällen) grundsätzlich vorab zu hören (21e Abs. 5).[10] Die Höchstdauer der Beauftragung ist jedoch auf zwei Monate begrenzt; sie endet kraft Gesetzes mit diesem Zeitpunkt. Dies hindert jedoch, wenn die Notwendigkeit einer **vorübergehenden** Vertretung weiterhin besteht, nach überwiegender und zutreffender Meinung[11] nicht, erneut nach Absatz 2 zu verfahren und ggf. auch den gleichen Richter mit der Vertretung zu beauftragen,[12] wenngleich nicht verkannt wird, dass auf diese Weise eine gewisse Dauervertretung eintreten kann und an sich in diesen Fällen die Justizverwaltung zur Abhilfe aufgefordert ist.[13] Denn § 22b Abs. 2 will nicht etwa im Interesse des mit der vorübergehenden Vertretung beauftragten Richters die Höchstdauer der Zeit bestimmen, für die ihm die mit der Beschäftigung an einem anderen Gericht verbundenen Unbequemlichkeiten und Veränderungen seiner gewöhnlichen Lebensweise zuzumuten sind; vielmehr ist es der Sinn der **Zweimonatsgrenze**, einen „maßgeblichen Orientierungspunkt", ein „Richtmaß" dafür zu setzen, wann eine vorübergehende in eine dauernde Verhinderung übergeht.[14] Im Übrigen steht die zeitliche Begrenzung auch einer Beauftragung des gleichen Richters für die Dauer des Geschäftsjahres nicht entgegen, die sich nur auf die Tage des Bereitschaftsdienstes bezieht.[15] Die Zuweisung der Geschäfte an den beauftragten Vertreter erfolgt bei den mit mehr als einem Richter besetzten Amtsgerichten durch das Präsidium des Amtsgerichts (§ 21e Abs. 3).

Unzulässig ist im Rahmen des § 22b Abs. 2 eine sog. **Reihendienstregelung** in der Art, 5
dass verschiedene Richter alternierend zur Vertretung berufen werden, weil diese Vorschrift ausschließlich die durch eine vorübergehende Verhinderung konkret entstandene Lücke schließen soll, nicht aber Raum lässt für eine abstrakt generelle Vertretungsregelung.[16]

b) Ausschluss der Anwendung von Abs. 2. Eine Beauftragung nach Absatz 2 erübrigt 6
sich, wenn die Justizverwaltung einen Richter gemäß § 37 Abs. 3 DRiG abordnet oder einen Richter auf Probe oder kraft Auftrages zur Verfügung stellt (§§ 13, 16 Abs. 2 DRiG); dann ist die Vertretung durch einen Richter eines anderen Gerichts, also durch einen Richter, der im Übrigen bei seinem Gericht verbleibt, nicht „nötig".[17] Über die Verwendung dieses Richters bestimmt bei den mit mehreren Richtern besetzten Amtsgerichten ebenfalls das Präsidium des Amtsgerichts.

3. Bestellung eines zeitweiligen Vertreters bei Eilfällen (Abs. 3). Gegenstand der 7
Regelung in Absatz 3 ist die Vertretung in Eilfällen durch einen vom Präsidenten des Landgerichts zu bestellenden Vertreter; sie dient der Wahrung des Anspruchs auf den gesetzlichen

---

10 MüKo-ZPO/*Zimmermann* 5; vgl. auch OK/*Niesler* 8, der aber zutreffend darauf hinweist, dass kaum ein Fall denkbar sein dürfte, in dem nicht zumindest eine kurze Anhörung des Vertreters möglich wäre.

11 Kissel/*Mayer* 5; MüKo/*Schuster* 6; SSW/*Spiess* 3; KK/*Barthe* 2; demgegenüber offenbar einschränkend *Katholnigg* 2: nur bei Auftreten neuer Tatsachen.

12 **A.A.** SK/*Degener* 6; *Schmitt/Köhler* 2 unter Bezugnahme auf *Katholnigg* 2, der aus dem Sinn der 2-Monats-Frist und dem Fehlen einer § 36 Satz 3 EGGVG vergleichbaren Regelung eine Verlängerung für unzulässig hält. Da *Katholnigg* andererseits eine neue Vertreterbestellung anerkennt, wenn „neue Tatsachen" dies erfordern, dürfte in der Sache gar kein Unterschied zur Mehrheitsmeinung bestehen.

13 So ausdrücklich *Zöller/Lückemann* 2.

14 *Schorn/Stanicki* 100; *Stanicki* DRiZ **1972** 416; KK/*Diemer* 2; **a.A.** noch LR/*Schäfer*[23] 4.

15 *Schmitt/Köhler* 2.

16 VGH München NJW **1993** 2308.

17 Kissel/*Mayer* 5.

Richter.[18] Wie Absatz 2 so gilt auch Absatz 3 sowohl für das Ein-Mann-Gericht (Absatz 1) wie für das mit mehr als einem Richter besetzte Amtsgericht (Absatz 2).[19] Absatz 3 ermächtigt in Eilfällen den Präsidenten des Landgerichts (als Vorsitzenden des landgerichtlichen Präsidiums) zu einstweiligen, die Vertretung regelnden Maßnahmen. Gedanklich schließt sich die Vorschrift an § 21i Abs. 2 an, den § 22b Abs. 3 modifiziert. Ein Eilfall liegt danach vor, wenn eine Entscheidung i.S.d. Absätze 1, 2 durch das Landgerichts-Präsidium nicht rechtzeitig ergehen kann, wenn also durch den Zeitablauf bis zur nächstmöglichen Präsidiumssitzung (des Landgerichts) eine **dringend erforderliche Tätigkeit** des gesetzlichen Richters nicht rechtzeitig vorgenommen werden kann und dadurch das Recht auf den gesetzlichen Richter gefährdet oder der Dienstbetrieb des Gerichts erheblich beeinträchtigt würde.[20] Abweichend von § 21i Abs. 2 Satz 3 ist eine unverzügliche Vorlegung der Anordnung des Präsidenten bei dem Präsidium „zur Genehmigung" hier nicht geregelt. Hieraus wurde – mit durchaus beachtlichen Argumenten – vereinzelt hergeleitet, dass eine unverzügliche Vorlage der Anordnung des Präsidenten beim Präsidium auch nicht erforderlich sei.[21] Nach zutreffender Ansicht[22] beruht das Fehlen einer die Vorlegung anordnenden Vorschrift indessen auf einem Redaktionsversehen und ist § 21 Abs. 2 Satz 3 mit der Pflicht zur **Vorlage beim Präsidium** entsprechend anwendbar. Dies beruht letztlich auf der mit der Neuregelung der §§ 21a ff. verfolgten Absicht des Gesetzgebers, den gesetzlichen Richter und die Befugnisse des Präsidiums zu stärken, weshalb nicht ersichtlich ist, warum die Eilentscheidung des Präsidenten für das Amtsgericht gegenüber denen für Land- und Oberlandesgerichte einer Überprüfung durch das Präsidium entzogen sein sollte.[23] Ob die tatsächlichen Voraussetzungen des Absatzes 3 vorliegen, entscheidet der Präsident nach pflichtgemäßem Ermessen und, soweit möglich, nach Anhörung der betroffenen Richter.[24] Nach Absatz 3 Satz 2 sind die Gründe für die Eilentscheidung schriftlich niederzulegen.[25] Die Entscheidung des Präsidenten ist, wenn die ordnungsmäßige Besetzung des Gerichts in Frage steht, nur unter dem Gesichtspunkt einer rechtlich fehlerhaften Beurteilung der Begriffe Eilfall und zeitweiliger Vertreter gerichtlich nachprüfbar (§ 21i, 24. Aufl. Rn. 7).

8 **4. Zuständigkeit bei Dienstaufsicht des Präsidenten eines anderen Amtsgerichts (Abs. 4).** Absatz 4 beruht auf der Erwägung, dass in den Fällen der Absätze 1, 2 das Präsidium des anderen Amtsgerichts, dessen Präsident die Dienstaufsicht ausübt, und im Fall des Absatzes 3 der Amtsgerichtspräsident selbst einen **besseren Überblick** über die Situation bei dem Amtsgericht hat, bei dem die Vertretung notwendig wird, und ihm näher steht als das Präsidium des Landgerichts und dessen Präsident.[26] Nach dem Wortlaut des Absatzes 4 könnte das Präsidium des anderen Amtsgerichts bzw. dessen Präsident auch Vertreter aus den Richtern der übrigen Amtsgerichte des Landgerichtsbezirks und aus den Richtern des Landgerichts bestellen. Das ist aber schwerlich der Sinn der Vorschrift. Dass das Präsidium eines Gerichts über die Mitglieder eines anderen Gerichts bestimmt, kommt zwar auch sonst ausnahmswei-

18 SSW/*Spiess* 4.
19 OK/*Niesler* 6.
20 MüKo/*Schuster* 7; SK/*Degener* 7.
21 So noch LR/*Siolek*[26] 7; hieran wird nicht festgehalten.
22 Kissel/*Mayer* 7; MüKo/*Schuster* 9; SK/*Degener* 8; KK/*Barthe* 5; im Hinblick auf das Vorliegen eines Redaktionsversehens einschränkend, indessen ohne praktische Konsequenzen OK/*Niesler* 6.
23 Kissel/*Mayer* 7.
24 MüKo/*Schuster* 8.
25 MüKo-ZPO/*Zimmermann* 7; SSW/*Spiess* 4; KK/*Barthe* 4; OK/*Niesler* 8.
26 Vgl. die Stellungnahme des Bundesrats, nach dessen Vorschlägen Absatz 4 gestaltet ist, im RegE BTDrucks. **VI** 557 S. 23; MüKo/*Schuster* 10; SK/*Degener* 9.

se vor (vgl. §§ 78, 78b sowie § 116 Abs. 1 Satz 2, wonach das Präsidium des StaatsschutzOLG – § 120 Abs. 1 – zu Ermittlungsrichtern dieses Oberlandesgerichts auch Mitglieder eines anderen Oberlandesgerichts in seinem Bereich bestellen kann). Im Fall des § 22b Abs. 4 wäre aber ein Bestimmungsrecht des amtsgerichtlichen Präsidiums über Richter an dritten Gerichten nicht nur eine Anomalie, sondern auch durch die ratio legis (besserer Überblick über die Situation bei dem notleidenden Amtsgericht, „Näherstehen" des amtsgerichtlichen Präsidiums) nicht gerechtfertigt. Es ist deshalb wohl davon auszugehen, dass sich im Fall des Absatzes 4 die Befugnis des Präsidiums (Präsidenten) auf die Bestellung eines Vertreters aus der Reihe der Mitglieder des großen Amtsgerichts beschränkt.[27]

5. Umfang der Vertretungsregelung. § 22b regelt nur die Vertretung des verhinderten Richters in seinen **richterlichen Aufgaben**. Die Regelung der Vertretung in den ihm übertragenen Verwaltungsaufgaben, insbes. die Führung der Dienstaufsicht, ist Sache der Justizverwaltung.[28] 9

§ 22c

(1) [1]Die Landesregierungen werden ermächtigt, durch Rechtsverordnung zu bestimmen, dass für mehrere Amtsgerichte im Bezirk eines Landgerichts ein gemeinsamer Bereitschaftsdienstplan aufgestellt wird oder ein Amtsgericht Geschäfte des Bereitschaftsdienstes ganz oder teilweise wahrnimmt, wenn dies zur Sicherstellung einer gleichmäßigeren Belastung der Richter mit Bereitschaftsdiensten angezeigt ist. [2]Zu dem Bereitschaftsdienst sind die Richter der in Satz 1 bezeichneten Amtsgerichte heranzuziehen. [3]In der Verordnung nach Satz 1 kann bestimmt werden, dass auch die Richter des Landgerichts heranzuziehen sind. [4]Über die Verteilung der Geschäfte des Bereitschaftsdienstes beschließt nach Maßgabe des § 21e das Präsidium des Landgerichts im Einvernehmen mit den Präsidien der betroffenen Amtsgerichte. [5]Kommt eine Einigung nicht zustande, obliegt die Beschlussfassung dem Präsidium des Oberlandesgerichts, zu dessen Bezirk das Landgericht gehört.

(2) Die Landesregierungen können die Ermächtigung nach Absatz 1 auf die Landesjustizverwaltungen übertragen.

Schrifttum

Deutscher Anforderungen an die Ausgestaltung des richterlichen Bereitschaftsdienstes, StRR **2019** 13; *Falk* Dienstbereit und gesetzlich? DRiZ **2007** 151; *Fikentscher/Dingelstadt* Richterlicher Bereitschaftsdienst „rund um die Uhr"? NJW **2009** 3473; *Herrmann* Neuregelung des richterlichen Bereitschaftsdienstes und richterliche Unabhängigkeit, DRIZ **2004** 316; *Putzke* Der Richtervorbehalt als Garantie der Unschuldsvermutung, StraFo **2016** 1.

Entstehungsgeschichte

Der frühere § 22c war durch Art. II Nr. 7 des PräsVerfG aufgehoben worden; eine ausdrückliche Regelung des richterlichen Bereitschaftsdienstes sah das GVG hiernach zunächst nicht vor. Nach der Entscheidung des VGH München NJW **1994** 2308 wurde die

27 Ähnlich *Schorn/Stanicki* 93; Kissel/*Mayer* 8; *Katholnigg* 4.
28 Ebenso KK/*Barthe* 6; OK/*Niesler* 10.

Vorschrift wieder mit neuem Inhalt durch das Gesetz vom 24.6.1994 (BGBl. I S. 1374) eingefügt, weil die bis dahin geübte Praxis, Bereitschaftsdienstregelungen in Ermangelung einer spezifischen Vorschrift auf § 22b zu stützen, vom VGH nicht gebilligt worden war. Absatz 1 wurde durch Art. 20 Nr. 1 des Gesetzes vom 23.7.2002 (BGBl. I S. 2850) zur Änderung des Rechts der Vertretung durch Rechtsanwälte vor den Oberlandesgerichten (sog. OLG-Vertretungsänderungsgesetz – OLGVertrÄndG) neu gefasst und hierdurch eine klare Rechtsgrundlage für einen (zentralen) Bereitschaftsdienst geschaffen. Eine wesentliche Änderung erfuhr die Regelung in Absatz 1 im Hinblick auf die in Satz 1 neu eingefügte Möglichkeit zum Einrichten eines bezirksübergreifenden, allgemeinen Bereitschaftsdienstes durch Art. 4 des Gesetzes zur Stärkung der Rechte der Betroffenen bei Fixierungen im Rahmen von Freiheitsentziehungen vom 19.6.2019 (BGBl. I S. 840). Eingefügt wurden hierzu auch ein neuer Satz 3 mit der Möglichkeit zum Heranziehen von Richtern am Landgericht sowie ein neuer Satz 4, mit welchem eine Entscheidungskompetenz des Präsidiums des übergeordneten OLG normiert wurde.

Übersicht

1 **1. Neufassung des Abs. 1.** In einer eher fragwürdigen Gesetzesgestaltung, die grundlegende Fragen der Systematik, der Übersichtlichkeit und des Sachzusammenhangs vermissen lässt, ist unter dem Namen des **OLGVertrÄndG** in Art. 20 eine Änderung des GVG untergebracht worden, die nur schwerlich mit einer OLG-Vertretung in einen sachlichen Zusammenhang gebracht werden kann. Die Regelung hat sich in tatsächlicher Hinsicht indessen als belastbar gezeigt und hiermit bewährt. Die Regelung ermöglicht es den Ländern, den Bereitschaftsdienst im Verordnungswege amtsgerichtsübergreifend zu regeln.

2 **2. Inhalt der Regelung.** Der gesetzliche **Richtervorbehalt** erfordert es, auch außerhalb üblicher Dienststunden und an dienstfreien Tagen die Erreichbarkeit eines Richters zu gewährleisten. Die erst 1994 eingefügte Regelung sollte die vom VGH München (s. Entstehungsgeschichte) nicht gebilligte Praxis der Bereitschaftsdienstregelungen auf eine klare gesetzliche Grundlage stellen und die gleichmäßige Belastung der Richter beim Amtsgericht in einer rechtlich eindeutigen Weise ermöglichen.[1] Die dadurch eingetretene Rechtslage hatte aufgrund der unterschiedlichen Größe und personellen Ausstattung der Amtsgerichte sowie der Konzentration von Haftsachen auf einzelne Amtsgerichte eine ungleichmäßige Belastung der Amtsrichter mit **Bereitschaftsdiensten** zur Folge. Erfasst wurden von dieser Regelung zudem nur die Richter der betroffenen Amtsgerichte und die Bereitschaftsdienstregelungen betrafen nur die dienstfreien Tage. Durch die Neufassung ist diese Beschränkung aufgehoben worden. Ursache dafür war, dass das BVerfG[2] seine Rechtsprechung zu Eilmaßnahmen der Ermittlungsbehörden dahin präzisiert hat, dass der Begriff „Gefahr im Verzuge" eng auszulegen sei und deswegen regelmäßig eine richterliche Durchsuchungsanordnung erfordere, die nicht schon entbehrlich sei, wenn eine rich-

1 BTDrucks. **12** 6243 S. 11 f.; Kissel/*Mayer* 1; MüKo/*Schuster* 1.
2 BVerfGE **103** 142; **105** 239; NJW **2004** 1442.

terliche Entscheidung üblicherweise zu einem bestimmten Zeitpunkt nicht zu erreichen sei. Deswegen war mit einer erhöhten Inanspruchnahme des richterlichen Bereitschaftsdienstes außerhalb der gewöhnlichen Dienstzeiten zu rechnen. Die Neuregelung hat daher zum Ziel, **eine gleichmäßigere Belastung der Richter** über die dienstfreien Tage hinaus auch zu sonstigen dienstfreien Zeiten sicherzustellen.[3] Insoweit wurde nunmehr die Konzentrationskompetenz für den gerichtsübergreifenden amtsgerichtlichen Bereitschaftsdienst dahin **erweitert**, dass jetzt auch Richter des Landgerichts in den Bereitschaftsdienst der zum Bezirk des Landgerichts gehörenden Amtsgerichte einbezogen werden können, sog. **Konzentrationslösung**. Der Geltungsbereich der Vorschrift wird im Übrigen nicht eingeschränkt.[4] Klarzustellen bleibt jedoch, dass von der Konzentrationsermächtigung ebenso wie von der Befugnis zur zusätzlichen Heranziehung der Richter des Landgerichts nur zum Zweck der Sicherstellung einer gleichmäßigeren Belastung der Richter mit Bereitschaftsdiensten Gebrauch gemacht werden darf.[5] Von der Ermächtigung kann bereits dann Gebrauch gemacht werden, wenn die Sicherstellung einer gleichmäßigen Belastung nur „angezeigt ist"; sie muss nicht erforderlich sein.[6] Eine über den Landgerichtsbezirk hinausgehende Konzentration ist nach wie vor unzulässig.

3. Ausgestaltung der Regelung. Die bisherige Form der Bereitschaftsdienstkonzentration im Wege der Zentralisierung bei einem einzigen Amtsgericht (Konzentrationslösung) wurde erweitert. Hiernach ist wahlweise auch die Form einer **Pool-Lösung** möglich.[7] In diesem Fall wird durch Landesrechtsverordnung lediglich bestimmt, dass für mehrere Amtsgerichtsbezirke ein gemeinsamer Bereitschaftsdienstplan aufgestellt wird.[8] Dieser Bereitschaftsdienstplan kann nähere Bestimmungen zu Beginn und Ende des Bereitschaftsdienstzeitraums sowie sachdienliche Regelungen zur Zuständigkeitsabgrenzung z.B. für den Fall treffen, dass der nach dem regulären Geschäftsverteilungsplan zuständige Richter auch nach Beginn des Bereitschaftsdienstzeitraums noch im Gericht anwesend ist.[9] Der **Bereitschaftsdienstplan** bestimmt zweckmäßigerweise nicht nur Namen und Zeitpunkt der am Bereitschaftsdienst teilnehmenden Richter, sondern auch das zuständige **Bereitschaftsdienstgericht.**[10] Hier bietet es sich an, das Gericht zu bestimmen, dem der jeweils zum Bereitschaftsdienst eingeteilte Richter angehört, um besser auf die Bedürfnisse der Richter Rücksicht zu nehmen und den logistischen Aufwand so gering wie möglich zu halten. Für Richter des Landgerichts könnte in Betracht kommen, sie für den Bereitschaftsdienst des ihrem Wohnsitz nächstgelegenen Amtsgerichts einzuteilen. 3

Das BVerfG hat klargestellt, dass entsprechend den heutigen Lebensgewohnheiten zumindest die Zeit zwischen **21 und 6 Uhr ganzjährig** als **Nachtzeit** anzusehen ist;[11] dem 4

---

3 BTDrucks. **14** 9266 S. 38; Radtke/Hohmann 1.

4 BTDrucks. **14** 9266 S. 38.

5 BTDrucks. **14** 9266 S. 40.

6 *Katholnigg* 1.

7 BTDrucks. **14** 9266 S. 38; *Falk* DRiZ **2007** 151; Kissel/*Mayer* 4; MüKo/*Schuster* 4; KK/*Barthe* 1; SSW/*Spiess* 3; OK/*Niesler* 6; *Schmitt*/*Köhler* 2; HK-GS/*Duttge*/*Kangarani* 2; allesamt übereinstimmend auch in der Terminologie.

8 Von dieser Möglichkeit haben beispielsweise die Länder Baden-Württemberg (GBl. 2003, 188), Bayern (GVBl. 2004, 471), Bremen (GBl. 2002, 579), Hessen (GVBl. 2005, 643), Niedersachsen (Nds. GVBl. 2009, 506; 2010, 283), Nordrhein-Westfalen (GVBl. 2003, 603), Rheinland-Pfalz (GVBl. 2004, 334), Saarland (Amtsblatt 2004, 598 und 2286) sowie Sachsen (SächsGVBl. 2004, 136) Gebrauch gemacht.

9 BTDrucks. **14** 9266 S. 38.

10 KK/*Barthe* 2; *Schmitt*/*Köhler* 2.

11 BVerfGE **139** 245, 268 Rn. 64; BVerfGK **2** 176, 178; **5** 74, 78; BVerfG NStZ **2019** 534 m. Anm. *Rabe von Kühlewein*; LR/*Tsambiakis* § 104 StPO Rn. 4.

entspricht die Neufassung von § 104 Abs. 3 StPO. Innerhalb dieses Zeitfensters besteht die Notwendigkeit eines richterlichen Bereitschaftsdienstes jedenfalls bei praktischem, über den Ausnahmefall hinausgehenden **Bedarf.**[12] Das ist z.B. bei den sog. Castor-Transporten, angekündigten Großdemonstrationen aus gewaltbereiten Kreisen oder sonstigen Großveranstaltungen der Fall, weil dort regelmäßig damit gerechnet werden muss, dass eine Vielzahl von Teilnehmern im Laufe eines Tages in Gewahrsam genommen werden, die dann unverzüglich einem Richter vorgeführt werden müssen. Ob und inwieweit ein über den **Ausnahmefall** hinausgehender Bedarf an nächtlichen Durchsuchungsanordnungen die Einrichtung eines ermittlungsrichterlichen Bereitschaftsdienstes zur Nachtzeit erfordert, haben die Gerichtspräsidien nach pflichtgemäßem Ermessen in eigener Verantwortung zu entscheiden. Für die Art und Weise der Bedarfsermittlung steht ihnen ein Beurteilungs- und Prognosespielraum zu.[13]

5 **4. Betroffener Personenkreis.** Für Richter des Amtsgerichts ergeben sich keine Neuerungen. Soweit der Verordnungsgeber auch Richter am Landgericht in die Bereitschaftsdienstregelung einbezieht, sind damit **sämtliche Richter** des Landgerichts, also auch die Vorsitzenden Richter, Präsidenten und Vizepräsidenten zur Teilnahme am Bereitschaftsdienst verpflichtet.[14] Dies gilt grundsätzlich unabhängig davon, ob sie als Straf- oder als Zivilrichter tätig sind oder welche Tätigkeit ihnen nach dem allgemeinen Geschäftsverteilungsplan zugewiesen ist.[15] Wegen § 23b Abs. 3 und § 23c Abs. 2 sollten hiervon – dies gilt auch für die Amtsgerichte – indessen Richter auf Probe im ersten Jahr nach ihrer Ernennung ausgenommen werden.[16] **Ausnahmen** sind ferner möglich für schwerbehinderte Richter, denen die Art ihrer Einschränkung das Ausüben des Bereitschaftsdienstes erschweren würde, sowie etwa für stillende Mütter.[17] Ein Anspruch auf eine ermäßigte Heranziehung zum Bereitschaftsdienst bei Teilzeitbeschäftigten besteht indessen nicht.[18] Der Umfang der Heranziehung und die Regelung von Ausnahmen werden nach Maßgabe der Sätze 3 und 4 vom zuständigen Präsidium bestimmt.[19]

6 **5. Zuständigkeit.** Die bisher allein dem **Präsidium des Landgerichts** obliegende **Entscheidungskompetenz** ist beschränkt worden, weil nunmehr ein Einvernehmen mit den Präsidien der betroffenen Amtsgerichte herzustellen ist (Absatz 1 Satz 4). Dadurch soll nach der Vorstellung des Gesetzgebers die Akzeptanz der zu treffenden Regelung erhöht werden.[20] Um bei Meinungsverschiedenheiten und fehlendem Einvernehmen zwischen den Präsidien eine erforderliche Bereitschaftsdienstregelung nicht in Frage zu stellen, ist das **Präsidium des Oberlandesgerichts** zur endgültigen Entscheidung berufen (Absatz 1 Satz 5). Hieraus folgt zugleich, dass eine Konzentration oder Poollösung nicht über die Grenzen eines OLG-Bezirks hinaus erfolgen kann.[21] Ein Beteiligungsrecht der betroffenen Präsidien ist dabei nicht vorgesehen.

---

12 BVerfGE **105** 239; BVerfG NJW **2004** 1442.

13 BVerfG NStZ **2019** 534.

14 BTDrucks. **14** 9266 S. 39; Kissel/*Mayer* 6; MüKo/*Schuster* 6; KK/*Barthe* 2a; SSW/*Spiess* 2; *Schmitt/Köhler* 3.

15 MüKo-ZPO/*Pabst* 8; Zöller/*Lückemann* 2.

16 BTDrucks. **14** 9266 S. 39; Kissel/*Mayer* 6.

17 OK/*Niesler* 9; ob die dort vorgeschlagene Ausnahme für Richter ab dem 60. Lebensjahr auf tragfähigen Erwägungen beruht, muss indessen bezweifelt werden.

18 VG Hannover BeckRS **2007** 21684; OK/*Niesler* 9.

19 Kissel/*Mayer* 6; KK/*Barthe* 2.

20 BTDrucks. **14** 9266 S. 39.

21 MüKo/*Schuster* 7.

6. Zulässigkeit einer Bereitschaftsdienstkonzentration. Eine Zuständigkeitskonzentration für den Bereitschaftsdienst mehrerer Amtsgerichte ist verfassungsrechtlich unbedenklich, denn die **Garantie des gesetzlichen Richters** (Art. 101 Abs. 1 GG) bleibt gewährleistet, weil eine derartige gerichtsorganisatorische Maßnahme eine abstrakt-generelle Regelung darstellt, die im Voraus nach objektiven Kriterien die Zuständigkeit der Richter festlegt. Die Bereitschaftsdienstpläne müssen deswegen Beginn und Ende des Bereitschaftsdienstes zeitlich klar bestimmen. Obwohl durch den Bereitschaftsdienst Dienstzeitregelungen geschaffen werden, liegt keine Unvereinbarkeit mit dem Prinzip der **richterlichen Unabhängigkeit** (Art. 97 GG) vor, denn auch wenn Richter nicht an allgemein festgesetzte Dienststunden gebunden sind, ist anerkannt, dass dies nur gilt, soweit nicht bestimmte Tätigkeiten ihre Präsenz erfordern.[22] Dazu gehört aber gerade der Bereitschaftsdienst für Eilsachen. Schließlich hält sich die Regelung auch an den aus **Art. 80 Abs. 1 Satz 2 GG** vorgegebenen Rahmen, weil Inhalt, Zweck und Ausmaß der Ermächtigung hinreichend bestimmt sind. 7

7. Rechtsstellung der Richter des Bereitschaftsdienstes. Hat ein Richter im Rahmen des konzentrierten Bereitschaftsdienstes für ein anderes Gericht tätig zu werden, handelt es sich hierbei um eine **Aufgabenzuweisung kraft gesetzlicher Befugnis** des Präsidiums, nicht aber um eine Übertragung eines weiteren Richteramts nach § 27 Abs. 2 DRiG.[23] In praktischer Hinsicht dürfte diese Frage aber ohne Relevanz bleiben.[24] Formal ist die **Zustimmung** der betroffenen Richter zwar nicht erforderlich (s. § 22, 8), jedenfalls soweit durch den Umfang des Bereitschaftsdienstes ihre bisherige Tätigkeit nicht nennenswert eingeschränkt wird.[25] Dies gilt aber nicht – und dürfte überdies auch bewährter Praxis entsprechen –, soweit die Übertragung des Bereitschaftsdienstes einen wesentlichen Teil der richterlichen Tätigkeit ausmacht. Wird ein Richter im Rahmen eines konzentrierten Bereitschaftsdienstes tätig, handelt er als Vertreter des nach § 125 StPO örtlich an sich zuständigen Ermittlungsrichters.[26] 8

Soweit im Rahmen des Bereitschaftsdienstes Aufgaben eines anderen Amtsgerichts wahrgenommen werden, handelt der Richter für dieses Amtsgericht. Dies gilt auch für die **Einbeziehung von Richtern des Landgerichts.**[27] Die Richter des Landgerichts werden der Sache nach und auch formell als Amtsrichter tätig, so dass sich auch an der Anwendbarkeit des § 22d in diesen Fällen nichts ändert. 9

8. Sachliche Grenzen. Nach Wortlaut, Sinn und Zweck der Regelung soll sichergestellt werden, dass notfalls noch ein Richter zu erreichen ist. Sie ermächtigt indessen nicht dazu, den regulär zuständigen Richter während bestimmter Zeiten in Eilsachen „seines Amtes zu entheben".[28] Die Vornahme einer Zuständigkeitskonzentration ist deswegen sachlich **ausschließlich auf Aufgaben des Bereitschaftsdienstes beschränkt**. Damit darf sich eine Regelung nur auf die unaufschiebbaren richterlichen Geschäfte beziehen, wie sie wegen der verfassungsrechtlichen Vorgaben (Art. 104 GG) insbesondere in Fällen der Freiheitsentziehung oder der Unterbringung anstehen. Hierher gehören auch die zivilrechtlichen Eilentscheidungen, auf die an dieser Stelle jedoch nicht näher einzugehen ist. 10

---

22 BGHZ **113** 36; BVerwGE **78** 211.
23 Kissel/*Mayer* 6; a.A. noch LR/*Siolek*[26] 8 f.
24 Ausdrücklich offen gelassen von MüKo/*Schuster* 6; KK/*Barthe* 2a.
25 *Schmidt-Räntsch* 19.
26 LG Arnsberg StraFo **2015** 66; LR/*Gärtner* § 125, 6 StPO.
27 BTDrucks. **14** 9266 S. 39; Kissel/*Mayer* 6.
28 *Falk* DRiZ **2007** 153.

Unabhängig von dieser generell-abstrakten Regelung hat jeder Richter im Rahmen seiner richterlichen Unabhängigkeit im Einzelfall die Frage der Unaufschiebbarkeit selbst zu prüfen.[29]

11 Besonders beim täglichen Wechsel der Bereitschaftsdienstrichter bedarf es einer klaren **Abgrenzung der jeweiligen Zuständigkeiten,** weil mit dieser Abgrenzung über die Frage des gesetzlichen Richters entschieden wird.[30] Wegen der damit verbundenen Risiken könnte sich die von *Falk*[31] vorgeschlagene **Vertreterlösung** anbieten, die den Bereitschaftsdienstrichter als (ersten) Vertreter des geschäftsplanmäßigen Richters einsetzt. Dann ergibt sich die Zuständigkeit des Bereitschaftsdienstrichters immer schon dann, wenn der regulär zuständige Richter nicht in angemessener Zeit dienstbereit erreicht werden kann.[32]

12 **9. Delegationsrecht der Landesregierung.** Die in Absatz 2 vorgesehene **Subdelegation** auf die **Landesjustizverwaltungen** konnte wegen Art. 80 Abs. 1 Satz 1 GG nicht unmittelbar erfolgen, entspricht aber dem praktischen Bedürfnis, die in der Regel dort unmittelbar bekannten Verhältnisse der einzelnen Amtsgerichte ohne ein aufwendiges Verfahren zu nutzen[33] und sie entspricht im Übrigen auch sonst der allgemeinen Praxis. Dass diese Subdelegation ebenfalls nur im **Verordnungswege** erfolgen kann, ist durch Art. 80 Abs. 1 Satz 3 GG vorgegeben.

§ 22d

Die Gültigkeit der Handlung eines Richters beim Amtsgericht wird nicht dadurch berührt, dass die Handlung nach der Geschäftsverteilung von einem anderen Richter wahrzunehmen gewesen wäre.

Schrifttum

Reichenbach Der Jugendermittlungsrichter, NStZ **2005** 617; *Rinck* Gesetzlicher Richter, Ausnahmegericht und Willkürverbot, NJW **1964** 1649.

Entstehungsgeschichte

Eine dem § 22d entsprechende Vorschrift enthielt bereits § 23 Abs. 2 PrAGGVG. Sie wurde als Reichsrecht übernommen durch § 6 Abs. 2 der GVGVO 1935, und diese letztere Vorschrift wurde durch Art. II Nr. 7 des VereinhG 1950 aufgehoben, weil sie durch den neu eingefügten § 22d gegenstandslos wurde. Die Vorschrift hat aber im Lauf der Zeit ihren Sinngehalt gewechselt. § 23 Abs. 2 PrAGGVG brachte zum Ausdruck, dass für amtsrichterliche Akte nur das Amtsgericht als solches, nicht der einzelne Amtsrichter zuständig sei, und dass es bei einer Mehrzahl von Amtsrichtern bei einem Amtsgericht für die Gültigkeit einer Amtshandlung bedeutungslos sei, ob sie der eine oder andere Richter vorgenommen

29 *Kissel/Mayer* 8; MüKo/*Schuster* 3.
30 *Falk* DRiZ **2007** 153.
31 DRiZ **2007** 153 ff.
32 *Falk* DRiZ **2007** 153.
33 SK/*Degener* 8; SSW/*Spiess* 5.

habe.[1] § 22d in heutiger Fassung wurde eingefügt durch das VereinhG 1950. Durch Art. II Nr. 6 des Gesetzes über die Änderung der Bezeichnungen der Richter und ehrenamtlichen Richter und der Präsidialverfassungen der Gerichte vom 26.5.1972 (PräsVerfG; BGBl. I S. 841) wurde der Begriff „des „Amtsrichters" durch „Richters beim Amtsgericht" ersetzt.

Übersicht

1 **1. Bedeutung als allgemeiner Rechtsgrundsatz.** Die Vorschrift erfasst (nur) richterliche Entscheidungen in **Abweichung vom Geschäftsverteilungsplan** und hiermit eine Verletzung des Anspruchs auf den **gesetzlichen Richter**. Kerngehalt der Regelung ist, dass Entscheidungen, die unter Verstoß gegen den Geschäftsverteilungsplan ergangen sind, **anfechtbar, aber grundsätzlich nicht nichtig** sind. Wird die Entscheidung nicht angefochten oder ist sie nach dem Verfahrensrecht nicht anfechtbar, entfaltet sie grundsätzlich (Ausnahme: Willkür) ihre volle Wirkung.[2] Unter dem Gesichtspunkt des auch beim Amtsgericht durch den Geschäftsverteilungsplan (§ 21e Abs. 1) bestimmten „gesetzlichen Richters" besagt die Vorschrift heute in gesetzlicher Anerkennung eines bereits früher bei den Kollegialgerichten von der Rechtsprechung entwickelten Grundsatzes, dass eine richterliche Handlung nicht schon deshalb unwirksam ist, weil sie abweichend vom Geschäftsverteilungsplan von einem anderen als dem geschäftsverteilungsplanmäßig zuständigen Richter vorgenommen wurde.[3] Insoweit spricht § 22d einen **allgemeinen Rechtsgrundsatz** aus[4] und ist im Grunde überflüssig, da hinsichtlich der Abweichung vom Geschäftsverteilungsplan für die Spruchkörper (Abteilungen) des Amtsgerichts nichts anderes gelten kann als für die Spruchkörper der übrigen Gerichte. So gesehen ist § 22d, soweit ihm überhaupt noch unter dem Gesichtspunkt des gesetzlichen Niederschlags eines allgemein geltenden Grundsatzes eine Existenzberechtigung zukommt, lex fugitiva.[5] § 22d lässt Verstöße gegen gesetzliche Zuständigkeitsvorschriften unberührt. Diese bleiben als Verletzung des „gesetzlichen Richters" anfechtbar (s.o. § 16).

2 **2. Willkürliche Amtshandlungen.** Unberührt bleibt aber bei **willkürlicher Abweichung** die Möglichkeit der Anfechtung,[6] weil der Grundsatz des gesetzlichen Richters (Art. 101 Abs. 1 Satz 2 GG; § 16 GVG) verletzt und das Gericht i.S.d. § 338 Nr. 1 StPO[7] fehlerhaft besetzt ist.[8] Auch begründet § 22d keine Ausnahme von dem Grundsatz (unten Rn. 6), dass eine unvorschriftsmäßige Besetzung (§ 338 Nr. 1 StPO) vorliegt, wenn der Geschäftsverteilungsplan

1 RGZ **1** 235; RGSt **14** 154, 156.
2 Kissel/*Mayer* 2.
3 Vgl. BGH NVwZ **2011** 1216.
4 OLG Hamburg NZG **1999** 1211; *Schmitt/Köhler* 1; Wieczorek/Schütze/*Schreiber* 1; MüKo-ZPO/*Pabst* 1; SK/Degener 2 f.; SSW/*Spiess* 1; *Schmitt/Köhler* 1.
5 So auch OK/*Niesler* 2.
6 BGH NVwZ **2011** 1216; Kissel/*Mayer* 2; MüKo-ZPO/*Pabst* 5; KK/*Barthe* 1; OK/*Niesler* 2; HK-GS/*Duttge/Kangarani* 1.
7 Die in § 338 Nr. 1 StPO genannten Beschränkungen der Revision spielen bei amtsgerichtlichen Hauptverhandlungen keine Rolle, da §§ 222a, 222b StPO hier nicht anwendbar sind.
8 Vgl. zum Maßstab der Willkür bei fehlerhafter Besetzung etwa BVerfG NJW **1984** 1874; BGHSt **11** 106; BGH NJW **1986** 144; OLG Hamm MDR **1964** 77; OLG Schleswig SchlHA **1963** 78; MüKo/*Knauer/Kudlich* § 338, 10; SSW/*Widmaier* § 338, 5.

des Amtsgerichts nicht so eindeutig wie möglich festlegt, welcher Richter zur Entscheidung berufen ist.[9] Wohl aber ist eine versehentliche (auf irrtümlicher Beurteilung der Sach- und Rechtslage beruhende, also nicht willkürliche) Abweichung von einem inhaltlich gesetzmäßigen Geschäftsverteilungsplan unschädlich,[10] wobei sich indessen fragt, wie Irrtum und Willkür im Einzelfall abzugrenzen sind. Richtigerweise wird man daher davon ausgehen müssen, dass von einem willkürlichen Umgang mit dem Geschäftsverteilungsplan nicht erst bei evidenter Fehlerhaftigkeit, sondern bereits bei Fehlen eines hinreichenden Grundes auszugehen ist, auch wenn dies auf einem bloßen Versehen beruht.[11]

3 **3. Abweichende Auslegung.** Nach anderer Ansicht[12] soll § 22d keinen allgemeinen Rechtsgrundsatz umschreiben, sondern nur besagen, dass eine nicht mehr anfechtbare Entscheidung nicht deshalb nichtig sei, weil sie unter Verstoß gegen die Geschäftsverteilung erlassen wurde; die Anfechtbarkeit einer solchen „fehlerhaften" Entscheidung werde dadurch aber nicht berührt. Dem kann nicht gefolgt werden, soweit damit gesagt sein soll, zwischen einer auf **error in procedendo** beruhenden und einer willkürlichen Abweichung sei kein Unterschied zu machen. Dem Gesetzgeber kann nicht unterstellt werden, dass er eine Selbstverständlichkeit habe aussprechen wollen. Denn dass eine rechtskräftige Entscheidung nicht schon deshalb nichtig ist, weil sie unter Verstoß gegen die Geschäftsverteilung erlassen wurde, hat noch niemand bezweifelt und steht außer Diskussion. Auch wird ausgeführt, die Vorschrift des § 22d könne nicht die Bedeutung haben, dass sie nur die Nichtigkeit der Entscheidung bei einem Verstoß gegen die Geschäftsverteilung verneint[13] und der Wortlaut der Vorschrift lasse auch eine Umdeutung in einen allgemeinen Grundsatz (Verneinung der Anfechtbarkeit bei nur versehentlicher Abweichung) nicht zu; vielmehr sei § 22d ein verfassungsrechtlich bedenklicher „Fremdkörper in dem verfeinerten Recht der Präsidialverfassung", der ersatzlos zu streichen sei. Diese Folgerung ist unbegründet;[14] ihr ist lediglich entgegenzuhalten, dass das StVÄG 1979unter dem Gesichtspunkt, die Zahl durchgreifender, auf §§ 337, 338 Nr. 1 a.F. StPO gestützter Besetzungsrügen zu verringern, außer der Einführung der Vorschriften über die Präklusion der Besetzungsrüge in der StPO im GVG eine Reihe von Ergänzungen und Änderungen „in besonders fehleranfälligen Bereichen" brachte, den § 22d aber unberührt ließ. Die **praktische Relevanz** dieser Streitfrage dürfte indessen **gering** und diese daher zu vernachlässigen sein.

4 **4. Einzelfälle.** Ein Verstoß gegen die Geschäftsverteilung liegt vor, wenn ein Richter handelt, der hiernach nicht dazu berufen ist; gleiches gilt, wenn der Vertreter tätig wird, obwohl **kein Vertretungsfall** vorlag oder der Bereitschaftsrichter agiert, obwohl der vorrangig zuständige reguläre Richter anwesend und dienstbereit ist.[15] Eine **willkürliche Abweichung** (Rn. 2) liegt aber nicht vor, wenn ein Richter, obwohl er weiß, dass er nicht im Geschäftsverteilungsplan als zuständig aufgeführt ist, in Eilfällen an Stelle des nach dem Geschäftsverteilungsplan zuständigen Richters handelt, der nur mit einer den Erfolg

9 OLG Neustadt MDR **1965** 255.

10 Dazu BVerfGE **14** 72 = NJW **1962** 1611; *Rinck* NJW **1964** 1650 zu dem § 22d entsprechenden § 3 Abs. 3 des früheren Bad.-Württ. GemeindegerichtsbarkeitsG v. 7.3.1960, GBl. 73.

11 BayObLG StV **1981** 511; SK/*Degener* 3.

12 BGHZ **37** 125 = NJW **1962** 1396; OLG Bremen NJW **1965** 1447; LG Hildesheim MDR **1968** 55; s.a. LG Göttingen NdsRpfl. **1977** 218; KK/*Barthe* 1; *Eb. Schmidt* 2 bis 4; ausdrücklich offen gelassen von OLG Jena NStZ-RR **2007** 217.

13 *Schorn*/*Stanicki* 257; *Wolf* 147.

14 So auch Kissel/*Mayer* 3.

15 MüKo/*Schuster* 3.

der begehrten Handlung in Frage stellenden Verzögerung erreichbar wäre.[16] Es ist dann so anzusehen, als bestimme der Geschäftsverteilungsplan, dass in Eilfällen der nicht greifbare zuständige Richter durch den anwesenden oder nächst erreichbaren Richter vertreten werde. Eine willkürliche Abweichung, da der Rechtsverstoß offen zutage liegt, ist dagegen gegeben, wenn an Stelle des nach dem Geschäftsverteilungsplan zuständigen Richters in der Hauptverhandlung sein Vertreter entscheidet, weil sich der erstere für **befangen** erklärte, ohne dass die Entscheidung nach §§ 27, 30 StPO eingeholt wurde und ohne dass die Ablehnung sachlich gerechtfertigt war.[17]

5. Schöffengericht. § 22d spricht nur von der Gültigkeit der Handlung „eines Richters beim Amtsgericht". Der Grundsatz des § 22d gilt aber nicht nur für den Richter als Einzelrichter, sondern als **allgemeiner Rechtsgedanke** auch für das **Schöffengericht**, d.h. für den Fall, dass beim Bestehen mehrerer Schöffengerichtsabteilungen irrtümlich nicht die nach dem Geschäftsverteilungsplan zuständige Schöffengerichtsabteilung A, sondern die Abteilung B geurteilt hat.[18] Denn für die Spruchkörper des Amtsgerichts kann in dieser Hinsicht nichts anderes gelten als für die der höheren Gerichte.[19] 5

6. Unanwendbarkeit des § 22d. § 22d regelt nur den Fall des (nicht willkürlichen) Abweichens von einem gesetzmäßigen Geschäftsverteilungsplan. Besteht gesetzwidrigerweise **kein Geschäftsverteilungsplan** oder ist er inhaltlich gesetzwidrig oder enthält er auch im Weg der Auslegung nicht behebbare Zweifel oder Lücken (z.B. weil nicht zwischen Erwachsenen- und Jugendgerichtssachen unterschieden wird), so ist § 22d unanwendbar; es liegt eine Verletzung des 16 GVG, Art. 101 Satz 2 GG vor,[20] so z.B. bei Aburteilung eines Jugendlichen (Heranwachsenden) durch einen von mehreren Richtern, unter die nur „die Strafsachen" verteilt sind[21] oder wenn die Jugendsachen nicht für den gesamten Verfahrensablauf dem Jugendrichter zugewiesen sind, sondern nach Verfahrensstadien oder -akten (z.B. getrennt für das Ermittlungs- und das Hauptverfahren und die Erledigung von Rechtshilfeersuchen) einer Mehrzahl von Richtern zugeteilt werden, auch wenn diese im Geschäftsverteilungsplan als Jugendrichter bezeichnet werden.[22] 6

§§ 23 bis 23d

(betr. Zuständigkeit der Amtsgerichte in bürgerlichen Rechtsstreitigkeiten)

§ 24

(1) [1]In Strafsachen sind die Amtsgerichte zuständig, wenn nicht
1. **die Zuständigkeit des Landgerichts nach § 74 Abs. 2 oder § 74a oder des Oberlandesgerichts nach § 120 oder 120b begründet ist,**

---

16 OLG Schleswig SchlHA **1963** 78.
17 OLG Hamm MDR **1964** 77.
18 Kissel/*Mayer* 5; KK/*Barthe* 2; SSW/*Spiess* 1; OK/*Niesler* 3; HK-GS/*Duttge*/*Kangarani* 1.
19 S. dazu auch LR/*Hanack*[25] § 338, 23 StPO.
20 OLG Saarbrücken NJW **1965** 1447; OLG Neustadt MDR **1965** 25; *Kissel*/*Mayer* 4; MüKo/*Schuster* 4; KK/*Barthe* 3; *Schmitt*/*Köhler* 1.
21 OLG Saarbrücken NJW **1965** 1447.
22 LG Göttingen NdsRpfl. **1977** 218.

2. im Einzelfall eine höhere Strafe als vier Jahre Freiheitsstrafe oder die Unterbringung des Beschuldigten in einem psychiatrischen Krankenhaus, allein oder neben einer Strafe, oder in der Sicherungsverwahrung (§§ 66 bis 66b des Strafgesetzbuches) zu erwarten ist oder
3. die Staatsanwaltschaft wegen der besonderen Schutzbedürftigkeit von Verletzten der Straftat, die als Zeugen in Betracht kommen, des besonderen Umfangs oder der besonderen Bedeutung des Falles Anklage beim Landgericht erhebt.

[2]Eine besondere Schutzbedürftigkeit nach Satz 1 Nummer 3 liegt insbesondere vor, wenn zu erwarten ist, dass die Vernehmung für den Verletzten mit einer besonderen Belastung verbunden sein wird, und deshalb mehrfache Vernehmungen vermieden werden sollten.

(2) Das Amtsgericht darf nicht auf eine höhere Strafe als vier Jahre Freiheitsstrafe und nicht auf die Unterbringung in einem psychiatrischen Krankenhaus, allein oder neben einer Strafe, oder in der Sicherungsverwahrung erkennen.

Schrifttum

Arnold Bewegliche Zuständigkeit versus gesetzlicher Richter, ZIS **2008** 92; *Bittmann* Referentenentwurf für ein Gesetz zur Stärkung der Rechte von Opfern sexuellen Missbrauchs (StORMG), ZRP **2011** 72; *Böttcher/Mayer* Änderungen des Strafverfahrensrechts durch das Entlastungsgesetz, NStZ **1993** 153; *Eisenberg* Referentenentwurf des BMJ „Gesetz zur Stärkung der Rechte von Opfern sexuellen Missbrauchs (StORMG)" 2010, HRRS **2011** 64;); *Gräbener* Die sachliche Zuständigkeit der Strafgerichte, JA **2024** 153; *Godendorff* Wider die Beliebigkeit! Für die Abschaffung des § 24 Abs. 1 S. 1 Nr. 3 GVG – zugleich Anmerkung zu BGH, Beschl. v. 6.10.2016 – 2 StR 330/16, StV **2017** 626; *Heghmanns* Die sachliche Gerichtszuständigkeit nach dem Opferrechtsreformgesetz, DRiZ **2005** 288; *Herzog* Über bewegliche Zuständigkeitsregelungen, instrumentelle Zuständigkeitswahl und das Prinzip des gesetzlichen Richters, StV **1993** 609; *Hohendorf* § 225a StPO im Spannungsfeld zwischen Strafrichter und Schöffengericht, NStZ **1987** 389; *Kissel* Gerichtsverfassung unter dem Gesetz zur Entlastung der Rechtspflege, NJW **1993** 489; *Meyer-Goßner* Die Verbindung verschiedener gegen denselben Angeklagten bei demselben LG anhängiger Strafverfahren, NStZ **1989** 297; *Pschorr* In dubio pro Amtsgericht?, jurisPR-StrafR 5/**2023** Anm. 3; *Rieß* Bestimmung und Prüfung der sachlichen Zuständigkeit und verwandter Erscheinungen im Strafverfahren, GA **1976** 1; *Radtke/Bechtoldt* Bewegliche Zuständigkeiten (§ 29 II 1 GVG) und die Bedeutung der Rechtsfolgenerwartung (§ 25 Nr. 2 GVG), GA **2002** 586; *Rieß* Die Zuständigkeit des Strafrichters und die mindere Bedeutung der Sache, NStZ **1995** 376; *Schäfer* Willkürliche oder objektiv willkürliche Entziehung des gesetzlichen Richters bei Verkennung der sachlichen Zuständigkeit in Strafsachen? DRiZ **1996** 168; *Schroeder* Die Anklageerhebung beim LG und beim BGH wegen der „besonderen Bedeutung des Falles", MDR **1965** 177; *Siegismund/Wickern* Gesetz zur Entlastung der Rechtspflege, wistra **1993** 81, 136; *Sowada* Der gesetzliche Richter im Strafverfahren (2002); *Wolff* Zur Bedeutung von § 6 StPO im Revisionsverfahren, JR **2006** 232.

Entstehungsgeschichte

Bis zum 31.12.1974 galt § 24 in folgender Fassung:

(1) „In Strafsachen sind die Amtsgerichte zuständig für
– Übertretungen
– Verbrechen und Vergehen, wenn nicht die Zuständigkeit des Landgerichts nach § 74a, des Schwurgerichts oder des Oberlandesgerichts nach § 120 begründet, im Einzelfall eine höhere Strafe als drei Jahre Freiheitsstrafe oder die Anordnung der Sicherungsverwahrung zu erwarten ist oder die Staatsanwaltschaft wegen der besonderen Bedeutung des Falles Anklage beim Landgericht erhebt.

(2) Das Amtsgericht darf nicht auf eine höhere Freiheitsstrafe als drei Jahre Freiheitsstrafe und nicht auf Sicherungsverwahrung erkennen."

Dieser Wortlaut beruhte im Wesentlichen auf dem VereinhG 1950, das die früheren Zuständigkeitsregelungen (VO vom 22.3.1924, RGBl. I S. 301, geändert durch VO vom 6.10.1931, RGBl. I S. 537, 563, 6. Teil Kap. I § 1; VO vom 14.6.1932, RGBl. I S. 2851 erster Teil Kap. I Art. 1; ZuständigkeitsVO vom 21.2.1940, RGBl. I S. 405) ersetzte. Änderungen des Wortlauts des VereinhG 1950 erfolgten durch das 1. StRÄndG 1951, das 1. StrRG 1969 und Art. 4 Nr. 1a des Gesetzes vom 8.9.1969 (BGBl. I S. 1582). Die bis zum Inkrafttreten des RpflEntlG geltende Fassung beruhte auf Art. 22 Nr. 1 EGStGB 1974 mit Änderung (des Absatzes 1 Nr. 1) durch Art. 2 des 1. StVRG 1974. Mit Wirkung vom 1.1.1985 sollten durch Art. 326 Abs. 5 Nr. 3 Buchst. a EGStGB 1974 i.V.m. dem Gesetz vom 22.12.1977 (BGBl. I S. 3104) in Absatz 1 Nr. 2 und Absatz 2 hinter „psychiatrischem Krankenhaus" die Worte „oder einer sozialtherapeutischen Anstalt" eingefügt werden; durch Art. 3 Nr. 4 des Gesetzes vom 20.12.1984 (BGBl. I S. 1654) wurden diese Worte wieder gestrichen. Durch das RpflEntlG vom 11.1.1993 (BGBl. I S. 50) wurden in § 24 Abs. 1 Nr. 2 und Abs. 2 jeweils die Worte „drei Jahre Freiheitsstrafe" durch „vier Jahre Freiheitsstrafe" ersetzt. Gleichlautende Folgeänderungen sind in § 74 Abs. 1 Satz 2 (Art. 3 Nr. 6), § 108 Abs. 3 Satz 1 JGG (Art. 7 Nr. 4) und für die neuen Länder, in denen noch Kreis- und Bezirksgerichte bestanden, durch Art. 13 Nr. 1 in der Maßgabe Nummer 1 Buchst. f Absatz 1 der Anlage I Kap. III Sachgeb. A Abschn. III zum Einigungsvertrag vorgenommen worden. Neben dem Klammerzusatz in Absatz 1 Nr. 2 durch das Gesetz zur Einführung der nachträglichen Sicherungsverwahrung vom 23.7.2004 (BGBl. I S. 1838) wurde Nummer 3 durch das Opferrechtsreformgesetz vom 24.6.2004 (BGBl. I S. 1354) mit Wirkung vom 1.9.2004 erweitert. Durch das Gesetz zur Stärkung der Rechte von Opfern sexuellen Missbrauchs vom 26.6.2013 (StORMG, BGBl. I S. 1805) wurde mit Wirkung ab 1.9.2013 dem Absatz 1 der Vorschrift ein Satz 2 angefügt, der den Begriff der besonderen Schutzbedürftigkeit näher bestimmt. Mit Wirkung zum 1.9.2014 wurden durch das 48. Strafrechtsänderungsgesetz – Erweiterung des Straftatbestands der Abgeordnetenbestechung vom 23.4.2014 (BGBl. I S. 410) – in Absatz 1 Satz 1 aus der Zuständigkeit des Amtsgerichts erstinstanzliche Verfahren vor den Oberlandesgerichten nach der neu geschaffenen Regelung des§ 120b (nämlich solche nach § 108e StGB) ausgenommen.

Übersicht

I. Geschichtliche Entwicklung der erstinstanzlichen Zuständigkeit des erkennenden Gerichts

1. Bis zum VereinhG vom 12.9.1950

1 **a) Von 1879 bis 1931.** Die Regelung der erstinstanzlichen Zuständigkeit in Strafsachen hat seit Inkrafttreten des GVG im Jahre 1879 wiederholt gewechselt.[1] **Die ursprüngliche Regelung** ging, anknüpfend an die damalige Dreiteilung der Straftaten in Übertretungen, Vergehen und Verbrechen (§ 1 a.F. StGB) dahin, schwerste Verbrechen dem Schwurgericht, die übrigen Verbrechen und die Mehrzahl der Vergehen der erstinstanzlichen Strafkammer, leichtere Vergehen und Übertretungen dem Schöffengericht zuzuweisen; für Hoch- und Landesverrat gegen das Reich war das Reichsgericht zuständig. Die **EmmingerVO** 1924 beseitigte die erstinstanzliche Strafkammer und übertrug die bisherigen Strafkammersachen auf die Schöffengerichte, wobei in umfangreichen oder bedeutungsvollen Sachen die Staatsanwaltschaft die Zuziehung eines zweiten Amtsrichters (erweitertes Schöffengericht) beantragen konnte. Gleichzeitig begründete die EmmingerVO die Zuständigkeit des Amtsrichters als Einzelrichter. Dessen Zuständigkeit war teils unbedingt (für sämtliche Übertretungen, für Privatklagevergehen und für im Höchstmaß mit sechs Monaten Gefängnis bedrohte Vergehen), teils eine bedingte, nämlich für Vergehen, bei denen keine schwerere Strafe als Gefängnis bis zu einem Jahre zu erwarten war, und in gewissem Umfang auch für Verbrechen (Verbrechen des schweren Diebstahls und der Hehlerei und Rückfallverbrechen). Voraussetzung dieser bedingten Zuständigkeit war ein dahingehender Antrag der Staatsanwaltschaft, bei Verbrechen außerdem, dass der Beschuldigte nicht widersprach. Soweit nicht die Zuständigkeit des Amtsrichters als Einzelrichter in Frage kam, war für Vergehen das Schöffengericht stets und für Verbrechen in der Mehrzahl der Fälle zuständig, nämlich a) für die mit Zuchthaus von höchstens zehn Jahre bedrohten (außer Meineid) und b) für einige bestimmte, einzeln aufgeführte Verbrechen mit Höchststrafe bis zu fünfzehn Jahren (§ 24 Nr. 3a bis c a.F.). Für die übrigen, mit dem Tode oder mit Zuchthaus von mehr als zehn Jahren bedrohten Verbrechen und für Meineid war das Schwurgericht zuständig. Schließlich wurde die Möglichkeit geschaffen, die in die erstinstanzliche Zuständigkeit des Reichsgerichts fallenden Landesverratssachen (später

1 Das zahlenmäßige Schwergewicht erstinstanzlicher strafgerichtlicher Tätigkeit liegt heute bei den Amtsgerichten. So wurden von ihnen nach der amtlichen Justizstatistik 2022 541.879 erstinstanzliche Verfahren (ohne Strafbefehle, die ohne Hauptverhandlung rechtskräftig wurden) erledigt, bei den Landgerichten nur 13.559; vgl. – auch wegen der Verteilung auf die einzelnen Spruchkörper –*Jehle* Strafrechtspflege in Deutschland (hrsg. vom BMJ), 8. Aufl. 2023, 30.

auch die Hochverratssachen) den Oberlandesgerichten zu überweisen. Die Strafkammer war danach nur noch Berufungs-, Beschwerde- und Beschlussgericht.

b) Von 1931 bis 1950. Im Jahre 1931 wurde – zunächst für sog. Monsterprozesse – die Zuständigkeit der erstinstanzlichen Strafkammer wiederhergestellt. Durch die VO vom 14.6.1932, Erster Teil Kap. I Art. 1, § 1, wurde den Amtsgerichten ein erheblicher Teil ihrer Zuständigkeit wieder genommen und erneut den (großen) Strafkammern zur Entscheidung in erster Instanz übertragen. Und zwar erhielt die Strafkammer eine unbedingte Zuständigkeit für die mit Zuchthaus von höchstens zehn Jahren bedrohten Verbrechen (von einigen bestimmten Verbrechen abgesehen) und für einige Verbrechen mit höherer Höchststrafe. Für die in der Zuständigkeit der Schöffengerichte verbleibenden Sachen konnte die Staatsanwaltschaft, wenn Umfang und Bedeutung es rechtfertigten, durch entsprechenden Antrag die Strafkammerzuständigkeit begründen. Das erweiterte Schöffengericht wurde aufgehoben. Bei Beginn des 2. Weltkrieges wurde die Tätigkeit der Schöffen- und Schwurgerichte eingestellt und durch die ZuständigkeitsVO vom 21.2.1940 (RGBl. I S. 405) die Zuständigkeit zwischen dem Amtsrichter und der erstinstanzlichen Strafkammer nach dem Umfang der Strafgewalt dahin abgegrenzt, dass der Strafkammer grundsätzlich die Strafgewalt für alle Delikte, dem Amtsrichter aber ein Ausschnitt aus dieser Strafgewalt, nämlich die Befugnis zuerkannt wurde, ohne Rücksicht auf die Art des Delikts und die Höhe der angedrohten Strafe auf Freiheitsstrafe (Zuchthaus, Gefängnis und Festungshaft) bis zu fünf Jahren zu erkennen. Auf die Einzelheiten ist hier nicht einzugehen, ebenso wenig auf die zonenrechtlich unterschiedliche Zuständigkeitsregelung bis 1950.[2] 2

2. Folgen des VereinhG. Das **VereinhG 1950** kehrte insofern zu dem seit der VO vom 14.6.1932 bestehenden Rechtszustand zurück, als es als erstinstanzliche Gerichte das Amtsgericht (Amtsrichter als Einzelrichter und Schöffengericht), die (große) Strafkammer, das Schwurgericht, den BGH (und an seiner Stelle kraft Überweisung im Einzelfalle das Oberlandesgericht) bestimmte. Die Zuständigkeit des Schwurgerichts und des BGH (Oberlandesgerichts) war danach eine unbedingte, nämlich für der Art nach bezeichnete Delikte (§§ 80, 134 a.F.). Dagegen war die Zuständigkeit des Amtsgerichts (Amtsrichter und Schöffengericht) und der (großen) Strafkammer teils unbedingt, teils bedingt. Und zwar war der **Amtsrichter** als Einzelrichter **unbedingt zuständig** a) für alle Übertretungen; b) für Vergehen, die im Wege der Privatklage verfolgt werden; c) für Vergehen, die mit keiner höheren Strafe als Gefängnis von sechs Monaten bedroht sind, hier aber mit der Einschränkung, dass ihm die Zuständigkeit nach § 24 Abs. 1 Nr. 2 a.F. auch entzogen werden konnte. Der Amtsrichter war **bedingt zuständig** a) für alle übrigen Vergehen unter der doppelten Bedingung, dass die Staatsanwaltschaft Anklage zum Einzelrichter erhob und keine höhere Strafe als Gefängnis von einem Jahr zu erwarten war; b) für Straftaten, die nur wegen Rückfalls Verbrechen sind, unter der zu a) bezeichneten doppelten Bedingung. Das Schöffengericht war (§§ 24, 25, 28) ohne Weiteres zuständig a) für die nicht zur Zuständigkeit des Einzelrichters gehörenden Vergehen schlechthin; b) für Verbrechen (soweit nicht Schwurgericht oder BGH zuständig waren) in den Grenzen seiner Strafgewalt (Strafbanns). Die Strafgewalt des Schöffengerichts umfasste alle Strafen bis zu zwei Jahren Zuchthaus und alle Maßregeln der Sicherung und Besserung außer Sicherungsverwahrung; das **Schöffengericht** war daher für alle Verbrechen zuständig, für die im Einzelfall eine die Grenzen seiner Strafgewalt nicht überschreitende Strafe zu erwarten war und diese Grenze bei der Verhängung der Strafe innegehalten wurde. Die Schöffengerichtszuständigkeit für Vergehen und Verbrechen war aber negativ dadurch bedingt, dass nicht die 3

2 S.a. Einl., E 74 ff.

Staatsanwaltschaft wegen der besonderen Bedeutung des Falles Anklage bei der (großen) Strafkammer erhob. Deren **Zuständigkeit** war also a) eine **unbedingte** bei Verbrechen, die die Strafgewalt des Schöffengerichts übersteigen, oder bei denen bei Anklageerhebung eine die Schöffengerichtsstrafgewalt übersteigende Strafe zu erwarten war, b) eine bedingte bei Vergehen und Verbrechen, die in die Zuständigkeit des Schöffengerichts fielen, bei denen aber die Staatsanwaltschaft wegen der besonderen Bedeutung des Falles Anklage vor dem Landgericht erhob.

4 **3. Spätere Änderungen bis zum Inkrafttreten des EGStGB 1974.** Der durch das VereinhG 1950 geschaffene Rechtszustand erfuhr hauptsächlich folgende Änderungen:

a) Durch das 1. StRÄndG 1951, das 3. StRÄndG 1953 und das Gesetz vom 9.8.1954 (BGBl. I 729) wurde die unbedingte Zuständigkeit des BGH ausgedehnt. b) Für eine Reihe politischer Vergehen und Verbrechen wurde eine durch die Übernahme der Verfolgung seitens des Generalbundesanwalts bedingte Zuständigkeit des BGH begründet – Änderung des § 134, Einfügung eines neuen § 134a. c) Durch das 1. StRÄndG 1951 wurde eine unbedingte Zuständigkeit der erstinstanzlichen (großen) Strafkammer für eine Reihe politischer Verbrechen und Vergehen begründet mit der Maßgabe, dass der Generalbundesanwalt durch Übernahme der Verfolgung wegen der besonderen Bedeutung des Falles die Zuständigkeit des BGH begründen konnte – Einfügung des § 74a. d) Durch das 3. StRÄndG 1953 wurde das erweiterte Schöffengericht (ohne Begründung einer bestimmten Zuständigkeit) wieder eingerichtet – Einfügung des § 29 Abs. 2. Schließlich führte der Übergang der erstinstanzlichen Zuständigkeit des BGH in Staatsschutzstrafsachen auf die Oberlandesgerichte (Gesetz vom 8.9.1969, BGBl. I S. 1582) zu Änderungen der §§ 74a, 120 und zur Aufhebung der §§ 134, 134a. Die Änderung des Strafsystems durch das 1. StrRG 1969 brachte die Neubestimmung des amtsgerichtlichen Strafbanns (statt „zwei Jahre Zuchthaus" „drei Jahre Freiheitsstrafe" in § 24 Abs. 3) und entsprechende Änderungen des Absatzes 1 Nr. 2 a.F., in welche Vorschrift zugleich der Inhalt der bisherigen Nummer 3 aufgenommen wurde.

5 **4. Spätere Änderungen.** Die Neufassung der §§ 24, 25 und Änderungen der §§ 74 Abs. 1 Satz 2, 74a Abs. 1, 74c, 80 Abs. 1 und 120 Abs. 1 durch Art. 22 EGStGB 1974 trugen im Wesentlichen den Änderungen des materiellen Strafrechts, insbes. dem Wegfall der Übertretungen Rechnung. Eine sachliche Änderung der vorangegangenen Zuständigkeitsregelung bestand darin, dass dem Amtsgericht die Zuständigkeit zur Unterbringung in einem psychiatrischen Krankenhaus entzogen und für diese Maßregel die Zuständigkeit der Strafkammer begründet wurde (unten 11). Ferner führte die Umgestaltung des Schwurgerichts zu einem ständigen Rechtsprechungskörper des Landgerichts („Strafkammer als Schwurgericht") durch Art. 2 des 1. StVRG 1974 unter Streichung des 6. Titels „Schwurgerichte" (§§ 79 ff.) zur Einfügung des Absatzes 2 des § 74 und zu Anpassungen des Wortlauts der §§ 24 Abs. 1 Nr. 1, 74 Abs. 1 Satz 1.

6 Durch das **StVÄG 1979** wurde unter Neufassung des § 74c die Wirtschaftsstrafkammer zu einem Spezialspruchkörper mit gesetzlicher Zuständigkeitskonzentration ausgestaltet, deren Besonderheit gegenüber den schon bestehenden Spezialspruchkörpern (Schwurgerichts- und Staatsschutzstrafkammer, §§ 74 Abs. 2, 74a) darin besteht, dass ihre Zuständigkeit nicht in allen Fällen durch die Art der Straftat begründet ist, sondern bei Sachen, die in die schöffengerichtliche Zuständigkeit fallen, voraussetzt, dass die Staatsanwaltschaft wegen der besonderen Bedeutung des Falles Anklage beim Landgericht erhebt. Im Zusammenhang damit stehen zwei weitere Maßnahmen des StVÄG 1979: a) In § 74a Abs. 2 wurde das (zweimal vorkommende) Wort „Strafkammer" durch „Landgericht" ersetzt; damit sollten Zweifelsfragen über den Bestand des Rechts des Generalbundesanwalts, die Verfolgung

einer Staatsschutzsache wegen ihrer besonderen Bedeutung zu übernehmen und sie in die erstinstanzliche Zuständigkeit des Oberlandesgerichts zu bringen (§ 74a Abs. 2) ausgeräumt werden (dazu § 74a, 18). b) Diese Klarstellung ist eine Einzelmaßnahme in den Bemühungen des StVÄG 1979 um die Schaffung eines umfassenden Systems zur raschen und praktikablen Erledigung von Fragen der sachlichen (funktionalen) Zuständigkeit, insbesondere solcher, die sich aus Zuständigkeitsverschiebungen auf Grund normativer Bestandteile der gesetzlichen Zuständigkeitszuweisung ergeben; namentlich der Figur der „beweglichen Zuständigkeit im Hinblick auf die besondere Bedeutung des Falles“.[3] Hier ist besonders der neu gefasste § 209 StPO zu erwähnen, dessen Zweck auch ist, den im Schrifttum gegen die „bewegliche Zuständigkeit“ erhobenen verfassungsrechtlichen Bedenken entgegenzuwirken.[4] Wegen der insoweit aktualisiert verdeutlichten Prüfungspflichten von Staatsanwaltschaft und Gericht und der Befugnisse des Gerichts, wenn es abweichend von der (nicht bindenden) Auffassung der Staatsanwaltschaft die „besondere Bedeutung des Falles“ verneint, ist auf die Erläuterungen zu § 209 StPO zu verweisen.[5] Was für das normative Zuständigkeitsmerkmal der „besonderen Bedeutung des Falles“ gilt, gilt entsprechend auch für das Merkmal des Erfordernisses „besonderer Kenntnisse des Wirtschaftslebens“ in § 74c Abs. 1 Nr. 6, obwohl es – anders als die „besondere Bedeutung des Falles“ – in der Begründung zum RegE des StVÄG 1979 nicht ausdrücklich erwähnt ist.[6]

Durch das **RpflEntlG 1993** sind die ausschließlichen Zuständigkeiten des Landgerichts 7
und des Oberlandesgerichts im ersten Rechtszug in den Fällen der §§ 74 Abs. 2, 74a, 120 unverändert geblieben. Die Erweiterung der Strafgewalt des Amtsgerichts von drei auf vier Jahre bewirkt ferner als Straferwartungsprognose eine entsprechende **Zuständigkeitserweiterung** des Schöffengerichts bei der Anklageerhebung und der Eröffnung des Hauptverfahrens und soll nach den Vorstellungen des Gesetzgebers zunächst einer Austrocknung der Schöffengerichte entgegenwirken; zum anderen soll die eher gegebene Beweglichkeit der Schöffengerichte in der Terminierung auch für Fälle der mittleren Kriminalität genutzt werden, um dadurch häufig überlastete erstinstanzliche Strafkammern zu entlasten.[7] Unverändert geblieben sind jedoch die übrigen, die Zuständigkeit des Schöffengerichts begrenzenden Merkmale des § 24 Abs. 1 Nr. 1 und 3.

Das **OpferRRG 2004** hat die Zuständigkeit des Landgerichts noch weiter ausgedehnt, 8
um einerseits eine durch das RpflEntlG zu besorgende Überlastung der Amtsgerichte zu verhindern und um andererseits insbesondere kindlichen Opfern von Sexualstraftaten zwei Tatsacheninstanzen zu ersparen.[8] Durch das Gesetz zur Stärkung der Rechte von Opfern sexuellen Missbrauchs vom 26.6.2013 (**StORMG**) wurde dem in Absatz 1 eingefügten Satz 2 das in Absatz 1 Nr. 3 benannte Kriterium der besonderen Schutzbedürftigkeit von Verletzten, die als Zeugen in Betracht kommen, näher bestimmt. Hierdurch soll ein verbesserter Schutz namentlich von jugendlichen Opferzeugen erreicht werden. Die Vorschrift blieb im Übrigen unverändert. Mit Wirkung zum 1.9.2014 wurden durch das **48. Strafrechtsänderungsgesetz** – Erweiterung des Straftatbestands der Abgeordnetenbestechung vom 23.4.2014 (BGBl. I S. 410) – in Absatz 1 Satz 1 aus der Zuständigkeit des Amtsgerichts erstinstanzliche Verfahren

---

3 LR/*Rieß*[24] § 209, 1 f. StPO.
4 Dazu LR/*Böttcher*[25] § 16, 15 ff.; s.a. u. Rn. 18.
5 Zur Bedeutung dieser Neuerungen für die revisionsrechtliche Zuständigkeitsnachprüfung vgl. LR/*Stuckenberg* § 209a, 45 ff. StPO.
6 BGH NStZ **1985** 464; LR/*Rieß*[24] § 209a, 41, 45 StPO, jeweils m.w.N.
7 BTDrucks. **12** 3832 S. 43.
8 BTDrucks. **15** 1976 S. 19.

vor den Oberlandesgerichten nach der neu geschaffenen Regelung des§ 120b (nämlich solche nach § 108e StGB) ausgenommen.

9 **5. Sonderregelungen.** Die §§ 24, 25 lassen Sonderregelungen der amtsgerichtlichen Zuständigkeit unberührt. Insoweit sind den Amtsgerichten Aufgaben nach dem Jugendgerichtsgesetz (§§ 33 Abs. 2, 39, 40, 108, insbes. Abs. 2, 3 JGG), nach § 68 Abs. 1 Satz 2 OWiG, nach § 14 (Gerichte der Schifffahrt)[9] und den Vorschriften über die Zuständigkeit des Amtsgerichts in Feld- und Forstrügesachen (§ 25, 19) übertragen worden.

II. Verhältnis des § 24 zu §§ 25, 28

10 § 24 regelt die Zuständigkeit der Amtsgerichte, indem er sie gegen die Zuständigkeit von **Gerichten höherer Ordnung**, namentlich den Landgerichten und den Oberlandesgerichten, **abgrenzt**. § 25 bestimmt, inwieweit eine nach § 24 begründete Zuständigkeit im Verhältnis zum Schöffengericht dem Richter beim Amtsgericht als Strafrichter (früher „Einzelrichter") gebührt; die danach verbleibenden amtsgerichtlichen Zuständigkeiten fallen nach § 28 dem Schöffengericht zu. Gegenüber dem Strafrichter ist das Schöffengericht ein Gericht höherer Ordnung i.S.d. § 209 Abs. 2, 3 StPO.[10]

III. Die Zuständigkeit des Amtsgerichts

11 **1. Grundsatz und Ausnahmen (Absatz 1 Nr. 1).** Nach § 24 Abs. 1 Nr. 1 ist grundsätzlich für Verbrechen und Vergehen, soweit nicht nach §§ 74 Abs. 2, 74a, 120 die ausschließliche Zuständigkeit eines anderen Gerichts begründet ist, das Amtsgericht zuständig. Gesetzestechnisch bestimmt Absatz 1 die Zuständigkeit des Amtsgerichts als allgemeine **Auffangkompetenz,**[11] als Zuständigkeitsvermutung,[12] soweit sich nicht aus Absatz 1 Satz 1 Nummern 1 bis 3 etwas anderes ergibt. Dieser Grundsatz wird demnach durch Absatz 1 Nummern 2 und 3 (i.V.m. Absatz 1 Satz 2) mehrfach eingeschränkt. Dieser Ausnahmekatalog, der die Zuständigkeit des Amtsgerichts ausschließt, unterscheidet nach der Art des Delikts (Nummer 1), nach der Höhe der zu erwartenden Strafe oder der Art der zu erwartenden Maßregel der Besserung und Sicherung (Nummer 2) und nach den Besonderheiten der Sache selbst (Nummer 3).[13]

11a In **negativer Hinsicht** (Absatz 1 Nr. 1) sind die Amtsgerichte hiernach – unabhängig von der konkreten Rechtsfolgenerwartung[14] – von vornherein zunächst nicht zuständig, wenn eine Strafkammer als Schwurgericht (§ 74 Abs. 2), eine Staatsschutzkammer (§ 74a) oder ein Strafsenat in Staatsschutzsachen (§ 120) oder in Fällen der Bestechung bzw. der Bestechlichkeit von Mandatsträgern (§ 120b Satz 1) zu entscheiden hat, mithin, wenn bei vorläufiger Bewertung die im Sinne hinreichenden Tatverdachts anzunehmende Wahrscheinlichkeit einer die Zuständigkeit eines höheren Gerichts begründenden Straftat besteht.[15]

9 S. dazu die Erl. zu § 14.
10 Vgl. LR/*Stuckenberg* § 209, 12 StPO.
11 MüKo/*Schuster* 1.
12 SK/*Degener* 4.
13 Kissel/*Mayer* 5.
14 SK/*Degener* 6.
15 BayObLG NStZ-RR **2001** 177; Kissel/*Mayer* 6; MüKo/*Schuster* 3; OK/*Eschelbach* 7.

2. Rechtsfolgenerwartung (Absatz 1 Nr. 2)

a) Grundsatz. Die amtsgerichtliche Zuständigkeit entfällt, und zwar **zwingend**, weiterhin, wenn im Einzelfall eine höhere Strafe als vier Jahre Freiheitsstrafe oder die Anordnung der Unterbringung in einem psychiatrischen Krankenhaus (§ 63 StGB) oder in der Sicherungsverwahrung (§ 66 StGB) zu erwarten ist. Umgekehrt bedeutet dies, dass ein höheres Gericht nicht zur Entscheidung angerufen werden darf, wenn im Rahmen der Straferwartungsprognose die Strafgewalt des Amtsgerichts ausreicht, weil sonst gegen das Prinzip des gesetzlichen Richters (Art. 101 GG) verstoßen würde. Folgerichtig hat der BGH deshalb Verstöße beanstandet.[16] 12

b) Rechtsfolgenerwartung einer vier Jahre übersteigenden Freiheitsstrafe. Die Prognose einer vier Jahre übersteigenden Freiheitsstrafe hat zunächst die Staatsanwaltschaft zu treffen, die entscheiden muss, bei welchem Gericht sie Anklage erhebt; Ermessen steht ihr hierbei nicht zu.[17] Das angerufene Eröffnungsgericht überprüft diese Einschätzung im Rahmen der Eröffnungsentscheidung dahingehend, dass es eine eigene **Prognoseentscheidung** unter Berücksichtigung der nach § 160 Abs. 3 StPO ermittelten rechtsfolgeerheblichen Umstände des Ermittlungsverfahrens anstellt.[18] Auf die Höhe der abstrakten Strafdrohung der einschlägigen Strafnorm kommt es hierbei nicht an; erforderlich ist vielmehr eine die Umstände des Einzelfalls erfassende Antizipation der Rechtsfolgenentscheidung.[19] Dem Gericht steht hierbei im Rahmen der Eröffnungsentscheidung ein weiter **Beurteilungsspielraum** zu.[20] Zu berücksichtigen ist hierbei auch, ob voraussichtlich eine (auch nachträgliche) Gesamtstrafe zu bilden sein wird, während mögliche **Nebenfolgen und Nebenstrafen** ebenso außer Betracht bleiben wie mögliche Geldstrafen ohne Rücksicht auf ihre Höhe.[21] Auch wird die Zuständigkeit des Amtsgerichts nicht dadurch aufgehoben, dass voraussichtlich infolge einer **Zäsurwirkung** mehrere Freiheitsstrafen zu bilden sein werden, deren Summe das Maß von vier Jahren übersteigt.[22] Insoweit ist auch zu berücksichtigen, ob die Voraussetzungen der Annahme eines **minderschweren Falles** vorliegen,[23] die zu einer **Strafrahmenverschiebung** führen können. Maßgeblich ist allein die Auffassung des Gerichts. Im Fall der Anklage wegen eines die Strafgewalt des Amtsgerichts im Mindestmaß übersteigenden Verbrechens ist das Hauptverfahren vor dem Landgericht zu eröffnen, es sei denn, dass die amtsgerichtliche Strafgewalt infolge einer im Raum stehenden Strafrahmenverschiebung mit Sicherheit ausreicht.[24] Die Eröffnung vor einem Gericht niederer Ordnung ist hierbei nur dann gerechtfertigt, wenn die für die Strafzumessung maßgeblichen Umstände, soweit sie sich dem Gericht aus den Akten erschließen, überschlägig gegeneinander abgewogen werden und sich daraus mit hoher Wahrscheinlichkeit eine Straferwartung von nicht mehr als vier Jahren ergibt.[25] Bestehen Zweifel, ob der Strafrahmen des Amtsgerichts ausreicht, ist die als gesetzliche Ausnahme 13

---

16 BGH NStZ **1992** 342; BGHSt **38** 172 = NStZ **1992** 342 m. Anm. *Rieß* 548; **40** 120 = NStZ **1994** 399 = JZ **1995** 261 m. Anm. *Engelhardt* = JR **1995** 255 m. Anm. *Sowada* = NJW **1994** 2369; StV **1995** 620.

17 MüKo/*Schuster* 5; OK/*Eschelbach* 10.

18 OLG Karlsruhe StV **1998** 252; OLG Koblenz OLGSt 5; *Kissel/Mayer* 7; KK/*Barthe* 4; SSW/*Spiess* 5.

19 Graf/*Eschelbach* 9 m.w.N.

20 BGHR GVG § 24 Abs. 1 Straferwartung 1; OK/*Eschelbach* 10.

21 KG OLGSt GVG § 24 Nr. 8; Kissel/*Mayer* 7; MüKo/*Schuster* 6; SK/*Degener* 11.

22 BGH NJW **1987** 1211; OK/*Eschelbach* 18; SSW/*Spiess* 12.

23 OLG Nürnberg StraFo **2013** 514; OLG Brandenburg v. 9.9.2024 – 1 Ws 119/24 (juris); LG Zweibrücken StV **1996** 477; *Katholnigg* 4; KK/*Barthe* § 25, 5.

24 OLG Celle NStZ **2024** 697.

25 OLG Brandenburg v. 9.9.2024 – 1 Ws 119/24 (juris), KG v. 5.6.2000 – 3 Ws 231/00 (juris).

konzipierte Zuständigkeit des Landgerichts noch nicht eröffnet und begründet dies noch nicht die Unzuständigkeit des Amtsgerichts.[26] Vielmehr muss gegebenenfalls eine Hauptverhandlung so lange geführt werden, bis sich eine den Strafbann des Gerichts übersteigende Rechtsfolge als **wahrscheinlich** abzeichnet.[27] Eine **Verweisung vor Beginn der Hauptverhandlung** bzw. vor Durchführung der Beweisaufnahme ist ausnahmsweise dann zulässig, wenn bereits die Verlesung des Anklagesatzes ergibt, dass das Verfahren versehentlich vor dem Gericht niederer Ordnung eröffnet worden ist und von vornherein die Zuständigkeit eines Gerichts höherer Ordnung gegeben ist.[28]

14 **c) Rechtsfolgenerwartung freiheitsentziehender Maßregeln.** Wenn eine der in § 24 Abs. 1 Nr. 2 genannten beiden freiheitsentziehenden Maßregeln der Besserung und Sicherung (Unterbringung in einem psychiatrischen Krankenhaus oder Sicherungsverwahrung) zu erwarten ist, entfällt die amtsgerichtliche Zuständigkeit ohne Rücksicht auf die Höhe einer daneben zu erwartenden Freiheitsstrafe. Dies gilt auch für den Vorbehalt der Sicherungsverwahrung und deren Anordnung (§ 66a StGB) sowie für die nachträgliche Anordnung der Sicherungsverwahrung nach § 66b StGB.[29] Mit dieser Regelung schränkt Absatz 1 Nr. 2 die amtsgerichtliche Zuständigkeit gegenüber dem vor dem 1.1.1975 geltenden Recht ein, das die amtsgerichtliche Zuständigkeit für Maßregeln der Besserung und Sicherung nur entfallen ließ, wenn die Anordnung von **Sicherungsverwahrung** zu erwarten war. Maßgebend dafür, auch die Fälle einer zu erwartenden **Unterbringung in einem psychiatrischen Krankenhaus** den Landgerichten vorzubehalten (§ 74 Abs. 1 Satz 2), war u.a. die Erwägung,[30] dass Gründe der Prozessökonomie forderten, in den in der Regel umfangreichen Verfahren zeitraubende Verweisungen nach § 270 StPO zu vermeiden.[31] Mit den Worten **„allein oder neben einer Strafe"** ist klargestellt, dass die alleinige Zuständigkeit des Landgerichts auch dann gegeben ist, wenn wegen Schuldunfähigkeit des Täters zur Tatzeit oder wegen seiner Verhandlungsunfähigkeit ein subjektives Strafverfahren undurchführbar ist und die selbständige Anordnung (§ 71 StGB) im Sicherungsverfahren erfolgen soll (§ 414 StPO). Ob die Voraussetzungen der Maßregel prognostisch vorliegen, ist tunlichst bereits im Ermittlungsverfahren, spätestens aber im Zwischenverfahren durch das Einholen von – ggf. vorläufigen oder summarischen – **Sachverständigengutachten** zu klären.[32] Erfolgt dies trotz greifbarer Anhaltspunkte für das Vorliegen der Vorrausetzungen einer entsprechenden Maßregel nicht, kann dies wegen eines Verstoßes gegen das in Haft- bzw. Unterbringungssachen geltende besondere Beschleunigungsgebot zur Aufhebung von Haft- bzw. Unterbringungsbefehlen führen.

15 Das Erheben der **Anklage zum Landgericht** ist allerdings nur dann gerechtfertigt, wenn die Anordnung einer Unterbringung aufgrund einer überschlägigen Prognoseentscheidung unter Berücksichtigung aller ermittelten rechtsfolgenerheblichen Umstände mit

---

26 BGH NStZ **2017** 27; OLG Dresden NStZ **2023** 122; einschränkend KG wistra **2022** 209; vgl. hierzu auch *Pschorr* jurisPR-StrafR 5/**2023** Anm. 3.

27 OLG Zweibrücken NJW-Spezial **2022** 378; OLG Düsseldorf MDR **1986** 872; OLG Frankfurt StV **1996** 533; Kissel/*Mayer* 7; SK/*Degener* 12.

28 OLG Frankfurt StV **1996** 533.

29 Kissel/*Mayer* 8; MüKo/*Schuster* 7; KK/*Barthe* 3.

30 Vgl. die Begründung zu Art. 20 Nr. 1 EntwEGStGB, BTDrucks. 7 550.

31 SK/*Degener* 13. Dagegen kann das Jugendschöffengericht die Unterbringung in einem psychiatrischen Krankenhaus anordnen, da § 39 Abs. 2 Halbsatz 2 JGG nur dem Jugendrichter die entsprechende Zuständigkeit entzieht; LG Bonn NJW **1976** 2312.

32 MüKo/*Schuster* 7; OK/*Eschelbach* 10.

einiger Wahrscheinlichkeit zu erwarten ist. Dass die Unterbringung lediglich möglich ist oder nicht völlig fern liegt, reicht nicht aus.[33]

d) Verfahren. Hält bei Erhebung der Anklage zum Schöffengericht der zur Entschei- 16 dung über die Eröffnung des Hauptverfahrens zuständige Richter beim Amtsgericht die Zuständigkeit des Schöffengerichts im Hinblick auf die Rechtsfolgenerwartung nicht für gegeben, so lehnt er die Eröffnung des Hauptverfahrens nicht ab, sondern legt auf dem Weg des **§ 209 Abs. 2 StPO** die Sache dem Landgericht zur Entscheidung vor. Stellt sich erst in der Hauptverhandlung vor dem Schöffengericht heraus, dass eine die schöffengerichtliche Zuständigkeit übersteigende Strafe oder Maßregel der Besserung und Sicherung zu erwarten ist, so verweist das Schöffengericht im Hinblick auf § 24 Abs. 2 die Sache gemäß **§ 270 StPO** an das zuständige Gericht. Eine solche Verweisung wegen unzureichender Rechtsfolgenkompetenz an das Landgericht darf aber erst dann erfolgen, wenn der Schuldspruch feststeht und sich die Straferwartung bei veränderter Sach- und Rechtslage soweit verfestigt hat, dass nicht mehr zu erwarten ist, eine mildere Beurteilung werde noch eine Strafe im Rahmen der Strafgewalt des Amtsgerichts als ausreichend erscheinen lassen.[34] Vor Beginn der Hauptverhandlung kommt eine Verweisung an das höhere Gericht nach § 270 StPO noch nicht in Betracht.[35] Im Stadium nach Eröffnung bis zur Hauptverhandlung kann, wenn sich auf Grund neuer, im Zeitpunkt der Eröffnung noch nicht bekannter Umstände die **Notwendigkeit einer Zuständigkeitsverschiebung** ergibt, eine Vorlage nach § **225a StPO** erfolgen.[36]

3. Anklage beim Landgericht nach Maßgabe des Absatz 1 Nr. 3

a) Bedeutung der Regelung. Während Absatz 1 Nummern 1 und 2 klare Zuständig- 17 keitsabgrenzungen zwischen Amts- und Landgericht zu entnehmen sind, entbehren die in Nummer 3 beschriebenen Fälle der exakten Voraussehbarkeit und Bestimmtheit.[37] Die Regelung enthält damit eine sog. **„bewegliche Zuständigkeit"**,[38] die unter dem Gesichtspunkt des gesetzlichen Richters auf den ersten Blick nicht unbedenklich erscheint,[39] aber durch verfassungskonforme Auslegung letztlich den Anforderungen des Art. 101 Abs. 1 GG entspricht,[40] weil der Staatsanwaltschaft **kein Wahlrecht** zusteht, bei welchem Gericht sie Anklage erheben will.[41] Denn bei allen Fallvarianten der Nummer 3 handelt es sich um **unbestimmte Rechtsbegriffe**, die die Staatsanwaltschaft auslegen muss und die vom Gericht **in vollem Umfang nachprüfbar** sind. Weder Staatsanwaltschaft noch Gericht steht bei der Auslegung Ermessen zu.[42]

Trotz dieser bereits seit Längerem als gesichert anzusehenden h.M. wurden und 18 werden dennoch immer wieder **verfassungsrechtliche Bedenken** erhoben,[43] die etwa

33 BayObLG NStZ-RR **2000** 177; OLG Rostock BeckRS **2005** 09608; MüKo/*Schuster* 7; Graf/*Eschelbach* 10.
34 OLG Nürnberg StraFo **2013** 514.
35 BGH NStZ **2023** 442.
36 Vgl. BGH NStZ **2021** 433; LR/*Stuckenberg* § 209, 31 StPO.
37 Kissel/*Mayer* 11; vgl. hierzu auch *Godendorff* StV **2017** 626.
38 S.o. Rn. 6.
39 LR/*Schäfer*[24] § 16, 7 ff.; *Rieß* GA **1976** 7; *Schröder* MDR **1965** 177; Kissel/*Mayer* 11.
40 Vgl. BVerfGE **9** 223; **22** 254; Graf/*Eschelbach* 1.
41 BTDrucks. **15** 1976 S. 19; MüKo/*Schuster* 9.
42 BTDrucks. a.a.O.; OLG Karlsruhe Justiz **2001** 177; OLG Saarbrücken wistra **2002** 118; *Katholnigg* 4; KK/*Barthe* 6; *Schmitt/Köhler* 5; *Kissel/Mayer* 11; *Böttcher* 4.
43 *Sowada* 198 f.; *Herzog* StV **1993** 609; SK/*Degener* 21 ff.; OK/*Eschelbach* 3.

am Beispiel des § 26 Abs. 2 unter Hinweis auf eine Praxisstudie[44] im Wesentlichen damit begründet wurden, dass sich die Staatsanwaltschaft bei der Anklageerhebung nicht am Gesetz, sondern an praktischen Bedürfnissen orientiere, denn als Auswahlkriterien würden aus der Praxis genannt: Deliktstyp, Auswirkungen der Tat, Täterverhalten, Schwere des Unrechts- und Schuldgehalts, Schwierigkeit der Rechtsfragen, erwartetes Strafmaß, rasche Erledigung, öffentliches Interesse und zuständiges Gericht.[45] Auch Absprachen bereits im Ermittlungs- und Zwischenverfahren seien grundsätzlich geeignet, Einfluss auf das Anklageverhalten und in dessen Folge auf die Zuständigkeit des Gerichts auszuüben.[46] Das ließe besorgen, dass der Regelungsgehalt des Art. 101 Abs. 1 Satz 2 GG zugunsten praktischer Überlegungen unterlaufen werde.[47] Das wäre in der Tat besorgniserregend, berücksichtigt aber nicht in hinreichendem Maße die dem Gericht obliegende Prüfungskompetenz[48] und lässt die Möglichkeit etwaiger Korrekturen des Anklageverhaltens durch das Gericht außer Acht. Um aber eine **Überprüfung durch das Gericht** und hiernach das Postulat des gesetzlichen Richters zu gewährleisten, ist es regelmäßig erforderlich (soweit nicht offenkundig), dass die Staatsanwaltschaft in der Anklageschrift umfassend darlegt, aufgrund welcher Umstände sie eine Zuständigkeit im Sinne von Absatz 1 Nr. 3 annimmt.[49]

19 **b) Begriff der besonderen Bedeutung des Falles (dazu Nr. 113 RiStBV).** Wenngleich die besondere Bedeutung des Falles seit 2004 an die letzte Stelle gerückt ist, liegt darin der Schlüssel zum Verständnis der Regelung, weil die vorhergehenden Varianten nur Unterfälle darstellen. Wann wegen der besonderen Bedeutung des Falles Anklage beim Landgericht zu erheben ist, lässt sich der Regelung wegen ihrer Unbestimmtheit nicht ohne Weiteres entnehmen. Davon abgesehen besteht jedoch Einigkeit, dass es sich um eine Sache handeln muss, die sich aus tatsächlichen oder rechtlichen Gründen aus der Masse der durchschnittlichen Strafsachen nach oben heraushebt.[50] Welche Voraussetzungen dafür im Einzelnen gegeben sein müssen, ist umstritten. Einhelligkeit besteht lediglich darin, dass sich dies in erster Linie nach dem **Ausmaß der Rechtsverletzung** – unter Außerachtlassung unverschuldeter Tatfolgen[51] – oder den **Auswirkungen der Straftat auf die Allgemeinheit** richtet.[52] Als weitere Kriterien dürften aber auch die **Höhe des Schadens,**[53] die Erhöhung des Unrechtsgehalts durch die **herausgehobene Stellung des Beschuldigten oder Verletzten** im öffentlichen Leben[54] sowie das **Interesse der Öffentlichkeit** an

---

44 *Arnold* ZIS **2008** 92.

45 *Arnold* ZIS **2008** 96; krit. auch Graf/*Eschelbach* 12 ff.

46 MüKo/*Schuster* 9, der die Regelung aber für (noch) verfassungskonform hält, sich indessen für eine Abschaffung des Instituts der beweglichen Zuständigkeit ausspricht.

47 *Arnold* ZIS **2008** 98.

48 S.u. Rn. 33.

49 BGH NStZ-RR **1998** 336; KK/*Barthe* 6; Graf/*Eschelbach* 18; *Schmitt*/*Köhler* 5; vgl. auch Nr. 113 Abs. 2 Satz 1 RiStBV.

50 BGHR § 24 Abs. 1 GVG („Bedeutung 1"); OLG Düsseldorf OLGSt Nr. 1 zu § 24 GVG = NStE Nr. 3 zu § 24; OLG Zweibrücken OLGSt Nr. 2 zu § 24 GVG = NStZ **1995** 357; OLG Hamburg NStZ **1995** 252; OLG Koblenz wistra **1995** 282; KG v. 3.4.2024 – 5 Ws 36/24 (juris); *Schmitt*/*Köhler* 6; KK/*Barthe* 6b; SK/*Degener* 17; **A.A.** *Heghmanns* 289; *Sowada* 543.

51 Kissel/*Mayer* 14; *Schmitt*/*Köhler* 6.

52 OLG Düsseldorf StV **1997** 13; KG Beschl. v. 29.6.2001 – 2 AR 58/01; *Katholnigg* 5; KK/*Barthe* 7; *Pfeiffer* 4; *Eisenberg* NStZ **1990** 551 (Anm. zu OLG Düsseldorf NStZ **1990** 292).

53 OLG Düsseldorf JR **1991** 385, 389; KG Beschl. v. 29.6.2001 – 2 AR 58/01.

54 OLG Hamburg NStZ **1995** 252; OLG Koblenz wistra **1995** 282; KK/*Barthe* 9; SK/*Degener* 18.

den konkreten Vorkommnissen[55] in Betracht kommen. Entscheidend ist immer die Bewertung des Einzelfalls.[56] Grundsätzlich nicht ausreichend dürfte (allein) auch ein **Interesse der Medien** am Tatvorwurf sein, weil dieses Interesse dem Wandel der Zeit und mithin keiner Konstanz unterliegt und die Bestimmung des gesetzlichen Richters zudem nicht von den Medien abhängig sein kann. Soweit ausnahmsweise ein solches Interesse als genügend angesehen wurde,[57] war dies aber nie allein ausschlaggebend, sondern es handelte sich in der Regel auch um umfangreiche Verfahren.

In einem schriftlichen Bericht des **Rechtsausschusses** wurde die Auffassung vertreten, dass namentlich in den Fällen, in denen eine höhere Freiheitsstrafe als drei Jahre zu erwarten sei, nicht selten die besondere Bedeutung des Falles zu bejahen sein wird.[58] Dem kann nicht zugestimmt werden, weil sonst – ohne weitere Besonderheiten – die grundsätzliche Zuständigkeitsregelung zu Gunsten des Amtsgerichts unterlaufen würde.[59] 20

Die Annahme eines Falles von besonderer Bedeutung kommt dann nicht in Frage, wenn die erhöhte Belastung des Schöffengerichtsvorsitzenden durch die Zuziehung eines **zweiten Richters** (§ 29 Abs. 2) ausgeglichen werden kann. 21

c) Beispiele für eine besondere Bedeutung. Als Fälle von besonderer Bedeutung wegen des Ausmaßes der Rechtsverletzung sind z.B. angesehen worden Diebstahl mit hohem **Wert des Entwendeten;**[60] gefährliche Körperverletzung mit **erheblichen Folgen,**[61] wie z.B. einem Dauerpflegefall;[62] die Entführung einer Minderjährigen mit dem Kraftfahrzeug mit anschließender Vergewaltigung;[63] **gewerbsmäßiger Betrug im Internethandel;**[64] **Bestechlichkeit von** Klinikärzten als **Amtsträger** bei der Bestellung von Herzklappenimitaten;[65] **politisch motivierte** Pfeffersprayangriffe auf eine Vielzahl von Besuchern eines Lokals;,[66] Blockade von Castor-Transporten[67] oder eine politisch motivierte versuchte Nötigung eines Landtagsabgeordneten im Landtagswahlkampf durch eine gezielt **publikumswirksame** Begehung auf einem öffentlichen Parkplatz.[68] Bejaht wurde die besondere Bedeutung ebenfalls im Zusammenhang mit der Verwendung des **Z-Symbols in sozialen Medien.**[69] Ein wegen der **Auswirkung der Tat auf die Allgemeinheit** besonders bedeutsamer Fall kann bei Landfriedensbruch vorliegen.[70] Die die Anklageerhebung zum Landgericht rechtfertigende Auswirkung der Tat kann weiterhin darin bestehen, dass dadurch die durch mehrfache Vernehmungen entstehenden psychischen Belastungen für einen Verletzten, namentlich ein kindliches Opfer, auf **eine Tatsacheninstanz** beschränkt 22

55 OLG Düsseldorf OLGSt Nr. 1 zu § 24 GVG.
56 BGHSt **47** 16; OLG Jena NStZ **2016** 375; Graf/*Eschelbach* 17; SSW/*Spiess* 7.
57 BGHSt **44** 34; OLG Düsseldorf a.a.O.; OLG Saarbrücken wistra **2002** 118; *Böttcher* 7.
58 BTDrucks. **12** 3832 S. 43.
59 So auch MüKo/*Schuster* 12.
60 OLG Koblenz OLGSt § 24, 2.
61 BGHSt **26** 29 (34) = NJW **1975** 699.
62 OLG Düsseldorf OLGSt Nr. 1 zu § 24 GVG.
63 OLG Karlsruhe Justiz **1968** 210. Dieser Fall dürfte heute von der Schutzbedürftigkeit des Verletzten erfasst werden.
64 KG Beschl. v. 29.6.2001 – 2 AR 58/01.
65 OLG Karlsruhe NStZ-RR **2001** 144; StV **2003** 13 mit Anm. *Heghmanns*.
66 OLG Köln BeckRS **2012** 17775.
67 BGH NJW **1998** 2149.
68 OLG Jena NStZ **2016** 375.
69 OLG Hamburg NStZ **2023** 421.
70 OLG Köln NJW **1970** 260.

werden können,[71] was nunmehr durch die Regelung in Satz 2 als Regelbeispiel klargestellt wird,[72] oder dass **schwerwiegende öffentliche Interessen**, insbesondere politischer Natur im Spiel sind, oder dass ein Beteiligter (Täter oder Verletzter) an hervorgehobener Stelle im öffentlichen Leben steht.[73] Bejaht wurde die besondere Bedeutung auch im Falle **sexuellen Missbrauchs durch einen Geistlichen**.[74] Die **hervorgehobene Stellung des Verletzten** kann z.B. die besondere Bedeutung ausmachen, wenn ein Angriff auf seine Ehre das Vertrauen, dessen er zu einem von ihm bekleideten hohen Amt bedarf, untergraben und seine Tätigkeit wesentlich erschweren würde.[75] Eine **hervorgehobene Stellung des Täters** allein verschafft dem Fall aber noch keine besondere Bedeutung; es kommt auf die Gesamtheit der Umstände an,[76] etwa bei einem überragenden **Interesse der Medien** und der Öffentlichkeit an einem Strafverfahren bei prominenten Beteiligten.[77] Vereinzelt wird die besondere Bedeutung eines Falles dahin beschrieben, dass dies diejenigen Fälle seien, in welchen das bessere präventive Wirkungspotenzial höherer Gerichte benötigt werde, weil dadurch auch die eine Sache eher ernst genommen werde.[78] **Kein Fall von besonderer Bedeutung** ist z.B. die einzelne Berufsverfehlung eines Rechtsanwalts,[79] wohl aber eine Mehrzahl solcher Verfehlungen,[80] ebenso wenig wie die Bestechlichkeit eines Polizeibeamten.[81] Verneint wurde die besondere Bedeutung etwa auch in einem einzelnen, weniger gravierenden Fall sexuellen Missbrauchs eines Kindes trotz erheblicher Vorbelastung.[82] Die Kasuistik ist umfangreich.[83]

23 Das Bedürfnis, eine **streitige Rechtsfrage von grundsätzlicher Bedeutung** höchstrichterlich klären zu lassen, begründet im Allgemeinen noch keine besondere Bedeutung des Falles,[84] wenn der Weg der Vorlegung nach § 121 Abs. 2 zur Verfügung steht. Soweit dies nicht möglich oder nicht ausreichend ist,[85] können die Voraussetzungen des § 24 Abs. 1 Nr. 3 vorliegen,[86] und zwar namentlich dann, wenn eine solche Entscheidung für eine Vielzahl gleichgelagerter Fälle von Bedeutung ist, wie etwa bei der Frage, ob die

---

71 BGH StV **1995** 620; OLG Zweibrücken NStZ **1995** 357; LG Essen StV **2022** 22; *Böttcher/Mayer* NStZ **1993** 153, 157; *Kissel* NJW **1993** 491; *Siegismund/Wickern* wistra **1993** 138. Auch dieser Fall dürfte nunmehr von der besonderen Schutzbedürftigkeit des Verletzten gedeckt werden.

72 Vgl. sogleich unter Rn. 33 ff.

73 BayObLG BayJMBl. **1953** 185; OLG Bremen JZ **1953** 150 mit zust. Anm. *Dallinger* = NJW **1952** 839; OLG Frankfurt DVBl. **2023** 759; OLG Nürnberg MDR **1960** 68; OLG Zweibrücken Beschl. v. 24.07.02 – 1 Ws 3151/02 – mit Anm. *Michel* StraFo **2003** 242. Trotz entsprechender Revisionsrüge hat der BGH in wistra **1997** 99 keinen Anlass gesehen, sich zur Zuständigkeit der Strafkammer für eine Anklage gegen einen nicht vorbelasteten Amtsrichter wegen Rechtsbeugung zu äußern.

74 BGH NJW **2001** 2984.

75 BayObLG a.a.O.; zustimmend *Schroeder* MDR **1965** 177, 179.

76 OLG Schleswig SchlHA **1967** 229; differenzierend: BGH JR **2012** 467; OLG Karlsruhe StV **2003** 13; Graf/*Eschelbach* 17.

77 OLG Brandenburg wistra **2022** 479; OLG Hamm NJW-Spezial **2020** 122.

78 *Heghmanns* DRiZ **2005** 289 f.

79 OLG Bamberg MDR **1957** 117.

80 BGH bei *Herlan* GA **1963** 100; OLG Stuttgart Justiz **1977** 278.

81 OLG Karlsruhe wistra **1997** 198.

82 BGH StV **1995** 620: „unter keinem rechtlichen Gesichtspunkt vertretbar und damit willkürlich", zugleich aber unter Hinweis darauf, dass sich bei entsprechenden Konstellationen eine besondere Bedeutung aber aus der psychischen Belastung eines kindlichen Opfers ergeben könne.

83 Vgl. auch bei MüKo/*Schuster* 13 m.w.N.

84 KK/*Barthe* 7; *Schroeder* MDR **1965** 179.

85 BGH NJW **1960** 542; OLG Bremen JZ **1953** 150; KK/*Barthe* 7; *Schmitt/Köhler* 6.

86 BGH NJW **1997** 2689 = StV **1998** 1; Kissel/*Mayer* 17.

untertarifliche Bezahlung von Arbeitern den Tatbestand des § 291 StGB (früher § 302a StGB) erfüllt.[87]

d) Besonderer Umfang. Bis zur Änderung der Nummer 3 durch das OpferRRG war es schon weit verbreitete Ansicht, dass auch der **Umfang einer Sache**, z.B. durch die Zahl der Anklagepunkte, der Angeklagten oder Zeugen oder der zu entscheidenden Rechtsfragen die Annahme eines Falles von besonderer Bedeutung[88] rechtfertigen kann,[89] weil sich insoweit die Sache deutlich von durchschnittlichen Verfahren nach oben abhebt.[90] Da dies auch der ausdrücklichen Intention des Gesetzgebers entsprach,[91] ist durch das OpferRRG der Umfang der Sache ausdrücklich in die Regelung aufgenommen worden. Zu beachten ist hierbei aber auch, dass ein besonderer, die Anklage vor dem Landgericht rechtfertigender Umfang wohl nur dann anzunehmen sein dürfte, wenn sich das Verfahren nicht auch nach § 29 Abs. 2 Satz 1durch Hinzuziehen eines **zweiten Berufsrichters** im erweiterten Schöffengericht sachgerecht verhandeln ließe.[92] In diesem Zusammenhang wird letztlich zutreffend darauf hingewiesen, dass auch große Strafkammern nach § 76 Abs. 3 häufig in reduzierter Besetzung mit ebenfalls zwei Berufsrichtern verhandeln und sich die ohnehin vage Unterscheidung letztlich nur aus dem eröffneten Instanzenzug ergebe. Doch wird man hierbei nicht aus dem Blick verlieren dürfen, dass die Abteilungen der Amtsgerichte nach den üblichen **Pensenschlüsseln** eine deutlich höhere Anzahl von Verfahren zu verhandeln haben als die großen Strafkammern und gegen deren Entscheidungen keine zweite (umfangreiche) Tatsacheninstanz eröffnet ist. 24

Ein die Anklage vor dem Landgericht rechtfertigender Umfang der Sache ist anzunehmen, wenn ein Verfahren nach der Zahl der Angeklagten oder der Straftaten, nach dem Umfang der Beweisaufnahme oder der Verhandlungsdauer von den üblicherweise zu verhandelnden Fällen nach oben abweicht und sich nach der hierbei vorzunehmenden **Gesamtschau** deutlich aus der großen Masse der Verfahren, die den gleichen Tatbestand betreffen, herausragt.[93] Das ist insbesondere dann naheliegend, wenn **mit langer Verhandlungsdauer** zu rechnen ist, weil dadurch die Kapazität des Amtsgerichts gesprengt würde und es somit im öffentlichen Interesse an der Beschleunigung von Verfahren geboten sein dürfte, den Fall vor die leistungsfähigere große Strafkammer zu bringen.[94] Dies kann etwa gelten bei (gegebenenfalls kumulierend) erheblichem **Aktenumfang**, einer Vielzahl von Angeklagten und ebenfalls einer Vielzahl von Zeugen und Sachverständigen, und wenn der Verfahrensumfang auch nicht durch das nach § 29 Abs. 2 erweiterte Schöffengericht, das gegenüber einer großen Strafkammer über keine größeren Personalressourcen 25

---

87 BGH NJW **1960** 543; OLG Schleswig SchlHA **1956** 23; **1967** 269; s.a. KG NStZ-RR **2005** 26.

88 OLG Düsseldorf MDR **1997** 186 = StV **1997** 13; KG Beschl. v. 29.6.2001 – 2 AR 58/01; *Katholnigg* 5; *Schmitt/Köhler* 6; KMR/*Paulus* 7; *Pfeiffer*[2] 4.

89 So schon früher BGH NJW **1960** 542; OLG Düsseldorf NStZ **1990** 292; OLG Hamburg NStZ **1995** 252; s.a. *Böttcher/Mayer* NStZ **1993** 157; *Rieß* NStZ **1993** 250; LR/*Rieß*[24] Anh., 15; *Schroeder* MDR **1965** 177; einschränkend KK/*Barthe* 6b.

90 Vgl. insoweit auch Nr. 113 Abs. 4 RiStBV; *Radtke/Bechtoldt* GA **2002** 586, 592.

91 BTDrucks. **12** 3832 S. 43.

92 MüKo/*Schuster* 15; SSW/*Spiess* 10; *Sowada* 565.

93 OLG Karlsruhe StV **2011** 614; KG NStZ-RR **2013** 56; OLG Zweibrücken v. 6.12.2018 – 1 Ws 276/18 (juris); Kissel/*Mayer* 18; MüKo/*Schuster* 15; KK/*Barthe* 6b; *Schmitt/Köhler* 7; OK/*Eschelbach* 15, der kritisch darauf hinweist, dass sich das Kriterium der Anzahl der Verhandlungstage aufgrund der unterschiedlichen, täglichen Verhandlungsdauer und des individuellen Verhandlungsstils und -tempos der Beteiligten kaum verlässlich erfassen lasse.

94 *Rieß* GA **1976** 23 Fn. 124; KK/*Barthe* 6; *Schmitt/Köhler* 7; *Heghmanns* DRiZ **2005** 290; **A.A.** *Schroeder* MDR **1965** 179.

verfügt, aufgefangen werden kann.[95] Zu beachten ist aber, dass das Gericht bei seiner Eröffnungsentscheidung für die Einschätzung des Umfangs der Sache nicht die Erwartung einer Abkürzung der Hauptverhandlung infolge einer **Verständigung** zugrunde legen darf, weil anderenfalls ein Gericht niedriger Ordnung ein der Sache nach umfangreiches Verfahren nach verständigungsbezogenen Vorgesprächen wegen eines vermeintlich geringen Verhandlungsaufwands an sich ziehen und bei Nichtzustandekommen der Verständigung an ein Gericht höherer Ordnung verweisen könnte, was mit dem Postulat des gesetzlichen Richters nach Art. 101 Abs. 1 Satz 2 GG unvereinbar wäre.[96]

26 Die Umstände, die nach Auffassung des Staatsanwalts die besondere Bedeutung ausmachen, müssen nicht nur **aktenkundig** gemacht werden, sofern sie nicht offenkundig sind (so Nr. 113 Abs. 2 RiStBV), sondern sie sind auch **in die Anklageschrift aufzunehmen**, um dem Gericht die Nachprüfung zu ermöglichen.[97] Bei der Annahme besonderer Bedeutung des Falles ist im allgemeinen aber schon deswegen Zurückhaltung geboten, weil sonst der Ausnahmecharakter der Anklageerhebung vor dem Landgericht nicht gewahrt bleibt und es ist auch zu berücksichtigen, dass das Verfahren vor dem Amtsgericht dem Angeklagten den Vorteil von zwei Tatsacheninstanzen bietet, der ihm nicht ohne rechtfertigende Veranlassung entzogen werden darf.[98]

27 **e) Schutzbedürftigkeit Verletzter als Zeugen.** Bei der besonderen Schutzbedürftigkeit von Verletzten, die als Zeugen in Betracht kommen, handelt es sich um einen unbestimmten Rechtsbegriff, dessen Voraussetzungen **individuell-konkret** zu bestimmen sind und der in vollem Umfang gerichtlicher Nachprüfung unterliegt.[99] Die Schutzbedürftigkeit muss feststehen.[100] Die diesbezügliche Ergänzung durch das OpferRRG beruht auf der Überlegung, dass sich bei Opferzeugen durch eine weitere Vernehmung in einer zweiten Tatsacheninstanz häufig **gravierende psychische Auswirkungen** einstellen und dies durch Verlagerung des Verfahrens vor die Strafkammer vermieden werden kann.[101] Das entsprach schon früher verbreiteter Ansicht.[102] Allerdings kommt es hierbei immer auf die **individuelle Schutzbedürftigkeit des Zeugen im konkreten Verfahren** an[103] sowie darauf, dass das Opfer als Zeuge in Betracht kommen muss. Insoweit genügt es, dass im Zeitpunkt der Anklageerhebung eine Vernehmung – sei es auf Antrag oder von Amts wegen – erforderlich erscheint.[104] Bei Sexualstraftaten und Körperverletzungsdelikten liegt dies in der Regel auf der Hand.[105] Die Differenzierung in schutzbedürftige und nicht schutzbedürftige Zeugen ist indessen rechtspolitisch nicht unproblematisch, weil sie auf der Opferseite zu einer Art **Zweiklassengesellschaft** führt, nämlich bedauernswerte, vor

---

95 OLG Karlsruhe StV **2011** 614; *Böttcher* 6; Radtke/Hohmann 11.

96 BGH NStZ **2017** 100; OLG Zweibrücken BeckRS **2018** 33037; MüKo/*Schuster* 15.

97 BTDrucks. **15** 1976 S. 19; OLG Koblenz wistra **1995** 282; OLG Düsseldorf StV **1997** 13; KK/*Barthe* 8.

98 OLG Oldenburg MDR **1952** 568.

99 OLG Hamburg NStZ **2005** 654; OLG Karlsruhe NStZ **2011** 479; Justiz **2011** 141 und Justiz **2017** 30; OLG Celle v. 5.9.2016 – 2 Ws 119/16 (juris); LG Ravensburg NStZ-RR **2014** 90; kritisch LG Hechingen NStZ-RR **2006** 51; SSW/*Spiess* 9.

100 MüKo/*Schuster* 10.

101 BTDrucks. **15** 1976 S. 19.

102 OLG Zweibrücken NStZ **1995** 357; *Böttcher/Mayer* NStZ **1993** 153, 157; *Sigismund/Wickern* wistra **1993** 136, 139. Die dem entgegen stehende Ansicht des BGH in NStZ **2001** 495 dürfte im Hinblick auf die zwischenzeitliche Rechtsänderung durch das OpferRRG überholt sein.

103 BTDrucks. **15** 1976 S. 19; Hanseatisches OLG Hamburg NStZ **2005** 654; LG Hechingen NStZ-RR **2006** 51; Kissel/*Mayer* 19; *Schmitt/Köhler* 6.

104 OLG Hamburg NStZ **2005** 654; Kissel/*Mayer* 20.

105 Kissel/*Mayer* 20.

Vernehmung zu bewahrende Opfer und solche, für die es augenscheinlich „ja gar nicht so schlimm gewesen“ ist.[106] Beim Täter werden durch die **zufallsabhängige Strafkammerzuständigkeit** die Rechtsmittel verkürzt.[107] Da die Frage der Schutzbedürftigkeit des Opfers häufig durch einen Informationsvorsprung des Staatsanwalts – etwa durch die Teilnahme an Vernehmungen – vorrangig von diesem eingeschätzt werden kann und dies vom Gericht nicht überprüft werden könne, wird die Neureglung sogar für verfassungswidrig gehalten.[108] Diese Ansicht verkennt, dass auch bei Annahme einer besonderen Schutzbedürftigkeit für die gerichtliche Nachprüfung die maßgeblichen Umstände aktenkundig zu machen sind.[109]

Mit der durch das Opferrechtsreformgesetz vom 24.6.2004 (BGBl. I S. 1354) in Nummer 3 erst eingefügten Fallgruppe der besonderen Schutzbedürftigkeit sollen Opfer geschützt werden, bei denen im Falle des Erhebens der Anklage beim Amtsgericht durch eine dann mögliche weitere Vernehmung in einer zweiten Tatsacheninstanz vor dem Landgericht gravierende **psychische Auswirkungen** zu befürchten sind. Hierdurch sollte vermieden werden, dass insbesondere kindliche Opfer von Sexualstraftaten zwei Tatsacheninstanzen durchleiden müssen.[110] Dieser Aspekt der gravierenden psychischen **Belastung durch Mehrfachvernehmungen** ist nunmehr ausdrücklich als Regelbeispiel für das Vorliegen der besonderen Schutzbedürftigkeit im Sinne dieser Vorschrift in den Gesetzestext aufgenommen worden, um diesen von der Staatsanwaltschaft auszulegenden, unbestimmten Rechtsbegriff näher zu konturieren.[111] Dies darf im Ergebnis aber nicht dazu führen, dass die von der Staatsanwaltschaft zu treffende Entscheidung allein von dem Ziel getragen wird, Mehrfachvernehmungen zu vermeiden. Denn es wird schon im Interesse der Wahrheitsfindung sowohl aus kriminologischer als auch aus aussagepsychologischer Sicht auch künftig oft unumgänglich sein, Zeugen trotz der damit verbundenen Belastungen mehrfach zu vernehmen.[112] Zu beachten bleibt aber, dass sich der Umstand der besonderen Belastung nicht bereits aus einer Mehrfachvernehmung an sich ergibt, sondern anhand **überprüfbarer Kriterien** voraussetzt, dass eine besondere Belastung des Zeugen konkret zu besorgen ist.[113] **28**

Mit der 2013 durch das Gesetz zur Stärkung der Rechte von Opfern sexuellen Missbrauchs **(StORMG)** in Absatz 1 als Satz 2 eingefügten Regelung soll verdeutlicht werden, dass die Vorschrift des § 24 Abs. 1 Satz 1 Nr. 3 (die – anders als bei den in Nummern 1 und 2 die Zuständigkeit eindeutig zuweisenden Fällen – eine Anklage vor dem Amts- oder dem Landgericht eröffnet, sog. bewegliche Zuständigkeit) insbesondere anwendbar ist, um durch eine Anklage beim Landgericht besonders schutzbedürftige Opferzeugen vor Mehrfachvernehmungen zu bewahren. Inhaltlich geht diese Regelung über das bisher geltende Recht indessen nicht hinaus; ihr kommt eine eher interpretierende, **klarstellende Wirkung** zu.[114] **29**

---

106 *Heghmanns* DRiZ **2005** 288, 291.
107 *Heghmanns* DRiZ **2005** 288, 291.
108 *Heghmanns* DRiZ **2005** 288, 292; krit. auch SK/*Degener* 36, der vorrangig auf die Möglichkeiten polizeilichen Zeugenschutzes abstellt.
109 OLG Celle v. 5.9.2016 – 2 Ws 119/16 (juris). Vgl. dazu Rn. 26.
110 BTDrucks. **15** 1976 S. 19.
111 BTDrucks. **17** 6261 S. 13; *Eisenberg* HRRS **2011** 70.
112 BRAK-Stellungnahme-Nr. 35/2011, S. 5.
113 LG Hechingen NStZ-RR **2006** 51; MüKo/*Schuster* 19; OK/*Eschelbach* 12.
114 *Bittmann* ZRP **2011** 73; entsprechend auch die insoweit zustimmende Stellungnahme des Deutschen Richterbundes Nr. 02/11 zum Referentenentwurf eines Gesetzes zur Stärkung der Rechte von Opfern sexuellen Missbrauchs (StORMG); MüKo/*Schuster* 17.

30 Bereits gegen die bislang geltende Regelung, die eine Anklage vor dem Jugendrichter oder vor der Jugendkammer ermöglichte (sog. bewegliche Zuständigkeit), waren vor dem Hintergrund der Bestimmbarkeit des gesetzlichen Richters **verfassungsrechtliche Bedenken** erhoben worden.[115] Diese werden für die nunmehr in § 24 Abs. 1 Satz 2 gefundene Regelung erneuert; nach der Rechtsprechung des BVerfG[116] sei eine bewegliche Zuständigkeitsregelung nur dann mit Art. 101 Abs. 1 Satz 2 GG vereinbar, wenn sachfremden Einflüssen bei der Bestimmung der Zuständigkeit vorgebeugt werde. Mit der neuen, auf eine ‚besondere Belastung' von Zeugen abstellenden Regelung werde hingegen ausschließlich an ein subjektives Kriterium angeknüpft, sodass diese auch bei verfassungskonformer Auslegung nicht mehr mit dem Grundgesetz vereinbar sei.[117] Dem wird man indessen auch weiterhin mit dem Einwand begegnen können, dass der Staatsanwaltschaft bei ihrer Entscheidung kein (subjektives) Wahlrecht zusteht, sondern dass diese ihre Entscheidung im Einzelfall nachvollziehbar begründen muss und dies einer gerichtlichen Nachprüfbarkeit unterliegt.[118]

31 **f) Entschließung der Staatsanwaltschaft.** Bei ihrer Entscheidung steht der **Staatsanwaltschaft** nach wie vor **kein Wahlrecht** zu, ob sie Anklage vor dem Landgericht oder dem Amtsgericht erhebt; auch ist ihre Entscheidung für das Gericht nicht bindend und unterliegt der **Überprüfung im Eröffnungsverfahren** nach § 209 StPO.[119] Insoweit hat sich keine Änderung gegenüber der bisherigen Rechtslage ergeben.[120] Aus der gerichtlichen Überprüfbarkeit der Entscheidung folgt daher auch weiterhin das Erfordernis, dass die Staatsanwaltschaft bei Erheben der Anklage die Umstände angibt, aus denen sich die besondere Schutzbedürftigkeit ergibt, sofern diese nicht offensichtlich ist.[121] Maßgeblich bleibt die individuelle Schutzbedürftigkeit des Zeugen im konkreten Verfahren.[122]

32 **g) Nachträgliche Änderung der Entschließung der Staatsanwaltschaft.** Hat die Staatsanwaltschaft Anklage vor dem Gericht erhoben, das sie als zuständig ansieht, so ist eine nachträgliche Änderung nur dergestalt möglich, dass sie gemäß § 156 StPO die erhobene Anklage zurücknimmt und vor dem anderen Gericht Anklage neu erhebt.[123] Ein solches Vorgehen muss aber auf **sachlich gerechtfertigten Erwägungen** beruhen;[124] eine missbräuchliche Handhabung des Rücknahme- und „Wahlrechts" – etwa weil der Erfolg der Anklage durch die im Zwischenverfahren (§§ 199 ff. StPO) zutage getretene Auffassung des zuerst angegangenen Gerichts gefährdet erscheint – wäre ein Verstoß gegen den Grundsatz des gesetzlichen Richters (Art. 101 Abs. 1 Satz 2 GG) und würde für das später angegan-

---

115 S. hierzu u.a. die Ausführungen zu § 24,18.

116 BVerfGE **9** 223.

117 BRAK-Stellungnahme-Nr. 35/2011, S. 7; kritisch auch Graf/*Eschelbach* 12 ff.

118 Vgl. schon Rn. 17.

119 *Schmitt/Köhler* 9.

120 Vgl. zur nachträglichen Änderung und zur gerichtlichen Nachprüfung der Entscheidung sowie zu den etwaigen Folgen einer willkürlichen Annahme der sachlichen Zuständigkeit § 24, 28 ff.

121 BTDrucks. **15** 1976 S. 19; BTDrucks. **17** 6261 S. 14; OLG Hamburg NStZ **2005** 654; KK/*Barthe* 6a; *Schmitt/Köhler* 5; einschränkend SSW/*Spiess* 9: regelmäßig entbehrlich.

122 BTDrucks. **15** 1976 S. 19; OLG Hamburg NStZ **2005** 654; LG Hechingen NStZ-RR **2006** 51; OLG Karlsruhe NStZ **2011** 479 sowie Justiz **2011** 141.

123 RGSt **59** 57; **62** 265.

124 BGHSt **14** 17 = NJW **1960** 542.

gene Gericht den Mangel der Zuständigkeit (§ 338 Nr. 4 StPO) begründen.[125] Nach Eröffnung des Hauptverfahrens ist eine Änderung der getroffenen Entschließung grundsätzlich ausgeschlossen,[126] d.h. die Sache kann nicht an ein Gericht niederer Ordnung weiter verwiesen werden, und zwar selbst dann nicht, wenn etwa nachträglich die zunächst angenommene „besondere Bedeutung" entfällt.[127]

h) Gerichtliche Nachprüfung. Der Eröffnungsrichter ist bei der ihm obliegenden selbständigen Prüfung des **unbestimmten Rechtsbegriffs** der besonderen Bedeutung des Falles an die Auffassung der Staatsanwaltschaft, dass ein Fall von besonderer Bedeutung vorliege oder nicht vorliege, nicht gebunden.[128] Demgemäß legt das Schöffengericht, bei dem die Anklage erhoben ist, wenn es dem Fall besondere Bedeutung beimisst, gemäß § 209 Abs. 2 StPO die Akten durch Vermittlung der Staatsanwaltschaft dem Landgericht zur Entscheidung vor. Denn bei einer Anklage zum Schöffengericht sind im Sinn des § 209 Abs. 3 Satz 2 StPO die für die Zuständigkeit des Schöffengerichts maßgebenden Voraussetzungen nicht erfüllt, wenn nach dem Ergebnis der Prüfung ein Fall von besonderer Bedeutung vorliegt. Bei einer Anklage zur Strafkammer muss diese, wenn sie dem Fall besondere Bedeutung abspricht, nach § 209 Abs. 1 StPO das Verfahren vor dem Schöffengericht, im Fall des § 25 Nr. 2 und 3 vor dem Strafrichter eröffnen. Der Staatsanwaltschaft steht dagegen das Rechtsmittel der **Beschwerde nach § 210 Abs. 2 StPO** zu; das Beschwerdegericht prüft selbständig, ob dem Fall besondere Bedeutung zukommt,[129] und ist auch bei seiner Nachprüfung nicht an die rechtliche Bewertung der Tat durch das eröffnende Gericht gebunden.[130] Hat aber die Strafkammer in der Annahme besonderer Bedeutung des Falles die Eröffnung vor der Strafkammer beschlossen, so bleibt ihre Zuständigkeit unanfechtbar bestehen (§ 269 StPO), auch wenn bei näherer Prüfung die besondere Bedeutung zu verneinen ist.[131] Umgekehrt bleibt, wenn vor dem Amtsgericht eröffnet ist, weil dem Fall die besondere Bedeutung fehle, dessen Zuständigkeit bestehen, auch wenn sich in der Hauptverhandlung die besondere Bedeutung des Falles ergibt, denn nach Sinn und Zweck des Gesetzes beschränkt sich, wie auch die vergleichbaren Regelungen in § 120 Abs. 2 Satz 2 zeigen, die Prüfung der sachlichen Zuständigkeit im Hinblick auf das Merkmal der besonderen Bedeutung des Falles auf das Stadium von Anklageerhebung und Eröffnung des Hauptverfahrens;[132] es sei denn, dass bei der Auslegung des normativen Merkmals der besonderen Bedeutung objektiv willkürlich verfahren worden wäre.[133] Die Entscheidung über die sachliche Zuständigkeit des Gerichts ist grundsätzlich **mit der Eröffnung des Hauptverfahrens** zu treffen.[134] Sie bleibt bei Annahme eines besonderen Umfangs im weiteren Verfahren regelmäßig konstant und kann nicht laufend an die aktuelle Prozesslage angepasst werden, weshalb mit der Zuständigkeitsbestimmung im Eröffnungsver- 33

---

125 Nach BVerfGE **18** 423, 428 soll jedoch eine von unsachlichen Erwägungen geleitete beim Schöffengericht erhobene Anklage schadlos zurückgenommen werden können, um bei der Strafkammer anzuklagen, wenn diese durch Eröffnung des Hauptverfahrens letztlich die besondere Bedeutung bestätigt. Zur Stellungnahme des Schrifttums s. LR/*Mavany* § 156 StPO, 8 ff.

126 S. dazu LR/*Mavany* § 156 StPO, 8 ff.

127 BGH bei *Herlan* GA **1963** 100; BGH VRS **23** (1962) 267; KK/*Barthe* 12.

128 BVerfGE **9** 223, 229; OLG Düsseldorf OLGSt Nr. 1 zu § 24 GVG; OLG Hamburg NStZ **1995** 252; OLG Koblenz wistra **1995** 282; LR/*Stuckenberg* § 209, 21 ff. StPO.

129 KK/*Barthe* 13; LR/*Stuckenberg* § 210, 27 ff. StPO.

130 OLG Köln NJW **1970** 260.

131 BGH bei *Herlan* GA **1963** 100; VRS **23** (1962) 267.

132 LR/*Stuckenberg* § 209, 48 f. StPO m.w.N.

133 BGH GA **1981** 321; LR/*Stuckenberg* § 209, 48 f. StPO m.w.N. Dazu sogleich Rn. 34.

134 BGHSt **60** 248.

fahren insoweit eine **Perpetuierung** eintritt.[135] Hieraus folgt, dass nur die Zuständigkeitsmerkmale der besonderen Deliktsart nach Absatz 1 Satz 1 Nr. 1 oder einer Straferwartung oberhalb des Strafbanns des Amtsgerichts nach Absatz 1 Satz 1 Nr. 2, Absatz 2 eine Verweisung der Sache durch das Amtsgericht an das Landgericht erlauben, nicht hingegen die normativen Kriterien der Bedeutung und des Umfangs der Sache.[136]

34 **i) Folgen bei willkürlicher Annahme der sachlichen Zuständigkeit.** Die sachliche Zuständigkeit stellt nach überwiegender Ansicht eine Prozessvoraussetzung in dem Sinne dar, dass dabei zwar nicht die Zulässigkeit des Verfahrens selbst in Frage steht, das Gericht aber ohne diese Voraussetzung kein Sachurteil erlassen darf.[137] Insofern stellt die fehlende **sachliche Zuständigkeit ein Prozesshindernis** dar, das allerdings im Gegensatz zu anderen Prozesshindernissen nicht zur Einstellung des Verfahrens führt, sondern zur Verweisung an das zuständige Gericht.[138] Probleme entstehen jedoch immer dann, wenn dies, aus welchen Gründen auch immer, nicht erfolgt und die Zuständigkeit im Rahmen eines Rechtsmittels nicht ausdrücklich gerügt wird. Der Große Senat für Strafsachen[139] hat dazu bereits 1962 ausgeführt, dass § 6 StPO nicht nur **von Amts wegen** zur **Prüfung** der eigenen Zuständigkeit verpflichte, sondern auch zur Prüfung der sachlichen Zuständigkeit der Vorinstanzen. Dieser besonders vom 4. Strafsenat des BGH fortgeführten Rechtsprechung[140] sind einige Oberlandesgerichte gefolgt,[141] andere Senate des BGH und verschiedene Oberlandesgerichte dagegen nicht.[142] Auch die Stimmen in der Literatur sind divergierend.[143]

35 Bei näherer Betrachtung zeigt sich allerdings, dass den kontroversen Entscheidungen unterschiedliche Sachverhaltsgestaltungen zugrunde gelegen haben und es insoweit an sich einer Auseinandersetzung damit bedurft hätte, weshalb beispielsweise das OLG Köln[144] ausdrücklich der Rechtsprechung des 4. Strafsenats folgt, obwohl es dort um die **Abgrenzung der Zuständigkeit zwischen Amts- und Landgericht** und nicht um die vom Oberlandesgericht zu entscheidende **Abgrenzung zwischen dem Schöffengericht und dem Strafrichter** ging. Auch die Entscheidungen der OLG Hamm und Koblenz[145] betrafen nur die Zuständigkeitsfrage innerhalb des Amtsgerichts, und zwar hatte dort jeweils das Schöffengericht statt des Strafrichters entschieden. Eine Begründung für die Gleichbehandlung dieser Fallkonstellationen lassen diese Entscheidungen vermissen. Andererseits war es in dem der Entscheidung des OLG Frankfurt[146] zugrunde liegenden Fall so, dass

---

135 BGH NStZ **2013** 181; OLG Celle NdsRpfl. **2017** 119; Graf/*Eschelbach* 5; *Schmitt/Köhler* 10; krit. SK/*Degener* 38.

136 BGH NStZ **2017** 100; Rieß GA **1977** 1.

137 KK/*Geilhorn* § 6 StPO, 1; *Schmitt/Köhler* § 6 StPO, 1; *Rieß* NStZ **1992** 549; *Schäfer* DRiZ **1997** 168.

138 BGHSt **42** 205 = StV **1996** 585; KK/*Geilhorn* § 6 StPO, 1; *Schmitt/Köhler* § 6 StPO, 1, 5; LR/*Erb* § 6 StPO, 16 ff.; *Pfeiffer* 8.

139 BGHSt **18** 79.

140 BGHSt **38** 172, 176 = NStZ **1992** 342 m. Anm. *Rieß* S. 548; BGHSt **38** 212 = NStZ **1992** 397; BGHSt **40** 120; BGH StV **1995** 620.

141 OLG Köln StV **1996** 298; OLG Hamm StV **1996** 300; OLG Koblenz StV **1996** 588 = OLGSt Nr. 2 zu § 25.

142 BGHSt **19** 273 (3. Strafsenat); BGH GA **1970** 25 und BGHSt **42** 205 = StV **1996** 585 (jeweils 5. Strafsenat); BGH NJW **1993** 1607 = NStZ **1993** 197 und StV **1998** 1 (jeweils 1. Strafsenat); OLG Düsseldorf NStZ **1990** 292 m. Anm. *Eisenberg* 551; OLG Frankfurt NStZ **1993** 250. Für den Fall fehlerhafter Annahme der örtlichen Zuständigkeit vgl. BayObLG NJW **1987** 3091. Vgl. auch den Überblick bei *Wolff* JR **2006** 232.

143 Der Rspr. des 4. Strafsenats stimmen zu: *Katholnigg* 6; KK/*Barthe* § 25, 3; *Rieß* NStZ **1992** 548; *Sowada* JR **1995** 257. Abl.: *Eisenberg* NStZ **1990** 551; *Engelhardt* JZ **1995** 262; *Neuhaus* StV **1995** 212.

144 StV **1996** 298.

145 StV **1996** 300 bzw. 588.

146 NStZ **1993** 250.

dort nicht das höhere Gericht, sondern der **Strafrichter statt des Schöffengerichts** entschieden hatte. Hier hätte im Hinblick auf § 269 StPO (der Strafrichter ist im Verhältnis zum Schöffengericht ein Gericht niederer Ordnung)[147] erst recht eine eingehende Begründung erwartet werden können. Der 5. Strafsenat des BGH[148] hatte schließlich auf Vorlage des OLG Celle zu entscheiden, ob im Rahmen des **§ 328 Abs. 2 StPO** die sachliche Zuständigkeit der Vorinstanzen von Amts wegen zu prüfen ist und so betraf dies letztlich ebenfalls die Zuständigkeitsabgrenzung innerhalb des Amtsgerichts. Allein den Entscheidungen des 1. Strafsenats[149] lag – wie beim 4. Strafsenat – die Abgrenzung zwischen Amts- und Landgericht zugrunde. Im Bereich der Zuständigkeitsabgrenzung zwischen Amts- und Landgericht stehen sich mithin die Auffassungen auf der Linie des 4. Strafsenats (Überprüfung der sachlichen Zuständigkeit der Vorinstanzen von Amts wegen) und der des 1. Strafsenats (Überprüfung nur auf Rüge) gegenüber, während bei der Zuständigkeitsabgrenzung innerhalb des Amtsgerichts den Entscheidungen auf der Linie des 3. und 5. Strafsenats die abweichenden Ansichten der OLG Hamm, Koblenz und Köln korrespondieren. Spätestens nach Kenntnis dieser uneinheitlichen Rechtsprechung sollte das Problem nur noch theoretischer Natur sein, weil von einem gewissenhaften Verteidiger ohne Weiteres eine derartige Rüge erhoben werden könnte.

Unabhängig von der Frage, ob die vom 4. Strafsenat abweichenden Entscheidungen der anderen Senate überhaupt den durch den Großen Senat geschaffenen **Konsens aufkündigen** durften, bleibt die dogmatische Begründung der Entscheidungen umstritten. Im Rahmen des § 24 (Zuständigkeitsabgrenzung zwischen Amts- und Landgericht) gilt folgendes: 36

Soweit als Ausgangspunkt der Überlegungen auf § 6 StPO verwiesen wird,[150] lässt sich daraus nicht folgern, dass neben der eigenen Zuständigkeit auch die sachliche Zuständigkeit der Vorinstanzen zu überprüfen ist. Nur als **Prozessvoraussetzung** verstanden (h.M.)[151] gibt die sachliche Zuständigkeit einen entsprechenden Prüfungsanlass.[152] Trotz der Entscheidung des 1. Strafsenats[153] ist kein Grund gegeben, die sachliche Zuständigkeit von den Prozessvoraussetzungen auszunehmen. Der 1. Strafsenat begründet seine abweichende Auffassung damit, dass ein Verfahrenshindernis als schwerwiegend erst dann das gesamte Verfahren beeinflusse, wenn es *offenkundig* sei, was bei einem erst durch Wertung festzustellenden Fehler nicht anzunehmen sei. Dieses Argument mag in Grenzfällen durchaus beachtlich sein, aber es kann dann nicht durchgreifen, wenn die für die Beurteilung der sachlichen Zuständigkeit zu treffende Prognose sich so weit von dem maßgeblichen Strafbann des entscheidenden Gerichts entfernt, dass diese Wertung erkennbar (offenkundig) unhaltbar ist.[154] 37

Ebenso wenig kann der immer wieder herangezogene § 269 StPO[155] zur Heilung von Zuständigkeitsmängeln bemüht werden, weil die Vorschrift nur den Fall betrifft, dass das Gericht höherer Ordnung erst nach Eröffnung des Hauptverfahrens seine Unzuständigkeit feststellt; für die Bestimmung des zuständigen Gerichts im Eröffnungsbeschluss ist die abweichende Regelung des § 209 StPO lex specialis.[156] Ganz abgesehen davon besteht im 38

147 BGHSt **19** 177; *Katholnigg* § 25, 1; KK/*Barthe* 12; *Schmitt/Köhler* 1.
148 BGHSt **42** 205.
149 NJW **1993** 1607; StV **1998** 1.
150 BGHSt **40** 120; BGH StV **1995** 620.
151 Vgl. KK/*Geilhorn* § 6, 1 StPO; *Schmitt/Köhler* § 6, 1 StPO; SK/*Rudolphi* § 6, 2 StPO; *Rieß* NStZ **1992** 548.
152 I.d.S. BGHSt **18** 79; **40** 120; OLG Hamm StV **1996** 300; vgl. auch *Engelhardt* JZ **1995** 262; *Rieß* NStZ **1992** 548.
153 StV **1998** 1.
154 BGHSt **40** 120; OLG Karlsruhe StV **1998** 252.
155 BGHSt **40** 120; **42** 205; NStZ **1993** 197 = NJW **1993** 1607; StV **1998** 1; OLG Düsseldorf NStZ **1990** 292; OLG Hamm MDR **1996** 91; OLG Koblenz StV **1996** 588; OLG Köln StV **1996** 298.
156 *Rieß* NStZ **1992** 548.

übrigen Einigkeit, dass § 269 StPO überhaupt bei willkürlicher, also objektiv unvertretbarer Zuständigkeitsannahme ausscheidet.[157] Insoweit ist das allgemein geltende **Willkürverbot** deshalb **das alle Entscheidungen prägende Element** und es wird zutreffend auf die Willkürrechtsprechung des BVerfG[158] zurückgegriffen, nach der nicht schon jeder Irrtum bei der Auslegung und Anwendung von Zuständigkeitsnormen oder eine „falsche" Entscheidung (error in procedendo) Art. 3 Abs. 1 GG verletzt,[159] sondern eine Verletzung erst dann vorliegt, wenn die Entscheidung auf Willkür beruht, d.h., sich so weit von der auszulegenden Norm entfernt, dass sich der Schluss aufdrängt, sie beruhe auf sachfremden Erwägungen.[160] Es muss also die **Grenze des Hinnehmbaren überschritten** werden und die ergangene Entscheidung darf bei verständiger Würdigung offensichtlich nicht mehr haltbar sein.[161] Trotz dieser recht klaren Maßstäbe des BVerfG begegnet es im Einzelfall erheblichen Schwierigkeiten, ob ein Gericht bei Bejahung der eigenen sachlichen Zuständigkeit objektiv willkürlich gehandelt hat, weil die Grenze zur nur fehlerhaften Bewertung meist nicht offenkundig ist. Für die zu treffende Prognose kann natürlich das später nach Durchführung der Hauptverhandlung tatsächlich erzielte Ergebnis nicht maßgeblich sein.[162] Betrachtet man die vorliegenden Revisionsentscheidungen der Oberlandesgerichte näher, so muss bezweifelt werden, ob sich die Revisionsgerichte bei ihrer Rechtsprechung in ausreichendem Maße bewusst geworden sind, dass die von ihnen angenommene Willkür auch als nur fehlerhafte, und damit nicht revisible Wertung der Vorinstanz verstanden werden konnte.[163] Im Fall des OLG Koblenz[164] mag zwar die Ansicht des Oberlandesgerichts formal nicht zu beanstanden sein, aber der Sachverhalt hätte wegen „besonderer Bedeutung" unabhängig von der Straferwartung auch bei der Strafkammer angeklagt werden können.[165] In derartigen **Grenzfällen** dürfte es überzogen sein, mit dem schwersten Geschütz der Willkür aufzuwarten. Deutlich verfehlt ist dagegen die Entscheidung des OLG Hamm v. 14.3.1996.[166] Wenn das Oberlandesgericht dem Schöffengericht vorwirft, es habe für die Annahme seiner Zuständigkeit jeder sachliche Grund gefehlt, weil es nach Inkrafttreten des Rechtspflegeentlastungsgesetzes nicht mehr auf Umfang und Bedeutung der Sache ankomme, so hätte ein Blick in die Gesetzesmaterialien[167] dem Oberlandesgericht das Gegenteil erschlossen. Die Zuständigkeitsannahme der Vorinstanz war deshalb mehr als nur vertretbar und nicht willkürlich. Der Vorwurf der Willkür muss auch dann

---

157 BVerfGE **29** 45, 49; BGHSt **38** 172; BGH NJW **1993** 1607 = NStZ **1993** 197; BGHSt **40** 120; *Schmitt/Köhler* § 269, 8 StPO; KK/*Engelhardt* § 269, 9 StPO; LR/*Hanack*[25] § 338, 70 StPO; LR/*Gollwitzer*[25] § 269, 12 StPO; *Rieß* GA **1976** 1; *Rieß* NStZ **1992** 548; *Sowada* JR **1995** 257; **a.A.** BGH StV **1998** 1.

158 St. Rspr. Vgl. BVerfGE **3** 359; BVerfGE **19** 38, 42 f; BVerfG NJW **1995** 124.

159 Vgl. BVerfGE **6** 45, 53 f.; **29** 48; **29** 207 m.w.N.; BVerfG NJW **1991** 3270.

160 BVerfGE **19** 38, 42 f.

161 BVerfGE **29** 49; **82** 194; BGH NStZ **1994** 399; StV **1995** 620; NJW **2002** 2725; MüKo/*Schuster* 12a; SSW/*Spiess* 14.

162 BGHSt **42** 205 = StV **1996** 585.

163 Kritisch auch *Neuhaus* DRiZ **1997** 168.

164 StV **1996** 588 (hier hatte über die Anklage wegen Unterschlagung von Gegenständen eines Untersuchungsgefangenen durch den Pflichtverteidiger das Schöffengericht entschieden).

165 Der BGH (5. Strafsenat) hat in der Entscheidung wistra **1997** 99 (gegen einen nicht vorbelasteten Richter war wegen Rechtsbeugung und Urkundenfälschung vor dem LG Anklage erhoben worden) trotz entsprechender Revisionsrüge (insoweit in der Veröffentlichung nicht mitgeteilt) keinen Anlass gesehen, auf die Zuständigkeitsfrage einzugehen. Wäre die Zuständigkeit vom LG zu Unrecht angenommen worden, hätte der BGH sonst in der Sache nicht selbst entscheiden dürfen, sondern hätte die Sache an das Amtsgericht zurückverweisen müssen.

166 StV **1996** 300.

167 BTDrucks. **12** 3832 S. 43; s.a. *Böttcher/Mayer* NStZ **1993** 157; *Rieß* NStZ **1993** 250.

ausscheiden, wenn ein Gericht mit seiner Eröffnungsentscheidung einer in der rechtswissenschaftlichen Lehre vertretenen (Minder-) Meinung folgt.[168]

Aus einer willkürlichen Zuständigkeitsannahme folgt indessen noch nicht, dass dieser Verstoß auch von Amts wegen ohne entsprechende Revisionsrüge zu beachten wäre,[169] weil dies nicht einmal aus verfassungsrechtlichen Aspekten abgeleitet werden kann. Zwar stellt ein **Verstoß gegen die sachliche Zuständigkeit zugleich** einen **Verfassungsverstoß** dar, weil hier der Grundsatz des gesetzlichen Richters (Art. 101 GG) missachtet wird. Insoweit ist aber anerkannt, dass auch Grundrechtsverletzungen rügebedürftig sind,[170] weil die Geltendmachung von Grundrechten zur Disposition des Grundrechtsträgers steht. Die Sachlage ist hier indessen insoweit anders, als es nicht nur um eine Grundrechtsbeeinträchtigung, sondern – entscheidend – um die Missachtung von Prozessvoraussetzungen geht. 39

Einer **Überprüfung von Amts wegen** stehen zunächst die Regelung des § 338 Nr. 1 StPO[171] oder § 338 Nr. 4 StPO[172] und das aus § 344 Abs. 2 StPO folgende Rügeerfordernis nicht entgegen. Soweit die Entscheidungen hierauf eingehen,[173] wird nämlich zutreffend dagegen eingewandt, dass bei Aufnahme des Katalogs der Revisionsgründe die Lehre von den Prozessvoraussetzungen noch nicht allgemein anerkannt war[174] und diese Regelungen dadurch eine Korrektur erfahren haben. 40

Etwas anderes ergibt sich auch nicht für **Revisionen gegen Berufungsurteile** im Hinblick auf die Regelung des § 328 Abs. 2 StPO,[175] die dem Berufungsgericht ausdrücklich eine Überprüfung von Amts wegen vorgibt, weil für den Revisionsrechtszug allein die §§ 338 ff. StPO gelten. Die Ansicht des 5. Strafsenats würde in Fällen, in denen die Vorinstanzen zu Unrecht ihre Zuständigkeit angenommen haben und selbst der Angeklagte in der Revisionsinstanz die Unzuständigkeit nicht gerügt hat, bei konsequenter Umsetzung zu fragwürdigen Ergebnissen führen, weil dann das Revisionsgericht bewusst als unzuständiges Gericht zu entscheiden hätte.[176] Wegen dieser Zweifel hatte das OLG Brandenburg die Rechtsfrage dem BGH vorgelegt.[177] Der zuständige 5. Strafsenat hat jedoch die Vorlegevoraussetzungen verneint.[178] Das OLG Brandenburg hat daraufhin unter Hinweis auf einen Verstoß gegen § 328 Abs. 2 StPO das Urteil der Vorinstanz auf der Grundlage des § 355 StPO aufgehoben und die Sache an die zuständige Staatsschutzkammer verwiesen. Eine vertiefte Auseinandersetzung mit der eigentlich damit entschiedenen Rechtsfrage ist nicht erfolgt. 41

---

168 Insoweit hat BGHSt **42** 205, 209 darauf hingewiesen, dass unter der veränderten Rechtslage des Rechtspflegeentlastungsgesetzes es nicht willkürlich war, jenseits des Wortlauts des § 25 Nr. 2, der in der Literatur vertretenen Ansicht zu folgen, diese Vorschrift weiterhin um das Merkmal der „minderen Bedeutung" zu ergänzen.

169 LR/*Hanack*[25] § 338 StPO, 70.

170 BVerfGE **3** 359; BVerfGE **27** 355, 364; BVerfGE **54** 100, 115; BVerfGE **92** 42, 48. Soweit mit den Verfassungsbeschwerden lediglich die Verletzung des Art. 101 Abs. 2 GG gerügt worden war, hat das BVerfG aus dem festgestellten Verstoß gleichzeitig auch die Verletzung des Absatzes 1 Satz 2 begründet. Vgl. auch BGHSt **19** 273; BGHSt **26** 84, 90.

171 Vgl. BGH NStZ **1993** 248.

172 Vgl. BGH NJW **1993** 1607; OLG Düsseldorf NStZ **1990** 292; OLG Frankfurt NStZ **1993** 250.

173 BGH StV **1998** 1.

174 LR/*Hanack*[25] § 338, 66 StPO.

175 Vgl. BGHSt **42** 205; OLG Hamm StV **1996** 300; OLG Koblenz StV **1996** 588; LR/ *Hanack*[25] § 338, 70 StPO; *Pfeiffer*[2] 8.

176 S. dazu das Verfahren des OLG Brandenburg NStZ **2001** 611 m. Anm. *Meyer-Goßner.*

177 Beschl. v. 23.3.1998 – 2 Ss 76/97.

178 BGH NStZ **2000** 387.

42 Als einzige **dogmatische Begründung** bleibt mithin eine Überprüfung der sachlichen Zuständigkeit auf der Basis der **Lehre von den Prozessvoraussetzungen** mit der sich aus § 269 StPO ergebenden Beschränkung. Diese Prüfung greift also nur dann durch, wenn das Gericht niederer oder höherer Ordnung seine sachliche Zuständigkeit willkürlich angenommen hat.[179] Es erscheint jedoch fraglich, ob die Beschränkung auf willkürlich angenommene Zuständigkeitsfälle sachgerecht ist, denn § 328 Abs. 2 StPO kennt eine derartige Einschränkung nicht. Wenn also jenseits von Willkür das Berufungsgericht bei fehlerhafter Annahme der Zuständigkeit die Vorentscheidung aufzuheben und die Sache an das zuständige Gericht zu verweisen hat, dann leuchtet es nicht ein, dass bei einem Verstoß gegen § 328 Abs. 2 StPO das Revisionsgericht diese Entscheidung nicht generell nachholen darf und in der Revisionsinstanz zudem noch auf eine entsprechende Verfahrensrüge angewiesen sein soll.[180]

43 **j) Besonderheiten bei der Sprungrevision?** Ob die aufgezeigten Gründe im Rahmen einer Sprungrevision (§ 335 StPO) entsprechend gelten, hat der BGH[181] ausdrücklich offengelassen. Die gleichwohl in einem ausführlichen obiter dictum dargelegten Gründe dürften jedoch dafür sprechen, dass jedenfalls der 5. Strafsenat auch hier einer Verneinung der Prüfung von Amts wegen zuneigt. Dies soll aus den bedeutsamen Unterschieden folgen, die sich aus einem Vergleich zwischen der unbeschränkten Rechtsfolgenkompetenz des Landgerichts und dem Strafbann des Amtsgerichts sowie den unterschiedlichen Rechtswegen ergeben. Die aufgezeigten Bedenken dürften indessen nicht überzeugen. Da es immer um die Frage der sachlichen Zuständigkeit des erkennenden Gerichts geht, würde eine unterschiedliche Behandlung der Ausgangsgerichte inkonsequent sein. Zu kurz käme zudem der Aspekt, dass es sich im Verhältnis zwischen Strafrichter und Schöffengericht um Gerichte verschiedener Ordnung handelt, die darüber hinaus unterschiedlich besetzt sind. Die Rechtsprechung der Oberlandesgerichte tendiert daher zutreffend in Anlehnung an BGHSt **40** 120 zu einer Prüfung der sachlichen Zuständigkeit der Vorinstanz von Amts wegen,[182] und zur Verweisung an das sachlich zuständige Gericht (§ 355 StPO).

IV. Grenze der Strafgewalt des Amtsgerichts (Abs. 2)

44 **1. Bedeutung der Vorschrift.** Absatz 2 umgrenzt die Strafgewalt des Amtsgerichts (des Schöffengerichts wie des Strafrichters), die es bei der Urteilsfällung nicht überschreiten darf. Aus § 24 Abs. 1 Nr. 2 würde sich eine solche Begrenzung noch nicht ergeben. Denn wenn dort auch die amtsgerichtliche Zuständigkeit auf Fälle beschränkt ist, in denen die Überschreitung einer bestimmten Strafhöhe und die Anordnung der Unterbringung in einem psychiatrischen Krankenhaus oder in der Sicherungsverwahrung nicht zu erwarten ist (nämlich im Zeitpunkt der Eröffnung des Hauptverfahrens), so würde daraus noch nicht folgen, dass die einmal begründete Zuständigkeit entfiele, wenn sich erst in der Hauptverhandlung die Notwendigkeit einer höheren Strafe oder der genannten freiheitsentziehenden Maßregeln ergibt (dazu § 25, 5). Erst § 24 Abs. 2 begründet diese Folgerung.

---

179 So im Ergebnis auch KK/*Barthe* 12a.

180 So auch *Meyer-Goßner* NStZ **2001** 612.

181 BGHSt **42** 205.

182 OLG Oldenburg NStZ **1994** 449 = StV **1994** 421; OLG Hamm StV **1995** 182; OLG Düsseldorf NStZ **1996** 206 m. abl. Anm. *Bachem* = StV **1995** 238; LR/*Erb* § 6, 16 StPO; abl. auch *Schmitt/Köhler* § 269 StPO, 8.

2. Freiheitsstrafe. Mit einer vier Jahre nicht übersteigenden Freiheitsstrafe können **Geldstrafe** (im Fall des § 53 Abs. 2 Satz 2 StGB, auch wenn die Summe der Ersatzfreiheitsstrafe und der primären Freiheitsstrafe vier Jahre übersteigt), **Nebenstrafen und Nebenfolgen** sowie sämtliche Maßregeln der Besserung und Sicherung mit Ausnahme der zu Rn. 40 bezeichneten verbunden werden, ohne dass die Strafgewalt damit überschritten würde.[183] 45

3. Gesamtstrafe. Vier Jahre Freiheitsstrafe stellt die höchste Strafe dar, die das Amtsgericht in einem Urteil aussprechen kann, gleichviel, ob diese Strafe für eine Tat oder als Gesamtstrafe für mehrere Taten verhängt wird. Dies ist im § 462a Abs. 3 Satz 4 StPO bzgl. der nachträglichen Festsetzung einer Gesamtstrafe durch Beschluss ausdrücklich ausgesprochen und gilt daher auch für die urteilsmäßig gebildete Gesamtstrafe, unabhängig davon, ob das erste Urteil die Gesamtstrafe festsetzt, oder ob es sich um eine Gesamtstrafe gemäß § 55 StGB handelt.[184] Infolgedessen ist die amtsgerichtliche Zuständigkeit zur Verhängung einer zu einer Gesamtstrafe zu vereinigenden Zusatzstrafe ohne Rücksicht auf deren Höhe ausgeschlossen, wenn bereits eine rechtskräftige **Einsatzstrafe von vier Jahren Freiheitsstrafe** oder mehr vorliegt, oder wenn sie zwar geringer ist, aber bei Einbeziehung der vorangegangenen Strafe eine vier Jahre übersteigende Freiheitsstrafe zu erwarten ist.[185] Dagegen ist es dem Amtsgericht und ebenso dem Landgericht als Berufungsgericht nicht verwehrt, gegen denselben Angeklagten **mehrere Strafen** von jeweils weniger als vier Jahren, deren **Summe** aber vier Jahre überschreitet, dann zu verhängen, wenn die Voraussetzungen für die Bildung einer Gesamtstrafe oder deren Nachholung (§ 55 Abs. 1 StGB) nicht vorliegen.[186] Ist dagegen die erste Strafe noch nicht rechtskräftig und infolgedessen eine Gesamtstrafenbildung mit einer neu zu erkennenden nicht zulässig, so kann das Amtsgericht bei der neuen Strafe seine Strafgewalt ausschöpfen;[187] die **nachträgliche Gesamtstrafenbildung** steht dann gemäß § 462a Abs. 3 Satz 4 StPO, wenn eine Gesamtstrafe von mehr als vier Jahren Freiheitsstrafe in Frage steht, dem Landgericht zu. 46

4. Strafgewalt des Berufungsgerichts. Überleitung eines Berufungsverfahrens in ein erstinstanzliches Verfahren. Durch[188] § 24 Abs. 2 ist auch die Strafgewalt der Strafkammer als Berufungsgericht begrenzt, sie reicht nicht über die des Amtsgerichts hinaus.[189] Dies gilt auch dann, wenn eine **nachträgliche Gesamtstrafenbildung** vorzunehmen ist und bei Erlass des amtsgerichtlichen Urteils noch nicht die Voraussetzungen für eine Gesamtstrafe vorlagen.[190] Reicht in einem solchen Fall die Strafgewalt nicht aus, ist das Berufungsgericht zur Gesamtstrafenbildung nicht verpflichtet und kann sich – ebenso wie das Amtsgericht[191] – darauf beschränken, eine Strafe für die verfahrensgegenständliche Tat festzusetzen und die Gesamtstrafenbildung dem **Beschlussverfahren** überlassen, für das sodann eine große Strafkammer des Landgerichts mit entsprechender Strafgewalt 47

183 Ebenso KMR/*Paulus* 5.
184 H.M., z.B. OLG Hamm JMBlNRW **1953** 287; KMR/*Paulus* 5.
185 KG StV **2021** 818; OLG Schleswig SchlHA **1951** 143.
186 BGHSt **34** 159 = NStZ **1987** 33 = JR **1988** 128 mit Stellungnahme *Fezer*; JR **1988** 89; Radtke/Hohmann 18; *Schmitt*/*Köhler* 9; **a.M.** *Schnarr* NStZ **1987** 236 (Anm. zu BGH NStZ **1987** 33); s.a. BGH NStZ **1988** 270.
187 BGH a.a.O.
188 S. dazu ergänzend LR/*Hanschke*/*Jesse* § 328, 43 ff. StPO.
189 BGH NStZ **1987** 33; BGHSt **33** 204 = JR **1987** 515 mit Anm. *Wendisch*; BGH bei *Miebach* NStZ **1988** 211; OLG Düsseldorf NStE **1993** 91; OLG Celle NJW **1961** 791; MDR **1963** 522; Radtke/Hohmann 19; Graf/*Eschelbach* 6.
190 OLG Jena NStZ-RR **2003** 139.
191 Vgl. Rn. 46.

zuständig wird.[192] Hält die kleine Strafkammer den Strafrahmen aber an sich nicht für ausreichend, kann sie die Sache entsprechend § 328 Abs. 2 StPO unter Aufhebung des Urteils an die **große Strafkammer** verweisen, die ohne Strafbannbeschränkung – freilich in den Grenzen des § 331 StPO – erstinstanzlich verhandelt.[193] Das Verfahren hat unter Beachtung der für die erstinstanzliche Strafkammer geltenden Vorschriften abzulaufen; das Urteil ist dann ein erstinstanzliches Strafkammerurteil, und die Revision geht an den BGH.[194] Die früher von der Rechtsprechung anerkannte Möglichkeit, sogleich selbst als Gericht des ersten Rechtszuges zu verhandeln, besteht nicht mehr, nachdem die Zuständigkeit der großen Strafkammer als Berufungsgericht durch das Rechtspflegeentlastungsgesetz beseitigt worden ist.[195] Berufungsgericht ist jetzt nur noch die kleine Strafkammer.

48 **Jugendkammer als Berufungsgericht.** Anders liegt es jedoch, wenn die große Jugendkammer als Berufungsgericht (§ 33b Abs. 1 JGG) die Voraussetzungen eines Schwurgerichtsverfahrens bejaht (§ 41 Abs. 1 Nr. 1 JGG) oder wenn in einer gegen Jugendliche und Erwachsene verbundenen Strafsache für den Erwachsenen die große Strafkammer zuständig wäre (§ 41 Abs. 1 Nr. 3 JGG). Im ersten Fall kommt theoretisch eine Überleitung in Betracht; sie wird aber nach der Rechtsänderung tatsächlich ausscheiden, weil die große Jugendkammer als Berufungsgericht regelmäßig nur mit zwei Berufsrichtern besetzt sein wird, während sie als Schwurgericht mit drei Berufsrichtern entscheiden muss. Im letzteren Fall wäre ebenfalls eine Überleitung möglich, aber dann müsste zugleich auch eine Entscheidung über die Beiziehung eines dritten Richters getroffen werden. Soweit eine Überleitung vorgenommen werden kann, kann auf eine die Grenzen des § 24 Abs. 2 übersteigende Strafe erkannt werden, weil nunmehr die unbeschränkte Strafgewalt des Landgerichts zur Verfügung steht.

49 Die **Überleitung in ein erstinstanzliches Verfahren** darf die große Jugendkammer auch ohne nähere Sachprüfung alsbald zu Beginn der Hauptverhandlung vornehmen, wenn die bisherigen Verfahrensergebnisse und die Verfahrenslage die Annahme nahelegen, dass die Strafgewalt des Schöffengerichts überschritten werden wird. Dieses Verfahren wird nicht dadurch unzulässig, dass die große Jugendkammer schließlich doch eine Strafe innerhalb des amtsgerichtlichen Strafbanns ausspricht, denn wenn sie einmal ihre erstinstanzliche Zuständigkeit angenommen hat, darf sie nicht mehr als Berufungsgericht verhandeln,[196] wie auch eine Zurücknahme der Berufung nicht mehr in Betracht kommt.[197]

50 Ein **Urteil der großen Jugendkammer** ist ferner auch dann **bei Überschreitung der Grenzen des § 24 Abs. 2 als erstinstanzliches Urteil** anzusehen und als solches mit der Revision beim BGH anfechtbar, wenn die große Jugendkammer zwar keinen Überleitungsbeschluss erlassen hat, aber die für das Verfahren in erstinstanzlichen Verhandlungen geltenden Vorschriften[198] beachtet hat, insbesondere nicht von dem Grundsatz der Unmittelbarkeit der Beweisaufnahme abgewichen ist; es spielt dann keine Rolle, dass sie erkennbar als Berufungsgericht tätig werden wollte.[199] Hat die große Jugendkammer dagegen – weil sie nur eine Berufungsverhandlung durchführte – nur als Berufungsgericht gehandelt, so ist ein gleich-

192 BGHSt **34** 204, 206, 207; BGH Beschl. v. 27.6.1989 – 4 StR 236/89 (bei *Miebach* NStZ **1990** 29 Nr. 27); OLG Celle StraFo **2018** 120; *Schmitt/Köhler* 11.

193 BGH NStZ-RR **2016** 220 mit Besprechung *Kudlich* JA **2016** 551; BayObLG NStZ **2000** 177; MüKo/*Schuster* 26.

194 BGHSt **21** 229; **34** 159 und 204; BGH NStZ-RR **1997** 22.

195 SK/*Degener* 45.

196 BGHSt **21** 229.

197 BGHSt **34** 159, 164; BGH bei *Miebach* NStZ **1988** 211 (zu § 237 StPO).

198 Von gewissen Ausnahmen abgesehen, vgl. BGH JR **1987** 515.

199 BGHSt **23** 283 = NJW **1970** 1614; BGHSt **31** 63 = NJW **1982** 2674; BGH bei *Pfeiffer/Miebach* NStZ **1985** 208; BGHSt **34** 159 = NStZ **1987** 33 = JR **1988** 128 mit krit. Stellungnahme *Fezer* JR **1988** 89; *Kissel/Mayer* 19.

wohl ergangener „Überleitungsbeschluss" ohne rechtliche Wirkung, und es kann das Urteil nicht als erstinstanzliches behandelt werden; der Fehler ist trotz des § 338 Nr. 4 StPO als Mangel einer Prozessvoraussetzung von Amts wegen zu beachten.[200]

5. Wirkung der Überschreitung der Strafgewalt. Sie macht die Entscheidung anfechtbar; wird die Entscheidung aber rechtskräftig, so heilt die Rechtskraft den Mangel. Überschreitet die (kleine) Strafkammer als Berufungsgericht zu Unrecht die Grenze des § 24, so ist für die Revision das Oberlandesgericht zuständig.[201] Das Revisionsgericht berücksichtigt die Überschreitung der Rechtsfolgengewalt von Amts wegen mit der Folge der Urteilsaufhebung wegen Fehlens der sachlichen Zuständigkeit.[202] 51

V. Zuständigkeit der Jugendgerichte

Zur Zuständigkeit der Jugendgerichte s. §§ 33 Abs. 2, 39, 40, 47a, 108 JGG, da die Straftaten Jugendlicher und Heranwachsender nicht unter § 24 fallen. Insoweit muss hier auf die Erläuterungswerke zum JGG verwiesen werden. 52

Ergänzend soll an dieser Stelle lediglich darauf hingewiesen werden, dass es sich beim Jugendgericht im Verhältnis zu anderen Spruchkörpern nicht um ein besonderes Gericht handelt, sondern nur um eine **gesetzliche Geschäftsverteilung**, sodass zwischen ihnen sowohl die Abgabe zulässig ist als auch §§ 209, 269 StPO anwendbar sind.[203] 53

§ 25

Der Richter beim Amtsgericht entscheidet als Strafrichter bei Vergehen,
1. wenn sie im Wege der Privatklage verfolgt werden oder
2. wenn eine höhere Strafe als Freiheitsstrafe von zwei Jahren nicht zu erwarten ist.

Schrifttum

Fischer Nochmals: Die neue Strafrichterzuständigkeit des § 25 Nr. 2 GVG, NJW **1996** 1044; *Fleischer* Zeit zum Umdenken, DRiZ **1995** 386; *Fuhse* Ist das Schöffengericht durch § 25 Nr. 2 GVG gehindert, Strafbefehle zu erlassen, Erledigungen im beschleunigten Verfahren vorzunehmen, kann es bei Straferwartung unter 2 Jahren Freiheitsstrafe angerufen werden? NStZ **1995** 165; *Günther* „(Objektive) Willkür" als juristisches Unwort, DRiZ **1996** 158; *Hohendorf* Die neue Strafrichterzuständigkeit des § 25 Nr. 2 GVG, NJW **1995** 1454; *Kern* Die Wiederherstellung der Rechtseinheit auf dem Gebiet der Strafgerichtsverfassung und des Strafverfahrens, MDR **1950** 582; *Loos/Radtke* Das beschleunigte Verfahren nach dem Verbrechensbekämpfungsgesetz, NStZ **1996** 7; *Michel* Streit über die Zuständigkeit beim Amtsgericht in Strafsachen, MDR **1995** 1198; *Neuhaus* Die Revisibilität der sachlichen Zuständigkeit des Schöffengerichts im Verhältnis zu der des Strafrichters (§ 25 Nr. 2 GVG), StV **1995** 212; *Nüse* Das Gesetz zur Wiederherstellung der Rechtseinheit auf dem Gebiet der Gerichtsverfassung, der bürgerlichen Rechtspflege, des Strafverfahrens und des Kostenrechts, JR **1950** 516; *Radtke/Bechtoldt* Bewegliche Zuständigkeiten (§ 29 II 1 GVG) und die Bedeutung der Rechtsfolgenerwartung (§ 25 Nr. 2 GVG), GA **2002** 586; *Schwitzke* Zur Zuständigkeit des Einzelrichters in Strafsachen, NJW **1953** 930; weiteres Schrifttum s. bei § 24.

---

200 BGH NJW **1970** 155; NStZ **1987** 33; OLG Köln GA **1971** 27.
201 *Schmitt/Köhler* § 328 StPO, 12.
202 BGHSt **18** 79, 81; NJW **1970** 155; BayObLG StraFo **2000** 230; KK/*Barthe* 16; Radtke/Hohmann 24; *Schmitt/Köhler* 9.
203 BGHSt **18** 79; KK/*Barthe* 18.

Entstehungsgeschichte

§ 25 hat in seiner bisherigen Entwicklung durch das 1. StRG 1969 zunächst eine mehr redaktionelle Änderung erfahren, indem in der damaligen Nummer 2 Buchst. b und c das Wort „Gefängnis“ durch „Freiheitsstrafe“ ersetzt und die frühere Nummer 3 (betr. Rückfallverbrechen) gestrichen wurde. Durch Art. II Nr. 6 des PräsVerfG wurde das Wort „Amtsrichter“ durch „Richter beim Amtsgericht“ ersetzt und später (nach zwischenzeitlicher Beseitigung der Übertretungen – frühere Nummer 1 –) durch Art. 2 Nr. 3 des 1. StVRG vom 9.12.1974 zu „Der Richter beim Amtsgericht ... als Strafrichter“ ergänzt.

Die jetzige Fassung beruht auf Art. 3 Nr. 5 des RpflEntlG. Für diejenigen neuen Länder, in denen noch Kreis- und Bezirksgerichte bestehen, wurde durch Art. 13 Nr. 2 in der Maßgabe Nummer 1 Buchst. g Absatz 1 Nummer 4 der Anlage I Kap. III Sachgeb. A Abschn. III zum Einigungsvertrag die Straferwartungsprognose für die Zuständigkeit des Einzelrichters entsprechend erhöht, indem dort die Worte „Freiheitsstrafe von einem Jahr“ durch die Worte „Freiheitsstrafe von zwei Jahren“ ersetzt wurden. Entfallen ist die gesonderte Zuständigkeitszuweisung für die wenigen Straftaten, die im Höchstmaß mit Freiheitsstrafe von nicht mehr als sechs Monaten bedroht sind, sowie die weitere Voraussetzung, dass die Staatsanwaltschaft Anklage zum Strafrichter erhebt.

Übersicht

1 **1. Bedeutung der Vorschrift.** Während § 24 die Zuständigkeit des Amtsgerichts gegenüber der des Landgerichts und anderen Gerichten höherer Ordnung abgrenzt, regelt § 25 die **Aufteilung der amtsgerichtlichen Zuständigkeit** zwischen dem Richter als Strafrichter (= Einzelrichter ohne Schöffen), die sich auf Vergehen (§ 12 Abs. 2, 3 StGB) beschränkt, und dem Schöffengericht, dem die nicht dem Strafrichter nach § 25 übertragene amtsgerichtliche Zuständigkeit zufällt (§ 28). Hierbei handelt es sich faktisch zwar um Spruchkörper an demselben Amtsgericht, im Sinne der sachlichen Zuständigkeit, aber um **zwei verschiedene Gerichte** mit der Folge, dass auch die Vorschriften der §§ 6, 209, 225a, 269 und 270 StPO zur Anwendung kommen.[1] In den Fällen der Nummer 2 ist, wenn nicht die landgerichtliche Zuständigkeit nach § 24 Abs. 1 Nr. 3 in Betracht kommt, nur die Zuständigkeit des Strafrichters gegeben. Wegen der Bedeutung des § 25 Nr. 2 vgl. unten Rn. 3 ff.

2 **2. Im Wege der Privatklage verfolgte Vergehen (Nr. 1).** Für Privatklage**verfahren** ist der Strafrichter stets zuständig. Soweit es sich der Vorschrift zufolge hierbei um Vergehen handeln muss, ist diese Regelung an sich überflüssig, weil in § 374 Abs. 1 StPO ohnehin nur Vergehen aufgezählt werden.[2] **Anders** kann dies aber **zu beurteilen** sein, wenn die Staatsanwaltschaft gemäß § 377 Abs. 2 StPO in einer Strafsache, die der Verletzte im Wege

1 BGHSt **18** 177; **19** 178; Kissel/*Mayer* 2; KK/*Barthe* 2; SSW/*Spiess* 1.
2 MüKo/*Schuster* 3.

der Privatklage betreibt, im Lauf des Verfahrens die Verfolgung übernimmt.[3] Denn die mit Privatklage verfolgbaren Vergehen unterliegen der unbedingten Zuständigkeit des Strafrichters nach § 25 Nr. 1 nur, wenn sie tatsächlich im Wege der Privatklage verfolgt werden.[4] Betreibt die **Staatsanwaltschaft** dagegen die **Verfolgung nach § 376 StPO**, kann sie diese Delikte sowohl beim Strafrichter als auch beim Schöffengericht anklagen, denn es gilt dann § 25 Nr. 2.[5] In diesem Fall kann die Staatsanwaltschaft aber auch wegen besonderer Bedeutung (§ 24 Abs. 1 Nr. 3) bei der Strafkammer anklagen. Es fragt sich, ob die durch Erhebung der Privatklage begründete Zuständigkeit erlischt, wenn die Staatsanwaltschaft das Verfahren übernimmt, und ob – im Falle der Bejahung oder der Verneinung dieser Frage – die Staatsanwaltschaft bei oder nach der Übernahme die sachliche Zuständigkeit noch beeinflussen kann. Nach h.M. tritt die Staatsanwaltschaft in das laufende Verfahren ein; sie übernimmt es in der Lage, in der sie es vorfindet, und setzt es in dieser Lage fort.[6] Daraus ergibt sich, dass, unabhängig von der Zuständigkeit, die bestünde, wenn die Staatsanwaltschaft von vornherein die öffentliche Klage erhebt (§ 376 StPO), die Zuständigkeit des Strafrichters bestehen bleibt, wenn die Staatsanwaltschaft in das Verfahren eintritt. Allerdings richtet sich von der Übernahme an das Verfahren nach den Vorschriften über das auf öffentliche Klage erhobene Verfahren. Daraus ergibt sich aber nicht, dass die Staatsanwaltschaft gemäß § 156 StPO die Klage zurücknehmen kann, solange das Hauptverfahren noch nicht eröffnet ist, oder dass bei einer Übernahme des Verfahrens nach Eröffnung des Privatklageverfahrens die Zuständigkeit des Strafrichters beendet wäre, wenn die Staatsanwaltschaft die Verfolgung aufgibt, etwa weil sie einen hinreichenden Tatverdacht verneint. Allerdings kann das nicht – wie vor der Aufhebung des § 377 Abs. 3 StPO – damit begründet werden, es werde dadurch der bisherige Privatkläger, der durch die Übernahme Nebenkläger wurde, rechtlos gestellt, es sei denn, dass er seine Zustimmung erteile. Vielmehr bleibt die Zuständigkeit des Strafrichters bestehen; denn wenn die Staatsanwaltschaft die Verfolgung aufgibt, lebt das Privatklageverfahren wieder auf und der Privatkläger erhält wieder seine Stellung als solche zurück.[7]

3. Zuständigkeit kraft Straferwartung (Nr. 2)

a) Anwendungsbereich. Während die Vorschrift in der bis zum 1.3.1993 geltenden 3
Fassung bezweckt hat, geeignete einfachere Sachen im **Interesse der Beschleunigung und Vereinfachung vor den Strafrichter zu bringen**, liegt die Intention der Neuregelung durch das RpflEntlG insgesamt auch darin, durch die Verschiebung der Zuständigkeiten auf die Amtsgerichte den BGH von Revisionsverfahren zu entlasten.[8] Nummer 2 stellt – wie § 24 Abs. 1 Nr. 2 –, wenn eine höhere Strafe als Freiheitsstrafe von zwei Jahren angedroht ist, auf das Höchstmaß der im Einzelfall zu erwartenden Strafe ab; bei Tatmehrheit kommt es auf die zu erwartende Höhe der Gesamtfreiheitsstrafe an.[9] Im Übrigen ist bei

---

3 Der frühere Abs. 3 des § 377 („Übernimmt die Staatsanwaltschaft die Verfolgung, so erhält der Privatkläger die Stellung eines Nebenklägers") wurde durch Art. 1 Nr. 3 des OpferschutzG aufgehoben. Wegen der Gründe (Lösung der Nebenklage von der Privatklage) und der Neuregelung des Anschlusses als Nebenkläger in §§ 395, 396 n.F. StPO vgl. LR/*Wenske* Vor § 395, 8 ff. StPO.

4 Graf/*Eschelbach* 2.

5 Kissel/*Mayer* 3; SK/*Degener* 2; KK/*Barthe* 2; *Pfeiffer*[2] 2.

6 BGHSt **11** 56, 61 = NJW **1958** 229; *Katholnigg* 2; LR/*Wenske* § 377, 21 StPO; SK/*Velten* § 377, 9 StPO; SK/*Degener* 2; Kissel/*Mayer* 3; *Schmitt*/*Köhler* 2; SSW/*Spiess* 2.

7 LR/*Wenske* § 377, 19, 27 StPO.

8 BTDrucks. **12** 3832 S. 43.

9 Ebenso KMR/*Paulus* 3; KK/*Barthe* 4; *Schmitt*/*Köhler* 3.

der Straferwartungsprognose nicht allein auf den Regelstrafrahmen abzuheben, sondern es ist hier bereits zu berücksichtigen, ob evt. ein minderschwerer Fall vorliegt.[10] der einen geringeren Strafrahmen eröffnet. Soweit neben der Freiheitsstrafe andere Rechtsfolgen im Rahmen des amtsgerichtlichen Strafbanns angedroht werden, berührt dies die Zuständigkeit nicht.[11]

4 **b) Voraussetzungen der Anklage zum Strafrichter.** Der Strafrichter ist sachlich zuständig, wenn bei Anklageerhebung und Eröffnungsbeschluss die Straferwartung eine **Freiheitsstrafe von zwei Jahren** nicht übersteigt, mag später auch eine höhere Freiheitsstrafe verhängt werden.[12] Trotz des Gesetzeswortlauts war bereits durch BVerfGE **22** 254 klargestellt, dass die Zuständigkeit des Strafrichters nicht allein von der Anklageerhebung durch die Staatsanwaltschaft abhängt. Die Änderung durch das RpflEntlG unterstreicht dies und hat nunmehr endgültig Klarheit geschaffen, dass es sich bei dessen Zuständigkeit um einen aus der Gesamtzuständigkeit des Amtsgerichts ausgegliederten Teil handelt. Die daraus folgende Abgrenzung zwischen dem Strafrichter und dem Schöffengericht ist mithin Teil der in jeder Lage des Verfahrens von Amts wegen zu prüfenden sachlichen Zuständigkeit.[13] Die **Staatsanwaltschaft hat** daher **kein Wahlrecht** zwischen einer Anklage vor dem Strafrichter oder vor dem Schöffengericht. Vielmehr muss sie vor dem Strafrichter anklagen, wenn die zu erwartende Strafe den Rahmen des § 25 Nr. 2 nicht übersteigt und die Strafgewalt des Amtsgerichts mit Sicherheit ausreichend erscheint.[14] Die Anklageerhebung zum Strafrichter oder zum Schöffengericht ist aber für diese **nicht bindend**, sie bedeutet nur einen Zuständigkeitsvorschlag; der Eröffnungsrichter hat selbständig zu prüfen, ob die Rechtsfolgeerwartung gegeben ist. Der Strafrichter verfährt also, wenn er die Straferwartung der Staatsanwaltschaft nicht teilt, nach § **209 Abs. 2 StPO**. Hat er zunächst das Hauptverfahren eröffnet, bleibt bis zum Beginn der Hauptverhandlung bei sich verändernder Prognose immer noch die Möglichkeit, die Sache nach § **225a StPO** dem Schöffengericht oder der Strafkammer vorzulegen. Letzteres steht auch dem Schöffengericht zu.

5 Wird **Anklage zum Schöffengericht** erhoben, und hält der Vorsitzende die Straferwartung der Staatsanwaltschaft für überzogen, so eröffnet er nach **§ 209 Abs. 1 StPO** vor dem Strafrichter. Hält das Schöffengericht irrtümlich seine Zuständigkeit für gegeben und eröffnet es das Hauptverfahren, so steht hier einer Zurückverweisung **§ 269 StPO** entgegen.[15] Im Verhältnis zum Schöffengericht ist der Strafrichter nämlich ein Gericht niederer Ordnung.[16]

6 **c) Bindung der Staatsanwaltschaft durch Richtlinien?** Wegen der sich aus der früheren Fassung der Nr. 113 Abs. 4 RiStBV ergebenden Probleme vgl. die 24. Aufl., 5a. Die seit 1.1.1997 geltende Fassung enthält für den Staatsanwalt keine Vorgabe mehr, bei welchem Gericht vorrangig Anklage erhoben werden soll. Die Regelung sieht lediglich noch vor, dass die Gründe, die gemäß § 24 Abs. 1 Nr. 3 zu einer Anklage vor dem Landgericht führen, **aktenkundig** gemacht werden sollen und dass ggf. die Mitwirkung eines dritten Richters angeregt bzw. bei Anklagen zum Schöffengericht die Zuziehung eines zweiten Richters beantragt werden soll. Der aktuelle Wortlaut der Nr. 113 RiStBV begründet umgekehrt auch

---

10 LG Zweibrücken StV **1996** 477; *Katholnigg* § 24, 4; KK/*Barthe* 5.
11 OLG Tübingen NJW **1953** 1444; *Schmitt/Köhler* 3.
12 Graf/*Eschelbach* 3; *Schmitt*/Köhler 2; vgl. hier nachfolgend 12.
13 S.o. § 24, 33 ff.; *Schmitt/Köhler* 1; *Katholnigg* 1.
14 OLG Zweibrücken v. 10.7.2024 – 1 Ws 149/24 (juris).
15 *Rieß* GA **1976** 11; *Kissel/Mayer* 7.
16 BGHSt **19** 177; BGH NStZ **1993** 197; KK/*Barthe* 2; SSW/*Spiess* 1; OK/*Eschelbach* 1.

nicht die Befürchtung, dass der Staatsanwalt nunmehr vorrangig beim Landgericht anklagen wird. Die Verpflichtung des Staatsanwalts, die Auswahl des Gerichts unter Berücksichtigung des gesetzlichen Richters vorzunehmen, bleibt vielmehr unberührt.

d) Fortgeltung des ungeschriebenen Merkmals der „minderen Bedeutung"? Für die bis zum 1.3.1993 geltende Fassung hatte das BVerfG[17] unter weitgehender Zustimmung im Schrifttum im Wege verfassungskonformer Auslegung klargestellt, dass sich § 25 Nr. 3 a.F. nur auf Strafsachen „von minderer Bedeutung" bezog, d.h. auf Strafsachen, die sich von durchschnittlichen Strafsachen mit der Rechtsfolgeerwartung der Nummer 3 a.F. nach unten abheben, etwa im Hinblick auf den Umfang der Sache, die Schwere des Rechtsverstoßes oder ihre Bedeutung für Täter und Verletzten. Nur solche Verfahren sollten die Zuständigkeit des Strafrichters begründen. Unter Hinweis darauf, dass trotz der Neufassung des § 25 durch das Rechtspflegeentlastungsgesetz die Zuständigkeit des Schöffengerichts für das beschleunigte Verfahren (früher § 212 ff. StPO, jetzt § 417 ff. StPO) als auch für das Strafbefehlsverfahren (§§ 407 ff. StPO) unverändert geblieben ist, obwohl in beiden Fällen eine höhere Strafe als Freiheitsstrafe von einem Jahr nicht verhängt werden darf (§§ 407 Abs. 2 Satz 2, 419 Abs. 1 Satz 2 StPO), wird die Auffassung vertreten, dass das ungeschriebene Merkmal der „minderen Bedeutung" fortgelten müsse, weil sonst ein Austrocknen der Schöffengerichte und im besonderen Maße der erweiterten Schöffengerichte zu befürchten sei.[18] Im Übrigen habe derselbe Gesetzgeber durch das ein Jahr später beschlossene Verbrechensbekämpfungsgesetz vom 28.10.1994 (BGBl. I S. 3186) die „Aburteilung im beschleunigten Verfahren" neu geregelt und ausdrücklich an der Verfahrenserledigung durch das Schöffengericht festgehalten. Hätte § 25 eine ausschließliche Zuständigkeit des Strafrichters postulieren sollen, hätte die letztgenannte Rechtsänderung unterbleiben müssen.[19] Nur dann lasse sich auch ein geradezu paradoxes Ergebnis vermeiden, das sich über § 24 Abs. 1 Nr. 3 ergeben könnte, wenn die Staatsanwaltschaft wegen der besonderen Bedeutung des Falles trotz einer nur zu erwartenden Geldstrafe Anklage beim Landgericht erheben würde.[20] All diese Argumente vermögen nicht zu überzeugen und so wird diese Ansicht zu Recht überwiegend abgelehnt.[21] 7

Bereits der **Wortlaut des § 25 lässt der Gegenmeinung keinen Spielraum** und die amtliche Begründung bestätigt dies, indem neben dem Entlastungsziel darauf abgestellt wird, für die Zuständigkeitsabgrenzung durch Anknüpfung an die Rechtsfolgenerwartung „eine verfassungsrechtlich eindeutige Grundlage" zu schaffen.[22] Die verfassungsrechtliche Problematik bestand in der Vergangenheit jedoch allein wegen des vermeintlich der Staatsanwaltschaft zustehenden Anklageermessens und es liegt fern, der Gesetzgeber habe diesen problematischen Zustand auch nur teilweise beibehalten wollen.[23] Die Entscheidung des BVerfG war aber gerade durch die frühere unpräzise Gesetzesfassung bedingt und es besteht nach der Neufassung kein Grund, über den nunmehr klaren Wortlaut 8

17 BVerfGE **22** 254 = NJW **1967** 2151.

18 AG Höxter MDR **1994** 1139; *Bachem* NStZ **1996** 207 (Anm. zu OLG Düsseldorf NStZ **1996** 206); *Fuhse* NStZ **1995** 165; *Günther* DRiZ **1996** 158; *Hohendorf* NJW **1995** 1454; *Schäfer* DRiZ **1997** 168; *Siegismund/Wickern* wistra **1993** 81, 137.

19 *Fuhse* NStZ **1995** 165 f.

20 *Bachem* NStZ **1996** 207.

21 OLG Naumburg StV **2015** 214; OLG Celle OLGSt Nr. 1 zu § 25; OLG Düsseldorf NStZ **1996** 206; OLG Hamm StV **1995** 182; OLG Koblenz OLGSt Nr. 2 zu § 25 = StV **1996** 588; OLG Köln StV **1996** 298; OLG Oldenburg NStZ **1994** 449 = StV **1994** 421; LG Freiburg StV **1996** 534; LG Koblenz StV **1995** 517; LG Stuttgart wistra **1994** 40; *Fischer* NJW **1996** 1044; *Fleischer* DRiZ **1995** 387; *Katholnigg* 3; SK/*Degener* 5; KK/*Barthe* 6; Graf/*Eschelbach* 3; *Michel* MDR **1995** 1198; *Rieß* NStZ **1995** 376; *Radtke*/*Bechtoldt* GA **2002** 586, 589.

22 BTDrucks. **12** 1217 S. 46.

23 *Rieß* NStZ **1995** 376.

hinaus weiterhin auf das Bedeutungsmerkmal abzustellen. § 25 Nr. 2 ist gerade nicht mehr als sog. „bewegliche Zuständigkeitsregelung“ ausgestaltet. Wenn *H. Schäfer*[24] demgegenüber aus logisch-systematischen und teleologischen Aspekten eine berichtigende Auslegung im Sinne der Mindermeinung anbietet, so ist dies nicht mit dem allgemein anerkannten Vorrang der philologischen Interpretation[25] (auch als Verbalauslegung, als textliche, sprachliche, grammatische, semantische Auslegung bezeichnet) vereinbar. Darüber hinaus würde der erkennbare Wille des Gesetzgebers (historische Auslegung) ignoriert, denn soweit ferner auf ein „Austrocknen der Schöffengerichte“ verwiesen wird, ist festzustellen, dass der Rechtsausschuss des Bundestages die Anhebung der Straferwartungs- und Strafbanngrenze des Schöffengerichts vorgeschlagen und bewusst die Zuständigkeitserweiterung für den Strafrichter angestrebt hat.[26]

9 Auch aus der späteren **Regelung des Verbrechensbekämpfungsgesetzes** lässt sich nichts Gegenteiliges entnehmen. Da der Strafrichter nur für Vergehen zuständig ist, im beschleunigten Verfahren aber auch (soweit die Strafgewalt ausreicht)[27] Verbrechen abgeurteilt werden können, bedurfte es der Beibehaltung der schöffengerichtlichen Zuständigkeit.[28]

10 Zutreffend weist *Rieß*[29] allerdings darauf hin, dass sich eine **redaktionelle Ungenauigkeit im Bereich der Regelungen des Strafbefehlsverfahrens** zeigt,[30] weil bei den höchstmöglichen Sanktionen (§ 407 Abs. 2 StPO) und der Beschränkung dieser Verfahrensart auf Vergehen uneingeschränkt die Zuständigkeit des Strafrichters gegeben ist. Soweit hier durch den unveränderten § 407 Abs. 1 Satz 1 StPO auch die Zuständigkeit des Schöffengerichts in Betracht käme, muss dies durch die Neufassung des § 25 als leerlaufend betrachtet werden.[31] Im Übrigen setzt § 407 StPO nach dem Wortlaut die Zuständigkeit des Strafrichters oder des Schöffengerichts voraus, begründet sie aber nicht.[32] Es ist daher kein Grund ersichtlich, der es rechtfertigen könnte, das Merkmal der „minderen Bedeutung“ auch im Rahmen des § 25 anzuwenden.

11 **Im Offizialverfahren** ist daher bei Vergehen für die Zuständigkeitsverteilung zwischen Strafrichter und Schöffengericht nunmehr allein die **Straferwartung maßgebend**. Für Verbrechen ist der Strafrichter nie, das Schöffengericht insoweit zuständig, als nicht nach §§ 24, 74 die Strafkammer zuständig ist. Unabhängig von der Straferwartung ist auch bei Vergehen weder der Strafrichter noch das Schöffengericht zuständig, wenn wegen der besonderen Bedeutung des Falles die Zuständigkeit des Landgerichts besteht. Die Bedeutung des Falles spielt damit nur noch für die Zuständigkeitsabgrenzung zwischen Amtsgericht und Landgericht eine Rolle.

12 **e) Überschreitung der Straferwartung.** Streit besteht, wie der Strafrichter zu verfahren hat, wenn er nach dem Ergebnis der Hauptverhandlung eine Freiheitsstrafe für verwirkt ansieht, die über dem Rahmen des § 25 Nr. 2 liegt. Nach einer vor allem früher vertretenen Auffassung begrenzt § 25 Nr. 2 die Strafgewalt des Strafrichters dergestalt, dass

24 DRiZ **1997** 168.
25 Vgl. *Larenz* Methodenlehre 332, 343 f.; *Zippelius* Juristische Methodenlehre 41.
26 Bericht des Rechtsausschusses BT, BTDrucks. **12** 3832 S. 43.
27 Z.B. dann, wenn die einjährige Mindeststrafe wegen Vorliegens eines minderschweren Falles oder nach allgemeinen Strafmilderungsvorschriften unterschritten werden kann.
28 So auch OLG Koblenz OLGSt Nr. 2 zu § 25 = StV **1996** 588.
29 NStZ **1995** 376.
30 *Radtke/Bechtoldt* GA **2002** 586, 589 sprechen insoweit von einem Redaktionsversehen des Gesetzgebers.
31 Ebenso *Schmitt/Köhler* 3; LR/*Rieß*[24] GVG-Anh. 21; ähnlich LG Stuttgart wistra **1994** 40.
32 OLG Koblenz OLGSt Nr. 2 zu § 25.

er auf eine zwei Jahre übersteigende Freiheitsstrafe nicht erkennen darf, vielmehr die Sache gemäß § 270 StPO an das Schöffengericht verweisen muss.[33] Nach inzwischen aber **ganz h.A.** verbleibt es bei der durch Erhebung der Anklage und Eröffnung des Hauptverfahrens begründeten Zuständigkeit des Strafrichters dergestalt, dass er auf jede in die Strafgewalt des Amtsgerichts fallende Strafe (§ 24 Abs. 2) erkennen darf.[34] Das gilt auch für den Jugendrichter bei der Anwendung des allgemeinen Strafrechts.[35] Diese Lösung verdient den Vorzug. **§ 24 Abs. 2**, auf den die Gegenmeinung verweist, ist, wie zu § 24 (Rn. 40) dargelegt, keineswegs eine Vorschrift, die lediglich den Sinn des § 24 Abs. 1 Nr. 2 klarstellt, sondern ist eine **Vorschrift von selbständiger Bedeutung**. Dadurch, dass das Gesetz die Zuständigkeit oder die Zulässigkeit eines bestimmten Verfahrens nach der zu erwartenden Strafe bemisst, kann der Vorschrift nämlich nicht ohne weiteres das Verbot entnommen werden, eine höhere als die bei Eröffnung des Verfahrens zu erwartende Strafe zu verhängen, denn dies zeigt deutlich der vergleichbare § 39 JGG. Dessen Absatz 1 bestimmt, dass der Jugendrichter als Einzelrichter zuständig ist, wenn nur Erziehungsmaßregeln, Zuchtmittel und zulässige Nebenstrafen und -folgen zu erwarten sind und der Staatsanwalt Anklage beim Einzelrichter erhebt; gleichwohl kann der **Jugendrichter**, wenn sich entgegen der ursprünglichen Erwartung später herausstellt, dass **Jugendstrafe** erforderlich ist, auf diese erkennen, denn § 39 Abs. 2 JGG verbietet dem Jugendrichter nur, auf Jugendstrafe von mehr als einem Jahr oder von unbestimmter Dauer zu erkennen.[36]

In § 232 Abs. 2 Satz 1 StPO ist zwar die Zulässigkeit einer Hauptverhandlung gegen den 13
ausgebliebenen Angeklagten auf den Fall beschränkt, dass nur bestimmte Rechtsfolgen zu erwarten sind, und zugleich das Verbot der Verhängung darüber hinaus gehender Rechtsfolgen ausgesprochen; aber hier hat der Gesetzgeber eine ausdrückliche begrenzende Vorschrift für erforderlich erachtet (§ 232 Abs. 1 Satz 2 StPO). Es hätte mithin, um die Strafgewalt des Strafrichters nach § 25 zu begrenzen, einer ausdrücklichen Vorschrift bedurft, die den Strafbann beschränkt, wie das auch in § 419 Abs. 1 Satz 2 StPO bezgl. des Strafbanns von Strafrichter und Schöffengericht im beschleunigten Verfahren geschehen ist.[37] Aus dem Fehlen einer solchen Vorschrift kann nur der Schluss gezogen werden, dass im Fall des § 25 Nr. 2, wenn eine Überschreitung der zunächst erwarteten höchsten Strafe sich später als erforderlich erweist, der Strafrichter, ohne seine Zuständigkeit zu verlieren, diese im Rahmen des § 24 Abs. 2 auszusprechen hat. Dieses Ergebnis ist umso weniger befremdlich, als der Strafrichter nach § 25 Nr. 1 (z.B. wegen Verleumdung, § 187 StGB, § 374 Abs. 1 Nr. 2 StPO) und nach § 25 Nr. 2 (bei Tatmehrheit) auf eine zwei Jahre übersteigende Freiheitsstrafe erkennen kann.

Etwas anderes gilt naturgemäß dann, wenn sich **aufgrund anderer rechtlicher Beurteilung** die angeklagte Tat als Verbrechen darstellt,[38] oder wenn sich Maßnahmen der 14

33 *Schwitzke* NJW **1953** 930; *Achenbach* NStZ **1985** 471 (Anm. zu BayObLG NStZ **1985** 470); *Hohendorf* NStZ **1987** 393 (zu IV 2), 396.

34 BGHSt **16** 248 = NJW **1961** 2316; BayObLG NStZ **1985** 470; OLG Braunschweig NJW **1951** 674; OLG Köln GA **1957** 24; *Brandstetter* DRiZ **1950** 514; *Gollwitzer* JR **1991** 37 (Anm. zu OLG Karlsruhe JR **1991** 36); *Katholnigg* 4; *Kern* MDR **1950** 584; **1951** 31; SK/*Degener* 7; KK/*Barthe* § 24, 14; Kissel/*Mayer* 6; MüKo/*Schuster* 5; *Schmitt/Köhler* 8; SSW/*Spiess* 6; *Nüse* JR **1950** 515, 517; *Pfeiffer*[2] 4; *Rieß* GA **1976** 11.

35 BGH StraFo **2004** 103; *Schmitt/Köhler* 4.

36 S. dazu auch OLG Stuttgart NStZ **1988** 225.

37 S. dazu auch OLG Celle JR **1984** 74 mit Anm. *Meyer-Goßner*; OLG Oldenburg NStZ **1987** 90 = JR **1989** 119 mit Anm. *Terhorst* = NStZ **1988** 323 betr. Korrektur durch das Berufungsgericht, wenn der Strafrichter im beschleunigten Verfahren eine Strafe verhängte, die den Rahmen des § 212b Abs. 1 Satz 2 StPO a.F. überschritt.

38 *Schmitt/Köhler* 1, 3; *Katholnigg* 1.

Unterbringung im psychiatrischen Krankenhaus oder der Sicherungsverwahrung abzeichnen. Dann muss **Verweisung** erfolgen.

15 **4. Entscheidung durch das zuständige Gericht.** Obwohl die sachliche Zuständigkeit als Prozessvoraussetzung in jeder Lage des Verfahrens **von Amts wegen** für alle Instanzen zu prüfen ist,[39] haben sich dennoch nach der Neufassung des § 25 der 1. und der 5. Strafsenat des BGH[40] dafür ausgesprochen, diese nur auf eine ausdrücklich erhobene Revisionsrüge hin zu überprüfen. In diesem Sinne hatten sich früher auch bereits das OLG Düsseldorf[41] und das OLG Frankfurt[42] geäußert. Nur vereinzelt hat diese Rechtsprechung Zustimmung erfahren.[43] Eine revisionsrechtliche Lösung ist jedoch mit denselben Argumenten wie bei der Abgrenzung der Zuständigkeiten von Amts- und Landgericht[44] abzulehnen, denn auch Strafrichter und Schöffengericht sind im Sinne der Zuständigkeitsvorschriften Gerichte verschiedener Ordnung,[45] für welche daher auch dieselben Grundsätze wie im Verhältnis zwischen Amts- und Landgericht zu gelten haben. Richtigerweise und überwiegend wird daher auch angenommen, dass auch im **Rechtsmittelzug** die **Zuständigkeit** des betreffenden Gerichts **von Amts wegen** zu prüfen ist.[46]

16 Hat der Strafrichter in einem Fall entschieden, in dem von vornherein wegen **Fehlens der Voraussetzungen des § 25 Nr. 2** das Schöffengericht hätte entscheiden müssen, so ist in den Rechtsmittelzügen das Urteil (nach § 328 Abs. 3 oder § 355 StPO) aufzuheben, und die Sache an das sachlich zuständige Gericht zurückzuverweisen.[47] Das gleiche gilt für Jugendrichter und Jugendschöffengericht.[48] Das Revisionsgericht hat in einem solchen Falle nach heute h.M. unmittelbar an das Schöffengericht zurückzuverweisen.[49] Die Zurückverweisung kann aber in sinngemäßer Anwendung des § 354 Abs. 3 StPO nach Zweckmäßigkeitsgründen an den Strafrichter erfolgen, wenn infolge Beschränkung des Rechtsmittels nur noch über einen Nebenpunkt, beispielsweise nach damaligem Recht über die Kosten im Falle eines rechtskräftigen Freispruchs, zu entscheiden ist, für den die Zuständigkeit des Strafrichters ausreicht.[50]

17 Anders liegt es, wenn infolge **irrtümlicher Beurteilung** bei der Eröffnung statt des Strafrichters das Schöffengericht entschieden hat; dann steht einer Zurückverweisung § 269 StPO entgegen,[51] es sei denn, es handelt sich um eine willkürliche Zuständigkeitsannahme des Schöffengerichts.[52] Aus dem Umstand, dass das Schöffengericht auf eine Freiheitsstrafe (weit) unter zwei Jahren erkennt, kann nicht auf eine willkürliche Zuständigkeitsannahme geschlossen werden, weil die **im Zeitpunkt der Eröffnung zu treffende Prognoseentscheidung**

---

39 S.o. § 24, 37 m.w.N.

40 BGHSt **42** 205 = StV **1996** 585; BGH StV **1998** 1; auf der gleichen Linie lagen auch schon die Entscheidungen BGHSt **19** 273; BGH GA **1970** 25; NStZ **1993** 197 = NJW **1993** 1607.

41 NStZ **1990** 292 m. Anm. *Eisenberg* 551.

42 NStZ **1993** 250.

43 LR/*Gollwitzer*[24] § 269, 12 StPO, der allerdings die Fälle willkürlicher Zuständigkeitsannahme ausnimmt und dann ebenfalls eine Prüfung von Amts wegen anerkennt; *Engelhardt* JZ **1995** 262 (Anm. zu BGHSt **40** 120); *Neuhaus* StV **1995** 212, 215; MüKo/*Schuster* 10.

44 § 24, 29 ff.

45 RGSt **62** 265, 270; BGHSt **18** 79; **19** 177; NJW **1964** 505; *Katholnigg* 1.

46 OLG Brandenburg NStZ **2001** 611; *Kissel/Mayer* 7; KK/*Barthe* 2; *Schmitt/Köhler* 1; *Rieß* NStZ **1993** 249 (Anm. zu BGH NStZ **1993** 248.

47 Vgl. OLG Frankfurt NStZ **1993** 250; *Kissel/Mayer* 7.

48 BayObLG Zbl. JR **1961** 335; vgl. auch BGHSt **18** 79, 83.

49 LR/*Franke* § 355, 8 StPO m.w.N.

50 BayObLGSt **1962** 85.

51 *Rieß* GA **1976** 11.

52 S. dazu die N. zu § 24,28.

maßgeblich ist und zu diesem Zeitpunkt sich im Laufe der Hauptverhandlung ergebende konkrete Strafzumessungsaspekte naturgemäß noch nicht berücksichtigt werden können.[53]

5. Amtsgericht ohne Schöffengericht. Wird eine zur Zuständigkeit des Schöffengerichts gehörige Strafsache bei einem Amtsgericht ohne Schöffengericht anhängig gemacht, so legt der Strafrichter die Sache dem Vorsitzenden des Schöffengerichts (§ 58) vor; die frühere Auffassung, dass die Entscheidung über die Anklage abzulehnen oder der Staatsanwaltschaft die Zurücknahme anheim zu geben sei,[54] ist seit der Neufassung des § 209 StPO durch das StVÄG 1979 überholt. **18**

6. Verfahren in Feld- und Forstrügesachen. Auf Grund des § 3 Abs. 3 EGStPO erlassene landesrechtliche Vorschriften, nach denen in Feld- und Forstrügesachen der Strafrichter allein entscheidet, werden durch die Regelung in §§ 24, 25 nicht berührt. Insoweit kann die Zuständigkeit des Strafrichters (Verhandlung ohne Zuziehung von Schöffen, auch wenn sonst das Schöffengericht zuständig wäre) erweitert werden. Solche landesrechtlichen Zuständigkeitsvorschriften gelten aber nicht bei Verfehlungen Jugendlicher und Heranwachsender, auch wenn das Landesrecht sie nicht ausdrücklich von der Geltung dieser Vorschriften ausnimmt. Das ergibt sich daraus, dass das JGG keine Abweichungen von seiner Zuständigkeitsregelung für Feld- und Forstrügesachen vorsieht und landesrechtliche Abweichungen mit der Grundkonzeption des JGG unvereinbar sind.[55] **19**

§ 26

(1) [1]Für Straftaten Erwachsener, durch die ein Kind oder ein Jugendlicher verletzt oder unmittelbar gefährdet wird, sowie für Verstöße Erwachsener gegen Vorschriften, die dem Jugendschutz oder der Jugenderziehung dienen, sind neben den für allgemeine Strafsachen zuständigen Gerichten auch die Jugendgerichte zuständig. [2]Die §§ 24 und 25 gelten entsprechend.

(2) [1]In Jugendschutzsachen soll die Staatsanwaltschaft Anklage bei den Jugendgerichten erheben, wenn damit die schutzwürdigen Interessen von Kindern oder Jugendlichen, die in dem Verfahren als Zeugen benötigt werden, besser gewahrt werden können. [2]Im Übrigen soll die Staatsanwaltschaft Anklage bei den Jugendgerichten nur erheben, wenn aus sonstigen Gründen eine Verhandlung vor dem Jugendgericht zweckmäßig erscheint.

(3) Die Absätze 1 und 2 gelten entsprechend für die Beantragung gerichtlicher Untersuchungshandlungen im Ermittlungsverfahren.

Schrifttum

Achenbach Staatsanwalt und gesetzlicher Richter – ein vergessenes Problem? FS Wassermann (1985) 853; *Bittmann* Referentenentwurf für ein Gesetz zur Stärkung der Rechte von Opfern sexuellen Missbrauchs (StORMG), ZRP **2011** 72; *Eisenberg* Referentenentwurf des BMJ „Gesetz zur Stärkung der Rechte von Opfern sexuellen Missbrauchs (StORMG)" 2010, HRRS **2011** 64; *Engelhardt* Staatsanwaltschaft und gesetzlicher Richter, DRiZ **1982** 420; *Meier* Zwischen Opferschutz und Wahrheitssuche, JZ **1991** 638; *Rieß* Das Strafverfahrensänderungsgesetz 1979, NJW **1978** 2265.

53 Vgl. OLG Brandenburg OLG-NL **2006** 166.
54 So BayObLG HRR **1926** Nr. 641 und LR[22] § 25, 7.
55 Dazu eingehend LR[21] § 24, 12.

Entstehungsgeschichte

Die Fassung des § 26 beruht auf § 121 JGG. § 26 knüpft an die Regelung an, die unter der Herrschaft des RJGG 1943 die sog. Jugendschutzsachen in II der AV des RJustMin vom 14.1.1944 (DJ S. 37) gefunden hatten. Dort waren eine Reihe von Gesetzesverstößen Erwachsener gegen Kinder und Jugendliche und gegen Vorschriften zum Schutz von Kindern und Jugendlichen dem Jugendrichter und der Jugendkammer im Wege der Geschäftsverteilung zur Aburteilung zugewiesen. Durch das Gesetz zur Stärkung der Rechte von Opfern sexuellen Missbrauchs vom 26.6.2013 (StORMG, BGBl. I S. 1805) wurde mit Wirkung ab 1.9.2013 Absatz 2 der Vorschrift durch zwei neue Absätze ersetzt, wobei der jetzige Absatz 2 eine Abänderung der bisherigen Regelung beschreibt, der jetzige Absatz 3 indessen eine Neuregelung darstellt. Hierdurch soll ein verbesserter Schutz namentlich von jugendlichen Opferzeugen erreicht werden.

Übersicht

1 **1. Anwendungsbereich. Grundgesetzmäßigkeit.** Während die §§ 39 ff., 108 JGG die sachliche Zuständigkeit des Gerichts in den Fällen regeln, in denen Jugendliche oder Heranwachsende strafbarer Handlungen beschuldigt werden, regelt § 26 i.V.m. § 74b die Zuständigkeit in dem Fall, dass sich die Straftat eines Erwachsenen *gegen* ein Kind oder einen Jugendlichen richtet oder eine dem Jugendschutz oder der Jugenderziehung dienende Vorschrift verletzt. § 26 schafft damit ausnahmsweise eine **Doppelzuständigkeit** des gleichgeordneten Jugendgerichts und des allgemeinen Strafgerichts. Hier wird zunächst der Staatsanwaltschaft ein **Beurteilungsspielraum** eingeräumt, ob die Anklage vor dem an sich zuständigen allgemeinen Gericht (dem „Erwachsenengericht") zu erheben oder ob die Sache vor die (an sich nicht zuständigen) Jugendgerichte (§ 33 Abs. 2 bis 4 JGG) zu bringen ist. Das verstößt nicht gegen Art. 101 Abs. 1 Satz 2 GG.[1] Denn sieht man davon ab, dass es sich hier nur um das Angehen gleichgeordneter Gerichte[2] handelte, so war der Beurteilungsspielraum der Staatsanwaltschaft schon früher durch die Richtlinien des Absatzes 2 begrenzt. Darüber hinaus verfolgt der durch StVÄG 1979 eingefügte § 209a StPO ausweislich der Gesetzesbegrün-

---

1 BVerfG NStZ **2007** 40; BGHSt **13** 297 = NJW **1960** 56 = LM Nr. 3 m. Anm. *Kohlhaas*; Kissel/*Mayer* 1, 9; MüKo/*Schuster* 3; KK/*Barthe* 1; Radtke/Hohmann 1; KMR/*Paulus* 41; *Engelhardt* DRiZ **1982** 420; namentlich vor dem Hintergrund der auch hier betroffenen beweglichen Zuständigkeit und wegen der eingeschränkten Konkretisierung der Begriffe kritisch OK/*Eschelbach* 2 ff.

2 BGHSt (GS) **18** 79 (83); Kissel/*Mayer* 1.

dung[3] das Ziel, eine gerichtliche Kontrolle[4] der vorläufigen „Wahl" der Staatsanwaltschaft zwischen Jugend- und Erwachsenengerichten zu gewährleisten und damit den immer noch im Schrifttum erhobenen **verfassungsrechtlichen Bedenken** gegen das „Wahlrecht"[5] entgegenzutreten; daneben sollte in einfacher Weise die Klärung von Zuständigkeitskonflikten im Eröffnungsverfahren ermöglicht werden.

2. Zweck der Vorschrift. Zweck der Vorschrift ist, in geeigneten Fällen die besondere Sachkunde und Erfahrung des Jugendgerichts nutzbar zu machen,[6] z.B. wenn es sich um die Vernehmungstechnik bei kindlichen oder jugendlichen geschädigten Zeugen oder um die Würdigung ihrer Aussagen oder um die für das Ob und Wie der Bestrafung erforderliche sachkundige Abmessung des durch eine Straftat angerichteten Schadens handelt. Nicht hierher gehören die Fälle, dass an einer Straftat der in Frage kommenden Art Erwachsene und Jugendliche beteiligt sind (hierzu § 103 JGG) oder dass jemand mehrere der in § 26 bezeichneten Straftaten teils als Erwachsener, teils als Heranwachsender oder Jugendlicher begangen hat, die gleichzeitig abgeurteilt werden (hierzu § 32 JGG). 2

3. Begriff der Jugendschutzsachen (Abs. 1). § 26 setzt voraus, dass der Täter die Tat als Erwachsener, d.h. nach Vollendung des 21. Lebensjahres begangen hat. Hierbei kommen – und zwar grundsätzlich unabhängig von der Art des Delikts[7] – als „Jugendschutzsachen" in Betracht: 3

a) Straftaten gegen Kinder und Jugendliche. Gemeint sind hiermit Straftaten jeder Art, durch die ein **Kind** (eine Person unter 14 Jahren, § 1 Abs. 3 JGG) oder ein **Jugendlicher** (eine Person unter 18 Jahren, § 1 Abs. 2 JGG) verletzt **oder unmittelbar gefährdet worden ist**. Auf die Art der Straftat kommt es hierbei zunächst nicht an.[8] Maßgeblich für das Bestimmen des Opferkreises ist die Tatzeit.[9] Straftaten gegen Heranwachsende (18 bis noch nicht 21 Jahre alte Personen, § 1 Abs. 2 JGG) gehören nicht hierher, es sei denn, dass eine Jugendschutzvorschrift auch Heranwachsende schützt.[10] Verletzung ist jede Beeinträchtigung der körperlichen, geistigen, sittlichen oder charakterlichen Entwicklung. Eine unmittelbare Gefährdung ist die Schaffung der unmittelbaren Gefahr einer solchen Beeinträchtigung.[11] In Betracht kommen z.B. Körperverletzung (insbes. § 225 StGB), Abgabe oder Verbreitung von Betäubungsmitteln (§§ 29, 30 BtMG),[12] Verletzung der Unterhaltspflicht gegenüber dem Kind, aber z.B. im Allgemeinen nicht Vermögensdelikte gegen die Eltern des Kindes, die mittelbar dessen vermögensrechtliche Interessen beeinträchtigen.[13] 4

---

3 BTDrucks. **8** 976 S. 44.

4 S.u. Rn. 7.

5 S. z.B. *Achenbach* FS Wassermann 853; Graf/*Eschelbach* 1 ff.

6 BVerfG NStZ **2007** 40; Kissel/*Mayer* 1; SK/*Degener* 1; KK/*Barthe* 1; SSW/*Spiess* 1; ähnlich *Meier* JZ **1991** 638, 644.

7 MüKo/*Schuster* 5.

8 KK/*Barthe* 2.

9 *Katholnigg* 1; SSW/*Spiess* 3.

10 BGHSt **13** 58.

11 Ebenso *Dallinger/Lackner* § 121, 9 JGG; Kissel/*Mayer* 3; *Schmitt/Köhler* 2; *Katholnigg* 1.

12 Dies gilt jedoch nicht allgemein, sondern das Jugendgericht ist nur dann zuständig, wenn dessen jugendschutzspezifische Beurteilungskompetenz erforderlich wäre, was bei der Abgabe von Betäubungsmitteln an Minderjährige nicht schon deswegen der Fall ist, weil der Jugendliche als Zeuge in Betracht kommt. S. insoweit BVerfG NStZ **2007** 40; Radtke/Hohmann 3.

13 *Eb. Schmidt* 4.

5 **b) Verstöße gegen Jugendschutzvorschriften.** Erfasst werden Vorschriften, die nach ihrem Inhalt gerade dem **Schutz** oder der **Erziehung der Jugend** dienen, wobei „Jugend" hier in einem weiteren, auch die **Heranwachsenden** umfassenden Sinn zu verstehen ist. Hierher gehören z.B. Straftaten nach § 174 StGB,[14] §§ 176, 176a, 176b, 176c, 180, 180a Abs. 2, 182, 232, 232a, 232b, 233, 235, 236 StGB, soweit hiervon Personen unter 21 oder unter 18 Jahren erfasst werden, ferner, soweit sie mit krimineller Strafe bedroht sind, Verstöße gegen Schulpflichtvorschriften, gegen das Jugendarbeitsschutzgesetz vom 12.4.1976 (BGBl. I S. 935), das Gesetz zum Schutz der Jugend in der Öffentlichkeit vom 25.2.1985 (BGBI. I S. 425), das Gesetz über die Verbreitung jugendgefährdender Schriften i.d.F. vom 12.7.1985 (BGBl. I S. 1502) mit späteren Änderungen.

6 **c) Ausnahmefälle.** Ist der Verletzte durch die Straftat **ums Leben gekommen**, so ist § 26 unanwendbar, da es dann keiner besonderen jugendrichterlichen Erfahrung bedarf, um die Schwere des dem Verletzten durch die Tat zugefügten Schadens zu ermessen; es fehlt also an einem die Angehung des Jugendgerichts rechtfertigenden Grund.[15]

7 **4. Zuständigkeitsprüfung.** Die Entscheidung der Staatsanwaltschaft im Hinblick auf das angerufene Gericht ist nicht bindend; vielmehr hat das Eröffnungsgericht selbst seine Zuständigkeit zu prüfen.[16] Auf die ausführliche Darstellung bei LR/*Stuckenberg* § 209a, 20 ff. StPO wird verwiesen. Auf die unrichtige **Beurteilung** der Zuständigkeit kann die **Revision** nicht gestützt werden, sofern das Gericht seine Zuständigkeit nur irrtümlich (nicht willkürlich) angenommen hat.[17] Das gilt zum einen für den Fall, dass der Jugendrichter statt des Jugendschöffengerichts oder das Jugendschöffengericht statt der Jugendkammer beim Landgericht entschieden hat. Im umgekehrten Fall (Jugendkammer statt Jugendgerichte beim Amtsgericht) greift § 269 StPO ein. Hat ein Gericht dagegen seine Zuständigkeit **willkürlich** angenommen, liegt darin nicht nur ein Verstoß gegen den gesetzlichen Richter (Art. 101 Abs. 1 Satz 2 GG), sondern dies führt in den Rechtszügen auch ohne entsprechende Rüge zu einer Überprüfung von Amts wegen und ggf. zur Aufhebung und Zurückverweisung an das zuständige Gericht.[18]

8 Ist dagegen der allgemeine **Strafrichter statt** des **Jugendrichter**s tätig geworden, stellt dies keine Überschreitung der sachlichen Zuständigkeit, sondern nur ein Eindringen in den Geschäftsbereich einer anderen Gerichtsabteilung gleichen Ranges dar,[19] die nur auf entsprechende Rüge überprüft wird.[20] Konsequenterweise muss dies auch im Verhältnis zwischen Schöffengericht und Jugendschöffengericht oder zwischen allgemeiner Strafkammer und Jugendkammer gelten.[21] An dieser Beurteilung hat sich durch das StVÄG 1979 nichts geändert,[22] obwohl seitdem die Jugendgerichte in mancherlei Weise als Spruchkörper höherer Ordnung behandelt werden (§§ 209a, 225a Abs. 1, 270 Abs. 1 StPO; § 103 Abs. 2 JGG).

9 **Nach der Eröffnung des Hauptverfahrens bleibt es bei der Zuständigkeit** des Gerichts, da § 209a Nr. 2 lit. b StPO in § 225a Abs. 1 Satz 1, § 270 Abs. 1 Satz 1 StPO nicht

14 BGH a.a.O.

15 S. oben Rn. 3; ebenso OLG Hamm und OLG Düsseldorf JMBlNRW **1963** 34, 166; Kissel/*Mayer* 3; SK/*Degener* 3; MüKo/*Schuster* 5; KK/*Barthe* 2; *Schmitt/Köhler* 2; SSW/*Spiess* 4; **a.A.** KMR/*Paulus* 2.

16 BTDrucks. **17** 6261 S. 14; OK/*Eschelbach* 5.

17 BGH bei *Herlan* GA **1971** 34; *Kissel/Mayer* 14; LR/*Stuckenberg* § 209a, 49 StPO.

18 S. dazu ausführlich § 24 Rn. 21 ff.

19 BGHSt (GS) **18** 79; LR/*Franke*[26] § 338, 77 StPO.

20 BGHSt (GS) **18** 79, 83; *Schmitt/Köhler* § 338, 13 StPO.; *Rieß* GA **1976** 3 und LR/*Stuckenberg* § 206a, 48 StPO.

21 Vgl. BGHSt **26** 198; LR/*Franke*[26] § 338, 77 StPO m.w.N.

22 LR/*Franke*[26] a.a.O.

erwähnt wird; das Vorliegen der entsprechenden Voraussetzungen wird nach Eröffnung nicht mehr geprüft.[23] Es kann also seine Zuständigkeit nicht mehr mit der Begründung verneinen, das Verfahren falle in die Zuständigkeit des Landgerichts, weil eine Jugendschutzsache vorliege.[24]

5. Zuständigkeit des Jugendgerichts (Abs. 2). Während nach Absatz 2 in der bis 2013 10
geltenden und als Ausnahmeregelung konzipierten Fassung die Staatsanwaltschaft Anklage vor dem Jugendgericht *nur* erheben *durfte*, wenn in dem Verfahren Kinder oder Jugendliche als Zeugen benötigt wurden oder aus sonstigen Gründen eine Verhandlung vor dem Jugendgericht zweckmäßig erschien, sie dies hiernach jedoch nicht musste und auch bei Vorliegen der genannten Voraussetzungen die Sache vor das allgemeine Strafgericht bringen konnte,[25] werden mit der in Absatz 2 Satz 1 nunmehr getroffenen Regelung die Voraussetzungen für das Erheben der Anklage bei den Jugendgerichten neu gefasst, konkretisiert und hierbei deutlicher am Schutz jugendlicher Opferzeugen orientiert. Die Regelung sieht nunmehr vor, dass der Staatsanwalt **Anklage bei den Jugendgerichten** erheben ***soll***, wenn damit die schutzwürdigen Interessen von Kindern oder Jugendlichen, die in dem Verfahren als Zeugen benötigt werden, besser gewahrt werden können.[26] Hierbei wird vom Gesetzgeber eine **besondere Sachkompetenz** des Jugendgerichts unterstellt.[27] Während die bisherige Regelung nur bedeutete, dass die Jugendgerichte nicht mit Verfahren befasst werden sollten, in denen es an den genannten Voraussetzungen fehlt, ist dies mit der seit 2013 geltenden Regelung dahingehend abgeändert worden, dass das Erheben der Anklage vor den Jugendgerichten in den benannten Fällen die Regel darstellt („soll"), während dies nach der bisherigen Regelung als Ausnahme ausgestaltet war („darf ... nur"). Die neue Vorschrift stellt insoweit bei Vorliegen der maßgeblichen Voraussetzungen im Hinblick auf eine Anklage bei den Jugendgerichten eine **Umkehr des bisherigen Regel-Ausnahme-Verhältnisses** dar. Die Staatanwaltschaft soll nunmehr also bei Vorliegen der Voraussetzungen Anklage bei den Jugendgerichten erheben und nur noch in Ausnahmefällen die Sache vor das allgemeine Strafgericht bringen.[28] Die Regelung entspricht letztlich einer bereits vor ihrem Inkrafttreten zu beobachtenden Praxis der Anklagebehörden,[29] sodass abzuwarten bleibt, ob diese Umkehr des Regel-Ausnahme-Verhältnisses tatsächlich zu einem geänderten Anklageverhalten und zu einem verbesserten Schutz der entsprechenden Zeugen im Einzelfall führen wird.

6. Schutzwürdige Interessen. Schutzwürdige Interessen i.S.v. Absatz 2 Satz 1 können 11
insbesondere bestehen, wenn minderjährige Verletzte von Sexual- und Misshandlungsdelikten als Zeugen benötigt werden, und die nach § 37 JGG für den Umgang mit jungen Menschen besonders qualifizierten Jugendrichter besser in der Lage sind, deren Interessen zu wahren.[30] Von einer Anklage bei den Jugendgerichten kann indessen weiterhin abgesehen werden, wenn unter den Spruchkörpern für allgemeine Strafsachen durch Geschäftsverteilung besondere **Jugendschutzabteilungen** oder -kammern eingerichtet sind

---

23 BTDrucks. **8** 976 S. 48; BGH NStZ **1996** 346 = StV **1996** 247 = JR **1996** 390 m. Anm. *Brunner* 391; *Katholnigg* 2; *Schmitt/Köhler* 6.

24 OLG Saarbrücken NStZ-RR **2003** 377; MüKo/*Schuster* 5.

25 BGHSt **13** 297.

26 BTDrucks. **17** 6261 S. 14.

27 MüKo/*Schuster* 7; OK/*Eschelbach* 3.

28 *Eisenberg* HRRS **2011** 70.

29 Arnold ZIS **2008** 92; MüKo/*Schuster* 7.

30 BTDrucks. **17** 6261 S. 14.

und hierdurch eine gleichwertige Wahrung der schutzwürdigen Belange der minderjährigen Zeugen zu erwarten ist.[31] Wo die **besondere Sachkunde und Erfahrung** des Jugendgerichts für die angemessene und richtige Behandlung des Falles ersichtlich bedeutsam ist (z.B. zur Glaubwürdigkeit kindlicher und jugendlicher Zeugen)[32] oder auch, wenn es sich um die richtige Würdigung der Aussagen von Belastungszeugen über Erlebnisse aus ihrer Jugendzeit handelt,[33] soll der Staatsanwalt nicht nur in der Lage sein, vor dem Jugendgericht anzuklagen, sondern er soll dies nunmehr auch tun. Dass er unter diesen Voraussetzungen das Jugendgericht angehen müsse, besagt Absatz 2 aber weiterhin nicht; er kann vielmehr auch dann vor dem Erwachsenengericht anklagen.[34] Die Vorschrift räumt der Staatsanwaltschaft indessen nach wie vor **kein Wahlrecht** ein, sondern einen **Beurteilungsspielraum**, ohne aber die Entscheidung über die Anklageerhebung beim Jugendgericht oder bei dem allgemeinen Strafgericht bindend zu machen; die Entscheidung unterliegt nach wie vor der **gerichtlichen Kontrolle** im Eröffnungsverfahren nach Maßgabe der §§ 209, 209a Nr. 2 lit. b StPO. Insofern hat sich durch die Neuregelung keine Änderung ergeben. Das durch die Kriterien des Absatzes 2 eingeschränkte Wahlrecht des Staatsanwalts ist für das ausgewählte Gericht nicht bindend.[35] Ein Zuständigkeitsstreit zwischen Jugendgericht und Erwachsenengericht hat sich an der Ausnahmeregelung des Absatzes 2 zu orientieren und regelt sich nach den Grundsätzen der **Kompetenz-Kompetenz,**[36] d.h., eine Anklage beim Jugendgericht könnte deshalb auch zur Eröffnung vor dem Erwachsenengericht führen.[37] Das Erwachsenengericht kann dagegen eine bei ihm erhobene Anklage nur dem Jugendgericht vorlegen, wenn es die Voraussetzungen des Absatzes 2 für gegeben hält.[38] Für das Landgericht gilt § 74b.

12 **7. Zweckmäßigkeit.** Die nunmehr in Absatz 2 Satz 2 getroffene Regelung entspricht weitgehend dem bisherigen Absatz 2 in der 2. Alt. Sie sieht vor, dass bei Fehlen der Voraussetzungen aus Satz 1 eine Anklage bei den Jugendgerichten *nur* erhoben werden *darf*, wenn aus sonstigen Gründen eine Verhandlung vor dem Jugendgericht zweckmäßig erscheint. Insoweit handelt es sich weiterhin ausdrücklich um eine **Ausnahmeregelung** („nur ... darf"). Hiernach kann unbeschadet des Vorliegens schutzwürdiger Interessen von minderjährigen Zeugen Anklage beim Jugendgericht auch dann erhoben werden, wenn etwa zu erwarten ist, dass die Aussage eines jugendlichen Zeugen oder die Aussage eines Zeugen über Erlebnisse aus seiner Jugendzeit durch das Jugendgericht besser gewürdigt werden kann, und aus diesem Grund eine Verhandlung vor dem Jugendgericht zweckmäßig erscheint.[39] Insoweit hat sich keine Änderung gegenüber der bisherigen Regelung ergeben. Die Vorschrift des § 74b Satz 2 stellt weiterhin klar, dass die Regelung in § 26 Abs. 2 für die Anklage vor den Jugendkammern entsprechend gilt.

---

31 LR/*Stuckenberg* § 209a, 32 StPO; *Eisenberg* HRRS **2011** 70.

32 Vgl. *Brunner/Dölling* JGG zu § 74b. Nach OLG Nürnberg OLGSt Nr. 1 zu § 26 soll das Hauptverfahren immer bei dem Jugendgericht eröffnet werden, wenn die als Zeugen zu vernehmenden Jugendlichen älter als 14 Jahre sind, ohne dass es darauf ankommt, ob das Persönlichkeitsbild des Jugendlichen von der Norm abweicht.

33 BGHSt **13** 53, 59.

34 BGHSt **13** 297.

35 *Engelhardt* DRiZ **1982** 420; *Kissel/Mayer* 10; KK/*Barthe*1; *Schmitt/Köhler* 5.

36 Kissel/*Mayer* 6; KK/*Barthe* 13; s.a. *Schmitt/Köhler* 4.

37 *Rieß* NJW **1978** 2267.

38 Kissel/*Mayer* 10; KK/*Barthe* 6; *Schmitt/Köhler* 5.

39 BTDrucks. **17** 6261 S. 14; BGHSt **13** 53.

8. Geschäftsverteilung. Sind im Wege der **Geschäftsverteilung** einer bestimmten Abteilung des Amtsgerichts oder, wie dies die Richtlinien zum JGG (zu § 121) empfehlen, einer bestimmten Kammer des Landgerichts die Jugendschutzsachen zugewiesen, so wird meist kein Bedürfnis zum Anrufen der Jugendgerichte bestehen, weil den geschäftsplanmäßigen Jugendschutzspruchkörpern in der Regel die gleiche Sachkompetenz zugestanden werden muss wie den Jugendrichtern und ein besonders sachkundiges Gericht dann bereits zur Verfügung steht.[40] Anderes kann allenfalls im Hinblick auf die Jugendschöffen gelten.[41] 13

9. Entsprechende Anwendung der §§ 24, 25. Da die §§ 24, 25 entsprechend gelten (§ 26 Abs. 1 Satz 2), kann ohne Rücksicht auf §§ 39, 40 JGG vor dem Jugendrichter (Einzelrichter) Anklage erhoben werden, wo nach § 25 Anklage zum Strafrichter erhoben werden kann, und Anklage vor dem Jugendschöffengericht in den Fällen, in denen sonst nach § 24 die Sache vor das Schöffengericht gebracht werden könnte. In gleicher Weise kann nach § 74b (unter den Voraussetzungen des § 26 Abs. 2) vor der Jugendkammer als Gericht erster Instanz Anklage insoweit erhoben werden, als nach §§ 24, 74 sonst Anklageerhebung vor der erstinstanzlichen Strafkammer zulässig oder geboten ist. Die Staatsanwaltschaft muss mithin eine in die amtsgerichtliche Zuständigkeit fallende Sache, die sie sonst wegen ihrer besonderen Bedeutung vor die Strafkammer bringen müsste, bei der Jugendkammer anklagen, wenn sie das Jugendschutzgericht angehen will (§ 24 Abs. 1 Nr. 3). Entgegen der hier früher vertretenen Ansicht kann die besondere Bedeutung des Falles im Hinblick auf die jüngsten Entwicklungen auch damit begründet werden, dass eine **zweite Tatsacheninstanz** wegen der u.U. notwendig werdenden Wiederholung der Vernehmung kindlicher Zeugen in der Berufungsinstanz unerwünscht sei.[42] Die Zuständigkeit der Jugendschutzgerichte entfällt bei Strafsachen, die zur Zuständigkeit der mit speziellerer Sachkenntnis ausgestatteten **Staatsschutzstrafkammer** (§ 74a) oder **Wirtschaftsstrafkammer** (§ 74c) gehören.[43] Dies gilt allerdings nicht mehr im Verhältnis zum **Schwurgericht**, wenn Kinder oder Jugendliche durch die Tat verletzt wurden (Jugendschutzsachen), weil seit Inkrafttreten des 1. StVRG die Verweisung in § 74b auch den geltenden § 74 Abs. 2 erfasst.[44] Für die Jugendkammer besteht insoweit eine gleichrangige Zuständigkeit, denn auch die Regelung des § 74e zeigt, dass der Schwurgerichtskammer gegenüber der Jugendkammer als Jugendschutzkammer kein Vorrang eingeräumt worden ist. Daraus folgt, dass eine Jugendkammer, die in Schwurgerichtssachen die Eröffnung des Hauptverfahrens beschlossen hat, sich nicht mehr nachträglich als unzuständig erklären darf.[45] 14

10. Untersuchungshandlungen. Der neue Absatz 3 stellt klar, dass die Regelung über das Erheben der Anklage bei den Jugendgerichten entsprechend für das Beantragen gerichtlicher Untersuchungshandlungen im Ermittlungsverfahren gilt.[46] Diese Ausdehnung des Opferschutzes auf frühere Verfahrensstadien erscheint konsequent und sachgerecht. Denn die besonderen Belange schutzbedürftiger Opferzeugen werden bereits im **Ermittlungsverfahren** regelmäßig tangiert. Weshalb der besondere Schutz etwa für richterliche Vernehmungen entsprechender Zeugen nicht bereits im Ermitt- 15

40 Dazu *Dallinger/Lackner* § 121 JGG Rn. 5; LR/*Stuckenberg* § 209a, 32; MüKo/*Schuster* 8.

41 MüKo/*Schuster* a.a.O.

42 S. dazu die Nachweise zu § 24 Fn. 33; **a.A.** *Dallinger/Lackner* § 121 JGG Rn. 17.

43 Vgl. dazu LR/*Stuckenberg* § 209a, 38 StPO.

44 BGH NStZ **1996** 346 = StV **1996** 247 = JR **1996** 390 m. zustimmender Anm. *Brunner.*

45 BGH a.a.O.

46 BTDrucks. **17** 6261 S. 14; *Bittmann* ZRP **2011** 73; MüKo/*Schäfer* 9; KK/*Barthe* 7; OK/*Eschelbach* 6.

lungsverfahren gelten sollte, war nicht nachvollziehbar. Die Zuständigkeit der Jugendschutzgerichte in Ermittlungssachen richtet sich hierbei nach Absatz 1 der Vorschrift.[47]

16 **11. Das Jugendgerichtsverfahren.** Die Zuständigkeit des Jugendgerichts nach § 26 führt dazu, dass das gesamte Gerichtsverfassungsrecht nach dem JGG maßgebend wird.[48] Auch der Instanzenzug richtet sich nach dem JGG, soweit dieses Sondervorschriften enthält.[49] Die Besonderheit des Jugendgerichtsverfahrens besteht letztlich nur darin, dass das Jugendgericht – und zwar Jugendschöffengericht und Jugendkammer in der Hauptverhandlung in der gemäß § 33 Abs. 3 JGG vorgeschriebenen Besetzung, also mit **Jugendschöffen** – die Aufgaben zu erfüllen hat, die sonst dem entsprechenden Erwachsenengericht obliegen. Das Jugendgericht wendet also nicht Jugendstrafverfahrensrecht, sondern die allgemeinen Verfahrensvorschriften an. Es gilt mithin auch § 209 Abs. 2 StPO, wonach die Jugendkammer, wenn bei ihr gemäß § 24 Abs. 1 Nr. 3 Anklage erhoben ist, unter Verneinung der besonderen Bedeutung des Falles das Hauptverfahren vor dem Jugendschöffengericht eröffnen kann, und die Strafgewalt von Jugendrichter und Jugendschöffengericht bemisst sich nach § 24 Abs. 2. Die in § 74b Satz 2 angeordnete entsprechende Anwendung des § 74 besagt, dass auch § 74 Abs. 3 anwendbar ist, d.h. dass stets die Jugendkammer über die Berufung gegen Urteile des Jugendrichters und des Jugendschöffengerichts entscheidet. Es ist auch, nachdem einmal die Zuständigkeit des Jugendrichters durch Eröffnung des Hauptverfahrens begründet worden ist, nicht denkbar, dass zur Entscheidung über die Berufung ein anderes Gericht als das Jugendberufungsgericht zuständig sein könnte. Es liegt daher nicht in der Macht des Präsidiums, im Weg der Geschäftsverteilung die Entscheidung über Berufungen gegen Urteile des Jugendrichters und Jugendschöffengerichts in Jugendschutzsachen einer allgemeinen Strafkammer zuzuweisen.[50] Über Beschwerden gegen Entscheidungen des Jugendrichters und des Jugendschöffengerichts entscheidet nach § 74b ebenfalls die Jugendkammer.

17 **12. Der Öffentlichkeitsgrundsatz im Jugendgerichtsverfahren.** Der allgemein durch §§ 169, 173 angeordnete Öffentlichkeitsgrundsatz, dessen Verletzung sogar einen absoluten Revisionsgrund darstellt, gilt im Interesse der Erziehung im Jugendgerichtsverfahren dann nicht, wenn nur Jugendliche abzuurteilen sind (§ 48 Abs. 1 JGG). Zur Anwendung kommt er jedoch dann, wenn nur gegen Erwachsene (z.B. in Jugendschutzverfahren)[51] oder gegen Heranwachsende und Erwachsene zugleich verhandelt wird (§ 48 Abs. 3 JGG). In diesen Verfahren kann gleichwohl aus besonderen jugendrechtlichen Aspekten die Öffentlichkeit ausgeschlossen werden (§ 48 Abs. 3 Satz 2 JGG). Wegen weiterer Einzelheiten wird auf die einschlägigen Kommentierungen zum JGG verwiesen.

18 **13. Zweiter Richter.** Zur Zuziehung eines **zweiten Richters** vgl. § 29, 4 ff.

§ 26a

(weggefallen)

---

47 *Eisenberg* HRRS **2011** 70.
48 SSW/*Spiess* 7.
49 Kissel/*Mayer* 11.
50 OLG Saarbrücken NJW **1965** 2313; Kissel/*Mayer* 12; Dallinger/*Lackner* 21; KMR/*Paulus* 2b.
51 BGH MDR **1955** 246.

§ 27

Im übrigen wird die Zuständigkeit und der Geschäftskreis der Amtsgerichte durch die Vorschriften dieses Gesetzes und der Prozessordnungen bestimmt.

Übersicht

1. Bedeutung der Vorschrift. § 27 enthält, indem er wegen weiterer amtsgerichtlicher Zuständigkeiten auf andere Vorschriften des GVG und solche der „Prozessordnungen" verweist, einen **deklaratorischen Hinweis**, der heute „überflüssig und unvollständig" ist.[1] Überflüssig, weil dem Amtsgericht jederzeit weitere Zuständigkeiten durch Gesetz zugewiesen werden können, und unvollständig, weil dies nicht immer nur prozessrechtliche Vorschriften sein müssen und darüber hinaus auch Regelungen der Landesgesetzgebung in Betracht kommen.[2] Die Vorschrift ist im Grunde **ohne praktische Bedeutung** und nur historisch verständlich.[3] Die Aufnahme der Vorschrift in das GVG erklärt sich aus den Verhältnissen z.Z. der Schaffung des Gesetzes. Hierdurch „war die Möglichkeit gegeben, weitere Angelegenheit gesetzlich dem AG zuzuweisen und sie damit justitiabel zu machen, andererseits aber auch öffentliche Aufgaben ohne Rücksicht auf die damals noch nicht ausgeprägte Grenze zwischen Rechtsprechung und Verwaltung einer fachkundigen, objektiven staatlichen Stelle mit relativ breiter geographischer Streuung im Lande zur optimalen Erledigung zu übertragen".[4] 1

2. Kurzübersicht über die weiteren amtsgerichtlichen Zuständigkeiten im strafrechtlichen Bereich (i.w.S.)

a) Geschäftskreis nach der StPO, dem GVG und dem JGG. Hier[5] ist in Strafsachen der Geschäftskreis der Richter beim Amtsgericht folgender: a) sie nehmen die im Ermittlungsverfahren erforderlichen gerichtlichen Untersuchungshandlungen und sonstigen Aufgaben vor (§§ 162, 165, 166 StPO); insbesondere entscheiden sie über körperliche Untersuchungen, molekulargenetische Untersuchungen, Beschlagnahmen und Durchsuchungen, über Überwachung des Fernmeldeverkehrs, über die Notveräußerung beschlagnahmter Gegenstände, die vorläufige Entziehung der Fahrerlaubnis und das vorläufige Berufsverbot, die Anordnung des dinglichen Arrests zur Sicherung der Einziehung von Wertersatz und die Vermögensbeschlagnahme bei Staatsschutzdelikten (§§ 81, 81a, 81c, 81e, 81g, 87, 98, 98b, 100, 100b, 105, 110b Abs. 2, 111a, 111b, 111d, 111n, 132a, 443 StPO); b) sie erlassen die nach einer Festnahme erforderlichen Verfügungen (§§ 128, 129, 131 StPO) und die Haft- und Unterbringungsbefehle, die der Erhebung der öffentlichen Klage vorausgehen (§§ 125, 126, 126a StPO) und führen bei Vorführung die Vernehmung des Ergriffenen durch (§§ 115, 2

1 *Eb. Schmidt* Anm. zu § 27; Kissel/*Mayer* 2; MüKo/*Schuster* 1.
2 Kissel/*Mayer* 2.
3 Graf/*Eschelbach* 1.
4 Kissel/*Mayer* 3.
5 Vgl. hierzu auch die Aufzählungen bei Kissel/*Mayer* 15; SK/*Degener* 2; *Schmitt*/*Köhler* 2.

115a, 126a StPO); c) die Mitwirkung bei Strafaussetzung zur Bewährung kann ihnen übertragen werden (§ 462a Abs. 2 Satz 2 StPO); d) sie sind Mitglieder (Vorsitzende) des Schöffengerichts und erlassen an dessen Stelle die außerhalb (vor oder nach) der Hauptverhandlung erforderlichen Entscheidungen (§§ 29, 30 Abs. 2); e) sie erlassen die Strafbefehle (§§ 407, 408 StPO); f) sie nehmen die Handlungen der Rechtshilfe vor (§ 157; vgl. auch § 173 Abs. 3 StPO); g) Richter beim Amtsgericht können Mitglieder der auswärtigen Strafkammer und der Strafvollstreckungskammer sein (§§ 78 Abs. 2, 78b Abs. 2).

3 **b) Erledigung durch Geschäftsstellen des Amtsgerichts.** Den Amtsgerichten sind einzelne Geschäfte besonders übertragen, die die Geschäftsstellen (§ 153) zu erledigen haben, ohne dass es der Mitwirkung eines Richters bedarf (vgl. z.B. §§ 158, 299 StPO).

4 **c) Anderweitige Zuständigkeiten.** Nach **Vorschriften außerhalb von StPO, GVG und JGG** sind den Amtsgerichten Aufgaben insbesondere übertragen a) nach § 62 OWiG die Entscheidungen über Maßnahmen der Verwaltungsbehörde im Bußgeldverfahren, wenn der Betroffene gerichtliche Entscheidung beantragt, und nach § 68 OWiG die Entscheidung nach Einspruch gegen den Bußgeldbescheid der Verwaltungsbehörde. Vgl. ferner §§ 85 Abs. 4, 87 Abs. 4, 96, 104 OWiG; b) nach §§ 21, 22, 28, 39 Abs. 2 IRG vom 23.12.1982 (BGBl. I S. 2071) betr. Maßnahmen einer Vernehmung des nach Erlass eines Auslieferungshaftbefehls oder nach vorläufiger Festnahme vorgeführten Verfolgten und die Vernehmung des Verfolgten zum Auslieferungsersuchen; c) Anordnung von Freiheitsentziehung nach dem FamFG; d) Anordnung von Freiheitsentziehungen nach dem AufenthaltsG bei Ausländern; e) Landwirtschaftssachen nach dem LwVG.

5 Wegen der **zivilrechtlichen Zuständigkeiten** wird auf die diesbezüglichen Standardwerke verwiesen.

VIERTER TITEL
Schöffengerichte

§ 28

Für die Verhandlung und Entscheidung der zur Zuständigkeit der Amtsgerichte gehörenden Strafsachen werden, soweit nicht der Strafrichter entscheidet, bei den Amtsgerichten Schöffengerichte gebildet.

Schrifttum

Andor Laien in der Strafrechtspflege (2013); *Anger* Die Verfassungstreuepflicht der Schöffen, NJW **2008** 3041; *Börner* Die Ungleichheit des Schöffen – Der Garant der Unmittelbarkeit, ZStW **122** (2010) 157; *ders.* Die Beteiligung von Laienrichtern am Strafprozess als Erkenntnismittel einer funktionellen Theorie des Strafprozessrechts, StraFo **2012** 434; *Brusten/Westmeier* Wie wird man Schöffe? In: 1. Deutscher Schöffentag „Mehr Demokratie am Richtertisch" (1992); *Grabert-Zoebe* Schöffen und Geschworene, Ein Leitfaden für den Strafprozeß (1970); *Hillenkamp* Zur Teilhabe des Laienrichters, FS Kaiser (1998) 1437; *Meurer/Renning* Ergebnisse des Marburger Forschungsvorhabens zu Rechtswirklichkeit der Laienbeteiligung an der Strafjustiz, in: 1. Deutscher Schöffentag „Mehr Demokratie am Richtertisch" (1992); *Renning* Die Entscheidungsfindung durch Schöffen und Berufsrichter in rechtlicher und psychologischer Sicht (1993); Belehrungsliteratur für Laienrichter: *Schulz* Schöffenfibel (1954); *Walter* Was müssen, was sollen Schöffen wissen? In: 1. Deutscher Schöffentag „Mehr Demokratie am Richtertisch" (1992); weiteres Schrifttum s. Einl. I.

Entstehungsgeschichte

Das Schöffengericht war früher einziger Spruchkörper des Amtsgerichts. Nur ausnahmsweise war im Verfahrensrecht geregelt, dass auch ohne Schöffen eine Hauptverhandlung durchgeführt werden konnte, so etwa nach § 311 Abs. 2 StPO oder § 3 Abs. 3 EGStPO in der ursprünglichen Fassung. Erst durch die Emminger-Reform 1924 (s. § 24, 1) trat neben das Schöffengericht der Einzelrichter in Strafsachen. Durch Art. II Nr. 6 PräsVerfG wurde „Amtsrichter" durch „Richter beim Amtsgericht", und durch Art. 2 Nr. 4 des 1. StVRG 1974 wurden die Worte „Richter beim Amtsgericht allein" durch „Strafrichter" ersetzt. Anders als der Wortlaut der Regelung dies vermuten lässt, wird heute die überwiegende Anzahl an Strafsachen indessen nicht vom Schöffengericht, sondern vom Amtsrichter verhandelt.[1]

Allgemeines zur Mitwirkung von Schöffen. Über die Bedeutung der Mitwirkung von Schöffen im Allgemeinen und die Entwicklung der das Schöffenwesen betreffenden Gesetzgebung vgl. ausführlich Einleitung J 35 ff. m.w.N.[2] Der Vorbereitung der gewählten Schöffen (§ 42) auf ihre Aufgaben dienen – abgesehen von dem Vor § 28 angeführten Schrifttum und regional von der Justizverwaltung veranstalteten Informationsvorträgen – ein Merkblatt für Schöffen, das den Gewählten übersandt wird (§ 30, 10). 1

Verhältnis zwischen Schöffengericht und Strafrichter. Das Schöffengericht ist gegenüber dem Strafrichter ein Gericht höherer Ordnung,[3] dessen Strafgewalt sich aus § 24 Abs. 2 ergibt. Das bedeutet aber nicht, dass der Strafrichter die Strafgewalt des Amtsgerichts 2

1 MüKo/*Schuster* 1; vgl. auch den Bericht des BMJV, Strafrechtspflege in Deutschland (2019) 27.
2 Siehe zu Geschichte und Legitimation der Schöffenbeteiligung auch ausführlich SK/*Degener* 4 ff.
3 S. § 24, 10; MüKo/*Schuster* 3; KK/*Barthe* 1.

nicht ausschöpfen dürfte. Insoweit gilt nach herrschender Ansicht, dass der Strafrichter bei sich im Laufe der Hauptverhandlung verändernder ursprünglicher Straferwartungsprognose nicht an das Schöffengericht verweisen muss, sondern eine Strafe innerhalb des dem Amtsgericht zustehenden Strafbanns aussprechen darf.[4]

3 **Pflicht zur Bildung eines Schöffengerichts.** § 28 bestimmt, dass bei jedem Amtsgericht ein Schöffengericht (vom Präsidium) einzurichten ist. Anderenfalls fehlt es für Schöffengerichtssachen am gesetzlichen Richter.[5] Davon unberührt bleibt allerdings die Möglichkeit, für kleinere Amtsgerichte im Wege der Zuständigkeitskonzentration ein **gemeinsames Schöffengericht** zu bilden. Insoweit wird auf die Erl. zu § 58 verwiesen. Die Bestimmung der Zahl der bei den einzelnen Amtsgerichten bestehenden Schöffengerichtsabteilungen ist Sache der Justizverwaltung, während die Aufteilung der einzelnen Schöffengerichtssachen auf die verschiedenen Schöffengerichtsabteilungen und die Besetzung mit Berufsrichtern Aufgabe des Präsidiums ist.[6]

§ 29

(1) [1]Das Schöffengericht besteht aus dem Richter beim Amtsgericht als Vorsitzenden und zwei Schöffen. [2]Ein Richter auf Probe darf im ersten Jahr nach seiner Ernennung nicht Vorsitzender sein.

(2) [1]Bei Eröffnung des Hauptverfahrens kann auf Antrag der Staatsanwaltschaft die Zuziehung eines zweiten Richters beim Amtsgericht beschlossen werden, wenn dessen Mitwirkung nach dem Umfang der Sache notwendig erscheint. [2]Eines Antrages der Staatsanwaltschaft bedarf es nicht, wenn ein Gericht höherer Ordnung das Hauptverfahren vor dem Schöffengericht eröffnet.

Schrifttum

Deisberg/Hohendorf Das erweiterte Schöffengericht – Ein Stiefkind der Strafrechtspflege, DRiZ **1984** 261; *Duttge* Laienrichter in der Strafgerichtsbarkeit, JR **2006** 358; *Gerson* Schöffen im Strafverfahren: Überholte Ornamente des Misstrauens, LTO vom 8.4.2025, https://www.lto/persistent/a_id/56955 (abgerufen am 9.4.2025); *Meyer* Bedenkliche Regelung der Zuständigkeit des erweiterten Schöffengerichts, DRiZ **1969** 284; *Meyer-Goßner* Abschaffung des Schöffengerichts und vereinfachtes Verfahren vor dem Strafrichter, FS Sarstedt (1981) 197; *Nassif* Das erweiterte Schöffengericht (2009); *Schorn* Der Schutz der Menschenwürde im Strafverfahren (1963).

Entstehungsgeschichte

VO vom 4.1.1924 (RGBl. I S. 16). Bek. vom 22.3.1924 (RGBl. I S. 303). VO des Reichspräs. über Maßnahmen auf dem Gebiet der Rechtspflege und Verwaltung vom 14.6.1932 (RGBl. I S. 285) erster Teil Kapitel I Art. 1 § 1 Nr. 3. Art. 1 Nr. 26 des VereinhG 1950. Art. 3 Nr. 1 des 3. StrÄG 1953. § 29 Abs. 1 Satz 2 ist angefügt durch § 85 Nr. 4 DRiG 1961. Durch Art. II Nr. 6 des PräsVerfG wurde in den Absätzen 1, 2 „Amtsrichter(s)" durch „Richter(s) beim Amtsgericht" ersetzt.

4 S. § 25, 12 f.
5 MüKo/*Schuster* 2; KK/*Barthe* 4.
6 Kissel/*Mayer* 6.

Übersicht

I. Besetzung des Gerichts (Absatz 1)

1. Rechtsstellung und Funktion von Schöffen. Die Schöffen sind **ehrenamtliche Richter** (§ 45a DRiG), deren Rechtsstellung durch §§ 44, 45 DRiG und §§ 30 ff. (s. dort) geregelt wird. Sie sollen die Sachgerechtigkeit der Entscheidungen durch ihre Kontrollfunktion (namentlich hinsichtlich sozialer Hintergründe und Interessenlagen) verbessern.[1] Ferner sollen sie zur Transparenz und zur Verständlichkeit und Nachvollziehbarkeit der gerichtlichen Entscheidungen beitragen.[2] Die Beteiligung ehrenamtlicher Richter in der Strafrechtspflege gilt als deutsche **Rechtstradition**,[3] wobei das Hinzuziehen ehrenamtlicher Richter von Verfassungs wegen nicht geboten erscheint und letztlich in das Ermessen des Gesetzgebers gestellt ist.[4] 1

2. Sinnhaftigkeit der Beteiligung von Schöffen. Legitimation, Funktion und Erforderlichkeit der Beteiligung von Schöffen werden indessen immer wieder **kritisch** betrachtet[5] und aus Sicht vieler Berufsrichter werden sie nicht selten als zumindest ‚lästig', wenn nicht gar für unnötig oder als bei der Rechtsfindung und bei der praktischen Sitzungstätigkeit als hinderlich empfunden. Ob in der Bevölkerung eine erhöhte Akzeptanz richterlicher Entscheidungen allein aufgrund einer Beteiligung von Schöffen besteht, darf bezweifelt werden, Entsprechendes dürfte im Hinblick auf die Qualität der Entscheidungen gelten. Zu Recht wird daher in Praxis wie in Lehre vermehrt die Frage aufgeworfen, ob die eher theoretisch veranlagte Bedeutung der Schöffen überhaupt noch ausreicht, die Laienrichterbeteiligung im Strafprozess zu rechtfertigen.[6] Dies gilt umso mehr vor dem Hintergrund, dass die Beteiligung von Schöffen sich nach aller Erfahrung kaum auf die Spruchpraxis auswirkt, demgegenüber aber sowohl in organisatorischer als auch in finanzieller Hinsicht **erheblichen Aufwand** verursacht und überdies (etwa bei fehlerhafter Besetzung) **revisionsträchtig** ist. Nicht selten unterliegen Urteile der Aufhebung, weil Schöffen aufgrund wenig professionellen Verhaltens in der Hauptverhandlung Befangen- 1a

---

1 MüKo/*Schuster* 3.
2 Siehe hierzu ausführlich SK/*Degener* § 28, 6 f.; KK/*Barthe* 4.
3 Kissel/*Mayer* § 28, 2.
4 BVerfG NJW **1976** 1883.
5 Vgl. etwa LR/*Kühne* Einl. Abschn. J 29 m.w.N.; OK/*Eschelbach* 6; indessen muss die dortige Annahme, Strafrichter verfügten im Hinblick auf Beweiswürdigung und Strafzumessung ohnehin über keine größere Sachkunde als Schöffen, bezweifelt werden.
6 Mit beachtlichen Argumenten *Duttge* JR **2006** 358; OK/*Eschelbach* 6; *Gerson* LTO vom 8.4.2025.

heitsanträge provozieren. Hinzu kommt, dass Schöffen – anders als etwa Laienrichter in anderen Fachgerichtsbarkeiten – ohnehin über keine besondere Fachkunde verfügen, die im Rahmen ihrer Tätigkeit nutzbar gemacht werden könnte, und diese sich bei der erforderlichen Subsumtion von teils komplexen Lebenssachverhalten – zu denken ist hierbei nicht nur an Wirtschaftsstrafverfahren – häufig überfordert fühlen und die Einschätzung der Berufsrichter ganz überwiegend lediglich ‚abnicken'. Nach § 120 erstinstanzlich verhandelnde Oberlandesgerichte kommen schließlich ebenfalls ohne Schöffen aus und deren Fehlen bei der dortigen Spruchpraxis wird in aller Regel nicht bemängelt. Und nicht zuletzt vor dem Hintergrund der gebotenen **Verfassungstreue** von Schöffen[7] sollte man bei alledem nicht außer Acht lassen, dass insbesondere extreme politische Gruppierungen und Parteien ihre Anhänger vermehrt öffentlich dazu aufrufen, sich als mögliche Schöffen zu melden und auf diesem Wege Einfluss auf die Rechtsprechung zu nehmen. Ob die in der letzten Legislaturperiode beabsichtigte Ergänzung in **§ 44a DRiG**[8], derzufolge nicht als Schöffe berufen werden soll, wer „keine Gewähr dafür bietet, dass er jederzeit für die freiheitliche demokratische Grundordnung eintritt", dem nachhaltig würde entgegenwirken können, erscheint eher fraglich. Wie und durch wen dies überzeugend überprüft werden soll, ist völlig offen. Auch wenn dies in politischer Hinsicht jedenfalls derzeit wenig Erfolg versprechend erscheint, wird man die **Sinnhaftigkeit** der Schöffenbeteiligung im Strafprozessnach nach alledem aber in Frage stellen müssen. Zumindest von Gesetzes wegen besteht zwischen Schöffen und Berufsrichtern in der Hauptverhandlung indessen kein Unterschied (§ 30). Deswegen gelten für sie ohne Einschränkung auch die Vorschriften über Ausschließung und Ablehnung (§§ 22 ff., 31 StPO).[9]

2 **3. Geschlecht der Schöffen.** § 29 Abs. 1 in der Fassung der Bek. vom 22.3.1924 schrieb in Satz 2 vor: „Mindestens ein Schöffe muss ein Mann sein". Eine entsprechende Vorschrift sah auch der Entw. des VereinhG 1950 (Art. 1 Nr. 25) vor; sie ist in das Gesetz nicht aufgenommen worden, obwohl sich durchgreifende Bedenken aus dem Grundsatz der Gleichberechtigung von Mann und Frau (Art. 3 GG) nicht herleiten lassen. Zwar haben sich auch in jüngerer Zeit erhobene Forderungen nach einer paritätischen Besetzung der Schöffengerichte[10] nicht durchgesetzt. In § 44 Abs. 1a DRiG ist seit dem 1.1.2005 indessen bestimmt, dass in den Verfahren zur Wahl, Ernennung oder Berufung ehrenamtlicher Richter „Frauen und Männer angemessen berücksichtigt werden sollen".[11] Die bewusst unbestimmte Formulierung dieser Soll-Vorschrift lässt jedoch nicht viel mehr als eine **Appellfunktion** erkennen; unmittelbare Rechte lassen sich hieraus weder für Schöffen noch für andere Verfahrensbeteiligte herleiten. Dies gilt insbesondere für die konkrete Besetzung der Schöffen in einem bestimmten Verfahren. Es können also nach wie vor beide Schöffen Frauen, aber auch beide Schöffen Männer oder **sonstigen Geschlechts** sein, und es kann aus einer solchen Besetzung weder aus der Art des den Gegenstand des Verfahrens bildenden Delikts noch aus dem Geschlecht des Angeklagten oder Geschädigten ein Ablehnungsgrund hergeleitet werden.[12] Wenn demgegenüber **§ 33a Abs. 2 Satz 2 JGG** bestimmt: „Als Jugendschöffen sollen zu jeder Hauptverhandlung ein Mann und eine Frau herangezogen

7 Vgl. BervfG NJW 2008 **2568**; siehe Näheres hierzu unter § 30 Rn. 17.

8 Regierungsentwurf eines Sechsten Gesetzes zur Änderung des Deutschen Richtergesetzes v. 13.7.2023, BTDrucks. **20** 8761.

9 *Kissel/Mayer* 5; MüKo/*Schuster* 4.

10 Vgl. etwa FOCUS Nr. 4/1999, S. 16.

11 Eingefügt durch Art. 2 Nr. 1 des Gesetzes zur Vereinfachung und Vereinheitlichung der Verfahrensvorschriften zur Wahl und Berufung ehrenamtlicher Richter vom 21.12.2004, BGBl. 2004 I S. 3599.

12 BayObLG DRiZ **1980** 432; Kissel/*Mayer* 4; OK/*Eschelbach* 5.

werden", so liegt dem nicht der Gedanke zugrunde, die Gleichberechtigung von Mann und Frau schematisch zum Ausdruck zu bringen, sondern der ganz andere Gedanke, dass es gerade bei Verfehlungen Jugendlicher und Heranwachsender für die richtige Wertung der Tat erwünscht ist, wenn sie von verschiedenen Blickpunkten aus gesehen wird. Ob eine solche Betrachtung heute noch als zeitgemäß zu empfinden ist, kann durchaus hinterfragt werden. Dass die Eigenschaft als „Frau" oder das Geschlecht an sich kein Grund zur Ablehnung wegen Befangenheit sein kann, bedarf an sich keiner Erwähnung, wenngleich dies historisch betrachtet nicht immer uneingeschränkt so beurteilt wurde.[13]

4. Vorsitzender. Nach § 28 Abs. 2 DRiG darf Vorsitzender eines Gerichts nur ein Richter sein. Wird ein Gericht in der Besetzung mit mehreren Richtern (d.h. Berufsrichtern, § 2 DRiG) tätig, so muss ein Richter auf Lebenszeit den Vorsitz führen. Da beim einfachen Schöffengericht (§ 29 Abs. 1 Satz 1) nur ein **Berufsrichter** mitwirkt, kann dieser auch ein Richter auf Probe (§ 12 DRiG) oder kraft Auftrags (§ 14 DRiG) oder ein abgeordneter Richter (§ 37 DRiG) sein. **§ 29 Abs. 1 Satz 2** schränkt aber die Verwendung von **Richtern auf Probe** als Vorsitzende des Schöffengerichts dahin ein, dass ein solcher im ersten Jahr nach seiner Ernennung (i.S.d. § 17 DRiG) nicht Vorsitzender sein kann (Grundgedanke: als Vorsitzende im Schöffengericht sollen nur Richter mit einer gewissen richterlichen Erfahrung tätig werden). Bei Verstoß gegen diese Vorschrift ist das Schöffengericht nicht vorschriftsmäßig besetzt (§ 338 Nr. 1 StPO). Nicht als Vorsitzender des Schöffengerichts i.S.d. § 29 Abs. 1 Satz 2 – und nicht notwendig personenidentisch – wird aber der Richter tätig, der – als Richter am Amtsgericht – das Verfahren vor dem Schöffengericht eröffnet und andere Beschlüsse außerhalb der Hauptverhandlung an Stelle des Schöffengerichts erlässt.[14] Für Richter kraft Auftrags gilt die Beschränkung des § 29 Abs. 1 Satz 2 nicht. Beim erweiterten Schöffengericht (§ 29 Abs. 2) kann nur ein Richter auf Lebenszeit den Vorsitz führen (§ 28 Abs. 2 DRiG), ein Richter auf Probe oder kraft Auftrags also nur als Beisitzer verwendet werden. Ist nach der Geschäftsverteilung Vorsitzender des Schöffengerichts ein Richter auf Probe, so muss als zweiter Richter in der Geschäftsverteilung (unten 8) ein Richter auf Lebenszeit bestimmt sein, der dann den Vorsitz übernimmt.[15] 3

II. Erweitertes Schöffengericht (Absatz 2)

1. Entwicklungsgeschichte, Zweck der Vorschrift. Das erweiterte Schöffengericht wurde durch die EmmingerVO 1924 eingeführt; dadurch sollte – nach dem Wegfall der erstinstanzlichen Strafkammer – ermöglicht werden, auch solche Sachen sachgemäß vor dem Schöffengericht zu erledigen, die nach ihrem Umfang die Kraft des im Wesentlichen durch die Verhandlungsleitung in Anspruch genommenen Vorsitzenden überstiegen oder deren Bedeutung die Mitwirkung zweier Berufsrichter notwendig erscheinen ließ. Der Bedeutung dieser Sachen entsprach es, dass die Revision gegen Berufungsurteile an das Reichsgericht ging, wenn im ersten Rechtszug das erweiterte Schöffengericht geurteilt hatte. Bei der Wiedereinführung der erstinstanzlichen (großen) Strafkammer durch die 4. AusnVO – erster Teil Kap. I Art. 1, § 1 – wurde gleichzeitig das erweiterte Schöffengericht aufgehoben (§ 1 Nr. 3). Dabei blieb es auch, als das VereinhG 1950 die Möglichkeit eröffnete, an sich in die Zuständigkeit des Schöffengerichts fallende Sachen dadurch vor die erstinstanzliche (große) Strafkammer zu bringen, dass der Staatsanwalt wegen der 4

13 Vgl. hierzu RG DRiZ **1929** Nr. 1120; BayObLG NJW **1972** 911; MüKo/*Schuster* 3.
14 S. § 30, 11.
15 Kissel/*Mayer* 11; MüKo/*Schuster* 6; KK/*Barthe* 9.

besonderen Bedeutung des Falles Anklage beim Landgericht erhebt (§ 24 Abs. 1 Nr. 3). Die Wiedereinführung des erweiterten Schöffengerichts durch das 3. StRÄndG 1953 will den Fällen Rechnung tragen, in denen zwar nicht die besondere Bedeutung des Falles die Anklageerhebung beim Landgericht rechtfertigt, aber der Umfang der Sache (z.B. wegen der Zahl der Angeklagten oder des umfangreichen Beweismaterials) die **Mitwirkung eines zweiten Richters erforderlich** macht, weil es für *einen* Richter zu schwierig ist, die Verhandlung zu leiten und zugleich ihre Ergebnisse für die Beratung und die Urteilsbegründung festzuhalten. Damit will das Gesetz gleichzeitig eine Entlastung des BGH erreichen, indem vermieden werden soll, dass Sachen beim Landgericht angeklagt werden, bei denen in Wirklichkeit nicht die besondere Bedeutung, sondern nur der Umfang der Sache die Staatsanwaltschaft zur Anklage beim Landgericht veranlasste.[16] Insofern besteht vor dem Hintergrund des Postulats des gesetzlichen Richters[17] ein gewisses Spannungsverhältnis im Hinblick auf die Möglichkeit der Anklage einer umfangreichen Sache entweder vor dem erweiterten Schöffengericht oder vor der nach § 76 Abs. 2 Satz 4 reduziert und damit ebenfalls mit zwei Berufsrichtern und zwei Schöffen besetzten großen Strafkammer, mithin an einem **Kollegialgericht mit gleicher Besetzung**.[18] Dies wird man letztlich dadurch auflösen können, dass einer großen Strafkammer nach dem Personalbedarfsberechnungssystem (PEBB§Y) – letztlich auch im Hinblick auf den allein eröffneten Rechtsmittelzug der Revision zum BGH – für ihre Verfahren mehr Zeit zur Verfügung steht als dem erweiterten Schöffengericht,[19] was auch für den anzulegenden **Prüfungsmaßstab** Bedeutung entfaltet, wobei andererseits eine Praxis der Staatsanwaltschaften zu beobachten ist, entsprechende Verfahren vor dem (erweiterten) Schöffengericht anzuklagen, weil erfahrungsgemäß dort regelmäßig zeitnäher mit einer Entscheidung zu rechnen ist. Das erweiterte Schöffengericht ist gegenüber dem einfachen Schöffengericht, da sein Strafbann (§ 24 Abs. 2) sich nicht verändert, kein Gericht höherer Ordnung, sondern lediglich ein anders zusammengesetztes Gericht.[20] Zwar mag eine weitverbreitete Praxis bestehen, anstelle des erweiterten Schöffengerichts sogleich bei dem Landgericht anzuklagen oder (zur Schonung von Personalressourcen) trotz Vorliegens der entsprechenden Voraussetzungen gleichwohl vor den Schöffengerichten ohne erweiterte Besetzung zu verhandeln;[21] was nicht unbedenklich ist. In der Praxis sind Verhandlungen vor erweiterten Schöffengerichten tatsächlich eher die **Ausnahme**; dass es das erweiterte Schöffengericht tatsächlich fast nur noch im Bereich des OLG Hamm geben soll,[22] muss indessen bezweifelt werden.

5 **2. Notwendigkeit der Mitwirkung.** Der **besondere Umfang** muss die Mitwirkung des zweiten Richters erforderlich erscheinen lassen. Im Hinblick auf den besonderen Umfang handelt es sich um einen unbestimmten Rechtsbegriff, der somit ausfüllungsbedürftig ist und – wie in allen Fällen **beweglicher Zuständigkeit** – **gerichtlicher Kontrolle** unterliegt.[23] Das kann sich aus der Zahl von Mitangeklagten oder Straftaten oder dem voraus-

16 *Dallinger* JZ **1953** 433; SSW/*Spiess* 3.

17 Vgl. zu der hier berührten Frage der beweglichen Zuständigkeit grundsätzlich etwa Kissel/*Mayer* § 24, 11; MüKo/*Schuster* § 24, 8 f. m.w.N.

18 Sehr kritisch OK/*Eschelbach* 7.1 ff.

19 Vgl. hierzu auch OLG Karlsruhe StV **2011** 614.

20 RGSt **62** 270; KG JR **1976** 209; OLG Düsseldorf JMBlNRW **1964** 260; OLG Hamm MDR **1988** 696; Kissel/*Mayer* 7.

21 OK/*Eschelbach* 8.

22 So indessen *Heghmanns* StV **2003** 15; *Schmitt/Köhler* 2.

23 MüKo/*Schuster* 7.

sichtlichen Umfang der Beweisaufnahme ergeben.[24] Insoweit handelt es sich um ein rein **quantitatives Kriterium.**[25] Die Bedeutung einer Sache allein, die nicht auch in deren Umfang zum Ausdruck kommt, rechtfertigt die Zuziehung eines zweiten Richters nicht; in diesen Fällen ist nach § 24 Abs. 1 Nr. 3 Anklage zum Landgericht zu erheben.[26]

3. Antrag der Staatsanwaltschaft. Nach § 29 Abs. 2 entscheidet der die Eröffnung des 6
Hauptverfahrens beschließende Richter beim Amtsgericht über die Notwendigkeit der Heranziehung wegen des Umfangs der Sache. Damit ist – i.S.d. „gesetzlichen Richters"– die Besetzung des Gerichts an gesetzliche Voraussetzungen gebunden; es entscheidet nicht freies Ermessen. Allerdings fordert das Gesetz einen Antrag des Staatsanwalts. Aber auch dieser handelt nicht nach freiem Ermessen,[27] sondern darf seinerseits den Antrag (bei verfassungskonformer Auslegung) nur stellen, muss ihn dann aber auch stellen – was Nr. 113 Abs. 4 RiStBV deutlich macht –, wenn er die Notwendigkeit der Mitwirkung des zweiten Richters bejaht; er hat **„kein Wahlrecht"**. Schon damit entfallen die z.T. im Schrifttum[28] gegen die Verfassungsmäßigkeit des § 29 Abs. 2 unter dem Gesichtspunkt der „beweglichen Zuständigkeit" geäußerten Bedenken.[29] Der Antrag wird im Allgemeinen bei Einreichen der Anklageschrift gestellt werden; doch ist dies – wie nach § 29 Abs. 2 i.d.F. der Bek. von 1924 (RGSt **62** 269) – nicht erforderlich, vielmehr kann der Antrag auch nach Einreichen der Anklage, insbesondere auf Anregung des Gerichts, bis zum Ergehen des Eröffnungsbeschlusses nachgeholt werden.[30] Der Antrag ist zwingende Voraussetzung für das Zuziehen eines zweiten Richters, denn dem Gericht steht dieser Weg ohne Antrag auch nicht bei großem Verfahrensumfang zu. Der Antrag unterliegt der **vollen richterlichen Nachprüfung**. Wird einem gestellten Antrag nicht stattgegeben, so begründet dies keine Anfechtbarkeit nach § 210 Abs. 2 StPO, da das erweiterte Schöffengericht gegenüber dem einfachen Schöffengericht kein Gericht höherer Ordnung, sondern nur ein anders besetztes Gericht gleicher Ordnung ist.[31] Wird (versehentlich) die Zuziehung beschlossen, ohne dass ein Antrag vorliegt, so besteht nach § 210 Abs. 2 StPO ebenfalls kein Beschwerderecht. Jedoch ist dann das Gericht nach h.M. nicht vorschriftsmäßig besetzt (§ 338 Nr. 1 StPO), da es nicht darauf ankommt, ob das Gericht „besser" besetzt ist, als es dem Gesetz entspricht.[32]

4. Zurücknahme des Antrags. Solange das Hauptverfahren nicht eröffnet ist, kann 7
die Staatsanwaltschaft den Zuziehungsantrag zurücknehmen.[33] Ein innerer Grund, den Antrag, der ja keinen Bestandteil der Anklage bildet, als unwiderruflich anzusehen, ist nicht erkennbar; andernfalls müsste die Staatsanwaltschaft die Anklage zurücknehmen (§ 156 StPO) und erneut Anklage ohne entsprechenden Antrag erheben.

---

24 Kissel/*Mayer* 14; *Schmitt/Köhler* 4; SSW/*Spiess* 3.
25 MüKo/*Schuster* 7.
26 *Eb. Schmidt* 12; Kissel/*Mayer* 14; MüKo/*Schuster* 7; KK/*Barthe* 11; Radtke/Hohmann 7; *Schmitt/Köhler* 4.
27 **A.A.** SSW/*Güntge* 5, indessen ohne weitere Begründung.
28 *Bettermann* „Die Grundrechte" III 2, 571; *Schorn* (Schutz der Menschenwürde) 43.
29 S. im Übrigen auch LR/*K. Schäfer*[24] § 16, 12; SK/*Degener* 11; KK/*Barthe* 12.
30 KG StV **2016** 448; SK/*Degener* 9; SSW/*Güntge* 5; Radtke/Hohmann 6.
31 S. Fn. 9 sowie *Katholnigg* 3; Kissel/*Mayer* 14; MüKo/*Schuster* 12.
32 So BAG NJW **1961** 1945; OLG Bremen NJW **1958** 432; OLG Düsseldorf JMBlNRW **1964** 260; *Schmitt/Köhler* 7; *Katholnigg* 4. Zur Frage der Anfechtbarkeit im Rahmen einer **Revision** vgl. MüKo/*Schuster* 13; Graf/*Eschelbach* 18.
33 OLG Hamm MDR **1988**, 696; *Kissel/Mayer* 13; MüKo/*Schuster* 9; KK/*Barthe* 10; *Eb. Schmidt* 7; **a.M.** *Dallinger* JZ **1953** 433 Fn. 13.

8 **5. Zuziehung ohne Antrag.** Ein Antrag ist indessen entbehrlich, wenn ein Gericht höherer Ordnung das Verfahren vor dem erweiterten Schöffengericht eröffnet (§§ 209, 210 Abs. 2 StPO).[34] In diesem Falle erfolgt die Entscheidung über die Zuziehung von Amts wegen. Die Entscheidung trifft das eröffnende Gericht, nicht der Vorsitzende des Schöffengerichts. Die Entscheidung über die Zuziehung des zweiten Richters[35] und die Entscheidung des eröffnenden Gerichts kann auch hier nicht deshalb nach § 210 Abs. 2 StPO angefochten werden, weil die Zuziehung eines zweiten Richters nicht beschlossen worden ist.[36]

9 **6. Zuständigkeit zur Entscheidung über die Zuziehung.** Über die Zuziehung entscheidet der Richter der nach der Geschäftsverteilung zuständigen Schöffenabteilung, mithin der **Vorsitzende des Schöffengerichts.**[37] Es ist nicht unzulässig, im Geschäftsverteilungsplan einer bestimmten Abteilung diejenigen Sachen zuzuweisen, in denen bei Erhebung der Anklage die Staatsanwaltschaft den Antrag nach § 29 Abs. 2 stellt.[38] Bis zur Eröffnung des Hauptverfahrens sind allerdings erforderlich werdende Haftentscheidungen vom Vorsitzenden des Schöffengerichts zu treffen, weil es vor der Entscheidung über den gem. § 29 Abs. 2 gestellten Antrag noch kein erweitertes Schöffengericht gibt.[39]

10 **7. Zeitpunkt der Entscheidung.** Die Zuziehung kann nur gleichzeitig **mit der Eröffnung** beschlossen werden. Nach Eröffnung ist eine nachträgliche Zuziehung ausgeschlossen; das gebietet der Grundsatz des gesetzlichen Richters, Art. 101 Abs. 1 Satz 2 GG.[40] Eine spätere Erweiterung des Spruchkörpers ist – jenseits von § 29 Abs. Satz 2 – ebenso wenig möglich wie eine Vorlage nach § 225a StPO vom Schöffengericht an das erweiterte Schöffengericht, da dieses gegenüber dem Schöffengericht ja kein Gericht höherer Ordnung ist.[41] Infolgedessen entfällt die Möglichkeit einer Zuziehung auch überall da, wo eine Sache ohne vorangegangenen Eröffnungsbeschluss zur Aburteilung an das Schöffengericht gelangt,[42] also im beschleunigten Verfahren (§§ 417 f. StPO), bei Nachtragsanklage (§ 266 Abs. 1 StPO) und nach Zurückverweisung einer Sache an das Schöffengericht durch das Rechtsmittelgericht (§ 328 Abs. 2, § 354 Abs. 2 oder 3 StPO – bei Sprungrevision oder Zurückverweisung an ein Gericht niederer Ordnung). Dem zurückverweisenden Rechtsmittelgericht steht ebenfalls nicht das Recht zu, die Sache an das erweiterte Schöffengericht zurückzuverweisen, wenn im ersten Rechtszug das einfach besetzte Schöffengericht geurteilt hat, denn § 29 Abs. 2 hat mit gutem Grund die Entscheidung, ob der Umfang der Sache die Zuziehung eines zweiten Richters fordert, in die Beurteilung des das Hauptverfahren eröffnenden Gerichts gestellt.[43] Die Möglichkeit einer Zuziehung entfällt auch, wenn der Strafrichter wegen Überschreitung seiner sachlichen Zuständigkeit die Sache an das Schöffengericht verweist, denn der Verweisungsbeschluss hat zwar die Wirkung eines Eröffnungsbeschlusses (§ 270 Abs. 3 StPO), ist aber kein solcher.[44] Die die Zuziehung des zweiten

---

34 MüKo/*Schuster* 8; *Schmitt/Köhler* 3.

35 Ebenso KG JR **1976** 209; OLG Bremen NJW **1958** 432; *Kissel/Mayer* 18; *Eb. Schmidt* 12; **a.M.** *Kern* GA **1953** 45.

36 KG JR **1976** 209.

37 SK/*Degener* 12; Radtke/Hohmann 8.

38 Vgl. dazu die Bedenken bei *Meyer* DRiZ **1969** 284.

39 OLG Hamm NStE **1988** 163.

40 So mit Recht *Dallinger* JZ **1953** 434; *Schmitt/Köhler* 5; *Eb. Schmidt* 7 und für das frühere Recht RGSt **62** 269.

41 KG StV **2015** 448.

42 OLG Düsseldorf JMBlNRW **1964** 260; *Schmitt/Köhler* 6; Kissel/*Mayer* 19; **a.M.** *Deisberg/Hohendorf* DRiZ **1984** 264.

43 Ebenso *Dallinger* JZ **1953** 434 Fn. 14; *Schmitt/Köhler* 5.

44 H.M.; **a.M.** *Deisberg/Hohendorf* DRiZ **1984** 265.

Richters anordnende oder ablehnende Entscheidung als solche ist als Bestandteil des Eröffnungsbeschlusses im Beschwerdeweg **nicht anfechtbar** (vgl. auch. Rn. 5).[45]

8. Wirkung des Zuziehungsbeschlusses. Der Zuziehungsbeschluss bewirkt, dass das Schöffengericht in der Hauptverhandlung nur ordnungsgemäß besetzt ist, wenn ein zweiter Richter mitwirkt. Werden mehrere Sachen verbunden, so muss die Hauptverhandlung mit zwei Richtern stattfinden, wenn dies auch nur in einer der Sachen beschlossen war, gleichviel vor welchem Schöffengericht verhandelt wird.[46] Der einmal erlassene Beschluss kann (in der Zeit zwischen Eröffnungsbeschluss und Hauptverhandlung) selbstverständlich nicht wieder aufgehoben werden; das verstieße gegen Art. 101 Abs. 1 Satz 2 GG. Abweichend von dem Recht der VO 1924 (s. Rn. 3) ändert sich nichts an der Zuständigkeit des Oberlandesgerichts zur Entscheidung über die Revision (§ 121 Abs. 1 Nr. 1 lit. b). Die einmal begründete Zuständigkeit des erweiterten Schöffengerichts bleibt auch bei Zurückverweisung der Sache an die erste Instanz durch das Rechtsmittelgericht und ebenso für die erneute Hauptverhandlung im Wiederaufnahmeverfahren sowie im Nachverfahren (§§ 439, 441 StPO) bestehen. 11

9. Bestimmung des zweiten Richters. Welcher Richter als zweiter Richter zur Mitwirkung (als Beisitzer) berufen ist, bestimmt die Geschäftsverteilung des Amtsgerichts (§ 21e). Sie muss, wenn mehrere Richter benannt sind, die Reihenfolge festlegen, in der sie zum Zuge kommen (s. auch oben Rn. 2, 7). Der beigezogene Richter ist ebenfalls gesetzlicher Richter. Er darf Richter auf Probe sein, was wegen § 28 Abs. 2 DRiG indessen nicht gilt, wenn der geschäftsplanmäßige Vorsitzende des Schöffengerichts selbst nicht Richter auf Lebenszeit ist (s.a. o. Rn. 3). 12

10. Abstimmung. Wegen der Abstimmung beim erweiterten Schöffengericht vgl. § 196 Abs. 4; über die Frage, wie Meinungsverschiedenheiten auszutragen sind, die nach der Hauptverhandlung zwischen den beiden Amtsrichtern über die Abfassung des Urteils hervortreten, vgl. § 30, 31. 13

11. Jugendschöffengericht. Das JGG kennt kein erweitertes Jugendschöffengericht (§ 33 Abs. 3); stattdessen ist in § 40 Abs. 2 dem Jugendschöffengericht das Recht eingeräumt, bis zur Eröffnung des Hauptverfahrens von Amts wegen die Sache der Jugendkammer vorzulegen, ob diese sie wegen ihres besonderen Umfangs übernehmen will. Wird aber vor dem Jugendschöffengericht in einer Jugendschutzsache (§ 26) Anklage erhoben, gelten zwar die Vorschriften des Erwachsenenstrafrechts, also auch die allgemeinen Verfahrensvorschriften. Für die Besetzung der Gerichte – als auch für den Instanzenzug – gelten indessen die Vorschriften des JGG,[47] sodass für das Hinzuziehen eines zweiten Richters nach § 29 Abs. 2 in diesen Fällen kein Raum ist.[48] 14

12. Rechtsmittelzug. Gegen Entscheidungen des erweiterten Schöffengerichts ist derselbe Rechtsweg eröffnet wie gegen Entscheidungen der anderen amtsgerichtlichen Spruchkörper. Das ist seit Inkrafttreten des Rechtspflegeentlastungsgesetzes die kleine Strafkammer des Landgerichts, die dann allerdings einen zweiten Richter zuziehen muss (§ 76 Abs. 3). Dabei 15

45 H.M.; s. z.B. RGSt **62** 270; KK/*Schuster* 12; SK/*Degener* 13; Graf/*Eschelbach* 17; *Eb. Schmidt* 13.

46 *Dallinger* JZ **1953** 433; Kissel/*Mayer* 20; *Schmitt/Köhler* 5.

47 KK/*Barthe* § 26, 5.

48 *Katholnigg* 6.

kommt es nicht darauf an, ob das Schöffengericht den weiteren Richter zu Recht hinzugezogen hat, weil die gerichtsverfassungsrechtliche Regelung unabänderlich ist.[49]

§ 30

(1) Insoweit das Gesetz nicht Ausnahmen bestimmt, üben die Schöffen während der Hauptverhandlung das Richteramt in vollem Umfang und mit gleichem Stimmrecht wie die Richter beim Amtsgericht aus und nehmen auch an den im Laufe einer Hauptverhandlung zu erlassenden Entscheidungen teil, die in keiner Beziehung zu der Urteilsfällung stehen und die auch ohne mündliche Verhandlung erlassen werden können.

(2) Die außerhalb der Hauptverhandlung erforderlichen Entscheidungen werden von dem Richter beim Amtsgericht erlassen.

Schrifttum

Atzler Das Recht des ehrenamtlichen Richters, die Verfahrensakten einzusehen, DRiZ **1991** 207; *Bertram* Mitwirkung von Schöffen während unterbrochener Hauptverhandlung? NJW **1998** 2934; *Bittmann* Selbsthilfe der Justiz gegen Überlastung, DRiZ **1991** 208; *Börner* Die Ungleichheit von Schöffen und Berufsrichtern, ZStW **122** (2010) 157; *ders.* Die Beschlussbesetzung in Haftfragen bei laufender Hauptverhandlung – Ein Lösungsvorschlag, JR **2010** 481; *Ellbogen* Das Akteneinsichtsrecht der Schöffen, DRiZ **2010** 136; *Gittermann* Die Besetzung der Gerichte bei Entscheidungen in Haftfragen in laufender Hauptverhandlung, DRiZ **2012** 12; *Hanack* Die Rechtsprechung des Bundesgerichtshofs zum Strafverfahrensrecht, JZ **1972** 313; *Helm* Die Schöffen im Strafprozess, JA **2006** 302; *Hillenkamp* Zur Teilhabe des Laienrichters, FS Kaiser (1988)1437; *Imberger-Bayer* Zur Akteneinsichtnahme durch Schöffen, JR **1999** 299; *Katholnigg* Die Beteiligung von Laien in Wirtschaftsstrafsachen, wistra **1982** 91; *Kemmer* Befangenheit von Schöffen durch Aktenkenntnis? (1989); *Krüger* Beteiligung von Schöffen bei Haftentscheidungen während der Hauptverhandlung, NStZ **2009** 590; *Kunisch* Zur Frage der Besetzung des Schöffengerichts und der Strafkammer bei Entscheidungen über die Untersuchungshaft während laufender Hauptverhandlung, StV **1998** 687; *Lilie* Blinde Kontrollinstanz? Zur Zukunft des Schöffenamtes, FS Rieß (2002) 303; *Linkenheil* Laienbeteiligung an der Strafjustiz – Relikt des bürgerlichen Emanzipationsprozesses oder Legitimation einer Rechtsprechung „Im Namen des Volkes"? Diss. Berlin 2003; *Müller* Zur Frage der richterlichen Zuständigkeiten bei Entscheidungen zwischen Beginn und Ende der strafprozessualen Hauptverhandlung, Diss. Passau 2003; *Nowak* Das Recht der Schöffen auf Akteneinsicht für die Dauer der Hauptverhandlung, JR **2006** 459; *Renning* Die Entscheidungsfindung durch Schöffen und Berufsrichter (1993); *Rönnau* Der Schöffe als „Marionette" im Verständigungsverfahren, FS Schlothauer (2018) 367; *Rüping* Funktionen der Laienrichter im Strafverfahren, JR **1976** 269; *Schreiber* Akteneinsicht für Laienrichter, FS Welzel (1974) 941; *Schlothauer* Die Besetzung der großen Straf- und Jugendkammern in der Hauptverhandlung, StV **2012** 749; *Sowada* Die Gerichtsbesetzung bei Haftentscheidungen während einer anhängigen Hauptverhandlung, NStZ **2001** 169; *ders.* Zur Problematik der Mitwirkung von Schöffen bei Haftentscheidungen während laufender Hauptverhandlung, StV **2010** 37; *Terhorst* Information und Aktenkenntnis der Schöffen im Strafprozeß, MDR **1988** 809.

Entstehungsgeschichte

Durch Art. II Nr. 6 PräsVerfG ist in Absatz 1, 2 „Amtsrichter" durch „Richter beim Amtsgericht" ersetzt worden.

---

49 OLG Düsseldorf NStZ **1994** 97 = StV **1994** 10.

Übersicht

I. Mitwirkung der Schöffen während der Hauptverhandlung (Absatz 1)

1. Grundsatz. Bei der Urteilsfällung und den das Urteil ergänzenden und mit dem Erlass des Urteils zu verbindenden Beschlüssen (§§ 268a, 268b, 456c StPO) wirken die Schöffen uneingeschränkt in gleichem Umfang mit **wie die Berufsrichter.**[1] Ihre Mitwirkung erstreckt sich aber auch auf alle sonstigen **im Laufe der Hauptverhandlung** zu erlassenden Beschlüsse. So entscheiden z.B. die Schöffen auch darüber mit, ob die Hauptverhandlung auszusetzen ist (§ 228 StPO), ob beim Ausbleiben des Beschuldigten ein Haftbefehl nach § 230 Abs. 2 StPO zu erlassen ist,[2] ob ohne den Angeklagten verhandelt werden soll (§ 232 StPO), ob eine Zeugnisverweigerung als berechtigt anzusehen ist, oder ob eine Vorlage an das BVerfG nach Art. 100 Abs. 1 GG, § 80 BVerfGG zu erfolgen hat.[3] Es macht dabei nach der ausdrücklichen Bestimmung des Gesetzes keinen Unterschied, ob eine Entscheidung in Beziehung zu der Urteilsfällung steht oder nicht; daher haben die Schöffen auch bei den Entscheidungen mitzuwirken, die bei Ausübung der Sitzungspolizei vom Gericht zu treffen sind (vgl. §§ 177 Satz 2 Halbsatz 2, 178 Abs. 2 Halbsatz 2). Auch Zwangsmaßnahmen gegen Zeugen und Sachverständige gehören dazu (§§ 51, 70, 77 StPO).[4] Eine Ausnahme gilt nur bei der Entscheidung über die Ausschließung oder Ablehnung von Schöffen (§ 31 Abs. 2 StPO). Eine besondere Lage ergibt sich, wenn während der Hauptverhandlung vor dem Schöffengericht die Staatsanwaltschaft gemäß § 408a StPO einen Strafbefehlsantrag stellt und der Richter ihm gemäß § 408a Abs. 2 StPO entspricht oder ihn ablehnt; insoweit ist wohl davon auszugehen, dass es sich hier dogmatisch nicht um einen 1

1 S. auch BGH NJW **1997** 1792 = NStZ **1997** 506.
2 OLG Bremen MDR **1960** 244.
3 BVerfGE **19** 71 = MDR **1965** 722.
4 Vgl. auch die Aufzählungen bei Kissel/*Mayer* 7; SK/*Degener* 3 und MüKo/*Schuster* 2.

Bestandteil der Hauptverhandlung, sondern eine außerhalb der Hauptverhandlung erforderliche Entscheidung (§ 30 Abs. 2) handelt und deshalb die Schöffen nicht mitwirken.[5]

2 **2. Umfang der Mitwirkung.** Abgesehen von der Beteiligung an den zu erlassenden Entscheidungen steht den Schöffen das Recht der unmittelbaren **Befragung** von Angeklagten, Zeugen und Sachverständigen zu (§ 240 Abs. 2 StPO) – wobei es sich in praktischer Hinsicht jedenfalls in konfliktgeladenen Verfahren und zum Vermeiden unnötiger Befangenheitsanträge empfehlen kann, nach Rücksprache die entsprechenden Fragen sachgerecht über die Berufsrichter stellen zu lassen. Der Vorsitzende hat die Verhandlung im Übrigen so zu führen, dass die Laienrichter ihr folgen können (vgl. auch Nr. 126 Abs. 2 RiStBV); ggf. ist eine Zwischenberatung einzuschieben.[6] Wegen der **Abstimmung** vgl. §§ 196, 197 und wegen der erforderlichen Stimmenzahl § 263 StPO. Für prozessuale Entscheidungen gilt somit die einfache Mehrheit, während zu jeder dem Angeklagten nachteiligen Entscheidung über die Schuldfrage und die Rechtsfolgen der Tat zwei Drittel der Stimmen erforderlich sind, um zur Entscheidung zu gelangen.[7]

3 **3. Ausnahmen von der Mitwirkung.** Die Mitwirkung der Schöffen steht von vornherein unter dem Vorbehalt, dass ihnen dieses Recht nicht durch anderweitige Regelungen entzogen worden ist. Derartige Ausnahmen finden sich in §§ 27 Abs. 2, 31 Abs. 2 Satz 1 StPO bei Entscheidungen über Ablehnungsgesuche, in §§ 238 ff. StPO bezüglich der Verhandlungsleitung, in § 142 Abs. 34 StPO wegen der Beiordnung eines Pflichtverteidigers sowie in §§ 176 ff. im Hinblick auf sitzungspolizeiliche Maßnahmen.[8] Auch über die Teilnahme Auszubildender an der gerichtlichen Beratung (§ 193) entscheidet der Vorsitzende ohne Beteiligung der übrigen Richter. An einer nachholenden Entscheidung über die **Eröffnung des Hauptverfahrens** noch während laufender Hauptverhandlung wirken die Schöffen ebenfalls nicht mit.[9]

4. Aktenkenntnis der Schöffen

4 **a) Früherer Meinungsstand.** Da dem Vorsitzenden (beim erweiterten Schöffengericht dem zweiten Richter und bei großen Strafkammern den beiden Beisitzern, hierzu § 77 Abs. 1) unzweifelhaft das Recht der Kenntnis des Inhalts des Ermittlungs- und des Eröffnungsverfahrens einschließlich des Inhalts des Ermittlungsergebnisses der Anklageschrift zusteht, würde sich aus dem Wortlaut des § 30 Abs. 1 ergeben, dass diese Befugnis auch den Schöffen zukommt, denn danach besteht kein Anhalt für eine defizitäre Teilhabe der Schöffen oder gar ein Machtgefälle gegenüber den Berufsrichtern.[10] Diese Folgerung hat jedoch die Rechtsprechung des RG und des BGH nicht gezogen,[11] sondern einen **Verstoß gegen die Grundsätze der Unmittelbarkeit** und Mündlichkeit (§§ 249, 261 StPO) darin gesehen, wenn die mitwirkenden Laienrichter vor oder während der Hauptverhandlung in das Ermittlungsergebnis der Anklageschrift Einblick nehmen – und zwar selbst dann, wenn dies nur dadurch möglich war, weil der Schöffe dem armamputierten Richter

5 *Rieß* JR **1988** 135 und JR **1989** 172 Fn. 12.

6 LG Münster NJW **1993** 1088; *Katholnigg* 1.

7 KK/*Barthe* 3.

8 Vgl. auch SK/*Degener* 4.

9 BGH NStZ **2025** 430; NStZ-RR **2021** 217; NStZ **2018** 155; BGH StV **2015** 380; OLG Hamburg StraFo **2021** 205; Kissel/*Mayer* 19.

10 *Hillenkamp* FS Kaiser 1441, 1443; *Lilie* FS Rieß 303, 310.

11 LR/*Gollwitzer*[24] § 261, 31 StPO und LR/*Schäfer*[24] Einl. Kap. 13, 61.

beim Umblättern der Akten half[12] – weil diese Lektüre geeignet sei, die Unbefangenheit der Laienrichter im Sinne einer Vorverurteilung zu beeinträchtigen. Der 1. Strafsenat des BGH[13] hatte jedoch gegen diese Rechtsprechung schon frühzeitig in einem obiter dictum Bedenken erhoben und der 3. Strafsenat hat schließlich die Aushändigung von Tonbandprotokollen (übersetzte Gespräche aus einer Telefonüberwachung) an die Schöffen für zulässig erklärt,[14] ohne sich allerdings abschließend dazu zu äußern, ob die bisherige Rechtsprechung noch aufrechterhalten werden kann.

Im **Schrifttum** sind bereits frühzeitig **Einwendungen** gegen die frühere Rechtsprechung erhoben worden,[15] die sich noch verstärkten, als zunächst § 249 Abs. 2 StPO i.d.F. des StVÄG 1979 in gewissem Umfang das sog. Selbstleseverfahren von Urkunden zuließ und das StVÄG 1987 durch nochmalige Änderung des § 249 Abs. 2 StPO die für Schöffen noch bestehende Beschränkung („Schöffen ist hierzu erst nach Verlesung des Anklagesatzes Gelegenheit zu geben“) beseitigte. Die Begründung des RegE[16] führt zu der letzteren Maßnahme an: es könne „abweichend von der sehr starren und schematischen Regelung des geltenden Rechts“ zweckmäßig sein, dass die Schöffen auch schon vor Verlesung des Anklagesatzes „in besonders gelagerten Einzelfällen“ Kenntnis nehmen: „die Neufassung stellt klar, dass dies rechtlich nicht unzulässig ist“. Die unmittelbare Beziehung der Neufassung des § 249 Abs. 2 StPO zu dem Problem einer Befangenheit des Schöffen durch die bloße Erlangung der Kenntnis von der Darstellung des Ermittlungsergebnisses in der Anklageschrift ergibt sich daraus, dass „die ohnehin problematische Bewertung der Voreingenommenheitsgefahr in der Situation, die BGHSt **13** 73 zugrunde lag, wohl kaum noch haltbar“ ist.[17] 5

b) Rechtsprechung. Allmählich deutete sich eine Wende der obergerichtlichen Rechtsprechung bei der Beurteilung der Befangenheitsfrage an. Schon die (unveröffentlichte) Entscheidung des BGH v. 27.8.1968 – 1 StR 361/68 hatte ausgesprochen, dass zwischen der dauernden Überlassung der Anklageschrift an die Schöffen und deren (einmaliger) Verlesung unterschieden werden müsse, weil „durch ein einmaliges Verlesen ... auch Laienrichter regelmäßig nicht so stark beeinträchtigt werden, dass sie das wirkliche Ergebnis der Hauptverhandlung nicht mehr unbefangen in sich aufnehmen können“. Unter Berufung auf diese Entscheidung wies der BGH[18] eine Revisionsrüge zurück, die darauf gestützt war, das Urteil beruhe auf der **Verlesung eines Anklagesatzes**, der deshalb nicht dem Gesetz entspreche, weil der Anklagesatz eine Beweiswürdigung enthalte, sodass in der Hauptverhandlung gemäß § 243 Abs. 3 Satz 1 StPO ein nicht dem Gesetz entsprechender Anklagesatz verlesen wurde. Die Begründung ist allerdings einzelfallbezogen: der verlesene Anklagesatz richtete sich gegen eine Mehrzahl von Angeklagten, umfasste 32 Schreibmaschinenseiten, und die Hauptverhandlung dauerte 30 Tage; unter diesen Umständen scheide aus, dass der verlesene Anklagesatz noch irgendwie überzeugungsbildende Kraft habe entfalten können. Für die hier bei der Auslegung des § 30 in Frage stehende „Befangenheits“- 6

---

12 BGHSt **13** 73.

13 BGH v. 23.2.1960 – 1 StR 648/59.

14 BGHSt **43** 36 = NStZ **1997** 506 m. Anm. *Katholnigg* = StV **1997** 450 m. Anm. *Lunnebach* = JR **1999** 297 mit Anm. *Imberger-Bayer*; vgl. hierzu auch SK/*Degener* 9.

15 *Atzler* DRiZ **1991** 207; *Bittmann* DRiZ **1991** 207; *Hanack* JZ **1972** 314; *Schmitt/Köhler* 1; *Rennig* 168; *Rüping* JR **1976** 269 (272); *Schreiber* FS Welzel 941; *Terhorst* MDR **1988** 809; w.N. s. LR/*K. Schäfer*[24] Einl. Kap. 13 Fn. 108 und I 34.

16 BTDrucks. **10** 1313 S. 29.

17 *Rieß* JR **1987** 392, 393.

18 NJW **1987** 1209 = JR **1987** 389 mit Anm. *Rieß* = MDR **1987** 336.

Rechtsprechung ist aber der allgemeine Ausspruch in BGH NJW **1987** 1209 von Bedeutung, es könne „dahingestellt bleiben, ob die vom RG übernommene Rechtsprechung des BGH[19] in vollem Umfang aufrechtzuerhalten ist oder der Nachprüfung bedarf". Nicht zu beanstanden ist es der Rechtsprechung des BGH zufolge, den Schöffen in der Hauptverhandlung zum besseren Verständnis der Beweisaufnahme aus den Akten stammende Protokolle über diese Beweismittel zur Verfügung zu stellen.[20] Aktuelle Rechtsprechung der Obergerichte zu diesem Themenkreis liegt – soweit ersichtlich – nicht vor. In einem Urteil vom 12.6.2008[21] ist der EGMR unter Hinweis gerade auf § 30 zu dem Ergebnis gelangt, dass eine Kenntnisnahme der Schöffen vom wesentlichen Ergebnis der Ermittlungen unter dem Gesichtspunkt der Befangenheit jedenfalls dann nicht zu beanstanden ist, wenn sie vom Vorsitzenden über die Bedeutung der Anklage unterrichtet worden waren.

7 **c) Literatur.** Im Schrifttum ist seither beinah unbestritten, dass Schöffen jedenfalls in gewissem Rahmen ein Recht auf **Akteneinsicht nicht verwehrt** werden kann.[22] Dieses Recht soll indessen nicht uneingeschränkt gelten, wobei hinsichtlich der zulässigen Möglichkeiten im Einzelnen noch differenziert wird. Eine präzise Grenzziehung ist bislang noch nicht erfolgt. Zunächst wird danach unterschieden, ob die Akteneinsicht innerhalb oder außerhalb der Hauptverhandlung erfolgen soll, da Schöffen nach § 30 nur während der Hauptverhandlung das Richteramt in vollem Umfang ausüben. Hiernach wäre eine – in der Praxis von Schöffen vereinzelt schon erbetene – Akteneinsicht vor allem vor Beginn der Hauptverhandlung unzulässig. Für das Stadium der Hauptverhandlung wird weiter danach **differenziert**, ob sich die Einsicht nur auf diejenigen Aktenbestandteile erstrecken darf, die bereits zum Gegenstand der Hauptverhandlung gemacht worden sind, um etwa umfangreiche oder komplizierte Vorgänge nachvollziehen zu können.[23] Jedenfalls dies wird einhellig für zulässig erachtet – zumal der Grundsatz der Mündlichkeit und Unmittelbarkeit hierdurch nicht (mehr) beeinträchtigt werden kann. Weitergehend wird Schöffen auch ein umfassendes Recht auf Akteneinsicht zugestanden,[24] um diese den Berufsrichtern gegenüber nicht zu benachteiligen und hierdurch eine sachgerechte Teilhabe an bestimmten Entscheidungen zu ermöglichen.

8 Die **Argumente für** diese **Gleichstellung** sind kaum von der Hand zu weisen: den Schöffen ist nämlich auch in anderen Fällen eine Aktenkenntnis zu vermitteln, so etwa, wenn im Wege des Selbstleseverfahrens von der Verlesung von Schriftstücken abgesehen werden soll (§ 249 Abs. 2 StPO), wenn zulässigerweise ein Beschluss nach § 209 Abs. 2 StPO verlesen werden soll,[25] oder wenn beispielsweise über ein Vereidigungsverbot nach § 60 Nr. 2 StPO zu entscheiden ist oder das Recht zur Auskunftsverweigerung nach § 55 StPO auf dem Prüfstand steht. Auch bei Entscheidungen zu Haftfragen oder über Beweisanträge muss den Schöffen oftmals Kenntnis vom Akteninhalt vermittelt werden, weil anderenfalls ihre Mitwirkung nur formaler Natur wäre. Fehlende Aktenkenntnis benachteiligt die Schöffen zudem in ihrem uneingeschränkt zustehenden Fragerecht und lässt sie mögli-

---

19 RGSt **69** 120; BGHSt **5** 261; **13** 73.

20 BGH NJW **1997** 1792; *Imberger/Bayer* JR **1999** 299.

21 EGMR 12.6.1008, Elezi/Deutschland NJW **2009** 2871; hierzu: *Ellbogen* DRiZ **2010** 136.

22 Vgl. z.B. *Kissel/Mayer* 2 ff.; MüKo/*Schuster* 8; KK/*Barthe* 2; Radtke/Hohmann 4; *Schmitt/Köhler* 2; SSW/*Güntge* 2; OK/*Goers* 14; *Rennig* 149 ff.; *Schreiber* FS Welzel 945, 955; *Volk* FS Dünnebier 382; *Helm* JA **2006** 302; *Nowak* JR **2006** 459; grundsätzlich zustimmend, aber mit Bedenken *Rönnau* 368; kritisch bis abl. demgegenüber *Börner* ZStW **122** (2010) 157; SK/*Degener* 6 ff.

23 *Imberger-Bayer* JR **1999** 299.

24 *Nowak* JR **2006** 459.

25 BGHSt **43** 36; s.a. oben Fn. 10.

cherweise zu Statisten gegenüber den Berufsrichtern werden.[26] Im Übrigen müssen sich Schöffen schon bisher von Beweisergebnissen freimachen, wenn sich später deren Unverwertbarkeit ergibt,[27] oder sie müssen, wie im Fall des § 324 Abs. 1 StPO die Ergebnisse des früheren Verfahrens von der Beweisaufnahme in der Berufungshauptverhandlung trennen, sodass nicht einleuchtend ist, weshalb sie vorherige Aktenkenntnis und spätere Beweisergebnisse nicht auseinanderhalten können sollen.[28] Schließlich bleibt darauf hinzuweisen, dass das geltende Verfahrensrecht weder einen Anspruch der Schöffen auf umfassende Aktenkenntnis noch ein generelles Verbot solcher Kenntnis enthält.[29] Darüber hinaus ist nicht plausibel, weshalb die vorherige Aktenkenntnis der Berufsrichter die Grundsätze der Mündlichkeit und Unmittelbarkeit nicht gefährdet, wenn gleiches Vorwissen der Schöffen diese Grundsätze verletzt.[30] Auch wird zutreffend darauf hingewiesen, dass bereits durch Verlesen des Anklagesatzes bei den Schöffen oft eine unfreiwillige Voreingenommenheit entstehen kann, die anders als bei den Berufsrichtern eben nicht durch Aktenkenntnis neutralisiert werden kann.[31]

d) Pragmatische Ansätze und Empfehlung für die Praxis. Soweit es umfangreiche 9
Anklageschriften betrifft, vor allem solche mit einer Vielzahl von Taten, weiß sich die Praxis längst zu helfen, indem nach Verlesung der Anklageschrift den Schöffen im Einverständnis mit allen Verfahrensbeteiligten Kopien ausgehändigt werden.[32] Nur vereinzelt sind Zustimmungen dazu verweigert worden oder haben sich diese auf den reinen Anklagesatz (also ohne das wesentliche Ermittlungsergebnis) beschränkt. Entsprechendes gilt für andere Bestandteile der Akten, z.B. für **Auflistungen oder Übersichten**, sobald diese zum Gegenstand der Hauptverhandlung gemacht worden sind.[33] Indessen bleibt Vorsicht geboten: denn trotz der erteilten Zustimmung bleibt eine Revisionsrüge wegen einer möglichen Verletzung des § 261 StPO jedenfalls zulässig, weil es sich bei dieser Vorschrift, da grundlegende Verfahrensnorm, nicht um disponibles Recht handelt.[34] Im Zweifel sollte lediglich der Anklagesatz ausgehändigt werden, was letztlich unschädlich ist, weil er keine Beweiswürdigung enthält[35] und eine Aushändigung *nach* Verlesung der Anklage keiner durch *vorher* aus den Akten erlangten Kenntnis gleichkommt. Dies wird nunmehr auch **Nr. 126 Abs. 3 Satz 2 RiStBV** klargestellt, wonach den Schöffen namentlich in Verfahren mit einem umfangreichen oder schwierigen Sachverhalt für die Dauer der Hauptverhandlung eine **Abschrift des Anklagesatzes nach dessen Verlesung** überlassen werden kann. Ob oder inwieweit Akten im Rahmen der Beratung – oder bei notwendigen Zwischenberatungen – den Schöffen letztlich zugänglich gemacht werden, kann hier nur vermutet werden; entsprechenden Erkenntnissen aus der Praxis dürfte das Beratungsgeheimnis entge-

26 Zu dieser Gefahr s.a. BGH NJW **1997** 1792; *Müller* 15.

27 BGHSt **42** 191; BGH NJW **1998** 1163; *Katholnigg* 2.

28 So aber die Begr. von RGSt **69** 120, 124.

29 *Rennig* 170.

30 *Hillenkamp* FS Kaiser 1449.

31 *Lilie* FS Rieß 303, 310.

32 § 126 Abs. 3 Verwaltungsvorschrift des Justizministeriums zu den Richtlinien über das Strafverfahren und das Bußgeldverfahren (RiStBV) 126 | Verwaltungsvorschrift (Baden-Württemberg) v. 20.12.2022 (Die Justiz **2023** 41) bestimmt ausdrücklich, dass Schöffen zwar die Anklageschrift nicht zugänglich gemacht werden, ihnen aber namentlich in Verfahren mit einem umfangreichen oder schwierigen Sachverhalt für die Dauer der Hauptverhandlung eine Abschrift des Anklagesatzes nach dessen Verlesung überlassen werden darf.

33 I.d.S. auch BGH NJW **1997** 1792.

34 Zur Disponibilität von Verfahrensrechten vgl. die Zusammenfassung bei *Siolek* Verständigung in der Hauptverhandlung (1993) 101 ff.

35 Vgl. insoweit BGH NJW **1987** 1209 = NStZ **1987** 181 = JR **1987** 389 m. Anm. *Rieß*.

genstehen.[36] Auch **nach Beendigung** des Verfahrens kann ein Anspruch von Schöffen auf Akteneinsicht nicht aus § 475 StPO hergeleitet werden.[37]

10 **5. Befugnisse des Vorsitzenden.** Die Bestimmungen, durch die gewisse Verfügungen dem Vorsitzenden als solchem übertragen sind (vgl. z.B. §§ 231 Abs. 1, 238 Abs. 1 StPO; §§ 176, 177, 178 Abs. 2) gelten selbstverständlich auch für das Schöffengericht und werden von § 30 nicht berührt.

11 **6. Merkblatt für Schöffen.** Um die Schöffen von vornherein über ihre Aufgaben und Obliegenheiten zu unterrichten,[38] ist im Verwaltungsweg ein Merkblatt geschaffen worden, das ihnen bei der Benachrichtigung von ihrer Wahl übermittelt wird (vgl. Nr. 126 Abs. 1 RiStBV und die die Vorbereitungen der Sitzungen der Schöffengerichte und Strafkammern regelnden landesrechtlichen Justizverwaltungsvorschriften).

II. Mitwirkung der Schöffen außerhalb der Hauptverhandlung (Absatz 2)

12 **1. Grundsatz.** Wenngleich während der Hauptverhandlung die Schöffen auch bei den Beschlüssen mitzuwirken haben, so ist der eigentliche Zweck ihrer Berufung doch nur der, an der Urteilsfällung teilzunehmen. Demgemäß tritt das Schöffengericht nur zur Hauptverhandlung und Urteilsfällung zusammen; außerhalb der Hauptverhandlung handelt und entscheidet der **Richter an Stelle des Schöffengerichts** (aber nicht als dessen „Vorsitzender"),[39] und zwar bei mehrgliedrigen Amtsgerichten der Richter, der geschäftsplanmäßig dazu bestimmt ist (dazu § 29, 3). Das kann auch ein Richter sein, der in der Hauptverhandlung nicht den Vorsitz führen darf.[40]

13 **2. Zum Begriff „außerhalb der Hauptverhandlung".** Der Gesetzeswortlaut des § 30 Abs. 1 definiert den Begriff der „Hauptverhandlung" ebenso wenig wie § 76 Abs. 1 Satz 2, sodass sich daraus auch nicht erhellt, welche verfahrensmäßige Situation konkret von der Formulierung „außerhalb der Hauptverhandlung" erfasst wird. Auch die Regelungen über die Hauptverhandlung in §§ 226 ff. StPO erläutern den Sinngehalt nicht näher.

14 **a) Ursprüngliches Verständnis.** Ein Blick zurück auf die Ursprünge des § 30 zeigt, dass seinerzeit „während der Hauptverhandlung" alles erfasste, was in dem **Zeitraum zwischen Beginn und Ende einer Hauptverhandlung** geschah, unabhängig davon, ob die zu treffende Entscheidung in Beziehung zum Urteil stand oder nicht.[41] „Außerhalb der Hauptverhandlung" betraf Entscheidungen vor Beginn und nach Ende der Hauptverhandlung. Diese Regelung war auch praktikabel, weil damals eine unterbrochene Hauptverhandlung ohne jede Ausnahme spätestens „am 4. Tage" fortzusetzen war.[42] Insoweit entsprach es dem Gedanken der Laienbeteiligung, die zeitnah verfügbaren Schöffen in sämtliche anfallenden Entscheidungen einzubeziehen. Erst die später eingeführten länge-

36 Auch dies mag ein Grund sein, weshalb aktuelle Rechtsprechung zu dieser Frage nicht vorliegt.
37 KG v. 21.6.2024 – 3 Ws 25/24 (juris).
38 Dazu *Rüping* 52 und JR **1976** 27; *Rennig* 584.
39 *Eb. Schmidt* 6.
40 *Katholnigg* 3.
41 Zitiert nach *Foth* NStZ **1998** 420.
42 So die Urfassung von § 229 StPO (damals § 228 StPO).

ren Unterbrechungsmöglichkeiten haben die Laienbeteiligung in den Hintergrund treten lassen, weil diese umfassende Beteiligung nicht mehr praktizierbar war.[43]

b) Die aktuelle Definition. Im Zuge des sich durch diese Unterbrechungsmöglichkeiten verändernden Verfahrensablaufs sind dann im Laufe der Zeit, unabhängig von unterschiedlichen Ansichten im Detail, Rechtsprechung und Literatur einhellig – ohne nähere Begründung – davon ausgegangen, dass der Sinngehalt des Begriffes „außerhalb" als Gegensatz zur Hauptverhandlung zu verstehen ist. Einigkeit besteht auch darin, dass dem Begriff „Hauptverhandlung" in §§ 30, 76 die gleiche Bedeutung zukommt wie in den §§ 226 ff. StPO. Dort wiederum wird sie als die **umfassende mündliche Verhandlung des Gegenstands der Anklage** vor dem erkennenden Gericht definiert mit dem Ziel festzustellen, ob der angeklagte Sachverhalt sich so zugetragen hat.[44] Bereits jede – beliebige – Unterbrechung führt danach zu einem Verfahrensstadium „außerhalb der Hauptverhandlung".[45] Die Hauptverhandlung wird insoweit offenbar sitzungstechnisch verstanden. Für dieses Verständnis spricht die Ausgestaltung der Hauptverhandlung als förmliches, in der Regel öffentliches Verfahren mit den von der StPO vorgegebenen einzelnen Verfahrensabschnitten. Das lässt in der Regel auch eine eindeutige Abgrenzung der Zuständigkeiten nach Absatz 1 und 2 zu, sodass sich die Mitwirkung der Schöffen je nach Verfahrensstand hinreichend bestimmen lässt. 15

Im Verhältnis zur **Aussetzung** der Hauptverhandlung ist dieses Ergebnis offensichtlich, denn durch den Akt der Aussetzung ist die Hauptverhandlung beendet worden und es muss eine neue Hauptverhandlung stattfinden. Im Lichte der verschiedenen Unterbrechungsmöglichkeiten erscheint dies indessen weniger eindeutig. Die **Unterbrechung** stellt gegenüber der Aussetzung nur das Einlegen eines verhandlungsfreien zeitlichen Zwischenraums dar.[46] Die Hauptverhandlung als Einheit dauert noch an, aber sitzungstechnisch gesehen wird sie in jeder Unterbrechungsphase nicht geführt. Dabei spielt die Dauer der Unterbrechung keine Rolle, weil dies sonst zu unterschiedlichen Unterbrechungsbegriffen führen würde. Diese Sicht ermöglicht eine klare und einheitliche Handhabung. 16

c) Manipulationsmöglichkeiten. Es ist allerdings nicht zu übersehen, dass ein Verfahrensstadium „außerhalb der Hauptverhandlung" auch **willkürlich herbeigeführt** werden kann, indem der Vorsitzende im Hinblick auf angekündigte Anträge die Hauptverhandlung kurz unterbricht, um die Mitwirkung der Schöffen zu umgehen oder indem er die in der Hauptverhandlung gestellten Anträge erst außerhalb der Hauptverhandlung zur Entscheidung stellt. Andererseits könnte auch ein Verteidiger darauf bedacht sein, durch entsprechende zeitliche Wahl der Antragstellung die Mitwirkung oder den Ausschluss der Schöffen anzustreben, wie dies etwa im Bereich von Absprachen denkbar wäre, oder er könnte bei einem innerhalb der Hauptverhandlung gestellten Antrag ausdrücklich beantragen, darüber außerhalb der Hauptverhandlung zu entscheiden. In beiden Fällen werden die zur Entscheidung berufenen Richter demnach erst durch Maßnahmen des Vorsitzenden oder des Verteidigers konkretisiert. Hierdurch wird die Problematik des **gesetzlichen Richters** berührt (Art. 101 Abs. 1 Satz 2 GG) und dies könnte, soweit § 305 StPO Anfechtungsmöglichkeiten eröffnet, zur Aufhebung der Entscheidung führen. 17

43 *Foth* NStZ **1998** 421.
44 LR/*Gollwitzer*[25] Vor § 226, 1 StPO.
45 *Schmitt/Köhler* 3; LR/*Schäfer*[24] 6.
46 LR/*Gollwitzer*[25] § 228, 1 StPO.

18 **3. Rechtsprechung des BGH zur Besetzung bei Haftentscheidungen.** Wegen dieser Möglichkeit der Manipulation hat der 3. Strafsenat des BGH[47] für **Haftentscheidungen** im Rahmen eines Verfahrens nach § 122, also im Falle eines erstinstanzlichen Verfahrens vor dem Oberlandesgericht, eine Abkehr von der bisherigen Praxis vollzogen und sich auf den Standpunkt gestellt, dass Haftentscheidungen immer in der „Hauptverhandlungsbesetzung" zu erfolgen hätten. Der 3. Strafsenat begründet dieses Ergebnis mit einer verfassungskonformen Auslegung des § 122, weil die bisherige Praxis mit dem Gebot des gesetzlichen Richters (Art. 101 Abs. 1 Satz 2 GG) nicht zu vereinbaren sei, denn dabei stehe gerade nicht im Voraus fest, wer zur Entscheidung berufen ist. In einer weiteren Entscheidung hat der 1. Strafsenat des BGH – im Rahmen eines die Entscheidung indes nicht tragenden obiter dictum – demgegenüber und letztlich mit derselben Begründung ausgeführt, über Haftfragen auch während der laufenden Hauptverhandlung eines Amts- oder Landgerichts sei, um Zufälligkeiten bei der Besetzung zu vermeiden und weil Schöffen häufig nicht kurzfristig erreichbar seien, immer in der Besetzung außerhalb der Hauptverhandlung zu entscheiden.[48] Beide Entscheidungen des BGH haben in nicht unerheblichem Maße zu **Kritik** Anlass gegeben.[49]

19 **4. Auswirkungen dieser Rechtsprechung auf § 30.** Gerade auch vor dem Hintergrund der (möglicherweise) divergierenden Entscheidungen des BGH wird seither sowohl in Rechtsprechung als auch im Schrifttum ausgesprochen kontrovers beurteilt, welche grundsätzliche Bedeutung dem für die **Beteiligung von Schöffen namentlich an Haftentscheidungen** zukommen soll. Eine Einigung in dieser in der Praxis keinesfalls unbedeutenden Streitfrage ist nach wie vor ebenso wenig ersichtlich wie eine eindeutige obergerichtliche oder gesetzgeberische Klarstellung zur Beteiligung der Schöffen namentlich an Haftentscheidungen. Für die Besetzung an Schöffen- bzw. Landgerichten werden im Wesentlichen **drei Grundpositionen** vertreten:

20 **a) Hauptverhandlungsbesetzung.** In konsequenter Umsetzung der Entscheidung des 3. Strafsenats wird die Auffassung vertreten, das Gericht müsse stets mit dem auch zur Urteilsfindung berufenen Richtergremium entscheiden, also **stets unter Mitwirkung der Schöffen,**[50] sog. Hauptverhandlungsbesetzung. Nur hierdurch könne der Möglichkeit divergierender Entscheidungen durch unterschiedliche Besetzungen oder manipulativen Einflüssen hinreichend begegnet werden. Vor allem aber seien abweichende Besetzungen mit dem Gebot des **gesetzlichen Richters** nicht in Einklang zu bringen. Dieses nach Art. 101 Abs. 1 Satz 2 GG mit Verfassungsrang ausgestattete Recht könne durch Erwägungen von Praktikabilität oder der Zumutbarkeit, Schöffen auch außerhalb der Hauptverhandlung heranziehen zu müssen, nicht überspielt werden. Überdies stünde es in Widerspruch zu der eingeschränkten Prüfungskompetenz der Beschwerdegerichte, weil deren Richter nicht an der Hauptverhandlung teilgenommen haben, wenn anderseits im Erkenntnisverfahren die Haftentscheidung aber von Richtern getroffen werden sollte, die ebenfalls von

---

47 BGHSt **43** 91 = NStZ **1997** 606 m. Anm. *Dehn* = JR **1998** 33 m. Anm. *Katholnigg*.

48 BGH NStZ **2011** 295.

49 Vgl. nur *Bertram* NJW **1998** 2934; *Katholnigg* JR **1997** 34.

50 KG StraFo **2016** 292; OLG Köln NStZ **1998**, 419 mit Anm. *Foth* und Anm. *Siegert* = NJW **1998** 2989; OLG Koblenz StV **2010** 36 u. 37 m. Anm. *Sowada*; LR/*Gärtner* § 126 StPO, 27; SK/*Degener* 30; SK/*Paeffgen* § 126 StPO, 7; KMR/*Wankel* § 126 StPO, 8; nunmehr auch Kissel/*Mayer* 16 in ausdr. Abkehr von der Voraufl.; *Schlothauer*/*Weider*/*Nobis* Rn. 857 ff.; *Dehn* NStZ **1997** 419; *Schlothauer* StV **1998** 144; *Kunisch* StV **1998** 608; *Sowada* NStZ **2001** 169; *Linkenheil* 232.

vornherein nicht an der Hauptverhandlung teilgenommen haben.[51] Dem wird man jedoch mit dem Einwand entgegentreten müssen, dass anders als im Fall der Entscheidung der Beschwerdegerichte die entscheidenden Richter des erkennenden Gerichts regelmäßig – und im Vertretungsfall zumindest teilweise – an der Hauptverhandlung teilgenommen haben – und hiernach ihren Eindruck hieraus den übrigen Beteiligten daher im Rahmen der Beratung vermitteln können.

b) Beschlussbesetzung. Geradezu entgegengesetzt wird vor allem auch in der überwiegenden Rechtsprechung der Oberlandesgerichte gefordert, dass für Haftentscheidungen auch während einer laufenden Hauptverhandlung stets die für Entscheidungen außerhalb der Hauptverhandlung vorgesehene Besetzung maßgeblich sein soll, eine Entscheidung über die Haftfrage also **stets ohne Schöffen** zu treffen sei,[52] sog. Beschlussbesetzung. Für diese Auffassung wird vor Allem das in Haftsachen – wegen Art. 104 Abs. 1 GG ebenfalls mit Verfassungsrang – in besonderem Maße zu berücksichtigende **Beschleunigungsgebot** herangezogen. Hiernach könne in regelmäßig eilbedürftigen Haftfragen während einer unterbrochenen Hauptverhandlung nicht abgewartet werden, bis ortsabwesende Schöffen, die anders als Berufsrichter auch nicht vertreten werden können,[53] sich zur Beratung im Gericht einfinden. Divergierende Entscheidungen seien hiernach ebenfalls ausgeschlossen und das Gebot des gesetzlichen Richters werde gleichfalls gewahrt. Eine gegen die Entscheidung des OLG Hamburg gerichtete Verfassungsbeschwerde blieb ohne Erfolg.[54] Sie wurde nicht zur Entscheidung angenommen worden, weil es sich bei der Begründung des Oberlandesgerichts um eine **mögliche Gesetzesauslegung** handele. 21

c) Praxisorientierter, differenzierender Ansatz. Die hiermit aufgeworfene Streitfrage betrifft im Grunde eine Gemengelage zwischen dem Anspruch auf den gesetzlichen Richter einerseits und dem Anspruch auf ein beschleunigtes Verfahren andererseits. **Vermittelnd** wird daher eine Beteiligung der Schöffen an Haftentscheidungen jedenfalls, aber auch nur dann für erforderlich gehalten, wenn diese während der – **tatsächlich – laufenden Hauptverhandlung** ergehen,[55] womit offenkundig ein Verfahrensstadium erfasst werden soll, in dem die Hauptverhandlung am Verhandlungstag nur kurz (etwa für Beratungen oder Pausen) unterbrochen ist und die **Schöffen im Gericht anwesend** sind, zur Mitwirkung also **tatsächlich zur Verfügung** stehen. Die Rechtsprechung des BGH für erstinstanzliche Verfahren vor dem Oberlandesgericht könne auf Verfahren vor dem Schöffen- oder Landgericht nicht übertragen werden, da in den Senaten der Oberlandesgerichte von vornherein keine Schöffen, sondern allein (bis zu fünf) Berufsrichter an der Entscheidung mitwirken. Diese – offenbar auch einem Großteil der Praxis an den Schöf- 22

---

51 Kissel/*Mayer* 16.

52 BGH NStZ **2011** 356; OLG Hamburg StraFo **2010** 383; NStZ **1998** 99 = JR **1998** 169 m. Anm. *Katholnigg*; OLG Hamm NStZ **1998** 388; OLG Jena StV **2010** 34, StV **1999** 101, und Beschl. v. 28.9.2009 – 1 Ws 373/09; OLG Naumburg NStZ-RR **2001** 347; OLG München StraFo **2010** 383; StRR **2007** 83; OLG Köln StV **2010** 34 unter ausdrücklicher Aufgabe der hier unter Rn. 41 zitierten Entscheidung; KG StraFo **2015** 419 und StraFo **2016** 292; MüKo/*Schuster* 13; KK/*Barthe* 5b; KK/*Schultheis* 126 StPO, 10; Radtke/Hohmann 5; *Kühle* 116; *Helm* JA **2006** 302.

53 *Dehn* NStZ **1997** 609.

54 BVerfG Beschl. der 3. Kammer des 2. Senats NStZ **1998** 418 = StV **1998** 387.

55 OLG Düsseldorf StV **1984** 159; OLG Schleswig NStZ **1990** 198; OLG Frankfurt/M. NStZ-RR **1996** 302; OLG Naumburg NStZ **2003** 81; OLG München NJW-Spezial **2018** 218; hierzu Anmerkung v. *Hiéramente* jurisPR-StrafR 17/2018; *Bertram* NJW **1998** 2934; KK/*Kuckein*/*Bartel* § 268b StPO, 3; HK-StPO/*Lemke* § 126 StPO, 10; *Schmitt*/*Köhler* 3 sowie § 126 StPO, 8; *Joecks* § 126 StPO, 4.

fen- und Landgerichten entsprechende[56] – Ansicht, verdient den **Vorzug**. Die Regelung des § 122 und die hierzu ergangene Entscheidung des BGH betrifft die Besetzung eines Gerichts allein mit Berufsrichtern und unterscheidet sich insoweit grundlegend von einer Spruchkörperbesetzung mit Schöffen. Die Mitwirkung der Schöffen an Haftentscheidungen ist zudem nur im Rahmen des § 268b StPO zwingend vorgesehen und unterstreicht die Ansicht des OLG Hamburg, dass diese Tätigkeit ansonsten nicht zum Kernbereich der Laienbeteiligung gehört, denn der liegt darin, über die Schuld- und Straffrage zu entscheiden. Während der 3. Strafsenat des BGH für die Mitwirkung der Berufsrichter im Falle der Verhinderung von deren geschäftsplanmäßiger Vertretung ausgeht,[57] ist dies für Schöffen, etwa unter Rückgriff auf die Hilfsschöffen, da systemfremd, nicht möglich.[58]

23 Im Übrigen ist die Grenze der **Zumutbarkeit für Schöffen** zu bedenken, wie sie insbesondere in den Regelungen der §§ 43 Abs. 2, 45 Abs. 2 Satz 3 ihren Niederschlag gefunden hat. Unklar wäre dann nämlich, ob die Tage ihrer Inanspruchnahme für die nach Absatz 1 zu treffenden Entscheidungen, soweit sie nicht Sitzungstage sind, auf die durchschnittlich zu leistenden zwölf Sitzungstage angerechnet werden, was sicherlich konsequent wäre. Dagegen spräche aber auch die gegenüber Berufsrichtern wesentlich häufigere **Unerreichbarkeit von Schöffen** (z.B. Auslandsaufenthalt während einer längeren Unterbrechung), die mangels der Möglichkeit einer Vertretung durch andere Schöffen eine Entscheidung hindern würde. Es käme dann wohl nur eine Eilentscheidung in Betracht, soweit diese gesetzlich vorgesehen ist, wie etwa in § 125 Abs. 2 Satz 2 StPO. Damit würde aber gerade der Sinn einer Schöffenbeteiligung nicht erreicht.

24 Eine Übertragung der Rechtsprechung des 3. Strafsenats des BGH scheidet aber auch wegen der in § 76 Abs. 2 vorgesehen **Reduzierung der Richterbank** aus, weil sonst bei konsequenter Umsetzung die Regelung des § 76 Abs. 1 unterlaufen würde, denn dann dürften nur **zwei Berufsrichter** mitwirken. Eine solche Besetzung außerhalb der Hauptverhandlung ist dem Gesetz indessen fremd. Werden während einer unterbrochenen Hauptverhandlung erforderliche Entscheidungen nur von den drei Berufsrichtern der Kammer getroffen, hat dies zudem den Vorteil, dass bei Verfahren vor großen Strafkammern in eilbedürftigen Fällen eine gleichmäßige Besetzung sichergestellt ist.[59] Wollte man demgegenüber stets ohne Schöffen entscheiden, fragt sich, wie während einer laufenden Hauptverhandlung die Schöffen, die ja anwesend sind, von der Entscheidung ausgeschlossen werden sollen. Auch wenn es sich der zitierten Entscheidung des BVerfG[60] zufolge um eine „mögliche" Gesetzesauslegung handelt, sollte zumindest der Wortlaut der Regelung des § 30 Abs. 1 nicht vollends außer Acht bleiben. Bedacht werden sollte schließlich auch, dass sich die Entscheidung des 3. Strafsenats des BGH auf eine Hauptverhandlung eines erstinstanzlich tätigen Strafsenats in einer Staatsschutzsache bezog, an der Schöffen von vornherein nicht beteiligt sind, weshalb sich fragt, ob diese Entscheidung auf Verfahren mit Schöffenbeteiligung vor den Schöffengerichten oder Strafkammern überhaupt übertragen werden kann.

25 Auch **zeitliche Verzögerungen** durch das Beiziehen von Schöffen entfallen. Dagegen wird zwar eingewendet, dass es dann zu divergierenden Entscheidungen zu den am Ende der Hauptverhandlung gemeinsam mit den Schöffen zu treffenden Haftentscheidungen (§ 268b StPO) kommen könne; diese Möglichkeit aber ist dem Gesetz nicht fremd, was sich

---

56 So auch *Helm* JA **2006** 302, 304; vgl. hierzu auch die Stellungnahmen verschiedener Landesregierungen bei *Müller* 138 ff.

57 JR **1998** 33, 34.

58 BVerfG StV **1998** 387; OLG Hamburg JR **1998** 169.

59 OLG Hamm StV **1988** 388.

60 *Dehn* NStZ **1997** 609.

allein schon aus den im Laufe eines Verfahrens verändernden Zuständigkeiten ergibt. Das Fällen von Haftentscheidungen stets unter Beteiligung der – möglicherweise vorübergehend ortsabwesenden – Schöffen dürfte hingegen mit dem in Haftsachen auch von Verfassungs wegen in besonderem Maße zu berücksichtigenden **Beschleunigungsgrundsatz** nicht vereinbar sein. Vor diesem Hintergrund gelangt nunmehr auch das OLG München zu der Einschätzung, dass hinsichtlich der Besetzung darauf abzustellen sei, wann das Gericht zum ehestmöglichen Zeitpunkt eine sachgerechte Entscheidung treffen kann; während laufender Hauptverhandlung sei dies regelmäßig die Besetzung mit Schöffen, und im Übrigen die Besetzung außerhalb der Hauptverhandlung.[61] Der u.a. von *Katholnigg* unterbreitete Vorschlag, die Besetzungsfrage danach zu bestimmen, ob es sich um „extrem eilbedürftige“,[62] eilbedürftige [dann Entscheidung ohne Schöffen] oder nicht eilbedürftige Entscheidungen handelt[63] [dann Entscheidung mit Schöffen], erscheint demgegenüber weder erforderlich noch trägt er zu einer schärferen Abgrenzung bei. Entsprechendes gilt für den Vorschlag, Schöffen dann zu beteiligen, wenn deren Mitwirkung „erforderlich“ ist.[64] Schon in praktischer Hinsicht wenig überzeugend erscheint auch der vermittelnde Vorschlag, das Gericht solle eine Zwischenberatung initiieren, wobei als Resultat der gesamte Spruchkörper die entscheidenden provisorischen Ergebnisse der Haftentscheidung darlegt, und die eigentliche Haftentscheidung solle dann außerhalb der Hauptverhandlung und somit ohne Schöffen erfolgen.[65] Die je nach Anwesenheit der Schöffen differenzierende Lösung hingegen entspricht zum einen dem Wortlaut der Vorschrift und dem gesetzlichen Grundgedanken von der Mitwirkung der Schöffen in der Hauptverhandlung, trägt zum anderen aber dem in Haftsachen zu berücksichtigenden Beschleunigungsgrundsatz Rechnung. Auch der gesetzliche Richter bleibt – je nach Verfahrensstadium – noch hinreichend bestimmbar.

Schließlich ist zu berücksichtigen, dass auch sonst Haftentscheidungen in verschiedenen Verfahrensabschnitten von unterschiedlichen Stellen getroffen werden und der Beschuldigte die **Zusammensetzung** der jeweils zur Entscheidung berufenen Spruchkörper durch die Wahl eines bestimmten Zeitpunktes für die Antragsstellung **beeinflussen kann.**[66] Um der Gefahr einer möglicherweise unsachlichen Einflussnahme durch das Gericht entgegenzuwirken, erscheint eine verfassungskonforme Auslegung entgegen dem klaren Gesetzeswortlaut jedenfalls nicht erforderlich.[67] Das Strafverfahrensrecht räumt dem Gericht und insbesondere dessen Vorsitzenden an zahlreichen Stellen Entscheidungsspielräume ein, was die Beurteilung etwaiger Eilbedürftigkeit bei der Entgegennahme von Anträgen bzw. der Durchführung von Verfahrenshandlungen anbetrifft, so etwa bei § 29 und § 125 Abs. 2 StPO. 26

Hiernach gilt: Wird innerhalb der Hauptverhandlung entschieden, also bei im Gericht anwesenden Schöffen, richtet sich die Besetzung des Spruchkörpers nach § 30 Abs. 1. Wird außerhalb der Hauptverhandlung entschieden, also bei abwesenden Schöffen, gilt § 30 Abs. 2 in Verbindung mit dem Geschäftsverteilungsplan. 27

---

61 OLG München v. 27.2.2018 – 2 Ws 185/18 (juris).

62 *Beulke/Swoboda* 45, die sonst grundsätzlich eine Entscheidung innerhalb der Hauptverhandlung für erforderlich halten.

63 *Katholnigg* JR **1998** 35 und 172.

64 *Müller* 147.

65 *Börner* JR **2010** 481.

66 *Katholnigg* 5.

67 LR/*Franke*[26] § 122 Rn. 6.

28 **d) Empfehlung für die Praxis. Im Zweifel** und im Hinblick auf den Beschluss des **BGH** vom 11.1.2011[68] sowie die wohl überwiegende Auffassung der Oberlandesgerichte dürfte in praktischer Hinsicht einstweilen und bis zu einer abschließenden Klärung dieser Streitfrage indessen zu empfehlen sein, abgesehen vom Fall des § 268b StPO über die Fortdauer der Untersuchungshaft außerhalb der Hauptverhandlung in der hierfür vorgesehenen Besetzung, also **ohne Beteiligung der Schöffen** zu entscheiden. Vor dem Hintergrund der Entscheidung des BGH vom 13.9.2011dürfte eine solche Besetzung im Falle einer entsprechenden Rüge jedenfalls wohl kaum willkürlich sein. Die anderslautende Entscheidung des 3. Strafsenats dürfte den Besonderheiten des Staatsschutzverfahrens vor den Oberlandesgerichten und der Besetzung der dort erstinstanzlich tätigen Strafsenate geschuldet sein.[69]

29 **e) Weiterungen.** Wenngleich sich die derzeitige Diskussion im Wesentlichen auf Haftentscheidungen bezieht, bleibt sie aber auch für **andere Grundrechtseingriffe** von Bedeutung, namentlich für Beschlagnahmen, Durchsuchungen, DNA-Analysen etc.

30 **De lege ferenda** sollte wegen des entfachten und nach wie vor nicht gelösten Meinungsstreits indessen überdacht werden, ob nicht eine klarstellende gesetzliche Regelung – möglicherweise nur für Haftentscheidungen – erfolgen sollte,[70] zumal eine tragende Entscheidung des BGH in dieser Rechtsfrage schon im Hinblick auf den bei Haftentscheidungen der Amts- und Landgerichte eröffneten Rechtsmittelzug jedenfalls alsbald nicht zu erwarten sei dürfte.[71] Denn einstweilen bleiben die Gerichte je nach gewählter Besetzung dem Revisionsrisiko einer fehlerhaften Besetzung ausgesetzt. Ob nach einer entsprechenden Regelung generell eine Beteiligung der Schöffen oder deren Ausschluss in Betracht kommt, unterliegt allein dem gesetzgeberischen Ermessen. Allerdings dürfte aus den dargelegten praktischen Erwägungen eine Regelung ohne Schöffenbeteiligung vorzuziehen sein.

31 **5. Die Entscheidungen nach Absatz 2.** Die Vorschrift gilt gleichmäßig für die Entscheidungen, die **vor der Hauptverhandlung**, wie für die, die **nachher** oder **außerhalb der Hauptverhandlung** zu erlassen sind. Erfasst werden ferner aber auch Abänderungen von Entscheidungen, die unter Mitwirkung von Schöffen erlassen worden sind.[72] Insbesondere beschließt der Richter beim Amtsgericht an Stelle des Schöffengerichts über die **Eröffnung des Hauptverfahrens** (§§ 199 ff. StPO). Dies ist allein in rechtspraktischer Hinsicht schon deshalb geboten, weil zum Zeitpunkt der Eröffnungsentscheidung die maßgeblichen Schöffen in aller Regel namentlich noch gar nicht bekannt sind und diese überdies auch keine Aktenkenntnis haben. Demzufolge wirken Schöffen auch bei einer Erörterung über den Verfahrensgegenstand mit den Verfahrensbeteiligten vor bzw. außerhalb der Hauptverhandlung im Sinne der **§§ 202a Satz 1, 212 StPO** nicht mit.[73] Anderes gilt bei einer Erörterung über den Verfahrensgegenstand mit den Verfahrensbeteiligten in der Hauptverhandlung nach § 257b StPO.[74] Eine Entscheidung hat aber auch dann ohne Mitwirkung der Schöffen zu erfolgen, wenn während laufender Hauptverhandlung nachträglich über die Eröffnung

68 BGH NStZ **2011** 295.
69 Zur Besetzung in Staatsschutzverfahren vor dem OLG vgl. hier § 122, 6.
70 So auch MüKo/*Schuster* 13.
71 *Gittermann* DRiZ **2012** 12.
72 *Katholnigg* 3; KMR/*Paulus* 2; *Kissel/Mayer* 17; KK/*Barthe* 5c; *Eb. Schmidt* 7.
73 KK/*Wenske* § 257b StPO, 10a; KK/*Schneider* § 202a StPO, 7.
74 OLG Hamburg BeckRS **2017** 156430; OK/*Goers* 19.

des Hauptverfahrens entschieden wird.[75] Wegen des Sonderfalls der Bescheidung eines Antrags nach § 408a StPO s.o. Rn. 1 a.E.

Von den **Entscheidungen, die der Hauptverhandlung nachfolgen**, sind hervorzuheben die die **Wiederaufnahme des Verfahrens** betreffenden (§§ 367 ff. StPO), soweit nach § 140a ein Schöffengericht zuständig ist, sowie die richterlichen Entscheidungen, die bei der **Strafvollstreckung** und nach einer Strafaussetzung zur Bewährung notwendig werden, soweit nach § 462a StPO das Schöffengericht als Gericht des ersten Rechtszuges dafür zuständig ist. Auch das Nachholen der in der Hauptverhandlung unterbliebenen Beschlussfassung über die Verpflichtung der Staatskasse zur **Entschädigung für Strafverfolgungsmaßnahmen** (§ 8 Abs. 1 Satz 2 StrEG) gehört hierher. Absatz 2 findet auch Anwendung, wenn es sich um die zulässige Zurücknahme eines Beschlusses des Schöffengerichts handelt; so darf der Richter beim Amtsgericht den Beschluss, durch den das Schöffengericht gegen einen ausgebliebenen Zeugen **Ordnungsmittel** festgesetzt hat, im Falle der nachträglichen Entschuldigung des Zeugen (§ 51 Abs. 2 StPO) wieder aufheben (h.M.). 32

Die **bisher anerkannte Praxis**, dass auch während der Unterbrechung einer Hauptverhandlung der Richter beim Amtsgericht allein über Anordnungen entscheidet, die nicht im Laufe einer Hauptverhandlung erlassen werden müssen, in keiner Beziehung zur Urteilsfällung stehen und auch ohne mündliche Verhandlung erlassen werden können, z.B. über Anordnung oder Fortdauer der Untersuchungshaft,[76] über Beschlagnahme- und Durchsuchungsanordnungen und über die Unterbrechung nach § 229 Abs. 2 StPO,[77] dürfte durch die Entscheidung des 3. Strafsenats des BGH (oben Rn. 18) **nicht überholt** sein. 33

6. Erweitertes Schöffengericht (§ 29 Abs. 2). Dass außerhalb der Hauptverhandlung der Richter allein entscheidet, gilt auch für das erweiterte Schöffengericht.[78] Welcher Richter außerhalb der Hauptverhandlung entscheidet, richtet sich nach der Geschäftsverteilung.[79] Zweifel bestehen darüber, wie ein **Streit über die Abfassung des Urteils** zu lösen ist, der zwischen den beiden an der Hauptverhandlung mitwirkenden Richtern entsteht.[80] Der einzig mögliche Weg zur Lösung des Streits ist der, dass „das Schöffengericht" (einschließlich der Schöffen) nochmals zusammentritt und über die Fassung entscheidet.[81] 34

§ 31

[1]Das Amt eines Schöffen ist ein Ehrenamt. [2]Es kann nur von Deutschen versehen werden.

Schrifttum

Anger Die Verfassungstreuepflicht der Schöffen, NJW **2008** 3041; *Artkämper/Weise* Kopftuch und Gesichtsverhüllung im Gerichtsaal, DRiZ **2019** 60; *Bader* Die Kopftuch tragende Schöffin, NJW **2007** 2964; *Battis/Bultmann* Was folgt für den Gesetzgeber aus dem Kopftuchurteil des BVerfG? JZ **2004** 581; *Brosius-Gersdorf/Gersdorf* Kopftuchverbot für Rechtsreferendarinnen, NVwZ **2020** 428; *Großmann* Extremisten im Schöffenamt, GA **2025** 271; *Groth* Angewandte Verfassungsrechtsprechung? Die Schöffin mit Kopftuch, NVwZ **2006** 1023; *Jutzi* Zulas-

75 BGH NStZ-RR **2021** 217; BGH StV **2015** 380; OLG Hamburg StraFo **2021** 205 (vgl. auch hier Rn. 3).
76 OLG Schleswig NStZ **1990** 198; *Schmitt/Köhler* 3.
77 BGHSt **34** 154, 155.
78 Kissel/*Mayer* 17; MüKo/*Schuster* 9.
79 *Eb. Schmidt* 6.
80 Dazu *Sachs* DRiZ **1925** 154; *Kroffebert* und *Knoth* DRiZ **1926** 176; *Deizberg-Hohendorf* DRiZ **1984** 261.
81 Ebenso *Eb. Schmidt* § 29, 15.

sung von Ausländern als ehrenamtliche Richter, DRiZ **1997** 377; *Kretschmer* Schöffin mit Kopftuch: Persona non grata? (2007); *Röper* Anspruch der Unionsbürger auf das Amt des ehrenamtlichen Richters, DRiZ **1998** 195; *Többens* Wirtschaftsspionage und Konkurrenzausspähung in Deutschland, NStZ **2000** 505; *von Ungern-Sternberg* Die Richterin als Mensch, RdJB **2020** 367; *Wassermann* Multiethnische Gerichte? NJW **1996** 1253; *von Zons* Staatliche Neutralität: Warum die Justiz beim Kopftuch im Gerichtssaal streng sein sollte, Legal Tribune Online 22.1.2016; *Weidemann* Religiöse Symbole vor Gericht, ZJS **2016** 286, 404.

Übersicht

I. Das Schöffenamt

1 **1. Ehrenamt.** Schöffen sind **ehrenamtliche Richter** i.S.d. §§ 44, 45 DRiG. Sie sind Teil der Recht sprechenden Gewalt (§ 1 DRiG). Nach § 45a DRiG führen alle ehrenamtlichen Richter in der **Strafgerichtsbarkeit** die Bezeichnung „Schöffe" (die frühere Bezeichnung „Geschworener" für die in Schwurgerichtssachen tätigen ehrenamtlichen Richter ist weggefallen). Jedoch unterscheidet das Gesetz zwischen ‚Schöffen für das Schöffengericht' und ‚Schöffen für die Strafkammer' (vgl. §§ 43, 44: Schöffen beim Amtsgericht, § 77: Schöffen beim LG), wobei hierin aber kein inhaltlicher Unterschied begründet liegt. Die Kennzeichnung als Ehrenamt bedeutet, dass es unentgeltlich zu versehen ist (Begr. 43). Die nach § 55 zu gewährende Entschädigung ändert daran nichts, obwohl sie auch einen etwaigen Verdienstausfall umfasst. Denn diese Entschädigung bedeutet keine Entlohnung, sondern lediglich einen Ersatz des sonst entstehenden Schadens.

2 **2. Unabhängigkeit.** Als ehrenamtliche Richter sind Schöffen in ihrer rechtlichen Stellung den Berufsrichtern grundsätzlich gleichgestellt. Sie genießen deshalb auch die verfassungsrechtlich garantierte Unabhängigkeit.[1] §§ 30, 45 Abs. 1 Satz 1 DRiG kommt gegenüber Art. 97 GG deshalb nur deklaratorische Bedeutung zu. Schöffen unterliegen damit im Grundsatz denselben Bindungen an das Gesetz wie die Berufsrichter. Sie haben daher auch das Beratungsgeheimnis zu wahren.[2]

3 **3. Eidesleistung.** Vor der ersten Dienstleistung sind Schöffen **in öffentlicher Sitzung** des Gerichts, aber vor Aufruf der Sache[3] durch den Vorsitzenden zu vereidigen (§ 45 Abs. 2 Satz 1 DRiG). Die Vereidigung ist für die Schöffenstellung **konstitutiv**, d.h. bei deren Fehlen ist das Gericht nicht ordnungsgemäß besetzt.[4] Einer fehlenden Vereidigung steht es gleich,

1 Vgl. BVerfG **26** 200; **27** 319; **42** 208; **54** 166; MüKo/*Schuster* 2; s. auch LR/*Kühne* Einl. J 35.
2 MüKo/*Schuster* 2; KK/*Barthe* 3; SK/*Degener* 2; *Schmitt/Köhler* 1.
3 KK/*Barthe* 4.
4 BVerfGE **31** 184; BGHSt **3** 175; **4** 158; OLG Köln JMBlNRW **1976** 118.

wenn diese nicht in öffentlicher Sitzung vorgenommen wurde.[5] Sie ist aber nicht Teil der Hauptverhandlung, weshalb bei der Vereidigung auch nicht die Verfahrensbeteiligten der Verhandlung anwesend sein müssen, an der die Schöffen erstmals mitwirken sollen.[6] Es genügt, wenn überhaupt Dritte im Sinne der allgemeinen Öffentlichkeit teilnehmen können.[7] Über die Vereidigung ist ein **Protokoll** aufzunehmen, das zu den Schöffenakten genommen wird.[8] Die Vereidigung gilt für die Dauer der Amtsperiode (§ 45 Abs. 2 Satz 2 DRiG); bei erneuter unmittelbar anschließender Berufung ist eine neue Vereidigung nicht erforderlich.[9] Anders ist dies aber, wenn ein Schöffe nach zeitlicher Unterbrechung erneut berufen wird. Verweigert der Schöffe die Eidesleistung, ohne sich auf Glaubens- oder Gewissensgründe zu berufen, dürfte er als für das Schöffenamt ungeeignet anzusehen sein mit der Folge, dass er von der Schöffenliste zu streichen ist.[10]

Die **Vereidigung durch den Vorsitzenden** ist Teil der unabhängigen richterlichen 4
Tätigkeit und damit keinerlei Weisungen zugänglich.[11]

4. Straf- und haftungsrechtliche Stellung. Schöffen sind als ehrenamtliche Richter 5
gemäß § 11 Abs. 1 Nr. 2, 3 StGB sowohl **Amtsträger** wie auch Richter im Sinne solcher Vorschriften des Strafgesetzbuches, die Straftaten von Amtsträgern oder Richtern oder Straftaten gegen Amtsträger oder Richter betreffen, oder in denen Amtsträger oder Richter als Begünstigte einer Straftat besonders genannt sind; hier sind insbesondere die §§ 331 (Vorteilsannahme), 332 (Bestechlichkeit), 333 (Vorteilsgewährung) 334 (Bestechung) und 339 StGB (Rechtsbeugung) zu nennen. Sie haben wie die Berufsrichter das Beratungsgeheimnis zu wahren (§ 45 Abs. 1 Satz 2 DRiG). Für Schöffen gilt die allgemeine Staatshaftung nach Art. 34 GG ebenso wie das haftungsrechtliche Spruchrichterprivileg des § 839 Abs. 2 BGB.[12]

II. Qualifikation für das Schöffenamt

1. Deutsche Staatsangehörigkeit. Einzig gesetzlich ausdrücklich geregelte Vorausset- 6
zung für die Ausübung des Schöffenamtes ist die deutsche Staatsangehörigkeit. Der Begriff „Deutscher" (Satz 2) ist der gleiche wie der des „Deutschen" in § 7 StGB und des für Berufsrichter geltenden **§ 9 Nr. 1 DRiG**, sodass wegen der Einzelheiten in erster Linie auf die Erläuterungswerke zum Strafgesetzbuch[13] verwiesen werden kann. Er bestimmt sich im Übrigen auch nach dem erweiterten Begriff des Deutschen durch **Art. 116 GG**, sodass auf das **StAG** abzustellen ist.[14] **Weitere Staatsbürgerschaften** sind unschädlich.[15] Auf welche Weise die deutsche Staatsangehörigkeit erworben wurde, ist unerheblich. Es genügt auch eine Einbürgerung durch die ehemalige DDR, soweit der ordre public dem nicht entgegensteht.[16] Wird jemand zum Schöffen gewählt, der nicht Deutscher ist, ist die Wahl unwirksam. Gleichwohl ist eine spätere Streichung von der Schöffenliste regelmäßig nur dann

5 Kissel/*Mayer* 6; **a.A.** BVerwG NJW **1981** 1110.
6 Kissel/*Mayer* 6; SK/*Degener* 3.
7 BVerwG NJW **1981** 1110.
8 KK/*Barthe* 4.
9 Kissel/*Mayer* 6.
10 BVerfG Urt. v. 6.4.1979 – 2 BvR 314/79.
11 HessDG DRiZ **1980** 469.
12 RG JW **1924** 192.
13 Z.B. *Fischer* § 7, 2, 3 StGB.
14 OK/*Goers* 13.
15 *Katholnigg* 2; MüKo/*Schuster* 12; KK/*Barthe* 2; *Schmitt/Köhler* 2.
16 BVerfGE 77 137 = NJW **1988** 1313.

veranlasst, wenn die Unfähigkeit zum Amt eines Schöffen im Zeitpunkt der Entscheidung über die Streichung noch andauert,[17] woraus hergeleitet wird, es sei ausreichend, wenn ein Schöffe zum Zeitpunkt der Prüfung nach § 52 die deutsche Staatsangehörigkeit erst erlangt hat.[18] Die Mitwirkung eines solchen Schöffen an einer Entscheidung führt nicht ohne Weiteres zu deren Unwirksamkeit, sondern macht die Entscheidung nur gemäß § 338 Nr. 1 StPO anfechtbar.

2. Ausländer und Staatenlose

7 **a) Die geltende Rechtslage. Ausländer und Staatenlose** fallen unter den Begriff „Nichtdeutsche" und sind, wie der Wortlaut der Bestimmung („kann nur") ergibt, unfähig zum Schöffenamt. Insoweit gilt das zuvor Gesagte zur Wirksamkeit einer Wahl und zur evt. Mitwirkung an Entscheidungen. Besitzt allerdings ein Deutscher zugleich eine weitere Staatsangehörigkeit, so ist er schöffenfähig.[19]

8 **b) Vereinbarkeit mit EU-Recht.** Trotz dieser vermeintlich eindeutigen Rechtslage wird im Hinblick auf die **fortschreitende Europäisierung** und Gleichstellung der Unionsbürger auch für den Bereich der Justiz eine Öffnung für das Schöffenamt gefordert[20] und bereits vereinzelt in den Länderregierungen diskutiert.[21] Begründet wird dies damit, dass durch die **Niederlassungsfreiheit** bereits jetzt Rechtsanwälte aus allen EU-Staaten[22] in Deutschland praktizieren und Mitglied der Ehrengerichtshöfe für Rechtsanwälte (heute Anwaltsgerichtshöfe) bei den Oberlandesgerichten werden dürfen, ohne dass sie die deutsche Staatsangehörigkeit besitzen müssten.[23] Im Übrigen sei durch die Umsetzung der Richtlinie 94/80/EG des Rates vom 19.12.1994 zu Art. 8b Abs. 1 EGV a.F. das aktive und passive **Kommunalwahlrecht** für Unionsbürger eingeführt worden. Damit können EU-Ausländer als Mitglied in einer Kommunalvertretungskörperschaft durch die Mitwirkung an der Vorschlagsliste (§ 36) bereits jetzt Einfluss auf die Zusammensetzung der Gerichte nehmen.[24] Auch können sie schon derzeit an der Wahl der Vertrauenspersonen (§ 40) teilnehmen und sie können selbst zu diesen Vertrauenspersonen gewählt werden.[25] Selbst der von der Landesregierung zu bestimmende Verwaltungsbeamte (§ 40 Abs. 2) könne Unionsbürger sein.[26] Schließlich entspreche ihre Einbeziehung dem nach § 36 Abs. 2 bestehenden Gebot der Berücksichtigung aller Bevölkerungsgruppen.[27]

9 Soweit diese Argumente zutreffen, scheinen sie im Lichte der Förderung der europäischen Einigung eine Änderung des § 31 nahe zu legen. Gleichwohl lässt sich daraus aber nicht ableiten, dass die nationale Regelung des § 31 deshalb unionsrechtswidrig ist.[28] Art. 8b EGV a.F. regelte ausschließlich das einem Unionsbürger in den Mitgliedstaaten

---

17 Kissel/*Mayer* § 52 Rn. 6.

18 LG Gießen v. 18.12.2013 – 323 E (juris); OK/*Goers* 14.

19 H.M.; z.B. RGSt **25** 415; RG JW **1924** 1529; SK/*Degener* 4.

20 *Jutzi* DRiZ **1997** 377; *Röper* DRiZ **1998** 195.

21 Z.B. Vorschlag des Hess. Ministeriums für Frauen, Arbeit und Sozialordnung zur Öffnung der Sozial- und Arbeitsgerichtsbarkeit für Ausländer, die sich seit mindestens zehn Jahren rechtmäßig in Deutschland aufhalten und der deutschen Sprache mächtig sind in: FAZ v. 13.2.1996, S. 2.

22 Richtlinie 98/5/EG des Europäischen Parlaments und des Rates vom 16.2.1998, ABlEG Nr. L 77/36, 1998.

23 *Röper* DRiZ **1998** 195, 199.

24 *Röper* DRiZ **1998** 195, 200.

25 *Röper* DRiZ **1998** 195, 201.

26 *Röper* DRiZ **1998** 195, 201.

27 *Röper* DRiZ **1998** 195, 202.

28 So aber *Röper* DRiZ **1998** 195, 202.

einzuräumende **kommunale Wahlrecht,** und dieser Verpflichtung ist die Bundesrepublik nachgekommen. Dass die Umsetzung dieser **Sonderrechte** in andere Lebens- und Rechtsbereiche ausstrahlt, ist damit zwar beabsichtigt, begründet aber keine weitergehenden Rechte. Insbesondere ist dem EU-Vertrag nicht einmal ansatzweise ein Mitwirkungs*recht* an der nationalen Rechtsprechung eines Mitgliedstaates zu entnehmen.

Im Übrigen **steht** dem Wunsch nach einer entsprechenden Änderung ganz eindeutig das **Grundgesetz entgegen.**[29] Ganz abgesehen davon, dass es weder auf Landes- noch auf Bundesebene vergleichbare Wahlrechtsregelungen gibt, die für eine weitere Einbindung von **Unionsbürgern** oder Ausländern sprechen könnten, war die Rechtspflege Länder- bzw. Bundessache und für die Verteilung der Staatsgewalt gilt deswegen ganz uneingeschränkt Art. 20 Abs. 3 GG. Das dort angesprochene „Staatsvolk" ist aber nicht die Bevölkerung, die sich auf dem Gebiet der Bundesrepublik aufhält, sondern nur die Gesamtheit der deutschen Staatsangehörigen, wie sie Art. 116 Abs. 1 GG beschreibt.[30] Zutreffend wird daher in diesem Kontext darauf hingewiesen, dass rechtspolitische Forderungen, das Schöffenamt für EU-Bürger zu öffnen, zumindest solange nicht überzeugen, solange nach § 9 Nr. 1 DRiG für Berufsrichter anderes vorgesehen ist.[31] 10

3. Beherrschen der deutschen Sprache (§ 33 Nr. 5). Dass ein Schöffe auch der deutschen Sprache mächtig ist, war bisher[32] keine gesetzliche Voraussetzung für die Berufung zu dem Amt. Es wurde daher die Ansicht vertreten, dass **fehlende Sprachkenntnis** der Wahl zum Schöffen nicht entgegensteht;[33] vielmehr müsse nach § 185 verfahren, also übersetzt werden,[34] was jedoch zumindest im Rahmen der Beratung wegen der Regelung des § 193 nicht unproblematisch[35] und bei mangelnder Beachtung überdies revisionsträchtig erscheint.[36] 11

Aus gutem Grund wurde deshalb zunehmend das Beherrschen der deutschen Sprache durch Schöffen für **erforderlich** erachtet[37] – mit der Folge, dass der Schöffe bei unzureichenden Sprachkenntnissen nach § 52 Abs. 1 von der Schöffenliste zu streichen war.[38] Es ist mit den Aufgaben eines Richters und ebenso mit dem **Verfahrensgrundsatz der Unmittelbarkeit** unvereinbar, wenn er nur mit Hilfe eines Dolmetschers an der Hauptverhandlung teilnehmen kann. Denn weder das erforderliche unmittelbare Verständnis des jeweiligen Gegenstands der Verhandlung, noch ein regelmäßig sofortiges Reagieren und Einordnen des jeweils Gesagten in den gesamten Verfahrensstoff sind einem Richter, für den übersetzt werden muss, möglich.[39] Auch für einen Schöffen ist es daher für eine umfassende Würdigung der vor Gericht erhobenen Beweise erforderlich, Prozessabläufe akustisch und optisch wahrzunehmen und sich unmittelbar und **ohne die Zuhilfenahme von Sprachmittlern** mit den übrigen Verfahrensbeteiligten verständigen zu können.[40] Letztlich konnte hinsichtlich der fehlenden Eignung als Schöffe mangels Sprechkenntnis nichts anderes gelten als nach Maßgabe von § 33 Nr. 4, wonach ebenfalls sichergestellt 12

---

29 *Wassermann* NJW **1996** 1253.
30 Vgl. *Wassermann* a.a.O.
31 MüKo/*Schuster* 6; *Wassermann* NJW **1996** 1253; *Jutzi* DRiZ **1997** 377.
32 Siehe aber § 33, 7.
33 RGSt **30** 399 (Revision trotz mangelhafter Sprachkenntnisse eines Schöffen verworfen).
34 *Kissel/Mayer*[9] 11.
35 KK/*Barthe* 2; vgl. auch BTDrucks. **16** 514 S. 6.
36 *Katholnigg* 3.
37 LG Bielefeld NJW **2007** 3014; *Eb. Schmidt* 4; *Schmitt/Köhler* 3.
38 LG Bochum NStZ **2006** 119.
39 LG Bochum a.a.O.; LG Berlin Beschl. v. 2.11.2005 – 501 Schöff 271/04; SK/*Degener* 5.
40 BGH NStZ-RR **2011** 349.

werden soll, dass Schöffen der Hauptverhandlung uneingeschränkt folgen und ihr Richteramt somit verantwortlich wahrnehmen können. Jedenfalls aber sollte die Unkenntnis der deutschen Sprache bei dem Aufstellen der Vorschlagslisten Berücksichtigung finden können, ohne dass damit der Gleichheitssatz verletzt würde.[41]

13 Folgerichtig wird nunmehr gemäß **§ 33 Nr. 5** das ausreichende **Beherrschen der deutschen Sprache** als **„Voraussetzung"** zum Berufen in das Schöffenamt angesehen; vgl. hierzu § 33, 1, 7.[42]

14 **4. Sonstige Fähigkeiten oder Beeinträchtigungen.** Über die angeführten Einschränkungen hinaus werden weitere Eigenschaften für Schöffen nicht vorausgesetzt. Der Schöffe braucht keine auch nur durchschnittlichen **intellektuellen Fähigkeiten** zu haben[43] und auch keine besonderen **beruflichen Fähigkeiten** – was für bestimmte Verfahren, wie etwa Wirtschaftsstrafverfahren indessen vorteilhaft sein könnte.[44] Immerhin stellt das Gesetz auch in anderen Bereichen (vgl. § 109 für Handelsrichter, §§ 20 ff. ArbGG für ehrenamtliche Richter am Arbeitsgericht oder § 35 JGG für Jugendschöffen) aus gutem Grund an die Schöffen besondere Anforderungen.[45] Demzufolge wird auch die Forderung erhoben, dass – de lege ferenda – als Schöffen für **Wirtschaftsstrafkammern** nur solche Personen in Betracht kommen sollten, die wirtschaftliches Verständnis und einschlägige Erfahrungen besitzen.[46] Aufgrund einer enormen Stofffülle und der bisweilen schwierigen Sach- und Rechtslage, deren Bewältigung einen Schöffen in solchen Verfahren häufig überfordern könnte, bestehe sonst die Gefahr, dass er sich unkritisch der Meinung der Berufsrichter anschließe bzw. unterwerfe, was letztlich den Sinn der Laienbeteiligung in Frage stelle. In Zeiten zunehmender **Komplexität** von Wirtschaftsstrafsachen erscheint diese Forderung zumindest nicht unberechtigt – zumal Wirtschaftsstrafkammern nach § 74c ja gerade zuständig sind für Straftaten, zu deren Beurteilung besondere Kenntnisse des Wirtschaftslebens erforderlich sind. Warum dies nicht auch für gleichermaßen stimmberechtigte Schöffen gelten soll, erschließt sich nicht ohne Weiteres. Andererseits stellt sich die Frage, wie eine entsprechende Geeignetheit nachgewiesen bzw. überprüft werden soll und ob sich ausreichend qualifizierte Schöffen gerade für umfangreiche und daher häufig länger andauernde Verfahren überhaupt finden lassen würden.

15 Eine weitere Einschränkung kann sich aus dem Prinzip der **Gewaltenteilung** ergeben, aus dem zum einen folgt, dass Gerichte organisatorisch hinreichend von den Verwaltungsbehörden zu trennen sind, und zum anderen aber auch, dass die richterliche Neutralität nicht durch eine mit Art. 20 Abs. 2 und 92 GG unvereinbare personelle Verbindung zwischen Ämtern der Rechtspflege und der Verwaltung in Frage gestellt werden darf.[47] Dies wird (über die aus § 34 sich ergebenden Beschränkungen hinaus) auch für die Beteiligung ehrenamtlicher Richter Berücksichtigung finden müssen, wobei Art und Ausmaß der Tätigkeit im Bereich der Exekutive und Gegenstand des gerichtlichen Verfahrens im Einzelfall abzuwägen sein werden.[48]

16 Wegen körperlicher Beeinträchtigungen wie **Taubheit oder Blindheit** s. § 33, 5.

---

41 Kissel/*Mayer* 11.

42 BGH NStZ-RR **2011** 349; OK/*Goers* 15; s. auch BRDrucks. 94/10; BTDrucks. **16** 514 S. 6; a.A. Kissel/*Mayer* 11 unter Hinweis auf die Formulierung des Gesetzes als Soll-Vorschrift.

43 RGSt **30** 399; SSW/*Güntge* 3.

44 SK/*Degener* 10; KK/*Barthe* 2.

45 Zurückhaltend dazu LR/*Rieß*[24] Einl. I 32.

46 *Többens* NStZ **2000** 505, 512; SK/*Degener* 10; KK/*Barthe* 2.

47 BVerfG NJW **1962** 1611 und **1981** 912.

48 MüKo/*Schuster* 4.

5. Konfliktträchtige Weltanschauungen und Religionsfreiheit. In jüngerer Zeit wird zunehmend auch die Frage aufgeworfen, ob Schöffen aufgrund bestimmter politischer oder religiöser Weltanschauungen oder Überzeugungen vom Schöffenamt ausgeschlossen werden können. Ein deshalb grundsätzlicher Ausschluss wird indessen kritisch gesehen. Denn anders als bei dem Ernennen von Berufsrichtern (vgl. §§ 9 Nr. 2 sowie 42 ff. DRiG) setze das Berufen in das Schöffenamt zumindest von Gesetzes wegen nicht voraus, dass diese jederzeit für die **freiheitliche demokratische Grundordnung** eintreten und schon deshalb zu Mäßigung und Neutralität (vgl. § 39 DRiG) verpflichtet sind.[49] Schöffen üben zwar ein Richteramt aus; sie stehen indessen weder in einem Beamten- noch einem sonstigen Dienstverhältnis zum Staat, sondern sind im Ehrenamt tätig und bleiben damit grundsätzlich Privatpersonen,[50] auf welche die hergebrachten Grundsätze des Berufsbeamtentums aus Art. 33 Abs. 5 GG und die hieraus mit Verfassungsrang herzuleitende besondere Treuepflicht keine Anwendung finden.[51] Namentlich vor dem Hintergrund, dass in jüngerer Zeit zunehmend extreme politische Gruppierungen und Parteien ihre Anhänger dazu aufrufen, sich als Schöffen zu melden und auf die Weise Einfluss auf die Rechtsprechung zu nehmen, war in der letzten Legislaturperiode zur Sicherung der **Verfassungstreue** von Schöffen beabsichtigt, die Vorschrift in **§ 44a DRiG** dahingehend zu ergänzen, dass nicht als Schöffe berufen werden soll, wer „keine Gewähr dafür bietet, dass er jederzeit für die freiheitliche demokratische Grundordnung eintritt".[52] Dieser Ansatz ist grundsätzlich zu begrüßen. Ob dies geeignet ist, dem **Missbrauch des Schöffenamtes** nachhaltig entgegen zu wirken, erscheint indessen fraglich, zumal völlig offen ist, wie und durch wen dies überzeugend überprüft werden soll. Eine Überprüfung durch die Landesämter für Verfassungsschutz ist offenbar zumindest derzeit nicht beabsichtigt. 17

Gleichwohl üben Schöffen ihr Amt nicht bar der freiheitlich demokratischen Grundordnung aus. Das BVerfG hat für ehrenamtliche Richter der Arbeitsgerichtsbarkeit entscheiden, dass auch diese einer **besonderen Pflicht zur Verfassungstreue** unterliegen und von ihnen daher zu fordern ist, für die Verfassungsordnung, auf die sie vereidigt sind, auch einzutreten.[53] Die Grundentscheidung der Verfassung schließe es aus, dass der Staat zur Ausübung von Staatsgewalt Bewerber zulässt und in Ehrenämtern, die mit der Ausübung staatlicher Gewalt verbunden sind, Bürger belässt, die die freiheitliche demokratische, rechts- und sozialstaatliche Ordnung ablehnen und bekämpfen, und zwar unabhängig davon, ob dies innerhalb oder außerhalb der gerichtlichen Tätigkeit erfolgt. Die aus dieser Entscheidung herzuleitende, letztlich auf dem Eid beruhende einfach-rechtliche Verfassungstreuepflicht soll für Schöffen gleichermaßen gelten[54] mit der Folge, dass sie bei einem Verstoß hiergegen schon nicht zu dem Amt berufen oder nachfolgend aus dem Amt zu entfernen sind. Der Auffassung, dass etwa die Mitgliedschaft in einer verfassungsfeindlichen Partei den Ausschluss eines Schöffen nicht rechtfertigen könne,[55] dürfte hiermit der Boden entzogen sein. Der Entscheidung des BVerfG zufolge haben vielmehr die **Landesjustizverwaltungen streng darauf zu achten**, dass zum ehrenamtlichen Richter nur solche Personen ernannt werden dürfen, die die Gewähr dafür bieten, dass sie die ihnen obliegenden und durch Eid bekräftigten Pflichten jederzeit uneingeschränkt erfül- 18

---

49 Kissel/*Mayer* 13.

50 *Groth* NVwZ **2006** 1023; *Bader* NJW **2007** 2964; *Artkämper/Weise* DRiZ **2019** 60.

51 *Anger* NJW **2008** 3041; *ders.* NJW **2009** Nr. 37 aktuell XII, Keine Rechtsprechung durch Rechtsextreme.

52 Regierungsentwurf eines Sechsten Gesetzes zur Änderung des Deutschen Richtergesetzes v. 13.7.2023, BTDrucks. **20** 8761; näher *Großmann* GA **2025** 271; vgl. auch § 29, 1.

53 BVerfG NJW **2008** 2568.

54 *Anger* NJW **2008** 3041.

55 Kissel/*Mayer* 13; ähnlich (bei Fehlen einer konkreten Pflichtverletzung) OLG Hamburg NStZ **2025** 180.

len.[56] Dem Vorschlag nach einer Regelung, nach der Personen zum Amt eines Schöffen unfähig sind, die nicht die Gewähr bieten, jederzeit für die freiheitlich demokratische Grundordnung einzutreten,[57] ist der Gesetzgeber letztlich mit Einführung des **§ 51** (siehe dort) nachgekommen. Erachtet man die – sog. einfache – Verfassungstreue indessen als Voraussetzung zum Ausüben des Schöffenamtes, dürfte bei deren Fehlen aber eine Streichung von der Schöffenliste nach Maßgabe von § 52 Abs. 1 Nr. 1 in Betracht kommen.

19 Indessen werden sich **taugliche Kriterien** für eine Abgrenzung von noch bzw. nicht mehr hinzunehmenden Weltanschauungen bzw. vom Bestreben, dem Ausdruck zu verleihen, sowohl im Einzelfall als auch im Allgemeinen nur schwerlich finden lassen. Ein Ausschluss kann demnach nur in Betracht kommen bei Zutagetreten ganz außergewöhnlicher oder extremer Anschauungen, die eine sachgerechte richterliche Tätigkeit nicht mehr gewährleistet erscheinen[58] oder ein Ablehnen oder Bekämpfen der freiheitlich demokratischen Grundordnung[59] besorgen lassen.

20 Besondere Bedeutung entfaltet hierbei die **Religionsfreiheit**, hinsichtlich derer im Dienst- und Amtsbereich Einschränkungen nur zulässig sind, soweit dies unerlässlich erscheint.[60] Wenn dies schon für Beamte, Angestellte im öffentlichen Dienst und Richter gilt, muss es für Schöffen im Ehrenamt erst recht gelten. Kein Ausschluss soll demnach möglich sein für Schöffinnen, die darauf beharren, in der Hauptverhandlung das **Kopftuch** zu tragen.[61] Ob dies tatsächlich aus religiösen oder letztlich nur aus politischen oder sonstigen Gründen erfolgt, wird im Einzelfall kaum zuverlässig hinterfragt werden können. Die möglichen Gründe zum Tragen eines Kopftuchs sind ohnehin vielfältig und können bar jeder Religiosität oder **Weltanschauung** auch schlichtweg modischer oder sonstiger Natur sein.[62] In Betracht kommt etwa auch eine Schöffin, die nach einer Chemotherapie die fehlenden Haare kaschieren und sich nicht auf das Tragen einer Perücke verweisen lassen möchte. Zweifelhaft wäre daher der am jeweiligen Einzelfall sich orientierende Ansatz, einer muslimischen Schöffin das Tragen eines Kopftuchs zu untersagen, einer anderen Schöffin indessen nicht. Hinterfragt werden muss hierbei aber auch, ob das Tragen eines Kopftuchs am Amtsgericht Tiergarten anders bewertet werden könnte als etwa am Amtsgericht Bautzen. Entsprechendes soll gelten für Juden, die aus religiösen Gründen eine Kippa tragen.[63] Schließlich wird auch die Vorschrift des § 36 Abs. 2 nicht außer Acht bleiben können, wonach die Vorschlagsliste alle Gruppen der Bevölkerung nach Geschlecht, Alter, Beruf und sozialer Stellung angemessen berücksichtigen und hierdurch einen repräsentativen Teil der Bevölkerung in die Rechtspflege einbeziehen – also gerade nicht ausschließen soll, **Prinzip der allgemeinen Repräsentanz.**[64]

21 Eine das **Kopftuch tragende Muslima als Schöffin** ist daher letztlich Ausdruck der von Gesetzes wegen gewollten Beteiligung maßgeblicher Bevölkerungsgruppen an der Rechtspflege,[65] jedenfalls soweit sich dies auf das Tragen der Kleidung beschränkt und die Pflicht zur Verfassungstreue hierbei nicht weiter beeinträchtigt wird. Dass eine

---

56 BVerfG NJW **2008** 2568.

57 *Anger* NJW **2008** 3041.

58 LG Dortmund NStZ **2007** 360 für den Fall einer Schöffin, die Frauen aus religiöser Überzeugung von vornherein eine hinreichende Glaubwürdigkeit abspricht, weil häufig der Teufel im Spiel sei; MüKo/*Schuster* 7.

59 BVerfG NJW **2008** 2568 für ein Mitglied einer rechtsextremistischen Rockband.

60 BVerfGE **33** 23, 28 ff.; *Bader* NJW **2007** 2964.

61 KG NStZ-RR **2013** 156; LG Bielefeld NJW **2007** 3014; Kissel/*Mayer* 14; MüKo/*Schuster* 7.

62 Hierzu auch *Artkämper/Weise* DRiZ **2019** 60.

63 *Bader* NJW **2007** 2964.

64 Kissel/*Mayer* 14; MüKo/*Schuster* 7.

65 *Groth* NVwZ **2006** 1023; für Richterinnen, Staatsanwältinnen oder Beamtinnen wird dies indessen nicht gelten, vgl. hierzu auch Staatsgerichtshof Hessen JA **2008** 109; *Laskowski/Dietrich* Jura **2002** 271.

Schöffin wegen Tragens des Kopftuches nach Maßgabe von § 176 von der Hauptverhandlung ausgeschlossen werden kann,[66] muss indessen bezweifelt werden, denn es ist nicht ersichtlich, dass allein hierdurch eine konkrete Störung der Hauptverhandlung zu besorgen ist.[67] Anders zu beurteilen wäre es hingegen dann, wenn eine Schöffin aus religiösen Gründen einen **Ganzkörperschleier** in der Hauptverhandlung würde tragen wollen – schon weil sie dann als Person – und als gesetzlicher Richter – nicht mehr hinreichend zu identifizieren wäre. Das Tragen derartiger Kleidung in der Hauptverhandlung dürfte der Stellung und der Aufgabe eines Schöffen grundsätzlich entgegenstehen.

Das **BVerfG** hat in diesem Zusammenhang entschieden, dass das in Hessen geltende Verbot, in der Hauptverhandlung ein Kopftuch zu tragen, weder die Religions- noch die Ausbildungsfreiheit einer Rechtsreferendarin verletzt und das diese treffende sog. Kopftuchverbot daher von Verfassungs wegen nicht zu beanstanden ist.[68] Für öffentliche Bedienstete außerhalb der Justiz mag unter Umständen Anderes gelten; nach Auffassung des **BAG** jedenfalls stellt das im Berliner Neutralitätsgesetz enthaltene Kopftuchverbot für eine Lehrerin eine nicht hinzunehmende Diskriminierung dar.[69] Der **EuGH** schließlich hat in arbeitsrechtlicher Hinsicht darauf erkannt, dass ein **Kopftuchverbot am ‚Arbeitsplatz'** gerechtfertigt sein kann, wenn dies geeignet ist, ein Bild der Neutralität zu vermitteln.[70] Diesen Gedanken wird man auch für bei den Gerichten sichtbar Beschäftigte nutzbar machen können. Letztlich aus der benannten Rechtsprechung wird aber hergeleitet, dass im Falle einer gesetzlichen Normierung eines Neutralitätsgebots sich aus der Erklärung einer Schöffin, sie werde das Kopftuch keinesfalls in der Sitzung abnehmen, deren Unfähigkeit zur Begleitung des Schöffenamts ergäbe.[71] Diese Einschätzung wird auch kritisch gesehen.[72] Das Bemühen der Justiz, religiöse und weltanschauliche **Neutralität** auch in den Sitzungssälen zum Ausdruck zu bringen, mag grundsätzlich begrüßenswert sein. Ob diese Betrachtung ohne Weiteres auch auf **nichtbeamtete und nicht in der Justiz beschäftigte Schöffen** übertragen werden kann, muss nicht zuletzt aufgrund der hier dargelegten Besonderheiten der Schöffen gegenüber Berufsrichtern indessen zumindest hinterfragt werden.[73] Schon in praktischer Hinsicht wenig überzeugend erscheint vor diesem Hintergrund jedenfalls die Auffassung, einer Schöffin, die sich trotz entsprechenden gesetzlichen Verbots weigere, in der Hauptverhandlung das Kopftuch abzulegen oder stattdessen eine Perücke zu tragen, stehe letztlich nur der Weg offen, an entsprechenden Sitzungstagen ihre Entbindung 22

66 So LG Dortmund NJW **2007** 3013.

67 So auch *Groth* NVwZ **2006** 1023; *Bader* NJW **2007** 2964; vgl. auch BVerfG NJW **2007** 1358 für die Mutter eines Angeklagten.

68 BVerfG NJW **2020** 1049; kritisch hierzu *Brosius-Gersdorf/Gersdorf* NVwZ **2020** 428; *von Ungern-Sternberg* RdJB **2020** 367.

69 BAG NZA **2021** 189.

70 EuGH NJW **2021** 2715.

71 So jetzt auch jetzt auch OLG Hamm NZA **2024** 1457 unter Hinweis auf § 51 Abs. 2 Nr. 1; OLG Braunschweig Beschl. v. 14.10.2025 – 1 OGs 1/25 unter Hinweis auf § 31a Niedersächsisches Justizgesetz; ebenso OLG Celle Beschl. v. 10.7.2025 – 2 AR 16/25; BeckOK/*Goers* 17, der in derartigen Konstellationen aufgrund eines Verstoßes gegen das Neutralitätsgebot indessen eine Streichung von der Schöffenliste das § 52 Abs. 1 für geboten erachtet (ebenda § 51, 17a).

72 AG Fürth Beschl. v. 7.12.2018 – 441 AR 31/18, BeckRS **2018** 31935, das zumindest die Voraussetzungen zum Streichen von der Schöffenliste nach § 52 in derartigen Fällen nicht für gegeben erachtet.

73 Vgl. auch KG NStZ-RR **2013** 156; *Bader* NJW **2007** 2964; grds. kritisch auch *Artkämper/Weise* DRiZ **2019** 60 und Kissel/*Mayer* 14.

nach § 54 zu beantragen.[74] Als bedenklich ist schließlich eine vereinzelt zu beobachtende Praxis zu bezeichnen, an Tagen, an denen entsprechende Schöffinnen vorgesehen sind, erst gar nicht zu terminieren.

23 In Betracht kommen indessen **gesetzliche Regelungen**, die ein Tragen religiöser Symbole in der Hauptverhandlung unterbinden sollen. Das **BVerwG** hatte in diesem Zusammenhang (Bayern betreffend) entschieden, dass für Rechtsreferendarinnen muslimischen Glaubens ein Verbot, in der Hauptverhandlung ein Kopftuch zu tragen, aufgrund des hierdurch erfolgenden Eingriffs in das Grundrecht der Religionsfreiheit einer **gesetzlichen Grundlage** bedarf.[75] Auch nach Auffassung des **BVerfG** verletzt das Verbot des Kopftuchtragens in öffentlichen Schulen das Grundrecht auf gleichen Zugang zu jedem öffentlichen Amt aus Art. 33 Abs. 2 GG i.V.m. dem durch Art. 4 Abs. 1 und 2 GG gewährleisteten Grundrecht der Glaubensfreiheit und unterliegt ein entsprechendes Verbot (konkret für Lehrer) dem **Gesetzesvorbehalt**.[76] Letztlich diese Erkenntnis hat nunmehr dazu geführt, dass in jüngerer Zeit in einigen Bundesländern eigens gesetzliche Regelungen getroffen wurden bzw. konkret beabsichtigt sind, die als Ausdruck der aus § 33 BeamtStG herzuleitenden **Neutralitätspflicht** und zur Sicherung des Vertrauens in die religiöse, weltanschauliche und politische Neutralität der Justiz das Tragen religiöser **Symbole in der Hauptverhandlung** unterbinden sollen – wobei einige Regelungen sich auf Justizangehörige im engeren Sinne beschränken, Schöffen und ehrenamtliche Richter vom Verbot also ausnehmen, einige sich auf alle Verfahrensbeteiligte erstrecken und andere ehrenamtliche Richter ausdrücklich einbeziehen.[77] Die sich hiernach – je nach anzuwendendem Landesgesetz – gerade für Schöffen ergebende Rechtslage ist indessen weiterhin unklar. Zumindest nach Auffassung des **OLG Hamm** ist es Schöffinnen nach § 2 Abs. 1 JNeutrG NRW untersagt, während der Hauptverhandlung ein Kopftuch aus religiösen Gründen zu tragen und ist diese Vorschrift auch in verfassungsrechtlicher Hinsicht nicht zu beanstanden.[78] Eine Entscheidung des hierzu angerufenen BVerfG[79] steht gegenwärtig noch aus.

24 In Fällen, in denen aufgrund erkennbarer Anschauungen oder Überzeugungen von Schöffen Misstrauen in deren Unparteilichkeit zu besorgen ist, kann dem Interesse der Verfahrensbeteiligten durch die nach § 31 StPO auch für Schöffen grundsätzlich geltenden **Befangenheitsvorschriften** (§§ 22 ff. StPO) Rechnung getragen werden.[80] Dies gilt auch dann, wenn etwa eine das Kopftuch tragende Angeklagte sich einem Mitglied der „Republikaner" als Schöffen in der Hauptverhandlung gegenüber sieht.[81]

---

74 AG Fürth Beschl. v. 7.12.2018 – 441 AR 31/18, BeckRS **2018** 31935.

75 BVerwG NVwZ **2021** 411; vgl. auch schon BVerfG NJW **2008** 2568.

76 BVerfGE **108** 282.

77 Etwa Art. 11 und 15 Bayerisches Richter- und Staatsanwaltsgesetz; § 1 des Gesetzes zu Art. 29 der Verfassung von Berlin (sog. Berliner Neutralitätsgesetz); Art. 1 des Gesetzes zur Neutralität bei Gerichten und Staatsanwaltschaften des Landes Baden-Württemberg; § 45 Abs. 2 Hessisches Beamtengesetz; § 31a Niedersächsisches Justizgesetz; § 2 Justizneutralitätsgesetz (JNeutG NRW).

78 OLG Hamm NZA **2024** 1457; das Gericht hat aber zugleich klargestellt, dass eine Weigerung der Schöffin, in der Hauptverhandlung das Kopftuch abzunehmen, zwar keine gröbliche Amtspflichtverletzung nach § 51 Abs. 1, wohl aber eine (sonstige) Unfähigkeit zur Ausübung des Schöffenamtes nach § 52 Abs. 1 Nr. 1 darstellt; auf § 51 Abs. 1 stellen hingegen ab OLG Braunschweig Beschl. v. 14.10.2025 – 1 OGs 1/25 und OLG Celle Beschl. v. 10.7.2025 – 2 AR 16/25; ähnlich OVG NRW NVwZ **2025** 1449.

79 https://www.spiegel.de/panorama/justiz/kopftuchverbot-fuer-schoeffin-in-nrw-jetzt-kommt-der-fall-vors-bundesverfassungsgericht-a-91d98ac2-45eb-4f4e-a087-f31e5d560401.

80 LG Bielefeld NJW **2007** 3014; *Artkämper/Weise* DRiZ **2019** 60; *Kissel/Mayer* 14 a.E.

81 AG Köln StV **2007** 127.

Vorbemerkungen

Übersicht

1. Entsprechende Anwendung für die Schöffen bei Strafkammern. Die Regelungen der §§ 32 bis 35 gelten nach § 77 für die Schöffen bei der Strafkammern entsprechend. 1

2. Allgemeiner Zugang zum Ehrenamt. Das GVG hat den von den meisten der früheren Landesgesetze vor dem 1.10.1879 befolgten Grundsatz, den Kreis der zum Schöffenamt zu berufenden Personen durch Aufstellung besonderer Voraussetzungen (z.B. Vorhandensein eines bestimmten Vermögens oder einer gewissen Bildung) zu beschränken, vollständig aufgegeben. Die Gewähr dafür, dass zu Schöffen nur Personen berufen werden, die die zu diesen Ämtern erforderlichen Eigenschaften besitzen, soll das vorgeschriebene Wahlverfahren bieten – und darüber hinaus im Anwendungsbereich der Rügepräklusion (§ 222a StPO) die vorgesehene Besetzungsmitteilung mit der Gelegenheit ihrer Nachprüfung. Schon seit langem schlugen frühere Reformentwürfe[1] gesetzliche Richtlinien vor, die das **gleichmäßige Heranziehen aller Bevölkerungskreise** und -schichten gewährleisten sollten. In Anknüpfung an solche Vorschläge und auch zur Verwirklichung des Art. 3 GG sieht § 36 Abs. 2 vor, dass die von der Gemeinde aufzustellende Vorschlagsliste für Schöffen alle Gruppen der Bevölkerung nach Geschlecht, Alter, Beruf und sozialer Stellung angemessen berücksichtigen soll; diese Vorschrift richtet sich gemäß § 42 Abs. 2 auch an den Wahlausschuss bei der Auswahl der vorgeschlagenen Schöffen. Mit §§ 36 Abs. 2, 42 Abs. 2 („angemessen berücksichtigen") steht es im Einklang, wenn III 6 der Gemeinsamen Verfügung des Niedersächsischen Justiz- und Innenministers vom 17.3.1976 (§ 57, 2) auch darauf hinweist, es sei bei der Wahl – und für die Aufstellung der Vorschlagsliste kann nichts anderes gelten – darauf zu achten, „dass die zu Wählenden nach ihrer körperlichen und geistigen Veranlagung und ihrer im praktischen Leben bewiesenen Tüchtigkeit in der Lage sind, den hohen Anforderungen des Richteramts zu genügen". Eine Reihe der durch das 1. StVRG 1974 durchgeführten Änderungen schöffenrechtlicher Vorschriften (vgl. § 33 Nr. 2, § 34 Abs. 3 Nr. 7, § 35 Nr. 2, § 43 Abs. 2) beruht (auch) auf dem Bestreben zu vermeiden, dass weitgehend immer die gleichen Personen zu Schöffen vorgeschlagen und gewählt werden, und dient so den gesetzgeberischen Intentionen (§§ 36 Abs. 2, 42 Abs. 2) nach Heranziehung eines möglichst breit gefächerten Personenkreises zum Schöffenamt. 2

3. Schöffenunfähigkeit, Schöffenungeeignetheit. Ablehnung der Berufung. Dieser allgemein angelegte Zugang zum Schöffenamt erfährt indessen Einschränkungen, die in der Person der Schöffen begründet sind. Das Gesetz unterscheidet hierbei zwischen Personen, die zu dem Schöffenamt unfähig sind (§ 31 Satz 2, § 32), Personen, die nicht berufen werden sollen – sog. Schöffenungeeignetheit – (§§ 33, 34) und Personen, die die Berufung ablehnen dürfen (§ 35). **Unfähige Personen** dürfen schon nicht in die Vorschlagsliste nach § 36 aufgenommen und nicht zu Schöffen nach § 42 gewählt werden. Werden sie gewählt, verstößt die Wahl gegen ein gesetzliches Verbot und ist unwirksam.[2] Sie dürfen demzufol- 3

1 Dazu LR/*Schäfer*[22] Vor §§ 32 bis 35, 2.

2 Kissel/*Mayer* 1.

ge auch als Schöffen im Verfahren nicht mitwirken; wirkt eine solche Person gleichwohl mit, so kann dies die Verfahrensrüge (§ 344 Abs. 2 StPO) der vorschriftswidrigen Besetzung des Gerichts (§ 338 Nr. 1 StPO) begründen, und zwar unabhängig davon, ob es in einem Verfahren nach § 52 zu einer Streichung von der Schöffenliste gekommen ist, und auch unabhängig davon, ob ein solches Verfahren überhaupt eingeleitet war.[3] Personen, die nicht zum Schöffendienst berufen werden sollen (**ungeeignete Personen**), sind dagegen zu diesem Dienst nicht unfähig. Die Rücksichten, aus denen ihre Berufung verhindert werden soll, sind nicht von solcher Bedeutung, dass ihre Nichtbeachtung das Urteil anfechtbar macht. Immerhin beruhen aber auch diese Rücksichten auf dem öffentlichen Interesse; deshalb ist die Streichung von der Schöffenliste wegen des Eintretens oder Bekanntwerdens von Umständen, bei deren Vorhandensein eine Berufung zum Schöffenamt nicht erfolgen soll (§ 52 Abs. 1 Nr. 2), nicht an den Antrag des Beteiligten und an keine Frist gebunden (§ 52). Die Personen endlich, die die Berufung **ablehnen dürfen**, finden nur Berücksichtigung aus gewissen Gründen der Billigkeit oder Rücksichtnahme, die mit den Interessen der Rechtspflege nicht im Zusammenhang stehen. Die Ablehnungsgründe brauchen nicht, sie können aber bei Auswahl der zu berufenden Personen von Amts wegen berücksichtigt werden. Werden sie nicht schon von Amts wegen bei Aufstellung der Vorschlags- und Schöffenlisten berücksichtigt, so müssen sie von den Beteiligten binnen einer Ausschlussfrist geltend gemacht werden (§ 53).

4 **4. Wirksamkeit von Entscheidungen.** Wird die unter Mitwirkung eines unfähigen Schöffen erlassene Entscheidung nicht mit dem gesetzlichen Rechtsmittel angefochten oder ist sie überhaupt nicht anfechtbar, so ist sie wirksam; die **Rechtskraft heilt den Mangel**. Von einer Nichtigkeit des rechtskräftigen Urteils[4] kann keine Rede sein.[5]

5 **5. Ausschließung, Ablehnung.** Von den Fällen der Untauglichkeit zum Schöffenamt nach den §§ 33 bis 35 zu unterscheiden ist der Fall, dass in einer einzelnen Strafsache die Ausschließung oder Ablehnung eines Schöffen begründet ist; hierüber s. **§ 31**.

§ 32

Unfähig zu dem Amt eines Schöffen sind:

1. **Personen, die infolge Richterspruchs die Fähigkeit zur Bekleidung öffentlicher Ämter nicht besitzen oder wegen einer vorsätzlichen Tat zu einer Freiheitsstrafe von mehr als sechs Monaten verurteilt sind;**
2. **Personen, gegen die ein Ermittlungsverfahren wegen einer Tat schwebt, die den Verlust der Fähigkeit zur Bekleidung öffentlicher Ämter zur Folge haben kann.**

Schrifttum

Moller Amtsenthebung von Laienrichtern als Folge von Maßnahmen der Staatsanwaltschaft? MDR **1965** 534; *Schorn* Der Laienrichter in der Strafrechtspflege (1955); weiteres Schrifttum s. bei § 28 und Einl. I.

3 BGHSt **27** 105; BGHSt **35** 28 = NStZ **1987** 566; s.a. § 32, 8 und LR/*Hanack*[25] § 338 StPO, 33; KK/*Barthe* § 32, 1.

4 Dazu LR/*K. Schäfer*[24] Einl. Kap. 16, 9a; LR/*Rieß*[25] Einl. J 116 ff.

5 H.M.; z.B. Kissel/*Mayer* § 32, 1; *Schmitt/Köhler* § 32, 7; *Eb. Schmidt* § 32, 6; **a.M.** *Steinbeck* GA **1976** 12; *Schorn* (Laienrichter) 51 ff.

Entstehungsgeschichte

Das VereinhG 1950 erweiterte die Unfähigkeitsgründe durch Änderung der Nummern 1 und 2. Durch das 1. StRG 1969 wurden die Nummern 1 und 2 neu gefasst. Es lauteten zuvor a) Nummer 1: „Personen, welche die Befähigung infolge strafgerichtlicher Verurteilung verloren haben oder wegen eines Verbrechens oder eines vorsätzlichen Vergehens zu ... verurteilt sind"; b) Nummer 2: „Personen, gegen die ein Ermittlungsverfahren wegen eines Verbrechens oder Vergehens schwebt, das die Aberkennung der bürgerlichen Ehrenrechte oder der Fähigkeit ... haben kann". Bis zum 31.12.1998 sah die frühere Nummer 3 Unfähigkeit zum Schöffenamt auch für Personen vor, „die infolge gerichtlicher Anordnung in der Verfügung über ihr Vermögen beschränkt sind". Diese Regelung ist durch Art. 12 Nr. 2 EGInsO aufgehoben worden.

Übersicht

1. Begriff der „Unfähigkeit". Die Vorschrift soll sicherstellen, dass bestimmte Perso- 1
nen in eng begrenzten Fällen erst gar **nicht** zu Schöffen berufen werden **dürfen**, was bedeutet, dass sie nicht in die Vorschlagsliste nach § 36 aufgenommen und nicht zu Schöffen nach § 42 gewählt werden können,[1] ohne den Begriff der Unfähigkeit in diesem Sinne aber zu bestimmen. Vgl. dazu Vor §§ 32 bis 35, 1 ff. insbes. 3. Die Gründe der Unfähigkeit sind in § 31 (fehlende deutsche Staatsangehörigkeit, dort Rn. 6) und § 32 erschöpfend aufgeführt. Körperliche und geistige Gebrechen fallen nur unter § 33 Nr. 4.[2] S. dazu aber auch Vor §§ 32 bis 35 Rn. 8. Gemeint ist hier also die Unfähigkeit im Allgemeinen und nicht die Möglichkeit, Schöffen im Einzelfall abzulehnen oder auszuschließen. Bei nachträglich eintretender oder bekannt gewordener Unfähigkeit ist der Schöffe nach § 52 Abs. 1 Nr. 1 von der Schöffenliste zu streichen.[3] Der Begriff der Unfähigkeit ist abzugrenzen von jenem der Ungeeignetheit zur Ausübung des Amtes nach §§ 33, 34 und 44a DRiG, wonach bestimmte Personen nicht als Schöffen berufen werden **sollen**.[4]

2. Zeitpunkt der Unfähigkeit. Maßgebender Zeitpunkt für das Vorliegen der Unfähig- 2
keit und die Folgen für das Urteil (§ 338 Nr. 1 StPO) ist der der **tatsächlichen Ausübung des Schöffenamts**, nicht der Zeitpunkt der Bildung der Schöffenliste.[5] Zwar ist in allen Stadien von der Aufstellung der Vorschlagsliste an von Amts wegen darauf zu achten, unfähige Schöffen vom Amt fernzuhalten;[6] die Nachprüfung eines Urteils erfolgt aber nur

1 Kissel/*Mayer* 1; MüKo/*Schuster* 2; KK/*Barthe* 2; *Schmitt*/*Köhler* 1.
2 RGSt **22** 106; **30** 399; **a.M.** *Oetker* GA **49** (1903) 98.
3 Radtke/Hohmann 2.
4 MüKo/*Schuster* 1.
5 RGSt **2** 241; **21** 292; h.M.; **a.M.** *Friedländer* GerS **46** (1892) 433.
6 Vor §§ 32 bis 35, 3 und RGSt **25** 415.

auf entsprechende Verfahrensrüge. Aus der Revisibilität des § 32 folgt jedoch kein Recht des Verteidigers, in der Hauptverhandlung eine Auskunft über das Vorliegen von Gründen für eine mögliche Amtsunfähigkeit zu verlangen.[7] Ist der Unfähigkeitsgrund bis zur Hauptverhandlung entfallen, ist das Gericht ordnungsgemäß besetzt.[8] Entsteht der Grund erst im Laufe der Hauptverhandlung, führt dies zur Amtsunfähigkeit mit der Folge, dass das Verfahren auszusetzen ist, falls kein Ergänzungsschöffe eintreten kann.[9] Anderenfalls gilt § 338 Nr. 1 StPO Einer vorherigen Streichung von der Schöffenliste bedarf es nicht.[10] Wegen der Streichung von der Schöffenliste bei Eintritt oder Bekanntwerden der Schöffenunfähigkeit s. § 52 Abs. 1 Nr. 1.

3. Amtsunfähigkeit oder erhebliche Bestrafung (Nummer 1)

3 **a) Grundsatz und Geltungsbereich.** Hier unterscheidet das Gesetz zwei Gründe der Schöffenunfähigkeit, nämlich zum einen den Nichtbesitz der Fähigkeit zum Bekleiden öffentlicher Ämter infolge Richterspruchs, und zum anderen eine Verurteilung wegen einer vorsätzlichen Tat zu einer Freiheitsstrafe von mehr als sechs Monaten. Die Art des Delikts ist dabei ohne Bedeutung.[11] In beiden Fällen knüpft die Folge der Schöffenunfähigkeit nach gängiger Auffassung nur an die Verurteilung durch ein Strafgericht im räumlichen Geltungsbereich des **StGB** an.[12] Ob diese Beschränkung im Zuge des europäischen Einigungsprozesses noch aufrechterhalten werden kann, kann indessen bezweifelt werden. Der EU-Rahmenbeschluss v. 24.7.2008 (2008/675/JI)[13] bezieht sich von seiner Zielsetzung als auch vom Inhalt her zwar nur auf die **Berücksichtigung der in einem anderen Mitgliedsstaat der EU ergangenen Verurteilung in einem neuen Strafverfahren**, zumindest aber vom Rechtsgedanken ist für die Eignung von Schöffen eine entsprechende Anwendung in Erwägung zu ziehen.[14]

4 **b) Verlust der Amtsfähigkeit (Nummer 1, 1. Alt.). Die Schöffenunfähigkeit als Folge des Verlusts der Amtsfähigkeit (Nummer 1, 1. Alt.)** (§ 45 Abs. 1, 2 StGB) ist eine zeitweilige. Sie dauert beim automatischen Verlust als Folge der Verurteilung wegen eines Verbrechens zu Freiheitsstrafe von mindestens einem Jahr fünf Jahre (§ 45 Abs. 1 StGB) und bei der – fakultativen – Aberkennung der Amtsfähigkeit unter den Voraussetzungen des § 45 Abs. 2 StGB zwei bis fünf Jahre. Das Urteil muss **rechtskräftig** sein. Wegen des Eintritts und der Dauer der Amtsunfähigkeit vgl. § 45a StGB. Die Schöffenunfähigkeit endet mit dem Ablauf der Dauer der Amtsunfähigkeit; sie kann vorzeitig enden durch gerichtliches Wiederverleihen der Amtsfähigkeit durch gerichtliche Entscheidung (§ 45b StGB) oder durch Gnadenerweis des Inhabers des Gnadenrechts.[15]

5 **c) Unfähigkeit wegen Verurteilung (Nummer 1, 2. Alt.).** Die Schöffenunfähigkeit als automatische Folge der **Verurteilung wegen einer vorsätzlichen Tat** (Verbrechen oder

7 BGH NStZ **1994** 139 = StV **1994** 62.

8 RGSt **2** 241; **21** 291; *Schmitt/Köhler* 1.

9 Die in Nr. 17 MiStra vorgesehene Mitteilungspflicht in Strafsachen gegen ehrenamtliche Richterinnen und Richter soll dieser Gefahr entgegenwirken, vgl. hierzu auch unten Rn. 14.

10 BGHSt **35** 28 = BGHR GVG § 32 Nr. 2 Unfähigkeit 1.

11 Kissel/*Mayer* 4.

12 *Eb. Schmidt* 9; *Schmitt/Köhler* 3.

13 ABlEU Nr. L 220 v. 15.8.2008, S. 32.

14 SK/*Degener* 7.

15 MüKo/*Schuster* 3; KK/*Barthe* 4; Radtke/Hohmann 5.

Vergehen) zu einer Freiheitsstrafe von mehr als sechs Monaten ist dagegen eine dauernde. Diese – durch das VereinhG 1950 eingeführte – sehr wesentliche Erweiterung der Schöffenunfähigkeit beruht auf dem Gedanken, dass ungeeignet ist, über andere zu richten, wer selbst vorsätzliche Gesetzesverstöße begangen hat, die zu einer nicht unerheblichen Freiheitsstrafe geführt haben. Gemeint ist hier – wie auch sonst, wenn an eine Verurteilung Nebenfolgen geknüpft sind – eine rechtskräftige Verurteilung.[16] Die Voraussetzungen der Nummer 1 sind auch dann gegeben, wenn auf Jugendstrafe (§ 17 JGG) oder wenn wegen mehrerer vorsätzlicher Taten auf eine sechs Monate übersteigende **Gesamtfreiheitsstrafe** erkannt worden ist, auch wenn keine der Einzelstrafen sechs Monate erreicht.[17] Bei einer Gesamtstrafe wegen einer vorsätzlichen und einer fahrlässigen Tat ist die Einsatzstrafe für die vorsätzliche Tat maßgebend.[18] Verurteilung wegen eines Fahrlässigkeitsdelikts begründet keine Schöffenunfähigkeit.[19] Ob die Vollstreckung der erkannten Freiheitsstrafe zur **Bewährung** ausgesetzt wurde, ist unerheblich.[20] Die in §§ 32 Nr. 1, 52 Abs. 1 Nr. 1 getroffene Regelung, wonach Personen, die wegen einer vorsätzlichen Tat zu einer Freiheitsstrafe von mehr als sechs Monaten verurteilt sind, von der Schöffenliste zu streichen sind, entfaltet keine dahingehende Sperrwirkung, dass eine Amtspflichtverletzung, die zugleich einen Straftatbestand erfüllt, nur unter den dort genannten Voraussetzungen zur Streichung von der Schöffenliste führt, aber keine Amtsenthebung nach § 51 Abs. 1 GVG zulässig ist.[21] Ein **Gesetzentwurf** der Bundesregierung vom 9.10.2024[22] sah vor, Personen bereits dann nicht mehr zum Schöffenamt zuzulassen, wenn sie wegen einer vorsätzlichen Tat verurteilt worden sind und die Verurteilung in das Führungszeugnis aufgenommen wird, mithin bei Verurteilungen zu Geldstrafen von mehr als 90 Tagessätzen, sowie bei jeder Verurteilung zu einer Freiheitsstrafe. Der – an sich begrüßenswerte – Entwurf ist indessen der Diskontinuität zum Opfer gefallen.

Die mit der Rechtskraft eines solchen Urteils eintretende Schöffenunfähigkeit ist **zeitlich unbeschränkt**.[23] Sie wird indessen nicht dadurch ausgeschlossen, dass die Freiheitsstrafe, sei es gemäß §§ 56 ff. StGB, sei es im Gnadenwege, zur Bewährung ausgesetzt und später erlassen, oder dass sie im Gnadenwege auf sechs Monate und weniger herabgesetzt wird.[24] Sie **endet** erst mit der **Tilgung des Strafvermerks** im Bundeszentralregister oder der Tilgungsreife (§ 51 Abs. 1 BZRG).[25] Darüber hinaus kann die Schöffenunfähigkeit auch durch einen Gnadenerweis beseitigt werden, der ausdrücklich den Wegfall der Schöffenunfähigkeit zum Gegenstand hat. Es kann danach sein, dass bei einer sechs Monate übersteigenden Freiheitsstrafe, die mit dem Ausspruch der Amtsunfähigkeit verbunden ist, zwar mit dem Ablauf der Zeitdauer dieser Nebenfolge die darauf beruhende Schöffenunfähigkeit endet, die Unfähigkeit aber, soweit sie an die Verurteilung zu einer sechs Monate übersteigenden Freiheitsstrafe anknüpft, bestehen bleibt. Zur Revisionsbegründung vgl. BGHSt **33** 261, 269. 6

16 H.M.; **a.M.** *Schorn* (Laienrichter) 49.
17 OVG Lüneburg MDR **1954** 126 zu der entsprechenden Vorschrift des § 48 BBG; Kissel/*Mayer* 5; OK/*Goers* 11.
18 Kissel/*Mayer* 5; *Eb. Schmidt* 10; MüKo/*Schuster* 4; SK/*Degener* 7.
19 OLG Hamm NJW **1957** 1121.
20 SK/*Degener* 7; KK/*Barthe* 3; OK/*Goers* 13; *Schmitt*/*Köhler* 4.
21 OLG Nürnberg Beschl. v. 2.11.2021 – Ws 952/21, BeckRS **2021** 37148; OLG Zweibrücken NStZ **2023** 766; **a.A.** – indessen ohne Begründung – Kissel/*Mayer* § 51, 2; KK/*Barthe* § 51 Rn. 2.
22 BRDrucks. 4/25.
23 MüKo/*Schuster* 4.
24 OK/*Goers* 15.
25 Kissel/*Mayer* 6; SK/*Degener* 7.

4. Schwebendes Ermittlungsverfahren (Nummer 2)

7 **a) Bedeutung der Vorschrift.** Nach § 32 Nr. 2 in der vor dem VereinhG 1950 geltenden Fassung trat Schöffenunfähigkeit ein, wenn das Hauptverfahren wegen eines Verbrechens oder Vergehens eröffnet wurde, das (Ehrverlust oder) Amtsunfähigkeit zur Folge haben konnte. Durch das VereinhG 1950 wurde der Eintritt der Schöffenunfähigkeit schon auf den Beginn eines entsprechenden Ermittlungsverfahrens vorverlegt. Ob dafür bereits **jeder Verdacht** ausreicht, der die Staatsanwaltschaft zum Tätigwerden veranlasst,[26] könnte zweifelhaft erscheinen, muss aber nach dem eindeutigen Wortlaut und dem Sinn der Vorschrift wohl angenommen werden. Der Regelung liegt offensichtlich die Erwägung zugrunde, schon der durch die Einleitung eines Ermittlungsverfahrens begründete Verdacht einer Straftat von erheblicher Schwere mindere das Vertrauen der Rechtsgenossen, die dem **verdachtsbeladenen Schöffen** als Angeklagte gegenübertreten müssen, und es könne von einem Schöffen, der selbst in ein Strafverfahren verstrickt ist, eine sachgemäße Mitwirkung bei der Entscheidung über Schuld und Strafe gegen andere nicht erwartet werden.[27] Wollte man dagegen die Folgen des § 32 erst beim Vorliegen einer bestimmten Verdachtsstufe eintreten lassen, würde das zu nahezu unüberwindbaren Schwierigkeiten in der Handhabung der Regelung führen, insbesondere zu einer Unsicherheit zur Frage der ordnungsgemäßen Besetzung eines Gerichts, weil die in Betracht kommenden Verdachtsstufen von jeder Instanz anders beurteilt werden könnten.[28]

8 Die **Wirkung des** § 32 tritt **unabhängig** davon ein, ob es später zu einer entsprechenden **Verurteilung** des Schöffen kommt.[29] Eine Streichung in der Schöffenliste ist allerdings auch im Falle eines späteren Freispruchs nicht rückgängig zu machen.[30] Die Unfähigkeit i.S.v. Nummer 2 gilt unbedingt und mit **unbefristeten Konsequenzen** für die jeweils anstehende Entscheidung nach § 36 (Nichtaufnahme in die Vorschlagsliste), § 41 (Berichtigung der Vorschlagsliste), § 42 (Schöffenwahl) und § 52 (Streichung von der Liste).[31]

9 **b) Bedenken gegen die Verfassungsmäßigkeit.** Gegen die Vorschrift sind im Schrifttum – anknüpfend an den Fall, dass ein schon ausgeloster Schöffe wegen Einleitung eines Ermittlungsverfahrens gemäß § 52 von der Schöffenliste gestrichen wird – Bedenken im Hinblick auf deren Verfassungsmäßigkeit erhoben worden. So wurde eingewandt, dass auch der ehrenamtliche Richter in entsprechender Anwendung des **Art. 97 Abs. 2 GG** als Voraussetzung seiner sachlichen Unabhängigkeit die Garantie der persönlichen Unabhängigkeit in dem Sinn genießt, dass er vor Ablauf seiner Amtszeit nur unter gesetzlich bestimmten Voraussetzungen und kraft Richterspruchs abberufen werden kann.[32] Dem entspreche § 44 Abs. 2 DRiG. Die in dieser Vorschrift geforderte richterliche Entscheidung liege aber nicht vor, wenn der Richter beim Amtsgericht (§ 52 Abs. 3) als automatische Folge – also ohne eigenen Beurteilungsspielraum – einer **Maßnahme der Exekutive** (der Einleitung eines Ermittlungsverfahrens) die Streichung anordnen müsse. § 32 Nr. 2 müsse deshalb verfassungskonform dahin ausgelegt werden, dass erst die gerichtliche Eröffnung des Hauptverfahrens die Streichung rechtfertige, und § 44 Abs. 2 DRiG sei dahin auszulegen, dass mit ihm gesetzliche Vorschriften aufgehoben seien, soweit sie in weiterem Um-

26 I.d.S.: Kissel/*Mayer* 7.
27 BGHSt **35** 28 = JR **1989** 35 mit Anm. *Katholnigg* = NStZ **1987** 567; OLG Bremen MDR **1964** 244.
28 Vgl. Kissel/*Mayer* 8.
29 BGHSt **35** 28.
30 BGHSt **35** 28; *Katholnigg* 3; KK/*Barthe* 6.
31 Kissel/*Mayer* 11.
32 *Moller* MDR **1965** 534.

fang eine Streichung von der Schöffenliste vorsehen. Dem kann nicht gefolgt werden. Vielmehr ist davon auszugehen, dass gegen die unmittelbare Auswirkung eines nichtrichterlichen Ermittlungsverfahrens auf die Besetzung eines Gerichts keine rechtsstaatlichen Bedenken zu erheben sind.[33] Aus der aus dem Rechtsstaatsprinzip folgenden **Unschuldsvermutung**[34] lässt sich nichts herleiten, weil auch sonst im Ermittlungsstadium aufgrund der allgemeinen strafprozessualen Regeln im Vorfeld einer Verurteilung unterschiedliche Beschränkungen hingenommen werden müssen. Die Unfähigkeit zum Schöffenamt ist lediglich eine dieser Beschränkungen. Auch § 44 Abs. 2 DRiG führt zu keinem anderen Ergebnis, weil § 32 demgegenüber eine Sonderregelung darstellt.[35] Sie ist letztlich auch erforderlich, um das allgemeine Vertrauen in die Integrität und Objektivität und damit auch in die persönliche Freiheit im Sinne einer unbefangenen Urteilsfähigkeit des Schöffen nicht zu beeinträchtigen.[36]

c) Ermittlungsverfahren. Ein Ermittlungsverfahren i.S.d. Nummer 2 ist im Stadium 10
des Vorverfahrens nur das **von der Staatsanwaltschaft** (§ 160 StPO) oder in ihrem Auftrag von der Polizei (§ 161 StPO) betriebene Verfahren, nicht auch das Verfahren der Polizei im ersten Angriff (§ 163 StPO);[37] zu dieser Einschränkung nötigen die gegen die Vorschrift bestehenden rechtspolitischen Bedenken.[38] Das Ermittlungsverfahren und die durch dessen Beginn begründete Schöffenunfähigkeit endet mit dessen Einstellung nach §§ 153 ff., 170 Abs. 1 StPO, dem Ablehnen der Eröffnung des Hauptverfahrens (§ 204 StPO) oder mit rechtskräftigem Freispruch. Wegen des Falles, dass ein Schöffe gemäß § 52 Abs. 1 Nr. 1 von der Schöffenliste gestrichen wurde und erst danach das Ermittlungsverfahren und die Schöffenunfähigkeit durch Einstellung usw. endet, vgl. § 52, 3.

d) Beurteilungsmaßstab. Nach dem Gesetzeswortlaut tritt die Schöffenunfähigkeit 11
ein, „sobald ein Ermittlungsverfahren schwebt, das den Verlust der Amtsfähigkeit zur Folge haben **kann**". Anknüpfend an dieses „kann" bestanden im Schrifttum gewisse unterschiedliche Auffassungen über die Auslegung der Vorschrift. Nach der strengeren Auslegung,[39] der sich zwischenzeitlich der **BGH** angeschlossen hat,[40] genügt es zur Annahme der Schöffenunfähigkeit schon, wenn Gegenstand des Ermittlungsverfahrens eine Tat ist, bei der nach der **Strafdrohung in abstracto** (theoretisch) die Möglichkeit der Verurteilung mit der Folge des automatischen Verlusts der Amtsfähigkeit (§ 45 Abs. 1 StGB) oder deren förmlicher Aberkennung (§ 45 Abs. 2 StGB) besteht.[41] Gegen diese Auffassung wurde eingewandt,[42] dass schon jede Anzeige, die die Staatsanwaltschaft zu Ermittlungen nötigt, die Schöffenunfähigkeit begründet, auch wenn sie sich in kurzer Zeit als völlig unbegründet erweist, oder dass Schöffenunfähigkeit schon eintrete, wenn zwar bereits ein begründeter Tatverdacht besteht, aber nach dem Stand der Ermittlungen ohne Weiteres vorauszusehen sei, dass auch eine Verurteilung nicht zur Amtsunfähigkeit führen wird. Es werde also wenigstens zu fordern sein, dass nach Lage des Falles eine mit Amtsunfähigkeit ver-

---

33 BGHSt **35** 28; OLG Bremen MDR **1964** 244; Kissel/*Mayer* 7 f.; SK/*Degener* 12; SSW/*Güntge* 4; h.M.
34 St. Rspr. seit BVerfGE **19** 342.
35 Kissel/*Mayer* 10; MüKo/*Schuster* 6.
36 BGHSt **35** 28; OLG Bremen MDR **1964** 244.
37 Radtke/Hohmann 6.
38 Kissel/*Mayer* 7; *Schmitt/Köhler* 3; *Eb. Schmidt* 13; *Schorn* (Laienrichter) 50.
39 Z.B. Kissel/*Mayer* 7, 9; KK/*Barthe* 5; *Schmitt/Köhler* 5.
40 BGHSt **35** 28.
41 OLG Bremen MDR **1964** 244; MüKo/*Schuster* 7.
42 Vgl. LR/*Schäfer*[23] 10.

bundene Verurteilung nicht auszuschließen ist. Dies sei jedenfalls dann nicht mehr auszuschließen, wenn sich die Ermittlungen so zum Tatverdacht konkretisiert haben, dass die Staatsanwaltschaft Anklage erhebt.[43] Der Rechtsprechung des BGH zufolge hat ein **späterer Freispruch** keine Rückwirkung auf den Ausschluss.[44]

12 **Nummer 2** ist aber **unanwendbar,** wenn schon vor dem endgültigen Abschluss des Verfahrens aus verfahrensrechtlichen Gründen ein entsprechender **Strafausspruch nicht mehr in Betracht kommt,** z.B. bei Teilrechtskraft wegen Teilanfechtung oder Teilaufhebung.[45]

13 **e) Besetzungsrüge.** Die (unvermeidliche) **Schattenseite** der gesetzlichen Regelung, dass schon das Schweben eines Ermittlungsverfahrens zur Schöffenunfähigkeit führt, besteht darin, dass auch der den Verfahrensbeteiligten unbekannt gebliebene Mangel eines mitwirkenden Schöffen die **Besetzungsrüge** des § 338 Nr. 1 StPO begründet. Denn der im Zeichen der Bemühungen um eine Verringerung erfolgreicher Besetzungsrügen geschaffene Einwand der **Rügepräklusion** entfällt, weil die von der Revision gerügte Schöffenunfähigkeit einem Mangel in der Person eines Richters gleichzusetzen ist, der durch die §§ 222a, 222b StPO nicht erfasst wird,[46] darüber hinaus aber auch, weil der Besetzungsfehler während der Hauptverhandlung weder für den Angeklagten noch für seinen Verteidiger **erkennbar** war.[47] Die Möglichkeiten, durch Maßnahmen innerhalb des Justizbereichs der Gefahr erfolgreicher Besetzungsrügen wegen Schöffenunfähigkeit entgegenzuwirken, sind nicht gerade groß; sie bestehen etwa in der sorgfältigen Beachtung der Nr. 13 Abs. 2 RiStBV (Befragung eines Beschuldigten bei seiner Vernehmung im Vorverfahren, ob er als Schöffe gewählt oder ausgelost ist) und Nr. 126 Abs. 1 RiStBV (Belehrung der mitwirkenden Schöffen über die Unfähigkeitsgründe der §§ 31, 32 durch den Vorsitzenden). Der Entwurf EGStGB 1930[48] hatte aus solcher Besorgnis die Übernahme der Nummer 2 in den § 33 vorgesehen. Diese Besorgnis ist offenbar auch der Grund, dass Vorschriften über die Besetzung der Gerichte der übrigen Gerichtsbarkeitszweige mit ehrenamtlichen Richtern wie z.B. § 21 Abs. 2 Nr. 2 ArbGG, § 21 Nr. 2 VwGO, § 17 Abs. 1 Nr. 2 SGG u.a. weniger weit als § 32 Nr. 2 gehen, indem sie die Unfähigkeit erst mit dem Erheben der Anklage oder mit der Eröffnung des Hauptverfahrens eintreten lassen. Für Handelsrichter fehlt überhaupt eine vergleichbare Regelung. Gesetzgeberische Maßnahmen, die das **Risiko gesetzwidriger Besetzung** deutlich vermindern, sind auch neuerdings wieder gefordert worden.[49] Wenn der geltende § 32 Nr. 2 sich solchen Abmilderungen bisher versagt hat, so ist das höhere Risiko der erfolgreichen Besetzungsrüge eben der Preis für eine größere Rechtsstaatlichkeit der Vorschrift. Die Kehrseite dieser Medaille zeigt sich aber in bereits lange andauernden Hauptverhandlungen, wenn wegen Ausscheidens eines von der Regelung betroffenen Schöffen eine kostenintensive Verhandlung neu durchgeführt werden muss.

14 **f) Verwaltungsmaßnahmen.** Hinzuweisen ist hier zunächst auf **Nr. 17 MiStra**, und die hiernach geltende Mitteilungspflicht in Strafsachen gegen ehrenamtliche Richterinnen und Richter. Die Innen- und Justizverwaltungen der Länder versuchen, Schwierigkeiten, die sich aus § 32 Nr. 2 ergeben könnten, dadurch auszuräumen, dass sie (wie z.B. in Nieder-

---

43 BGHSt **35** 28.
44 BGH NStZ **1987** 567.
45 *Eb. Schmidt* 15; vgl. auch § 52, 3.
46 BGHSt **34** 236; **35** 28 = NStZ **1987** 567.
47 BGH NStZ **1987** 567.
48 Dazu LR/*K. Schäfer*[24] Einl. Kap. 4, 8 ff.
49 *Katholnigg* JR **1989** 37 f. (Anm. zu BGH JR **1989** 35).

sachsen die in Rn. 2 Vor §§ 32 bis 35 angeführte Gemeinschaftliche Verfügung vom 17.3.1976 unter II 6 und 7) den zur Aufstellung der Vorschlagsliste berufenen Gemeinden **Rückfragen bei der zuständigen Staatsanwaltschaft** empfehlen, ob bei einer in Aussicht genommenen Person Ermittlungsverfahren schweben, die u.U. die Schöffenunfähigkeit begründen können. Auch werden **Mitteilungspflichten** der ehrenamtlichen Richter selbst erörtert, ob gegen sie ein Strafverfahren anhängig ist oder ob eine entsprechende Verurteilung vorliegt. Weiterhin ist vorgesehen, dass eine Gemeinde, die ausnahmsweise wegen der großen Zahl der in die Vorschlagsliste aufzunehmenden Personen zu einer solchen Prüfung nicht in der Lage war, diese auf Ersuchen des Richters beim Amtsgericht im Wege der Amtshilfe so rechtzeitig nachzuholen habe, dass dieser bzw. die Strafkammer vor Beginn der Wahlperiode gemäß §§ 52, 77 Abs. 3 verfahren kann, wenn schöffenunfähige Personen gewählt worden sind.

§ 33

Zu dem Amt eines Schöffen sollen nicht berufen werden:

1. **Personen, die bei Beginn der Amtsperiode des fünfundzwanzigste Lebensjahr noch nicht vollendet haben würden;**
2. **Personen, die das siebzigste Lebensjahr vollendet haben oder es bis zum Beginn der Amtsperiode vollenden würden;**
3. **Personen, die zur Zeit der Aufstellung der Vorschlagsliste nicht in der Gemeinde wohnen;**
4. **Personen, die aus gesundheitlichen Gründen für das Amt nicht geeignet sind;**
5. **Personen, die mangels ausreichender Beherrschung der deutschen Sprache für das Amt nicht geeignet sind.**
6. **Personen, die in Vermögensverfall geraten sind.**

Schrifttum

Cremer Gesetzliche Regelung zur Überprüfung ehrenamtlicher Richter, DRiZ **1992** 342; *Günther* Judex dormiens, MDR **1990** 875; *Hanack* Die Rechtsprechung des Bundesgerichtshofs zum Strafverfahrensrecht, JZ **1972** 315; *Jahn* Gesetzwidrige Gerichtsbesetzung bei Missachtung des Mutterschutzes, NJW-Spezial **2017** 90; *Kleine-Cosack* Rechtsstaat und freie Advokaten im Stasi-Strudel, NJ **1992** 329; *Niemöller* Fehlerhafte Gerichtsbesetzung bei Verstoß gegen das Beschäftigungsverbot nach der Entbindung, NStZ **2017** 107; *Quaas* Die Überprüfung von Rechtsanwaltszulassungen in den neuen Bundesländern, MDR **1992** 1099; *Reichenbach* Die Mitwirkung blinder Richter im Strafverfahren, NJW **2004** 3160; *Risse* Wer nachts gut schlafen will, muß am Tage ruhen, BB **1987** 796; *Rüping* Funktionen der Laienrichter im Strafverfahren, JR **1976** 269; *Schorn* Laienrichter in der Strafrechtspflege (1955); *Sieper* Verbot der Diskriminierung wegen einer Behinderung: vollständiger Ausschluss einer blinden Schöffin von der Teilnahme an gerichtlichen Strafverfahren, ZESAR **2022** 287.

Entstehungsgeschichte

Nach vorausgegangenen Änderungen durch Art. I Nr. 6 des Gesetzes vom 11.3.1921 (RGBl. I S. 230) und durch das Gesetz vom 13.2.1926 (RGBl. I S. 99) lautete die auf dem VereinhG 1950 beruhende Fassung des § 33 bis zum 31.12.1974:

„Zu dem Amt eines Schöffen sollen nicht berufen werden:
1. Personen, die zur Zeit der Aufstellung der Vorschlagsliste für Schöffen das dreißigste Lebensjahr noch nicht vollendet haben;
2. Personen, die zur Zeit der Aufstellung der Vorschlagsliste noch nicht ein Jahr in der Gemeinde wohnen;
3. Personen, die wegen geistiger oder körperlicher Gebrechen zu dem Amt nicht geeignet sind."

Die geltende Fassung beruht im Grunde auf Art. 2 des 1. StVRG 1974. Nummer 5 ist mit Wirkung vom 1.1.1999 durch Art. 12 Nr. 3 EGInsO angefügt worden. Nummer 4 ist durch Art. 29 des Gesetzes zur Gleichstellung behinderter Menschen und zur Änderung anderer Gesetze vom 27.4.2002 (BGBl. I S. 1467) geändert worden (bis dahin: „Personen, die wegen geistiger oder körperlicher Gebrechen zu dem Amt nicht geeignet sind"). Nummer 3 wurde durch das Gesetz zur Vereinfachung und Vereinheitlichung der Verfahrensvorschriften zur Wahl und Berufung ehrenamtlicher Richter (EhrRiVerfVereinfG) vom 21.12.2004 (BGBl. I S. 3599) dahingehend geändert, dass die Worte „noch" und „ein Jahr" gestrichen wurden. Durch das Vierte Gesetz zur Änderung des Gerichtsverfassungsgesetzes (4. GVGÄndG) vom 24.7.2010 (BGBl. I S. 976) wurden mit Wirkung zum 30.7.2010 in Nummer 4 aus Gründen einer sprachlichen Modernisierung die Wörter „zu dem" durch die Wörter „für das" ersetzt und wurde im Hinblick auf das Erfordernis des Beherrschens der deutschen Sprache eine neue Nummer 5 eingefügt; die bisherige Nummer 5 wurde somit zu Nummer 6 der Vorschrift.

Übersicht

I. Die Regelung des GVG

1 **1. Sollvorschrift.** Die in §§ 33, 34 aufgeführten Personen sind nicht „unfähig" zum Schöffenamt (Vor §§ 32 bis 35 Rn. 3). Die Berufung der im § 33 genannten Personen soll im Interesse der Rechtspflege unterbleiben. Bei den Regelungen der Nummern 4 bis 6 kann im Einzelfall aber eine Wahl in Betracht kommen. Dies gilt im Hinblick auf die erst später einge-

fügte Nummer 6 insbesondere dann, wenn jemand völlig unverschuldet in eine wirtschaftliche Notlage gekommen ist oder wenn er selbst die Eröffnung des Insolvenzverfahrens beantragt hat mit dem Ziel, auf der Grundlage eines Insolvenzplans oder der gesetzlichen Vorschriften über die Restschuldbefreiung wieder zu geordneten Vermögensverhältnissen zu gelangen.[1] Bei den im § 34 Aufgeführten sind andere Rücksichten, insbesondere die auf die allgemeinen Interessen des öffentlichen Dienstes, maßgebend. Beide Paragrafen enthalten lediglich **Ordnungsvorschriften**, deren Verletzung nicht zur Unwirksamkeit der Wahl führt und auch die Revision nicht begründen kann.[2] Sie richten sich lediglich an die am Wahlvorgang beteiligten Institutionen.[3] Maßgeblich ist (anders als bei § 32) nicht der Zeitpunkt der Amtsausübung, sondern maßgebend sind je nach Hinderungsgrund i.S.d. Nummern 2 bis 6 unterschiedliche Zeitpunkte.[4]

2. Personenkreis

a) Alter. Den an das Alter anknüpfenden **Nummern 1 und 2** liegt die Überlegung zugrunde, dass den einen eine breitere und ausgeglichene Lebenserfahrung fehlt (Nummer 1) und die anderen (Nummer 2) vielfach den körperlichen und geistigen Anstrengungen des Schöffenamtes nicht mehr gewachsen sind. Gemeint ist insoweit die allgemein nachlassende Leistungsfähigkeit, ohne dass der Schweregrad der Nummer 4 erreicht wird. Die Regelung stellt auf den Beginn der Amtsperiode ab, sodass die altersmäßigen Voraussetzungen bei Aufstellen der Vorschlagslisten und bei der Wahl noch nicht vorliegen müssen.[5] Daher kann ein 24-Jähriger in die Vorschlagsliste aufgenommen werden, wenn er zu Beginn des ersten Geschäftsjahres der Wahlperiode 25 Jahre alt sein wird, ein 69-Jähriger hingegen nicht, wenn er dann 70 Jahre als sein wird.[6] Für die Berechnung des Alters gilt § 187 Abs. 2 Satz 2 BGB. 2

b) Wohnort. Sinn der Regelung in **Nummer 3** ist es, eine gewisse **örtliche Vertrautheit** mit dem Gerichtsbezirk sicherzustellen.[7] Deswegen kommt es nicht auf den Wohnsitz (§ 7 BGB) an, sondern auf den tatsächlichen **Aufenthalt**,[8] wobei aber der Wegzug in eine andere Gemeinde desselben Landgerichtsbezirks kein Hinderungsgrund ist.[9] Während das Gesetz in der bis 2004 geltenden Fassung zum Zeitpunkt der Aufstellung noch ein Wohnen in der Gemeinde von wenigstens einem Jahr vorausgesetzt hatte, ist dieses Erfordernis nunmehr dahingehend gelockert worden, dass zum Zeitpunkt der Aufstellung ein Wohnen in der Gemeinde überhaupt vorausgesetzt wird, um auf die Schöffenliste der Gemeinde gelangen zu können. Hierdurch soll geänderten gesellschaftlichen Verhältnissen Rechnung getragen werden, nämlich „der Informationsgesellschaft, der erhöhten Mobilität und der Verstädterung oder Flucht aus der Stadt in Umlandgemeinden".[10] Die seit Inkrafttreten des GVG im Jahre 1877 geltende Regelung wurde als überholt angesehen. Zudem sollte der Erfahrung entgegengewirkt werden, dass häufig geeignete Bewerber hätten abgelehnt 3

---

1 BTDrucks. **12** 3803 S. 63 f.; BTDrucks. **12** 7303 S. 107.
2 RGSt **39** 307; RG JW **1890** 345; Recht 1915 Nr. 2192; BGHSt **30** 255; **33** 261, 269; BGH GA **1961** 206.
3 MüKo/*Schuster* 1.
4 Kissel/*Mayer* 1; SK/*Degener* 2.
5 KK/*Barthe* 1a.
6 Radtke/Hohmann 3; *Schmitt/Köhler* 3.
7 BGHSt **28** 61 = NJW **1978** 2162.
8 BGHSt **28** 61, 64; *Katholnigg* 2; *Eb. Schmidt* 4.
9 BGH StV **1982** 60; Kissel/*Mayer* 4; SK/*Degener* 9; KK/*Barthe* 1b.
10 BTDrucks. **15** 411 S. 8.

werden müssen, weil sie noch nicht ein Jahr in der maßgeblichen Gemeinde gewohnt haben. Bei einem späteren Wegzug in eine andere Gemeinde liegt ein Streichungsgrund nach § 52 Abs. 1 Satz Nr. 1 vor, auch bei einem Umzug in eine andere Gemeinde, die in demselben Landgerichtsbezirk liegt, was indessen kein Hinderungsgrund nach § 52 Abs. 1 Satz 2 ist.[11] Auch bei **Umzug** in einen anderen Amtsgerichtsbezirk kann der Schöffe seine Streichung verlangen.[12]

4 **c) Gesundheitliche Gründe.** Der Personenkreis der **Nummer 4** ist ohne Rücksicht auf das Alter zum Schöffenamt ungeeignet. Während in der früher geltenden Fassung abgestellt wurde auf Personen, die wegen ‚geistiger oder körperlicher Mängel' zu dem Amt nicht geeignet sind, spricht das Gesetz in der durch Art. 29 des Gesetzes zur Gleichstellung behinderter Menschen und zur Änderung anderer Gesetze vom 27.4.2002 geänderten aktuellen Fassung von Personen, die ‚aus **gesundheitlichen Gründen**' zu dem Amt nicht geeignet sind. Ziel der Neuregelung war u.a., die Benachteiligung von behinderten Menschen zu beseitigen bzw. zu verhindern. Erfasst werden nach wie vor alle Fälle geistiger oder körperlicher Gebrechen, und zwar unabhängig davon, ob diese bereits die Verhandlungsfähigkeit ausschließen, wie z.B. die Geisteskrankheit oder Stummheit,[13] sondern in Betracht kommen auch Geistesschwäche, psychische Erkrankungen, starke Schwerhörigkeit,[14] soweit nicht durch technische Hilfsmittel (Hörgerät) die uneingeschränkte Wahrnehmung sichergestellt werden kann. Erforderlich sind grundsätzlich als schwer **einzustufende Krankheiten, Sucht oder Behinderungen**, infolge derer dem Schöffen die Fähigkeit fehlt, in der Verhandlung anwesend zu sein oder dieser intellektuell auch über eine längere Dauer aufmerksam, und zwar möglichst objektiv und tolerant, zu folgen und hierbei auch nervlich den Belastungen einer u.U. spannungsgeladenen Atmosphäre gewachsen zu sein.[15] Die Beurteilung, ob eine entsprechende gesundheitliche Beeinträchtigung vorliegt, ist für die in Betracht kommenden Personen zwar **individuell**, im Hinblick auf mögliche Verfahren aber **generell** (also nicht auf ein konkretes Verfahren bezogen) zu beurteilen, weil vor deren Ende regelmäßig nicht abschließend beurteilt werden kann, ob oder inwieweit sich die gesundheitliche Einschränkung im Laufe der Hauptverhandlung tatsächlich auswirken könnte. Anderenfalls wäre nach Beginn der Hauptverhandlung neben einer möglichen Verfahrensrüge eine sonst erforderliche Aussetzung der Hauptverhandlung zu besorgen, was mit den verfahrensrechtlichen Grundsätzen der Konzentration und der Beschleunigung nicht in Einklang zu bringen sein dürfte. Anders als im Falle einer Richterin[16] soll das einer Schöffin gegenüber ausgesprochene Beschäftigungsverbot nach § 16 MuSchG nicht zu einer gesetzeswidrigen Besetzung führen, weil die als öffentliches Ehrenamt ausgeübte Schöffentätigkeit nicht dem persönlichen Anwendungsbereich des **Mutterschutzgesetzes** unterfällt.[17]

---

11 BGH StV **1982** 60; Kissel/*Mayer* 4; *Schmitt*/*Köhler* 4.

12 Radtke/Hohmann 4.

13 H.M., z.B. KK/*Gericke* § 338 StPO, 50; *Schmitt*/*Köhler* 5; LR/*Hanack*[25] § 338 StPO, 40.

14 BGHSt **22** 289.

15 LG Bonn Beschl. v. 16.1.2019 – 53 Sam 6b-P2 und Beschl. v. 25.3.2019 – 53 Sam 6b-H3 (juris); Kissel/*Mayer* 5; MüKo/*Schuster* 5; SK/*Degener* 6; KK/*Barthe* 1c; *Schmitt*/*Köhler* 5.

16 Vgl. hierzu BGH NStZ **2017** 107; einschränkend demgegenüber BGH NStZ **2021** 343, *Jahn* NJW-Spezial **2017** 90; *Niemöller* NStZ **2017** 107.

17 BGH NStZ-RR **2022** 56.

aa) Taubheit. Zu Nummer 4 zählt auch fehlendes Hörvermögen.[18] Hieran ändert nichts, dass nach § 6 des Behindertengleichstellungsgesetzes **gehörlose Menschen** Anspruch auf die nach dieser Vorschrift vorgesehenen Hilfsmittel sowie das Recht zur Verständigung in der nunmehr als eigenständige Sprache anerkannten Deutschen Gebärdensprache haben. Denn dem dann erforderlich werdenden Beiziehen eines Dolmetschers für die Gebärdensprache stünde auch hier – wie schon bei sprachunkundigen Personen[19] – bereits die Regelung des § 193 entgegen, wonach eine Teilnahme eines Dolmetschers an der Beratung nicht in Betracht kommt. Vollständige Taubheit wird zur Annahme der Unfähigkeit nicht vorausgesetzt; ausreichend ist eine erhebliche Einschränkung des Hörvermögens (**Schwerhörigkeit**),[20] infolge derer der Schöffe auch unter Zuhilfenahme von technischen Hörhilfen nicht in der Lage ist, der Hauptverhandlung insgesamt uneingeschränkt zu folgen, was etwa anzunehmen ist, wenn in normaler Lautstärke sprechende Verfahrensbeteiligte, auch Zeugen, nicht vollständig verstanden werden und eine zielgerichtete und geschlossene Befragung durch ständiges Nachfragen unterbrochen werden muss.[21] Dieser Maßstab gilt für andere Einschränkungen gleichermaßen. 5

bb) Blindheit. Ebenfalls zu Nummer 4 zählt fehlendes Sehvermögen.[22] Dem Berufen **blinder Menschen** zum Schöffenamt steht der strafprozessuale **Unmittelbarkeitsgrundsatz** entgegen, weil es an der Fähigkeit fehlt, sich einen (eigenen) optischen Eindruck von den Verfahrensbeteiligten und deren Reaktionen zu verschaffen oder an einer Augenscheineinnahme teilzunehmen, was regelmäßig auch durch einen Augenscheinsgehilfen nicht hinreichend ersetzt werden kann.[23] Ob blinde Menschen infolge ihrer Einschränkung möglicherweise andere Fähigkeiten zur Wahrnehmung entwickelt haben, muss hierbei zurückstehen. Die Auffassung, die Fähigkeit zum Schöffenamt für blinde Menschen müsse jeweils nach den Erfordernissen der konkreten Hauptverhandlung beurteilt und gegebenenfalls über §§ 47, 49 gelöst werden,[24] muss kritisch gesehen werden, da das Erfordernis notwendigen Augenscheins nicht immer vor Beginn der Hauptverhandlung bereits abschließend beurteilt werden kann. Auch der BGH hat sich von einer derart nach dem Einzelfall differenzierenden Betrachtung weitgehend gelöst.[25] Zwar kann demgegenüber eingewandt werden, dass Blindheit und Richteramt nicht grundsätzlich unvereinbar sind und demnach auch blinde Menschen als Richter tätig sein können und tätig werden.[26] Der BGH hat in einer weiteren Entscheidung aber noch einmal ausdrücklich ausgeführt, dass nach ständiger Rechtsprechung ein blinder Richter jedenfalls nicht an einer tatrichterlichen **Hauptverhandlung in Strafsachen** mitwirken kann, da dies gegen den Unmittelbarkeitsgrundsatz verstößt, und es daher auch für einen Schöffen für eine umfassende Würdigung der vor Gericht erhobenen Beweise erforderlich sei, Prozessabläufe akustisch und optisch wahrnehmen zu können; die Besetzung eines 6

18 BGHSt **4** 193; ganz h.L., z.B. LR/*Hanack*[25] § 338, 41 StPO; a.A. Kissel/*Mayer* a.a.O.

19 Vgl. § 31, 11 f.

20 BGHSt **22** 289.

21 Vgl. auch § 69 Abs. 1 Satz 1 StPO: „Der Zeuge ist zu veranlassen, ... im Zusammenhang anzugeben" und hat hiernach einen Anspruch, seine Aussage, namentlich seinen Bericht, unbeeinflusst von Fragen, Vorhalten und Unterbrechungen zu machen (BVerfG NJW **1975** 103; *Rostek* StraFo **2011** 386; *Schmitt/Köhler* § 69, 5 StPO.

22 BGHR zu § 33 Nr. 4 – Gebrechen 1/Blindheit; BGHSt **34** 236 = NStZ **1987** 335 m. Anm. *Fezer*; BGHSt **35** 164 = NStZ **1988** 374 m. Anm. *Fezer*; LR/*Hanack*[25] § 338, 39; MüKo/*Schuster* 6; Radtke/Hohmann 5; Schmitt/Köhler 5 und § 338, 11 StPO; **a.A.** Kissel/*Mayer* 5, § 31 Rn. 12.

23 BGHSt **35** 164.

24 Kissel/*Mayer* 5.

25 BGHSt **34** 236; vgl. zur Entwicklung auch *Reichenbach* NJW **2004** 3160 m.w.N.

26 Kissel/*Mayer* 5.

Gerichts mit einem blinden Schöffen könne daher die Rüge einer fehlerhaften Besetzung nach § 338 Nr. 1 StPO begründen.[27] Mit Beschluss vom 10.3.2004 hat auch das BVerfG (erneut) klargestellt, dass es nicht gegen den Gleichheitssatz verstößt und auch im Übrigen von Verfassungs wegen nicht zu beanstanden ist, einen Blinden vom Schöffenamt auszuschließen.[28] Der **EuGH** hat demgegenüber aber ausgesprochen, dass vor dem Hintergrund der Charta der Grundrechte der Europäischen Union ein vollständiger Ausschluss einer blinden Schöffin von der Teilnahme an einem gerichtlichen Strafverfahren gegen das Verbot der **Diskriminierung** verstößt.[29] Die Praktikabilität dieser Entscheidung muss indessen hinterfragt werden und deren Umsetzung gegebenenfalls auf solche Verfahren beschränkt bleiben, in denen ein erforderlicher Augenschein ausnahmsweise von vornherein und sicher absehbar ausgeschlossen werden kann.[30] Vollständige Blindheit wird für die Annahme der Ungeeignetheit nicht vorausgesetzt. Ausreichend ist eine **erhebliche Einschränkung des Sehvermögens**, infolge derer der Schöffe auch unter Zuhilfenahme von technischen Hilfsmitteln nicht in der Lage ist, der Hauptverhandlung insgesamt uneingeschränkt zu folgen, namentlich im Hinblick auf eine erforderliche Inaugenscheinnahme, aber auch bei erforderlichem Beobachten von Mimik und Gestik von Verfahrensbeteiligten oder von Verfahrensabläufen insgesamt.

7 **cc) Analphabetismus.** Ebenfalls zur Untauglichkeit als Schöffe dürfte die fehlende Fähigkeit zum Lesen, ggf. auch zum Schreiben führen. Zwar erscheint fraglich, ob dies unter den Begriff der „gesundheitlichen Beeinträchtigung" subsumiert werden kann. Die Grenze zur erforderlichen Fähigkeit, den Inhalt einer Hauptverhandlung aufnehmen zu können, dürfte aber überschritten sein, wenn das **Selbstleseverfahren** für umfangreiche Urkunden angeordnet wird. Zwar wäre insofern noch das Beiziehen eines Vorlesers denkbar. Entsprechendes dürfte aber gelten für erforderlich werdende Notizen oder beim Erfassen von zur Gedächtnisstütze ausgehändigten Bestandteilen der Akten.[31] Ob dies im Laufe einer bestimmten Hauptverhandlung wirklich erforderlich wird, lässt sich bei Aufstellen der Schöffenlisten nämlich ebenso wenig absehen wie vor Beginn der Hauptverhandlung.

8 **dd) Betreuung.** Von Nummer 4 erfasst werden auch die zur Anordnung einer **Betreuung** nach **§ 1896 BGB** führenden Beeinträchtigungen. Zu letzteren zählen folglich auch alle Arten von krankhafter Abhängigkeit (Alkohol, Drogen) sowie Verschwendungssucht. Dass die Betreuung nicht die zwingende Rechtsfolge einer Verfügungsbeschränkung hat, sondern nur im Einzelfall angeordnet wird, spielt für die Frage der Schöffentauglichkeit keine maßgebliche Rolle, sondern es ist eine allgemeine Beurteilung geboten, die alle Anforderungen an einen Schöffen berücksichtigt. Insofern ist darauf abzuheben, ob die Fähigkeit berührt wird, anwesend zu sein und zu bleiben und optisch wie akustisch der

---

27 BGH NStZ-RR **2011** 349; *Schmitt/Köhler* § 338 StPO Rn. 11; kritisch dazu MüKo/*Schuster* 15: verletzt sei vielmehr das Recht auf rechtliches Gehör (Art. 103 Abs. 1 GG) oder auf ein rechtsstaatliches Verfahren (Art. 2 Abs. 1 GG) i.V.m. dem Rechtsstaatsprinzip.

28 BVerfG NJW **2004** 818; kritisch hierzu *Reichenbach* NJW **2004** 3160; *Sieper* ZESAR **2022** 287; vgl. zuvor schon BVerfG Beschl. v. 7.11.1989 – 2 BvR 467/89.

29 EuGH StV-S **2022** 1; *Sieper* ZESAR **2022** 287.

30 MüKo/*Schuster* 6 weist in diesem Zusammenhang darauf hin, die Entscheidung des EuGH habe einen Fall aus Bulgarien betroffen, wo das Schöffenamt als entgeltliche berufliche Tätigkeit ausgestaltet sei und sich eine Übertragung auf das Schöffenamt deutscher Ausprägung daher nicht aufdränge.

31 Vgl. § 30, 7 ff.

Verhandlung zu folgen,[32] und zwar möglichst objektiv und tolerant, und ob sie nervlich den Belastungen einer größeren, spannungsgeladenen Atmosphäre gewachsen sind.[33]

d) Beherrschen der deutschen Sprache. Mit der mit Gesetz vom 27.7.2010[34] als **Nummer 5** neu eingefügten Regelung soll dem Umstand Rechnung getragen werden, dass in jüngerer Zeit vermehrt Fälle aufgetreten sind, in denen der ernannte Schöffe zwar deutscher Staatsbürger ist, aber keine ausreichenden Sprachkenntnisse besitzt, um einer Hauptverhandlung überhaupt folgen zu können, mithin die **deutsche Sprache nicht ausreichend beherrscht.** Es soll hiermit der Strafgerichtsbarkeit ein Instrumentarium an die Hand gegeben werden, dem auch revisionsrechtlichen Risiko zu begegnen, mit Schöffen verhandeln zu müssen, die – obwohl gesetzliche Richter – zu einer sachgerechten Verfolgung der Hauptverhandlung und anschließenden Urteilsfindung nicht in der Lage sind. Mit dieser Regelung wird eine Streichung von der Schöffenliste ermöglicht. Schöffen müssen hiernach über Sprachkenntnisse verfügen, die sie – ohne Dolmetscher – in die Lage versetzen, sowohl dem Verhandlungsgeschehen zu folgen, also das gesprochene Wort (passiv) zu verstehen, als auch den eigenen Standpunkt insbesondere bei der Urteilsberatung (aktiv) einbringen zu können.[35] Die **erforderlichen Sprachkenntnisse** müssen über das Führen einer alltäglichen Konversation oder die Lektüre eines Textes des täglichen Lebens hinausgehen.[36] Indessen sind mit dem Beherrschen der deutschen Sprache keine Anforderungen verbunden, die darauf gerichtet sind, dass ein Schöffe Fachvokabular beherrscht,[37] das z.B. in einem Wirtschaftsstrafverfahren relevant werden könnte; denn ein solches Verständnis würde zu Unrecht den Kreis potenzieller Bewerber für das Schöffenamt beschränken.[38] Die nachträglichen Feststellungen zu fehlenden Sprachkenntnissen soll dem vom Bundesrat eingebrachten Entwurf[39] zufolge im Einzelfall letztlich das Gericht bzw. der Gerichtsvorsitzende zu treffen haben, der dann die Streichung von der Schöffenliste zu veranlassen hat. Die zu Grunde liegenden Feststellungen sind im **Freibeweisverfahren** zu treffen,[40] was sich insoweit nicht von dem Verfahren unterscheidet, dass zur Feststellung der bisherigen Ausschlussgründe vorgesehen ist. Im **Schöffenwahlverfahren** sind bereits die Gemeinden aufgerufen, entsprechende Prüfungen vorzunehmen. 9

e) Vermögensverfall. Die 1999 als Nummer 5 erst eingefügte Regelung der jetzigen **Nummer 6** knüpft an den früheren § 32 Nr. 3 an und führt nunmehr ebenfalls zur Ungeeignetheit als Schöffe. Die frühere Vorschrift setzte ein absolutes Verfügungsverbot voraus und zielte in erster Linie auf den Fall der Konkurseröffnung ab, erfasste aber auch die Fälle der bisherigen Entmündigung und der vorläufigen Vormundschaft sowie wohl auch der Beschlagnahme des Vermögens gemäß §§ 290, 443 StPO.[41] Durch das neue Insolvenzverfahren soll die strikte Folge der Ungeeignetheit auf den **Vermögensverfall** beschränkt werden, wobei es sich hierbei aber nicht um einen der früheren Rechtslage entsprechen- 10

---

32 BGHSt **4** 193.
33 Kissel/*Mayer* 5.
34 BGBl. I S. 976.
35 BTDrucks. **17** 2350 S. 5; OVG Hamburg NVwZ-RR **2024** 535.
36 MüKo/*Schuster* 7; KK/*Barthe* 1d.
37 Kissel/*Mayer* 7; *Schmitt/Köhler* 6.
38 BTDrucks. **17** 2350 S. 5.
39 BRDrucks. 94/10; vgl. auch schon BRDrucks. 435/05 und 841/05 sowie BTDrucks. **16** 514 und **17** 1462.
40 *Schmitt/Köhler* 6.
41 BTDrucks. **12** 3803 S. 63 f.; BTDrucks. **12** 7303 S. 107.

den, scharf umgrenzten Begriff handelt, sondern dieser vielmehr eine Bewertung der finanziellen Situation erfordert.[42] Als **Indizien** können hierbei herangezogen werden: die Eröffnung des Insolvenzverfahrens (§ 27 InsO), die Abweisung des Antrags mangels Masse (§ 26 InsO) oder die Anordnung von Sicherungsmaßnahmen (§ 21 InsO).[43] Hintergrund ist, dass nach den gewandelten Anschauungen nur dieser Fall noch das Vertrauen in die Integrität eines ehrenamtlichen Richters erschüttern kann. Dem liegt die Erwägung zugrunde, dass Schöffen unter Umständen über Personen richten, denen Insolvenzstraftaten vorgeworfen werden oder die in anderer Weise im Zusammenhang mit ihren schlechten wirtschaftlichen Verhältnissen mit dem Gesetz in Konflikt geraten sind und ein Schöffe, der selbst nicht in gesicherten wirtschaftlichen Verhältnissen lebt, auch nicht über die für das Schöffenamt gebotene wirtschaftliche Unabhängigkeit verfügt.[44] Die Norm wurde bewusst als **Sollvorschrift** ausgestaltet, sodass bei völlig unverschuldetem Geraten in eine wirtschaftliche Notlage oder bei dem Bemühen, nach den Vorschriften über die Restschuldbefreiung (§§ 286 ff. InsO) wieder zu geordneten Verhältnissen zu gelangen, vom Anwenden der Regelung u.U. abgesehen werden kann.[45]

11 **3. Maßgeblicher Zeitpunkt.** Der für die **Nummern 1 und 2** maßgebliche Zeitpunkt ist der **Beginn der** nunmehr fünfjährigen **Amtsperiode** (§ 42 Abs. 1). Es darf also ein Vierundzwanzigjähriger in die Vorschlagsliste aufgenommen werden, wenn er – was sich aus seinem in der Vorschlagsliste vermerkten Geburtsdatum (§ 36 Abs. 2) ergibt – bis zum Beginn der Wahlperiode das 25. Lebensjahr vollendet haben wird. Umgekehrt ist ein bei der Aufstellung der Vorschlagsliste Neunundsechzigjähriger nicht mehr aufzunehmen, wenn er in der Zwischenzeit bis zum Beginn der Wahlperiode das 70. Lebensjahr vollendet haben würde.[46] Der für § 33 **Nummer 3** maßgebliche Zeitpunkt bestimmt sich nach § 57.[47] Bei nachträglichem Wohnsitzwechsel (nur Wegzug aus dem Landgerichtsbezirk) ist nach § 52 Abs. 1 Nr. 2 zu verfahren.[48] Maßgebender Zeitpunkt für die Unfähigkeitsgründe der **Nummer 4** ist die Zeit der **tatsächlichen Amtsausübung**. Ein bestimmter Zeitpunkt lässt sich für den Vermögensverfall (**Nummer 5**) nur schwerlich festlegen. Anknüpfungspunkt kann aber bereits die **Eintragung in das Schuldnerverzeichnis** sein, weil die dort eingetragenen Personen regelmäßig nicht geeignet sind, das Amt eines Schöffen auszuüben. Vom Eintritt des Vermögensverfalls wird aber jedenfalls auszugehen sein bei dem Beschluss über die Eröffnung des Insolvenzverfahrens nach § 27 InsO oder beim Anordnen von Sicherungsmaßnahmen nach § 21 InsO.[49]

12 **4. Folgen der Nichtbeachtung.** Werden Personen, die nach §§ 33, 34 nicht berufen werden sollen, dennoch berufen, so ist nach § 52 Abs. 1 Nr. 2, Abs. 3 zu verfahren. Der betreffende Schöffe kann eine **Entscheidung des Richters** beim Amtsgericht (§ 52 Abs. 3) anregen. Bevor sie ergeht (dazu auch § 52, 12), ist er aber nicht berechtigt, die Dienstleistung zu verweigern.[50] Vgl. aber auch § 56, 1.

---

42 Kissel/*Mayer* 8.
43 MüKo/*Schuster* 8; KK/*Barthe* 1e.
44 BTDrucks. **12** 3803 S. 63 f.; BTDrucks. **12** 7303 S. 107; SK/*Degener* 13.
45 MüKo/*Schuster* 8; *Schmitt/Köhler* 7; vgl. auch schon hier 1.
46 Radtke/Hohmann 3; *Schmitt/Köhler* 3.
47 RGSt **39** 277.
48 *Katholnigg* 2; Kissel/*Mayer* 7; KMR/*Paulus* 4.
49 KK/*Barthe* 1d.
50 Kissel/*Mayer* 10; *Eb. Schmidt* 2; *Schorn* (Laienrichter) 37; *Schmitt/Köhler* 1 und 5.

5. Revision. Ein Verstoß gegen die **Sollvorschrift** des § 33 kann eine Revision grundsätzlich nicht begründen.[51] Ausnahmen gelten aber dann, wenn gesundheitliche Einschränkungen eines Schöffen im Sinne von § 33 Nr. 4 – oder fehlende Sprachkenntnisse – dessen **Verhandlungsunfähigkeit** begründen[52] oder wenn ein Schöffe objektiv willkürlich entgegen § 52 oder § 44b DRiG nicht gestrichen oder abberufen wird.[53] Dann ist das Gericht nicht ordnungsgemäß besetzt (§ 338 Nr. 1 StPO) und eine entsprechende Revisionsrüge zulässig. Ein solcher Verfahrensmangel kann sich im Übrigen auch aus dem konkreten Eindruck und Verhalten eines Schöffen in der Hauptverhandlung ergeben, wenn der Schöffe wegen Unaufmerksamkeit nicht in der Lage ist, der Verhandlung ständig und uneingeschränkt zu folgen oder dies nicht getan hat.[54] Dies kommt z.B. bei längerem tiefen Schlaf des Schöffen in Betracht.[55] 13

II. Regelungen außerhalb des GVG (§§ 44a, 44b DRiG)

1. Inhalt und Entstehungsgeschichte. Vor dem Hintergrund der deutschen Einheit wurden durch das Gesetz zur Prüfung von Rechtsanwaltszulassungen, Notarbestellungen und Berufungen ehrenamtlicher Richter vom 24.7.1992 (RANotz.PrG, BGBl. I S. 1386) Vorschriften geschaffen zum Abberufen von ehrenamtlichen Richtern, also auch von Schöffen, die in das Unrechtssystem der DDR verstrickt waren. Dessen §§ 9 und 10 sind durch das erste Gesetz zur Bereinigung von Bundesrecht im Zuständigkeitsbereich des Bundesministeriums der Justiz vom 19.4.2006 (BMJBerG 1, BGBl. I S. 866) im Grunde wortgleich überführt worden in die Vorschriften der §§ 44a, 44b DRiG, während § 11 des Gesetzes ehrenamtliche Richter betraf, die zum Zeitpunkt des 1.9.1990 bereits gewählt oder berufen worden waren, und somit obsolet geworden war. Der ebenfalls obsolet gewordene und daher nicht überführte Hs. 2 aus § 10 Abs. 4 Satz 5 betraf eine besondere Zuständigkeit der Bezirksgerichte, soweit in den neuen Bundesländern noch kein Oberlandesgericht bestand. Die nunmehr in das Deutsche Richtergesetz überführten Vorschriften lauten: 14

§ 44a Hindernisse für Berufungen als ehrenamtlicher Richter

(1) Zu dem Amt eines ehrenamtlichen Richters soll nicht berufen werden, wer
- gegen die Grundsätze der Menschlichkeit oder der Rechtsstaatlichkeit verstoßen hat oder
- wegen einer Tätigkeit als hauptamtlicher oder inoffizieller Mitarbeiter des Staatssicherheitsdienstes der ehemaligen Deutschen Demokratischen Republik im Sinne des § 6 Abs. 4 des Stasi-Unterlagen-Gesetzes vom 20. Dezember 1991 (BGBl. I S. 2272) oder als diesen Mitarbeitern nach § 6 Abs. 5 des Stasi-Unterlagen-Gesetzes gleichgestellte Person für das Amt eines ehrenamtlichen Richters nicht geeignet ist.

(2) Die für die Berufung zuständige Stelle kann zu diesem Zweck von dem Vorgeschlagenen eine schriftliche Erklärung verlangen, dass bei ihm die Voraussetzungen des Absatzes 1 nicht vorliegen.

§ 44b Abberufung von ehrenamtlichen Richtern

(1) Ein ehrenamtlicher Richter ist von seinem Amt abzuberufen, wenn nachträglich in § 44a Abs. 1 bezeichnete Umstände bekannt werden.

---

51 BGHSt **30** 255; **33** 261; BGH NStZ **1995** 20.
52 Vgl. BGH bei *Dallinger* MDR **1971** 723.
53 MüKo/*Schuster* 14; **a.A.** KK/*Barthe* § 52, 9.
54 BGH bei *Dallinger* MDR **1971** 723; Kissel/*Mayer* 6; *Rüping* JR **1976** 272.
55 BGHSt **2** 14; **11** 74; NStZ **1982** 41; BVerwG NJW **1986** 2721; BFH BB **1986** 2402; *Günther* MDR **1990** 875; *Risse* BB **1987** 796; zweifelnd *Hanack* JZ **1972** 315. Vgl. auch § 31, 7; § 32, 1 und § 52, 12.

(2) Das Verfahren richtet sich nach den Vorschriften, die im Übrigen für die Abberufung eines ehrenamtlichen Richters der jeweiligen Art gelten, soweit in den Absätzen 3 und 4 nichts anderes bestimmt ist.
(3) [1]Wenn ein Antrag auf Abberufung gestellt oder ein Abberufungsverfahren von Amts wegen eingeleitet worden ist und der dringende Verdacht besteht, dass die Voraussetzungen des § 44a Abs. 1 vorliegen, kann das für die Abberufung zuständige Gericht anordnen, dass der ehrenamtliche Richter bis zur Entscheidung über die Abberufung das Amt nicht ausüben darf. [2]Die Anordnung ist unanfechtbar.
(4) [1]Die Entscheidung über die Abberufung ist unanfechtbar. [2]Der abberufene ehrenamtliche Richter kann binnen eines Jahres nach Wirksamwerden der Entscheidung die Feststellung beantragen, dass die Voraussetzungen des § 44a Abs. 1 nicht vorgelegen haben. [3]Über den Antrag entscheidet das nächsthöhere Gericht durch unanfechtbaren Beschluss. [4]Ist das nächsthöhere Gericht ein oberstes Bundesgericht oder ist die Entscheidung von einem obersten Bundesgericht getroffen worden, entscheidet ein anderer Spruchkörper des Gerichts, das die Entscheidung getroffen hat. [5]Ergibt sich nach den Sätzen 3 und 4 kein zuständiges Gericht, so entscheidet das Oberlandesgericht, in dessen Bezirk die Entscheidung getroffen worden ist.

15 **2. Bedeutung.** Die Regelung hat ihre Ursache in der mit der **deutschen Vereinigung** entstandenen Notwendigkeit, Konsequenzen aus dem Unrechtssystem der SED-Herrschaft und der vielfältigen Verstrickung von Bürgern der früheren DDR in dieses System auch insoweit zu ziehen, als es um die Mitwirkung von Personen bei der Wahrnehmung öffentlicher Aufgaben geht. Regelungen, die gestatten, in dieser Hinsicht belastete Personen vom Öffentlichen Dienst und von öffentlichen Ämtern fernzuhalten, hatte bereits der Einigungsvertrag getroffen,[56] für den Bereich der Rechtspflege insbesondere dadurch, dass die Fortsetzung der Tätigkeit von Richtern und Staatsanwälten von einer individuellen Überprüfung durch unabhängige Überprüfungsausschüsse abhängt. Für die nach dem Übergangsrecht der DDR gewählten und befristet weiter amtierenden ehrenamtlichen Richter in den neuen Ländern konnte möglicherweise in den insoweit vorübergehend fortbestehenden Vorschriften eine Grundlage für die Nichtberufung belasteter Personen gesehen werden, allerdings wohl keine für ihre spätere Abberufung.[57] Dem Gesetzgeber erschien es insbesondere wegen der Gleichberechtigung der ehrenamtlichen Richter und der Berufsrichter notwendig, auch für ehrenamtliche Richter ein Instrumentarium zu schaffen, mit dem erreicht werden kann, dass Personen das Richteramt nicht wahrnehmen können, die in das **Unrechtssystem der DDR verstrickt** waren. Dies wurde nach seiner Auffassung insbesondere deshalb notwendig, um das Vertrauen in die Rechtsprechung auch in den neuen Ländern zu stärken.

16 **3. Anwendungsbereich.** Die Regelung betrifft in sachlicher Hinsicht alle ehrenamtlichen Richter und damit auch die Schöffen. Die §§ 44a, 44b DRiG überlagern und ergänzen als generell geltende Sonderregelung die speziellen Vorschriften in den jeweiligen Einzelgesetzen,[58] in Bezug auf die Schöffen also insbesondere die §§ 32 bis 35, 52 und 53. In **räumlicher Hinsicht** gelten die §§ 44a, b DRiG für das gesamte Bundesgebiet, also nicht nur in den neuen Ländern;[59] sie sind also auch bei der Mitwirkung von Schöffen zu beachten, die bei Gerichten in den alten Ländern tätig sind oder werden sollen. Ebenso wenig ist die Regelung auf Verstöße gegen die Grundsätze der Menschlichkeit oder Rechtsstaatlichkeit begrenzt, die auf dem Gebiet der DDR begangen worden sind. Die Regelung

---

56 Namentlich durch den außerordentlichen Kündigungsgrund in Anl. I Kap. XIX Abschn. III Nr. 1 Abs. 5 zum Einigungsvertrag; zur Begr. BTDrucks. **11** 7817 S. 180.
57 S. dazu die Begr. BTDrucks. **12** 2169 S. 10, 13; *Cremer* DRiZ **1992** 342, 344.
58 Zu den Gründen s. BTDrucks. **12** 2169 S. 11; *Cremer* DRiZ **1992** 342, 343.
59 Zu den Gründen s. BTDrucks. **12** 2169 S. 10; *Cremer* DRiZ **1992** 342, 343.

enthält **keine zeitliche Befristung,**[60] wenn auch der Gesetzgeber davon ausgegangen ist, dass sie voraussichtlich nur für einen vorübergehenden Zeitraum Bedeutung haben wird.[61] Die Regelung hat aber auch mehr als 30 Jahre nach der Vereinigung ihre praktische Bedeutung noch nicht verloren.

4. Struktur der Regelung. § 44a DRiG enthält – insoweit für Schöffen die §§ 33, 34 ergänzend – einen als **Sollvorschrift** ausgestalteten **Nichtberufungsgrund**. Der Gesetzgeber hat sich, obwohl von der Sache her insbesondere im Hinblick auf die Verwandtschaft mit den in § 32 geregelten Fällen auch ein Unfähigkeitsgrund erwägenswert gewesen wäre, hierfür aus prozessökonomischen Gründen und wegen der mit dem sachlichen Inhalt des Nichtberufungsgrundes verbundenen Unbestimmtheit entschlossen.[62] § 44b Abs. 1 DRiG verpflichtet – § 52 ergänzend – zur „Abberufung" eines Schöffen, bei dem der Nichtberufungsgrund nachträglich bekannt wird. § 44b Abs. 2 DRiG verweist für Schöffen insoweit für das Verfahren auf § 52. Jedenfalls bei Schöffen wird voraussichtlich diese zweite Fallgestaltung in der Rechtspraxis die größere Rolle spielen, weil die Berufung der zahlreichen Schöffen eine Massenerscheinung darstellt, bei der die Nachforschung, ob der Nichtberufungsgrund des § 44a Abs. 1 DRiG vorliegt, ohne Anlass weder möglich noch überhaupt angemessen erscheint. § 44b Abs. 3 DRiG enthält eine dem Schöffenrecht im Übrigen fremde Regelung über die Möglichkeit der **vorläufigen Abberufung** bis zur Klärung des Verdachts. Ein ebenfalls singuläres Feststellungsverfahren, mit dem der betroffene ehrenamtliche Richter die gerichtliche Feststellung verlangen kann, dass der Abberufungsgrund nicht gegeben war, ist in § 44b Abs. 4 Satz 2 bis 5 DRiG geregelt. 17

5. Nichtberufungsgründe. Als Gründe, warum jemand nicht zum Schöffen berufen werden soll (und zugleich als zwingenden Grund für seine Abberufung), bezeichnet § 44a Abs. 1 DRiG alternativ (1) einen Verstoß gegen die Grundsätze der Menschlichkeit oder der Rechtsstaatlichkeit (Nummer 1) oder (2) eine Tätigkeit für den Staatssicherheitsdienst, die so beschaffen war, dass sie den Betreffenden für das Amt eines Schöffen als ungeeignet erscheinen lässt (Nummer 2). Dies stimmt im Grundsatz, wenn auch nicht in allen Einzelheiten, mit vergleichbaren gesetzlichen Regelungen überein, namentlich mit dem außerordentlichen Kündigungsgrund für übernommene Angehörige des öffentlichen Dienstes[63] und für den Widerruf der Zulassung zur Rechtsanwaltschaft und die Amtsenthebung als Notar. Die Aufzählung ist abschließend. Das Verhältnis der **Nummern 1 und 2** dürfte dahingehend zu interpretieren sein, dass Nummer 1 die umfassendere Vorschrift enthält, Nummer 2 hieran anknüpfend und gleichsam beweiserleichternd die Zugehörigkeit zum Staatssicherheitsdienst für den Regelfall einer solchen rechtsstaats- oder menschenrechtswidrigen Verhaltensweise gleichstellt, dabei aber geringere Anforderungen stellt.[64] 18

a) Verstoß gegen Grundsätze der Menschlichkeit. Der Verstoß gegen die **Grundsätze der Menschlichkeit oder der Rechtsstaatlichkeit** ist materiell in dem Sinne zu verstehen, dass in nicht nur unerheblicher Weise gegen den allgemein anerkannten Kernbereich dieser Grundsätze gehandelt worden sein muss; bloß formale oder eher geringfügige Ver- 19

60 BTDrucks. **12** 2169 S. 11.

61 BTDrucks. **12** 2169 S. 10; *Cremer* DRiZ **1992** 342.

62 BTDrucks. **12** 2169 S. 11; *Cremer* DRiZ **1992** 342, 343.

63 Anl. I Kap. XIX Abschn. III Nr. 1 Abs. 5 zum Einigungsvertrag, wo der Verstoß gegen die Grundsätze der Menschlichkeit und Rechtsstaatlichkeit durch einen Bezug auf die im IPBPR oder in der Allgemeinen Erklärung der Menschenrechte gewährleisteten Grundsätze näher erläutert wird.

64 BTDrucks. **12** 2169 S. 10 f.

stöße gegen die aus dem Rechtsstaatsprinzip in der Bundesrepublik abgeleiteten vielfältigen Handlungs- und Unterlassungspflichten reichen nicht aus. Entscheidend ist immer eine Gesamtbetrachtung, bei der darauf abzustellen ist, ob der Allgemeinheit bei verständiger Würdigung aller Umstände des Einzelfalles eine Tätigkeit des Betroffenen als (ehrenamtlicher) Richter verständlich zu machen ist.[65] Auch die Intensität und die Dauer des rechtsstaatswidrigen Handelns, die Umstände, die den Betroffenen dazu veranlasst haben, und die seither verstrichene Zeit sind zu berücksichtigen. Ein nach allgemeinen Wertmaßstäben bloß sittlich anstößiges oder unmoralisches Verhalten reicht für sich allein nicht aus. In welcher Funktion oder Rolle der Betroffene rechtsstaatswidrig tätig geworden ist, ist grundsätzlich unerheblich; auch privates Handeln kann genügen. Dem Betroffenen wird allerdings wegen seines Handelns ein Schuldvorwurf gemacht werden müssen.

20 **b) Mitarbeit für den Staatssicherheitsdienst.** Wer **Mitarbeiter des Staatssicherheitsdienstes** i.S.d. Nummer 2 war, ergibt sich aus § 6 Abs. 4, 5 des StUG.[66] Personen, die nicht in diesem Sinne tätig waren, unterfallen nicht der Nummer 2, auch wenn sonstige enge Beziehungen zum Staatssicherheitsdienst bestanden; auf sie kann allenfalls die Nummer 1 angewandt werden. Die Tätigkeit für den Staatssicherheitsdienst muss so beschaffen gewesen sein, dass sie den Betroffenen für das Amt eines Schöffen als nicht geeignet erscheinen lässt. Wann dies der Fall ist, ist im Lichte der Grundentscheidung der Nummer 1 zu beurteilen; es muss also jedenfalls als möglich erscheinen, dass dadurch eine unmittelbare Förderung von Verstößen gegen die Menschlichkeit oder Rechtsstaatlichkeit bewirkt worden ist. Für solche Mitarbeiter, die an der Beschaffung, Verarbeitung und Weitergabe von Informationen beteiligt waren, wird dies in der Regel jedenfalls dann der Fall sein, wenn nicht die Länge der seither verstrichenen Zeit oder eine deutliche Abkehr von dieser Tätigkeit eine Ausnahme nahelegt. Allein die Unterschrift unter eine Verpflichtungserklärung als informeller Mitarbeiter ohne eine weitergehende Tätigkeit dürfte die Nichteignung regelmäßig nicht ohne Weiteres begründen.[67] Wer als Angestellter der Behörden des Staatssicherheitsdienstes dort lediglich Tätigkeiten ausgeübt hat, die in jeder Verwaltung anfallen, beispielsweise als Hausverwalter, Schreibkraft, Kraftfahrer oder Registrator, ist nicht allein deshalb zum Amt des Schöffen ungeeignet.

21 Namentlich vor dem Hintergrund, dass in jüngerer Zeit zunehmend extreme politische Gruppierungen und Parteien ihre Anhänger dazu aufrufen, sich als Schöffen zu melden und auf die Weise Einfluss auf die Rechtsprechung zu nehmen, ist zur Sicherung der **Verfassungstreue** von Schöffen in der letzten Legislaturperiode beabsichtigt gewesen, die Vorschrift in **§ 44a DRiG** dahingehend zu ergänzen, dass nicht als Schöffe berufen werden soll, wer „keine Gewähr dafür bietet, dass er jederzeit für die freiheitliche demokratische Grundordnung eintritt".[68] Dieser Ansatz ist grundsätzlich zu begrüßen. Ob dies aber geeignet ist, dem **Missbrauch des Schöffenamtes** nachhaltig entgegen zu wirken, erscheint indessen fraglich, zumal völlig offen ist, wie und durch wen dies überzeugend überprüft werden soll. Entsprechendes dürfte auch für den Vorschlag gelten, von zu wählenden Personen Erklärungen zur Verfassungstreue zu verlangen. Eine Überprüfung durch die Landesämter für Verfassungsschutz ist offenbar zumindest nicht beabsichtigt. Sollte sich künftig ein nachhaltiger **Missbrauch des Schöffenamtes** in diesem Sinne nicht wirksam

---

65 MüKo/*Schuster* 10; SK/*Degener* 14.

66 Gesetz über die Unterlagen des Staatssicherheitsdienstes der ehemaligen Deutschen Demokratischen Republik vom 20.12.1991 (BGBl. I S. 2272).

67 BTDrucks. **12** 2169 S. 12.

68 Regierungsentwurf eines Sechsten Gesetzes zur Änderung des Deutschen Richtergesetzes v. 13.7.2023, BTDrucks. **20** 8761; vgl. auch § 29, 1; zumindest einstweilen der Diskontinuität zum Opfer gefallen.

verhindern lassen, wäre dies aber ein weiterer Grund, die Sinnhaftigkeit des Schöffenamtes grundsätzlich in Frage zu stellen.[69]

6. Sachverhaltensermittlung. Ob ein Nichtberufungsgrund nach § 44a Abs. 1 DRiG vorliegt, ist schon **bei der Aufstellung der Vorschlagslisten** der Gemeinden (§ 36), bei deren Prüfung durch den Richter (§ 39) sowie nochmals bei der Wahl durch den Schöffenwahlausschuss (§§ 41, 42) zu prüfen; die Lage ist hier nicht grundsätzlich anders als bei der Berücksichtigung der sonstigen Gründe, derentwegen Schöffen nicht berufen werden sollen. Ausweislich der Begründung ist der Gesetzgeber aber davon ausgegangen, dass hierbei ohne konkreten Anlass von umfangreicheren Ermittlungen abgesehen wird.[70] § 44a Abs. 2 DRiG ermächtigt die mit der Schöffenwahl befassten Stellen, ohne sie dazu zu verpflichten, von dem zu Berufenden eine **Erklärung** darüber zu verlangen, dass der Nichtberufungsgrund nicht vorliegt. Der Wortlaut spricht vom „Vorgeschlagenen"; ob man daraus schließen muss, dass die Erklärung erst nach der Aufnahme in die Vorschlagsliste der Gemeinde verlangt werden kann, erscheint zweifelhaft und dürfte eher zu verneinen sein. Eine Verpflichtung des Vorgeschlagenen, die Anfrage zu beantworten, besteht nicht; geschieht dies nicht, so steht es den Wahlorganen frei, dies bei ihrer Wahlentscheidung zu berücksichtigen. 22

7. Unterlagen des Staatssicherheitsdienstes. Auskünfte aus den Unterlagen des Staatssicherheitsdienstes können unter den Voraussetzungen des § 20 Abs. 1 Nr. 7 und des § 21 Abs. 1 Nr. 7 (jeweils Buchst. b und f) StUG eingeholt werden. Danach ist grundsätzlich die **Einwilligung** erforderlich. Wenn Anhaltspunkte für eine Tätigkeit vorliegen, ist die Einwilligung entbehrlich, jedoch ist der Betroffene vor der Anfrage in Kenntnis zu setzen. Allein in der bloßen Nichtbeantwortung der Anfrage nach § 44a Abs. 2 DRiG werden solche tatsächlichen Anhaltspunkte regelmäßig nicht gesehen werden können. 23

8. Abberufung. Nach § 44b Abs. 1 DRiG ist ein bereits gewählter (§ 42) Schöffe „abzuberufen", wenn **nachträglich bekannt** wird, dass der Nichtberufungsgrund des § 44a Abs. 1 DRiG gegeben ist. Die Abberufung vollzieht sich bei Schöffen in der Form der Streichung von der Schöffen- oder Hilfsschöffenliste nach § 52 Abs. 1, 3 (§ 10 Abs. 2).[71] Die Abberufung ist zwingend vorgeschrieben; sie setzt allerdings voraus, dass der Nichtberufungsgrund nach der Wahl bekannt wird (vgl. auch § 52, 2). Setzt sich der Schöffenwahlausschuss über ihm bekannte Umstände hinweg, so darf auf diese allein die Streichung von der Schöffenliste nicht gestützt werden; auch eine andere Bewertung bereits bekannter Umstände ist nicht statthaft. Anders ist es, wenn der Schöffenwahlausschuss zwar die ihm bekannten Umstände als nicht ausreichend bewertet hat, nunmehr aber weitere bekannt werden, die zusammen mit den früheren die Nichtberufung rechtfertigen. Die Entscheidung über die Streichung von der Schöffenliste unterliegt keiner Anfechtung (§ 52 Abs. 4; § 44b Abs. 4 Satz 1 DRiG).[72] 24

9. Vorläufige Abberufung (§ 44b Abs. 3 DRiG). Während nach den allgemein geltenden Vorschriften während der Dauer der Prüfung, ob ein Schöffe von der Schöffenliste zu streichen ist, von dem Heranziehen des Schöffen nicht abgesehen werden kann (§ 52, 6), ermöglicht § 44b Abs. 3 DRiG die Anordnung, dass der Schöffe sein Amt **bis zur Entscheidung über die Abberufung** nicht ausüben darf. Voraussetzung ist materiell der dringende 25

69 Vgl. hierzu auch hier § 29 Rn. 1.
70 BTDrucks. **12** 2169 S. 11.
71 BTDrucks. **12** 2169 S. 12.
72 Zu den revisionsrechtlichen Konsequenzen s. 22.

Verdacht des Vorliegens des Abberufungsgrundes, also die hohe Wahrscheinlichkeit, dass so entschieden werden wird, und formell die Einleitung eines Abberufungsverfahrens. Zuständig ist der für die Schöffensachen zuständige Richter (s. § 52, 12). Ob eine solche Anordnung getroffen werden soll, entscheidet dieser nach pflichtgemäßem Ermessen, dabei können auch prozessökonomische Gründe, etwa das Interesse, eine bereits laufende Hauptverhandlung unter Mitwirkung des Schöffen zu Ende zu führen, berücksichtigt werden.[73] Die Anordnung kann bei veränderter Sachlage oder Bewertung aufgehoben werden. Die Entscheidungen sind unanfechtbar (§ 44b Abs. 3 Satz 2 DRiG).

26 Die Anordnung nach § 44b Abs. 3 DRiG stellt, solange sie besteht, einen **Hinderungsgrund i.S.d.** § 54 dar. Es ist also, in entsprechender Anwendung des § 54 Abs. 2 Satz 1, von Amts wegen für die jeweiligen Sitzungstage ein Hilfsschöffe heranzuziehen. Ist ein Hilfsschöffe betroffen, so ist er bei der Heranziehung zu übergehen. Eine Streichung von der Schöffenliste findet nicht statt.

27 **10. Besonderes Feststellungsverfahren (§ 44b Abs. 4 DRiG).** Mit der in § 44b Abs. 4 Satz 2 bis 5 DRiG eröffneten Möglichkeit, dass der abberufene Schöffe die Feststellung beantragen kann, der **Nichtberufungsgrund** habe nicht vorgelegen, trägt das Gesetz dem Umstand Rechnung, dass die Anwendung des § 44a Abs. 1 DRiG einen schweren Schuldvorwurf enthält und dem Betroffenen eine Rehabilitierung möglich sein soll.[74] Die Möglichkeit besteht nach dem klaren Gesetzeswortlaut nur nach der Abberufung nach § 44b DRiG, nicht in den Fällen der Nichtberufung nach § 44a DRiG. Zuständig ist für Schöffen entweder das Landgericht bei Abberufung eines Schöffen des Schöffengerichts oder das Oberlandesgericht, wenn ein Schöffe der Strafkammer abberufen worden ist. Die Sätze 4 und 5 sind für das Strafverfahren ohne Bedeutung. Dem Gericht, das den Schöffen abberufen hat, steht eine Abhilfemöglichkeit nicht zu, doch wird man annehmen können, dass der Antrag mit Frist wahrender Wirkung auch bei diesem Gericht gestellt werden kann. Auf die Streichung von der Schöffenliste wirkt sich eine positive Feststellung nicht aus.[75]

28 **11. Revision.** Rechtsfehler bei Entscheidungen nach den §§ 44a, 44b DRiG können in aller Regel mit der Revision nicht geltend gemacht werden. Auf das Nichtbeachten des § 44a Abs. 1 DRiG kann die Revision, wie auch sonst in den Fällen des §§ 33, 34 (o. Rn. 1) nicht gestützt werden, weil es sich lediglich um **Sollvorschriften** handelt.[76] Bei Entscheidungen über die Abberufung nach § 44b Abs. 1, 3 DRiG scheitert die Revisibilität daran, dass diese Entscheidungen unanfechtbar sind und damit auch nicht der **Nachprüfung** durch das Revisionsgericht unterliegen (§ 336 Satz 2 StPO); etwas anderes kommt allenfalls dann in Betracht, wenn die Entscheidung auf Willkür beruht.[77]

§ 34

(1) Zu dem Amt eines Schöffen sollen ferner nicht berufen werden:
1. **der Bundespräsident;**
2. **die Mitglieder der Bundesregierung oder einer Landesregierung;**

---

73 Vgl. BTDrucks. **12** 2169 S. 12; *Cremer* DRiZ **1992** 342, 344.
74 BTDrucks. **12** 2169 S. 12 f.
75 Vgl. mit eingehender Begr. BTDrucks. **12** 2169 S. 13; *Cremer* DRiZ **1992** 342, 344.
76 So ausdrücklich BTDrucks. **12** 2169 S. 11.
77 Vgl. LR/*Hanack*[25] § 336 StPO, 14; § 338 StPO, 34.

3. Beamte, die jederzeit einstweilig in den Warte- oder Ruhestand versetzt werden können;
4. Richter und Beamte der Staatsanwaltschaft, Notare und Rechtsanwälte;
5. gerichtliche Vollstreckungsbeamte, Polizeivollzugsbeamte, Bedienstete des Strafvollzugs sowie hauptamtliche Bewährungs- und Gerichtshelfer;
6. Religionsdiener und Mitglieder solcher religiösen Vereinigungen, die satzungsgemäß zum gemeinsamen Leben verpflichtet sind.

(2) Die Landesgesetze können außer den vorbezeichneten Beamten höhere Verwaltungsbeamte bezeichnen, die zu dem Amt eines Schöffen nicht berufen werden sollen.

Schrifttum

Birmanns Die Wählbarkeit von Mitgliedern kommunaler Selbstverwaltungskörperschaften zu Schöffen und Geschworenen und die Tätigkeit von Richtern in den Gemeindeparlamenten, NJW **1963** 144; *Lemppenau* Ehrenamtliche Richter als Parteiberater und Prozeßvertreter, DRiZ **1992** 381; *Liekefett* Zur Inkompatibilität von Schöffen- und Geschworenenamt mit parlamentarischen Mandaten und Ämtern in kommunalen Selbstverwaltungskörperschaften, NJW **1964** 391; *Meier* Wählbarkeit von Mitgliedern kommunaler Selbstverwaltungskörperschaften zu Schöffen und Geschworenen, NJW **1962** 1999; *Mellwitz* Übersicht der neueren Rechtsprechung des Bundessozialgerichts, JR **1963** 454; *Tsatsos* Die verfassungsrechtliche Problematik der Inkompatibilität von Richteramt und Mandat, DRiZ **1964** 251.

Entstehungsgeschichte

§ 34 wurde geändert durch Gesetz vom 17.8.1920 (RGBl. S. 1579), Art. II § 3 Abs. 2 – Aufhebung der früheren Nummer 9 betr. Wehrmachtangehörige –; Gesetz vom 11.3.1921 (RGBl. S. 230) Art. I Nr. 6 – Aufhebung der früheren Nummer 8 betr. Volksschullehrer –; Gesetz vom 25.4.1922 (RGBl. I S. 465). Die auf der Bek. vom 22.3.1924 (RGBl. I S. 303) beruhende Fassung wurde geändert durch Ges. vom 27.3.1930 (RGBl. I S. 96) § 27 IV – Einfügung eines Absatz 3 betr. Reichsminister. Die heutige Fassung beruht im Wesentlichen auf dem VereinhG 1950, das die Vorschrift den staatsrechtlichen Verhältnissen anpasste und in Nummer 4 die Notare und Rechtsanwälte aufnahm. Durch Art. 2 des 1. StVRG 1974 wurde die Nummer 5 (bis dahin: „gerichtliche und polizeiliche Vollstreckungsbeamte") erweitert und die Nummer 7 neu eingefügt. Nummer 7 wurde geändert durch Art. 1 Nr. 2 des Gesetzes zur Vereinfachung und Vereinheitlichung der Verfahrensvorschriften zur Wahl und Berufung ehrenamtlicher Richter vom 21.12.2004 (BGBl. I S. 3599). Die bislang als Unfähigkeitsgrund in Nummer 7 enthaltene Regelung betreffend Personen, die als ehrenamtliche Richter in der Strafrechtspflege in zwei aufeinander folgenden Amtsperioden tätig gewesen sind, von denen die letzte Amtsperiode zum Zeitpunkt der Aufstellung der Vorschlagslisten noch andauert, wurde aufgehoben durch Art. 7 Nr. 1 des Zweiten Gesetzes zur Stärkung der Verfahrensrechte von Beschuldigten im Strafverfahren und zur Änderung des Schöffenrechts vom 27.8.2017 (BGBl. I S. 3295). Dieser Personenkreis wird nunmehr in § 35 Nr. 2 erfasst mit der Folge, dass sie berechtigt sind, die Berufung zum Schöffenamt abzulehnen

Übersicht

1 **1. Sollvorschrift.** § 34 Abs. 1 erweitert den Kreis der Personen, die nicht zu Schöffen berufen werden sollen und enthält, ebenso wie § 33 (§ 33, 1) lediglich **Ordnungsvorschriften.**[1]

2 **2. Grundgedanke der Regelung.** § 34 Abs. 1 zählt unter den Nummern 1 bis 6 eine Reihe von Personen auf, bei denen es mit Rücksicht auf die **Bedeutung ihrer Tätigkeit für das öffentliche Leben** nicht angezeigt erscheint, sie, wenn auch nur vorübergehend, ihrer eigentlichen Tätigkeit für Zwecke der Strafrechtspflege zu entziehen. Der Normzweck ist für die einzelnen Regelungen nicht einheitlich zu bestimmen und die Zwecke gehen zum Teil ineinander über.[2] Bei den Richtern (Nummer 4), soweit sie Berufsrichter sind, tritt in ähnlicher Weise wie auch bei den übrigen in Nummer 4 bezeichneten Personen zu dem Gedanken, ihre hauptamtliche Tätigkeit nicht zu beeinträchtigen, die Erwägung hinzu, dass es dem Sinn der Beteiligung von ehrenamtlichen Richtern neben Berufsrichtern[3] geradezu widerspricht, Berufsrichter als ehrenamtliche Richter zu verwenden.[4] Erklärungen wie die, dass Absatz 1 Nr. 4 (Beamte der Staatsanwaltschaft) auf dem Gedanken der Trennung des Richteramts von der Anklagebehörde beruhe,[5] lagen dem Gesetzgeber wohl fern (vgl. „Notare und Rechtsanwälte“). Auch die Erweiterung der Nummer 5 auf Bedienstete des Strafvollzugs und hauptamtliche Bewährungs- und Gerichtshelfer beruht nicht nur auf dem Gedanken, sie nicht ihrer hauptamtlichen Tätigkeit zu entziehen, sondern dient auch dem Vermeiden von Spannungen im Verhältnis des Beschuldigten zum Schöffen (unten Rn. 10). Andere Zwecke verfolgt die durch das 1. StVRG 1974 eingeführte Nummer 7; sie soll – so die amtl. Begründung – verhindern, dass ständig dieselben Personen zu Schöffen gewählt werden, und damit zugleich eine Mitwirkung der Bevölkerung in weiterem Umfang als bisher sichern; das liegt in der Zielrichtung des § 36 Abs. 2.

3 **3. Abschließende Regelung.** Trotz des **eindeutigen Katalogs** des Absatzes 1 wird vereinzelt versucht, weitergehende Berufungshindernisse aus Art. 20 Abs. 2; 97 Abs. 1 GG; § 45 Abs. 1 DRiG herzuleiten und auch Mitglieder kommunaler Selbstverwaltungskörperschaften vom Schöffenamt auszunehmen, weil die gleichzeitige Tätigkeit als (ehrenamtliche) Richter mit dem Grundsatz der Gewaltenteilung nicht vereinbar sei; ihnen fehle auch, da sie in ihrem Hauptamt weisungsgebundene Verwaltungstätigkeit ausübten, die sachliche Unabhängigkeit bei Ausübung des Schöffenamts.[6] Diese Bedenken sind unzu-

1 RG JW **1927** 793; Kissel/*Mayer* 1.
2 MüKo/*Schuster* 1.
3 LR/*K. Schäfer*[24] Einl. Kap. 15, 8.
4 Vgl. § 22 Nr. 2 VwGO – Berufsrichter können nicht zu ehrenamtlichen Richtern berufen werden – und BSG NJW **1962** 1462 betr. Ausschluss der Verwendung von Berufsrichtern anderer Gerichtsbarkeitszweige als ehrenamtliche Richter in der Sozialgerichtsbarkeit; s. dazu auch *Mellwitz* JR **1963** 455.
5 So *Bettermann* „Die Grundrechte“ III 2, 623.
6 *Meier* NJW **1962** 1999.

treffend.[7] Es müssten sonst alle staatlichen und kommunalen Verwaltungsbeamten von der Wählbarkeit ausgeschlossen sein, und § 34 wäre in der Hauptsache nicht nur überflüssig, sondern, da er nur eine Sollvorschrift darstellt, grundgesetzwidrig. Entsprechendes würde für § 35 Nr. 1 gelten. § 4 DRiG beschränkt aber mit gutem Grund den Grundsatz von der Unvereinbarkeit von Rechtsprechungsaufgaben und Aufgaben der gesetzgebenden oder vollziehenden Gewalt auf die Berufsrichter. Diese sind überdies von der Mitwirkung in Gemeindeparlamenten nicht ausgeschlossen, wie sich aus § 36 Abs. 2 DRiG ergibt. Bei den ehrenamtlichen Richtern genügt es, dass ihre persönliche Unabhängigkeit nach Maßgabe des § 44 Abs. 2 DRiG garantiert ist. Auch bei den Richtern der früheren Gemeindegerichte (§ 14 Nr. 2 a.F. GVG) ergaben sich keine Bedenken daraus, dass sie zugleich Bürgermeister, Mitglieder der Gemeindevertretung oder Beamte oder Angestellte der Gemeinde waren.[8]

4. Personenkreis

a) Bundespräsident (Nummer 1). Die Aufnahme des Bundespräsidenten in den Katalog des § 34 beruht auf dem **Gewaltenteilungsprinzip**. Maßgebender Zeitpunkt ist der der Schöffenwahl.[9] 4

b) Mitglieder von Bundes- oder Landesregierungen (Nummer 2). Die Bundesregierung besteht nach Art. 62 GG aus dem Bundeskanzler und den Bundesministern. Wer Mitglied einer Landesregierung ist, bestimmt sich nach **Landesverfassungsrecht**. Auch unter Berücksichtigung des Grundsatzes der Gewaltenteilung[10] fallen hierunter nicht Abgeordnete,[11] denen aber nach § 35 Nr. 1 ein Ablehnungsrecht zusteht. 5

c) Beamte (Nummer 3). Unter die jederzeit einstweilig in den Warte- oder Ruhestand versetzbaren Beamten im Sinne dieser Regelung fallen die sog. **politischen Beamten** des Bundes (§ 54 BBG) und der Länder (§ 30 BeamtStG). Die Landesbeamtengesetze bestimmen, welche Landesbeamten politische Beamte i.S.d. Nummer 3 sind (§ 30 Abs. 1 Satz 2 BeamtStG). Gesetzliche Vorschriften, die bei einer Änderung der Behördeneinrichtung oder bei einem allgemeinen Beamtenabbau die Versetzung von Beamten in den einstweiligen Ruhestand zulassen, kommen nicht in Betracht („jederzeit“). Die im Warte- oder einstweiligen Ruhestand befindlichen Beamten gehören nicht hierher. Alle **anderen Beamten**, soweit sie nicht von den Nummern 4 und 5 erfasst werden, können berufen werden, wobei bei Aufstellung der Vorschlagslisten unter Umständen auf die mit amtlichen Tätigkeiten verbundenen dienstlichen und damit auch öffentlichen Interessen Rücksicht genommen werden sollte, um absehbare Konfliktsituationen von vornherein zu vermeiden.[12] 6

d) Richter. Nummer 4 erfasst bestimmte Rechtspflegeorgane. Mit „Richter“ sind (die noch aktiven) **Berufsrichter aller Gerichtsbarkeitszweige** gemeint, ohne Rücksicht da- 7

7 Ebenso *Birmanns* NJW **1963** 144; *Tsatsos* DRiZ **1964** 256; *Liekefett* NJW **1964** 391; s.a. Kissel/*Mayer* 7 zu § 31; SK/*Degener* 14; *Schmitt/Köhler* 1; BGHSt **22** 85, wonach der Grundsatz der Gewaltenteilung nicht verbietet, dass ein Bundestagsabgeordneter als Schöffe tätig wird.

8 BVerfGE **14** 56 = NJW **1962** 1611.

9 Kissel/*Mayer* 2; MüKo/*Schuster* 3; *Schmitt/Köhler* 3.

10 Vgl. § 31, 15.

11 Kissel/*Mayer* 3; SK/*Degener* 14.

12 MüKo/*Schuster* 6.

rauf, ob sie auf Lebenszeit ernannt oder Richter auf Probe oder kraft Auftrags sind (§§ 12, 14 DRiG), und ohne Rücksicht darauf, ob sie im gegenwärtigen Zeitpunkt richterliche Aufgaben versehen oder kraft Abordnung (§ 37 DRiG) bei anderen Stellen tätig sind. Rechtsreferendare werden von der Regelung indessen nicht erfasst.[13] Eine gleichzeitige Tätigkeit eines Berufsrichters als ehrenamtlicher Richter würde den Prinzipien des ehrenamtlichen Richters in der Strafgerichtsbarkeit widersprechen, und zwar auch dann, wenn sich die Tätigkeiten auf verschiedene Gerichtszweige beziehen würden.[14] **Ehrenamtliche Richter** hingegen fallen nicht unter Nummer 4, haben aber ein Ablehnungsrecht nach § 35 Nr. 2. Schöffen dürfen daher – anders als Berufsrichter – zugleich ehrenamtliche Richter in anderen Gerichtszweigen oder Handels bzw. Landwirtschaftsrichter sein.[15]

8 Wegen des abschließenden Charakters der Vorschrift (Rn. 3) ist auch die Forderung nach einer Gleichstellung der **Rechtspfleger**[16] abzulehnen.[17] Zwar haben diese inzwischen eine Vielzahl früher dem Richter obliegender Aufgaben übernommen, aber die Rechtsstellung im Vergleich zum Richter ist immer noch so verschieden, dass sich daraus auch die unterschiedliche Behandlung im Rahmen des § 34 rechtfertigt. Auch der Gesetzgeber hat im Rahmen der umfangreichen Änderungen und Anpassungen durch Gesetz vom 21.12.2004 davon abgesehen, Rechtspfleger trotz deren inzwischen erweiterten Kompetenzen in den Katalog des § 34 Nr. 4 aufzunehmen.

9 **e) Staatsanwälte.** Beamte der Staatsanwaltschaft (der Ausdruck findet sich z.B. auch in §§ 145 bis 147) sind, wie sich im Übrigen auch aus der Gleichstellung mit den Richtern ergibt, nur die **Staats- und Amtsanwälte**, nicht auch sonstige bei der Staatsanwaltschaft tätige Beamte wie z.B. Justizinspektoren. Insoweit wird die durch das DRiG vorgenommene Trennung von Tätigkeiten des Richters und des Staatsanwalts fortgeführt. Die Hilfsbeamten der Staatsanwaltschaft (§ 152) gehören ebenfalls nicht hierher, fallen aber möglicherweise unter Nummer 5. Ebenfalls nicht erfasst werden Rechtsreferendare während ihrer Ausbildung bei der Staatsanwaltschaft, die somit Schöffen sein können. Etwaigen Konflikten soll hierbei durch eine begrenzte Übertragung der Aufgaben während der Ausbildung (§ 142 Abs. 3) Rechnung getragen werden.[18]

10 **f) Notare und Rechtsanwälte. Notare und Rechtsanwälte** sind seit dem VereinhG 1950 befreit, weil auch sie ihrer Aufgabe bei **Ausübung der Rechtspflege** nicht entzogen werden und Aufgaben der Rechtsberatung und der Rechtsprechung getrennt bleiben sollen. Notare sind auch die Anwärter für diesen Beruf (Notariatsassessoren und bestellte Notariatsvertreter). Ob der Rechtsanwalt neben seiner Anwaltstätigkeit noch eine andere Tätigkeit betreibt (z.B. als Syndikus eines privaten Unternehmens), ist ohne Bedeutung; entscheidend ist, ob jemand nach Maßgabe der BRAO **als Rechtsanwalt zugelassen** ist. Amtlich bestellte Anwaltsvertreter, die nicht Rechtsanwälte sind, sind für die Dauer der Vertretung „Rechtsanwälte" i.S.d. Nummer 4. Sonstige Personen, die berufsmäßig als Parteivertreter tätig werden, z.B. Patentanwälte, Prozessagenten, Rechtsbeistände fallen nicht unter Nummer 4 (im Gegensatz zu § 22 Nr. 5 VwGO, wonach außer

13 MüKo/*Schuster* 6; *Schmitt*/*Köhler* 7.

14 Kissel/*Mayer* 7; MüKo/*Schuster* 6; *Mellwitz* JR **1963** 454; KK/*Barthe* 4.

15 MüKo/*Schuster* 6; SK/*Degener* 5; KK/*Barthe* 4; *Schmitt*/*Köhler* 7; vgl. etwa auch Bader/Funke-Kaiser/Stuhlfauth/von Albedyll/*Funke-Kaiser* § 22 VwGO, 4.

16 So Kissel/*Mayer* 7.

17 MüKo/*Schuster* 6; SK/*Degener* 5.

18 Kissel/*Mayer* 8; KK/*Barthe* 5; kritisch hierzu SK/*Degener* 6.

Rechtsanwälten und Notaren alle Personen, die fremde Rechtsangelegenheiten geschäftsmäßig besorgen, nicht zu ehrenamtlichen Richtern bei Verwaltungsgerichten berufen werden können).[19]

g) Vollstreckungs- und Vollzugsbeamte (Nr. 5). Gerichtliche Vollstreckungsbeamte sind in erster Linie die **Gerichtsvollzieher** (§ 154) und die in den Ländern zur Beitreibung gerichtlicher Kosten bestellten Vollziehungsbeamten der Justiz, dagegen nicht die Justizwachtmeister, die aber zu Vollstreckungshandlungen herangezogen werden können.[20] Zu den **Polizeivollzugsbeamten** gehören nicht nur die im Vollzugsdienst tätigen Beamten der Schutz- und Kriminalpolizei und der polizeilichen Sonderzweige, sondern auch die kraft ihrer Bestellung zu Hilfsbeamten der Staatsanwaltschaft (§ 152) oder zu Hilfspolizeibeamten mit Vollzugsaufgaben polizeilicher Art betrauten Angehörigen anderer Verwaltungszweige, z.B. die Forstschutzbeamten, die Beamten des **Zollfahndungsdienstes**, des Grenzzolldienstes und der Bundespolizei. Polizeibeamte, die nicht Vollzugsbeamte sind (Polizeiverwaltungsbeamte), dürfen zum Schöffenamt berufen werden. **Bedienstete des Strafvollzuges** (§ 155 StVollzG) sollen nicht nur deshalb nicht zum Schöffenamt berufen werden, um sie nicht der Tätigkeit in ihrem Hauptamt zu entziehen, sondern auch um Unzuträglichkeiten auszuschalten, die sich ergeben, wenn ein Angeklagter einem Schöffen gegenübersteht, der ihn als Vollzugsbeamter während der Untersuchungshaft bewacht hat, oder wenn ein Verurteilter im Vollzug einem seiner Richter nunmehr als Vollzugsbeamten wieder begegnet.[21] Entsprechende Gesichtspunkte gelten auch für die Nichtberufung der **hauptamtlichen Bewährungs- und Gerichtshelfer** (§ 463d, 1 ff.). 11

h) Andere Gruppen von Beamten; Soldaten. Soweit Beamte nicht zu dem von § 34 erfassten Personenkreis gehören, können sie uneingeschränkt zum Schöffenamt herangezogen werden. Das gilt auch für den besonderen Berufsstand der **Soldaten**. Gleichwohl darf, auch ohne dass dies in § 34 förmlich verlautbart wäre, das dienstliche Interesse anderer Behörden, ihre Angehörigen nicht ihrer Haupttätigkeit zu entziehen, bei der Berufung zum Schöffenamt nicht außer Acht gelassen werden. Eine § 22 Nr. 4 VwGO entsprechende Regelung, nach der Berufssoldaten oder Soldaten auf Zeit nicht zu ehrenamtlichen Richtern berufen werden können, kennt das GVG allerdings nicht. 12

i) Religionsdiener, Ordensangehörige (Nr. 6). Der früher auch im Strafgesetzbuch (z.B. § 130a a.F., § 196 a.F. StGB) verwendete Begriff des Religionsdieners entspricht dem im Allgemeinen in der neueren Gesetzessprache verwendeten Begriff des „**Geistlichen**" (z.B. § 139 StGB, § 53 StPO). Darunter fallen die Personen, die von einer Religions- oder Glaubensgemeinschaft (Art. 140 GG) zur Vornahme gottesdienstlicher oder entsprechender kultischer Handlungen bestimmt sind, also nicht etwa nur die Geistlichen der mit öffentlich-rechtlichen Korporationsrechten ausgestatteten Kirchen und Religionsgemeinschaften, z.B. auch der Pfarrer einer „Freien Christengemeinde".[22] Die Begründung[23] bemerkt dazu: „Es mußte bei der Verschiedenheit der Stellung der einzelnen Staaten zu den verschiedenen Religionsgesellschaften davon Abstand genommen werden, den Begriff einzuschränken und etwa einen Unterschied rücksichtlich der staatlich anerkannten 13

19 MüKo/*Schuster* 8 f.; SK/*Degener* 7.
20 Kissel/*Mayer* 11; SSW/*Güntge* 6.
21 Begr. des RegE des 1. StVRG 1974 zu Art. 2 Nr. 6, BTDrucks. 7 551 S. 98.
22 OLG Köln MDR **1970** 864; MüKo/*Schuster* 12; KK/*Barthe* 7.
23 Begr. des RegE des 1. StVRG 1974 zu Art. 2 Nr. 6, BTDrucks. 7 551 S. 45.

oder privilegierten Religionsgesellschaften und bloß geduldeter Religionsübung zu machen. Es wird dies einer der Fälle sein, in denen es leichter vorkommen kann, daß der Befreiungsgrund, statt von Amts wegen berücksichtigt zu sein, von den Beteiligten selbst unter Darlegung der obwaltenden tatsächlichen Verhältnisse geltend gemacht werden muß." Durch Gesetz vom 25.4.1922 (RGBl. I S. 465) sind hinter dem Wort „Religionsdiener" die Worte beigefügt worden „und Mitglieder solcher religiöser Vereinigungen, die satzungsgemäß **zu gemeinsamem Leben verpflichtet sind.**" Das sind vor allem die Mitglieder der Orden der katholischen Kirche, aber auch Kommunitätsformen anderer Kirchen, Glaubens- und Weltanschauungsgemeinschaften.[24]

14 **5. Landesrecht (Abs. 2).** § 34 Abs. 2 trägt den **besonderen Verhältnissen der Länder Rechnung.** Auch **Bundesbeamte** dürfen landesgesetzlich von der Berufung zum Schöffenamt ausgeschlossen werden (Prot. 384).[25] Eine nähere Beschränkung ist dem Landesgesetzgeber durch Bundesrecht nicht auferlegt. Erfasst werden aber nur Beamte der Laufbahngruppe des höheren Dienstes (§ 19 BBG; §§ 13, 14 BRRG). Wegen der früher in den Ländern erlassenen Vorschriften vgl. die Aufzählung in LR[19] Anm. 11.

15 **6. Verletzung der Vorschrift.** Ein Verstoß gegen die **Ordnungsvorschrift** des § 34 begründet nicht die Revision. Vgl. auch § 33, 9.

§ 35

Die Berufung zum Amt eines Schöffen dürfen ablehnen:

1. **Mitglieder des Bundestages, des Bundesrates, des Europäischen Parlaments, eines Landtages oder einer zweiten Kammer;**
2. **Personen, die**
   a) **in zwei aufeinanderfolgenden Amtsperioden als ehrenamtliche Richter in der Strafrechtspflege tätig gewesen sind, sofern die letzte Amtsperiode zum Zeitpunkt der Aufstellung der Vorschlagsliste noch andauert,**
   b) **in der vorhergehenden Amtsperiode die Verpflichtung eines ehrenamtlichen Richters in der Strafrechtspflege an mindestens vierzig Tagen erfüllt haben oder**
   c) **bereits als ehrenamtliche Richter tätig sind;**
3. **Ärzte, Zahnärzte, Krankenschwestern, Kinderkrankenschwestern, Krankenpfleger und Hebammen;**
4. **Apothekenleiter, die keinen weiteren Apotheker beschäftigen;**
5. **Personen, die glaubhaft machen, daß ihnen die unmittelbare persönliche Fürsorge für ihre Familie die Ausübung des Amtes in besonderem Maße erschwert;**
6. **Personen, die das fünfundsechzigste Lebensjahr vollendet haben oder es bis zum Ende der Amtsperiode vollendet haben würden;**
7. **Personen, die glaubhaft machen, daß die Ausübung des Amtes für sie oder einen Dritten wegen Gefährdung oder erheblicher Beeinträchtigung einer ausreichenden wirtschaftlichen Lebensgrundlage eine besondere Härte bedeutet.**

24 Kissel/*Mayer* 16; SK/*Degener* 10; SSW/*Güntge* 7.
25 Kissel/*Mayer* 17; MüKo/*Schuster* 14; *Schmitt*/*Köhler* 15.

Entstehungsgeschichte

Gesetz v. 25.4.1922 (RGBl. I S. 465) – Einfügung der Krankenpfleger und Hebammen; Gesetz v. 25.4.1922 (RGBl. I S. 561) – Streichung der ursprünglichen Nummer 6 betr. Personen, die den Aufwand des Amtes nicht tragen können. – VO vom 14.6.1932 (RGBl. I S. 285) erster Teil Kapitel I Art. 8. Das VereinhG 1950 änderte die Nummern 1 und 2. Der Entw. dieses Gesetzes wollte die Nummer 6 nach § 33 übernehmen. Unter Berücksichtigung von Anpassungsänderungen der Nummer 2 durch das Gesetz vom 26.5.1972 (BGBl. I S. 841) – „Schöffe" statt „Geschworener" – galt danach § 35 Nr. 2 bis 6 bis zum 31.12.1974 in folgender Fassung:

„2. Personen, die im letzten Geschäftsjahr die Verpflichtung eines Schöffen beim Schwurgericht oder an wenigstens zehn Sitzungstagen die Verpflichtung eines Schöffen beim Schöffengericht oder bei der Strafkammer erfüllt haben;
3. Ärzte, Krankenpfleger und Hebammen;
4. Apotheker, die keine Gehilfen haben;
5. Frauen, die glaubhaft machen, daß ihnen die Fürsorge für ihre Familie die Ausübung des Amtes in besonderem Maße erschweren würde;
6. Personen, die zur Zeit der Aufstellung der Vorschlagsliste das fünfundsechzigste Lebensjahr vollendet haben oder es bis zum Ablauf des Geschäftsjahres vollenden würden."

Die Änderungen der Nummern 2 bis 6 beruhen auf dem 1. StVRG 1974, die Ergänzung der Nummer 1 bezüglich der Abgeordneten des Europäischen Parlaments und die Einfügung der Nummer 7 auf Art. 2 Nr. 3 RpflVereinfG. Durch das Zweite Gesetz zur Stärkung der Verfahrensrechte von Beschuldigten im Strafverfahren und zur Änderung des Schöffenrechts vom 27.8.2017 (BGBl. I S. 3295) wurden die bis dahin in § 34 Abs. 1 Nr. 7 als ungeeignet erfassten Personen, die in zwei aufeinander folgenden Amtsperioden als Schöffe tätig gewesen sind, überführt in Nummer 2 lit. a) mit der Folge, dass ihnen nunmehr das Recht zur Ablehnung zusteht. Die übrigen bereits in Nummer 2 enthaltenen Personengruppen werden nunmehr in lit. b) und c) erfasst.

Übersicht

1. Allgemeines. Das Ausüben des Schöffenamtes ist – verfassungsrechtlich unbedenklich[1] – Teil **staatsbürgerlicher Pflichten**, kann jedoch im Einzelfall wegen der damit einhergehenden, vor allem zeitlichen Belastung immer wieder zu Schwierigkeiten namentlich in beruflicher Hinsicht führen. Gegenüber der Unfähigkeit zum Schöffenamt nach § 32 und der Ungeeignetheit i.S.d. §§ 33 und 34 enthält § 35 daher einen **Katalog** von Gründen, die den dort benannten Personen die Möglichkeit eröffnet, die Berufung zum Schöffen **ausnahmsweise abzulehnen** (§ 53), weil die ihnen obliegenden Pflichten mit der 1

1 BVerfG NJW **1980** 2179; BGHSt **9** 203.

Tätigkeit eines Schöffen in Konflikt geraten könnten. Die in § 35 aufgezählten Ablehnungsgründe – über ihre allgemeine Bedeutung vgl. Vor §§ 32 bis 35, 3 – sind **abschließend**; das Gesetz kennt z.B. keine Ablehnung aus Gewissensgründen; eine solche wäre unzulässig.[2] Die Ablehnungsgründe können, sollten diese schon bekannt oder eine Ablehnung deshalb zu erwarten sein, schon die Gemeindevertretung (§ 36) und der Ausschuss (§ 40) von Amts wegen berücksichtigen, und zwar dadurch, dass sie die Aufnahme in die Vorschlagsliste (§ 36) oder Schöffenliste (§ 44) unterlassen. Eine solche Berücksichtigung ist angezeigt, wenn vorauszusehen ist, dass der Berechtigte im Falle der Berufung die Wahl gemäß § 53 ablehnt. Lehnt er schon vor der Aufstellung der Vorschlags- oder Schöffenliste ab, so wird dies berücksichtigt werden müssen, da sonst die Ablehnung gemäß § 53 voraussichtlich wiederholt, also eine nutzlose Weiterung veranlasst würde.[3] Ist der Ablehnungsberechtigte zum Schöffen gewählt worden, so greift § 53 ein. Das gilt auch, wenn der Gewählte den Ablehnungsgrund bereits vorher erfolglos geltend gemacht hatte; diese Geltendmachung wird durch die Aufnahme in die Schöffenliste bedeutungslos (§ 41, 2). Etwaige **Härtefälle** bezüglich einzelner Sitzungstage können nach Maßgabe von § 54 behandelt werden.[4]

2 **2. Zeitliche Wirksamkeit.** Die Ablehnungserklärung ist stets nur für die **einzelne Amtsperiode** (§ 42) wirksam,[5] der Ausschuss also nicht gehindert, den Berechtigten in die nächste Schöffenliste aufzunehmen. Selbstverständlich kann die Ablehnung, solange der Ablehnungsgrund fortbesteht, in jeder Amtsperiode wiederholt werden. Wurde trotz ausgesprochener Ablehnung gleichwohl eine Wahl durchgeführt, wird mit der Aufnahme in die Schöffenliste der Ablehnungsausspruch gegenstandslos und kann binnen einer Woche erneut eine Ablehnung durch den Schöffen ausgesprochen werden.[6]

3 **3. Parlamentarier (Nr. 1).** Die Zugehörigkeit zu einer gesetzgebenden Körperschaft und die Tätigkeit als Schöffe werden durch den Grundsatz der **Gewaltenteilung** (Art. 20 Abs. 2 Satz 2 GG) nicht ausgeschlossen;[7] davon geht Nummer 1 aus. Parlamentarier sind daher nicht grundsätzlich am Ausüben des Schöffenamts gehindert[8] und es bleibt dem einzelnen Abgeordneten überlassen, inwieweit er das Schöffenamt wahrnimmt oder ob er von seinem Ablehnungsrecht Gebrauch macht.[9] Macht der Ablehnungsberechtigte von der Berechtigung keinen Gebrauch, so ist doch seine Entbindung von der Dienstleistung an einzelnen Sitzungstagen des Schöffengerichts (§ 54 Abs. 1) nicht ausgeschlossen, wenn die Ausübung der Tätigkeit als Abgeordneter usw. es erfordert (Begr. 45).

---

2 KG JR **1966** 188; LG Heidelberg NStZ **1988** 316; LG Bonn BeckRS **2019** 17737; Kissel/*Mayer* 1; MK/*Schuster* 1; SK/*Degener* 2; OK/*Goers* 2; KK/*Barthe* 1. Siehe dazu auch hier Rn. 17.

3 Zum RegE des StVÄG 1987 hatte der Bundesrat unter Zustimmung der Bundesregierung (BTDrucks. **10** 1313 S. 54, 60) vorgeschlagen, dem § 36 Abs. 3 folgenden Satz 3 anzufügen: „Die in die Vorschlagsliste aufzunehmenden Personen sind über die beabsichtigte Aufnahme und die von ihr ausgehenden Rechtswirkungen zu unterrichten." Dadurch sollte den Vorgeschlagenen ermöglicht werden, schon zwischen Vorschlag und Wahl auf gegen eine Wahl sprechende Umstände hinzuweisen. Dieser Vorschlag ist nicht Gesetz geworden; zu den Gründen s. schriftlichen Bericht des Rechtsausschusses BTDrucks. **10** 6592 S. 25.

4 Kissel/*Mayer* 1; MK/*Schuster* 1.

5 OK/*Goers* 4.

6 SK/*Degener* 3; KK/*Barthe* 3.

7 BGHSt **22** 85 = NJW **1968** 996.

8 MK/*Schuster* 4.

9 OK/*Goers* 13: SK/*Degener* 5.

Zu den ausdrücklich als ablehnungsberechtigt bezeichneten Personen gehören auch die Mitglieder „einer **zweiten Kammer**". Eine solche bestand zuletzt noch[10] in Bayern in der Form des Bayerischen Senats, dessen Mitwirkung im Gesetzgebungsverfahren auf eine beratende Funktion beschränkt war.[11] Der frühere Streit, ob auch die deutschen Mitglieder des **Europäischen Parlaments** das Schöffenamt ablehnen dürfen,[12] ist durch das RpflVereinfG mit der Ergänzung der benannten Gremien um das Europäische Parlament beigelegt worden. Wird die Abgeordnetenstellung erst später erworben, kann die Streichung von der Schöffenliste beantragt werden (§ 53). 4

4. Frühere ehrenamtliche Richtertätigkeit (Nr. 2). Die Regelung dient dem Zweck, einzelne Schöffen nicht übermäßig in Anspruch zu nehmen. Während lit. a) im öffentlichen Interesse auch eine zu häufige Heranziehung derselben Person zum Schöffenamt verhindern will, tragen die in lit. b) und c) erfassten Tatbestände eher Individualinteressen Rechnung. 5

a) Frühere Schöffentätigkeit (lit. a). Die bislang in § 34 Abs. 1 Nr. 7 als ungeeignet erfassten Personen, die in **zwei aufeinander folgenden Amtsperioden** als Schöffe tätig gewesen sind, wurden nunmehr überführt[13] in Nummer 2 lit. a) mit der Folge, dass ihnen nunmehr das Recht zur Ablehnung zusteht. Die bisherige Regelung sollte verhindern, „dass ständig dieselben Personen zum ehrenamtlichen Richter in Strafsachen gewählt werden und damit zugleich eine Mitwirkung der Bevölkerung an der Strafrechtpflege in weiterem Umfang als bisher sichern" (sog. Zwangspause).[14] Ob dieser Zweck auch für die nunmehr geltende Regelung uneingeschränkt Geltung hat, muss indessen bezweifelt werden. Denn während es vor der Änderung nicht zulässig war, mehr als zwei Amtsperioden ununterbrochen als Schöffe tätig zu sein, soll es nunmehr dem betroffenen Schöffen mit entsprechender Tätigkeitszeit selbst überlassen bleiben, ob ihm die Belastung mit dem Schöffenamt **über zehn Jahre hinaus** zu groß ist. Auch soll der Verwaltungsaufwand der beteiligten Gemeinden reduziert werden, weil engagierte Schöffen nicht mehr nach zwei Perioden zwingend pausieren müssen.[15] Maßgeblich sind nicht die effektiven Sitzungsdienste, sondern die formelle Zeit, für die der Schöffe zum ehrenamtlichen Richter gewählt worden war. Unerheblich ist, ob der Betreffende als Schöffe, Jugendschöffe oder als Hilfsschöffe in der Strafrechtspflege tätig war; eine Tätigkeit in der Ziviljustiz (Handelsrichter) oder in anderen Gerichtsbarkeiten reicht hingegen nicht.[16] Frühere Zeiten der Tätigkeit vor einer Unterbrechung finden keine Berücksichtigung.[17] Voraussetzung ist ferner, dass die letzte der beiden Amtsperioden zum Zeitpunkt der Aufstellung noch andauert; anderenfalls besteht der Hinderungsgrund nicht. 6

---

10 Das Volk des Freistaates Bayern hat mit Gesetz vom 20.2.1998 die Abschaffung des Senats zum 1.1.2000 beschlossen. Gegen dieses Gesetz haben der Senat und eine Gruppe von Bürgern Normenkontrollklage bzw. Popularklage beim Verfassungsgerichtshof erhoben, die der BayVerfGH am 17.9.1999 zurückgewiesen hat.

11 Art. 34 bis 42 BayVerf.; Gesetz über den Senat i.d.F. v. 9.2.1966, GVBl. 99; *Wahl* NStZ **1988** 317 Fn. 5.

12 Vgl. dazu LG Heidelberg NStZ **1988** 316 mit Anm. *Wahl* 317; LR/*K. Schäfer*[24] 3a.

13 Zweites Gesetz zur Stärkung der Verfahrensrechte von Beschuldigten im Strafverfahren und zur Änderung des Schöffenrechts v. 27.8.2017 (BGBl. I S. 3295).

14 Begr. zu Art. 2 Nr. 6 des RegE, BTDrucks. 7 551 S. 99.

15 BTDrucks. **18** 9534 S. 30; MK/*Schuster* 5; KK/*Barthe* 4.

16 Kissel/*Mayer* 3a.

17 Kissel/*Mayer* 3a.

7 **b) Bisherige Schöffentätigkeit (lit. b).** Die Berufung zum Schöffenamt kann danach ablehnen, wer in der unmittelbar der neuen Amtsperiode vorausgehenden Amtsperiode die Verpflichtung als Schöffe („ehrenamtlicher Richter in der Strafrechtspflege") an **vierzig Tagen** erfüllt, d.h. an vierzig Tagen an einer Verhandlung als Haupt-, Hilfs- oder Ergänzungsschöffe teilgenommen hat.[18] Ohne Bedeutung ist, wie sich diese vierzig Tage auf die Amtsperiode verteilen, ob z.B. ein Hilfsschöffe im ersten Jahr häufig, im letzten Jahr nur selten herangezogen wurde und umgekehrt. Abzustellen ist allein auf die benannte Tageszahl.[19] Es spielt auch keine Rolle, wie lange die Inanspruchnahme an dem einzelnen Sitzungstag gedauert hat; ein Schöffe hat seine Verpflichtung an einem Tag auch dann erfüllt, wenn, etwa wegen Ausbleibens des Angeklagten, die Sache alsbald nach Sitzungsbeginn vertagt wurde.

8 **c) Tätigkeit als ehrenamtlicher Richter (lit. c).** Die Berufung als Schöffe kann auch ablehnen, wer bereits als ehrenamtlicher Richter **außerhalb der Strafrechtspflege**, z.B. als Handelsrichter oder an einem Gericht eines anderen Gerichtszweiges, z.B. einem Gericht der Arbeits- oder Finanzgerichtsbarkeit, tätig ist (entsprechende Vorschriften enthalten § 23 Abs. 1 Nr. 2 VwGO, § 20 Abs. 1 Nr. 2 FinGO). Auf die konkrete Inanspruchnahme als ehrenamtlicher Richter kommt es dabei nicht an.[20] Der Ablehnungsgrund gilt nur während der Amtsperiode in der anderen ehrenamtlichen Tätigkeit.[21]

9 **5. Heil- und Heilhilfsberufe (Nr. 3).** Die frühere Fassung („Ärzte") gab der Auslegung Raum, dass der Begriff „Ärzte" im weitesten, auch die Zahn- und Tierärzte umfassenden Sinn zu verstehen sei.[22] Da die Hinzufügung „Zahnärzte" von der Begr. des RegE[23] als Erweiterung des bisherigen Kreises der Ablehnungsberechtigten verstanden wird, ist nunmehr klargestellt, dass Tierärzte nicht unter § 35 Nr. 3 fallen und die Regelung daher **nur Human- oder Zahnmediziner** erfasst.[24] Arzt und Zahnarzt i.S.d. Nummer 3 ist, wer auf Grund einer Approbation nach der Bundesärzteordnung und dem Gesetz über die Ausübung der Zahnheilkunde vom 31.3.1952 (BGBl. III 2123-1) die Bezeichnung „Arzt" bzw. „Zahnarzt" führen darf. Heilpraktiker oder Angehörige anderer Heilberufe werden von der Regelung nicht erfasst. Den Ärzten und Zahnärzten sind die **Krankenschwestern**, Kinderkrankenschwestern und Krankenpfleger i.S.d. Krankenpflegegesetzes sowie die **Hebammen** i.S.d. Hebammengesetzes gleichgestellt, soweit sie nach den staatlichen Berufsregelungen anerkannt sind.[25]

10 **6. Apothekenleiter (Nr. 4).** Die Beschränkung des Ablehnungsrechts auf solche Apothekenleiter, **die keinen weiteren Apotheker beschäftigen**, dem diese Tätigkeit für die Zeit der Inanspruchnahme als Schöffe übertragen werden kann, trägt neben dem Gedanken der Arzneimittelversorgung vor allem der Regelung des § 2 Abs. 4 der Apothekenbetriebsordnung vom 7.8.1968/19.8.1974 (BGBl. III 2121-2-1) Rechnung, wonach der Apothekenleiter verpflichtet ist, die pharmazeutische Tätigkeit von Personen zu beaufsichtigen, die

18 OK/*Goers* 20.
19 OK/*Goers* 20.
20 MK/*Schuster* 6.
21 Kissel/*Mayer* 4.
22 LR/*Schäfer*[22] § 35, 5.
23 BTDrucks. 7 551 S. 99.
24 MK/*Schuster* 7; SK/*Degener* 7; OK/*Goers* 22.
25 Kissel/*Mayer* 6.

nicht Apotheker sind.[26] Hiernach beseitigt die Beschäftigung von sonstigem Personal den Ablehnungsgrund (gerade) nicht.[27]

7. Fürsorge für die Familie (Nr. 5). Waren nach früherem Recht nur Frauen ablehnungsberechtigt, werden nach geltendem Recht nunmehr **„Personen"** erfasst. Hierdurch sollten etwa auch Fälle erfasst werden, in denen in einer Familie die Ehefrau ganztägig berufstätig ist und der deshalb nicht arbeitende, arbeitslose oder als Rentner oder Ruheständler aus dem Berufsleben ausgeschiedene Ehemann die Fürsorge für die Familie im Hause übernimmt. Das Gesetz ist aber klar geschlechtsneutral formuliert; auf das **Geschlecht** der betreffenden, fürsorgeverpflichteten ‚Person' kommt es demnach nicht an. 11

Wer zur **Familie** zu zählen ist, wird ganz allgemein nach §§ 1589, 1590 BGB bestimmt; 12
hierzu zählen demnach nur Personen, die durch Verwandtschaft oder Schwägerschaft i.S.d. benannten Vorschriften miteinander verbunden sind.[28] Man wird namentlich in Anbetracht des Schutzzwecks der Regelung aber fragen müssen, ob diese allein auf den familienrechtlichen Status des BGB abstellende Betrachtung zu eng greift. Denn es gibt eine Vielzahl von **Lebensgemeinschaften**, die vom abstammungsbestimmten Familienbegriff der §§ 1589 ff. BGB nicht erfasst werden, die im Sinne der hier maßgeblichen Regelung aber gleichermaßen schutzbedürftig sind (etwa Familien mit Stiefeltern oder Adoptivkindern oder insbesondere sonstige Patchworkfamilien). Gleichermaßen fragt sich, ob eine etwa durch Schwägerschaft begründete Nähe im Sinne der Nr. 5 vor allem auch nach erfolgter Scheidung weiterhin wird angenommen werden können. Bei lebensnaher Betrachtung und unter Berücksichtigung des Schutzzwecks der Regelung führt eine formal allein an die §§ 1589 ff. BGB anknüpfende Bestimmung des Begriffs der Familie daher in diesem Sinne nicht weiter. Maßgeblich müssen vielmehr die **konkreten Lebensumstände** sein, die glaubhaft zu machen sind.

Nur die bei einer Wahl zum Schöffen **in besonderem Maß** bestehende Erschwerung 13
der unmittelbaren **persönlichen Fürsorge**, also das Erfordernis einer persönlichen Betreuung, rechtfertigt die Ablehnung, nicht die bloße Beschaffung des Lebensunterhalts.[29] Abzustellen ist hierbei auf die persönlichen Lebensverhältnisse und das Ausmaß des Betreuungsbedarfs im Einzelfall unter Berücksichtigung in Anspruch genommener Hilfe Dritter, wobei die Fürsorgebedürftigkeit eines einzelnen Familienangehörigen genügen kann.[30] Eine derartige Betreuungsbedürftigkeit kann beispielsweise gegeben sein bei der Versorgung von drei schulpflichtigen Kindern, der Alleinerziehung einer berufstätigen Person bei gleichzeitiger Pflege der Eltern oder der erforderlichen Betreuung eines behinderten Kindes, soweit dies nicht durch die Inanspruchnahme sonstiger Betreuungsangebote tatsächlich gewährleistet wird.[31] Damit bleiben hier Tätigkeiten außer Betracht, die nur mittelbar der Fürsorge für die Familie dienen, wie z.B. alle Berufstätigkeiten zum Gelderwerb.[32] Dass die Tätigkeit als Schöffe die Fürsorge für die Familie in besonderem Maße erschwert, ist in geeigneter Form glaubhaft zu machen, wobei der zu entscheidenden Stelle ein Ermessensspielraum zusteht.[33]

---

26 BTDrucks. 7 551 S. 99; SK/*Degener* 8.
27 Kissel/*Mayer* 7; MK/*Schuster* 8.
28 LG Bonn BeckRS **2019** 17737; Kissel/*Mayer* 8; MK/*Schuster* 9, KK/*Barthe* 5; OK/*Goers* 26; SK/*Degener* 9.
29 OK/*Goers* 25; SK/*Degener* 9.
30 LG Bonn BeckRS **2019** 17737; Kissel/*Mayer* 8; MK/Schuster 9; KK/*Barthe* 5.
31 LG Bonn BeckRS **2019** 17737; MK/*Schuster* 9.
32 Begr. BTDrucks. 7 551 S. 99; Kissel/*Mayer* 10.
33 BGH BeckRS **1974** 86; OK/*Goers* 28; KK/*Barthe* 5.

14 **8. Ablehnung aus Altersgründen (Nr. 6).** Nach § 33 Nr. 2 sind Personen schöffenungeeignet, die bei Aufstellung der Vorschlagsliste das siebzigste Lebensjahr vollendet haben oder bis zum Beginn der Amtsperiode vollendet haben würden. Die Regelung in Nr. 6 ergänzt insoweit die unwiderlegbare Vermutung aus § 33 Nr. 2.[34] Darüber hinaus trägt § 35 Nr. 6 den besonderen Belastungen, die mit dem Amt eines Schöffen verbunden sind, dadurch Rechnung, dass er Personen, die das **fünfundsechzigste Lebensjahr** vollendet haben oder es bis zum Ende der Amtsperiode vollendet haben würden, ein Ablehnungsrecht einräumt. Es kann danach z.B. auch ein Schöffe, der zunächst von seinem Ablehnungsrecht keinen Gebrauch gemacht und während des ersten Jahres der Amtsperiode das Schöffenamt ausgeübt hat, nach seiner erneuten Auslosung für das nächste Jahr (§§ 45, 46) gemäß § 53 von seinem Ablehnungsrecht mit Wirkung für den Rest der Amtsperiode Gebrauch machen und hierdurch seine Amtsperiode verkürzen.[35]

15 **9. Wirtschaftliche Ablehnungsgründe (Nr. 7).** Die Ablehnungsgründe der Nummern 1 bis 6 haben sich in der Vergangenheit vielfach als zu eng erwiesen. Dem hat der Gesetzgeber durch das RpflVereinfG Rechnung getragen und eine Ablehnung ausnahmsweise auch dann ermöglicht, wenn die Belastung durch das Schöffenamt derart ausufernd wäre, dass die wirtschaftliche **Existenz** des Betroffenen oder eines Dritten, insbesondere des Arbeitgebers, **ernsthaft gefährdet** wäre.[36] Das bedeutet, dass die üblicherweise mit der Ausübung eines Ehrenamtes verbundenen Härten und Unbequemlichkeiten hingenommen werden müssen. Gleiches gilt für finanzielle Einbußen, auch wenn sie durch die Entschädigung nach den gesetzlichen Vorschriften nicht vollständig ausgeglichen werden.[37] Dass durch das Heranziehen als Schöffe geradezu der wirtschaftliche Ruin droht, wird jedoch nicht verlangt. Erhebliche Einkommenseinbußen durch Umsatzverluste oder die Kosten für eine Vertretung können genügen.

16 Die Vorschrift ist zwar als **Ausnahmeregelung** konzipiert, sollte aber nicht nur in extrem gelagerten Fällen angewendet werden.[38] Geschützt werden vor allem kleine Betriebe, bei denen der Ausfall des Inhabers oder einzigen Mitarbeiters zur Existenzgefährdung führen kann.[39] Die Vorschrift erfasst allerdings nur den wirtschaftlichen Bereich und kann für andere Härten auch nicht entsprechend angewendet werden.[40] Hierfür kommt ggf. ein Ablehnungsrecht nach § 35 Nr. 5 in Betracht.[41] In der praktischen Handhabung wird es im Einzelfall schwierig sein zu entscheiden, ob die Schöffentätigkeit nur zu noch hinzunehmenden Einbußen oder bereits zur Gefährdung der Lebensgrundlage führen kann. Bei dieser Bewertung wird weder eine zu engherzige noch eine zu großzügige Sicht angeraten sein,[42] die im Zweifel jedoch zugunsten eines Ablehnungsgrundes ausfallen sollte. Der allgemeinen staatsbürgerlichen Pflicht zur Übernahme eines Schöf-

---

34 OK/*Goers* 29.

35 MK/*Schuster* 12; OK/*Goers* 30.

36 BTDrucks. **11** 8283 S. 50; LG Bonn BeckRS **2019** 17734.

37 OK/*Goers* 31; SK/*Degener* 11.

38 *Katholnigg* 4.

39 *Katholnigg* 4; MK/*Schuster* 11.

40 LG Bonn BeckRS **2019** 17737; KK/*Barthe* 7; *Kissel/Mayer* 10.

41 Soweit angenommen wird, dies könne auch im Laufe einer bereits länger andauernden Hauptverhandlung geltend gemacht werden, soweit sich der Ablehnungsgrund erst dann ergebe (so etwa OK/*Goers* 33; SK/*Degener* 11), muss dies indessen kritisch gesehen werden. Hier entsteht eine Gemengelage zwischen den wirtschaftlichen Interessen des Schöffen einerseits und dem Interesse an der funktionierenden Rechtspflege (Beschleunigungsmaxime) andererseits, die im Zweifel wohl nur in besonderen Ausnahmefällen zugunsten des Schöffen aufzulösen ist.

42 *Katholnigg* 4.

fenamtes korrespondiert andererseits nämlich das hohe Gut des Art. 14 GG, das die gewerbliche, selbstständige Existenz schützt und nur in eindeutig nicht existenzgefährdenden Fällen eingeschränkt werden sollte. Da in Zweifelsfällen auch nicht von einer willkürlichen Entscheidung gesprochen werden kann, besteht zudem kein Risiko einer späteren Besetzungsrüge.

In der **Praxis** sind insoweit als ausreichend folgende Fälle angesehen worden: der Schöffe war von drei Beschäftigten eines kleinen Abwasserverbandes der einzige, der eine hydraulische Maschine bedienen konnte, bei deren Stillstand auch die beiden anderen Arbeiter beschäftigungslos sind; die Alleinbewirtschaftung eines kleinen landwirtschaftlichen Hofes bei gleichzeitiger Landwirtschaftsausbildung sowie Bewirtschaftung eines kleineren landwirtschaftlichen Hofes und alleiniger Mitarbeiter (Buchhalter) im Betrieb der Ehefrau (Steuerberaterin).[43] 17

10. Gewissens- und sonstige Gründe. Namentlich infolge des Urteils in der Strafsache Deckert die „Auschwitzlüge" betreffend[44] wurde die Frage erörtert, ob der Dienst als Schöffe etwa unter Berufung auf Art 4 Abs. 1 GG aus **Gewissensgründen** oder sonst bei **allgemeiner Unzumutbarkeit** abgelehnt werden kann.[45] Diese Frage ist zu verneinen.[46] Dies gilt sowohl für die Berufung zum Schöffen im Allgemeinen als auch für die Tätigkeit als Schöffe bei bestimmten Gerichten oder Spruchkörpern.[47] Denn das Schöffenamt ist Teil staatsbürgerlicher Pflichten und Kernstück des mit Verfassungsrang ausgestatteten Anspruchs auf den gesetzlichen Richter, hinter dem ein Recht aus Art. 4 Abs. 1 GG zurückzutreten hat (praktische Konkordanz). Die Grenzen der Zumutbarkeit sind gesetzlich bestimmt. Persönliche Belange müssen hiernach trotz der ebenfalls verfassungsrechtlich respektierten Freiheit der Glaubens- und Gewissensentscheidung aus Art. 4 GG zurückstehen. Auch der Gesetzgeber hat offenkundig keinen Anlass gesehen, im Rahmen des Gesetzes vom 21.12.2004 eine entsprechende Regelung in den Katalog des § 35 aufzunehmen. Nur in ganz besonderen Ausnahmefällen könnte zu erwägen sein, zur Lösung der Problematik den Weg über §§ 31 Abs. 1, 30 StPO zu gehen, wenn die Spannungslage sich derart zuspitzt, dass anderenfalls eine Besorgnis der Befangenheit zu befürchten wäre.[48] 18

11. Revision. Auf die Mitwirkung eines nach § 35 (lediglich) ablehnungsberechtigten Schöffen kann, solange die Gründe durch diesen nur nicht geltend gemacht wurden, eine Revision regelmäßig nicht gestützt werden.[49] Wird andererseits einem Schöffen ohne Vorliegen der erforderlichen Gründe eine Ablehnung zugebilligt, kann dies aber unter Umständen infolge fehlerhafter Besetzung eine **Besetzungsrüge** nach § 338 Nr. 1 StPO auch für weitere Verfahren begründen, weil die Schöffenliste dann infolge fehlerhafter Streichung in deren Folge insgesamt fehlerhaft geworden wäre.[50] 19

---

43 So auch OK/*Goers* 33.

44 LG Mannheim NJW **1994** 2494; aufgehoben durch BGH NJW **1995** 340.

45 Vgl. hierzu *Bertram* NJW **1994** 2397; *Herr* DRiZ **1994** 405; *Sendler* ZRP **1994** 377; *Voss* DRiZ **1994** 445; *Wassermann* NJW **1995** 303.

46 BGH NJW **1956** 1326; KG JR **1966** 188; LG Heidelberg NStZ **1988** 316; LG Bonn BeckRS **2019** 17737; *Katholnigg* 1; Kissel/*Mayer* 1; MK/*Schuster* 12; SK/*Degener* 2; OK/*Goers* 34; KK/*Barthe* 7.

47 Kissel/*Mayer* 11; MK/*Schuster* 12; KK/*Barthe* 7; *Schmitt*/*Köhler* 1; **a.A.** nur *Lisken* NJW **1997** 34.

48 So MK/*Schuster* 12 und KK/*Barthe* 9.

49 SK/*Degener* 13.

50 Zu Einzelheiten hierzu OK/*Goers* 38.

§ 36

(1) [1]Die Gemeinde stellt in jedem fünften Jahr eine Vorschlagsliste für Schöffen auf. [2]Für die Aufnahme in die Liste ist die Zustimmung von zwei Dritteln der anwesenden Mitglieder der Gemeindevertretung, mindestens jedoch der Hälfte der gesetzlichen Zahl der Mitglieder der Gemeindevertretung erforderlich. [3]Die jeweiligen Regelungen zur Beschlussfassung der Gemeindevertretung bleiben unberührt.

(2) [1]Die Vorschlagsliste soll alle Gruppen der Bevölkerung nach Geschlecht, Alter, Beruf und sozialer Stellung angemessen berücksichtigen. [2]Sie muss Familiennamen, Vornamen, gegebenenfalls einen vom Familiennamen abweichenden Geburtsnamen, Geburtsjahr, Wohnort einschließlich Postleitzahl sowie Beruf der vorgeschlagenen Personen enthalten; bei häufig vorkommenden Namen ist auch der Stadt- oder der Ortsteil des Wohnortes aufzunehmen.

(3) [1]Die Vorschlagsliste ist in der Gemeinde eine Woche lang zu jedermanns Einsicht aufzulegen. [2]Der Zeitpunkt der Auflegung ist vorher öffentlich bekanntzumachen.

(4) [1]In die Vorschlagslisten des Bezirks des Amtsgerichts sind mindestens doppelt so viele Personen aufzunehmen, wie als erforderliche Zahl von Haupt- und Ersatzschöffen nach § 43 bestimmt sind. [2]Die Verteilung auf die Gemeinden des Bezirks erfolgt durch den Präsidenten des Landgerichts (Präsidenten des Amtsgerichts) in Anlehnung an die Einwohnerzahl der Gemeinden.

Schrifttum

Katholnigg Wie müssen Vorschlagslisten für Schöffen aufgestellt werden? NStZ **1992** 73; *Katholnigg/Bierstedt* Sind bei den Schöffen alle Gruppen der Bevölkerung angemessen berücksichtigt, ZRP **1982** 267; *Liekefett* Zur Inkompatibilität von Schöffen- und Geschworenenamt mit parlamentarischen Mandaten und Ämtern in kommunalen Selbstverwaltungskörperschaften, NJW **1964** 391; *Potrykus* Nachteile bei der Auswahl der Laienrichter in Strafsachen, DRiZ **1952** 202; *Rieß* Die Besetzungsrüge in Strafsachen in der neueren Rechtsprechung des Bundesgerichtshofs, DRiZ **1977** 289.

Entstehungsgeschichte

Gesetz v. 11.7.1923 (RGBl. I S. 647); VO vom 14.6.1932 (RGBl. I S. 285) erster Teil Kapitel 1 Art. 8. Das VereinhG 1950 brachte wesentliche Änderungen, insbesondere durch den Übergang von der Urliste zur Vorschlagsliste (vgl. 1). Mehrfach geändert wurden die Bestimmungen über die Zahl der in die Vorschlagsliste aufzunehmenden Personen. Das VereinhG bestimmte: „In die Vorschlagsliste sind aufzunehmen in Gemeinden a) mit 500 oder weniger Einwohnern fünf Personen, b) mit mehr als 500 Einwohnern mindestens sechs Personen, im Übrigen auf je 200 Einwohner eine Person". Durch das 1. StVRG 1969 wurde (neuer Absatz 3, später Absatz 4) der Grundsatz aufgestellt: „Die Zahl der in die Vorschlagsliste aufzunehmenden Personen beträgt drei vom Tausend der Einwohnerzahl der Gemeinde ..." Zugleich wurden die Landesregierungen – mit dem Recht der Weiterübertragung auf die Landesjustizverwaltungen – ermächtigt, unter bestimmten Voraussetzungen durch RechtsVO eine höhere Verhältniszahl der in die Vorschlagslisten aufzunehmenden Personen festzusetzen. Durch das 1. StVRG wurden in Absatz 1 Satz 1 „zweiten" durch „vierten" ersetzt, und anstelle des bisherigen Satzes 3 des Absatzes 1 („Die Vorschlagsliste soll außer den Namen auch den Geburtsort, den Geburtstag und den Beruf des Vorgeschlagenen enthalten") der Absatz 2 eingefügt. Durch Art. 2 Nr. 1 des StVÄG 1987 erhielt Absatz 4 die jetzt geltende Fassung. Durch das

Gesetz zur Vereinfachung und Vereinheitlichung der Verfahrensvorschriften zur Wahl und Berufung ehrenamtlicher Richter vom 21.12.2004 (EhrRiVerfVereinfG, BGBl. I, S. 3599) wurde Absatz 1 geändert hinsichtlich der Dauer der Amtsperiode und der erforderlichen Mehrheit in der Gemeindevertretung. Durch das Gesetz zur Fortentwicklung der Strafprozessordnung und zur Änderung weiterer Vorschriften vom 25.6.2021 (BGBl. I S. 2099) wurde Absatz 2 Satz 2 ergänzt um die erforderliche Angabe von etwaig abweichendem Geburtsnamen, Geburtsjahr (die Angabe des Geburtstages entfiel), Postleitzahl sowie – bei häufig vorkommenden Namen – Stadt- oder Ortsteil und wurde in Absatz 4 Satz 4 das Wort Hilfsschöffen durch das Wort Ersatzschöffen ersetzt.

Übersicht

1. Entwicklungsgeschichte

a) Ersetzung der Urliste durch die Vorschlagsliste. Nach dem ursprünglich geltenden Recht wählte der Ausschuss (§ 40) die Schöffen aus den von den Gemeindevorstehern alle zwei Jahre aufzustellenden Urlisten, in die alle schöffenfähigen Gemeindeeinwohner aufzunehmen waren. Da die Aufstellung der vollständigen Urliste für größere Gemeinden eine erhebliche finanzielle Belastung bedeutete, gestattete das Gesetz v. 11.7.1923 (RGBl. I S. 647) den Landesjustizverwaltungen, für eine Gemeinde die Aufstellung (nach den Anfangsbuchstaben der Namen oder der Straßen) beschränkter Urlisten oder die Verwendung bereits anderweit aufgestellter amtlicher Einwohnerverzeichnisse z.B. Wahl- oder Meldekartei) anzuordnen. Das VereinhG 1950 ging – im Anschluss an die nach 1945 in der britischen Besatzungszone und in Hessen getroffenen Regelungen – einen ganz anderen Weg. Während früher die Aufgabe des „Gemeindevorstehers", auch bei der beschränkten Urliste, lediglich darin bestand, dem Wahlausschuss ein Verzeichnis der nach den gesetzlichen Vorschriften schöffenfähigen Personen zu liefern, trifft jetzt die **Gemeindevertretung** bereits eine **Vorauswahl**, indem sie aus der Zahl der schöffenfähigen Gemeindeeinwohner eine beschränkte Zahl auswählt (Vorschlagsliste) und der Wahlausschuss (§ 40) bei seiner Wahl auf den durch die Vorschlagslisten bezeichneten Personenkreis beschränkt ist. Die Begründung zum Entw. des VereinhG 1950 bemerkt dazu: „Dadurch wird ein, wie die Vergangenheit lehrt, ungebührlich großer und unnützer Aufwand an Verwaltungsarbeit gespart und dahin gewirkt, dass für das Schöffenamt besonders geeignete Bürger an der Rechtsprechung teilnehmen und auf diese Weise das Laienelement in der Rechtspflege größeren Einfluss gewinnt." 1

b) Erforderliche Mehrheit. Die Vorwahl ist der **Gemeindevertretung** überlassen 2
und das dabei zu beachtende Verfahren richtet sich nach dem jeweiligen Recht der zuständigen Gemeindevertretung. Zu letzterem ist durch Absatz 1 Satz 3 nunmehr klargestellt,

dass die sich aus den jeweiligen kommunalrechtlichen Regelungen ergebenden Wirksamkeitsvoraussetzungen für den Beschluss erfüllt sein müssen.[1] Gemeindevertretung i.S.d. § 36 sind in Berlin die Bezirksverordnetenversammlungen,[2] in Hamburg die Bezirksversammlungen.[3] Die Vorbereitung der Wahl kann durch Beteiligung der Gemeindeverwaltung erfolgen, die auch vorbereitende Listen aufstellen darf.[4] Das Überlassen der Vorwahl an die Gemeindevertretungen hat einerseits den Vorteil der individuellen Auswahl und bietet im Allgemeinen eine größere Gewähr für das Heranziehen im öffentlichen Leben erfahrener und in gewisser Weise hervorgetretener Persönlichkeiten,[5] birgt freilich andererseits, da die Gemeindevertretungen nach **parteipolitischen Gesichtspunkten** gewählt werden, die Gefahr in sich, dass auch auf die Auswahl für die Vorschlagsliste parteipolitische Gesichtspunkte Einfluss gewinnen oder dass die Vorgeschlagenen glauben, ihr ehrenamtliches Richteramt im Sinne der politischen Vorstellungen der Vorschlagenden ausüben zu sollen.[6] Um solchen Bedenken entgegenzuwirken, hatte § 36 Abs. 5 in der gemäß VO vom 22.8.1947[7] früher in der britischen Besatzungszone geltenden Fassung vorgeschrieben: „Die Landesjustizverwaltung stellt durch Anordnungen an die Gemeindevertretungen sicher, dass bei Aufstellung der Vorschlagslisten die Bevorzugung einer Partei, eines religiösen Bekenntnisses, einer wirtschaftlichen oder sonstigen Interessentengruppe oder eines besonderen Gebietes ausgeschlossen ist", ohne freilich erkennbar zu machen, durch welche Maßnahmen eine solche „Sicherstellung" erreicht werden könnte.

3 Das VereinhG 1950 ging, um einer durch unsachliche Gesichtspunkte beeinflussten Auswahl entgegenzuwirken, einen anderen Weg: § 36 Abs. 1 in der bis zum 31.12.2004 geltenden Fassung knüpfte die Aufnahme in die Vorschlagsliste an die Zustimmung von 2/3 der gesetzlichen Zahl der Mitglieder der Gemeindevertretung (also nicht nur von 2/3 der an der Abstimmung Teilnehmenden). Da jedoch in zahlreichen Fällen bei vergangenen Schöffenwahlen diese qualifizierte Mehrheit nur nach mehreren Anläufen erreicht werden konnte, weil „über die persönliche und politische Auseinandersetzung in den Gemeindevertretungen hinaus allein aufgrund der Abwesenheit einzelner Ratsmitglieder die bezeichnete Mehrheit nicht erreicht werden konnte",[8] wurde durch Gesetz vom 21.12.2004 in Anlehnung an § 42 Abs. 1, der für die Wahl der Schöffen durch den Wahlausschuss eine Zweidrittelmehrheit der anwesenden Mitglieder vorsieht, ebenfalls auf eine **Mehrheit der Zahl der anwesenden Mitglieder** abgestellt; mindestens aber auf die Hälfte der gesetzlichen Zahl der Mitglieder der Gemeindevertretung, um eine hinreichende Legitimation der aufgestellten Kandidaten zu gewährleisten. Die Zahl der vorzuschlagenden Personen ist so bemessen, dass dem Ausschuss (§ 40) Spielraum für eine echte Auswahl verbleibt. Wie angesichts der bewusst in Kauf genommenen Möglichkeit politischer Beeinflussung des Vorschlags der Gemeindevertretung Fälle eines die ordnungsmäßige Besetzung des Gerichts in Frage stellenden „Missbrauchs des Vorschlagsrechts im Sinne einer unlauteren politischen Beeinflussung der Schöffenwahl" – so die salvatorische Klausel des BGH[9] – denkbar sind, ist schwer vorstellbar. Zwecks weiterer Geschäftsvereinfachung wurde durch das 1. StVRG 1974 die Amtsperiode der Schöffen von zwei auf vier Jahre und durch Gesetz vom 21.12.2004 auf nunmehr **fünf**

---

1 BTDrucks. **15** 411.
2 BGH NStZ **1986** 84 = StV **1986** 49 m. Anm. *Danckert*.
3 BGH NStZ **1986** 83.
4 Kissel/*Mayer* 4.
5 BGHSt **12** 197, 200 = NJW **1959** 349 = LM Nr. 1 zu § 30 GVG m. Anm. *Martin*.
6 *Eb. Schmidt* I Nr. 576; *Liekefett* NJW **1964** 391; *Potrykus* DRiZ **1952** 202.
7 VOBl. BZ, S. 115.
8 BTDrucks. **15** 411.
9 BGHSt **12** 197, 201.

Jahre erhöht (§ 42 Abs. 1), sodass auch die Vorschlagsliste nur in jedem fünften Jahr aufzustellen ist, und durch das StVÄG 1987 – neue Fassung des Absatzes 4 – wurden neue Wege für die Bemessung der Zahl der in die Vorschlagsliste Aufzunehmenden beschritten.

2. Jugendschöffen. Für deren Wahl gelten insofern Besonderheiten, als nach **§ 35 Abs. 3 JGG** zwecks Gewinnung geeigneter Jugendschöffen an die Stelle der Vorschlagsliste des § 36 die Vorschlagsliste des Jugendwohlfahrtsausschusses tritt, der **ebenso viele Männer wie Frauen** vorschlagen muss,[10] die erzieherisch befähigt und in der Jugenderziehung erfahren sein sollen. Die erzieherische Befähigung stellt auf die individuellen Fähigkeiten der Kandidaten ab. Die **Erfahrung in der Jugenderziehung** kann im privaten oder öffentlichen Bereich, ehrenamtlich oder beruflich erworben worden sein.[11] Aus dieser Liste wählt der Wahlausschuss (§ 40) die nötige Zahl von Jugendschöffen (dazu wegen der Folgen der Wahl von Jugendschöffen aus einer anderen Liste als der Vorschlagsliste des Jugendwohlfahrtsausschusses § 40, 24). 4

3. Die Vorschlagsliste (Absatz 2)

a) Angemessene Repräsentation aller Gruppen der Bevölkerung (Absatz 2 Satz 1). 5
In Verwirklichung von Vorschlägen früherer Entwürfe (Vor §§ 32 bis 35, 2) enthält der durch das 1. StVRG 1974 eingefügte Absatz 2 Satz 1 eine ausdrückliche Vorschrift, durch die eine angemessene Repräsentation aller Gruppen der Bevölkerung (gemeint ist: der jeweiligen Gemeinde) erreicht werden soll. Denn „für die Repräsentation des Volkes bei der Rechtsprechung ist es wünschenswert, dass die ehrenamtlichen Richter nach Geschlecht, Alter, Beruf und sozialer Stellung der **Struktur der Gesamtbevölkerung** weitgehend entsprechen. Dann können die Anschauungen des Volkes von Recht und Gerechtigkeit in der Rechtsprechung am besten ihren Niederschlag finden. Nimmt dagegen der Anteil einer bestimmten Berufs- oder Altersgruppe unverhältnismäßig zu, so kann dies für die Rechtsprechung ungünstige Folgen haben".[12] Dem Gedanken der **Repräsentation der Gesamtbevölkerung** widerspricht es, wenn die Gemeindevertretungen die Auswahl auf einen nach den Anfangsbuchstaben der Namen (z.B. auf Personen mit den Anfangsbuchstaben L bis R) oder Straßen oder nach anderen Merkmalen beschränken.[13] Fehlerhaft ist es auch, wenn die Gemeindevertretung eine nach dem Zufallsprinzip erstellte Vorschlagsliste ohne Weiteres übernimmt,[14] weil es dann an einer individuellen Vorauswahl fehlt, durch die gerade erfahrene und urteilsfähige Personen ermittelt werden sollen. Jedoch hat sich das Gesetz mit einer *Soll*-Vorschrift begnügt. Denn eine exakte Beachtung dieser für das Aufstellen der Vorschlagsliste wie für die Wahl der Schöffen (§ 42 Abs. 2) gleichmäßig geltenden Grundsätze wäre nur durch Aufstellung besonderer Listen für alle Alters-, Berufs- und sonstige Gruppen erreichbar gewesen; das aber wäre mit einer nicht zu vertretenden Vermehrung des Arbeitsaufwands für die Verwaltung verbunden gewesen.[15] Unter diesem Gesichtspunkt hat das Gesetz auch – abweichend von §§ 33, 35 JGG – von Vorschriften abgesehen, die eine dem Art. 3 Abs. 2 GG entsprechende gleiche zahlenmäßige Heranziehung von Mann und Frau zum Schöffenamt sicherstellen sollen. Insgesamt handelt es sich bei dieser **Soll-Vorschrift** um einen Appell an die Gemeindevertretung, auf eine angemessene Repräsentation aller Grup-

---

10 § 35 JGG in der bis zum 31.12.2004 geltenden Fassung lautete insoweit: „soll".
11 MüKo/*Höffler* § 35 JGG, 4.
12 Begr. zu Art. 2 Nr. 8 RegE, BTDrucks. 7 551 S. 100.
13 BGHSt **30** 255 = StV **1982** 6 m. Anm. *Katholnigg*; BGH NStZ **1986** 84; *Katholnigg* StV **1982** 7.
14 BGHSt **38** 47 = NStZ **1992** 92 = StV **1991** 452; SK/*Degener* 8.
15 Begr. BTDrucks. 7 551 S. 100.

pen der Bevölkerung bei der Aufstellung der Vorschlagsliste Bedacht zu nehmen.[16] Die Form der Soll-Vorschrift ist dabei bewusst in dem Sinn gewählt, dass ihre Verletzung „unschädlich" sein soll,[17] d.h. die vorschriftsmäßige Besetzung des Gerichts nicht in Frage stellt.[18]

6 **b) Mitwirkung am Aufstellen der Vorschlagsliste.** Auf welche Weise die Gemeindevertretung für das Heranziehen geeigneter Schöffen Sorge trägt, lässt sich nicht allgemein bestimmen. Insoweit ist jedoch mittlerweile allgemein anerkannt, dass auf **Vorschlagslisten** der Fraktionen des Gemeinderates zurückgegriffen werden darf oder zusätzlich auch auf Vorschläge von anderen Vereinigungen, wie von Arbeitnehmer- oder Arbeitgeberverbänden, Bürgervereinen und Organisationen aus der kirchlichen und sozialen Arbeit.[19] Der darin liegenden Gefahr des Missbrauchs des **Benennungsrechts** soll nach Ansicht des BGH durch die von § 36 geforderte Zweidrittelmehrheit begegnet werden.[20] Das kann naturgemäß nur dann gelten, wenn eine Partei nicht bereits über diese Mehrheit verfügt. Davon abgesehen kann dieses in der Praxis gängige Verfahren dazu führen, dass Bürger, die keiner der beteiligten Vereinigungen angehören, de facto vom Schöffenamt ausgeschlossen werden.[21] Zwar sind, wozu nicht wenige Gemeinden inzwischen auch durch Pressemitteilungen ausdrücklich aufrufen, auch Selbstbewerbungen für das Schöffenamt möglich, aber der Erfolg solcher Eigeninitiativen dürfte bei entsprechenden Mehrheitsverhältnissen in der Gemeindevertretung vorgezeichnet sein. Hier könnte – soweit Schöffenfähigkeit vorliegt – de lege ferenda zwar durch eine Pflicht zur Aufnahme in die Vorschlagslisten Abhilfe geschaffen werden. Auch das vom BGH abgelehnte Zufallsprinzip würde derartige Bedenken zerstreuen. Andererseits sind derartige Selbstbewerbungen durchaus kritisch zu betrachten, weil sie geeignet sind, solchen Personen Zugang zum Schöffenamt zu ermöglichen, die sich hierdurch in fragwürdiger Weise profilieren oder das Amt eines Schöffen u.U. auch politisch missbrauchen wollen.[22]

7 **c) Angabe der Personalien (Absatz 2 Satz 2).** Schon der § 36 Abs. 1 Satz 3 a.F. enthielt – ebenfalls in Form einer Soll-Vorschrift – eine Reihe von weiteren Identitätsmerkmalen neben dem Namen eines in die Vorschlagsliste Aufgenommenen. Bei der Neufassung des Satzes 2 wurden zunächst diese Merkmale erweitert (Angabe der Wohnanschrift) und verdeutlicht (betr. Namen). Darüber hinaus wurde die Soll- in eine **Mussvorschrift** umgestellt, da das Einsichtsrecht in die Liste (§ 36 Abs. 1) nur dann sinnvoll sei, wenn die Angaben zur Person des Vorgeschlagenen deren schnelle Identifizierung ermöglichten, damit die Amtsgerichte sogleich in der Lage sind, unter dem Gesichtspunkt des § 32 Nr. 1 Auskünfte aus dem Bundeszentralregister einzuholen.[23] Enthält die Vorschlagsliste unvollständige Angaben und bessert dies die Gemeinde trotz Aufforderung nicht nach, ist die Kommunalaufsicht einzuschalten.[24] Aus dem begrenzten Zweck der „Muss"-Vorschrift als eines Beitrags zur Verringerung des Verwaltungszeitaufwands beim Feststellen von Schöffenunfähigkeitsgründen er-

---

16 OLG Hamburg NStZ **2025** 180; zur tatsächlichen Verteilung der Schöffen auf die verschiedenen sozialen Gruppen vgl. *Katholnigg/Bierstedt* ZRP **1982** 267.

17 Begr. BTDrucks. 7 551 S. 100.

18 Dazu BGHSt **30** 255, 256; BGH bei *Pfeiffer/Miebach* NStZ **1986** 210 Nr. 28; LR/*Hanack*[25] § 338 StPO, 30.

19 BGHSt **38** 47.

20 BGH **38** 47.

21 So auch *Katholnigg* NStZ **1992** 73.

22 In einzelnen Bundesländern haben radikale Parteien ihre Anhänger dazu aufgerufen, sich als Schöffen zu melden und politischen Einfluss über das Schöffenamt zu nehmen; näher hierzu *Großmann* GA **2025** 271.

23 Bericht des RAussch. BTDrucks. 7 2600 zu Art. 2 Nr. 8; SK/*Degener* 10.

24 *Katholnigg* 3.

gibt sich, dass die Verletzung der Mussvorschrift ohne Einfluss auf die vorschriftsmäßige Besetzung des Gerichts ist. Da die Vorschlagsliste personenbezogene Daten enthält und hiernach das **Recht auf informationelle Selbstbestimmung** und der daraus abgeleitete Schutz der personenbezogenen Daten der Vorgeschlagenen tangiert werden, wurde die Vorschrift mit Gesetz vom 25.6.2021 dahingehend geändert, dass aus Gründen der Datensparsamkeit nur noch diejenigen Angaben veröffentlicht werden, die tatsächlich zur Identifizierung der vorgeschlagenen Person und zum Erheben eines möglichen Einspruchs erforderlich sind. Das Offenlegungserfordernis bezüglich der Wohnanschrift wurde demnach auf die Angabe der Postleitzahl und des Wohnorts begrenzt. Überdies soll nunmehr bei häufig vorkommenden Namen zur Vermeidung von Personenverwechselungen auch der Stadt- oder Ortsteil des Wohnorts angegeben werden.[25]

d) Zahl der aufzunehmenden Personen (Absatz 4). Der durch das 1. StVRG 1974 **8**
(oben „Entstehungsgeschichte") gewählte Weg, die Zahl der aufzunehmenden Personen grundsätzlich auf drei vom Tausend der Einwohnerzahl der Gemeinde festzusetzen, hatte sich nicht bewährt: Diese Zahl erwies sich an manchen Orten als zu gering, an anderen dagegen als viel zu hoch. Der durch das StVÄG 1987 neu gefasste Absatz 4 erstrebt eine Regelung, die sich möglichst an dem tatsächlichen Bedarf orientiert, dabei aber für den Wahlausschuss einen ausreichenden Wahlermessensspielraum belässt. Die **doppelte Zahl der erforderlichen Schöffen** vorzuschlagen, beruht darauf, dass sonst nicht von einer echten Wahl gesprochen werden könnte.[26] Die im Entwurf zum Gesetz vom 21.12.2004[27] zur weiteren Entlastung der Verwaltung zunächst vorgesehene Reduzierung auf die eineinhalbfache Zahl der erforderlichen Schöffen ist daher nicht Gesetz geworden. Entsprechendes gilt für einen weiteren in der 18. Legislaturperiode eingebrachten Gesetzentwurf, der die Anzahl der vorzuschlagenden Personen ebenfalls auf das Eineinhalbfache reduzieren wollte, was – neben einer Entlastung der Gemeinden – dazu führen sollte, Frustrationen von nicht gewählten Personen zu vermeiden.[28] Ob dieser Gedanke trägt, muss indessen bezweifelt werden. Das Einhalten der Zahl aufzunehmenden Personen hat der Vorsitzende des Schöffenwahlausschusses indessen nicht zu prüfen.[29] Die sodann dem Präsidenten des Landgerichts (Präsident des Amtsgerichts) übertragene Verteilung nach dem Vorbild des § 43 Abs. 1 „erfolgt in Anlehnung an die Einwohnerzahl der Gemeinde". Die Gesetzesbegründung[30] versteht das „erfolgt" im Sinne von „muss erfolgen"; tatsächlich handelt es sich dabei um einen – auch revisionsrechtlich bedeutungslosen (unten Rn. 13) – falschen Zungenschlag. Denn die Begründung erläutert die „Anlehnung an die Einwohnerzahl der Gemeinden" dahin, die Verteilung *müsse* „also etwa deren Verhältnissen entsprechen. Eine genaue prozentuale Entsprechung ist nicht vorgesehen, da sie bei knappen Grenzwerten durch die Fluktuation zu Unstimmigkeiten führen könnte".[31] Es handelt sich also nur um eine Leitlinie für das Ausüben des Ermessens bei der Verteilung. Jedoch ist mit der „Anlehnung an die Einwohnerzahl" zum Ausdruck gebracht, dass eine Berücksichtigung anderer Faktoren, wie etwa Entfernung, hier nicht zulässig ist.[32] Da die Bezeichnung „**Hilfsschöffe**" als nicht mehr zeitgemäß und als abwertend empfunden wurde, was

25 BTDrucks. **19** 27654 S. 45, 118.
26 Kissel/*Mayer* 12.
27 BTDrucks. **15** 411.
28 BTDrucks. **18** 8880 S. 8; MüKo/*Schuster* 12.
29 BGHSt **33** 290.
30 BTDrucks. **10** 1313 S. 55.
31 Begr. RegE BTDrucks. **10** 1313 S. 55.
32 Kissel/*Mayer* 12.

der Bedeutung des Schöffenamtes für den Strafprozess insgesamt und der Aufgabe des Schöffen, in der Hauptverhandlung das Richteramt in vollem Umfang mit gleichem Stimmrecht der Berufsrichter auszuüben, abträglich sei, wurde der Begriff durch den des „**Ersatzschöffen**" ersetzt. Hierdurch soll auch die eigentliche Funktion, den verhinderten Schöffen zu ersetzen, besser zum Ausdruck kommen.[33]

9 **e) Die Aufnahme in die Vorschlagslisten (Absatz 2 Satz 1).** Von der Aufnahme in die Vorschlagsliste sind, wie sich aus § 37 ergibt, nicht nur die **Personen auszuschließen**, die zum Schöffenamt unfähig sind (§§ 31, 32), sondern auch die, die dazu nicht berufen werden sollen (§§ 33, 34). Zu beachten ist überdies § 44a DRiG.[34] Personen, denen Ablehnungsgründe zur Seite stehen (§ 35), können in die Liste aufgenommen werden (vgl. aber § 35, 1). Über die **äußere Form** der Vorschlagsliste trifft das Gesetz keine Vorschriften. Es ist daher nicht unzulässig, dass die Gemeinde eine Gesamtliste vorlegt, in der die von der Gemeindevertretung gebilligten Vorschläge der einzelnen in der Gemeindevertretung vertretenen politischen Parteien zusammengeheftet sind.[35] Die Tatsache, dass die Vorgeschlagenen dadurch als den vorschlagenden Parteien genehme Persönlichkeiten in Erscheinung treten, ist eine vom Gesetz in Kauf genommene Folge des durch § 36 Abs. 1 Satz 2 vorgeschriebenen Verfahrens. Eine **Anrufung des Gerichts** durch einen Interessierten mit dem Ziel seiner Aufnahme auf die Vorschlagsliste ist nicht erfolgreich gerichtlich durchsetzbar, da die Vorschlagsliste durch die in § 36 Abs. 1 Satz 2 vorgesehene Wahl zustande kommt.[36]

10 **f) Zeitpunkt der Aufstellung.** Über den **Zeitpunkt der Aufstellung der Vorschlagsliste** und ihrer Einsendung an das Gericht bestimmt nach § 57 die Landesjustizverwaltung (dort 2).[37] Wird die Liste nicht rechtzeitig aufgestellt, fehlt dem Ausschuss eine zwingend notwendige Voraussetzung für die Wahl und er muss zuwarten, bis die Gemeindevertretung diese Liste vorlegt. Eine Not- oder Eilzuständigkeit sieht das Gesetz für solche Fälle nicht vor. Das kann dazu führen, dass zu Beginn einer neuen Amtsperiode keine Schöffen zur Verfügung stehen, weil sich die Amtszeit der bisherigen Schöffen in diesem Fall nicht verlängert.[38] Der Ausschuss muss dann warten, bis die Vorschlagsliste aufgestellt worden ist.[39] Solange tritt Rechtsstillstand ein[40] (für eine Analogie zu § 50 in diesem Fall s. dort Rn. 3).

11 **Fehlen** in **der Vorschlagsliste** eines Bezirks die Vorschlagslisten **einer Gemeinde**, ist der Ausschuss dagegen an einer Wahl nicht gehindert, denn eine trotz der fehlenden Liste(n) durchgeführte Wahl führt nicht ohne Weiteres zu einer vorschriftswidrigen Besetzung der von dieser Wahl betroffenen Spruchkörper, sondern nur dann, wenn die Entscheidung zur Wahl auf sachfremden Erwägungen beruht und damit willkürlich ist.[41]

---

33 BTDrucks. **19** 27654, S. 118.
34 MüKo/*Schuster* 7.
35 BGHSt **12** 197.
36 KK/*Barthe* 7; OK/*Goers* 8.
37 Vgl. auch KK/*Barthe* 3; OK/*Goers* 6; SK/*Degener* 6.
38 Kissel/*Mayer* 16.
39 BGHSt **26** 393 = NJW **1976** 2357.
40 Kissel/*Mayer* 16; weitergehend *Rieß* JR **1977** 301.
41 BGH NStE Nr. 1 und 2 zu § 36 GVG.

g) Änderung der Gerichtsorganisation. Ändert sich in der laufenden Schöffenwahlperiode die **Gerichtsorganisation**, führt dies nicht zur Notwendigkeit einer vorzeitigen Neuwahl von Schöffen für den geänderten Gerichtsbezirk.[42] 12

4. Einheitliche Vorschlagsliste. Die Gemeinde stellt grundsätzlich nur eine Vorschlagsliste **für alle Schöffen** auf, also eine Liste sowohl für die Amts- als auch die Landgerichte (§ 77). Das bedeutet allerdings nicht, dass diese Gesamtliste in einer einzigen Liste zusammengefasst sein muss. Sie kann auch in der urkundlichen Verbindung der einzelnen Vorschläge der in den Gemeindevertretungen repräsentierten Parteien oder Vereinigungen oder Selbstbewerbungen bestehen.[43] Das Abtrennen der zu Schöffen beim Schöffengericht und bei der Strafkammer auszuwählenden Personen geschieht erst durch den Ausschuss (§ 77 Abs. 2). 13

5. Auflegung zur Einsicht (Absatz 3). Wegen der **Einspruchsmöglichkeit** nach § 37 sieht § 36 die **Offenlegung** der von der Gemeindevertretung gewählten Vorschlagsliste vor. Da das Gesetz nichts darüber bestimmt, in welcher Art die Auflegung der Vorschlagsliste und die öffentliche Bekanntmachung zu geschehen hat, gelten hierfür die jeweiligen **kommunalrechtlichen Vorschriften**. Die Auflegung kann somit auch durch öffentlichen Aushang erfolgen. Einen Anhaltspunkt dafür, was als öffentliche Bekanntmachung angesehen werden kann, gibt die Regelung in § 4 der 1. DVO vom 22.3.1935 (RGBl. I S. 393) zur Deutschen Gemeindeordnung vom 30.1.1935 (RGBl. I S. 49). Die für die Bekanntmachung geltende Wochenfrist ist an sich eindeutig. Gleichwohl hat der BGH es nicht beanstandet, dass die Liste nur an fünf Werktagen ausgelegt worden ist.[44] Als nicht ausreichend wurde hingegen angesehen, wenn einer von eigentlich fünf Werktagen einer Woche ein gesetzlicher Feiertag und somit eine Einsichtnahme nur an vier Werktagen möglich war.[45] Das Beachten des Verfahrens nach § 36 Abs. 3 prüft nach § 39 der Richter beim Amtsgericht. Eine besondere Benachrichtigung der Vorgeschlagenen ist nicht vorgesehen, aber auch nicht ausgeschlossen. Eine Benachrichtigung hätte indessen den Vorteil, dass bereits frühzeitig Umstände nach §§ 32 bis 35 geltend gemacht werden könnten und dadurch spätere Verfahren nach §§ 52, 53 entbehrlich würden.[46] 14

6. Mängel der Vorschlagsliste. Als Mangel kann nicht gerügt werden, die Personenzahl der Vorschlagsliste entspreche nicht den Anforderungen an § 36 Abs. 4. Denn wenn die Gemeinde von der Verteilungszahl des Landgerichts- oder Amtsgerichtpräsidenten abgewichen ist (teils zu viel, teils zu wenig), so wird dadurch die vorschriftsmäßige **Besetzung des Gerichts** (§ 338 Nr. 1 StPO) nicht berührt, weil der Fehler außerhalb des Einwirkungsbereichs des Gerichts liegt.[47] Das gilt z.B. auch für Fehler im Vorfeld der Aufstellung der Schöffenliste, soweit gegen die Form der öffentlichen Bekanntmachung verstoßen wor- 15

---

42 BVerfG DtZ **1992** 281; vgl. für den Sonderfall des LG Berlin nach der Wiedervereinigung BGH NStE Nr. 4 zu § 36 GVG.

43 BGHSt **12** 197; Kissel/*Mayer* 4; *Schmitt/Köhler* 2.

44 BGHR § 36 Abs. 3 GVG – Bekanntmachung 1; BGH bei *Kusch* NStZ **1997** 74 Nr. 28; ebenso BayObLG StV **1998** 8., vgl. auch SK/*Degener* 11.

45 BGH StV **2001** 156.

46 MüKo/*Schuster* 5; ein entsprechender Vorschlag des Bundesrates zum Entw. des StVÄG 1987 (BTDrucks. **10** 1313 S. 54) war vom Bundestag abgelehnt worden (BTDrucks. **10** 6592 S. 25).

47 BGHSt **22** 122; BGH bei *Pfeiffer/Miebach* NStZ **1986** 210 Nr. 28; BGHSt **38** 47 = NJW **1991** 3043; *Katholnigg* 7; KK/*Barthe* 8; *Schmitt/Köhler* 5.

den ist.[48] Aber auch die Bestimmung der erforderlichen Schöffenzahl (§ 43) und deren Verteilung („in Anlehnung…") durch den Land- oder Amtsgerichtspräsidenten als Justizverwaltungsbehörden kann, wenn sie sich im Rahmen eines angemessenen Beurteilungsmaßstabes hält, mit der **Revision** nicht angegriffen werden.[49] Bedeutungslos ist auch, wenn die Aufnahme in die Vorschlagsliste nicht mit dem in § 36 Abs. 1 Satz 2 erforderlichen Stimmenverhältnis erfolgte. Denn die Prüfungspflicht des Richters beim AG beschränkt sich nach § 39 Satz 2 auf das Beachten des § 36 Abs. 3, sodass auch dieser Mangel außerhalb des Bereichs liegt, auf den die Gerichte unmittelbaren Einfluss haben; S. in diesem Zusammenhang auch § 40, 12.

§ 37

Gegen die Vorschlagsliste kann binnen einer Woche, gerechnet vom Ende der Auflegungsfrist, schriftlich oder zu Protokoll mit der Begründung Einspruch erhoben werden, daß in die Vorschlagsliste Personen aufgenommen sind, die nach § 32 nicht aufgenommen werden dürften oder nach den §§ 33, 34 nicht aufgenommen werden sollten.

Übersicht

1 **1. Einspruchsgründe.** Nur gegen die **fehlerhafte Aufnahme** der nach § 32 unfähigen oder nach §§ 33, 34 ungeeigneten, nicht aufzunehmenden Personen kann Einspruch erhoben werden. Obwohl dies nicht besonders erwähnt wird, besteht Einigkeit, dass auch § 31 Satz 2 (Eigenschaft als Deutscher) auf diesem Wege überprüft werden kann.[1] Andere Bedenken können nicht geltend gemacht werden. Das betrifft Einwände gegen die Gesetzmäßigkeit der Wahl („Zustimmung" des § 36 Abs. 1 Satz 2), wegen des Leumunds oder mangelnder Qualifikation eines Vorgeschlagenen oder Hinweise auf formelle Verstöße bei dem Aufstellen der Vorschlagslisten.[2] Es kann auch nicht geltend gemacht werden, dass jemand nicht in die Vorschlagsliste aufgenommen worden ist, weil es sich um eine Wahl handelt, auf deren Ausgang kein Anspruch besteht.[3] Dabei spielt es keine Rolle, weshalb jemand nicht berücksichtigt worden ist. Das gilt selbst dann, wenn der Betroffene anlässlich der Wahlvorbereitungen zu Unrecht als zum Schöffenamt unfähig oder fälschlich als unter §§ 33, 34 fallend angesehen wurde.[4] Ggf. kann sich aus den benannten Einwänden aber eine Prüfungspflicht für den Gemeindevorsteher und eine Berichtigung der Vorschlagsliste nach § 38 ergeben.[5]

2 **2. Einspruchsrecht.** Das Recht zum Einspruch steht **jedermann** zu, also nicht nur Einwohnern der betroffenen Gemeinden. Ebenso wenig ist erforderlich, dass der Wider-

48 BGH NStE Nr. 3 zu § 36 GVG.
49 Vgl. LR/*Hanack*[25] § 338 StPO, 30 Fn. 74.
1 *Katholnigg* 1; MüKo/*Schuster* 3; Kissel/*Mayer* 1; SK/*Degener* 2; *Schmitt*/*Köhler* 2; *Eb. Schmidt* 2.
2 Kissel/*Mayer* 1.
3 KK/*Barthe* 2.
4 Kissel/*Mayer* 4.
5 *Katholnigg* 1; KMR/*Paulus* 1.

sprechende von der Unrichtigkeit betroffen ist.[6] Selbst diejenigen, die in die Liste aufgenommen worden sind, können von diesem Recht Gebrauch machen,[7] nicht hingegen Personen, die in der Vorschlagsliste unberücksichtigt blieben, selbst wenn bei ihnen zu Unrecht die Voraussetzungen der §§ 32–34 angenommen wurden.[8] Denn es handelt sich um die Vorschlagsliste zu einer Wahl, auf deren Ausgang der Betroffene keinen Anspruch hat.[9] Die Ausübung des Einspruchsrechts ist auch nicht an die Regeln der Geschäftsfähigkeit geknüpft und auch nicht daran, dass man zum Schöffenamt befähigt ist.[10] Sinn der Regelung ist, „alles mögliche Material zu gewinnen, um die Jahresliste nachher sachgemäß festzustellen".[11]

3. Einspruchsfrist. Der Einspruch muss **binnen einer Woche**, gerechnet vom Ende der Auflegungsfrist, erhoben werden (zum Adressaten s. Rn. 5). Die **Fristberechnung** richtet sich nach §§ 187 Abs. 1, 188 Abs. 2 BGB. Es kann aber auch schon nach der Beschlussfassung und vor Beginn der Auflegungsfrist Einspruch erhoben werden. Wird die Einspruchsfrist versäumt, ist eine Wiedereinsetzung nicht möglich.[12] Ein verspäteter Einspruch kann jedoch dem Gemeindevorsteher Anlass zur Anzeige gemäß § 38 Abs. 2 geben. 3

Nach der Entscheidung des BGH vom 4.6.1996 zu § 36 Abs. 1 Satz 1[13] könnte nunmehr zweifelhaft sein, ob die **Wochenfrist** bereits nach Ablauf des fünften Werktages zu laufen beginnt oder erst, nachdem die an sich einzuhaltende volle Woche verstrichen ist. Wenn die Anordnung der verkürzten Auflegungsfrist vom BGH nicht beanstandet worden ist, erscheint es nur konsequent, die Einspruchsfrist nach Ablauf der festgesetzten Auflegungsfrist beginnen zu lassen. 4

4. Formerfordernis und Adressat. Der Einspruch ist **schriftlich oder zu Protokoll** zu erheben, wobei umstritten ist, wer Adressat des Einspruchs zu sein hat. Während teilweise angenommen wird, der Einspruch sei an den zur Entscheidung berufenen Ausschuss nach §§ 40, 41, also an das Amtsgericht, bei dem er gebildet ist, zu richten,[14] wird der Einspruch richtigerweise an die **Gemeindeverwaltung** (an den Gemeindevorsteher) zu richten sein, weil § 38 Abs. 1 vorsieht, dass dieser die Vorschlagsliste *nebst den Einsprüchen* an den Richter beim Amtsgericht übersendet.[15] Hierfür spricht auch der Umstand, dass das Auflegungsverfahren ja nach kommunalrechtlichen Grundsätzen ausgestaltet ist. Jedenfalls unstreitig wird die Frist zum Einlegen aber gewahrt, wenn der Einspruch innerhalb einer Woche bei einem der Adressaten eingelegt wird,[16] weshalb letztlich vermittelnd auch angenommen wird, der Einspruch könne fristwahrend sowohl beim Schöffenwahlausschuss als auch bei der Gemeinde eingelegt werden.[17] Die Gemeinden sind gehalten, die Möglichkeit zur Protokollierung zu eröffnen.[18] Eine entsprechende Hinweispflicht sieht 5

---

6 OK/*Goers* 1; MüKo/*Schuster* 4; *Katholnigg* 2; Kissel/*Mayer* 4; *Eb. Schmidt* 1.
7 *Katholnigg* 2; Kissel/*Mayer* 4; *Eb. Schmidt* 1.
8 SK/*Degener* 1.
9 KK/*Barthe* 2.
10 Kissel/*Mayer* 4; **a.A.** *Schorn* (Laienrichter) 69.
11 Begr. 46, 82; *Hahn* Mat. I 85.
12 *Kissel/Mayer* 3; SK/*Degener* 3; KK/*Barthe* 3; SSW/*Güntge* 1.
13 BGHR § 36 Abs. 3 GVG – Bek.; BGH bei *Kusch* NStZ **1997** 74 Nr. 28.
14 Kissel/*Mayer* 2; KK/*Barthe* 3; *Schmitt/Köhler* 2.
15 *Katholnigg* 3; SK/*Degener* 3; MüKo/*Schuster* 6.
16 Kissel/*Mayer* 2; MüKo/*Schuster* 6; MüKo/*Barthe* 3.
17 Radtke/Hohmann 2.
18 *Katholnigg* 3; MüKo/*Schuster* 7.

das Gesetz zwar nicht vor, aber aus Zweckmäßigkeitsgründen sollte davon Gebrauch gemacht werden.

6 **5. Einspruchsverfahren.** Wenngleich es sich bei der Auflegung um ein gemeindliches Verfahren handelt, richtet sich das Einspruchsverfahren nicht nach kommunalrechtlichen Regeln, sondern hierfür sieht **§ 41** ein besonderes Entscheidungsverfahren des **Schöffenwahlausschusses** vor. Wegen der Einzelheiten s. dort.

§ 38

(1) Der Gemeindevorsteher sendet die Vorschlagsliste nebst den Einsprüchen an den Richter beim Amtsgericht des Bezirkes.

(2) Wird nach Absendung der Vorschlagsliste ihre Berichtigung erforderlich, so hat der Gemeindevorsteher hiervon dem Richter beim Amtsgericht Anzeige zu machen.

Entstehungsgeschichte

Das VereinhG 1950 brachte die textliche Übereinstimmung mit dem geänderten § 36. Die Ersetzung von „Amtsrichter" in den Absätzen 1, 2 durch „Richter beim Amtsgericht" beruht auf Art. II Nr. 6 PräsVerfG.

1 **1. Absendung (Absatz 1).** Nach Ablauf der Einspruchsfrist übersendet der Gemeindevorsteher unter Beachtung des nach § 57 bestimmten Zeitpunktes die Vorschlagslisten nebst den Einsprüchen (auch den verspäteten) an den Richter beim Amtsgericht, der allerdings auch selbst in geeigneter Weise dafür zu sorgen hat, dass ihm diese rechtzeitig zugehen. Nötigenfalls muss er die Kommunalaufsicht einschalten.[1] Da es sich lediglich um eine **Ordnungsvorschrift** handelt, ist auch die Übersendung durch den Vorsteher der Gemeindevertretung unschädlich. Obwohl der Gesetzeswortlaut eine Übersendung „an den Richter beim Amtsgericht" fordert, genügt die allgemeine Adressierung an das Amtsgericht.

2 **2. Berichtigung der Vorschlagsliste (Absatz 2).** Eine Berichtigung der Vorschlagsliste wird erforderlich, sobald der Gemeindevorsteher, gleichviel auf welchem Wege, von einem **Mangel** der in § 37 bezeichneten Art Kenntnis erlangt. Der Gemeindevorsteher hat auch mitzuteilen, wenn eine vorgeschlagene Person nachträglich verstorben ist oder von ihrem Ablehnungsrecht Gebrauch gemacht hat. Der Wegzug aus dem Gemeindegebiet ist kein Grund zur Berichtigung.[2] Die **Anzeigepflicht** besteht auch dann, wenn nachträglich bekannt wird, dass die Vorschriften des § 36 Abs. 1 Satz 2, Abs. 2 Satz 2, Abs. 3, Abs. 4 Satz 1 nicht eingehalten worden sind.[3]

3 **3. Zuständigkeit zur Berichtigung.** Für die Berichtigung der Vorschlagsliste ist nicht der Gemeindevorsteher, sondern der **Schöffenwahlausschuss** gemäß §§ 40, 41 zuständig.[4]

---

1 *Katholnigg* 1; Kissel/*Mayer* 1; OK/*Goers* 3; SK/*Degener* 1.
2 Kissel/*Mayer* 2; MüKo/*Schuster* 3; KK/*Barthe* 2; *Schmitt*/*Köhler* 2.
3 *Katholnigg* 2.
4 MüKo/*Schuster* 5; OK/*Goers* 7.

Werden Gründe vor der Absendung der Liste bekannt, sind sie mit der Absendung mitzuteilen; danach eintretende oder bekannt werdende Gründe hat der Gemeindevorsteher dem Vorsitzenden des Einspruchsausschusses mitzuteilen.[5]

§ 39

[1]Der Richter beim Amtsgericht stellt die Vorschlagslisten der Gemeinden zur Liste des Bezirks zusammen und bereitet den Beschluß über die Einsprüche vor. [2]Er hat die Beachtung der Vorschriften des § 36 Abs. 3 zu prüfen und die Abstellung etwaiger Mängel zu veranlassen.

Entstehungsgeschichte

Das VereinhG 1950 ersetzte „Urliste“ durch „Vorschlagsliste“; Art. II Nr. 6 des PräsVerfG „Amtsrichter“ durch „Richter beim Amtsgericht“. Die Änderung von „Vorschlagslisten des Bezirks“ in „Vorschlagslisten der Gemeinden zur Liste des Bezirks“ in Satz 1 und von „Absatz 2“ in „Absatz 3“ in Satz 2 beruht auf Art. 2 Nr. 9 des 1. StVRG 1974.

1. Vorbereitende Aufgaben (Satz 1). Der Richter hat die Vorschlagslisten der Gemein- 1
den des Bezirks zu einer **einheitlichen Vorschlagsliste** (vgl. § 41: „… die Vorschlagsliste …“) zusammenzustellen. Dabei handelt es sich um eine reine Sichtungsarbeit ohne Entscheidungsbefugnisse. Fehlen einzelne Listen, hat er sie nachzufordern, wobei ihm Zwangsmaßnahmen aber nicht zustehen; notfalls ist die Kommunalaufsicht einzuschalten.[1] Er bereitet ferner den vom Ausschuss (§ 41) zu fassenden **Beschluss über die Einsprüche** vor. Dazu gehören namentlich Ermittlungen, deren es bedarf, wenn die geltend gemachten Tatsachen weder gerichtskundig noch genügend dargetan sind. Darüber hinaus hat der Richter zur Vorbereitung der Wahl in geeigneter Weise auch bei den nicht durch Einspruch Betroffenen festzustellen, ob Hinderungsgründe der in § 37 bezeichneten Art vorliegen, z.B. durch Einholung einer Auskunft aus dem Zentralregister (§ 39 BZRG), von Auskünften des Insolvenzrichters oder des Vormundschaftsgerichts.

Zur **Vorbereitung des Beschlusses über die Einsprüche** hat der Richter beim Amts- 2
gericht den Sachverhalt so aufzuklären, dass der Ausschuss beschließen kann. Dazu muss er ggf. von Amts wegen prüfen, ob einer Wahl entgegenstehende Umstände vorliegen.[2]

2. Prüfungspflicht (Satz 2). Die Prüfungspflicht des Richters beim Amtsgericht er- 3
streckt sich zunächst auf die **Feststellung der Vollständigkeit der Listen**. Fehlt die Liste einer Gemeinde, hat er diese nachzufordern,[3] notfalls unter Einschaltung der Kommunalaufsicht. Sodann hat er zu prüfen, ob die Listen in der erforderlichen Dauer öffentlich aufgelegt waren sowie ihre vorherige Ankündigung.[4] Stellt er hierzu Mängel fest, hat er diese abzustellen. Dazu kann er eine neue Auflegung der Vorschlagsliste und erforderlichenfalls auch eine neue Bekanntmachung anordnen. Ferner hat er, um dem Wahlausschuss eine dem § 42 Abs. 2 entsprechende Wahl zu ermöglichen, weiter zu prüfen, ob die

5 Kissel/*Mayer* 3.
1 BGHSt **33** 290; MüKo/*Schuster* 3; KK/*Barthe* 1.
2 Kissel/*Mayer* 6; SK/*Degener* 3; SSW/*Güntge* 2.
3 BGHSt **33** 290 = NJW **1986** 1356; BGHR GVG § 42 Abs. 1 Vorschlagsliste 1.
4 BGH StV **2001** 156; Radtke/Hohmann 3.

Vorschlagsliste den Anforderungen des § 36 Abs. 2 Satz 2 entspricht,[5] und erforderlichenfalls eine Ergänzung zu veranlassen. Weitergehende Prüfungspflichten wegen der sonstigen Voraussetzungen des § 36 bestehen nicht, weil es sich insoweit auch um außerhalb des Verantwortungsbereichs der Justiz liegende Verstöße handelt. Das hindert ihn jedoch nicht, derartige erkannte Mängel beim Gemeindevorsteher zu beanstanden. Der BGH[6] hat dennoch seine Neigung zur Annahme einer entsprechenden Prüfungspflicht ausgesprochen, weil § 36 zu den Vorschriften gehöre, die den gesetzlichen Richter bestimmen. Diese Ansicht findet in der klaren gesetzlichen Regelung keine Stütze.[7] Die Prüfungspflicht erstreckt sich auch nicht auf das Einhalten des zeitlichen Abstands zwischen Ankündigung und sodann erfolgter Auslegung.[8]

4 **3. Folgen einer fehlerhaften Vorschlagsliste.** Im Rahmen der Überprüfungsmöglichkeiten des Richters beim Amtsgericht sind zwei wesentliche Fehlerquellen denkbar. Zum einen kann trotz Aufforderung eine **fehlende Liste** einer Gemeinde nicht nachgereicht worden sein und der Schöffenwahlausschuss würde gleichwohl eine Wahl durchführen, und zum anderen könnte das **Auflegungsverfahren** vorschriftswidrig gewesen sein. Im ersten Fall wäre zwar das Vorgehen des Schöffenwahlausschusses fehlerhaft, aber dies hätte keine Auswirkungen auf die **Besetzung des Gerichts**, weil die gewählten Schöffen auf der Liste des Bezirks vorgeschlagen waren und durch den richtig besetzten Wahlausschuss gewählt worden sind.[9] Dieses Ergebnis gilt auch für den zweiten Fall, weil Fehler bei den (gemeindlichen) Vorbereitungsarbeiten zur Aufstellung der Vorschlagslisten außerhalb des engeren Bereichs unmittelbarer Einwirkungsmöglichkeit und Verantwortung der Justiz liegen.[10] Ein durchgreifender Fehler liegt aber dann vor, wenn es infolge nicht vorgelegter Listen zu einer Schöffenwahl gar nicht kommt, weil dann die Schöffengerichte und die großen Strafkammern nicht mehr ordentlich besetzt werden können.[11] Im Übrigen gilt hinsichtlich festgestellter, indessen nicht beseitigter Mängel der Prüfungsmaßstab der Willkür.[12]

§ 40

(1) Bei dem Amtsgericht tritt jedes fünfte Jahr ein Ausschuß zusammen.

(2) [1]Der Ausschuß besteht aus dem Richter beim Amtsgericht als Vorsitzenden und einem von der Landesregierung zu bestimmenden Verwaltungsbeamten sowie sieben Vertrauenspersonen als Beisitzern. [2]Die Landesregierungen werden ermächtigt, durch Rechtsverordnung die Zuständigkeit für die Bestimmung des Verwaltungsbeamten abweichend von Satz 1 zu regeln. [3]Sie können diese Ermächtigung durch Rechtsverordnung auf oberste Landesbehörden übertragen.

(3) [1]Die Vertrauenspersonen werden aus den Einwohnern des Amtsgerichtsbezirks von der Vertretung des ihm entsprechenden unteren Verwaltungsbezirks mit einer Mehrheit von zwei Dritteln der anwesenden Mitglieder, mindestens jedoch mit

---

5 Kissel/*Mayer* 3.
6 BGHSt **38** 47, 51 = NStZ **1992** 92 = StV **1991** 452.
7 Ebenso *Katholnigg* 2.
8 BGH NJW **1997** 3034; OK/*Goers* 5.
9 BGHSt **33** 290 = NJW **1986** 1356 m. abl. Anm. *Seebode* JR **1986** 474.
10 BGHR GVG § 36 Abs. 3Bekanntmachung 1.
11 MüKo/*Schuster* 3.
12 BGH StV **2001** 156 = BGHR GVG § 36 Abs. 3 Vorschlagsliste 2; OK/*Goers* 8.

der Hälfte der gesetzlichen Mitgliederzahl gewählt. ²Die jeweiligen Regelungen zur Beschlussfassung dieser Vertretung bleiben unberührt. ³Umfaßt der Amtsgerichtsbezirk mehrere Verwaltungsbezirke oder Teile mehrerer Verwaltungsbezirke, so bestimmt die zuständige oberste Landesbehörde die Zahl der Vertrauenspersonen, die von den Vertretungen dieser Verwaltungsbezirke zu wählen sind.

(4) Der Ausschuß ist beschlußfähig, wenn wenigstens der Vorsitzende, der Verwaltungsbeamte und drei Vertrauenspersonen anwesend sind.

Schrifttum

Hilger Absolute Revisionsgründe, NStZ **1983** 337; *Hruschka* Zum favor traditionis bei der Anwendung von Gesetzen, dargestellt am Beispiel des § 40 Abs. 2 GVG, FS Larenz (1973) 181; *Rieß* Die Besetzungsrüge in Strafsachen in der neueren Rechtsprechung des Bundesgerichtshofs, DRiZ **1977** 289.

Entstehungsgeschichte

Gesetz v. 25.4.1922 Art. I Nr. 6 (RGBl. I S. 465). VO vom 14.6.1932 (RGBl. I S. 285) erster Teil Kapitel I Art. 8 Gesetz v. 13.12.1934 (RGBl. I S. 1233) Nr. 3. Durch das VereinhG 1950 ist § 40 in mehrfacher Hinsicht geändert worden (vgl. die nachfolgenden Anm.). Durch Art. II Nr. 6 des PräsVerfG wurde in Absatz 2 „Amtsrichter" durch „Richter beim Amtsgericht" ersetzt. Durch Art. 2 Nr. 10 des 1. StVRG 1974 wurde Absatz 1 (bisher „jedes zweite Jahr") geändert (Erweiterung der Amtsperiode auf vier Jahre). Zuletzt erfolgten umfangreichere Änderungen durch Gesetz zur Vereinfachung und Vereinheitlichung der Verfahrensvorschriften zur Wahl und Berufung ehrenamtlicher Richter vom 21.12.2004 (EhrRiVerfVereinfG, BGBl. I S. 3599): Verlängerung der Amtsperiode auf fünf Jahre (Absatz 1), Verringerung der Anzahl der Vertrauenspersonen auf sieben (Absatz 2 Satz 1) bzw. drei (Absatz 4), Ermächtigung zum Bestellen des Verwaltungsbeamten (Absatz 2 Satz 2 und 3), Änderung der erforderlichen Mehrheit bei der Wahl der Vertrauenspersonen (Absatz 3 Satz 1 Hs. 2) und Anwendbarkeit kommunalrechtlicher Wahlvorschriften (Absatz 3 Satz 2).

Übersicht

I. Zusammentritt des Wahlausschusses (Absatz 1)

1 Der **Ausschuss** besteht nicht, wie sich aus Absatz 3 ergibt, auf unbestimmte Zeit, er muss vielmehr in jedem fünften Jahr neu zusammengesetzt werden, und zwar auch dann, wenn dieselben Personen wieder bestellt werden sollen. Der genaue Zeitpunkt seiner Bildung wird entsprechend § 57 durch landesrechtliche Vorschriften bestimmt. Er muss **bei jedem Amtsgericht**[1] zusammentreten, auch wenn dieses wegen einer Konzentration nach § 58 selbst kein Schöffengericht hat; er hat dann Schöffen für das gemeinsame Schöffengericht und für die Strafkammer auszuwählen.[2] Entsprechendes gilt für die Wahl der Jugendschöffen für das gemeinsame Jugendschöffengericht und für die Jugendkammer, wenn bei dem Amtsgericht ein Jugendschöffengericht nicht besteht (§§ 35, 33 Abs. 4 JGG). Einen Sonderfall des Zusammentritts zur Vornahme von Ergänzungswahlen regelt § 52 Abs. 6 (s. dort).

II. Zusammensetzung des Ausschusses (Absatz 2)

2 **1. Der Vorsitzende. Richter beim Amtsgericht,** der den Vorsitz im Ausschuss führt, ist bei einem mit mehr als einem Richter besetzten AG, der durch das Präsidium im Geschäftsverteilungsplan des Amtsgerichts bezeichnete Richter;[3] das **kann auch der Präsident oder Direktor des Amtsgerichts sein.**[4] Noch hinreichend ist auch die Bestimmung des Ausschussvorsitzenden in der Weise, dass im Geschäftsverteilungsplan dem RiAG einer bestimmten Abteilung alle Aufgaben zugewiesen werden, die nicht einer anderen Abteilung zugewiesen sind.[5] Nach § 35 Abs. 4 JGG führt bei der Wahl der Jugendschöffen und -hilfsschöffen der Jugendrichter (beim Vorhandensein mehrerer Jugendrichter der im Geschäftsverteilungsplan bezeichnete) den Vorsitz; es besteht kein rechtliches Hindernis, dass im Geschäftsverteilungsplan dieser Jugendrichter als Ausschussvorsitzender auch bei der Wahl der übrigen Schöffen bezeichnet wird, denn auch er ist allgemein ein Richter beim Amtsgericht. Der Richter handelt unter richterlicher Unabhängigkeit, denn die Tätigkeit im Ausschuss ist nicht der Justizverwaltung, sondern der Rechtsprechung zuzurechnen.[6] Der Vorsitzende muss nicht Richter auf Lebenszeit sein.[7]

---

1 Für das Land Berlin bestimmt § 4a Abs. 1 Satz 2 EGGVG, dass dort die Wahl bei einem gemeinsamen Amtsgericht stattfinden kann (zur Begr. vgl. BTDrucks. **14** 870). Berlin hat von dieser Ermächtigung Gebrauch gemacht und nach § 6a seines AGGVG die Wahl bei dem Amtsgericht Tiergarten konzentriert, bei dem seit Jahren die Strafsachen in Berlin zusammengefasst sind, und hat dort entsprechende Schöffenwahlausschüsse gebildet.

2 BGH NJW **1986** 1356 = JR **1986** 473 m. Anm. *Seebode*; MüKo/*Schuster* 2; MüKo/*Barthe* 2; *Schmitt*/*Köhler* 1.

3 BGHSt **26** 211; **29** 283; BGH NJW **1980** 2364 mit Anm. *Katholnigg* NStZ **1981** 32.

4 RG v. 20.10.1930 – III 266/30 und v. 7.4.1932 – III 172/32; SK/*Degener* 4.

5 BGH bei *Pfeiffer*/*Miebach* NStZ **1986** 210 Nr. 28.

6 BGHSt **29** 284 = NJW **1980** 2364; OLG Stuttgart NJW **1985** 2343; LR/*K. Schäfer*[24] Einl. Kap. 8, 12; Kissel/*Mayer* 3; KK/*Barthe* 2.

7 Kissel/*Mayer* 3.

2. Der Verwaltungsbeamte

a) Bestimmung durch die Landesregierung. § 40 weist das Bestimmungsrecht für den dem Ausschuss angehörenden Verwaltungsbeamten der Landesregierung zu. Durch Absatz 1 Satz 3 i.d.F. des Gesetzes vom 21.12.2004 ist nunmehr ausdrücklich klargestellt, dass die Landesregierung diese Aufgabe auf nachgeordnete Stellen übertragen kann. Der frühere Streit, ob der Begriff. der Landesregierung eher wörtlich aufzufassen ist[8] oder ob schon nach bisherigem Recht die Landesregierung ihr Recht zur Bestimmung des Verwaltungsbeamten delegieren darf,[9] dürfte in Anbetracht der geltenden Fassung des Gesetzes praktisch hinfällig geworden sein. Die in Absatz 1 Satz 3 enthaltene Regelung wurde in Anlehnung an § 26 Abs. 2 Satz 4 und 5 VwGO eingeführt.[10] 3

b) Begriff des Verwaltungsbeamten. Der zu bestimmende Verwaltungsbeamte **muss** nach der auf dem VereinhG 1950 beruhenden Fassung **nicht ein Staatsverwaltungsbeamter sein**. Auch eine besondere Qualifizierung ist vom Gesetz nicht vorgegeben. § 40 verlangt weder beine bestimmte Laufbahngruppe noch einen speziellen Tätigkeitsbereich, auch muss der Verwaltungsbeamte seinen Wohnsitz nicht im Bezirk des Amtsgerichts haben.[11] Die Ernennung eines Kommunalbeamten zum Mitglied des Ausschusses ist hiernach zulässig. Er braucht nicht namentlich bestimmt zu werden; genügend ist z.B. die Bestimmung des – jeweils amtierenden – Landrats eines Kreises.[12] Er muss auch nicht im Bezirk des Amtsgerichts wohnen. Für den Fall seiner Verhinderung darf ein Stellvertreter, der ebenfalls Verwaltungsbeamter sein muss, bestellt werden. Die Landesregierung kann ihn selbst bestellen oder den Verwaltungsbeamten ermächtigen, im Fall seiner Verhinderung einen Vertreter auszuwählen.[13] Fehlt eine spezielle Vertretungsregelung, tritt der nach allgemeinen Vorschriften zuständige Vertreter ein.[14] Der Vertretene und der Vertreter können abwechselnd an derselben Ausschusssitzung teilnehmen.[15] 4

c) Zuständigkeitskonzentration. Umfasst der Amtsgerichtsbezirk mehrere Verwaltungsbezirke (Stadtkreis und Landkreis), so ist nur der Verwaltungsbeamte desjenigen Bezirkes zur Teilnahme an der Ausschusssitzung berufen, in dem sich der Sitz des Amtsgerichts befindet, da § 40 Abs. 2 nur die Mitwirkung *eines* Verwaltungsbeamten bei der Wahl vorschreibt und zulässt.[16] 5

3. Vertrauenspersonen (Absätze 2 und 3)

a) Entwicklungsgeschichte. Die **Zahl der Vertrauenspersonen** betrug ursprünglich sieben; sie wurde durch das VereinhG 1950 auf zehn erhöht, um die Stellung der Vertrauenspersonen gegenüber dem Richter und dem Verwaltungsbeamten zu stärken und einsei- 6

---

8 Kissel/*Mayer* 5.
9 *Hruschka* FS Larenz 181; *Katholnigg* 3; *Schmitt/Köhler* 4; vgl. etwa NRW VO über die Bestimmung des Verwaltungsbeamten vom 26.5.1958 (GVBl. 268 – SaBl. 786); zum bisherigen Streitstand wird auf die 25. Aufl., 3 verwiesen.
10 BTDrucks. **15** 411.
11 MüKo/*Schuster* 4: SK/*Degener* 5.
12 BGHSt **12** 197, 203 = NJW **1959** 349; *Katholnigg* 3; *Kissel/Mayer* 4; *Schmitt/Köhler* 4.
13 BGHSt **12** 197, 202.
14 BGHSt **12** 197, 204.
15 RG v. 31.3.1921 – I 305/21.
16 BGHSt **26** 207; Kissel/*Mayer* 7; *Schmitt/Köhler* 4.

tige parteipolitische Einflüsse auf die Wahl möglichst zurückzudrängen. Durch Gesetz vom 21.12.2004 (BGBl. I S. 3599) wurde die Zahl wieder auf **sieben** reduziert zum Zwecke der Harmonisierung mit den entsprechenden Regelungen in § 26 Abs. 2 VwGO und § 23 Abs. 2 FGO.[17] Dies dürfte letztlich auch einer Reduzierung des Verwaltungsaufwandes geschuldet gewesen sein. Die Wahl der Vertrauenspersonen erfolgte ursprünglich „nach näherer Bestimmung der Landesgesetze durch die Vertretungen der Kreise, Ämter, Gemeinden oder dergleichen Verbände", beim Fehlen solcher Vertretungen durch den Amtsrichter. Als „Vertretungen der Kreise usw." waren nur Körperschaften der Selbstverwaltung anzusehen, d.h. Organe, auf deren Zusammensetzung die Angehörigen dieser Gebietskörperschaften Einfluss ausüben,[18] daher z.B. nicht ein Beauftragter der Staatsverwaltung („Staatskommissar"), dem die Wahrnehmung der Verwaltungsgeschäfte einer Stadtgemeinde und der Befugnisse der „Vertretung" übertragen war. Wegen des Wegfalls der Vertretungskörperschaften in der Zeit nach 1933 übertrug das Gesetz v. 13.12.1934 (RGBl. I S. 1233) Nr. 3 die Wahl der Vertrauenspersonen dem Amtsrichter.

7 **b) Geltendes Recht.** Das VereinhG 1950 stellte den früheren Rechtszustand insofern wieder her, als die Wahl einer Vertretungskörperschaft zusteht. Und zwar ist Wahlorgan die Vertretung des dem Amtsgerichtsbezirk räumlich entsprechenden unteren Verwaltungsbezirks, d.h. des Bezirks, in dem in unterster Instanz die Aufgaben der Staatsverwaltung, auch in der Form der Erledigung von Auftragsangelegenheiten durch Gemeinden, wahrgenommen werden (Kreis und kreisfreie Stadt). Art. 28 GG schreibt bindend vor, dass in den Kreisen und Gemeinden eine von den Gebietseinwohnern gewählte Vertretung bestehen muss; infolgedessen erübrigte sich ein Hinweis auf nähere Regelung des Landesrechts und eine Bestimmung für den Fall, dass eine Vertretung nicht vorhanden sei, wie sie § 40 in seiner ursprünglichen Fassung enthielt. Ob die Wahl der Vertrauenspersonen einem anderen Gremium überlassen werden darf (z.B. Kreisrat oder Kreisausschuss), hängt von der jeweiligen **kommunalrechtlichen Regelung** und der Intensität der Verbindung der Vertretung mit diesem anderen Gremium ab.[19] Wegen der darin liegenden Rechtsunsicherheit sollte von einem derartigen Weg abgesehen werden.[20] Ausgeschlossen ist jedenfalls eine Vertretung in Dringlichkeitsfällen dann, wenn eine Einzelperson als Vertreter in Betracht kommt, weil diese keine Wahl durchführen kann.[21] Dann kann auch keine nachträgliche Heilung in Form einer Bestätigung durch das an sich zuständige Beschlussorgan erfolgen. Vielmehr ist vom zuständigen Beschlussorgan eine ordnungsgemäße Wahl vorzunehmen.[22] Ob diese den früheren Mangel rückwirkend heilt[23] oder nicht,[24] dürfte im Sinne der erstgenannten Auffassung zu entscheiden sein,[25] weil es sich um ein kommunalrechtliches Verfahren handelt, das auch in diesem Punkt keine Ausnahme im Lichte des gesetzlichen Richters (Art. 101 GG) erfordert, denn es handelt sich lediglich um die Vorbereitung der Konkretisierung des gesetzlichen Richters.

---

17 BTDrucks. **15** 411 S. 8.

18 RGSt **67** 120.

19 BGHSt **20** 37, 40 zur Unzulässigkeit in BW; BGHSt **20** 309 zur Zulässigkeit in NRW; BayObLGSt **1987** 131 zur Unzulässigkeit in Bayern.

20 *Katholnigg* 4; diesen Weg lehnen grundsätzlich ab: *Kissel/Mayer* 9; KMR/*Paulus* 3.

21 BayObLGSt **1987** 131 = StV **1988** 11; dort hatte der nach der BayKreisO nicht zur Vertretung berufene Kreisausschuss die Wahl vorgenommen; der zuständige Landrat hätte hingegen eine Wahl ohnehin nicht durchführen können.

22 BGHSt **20** 37; **20** 309.

23 So BGHSt **20** 309, wenn dies vom jeweiligen Kommunalverfassungsrecht vorgesehen ist.

24 So BGHSt **20** 37.

25 **A.A.** *Kissel/Mayer* 18.

Wie in § 36 ist auch hier eine **qualifizierte Mehrheit** bei der Wahl vorgeschrieben, um eine Einwirkung einseitig parteipolitischer oder sonstiger unsachlicher Gesichtspunkte auf die Auswahl nach Möglichkeit auszuschließen (vgl. § 36, 3). Gleichwohl lässt auch § 40 in der seit dem 1.1.2005 geltenden Fassung aus letztlich pragmatischen Erwägungen wie auch in § 36 nunmehr eine Mehrheit von zwei Dritteln der anwesenden Mitglieder ausreichen, mindestens jedoch die Hälfte der gesetzlichen Mitgliederzahl, weil die bislang erforderliche Anzahl von Stimmen häufig schlichtweg nicht zustande kam.[26] Die gewählten Vertrauenspersonen können auch Mitglieder der wählenden Vertretungskörperschaft sein.[27] Bei der Wahl der Vertrauenspersonen sind weder der Fraktionsstärke noch der Vielfalt der Bevölkerungsgruppen Rechnung zu tragen.[28] Für verhinderte Vertrauenspersonen kann die Gemeindevertretung Vertreter wählen, die an Stelle der Verhinderten an der Ausschusssitzung teilnehmen.[29] Die Reihenfolge ihres Eintritts muss jedoch bestimmt werden, was auch durch Zuordnung zu einer bestimmten Vertrauensperson erfolgen kann.[30] Wegen der Bedeutung einer im Hinblick auf die Person des Verwaltungsbeamten oder der Vertrauenspersonen fehlerhaften Wahl s.u. Rn. 10, 14. 8

c) Rechtliche Stellung der Vertrauenspersonen. Die Vertrauenspersonen müssen zunächst ihren **Wohnsitz** während der gesamten Amtsperiode im Bezirk des Amtsgerichts haben; bei Wegzug hat eine Nachwahl zu erfolgen.[31] Das Gesetz selbst enthält im Hinblick auf die Stellung der Vertrauenspersonen nur wenige Vorschriften, etwa hinsichtlich der Entschädigung nach § 55 oder bezüglich eines unentschuldigten Ausbleibens nach § 56. Ob allein aus letzterem eine bundesrechtliche Pflicht zur Übernahme dieser Aufgabe hergeleitet werden kann,[32] muss bezweifelt werden, weil insoweit zwischen der Pflicht zur Übernahme einerseits und den Folgen mangelhafter Ausübung andererseits unterschieden werden muss. Ob bzw. inwieweit eine **Pflicht zur Übernahme dieses Ehrenamts** besteht, richtet sich vielmehr **nach Landesrecht**,[33] ebenso, ob die Unfähigkeitsgründe der §§ 31, 32 auch zur Unfähigkeit zum Amt als Vertrauensperson führen, wie dies etwa § 5 Nds. AGGVG (vom 5.4.1963, GVBl. 225) vorsieht, wo darüber hinaus auch die §§ 33 bis 35 für entsprechend anwendbar erklärt sind.[34] Hervorzuheben ist, dass die Entscheidung über eine Ablehnung des Wahlamtes nur dem für die Wahl zuständigen Vertretungsorgan zusteht; § 56 gilt hier nicht. 9

III. Beschlussfähigkeit und Aufgaben (Absatz 4)

Wegen des Wahltermins vgl. § 57. Leiter der (nicht öffentlichen) Wahlverhandlung ist der Richter beim Amtsgericht (o. Rn. 2) als Vorsitzender. Die zur Beschlussfähigkeit erforderliche Zahl von anwesenden Vertrauenspersonen ist durch das VereinhG 1950 von drei auf fünf erhöht, durch Gesetz vom 21.12.2004 zur Angleichung an § 26 Abs. 3 VwGO 10

---

26 BTDrucks. **15** 411; vgl. auch o. 3.
27 BGH NStZ **1981** 150.
28 OVG Bautzen LKV **2023** 498.
29 BGHSt **12** 197, 204; OK/*Goers* 20; Radtke/Hohmann 4.
30 *Katholnigg* 4.
31 Kissel/*Mayer* 8; MüKo/*Schuster* 5; SK/*Degener* 8; *Schmitt/Köhler* 3.
32 So Kissel/*Mayer* 12.
33 MüKo/*Schuster* 7; OK/*Goers* 24.
34 Ebenso *Schmitt/Köhler* 4; *Eb. Schmidt* 4; Nach Kissel/*Mayer* 12 (allerdings ohne Begründung) sollen diese Vorschriften, ebenso wie die sozialen Schutzvorschriften (§ 55), generell anzuwenden sein.

und § 23 Abs. 3 FGO[35] indessen wieder auf drei reduziert worden. Der Wahlausschuss ist also beschlussfähig, wenn zumindest der Vorsitzende, der Verwaltungsbeamte und drei Vertrauenspersonen zugegen sind.[36] Die Frage der Beschlussfähigkeit wird praktisch aber nur bedeutsam, wo ein den Erfordernissen des Absatzes 2 entsprechender Ausschuss besteht.[37] Die **Beschlussfähigkeit muss der Richter beim Amtsgericht feststellen.**[38] Die Anzahl der für das Schöffengericht zu wählenden Schöffen wird nach § 43 bestimmt. Wegen der Zahl der zu wählenden Strafkammerschöffen vgl. § 77, wegen der Jugendschöffen § 35 JGG (hier muss die gleiche Anzahl von Männern und Frauen gewählt werden). Wegen der für die Auswahl zu beobachtenden Grundsätze vgl. § 42 Abs. 2. Zur Abstimmung: §§ 41, 42. Über Maßnahmen gegen unentschuldigt ausbleibende Vertrauenspersonen s. § 56.

IV. Fehler bei der Schöffenwahl

1. Fehler beim Zustandekommen des Schöffenwahlausschusses

11 **a) Allgemeines.** Das GVG enthält keine Regelungen zur Überprüfung von Besetzung und Bestellung des Schöffenwahlausschusses.[39] Die Regelungen über die Bildung des Schöffenwahlausschusses haben in der Vergangenheit aber wiederholt zu revisionsrechtlichen Überprüfungen Anlass gegeben. Die gerügten Verstöße waren dabei ganz unterschiedlicher Natur. Aufgrund der Rechtsprechung des BVerfG und des BGH bestand lange Einigkeit, dass Verstöße gegen die ordnungsgemäße Besetzung des Ausschusses die Unwirksamkeit seiner Beschlüsse zur Folge hatte.[40] Diese Unwirksamkeit konnte in den einzelnen Strafsachen unter dem Gesichtspunkt der unrichtigen Besetzung (§ 338 Nr. 1 StPO) geltend gemacht werden, die unter Mitwirkung der von einem solchen Ausschuss gewählten Laienrichter stattfanden.[41] Eine Heilung des Mangels war nur (mit Wirkung ex nunc) dadurch möglich, dass ein ordnungsgemäß zusammengesetzter Ausschuss die Wahl der Laienrichter wiederholte.[42] In späteren Entscheidungen[43] wurde diese strenge Rechtsprechung zwar im Lichte sich wandelnder Betrachtungsweisen abgeschwächt, aber eine klare Linie lässt sich daraus noch nicht ableiten.

12 Es ist aber immerhin eine **Tendenz** erkennbar, der schon länger in der Literatur vertretenen Ansicht zu folgen, **Besetzungsrügen** im Interesse der Rechtssicherheit **einzuschränken.**[44] Insoweit sollte darauf abgehoben werden, dass auch sonst nur ein objektiv willkürliches Verhalten des Gerichts den Vorwurf der Richterentziehung (Art. 101 Abs. 1 Satz 2 GG, § 16) rechtfertigt und ein verzeihlicher error in procedendo weitgehend den Bestand des Urteils unberührt lässt.[45] Im Übrigen betrifft die Zusammensetzung des Ausschusses noch nicht unmittelbar die Frage des gesetzlichen Richters, sondern erst die Wahl

35 BTDrucks. **15** 411.
36 SK/*Degener* 11.
37 BVerfGE **31** 181; OLG Frankfurt NJW **1971** 1327.
38 *Katholnigg* 5.
39 MüKo/*Schuster* 9.
40 Vgl. BVerfGE **31** 181; BGHSt **20** 37; s.a. OLG Frankfurt NJW **1971** 1327.
41 RGSt **67** 120; BGHSt **20** 37; OLG Frankfurt NJW **1971** 1327; *Eb. Schmidt* 5; einschränkend KMR/*Paulus* 2b.
42 BGHSt **20** 37 betr. Bad-Württ.
43 BVerfG NJW **1982** 2368; BGHSt **26** 206; **29** 283; **37** 245; NJW **1988** 3165; BGHRSt 1994 zu § 42 Abs. 1 GVG, Schöffenwahl 3.
44 *Katholnigg* 6; *Schmitt/Köhler* 7; KK/*Barthe* 3; LR/*K. Schäfer*[24] Einl. Kap. 5 104; LR/*Hanack*[25] § 338, 29 ff. StPO; *Rieß* DRiZ **1977** 289; kritisch hierzu SK/*Degener* 12 ff.
45 LR/*K. Schäfer*[24] § 16, 16, 18 ff., 21.

der Schöffen führt zum konkreten gesetzlichen Richter. Deswegen dürften bei vorbereitenden Entscheidungen weniger strenge Anforderungen an die Zusammensetzung des Wahlkörpers (und seines Verfahrens) gerechtfertigt sein, zumal es darum geht, bei der Bestimmung des gesetzlichen Richters Manipulationen vorzubeugen[46] und dies dürfte regelmäßig ausscheiden, weil der Ausschuss keinerlei Einfluss darauf hat, welcher Schöffe mit welcher Sache befasst wird. Außerdem sind dortige Mängel weitgehend der Kognition des erkennenden Gerichts entzogen.[47] Unterstützung findet diese Ansicht auch in der ausführlichen Begründung des StVÄG 1979.[48]

Dogmatisch kann dieser Weg in einer **Analogie zu** dem im Jahre 1972 geschaffenen **13**
§ 21b Abs. 6 Satz 2, 3 gefunden werden, der einer Gesetzesverletzung bei der Wahl des Präsidiums, die zur Folge hat, dass dieses nicht ordnungsgemäß (dem Gesetz entsprechend) zusammengesetzt ist, im Interesse der Rechtssicherheit nicht die Wirkung beilegt, dass die von einem solchen Präsidium gemäß § 21e Abs. 1 besetzten Spruchkörper vorschriftswidrig i.S.d. § 338 Nr. 1 StPO besetzt sind (vgl. § 21b).[49] Es erscheint nach den Regeln der Rechtslogik und -systematik fast zwangsläufig, dass der Regelung in § 21b Abs. 6 auch Bedeutung zukommt bei der Frage, ob eine fehlerhafte Zusammensetzung des Wahlausschusses bewirkt, dass die Spruchkörper, in denen die von ihm gewählten Schöffen mitwirken, nicht ordnungsgemäß i.S.d. § 338 Nr. 1 StPO besetzt sind. Denn das Präsidium verteilt selbst die dem Gericht zugewiesenen Berufsrichter unter Wertung ihrer speziellen Eignung auf die Spruchkörper, während der Wahlausschuss die Schöffen wählt und die gerichtliche Mitwirkung bei der Zuteilung zu einem bestimmten Spruchkörper in dem Formalakt der Auslosung (§§ 45, 77) besteht. Es hat also das Präsidium einen unmittelbaren und damit größeren Einfluss auf die Besetzung eines Spruchkörpers als der Wahlausschuss, der nur – vergleichbar der Ernennung und Zuweisung eines Berufsrichters an ein bestimmtes Gericht durch die zuständige Stelle – das Personal an ehrenamtlichen Richtern zur Verfügung stellt, aber keinen weiteren, keinen unmittelbaren Einfluss auf deren Mitwirkung in einem bestimmten Spruchkörper und in einem bestimmten Verfahren hat. Gerade diese geringere unmittelbare Einwirkungsmöglichkeit des Wahlausschusses spricht für eine a maiore ad minus-Folgerung, dass auch bei der Frage, inwieweit die rechtsfehlerhafte Zusammensetzung des Wahlausschusses sich auf die ordnungsgemäße Besetzung eines Spruchkörpers auswirkt, in dem von einem solchen Wahlausschuss gewählte Schöffen beteiligt sind, dem Postulat der Rechtssicherheit, dem § 21b Abs. 6 Satz 3 dient, eine gewichtige Rolle zukommt. Eine weitere, ebenfalls der Rechtssicherheit dienende Parallele findet sich in **§§ 65, 73 Abs. 2, 88 und 93 ArbGG**, wonach auf Mängel bei der Berufung der ehrenamtlichen Richter ein Rechtsmittel nicht gestützt werden kann.[50]

Der BGH hat allerdings die Analogie zu § 21b Abs. 6 Satz 3 insoweit **eingeschränkt**, **14**
dass der Fehler nicht so schwerwiegend sein dürfe, dass von einer Wahl des Ausschusses im Rechtssinne überhaupt nicht mehr gesprochen werden könne.[51] Damit wird an die Rechtsprechung zum Verstoß gegen Zuständigkeitsvorschriften angeknüpft, die nur dann nicht zur Aufhebung nach § 338 Nr. 1 StPO führt, wenn die Nichteinhaltung der Vorschriften nur irrtümlich und nicht willkürlich war.[52] Dieser sinnvollen, auch der Rechtssicher-

---

46 BVerfG NJW **1982** 2368.

47 Dazu § 36, 14; § 39, 3 f.

48 BTDrucks. **8** 976 S. 25.

49 So auch BGHSt **26** 206, 210; **37** 245; *Katholnigg* 6; *ders.* JR **1990** 82 (Anm. zu BayObLG S. 81); KMR/*Paulus* 4; LR/*K. Schäfer*[24] § 21b, 21.

50 So auch Kissel/*Mayer* 19.

51 BGHSt **26** 206.

52 S. LR/*K. Schäfer*[24] § 16, 16.

heit dienenden Beschränkung ist zuzustimmen, weil dadurch die bei einer generellen Übertragung des Gedankens des § 21b Abs. 6 entstehende Problematik, dass diese Regelung keinerlei Abstufungen von Gesetzesverstößen enthält, aufgelöst wird.

b) Einzelfälle

15 **aa) Unvollständige Besetzung.** Soweit der Schöffenwahlausschuss bei seiner Entscheidung nicht vollständig nach Absatz 2 besetzt ist und auch keine Stellvertreter bestimmt worden sind, kann er keine Beschlüsse fassen. Dabei spielt es keine Rolle, ob der zusammengekommene Ausschuss im Hinblick auf die Anzahl der Erschienenen beschlussfähig wäre.[53] Fasst ein solcher Ausschuss gleichwohl **Beschlüsse**, sind diese **unwirksam**.[54] Dieses Ergebnis steht in Einklang mit der oben (Rn. 12) genannten **Willkürrechtsprechung**, weil es sich hier um offenkundige und nicht mehr nur irrtümliche Mängel handelt. Das hat Auswirkungen auf die vorgenommenen Schöffenwahlen, weil die Teilnahme solcher Schöffen an Hauptverhandlungen zur fehlerhaften Besetzung des Gerichts führt.[55] Insoweit kommt also eine Rüge gemäß § 338 Nr. 1 StPO in Betracht. Entsprechendes gilt, wenn ein Ausschuss gar nicht besteht, was beispielsweise dann der Fall ist, wenn von den erforderlichen Vertrauenspersonen nur ein Teil gewählt worden ist,[56] oder wenn die Vertrauenspersonen von einem unzuständigen Beschlussorgan gewählt worden sind.[57] Wird dagegen ein Mitglied des Schöffenwahlausschusses erst nachträglich gewählt, ist dies unschädlich.[58]

16 **bb) Mängel im Vorsitz.** Der Ausschuss ist auch dann nicht ordnungsgemäß besetzt, wenn der Vorsitzende nicht durch das Präsidium bestellt wurde oder ein anderer als der im Geschäftsverteilungsplan vorgesehene Richter beim Amtsgericht den Vorsitz geführt hat. Das kann sich bei der Wahl der Jugendschöffen leicht ergeben, weil gemäß § 117 JGG die Jugendschöffen gleichzeitig mit den übrigen Schöffen zu wählen sind, den Vorsitz insoweit aber ein Jugendrichter nach § 35 Abs. 4 JGG führen muss.[59] Die Mitwirkung eines unzuständigen Richters macht die Wahl aber nicht ungültig (§ 22d).[60]

17 Fehlt im Geschäftsverteilungsplan eine ausdrückliche Zuweisung für die Tätigkeit im Schöffenwahlausschuss, liegt aber ein **mündlicher Präsidiumsbeschluss** vor, lässt sich daraus ebenfalls keine Ungültigkeit der Schöffenwahl ableiten.[61]

18 **cc) Überbesetzung des Ausschusses.** Eine Überbesetzung liegt vor, wenn mehr Mitglieder bestellt als nach dem Gesetz vorgesehen sind. Grundsätzlich führt dies zur nichtordnungsgemäßen Besetzung des Ausschusses und macht die **Schöffenwahl fehlerhaft**, sodass das Ge-

---

53 *Katholnigg* JR **1990** 82 spricht sich demgegenüber dafür aus, dass es ausreichend sein sollte, wenn die zur Beschlussfähigkeit erforderlichen fünf Vertrauenspersonen gewählt und anwesend sind, weil gerade der BVerfGE **31** 181 zugrunde liegende Fall zeige, dass eine Kommunalvertretung, in der keine Zweidrittelmehrheit zustande kommt, die Strafrechtspflege für den betreffenden Bezirk lahmlegen könnte.

54 OK/*Goers* 22.

55 BVerfGE **31** 181; BGHSt **12** 197, 203; **20** 37; OLG Frankfurt NJW **1971** 1327.

56 BVerfGE **31** 181; Das OLG Frankfurt NJW **1971** 1327 hatte zwar für denselben Sachverhalt die Schöffenwahl ebenfalls für unwirksam angesehen, dies aber damit begründet, dass die Wahl durch einen nicht den gesetzlichen Erfordernissen entsprechenden Ausschuss an einem wesentlichen Mangel leide.

57 BGHSt **20** 37.

58 BVerfG NJW **1982** 2368; BGH bei *Hilger* NStZ **1983** 337, 338.

59 Vgl. BGHSt **26** 206, 211.

60 Vgl. BGHSt **29** 283, 287 mit Anm. *Katholnigg* NStZ **1981** 31.

61 LG Düsseldorf NStE **1988** Nr. 1 zu § 40 GVG – Vorsitzender des Ausschusses.

richt nicht ordnungsgemäß besetzt ist. Für einen Sonderfall (Teilnahme von mehr als einem Verwaltungsbeamten) hat der BGH[62] eine Ausnahme anerkannt. Dort hatten, der Bezirk des Amtsgerichts umfasste sowohl einen Stadt-, wie einen Landkreis, (in „offensichtlicher" Verkennung der Bedeutung einer Verwaltungsanweisung) sowohl ein Verwaltungsbeamter des Stadtkreises wie des Landkreises an der Sitzung des Wahlausschusses teilgenommen. Da die Wahl einstimmig erfolgt war, hätte zur Zurückweisung der auf Überbesetzung des Wahlausschusses gestützten Besetzungsrüge vielleicht schon genügt, dass grundsätzlich Wahlfehler bedeutungslos sind, die auf das Wahlergebnis ohne Einfluss waren.[63] Der BGH hat diese Frage offen gelassen und hat vielmehr als entscheidend angesehen, dass § 21b Abs. 6 Satz 3 einen Grundsatz von allgemeiner Bedeutung enthalte, der auch im Rahmen des § 40 Beachtung verdiene und ausgesprochen, dass „jedenfalls dann, wenn der Fehler nicht so schwerwiegend ist, dass von einer Wahl im Rechtssinne überhaupt nicht mehr gesprochen werden kann, die Besetzung des Spruchkörpers, in dem ein von dem fehlerhaft zustande gekommenen Ausschuss gewählter Schöffe mitwirkt, nicht als vorschriftswidrig anzusehen ist". Denn anderenfalls müsste jeder Vorsitzende eines mit Schöffen besetzten Spruchkörpers sämtliche zur Wahl der mitwirkenden Schöffen führenden Vorgänge rechtlich nachprüfen, wenn er nicht Gefahr laufen wollte, dass die Urteile seines Spruchkörpers wegen nicht vorschriftsmäßiger Besetzung aufgehoben würden; das wäre aber ein praktisch unerfüllbares Verlangen. Dem Ergebnis und der Begründung ist zuzustimmen. Jedoch hat sich die Entscheidung mit dieser Begründung nicht begnügt, sondern zusätzlich ausgesprochen, das Ergebnis stehe im Einklang mit den zum Verbot der Richterentziehung ausgebildeten Grundsätzen, da im vorliegenden Fall die Wahl der Schöffen auf Verfahrensirrtum beruhe, nicht aber von willkürlichen sachfremden Erwägungen bestimmt sei.[64] BGH NStZ **1986** 84 begnügt sich, unter Hinweis auf BGHSt **26** 206, mit der Bemerkung, die Teilnahme von zwei Verwaltungsbeamten verstoße zwar gegen § 40 Abs. 3, der Fehler sei aber nicht so schwerwiegend, dass er die Wahl ungültig mache. Unabhängig von der „Willkür"-Frage ist eine Überbesetzung dann unschädlich, wenn (nach der dienstlichen Äußerung des Ausschussvorsitzenden) die Schöffenwahl durchweg einstimmig erfolgte.[65]

2. Fehler beim Zustandekommen der Vorschlagslisten. Nach § 36 Abs. 1 Satz 2 ist zur **19**
Aufnahme in die Vorschlagsliste für Schöffen die Zustimmung von zwei Dritteln der Zahl der anwesenden Mitglieder der Gemeindevertretung erforderlich, mindestens jedoch die Hälfte der gesetzlichen Zahl. Aus § 39 Satz 2, wonach sich die Prüfungspflicht des Richters beim Amtsgericht auf die Beachtung des § 36 Abs. 3 erstreckt, entnimmt BGHSt **22** 122 (vgl. § 36, 13), dass die **Beachtung des** § 36 **Abs. 4 nicht Gegenstand der gerichtlichen Nachprüfung** und Einflussnahme ist und ein Mangel die vorschriftsmäßige Besetzung des Gerichts nicht in Frage stellen kann. Dem liegt der Gedanke zugrunde, dass die Beachtung des § 36 Abs. 4 in den ausschließlichen Verantwortungsbereich der Gemeinde fällt, solche gemeindlichen Interna sich auch wegen der Schwierigkeiten ihrer Nachprüfung der gerichtlichen Überprüfungspflicht entziehen, und eine Besetzungsrüge nur in Betracht kommen soll, wenn im gerichtlichen Bereich eine Kognitions- und Abhilfemöglichkeit bestanden hätte. Was für Fehler i.S.d. § 36 Abs. 4 gilt, muss dann aber folgerichtig auch gelten, wenn eine Person ohne die erforderliche Mehrheit entgegen § 36 Abs. 1 Satz 2 in die Vorschlagsliste aufgenommen ist und vom Wahlausschuss zum Schöffen gewählt wird. Im Übrigen wird wegen der Revisibilität von Verstößen gegen § 36 Abs. 4 auf § 36, 14 verwiesen.

62 BGHSt **26** 206.
63 BVerfGE **34** 300; s.a. BGHSt **12** 227.
64 BGHSt **26** 210 f.
65 BGH bei *Pfeiffer/Miebach* NStZ **1986** 210; Kissel/*Mayer* 17.

3. Fehler beim Wahlvorgang

20 **a) Fehler bei der Wahl der Vertrauenspersonen.** Nach § 40 Abs. 3 Satz 1 werden die Vertrauenspersonen von ihrem Wahlorgan mit einer Mehrheit von zwei Dritteln der anwesenden Mitglieder, mindestens jedoch von der Hälfte der gesetzlichen Zahl gewählt. Im Fall BGHSt **26** 206 war die Besetzungsrüge des § 338 Nr. 1 StPO darauf gestützt, die Vertrauenspersonen des Ausschusses, der die mitwirkenden Schöffen gewählt hatte, seien ihrerseits nicht mit der erforderlichen Mehrheit gewählt worden. Der BGH sah damals keine Veranlassung zur Erörterung der Frage, ob dieser Rüge etwa mit den in BGHSt **22** 122 (o. Rn. 19) angestellten Erwägungen oder mit den aus § 21b Abs. 6 Satz 3 abgeleiteten Überlegungen (o. Rn. 13) zu begegnen sei, hat vielmehr im Wege des Freibeweises festgestellt, dass der behauptete Fehler nicht erwiesen sei, weil das Sitzungsprotokoll und eine nachträgliche Erklärung des unteren Verwaltungsbezirks „die Deutung zuließen", dass die Wahl einstimmig erfolgt sei.[66] Den Gerichten eine so weit ins Vorfeld der Laienrichterwahl reichende Nachprüfung anzulasten, erscheint freilich wenig befriedigend.[67]

21 Umfasst der Amtsgerichtsbezirk **mehrere Verwaltungsbezirke** oder Teile mehrerer Verwaltungsbezirke, so bestimmt die zuständige oberste Landesbehörde die Zahl der Vertrauenspersonen, die von den Vertretungen dieser Verwaltungsbezirke zu wählen sind. Problematisch kann dabei die Frage sein, wer „unterer Verwaltungsbezirk" i.S.d. § 40 Abs. 3 zu verstehen ist. Sind unterschiedliche Auffassungen dazu vertretbar, kann eine auf der Ansicht der obersten Landesbehörde beruhende Wahl nur als Verfahrensirrtum angesehen werden, der sich auf die Schöffenwahl nicht auswirkt. Der BGH hat im zu entscheidenden Fall dieses Ergebnis ausdrücklich auf eine entsprechende Anwendung des § 21b Abs. 6 gestützt.[68]

22 **b) Anwendung kommunaler Wahlvorschriften.** Die bislang offene Frage, ob auf die Wahl der Vertrauenspersonen die nach den kommunalrechtlichen Vorschriften ansonsten für Wahlen geltenden Grundsätze anzuwenden sind, insbesondere ob eine geheime Wahl stattfinden muss, ist durch die nunmehr in Absatz 3 Satz 2 eingefügte Regelung dahingehend beantwortet, dass sich das Wahlverfahren im Übrigen nach den jeweiligen kommunalrechtlichen Bestimmungen richtet.[69] Der BGH hatte die Frage bisher offengelassen, neigt aber ausdrücklich für den Fall einer Anwendung dieser Vorschriften bei einem Verstoß der Auffassung zu, dass dann die Grundsätze des § 21b Abs. 6 gelten und die Wahl gültig sei.[70]

23 **c) Wahl von Schöffen ohne Zweidrittelmehrheit.** Nach § 42 Abs. 1 wählt der Wahlausschuss die Schöffen mit Zweidrittel-Mehrheit der Stimmen (dazu § 42, 2). Im Fall BGHSt **26** 206 war die Besetzungsrüge des § 338 Nr. 1 StPO darauf gestützt, bei der Wahl der mitwirkenden Schöffen sei die Zweidrittel-Mehrheit nicht erreicht worden. Das über den Wahlvorgang aufgenommene Protokoll (ein solches ist übrigens hier – im Gegensatz zu §§ 41 Satz 3, 45 Abs. 4 – nicht vorgeschrieben) enthielt keine Angaben über das Stimmenverhältnis. Die **Besetzungsrüge** wurde als **revisionsrechtlich erheblich** angesehen, blieb aber erfolglos: eine den §§ 273, 274 StPO entsprechende Vorschrift bestehe hier nicht und

---

66 BGHSt **26** 212.

67 So auch Kissel/*Mayer* 20 a.E.

68 BGHSt **37** 245 = NStZ **1991** 196 = StV **1991** 146 = NJW **1991** 1764.

69 Kissel/*Mayer* 10.

70 BGHR GVG § 40 Abs. 3 Vertrauenspersonen 1. Das BayObLG NStE Nr. 3 zu § 40 GVG hat für denselben Sachverhalt ebenfalls die Gültigkeit der Wahl angenommen, dies aber damit begründet, ein Verstoß gegen den Grundsatz der geheimen Wahl sei nicht so schwerwiegend, dass er die Rüge der vorschriftswidrigen Besetzung des Spruchkörpers begründet.

die Behauptung der Revision sei nicht erwiesen, denn aus den (im Wege des Freibeweises eingeholten) Äußerungen von Teilnehmern an der Wahlausschusssitzung ergebe sich, dass die Wahl ohne Gegenstimmen erfolgt sei. Die Annahme revisionsrechtlicher Erheblichkeit der Besetzungsrüge steht nicht in Widerspruch mit den in dieser Entscheidung aus § 21b Abs. 6 Satz 3 gezogenen Folgerungen. Denn hier handelt es sich nicht um die Frage nach den Auswirkungen der von einem fehlerhaft zusammengesetzten Wahlausschuss getroffenen Entscheidungen, sondern um die ganz andere Frage nach den Auswirkungen einer von einem gesetzmäßig zusammengesetzten Ausschuss getroffenen Entscheidungen, die inhaltlich gegen das Gesetz verstoßen. Solchen Fehlern die Bedeutung für die ordnungsgemäße Besetzung des Gerichts, in dem die fehlerhaft gewählten Schöffen mitwirken, abzusprechen, ist auf dem Wege einer rechtsanalogen Anwendung des § 21b Abs. 6 nicht möglich. Davon geht auch BGHSt **26** 206 aus und BGHSt **26** 393 hat dies deutlich ausgesprochen.

d) Fehlerhafte Leitung der Wahl. Im Fall BGHSt **26** 206, 211 fungierte während der 24
gesamten Wahl, in der neben den Schöffen für die Erwachsenenspruchkörper die Jugendschöffen gewählt wurden, als Vorsitzender ein Richter beim Amtsgericht, der nach der Geschäftsverteilung Jugendrichter war; als Besetzungsfehler wurde geltend gemacht, dass nicht bei der Wahl der Schöffen für die Erwachsenenspruchkörper der nach der Geschäftsverteilung für Strafsachen für Erwachsene zuständige Richter als Vorsitzender tätig geworden sei. Die Zurückweisung der Besetzungsrüge wird hier damit begründet, dass nach § 117 JGG die Wahl der Jugendschöffen gleichzeitig mit der Wahl der Schöffen für die Schöffengerichte und die Strafkammern erfolge und der Jugendrichter bei der Wahl der Jugendschöffen nach § 35 Abs. 4 JGG kraft Gesetzes den Vorsitz habe führen müssen. Ob sich aus der Gleichzeitigkeit der Wahl von Erwachsenen- und Jugendschöffen ableiten lasse, dass der Jugendrichter auch den Vorsitz bei der Wahl der übrigen Schöffen zu führen habe, brauche nicht abschließend entschieden zu werden. Denn jedenfalls sei die von dem fungierenden Vorsitzenden in der Sitzungsniederschrift vertretene Rechtsauffassung, dass er als Jugendrichter dem Ausschuss für den gesamten Wahlvorgang angehöre, vertretbar. Hier werden also die Gründe für die Zurückweisung der Besetzungsrüge nicht aus dem Ausschlussprinzip des § 21b Abs. 6 Satz 3 hergeleitet, obwohl auch hier die richtige Zusammensetzung des Ausschusses (und nicht ein Fehler bei der Wahlhandlung) in Frage steht, sondern dem zu Art. 101 GG ausgebildeten Gedanken der fehlenden Willkür bei vertretbarer Rechtsauslegung entnommen und damit der (in der Entscheidung nicht angeführte) § 22d ins Spiel gebracht.

e) Fehlerhafte Wahl von Jugendschöffen. Die Entscheidung BGHSt **26** 393, die sich 25
mit der Frage zu befassen hatte, ob in der Jugendkammer ein Schöffe mitwirken durfte, der nicht auf Vorschlag des Jugendwohlfahrtsausschusses (§ 35 JGG), sondern aus der Vorschlagsliste für Erwachsenenschöffen von dem Wahlausschuss gewählt worden war, weil die Zahl der Vorschläge des Jugendwohlfahrtsausschusses nicht ausreichend war und die Wahl nicht verzögert werden sollte, hatte seinerzeit eine umfangreiche Diskussion ausgelöst. In der Folgezeit hat sie jedoch das Schöffenwahlverfahren im Sinne dieser Entscheidung beeinflusst und heute ihre Aktualität eingebüßt. Hier soll deshalb lediglich noch daran erinnert werden, dass eine Umgehung des § 35 JGG, der gerade bezwecke, als Jugendschöffen nur erzieherisch befähigte und in der Jugenderziehung erfahrene Personen heranzuziehen, die **Besetzungsrüge** des § 338 Nr. 1 StPO begründet, weil dieser Zweck so vorrangig sei, dass dahinter das Bestreben, die Wahl der Jugendschöffen fristgemäß durchzuführen, zurücktreten müsse. Unter dem Gesichtspunkt des Verbots der Richterentziehung (Art. 101 GG) liege nicht mehr ein bloßer Rechtsirrtum (error in procedendo), sondern ein offensichtlicher Gesetzesverstoß, ein Verstoß gegen den zwingenden Wortlaut

des § 35 JGG vor. Dies gelte auch dann, wenn ein Jugendwohlfahrtsausschuss noch nicht besteht.[71] Dann sei die Wahl der Jugendschöffen nicht etwa aus einer Vorschlagsliste des Jugendamts vorzunehmen, sondern – auch bei Überschreitung des für die Wahl vorgeschriebenen Endtermins – die Konstituierung des Jugendwohlfahrtsausschusses abzuwarten. Wegen der gegenüber dieser Rechtsprechung seinerzeit geäußerten Kritik wird auf die 24. Aufl., Rn. 18, 19, verwiesen.

26 **4. Revision.** Ein Fehler bei der Aufstellung oder Besetzung des Ausschusses kann regelmäßig nicht erfolgreich mit der **Besetzungsrüge** nach § 338 Nr. 1 StPO geltend gemacht werden, es gilt insoweit der **Willkürmaßstab.**[72] Die Rüge kann also nur dann Erfolg haben bei Annahme der Ungültigkeit der Schöffenwahl, die aber nur anzunehmen ist bei Vorliegen eines besonders schwerwiegenden Fehlers, und dies bei verständiger Würdigung aller in Betracht kommenden Umstände als offenkundig bezeichnet werden muss.[73] Dies soll etwa anzunehmen sein, wenn ein Schöffenwahlausschuss entscheidet, der als solcher gar nicht zustande gekommen ist, oder bei sonst erheblichen, nicht mehr vertretbaren Fehlern, nach denen die Schöffenwahl an sich unwirksam war.[74]

§ 41

[1]Der Ausschuß entscheidet mit einfacher Mehrheit über die gegen die Vorschlagsliste erhobenen Einsprüche. [2]Bei Stimmengleichheit entscheidet die Stimme des Vorsitzenden. [3]Die Entscheidungen sind zu Protokoll zu vermerken. [4]Sie sind nicht anfechtbar.

Übersicht

1 **1. Berichtigung der Vorschlagsliste.** Der Ausschuss entscheidet über die fristgerecht gegen die Vorschlagsliste nach § 37 erhobenen Einsprüche.[1] Eine Berichtigung kommt hierbei aber nicht nur in Betracht, soweit **Einsprüche** erhoben werden und als berechtigt anerkannt sind, sondern auch, wenn **nachträglich Gründe** der in § 37 bezeichneten Art auf andere Weise (vgl. § 38 Abs. 2 und § 39, 1) hervorgetreten und zur Kenntnis des Ausschusses gebracht sind.[2] Der Ausschuss entscheidet insoweit auch über Streichungen, die sich nach einer Berichtigung gem. § 38 Abs. 2 ergeben. Er hat ggf. den Sachverhalt umfassend aufzuklären, soweit dies nicht nach § 39 bereits vom Vorsitzenden vorbereitend geschehen ist, und zwar im Wege des Freibeweises. Unzulässige oder unbegründete Einsprüche weist der Ausschuss zurück,

71 So schon BGH v. 29.10.1974 – 1 StR 475/74.

72 KK/*Barthe* 3.

73 BGH NStZ **1991** 546; MüKo/*Schuster* 12; KK/*Barthe* 4.

74 BVerfGE **31** 181; *Katholnigg* 6; Kissel/*Mayer* 10; MüKo/*Schuster* 10 ff. differenzierend mit weiteren Beispielen. Vgl. aber auch schon hier Rn. 11 ff.

1 Kissel/*Mayer* 1; MüKo/*Schuster* 2.

2 So auch *Schmitt*/*Köhler* 1; KK/*Barthe* 1; *Eb. Schmidt* 1; **a.M.** im älteren Schrifttum *Oetker* GA **49** (1903) 107; *Consbruch* Recht **1909** 829.

ohne dass es einer vorherigen Anhörung bedarf.[3] Bei begründeten Einsprüchen werden die betreffenden Personen von der Vorschlagsliste gestrichen.[4] Bei Entscheidungen über Einsprüche gegen die vorgeschlagenen Jugendschöffen führt den Vorsitz der Jugendrichter (§ 35 Abs. 4 JGG).

2. Unanfechtbarkeit der Entscheidungen (Satz 4). Die Entscheidungen, die der Ausschuss auf die erhobenen Einsprüche trifft, sind unanfechtbar und damit auch einer **Nachprüfung durch das Revisionsgericht** gem. § 336 Satz 2 StPO entzogen.[5] Das gilt sowohl für den Einspruchsführer als auch für die für die Aufstellung der Vorschlagsliste zuständige Vertretungskörperschaft. Nach der Wahl eintretende oder bekannt werdende Unfähigkeitsgründe und Gründe der §§ 33, 34 sind nach Maßgabe des § 52 zu berücksichtigen. Die Nichtberücksichtigung vor der Wahl vorgebrachter Ablehnungsgründe durch den Ausschuss hindert nicht, sie nach der Wahl vorzubringen (§ 53). S.a. § 35, 1. 2

3. Protokoll (Satz 3). Nur der **Inhalt der Entscheidung** ist protokollpflichtig, nicht das Abstimmungsverhalten oder der Gang der Verhandlung.[6] Gleichwohl empfiehlt es sich, in allen Fällen auch die Gründe der Entscheidung des Ausschusses und das Stimmenverhältnis in das Protokoll aufzunehmen.[7] Dass das Protokoll durch einen Urkundsbeamten geführt wird, ist hier (anders als nach § 45 Abs. 4) nicht vorgeschrieben, aber auch nicht unzulässig.[8] 3

4. Öffentlichkeit. Die Sitzungen des Ausschusses sind nicht öffentlich. 4

§ 42

(1) [1]Aus der berichtigten Vorschlagsliste wählt der Ausschuß mit einer Mehrheit von zwei Dritteln der Stimmen für die nächsten fünf Geschäftsjahre:

1. **die erforderliche Zahl von Schöffen;**
2. **die erforderliche Zahl der Personen, die an die Stelle wegfallender Schöffen treten oder in den Fällen der §§ 46, 47 als Schöffen benötigt werden (Ersatzschöffen). [2]Zu wählen sind Personen, die am Sitz des Amtsgerichts oder in dessen nächster Umgebung wohnen.**

(2) Bei der Wahl soll darauf geachtet werden, dass alle Gruppen der Bevölkerung nach Geschlecht, Alter, Beruf und sozialer Stellung angemessen berücksichtigt werden.

Schrifttum

Allgaier Nochmals: Zum Thema Schöffenwahl, MDR **1985** 462; *Kissel* Das Frankfurter Schöffenroulette ist vorbei, NStZ **1985** 490; *Knauth* Die unwirksame Schöffenwahl, DRiZ **1984** 474; *Jasper* Das Schöffenamt, MDR **1985** 110; *Vogt/Kurth* Der Streit um die Frankfurter Schöffenwahl, NJW **1985** 103; *Weis/Meyer* Das Schöffenwahl-Urteil des BGH, NStZ **1984** 2804.

---

3 *Katholnigg* 1; KK/*Barthe* 1; differenzierend Kissel/*Mayer* 4: keine Anhörung des Einspruchsführers, wohl aber der Person, gegen deren Fähigkeiten Bedenken geltend gemacht werden, wenn der Ausschuss diese für begründet hält und dem Einspruch stattgeben will.

4 MüKo/*Schuster* 3; KK/*Barthe* 1.

5 Radtke/Hohmann 2; KK/*Barthe* 2; SSW/*Güntge* 2; OK/*Goers* 9.

6 MüKo/*Schuster* 5; KK/*Barthe* 2.

7 *Katholnigg* 2; SK/*Degener* 4; KK/*Barthe* 2.

8 So schon überwiegend das ältere Schrifttum; vgl. etwa LR[20] Anm. 3; *Eb. Schmidt* 3; h.M.

Entstehungsgeschichte

VO vom 14.6.1932 (RGBl. I S. 285) erster Teil Kapitel 1 Art. 8. Auf dem VereinhG 1950 beruht das Erfordernis der Zweidrittel-Mehrheit. Eine frühere Änderung des Absatzes 1 (Ersetzung von „zwei“ durch „vier“ Geschäftsjahre) und die Einfügung des Absatzes 2 beruhten auf Art. 2 Nr. 11 des 1. StVRG. Der Anfang der Nummer 2 des Absatzes 1 Satz 1 lautete zunächst: „Die erforderliche Zahl der Personen, die in der von dem Ausschuß festgesetzten Reihenfolge an die Stelle weggefallener Schöffen treten (Hilfsschöffen)“. Die Änderungen („Wegfall von „in der von dem Ausschuß ... Reihenfolge“ und Zusatz von „oder in den Fällen ... benötigt werden“) beruhen auf Art. 2 Nr. 1 StVÄG 1979. Absatz 1 Satz 1 wurde geändert durch Gesetz vom 21.12.2004 (BGBl. I S. 3599) im Hinblick auf die Verlängerung der Amtszeit auf fünf Jahre. Durch das Gesetz zur Fortentwicklung der Strafprozessordnung und zur Änderung weiterer Vorschriften vom 25.6.2021 (BGBl. I S. 2099) wurde in Absatz 1 Nummer 2 das Wort „Hilfsschöffen“ durch den Begriff „Ersatzschöffen“ ersetzt.

Übersicht

1. Die Wahl

1 **a) Grundlage der Wahl.** Nach § 42 besteht die Aufgabe des Wahlausschusses in der turnusmäßigen Wahl der Schöffen (Hauptschöffen) und Hilfsschöffen. **Die Wahl erfolgt aus der** ggf. berichtigten **Vorschlagsliste**, d.h. aus der endgültig festgestellten; eine formelle „Berichtigung“ der Vorschlagsliste braucht indessen nicht notwendig stattgefunden zu haben. Die Wahl kann allerdings erst dann vorgenommen werden, wenn die Vorschlagsliste rechtzeitig vorgelegt worden ist. Ansonsten tritt ein Stillstand der Rechtspflege ein, weil für diese Fälle eine Verlängerung der Amtsperiode für die bisherigen Schöffen nicht vorgesehen ist (für eine Analogie zu § 50 s. dort Rn. 3). Fehlt dagegen in der Bezirksliste nur die Vorschlagsliste einer Gemeinde, muss dies einer Wahl nicht entgegenstehen (vgl. § 36, 9). Durch die Bezirksvorschlagsliste i.S.d. § 39 Abs. 1 ist die Zahl der vom Ausschuss wählbaren Personen begrenzt. Die **Liste ist für den Ausschuss verbindlich**. Eine Wahl von nicht in der Liste genannten Personen ist unzulässig und führt zur fehlerhaften Besetzung des Gerichts.[1] Das gilt auch dann, wenn auf frühere Listen oder die Vorschlagsliste für Jugendschöffen zurückgegriffen wird.[2] Der Ausschuss ist ebenso wenig befugt, aus Vorschlagslisten solcher Gemeinden zu wählen, die nicht zum Bezirk des Amtsgerichts

---

1 BGHR GVG § 42 Abs. 1 Schöffenwahl 2; Kissel/*Mayer* 2; MüKo/*Schuster* 1; KK/*Barthe* 2.
2 BGHSt **26** 393 = NJW **1976** 2357 = JR **1977** 299 m. Anm. *Rieß*.

gehören.[3] Selbst dann, wenn eine Liste erschöpft ist und weiterer Bedarf an Schöffen besteht, kann die Wahl nicht unter Zuhilfenahme anderer Listen fortgeführt werden.[4] Ein Verstoß gegen diese Vorgaben berührt aber nur die einzelne Wahl des betroffenen Schöffen, weil es sich insoweit um jeweils eigenständige, für sich zu betrachtende Entscheidungen des Schöffenwahlausschusses handelt.[5] Andererseits ist das bewusste Außerachtlassen eines Teils einer Vorschlagsliste unschädlich.[6]

b) Das Wahlverfahren. Die Vorschrift enthält **keine Regelungen** über das Verfahren, 2
das vor der Wahl und beim Wahlvorgang selbst zu beachten ist. Als **Mindestanforderung** wird aber ein Vorgang für erforderlich gehalten, der noch als Entscheidung der zuständigen Personengruppe über die Auslese einer oder mehrerer Personen begriffen werden kann.[7] Es muss sich hiernach um ein Verfahren handeln, dass es ermöglicht, die in Absatz 2 aufgestellten Maßgaben zu erfüllen.[8] Der hiernach im Vordergrund stehende Begriff der Wahl hatte lange Zeit hindurch zu besonderen Bemühungen um eine Begriffsbestimmung keine Veranlassung geboten, bis 1980 ein beim Schöffenwahlausschuss des AG Frankfurt a.M. durchgeführtes Verfahren zu einer Flut von Erörterungen führte: Dort waren entsprechend der Zahl der nach § 36 Abs. 4 a.F. vorgeschlagenen Personen – aufgeklebt auf Kladden – 2342 Lose vorhanden. Die Kladden wurden zerschnitten und die so entstandenen Lose in einem Karteikasten gemischt. Daraus zog der Ausschussvorsitzende Lose in der benötigten Zahl von Hauptschöffen für das Landgericht und das Amtsgericht und von Hilfsschöffen, jetzt Ersatzschöffen, ohne dass es zu irgendeiner Form der Einzelbehandlung eines Loses gekommen wäre. Die Besetzungsrüge gegen ein landgerichtliches Urteil, bei dem so „gewählte" – tatsächlich aber ausgeloste – Schöffen mitgewirkt hatten, führte zur Aufhebung des Urteils, weil der „Legitimationszusammenhang", kraft dessen sich das Amt der Schöffen aus der Staatsgewalt (Art. 20 Abs. 2 GG) ableiten lässt, eine **Auslese durch Wahl** verlange, während er durch Auslosung durchbrochen wird.[9] Dem sog. „Schöffenroulette" ist damit eine klare Absage erteilt worden. Gleichwohl führt dieser Mangel nach Ansicht des BGH nicht zur allgemeinen Nichtigkeit der Entscheidungen, an denen derart „gewählte" Schöffen mitgewirkt haben, sondern dieser Mangel ist nur auf Rüge zu beachten und für ihn gelten auch die allgemeinen **Präklusionsregelungen** bei Besetzungsrügen.[10] Noch im selben Jahr milderte der BGH[11] die Anforderungen an eine wirksame Wahl bei einer großen Zahl zu wählender Schöffen, indem er eine vorbereitende Auslosung für zulässig erklärte, aus der die förmliche Wahl zu erfolgen habe. Der Gedanke einer der Wahl vorausgehenden vorbereitenden Auslosung hat sich inzwischen dadurch erledigt, dass mit der Änderung des § 36 Abs. 4 durch Art. 2 Nr. 1 des StVÄG 1987 eine Regelung erstrebt wurde, die sich möglichst an dem tatsächlichen Bedarf an Schöffen orientiert, dabei aber für den Wahlausschuss einen ausreichenden Wahlermessensspielraum belässt (vgl. § 36, 7).

3 BGHSt **29** 144 = NJW **1980** 1175; BGH NStZ **1991** 546 = StV **1991** 503.

4 Kissel/*Mayer* 2.

5 BGHSt **29** 144 = NJW **1980** 1175; BGH NStZ **1991** 546 = StV **1991** 503.

6 BGHR GVG § 42 Abs. 1 Vorschlagsliste 2 = NStE **1987** Nr. 1 zu § 42 GVG; *Katholnigg* 1.

7 SK/*Degener* 9.

8 SSW/*Güntge* 2; *Schmitt/Köhler* 2.

9 BGHSt **33** 41 = JR **1985** 80 mit kritischer Anm. *Katholnigg*; vgl. auch *Vogt/Kurth* NJW **1985** 103.

10 BGHSt **33** 126 = NJW **1985** 926. Eine gegen diese Entscheidung eingelegte Verfassungsbeschwerde wurde nicht zur Entscheidung angenommen (NJW **1985** 125 = NStZ **1985** 82). **A.A.** *Weis/Meyer* NJW **1984** 2804.

11 BGHSt **33** 261 = NJW **1985** 2343.

3 In Ermangelung von Vorschriften, die das Wahlverfahren im Einzelnen regeln, mag als **Muster einer nicht zu beanstandenden Wahl** das im Anschluss an BGHSt **33** 261 zunächst von *Kissel*[12] dargestellte Verfahren angeführt werden. Danach wird a) für jeden in der Vorschlagsliste enthaltenen Namen eine Karteikarte angelegt; b) diese Karteikarten werden entsprechend den Soll-Anforderungen des § 42 Abs. 2 in 40 Umschläge gelegt; c) aus diesen Umschlägen wird jeweils eine einzelne Karte gezogen, und der Vorsitzende schlägt vor, den darauf Verzeichneten zu wählen; d) erhebt sich kein Widerspruch, so wird diese Person als gewählt behandelt, anderenfalls bedarf es einer Abstimmung; e) abschließend erklären die Ausschussmitglieder, damit sei eine angemessene Berücksichtigung aller Bevölkerungsgruppen erreicht. Entscheidend muss mithin letztlich sein, dass der Wahlausschuss eine **echte Wahl selbständig und in eigener Verantwortung** vornimmt.[13] Davon kann jedoch dann nicht gesprochen werden, wenn der Ausschuss nur eine von anderen Gremien getroffene Auswahl unverändert übernimmt,[14] etwa durch die unveränderte Übernahme der vorbereitend von den einzelnen Fraktionen jeweils aufgestellten „Vorschlagslisten".

4 **c) Zweidrittelmehrheit.** Während nach früherem Recht für die Wahl die einfache Stimmenmehrheit genügte und bei Stimmengleichheit die Stimme des den Vorsitz führenden Richters den Ausschlag gab, ist seit dem VereinhG 1950 für jeden einzelnen Schöffen[15] eine Zweidrittelmehrheit erforderlich, die sich jedoch – anders als nach § 36 Abs. 1, § 40 Abs. 3, § 35 Abs. 3 JGG – nicht nach der gesetzlichen Mitgliederzahl (d.h. neun, § 40 Abs. 2), sondern, wie sich letztlich aus § 40 Abs. 4 ergibt, nach der Zahl der abgegebenen Stimmen bemisst. Wegen der Bedeutung einer Verletzung der Vorschrift vgl. § 40, 23.

5 **d) Wählbarkeit der Ausschussmitglieder.** Die Ausschussmitglieder selbst stehen in der Wählbarkeit den übrigen in der Vorschlagsliste verzeichneten Personen gleich; insbesondere begründet die Mitgliedschaft im Ausschuss kein Recht, die Wahl zum Schöffen abzulehnen.[16] Dass der zu Wählende sich der Stimme zu enthalten hat, ist dem Gesetz nicht zu entnehmen.[17]

6 **2. Wahl der Hauptschöffen (Absatz 1 Nr. 1).** Bei den Hauptschöffen beschränkt sich die Aufgabe des Wahlausschusses darauf, die gemäß §§ 43, 58 Abs. 2, 77 Abs. 2 Satz 1, 78 Abs. 3 Satz 1 festgesetzte erforderliche Zahl zu wählen, und zwar **getrennt nach Hauptschöffen für das Schöffengericht und für die Strafkammern**. Die Namen der Gewählten werden in die gesonderten Schöffenlisten für das Schöffengericht (§ 44) und für die Strafkammern (§ 77 Abs. 2 Satz 4, 5) aufgenommen. Der Ausschuss wählt außerdem die erforderliche Zahl von Jugendhauptschöffen, die in besondere, für Männer und Frauen getrennt zu führende Schöffenlisten aufgenommen werden (§ 35 JGG). Das Feststellen der Reihenfolge, in der die Hauptschöffen an den einzelnen ordentlichen Sitzungen teilnehmen, erfolgt für das Geschäftsjahr im Voraus durch Auslosung (§§ 45, 77 Abs. 3 Satz 1).[18]

---

12 NStZ **1985** 490 und KK/*Kissel*[4] 1; so jetzt auch MüKo/*Schuster* 3.
13 *Schmitt/Köhler* 5.
14 BGHSt **35** 190 = NJW **1988** 3164; SK/*Degener* 9; Radtke/Hohmann 2.
15 MüKo/*Schuster* 7.
16 *Oetker* GA **49** (1903) 112.
17 *Katholnigg* 2; *Kissel/Mayer* 14; KMR/*Paulus* 2; *Oetker* a.a.O.; **a.A.** noch LR/*Schäfer*[24] 3.
18 So auch SK/*Degener* 14; SSW/*Güntge* 3.

3. Wahl der Ersatzschöffen (Absatz 1 Nr. 2 Satz 1)

a) Allgemeines. Die Fassung der Vorschrift war, wie oben bei Entstehungsgeschichte erwähnt, durch das StVÄG 1979 in zwei Richtungen geändert worden. Diese Änderungen stehen im Zusammenhang mit einer Reihe gleichzeitiger Änderungen von die Heranziehung von Schöffen betreffenden Vorschriften des GVG (§§ 45, 46, 47, 48, 49, 52, 54, 77), die – neben und unabhängig von den Vorschriften über die Rügepräklusion (§§ 222a, 222b, 338 Nr. 1 StPO) – darauf gerichtet waren, einige häufige Ursachen von Besetzungsfehlern bei der Heranziehung von Schöffen auszuräumen und damit zu einer Verminderung erfolgreicher Besetzungsrügen beizutragen. Da die bislang verwendete Bezeichnung **„Hilfsschöffe"** als nicht mehr zeitgemäß und als abwertend empfunden wurde, was der Bedeutung des Schöffenamtes für den Strafprozess insgesamt und der Aufgabe des Schöffen, in der Hauptverhandlung das Richteramt in vollem Umfang und mit gleichem Stimmrecht der Berufsrichter auszuüben, abträglich sei, wurde durch das Gesetz zur Fortentwicklung der Strafprozessordnung und zur Änderung weiterer Vorschriften vom 25.6.2021 der Begriff des Hilfsschöffen durch den des **„Ersatzschöffen"** ersetzt. Hierdurch soll auch die eigentliche Funktion, den verhinderten Schöffen zu ersetzen, besser zum Ausdruck kommen.[19] Die Änderung ist rein sprachlicher Natur. Inhaltliche Änderungen gehen mit der Neufassung nicht einher, sodass die bislang geltenden Grundsätze und Entscheidungen unverändert fortgelten. 7

Ersatzschöffen (bislang Hilfsschöffen) sind diejenigen Schöffen, die an die Stelle nach §§ 51 bis 53 wegfallender Schöffen treten oder im Falle des Bildens eines weiteren Schöffengerichts (§ 46) oder in dem – in praktischer Hinsicht wohl bedeutsamsten Fall – des Anberaumens außerordentlicher Sitzungstage nach § 47 1. Alt. benötigt werden,[20] ebenfalls aber auch bei der in praktischer Hinsicht gleichfalls bedeutenden Verhinderung eines Hauptschöffen (§ 47 2. Alt.) oder beim Heranziehen von Ergänzungsschöffen (§§ 48, 192).[21] Ersatzschöffen für das Amtsgericht werden vom Ausschuss jedes Amtsgerichts, Ersatzschöffen für das Landgericht vom Ausschuss des Amtsgerichts gewählt, in dessen Bezirk das Landgericht seinen Sitz hat (§ 77 Abs. 2). Die Wahl aus einer für einen anderen Amtsgerichtsbezirk aufgestellten Liste macht die Wahl ungültig.[22] 8

b) Reihenfolge der Ersatzschöffen. Da nunmehr nicht einmal der Wahlausschuss bestimmt, in welcher Reihenfolge Ersatzschöffen an die Stelle wegfallender Hauptschöffen treten, wird die Reihenfolge wie bei den Hauptschöffen (§ 45 Abs. 2 Satz 1) nach § 45 Abs. 2 Satz 4 durch richterliche **Auslosung** bestimmt. Und zwar ist für diese Reihenfolge ohne Unterschied maßgebend, ob ein dauernd weggefallener Hauptschöffe durch einen Ersatzschöffen ersetzt wird, der damit zum Hauptschöffen wird, oder ob an Stelle eines vorübergehend für die einzelne Sitzung weggefallenen („ausgefallenen") Hauptschöffen ein Ersatzschöffe zugezogen werden muss; in beiden Fällen ist, was § 49 Abs. 2 Satz 1 ausdrücklich ausspricht, derjenige Ersatzschöffe heranzuziehen, der nach der Reihenfolge der Ersatzschöffenliste an nächster („bereiter") Stelle steht. 9

Der **gesetzgeberische Grund** für diese Regelung war, die Haupt- und Ersatzschöffen soweit wie möglich nach gleichen Regeln zu behandeln, damit zugleich hinsichtlich der Ersatzschöffen dem Grundsatz des gesetzlichen Richters besser Rechnung zu tragen und – 10

---

19 BTDrucks. **19** 27654 S. 118.

20 Kissel/*Mayer* 7.

21 MüKo/*Schuster* 9; Radtke/Hohmann 6.

22 BGHSt **29** 144 = NJW **1980** 1175 = DRiZ **1981** 99 m. Anm. *Röper*; BGHSt **29** 283.

zusammen mit weiteren Maßnahmen (§ 45) – willkürlichen Einflüssen auf die Reihenfolge besser als früher vorzubeugen.[23]

11 **c) Die Erweiterung des Kreises der Ersatzschöffen.** Die Erweiterung des Kreises der vom Wahlausschuss zu wählenden Ersatzschöffen auf die Personen, die „in den Fällen der §§ 46, 47 als Schöffen benötigt werden", trägt dem Umstand Rechnung, dass nach § 46 die bei der Bildung neuer Spruchkörper benötigten Hauptschöffen aus der Ersatzschöffenliste ausgelost werden und dadurch ein Mehrbedarf an Ersatzschöffen eintreten kann (dazu § 46, 2). Entsprechendes gilt, wenn außerordentliche Sitzungen anberaumt werden müssen; die hierzu erforderlichen Schöffen werden abweichend vom früheren Recht nicht aus der Hauptschöffenliste ausgelost, sondern aus der Ersatzschöffenliste herangezogen (dazu § 47, 2).

12 **d) Ergänzungswahl.** Während der Kreis der Hauptschöffen zahlenmäßig dadurch gleich bleibt, dass dauernd wegfallende oder neu benötigte Hauptschöffen aus der Ersatzschöffenliste ergänzt werden, kann sich die ursprüngliche Zahl der Ersatzschöffen während der Amtsperiode wesentlich vermindern, weil sie durch Aufrücken zu Hauptschöffen als Ersatz für dauernd wegfallende Hauptschöffen oder zur Bildung neuer Spruchkörper, durch Streichung von der Ersatzschöffenliste von Amts wegen (§ 52 Abs. 1) oder auf Antrag wegen übermäßiger Heranziehung (§ 52 Abs. 2) dauernd wegfallen. Dadurch kann es, da nach **Erschöpfung der Ersatzschöffenliste** beim ersten Durchlauf die Heranziehung der Ersatzschöffen jeweils wieder von neuem nach der Reihenfolge der Hilfsschöffenliste erfolgt (§ 49 Abs. 4), dazu kommen, dass die Ersatzschöffen unverhältnismäßig häufig zur Dienstleistung benötigt werden. Zur Ausgleichung des Schwundes lässt deshalb § 52 Abs. 6 unter den dort vorgesehenen Voraussetzungen eine Ergänzungswahl der Ersatzschöffen zu.

13 **e) Wohnort.** Die Vorschrift des § 42 Abs. 1 Nr. 2 Satz 2 soll ermöglichen, dass Hilfsschöffen im Bedarfsfall möglichst schnell zur Verfügung stehen, auch wenn ihnen nicht, wie den Hauptschöffen, die Sitzungstage längere Zeit im Voraus bekannt sind;[24] aus diesem begrenzten Zweck ergibt sich, dass es sich trotz des Wortlauts: „sind zu wählen" nicht um eine zwingende, sondern um eine **Ordnungsvorschrift** handelt, deren Verletzung keine Rückwirkung auf die ordnungsgemäße Besetzung des Gerichts (§ 338 Nr. 1 StPO) äußern kann.[25] Für die Fälle dringlicher Heranziehung gilt § 47. Da die Ersatzschöffen an die Stelle (ganz oder vorübergehend) wegfallender Hauptschöffen treten sollen, ist es nicht statthaft, für dasselbe Geschäftsjahr dieselbe Person zugleich zum Hauptschöffen und zum Ersatzschöffen zu wählen (dazu § 77 Abs. 4 und dort Rn. 8).

14 **f) Heranziehung zu einzelnen Sitzungen.** Der für einzelne Sitzungen gemäß § 48 Abs. 2 einberufene Hilfsschöffe bleibt für den Rest der Amtsperiode Ersatzschöffe (s. aber § 49 Abs. 4). In den Fällen des § 46 (Bildung eines weiteren Schöffengerichts), des Wegfalls eines Hauptschöffen durch Tod, Streichung von der Liste (§ 52) oder wirksame Ablehnung (§ 53) tritt der Ersatzschöffe jedoch an die Stelle des Hauptschöffen. Eine noch als Ersatzschöffe begonnene anderweitige Heranziehung muss er aber (zusätzlich) fortführen.[26]

23 Begründung BTDrucks. **8** 976 S. 62.
24 BTDrucks. **8** 976 S. 29.
25 *Katholnigg* 5; Kissel/*Mayer* 9.
26 Kissel/*Mayer* 10.

4. Auswahlgrundsätze (Absatz 2). In Anlehnung an frühere Reformvorschläge[27] enthält auch der durch das 1. StVRG 1974 eingefügte Absatz 2 eine Vorschrift, die – wie schon der für die Aufstellung der Vorschlagsliste geltende § 36 Abs. 2 – eine **angemessene Repräsentation aller Gruppen der Bevölkerung** unter den Schöffen bezweckt.[28] Der Ausschuss kann daher Fragen der Geeignetheit der Personen sowie gesetzliche Ausschließungsgründe oder Ablehnungsrechte nach § 35 berücksichtigen.[29] Auch hier ist die Form der **„Soll"-Vorschrift** gewählt, um zum Ausdruck zu bringen, dass die Rüge nichtordnungsgemäßer Besetzung des Gerichts (§ 338 Nr. 1 StPO) nicht mit einer Verletzung des § 42 Abs. 2 begründet werden kann[30] (vgl. § 36, 4). Die Verletzung der Vorschrift hat auf die Wahl keinen Einfluss. 15

5. Unanfechtbarkeit und Revision. Die Entscheidungen des Ausschusses sind – unbeschadet nachträglicher Änderungen gemäß § 52 – unanfechtbar. Eine isolierte Anfechtung ist auch nicht über §§ 23 ff. EGGVG möglich, weil der Ausschuss keine Justizbehörde im Sinne von § 23 Abs. 1 EGGVG ist.[31] Inwieweit Gesetzesverstöße bei der Wahl in einem Strafverfahren, das unter Mitwirkung der gewählten Schöffen stattfindet, die **Besetzungsrüge** rechtfertigen, ist in § 40, 11 ff. erörtert. Diese Möglichkeit der mittelbaren Anfechtung besteht aber nur bei Verstößen gegen zwingende gesetzliche Vorschriften;[32] Ermessensentscheidungen des Ausschusses unterliegen nicht der Anfechtung. Selbstverständlich kann der Ausschuss, wenn er selbst den Verstoß erkennt, den Fehler durch eine den Gesetzen entsprechende Wiederholung der Beschlussfassung beheben.[33] Im Übrigen ist er aber selbst an seine Beschlüsse gebunden und kann sie nicht – etwa durch Zurücknahme einer Wahl und Neubestellung von Schöffen – wieder umstoßen.[34] Wird in einem Strafverfahren festgestellt, dass es insgesamt an einer wirksamen Wahl fehlt, hat eine Nachwahl stattzufinden, bei der der erneut zusammen tretende Ausschuss aus den ggf. zwischenzeitig berichtigten Vorschlagslisten ex nunc für den Rest der Amtsperiode neue Schöffen wählt.[35] 16

6. Verfahren bei der Wahl der Jugendschöffen. § 42 ist auch bei der Wahl von Jugendschöffen und Jugendhilfsschöffen zu beachten. Demnach muss der Wahl neben der Liste für die (allgemeinen) Schöffen auch eine solche für Jugendschöffen zugrunde liegen.[36] Abweichend vom allgemeinen Wahlverfahren ist dort jedoch ein bestimmter Anteil an Frauen vorgegeben, indem § 35 JGG ausdrücklich eine gleiche Anzahl von Frauen und Männern fordert.[37] 17

§ 43

(1) Die für jedes Amtsgericht erforderliche Zahl von Haupt- und Ersatzschöffen wird durch den Präsidenten des Landgerichts (Präsidenten des Amtsgerichts) bestimmt.

---

27 Dazu LR/*Schäfer*[22] § 42, 6.
28 SK/*Degener* 21.
29 Kissel/*Mayer* 16.
30 Vgl. BGH NJW **1986** 1358 = JR **1985** 388 m. Anm. *Katholnigg*; *Jasper* MDR **1985** 110; *Knauth* DRiZ **1984** 474; *Weis/Meyer* NJW **1984** 2804.
31 OLG Stuttgart NJW **1985** 2344; SK/*Degener* 22; *Schmitt/Köhler* 7.
32 Vgl. zu Einzelfällen Kissel/*Mayer* 22, OK/*Goers* 29.
33 BGH NStZ-RR **1999** 49, OK/*Goers* 26.
34 BGH NStZ-RR **1999** 49; s. hierzu auch *Siegert* GerS **103** (1933) 347; *Katholnigg* 8.
35 BGH NJW **1985** 2341; MüKo/*Schuster* 4; KK/*Barthe* 9.
36 MüKo/*Schuster* 2.
37 Kissel/*Mayer* 24.

(2) Die Zahl der Hauptschöffen ist so zu bemessen, daß voraussichtlich jeder zu nicht mehr als zwölf ordentlichen Sitzungstagen im Jahr herangezogen wird.

Entstehungsgeschichte

Die bis zum 31.12.1974 geltende, auf dem VereinhG 1950 beruhende Fassung des Absatzes 2 („die Zahl der Hauptschöffen ist so zu bemessen, dass voraussichtlich jeder mindestens zu zwölf ordentlichen Sitzungstagen im Jahr herangezogen wird") ist durch Art. 2 Nr. 12 des 1. StVRG vom 9.12.1974 durch die jetzt geltende Fassung ersetzt. Durch das Gesetz zur Fortentwicklung der Strafprozessordnung und zur Änderung weiterer Vorschriften vom 25.6.2021 (BGBl. I S. 2099) wurde in Absatz 1 der bislang verwendete Begriff der Hilfsschöffen durch jenen der Ersatzschöffen ersetzt.

Übersicht

1 **1. Zuständigkeit (Absatz 1).** Die Bestimmung der Anzahl der Haupt- und Ersatzschöffen obliegt dem **Präsidenten des Landgerichts**, auch für die Amtsgerichte; ist das Amtsgericht mit einem Präsidenten besetzt, ist dieser zuständig.[1] Die Bestimmung der erforderlichen Zahl stand früher den Landesjustizverwaltungen zu, die diese Aufgabe z.T. auf die Präsidenten der (übergeordneten) Landgerichte übertragen hatten. Das VereinhG 1950 übertrug das Bestimmungsrecht den Landgerichtspräsidenten, bei den mit einem Präsidenten besetzten Amtsgerichten diesen.[2] Für gemeinsame Schöffengerichte gilt § 58 Abs. 2. Es handelt sich dabei aber nach wie vor um eine reine Justizverwaltungsaufgabe und nicht um einen Akt der in richterlicher Unabhängigkeit vorzunehmenden Geschäftsverteilung.[3] § 21h gilt für die Vertretung des Landgerichtspräsidenten nicht.[4]

2 **2. Bemessung der Zahl der Hauptschöffen nach der Zahl der zumutbaren Sitzungstage (Absatz 2).** Der Sinn der Regelung liegt grundsätzlich darin, ehrenamtlichen Richtern eine übermäßige Inanspruchnahme zu ersparen.[5] Die Zahl der auf die Schöffenliste zu bringenden Schöffen für das Schöffengericht und die Strafkammer muss sich nach dem **Bedürfnis**, also mit Rücksicht auf die Bestimmung des Absatzes 2, nach der Zahl der während des Jahres abzuhaltenden ordentlichen Sitzungen des Gerichts richten. Die Zahl der nach Auffassung des Gesetzgebers den Hauptschöffen beim Schöffengericht und der Strafkammer in einem Jahr zumutbaren Sitzungstage (§ 45, 6) hat gewechselt. Sie betrug früher „höchstens fünf". Das VereinhG 1950 erhöhte die Zahl der der Bemessung nach Absatz 1 zugrunde zu legenden zumutbaren Sitzungstage auf „mindestens zwölf" (sog. Minimalrechnung). Man ging davon aus, dass die Schöffen nur durch häufigere Teilnahme an den Verhandlungen die Vertrautheit mit den gesetzlichen Bestimmungen und ihrer Handhabung erlangen könnten, deren sie zur Erfüllung ihrer Aufgabe

1 Kissel/*Mayer* 1; MüKo/*Schuster* 2; KK/*Barthe* 1.
2 SK/*Degener* 2.
3 BGHSt **25** 257 = NJW **1974** 509.
4 BGHSt **25** 257 = NJW **1974** 509 = JR **1975** 206 m. Anm. *Kohlhaas.*
5 SK-StPO/*Degener* 3; OK/*Goers* 9.

(§ 30) bedürfen. Diese „Minimalrechnung" kann dazu führen, dass die ausgelosten Hauptschöffen bei einem tatsächlichen Geschäftsanfall, der den erwarteten Geschäftsanfall überschreitet, zu erheblich mehr als zwölf ordentlichen Sitzungstagen im Jahr herangezogen werden. Um hier Abhilfe gegen eine unzumutbar häufige Heranziehung zu schaffen, andererseits aber zu gewährleisten, dass jeder ausgeloste Hauptschöffe im Interesse der Vertrautheit mit seinen Aufgaben möglichst zu einer bestimmten **Mindestzahl von Sitzungstagen** herangezogen wird, wurde unter verschiedenen Lösungsvorschlägen[6] der Weg gewählt, dass in § 43 Abs. 2 für die Berechnung der erforderlichen Zahl von Hauptschöffen die „Maximalrechnung" (zu voraussichtlich nicht mehr als zwölf ordentlichen Sitzungstagen) eingeführt, gleichzeitig aber in § 45 Abs. 2 Satz 2 bestimmt wurde, die Auslosung so vorzunehmen, dass jeder ausgeloste Hauptschöffe möglichst zu zwölf Sitzungstagen herangezogen wird. Die „Maximalrechnung" erlaubt es der durch den Präsidenten des Land- oder Amtsgerichts repräsentierten Justizverwaltung, wie übrigens auch das Wort „voraussichtlich" in Absatz 2 ergibt, die erforderliche Zahl von Hauptschöffen nach ihrem **Ermessen** so hoch zu bestimmen, dass der erfahrungsgemäß häufig vorkommende Wegfall von Schöffen nicht zu einer unzumutbaren Mehrbelastung der verbleibenden Schöffen führt.

Als Anhalt für die **konkrete Bestimmung der Zahl** dient die im Voraus nach Erfahrungsgrundsätzen festzulegende Zahl der im Geschäftsjahr erforderlichen Sitzungstage. 2a
Diese Zahl, vervielfältigt mit zwei und geteilt durch zwölf, ergibt grob die Zahl der erforderlichen Hauptschöffen.[7] Hierbei handelt es sich um eine rein **prognostische Ermittlung**, nicht um einen als absolut zu betrachtenden Höchstwert, aus dessen Überschreitung auch für betroffene Schöffen demnach keine Rechte hergeleitet werden können.[8] Demgemäß kann – wie schon nach früherem Recht (BGH NJW **1974** 155) – die Bestimmung der erforderlichen Zahl von Schöffen, die sich in vertretbarer Weise an dem Grundsatz des § 45 Abs. 2 Satz 2 orientiert, nicht mit der Revision gegen das unter Mitwirkung der Schöffen ergangene Urteil angegriffen werden.[9] Dem Schöffen selbst erwächst, wenn er zu mehr als zwölf Sitzungstagen im Jahr herangezogen wird (z.B. in einem Großverfahren von mehrmonatiger Dauer), kein Recht, die Mitwirkung zu verweigern.[10] Die sinngemäße Anwendung des § 35 Nr. 2 wäre freilich erwägenswert, wenn etwa ein Schöffe schon im ersten Jahr seiner Amtsperiode an vierzig Sitzungstagen mitgewirkt hat.[11]

3. Ersatzschöffen. Für die Ersatzschöffen (früher: Hilfsschöffen) besteht keine Be- 3
stimmung wie die des Absatzes 2, da sich die Zahl der möglichen Einberufungsfälle auf die Dauer von vier Jahren nicht im Voraus bemessen lässt. Die Zahl der Hilfsschöffen wird, um eine übermäßige Belastung zu vermeiden, in einem angemessenen Verhältnis zu der Zahl der Hauptschöffen stehen müssen, andererseits so zu bemessen sein, dass eine Ergänzungswahl vermieden wird. Hierbei kann auf **Erfahrungswerte** aus der Vergangenheit, insbesondere der letzten Amtsperiode zurückgegriffen werden,[12] wobei wegen

6 Vgl. dazu den Bericht des Rechtsausschusses BTDrucks. 7 2600 S. 10.

7 Diese Berechnungsmethode hat sich etabliert; ebenso: Kissel/*Mayer* 4; MüKo/*Schuster* 3; SK/*Degener* 3; KK/*Barthe* 2; SSW/*Güntge* 2; OK/*Goers* 5.

8 OK/*Goers* 7; Radtke/Hohmann 4; *Schmitt*/*Köhler* 2.

9 BGH NJW **1978** 1444.

10 *Kissel*/*Mayer* 3; OK/*Goers* 7.

11 OK/*Goers* 8 unter Hinweis auf „bedenkliche Folgen für den gesetzlichen Richter".

12 MüKo/*Schuster* 4; KK/*Barthe* 5.

der erheblichen Unsicherheit im Hinblick auf eintretende Vertretungs- oder andere Heranziehungsfälle eine gewisse Großzügigkeit angezeigt erscheint.[13]

4 **4. Revision.** Fehler bei der Bemessung der Anzahl von Haupt- und Ersatzschöffen oder einem Missverhältnis der beiden Schöffengruppen können mit der Besetzungsrüge grundsätzlich nicht geltend gemacht werden, wenn sie sich im Rahmen einer vertretbaren Prognoseentscheidung halten.[14] Etwas anderes gilt für den Fall eines Ermessensmissbrauchs oder im Falle von **Willkür**.[15]

§ 44

Die Namen der gewählten Hauptschöffen und Ersatzschöffen werden bei jedem Amtsgericht in gesonderte Verzeichnisse aufgenommen (Schöffenlisten).

1 **1. Die Schöffenlisten.** Die Schöffenlisten werden von dem Ausschuss endgültig festgestellt. Es sind beim Amtsgericht jeweils **getrennte Listen** für die Haupt- und Ersatzschöffen (früher Hilfsschöffen, vgl. Art. 4 Nr. 8 des Gesetzes zur Fortentwicklung der Strafprozessordnung und zur Änderung weiterer Vorschriften vom 25.6.2021, BGBl. I S. 2099) einerseits und für Jugend- und Erwachsenenschöffen andererseits zu führen.[1] Entsprechendes gilt für die Schöffen beim Landgericht (§ 77 Abs. 2). Bestehen bei dem Gericht mehrere Spruchkörper gleicher Art (mehrere Abteilungen für Strafsachen beim Amtsgericht, mehrere Strafkammern beim Landgericht), so werden – abgesehen von den besonderen Listen für die Jugendgerichte – nicht etwa Listen für die einzelnen Spruchkörper aufgestellt, sondern es wird eine einheitliche Liste für das Gericht geführt. Gesonderte Listen für die einzelnen Spruchkörper sind – abgesehen von der auswärtigen Strafkammer nach § 78 Abs. 3 – unzulässig und ein Revisionsgrund.[2] Davon zu unterscheiden sind die nach § 35 Abs. 5 JGG zusätzlich nach Männern und Frauen getrennt zu führenden Listen.

2 Unmittelbar aufgrund dieser Listen werden die **Hauptschöffen** nach Maßgabe der §§ 45, 77 Abs. 3 zu den einzelnen Sitzungen ausgelost und herangezogen. Erst diese Auslosung bestimmt den gesetzlichen Richter. Nach der durch Los bestimmten Reihenfolge der **Ersatzschöffenliste** werden nach § 49 die Ersatzschöffen zur Teilnahme an den Sitzungen und nach § 48 als Ergänzungsschöffen herangezogen. Bei Streichung eines Hauptschöffen rücken sie nach § 49 Abs. 2 nach derselben Reihenfolge auf der Hauptschöffenliste nach. Aus der Ersatzschöffenliste werden auch die Schöffen neu ausgelost, wenn ein weiteres Schöffengericht gebildet wird. Bei Erschöpfung der Ersatzschöffenliste ist nach § 52 Abs. 6 nachzuwählen.[3] Wegen späterer Berichtigung der Schöffenlisten s. §§ 52, 77 Abs. 2 Satz 2.

3 **2. Das Führen der Schöffenlisten.** Nicht eigens geregelt ist das Führen der Schöffenlisten. Es sind aber die in § 36 Abs. 2 Satz 2 gebotenen **Mindestangaben** zu beachten, wobei es für zweckmäßig erachtet wird, die Listen in alphabetischer Reihenfolge zu führen.[4] Die Tätigkeit obliegt dem Urkundsbeamten der Geschäftsstelle nach § 45 Abs. 4.

---

13 *Kissel/Mayer* 5; Radtke/Hohmann 3: zwei- oder dreimal so viele Ersatz- wie Hauptschöffen.

14 BGH NJW **1974** 155; **1978** 1444; *Kissel/Mayer* 6.

15 *Kissel/Mayer* 6; MüKo/*Schuster* 5; KK/*Barthe* 4; *Schmitt/Köhler* 3.

1 Kissel/*Mayer* 1; MüKo/*Schuster* 1; KK/*Barthe* 1; Radtke/Hohmann 1; *Schmitt/Köhler* 1.

2 BGH GA **1976** 141; *Katholnigg* 2.

3 Kissel/*Mayer* 6; MüKo/*Schuster* 2.

4 Kissel/*Mayer* 2; SK/*Degener* 2.

3. Einsicht in Schöffenlisten. Da die Schöffenliste zu den wesentlichen Unterlagen über die Besetzung der Spruchkörper gehört, können die Verfahrensbeteiligten auch aufgrund der ausdrücklichen Regelung des § 222a Abs. 3 StPO zur Überprüfung der Besetzung Einsicht nehmen; hierauf besteht ein **Rechtsanspruch.**[5] Der Anspruch auf Einsichtnahme erstreckt sich auch auf das Protokoll des Schöffenwahlausschusses,[6] das Auslosungsprotokoll[7] sowie das Vereidigungsprotokoll[8] und schließt das Recht auf erforderliche Auskünfte über unklare oder nicht aktenkundige Vorgänge ein. Über die Art und Weise, wie dem Rechtsanspruch zu entsprechen ist, entscheidet ggf. der Präsident des Gerichts.[9] Der Anspruch richtet sich aber ausschließlich gegen die Justizverwaltung und der Rechtsweg ist nach **§§ 23 ff. EGGVG** eröffnet.[10] 4

§ 45

(1) Die Tage der ordentlichen Sitzungen des Schöffengerichts werden für das ganze Jahr im voraus festgestellt.

(2) [1]Die Reihenfolge, in der die Hauptschöffen an den einzelnen ordentlichen Sitzungen des Jahres teilnehmen, wird durch Auslosung in öffentlicher Sitzung des Amtsgerichts bestimmt. [2]Sind bei einem Amtsgericht mehrere Schöffengerichte eingerichtet, so kann die Auslosung in einer Weise bewirkt werden, nach der jeder Hauptschöffe nur an den Sitzungen eines Schöffengerichts teilnimmt. [3]Die Auslosung ist so vorzunehmen, daß jeder ausgeloste Hauptschöffe möglichst zu zwölf Sitzungstagen herangezogen wird. [4]Satz 1 gilt entsprechend für die Reihenfolge, in der die Ersatzschöffen an die Stelle wegfallender Schöffen treten (Ersatzschöffenliste); Satz 2 ist auf sie nicht anzuwenden.

(3) Das Los zieht der Richter beim Amtsgericht.

(4) [1]Die Schöffenlisten werden bei einem Urkundsbeamten der Geschäftsstelle (Schöffengeschäftsstelle) geführt. [2]Er nimmt ein Protokoll über die Auslosung auf. [3]Der Richter beim Amtsgericht benachrichtigt die Schöffen von der Auslosung. [4]Zugleich sind die Hauptschöffen von den Sitzungstagen, an denen sie tätig werden müssen, unter Hinweis auf die gesetzlichen Folgen des Ausbleibens in Kenntnis zu setzen. [5]Ein Schöffe, der erst im Laufe des Geschäftsjahres zu einem Sitzungstag herangezogen wird, ist sodann in gleicher Weise zu benachrichtigen.

Schrifttum

Börner Die Ungleichheit von Schöffen und Berufsrichtern, ZStW 122 (2010) 157; *Katholnigg* Die gerichtsverfassungsrechtlichen Änderungen durch das Strafverfahrensänderungsgesetz 1979, NJW **1978** 2375; *ders.* Zum Gebot des gesetzlichen Richters bei Überbesetzung des Spruchkörpers, JR **1997** 284; *Kissel* Das Frankfurter „Schöffenroulette" ist vorbei – Gedanken zur Entscheidung des BGH vom 19.6.1985, NStZ **1985** 490; *Rieß* Die Besetzungsrüge in Strafsachen in der neueren Rechtsprechung des Bundesgerichtshofs, DRiZ **1977** 289;

5 BVerwGE **12** 261 (ist durch die später eingefügte Regelung des § 222a StPO im Grunde überholt); MüKo/*Schuster* 3; KK/*Barthe* 3; OK/Goers 9; MüKo/*Arnoldi* § 222a StPO, 23; KK/*Gmel* § 222a StPO, 13; *Schmitt/Köhler* § 222a StPO, 24.

6 BGH NJW **1985** 926.

7 MüKo/*Schuster* 3.

8 BGH NJW **2003** 2545.

9 LR/*Jäger* § 222a StPO, 17.

10 OLG Düsseldorf MDR **1979** 1043; OLG Hamm NJW **1980** 1009; Kissel/*Mayer* 8; SK/*Degener* 4; OK/*Goers* 11.

Roth Gesetzlicher Richter und variable Spruchkörperbesetzungen, NJW **2000** 3692; *Sieg* Ausnahmen vom Grundsatz der vorausbestimmten Sitzungstage des Schöffengerichts? NJW **1980** 2453.

Entstehungsgeschichte

Gesetz[1] v. 25.4.1922 (RGBl. I S. 467). Gesetz v. 9.7.1927 (RGBl. I S. 175). VO vom 14.6.1932 (RGBl. I S. 285) erster Teil Kapitel I Art. 8. Das VereinhG 1950 strich den früheren Absatz 2 Satz 3, wonach für eine Sitzung nicht mehr als eine Frau ausgelost werden durfte, im Hinblick auf die Änderung des § 29 a.F. und machte aus dem bisherigen Satz 2 des Absatzes 2 einen Absatz 3. Durch Art. 2 Nr. 13 des 1. StVRG 1974 wurde dem Absatz 2 ein Satz 2 angefügt (jetziger Satz 3). Die jetzigen Sätze 2 und 4 wurden durch Art. 2 Nr. 2 StVÄG 1979 eingefügt; zugleich erhielt der bisherige Absatz 4 („Über die Auslosung wird von dem Urkundsbeamten der Geschäftsstelle ein Protokoll aufgenommen") die jetzige Fassung. Durch das Gesetz zur Fortentwicklung der Strafprozessordnung und zur Änderung weiterer Vorschriften vom 25.6.2021 (BGBl. I S. 2099) wurden in Absatz 2 Satz 4 die Begriffe **Hilfsschöffen** und Hilfsschöffenliste durch jene der **Ersatzschöffen** und Ersatzschöffenliste ersetzt; die Änderung ist rein sprachlicher Natur; inhaltliche Änderungen sind hiermit weder beabsichtigt noch erfolgt.

Übersicht

I. Inhalt der Regelung

1 Die Norm soll – entsprechend der für Richter geltenden Regelung in §§ 21e und 21g – im Wege einer generellen Vorwegbestimmung den Einsatz der **‚gesetzlichen Schöffen'** sicherstellen.[2] Dies erfolgt in einem **zweistufigen Verfahren**, in dessen erstem Schritt die Sitzungstage des jeweiligen Geschäftsjahres festgelegt und sodann die Reihenfolge der Schöffen bei der Einteilung auf die Sitzungstage durch Auslosung bestimmt wird.

1 Vgl. hierzu ausführlich Kissel/*Mayer* 1.

2 MüKo/*Schuster* 1; KK/*Barthe* 1.

II. Feststellen der ordentlichen Sitzungstage (Absatz 1)

1. Ordentliche und außerordentliche Sitzungen. Das Gesetz unterscheidet hinsichtlich der Reihenfolge der für Schöffen maßgeblichen Sitzungstage zwischen **ordentlichen Sitzungen**, deren Tage für ein ganzes Jahr, und zwar jedes Jahr neu, im Voraus festgestellt werden, und **außerordentlichen Sitzungen** (§ 47), die zusätzlich und nach Bedarf anberaumt werden, weil eine sachgemäße Durchführung der Hauptverhandlung in der angefallenen Sache an den ordentlichen Sitzungstagen nicht möglich ist, etwa weil die ordentlichen Sitzungstage schon auf lange Zeit besetzt sind und mit dem Hinausschieben des Termins nicht zugewartet werden kann, oder weil der Umfang der Sache mit Rücksicht auf die sonstige Belastung des Gerichts die Erledigung an den ordentlichen Sitzungstagen nicht gestattet (vgl. im Übrigen § 47, 1 f.) 2

2. Grundsatz der Stetigkeit. Der in § 45 festgelegte sog. Grundsatz der Stetigkeit mit einem **System der kalendermäßig für ein ganzes Jahr im Voraus bestimmten Sitzungstage** geht davon aus, dass der Anfall an Schöffengerichts- und Strafkammersachen (§ 77) nach den Erfahrungen der vorangegangenen Jahre und der künftig zu erwartenden Geschäftsentwicklung im Allgemeinen einigermaßen abschätzbar ist. Das gilt zwar nur mit Einschränkungen, da etwa der Anfall an Schwurgerichtssachen, namentlich bei kleineren Landgerichten, großen Schwankungen unterliegt und auch die Dauer des Ermittlungsverfahrens in der einzelnen Sache sehr unterschiedlich ist. Es kann u.U. auch sein, dass in einzelnen Bezirken auch der Anfall von Schöffengerichts- und Strafkammer-, insbesondere von Jugendstrafkammersachen sehr unterschiedlich ist. Gleichwohl darf auch dann von dem **System der festen Sitzungstage** nicht abgewichen werden. Es ist also unzulässig, z.B. wegen geringen Anfalls von Jugendschöffengerichtssachen auf das Festsetzen bestimmter Sitzungstage des Jugendschöffengerichts zu verzichten, die Sitzungstage des (Erwachsenen-)Schöffengerichts gleichzeitig als Sitzungstage des Jugendschöffengerichts festzusetzen und nur nach Bedarf einen Sitzungstag für das Jugendschöffengericht auszuwählen und dazu die Jugendschöffen in einer im Voraus festgelegten Reihenfolge einzuberufen.[3] Vielmehr müssen die Sitzungstage stets – gegebenenfalls in größeren Abständen – selbstständig bestimmt und für diese Tage die Jugendschöffen ausgelost werden; bei beschleunigungsbedürftigen Sachen ist nach § 47 zu verfahren. Das Feststellen der Sitzungstage ist **Sache der Justizverwaltung** und somit nicht Teil der Recht sprechenden Tätigkeit.[4] Es richtet sich nach **Landesrecht**, welchem Organ die Festsetzung obliegt. Das Präsidium (§ 21e) ist hieran nicht beteiligt. 3

3. Auffanggericht. Anders liegt es bei der **„Auffangkammer“**, die gemäß § 354 Abs. 2 StPO im Falle der Aufhebung eines Urteils und Zurückverweisung der Sache zuständig wird, wenn es nach den Erfahrungen der vergangenen Jahre ganz ungewiss ist, ob es im Geschäftsjahr überhaupt zu einem **Anfall einschlägiger Sachen** kommt, oder wenn deren Zahl so gering ist, dass es an Anhaltspunkten für die zweckmäßige Festsetzung kalendermäßig vorausbestimmter Sitzungstage fehlt. Hier muss es zur Wahrung des Grundsatzes des gesetzlichen Richters genügen, dass im Geschäftsverteilungsplan der Auffangspruchkörper und seine Besetzung bestimmt und hinsichtlich der mitwirkenden Schöffen nach § 47 verfahren wird.[5] Für den Fall, dass bei Strafkammern mit gesetzlicher Spezialzuständigkeit (Schwurgerichtskammer usw.) eine vergleichbare Situation entsteht, vgl. § 74, 11. 4

---

3 BGHSt **15** 107 = NJW **1960** 1918.

4 BayObLG NJW **1961** 568; OK/*Goers* 7.

5 *Katholnigg* 1; Kissel/*Mayer* 4; *Schmitt/Köhler* 1; KK/*Barthe* 2; **a.M.** *Sieg* NJW **1980** 2453.

5 **4. Änderung der im Voraus festgestellten Sitzungstage im Lauf des Jahres.** Die festgelegten Sitzungstage dürfen im laufenden Geschäftsjahr grundsätzlich nicht geändert werden.[6] Eine Ausnahme hiervon kann nur in Betracht kommen bei organisatorischen Veränderungen des Gerichts wegen **Vermehrung oder Verminderung der Zahl der** Schöffengerichte (Schöffengerichtsabteilungen) bzw. der Kammern). In sonstigen Fällen kann einem veränderten Bedarf nur durch das Anberaumen außerordentlicher Sitzungstage Rechnung getragen werden[7] (siehe hierzu die Erläuterungen zu § 46).

6 **5. Sitzung, Sitzungstag.** Das Gesetz spricht wechselnd von „Sitzungen" (z.B. §§ 48, 49) und von „Sitzungstagen" (z.B. § 43 Abs. 2, § 47). Grundsätzlich sind die Ausdrücke „Sitzung" und „Sitzungstag" **gleichbedeutend** (vgl. auch § 35 Nr. 2), und wenn ein Gericht zwei oder mehrere aufeinander folgende Tage tätig ist, so finden im Sinne des Gesetzes ebenso viele verschiedene Sitzungen statt. Eine Ausnahme gilt, wenn die auf einen Sitzungstag anberaumten Sachen (oder eine davon) an diesem Tag nicht zu Ende geführt werden können und deshalb die Fortsetzung der Sitzung an einem späteren Tage erforderlich wird (§ 50). Dann handelt es sich für diese Sache um *eine* Sitzung.[8] I.S.d. §§ 35 Nr. 2, 43 Abs. 2, 45 Abs. 2 Satz 3 entspricht ein Sitzungstag einem Kalendertag.

III. Auslosung (Absatz 2)

7 **1. Verfahren.** Eine nähere Anordnung darüber, in welcher Weise die Schöffen auf die einzelnen Sitzungstage zu verteilen sind und in welcher Art der Wechsel unter ihnen stattzufinden hat, ist im Gesetz nur in Absatz 2 Satz 2 enthalten. Grundsätzlich findet, wenn bei einem Amtsgericht mehrere Schöffengerichte (Schöffengerichtsabteilungen) bestehen, die **Auslosung für *alle* Hauptschöffen aus der gemeinsamen Liste** (§ 44, 1) statt. In der Liste aufgeführte Schöffen dürfen nicht zurückgehalten werden, um etwa eine Auslastung der übrigen mit 12 Sitzungstagen zu erreichen.[9] Zweckmäßigerweise erfolgt die Auslosung in demselben Termin.[10] Die Auslosung hat für jede Abteilung – beim Landgericht für jede Strafkammer – gesondert zu erfolgen.[11] Nach Absatz 2 Satz 2 *kann* jedoch (also nach Ermessen des auslosenden Richters, Absatz 3) die Auslosung in einer Weise vorgenommen werden, bei der im Ergebnis jedes von mehreren bei einem Amtsgericht eingerichteten Schöffengerichten „seine eigenen Schöffen erhält";[12] im Einzelnen sind bei einem solchen Auslosungsmodus **unterschiedliche Auslosungsverfahren denkbar.**[13] Es darf aber auch dann nur aus einer einheitlichen Liste gelost werden, denn getrennte Listen für die einzelnen Spruchkörper sind bei der Auslosung unzulässig.[14] Einer Auslosungsgestaltung, die es den Schöffen erleichtern kann, sich in die Rechtsmaterien und die Rechtshandhabung „ihres" Spruchkörpers einzufinden, kommt insbesondere Bedeutung zu, wenn einer Schöffengerichtsabteilung durch den Geschäftsverteilungsplan bestimmte

---

6 MüKo/*Schuster* 4.

7 OK/*Goers* 11; SK/*Degener* 5.

8 *Katholnigg* 1; *Pfeiffer* 1.

9 OLG Celle NStZ **1991** 350 mit zust. Anm. *Katholnigg* = MDR **1991** 559; *Kissel/Mayer* 7; MüKo/*Schuster* 6; KK/*Barthe* 4.

10 KG JW **1930** 2590.

11 OLG Hamm NJW **1956** 1937.

12 Begr. BTDrucks. **8** 967 S. 62; *Schmitt/Köhler* 8.

13 *Katholnigg* NJW **1978** 2377.

14 *Katholnigg* NJW **1978** 2377; *Rieß* DRiZ **1977** 292.

Materien, z.B. Straßenverkehrsdelikte oder Steuerstrafsachen zugewiesen sind; entsprechendes gilt beim Landgericht (§ 77 Abs. 1) für die Strafkammern mit gesetzlicher Zuständigkeitskonzentration (§§ 74 Abs. 2, 74a, 74c, 77 Abs. 1).

Dagegen hat sich nichts daran geändert, dass bei der **Wahl der Hauptschöffen** – abgesehen von den besonderen Listen für die Jugendgerichte (§ 35 Abs. 5 JGG) – nicht Listen für den einzelnen Spruchkörper aufgestellt werden dürfen (§ 44, 1). Für die Ersatzschöffen ist Satz 2 ohne Bedeutung (§ 45 Abs. 2 Satz 4 Halbsatz 2). Ergänzend ist dazu zu bemerken, dass es sich bei der Einfügung des Satzes 2 des Absatzes 2 durch das StVÄG 1979 nicht um die Zulassung einer bis dahin unzulässigen **Auslosungsmethode**, sondern lediglich um die ausdrückliche gesetzliche Anerkennung einer schon bestehenden Auslosungsmöglichkeit handelte. Denn allgemein gilt, dass bei dem Auslosungsverfahren Raum bleibt für das Ermessen des Richters.[15] Über die zweckmäßigste Methode vgl. die Erörterungen im älteren, in LR[20] § 45, 3 angeführten Schrifttum. Es können z.B. die Namen aller Hauptschöffen in eine Urne gelegt und sodann für jede ordentliche Sitzung zwei von ihnen gezogen werden. Die gezogenen Namen werden jedes Mal wieder in die Urne zurückgelegt, und zwar so oft, bis bei dem einzelnen Schöffen die Zahl der auf ihn fallenden Sitzungen erschöpft ist. Ob die zwei Schöffen, die für die erste, zweite usw. Sitzung ausgelost werden, auch bei einer späteren Sitzung wieder zusammentreffen, hängt bei diesem Verfahren lediglich vom Los ab. Es können aber auch für mehrere aufeinanderfolgende Sitzungstage zwei Schöffen ausgelost werden.[16] Zulässig ist ferner die Auslosung von Schöffenpaaren, die dann auf die im Voraus festgestellten Sitzungstage verteilt werden.[17] 8

Werden während des Auslosungsvorganges **Fehler** festgestellt, liegt es im Ermessen des Richters beim Amtsgericht, wie er diese beheben will. Dafür kann er die gesamte Auslosung abbrechen und neu durchführen.[18] 9

Durch die Auslosung entstehen die **Schöffenlisten** für die einzelnen Spruchkörper. Daraus muss sich eindeutig ergeben, welcher Schöffe an welchem Sitzungstag zur Mitwirkung in welchem Spruchkörper berufen ist. Fällt ein Sitzungstag dieses Spruchkörpers aus, werden die für diesen Tag bestimmten Schöffen übersprungen und erst wieder zu der nächsten ihnen zugeordneten Sitzung herangezogen. 10

2. Geltung der Auslosung. Die Auslosung gilt (vorbehaltlich des § 50) nur für den bestimmten Sitzungstag und konkretisiert den gesetzlichen Richter. Es ist unzulässig, bei einer Vertagung oder Unterbrechung der Verhandlung, wenn sie sich nicht in den Grenzen des § 229 StPO hält, die für die ursprüngliche Verhandlung ausgelosten Schöffen ohne Weiteres wieder heranzuziehen.[19] Wegen des Zeitpunktes der Auslosung vgl. § 57. Für den Fall einer außerordentlichen Sitzung trifft § 47 Vorsorge. 11

3. Alljährliche Auslosung der Hauptschöffen. Die Auslosung ist, obwohl die Amtsperiode der Schöffen fünf Jahre beträgt, stets nur für ein Geschäftsjahr vorzunehmen, vornehmlich deshalb, weil es nur während eines so begrenzten Zeitraumes den Schöffen zugemutet werden kann, sich auf bestimmte Tage einzurichten. Nach der Rechtsprechung des BGH[20] ist die Besetzungsrüge begründet, wenn die Schöffen in *einem* Akt für die 12

---

15 KG JW **1930** 2590; OLG Celle NStZ **1991** 350; LG Braunschweig NJW **1990** 1191; LG Hannover StV **1991** 205.

16 BGH NJW **1991** 435; NStZ **1992** 226 (K).

17 BGHR GVG § 45 Abs. 2 Satz 1 Auslosung 1 und Auslosung 2 = BGH bei *Kusch* NStZ **1992** 224, 226.

18 BGH bei *Kusch* NStZ **1992** 224; BGHR GVG § 45 Abs. 2 Satz 1 Auslosung 2.

19 RGSt **65** 298; OLG Naumburg DRZ **1930** Nr. 165.

20 BGH v. 18.11.1976 – 1 StR 682/76 und v. 21.12.1976 – 1 StR 745/76.

gesamte Amtsperiode ausgelost wurden. Zulässig ist danach allerdings eine **Auslosung für die gesamte Amtszeit** im Voraus, wenn diese für **jedes Jahr getrennt** vorgenommen wird.[21]

13 **4. Ersatzschöffen.** Ersatzschöffen (früher: Hilfsschöffen) sind – anders als die Hauptschöffen – nicht für jedes Geschäftsjahr, sondern **nur einmal für die fünfjährige Wahlperiode auszulosen.**[22] Wenn § 45 Abs. 2 Satz 4 Halbsatz 1 den Satz 1 des Absatzes 2 für entsprechend anwendbar erklärt, so besagt dies – entgegen einer im Schrifttum noch vertretenen Auffassung[23] – nicht, dass die Verweisung auch den Relativsatz des Satzes 1 („in der Hauptschöffen ... teilnehmen") umfasse. Denn eine jährliche Auslosung der Ersatzschöffen hätte keinen Sinn und widerspräche dem **Umlaufsprinzip** des § 49 Abs. 4, wonach ein einem Sitzungstag zugewiesener Ersatzschöffe erst wieder heranzuziehen ist, nachdem die anderen Ersatzschöffen ebenfalls zugewiesen oder von der Dienstleistung entbunden oder nicht erreichbar gewesen sind.[24]

14 **5. Verteilung der Ersatzschöffen.** Absatz 2 Satz 4 Hs. 2 schließt bei Ersatzschöffen eine nach Spruchkörpern getrennte Auslosung (Rn. 7) aus, um der Gefahr vorzubeugen, dass bei einer zu kleinen Ersatzschöffenliste kein Ersatzschöffe erreichbar wäre.[25] Es wird vielmehr für das ganze Gericht eine **einheitliche Liste** – allerdings nach Erwachsenen- und Jugendschöffen getrennt – aufgestellt, aus der die Ersatzschöffen in der dort festgesetzten Reihenfolge an Stelle weggefallener Schöffen herangezogen werden. Entsprechend der Reihenfolge der Auslosung kommt der an Platz 1 ausgeloste Ersatzschöffe für den ersten Vertretungsfall, der an Platz 2 stehende für den zweiten Vertretungsfall usw. zum Einsatz.

6. Förmlichkeiten

15 **a) Öffentliche Sitzung.** Die Auslosung erfolgt in öffentlicher Sitzung des Amtsgerichts (§ 45 Abs. 2). Diesem Erfordernis ist genügt, wenn die Auslosung in einem Raum des Gerichts stattfindet, der genügend Platz für die Anwesenheit von Teilnahmewilligen bietet (etwa das Dienstzimmer des Präsidenten[26]), und der nach Räumlichkeit und Zeitpunkt der Auslosung so genügend gekennzeichnet ist, dass sich jedermann darüber ohne Schwierigkeiten ausreichend unterrichten kann. Insofern gilt im Grunde nichts anderes als hinsichtlich der Öffentlichkeit der Hauptverhandlung im Sinne von § 169, wobei hier die Anforderungen – zumal bei regelmäßig eher geringem Interesse an der Auslosung – indessen nicht überspannt werden dürfen.[27] Denn das Gesetz schreibt nicht ausdrücklich vor, in welcher Weise dafür Sorge getragen werden muss, dass jedermann die Möglichkeit erhält, an Sitzungen außerhalb der Hauptverhandlung und so auch an der Auslosungssitzung

---

21 S.a. *Rieß* DRiZ **1977** 293.

22 BGHSt **36** 138; MüKo/*Schuster* 10; OK/*Goers* 32; KK/*Barthe* 7.

23 *Kissel/Mayer* 17.

24 BGHSt **36** 138 = JZ **1989** 479 mit zust. Anm. *Katholnigg;* NStZ **1989** 379; MüKo/*Schuster* 10; KK/*Barthe* 7; *Schmitt/Köhler* 10; zum Hintergrund und zu Stellungnahmen zu BGHSt **36** 138 s. Fn. 8 in der 24. Aufl.

25 BTDrucks. **8** 976 S. 62.

26 BGH NStZ **2006** 512.

27 BGH NStZ **2006** 512, hierzu Nichtannahmebeschluss des BVerfG NJW-RR **2006** 1653; Kissel/*Mayer* 11; Radtke/Hohmann 4; *Schmitt/Köhler* 4.

teilzunehmen.[28] Nach der Rechtsprechung sind solche **Termine durch leicht sichtbaren Aushang bekannt zu geben;**[29] indessen ist eine Unterrichtung der Wachtmeister am Eingang des Gerichtsgebäudes nicht vorgeschrieben, zumal sich jeder Interessent schon vorher bei der Schöffengeschäftsstelle durch Anfrage über anstehende Termine unterrichten kann[30] – wie bei sonstigen Hauptverhandlungen auch. Da ein Aushang am Vorzimmer des Präsidenten des Landgerichts genügt, andererseits aber auch erforderlich ist,[31] kann für den Direktor (oder Präsidenten) des Amtsgerichts nichts anderes gelten. Der BGH hat es für ausreichend erachtet, dass ein Zimmer, deren Tür außen nur einen Knauf hat, nach Anklopfen oder über ein Vorzimmer betreten werden kann.[32] Der BGH hat hierbei aber zugleich darauf hingewiesen, dass ein Termin in einem Sitzungssaal zwar nicht geboten ist, dies – sowie ein Ankündigen der Auslosung – zum Vermeiden unnötiger Verfahrensrügen indessen angezeigt erscheint.

b) Teilnahme. An der Sitzung nimmt der (durch die Geschäftsverteilung bestimmte) 16
Richter beim Amtsgericht, der hierbei eine „justizförmige **Justizverwaltungsaufgabe**" ausübt, also unter richterlicher Unabhängigkeit handelt,[33] und der Urkundsbeamte teil. Der Zuziehung der Staatsanwaltschaft bedarf es nicht.[34] Dass die Zeit der Sitzung zuvor öffentlich bekannt gemacht wird, ist nicht vorgeschrieben.[35] Wegen der Schöffen des Landgerichts s. § 77 Abs. 3.

c) Das Protokoll (Absatz 4 Satz 2). Das Protokoll über die Auslosung ist in sinngemä- 17
ßer Anwendung des § 271 StPO von dem Richter und dem Urkundsbeamten zu unterschreiben. Die Beweiskraft des § 274 StPO kommt dem Protokoll nicht zu; der **Beweis der Unrichtigkeit ist also nicht ausgeschlossen.**[36]

7. Schöffengeschäftsstelle (Absatz. 4 Satz 1). Absatz 4 Satz 1 bestimmt, dass die 18
Schöffenlisten zentral für das ganze Gericht von einem bestimmten Urkundsbeamten der Geschäftsstelle, die zur Vereinfachung des Sprachgebrauchs als Schöffengeschäftsstelle bezeichnet wird, **geführt** werden, um die Reihenfolge der Heranziehung der Schöffen im Einzelfall ohne Schwierigkeiten regeln können. Amts- und Landgerichte verfügen über jeweils eigene Schöffengerichtsstellen.[37] Die Obliegenheiten der Schöffengeschäftsstelle im Einzelnen regelt § 49 Abs. 3. Dieser **Urkundsbeamte** wird im Allgemeinen mit dem Urkundsbeamten der mit Schöffengerichtssachen befassten Geschäftsstelle identisch sein.[38] Nur wer zum Urkundsbeamten der Geschäftsstelle bestellt ist (dazu § 153), kann die Aufga-

---

28 BGH NStZ **1985** 514; s. auch BGH bei *Holtz* MDR **1984** 91 = StV **1983** 446; BGH NStZ **1986** 83 und 84; BGH bei *Pfeiffer/Miebach* NStZ **1986** 210 Nr. 28; LG Hamburg NStZ **1985** 185.

29 BGH NStZ **1984** 89.

30 BGH NStZ **1985** 514; s. auch LG Bremen StV **1982** 461.

31 BGH NStZ **1985** 514.

32 BGH NStZ **2006** 512, hierzu Nichtannahmebeschluss des BVerfG NJW-RR **2006** 1653.

33 LR/*Mann* § 21h, 3; s. auch BGH NJW **1980** 2364 mit zust. Anm. *Katholnigg* NStZ **1981** 32.

34 BTDrucks. **8** 976 S. 48.

35 BGH NStZ **2006** 512.

36 Vgl. RGSt **64** 50, 52; Kissel/*Mayer* 15; MüKo/*Schuster* 13; SK/*Degener* 14; OK/*Goers* 39.

37 OK/*Goers* 38.

38 In Art. 2 Nr. 3 des Referenten-Entwurfes eines Gesetzes zur weiteren Vereinfachung des Strafverfahrens – Stand Juni 1976 – war vorgeschlagen, dass die Schöffengeschäftsstelle nicht mit Schöffengerichtssachen befasst werden dürfe, um zur Sicherung des Grundsatzes des gesetzlichen Richters die Bearbeitung der richterlichen Verfügungen, für die der Zeitpunkt des Einganges bei der Schöffengeschäftsstelle maßgebend sein könne, von deren Verwaltung zu trennen; dieser Vorschlag ist nicht übernommen worden.

ben der Schöffengeschäftsstelle wahrnehmen; damit soll die Beauftragung anderer Justizbeamter ausgeschlossen werden.[39] Obwohl selbstverständlich, bedurfte es einer Entscheidung des BGH,[40] dass die Schöffengeschäftsstelle keine Veränderung der durch die Auslosung festgelegten Schöffenbesetzung vornehmen darf.

8. Benachrichtigung von Auslosung und Heranziehung (Absatz 4 Satz 3 ff.)

19 **a) Allgemeines.** Wie oben Rn. 11, 12 ausgeführt, werden die Hauptschöffen für jedes Geschäftsjahr, die Hilfsschöffen dagegen nur einmal für die ganze Wahlperiode ausgelost. Dem entspricht es, dass nach Absatz 4 Satz 3 der Richter am Amtsgericht sowohl die Haupt- als auch die Ersatzschöffen von der Auslosung benachrichtigt. Im Übrigen ist die Benachrichtigung von Haupt- und Ersatzschöffen verschieden gestaltet: Die **Hauptschöffen sind** nach Absatz 4 Satz 4 *zugleich* – also zusammen **mit der Auslosungsbenachrichtigung – von den Sitzungstagen**, für die sie nach § 45 Abs. 1, Abs. 2 Satz 1 bis 3 für das Geschäftsjahr ausgelost sind, **in Kenntnis zu setzen**, und zwar unter Hinweis auf die in § 56 vorgesehenen Folgen unentschuldigten Ausbleibens; dies geschieht, damit sie sich in ihren Geschäften und sonstigen Privatangelegenheiten entsprechend einrichten können. Dagegen werden Ersatzschöffen erst von ihrer Heranziehung zu Sitzungstagen benachrichtigt – auch hier unter Hinweis auf § 56 –, wenn die Voraussetzungen hierfür nach §§ 46 bis 49 gegeben sind; die vorangegangene Benachrichtigung von der Auslosung als Ersatzschöffe geschah hier, damit das spätere, dem Zeitpunkt nach nicht voraussehbare Heranziehen zum Schöffendienst sie nicht völlig unvorbereitet trifft.

20 **b) Zuständigkeit und Form.** Zuständig für die Benachrichtigungen über die Auslosung und die Dienstleistungstage ist der Richter am Amtsgericht, der die Auslosung vorgenommen hat und nicht die Schöffengeschäftsstelle, weil eine Benachrichtigung durch diese nicht der Stellung der ehrenamtlichen Richter entspricht.[41] Eine **besondere Form der Benachrichtigungen** (Zustellung usw.) ist **nicht vorgeschrieben.**[42] Jedoch bedarf es, wenn es später zur Festsetzung von Maßnahmen nach § 56 kommen sollte, eines Nachweises über den Zugang der Nachricht über die wahrzunehmenden Sitzungen. Und wenn auch eine besondere Ladung im Gesetz nicht vorgesehen ist, so ist sie doch, wenn sich ein örtliches Bedürfnis dafür ergeben sollte, auch nicht unzulässig.[43] Wegen der Benachrichtigung der Strafkammerschöffen vgl. § 77 Abs. 3.

IV. Schöffen bei verlegten ordentlichen Sitzungstagen

21 Das **Verlegen** ordentlicher Sitzungstage lässt immer wieder die Frage aufkommen, welche Schöffen im Lichte des gesetzlichen Richters heranzuziehen sind. Dabei ist die Zulässigkeit der Verlegung ordentlicher Sitzungstage **sowohl nach vorn als auch nach hinten** unbestritten. Lange Zeit galt für die Zuziehung der Schöffen nach Ansicht des BGH,[44] dass darauf abzustellen sei, ob in die Terminierung der verlegten ordentlichen

---

39 BTDrucks. **8** 976 S. 62.

40 StV **1982** 358.

41 Vgl. BTDrucks. **8** 976 S. 103, 110 und **8** 844 S. 16, 33; Kissel/*Mayer* 22.

42 MüKo/*Schuster* 13; KK/*Barthe* 10.

43 Vgl. dazu LR/*Schäfer*[23] § 45, 2, wonach im früheren Preußen durch eine AllgVerfg den Amtsgerichten empfohlen war, etwa 3 Tage vor dem Sitzungstag eine besondere Ladung zu erlassen.

44 BGHSt **25** 174 = NJW **1973** 1139; **31** 157 = NJW **1983** 185 m. krit. Anm. *Katholnigg* NStZ **1983** 178.

Sitzung ein anderer freier ordentlicher Sitzungstag einbezogen wird. Dann waren die für diesen ordentlichen Sitzungstag ausgelosten Schöffen heranzuziehen. Diese Rechtsprechung führte immer dann zu Problemen, wenn es zu Überschneidungen der Sitzungstage kam, wenn also ein zunächst freigehaltener ordentlicher Sitzungstag später doch noch, z.B. durch eine eilige Haftsache, in Anspruch genommen werden musste. Diesen Problemen wollte die neuere Rechtsprechung[45] entgegenwirken. Unter ausdrücklicher teilweiser Abkehr von der bisherigen Rechtsprechung ist nunmehr zunächst klargestellt und konkretisiert worden, dass das Verlegen einer ordentlichen Sitzung nach vorn oder nach hinten den **Charakter als ordentliche Sitzung nicht berührt**, und zwar unabhängig davon, ob der dem Beginn der Sitzung nachfolgende ordentliche Sitzungstag frei bleibt. Ist sowohl der ordentliche Sitzungstag vor als auch der ordentliche Sitzungstag nach dem tatsächlichen Sitzungsbeginn frei, so gilt für das Heranziehen der Schöffen der zeitnächste Termin, bei gleichen Zeitabständen der frühere.[46] Liegt jedoch zwischen dem tatsächlichen Sitzungsbeginn und dem nächsten freien ordentlichen Sitzungstag ein besetzter ordentlicher Sitzungstag, so bleibt der freie Tag unberücksichtigt und es handelt sich vielmehr um eine **außerordentliche Sitzung**.[47] Dabei ist es unerheblich, ob dieser freie Sitzungstag mit in die Sitzung einbezogen wird.[48] Eine Klarstellung ist durch diese Rechtsprechung im Übrigen auch dahin erfolgt, dass diese Regeln einheitlich für ordentliche Strafkammern und Hilfsstrafkammern (dazu § 60, 8) gelten. Der BGH hat gleichzeitig die Grenzen pflichtgemäßen Ermessens des Vorsitzenden bei einer Verlegung ordentlicher Sitzungstage aufgezeigt, indem er es für unzulässig gehalten hat, einen Sitzungstag vom Freitag auf den Montag dieser Woche vorzuverlegen, wenn der Freitag der Vorwoche noch frei war. Dann ist nur die Verlegung dieses Tages, da zeitnäher, nach hinten auf den Montag der folgenden Woche zulässig.[49]

Ungeklärt ist aber nach wie vor, wie zu verfahren ist, wenn die für den zeitnächsten Termin ausgelosten Schöffen für die verlegte ordentliche Sitzung in Anspruch genommen werden und dann wider Erwarten dieser Termin doch noch belegt werden muss. Der vom BGH angedeutete Weg, die zunächst **verlegte ordentliche Sitzung** dann **als außerordentliche Sitzung zu behandeln**,[50] führt nicht nur zu erneuten Unsicherheiten, sondern erscheint auch unpraktikabel, wenn es sich um eine kurzfristige Terminierung an dem freien Sitzungstag handelt. Die Folge wäre nämlich, die Schöffen des verlegten Termins wieder auf den ordentlichen Sitzungstag umzuladen und für den zur außerordentlichen Sitzung werdenden Termin Ersatzschöffen zu laden (§ 47). Es bietet sich ein einfacherer Weg in der Form an, die dem verlegten Termin zugeordneten Schöffen als verhindert zu betrachten und für den auf den ordentlichen Sitzungstag neu bestimmten Termin sogleich Ersatzschöffen heranzuziehen, zumal schon das bloße Ausbleiben eines Schöffen auch sonst die Zuziehung von Ersatzschöffen rechtfertigt.[51] 22

Beginnt eine Hauptverhandlung nach begründetem Besetzungseinwand **neu**, sind die für den Tag des neuen Sitzungsbeginns ausgelosten Schöffen zur Mitwirkung berufen; das gilt auch dann, wenn die neue Hauptverhandlung an einem Tag beginnt, der von Anfang an als (Fortsetzungs-)Sitzungstag bestimmt war.[52] 23

---

45 BGHSt **41** 175 = StV **1995** 568 = NJW **1996** 267 = JR **1996** 165 m. Anm. *Katholnigg*.
46 BGHSt **41** 175, 180; BGH StV **1998** 4; BGH StV **2005** 538; MüKo/*Schuster* 5; KK/*Barthe* 3.
47 BGH StV **2005** 536.
48 *Katholnigg* JR **1996** 168.
49 BGHSt **41** 175, 180; BGH StV **1998** 4.
50 BGHSt **41** 175, 180.
51 BGH bei *Holtz* MDR **1977** 639.
52 BGH StV **2003** 10.

V. Einsicht in die Schöffenliste

24 Diese Liste ist eine für die Besetzung des Gerichts maßgebende Unterlage i.S.d. § 222a Abs. 3 StPO.[53] Dazu gehört aber nicht nur die Liste selbst, sondern **auch das Auslosungsprotokoll.**[54] In sie können Verteidiger, Nebenklägervertreter, Angeklagter oder Nebenkläger Einsicht nehmen, soweit ihnen ein rechtlich geschütztes Interesse zusteht.[55] Einsichtnahme in der Geschäftsstelle ist ausreichend.[56] Bei Verweigerung der Einsicht ist der **Rechtsweg** nach § 23 EGGVG gegeben. Wegen des vor Schaffung dieser Vorschrift geltenden Rechtszustandes vgl. LR/*Schäfer*[23] 13.

VI. Revision

25 **Fehler beim Auslosungsvorgang** oder die Auslosung selbst, wie etwa das Auslosen durch den falschen Richter[57] oder eine unterbliebene Protokollierung oder unterbliebene Benachrichtigung[58] sind mit der Revision **nicht angreifbar**. Hier können nur Fehler gerügt werden, die zum Unterbleiben der Auslosung[59] oder materiell zur Auslosung falscher Schöffen geführt haben. Auch die fehlende Auslosung der Reihenfolge der Hilfsschöffen führt zu einer fehlerhaften Besetzung des Gerichts, wenn ein Hilfsschöffe mitwirkt, der ohne entsprechende Vorgabe aus einer allgemeinen Ersatzschöffenliste zur Sitzung herangezogen wird.[60] Fraglos **revisibel** ist hingegen das Durchführen der Hauptverhandlung mit fehlerhafter Schöffenbesetzung (§ 338 Nr. 1 StPO), allerdings in den Grenzen der vom BGH hierzu entwickelten Willkürrechtsprechung.[61]

§ 46

[1]Wird bei einem Amtsgericht während des Geschäftsjahres ein weiteres Schöffengericht gebildet, so werden für dessen ordentliche Sitzungen die benötigten Hauptschöffen gemäß § 45 Abs. 1, 2 Satz 1, Abs. 3, 4 aus der Ersatzschöffenliste ausgelost. [2]Die ausgelosten Schöffen werden in der Ersatzschöffenliste gestrichen.

Schrifttum

Meinen Die Heranziehung zum Schöffenamt – Gerichtsverfassungs- und revisionsrechtliche Probleme (1993).

---

53 Vgl. dazu LR/*Jäger* § 222a, 17 f. StPO.
54 *Katholnigg* 8; *Kissel/Mayer* 24.
55 BVerwGE **12** 261.
56 OK/*Goers* 42.
57 BGHSt **25** 257 = JR **1975** 206 m. zust. Anm. *Kohlhaas*; Kissel/*Mayer* 14; MüKo/*Schuster* 14; KK/*Barthe* 12; *Schmitt/Köhler* 15.
58 *Katholnigg* 9; OK/*Goers* 44.
59 BGH NStZ **1984** 274.
60 BGHR GVG § 45 Abs. 2 Satz 4 Reihenfolge 1.
61 Vgl. etwa BGH NStZ-RR **2012** 319; dazu § 49, 11; MüKo/*Schuster* 14; OK/*Goers* 44.

Entstehungsgeschichte

§ 46 wurde durch Art. 2 Nr. 3 StVÄG 1979 neu eingestellt; der bisherige Inhalt des § 46 (betr. Benachrichtigung der Schöffen von der Auslosung) wurde nach § 45 Abs. 4 n.F. übernommen. Mit dem Gesetz zur Fortentwicklung der Strafprozessordnung und zur Änderung weiterer Vorschriften vom 25.6.2021 (BGBl. I S. 2099) wurde der Begriff der Hilfsschöffenliste durch jenen der Ersatzschöffenliste ersetzt.

Übersicht

1. Grundsatz der Regelung. Die Vorschrift, die gemäß § 77 Abs. 1 für die Strafkammern entsprechend gilt, regelt die im früheren Recht nicht eindeutig geklärte Frage, in welcher Weise die **Besetzung eines Spruchkörpers** erfolgt, der während des Geschäftsjahres zusätzlich gebildet werden muss. Nach der früheren Regelung bedurfte es nach überwiegend vertretener Auffassung[1] im Hinblick auf § 45 Abs. 1 (Prinzip der im Voraus festgestellten Tage der ordentlichen Sitzungen) einer Neuauslosung aller Hauptschöffen. Diese Rechtslage ist auf Vorschlag des Bundesrats, dem die Bundesregierung sich anschloss, durch die Neufassung des § 46 beseitigt worden,[2] um eine zu große Belastung der bereits ausgelosten Hauptschöffen zu vermeiden.[3] Die Schöffen für den neu gebildeten Spruchkörper sind nunmehr **aus der Ersatzschöffenliste** (früher: Hilfsschöffenliste, vgl. BTDrucks. **19** 27654 S. 49) auszulosen, da es sich nicht um die Heranziehung für einzelne Sitzungen handelt, die sich nach der festgelegten Zuweisungsreihenfolge richtet.[4] Die ausgelosten Schöffen **werden zu Hauptschöffen** und müssen von der Ersatzschöffenliste gestrichen werden. Eine vorangegangene Heranziehung als Ersatzschöffe muss allerdings noch erfüllt werden.[5] Bei zeitlicher Überschneidung der Tätigkeit als Ersatzschöffe mit der neuen Tätigkeit als Hauptschöffe geht die Ersatzschöffentätigkeit vor. Für die Tätigkeit als Hauptschöffe liegt ein Verhinderungsgrund vor. In der Ersatzschöffenliste wird der gestrichene Ersatzschöffe nicht ersetzt. Diese Verminderung der Zahl der Ersatzschöffen ist schon bei der Wahl der erforderlichen Ersatzschöffen einzukalkulieren; nur unter den engen Voraussetzungen des § 52 Abs. 6 findet eine Ergänzungswahl statt. 1

2. Zuordnung der neuen Hauptschöffen. Die aus der Ersatzschöffenliste ausgelosten neuen Hauptschöffen stehen nur dem neu gebildeten Spruchkörper für dessen ordentliche Sitzungen zur Verfügung; es liegt hier also ein gesetzlicher Fall eines Spruchkörpers „mit eigenen Schöffen" (§ 45, 2) vor. Für das neu gebildete Schöffengericht gilt die allgemeine Ersatzschöffenliste ohne Einschränkungen 2

3. Verminderung der Spruchkörperzahl. § 46 regelt nur die **Auswirkungen für die Besetzung** mit Hauptschöffen, wenn im Lauf des Geschäftsjahres die Zahl der Spruchkörper vermehrt wird; er befasst sich nicht mit der Frage, was rechtens ist, wenn im Lauf des Geschäftsjahres die Zahl der bei Beginn eines Geschäftsjahres bestehenden Spruchkör- 3

1 Vgl. LR/*Schäfer*[23] § 45, 4; § 77, 3.
2 Zur früheren Problematik vgl. LR/*K. Schäfer*[24] 1.
3 BTDrucks. **8** 976 S. 103.
4 KK/*Barthe* 2; *Schmitt/Köhler* 1.
5 *Katholnigg* 2; Kissel/*Mayer* 3; MüKo/*Schuster* 4; *Schmitt/Köhler* 2.

per sich durch Auflösung eines von ihnen vermindert, oder wenn sie zwar gleich bleibt, aber nur dadurch, dass zur gleichen Zeit ein Spruchkörper aufgelöst und ein anderer neu gebildet wird, wie z.B. bei Auflösung einer großen Strafkammer und Bildung einer weiteren kleinen Strafkammer. Aus der Regelung des § 46 folgt, dass die Lösung solcher Fälle nicht in der „Annullierung" der vor Beginn des Geschäftsjahres erfolgten Auslosung durch völlige Neuauslosung der Hauptschöffen bestehen kann.

4 Wird nur ein **Spruchkörper aufgelöst**, so endet damit die Tätigkeit der für ihn ausgelosten Hauptschöffen für den Rest des Geschäftsjahres.[6] Sie sind aber bei der Auslosung für das nächste Jahr wieder zu berücksichtigen, soweit dies noch in ihre Amtsperiode fällt.[7]

5 Wird eine **große Strafkammer aufgelöst und** eine **kleine Strafkammer neu errichtet**, die die Sitzungstage der aufgelösten Kammer übernimmt, so ergibt sich aus dem Prinzip der Schöffenauslosung gesondert nach Spruchkörpern, dass die für den aufgelösten Spruchkörper ausgelosten Schöffen nicht einfach zu den Sitzungstagen des neu gebildeten Spruchkörpers herangezogen werden können; vielmehr endet die Tätigkeit der für den aufgelösten Spruchkörper ausgelosten Schöffen, und die für den neu gebildeten Spruchkörper benötigten Hauptschöffen werden gemäß § 46 aus der Ersatzschöffenliste ausgelost.[8]

6 **4. Mehrfache Neubildung von Spruchkörpern während des Geschäftsjahres.** Die Fassung des § 46: „Wird ... ein weiteres Schöffengericht gebildet ...", ist nicht singularisch zu verstehen, vielmehr findet § 46 auch Anwendung, wenn im Lauf des Geschäftsjahres gleichzeitig oder nacheinander **mehrere Spruchkörper** neu gebildet werden sollten.[9]

7 **5. Hilfsstrafkammern.** Die Vorschrift gilt **nicht für Hilfsstrafkammern** nach § 46 bzw. Hilfsschöffengerichte;[10] hierfür sind diejenigen Schöffen heranzuziehen, die für die jeweiligen Sitzungstage des ordentlichen Schöffengerichts ausgelost wurden.[11] Denn der Hilfsspruchkörper vertritt den ordentlichen Spruchkörper, soweit dieser infolge eigener Überlastung nicht selbst tätig werden kann.[12] Vgl. hierzu näher § 60, 8 ff. und wegen der Besetzung mit Schöffen § 77, 5.

§ 47

Wenn die Geschäfte die Anberaumung außerordentlicher Sitzungen erforderlich machen oder wenn zu einzelnen Sitzungen die Zuziehung anderer als der zunächst berufenen Schöffen erforderlich wird, so werden Schöffen aus der Ersatzschöffenliste herangezogen.

Schrifttum

Siehe zu § 46.

6 MüKo/*Schuster* 5; SK/*Degener* 9; OK/*Goers* 11.
7 Kissel/*Mayer* 4; KK/*Barthe* 4.
8 So schon früher LR/*Schäfer*[23] § 77, 3; MüKo/*Schuster* 5; s.a. BGHSt **22** 209.
9 So auch Begr. BTDrucks. **8** 976 S. 63, wo allerdings – unzutreffend – von einer *entsprechenden Anwendung* des § 46 die Rede ist.
10 BGHSt **12** 159; BGHSt **25** 174; BGH NJW **1983** 185; BGHSt **41** 175; *Katholnigg* 1; *Meinen* 41 ff.; MüKo/*Schuster* 6; OK/*Goers* 3.
11 Kissel/*Mayer* 7; Radtke/Hohmann 2.
12 BGH NJW **1996** 267; hierzu Kissel/*Mayer* 6 ff. mit weiteren Einzelheiten.

Entstehungsgeschichte

In seiner ursprünglichen Fassung sah § 47 vor, dass der Richter beim Amtsgericht unter bestimmten Voraussetzungen auf übereinstimmenden Antrag der beteiligten Schöffen eine Änderung in der bestimmten Reihenfolge der Heranziehung zum Schöffendienst bewilligen könne. Das StVÄG 1979 verzichtete auf eine entsprechende Vorschrift, von der kaum Gebrauch gemacht worden war, und gab dem § 47 die jetzige Fassung, die Materien betrifft, die bis dahin in §§ 48 Abs. 1, 49 a.F. geregelt waren. Durch das Gesetz zur Fortentwicklung der Strafprozessordnung und zur Änderung weiterer Vorschriften vom 25.6.2021 (BGBl. I S. 2099) wurde der Begriff der Hilfsschöffenliste durch jenen der Ersatzschöffenliste ersetzt.

Übersicht

I. Allgemeines

§ 47 regelt die Voraussetzungen, unter denen zur Besetzung des Gerichts mit Schöffen **das Heranziehen von Ersatzschöffen** aus der Ersatzschöffenliste in Betracht kommt, und unterscheidet dabei drei Fallgruppen, nämlich a) das Anberaumen außerordentlicher Sitzungen, b) die Notwendigkeit, zu einzelnen ordentlichen Sitzungen (§ 45 Abs. 1) andere als die zunächst berufenen Schöffen heranzuziehen, c) die Notwendigkeit, zu einzelnen Sitzungen andere als die zunächst berufenen Ergänzungsschöffen (§ 48) heranzuziehen. Liegen diese Voraussetzungen vor, so erfolgt das Durchführen des Heranziehens gemäß § 49 Abs. 1 durch Zuweisung aus der Ersatzschöffenliste in deren Reihenfolge. 1

II. Außerordentliche Sitzungen

1. Entwicklungsgeschichte. § 47 hat die Einrichtung der außerordentlichen Sitzung aus dem früheren Recht (§ 48 a.F.) beibehalten. Nach § 48 a.F. waren für eine außerordentliche Sitzung Hauptschöffen hinzuzuziehen, die vor dem Sitzungstag aus der Hauptschöffenliste ausgelost wurden (§ 48 Abs. 1 a.F.). Nur wenn dies wegen Dringlichkeit untunlich erschien, erfolgte die Auslosung lediglich aus der Zahl der am Sitz des Gerichts wohnenden Ersatzschöffen (früher: Hilfsschöffen, § 48 Abs. 2 a.F.). Diese – namentlich auch wegen der Beschränkung des Kreises der bei Dringlichkeit heranziehbaren Ersatzschöffen[1] – komplizierte Regelung, die die Gefahr von Besetzungsfehlern in sich barg,[2] wurde durch 2

1 Dazu LR/*Schäfer*[23] § 48, 8.
2 *Katholnigg* NJW **1978** 2377.

die vereinfachte, auf eine Auslosung verzichtende Regelung ersetzt, wonach nur noch **Schöffen aus der Ersatzschöffenliste** nach Maßgabe des § 49 Abs. 1, 3 herangezogen werden. Für die Frage, welche Ersatzschöffen zuzuziehen sind, kommt es nach § 49 Abs. 3 darauf an, wann die die **außerordentliche Sitzung** anordnende Terminsbestimmung des Richters bei der Schöffengeschäftsstelle eingeht. Trotz des Verzichts auf eine Auslosung ist der Grundsatz des gesetzlichen Richters gewahrt, weil der Richter keinen Einfluss darauf hat, welche Ersatzschöffen zugezogen werden. Soweit durch das Gesetz zur Fortentwicklung der Strafprozessordnung und zur Änderung weiterer Vorschriften vom 25.6.2021 der Begriff der **Hilfsschöffenliste** durch jenen der **Ersatzschöffenliste** ersetzt wurde, ist dies rein sprachlicher Natur und führt zu keiner inhaltlichen Änderung (vgl. auch BTDrucks. **19** 27654 S. 49).

3 **2. Begriff der außerordentlichen Sitzung.** Über diesen Begriff – im Gegensatz zur ordentlichen Sitzung (§ 45) – vgl. § 45, 1. Eine solche liegt hiernach vor, wenn wegen eines **zusätzlichen konkreten Bedarfs** an Hauptverhandlungen eine Sitzung zusätzlich zu den ordentlichen Sitzungen erforderlich wird, weil die ordentlichen Sitzungstage für eine sachgemäße Terminierung und Verhandlung der anhängigen Sachen nicht ausreichen.[3] Eine außerordentliche Sitzung liegt, weil es sich nicht um eine **zusätzlich anberaumte Sitzung** handelt, nicht vor, wenn der Vorsitzende die Sitzung von einem ordentlichen Sitzungstag auf einen anderen verlegt.[4] Das gleiche gilt, wenn er eine Sache, etwa wegen voraussichtlich längerer Dauer, auf einen vor dem ordentlichen Sitzungstag liegenden Tag und die folgenden Tage anberaumt und dabei den ordentlichen Sitzungstag einbezieht, diesen also frei von anderen Sachen lässt. Dann liegt lediglich eine Vorverlegung des ordentlichen Sitzungstages vor.[5] Wird eine außerordentliche Sitzung verlegt, bleibt der Charakter der Außerordentlichkeit unberührt.[6] Zu **Einzelheiten** siehe § 45, 21 ff.

4 **3. Erforderlichkeit der außerordentlichen Sitzung.** Ob die Geschäftslage des Gerichts eine außerordentliche Sitzung erfordert und für wann eine solche anzusetzen ist, bestimmt der Vorsitzende auf Basis der aktuellen Belastungssituation unter Berücksichtigung der zu erwartenden Verfahren[7] nach **pflichtmäßigem Ermessen.**[8] Seine Anordnung ist nicht deshalb rechtsfehlerhaft, weil er – im Ermessensspielraum – von unzutreffenden Voraussetzungen ausgeht, z.B. die voraussichtliche Dauer der Verhandlung von vornherein überschätzt,[9] oder sich die Voraussetzungen, rückblickend betrachtet, als unzutreffend herausstellen.[10] Unbedenklich ist es selbstverständlich auch, wenn sich die Voraussetzungen, von denen er ausging, nicht verwirklichen, z.B. die Verhandlung von kürzerer Dauer ist, als er erwarten durfte, und die Sache auf einen ordentlichen Sitzungstag hätte anberaumt werden können, wenn der tatsächliche Verlauf der Dinge

3 BGH NStZ-RR **2005** 348; Kissel/*Mayer* 2; MüKo/*Schuster* 2.

4 BGHSt **41** 175 = JR **1996** 165 m. Anm. *Katholnigg*; OLG Stuttgart NStZ **1984** 231 mit Anm. *Katholnigg*; LG Bremen StV **1982** 461; *Pfeiffer* 1.

5 BGHSt **11** 54 = NJW **1958** 32 = JZ **1958** 218 mit zust. Anm. *Kern;* BGHSt **15** 107, 110; **16** 63, 65 = NJW **1961** 1413 mit Anm. *Parsch* NJW **1961** 1879; BGH GA **1980** 63; BGH NJW **2006** 241; *Rieß* DRiZ **1977** 293 mit weit. Kasuistik; *Kissel/Mayer* 2.

6 BGHSt **17** 176 = NJW **1962** 1167.

7 BGHSt **43** 270 = NJW **1998** 390; MüKo/*Schuster* 3; OK/*Goers* 13.

8 BGHSt **12** 159, 161; **16** 63, 65; BGH v. 16.10.1973 – 1 StR 393/73 und v. 13.11.1973 – 1 StR 480/73; BGHSt **37** 324 = NStZ **1991** 349 = StV **1991** 246, MüKo/*Schuster* 3.

9 BGHSt **16** 63, 66.

10 BGHSt **37** 324, 326; OK/*Goers* 14.

vorhersehbar gewesen wäre. Das Ermessen erstreckt sich auch auf die Entscheidung, welches Verfahren der Vorsitzende auf den ordentlichen und welches er auf den außerordentlichen Sitzungstag legt.[11]

Unzulässig ist es aber, einen ordentlichen Sitzungstag ganz allgemein für künftige Sachen **freizuhalten**, weil dem der Sinn der gesetzlichen Regelung entgegensteht. Außerordentliche Sitzungen sollen nur der gewachsenen Geschäftsbelastung oder anderen verfahrensrechtlichen Notwendigkeiten Rechnung tragen. Damit ist es unvereinbar, wenn in der für die Hauptverhandlung vorgesehenen Zeit eine **andere Sitzung überhaupt nicht anberaumt** ist, der ordentliche Sitzungstag also ungenutzt bleibt.[12] Durch eine gleichwohl anberaumte außerordentliche Sitzung wird dann auch der grundrechtlich geschützte Anspruch auf den gesetzlichen Richter (Art. 101 Abs. 1 Satz 2 GG) verletzt.[13] Das Anberaumen außerordentlicher Sitzungen wäre dann nicht in das pflichtgemäße Ermessen des Vorsitzenden, sondern in dessen Belieben gestellt und beide Formen ließen sich dann nicht mehr nach sachlichen Kriterien unterscheiden.[14] 4a

Eingeschränkt wird das Ermessen im Übrigen dadurch, dass gegenüber dem Anberaumen einer außerordentlichen Sitzung der **Verlegung eines ordentlichen Sitzungstages** der **Vorrang** einzuräumen ist.[15] Etwas anderes gilt nur dann, wenn bei Ansetzen einer außerordentlichen Sitzung für den freigehaltenen ordentlichen Sitzungstag ein konkret feststehendes anderes Verfahren vorgesehen ist[16] oder für eine eilige Haftsache, deren Eingang sicher zu erwarten ist.[17] Wenn es die Geschäftslage verlangt, können außerordentliche Sitzungen auch regelmäßig, z.B. in jeder Woche für den Rest des Geschäftsjahrs neben den ordentlichen Sitzungen anberaumt werden.[18] Zu beachten bleibt aber, dass der Geschäftsanfall noch nicht das Bilden eines neuen Schöffengerichts oder den Einsatz eines Hilfsschöffengerichts erfordern darf.[19] 5

III. Zuziehen anderer als der zunächst berufenen Schöffen zu einzelnen Sitzungen

1. Vorübergehende Verhinderung. Das Zuziehen zu einzelnen Sitzungen bildet den Gegensatz zu der Ersetzung eines wegfallenden Hauptschöffen für die ganze noch übrige Amtsperiode; für diese gilt § 49 Abs. 2. Es handelt sich grundsätzlich um Fälle der **vorübergehenden Verhinderung** wegen Ausbleibens, Unerreichbarkeit oder Entbindung sowie wegen Ausschließung und Ablehnung.[20] Es wird hier bezweckt, entsprechend dem Grundsatz des gesetzlichen Richters (§ 16 GVG, Art. 101 Abs. 1 Satz 2 GG) den Ersatz eines für eine einzelne Sitzung ausfallenden Hauptschöffen so zu regeln, dass nicht Willkür oder Ermessen, sondern eine feste gesetzliche Ordnung bestimmt, wer als Ersatz an seine Stelle tritt.[21] § 47 gilt auch für den Fall, dass ein bereits für den Hauptschöffen als Ersatz vorgesehener Ersatzschöffe oder 6

11 BGH NStZ-RR **2005** 348; MüKo/*Schuster* 3.
12 BGHSt **37** 324, 326 f.
13 BGHSt **37** 324, 326.
14 BGHSt **37** 324, 328.
15 BGH NStZ-RR **2012** 319; BGH NStZ-RR **2010** 312; Kissel/*Mayer* 3.
16 BGH a.a.O.
17 *Schmitt/Köhler* 1.
18 BGHSt **50** 132; MüKo/*Schuster* 3; KK/*Barthe* 2.
19 SK/*Degener* 2.
20 KK/*Barthe* 5; Radtke/Hohmann 5.
21 RG DRZ **1928** Nr. 235; BGH NJW **1954** 82.

Ergänzungsschöffe ausfällt, etwa weil er von der Dienstleistung entbunden oder nicht erreichbar ist.[22] Ist jedoch der Hauptschöffe von der Schöffenliste gestrichen worden, gilt § 49 Abs. 2.

7 **2. Anwendungsgebiet.** § 47 gilt gleichmäßig für die **ordentlichen Sitzungen** (§ 45) wie für die **außerordentlichen** (§ 48) und gleichviel, ob es sich um das Ersetzen der beiden einberufenen Schöffen oder nur einem von ihnen handelt.

3. Erforderlichkeit der Zuziehung

8 **a) Gründe.** Das Zuziehen eines anderen Schöffen wird erforderlich, sobald – vor oder in der Sitzung – feststeht, dass in einer bestimmten Sitzung einer der zunächst berufenen Schöffen aus irgendeinem Grunde, z.B. wegen Ausbleibens, Erkrankung, Entbindung von der Dienstleistung (§ 54) oder vorgehender Schöffenpflichten (§ 52 Abs. 5) **vorübergehend nicht tätig** sein wird. Das Gebot des gesetzlichen Richters geht nicht so weit, dass eine Terminierung zu wählen wäre, an der der Hauptschöffe nicht verhindert ist.[23] Schon das bloße Ausbleiben – auch ohne Entschuldigung – rechtfertigt ohne weitere Ermittlungen über den Grund des Ausbleibens eine Zuziehung des Hilfsschöffen.[24] Gibt ein Schöffe glaubhaft einen ausreichenden **Verhinderungsgrund** an, so bedarf es zur Feststellung der Verhinderung im Allgemeinen keiner weiteren Nachprüfung, bei körperlichen Gebrechen, z.B. hochgradiger Schwerhörigkeit, auch nicht des Versuchs von Maßnahmen zum Beheben des Mangels.[25] Vorübergehend verhindert ist auch **der nicht erreichbare Schöffe** (§ 54 Abs. 2 Satz 1).[26] Ferner gehört hierher der Fall, dass einer der in der Sitzung mitwirkenden Schöffen in einer einzelnen Sache von der Ausübung des Schöffenamts ausgeschlossen oder mit Erfolg abgelehnt ist (§§ 22, 24, 31 StPO). In diesem Fall erstreckt sich aber die Tätigkeit des einrückenden Schöffen nur auf diese Sache; wenn auf deren Verhandlung noch die Verhandlung anderer Sachen folgt, so hat der ursprünglich berufene Schöffe wieder in das Gericht einzutreten.[27] Der gleiche Ersatzschöffe kann aber wohl auch mitwirken, wenn in mehreren anstehenden Sachen der eine oder andere Hauptschöffe rechtlich verhindert ist.

9 **b) Hervortreten dauernder Ungeeignetheit in der Sitzung.** § 47 Abs. 1 ist auch anwendbar, wenn sich unmittelbar vor oder erst in der Sitzung körperliche oder geistige **Gebrechen** herausstellen, die den Schöffen nicht nur für die Mitwirkung an dieser Sitzung, sondern **auf Dauer ungeeignet** erscheinen lassen,[28] sodass der Vorsitzende gleichzeitig mit der Ladung des Ersatzschöffen die Streichung dieses Hauptschöffen von der Liste (§ 52) anregen kann. Er braucht dann weder die Entscheidung über die Streichung abzuwarten noch ist er, wenn diese erfolgt und ihm noch vor Eintritt in die Hauptverhandlung bekannt wird, gezwungen, die einmal zu Recht angeordnete Heranziehung des Ersatzschöffen wieder zurückzunehmen.[29] Keine dauernde Verhinderung in diesem Sinne liegt aber vor bei Tod, Amtsenthebung nach § 51, Abberufung nach § 44b DRiG oder Strei-

22 *Katholnigg* 3.
23 BGH MDR **1980** 815.
24 BGH bei *Holtz* MDR **1977** 639.
25 BGHSt **22** 289, 291.
26 Kissel/*Mayer* 6; MüKo/*Schuster* 5; KK/*Barthe* 5.
27 BGH NJW **1958** 557.
28 SSW/*Güntge* 4.
29 BGHSt **10** 252; **22** 289 = NJW **1969** 703.

chung von der Liste nach § 52.[30] In diesen Fällen gilt § 49 Abs. 2 und es rücken Ersatzschöffen auf die Hauptschöffenliste. Dies gilt wiederum aber **nicht für nur vorläufige Maßnahmen** nach § 51 Abs. 3 oder § 44b DRiG, weshalb in diesen Fällen von einer (zunächst) vorübergehenden Verhinderung auszugehen ist.[31]

4. Reihenfolge der Heranziehung. Wegen der **Reihenfolge der Heranziehung** vgl. § 49, wegen der Ergänzungsschöffen § 48. 10

IV. Revision

Im Hinblick auf die Anfechtbarkeit gelten auch hier die vom BGH entwickelten Grundsätze der sog. **Willkürrechtsprechung.**[32] Zu beachten ist auch hier eine etwaige **Rügepräklusion** nach §§ 222a f.[33] Eine unter keinem rechtlichen Gesichtspunkt mehr vertretbare Entziehung des gesetzlichen Richters durch die Heranziehung der für den ordentlichen Sitzungstag vorgesehenen Schöffen liegt hiernach dann nicht vor, wenn der Vorsitzende dem von der Rechtsprechung mehrfach hervorgehobenen Grundsatz, dass die Verlegung eines ordentlichen gegenüber der Bestimmung eines außerordentlichen Sitzungstages Vorrang hat, dadurch Rechnung trägt, dass er einen ordentlichen Sitzungstag, wenn dieser zufällig bereits durch einen Fortsetzungstermin belegt ist, verlegt, anstatt einen außerordentlichen Sitzungstag anzuberaumen.[34] 11

§ 48

(1) Ergänzungsschöffen (§ 192 Abs. 2, 3) werden aus der Ersatzschöffenliste zugewiesen.

(2) Im Fall der Verhinderung eines Hauptschöffen tritt der zunächst zugewiesene Ergänzungsschöffe auch dann an seine Stelle, wenn die Verhinderung vor Beginn der Sitzung bekannt wird.

Entstehungsgeschichte

Die Fassung des § 48 beruht auf Art. 2 Nr. 3 StVÄG 1979. § 48 a.F. regelte die Zuziehung von Schöffen bei Anberaumen außerordentlicher Sitzungen (vgl. jetzt § 47 n.F.). Durch Gesetz zur Fortentwicklung der Strafprozessordnung und zur Änderung weiterer Vorschriften vom 25.6.2021 (BGBl. I S. 2099) wurde in Absatz 1 der Begriff der Hilfsschöffenliste durch jenen der Ersatzschöffenliste ersetzt. Die Neufassung ist lediglich sprachlicher Natur (vgl. BTDrucks. **19** 27654 S. 49) und führt zu keiner inhaltlichen Änderung.

1. Ergänzungsschöffen. Ist die Beteiligung von Ergänzungsschöffen (früher: Hilfsschöffen) erforderlich, werden diese nicht im Voraus ausgelost, da ihr möglicher Einsatz nicht vorhersehbar ist. Über das Durchführen eines gemäß § 192 Abs. 3 a**ngeordneten** 1

---

30 Kissel/*Mayer* 5.
31 MüKo/*Schuster* 5; KK/*Barthe* 5.
32 Vgl. etwa BGHSt **50** 132.
33 OK/*Goers* 16.
34 BGH NStZ-RR **2012** 319; BGH NStZ-RR **2010** 312.

Zuziehens von Ergänzungsschöffen fehlte es früher an einer besonderen Vorschrift. Es war aber nicht zweifelhaft, dass sie nach Maßgabe der §§ 49, 77 a.F. aus der Hilfsschöffenliste (jetzt: **Ersatzschöffenliste**) heranzuziehen waren.[1] § 48 Abs. 1 spricht dies jetzt förmlich aus und nach § 49 Abs. 1 erfolgt die Zuweisung in der Reihenfolge der Ersatzschöffenliste. Das Zuziehen gilt als Heranziehung nach § 49 Abs. 4, und zwar unabhängig davon, ob der Ergänzungsfall eintritt, der Schöffe also tatsächlich als gesetzlicher Richter tätig wird.[2] Bei der Zuziehung handelt es sich nicht um einen Akt der Justizverwaltung, sondern um einen solchen der Rechtsprechung.[3] Für die Reihenfolge ihres Heranziehens ist nach § 49 Abs. 3 Satz 1 der Eingang der Anforderung auf der Schöffengeschäftsstelle maßgeblich.

2 **2. Verhinderung eines Hauptschöffen.** Bis zum Inkrafttreten der Regelung war zweifelhaft, ob, wenn vor Beginn der Sitzung ein Hauptschöffe ausfällt, der zugezogene Ergänzungsschöffe als Ersatzschöffe an die Stelle des Hauptschöffen tritt, und ggf. ein neuer Ergänzungsschöffe zugewiesen werden muss, oder ob der Ergänzungsschöffe in seiner Stellung als Ergänzungsschöffe verbleibt und der Hauptschöffe durch den an bereiter Stelle der **Ersatzschöffenliste** stehenden Ersatzschöffen ersetzt wird.[4] Im Interesse der Rechtssicherheit klärt § 48 Abs. 2 die Frage ausdrücklich im Sinn der ersten Alternative, die der ständigen Rechtsprechung des BGH entspricht.[5] Der zugewiesene Ergänzungsschöffe tritt also an die Stelle des verhinderten Hauptschöffen.[6] Den Ersatz des so weggefallenen Ergänzungsschöffen durch einen neuen Ergänzungsschöffen regelt § 47; es ist also ein **neuer Ergänzungsschöffe** von der Ersatzschöffenliste hinzuzuziehen. Die Regelung gilt auch, wenn ein bereits an die Stelle des Hauptschöffen getretener Ergänzungsschöffe ausfällt;[7] dann rückt der nächstberufene (Ergänzungs-)Ersatzschöffe nach. Insofern gilt die **Reihenfolge**: Hauptschöffe, Ergänzungsschöffe, weiterer Ergänzungsschöffe, Ersatzschöffe, weshalb der gesetzliche Richter auch stets hinreichend bestimmt ist.[8] Sind mehrere Ergänzungsschöffen beigezogen worden, richtet sich die Reihenfolge des Eintretens an die Stelle eines Hauptschöffen nach der Reihenfolge auf der Ersatzschöffenliste.[9] Fällt ein Hauptschöffe durch Streichung von der Schöffenliste aus, gilt dies ebenfalls als Verhinderung.[10]

3 **3. Revision.** Verstöße gegen § 48 unterliegen der **Besetzungsrüge**.[11] Sind zunächst die richtigen Schöffen, aber in der falschen Reihenfolge nachgerückt, kann die richtige Reihenfolge nur vor der Sitzung hergestellt werden.[12]

---

1 LR/*Schäfer*[23] § 192, 8.
2 MüKo/*Schuster* 2; OK/*Goers* 3.
3 Kissel/*Mayer* 1.
4 LR/*Schäfer*[23] § 192, 8.
5 Vgl. BGHSt **22** 289; BGH NStZ-RR **2021** 81.
6 SK/*Degener* 2; KK/*Barthe* 2.
7 BGHR GVG § 48 Verhinderung 1 = BGH bei *Miebach/Kusch* NStZ **1991** 120, 122; SSW/*Güntge* 1; *Schmitt/Köhler* 2.
8 MüKo/*Schuster* 2.
9 Kissel/*Mayer* 2; *Pfeiffer*[2] 1.
10 *Katholnigg* 2; *Pfeiffer*[2] 1.
11 BGH NStZ-RR **2021** 81; KK/*Barthe* 3; OK/*Goers* 7 unter zutreffendem Hinweis auf die Möglichkeit der Rügepräklusion nach §§ 222a f.
12 BGH v. 5.4.1978 – 2 StR 468/77; MüKo/*Schuster* 3; OK/*Goers* 8.

§ 49

(1) Wird die Heranziehung von Ersatzschöffen zu einzelnen Sitzungen erforderlich (§§ 47, 48 Abs. 1), so werden sie aus der Ersatzschöffenliste in deren Reihenfolge zugewiesen.

(2) [1]Wird ein Hauptschöffe von der Schöffenliste gestrichen, so tritt der Ersatzschöffe, der nach der Reihenfolge der Ersatzschöffenliste an nächster Stelle steht, unter seiner Streichung in der Ersatzschöffenliste an die Stelle des gestrichenen Hauptschöffen. [2]Die Schöffengeschäftsstelle benachrichtigt den neuen Hauptschöffen gemäß § 45 Abs. 4 Satz 3, 4.

(3) [1]Maßgebend für die Reihenfolge ist der Eingang der Anordnung oder Feststellung, aus der sich die Notwendigkeit der Heranziehung ergibt, bei der Schöffengeschäftsstelle. [2]Die Schöffengeschäftsstelle vermerkt Datum und Uhrzeit des Eingangs auf der Anordnung oder Feststellung. [3]In der Reihenfolge des Eingangs weist sie die Ersatzschöffen nach Abs. 1 den verschiedenen Sitzungen zu oder überträgt sie nach Abs. 2 in die Hauptschöffenliste. [4]Gehen mehrere Anordnungen oder Feststellungen gleichzeitig ein, so sind zunächst Übertragungen aus der Ersatzschöffenliste in die Hauptschöffenliste nach Abs. 2 in der alphabetischen Reihenfolge der Familiennamen der von der Schöffenliste gestrichenen Hauptschöffen vorzunehmen; im übrigen ist die alphabetische Reihenfolge der Familiennamen des an erster Stelle Angeklagten maßgebend.

(4) [1]Ist ein Ersatzschöffe einem Sitzungstag zugewiesen, so ist er erst wieder heranzuziehen, nachdem alle anderen Ersatzschöffen ebenfalls zugewiesen oder von der Dienstleistung entbunden oder nicht erreichbar (§ 54) gewesen sind. [2]Dies gilt auch, wenn er selbst nach seiner Zuweisung von der Dienstleistung entbunden worden oder nicht erreichbar gewesen ist.

Schrifttum

Katholnigg Die gerichtsverfassungsrechtlichen Änderungen durch das Strafverfahrensänderungsgesetz 1979, NJW **1978** 2375.

Entstehungsgeschichte

Die Fassung des § 49 beruht auf Art. 2 Nr. 3 StVÄG 1979, der Inhalt des § 49 a.F. wurde an anderer Stelle untergebracht (vgl. § 47, 2). Durch Gesetz zur Fortentwicklung der Strafprozessordnung und zur Änderung weiterer Vorschriften vom 25.6.2021 (BGBl. I S. 2099) wurden die Begriffe des **Hilfsschöffen** bzw. der Hilfsschöffenliste durch jene des **Ersatzschöffen** bzw. der Ersatzschöffenliste ersetzt. Dies erfolgte lediglich aus sprachlichen Gründen (vgl. BTDrucks. **19** 27654 S. 49), eine inhaltliche Änderung ist hiermit nicht bezweckt.

Übersicht

1. Grundsatz der Heranziehung der Ersatzschöffen (Absatz. 1)

1 **a) Inhalt der Regelung.** Die Vorschrift regelt die Reihenfolge, in der die Ersatzschöffen (bislang Hilfsschöffen) im Falle ihrer **Heranziehung aus der Ersatzschöffenliste** zugewiesen werden. Während die §§ 47, 48 Abs. 1 allgemein die Voraussetzungen normieren, unter denen die erforderlichen Schöffen einschl. der Ergänzungsschöffen aus der Ersatzschöffenliste herangezogen werden, stellt § 49 – insoweit nach dem Vorbild des § 49 Abs. 1 a.F.[1] – den Grundsatz auf, dass die Ersatzschöffen dem Spruchkörper in der Reihenfolge der Ersatzschöffenliste zugewiesen werden. Diese Reihenfolge wird zunächst bei der Auslosung gemäß § 45 Abs. 2 Satz 4 festgelegt. Jedoch kann eine Reihe von Umständen zu einer Änderung der ursprünglichen durch die Auslosung festgelegten Reihenfolge führen, und es könnten sich bei der Durchführung des Reihenfolgenprinzips Zweifelsfragen ergeben. Das frühere Recht enthielt sich weitgehend einer Einzelregelung der Folgerungen aus dem Reihenfolgenprinzip und überließ die offenen Fragen der Auslegung. Demgegenüber ist § 49 in geltender Fassung von dem Gedanken getragen, dem Grundsatz des gesetzlichen Richters durch hinreichend konkrete und nachvollziehbare Regelungen (§§ 49 Abs. 2 bis 4, 52, 54 n.F.) Geltung zu verschaffen und damit Fehlerquellen, die zu einer gesetzwidrigen Besetzung des Spruchkörpers mit Schöffen führen könnten, auszuschließen. § 46 ist nicht anwendbar.[2] **Heranziehung** i.S.d. Regelung bedeutet als richterliche Entscheidung das Ersetzen eines Hauptschöffen durch einen Ersatzschöffen, während durch die **Zuweisung** der konkrete Ersatzschöffe, der aus Anlass der Heranziehung tätig wird oder an die Stelle eines Hauptschöffen tritt, ohne Entscheidungsbefugnisse automatisch durch die Reihenfolge der Liste personell individualisiert wird.[3]

2 **b) Reihenfolge der Heranziehung.** Wird das Heranziehen eines Ersatzschöffen (bislang Hilfsschöffen) erforderlich, wird die auf der zuvor durch Auslosung ermittelten Liste an **erster Position stehende Person** zuständig. Ihr Name rückt auf der Liste an deren letzte Stelle, und die bis dahin an zweiter Position stehende Person rückt an deren Spitze auf. Dieser Vorgang wiederholt sich bei jeder weiteren Hinzuziehung, bis letztlich die entsprechende Person wieder an die erste Position der Liste gelangt. Maßgeblich für eine Verschiebung an die letzte Position der Liste ist lediglich, dass der Schöffe benötigt wird; ob er auch als ehrenamtlicher Richter tatsächlich tätig wird, ist unerheblich. Ein Schöffe rückt also auch dann ans Ende der Liste, wenn er (Absatz 4 Satz 2) im konkreten Fall verhindert oder nicht erreichbar ist oder von der Dienstleistung entbunden wird.[4] Durch dieses **rotierende System** wird die Liste immer wieder aktualisiert und sichergestellt,

1 Dazu LR/*Schäfer*[23] § 49, 6.
2 BGH NStZ **1985** 135.
3 Kissel/*Mayer* 1.
4 MüKo/*Schuster* 2; KK/*Barthe* 6; Radtke/Hohmann 4; *Schmitt*/*Köhler* 4; vgl. auch hier 10.

dass immer der nächste („bereiteste“) Schöffe in Anspruch genommen wird und alle Ersatzschöffen möglichst gleichmäßig belastet werden.[5]

2. Dauernder Wegfall eines Hauptschöffen (Absatz 2)

a) Grundsatz. Fällt ein auf der Schöffenliste stehender Hauptschöffe durch Tod[6] oder auf andere Weise (§§ 52, 53) dauernd, d.h. für die ganze Amtsperiode oder doch für deren ganzen Rest weg, so wurde er schon nach den im früheren Recht ausgebildeten Grundsätzen[7] nicht für jede Sitzung besonders ersetzt, vielmehr tritt auch der gesetzlichen Regelung zufolge an seine Stelle ein **Ersatzschöffe** (bislang Hilfsschöffe) nach der Reihenfolge der Ersatzschöffenliste. Er **wird** – indessen erst nach Streichung seines Vorgängers von der Hauptschöffenliste[8] – dadurch **zum Hauptschöffen** und ist von der Ersatzschöffenliste zu streichen. Mit der Übertragung in die Hauptschöffenliste tritt er auch in die ausgelosten Sitzungstage des gestrichenen Hauptschöffen ein, und zwar unmittelbar kraft Gesetzes.[9] Fragen der Erreichbarkeit sind hier ohne Bedeutung. Durch die Streichung verringert sich die Zahl der Ersatzschöffen (bis zur Grenze nach § 52 Abs. 6: dann Nachwahl), während die Anzahl der Hauptschöffen gleich bleibt.[10] 3

b) Folgerungen. Aus dem Reihenfolgeprinzip ergibt sich, dass – abweichend von der Handhabung des früheren Rechts[11] – nicht der jeweils an der Spitze der Ersatzschöffenliste stehende, sondern derjenige Ersatzschöffe Hauptschöffe wird, der nach der Reihenfolge der Ersatzschöffenliste **an nächster (an „bereiter“) Stelle** steht, der also sonst als Ersatz für einen bei einer einzelnen Sitzung (vorübergehend) ausfallenden Hauptschöffen heranzuziehen gewesen wäre.[12] Den Eintritt des Ersatzschöffen als Hauptschöffen macht § 49 Abs. 2 ausdrücklich von einer vorangehenden Streichung des Hauptschöffen in der Hauptschöffenliste (§ 52) abhängig. Solange die Streichung nicht erfolgt ist, muss auch dann ein Ersatzschöffe nach der **Reihenfolge** der Ersatzschöffenliste herangezogen werden, wenn offensichtlich die Voraussetzungen für die Streichung des Hauptschöffen vorliegen, z.B. im Fall seines Todes oder wenn sich unmittelbar in der Sitzung körperliche oder geistige Gebrechen herausstellen, die ihn nicht nur für die Mitwirkung an dieser Sitzung, sondern auf Dauer ungeeignet erscheinen lassen; der Hauptschöffe ist dann bis zur Streichung als nur an der Mitwirkung in dieser Sitzung verhindert anzusehen.[13] Wenn es gar noch einer Prüfung bedarf, ob überhaupt die Voraussetzungen einer Streichung vorliegen, kann während des Zwischenstadiums nicht einmal von der Heranziehung des Hauptschöffen mit der Begründung abgesehen werden, dass er als an der Teilnahme an der einzelnen Sitzung verhindert anzusehen sei.[14] 4

5 Kissel/*Mayer* 1.
6 Das gilt nach BGHRSt zu § 49 Abs. 2 – Streichung 1 – selbst dann, wenn der Schöffe bereits vor der Wahl verstorben ist und gar nicht mehr Schöffe werden konnte.
7 LR/*Schäfer*[23] § 42, 6.
8 SK/*Degener* 3.
9 BGH NStZ **1985** 244; MüKo/*Schuster* 3; *Barthe* 2.
10 Kissel/*Mayer* 3.
11 Dazu LR/*Schäfer*[23] § 42,2.
12 BGHSt **30** 244 = NJW **1982** 294 = JR **1982** 258 mit Anm. *Rieß;* BGH NStZ **1985** 135; vgl. auch hier, Rn. 2.
13 Vgl. BGHSt **30** 244.
14 KK/*Barthe* 3.

5 **c) Rechtsstellung.** Da der Hauptschöffe gewordene Ersatzschöffe nach § 49 Abs. 2 an die Stelle des gestrichenen Hauptschöffen tritt, hat er in **vollem Umfang** die Aufgaben wahrzunehmen, die seinem Vorgänger oblagen, also an den Sitzungen teilzunehmen, für die dieser ausgelost war; der Ersatzschöffe wird zum Hauptschöffen.[15] Jedoch gehen nach § 52 Abs. 5 die Dienstleistungen vor, zu denen er zuvor als Ersatzschöffe herangezogen war. Wegen der Folgen der Streichung in der Ersatzschöffenliste im Übrigen vgl. § 52 Abs. 6.

3. Maßgeblicher Zeitpunkt für die Heranziehung in der Reihenfolge (Absatz 3)

6 **a) Grundsatz.** Nach § 49 Abs. 1 i.V.m. § 45 Abs. 2 Satz 4 werden die Ersatzschöffen zu den einzelnen Sitzungen in der Reihenfolge in der Ersatzschöffenliste herangezogen, dergestalt, dass der jeweils an „bereiter" Stelle stehende Ersatzschöffe zuzuweisen ist. Maßgebend ist der Zeitpunkt der Heranziehungsanordnung;[16] „bereit" ist die Stelle, wenn die Ersatzschöffenliste durch die Vornahme angeordneter Streichungen zunächst auf den neuesten Stand gebracht worden ist.[17] Nach diesen Grundsätzen erfolgt gemäß § 49 Abs. 2 auch die Heranziehung des Ersatzschöffen, der als Hauptschöffe an die Stelle eines dauernd weggefallenen Hauptschöffen tritt. Absatz 3 bezweckt, den Zeitpunkt genau zu fixieren, an dem ein Ersatzschöffe an „bereiter" Stelle steht. Maßgebend ist nach Satz 1 der **Eingang der richterlichen Anordnung** (z.B. der Zuziehung eines Ergänzungsschöffen, § 48 Abs. 1, der Entbindung eines Schöffen, § 54, oder seiner Streichung von der Schöffenliste, § 52) oder Feststellung (z.B. dass ein Schöffe nicht erreichbar ist, § 54 Abs. 2 Satz 4), aus der sich die Notwendigkeit der Heranziehung eines Ersatzschöffen ergibt, **bei der Schöffengeschäftsstelle.**[18] Das Gesetz hat bewusst davon abgesehen, zwischen den einzelnen Gründen einer Heranziehung zu differenzieren; es sollte z.B., wenn ein Schöffe einen Entbindungsantrag (§ 54) stellt, nicht – wie nach früherem Recht[19] – auf den Zeitpunkt des Eingangs dieses Antrags abgestellt werden, damit die Reihenfolge der Ersatzschöffenliste nicht bis zur Entscheidung des Richters über den Antrag, der möglicherweise Ermittlungen erfordert, blockiert wird.[20] Damit der nach Satz 1 maßgebliche Zeitpunkt überprüfbar ist, und um Verwechslungen bei der **Reihenfolge der Eingänge** auszuschließen, hat nach Satz 2 die Schöffengeschäftsstelle nach dem Vorbild des § 13 Abs. 1 Satz 2 GBO Datum und Uhrzeit des Eingangs auf der Anordnung oder Feststellung **zu vermerken.**[21] Kann die Reihenfolge des Eingangs auf der Geschäftsstelle mangels ausreichender **Dokumentation** nicht sicher festgestellt werden, kann dies mit der Besetzungsrüge geltend gemacht werden.[22]

7 **b) Gleichzeitiger Eingang mehrerer Anordnungen oder Feststellungen (Absatz 3 Satz 4).** Bei einem derartigen Eingang, etwa solcher, die verschiedene Sitzungstage oder die Sitzungen verschiedener Schöffengerichte am selben Sitzungstag betreffen, haben zu-

---

15 BGH NStZ **1985** 135; OK/*Goers* 6.

16 BGHSt **30** 255, 258; Kissel/*Mayer* 4.

17 KG StV **1984** 504; *Schmitt*/*Köhler* 3.

18 MüKo/*Schuster* 5; SK/*Degener* 4; Radtke/Hohmann 2.

19 LR/*Schäfer*[23] § 49, 7.

20 Begr. BTDrucks. **8** 976 S. 64.

21 Wegen der auf diese Weise beseitigten Zweifelsfragen, die sich früher bei der Festlegung des „an bereiter Stelle" stehenden Hilfsschöffen ergaben, vgl. ausführlich BGH MDR **1979** 417; s.a. BGH GA **1979** 58.

22 BGH BeckRS **2015** 19650; OLG Naumburg BeckRS **2013** 22085; LG Hannover StV **2010** 300; a.A. Wollschläger StV **2016** 635.

nächst die Fälle einer Übertragung eines Ersatzschöffen aus der Ersatzschöffen- in die Hauptschöffenliste (§ 49 Abs. 2) den Vorrang. Und zwar ist, wenn es sich um eine Mehrheit solcher Übertragungen handelt, für die zeitliche Reihenfolge die **alphabetische Reihenfolge der Familiennamen** der von der Schöffenliste gestrichenen Hauptschöffen maßgebend (dazu auch unten Rn. 8). Sind die Anfangsbuchstaben der Familiennamen gleich, ist die weitere Buchstabenfolge maßgebend, wobei längere Familiennamen entscheidend sind.[23] Nicht im Gesetz geregelt ist der Fall, dass gleichzeitig nicht nur Ersatzschöffen als Ersatz für gestrichene Hauptschöffen, sondern auch Ersatzschöffen nach Auslosung gemäß § 46 unter Streichung in der Ersatzschöffenliste in die Hauptschöffenliste zu übertragen sind. Auch diesen Übertragungsfällen ist sinngemäß der Vorrang vor anderen Heranziehungsfällen beizumessen, wobei dann auf die alphabetische Reihenfolge der Familiennamen der neuen Hauptschöffen abzustellen wäre.

c) Namensgleichheit. In seiner Stellungnahme zu § 49 Abs. 3 RegE hatte der Bundes- 8
rat angeregt zu prüfen, ob eine Vorschrift einzufügen sei, die das Verfahren regelt, wenn verschiedene (gestrichene) Hauptschöffen (Rn. 6) oder Angeklagte (Rn. 7) denselben Namen haben.[24] Bundesregierung und Bundestagsrechtsausschuss hielten eine Regelung dieses „extrem unwahrscheinlichen Falles" nicht für erforderlich: „Sollte ein derartiger Fall entgegen aller Voraussicht doch einmal eintreten, wird es der Sinn der Vorschrift nahelegen, hilfsweise auf den **Vornamen** und bei gleichen Vornamen auf das Geburtsdatum abzustellen".[25] Dem ist hinsichtlich des Vornamens zuzustimmen. Auf das Geburtsdatum abzustellen,[26] erscheint demgegenüber fraglich, weil hierbei offenbleibt, ob der ältere oder der jüngere Schöffe vorgehen soll. In solchen Fällen ist – insoweit abweichend von der hier in der 26. Auflage (Rn. 8) noch vertretenen Auffassung – entsprechend der in § 45 Abs. 3 getroffenen Regelung einem **Losentscheid** daher der Vorrang zu geben.[27] Die auf das Geburtsdatum abstellende Anregung des Bundesrats ist nicht Gesetz geworden, und, anders als der Losentscheid, dem Gesetz auch fremd. An ähnliche auf die Ausschaltung von Ermessen oder Willkür gerichtete Handhabungen wird auch zu denken sein, wenn im Bereich des Absatzes 3 weitere Zweifelsfragen hervortreten sollten, an die der Gesetzgeber nicht gedacht hat.

**d) Gleichzeitige Anforderung von Ersatzschöffen für einzelne Sitzungen (§ 49 9
Abs. 1).** In diesem Fall ist nach Absatz 3 Satz 4 Hs. 2 („im Übrigen") ebenfalls die **alphabetische Reihenfolge der Familiennamen** der an erster Stelle stehenden Angeklagten der in den Sitzungen anfallenden Sachen maßgebend. Aus dieser Regelung folgt, dass die Zuweisung eines Ersatzschöffen für eine Sitzung, für die noch keine Hauptverhandlung anberaumt ist, also noch gar kein Angeklagter feststeht, bei mehreren gleichzeitigen Eingängen zuletzt geschieht. Nicht regelungsbedürftig war dagegen der Fall, dass für dieselbe Sitzung mehrere Ersatzschöffen benötigt werden; deren Reihenfolge richtet sich nach ihrer Reihenfolge in der Ersatzschöffenliste.[28]

---

23 Kissel/*Mayer* 6.
24 BTDrucks. **8** 976 S. 103.
25 BTDrucks. **8** 976 S. 111 und Ausschussbericht BTDrucks. **8** 1844 S. 33; SSW/*Güntge* 4.
26 So *Katholnigg* JR **1980** 173.
27 Kissel/*Mayer* 6; MüKo/*Schuster* 6; *Schmitt*/*Köhler* 3.
28 Begr. BTDrucks. **8** 976 S. 64.

4. Wiederheranziehung des einem Sitzungstag zugewiesenen Ersatzschöffen (Absatz 4)

10 **a) Reformgründe.** § 49 Abs. 1 a.F. bestimmte, dass, wenn die *Zuziehung* von Ersatzschöffen (bislang Hilfsschöffen) erforderlich wird, die Zuziehung nach der Reihenfolge der Ersatzschöffenliste erfolgt. Dieser auf die „Zuziehung" abstellende Gesetzeswortlaut führte zu der Frage, wann eine Zuziehung vorliegt, die zur Folge hat, dass der zugezogene Ersatzschöffe erst wieder zugezogen wird, nachdem alle in der Ersatzschöffenliste nach ihm Stehenden und (nach Erschöpfung der Liste und Wiederbeginn von neuem in der festgesetzten Reihenfolge) alle vor ihm Stehenden zugezogen waren. Diese Frage war als im Wesentlichen durch die Rechtsprechung der Revisionsgerichte geklärt anzusehen; jedoch verblieb ein Restbestand an **Zweifelsfragen.**[29] § 49 Abs. 4 hat eine eindeutige Regelung zum Ziel. Er geht dabei von der Terminologie des § 49 Abs. 1, 2 aus. Nach § 49 Abs. 1 werden zu einzelnen Sitzungen benötigte Ersatzschöffen in der Reihenfolge der Ersatzschöffenliste *zugewiesen,* und nach § 49 Abs. 3 Satz 3 weist die Schöffengeschäftsstelle die nach der richterlichen Anordnung (Feststellung) benötigten Ersatzschöffen den verschiedenen Sitzungen zu. An diesen Begriff der Zuweisung knüpft Absatz 4 an. Die Gesetzesbegründung[30] führt dazu aus:

> „Absatz 4 spricht in Satz 1 den an sich selbstverständlichen Grundsatz aus, daß ein Hilfsschöffe [*jetzt: Ersatzschöffe*] erst wieder an die Reihe kommt, wenn inzwischen alle anderen Hilfsschöffen der Liste an der Reihe waren. Seine eigentliche Bedeutung liegt in der Klarstellung dessen, was es bedeutet, an der Reihe gewesen zu sein. Ein Hilfsschöffe, der gemäß § 54 Abs. 1 von der Verpflichtung zur Dienstleistung entbunden oder gemäß § 54 Abs. 2 i.d.F. d. E. nicht erreichbar ist, ist danach ebenso verbraucht wie ein Hilfsschöffe, der tatsächlich zu einer Sitzung herangezogen war. Satz 2 soll ergänzend sicherstellen, daß von der Dienstleistung entbundene und nicht erreichbare Hilfsschöffen für den Durchlauf der Hilfsschöffenliste wie herangezogene Hilfsschöffen behandelt werden. Dadurch wird bei der Schöffengeschäftsstelle größere Klarheit erreicht, als wenn sie immer wieder auf zunächst verhinderte oder nicht erreichbar gewesene Hilfsschöffen zurückgreifen muß."

11 **b) Durchführung.** Absatz 4 richtet sich an die **Schöffengeschäftsstelle** und versieht sie mit Weisungen, welche Ersatzschöffen sie nach Maßgabe einer zweifachen Reihenfolge – nämlich der Reihenfolge der Ersatzschöffenliste (§ 49 Abs. 1) und der Reihenfolge der richterlichen Anordnungen oder Feststellungen, deren Richtigkeit sie nicht zu prüfen hat – gemäß § 49 Abs. 3 Satz 3 „den verschiedenen Sitzungen zuzuweisen" hat. Diese „**Zuweisung**" besteht und erschöpft sich in der Feststellung, welcher Ersatzschöffe „an nächster Stelle" steht. Dessen Namen teilt sie der Stelle, die den „Sitzungstag" abhalten soll, mit. Mit dieser Form der Zuweisung ist der betreffende Ersatzschöffe in der Reihenfolge der Ersatzschöffenliste „verbraucht"; er steht erst wieder zur „Zuweisung" an, wenn alle anderen Ersatzschöffen, die nach ihm (oder bei Wiederbeginn nach Erschöpfung der Liste vor ihm) stehen, zugewiesen oder wegen Entbindung oder Nichterreichbarkeit übergangen worden sind. Es ist also bedeutungslos, was demnächst mit dem „zugewiesenen" Schöffen geschieht, ob es also tatsächlich zu einer Einberufung kommt und ob er tatsächlich als Schöffe tätig wird. Das ergibt sich unmittelbar aus Absatz 4 Satz 2, wonach der einmal zugewiesene Ersatzschöffe auch dann „verbraucht" ist, wenn es zu keiner Dienstleistung kommt, weil er nach der „Zuweisung" von der Dienstleistung entbunden wurde (§ 54) oder im Sinne des § 54 Abs. 2 Satz 3, 4 nicht erreichbar war. Diesem streng formalisierten Begriff des „**Verbrauchs**" eines Ersatzschöffen in der Reihenfolge der Ersatzschöffenliste

---

29 Dazu LR/*Schäfer*[23] § 49, 6.
30 BTDrucks. **8** 976 S. 64.

durch die bloße „Zuweisung“ entspricht es also, dass der Ersatzschöffe auch dann „verbraucht“ ist, wenn es nach der Zuweisung aus anderen, nicht in der Person des Ersatzschöffen liegenden Gründen nicht zu einer „tatsächlichen Heranziehung“ kommt, z.B. der Termin, an dem der Ersatzschöffe mitwirken sollte, vorher etwa wegen Ausfalls wichtiger Zeugen abgesetzt werden muss: dann kann der zugewiesene Ersatzschöffe ja nicht irgendwo als „an bereiter Stelle“ stehend wieder in die Liste eingesetzt werden.[31] Der „Verbrauch“ des Listenplatzes setzt aber voraus, dass der Schöffe tatsächlich im Sinne von Absatz 3 Satz 3 herangezogen war, weshalb eine nur vorsorgliche Ladung für den Fall, dass eine Heranziehung erforderlich werden könnte, insoweit nicht genügt.[32] Auch eine fehlerhafte Heranziehung hindert den Verbrauch des Listenplatzes nicht.[33]

5. Kollisionen. Zu einer Kollision der Schöffenpflichten kann es kommen, wenn die- 12
selbe Person zugleich noch als Ersatzschöffe und als nachgerückter Hauptschöffe tätig werden muss. Nach § **52 Abs. 5** gehen in einem solchen Fall die Dienstleistungen vor, zu denen die Person zuvor als Ersatzschöffe herangezogen war.

6. Revision. Nicht jeder Fehler bei der Heranziehung von Ersatzschöffen kann mit 13
der Besetzungsrüge erfolgreich geltend gemacht werden. Es muss sich im Sinne der sog. Willkür-Rechtsprechung[34] vielmehr um einen gravierenden, die Grenzen des Hinnehmbaren überschreitenden Fehler handeln, also nicht nur um einen bloßen Verfahrensfehler. Soweit ein Ersatzschöffe zu Unrecht als herangezogen nach hinten gerückt ist, berührt dies nicht die Wirksamkeit der späteren Heranziehung der dadurch aufgerückten Ersatzschöffen.[35] Dies gilt grundsätzlich auch für den Fall des Nachrückens eines Ersatzschöffen zum Hauptschöffen (§ 336 Satz 2 StPO),[36] soweit es sich nicht um eine **willkürliche Entziehung des gesetzlichen Richters** handelt.[37] Auch der unterlassene Vermerk über den Zeitpunkt des Eingangs der Heranziehungsanordnung als solcher ist grundsätzlich unbeachtlich. Etwas anderes gilt jedoch dann, wenn die Reihenfolge der Eingänge nicht mehr feststellbar ist.[38] Die Verwechslung der Eingänge der Heranziehungsanordnungen dürfte entgegen *Katholnigg*[39] als error in procedendo zu behandeln sein, soweit nicht sachfremde Erwägungen auf der Hand liegen.

§ 50

Erstreckt sich die Dauer einer Sitzung über die Zeit hinaus, für die der Schöffe zunächst einberufen ist, so hat er bis zur Beendigung der Sitzung seine Amtstätigkeit fortzusetzen.

31 Wegen der insoweit früher bestehenden Streitfrage vgl. LR/*Schäfer*[23] § 49, 6.

32 Kissel/*Mayer* 12; MüKo/*Schuster* 7; SK/*Degener* 8.

33 BGH JR **1978** 210; BGH StV **2005** 536 und 538; Kissel/*Mayer* 13; *Schmitt/Köhler* 4.

34 Vgl. etwa BGH NStZ-RR **2012** 319; vgl. im Übrigen bei § 24, 19 im Zusammenhang mit der sachlichen Zuständigkeit.

35 BGH JR **1978** 210 m. Anm. *Meyer* = GA **1978** 120 m. Anm. *Katholnigg*; *Schmitt/Köhler* 4; *Rieß* DRiZ **1977** 295.

36 Kissel/*Mayer* 13; *Schmitt/Köhler* 4; LR/*Hanack*[25] § 336 StPO, 14; **a.A.** *Rieß* JR **1982** 258 unter Hinweis auf die sich dadurch ergebenden Schwierigkeiten; in diesem Sinne kritisch auch SK/*Degener* 9 f.

37 Vgl. BGHSt **31** 4; BGH NStZ **1982** 476; GA **1981** 382; BGH NStZ-RR **2016** 17 = StV **2016** 633 m. Anm. *Wollschläger*; MüKo/*Schuster* 8.

38 BGH NStZ-RR **2016** 17; OLG Naumburg v. 11.11.2013 – 2 Ss 125/13, BeckRS **2013** 22085; LG Hannover StV **2010** 300; **a.A.** Wollschläger StV **2016** 635.

39 *Katholnigg* 7.

1 **Inhalt der Regelung.** Die Vorschrift regelt etwas eigentlich als selbstverständlich Erscheinendes: Schöffen bleiben in einer Strafsache grundsätzlich zuständig, auch wenn die Sache an dem für die Besetzung maßgeblichen ersten Sitzungstag nicht zu Ende gebracht wird – jedenfalls solange keine Aussetzung der Hauptverhandlung erfolgt. Zu unterscheiden sind hierbei **drei Fallgruppen**:

2 **Mehrtägige Hauptverhandlung.** § 50 betrifft zunächst den Fall, dass die Verhandlung der auf einen Sitzungstag anberaumten Sachen so viel Zeit in Anspruch nimmt, dass die **Sitzung auf den folgenden Tag erstreckt** werden muss, sei es, dass nur in einer Sache die Verhandlung an dem bestimmten Sitzungstage nicht zu Ende geführt werden kann, sei es, dass von den anberaumten Sachen einzelne überhaupt nicht zur Verhandlung gelangen können. Er findet aber auch Anwendung, wenn die Verhandlung einer Sache wegen eines verfahrensrechtlichen Hindernisses, z.B. wegen des Ausbleibens eines Zeugen, abgebrochen werden muss und an einem anderen Tage **innerhalb der Frist des § 229 StPO fortgesetzt** werden soll – jedenfalls solange keine Aussetzung erfolgt.[1] Kann nicht innerhalb der Frist des § 229 StPO weiterverhandelt werden, müssen an der neu beginnenden Hauptverhandlung die Schöffen mitwirken, die für diesen neuen Sitzungstag ausgelost worden sind. § 50 gilt auch für Ergänzungsschöffen.[2]

3 **Nicht vollständige Erledigung.** Erfasst wird auch der Fall, in dem nicht alle für den Sitzungstag vorgesehenen und terminierten Sachen an diesem Tag erledigt werden konnten und daher an einem anderen Tag weiterverhandelt werden müssen, also gewöhnliche Unterbrechungen.[3] Dies gilt aber nicht, wenn die Frist des § 229 StPO überschritten wird und deshalb ein Neubeginn der Hauptverhandlung erforderlich wird. Dann können die früheren Schöffen nicht mehr mitwirken und es werden die für den ersten Sitzungstag der neuen Verhandlung ausgelosten Schöffen herangezogen.[4] Erfasst wird hiervon aber auch der Fall, dass eine Hauptverhandlung nach begründetem **Besetzungseinwand** neu beginnt; dann sind die für den Tag des neuen Sitzungsbeginns ausgelosten Schöffen zur Mitwirkung berufen.[5]

4 **Fortsetzung über das Geschäftsjahr oder die Amtsperiode hinaus.** § 50 ist auch anwendbar, wenn der folgende Tag, auf den sich die Sitzung erstreckt, in ein **neues Geschäftsjahr** oder in eine **neue Amtsperiode** (§ 42) fällt.[6] Vgl. auch § 21c Abs. 4. In dem letztgenannten Fall bedarf es trotz des Ablaufs der Amtsperiode nicht einer erneuten Vereidigung der Schöffen (§ 45 Abs. 3 DRiG).[7] Denn § 50 enthält der Sache nach eine **gesetzliche Verlängerung** der Amtsperiode[8] und damit eine Verlängerung der Dauer des Amtes, für die nach § 45 Abs. 2 DRiG die Vereidigung gilt. Eine **missbräuchliche Anwendung** des § 50, die die Anwendbarkeit des § 338 Nr. 1 StPO begründet, liegt aber vor, wenn ohne Not eine Hauptverhandlung in den letzten Tagen des Geschäftsjahres anberaumt wird, um in dieser den Angeklagten nur kurz zur Person zu vernehmen, während die Hauptverhandlung im Übrigen – in der alten Besetzung – erst im neuen Geschäftsjahr

1 BGH NJW **2002** 2963; MüKo/*Schuster* 3; KK/*Barthe* 1.
2 BGH NJW **1956** 1326; Kissel/*Mayer* 6.
3 Kissel/*Mayer* 2; MüKo/*Schuster* 4.
4 KK/*Barthe* 1.
5 BGH StV **2003** 10; OK/*Goers* 1.
6 *Katholnigg* 2; Kissel/*Mayer* 3; SK/*Degener* 1; OK/*Goers* 1; KK/*Barthe* 1.
7 S.a. BGHSt **8** 250; KMR/*Paulus* 2; MüKo/*Schuster* 5.
8 BGHSt **8** 250 = NJW **1956** 110.

stattfinden soll.[9] In einem solchen Fall kann hierauf eine Besetzungsrüge nach § 338 Nr. 1 StPO gestützt werden.

5 Eine **entsprechende Anwendung** des § 50 erscheint diskutabel, wenn beim Ablauf einer Amtsperiode wegen Ausbleibens der Vorschlagsliste (vgl. § 36, 9) es nicht gelingt, rechtzeitig die Schöffen für die neue Amtsperiode auszuwählen und dies zu einem Stillstand der Rechtspflege führen würde,[10] und wenn man den Ausweg nicht in einer (entsprechenden) Anwendung des § 15 StPO (rechtliche Verhinderung durch Fehlen der Schöffen) sehen will.

§ 51

(1) Ein Schöffe ist seines Amtes zu entheben, wenn er seine Amtspflichten gröblich verletzt hat.

(2) [1]Die Entscheidung trifft ein Strafsenat des Oberlandesgerichts auf Antrag des Richters beim Amtsgericht durch Beschluss nach Anhörung der Staatsanwaltschaft und des beteiligten Schöffen. [2]Die Entscheidung ist nicht anfechtbar.

(3) [1]Der nach Absatz 2 Satz 1 zuständige Senat kann anordnen, dass der Schöffe bis zur Entscheidung über die Amtsenthebung nicht zu Sitzungen heranzuziehen ist. [2]Die Anordnung ist nicht anfechtbar.

Schrifttum

Albers Die Abberufung eines ehrenamtlichen Richters nach § 24 VwGO, MDR **1984** 888; *Anger* Die Verfassungstreuepflicht der Schöffen, NJW **2008** 3041; *Artkämper/Weise* Kopftuch und Gesichtsverhüllung im Gerichtssaal, DRiZ **2019** 60; *Großmann* Extremisten im Schöffenamt, GA **2025** 271.

Entstehungsgeschichte

Die ursprünglich an dieser Stelle im Gesetz vorhandene Regelung entfiel (vgl. stattdessen jetzt § 45 Abs. 2 ff. DRiG in der Fassung des 1. StVRGErgG vom 20.12.1974). Die nunmehr hier neu eingefügte Regelung beruht auf dem Gesetz zur Umsetzung der Dienstleistungsrichtlinie in der Justiz und zur Änderung weiterer Vorschriften vom 22.12.2010 (BGBl. I S. 2248) mit einer Berichtigung vom 4.2.2011 (BGBl. I S. 223); in Kraft getreten am 28.12.2010.

Übersicht

9 BGHSt **19** 382 = NJW **1964** 1866 = LM § 89 a.F. Nr. 1 m. Anm. *Hengsberger*; *Katholnigg* 2; Kissel/*Mayer* 4; SK/*Degener* 1; MüKo/*Schuster* 6; KK/*Barthe* 1; SSW/*Güntge* 2.
10 OK/*Goers* 4; **a.A.** Kissel/*Mayer* 3, *Katholnigg* 4.

 | https://doi.org/10.1515/9783110741315-080

1 **1. Ziel der Regelung.** Obwohl Art. 33 Abs. 5 GG nur die hergebrachten Grundsätze des Berufsbeamtentums anerkennt und somit auf ehrenamtliche Richter nicht unmittelbar anzuwenden ist, fungieren ehrenamtliche Richter nach Maßgabe von § 30 Abs. 1 grundsätzlich gleichberechtigt neben den hauptamtlichen Richtern als **Organe staatlicher Aufgabenerfüllung.**[1] Das BVerfG hat vor diesem Hintergrund nicht zuletzt mit seiner Entscheidung vom 6.5.2008[2] herausgestellt, dass auch ehrenamtliche Richter – und somit auch Schöffen – einer besonderen **Verfassungstreuepflicht** unterliegen und von ihnen daher zu fordern ist, dass sie für die Verfassungsordnung, auf die sie vereidigt sind, auch einzutreten. Die Grundentscheidung der Verfassung schließe es aus, dass der Staat zur Ausübung von Staatsgewalt Bewerber zulässt und in Ehrenämtern, die mit der Ausübung staatlicher Gewalt verbunden sind, Bürger belässt, die die freiheitliche demokratische, rechts- und sozialstaatliche Ordnung ablehnen und bekämpfen.[3] Nach der Rechtsprechung des BVerfG ist diese Pflicht zur Verfassungstreue indessen nicht auf die richterliche Tätigkeit beschränkt, sondern erstreckt sich **auch** auf **Aktivitäten außerhalb des eigentlichen Ehrenamts.**[4] Hieraus wird die staatliche Pflicht hergeleitet, Schöffen, welche die freiheitliche demokratische Grundordnung ablehnen oder bekämpfen, ihres Amtes zu entheben.[5] Vor dem Hintergrund der richterlichen Unabhängigkeit bestimmt § 44 Abs. 2 DRiG, dass eine Amtsenthebung nur unter den gesetzlich bestimmten Voraussetzungen und nur durch Entscheidung eines Gerichts erfolgen kann. Die Vorschrift liefert bzgl. Schöffen hierfür nunmehr die gesetzliche Grundlage.

2 Während in **anderen Verfahrensordnungen**, die ebenfalls eine Beteiligung ehrenamtlicher Richter vorsehen, gesetzliche Regelungen zur **Amtsenthebung** oder zur Entbindung vom Amt aufgrund von Pflichtverletzungen bereits vorhanden waren,[6] fehlte früher eine vergleichbare Regelung für Schöffen. Die im Gesetz vorhandenen Möglichkeiten, Schöffen ihres Amtes zu entheben, wurden für nicht ausreichend erachtet: Denn während die §§ 32, 33 erst zur Anwendung kommen, wenn das Verhalten, namentlich die verfassungsfeindlichen Aktivitäten zugleich geeignet sind, einen Straftatbestand zu erfüllen, decken auch die an eine Verstrickung mit dem SED-Unrechtsregime anknüpfenden Vorschriften in §§ 44a und 44b DRiG[7] die hier maßgebliche Problematik nicht vollständig ab. Die Vorschrift des § 52 mit der Möglichkeit zur Streichung von der Schöffenliste hingegen wurde vom Gesetzgeber als zu formalistisch und letztlich wenig praxisfreundlich angesehen.[8]

2. Das Enthebungsverfahren

3 **a) Gröbliche Verletzung von Amtspflichten.** Materielle Voraussetzung einer Amtsenthebung von Schöffen ist eine gröbliche Verletzung der Amtspflichten (Absatz 1). Die Vorschrift ist insoweit der für Handelsrichter geltenden Vorschrift des § 113 Abs. 1 Nr. 2 nachgebildet, sodass auf hierzu vorhandene Rechtsprechung und Literatur zunächst hingewiesen werden kann. Die Beschränkung allein auf gröbliche Verletzungen ist hierbei

---

1 BRDrucks. 539/10 S. 19.
2 NJW **2008** 2568 für ehrenamtliche Richter bei den Arbeitsgerichten.
3 Vgl. hierzu auch die Erläuterungen bei § 31, 17.
4 BVerfG NJW **2008** 2568, entsprechend auch OLG Hamburg NStZ **2025** 180.
5 BRDrucks. 539/10 S. 20; näher auch *Großmann* GA **2025** 271.
6 § 27 Satz 1 ArbGG, § 113 Abs. 1 Nr. 2 GVG, § 22 Abs. 1 Satz 2 SGG, § 24 Abs. 1 Nr. 2 VwGO und § 21 Abs. 1 Nr. 3 FGO.
7 Vgl. hierzu § 33, 12 ff. sowie *Schmidt-Räntsch* § 44a DRiG, 5.
8 BTDrucks. **17** 3356 S. 17.

Ausdruck des auch hier zu beachtenden **Verhältnismäßigkeitsgrundsatzes**, zumal die Amtsenthebung eines Schöffen umfassend ist und den weitreichendsten Eingriff in dessen Rechtsstellung darstellt.[9] Nicht jeder Pflichtenverstoß kann daher zur Entbindung von dem Amt führen. Wegen der Tragweite des Eingriffs wird Zurückhaltung mit der Annahme einer gröblichen Pflichtverletzung geboten sein und darf das Verfahren auch im Hinblick auf das Postulat des gesetzlichen Richters nicht dazu dienen bzw. nicht dazu missbraucht werden, sich eines lediglich missliebigen oder nur lästigen Schöffen zu entledigen; es gilt im Hinblick auf Art. 101 Abs. 1 Satz 2 GG, § 16 das Ultima-ratio-Prinzip.[10] Eine gröbliche Pflichtverletzung in diesem Sinne liegt daher nur vor, wenn es sich um eine **besonders schwerwiegende** Verletzung einer Amtspflicht handelt oder wenn immer wieder weniger schwer wiegende Verstöße begangen werden,[11] in deren Folge der Schöffe aufgrund seines Verhaltens aus objektiver Sicht eines verständigen Verfahrensbeteiligten nicht mehr die Gewähr dafür bietet, unparteiisch und nur nach Recht und Gesetz zu entscheiden; maßgeblich ist eine Beurteilung auf der Grundlage einer **Gesamtwürdigung** aller Umstände des Einzelfalles.[12] Die Pflichtverletzung muss indessen über das Verhalten in einem einzelnen Verfahren hinausgehen und die Eignung als Schöffe insgesamt in Frage stellen; erstreckt sich das Verhalten auf (zunächst) nur ein einzelnes Verfahren, ist zunächst ein Vorgehen auf der Grundlage von §§ 24, 31 StPO wegen einer Besorgnis der **Befangenheit** in Erwägung zu ziehen.[13]

Als Pflichtverletzung in diesem Sinne kommt zunächst die Mitgliedschaft in einer Partei in Betracht, die **verfassungsfeindliche Ziele** verfolgt, aber nicht nach Art. 21 Abs. 2 GG verboten ist.[14] Im Hinblick auf eine lediglich passive Mitgliedschaft kann hierbei aber Zurückhaltung in der Annahme einer ausreichenden Pflichtverletzung geboten sein.[15] Entsprechendes gilt bei einer Verletzung der nach § 45 DRiG auch für Schöffen geltenden Pflicht zur **Treue der Verfassung**, die vorliegen kann, wenn ein Schöffe durch aktives, auch außerdienstliches Verhalten zum Ausdruck bringt, dass er – etwa als sog. **„Reichsbürger“** – die Legitimität der Bundesrepublik Deutschland als Staat leugnet, die Geltung des Grundgesetzes und des einfachen Rechts sowie die Legitimität der handelnden Gerichte und Behörden in Abrede stellt oder sonst Auffassungen vertritt, die mit der Werteordnung des GG unvereinbar sind.[16] Dies wurde auch angenommen, wenn aus einer solchen Haltung heraus menschenverachtende und **rassistische Äußerungen** und **Hassbotschaften** (etwa gegen Pädophile und Ausländer) getätigt wurden, die vom Grundrecht auf freie Meinungsäußerung nicht mehr gedeckt werden.[17] 4

Zu denken ist ferner an andere **Pflichtverletzungen von besonderer Erheblichkeit.**, Für ehrenamtliche Richter anderer Gerichtsbarkeiten ist vor Inkrafttreten der Vorschrift als ausreichend erachtet worden eine nicht nur unerhebliche oder wiederholte Verletzung des Beratungsgeheimnisses und ein wiederholtes unentschuldigtes Fernbleiben von Sit- 4a

9 BRDrucks. 539/10 S. 20.

10 MüKo/*Schuster* 6.

11 Posser/Wolff/*Garloff* VwGO **2014** § 24, 2 GVG.

12 OLG Dresden StV **2018** 403; Kissel/*Mayer* 12; KK/*Barthe* 2.

13 OLG Celle NStZ-RR **2015**; OLG Hamm NJW-Spezial **2021** 88; 54; MüKo/*Schuster* 3.

14 OLG Hamm NStZ **2020** 104; OLG Brandenburg v. 19.12.2024 – 2 AR 2/24 (S); BRDrucks. 539/10 S. 21; **a.A.** zum ArbGG: LAG Hamm NZA **1993** 476; zum SGG: Meyer-Ladewig/Keller/Schmidt SGG[13] (2020) § 22 SGG, 7.

15 OLG Hamburg NStZ **2025** 180; MüKo/*Schuster* 4.

16 OLG Dresden NStZ-RR **2015** 121; OLG Hamm NStZ-RR **2017** 354; KG NStZ-RR **2016** 252; KG v. 6.10.2025 – 3 OGs 1/25; Kissel/*Mayer* 3; OK/*Goers* 12.

17 OLG München StV **2016** 637; KG NStZ-RR **2016** 252; OK/*Goers* 14.

zungen,[18] die nicht nur vorübergehende fehlende Sicherstellung der telefonischen und postalischen Erreichbarkeit.[19] In der **Rechtsprechung** der Arbeitsgerichtsbarkeit zu § 27 Satz 1 ArbGG ist als Grund zur Amtsenthebung eines ehrenamtlichen Richters anerkannt worden: Die Teilnahme an Diffamierungskampagnen gegen die Verfassung sowie der Aufruf zu Gewaltaktionen,[20] das Verbreiten rassistischer Parolen einer rechtsextremen Partei[21] oder die Mitgliedschaft in einer Neonaziband.[22] In der Verwaltungsgerichtsbarkeit wurde eine gröbliche Verletzung von Amtspflichten im Sinne von § 24 Abs. 1 Nr. 2 VwGO angenommen bei wahrheitswidrigen Angaben im Zusammenhang mit der Berechnung der Entschädigung.[23] Daneben wird man auch ein **beharrliches Verhalten**, das für sich genommen die ständige Besorgnis der Befangenheit des Schöffen zu begründen geeignet ist, als gröbliche Verletzung der Amtspflichten ansehen müssen, etwa ein fortwährendes, völlig unangepasstes Verhalten namentlich in der Hauptverhandlung, aber auch außerhalb derselben. In Betracht kommt aber auch ein schwerwiegendes **außergerichtliches Verhalten**,[24] wenn dadurch die Vertrauenswürdigkeit des Schöffen ausgeschlossen wird oder wenn es Auswirkungen auf die zukünftige Ausübung der Amtspflichten haben kann.[25] Für ehrenamtliche Richter der Sozialgerichtsbarkeit wurde hierfür als ausreichend erachtet etwa schwere Trunksucht, entwürdigendes Verhalten oder das Erteilen von rechtlichen Auskünften unter Hinweis auf die Tätigkeit als ehrenamtlicher Richter.[26]

4b In der **Rechtsprechung der Oberlandesgerichte** sind (neben den oben unter Rn. 4 bereits benannten Fällen) als gröbliche Pflichtverletzung angesehen worden: längere postalische und fernmündliche Unerreichbarkeit mit nachfolgendem Ausbleiben trotz erfolgter Ladungen,[27] wiederholtes unentschuldigtes Fernbleiben von der Sitzung,[28] ein Verstoß gegen das Beratungsgeheimnis gegenüber der Presse,[29] das Verbreiten von hetzerischen und menschenverachtenden Hassbotschaften gegen Pädophile, Ausländer und Straftäter im Allgemeinen[30] sowie die Erklärung einer Schöffin, sie mache sich vor dem Hintergrund von Presseberichten in einem Verfahren der organisierten Kriminalität Sorgen um die Sicherheit ihrer Familie und werde sich daher zu keinem anderen Schuldspruch als zu einem Freispruch entschließen können – was eine über das einzelne Verfahren hinausgehende Befangenheit mit der Besorgnis unparteiischer Entscheidung insgesamt begründe.[31] Eine gröbliche Verletzung der Amtspflichten im Sinne dieser Vorschrift liegt ebenfalls vor bei der Verbreitung kinder- und jugendpornographischer Inhalte durch einen Jugendschöffen.[32] Die in §§ 32 Nr. 1, 52 Abs. 1 Nr. 1 getroffene Regelung, wonach Personen, die wegen einer vorsätzlichen Tat zu einer Freiheitsstrafe von mehr als sechs Monaten verur-

---

18 Wieczorek/Schütze/*K. Schreiber* ZPO § 113 GVG, 2; MüKo-ZPO/*Zimmermann* § 113 GVG, 4; Stein/Jonas/*Jacobs* § 113 GVG, 4; Kissel/*Mayer* 5; Zöller/*Lückemann* § 113 GVG, 1.
19 OLGR Frankfurt **2007** 179 für § 113.
20 LAG Baden-Württemberg ArbuR **2008** 114.
21 LAG Hamm NZA **1993** 479.
22 BVerfG NJW **2008** 2568.
23 Ruthig in Kopp/Schenke VwGO, § 24 VwGO, 7.
24 Kissel/*Mayer* § 113, 5; Meyer-Ladewig/Keller/Schmidt SGG[13] (2020) § 22 SGG, 7.
25 Stein/Jonas/*Jacobs* a.a.O.
26 Meyer-Ladewig/Keller/Schmidt a.a.O.
27 OLG Rostock v. 10.3.2016 – 20 AR 8/16 (juris).
28 OLG Hamm v. 14.5.2015 – III-1 Ws 147/15 (juris).
29 OLG Hamm v. 26.4.2021 – 1 Ws 135/21, BeckRS **2021** 18628; vgl. hierzu auch VerfGH Nordrhein-Westfalen v. 6.7.2021 – VerfGH 76/21.VB-1, BeckRS **2021** 18597; OK/*Goers* 14b.
30 KG Berlin NStZ-RR **2016** 252.
31 OLG Celle NStZ-RR **2015** 54.
32 OLG Nürnberg StraFo **2022** 32.

teilt sind, von der Schöffenliste zu streichen sind, entfaltet keine dahingehende Sperrwirkung, dass eine Amtspflichtverletzung, die zugleich ein Straftatbestand erfüllt, nur unter den dort genannten Voraussetzungen zur Streichung von der Schöffenliste führt, aber keine Amtsenthebung nach § 51 Abs. 1 zulässig ist.[33] Demgegenüber nicht für ausreichend erachtet wurde die Teilnahme an sog. Montagsspaziergängen unter Verstoß gegen die Maskenpflicht.[34] Die Weigerung einer Schöffin, ihr Kopftuch während der Gerichtsverhandlung abzunehmen, stellt keine gröbliche Amtspflichtverletzung dar, soll nach Auffassung des OLG Hamm aber zur (sonstigen) Unfähigkeit zur Ausübung des Schöffenamtes im Sinne von § 52 Abs. 1 führen.[35] Diese Einschätzung ist jedenfalls kritisch zu beurteilen, solange nicht (landes)gesetzliche Regelungen Justizangehörigen das Tragen von Kopftüchern in der Hauptverhandlung untersagen.[36]

Ob eine **Verletzung prozessualer Mitwirkungspflichten** im Strafverfahren, insbesondere das Verweigern der Eidesleistung, zur Amtsenthebung eines Schöffen führt, wird kontrovers beurteilt. Teilweise wird dies bejaht.[37] Einer anderen Auffassung zufolge soll eine Verletzung prozessualer Mitwirkungspflichten im Strafverfahren nicht zur Amtsenthebung führen, sondern im Hinblick auf den gesetzlichen Richter vielmehr nach § 56 (Sanktion von Obliegenheitsverletzungen) zu verfahren sein,[38] weil anderenfalls zu besorgen sei, dass einem entsprechenden Verhalten von Schöffen durch die gerichtliche Entscheidung zum Erfolg verholfen werde. Hier wird man richtigerweise auf die Erheblichkeit der Pflichtverletzung abstellen müssen und fragen, ob nur eine **Obliegenheitsverletzung** oder ein so **gravierender Pflichtenverstoß** vorliegt, der die weitere Amtsausübung als Schöffe als nicht mehr hinnehmbar erscheinen lässt. Dies mag zwar Abgrenzungsschwierigkeiten begründen, wird letztlich aber dem am Einzelfall auszurichtenden Verhältnismäßigkeitsgrundsatz und im Hinblick auf den gesetzlichen Richter dem Gedanken der ultima ratio gerecht. Bei einer **Verweigerung der Eidesleistung** fehlt es bereits an einer zwingenden Voraussetzung zum Amt eines Schöffen nach § 31; die entsprechende Person ist daher zur Dienstleistung nicht geeignet, gilt im Sinne von § 47 als verhindert und ist folglich schon daher nach § 52 von der Schöffenliste zu streichen.[39] 4c

Vorausgesetzt wird **schuldhaftes Handeln**, mithin Vorsatz oder Fahrlässigkeit, wobei bei leichter Fahrlässigkeit wiederholte Verstöße („gröblich") ausreichend bzw. erforderlich sein können.[40] Zumindest in derartigen Fällen wird man unter dem Gesichtspunkt der Verhältnismäßigkeit indessen voraussetzen müssen, dass zuvor eine **Abmahnung** erfolgt ist.[41] In Betracht kommt hierfür der Richter beim Amtsgericht, der dem Schöffenwahlausschuss (§ 40 Abs. 2) vorsitzt, bzw. der nach § 77 Abs. 3 Satz 3 zuständige Vorsitzende der Strafkammer. Während im Hinblick auf das Vorliegen einer gröblichen Pflichtverletzung dem erkennenden Gericht – anders als bei § 52 – ein Beurteilungsspielraum bzw. Ermessen eingeräumt werden soll, legt die Formulierung *„ist seines Amtes zu entheben"* auf der 5

33 OLG Nürnberg v. 2.11.2021 – Ws 952/21, BeckRS **2021** 37148 (**a.A.** – indessen ohne nähere Begründung – noch Kissel/*Mayer* § 51, 2; KK/*Barthe* § 51 Rn. 2).

34 OLG Zweibrücken NStZ **2023** 766.; OK/*Goers* 12a.

35 OLG Hamm StRR **2024** Nr. 6, 3; auf § 51 i.V.m. Landesrecht abstellend hingegen OLG Braunschweig BeckRS **2025** 27701; OLG Celle BeckRS **2025** 22354.

36 Vgl. zum Ganzen hier § 31 Rn. 21 ff. sowie OK/*Goers* 17a.

37 *Schmitt/Köhler* 2; auch hier noch in der 26. Aufl. Rn. 4.

38 Soweit der Eid nicht aus religiösen oder Gewissensgründen verweigert wird, vgl. Kissel/*Mayer* § 31, 6.

39 Kissel/*Mayer* 5, § 56, 8; MüKo/*Schuster* 6.

40 OLG Hamm v. 14.5.2015 – III-1 Ws 147/15 (juris); Kissel/*Mayer* 5.

41 *Albers* 888, 889; MüKo-ZPO/*Zimmermann* § 113 GVG, 4; Wieczorek/Schütze/*K. Schreiber* § 113 GVG, 3; *Kissel/Mayer* 5.

Rechtsfolgenseite eine gebundene Entscheidung nahe.[42] Hierdurch soll zugleich aber auch klargestellt werden, dass die Amtsenthebung unabhängig vom Willen des Betreffenden erfolgt; dessen entgegenstehender Wille hindert eine Amtsenthebung nicht.[43]

6 **b) Zuständigkeit. (Absatz 2 Satz 1).** Die Entscheidung trifft **ein Strafsenat bei dem Oberlandesgericht**, in dessen Bezirk sich das Amts- oder Landgericht befindet, an dem der beteiligte Schöffe tätig ist. Die Zuständigkeit eines OLG soll nicht nur den gewichtigen Auswirkungen einer Amtsenthebung gerecht werden und den Anspruch des beteiligten Schöffen auf den gesetzlichen Richter nach Art. 101 Abs. 1 Satz 2 GG sicherstellen, sondern soll auch dem Schutz der Unabhängigkeit der ehrenamtlichen Richter Rechnung tragen, da – anders als beim Amts- oder Landgericht – beim OLG keine verfahrensbedingten Berührungspunkte zur Spruchtätigkeit der beteiligten Schöffen und dadurch keine Anknüpfungspunkte für eine etwaig fehlende **Unvoreingenommenheit** bei der Entscheidung über die Amtsenthebung bestehen.[44] Befinden sich bei dem OLG mehrere Strafsenate, wird – anders als bei der für ehrenamtliche Richter geltenden Regelung nach § 113 Abs. 3 Satz 1[45] – der zuständige Senat durch den Geschäftsverteilungsplan bestimmt.[46] Wenngleich der Wortlaut des Gesetzes „*ein* Strafsenat" auch eine andere Auslegung zulassen dürfte, erscheint es zumindest sachgerecht, durch Geschäftsverteilungsplan die Zuständigkeit für das Enthebungsverfahren auf nur einen Senat zu konzentrieren. Dessen ungeachtet soll die Wortwahl lediglich verdeutlichen, dass die Entscheidung in Ausübung rechtsprechender Gewalt ergeht und nicht der Verwaltungstätigkeit zuzurechnen ist.[47] Die Entscheidung des Senats erfolgt in der Besetzung mit 3 Richtern.[48]

7 **c) Antrag.** Der Senat entscheidet (nur) auf Antrag des **Richters beim Amtsgericht**, der dem Schöffenwahlausschuss (§ 40 Abs. 2) vorsitzt, bzw. auf Antrag[49] des nach § 77 Abs. 3 Satz 3 zuständigen **Vorsitzenden der Strafkammer**. Hierbei handelt es sich demzufolge nicht um den Richter, der für die unter Beteiligung des Schöffen zu verhandelnden Strafsachen zuständig ist, also auch nicht um den Vorsitzenden der Strafkammer, der der betreffende Schöffe zugeteilt wurde, sondern um den Vorsitzenden derjenigen Strafkammer, die durch **den Geschäftsverteilungsplan** mit der **Zuständigkeit** diese Aufgabe betraut worden ist.[50] Andere Richter sind zur Antragstellung nicht befugt,[51] wobei dies Antragsberechtigten nicht ausschließt. Diese Beschränkung soll nicht nur zu einer Aufgaben-, sondern auch zu einer Verantwortungsbündelung, Effektivitätssteigerung und zur Ausgestaltung eines klaren Verfahrensablaufs führen. Ein weiterer Vorteil wird darin gesehen, dass das betroffene Amts- bzw. Landgericht früh über das Durchführen des Verfahrens informiert wird und auch dem OLG gegenüber auf weitere verfahrensrelevante Gesichtspunkte hinweisen kann, z.B. auf anhängige Verfahren, in welche der Schöffe eingebunden

---

42 Posser/Wolff/*Garloff* a.a.O. 2; Eyermann/*Geiger* VwGO[15] (2019) § 24 VwGO, 4.
43 BTDrucks. **17** 3356 S. 17.
44 BRDrucks. 539/10 S. 21; SK/*Degener* 1; SSW/*Güntge* 2.
45 Hiernach trifft die Entscheidung über die Amtsenthebung eines Handelsrichters stets der *erste* Zivilsenat des Oberlandesgerichts.
46 *Schmitt/Köhler* 5.
47 Kissel/*Mayer* 8; BTDrucks. **17** 4064 S. 17.
48 Vgl. BRDrucks. 539/10 S. 22.
49 Kissel/*Mayer* 6; MüKo/*Barthe* 3; *Schmitt/Köhler* 3.
50 OLG Celle NStZ-RR **2015** 26; Kissel/*Mayer* 6.
51 *Schmitt/Köhler* 3.

ist. Liegen die Voraussetzungen zur Antragstellung vor, soll der Antrag gestellt werden müssen; Ermessen soll insoweit nicht bestehen.[52]

d) Anhörung und Entscheidung. (Absatz 2 Satz 1). Vor der Amtsenthebung ist eine (mündliche oder schriftliche) Anhörung sowohl der Staatsanwaltschaft als auch des betroffenen Schöffen erforderlich. Während die Anhörung des Schöffen dessen Recht auf **rechtliches Gehör** gem. Art. 103 Abs. 1 GG Rechnung trägt, ist die Beteiligung der Staatsanwaltschaft Ausdruck der Schwere des Eingriffs und dient zugleich dem entscheidenden Senat als wichtige Erkenntnisquelle. Das Erfordernis vorheriger Anhörung gilt auch dann, wenn der Richter beim AG zum Zwecke der Sachaufkärung den Schöffen bereits angehört hat.[53] 8

Die nachfolgende Entscheidung ergeht durch **Beschluss** in der Besetzung mit 3 Richtern.[54] Die **Amtsenthebung** erfolgt **umfassend** (also nicht etwa nur ein konkretes Strafverfahren betreffend) und erfasst die gesamte Tätigkeit als Schöffe.[55] Der Beschluss enthält keine **Kostenentscheidung**.[56] 8a

e) Unanfechtbarkeit. (Absatz 2 Satz 2). Die vom Senat schließlich getroffene **Entscheidung ist nicht anfechtbar**, und zwar weder die Amtsenthebung noch das Ablehnen des Antrags.[57] Zwar stellt die Amtsenthebung einen schwerwiegenden Eingriff in die Rechte des Schöffen dar. Da die Entscheidung aber durch einen Senat als Kollegialorgan mit drei Berufsrichtern ergeht, wird die Rechtsstellung der Schöffen als hinreichend geschützt angesehen.[58] Die Regelung entspricht letztlich der Vorschrift des § 304 Abs. 1 Satz 2 StPO, die auch im Streichungsverfahren nach § 52 in dessen Absatz 4 ihren Ausdruck gefunden hat. Hiernach ist für die Frage der (Un)anfechtbarkeit unerheblich, ob die Enthebung mit zutreffender Begründung vorgenommen oder mit unzutreffender Begründung abgelehnt wurde.[59] Denn durch die Entscheidung soll Klarheit geschaffen werden.[60] Im Hinblick auf eine etwaige Anfechtung der Amtsenthebung oder von deren Ablehnung im Rahmen einer **Revision** (§§ 336 Satz 2, 338 Nr. 1 StPO) wird man auf die u.a. zu § 52 ergangene Willkürrechtsprechung des BGH[61] zurückgreifen können. Der Verfassungsgerichtshof für das Land Nordrhein-Westfalen hat eine gegen eine Amtsenthebung gerichtete **Verfassungsbeschwerde** nicht zur Entscheidung angenommen mit der Begründung, der Beschwerdeführer habe es unterlassen, zuvor Anhörungsrüge zu erheben.[62] 9

3. Einstweilige Anordnung (Abs. 3). Das zuständige OLG kann nach pflichtgemäßem Ermessen[63] eine einstweilige Anordnung erlassen, in deren Folge der Schöffe, der des Amtes enthoben werden soll, bis zur abschließenden Entscheidung nicht zu Sitzungen heranzuziehen ist. Hierbei ist abzuwägen, ob einem verständigen Angeklagten die Mitwirkung des Schöffen noch zumutbar erscheint oder ob die Verstöße derart gravierend sind, dass bis zu einer endgültigen Entscheidung des Senats eine Tätigkeit des Schöffen zumin- 10

52 BTDrucks. 17 3356 S. 18; vgl. zur VwGO auch Posser/Wolff/*Garloff* a.a.O. 2.
53 *Kissel/Mayer* 9; MüKo/*Schuster* 9.
54 BRDrucks. 539/10 S. 22.
55 OK/*Goers* 21.
56 Kissel/*Mayer* 10.
57 *Schmitt/Köhler* 4.
58 BRDrucks. 539/10 S. 22.
59 KK/*Barthe* § 52, 9; hier § 52, 15.
60 Kissel/*Mayer* § 52, 18.
61 Kissel/*Mayer* 15; MüKo/*Schuster* 12; hier § 52, 15 m.w.N.
62 VerfGH Nordrhein-Westfalen v. 6.7.2021 – 76/21.VB-1 (juris).
63 BTDrucks. 17 3356 S. 18.

dest einstweilen nicht mehr in Betracht kommt.[64] Insoweit stehen sich der verfassungsrechtlich garantierte Anspruch auf den gesetzlichen Richter einerseits sowie das in Strafsachen zu beachtende Beschleunigungsgebot andererseits gegenüber.[65] Eine derartige Anordnung wird hiernach namentlich dann in Betracht kommen, wenn ein Schöffe derart schwerwiegend gegen Amtspflichten verstößt, dass nach sorgfältiger Abwägung ein **Zuwarten** auf die Entscheidung in der Hauptsache **nicht mehr zumutbar** erscheint. Dies soll vor allem dann der Fall sein, wenn anderenfalls ein Strafverfahren unter Mitwirkung eines Schöffen durchgeführt werden müsste, gegen den zwischenzeitlich ein Strafverfahren eingeleitet worden ist.[66] Da das Enthebungsverfahren der gesetzgeberischen Wertung zufolge aber nicht auf die Fälle beschränkt sein soll, in denen die fehlende Verfassungstreue sogleich ein Ermittlungsverfahren nach sich zieht,[67] wird der Erlass einer einstweiligen Anordnung indessen nicht auf diese Fälle beschränkt bleiben. In Betracht kommen etwa auch Fälle des Verbreitens von Hasspropaganda im Netz oder dauerhafte Unerreichbarkeit.[68]

11 Der Senat entscheidet über eine einstweilige Anordnung **von Amts wegen** und ohne an einen entsprechenden Antrag gebunden zu sein.[69] Von einer **vorherigen Anhörung** des Schöffen soll nur ausnahmsweise bei besonderer Eilbedürftigkeit abgesehen werden können.[70] Trifft das OLG eine entsprechende Entscheidung, ist der Schöffe bis zur Entscheidung über die Amtsenthebung im Sinne von § 47 verhindert, ist nicht mehr zu Sitzungen heranzuziehen und muss für Sitzungen, zu denen er ausgelost ist, ein **Ersatzschöffe** herangezogen werden.[71] Die Verhinderung endet, wenn der Senat den Antrag auf Amtsenthebung endgültig zurückweist. Nach Absatz 3 Satz 2 ist auch die Entscheidung über den Erlass einer einstweiligen Anordnung ebenso wie die Entscheidung in der Hauptsache unanfechtbar.[72]

§ 52

(1) ¹Ein Schöffe ist von der Schöffenliste zu streichen, wenn
1. **seine Unfähigkeit zum Amt eines Schöffen eintritt oder bekannt wird, oder**
2. **Umstände eintreten oder bekannt werden, bei deren Vorhandensein eine Berufung zum Schöffenamt nicht erfolgen soll.**

²Im Fall des § 33 Nr. 3 gilt dies jedoch nur, wenn der Schöffe seinen Wohnsitz im Landgerichtsbezirk aufgibt.

(2) ¹Auf seinen Antrag ist ein Schöffe aus der Schöffenliste zu streichen, wenn er
1. **seinen Wohnsitz im Amtsgerichtsbezirk, in dem er tätig ist, aufgibt, oder**
2. **während eines Geschäftsjahres an mehr als 24 Sitzungstagen an Sitzungen teilgenommen hat.**

²Bei Hauptschöffen wird die Streichung nur für Sitzungen wirksam, die später als zwei Wochen nach dem Tag beginnen, an dem der Antrag bei der Schöffengeschäfts-

64 Kissel/*Mayer* 12; MüKo/*Schuster* 10.
65 OLG Rostock v. 10.3.2016 – 20 AR 8/16, BeckRS **2016** 05839.
66 KK/*Barthe* 4; *Schmitt*/*Köhler* 6; OK/*Goers* 26; BTDrucks. **10** 539 S. 10.
67 Vgl. Rn. 2.
68 OLG Rostock v. 10.3.2016 – 20 AR 8/16, Beck Rs. **2016** 05839; OLG Dresden StV **2018** 403.
69 MüKo/*Schuster* 11; KK/*Barthe* 4.
70 Kissel/*Mayer* 11; **a.A.** *Schmitt*/*Köhler* 6: vorherige Anhörung nicht erforderlich.
71 MüKo/*Schuster* 9.
72 OK/*Goers* 29.

stelle eingeht. [3]Ist einem Ersatzschöffen eine Mitteilung über seine Heranziehung zu einem bestimmten Sitzungstag bereits zugegangen, so wird seine Streichung erst nach Abschluß der an diesem Sitzungstag begonnenen Hauptverhandlung wirksam.

(3) [1]Ist der Schöffe verstorben oder aus dem Landgerichtsbezirk verzogen, ordnet der Richter beim Amtsgericht seine Streichung an. [2]Im Übrigen entscheidet er nach Anhörung der Staatsanwaltschaft und des beteiligten Schöffen.

(4) Die Entscheidung ist nicht anfechtbar.

(5) Wird ein Ersatzschöffe in die Hauptschöffenliste übertragen, so gehen die Dienstleistungen vor, zu denen er zuvor als Ersatzschöffe herangezogen worden war.

(6) [1]Hat sich die ursprüngliche Zahl der Ersatzschöffen in der Ersatzschöffenliste auf die Hälfte verringert, so findet aus den vorhandenen Vorschlagslisten eine Ergänzungswahl durch den Ausschuß statt, der die Schöffenwahl vorgenommen hatte. [2]Der Richter beim Amtsgericht kann von der Ergänzungswahl absehen, wenn sie in den letzten sechs Monaten des Zeitraums stattfinden müßte, für den die Schöffen gewählt sind. [3]Für die Bestimmung der Reihenfolge der neuen Ersatzschöffen gilt § 45 entsprechend mit der Maßgabe, daß die Plätze im Anschluß an den im Zeitpunkt der Auslosung an letzter Stelle der Ersatzschöffenliste stehenden Schöffen ausgelost werden.

Schrifttum

Hänle Kann und darf ein ordnungsgemäß berufener Schöffe, dessen Wohnsitz im Laufe der Wahlperiode durch eine Änderung des Gerichtsbezirks außerhalb dieses Bezirks zu liegen kommt, noch zur weiteren Dienstleistung herangezogen werden? Justiz **1974** 146; *Katholnigg* Die gerichtsverfassungsrechtlichen Änderungen durch das Strafverfahrensänderungsgesetz 1979, NJW **1978** 2375; *Meyer-Mews* Rechtsschutzgarantie und rechtliches Gehör im Strafverfahren, NJW **2004** 716; *Schorn* Der Laienrichter in der Strafrechtspflege (1955).

Entstehungsgeschichte

VO vom 14.6.1932 (RGBl. I S. 285) erster Teil Kapitel I Art 8. Das VereinhG 1950 änderte § 52 nur redaktionell. Durch Art. 2 Nr. 4 StVÄG 1979 erfolgten folgende Änderungen: Die bisherigen Absätze 1 und 2 wurden durch den jetzigen Absatz 1 ersetzt; die Absätze 2, 5, 6 wurden neu eingefügt; die Absätze 3 und 4 blieben unverändert. Durch Art. 1 Nr. 6 des Gesetzes zur Vereinfachung und Vereinheitlichung der Verfahrensvorschriften zur Wahl und Berufung ehrenamtlicher Richter (EhrRiVerfVereinfG) vom 21.12.2004 (BGBl. I S. 3599) wurden eingefügt Absatz 1 Satz 2, Absatz 2 Satz 1 Nummer 1 sowie Absatz 3 Satz 1. Durch das Gesetz zur Fortentwicklung der Strafprozessordnung und zur Änderung weiterer Vorschriften vom 25.6.2021 (BGBl. I S. 2099) wurden in den Absätzen 2, 5 und 6 die **Begriffe** des **Hilfsschöffen** und der Hilfsschöffenliste durch jene des **Ersatzschöffen** und der Ersatzschöffenliste ersetzt. Eine inhaltliche Änderung ist hierdurch weder beabsichtigt noch erfolgt.

Übersicht

I. Streichung von der Schöffenliste

1 Treten nachträglich Umstände ein, die einer Tätigkeit als Schöffe entgegenstehen, oder werden solche bekannt, so ist zunächst zu unterscheiden zwischen Gründen, die **dauernder Natur** sind und solchen, die lediglich vorübergehend auftreten. Während nur vorübergehende Gründe eine Entbindung von der Dienstleistung nach § 54 nach sich ziehen, führen Gründe dauernder Natur zur Streichung von der Schöffenliste. Die Streichung führt dazu, dass der Schöffe nicht mehr als Hauptschöffe für Sitzungen ausgelost werden und trotz Auslosung nicht mehr tätig werden kann, und dass ein Ersatzschöffe nicht mehr zu einzelnen Sitzungen herangezogen werden und auch nicht mehr auf die Hauptschöffenliste nachrücken kann. Infolge der Streichung scheidet der Schöffe mithin **vollständig und unbefristet** für die gesamte Amtsperiode aus dem Amt des ehrenamtlichen Richters aus. Die Streichung ist zu unterscheiden von der Abberufung nach § 44b DRiG und der Amtsenthebung nach § 51.[1]

II. Streichung von Amts wegen (Absatz 1)

2 **1. Entwicklungsgeschichte.** Das frühere Recht (§ 52 Abs. 1, 2 a.F.) unterschied zwischen nachträglich eintretender oder bekannt werdender Schöffenunfähigkeit, die zur Streichung in der Schöffenliste führte, und der nachträglich eintretenden oder bekanntwerdenden Schöffenungeeignetheit, die zur Folge hatte, dass der Schöffe nicht mehr zur Dienstleistung heranzuziehen war. Sachlich entsprach nach h.M.[2] die Anordnung der Nichtheranziehung wegen Schöffenungeeignetheit einer Streichung. Aus Gründen der Rechtsklarheit sieht § 52 Abs. 1 geltender Fassung förmlich auch bei Eintritt oder Bekanntwerden der Schöffenungeeignetheit die Streichung vor.

3 **2. Geltungsgebiet.** Obwohl § 52 nicht zwischen **Hauptschöffen** und **Ersatzschöffen** unterscheidet, werden beide Personengruppen von der Regelung erfasst (Rn. 7, 8).[3] Soweit durch das Gesetz zur Fortentwicklung der Strafprozessordnung und zur Änderung weiterer Vorschriften vom 25.6.2021 (BGBl. I S. 2099) die Begriffe des **Hilfsschöffen** bzw. der

---

1 Kissel/*Mayer* 1; MüKo/*Schuster* 1; KK/*Barthe* 2; Radtke/Hohmann 2.
2 LR/*Schäfer*[23] 4.
3 Vgl. BGHSt **30** 255; *Katholnigg* StV **1982** 7; Kissel/*Mayer* 1.

Hilfsschöffenliste durch jene des Ersatzschöffen bzw. der Ersatzschöffenliste ersetzt wurden, erfolgte dies lediglich in sprachlicher Hinsicht und hat dies inhaltlich zu keinen Veränderungen geführt (BTDrucks. **19** 27654 S. 48). Absatz 1 hat nur solche Umstände (Gründe der Unfähigkeit oder Ungeeignetheit) im Auge, die erst nach Beendigung der Tätigkeit des Ausschusses (§§ 41, 42) eintreten oder bekannt werden. Umstände, die, sei es aus Anlass eines Einspruchs, sei es ohne einen solchen, bereits Gegenstand einer Entscheidung des Ausschusses gewesen sind, gehören nicht hierher; dem Richter beim Amtsgericht steht keine Änderung der Entscheidungen des Ausschusses zu (h.M.). Vgl. jedoch Rn. 12.

3. Streichung wegen Schöffenunfähigkeit (Absatz 1 Satz 1 Nr. 1). Der **Tod** eines Schöffen ist selbstverständlich ein Streichungsgrund i.S.d. § 52 Abs. 1 Satz 1 Nr. 1. Das Nachrücken des Ersatzschöffen richtet sich hier nicht nach dem Zeitpunkt des Todes, sondern nach dem Zeitpunkt der Kenntnis des Gerichts.[4] Ist ein Schöffe unbekannt verstorben, gilt er im Sinne von §§ 54 Abs. 2 Satz 1, 49 Abs. 1 als unerreichbar.[5] Im Übrigen ergeben sich die **Unfähigkeitsgründe** aus **§ 31 Satz 2, § 32** (siehe hierzu die Erläuterungen dort) Sie führen zur Streichung für die ganze Amtsperiode oder für deren Rest.[6] Eine **vorübergehende Streichung** bis zum Wegfall eines Hindernisses oder für einzelne Sitzungstage ist **unzulässig.**[7] Nach h.M.[8] gilt die Nummer 1 auch für die Unfähigkeitsgründe des § 32 Nr. 2, wenn sie im Zeitpunkt der Entscheidung über die Streichung bereits wieder weggefallen sind, wie z.B. in dem Fall, dass die wegen eines schwebenden Ermittlungsverfahrens gegebene Schöffenunfähigkeit eines gewählten Schöffen alsbald nach der Streichung und bevor es zu einer Amtsausübung des Schöffen gekommen ist, durch Einstellung des Ermittlungsverfahrens beendet wird. Dem steht die Auffassung gegenüber, dass in diesem Fall die Streichung von der Liste rückgängig zu machen sei.[9] Der BGH[10] hat diese Streitfrage offen gelassen und sich nur – mit Recht – gegen die Annahme gewandt, dass ein zeitlich späterer Freispruch des Schöffen mit rückwirkender Kraft die zurzeit seiner Mitwirkung vorliegende Schöffenunfähigkeit heilen könne. Da die Streichung von der Schöffenliste die Bestimmung des gesetzlichen Richters betrifft, muss jedoch Klarheit herrschen, wer als Schöffe berufen ist. Das wäre bei einer Rückgängigmachung nicht gewährleistet,[11] denn nach § 49 Abs. 2 Satz 1 trat an die Stelle des gestrichenen Hauptschöffen ein Ersatzschöffe, und damit erscheint es unvereinbar, dass der gestrichene Hauptschöffe dorthin zurückkehrt, oder dass er etwa – an welcher Stelle? – wenigstens als Ersatzschöffe in die Liste aufgenommen werden könnte. 4

4. Streichung wegen Schöffenungeeignetheit (Absatz 1 Satz 1 Nr. 2). Die **Gründe der Nichtberufung** ergeben sich aus den Ungeeignetheitstatbeständen der **§§ 33, 34** sowie aus **§ 44a DRiG,**[12] nicht aber aus § 35,[13] weil dieser vom Wortlaut der Struktur des § 53 entspricht. Bei § 33 Nr. 1 ist zu beachten, dass eine Streichung bei inzwischen erreichtem 5

---

4 BGH bei *Herlan* GA **1963** 101 zu § 49; MüKo/*Schuster* 4.
5 MüKo/*Schuster* 4.
6 BGH BeckRS **1956** 104015; KK/*Barthe* 2.
7 *Katholnigg* 2.
8 Z.B. BGHSt **9** 205, 206; **10** 252; *Eb. Schmidt* 5; KMR/*Paulus* 6.
9 So OLG Bremen MDR **1964** 244; *Oetker* GA **49** (1903) 207; *Schorn* (Laienrichter) 54; s. auch LR/*Schäfer*[23] § 32, 9 und § 52, 2.
10 BGHSt **35** 28 = NStZ **1987** 568.
11 *Katholnigg* JR **1989** 36, 37.
12 Kissel/*Mayer* 6.
13 *Katholnigg* 4; SK/*Degener* 4; KMR/*Paulus* 1; **a.A.** BGH bei *Kusch* NStZ **1994** 26 = BGHR GVG § 52 Abs. 1 Nr. 2 Schöffenliste 1 unter missverstandener Berufung auf BGHSt **28** 61; KK/*Barthe* 4; *Schmitt*/*Köhler* 1.

25. Lebensjahr nicht mehr zulässig ist.[14] Während nach bisherigem Recht eine Streichung wegen Ungeeignetheit auch angenommen wurde, wenn der Schöffe im Sinne des Nichtberufungsgrundes des § 33 Nr. 3 den im Zeitpunkt seiner Wahl bestehenden Wohnsitz im Lauf der Amtsperiode dergestalt wechselt, dass der Schöffengerichtsschöffe seinen Wohnsitz in einen anderen Amtsgerichtsbezirk, der Strafkammerschöffe (§ 77 Abs. 1) ihn in einen anderen Landgerichtsbezirk verlegt,[15] stellt § 52 Abs. 1 Satz 2 geltender Fassung nunmehr klar, dass eine Streichung im Falle des § 33 Nr. 3 nur vorzunehmen ist, wenn der Schöffe seinen **Wohnsitz** im Landgerichtsbezirk **aufgibt**. Die Streichung kann dann lediglich **auf Antrag** des Schöffen erfolgen. Durch diese Neuregelung soll einerseits die Zahl der zwingend zu streichenden Schöffen verringert und andererseits sichergestellt werden, dass individuell unzumutbare Härten für den Schöffen ausgeschlossen werden.[16] Verlegt der Schöffe seinen Wohnsitz aber aus dem Landgerichtsbezirk, ist er weiterhin **von Amts wegen** zu streichen.[17] Besteht der Bezirk aus mehreren Verwaltungsbezirken, so ist es ohne Bedeutung, ob ein Wohnsitzwechsel innerhalb des Gerichtsbezirks mit einem Wechsel des Verwaltungsbezirks verbunden ist.[18] Wird die Wohnsitzgemeinde des Schöffen aus dem Gerichtsbezirk ausgegliedert, ist ebenfalls eine Streichung von der Liste vorzunehmen.[19] Längerer **Auslandsaufenthalt** kann im Einzelfall zur Streichung führen. Im Allgemeinen kommt hier jedoch nur eine Entbindung gem. § 54 in Betracht.[20] Bei § 33 Nr. 4 kommt es auf den aktuellen geistigen und körperlichen Zustand an. Auch in den Fällen des § 34 Nr. 1 bis 6 muss die Funktion noch andauern.

6 **5. Streichungsgründe außerhalb des GVG.** Die Regelung des § 52 ist zunächst durch §§ 9 und 10 des Gesetzes zur Prüfung von Rechtsanwaltszulassungen, Notarbestellungen und Berufungen ehrenamtlicher Richter (RANotz.PrG) und nachfolgend durch die im Grunde wortgleichen Vorschriften der **§ 44a und 44b DRiG** (vgl. zu Hintergrund und Inhalt § 33, 11) um die in § 44a DRiG genannten Gründe ergänzt worden. Im Gegensatz zu § 52 kann der Schöffe allerdings bis zur Entscheidung über die Abberufung durch Anordnung des Gerichts **von der Schöffentätigkeit suspendiert** werden (§ 44b Abs. 3 DRiG). Solange wird der Schöffe als verhindert i.S.d. § 54 behandelt, d.h. er wird durch einen Hilfsschöffen ersetzt. Wegen des schweren mit der Abberufung verbundenen Vorwurfs sieht § 44b Abs. 4 DRiG zwar für den betroffenen Schöffen die Möglichkeit einer Überprüfung vor, aber eine positive Feststellung des Nichtvorliegens eines Ablehnungsgrundes führt – wie auch sonst – nicht zur Rückkehr in das Schöffenamt.

7 **6. Feststellung des Streichungsgrundes.** Die Streichung von der Liste setzt voraus, dass die **Unfähigkeit oder Ungeeignetheit** gemäß Absatz 3 **festgestellt ist**. Bedarf die Frage, ob Streichungsgründe vorliegen, erst noch der Nachprüfung, so kann während des Prüfungsverfahrens vom Heranziehen des Schöffen nicht abgesehen werden, auch nicht mit der Begründung, dass er i.S.d. § 54 Abs. 1 verhindert sei.[21] Eine Ausnahme gilt nach Maßgabe der Vorschriften des DRiG (o. Rn. 5). Über die Ersetzung des gestrichenen Hauptschöffen vgl. § 49 Abs. 2.

---

14 Kissel/*Mayer* 6.
15 RGSt **39** 277, 306; BGHSt **28** 61, 64 = NJW **1978** 2162; BGH StV **1982** 60; *Hänle* Justiz **1974** 146, *Kissel*[4] 6.
16 BTDrucks. **15** 411 S. 9.
17 Kissel/*Mayer* 7; KK/*Barthe* 4.
18 So – bzgl. Strafkammerschöffen – BGH StV **1982** 60.
19 Kissel/*Mayer* 7; KK/*Barthe* 4; *Schmitt/Köhler* 1.
20 BGHSt **28** 61, 64; SK/*Degener* 5; OK/*Goers* 22.
21 BGHSt **27** 105; BGHSt **35** 28 = JR **1989** 36; gegen OLG Celle MDR **1972** 261.

III. Streichung auf Antrag (Absatz. 2)

1. Streichung wegen Wohnsitzwechsels (Absatz 2 Satz 1 Nr. 1). Diese Möglichkeit 8
zur Streichung auf Antrag wurde eingefügt durch Gesetz vom 21.12.2004 (BGBl. I S. 3599) und korrespondiert mit der gleichfalls neu eingefügten Vorschrift des Absatzes 1 Satz 2 (vgl. Rn. 4). Die Änderung soll dazu führen, dass ein Wohnsitzwechsel innerhalb des Landgerichtsbezirks **nicht mehr zwingend** dazu führt, dass der Schöffe aus der Liste zu streichen ist.[22] Verzieht der Schöffe in einen anderen Amtsgerichtsbezirk innerhalb desselben Landgerichtsbezirks, ist er nunmehr nur noch auf Antrag zu streichen. Liegt der neue Amtsgerichtsbezirk außerhalb des bisherigen Landgerichtsbezirks, bleibt es indessen dabei, dass der Schöffe von Amts wegen zu streichen ist.[23] Das gilt auch, wenn der Wohnsitz des Schöffen im Rahmen einer Gebietsreform einem anderen Landgerichtsbezirk zugeschlagen wird.[24] Die Vorschrift des § 52 Abs. 2 Satz 1 Nr. 1 findet nach § 77 Abs. 5 i.d.F. des Gesetzes vom 21.12.2004 für Schöffen der Strafkammern keine Anwendung.

2. Streichung wegen Übermaßes der Heranziehung (Absatz 2 Satz 1 Nr. 2). An 9
Maßnahmen, die einer übermäßigen Heranziehung zum Schöffenamt entgegenwirken sollen, sieht § 35 Nr. 2 ein Recht zur Ablehnung der Berufung zum Schöffenamt für Personen vor, die in der vorhergehenden Amtsperiode die Verpflichtung als Schöffe an vierzig Tagen erfüllt haben. Diese Bestimmung komplettiert die Vorschriften der **§§ 35 Nr. 2 und 43**, die bereits im Schöffenberufungs- bzw. Schöffenwahlverfahren einer Überlastung von Schöffen entgegensteuern.[25] Nach § 43 Abs. 2 ist die Zahl der vom Wahlausschuss zu wählenden Hauptschöffen so zu bestimmen, dass jeder voraussichtlich zu nicht mehr als zwölf ordentlichen Sitzungstagen im Jahr herangezogen wird; dem einzelnen Schöffen, der, etwa in einem **Großverfahren** von mehrmonatlicher Dauer, zu wesentlich mehr als zu zwölf Sitzungstagen im Jahr herangezogen wird, erwächst daraus aber kein Recht, die weitere Mitwirkung zu verweigern (§ 43, 2). Für Hilfsschöffen besteht keine dem § 43 Abs. 2 entsprechende Vorschrift. **Als weitere Maßnahme**, die im Rahmen des Möglichen die Schwierigkeiten mildern soll, die Haupt- wie Hilfsschöffen, namentlich wenn sie im Berufsleben stehen, aus einer übermäßigen Heranziehung zum Schöffenamt erwachsen können, gibt ihnen § 52 Abs. 2 das Recht, die Streichung von der Schöffenliste zu verlangen, wenn sie während eines Geschäftsjahres an mehr als vierundzwanzig Sitzungstagen an Sitzungen teilgenommen haben. Gezählt werden **nur** die **Tage**, **an denen** – wenn auch nur kurz – **verhandelt worden ist.**[26] Bei fortgesetzter Verhandlung i.S.v. § 50 zählt jeder Kalendertag.[27] Ein Schöffe, der in der Hauptverhandlung eines Großverfahrens mitwirkt und an dieser bereits an mehr als vierundzwanzig Sitzungstagen teilgenommen hat, hat naturgemäß indessen nicht das Recht, seine Streichung vor Abschluss der Hauptverhandlung zu verlangen, selbst wenn ein Ergänzungsschöffe bereit stehen sollte; das ergibt sich, wenn es noch einer Begründung bedürfte, schon aus der in Absatz 2 Satz 2, 3 vorgesehenen Hinausschiebung der Wirksamkeit einer Streichung im Hinblick auf bevorstehende Sitzungen in neuen Hauptverhandlungen, an denen der Schöffe mitzuwirken berufen ist.

---

22 Begr. BTDrucks. **15** 411 S. 9.

23 MüKo/*Schuster* 8.

24 KK/*Barthe* 4.

25 SK/*Degener* 8.

26 *Katholnigg* NJW **1978** 2377; MüKo/*Schuster* 9; KK/*Barthe* 5; *Schmitt*/*Köhler* 2.

27 Kissel/*Mayer* 12.

10 **3. Voraussetzungen der Streichung.** Für die Streichung nach § 52 Abs. 1 ist es gleichgültig, auf welche Weise dem Richter beim Amtsgericht die Streichungsgründe bekannt werden. Dasselbe gilt für die Regelungen des DRiG. In beiden Fällen kann das Verfahren auch von Amts wegen eingeleitet werden. Die Streichung nach § 52 Abs. 2 setzt formell hingegen einen **Antrag des Schöffen** voraus, der keiner Form bedarf und an keine Frist gebunden ist. Es kann daher ein Schöffe, der im ersten Jahr der Amtsperiode die sachlichen Antragsvoraussetzungen erfüllt hat, auch noch im dritten Geschäftsjahr den Antrag stellen. Liegen die zur Streichung führenden Gründe vor, ist dem Antrag zu entsprechen.[28] Sachliche Voraussetzung ist, dass der Schöffe in ein und demselben Geschäftsjahr an **mehr als vierundzwanzig Tagen** (also mindestens an fünfundzwanzig Tagen) **an Sitzungen teilgenommen** hat. Dabei ist es gleichgültig, ob an diesen Tagen jeweils neue Sachen angestanden haben, oder ob es sich um eine einzige Hauptverhandlung gehandelt hat. An jedem von wenigstens fünfundzwanzig Tagen muss aber mindestens eine Sitzung stattgefunden haben, an der der Schöffe teilnahm. Auf die Dauer der einzelnen Sitzung kommt es allerdings nicht an; eine Sitzung liegt auch vor, wenn sie alsbald nach ihrem Beginn, gleichviel aus welchen Gründen, beendet worden ist.[29] Unbeachtlich ist folglich die Zahl der Heranziehungen, die ja auch aufgehobene Sitzungen umfasst.

4. Wirkung und Wirksamkeit der Streichung

11 **a) Hauptschöffen.** Bei Streichung eines Hauptschöffen tritt gemäß § 49 Abs. 2 an seine Stelle der in der Hilfsschöffenliste an nächster Stelle stehende Hilfsschöffe. Der Wirksamkeitsbeginn einer Streichung ist aber durch Absatz 2 Satz 2 hinausgeschoben, wonach „die Streichung nur für Sitzungen wirksam wird, die später als zwei Wochen nach dem Tag beginnen, an dem der Antrag bei der Schöffengeschäftsstelle eingeht". Dieses **Hinausschieben der Wirksamkeit der Streichung** „soll einen geordneten Geschäftsbetrieb beim Gericht erleichtern und die rechtzeitige Ladung des aufrückenden Hilfsschöffen sicherstellen".[30] Die Bedeutung der Vorschrift ist aber nicht eindeutig. Sie kann nicht gut dahin verstanden werden, dass schon der Eingang des Antrags bei der Schöffengeschäftsstelle für den Fristbeginn maßgeblich sei, denn die **Schöffengeschäftsstelle** führt erst die Streichung bei gleichzeitiger Übertragung des an nächster Stelle stehenden Hilfsschöffen in die Hauptschöffenliste (§ 49 Abs. 3 Satz 3) durch, nachdem die richterliche Streichungsanordnung bei ihr eingegangen ist (§ 49 Abs. 3 Satz 1). Auch kann § 52 Abs. 2 Satz 2 schwerlich als eine positivrechtliche Ausnahme von dem formalisierten Reihenfolgeprinzip des § 49 Abs. 3 gewertet werden. Gewiss kann es Sache des Urkundsbeamten der Schöffengeschäftsstelle sein, anhand der Unterlagen dieser Geschäftsstelle die Berechtigung des bei ihr eingehenden Antrags alsbald zu prüfen und die Anordnung des Richters beim Amtsgericht (der Strafkammer) vorzuverfügen in der Erwartung, dass in aller Kürze die Streichungsanordnung bei ihm eingeht; aber es besteht keine Gewähr, dass nicht doch der Antrag eine weitere richterliche Prüfung erforderlich macht, oder dass aus anderen Gründen die richterliche Entscheidung später als zwei Wochen nach dem Tag des **Antragseingangs** bei der Schöffengeschäftsstelle eingeht, zwischenzeitlich aber der bei Antragseingang an nächster Stelle stehende Hilfsschöffe ein anderer ist als der bei Eingang der Streichungsanordnung an nächster Stelle stehende Hilfsschöffe. Man wird also § 52 Abs. 2 Satz 2 dahin zu verstehen haben, dass unter dem Tag des Eingangs des Streichungsantrags bei der Schöffenge-

28 SSW/*Güntge* 3.
29 Begr. BTDrucks. **8** 976 S. 64.
30 Begr. BTDrucks. **8** 976 S. 65.

schäftsstelle der Tag zu verstehen ist, an welchem die durch den Streichungsantrag ausgelöste Streichungsanordnung bei der Schöffengeschäftsstelle eingeht.

b) Ersatzschöffen. Bei einem Ersatzschöffen (bislang Hilfsschöffen), dessen Streichungsantrag stattgegeben wurde, dem aber bereits vor Eingang und Durchführung der Streichungsanordnung eine Mitteilung über seine Heranziehung zu einem bestimmten Sitzungstag (§ 45 Abs. 4 Satz 5) zugegangen war, wird die **Streichung** nach Absatz 4 Satz 3 **erst nach Abschluss der an diesem Sitzungstag begonnenen Hauptverhandlung wirksam**. Maßgebend ist danach nicht, ob schon vor der Streichung eine Zuweisung des Ersatzschöffen durch die Schöffengeschäftsstelle für eine Sitzung (o. Rn. 3) erfolgt war (§ 49 Abs. 3 Satz 2), sondern ob ihm eine Heranziehungsmitteilung – praktisch: eine Ladung – zu einem bestimmten Sitzungstag, an dem eine Hauptverhandlung begann, *zugegangen* ist. Für die Dauer dieser Hauptverhandlung muss er, trotz der inzwischen erfolgten Streichung, die insoweit in ihrer Wirkung gehemmt ist, seinen Pflichten als Ersatzschöffe (oder Ergänzungsschöffe, § 48 Abs. 1, § 49 Abs. 1) nachkommen, und zwar ohne Rücksicht auf ihre Dauer, also auch, wenn sie erneut mehr als vierundzwanzig Sitzungstage umfassen sollte. 12

c) Abweichende Konstruktionen. Von einer anderen als der hier vertretenen Auffassung, wonach die Streichung vorzunehmen ist, ihre **Wirksamkeit** aber unter den Voraussetzungen des Absatzes 2 Satz 2, 3 **hinausgeschoben** wird, geht die Begründung[31] aus. Danach „schließt Satz 3 für Ersatzschöffen im Interesse der Funktionsfähigkeit der Rechtspflege die Streichung in der Zeit zwischen der Ladung des Ersatzschöffen und der Beendigung der Hauptverhandlung aus. Nach deren Ende wird sie allerdings wirksam, auch wenn dem Ersatzschöffen nach Eingang seines Antrags eine erneute Ladung zugegangen ist". Mit dem Gesetzeswortlaut ist diese Konstruktion, nach der nicht die Wirksamkeit der erfolgten Streichung – aber nur für die Erledigung einer zuvor angefallenen Ersatzschöffenaufgabe –, sondern die Streichung selbst hinausgeschoben wird, und die überdies mit dem Eingang des Streichungsantrags Rechtswirkungen verbindet, obwohl dieser Zeitpunkt nach Satz 3 keine Rolle spielt, wohl nicht vereinbar. 13

IV. Entscheidungszuständigkeit und Verfahren (Absatz 3 und 4)

1. Zuständigkeit. Die Entscheidung über die Streichung und Nichtheranziehung, die stets förmlich ergehen muss,[32] trifft nach Absatz 3 der **Richter beim Amtsgericht**. Dies gilt auch für eine Streichung nach Maßgabe des neu eingefügten Absatz 3 Satz 1 bei Tod oder Fortzug des Schöffen aus dem Landgerichtsbezirk (während beim Landgericht nach § 77 Abs. 3 Satz 2 bei Tod oder Fortzug der Vorsitzende der **Strafkammer**, und im Übrigen weiterhin eine Strafkammer über die Streichung entscheidet). Zuständig ist danach grundsätzlich der Richter beim Amtsgericht und die Strafkammer bzw. deren Vorsitzender, denen der Geschäftsverteilungsplan die entsprechenden Aufgaben zuweist; bei großen Gerichten können auch mehrere Richter beim Amtsgericht (mehrere Strafkammern) als zuständig bezeichnet werden.[33] Es widerspricht wohl nicht dem Gesetz, wenn **in Eilfällen** (der Schöffe macht nach der in Nr. 126 RiStBV vorgesehenen Belehrung vor Beginn der Sitzung über die Unfähigkeitsgründe Umstände geltend, die, ggf. nach Aufklärung auf kür- 14

---

31 BTDrucks. **8** 976 S. 65; s. auch *Katholnigg* NJW **1978** 2377.

32 BGHSt **10** 252; **28** 61, 64.

33 A.A. *Katholnigg* 6.

zestem Wege, *deutlich* einen Unfähigkeitsgrund ergeben; die Herbeiführung der Entscheidung des nach der Geschäftsverteilung zuständigen Richters bzw. der Strafkammer oder des Vorsitzenden ist ohne wesentliche Verzögerung des Verhandlungsbeginns nicht möglich) **das Gericht** den gesetzlichen Ausschluss des Schöffen von der Mitwirkung **feststellt** und eine Ersetzung nach § 49 herbeiführt.[34] Nicht zulässig ist es dagegen, während des etwa noch erforderlichen Prüfungsverfahrens den Schöffen entsprechend § 54 als verhindert anzusehen.[35] Der Schöffe ist **während der Dauer des Prüfungsverfahrens** vielmehr **weiterhin heranzuziehen**; allein wegen dieses Verfahrens ist § 54 Abs. 1 nicht anwendbar.[36] Wegen der Sonderregelung nach dem DRiG s.o. Rn. 5, 6. Die Mitwirkung eines nach §§ 33, 34 ungeeigneten Schöffen begründet zwar („sollen nicht berufen werden") – anders als die des nach §§ 31 Satz 2, 32 unfähigen Schöffen – nicht die Rüge aus § 338 Nr. 1 StPO.[37] Nr. 126 Abs. 1 RiStBV weist deshalb den Vorsitzenden nur darauf hin, die Schöffen über Unfähigkeitsgründe, nicht auch über Ungeeignetheit zu belehren. Jedoch ist es, wenn der Schöffe zur Sitzung erscheint und hier die Ungeeignetheit festgestellt wird, in Eilfällen auch hier zulässig und geboten, schon alsbald der Sollvorschrift der §§ 33, 34 Rechnung zu tragen, von der Heranziehung des Schöffen abzusehen und nach § 49 zu verfahren.

15 **2. Anhörung.** In den Fällen des durch Gesetz vom 21.12.2004 (BGBl. I S. 3599) eingefügten Satzes 1 von Absatz 3 (Tod oder Fortzug des Schöffen aus dem Landgerichtsbezirk) erfolgt die Streichung ohne Anhörung der **Staatsanwaltschaft** und des beteiligten **Schöffen**. Diese Regelung soll zu einer Vereinfachung des Streichungsverfahrens in den betreffenden Fällen führen.[38] Dem nach Absatz 3 Satz 2 weiterhin verbleibenden Gebot der Anhörung (= Gewährung der Gelegenheit zur Äußerung) ist in Fällen des Absatzes 2 bereits genügt, wenn die Staatsanwaltschaft dem Antrag des Schöffen nicht widerspricht und der Richter ihm stattgibt. Die Anhörung des Schöffen ist entbehrlich, wenn er selbst den Streichungsantrag gestellt hat.[39] Eine Anhörung des zukünftig betroffenen **Angeklagten** ist im Gesetz hingegen nicht vorgesehen.[40] Wenn der Streichungsantrag erst eingeht, nachdem bereits eine Sitzung unter Mitwirkung des Schöffen bestimmt war, hat die Entscheidung nach § 54 Abs. 1 den Vorrang.[41] Im Übrigen kann die Anhörung mündlich (zu Protokoll) oder schriftlich erfolgen.

16 **3. Unanfechtbarkeit (Absatz 4).** Die Frage der Anfechtbarkeit einer Abberufung wird von § 52 Abs. 4 und § 44b Abs. 4 Satz 1 DRiG einheitlich geregelt. Weder dem beteiligten Schöffen noch der Staatsanwaltschaft steht eine **Beschwerde** zu, auch nicht, wenn der Richter (die Strafkammer) einen auf Anwendung des § 52 gerichteten Antrag verworfen hat. Dies gilt auch für einen lediglich der Vorbereitung einer solchen Entscheidung dienenden Beschluss, etwa die gerichtliche Anordnung einer amtsärztlichen Untersuchung eines Schöffen.[42] Gleichgültig ist, ob die Streichung mit zutreffender Begründung vorgenommen

---

34 BGHSt **10** 252, 254.

35 BGHSt **27** 105 = NJW **1977** 965 mit Anm. *Müller* 1889; BGHSt **28** 61, 65; *Katholnigg* 3; **a.A.** OLG Celle MDR **1972** 261.

36 Kissel/*Mayer* 16; KK/*Barthe* 7.

37 BGH GA **1961** 206.

38 BTDrucks. **15** 411 S. 9.

39 KK/*Barthe* 6.

40 *Meyer-Mews* NJW **2004** 716, 718, der gleichwohl eine Verletzung des Anspruchs auf rechtliches Gehör des Angeklagten im Hinblick auf den Anspruch auf den gesetzlichen Richter und bereits deshalb die Zulässigkeit einer Rüge nach § 338 Nr. 1 StPO annimmt.

41 BGH GA **1979** 271.

42 OLG Naumburg Beschl. v. 1.7.2005 – 1 Ws 303/05 (juris).

oder mit unzutreffender Begründung abgelehnt wurde.[43] Denn durch die Entscheidung soll für das Heranziehungsverfahren Klarheit geschaffen werden[44] mit der Folge (vgl. § 336 Satz 2 StPO), dass die Entscheidung über die Streichung auch nicht der **Revision** unterliegt.[45] Durch eine ablehnende Entscheidung wird aber eine spätere Streichung auf Grund neuer Tatsachen und Beweismittel nicht ausgeschlossen. Auch wird trotz des § 336 Satz 2 StPO durch eine die Streichung ablehnende Entscheidung eine Anfechtung des Urteils wegen angeblicher Mitwirkung eines unfähigen Schöffen (§ 338 Nr. 1 StPO) nicht ausgeschlossen. Zwar kann eine **Besetzungsrüge** grundsätzlich nicht darauf gestützt werden, die Streichung sei zu Unrecht vorgenommen oder nicht vorgenommen worden.[46] Das gilt aber nicht, wenn die die Streichung ablehnende Entscheidung auf **Willkür**, also auf unsachlichen, gesetzesfernen Streichungsmotiven beruht.[47] Umgekehrt muss, wenn infolge eines gegen ein Urteil eingelegten Rechtsmittels von dem Gericht höherer Instanz die Unfähigkeit eines Schöffen festgestellt wird, der Richter beim Amtsgericht den Namen des Schöffen von der Liste streichen, damit nicht künftig anfechtbare Urteile erlassen werden (h.M.). Soweit körperliche oder geistige Gebrechen eines Schöffen (§ 33 Nr. 4) als Gründe einer vorschriftswidrigen Besetzung des Gerichts (§ 338 Nr. 1 StPO) in Betracht kommen, greift ebenfalls der Gedanke des Absatzes 1 Nummer 2 durch, dass die Rüge nur begründet ist, wenn ein Beschluss nach § 52 Abs. 2, der die Ungeeignetheit verneint, auf einer klar zu Tage liegenden Gesetzesverletzung oder auf Willkür beruht.[48]

V. Fortbestand der Ersatzschöffenaufgaben nach Übertragung in die Hauptschöffenliste (Absatz 5)

Während § 52 Abs. 2 unter dem Gesichtspunkt der Erleichterung eines geordneten Geschäftsbetriebs und der Erhaltung der Funktionsfähigkeit der Rechtspflege bestimmt, dass ein wegen übermäßiger Heranziehung zum Schöffendienst antragsgemäß gestrichener Haupt- oder Ersatzschöffe (bislang: Hilfsschöffe) trotz der Streichung noch in gewissem Umfang die Aufgaben eines Schöffen zu erfüllen hat, zu denen er vor der Streichung schon herangezogen worden war, trifft Absatz 5 – aus den gleichen Gründen – eine ähnliche Regelung für den Fall, dass ein Ersatzschöffe unter Streichung in der Ersatzschöffenliste in die Hauptschöffenliste aufgenommen wurde (vgl. §§ 46, 49 Abs. 2): er hat dann **trotz** seiner **Streichung in der Ersatzschöffenliste noch die Aufgaben eines Ersatzschöffen zu erfüllen, zu denen er vor der Übertragung in die Hauptschöffenliste herangezogen worden war.** Kollidieren die durch vorgängige Heranziehung konkretisierten Ersatzschöffendienstleistungen mit den dem neuen Hauptschöffen in dieser Eigenschaft zufallenden Dienstleistungen, so haben die ersteren Vorrang, und der insoweit verhinderte (§ 47) Hauptschöffe muss durch einen Ersatzschöffen ersetzt werden. Ein entsprechender Grundsatz war bereits im Wege der Auslegung des früher geltenden Rechts in der Rechtsprechung entwickelt worden;[49] er ist durch § 52 Abs. 5 legalisiert worden. Eine vorgängige 17

43 KK/*Barthe* 9.
44 Kissel/*Mayer* 18.
45 SK/*Degener* 12; MüKo/*Schuster* 19.
46 Kissel/*Mayer* 18.
47 MüKo/*Schuster* 19; SK/*Degener* 12; KK/*Barthe* 9; *Schmitt*/*Köhler* 4; vgl. dazu auch LR/*Hanack*[25] § 336 StPO, 14; § 338 StPO, 34.
48 BGH bei *Herlan* GA **1971** 34.
49 Vgl. BGHSt **22** 289; BGH GA **1976** 142 m.w.N.

Heranziehung als Ersatzschöffe liegt, wie aus § 52 Abs. 2 Satz 3 zu folgern ist, vor, wenn dem Ersatzschöffen vor seiner Streichung in der Ersatzschöffenliste mit gleichzeitiger Übertragung in die Hauptschöffenliste bereits eine Mitteilung über seine Heranziehung zu einem bestimmten Sitzungstag (seine Einberufung) zugegangen ist. Der bisherige Ersatzschöffe wirkt also nicht nur an Hauptverhandlungen weiter mit, die schon vor seiner Aufnahme in die Hauptschöffenliste begonnen hatten, sondern auch an solchen, die erst beginnen, nachdem er bereits Hauptschöffe geworden ist, sofern er vor diesem Zeitpunkt als Ersatzschöffe einberufen worden war.

VI. Ergänzungsnachwahl der Ersatzschöffen (Absatz 6)

18 **1. Voraussetzungen und Verfahren.** Da an die Stelle dauernd wegfallender Hauptschöffen sodann Ersatzschöffen (bislang: Hilfsschöffen) als Hauptschöffen treten (§ 49 Abs. 2), bleibt die Zahl der zu Beginn des Geschäftsjahres ausgelosten Hauptschöffen grundsätzlich gleich. Die ursprüngliche Zahl der Hauptschöffen erhöht sich sogar gemäß § 46, wenn im Lauf des Geschäftsjahres weitere Spruchkörper gebildet werden; auch die hierfür benötigten Schöffen werden aus der Ersatzschöffenliste **ausgelost**. Dagegen sah das frühere Recht keine Ergänzung der Zahl der für die Amtsperiode gewählten Ersatzschöffen vor, wenn diese Zahl sich durch Aufrücken von Ersatzschöffen zu Hauptschöffen oder durch dauernden Wegfall von Ersatzschöffen aus anderen Gründen (vgl. § 52 Abs. 1, 2) auf Dauer vermindert, sodass bei verminderter Ersatzschöffenzahl die Zahl der auf den einzelnen Ersatzschöffen entfallenden Vertretungen anstieg mit der Folge vermehrter Entbindungsanträge nach § 54 oder Streichungsanträge nach § 52 Abs. 2. Hier hat Absatz 6 wenigstens in Extremfällen, nämlich in den Fällen, in denen die ursprünglich gewählte Zahl von Ersatzschöffen sich durch dauernden Wegfall von Ersatzschöffen auf die Hälfte verringert hat, durch Anordnung einer **Nachwahl** Abhilfe geschaffen. Die Nachwahl obliegt dem Ausschuss, der die Ersatzschöffen zu Beginn der Amtsperiode gewählt hatte (§ 42).[50] Dabei geht die Begründung offenbar davon aus, dass dieser Ausschuss, soweit möglich, in seiner ursprünglichen Zusammensetzung tätig zu werden habe,[51] denn sie führt aus: „Er [der Ausschuss] braucht also nicht neu gebildet zu werden, doch ist im Verhinderungsfall eines Mitglieds die Mitwirkung eines Vertreters statthaft". Notfalls müssen also ein neuer Verwaltungsbeamter bestimmt und neue Vertrauenspersonen gewählt werden (§ 40 Abs. 2, 3). Die **Ergänzungswahl** hat, obwohl das nicht ausdrücklich gesagt ist, die Auffüllung der Ersatzschöffenzahl auf den ursprünglichen Bestand zum Gegenstand. Der Richter beim Amtsgericht als Vorsitzender des Wahlausschusses (§ 40 Abs. 2) kann nach Absatz 6 Satz 2 von der Ergänzungswahl absehen, wenn sie in den letzten sechs Monaten der Amtsperiode (§ 42 Abs. 1) stattfinden müsste; damit soll offenbar ermöglicht werden, den mit der Ergänzungswahl verbundenen Aufwand zu vermeiden, wenn es während des verhältnismäßig kurzen Zeitraums bis zur allgemeinen Neuwahl der Schöffen hingenommen werden kann, mit der geminderten Zahl von Ersatzschöffen auszukommen.

19 **2. Reihenfolge der Heranziehung.** Die **Reihenfolge der Heranziehung der neugewählten Ersatzschöffen** wird gemäß **§ 45 Abs. 3 Satz 4** durch Auslosung bestimmt. Jedoch werden nach § 52 Abs. 6 Satz 3 neu ausgelost nur die Plätze im Anschluss an die noch besetzten Listenplätze. Für die Heranziehung der so ergänzten Ersatzschöffenliste

50 Kissel/*Mayer* 23; SK/*Degener* 14; MüKo/*Schuster* 18.
51 BTDrucks. **8** 976 S. 65.

bildet diese aber eine neue einheitliche Liste, auf die in vollem Umfang das Reihenfolgeprinzip Anwendung findet.

§ 53

(1) [1]Ablehnungsgründe sind nur zu berücksichtigen, wenn sie innerhalb einer Woche, nachdem der beteiligte Schöffe von seiner Einberufung in Kenntnis gesetzt worden ist, von ihm geltend gemacht werden. [2]Sind sie später entstanden oder bekannt geworden, so ist die Frist erst von diesem Zeitpunkt zu berechnen.

(2) [1]Der Richter beim Amtsgericht entscheidet über das Gesuch nach Anhörung der Staatsanwaltschaft. [2]Die Entscheidung ist nicht anfechtbar.

Entstehungsgeschichte

VereinheitlG 1950 (nur redaktionelle Änderungen). Durch Art. 11 Nr. 6 des PräsVerfG wurde in Absatz 2 „Amtsrichter" durch „Richter beim Amtsgericht" ersetzt.

Übersicht

1. Ablehnungsgründe. Die Vorschrift eröffnet – als Ausdruck eines öffentlich-rechtlichen Leistungsverweigerungsrechts[1] – den betroffenen Personen das Recht, eine Berufung zum Schöffenamt abzulehnen. § 53 Abs. 1 betrifft hierbei den Fall, dass ein **Schöffe** die Berufung zum Schöffenamt überhaupt, d.h. für die ganze Amtsperiode oder deren noch übrigen Teil, aus einem der in § 35 bestimmten Gründe ablehnt. Dies gilt dem Wortlaut der Regelung zufolge zunächst im Fall seiner Einberufung, indessen aber auch schon im Rahmen der Berichtigung der Vorschlagsliste.[2] Einem berechtigten Antrag eines Schöffen ist stets stattzugeben. Nach der Wahl ist der Schöffe **infolge der Ablehnung von der Schöffenliste zu streichen** mit der Folge, dass ein Hilfsschöffe nachrückt. Die Streichung gilt für die gesamte Amtsperiode und kann nicht rückgängig gemacht werden.[3] Bei anderen als den in § 35 bezeichneten Personen ist eine völlige Befreiung vom Schöffendienst für die ganze Amtsperiode oder deren Rest unstatthaft und eine entsprechende Anwendung der §§ 35, 53 ausgeschlossen.[4] Vgl. aber § 54. 1

2. Ausschlussfrist. Die einwöchige **Ausschlussfrist** bezweckt, die Weiterungen zu vermeiden, die entstehen könnten, wenn das Ablehnungsrecht unmittelbar vor oder erst in der Sitzung geltend gemacht würde (Begr. S. 49) und dient damit einem geordneten Geschäftsgang. Die Frist beginnt (außer im Fall des Satzes 2) mit dem Ablauf des Tages, an dem der Schöffe (Haupt- oder Hilfsschöffe) von seiner Berufung gemäß § 45 Abs. 4 **in Kenntnis gesetzt** wird, mithin mit **Zugang der Benachrichtigung.**[5] Teilweise wird unter Hinweis auf den Wortlaut der Regelung demgegenüber auf den Zeitpunkt der tatsächli- 2

1 So SK/*Degener* 1.
2 Kissel/*Mayer* 1; KK/*Barthe* 1.
3 MüKo/*Schuster* 2.
4 BGHSt **9** 203 = NJW **1956** 1326; *Katholnigg* 1; Radtke/Hohmann 1; *Schmitt*/*Köhler* 1.
5 LG Bonn v 16.1.2019 – 53 Sam 6b-P2 (juris); Kissel/*Mayer* 2.

chen Kenntnisnahme abgestellt.[6] Dies ist im Hinblick auf ein im Zweifelsfall erforderliches Feststellen der eingehaltenen Frist nicht unproblematisch; einer unverschuldeten **Fristversäumnis** infolge tatsächlicher Unkenntnis wird man durch eine Wiedereinsetzung in den vorigen Stand begegnen können. Unterlässt der Schöffe trotz Kenntnis seine Ablehnung, kann er diese im laufenden Geschäftsjahr nicht mehr geltend machen;[7] dieses Recht lebt indessen nach der Benachrichtigung im folgenden Geschäftsjahr wieder auf.[8] Ist es unterlassen worden, die Hilfsschöffen im Voraus von ihrer Wahl zu benachrichtigen (§ 45 Abs. 4 Satz 3), so beginnt für jeden die Frist mit dem Ablauf des Tages, an dem er zuerst zu einer Sitzung einberufen wird (§ 45 Abs. 4 Satz 4, 5).

3 **3. Form.** Eine besondere Form für die Ablehnungserklärung sieht das Gesetz nicht vor. Deswegen kann sie **schriftlich oder zur Niederschrift der Geschäftsstelle**[9] des Richters beim Amtsgericht bzw. der für diese Entscheidungen zuständigen Strafkammer abgegeben werden. Das kann auch per E-Mail erfolgen.[10] Der Zeitpunkt des Eingangs ist ebenso wie jener einer Protokollierung festzuhalten.[11] Über die Ablehnung entscheidet – nach Anhörung der Staatsanwaltschaft – der nach §§ 31 ff. bzw. nach § 77 Abs. 3 Satz 2 zuständige Richter schriftlich und mit Gründen.[12]

4 **4. Verfahren (Absatz 2).** Wegen des Verfahrens im Fall des Absatzes 2 vgl. § 52, 12 bis 14. Die – stattgebende oder ablehnende – Entscheidung des Richters ist **unanfechtbar**. Solange der Richter dem Ablehnungsgrund nicht entsprochen hat, muss der Schöffe herangezogen werden.[13] Bleibt der Schöffe gleichwohl unentschuldigt aus, gilt § 56. Auch wenn das Gesuch in der Sache zu Unrecht abgelehnt wird, kommt eine ordnungswidrige Besetzung des Gerichts (§ 338 Nr. 1 StPO), bei dem der Schöffe Dienst leistet, nicht in Betracht, weil die Gründe des § 35 den Schöffen zur Amtsausübung nicht unfähig machen.[14] Auch hier gilt als Ausnahme eine willkürliche Entscheidung.

§ 54

(1) [1]Der Richter beim Amtsgericht kann einen Schöffen auf dessen Antrag wegen eingetretener Hinderungsgründe von der Dienstleistung an bestimmten Sitzungstagen entbinden. [2]Ein Hinderungsgrund liegt vor, wenn der Schöffe an der Dienstleistung durch unabwendbare Umstände gehindert ist oder wenn ihm die Dienstleistung nicht zugemutet werden kann.

(2) [1]Für die Heranziehung von Ersatzschöffen steht es der Verhinderung eines Schöffen gleich, wenn der Schöffe nicht erreichbar ist. [2]Ein Schöffe, der sich zur Sitzung nicht einfindet und dessen Erscheinen ohne erhebliche Verzögerung ihres Beginns voraussichtlich nicht herbeigeführt werden kann, gilt als nicht erreichbar. [3]Ein Ersatzschöffe ist auch dann als nicht erreichbar anzusehen, wenn seine He-

---

6 LG Bonn v. 14.1.2019 – 53 Sam 6n-B (juris).
7 KK/*Barthe* 3.
8 MüKo/*Schuster* 3.
9 Radtke/Hohmann 2; *Schmitt*/*Köhler* 1.
10 LG Bonn v. 10.1.2019 – 53 Sam 6b-H (juris).
11 OK/*Goers* 7.
12 MüKo/*Schuster* 6.
13 BVerwG NJW **1963** 1219.
14 Kissel/*Mayer* 6; SK/*Degener* 2.

ranziehung eine Vertagung der Verhandlung oder eine erhebliche Verzögerung ihres Beginns notwendig machen würde. [4]Die Entscheidung darüber, daß ein Schöffe nicht erreichbar ist, trifft der Richter beim Amtsgericht. [5]§ 56 bleibt unberührt.

(3) [1]Die Entscheidung ist nicht anfechtbar. [2]Der Antrag nach Abs. 1 und die Entscheidung sind aktenkundig zu machen.

Schrifttum

Arnoldi Überprüfungsmaßstab bei Entbindung eines Schöffen von der Dienstleistung wegen Urlaubs, NStZ **2015** 714; *ders.* Urlaubsbedingte Entbindung eines Schöffen von der Dienstleistung, NStZ **2017** 491; *Hamm* Die Besetzungsrüge nach dem Strafverfahrensänderungsgesetz 1979, NJW **1979** 136; *Katholnigg* Die gerichtsverfassungsrechtlichen Änderungen durch das StVÄG 1979, NJW **1978** 2378; *Koranyi* Anforderungen an die Entbindung von Schöffen, DRiZ **2019** 260; *Leitmeier* Besetzungseinwand und Besetzungsrüge im Strafverfahren, NJW **2017** 2086; *Lisken* Zur Gewissensfreiheit des Schöffen, NJW **1997** 34; *Meinen* Die Heranziehung zum Schöffenamt – Gerichtsverfassungs- und revisionsrechtliche Probleme (1993); *Rieß* Die Besetzungsrüge in Strafsachen in der neueren Rechtsprechung des Bundesgerichtshofs, DRiZ **1977** 289; *Rieß* Das Strafverfahrensänderungsgesetz 1979, NJW **1978** 2271.

Entstehungsgeschichte

In der Fassung des VereinhG 1950 lautete die Vorschrift:

„(1) Der Richter beim Amtsgericht kann einen Schöffen auf dessen Antrag wegen eingetretener Hinderungsgründe von der Dienstleistung an bestimmten Sitzungstagen entbinden.
(2) Die Entbindung des Schöffen von der Dienstleistung kann davon abhängig gemacht werden, daß ein anderer für das Dienstjahr bestimmter Schöffe für ihn eintritt.
(3) Der Antrag und die Bewilligung sind aktenkundig zu machen".

Der Absatz 2 wurde wegen der dagegen erhobenen rechtsstaatlichen Bedenken durch Art. 2 Nr. 15 des 1. StVRG 1974 gestrichen und der bisherige Absatz 3 wurde dadurch Absatz 2. Die geltende Fassung des § 54 beruht auf Art. 2 Nr. 5 StVÄG 1979, durch den ein neuer Satz 2 des Absatzes 1, ein neuer Absatz 2 und ein neuer Absatz 3 Satz 1 eingeführt wurden; Absatz 3 Satz 2 entspricht – sachlich unverändert – dem bisherigen Absatz 2. Durch Gesetz zur Fortentwicklung der Strafprozessordnung und zur Änderung weiterer Vorschriften vom 25.6.2021 (BGBl. I S. 2099) wurde in Absatz 2 der Begriff des **Hilfsschöffen** durch jenen des **Ersatzschöffen** ersetzt.

Übersicht

I. Allgemeines

1 Während im Falle dauerhafter Verhinderung von Schöffen nach Maßgabe von §§ 51 bis 53 diese von der Schöffenliste zu streichen sind, hat § 54 Abs. 1 den Fall zum Gegenstand, dass ein schöffenfähiger und schöffengeeigneter Haupt- oder Ersatzschöffe, der gemäß § 45 Abs. 4 Satz 4, 5 von dem bestimmten Sitzungstag, an dem er tätig werden muss, benachrichtigt ist, seine Entbindung von der Dienstleistung unter Berufung auf die in Absatz 1 Satz 2 bezeichneten Hinderungsgründe beantragt. Es handelt sich hier also um Fälle **vorübergehender Verhinderung**. Wenn das Gesetz dabei von „eingetretenen" Hinderungsgründen spricht, so bedeutet das – selbstverständlich – nicht, dass der Hinderungsgrund schon z.Zt. der Antragstellung (oder der Antragsbescheidung) verwirklicht sein müsse, sondern das ‚Eingetretensein' bezieht sich auf den **Zeitpunkt der Dienstleistung**, der unter Umständen, wie z.B. der Beginn der als Hinderungsgrund angegebenen Urlaubsreise, mehrere Wochen nach dem Termin der Heranziehung liegt (vgl. dazu u. Rn. 6). Ein Hauptschöffe kann im Voraus auch von mehreren Sitzungen entbunden werden („an bestimmten Sitzungstagen"), z.B. aus Anlass einer längeren Auslandsreise. Bei einem Ersatzschöffen, bei dem nicht voraussehbar ist, ob und wann er zur Dienstleistung herangezogen wird, kommt eine Vorausentbindung nicht in Betracht.[1] Der entbundene Schöffe wird nach § 49 ersetzt.

II. Hinderungsgründe

2 **1. Reformgründe.** In seiner vor dem Inkrafttreten des StVÄG 1979 geltenden Fassung enthielt § 54 Abs. 1 keine die „eingetretenen Hinderungsgründe" konkretisierenden Angaben. Zwar war die oberstrichterliche Rechtsprechung Lücken ausfüllend darum bemüht, im Wege der Auslegung den Begriff der eine Entbindung rechtfertigenden Hinderungsgründe zu umgrenzen und war dabei sogar in gewissem Umfang zu einer gefestigten Rechtsprechung gekommen, die in Einzelheiten ihre Bedeutung für die Auslegung des § 54 behalten hat. Jedoch reichte dies – aus verschiedenen Gründen[2] – zur Schaffung von Rechtssicherheit und Rechtsklarheit nicht aus, und dies trug dazu bei, dass die Fragen, die mit dem Eintritt anderer als der ursprünglich berufenen Schöffen verbunden waren, „den fehlerträchtigsten Bereich der Schöffenheranziehung" darstellten.[3] So stellen die Änderungen des § 54 (die **gesetzliche Konkretisierung der Hinderungsgründe** in Absatz 1 Satz 2, die Gleichstellung der Nichterreichbarkeit eines Ersatzschöffen mit einer Verhinderung mitsamt der Umschreibung der Nichterreichbarkeit in Absatz 2 und die Unanfechtbarkeit der Entscheidung in Absatz 3 Satz 1 – i.V.m. § 336 Satz 2 StPO) einen Beitrag zu den Bemühungen des StVÄG 1979 um eine Verminderung erfolgreicher Besetzungsrügen dar.

3 **2. Hinderungsgründe. Die Hinderungsgründe von Absatz 1 Satz 2** sind teils objektiver (unabwendbare Umstände), teils subjektiver Natur (Unzumutbarkeit der Dienstleistung

1 OLG Hamm NJW **1957** 1121.
2 Dazu LR/*Schäfer*[23] ErgBd. § 54, 1.
3 *Rieß* DRiZ **1977** 294; ähnlich *Katholnigg* NJW **1978** 2378.

wegen vorrangiger persönlicher Verhältnisse). Es handelt sich hierbei **nur** um **vorübergehende Verhinderungen**; denn die dauerhafte Verhinderung führt zur Streichung von der Schöffenliste (§ 52). Weil aber auch im Falle einer (vorübergehenden) Entbindung von der Schöffenpflicht der gesetzliche Richter tangiert ist, ist zum Vermeiden beliebiger oder willkürlicher Entscheidungen bei der Prüfung ein **strenger Maßstab** anzulegen; die Vorschrift ist nach der Rechtsprechung des BGH grundsätzlich restriktiv zu handhaben.[4] Nach den hiernach anzulegenden, strengen Maßstäben deutet die Entbindung eines Hauptschöffen auf der Grundlage eines unzureichend ermittelten Sachverhalts auf eine grundsätzliche Verkennung des grundrechtsgleichen Rechts des Angeklagten auf den **gesetzlichen Richter** hin und der zur Entscheidung berufene Richter hat über die Anerkennung der Unzumutbarkeit der Schöffendienstleistung aus beruflichen Gründen oder wegen Urlaubs unter Abwägung aller Umstände des Einzelfalls, insbesondere unter Berücksichtigung der Belange des Schöffen, des Verfahrensstands und der voraussichtlichen Dauer des Verfahrens nach pflichtgemäßem Ermessen zu entscheiden. Zu berücksichtigen ist hierbei auch, dass **Bedeutung und Gewicht des Schöffenamts** verlangen, dass der Schöffe berufliche und private Interessen zurückstellt, wenn und soweit ihm dies möglich und zumutbar ist.[5]

a) Unabwendbare Umstände. Unabwendbare Umstände sind solche, die Schöffen 4
unabhängig von Verschulden tatsächlich an der Ausübung des Amtes, mithin an der Teilnahme an der Hauptverhandlung hindern.[6] In Betracht kommen zunächst **gesundheitliche Gründe**. Der Hauptanwendungsfall ist eine schwere, Bettlägerigkeit verursachende Erkrankung, doch kann auch z.B. erhebliche Schwerhörigkeit genügen.[7] Ausreichend sind auch: psychosomatische Leiden (soweit vorübergehender Art, sonst kommt eine Streichung von der Schöffenliste in Betracht) sowie eine Risikoschwangerschaft. Der Schöffe hat diese Gründe möglichst konkret nachzuweisen,[8] was in der Regel durch Vorlage eines **ärztlichen Attests** zu erfolgen hat. Nach heute ganz überwiegender Auffassung wird – wie für einen dienstunfähig geschriebenen Richter letztlich auch – nicht für erforderlich gehalten, dass dieses die Angabe der Diagnose enthalten muss.[9] Bei ernsthaften Zweifeln oder bei der naheliegenden Vermutung, der Schöffe wolle sich aus unerlaubten Gründen der Dienstleistung entziehen, kann indessen die Untersuchung durch einen Amtsarzt gefordert werden.[10] Ein Verschulden an der Herbeiführung des Hinderungsgrundes ist ohne Bedeutung.[11] Zu denken ist auch an ein unerwartetes lang andauerndes **Verkehrshindernis**, z.B. das Steckenbleiben in kilometerlangem Autostau infolge überraschend eingetretenen Glatteises oder Nebels,[12] nicht aber die allgemeinen Verkehrsverhältnisse namentlich in Großstädten oder eine (vorhersehbare) schwierige Parkplatzsuche.[13] Zu denken ist aber

4 BGH NJW **1978** 2162 sowie NStZ **2015** 351; Kissel/*Mayer* 1; MüKo/*Schuster* 1f.; krit. hierzu *Arnoldi* NStZ **2015** 714, der mit beachtlichen Argumenten im Hinblick auf die Genese der Vorschrift und die praktischen Nöte des erkennenden Tatrichters, die sich von einer retrospektiven Betrachtung des Revisionsgerichts häufig unterscheiden, für eine großzügigere Handhabung plädiert.

5 BGH NStZ **2017** 803 m. Anm. *Arnoldi*.

6 BTDrucks. **8** 976, 65; MüKo/*Schuster* 2.

7 BGHSt **22** 290.

8 BGH NJW **1967** 165; BGH bei *Dallinger* MDR **1975** 198; OLG Hamburg MDR **1978** 244; *Katholnigg* 4.

9 BGH StV **2021** 212; BGH StraFo **2021** 212; OLG Düsseldorf NStZ-RR **2011** 215; *Kissel/Mayer* 2; MüKo/*Schuster* 3; KK/*Barthe* 3; Radtke/Hohmann 3; *Schmitt/Köhler*; **a.A.** noch OLG Düsseldorf NJW **1992** 1712; vgl. auch hier noch in der 26. Aufl.

10 BGH StV **2021** 212; BGH NJW **1977** 443; SSW/*Güntge* 3.

11 *Katholnigg* 1; Kissel/*Mayer* 2; *Schmitt/Köhler* 4; KMR/*Paulus* 3.

12 BTDrucks. **8** 976 S. 65.

13 Kissel/*Mayer* 3.

auch an **hoheitliche Freiheitsbeschränkungen** wie etwa Einberufung zu einer Wehrdienstübung, Untersuchungshaft, Unterbringung oder Einsatz bei Katastrophen oder nicht zu behebende Reisebeschränkungen infolge einer Pandemie. Gleiches gilt für einen Schöffen, der am Sitzungstag als **Zeuge in einem anderen Verfahren** geladen worden ist, weil er dort als Beweismittel in der Regel nicht ersetzbar ist.

5 **b) Unzumutbarkeit der Dienstleistung.** Dies betrifft Fälle, in denen Schöffen die Dienstleistung zwar grundsätzlich möglich ist, dies indessen nur unter solchen **Erschwerungen oder Nachteilen tatsächlicher Art**, bei denen auch unter Berücksichtigung der Bedeutung des Schöffenamtes die Tätigkeit nicht zugemutet werden kann.[14] Über die **Erheblichkeit** des von einem Haupt- oder Ersatzschöffen unter diesem Gesichtspunkt geltend gemachten Hinderungsgrundes und darüber, ob er glaubhaft ist, entscheidet der Richter beim Amtsgericht bzw. der Strafkammervorsitzende (§ 77 Abs. 3 Satz 3) nach pflichtmäßigem **Ermessen.**[15] Hierbei können die Umstände des **Einzelfalles** und die Situation des Schöffen stärker berücksichtigt werden als bei dem Kriterium der unabwendbaren Umstände.[16] Die Entscheidung über den Antrag ist unanfechtbar (Absatz 3; zur Bedeutung von Willkür bei der Entscheidung s.u. Rn. 20). Jedoch kann bei kurzfristiger Ladung, insbesondere also bei Ersatzschöffen nicht derselbe strenge Maßstab angelegt werden wie in den Fällen, in denen sich der Schöffe schon geraume Zeit vorher auf die Sitzung einstellen kann.[17]

c) In Betracht kommende Hinderungsgründe

6 **aa) Urlaub, Ortsabwesenheit.** Bloße Ortsabwesenheit als solche, auch wenn für längere Zeit vorgeplant, ist für sich genommen noch kein Hinderungsgrund; sie wird es erst, wenn ihr berücksichtigungsbedürftige berufliche oder private Pflichten oder Interessen zugrunde liegen, die angegeben werden müssen.[18] Entsprechendes gilt für Urlaub, der für sich genommen noch keinen Hinderungsgrund darstellt, sondern erst bei **urlaubsbedingter Abwesenheit** – wobei Verschiebungen oder Unterbrechungen eines auswärtigen Aufenthalts grundsätzlich in Erwägung gezogen werden sollen,[19] andererseits aber bei bereits lange geplanten und teuren Urlaubsreisen ein eher großzügiger Maßstab anzulegen sein soll.[20] Was die hauptsächlich vorgebrachten Hinderungsgründe – beabsichtigter **Erholungs- oder Jahresurlaub, berufliche Unabkömmlichkeit**, gesundheitliches Befinden – anlangt, so ist ein Unterschied zwischen beabsichtigtem Urlaub und beruflicher Verhinderung zu machen. Zwar nimmt das Gesetz bei sehr lang dauernder Hauptverhandlung auch auf das Urlaubsbedürfnis der Schöffen durch Erweiterung der Unterbrechungsmöglichkeiten (§ 229 Abs. 3 StPO) Rücksicht. Im Übrigen aber wird ein im Voraus geplanter Urlaub unter den heutigen Verhältnissen schon im Hinblick auf die Vorbereitungen (frühzeitige Buchung, Urlaubsabstimmungen mit Kollegen oder Lebenspartnern und dergl.) und die mit einer Verlegung verknüpften Schwierigkeiten im Allgemeinen eine Verhinderung i.S.d. § 54 Abs. 1 Satz 2 darstellen und schon deshalb die dem entgegenstehende Annahme von

---

14 Kissel/*Mayer* 5; MüKo/*Schuster* 5.

15 BGH NStZ **2015** 350.

16 OLG Hamm StRR **2022** Nr. 8, 2; *Katholnigg* 1; KK/*Barthe* 4; *Schmitt*/*Köhler* 5; *Meinen* 77 ff. legt den Begriff der Unzumutbarkeit restriktiv aus.

17 BGH v. 3.2.1976 – 1 StR 768/75; BGH v. 23.3.1971 – 1 StR 469/70 (juris); MüKo/*Schuster* 2; *Rieß* DRiZ **1977** 293.

18 BGH bei *Dallinger* MDR **1975** 198.

19 SK/*Degener* 8.

20 SSW/*Güntge* 4; einschränkend demgegenüber („strenger Maßstab") OLG Hamm NStZ **2001** 611.

Willkür in aller Regel nicht anzunehmen sein.[21] Es braucht daher im Regelfall weder der Schöffe die Unmöglichkeit einer Verlegung darzutun noch der Richter nach dieser Richtung Fragen zu stellen oder andere Nachforschungen anzustellen.[22] In aller Regel wird die Vorlage einer **Reise- oder Buchungsbestätigung** für die Annahme der Verhinderung ausreichen. Angesichts des in Haftsachen in besonderem Maße zu berücksichtigenden Beschleunigungsgebots ist das Gericht auch regelmäßig nicht gehalten, der Verhinderung eines Schöffen durch eine verzögernde Unterbrechung der Hauptverhandlung (§ 229 Abs. 1 StPO) Rechnung zu tragen.[23] Eine andere Behandlung kann aber dann in Betracht kommen, wenn dem Schöffen schon im Geschäftsjahr wegen eines längeren Urlaubs Befreiung erteilt war oder Anhaltspunkte dafür vorliegen, dass er sich der Teilnahme an der Verhandlung zu entziehen versucht.[24] Ebenso wenig liegt ein Hinderungsgrund vor, wenn ein als Schöffe tätiger Lehrer die gesamten sechswöchigen Sommerferien verreisen will, obwohl er bereits durch frühere Ferien einen Teil seines Urlaubsanspruchs verbraucht hat. Eine **kurzfristige Ortsabwesenheit**, etwa zur Teilnahme an einem Betriebsausflug, für dessen Organisation der Schöffe verantwortlich war, ist **kein genügender Hinderungsgrund.**[25] Dasselbe gilt für die Teilnahme an einer „Werbefahrt ins Blaue". Auch die Anhängigkeit eines Nachprüfungsverfahrens, ob Gründe zur Streichung von der Schöffenliste vorliegen, begründet keine Verhinderung.[26]

bb) Ausübung anderer Ehrenämter. Wird der Schöffe durch andere Ehrenämter in 7
Anspruch genommen, ist ihm die Ausübung des Schöffenamtes unzumutbar.[27] Das ist z.B. angenommen worden bei einem Schöffen, der Vorsitzender einer Realgemeinde und gleichzeitig Ortsbürgermeister war, nicht dagegen bei der Ausübung mehrerer Vereinsvorsitze. Hierher gehört auch die evt. noch vorgehende Tätigkeit als Hilfsschöffe (§ 52 Abs. 5).

cc) Berufliche und betriebliche Inanspruchnahme. Vor dem Hintergrund der ho- 8
hen Bedeutung des Schöffenamts ist es Arbeitgebern wie auch selbständigen Schöffen grundsätzlich zuzumuten, **berufliche Belange zurückzustellen** und gewisse Erschwerungen des Betriebsablaufs oder der Berufstätigkeit in Kauf zu nehmen. Während ein Urlaub in der Regel die Unzumutbarkeit der Schöffendienstleistung begründet, rechtfertigen berufliche Gründe **nur ausnahmsweise** die Annahme, dass dem Schöffen die Dienstleistung **nicht zumutbar** ist.[28] Der BGH geht hierbei davon aus, dass Schöffen sich in der Wahrnehmung ihrer beruflichen Aufgaben häufig werden vertreten lassen können und es sich in der Regel um eher verhältnismäßig kurzfristige Verhinderungen handelt, denen durch die Möglichkeit einer Unterbrechung der Hauptverhandlung angemessen Rechnung getragen werden kann.[29] Zu berücksichtigen ist hierbei aber auch, dass nicht jede Berufstätigkeit eines Schöffen am Sitzungstag ohne Weiteres eine Verhinderung darstellt, weil anderenfalls berufstätige Schöffen von vornherein für das Amt ausscheiden würden. Das ist im Hinblick auf den Grundsatz der Repräsentanz aller Bevölkerungsgruppen im Schöffenamt (§ 36 Abs. 2 Satz 1) offenkundig nicht gewollt. Berufliche Gründe können hiernach nur

---

21 BGH NStZ **2015** 714; BGH NStZ **2018** 874; Kissel/*Mayer* 10.
22 *Schmitt/Köhler* 6.
23 BGH NStZ **2018** 874.
24 BGH NJW **1977** 443; OLG Braunschweig NJW **1965** 1240.
25 BGH NJW **1974** 1255.
26 § 52, 2, 5.
27 OLG Hamburg MDR **1978** 244; *Katholnigg* 2.
28 BGH NStZ **2017** 491 m. Anm. *Arnoldi*; OLG Hamm v. 17.3.2020 – 2 Ws 36/20 (juris).
29 Kissel/*Mayer* 6.

ausnahmsweise die Verhinderung von Schöffen rechtfertigen. Ein Hinderungsgrund kann aber dann vorliegen, wenn der Schöffe in seinem Betrieb oder in seiner Stellung nicht nur kurzfristig[30] dringend benötigt wird, wenn und soweit ihm bei der gebotenen **strengen Beurteilung** das Zurückstellen dieser Interessen nicht möglich oder nicht zumutbar ist.[31] Legt der Schöffe dann die maßgeblichen Umstände und die Notwendigkeit der Interessenwahrnehmung durch ihn selbst konkret dar, und erscheint sein Vorbringen dem Richter glaubhaft, kann dieser von einer weiteren **Nachprüfung der Angaben** absehen.[32] Unzulässig wäre es aber, einen Schöffen ohne Weiteres auf seine Behauptung hin zu entbinden, er müsse beruflich ortsabwesend sein, ohne die Gründe der Ortsabwesenheit zu ermitteln.[33] Auch ist bei einem an sich unaufschiebbaren Berufsgeschäft zu prüfen, ob der Schöffe sich nicht durch einen anderen **vertreten** lassen kann.[34] Über die Anerkennung einer Verhinderung hat der zur Entscheidung berufene Richter unter Abwägung aller Umstände bei Berücksichtigung der Belange des Schöffen, des Verfahrensstands und der voraussichtlichen Dauer des Verfahrens nach pflichtgemäßem **Ermessen** zu entscheiden und hat dies auch zu dokumentieren.[35]

8a Als **Verhinderungsgründe anerkannt** wurden insoweit:[36] bei Unabweislichkeit die Teilnahme an Besprechungen und Auslandsdienstreisen; nachgewiesene erhebliche wirtschaftliche Einbußen; mehrfacher Ausfall eines eingearbeiteten Senatsprotokollführers; Ausfall der einzigen Buchhalterin während des Weihnachtsgeschäfts; Ausfall einer Realschullehrerin bei längerer Hauptverhandlung wegen Abschlussarbeiten der Klasse. In der Praxis sind ferner anerkannt worden: die Unmöglichkeit des Arbeitgebers, wegen der Kürze der Ladung einen Vertreter für den Schöffen zu finden; die Tätigkeit als Tagungsleiter; die Tätigkeit als Referent bei einer Fortbildungsveranstaltung; die Tätigkeit als Forschungsleiter im Ausland während der vorlesungsfreien Zeit; die Mitwirkung in der Prüfungskommission zur Abnahme der Zweiten Lehrerprüfung. Als **nicht ausreichend** galten: allgemeine „schulische" Gründe; Bildungsurlaub für eine Reise nach Bonn auf Einladung eines Bundestagsabgeordneten; ein „wichtiger" Besprechungstermin; die Tätigkeit als Studienrat im Hinblick auf eine Mitwirkung in einem Großverfahren (mehr als 40 Tage); personelle Engpässe in der Ferienzeit; die Vertretung des Betriebsinhabers während dessen Abwesenheit.

9 An eine Entscheidung des BGH[37] knüpft die viel erörterte Frage der Behandlung des Falles an, in dem der Arbeitgeber dem Schöffen, der zu einer außerordentlich lange dauernden oder zu einer ungewöhnlich ungünstig andauernden Hauptverhandlung herangezogen wird, mit **Entlassung** droht. Grundsätzlich kann hier nach dem BGH Unzumutbarkeit der Dienstleistung für den Schöffen im allgemeinen *nicht* bejaht werden, weil sonst die Beeinträchtigung der Funktionstüchtigkeit der Rechtsprechung durch Eingriffe von dritter Seite in Frage stehe; für den Richter stelle sich nur die Frage einer Einwirkung auf den Arbeitgeber, von dessen Belehrung aus Fürsorge für den Schöffen bis zu strafrechtli-

---

30 BGH NJW **1977** 443.

31 BGHSt **21** 154 = NJW **1967** 165; BGH NStZ **2015** 350; MüKo/*Schuster* 6; KK/*Barthe* 6; Radtke/Hohmann 9; *Schmitt*/*Köhler* 6.

32 BGH bei *Holtz* MDR **1976** 814; NStZ **1982** 476.

33 OLG Hamburg JR **1971** 34 1 mit Anm. *Kohlhaas;* nach einer Entscheidung des Hamburger OVG v. 18.1.2006 (NVwZ-RR **2006** 446) sollen beruflich bedingte Vertretungskosten eine Verhinderung eines ehrenamtlichen Richters begründen, wenn sie ‚aus dem Rahmen fallen' (konkret: € 920); hierüber habe der ehrenamtliche Richter das Gericht vorab zu unterrichten.

34 BGHSt **21** 154 = NJW **1967** 165; **27** 344 = NJW **1978** 1169; **28** 61 = NJW **1978** 2162.

35 BGH NStZ **2015** 350; BGH NStZ **2017** 491.

36 Nach *Rieß* DRiZ **1977** 293; vgl. auch Kissel/*Mayer* 8.

37 BGHSt **27** 344 = NJW **1978** 1169 mit Anm. *Pohl* NJW **1978** 1868 und *Dierks* NJW **1978** 1391 = JR **1978** 304 mit Anm. *Müller.*

chem Vorgehen wegen Nötigung (§ 240 StGB): nur aus besonderen Umständen des Einzelfalles könne eine solche Entlassungsandrohung die Unzumutbarkeit der Dienstleistung begründen.[38] Im Schrifttum ist die enge Begrenzung der Unzumutbarkeit in BGHSt **27** 344 nicht durchweg auf Zustimmung gestoßen.[39] Einigkeit wird man letztlich aber insoweit annehmen können, als dass ein Schöffe, sollten alle Bemühungen auch seitens des Gerichts nicht durchgreifen, sich auf eine Kündigung und einen anschließenden Arbeitsgerichtsprozess nicht wird einlassen müssen. Dies dürfte, selbst wenn man einer Kündigungsschutzklage in einem solchen Falle Erfolgsaussichten nicht wird absprechen können, die Grenze des Zumutbaren fraglos überschreiten. Wie problematisch eine zu enge Auslegung sein kann, zeigt der Fall, in dem in einem gegen mehrere Angeklagte geführten Großverfahren (Anlagebetrug) die Kammer zunächst über zwei Jahre wöchentlich zweimal verhandelt und durch eine dann vorgenommene Abtrennung gegen einen Mitangeklagten schließlich drei Sitzungstage wöchentlich abhalten muss. Dies mag im Einzelfall zwar die Grenze des konkret Zumutbaren überschreiten, doch wird ein derartiger Verhandlungsumfang im Vornherein jedoch selten konkret absehbar sein.

dd) Private Gründe. Ausnahmsweise können – neben urlaubsbedingter Ortsabwesenheit – auch private Interessen eine Verhinderung rechtfertigen. Das ist beispielsweise angenommen worden bei der **Betreuung eines Kindes** bei längerer Hauptverhandlung,[40] bei einem unaufschiebbaren **Krankenhausaufenthalt** der Ehefrau,[41] bei **ganztägiger Pflege** des schwerpflegebedürftigen Ehemannes, bei Krankheit der Ehefrau (Krebs im Endstadium) sowie bei einem Betriebsratsmitglied, das sich zur Wiederwahl stellt und deswegen anwesend sein muss. Nicht ausreichend sein dürften: die Trennung vom Lebensgefährten mit der Folge, ein Kind allein versorgen und eine eigene Arbeit aufnehmen zu müssen; die allgemeine persönliche Fürsorge für die Familie sowie der Wunsch auf Teilnahme an der Beisetzung eines Bekannten oder entfernteren Familienangehörigen. 10

ee) Gewissensgründe. Gewissensgründe rechtfertigen keine Entbindung.[42] Zwar steht auch einem Schöffen das Grundrecht des Art. 4 Abs. 1 GG zu, das aber nicht gleichzeitig zu einem Verweigerungsrecht der Schöffentätigkeit führt, weil Schöffen im Rahmen ihrer richterlichen Unabhängigkeit jederzeit in der Verhandlung und Beratung den inneren Prozess ihrer Meinungs- und Entscheidungsbildung kundgeben können. Auch wenn der Schöffe sich auf ein belastetes oder gestörtes Verhältnis zu einem Vorsitzenden des erkennenden Gerichts berufen kann, führt dies nicht zu einer Pflichten- und Interessenkollision, die eine Entbindung rechtfertigt, und zwar auch dann nicht, wenn bereits in der Öffentlichkeit gefordert wird, diesen Richter wegen seiner unhaltbaren politischen Ansichten aus dem Dienst zu entfernen.[43] Insofern muss sich der ehrenamtliche Richter ebenso wie der Berufsrichter von öffentlicher Polemik freimachen. 11

Die Behauptung eines Schöffen, nicht auf dem Boden des Grundgesetzes zu stehen, „von den Gesetzen keine gute Meinung" zu haben und deswegen den Richtereid nicht 12

---

38 BGH MDR **1978** 626.

39 Dem BGH letztlich zustimmend MüKo/*Schuster* 6; Radtke/Hohmann 10; *Schmitt/Köhler* 5; krit. demgegenüber *Kissel/Mayer* 7; SK/*Degener* 7; KK/*Barthe* 6; *Dierks* NJW **1978** 1391; *Meinen* 85; *Pohl* NJW **1978** 1868.

40 BGH NStZ **1982** 476; BGH StV **2007** 563; *Rieß* DRiZ 1977 293.

41 BGH NStZ **1982** 476; *Rieß* DRiZ **1977** 293; *Kissel/Mayer* 9; KK/*Barthe* 7; Radtke/Hohmann/*Rappert* 5.

42 OLG Karlsruhe NJW **1996** 606 = MDR **1996** 192 = JR **1996** 127 mit Anm. *Foth*; sehr krit. dazu *Lisken* NJW **1997** 34; *Katholnigg* 1; *Kissel/Mayer* 5; MüKo/*Schuster* 5.

43 *Foth* JR **1996** 130.

leisten zu wollen, soll keine Entbindung von diesem Ehrenamt rechtfertigen,[44] weil Ablehnungsgründe vom Gesetz abschließend benannt werden und diesen Fall nicht erfassen. In Betracht kommt aber ein Vorgehen nach Maßgabe von § 51 (**Amtsenthebung**). Schöffen haben wie die Berufsrichter einen Eid auf die Verfassung zu leisten (§ 45 Abs. 2 DRiG). Verweigert ein Berufsrichter diesen **Eid**, *ist* er zu entlassen (§ 21 Abs. 2 Nr. 1 DRiG). Es ist kein sachlicher Grund erkennbar, ehrenamtliche Richter anders zu behandeln. Eine Lösung dürfte hier aber auch über eine analoge Anwendung des § 52 Abs. 1 Nr. 1 zu suchen sein, weil auch die erklärte Verfassungsuntreue ein Fall der Ungeeignetheit ist. Überdies fehlt es einem Schöffen, der nicht vereidigt ist, bereits an der Fähigkeit, dieses Amt auszuüben, weshalb er von der Schöffenliste zu streichen ist.[45] Zu Fragen **konfliktträchtiger Weltanschauungen** und der **Verfassungstreue** von Schöffen vgl. ausführlich § 31, 16 f.

III. Nichterreichbarkeit und Ausbleiben (Absatz 2)

13 **1. Allgemeines.** Absatz 2 stellt bestimmte Umstände und Verhaltensweisen eines zunächst berufenen Schöffen, die dazu führen, dass er an der Sitzung nicht teilnimmt, seiner Verhinderung gleich. Hierdurch soll den Gerichten (nicht den Schöffen[46]) eine **Erleichterung** für ein kurzfristiges Heranziehen von Ersatzschöffen (früher Hilfsschöffen) zur Verfügung gestellt werden. In diesen Fällen tritt das Gebot des gesetzlichen Richters hinter die Bedürfnisse einer ungehinderten und zügigen Rechtsprechung zurück.[47] Dies gilt aber nach Satz 1 nur „für die Heranziehung von Ersatzschöffen", d.h. für die Frage, ob die Heranziehung von Ersatzschöffen gemäß § 49 Abs. 1 erforderlich ist. Absatz 2 Satz 5 stellt klar, dass die für die Heranziehung eines Ersatzschöffen nach der Reihenfolge der Ersatzschöffenliste fingierte Verhinderung keine Verhinderung i.S.d. § 54 Abs. 1 Satz 2 darstellt und die Festsetzung der Folgen des § 56 nicht ausschließt, wenn die Voraussetzungen dieser Vorschrift gegeben sind

14 **2. Nichterreichbarkeit.** Nichterreichbarkeit i.S.v. Absatz 2 Satz 1 ist anzunehmen, wenn Schöffen unter Ausnutzung der dem Gericht zur Verfügung stehenden Kommunikationsmittel nicht erreicht werden können, etwa weil Briefe als unzustellbar zurückkommen, eine Anfrage beim Einwohnermeldeamt ohne Erfolg bleibt und dem Gericht auch keine aktuelle Telefonnummer oder E-Mail-Adresse zur Verfügung steht.[48] Nach § 45 Abs. 4 Satz 4 sind die Hauptschöffen von den Sitzungstagen, an denen sie tätig werden müssen (§ 45 Abs. 2 Satz 1), unter Hinweis auf die gesetzlichen Folgen des Ausbleibens in Kenntnis zu setzen; das entspricht einer „Ladung" zur Hauptverhandlung, für die freilich eine besondere Form nicht erforderlich ist. Nicht vorgeschrieben, aber weithin üblich und zweckmäßig sind Erinnerungsschreiben (wiederum auch als Ladung bezeichnet), die nochmals auf einen bevorstehenden Sitzungstag hinweisen. Eine entsprechende **Benachrichtigung** erhalten auch Ersatzschöffen, die nachträglich in die Hauptschöffenliste übernommen werden (§ 46 Satz 1; § 49 Abs. 2 Satz 2). Ersatzschöffen werden nach § 45 Abs. 4 Satz 5 von ihrer Heranziehung zu einem bestimmten Sitzungstag benachrichtigt, also zu diesem Sitzungstag „geladen". Kommt eine solche „Ladung" – zu denken ist hier vor allem an das „Erinnerungsschreiben" an Hauptschöffen – als unzustellbar zurück („Adressat unbe-

44 OVG Hamburg DRiZ **1998** 153 für den Fall eines ehrenamtlichen Richters beim VG.
45 Vgl. hier § 51, 4c GVG.
46 MüKo/*Schuster* 9.
47 Kissel/*Mayer* 20.
48 MüKo/*Schuster* 10.

kannt" oder „Adressat unbekannt verzogen"), so ist der Schöffe ohne Weiteres „nicht erreichbar" i.S.v. Satz 1.[49]

3. Ausbleiben. Satz 2 hat danach, wie sich aus der Begründung der Vorschrift ergibt, den Fall im Auge, dass „eine ordnungsgemäße Ladung" erfolgt ist, der Schöffe sich also damit als erreichbar erwies, aber zu Terminsbeginn nicht erscheint; er gilt erst dann als nicht erreichbar und damit als verhindert, wenn sein Erscheinen ohne **erhebliche Verzögerung des Sitzungsbeginns** voraussichtlich nicht herbeigeführt werden kann. Dabei wird für eine ortsübliche Frist, in der Regel wenigstens **15 Minuten,**[50] auf den Schöffen zu warten sein und im Übrigen mit Fernsprecher, gegebenenfalls auch mit Gerichtswachtmeister, Polizei u.a. zu versuchen sein, den Schöffen zur Sitzung herbeizuholen. Der Schöffe ist nicht nur dann unerreichbar, wenn derartige Versuche versagen, sondern auch dann, wenn er zwar faktisch erreicht wird, aber voraussichtlich so spät zur Sitzung erscheinen würde, dass ihr Beginn erheblich verzögert würde. Wenn dies anzunehmen ist, kann auch von einem Versuch, den Schöffen zu erreichen, abgesehen werden.[51] Im Übrigen bedarf es auch dann keiner **Versuche, das Erscheinen des „ordnungsgemäß geladenen" Schöffen herbeizuführen,** wenn dieser – auch ohne einen Entbindungsantrag (Absatz 1 Satz 1) zu stellen oder die Entscheidung über einen gestellten Antrag abzuwarten – mitgeteilt hat, er werde (oder er könne) zum Termin nicht erscheinen, weil er sich am Sitzungstag im Ausland oder auf Reisen befinde und kein Anlass besteht, an der Richtigkeit dieser Angaben zu zweifeln; denn dann ist er nicht erreichbar („greifbar") i.S.v. Absatz 2 Satz 1 oder es ist ohne Weiteres die Voraussetzung gegeben, dass sein Erscheinen nicht ohne erhebliche Verzögerung des Sitzungsbeginns herbeigeführt werden kann. Falls an einem Sitzungstag **mehrere Sachen** anstehen, so ist jeweils vor Beginn der nächsten Sache erneut zu prüfen, ob der zunächst nach Satz 3 in der vorangegangenen Sache ersetzte Schöffe jetzt wieder zur Verfügung steht und die „Nichterreichbarkeit" nach den Sätzen 2 und 3 ihr Ende gefunden hat.[52] Soweit der Schöffe nämlich nicht verhindert ist, ist er der gesetzliche Richter. 15

4. Ersatzschöffen (Absatz 2 Satz 3)

a) Mängel des früheren Rechts. Der Sinn der Vorschrift ergibt sich bei einem Vergleich mit dem vor dem StVÄG 1979 geltenden Recht. Nach § 49 Abs. 2 a.F. waren die nicht am Sitz des Gerichts wohnenden Hilfsschöffen (jetzt Ersatzschöffen) zu übergehen, wenn nach pflichtmäßigem Ermessen des Richters durch die Berufung dieser auswärtigen Hilfsschöffen nach der Reihenfolge der Hilfsschöffenliste eine Vertagung der Verhandlung oder eine erhebliche Verzögerung ihres Beginns notwendig würde. Dieses Ausklammern der außerhalb des Gerichtssitzes wohnenden Schöffen hatte seinen Grund darin, dass bei den früheren Verkehrsverhältnissen die meist eilige Heranziehung eines Ersatzmannes für einen ausgefallenen Schöffen bei den auswärtigen Hilfsschöffen weithin auf besondere Schwierigkeiten stieß, die die Befürchtung nahelegten, sie könnten eine Vertagung der Verhandlung oder eine erhebliche Verzögerung des Verhandlungsbeginns notwendig machen. Die Verhältnisse hatten sich aber seit Schaffung der Vorschrift einerseits durch die Verbesserung der Verkehrsverhältnisse, andererseits durch das An- 16

---

49 Begr. BTDrucks. **8** 976 S. 65.

50 KK/*Barthe* 16; OK/*Goers* 33.

51 Begr. BTDrucks. **8** 976 S. 65.

52 BayObLG MDR **1979** 1044 m.w.N.; Kissel/*Mayer* 23; *Schmitt/Köhler* 9; s. dazu auch aus der Begr. BTDrucks. **8** 976 S. 65.

wachsen der Gemeinden des Gerichtssitzes, namentlich in neuester Zeit durch die Bildung von Großgemeinden, entscheidend geändert. Auch die Berufung der am Gerichtssitz wohnenden Hilfsschöffen nach der strengen Reihenfolge der Hilfsschöffenliste konnte nunmehr zu Schwierigkeiten der Erreichbarkeit führen, die für die Funktionalität des gerichtlichen Geschäftsbetriebes nicht minder groß oder eher noch größer sein konnten als bei der Heranziehung der auswärtigen Hilfsschöffen nach der Reihenfolge der Hilfsschöffenliste.[53] Versuche, diese Schwierigkeiten durch entsprechende Anwendung des § 49 Abs. 2 a.F. zu überwinden, stießen aber auf das Bedenken, dass damit ohne gesetzliche Grundlage entgegen dem Grundsatz des Art. 101 Abs. 1 Satz 2 GG die Reihenfolge der Einberufung dem Ermessen des Richters überlassen werde. Schon Art. 68 Nr. 14 Entw.EGStGB 1930 sah deshalb eine gesetzliche Lösung vor, wonach es gestattet sein sollte, Hilfsschöffen zu übergehen, deren Zuziehung mit so großem Zeitverlust verbunden ist, dass sie eine Vertagung der Verhandlung oder eine erhebliche Verzögerung ihres Beginns nötig machen würde. Dieser Vorschlag ist durch § 54 Abs. 2 Satz 3 verwirklicht worden.

17 **b) Übergehen von Ersatzschöffen.** Die Regelung des § 54 Abs. 2 Satz 3 soll dem Gericht ermöglichen, möglichst schnell einen in kürzester Frist verfügbaren Schöffen heranziehen zu können.[54] Die Vorschrift bietet hierzu eine Ermächtigung des Richters, eine **Durchbrechung des Prinzips der Zuweisung** nach der Reihenfolge der Ersatzschöffenliste anzuordnen, wenn die Heranziehung des an nächster Stelle stehenden Ersatzschöffen unter **Erreichbarkeitsgesichtspunkten** (z.B. bei weiter Entfernung der Wohnung vom Gerichtsgebäude und ungünstigen Verkehrsverbindungen) nach seinem pflichtgemäßen Ermessen eine Vertagung der Verhandlung oder eine erhebliche Verzögerung ihres Beginns notwendig machen würde. Dieser Ersatzschöffe wird dann „übergangen"; er wird nicht erst „zugewiesen" und zur Hauptverhandlung „geladen", wenn der Richter von vornherein davon ausgehen kann, dass die Heranziehung dieses Ersatzschöffen zu den in Satz 3 bezeichneten Nachteilen führen würde. Anstelle des übergangenen ist dann der an nächstbereiter Stelle der Ersatzschöffenliste Stehende zuzuweisen, und auch er kann „übergangen" werden, wenn mit seiner Heranziehung die gleichen Nachteile verbunden wären. Hat an einem Sitzungstag nur *ein* Schöffengericht Sitzung, für das Ersatzschöffen benötigt werden, können also Probleme bei der Rangfolge der Ersatzschöffen nicht auftreten, so wird es in Eilfällen als zulässig anzusehen sein, dass der Richter beim Amtsgericht vorab bestimmt, unter welchen Voraussetzungen ein Ersatzschöffe nicht erreichbar ist, und für diesen Fall bereits die Zuziehung des nächsten Ersatzschöffen anordnet; die Verantwortung muss aber auch dann beim Richter liegen.

IV. Verfahrensrechtliches

18 Die Entbindung nach Absatz 1 Satz 1 setzt einen **Antrag des Schöffen** selbst („auf dessen Antrag") voraus, also eine Willenserklärung, die – jedenfalls bei Begründung mit Unzumutbarkeit der Dienstleistung – von ihm ausgeht und das Ergebnis seiner eigenverantwortlichen Prüfung der Umstände darstellt, in diesem Sinne also höchstpersönlich ist; nicht genügend ist z.B. ein Antrag des Arbeitgebers, der mit der Unabkömmlichkeit des Schöffen und einer ihm im Falle der Dienstleistung drohenden Entlassung

53 Vgl. dazu LR/*Schäfer*[23] § 49, 6.
54 MüKo/*Schuster* 12.

begründet ist, wenn der Schöffe sich den Antrag nicht zu eigen macht.[55] Eine besondere Form des Antrags ist nicht vorgeschrieben, sodass er schriftlich, mündlich oder telefonisch gestellt werden kann. **Zuständig zur Entscheidung** über den Entbindungsantrag und über die Nichtweiterverwendbarkeit (Absatz 2 Satz 4) ist beim Amtsgericht der **Richter beim Amtsgericht**, d.h. der im Geschäftsverteilungsplan bestimmte Richter;[56] es kann dies bei entsprechender Bestimmung im Geschäftsverteilungsplan der jeweilige Schöffengerichtsvorsitzende sein.[57] Entsprechendes gilt beim Landgericht für den **Vorsitzenden der Strafkammer** i.S.d. § 77 Abs. 3 Satz 3. Nicht zuständig ist der in § 40 Abs. 2 benannte Richter.[58] Bei einer Prüfung des Entbindungsantrags genügt für eine ihm stattgebende Entscheidung, wenn er die Erklärung des Schöffen für glaubhaft und weitere Nachforschungen für überflüssig hält.[59] **Nur bei Zweifeln** fordert er **weitere Glaubhaftmachung**, z.B. ein ärztliches Attest, an. Einer Beteiligung der Staatsanwaltschaft bei der Entscheidung bedarf es nicht. Die Entscheidung nach Absatz 1 oder Feststellung nach Absatz 2 Satz 4, die keiner besonderen Begründung bedürfen, sind formlos **aktenkundig** zu machen[60] und an die Schöffengeschäftsstelle (§ 49) weiterzuleiten. Im Hinblick auf eine mögliche Besetzungsrüge kann sich aber, schon um Willkür ausschließen zu können, eine ausreichende **Dokumentation** der der Entbindung zugrunde liegenden Tatsachen zumindest empfehlen.[61] mit dem Eingang bei dieser ist die Entscheidung (Feststellung) unwiderruflich und – vom Fall der Willkür abgesehen (u. Rn. 20) – nach Absatz 3 unanfechtbar geworden.[62] Im Falle der Verlegung des ordentlichen Sitzungstages ist für die Entbindung des Hauptschöffen seine Verhinderung am tatsächlichen Sitzungstag maßgeblich, und nicht diejenige an dem als ordentlichen Sitzungstag bestimmten Tag.[63]

V. Unanfechtbarkeit (Absatz 3)

1. Bedeutung. Die Unanfechtbarkeit der Entscheidungen nach Absatz 1 und 2 Satz 4 **19**
entzieht diese nicht nur der Beschwerde (§ 304 StPO), sondern (grundsätzlich) auch – vgl. § 336 Satz 2 StPO – der Besetzungsrüge des § 338 Nr. 1 StPO. Das gilt unabhängig davon, ob dem Antrag stattgegeben wurde oder nicht, also auch für den antragstellenden Schöffen oder die Staatsanwaltschaft.[64] Wird indessen eine **Besetzungsrüge** erhoben, so ist aber die Entscheidung darüber, ob ein Schöffe auf seinen Antrag – etwa aus beruflichen Gründen oder wegen Urlaubs – entbunden werden konnte, vom Revisionsgericht nicht auf deren Richtigkeit zu überprüfen, sondern nur auf ihre **Vertretbarkeit**.[65] Dagegen ist eine Besetzungsrüge begründet, wenn ein Hauptschöffe antragsgemäß wegen Verhinderung an bestimmten Sitzungstagen entbunden wurde, dieser Hinderungsgrund (Bettlägerigkeit, geplanter Urlaub usw.) vor dem Sitzungstag wegfällt, der Schöffe dies anzeigt, der

55 BGHSt **28** 61, 63 = NJW **1978** 2162; *Katholnigg* 4; *Kissel/Mayer* 13; SK/*Degener* 11; KK/*Barthe* 10; SSW/*Güntge* 5.

56 KK/*Barthe* 16.

57 *Kissel/Mayer* 14.

58 Radtke/Hohmann/*Rappert* 17.

59 BGH NStZ **1982** 476.

60 *Koranyi* DRiZ **2019** 260.

61 OLG Köln NStZ **2025** 64.

62 BGHSt **30** 149 = NJW **1981** 2073 = JR **1982** 255 mit Anm. *Rieß*.

63 BGH NJW **2014** 1604; MüKo/*Schuster* 16.

64 Kissel/*Mayer* 16.

65 BVerfG NStZ-RR **2022** 76; BGH NStZ-RR **2018** 257; OLG Oldenburg NStZ **2022** 33; OLG Köln NStZ **2025** 64.

Richter die Entbindung widerruft und der entbundene Schöffe an der Sitzung teilnimmt. Denn nachdem die Entbindungsentscheidung der Schöffengeschäftsstelle zugeleitet und ein Ersatzschöffe der Sitzung zugewiesen war (§ 49 Abs. 3), war unter dem Gesichtspunkt des gesetzlichen Richters der entbundene Schöffe „verbraucht" und wurde ein unwiderruflicher Zustand geschaffen, sodass der Widerruf, der auf die Aufhebung der unanfechtbar gewordenen Entbindungsentscheidung abzielte, außerhalb des Anwendungsbereichs des § 54 Abs. 3 Satz 1 liegt.[66] Das gleiche würde gelten, wenn der wegen Nichterreichbarkeit nach § 54 Abs. 2 „übergangene" Ersatzschöffe, nachdem die Entscheidung (Satz 4) an die Schöffengeschäftsstelle gelangt ist, sich einfände und anstelle des nunmehr zugewiesenen Ersatzschöffen an der Sitzung teilnehmen würde.

20 **2. Willkür.** Die Unanfechtbarkeit der Entscheidung nach Absatz 3 schließt eine revisionsgerichtliche Nachprüfung aber nicht aus, wenn geltend gemacht wird, dass die beanstandete Entscheidung zugleich eine **Richterentziehung** i.S.v. Art. 101 Abs. 1 GG, § 16 Satz 2 GVG darstelle; das ist unstreitig.[67] Entsprechendes gilt für einen Besetzungseinwand nach § 222b StPO.[68] Der Vorwurf der Richterentziehung ist aber nur bei objektiv willkürlichen Entscheidungen, d.h. bei solchen Entscheidungen begründet, die auf einer nicht mehr vertretbaren Rechtsauslegung und Rechtshandhabung beruhen.[69] Ein solcher Fall aber liegt nicht schon dann vor, wenn der Richter dem Vorbringen des Schöffen zu seiner Entbindung ohne Prüfung glaubt.[70] Anders liegt der Fall indessen, wenn die vom Schöffen vorgebrachten Gründe eine Entbindung von vornherein nicht zu begründen geeignet sind.[71] Von der Rechtsprechung wurde Willkür aber auch angenommen, wenn der Richter ohne jede Überprüfung und ohne Aktenvermerke einen Schöffen entbindet, weil hiernach eine Überprüfung auf Willkür nicht mehr möglich ist.[72] Im Fall einer Entbindung aufgrund eines vom Schöffen angezeigten **Urlaubs** liegt die Annahme von Willkür hingegen fern, da eine Verschiebung eines länger geplanten Urlaubs für den Schöffen in aller Regel unzumutbar ist.[73] Entsprechendes gilt für eine Entbindung nach Vorlage eines ärztlichen **Attests.**[74] Zur Frage der Behandlung des Falles, dass ein Schöffe willkürlich von der Dienstleistung entbunden (§ 54 Abs. 1) oder von der Schöffenliste gestrichen ist (§ 52), vgl. eingehend *Rieß* JR **1982** 256 (zu 4.) 257.

§ 55

Die Schöffen und Vertrauenspersonen des Ausschusses erhalten eine Entschädigung nach dem Justizvergütungs- und -entschädigungsgesetz.

---

66 BGHSt **30** 149 = NJW **1981** 2073 = JR **1982** 255 mit krit. Anm. *Rieß;* BGHSt **31** 3, 4.

67 Vgl. Begr. BTDrucks. **8** 976 S. 59, 66; BGHSt **31** 35 = NJW **1982** 1655; GA **1981** 382; NStZ **1982** 476; BGHSt **46** 238; BGHSt **47** 220; OLG Karlsruhe NStZ **1981** 272; *Rieß* NJW **1978** 2271; *Katholnigg* NJW **1978** 2378; Kissel/*Mayer* 17; MüKo/*Schuster* 17; KK/*Barthe* 21; Radtke/Hohmann/*Rappert* 21; *Schmitt/Köhler* 10.

68 OLG Hamm StRR **2022**, Nr. 8, 2.

69 BVerfG NStZ-RR **2022** 76; BGHR GVG § 49 Abs. 2 Streichung 1; BGH NStZ **1982** 476 und NStZ **2014** 215; BGH NStZ **2015** 754; KG v. 27.4.2020 – 4 Ws 29/20 (juris); OLG Hamm NStZ **2001** 611; s. dazu auch *Hamm* NJW **1979** 136 Fn. 5, nach dessen Auffassung die „Willkürschranke" „nicht zu hoch" angesetzt werden sollte.

70 MüKo/*Schuster* 17.

71 KK/*Barthe* 21.

72 BGH NStZ **2017** 491; vgl. auch OLG Köln NStZ **2025** 64 für den Fall eines Besetzungseinwands.

73 BGH NStZ **2018** 616; KG v. 27.4.2020 – 4 Ws 29/20 (juris).

74 BGH StraFo **2021** 212.

Entstehungsgeschichte

Durch das Gesetz v. 5.2.1922 (RGBl. I S. 207) wurde § 55 a.F. gestrichen. An seine Stelle trat der bisherige § 55a, der durch das Gesetz v. 29.7.1913 in das GVG eingefügt worden war. Der Wortlaut des neuen § 55 wurde in der Bek. v. 22.3.1924 (RGBl. I S. 306) geändert; das VereinhG 1950 passte lediglich Absatz 2 den staatsrechtlichen Änderungen an. Erneute Änderung durch Gesetz zur Änderung und Ergänzung kostenrechtlicher Vorschriften v. 26.7.1957 (BGBl. I S. 867) und Art. II Nr. 11 PräsVerfG. Die letzte Änderung erfolgte durch das Gesetz zur Modernisierung des Kostenrechts v. 5.5.2004 (KostRMoG; BGBl. I S. 718).

1 Das Schöffenamt ist ein Ehrenamt, weshalb Schöffen für ihre Tätigkeit keine Vergütung erhalten, sondern eine **Entschädigung**. Die gesetzliche Verweisung bezieht sich auf das 2004 in Kraft getretene Justizvergütungs- und -entschädigungsgesetz **JVEG** (vorher Gesetz über die Entschädigung der ehrenamtlichen Richter). Dieses Gesetz sieht im 4. Abschnitt (§§ 15 bis 19) für ehrenamtliche Richter und somit auch für Schöffen eine Entschädigung für Zeitversäumnis, für Nachteile bei der Haushaltsführung und für Verdienstausfall sowie für den mit der Dienstleistung verbundenen Aufwand und den Ersatz von Wege- und Fahrtkosten vor, namentlich im Hinblick auf die Teilnahme an **Hauptverhandlungen**. Gleiches gilt für erforderliche bzw. angeordnete, die Hauptverhandlung begleitende Tätigkeiten wie etwa das Aktenstudium im Rahmen eines Selbstleseverfahrens.[1] Nach § 15 Abs. 3 JVEG gilt dies ferner für die Teilnahme an Einführungs- und Fortbildungsveranstaltungen, zu denen Schöffen von der zuständigen staatlichen Stelle herangezogen werden. Die Höhe der Entschädigung ist gesetzlich festgelegt.[2] Nach § 1 Abs. 4 JVEG werden auch die Vertrauenspersonen in den Ausschüssen zur Wahl der Schöffen (§ 40 Abs. 2, 3) wie ehrenamtliche Richter entschädigt.

2 Im Übrigen ist auch **versicherungsrechtlich** sichergestellt, dass ein Schöffe durch seine Tätigkeit keine Benachteiligung erleidet. Das gilt sowohl für die gesetzliche wie auch für die freiwillige Krankenversicherung, für die Rentenversicherung, die gesetzliche Unfallversicherung (vgl. § 2 Abs. 1 Nr. 10a SGB XII) sowie für die Vermögensbildung.[3] Die Einzelheiten ergeben sich aus dem Merkblatt „zur Information ehrenamtlicher Richter über versicherungsrechtliche Auswirkungen ihrer Tätigkeit“.

§ 56

(1) [1]Gegen Schöffen und Vertrauenspersonen des Ausschusses, die sich ohne genügende Entschuldigung zu den Sitzungen nicht rechtzeitig einfinden oder sich ihren Obliegenheiten in anderer Weise entziehen, wird ein Ordnungsgeld festgesetzt. [2]Zugleich werden ihnen auch die verursachten Kosten auferlegt.

(2) [1]Die Entscheidung trifft der Richter beim Amtsgericht nach Anhörung der Staatsanwaltschaft. [2]Bei nachträglicher genügender Entschuldigung kann die Entscheidung ganz oder zum Teil zurückgenommen werden. [3]Gegen die Entscheidung ist Beschwerde des Betroffenen nach den Vorschriften der Strafprozeßordnung zulässig.

1 OK/*Goers* 6; *Börner* ZStW **122** (2010) 157.

2 Vgl. OLG Celle v. 10.8.2015 – 2 Ws 131/15, BeckRS **2015** 16490; OLG Köln v. 29.12.2015 – 2 Ws 797/15, BeckRS **2016** 17398.

3 Kissel/*Mayer* 2; MüKo/*Schuster* 2; SK/*Degener* 2; KK/*Barthe* 2.

Schrifttum

Nüse Aus der Rechtsprechung des Kammergerichts in Strafsachen seit 1945, DRiZ **1968** 87; *Renning* Die Entscheidungsfindung durch Schöffen und Berufsrichter in rechtlicher und psychologischer Sicht (1993).

Entstehungsgeschichte

Die auf der Bek. vom 22.3.1924 (RGBl. I S. 306) beruhende Fassung wurde durch das VereinhG 1950 nur stilistisch geändert. Die Ersetzung von „Amtsrichter" durch „Richter beim Amtsgericht" in Absatz 2 beruht auf Art. II Nr. 6 PräsVerfG. Durch Art. 22 Nr. 2 EGStGB 1974 wurde der bisherige Wortlaut, in dem von „Verurteilung zu einer Ordnungsstrafe in Geld und in die verursachten Kosten" die Rede war, stilistisch dem durch Art. 5 ff. EGStGB 1974 eingeführten Sprachgebrauch für Rechtsnachteile, die nicht bei Straftaten oder Ordnungswidrigkeiten angedroht sind, angepasst.

Übersicht

1 **1. Geltungsbereich.** Die Vorschrift regelt (zwingende) Sanktionen gegen Schöffen und Vertrauenspersonen des Schöffenwahlausschusses, wobei hinsichtlich deren Status eine **rein formale Betrachtung** vorzunehmen ist und es auf die Rechtmäßigkeit ihrer Wahl daher ebenso wenig ankommt wie auf das tatsächliche Vorliegen der Befähigungs- und Eignungsvoraussetzungen.[1] Die Regelung findet daher auch Anwendung auf Personen, die entgegen den gesetzlichen Bestimmungen (vgl. §§ 31 ff. und wegen der Vertrauenspersonen § 40, 6 ff.) zu dem Amt eines Schöffen oder einer Vertrauensperson herangezogen worden sind, wenn sie sich der Wahrnehmung dieses Amtes entziehen, ohne den ihrer Heranziehung entgegenstehenden Umstand geltend gemacht zu haben oder ohne in der Schöffenliste gestrichen zu sein.[2] Jedoch ist die im Verfahren nach § 52 Abs. 3 erfolgte Ablehnung des Antrags eines Schöffen, von seiner Heranziehung zum Schöffendienst abzusehen, für das im Ordnungsverfahren entscheidende Gericht nicht bindend; es hat in eigener Zuständigkeit die Vorfrage zu entscheiden, ob die Unfähigkeits- oder Ungeeignetheitsgründe der §§ 33, 34 gegeben sind.[3] Vgl. zu § 56 im Einzelnen auch die Erl. zu § 51 StPO.

2 § 56 kann **Maßnahmen gegen einen entbundenen Schöffen** auch dann nicht rechtfertigen, wenn sich nachträglich herausstellt, dass die Entbindung aufgrund falscher Angaben zu Unrecht erfolgt ist, weil der Schöffe mit der Entbindungsverfügung nicht mehr der gesetzliche Richter ist und die Entbindung weder durch Anfechtung noch durch Widerruf rückgängig gemacht werden kann.[4]

---

1 Kissel/*Mayer* 1; MüKo/*Schuster*; KK/*Barthe* 2.
2 BayObLG HRR **1926** Nr. 1450.
3 OLG Köln MDR **1970** 864.
4 OLG Frankfurt NJW **1996** 1687.

2. Pflichtverletzungen (Absatz 1)

a) Nicht rechtzeitiges Sicheinfinden. Vorausgesetzt ist, dass ein Schöffe **zu spät** oder auch überhaupt **nicht erscheint**. Dies gilt auch, wenn zwischenzeitlich ein Hilfsschöffe bestellt worden ist – wobei die Bestellung des Hilfsschöffen durch ein späteres Erscheinen des Hauptschöffen nicht hinfällig wird.[5] Wegen Ausbleibens oder zu späten Erscheinens kann der Ausgebliebene nur belangt werden, wenn er in gehöriger Weise zu der Sitzung **geladen** war, d.h. dass die Ladung auch zugegangen ist. Die Ladung muss indessen nicht zwingend förmlich erfolgt sein.[6] Dass der Schöffe auf die gesetzlichen Folgen des Ausbleibens (nochmals) hingewiesen worden ist (§ 45 Abs. 4 Satz 4, 5), ist nicht Voraussetzung für die Ordnungsmaßnahme.[7] Das Gesetz verpflichtet den Richter aber nicht, auch für unerhebliche Verspätungen ein Ordnungsgeld festzusetzen; dem vernünftigen Ermessen des Richters ist hier Spielraum gelassen.[8] Zu geringem Verschulden vgl. Rn. 6, zur genügenden Entschuldigung Rn. 5. Wurde der Schöffe von der Dienstleistung nach § 54 entbunden, liegt indessen schon keine Pflicht zum Erscheinen vor.[9] 3

b) Obliegenheitsverletzungen. Absatz 1 sieht Sanktionen gegen Schöffen und Vertrauenspersonen vor, die sich „ihren **Obliegenheiten**" entziehen, ohne deutlich zu machen, welcher Art diese „Obliegenheiten" sind. Es besteht insoweit jedoch Einigkeit, dass dieser Begriff aus rechtsstaatlichen Aspekten nur die unmittelbaren Mitwirkungspflichten im Rahmen der jeweiligen Tätigkeit erfasst. Das bedeutet insbesondere hinsichtlich der Schöffen, dass hier **nur** die **Pflichten von Bedeutung** sind, die gewährleisten, dass die Hauptverhandlung in ordnungsgemäßer Besetzung des Gerichts durchgeführt werden kann.[10] Ihre Verletzung ist „**Sichentziehen**".[11] Zu unterscheiden ist zwischen den Pflichten zur Übernahme des Amtes einerseits und den Pflichten bei dessen Ausübung andererseits.[12] Insofern entzieht sich, wer zur Sitzung erscheint, aber vor oder nach Sitzungsbeginn die Ausübung einer ihm gesetzlich obliegenden Pflicht ausdrücklich oder stillschweigend verweigert, z.B. den **Schöffeneid** zu leisten oder ein entsprechendes Gelöbnis abzulegen (§ 45 DRiG), oder sich bei einer Abstimmung zu beteiligen – vgl. § 195 – (h.M.). Die bloße Behauptung des Schöffen, sein **Gewissen** verbiete ihm eine Tätigkeit als Schöffe, oder er werde zwar an der Verhandlung teilnehmen, sich aber bei der Abstimmung der Stimme enthalten, berechtigt nicht, von Ordnungsgeld abzusehen.[13] Das gilt auch dann, wenn ein zunächst erschienener Schöffe erklärt, er werde an der weiteren Hauptverhandlung nicht mehr teilnehmen, weil er nicht an einer Verurteilung eines nur aus wirtschaftlicher Not zum Drogenkurier gewordenen Angeklagten mitwirken könne, wenn er daraufhin mit Erfolg von der Staatsanwaltschaft abgelehnt wird.[14] Eine Pflichtverletzung liegt aber auch vor, wenn Schöffen sich für das Gericht unerreichbar machen, indem sie etwa ihre neue Adresse nicht mitteilen oder die **Kommunikation mit dem Gericht** anderweitig 4

5 SK/*Degener* 4; OK/*Goers* 11.
6 MüKo/*Schuster* 4.
7 Vgl. Kissel/*Mayer* 14; MüKo/*Schuster* 4.
8 Vgl. Prot. 253.
9 Kissel/*Mayer* 2.
10 OLG Frankfurt NJW **1990** 3285 = NStZ **1990** 503 = NStE Nr. 1 zu § 56; KG GA **1987** 227; KG NStZ **1999** 427; Kissel/*Mayer* 8; MüKo/*Schuster* 5.
11 KK/*Barthe* 3.
12 KG JR **1987** 302.
13 KG JR **1966** 188 und *Nüse* DRiZ **1968** 87; MüKo/*Schuster* 5.
14 OLG Frankfurt NJW **1992** 3183 = NStE Nr. 3 zu § 56.

verhindern.[15] Vor diesem Hintergrund trifft einen Schöffen auch die Pflicht, dem Gericht im Falle behaupteter krankheitsbedingte Verhinderung rechtzeitig anzuzeigen, geeignete ärztliche Unterlagen vorzulegen und für Rückfragen des Gerichts seine (telefonische) Erreichbarkeit sicherzustellen.[16]

4a **c) Beratungsgeheimnis.** Nach heute wohl einhelliger Auffassung ist ein Bruch des **Beratungsgeheimnisses** nicht als Verletzung unmittelbarer prozessualer Mitwirkungspflichten zu ahnden.[17] Auch werden unsachliche, die Neutralitätspflicht verletzende Äußerungen selbst dann nicht erfasst, wenn sie zur erfolgreichen **Ablehnung** des Schöffen führen. So entfällt die Belastung eines Schöffen mit den Kosten des Verfahrens, wenn er nach dem ersten Sitzungstag dem Angeklagten gegenüber äußert, dieser „werde nicht unter sechs Jahren wegkommen" und der Schöffe deswegen wegen **Befangenheit** abgelehnt wird und ein neues Verfahren begonnen werden muss. Denn eine solche Kostenbelastung müsste zu einem unübersehbaren Risiko für den Schöffen führen; das aber sei mit Wesen und Funktion des Laienrichtertums nicht vereinbar.[18] Im Übrigen würde dies zu einer uferlosen Ausdehnung der Vorschrift führen. Eine Sanktion scheidet aber selbst dann aus, wenn der an der Hauptverhandlung teilnehmende Schöffe absichtlich durch Äußerungen zum Prozess sein Ausscheiden aus dem Verfahren anstrebt, weil er das Ausscheiden im Falle der dann zu besorgenden Befangenheit nicht selbst und damit nicht unmittelbar in der Hand hat.[19] Bei gröblicher Verletzung einer nicht von der prozessualen Mitwirkungspflicht erfassten Amtspflicht kann eine Amtsenthebung nach Maßgabe von § 51 in Betracht kommen.

5 **3. Genügende Entschuldigung.** Eine Sanktion darf nur verhängt werden, wenn sie nicht genügend entschuldigt ist, worunter auch schuldloses Handeln fällt.[20] Ob eine vor oder in der Sitzung vorgebrachte Entschuldigung genügend ist,[21] unterliegt dem **Ermessen** des Richters; ebenso, ob die tatsächlichen Angaben ohne Weiteres glaubhaft sind oder weiterer Nachweise bedürfen. Weil nicht jede Erkrankung zur Unfähigkeit zur Teilnahme an einer Sitzung führt, genügt die Vorlage einer **Arbeitsunfähigkeitsbescheinigung** ohne Angaben über die Erkrankung grundsätzlich nicht.[22] Öffentliche Beamte, die als Schöffen usw. einberufen sind, können nicht vorschützen, dass ihnen ihre vorgesetzte Behörde den Urlaub versagt habe; die Pflicht, der Berufung nachzukommen, ist von einer Urlaubsbewilligung unabhängig.[23] Die Mitteilung von einer **Geschäftsreise** ist allein keine genügende Entschuldigung.[24] Andererseits kann die Nichtteilnahme an der weiteren Hauptverhandlung entschuldigt sein, wenn dem Beratungsbedarf eines Schöffen, den dieser benötigt, um der Hauptverhandlung folgen zu können, nicht stattgegeben wird.[25] Denn das Tatgeschehen muss für Schöffen transparent sein, weil nur dann eine ausreichende Urteilsgrundlage besteht. Dafür muss der Vorsitzende Sorge tragen. Sonst stuft er Schöffen zu

15 Kissel/*Mayer* 7; MüKo/*Schuster* 5; KK/*Barthe* 7.
16 KG StraFo **2021** 35.
17 KG JR **1987** 302 mit Übersicht zum früheren Meinungsstand; Kissel/*Mayer* 8; *Katholnigg* 2; MüKo/*Schuster* 5; KK/*Barthe* 3; Radtke/Hohmann/*Rappert* 8; Schmitt/Köhler 4; **a.A.** *Schmidt-Ränsch* zu § 45 DRiG.
18 OLG Frankfurt NJW **1990** 3285 = NStZ **1990** 503 = NStE Nr. 1 zu § 56.
19 KG NStZ **1999** 427.
20 MüKo/*Schuster* 6.
21 Dazu LR/*Gittermann* § 51, 8.
22 VerfGH Berlin v. 23.2.2022 – 149/20, BeckRS **2022** 4332; KG StraFo **2021** 35; OLG Düsseldorf NJW **1992** 1712 = NStE Nr. 2 zu § 56; SK/*Degener* 4; **a.A.** OLG Düsseldorf NStZ-RR **2011** 215.
23 RGRspr. **I** 810.
24 OLG Hamm Rpfleger **1951** 528; SK/*Degener* 4; OK/*Goers* 16.
25 LG Münster NJW **1993** 1088 = NStE Nr. 4 zu § 56.

Richtern minderen Rechts herab.[26] Beruht eine Pflichtverletzung auf einem Berufen auf die **Glaubens- und Gewissensfreiheit** und führt eine deshalb nicht erfolgte Streichung von der Schöffenliste den Schöffen in ein unauflösbares Dilemma, kann im Einzelfall eine besonders kritische Prüfung einer ausreichenden Entschuldigung angezeigt sein.[27]

4. Sanktionen

a) Ordnungsgeld. Das Gesetz sieht bei Vorliegen der Voraussetzungen grundsätzlich **zwingend** die Festsetzung eines Ordnungsgeldes vor. **Ermessen** steht dem Richter nur bei der Würdigung der Voraussetzungen und der – schuldangemessenen – Bestimmung der Höhe zu. Bei geringem Verschulden kann entsprechend § 153 StPO jedoch von einem Ordnungsgeld abgesehen werden;[28] dies soll das Auferlegen der verursachten Kosten indessen nicht umfassen.[29] Nach **Art. 6 EGStGB** beträgt das Ordnungsgeld mindestens fünf und höchstens eintausend Euro. Gegen das Verhängen des Höchstmaßes bestehen aber rechtliche Bedenken, wenn etwa die Ladung zum Termin erst sehr kurzfristig erfolgte.[30] Eine Ersatzordnungshaft für den Fall, dass das Ordnungsgeld nicht beigetrieben werden kann, ist in § 56 nicht vorgesehen und daher (vgl. Art. 8 EGStGB 1974) nicht zulässig. Die Verjährungsfrist beträgt zwei Jahre (Art. 9 Abs. 1 Satz 2 EGStGB). Über Zahlungserleichterungen vgl. Art. 7 EGStGB 1974.[31] Die Vollstreckung obliegt dem Richter (vgl. § 179). 6

b) Kosten. Verursachte Kosten sind die Kosten, die erwachsen, wenn infolge der Pflichtwidrigkeit eines Schöffen eine Sitzung des Schöffengerichts oder doch eine einzelne Hauptverhandlung, oder wenn durch eine Vertrauensperson eine Sitzung des Ausschusses vereitelt wird, einschl. der Kosten, die durch die Vollstreckung des Ordnungsgeldes entstehen. Hierzu gehören demnach alle Kosten, die auf die **Pflichtverletzung** des Schöffen **zurückzuführen** sind. Bei notwendiger Vertagung fallen hierunter auch die Kosten der Ladungen und die Kosten der angereisten Verfahrensbeteiligten, aber auch die Kosten für ein erforderlich gewordenes Heranziehen von Hilfsschöffen.[32] Eine vermögensrechtliche Haftung des Schöffen über den in § 56 vorgezeichneten Rahmen hinaus wird aber nicht angenommen.[33] 7

c) Wiederholtes Ordnungsgeld. Macht sich jemand der Pflichtwidrigkeit wiederholt schuldig, so liegen ebenso viele Ahndungsfälle vor, auch wenn sie sich auf dieselbe Sitzung beziehen, z.B. der Schöffe erscheint verspätet zur Sitzung und verweigert später die Teilnahme an der Abstimmung. Eine Zusammenrechnung der Ordnungsgelder findet nicht statt.[34] 8

5. Verfahren (Absatz 2)

a) Zuständigkeit. Die Sanktionen werden durch den durch Beschluss des Präsidiums bezeichneten Richter beim **Amtsgericht** erlassen. Es ist jedoch zulässig, in der Geschäfts- 9

26 LG Münster a.a.O.
27 Kissel/*Mayer* 4; MüKo/*Schuster* 6.
28 KG v. 5.4.2000 – 1 AR 97/00 (juris); *Kissel/Mayer* 9; KK/*Barthe* 6.
29 Kissel/*Mayer* 9; ebenso (für Zeugen) *Schmitt/Köhler* § 51 StPO, 17.
30 KG v. 20.11.2018 – 2 Ws 227/18 (juris).
31 Einzelheiten bei LR/*Ignor/Bertheau* § 51 StPO, Anh. 7.
32 Kissel/*Mayer* 10.
33 SK/*Degener* 11.
34 Kissel/*Mayer* 12.

verteilung die Entscheidung dem jeweiligen Schöffengerichtsvorsitzenden zu übertragen.[35] Beim **Landgericht** werden sie allein durch den Vorsitzenden der erkennenden Kammer festgesetzt (§ 77 Abs. 3 Satz 3). Gegenüber Mitgliedern des Schöffenwahlausschusses steht dieses Recht dessen Vorsitzenden zu. Der zuständige Richter prüft das Vorliegen der Voraussetzungen vollumfänglich von Amts wegen.[36]

10 **b) Festsetzung der Sanktionen.** Die Festsetzung erfolgt durch Beschluss. Die **Staatsanwaltschaft** ist, obwohl sie bei Verhandlungen des Ausschusses nicht mitwirkt, als Vertreterin des öffentlichen Interesses auch **zu hören**, wenn es sich um die Festsetzung gegen ein Ausschussmitglied handelt.[37] Grundsätzlich wird – trotz des Beschwerderechts – auch eine **Anhörung des Schöffen** für erforderlich gehalten; jedenfalls hat der Schöffe einen Anspruch auf rechtliches Gehör.[38] Die **Vollstreckung** von Ordnungsgeldern gegen Schöffen nach **§ 56 Abs. 1** obliegt gemäß § 36 Abs. 2 Satz 1 StPO in Verbindung mit § 31 Abs. 2 Satz 3 RPflG dem Rechtspfleger der Staatsanwaltschaft.[39] § 179 ist insoweit nicht einschlägig, weil diese Vorschrift ausschließlich die Vollstreckung von Ordnungsmitteln nach den **§§ 176** bis **178**, also von Ordnungsmitteln, mit denen auf Störungen der Sitzung oder ungebührliches Verhalten in der Sitzung reagiert worden ist, erfasst.

11 **c) Zeitpunkt der Festsetzung.** § 56 besagt nichts darüber, wann – spätestens – eine Entscheidung nach Absatz 1 zu treffen ist. Da diese Regelung aber ähnlich wie die für Zeugen (§ 51 StPO) konzipiert ist, bietet sich auch eine entsprechende Auslegung an, wie sie sich dort durchgesetzt hat. Danach ist auch hier davon auszugehen, dass diese Entscheidung spätestens zu erlassen ist, wenn die Hauptsache zur Entscheidung reif ist.[40] Wird die Unterlassung des Beschlusses erst während der Urteilsberatung bemerkt, muss erneut in die Verhandlung eingetreten und der Beschluss erlassen werden. Dieses Ergebnis folgt im Übrigen auch daraus, dass mit der abschließenden Entscheidung über die Kosten des Verfahrens zu befinden ist und Klarheit herrschen muss, welche Kosten vom Angeklagten im Falle seiner Verurteilung zu tragen sind.

12 **d) Nachträgliche Entschuldigung.** Sie ist **an keine Frist gebunden**. Selbst wenn das Ordnungsgeld bereits beigetrieben ist, steht das einer Zurücknahme der Festsetzung nicht entgegen. Hierbei ist unerheblich, ob die Entschuldigungsgründe durch den Betroffenen dargetan oder auf sonstige Weise bekannt werden.[41] Auch bei genügender nachträglicher Entschuldigung gestattet es das Gesetz, die Festsetzung aufrecht zu erhalten („kann") – im Gegensatz etwa zu § 51 Abs. 2 Satz 2 StPO. Damit soll der Fall erfasst werden, dass der Ausgebliebene zwar sein Ausbleiben, nicht aber die Verspätung seiner Entschuldigung zu rechtfertigen vermag. Wären in einem solchen Falle die verursachten Kosten durch eine rechtzeitige Anzeige zu vermeiden gewesen, so kann es angemessen sein, die Auferlegung der Kosten aufrechtzuerhalten, die Festsetzung des Ordnungsgeldes dagegen wieder aufzuheben. Letzteres wird sogar die Regel sein müssen, weil das Ordnungsgeld auch strafähnliche Elemente enthält und insoweit gerade Schuld voraussetzt.[42] Die **Festsetzung kann** teilweise **zurückgenommen**

---

35 MüKo/*Schuster* 10; KK/*Barthe* 4.
36 MüKo/*Schuster* 11.
37 Begr. 49.
38 Kissel/*Mayer* 13; *Eb. Schmidt* 9; vgl. auch OVG Mecklenburg-Vorpommern NVwZ-RR **2003** 70.
39 OLG Celle NStZ-RR **2016** 294; MüKo/*Schuster* 12; **a.A.** Kissel/*Mayer* 16.
40 Vgl. LR/*Ignor*/*Bertheau* § 51 StPO, 26 m.w.N.
41 SSW/*Güntge* 6; *Schmitt*/*Köhler* 7.
42 OLG Koblenz MDR **1993** 1229 = NStE Nr. 5 zu § 56.

werden, wenn die Entschuldigung zwar nicht genügt, das Ordnungsgeld aber mit Rücksicht auf die erst jetzt bekannt gewordenen Umstände zu hoch erscheint.[43]

e) Beschwerde. Die Beschwerde steht **nur dem Betroffenen**, nicht aber der Staatsanwaltschaft zu, weil dieser nur ein Anhörungsrecht eingeräumt ist; das gilt auch, wenn der Richter ihren (zulässigen) Antrag abgelehnt hat (h.M.). Der Betroffene kann (einfache) Beschwerde (§§ 306 ff. StPO) einlegen, ohne zuvor die Zurücknahme bei dem Richter beantragt zu haben. Er kann Beschwerde auch lediglich wegen der Höhe des Ordnungsgeldes einlegen. Über die Beschwerde hat zunächst der Richter zu entscheiden, der die Maßregel verhängt hat[44] (Abhilfe- oder Nichtabhilfeentscheidung). Beschwerdefähig ist auch die Entscheidung, die auf das Vorbringen nachträglicher Entschuldigungsgründe ergeht.[45] Eine „Beschwerde" des Schöffen, die nachträgliches Entschuldigungsvorbringen enthält, ist als **Antrag auf Aufhebung des Ordnungsmittelbeschlusses** zu werten, über den zunächst der Richter zu entscheiden hat, der die Ordnungsmittel verhängt hat. Erst gegen diese selbständige Entscheidung ist das Rechtsmittel der Beschwerde gegeben.[46] Bei geringem Verschulden ist auch im Beschwerdeverfahren eine Einstellung entsprechend § 153 StPO möglich.[47] Auch hier gilt, dass das Erheben einer Verfassungsbeschwerde das vorherige Einlegen einer entsprechenden Anhörungsrüge voraussetzt.[48] 13

§ 57

Bis zu welchem Tag die Vorschlagslisten aufzustellen und dem Richter beim Amtsgericht einzureichen sind, der Ausschuß zu berufen und die Auslosung der Schöffen zu bewirken ist, wird durch die Landesjustizverwaltung bestimmt.

Entstehungsgeschichte

Das VereinhG 1950 änderte lediglich das Wort „Urliste" in „Vorschlagsliste". Durch Art. II Nr. 6 PräsVerfG wurde „Amtsrichter" durch „Richter beim Amtsgericht" ersetzt.

1. Ziel der Regelung. Inhalt und Ziel der Regelung ist eine rechtzeitige und landesweit einheitliche Schöffenwahl und -auslosung rechtzeitig vor dem Beginn einer neuen Amtsperiode, um einem Stillstand der Rechtspflege entgegenzuwirken.[1] Wegen des Begriffs **„Landesjustizverwaltung"** s. § 22, 24. 1

2. Landesrechtliche Verwaltungsvorschriften. Um Wahl und Auslosung der Schöffen rechtzeitig zu gewährleisten, sind aufgrund des § 57 in den Ländern **Verwaltungsvorschriften** über die Vorbereitung und Durchführung der Wahl der Schöffen und Jugendschöffen und weitere das Schöffenwesen betreffende Angelegenheiten erlassen worden, z.B. in Baden-Württemberg die Gemeinsame Verwaltungsvorschrift v. 8.12.2022 (GABl. **2023** 2

---

43 *Eb. Schmidt* 5.
44 OLG Düsseldorf v. 15.3.1983 – 2 Ws 136/83 (juris); KK/*Barthe* 8.
45 Kissel/*Mayer* 18.
46 OLG Düsseldorf v. 22.7.2015 – III-2 Ws 305/15 (juris).
47 KG v. 5.4.2000 – 1 AR 97/00 (juris).
48 VGH Berlin v. 23.2.2022 – 149/20 (juris).
1 MüKo/*Schuster* 1, KK/*Barthe* 1; OK/*Goers* 1.

23), in Rheinland-Pfalz die Verwaltungsvorschrift v. 25.2.2013 (MinBl. **2007** 711 i.V.m. JBl. **2017** 176), in Thüringen die Verwaltungsvorschrift v. 10.10.2022 (ThürStAnz **2022** 1348), in Mecklenburg-Vorpommern die Verwaltungsvorschrift v. 17.10.2022 (AmtsBl. MV **2022** 618), in Schleswig-Holstein Verwaltungsvorschrift vom 8.6.2022 (Amtsbl SH **2022** 699), zuvor in Nordrhein-Westfalen der Gemeinsame Runderlass vom 10.12.1975 (JMBlNRW **1976** 25), in Niedersachen die gemeinsame Verfügung vom 17.3.1976 (NdsRpfl. 80) und in Sachsen die Gemeinsame Verwaltungsvorschrift des Sächsischen Staatsministeriums des Inneren zur Vorbereitung und Durchführung der Wahl und Berufung der Schöffen und Jugendschöffen in der ab 29.2.2008 gültigen Fassung (SächsABl. Jg 2000, Bl.-Nr. 3, S. 66). Diese Anordnungen sind für alle am Verfahren Beteiligten **verbindlich**.[2] Andererseits hat die Justizverwaltung keine Möglichkeit der Durchsetzung dieses Zeitplanes.[3] Dies obliegt allein dem Richter am Amtsgericht. Das **Überschreiten** der zeitlichen Vorgaben der Verwaltungsvorschriften etwa für die Wahl und die Mitteilung der Vertrauenspersonen führt indessen nicht zur Rechtswidrigkeit der Wahl der Vertrauenspersonen.[4]

§ 58

(1) [1]Die Landesregierungen werden ermächtigt, durch Rechtsverordnung einem Amtsgericht für die Bezirke mehrerer Amtsgerichte die Strafsachen ganz oder teilweise, Entscheidungen bestimmter Art in Strafsachen sowie Rechtshilfeersuchen in strafrechtlichen Angelegenheiten von Stellen außerhalb des räumlichen Geltungsbereichs dieses Gesetzes zuzuweisen, sofern die Zusammenfassung für eine sachdienliche Förderung oder schnellere Erledigung der Verfahren zweckmäßig ist. [2]Die Landesregierungen können die Ermächtigung durch Rechtsverordnung auf die Landesjustizverwaltungen übertragen.

(2) [1]Wird ein gemeinsames Schöffengericht für die Bezirke mehrerer Amtsgerichte eingerichtet, so bestimmt der Präsident des Landgerichts (Präsident des Amtsgerichts) die erforderliche Zahl von Haupt- und Ersatzschöffen und die Verteilung der Zahl der Hauptschöffen auf die einzelnen Amtsgerichtsbezirke. [2]Ist Sitz des Amtsgerichts, bei dem ein gemeinsames Schöffengericht eingerichtet ist, eine Stadt, die Bezirke der anderen Amtsgerichte oder Teile davon umfaßt, so verteilt der Präsident des Landgerichts (Präsident des Amtsgerichts) die Zahl der Ersatzschöffen auf diese Amtsgerichte; die Landesjustizverwaltung kann bestimmte Amtsgerichte davon ausnehmen. [3]Der Präsident des Amtsgerichts tritt nur dann an die Stelle des Präsidenten des Landgerichts, wenn alle beteiligten Amtsgerichte seiner Dienstaufsicht unterstehen.

(3) Die übrigen Vorschriften dieses Titels sind entsprechend anzuwenden.

Schrifttum

Dallinger Gerichtsverfassung und Strafverfahren, JZ **1953** 434; *Koffka/Schäfer* Die Vorschriften über Strafrechtspflege in der VO des Reichspräsidenten über Maßnahmen auf dem Gebiet der Rechtspflege (1932); *Rieß* Zur bisherigen Entwicklung und zur Änderung des Rechtspflege-Anpassungsgesetzes, NJ **1996** 15.

2 MüKo/*Schuster* 1; SK/Degener 2; einschränkend demgegenüber OK/*Goers* 2 im Hinblick auf die gemeindlich zu erstellenden Vorschlagslisten.

3 Kissel/*Mayer* 1.

4 OVG Bautzen LKV **2023** 498.

Entstehungsgeschichte

Gesetz v. 11.3.1921 Art. 1 Nr. 7 (RGBl. S. 230). Bek. vom 22.3.1924 (RGBl. I S. 306): Änderung der Paragraphenzahl; VereinhG 1950: Änderung des Absatzes 2 („Der Landgerichtspräsident" an Stelle von „Die Landesjustizverwaltung"). Durch Art. 11 Nr. 1 StPÄG 1964 erhielten Absatz 1 und 2, im Wesentlichen auch Absatz 2 Satz 1 die jetzt noch geltende Fassung. Durch Art. 2 Nr. 16 des 1. StVRG 1974 wurden in Absatz 1 Satz 1 hinter „Entscheidungen bestimmter Art in Strafsachen" die Worte „sowie Rechtshilfeersuchen ... Geltungsbereichs dieses Gesetzes", durch § 179 StVollzG 1976 in Absatz 1 Satz 2 hinter „Ermächtigung" die Worte „durch Rechtsverordnung" eingefügt. Art. 2 Nr. 2 des StVÄG 1987 brachte in Absatz 2 die Anfügung der Sätze 2 und 3 und im nunmehrigen Satz 1 die Einfügung des Klammerzusatzes „Präsident des Amtsgerichts". Durch das Gesetz zur Fortentwicklung der Strafprozessordnung und zur Änderung weiterer Vorschriften vom 25.6.2021 (BGBl. I S. 2099) wurde in Absatz 2 der Begriff des Hilfsschöffen durch jenen des Ersatzschöffen ersetzt.

Übersicht

I. Bedeutung der Vorschrift

§ 58 steht zwar im 4. Titel „Schöffengerichte"; Absatz 1 gilt aber auch für die Strafsa- 1
chen und Entscheidungen, die in die Zuständigkeit des Richters beim Amtsgericht als

Einzelrichter („Strafrichter") fallen.[1] § 58 ermöglicht es, insbesondere die Haft- oder Schöffengerichtssachen bei den größeren Amtsgerichten zu **konzentrieren**, und befreit die Justizverwaltung von der Notwendigkeit, etwa bei jedem Amtsgericht mit erheblichem Kosten- und Personalaufwand ein Gerichtsgefängnis zu unterhalten, indem die Haftentscheidungen des Richters beim Amtsgericht auf das nächste Amtsgericht mit einer geeigneten und nach ihrer Bedeutung den Aufwand rechtfertigenden Untersuchungshaftanstalt übertragen werden können. Dabei steht eine mögliche Konzentration nicht im Belieben der jeweiligen Justizverwaltung. Voraussetzung ist vielmehr eine sachdienliche Förderung oder schnellere Erledigung der Verfahren, mithin eine **Verbesserung der Strafrechtspflege**.[2] Bei der Ausgestaltung bleibt der Landesregierung indessen ein weiter Beurteilungs- und Gestaltungsspielraum.[3] Dadurch können Strafdezernate optimal ausgelastet und die knappen Ressourcen der Justiz besser genutzt werden, zumal erfahrungsgemäß Richter, die sich auf ein bestimmtes Sachgebiet spezialisiert haben, die Materie besser durchdringen und in der Regel auch rationeller arbeiten, und in kleinen Amtsgerichten diese Möglichkeit zumeist nicht besteht.

II. Bezirksjugendrichter und gemeinsames Jugendschöffengericht

2 Parallel zu § 58 GVG bestimmt

§ 33 Abs. 3 JGG
[1]Die Landesregierungen werden ermächtigt, durch Rechtsverordnung zu regeln, daß ein Richter bei einem Amtsgericht zum Jugendrichter für den Bezirk mehrerer Amtsgerichte (Bezirksjugendrichter) bestellt und daß bei einem Amtsgericht ein gemeinsames Jugendschöffengericht für den Bezirk mehrerer Amtsgerichte eingerichtet wird. [2]Die Landesregierungen können die Ermächtigung durch Rechtsverordnung auf die Landesjustizverwaltungen übertragen.

2a Ein **Bezirksjugendrichter** kommt in Betracht, wenn der Anfall von Jugend- und Heranwachsendensachen in einem Amtsgerichtsbezirk nicht ausreicht, um eine Abteilung auszulasten. Im Übrigen ist **Zurückhaltung** bei der Bestellung geboten, damit die Einheit von Jugendrichter und Vormundschaftsrichter (§ 34 Abs. 2 JGG) nicht ohne zwingenden Grund aufgegeben wird.[4] Eine Anordnung nach § 58 Abs. 1 gilt nicht für die in die Zuständigkeit des Jugendrichters fallenden Sachen, jedoch können Anordnungen nach § 58 Abs. 1 und solche nach § 33 Abs. 3 JGG miteinander verbunden werden. Bei Bildung eines gemeinsamen Jugendschöffengerichts gelten Absätze 2, 3 des § 58.

III. Zuweisung durch Rechtsverordnung

3 **1. Rechtsverordnung.** § 58 a.F. gestattete in seiner ursprünglichen Fassung der Landesjustizverwaltung, die Zuständigkeitskonzentration durch Verwaltungsanordnung herbeizuführen. Das entsprach nach dem Inkrafttreten des Grundgesetzes nicht mehr der staatsrechtlichen Rechtslage. Die Zuweisung von Strafsachen aus dem Bezirk eines Amtsgerichts an ein anderes Amtsgericht bedeutet der Sache nach eine Ausdehnung

---

1 BVerfGE **24** 155, 165.
2 Kissel/*Mayer* 1.
3 MüKo/*Schuster* 3.
4 Begr. S. 44; *Eisenberg* §§ 33 bis 33b, 24 JGG.

der örtlichen Zuständigkeit des letzteren Gerichts über seine Bezirksgrenzen hinaus, also insoweit eine Änderung der Bezirksgrenzen.[5] Eine solche Änderung kann aber im Hinblick auf den Grundsatz des gesetzlichen Richters nur durch Gesetz oder durch RechtsVO aufgrund gesetzlicher Ermächtigung erfolgen (§ 59, 14). Die Ermächtigung zu „Anordnungen" in § 58 bedeutete also die Ermächtigung zum Erlass von Rechtsverordnungen, die nach Art. 80 Abs. 1 GG nur den Landesregierungen als solchen, nicht bestimmten Landesministerien oder anderen Landesbehörden erteilt werden kann.[6] Das durch diese Entscheidung ausgelöste Gesetz über Rechtsverordnungen im Bereich der Gerichtsbarkeit vom 1.7.1960 (BGBl. I S. 481) bestimmt in § 1 u.a., dass, soweit das GVG auf dem Gebiet der Strafrechtspflege Ermächtigungen der obersten Landesbehörden zum Erlass von Rechtsverordnungen vorsieht, die Landesregierungen zum Erlass dieser Rechtsverordnungen ermächtigt sind; die **Landesregierungen** können die **Ermächtigung** auf oberste Landesbehörden übertragen. Seitdem sind die im GVG enthaltenen Vorschriften über Ermächtigungen auch redaktionell (und zwar § 58 durch das StPÄG 1964) der neuen Rechtslage angepasst worden, ebenso § 33 Abs. 3 JGG; die darin ausgesprochenen Ermächtigungen zum Erlass von Rechtsverordnungen sind mit dem Grundgesetz vereinbar.[7] Wegen des Begriffs der Landesregierung vgl. § 40, 3, wegen des Begriffs Landesjustizverwaltung § 22, 40.

2. Begriff der Zuweisung in Absatz 1. Dieser Begriff (vgl. z.B. auch § 74d Abs. 1 Satz 1) besagt nichts darüber, wie der vermehrte Geschäftsanfall organisatorisch aufgefangen wird. Die Zuweisung erfolgt **an das Gericht** als administrative Einheit; die weitere Durchführung – z.B. Vermehrung oder Erweiterung der Einzelrichterdezernate, Zuweisung an ein vorhandenes Schöffengericht, Bildung eines Schöffengerichts, das ganz oder z.T. mit den „zugewiesenen" Sachen befasst wird, ist Sache des Präsidiums. 4

IV. Zuständigkeitskonzentration

1. Über den Bezirk des Land- oder Oberlandesgerichts hinaus. Ursprünglich war streitig, ob die Amtsgerichte, deren Zuständigkeit dem gemeinsamen Amtsgericht übertragen wird, dem gleichen Landgericht oder Oberlandesgerichtsbezirk angehören müssen, in dem das gemeinsame Amtsgericht seinen Sitz hat.[8] Eine gewisse Klärung brachte die – inzwischen aufgehobene; unten 11 – Vorschrift im neunten Teil § 4 der VO vom 1.12.1930 (RGBl. I S. 517, 604), die für die Erledigung von Rechtshilfeersuchen (§ 157) die Zuweisung der Zuständigkeit mehrerer Amtsgerichte auf eines von ihnen zuließ und dabei ausdrücklich bestimmte, dass die Zuweisungsanordnung auch zulässig sei, wenn die mehreren Amtsgerichte nicht im Bezirk desselben Landgerichts gelegen sind. Endgültig geklärt wurde die Frage durch das BVerfG,[9] wonach sich „räumlich die Zusammenfassung auf den Bezirk **mehrerer Amtsgerichte eines Landes** erstrecken" darf, die Regelung also in die Landgerichtsbezirke eingrei- 5

---

5 Vgl. dazu BGH NStZ **1989** 81 betr. beschränkte Bedeutung der örtlichen Zuständigkeitskonzentration nach § 30 der BayVO über die Zuständigkeit der AG in Strafsachen – BayGZV Ju, GVBl. **1988** 6, – wonach ein für den Haftort des Beschuldigten als „Haftgericht" zuständiges Amtsgericht ohne besondere Vorschrift für die Eröffnung des Hauptverfahrens örtlich nur zuständig ist, wenn in seinem durch Zuständigkeitskonzentration erweiterten Gerichtsbezirk ein Gerichtsstand nach §§ 7 f. StPO gegeben ist.

6 BVerfGE **11** 77.

7 BVerfGE **24** 155.

8 Dazu ausführlich in LR[21] § 58, 2a.

9 BVerfGE **24** 155, 168 = NJW **1969** 1291; ebenso BVerfGE **30** 103, 106 = NJW **1971** 795.

fen kann.[10] Ebenso könnte aber auch ein gemeinsames Amtsgericht **ohne Rücksicht auf die Grenzen des Oberlandesgerichtsbezirks** gebildet werden.[11]

6 **2. Über die Landesgrenzen hinaus.** Durch Vereinbarung der beteiligten Länder kann auch, wenngleich dies § 58 nicht ausdrücklich vorsieht, der Bezirk eines Amtsgerichts über die Landesgrenzen hinaus ausgedehnt und so ein **gemeinschaftliches Amtsgericht für mehrere Länder** geschaffen werden. Die gesetzlichen Vorschriften, die solche Konzentrationen ausdrücklich vorsehen (z.B. § 120 Abs. 5, für die Verwaltungsgerichte § 3 Abs. 2 VwGO; s.a. § 78a Abs. 3) bringen einen allgemeinen Rechtsgedanken zum Ausdruck. Voraussetzung ist jedoch eine dem Landesverfassungsrecht genügende Vereinbarung (in der Regel ein **Staatsvertrag**).[12]

7 **3. Wirkung der Konzentration.** Im Rahmen der Zuweisung der Geschäfte anderer Amtsgerichte erstreckt sich der Bezirk des gemeinschaftlichen Amtsgerichts auf die Bezirke der anderen Amtsgerichte, die insoweit nicht mehr zuständig sind.[13] Es ändert sich also die **örtliche Zuständigkeit**: Das Konzentrationsgericht wird örtlich zuständig, wenn ein Gerichtsstand i.S.v. §§ 7 ff. StPO für seinen nunmehr erweiterten Zuständigkeitsbereich vorliegt.[14] Die Konzentration wirkt sich darüber hinaus auf die Zuständigkeit übergeordneter Gerichte und der bei ihnen bestehenden Staatsanwaltschaften aus. Letztlich wird hierdurch auch der **gesetzliche Richter** neu bestimmt.[15]

V. Gegenstand der Zuweisung

8 **1. Grundsatz.** § 58 lässt die Zuständigkeitskonzentration zu für Strafsachen, d.h. für das Verfahren in vollem Umfang wie auch für Entscheidungen bestimmter Art in Strafsachen, d.h. für einzelne der Art nach generell bestimmte gerichtliche Entscheidungen, die innerhalb eines Strafverfahrens zu erlassen sind.

9 **2. Entscheidungen bestimmter Art.** Die **Zuständigkeitsübertragung** kann z.B. nur die aufgrund und im Verlauf einer Hauptverhandlung zu erlassenden Entscheidungen betreffen oder sich auch auf die im vorbereitenden Verfahren nötigen richterlichen Entscheidungen (z.B. über den Haftbefehl) **beschränken** oder nur die Entscheidung über die Eröffnung des Hauptverfahrens zum Gegenstand haben.[16] Ob ein solches Vorgehen im Einzelfall tatsächlich sinnvoll wäre, mag indessen hinterfragt werden. Im Entstehungsstadium des StPÄG 1964, als der das Hauptverfahren eröffnende Richter nach den Absichten des Bundestages von der Mitwirkung in der Hauptverhandlung ausgeschlossen sein sollte, sollte die Neufassung des § 58 die „von jedem Zweifel an ihrer Zulässigkeit befreite" Möglichkeit schaffen, auch die Entscheidungen über die Eröffnung des Hauptverfahrens für die Bezirke mehrerer Amtsgerichte einem dieser Gerichte zu übertragen, um ggf. der Notwendigkeit, weitere Richterstellen zu schaffen,

10 So ausdrücklich BVerfGE **30** 103, 106.
11 BVerfG NJW **1971** 795; OK/*Goers* 7; MüKo/*Schuster* 4; KK/*Barthe* 1.
12 Kissel/*Mayer* 7; SK/*Degener* 2; SSW/*Werner* 2.
13 Vgl. BGHSt **35** 344; OLG Nürnberg NStZ **1987** 37; KK/*Barthe* 1; OK/*Goers* 5.
14 BGH NJW **1989** 237; MüKo/*Schuster* 4.
15 SK/*Degener* § 51, 1; OK/*Goers* 6.
16 OK/*Goers* 20.

aus dem Wege zu gehen.[17] Dieser Zweck der Neufassung erledigte sich, als der Gedanke des Ausschlusses des Eröffnungsrichters in der Hauptverhandlung im weiteren Verlauf der Arbeiten am StPÄG 1964 fallengelassen wurde. An der rechtlichen Möglichkeit, eine Übertragung auf die Entscheidung über die Eröffnung des Hauptverfahrens zu beschränken, hat sich dadurch aber nichts geändert.[18]

3. Teilweise Übertragung von Strafsachen. Gemeint ist mit „teilweise" eine Aussonderung nach **sachlichen** – nicht: nach örtlichen – **Merkmalen**. Die Zuweisung kann sich z.B. auf Schöffengerichtssachen oder bei den in die Strafrichterzuständigkeit fallenden Sachen auf die Haftsachen,[19] auf den Erlass von Haftbefehlen,[20] auf beschleunigte Verfahren[21] oder auf die Verkehrsstrafsachen, Privatklagedelikte oder Strafbefehlsverfahren[22] beschränken. Möglich ist auch eine Konzentration im Hinblick auf bestimmte **Personengruppen** als Angeklagte, etwa inhaftierte Frauen.[23] Dagegen muss die betreffende Art von Sachen räumlich für den ganzen Amtsgerichtsbezirk („für die Bezirke mehrerer Amtsgerichte") übertragen werden (allg. Meinung). § 58 ermöglicht nicht die Bildung eines gemeinsamen Schöffengerichts, das lediglich als erweitertes Schöffengericht (§ 29 Abs. 2) tätig werden soll, weil der eröffnende Richter nicht an den Antrag der Staatsanwaltschaft, einen zweiten Richter hinzuzuziehen, gebunden ist.[24] Da indessen eröffnendes und erkennendes Gericht nicht identisch zu sein brauchen (Rn. 9), erscheint es zulässig, ein gemeinsames erweitertes Schöffengericht für die Fälle zu bilden, in denen vor dem Schöffengericht eröffnet und dabei Zuziehung eines zweiten Richters angeordnet ist. 10

4. Rechtshilfeersuchen. Die Vorschrift erfasst vom Wortlaut her nur eingehende Rechtshilfeersuchen in strafrechtlichen Angelegenheiten von Stellen außerhalb des räumlichen Geltungsbereichs des GVG. In seiner ursprünglichen Fassung sprach § 58 nur von „Entscheidungen" bestimmter Art. Als „Entscheidung" wurde in weiter Auslegung des Begriffs auch die Erledigung von Rechtshilfeersuchen in Strafsachen aufgefasst, da der Ausführung des Ersuchens eine Prüfung der Zulässigkeit vorausgehen müsse und die Ausführung die stillschweigende Entscheidung enthalte, dass die erbetene Rechtshilfehandlung zulässig sei. Da diese Auffassung aber nicht unangefochten blieb, wurde, um jeden Zweifel auszuschließen, der oben (Rn. 5) angeführte § 4 der VO vom 1.12.1930 geschaffen,[25] sodass offen bleiben konnte, ob bereits § 58 bei Rechtshilfeersuchen in Strafsachen die Zuständigkeitskonzentration ermöglichte, oder ob erst der genannte § 4 die Grundlage hierfür schuf. Die einer Anregung des Bundesrats entsprechende Einfügung der Worte „sowie Rechtshilfeersuchen in strafrechtlichen Angelegenheiten von Stellen außerhalb des räumlichen Geltungsbereichs dieses Gesetzes" durch das 1. StVRG 1974 bezweckte unter diesen Umständen eine **Erweiterung der Konzentrationsmöglichkeit**, da, wie die Verweisung auf § 157 in § 4 der VO 1930 deutlich machte, unter Rechtshilfeersuchen nur solche i.S.d. § 156, also die von einem bundesdeutschen Gebiet **ausgehenden** 11

17 Bericht des Rechtsausschusses zu § 58 – zu BTDrucks. IV 1020.
18 Kissel/*Mayer* 5.
19 BayObLGSt **1989** 34; OLG München MDR **1987** 868; OLG Nürnberg NStZ **1987** 37.
20 OLG Stuttgart StraFo **2004** 97.
21 OLG Köln NStZ-RR **2000** 273.
22 MüKo/*Schuster* 3; KK/*Barthe* 1; OK/*Goers* 14.
23 OLG Nürnberg NStZ **1987** 37; SK/*Degener* § 51, 3.
24 *Dallinger* JZ **1953** 434; Kissel/*Mayer* 4.
25 Vgl. *Koffka/Schäfer* 81.

Ersuchen verstanden werden konnten, während es einem praktischen Bedürfnis entspricht, auch bei **eingehenden Rechtshilfeersuchen** von Stellen außerhalb der Bundesrepublik in strafrechtlichen Angelegenheiten eine Konzentration zuzulassen.[26] Seitdem ist durch Art. 2 Nr. 4 d der Vereinfachungsnovelle vom 3.12.1976 (BGBl. I S. 3281) mit Wirkung vom 1.1.1977 dem § 157 ein dem § 4 der VO 1930 inhaltlich entsprechender Absatz 2 angefügt und zugleich der § 4 durch Art. 9 Nr. 19 der Novelle 1976 aufgehoben worden. Sedes materiae für die Zuständigkeitskonzentration bei Rechtshilfeersuchen innerhalb der Bundesrepublik, auch solchen in strafrechtlichen Angelegenheiten, ist nunmehr der § 157 Abs. 2, während § 58 die nach § 157 Abs. 2 bestehende Konzentrationsmöglichkeit bzgl. der von Stellen außerhalb der Bundesrepublik ausgehenden Rechtshilfeersuchen in strafrechtlichen Angelegenheiten erweitert.[27]

VI. Zuweisungsvoraussetzungen

12 **1. Allgemeines.** Beschränkt ist die Zulässigkeit einer Zuweisung nach § 58 durch das Erfordernis, dass die Zusammenfassung für eine sachdienliche Förderung oder schnellere Erledigung der Verfahren zweckmäßig ist. Eine **„sachdienliche Förderung"** ist z.B. „die Bildung optimal ausgelasteter Sachdezernate auf dem Gebiet der amtsgerichtlichen Strafrechtspflege".[28] Ob die Voraussetzungen gegeben sind, prüft ausschließlich die zur Anordnung zuständige Stelle, der bei der Ausgestaltung ein weiter **Beurteilungs- und Gestaltungsspielraum** eröffnet ist.[29] Maßgeblich ist eine Ex-ante-Betrachtung.[30] Den Gerichten steht eine Nachprüfung nicht zu.[31] Nach den bei der Schaffung des § 58 verfolgten Absichten fällt u.a. auch (und gerade) die Ersparnis der Kosten unter die „sachdienliche Förderung der Verfahren" (o. Rn. 1, 9); die Wirksamkeit der Konzentrationsanordnung wird aber nicht dadurch in Frage gestellt, dass in Einzelfällen ausnahmsweise und auf Grund ungünstiger Umstände statt einer Beschleunigung eine Verzögerung des Verfahrens, statt einer Kostenersparnis die Entstehung erhöhter Kosten eintreten sollte.[32] Unzulässig wäre selbstverständlich eine Zuständigkeitskonzentration, die in der Absicht vorgenommen würde, im Einzelfall bestimmte Richter aus der Strafrechtspflege zu verdrängen.[33]

13 **2. Bezirksjugendrichter.** Auch der Bezirksjugendrichter (Rn. 2) kann für einen Teil der jugendrichterlichen Aufgaben bestellt werden, z.B. für alle Sachen außer für Maßnahmen nach § 45 Abs. 1 JGG.[34] Eine Aufteilung nach Strafsachen gegen Jugendliche und solche gegen Heranwachsende ist allerdings nicht empfehlenswert.[35]

26 Vgl. Bericht des Rechtsausschusses BTDrucks. 7 2600 zu Art. 2 Nr. 13a des Entwurfs.
27 *Schmitt/Köhler* 6 und 8; OK/*Goers* 22.
28 BVerfGE **24** 155, 168.
29 MüKo/*Schuster* 3.
30 OK/*Goers* 11.
31 OLG Nürnberg NStZ **1987** 37; vgl. auch hier Rn. 1.
32 OLG Nürnberg NStZ **1987** 37.
33 BVerfG und OLG Nürnberg a.a.O.
34 *Eisenberg* § 33, 23 JGG; *Ostendorf* § 33, 13 JGG.
35 *Brunner/Dölling* § 33, 11 JGG; *Eisenberg* § 33, 25 JGG.

VII. Schöffen (Absatz 2)

1. Bestimmung der Zahl und Verteilung

a) Grundsatz. Durch die Regelung soll erreicht werden, dass im Falle einer Zuständigkeitskonzentration von Schöffengerichtssachen nicht nur diejenigen Schöffen herangezogen werden, die im Bezirk des Konzentrationsgerichts ihren Wohnsitz haben, sondern – Gedanke der Repräsentanz – **Schöffen aus allen** von der Konzentration betroffenen **Amtsgerichtsbezirken.**[36] Auch soll eine Überlastung der sonst allein zuständigen Schöffen aus dem Bezirk des Konzentrationsgerichts vermieden werden.[37] Absatz 2 setzt hierbei voraus, dass in Durchführung der Zuweisung nach Absatz 1 vom Präsidium ein gemeinsames Schöffengericht gebildet ist. Diese Bildung kann, je nach dem Umfang des Geschäftsanfalls durch die zugewiesenen Strafsachen in deren Zuweisung an eine schon bestehende Schöffengerichtsabteilung oder in der Bildung einer neuen, nur mit den zugewiesenen Strafsachen befassten Schöffengerichtsabteilung bestehen. Die in Absatz 2 bezeichneten Maßnahmen sind dem Land- oder Amtsgerichtspräsidenten als Justizverwaltungsangelegenheit übertragen, in dessen Bezirk das gemeinsame Schöffengericht eingerichtet ist. 14

b) Verteilung der Hauptschöffen. Die Verteilung der Hauptschöffen auf die einzelnen Amtsgerichtsbezirke sowie deren zahlenmäßige Bestimmung erfolgt – als Akt der Justizverwaltung[38] – durch den Präsidenten.[39] Dies sollte gemäß § 36 Abs. 4 Satz 2 „in Anlehnung" an deren Einwohnerzahl zu erfolgen, was in besonders gelagerten Fällen zu praktischen Schwierigkeiten führen kann (Rn. 21). Die Verteilung unterliegt dem pflichtgemäßen Ermessen, wobei eine nur teilweise Übertragung zu berücksichtigen ist. Stets sind jedoch alle beteiligten Bezirke einzubeziehen, sodass aus jedem Bezirk Schöffen an der Strafrechtspflege mitwirken.[40] Die Wahl der Hauptschöffen erfolgt für jedes Amtsgericht gesondert aus den jeweiligen Vorschlagslisten durch den dort einzuberufenden Ausschuss.[41] 15

c) Sonderregelung für Ersatzschöffen (Absatz 2 Satz 3, 4). Ersatzschöffen (früher Hilfsschöffen, vgl. BTDrucks. **19** 27654 S. 48) für das gemeinsame Schöffengericht werden hingegen grundsätzlich nur aus der Vorschlagsliste des Amtsgerichts gewählt, bei dem die Konzentration erfolgt ist.[42] Hierdurch soll erreicht werden, dass Ersatzschöffen im Falle eines **kurzfristig** erforderlich werdenden Einsatzes schnell und ohne das Zurücklegen größerer Entfernungen herangezogen werden können.[43] Hiervon abweichend kann in **Großstädten** mit mehreren Amtsgerichtsbezirken aber bestimmt werden, dass die Ersatzschöffen auf alle beteiligten Amtsgerichtsbezirke verteilt und herangezogen werden. Dies soll geänderten Verkehrsverhältnissen und einer gesteigerten Mobilität Rechnung tragen. In diesem Fall sind die Ersatzschöffen wie Hauptschöffen auch von dem bei dem entsprechenden Gericht gebildeten Ausschuss zu wählen.[44] Das Wahl- und Verteilungsverfahren 16

---

36 BayObLGSt **40** 6; OLG Koblenz LMRR **1987** 83; KK/*Barthe* 3; OK/*Goers* 25.
37 SK/*Degener* 9.
38 BGH NJW **1974** 509; SK/*Degener* § 51, 12; OK/*Goers* 29.
39 Kissel/*Mayer* 10; MüKo/*Schuster* 6; KK/*Barthe* 3.
40 BayObLGSt **40** 6; OLG Koblenz JBlRP **1987** 44; *Katholnigg* 4; MüKo/*Schuster* 6.
41 Kissel/*Mayer* 10; KK/*Barthe* 3.
42 Kissel/*Mayer* 11; Radtke/Hohmann 6; OK/*Goers* 27.
43 MüKo/*Schuster* 7; SK/*Degener* 11; SSW/*Werner* 5.
44 KK/*Barthe* 4.

entspricht dann demjenigen für Hauptschöffen. Um besonderen örtlichen Verhältnissen Rechnung tragen zu können, kann die Landesjustizverwaltung hiervon einzelne Gerichte wiederum ausnehmen (Absatz 2 Satz 2 letzter Halbsatz). Für die Strafkammern findet sich eine entsprechende Regelung in § 77 Abs. 2.

17 **2. Amtsgewalt außerhalb des Landgerichtsbezirks.** Gehören die Amtsgerichte, für die ein gemeinsames Schöffengericht gebildet ist, **nicht dem gleichen Landgerichtsbezirk an** (Rn. 5), so obliegt die Bestimmung der erforderlichen Schöffenzahl und die Verteilung der Hauptschöffen auf die einzelnen Landgerichtsbezirke dem Präsidenten des Landgerichts, in dessen Bezirk das gemeinschaftliche Schöffengericht seinen Sitz hat; er schreibt auch dem Wahlausschuss des Amtsgerichts in dem benachbarten Landgerichtsbezirk die Zahl der dort zu wählenden Hauptschöffen vor.

18 **3. Folgerungen aus der Rechtsnatur des gemeinschaftlichen Gerichts.** Das „gemeinschaftliche" Gericht ist ein **einheitliches Gericht**. Das bedeutet u.a., dass bei dem Schöffengericht die Auslosung der Schöffen (auch derjenigen aus den zugelegten Bezirken) für das ganze Gericht einheitlich vorzunehmen ist. Die Schöffen aus den zugelegten Bezirken wirken nicht nur in den Sachen aus diesen Bezirken mit, sondern auch in solchen aus dem ursprünglichen Bezirk des gemeinschaftlichen Gerichts.

VIII. Spezielle Zuständigkeitskonzentrationen

19 Eine Zuständigkeitskonzentration bei *einem* Amtsgericht des Landesgerichtsbezirkes ist gesetzlich angeordnet oder zugelassen in § 13 WiStG 1954, in § 391 AO 1977 (betr. **Steuerstrafsachen**), in § 43 AWG vom 28.4.1961, BGBl. I S. 481 (betr. Strafsachen nach § 34 AWG) für solche Strafsachen, für die das Amtsgericht sachlich zuständig ist, in § 4 BinSchVfG[45] für **Binnenschifffahrtssachen**, in § 38 MOG[46] für **EU-Marktordnungssachen**. Für die Zuständigkeitskonzentration des Amtsgerichts im Bußgeldverfahren gilt gemäß § 46 Abs. 1 OWiG der § 58 GVG sinngemäß (die in § 68 Abs. 3 OWiG zugelassene Zuständigkeitsregelung trägt anderen Bedürfnissen Rechnung).[47]

IX. Gemeinschaftliche Strafkammer

20 Wegen der Bildung gemeinschaftlicher Strafkammern vgl. §§ 74c Abs. 3, 74d, 78a.

X. Einzelne Konzentrationsanordnungen

21 **1. Zuständigkeitskonzentrationen in den alten Bundesländern.** Durch Verordnung angeordnete Zuständigkeitskonzentrationen finden sich für **Baden-Württemberg** in §§ 20 bis 23 der Zuständigkeitsverordnung Justiz (zuletzt GBl. 2004 S. 922), für **Bayern** in § 54 der Gerichtliche Zuständigkeitsverordnung zuletzt vom 28.12.2018 (BVBl. 2019 S. 2), für **Ber-**

45 Gesetz über das gerichtliche Verfahren in Binnenschifffahrtssachen v. 27.9.1952 (BGBl. I S. 641) i.d.F. v. 26.3.2007 (BGBl. I S. 358).

46 Gesetz zur Durchführung der Gemeinsamen Marktorganisationen und der Direktzahlungen v. 24.6.2005 (BGBl. I S. 1847) i.d.F. v. 29.7.2009 (BGBl. I S. 2314).

47 Vgl. dazu BGHSt **23** 79, 81; KK/*Bohnert* § 68 OWiG, 35; *Göhler* § 68 OWiG, 12.

lin in der Verordnung über die Zuweisung amtsgerichtlicher Zuständigkeiten v. 8.5.2008 (GVBl. S. 116), zuletzt i.d.F. v. 17.6.2024 (GVBl. DS. 410), für **Hamburg** in der Verordnung über die Zuständigkeit des Amtsgerichts in Strafsachen zuletzt vom 18.6.2024 (HmbGVBl. S. 138), für **Hessen** in § 53 der Justizzuständigkeitsverordnung zuletzt vom 1.2.204 (GVBl. Nr. 1), für **Nordrhein-Westfalen** in der Verordnung über die Zuständigkeit der Amtsgerichte in Strafsachen gegen Erwachsene, in Jugendstrafsachen, in Bußgeldverfahren sowie für Durchsuchungsanordnungen und Freiheitsentziehungssachen nach dem Aufenthaltsgesetz, zuletzt vom 5.7.2024 (GV NRW S. 422), für **Rheinland-Pfalz** in der Landesverordnung über die gerichtliche Zuständigkeit in Strafsachen und Bußgeldverfahren vom 19.11.1985 i.d.F. v. 7.11.2022 (GVBl. S. 439) oder für **Schleswig-Holstein** § 13 der Justizzuständigkeitsverordnung v. 1.1.2020.[48]

2. Zuständigkeitskonzentrationen in den neuen Bundesländern

a) Allgemeines. Der Einigungsvertrag sieht für die neuen Bundesländer folgende (fortgeltende) Regelung[49] vor: 22

Maßgaben
Zuständigkeitskonzentrationen

(1) [1]Die Landesregierungen werden ermächtigt, durch Rechtsverordnung einem Gericht für die Bezirke mehrerer Gerichte Sachen aller Art ganz oder teilweise zuzuweisen oder auswärtige Kammern oder Senate von Gerichten einzurichten, wenn dies für eine sachdienliche Erledigung der Sachen zweckmäßig ist. [2]Die Landesregierungen können die Ermächtigung durch Rechtsverordnung auf die Landesjustizverwaltungen übertragen.

(2) Die Länder können durch Vereinbarung dem Gericht eines Landes obliegende Aufgaben ganz oder teilweise dem zuständigen Gericht eines anderen Landes übertragen.

(3) [1]Die nach dem bisher geltenden Recht vorgenommenen Konzentrationen bleiben, vorbehaltlich einer Regelung durch die Länder, bestehen; soweit sich die sachliche Zuständigkeit ändert, gilt die Konzentration auch für das danach sachlich zuständige Gericht. [2]Satz 1 gilt nicht für Urheberrechtsstreitigkeiten.

b) Bedeutung der Zuständigkeitskonzentrationen. Durch diese Regelung wurde den neuen Bundesländern die Möglichkeit eröffnet, durch Rechtsverordnung einem Gericht für die Bezirke mehrerer Gerichte auch solche Sachen ganz oder teilweise zuzuweisen, die nach den Einzelregelungen von GVG und EGGVG nicht konzentriert werden können, um angesichts der verhältnismäßig kleinen Gerichtsbezirke der früheren DDR einen rationellen Einsatz der vorhandenen **beschränkten Ressourcen** zu gestatten und besondere Fachkenntnisse von Richtern oder moderne Mittel der Bürotechnik besser zu nutzen. 23

c) Zuständigkeitskonzentrationen kraft Bundesrechts. Überblick. Aufgrund der Maßgaben zum Einigungsvertrag wurden bundesrechtlich gerichtliche Zuständigkeiten bei bestimmten Gerichten örtlich konzentriert, ohne dass durch Landesrecht diese Konzentrationen aufgehoben werden können. Absatz 3 Satz 1 hat darüber hinaus in Form einer Generalklausel alle Zuständigkeitskonzentrationen des bis zum Wirksamwerden des Beitritts geltenden Rechts der früheren DDR (mit Ausnahme der Urheberrechtsstreitigkeiten) aufrechterhalten. Wegen der Einzelregelungen wird auf die Erl. in der 24. Aufl. zum Einigungsvertrag, Teil B Maßgabe n Rn. 134 bis 140 verwiesen. 24

---

48 Vgl. auch die Übersicht bei *Katholnigg* Fn. 2 oder *Schmitt/Köhler* 1.

49 Anlage I Kap. III Sachgebiet A Abschnitt III Nr. 1 Buchstabe n des Einigungsvertrags v. 31.8.1990.

25 **d) Ermächtigung zu bezirksübergreifenden Zuständigkleitskonzantartionen. Die Ermächtigung nach Maßgabe von Absatz 1 des Einigungsvertrages** zur örtlichen Zuständigkeitskonzentration innerhalb eines Landes ist umfassend,[50] sie umfasst auch die Bildung auswärtiger Kammern und Senate für alle Sachgebiete und – als actus contrarius – die Befugnis, bestehende oder aufrechterhaltene[51] Konzentrationen aufzuheben oder einzuschränken, soweit sie nicht bundesrechtlich zwingend sind. Die sachliche Voraussetzung, dass die Konzentration für eine sachdienliche Erledigung zweckmäßig ist, ist entsprechenden Ermächtigungen im Gerichtsverfassungsrecht nachgebildet,[52] aber knapper gefasst. Die sachdienliche Erledigung umfasst beispielsweise neben der Ersparnis von Kosten und Aufwand (oben Rn. 12) das Ausnutzen von Spezialkenntnissen, die Förderung einer einheitlichen Rechtsprechung (vgl. § 23c Satz 1) und die schnellere Erledigung der Verfahren. Ob von der Ermächtigung Gebrauch gemacht werden soll, entscheiden die Länder nach pflichtgemäßem Ermessen; den Gerichten steht keine Nachprüfung zu (oben Rn. 12).

26 **e) Ermächtigung zu länderübergreifenden Zuständigkeitskonzentrationen.** Für länderübergreifende Konzentrationen in den neuen Ländern **nach Maßgabe von Absatz 2 des Einigungsvertrags** gelten dieselben Bedingungen wie in den alten Bundesländern (Rn. 6). Aus Absatz 4 lässt sich nichts Gegenteiliges ableiten. Es können deshalb auch Rechtsprechungsaufgaben aus den neuen Bundesländern von Gerichten benachbarter alter Bundesländer übernommen werden. Die weitgespannten sachlichen Voraussetzungen des Absatzes 1, dass dies für die sachdienliche Erledigung zweckmäßig sein muss, gilt aber auch für diesen Fall. Erforderlich ist eine staatsvertragliche Regelung der beteiligten Länder, die der Zustimmung durch den Landesgesetzgeber bedarf.[53]

27 **f) Geltungsdauer.** Zwar ist die Geltungsdauer der Konzentrationsermächtigung nicht geregelt, aber ihrem Sinn nach ist von einer Fortgeltung auszugehen, weil die vorgenommenen Konzentrationen unabhängig von der Gerichtsorganisation der Länder sind und zu einer wirtschaftlichen Aufgabenerledigung beitragen. Das gilt ganz uneingeschränkt, wenn sich die vorgenommenen Konzentrationen auf eine der sonstigen Konzentrationsmöglichkeiten stützen lassen, gilt aber auch für diejenigen bundesrechtlichen Konzentrationsanordnungen des Einigungsvertrages, die zur Disposition des Landesgesetzgebers stehen, wenn die Länder bei Übergang zur normalen Gerichtsbarkeit keine Anpassung vorgenommen haben. Dagegen **enden die zwingenden** bundesrechtlichen **Konzentrationsanordnungen** gleichzeitig mit den besonderen allgemeinen Zuständigkeitsbestimmungen.

---

50 In Anspruch genommen durch Mecklenburg-Vorpommern durch die VO v. 30.1.1991 (GVBl. S. 43) und in Brandenburg durch die VO vom 3.11.1993 (GVBl. II S. 689), dort inzwischen aufgehoben durch Art. 23 Satz 3 Nr. 2 Brandenburgisches Beamtenrechtsneuordnungsgesetz v. 3.4.2009 (GVBl. I S. 26).

51 Die Zuständigkeitskonzentrationen der besonderen Gerichtsbarkeiten waren von vornherein auf die Dauer ihrer Zuordnung zu den Kreis- und Bezirksgerichten beschränkt.

52 Vgl. z.B. § 23c; § 58 Abs. 1 Satz 1; § 74c Abs. 3 Satz 1, § 74d Satz 1; § 78a Abs. 2 Satz 1; § 2 Abs. 3 Seerechtliche Verteilungsordnung v. 26.7.1986 (BGBl. I S. 1130).

53 S. auch die Erl. zu § 120[24], 11; *Redeker/v. Oertzen* § 3, 3 VwGO.

FÜNFTER TITEL
Landgerichte

§ 59

(1) Die Landgerichte werden mit einem Präsidenten sowie mit Vorsitzenden Richtern und weiteren Richtern besetzt.

(2) Den Richtern kann gleichzeitig ein weiteres Richteramt bei einem Amtsgericht übertragen werden.

(3) Es können Richter auf Probe und kraft Auftrags verwendet werden.

Schrifttum

Haferanke Horror Vacui – Unbesetzte Richterämter im Konkurrentenstreit, DRiZ **2014** 24; *Holzweg* Zur Frage der Änderung von Gerichtsgrenzen im Verordnungswege, NJW **1953** 48; *Landau/Christ* Die Konkurrentenklage im Spannungsfeld der Justiz, NJW **2003** 1648; *Löwisch* Hilfsrichter und Einzelrichter, DRiZ **1964** 164; *Lüttig* Gedanken eines alten Richters zur neuen Rechtsprechung über die vorschriftsmäßige Besetzung des Gerichts, DRiZ **1958** 50; *Matthiessen* Gestaltungsfreiheit für den Generationswechsel in der Justiz – Umfang des Einsatzes von Proberichtern bei den Amts- und Landgerichten, NJW **2025** 2825; *Müller* Die Rechtsprechung des BGH über die Verwendung von Hilfsrichtern, DRiZ **1963** 37; *Rieß* Das Gesetz zur Anpassung der Rechtspflege im Beitrittsgebiet (Rechtspflege-Anpassungsgesetz), DtZ **1992** 226; *Schalscha* Winke für den Strafrichter, DRiZ **1958** 193; *Schmidt* Die Weitergeltung vorkonstitutioneller Rechtssetzungsermächtigungen, NJW **1954** 249; *Siegert* Fehlerhafte Besetzung des Kollegialgerichts in der Rechtsprechung des BGH, NJW **1957** 1622; *Tasche* Können die Bezirke der ordentlichen Gerichte durch Verordnung geändert werden? NJW **1952** 407.

Entstehungsgeschichte

Gesetz vom 1.6.1909 (RGBl. S. 475) Art. I Ziff. 2; VO vom 4.1.1924 (RGBl. I S. 15) § 4; Bek. vom 22.3.1924 (RGBl. I S. 307). In der Fassung des VereinhG 1950 lautete § 59:

„(1) Die Landgerichte werden mit einem Präsidenten und der erforderlichen Anzahl von Direktoren und Mitgliedern besetzt. Von der Ernennung eines Direktors kann abgesehen werden, wenn der Präsident den Vorsitz in den Kammern allein führen kann.
(2) Die Direktoren und die Mitglieder können gleichzeitig Amtsrichter im Bezirk des Landgerichts sein".

Die jetzige Fassung beruht auf Art. II Nr. 12 PräsVerfG.

Übersicht

I. Besetzung der Landgerichte (Absatz 1)

1 **1. Landgerichtspräsident.** Die Norm regelt die Besetzung des Landgerichts im Hinblick auf die Art der dort tätigen Richter und das ihnen zustehende Richteramt,[1] was neben dem Präsidenten die Vorsitzenden Richter sowie die weiteren Richter als Besitzer umfasst. Dass das Landgericht einen **Präsidenten** hat, ist **zwingende Vorschrift**. Das bedeutet aber nicht nur, dass dem Gericht eine entsprechende Stelle zugewiesen ist; diese muss vielmehr auch **tatsächlich „besetzt"** sein. Wird die Wiederbesetzung einer vakanten Präsidentenstelle über Gebühr verzögert, so kann darin u.U. eine Verletzung des Gesetzes gesehen werden.[2] Nur in der Natur der Sache liegende Verzögerungen, wie Stellenausschreibung, Beteiligung anderer Gremien (z.B. Präsidialrat oder Richterwahlausschuss), sind hinzunehmen.[3] Demgegenüber können, sofern die Präsidentenkammer betroffen ist, sachfremde Gründe, etwa solche fiskalischer Natur, zu einer fehlerhaften Besetzung des Gerichts führen.[4] Das gilt für Beförderungssperren ebenso wie für Wiederbesetzungssperren.[5] Indessen können allgemeingültige Fristen für die Vornahme einer Wiederbesetzung nicht bestimmt werden;[6] maßgeblich bleibt vielmehr der Einzelfall, wobei von der Rechtsprechung namentlich bei **vorhersehbarer Vakanz** Fristen von fünf bis maximal acht Monaten für noch vertretbar erachtet wurden.[7] Anderes kann aber gelten im Falle einer Konkurrentenklage mit einstweiligem Rechtsschutz gegen die Wiederbesetzung, weil dann die Justizverwaltung an der fehlenden Neubesetzung kein Verschulden trifft.[8]

2 Der **Präsident hat eine Doppelfunktion**: er ist **Richter** (§§ 21e Abs. 1 Satz 3, 21f Abs. 1) und er hat Verwaltungsaufgaben der gerichtlichen Selbstverwaltung und der **Justizverwaltung** wahrzunehmen (§§ 21a ff.[9]). In der richterlichen Eigenschaft hat er aktiv an der Rechtsprechung des Landgerichts teilzunehmen; welche richterlichen Aufgaben er wahrnimmt, entscheidet er selbst (§ 21e Abs. 1 Satz 3). Beim Landgericht kommt nur der Vorsitz in einer Kammer in Betracht. Diese Aufgabe muss der Präsident auch wahrnehmen und kann sich nur im Rahmen der Geschäftsverteilung vertreten lassen. Er übt auch die allgemeine Dienstaufsicht über das Landgericht und die Amtsgerichte seines Bezirks aus, soweit diese nicht einem Präsidenten des Amtsgerichts oder für das nichtrichterliche Personal einem aufsichtsführenden Richter übertragen ist.[10]

3 **2. Vorsitzende Richter.** Neben dem Präsidenten ist das Landgericht mit Vorsitzenden Richtern (früher Landgerichtsdirektoren) besetzt (§ 19a DRiG). Der Präsident und die Vorsitzenden Richter führen den Vorsitz in den Kammern (§ 21f Abs. 1); das schließt nicht aus, dass sie auch als Beisitzer in einer Kammer – als Vertreter – mitwirken können.[11] Die Zahl der Vorsitzenden Richter wird durch den Haushaltsgesetzgeber und die Justizverwaltung bestimmt,[12] muss aber so bemessen sein, dass sie in allen bestehenden Kammern den Vorsitz

---

1 MüKo-ZPO/*Pabst* 1.
2 RGSt **64** 6; Kissel/*Mayer* 3a.
3 BGHZ **95** 22; BVerwG NJW **1986** 2336.
4 BGH NJW **1995** 2236; MüKo/*Schuster* 3; MüKo-ZPO/*Pabst* 1.
5 BGH NJW **1985** 1366; Kissel/*Mayer* 4; *Katholnigg* 3; SK/*Degener* 3; OK/*Feldmann* 2.
6 BGH NStZ-RR **2013** 259.
7 BVerwG NJW **2001** 3493; BGH NJW **2015** 1685.
8 BVerwG NJW **2011** 695; *Landau/Christ* NJW **2003** 1648; *Haferanke* DRiZ **2014** 24.
9 Kissel/*Mayer* 7; MüKo-ZPO/*Pabst* 5; OK/*Feldmann* 3.
10 Vgl. auch SK/*Degener* 5.
11 § 21f, 9.
12 MüKo/*Schuster* 5; KK/*Diemer* 2.

führen können. Ein Vorsitzender kann mehreren Kammern vorstehen, wenn gewährleistet ist, dass er durch den Umfang seiner Tätigkeit einen richtunggebenden Einfluss auf die Rechtsprechung des jeweiligen Spruchkörpers ausüben kann.[13] Er muss hierzu einer Kammer nicht nur zugewiesen sein, sondern muss die Aufgaben des Vorsitzenden auch **tatsächlich im gebotenen Umfang ausüben**, wobei nach der fachgerichtlichen Rechtsprechung verlangt wird, dass der Vorsitzende wenigstens 75 % der Aufgaben als Vorsitzender übernimmt;[14] anderenfalls ist die Kammer nicht ordnungsgemäß besetzt.[15] Die Vertretung eines Vorsitzenden darf nur vorübergehender Natur sein; anderenfalls ist der Spruchkörper ebenfalls nicht ordnungsgemäß besetzt.[16] Zur ordnungsgemäßen Besetzung gehört es auch, dass freie Planstellen der Vorsitzenden **unverzüglich wieder besetzt werden.**[17] Insoweit sind **Beförderungssperren** oder **Wiederbesetzungssperren** mit dem Gebot des gesetzlichen Richters nicht vereinbar.[18] Wegen der Besonderheiten im Einzelfall lässt sich auch hier eine allgemein verbindliche Frist zur Wiederbesetzung nicht festlegen. In der Rechtsprechung sind – wie für Präsidenten auch – Zeiten zwischen 5 bis 8 Monaten noch nicht als ungebührliche Verzögerung angesehen worden.[19] Etwas anderes gilt jedoch, wenn die Vakanz voraussehbar ist, wie vor allem beim altersbedingten Eintritt in den Ruhestand. Dann ist für eine sich unmittelbar an das Ausscheiden anschließende Wiederbesetzung Sorge zu tragen.[20]

Krankheit rechtfertigt im Allgemeinen eine **Vertretung**, auch wenn nicht absehbar 4
ist, wie lange sie dauern wird. Nur wenn aufgrund der Erkrankung nicht in absehbarer Zeit mit der Wiederaufnahme des Dienstes zu rechnen ist, kann nicht mehr von einer „vorübergehenden" Verhinderung gesprochen werden.[21]

3. Weitere Mitglieder. Neben Präsident und Vorsitzenden ist das Landgericht mit 5
weiteren Richtern besetzt. Die „weiteren Richter" **(Beisitzer)** sind die Richter auf Lebenszeit oder auf Zeit (§ 11 DRiG), denen beim Landgericht ein Richteramt übertragen ist (§ 27 DRiG, früher Landgerichtsräte). Daneben können **abgeordnete Richter** (§ 37 DRiG) sowie gemäß Absatz 3 **Richter kraft Auftrags** (§ 14 DRiG) und Richter auf Probe (§ 12 DRiG) verwendet werden. Ihre Zahl muss so bemessen sein, dass die in den einzelnen Kammern anfallenden Sachen in angemessener Zeit erledigt werden können. Für die Mitwirkung der Richter auf Probe und kraft Auftrags sind die sich aus § 29 DRiG ergebenden Beschränkungen zu beachten. Die für die abgeordneten Richter sowie die Richter kraft Auftrags und auf Probe früher verwendete Bezeichnung als „Hilfsrichter" ist zwar überholt, aber wegen der sprachlichen Kürze hier weiterhin beibehalten worden.

4. Sprachgebrauch. Der Präsident, die beim Landgericht angestellten Richter und 6
die bei ihm verwendeten weiteren Richter sind **Mitglieder** des Landgerichts bzw. der Strafkammern i.S.d. §§ 70 Abs. 1, 76 Abs. 1.

13 BGHZ **20** 355, 361; **37** 210; BGH NJW **1992** 46.

14 OK/*Feldmann* 5 unter Hinweis darauf, dass es aber allein im Verantwortungsbereich des Vorsitzenden liege, wie er seine Arbeitskraft im Einzelnen tatsächlich einsetzt.

15 BVerfG NJW **2012** 2334; Kissel/*Mayer* 12; SK/*Degener* 7; OK/*Feldmann* 6.

16 BGHSt **21** 131; **25** 54; BGH NJW **1974** 1572; **35** 357.

17 BGHZ **95** 22; BVerwG NJW **1986** 1366.

18 BGHZ **95** 22; **95** 246; **96** 258.

19 BGHSt **8** 17; **14** 11; BGH DRiZ **1978** 184; OLG Koblenz VRS **47** (1974) 270.

20 BGHZ **95** 246; **96** 258; BVerwG NJW **1986** 1366.

21 Kissel/*Mayer* 13.

II. Doppelrichter (Absatz 2)

7 Die Vorschrift erlaubt eine **Doppelernennung von Planstelleninhabern** und bildet somit das Gegenstück zu § 22 Abs. 2. Hierdurch entsteht im Interesse einer gleichmäßigen Belastung der Richter einerseits sowie einer ausreichenden Besetzung aller Gerichte andererseits eine Ausnahme von dem Grundsatz (§ 27 DRiG), dass einem Richter am LG bei nur einem Gericht ein Richteramt zu übertragen ist.[22] Dies bezieht **Vorsitzende** mit ein. Eine Verwendung an **mehr als zwei Gerichten** kommt aber nicht in Betracht.[23] Angesprochen ist hierbei aber nicht das sich in der Amtsbezeichnung ausdrückende Amt im statusrechtlichen, sondern das Amt im konkreten Sinn.[24] Die frühere Fassung des Absatzes 2 beschränkte den Kreis der Richter am Landgericht, denen ein weiteres Richteramt bei einem Amtsgericht übertragen werden konnte, auf die Direktoren und die (übrigen) Mitglieder. Die jetzige Fassung des Absatzes 2 spricht zwar allgemein von „den Richtern", zu denen auch der Präsident gehört, doch ist, da die Neufassung lediglich eine Anpassung an den Wortlaut des § 27 Abs. 2 DRiG bezweckte, damit nicht eine sachliche Änderung – im Sinne einer Erstreckung auf den Präsidenten – beabsichtigt (s. aber § 22 Abs. 3). Die Einbeziehung der „Direktoren" in den Kreis der zum Doppelrichter bestellbaren Richter, die durch die VO vom 14.1.1924 erfolgte, sollte nach Wegfall der erstinstanzlichen Zuständigkeit der Strafkammer insbesondere die Besetzung der erweiterten Schöffengerichte (§ 29 Abs. 2) mit Landgerichtsdirektoren ermöglichen, weil damals als Revisionsgericht das Reichsgericht zuständig war, wenn im ersten Rechtszug das erweiterte Schöffengericht geurteilt hatte (§ 121, 1). Da dieser Gesichtspunkt heute keine Rolle mehr spielt, wird nur in Ausnahmefällen die Anwendung des Absatzes 2 gegenüber einem Vorsitzenden Richter am Landgericht in Betracht kommen. Rechtlich ist es aber möglich, dass ein Vorsitzender Richter am Landgericht zugleich Vorsitzender eines Schöffengerichts und einer Berufungsstrafkammer ist (vgl. aber § 23 StPO). Dieser Zustand mag unzweckmäßig sein; ungesetzlich ist er aber nicht.[25] Das Amtsgericht, dem das weitere Richteramt zugeordnet ist, muss nicht im demselben Landgerichtsbezirk liegen.[26]

7a Von einer Doppelernennung ist eine **(Teil)abordnung** nach § 37 DRiG zu unterscheiden, für die die Einschränkungen des Absatzes 2 nicht gelten und die nur mit Zustimmung des betroffenen Richters erfolgen kann.[27] Hiernach kann auch ein an ein höheres Gericht befördeter Richter mit seiner Zustimmung wieder teilweise rückabgeordnet werden.[28] Abzugrenzen ist die Doppelernennung ferner von der **Heranziehung zu besonderen Aufgaben**, mit der das Präsidium eines Gerichts in eng begrenzten Fällen (§§ 22b, 22c, 78 Abs. 2, 87b Abs. 2 und 106) zur Verteilung der Geschäfte auf Richter anderer Gerichte zurückgreifen kann.[29]

III. Richter auf Probe und kraft Auftrags (Absatz 3)

8 **1. Allgemeines.** Wie nach **§ 22 Abs. 5** beim Amtsgericht, so können nach Absatz 3 Richter auf Probe und kraft Auftrags auch **beim Landgericht** verwendet werden; das entspricht

22 Kissel/*Mayer* 20.
23 MüKo/*Schuster* 5.
24 *Schmidt/Räntsch* 27 DRiG, 6, 14; SSW/*Werner* 7.
25 RGSt **61** 40; **62** 366.
26 OK/*Feldmann* 14.
27 Kissel/*Mayer* 21; SK/*Degener* 15.
28 BGH NJW **2009** 381.
29 MüKo/*Schuster* 8.

dem früheren § 10 Abs. 2. Zur Verwendung dieser Richter im Allgemeinen vgl. § 22, 11. Auch ihre Verwendung beim Landgericht ist mit dem Grundsatz der Unabhängigkeit der Gerichte (Art. 97 Abs. 1 GG) vereinbar.[30] Von Absatz 3 nicht berührt wird die Verwendung abgeordneter Richter (§ 37 Abs. 3 DRiG).

2. Umfang der Verwendung von Richtern auf Probe und kraft Auftrags

a) Verwendungsgründe. Mit der gesetzlichen Zulassung der Verwendung von Rich- 9
tern auf Probe und kraft Auftrags ist die Frage nicht beantwortet, in welchem Umfang deren Heranziehung zulässig ist.[31] Das Gesetz setzt ihrer Heranziehung nur insoweit förmliche Grenzen, als beim Kollegialgericht – von dem Grundsatz des § 21f Abs. 1 abgesehen – nur ein Richter auf Lebenszeit den Vorsitz führen kann (§ 28 Abs. 2 DRiG), und als bei einer Entscheidung nicht mehr als ein Richter auf Probe oder kraft Auftrags (einschl. eines abgeordneten Richters) mitwirken darf (§ 29 DRiG). Dem **Umfang der Heranziehung** beim Landgericht sind aber weitere immanente Grenzen gesetzt. Zwar sind alle Richter sachlich unabhängig und nur dem Gesetz unterworfen (Art. 97 Abs. 1 GG). Die vollen persönlichen Garantien der **richterlichen Unabhängigkeit** (Unabsetzbarkeit und Unversetzbarkeit) kommen aber nur den auf Lebenszeit bei diesem Gericht angestellten Richtern zu (Art. 97 Abs. 2 GG). Die Verwendung von Richtern, denen die vollen persönlichen Garantien der Unabhängigkeit fehlen, ist nur ein – wenn auch (s.u.) praktisch unentbehrlicher – Notbehelf. Die materielle Verwirklichung des Grundsatzes der sachlichen Unabhängigkeit und die Stetigkeit der Rechtsprechung verlangen, dass die Rechtsprechung grundsätzlich durch auf Lebenszeit planmäßig angestellte Richter ausgeübt wird und dass die Verwendung von Richtern auf Probe und kraft Auftrags die Ausnahme bleibt, die das notwendige Maß nicht übersteigen darf. Dieser Gedanke liegt auch dem § 28 Abs. 1 DRiG zugrunde. Die Rechtsprechung des BVerfG (Rn. 8) und des BGH hat aus rechtsstaatlichen Erwägungen im Lauf der Zeit mit zunehmender Strenge auf die Beachtung dieses Grundsatzes gedrungen.[32] Eine Verwendung von Richtern auf Probe oder kraft Auftrags ist danach **zulässig**

a) zur **Vertretung** (durch Krankheit usw.) *vorübergehend*[33] verhinderter planmäßiger Richter des Landgerichts, soweit eine Vertretung durch andere planmäßige Mitglieder nicht möglich ist (vgl. § 70), nicht dagegen aber zur Überbrückung einer *dauernden* Minderung der Arbeitskraft eines oder mehrerer planmäßiger Richter, sondern dies kann nur durch Vermehrung und Besetzung der Zahl der Planstellen ausgeglichen werden,[34]
b) bei einem anderen *vorübergehenden* Bedürfnis nach **Personalvermehrung**, insbesondere bei vorübergehender[35] Erhöhung des Geschäftsanfalls, und
c) zur Heranbildung und **Erprobung** des Nachwuchses für die künftige Besetzung von Planstellen.[36] Hier dürfte in praktischer Hinsicht der Hauptanwendungsfall liegen.

---

30 BVerfGE **3** 213, 224; **4** 331, 345 = NJW **1956** 137; **14** 156, 162 = NJW **1962** 1495; DRiZ **1971** 27.
31 Dazu LR/*Mann* § 1, 4.
32 Dazu *Müller* DRiZ **1963** 37; vgl. aber auch *Matthiessen* NJW **2025** 2825.
33 Die bei *Schorn/Stanicki* 236 gegen die Unterscheidung zwischen vorübergehender und dauernder Verhinderung erhobenen Einwendungen beruhen auf der dort vertretenen Begrenzung des Begriffs der vorübergehenden Verhinderung auf einen Zeitraum von höchstens drei Monaten (dazu LR/*Mann* § 21f, 20, 25 ff.).
34 BGH NJW **1961** 836.
35 Über diesen Begriff vgl. *Müller* DRiZ **1963** 43.
36 BVerfGE **15** 245; DRiZ **1971** 27; BGH MDR **1966** 323.

10 **b) Erkennbarkeit des Einberufungsgrundes.** Eine ordnungsmäßige Besetzung des Gerichts liegt in der Regel nicht vor, wenn Richter auf Probe oder kraft Auftrags einberufen wurden, ohne dass erkennbar ist, ob die Bestellung wegen eines durch Häufung anfallender Sachen entstandenen Geschäftsandrangs oder wegen vorübergehender Verhinderung von Planstellenrichtern erfolgte, weil dann das **Revisionsgericht** nicht prüfen kann, ob die Beschäftigung der sämtlichen bei dem Landgericht bestellten Hilfsrichter nur zur Behebung eines **vorübergehenden Bedürfnisses** geschah; es muss dann das Gericht grundsätzlich als nicht ordnungsmäßig besetzt angesehen werden.[37] Der Mangel eines Erkennbarmachens des Einberufungsgrundes ist aber bedeutungslos, wenn die Gesamtzahl der unterschiedslos bestellten Hilfsrichter nicht höher ist als die Zahl aller Fälle, in denen die Heranziehung eines Hilfsrichters wegen vorübergehenden Geschäftsandrangs, wegen vorübergehender Verhinderung eines Planrichters oder aus sonstigen zeitlich begrenzten Bedürfnissen statthaft ist.[38]

11 **c) Verhältnis der Zahl der Hilfsrichter zu der der Planstelleninhaber.** Abgesehen von der Beschränkung der Gründe für ihre Heranziehung dürfen Hilfsrichter nur in dem Maß verwendet werden, dass das Verhältnis von Regel (Verwendung auf Lebenszeit angestellter Richter) zur **eng umgrenzten Ausnahme** gewahrt bleibt.[39] Einem dauernden Mehrbedarf an Kräften muss durch Schaffung und Besetzung neuer Planstellen abgeholfen werden.[40] Das DRiG hat zwar – entgegen Vorschlägen im Entstehungsstadium[41] – davon abgesehen, Maximal- oder Grundsatzzahlen für das Verhältnis der Zahl der beim Landgericht tätigen Planstelleninhaber oder der vorhandenen Planstellen zur Zahl der zulässigerweise verwendeten Hilfsrichter aufzustellen, da die Mannigfaltigkeit der Verhältnisse mit einer solchen Schematisierung unverträglich wäre. An dem vorgenannten, durch die **Rechtsprechung entwickelten Grundsatz** hat es aber nichts geändert. Insbesondere darf aus § 29 DRiG, der es zulässt, dass von den drei richterlichen Mitgliedern einer entscheidenden Kammer eines ein Hilfsrichter ist, nicht entnommen werden, das Gesetz sehe den Ausnahmecharakter als genügend gewahrt an, wenn bis zu 1/3 der Richter des Landgerichts aus Hilfsrichtern bestehe. Dann könnte von einer Ausnahme nicht mehr gesprochen werden. Vielmehr wird im Allgemeinen die zulässige Zahl von Hilfsrichtern – entsprechend den im Entstehungsstadium des DRiG gemachten Begrenzungsvorschlägen – etwa 1/5 der Gesamtzahl der beim Landgericht tätigen Planstelleninhaber nicht überschreiten dürfen, in der Regel aber darunter liegen müssen.[42] Die Zuteilung einer überdurchschnittlichen Zahl an einzelne Kammern (und Senate) ist nur dann zulässig, wenn unumgänglich notwendig, um eine geordnete Rechtsprechung des Gerichts zu sichern.[43]

12 **d) Folgen unzulässiger Zahl von Hilfsrichtern.** Eine sachlich nicht zu rechtfertigende Erhöhung des Anteils der Hilfsrichter bedeutet eine dem Grundgedanken der Gerichtsverfassung widersprechende Gesamtbesetzung des Landgerichts mit der Folge, dass die **Besetzung** der einzelnen Kammer auch dann **unvorschriftsmäßig** (§ 338 Nr. 1 StPO) ist, wenn im Einzelfall zwar an der Entscheidung nicht mehr als ein Hilfsrichter mitwirkt, die

37 BGHZ **34** 260, 262; BGH MDR **1966** 323.

38 BGH MDR **1966** 323; s.u. Rn. 11.

39 Vgl. BVerfG NJW **2018** 1935, KG StraFo **2019** 372.

40 Vgl. z.B. BGHSt **8** 159 = JZ **1956** 167 mit Anm. *Kern*; BGHSt **14** 321, 326 m.N. = JZ **1961** 58 mit Anm. *Eb. Schmidt.*

41 Dazu *Löwisch* DRiZ **1964** 164.

42 **A.A.** dezidiert *Matthiessen* NJW **2025** 2825, 2827.

43 BVerfGE **14** 156, 166 = NJW **1962** 1495; BGHZ **95** 22 = NJW **1985** 2336.

Besetzung des Spruchkörpers sich also im Rahmen des § 29 DRiG hält, die Zuziehung dieses Hilfsrichters aber nur deshalb notwendig war, weil mangels der erforderlichen Zahl verfügbarer Planstelleninhaber der dauernde Geschäftsanfall beim Landgericht von vornherein nur durch Verwendung einer übergroßen Zahl von Hilfsrichtern bewältigt werden kann. [44] Dies gilt selbst dann, wenn bei der Kammer, deren Urteil angefochten ist, eine normalerweise die Zuziehung eines Hilfsrichters rechtfertigende Geschäftsanhäufung vorübergehender Natur bestanden hat, weil eine Grenzziehung, dass bei einem Teil der Hilfsrichter die Zuziehung zulässig, bei einem anderen Teil unzulässig wäre, willkürlich sein müsste.[45] Auf die grundsätzlichen Bedenken, die *Müller*[46] gegen den Umfang erhoben hat, in dem die Rechtsprechung des BGH das Bedürfnis nach Zuziehung von Hilfsrichtern als Gegenstand der Nachprüfung des Revisionsgerichts ansieht, ist an dieser Stelle nicht einzugehen. Ob diese vom BGH früher aufgestellten strengen Nachprüfungsgrundsätze immer noch uneingeschränkt gelten, ist mittlerweile fraglich geworden, denn in einer späteren Entscheidung hat ein Missverhältnis zwischen einer zu geringen Zahl verfügbarer Planstelleninhaber (Unterbesetzung mit Richtern auf Lebenszeit) zu einer Überzahl von Hilfsrichtern nicht dazu geführt, dass das Gericht insgesamt nicht ordnungsgemäß besetzt gewesen ist.[47]

e) Art der Verwendung. Der Grundsatz der nur vorübergehenden Verwendung von 13
Hilfsrichtern bedeutet nicht, dass Hilfsrichter nicht mit Daueraufgaben beschäftigt werden dürften und es unzulässig sei, einer einzelnen Kammer im Geschäftsverteilungsplan für die Dauer des Geschäftsjahres neben einem Vorsitzenden Richter und einem Planstelleninhaber einen Richter auf Probe zuzuweisen. Aus dem vorgenannten Grundsatz ergibt sich nur, dass Hilfsrichter **nicht auf Dauer** mit Daueraufgaben beschäftigt werden dürfen. Das ist aber eben nur der Fall, wenn die Beiordnung des Hilfsrichters darauf beruht, dass bei dem Landgericht die für die Erledigung der richterlichen Daueraufgaben erforderliche Zahl von Planstellen nicht vorhanden oder nicht besetzt ist[48] und deshalb Hilfsrichter – über die der zulässigen Verwendung von Hilfsrichtern gezogenen Grenzen hinaus – das Fehlen von Planstellen oder Planstelleninhabern ausgleichen sollen. Einer Verwendung eines Proberichters in einer Strafvollstreckungskammer steht daher ebenso wenig entgegen[49] wie ein Einsatz als bestellter Vertreter in einer kleinen Strafkammer.[50]

IV. Errichtung und Aufhebung eines Gerichts; Bestimmung des Gerichtssitzes; Änderung der Bezirksgrenzen

Der Grundsatz des gesetzlichen Richters (Art. 101 GG) gebietet, dass die Errichtung oder 14
Aufhebung eines Landgerichts (wie auch jeden anderen Gerichts) und die Bestimmung und Verlegung des Gerichtssitzes **durch Gesetz** („Gerichtsorganisationsgesetz") erfolgt, wie dies

---

44 A.A. *Matthiessen* NJW **2025** 2825, 2827.

45 Vgl. BGHSt **8** 159; **9** 107; BGHZ **12** 1; **20** 209, 250; **22** 142, 145 = NJW **1957** 101; BGHZ **34** 260 = NJW **1961** 830; NJW **1962** 1153.

46 DRiZ **1963** 37, 39; s. auch *Lüttig* DRiZ **1958** 50.

47 BGH NJW **1972** 779, 780; vgl. auch OK/*Feldmann* 13; *Matthiessen* NJW **2025** 2825, 2827.

48 BGHSt **14** 321, 327.

49 KG StraFo **2019** 372; *Schmitt/Köhler* 3.

50 OLG Rostock NStZ **2020** 242; OLG Nürnberg StraFo **2020** 239.b.

schon in § 1 Abs. 1 der GVGVO 1935 vorgeschrieben war.[51] § 1 Abs. 2 GVGVO 1935 erteilte dem RJM die Ermächtigung, die Bezirksgrenzen durch Verordnung zu ändern. Diese Ermächtigung ist aber nicht gemäß Art. 129 Abs. 1, 2 GG auf die Landesjustizverwaltungen übergegangen, sondern gemäß Art. 129 Abs. 3 GG erloschen.[52] Auch die Änderung der Bezirksgrenzen erfolgt im Hinblick auf den Grundsatz des gesetzlichen Richters grundsätzlich durch Gesetz,[53] **mindestens aber durch RechtsVO aufgrund eines Gesetzes nach Maßgabe landesrechtlicher Vorschriften oder kraft bundesgesetzlicher Ermächtigung.**[54] Nach §§ 78, 78a Abs. 2, 116 Abs. 2 genügt für die Errichtung auswärtiger („detachierter") Kammern des Landgerichts und der Senate des Oberlandesgerichts eine RechtsVO (vgl. § 78, 1). Vgl. auch Gesetz über die Zuständigkeit der Gerichte bei Änderung der Gerichtseinteilung vom 6.12.1933 (RGBl. I S. 1037) i.d.F. von Art. 8 Abs. 4 des 1. StVRG 1974.

15 Für die **Bildung des Präsidiums und die Regelung der Geschäftsverteilung im Falle der Neu- oder auch Umbildung** (wie beispielsweise der Kreis- und Bezirksgerichte der neuen Länder in Amts- und Landgerichte) enthielt **§ 30 RpflAnpG** eine für alle Gerichtsbarkeiten zu beachtende Dauerregelung.[55] Nach der Aufhebung der Vorschrift im Jahr 2006 gilt nun bundeseinheitlich § 21j (vgl. Erstes Gesetz über die Bereinigung von Bundesrecht im Zuständigkeitsbereich des BMJ v. 19.4.2006, BGBl. I S. 866).

V. Länderübergreifende Landgerichtsbezirke

16 Durch Ländervereinbarung kann der Bezirk eines Landgerichts über die Landesgrenze hinaus ausgedehnt werden (§ 58, 6; so ausdrücklich bzgl. der Bezirke der Verwaltungsgerichte § 3 Abs. 2 VwGO). S.a. § 78a Abs. 3.

§ 60

(1) Bei jedem Landgericht werden, soweit nichts anderes bestimmt ist, sowohl Zivil- als auch Strafkammern gebildet.

(2) Die Landesregierungen werden ermächtigt, durch Rechtsverordnung bei einem Landgericht mit mindestens 100 Richterstellen ausschließlich Zivil- oder Strafkammern zu bilden und diesem für die Bezirke mehrerer Landgerichte die Zivil- oder Strafsachen zuzuweisen. [2]Die Landesregierungen können die Ermächtigung nach Satz 1 auf die Landesjustizverwaltungen übertragen.

Schrifttum

Frisch Problematik und Grenzen der Errichtung von Hilfsstrafkammern, NStZ **1987** 265, 304; *Helle* Die Einrichtung eines „anderen" Spruchkörpers desselben Gerichts als Folge oder als Voraussetzung der in § 354 Abs. 2 Satz 1 StPO vorgesehenen Zurückverweisung, DRiZ **1974** 227; *Holch* Wer bestimmt die Zahl der Spruchkörper bei den Gerichten? DRiZ **1976** 135; *Matthiessen* Warum Berlin wieder drei Landgerichte haben sollte ZRP **2020** 189; *Müller* Bestimmung der Zahl der Spruchkörper bei den Gerichten, DRiZ **1976** 315; *Pörner*

---

51 Vgl. z.B. die Gerichtsorganisationsgesetze von Hessen i.d.F. v. 10.12.1976, GVBl. I S. 539 und von Schleswig-Holstein in der F. vom 31.3.1977, GVBl. S. 86.

52 BVerfGE **2** 307; **24** 155, 167; vgl. dazu *Tasche* NJW **1952** 407; *Holzweg* NJW **1953** 48; *Schmidt* NJW **1954** 249.

53 BVerfGE **2** 316; **a.A.** Nipperdey/Scheuner/*Bettermann* Grundrechte III 252, 245 ff.

54 BVerfGE **24** 155, 167; s. dazu auch § 58, 5.

55 S. dazu *Rieß* DRiZ **1993**, 76; LR/*Rieß*[24] Anh. 6 ff.

Bildung und Besetzung der Spruchkörper, DRiZ **1976** 315; *Stanicki* Darf das Justizministerium die Zahl der Spruchkörper bei den Gerichten in der ordentlichen Gerichtsbarkeit bestimmen? DRiZ **1976** 80.

Entstehungsgeschichte

Durch Art. II Nr. 13 des Gesetzes vom 26.5.1972 (BGBl. I S. 841) wurden hinter „gebildet" die Worte „und Untersuchungsrichter bestellt" eingefügt; sie wurden wegen Wegfalls der Voruntersuchung durch Art. 2 Nr. 17 des 1. StVRG 1974 wieder gestrichen. Mit dem Gesetz zur Regelung der Wertgrenze für die Nichtzulassungsbeschwerde in Zivilsachen, zum Ausbau der Spezialisierung bei den Gerichten sowie zur Änderung weiterer prozessrechtlicher Vorschriften vom 12.12.1019 (BGBl. I S. 2633) wurde die Vorschrift in zwei Absätze gefasst und die in Absatz 2 enthaltene Regelung hinzugefügt; dem trägt die im nunmehrigen Absatz 1 eingefügte Einschränkung: „soweit nichts anderes bestimmt ist" Rechnung. Inkrafttreten am 1.1.2021.

Übersicht

I. Wesen der Kammern

1 Die Vorschrift verankert das **Kammerprinzip** beim Landgericht und soll durch die erhöhte Anzahl zur Entscheidung berufener Richter eine erhöhte Gewähr ‚richtiger' Entscheidungen sichern.[1] Die Zivil- und Strafkammern sind im Verhältnis zum Landgericht als einer organisatorisch-administrativen Einheit die **Abteilungen** („Spruchkörper", § 21e Abs. 1, § 192 Abs. 1), die innerhalb des Landgerichts („beim Landgericht") gebildet sind und durch die das Landgericht die ihm zugewiesenen Rechtsprechungsaufgaben ausübt.[2] Das Gesetz sieht mit Absatz 1 vor, dass in jedem Landgericht mindestens eine Strafkammer

1 MüKo/*Schuster* 1.
2 RGSt **42** 264.

und eine Zivilkammer zu bilden ist, wobei die konkrete Anzahl der Kammern von der Justizverwaltung bestimmt wird.[3] An diesem Grundsatz hat der Gesetzgeber auch mit der in Absatz 1 nunmehr getroffenen Formulierung festgehalten.[4] Absatz 2 erlaubt von diesem Grundsatz für sog. Großstadtgerichte eine Ausnahme (Rn. 23). Die sog. „auswärtige“ Strafkammer (§ 78) gilt für die örtliche Zuständigkeit in gewissen Beziehungen als ein vom Landgericht verschiedener, d.h. verselbständigter Gerichtskörper; im Übrigen bildet sie gleichfalls einen Teil des Landgerichts (§ 78, 6; 10). Wegen der Strafvollstreckungskammern vgl. unten Rn. 4 und Vor § 78a, 1.

II. Aufgabenbereich der Strafkammern

2 **1. Der Geschäftskreis der Strafkammern.** Der Geschäftskreis der Strafkammern, zu denen auch die Strafvollstreckungskammern (§ 78a) rechnen, wird durch die §§ 73 bis 74d GVG, § 41 JGG und durch verschiedene Vorschriften innerhalb und außerhalb der StPO (vgl. § 73, 7) geregelt. Dabei wird die **Strafkammer in verschiedenen Erscheinungsformen** tätig (dazu unten Rn. 20): als erkennendes Gericht nach §§ 74 bis 74c, während die §§ 73, 78a Fälle betreffen, in denen die Strafkammer als beschließendes Gericht außerhalb einer bei ihm im Hauptverfahren anhängigen Strafsache entscheidet.

3 **2. Tätigkeit als beschließendes Gericht.** Was die vorgenannte Tätigkeit als beschließendes Gericht anlangt, so ist zu unterscheiden zwischen der Zuständigkeit als Beschwerdegericht, als Strafvollstreckungskammer und als erkennendes Gericht erster und zweiter Instanz:

4 **a) Allgemeine Strafkammern.** Die allgemeinen Strafkammern werden als Gerichte höherer Instanz tätig; sie sind die **Beschwerdegerichte** für die Schöffengerichte und die Richter beim Amtsgericht (§ 73; vgl. aber §§ 159 und 181 Abs. 3); sie haben gegenüber den Schöffengerichten und dem Amtsgericht ihres Bezirks die in §§ 4, 12, 13, 14, 15, 19 StPO bezeichneten Verrichtungen des oberen Gerichts wahrzunehmen; sie entscheiden unter den Voraussetzungen des § 27 Abs. 4 über die Ablehnung von Richtern beim Amtsgericht und sie entscheiden unter den Voraussetzungen des § 161a Abs. 3 über Anträge auf gerichtliche Entscheidung gegen Maßnahmen der Staatsanwaltschaft.[5] Inwieweit die auswärtigen Strafkammern zur Wahrnehmung dieser Aufgaben berufen sind, ist bei § 78 zu erörtern.

5 **b) Strafvollstreckungskammern.** Die bei den Landgerichten gebildeten **Strafvollstreckungskammern,** die – ähnlich wie die auswärtigen Strafkammern – ihren Sitz auch außerhalb des Sitzes des Landgerichts haben und deren Mitglieder auch aus Richtern beim Amtsgericht bestehen können, sind einerseits für bestimmte nach Abschluss des Erkenntnisverfahrens erforderliche Nachtragsentscheidungen zuständig;[6] im Übrigen obliegt ihnen hauptsächlich erstinstanzlich die Rechtskontrolle über die Rechtmäßigkeit von Maßnahmen der Vollzugsbehörden gegen Gefangene und Untergebrachte bei dem Vollzug von Freiheitsstrafen und freiheitsentziehenden Maßregeln der Besserung und Sicherung (§ 78a Abs. 1 Satz 2 Nr. 2).

---

3 BGHSt **15** 217; KK/*Diemer* 1; *Holch* DRiZ **1976** 135.
4 BRDrucks. **19** 366 S. 18.
5 Siehe LR/*Erb* § 161a, 47 ff. StPO.
6 LR/*Graalmann-Scheerer* § 453, 3, 4 StPO.

3. Erkennendes Gericht. Als erkennende Gerichte sind die Strafkammern entweder als **Gerichte des ersten Rechtszuges** oder als **Berufungsgerichte** zuständig (§ 74). 6

III. Bildung der Kammern

1. Bestimmung der Zahl der ständigen Kammern. Es ist zu unterscheiden zwischen den sog. institutionellen Kammern, die als **dauernde Spruchkörper** gedacht sind, und Kammern, die aus Anlass eines vorübergehenden Bedarfs für **begrenzte Zeit** gebildet werden (unten Rn. 8). Die Zahl der institutionellen Kammern zu bestimmen, ist seit jeher nach der in der Rechtsprechung vertretenen Auffassung **Angelegenheit der Justizverwaltung.**[7] Dem stimmt auch die im Schrifttum herrschende Meinung zu.[8] Reformwünsche gehen dahin, diese Aufgabe dem Präsidium zu übertragen.[9] Unzutreffend ist aber jedenfalls eine im Schrifttum vertretene Auffassung,[10] dass schon nach geltendem Recht nicht mehr der Justizverwaltung, sondern dem Präsidium die Bestimmung der Zahl der institutionellen Kammern (und damit zwangsläufig auch die Bestimmung der Zahl der Senate des Oberlandesgerichts und BGH) zustehe, weil das dem Grundsatz der Selbstverwaltung der Gerichte entspreche und bei einer im Verhältnis zur Zahl der gemäß § 21e zu verteilenden Richter zu geringen Zahl von Spruchkörpern das Präsidium zu einer verfassungswidrigen Überbesetzung der vorhandenen Spruchkörper gezwungen werde, sodass sich aus Recht und Pflicht des Präsidiums zu einer gesetzmäßigen Besetzung der Spruchkörper auch sein Recht ergebe, selbst die zu einer ordnungsgemäßen Richterverteilung erforderliche Zahl von Spruchkörpern zu bemessen. Dass diese Auffassung unzutreffend ist, ergibt sich ohne Weiteres aus § 130 Abs. 1 Satz 2 GVG und § 36c PatG, wonach der Bundesminister der Justiz die Zahl der beim BGH zu bildenden Strafsenate und der beim Patentgericht zu bildenden Zahl von Beschwerde- und Nichtigkeitssenaten bestimmt.[11] Für die Zahl der „ordentlichen" Spruchkörper des Landgerichts kann nichts anderes gelten. Es bedarf angesichts des § 130 GVG, § 36c PatG nicht einmal des Rückgriffs auf die früheren Regelungen der §§ 7 Abs. 2, 8 Abs. 2 GVGVO 1935, denn der Sinn dieser Vorschriften war es nicht, konstitutiv das Recht der Justizverwaltung zur Bemessung der Zahl der Spruchkörper auszusprechen (von diesem Recht ging die VO als „vorgegeben" aus), sondern nach Wegfall der bisherigen Landesjustizverwaltungen klarzustellen, welche Stellen die auf die Reichsjustizverwaltung übergegangenen Befugnisse der bisherigen Landesjustizverwaltungen in ihrem Auftrag wahrzunehmen hätten. Es liegt nun einmal, solange die Ernennung der Richter durch die Justizministerien (Justizsenatoren) erfolgt, nicht in der Macht der Präsidien, durch Bestimmung der Zahl der institutionellen Spruchkörper einen Zwang auf den Finanz- und Justizminister zur Beschaffung der nötigen Zahl von Richtern, insbesondere von Vorsitzen- 7

---

7 RG JW **1885** 427; RGSt **42** 263; BGHSt **15** 217, 220 = NJW **1961** 473; **20** 132, 133 = NJW **1965** 544; **21** 260 = NJW **1967** 1868.

8 Baumbach/Lauterbach/*Albers* 2; *Helle* DRiZ **1974** 228; *Holch* DRiZ **1976** 135; *Katholnigg* 2; Kissel/*Mayer* 2, 3; SK/*Degener* 5; *Schmitt*/*Köhler* 2; KK/*Diemer* 1; MüKo/*Schuster* 1; SSW/*Werner* 3; *Pörner* DRiZ **1976** 315; Wieczorek/Schütze/*Schreiber* 4; Zöller/*Lückemann* 1.

9 Dazu *Rudolph* DRiZ **1976** 206 und kritisch *Pörner* DRiZ **1976** 315.

10 So *Baur* Justizaufsicht (1954) 56; *Schorn*/*Stanicki* 128; *Stanicki* DRiZ **1976** 80; *Müller* DRiZ **1976** 315.

11 Beim Dienstgericht des Bundes (§ 61 DRiG) kam eine entsprechende Bestimmung nicht in Betracht, weil dieses nur als ein besonderer Senat des BGH gebildet ist und einem (praktisch nicht zu erwartenden) erhöhten Geschäftsanfall dadurch begegnet werden kann, dass eine größere Zahl von Richtern zu Mitgliedern bestellt wird, die für die ordnungsgemäße Besetzung erforderlich ist (*Schmidt-Räntsch* § 61, 4).

den Richtern, auszuüben.[12] Das schließt nicht aus, dass Landesrecht die Anhörung des Präsidiums bei Bestimmung der Zahl der Kammern vorschreibt.[13]

8 **2. Zeitpunkt und Zuständigkeit zur Bestimmung der Zahl der „ständigen" Kammern.** Die Bestimmung der Zahl, ggf. unter Erhöhung oder Verminderung der bisherigen Zahl, erfolgt im Regelfall **vor Beginn eines Geschäftsjahres**, jedoch kann aus gegebenem Anlass auch während des Geschäftsjahres eine neue Bestimmung über die Zahl getroffen, z.B. bei Wegfall von Richterplanstellen oder bei nicht nur vorübergehendem Ausfall von Richtern eine Kammer aufgelöst werden.[14] Zuständig ist insoweit die Landesjustizverwaltung, die diese Befugnis im Rahmen von Ausführungsgesetzen[15] in der Regel auf den **Präsidenten des Landgerichts als Organ der Justizverwaltung** übertragen hat.[16] Wegen des Falles der „stillschweigenden" Bildung einer Kammer durch den Präsidenten, der eine inhaltlich die Bildung einer Kammer einschließende Geschäftsverteilung mitbeschließt, vgl. BGHSt **22** 94, 98.

3. Hilfsstrafkammer

9 **a) Begriff.** Hilfsstrafkammern vertreten als nicht ständige Strafkammern die ordentliche Strafkammer in solchen Geschäften, die diese infolge vorübergehender, anderweitiger Überlastung nicht selbst erledigen kann.[17] Das Gesetz kennt den Begriff der „Hilfsstrafkammer" nicht. Vereinzelt wird die Zulässigkeit des Einrichtens von Hilfsstrafkammern mangels gesetzlicher Grundlage daher abgelehnt,[18] was sich indessen in Praxis und Rechtsprechung nicht widerspiegelt. Die Figur der Hilfsstrafkammer ist zunächst in ständiger Rechtsprechung vom RG[19] entwickelt, vom BGH übernommen[20] und auch nach der Neugestaltung der §§ 21a ff. im Grundsatz aufrechterhalten worden.[21] Die Schaffung einer Hilfsstrafkammer ist zulässig – oder sogar notwendig – bei **vorübergehender Überlastung**[22] der institutionellen Kammern, sei es durch zahlenmäßig erhöhten Anfall von Sachen, sei es durch die Befassung einer Kammer mit einer besonders umfangreichen Sache, die ihr keine Zeit zur ordnungsmäßigen Erledigung der übrigen anfallenden Sachen lässt (z.B., wenn die Schwurgerichtskammer oder Wirtschaftsstrafkammer durch ein einziges Verfahren auf lange Zeit gebunden wird). Die Bildung einer Hilfsstrafkammer ist immer dann notwendig, wenn bei Überlastung durch eine Einzelstrafsache die Zuweisung von mehr als einem Vertreter zu einer Überbesetzung[23] führen würde, die es ermöglicht, gleichzeitig zwei Hauptverhandlungen in verschiedenen Besetzungen durchzuführen.[24] Die Bildung einer Hilfsstrafkammer ist jederzeit zulässig, wenn die Voraussetzungen dafür vorliegen und ein **Ende der Überlas-**

---

12 S. dazu auch LR/*K. Schäfer*[24] § 70, 3 und LR/*Mann* § 21e, 26: kein „Streikrecht" des Präsidiums.
13 So z.B. § 3 Saarl. AGGVG v. 4.10.1972, ABl. 401.
14 BGH NJW **1965** 544.
15 Vgl. hierzu die Übersichten bei Kissel/*Mayer* 4 und OK/*Feldmann* 14.
16 KK/*Diemer* 1; *Schmitt/Köhler* 2.
17 BGH NJW **2010** 625; NStZ-RR **2022** 20; MüKo/*Schuster* 5.
18 SK/*Degener* 10 f.
19 Z.B. RGSt **19** 230; **55** 201; **62** 309.
20 Z.B. BGHSt **10** 179, 181; **11** 106, 107; **12** 104; **21** 260 = NJW **1967** 1868.
21 Z.B. BGHSt **31** 389 = NStZ **1984** 84 mit krit. Anm. *Frisch;* BGHSt **33** 303 = JR **1986** 260 mit Anm. *Katholnigg* = NStZ **1987** 288; mit krit. Bespr. *Frisch* NStZ **1987** 265 ff., 304 ff.
22 BGH NJW **2000** 1581 mit Anm. *Katholnigg* NStZ **2000** 443.
23 LR/*Mann* § 21e, 10 ff.
24 BGHSt **33** 234 = JR **1986** 125 mit Anm. *Katholnigg*; BGH GA **1977** 366.

tung des anderen Spruchkörpers **absehbar** ist.[25] Das kann auch schon zu Beginn eines Geschäftsjahres erfolgen.[26] Ist absehbar, dass eine Hilfsstrafkammer allein die erforderliche Entlastung der ordentlichen Kammer nicht leisten kann, ist auch die Einrichtung **mehrerer Hilfsstrafkammern** möglich. Das Einrichten einer Hilfsstrafkammer kann sogar **von Verfassungs wegen** geboten sein, wenn nur auf diese Weise dem verfassungsrechtlich verankerten Gebot einer beschleunigten Bearbeitung von Strafsachen innerhalb angemessener Zeit nachzukommen ist.[27]

Da es sich bei dem Begriff „vorübergehende Überlastung" um einen **unbestimmten Rechtsbegriff** handelt, muss dem Präsidium bei dessen Feststellung ein **weiter Beurteilungsspielraum** zugestanden werden.[28] Dies gilt auch für die wesentlich von einer Prognose beeinflusste Beurteilung, ob die Überlastung von Dauer ist.[29] Ein durchgreifender Rechtsmangel ist jedenfalls erst dann begründet, wenn offen zutage liegt, dass die Mehrbelastung von Dauer und nicht bloß vorübergehend ist, und daher die Entscheidung über die Bildung einer Hilfsstrafkammer als objektiv **willkürlich** erscheint.[30] Dann ist **die Einrichtung einer Hilfsstrafkammer unzulässig,**[31] weil sie dadurch zu einem ständigen Spruchkörper würde. Hier kommt allein die Einrichtung einer weiteren ordentlichen Kammer in Betracht. 10

Soweit in einer Entscheidung des BGH vom 4.8.2009[32] eine vorübergehende Überlastung einer ordentlichen Strafkammer für die Einrichtung einer Hilfsstrafkammer als nicht ausreichend erachtet wurde, dürfte es sich hierbei um eine missverständliche Formulierung handeln, weil sich aus dem Kontext ableiten lässt, dass damit keineswegs eine Abkehr von der bisherigen Rechtsprechung des Senats[33] vollzogen, sondern lediglich zum Ausdruck gebracht werden sollte, dass die **Einrichtung einer Hilfsstrafkammer auch dann unzulässig** ist, **wenn die Kammer** die aktuell verhandelten Sachen voraussichtlich in absehbarer Zeit erledigen wird und mithin **selbst in der Lage sein wird, den vorübergehenden Stau wieder aufzuarbeiten**. Dem kann grundsätzlich zugestimmt werden, doch muss insbesondere bei anstehenden Haftsachen das besondere Beschleunigungsgebot im Blick bleiben, zumal die Rechtsprechung des BVerfG es nahe legt, jegliche Verzögerung solcher Verfahren durch die Justiz zu vermeiden.[34] Im Übrigen bleibt fraglich, welcher zeitliche Rahmen in diesem Sinne noch angemessen sein soll. 11

b) Begründung der Einrichtung einer Hilfsstrafkammer. Die Einrichtung einer Hilfsstrafkammer hat denselben Grundsätzen zu folgen, die für die Regelung der Geschäftsverteilung schlechthin gelten, d.h. es ist insoweit das Abstraktionsprinzip zu beachten, das die Zuweisung von Aufgaben nach **allgemeinen, sachlich-objektiven Merkmalen** fordert.[35] Damit ist die spezielle Zuweisung bestimmter einzelner Verfahren ausgeschlossen. Der Hilfsstrafkammer können allerdings auch (ausschließlich) **anhängige Verfahren** übertragen werden, wenn nur so dem verfassungs- und konventionsrechtli- 12

25 BGH NJW **2000** 1580; *Kissel/Mayer* 10.
26 BGH NJW **2000** 1580.
27 BVerfG NJW **2005** 2690; OK/*Feldmann* 18.
28 BGH NJW **2000** 1580; BGH StV **2010** 294.
29 BGH NJW **2000** 1580; BGH StV **2010** 294.
30 BGH NStZ-RR **2022** 20.
31 BGHSt **31** 389; BGH NJW **2000** 1580.
32 BGH NStZ-RR **2010** 138.
33 NJW **2000** 1580.
34 Vgl. BVerfG StV **2006** 73 (Rn. 76 f., 102); StV **2006** 318.
35 BVerfG NJW **2003** 345; **2005** 2689.

chen Beschleunigungsgebot insbesondere in Haftsachen (s. Art. 5 Abs. 3 Satz 1, Hs. 2, Art. 6 Abs. 1 Satz 1 EMRK) angemessen Rechnung getragen werden kann.[36] Um dem in Haftsachen stets zu beachtenden besonderen Beschleunigungsgebot gerecht werden zu können, kann abweichend von den üblichen Grundsätzen eine Hilfsstrafkammer auch **unterjährig** eingerichtet werden.[37] In jedem Fall muss die Umverteilung von Verfahren geeignet sein, die Effizienz des Geschäftsablaufs zu erhalten oder wiederherzustellen.[38] Nur dann können Änderungen auch im Lichte des **Art. 101 Abs. 1 Satz 2 GG** Bestand haben.[39] Um im Hinblick auf mögliche spätere Besetzungsrügen dem Revisionsgericht eine Prüfung der Rechtmäßigkeit des eine Hilfsstrafkammer einrichtenden Präsidiumsbeschlusses zu ermöglichen, bedarf es einer **detaillierten Darlegung** der Notwendigkeit ihrer Einrichtung; diese Dokumentation ist den Verfahrensbeteiligten – jedenfalls auf Verlangen – zur Kenntnis zu geben, um dem Anschein einer willkürlichen Zuständigkeitsverschiebung entgegen zu wirken.[40]

13 **c) Rechtsnatur der Hilfsstrafkammer.** Die Frage nach der **Rechtsnatur der Hilfsstrafkammer**, die im Schrifttum zu unterschiedlichen Auffassungen geführt hat,[41] ist dahin zu beantworten, dass sie keine Strafkammer im Sinne des § 60 ist, sondern die ordentliche Strafkammer in solchen Sachen **vertritt**, die diese infolge anderweitiger Inanspruchnahme nicht selbst erledigen kann.[42] Daraus ergibt sich eine Reihe von Folgerungen in bisher umstrittenen Fragen:

14 **aa) Besetzung.** Aus der Vertretungsfunktion der Hilfsstrafkammer ergibt sich, dass ihre Besetzung mit einem Richter am Landgericht als **Vorsitzender** – statt mit einem *Vorsitzenden* Richter am Landgericht – an sich zulässig ist,[43] vorausgesetzt, dass sich die voraussichtliche Dauer der Hilfskammer in angemessenen Grenzen hält und der Personalbestand dem Präsidium keine andere Lösung ermöglicht. Gleichzeitig ist für die Mitglieder der Hilfsstrafkammer deren Vertretung zu regeln.[44]

15 **bb) Zuständigkeit zur Bildung.** Die Anordnung der Errichtung steht – als Maßnahme wegen Überlastung gemäß § 21e Abs. 3 – dem **Präsidium** zu.[45] Früher war streitig, ob neben dem Präsidium auch der Landgerichtspräsident die Bildung von Hilfskammern als Organisationsmaßnahme der Justizverwaltung aufgrund des früheren § 7 Abs. 2 GVGVO 1935 bzw. der an seine Stelle getretenen landesrechtlichen Vorschriften anordnen kann. Das wurde schon früher von der – schließlich – h.M. verneint.[46] Die Streitfrage ist jetzt als erledigt anzusehen, denn wenn nach heutiger Betrachtungsweise die Hilfskammer nur

36 BVerfG NJW **2009** 1734, 1735; BGH StV **2016** 623; BGHR GVG § 21e Abs. 3 Änderung 14; OK/*Feldmann* 22.
37 BGH StV **2022** 799; OLG Nürnberg v. 21.10.2014 – 1 Ws 401/14 H, BeckRS **2014** 22549; MüKo/*Schuster* 5.
38 BVerfG NJW **2005** 2689, 2690; BGHR GVG § 21e Abs. 3 Änderung 14.
39 BVerfG NJW **2005** 2689, 2690.
40 BVerfG NJW **2005** 2689, 2690; **2009** 1734, 1735.
41 Vgl. dazu einerseits *Katholnigg* JR **1983** 521; **1986** 261; andererseits *Frisch* NStZ **1984** 86.
42 BGHSt **31** 391; **33** 303; BGH NStZ **2010** 294; BGH NStZ-RR **2022** 20; Kissel/*Mayer* 10; MüKo/Schuster 5; OK/*Feldmann* 16.
43 BGHSt **31** 389; **33** 303; *Katholnigg* JR **1983** 521; MüKo/*Barthe* § 21f, 2; Zöller/*Lückemann* § 21f, 2; OK/*Feldmann* 25; **a.A.** *Frisch* NStZ **1984** 88 u. NStZ **1987** 265; Kissel/*Mayer* 15; *Schorn/Stanicki* 142.
44 OLG Hamm JMBlNRW **1982** 45; h.M.
45 RG HRR **1929** Nr. 1542; BGHSt **11** 106, 107; **12** 104; **21** 260; **25** 174; BGH GA **1977** 366; BGHSt **31** 389; BGH NStZ-RR **2020** 20; Kissel/*Mayer* 13; *Katholnigg* 3; *Schmitt/Köhler* § 21e Rn. 16; Zöller/*Lückemann* 1; KK/*Diemer* 4.
46 Z.B. BGHSt **21** 260; *Eb. Schmidt* 6; *Schorn/Stanicki* 161.

die ordentliche Kammer vertritt (o. Rn. 12), ihre Bildung also nur eine Methode darstellt, die Vertretung der durch die Überlastung an der Bearbeitung der anderen Sachen verhinderten Mitglieder der ordentlichen Kammer zu regeln,[47] so kann die Bildung der Hilfskammer nur Sache des Präsidiums sein. Ferner spricht dafür der Gesichtspunkt, aus dem BGHSt **15** 217 u.a. für die Bildung der Ferienstrafkammer (u. Rn. 18) die ausschließliche Zuständigkeit des Präsidiums herleitet, nämlich, dass sonst „im Widerspruch zu dem die Gerichtsverfassung tragenden Grundgedanken des gesetzlichen Richters der Justizverwaltung und damit der Regierung die Möglichkeit eingeräumt (würde) ... mittelbar Einfluss auf die Zusammensetzung des Spruchkörpers auszuüben".

cc) Dauer des Bestehens der Hilfsstrafkammer. Die Dauer des Bestehens einer Hilfsstrafkammer als einer **vorübergehenden** Hilfsmaßnahme muss zeitlich festgelegt sein. Bei einer Überbelastung der ständigen Kammer durch eine oder mehrere bestimmte, besonders umfangreiche Sachen ist eine zeitliche Begrenzung auf einen bestimmten Kalendertag nur ganz ausnahmsweise möglich. Hier genügt im Allgemeinen die Anordnung, dass das Ende der Tätigkeit der Hilfskammer mit einem **sicher eintretenden**, vom Willen einzelner unabhängigen **Ereignis** zusammenfällt, z.B. dass bis zum Tag der abschließenden Entscheidung in der bei der ständigen Kammer verbliebenen Sache X mit Ausnahme dieser Sache die Hilfskammer für die Bearbeitung aller Strafverfahren zuständig sei, die in den normalen Geschäftsbereich der (entlasteten) ständigen Strafkammer fiele.[48] Das Ereignis muss nicht mehr im laufenden Geschäftsjahr eintreten.[49] 16

d) Zeitliche Grenze für die Hilfsstrafkammer. Eine weitere Grenze des Bestehens der Hilfsstrafkammer bis zum Wegfall der Überlastung der ordentlichen Kammer ergibt sich aber daraus, dass bei einer ganz ungewöhnlichen Dauer dieser Überlastung die Hilfsstrafkammer **nicht** ihrerseits zu einer **„ständigen Einrichtung"** führen darf. Mit Recht hat der BGH[50] aus dem Grundsatz des gesetzlichen Richters gefolgert, dass die Bildung einer Hilfsstrafkammer nur dann in Betracht kommt, wenn *begründete Wahrscheinlichkeit* dafür besteht, dass sie, wenn auch nicht im laufenden, so doch im nächsten Geschäftsjahr **wieder aufgelöst werden wird**. Stellt sich dann heraus, dass entgegen den Erwartungen die ordentliche Kammer auch in dem folgenden (dritten) Geschäftsjahr entlastet werden muss, so muss in der Regel nach Lösungen gesucht werden, die die Überlastung der ordentlichen Kammer beenden, wie etwa Bilden einer neuen ordentlichen Kammer oder Neuverteilung der Geschäfte auf die bestehenden ordentlichen Kammern mit der Folge einer größeren Belastung aller Strafkammern und möglicher längeren Dauer aller Strafverfahren.[51] Davon kann je- 17

---

47 Vgl. BGHSt **25** 175.

48 BGHSt **21** 260 = LM Nr. 12 GVG mit Anm. *Kohlhaas*.

49 BGHSt **31** 389.

50 BGHSt **31** 389 = JR **1983** 519 mit Anm. *Katholnigg* = NStZ **1984** 84 mit Anm. *Frisch*; BGHSt **33** 303 = JR **1986** 260 mit Anm. *Katholnigg* = NStZ **1987** 288 mit Stellungnahme *Frisch* NStZ **1987** 265 ff., 304 ff.

51 Im Falle BGHSt **33** 303 lag die Sache allerdings anders: Die Hilfsstrafkammer, deren Urteil mit der Besetzungsrüge nach damaligem Recht angegriffen wurde, bestand bei Erlass des Urteils schon mehr als fünfeinhalb Jahre, weil die ordentliche Kammer aus außergewöhnlichen Gründen (NSG-Verfahren) mit derselben Sache befasst und überlastet war. Die Besetzungsrüge blieb erfolglos, weil nicht erkennbar war, dass das Präsidium sich über die im Revisionsurteil aufgestellten Grundsätze *willkürlich* hinweggesetzt habe. Doch heißt es in der Entscheidung schließlich auch: „Zukünftig – nach Veröffentlichung des vorliegenden Urteils – wird in der Regel der Zeitablauf zu einer anderen Beurteilung der Vertretbarkeit (der Auffassung des Präsidiums) führen müssen; das bedarf jetzt jedoch noch keiner abschließenden Entscheidung". Auch hier ist darauf und auf die aus §§ 222a, 222b StPO sich ergebende Lage nicht weiter einzugehen. Großzügig zur Dauer eines Hilfzivilsenats beim BGH: BVerfG NJW **2025** 2455.

doch abgesehen werden, wenn im Laufe des dritten Jahres ein konkretes Ende der Überlastung der vertretenen Kammer absehbar wird. Im Schrifttum hat diese Änderung der Rechtsprechung zwar nicht zum Verstummen der Polemik gegen die Hilfsstrafkammer ohne Vorsitzenden Richter,[52] aber doch zu deren Abflachung geführt. So ist sich *Frisch*[53] „bewußt, dass der Kampf gegen eine so eingefahrene Praxis wie die der Hilfsstrafkammern wenig Aussicht auf Erfolg hat", und in seiner Kritik an BGHSt **33** 303[54] fordert er „mit Nachdruck eine nochmalige Kurskorrektur der Rechtsprechung". „Eine eng(er) abgesteckte Hilfsstrafkammerlösung ist damit das Mindeste, was in der gegenwärtigen Situation zu fordern ist". Auf Einzelheiten einzugehen, ist hier kein Raum.[55]

18 **4. Auffangstrafkammer.** Darunter ist die **„andere" Strafkammer** zu verstehen, die zur Entscheidung zuständig ist, wenn das Revisionsgericht bei Aufhebung eines Urteils die Sache gemäß **§ 354 Abs. 2 StPO** an eine andere Kammer des Landgerichts zurückverweist, oder die im Fall des § 210 Abs. 3 StPO die Hauptverhandlung durchzuführen hat. Das Präsidium hat für diese Fälle eine Verteilung dieser Aufgaben auf **mehrere Kammern** im Geschäftsverteilungsplan vorzusehen, um dem Revisionsgericht die nach § 354 StPO vorgesehene Wahlmöglichkeit zu geben. Eine versäumte Regelung kann noch für den Rest des Geschäftsjahres nachgeholt werden.[56] Die Einrichtung einer Hilfsstrafkammer für zurückverwiesene Verfahren ist nicht zulässig, weil es hier nicht um die Entlastung einer anderen Kammer geht.[57]

19 **5. Ferienstrafkammer.** Die Anordnung der Bildung einer oder mehrerer Ferienstrafkammern nach der **bis zur Abschaffung der Gerichtsferien** durch Gesetz vom 28.10.1996[58] geltenden Regelung war ausschließlich Sache des Präsidiums, da es sich hier immer um eine Maßnahme gemäß § 21e Abs. 3 handelte, die die Belange der Justizverwaltung (Bewilligung neuer Plan- oder Hilfsrichterstellen) nicht berührt.[59] Wenn rechtsirrtümlich der Landgerichtspräsident die Bildung angeordnet hatte, bedurfte es zur Heilung des Mangels eines nachträglichen Präsidiumsbeschlusses.

20 **6. Besetzung der Strafkammer.** Über die **Besetzung der Strafkammer im Allgemeinen** vgl. § 76 und die dortigen Anm.; über die Besetzung der Hilfsstrafkammer vgl. § 21f, 12 ff.

IV. Mehrere Strafkammern und ihre Formen

21 **1. Übersicht.** § 60 spricht von der „Bildung von Strafkammern bei den Landgerichten" und erweckt den Anschein, als gäbe es einen Grundtyp der Strafkammern, die bei allen Landgerichten gebildet werden. Tatsächlich gibt es aber, wie bereits oben in Rn. 2 ff. angedeutet, verschiedene Erscheinungsformen der Strafkammer, die sich aus unterschiedlicher Besetzung und unterschiedlichem Aufgabenbereich ergeben.[60] So unterscheidet das Gesetz

---

52 Vgl. z.B. – außer *Frisch* a.a.O. – KK/*Diemer* § 21f, 1.
53 NStZ **1987** 268.
54 NStZ **1987** 304 ff., 309.
55 Vgl. dazu näher LR/*Mann* § 21f, 10 ff.
56 *Rieß* JR **1978** 302.
57 Kissel/*Mayer* 16; KK/*Gericke* § 354 StPO, 29; OK/*Feldmann* 27.
58 BGBl. I S. 1546.
59 BGHSt **15** 217 = NJW **1961** 472; BGHZ **9** 30.
60 Wegen entsprechender Regelungen außerhalb der Strafrechtspflege vgl. *Schorn/Stanicki* 83.

(§ 76; § 41 JGG) bei dem erkennenden Gericht zwischen der **„großen" und der „kleinen" Strafkammer**, zwischen der Strafkammer als Erwachsenengericht und der für Straftaten Jugendlicher und Heranwachsender zuständigen, als Jugendkammer bezeichneten Strafkammer. Die als **Strafvollstreckungskammer** bezeichnete und in unterschiedlicher Besetzung auftretende Strafkammer wird nur als Beschlussgericht tätig (§§ 78a, 78b). Zu unterscheiden ist weiterhin zwischen der **allgemeinen Strafkammer** und der **Strafkammer mit gesetzlicher Zuständigkeitskonzentration** für bestimmte Straftaten oder bestimmte Verfahrensstadien. Hierher gehören die Strafkammer als Schwurgericht (§§ 74 Abs. 2, 76 Abs. 2), als sog. Staatsschutzkammer (§ 74a), als Wirtschaftsstrafkammer (§ 74c), als Jugendkammer (§ 41 JGG), als Strafvollstreckungskammer (§ 78a) und bei Ordnungswidrigkeiten als Kammer für Bußgeldsachen (§ 46 Abs. 7 OWiG). Bestimmte Strafkammern brauchen nicht bei jedem Landgericht gebildet zu werden, sondern können oder müssen bei einem LG mit örtlicher Zuständigkeit für die Bezirke mehrerer Landgerichte gebildet werden, so die Schwurgerichtskammer (§ 74d), die sog. Staatsschutzkammer (§ 74a Abs. 1, 4), die Wirtschaftsstrafkammer (§ 74c Abs. 1, 3) und die Strafvollstreckungskammer (§ 78a Abs. 2). Besonderheiten bei der **auswärtigen Strafkammer** (§ 78) bestehen darin, dass sie am Sitz eines Amtsgerichts gebildet wird, ihre örtliche Zuständigkeit auf den Sitz eines oder mehrerer Amtsgerichte beschränkt ist, ihre sachliche Zuständigkeit teils von Gesetzes wegen beschränkt ist (§ 78 Abs. 1 Satz 2), teils bei der Bildung beschränkt werden kann (§ 78 Abs. 1 Satz 1) und dass sie auch mit Richtern besetzt werden kann, die nicht Mitglieder des Landgerichts sind. Auch die Strafvollstreckungskammer kann ihren Sitz an einem anderen Ort als dem Sitz des Landgerichts haben und mit Richtern beim Amtsgericht besetzt werden (§ 78a Abs. 2, § 78b Abs. 2). Wegen Besonderheiten bei der Zuständigkeit der Strafkammer im Wiederaufnahmeverfahren vgl. § 140a.

2. Bildung beim Landgericht. Gemeinsam ist allen Strafkammern, auch wenn sie ihren Sitz nicht am Sitz des Landgerichts haben, dass sie „beim Landgericht" gebildet werden, also einen **Spruchkörper des Landgerichts** bilden, und dass ihre Mitglieder, auch wenn sie nicht (durch Zuweisung einer Planstelle, Übertragung eines Doppelrichteramts, Abordnung usw. dauernd oder auf Zeit) Mitglieder des Landgerichts sind, vom Präsidium des Landgerichts bestellt werden. 22

3. Vereinbarkeit der Aufgaben. Die verschiedenen Aufgaben der Strafkammer sind grundsätzlich sämtlich miteinander vereinbar und können von **denselben Richtern** wahrgenommen werden (unberührt bleibt aber § 37 JGG, wonach die Richter der Jugendkammer erzieherisch befähigt sein sollen). So macht z.B. der Aufbau des Verfahrens die Bildung einer von der erkennenden Strafkammer verschiedenen Beschlussstrafkammer, die im Geschäftsverteilungsplan als selbständige Spruchkörper erscheinen, nicht nötig. Andererseits steht aber auch nichts entgegen, die Geschäfte nach den verschiedenen Tätigkeiten auf verschiedene Spruchkörper zu verteilen, also etwa eine besondere Beschlusskammer, eine Berufungskammer und eine Kammer erster Instanz zu bestellen. Derartiges zu bestimmen, ist lediglich eine Angelegenheit der Geschäftsverteilung.[61] In gleicher Weise ist es Sache des Präsidiums, die **„Auffang"-Kammer** zu bestimmen, wenn das Revisionsgericht bei Aufhebung eines Urteils die Sache gemäß § 354 Abs. 2 StPO an eine andere Kammer des Landgerichts zurückverweist.[62] Auch bei den Strafkammern mit gesetzlicher Zuständigkeitskonzentration (Rn. 20) ist es – bei Wahrung des ihrer Schaffung zugrundeliegenden Gedankens, die aus längerer Befassung mit der Materie 23

61 RGSt **2** 353; **23** 234.

62 Vgl. wegen der „Auffang-Schwurgerichtskammer" § 74, 14.

gewonnenen besonderen Kenntnisse und Erfahrungen der Richter nutzbar zu machen – nicht ausgeschlossen, dem Spruchkörper bei nicht genügender Auslastung durch die in Betracht kommenden Spezialstrafsachen Aufgaben der allgemeinen Strafkammer zuzuweisen oder bei Überlastung mehr als einen Spezialspruchkörper dieser Art zu bilden.[63]

V. Großstadtgerichte (Absatz 2)

24 Trotz des weiterhin mit Absatz 1 geltenden Grundsatzes, dass an Landgerichten Zivil- und Strafkammern gebildet werden („soweit nichts anderes bestimmt ist"), eröffnet Absatz 2 hierzu nunmehr eine **Ausnahme** für sog. Großstadtgerichte mit **mindestens 100 Richterstellen**; gemeint ist hierbei die Anzahl der Planstellen. Hierdurch soll den Ländern ermöglicht werden, aus gewichtigen justizorganisatorischen Gründen Zivil- oder Strafsachen vollständig an einem größeren Landgericht zu konzentrieren.[64] Durch die Beschränkung der Konzentrationsmöglichkeit auf große Landgerichte soll sichergestellt werden, dass eine Konzentration nur in **Ballungsgebieten** zugelassen wird, wobei ein besonderer Umsetzungsbedarf vor allem für **Berlin** mit einem bislang mehr als 400 Richterplanstellen aufweisenden Landgericht gesehen wurde.[65] Dort wurde mit Wirkung zum 1.1.2024 eine Zuständigkeit des Landgerichts Berlin I für Strafsachen und eine für das Landgericht Berlin II für Zivilsachen begründet.[66] Bei den entsprechenden Verordnungen der Länder soll darauf zu achten sein, dass der sich aus dem Grundgesetz ergebende Justizgewährungsanspruch gewährleistet bleiben muss. Hierzu soll die räumliche Entfernung zu den Gerichten so einzugrenzen sein, dass der Zugang zum Gericht nicht unzumutbar erschwert wird, und es sollen negative Auswirkungen auf die Erreichbarkeit der Gerichte bei entsprechenden Anordnungen vermieden werden. Die Vorschrift bietet den Landesregierungen eine **Ermächtigung** zum Erlass entsprechender Rechtsverordnungen und mit Absatz 2 Satz 2 eine Subdelegationsermächtigung an die Landesjustizverwaltungen.[67] Indessen ist der Verordnungsgeber nicht verpflichtet, von beiden Teilen der Ermächtigung Gebrauch zu machen. Er kann also auch ein übergroßes Landgericht aufspalten, ohne die Zuständigkeit der Gerichte auf den Bezirk anderer Landgerichte auszudehnen.[68] Ob eine derartige Konzentration etwa lediglich auf Strafkammern sachgerecht ist, darf indessen in Frage gestellt werden. Zeigt doch die Erfahrung, dass gerade in Zeiten akuter Belastungen im Strafbereich etwa durch eine Vielzahl eingehender Haftsachen bei gleichzeitigem Ausfall von Strafrichtern ein kurzfristiger Rückgriff auf Mitglieder von Zivilkammern erforderlich oder zumindest sachdienlich ist, um dem in Haftsachen zu berücksichtigenden Beschleunigungsgrundsatz auch in akuten Belastungsspitzen gerecht werden zu können. Hier bleiben die Erfahrungen aus Berlin abzuwarten.

---

63 Dazu § 74, 12; § 74a, 3; § 74c, 8; § 78b, 11.

64 Nicht hiervon betroffen sind die beiden Münchener Landgerichte, bei denen lediglich eine regionale Zuständigkeitsverteilung vorgenommen wurde.

65 *Matthiessen* ZRP **2020** 189; OK/*Feldmann* 33.

66 Gesetz über die Neuordnung der Berliner Landgerichtsstruktur vom 9.2.2023, GVBl. Nr. 5 vom 22.2.2023, S. 38.

67 Vgl. zum Ganzen BRDrucks. **19** 366 S 18.

68 Zöller/*Lückemann* 1a.

§§ 61 bis 69

Gestrichen durch Art. II Nr. 14 PräsVerfG. Die Vorschriften regelten im Wesentlichen die heute in §§ 21a bis 21h enthaltene Materie. Letzte Erläuterungen in der 21. Aufl. dieses Kommentars.

§ 70

(1) Soweit die Vertretung eines Mitgliedes nicht durch ein Mitglied desselben Gerichts möglich ist, wird sie auf den Antrag des Präsidiums durch die Landesjustizverwaltung geordnet.

(2) Die Beiordnung eines Richters auf Probe oder eines Richters kraft Auftrags ist auf eine bestimmte Zeit auszusprechen und darf vor Ablauf dieser Zeit nicht widerrufen werden.

(3) Unberührt bleiben die landesgesetzlichen Vorschriften, nach denen richterliche Geschäfte nur von auf Lebenszeit ernannten Richtern wahrgenommen werden können, sowie die, welche die Vertretung durch auf Lebenszeit ernannte Richter regeln.

Schrifttum

Holch Wer bestimmt die Zahl der Spruchkörper bei den Gerichten? DRiZ **1976** 135; *Müller* Die Rechtsprechung des Bundesgerichtshofs über die Verwendung von Hilfsrichtern, DRiZ **1963** 37; *Stanicki* Darf das Justizministerium die Zahl der Spruchkörper bei den Gerichten in der ordentlichen Gerichtsbarkeit bestimmen? DRiZ **1976** 80.

Entstehungsgeschichte

Das VereinhG 1950 änderte die Absätze 2, 3 nur stilistisch („auf Lebenszeit ernannt“ statt „ständig“). Durch § 85 Nr. 7 DRiG 1961 erhielt Absatz 2 die jetzt geltende Fassung.

Übersicht

1. Bedeutung des § 70. Grundsätzlich müssen Richter eines Gerichts ihre Kollegen vertreten, wenn diese verhindert sind. Vor diesem Hintergrund sind Gerichte in personeller Hinsicht auch so auszustatten, dass die Vertretung etwa in Fällen von Krankheit oder Urlaub gerichtsintern geleistet werden kann. § 70 betrifft demgegenüber nicht planbare 1

Ausnahmesituationen. Die Vorschrift ergänzt die Regelungen der §§ 21e bis 21g und erfasst erkennbar **vorübergehende, durch gerichtsinterne Maßnahmen nicht abwendbare Vertretungsfälle,**[1] die durch die gesamte Vertretungsregelung des Gerichts einschließlich des Präsidenten und der Vorsitzenden nicht so aufgefangen werden können, dass nicht ein weitgehender **Stillstand der Rechtspflege** droht. Es muss sich um echte Vertretungsfälle handeln, die nicht durch schuldhafte Personalentscheidungen herbeigeführt worden sein dürfen, wie etwa unüberlegte und planlose Urlaubsgewährung.[2] Die Vorschrift gilt nicht für dauerhafte Vertretungen aufgrund einer allgemeinen Überlastung.[3] Hier kann nur durch Schaffung oder Besetzung von Planstellen geholfen werden.[4] **Absatz 1** bezieht sich auf den Fall, dass ein Mitglied des Landgerichts vertreten werden muss, die beim Landgericht vorhandenen Richterkräfte (planmäßige Richter, Richter auf Probe und kraft Auftrags sowie die abgeordneten Richter) aber nicht ausreichen. In Betracht kommen etwa eine Häufung von Krankheitsfällen gerade in der Haupturlaubszeit, die längerfristige Erkrankung mehrerer Richter[5] oder der nicht absehbare Eingang einer Vielzahl von – zeitnah zu erledigenden – Haftsachen. **Absatz 2** enthält in Ergänzung des § 59 Abs. 3 allgemeine (also nicht nur den Fall einer Vertretung nach Absatz 1 betreffende) Vorschriften, die bei Beschäftigung von Hilfskräften beim Landgericht zu beachten sind. **Absatz 3** schließlich gibt der Landesgesetzgebung die Möglichkeit, eine bundesgesetzlich nach § 59 Abs. 3 mögliche Heranziehung von Hilfskräften beim Landgericht zu beschränken oder die Vertretung von Mitgliedern des Landgerichts durch Richter anderer Gerichte abweichend von § 70 Abs. 1 zu regeln.

2. Ordnung der Vertretung durch die Landesjustizverwaltung (Absatz 1)

2 **a) Vertretung eines Mitglieds.** Absatz 1 bezieht sich nicht auf die Vertretung des Vorsitzenden als solchen; insoweit gilt § 21f Abs. 2, wonach den Vorsitz der vom Präsidium bestimmte Vertreter oder im Falle auch seiner Verhinderung der dienstälteste Richter des Spruchkörpers führt.

3 **b) Antrag des Präsidiums.** Ein Eingreifen der Landesjustizverwaltung zur Regelung der Vertretung eines Mitglieds setzt einen Antrag des Präsidiums voraus. Das entspricht dem Gedanken der **gerichtlichen Selbstverwaltung**: das Präsidium muss, wenn es sich nicht in der Lage sieht, mit den vorhandenen Richtern einen Geschäftsverteilungsplan aufzustellen, in der Lage sein, auf Abhilfe hinzuwirken. Es darf einen Antrag auf Zuweisung eines Hilfsrichters nur stellen, wenn es nach **pflichtgemäßer Prüfung** und im Rahmen seines Beurteilungsspielraums[6] der Überzeugung ist, dass – nach den in § 59, 9 dargestellten Grundsätzen – die Voraussetzungen vorliegen, unter denen vorübergehend dem Kräftebedarf durch Zuweisung eines Hilfsrichters abgeholfen werden kann. Denn es müsste die Zuteilung eines zugewiesenen Hilfsrichters an eine bestimmte Kammer (Senat) im Geschäftsverteilungsplan – unten Rn. 7 – verweigern, wenn es sähe, dass damit unter dem Gesichtspunkt des § 338 Nr. 1 StPO der Bestand der künftig zu erlassenden Entscheidungen gefährdet wäre.[7] Sieht das Präsidium einen Kräftebedarf als gegeben an, dem nur durch

1 *Katholnigg* 1; Kissel/*Mayer* 1; MüKo/*Schuster* 2.
2 Vgl. BGH JR **1955** 424; *Kissel/Mayer* 2.
3 Baumbach/Lauterbach/*Albers*[57] 1; *Kissel* 2; SK/*Degener* 2; KK/*Diemer* 1; MüKo/Schuster 3; KMR/*Paulus* 2.
4 BGHZ **20** 209; **20** 250; **22** 142; BGH NJW **1966** 352; *Holch* DRiZ **1976** 136; Kissel/*Mayer* 2.
5 MüKo/*Schuster* 3.
6 OK/*Feldmann* 3.
7 *Müller* DRiZ **1963** 39.

Dauermaßnahmen – Schaffung neuer und Besetzung offener Planstellen – genügt werden kann, so muss es sich einer Antragstellung nach Absatz 1 enthalten[8] und bleibt darauf beschränkt, auf andere Weise (etwa Berichte an die Justizverwaltung) darauf hinzuwirken, dass diese Maßnahmen ergriffen werden. Im Übrigen bewirkt das Antragserfordernis, dass dem Gericht durch die Justizverwaltung kein Hilfsrichter aufgedrängt werden kann, wenn das Präsidium kein Bedürfnis für eine Vermehrung der Kräfte sieht.

c) Antrag des Präsidenten. Ein Antrag des Präsidenten genügt grundsätzlich nicht. 4
Jedoch ist in Eilfällen § 21i Abs. 2 entsprechend anwendbar und der Präsident entscheidet; in dem Beschluss des Präsidiums über die Verwendung des Hilfsrichters (u. Rn. 7) liegt dann die Genehmigung i.S.d. § 21i Abs. 2 Satz 3. Der Antrag des Präsidiums kann auch nach Beiordnung des Hilfsrichters durch die Landesjustizverwaltung nachgebracht werden.[9]

d) Entscheidung der Landesjustizverwaltung. Über den Begriff „Landesjustizver- 5
waltung" vgl. § 22, 40. Delegation auf ein nachgeordnetes Justizverwaltungsorgan (z.B. den Oberlandesgerichtspräsidenten) ist also möglich.[10] Die Entscheidung über den vom Präsidium gestellten Antrag erfolgt nach **pflichtgemäßem Ermessen.**[11] Ein Rechtsanspruch auf eine bestimmte Entscheidung besteht hier ebenso wenig wie auch sonst bei der Zuweisung von Richtern. Teilt die Justizverwaltung jedoch die Annahme eines Vertretungsnotstands, dann muss sie eine wie auch immer geartete Regelung treffen.[12]

e) Möglichkeit der Vertretung. Die Frage, ob die Vertretung des verhinderten Mit- 6
glieds durch ein anderes Mitglied desselben Gerichts möglich ist, oder ob es der Heranziehung anderer Richterkräfte bedarf, entscheidet die **Landesjustizverwaltung ohne Bindung an den Antrag** des Präsidiums. Die gegenteilige Auffassung, wonach die Justizverwaltung an die Bedürfnisfeststellung des Präsidiums gebunden ist,[13] kann nicht überzeugen. Das ergibt sich schon daraus, dass nach dem Grundsatz der Gewaltenteilung (Art. 20 GG) das Präsidium als Organ der rechtsprechenden Gewalt, wenn der Justizverwaltung Richterkräfte nicht zur Verfügung stehen, nicht das Parlament, dem das Budgetrecht zusteht, dazu zwingen kann, zusätzlich Personalstellen im Haushaltsplan zu schaffen.[14] Bleibt der Antrag des Präsidiums erfolglos, so muss es sich mit den vorhandenen Kräften, so gut es geht, behelfen, ein überlasteter Richter z.B. dadurch, dass er die dringlicheren Eingänge bevorzugt terminiert und die Terminierung anderer Sachen zurückstellt; dies entscheidet der Richter in richterlicher Unabhängigkeit.[15] Jedenfalls steht dem Präsidium kein „Streikrecht" zu.[16] Bejaht die Justizverwaltung das Bedürfnis nach einer weiteren Kraft, so besteht die „Ordnung der Vertretung" darin, dass sie Richter auf Probe und kraft Auftrags zuweist oder Richter auf Lebenszeit abordnet (§ 37 DRiG). Mitglied des Landgerichts wird ein solcher Richter aber erst durch **Verwendungsbeschluss** des Präsidiums (unten Rn. 7). Die Frage, ob ein Bedürfnis zur Ordnung

---

8 *Holch* Justiz **1976** 216.

9 OLG Dresden GA **72** (1928) 386; KK/*Barthe* 1; OK/*Feldmann* 2.

10 *Eb. Schmidt* 6.

11 *Katholnigg* 2; *Kissel/Mayer* 4; MüKo/*Wolf* 5; SK/*Degener* 4; SSW/*Werner* 2; OK/*Feldmann* 4; **a.A.** *Schorn/Stanicki* 221 und *Stanicki* DRiZ **1976** 80, die von einer Bindung der Landesjustizverwaltung an den Antrag des Präsidiums ausgehen.

12 *Katholnigg* 2; Kissel/*Mayer* 4, 5.

13 So *Schorn/Stanicki* 221; *Stanicki* DRiZ **1976** 80.

14 So mit Recht *Holch* DRiZ **1976** 136; Kissel/*Mayer* 4; MüKo/*Schuster 4;* OK/*Feldmann* 1; Radtke/Hohmann *1; Schmitt/Köhler* 1.

15 Kissel/*Mayer* 5; MüKo/*Schuster* 4.

16 Vgl. LR/*Mann* § 21e, 26.

der Vertretung vorlag, unterliegt lediglich dem Ermessen der in Absatz 1 bezeichneten Organe. Der Nachprüfung durch das Revisionsgericht ist sie verschlossen;[17] nur wenn erkennbar das Bedürfnis willkürlich angenommen worden ist, z.B. aufgrund der unhaltbaren Annahme, dass Präsident und Vorsitzende Richter nicht zu den heranzuziehenden Mitgliedern des Landgerichts gehörten, ist auch die Revision gegeben,[18] weil durch eine fehlerhafte Vertreterbestellung das Gebot des gesetzlichen Richters verletzt wird.

7 **f) Verwendung des Vertreters.** Der durch die Justizverwaltung zugewiesene Vertreter tritt nicht von selbst in die Tätigkeit des verhinderten Richters ein; vielmehr wird seine Verwendung gemäß § 21e Abs. 3 ausschließlich und ohne Rücksicht auf etwaige Wünsche der Justizverwaltung jeweils mittels besonderen Beschlusses **durch das Präsidium** oder in Eilfällen gemäß § 21i Abs. 2 vorläufig durch den Präsidenten **bestimmt**.[19] Unzulässig und unwirksam wäre danach auch eine im Geschäftsverteilungsplan von vornherein für das ganze Geschäftsjahr getroffene Regelung, dass jeweils bei Verhinderung eines Richters die zugewiesene Ersatzkraft von selbst in das Tätigkeitsgebiet des verhinderten Richters eintrete. Denn das liefe darauf hinaus, der Justizverwaltung Einfluss auf die Besetzung der einzelnen Kammern einzuräumen, der durch die Einrichtung des Präsidiums gerade ausgeschaltet werden soll.[20] Die Zuteilung durch den Präsidenten nach § 21i Abs. 2 ist stets nur eine vorläufige Maßnahme bis zur Herbeiführung eines Präsidialbeschlusses; ein solcher Beschluss wird nicht dadurch ersetzt, dass der Präsident von seiner Anordnung nach § 21i Abs. 2 die Mitglieder des Präsidiums lediglich außerhalb einer Präsidialsitzung unterrichtet.[21]

8 **g) Rechtsmittel.** Die Frage des Vorliegens einer Notsituation unterliegt nicht der Prüfung durch das **Revisionsgericht**.[22] Anderes gilt indessen bei der Annahme einer grob fehlerhaften und daher **willkürlichen Entscheidung**, die eine Besetzungsrüge begründen kann (siehe schon Rn. 6 a.E.).[23]

3. Beiordnung von Richtern auf Probe und kraft Auftrags (Absatz 2)

9 **a) Die Zulässigkeit der Einberufung eines Hilfsrichters.** Die in § 59 Abs. 3 geregelte Verwendung von Richtern auf Probe und kraft Auftrags beschränkt sich nicht auf den in § 70 Abs. 1 genannten Fall der Vertretung eines verhinderten Mitglieds. Vielmehr ist die Heranziehung von Hilfsrichtern auch dann zulässig, wenn sie durch andere Gründe, insbes. erhöhten Geschäftsanfall, erforderlich wird.[24] Denn auch diesen Fall umfasst der Ausdruck Beiordnung in Absatz 2.[25] Die Bedeutung des § 70 Abs. 2, die die in § 59 Abs. 3 enthaltene Regelung insoweit ergänzt, besteht darin, dass er für alle Fälle einer zulässigen Heranziehung von Hilfsrichtern an das Landgericht bundesrechtlich **Mindestgrundsätze** aufstellt, die im Interesse der richterlichen Unabhängigkeit einen gewissen Ausgleich für

---

17 RGSt **3** 231; **23** 119.
18 RGSt **36** 379; RG LZ **1918** 926; *Katholnigg* 1; Kissel/*Mayer* 3; KK/*Diemer* 1; MüKo/*Schuster* 4. Es besteht kein Anlass, wie LR/*Schäfer*[24] bereits einem schlichten Rechtsirrtum revisionsrechtliche Relevanz beizumessen.
19 RGSt **37** 301; **42** 295, 297; BGHSt **13** 53, 56; **22** 237, 239.
20 BGHSt **12** 159 = NJW **1959** 251.
21 BGH NJW **1958** 550.
22 RGSt **36** 379.
23 OK/*Feldmann* 5.
24 Vgl. § 59, 9.
25 RGSt **22** 168; 23 119; BGHZ **12** 1 = NJW **1954** 505.

die dem nicht auf Lebenszeit ernannten Richter nach Bundesrecht fehlenden persönlichen Garantien der richterlichen Unabhängigkeit (Unabsetzbarkeit und Unversetzbarkeit) schaffen. Die Vorschrift gilt nicht für Richter auf Lebenszeit; für diese gilt § 37 DRiG.[26] Zum einen erfasst § 70 schon vom Wortlaut her nur Richter auf Probe und Richter kraft Auftrags, und zum anderen werden Richter auf Lebenszeit nicht beigeordnet, sondern abgeordnet.

b) Dauer der Beiordnung. Der im Entstehungsstadium umstrittene[27] § 70 Abs. 2 a.F. 10
ließ die Beiordnung von Hilfsrichtern sowohl auf bestimmte Zeit wie auch auf unbestimmte, durch ein Bedürfnis bedingte Zeit zu. Für Richter auf Lebenszeit, die an anderer Stelle verwendet wurden (abgeordnete Richter i.S.d. § 37 DRiG), galt diese Beschränkung nicht. Dagegen ist nach dem geltenden § 70 Abs. 2 bei Richtern auf Probe (§ 12 DRiG) und kraft Auftrags (§ 14 DRiG) eine Beiordnung – und ebenso bei Richtern auf Lebenszeit deren Abordnung gemäß § 37 Abs. 2 DRiG – nur noch **auf bestimmte Zeit** zulässig und darf vor deren Ablauf nicht widerrufen werden. Ist zunächst eine Beiordnung ohne zeitliche Begrenzung erfolgt, kann dies auch nachträglich nicht mehr geheilt werden.[28] Eine Beiordnung (Abordnung) auf bestimmte Zeit ist nicht notwendig auf eine **kalendermäßig** bezeichnete Zeit beschränkt; vielmehr kann die Dauer der Beiordnung auch nach **anderen Merkmalen** (z.B. für die Dauer der Erkrankung oder der Abordnung eines Richters, der vertreten werden muss,[29] oder der Dauer eines bestimmten Großverfahrens[30]) bestimmt werden, sofern es sich nur um feste, einer Ermessensbeurteilung der Justizverwaltung entzogene Merkmale handelt. Unzulässig wäre also z.B. die Beiordnung „für die Dauer des erhöhten Geschäftsanfalls“, da hier Ermessen darüber entschiede, ob noch ein erhöhter Geschäftsanfall vorliegt. Unzulässig wäre auch nach Sinn und Zweck des § 70 Abs. 2 eine Beiordnung, die zwar jeweils auf eine bestimmte, aber so kurz bemessene Zeit erfolgt, dass praktisch doch über die Gesamtdauer der Beiordnung nach Ermessen entschieden wird, etwa die Beiordnung auf einen Monat unter Verlängerung des Auftrags jeweils um einen Monat.[31] Eine Beiordnung auf bestimmte Zeit, aber unter Vorbehalt jederzeitigen Widerrufs ist überhaupt keine Beiordnung auf bestimmte Zeit. Zulässig ist aber eine Beiordnung auf bestimmte Zeit, bei der von vornherein die Absicht besteht, nach ihrem Ablauf die Beiordnung erneut auszusprechen; dies kann bei einem Richter auf Probe in Betracht kommen, um zu ermöglichen, dass er während der Gesamtdauer der Beiordnung vom Präsidium im Interesse seiner Ausbildung Spruchkörpern mit verschiedenem Tätigkeitsbereich zugewiesen wird.[32]

c) Vorzeitige Beendigung der Beiordnung. Die Beiordnung darf nicht vor Ablauf 11
der bestimmten Zeit der Beiordnung widerrufen werden. Die Beiordnung kann aber vor Ablauf der Beiordnungszeit enden, wenn das Verhältnis als Richter auf Probe oder kraft Auftrags beendet wird, z.B. durch Anstellung auf Lebenszeit oder infolge Ausscheidens aus dem Richterdienstverhältnis aus den im DRiG bestimmten Gründen.[33] Eine vorzeitige

---

26 Kissel/*Mayer* 8; KK/*Diemer* 3; OK/*Feldmann* 6; wohl auch Radtke/Hohmann 2; ohne Begründung **a.A.** MüKo/*Schuster* 6.

27 Vgl. BGHSt **13** 53, 57.

28 LG Bremen StV **1998** 13.

29 Kissel/*Mayer* 9; OK/*Feldmann* 7.

30 MüKo/*Schuster* 6; SK/*Degener* 9; KK/*Diemer*; OK/*Feldmann* 7, 2.

31 Vgl. BGHSt **13** 53, 58.

32 Vgl. LR/*Mann* 21e, 50.

33 BGH MDR **1961** 617; Kissel/*Mayer* 11; OK/*Feldmann* 8.

Beendigung kommt auch in Betracht, wenn das die Beiordnung rechtfertigende Ereignis nicht mehr eintreten kann (der erkrankte Richter stirbt). Die Beiordnung ist dann zum Ende einer angemessenen Übergangsfrist zu **widerrufen.**[34] Ferner kann die Beiordnungsdauer vorzeitig enden, wenn der Hilfsrichter selbst eine **andere Verwendung** erstrebt (z.B. die Abordnung zu einer anderen Behörde) und die Justizverwaltung zustimmt, oder wenn letztere ihm eine andere Verwendung (z.B. Einberufung in das Justizministerium) anbietet und der Hilfsrichter sich damit einverstanden erklärt. In solchen Fällen wird die richterliche Unabhängigkeit nicht berührt; § 70 Abs. 2 will den Hilfsrichter gegen Maßnahmen der Justizverwaltung schützen, die gegen seinen Willen erfolgen.[35] Dessen ungeachtet würde, selbst wenn eine solche vorzeitige Beendigung der Beiordnung unzulässig wäre, die ordnungsmäßige Besetzung der Kammer, in der der ausgeschiedene Hilfsrichter bisher tätig war, nicht in Frage gestellt, wenn das Präsidium den als Ersatz für den Ausgeschiedenen neu beigeordneten Hilfsrichter, sei es dieser, sei es einer anderen Kammer zuweist. Denn wenn der ausgeschiedene Hilfsrichter an anderer Stelle tätig wird, so liegt seine dauernde Verhinderung i.S.d. § 21e Abs. 3 vor, die das Präsidium berechtigt, die im Gesamtmitgliederbestand entstehende Lücke mit dem zur Verfügung stehenden Personal auszufüllen.[36]

12 **d) Hilfsrichter bei den Oberlandesgerichten.** Wegen der Hilfsrichter bei den Oberlandesgerichten s. die Erläuterungen zu §§ 115, 117. Wegen der Verwendung von Richtern als sog. wissenschaftliche Mitarbeiter bei den Obergerichten s. Erl. zu § 193, 17.

13 **4. Landesrecht (Absatz. 3).** Die Regelung überlässt es zunächst dem Landesrecht, in Einschränkung des § 59 Abs. 3 zu bestimmen, dass beim Landgericht als Hilfsrichter nur **auf Lebenszeit ernannte Richter** verwendet werden dürfen. Darüber hinaus kann das Landesrecht Vorschriften über die Vertretung der Mitglieder des Landgerichts durch auf Lebenszeit ernannte Richter anderer Gerichte erlassen; § 70 Abs. 1, 2 sind dann unanwendbar. Es kann z.B. vorschreiben, dass – abweichend von § 70 Abs. 1 – nicht die Landesjustizverwaltung, sondern der **Landgerichtspräsident** oder das **Präsidium** einen Richter beim Amtsgericht – ohne Bestellung zum Hilfsrichter – als Vertreter für einzelne Sitzungen zum Landgericht einberufen kann.[37] Die Vertretung von Richtern des Amtsgerichts durch Richter anderer Gerichte regelt § 22b. § 10 Abs. 1 GVGVO 1935, der allgemein die Richter an den Amtsgerichten und den Landgerichten verpflichtete, richterliche Geschäfte an anderen Gerichten des Landgerichts und am übergeordneten Oberlandesgericht wahrzunehmen, ist durch Art. 8 II Nr. 7 des VereinhG 1950 aufgehoben worden. Nach §§ 13, 16 Abs. 2 DRiG sind Richter auf Probe und kraft Auftrages verpflichtet, die Vertretung eines Richters an einem anderen Gericht zu übernehmen. Auf Lebenszeit angestellte Richter können nach § 37 Abs. 3 DRiG ohne ihre Zustimmung zur Vertretung eines Richters an ein anderes Gericht längstens für zusammen drei Monate innerhalb eines Geschäftsjahres abgeordnet werden; eine weitergehende Vertretungspflicht kann Landesrecht nicht vorschreiben.

14 Wirkt ein Richter an Entscheidungen mit, der nach Landesrecht nicht mitwirken darf, ist das Gericht (der Spruchkörper) **nicht ordnungsgemäß besetzt.**[38]

---

34 *Katholnigg* 3.

35 Ebenso SK/*Degener* 8; MüKo-ZPO/*Zimmermann* 10; OK/*Feldmann* 9; **a.A.** Kissel/*Mayer* 12; SSW/*Werner* 2; zweifelnd und die Frage offenlassend BGHSt **13** 53, 57 m.w.N.; vgl. auch OLG Dresden NJW-RR **2000** 941.

36 So auch BGHSt **13** 53, 56.

37 Vgl. für das Gebiet des ehem. Preußen §§ 38, 48 AGGVG und dazu RGSt **22** 134; **66** 94; **32** 283; **40** 87.

38 Kissel/*Mayer* 16.

5. Rechtsmittel. Ein absoluter **Revisionsgrund** im Sinne von **§ 338 Nr. 1 StPO** kann vorliegen bei objektiver **Willkür**, etwa durch einen unzulässigen Widerruf oder im Falle einer Beiordnung unter Verstoß gegen Abs. 2 nicht auf unbestimmte Zeit.[39] 15

§§ 71, 72, 72a

(betr. Zuständigkeit der Zivilkammern)

§ 73

(1) Die Strafkammern entscheiden über Beschwerden gegen Verfügungen des Richters beim Amtsgericht sowie gegen Entscheidungen des Richters beim Amtsgericht und der Schöffengerichte.

(2) Die Strafkammern erledigen außerdem die in der Strafprozeßordnung den Landgerichten zugewiesenen Geschäfte.

Entstehungsgeschichte

Das VereinhG 1950 strich in Absatz 1 den damaligen Satz 2 („Die Bestimmungen über die Zuständigkeit der Oberlandesgerichte und des Reichsgerichts werden hierdurch nicht berührt"). Die Ersetzung von „Amtsrichters" durch „Richters beim Amtsgericht" in Absatz 1 beruht auf Art. II Nr. 6 PräsVerfG. In dieser bis zum 31.12.1974 geltenden Fassung lautete § 73 Abs. 1:

> „(1) Die Strafkammern sind zuständig für die die Voruntersuchung und deren Ergebnisse betreffenden Entscheidungen. die nach den Vorschriften der Strafprozeßordnung von dem Gericht zu erlassen sind; sie entscheiden über Beschwerden gegen Verfügungen des Untersuchungsrichters und des Richters beim Amtsgericht, sowie gegen Entscheidungen des Richters beim Amtsgericht und der Schöffengerichte."

Die Beseitigung der Voruntersuchung und die Einfügung des § 161a StPO durch Art. 1 Nr. 43, 57 des 1. StVRG 1974 führten in der bis zum 30.9.2009 geltenden Fassung zur Streichung der die Voruntersuchung betreffenden Worte und zu der Ergänzung des Absatzes 1 („sowie über Anträge ..."). Durch das 2. Opferrechtsreformgesetz vom 29.7.2009 erhielt Absatz 1 mit Wirkung vom 1.10.2009 die aktuelle Fassung als Folgeänderung des § 161a Abs. 3 StPO.

Übersicht

39 BGHSt **13** 53; SK/*Degener* 7; MüKo-ZPO/*Zimmermann* 11; OK/*Feldmann* 10.

1. Zuständigkeit der Strafkammer als Beschluss- und Beschwerdegericht (Absatz 1)

1 **a) Bedeutung.** Die Strafkammer hat sowohl **erstinstanzliche Zuständigkeiten** als auch solche in **Rechtsmitteln**. Die Regelung betreffend die Zuständigkeiten der Strafkammer wird allgemein – und zutreffend – für unübersichtlich gehalten.[1] Erstinstanzliche Zuständigkeiten ergeben sich aus §§ 73 Abs. 2, 74 Abs. 1 und Abs. 2, 74a Abs. 1, 74c Abs. 1 und 74f sowie für die Strafvollstreckungskammer aus 78a; **zweitinstanzliche Zuständigkeiten** folgen aus §§ 73 Abs. 1 und 74 Abs. 3. Im Gegensatz zu § 74, der die Zuständigkeit der Strafkammern in ihrer Eigenschaft als erkennende Gerichte regelt, erfasst § 73 Abs. 1 die Zuständigkeit der Strafkammern als Beschluss- und Beschwerdegericht außerhalb eines bei ihnen anhängigen Hauptverfahrens sowie eigenen Erkenntnisverfahrens erster Instanz. Absatz 1 meint insoweit immer nur die große Strafkammer.[2]

2 **b) Zuständigkeit im Allgemeinen.** Die Strafkammer entscheidet grundsätzlich über Beschwerden gegen die mit der Beschwerde anfechtbaren Verfügungen und **Entscheidungen des Richters beim Amtsgericht und des Schöffengerichts** (§ 304 StPO). Das gilt auch, wenn in einem Rechtshilfeverfahren nach § 59 IRG um richterliche Verwahrung einer Person der dazu zuständige Richter am Amtsgericht es ablehnt, den als Beistand des Betroffenen erschienenen Rechtsanwalt „als Pflichtverteidiger beizuordnen", weil dafür keine rechtliche Grundlage bestehe; zur Entscheidung über die hiergegen gerichtete Beschwerde ist nach § 73 die Strafkammer – nicht das Oberlandesgericht – zuständig, weil § 61 IRG keine allgemeine Entscheidungszuständigkeit des Oberlandesgerichts für alle Rechtsfragen begründet, die im Zusammenhang mit einem internationalen Rechtshilfeersuchen auftreten.[3] Abweichende Vorschriften enthalten die §§ 159, 181. Im **Bußgeldverfahren** entscheidet über die „normalen" Beschwerden ebenfalls die Strafkammer des Landgerichts; nur über die Rechtsbeschwerde gegen Entscheidungen des Richters beim Amtsgericht entscheidet das Oberlandesgericht – Senat für Bußgeldsachen (§ 79 OWiG).

3 Das Landgericht entscheidet ferner über **Beschwerden** gegen Maßnahmen nach § 148a StPO.[4]

4 Wenngleich § 73 Abs. 1 nur von Beschwerden spricht, wird davon **auch die sofortige Beschwerde gegen die Ablehnung der Eröffnung des Hauptverfahrens erfasst**, für die allein die Zuständigkeit der allgemeinen Strafkammer gegeben ist, selbst wenn diese die Zuständigkeit des Jugendschöffengerichts annimmt.[5] Die Sonderzuständigkeit der Jugendkammer (sogleich Rn. 5) tritt nur dann ein, wenn zuvor der Jugendrichter oder das Jugendschöffengericht entschieden haben. § 209a StPO ist insoweit nicht anzuwenden, weil dadurch nur das Rangverhältnis auf derselben gerichtlichen Ebene, nicht aber zwischen Amts- und Landgericht geregelt wird.[6]

5 **c) Spezialzuständigkeiten.** Anstelle der allgemeinen Strafkammer trifft in ihrem Zuständigkeitsbereich als erkennendes Gericht die sog. **Staatsschutz-** und die **Wirtschaftsstrafkammer** auch die in § 73 Abs. 1 bezeichneten Entscheidungen (§ 74a Abs. 3, § 74c

---

1 So etwa auch Kissel/*Mayer* 1; Radtke/Hohmann 1.

2 OLG Köln StV **1993** 464; *Katholnigg* 1.

3 OLG Hamm NStZ **1984** 417.

4 BGHSt **29** 196; BayObLGSt **1990** 1; KK/*Diemer* 1; *Schmitt*/*Köhler* § 148a StPO, 12; **a.A.** OLG Hamburg NJW **1979** 1724; KG NJW **1979** 771.

5 OLG Zweibrücken NStZ **1994** 48.

6 OLG Zweibrücken NStZ **1994** 48; LR/*Stuckenberg* § 209a StPO, 1.

Abs. 2). Im jugendgerichtlichen Verfahren tritt an die Stelle der Strafkammer die **Jugendkammer** (§ 41 Abs. 2 JGG; s. dazu auch § 74b Satz 2). Dies gilt auch für eine Entscheidung über eine sofortige Beschwerde gegen einen Gesamtstrafenbeschluss des Jugendrichters.[7] In gleicher Weise trifft bei **Staatsschutzdelikten** bei Vorliegen eines Tatverdachts i.S.v. § 120 Abs. 1 und 2 anstelle der Strafkammer der Staatsschutzsenat des Oberlandesgerichts die in § 73 Abs. 1 bezeichneten Entscheidungen (§ 120 Abs. 3 Satz 1), sonst die Staatsschutzkammer.[8] Diesen Vorschriften ist der allgemein geltende Gedanke zu entnehmen, dass, wo als erkennendes Gericht des ersten Rechtszuges ein Spruchkörper mit gesetzlicher Zuständigkeitskonzentration berufen ist, dieser auch die in § 73 Abs. 1 bezeichneten Entscheidungen zu treffen hat; dies gilt also auch für die Schwurgerichtsstrafkammer des § 74 Abs. 2.[9]

d) Besetzung der Strafkammern in Beschwerdesachen. Die Strafkammern erlassen 6
alle in § 73 Abs. 1 bezeichneten Entscheidungen in der Besetzung von **drei Mitgliedern**; die Neufassung des § 76 durch das StVÄG 1987 hat daran ebenso wenig geändert[10] wie das RpflEntlG 1993[11] oder das Gesetz über die Besetzung der großen Straf- und Jugendkammern vom 6.12.2011.[12] Die Dreierbesetzung gilt nach heute wohl überwiegender Auffassung auch für **Kostenbeschwerden** in Strafsachen nach **§ 464b StPO**. Während im Hinblick auf die Regelung in § 66 Abs. 6 GKG vorübergehend auch insoweit angenommen wurde, die dort vorgesehene Einzelrichterzuständigkeit gelte auch für die Strafkammern (und für Strafsenate),[13] hat sich für den Bereich der Kostenbeschwerde in Strafsachen nach § 464b StPO später die Auffassung durchgesetzt, dass diese Entscheidungen in der Besetzung mit drei Richtern zu treffen sind[14] Anderes gilt indessen für Beschwerden und Erinnerungen nach Maßgabe von **§ 66 Abs. 6 GKG** oder nach **§ 33 Abs. 8 RVG**. Für diese Rechtsmittel in Kostensachen hat der BGH inzwischen klargestellt, dass jedenfalls nach Einführung von § 1 Abs. 5 GKG und aufgrund des dort bestimmten Vorrangs der kostenrechtlichen Vorschriften die Zuständigkeit des **Einzelrichters** begründet ist.[15]

2. Sonstige Aufgaben (Absatz 2)

a) Zuweisungen durch die StPO. Die Regelung hat im Grunde nur deklaratorische 7
Bedeutung.[16] Wegen der in **Erweiterung des Absatzes 1** der Strafkammer durch die StPO zugewiesenen Aufgaben vgl. § 60, 2 ff. Aus § 73 Abs. 2 ergibt sich, dass, wo die StPO von

---

7 OLG Brandenburg BeckRS **2019** 11045.
8 OLG Celle StV **2018** 78; *Schmitt/Köhler* 3; MüKo/*Schuster* 3.
9 Ebenso Kissel/*Mayer* 4 f.; MüKo/*Schuster* 2; **a.A.** KK/*Diemer* 1.
10 Vgl. RegE, BTDrucks. **10** 1313 S. 43 – Begr. zu Art. 2 Nr. 1 – § 76 GVG.
11 BTDrucks. **12** 1217 S. 48.
12 BGBl. I S. 2554.
13 So etwa OLG Düsseldorf NStZ **2003** 124 (aufgegeben in NStZ-RR **2012** 160); OLG Rostock JurBüro **2009** 541 (aufgegeben in NStZ-RR **2017** 126); OLG Celle StraFo **2013** 41 (aufgegeben in NdsRpfl. **2017** 75); OLG Köln StraFo **2009** 349 (aufgegeben in BeckRS **2013** 17038); OK/*Feldmann* 55.
14 OLG Koblenz NJW **2005** 117; OLG Hamm BeckRS **2010** 02547 und BeckRS **2025** 32232; OLG Nürnberg NStZ-RR **2011** 127; OLG Düsseldorf NStZ-RR **2012** 160; OLG Köln BeckRS **2013** 17038; OLG Karlsruhe BeckRS **2015** 19968 und BeckRS **2017** 120182; OLG Celle NdsRpfl. **2016** 246 und NdsRpfl. **2017** 75; OLG Stuttgart Justiz **2018** 517; OLG Bremen OLGSt StPO § 464b Nr. 7; OLG Köln BeckRS **2013** 17038; LG Dresden AGS **2008** 120; LG Hildesheim StraFo **2005** 393; LG Ulm BeckRS **2005** 5103; KK/*Gieg* § 464b, 4b StPO; *Schmitt/Köhler* § 464b, 7 StPO. Vgl. auch hier bei § 122, 2.
15 BGH NJW **2021** 3191; BGH BeckRS **2025** 27240; Toussaint, Kostenrecht, § 66 GKG Rn. 67.
16 So auch MüKo/*Schuster* 4.

dem „Landgericht“ redet, hierunter die Strafkammer dieses Gerichts zu verstehen ist. Hierbei ist zu bemerken, dass die StPO, soweit sie nicht die allgemeine Bezeichnung „Gericht“ gewählt hat, teils (z.B. § 209) den Ausdruck „Landgericht“ gebraucht, teils (z.B. § 27 Abs. 2) von der Strafkammer spricht.

8 **b) Zuweisungen außerhalb des GVG und der StPO.** Zuweisungen außerhalb des GVG und der StPO ergeben sich z.B. nach §§ 70 Abs. 2, 100 Abs. 2, 104 Abs. 3, 108 Abs. 1, 110 Abs. 2 OWiG, §§ 8 Abs. 3, 9 Abs. 1 Satz 2 Nr. 1 StrEG, § 41 Abs. 1 Satz 2 BDSG.

§ 73a

(weggefallen)

§ 74

(1) [1]Die Strafkammern sind als erkennende Gerichte des ersten Rechtszuges zuständig für alle Verbrechen, die nicht zur Zuständigkeit des Amtsgerichts oder des Oberlandesgerichts gehören. [2]Sie sind auch zuständig für alle Straftaten, bei denen eine höhere Strafe als vier Jahre Freiheitsstrafe oder die Unterbringung in einem psychiatrischen Krankenhaus, allein oder neben einer Strafe, oder in der Sicherungsverwahrung zu erwarten ist oder bei denen die Staatsanwaltschaft in den Fällen des § 24 Abs. 1 Nr. 3 Anklage beim Landgericht erhebt.

(2) [1]Für die Verbrechen

1. **des sexuellen Missbrauchs von Kindern mit Todesfolge (§ 176d des Strafgesetzbuches),**
2. **des sexuellen Übergriffs, der sexuellen Nötigung und Vergewaltigung mit Todesfolge (§ 178 des Strafgesetzbuches),**
3. **des Mordes (§ 211 des Strafgesetzbuches),**
4. **des Totschlags (§ 212 des Strafgesetzbuches),**
5. **(weggefallen)**
6. **der Aussetzung mit Todesfolge (§ 221 Abs. 3 des Strafgesetzbuches),**
7. **der Körperverletzung mit Todesfolge (§ 227 des Strafgesetzbuches),**
8. **der Entziehung Minderjähriger mit Todesfolge (§ 235 Abs. 5 des Strafgesetzbuches),**

8a. **der Nachstellung mit Todesfolge (§ 238 Absatz 3 des Strafgesetzbuches),**

9. **der Freiheitsberaubung mit Todesfolge (§ 239 Abs. 4 des Strafgesetzbuches),**
10. **des erpresserischen Menschenraubes mit Todesfolge (§ 239a Absatz 3 des Strafgesetzbuches),**
11. **der Geiselnahme mit Todesfolge (§ 239b Abs. 2 in Verbindung mit § 239a Absatz 3 des Strafgesetzbuches),**
12. **des Raubes mit Todesfolge (§ 251 des Strafgesetzbuches),**
13. **des räuberischen Diebstahls mit Todesfolge (§ 252 in Verbindung mit § 251 des Strafgesetzbuches),**
14. **der räuberischen Erpressung mit Todesfolge (§ 255 in Verbindung mit § 251 des Strafgesetzbuches),**
15. **der Brandstiftung mit Todesfolge (§ 306c des Strafgesetzbuches),**
16. **des Herbeiführens einer Explosion durch Kernenergie (§ 307 Abs. 1 bis 3 des Strafgesetzbuches),**

17. des Herbeiführens einer Sprengstoffexplosion mit Todesfolge (§ 308 Abs. 3 des Strafgesetzbuches),
18. des Mißbrauchs ionisierender Strahlen gegenüber einer unübersehbaren Zahl von Menschen (§ 309 Abs. 2 und 4 des Strafgesetzbuches),
19. der fehlerhaften Herstellung einer kerntechnischen Anlage mit Todesfolge (§ 312 Abs. 4 des Strafgesetzbuches),
20. des Herbeiführens einer Überschwemmung mit Todesfolge (§ 313 in Verbindung mit § 308 Abs. 3 des Strafgesetzbuches),
21. der gemeingefährlichen Vergiftung mit Todesfolge (§ 314 in Verbindung mit § 308 Abs. 3 des Strafgesetzbuches),
22. des räuberischen Angriffs auf Kraftfahrer mit Todesfolge (§ 316a Abs. 3 des Strafgesetzbuches),
23. des Angriffs auf den Luft- und Seeverkehr mit Todesfolge (§ 316c Abs. 3 des Strafgesetzbuches),
24. der Beschädigung wichtiger Anlagen mit Todesfolge (§ 318 Abs. 4 des Strafgesetzbuches),
25. einer vorsätzlichen Umweltstraftat mit Todesfolge (§ 330 Abs. 2 Nr. 2 des Strafgesetzbuches),
26. der schweren Gefährdung durch Freisetzen von Giften mit Todesfolge (§ 330a Absatz 2 des Strafgesetzbuches),
27. der Körperverletzung im Amt mit Todesfolge (§ 340 Absatz 3 in Verbindung mit § 227 des Strafgesetzbuches),
28. des Abgebens, Verabreichens oder Überlassens von Betäubungsmitteln zum unmittelbaren Verbrauch mit Todesfolge (§ 30 Absatz 1 Nummer 3 des Betäubungsmittelgesetzes),
29. des Einschleusens mit Todesfolge (§ 97 Absatz 1 des Aufenthaltsgesetzes)

ist eine Strafkammer als Schwurgericht zuständig. [2]§ 120 bleibt unberührt.

(3) Die Strafkammern sind außerdem zuständig für die Verhandlung und Entscheidung über das Rechtsmittel der Berufung gegen die Urteile des Strafrichters und des Schöffengerichts.

Schrifttum

Benz Bildung von Auffangschwurgerichten für zurückgewiesene Schwurgerichtssachen, MDR **1976** 805; *Brause* Die Zuständigkeit der allgemeinen und besonderen Strafkammern nach dem Strafverfahrensänderungsgesetz, NJW **1979** 802; *Gittermann* Die Zuständigkeit des Schwurgerichts für Taten des Vollrauschs – Ergänzung des Katalogs in § 74 Abs. 2 GVG? JR **2014** 377; *Meyer-Goßner* Die Prüfung der funktionellen Zuständigkeit, insbesondere beim Landgericht, JR **1977** 353; *ders.* Die Verbindung verschiedener gegen denselben Angeklagten bei demselben Landgericht anhängiger Strafverfahren, NStZ **1989** 297; *ders.* Berufungsstrafkammer als Schwurgericht, DRiZ **1989** 297; *Meyer-Goßner* Zur Zulässigkeit von Verfahrensverbindungen und zu den Folgen einer zulässigen Verbindung, DRiZ **1990** 284; *Oehms/Gantschnig* Kraftfahrzeugrennen mit Todesfolge – Kein Fall für das Schwurgericht?, ZRP **2025** 255; *Rieß* Der Hauptinhalt des Ersten Gesetzes zur Reform des Strafverfahrensrechts (1. StVRG), NJW **1975** 81; *ders.* Die Bestimmung und Prüfung der sachlichen Zuständigkeit und verwandter Erscheinungen im Strafverfahren, GA **1976** 1; *ders.* Das Strafverfahrensänderungsgesetz 1979, NJW **1978** 2265; *ders.* Vergessene Schwurgerichtszuständigkeiten, NStZ **2008** 546; *ders.* Über das Schwurgericht im deutschen Strafprozess, FS Widmaier (2008) 473.

Entstehungsgeschichte

VO vom 4.1.1924 §§ 6 bis 11 (RGBl. I S. 16), Bek. vom 22.3.1924 (RGBl. I S. 308), VO vom 6.10.1931 (RGBl. I S. 537, 563), 6. Teil Kap. I § 1; VO vom 14.6.1932 (RGBl. I S. 285), 1. Teil,

Kap. I Art. 1 § 1 ZuständigkeitsVO vom 21.2.1940 (RGBl. I S. 405). Bis zum 31.12.1974 galt Absatz 1 in folgender Fassung:

> „[1]Die Strafkammern sind als erkennende Gerichte des ersten Rechtszuges zuständig für alle Verbrechen, die nicht zur Zuständigkeit des Amtsgerichts, des Schwurgerichts oder des Oberlandesgerichts gehören. [2]Sie sind auch zuständig für alle Vergehen und Verbrechen, die von der Staatsanwaltschaft bei ihnen angeklagt werden (§ 24 Abs. 1 Nr. 2) oder vom Amtsgericht an sie verwiesen sind, weil seine Strafgewalt zu ihrer Aburteilung nicht ausreicht."

In dieser Form war Absatz 1 im Wesentlichen durch das VereinhG 1950 eingefügt worden. Spätere Änderungen erfolgten bei Absatz 1 Satz 1 durch Gesetz vom 8.9.1969 (BGBl. I S. 1582) – Ersetzung von „Bundesgerichtshofes" durch „Oberlandesgerichte" – und bei Absatz 1 Satz 2 durch das 1. StrRG 1969 – Änderung der Klammerverweisung. In dem damaligen Absatz 2 (jetzt Absatz 3) wurde durch Art. II Nr. PräsVerfG „Amtsrichters" durch „Richters beim Amtsgericht" ersetzt. Durch Art. 2 Nr. 19 des 1. StVRG 1974 erfuhr § 74 folgende Änderungen: In Absatz 1 Satz 1 wurden die Worte „des Schwurgerichts" (hinter „des Amtsgerichts") gestrichen; Absatz 1 Satz 2 erhielt seine jetzige Fassung; Absatz 2 wurde neu eingefügt; in Absatz 3 (bisher Absatz 2) wurde „Richters beim Amtsgericht" durch „Strafrichters" ersetzt. Aufgrund des RpflEntlG vom 11.1.1993 (BGBl. I S. 50) sind in Absatz 1 Satz 2 die Worte „drei Jahre" durch „vier Jahre" ersetzt worden. Durch das Gesetz zur Bekämpfung von Sexualdelikten und anderen gefährlichen Straftaten vom 26.1.1998 (BGBl. I S. 160) wurden Absatz 2 Satz 1 Nummern 1, 2, 7, 8 und 10 geändert, Nummern 3 und 24 bis 26 eingefügt, Nummern 9 und 16 bis 23 neugefasst und Nummer 6 aufgehoben (vgl. die Fassung in der 26. Aufl.). Eine redaktionelle Anpassung der Nummer 3 erfolgte durch das Gesetz vom 27.12.2003 (BGBl. I S. 3007) mit Wirkung vom 1.4.2004. Absatz 1 Satz 2 wurde durch das Opferrechtsreformgesetz vom 24.6.2004 (BGBl. I S. 1354) neu gefasst. Durch das zum 1.1.2012 in Kraft getretene Gesetz über die Besetzung der großen Straf- und Jugendkammern in der Hauptverhandlung vom 6.12.2011 (BGBl. I S. 2554) wurden in Absatz 2 der Vorschrift die Nummern 11 und 12 redaktionell abgeändert und die Nummern 9a sowie 27 bis 30 neu eingefügt; die infolge einer Änderung des StGB unrichtig gewordenen Verweisungen in Nummern 11 und 12 wurden korrigiert und mit den neu eingefügten Nummern 9a und 27 bis 30 wurden die einzigen bis dahin nicht im Katalog enthaltenen Verbrechenstatbestände mit Todesfolge hierin aufgenommen (vgl. die Fassung in der 26. Aufl. im Nachtrag). Eine erneute Änderung von Absatz 2 Satz 1 erfolgte durch Art. 2 Abs. 4 Nr. 1 des 50. Gesetzes zur Änderung des StGB – Verbesserung der sexuellen Selbstbestimmung vom 4.11.2016 (BGBl. I S. 2460), mit der die bisherigen Nummern 2 und 3 in eine neue Nummer 2 zusammengefügt und die nachfolgenden Nummern entsprechend angepasst wurden. Durch das Gesetz zur Bekämpfung sexualisierter Gewalt gegen Kinder vom 16.6.2021 (BGBl. I S. 1810) wurde in Absatz 2 Satz 1 Nr. 1 infolge einer entsprechenden Änderung des StGB der bislang enthaltene Verweis auf § 176b ersetzt durch einen Verweis auf nunmehr § 176d StGB.

Übersicht

1. Die Strafkammer als erkennendes Gericht des ersten Rechtszuges (Absatz 1)

a) Unterschiedliche Regelung der sachlichen Zuständigkeit der großen Strafkammern. Absatz 1 bestimmt in **negativer Abgrenzung** zu §§ 24, 120[1] die Zuständigkeit der Strafkammer, die hiernach zur Entscheidung berufen ist, soweit nicht nach §§ 24, 25 eine Zuständigkeit des Amtsgerichts oder nach § 120 eine solche des Oberlandesgerichts gegeben ist. Wegen der Entwicklung, die die Gesetzgebung auf dem Gebiet der erstinstanzlichen Zuständigkeit der Strafkammer als erkennendes Gericht genommen hat, wird auf § 24, 1 verwiesen. Nach seinem Wortlaut erhält § 74 Abs. 1 eine **allgemein** für die große Strafkammer als erkennendes Gericht des ersten Rechtszuges **geltende Regelung der sachlichen Zuständigkeit**. Tatsächlich gilt aber Absatz 1 zunächst nur für die allgemeine (oder „normale"), für die „für allgemeine Strafsachen" (vgl. den Wortlaut des § 74b) zuständige Strafkammer, bei der der Aufgabenbereich des einzelnen Spruchkörpers durch die Geschäftsverteilung (§ 21e) bestimmt wird. Daneben sehen §§ 74 Abs. 2 und 74a, zum Teil auch § 74c, eine Regelung der Zuständigkeit einer großen Strafkammer als erkennendes Gericht nach anderen, auf dem Gedanken einer gesetzlichen Zuständigkeitskonzentration beruhenden Gesichtspunkten vor. Die Fragen, die sich daraus nach dem Verhältnis der „allgemeinen" großen Strafkammer zu diesen Spezialkammern ergeben, sind bei den genannten Vorschriften zu erörtern. 1

b) Die sachliche Zuständigkeit der allgemeinen großen Strafkammer

aa) Allgemeines. Die sachliche Zuständigkeit der großen Strafkammer ist eine von vornherein feststehende nur bei **Verbrechen**, die mit einer die Strafgewalt des Amtsgerichts (§ 24 Abs. 2) übersteigenden Mindeststrafe von 4 Jahren bedroht sind. Im Übrigen richtet sich die Zuständigkeit der Strafkammer nach den Verhältnissen des Einzelfalles. Sie ist dadurch bedingt, dass im Einzelfall eine die **Strafgewalt des Amtsgerichts übersteigende Strafe** oder die Anordnung einer der in § 24 Abs. 1 Nr. 2 bezeichneten **Maßregeln** zu erwarten sind und die Staatsanwaltschaft deshalb beim Landgericht Anklage erhebt, wobei hierbei zureichende Anhaltspunkte dafür vorliegen müssen, dass die Anordnung einer solchen Maßregel zu erwarten steht; anderenfalls ist die funktionelle Zuständigkeit der Strafkammer nicht gegeben.,[2] Die Zuständigkeit der Strafkammer ist ferner begründet, wenn das Amtsgericht, bei dem die Anklage erhoben ist, die Sache vor 2

1 MüKo/*Schuster* 2; KK/*Diemer* 1.
2 BGH NStZ-RR **2011** 271; OLG Brandenburg OLGSt StGB § 63 Nr. 13.

Eröffnung des Hauptverfahrens dem Landgericht vorlegt – § 209 StPO – oder sie nach Eröffnung und vor der Hauptverhandlung an dieses abgibt[3] oder sie in der Hauptverhandlung gemäß § 270 StPO an die Strafkammer verweist. Bei anderen Straftaten ist die Strafkammer zuständig, wenn die Staatsanwaltschaft in Fällen des **§ 24 Abs. 1 Nr. 3** Anklage bei ihr erhebt; die Strafkammer muss aber, wenn sie dessen Voraussetzungen nicht für gegeben hält, vor dem Schöffengericht eröffnen (§ 209 StPO).[4] Wegen der Einzelheiten wird auf die Erl. zu §§ 24, 25 Bezug genommen. Die **Zuständigkeit der allgemeinen Strafkammer entfällt bei** Straftaten, die in die Zuständigkeit einer Strafkammer mit **gesetzlicher Zuständigkeitskonzentration** (Schwurgerichts-, Staatsschutz- und Wirtschaftsstrafkammer, §§ 74 Abs. 2, 74a, 74c) oder nach § 120 in die erstinstanzliche Zuständigkeit des Oberlandesgerichts fallen. Wird aber wegen einer Tat, die nach dem Inhalt der Anklage vor die Schwurgerichts-, Staatsschutz- oder Wirtschaftskammer gehört, zu Unrecht vor der allgemeinen Strafkammer eröffnet, so ist dies unschädlich, wenn sie wegen Fehlens der in der Anklage angenommenen Tatmerkmale lediglich wegen einer Tat verurteilt, die zu ihrer sachlichen Zuständigkeit gehört. Der im Eröffnungsbeschluss enthaltene Fehler kann nicht zur Aufhebung des Urteils führen, weil das Urteil nicht auf ihm beruht.[5]

3 Eine **fehlende Zuständigkeit des Landgerichts** kann auch nicht durch Verbindung gemäß § 237 StPO mit einer anderen Sache, für die die Zuständigkeit gegeben ist, ersetzt werden.[6] Das gilt insbesondere für den Fall, dass die Geschäftsverteilung des Landgerichts vorsieht, eine Strafkammer bleibe auch im Falle des Ausscheidens des ihre Zuständigkeit (allein) begründenden Angeklagten für die übrigen Angeklagten zuständig,[7] weil eine solche Regelung die sachliche Zuständigkeit nicht zu ändern vermag. Wird eine Sache vor der großen Strafkammer angeklagt, für die sie die Zuständigkeit des Oberlandesgerichts für gegeben hält, so legt sie gemäß § 209 Abs. 3 StPO die Akten diesem zur Entscheidung vor; solange sie freilich mangels Zustellung der Anklageschrift oder aus sonstigen verfahrensrechtlichen Gründen über eine Eröffnung des Hauptverfahrens nicht befinden könnte, ist auch für eine Aktenvorlage nach § 209 Abs. 2 kein Raum.[8]

4 **bb) Willkürliche Zuständigkeitsannahme.** Soweit eine Strafkammer ihre Zuständigkeit in nicht mehr vertretbarer Weise annimmt und damit willkürlich handelt, gelten dieselben Rechtsfolgen wie sie zu § 24 Rn. 30 ff. dargelegt worden sind. Willkür kommt auch dann in Betracht, wenn das Amtsgericht dem Landgericht ein Verfahren zur Übernahme vorlegt, obwohl eine Zuständigkeit des Landgerichts offenkundig nicht gegeben ist, und das Landgericht gleichwohl das Hauptverfahren vor sich eröffnet, weil dann der Angeklagte dem gesetzlichen Richter entzogen wird; dies hat zur Folge, dass ein Urteil auf Revision aufzuheben ist.[9]

5 **c) Zuständigkeit der Jugendkammer.** Wegen der Zuständigkeit der Jugendkammer als erstinstanzliches Gericht vgl. § 41 Abs. 1, § 108 Abs. 1, 3 JGG, § 74b GVG und u. Rn. 16. Es besteht kein rechtliches Hindernis, im Wege der Geschäftsverteilung Jugendstrafsachen und allgemeine Strafsachen *einer* Strafkammer zuzuweisen, die dann zugleich allgemeine

3 BGHSt **18** 290; **25** 309.
4 Vgl. auch *Rieß* NJW **1978** 2265.
5 RGSt **16** 39; BGHSt **1** 346.
6 BGH wistra **1992** 228; BGHSt **38** 376 = JZ **1993** 477 m. Anm. *Kindhäuser* = NStZ **1993** 248 m. Anm. *Rieß*; *Katholnigg* 1; KK/*Diemer* 1.
7 BGH wistra **1992** 228; BGHSt **38** 376.
8 BGHSt **6** 109 = NJW **1954** 1375.
9 BGHR GVG § 74 Bedeutung 2; vgl. auch hier Rn. 23.

große Strafkammer und Jugendkammer ist.[10] Selbstverständlich sind wegen § 35 JGG für beide Tätigkeitsbereiche einer solchen Kammer Schöffen getrennt auszulosen.

d) Konzentration. Eine **Zusammenfassung mehrerer Landgerichte** zu einem Straf- 6 kammerbezirk entsprechend § 58 ist, von §§ 74a, 74c. 74d, 78a Abs. 2 abgesehen, nicht vorgesehen und deshalb nicht zulässig.

2. Die Strafkammer als Schwurgericht (Absatz 2)

a) Rechtsnatur. Durch Art. 2 Nr. 19, 25 des 1. StVRG 1974 wurde der bisherige 6. Titel 7 „Schwurgericht" aufgehoben und § 74 Abs. 2 eingefügt. Damit verschwand das Schwurgericht[11] als ein neben den Strafkammern beim Landgericht gebildeter nicht ständiger Spruchkörper eigener Art, und seine Aufgabe wurde einer Strafkammer des Landgerichts übertragen.[12] Diese Strafkammer unterscheidet sich von der allgemeinen großen Strafkammer nur durch ihre Bezeichnung, durch die unmittelbar im Gesetz selbst vorgenommene Bestimmung ihrer sachlichen Zuständigkeit (§ 74 Abs. 2), die auf dem Gedanken beruht, die besonderen Kenntnisse und Erfahrungen der auf dem Gebiet der Schwerstkriminalität tätigen Richter im Interesse einer besseren Rechtsfindung und gleichmäßigen Rechtshandhabung nutzbar zu machen, und durch die Möglichkeit der Bildung eines gemeinsamen Schwurgerichts (§ 74d). Das frühere Schwurgericht wurde wegen seiner besonderen Besetzung mit drei Berufsrichtern und sechs Geschworenen als Gericht höherer Ordnung gegenüber der Strafkammer und – bei Verbindung der Verfahren gegen Jugendliche und Erwachsene – auch gegenüber der Jugendkammer angesehen.[13] Das heutige Schwurgericht ist gegenüber der allgemeinen großen Strafkammer nur noch **einer von mehreren Spruchkörpern** mit gesetzlicher Zuständigkeitskonzentration, deren Vorrang untereinander in § 74e festgelegt ist. Die gesetzliche Bezeichnung, unter der diese Strafkammer auftritt, wenn sie mit Verbrechen der in § 74 Abs. 2 bezeichneten Art befasst ist, entspricht lediglich einem Herkommen für die Bezeichnung eines mit Strafsachen der Schwerstkriminalität befassten Gerichts; daneben gibt es noch weitere Sonderbezeichnungen (vgl. „Jugendkammer" und „Kammer für Bußgeldsachen", § 46 Abs. 7 OWiG). Nur am Rande mag vermerkt werden, dass der Gesetzeswortlaut nicht mit Sicherheit erkennen lässt, welches die „richtige" Bezeichnung des Spruchkörpers ist: „Strafkammer als Schwurgericht"[14] – § 74 Abs. 2 Satz 1 am Ende – oder „Schwurgericht" – § 74e Nr. 1? Die gewisse Unklarheit tritt auch im täglichen Sprachgebrauch hervor, wo teils von „Schwurgerichtskammer", teils von „Schwurgericht" und teilweise von „Strafkammer als Schwurgericht" die Rede ist.[15]

b) Umfang der Zuständigkeit

aa) Verfahrensstadien und Beteiligte. Die Zuständigkeit des Schwurgerichts erstreckt 8 sich von den im **Zwischenverfahren** und während der Vorbereitung der **Hauptverhandlung** zu treffenden Entscheidungen über die Aufgaben eines erkennenden sowie eines **Beschwerde- und Beschlussgerichts** nach Maßgabe von § 73 bis zur Zuständigkeit für Wie-

10 BGHSt **21** 70 = NJW **1966** 1037.
11 Vgl. zur Geschichte des Schwurgerichts etwa SK/*Degener* 7.
12 Wegen der Gründe für diese Reformmaßnahme vgl. LR/*Kühne* Einl. F 102 ff. insbes. 113; *Rieß* FS Widmaier 484.
13 BGHSt **9** 399.
14 So etwa Kissel/*Mayer* 7.
15 Wie auch in BGHSt **26** 191 ff.

deraufnahmeverfahren gemäß § 140a.[16] Für die Prüfung der Zuständigkeit gelten die §§ 6a, 209a Nr. 1, 225a Abs. 4, 270 Abs. 1 Satz 2StPO. Wie nach früherem Recht (§ 80 a.F.) ist die Zuständigkeit durch einen festen und abschließenden **Zuständigkeitskatalog** bestimmt, der dadurch gekennzeichnet ist, dass er grundsätzlich die Straftaten umfasst, bei denen im Fall der Vollendung durch eine **vorsätzliche** Handlung der **Tod eines Menschen** (mindestens fahrlässig, vgl. § 18 StGB) verursacht worden ist. Nachdem durch das zum 1.1.2012 in Kraft getretene Gesetz über die Besetzung der großen Straf- und Jugendkammern in der Hauptverhandlung vom 6.12.2011 (BGBl. I S. 2554) die Tatbestände der Nachstellung mit Todesfolge, der schweren Gefährdung durch Freisetzen von Giften mit Todesfolge und der Körperverletzung im Amt mit Todesfolge in den Katalog aufgenommen wurden, erfasst dieser nunmehr (mit Ausnahme von § 315d Abs. 5 StGB) sämtliche Verbrechenstatbestände des Strafgesetzbuches mit Verursachung einer Todesfolge.[17] Hinzu kamen die (im Gesetzgebungsverfahren erst spät) in den Katalog nunmehr aufgenommenen Tatbestände aus dem Betäubungsmittel- und dem Aufenthaltsgesetz. Auf die Erscheinungsform des Verbrechens (**Täterschaft, Versuch, Beihilfe**) kommt es dabei nicht an; infolgedessen fällt auch der Versuch der Beteiligung (§ 30 StGB), da er eine Erscheinungsform des Verbrechens darstellt, unter § 74 Abs. 2,[18] die Begünstigung und Strafvereitelung (§§ 257, 258 StGB) dagegen nur im Fall des Zusammenhangs. Das Schwurgericht ist dagegen auch zuständig für Straftaten, die zur Zuständigkeit von Gerichten niederer Ordnung gehören, aber mit Schwurgerichtsdelikten zusammentreffen.[19] Die Zuständigkeit des Schwurgerichts erstreckt sich nicht auf die öffentliche Aufforderung (§ 111 StGB) zu Tötungsverbrechen.[20]

9 **bb) Vollrausch.** Keine Änderung hat der Katalog von Absatz 2 hingegen erfahren im Hinblick auf die **im Vollrausch nach § 323a StGB begangene Tötung eines Menschen**, selbst wenn die im Rausch begangene Tat dem Katalog unterfällt. Nach geltender Rechtslage begründet das Vergehen des Vollrauschs, auch wenn hierdurch die Tötung eines Menschen verursacht wurde, nicht die Zuständigkeit des Schwurgerichts; vielmehr verbleibt es bei den allgemeinen Regelungen. Der in der Rechtsprechung insoweit bereits aufgestellte **Appell**, auch den Tatbestand des Vollrausches in den Katalog des § 74 Abs. 2 aufzunehmen,[21] blieb folgenlos. Soweit sich nachfolgend die Literatur mit dieser Frage beschäftigt und eine Zuständigkeit des Schwurgerichts für diese Fallgruppe verneint hat,[22] wurde ohne weitere Begründung stets nur auf die Entscheidung des OLG Stuttgart[23] verwiesen, in der eine im Katalog von Absatz 2 nicht erfasste Zuständigkeit des Schwurgerichts für die im Vollrausch begangene Tötung zwar verneint wurde mit der – systematisch zutreffenden – Erwägung, der Tod eines Menschen sei lediglich objektive Bedingung der Strafbarkeit des Vollrauschs als Vergehen; dass das OLG Stuttgart eine Zuständigkeit des Schwurgerichts zumindest de lege ferenda gleichwohl für sachdienlich erachtete, fand in der nachfolgenden Literatur indessen keine Erwähnung. Die in der Praxis vorkommenden Fälle der im Vollrausch begangenen Tötung eines Menschen zeigen jedoch, dass gerade in derartigen Konstellationen die besondere Sachkunde und Erfahrung eines Schwurgerichts

16 SK/*Degener* 16.
17 Vgl. zu dem von § 74 Abs. 2 nicht erfassten Verbrechen des Kraftfahrzeugrennens mit Todesfolge nach § 315d Abs. 5 StGB näher *Oehms*/*Gantschnig* ZRP **2025** 255.
18 OLG Nürnberg NJW **1950** 200; h.M.
19 BayObLGSt **1957** 109.
20 KG JR **1971** 255.
21 OLG Stuttgart MDR **1992** 290.
22 Kissel/*Mayer* 9; MüKo/*Schuster* 6; Radtke/Hohmann 4.
23 OLG Stuttgart MDR **1992** 290.

gefordert ist, um hierbei regelmäßig auftretende Grenzfragen psychiatrischer, rechtsmedizinischer und auch juristischer Natur sachgerecht zu beantworten. Nicht selten kann nämlich erst in der Hauptverhandlung zuverlässig herausgearbeitet werden, ob tatsächlich ein Vollrausch vorgelegen hat, oder ob eine Unterbringung in einem psychiatrischen Krankenhaus anzuordnen ist – was auch nach geltender Rechtslage die Zuständigkeit des Schwurgerichts fraglos begründet. In derartigen Fällen von vornherein auf die Möglichkeit einer Verweisung nach § 270 StPO vertrauen zu müssen, erscheint wenig prozessökonomisch. Vor diesem Hintergrund hat auch das OLG Celle[24] sich der Auffassung angeschlossen, dass – **de lege ferenda** – aus den dargelegten Erwägungen der Katalog von Absatz 2 um die im Vollrausch begangene Tötung eines Menschen erweitert werden sollte, wenn die im Rausch begangene Tat dem Katalog unterfällt. Dem ist zuzustimmen.[25] Denn es ist zumindest im Ergebnis nicht einleuchtend, warum bei Annahme von Schuldunfähigkeit ein Sicherungsverfahren mit dem Ziel einer Unterbringung nach § 63 StGB die Zuständigkeit des Schwurgerichts begründet, und bei Annahme (lediglich) eines Vollrausches die allgemeine große Strafkammer zuständig sein soll.[26] Mit der Tragweite einer möglichen Unterbringung in einem psychiatrischen Krankenhaus wird man die Zuständigkeit des Schwurgerichts nicht begründen können – zumal nach § 76 Abs. 2 Satz 3 Nr. 2 in diesen Fällen auch die große Strafkammer ausnahmslos in der Besetzung mit drei Berufsrichtern entscheidet.

cc) Rücktritt und Sicherungsverfahren. Ein anderes Gericht bleibt zuständig, wenn die Hauptverhandlung vor ihm zwar den Verdacht des versuchten Mordes oder Totschlags, aber unwiderlegbar strafbefreienden **Rücktritt vom Versuch** ergibt.[27] Im Rahmen der Zuständigkeit der Schwurgerichtskammer ist diese auch für Entscheidungen nach § 73 Abs. 1 zuständig. Für das **Sicherungsverfahren** (§ 414 StPO) richtet sich die Zuständigkeit danach, ob das Schwurgericht bei Schuld- oder Verhandlungsfähigkeit für das subjektive Verfahren zuständig wäre.[28] 10

c) Fortdauer der Zuständigkeit. Der Zuständigkeitskatalog ist aber nur bedeutungsvoll für die Frage, ob das Hauptverfahren vor der Schwurgerichtskammer zu eröffnen ist. Ist dieses in der Annahme des hinreichenden Verdachts eines Verbrechens nach § 74 Abs. 2 **eröffnet**, so hat das Schwurgericht den ihm unterbreiteten Sachverhalt unter jedem rechtlichen Gesichtspunkt zu würdigen und bleibt auch dann zuständig, wenn sich der Verdacht eines Verbrechens nach § 74 Abs. 2 nicht erhärtet und nur noch die Verurteilung wegen einer Straftat geringeren Gewichts erfolgt.[29] Die Zuständigkeit des Schwurgerichts bleibt des Weiteren nach **Zurückverweisung** einer Schwurgerichtssache durch den BGH erhalten, wenn der neu zu verhandelnde Rest nicht vor das Schwurgericht gehört.[30] Es kann jedoch in diesen Fällen auch eine Verweisung an eine allgemeine Strafkammer erfolgen.[31] Ebenso kann eine in erster Instanz vor der Jugendkammer verhandelte Sache an 11

---

24 OLG Celle NJW-Spezial **2012** 218 = NStZ-RR **2012** 181.

25 So jetzt auch KK/*Diemer* 2 und OK/*Huber* 3, die eine Zuständigkeit des Schwurgerichts in derartigen Fällen offenbar bereits nach geltendem Recht annehmen.

26 Vgl. auch *Gittermann* JR **2014** 377.

27 OLG Celle NJW **1963** 1886.

28 BGH NStZ-RR **2002** 104; OLG Stuttgart NStZ **1987** 292; *Katholnigg* 3; LR/*Gaede* § 414, 19 StPO; Kissel/*Mayer* 9.

29 BGH bei *Holtz* MDR **1977** 810.

30 BGH bei *Holtz* MDR **1977** 810.

31 BGH NJW **1984** 1764; NJW **1994** 3304.

das Schwurgericht zurückverwiesen werden, wenn das weitere Verfahren nur noch einen Erwachsenen betrifft.[32]

12 **d) Schwurgericht und Geschäftsverteilung.** Durch die Zuständigkeitskonzentration soll eine möglichst einheitliche Beurteilung der in § 74 Abs. 2 bezeichneten Fälle der Schwerstkriminalität durch Richter, die mit ihren Erscheinungsformen vertraut sind, erreicht werden. Dem entspricht es, dass die zu treffenden Entscheidungen, gleichviel ob es sich um die Eröffnung des Hauptverfahrens, Entscheidungen nach Eröffnung des Hauptverfahrens oder um Wiederaufnahmeverfahren (§ 140a) handelt, im Geschäftsverteilungsplan *einer* Kammer zugewiesen werden, und dass **nicht** die Zuständigkeit in Schwurgerichtssachen auf **mehrere Kammern** verteilt wird.[33] Andererseits ist aber der Gesetzeswortlaut: „... ist eine Strafkammer als Schwurgericht zuständig", nicht dahin zu verstehen, es dürfte bei einem Landgericht stets nur eine einzige Strafkammer als Schwurgerichtskammer gebildet werden. Vielmehr ist die Bildung von **mehr als einer Schwurgerichtskammer** – aber auch nur dann – zulässig, wenn der Anfall an Schwurgerichtssachen die Kräfte einer Kammer übersteigt.[34] Dies (wie es der Bundesrat angeregt hatte) ausdrücklich im Gesetz auszusprechen, wurde im Bundestag als entbehrlich angesehen.[35] Zu beachten ist aber, dass bei Einrichtung einer weiteren Schwurgerichtskammer die Spezialisierung der primär eingesetzten Schwurgerichtskammer erhalten bleibt und dieser vom Präsidium (perspektivisch und im Rahmen eines Ermessenspielraums) nicht mehr als 25 % der Fälle andere Strafsachen zugewiesen wird.[36] Ist umgekehrt der Anfall an Schwurgerichtssachen so gering, dass eine Kammer mit Schwurgerichtssachen nicht ausgelastet wäre, so können ihr auch allgemeine Strafsachen zugewiesen werden; diese Kammer muss dann, wenn sie als Schwurgerichtskammer tätig wird, diese Bezeichnung führen.

13 **e) Die nicht ausgelastete Schwurgerichtskammer.** Eine früher viel erörterte Frage war, in welchem Verhältnis dann der als solcher nicht voll ausgelasteten Schwurgerichtskammer zusätzlich zu den Schwurgerichtssachen allgemeine Strafkammersachen zugewiesen werden dürften. Nach einer Ansicht[37] dürften der Schwurgerichtskammer andere Sachen „nur in ganz untergeordnetem Umfang übertragen werden, mit denen die zwischen großen Blöcken umfangreicher Sachen mitunter entstehende freie Kapazität genutzt werden kann". Nach anderer Ansicht[38] sollte sich unter Hinweis auf die Rechtsprechung des BGH[39] herleiten lassen, dass die den Schwurgerichtskammern zugewiesenen Richter nur noch Schwurgerichtssachen, die den Wirtschaftsstrafkammern zugewiesenen nur noch Wirtschaftsstrafsachen bearbeiten dürften. Das entspricht aber nicht der Entwicklung der Rechtsprechung.[40] Danach gilt: Das Präsidium hat bei der Geschäftsverteilung allgemein bei Spruchkörpern mit gesetzlicher Spezialzuständigkeit darauf zu achten, dass, wenn sie erwartungsgemäß mit der Bearbeitung der Spezialsachen nicht voll ausgelastet sind, doch jedenfalls der **Schwerpunkt ihrer Tätigkeit** bei diesen Sachen liegt und eine Zuweisung

---

32 BGH NJW **1988** 3216; NJW **1993** 2125.

33 Kissel/*Mayer* 12; MüKo/*Schuster* 6; *Schmitt*/*Köhler* 7.

34 BGHSt **27** 349 = NJW **1978** 1273 = JR **1978** 432 mit Anm. *Staiger;* KK/*Diemer* 3; zweifelnd dazu *Müller* MDR **1978** 686; zustimmend *Katholnigg* NJW **1978** 1594; *Rieß* NJW **1975** 92.

35 Bericht des Rechtsausschusses BTDrucks. 7 2600 S. 11.

36 BGH NJW **1975** 743; NJW **2014** 2295; Kissel/*Mayer* 12, MüKo/*Schuster* 6; KK/*Diemer* 3; OK/*Huber* 5.

37 Kissel/*Mayer* 14.

38 *G. Schäfer*[6] 246.

39 BGHSt **27** 349.

40 Vgl. BGHSt **31** 326; MDR **1987** 950 (s. dazu auch § 74c, 8).

anderer Sachen nur in dem Maße erfolgt, dass dadurch keine besondere Belastung hinsichtlich der Erfüllung der Spezialzuständigkeit eintritt. Bei einer solchen Berücksichtigung der schwerpunktmäßigen Spezialaufgabe kommt es nicht auf die rechnerisch abstrakte Zahl der jeweils zugewiesenen Sachen, sondern auf die Belastung mit den Spezialsachen in dem Sinne an, dass deren Belastung etwa 3/4 der Leistungsfähigkeit der Kammer ausmacht. Scheidet eine solche Handhabung – etwa bei einem kleinen Landgericht – wegen zu geringen Anfalls an Schwurgerichtssachen aus, könnte der Weg des § 74d beschritten werden, der allerdings nicht erzwungen werden kann.

f) Auffangschwurgericht. Ohne Rücksicht auf den Geschäftsanfall ist die Bildung einer weiteren Schwurgerichtskammer als „Auffangschwurgericht" notwendig, nämlich **um** bei Aufhebung eines Schwurgerichtsurteils dem Revisionsgericht die **Zurückverweisung an eine andere Kammer des Landgerichts zu ermöglichen.**[41] Dies kann zwar bei einem kleinen Landgericht mit geringem Anfall an Schwurgerichtssachen dazu führen, dass bei den Richtern des Auffangschwurgerichts die gesetzgeberische Intention bei der Einrichtung von Schwurgerichtskammern (o. Rn. 10) weitgehend leerläuft, da sie weniger als die Richter der Schwurgerichtskammer, deren Urteil aufgehoben wurde, Gelegenheit haben, die wünschenswerte Erfahrung in der Beurteilung solcher Fälle zu erlangen; der Gesetzgeber hat dies aber in Kauf genommen, da immerhin bereits ein **Revisionsurteil** vorliegt, das – jedenfalls im Regelfall – Anhaltspunkte für die weitere Beurteilung der Sache enthält.[42] Dieses Auffangschwurgericht ist auch dann gemäß § 354 Abs. 2 StPO zuständig, wenn das Revisionsgericht eine vom Schwurgericht abgeurteilte Sache unter Aufhebung des Urteils ohne weitere Angabe „an das Landgericht" zurückverweist, und zwar auch dann, wenn das aufgehobene Urteil nicht auf Verurteilung wegen Verbrechens nach § 74 Abs. 2, sondern wegen einer Straftat geringeren Gewichts lautete (o. Rn. 8), das Revisionsgericht aber von der Möglichkeit, die Sache an eine allgemeine Strafkammer zurückzuverweisen, keinen Gebrauch gemacht hat.[43] Bestehen bei einem Landgericht **zwei Schwurgerichte**, so kann jedes für die Zurückweisungsfälle des anderen als Auffangschwurgericht bestimmt werden.[44] Hat das Präsidium bei Aufstellung des Jahresgeschäftsplans die Bildung einer Auffangschwurgerichtskammer unterlassen, so muss es dies spätestens beim ersten Fall einer Zurückverweisung **nachholen**, auch wenn er gegen Ende des Geschäftsjahres anfällt; es darf dies nicht mit der Begründung ablehnen, damit würden „gezielt" für eine bestimmte Strafsache bestimmte Richter bestellt; auch für eine Anwendung des § 15 StPO ist kein Raum, wenn die Kammer aus den vorhandenen Richtern gebildet werden kann.[45] Ferner bedarf es der geschäftsplanmäßigen Bestimmung des Spruchkörpers zur Entscheidung über den Antrag auf Wiederaufnahme des Verfahrens gegen ein Schwurgerichtsurteil im Fall des § 140a Abs. 3 Satz 1. 14

g) Übergang des Verfahrens von der allgemeinen Strafkammer auf die Schwurgerichtskammer. Hierbei handelt es sich um Fragen wie die, welche Folgerungen sich ergeben, wenn Anklage vor der allgemeinen Strafkammer erhoben wird, diese aber ihre Zuständigkeit zur Eröffnung verneint, weil sie die Schwurgerichtskammer für zuständig hält und auch diese ihre Zuständigkeit verneint, oder dass die allgemeine Strafkammer erst auf Grund 15

41 BGHSt **27** 349 = JR **1978** 432; BGH NJW **1975** 743; *Rieß* NJW **1975** 92; *Benz* MDR **1976** 805; dazu § 45, 3 m.w.N.

42 BGHSt **27** 349 = JR **1978** 432 mit Anm. *Steiger.*

43 BGH bei *Holtz* MDR **1977** 810.

44 *Schmitt/Köhler* 9.

45 OLG München MDR **1977** 1037 = JR **1978** 301 mit Anm. *Rieß* und Besprechung *Müller* MDR **1978** 337. Ergänzend wird auf LR/*Hanack*[25] § 354 StPO, 55 verwiesen.

der Beweisaufnahme in der Hauptverhandlung erkennt, dass nicht sie, sondern die Schwurgerichtsstrafkammer zuständig sei, etwa wenn wegen Vollrauschs (§ 323a StGB) mit versuchtem Mord als zugrunde liegender Rauschtat Anklage erhoben und eröffnet ist und die allgemeine Strafkammer in der Hauptverhandlung die Überzeugung gewinnt, die Schuldfähigkeit des Angeklagten sei zur Tatzeit nicht ausgeschlossen gewesen.[46] Eine besondere Problematik entsteht lediglich dann, wenn sich im Rahmen der Hauptverhandlung vor der allgemeinen Strafkammer erst nach der Vernehmung des Angeklagten zur Sache durch die Beweisaufnahme Umstände ergeben, die die sachliche Zuständigkeit des Schwurgerichts begründen und die Strafkammer in der nach **§ 76 Abs. 2** reduzierten Besetzung verhandelt. Die zu diesem Zeitpunkt fortbestehende Zuständigkeit der Strafkammer **steht** dann **erkennbar in einem Spannungsverhältnis zur starren Besetzungsregelung** des Schwurgerichts. Den Gesetzesmaterialien ist nicht zu entnehmen, dass der Gesetzgeber auch diesen Fall ausdrücklich von § 6a StPO erfasst wissen wollte. Auch höchstrichterliche Rechtsprechung zu diesem Sonderfall liegt bislang nicht vor. Soweit vertreten wird, es müsse hingenommen werden, dass die mit 2 Berufsrichtern besetzte Strafkammer dann auch als Schwurgericht weiter zu verhandeln habe,[47] wird dafür keinerlei Begründung geliefert. Im Ergebnis kann man dieser Ansicht aber zustimmen, weil § 6a StPO gerade durch Verweisungen entstehende Verfahrensverzögerungen vermeiden will und auch schon bisher z.B. der nach Vernehmung des Angeklagten eingetretene Tod des Opfers einer vorsätzlichen Körperverletzung nicht mehr zu einem Übergang der Zuständigkeit von der allgemeinen Strafkammer auf die Schwurgerichtskammer geführt hat.[48]

16 **h) Verhältnis der Schwurgerichtskammer zur Jugendkammer.** Im Verfahren gegen Jugendliche und Heranwachsende wegen Straftaten der in § 74 Abs. 2 bezeichneten Art ist nach §§ 41 Abs. 1 Nr. 1, 108 Abs. 1 JGG anstelle der Schwurgerichtskammer die Jugendkammer zuständig. Deren Zuständigkeit ist eine ausschließliche. Dagegen war nach der Auslegung des früher geltenden Rechts bei einer Verbindung von Strafsachen gegen Jugendliche und Heranwachsende mit solchen gegen Erwachsene (§ 103 JGG) das Schwurgericht zuständig, wenn auch nur einer der Angeklagten zur Tatzeit das 21. Lebensjahr vollendet hatte, weil das Schwurgericht alter Art angesichts seiner Besetzung als Gericht höherer Art gegenüber der Jugendkammer anzusehen sei und dem Erwachsenen das Recht, vor das höherrangige Gericht zu gelangen, nicht genommen werden dürfte.[49] Diese Rechtsprechung hat ihre Bedeutung verloren, da die **Schwurgerichtskammer gegenüber der Jugendkammer kein Gericht höherer Ordnung** ist (o. Rn. 7),[50] sondern beide Kammern gelten als ranggleich. Nach der jetzt geltenden Fassung des § 103 JGG entscheidet die Jugendkammer darüber, ob es zur Erforschung der Wahrheit oder aus anderen wichtigen Gründen geboten ist, das Verfahren gegen den Erwachsenen auch mit demjenigen gegen den Jugendlichen (Heranwachsenden) zur Verhandlung vor dem Schwurgericht zu verbinden.

17 **i) Schwurgerichtskammer und Staatsschutzstrafsachen (Absatz 2 Satz 2).** Nach § 74 Abs. 2 Satz 2 bleibt § 120 unberührt. Nach der Begründung des RegE des 1. StVRG[51] zu

---

46 Insoweit kann zunächst auf die Erläuterungen LR/*Erb* § 6a StPO, 4 und 14; LR/*Stuckenberg* § 209a StPO, 9 bis 17; LR/*Gollwitzer*[25] § 270 StPO, 17 und 22 und 22; LR/*Gössel*[25] § 328 StPO, 24 bis 28 und die Anm. von *Gössel* zu OLG Celle NStZ **1987** 240 verwiesen werden.

47 *Schmitt/Köhler* 7; Kissel/*Mayer* 19.

48 BGHSt **30** 187.

49 BGHSt **9** 399; **10** 177.

50 BGH NStZ **1996** 346 m. krit. Anm. *Katholnigg*; OLG Saarbrücken NStZ **1985** 93; Kissel/*Mayer* 6.

51 BTDrucks. 7 551 S. 101.

Art. 2 Nr. 16 soll durch diesen Satz 2 „das Verhältnis zwischen § 74 und § 120, insbesondere im Hinblick auf die nach § 120 Abs. 2 zur Zuständigkeit des Oberlandesgerichts gelangten Sachen, geklärt werden". Tatsächlich brachte der Satz 2 zunächst wenig Klärung, er war vielmehr Anlass zu Zweifelsfragen.[52] Diese sind aber erledigt, nachdem durch das StVÄG 1979 einerseits § 74e **(Vorrangprinzip bei mehrfacher potenzieller Spezialstrafkammerzuständigkeit)** eingefügt, andererseits (Änderung des § 74a Abs. 2) klargestellt wurde, dass der Vorrang der Schwurgerichts- und der Wirtschaftsstrafkammer gegenüber der Staatsschutzstrafkammer grundsätzlich entfällt, wenn der Generalbundesanwalt wegen der besonderen Bedeutung des Falles vor der Eröffnung des Hauptverfahrens die Verfolgung übernimmt. Da nunmehr die Verweisung in § 120 Abs. 2 (jetzt Abs. 2 Nr. 1) eine Verweisung auf § 74a Abs. 2 in seiner jetzt geltenden Fassung („die Zuständigkeit *des Landgerichts* ...") bedeutet, wurde der Sinn des § 74 Abs. 2 Satz 2 eindeutig: der Vorrang der Schwurgerichtskammer verliert seine Bedeutung, wenn das Oberlandesgericht das Hauptverfahren entsprechend der Bewertung des Generalbundesanwalts eröffnet.[53] Dagegen hat § 74 Abs. 2 Satz 2 gegenüber der Änderung des § 120 – der Ausdehnung des Evokationsrechts des Generalbundesanwalts in § 120 Abs. 2 Nr. 2 und 3 durch das Gesetz zur Bekämpfung des Terrorismus vom 19.12.1986 (BGBl. I S. 2566) auf Straftaten, die, wie Mord, Totschlag und andere der dort bezeichneten Straftaten in den Zuständigkeitskatalog des § 74 Abs. 2 fallen – die gleiche Bedeutung wie die Negativklausel („wenn nicht") in § 24.

3. Zuständigkeit als Berufungsgericht (Absatz 3)

a) Kleine Strafkammer. Nach Inkrafttreten des RpflEntlG und der dadurch erfolgten 18
Änderung des § 76 ist hier als **Berufungsgericht nur noch die kleine Strafkammer** gemeint. § 74 Abs. 3 besagt nicht nur, dass die Strafkammern für die Entscheidung über die Berufung gegen die dort bezeichneten Urteile funktionell zuständig sind, sondern legt auch die örtliche Zuständigkeit der Strafkammer in dem Sinn fest, dass nur die dem Amtsgericht im Instanzenzug übergeordnete Strafkammer über die Berufung gegen sein Urteil entscheiden kann.[54] Da nach neuem Recht die große Strafkammer nicht mehr Berufungsgericht sein kann, ist die frühere Frage, ob sich die Zuständigkeit der Berufungskammer danach richtet, welches Gericht in erster Instanz hätte entscheiden müssen, oder welches Gericht entschieden hat, überholt. Bei der Zuständigkeit der kleinen Strafkammern ist jedoch zu beachten, dass in Wirtschaftsstrafsachen, in denen das Schöffengericht entschieden hat, die **Wirtschaftskammer** Berufungsgericht ist (§ 74c Abs. 1).

b) Jugendkammer. Die **Zuständigkeit der Jugendkammer als Berufungsgericht** ist in 19
§ 41 Abs. 2 Satz 1 JGG geregelt. Die Jugendkammer entscheidet auch, wenn im ersten Rechtszug in einer verbundenen Strafsache gegen einen Jugendlichen (Heranwachsenden) und einen Erwachsenen das Jugendgericht geurteilt hat (§ 103 Abs. 2 JGG) und nur der Erwachsene Berufung einlegt, weil der in § 41 Abs. 2 Satz 1 JGG geregelte Instanzenzug durch solche Veränderungen der Sachlage nicht berührt wird.[55] In gleicher Weise ist die Strafkammer als Berufungsgericht zuständig, wenn infolge einer Verbindung nach § 103 Abs. 1 JGG im ersten Rechtszug das Amtsgericht als Erwachsenengericht entschieden hat und nur der Jugendliche Berufung einlegt mit der Folge, dass ihm gemäß § 104 Abs. 1 Nr. 7, § 55 Abs. 2 JGG gegen das

52 Vgl. die Darstellung bei LR/*K. Schäfer*[23] § 74, 12.
53 SK/*Degener* 15.
54 SK/*Degener* 20; SSW/*Werner* 13.
55 BGHSt **22** 48 = NJW **1968** 952 = LM Nr. 4 zu § 41 JGG m. Anm. *Hübner*; OLG Düsseldorf NJW **1968** 2020.

Urteil der Strafkammer Revision nicht mehr zusteht.[56] Für Urteile des Jugendrichters oder des Jugendschöffengerichts tritt an die Stelle der sonst zuständigen Berufungsstrafkammer die Jugendkammer (§ 41 Abs. 2 JGG), die bei Urteilen des Jugendrichters als **kleine Jugendkammer** (Vorsitzender und zwei Schöffen) und bei Urteilen des Jugendschöffengerichts als **große Jugendkammer** (Vorsitzender und ein oder zwei Beisitzer sowie zwei Schöffen) entscheidet.

20 Nach Ergehen des erstinstanzlichen Urteils ist es nicht möglich, durch Übernahme des Verfahrens nach § 377 StPO oder durch Übertragung der Entscheidung nach § 12 Abs. 2 StPO oder § 42 Abs. 3 JGG in diese Zuständigkeit einzugreifen.[57] Über den Umfang der **Strafgewalt** der Berufungsstrafkammer und über den Übergang vom Berufungs- zum erstinstanzlichen Verfahren s. § 24, 43.

21 **c) Rhein- und Moselschifffahrtssachen.** In **Binnenschifffahrtssachen** nach Maßgabe von § 2 BinSchGerG sowie in **Rhein- und Moselschifffahrtssachen** nach §§ 14, 18a ff. BinSchGerG entscheidet über die Berufung gegen Entscheidungen des Amtsgerichts als Rhein- und Moselschifffahrtsgericht das Oberlandesgericht.[58] Für Verfahren betreffend die Untersuchung von Seeunfällen im Sinne von §§ 1, 41 ff. SUG ist demgegenüber der Verwaltungsrechtsweg eröffnet.

22 **4. Revision.** Gegen die Berufungsurteile der kleinen Strafkammer ist die Revision **zum Oberlandesgericht** zulässig (§ 121 Abs. 1 Nr. 1b), gegen erstinstanzliche Urteile der großen Strafkammer findet die Revision **zum Bundesgerichtshof** statt (§ 135).

23 Die Rüge, die Kammer habe ihre **Zuständigkeit** zu Unrecht angenommen, setzt zunächst einen (rechtzeitigen) Einwand nach § 6a StPO voraus. Wird die funktionelle Zuständigkeit gerügt, gilt der **Willkürmaßstab**, wenn dem Tatgericht im Rahmen eines normativen Zuständigkeitsmerkmals (etwa besondere Kenntnisse des Wirtschaftslebens, Höhe der zu erwartenden Strafe oder Umfang und Schwierigkeit der Sache im Hinblick auf das Hinzuziehen eines dritten Richters) ein Beurteilungsspielraum zusteht.[59] Maßgebend ist insoweit die objektive Sachlage zum Zeitpunkt des Eröffnungsbeschlusses.[60] Entsprechendes gilt im Hinblick auf eine Rüge hinsichtlich einer fehlerhaften Prognose über den künftigen Geschäftsanfall der Schwurgerichtskammer; ein bloßer Irrtum kann eine entsprechende Rüge nicht begründen.[61]

§ 74a

(1) Bei den Landgerichten, in deren Bezirk ein Oberlandesgericht seinen Sitz hat, ist eine Strafkammer für den Bezirk dieses Oberlandesgerichts als erkennendes Gericht des ersten Rechtszuges zuständig für Straftaten

1. **des Friedensverrats in den Fällen des § 80a des Strafgesetzbuches,**
2. **der Gefährdung des demokratischen Rechtsstaates in den Fällen der §§ 84 bis 86, 87 bis 90, 90a Abs. 3 und des § 90b des Strafgesetzbuches,**

56 BayObLG NJW **1971** 953.

57 BGHSt **10** 177; **11** 56, 62; **18** 261 = NJW **1963** 965.

58 Kissel/*Mayer* § 14, 5; LR/*Mann* § 14, 5 ff.

59 BGH NJW **2012** 468; BGH StV **2016** 622, auch zu der vom BGH kontrovers beurteilten Frage, inwieweit ein solcher Verstoß von Amts wegen oder nur auf eine zulässig erhobene Verfahrensrüge hin zu überprüfen ist; Kissel/*Mayer* 34; MüKo/*Schuster* 12.

60 BGH NStZ **2001** 495; OK/*Huber* 8.

61 BGH NJW **1978** 1273; BGH MDR **1978** 626; MüKo/*Schuster* 12; Radtke/Hohmann 17; *Schmitt*/*Köhler* 10.

3. der Gefährdung der Landesverteidigung in den Fällen der § 109d bis 109g des Strafgesetzbuches,
4. der Zuwiderhandlung gegen ein Vereinigungsverbot in den Fällen des § 129, auch in Verbindung mit § 129b Abs. 1, des Strafgesetzbuches und des § 20 Abs. 1 Satz 1 Nr. 1 bis 4 des Vereinsgesetzes; dies gilt nicht, wenn dieselbe Handlung eine Straftat nach dem Betäubungsmittelgesetz, Konsumcannabisgesetz oder Medizinal-Cannabisgesetz darstellt,
5. der Verschleppung (§ 234a des Strafgesetzbuches)
6. des Verschwindenlassens von Personen (§ 234b des Strafgesetzbuches) und
7. der politischen Verdächtigung (§ 241a des Strafgesetzbuches).

(2) Die Zuständigkeit des Landgerichts entfällt, wenn der Generalbundesanwalt wegen der besonderen Bedeutung des Falles vor der Eröffnung des Hauptverfahrens die Verfolgung übernimmt, es sei denn, daß durch Abgabe nach § 142a Abs. 4 oder durch Verweisung nach § 120 Abs. 2 Satz 3 die Zuständigkeit des Landgerichts begründet wird.

(3) In den Sachen, in denen die Strafkammer nach Absatz 1 zuständig ist, trifft sie auch die in § 73 Abs. 1 bezeichneten Entscheidungen.

(4) Für die Anordnung von Maßnahmen nach den §§ 100b und 100c der Strafprozessordnung ist eine nicht mit Hauptverfahren in Strafsachen befasste Kammer bei den Landgerichten, in deren Bezirk ein Oberlandesgericht seinen Sitz hat, für den Bezirk dieses Oberlandesgerichts zuständig.

(5) Im Rahmen der Absätze 1, 3 und 4 erstreckt sich der Bezirk des Landgerichts auf den Bezirk des Oberlandesgerichts.

Schrifttum

Altvater Das 34. Strafrechtsänderungsgesetz – § 129b StGB, NStZ **2003** 179; *Dallinger* Gerichtsverfassung und Strafverfahren nach dem 1. Strafrechtsänderungsgesetz, JZ **1951** 620; *Katholnigg* Neue Verfahrensmaßnahmen in Betäubungsmittelstrafsachen, NStZ **1981** 417; *Kohlhaas* Das Gesetz über die Einführung eines zweiten Rechtszuges in Staatsschutzsachen, NJW **1970** 20; *Kurth* Beschränkung des Prozeßstoffs und Einführung des Tonbandprotokolls durch das Strafverfahrensänderungsgesetz 1979, NJW **1978** 2481; *Lüttger* Lockerung des Verfolgungszwanges bei Staatsschutzdelikten? JZ **1964** 569; *Martin* Wie steht es um unseren Staatsschutz? JZ **1975** 312; *Rieß* Die Bestimmung und Prüfung der sachlichen Zuständigkeit und verwandter Erscheinungen im Strafverfahren, GA **1976** 1; *Schwarz* Zuständigkeitsfragen im Strafprozeß, NJW **1956** 1305; *Stein* Kriminelle und terroristische Vereinigungen mit Auslandsbezug seit Einführung des § 129b StGB, GA **2005** 433; *Wagner* Rechtsfragen zu § 74a, GA **1957** 161; *Wagner* Die gerichtliche Zuständigkeit in Staatsschutzstrafsachen, FS Dreher (1977) 625; *Warda* Zur Zulässigkeit der Bildung mehrerer Sonderstrafkammern nach § 74a GVG, DRiZ **1957** 35; *Woesner* Rechtsstaatliches Verfahren in Staatsschutzsachen, NJW **1961** 533.

Entstehungsgeschichte

§ 74a wurde eingefügt durch Art. 3 Nr. 2 des 1. StrÄG 1951. Der Zuständigkeitskatalog (Absatz 2) wurde nach zwischenzeitlichen Änderungen und Erweiterungen (vgl. Art. 3 des 4. StrÄG 1957, Art. 2 des 6. StrÄG 1960, § 27 des Vereinsgesetzes vom 5.8.1964, BGBl. I S. 593) neu gefasst durch Art. 4 des 8. StrÄG 1968. Die bisherigen Eingangsworte des Absatzes 1 („Eine Strafkammer des Landgerichts, in dessen Bezirk das Oberlandesgericht seinen Sitz hat, ist für den Bezirk des Oberlandesgerichts") wurden durch Art. 1 Nr. 4 StaatsschStrafsG – lediglich zur Verdeutlichung und ohne sachliche Änderung – durch die jetzige Fassung ersetzt. Durch das gleiche Gesetz wurden in Absatz 2 die Worte „Abgabe oder Überweisung nach § 134a Abs. 2 oder 3" durch die Worte „Abgabe nach ... Verweisung nach § 120 Abs. 2 Satz 2" ersetzt. Durch Art. 22 Nr. 4 EGStGB 1974 wurden die Eingangsworte des Absatzes 1 „zuständig für Verbrechen und Vergehen" in „zuständig für Straftaten" und in Absatz 1 Nummer 2 die Paragraphenaufzählung „84 bis 90, 90a ..." durch „84 bis 86, 87 bis 90, 90a ..." ersetzt. Durch Art. 2 Nr. 6 StVÄG 1979 sind in Absatz 2 jeweils die Worte „des Landgerichts" an die Stelle der Worte „der Strafkammer" getreten. Durch Art. 3 des Gesetzes zur Neuordnung des Betäubungsmittelrechts vom 28.7.1981 (BGBl. I S. 681) wurde dem Absatz 1 Nummer 4 der Halbsatz 2 angefügt. Das Gesetz zur Bekämpfung von Sexualdelikten und anderen gefährlichen Straftaten v. 26.1.1998 (BGBl. I S. 160) führte bei Nummer 4 hinter der Angabe „§ 20" zur Einfügung „Abs. 1 Satz 1 Nr. 1 bis 4". Durch Artikel 2 des 34. StrÄG v. 22.8.2002 (BGBl. I S. 3390) wurde Nummer 4 im Hinblick auf den neu eingefügten § 129b StGB ergänzt. Absatz 4 wurde durch das Gesetz v. 24.6.2005 (BGBl. I S. 1841) eingefügt; der bisherige Absatz 4 wurde Absatz 5. Absatz 2 wurde geändert durch Art. 1 Nr. 1 des Gesetzes zur Umsetzung von Empfehlungen des NSU-Untersuchungsausschusses des Deutschen Bundestages vom 12.6.2015 (BGBl. I S. 925) und erfasst infolge von dessen Änderung anstelle von § 142 Abs. 2 Satz 2 nunmehr § 142 Abs. 2 Satz 3. Absatz 4 wurde geändert durch Art. 4 Nr. 1 des Gesetzes zur effektiveren und praxistauglicheren Ausgestaltung des Strafverfahrens vom 17.8.2017 (BGBl. I S. 3202) und erfasst nunmehr auch Maßnahmen nach § 100b StGB. Durch Gesetz zum kontrollierten Umgang mit Cannabis und zur Änderung weiterer Vorschriften vom 27.3.2024 (CanG, BGBl. I Nr. 109) wurde von der besonderen Zuständigkeit der Staatschutzkammer nach Abs. Nr. 4 (Vereinigungsdelikte) neben solchen nach dem Betäubungsmittelgesetz auch ausgenommen solche nach dem Konsumcannabisgesetz oder dem Medizinal-Cannabisgesetz. Durch Art. 4 Nr. 2 des Gesetzes zur Fortentwicklung des Völkerstrafrechts vom 30.7.2024 (BGBl. I Nr. 255) wurde mit Wirkung ab dem 3.8.2024 in Absatz 1 unter Nummer 6 die Zuständigkeit der Staatsschutzkammer ergänzt um den zugleich neu eingeführten Straftatbestand des Verschwindenlassens von Personen nach § 234b des Strafgesetzbuchs; die bisherige Nummer 6 wurde zu Nummer 7.

Übersicht

1. Allgemeines

a) Sprachgebrauch. Die Staatsschutzkammer ist – wie das Schwurgericht und die Wirtschaftsstrafkammer – ein für die in Absatz 1 aufgezählten Tatbestände gesetzlich zwingend vorgesehener Spezialspruchkörper am Landgericht.[1] Das Gesetz hat aber – anders als beim Schwurgericht und der Wirtschaftsstrafkammer – der nach § 74a zuständigen Strafkammer keinen besonderen Namen gegeben; ein solcher findet sich indessen in der nichtamtlichen Überschrift. In der Praxis hat sich hiernach die Bezeichnung **Staatsschutzkammer** (oder auch Staatsschutzstrafkammer) weitgehend durchgesetzt. Sie ist allerdings zu eng, da der in Absatz 1 Nummer 4 genannte § 129 StGB (kriminelle Vereinigung) nicht nur staatsgefährdende Vereinigungen unter Strafe stellt. Jedenfalls ist es nicht zulässig, aus der nichtamtlichen Bezeichnung eine Verneinung der Zuständigkeit mit der Begründung herzuleiten, die kriminelle Vereinigung nach § 129 StGB verfolge keine staatsgefährdenden Ziele. 1

b) Erweiterung des Anwendungsgebiets auf Truppen der NATO-Vertragsstaaten. 2
§ 74a gilt entsprechend Art. 7, 8, 12 des 4. StrÄG vom 11.6.1957 (BGBl. I S. 597) in der Neufassung durch Art. 48 des 2. Gesetzes über die Bereinigung von Bundesrecht im Zuständigkeitsbereich des Bundesministeriums der Justiz vom 23.11.2007 (BGBl. I S. 2614) i.V.m. mit dem NATO-Truppen-Schutzgesetz (NTSG) i.d.F. vom 23.7.2008 (BGBl. I S. 490) auch für Straftaten gegen die nichtdeutschen Vertragsstaaten des Nordatlantikpaktes und ihre in der Bundesrepublik stationierten Truppen,[2] sofern diese im räumlichen Geltungsbereich des 4. StrÄG begangen werden. Artikel 8 bestimmt: „Für die Anwendung der Vorschriften des Gerichtsverfassungsgesetzes über die gerichtliche Zuständigkeit und die Übernahme, Abgabe oder Überweisung der Untersuchung, Verhandlung und Entscheidung in Strafsachen stehen die in Art. 7 Abs. 1, 2 und 4 genannten Verbrechen und Vergehen den ihnen entsprechenden Verstößen gegen Vorschriften des Strafgesetzbuchs gleich." Das Streitkräfteaufenthaltsgesetz – SkAufG – vom 20.7.1985[3] hat an dieser Rechtslage nichts verändert.[4]

2. Bedeutung der Zuständigkeitskonzentration (Absatz 1). § 74a begründet für die Staatsschutzkammer eine **zweifache Zuständigkeitskonzentration**: 3

a) Konzentration innerhalb des Gerichts. Die Regelung begründet zunächst **innerhalb des Landgerichts** – und insoweit entspricht er dem § 74 Abs. 2 – die sachliche Zuständigkeit der erstinstanzlichen Strafkammer für die in § 74a bezeichneten Straftaten und schließt insoweit auch die amtsgerichtliche Zuständigkeit aus, während die Zuständigkeit der Staatsschutzkammer entfällt, wenn diejenige des Oberlandesgerichts nach § 120 Abs. 1 gegeben ist; 4

b) Konzentration im Bezirk. Weitergehend als § 74 Abs. 2 entzieht § 74a Abs. 1, 4 den Strafkammern **der übrigen Landgerichte** im Bezirk des Oberlandesgerichts die Zuständigkeit für die in § 74a bezeichneten Straftaten. Vergleichbar den Fällen der §§ 58, 74d, § 33 Abs. 4 JGG ist für die Straftaten nach § 74a Abs. 1 ein den Bezirk des ganzen Oberlandesgerichts umfassender Landgerichtsbezirk geschaffen, in dem ausschließlich das in § 74a Abs. 1 bezeichnete Landgericht örtlich und sachlich zuständig ist (dazu u. Rn. 7); 5

---

1 Kissel/*Mayer* 3, unter Rn. 1 auch ausführlich zur geschichtlichen Entwicklung der Vorschrift; KK/*Diemer* 1; Radtke/Hohmann 1; *Schmitt/Köhler* 2.

2 S.a. § 3 NTSG.

3 BGBl. II S. 554.

4 Radtke/Hohmann 3; *Schmitt/Köhler* 6; BeckOK/*Huber* 4.

6 **c) Entscheidung des Präsidiums.** Wie in den Fällen des § 74 Abs. 2 (dort Rn. 12) legt § 74a dem **Präsidium** die Pflicht auf, beim Bestehen mehrerer erstinstanzlicher Strafkammern einer bestimmten Strafkammer die Strafsachen nach § 74a zuzuweisen, um die besonderen Erfahrungen und Kenntnisse nutzbar zu machen, die die in diesen Spruchkörpern tätigen Richter aus der Befassung mit der Spezialmaterie gewinnen.[5] Das schließt – auch hier in gleicher Weise wie bei der Schwurgerichtskammer[6] – nicht aus, eine weitere Staatsschutzkammer zu bilden, wenn der Geschäftsanfall die Kräfte einer Kammer übersteigt, und umgekehrt einer nicht ausgelasteten Staatsschutzkammer auch allgemeine Strafsachen zuzuweisen.[7] Wegen der Bildung von Auffangstaatsschutzkammern gilt das in § 74, 14 Ausgeführte.[8]

7 **3. Auswirkungen der Zuständigkeitskonzentration (Absatz 5).** Die Bedeutung des Absatzes 5, der die örtliche Zuständigkeit der Staatsschutzkammer auf den Bezirk des Oberlandesgerichts ausdehnt und insoweit gewissermaßen einen neuen Landgerichtsbezirk schafft, wurde früher darin gesehen, dass den Strafkammern der übrigen Landgerichte des Oberlandesgerichtsbezirks die örtliche Zuständigkeit für die in § 74a Abs. 1 bezeichneten Straftaten zugunsten der Staatsschutzkammer des Landgerichts, in dessen Bezirk das Oberlandesgericht seinen Sitz hat, entzogen worden sei. Diese Betrachtungsweise war die Folge einer fehlenden gesetzlichen Klärung der Rechtslage, die seitdem durch das StVÄG 1979 erfolgt ist.[9]

4. Die sachliche Zuständigkeit der Staatsschutzkammer

8 **a) Deliktsarten.** Der **Zuständigkeitskatalog des** § 74a **Abs. 1** umfasst sowohl **Täter und Teilnehmer**[10] als auch den Versuch der Beteiligung (§ 30 StGB) im Fall des § 234a StGB.[11] Ferner dürfte wohl auch, obwohl sie ein selbständiges Vergehen darstellt, die Strafvereitelung nach § 258 StGB im **Zusammenhang mit Katalogtaten** erfasst werden.[12] Wird einem von mehreren Angeklagten neben anderen Delikten ein Vergehen nach § 86 StGB vorgeworfen, so ist die Staatsschutzkammer des Landgerichts als erstinstanzliches Gericht für die Verfolgung ausschließlich sachlich zuständig.[13] Zusammenhängende Strafsachen (§§ 4, 13 StPO) können, wenn sie z.T. unter § 74a fallen, nur bei der Staatsschutzkammer verbunden werden.[14] Sind Teile einer prozessualen Tat bei zwei Gerichten mit gleicher örtlicher, aber unterschiedlicher sachlicher Zuständigkeit rechtshängig geworden (z.B. bei der Kammer nach § 74a Nr. 2 Vergehen nach §§ 86, 86a StGB, beim SchöffenG ein Verstoß gegen das WaffG), ist das höhere Gericht – unabhängig vom sonst geltenden **Prioritäts-**

5 Schon angesichts dieser Zweckbestimmung erledigt sich der in der Anfangszeit der Tätigkeit der Staatsschutzkammern mitunter in der Presse erhobene Vorwurf, sie stellten grundgesetzwidrige Ausnahmegerichte dar. Er bedarf heute keiner weiteren Widerlegung mehr (vgl. dazu LR/*K. Schäfer*[23] § 74a, 4; Kissel/*Mayer* 2).

6 § 74, 12.

7 So schon BGHSt **13** 378; *Warda* DRiZ **1957** 35; *Wagner* GA **1957** 161, 164; *Eb. Schmidt* 15; ebenso: Kissel/*Mayer* 9 unter Aufgabe der in der Vorauflage noch vertretenen Auffassung; SK/*Degener* 11; *Schmitt*/*Köhler* 3; OK/*Huber* 2.

8 Vgl. BGH bei *Holtz* MDR **1977** 811.

9 Vgl. dazu die Erläuterungen zu § 74e und zu den §§ 209, 209a StPO.

10 MüKo/*Schuster* 4; vgl. dazu auch hier § 74, 8.

11 Dagegen nicht im Fall des § 241a Abs. 4 StGB, da die Verwirklichung der beiden dort „benannten" Beispielsfälle die Tat nicht zum Verbrechen macht, vgl. *Fischer* § 241a StGB, 7.

12 *Eb. Schmidt* 2.

13 KG NStZ-RR **2013** 57.

14 *Wagner* GA **1957** 167.

prinzip[15] – wegen seiner umfassenderen Kompetenz sogar verpflichtet, das Verfahren des niedrigeren Gerichts an sich zu ziehen.[16] Für **Beschwerdeentscheidungen** (Absatz 3, vgl. Rn. 16) besteht die Zuständigkeit der Staatsschutzkammer, solange ein Anfangsverdacht für ein Staatsschutzdelikt besteht; das Vorliegen eines dringenden Tatverdachts ist insoweit nicht erforderlich.[17]

b) Internationale Strafverfolgung. Mit der Erweiterung des Zuständigkeitsbereichs der Staatsschutzkammer wird die bisher vom nationalen Strafbedürfnis bestimmte Strafverfolgung auf die internationale Ebene gehoben. Die §§ 129, 129a StGB galten nur für Vereinigungen, die zumindest eine Teilorganisation in der Bundesrepublik aufweisen und ausschließlich für Taten, die einen engen Bezug zum deutschen Hoheitsgebiet haben. Sie sind auf die Verhältnisse im demokratischen Rechtsstaat zugeschnitten und berühren das Verhältnis zu anderen Staaten nicht unmittelbar. Durch die Ausdehnung ihres Geltungsbereichs über das Gebiet der Europäischen Union hinaus werden nunmehr auch **Taten** erfasst, **die ihre Wirkung vorwiegend im entfernten Ausland entfalten**. Um einer uferlosen Ausdehnung des deutschen Strafrechts Grenzen zu setzen, sollen die Regelungen allerdings nur für Beteiligungshandlungen von Vereinigungen gelten, die außerhalb der Mitgliedstaaten der Europäischen Union bestehen, wenn sie einen spezifischen Inlandsbezug aufweisen.[18] Ein solcher **Inlandsbezug** liegt vor, wenn die Tat durch eine Tätigkeit im Inland begangen wird oder wenn sich der Täter während der Tathandlung im Inland aufhält, ohne eine solche Tätigkeit auszuüben.[19] Gedacht ist dabei an Fälle, in denen das Mitglied einer terroristischen Vereinigung das Gebiet der Bundesrepublik bereist und hierbei nicht vereinigungsbezogen tätig wird oder in denen das Opfer einer der Vereinigung zuzurechnenden Straftat Deutscher ist.[20] 9

c) Ermächtigungsvorbehalt. Bezieht sich die Tat auf eine Vereinigung außerhalb der Europäischen Union, bedarf es zur Strafverfolgung der Ermächtigung durch das Bundesministerium der Justiz (§ 129b Abs. 1 Satz 3 StGB). Dadurch sollen nicht strafwürdige Fälle ausgeschieden und die Strafverfolgung auf schwerwiegende Sachverhalte konzentriert werden.[21] Die Ermächtigung ist von der Staatsanwaltschaft **von Amts wegen einzuholen**. Bis zu ihrer Erteilung oder Verweigerung sind nur die Maßnahmen zur Strafverfolgung zulässig, die durch **Gefahr im Verzug** geboten sind.[22] Der Ermächtigungsvorbehalt gilt nicht für die Beteiligung an Vereinigungen, deren Zweck oder deren Tätigkeit auf den unbefugten Vertrieb von Betäubungsmitteln gerichtet sind, weil insoweit die Regelung des § 30b BtMG § 129b Abs. 1 StGB vorgeht.[23] 10

d) Gerichtliche Nachprüfung. Die Entscheidung über die Erteilung oder Verweigerung der Ermächtigung ist nach herkömmlicher Auffassung gerichtlicher Nachprüfung grundsätzlich **entzogen**.[24] Teilweise wird demgegenüber angenommen, dies solle aber 11

---

15 BGHSt **36** 175, 181.
16 BGH MDR **1995** 836.
17 OLG Celle StRR **2017** Nr. 5; OK/*Huber* 3.
18 BTDrucks. **14** 8893 S. 8.
19 BTDrucks. **14** 8893 S. 9.
20 BTDrucks. **14** 8893 S. 9.
21 BTDrucks. **14** 8893 S. 9.
22 BTDrucks. **14** 8893 S. 9.
23 BTDrucks. **14** 8893 S. 9.
24 *Altvater* NStZ **2003** 179; *Stein* GA **2005** 433; LK/*Krauß* § 129b StGB, 30; TK / *Schittenhelm*/*Weißer* § 129b StGB, 8.

nicht gelten, wenn eine Verfolgungsermächtigung auf evidenter **Willkür** beruht.[25] Der BGH hat diese Frage bislang ausdrücklich offen gelassen.[26]

12 **e) Ermessensmaßstab.** Das Bundesministerium der Justiz hat bei der Entscheidung über die Erteilung der Ermächtigung sein Ermessen am Maßstab des **§ 129b Abs. 1 Satz 5 StGB** auszurichten. Dabei sind nicht eigene nationale verfassungsrechtliche Wertvorstellungen ausschlaggebend, sondern entscheidend sind **fundamentale, innerhalb der Völkergemeinschaft allgemein anerkannte Werte**. Nur dieser Maßstab wird dem Anliegen der Bekämpfung des internationalen Terrorismus gerecht.[27]

13 **f) Zusammenhang mit Taten nach dem BtMG, KCanG und MedCanG.** Zu der die Nummer 4 des Katalogs betreffenden Einschränkung: „dies gilt nicht ... nach dem Betäubungsmittelgesetz, Konsumcannabisgesetz oder Medizinal-Cannabisgesetz ... darstellt" ist zu bemerken: Die Herausnahme der mit einer Straftat nach dem BtMG, KCanG und MedCanG zusammentreffenden Staatsschutzdelikte erfolgte – wie bei der entsprechenden Regelung der Zuständigkeit der Wirtschaftsstrafkammer in § 74c Abs. 1 Nr. 3 – aus der Erwägung, dass nach den Erfahrungen der Praxis bei der Bekämpfung der Betäubungsmittelkriminalität die **Kenntnis der örtlichen Verhältnisse**, insbesondere der Drogenszene, von besonderer Bedeutung sei und die Spezialkammern nicht überlastet werden sollen.[28] Der Wortlaut der Nummer 4 Hs. 2 lässt offen, ob die Vorschrift nur den Fall betrifft, dass gegen den Beschuldigten tateinheitlich lediglich der Vorwurf eines Verstoßes gegen das BtMG (KCanG, MedCanG) erhoben wird, oder ob sie darüber hinaus auch den Fall erfasst, dass mit dem Verstoß gegen § 74a Abs. 1 Nr. 4 Halbsatz 1 neben dem Verstoß gegen das BtMG (KCanG, MedCanG) tateinheitlich – und vielleicht sogar schwerpunktmäßig[29] – der **Vorwurf eines Verstoßes gegen andere Straftaten** – z.B. §§ 180a, 223 StGB – zusammentrifft. Die Materialien[30] ergeben keine weiteren Anhaltspunkte für die Auslegung. Das OLG Stuttgart hat die Vorschrift im ersteren Sinn ausgelegt.[31] Der BGH hat demgegenüber aber klargestellt, dass die in Nummer 4 normierte **Ausnahme umfassend** gilt und somit auch dann zum Tragen kommt, wenn – ohne Rücksicht auf den Schwerpunkt des Tatvorwurfs – neben den Verstoß gegen das BtMG (KCanG, MedCanG) weitere Delikte hinzutreten, die **Staatsschutzkammer** in derartigen Fällen also **nicht zuständig** wird.[32] Die Ausnahmeregelung des § 74a Abs. 1 Nr. 4 Halbsatz 2 greift unabhängig davon ein, ob neben einem Betäubungsmitteldelikt weitere Straftaten mit der Bildung einer kriminellen Vereinigung in Tateinheit stehen.[33] dies gilt auch, wenn von mehreren Angeklagten nur einigen eine Straftat nach dem BtMG zur Last gelegt wird.[34] Die Regelung ist mit Wirkung ab dem 1.4.2024 ergänzt worden um Straftaten nach dem **Konsumcannabisgesetz** (KCanG) oder **Medizinal-Cannabisgesetz** (MedCanG).

---

25 OLG München NJW **2007** 2786; in dieser Richtung auch *Fischer* § 129b StGB, 14a.

26 BGH NStZ-RR **2014** 274; entsprechend auch MüKo/*Schäfer* § 129b StGB, 26, demzufolge eine Überprüfung auf Willkür aber grundsätzlich in Betracht zu ziehen ist.

27 BTDrucks. **14** 8893 S. 9.

28 Vgl. dazu BTDrucks. **8** 3551 S. 48, 54 Nr. 60; SK/*Degener* 17.

29 OLG Oldenburg NStZ-RR **2004** 174 hat offen gelassen, ob dies auf die Zuständigkeit Einfluss hat.

30 Prot. der 98. Sitzung des Rechtsausschusses v. 12.6.1980 Nr. 98/61, BTDrucks. **8** 4199.

31 OLG Stuttgart v. 21.12.1988 – 5 HEs 174/88.

32 BGH NJW **2012** 468; BGH NJW **2021** 2813; Kissel/*Mayer* 3; MüKo/*Schuster* 5; KK/*Diemer* 2a; Radtke/Hohmann 2; *Schmitt*/*Köhler* 4; OK/*Huber* 3; **a.A.** noch *Katholnigg* NStZ **1981** 417 und LR/*Siolek* in der 26. Auflage.

33 BGH NJW **2012** 468.

34 SK/*Degener* 17.

g) Zuständigkeit der Jugendgerichte. Bei Überschneidungen mit der Zuständigkeit des Jugendgerichts tritt dessen Kompetenz zurück, wenn sich das Verfahren auch gegen Erwachsene richtet (§ 103 Abs. 2 JGG). Nur bei ausschließlicher Beteiligung jugendlicher/heranwachsender Angeklagter bleibt es bei der insoweit vorrangigen Zuständigkeit des Jugendgerichts.[35] 14

h) Fortfall der Zuständigkeit bei Einstellung nach § 154a StPO. Wird das Verfahren wegen des Delikts, das die Zuständigkeit der Staatsschutzkammer begründet, nach § 154a StPO eingestellt, entfällt auch die Zuständigkeit nach § 74a.[36] Bei späterer Wiedereinbeziehung der eingestellten Tat kommt – je nach Verfahrensstadium – eine Abgabe oder eine Verweisung an die Staatsschutzkammer in Betracht.[37] 15

i) Erweiterte Zuständigkeit (Absatz 3). Über die Zuständigkeit als erkennendes Gericht des ersten Rechtszuges (Absatz 1) hinaus erstreckt Absatz 3 – eingefügt durch das 4. StRÄndG vom 11.6.1957 zur Klarstellung früher hervorgetretener Zweifelsfragen[38] – die Zuständigkeit der Staatsschutzkammer auf die in § 73 Abs. 1 bezeichneten Entscheidungen in Strafsachen, die in die Zuständigkeit der Staatsschutzkammer fallen. Hierfür genügt der **Anfangsverdacht einer Katalogtat**; die Zuständigkeit entfällt erst mit deren Ausschluss.[39] Die Staatsschutzkammer erteilt **auch im Vorverfahren** die Zustimmung zur Einstellung nach § 153 Abs. 1 StPO[40] und nach §§ 153a Abs. 1, 153b Abs. 1 StPO. Unberührt bleibt jedoch die Zuständigkeit des Generalbundesanwalts und des Oberlandesgerichts zur Einstellung des Verfahrens nach §§ 153c Abs. 4, 153d, 153e StPO.[41] 16

5. Besetzung. Für die Besetzung der Staatsschutzkammer gelten keine Besonderheiten. Als Strafkammer eines Landgerichts gilt für sie uneingeschränkt § 76. Auch die Auswahl der Schöffen und Hilfsschöffen erfolgt **nach den allgemeinen Regeln**.[42] Anders als bei der Zuständigkeitskonzentration nach § 58 werden die Schöffen für die Staatsschutzkammer jedoch nur aus dem Landgerichtsbezirk beigezogen, in dem diese Kammer errichtet worden ist.[43] 17

6. Übernahme der Verfolgung (Absatz 2). Der Generalbundesanwalt (GBA) kann durch Übernahme der Verfolgung die Zuständigkeit der Strafkammer aufheben und die des Oberlandesgerichts **(§ 120 Abs. 2)** begründen. Durch die Übernahme entfällt nicht nur die Zuständigkeit der Staatsschutzkammer, sondern auch – das ist der Sinn der durch das StVÄG 1979 zur Bereinigung einer bis dahin bestehenden Streitfrage[44] erfolgten Änderung des § 74a Abs. 2 (Ersetzung von „der Strafkammer“ durch „des Landgerichts“)[45] – die Zuständigkeit einer nach dem Vorrangsprinzip des § 74e (Nummern 1 und 2) etwa begründe- 18

---

35 BTDrucks. **8** 976 S. 70; Kissel/*Mayer* 7; MüKo/*Schuster* 7; KK/*Diemer* 2.

36 So zu § 120 BGHSt **29** 341; BGH NJW **2021** 2813; *Katholnigg* 1; *Schmitt/Köhler* § 154a, 17 StPO; *Kurth* NJW **1978** 2481, 2484; LR/*Mavany* § 154a StPO, 1.

37 *Katholnigg* 1.

38 Vgl. OLG Frankfurt NJW **1955** 960; OLG München NJW **1955** 1808.

39 OLG Celle StRR **2017** Nr. 5, 2; Kissel/*Mayer* 8; OK/*Huber* 3.

40 So schon für das frühere Recht BGHSt **12** 399.

41 BGHSt **11** 52.

42 *Dallinger* JZ **1951** 621; MüKo/*Schuster* 9.

43 Kissel/*Mayer* 12; KK/*Diemer* 1.

44 Dazu LR/*K. Schäfer*[23] § 74a, 14.

45 Vgl. Begr. BTDrucks. **8** 976 S. 66.

ten Zuständigkeit der Schwurgerichts- und Wirtschaftsstrafkammer.[46] Das Übernahmerecht ist sachlich und zeitlich begrenzt; es kann nur ausgeübt werden:

19 **a) Besondere Bedeutung des Falles.** Wegen der besonderen Bedeutung des Falles. Sie liegt vor, wenn die Tat nach ihrem Umfang und ihrer Gefährlichkeit, nach der Persönlichkeit und Stellung des Beschuldigten oder aus anderen Gründen sich von den durchschnittlichen Fällen unterscheidet. Die besondere Bedeutung muss sich aus dem Fall als solchem ergeben, es genügt z.B. zur Evokation nicht, dass eine Einstellung nach § 153d StPO in Betracht kommt.[47] Die Staatsanwaltschaft beim Landgericht hat, wenn sie diese Voraussetzungen für gegeben hält, den **GBA** zu **unterrichten** (näheres Nr. 204 Abs. 2 RiStBV). Ob der Fall besondere Bedeutung hat, entscheidet zunächst der GBA. Bejaht er sie, so muss er nach den vom BVerfG[48] für die **bewegliche Zuständigkeit** entwickelten Grundsätzen[49] die Sache an sich ziehen. Das Oberlandesgericht ist jedoch an seine Auffassung nicht gebunden, sondern kann und muss bei der Eröffnung des Hauptverfahrens beim Fehlen besonderer Bedeutung die Sache zur Verhandlung und Entscheidung an das Landgericht verweisen (§ 120 Abs. 2 Satz 2).[50]

20 **b) Vor Eröffnung des Hauptverfahrens.** Ist bereits Anklage erhoben, so wirkt die Übernahme der Sache wie die Zurücknahme der öffentlichen Klage. Die **Übernahme** der Sache im Ermittlungsverfahren hat zur Folge, dass über Beschwerden gegen die Entscheidungen des Richters beim Amtsgericht das Oberlandesgericht nach § 120 Abs. 3 entscheidet.[51]

21 **c) Im Eröffnungsverfahren.** Hält die Staatsschutzkammer aufgrund von § 120 Abs. 1 die **Zuständigkeit des Oberlandesgerichts** für gegeben, legt es die Sache nach § 209 Abs. 2 StPO dort vor. Die Vorlage erfolgt zusätzlich über den Generalbundesanwalt.[52]

22 **d) Abgabe.** Hat der Generalbundesanwalt eine Sache übernommen, so kann und muss er sie – solange nicht eine Anklageschrift oder eine Antragsschrift (§ 440 StPO) beim Oberlandesgericht eingereicht ist (§ 142a Abs. 2 gilt sinngemäß auch hier) – nach § 142a Abs. 4 wieder an die Landesstaatsanwaltschaft abgeben, wenn sich die Annahme, der Fall sei von besonderer Bedeutung, durch die weiteren Ermittlungen als eindeutig nicht oder **nicht mehr zutreffend** erweist. Eine nochmalige Übernahme durch den Generalbundesanwalt vor Eröffnung des Hauptverfahrens ist zulässig und geboten, wenn der Fall inzwischen besondere Bedeutung gewonnen hat.[53]

23 **e) Anklage beim Oberlandesgericht.** Klagt der Generalbundesanwalt bei dem Oberlandesgericht an (§ 170 StPO), so muss dieses auch dann eröffnen, wenn es die besondere Bedeutung des Falles verneint. Es kann (und muss) dann aber die Sache zur Verhandlung und Entscheidung an das Landgericht überweisen (§ 120 Abs. 2 Satz 2). Es tritt also kraft Gesetzes der Eröffnungsbeschluss des **Oberlandesgerichts** an die Stelle des Eröffnungsbeschlusses, den die Staatsschutzkammer erlassen hätte, wenn die Sache bei ihr angeklagt worden wäre.

---

46 BGH NJW **1988** 1474; *Schmitt/Köhler* 4 m.w.N.
47 *Lüttger* JZ **1964** 574; s. auch die Erl. zu § 153c StPO, 32 und zu § 153e StPO, 17.
48 BVerfGE **9** 223 = NJW **1959** 871.
49 Vgl. § 24, 17 ff.
50 Kissel/*Mayer* 11; MüKo/*Schuster* 7.
51 BGHSt **9** 351, 352.
52 LR/*Stuckenberg* § 209 StPO, 49.
53 KMR/*Paulus* 2, 3; *Wagner* 168; *Eb. Schmidt* 32; **a.A.** Kissel/*Mayer* 11.

Damit steht deren Zuständigkeit endgültig und unabänderlich fest. Diese kann weder die Sache dem Oberlandesgericht zu erneuter Beschlussfassung vorlegen, wenn nach ihrer Auffassung der Fall eindeutig von besonderer Bedeutung ist,[54] noch kann sie gemäß § 270 StPO verfahren, wenn sich in der Hauptverhandlung die besondere Bedeutung ergibt.[55]

7. Rechtsmittel. Urteile der Staatsschutzkammer können mit der Revision (§§ 333 StPO, 135 GVG) angegriffen werden. Die Annahme oder das Verneinen der besonderen Bedeutung des Falles kann hierbei als unbestimmter Rechtsbegriff nur eingeschränkt überprüft werden, insoweit gilt der Willkürmaßstab.[56] Andererseits liegt ein in der Revision beachtlicher Rechtsfehler im Hinblick auf § 74a Abs. 1 Nr. 4 nicht nur dann vor, wenn das Tatgericht seine Zuständigkeit auf der Grundlage objektiv willkürlicher Erwägungen angenommen hat.[57] Abweichend vom allgemeinen Rechtsmittelzug werden dagegen Verfügungen und Entscheidungen dieser Kammer auf eine Beschwerde von demjenigen Oberlandesgericht überprüft, in dessen Bezirk die Landesregierung ihren Sitz hat (§ 120 Abs. 4). 24

8. Maßnahmen nach § 100b und § 100c (Absatz 4). Anordnungen im Rahmen der §§ 100b (Online-Durchsuchung) und 100c StPO (akustische Wohnraumüberwachung, sog. Großer Lauschangriff) dürfen nach Absatz 4 nur von einer **Kammer** getroffen werden, die – obwohl Strafkammer – **nicht mit Hauptverfahren in Strafsachen befasst** ist. Mit dieser Regelung sind die Vorgaben des BVerfG im sog. Abhörurteil[58] umgesetzt worden. Dadurch soll jede mögliche Beeinträchtigung des Anspruchs auf rechtliches Gehör ausgeschlossen werden, die entstehen könnte, wenn ein in der Hauptsache erkennendes Gericht über Informationen verfügt, die dem Angeklagten infolge notwendiger Zurückstellung seiner Benachrichtigung nicht bekannt sind.[59] Nach Ansicht des BVerfG ist die Rechtsposition eines Angeklagten nämlich schon durch die begründete Sorge verschlechtert, das Gericht werde sich dem Erkenntniswert ihm vorenthaltener Informationen nicht verschließen können, auch wenn es formal an einer Verwertung derartiger Erkenntnisse gehindert ist.[60] In örtlicher Hinsicht wird eine Kammer im Bezirk zuständig, an der ein OLG seinen Sitz hat, und zwar für den gesamten Bezirk. Im Ermittlungsverfahren gilt § 162 StPO, sodass für einschlägige Maßnahmen des Generalbundesanwalts stets das LG Karlsruhe zuständig ist.[61] Konsequenterweise besteht insoweit auch beim OLG ein besonderer Senat (§ 120 Abs. 4 Satz 2). 25

Absatz 4 enthält neben der angeordneten **Spezialzuständigkeit** zugleich auch die Beschränkung des Präsidiums, die zu übertragenden Geschäfte nur auf **eine** einzige **Kammer** zu verteilen.[62] Diese Kammer muss eine Strafkammer sein und darf überdies nicht mit Hauptverfahren in Strafsachen befasst sein; das gilt für erstinstanzliche Verfahren wie für Berufungsverfahren gleichermaßen. Die Zuständigkeit darf im Geschäftsverteilungsplan nicht auf mehrere Kammern verteilt werden.[63] Die Kammer darf auch nicht Auffangkammer für zurückverwiesene Sachen sein. Aus diesem generellen Ausschluss wird hergeleitet, dass die Kammer auch nicht mit Richtern besetzt sein darf, die gleichzeitig einer 26

54 Ebenso *Woesner* NJW **1961** 533, 535; s. auch BGHSt **21** 268.
55 Vgl. § 24, 29.
56 MüKo/*Schuster* 13.
57 BGH NJW **2012** 468.
58 BVerfGE **109** 279.
59 BTDrucks. **15** 4533 S. 20.
60 BVerfGE **109** 279.
61 MüKo/*Schuster* 10; MüKo/*Günther* § 100d StPO, 2; KK/*Diemer* 4.
62 *Kissel/Mayer* 17.
63 SK/*Degener* 31.

anderen Kammer angehören, die mit Hauptverfahren in Strafsachen befasst ist.[64] Eine gleichzeitige Zuweisung in Beschwerdesachen oder in einer Strafvollstreckungskammer ist demgegenüber unschädlich.[65]

27 In **sachlicher Hinsicht** betrifft die Regelung die bei einer Online-Durchsuchung oder bei einer akustischen Wohnraumüberwachung erforderlichen gerichtlichen Maßnahmen nach § 100e Abs. 2 StPO wie die Anordnung nach § § 100e Abs. 5 StPO, die Überwachung nach § 101 Abs. 4 Satz 1 Nr. 4 und 5, Abs. 7 Satz 1 StPO, die Benachrichtigung nach § 101 Abs. 6 StPO oder die Zurückstellung der Benachrichtigung nach § 101 Abs. 7 Satz 2 StPO.[66] Die Kammer entscheidet im vorbereitenden Verfahren anstelle des Ermittlungsrichters, auch im Fall des § 169 StPO[67] und im Hauptverfahren anstelle des für die Hauptsache zuständigen Gerichts, Ausnahme: § 101 Abs. 7 Satz 4 StPO.[68]

28 Für **Beschwerden** gegen Entscheidungen der Staatsschutzkammer ist nach § 120 Abs. 4 Satz 1 der entsprechend beim Oberlandesgericht einzurichtende Senat als Staatsschutzsenat zuständig.[69] Dieser entscheidet auch über Beschwerden des Jugendrichters als Vollstreckungsleiter nach § 83 JGG, wenn ein Jugendlicher oder Heranwachsender im ersten Rechtszug vom OLG verurteilt wurde.[70]

§ 74b

[1]In Jugendschutzsachen (§ 26 Abs. 1 Satz 1) ist neben der für allgemeine Strafsachen zuständigen Strafkammer auch die Jugendkammer als erkennendes Gericht des ersten Rechtszuges zuständig. [2]§ 26 Abs. 2 und §§ 73 und 74 gelten entsprechend.

Entstehungsgeschichte

§ 74b wurde durch § 121 Abs. 2 JGG vom 4.8.1953 (BGBl. I S. 751) eingefügt und gilt seither unverändert.

Übersicht

1 **1. Jugendschutzsachen.** Die Vorschrift regelt – entsprechend der Regelung in § 26 für die Amtsgerichte – die Zuständigkeit der Jugendschutzkammer sowie deren Verhältnis zur allgemeinen Strafkammer. In begrifflicher Hinsicht ist zunächst darauf hinzuweisen, dass die Jugendschutzkammer **nicht** mit der **Jugendkammer** beim Landgericht verwechselt werden darf. Dass die entsprechenden Kammern faktisch häufig identisch besetzt sind, steht dem nicht entgegen. Während die Jugendkammer ein besonderes Jugendgericht ist (§ 33 Abs. 2

64 Kissel/*Mayer* 17; MüKo/*Schuster* 11.
65 SSW/*Werner* 7.
66 *Schmitt/Köhler* 7; MüKo/*Schuster* 10; MüKo/*Günther* § 100d StPO, 8.
67 *Schmitt/Köhler* § 100d StPO, 1.
68 Kissel/*Mayer* 19.
69 MüKo/*Feilcke* 23; OK/*Huber* 7.
70 Kissel/*Mayer* 17.

JGG), handelt es sich bei der Jugendschutzkammer „nur" um eine allgemeine Strafkammer, der die Jugendschutzsachen durch den Geschäftsverteilungsplan zugewiesen worden sind. Dies führt in der Praxis wegen ihres Wortlautes gelegentlich zu Irritationen, indem Jugendschutzsachen vor einer allgemeinen Strafkammer des Landgerichts angeklagt werden, obwohl eine sog. **„Jugendschutzkammer"** besteht. Während die §§ 73, 74 und 76 die Zuständigkeit und die Besetzung des Gerichts in Strafsachen gegen Erwachsene regeln und die §§ 33, 40, 41 JGG entsprechende Regelungen für Strafsachen gegen Jugendliche und Heranwachsende enthalten, durchbricht § 74b diese klare Trennung dahingehend, dass, soweit die Zuständigkeit der erstinstanzlichen Strafkammer nach § 74 Abs. 1 gegeben ist, der Staatsanwalt bei **Jugendschutzsachen** unter den Voraussetzungen des § 26 Abs. 2, aber auch nur dann, vor der allgemeinen Strafkammer oder vor der Jugendkammer die Anklage erheben kann. Zu den Jugendschutzsachen zählen alle Verfahren gegen Erwachsene wegen Straftaten, durch die Kinder oder Jugendliche mutmaßlich verletzt oder unmittelbar gefährdet worden sind, oder wegen der Verletzung von Vorschriften, die dem Jugendschutz oder der Jugenderziehung dienen **(§ 26 Abs. 1)**, wobei (§ 26 Abs. 2) in Jugendschutzsachen die Staatsanwaltschaft Anklage bei den Jugendgerichten nur erheben soll, wenn damit die schutzwürdigen Interessen von Kindern oder Jugendlichen, die in dem Verfahren als Zeugen benötigt werden, besser gewahrt werden können oder wenn aus sonstigen Gründen eine Verhandlung vor dem Jugendgericht zweckmäßig erscheint. Insofern kann auf die Ausführungen zu § 26 hier verwiesen werden. Bei der Beurteilung der sachlichen Zuständigkeit sind die Gerichte an die Anträge der Staatsanwaltschaft nicht gebunden.[1]

2. Doppelzuständigkeit. Dem Präsidium des Landgerichts steht es grundsätzlich frei, 2
ob es eine Jugendschutzkammer einrichten will.[2] Eine allgemeine Strafkammer kann durch die Geschäftsverteilung zur Jugendschutzkammer bestimmt werden, indem ihr Jugendschutzsachen allein oder neben anderen Sachen zugewiesen werden.[3] Dann entfällt meist ein Bedürfnis, Jugendschutzsachen vor die Jugendkammer zu bringen. Diese Doppelzuständigkeit gilt auch für Schwurgerichtssachen[4] und auch dann, wenn beim Landgericht eine Jugendschutzkammer eingerichtet ist.[5] Auf die auch die Bedeutung des § 74b mit umfassenden Erläuterungen zu § 26 wird verwiesen.

3. Verhältnis zur allgemeinen Strafkammer. Die **Zuständigkeitskriterien** des § 26 3
Abs. 2 sind für Staatsanwaltschaft und Gericht im Eröffnungsverfahren grundsätzlich bindend.[6] Mit der Regelung des § 209a Nr. 2 lit. b StPO wollte der Gesetzgeber hierzu eine gerichtliche Kontrolle der Zuständigkeitswahl zwischen Jugend- und Erwachsenengerichten gewährleisten und dadurch den verfassungsrechtlichen Bedenken gegen ein Wahlrecht der Staatsanwaltschaft begegnen, um hierdurch in einfacher Weise die Klärung von Zuständigkeitskonflikten im Eröffnungsverfahren zu ermöglichen.[7] Die Jugendkammer kann somit nach § 209a Nr. 2 lit. b StPO das Hauptverfahren wegen einer vor sie als Jugendschutzkammer gebrachten Sache vor der allgemeinen Strafkammer eröffnen, wenn sie

1 BGH NJW **2012** 2455.
2 MüKo/*Schuster* 4.
3 BGH HRRS **2007** Nr. 475; KK/*Diemer* 2.
4 BGHSt **26** 191 = NJW **1975** 2304; BGHR GVG § 74b Zuständigkeit 1; Kissel/*Mayer* 1; *Rieß* GA **1976** 1, 6; SK/*Degener* 2.
5 Kissel/*Mayer* 2.
6 OK/*Huber* 2.
7 BTDrucks. **8** 976 S. 44.

die Voraussetzungen des § 74b nicht für gegeben hält.[8] Andererseits kann die allgemeine Strafkammer eine Jugendschutzsache nach § 209 Abs. 2 StPO der Jugendkammer vorlegen.[9] Nach Eröffnung des Hauptverfahrens ist nach Maßgabe von §§ 225a Abs. 1 Satz 1, 270 Abs. 1 Satz 1 StPO ein Zuständigkeitswechsel indessen nicht mehr möglich.[10] Ist eine Jugendschutzkammer eingerichtet, kann für einschlägige Sachen eine andere allgemeine Strafkammer nicht mehr zuständig sein und das **Auswahlrecht der Staatsanwaltschaft** besteht insoweit nicht mehr. Die angegangene allgemeine Strafkammer muss dann das Verfahren an die „Jugendschutzkammer" abgeben.

4 **4. Verfahren.** Das Verfahren vor den Jugendschutzgerichten bestimmt sich zwar grundsätzlich nach der **Strafprozessordnung**, wobei aber betreffend die **Besetzung** und den **Instanzenzug** die **Gerichtsverfassung des JGG** gilt, Die Jugendkammer ist somit, wenn in erster Instanz ein Jugendgericht als Jugendschutzgericht entschieden hat, Rechtsmittelinstanz sowohl für Beschwerden als auch für Berufungen.[11]

5 **5. Rechtsmittel.** Entscheidet trotz bestehender „Jugendschutzkammer" eine andere allgemeine Strafkammer in der Sache, berührt das die Frage der geschäftsplanmäßigen **Zuständigkeit**. Deren Verletzung kann im Rahmen der Revision mit der **Besetzungsrüge** geltend gemacht werden. Eine willkürliche Annahme der Zuständigkeit kann nicht darauf zurückgeführt werden, dass der Jugendschutzkammer die Sache durch das Beschwerdegericht zur Eröffnungsentscheidung vorgelegt wurde.[12] Hat im ersten Rechtszug in einer Jugendschutzsache der Jugendrichter oder das Jugendschöffengericht entschieden, so ist, wie die Verweisung auf §§ 73, 74 Abs. 2 ergibt, stets die Jugendkammer auch als Berufungs- und Beschwerdegericht zuständig (§ 41 Abs. 2 JGG), ohne dass es darauf ankommt, ob ihr diese Zuständigkeit im Geschäftsverteilungsplan des Landgerichts beigelegt ist.[13] Bei **Berufungen** gegen Urteile des Jugendrichters ist die kleine Jugendkammer, bei Berufungen gegen Urteile des Jugendschöffengerichts die große Jugendkammer zuständig. Überschreitet diese die ihr zustehende Strafgewalt, kann hier eine Umdeutung in ein erstinstanzliches Verfahren in Betracht kommen[14] mit der Folge, dass über eine Revision dann nicht das Oberlandesgericht, sondern der BGH zu entscheiden hat. Haben in einer Jugendschutzsache der Strafrichter oder das Schöffengericht entschieden, richtet sich der **Instanzenzug** nach den allgemeinen Regeln (§ 73).

§ 74c

(1) [1]Für Straftaten

1. **nach dem Patentgesetz, dem Gebrauchsmustergesetz, dem Halbleiterschutzgesetz, dem Sortenschutzgesetz, dem Markengesetz, dem Designgesetz, dem Urheberrechtsgesetz, dem Gesetz gegen den unlauteren Wettbewerb, dem Gesetz zum Schutz von Geschäftsgeheimnissen, der Insolvenzordnung, dem Aktiengesetz, dem Gesetz über die Rechnungslegung von bestimmten Unternehmen und Kon-**

8 *Schmitt/Köhler* 3.
9 KK/*Diemer* 2.
10 BGH NStZ **1996** 346; OK/*Huber* 2.
11 MüKo/*Schuster* 7.
12 BGH NJW **2012** 2455.
13 Vgl. LR/*Gittermann* § 26 Rn. 10.
14 Kissel/*Mayer* 5.

zernen, dem Gesetz betreffend die Gesellschaften mit beschränkter Haftung, dem Handelsgesetzbuch, dem SE-Ausführungsgesetz, dem Gesetz zur Ausführung der EWG-Verordnung über die Europäische wirtschaftliche Interessenvereinigung, dem Genossenschaftsgesetz, dem SCE-Ausführungsgesetz und dem Umwandlungsgesetz,

2. nach den Gesetzen über das Bank-, Depot-, Börsen- und Kreditwesen sowie nach dem Versicherungsaufsichtsgesetz, dem Zahlungsdiensteaufsichtsgesetz, dem Kryptomärkteaufsichtsgesetz und dem Wertpapierhandelsgesetz,
3. nach dem Wirtschaftsstrafgesetz 1954, dem Außenwirtschaftsgesetz, dem Sanktionsdurchsetzungsgesetz, den Devisenbewirtschaftungsgesetzen sowie dem Finanzmonopol-, Steuer- und Zollrecht, auch soweit dessen Strafvorschriften nach anderen Gesetzen anwendbar sind; dies gilt nicht, wenn dieselbe Handlung eine Straftat nach dem Betäubungsmittelgesetz darstellt, und nicht für Steuerstraftaten, welche die Kraftfahrzeugsteuer betreffen,
4. nach dem Weingesetz und dem Lebensmittelrecht,
5. des Subventionsbetruges, des Kapitalanlagebetruges, des Kreditbetruges, des Bankrotts, der Verletzung der Buchführungspflicht, der Gläubigerbegünstigung und der Schuldnerbegünstigung,

5a. der wettbewerbsbeschränkenden Absprachen bei Ausschreibungen, der Bestechlichkeit und Bestechung im geschäftlichen Verkehr, der Bestechlichkeit im Gesundheitswesen, der Bestechung im Gesundheitswesen, der Bestechlichkeit und der Bestechung ausländischer und internationaler Bediensteter sowie nach dem Gesetz zur Bekämpfung internationaler Bestechung
   a) des Betruges, des Computerbetruges, der Untreue, des Vorenthaltens und Veruntreuens von Arbeitsentgelt, des Wuchers, der Vorteilsannahme, der Bestechlichkeit, der Vorteilsgewährung und der Bestechung,
   b) nach dem Arbeitnehmerüberlassungsgesetz, dem EU-Finanzschutzstärkungsgesetz und dem Schwarzarbeitsbekämpfungsgesetz,

ist, soweit nach § 74 Abs. 1 als Gericht des ersten Rechtszuges und nach § 74 Abs. 3 für die Verhandlung und Entscheidung über das Rechtsmittel der Berufung gegen die Urteile des Schöffengerichts das Landgericht zuständig ist, eine Strafkammer als Wirtschaftsstrafkammer zuständig. [2]Die §§ 120 und 120b bleiben unberührt.

(2) In den Sachen, in denen die Wirtschaftsstrafkammer nach Absatz 1 zuständig ist, trifft sie auch die in § 73 Abs. 1 bezeichneten Entscheidungen.

(3) [1]Die Landesregierungen werden ermächtigt, zur sachdienlichen Förderung oder schnelleren Erledigung der Verfahren durch Rechtsverordnung einem Landgericht für die Bezirke mehrerer Landgerichte ganz oder teilweise Strafsachen zuzuweisen, welche die in Absatz 1 bezeichneten Straftaten zum Gegenstand haben. [2]Die Landesregierungen können die Ermächtigung durch Rechtsverordnung auf die Landesjustizverwaltungen übertragen.

(4) Im Rahmen des Absatzes 3 erstreckt sich der Bezirk des danach bestimmten Landgerichts auf die Bezirke der anderen Landgerichte.

Schrifttum

Achenbach Aus der Rechtsprechung zum Wirtschaftsstrafrecht, NStZ **1988** 97; *Berckhauer* Die Erledigung von Wirtschaftsstraftaten durch Staatsanwaltschaften und Gerichte, ZStW **89** (1977) 1015, 1088; *Bock* Die Wirtschaftsstrafkammer, AL **2014** 9; *Böttcher/Mayer* Änderungen des Strafverfahrensrechts durch das Entlastungsgesetz, NStZ **1993** 153; *Heintz* Die Bekämpfung der Wirtschaftskriminalität mit strafrechtlichen Mitteln – unter besonderer Berücksichtigung des 1. WiKG, GA **1977** 193, 225; *Katholnigg* Die gerichtsverfassungsrechtlichen Änderungen durch das StVÄG 1979, NJW **1978** 2375; *Korte* Bekämpfung der Korruption und Schutz des freien Wettbewerbs mit den Mitteln des Strafrechts, NStZ **1997** 513; *Kubsch* Mitwirkung von Schöffen in Wirtschaftsstrafsachen, DRiZ **1984** 190; *Meyer-Goßner* Die Behandlung von Zuständigkeitsstreitigkeiten zwischen allgemeinen und Spezialstrafkammern beim Landgericht, NStZ **1981** 168; *Müller-Wabnitz* Wirtschaftskriminalität (1986); *Rieß* Das Strafverfahrensänderungsgesetz 1979, NJW **1978** 2265; *Nippen* Ist § 17 TierSchG eine Wirtschaftsstraftat?, NZWiSt **2025** 228; *Schwind/Gerich/Berckhauer/Ahlbon* Bekämpfung der Wirtschaftskriminalität erläutert am Beispiel von Niedersachsen, JR **1980** 228; *Siedemann* Wirtschaftsstrafrecht und Wirtschaftskriminalität (1976); *Siegismund/Wickern* Gesetz zur Entlastung der Rechtspflege, wistra **1993** 81, 136; *Sowada* Der gesetzliche Richter im Strafverfahren (2002); *Többens* Wirtschaftsspionage und Konkurrenzausspähung in Deutschland, NStZ **2000** 505; *Weisser* Die Reformbedürftigkeit des § 74c GVG in Bezug auf Anschlussdelikte, wistra **2020** 140.

Entstehungsgeschichte

§ 74c wurde eingefügt durch Gesetz vom 8.9.1971 (BGBl. I S. 1513). In seiner ursprünglichen Gestalt enthielt der aus drei Absätzen bestehende § 74c in Absatz 1 die Ermächtigung für die Landesregierungen, nach dem Vorbild des § 58 katalogmäßig aufgezählte Straftaten einem LG für die Bezirke mehrerer LG zuzuweisen. Nach Absatz 2 war das so bestimmte LG auch zuständig, wenn bei Zusammenhang einer Katalogtat mit einer anderen Straftat das Schwergewicht bei der ersteren Tat lag. Im Lauf der Zeit wurde der Kreis der Katalogtaten erheblich erweitert.[1] Die Kompetenz-Kompetenz zur örtlichen Zuständigkeit regelte (bis zum StVÄG 1979) § 13b StPO. Die jetzt geltende Fassung der Vorschrift beruht zunächst auf Art. 2 Nr. 7 des StVÄG 1979. Der Katalog des Absatzes 1 ist seither wiederholt erweitert worden und zwar zunächst durch Art. 8 Nr. 2 des 2. Gesetzes zur Bekämpfung der Wirtschaftskriminalität vom 15.2.1986 (BGBl. I S. 721 und dazu BTDrucks. 10 318 S. 53 f.; „Handelsgesetzbuch" in Nummer 1, „Computerbetrug" und „Kapitalanlagebetrug" in Nummer 5), dann durch § 16 Abs. 3 des Gesetzes vom 14.4.1988 (BGBl. I S. 514; Europäische wirtschaftliche Interessenvereinigung in Nummer 1), dann durch Art. 9 des Gesetzes zur Stärkung des Schutzes des geistigen Eigentums und zur Bekämpfung der Produktpiraterie (PrPG) vom 7.3.1990 (BGBl. I S. 422; Straftaten nach den Gesetzen über den gewerblichen Rechtsschutz in Nummer 1 am Anfang), dann durch Art. 3 des RpflEntlG vom 11.1.1993 (BGBl. I S. 50; in Absatz 1 a.E. Ersetzung der Worte „große Strafkammer" durch „Strafkammer"). Durch Artikel 12 des Zweiten Finanzmarktförderungsgesetzes vom 26.7.1994 (BGBl. I S. 1749) wurde Absatz 1 Nummer 2 dahin geändert, dass nach dem Wort „Versicherungsaufsichtsgesetz" die Worte „und dem Wertpapierhandelsgesetz" eingefügt wurden. Durch Artikel 7 des Markenrechtsreformgesetzes vom 25.10.1994 (BGBl. I S. 3082) wurde das Wort „Warenzeichengesetz" in Nummer 1 durch „Markengesetz" ersetzt. Art. 14 UmwBerG vom 28.10.1994 (BGBl. I S. 3210) fügte in Nummer 1 hinter der Angabe „Genossenschaftsgesetz" die Angabe „und dem Umwandlungsgesetz" ein. Durch Artikel 2 des Gesetzes zur Bekämpfung der Korruption vom 13.8.1997 (BGBl. I S. 2038) wurde in Absatz 1 die Nummer 5a eingefügt. Absatz 4 entspricht dem früheren Absatz 3. Artikel 5 des Gesetzes zur Änderung und Ergänzung des StVÄG 1999 vom 2.8.2000 (BGBl. I S. 1253) hat den Katalog der der Wirtschaftsstrafkammer zugewiesenen Sachen dahin verändert, dass der Computerbetrug aus dem Ausschließlichkeitsbereich der Nummer 5 herausgenommen und in die Nummer 6 umgestellt worden ist. Das hat zur Folge, dass nunmehr für den Computerbetrug die Zuständigkeit der allgemeinen Strafkammer gegeben ist, wenn nicht die besonderen Voraussetzungen nach Nummer 6 (besondere Kenntnisse des Wirt-

1 Dazu LR/*K. Schäfer*[23] bei „Entstehungsgeschichte".

schaftslebens) vorliegen. Durch das Gesetz zur Erleichterung der Bekämpfung von illegaler Beschäftigung und Schwarzarbeit vom 23.7.2002 (BGBl. I S. 2787) ist Nummer 6 ein weiteres Mal geändert worden und in zwei Bereiche geteilt. Lit. a) weist seither auch Fälle des Vorenthaltens oder Veruntreuens von Arbeitsentgelt den Wirtschaftsstrafkammern zu, wenn für die Beurteilung des Sachverhalts besondere Kenntnisse des Wirtschaftslebens erforderlich sind. Unter denselben Voraussetzungen befasst sich die Wirtschaftsstrafkammer mit Straftaten nach §§ 15, 15a AÜG und §§ 406, 407 des Dritten Buchs des Sozialgesetzbuches. Durch das Gesetz zur Einführung der Europäischen Gesellschaft vom 22.12.2004 (BGBl. I S. 3675) und durch das Gesetz zur Einführung der Europäischen Genossenschaft vom 14.8.2006 (BGBl. I S. 1911) wurde Nummer 1 angepasst. Eine weitere Änderung der Nummer 6b) erfolgte durch das Gesetz vom 23.7.2004 (BGBl. I S. 1842). Absatz 1 Satz 2 wurde durch Gesetz vom 22.12.2006 (BGBl. I S. 3416) eingefügt. Der Katalog in Nummer 1 wurde durch das Gesetz zur Modernisierung des GmbH-Rechts und zur Bekämpfung von Missbräuchen – MoMiG – v. 23.8.2008 (BGBl. I S. 2026) um die Insolvenzordnung erweitert. Durch das Gesetz über die Besetzung der großen Straf- und Jugendkammern in der Hauptverhandlung und zur Änderung weiterer gerichtsverfassungsrechtlicher Vorschriften vom 6.12.2011 (BGBl. I S. 2554) wurden in Absatz 1 Satz 1 die Nummern 2, 5 und 6 durch Einfügen der Tatbestände des Zahlungsdiensteaufsichtsgesetzes (Nummer 2), der Verletzung der Buchführungspflicht (Nummer 5) des Vorenthaltens und Veruntreuung von Arbeitsentgelt, der Vorteilsannahme und der Bestechlichkeit (Nummer 6a) abgeändert; in Nummer 6b wurden die Wörter „dem dritten Buch Sozialgesetzbuch sowie" gestrichen. Durch das Gesetz zur Modernisierung des Geschmacksmustergesetzes sowie zur Änderung der Regelungen über die Bekanntmachungen zum Ausstellungsschutz vom 10.10.2013 (BGBl. I S. 3799) wurde in Nummer 1 der Begriff des Geschmacksmustergesetzes durch den Begriff des Designgesetzes ersetzt. Absatz 1 Satz 2 wurde ergänzt durch Art. 2 Nr. 2 des 48. Strafrechtsänderungsgesetzes vom 23.4.2014 (BGBl. S. 410) durch Einfügen des seither in die Zuständigkeit des Oberlandesgerichts fallenden Tatbestandes der Abgeordnetenbestechung. Durch Artikel 2 des Gesetzes zur Bekämpfung von Korruption im Gesundheitswesen vom 30.5.2016 (BGBl. I S. 1254) wurde Absatz 1 Satz 1 Nummer 5 ergänzt um die Tatbestände der Bestechlichkeit im Gesundheitswesen und der Bestechung im Gesundheitswesen. Durch Art. 2 des Gesetzes zur Umsetzung der Richtlinie (EU) 2016/943 zum Schutz von Geschäftsgeheimnissen vor rechtswidrigem Erwerb sowie rechtswidriger Nutzung und Offenlegung vom 18.4.2019 (BGBl. I S. 466) wurde Absatz 1 Satz 1 Nummer 1 ergänzt um die Straftaten nach dem Gesetz zum Schutz von Geschäftsgeheimnissen. Absatz 1 Satz 1 Nummer 6 lit. b schließlich wurde ergänzt um die Tatbestände nach dem EU-Finanzschutzstärkungsgesetz durch Art. 3 Gesetz zur Umsetzung der Richtlinie (EU) 2017/1371 des Europäischen Parlaments und des Rates vom 5.7.2017 über die strafrechtliche Bekämpfung von gegen die finanziellen Interessen der Union gerichtetem Betrug vom 19.6.2019 (BGBl. I S. 844). Durch das Gesetz zur Fortentwicklung der Strafprozessordnung und zur Änderung weiterer Vorschriften vom 25.6.2021 (BGBl. I S. 2099) wurden in Absatz 1 Satz 1 Nummer 5a die Wörter „sowie der Bestechlichkeit im Gesundheitswesen und der Bestechung im Gesundheitswesen" durch ein Komma und die Wörter „der Bestechlichkeit im Gesundheitswesen, der Bestechung im Gesundheitswesen, der Bestechlichkeit und der Bestechung ausländischer und internationaler Bediensteter sowie nach dem Gesetz zur Bekämpfung internationaler Bestechung" ersetzt. Durch das Zweite Gesetz zur effektiveren Durchsetzung von Sanktionen (Sanktionsdurchsetzungsgsetz) vom 19.12.2022 (BGBl. I S. 2602) wurden mit Wirkung ab dem 20.12.2022 in Absatz 1 Nr. 3 Straftaten nach dem Sanktionsdurchsetzungsgesetz in die Vorschrift eingefügt. Die Ergänzung in Absatz 1 Nr. 2 um Straftaten nach dem Kryptomärkteaufsichtsgesetz beruht auf Art. 14 des Gesetzes über die Digitalisierung des Finanzmarktes (Finanzmarktdigitalisierungsgesetz – FinmadiG) vom 27.12.2024 (BGBl. I Nr. 438).

Übersicht

1 **1. Entwicklungsgeschichte.** Anders als das Schwurgericht (§ 74 Abs. 2) und die Staatsschutzkammer (§ 74a) war nach früherem Recht[2] die Wirtschaftsstrafkammer des § 74c a.F. kein allgemein bei dem Landgericht zu bildender Spruchkörper mit gesetzlicher – katalogmäßig festgelegter – Zuständigkeitskonzentration. Vielmehr überließ es § 74c a.F. den Landesregierungen, nach dem Vorbild des § 58 durch Rechtsverordnung einem Landgericht für den Bezirk mehrerer Landgerichte ganz oder teilweise Strafsachen aus dem in § 74c Abs. 1 a.F. bezeichneten Bereich der Wirtschaftskriminalität zuzuweisen. Im Einzelnen bestanden über die Zuständigkeit einer so gebildeten Wirtschaftsstrafkammer mancherlei Zweifel, deren beschleunigter Erledigung der frühere § 13b StPO dienen sollte. Seit 1979 ist die Wirtschaftsstrafkammer zu einem Spruchkörper mit gesetzlicher Zuständigkeitskonzentration umgestaltet worden und zwar unter Klärung der früher streitigen Berufungszuständigkeit[3] und der Regelung des Vorrangs im Verhältnis zu der Schwurgerichts-, der Staatsschutzstrafkammer und der allgemeinen großen Strafkammer (§ 74e). Eine örtliche Zuständigkeitskonzentration ermöglicht Absatz 3. Damit hatte § 13b StPO seine Bedeutung verloren und ist durch Art. 1 Nr. 4 StVÄG 1979 aufgehoben worden.

2. Erstinstanzliche Zuständigkeit

2 **a) Zuweisungsprinzip.** Als Gericht des ersten Rechtszuges ist *eine* große Strafkammer des Landgerichts für die in Absatz 1 Nummern 1 bis 6 bezeichneten Straftaten zuständig, *soweit* für diese nach § 74 Abs. 1 die große Strafkammer zuständig ist. § 74c regelt damit – anders als § 74 Abs. 2, § 74a – nicht zugleich auch die sachliche Zuständigkeit, sondern im Rahmen der sachlichen Zuständigkeit lediglich die **spezifische Zuständigkeit** der Wirtschaftsstrafkammer.[4] Demgemäß ist die Zuständigkeit der Wirtschaftskammer – anders als bei der Schwurgerichts- und der Staatsschutzstrafkammer – auch nicht in allen Fällen schon **durch die Art der Straftat** begründet. Vielmehr kommt es bei Sachen, die in die amtsgerichtliche Zuständigkeit fallen, darauf an, ob diese wegen der Rechtsfolgenerwartung (§ 24 Abs. 1 Nr. 2) oder deswegen entfällt, weil die Staatsanwaltschaft wegen der besonderen Bedeutung des Falles Anklage beim Landgericht erhebt (§ 24 Abs. 1 Nr. 3). Was die Anwendbarkeit des § 24 Abs. 1 Nr. 2 anlangt, so ist, wenn neben einer Katalogtat weite-

2 Dazu LR/*K. Schäfer*[23] § 74c, 2.
3 Dazu LR/*K. Schäfer*[23] § 74c, 3.
4 *Katholnigg* 1; *ders.* NJW **1978** 2375.

re selbständige Straftaten beim Landgericht angeklagt werden, die Wirtschaftsstrafkammer auch dann zuständig, wenn wegen der Katalogtat allein keine Freiheitsstrafe von mehr als vier Jahren zu erwarten ist, sondern diese Erwartung nur für die insgesamt zu erwartende Strafe begründet ist. Dies ergibt sich, von weiteren Überlegungen abgesehen, schon daraus, dass in § 74c in geltender Fassung der § 74c Abs. 2 a.F., wonach bei verschiedenen Straftaten die Wirtschaftsstrafkammer nur zuständig war, wenn das Schwergewicht bei der Wirtschaftsstrafkammer lag, ersatzlos gestrichen worden ist.[5] Bei den in Absatz 1 Nummer 6 bezeichneten Straftaten besteht die Zuständigkeit nur, wenn zur Beurteilung des Falles **besondere Kenntnisse des Wirtschaftslebens** erforderlich sind (dazu unten Rn. 7). Ausgenommen von der Zuständigkeit der Wirtschaftsstrafkammer sind Straftaten, die tateinheitlich mit Straftaten zusammentreffen, welche nach § 74 Abs. 2 in die Zuständigkeit des Schwurgerichts fallen, weil nach § 74e die **Schwurgerichtszuständigkeit** den Vorrang hat; wegen des Falles der Verbindung von Wirtschafts- und Schwurgerichtsstrafsachen bei Zusammenhang vgl. § 2 Abs. 1 Satz 2 StPO.[6] Ohne Bedeutung für die Zuständigkeit der Wirtschaftsstrafkammer ist dagegen Zusammentreffen oder Verbindung wegen Zusammenhangs mit Sachen, die nach § 74a Abs. 1 zur Zuständigkeit der Staatsschutzstrafkammer gehören, da nach § 74e der Wirtschaftsstrafkammer der Vorrang zukommt; jedoch bleibt hier das Evokationsrecht des GBA bei besonderer Bedeutung des Falles unberührt.[7]

b) Veränderung der Zuständigkeit bei Einstellung. Werden die unter den Katalog des Absatzes 1 fallenden Gesetzesverletzungen nach § 154a Abs. 2 StPO ausgeschieden, beeinflusst das nach ganz h.M.[8] auch die Zuständigkeit der Wirtschaftsstrafkammer. Sie entfällt. Eine Wiedereinbeziehung nach § 154a Abs. 3 StPO nach Anklageerhebung, aber vor Eröffnung des Hauptverfahrens kann eine Vorlage nach § 209 Abs. 2 StPO erforderlich machen. Nach Eröffnung kommt nur eine Verweisung nach §§ 225a, 270 StPO in Betracht.[9] 3

c) Zuständigkeitskatalog. Bei den im mehrfach erweiterten Zuständigkeitskatalog des Absatzes 1 (s. unter Entstehungsgeschichte) benannten Straftatbeständen gilt, dass es dort – wie bei den Schwurgerichtssachen[10] – auf deren **Erscheinungsform** (Täterschaft, Versuch, Beihilfe) nicht ankommt. Unberührt geblieben sind die Zuständigkeitsbeschränkungen in Absatz 1 Nummer 3 Hs. 2 („dies gilt nicht …“), die der Entlastung der Wirtschaftsstrafkammer dienen. Diese Ausnahme betrifft nur die in Nummer 3 benannten Delikte. Die Beschränkung bei **Steuerstraftaten**, die die **Kraftfahrzeugsteuer** betreffen, entspricht hergebrachtem Recht (so schon früher § 391 Abs. 4 AO bzgl. der Zuständigkeit der durch das Präsidium zu bildenden Steuerstrafkammer, die jetzt – vgl. Änderung des § 391 Abs. 3 AO durch Art. 5 StVÄG 1979 – nicht mehr besteht, und deren Zuständigkeit in derjenigen der Wirtschaftsstrafkammer aufgegangen ist). Durch die Beschränkung bei Handlungen, die zugleich eine Straftat nach dem BtMG darstellen, soll verhindert werden, dass die Wirtschaftsstrafkammern durch die Befassung mit **Betäubungsmitteldelikten**, die fast stets mit Steuer- und Zolldelikten tateinheitlich zusammentreffen, überlastet werden.[11] Insofern kann auf die Ausführungen zu § 74a Abs. 1 Nr. 4 Bezug genommen werden; 4

5 OLG Karlsruhe NStZ **1985** 517.
6 LR/*Erb* § 2 StPO, 1.
7 Vgl. § 74a, 18.
8 BGHSt 29, 326; KG wistra **2021** 496; LR/*Mavany* § 154a StPO, 14 ff. m.w.N.
9 LR/*Mavany* § 154a StPO, 17.
10 Vgl. § 74, 8.
11 BTDrucks. **8** 976 S. 67; MüKo/*Schuster* 4.

allerdings werden anders als dort Straftaten nach dem KCanG und MedCanG nicht erfasst. Wenn neben den Delikten nach Nummer 3 weitere Katalogdelikte i.S.v. Absatz 1 vorliegen, bleibt hingegen die Wirtschaftsstrafkammer auch dann zuständig, wenn tateinheitlich Betäubungsmitteldelikte angeklagt worden sind.[12]

5 **aa) Lebensmittelrecht. Nummer 4** erfasst das gesamte **Lebensmittelrecht** und ist damit eindeutig. Indem des Weiteren nur das „Wein*gesetz*“ aufgeführt wird, ist weniger klar, ob es sich dabei um eine bewusste Beschränkung des Zuständigkeitsbereichs der Wirtschaftsstrafkammern handelt. Im Hinblick auf die Zielsetzung des Gesetzes[13] und den Kontext zum gesamten Lebensmittelrecht wird daher darunter das gesamte **Wein*recht*** zu verstehen sein.[14]

6 **bb) Kreditbetrug.** Bei den Delikten nach **Nummer 5** ist für den **Kreditbetrug** (anders als beim Betrug nach Nummer 6a) das Vorliegen besonderer Kenntnisse des Wirtschaftslebens nicht erforderlich. Im Übrigen begründen die hier benannten Tatbestände die Zuständigkeit der Wirtschaftsstrafkammer nur dann, wenn sie Gegenstand der *zugelassenen* Anklage sind. Es bleibt bei der Zuständigkeit der Wirtschaftsstrafkammer also auch dann, wenn § 265b aus sachlich-rechtlichen Gründen hinter § 263 StGB zurücktritt.[15] Wird durch die Eröffnungsentscheidung gerade der zuständigkeitsbegründende Tatkomplex ausgeschieden (nicht eröffnet), führt dies, wie in den Fällen der Einstellung nach § 154a StPO (o. Rn. 3), zum Wegfall der Zuständigkeit mit der Folge, dass das Hauptverfahren gemäß § 209a StPO vor der Staatsschutzkammer oder der allgemeinen Strafkammer eröffnet werden kann.[16] Tritt dagegen aus sachlich-rechtlichen Gründen einer der benannten Straftatbestände hinter § 263 StGB zurück, bleibt es – weil mitumfasst – bei der Zuständigkeit der Wirtschaftsstrafkammer.[17] Das hat zwar zur Folge, dass die Wirtschaftsstrafkammer auf diesem Wege möglicherweise überhaupt nur noch Sachverhalte aufzuklären hat, die nicht in ihre spezifische Zuständigkeit fallen; hätte der Gesetzgeber dieses Ergebnis vermeiden wollen, hätte es nahegelegen, hierzu eine der Nummer 3 vergleichbare Regelung zu schaffen.[18]

6a **cc) Auslandsbestechung.** Die in **Nummer 5a** erfolgte Aufnahme betreffend Verfahren der **Auslandsbestechung** folgt einer entsprechenden Empfehlung der Organisation für wirtschaftliche Zusammenarbeit und Entwicklung (OECD) zur Umsetzung des OECD-Übereinkommens über die Bekämpfung der Bestechung ausländischer Amtsträger im internationalen Geschäftsverkehr[19] und begründet eine funktionelle Zuständigkeit der Wirtschaftsstrafkammer für die Tatbestände der Bestechlichkeit und der Bestechung ausländischer und internationaler Bediensteter (§§ 332 und 334 jeweils i.V.m. § 335a StGB) und der

---

12 Kissel/*Mayer* 3; MüKo/*Schuster* 6.

13 BTDrucks. **VI** 2257 S. 1.

14 Kissel/*Mayer* 3.

15 BGH NStZ-RR **2016** 245; OLG Celle wistra **1991** 359 mit zust. Anm. *Kochheim*; *Katholnigg* 2; Esser/Rübenstahl/Saliger/Tsambikakis/*Kirch-Heim* 6; SK/*Degener* 8; *Schmitt*/*Köhler* 4a; **a.A.** OLG Stuttgart wistra **1991** 236.

16 Vgl. die Erl. zu § 209a StPO.

17 BGH NStZ **1989** 267; OLG Celle wistra **1991** 359; *Schmitt*/*Köhler* 4a; **a.A.** OLG Stuttgart wistra **1991** 236; *Katholnigg* 2.

18 In Kenntnis der unterschiedlichen Auffassungen sah ein Gesetzentwurf der BReg. zur Änderung und Ergänzung des StVÄG 1996 (BTDrucks. **13** 9718) nur vor, den Computerbetrug aus Nr. 5 herauszunehmen und in Nr. 6 einzustellen. Der Gesetzentwurf ist indessen dem Diskontinuitätsprinzip anheimgefallen und nicht wieder aufgegriffen worden.

19 BTDrucks. **19** 27654 S. 45.

Bestechung ausländischer Abgeordneter im Zusammenhang mit internationalem geschäftlichen Verkehr nach dem Gesetz zur Bekämpfung internationaler Bestechung (IntBestG) und soll den Besonderheiten und Schwierigkeiten der Behandlung von Verfahren der Auslandsbestechungsrechnung tragen, weil derartige Verfahren insbesondere wegen der damit häufig einhergehenden Verschleierung von grenzüberschreitenden Zahlungsflüssen typischerweise für sehr umfangreich und komplex gehalten werden und häufig die Inanspruchnahme von internationaler Rechtshilfe sowie die Beurteilung von Vorgängen des in- und ausländischen Wirtschaftslebens erfordern.[20]

dd) Besondere Kenntnisse des Wirtschaftslebens. Nummer 6 knüpft die Zuständigkeit der Wirtschaftsstrafkammer an das zusätzliche normative Merkmal der **„besonderen Kenntnisse des Wirtschaftslebens“**.[21] Gemeint sind damit über die allgemeine Erfahrung von Richtern hinausgehende Kenntnisse, die nur besonderen Wirtschaftskreisen eigen oder geläufig sind und sich insbesondere auf komplizierte, schwer zu durchschauende Mechanismen des Wirtschaftslebens und ihre Missbrauchsformen beziehen.[22] Vereinzelt wird der den gesetzlichen Richter bestimmende Begriff der besonderen Kenntnisse des Wirtschaftslebens aufgrund seiner Unbestimmtheit verfassungsrechtlich für bedenklich gehalten.[23] Die besonderen Kenntnisse des Wirtschaftslebens müssen erforderlich, und nicht nur „wünschenswert“ sein.[24] Die Auslegung des Merkmals hat sich allein an den Erfordernissen für die Erledigung des Verfahrens zu orientieren; maßgeblich kann etwa sein, ob im konkreten Fall **spezifische Kenntnisse zu Buchhaltung und Bilanzierung** erforderlich sind.[25] Die Schwere der Tat, die Höhe des Schadens, die Zahl der Täter oder Opfer, die Schwierigkeit oder der Umfang der Sache können die Zuständigkeit ebenso wenig begründen wie eine außerordentliche volkswirtschaftliche Bedeutung der Sache, eine besondere Sozialschädlichkeit der angeklagten Taten oder Schwierigkeiten rechtlicher oder tatsächlicher Art.[26] Es muss daher **im konkreten Fall erforderlich** sein, dass die Berufsrichter über die allgemeine Erfahrung von Richtern hinausgehende Kenntnisse haben, die nur besonderen Wirtschaftskreisen eigen oder geläufig sind und sich auf komplizierte, schwer zu durchschauende Mechanismen des Wirtschaftslebens und ihre Missbrauchsformen beziehen.[27] In diesen Fällen soll durch die im Wege von Zusatzschulungen oder der Berufspraxis erworbene Erfahrung der Berufsrichter eine bessere Sachaufklärung erreicht werden.[28] Für **Schöffen** mögen derartige Kenntnisse zwar wünschenswert sein, indessen ist dies de lege lata weder vorgesehen noch erforderlich. Dies wird teilweise kritisch gesehen.[29] Ob die Richter von Wirtschaftsstrafkammern durchweg über derartige Kenntnisse tatsächlich verfügen, muss – trotz entsprechend angebotener **Fortbildungen**, an denen eine Teilnahme überdies nicht zwingend ist – zumindest teilweise bezweifelt werden; für entsprechende Dezernenten der Staatsanwaltschaften gilt dies entsprechend. 7

20 BTDrucks. **19** 27654 S. 118.
21 *Rieß* NJW **1978** 2267.
22 OLG Koblenz NStZ **1986** 327; OLG München JR **1980** 77 mit Anm. *Rieß*; OLG Stuttgart wistra **1991** 236; MüKo/Schuster 7; Esser/Rübenstahl/Saliger/Tsambikakis/*Kirch-Heim* 7.
23 MüKo/*Schuster* 7.
24 *Kissel* 4; *Sowada* S. 655.
25 OLG Stuttgart wistra **1991** 236, KG StV **2022** 711 im Fall des Abrechnungsbetrugs von Pflegeleistungen.
26 OLG München JR **1980** 77; OLG Düsseldorf NStE Nr. 2 zu § 74c GVG; OLG Köln wistra **1991** 79 u. **1993** 318; OLG Saarbrücken wistra **2007** 360; *Katholnigg* 2; KK/*Diemer* 4; *Schmitt/Köhler* 5; *Rieß* JR **1980** 79.
27 OLG Koblenz NStZ **1986** 327; KG wistra **2021** 496; MüKo/*Schuster* 8.
28 OLG Koblenz NStZ **1986** 327; OLG Düsseldorf wistra **1993** 277; OLG Stuttgart wistra **1991** 236; KG wistra **2021** 496.
29 *Többens* NStZ **2000** 505; KK/*Diemer* 2; vgl. auch § 31, 14.

Dies ist namentlich dann kritisch zu sehen, wenn gerade in umfangreichen presseträchtigen Verfahren Justizangehörige hochspezialisierten Verteidigern nebst deren Beratern gegenüberstehen. Hier erscheint gelegentlich – auch um dem Ansatz des Gesetzgebers gerecht zu werden – eine noch bessere Ausbildung von geeigneten wie interessierten Richtern und Staatsanwälten geboten.

7a Ob besondere Kenntnisse des Wirtschaftslebens konkret erforderlich sind, hat nach Anklageerhebung das Gericht zu prüfen, ohne dass es dabei an die Bewertung durch die Staatsanwaltschaft gebunden wäre. Durch diese **richterliche Kontrolle** und Entscheidung können auch Bedenken im Hinblick auf die recht unbestimmt geratene Formulierung des Rechtsbegriffs und somit hinsichtlich einer hinreichenden Bestimmung des gesetzlichen Richters entkräftet werden.[30] Die allgemeine Strafkammer hat bei Annahme der Voraussetzungen die Sache der Wirtschaftsstrafkammer nach § 209a Abs. 2 StPO vorzulegen. Verneint umgekehrt die angerufene Wirtschaftsstrafkammer dieses Merkmal, eröffnet sie gemäß § 209 Abs. 1 StPO das Verfahren vor der allgemeinen Strafkammer. Nach Eröffnung des Hauptverfahrens ist eine Verweisung nicht mehr möglich, auch wenn sich die Beurteilung ändert.[31] Etwas anderes soll gelten, wenn sich herausstellt, dass das Gericht die Zuständigkeitsfrage **willkürlich** fehlerhaft behandelt hat; dann soll das Gericht nicht verpflichtet sein, eine Hauptverhandlung durchzuführen in Kenntnis eines Verstoßes gegen den gesetzlichen Richter.[32] Das Merkmal „besondere Kenntnisse des Wirtschaftslebens" unterliegt der vollen richterlichen Kontrolle, kann aber mit der **Revision** nicht erfolgreich geltend gemacht werden. Es kann also nicht erfolgreich vorgebracht werden, eine Sache habe wegen der Notwendigkeit besonderer Kenntnisse des Wirtschaftslebens vor die Wirtschaftsstrafkammer gehört, oder auch nicht.[33] Ausgenommen ist der Fall der Willkür.[34]

8 **d) Konzentration bei einer Kammer.** Die Bestimmung, dass *eine* (große) Strafkammer als Wirtschaftsstrafkammer zuständig ist, legt – in gleicher Weise wie bei der Schwurgerichtskammer[35] und der Staatsschutzkammer[36] – dem Präsidium die Pflicht auf, beim Bestehen mehrerer erstinstanzlicher Strafkammern einer bestimmten Strafkammer die in § 74c Abs. 1 bezeichneten Strafsachen zuzuweisen, um die besonderen Erfahrungen und Kenntnisse – auch im Interesse einer möglichst einheitlichen Rechtshandhabung – nutzbar zu machen, die die diesem Spruchkörper zugewiesenen Richter aus der Befassung mit dieser Spezialmaterie gewinnen. Dadurch wird aber – auch hier in gleicher Weise wie bei den beiden anderen Spezialspruchkörpern – nicht ausgeschlossen, eine **weitere Wirtschaftsstrafkammer** zu bilden, wenn der Geschäftsanfall die Kräfte einer Kammer übersteigt und umgekehrt einer nicht voll ausgelasteten Wirtschaftsstrafkammer auch allgemeine Strafsachen zuzuweisen;[37] im letzteren Fall müsste die Kammer auch äußerlich zum Ausdruck bringen, wenn sie als Wirtschaftsstrafkammer tätig wird. Die Aufteilung der Wirtschaftsstrafsachen eines Landgerichts auf zwei Wirtschaftsstrafkammern erfordert nicht zwingend, dass der **Geschäftsanfall** an Wirtschaftsstrafsachen für jede der

---

30 Kissel/*Mayer* 4.

31 OK/*Huber* 5KK/*Diemer* 5.

32 MüKo/*Schuster* 7; SK/*Degener* 10: jedenfalls bis zum Beginn der Vernehmung zur Sache (§ 6a Satz 3 StPO).

33 BGH NStZ **1985** 464; *Katholnigg* 2; Kissel/*Mayer* 5; KK/*Diemer* 4; *Schmitt*/*Köhler* 10; *Rieß* NJW **1978** 2268.

34 BGH NStZ **1985** 464; SSW/*Werner* 7.

35 Vgl. § 74, 12.

36 Vgl. § 74a, 6.

37 BGH NJW **1978** 1273 mit Anm. *Katholnigg* 1594; BGHSt **34** 379 = NJW **1988** 1397; BGH NJW **2014** 2295; MüKo/*Schuster* 3; § 74, 8; § 74a, 3.

beiden Wirtschaftsstrafkammern mehr als 50 % beträgt.[38] Ein Vorschlag des Bundesrats, förmlich die Zulässigkeit der Bildung „gemischter" Kammern durch das Präsidium unter Wahrung eines bestimmten Mischungsverhältnisses vorzusehen („[Der Wirtschaftsstrafkammer] können in begrenztem Umfang auch Strafsachen nach § 74 Abs. 1 zugewiesen werden"), fand mangels Bedürfnisses und wegen der Gefahr der Missdeutung keine Zustimmung.[39] Der Rechtsausschuss sah sich vielmehr zu dem Hinweis veranlasst, es dürften „an den **Begriff der vollen Auslastung** keine allzu strengen Anforderungen zu stellen sein, weil das Präsidium diese Frage für das Geschäftsjahr im Voraus beurteilen muss. Zu berücksichtigen wird auch sein, dass eine volle Auslastung mit Wirtschaftsstrafsachen, die erfahrungsgemäß meist größeren Umfang haben, nicht notwendig bereits einer vollen Auslastung mit Strafsachen – auch kleineren Umfangs – schlechthin entsprechen muss".[40] Wegen der seitdem durch die Rechtsprechung erfolgten Konkretisierung des Verhältnisses von Wirtschaftsstrafsachen zu zuweisungsfähigen allgemeinen Strafsachen vgl. u. Rn. 9. Dabei ist neben der „ordentlichen" Wirtschaftsstrafkammer stets auch eine **„Auffang"-Wirtschaftsstrafkammer** für die Fälle zu bilden, in denen das Revisionsgericht die Sache an eine andere Kammer des Landgerichts zurückverweist.[41]

3. Berufungszuständigkeit. Das RpflEntlG hat an der Zuständigkeit der Wirtschaftsstrafkammer als Berufungsgericht gegenüber **Urteilen der Schöffengerichte** (nicht auch der Strafrichter) ihres Bezirks, die Straftaten der in Absatz 1 Nummern 1 bis 6 bezeichneten Art zum Gegenstand haben, insoweit eine Änderung herbeigeführt, als jetzt nur noch eine **kleine Wirtschaftsstrafkammer** zur Entscheidung berufen ist. Das gilt allerdings nur dann, wenn das Schöffengericht den Verfahrensgegenstand im Eröffnungsbeschluss als Katalogtat gewürdigt hat.[42] Eine Verurteilung wegen einer solchen Katalogtat ist jedoch nicht erforderlich. Die Zuständigkeit entfällt aber, wenn das Schöffengericht die Katalogtat nach § 154 StPO vorläufig eingestellt und nur noch wegen einer Nicht-Katalogtat verurteilt hat.[43] Über Berufungen gegen **Urteile des Strafrichters in Wirtschaftsstrafsachen** entscheidet die **kleine allgemeine Strafkammer**[44]. Ist jedoch beim Landgericht eine kleine Wirtschaftsstrafkammer eingerichtet, sollten ihr diese Berufungen im Wege der Geschäftsverteilung zugewiesen werden.[45] Bei einer Zuständigkeitskonzentration nach Absatz 3 erstreckt sich gemäß Absatz 4 die Berufungszuständigkeit auch auf die Schöffengerichtsurteile des erweiterten Bezirks. Nach dem Vorrangprinzip des § 74e hat die (kleine) Wirtschaftsstrafkammer den Vorrang vor der allgemeinen (kleinen) Strafkammer als Berufungsgericht nach § 74 Abs. 3, denn § 74e ist gerade deshalb nicht auf die erstinstanzliche Zuständigkeit beschränkt, um auch Zuständigkeitsüberschneidungen im Berufungsrechtszug zu erfassen.[46] Gegen einen Beschluss, mit dem die Wirtschaftsstrafkammer im Berufungsverfahren eine Strafsache an eine allgemeine Strafkammer verweist, ist in entspre- 9

38 BGH NJW **2014** 2295.

39 BTDrucks. **8** 976 S. 104, 111; Bericht des Rechtsausschusses BTDrucks. **8** 1844 S. 33.

40 Ausschussbericht a.a.O.; dazu *Katholnigg* NJW **1978** 2376.

41 Rechtsausschussbericht a.a.O.; § 74, 12.

42 OLG Stuttgart MDR **1982** 252; OLG Schleswig SchlHA **2005** 257; Kissel/*Mayer* 6; MüKo/*Schuster* 8; KK/*Diemer* 2; *Schmitt*/*Köhler* 6.

43 KG NJW **2010** 3464; MüKo/*Schuster* 8; KK/*Diemer* 3; Esser/Rübenstahl/Saliger/Tsambikakis/*Kirch-Heim* 13; OK/*Huber* 6.

44 OLG Jena NStZ **2012** 711; MüKo/*Schuster* 8; OK/*Huber* 6.

45 *Katholnigg* 1; *Schmitt*/*Köhler* 6; Kissel/*Mayer* 6 hält dagegen eine Zuweisung wegen der Natur der Wirtschaftsstrafkammer als gesetzlicher Spruchkörper für unzulässig.

46 Begr. BTDrucks. **8** 976 S. 67.

chender Anwendung des § 210 Abs. 2 StPO die sofortige Beschwerde der Staatsanwaltschaft statthaft.[47]

10 Das Vorrangprinzip gibt demgemäß auch den Ausschlag bei der **Abgrenzung der Berufungszuständigkeit** bzgl. der in § 74c Abs. 1 Nr. 6 bezeichneten Straftaten (Betrug, Untreue usw.), die nur dann in die Zuständigkeit der Wirtschaftsstrafkammern fallen, wenn zur Beurteilung des Falles besondere Kenntnisse des Wirtschaftslebens erforderlich sind (o. Rn. 7). Dabei ist in sinngemäßer Anwendung der Grundgedanken der §§ 209 Abs. 2, 209a, 225a StPO, § 74e der Wirtschaftsstrafkammer die **Kompetenz-Kompetenz** zuzugestehen, mit bindender Wirkung gegenüber der allgemeinen (kleinen) Strafkammer, die nach der Geschäftsverteilung als Berufungsgericht gegenüber Schöffengerichtsurteilen wegen Betrugs, Untreue usw. zuständig wäre, zu entscheiden, ob zur Beurteilung des Falles besondere Kenntnisse des Wirtschaftslebens erforderlich sind.[48] Ein solcher Fall mag selten sein, denn wenn solche Kenntnisse erforderlich sind, wird es sich im Allgemeinen wohl um Fälle handeln, in denen wegen der besonderen Bedeutung des Falles die Erhebung der Anklage vor der Wirtschaftsstrafkammer gerechtfertigt ist.

11 **4. Erweiterte Zuständigkeit als Beschluss- und Beschwerdegericht.** Über die Zuständigkeit der Wirtschaftsstrafkammer als erkennendes Gericht des ersten und des Berufungsrechtszuges hinaus erstreckt **Absatz 2** deren Zuständigkeit auf die in § 73 Abs. 1 bezeichneten Entscheidungen. Die Zuständigkeit ist also dann gegeben, wenn nach dem Sachstand im Zeitpunkt der Entscheidung die Wirtschaftsstrafkammer voraussichtlich als Gericht 1. Instanz zuständig wäre oder eine kleine Wirtschaftsstrafkammer als Berufungsgericht tätig sein wird.[49] Das ist jedoch nicht gleichzeitig dahin zu verstehen, dass im letzten Fall auch die kleine Wirtschaftsstrafkammer als Beschwerdeinstanz zuständig würde, denn dies schließt § 76 aus. Die Neufassung des Absatzes 1 durch das RpflEntlG v. 15.1.1993 hat insoweit an der Zuständigkeit der großen Wirtschaftsstrafkammer nichts geändert.[50] Eine allgemeine Strafkammer kann ein Beschwerdeverfahren nicht an die Wirtschaftsstrafkammer abgeben; in diesen Fällen ist vielmehr eine Vorlage nach § 209 StPO erforderlich.[51]

12 Absatz 2 folgt ausdrücklich[52] dem **Vorbild des** § 74a **Abs. 3**. Jedoch ist hier die Frage der Zuständigkeit der Wirtschaftsstrafkammer komplizierter als bei der Staatsschutzstrafkammer. Denn während die Zuständigkeit der Staatsschutzstrafkammer durch den geschlossenen Straftatenkatalog des § 74a Abs. 1 begründet ist, hängt die erstinstanzliche Zuständigkeit der Wirtschaftsstrafkammer, die zugleich den Zuständigkeitsbereich des § 74c Abs. 2 begrenzt, nach § 74 Abs. 1 z.T. davon ab, dass die Staatsanwaltschaft wegen der besonderen Bedeutung des Falles Anklage beim Landgericht erhebt, und in den Fällen des § 74c Abs. 1 Nr. 6 auch davon, dass zur Beurteilung des Falles besondere Kenntnisse des Wirtschaftslebens erforderlich sind (o. Rn. 7).

13 Ist z.B. nach §§ 153 Abs. 1, 153a Abs. 1 StPO zur **Einstellung des Verfahrens** oder zur vorläufigen Abstandnahme von der Erhebung der Klage durch die Staatsanwaltschaft die Zustimmung des für die Eröffnung des Hauptverfahrens zuständigen Gerichts erforder-

---

47 OLG Jena NStZ **2012** 711.

48 OLG Stuttgart MDR **1982** 252; OLG Celle NdsRpfl. **1987** 257; OLG Düsseldorf wistra **1995** 362; ebenso LR/*Stuckenberg* § 209a, 15 StPO; *Meyer-Goßner* NStZ **1981** 114; Kissel/*Mayer* 7; *Rieß* JR **1988** 79, 81; **a.A.** OLG München JR **1980** 77; s. auch nachstehend Rn. 11.

49 LG Hildesheim NdsRpfl. **2019** 95; MüKo/*Schuster* 9; *Schmitt*/*Köhler* 8.

50 OLG Köln MDR **1993** 1111.

51 LG Hildesheim NdsRpfl. **2019** 95.

52 Die Begründung BTDrucks. **8** 976 S. 66 hebt dies hervor.

lich, so müssen für die Zuständigkeitsnachprüfung im Vorverfahren der Natur der Sache nach die gleichen Grundsätze gelten wie bei der Erhebung der Anklage wegen dieser Sachen. Auch hier wie bei den entsprechenden Überlegungen zur Berufungszuständigkeit (Rn. 9) entspricht es den Grundgedanken der erstinstanzlichen Zuständigkeitsabgrenzung zwischen den Spruchkörpern mit gesetzlicher Zuständigkeitskonzentration untereinander und gegenüber der allgemeinen Strafkammer und der prozessualen Durchführung des Vorranggrundsatzes, dass bei Zuständigkeitsüberschneidungen für das Beschwerde- und Beschlussverfahren letztlich der Wirtschaftsstrafkammer die Entscheidung zusteht, ob der Sache besondere Bedeutung zukommt und ob zur Beurteilung des Falles besondere Kenntnisse des Wirtschaftslebens erforderlich sind.[53]

14 Entsprechendes gilt für die **nach §§ 154 ff. StPO erforderliche Mitwirkung des Gerichts,**[54] was dazu führen kann, dass die Wirtschaftsstrafkammer eine ihre Zuständigkeit begründende Tat einstellen und das Verfahren im Übrigen vor der allgemeinen Strafkammer eröffnen kann.

15 Die Wirtschaftsstrafkammer ist ferner auch für Beschwerden gegen **Nachtragsentscheidungen** zuständig, wenn z.B. über den Widerruf der Strafaussetzung als Gericht des ersten Rechtszuges das Schöffengericht in einer Strafsache entschieden hat, die unter den Katalog des § 74c Abs. 1 fällt.[55]

5. Bildung gemeinschaftlicher Wirtschaftsstrafkammern (Absätze 3 und 4)

16 **a) Zulässigkeit.** Nach dem **Vorbild der §§ 58, 74d** kann eine gemeinschaftliche Wirtschaftsstrafkammer für die Bezirke mehrerer LG gebildet werden. Die verschiedenen Landgerichte, für deren Bezirke die gemeinsame Wirtschaftsstrafkammer gebildet wird, brauchen nicht demselben Oberlandesgericht anzugehören, wohl aber demselben Bundesland;[56] durch Ländervereinbarung kann aber gleichwohl eine gemeinschaftliche Wirtschaftsstrafkammer auch für Landgerichtsbezirke verschiedener Länder gebildet werden (arg. § 120 Abs. 5 Satz 2). Der gemeinschaftlichen Wirtschaftsstrafkammer können die Aufgaben einer Wirtschaftsstrafkammer[57] ganz oder teilweise zugewiesen werden.[58] Es ist also z.B. zulässig, der gemeinsamen Wirtschaftsstrafkammer nur bestimmte Straftaten aus dem Katalog des § 74c Abs. 1 Nr. 1 bis 6 zuzuweisen oder nur erstinstanzliche Wirtschaftsstrafsachen zu konzentrieren und die Berufungssachen bei den Wirtschaftsstrafkammern zu belassen, die für diese Aufgabe dann bei allen Landgerichten zu errichten wären. Dagegen wäre es – abweichend von der Regelung des § 58 für das gemeinsame Amtsgericht (vgl. dort Rn. 9) – nicht möglich, die Zuweisung an die gemeinschaftliche Wirtschaftsstrafkammer auf „Entscheidungen bestimmter Art in Strafsachen" zu beschränken. Auch die Zuweisung der Aufgaben der Wirtschaftsstrafkammer an eine auswärtige Strafkammer (§ 78) ist nicht zulässig.[59]

---

53 Ebenso *Meyer-Goßner* NStZ **1981** 168, 174.

54 S. dazu auch BGH NStZ **1987** 132.

55 LG Hildesheim wistra **1985** 245. S. auch OLG Koblenz NStZ **1986** 327; NStZ **1986** 425 mit Anm. *Rieß* betr. die Zuständigkeit des OLG-Strafsenats zur Überprüfung der Zuständigkeit der Wirtschaftsstrafkammer, wenn diese im Rahmen einer Haftbeschwerde die Sache an die allgemeine Strafkammer abgab und gegen deren Entscheidung über die Haftbeschwerde weitere Beschwerde eingelegt wird.

56 § 58, 4; SK/*Degener* 2; Esser/Rübenstahl/Saliger/Tsambikakis/*Kirch-Heim* 23.

57 Vgl. § 74c Abs. 1, 2.

58 MüKo/*Schuster* 12.

59 Vgl. § 78, 5.

17 **b) Stellung der Wirtschaftsstrafkammer.** Nach **Absatz 4** hat die Zuständigkeitskonzentration zur Folge, dass sich die örtliche Zuständigkeit der gemeinschaftlichen Wirtschaftsstrafkammer über den Bereich des Landgerichts, bei dem sie eingerichtet ist, hinaus auf die Bezirke des anderen Landgerichts erstreckt und so gewissermaßen ein sachlich begrenzter neuer Landgerichtsbezirk entsteht.[60] Im Übrigen aber bleibt die gemeinschaftliche Wirtschaftsstrafkammer nach allen Richtungen eine Strafkammer des Landgerichts, bei dem sie gebildet ist, insbes. hinsichtlich der Zuständigkeit des Präsidiums. Dieses kann ihr auch allgemeine Strafsachen zuweisen, wobei – wie allgemein bei Spruchkörpern mit gesetzlicher Spezialzuständigkeit – darauf zu achten ist, dass dadurch keine besondere Belastung hinsichtlich der Erfüllung der Spezialzuständigkeit eintritt; bei einer solchen Berücksichtigung der schwerpunktmäßigen Spezialaufgabe kommt es nicht auf die Zahl der rechnerisch abstrakt zugewiesenen Sachen an, sondern auf die Belastung mit Wirtschaftsstrafsachen, die noch etwa 3/4 der Leistungsfähigkeit ausmachen muss.[61] Zuweisungen gemäß Absatz 3 sind z.B. erfolgt in Bayern durch VO vom 23.12.1978 (GVBl. S. 957), in Rheinland-Pfalz durch VO vom 15.12.1978 (GVBl. S. 790); in Niedersachsen durch VO vom 21.12.1978 (GVBl. S. 836); in Baden-Württemberg durch VO vom 15.12.1978 (GVBl. S. 637).

18 **c) Schöffen.** Für die Schöffen der gemeinschaftlichen Wirtschaftsstrafkammern gelten die allgemeinen Vorschriften des § 77 Abs. 2, da es an einer dem § 58 Abs. 2 entsprechenden Vorschrift fehlt.[62]

§ 74d

[1]Die Landesregierungen werden ermächtigt, durch Rechtsverordnung einem Landgericht für die Bezirke mehrerer Landgerichte die in § 74 Abs. 2 bezeichneten Strafsachen zuzuweisen, sofern dies der sachlichen Förderung der Verfahren dient. [2]Die Landesregierungen können die Ermächtigung auf die Landesjustizverwaltungen übertragen.

Entstehungsgeschichte

§ 74d wurde eingefügt durch Art. 2 Nr. 21 des 1. StVRG 1974. Der bisherige Absatz 2: „Die Landesjustizverwaltung verteilt die Zahl der erforderlichen Hauptschöffen auf sämtliche Amtsgerichte des durch Rechtsverordnung nach Absatz 1 gebildeten Bezirks" wurde durch Art. 2 Nr. 8 StVÄG 1979 gestrichen.

1 **1. Bedeutung der Vorschrift.** Eine dem § 74d entsprechende Vorschrift enthielt bereits für das frühere Schwurgericht § 92 Abs. 1, 4 a.F. Die Vorschrift trägt den Fällen Rechnung, in denen bei kleineren Landgerichten der **Anfall an Schwurgerichtssachen** so **gering** oder so unregelmäßig ist, dass bei ihnen die Bildung einer Schwurgerichtskammer, deren Sitzungstage im Voraus für das ganze Jahr festgelegt werden (§§ 45, 77), aus praktischen Gründen, insbesondere wegen der Verzögerung der Aburteilung verhandlungsreifer Sachen, nicht in Betracht kommt; auch wäre dann der Grundgedanke, der der Schaffung von Spruchkörpern mit gesetzlicher Zuständigkeitskonzentration zugrunde liegt – die be-

60 OLG Karlsruhe MDR **1976** 164; Kissel/*Mayer* 17.
61 BGHSt **31** 323, 326; MDR **1987** 950.
62 Kissel/*Mayer* 17; MüKo/*Schuster* 10.

sonderen Kenntnisse und Erfahrungen der in dem Spezialspruchkörper tätigen Richter für eine bessere Rechtsfindung und gleichmäßige Rechtshandhabung nutzbar zu machen –, bei einem geringen Anfall an einschlägigen Sachen nicht zu verwirklichen. Eine **Konzentration** kann nur insgesamt erfolgen, nicht nur für einen Teil der in § 74 Abs. 2 benannten Delikte.[1] Wie im Fall des § 58 (dort Rn. 5) ist nicht erforderlich, dass die verschiedenen Landgerichte, für deren Bezirke das gemeinsame Schwurgericht gebildet wird, demselben Oberlandesgerichtsbezirk angehören; die Konzentration kann also über den OLG-Bezirk hinausgehen.[2] Allerdings muss jeweils der gesamte Landgerichtsbezirk erfasst werden.

Die Konzentration verändert lediglich die **örtliche Zuständigkeit**. Die Schwurge- 2
richtskammer, bei der konzentriert wird, bleibt eine Strafkammer des Landgerichts, bei dem sie besteht. Ihre Schöffen werden aus der allgemeinen Schöffenliste dieses Landgerichts gewählt.[3]

2. Entfall von Absatz 2. Die (bereits 1979 vorgenommene) **Streichung von Absatz 2** 3
erfolgte, weil es besondere Schwurgerichtsschöffen nicht mehr gibt. Es gilt seither § 77 Abs. 2 Satz 1, wonach die Aufgabe der Verteilung dem Präsidenten desjenigen Landgerichts zufällt, bei dem das gemeinschaftliche Schwurgericht gebildet ist; dies gilt auch, wenn die verschiedenen Landgerichte, für deren Bezirke das gemeinsame Schwurgericht gebildet ist, nicht demselben Oberlandesgerichtsbezirk angehören. Nach dem Sitz dieses Landgerichts richtet sich auch die **Rechtsmittelzuständigkeit**.

§ 74e

Unter verschiedenen nach den Vorschriften der §§ 74 bis 74d zuständigen Strafkammern kommt
1. in erster Linie dem Schwurgericht (§ 74 Abs. 2, § 74d),
2. in zweiter Linie der Wirtschaftsstrafkammer (§ 74c),
3. in dritter Linie der Strafkammer nach § 74a
der Vorrang zu.

Schrifttum

Brause Die Zuständigkeit der allgemeinen und besonderen Strafkammern nach dem Strafverfahrensänderungsgesetz, NJW **1979** 802; *Katholnigg* Die gerichtsverfassungsrechtlichen Änderungen durch das StVÄG 1979, NJW **1978** 2375; *Meyer-Goßner* Die Behandlung von Zuständigkeitsstreitigkeiten zwischen allgemeinen und Spezialstrafkammern beim Landgericht, NStZ **1981** 168; *Rieß* Das Strafverfahrensänderungsgesetz 1979, NJW **1978** 2265. Weiteres Schrifttum s. bei § 209 StPO.

Entstehungsgeschichte

§ 74e wurde eingefügt durch Art. 2 Nr. 9 StVÄG 1979.

---

1 Kissel/*Mayer* 2; SK/*Degener* 2; SSW/*Werner* 2.
2 SK/*Degener* 2; *Schmitt*/*Köhler* 1.
3 Kissel/*Mayer* 3; MüKo/*Schuster* 2; SK/*Degener* 3; KK/*Diemer* 2; Radtke/Hohmann 2; OK/*Huber* 1.

Übersicht

1 **1. Allgemeines.** § 74e setzt insgesamt die sachliche Zuständigkeit des Landgerichts voraus und geht dabei von der Gleichrangigkeit der verschiedenen großen Strafkammern aus.[1] Deswegen bedurfte es einer grundlegenden Regelung, nach der sich die **Zuständigkeit bei Zuständigkeitsüberschneidungen**, sei es gegenüber anderen Strafkammern mit gesetzlicher Zuständigkeitskonzentration, sei es gegenüber der allgemeinen Strafkammer, richtet, und zwar nicht nur, wenn es sich um die erstinstanzliche Zuständigkeit als erkennendes Gericht handelt, sondern auch in anderen Fällen (s. dazu § 74c, 9, 11). Das Gesetz hat sich für das die größtmögliche Klarheit bietende **Vorrangprinzip** entschieden. Der Vorrang kommt jeweils der Strafkammer zu, die in der Aufzählung an höherer Stelle („in erster Linie" usw.) steht. Die Reihenfolge: Schwurgericht – Wirtschaftsstrafkammer – Staatsschutzstrafkammer – allgemeine Strafkammer stellt dabei keine Wertordnung der Kammern dar,[2] sondern ist lediglich als technisches Ordnungsmittel zu verstehen. Die allgemeine Strafkammer nach § 74 Abs. 1, 3 ist in § 74e nur mittelbar („... nach den Vorschriften der §§ 74 ...") aufgeführt, weil ihr niemals der Vorrang vor den Spezialkammern zukommt. Ihr kommt damit gleichzeitig eine Auffangfunktion zu. Wegen der Wirkung der Vorrangstellung vgl. die Erl. zu § 209 StPO (Rn. 9 ff.). In **praktischer Hinsicht** ist die Vorrangregelung des § 74e von Bedeutung für die Anwendung der §§ 4, 6a, 209, 209a, 210, 225a, 269 und 270 StPO.[3]

2 **2. Abstufung des Vorrangs.** Maßgebend für die vom Gesetz festgesetzte Rangfolge ist die Schwere der dem Spruchkörper zur Aburteilung zugewiesenen Straftaten.[4] Deshalb hat das **Schwurgericht** in erster Linie den Vorrang, und zwar das Schwurgericht des örtlich zuständigen Landgerichts. Für den Vorrang der **Wirtschafts- vor der Staatsschutzstrafkammer** war die Überlegung maßgebend, dass schwerere Straftaten im Staatsschutzbereich nach § 120 Abs. 1, 2 an das Oberlandesgericht gelangen.[5] Der Vorschlag des Bundesrats, in zweiter Linie der Staatsschutzstrafkammer den Vorrang einzuräumen,[6] fand keine Zustimmung, weil Überschneidungsfälle von Wirtschafts- und Staatsschutzstrafsachen selten seien und die Richtertätigkeit in Wirtschaftsstrafsachen ein höheres Maß an Spezialisierung und an Fachwissen außerhalb der Rechtswissenschaft erfordern als die Tätigkeit bei der Staatsschutzstrafkammer.[7] Jedoch kann nach § 143 Abs. 4 (vgl. § 143, 3, 5, 8) die aus § 74a abgeleitete Zuständigkeit der Staatsanwaltschaft auch für den Fall „aufrechterhalten werden", dass die Zuständigkeit der Staatsschutzstrafkammer nach § 74e zugunsten eines bei einem anderen Landgericht eingerichteten Spruchkörpers, insbesondere des Schwurgerichts, aber auch der Wirtschaftsstrafkammer, untergeht. Auch das Evokationsrecht des Generalbundesanwalts wird nicht dadurch ausgeschlossen, dass

1 MüKo/*Schuster* 1.
2 BTDrucks. **8** 976 S. 67; Kissel/*Mayer* 1.
3 Vgl. KK/*Diemer* 1.
4 OK/*Huber* 1.
5 *Katholnigg* NJW **1978** 2376; OK/*Huber* 1; *Schmitt*/*Köhler* 1.
6 BTDrucks. **8** 976 S. 104.
7 Begr. BTDrucks. **8** 976 S. 111; Ausschussbericht BTDrucks. **8** 1844 S. 33.

die Zuständigkeit der Staatsschutzstrafkammer hinter der der Wirtschaftsstrafkammer zurücktritt (§ 74a, 1).

Eine einmal gegebene **Vorrangzuständigkeit** erfasst auch Taten, die sonst in den Zuständigkeitsbereich anderer Kammern fallen. Im Übrigen gilt die Regelung des § 74e auch für die Rechtsmittelinstanz.[8] 3

3. Bestimmung und Prüfung der Zuständigkeit im konkreten Verfahren. An das in § 74e geregelte **Vorrangverhältnis** der „besonderen Strafkammern" knüpfen die Vorschriften in §§ 2 Abs. 1 Satz 2, 4, 6a, 209, 209a, 210, 22a, 269, 270 StPO an. Auf die Erläuterung dieser Vorschriften bei § 209a StPO (Rn. 9 ff.) ist zu verweisen. An dieser Stelle bleibt nur daran zu erinnern, dass die Strafkammern ihre funktionelle Zuständigkeit bis zur Eröffnung des Hauptverfahrens **von Amts wegen** prüfen, danach nur noch auf Einwand des Angeklagten, was evt. zu einer Verweisung führen kann.[9] 4

Die im Rahmen des § 74e ergehenden **Entscheidungen** sind nur **in eingeschränktem Maße anfechtbar**: Der **Angeklagte** kann die im Eröffnungsbeschluss über die Zuständigkeit getroffene Entscheidung gar nicht anfechten. Ihm bleibt nach rechtzeitigem Einwand (§ 6a StPO) nur die Revisionsrüge gemäß § 338 Nr. 4 StPO.[10] Der **Staatsanwaltschaft** steht dagegen das Recht der sofortigen Beschwerde zu, wenn das Verfahren vor einem Gericht niederer Ordnung eröffnet oder an ein solches Gericht verwiesen wird (§§ 210 Abs. 2, 225 Abs. 3 Satz 2, Abs. 4 Satz 2, 270 Abs. 3 StPO).[11] 5

Aus der **Vorrangstellung der Wirtschaftsstrafkammer** gegenüber der allgemeinen Strafkammer hat das OLG Koblenz[12] gefolgert, dass die Wirtschaftsstrafkammer befugt sei, ihre Zuständigkeit zur Entscheidung über die Beschwerde gegen einen im Vorverfahren ergangenen amtsgerichtlichen Beschluss – hier: die von der Staatsanwaltschaft vorgelegte Beschwerde des Beschuldigten gegen die vom Amtsgericht angeordnete Haftfortdauer – zu verneinen (hier: „weil die Beurteilung des Falles keine besonderen Kenntnisse des Wirtschaftslebens erfordert") und die Sache „mit bindender Wirkung" an die allgemeine Strafkammer abzugeben, mit der Folge, dass eine gegen den Abgabebeschluss gerichtete Beschwerde der Staatsanwaltschaft unzulässig sei. 6

Bei einem **negativen Kompetenzkonflikt** verneint die ranghöchste Strafkammer die Zuständigkeit durch Beschluss,[13] sie kann aber nicht gleichzeitig an eine bestimmte Strafkammer verweisen.[14] 7

Bei Einstellung einer die Zuständigkeit begründenden Tat nach § 154a StPO hängt die **weitere Zuständigkeit** davon ab, welche Kammer im Zeitpunkt der Urteilsfällung zuständig ist.[15] Bei Wiedereinbeziehung dieser Tat hängt die Möglichkeit einer Abgabe oder Verweisung vom jeweiligen Verfahrensstand ab. 8

4. Verhältnis zu den Jugendgerichten. Das **Verhältnis** der Strafkammern mit gesetzlicher Zuständigkeitskonzentration **zu den Jugendgerichten** richtet sich nach den durch Art. 3 StVÄG 1979 geänderten Vorschriften des JGG. Hier sind grundsätzlich bei Zuständigkeitsüberschneidungen wegen der besonderen Aufgaben der Jugendgerichte diese zustän- 9

8 BTDrucks. **8** 976 S. 67.
9 KK/*Diemer* 1; LR/*Erb* § 6a StPO, 3 f.
10 SK/*Degener* 7; OK/*Huber* 4.
11 MüKo/*Schuster* 7.
12 NStZ **1986** 425 mit Anm. *Rieß*.
13 OLG Düsseldorf MDR **1982** 689; OLG Celle NdsRpfl. **1987** 257; *Katholnigg* 3.
14 BGH StV **1990** 97.
15 So zu § 120 BGHSt **29** 341 = NStZ **1981** 151 mit Anm. *Dünnebier*; s. auch die Erl. zu § 154a StPO, 14 ff.

dig (**Grundsatz der Spezialität**). Der Vorrang gilt auch im Verhältnis zur Schwurgerichtskammer.[16] Nur wenn Strafsachen gegen Jugendliche und Erwachsene verbunden werden (§ 103 Abs. 1 JGG) und die Strafsache gegen Erwachsene nach § 74e zur Zuständigkeit der Wirtschaftsstrafkammer oder der Staatsschutzstrafkammer gehört, sind diese auch für die Strafsache gegen den Jugendlichen zuständig (§ 103 Abs. 2 n.F. JGG); dies gilt jedoch nicht, wenn die Zuständigkeit dieser Spezialkammern nach § 74e gegenüber derjenigen des Schwurgerichts zurücktritt.[17]

10 Zum Verhältnis der Jugendkammer in **Jugendschutzsachen** gegenüber den anderen Spezialstrafkammern s. die Erl. zu § 209a StPO (Rn. 20 ff.).[18]

11 **5. Rechtsmittel.** Die Eröffnung vor einem Gericht niederer Ordnung oder eine Verweisung an ein solches kann von der Staatsanwaltschaft nach § 210 Abs. 2 StPO mit der **sofortigen Beschwerde** angefochten werden; dies gilt indessen nicht für die Übernahme durch ein Gericht höherer Ordnung. Der Angeklagte kann im Eröffnungsverfahren über die Zuständigkeit getroffene Entscheidung hingegen nicht anfechten[19] Im **Revisionsverfahren** gilt die Präklusion nach § 6a StPO, was nach Maßgabe von § 338 Nr. 4 StPO mit einer entsprechenden Verfahrensrüge geltend gemacht werden kann.

§ 74f

(1) Hat im ersten Rechtszug eine Strafkammer die Anordnung der Sicherungsverwahrung vorbehalten oder in den Fällen des § 66b des Strafgesetzbuches als Tatgericht entschieden, ist diese Strafkammer im ersten Rechtszug für die Verhandlung und Entscheidung über die im Urteil vorbehaltene oder die nachträgliche Anordnung der Sicherungsverwahrung zuständig.

(2) Hat in den Fällen des § 66b des Strafgesetzbuches im ersten Rechtszug ausschließlich das Amtsgericht als Tatgericht entschieden, ist im ersten Rechtszug eine Strafkammer des ihm übergeordneten Landgerichts für die Verhandlung und Entscheidung über die nachträgliche Anordnung der Sicherungsverwahrung zuständig.

(3) Im Fall des § 66b des Strafgesetzbuches gilt § 462a Abs. 3 Satz 2 und 3 der Strafprozessordnung entsprechend.

(4) [1]In Verfahren, in denen über die im Urteil vorbehaltene oder die nachträgliche Anordnung der Sicherungsverwahrung zu entscheiden ist, ist die große Strafkammer mit drei Richtern einschließlich des Vorsitzenden und zwei Schöffen besetzt. [2]Bei Entscheidungen außerhalb der Hauptverhandlung wirken die Schöffen nicht mit.

Entstehungsgeschichte

§ 74f wurde durch Art. 3 Nr. 2 des Gesetzes zur nachträglichen Anordnung der Sicherungsverwahrung vom 23.7.2004 (BGBl. I S. 1838) eingefügt und durch Art. 3 Nr. 1 Buchst. a und b des Gesetzes zur nachträglichen Einführung der Sicherungsverwahrung bei Verur-

16 BGHSt **47** 311; Kissel/*Mayer* 7.

17 Radtke/Hohmann 2; vgl. dazu auch § 209a Nr. 2 StPO und LR/*Stuckenberg* § 209a StPO, 20 ff. sowie OLG Karlsruhe NStZ **1987** 375.

18 Vgl. ebenfalls Kissel/*Mayer* 10; MüKo/*Schuster* 4.

19 MüKo/*Schuster* 7; KK/*Diemer* 3; OK/*Huber* 3 f.

teilungen nach Jugendstrafrecht vom 8.7.2008 (BGBl. I S. 1212) geändert. Die Vorschrift wurde zunächst mit Wirkung vom 1.1.2011 geändert durch das Gesetz zur Neuordnung der Sicherungsverwahrung und zu begleitenden Regelungen (SiVerwNOG) vom 22.12.2010 (BGBl. I S. 2300 [Nr. 68]). In den Absätzen 1 bis 3 wurde die bisherige Formulierung *„in den Fällen* des § 66b StGB" ersetzt durch die Wörter *„im Fall* des § 66b StGB", nachdem in § 66b StGB in der damals geltenden Fassung die Absätze 1 und 2 aufgehoben wurden und die Vorschrift hiernach statt in bisher drei Fällen nur noch in einem Fall die Möglichkeit der nachträglichen Sicherungsverwahrung vorsah. Durch das Gesetz über die Besetzung der großen Straf- und Jugendkammern in der Hauptverhandlung vom 6.12.2011 (BGBl. I S. 2554) wurde mit Wirkung zum 1.1.2012 Absatz 3 ersetzt durch die jetzigen Absätze 3 und 4. In Absatz 3 blieb Satz 1 unverändert bestehen, während Absatz 3 Satz 2 entfiel und stattdessen ein neuer Absatz 4 eingefügt wurde, der die (nicht reduzierte) Besetzung der großen Strafkammer und der Jugendkammer bei Entscheidungen über die nachträgliche Anordnung der Sicherungsverwahrung festschreibt. Als Übergangsvorschrift gilt § 41 Abs. 2 EGGVG.

Schrifttum

Frister/Kliegel Probleme der Zuständigkeit bei vorbehaltener oder nachträglicher Anordnung der Sicherungsverwahrung gemäß § 74f GVG, NStZ **2010** 484.

Übersicht

I. Regelungsinhalt

§ 74f regelt (ebenso wie § 120a) die **sachliche Zuständigkeit** der Gerichte im ersten Rechtszug für die vorbehaltene oder die nachträgliche **Anordnung der Sicherungsverwahrung** (§§ 66a, 66b StGB). Das Gesetz geht dabei von dem Grundsatz aus, dass das Gericht, das die Anordnung der Sicherungsverwahrung vorbehalten hat oder das in den Fällen des § 66b StGB im vorangegangenen Verfahren wegen einer in § 66 Abs. 3 Satz 1 StGB genannten Tat als erstinstanzliches Gericht entschieden hat, auch für die Entscheidung über die spätere – vorbehaltene oder nachträgliche – Anordnung der Sicherungsverwahrung zuständig ist.[1] Das Verfahren dafür regelt § 275a StPO, wobei sich der Gesetzgeber für die sog. **Hauptverhandlungslösung** entschieden hat[2] und dem Vorschlag des Bundesrates, eine Zuständigkeit der Strafvollstreckungskammer zu begründen, nicht gefolgt ist. Für Verfahren, in denen über die im Urteil vorbehaltene oder die nachträgliche Anordnung der Sicherungsverwahrung zu entscheiden ist, wird die **Besetzung** der großen 1

1 BTDrucks. **15** 2887 S. 17.

2 BTDrucks. **15** 2887 S. 2; **15** 2945 S. 3, 5; MüKo/*Schuster* 1.

Strafkammern nunmehr abschließend in Absatz 4 geregelt. Im Fall der nachträglichen Anordnung der Unterbringung in der Sicherungsverwahrung war schon nach der bisherigen Rechtslage mit Absatz 3 der Vorschrift in der Fassung vor dem 1.1.2012 eine Besetzungsreduktion ausgeschlossen. Nach Auffassung des Gesetzgebers war es systemgerecht, dass die große Strafkammer künftig auch bei der Verhandlung über die im Urteil vorbehaltene Anordnung der Unterbringung in der Sicherungsverwahrung mit drei Berufsrichtern und zwei Schöffen besetzt sein muss, da auch diese Entscheidung besonders weitreichende Folgen haben kann.[3]

2 **1. Vorausgegangene Entscheidungen der großen Strafkammer.** Hat im ersten Rechtszug eine Strafkammer die Anlasstat abgeurteilt, begründet Absatz 1 die Zuständigkeit derselben Strafkammer auch für die Verhandlung und die Entscheidung über die im Urteil vorbehaltene Sicherungsverwahrung und über die nachträgliche Anordnung der Sicherungsverwahrung. Da die **vorbehaltene Sicherungsverwahrung** wegen § 24 Abs. 1 Nr. 2 immer nur von einer großen Strafkammer des Landgerichts angeordnet worden sein kann, bleibt diese Strafkammer auch für die Entscheidung über die Sicherungsverwahrung zuständig. Auch bei der beabsichtigten **nachträglichen Sicherungsverwahrung** wird zuvor eine große Strafkammer entschieden haben, weil seit Änderung des § 66b StGB die Unterbringung in einem psychiatrischen Krankenhaus Voraussetzung dieser Maßregel ist, über die ein Amtsgericht nicht entscheiden darf. In den Fällen des § 66b Abs. 2 StGB a.F. war eine Freiheitsstrafe von mindestens 5 Jahren vorausgesetzt werden, die das Amtsgericht in keinem Fall verhängen konnte.[4]

3 Hat nach § 106 JGG eine **Jugendkammer** des Landgerichts die Ausgangsentscheidung getroffen, ist nach § 81a JGG auch diese Kammer für die weitere Entscheidung zuständig. Soweit der Vorbehalt der Sicherungsverwahrung oder die Anordnung der Unterbringung in einem psychiatrischen Krankenhaus vom **Jugendschöffengericht** getroffen worden ist, ist im Fall einer durchgeführten Berufungshauptverhandlung die große Jugendkammer zuständig, die im Berufungsverfahren entschieden hat, sonst die große Jugendkammer des Landgerichts, das dem Jugendschöffengericht übergeordnet ist.[5]

4 Durch diesen **gesetzlich geregelten Fall einer Geschäftsverteilung** soll erreicht werden, dass sich mit der Sache ein Gericht befasst, das aufgrund der früheren Verhandlung am besten einschätzen kann, ob dringende Gründe für die Annahme vorhanden sind, dass die Sicherungsverwahrung angeordnet wird.[6] Hierdurch soll dem Willen des Gesetzgebers zufolge die **Kenntnis des Spruchkörpers** vom Angeklagten und seinem Werdegang gesichert werden. Diese an sich sinnvolle Regelung wird jedoch in der Praxis aufgrund der ständigen Personalveränderungen vielfach ins Leere gehen und gelegentlich werden die früheren Kammern gar nicht mehr existieren. Im letzten Fall wird dann die Kammer zuständig, die deren Geschäfte übernommen hat.[7]

5 **2. Vorausgegangene Entscheidungen des Amtsgerichts.** Vom Amtsgericht abgeurteilte Anlasstaten dürfte es im Hinblick auf die zuvor aufgezeigten Zuständigkeitsbeschränkungen im Grunde nicht mehr geben, sodass sich fragt, ob für **Absatz 2** der Vorschrift überhaupt noch ein Anwendungsbereich besteht.[8] Immerhin ist es möglich, dass beim

3 BRDrucks. **11** 460 S. 13.
4 Vgl. zu derartigen Altfällen *Schmitt/Köhler* 2.
5 MüKo/*Schuster* 5.
6 BTDrucks. **15** 2887 S. 15, 17; **15** 2945 S. 5.
7 Kissel/*Mayer* 3; SK/*Degener* 4.
8 *Schmitt/Köhler* 2 geht sogar von einem redaktionellen Versehen aus.

Amtsgericht nicht in die Zuständigkeit des Schwurgerichts fallende Verbrechen im Sinne des § 66b Abs. 1 StGB abgeurteilt worden sind und sich später die weitere Gefährlichkeit des Verurteilten herausstellt. Entsprechendes gilt für denkbare Altfälle (vgl. Rn. 2). Auch in derartigen Fällen entscheidet stets die große Strafkammer (für Entscheidungen des **Jugendschöffengerichts** siehe Rn. 3).

a) Urteile ohne Berufungsverfahren. Unproblematisch sind die Fälle, in denen ge- 6
gen amtsgerichtliche Urteile keine Berufung eingelegt worden ist oder die nach eingelegter Sprungrevision Rechtskraft eingetreten ist. Hier ist für die nachträgliche Anordnung der Sicherungsverwahrung immer eine **große Strafkammer** des übergeordneten Landgerichts zuständig. Allerdings dürfte es sich in der Regel um geringfügigere Taten handeln, sodass eine nachträgliche Anordnung der Sicherungsverwahrung kaum in Betracht kommen wird.

b) Urteile mit Berufungsverfahren. Weniger eindeutig ist die Regelung des Absat- 7
zes 2 im Hinblick auf Berufungsverfahren vor der kleinen Strafkammer. Auch wenn der erklärte Wille des Gesetzgebers dahin geht, dass die Anordnung der Sicherungsverwahrung von dem Gericht erfolgen soll, das sich schon früher als Tatgericht mit dem Verurteilten und seiner Tat auseinandergesetzt hat und vor diesem Hintergrund seine weitere Entwicklung einschätzen kann,[9] würde die Verstärkung der kleinen Strafkammer um zwei weitere Richter – da systemfremd – keine Lösung darstellen, sondern es dürfte immer nur allein eine **große Strafkammer** zur Entscheidung berufen sein. Dies folgt bereits daraus, dass in Absatz 4 eine Besetzungsreduktion ausgeschlossen wird und erkennbar eine Entscheidung durch drei Berufsrichter nebst Schöffen erfolgen muss. Zum anderen wird in der Gegenerklärung der Bundesregierung zur Stellungnahme des Bundesrats ausdrücklich auf eine Einheitlichkeit der Rechtsprechung verwiesen, die im Wege einer Überprüfung der angeordneten Sicherungsverwahrung durch den BGH gewährleistet werden soll.[10] Dieser Weg wäre aber verschlossen, wenn eine kleine Strafkammer entscheiden würde.

3. Urteile verschiedener Gerichte. Absatz 3 Hs. 1 trägt der Situation Rechnung, dass 8
Anlass für ein Verfahren zur nachträglichen Anordnung der Sicherungsverwahrung Urteile verschiedener Gerichte sein können. Hier findet durch den Verweis auf die Vorschrift des **§ 462a Abs. 3 Satz 2 und 3 StPO** eine dem Verfahren für die Strafvollstreckungskammern entlehnte gesetzliche örtliche **Zuständigkeitskonzentration** bei dem Gericht statt, das auf die schwerste Strafart oder bei Strafen gleicher Art auf die höchste Strafe erkannt hat, und falls hiernach mehrere Gerichte zuständig sein würden bei dem Gericht, dessen Urteil zuletzt ergangen ist. Ist ein Urteil eines Gerichts jedoch bereits vollständig vollstreckt, scheidet dieses Gericht aus dem Kreis der zuständigen Gerichte aus.[11] Wurde eines der Urteile vom Oberlandesgericht im ersten Rechtszug erlassen, ist dieses Gericht für die nachträgliche Anordnung sachlich zuständig (§ 120a).

Im Fall der **vorbehaltenen Sicherungsverwahrung** besteht naturgemäß eine solche 9
Vorrangregelung nicht, sondern hier muss jedes Gericht, das einen Vorbehalt angeordnet hat, in einem zweiten Verfahren gesondert über die Anordnung entscheiden.[12]

---

9 A.a.O.

10 BTDrucks. **15** 2945 S. 5.

11 OLG Frankfurt NStZ-RR **2005** 106.

12 BTDrucks. 15 2887 S. 18; Kissel/*Mayer* 5; MüKo/*Schuster* 7.

II. Maßnahmen nach § 275a StPO

10 Das zur Entscheidung über die Anordnung der Sicherungsverwahrung zuständige Gericht kann bis zur Rechtskraft seiner Entscheidung einen **Unterbringungsbefehl** erlassen (§ 275a Abs. 5 StPO).[13] Ist noch kein Antrag auf Anordnung der Sicherungsverwahrung beim zuständigen Gericht gestellt worden, kann in den eilbedürftigen Fällen des § 66b Abs. 3 StGB – bis der Antrag auf Anordnung der nachträglichen Sicherungsverwahrung bei dem nach § 74f zuständigen Gericht eingeht – die Strafvollstreckungskammer einen Unterbringungsbefehl erlassen. Dies gilt auch für § 106 Abs. 6 JGG.

III. Besetzung der Strafkammer

11 Die Hauptverhandlung im Verfahren zur Anordnung der nachträglichen Sicherungsverwahrung hat stets in der Besetzung mit **drei Berufsrichtern und zwei Schöffen** zu erfolgen, soweit nicht die Zuständigkeit des Oberlandesgerichts gegeben ist. Eine Besetzungsreduktion ist – entgegen der früher geltenden Regelung[14] – nach dem klaren Wortlaut jetziger Fassung nicht mehr möglich.[15]

IV. Verfahren

12 Das Verfahren in Fällen über die im Urteil vorbehaltene oder die nachträgliche Anordnung der Sicherungsverwahrung richtet sich nach **§ 275a StPO**. Die Entscheidung ergeht aufgrund mündlicher Verhandlung durch **Urteil**; es handelt sich um eine vollwertige **Hauptverhandlung**.[16]

V. Verhältnis zur Strafvollstreckungskammer

13 Für die Dauer des Verfahrens nach § 275a StPO kann die Strafvollstreckungskammer entsprechend § 462a Abs. 1 StPO die Entscheidung über Weisungen im Rahmen der Führungsaufsicht der nach § 74f zuständigen Strafkammer **übertragen**,[17] was auch angezeigt ist, weil die Strafkammer in diesem Fall sachnäher ist als die Strafvollstreckungskammer, denn das Verfahren der nachträglichen Verhängung von Sicherungsverwahrung ist sachlich eng mit der Anlassverurteilung verknüpft.

VI. Rechtsmittel

14 Da die Strafkammer nach mündlicher Hauptverhandlung über die Frage der Anordnung der Sicherungsverwahrung durch Urteil zu entscheiden hat, ist ausschließlich die **Revision** zulässig. Hat das Landgericht fehlerhaft ohne Hauptverhandlung durch Be-

---

13 Kissel/*Mayer* 7.
14 Vgl. hierzu noch BGH StV **2012** 196.
15 Kissel/*Mayer* 6; SSW/*Werner* 10; KK/*Diemer* 4; OK/*Huber* 4.
16 MüKo/*Schuster* 8; SK/*Degener* 14.
17 BGH NJW **2006** 1442; SK/*Degener* 17; Radtke/Hohmann 11; OK/*Huber* 8.

schluss entschieden, bleibt gleichwohl die Revision statthaftes Rechtsmittel,[18] dem allein deshalb ein zumindest vorläufiger Erfolg kaum wird versagt werden können.

§ 75

(betr. Besetzung der Zivilkammer)

§ 76

(1) [1]Die Strafkammern sind mit drei Richtern einschließlich des Vorsitzenden und zwei Schöffen (große Strafkammer), in Verfahren über Berufungen gegen ein Urteil des Strafrichters oder des Schöffengerichts mit dem Vorsitzenden und zwei Schöffen (kleine Strafkammer) besetzt. [2]Bei Entscheidungen außerhalb der Hauptverhandlung wirken die Schöffen nicht mit.

(2) [1]Bei der Eröffnung des Hauptverfahrens beschließt die große Strafkammer über ihre Besetzung in der Hauptverhandlung. [2]Ist das Hauptverfahren bereits eröffnet, beschließt sie hierüber bei der Anberaumung des Termins zur Hauptverhandlung. [3]Sie beschließt eine Besetzung mit drei Richtern einschließlich des Vorsitzenden und zwei Schöffen, wenn

1. **sie als Schwurgericht zuständig ist,**
2. **die Anordnung der Unterbringung in der Sicherungsverwahrung, deren Vorbehalt oder die Unterbringung in einem psychiatrischen Krankenhaus zu erwarten ist oder**
3. **nach dem Umfang oder der Schwierigkeit der Sache die Mitwirkung eines dritten Richters notwendig erscheint.**

[4]Im Übrigen beschließt die große Strafkammer eine Besetzung mit zwei Richtern einschließlich des Vorsitzenden und zwei Schöffen.

(3) Die Mitwirkung eines dritten Richters nach Absatz 2 Satz 3 Nummer 3 ist in der Regel notwendig, wenn die Hauptverhandlung voraussichtlich länger als zehn Tage dauern wird oder die große Strafkammer als Wirtschaftsstrafkammer zuständig ist.

(4) Hat die Strafkammer eine Besetzung mit zwei Richtern einschließlich des Vorsitzenden und zwei Schöffen beschlossen und ergeben sich vor Beginn der Hauptverhandlung neue Umstände, die nach Maßgabe der Absätze 2 und 3 eine Besetzung mit drei Richtern einschließlich des Vorsitzenden und zwei Schöffen erforderlich machen, beschließt sie eine solche Besetzung.

(5) Ist eine Sache vom Revisionsgericht zurückverwiesen oder ist die Hauptverhandlung ausgesetzt worden, kann die jeweils zuständige Strafkammer erneut nach Maßgabe der Absätze 2 und 3 über ihre Besetzung beschließen.

(6) [1]In Verfahren über Berufungen gegen ein Urteil des erweiterten Schöffengerichts (§ 29 Abs. 2) ist ein zweiter Richter hinzuzuziehen. [2]Außerhalb der Hauptverhandlung entscheidet der Vorsitzende allein.

18 BGHSt **50** 180.

Schrifttum

Börner Die Beschlussbesetzung in Haftfragen bei laufender Hauptverhandlung – ein Lösungsvorschlag, JR **2010** 481; *Böttcher/Mayer* Änderungen des Strafverfahrensrechts durch Entlastungsgesetz, NStZ **1993** 153; *Caspari* Die Besetzungsreduktion bei den großen Straf- und Jugendkammern, DRiZ **2011** 302; *Deutscher* Die Zweier-Besetzung in der Hauptverhandlung als dauerhafter Regelfall – Zur Neuregelung der §§ 76 Abs. 2 GVG, 3b Abs. 2 JGG, StRR **2012** 10; *Duttge* Laienrichter in der Strafgerichtsbarkeit – Anspruch und Wirklichkeit, JR **2006** 358; *Gittermann* Die Besetzung der Gerichte bei Entscheidungen über Haftfragen in laufender Hauptverhandlung, DRiZ **2012** 11; *Haller/Janssen* Die Besetzungsreduktion bei erstinstanzlichen Strafkammern, NStZ **2004** 469; *Hansens* Der Einfluß des Rechtspflegeentlastungsgesetzes auf den Strafprozeß, AnwBl. **1993** 197; *Heller/Janßen* Die Besetzungsreduktion bei erstinstanzlichen Strafkammern, NStZ **2004** 469; *Kissel* Neues zur Gerichtsverfassung, NJW **1991** 945; *ders.* Gerichtsverfassung unter dem Gesetz zur Entlastung der Rechtspflege, NJW **1993** 489; *Lantermann* Wann und wie wird die Entscheidung über die Besetzungsreduktion nach neuem Recht kontrolliert? HRRS **2022** 250; *Meyer-Goßner* Reform des Rechtsmittelsystems in Strafsachen, ZRP **1996** 354; *ders.* Die Chance nutzen: Gerichtsaufbau in Strafsachen, ZRP **2010** 129; *Pohl* In welcher Besetzung ist über die Berufung gegen Urteile der Jugendschöffengerichte zu entscheiden? DRiZ **1995** 24; *Rieß* Das Gesetz zur Anpassung der Rechtspflege im Beitrittsgebiet, DtZ **1992** 226; *Rieß* Die Rechtspflege in den neuen Ländern, KritV **1992** 296; *ders.* Die reduzierte Besetzung der großen Strafkammer – Gedanken zu einer (fast) unendlichen Geschichte, FS Schöch (2010) 895; *Rissing-van Saan* Die Besetzungsreduktion der großen Strafkammer nach § 76 Abs. 2 GVG, 3b Abs. 2 JGG – als Dauerlösung tauglich? FS Krey (2010) 431; *Schlothauer* Verfahrens- und Besetzungsfragen bei Hauptverhandlungen vor der reduzierten Strafkammer nach dem Rechtspflegeentlastungsgesetz, StV **1993** 147; *ders.* Die Besetzung der großen Straf- und Jugendkammer in der Hauptverhandlung, StV **2012** 749; *Schlüchter* Weniger ist mehr – Aspekte zum Rechtspflege-Entlastungsgesetz (1992); *Schmidt* Die Besetzung der großen Jugendkammer in Verfahren über Berufungen gegen Urteile des Jugendschöffengerichts (§ 33b JGG), NStZ **1995** 215; *Siegismund/Wickern* Gesetz zur Entlastung der Rechtspflege, wistra **1993** 81, 136; *Sowada* Die Gerichtsbesetzung bei Haftentscheidungen während einer anhängigen Hauptverhandlung, NStZ **2001** 169; *ders.* Zur Problematik der Mitwirkung von Schöffen bei Haftentscheidungen während laufender Hauptverhandlung, StV **2010** 37; *Thomas* Das Rechtspflegeentlastungsgesetz – Ein Beitrag zum Aufbau der Rechtspflege in den neuen Ländern, DRiZ **1993** 217; *Werle* Aufbau oder Abbau des Rechtsstaates, JZ **1991** 789.

Entstehungsgeschichte

Die Vorschrift hat in den letzten Jahrzehnten erhebliche Änderungen erfahren. Absatz 1 des § 76 wurde durch Art. 2 Nr. 3 des StVÄG 1987 vom 27.1.1987 (BGBl. I S. 475) als § 76 neu gefasst. Die frühere Fassung (wegen deren Entstehungsgeschichte vgl. die Ausführungen LR/*K. Schäfer*[23] zu § 76) lautete:

„(1) Die Strafkammern entscheiden außerhalb der Hauptverhandlung in der Besetzung von drei Mitgliedern mit Einschluß des Vorsitzenden.

(2) In der Hauptverhandlung ist die Strafkammer besetzt: mit dem Vorsitzenden und zwei Schöffen (kleine Strafkammer), wenn sich die Berufung gegen ein Urteil des Strafrichters richtet;

mit drei Richtern einschließlich des Vorsitzenden und zwei Schöffen bei den in § 74 Abs. 2 bezeichneten Strafsachen (Schwurgericht);

mit drei Richtern einschließlich des Vorsitzenden und zwei Schöffen in allen übrigen Fällen (große Strafkammer)."

Erstmals mit dem Gesetz zur Entlastung der Rechtspflege (RPflEntlG) vom 11.1.1993 (BGBl. I S. 50) wurden aus Anlass der Wiedervereinigung und zum Zwecke des Aufbaus der Justiz in den neuen Ländern und der hiermit einhergehenden Entlastung in den übrigen Ländern durch die hierzu beabsichtigte Freistellung von Richtern mit Absatz 2 der Vorschrift Regelungen über eine Besetzungsreduktion der großen Strafkammer eingeführt.

Durch Art. 3 des Gesetzes zur weiteren Verlängerung strafrechtlicher Verjährungsfristen und zur Änderung des Gesetzes zur Entlastung der Rechtspflege vom 22.12.1997 (BGBl. I S. 3223) wurde die Geltung der Regelungen über die Besetzungsreduktion vom 28.2.1998 bis zum 31.12.2000 verlängert. Durch das Gesetz zur Verlängerung der Besetzungsreduktion bei Strafkammern vom 19.12.2000 (BGBl. I S. 1756) wurde die Geltung der Vorschrift zum zweiten Mal verlängert, nunmehr bis zum 31.12.2002; zudem wurde mit Absatz 2 Satz 2 der Vorschrift die Möglichkeit einer Korrektur der Besetzung nach Zurückverweisung durch das Revisionsgericht geschaffen. Die dritte Verlängerung der Befristung bis zum 31.12.2004 erfolgte durch Art. 24 des Gesetzes zur Änderung des Rechts der Vertretung durch Rechtsanwälte vor den Oberlandesgerichten vom 23.7.2002 (BGBl. I S. 2850). Durch das Gesetz zur nachträglichen Sicherungsverwahrung vom 23.7.2004 (BGBl. I S. 1950) wurde für die Entscheidung über die nachträgliche Sicherungsverwahrung die Besetzungsreduktion ausgeschlossen. Durch Art. 12g Abs. 20 des 1. Gesetzes zur Modernisierung der Justiz vom 24.8.2004 (BGBl. I S. 2198) erfolgte die vierte Befristungsverlängerung, nunmehr bis zum 31.12.2006. Die fünfte Verlängerung erfolgte durch Art. 5 des 2. Gesetzes zur Modernisierung der Justiz vom 22.12.2006 (BGBl. I S. 3416), und zwar bis zum 31.12.2008. Durch das Gesetz zur Änderung des Gesetzes zur Entlastung der Rechtspflege vom 7.12.2008 (BGBl. I S. 2348) erfolgte die sechste (und letzte) Verlängerung der Befristung, und zwar bis zum 31.12.2011. Die Regelung hatte in Absatz 2 zuletzt folgenden Wortlaut:

> „(2) [1]Bei der Eröffnung des Hauptverfahrens beschließt die große Strafkammer, daß sie in der Hauptverhandlung mit zwei Richtern einschließlich des Vorsitzenden und zwei Schöffen besetzt ist, wenn nicht die Strafkammer als Schwurgericht zuständig ist oder nach dem Umfang oder der Schwierigkeit der Sache die Mitwirkung eines dritten Richters notwendig erscheint. [2]Ist eine Sache vom Revisionsgericht zurückverwiesen worden, kann die nunmehr zuständige Strafkammer erneut nach Satz 1 über ihre Besetzung beschließen."

Diese Regelung lief am 31.12.2011 aus. Die Vorschrift in ihrer jetzigen Fassung geht zurück auf das Gesetz über die Besetzung der großen Straf- und Jugendkammern in der Hauptverhandlung und zur Änderung weiterer gerichtsverfassungsrechtlicher Vorschriften sowie des Bundesdisziplinargesetzes (GVerfRÄndG) vom 6.12.2011 (BGBl. I S. 2554) und gilt seit dem 1.1.2012. Hierdurch wurde die durch das RpflEntlG vom 11.1.1993 (BGBl. I S. 50) erstmals geschaffene, als vorübergehend geplante und als solche wiederholt verlängerte Regelung zur Möglichkeit der Besetzungsreduzierung innerhalb der großen Strafkammer konkretisiert und nunmehr dauerhaft festgeschrieben. Absatz 2 der bisherigen Regelung wurde durch die Absätze 2 bis 5 ersetzt, und der bisherige Absatz 3 wurde Absatz 6. Das RPflEntlG trat außer Kraft. Als Übergangsvorschrift gilt § 41 Abs. 1 EGGVG.

Übersicht

Alphabetische Übersicht

I. Besetzung der Strafkammern

1 **1. Besetzung der Strafkammern im Allgemeinen.** Anders als § 21e, der für die Besetzung der Spruchkörper als solche gilt, regelt § 76 Abs. 1 die Besetzung der Strafkammern

im Rahmen ihrer Entscheidungskompetenz. Absatz 1 betrifft dabei zunächst nur die Besetzung der Kammer als solcher und trifft noch keine Entscheidung über die konkrete Besetzung im Einzelfall. Dabei unterscheidet die Vorschrift zwischen erst- und zweitinstanzlichen Verfahren einerseits und im Hinblick auf Entscheidungen innerhalb oder außerhalb der Hauptverhandlung andererseits. Absatz 1 Satz 1 umschreibt in Verbindung mit § 74 Abs. 3 gleichzeitig die sachliche Zuständigkeit als Berufungsinstanz. Grundsätzlich gilt: **in der Hauptverhandlung** entscheidet die große Strafkammer entweder in der Besetzung mit drei Berufsrichtern und zwei Schöffen, oder im Falle der Besetzungsreduzierung nach Absatz 2 bis 5 mit zwei Berufsrichtern (einschließlich des Vorsitzenden) und zwei Schöffen, die kleine Strafkammer in der Besetzung mit einem Richter und zwei Schöffen. **Außerhalb der Hauptverhandlung** entscheiden die großen Strafkammern stets in der Besetzung mit drei Richtern, und zwar selbst dann, wenn sie Beschlüsse erlassen, denen die Bedeutung eines Urteils zukommt (z.B. § 441 Abs. 2 StPO). Dies betrifft Entscheidungen in Verfahren erster Instanz ebenso wie in Beschwerdesachen im i.S.v. § 73 Abs. 1. Hierunter fallen aber nicht **Entscheidungen des Vorsitzenden**, die dieser als solcher zu treffen hat. Eine Entscheidung durch einen **Einzelrichter** der Kammer in Beschwerdesachen ist grundsätzlich nicht vorgesehen; dies gilt auch für **Kostenbeschwerden** nach § 464b StPO, indessen nicht für Beschwerden und Erinnerungen nach § 66 Abs. 6 GKG oder § 31 Abs. 8 RVG.[1] Eine Besonderheit gilt für die **Strafvollstreckungskammer** des § 78a, die zwar trotz ihrer Regelung außerhalb des 5. Titels begrifflich auch eine Strafkammer i.S.d. § 60 darstellt, die aber aufgabenmäßig nur außerhalb einer Hauptverhandlung tätig wird, die nicht mit Schöffen besetzt ist und die nach § 78b teils in der Besetzung mit einem Richter, teils in der Besetzung mit drei Richtern entscheidet und im Zusammenhang mit § 76 nicht zu behandeln ist (dazu die Erläuterungen Vor § 78a und zu § 78a und § 78b). Unberührt bleibt die Befugnis des Vorsitzenden nach § 141 StPO, allein über die Bestellung eines Verteidigers zu entscheiden.

2. Verbindung von Strafsachen. Über die Zuständigkeit der großen Strafkammer in erster Instanz vgl. die Erl. zu §§ 24, 74, 74a, 74c. Gemäß § 237 StPO können unter den dort genannten Voraussetzungen vor dem gleichen Gericht anhängige Strafsachen verbunden werden. Da nach der vorherrschenden Meinung[2] das Gericht als „administrative Einheit“ zu verstehen ist, können nicht nur Verfahren vor derselben Kammer, sondern auch die bei einer anderen Kammer anhängigen Verfahren miteinander verbunden werden, wobei die Rangfolge des § 74e zu beachten ist. Das bedeutet, dass eine Verbindung nur bei der höherrangigen Kammer erfolgen kann. Unter den Voraussetzungen **des § 237 StPO** ist es daher auch zulässig, mit erstinstanzlichen bei der großen Strafkammer anhängigen Sachen Berufungsstrafsachen zu verbinden, über die an sich die kleine Strafkammer desselben Landgerichts zu entscheiden hätte.[3] In diesen Fällen ist das Gericht zwar in der Hauptverhandlung mit drei oder nach Absatz 2 mit zwei Richtern und zwei Schöffen besetzt, im Übrigen jedoch bewirkt die Verbindung keine völlige Verschmelzung der verbundenen Sachen, vielmehr folgt jede Sache den für sie geltenden Verfahrensvorschriften weiter.[4] Die übernehmende Kammer ist mit drei Richtern besetzt, wenn dies nach dem Eröffnungsbeschluss auch nur einer der verbundenen Sachen vorgesehen ist.[5] Zwischen gleichrangi- 2

1 Siehe hierzu auch die Ausf. und Nachw. zu § 73 Rn. 6.

2 BGHSt **26** 273; AK/*Keller* § 237, 2 StPO.; SK/*Schlüchter* § 237 StPO, 2; LR/*Becker* § 237 StPO, 1; vgl. auch BGH NJW **1995** 1688; **a.A.** KK/*Gmel* § 237 StPO, 2.

3 BGHSt **26** 271.

4 BGHSt **19** 181; **26** 275; **35** 197; **36** 348; **37** 42; MDR bei Holtz **1990** 896; *Meyer-Goßner* DRiZ **1990** 284.

5 So auch KK/*Diemer* 9.

gen Kammern muss eine Verbindung vereinbart werden.[6] Bei der Verbindung einer Jugendsache mit einer Erwachsenensache gilt § 103 JGG (evt. Vorrang der Jugendkammer). Wegen der Zuständigkeit des Revisionsgerichts vgl. die Erl. zu § 121, 8.

II. Große Strafkammer in erster Instanz

3 **1. Die geltende Regelung.** Bis 1993 waren die großen Strafkammern in heute bekannter Prägung auch in der Hauptverhandlung stets mit drei Berufsrichtern besetzt. Dies änderte sich erst im Januar 1993; seither konnten die großen Strafkammern im Sinne eines Regel-Ausnahme-Verhältnisses in geeigneten Fällen auch in der Besetzung mit zwei Berufsrichtern entscheiden. Die Vorschrift mit Absatz 2 bis 5 in ihrer jetzigen Fassung geht zurück auf das Gesetz über die Besetzung der großen Straf- und Jugendkammern in der Hauptverhandlung und zur Änderung weiterer gerichtsverfassungsrechtlicher Vorschriften sowie des Bundesdisziplinargesetzes (GVerfRÄndG) vom 6.12.2011 (BGBl. I S. 2554) und gilt seit dem 1.1.2012.

4 **a) Hintergrund und Anlass der Neuregelung.** Nach § 76 in der bis zum 11.1.1993 geltenden Fassung war die große Strafkammer in der Hauptverhandlung stets mit drei Berufsrichtern (einschließlich des Vorsitzenden) und zwei Schöffen besetzt; Ausnahmen von der sog. Dreierbesetzung waren gesetzlich nicht vorgesehen und demzufolge nicht möglich. Infolge der **Wiedervereinigung** und den hiermit einhergehenden besonderen Belastungen bei dem Aufbau einer funktionierenden Justiz in den neuen Ländern sollte mit dem Gesetz zur Entlastung der Rechtspflege (RpflEntlG) dieser „Notsituation der Justiz in den neuen Ländern" Rechnung getragen werden.[7] Erreicht werden sollte diese Entlastung mit der erstmals geschaffenen Möglichkeit, in geeigneten Fällen eine Besetzung der großen Strafkammer in der Hauptverhandlung statt mit drei mit nur zwei Berufsrichtern (einschließlich des Vorsitzenden) zu beschließen; insofern galt ein Regel-Ausnahme-Verhältnis. Von dieser Möglichkeit hat die Praxis, wenn auch in unterschiedlichem Ausmaß, aber seither doch regelmäßig Gebrauch gemacht. Die Regelung galt nach Art. 15 Abs. 2 RpflEntlG zunächst befristet bis zum 28.2.1998, wurde anschließend aber meist im Zweijahresrhythmus verlängert, zuletzt durch das Gesetz vom 7.12.2008 (BGBl. I S. 2348) befristet bis zum 31.12.2011. Nicht zuletzt vor dem Hintergrund, dass etwa 20 Jahre nach der Wiedervereinigung der mit dem RpflEntlG beabsichtigte Zweck **(Unterstützung beim Aufbau der Justiz in den neuen Ländern) mittlerweile erreicht** und somit der als nur vorübergehend gedachten Regelung allmählich der Boden entzogen gewesen sein dürfte, sollte nach der Begründung des Entwurfs des Gesetzes vom 7.12.2008, mit dem zuletzt eine Verlängerung der Regelung beschlossen worden war, die Anwendungspraxis der Besetzungsreduktion umfassend **evaluiert** werden, um hierauf gestützt eine endgültige Entscheidung über die Ausgestaltung der Regelung treffen zu können.[8] Hierzu wurden im Jahre 2009 durch das Bundesministerium der Justiz und durch das Bundesamt für Justiz zwei Gutachtenaufträge erteilt, zum einen an die Große Strafrechtskommission des Deutschen Richterbundes, und zum anderen an die Hochschullehrer Prof. Dr. Dölling (Heidelberg) und Prof. Dr. Feltes (Bochum).

---

6 BGH NStZ **1989** 297.
7 BTDrucks. **12** 1217 S. 61.
8 BTDrucks. **16** 10570 S. 61.

b) Praktische Erfahrungen mit der Besetzungsreduktion. In der Begründung zum Entwurf des Gesetzes zur Änderung des Gesetzes zur Entlastung der Rechtspflege vom 7.12.2008 wird hierzu ausgeführt, dass die Besetzungsreduktion inzwischen eine feste Größe im Justizalltag darstelle und grundsätzlich ein geeignetes Instrument sei, um in sachgerechter Weise Einsparpotentiale der Strafjustiz auszuschöpfen.[9] Von der zunächst durch das RPflEntlG eröffneten Möglichkeit, als große Strafkammer in der Hauptverhandlung in der sog. Zweierbesetzung zu verhandeln, hat die Praxis durchweg Gebrauch gemacht – wenn auch in recht unterschiedlichem Maße. Nach dem **Gutachten Dölling/Feltes**[10] stieg im bundesweiten Durchschnitt der Anteil der Hauptverhandlungen mit nur zwei Richtern von 43 % im Jahre 1994 kontinuierlich auf einen Anteil von 78 % im Jahre 2009, wobei sowohl regionale Unterschiede als auch Differenzierungen nach Kammerarten[11] festzustellen waren. In einzelnen Ländern hat sich der Anteil der Hauptverhandlung in reduzierter Besetzung von 5 % im Jahre 1994 gesteigert auf 95 % im Jahre 2009.[12] Signifikante Unterschiede etwa im Hinblick auf das Ausmaß der Anfechtung von Urteilen je nach der beschlossenen Besetzung fanden sich nicht, wobei in Dreierbesetzung erkannte Urteile etwas häufiger der Anfechtung unterlagen.[13] Im Hinblick auf Dauer, Bedeutung und Umfang der Verfahren war indessen zu erkennen, dass der Anteil der Verhandlungen in Dreierbesetzung hiermit einhergehend deutlich zunahm.[14] Das **Gutachten der großen Strafrechtskommission des deutschen Richterbundes**[15] hob demgegenüber hervor, dass die Möglichkeit zum Verhandeln in der Zweierbesetzung vordergründig zwar Vorteile aufweise, namentlich einen effizienteren Personaleinsatz, dass denen aber eine Vielzahl von Nachteilen gegenüber stehe, wie etwa eine mangelnde Rechtsklarheit der maßgeblichen Vorschriften, fehlende effektive Arbeitsteilung zwischen Vorsitzendem, Berichterstatter und Beisitzer, verändertes Stimmenverhältnis gegenüber den Schöffen, höhere Fehleranfälligkeit der Urteile oder eine geringere Akzeptanz der Rechtsprechung.[16] Die große Strafrechtskommission hatte sich hiernach einstimmig gegen eine unbefristete Fortgeltung der §§ 76 Abs. 2 GVG, 33b Abs. 2 JGG ausgesprochen.[17] 5

c) Bewertung durch Rechtsprechung und Literatur. Der BGH hat nicht nur im Rahmen seiner Rechtsprechung die maßgeblichen Kriterien für die Anwendung des § 76 Abs. 2 und das entsprechende Verfahren präzisiert und festgelegt,[18] sondern hat auch inhaltlich zur Frage der Besetzungsreduktion Stellung bezogen. Der **BGH** bewertet die Besetzung der großen Strafkammer mit nur zwei Berufsrichtern eher kritisch und hat hierzu ausgeführt, dass sich die Besetzung einer großen Strafkammer mit drei Berufsrichtern bewährt habe. Es sei sachfremd und damit objektiv willkürlich, etwa aus Gründen der Personaleinsparung oder Ähnlichem eine reduzierte Besetzung zu beschließen. Vielmehr habe die Justiz- 6

9 BTDrucks. **16** 10570 S. 3.

10 Endbericht über das Forschungsvorhaben „Besetzungsreduktion bei den großen Straf- und Jugendkammern nach § 76 Abs. 2 GVG, § 33b Abs. 2 JGG – Evaluierung der Regelungen, ihrer Praxisanwendung und Möglichkeiten der Ausgestaltung der Besetzungsreduktion" vom 15.3.2011, S. 27 ff., 230.

11 A.a.O., 66.

12 A.a.O., 30.

13 A.a.O., 39 ff.

14 A.a.O., 71 ff.

15 Gutachten zum Thema: Besetzungsreduktion bei der Großen Strafkammer (§§ 76 Abs. 2 GVG, 33b Abs. 2 JGG) und Änderungen bei der Besetzung der erstinstanzlichen Spruchkörper? Modell „Meyer-Goßner", Ergebnisse der Sitzung vom 3. bis 8.8.2009 in Gotha.

16 A.a.O., 91 ff.

17 A.a.O., 93.

18 Vgl. etwa BGHSt **44** 328 und BGHSt **44** 361.

verwaltung sicherzustellen, dass umfangreiche oder schwierige Verfahren mit drei Berufsrichtern durchgeführt werden.[19] Der BGH hat auch ausgeführt, dass – jedenfalls soweit erkennbar – die Praxis der großen Strafkammern dem erforderlichen sensiblen Umgang mit der Besetzungsreduktion nicht hinreichend gerecht werde; anders sei es nicht zu erklären, dass in einzelnen Bezirken ganz überwiegend oder fast ausschließlich in reduzierter Besetzung verhandelt worden sei. Der 5. Strafsenat hat hieraus das Erfordernis hergeleitet, den Begriff des Umfangs der Sache dahingehend zu präzisieren, dass jedenfalls bei einer zum Zeitpunkt der Eröffnung vorhersehbaren Verhandlungsdauer von **mehr als 10 Tagen** von der Mitwirkung eines dritten Berufsrichters grundsätzlich nicht abgesehen werden darf.[20] Insgesamt hat nach den Erfahrungen der Strafsenate des BGH die zunehmend in Anspruch genommene Besetzungsreduktion im Hinblick auf die Arbeitsfähigkeit der Strafkammern und der Effizienz ihrer Rechtsprechung zu **spürbaren Nachteilen** geführt, die sich im vermehrten Auftreten von Flüchtigkeitsfehlern und rechtlichen Fehlleistungen wiederspiegelten,[21] wie etwa Mängel bei der Urteilsfindung durch eine vorschnelle Neigung zu Absprachen und Qualitätseinbußen bei Abfassen der Urteile,[22] was häufig zu (sonst vermeidbaren) Aufhebungen und Zurückverweisungen führe.[23] Die Strafsenate des BGH seien daher übereinstimmend zu dem Ergebnis gelangt, dass sich die **Besetzungsreduktion nicht bewährt** habe und sich die Zweierbesetzung nicht als dauerhafte Lösung der Regelbesetzung der großen Strafkammer eigne.[24] Nach *Rissing-van Saan* sei die reduzierte Besetzung vielmehr Verfahren vorzubehalten, die sich ohne rechtliche und tatsächliche Probleme bewältigen ließen. Hierzu gehörten jedenfalls solche Verfahren nicht, in denen über eine Unterbringung in einem psychiatrischen Krankenhaus oder in der Sicherungsverwahrung zu entscheiden sei. Im Hinblick auch auf die Einheitlichkeit der Handhabung empfehle sich das Anknüpfen an Regelbeispiele.[25] Ähnlich kritisch äußert sich *Rieß* und führt aus, dass § 76 in der bislang geltenden Fassung wenig bestimmt gewesen sei und dies eine extensive, revisionsrechtlich kaum zu kontrollierende Anwendung der Besetzungsreduktion gefördert habe.[26] Eine generelle Besetzung der großen Strafkammer mit nur zwei Berufsrichtern empfehle sich nicht; vielmehr sollten die Voraussetzungen einer reduzierten Besetzung vom **Gesetzgeber** näher bestimmt werden, wobei auch *Rieß* das Konkretisieren durch Regelbeispiele empfahl.[27]

2. Reduzierte Besetzung

7 **a) Besetzung mit zwei Berufsrichtern als Regelfall.** Wenngleich in den Gesetzgebungsmaterialien durchgehend hervorgehoben wird, dass sich die Besetzung der großen Strafkammer mit drei Berufsrichtern als vorzugswürdig bewährt hat, wird man die Neuregelung faktisch als Abkehr vom Grundsatz der Besetzung der großen Strafkammern mit drei Berufsrichtern werten müssen, als **Umkehr** des bislang geltenden **Regel-Ausnahme-**

---

19 BHGSt **44** 328, 334 f.
20 BGH NJW **2010** 3045, 3047.
21 Gutachten der großen Strafrechtskommission, 41.
22 *Rissing-van Saan* FS Krey 431, 432.
23 A.a.O., 442.
24 A.a.O., 435.
25 A.a.O., 444 ff.
26 *Rieß* FS Schöch 895, 909.
27 A.a.O., 911.

Verhältnisses.[28] Denn die große Strafkammer verhandelt der gesetzlichen Konzeption zufolge in der Besetzung mit drei Berufsrichtern nunmehr nur noch in den in der Vorschrift (Nummern 1 und 2) benannten und überdies zum Teil nur als Regelbeispiel (Nummer 3) ausgestalteten Fällen, und in allen weiteren Fällen ausdrücklich in der Besetzung mit zwei Berufsrichtern. Die Besetzung mit **zwei Berufsrichtern** stellt hiernach nunmehr den **Regelfall** dar.[29] Die Besetzung mit zwei Berufsrichtern entspricht überdies der Spruchpraxis des BGH bereits zu der bis zum 31.12.2011 bislang geltenden Rechtslage.[30]

b) Anwendungsbereich der Norm. Die Möglichkeit einer Besetzungsreduktion bezieht sich lediglich auf die Besetzung in der Hauptverhandlung und damit notwendigerweise auf die **in und aufgrund der Hauptverhandlung zu treffenden Entscheidungen**, insbesondere die Urteile. Die Verfassungsmäßigkeit der Möglichkeit des Verhandelns in reduzierter Besetzung steht nicht in Frage.[31] Außerhalb der Hauptverhandlung entscheidet die große Strafkammer nach Absatz 1 unverändert stets durch drei Berufsrichter,[32] also namentlich über **Beschwerden** gegen amtsgerichtliche Entscheidungen (§ 73 Abs. 1), sowie bei denjenigen Entscheidungen im erstinstanzlichen Verfahren, die außerhalb einer Hauptverhandlung ergehen, insbesondere den Eröffnungsbeschluss, und zwar auch dann, wenn eine Besetzung mit zwei Berufsrichtern in der Hauptverhandlung beschlossen worden oder beabsichtigt ist. **Schöffen** wirken an diesen Entscheidungen nicht mit.[33] Dies gilt auch dann, wenn eine Beschwerde mit dem durch eine Berufung angefochtenen Urteil im Zusammenhang steht.[34] Können nach dem Gesetz während einer laufenden Hauptverhandlung Entscheidungen in dieser oder außerhalb der Hauptverhandlung[35] getroffen werden, so richtet sich die Besetzung grundsätzlich danach, zu welchem Zeitpunkt (während oder außerhalb der laufenden Hauptverhandlung) die jeweilige Entscheidung getroffen wird; außerhalb der Hauptverhandlung ist also zusätzlich zu den dort u.U. nur zwei mitwirkenden Berufsrichtern ein drittes Mitglied der Strafkammer hinzuzuziehen (zur Problematik etwaiger Schöffenbeteiligung s. auch § 30, 12 ff.). 8

c) Besetzung in Haftentscheidungen. In welcher Besetzung während laufender Hauptverhandlung über die Haftfrage zu entscheiden ist, wird ausgesprochen kontrovers beurteilt. Hierzu kann ebenfalls auf die Ausführungen zu **§ 30 Rd. 18 ff.** Bezug genommen werden. Teilweise wird davon ausgegangen, dass im Hinblick auf den gesetzlichen Richter hierüber stets in der sog. **Hauptverhandlungsbesetzung** zu beschließen sei, also stets mit Schöffen, teilweise wird angenommen, dass aus Gründen der Verfahrensbeschleunigung stets in der sog. **Beschlussbesetzung** zu entscheiden sei, also stets mit drei Berufsrichtern 9

---

28 So auch *Deutscher* StRR **2012** 10,11; *Schlothauer* StV **2012** 749, 752; *Böttcher/Mayer* NStZ **1993** 158; Kissel/*Mayer* 3; MüKo/*Schuster* 4; SSW/*Werner* 9; Radtke/Hohmann 3; OK/*Huber* 4; vgl. hierzu aber auch die zum Entwurf insoweit kritischen Stellungnahmen in der 126. Sitzung des Deutschen Bundestages am 21.9.2011, Plenarprotokoll 17/126 (S. 14924 ff.); vorzugswürdig sei deshalb eine Regelung, die unter Beibehalten der grundsätzlichen Dreierbesetzung festlege, unter welchen Voraussetzungen in einer reduzierten Besetzung verhandelt werden könne.

29 OLG Stuttgart NJW-Spezial **2023** 186; Kissel/*Mayer* 3; MüKo/*Schuster* 4; Radtke/Hohmann 3; OK/*Huber* 4.

30 BGH NStZ **1999** 367.

31 Vgl. zur entspr. Regelung im EV Anl. I Kap. III Sachgeb. A Abschn. III Nr. 1 Buchst. j; BVerfG NStZ **1994** 45 m. Anm. *Nix*, und BVerfG v. 16.10.2007 – 2 BvR 1712/07; kritisch offenbar *Meyer-Goßner* ZRP **2011** 129; *Schlothauer* StV **2012** 749.

32 Vgl. auch EBegr. BTDrucks. **12** 1217 S. 48.

33 BGH NStZ-RR **2024** 256; BGH StraFo **2023** 21; *Schmitt/Köhler* 1.

34 OLG Köln StV **1993** 464; Radtke/Hohmann 4; *Schmitt/Köhler* 7.

35 Vgl. hierzu § 30, 13.

und ohne Schöffen.[36] Diese Rechtsfrage bewegt sich im verfassungsrechtlich relevanten Spannungsfeld zwischen dem in Haftsachen zu beachtenden besonderen **Beschleunigungsgebot** einerseits sowie dem Anspruch auf den **gesetzlichen Richter** andererseits. Richtigerweise wird man danach auch hier darauf abstellen müssen, ob die Entscheidung innerhalb der laufenden Hauptverhandlung (dann Hauptverhandlungsbesetzung) oder außerhalb der laufenden Hauptverhandlung (dann Beschlussbesetzung) getroffen wird.[37] Nach dem einen Beschluss des 1. Strafsenats des BGH vom 11.1.2011 letztlich nicht tragenden obiter dictum soll im Hinblick auf den gesetzlichen Richter und zum Vermeiden von Zufälligkeiten über die Besetzung die Entscheidung über die Haftfrage hingegen „immer" in der **Besetzung außerhalb der Hauptverhandlung**, also (nur) mit drei Berufsrichtern zu treffen sein.[38] Jedenfalls die nach § 268b StPO zugleich mit dem Urteil zu verkündende Haftentscheidung indessen wird notwendigerweise aber stets in der Hauptverhandlungsbesetzung getroffen werden müssen. Denn es ist nicht zu erkennen, wie für die nach § 268b StPO zugleich mit dem Urteil zu verkündende Haftentscheidung die für eine Entscheidung außerhalb der Hauptverhandlung maßgebliche Besetzung hergestellt werden soll.[39] **Im Zweifel** und im Hinblick auf den Beschluss des **BGH** vom 11.1.2011[40] sowie die wohl überwiegende Auffassung der Oberlandesgerichte dürfte **in praktischer Hinsicht** einstweilen und bis zu einer abschließenden Klärung dieser Streitfrage indessen **zu empfehlen** sein, abgesehen vom Fall des § 268b StPO über die Fortdauer der Untersuchungshaft außerhalb der Hauptverhandlung in der hierfür vorgesehenen Besetzung, also **ohne Beteiligung der Schöffen** zu entscheiden. Vor dem Hintergrund der Entscheidung des BGH vom 13.9.2011dürfte eine solche Besetzung im Falle einer entsprechenden Rüge jedenfalls wohl kaum willkürlich sein. Die anderslautende Entscheidung des 3. Strafsenats dürfte den Besonderheiten des Staatsschutzverfahrens vor den Oberlandesgerichten und der Besetzung der dort erstinstanzlich tätigen Strafsenate geschuldet sein.[41] Außerhalb der Hauptverhandlung und in Dreierbesetzung ist auch ein evt. unterbliebener Eröffnungsbeschluss nachzuholen.[42]

10 **d) Fallgruppen für die Besetzung.** Während die Vorschrift in der früher geltenden Fassung im Hinblick auf die Besetzung der großen Strafkammer neben der Tätigkeit als Schwurgericht lediglich Umfang oder Schwierigkeit der Sache als Kriterium benannte, bestand im Vorfeld des Gesetzgebungsverfahrens im Grunde Einigkeit, dass die bislang nur wenig bestimmte Regelung um Fallgruppen ergänzt und die Begriffe ‚Umfang' und ‚Schwierigkeit der Sache' etwa durch **Regelbeispiele** konturiert werden sollten.[43] Die Vorschrift benennt in Absatz 2 nunmehr drei Fallgruppen, in denen die große Strafkammer ihre Besetzung mit drei Berufsrichtern beschließt. Nummern 1 und 2 (Schwurgericht bzw. Unterbringung) sehen hierbei eine Dreierbesetzung **ohne Ausnahme** vor, während Nummer 3 (Umfangsverfahren oder Wirtschaftsstrafkammer) durch Absatz 3 als Regelbeispiel ausgestaltet wird. Liegen die Voraussetzungen der Nummern 1 bis 3 nicht vor, beschließt nach Absatz 2 Satz 4 die große Strafkammer ihre Besetzung mit zwei Richtern einschließlich des Vorsitzenden und zwei Schöffen.

---

36 Vgl. zum Meinungsstand auch die Ausführungen zu § 120, 6.
37 *Gittermann* DRiZ **2012** 11.
38 BGH NStZ **2011** 356.
39 *Gittermann* DRiZ **2012** 11.
40 BGH NStZ **2011** 295.
41 Zur Besetzung in Staatsschutzverfahren vor dem OLG vgl. hier § 122, 6.
42 BGH NStZ **2006** 298 mit Anm. *Rieß*.
43 *Rissing-van Saan* FS Krey 431, 444; *Rieß* FS Schöch 895, 911; BRDrucks. **11** 460 S. 13.

aa) Tätigkeit als Schwurgericht (Absatz 2 Satz 3 Nr. 1). Soweit die große Strafkammer als Schwurgericht nach Maßgabe von § 74 Abs. 2 tätig wird, war auch nach bislang geltender Regelung eine Besetzung mit **drei Berufsrichtern** (einschließlich des Vorsitzenden sowie mit zwei Schöffen) **zwingend** und ohne Ausnahme vorgesehen. Dies ist für die Neuregelung übernommen worden, ohne dass die Materialien hierfür eine Begründung erkennen lassen. Das Erfordernis der Dreierbesetzung in Schwurgerichtsverfahren wurde offenkundig aufgrund der Bedeutung der Sachen und der weitreichenden Folgen eines entsprechenden Schuldspruchs als selbstverständlich angesehen. Änderungen gegenüber der bisherigen Rechtslage haben sich in formaler Hinsicht lediglich dahingehend ergeben, dass auch in diesen Fällen die Kammer nach Absatz 2 Satz 1 über ihre Besetzung zu beschließen hat – wobei aufgrund des klaren Regelungsgehalts dem Gericht insoweit **keine Entscheidungsmöglichkeit** zur Verfügung steht. Im Hinblick auf die Zuständigkeit als Schwurgericht ist die Vorschrift (anders als in Absatz 3) nicht als Regelbeispiel ausgestaltet; von einer Besetzung mit drei Berufsrichtern kann demnach auch in einfach gelagerten Schwurgerichtssachen nicht abgesehen werden. Ist gleichwohl, etwa irrtümlich,[44] in einer Schwurgerichtssache eine Besetzungsreduzierung beschlossen worden, so dürfte dem auch weiterhin keine Bedeutung zukommen, weil dieser Beschluss jeglicher Rechtsgrundlage entbehrt und *insoweit* nichtig ist.[45] Vielmehr **muss** die Hauptverhandlung in der Besetzung mit drei Berufsrichtern durchgeführt werden. 11

bb) Zu erwartende Unterbringung (Absatz 2 Satz 3 Nr. 2). Ebenfalls zwingend und ohne Ausnahme ist die große Strafkammer nunmehr mit drei Berufsrichtern besetzt, soweit die Anordnung der Unterbringung in der **Sicherungsverwahrung**, deren Vorbehalt oder die Anordnung der Unterbringung in einem **psychiatrischen Krankenhaus** zu erwarten ist. Auch insoweit ist die Vorschrift (anders als in Absatz 3) nicht als Regelbeispiel ausgestaltet, sodass auch hier selbst in einfach gelagerten Fällen von einer Dreierbesetzung nicht (mehr) abgesehen werden kann.[46] Dies erscheint wegen der besonders einschneidenden Wirkung dieser freiheitsentziehenden Maßregeln sachgerecht[47] und war auch im Gesetzgebungsverfahren im Grunde unbestritten.[48] Die Neuregelung mit der **zwingenden Dreierbesetzung** in den genannten Maßregelfällen soll zudem der Rechtsvereinheitlichung dienen. Wenn schon nach bisheriger Rechtslage (§ 74f Abs. 3) drei Berufsrichter mitwirkten, wenn über eine nachträgliche Unterbringung in der Sicherungsverwahrung zu entscheiden war, und auch im Vollstreckungsverfahren über die Aussetzung der Vollstreckung der Unterbringung in der Sicherungsverwahrung oder in 12

44 Wenn z.B. eine Schwurgerichtskammer, die zugleich auch als allgemeine Strafkammer tätig ist, für die Eröffnungsentscheidungen mit einer Besetzungsreduktion besondere Vordrucke verwendet und diesen Vordruck versehentlich für eine Schwurgerichtssache benutzt.

45 So schon zur früheren Rechtslage LR/Siolek[26] 7.

46 Anders noch nach bisher geltender Rechtslage, vgl. BGH StV **2004** 250; *Rissing-van Saan* FS Krey 431, 445; LR/*Siolek*[26] 9 – auch wenn eine Besetzung mit drei Berufsrichtern in derartigen Fällen regelmäßig zumindest angezeigt gewesen sein dürfte.

47 BRDrucks. **11** 460 S. 13.

48 Allein die Beschlussempfehlung des Rechtsausschusses vom 12.9.2011 (BRDrucks. **11** 460 S. 4) hatte sich dafür ausgesprochen, die Fallgruppe der zu erwartenden Unterbringung in einem psychiatrischen Krankenhaus als Regelbeispiel im Sinne von Absatz 3 auszugestalten, sodass in einfach gelagerten Fällen, etwa in unstreitigen Sicherungsverfahren oder in Fällen geringerer Schwere, in denen zugleich mit der Anordnung der Maßregel nach § 67b StGB deren Aussetzung zu erwarten ist, in reduzierter Besetzung hätte verhandelt werden können. Dem ist jedoch entgegenzusetzen, dass auch eine solche Unterbringung eine besonders einschneidende Wirkung entfalten kann, weshalb eine zwingende Dreierbesetzung in diesen Fällen zu Recht eingeführt wurde (vgl. hierzu auch die Gegenäußerung der Bundesregierung BTDrucks. **17** 7275 S. 4).

einem psychiatrischen Krankenhaus die große Strafvollstreckungskammer in der Besetzung mit drei Berufsrichtern zu entscheiden hat (§ 78b Abs. 1 Nr. 1), dann sei nicht nachvollziehbar, warum dies bei der originären Anordnung der Maßregel im Hauptverfahren nicht erforderlich sein soll.[49] Dies ist nunmehr angepasst.[50]

13 Die Formulierung **„zu erwarten ist“** orientiert sich an § 74 Abs. 1 Satz 2[51] und entspricht der für die Amtsgerichte geltenden Regelung in §§ 24 und 25. Das Eröffnungsgericht prüft diese Erwartung unter dem Gesichtspunkt einer überschlägigen Prognoseentscheidung unter Berücksichtigung der ermittelten rechtsfolgeerheblichen Umstände des Ermittlungsverfahrens.[52] Maßgeblich ist hierbei allein die **Auffassung des Gerichts**. Ob eine Unterbringung im Urteil schließlich angeordnet wird, ist indessen unerheblich. Stellt sich andererseits heraus, dass anders als erwartet eine solche Anordnung doch erfolgen muss, kann es ratsam sein, die Hauptverhandlung auszusetzen und nach Absatz 5 über die Besetzung neu zu entscheiden. Zwingend ist dies indessen nicht.[53] Die Vorschrift gilt schon von ihrem Wortlaut her nicht für die Maßregel der Unterbringung in einer Entziehungsanstalt. Derartige Fälle sind vielmehr im Einzelfall nach Maßgabe von Absatz 2 Satz 3 Nummer 3, Absatz 3 zu behandeln.

14 **cc) Umfang oder Schwierigkeit der Sache (Absatz 2 Satz 3 Nr. 3, Abs. 3).** Weiterhin mit drei Berufsrichtern besetzt ist die große Strafkammer, wenn dies nach dem Umfang oder der Schwierigkeit der Sache notwendig erscheint. Insoweit gilt die bisherige Regelung aus § 76 Abs. 2 grundsätzlich fort. Im Gesetzgebungsverfahren bestand indessen Einigkeit, dass die bislang nur vage bestimmten Rechtsbegriffe des Umfangs und der Schwierigkeit weiter konturiert werden sollten.[54] Dem dienen die nunmehr in Absatz 3 benannten **Regelbeispiele**.[55] Die Vorschrift eröffnet der Kammer (weiterhin) einen weiten **Beurteilungsspielraum**, der es ihr gestattet, diese aber auch verpflichtet, sämtliche Umstände des Einzelfalls zu berücksichtigen.[56] Andererseits steht der Strafkammer **kein Ermessen** zu. Sie hat die Dreierbesetzung zu beschließen, wenn diese notwendig erscheint[57] (vgl. hierzu sogleich unter Rn. 17). Im Zweifel und aufgrund der strukturellen Überlegenheit gegenüber der reduzierten Besetzung verdient die Besetzung mit drei Richtern den Vorzug.[58] Maßgeblicher Zeitpunkt für die Beurteilung ist jener der Besetzungsentscheidung; nachfolgende Änderungen der maßgeblichen Umstände können lediglich im Rahmen einer neuen Besetzungsentscheidung nach Absatz 4 oder 5 Berücksichtigung finden.

15 Im Hinblick auf den **Umfang der Sache** hat die Rechtsprechung auch bislang bereits einen **quantitativen Maßstab** angelegt. Bedeutsam sind u.a. die Zahl der Angeklagten

---

49 *Rissing-van Saan* FS Krey 431, 445; BRDrucks. **11** 460 S. 8. In der Empfehlung des Rechtsausschusses v. 12.9.2011 wird demgegenüber dies mit der – fraglos zutreffenden – Erwägung entkräftet, dass die große Strafkammer außerhalb der Hauptverhandlung ohnehin stets in der Besetzung mit drei Richtern besetzt sei, BRDrucks. **11** 460 S. 5. Hinzu kommt, dass bei einer Entscheidung in der Hauptverhandlung neben den Berufsrichtern zwei Schöffen mitwirken, die Entscheidung also von immerhin vier Richtern getragen wird. Dieser Einwand hat sich im Gesetzgebungsverfahren indessen nicht durchgesetzt.

50 Vgl. auch MüKo/*Schuster* 5.

51 BTDrucks. **17** 6905 S. 11.

52 OLG Koblenz OLGSt 5; Kissel/*Mayer* § 24, 7; KK/*Barthe* § 24, 4 StPO; hier § 24, 13.

53 *Schmitt/Köhler* 3.

54 BRDrucks. **11** 460 S. 8, 13.

55 SK/*Degener* 9 spricht demgegenüber von ‚Interpretationshilfen'.

56 BGH NJW **1999** 1644; BGH NJW **2003** 3644; BGH NStZ **2011** 52; OLG Stuttgart NJW-Spezial **2023** 186; MüKo/*Schuster* 9.

57 Kissel/*Mayer* 5; SK/*Degener* 11; MüKo/*Schuster* 9; KK/*Diemer* 71, 3; SSW/*Werner* 12.

58 BGH JR **2004** 170; BGH NJW **2010** 3045; Radtke/Hohmann 7; OK/*Huber* 4.

und der Verteidiger, die Zahl der Delikte, der notwendigen Dolmetscher, die Zahl der Zeugen und anderen Beweismittel, der Umfang der Akten sowie die zu erwartende Dauer der Hauptverhandlung.[59] Auch das Ankündigen oder die begründete Erwartung eines Geständnisses kann Bedeutung für die Annahme des Umfangs haben. Bei der Notwendigkeit, einen Ergänzungsrichter hinzuzuziehen (§ 192 Abs. 2), wird eine reduzierte Besetzung grundsätzlich nicht angebracht sein; ausgeschlossen ist sie dadurch jedoch nicht. Entsprechendes gilt für das Hinzuziehen von Ergänzungsschöffen.[60] Unzulässig, weil sachfremd und damit objektiv willkürlich, wäre es jedenfalls, etwa aus Gründen der Personaleinsparung eine reduzierte Besetzung zu beschließen.[61]

Für die Annahme der **Schwierigkeit der Sache** kann abgestellt werden auf Beweis- 16
schwierigkeiten, die Notwendigkeit einer Mehrzahl von Sachverständigengutachten oder die rechtliche oder tatsächliche Kompliziertheit, etwa wenn es sich um Rechtsfragen auf unsicherem dogmatischen Boden mit geringer rechtswissenschaftlicher Vorerörterung handelt.[62] Die Schwierigkeit der Sache kann sich auch ergeben aus einer voraussehbaren schwierigen Verhandlungsleitung wegen der Möglichkeit von Störungen und umfangreichen Sicherheitsvorkehrungen.[63] Die Strafsache muss sich insoweit also über das „normale" Maß der erstinstanzlichen Sachen herausheben. Dass die Sache *besonders* umfangreich oder schwierig erscheint, ist demgegenüber nicht erforderlich.

Das Kriterium des Umfangs und der Schwierigkeit der Sache wird nunmehr in Absatz 3 17
der Vorschrift in Form von **Regelbeispielen** konkretisiert. Hiernach ist die Mitwirkung eines dritten Richters in der Regel notwendig, wenn die **Hauptverhandlung** voraussichtlich **länger als zehn Tage** dauern wird oder die große Strafkammer als **Wirtschaftsstrafkammer** tätig wird. Das Ausgestalten dieser Fallgruppen als Regelbeispiel ermöglicht, im Einzelfall von der Besetzung mit drei Berufsrichtern abzuweichen, etwa in weniger komplexen oder wenig schwierigen Verfahren, wenn deren Umfang allein durch eine Vielzahl für sich genommen sehr einfach liegender Fälle bedingt ist.[64] Ob die Hauptverhandlung schließlich mehr als zehn Tage dauern wird, lässt sich im Vorfeld nicht immer sicher bestimmen – zumal es auch vom Vorsitzenden abhängt, wie weit oder eng er terminiert. Dies eröffnet naturgemäß **Spielräume**, ohne sich sogleich dem revisionsrechtlich relevanten Vorwurf der Willkür ausgesetzt sehen zu müssen; es ist offensichtlich, dass bei einer täglichen Verhandlungsdauer von bis zu oder gar mehr als 8 Stunden mit stringenter Beweisaufnahme an weniger als zehn Tagen wesentlich mehr Verfahrensstoff bearbeitet werden kann als bei einer Verhandlungsdauer von mehr als zehn Tagen mit jeweils nur kurzer Beweisaufnahme. Erforderlich ist eine **realistische Planung der Hauptverhandlung**, wobei bereits angekündigtes Verhalten wie das Ankündigen einer geständigen Einlassung oder das Ankündigen umfangreicher Beweisanträge zu berücksichtigen ist.[65] Im Einzelfall kann aber die Mitwirkung eines dritten Richters auch bei Umfangsverfahren entbehrlich sein, wenn eine große Zahl gleichförmiger, ein-

---

59 BGHSt **44** 328 = NStZ **1999** 367 m. Anm. *Rieß* = NJW **1999** 1644 = JR **1999** 302 m. Anm. *Katholnigg* BGH JR **2004** 170 m. Anm. *Weber; Rieß* FS Schöch 895, 905; *Rissing-van Saan* FS Krey 431, 440; KK/*Diemer* § 71 GVG, 3.

60 *Deutscher* StRR **2012** 11.

61 BGHSt **44** 328 = NStZ **1999** 367 mit Anm. *Rieß* = NJW **1999** 1644 = JR **1999** 302 mit Anm. *Katholnigg*; *Haller/Janssen* NStZ **2004** 469, 472.

62 *Böttcher/Mayer* NStZ **1993** 158; *Schlothauer* StV **1993** 147; *Schmitt/Köhler* 7.

63 Kissel/*Mayer* 6.

64 BRDrucks. **11** 460 S. 9; BGH StV **2011** 463; *Schmitt/Köhler* 5.

65 MüKo/*Schuster* 7.

fach liegender Fälle aufzuklären sind oder viele Geschädigte als Zeugen vernommen werden müssen, ohne dass das Verfahren insgesamt komplex ist.[66]

18 Für **Wirtschaftsstrafkammern** ist etwa an Fälle zu denken, die zwar eine erhebliche Strafdrohung in sich tragen, die aber trotz Vorliegens einer Katalogtat oder wegen des Erfordernisses besonderer Kenntnisse i.S.v. § 74c rechtlich oder tatsächlich einfach gelagert sind.[67] Anderenfalls ist in der Besetzung mit drei Berufsrichtern zu verhandeln; insofern macht Absatz 3 die Dreierbesetzung nach § 76 Abs. 1 Satz 1 Halbsatz 1 hier zur Regel.[68] Aus der Ausgestaltung als Regelbeispiel folgt aber auch, dass eine Besetzung mit drei Berufsrichtern bei Vorliegen entsprechender Umstände im Sinne von Absatz 2 auch dann in Betracht kommt, wenn die in Absatz 3 benannten Voraussetzungen nicht vorliegen.

19 **dd) Besetzung im Übrigen.** Liegt eine der in Absatz 2 benannten Fallgruppen nicht vor, beschließt nach Absatz 2 Satz 3 die große Strafkammer eine Besetzung mit **zwei Richtern** einschließlich des Vorsitzenden und zwei Schöffen. Wenngleich in den Gesetzgebungsmaterialien durchgehend hervorgehoben wird, dass sich die Besetzung der großen Strafkammer mit drei Berufsrichtern als vorzugswürdig bewährt hat, wird man die Neuregelung faktisch als Abkehr vom Grundsatz der Besetzung der großen Strafkammern mit drei Berufsrichtern werten müssen.[69] Denn die große Strafkammer verhandelt der gesetzlichen Konzeption zufolge in der Besetzung mit drei Berufsrichtern nunmehr nur noch in den in der Vorschrift (Nummern 1 und 2) benannten und überdies zum Teil nur als Regelbeispiel (Nummer 3) ausgestalteten Fällen, und in allen weiteren Fällen ausdrücklich in der Besetzung mit zwei Berufsrichtern.

20 **ee) Prüfungsmaßstab.** Zwar steht der eröffnenden Strafkammer bei der Entscheidung über die Besetzung zwar ein weiter Beurteilungsspielraum, indessen **kein Ermessen** zu.[70] Vielmehr ist eine Besetzung mit jeweils zwei oder drei Richtern zu beschließen, soweit die jeweiligen Voraussetzungen hierfür vorliegen. Maßgeblicher **Zeitpunkt** für die Beurteilung ist stets jener der Besetzungsentscheidung auf der Grundlage der zu diesem Zeitpunkt vorliegenden Erkenntnisse. Dies gilt namentlich auch für die Frage, ob eine Hauptverhandlung *voraussichtlich* länger als zehn Tage andauern wird. Eine spätere Änderung der Sachlage bleibt grundsätzlich unbeachtlich. Dies gilt auch dann, wenn sich erst nach Beginn der Hauptverhandlung herausstellt, dass sie deutlich länger dauern wird als bei Eröffnung zu erwarten war und bei früherer Kenntnis der entsprechenden Umstände eine andere Besetzung beschlossen worden wäre.[71] Hierdurch soll auch vermieden werden, dass Verfahrensbeteiligte etwa durch das Stellen einer Vielzahl von Anträgen den Umfang der Hauptverhandlung ausdehnen und auf diese Weise die getroffene Besetzungsentscheidung unterlaufen könnten.

---

66 Kissel/*Mayer* 7; KK/*Diemer* 3; *Schmitt*/*Köhler* 6; OK/*Huber* 3.

67 Der BGH hat zu § 76 Abs. 2 a.F. ausgeführt, dass eine Sache weder tatsächlich noch rechtlich überdurchschnittlich komplex – und eine Zweierbesetzung demnach nicht zu beanstanden – ist, wenn bei einem vor der Wirtschaftsstrafkammer zu verhandelnden Betrug die Täuschungshandlung offen liegt; der Umstand, dass Verfahrensbeteiligte in der Hauptverhandlung umfangreiche Anträge stellen, ändere hieran nichts (1 StR 375/04 = NStZ-RR **2005** 47). Man wird diese Einschätzung für Abs. 76 Abs. 3 geltender Fassung übernehmen können.

68 BTDrucks. **17** 6905 S. 9; Kissel/*Mayer* 7.

69 So auch *Deutscher* StRR **2012** 10,11; *Schlothauer* StV **2012** 749, 752; Kissel/*Mayer* 3; MüKo/*Schuster* 4; Radtke/Hohmann 3; OK/*Huber* 4.

70 BTDrucks. **12** 1217 S. 47; BGHSt **44** 328 = NStZ **1999** 367 mit Anm. *Rieß* = NJW **1999** 1644 = JR **1999** 302 m. Anm. *Katholnigg*; BGH NStZ **2004** 56; Kissel/*Mayer* 5; MüKo/*Schuster* 9; KK/*Diemer* 3.

71 BRDrucks. **11** 460 S. 14.

Die Rechtsprechung des BGH hat den Strafkammern im Hinblick auf die Annahme von Umfang oder Schwierigkeit schon nach § 76 a.F. einen **weiten Beurteilungsspielraum** anerkannt, der vom Revisionsgericht letztlich nur bei objektiver Willkür beanstandet werden kann.[72] Dieser den Kammern von der Rechtsprechung belassene weite Beurteilungsspielraum spiegelt sich auch darin wieder, dass Urteile auf eine entsprechende Besetzungsrüge hin (§ 338 Nr. 1 StPO) bislang nur in ganz wenigen Fällen allein aus diesem Grunde der Aufhebung unterlagen. Seit Inkrafttreten des RPflEntlG im Januar 1993 hat der BGH (soweit ersichtlich) die Revision in bislang lediglich drei Fällen deshalb durchgreifen lassen, weil im Hinblick auf Umfang oder Schwierigkeit der Sache eine Besetzungsreduktion objektiv willkürlich gewesen sei.[73] Nicht bedenkenfrei erscheint vor diesem Hintergrund indessen die auch bislang bereits nicht wenig verbreitete und häufig der **Personalnot geschuldete Praxis**, die Hauptverhandlung zum Zwecke einer Zweierbesetzung von vornherein auf zunächst weniger als zehn Tage anzuberaumen – und ggf. das Einlegen einer Besetzungsrüge abzuwarten, um sodann weitere, in der Gesamtheit die Summe von zehn übersteigende Hauptverhandlungstage anzuhängen. Ein derart planmäßiges Unterlaufen der Besetzungsregelungen wäre – so es im Einzelfall denn nachweisbar wäre – sicher willkürlich. 21

e) Besetzungsentscheidung nach Absatz 2 Satz 1. Die Entscheidung über die Besetzung erfordert einen entsprechenden (konstitutiven) Ausspruch *bei* der Eröffnung des Hauptverfahrens, jedenfalls außerhalb desselben und stets in der Besetzung mit drei Berufsrichtern ohne Beteiligung der Schöffen.[74] Dies gilt auch in Fällen einer späteren Abänderung der Besetzungsentscheidung nach Maßgabe von Absatz 4 oder Absatz 5; eine mit lediglich zwei Richtern und zwei Schöffen getroffene Besetzungsentscheidung ist unwirksam.[75] Zwar lässt der Wortlaut der Regelung die Möglichkeit offen, sowohl im Eröffnungsbeschluss als auch durch einen gesonderten Beschluss die Besetzung zu beschließen, der dann aber zeitgleich mit dem Eröffnungsbeschluss gefasst werden muss; in der Praxis hat sich indessen die erstgenannte Möglichkeit weitgehend durchgesetzt. 22

Während nach bisheriger Rechtslage ein ausdrücklicher **Beschluss**, dass die Strafkammer in der Hauptverhandlung mit drei Berufsrichtern besetzt ist, als rechtlich nicht erforderlich angesehen wurde und ein entsprechender Beschluss demnach nur für den Fall einer reduzierten Besetzung zwingend vorgesehen war,[76] ist aus Gründen der Klarheit nunmehr **stets** über die Besetzung **zu beschließen.**[77] Dies folgt bereits aber auch daraus, dass nach bisheriger Regelung ein Beschluss nur bei Vorliegen der Voraussetzungen einer reduzierten Besetzung erforderlich war (*„beschließt die große Strafkammer ..., wenn“*), während schon nach dem Wortlaut der neuen Regelung die große Strafkammer – und zwar ohne Ausnahme – **bei Eröffnung des Hauptverfahrens** über ihre Besetzung in der Hauptverhandlung beschließt, also beschließen muss. Dies gilt nicht nur nach dem Wort- 23

72 BGHSt **44** 328; *Rieß* FS Schöch 895, 904.

73 Vgl. zu Einzelheiten BGH NJW **2003** 3633; BGH NStZ-RR **2004** 175; BGH StraFo **2009** 338; *Rieß* FS Schöch 895, 908, der zugleich darauf hinweist, dass im fraglichen Zeitraum bei geschätzten 80.000 Hauptverhandlungen in reduzierter Besetzung etwa 20.000 einer revisionsrechtlichen Überprüfung unterlegen haben dürften.

74 BGH NStZ **2009** 52; *Schmitt/Köhler* 8; Radtke/Hohmann 7; OK/*Huber* 5.

75 BGH StV **2015** 743; BGH NStZ **2016** 302; BGH NStZ-RR **2017** 181; 73 BGH StV **2018** 776.

76 Vgl. hierzu LR/*Siolek*[26] 5 m.w.N. in Fn. 15.

77 BRDrucks. **11** 460 S. 13; *Deutscher* StRR **2012** 12.

laut der Regelung, sondern auch zur Klarstellung in denjenigen Fällen, in denen die große Strafkammer ausnahmslos in der Besetzung mit drei Berufsrichtern entscheiden muss.[78]

24 Die **Entscheidung** ist **von Amts wegen** zu treffen; eines Antrags der Staatsanwaltschaft bedarf es hierfür nicht. Dies galt bereits nach bisheriger Rechtslage bei letztlich nur fakultativer Besetzungsentscheidung,[79] und gilt nach neuer Rechtslage bei nunmehr stets erforderlicher Besetzungsentscheidung erst recht. Anregungen der Prozessbeteiligten im Eröffnungsverfahren hierzu binden die eröffnende Strafkammer nicht (§ 206 StPO). **Rechtliches Gehör** wird dem Angeschuldigten dadurch gewährt, dass ihm gemäß § 201 StPO die Anklageschrift mitgeteilt wird.[80] Es bedarf keines ausdrücklichen Hinweises darüber, in welcher Besetzung die Kammer zu verhandeln gedenkt,[81] denn es handelt sich hierbei um eine bei der Eröffnungsentscheidung allgemein vorzunehmende Prüfung, auf die sich der Angeschuldigte auch ohne besonderen Hinweis einstellen muss.

25 Einer gesonderten **Mitteilung** über die Besetzung der Kammer bedarf es allgemeiner Auffassung zufolge grundsätzlich nicht,[82] jedenfalls soweit diese mit dem Eröffnungsbeschluss bereits getroffen und hiermit bekanntgemacht wurde. Kommt es hingegen nach Maßgabe von Absatz 2 Satz 2 oder Absatz 5 zu einer erst nachträglichen oder nach Absatz 4 zu einer geänderten Entscheidung über die Besetzung, so ist diese durch eine formlose Mitteilung bekanntzumachen.[83] Erfolgt dies indessen erst so kurz vor dem Beginn der Hauptverhandlung, dass die Wochenfrist des § 222a StPO nicht mehr zur Verfügung steht, kann der Angeklagte nach Maßgabe von § 222a Abs. 2 StPO einen Anspruch auf Unterbrechung der Hauptverhandlung geltend machen.

26 Die Rechtsfolge einer bei Eröffnung gleichwohl **unterbliebenen Entscheidung** über die Besetzung lässt die Neuregelung offen. Während nach der bisher geltenden Regelung bei Unterbleiben einer Entscheidung über die Zweierbesetzung die große Strafkammer zwangsläufig in Dreierbesetzung zu verhandeln hatte,[84] wird man dies für § 76 in der nunmehr geltenden Fassung nicht aufrechterhalten können. Denn während nach § 76 a.F. die Dreierbesetzung den gesetzlichen Regelfall der Besetzung der großen Strafkammer dargestellt hat, und die große Strafkammer nur in dem in der Vorschrift beschriebenen Ausnahmefall in reduzierter Besetzung verhandeln konnte, sieht § 76 in geltender Fassung nunmehr eine Dreierbesetzung (nur noch) in den in der Vorschrift benannten Fällen vor – während nach Absatz 2 Satz 3 die große Strafkammer in allen weiteren Fällen *(„Im Übrigen")* eine Besetzung mit zwei Richtern einschließlich des Vorsitzenden und zwei Schöffen vorsieht. Auch wenn sich dies in der Begründung zum Gesetzentwurf[85] so nicht wiederfindet, wird man die Neuregelung als Abkehr vom Grundsatz der Besetzung der großen Strafkammern mit drei Berufsrichtern werten müssen.[86] Denn die große Strafkammer verhandelt der gesetzlichen Konzeption zufolge in der Besetzung mit drei Berufsrichtern

78 Kissel/*Mayer* 8; MüKo/*Schuster* 11 hält mangels jeglicher Entscheidungsmöglichkeit eine Entscheidung über die Besetzung in Schwurgerichtssachen für entbehrlich; KK/*Diemer* 2 erachtet in Fällen der zwingenden Dreierbesetzung die Entscheidung für lediglich deklaratorisch.

79 Kissel/*Mayer* 8.

80 Kissel/*Mayer* 9; MüKo/*Schuster* 11; *Schmitt/Köhler* 8.

81 BGHSt NStZ **1999** 367 mit Anm. *Rieß* = JR **1999** 302 mit Anm. *Katholnigg*; **a.A.** *Katholnigg* 5; *Schlothauer* StV **1993** 148: Vorsitzender muss mit besonderem Hinweis ausdrücklich Gelegenheit zur Äußerung geben.

82 BGH StV **2005** 204; SK/*Degener* 17; *Schmitt/Köhler* § 222b StPO, 3a; *Schlothauer* StV **2012** 749, 753.

83 *Schlothauer* StV **2012** 749, 753.

84 BGHSt **44** 361 = NStZ **1999** 365; BGH StV **2008** 505 = NStZ **2009** 53; LR/*Rieß*[24] Anh. GVG Rn. 46; *Siegismund/Wickern* wistra **1993** 136, 139; HW 4.

85 Dort wird einleitend vielmehr ausgeführt, dass die Möglichkeit, mit zwei statt drei Berufsrichtern zu verhandeln, grundsätzlich beibehalten wird, BRDrucks. **11** 460.

86 So auch *Deutscher* StRR **2012** 10, 11; *Schlothauer* StV **2012** 749, 752.

nunmehr nur noch in den in der Vorschrift (Nummern 1 und 2) benannten und überdies zum Teil nur als Regelbeispiel (Nummer 3) ausgestalteten Fällen, und in allen weiteren Fällen ausdrücklich in der Besetzung mit zwei Berufsrichtern.

Hieraus wird man gegenüber der früheren Rechtslage aber nicht herleiten können, dass bei versehentlich unterbliebener Besetzungsentscheidung die Kammer nunmehr in der Besetzung mit nur zwei Berufsrichtern zu verhandeln habe. Vielmehr wird die große Strafkammer bei gänzlich unterbliebener Beschlussfassung weiterhin in der Besetzung mit **drei Berufsrichtern** verhandeln und entscheiden müssen.[87] In Betracht kommt aber auch, nach den von der Rechtsprechung entwickelten Grundsätzen für die Nachholung des vergessenen Eröffnungsbeschlusses zu verfahren,[88] oder in entsprechender Anwendung der in Absatz 4 jetzt vorgesehen Regelung nunmehr jedenfalls bis zum Beginn der Hauptverhandlung ein **Nachholen der Besetzungsentscheidung** für zulässig zu erachten.[89] Denn wenn dies sogar für die Eröffnungsentscheidung für möglich erachtet wird,[90] ist nicht einzusehen, warum dies nicht auch für die bei der Eröffnung zu treffende Entscheidung über die Besetzung gelten soll. Im Übrigen wurde auch nach bisher geltender Rechtslage eine Änderung der Besetzungsentscheidung auf einen entsprechenden Einwand nach § 222b StPO für zulässig erachtet.[91] Dass mit der Neuregelung zur Besetzung der großen Strafkammer insoweit eine Änderung beabsichtigt wurde, ist nicht zu erkennen. Wird der Eröffnungsbeschluss in der Hauptverhandlung nicht nachgeholt, kann das Verfahrenshindernis nicht durch die nachträgliche Erklärung des Richters, die Eröffnung des Verfahrens beschlossen zu haben, beseitigt werden.[92] 27

f) Die Besetzungsentscheidung nach Absatz 2 Satz 2. Gesetzlich bislang nicht geregelt waren die Fälle, in denen (an anderer Stelle) bereits über die Eröffnung des Hauptverfahrens entschieden worden war, sodass hier keine Besetzungsentscheidung mehr zusammen mit dem Eröffnungsbeschluss ergehen konnte, etwa in den Fällen der **Vorlage** eines Verfahrens nach **§ 225a StPO**, der Verweisung nach **§ 270 StPO**, Eröffnungen durch das höhere beim niedrigen Gericht nach **§§ 209 Abs. 1, 209a StPO** oder der Eröffnung durch das OLG auf eine Beschwerde hin nach **§ 210 Abs. 3 StPO.**[93] In diesen Fällen hat bereits der Verweisungsbeschluss die Wirkung eines das Hauptverfahren eröffnenden Beschlusses. Die Praxis hat sich bislang im Wege gesetzesergänzender Auslegung damit beholfen, im Falle des § 225a StPO zusammen mit dem Übernahmebeschluss gleichzeitig auch über die Kammerbesetzung zu entscheiden, und bei einer Verweisung nach § 270 StPO einen gesonderten, zeitlich mit der Terminsbestimmung zu verbindenden Beschluss zu fassen.[94] Diese Praxis war vom BGH bestätigt worden.[95] Absatz 2 Satz 2 stellt demgegenüber nunmehr ausdrücklich klar, dass die große Strafkammer in denjenigen **Fällen, in denen das Hauptverfahren bereits eröffnet ist**, hierüber (mit drei Richtern) beschließt, und zwar bei der Anberaumung des Termins zur Hauptverhandlung durch den Vorsitzenden.[96] Die 28

87 Kissel/*Mayer* 8; vgl. auch BGH NStZ-RR **2020** 376.
88 MüKo/*Schuster* 13; KK/*Schneider* § 207, 21 StPO m.w.N.
89 *Deutscher* StRR **2012** 10, 13; anders noch für § 76 GVG a.F. in der 26. Aufl. Rn. 4.
90 Vgl. für das Nachholen des Eröffnungsbeschlusses BGH NStZ **2006** 298 mit Anm. *Rieß*.
91 *Schmitt/Köhler* 4; *Schlothauer* StV **2012** 749, 750.
92 BGH StV **2011** 457.
93 Vgl. Kissel/*Mayer* 12; MüKo/*Schuster* 12.
94 Vgl. LR/*Siolek*[26] 5.
95 BGHSt **44** 361 = NStZ **1999** 365.
96 BRDrucks. **11** 460 S. 10.

Regelung ermöglicht aber weder eine Nachholung eines unterbliebenen noch die Korrektur eines bereits gefassten Beschlusses.[97]

29 **g) Besetzungsentscheidung nach Absatz 4.** Bislang ebenfalls nicht geregelt waren diejenigen Fälle, in denen sich noch vor Beginn der Hauptverhandlung aufgrund **neu aufgetretener Umstände** ergab, dass die bereits getroffene Entscheidung über die Besetzung mit zwei Richtern einschließlich des Vorsitzenden und zwei Schöffen nicht mehr sachgerecht oder tragfähig ist. Während eine Änderung der Besetzungsentscheidung nach jüngerer Rechtsprechung des BGH auch nach bisheriger Rechtslage bereits zulässig war, wenn sich nach der Eröffnungs- und Besetzungsentscheidung der Umfang des Verfahrens durch eine **Verbindung** mit einem anderen, namentlich weiteren bei derselben Kammer angeklagten Verfahren wesentlich erweiterte und sich deshalb die auf der Grundlage getrennter Verfahrensführung beschlossenen Besetzungsreduktionen als nicht mehr sachgerecht erwiesen hätte,[98] nimmt die nunmehr in Absatz 4 neu geschaffene Regelung neben dieser Konstellation insbesondere den Fall in Betracht, in dem eine große Strafkammer wesentliche Teile einer Anklage nicht zur Hauptverhandlung zulässt und im Hinblick auf den verbleibenden Verfahrensstoff eine Besetzung mit zwei Berufsrichtern und zwei Schöffen beschließt, das Oberlandesgericht dann aber auf eine sofortige Beschwerde der Staatsanwaltschaft das Hauptverfahren in einem **Umfang** eröffnet, der eine Entscheidung in Dreierbesetzung erforderlich machen würde.[99] Hieraus erhellt zugleich, dass in derartigen Fällen die Entscheidung über die Besetzung (trotz § 309 Abs. 2 StPO) nicht dem das Verfahren eröffnenden **OLG als Beschwerdegericht** obliegen soll, sondern der Kammer. Dies lässt sich aber auch darauf zurückführen, dass der Kammer als erkennendem Gericht im Hinblick auf die Besetzung ein Beurteilungsspielraum (vgl. Rn. 22) zusteht, den das Beschwerdegericht regelmäßig nicht an sich ziehen kann.

30 Der **Anwendungsbereich** der Vorschrift ist jedoch nicht auf diese in der Begründung benannten Fälle beschränkt, sondern ist stets dann eröffnet, wenn *vor* der Hauptverhandlung neue **Umstände** im diesem Sinne **eintreten oder bekannt werden**, die nach Maßgabe der Absätze 2 und 3 eine Besetzung mit drei Richtern erforderlich machen. Dies kann etwa dann in Betracht kommen, wenn durch die Verteidigung eine Vielzahl von Beweisanträgen angekündigt wird, wenn zunächst nicht erkannte rechtliche oder tatsächliche Schwierigkeiten aufgetreten sind,[100] etwa nach Eingang schwierig zu bewertender Sachverständigengutachten, oder wenn der Angeklagte oder die Staatsanwaltschaft von einer im Rahmen von Erörterungen gem. § 202a StPO in Aussicht gestellten Verständigung wieder Abstand nimmt.[101] Treten derart neue Umstände auf, die eine Besetzung mit drei Berufsrichtern erforderlich machen, so hat die Kammer in **Abänderung des zuvor gefassten Beschlusses** zwingend die Dreierbesetzung zu beschließen; hält die Kammer trotz neu hinzugetretene Umstände, etwa einer Verfahrensverbindung,[102] eine Änderung der Besetzung hingegen nicht für erforderlich, so bedarf es hierüber keines erneuten Beschlusses und es verbleibt bei der beschlossenen Besetzung.[103]

31 Eine Änderung der Besetzungsentscheidung wird hingegen für unzulässig erachtet, wenn das Gericht seine frühere Entscheidung lediglich für unrichtig hält und die Haupt-

97 Kissel/*Mayer* 12.
98 BGHSt **53** 169.
99 BTDrucks. **17** 6905 S. 10.
100 *Schmitt/Köhler* 10.
101 *Schlothauer* StV **2012** 749, 750.
102 BGH NStZ **2009** 654.
103 Kissel/*Mayer* 13; MüKo/*Schuster* 14.

verhandlung unter Mitwirkung eines dritten Richters durchführen möchte, ohne dass neue Umstände dies erfordern.[104] Hier ist im Zweifel ‚Kreativität' beim Abfassen der entsprechenden Beschlussgründe gefragt. Auch die Entscheidung nach Absatz 4 ist zwingend in der **Besetzung** außerhalb der Hauptverhandlung mit drei Richtern und ohne Beteiligung der Schöffen zu treffen; eine in der Hauptverhandlung mit zwei Richtern unter Beteiligung der Schöffen getroffene Entscheidung über die Besetzung ist unwirksam.[105] Zu welchem **Zeitpunkt** die Entscheidung nach Absatz 4 zu fassen ist, lässt das Gesetz – anders als in Absatz 2 Satz 2 – offen. Zumindest in praktischer Hinsicht bietet sich aber auch hier ein mit der Terminsbestimmung zu verbindender Beschluss an. Die Rechte des Angeklagten werden hierdurch jedenfalls gewahrt.[106]

Absatz 4 gilt seinem Wortlaut zufolge indessen nur für diejenigen Fälle, in denen sich 32
eine **beschlossene Zweierbesetzung** als **nicht mehr tragfähig** erweist; der umgekehrt liegende Fall, dass nach Beschließen der Dreierbesetzung die neuen Umstände eine Verhandlung in reduzierter Besetzung ausreichend erscheinen lassen, wird von Absatz 4 nicht erfasst. Die große Strafkammer wird in derartigen Fällen demzufolge weiterhin in der beschlossenen Besetzung mit drei Richtern zu verhandeln haben. Der Wortlaut *„beschließt"* legt im Übrigen nahe, dass die Kammer bei Vorliegen neuer Umstände über ihre Besetzung mit drei Richtern eine neue Entscheidung zu treffen hat. Ergeben sich die neuen Umstände indessen erst **nach Beginn der Hauptverhandlung**, ist das Verfahren in der beschlossenen Besetzung zu Ende zu führen. Dies gilt auch dann, wenn sich erst nach Beginn der Hauptverhandlung herausstellt, dass sie deutlich länger dauern wird als bei Eröffnung zu erwarten war, bei früherer Kenntnis der entsprechenden Umstände eine andere Besetzung beschlossen worden wäre und sonst keine Gründe für eine Aussetzung (vgl. hierzu nunmehr Absatz 5) vorliegen.[107]

h) Die Besetzungsentscheidung nach Absatz 5. Während bereits nach Absatz 2 33
Satz 2 in der seit dem 23.12.2000 geltenden Fassung[108] eine neue Entscheidung über die Besetzung getroffen werden konnte nach **Zurückverweisung** der Sache durch das Revisionsgericht, namentlich wenn sich hiernach – etwa infolge von Teilaufhebungen oder Teileinstellungen – der Umfang des Verfahrens geändert hat,[109] ist diese Möglichkeit nunmehr in Absatz 5 fortgeschrieben und dahingehend erweitert worden, dass eine neue Entscheidung über die Besetzung auch dann in Betracht kommt, wenn die **Hauptverhandlung ausgesetzt** worden ist. Dies war nach bisher geltender Rechtslage nicht möglich. Auch hier eröffnet die Vorschrift lediglich die Möglichkeit zu einer abändernden Besetzungsentscheidung; sieht die Kammer keinen Anlass für eine abändernde Entscheidung, bedarf es auch hier keines Beschlusses und es verbleibt bei der beschlossenen Besetzung.[110]

Im Hinblick auf die Möglichkeit einer Aussetzung mit dem Ziel einer veränderten 34
Besetzung ist jedoch **Vorsicht geboten**. Denn der Begründung des Gesetzesentwurfs zufolge soll eine Aussetzung nur zu dem Zweck, erneut über die Besetzung entscheiden zu

104 *Schlothauer* StV **2012** 749, 750.

105 BGH StV **2011** 509; StV **2015** 743; NStZ **2016** 302; NStZ-RR **2017** 181; StV **2018** 776.

106 BGHSt **44** 361; BGHR GVG § 76 Abs. 2 Besetzungsbeschluss.

107 BRDrucks. **11** 460 S. 14; BGH NStZ **2013** 181 für den Fall, dass das Gericht nach Beginn der Hauptverhandlung einen Hinweis auf eine mögliche Anordnung der Unterbringung in einem psychiatrischen Krankenhaus gegeben hatte.

108 Art. 2 des Gesetzes zur Verlängerung der Besetzungsreduktion bei Strafkammern v. 19.12.2000 (BGBl. I S. 1756).

109 BTDrucks. **14** 3831 S. 2; *Rissing-van Saan* FS Krey 431, 438.

110 Kissel/*Mayer* 14; MüKo/*Schuster* 16.

können, nicht erfolgen dürfen.[111] Hiernach ist das Verfahren insbesondere dann nicht auszusetzen, wenn sich erst nach Beginn der Hauptverhandlung herausstellt, dass sie deutlich **kürzer oder länger als erwartet dauern** wird, bei früherer Kenntnis eine andere Besetzung beschlossen worden wäre und sonst keine Gründe für die Aussetzung vorliegen.[112] Hierdurch sollen letztlich **Manipulationen** des gesetzlichen Richters durch entsprechendes Prozessverhalten der Verfahrensbeteiligten ausgeschlossen werden.[113] Anders soll der Fall indessen liegen und eine Aussetzung zulässig sein, wenn sich z.B. erst in der Hauptverhandlung Anhaltspunkte dafür ergeben, dass die Anordnung der Unterbringung in der Sicherungsverwahrung, deren Vorbehalt oder die Anordnung der Unterbringung in einem psychiatrischen Krankenhaus zu erwarten ist und die Vernehmung einer sachverständigen Person nach § 246a StPO anderenfalls nicht ordnungsgemäß durchgeführt werden kann. Dann sei eine erneute Beschlussfassung über die Besetzung in der neu zu terminierenden Verhandlung zulässig.[114]

35 Entsprechendes soll gelten nach einer zulässigen und erfolgreichen **Besetzungsrüge** bzw. nach einem **Besetzungseinwand** nach § 222b StPO.[115] Indessen ist die Zulässigkeit der Aussetzung (mit der Folge der Möglichkeit einer geänderten Besetzung) nicht auf die in Absatz 5 benannten Fälle beschränkt. Zwar kommt aufgrund des Beschleunigungsgebots eine Aussetzung grundsätzlich nur in Ausnahmefällen in Betracht,[116] sie kann in Einzelfällen aber sachlich geboten sein.[117] Sie ist in bestimmten Fällen von Gesetzes wegen sogar vorgeschrieben.[118] Erfolgt in diesen Fällen eine Aussetzung der Hauptverhandlung, ist die Möglichkeit einer Besetzungsänderung nunmehr deren notwendige Folge.

36 Eine Änderung der Besetzungsentscheidung ist auch dann möglich und in diesem Fall – schon zum Vermeiden eines sonst zu erwartenden Besetzungseinwands – sogar geboten, wenn die Kammer nachträglich erkennt, dass ihre Entscheidung **objektiv willkürlich** war.[119] Während die Regelung in Absatz 4 ihrem Wortlaut zufolge lediglich eine Korrektur der Besetzung von zwei auf drei Berufsrichter, hingegen keine Korrektur von der beschlossenen 3er- zur 2er-Besetzung zulässt,[120] ist die Vorschrift in Absatz 5 insoweit offen gefasst. Eine **Korrektur der Besetzung** ist hiernach also in **beide Richtungen** möglich: entweder kann eine früher beschlossene Reduktion rückgängig gemacht werden, oder es kann nunmehr erstmals eine Reduktion beschlossen werden. Dies galt auch schon nach der bislang geltenden Rechtslage.[121] Auch die Entscheidung nach Absatz 5 ergeht außerhalb der Hauptverhandlung unter der Mitwirkung von drei Berufsrichtern; die Schöffen wirken hieran nicht mit. Zu welchem Zeitpunkt diese Entscheidung zu fassen ist, lässt das Gesetz auch hier offen; vgl. insoweit Rn. 23 a.E.

---

111 BRDrucks. 460/11 S. 14; KK/*Diemer* 4.

112 BTDrucks. **17** 6905 S. 10.

113 Kissel/*Mayer* 14; MüKo/*Schuster* 16; KK/*Diemer* 4.

114 A.a.O.

115 BGH NJW **2003** 3644; NStZ **2011** 54; *Haller/Janßen* NStZ **2004** 471; *Schmitt/Köhler* 11.

116 OLG Frankfurt MDR **1983** 253; LR/*Becker* § 228 StPO, 10 ff.; KK/*Gmel* § 228 StPO, 3.

117 Etwa wenn die Hauptverhandlung wegen der erfolgreichen Ablehnung eines Dolmetschers nahezu vollständig wiederholt werden muss und überdies der Sitzungsvertreter der Staatsanwaltschaft ausgewechselt werden musste, oder wenn sich das Erfordernis einer Begutachtung erst in der Hauptverhandlung ergibt, das Gutachten aber nicht in der Zeitspanne einer Unterbrechung vorgelegt werden kann, oder wegen einer Vorlage an das BVerfG. Vgl. i.Ü. die Beispiele bei LR/*Becker* § 228 StPO, 11.

118 *Schmitt/Köhler* § 228 StPO, 3.

119 BGH NJW **2003** 3644; BGH NStZ **2011** 52; BGH StV **2012** 52; Kissel/*Mayer* 14; MüKo/*Schuster* 17; *Schmitt/Köhler* 11.

120 *Schmitt/Köhler* 10; *Deutscher* StRR **2012** 13.

121 LR/*Siolek*[26] 10.

i) Anfechtbarkeit. Die Entscheidung über die Besetzung unterliegt keiner Anfechtung, eine Beschwerde ist nicht eröffnet.[122] Eine Begründung für die Nichtanfechtbarkeit lässt sich der Entscheidung des BGH zwar nicht entnehmen, man wird dies aber aus § 305 StPO herleiten können.[123] Indirekt ist eine Anfechtung indessen im Wege zunächst des **Besetzungseinwands** nach § 222b StPO sowie gegebenenfalls nachfolgend im Rahmen der Revision durch das Erheben einer **Verfahrensrüge** nach § 338 Nr. 1 StPO eröffnet.[124] Denn durch die Entscheidung über die Besetzung der großen Strafkammer wird der gesetzliche Richter bestimmt. Hierzu hat der BGH schon zur früheren Rechtslage klargestellt, dass die Präklusionsvorschrift des § 222b StPO – zumindest entsprechend – anwendbar ist[125] mit der Folge, dass die von der Kammer beschlossene Besetzung mit der Revision nur dann in zulässiger Weise beanstandet werden kann, wenn der entsprechende Besetzungseinwand rechtzeitig (bis zum Beginn der Vernehmung des ersten Angeklagten zur Sache) und vollständig zu Beginn der Hauptverhandlung geltend gemacht wurde.[126] Für den Besetzungseinwand nach **§ 222b StPO** geltender Fassung mit einer Entscheidung des OLG kann in der Folge nichts anderes gelten.[127] Greift der Besetzungseinwand nach § 222b StPO durch, ist die Hauptverhandlung mit der entsprechenden Entscheidung des Gerichts beendet, ohne dass es einer entsprechenden Entscheidung des Gerichts bedarf,[128] und ist diese mit veränderter, dann zutreffender Besetzung neu zu beginnen. Ist der Einwand nicht erfolgt, ist weiter in der beschlossenen Besetzung zu verhandeln und kann die Revision auf den Einwand einer fehlerhaften Besetzung nicht mehr gestützt werden. Dies gilt grundsätzlich auch, wenn sich erst später eine Änderung des Umfangs oder der Schwierigkeit der Sache ergibt.[129] In diesen Fällen bleibt nur die nunmehr in Absatz 5 eröffnete Möglichkeit einer Aussetzung (vgl. Rn. 12 ff.). 37

In der Sache kann die **Rüge der fehlerhaften Besetzung** nach der bisher hierzu vorliegenden Rechtsprechung des BGH nur durchgreifen, wenn die Kammer bei der Besetzungsentscheidung den ihr zustehenden weiten Beurteilungsspielraum in unvertretbarer Weise überschritten und damit objektiv **willkürlich** gehandelt hat.[130] Nicht ausdrücklich entschieden ist die Frage, ob im Rahmen eines Besetzungseinwands oder einer Revision auch eine willkürliche Besetzung mit *drei* Berufsrichtern gerügt werden kann. Der BGH hat insoweit aber klargestellt, dass auch diese Rüge dem Willkürmaßstab unterliegt.[131] Beschließt die Strafkammer in der Hauptverhandlung nach Absatz 4 mit zwei Berufsrichtern und zwei Schöffen, dass das Hauptverfahren hinsichtlich einer weiteren Anklage eröffnet wird, die Strafkammer mit zwei Berufsrichtern zwei Schöffen besetzt ist und das Verfahren hinzu verbunden wird, sind der Eröffnungsbeschluss und die Besetzungsent- 38

---

122 BGH NStZ **1999** 367 mit Anm. *Rieß* = NJW **1999** 1644 = JR **1999** 302 mit Anm. *Katholnigg*; Kissel/*Mayer* 15, *Schmitt/Köhler* 8; KK/*Diemer* 4; *Pfeiffer* 2.

123 So offenbar BGHSt **44** 328, der eine demgegenüber ebenfalls in Betracht kommende Anwendung des § 210 StPO (so noch *Katholnigg* § 76, 6 und JR **1999** 304) ausdrücklich ablehnt.

124 KK/*Diemer* 5; *Schmitt/Köhler* 17; *Schlothauer* StV **2012** 749, 753.

125 BGHSt **44** 328; BGHSt **44** 361.

126 *Rissing-van Saan* FS Krey 431, 437.

127 OLG Celle StraFo **2020** 159; OLG Hamburg NStZ **2020** 565; OLG Hamm v. 18.8.2020 – 1 Ws 325/20, BeckRS **2020** 43648; KG Berlin StV **2021** 813; OLG Saarbrücken v. 3.11.2021 – 1 Ws 73/21, BeckRS **2021** 41731.

128 LR/*Jäger* § 222b StPO, 34; MüKo/*Arnoldi* § 222b StPO, 22; KK/*Gmel* § 222b StPO, 16; OK/*Ritscher* § 222b StPO, 14.

129 BGH NStZ **2013** 181; Radtke/Hohmann 8.

130 BGHSt **44** 328; KK/*Diemer* 3; Radtke/Hohmann 19; *Schmitt/Köhler* 17 m.w.N.; vgl. auch hier Rn. 21.

131 BGH 3 StR 285/02 = StraFo **2003** 134; *Rieß* NStZ **1999** 369.

scheidung unwirksam und kann wegen Fehlens einer Prozessvoraussetzung eine zulässige Revision durchgreifen.[132]

39 **j) Übergangsregelungen.** Für **Altverfahren**, in denen der Eröffnungsbeschluss vor dem Inkrafttreten des RPflEntlG, also vor dem 1.3.1993 erlassen worden ist, konnte mangels einer dahingehenden Überleitungsvorschrift § 76 Abs. 2 nicht angewandt werden.[133] Für die zum 1.1.2012 in Kraft getretene Regelung indessen bestimmt § 41 Abs. 1 EGGVG (ebenfalls in der seither geltenden Fassung), dass auf die vor dem 1.1.2012 beim Landgericht eingegangenen Verfahren die Vorschriften der §§ 74, 74c und 76 in der bis zum 31.12.2011 geltenden Fassung anzuwenden sind. Auf die danach eingehenden Verfahren sind die jeweiligen Vorschriften in ihrer neuen Fassung anzuwenden.[134] Ausnahmen sieht das Gesetz nicht vor; die Vorschrift in der bis zum 31.12.2011 geltenden Fassung gilt daher nicht nur für die ursprüngliche Besetzungsentscheidung nach Absatz 2 Satz 1, sondern auch für spätere Besetzungsentscheidungen nach Absatz 4 und 5. Abzustellen ist demnach allein auf den Zeitpunkt des (erstmaligen) Eingangs des Verfahrens bei dem Landgericht. Wird etwa ein vor dem 31.12.2011 bei dem Landgericht eingegangenes Verfahren nach dem 1.1.2012 ausgesetzt oder vom BGH zurückverwiesen, bestimmt sich die Besetzung der Kammer stets nach der bis zum 31.12.2011 geltenden Regelung. Vgl. im Übrigen die Ausführungen zu § 41 EGGVG.

3. Die überbesetzte Strafkammer

40 **a) Überbesetzung der Strafkammer.** Die für die Überbesetzung der Strafkammer geltenden Grundsätze[135] haben sich durch die Möglichkeit, die Hauptverhandlung in einer reduzierten Besetzung durchzuführen, grundsätzlich nicht verändert;[136] namentlich wird man es weiterhin als (mindestens) zulässig ansehen können, dass die große Strafkammer geschäftsplanmäßig mit dem Vorsitzenden und drei Beisitzern besetzt ist, soweit dies nach der **nur auf Willkür nachprüfbaren Einschätzung des Präsidiums**[137] im Interesse der Aufrechterhaltung einer geordneten Rechtspflege unvermeidbar ist.[138] Dem stehen auch nicht die in der Rechtsprechung des BVerfG[139] entwickelten Maßstäbe entgegen, wonach die Überbesetzung unzulässig wird, wenn sie es gestattet, dass die Kammer in zwei voneinander verschiedenen Sitzgruppen oder in drei Sitzgruppen mit dem Vorsitzenden und je verschiedenen Beisitzern verhandeln und entscheiden könnte. Diese Grenzen wären zwar für die Verhandlung und Entscheidung mit zwei Richtern schon bei einer Überbesetzung um nur einen Richter überschritten. Die Rechtsprechung des BVerfG bezog sich jedoch ersichtlich nur auf die frühere Rechtslage. Zu der durch § 76 Abs. 2 geschaffenen Situation hat das BVerfG deswegen auch klargestellt, dass für die Frage einer Überbesetzung die **grundsätzlich vollständige Besetzung einer Kammer maßgeblich** ist,[140] weil eine Vo-

---

132 BGH StV **2011** 509; BGH StV **2015** 743; BGH NStZ **2016** 302; BGH NStZ-RR **2017** 181; BGH StV **2018** 776.
133 *Böttcher/Mayer* NStZ **1993** 153, 158; *Siegismund/Wickern* wistra **1993** 136, 139.
134 BRDrucks. 460/11 S. 14; BTDrucks. **17** 6905 S. 14.
135 S. dazu auch § 21f, 9 und § 21e, 10 ff; sowie etwa Kissel/*Mayer* § 21e, 113 ff.
136 BGH NStZ **2000** 50 unter Hinweis auf BGHZ **126** 63 und BVerfGE **95** 322, 331.
137 BVerfGE **18** 344, 350; **22** 282, 286.
138 Ebenso *Böttcher/Mayer* NStZ **1993** 158.
139 BVerfGE **17** 294, 301; **18** 65, 69 f.; **18** 344, 350; **19** 145, 147; **22** 282, 284.
140 NJW **2004** 3482 Rn. 13; so schon vorher BGH NStZ **2004** 510.

rauszuweisung durch das Präsidium nach abstrakt-generellen Regeln an eine reduzierte Besetzung gar nicht erfolgen könne.[141]

b) Auswirkungen auf die Geschäftsverteilung. Zu berücksichtigen ist allerdings bei der Überbesetzung durch den Geschäftsverteilungsplan, dass die **Notwendigkeit** dadurch einer veränderten Beurteilung unterliegen kann, dass nunmehr an einem Teil der Hauptverhandlungen ein zweiter Beisitzer nicht mitwirkt, sodass dessen hierdurch frei werdende **Arbeitskapazität**[142] für die Frage mit bedacht werden muss, ob und in welchem Umfang eine Überbesetzung im Interesse einer geordneten Rechtspflege unvermeidbar ist. Da weiterhin der Vorsitzende mindestens 75 % der ihm obliegenden Aufgaben selbst wahrnehmen muss (s. Erl. zu § 21f, 3, und zu § 21f, 6 a.E.), wird sich vielfach das Bedürfnis, durch die Zuweisung weiterer Beisitzer die Arbeitskapazität der Kammer voll auszuschöpfen, verringern. Für die an sich grundsätzlich weiterhin zulässige Überbesetzung mit dem Vorsitzenden und vier Beisitzern wird sich deshalb eine Notwendigkeit nur noch bei Vorliegen besonderer Gründe bejahen lassen, etwa weil ein Teil der Besitzer nur mit einem Teil ihrer Arbeitskraft der Strafkammer zugewiesen ist oder wenn aufgrund der ihr zugewiesenen Aufgaben voraussehbar ist, dass die Strafkammer aufgrund der Ausnahme in § 76 Abs. 2 Hs. 2 ganz überwiegend von der Möglichkeit der Besetzungsreduktion keinen Gebrauch machen kann. 41

c) Grundsätze für die Kammergeschäftsverteilung. Bei der sog. **kammerinternen Geschäftsverteilung**, also der Aufstellung der Mitwirkungsgrundsätze nach § 21g Abs. 1 durch den Vorsitzenden, muss dieser dem Umstand Rechnung tragen, dass eine reduzierte Hauptverhandlungsbesetzung eintreten kann. Eine solche kammerinterne Geschäftsverteilung ist deshalb nunmehr auch bei der nicht überbesetzten Kammer erforderlich.[143] Hier muss sie regeln, welcher Beisitzer nicht mitwirkt, wenn die Besetzungsreduktion beschlossen wird. Dabei müssen die Grundsätze so gestaltet sein, dass eine Manipulation hinsichtlich der bei einer Besetzungsreduktion ausscheidenden Richter möglichst ausgeschlossen ist.[144] Die Zuständigkeit in der Kammer oder der darin bestehenden **Sitzgruppen** muss demnach generell im Voraus nach objektiven Merkmalen, beispielsweise nach Aktenzeichen, Eingangsdatum, Rechtsgebiet oder Herkunftsbezirk der anhängigen Sachen bestimmt sein.[145] Es bedarf jedoch keiner ausdrücklichen Regelung, dass bei einer Zweierbesetzung außer dem Vorsitzenden der Berichterstatter an der Hauptverhandlung teilnimmt, weil sich dies von selbst versteht.[146] 42

d) Folgen für die Abstimmung. Bei der mit zwei Richtern und zwei Schöffen, also mit vier stimmberechtigten Mitgliedern besetzten großen Strafkammer, gelten infolge der Änderung des § 196 Abs. 4[147] die gleichen Regeln, die für das erweiterte Schöffengericht gelten.[148] Es gilt also, soweit einfache **Mehrheit** erforderlich ist, der Stichentscheid des 43

141 BVerfG a.a.O. Rn. 14.

142 S. dazu EBegr., BTDrucks. **12** 1217 S. 47 f.

143 Vgl. BVerfGE **95** 322, 329 = JR **1997** 278, 280; BVerfG NJW **1998** 743; BGHZ **126** 63; BGH NStZ **2000** 50 = JR **2000** 166 m. Anm. *Katholnigg*; *Kissel* NJW **1993** 489, 492; ausführlich *Schlothauer* StV **1993** 148 f. Vgl. zum bisherigen Recht, wo sie als entbehrlich angesehen wird, § 21g, 4; *Kissel/Mayer* § 21g, 2 f.

144 Hinweise hierfür bei *Schlothauer* StV **1993** 147, 148 f.

145 BGH NStZ **2000** 50.

146 BGH NStZ **2006** 620.

147 Art. 3 Nr. 10 RpflEntlG.

148 S. hierzu auch die Erl. zu § 196.

Vorsitzenden. Dies ist freilich, da alle wichtigen Entscheidungen nach § 263 StPO mit Zweidrittelmehrheit zu treffen sind, von eher untergeordneter Bedeutung.

4. Die Berufungsstrafkammern

44 **a) Kleine Strafkammer.** Das RpflEntlG hat die Zuständigkeit der großen Strafkammern für Berufungen gegen Urteile des Schöffengerichts beseitigt. Zur Entscheidung über alle Berufungen[149] ist seither die kleine Strafkammer zuständig, und zwar nach **Absatz 1** in der Besetzung mit dem **Vorsitzenden** und zwei Schöffen. Die Zuständigkeit der großen Strafkammer für Beschwerden ist dagegen unverändert geblieben (§ 73), gleich ob sie sich nun gegen Entscheidungen des Strafrichters oder des Schöffengerichts richten. Nach § 76 Abs. 1 sind jetzt in Schöffengerichtssachen die erste Instanz und das Berufungsgericht gleich besetzt. Dasselbe gilt für Sachen des erweiterten Schöffengerichts nach § 29 Abs. 2, weil in derartigen Fällen gemäß **Absatz 6 Satz 1** ein **zweiter Richter** mitwirken muss. Ein Ermessen besteht insoweit nicht. Es kommt auch nicht darauf an, ob beim erweiterten Schöffengericht der zweite Richter zu Recht hinzugezogen worden ist.[150] Durch die Beiziehung eines zweiten Richters bleibt die Qualität der kleinen Strafkammer als solche unverändert. Wer als weiterer Richter mitzuwirken hat, muss durch den Geschäftsverteilungsplan bestimmt werden (s. § 29 Rd. 11). Die kleine Strafkammer ist uneingeschränkt an die Strafgewalt des Amtsgerichts gebunden. Die früher (vor dem 28.2.1993) bestehende Möglichkeit, in Berufungssachen erstinstanzlich mit der vollen Strafgewalt des Landgerichts zu verhandeln, besteht nicht mehr (Rn. 35).

45 **b) Kleine Wirtschaftsstrafkammer.** Bei den Wirtschaftsstrafkammern sind für Berufungen gegen schöffengerichtliche Urteile, deren Gegenstand dem Katalog der § 74c Abs. 1 unterfällt, kleine Wirtschaftsstrafkammern zu bilden. Indem § 74c Abs. 1 jetzt nur die Worte „eine Strafkammer“ verwendet, ergibt sich die Besetzung der danach entweder für erstinstanzliche oder für Berufsverfahren zuständigen Strafkammer aus § 76.[151] Die Regelung hat zur Folge, dass das Konzentrationsgebot für Wirtschaftsstrafsachen i.S.d. § 74c Abs. 1[152] weiterhin auch für Berufungen gegen Urteile des Schöffengerichts gilt und dass für diese weiterhin die landesrechtliche Konzentrationsmöglichkeit nach § 74c Abs. 3 besteht.[153] Unverändert bestehen bleibt auch die Kompetenz-Kompetenz der kleinen Wirtschaftsstrafkammer gegenüber den übrigen Berufungsstrafkammern bei Meinungsverschiedenheiten über die Zuständigkeit.[154] Ist eine kleine Wirtschaftsstrafkammer nicht ausgelastet, so können ihr selbstverständlich auch andere Sachen zugewiesen werden. Für **Berufungen gegen Urteile des Strafrichters,** die unter den Katalog des § 74c Abs. 1 fallen, ist die kleine Wirtschaftsstrafkammer nicht kraft Gesetzes zuständig, jedoch sind die Präsidien nicht gehindert, ihnen diese Sachen im Geschäftsverteilungsplan zuzuweisen, soweit die Kammer nicht voll ausgelastet ist.

46 **c) Übergang in das erstinstanzliche Verfahren.** Die bis Inkrafttreten des RpflEntlG und Neufassung des § 76 bestehende Möglichkeit, dass die Berufungsstrafkammer als erstinstanzliche Strafkammer verhandelt und entscheidet, wenn sie die Strafgewalt des Amts-

149 Mit Ausnahme der Berufungen gegen Urteile des Jugendschöffengerichts nach § 33a Abs. 1 JGG.
150 OLG Düsseldorf NStZ **1994** 97 = StV **1994** 10 = MDR **1994** 297.
151 Ebenso SchrBer.RAusschBT, BTDrucks. **12** 3832 S. 43.
152 Vgl. § 74c, 8.
153 Ebenso *Hansens* AnwBl. **1993** 197, 200.
154 Vgl. § 74c, 9.

gerichts überschreiten will oder auf diese Weise eine Überschreitung der Strafgewalt des Amtsgericht heilt[155] **gibt es**, jedenfalls außerhalb der Jugendkammer, **nicht mehr**, weil die Besetzung der Berufungsstrafkammer nicht mehr der der erstinstanzlichen Strafkammer entspricht, und zwar auch nicht in den Fällen des § 76 Abs. 6 und solange die große Strafkammer nach § 76 Abs. 2 mit zwei Richtern besetzt sein kann. Ergibt sich, dass die Sache erstinstanzlich verhandelt werden muss, so ist in allen Berufungsverfahren so zu verfahren, wie es bisher bei der kleinen Strafkammer geregelt war (s. Erl. zu § 328 StPO, 26. Aufl. Rn. 43). Wegen der Verbindung von erstinstanzlichen und Berufungssachen s. LR/*Erb* § 4StPO, 15.

5. Jugendsachen

a) Die Besetzung der Jugendkammer. Ebenfalls durch das Gesetz über die Besetzung der großen Straf- und Jugendkammern in der Hauptverhandlung vom 6.12.2011 (BGBl. I S. 2554) wurde entsprechend der Regelung für die großen Strafkammern in § 76 Abs. 2 die Regelung des § 33b JGG in Absatz 2 neu gefasst und durch Absätze 2 bis 6 ersetzt. § 33b JGG hat nunmehr folgenden Wortlaut: 47

§ 33b Besetzung der Jugendkammer

(1) Die Jugendkammer ist mit drei Richtern einschließlich des Vorsitzenden und zwei Jugendschöffen (große Jugendkammer), in Verfahren über Berufungen gegen Urteile des Jugendrichters mit dem Vorsitzenden und zwei Jugendschöffen (kleine Jugendkammer) besetzt.

(2) Bei der Eröffnung des Hauptverfahrens beschließt die große Jugendkammer über ihre Besetzung in der Hauptverhandlung. Ist das Hauptverfahren bereits eröffnet, beschließt sie hierüber bei der Anberaumung des Termins zur Hauptverhandlung. Sie beschließt eine Besetzung mit drei Richtern einschließlich des Vorsitzenden und zwei Jugendschöffen, wenn

1. die Sache nach den allgemeinen Vorschriften einschließlich der Regelung des § 74e des Gerichtsverfassungsgesetzes zur Zuständigkeit des Schwurgerichts gehört,
2. ihre Zuständigkeit nach § 41 Absatz 1 Nummer 5 begründet ist oder
3. nach dem Umfang oder der Schwierigkeit der Sache die Mitwirkung eines dritten Richters notwendig erscheint.

Im Übrigen beschließt die große Jugendkammer eine Besetzung mit zwei Richtern einschließlich des Vorsitzenden und zwei Jugendschöffen.

(3) Die Mitwirkung eines dritten Richters ist nach Absatz 2 Satz 3 Nummer 3 in der Regel notwendig, wenn

1. die Jugendkammer die Sache nach § 41 Absatz 1 Nummer 2 übernommen hat,
2. die Hauptverhandlung voraussichtlich länger als zehn Tage dauern wird oder
3. die Sache eine der in § 74c Absatz 1 Satz 1 des Gerichtsverfassungsgesetzes genannten Straftaten zum Gegenstand hat.

(4) In Verfahren über die Berufung gegen ein Urteil des Jugendschöffengerichts gilt Absatz 2 entsprechend. Die große Jugendkammer beschließt ihre Besetzung mit drei Richtern einschließlich des Vorsitzenden und zwei Jugendschöffen auch dann, wenn mit dem angefochtenen Urteil auf eine Jugendstrafe von mehr als vier Jahren erkannt wurde.

(5) Hat die große Jugendkammer eine Besetzung mit zwei Richtern einschließlich des Vorsitzenden und zwei Jugendschöffen beschlossen und ergeben sich vor Beginn der Hauptverhandlung neue Umstände, die nach Maßgabe der Abs. 2 bis 4 eine Besetzung mit drei Richtern einschließlich des Vorsitzenden und zwei Jugendschöffen erforderlich machen, beschließt sie eine solche Besetzung.

---

155 LR/*Gössel* § 328 StPO, 43 ff.

(6) Ist eine Sache vom Revisionsgericht zurückverwiesen oder die Hauptverhandlung ausgesetzt worden, kann die jeweils zuständige Jugendkammer erneut nach Maßgabe der Abs. 2 bis 4 über ihre Besetzung beschließen.
(7) § 33a Abs. 1 Satz 2, Abs. 2 gilt entsprechend.

48 **b) Regelbeispiele.** Wie bereits nach bislang geltender Rechtslage ist die große Jugendkammer danach zwingend mit drei Berufsrichtern – und zwei Jugendschöffen – besetzt, wenn nach Maßgabe von § 74 die Sache in die Zuständigkeit des **Schwurgerichts** fällt (§ 33b Abs. 2 Satz 3 Nr. 1 JGG). Nach Satz 2 Nummer 3 ist die große Jugendkammer nunmehr auch zwingend mit 3 Berufsrichtern zu besetzen, wenn ihre Zuständigkeit nach 41 Abs. 1 Nr. 5 JGG begründet ist, mithin in Fällen, in denen eine Unterbringung in einem **psychiatrischen Krankenhaus** oder in der Sicherungsverwahrung in Betracht kommt. Entsprechendes gilt – wie bereits nach bisheriger Rechtslage –, wenn nach Umfang oder Schwierigkeit der Sache die Mitwirkung eines dritten Richters erforderlich erscheint (Satz 3 Nr. 3), wobei dies nunmehr auch hier durch **Regelbeispiele** konturiert wird (Absatz 3). Insofern kann auf die hiesigen Ausführungen zu § 76 Bezug genommen werden (hier Rn. 10 ff.). Da eine Zuständigkeit der großen Jugendkammer als Wirtschaftsstrafkammer entfällt, war abweichend von § 76 Abs. 3 indessen eine Klarstellung erforderlich, dass die Mitwirkung eines dritten Richters in der Regel erforderlich ist, wenn die Sache eine der in § 74c Abs. 1 Satz 1 genannten Straftaten zum Gegenstand hat.[156] Hinzu kommt indessen ein weiteres Regelbeispiel. Demnach ist die große Jugendkammer in der Regel mit drei Richtern zu besetzen, wenn ihre Zuständigkeit nach § 41 Abs. 1 Nr. 2 JGG begründet ist, mithin in Fällen, in denen allein wegen des besonderen Umfangs der Sache diese vom deshalb vorlegenden Jugendschöffengericht übernommen wird. Im Übrigen beschließt die große Jugendkammer ihre Besetzung mit zwei Berufsrichtern. § 33b Abs. 5 und 6 JGG mit der Möglichkeit einer späteren Besetzungsänderung entsprechen § 76 Abs. 4 und 5.

49 **c) Reduzierte Besetzung.** § 33b JGG in bisheriger Fassung verhielt sich jedenfalls nicht ausdrücklich zu der Frage, ob die große Jugendkammer auch dann eine Besetzungsreduzierung auf zwei Berufsrichter vornehmen durfte, wenn sie als **Berufungsgericht** zu verhandeln hatte. Dies wurde demzufolge auch entsprechend kontrovers beurteilt.[157] Die obergerichtliche Rechtsprechung hatte diese Möglichkeit indessen bejaht,[158] sodass in der Folge von dieser Möglichkeit rege Gebrauch gemacht wurde. Diese Entwicklung wurde nunmehr vom Gesetzgeber aufgegriffen: Nach § 33b Abs. 4 Satz 1 JGG gilt in Verfahren über die Berufung gegen ein Urteil des Jugendschöffengerichts Absatz 2 der Vorschrift entsprechend, sodass anhand der dort aufgestellten Grundsätze die große Jugendkammer auch als Berufungsgericht über ihre Besetzung mit **zwei oder drei Berufsrichtern** zu entscheiden hat. Nach Satz 2 ist die große Jugendkammer im Berufungsverfahren zudem zwingend mit drei Berufsrichtern zu besetzen, wenn mit dem angefochtenen Urteil auf eine Jugendstrafe von mehr als vier Jahren erkannt wurde. Dies erschien wegen der weitreichenden Sanktionsmacht des Jugendschöffengerichts sowie zum Schaffen einer gewissen Gleichwertigkeit in der Besetzung der Rechtsmittelgerichte im allgemeinen Strafrecht und Jugendstrafrecht angezeigt.[159] Denn im Strafverfahren gegen Erwachsene ist bei einer Erwartung einer Freiheitsstrafe von mehr als vier Jahren das Landgericht bereits erstins-

156 BTDrucks. **17** 6905 S. 13.
157 Vgl. zum Meinungsstand LR/*Siolek*[26] 27.
158 BGHR StPO § 328 Abs. 1 Überleitung 2; BayObLG NStZ **1998** 102.
159 BRDrucks. 460/11 S. 15.

tanzlich zuständig. Gegen ein entsprechendes Urteil ist die Revision zum nicht besetzungsreduziert entscheidenden BGH statthaft. Wird hingegen gegen ein Urteil des Jugendschöffengerichts, dessen Sanktionskompetenz nicht beschränkt ist, Berufung eingelegt, so bleibt aufgrund der Alternativität der Rechtsmittel nach § 55 Abs. 2 JGG der spätere Weg einer Revision zum ebenfalls nicht besetzungsreduziert entscheidenden OLG versperrt. Vor diesem Hintergrund sollte eine Anpassung im Hinblick auf eine ebenfalls nicht in reduzierter Besetzung entscheidende große Jugendkammer herbeigeführt werden.

6. Strafvollstreckungskammer. Nach der Neufassung des § 78b Abs. 1 entscheidet die Strafvollstreckungskammer grundsätzlich durch einen Richter („**kleine Strafvollstreckungskammer**"), also auch bei den ihr übertragenen Entscheidungen nach dem IRG (§ 78a Abs. 1 Satz 1 Nr. 3) ohne Rücksicht auf den Entscheidungsgegenstand, bei den Entscheidungen über Maßnahmen nach dem Strafvollzugsgesetz (§ 78 Abs. 1 Satz 1 Nr. 2) ohne Rücksicht auf deren Schwierigkeit oder grundsätzliche Bedeutung sowie in den Entscheidungen nach den §§ 462a, 463 StPO (§ 78a Abs. 1 Satz 1 Nr. 1) ohne Rücksicht auf die Höhe der zugrunde liegenden Freiheitsstrafe. Eine Kollegialbesetzung mit drei Richtern („**große Strafvollstreckungskammer**") ist lediglich noch dann vorgesehen, wenn über die Aussetzung der Vollstreckung des Restes einer lebenslangen Freiheitsstrafe oder über die Aussetzung der Unterbringung in einem psychiatrischen Krankenhaus oder der Sicherungsverwahrung zu entscheiden ist. An der bisher ganz herrschenden Meinung, dass es sich bei der Strafvollstreckungskammer unabhängig von der Zahl der im Einzelfall mitwirkenden Richter um einen einheitlichen Spruchkörper handelt,[160] hat sich durch die Neufassung nichts geändert.[161] 50

7. Entscheidungen außerhalb der Hauptverhandlung. Zum Begriff „außerhalb der Hauptverhandlung" vgl. § 30, 13. Außerhalb der Hauptverhandlung entscheidet die **große Strafkammer** ausnahmslos in der Besetzung mit **drei Berufsrichtern**, und zwar selbst dann, wenn sie in der Hauptverhandlung nach Absatz 2 nur mit zwei Berufsrichtern besetzt ist oder eine solche Besetzung zu erwarten ist,[162] und zwar stets **ohne Beteiligung der Schöffen** (Absatz 1 Satz 2). Dies gilt auch im Falle einer Entscheidung über die Eröffnung des Hauptverfahrens und die Zulassung der Anklage, wenn sie in bereits laufender Hauptverhandlung vorgenommen wird.[163] Bei **der kleinen Strafkammer** entscheidet der **Vorsitzende** stets allein. Dies gilt nach Absatz 6 Satz 2 auch in den dort benannten Fällen. Zur Frage, ob der an sich klare Gesetzeswortlaut Ausnahmen erfordert, insbesondere in **Haftsachen**, vgl. § 30, 18 ff. und hier Rn. 9[164] 51

8. Einsatz von Hilfsrichtern. Wegen der Schwierigkeiten der deutschen Einheit hatte Art. 5 RpflEntlG für die Dauer von 5 Jahren § 29 DRiG dahin geändert, dass generell bei einer gerichtlichen Entscheidung zwei **Richter auf Probe, kraft Auftrags oder auf Zeit** mitwirken konnten. Das ließ den Einsatz solcher Richter im Hinblick auf § 59 Abs. 3 auch beim Landgericht zu, soweit von der Möglichkeit der Besetzungsreduktion nach § 76 Abs. 2 nicht Gebrauch gemacht worden ist. Seit dem 1.3.1998 gilt jedoch § 29 DRiG in den alten Bundesländern wieder in seiner ursprünglichen Fassung, sodass an Entscheidungen **ledig-** 52

---

160 Vor § 78a, 6 ff.

161 *Siegismund/Wickern* wistra **1993** 136, 140.

162 BGHSt **50** 267; SK/*Degener* 22; SSW/*Werner* 22; *Schmitt/Köhler* 16.

163 BGH NStZ **2021** 217.

164 Zu verfassungsrechtlichen Bedenken einer „beweglichen" Besetzungsregelung vgl. *Sowada* NStZ **2001** 169.

lich ein solcher Richter mitwirken darf.[165] Für die neuen Bundesländer gewährte § 3 Abs. 1 Satz 1 RpflAnpG eine Ausnahme: hier war Voraussetzung, dass mindestens ein Richter auf Lebenszeit bei der Entscheidung mitzuwirken hatte. Diese Regelung war aber auch nur bis zum 31.12.1999 befristet.

53 **9. Zuständigkeitsüberschreitung.** Die auf der Grundlage des früheren Rechts (vor Inkrafttreten des RpflEntlG) bestehende Möglichkeit, **dass statt der großen Strafkammer die kleine Strafkammer** entschieden und damit in den Zuständigkeitsbereich eines Spruchkörpers mit höherer Strafgewalt eingegriffen hat, mit der Folge, dass das Revisionsgericht diesen Mangel (als Verfahrensvoraussetzung) von Amts wegen zu beachten und die Sache unter Aufhebung des angefochtenen Urteils an die große Strafkammer zurückzuverweisen hat,[166] ist nach der Neufassung des § 76 nicht mehr denkbar. Vorstellbar bleibt jedoch dagegen, dass statt der kleinen Strafkammer die große Strafkammer entscheidet. Dieser Rechtsfehler wäre jedoch nach § 269 StPO grundsätzlich der Revision entzogen, falls nicht Willkür vorliegt.

54 **10. Feld- und Forstrügesachen.** Wegen der Frage, ob die landesrechtlichen Vorschriften für das Verfahren in Feld- und Forstrügesachen, denen zufolge im ersten Rechtszug stets der **Strafrichter** und in der Berufungsinstanz die **kleine Strafkammer** entscheidet, auch bei Verfehlungen Jugendlicher gelten, vgl. § 25, 19.

55 **11. Besonderheiten in den neuen Ländern.** Die für die neuen Länder durch Art. 13 Nr. 3 RpflEntlG nach Maßgabe Nummer 1 Buchst. j Absatz 1 Satz 1 der Anlage 1 Kap. III Sachgeb. A Abschn. III zum Einigungsvertrag eingeräumte Möglichkeit, dass die Strafsenate des Bezirksgerichts über Berufungen – außer über solche gegen Urteile des Jugendschöffengerichts – in der Besetzung mit einem Richter und zwei Schöffen entscheiden konnten, ist durch den Übergang zum normalen Aufbau der ordentlichen Gerichtsbarkeit inzwischen obsolet.

§ 77

(1) Für die Schöffen der Strafkammern gelten entsprechend die Vorschriften über die Schöffen des Schöffengerichts mit folgender Maßgabe:

(2) [1]Der Präsident des Landgerichts verteilt die Zahl der erforderlichen Hauptschöffen für die Strafkammern auf die zum Bezirk des Landgerichts gehörenden Amtsgerichtsbezirke. [2]Die Ersatzschöffen wählt der Ausschuß bei dem Amtsgericht, in dessen Bezirk das Landgericht seinen Sitz hat. [3]Hat das Landgericht seinen Sitz außerhalb seines Bezirks, so bestimmt die Landesjustizverwaltung, welcher Ausschuß der zum Bezirk des Landgerichts gehörigen Amtsgerichte die Ersatzschöffen wählt. [4]Ist Sitz des Landgerichts eine Stadt, die Bezirke von zwei oder mehr zum Bezirk des Landgerichts gehörenden Amtsgerichten oder Teile davon umfaßt, so gilt für die Wahl der Ersatzschöffen durch die bei diesen Amtsgerichten gebildeten Ausschüsse Satz 1 entsprechend; die Landesjustizverwaltung kann bestimmte Amtsgerichte davon ausnehmen. [5]Die Namen der gewählten Hauptschöffen und der Ersatzschöffen werden von dem Richter beim Amtsgericht dem Präsidenten des Landgerichts mitgeteilt. [6]Der Präsi-

165 Vgl. auch § 115, 4.
166 BayObLG GA **1971** 88.

dent des Landgerichts stellt die Namen der Hauptschöffen zur Schöffenliste des Landgerichts zusammen.

(3) [1]An die Stelle des Richters beim Amtsgericht tritt für die Auslosung der Reihenfolge, in der die Hauptschöffen an den einzelnen ordentlichen Sitzungen teilnehmen, und der Reihenfolge, in der die Ersatzschöffen an die Stelle wegfallender Schöffen treten, der Präsident des Landgerichts; § 45 Abs. 4 Satz 3, 4 gilt entsprechend. [2]Ist der Schöffe verstorben oder aus dem Landgerichtsbezirk verzogen, ordnet der Vorsitzende der Strafkammer die Streichung von der Schöffenliste an; in anderen Fällen wird die Entscheidung darüber, ob ein Schöffe von der Schöffenliste zu streichen ist, sowie über die von einem Schöffen vorgebrachten Ablehnungsgründe von einer Strafkammer getroffen. [3]Im übrigen tritt an die Stelle des Richters beim Amtsgericht der Vorsitzende der Strafkammer.

(4) [1]Ein ehrenamtlicher Richter darf für dasselbe Geschäftsjahr nur entweder als Schöffe für das Schöffengericht oder als Schöffe für die Strafkammern bestimmt werden. [2]Ist jemand für dasselbe Geschäftsjahr in einem Bezirk zu mehreren dieser Ämter oder in mehreren Bezirken zu diesen Ämtern bestimmt worden, so hat der Einberufene das Amt zu übernehmen, zu dem er zuerst einberufen wird.

(5) § 52 Abs. 2 Satz 1 Nr. 1 findet keine Anwendung.

Schrifttum

Brandes Auslosung der Schöffen zur Schöffenliste des Landgerichts, MDR **1980** 371; *Katholnigg* Nochmals: Auslosung der Schöffen zur Schöffenliste des Landgerichts, MDR **1980** 635; *Röper* Zur Auswahl der Hilfsschöffen, DRiZ **1981** 99; *Schätzler* Hilfsschöffenwahl in Berlin, NJW **1980** 1148; *Wagner* Vorverlegung der Besetzungsrüge nach § 222a StPO und die Folgen, JR **1980** 50.

Entstehungsgeschichte

Die Änderungen, die § 77 in der Zeit bis zur Bekanntmachung der Fassung des GVG vom 9.5.1975 (BGBl. I S. 1077) erfahren hatte, sind in LR[23] bei der Entstehungsgeschichte des § 77 dargestellt; darauf wird hier verwiesen. Seitdem erhielten durch Art. 2 Nr. 10 StVÄG 1979 Abs. 1 in Absatz 2 die Sätze 1 und 5, in Absatz 3 die Sätze 1 und 2, in Absatz 4 der Satz 1 der 1975 bekannt gemachten Fassung neue Fassungen. Dies beruhte darauf, dass das bis dahin geltende Recht als Nachklang der früheren Unterscheidung zwischen Schöffen und Geschworenen bei den Hauptschöffen des Landgerichts zwischen den Hauptschöffen für das Schwurgericht und den Hauptschöffen für die übrigen Strafkammern unterschied und es demgemäß für die Auslosung der Reihenfolge der Heranziehung getrennte Hauptschöffenlisten für das Schwurgericht und für die übrigen Strafkammern gab. Diese Trennung, für die es keine sachlichen Gründe gab, und die zudem die Gefahr gewisser Unzuträglichkeiten in sich barg, wurde zugunsten der Auslosung aus der einheitlichen Hauptschöffenliste des Landgerichts aufgegeben; wegen der Einzelheiten ist auf die Ausführungen im Ergänzungsband der 23. Aufl. zu § 77 zu verweisen. Durch Art. 2 Nr. 4 des StVÄG 1987 wurde in § 77 Abs. 2 ein neuer Satz 4 eingefügt mit der Folge, dass die bisherigen Sätze 4 und 5 die Sätze 5 und 6 wurden. Durch das Gesetz zur Vereinfachung und Vereinheitlichung der Verfahrensvorschriften zur Wahl und Berufung ehrenamtlicher Richter vom 21.12.2004 (BGBl. I S. 3599) wurde Absatz 3 Satz 2 neu gefasst und Absatz 5 angefügt. Durch das Gesetz zur Fortentwicklung der Strafprozessordnung und zur Änderung weiterer Vorschriften vom 25.6.2021 (BGBl. I S. 2099) wurde in Absatz 2 Satz 2 bis 5 und Absatz 3 Satz 1 der Begriff der **Hilfsschöffen** durch jenen der **Ersatzschöffen** ersetzt; eine inhaltliche Änderung ist hiermit nicht erfolgt.

Übersicht

1 **1. Regelungsgehalt.** Die Vorschrift erstreckt die für Schöffen beim Amtsgericht geltenden Regelungen der §§ 30 bis 58 auf die **Schöffen bei den Strafkammern des Landgerichts**, soweit in den Absätzen 2 bis 5 keine abweichenden Bestimmungen für die Landgerichte enthalten sind.[1] Insofern kann auf die dortigen Ausführungen zunächst grundsätzlich Bezug genommen werden. Schöffen werden sowohl für die Amts- als auch für die Landgerichte einheitlich vorgeschlagen und sodann in einer einheitlichen Liste für alle Strafkammern gewählt; eine Ausnahme gilt insoweit lediglich für die Jugendkammern.[2]

1a **2. Hauptschöffen.** Diese werden von den Wahlausschüssen der einzelnen Amtsgerichte entsprechend der Zuteilung der erforderlichen Zahl durch den Landgerichtspräsidenten gewählt. Der **Landgerichtspräsident** stellt nach Absatz 2 Satz 6 die ihm vom Richter beim Amtsgericht mitgeteilten Namen der Gewählten zur einheitlichen Schöffenliste des Landgerichts (vgl. § 77 Abs. 1 i.V.m. § 74) zusammen, aus der die Auslosung der Reihenfolge geschieht, in der die Hauptschöffen an den **im Voraus festgesetzten Sitzungstagen** teilnehmen (§§ 45, 77 Abs. 3). Im Rahmen des Möglichen sind alle Amtsgerichtsbezirke zu berücksichtigen.[3] Dabei ist auch der Bezirk einer auswärtigen Strafkammer (§ 78 Abs. 3) entsprechend dem Anteil der Verfahren, die von der Zuständigkeitsverlagerung nicht erfasst werden,[4] zu berücksichtigen; hierdurch soll vermieden werden, dass anderenfalls die Bevölkerung des übrigen Bezirks bei der Strafrechtsprechung überrepräsentiert wäre.[5] Jedoch greift bei deren Nichtberücksichtigung die Revisionsrüge des § 338 Nr. 1 StPO – auch unter dem Gesichtspunkt der Erhaltung der Funktionstüchtigkeit der Rechtspflege – nicht durch, wenn der Rechtsfehler auf dem verständlichen Rechtsirrtum beruht, dass angesichts des verschwindend geringen Anteils von Verfahren aus dem nicht berücksichtigten auswärtigen Bezirk die Zuweisung von Schöffen aus ihm nicht geboten sei, weil sie der Zielsetzung des § 77 Abs. 2 Satz 1 nicht Genüge tun könne.[6] Aus dem Erfordernis einer ***einheitlichen*** **Schöffenliste** ergibt sich, dass es nicht zulässig ist, „besondere“ Listen für Schöffen zur Besetzung der Strafkammern mit gesetzlicher Spezialzuständigkeit (Schwurgericht, Staatsschutz- und Wirtschaftskammer) zu bilden,[7] wenngleich dies besonders in Wirtschaftsstrafsachen wünschenswert wäre. Die Auslosung kann getrennt für die einzelnen Strafkammern erfolgen. Sie soll so vorgenommen werden, dass jeder Schöffe möglichst an nicht weniger und nicht mehr als zwölf Sitzungstagen im Jahr herangezogen wird (§ 45 Abs. 2 Satz 3).

---

1 Kissel/*Mayer* 1; MüKo/*Schuster* 1.

2 KK/*Diemer* 1.

3 OLG Celle NdsRpfl. **1980** 55; vgl. auch BGH NStZ **1992** 502.

4 BGHSt **34** 121 = NStZ **1987** 238 m. Anm. *Katholnigg* = StV **1987** 93 mit Anm. *Mehle*.

5 MüKo/*Schuster* 4; OK/*Goers* 15.

6 BGHSt **34** 121 = NJW **1986** 2585 = NStZ **1987** 238 mit Anm. *Katholnigg* = StV **1987** 293 mit Anm. *Mehle; Schmitt/Köhler* 2.

7 *Katholnigg* MDR **1980** 635; Kissel/*Mayer* 1; **a.A.** *Brandes* MDR **1980** 371.

3. Ersatzschöffen. Die Ersatzschöffen (früher Hilfsschöffen) werden, dem Sinngehalt des § 42 Abs. 1 Nr. 2 Satz 2 entsprechend, nach § 77 Abs. 2 Satz 2 grundsätzlich von dem **Ausschuss bei dem Amtsgericht** gewählt, in dessen Bezirk das Landgericht seinen Sitz hat. Eine Ausnahme davon gilt nach Satz 3, wenn das **Landgericht seinen Sitz** außerhalb seines Bezirks hat, wie es etwa beim Landgericht München II der Fall ist, das seinen Sitz in der Stadt, im Bezirk des Landgerichts München I hat.[8] In solchen Fällen bestimmt die Landesjustizverwaltung, welcher Ausschuss der zu dem Bezirk des Landgerichts gehörenden Amtsgerichte die Ersatzschöffen wählt.[9] Eine weitere Ausnahme regelt Absatz 2 Satz 4, der, wie die entsprechende Vorschrift in § 58 Abs. 2 Satz 2 und 3 (dort Rn. 16), einem von der Bundesregierung gebilligten Vorschlag des Bundesrats zufolge[10] durch das StVÄG 1987 eingefügt wurde. Vor Einfügung dieses Satzes 4 waren Zweifel entstanden, was rechtens ist, wenn Sitz des Landgerichts ein Ort ist, der in mehrere Amtsgerichtsbezirke aufgeteilt ist. BGHSt **29** 144[11] hatte (betr. AG Charlottenburg in Berlin) entschieden, dass § 77 Abs. 2 Satz 3 entsprechend anwendbar sei.[12] 2

Das jetzt geltende Recht beruht – wie die entsprechende Ergänzung in § 58 Abs. 2 – auf der Erwägung, dass angesichts der Verbesserung der Verkehrsverhältnisse für die von BGHSt **29** 144 gefundene Regelung kein Bedürfnis bestehe und deshalb auch in den Stadtstaaten und in anderen Bundesländern mit Landgerichten, an deren Sitz sich mehrere Amtsgerichte befinden, für die Wahl der Ersatzschöffen der landgerichtlichen Strafkammern das gleiche Verfahren gelten müsse wie für die Hauptschöffen, also in der Regel **Wahl aus allen Amtsgerichtsbezirken** der jeweiligen Stadt nach einer durch den Landgerichtspräsidenten vorzunehmenden Aufteilung und Zulassung einer Ausnahmeregelung wegen besonderer örtlicher Verhältnisse. 3

4. Zur Auslosung

a) Allgemeines. Die Auslosung findet in öffentlicher Sitzung statt,[13] bei der nur der Präsident und der Urkundsbeamte mitwirken. Hierbei handelt es sich um eine **reine Verwaltungstätigkeit** (vgl. auch Rn. 9).[14] Die Auslosung erfolgt nicht nur für die einzelnen Sitzungstage, sondern, wenn mehrere Strafkammern bestehen, auch gesondert für die einzelnen Strafkammern. Bei einer Veränderung der Strafkammern durch Auflösung oder Neubildung im Lauf des Geschäftsjahres muss eine **Neuauslosung** der Schöffen erfolgen.[15] Es können also, wenn z.B. eine große Strafkammer aufgelöst wird, die für sie ausgelosten Schöffen nicht für die Sitzungen einer neu gebildeten kleinen Strafkammer herangezogen werden, die die Sitzungstage der aufgelösten Kammer übernimmt.[16] 4

b) Hilfsstrafkammern. Wird im Lauf des Geschäftsjahres zur Entlastung einer überlasteten Strafkammer eine Hilfsstrafkammer gebildet, die vorübergehend einen Teil der 5

8 *Schmitt/Köhler* 3; vgl. auch *Schmitt/Köhler* § 166 Rn. 3; OK/*Goers* 24.
9 MüKo/*Schuster* 5.
10 BTDrucks. **10** 1313 S. 55, 56.
11 NJW **1980** 1175 = JR **1980** 85; dazu *Schätzler* NJW **1980** 1149; *Wagner* JR **1980** 50.
12 Wegen der Rechtslage in Hamburg vgl. BGH JR **1986** 388 mit Anm. *Katholnigg* 389.
13 Die Öffentlichkeit ist nach BGH NStZ **2006** 512 auch dann gewahrt, wenn die Eingangstür des Gerichtsgebäudes – etwa aus Sicherheitsgründen – verschlossen ist, der Zuhörer sich aber mit Hilfe einer Klingel Einlass verschaffen kann oder – wie bei der Auslosung – zum Zimmer des Präsidenten über ein regelmäßig besetztes Vorzimmer Zutritt erhalten kann.
14 Kissel/*Mayer* 4; MüKo/*Schuster* 5; OK/*Goers* 8.
15 Zu den in Betracht kommenden technischen Möglichkeiten vgl. OLG Koblenz NJW **1965** 546.
16 OLG Hamm NJW **1956** 1937; vgl. auch BayObLG NJW **1961** 586.

jener obliegenden Aufgaben übernimmt, so vertritt die Hilfsstrafkammer die ordentliche Kammer in den Aufgaben, die letztere nicht bewältigen kann (s. § 60, 12). § 46 gilt also nicht.[17] Daraus folgt, dass die **für die ordentliche Kammer ausgelosten Schöffen** an den für sie bestimmten Tagen ohne Weiteres zu den Sitzungen der Hilfsstrafkammer einzuberufen sind, soweit nicht beide Kammern am gleichen Tag – auch durch Terminabsprachen nicht abzuändernde – sich überschneidende Sitzungen abhalten.[18] Im letzteren Fall sind Schöffen aus der Ersatzschöffenliste heranzuziehen.[19]

6 **c) Auflösung der Hilfsstrafkammer.** Wird eine Hilfsstrafkammer aufgelöst und gehen ihre Geschäfte auf eine neu gebildete große Strafkammer über, so **endet** mit der Auflösung der Hilfsstrafkammer **das Amt** der für sie bestellten Schöffen, und für die neu gebildete Strafkammer müssen auch dann neue Schöffen ausgelost werden, wenn sie die Sitzungstage der aufgelösten Kammer übernimmt.[20] Mit dem Grundsatz der **gesonderten Auslosung** der Schöffen für die einzelnen Strafkammern ist es aber nicht unverträglich, für zwei Strafkammern dieselben Schöffen auszulosen; dies gilt auch, wenn die beiden Kammern die gleichen Sitzungstage haben, eine gleichzeitige Heranziehung der Schöffen an demselben Sitzungstag aber deshalb möglich ist, weil die Sitzungen zeitlich nacheinander stattfinden.[21] Wegen der gesonderten Festsetzung von Sitzungstagen für die Straf- und Jugendkammern vgl. § 45, 2.

7 **5. Aufgaben der Strafkammer (Absatz 3 Satz 2).** Die nach § 52 Abs. 1, 2, § 53 erforderlichen Anordnungen und Entscheidungen trifft die im Geschäftsverteilungsplan bezeichnete Strafkammer. Dass diese Aufgaben **nur *einer* Strafkammer** zugeteilt werden können, will Absatz 3 Satz 2 nicht besagen.[22] Handelt es sich bei der der Kammer obliegenden Entscheidung weder um eine Ermessensentscheidung noch um eine Entscheidung über unbestimmte Rechtsbegriffe, sondern um eine bei eindeutig bestimmten tatsächlichen Voraussetzungen zwingend gebotene Entscheidung, so ist es unschädlich, wenn statt der Kammer der Vorsitzende die Entscheidung trifft, die auch die Kammer nicht anders hätte treffen können.[23] Ob das erkennende Gericht schon deshalb vorschriftswidrig besetzt ist, weil die Streichung eines Hauptschöffen in der Schöffenliste abweichend von Absatz 3 Satz 2 durch den Landgerichtspräsidenten und nicht durch die Strafkammer erfolgte, hat BGH NStZ **1985** 135 offen gelassen; auf jeden Fall ist das Gericht vorschriftswidrig besetzt, wenn der Landgerichtspräsident nach Streichung des Hauptschöffen einen Ersatzschöffen in öffentlicher Sitzung als neuen Hauptschöffen auslost, während nach § 49 Abs. 2 Satz 1 an die Stelle des Gestrichenen der Ersatzschöffe tritt, der nach der Reihenfolge der Ersatzschöffenliste an nächster Stelle steht (BGH a.a.O.).

8 **6. Aufgaben des Strafkammervorsitzenden.** Die in Absatz 3 Satz 2 und 3 bezeichneten Aufgaben obliegen dem Strafkammervorsitzenden, d.h. dem ordentlichen Vorsitzenden oder im Falle seiner Verhinderung dem in diesem Zeitpunkt zu seiner Vertretung Berufenen, nicht etwa demjenigen, der in seiner Vertretung demnächst den Vorsitz in der betref-

---

17 BGHSt **31** 157; *Schmitt/Köhler* 6; KK/*Diemer* 4.
18 BGHSt **25** 174 = NJW **1973** 1139; BGH NStZ **2007** 537; *Schmitt/Köhler* 6; KK/*Diemer* 4.
19 BGHSt **31** 157; **41** 175, 180 f.
20 BGHSt **22** 209 = NJW **1968** 1974 = LM Nr. 12 mit Anm. *Hübner.*
21 BGHSt **20** 296 = LM Nr. 11 mit Anm. *Kohlhaas.*
22 OLG Celle MDR **1972** 261.
23 BGH NJW **1967** 1141, 1142.

fenden Sitzung führt.[24] Er muss diese Aufgaben **persönlich** wahrnehmen. So ist z.B. das Gericht unvorschriftsmäßig besetzt, wenn anstelle des Vorsitzenden der Urkundsbeamte darüber entschieden hat, ob ein zunächst zur Mitwirkung an der Sitzung berufener Ersatzschöffe als verhindert i.S.d. § 54 anzusehen ist.[25]

7. Rechtsnatur der Tätigkeiten. Präsident des Landgerichts, Strafkammer und Straf- 9
kammervorsitzender handeln, ebenso wie der Richter beim Amtsgericht, zwar unter richterlicher Unabhängigkeit, aber nicht in Ausübung rechtsprechender Tätigkeit, sondern üben **„justizförmige"**[26] **Verwaltungstätigkeit**[27] – aber nicht etwa „reine" Justizverwaltungstätigkeit – aus. Daraus ergibt sich z.B., dass eine Maßnahme des Strafkammervorsitzenden nicht deshalb unwirksam ist, weil er nach § 22 StPO ausgeschlossen oder er demnächst mit Erfolg abgelehnt oder seine Selbstablehnung für begründet erklärt wird, denn dieser Ausschluss bezieht sich nur auf eine echte rechtsprechende Tätigkeit.[28] Nimmt versehentlich statt des Strafkammervorsitzenden der Landgerichtspräsident die Auslosung der Schöffen für eine außerordentliche Sitzung vor, so ist dies für den Bestand des Urteils ohne Bedeutung. Denn es handelt sich um einen Akt, der nicht anders ausgefallen wäre, wenn ihn der Strafkammervorsitzende vorgenommen hätte. Für die justizförmigen Verwaltungsakte gilt in dieser Hinsicht nichts anderes als für die Akte der Rechtsprechungstätigkeit.[29]

8. Keine Ämterhäufung (Absatz 4). Die Vorschrift enthält einen allgemein geltenden 10
Grundsatz, der sinngemäß auch für Ersatzschöffen und für das Zusammentreffen von Ersatz- und Hauptschöffen gilt. Absatz 4 richtet sich zunächst an den Wahlausschuss (§ 40), der durch seine Wahl die „Bestimmung" zum Schöffengerichts- oder Strafkammerschöffen, zum Haupt- oder Ersatzschöffen trifft. Trotz der sprachlichen Einkleidung („Ein ehrenamtlicher Richter darf ... nur ..." statt früher. „Niemand soll zugleich ...") macht ein versehentlicher Verstoß gegen Absatz 4 Satz 1 – durch den gleichen Wahlausschuss oder bei Wahl in verschiedenen Amtsgerichtsbezirken des gleichen Landgerichtsbezirks infolge Unkenntnis der am anderen Ort getroffenen Bestimmung (denkbar z.B. bei Doppelwohnsitz) – die **mehrfache Bestimmung** nicht unwirksam, wie sich aus Satz 2 ergibt. Danach hat der mehrfach „Bestimmte" das Amt zu übernehmen, zu dem er zuerst einberufen wird;[30] die übrigen „Bestimmungen" werden dadurch hinfällig. Unter **„Einberufung"** ist bei Hauptschöffen die entsprechend §§ 45, 77 Abs. 1 und 3 Satz 1 Halbsatz 2 ergehende Nachricht, bei Ersatzschöffen die Nachricht von der konkreten Heranziehung nach § 49 Abs. 3 Satz 3 zu verstehen; entsprechendes gilt für den Ersatzschöffen, der nach §§ 48, 192 als Ergänzungsschöffe herangezogen wird. Bei gleichzeitiger Einberufung eines versehentlich sowohl für das Schöffengericht wie für die Strafkammer ausgelosten Schöffen gebührt die Einberufung zu demjenigen Amt der Vorzug, das der Schöffe schon zuvor ausgeübt hatte; hatte der gleichzeitig Einberufene zuvor noch keine Schöffentätigkeit ausgeübt, so wird der Einberufung zu dem höheren Gericht der Vorrang einzuräumen sein.[31]

---

24 BGHSt **3** 68.
25 BGH DRiZ **1967** 63.
26 So BGHSt **3** 68; **25** 257.
27 Kissel/*Mayer* 4; MüKo/*Schuster* 5; OK/*Goers* 8.
28 BGHSt **3** 68.
29 Ebenso im Ergebnis, aber mit anderer Begründung BayObLG NJW **1961** 569.
30 SK/*Degener* 7; SSW/*Werner* 4.
31 LG Hamburg MDR **1968** 170; *Kissel/Mayer* 9; s. auch *Schmitt/Köhler* 5.

11 **9. Einschränkungen nach Absatz 5.** Durch die Änderung des § 52 Abs. 2 Nr. 1 war für die Schöffen in den Strafkammern klarzustellen, dass ein **Wohnsitzwechsel** im Amtsgerichtsbezirk nicht zur Streichung von der Schöffenliste berechtigt, weil sich dadurch an der Zugehörigkeit zum Landgerichtsbezirk nichts ändert.

5a. TITEL
Strafvollstreckungskammern

Vorbemerkungen

Schrifttum

Blau Das Vollstreckungsgericht in: Schwind/Blau, Strafvollzug in der Praxis (1976) 359 ff.; *Doller* Zwölf Jahre Strafvollstreckungskammer, DRiZ **1987** 264; *Herzog* Dauer der Zuständigkeit der Strafvollstreckungskammer, NJW **1976** 1077; *Jähnke* Die Rechtsprechung des Bundesgerichtshofs zur Zuständigkeit der Strafvollstreckungskammer und des Gerichts des ersten Rechtszugs nach § 462a StPO, DRiZ **1977** 236; *Kömhoff* Die Selbständigkeit der kleinen Strafvollstreckungskammer, NStZ **1981** 421; *Müller-Dietz* Die Strafvollstreckungskammer, JA **1981** 57, 113; *K. Peters* Der Auftrag des Gesetzgebers an die Strafvollstreckungskammer, GA **1977** 97; *K. Peters* Die Tätigkeit der Strafvollstreckungskammer unter besonderer Berücksichtigung von § 109 StVollzG, JR **1977** 397; *Schmidt* Die Strafvollstreckungskammern in der Praxis, NJW **1975** 1485; *Schwenn* Pflichtverteidiger im Vollstreckungsverfahren? StV **1981** 203; *Stromberg* Die Strafvollstreckungskammern der Landgerichte, MDR **1979** 353; *Thormann* Strafvollstreckungs- und Vollzugsgericht (1973); *Treptow* Zur Tätigkeit der Strafvollstreckungskammern in Vollzugssachen, NJW **1977** 1037; *Tröndle* Die Aufgabe des Gerichts bei der Anwendung der Strafen, ZStW **81** (1969) 84; *Valentin* Obergerichtliche Rechtsprechung zu Zuständigkeitsfragen bei § 462a StPO, NStZ **1981** 128. S. auch die Schrifttumsangaben zu §§ 454, 462a StPO.

Übersicht

I. Grundgedanken und allgemeine Bedeutung des 5a. Titels

1 **1. Probleme im Entstehungsstadium.** Der die §§ 78a und 78b umfassende Titel 5a ist durch Art. 22 Nr. 6 EGStGB 1974 mit Wirkung vom 1.1.1975 geschaffen und durch § 179 Nr. 2 und 3 StVollzG 1976 mit Wirkung vom 1.1.1977 geändert worden. Die Grundgedanken dieser gesetzgeberischen Schöpfung sind in § 462a Rn. 1 bis 3 StPO dargestellt worden; darauf muss hier verwiesen werden. Im Entstehungsstadium war umstritten, wie das Konzept der Schaffung räumlich „entscheidungsnaher“ Spruchkörper, besetzt mit Richtern, die über Kenntnisse und besondere Erfahrungen im Vollzugswesen verfügen, technisch durchzuführen sei.

2 **2. Die Strafvollstreckungskammer als Spruchkörper des Landgerichts.** Die Frage war zunächst, bei welchem Gericht der Spruchkörper zu bilden sei. Hier boten sich hauptsächlich drei Lösungsmöglichkeiten an:[1] die Inanspruchnahme des Richters beim Amtsge-

1 Einzelheiten etwa bei *Blau* 361; *Peters* GA **1977** 97, 105.

richt nach dem Vorbild des besonderen Vollstreckungsleiters nach § 85 Abs. 2 JGG, die Bildung von Spezialkammern des Landgerichts in Anlehnung an das von dem Karlsruher Richter *Thormann* praeter legem erprobte sog. Karlsruher Modell, und schließlich die sog. Doppellösung, nach der entweder der Richter beim Amtsgericht oder der besondere Spruchkörper des Landgerichts zuständig sein sollte, je nachdem, ob erkennendes Gericht des ersten Rechtszuges im Hauptverfahren das Amts- oder das Landgericht war. Der Gesetzgeber gab schließlich aus den in der Begr. des RegE zu Art. 20 Nr. 5 dargelegten Gründen[2] der Lösung der Bildung eines **Spezialspruchkörpers** beim Landgericht den Vorzug. Sie trägt insofern vermittelnde Züge, als nach § 78b Abs. 1 innerhalb der Strafvollstreckungskammer die Entscheidungszuständigkeit zwischen Einzelrichter und vollbesetzter Kammer abgestuft ist und nach § 78b Abs. 2 die Kammer auch mit Richtern beim Amtsgericht besetzt sein kann.

3 **3. Die Bezeichnung „Strafvollstreckungskammer".** Umstritten war auch im Entstehungsstadium die Benennung des neu zu schaffenden Spruchkörpers; der Streit kennzeichnet die dogmatischen Schwierigkeiten, denen eine gesetzliche Umschreibung der den neuen Spruchkörpern obliegenden Aufgaben begegnet, seitdem sich die qualitativen Unterschiede zwischen Entscheidungen im Erkenntnisverfahren und Nachtragsentscheidungen aufzulösen beginnen.[3] Das 2. StRG 1969 hatte die Bezeichnung „Vollstreckungsgericht" verwendet (z.B. in §§ 67, 67a). Die Strafvollzugskommission empfahl demgegenüber die Bezeichnung „Strafvollstreckungs- und Vollzugsgericht", weil das Gericht neben urteilsergänzenden **auch vollzugsrechtliche Entscheidungen** zu treffen habe, die nicht unter den herkömmlichen Begriff „Strafvollstreckung" fielen. Nach *Peters*[4] sind die Strafvollstreckungskammern „in Wirklichkeit Strafvollzugsgerichte" und müssten richtig „Strafvollzugskammern" heißen, und zwar nicht nur, weil ihnen – seit dem 1.1.1977 – nach §§ 109 ff. StVollzG, § 78a Abs. 1 Nr. 2 die erstinstanzliche Entscheidung über angegriffene Maßnahmen der Vollzugsbehörden obliegt, sondern weil ihnen auch im Übrigen „vollzugsgestaltende" Entscheidungen übertragen seien. Die Begründung des RegE des EGStGB 1974 erhob gegenüber der vorgeschlagenen Bezeichnung „Strafvollstreckungs- und Vollzugsgericht" den Einwand, sie räume die Bedenken nicht aus, die sich daraus ergäben, die auf die Aussetzung einer Strafe oder Maßregel der Besserung und Sicherung zur Bewährung bezogenen Entscheidungen als „Strafvollstreckung" zu bezeichnen. Gleichwohl gab der Entwurf – und das Gesetz ist ihm darin gefolgt – der die vollzugsrechtliche Seite ausklammernden „pars pro toto" – Bezeichnung „Strafvollstreckungskammer" den Vorzug. Maßgebend dafür war die Erwägung, es solle durch die Bezeichnung der neuen Spruchkörper „nicht der Eindruck entstehen, dass es sich um besondere, aus dem Gefüge der ordentlichen Strafgerichtsbarkeit herausgelöste Gerichte handele"; ein solcher Eindruck werde durch die Bezeichnung „Strafvollstreckungskammer" vermieden. Es handelt sich also um eine aus taktischen oder pragmatischen Gründen getroffene Wahl, die bewusst eine gesetzgeberische Stellungnahme oder den Anschein einer solchen bei den Bemühungen um eine begriffliche Erfassung des Wesens der den Strafvollstreckungskammern obliegenden Nachtragsentscheidungen (Aussetzung von Restfreiheitsstrafen zur Bewährung usw.) vermeidet. Man wird den Gesetzgeber wegen dieser Zurückhaltung loben müssen, ihn jedenfalls nicht der Sorglosigkeit bei der Wahl der Bezeichnung zeihen dürfen.

---

2 BTDrucks. 7 550 S. 318.

3 LR/*Graalmann/Scheerer* § 453, 4 StPO.

4 „Der neue Strafprozeß" (1975) 197 und GA **1977** 97, 100.

4. Keine Mitwirkung von Laienrichtern. Die Strafvollstreckungskammern sind nur mit Berufsrichtern besetzt. Die Strafvollzugskommission hatte zwar eine Prüfung angeregt, ob nicht sachkundige Laien bei den Entscheidungen mitwirken sollten. Der RegE des EGStGB 1974 griff – in Übereinstimmung mit den bereits von *Tröndle* auf dem 10. Internationalen Strafrechtskongress 1969 in Rom vorgetragenen Bedenken[5] – diese Anregung nicht auf, weil die erforderliche Zahl unabhängiger, aber mit den besonderen Bedingungen des modernen Vollzugs von Strafen und freiheitsentziehenden Maßregeln vertrauter und zur Mitwirkung bereiter Personen nicht zur Verfügung stehe, die Heranziehung im Strafvollzug beschäftigter oder in der Bewährungshilfe tätiger Personen aber aus den gleichen oder ähnlichen Gründen, aus denen sie zum Schöffenamt nicht herangezogen werden sollen,[6] nicht angängig sei. Damit ist auch ein Bruch mit dem allgemein das Strafverfahrensrecht beherrschenden Grundsatz vermieden, dass bei den außerhalb der Hauptverhandlung in Beschlussform zu treffenden Entscheidungen ehrenamtliche Richter nicht mitwirken. Die wichtige und häufig unentbehrliche Beteiligung von sachkundigen Personen ist in anderer Form sichergestellt (Anhörung der Vollzugsbehörde und des Vollzugspersonals, Inanspruchnahme der Gerichtshilfe bei der Vorbereitung der Entscheidungen – § 463d StPO). 4

II. Verhältnis der Strafvollstreckungskammer zu den anderen Strafkammern des Landgerichts

Die Strafvollstreckungskammer ist nach § 78a Abs. 1 Satz 1 ein beim Landgericht gebildeter, mit Spezialzuständigkeit (mit **gesetzlicher Zuständigkeitskonzentration**) ausgestatteter Spruchkörper. Damit ist sie, mögen auch die sie betreffenden Vorschriften nicht im 5. Titel „Landgerichte" geregelt, sondern in einem besonderen (5a.) Titel zusammengefasst sein, substantiell auch eine Strafkammer des Landgerichts, für die ergänzend die allgemein die Strafkammer betreffenden Vorschriften des 5. Titels, z.B. über die Art der Errichtung (§ 60, 7) oder die Regelung der Vertretung (§ 70) maßgebend sind. Im Übrigen weist die Strafvollstreckungskammer eine Reihe von Besonderheiten gegenüber der „Strafkammer" auf, die es rechtfertigen, von einem gewissen **Sonderstatus** der Strafvollstreckungskammer[7] zu sprechen. Er kommt schon äußerlich durch die Bezeichnung als Strafvollstreckungskammer zum Ausdruck, deren sich der Spruchkörper – darin vergleichbar der Strafkammer „als Schwurgericht" (§ 74 Abs. 2), die in der Hauptverhandlung die Bezeichnung Schwurgericht führt (§ 76 Abs. 2), oder der „Kammer für Bußgeldsachen" (§ 46 Abs. 7 OWiG) – zu bedienen hat, wenn er mit den in § 78a bezeichneten Sachen befasst ist, während Staatsschutzkammer, Wirtschaftskammer, Jugendschutzkammer sprachübliche Abkürzungen, aber keine termini technici sind. Andere Besonderheiten ergeben sich aus § 78a Abs. 2, 3, § 78b Abs. 2, doch gibt es für sie zum Teil auch Parallelen bei den anderen Spruchkörpern (§§ 58, 74d, 78 Abs. 2). Der wesentliche Unterschied zwischen der Strafvollstreckungskammer und den allgemeinen Strafkammern besteht darin, dass erstere kraft Gesetzes nicht als erkennendes, sondern nur als beschließendes Gericht außerhalb eines Hauptverfahrens tätig werden kann, und dass sie dabei – wie bei der kleinen oder großen Strafkammer – entweder mit einem oder mit drei Richtern besetzt ist. 5

5 Vgl. ZStW **81** (1969) 84 ff.
6 § 34, 11.
7 So *Peters* GA **1977** 97, 100.

III. Verhältnis der „großen" zur „kleinen" Strafvollstreckungskammer

6 **1. Die Problematik.** Sehr streitig war zunächst, wie die in § 78b Abs. 1 vorgesehene unterschiedliche Besetzung mit einem oder mit drei Richtern rechtlich zu werten ist. § 76 Abs. 1 unterscheidet je nach der Besetzung in der Hauptverhandlung zwischen der „kleinen" und der „großen" Strafkammer und kennzeichnet sie als verschiedene Spruchkörper mit verschiedenem Aufgabenbereich, als Gerichte verschiedener „Ordnung". Im Anschluss daran hat sich z.T. die Übung eingebürgert, die Strafvollstreckungskammer in der Besetzung mit einem Richter als „kleine", in der Besetzung mit drei Richtern als „große" Strafvollstreckungskammer zu bezeichnen. Daran schließt sich die Frage an, ob – in gleicher Weise wie kleine und große Strafkammer – auch „kleine" und „große" Strafvollstreckungskammer verschiedene Spruchkörper sind. Sie wurde zunächst sehr unterschiedlich beantwortet.[8] Die praktische Bedeutung der Frage zeigt sich u.a. darin: sind „große" und „kleine" Strafvollstreckungskammer verschiedene Spruchkörper, so wäre es rechtlich (wenn auch gewiss nicht dem Sinn der Zuständigkeitskonzentration entsprechend) zulässig, dass im Geschäftsverteilungsplan des Landgerichts neben einer „großen" eine oder mehrere „kleine" Strafvollstreckungskammern erschienen,[9] und unter den in § 78a Abs. 2 bestimmten Voraussetzungen könnte sogar mehr als eine mit einem Richter beim Amtsgericht besetzte „kleine" Strafvollstreckungskammer mit jeweils verschiedenem Sitz außerhalb des Sitzes des Landgerichts, aber innerhalb des Landgerichtsbezirks errichtet werden.

2. Heutiger Stand der Streitfrage

7 **a) Einheitlicher Spruchkörper.** Bereits vor Inkrafttreten des RpflEntlG hatte sich als herrschende Meinung in Rechtsprechung und Schrifttum[10] herausgebildet, dass „kleine" und „große" Strafvollstreckungskammer **nicht verschiedene Spruchkörper** sind. Das ist heute im Grunde unbestritten. Der durch § 179 StVollzG geänderte § 78b und das RpflEntlG haben die Auffassung von einer einheitlichen Strafvollstreckungskammer bestätigt. Deren Besonderheit besteht darin, dass sie unter den in § 78b Abs. 1 bezeichneten Voraussetzungen in der Mehrzahl der Fälle nicht durch ein Kollegium, sondern nur durch einen Richter repräsentiert wird, der Mitglied dieser Kammer ist. Damit ist den gesetzgeberischen Bemühungen um eine Verfahrenskonzentration unter möglichst weitgehendem Ausschluss von Besetzungsrügen Rechnung getragen worden, wie sie in den bei § 78b darzustellenden Änderungen dieser Vorschrift durch das 23. StRÄG vom 13.4.1986 (BGBl. I S. 393), das StVÄG vom 27.1.1987 (BGBl. I S. 475) und das RpflEntlG vom 11.1.1993 (BGBl. I S. 50) zum Ausdruck kommen. Ferner ist durch die jetzt geltende Fassung die Tätigkeit der Strafvollstreckungskammer in der Besetzung mit drei Berufsrichtern auf „Sachen besonderer Schwierigkeiten rechtlicher Art oder grundsätzlicher Bedeutung" beschränkt worden.[11] Diese in § 78b

---

8 Vgl. dazu – nach dem Stand von 1978 – die N. bei LR/*K. Schäfer*[23] Vor § 78a, 6.

9 Dass dies nicht bloße Theorie ist, zeigt OLG Hamm NStZ **1984** 476 sowie der von *Blau* in *Schwind/Blau* Strafvollstreckung in der Praxis (1976) 364 berichtete Fall, wo bei einem bestimmten LG neben zwei „großen" nicht weniger als neun „kleine" Strafvollstreckungskammern geschaffen wurden.

10 Vgl. dazu aus dem **Schrifttum** – mit Rspr.-N. – etwa Kissel/*Mayer* § 78a,3; MK/*Schuster* 78b, 2; SK/*Degener* 3; Schmitt/Köhler § 78b, 1; KK/*Diemer* § 78b,1; BeckOK/*Huber* § 78b, 1; Radtke/Hohmann § 78b, 1; *Peters* 691; *Stromberg* MDR **1979** 353; *Treptow* NJW **1977** 1037. Zum Stand der **Rechtsprechung** vgl. *Kömhoff* NStZ **1981** 421; die Übersichten von *Katholnigg* NStZ **1982** 242, 280; **1983** 300; BVerfG NStZ **1983** 44; OLG Hamm NStZ **1981** 452; **1984** 476; OLG Düsseldorf NStZ **1982** 301; **1984** 477; **1984** 304; **1985** 303; **1986** 299; OLG Celle NStZ **2013** 184.

11 Vgl. BTDrucks. **12** 1217 S. 48.

Abs. 1 Nr. 2 a.F. enthaltene Formulierung ist durch die Neufassung in Nummer 1 inhaltlich nicht geändert worden. Die Regelung ist grundgesetzlich unbedenklich[12] und steht, wie im Folgenden darzulegen, auch in Einklang mit dem Gesamtgefüge des dem einfachen Gesetzgeber überlassenen gerichtsverfassungsmäßigen Instanzenaufbaus.

Wurde früher zur Begründung dafür, dass es sich bei „kleiner" und „großer" Strafvoll- 8
streckungskammer nur um **eine Strafvollstreckungskammer** handelt, auf die Ähnlichkeit des § 78b Abs. 1 Nr. 2 a.F. mit § 348 ZPO hingewiesen,[13] so kann heute unterstützend auf die Neufassung der Vorschrift durch das RpflEntlG zurückgegriffen werden, denn nach der Gesetzesbegründung sollte die Besetzung der Strafvollstreckungskammer ausdrücklich an die Besetzung der Spruchkörper im Erkenntnisverfahren angepasst werden.[14] Im Bereich des § 76 besteht indessen Einigkeit, dass eine danach mögliche Reduzierung der Besetzung nicht unterschiedliche Kammern zur Folge hat.

b) Weitere Gründe. Von der Auffassung, dass im Fall des § 78b Abs. 1 Nr. 2 die abge- 9
stufte Besetzung nicht zur Annahme von zwei verschiedenen Spruchkörpern führt, geht im Übrigen ersichtlich auch der Bericht des Sonderausschusses für die Strafrechtsreform zu § 165 des Entwurfs des Strafvollzugsgesetzes (§ 179 StVollzG) aus. Dieser Ausschuss hatte die im RegE in dieser Form nicht vorgesehene Nummer 2 des § 78b Abs. 1 eingefügt. In dem Bericht[15] wird dazu ausgeführt:

> „Die neu einzuführende Nummer 2 des § 78b Abs. 1 GVG soll den Strafvollstreckungskammern eine Entlastung bringen. Es ist damit zu rechnen, dass diese Kammern mit einer Vielzahl von Anträgen gemäß ... [§ 109] StVollzG befaßt werden. Ein großer Teil der einschlägigen Fälle, etwa Anträge betreffend die Aushändigung einzelner Gegenstände oder das Anhalten eines Briefes usw., werden, weil sie einfacher gelagert sind und keine grundsätzliche Bedeutung haben, nicht den Sachverstand dreier Richter erfordern. Dementsprechend bestimmt die Vorschrift, dass die Kammer [Singular!] grundsätzlich in der Besetzung mit einem Richter entscheidet und nur dann in der Besetzung mit drei Richtern, wenn die Sache besondere Schwierigkeiten rechtlicher Art aufweist oder grundsätzliche Bedeutung hat. Abgrenzungsschwierigkeiten dürften sich daraus in der Praxis nicht ergeben. Wenn in einer dem Einzelrichter vorliegenden Sache aufgrund seiner Prüfung oder aufgrund eines Hinweises des Betroffenen besondere Schwierigkeiten oder eine grundsätzliche Bedeutung sichtbar werden, kann und muß die Sache von den drei Richtern übernommen und entschieden werden."

c) Rückschluss aus § 78b Abs. 1 Nr. 2 auf § 78b Abs. 1 Nr. 1. Auch nach der Neufas- 10
sung durch das RpflEntlG kann die Einheitlichkeit der Strafvollstreckungskammer im Fall des § 78b Abs. 1 Nr. 2 nicht anders bewertet werden als in den Fällen des § 78b Abs. 1 Nr. 1. Denn verschieden sind in beiden Vorschriften lediglich die **Abgrenzungsmerkmale** zwischen der Zuständigkeit des Einzelrichters gegenüber der der vollbesetzten Kammer; das Abgrenzungsprinzip ist dagegen im Grunde das gleiche. In beiden Fällen beruht die **unterschiedliche Besetzung** auf dem Gedanken, im Interesse einer **Entlastung** der mit drei Richtern besetzten Strafvollstreckungskammer zwischen bedeutsamen und weniger **bedeutsamen Fällen** zu unterscheiden. Nach Absatz 1 Nummer 1 soll in der vollen Besetzung mit drei Richtern nur entschieden werden, wenn der Fall so schwerwiegend ist, dass „Prüfungspflicht und Verantwortung nicht auf einem Richter lasten soll", wenn er also „den Sachverstand dreier Richter erfordert". Nur ist bei Schaffung des § 78b Abs. 1 Nr. 1 die Grenze für den Besetzungswechsel nicht – wie in der Folgezeit bei Einfügung des § 78b

12 Vgl. BVerfG NStZ **1983** 44.
13 Vgl. dazu ausführlich LR/*K. Schäfer*[24] 8, 8a.
14 BTDrucks. **12** 1217 S. 48.
15 BTDrucks. 7 3998 S. 49.

Abs. 1 Nr. 2 in Anlehnung an § 348 ZPO (durch unbestimmte Rechtsbegriffe) – „beweglich“, sondern starr gezogen worden, indem der Gesetzgeber selbst (wohl auch im Interesse einer unangreifbaren Währung des Grundsatzes des gesetzlichen Richters) durch Anknüpfung an die im Erkenntnisverfahren festgesetzten Strafen und Maßregeln die Grenze zwischen einfachen und rechtlich besonders schwierigen oder grundsätzlich bedeutsamen Entscheidungen festlegte.

11 **d) Folgerungen aus dem Gedanken der Zuständigkeitskonzentration.** Entscheidend gegen die Annahme, dass „kleine“ und „große“ Strafvollstreckungskammer -verschiedene Spruchkörper seien, spricht schließlich auch der mit der Schaffung der Strafvollstreckungskammer erstrebte Zweck, die Nachtragsentscheidungen einem Spruchkörper zu übertragen, dessen Mitglieder über besondere den Vollzug betreffende Kenntnisse und Erfahrungen verfügen, um auf diese Weise auch eine gewisse **Einheitlichkeit der Spruchtätigkeit** der Kammer innerhalb ihres Bezirkes zu gewährleisten. Solche Erfahrungen und Kenntnisse bringt der Richter in der Regel von Haus aus nicht mit, zumal nicht selten Richter auf Probe mit der oft als lästig empfundenen Aufgabe betraut werden; er muss sie durch eine häufige und umfassende Beschäftigung mit der Gesamtheit der Aufgaben erwerben, deren Erledigung nach § 78a der Strafvollstreckungskammer obliegt. Sein Betätigungsfeld darf sich deshalb nicht auf einen Ausschnitt aus dem Gesamtaufgabenbereich der Strafvollstreckungskammer beschränken.[16] Es läuft deshalb den gesetzgeberischen Intentionen zuwider, wenn – was nicht selten vorkommt[17] – bei einem Landgericht eine **Mehrzahl von „kleinen“ Strafvollstreckungskammern** geschaffen wird, „um den selbstverständlich im Übrigen mit anderen Geschäften überlasteten Kammern jeweils nur eine möglichst geringe Mehrbelastung mit der von vielen als unbeliebt empfundenen Materie zuzumuten“.[18] Zu beachten ist in diesem Zusammenhang aber auch, dass andererseits eine Strafvollstreckungskammer nicht überbesetzt sein darf, etwa mit einem Vorsitzenden und mehr als vier beisitzenden Richtern.[19]

§ 78

(1) [1]Die Landesregierungen werden ermächtigt, durch Rechtsverordnung wegen großer Entfernung zu dem Sitz eines Landgerichts bei einem Amtsgericht für den Bezirk eines oder mehrerer Amtsgerichte eine Strafkammer zu bilden und ihr für diesen Bezirk die gesamte Tätigkeit der Strafkammer des Landgerichts oder einen Teil dieser Tätigkeit zuzuweisen. [2]Die in § 74 Abs. 2 bezeichneten Verbrechen dürfen einer nach Satz 1 gebildeten Strafkammer nicht zugewiesen werden. [3]Die Landesregierungen können die Ermächtigung auf die Landesjustizverwaltungen übertragen.

(2) [1]Die Kammer wird aus Mitgliedern des Landgerichts oder Richtern beim Amtsgericht des Bezirks besetzt, für den sie gebildet wird. [2]Der Vorsitzende und die übrigen Mitglieder werden durch das Präsidium des Landgerichts bezeichnet.

(3) [1]Der Präsident des Landgerichts verteilt die Zahl der erforderlichen Hauptschöffen auf die zum Bezirk der Strafkammer gehörenden Amtsgerichtsbezirke. [2]Die Ersatzschöffen wählt der Ausschuß bei dem Amtsgericht, bei dem die auswärtige

16 Ebenso *Peters* JR **1977** 397, 401.
17 OLG Hamm NStZ **1984** 476; *Blau* 359, 364.
18 *Blau* 359, 364.
19 OLG Celle NStZ **2013** 35.

Strafkammer gebildet worden ist. [3]Die sonstigen in § 77 dem Präsidenten des Landgerichts zugewiesenen Geschäfte nimmt der Vorsitzende der Strafkammer wahr.

Schrifttum

Müller Abweichungen von der gewöhnlichen Gerichtsorganisation und ihre Auswirkungen, NJW **1963** 614 (betr. die Regelung der Bildung auswärtiger Spruchkörper in den Gerichtsverfassungsvorschriften der verschiedenen Gerichtsbarkeitszweige); *Rinck* Gesetzlicher Richter, Ausnahmegericht und Willkürverbot, NJW **1964** 1649.

Entstehungsgeschichte

VO vom 4.1.1924 § 18 Abs. 4 (RGBl. I S. 17). Bek. vom 22.3.1924 (RGBl. I S. 309). §§ 7 Abs. 5, 11 Abs. 3 GVGVO 1935. Das VereinhG 1950 übertrug die Bestellung des Vorsitzenden und der Amtsrichter, die der Landesjustizverwaltung zustand, dem Präsidium. Die Ersetzung von „Amtsrichtern" durch „Richtern beim Amtsgericht" in Absatz 2 Satz 1 und die Streichung der Worte „nach § 63" (hinter „werden") in Absatz 2 Satz 2 beruhen auf Art. II Nr. 6 und 15 PräsVerfG. Die Änderung der Fassung des Absatzes 1 (früher: „Durch Anordnung der Landesjustizverwaltung kann wegen großer Entfernung ... oder ein Teil dieser Tätigkeit zugewiesen werden"), des Absatzes 3 Satz 1 (früher: „Die Landesjustizverwaltung verteilt ...") und des Absatzes 3 Satz 3 (früher: „Die im § 77 dem Landgerichtspräsidenten zugewiesenen ...") beruhen auf Art. 2 Nr. 24 des 1. StVRG 1974. Durch das Gesetz zur Fortentwicklung der Strafprozessordnung und zur Änderung weiterer Vorschriften vom 25.6.2021 (UBGBl. I S. 2099) wurde in Absatz 3 Satz 2 der Begriff des Hilfsschöffen durch jenen des Ersatzschöffen ersetzt.

Übersicht

1. Bildung und Aufhebung auswärtiger Strafkammern (Absatz 1 Satz 1 und 3). Die 1
Vorschrift enthält (entsprechend den Regelungen in §§ 93 Abs. 1 Satz 2, 116 Abs. 2 und 130 Abs. 2) eine **Dekonzentrationsermächtigung** und folgt damit – quasi im Gegensatz zu möglichen Konzentrationen – bei großer räumlicher Entfernung zum Stammgericht und zum Zwecke besserer Erreichbarkeit und Gerichtsnähe ähnlichen Erwägungen wie bei der Er-

richtung von Zweigstellen oder auswärtigen Gerichtstagen.[1] Die Einsetzung von Strafkammern außerhalb des Sitzes des Landgerichts (auswärtige, früher sog. „detachierte" Strafkammern) erfolgt durch **Rechtsverordnung** der Landesregierung oder der von ihr durch RechtsVO ermächtigten Landesjustizverwaltung. Die Landesregierung oder – kraft Übertragung der Ermächtigung – die Landesjustizverwaltung entscheidet über das Bedürfnis; sie bestimmt die Sitze und die Bezirke der auswärtigen Strafkammern. Als actus contrarius bedarf auch die Wiederaufhebung der auswärtigen Strafkammer oder eine Veränderung ihres Sitzes einer solchen Rechtsverordnung.[2] Wegen der Beteiligung des Richterrats vgl. LR[23] § 52, 1 DRiG. Errichtung und Wiederaufhebung einer auswärtigen Strafkammer verstoßen nur dann gegen das Verbot der Richterentziehung (Art. 101 Abs. 1 Satz 2 GG), wenn sie aus sachfremden Gründen erfolgen.[3] Zu unterscheiden von der Tätigkeit einer auswärtigen Strafkammer ist der Fall, dass die Strafkammer des Landgerichts außerhalb des Gerichtssitzes tagt.[4]

2 **2. Bezirksbildung.** Der Bezirk einer auswärtigen Strafkammer muss mit dem Bezirk eines Amtsgerichts oder den Bezirken mehrerer Amtsgerichte zusammenfallen; die **Teilung eines Amtsgerichtsbezirks ist nicht statthaft.**[5] Bei entsprechendem Geschäftsanfall können für den gleichen abgegrenzten Bezirk mehrere Strafkammern gebildet werden. Es gilt dann § 21e entsprechend.[6]

3. Geschäftskreis der auswärtigen Strafkammern

3 **a) Bestimmung durch Rechtsverordnung.** Die sachliche Zuständigkeit im weiteren Sinn der auswärtigen Strafkammer ist, von Absatz 1 Satz 2 abgesehen, nicht gesetzlich festgelegt; vielmehr überlässt das Gesetz die Bestimmung der in Rn. 1 bezeichneten RechtsVO.[7] Diese kann allgemein, d.h. für alle auswärtigen Strafkammern geltende Grundsätze aufstellen, ebenso aber auch den Geschäftskreis für die einzelne Strafkammer besonders bestimmen; sie kann die getroffenen allgemeinen oder besonderen Bestimmungen ändern und den **Geschäftskreis neu bestimmen**. Enthält die RechtsVO keine ausdrücklichen Beschränkungen der Zuständigkeit, ist die auswärtige Strafkammer für die gesamten Aufgaben zuständig, die der Strafkammer des Landgerichts obliegen. Dies gilt einheitlich für kleine oder große Strafkammern.

4 **b) Kreis der übertragbaren Geschäfte.** Die Regelung ermöglicht es, der bei einem Amtsgericht zu bildenden Strafkammer die gesamte Tätigkeit einer Strafkammer des Landgerichts oder lediglich ein Teil dieser Tätigkeit zuzuweisen, wobei sich die **sachliche Zuständigkeit** aus der Rechtsverordnung selbst ergeben muss.[8] Die Worte „einen Teil dieser

---

1 Kissel/*Mayer* 1; MüKo/*Schuster* 1, der hierzu allerdings feststellt, aufgrund verbesserter Mobilität und der begrenzten finanziellen Möglichkeiten der Justizhaushalte sei eher eine gegenläufige Tendenz hin zu mehr Konzentrationen zu beobachten.

2 SK/*Degener* 3.

3 *Rinck* NJW **1964** 1649, 1650.

4 Vgl. LR/*Becker* Vor § 226 StPO, 2.

5 H.M. vgl. nur: KK/*Diemer* 1; Kissel/*Mayer* 1; *Eb. Schmidt* 2.

6 *Katholnigg* 1; Kissel/*Mayer* 6.

7 Etwa für Bremen die VO vom 3.12.2019 über die Strafkammer und die Strafvollstreckungskammer in Bremerhaven (BremBGl. S. 698), für Niedersachsen die VO zur Regelung von Zuständigkeiten in der Gerichtsbarkeit und der Justizverwaltung vom 8.6.2023, Nds. GVBl. S. 94, oder für Nordrhein-Westfalen die VO über die Bildung auswärtiger Strafkammern vom 28.10.2008 (GV NRW S. 685).

8 MüKo/*Schuster* 4.

Tätigkeit" sind nur auf die Verschiedenheit der Tätigkeiten der Strafkammer (§ 60, 2) zu beziehen; die eine Tätigkeit kann den auswärtigen Strafkammern übertragen, die andere den Strafkammern der Landgerichte vorbehalten werden. So kann etwa bestimmt werden, dass den auswärtigen Strafkammern die Tätigkeit der kleinen Strafkammer des Landgerichts als erkennenden Gerichts (also nicht die Tätigkeit der Beschlusskammer und nicht die Tätigkeit der großen Strafkammer) zugewiesen wird. Dagegen erscheint es nach Sinn und Zweck der auswärtigen Strafkammer grundsätzlich **nicht statthaft**, ihre **Zuständigkeit auf generell bestimmte Delikte** (z.B. auf Verkehrsdelikte) **zu beschränken**, denn die Bildung auswärtiger Strafkammern bezweckt, den Beteiligten (Beschuldigten, Zeugen, Schöffen) lange Reisen zum Sitz des Stammlandgerichts zu ersparen („wegen großer Entfernung"), soll aber nicht der Bildung von Spezialspruchkörpern dienen.[9] Ausnahmen wären denkbar, wenn in einem bestimmten Amtsgerichtsbezirk aus den dort gegebenen besonderen Umständen bestimmte Straftaten sich viel häufiger ereignen als in anderen Teilen des Landgerichtsbezirks.

Kraft Gesetzes (Absatz 1 Satz 2) dürfen **Schwurgerichtssachen** der auswärtigen Strafkammer nicht zugewiesen werden. Der Grund für diese Ausnahme ist darin zu sehen, dass mit der Grundkonzeption der Bildung von Spruchkörpern mit gesetzlicher Zuständigkeitskonzentration – die aus der Befassung mit der Spezialmaterie gewonnenen besonderen Kenntnisse und Erfahrungen der Richter im Interesse der Rechtsfindung und gleichmäßigen Rechtshandhabung nutzbar zu machen – eine Aufspaltung der örtlichen Zuständigkeit nicht verträglich wäre. Das muss dann aber in gleicher Weise auch für die Tätigkeit der **Staatsschutzstrafkammer** (§ 74a) und der **Wirtschaftsstrafkammer** (§ 74c) gelten,[10] dagegen nicht für die Jugendkammer.[11] Absatz 1 Satz 2 schließt nicht aus, dass – wie dies § 91 a.F. ausdrücklich zuließ – die Strafkammer als Schwurgericht im Einzelfall den Beteiligten eine weite Anreise dadurch erspart, dass sie die Hauptverhandlung nicht am Sitz des Landgerichts, sondern an einem anderen Ort innerhalb des Landgerichtsbezirks durchführt. 4a

c) Zuweisung der gesamten Tätigkeit der Strafkammern des Landgerichts. Wird einer auswärtigen Strafkammer für ihren Bezirk die gesamte Tätigkeit der Strafkammer des Landgerichts zugewiesen, so besteht zwischen beiden Strafkammern kein weiterer Unterschied als der, dass dieser die Zuständigkeit aus gesetzlicher Zuständigkeitskonzentration (Rn. 4) verbleibt, soweit sie nicht gemäß § 74c Abs. 3, § 74d einem anderen Landgericht zugewiesen ist. Sonst ist gesetzlich **keine Strafkammeraufgabe** (vgl. § 60, 2) von dem Geschäftskreis der auswärtigen Strafkammern **ausgeschlossen**, so z.B. auch nicht die Wahrnehmung der Verrichtungen des oberen Gerichts (§§ 12, 13, 14, 15, 19, 27 StPO) gegenüber den Amtsgerichten und den Schöffengerichten des Strafkammerbezirks. 5

4. Verhältnis der auswärtigen Strafkammer zu dem Landgericht

a) Grundsatz. Das Verhältnis ist im Gesetz nicht näher geregelt. Wenn auch die auswärtigen Strafkammern im Allgemeinen einen den übrigen Strafkammern gleichstehenden Spruchkörper bilden (vgl. § 60, 1), so muss doch für die örtliche Zuständigkeit eine auswärtige Strafkammer in gewissen Beziehungen als ein selbständiges Gericht betrachtet werden. Die 6

---

9 A.A. *Feisenberger* 2; *Eb. Schmidt* 4; KMR/*Paulus* 1.

10 So auch *Katholnigg* 2; Kissel/*Mayer* 5; MüKo/*Schuster* 4; demgegenüber sehen Radtke/Hohmann 6; OK/*Huber* und *Schmitt*/*Köhler* 3 – indessen ohne nähere Begründung – eine auswärtige Wirtschaftsstrafkammer dann als zulässig an, wenn mehrere auswärtige Strafkammern für denselben Amtsgerichtsbezirk eingerichtet sind.

11 OLG Karlsruhe Justiz **1978** 474.

auswärtige Strafkammer ist hiernach ein **selbständiges Rechtsprechungsorgan** mit allen Aufgaben einer Strafkammer für einen ordentlich abgegrenzten Bezirk; sie ist zwar Teil des Landgerichts, sodass fristwahrende Schriftsätze auch beim Stammgericht eingereicht werden können,[12] im Verhältnis zu den anderen Strafkammern des Landgerichts (und umgekehrt) indessen **ein anderes Gericht**.[13] Denn während der Aufgabenbereich der beim Landgericht gebildeten Strafkammer (§ 60) durch den Geschäftsverteilungsplan des Präsidiums bestimmt wird (§ 21e) und im Lauf des Geschäftsjahres wechseln kann (§ 21e Abs. 3), wird nach § 78 die auswärtige Strafkammer gesetzlich für einen bestimmten Bezirk bestellt; sie ist für diesen Bezirk zuständig, und das Recht des Beschuldigten, vor den zuständigen Richter gestellt zu werden, muss auch im Verhältnis der auswärtigen zur Strafkammer am Landgerichtssitz zueinander gelten.[14] **Zuständigkeitsstreitigkeiten** (§ 14 StPO) entscheidet der Strafsenat des Oberlandesgerichts.[15] Soweit nicht der auswärtigen Strafkammer die Geschäfte der Strafkammer übertragen sind, bleibt es bei der allgemeinen Regel, dass die Strafkammer des Landgerichts zu entscheiden hat.[16] Aus dem Gesagten ergeben sich folgende Sätze:

7 **b) Gesetzlicher Richter.** Einer auswärtigen Strafkammer dürfen ohne gesetzlichen Anlass weder Sachen, für die sie örtlich zuständig ist, entzogen, noch Sachen, für die sie nicht zuständig ist, zugewiesen werden.

8 **c) Verhinderung an der Ausübung des Richteramtes.** Ob die auswärtige Strafkammer im Einzelfall an der Ausübung des Richteramts verhindert oder ob von der Verhandlung vor ihr eine Gefährdung der öffentlichen Sicherheit zu besorgen ist (**§ 15 StPO**), hat das **Oberlandesgericht** zu entscheiden. Für die etwa erforderliche Übertragung einer Strafsache wird hier in der Regel die Strafkammer des Landgerichts in Betracht kommen; die Verweisung an ein anderes Gericht ist aber statthaft. Ist umgekehrt die Sache von einem Landgericht mit auswärtiger Strafkammer hinweg zu verweisen, so braucht sie nicht gerade auf die auswärtige Strafkammer übertragen zu werden, da diese nur zur Entscheidung der Sachen ihres Bezirks bestellt ist.

9 **d) Richterablehnung.** Wird gegen einen oder mehrere Richter der auswärtigen Strafkammer ein Ablehnungsgesuch angebracht, so liegt Beschlussunfähigkeit (**§ 27 Abs. 4 StPO**) schon vor, wenn dort die zur Entscheidung über das Gesuch erforderliche Richterzahl nicht mehr vorhanden ist; die Entscheidung steht alsdann dem Oberlandesgericht zu.[17]

10 **e) Einlegung der Revision.** Streit bestand, ob die Revision gegen das Urteil einer auswärtigen Strafkammer nur bei dieser oder **auch beim Landgericht als Stammgericht** eingelegt werden kann. Die Frage wird – mit Recht – zunehmend im Sinn der letzteren Auffassung beantwortet.[18] In praktischer Hinsicht ist zu beachten, dass in der Rechtsmittel-

12 BGH NJW **1967** 107; OLG Celle NdsRpfl. **1964** 254; Kissel/*Mayer* 8; MüKo/*Schuster* 4; OK/*Huber* 4; *Schmitt/Köhler* 2.

13 BGH NJW **1963** 548; Kissel/*Mayer* 7; KK/*Diemer* 2.

14 RGSt **17** 230; **48** 132; **50** 159; BGHSt **18** 176, 177; OLG Bremen MDR **1965** 67; *Eb. Schmidt* 10; Kissel/*Mayer* 7 und überwiegend auch das ältere Schrifttum – Nachweise in LR[20] Anm. 4.

15 OLG Hamm NJW **1956** 317; h.M.

16 RGSt **41** 117.

17 OLG Kassel GA **37** (1889) 449; *Müller* NJW **1963** 614, 616; Kissel/*Mayer* 7.

18 BGH NJW **1967** 107; OLG Naumburg HRR **1932** Nr. 1627; OLG Düsseldorf JMBlNRW **1954** 230; OLG Celle NdsRpfl. **1964** 254; BVerfG NJW **1959** 2134; KMR/*Paulus* 3; *Eb. Schmidt* § 341, 3 StPO; Kissel/*Mayer* 8; **a.M.** RGSt **1** 267, *Friedländer* GerS **64** (1904) 409; *Müller* NJW **1963** 614, 616.

belehrung (§ 35a StPO) genau die Stelle bezeichnet werden muss, bei der die Revision eingelegt werden kann, sodass eine nach Auffassung des Rechtsmittelgerichts falsche Belehrung zur Wiedereinsetzung in den vorigen Stand (§ 44 StPO) führen kann. Von der Frage, wo das Rechtsmittel einzulegen ist, ist die Frage zu trennen, welches Gericht über dessen Zulässigkeit zu beschließen hat.

f) Zurückverweisung einer Strafsache. Bei Zurückweisung einer Sache an die **Vorinstanz** ist die auswärtige Strafkammer gegenüber der Strafkammer am Sitz des Landgerichts und umgekehrt eine andere Kammer i.S.d. § 354 Abs. 2 StPO.[19] 11

5. Richter (Absatz 2). Die Bestellung aller Mitglieder der auswärtigen Kammer und ihrer Vertreter ist Sache des Präsidiums. Im Einzelnen gilt folgendes: 12

a) Zahl und Bestellung. Die **Zahl der Mitglieder** der auswärtigen Strafkammer **bestimmt die Justizverwaltung.**[20] Ihre **Auswahl** aus den Richtern des Landgerichts und des oder der Amtsgerichte dagegen **ist Sache des Präsidiums.** Die auswärtige Strafkammer wird dadurch, dass nach Maßgabe des Absatzes 2 bestimmte Richter zu ihren Mitgliedern bestellt werden, für je ein Geschäftsjahr als ständiges Gericht aufgestellt. Zu Mitgliedern können die Mitglieder des Landgerichts und die Richter der Amtsgerichte des Landgerichtsbezirks in der Weise bestellt werden, dass sie ausschließlich aus der einen oder – wegen des Vorsitzenden s. Rn. 15 – aus der anderen der beiden Gruppen von Richtern, wie auch teils aus der einen, teils aus der anderen entnommen werden.[21] Zu den Mitgliedern des Landgerichts gehören auch die diesem zugewiesenen Hilfsrichter; in gleicher Weise bedeutet „Richter beim Amtsgericht“: jeder beim Amtsgericht verwendete Richter, auch ein Richter auf Probe.[22] 12a

b) Rechtsnatur der Bestellung. Die Bestellung zum Mitglied einer auswärtigen Strafkammer bedeutet für die Richter beim **Amtsgericht** die Übertragung eines **weiteren Richteramts** i.S.d. § 27 Abs. 2 DRiG.[23] Sie bedarf grundsätzlich nicht der Zustimmung des Richters, außer wenn seine Belastung durch die Strafkammergeschäfte so umfangreich ist, dass er seine amtsrichterliche Tätigkeit überhaupt nicht oder nur noch in wesentlich eingeschränktem Umfang ausüben kann.[24] Die Zuweisung von Mitgliedern der **Strafkammer** an die auswärtige Strafkammer ist **weder die Übertragung eines weiteren Amtes, noch eine Versetzung** i.S.d. § 30 DRiG noch eine Abordnung i.S.d. § 37 DRiG, sondern lediglich eine Form der Verwendung beim Landgericht und bedarf daher ebenfalls keiner Zustimmung des Richters.[25] Wird das Strafkammermitglied ausschließlich oder überwiegend am auswärtigen Sitz der Kammer verwendet und dadurch gezwungen, sich von seinem bisherigen Wohnsitz und seiner Familie zu trennen, so ist auch dazu bei Richtern auf Probe und kraft Auftrags ihre Zustimmung nicht erforderlich (arg. §§ 13, 16 Abs. 2 DRiG). Anders liegt es bei den auf Lebenszeit angestellten Mitgliedern des Landgerichts. Bei ihnen käme eine **auswärtige Verwendung** in solchem Umfang, wenn sie auch rechtlich weder eine 13

19 BGH MDR **1958** 566; OLG Bremen MDR **1965** 67.
20 Ebenso KMR/*Paulus* 4; *Eb. Schmidt* 5.
21 LG Bochum NStZ **1986** 377; MüKo/*Schuster* 8; OK/*Huber* 6.
22 Ebenso Kissel/*Mayer* 9; ob BGHSt **13** 262, 265 (obiter dictum) etwas anderes besagen will, erscheint zweifelhaft.
23 *Schmidt-Räntsch* § 27 DRiG, 16.
24 *Schmidt-Räntsch* § 27 DRiG, 19.
25 MüKo/*Schuster* 8, OK/*Huber* 6.

Versetzung noch eine Abordnung darstellt, doch in ihren praktischen Auswirkungen auf eine Versetzung, mindestens auf eine auswärtige Abordnung hinaus und bedarf wie diese einer Zustimmung des Richters, wenn sie die in § 37 Abs. 3 DRiG bestimmte zeitliche Dauer übersteigt.[26] Eine Besonderheit galt in den neuen Bundesländern gemäß § 7 RpflAnpG.[27]

14 **c) Vertreter.** Da die Strafkammer ein vom Amtsgericht verschiedenes Gericht ist und die Richter beim Amtsgericht zu der Mitgliedschaft für ihre Person besonders berufen werden, so kann ein Vertreter eines Richters beim Amtsgericht in dessen amtsrichterlichen Geschäften als sein Vertreter in der Strafkammer nur tätig sein, wenn er **ausdrücklich** gemäß § 21e **zum regelmäßigen Vertreter** des Richters beim Amtsgericht auch in der Strafkammer **bestimmt** worden ist. Eine nachträgliche Bestellung gemäß § 21e Abs. 3 heilt den Mangel nicht.[28] Ebenso ist, wenn ein Mitglied des Landgerichts zugleich dort und bei der auswärtigen Strafkammer verwendet wird, sein regelmäßiger Vertreter beim Landgericht nur bei entsprechender ausdrücklicher Bestellung auch Vertreter in der auswärtigen Strafkammer. § 21i Abs. 2 bleibt unberührt.

15 **d) Bestellung des Vorsitzenden.** Auch die Bestellung des Vorsitzenden erfolgt (ebenfalls für die Dauer des Geschäftsjahrs) durch das Präsidium. Unter der Geltung des § 62 a.F. (Verteilung des Vorsitzes in den Kammern durch das „Direktorium") war streitig, ob der ordentliche Vorsitzende der auswärtigen Strafkammer ein Vorsitzender Richter („Landgerichtsdirektor") sein müsse. Dies wurde ursprünglich verneint im Hinblick auf den Zweck der Vorschrift, die Strafkammer mit Richtern beim Amtsgericht des Bezirks besetzen zu können, wie auch auf die von der Regel abweichende Form der Bestellung des Vorsitzenden – durch das Präsidium statt durch das damalige „Direktorium".[29] Die spätere Rechtsprechung[30] forderte aber die Besetzung mit einem Vorsitzenden Richter, weil der Angeklagte die gleichen Garantien haben müsse, wie wenn er vor der Strafkammer am Sitz des Landgerichts stünde; die auswärtige Strafkammer dürfe nicht eine Kammer minderer Art sein. Die im Schrifttum erhobenen Einwendungen[31] sind mit der Beseitigung des „Direktoriums" hinfällig geworden. Auch aus dem Zweck des § 78 lässt sich kein Anhaltspunkt dafür gewinnen, dass für die auswärtige Strafkammer eine Ausnahme von dem Grundsatz des § 21f Abs. 1 gelte. Nach **jetzt** wohl nicht mehr bestrittener Auffassung muss (vgl. § 21f) demnach der Vorsitzende der auswärtigen Strafkammer stets **Vorsitzender Richter am Landgericht** (oder Präsident oder Vizepräsident) sein.[32] Für die Vertretung des Vorsitzenden gilt § 21f Abs. 2; auch Vertreter kann entsprechend den allgemeinen Grundsätzen über die Vertretung des Vorsitzenden nur ein planstellenmäßiges Mitglied des Land- oder Amtsgerichts, nicht ein abgeordneter Richter sein.[33]

---

26 *Müller* NJW **1963** 616, **a.A.** die im Schrifttum – Kissel/*Mayer* § 1, 145, 183 m.w.N. – überwiegend vertretene Auffassung, wonach die Zuweisung als Maßnahme der Geschäftsverteilung des Präsidiums keiner Zustimmung des Richters bedarf, aber bei versetzungsgleicher Wirkung nach § 26 Abs. 3 DRiG anfechtbar ist.

27 Hier wurde die Regelung dahingehend erweitert, dass zunächst bis zum 31.12.1995 jedem Richter mit dessen Einverständnis ein beliebiges weiteres Richteramt übertragen werden konnte. Vorgenommene Übertragungen blieben über den 31.12.1995 hinaus wirksam (s. BTDrucks. **12** 2168 zu § 6, S. 23; ebenso *Rieß* DtZ **1992** 223, 229). Diese Regelung ist am 25.4.2006 außer Kraft getreten.

28 So schon für das frühere Recht RGSt **22** 203, **55** 225.

29 RGSt **9** 387; BGH MDR **1951** 539; BGHSt **12** 104, 107.

30 BGHSt **18** 176 = NJW **1963** 548; BGHSt **21** 23, 24; so auch LG Bochum NStZ **1986** 377.

31 LR[21] 5c.

32 Kissel/*Mayer* 10; MüKo/*Schuster* 8; OK/*Huber* 6.

33 BGHSt **1** 265.

6. Wahl zum Präsidium. Wegen der Beteiligung der zu Mitgliedern der auswärtigen Strafkammer bestellten Richter beim Amtsgericht an der **Wahl zum Präsidium** des Landgerichts vgl. LR/*Mann* § 21b, 1f. 16

7. Schöffen (Abs. 3). Die auswärtige Strafkammer hat ihre **eigene Haupt- und Ersatzschöffenliste** und ebenso ihre eigene Schöffengeschäftsstelle[34] (§ 45 Abs. 4 Satz 1). Der Präsident des Landgerichts bestimmt die erforderliche Anzahl von Schöffen und verteilt diese auf die zum Bezirk der auswärtigen Strafkammer gehörenden Amtsgerichtsbezirke.[35] Die Auslosung der Schöffen wird vom Vorsitzenden der auswärtigen Strafkammer vorgenommen;[36] die Auslosung der Ersatzschöffen verbleibt beim Ausschuss gemäß § 40. Nur die Reihenfolge der Heranziehung der Ersatzschöffen obliegt wiederum dem Vorsitzenden.[37] 17

8. Staatsanwaltschaft. Über die Wahrnehmung der **Geschäfte der Staatsanwaltschaft** bei den auswärtigen Strafkammern s. Erl. zu § 141, 2. 18

9. Urkundsbeamte der Geschäftsstelle. Der **Urkundsbeamte** des Landgerichts kann den Urkundsbeamten der auswärtigen Strafkammer bei der Erteilung von Urteilsausfertigungen vertreten.[38] 19

§ 78a

(1) [1]Bei den Landgerichten werden, soweit in ihrem Bezirk für Erwachsene Anstalten unterhalten werden, in denen Freiheitsstrafe oder freiheitsentziehende Maßregeln der Besserung und Sicherung vollzogen werden, oder soweit in ihrem Bezirk andere Vollzugsbehörden ihren Sitz haben, Strafvollstreckungskammern gebildet. [2]Diese sind zuständig für die Entscheidungen

1. **nach den §§ 462a, 463 der Strafprozeßordnung, soweit sich nicht aus der Strafprozessordnung etwas anderes ergibt,**
2. **nach den § 50 Abs. 5, §§ 109, 138 Abs. 3 des Strafvollzugsgesetzes,**
3. **nach den §§ 50, 58 Absatz 2, § 84g Absatz 1, den §§ 84j, 90h Absatz 1, § 90j Absatz 1 und 2 und § 90k Absatz 1 und 2 des Gesetzes über die internationale Rechtshilfe in Strafsachen.**

[3]Ist nach § 454b Absatz 3 oder Absatz 4 der Strafprozeßordnung über die Aussetzung der Vollstreckung mehrerer Freiheitsstrafen gleichzeitig zu entscheiden, so entscheidet eine Strafvollstreckungskammer über die Aussetzung der Vollstreckung aller Strafen.

(2) [1]Die Landesregierungen weisen Strafsachen nach Absatz 1 Satz 2 Nr. 3 für die Bezirke der Landgerichte, bei denen keine Strafvollstreckungskammern zu bilden sind, in Absatz 1 Satz 1 bezeichneten Landgerichten durch Rechtsverordnung zu. [2]Die Landesregierungen werden ermächtigt, durch Rechtsverordnung einem der in Absatz 1 bezeichneten Landgerichte für die Bezirke mehrerer Landgerichte die in die Zuständigkeit der Strafvollstreckungskammern fallenden Strafsachen zuzuweisen und zu bestimmen, daß Strafvollstreckungskammern ihren Sitz innerhalb ihres Be-

---

34 SK/*Degener* 9; *Schmitt*/*Köhler* 5.

35 Kissel/*Mayer* 14; MüKo/*Schuster* 9; KK/*Diemer* 3; OK/*Huber* 7; Radtke/Hohmann 7; *Schmitt*/*Köhler* 5.

36 Kissel/*Mayer* 14; MüKo/*Schuster* 9; KK/*Diemer* 3.

37 S.a. § 77, 1.

38 RGSt **48** 132.

zirkes auch oder ausschließlich an Orten haben, an denen das Landgericht seinen Sitz nicht hat, sofern diese Bestimmungen für eine sachdienliche Förderung oder schnellere Erledigung der Verfahren zweckmäßig sind. [3]Die Landesregierungen können die Ermächtigungen nach den Sätzen 1 und 2 durch Rechtsverordnung auf die Landesjustizverwaltungen übertragen.

(3) Unterhält ein Land eine Anstalt, in der Freiheitsstrafe oder freiheitsentziehende Maßregeln der Besserung und Sicherung vollzogen werden, auf dem Gebiete eines anderen Landes, so können die beteiligten Länder vereinbaren, daß die Strafvollstreckungskammer bei dem Landgericht zuständig ist, in dessen Bezirk die für die Anstalt zuständige Aufsichtsbehörde ihren Sitz hat.

Entstehungsgeschichte

§ 78a wurde durch Art. 22 Nr. 6 EGStGB 1974 eingefügt. Die jetzt geltende Fassung des Absatzes 1 beruht auf § 179 Nr. 2 StVollzG 1976, die des Absatzes 1 Satz 2 Nr. 2 auf Artikel 2 des Gesetzes vom 20.1.1984 (BGBl. I S. 97). § 78 Nr. 1 des Gesetzes über die internationale Rechtshilfe in Strafsachen (IRG) vom 23.12.1982 (BGBl. I S. 2071) brachte die Einfügungen einer Nummer 3 in Absatz 1, eines neuen Satzes 1 in Absatz 2 und in deren nunmehrigen Satz 3 die Worte „nach den Sätzen 1 und 2“. Absatz 1 Satz 3 wurde eingefügt durch das 23. StRÄG vom 13.4.1986 (BGBl. I S. 393). Absatz 1 Nummer 2 wurde durch Gesetz vom 10.12.2001 (BGBl. I S. 3422), Nummer 3 durch Gesetz vom 24.6.2004 (BGBl. I S. 1354) geändert. Durch Artikel 2 des Gesetzes zur Verbesserung der internationalen Rechtshilfe bei der Vollstreckung von freiheitsentziehenden Sanktionen und bei der Überwachung von Bewährungsmaßnahmen sowie zur Änderung des Jugoslawien-Strafgerichtshof-Gesetzes und des Ruanda-Strafgerichtshof-Gesetzes vom 17.7.2015 (BGBl. I S. 1349) wurde in Absatz 1 Satz 2 Nr. 3 die bis dahin dort benannte Norm von § 71 IRG ersetzt durch die Vorschriften der § 84g Abs. 1, den §§ 84j, 90h Abs. 1, § 90j Abs. 1 und 2 und § 90k Absatz 1 IRG. In Absatz 1 Satz 3 wurde die Angabe „§ 454b Abs. 3“ durch die Wörter „§ 454b Abs. 3 oder Abs. 4“ ersetzt durch Art. 4 Nr. 2 durch das Gesetz zur effektiveren und praxistauglicheren Ausgestaltung des Strafverfahrens vom 17.8.2017 (BGBl. I S. 3203).

Übersicht

1. Bildung der Strafvollstreckungskammern (Abs. 1 Satz 1)

1 **a) Grundsatz.** Der der Norm nachfolgende Titel regelt Einrichtung, Zuständigkeit und Besetzung der Strafvollstreckungskammern. Während allgemeine Strafkammern nach § 60 grundsätzlich (Ausnahme: § 60 Abs. 2) bei jedem Landgericht gebildet werden, sind – ent-

sprechend ihrem besonderen Aufgabenbereich – Strafvollstreckungskammern **nur bei solchen Landgerichten** einzurichten, **in deren Bezirk** entweder **für Erwachsene Anstalten zum Vollzug von Freiheitsstrafen oder freiheitsentziehenden Maßregeln der Besserung und Sicherung (§§ 63 bis 66 StGB) unterhalten werden** (d.h. bestehen oder künftig errichtet werden), oder andere Vollzugsbehörden ihren Sitz haben. Als Anstalt in diesem Sinne gilt hierbei nur eine **selbstständige Anstalt**; Zweigstellen werden der Hauptanstalt zugerechnet.[1] Dies gilt auch dann, wenn die Außenstelle ihren Sitz in einem anderen Landgerichtsbezirk hat; auch für diese ist der Sitz der Hauptanstalt maßgebend, jedenfalls soweit im Vollstreckungsplan für diese nicht eine eigene Zuständigkeit vorgesehen ist.[2] Unerheblich ist, ob es sich um Anstalten in öffentlicher oder aber in privater Trägerschaft handelt.[3] Anstalten für Erwachsene zum Vollzug von Freiheitsstrafen oder freiheitsentziehenden Maßregeln i.S.d. § 78a Abs. 1 Satz 1 sind sowohl die Justizvollzugsanstalten, in denen Freiheitsstrafe sowie die Unterbringung in der Sicherungsverwahrung vollzogen wird (§ 139 StVollzG), wie die Anstalten der Sozialhilfeträger, in denen die Unterbringung in einem psychiatrischen Krankenhaus und in einer Entziehungsanstalt vollzogen wird (§ 138 StVollzG). Bei den Landgerichten, in deren Bezirk andere Vollzugsbehörden ihren Sitz haben, ist an die Fälle gedacht, in denen Bundeswehrbehörden Vollzugsbehörden sind (Vor § 449, 32 StPO). Anstalten für den **Jugendstrafvollzug** führen nicht zur Bildung einer Strafvollstreckungskammer. Die Bildung geschieht, wenn nach dem Geschäftsanfall nur eine Strafvollstreckungskammer benötigt wird, in der Weise, dass ihr das Präsidium gemäß § 78b Abs. 2 die erforderlichen Kräfte zuweist. Würde es der Bildung mehr als einer dreigliedrig besetzten Strafvollstreckungskammer bedürfen,[4] und dazu eine Vermehrung der Strafkammern des Landgerichts erforderlich sein, so gilt auch hier der für die Bildung einer Mehrzahl von sog. institutionellen (allgemeinen) Strafkammern maßgebliche Grundsatz, dass die Bestimmung ihrer Zahl Sache der Landesjustizverwaltung ist.[5]

b) Örtliche Zuständigkeit. Örtlich zuständig ist grundsätzlich diejenige Strafvollstreckungskammer, in deren Bezirk sich die entsprechende Vollzugsanstalt befindet (§ 110 StVollzG), in der die Strafe oder Maßregel vollzogen wird; maßgeblich hierfür ist grundsätzlich der Zeitpunkt, zu dem die Kammer mit der Sache befasst ist bzw. befasst wird, Einzelheiten hierzu regeln die **§§ 462a Abs. 1, 463 StPO.**[6] Ist über die Vollstreckung von Erkenntnissen mehrerer Gerichte zu entscheiden, ist, um divergierende Entscheidungen im Rahmen der Vollstreckung zu vermeiden, nach § 462a Abs. 4 Satz 1 i.V.m. § 463 Abs. 1 StPO nur ein Gericht für die nachträglichen Entscheidungen zuständig.[7] 2

2. Sachliche Zuständigkeit (Abs. 1 Satz 2)

a) Allgemeines. Die Strafvollstreckungskammer hat einen dreifachen Aufgabenbereich: einmal hat sie nach Absatz 1 Satz 2 Nummer 1 die **Entscheidungen** zu treffen, die ihr **nach den §§ 462a, 463 StPO** obliegen und die einen den Straf- oder Maßregelaus- 3

1 BGH NJW **1978** 2561; MüKo/*Schuster* 2; KK/*Diemer* 2.
2 BGHSt **28** 135; *Katholnigg* 2; Kissel/*Mayer* 4; Radtke/Hohmann 1; *Schmitt*/*Köhler* 1.
3 KK/*Diemer* 2.
4 Dazu § 78b, 10.
5 § 60, 6.
6 Siehe hierzu auch Kissel/*Mayer* 18.
7 MüKo/*Schuster* 11; vgl. auch hier die nachfolgenden Ausführungen unter Rn. 4.

spruch gestaltenden Charakter haben.[8] Dies gilt nach § 462a Abs. 5 StPO aber nicht, wenn das Urteil von einem Oberlandesgericht im ersten Rechtszug erlassen wurde – wobei der Strafsenat aber die nach § 462a StPO zu treffenden Entscheidungen ganz oder zum Teil an die Strafvollstreckungskammer abgeben kann. Ferner hat die Strafvollstreckungskammer nach Satz 2 Nummer 2 die gerichtliche **Überprüfung** von Maßnahmen der Vollzugsbehörde im Vollzug der Strafe oder Unterbringung **nach Maßgabe der §§ 109 ff. StVollzG** vorzunehmen, also im Strafvollzugsverfahren, und zwar auch dann, wenn Antragsteller ein Außenstehender, etwa ein Angehöriger ist.[9] Die Zuständigkeit gilt auch für die nach **§ 119a StVollzG** zu treffenden Entscheidungen. Maßgeblich aber ist, dass die Freiheitsstrafe auch tatsächlich in einer Justizvollzugsanstalt vollzogen wird; bei einem Vollzug außerhalb einer Justizvollzugsanstalt ist vielmehr der Rechtsweg nach § 23 EGGVG zum Oberlandesgericht eröffnet (vgl. hierzu auch Rn. 6).[10] In Verbindung mit § 138 Abs. 2 StVollzG erfasst die Nummer 2 auch Angelegenheiten bei **Unterbringung in einem psychiatrischen Krankenhaus oder einer Entziehungsanstalt**. Schließlich hat sie nach dem später eingefügten Satz 2 Nummer 3 die dort bezeichneten Entscheidungen zu treffen. Früher oblag die Aufgabe zu Nummer 2 nach §§ 23 ff. EGGVG den Strafsenaten des Oberlandesgerichts. Begrifflich handelt es sich danach bei Nummer 1 und 2 um getrennte Aufgabenbereiche, bei denen die Klammer für die gemeinsame Zuständigkeit der Strafvollstreckungskammer deren räumliche Vollzugsnähe und die aus der Befassung mit beiden Aufgabenbereichen gewonnenen besonderen Kenntnisse und Erfahrungen im Vollzugswesen bildet.[11] Inwieweit die sachliche Zuständigkeit der Strafvollstreckungskammer nach § 78a Abs. 1 Satz 2 Nr. 1 reicht, und welche Strafvollstreckungskammer örtlich zuständig ist, ist in den Erläuterungen zu §§ 462a, 463 StPO dargelegt; darauf ist hier zu verweisen. Was die Entscheidungen nach Absatz 1 Satz 2 Nummer 3 anlangt, so entscheiden **nach dem IRG** die Landgerichte über die Vollstreckbarkeit eines ausländischen Erkenntnisses (§§ 50, 84g IRG), über die Haft zur Sicherung der Vollstreckung (§ 58 Abs. 3 IRG), über die Zulässigkeitserklärung des Ersuchens an einen ausländischen Staat um Vollstreckung (§ 71 Abs. 4 IRG), die Überwachung von ausländischen Bewährungsmaßnahmen und alternativen Sanktionen (§ IRG § 90h IRG, § IRG § 90j IRG, § IRG § 90k IRG) oder über die Einziehung von Erlösen aus Straftaten in einem US-amerikanischen Zivilverfahren.[12] Diese Entscheidungen wurden als Aufgaben des Strafvollstreckungsverfahrens im weiteren Sinn angesehen und deshalb den Strafvollstreckungskammern zugewiesen.[13] Bei Entscheidungen nach dem IRG (Abs. 1 Satz 2 Nr. 3) ist das Gericht auf die Prüfung der formellen Voraussetzungen des § 49 IRG beschränkt; eine materielle Prüfung, insbesondere nach § 57a Abs. 1 Nr. 2 StGB, findet nicht statt.[14] Im Zusammenhang mit dieser Zuständigkeitserweiterung stehen zwei weitere Gesetzesänderungen: die Einfügung des § 78a Abs. 2 Satz 1 und die Einfügung der Nummer 3 in § 78b Abs. 1, wobei die letztere Einfügung mit der Beschränkung der Kammerbesetzung mit *einem* Richter im Hinblick auf die Schwierigkeit und die Tragweite der nach dem IRG zu treffenden Entscheidungen erfolgte.[15]

---

8 LR/*Graalmann/Scheerer* § 453, 2 StPO.
9 BGHSt **27** 284; *Schmitt/Köhler* 2; Radtke/Hohmann 6; OK/*Huber* 6.
10 MüKo/*Schuster* 7.
11 Vgl. Vor § 78a, 11.
12 KG NStZ-RR **2019** 31; OK/*Huber* 7; MüKo/*Schuster* 8.
13 BTDrucks. **9** 1338 S. 98.
14 OLG München NStZ **1995** 207; KK/*Diemer* 3.
15 Vgl. BTDrucks. **9** 1398 S. 98.

b) Sachliche und örtliche Zuständigkeitskonzentration (Abs. 1 Satz 3). Die Regelung dient – in gleicher Weise wie § 78b Abs. 1 Nr. 1 Halbsatz 2 – der Ergänzung des § 454b Abs. 3 StPO. Die Vorschrift stellt klar, dass für die nach § 454b Abs. 3 StPO **gleichzeitig zu treffenden Entscheidungen** sowohl im Interesse der Verringerung des Verfahrensaufwands als auch zum Zwecke der Einheitlichkeit von Entscheidungen in parallel laufenden Vollstreckungssachen (etwa im Fall des Widerrufs mehrerer zur Bewährung ausgesetzter Freiheitsstrafen) nur *eine* Strafvollstreckungskammer zuständig ist, was bereits im Geschäftsverteilungsplan zu berücksichtigen ist.[16] Hierzu haben die Staatsanwaltschaften darauf hinzuwirken, dass den Gerichten möglichst die Akten (Bewährungs- oder Vollstreckungshefte) aus sämtlichen gegen einen Verurteilten laufenden Vollstreckungsverfahren zur gemeinsamen Entscheidung vorgelegt werden. Die Zuständigkeit der Strafvollstreckungskammer verdrängt hierbei stets die Zuständigkeit des Gerichts des ersten Rechtszugs.[17] 4

3. Abgrenzung der Zuständigkeit der Strafvollstreckungskammer gegenüber anderen Zuständigkeiten

a) Jugendliche. Bei Vollzug einer Jugendstrafe oder einer freiheitsentziehenden Maßnahme des Jugendstrafrechts gegen einen Jugendlichen oder einen Heranwachsenden ist für die in Absatz 1 Satz 2 Nummern 1 und 2 aufgezählten Entscheidungen nach Maßgabe von §§ 82,83 und 110 JGG ausschließlich der Jugendrichter (als **Vollstreckungsleiter**) zuständig. Dies gilt auch, wenn nach § 103 JGG ein Erwachsenengericht Jugendstrafe oder Maßnahmen des Jugendstrafrechts verhängt hat und auch dann, wenn ein Strafsenat am Oberlandesgericht im ersten Rechtszug auf Jugendstrafe erkannt hat; § 462a Abs. 5 StPO findet dann keine Anwendung.[18] Es gibt aber Ausnahmen: Hat etwa der Jugendrichter selbst im ersten Rechtszug am Urteil mitgewirkt oder ist über seine eigene Anordnung als Vollstreckungsleiter zu entscheiden, ist nach §§ 83 Abs. 2, 110 Abs. 1 JGG die Jugendkammer zuständig.[19] Hinsichtlich weiterer Einzelheiten, inwieweit **im Bereich des** § 78a **Abs. 1 Satz 2 Nr. 1** gemäß §§ 82, 83, 110 JGG bei Verurteilung von Jugendlichen oder von Heranwachsenden unter Anwendung von Jugendstrafrecht zu Jugendstrafe und bei Anordnung der nach dem JGG zulässigen freiheitsentziehenden Maßregeln die Zuständigkeit der Strafvollstreckungskammer entfällt, weil der Jugendrichter als Vollstreckungsleiter die Aufgaben wahrnimmt, die die §§ 462a, 463 StPO der Strafvollstreckungskammer zuweisen, kann hier auf die Ausführungen bei § 462a, 6; 75 f. StPO hingewiesen werden. 5

b) Abgrenzung zu den §§ 23 ff. EGGVG. Im Anwendungsbereich des § 78a Abs. 1 Satz 2 Nr. 2 war ursprünglich nach § 23 Abs. 1 Satz 2 EGGVG nicht die Strafvollstreckungskammer, sondern der Strafsenat des Oberlandesgerichts im Verfahren nach §§ 23 ff. EGGVG zuständig, wenn es sich um die Nachprüfung der Rechtmäßigkeit von Maßnahmen der Vollzugsbehörden im Vollzug der Jugendstrafe sowie der *außerhalb des Justizvollzugs vollzogenen Maßregeln der Besserung und Sicherung* handelt. Bei Erwachsenen, die in einem psychiatrischen Krankenhaus oder in einer Entziehungsanstalt (also „außerhalb des Justizvollzugs", o. Rn. 2) untergebracht sind, beschränkte sich danach die Tätigkeit der Strafvollstreckungskammer auf die Entscheidung nach § 78a Abs. 1 Satz 2 Nr. 1, während die gerichtliche Überprüfung von Maßnahmen der Vollzugsbehörden im Vollzug der Un- 6

16 BTDrucks. **10** 2720 S. 17 f., dazu auch LR/*Wendisch*[25] § 454b, 39 StPO; SK/*Degener* 78a, 12.
17 BGH NJW **1975** 1238; Kissel/*Mayer* 19; MüKo/*Schuster* 11; KK/*Diemer* 5; OK/*Huber* 3.
18 OLG Düsseldorf NStZ **2001** 616; Kissel/*Mayer* 9.
19 *Schmitt*/*Köhler* 7; OK/*Huber* 11.

terbringung nach § 23 Abs. 1 Satz 2 EGGVG dem **Strafsenat des Oberlandesgerichts** oblag. Diese Regelung erklärte sich daraus, dass in diesen Bereichen damals die gesetzgeberischen Vorarbeiten noch nicht weit genug fortgeschritten waren.[20] Inzwischen ist an die Stelle der früheren Zuständigkeit des Oberlandesgerichts – in Konkretisierung der Rechtsweggarantie des Art. 19 Abs. 4 GG[21] – die Zuständigkeit der Strafvollstreckungskammer getreten, soweit es sich um den Vollzug einer Freiheitsstrafe oder einer freiheitsentziehenden Maßregel in einer Justizvollzugsanstalt handelt. Im Übrigen entscheidet weiterhin das Oberlandesgericht im Bereich des Strafvollzugs über Anordnungen, Verfügungen oder sonstige Maßnahmen der Vollzugsbehörden im Vollzug derjenigen Freiheitsstrafen, die außerhalb der Justiz vollzogen werden.[22] Soweit bislang auch bei Anordnungen, Verfügungen oder sonstigen Maßnahmen der Vollzugsbehörde im Vollzug der **Jugendstrafe** die Rechtsschutzmöglichkeit nach §§ 23 ff. EGGVG eröffnet war, ist dies infolge einer Entscheidung des BVerfG[23] und nach der nachfolgend neu gefassten Vorschrift des § 92 JGG dahingehend abgeändert, dass nunmehr die Jugendkammer zuständig ist, in deren Bezirk die Vollzugsbehörde ihren Sitz hat.[24]

7 **4. Zuständigkeitskonzentration durch Rechtsverordnung (Abs. 2).** Die Regelung des Absatzes 2, die gewisse Vorbilder in §§ 58, 74d, 78 hat, soll es der Landesregierung ermöglichen, durch Rechtsverordnung[25] die Bezirke der Strafvollstreckungskammern „nach den örtlichen Gegebenheiten und im Hinblick auf den zu erwartenden Arbeitsanfall entweder auf die Bezirke mehrerer Landgerichte oder einen Teil eines Bezirks eines Landgerichts zu erstrecken und auch in solchen Fällen eine **möglichst ortsnahe Praxis** zu erreichen, in denen zwischen dem Sitz des Landgerichts und dem Sitz einer größeren Anstalt eine erhebliche Entfernung liegt".[26] Die Zugehörigkeit zum Landgericht wird dadurch nicht geändert, auch nicht in der Bezeichnung.[27] Die Voraussetzungen für die flexible Gestaltung der Bezirksgrenzen und des Sitzes der Strafvollstreckungskammern („sofern diese Bestimmung …") entsprechen denjenigen des § 58 Abs. 1. Zweck der Rechtsverordnung muss demnach eine sachdienliche Förderung oder schnellere Erledigung des Verfahrens sein, weil anderenfalls die Veränderung der örtlichen Zuständigkeit das Recht auf den gesetzlichen Richter aus Art. 101 Abs. 1 Satz 2 GG verletzen könnte.[28] Die Ermächtigung zur Konzentration oder Dekonzentration kann nach Absatz 2 Satz 3 die Landesregierung ihrerseits durch Rechtsverordnung an die Landesjustizverwaltungen übertragen.[29]

8 Die Regelung in Satz 2 wurde vereinzelt zum Anlass genommen, mit der Übertragung der Aufgaben auf ein anderes Landgericht sogleich eine **auswärtige Strafvollstreckungs-**

---

20 Begr. des RegE des StVollzG BTDrucks. 7 918 S. 102.
21 S. dazu schon vorher OLG Karlsruhe NStZ **1986** 430; OLG Stuttgart NStZ **1986** 431.
22 Kissel/*Mayer* 10.
23 BVerfG NJW **2006** 2093.
24 Vgl. BTDrucks. **16** 6293; Kissel/*Mayer* 10.
25 Entsprechende Rechtsverordnungen bestehen in: Baden-Württemberg (§ 19 BWZuVOJu); Bayern (§ 58 BayGZVJu); Bremen (§ 1, 3 BremStrafKVO); Hamburg (Gesetz zum Abkommen über die Zuständigkeit der Strafvollstreckungskammer bei dem Landgericht Hamburg); Hessen (§ 23 HessJustizDelegV); Niedersachen (§ 19 NdsZustVO-Justiz); Rheinland-Pfalz (§ 1 RPStVollstrKVO); Sachsen (§ 2 SächsJOrgVO); Sachsen-Anhalt (§ 1 AwStVKVO); vgl. auch SK/*Albrecht* 15 und OK/*Huber* 9.1.
26 Begr. BTDrucks. 7 550 S. 319.
27 Kissel/*Mayer* 22.
28 SK/*Albrecht* 14.
29 MüKo/*Schuster* 12.

kammer am Sitz des abgebenden Landgerichts einzurichten,[30] obwohl nach dem Wortlaut nur innerhalb des Bezirks des übernehmenden Landgerichts eine vom Landgerichtssitz abweichende Strafvollstreckungskammer eingerichtet werden kann. Ein Streit über die Auslegung dieser Vorschrift ist jedoch durch den mit Gesetz vom 19.4.2006 (BGBl. I S. 866) neu eingefügten § 13a überholt, weil nunmehr die Errichtung auswärtiger Spruchkörper ohne Bindung an Gerichtsgrenzen möglich ist.[31]

**5. Zuständigkeitsvereinbarungen bei Vollzug in Anstalten außerhalb des Landes- 9
gebiets (Abs. 3).** Die grundsätzliche örtliche Zuständigkeitsregelung des Absatzes 1 zugunsten der Strafvollstreckungskammer, in deren Bezirk eine der genannten Anstalten unterhalten wird, kann für die Fälle abweichend durch **Staatsvertrag** geregelt werden, in denen a) ein Land auf dem Gebiet eines anderen Landes eine Vollzugsanstalt unterhält oder b) mehrere Länder in Ermangelung eigener entsprechender Vollzugsanstalten Anstalten gemeinsam unterhalten, in denen Freiheitsstrafen oder freiheitsentziehende Maßregeln der Besserung und Sicherung vollzogen werden. Letzteres geschieht grundsätzlich im Rahmen einer Vollzugsgemeinschaft i.S.d. § 150 StVollzG.[32] Diese sprachlich wenig klare Regelung soll den Föderalismus wahren, indem Entscheidungen der Strafvollstreckungskammer von einem landeseigenen Gericht auch dann getroffen werden können, wenn der Vollzug in einem anderen Land stattfindet.[33] Nach den Regeln der §§ 462a Abs. 1, 463 Abs. 1, § 110 StVollzG, § 78a Abs. 1 GVG ist dann für die der Strafvollstreckungskammer obliegenden Entscheidungen hinsichtlich der in diese Anstalten aufgenommenen Verurteilten und Untergebrachten örtlich die Strafvollstreckungskammer zuständig, in deren Bezirk die Anstalt unterhalten wird, d.h. gelegen ist. In der Begründung zu Art. 274 EGStGB[34] wird die Ermöglichung einer Ländervereinbarung betreffend die örtliche Zuständigkeit damit begründet, die ausnahmslose Zuständigkeit der Strafvollstreckungskammer, in deren Bezirk sich die Anstalt befindet, „könne im Einzelfall aus mehrerlei Gründen unzweckmäßig sein, zumal wenn auch das nächste Landgericht des Landes, das die Anstalt in einem anderen Land „errichtet" hat, von der Anstalt nicht weiter entfernt seinen Sitz hat als das sonst zuständige Landgericht des Landes, auf dessen Gebiet die Anstalt errichtet ist". Durch die endgültige Fassung des Absatzes 3 ist dann klargestellt worden, dass die **Zuständigkeit der Strafvollstreckungskammer** sich **nach dem Bezirk der für die auswärts unterhaltene Anstalt zuständigen Aufsichtsbehörde** richten soll".[35] Gegenstand einer Ländervereinbarung nach § 78a Abs. 3 kann danach in Sachen der Gefangenen (Untergebrachten), die nicht in Anstalten in „ihrem" Land, sondern in einer Gemeinschaftsvollzugsanstalt in einem anderen Land aufgenommen sind, die Begründung der Zuständigkeit der Strafvollstreckungskammer des Landgerichts sein, in dessen Bezirk die Landesjustizverwaltung oder das Justizvollzugsamt ihren Sitz haben, wobei es dann auf die örtliche „Vollzugsnähe" dieser Strafvollstreckungskammer nicht mehr ankommt.

---

30 So hatte Niedersachsen die Aufgaben der StVK des LG Bückeburg dem LG Hannover übertragen und gleichzeitig eine auswärtige StVK des LG Hannover am Sitz des LG Bückeburg eingerichtet (Nds.GVBl. 2005 S. 318).

31 Niedersachsen hat daraufhin die frühere Regelung auf eine neue Grundlage gestellt (Nds.GVBl. 2007 S. 420).

32 Über die Bedeutung solcher Vollzugsgemeinschaften vgl. *Schwind/Blau* Strafvollzug in der Praxis (1976) 40, 70, 89. Eine Vereinbarung besteht z.B. zwischen den Ländern Hamburg und Schleswig-Holstein (Abkommen über die Zuständigkeit der Strafvollstreckungskammer bei dem Landgericht Hamburg vom 10.10.74), vgl. auch SK/*Albrecht* 15 (Fn. 63); KK/*Diemer* 7; Radtke/Hohmann 3; *Schmitt/Köhler* 5.

33 MüKo/*Schuster* 13.

34 BTDrucks. 7 550 S. 456.

35 Vgl. Erster Bericht des Sonderausschusses BTDrucks. 7 1261 S. 34.

§ 78b

(1) Die Strafvollstreckungskammer sind besetzt

1. **in Verfahren über die Aussetzung der Vollstreckung des Restes einer lebenslangen Freiheitsstrafe oder die Aussetzung der Vollstreckung der Unterbringung in einem psychiatrischen Krankenhaus oder in der Sicherungsverwahrung mit drei Richtern unter Einschluss des Vorsitzenden; ist nach § 454b Absatz 4 der Strafprozessordnung über mehrere Freiheitsstrafen gleichzeitig zu entscheiden, so entscheidet die Strafvollstreckungskammer über alle Freiheitsstrafen mit drei Richtern, wenn diese Besetzung für die Entscheidung über eine der Freiheitsstrafen vorgeschrieben ist,**
2. **in den sonstigen Fällen mit einem Richter.**

(2) Die Mitglieder der Strafvollstreckungskammern werden vom Präsidium des Landgerichts aus der Zahl der Mitglieder des Landgerichts und der in seinem Bezirk angestellten Richter beim Amtsgericht bestellt.

Entstehungsgeschichte

§ 78b wurde durch Art. 22 Nr. 6 EGStGB 1974 eingefügt. In seiner ursprünglichen Fassung lautete Absatz 1: „Die Strafvollstreckungskammer ist besetzt mit einem Richter, wenn der zu treffenden Entscheidung eine Verurteilung zu einer Freiheitsstrafe bis zu zwei Jahren zugrunde liegt, mit drei Richtern mit Einschluss des Vorsitzenden in den sonstigen Fällen". Durch § 179 Nr. 3 StVollzG 1976 wurde Absatz 1 Nummer 1 und 2 neu gefasst; durch § 78 Nr. 2 IRG 1982 wurde eine Nummer 3 eingefügt und Absatz 1 Nummer 1 erhielt durch Art. 3 Nr. 3 des 23. StRÄG vom 13.4.1986 (BGBl. I S. 393) einen zweiten Halbsatz. Art. 2 Nr. 5 des StVÄG 1987 veränderte in Absatz 1 Nummer 1 Halbsatz 1 die Zuständigkeit des Einzelrichters von bisher zwei auf drei Jahre Freiheitsstrafe. Die derzeit geltende Fassung (völlige Neufassung des Absatzes 1) beruht auf Art. 3 Nr. 9 RpflEntlG vom 11.1.1993 (BGBl. I S. 50) und sollte zunächst nur zeitlich befristet gelten (Art. 18 des Entw. – BTDrucks. **12** 1217 S. 16). Diese Beschränkung ist im Rechtsausschuss gescheitert (BTDrucks. **12** 3832 S. 48). Durch das Gesetz zur Rechtsvereinheitlichung der Sicherungsverwahrung vom 16.6.1995 (BGBl. I S. 818) ist die Zuständigkeit der „großen" StVK auf Verfahren über die Aussetzung der Vollstreckung in der Sicherungsverwahrung erweitert worden. In Absatz 1 Nummer 1 ist der zweite Halbsatz betreffend die Besetzung der Strafvollstreckungskammer bei einer Entscheidung über mehrere Freiheitsstrafen eingefügt worden durch Artikel 5 des Gesetzes zur effektiveren und praxistauglicheren Ausgestaltung des Strafverfahrens v. 17.8.2017 (BGBl. I S. 3202, berichtigt S. 3630).

Übersicht

I. Abgrenzung der Zuständigkeit des Einzelrichters von derjenigen der dreigliedrig besetzten Strafvollstreckungskammer

1. Ausgangspunkt der Erörterungen. Die Vorschrift regelt die Besetzung der Strafvollstreckungskammer als sog. kleine bzw. große Strafvollstreckungskammer und bestimmt hierdurch den gesetzlichen Richter.[1] Nach heute im Grunde nicht mehr bestrittener Auffassung,[2] sind der **Einzelrichter** (die sog. „kleine" Strafvollstreckungskammer) und die mit **drei Richtern** besetzte Strafvollstreckungskammer (die sog. „große" Strafvollstreckungskammer) nicht verschiedene Spruchkörper; es gibt vielmehr um einen **einheitlichen Spruchkörper**, der – jeweils nach dem Gegenstand der zu treffenden Entscheidung – lediglich in unterschiedlicher Besetzung tätig wird.[3] Auf dieser Annahme beruhen auch die nachfolgenden Ausführungen: 1

2. Zuständigkeit der „großen" Strafvollstreckungskammer. Die Regelung in **Abs. 1 Nr. 1** erfasst im Grunde die für den Betreffenden besonders wichtigen Entscheidungen. Nach der Neufassung von Absatz 1 durch das RpflEntlG ist eine scharfe Zuständigkeitsabgrenzung gegenüber der „kleinen" Strafvollstreckungskammer vorgenommen worden. Dadurch ist insbesondere die Problematik der nach altem Recht (Abs. 1 Nr. 2) im Einzelfall vorzunehmenden Zuständigkeitsklärung beseitigt worden. Nunmehr ist die „große" Strafvollstreckungskammer nur noch zur Entscheidung berufen in Verfahren über a) die Aussetzung des Restes einer **lebenslangen** (Einzel- oder Gesamt-)**Freiheitsstrafe**, b) die Aussetzung der Vollstreckung der **Unterbringung im psychiatrischen Krankenhaus** und c) die Aussetzung der Vollstreckung in der **Sicherungsverwahrung**. Die Konzentration auf die vorbezeichneten Verfahren lehnt sich aus Gründen der Ressourcenknappheit an die Regelung des Einigungsvertrages an,[4] der eine entsprechende Besetzung der Kreisgerichte vorsah, die im Beitrittsgebiet die Aufgaben der Strafvollstreckungskammer wahrnahmen. 2

Über den Wortlaut der Nummer 1 hinaus ist die „große" Strafvollstreckungskammer aber auch für die mit den genannten Verfahren **verbundene**n **nachträgliche**n **Entscheidungen** zuständig. Auch das ist heute im Grunde unstreitig.[5] Dazu gehören der Widerruf der Aussetzung zur Bewährung nach § 453 StPO,[6] die Aufhebung der Aussetzung nach § 454a Abs. 2 StPO, die Zulässigkeit der Vollstreckung,[7] die Unterbrechung nach § 454b 3

1 MüKo/*Schuster* 1.
2 Vgl. Vor 78a, 7.
3 Kissel/*Mayer* 2; OK/*Huber* 1; KK/*Diemer* 1.
4 BTDrucks. **12** 1217 S. 48.
5 OLG Hamm Beschl. v. 21.7.2022 – 5 Ws 163/22 (juris); OLG Hamm BeckRS **2016** 12835; Kissel/*Mayer* 34; MüKo/*Schuster* 3; Radtke/Hohmann 3; *Schmitt/Köhler* 5; OK/*Huber* 4; a.A. OLG Hamburg NStZ-RR **2012** 158.
6 OLG Hamm NStZ **1994** 146.
7 OLG Hamm NStZ-RR **1999** 126.

Abs. 2 StPO, die Umkehr der Vollstreckungsreihenfolge nach § 67 Abs. 2 StGB[8] sowie die Entscheidung über die Erledigung der Maßregel.[9]

4 Soweit dagegen **neben lebenslanger Freiheitsstrafe, Sicherungsverwahrung oder der Unterbringung** nach §§ 63, 66 StGB noch eine **andere zeitige Freiheitsstrafe** oder sonstige freiheitsentziehende Maßregel vollstreckt wird, wurde für diesbezügliche Entscheidungen hingegen die Zuständigkeit der „kleinen" Strafvollstreckungskammer angenommen,[10] nachdem die frühere Regelung des § 78b Abs. 1 Nr. 1 Halbsatz 3 a.F. („Gesamtzuständigkeit" der „großen" Strafvollstreckungskammer) in die nachfolgend geltende Fassung nicht übernommen worden war. Dies sollte jedenfalls dann gelten, wenn Maßregel und zeitige Freiheitsstrafe **nicht in demselben Erkenntnis** angeordnet worden sind;[11] anderenfalls soll die große Strafvollstreckungskammer in der Besetzung mit drei Richtern zuständig sein. Richtigerweise kann es für die Zuständigkeit aber nicht darauf ankommen, ob die verschiedenen Rechtsfolgen in lediglich einem oder in mehreren Erkenntnissen angeordnet wurden.[12] Dies folgt bereits aus dem Rechtsgedanken des § 454b **Abs. 4** StPO, der bei der Aussetzung mehrerer Freiheitsstrafen grundsätzlich eine einheitliche Entscheidung vorsieht, die als solche auch nur durch dasselbe Gericht getroffen werden kann,[13] also gerade nicht durch große Strafvollstreckungskammer einerseits und die kleine Strafvollstreckungskammer andererseits. Vor diesem Hintergrund stellt Absatz 1 Nummer 1 in Hs. 2 nunmehr auch klar, dass die große Strafvollstreckungskammer in ihrer Besetzung mit drei Richtern entscheidet, wenn nach § 454b Abs. 4 StPO über **mehrere Freiheitsstrafen gleichzeitig** zu entscheiden und die große Strafvollstreckungskammer für die Entscheidung über eine der Freiheitsstrafen zuständig ist.[14] Hierdurch soll eine parallele Befassung der mit drei Richtern besetzten großen Strafvollstreckungskammer sowie der kleinen Strafvollstreckungskammer und hiermit auch der sonst entstehende Mehraufwand (Anhörung, Verteidigung, Gutachten, Beschlussfassung) ebenso vermieden werden wie voneinander abweichende Prognoseentscheidungen, zumal in überbesetzten Spruchkörpern der sonst zur Entscheidung berufene Einzelrichter nicht zwingend auch Mitglied der nach § 78b Nr. 1 zuständigen Strafvollstreckungskammer mit drei Richtern sein muss.[15] Nach Auffassung des OLG Hamm ist demgegenüber die kleine Strafvollstreckungskammer in der Besetzung mit einem Richter zuständig nach bereits erfolgter **Erledigterklärung** der Unterbringung in einem psychiatrischen Krankenhaus für die Entscheidung über den Widerruf der Strafaussetzung zur Bewährung einer zusammen mit der Maßregel verhängten Freiheitsstrafe.[16] Dies soll auch gelten bei einer Entscheidung über die Fortdauer einer in Vollstreckung der lebenslangen Freiheitsstrafe im Wege der nachträglichen Überweisung in den Vollzug der Unterbringung in einer Entziehungsanstalt vollzogenen Maßregel.[17]

5 **3. Zuständigkeit der „kleinen" Strafvollstreckungskammer.** Die Regelung in **Abs. 1 Nr. 2** begründet für alle nicht unter Nr. 1 fallende Verfahren, und soweit Entscheidungen

---

8 OLG Hamm NStZ **1994** 207; OLG Zweibrücken v. 28.6.2007 – 1 Ws 238/07 (juris).

9 OLG Hamm NStZ **1994** 207; OLG Hamm v. 31.6.2016 – 4 Ws 166/16 (juris); *Katholnigg* 2.

10 OLG Jena, OLGSt GVG § 78b Nr. 7, juris; *Schmitt/Köhler* 5; KK/*Diemer* 1.

11 OLG Hamburg v. 6.11.2002 – 2 Ws 196/02, BeckRS **2002** 30292030; OLG Zweibrücken JBlRP **2007** 38; Kissel/*Mayer* 4.

12 So überzeugend auch MüKo/*Schuster* 3.

13 MüKo/*Schuster* a.a.O.

14 Vgl. auch OK/*Huber* 5.

15 BTDrucks. **18** 11277 S. 39.

16 OLG Hamm BeckRS **2016** 10156.

17 OLG Hamm NStZ-RR **2021** 327.

auch nicht damit zusammenhängen, eine grundsätzliche Zuständigkeit der „kleinen" Strafvollstreckungskammer. Dies gilt etwa im Hinblick auf die **Vollstreckung betreffende Entscheidungen** über die Strafaussetzung, einen Widerruf der Strafaussetzung, die Anordnung der Führungsaufsicht oder für Exequaturentscheidungen u.a., namentlich aber auch für Entscheidungen in **Strafvollzugssachen** nach Maßgabe von §§ 109 ff. StVollzG. Es handelt sich hierbei um eine gesetzliche Einzelrichterbestimmung,[18] die den Strafkammern im Übrigen fremd ist.[19] Diese Änderung gegenüber dem früheren Recht erschien dem Gesetzgeber vertretbar, weil von dieser Zuständigkeit die gewichtigsten Sachen zu Gunsten der „großen" Strafvollstreckungskammer ausgenommen worden sind und zudem über ein Rechtsmittel gegen die Beschlüsse der Strafvollstreckungskammer ein mit drei Berufsrichtern besetztes Gericht höherer Ordnung entscheidet, dem eine tatsächliche Nachprüfung nicht verwehrt ist.[20] Die „kleine" Strafvollstreckungskammer ist damit entgegen der früheren Regelung auch zuständig für Entscheidungen nach §§ 109, 138 Abs. 2 StVollzG und nach §§ 50, 58 Abs. 2, 71 Abs. 4 IRG.[21]

4. Zuständigkeitsstreit. Bislang ungelöst ist die Frage, wie zu verfahren ist bei Streitigkeiten darüber, ob eine Entscheidung von der „kleinen" oder von der „großen" Strafvollstreckungskammer, mithin in der Besetzung mit nur einem Richter oder mit drei Richtern zu treffen ist., Das Gesetz bietet hierfür keine Lösung an. Einigkeit besteht zumindest dahingehend, dass eine Klärung nicht nach § 14 StPO herbeigeführt werden kann,[22] weil es sich bei der Strafvollstreckungskammer um einen **einheitlichen Spruchkörper** handelt. Auch eine Bestimmung durch das Präsidium kommt nicht in Betracht, da die Frage der Besetzung zwingend vom Gesetz vorgegeben ist.[23] Soweit zur Lösung des Problems vorgeschlagen wird, die Kompetenz zur Streitentscheidung dem Kammerkollegium zuzuweisen,[24] scheint auch dieser Weg ist nicht gangbar, weil das auf eine – systemwidrige – Bestimmung der Besetzung durch die Strafvollstreckungskammer selbst hinaus liefe. Entsprechendes dürfte gelten, soweit vorgeschlagen wird, den Rechtsgedanken aus § 348 Abs. 2 ZPO fruchtbar zu machen und der Kammer in ihrer Vollbesetzung die Entscheidung zu übertragen.[25] Eine Lösung könnte sich aber aus dem Umstand herleiten lassen, dass sich seit der Neufassung der Vorschrift für die gewichtigeren Entscheidungen eine **Vorrangstellung der großen Strafvollstreckungskammer** ableiten lässt, sodass man annehmen könnte, dass diese auch in Zweifelsfällen der Besetzung zuständig ist. Für diesen Lösungsweg spricht auch der Umstand, dass selbst bei fehlerhafter Zuständigkeitsannahme der großen Strafvollstreckungskammer deren Besetzung im Rechtswege unschädlich wäre.[26] 6

II. Besetzung der Strafvollstreckungskammer

1. Allgemeines. Absatz 2 ist dem § 78 Abs. 2 nachgebildet, weicht aber im Wortlaut ab, indem die **Bestellung des Vorsitzenden** nicht ausdrücklich erwähnt ist und nicht von 7

18 MüKo/*Schuster* 5.
19 Vgl. hierzu bei § 73 Rn. 6.
20 BTDrucks. **12** 121,7 S. 48.
21 Vgl. OLG München NStZ **1995** 207; *Katholnigg* 3.
22 *Katholnigg* 1; Kissel/*Mayer* 7.
23 MüKo/*Schuster* 6; OK/*Huber* 8.
24 Kissel/*Mayer* 7.
25 MüKo/*Schuster* 6.
26 Vgl. Rn. 14 ff.

„Richtern beim Amtsgericht des Bezirks“, sondern – insoweit in Übereinstimmung mit dem für das frühere Schwurgericht geltenden § 83 Abs. 2 a.F. – von den „in seinem Bezirk angestellten Richtern beim Amtsgericht“ die Rede ist.

8 **2. Vorsitz in der Strafvollstreckungskammer. Vorsitzender** der Strafvollstreckungskammer muss, da sie einen beim Landgericht gebildeten Spruchkörper darstellt, gemäß § 21f Abs. 1 der Präsident oder ein **Vorsitzender Richter des Landgerichts** sein. Seine Vertretung im Fall seiner Verhinderung richtet sich nach § 21f Abs. 2. Im Übrigen kann auf die Ausführungen bei § 78 Rd. 15 verwiesen werden.

3. Weitere Mitglieder (Beisitzer, Einzelrichter) können sein:

9 **a) Mitglieder des Landgerichts.** Hier gelten sinngemäß die Ausführungen zu § 78, 12 bis 14. Insbesondere gilt, dass auch die dem Landgericht zugewiesenen **Richter auf Probe** und **Richter kraft Auftrags** zu Mitgliedern der Strafvollstreckungskammer bestellt werden können (§ 59 Abs. 3), und dass bei Entscheidungen der mit drei Richtern besetzten Kammer nicht mehr als ein Richter auf Probe oder ein Richter kraft Auftrags oder ein abgeordneter Richter mitwirken darf (§ 29 DRiG). Die Besetzung der großen Strafvollstreckungskammer mit einem Richter auf Probe und einem vom Amtsgericht abgeordneten Richter verstößt gegen Art. 101 Abs. 1 Satz 2 GG, § 29 Satz 1 DRiG.[27]

10 **b) Im Bezirk des Landgerichts angestellte Richter beim Amtsgericht.** Zu Mitgliedern der Strafvollstreckungskammer (nicht zum Vorsitzenden) können auch Richter eines Amtsgerichts bestellt werden, das im **Bezirk des Landgerichts** liegt.[28] Der Begriff des „angestellten“ Richters kann hier nicht anders verstanden werden als der gleiche früher in § 83 a.F. verwendete Begriff. Bestellbar sind danach nur Richter, denen bei einem Amtsgericht im Bezirk des Landgerichts nach § 27 DRiG ein **Richteramt auf Lebenszeit** übertragen worden ist („Richter am Amtsgericht“), also nicht beim Amtsgericht tätige Richter auf Probe oder kraft Auftrags, auch nicht Richter auf Lebenszeit, die aus einem anderen Landgerichtsbezirk an das Amtsgericht abgeordnet worden sind.[29] Sind einem Landgericht gemäß § 78a Abs. 2 für die Bezirke mehrerer Landgerichte die in die Zuständigkeit der Strafvollstreckungskammer fallenden Strafsachen zugewiesen worden, so kann das Präsidium des Landgerichts die bei den Amtsgerichten des so erweiterten Landgerichtsbezirks angestellten Richter zu Mitgliedern der Strafvollstreckungskammer bestellen. Die Vertretung eines vorübergehend verhinderten Richters beim Amtsgericht muss das Präsidium des Landgerichts nach den allgemein für die Vertretung beim Landgericht geltenden Grundsätzen[30] regeln; der im Geschäftsverteilungsplan des Amtsgerichts, bei dem der Richter angestellt ist, bezeichnete Vertreter ist nur dann auch Vertreter als Mitglied der Strafvollstreckungskammer, wenn er auch im Geschäftsverteilungsplan des Landgerichts als Vertreter vorgesehen ist, und wenn er ebenfalls bei dem Amtsgericht „angestellt“ ist.[31]

27 OLG Karlsruhe v. 26.11.2015 – 2 Ws 495/15 (juris).

28 Kissel/*Mayer* 14.

29 LR/*K. Schäfer*[22] § 83, II 3 b; so auch OLG Koblenz NStZ **1982** 301 – mit ausführlicher Begründung: „Die Unterscheidung des Kreises der zu Richtern der StVK bestellbaren Richter je nach ihrer Zugehörigkeit zum LG oder AG im Wortlaut des Gesetzes ist durch Auslegung unter Heranziehung des Gesetzes nicht zu überbrücken“; Kissel/*Mayer* 15 mit dem Hinweis auf die Parallele, dass nach § 23b Abs. 3 Satz 2 der Richter auf Probe Geschäfte des Familienrichters nicht wahrnehmen darf; KK/*Diemer* 3.

30 LR/*Mann* § 21e, 14.

31 Vgl. dazu die Ausführungen bei § 78 Rn. 14.

4. Allgemeine Regeln. Auch für die Strafvollstreckungskammer gilt, dass sie, wie andere Spruchkörper auch, zwar überbesetzt werden kann; dies ist infolge der Neuregelung des § 21g im Grunde nicht mehr streitig.[32] Die Möglichkeit der **Überbesetzung** gilt aber nicht unbegrenzt. Eine Besetzung einer großen Strafvollstreckungskammer mit dem Vorsitzenden sowie fünf oder sechs Richtern ist mit dem Grundsatz des gesetzlichen Richters unvereinbar.[33] Übersteigt der Geschäftsanfall die Kräfte einer Strafvollstreckungskammer, so muss eine weitere Strafvollstreckungskammer gebildet werden. Dies kann auch in der Form geschehen, dass einer nicht voll ausgelasteten allgemeinen Strafkammer, deren Mitglieder zugleich zu Mitgliedern der Strafvollstreckungskammer bestellt werden, Aufgaben der Strafvollstreckungskammer zugewiesen werden.[34] Sie muss dann unter der Bezeichnung als Strafvollstreckungskammer auftreten, wenn sie in dieser Eigenschaft tätig wird. In noch höherem Maße als bei den anderen Spruchkörpern mit gesetzlicher Zuständigkeitskonzentration gilt für die Strafvollstreckungskammer, dass die Gewinnung **besonderer Kenntnisse und Erfahrungen** der Richter auf ihrem Spezialgebiet (hier: des Vollzugswesens einschließlich der für eine Prognoseentscheidung wichtigen Gebiete der Kriminologie usw.) eine gewisse Stetigkeit in der Besetzung des Spruchkörpers voraussetzt, und dass das Präsidium dem bei Aufstellung des Geschäftsverteilungsplans im Rahmen seiner Möglichkeiten Rechnung tragen muss.[35] Dem wird in der Praxis hingegen nicht wirklich Rechnung getragen, zumal nicht selten eher unerfahrene und mit den Besonderheiten des Vollzugs wenig vertraute, jüngere Richter und somit auch nur vorübergehend mit der als lästig empfundenen Aufgabe betraut werden. Die Aufteilung der Geschäfte des Einzelrichters und der übrigen Tätigkeit in der Strafvollstreckungskammer geschieht nach § 21g.[36] 11

Soweit das **Oberlandesgericht als Beschwerdeinstanz** entscheidet, wird teilweise zwar eine Konzentration bei nur einem Senat für zweckmäßig erachtet, indessen ist hierfür kein gesetzlich vorgeschriebener Spezialsenat für Strafvollstreckungssachen erforderlich.[37] Die Praxis bei den Oberlandesgerichten zeigt, dass dort durchweg mehrere Senate neben anderem mit Strafvollstreckungssachen befasst sind, in der Zuständigkeit etwa getrennt nach Landgerichtsbezirken. Für Strafvollzugssachen kann teilweise anderes gelten.[38] Der Senat entscheidet durchweg, also auch bei Rechtsmitteln gegen Entscheidungen der kleinen Strafvollstreckungskammer, in der Besetzung mit **drei Richtern**. 12

III. Anhörungen durch beauftragten Richter

In Fällen, in denen die „große“ Strafvollstreckungskammer mündliche Anhörungen durchführen muss, war nicht unumstritten, ob dies nur von der gesamten Kammer durchzu- 13

---

32 Vgl. Etwa LR/*Mann* § 21e Rn. 11; MüKo/*Schuster* 12. Die früher hierzu vertretende, abweichende Auffassung (etwa *Peters* GA 1977 102 Fn. 17, auch hier noch in der 26. Aufl.) kann infolge der Neuregelung des § 21g als überholt gelten.

33 OLG Celle StV **2013** 390 m. Anm. *Holtermann.*

34 **A.A.** *Peters* GA **1977** 102: einer allgemeinen Strafkammer können nicht Aufgaben der Strafvollstreckungskammer zugewiesen werden, wohl aber können Mitglieder einer nicht voll ausgelasteten Strafvollstreckungskammer zugleich in einer allgemeinen Strafkammer verwendet werden.

35 *Peters* GA **1977** 103; JR **1977** 401; Vor § 78a, 10.

36 Ebenso *Treptow* NJW **1977** 1037, 1038.

37 Kissel/*Mayer* 21; an der hierzu in der 26. Aufl. noch vertretenen Auffassung wird nicht festgehalten. Vgl. im Übrigen auch *Peters* GA **1977** 97 ff.

38 In Niedersachsen etwa sind auf der Grundlage von § 13a die Entscheidungen über Rechtsbeschwerden in sämtlichen Strafvollzugssachen aus Vollzugsanstalten in Niedersachsen bei einem Senat des Oberlandesgerichts Celle konzentriert (§ 19 ZustVO-Justiz Nds.).

führen ist.[39] Inzwischen liegen eine Reihe obergerichtlicher Entscheidungen vor, die die zwar eine Anhörung in der Besetzung mit drei Richtern grundsätzlich für geboten halten, es zumindest **in Ausnahmefällen** aber für **zulässig** erachten, dass die Anhörung auch von einem beauftragten Richter durchgeführt werden kann.[40] Dieser muss von der gesamten Kammer auch für das Beschwerdegericht nachvollziehbar **aktenkundig** beauftragt werden – was üblicherweise durch Beschluss erfolgt[41] – und an der endgültigen Entscheidung mitwirken,[42] d.h. Mitglied der Strafvollstreckungskammer sein. Das Übertragen der Anhörung auf einen Richter, der nicht der entscheidenden Strafvollstreckungskammer – resp. Im Falle der Überbesetzung dem entscheidenden Spruchkörper – angehört, ist demnach unzulässig.[43] Die Beauftragung eines Kammermitglieds setzt eine **Einzelfall-** und **Ermessensentscheidung** voraus und darf nicht routinemäßig – in praktisch allen Fällen – erfolgen;[44] erst recht nicht kann die Beauftragung generalisierend durch die kammerinterne Geschäftsverteilung für das jeweilige Geschäftsjahr erfolgen.[45] Bei einer beabsichtigten Übertragung auf den beauftragten Richter hat die Strafvollstreckungskammer demnach im Rahmen einer bewussten Ermessensentscheidung zu prüfen, ob nicht gerade bei der anstehenden Überprüfungsentscheidung sachliche Gründe eine Anhörung des Untergebrachten durch den vollbesetzten Spruchkörper angezeigt erscheinen lassen.[46] Die Ermessensentscheidung über die Durchführung der Anhörung durch einen beauftragten Richter muss sich an der Bedeutung des persönlichen Eindrucks nach Lage des Einzelfalls orientieren.[47]

13a Eine **Anhörung allein** durch den beauftragten Richter kommt etwa in Betracht, wenn bereits zeitnah eine Anhörung durch die ganze Kammer stattgefunden hat,[48] ohne dass sich die Sachlage verändert hat, oder wenn es sich um die Anhörung eines in einer psychiatrischen Anstalt Untergebrachten handelt, mit dem keine Verständigung möglich ist.[49] Daneben können auch die Bedeutung der Sache und die Schwierigkeit der zu treffenden Entscheidung eine Rolle spielen.[50] Nach Auffassung des OLG Jena[51] ist eine Anhörung in der Besetzung **mit drei Richtern** jedenfalls dann erforderlich wenn im Rahmen der Entscheidung über die Fortdauer einer Maßregel nach § 63 StGB über zehn Jahre hinaus

---

39 Vgl. dazu die Zusammenstellung bei SK/*Albrecht* 6; KK/*Appl* § 454, 14 ff. StPO.

40 BVerfGE **86** 288; BGHSt **28** 138; OLG Rostock NStZ **2002** 109; OLG Hamburg NStZ **2003** 389; OLG Schleswig SchlHA **2003** 205; OLG Nürnberg NStZ-RR **2004** 318; OLG Zweibrücken v. 5.10.2005 – 1 Ws 383/05, 1 Ws 384/05 (juris); OLG Frankfurt NStZ-RR **2010** 188; OLG München NStZ **2011** 716; KG v. 1.7.2014 – 2 Ws 250/14 (juris); OLG Bremen StV **2015** 231; OLG Düsseldorf NStZ-RR **2015** 20; OLG Dresden v. 23.1.2017 – 2 Ws 41/17 (juris); vgl. auch Kissel/*Mayer* 3; LR/*Graalmann-Scheerer* § 454, 30 ff. StPO; *Schmitt/Köhler* § 454, 21 StPO; abl. demgegenüber SK/*Albrecht* 6 m.w.N., der eine Ausnahme aber dann für zulässig erachtet, wenn dem persönlichen Eindruck nur eine geringe Bedeutung für die Entscheidung zukommt oder ein solcher infolge einer zeitnah früheren Anhörung bei der Kammer noch vorhanden ist und keine aktuellen Entwicklungen wie etwa ein neues Sachverständigengutachten zu berücksichtigen sind. Diese Einschätzung dürfte zumindest im Ergebnis der h.M., die ebenfalls eine tragfähige Begründung für erforderlich erachtet, indessen kaum widersprechen.

41 OLG Rostock NStZ **2002** 109; OK/*Huber* 8; **a.A.** OLG Hamburg NStZ **2003** 389, das einen Beschluss für entbehrlich hält.

42 Entsprechendes gilt, wenn die Anhörung in der Besetzung mit drei Richtern durchgeführt wurde, die dann auch die nachfolgende Entscheidung treffen müssen, vgl. KG NStZ-RR **2015** 29.

43 KG StraFo **2014** 437; OK/*Huber* 9.

44 OLG München v. 6.3.2013 – 1 Ws 99/13 (juris).

45 OLG München StraFo **2011** 371.

46 OLG Jena OLGSt GVG § 78b Nr. 6.

47 OLG Hamburg StV **2015** 231.

48 OLG München v. 7.10.2014 – 1 Ws 703/14 (juris).

49 Vgl. BGHSt **28** 138; OLG Koblenz GA **1981** 92.

50 BGHSt **28** 138; *Schmitt/Köhler* § 454, 21 ff. StPO.

51 OLG Jena v. 17.10.2016 – 1 Ws 424/16 (juris).

der Verurteilte während der gesamten Zeit der Unterbringung lediglich einmal von der gesamten Kammer angehört worden war, keiner der zum damaligen Zeitpunkt im Spruchkörper tätigen Richter an der nunmehr angefochtenen Entscheidung mitgewirkt hat, ein externes Sachverständigengutachten eingeholt worden war, welches es zu erörtern galt und die Kammern ihrer Entscheidung von dem Votum des Sachverständigen – zudem ohne dessen mündliche Anhörung – und dem der behandelnden Maßregelvollzugseinrichtung abgewichen ist. Hat sich ein Untergebrachter gegenüber dem Landgericht mit der Anhörung durch den beauftragten Richter einverstanden erklärt, muss eine fehlerhafte Besetzung der Strafvollstreckungskammer mit der Beschwerde gerügt werden.[52]

IV. Anfechtbarkeit bei fehlerhafter Zuständigkeit

1. Problemstellung. Die Frage der Anfechtbarkeit erhebt sich nach der Neufassung 14
in erster Linie im Bereich der mit den Verfahren in Absatz 1 Nummer 1 verbundenen nachträglichen Entscheidungen (Rn. 2). Hier fragt sich, ob in der Beschwerdeinstanz geltend gemacht werden kann, dass entweder der Einzelrichter oder die vollbesetzte Kammer zu Unrecht entschieden haben. Dies gilt sowohl bei (sofortigen) Beschwerden nach §§ 304 ff. StPO in **Strafvollstreckungssachen** als auch bei Rechtsbeschwerden nach §§ 116 ff. StVollzG in **Strafvollzugssachen**. Diese Unterscheidung zwischen diesen Verfahrensarten wird bei Beantwortung dieser Fragestellung gerne außer Acht gelassen, und gelegentlich werden die Voraussetzungen der Regelungen für die in Strafvollstreckungskammern statthaften Beschwerden sowie jene für Rechtsbeschwerden in Strafvollzugssachen vermengt.[53] Die **Unterscheidung** ist indessen im Hinblick auf den bei Beschwerden einerseits und Rechtsbeschwerden andererseits jeweils anzulegenden Prüfungsmaßstab nicht bedeutungslos. Während bei Beschwerden in Strafvollstreckungssachen eine entsprechende Prüfung der Besetzung von Amts wegen erfolgt (wobei sich fragt, ob eine fehlerhafte Besetzung in Abweichung von § 309 Abs. 2 StPO wegen eines schweren und nicht anders behebbaren Verfahrensmangels eine Zurückverweisung an die Strafvollstreckungskammer erlaubt, oder ob der Senat als Beschwerdegericht in der Sache selbst entscheiden kann, vgl. hierzu Rn. 17), bedarf es in Strafvollzugssachen keines Besetzungseinwandes nach § 222b StPO, um mit der Rechtsbeschwerde in zulässiger Weise die fehlerhafte Besetzung der Strafvollstreckungskammer zu rügen.[54] Mangels Vorliegens unbestimmter Rechtsbegriffe ist eine Beschränkung der Überprüfung auf Fälle von **Willkür** in diesen Fällen regelmäßig nicht angezeigt.[55]

2. Kollegium statt Einzelrichter. Ist eine Entscheidung zu Unrecht in der Besetzung 15
der großen Strafvollstreckungskammer ergangen, liegt nach heute überwiegender Auffassung ein Verstoß gegen den gesetzlichen Richter vor.[56] Soweit dem vereinzelt der Rechtsgedanke des § 269 StPO entgegengehalten und hiernach angenommen wird, eine derart fehlerhafte Besetzung sei – von Fällen der Willkür abgesehen – unschädlich,[57] bleibt hierbei

---

52 OLG Hamm v. 5.7.2017 – 3 Ws 205/17 (juris).

53 So offenbar bei Kissel/*Mayer* 9.

54 OLG Celle NStZ **2013** 184; MüKo/*Schuster* 9.

55 MüKo/*Schuster* 10.

56 OLG Hamm Beschl. v. 28.5.2024 – 3 Ws 159/34 (juris); OLG Koblenz NStZ **1984** 284; OLG Düsseldorf NStZ **2000** 444; OLG Köln BeckRS **2002** 17784; OLG Celle NStZ-RR **2014** 63 = NdsRpfl. **2014** 52; Kissel/*Mayer* 9; MüKo/*Schuster* 11.

57 *Peters* JR **1977** 400; *Katholnigg* 1; OK/*Huber* 9; auch hier noch in der Voraufl.

außer Acht, dass die große Strafvollstreckungskammer gegenüber der kleinen Strafvollstreckungskammer kein Gericht höherer Ordnung im Sinne von § 269 StPO ist. An der hier noch in der Vorauflage vertretenen, abweichenden Auffassung wird nicht festgehalten.

16 **3. Einzelrichter statt Kollegium.** Hat der Einzelrichter entschieden, liegt (unstreitig) ebenfalls eine Verletzung des gesetzlichen Richters vor und war das Gericht allgemeiner Auffassung zufolge nicht ordnungsgemäß besetzt.[58]

17 **4. Entscheidungsmöglichkeit.** Nicht abschließend geklärt ist in diesen Fällen, ob das **Beschwerdegericht** entsprechend § 309 StPO in der Sache selbst entscheidet,[59] oder wegen eines schweren, nicht anders behebbaren Verfahrensmangels (zahlenmäßig unzureichende Zusammensetzung des Spruchkörpers als schwerwiegender Verstoß gegen den gesetzlichen Richter) in Abweichung von § 309 StPO an die Strafvollstreckungskammer in der an sich gebotenen Besetzung zurückverweist.[60] Vermittelnd wird angenommen, eine Zurückverweisung werde regelmäßig dann erfolgen, wenn etwa die vorgeschriebene mündliche Anhörung nicht erfolgt ist, ein erforderliches Sachverständigengutachten nicht eingeholt wurde oder eine erstinstanzliche sachliche Entscheidung fehlt, weil die Strafvollstreckungskammer einen Antrag als unzulässig abgelehnt hat.[61] Dies vermengt indessen die Frage der Besetzung mit weiteren schweren, nicht anders behebbaren Verfahrensfehlern im Sinne von § 309 StPO, die ihrerseits bereits eine Zurückverweisung rechtfertigen. Richtigerweise wird man davon ausgehen müssen, dass in **Strafvollstreckungssachen** § 309 Abs. 2 StPO eine Entscheidung des Beschwerdegerichts in der Sache als Regel vorsieht und das Oberlandesgericht sowohl über Beschwerden gegen Entscheidungen der kleinen wie der großen Strafvollstreckungskammer zuständig ist, mithin **selbst entscheiden** kann, und eine Zurückverweisung lediglich dann geboten ist, wenn übrige schwerwiegende, nicht anders behebbaren Verfahrensfehler dies erforderlich machen.[62] In **Strafvollzugssachen** hingegen ist zwar auch im Falle fehlerhafter Besetzung ein Senat beim Oberlandesgericht zur Entscheidung über die Rechtsbeschwerde berufen, indessen wird aufgrund des revisionsähnlich ausgestalteten Verfahrens nach §§ 116 ff. StVollzG eine eigene Sachentscheidung des Senats regelmäßig nicht in Betracht kommen, sondern bei gerügt fehlerhafter Besetzung eine **Zurückverweisung** geboten sein.[63]

18 **5. Andere Strafkammer.** Hat eine andere Strafkammer als die Strafvollstreckungskammer entschieden oder umgekehrt, ist die Entscheidung fehlerhaft, weil ein **sachlich nicht zuständiges Gericht** entschieden hat.[64] Im Hinblick auf das Verfahren bei Rechtsmitteln kann auf die Ausführungen zu Rn. 17 verwiesen werden.

---

58 OLG Brandenburg Beschl. v. 16.1.2023 – 1 Ws 153/24 (juris); *Katholnigg* 1; Kissel/*Mayer* 8; OK/*Huber* 9; *Schmitt*/*Köhler* 8.

59 OLG Frankfurt StV **1989** 491; OLG Hamm NStZ **1992** 407; OLG Köln BeckRS **2012** 17784; OLG Celle NStZ-RR **2014** 63 = NdsRpfl. **2014** 52; MüKo/*Schuster* 12, der die Möglichkeit einer Zurückverweisung nur bei nicht behebbaren Verfahrensverstößen annimmt oder wenn das OLG nicht rechtlich voll an die Stelle des an sich zur Entscheidung berufen Spruchkörpers treten kann.

60 OLG Düsseldorf StV **1991** 432; OLG Hamm NStZ **1994** 146; OLG Hamburg BeckRS **2002** 30292030; OLG Hamm v. 28.4.2016 – 4 WS 108/16 (juris); OLG Jena v 11.8.2016 – 1 Ws 215/16 (juris); *Schmitt*/*Köhler* 8 stellt unter Hinweis auf OLG Frankfurt StV **1989** 491 und OLG Hamm NStZ **1992** 407 eine Zurückverweisung in das Ermessen des Gerichts.

61 OK/*Huber* 9.

62 OLG Braunschweig, StV **2014** 158; MüKo/*Schuster* 12.

63 Vgl. OLG Celle NStZ **2013** 184.

64 Kissel/*Mayer* 10.

SECHSTER TITEL
Schwurgerichte

§§ 79 bis 92

(weggefallen)

SIEBENTER TITEL
Kammern für Handelssachen

§§ 93 bis 114

(hier nicht abgedruckt)

ACHTER TITEL
Oberlandesgerichte

§ 115

Die Oberlandesgerichte werden mit einem Präsidenten sowie mit Vorsitzenden Richtern und weiteren Richtern besetzt.

Entstehungsgeschichte

§ 115 erhielt seine Fassung durch Art. II Nr. 34 des Gesetzes zur Änderung der Bezeichnungen der Richter und ehrenamtlichen Richter und der Präsidialverfassung der Gerichte vom 26.5.1972.[1] Bis dahin bestimmte er, der Sache nach identisch, eine Besetzung mit dem Präsidenten, sowie der erforderlichen Zahl von Senatspräsidenten und Räten. Bezeichnung bis 1924: § 119.

Übersicht

1. Zahl der Oberlandesgerichte. Zurzeit bestehen im Gebiet der Bundesrepublik 1 Deutschland **24 Oberlandesgerichte**, und zwar das seinen historischen Namen weiterhin tragende Kammergericht in Berlin und die Oberlandesgerichte in Bamberg, Brandenburg (Brandenburgisches Oberlandesgericht), Braunschweig, Bremen (Hanseatisches Oberlandesgericht Bremen), Celle, Dresden, Düsseldorf, Frankfurt, Hamburg (Hanseatisches Oberlandesgericht Hamburg), Hamm, Jena (Thüringer Oberlandesgericht), Karlsruhe, Koblenz, Köln, München, Naumburg, Nürnberg, Oldenburg, Rostock, Saarbrücken (Saarländisches Oberlandesgericht), Schleswig (Schleswig-Holsteinisches Oberlandesgericht), Stuttgart und Zweibrü-

1 BGBl. I S. 841.

cken (Pfälzisches Oberlandesgericht Zweibrücken). Für eine Übergangszeit im Rahmen der deutschen Wiedervereinigung übernahmen zunächst die besonderen Senate der Bezirksgerichte, die nach den Bestimmungen des Einigungsvertrags (Anl. I Kap. III Sachgeb. A Abschn. III Nr. 1 Buchst. k und l) bei den Bezirksgerichten der Landeshauptstädte zu bilden waren, die Aufgaben der Oberlandesgerichte. Insoweit wird auf die Darstellung in der 24. Aufl. Nachtr. II Teil B Rn. 93ff.; 117ff. verwiesen. Für Berlin galten von Anfang an die allgemeinen Vorschriften des Bundesrechts; die Zuständigkeit des Kammergerichts erstreckte sich sogleich auch auf den Ostteil der Stadt.[2] In Bayern existiert zudem das **Bayerische Oberste Landesgericht**[3] in München,[4] das zum 1.7.2006 zwar aufgelöst, mit Wirkung zum 15.9.2018 indessen wieder eingerichtet wurde und das anstelle der Oberlandesgerichte (u.a.) in Straf- und Bußgeldsachen über Revisionen gegen Berufungsurteile des Landgerichts, Rechtsbeschwerden gegen Entscheidungen der Strafvollstreckungskammern in Strafvollzugssachen, Rechtsbeschwerden gegen Entscheidungen des Amtsgerichts in Bußgeldsachen und in Angelegenheiten der internationalen Rechtshilfe in Strafsachen entscheidet. Zur Möglichkeit der Einrichtung auswärtiger Senate vgl. die Ausführungen zu § 116 Rd. 4.

2 **2. Zuständigkeitskonzentration in Strafsachen.** Zur möglichen Zuständigkeitskonzentration in Strafsachen bzw. entsprechenden Öffnungsklauseln bei einem von mehreren örtlich zuständigen Oberlandesgerichten vgl. die Ausführungen zu § 121 Abs. 3 (Zuweisung für Rechtsbeschwerden gegen Entscheidungen der Strafvollstreckungskammern), zu § 25 Abs. 2 EGGVG (Zuweisung des Rechtswegs bei Justizverwaltungsakten), zu länderübergreifenden Öffnungsklauseln die Ausführungen zu § 120 Abs. 5 Satz 2 (Staatsverträge in Staatsschutzsachen), oder dem Obersten Landesgericht eines Landes (namentlich des mit Wirkung zum 20.6.2006 aufgelösten, indessen seit dem 5.9.2018 wieder eingerichteten Bayerischen Obersten Landesgerichts und dessen besondere Zuständigkeiten) die Ausführungen zu § 9 EGGVG.

3 **3. Errichtung und Aufhebung von Oberlandesgerichten.** Wegen der Errichtung und Aufhebung von Oberlandesgerichten, der Verlegung des Gerichtssitzes und der Änderung der Bezirksgrenzen gilt das in Rn. 14 zu § 59 Gesagte auch für die Oberlandesgerichte. Der Gesetzgebung der beteiligten Länder steht es frei, gemeinschaftliche Oberlandesgerichte zu errichten oder die Bezirksgrenzen eines Oberlandesgerichts über die Landesgrenzen hinaus auszudehnen.[5]

4 **4. Besetzung der Oberlandesgerichte.** Das Oberlandesgericht ist besetzt mit dem **Präsidenten**, den **Vorsitzenden** Richtern am Oberlandesgericht (§ 19a DRiG), die den ordentlichen Vorsitz im Senat führen (§ 2f Abs. 1), sowie mit weiteren Richtern. Diese weiteren **Richter** sind die **auf Lebenszeit** bei dem Oberlandesgericht tätigen Richter (§ 27 Abs. 1 DRiG), die „Richter am Oberlandesgericht“ (§ 19a DRiG) sowie „abgeordnete Richter“ (§ 29 Satz 1 DRiG), die zusammen mit den Richtern kraft Auftrags und denen auf Probe früher auch als „Hilfsrichter“ bezeichnet wurden. Diese Bezeichnung findet indessen im Gesetz keine Verwendung mehr und ist daher im Grunde überholt,[6] findet in der täglichen Praxis indessen noch immer Verwendung.

---

2 S. LR^{24} Nachtr. II Teil B Rn. 2.
3 Vgl. zur Rechtsgrundlage etwa SK/*Frister* 12, 2.
4 Mit Strafsenaten in München, Bamberg und Nürnberg, vgl. hierzu auch die Ausführungen zu § 116, 4.
5 Vgl. *Müller* NJW **1963** 616.
6 S. auch § 59 Rn. 5.

a) Der Präsident. Der Präsident des Oberlandesgerichts ist nicht nur unabhängiger Richter und in dieser Eigenschaft Vorsitzender eines Senats,[7] sondern auch Organ der **Justizverwaltung**, dem die Dienstaufsicht über die Gerichte seines Bezirks obliegt.[8] Auch obliegt ihm die Aufsicht über die Notare des Oberlandesgerichtsbezirks (§ 92 BNotO). Als **Richter** hat er in der Rechtsprechung des OLG teilzunehmen und bestimmt nach § 21e Abs. 1 Satz 3 selbst, welche richterlichen Aufgaben er hierbei wahrnimmt.[9] Um als Vorsitzender eines Strafsenats richtungsgebenden Einfluss auf die Rechtsprechung ausüben zu können, muss der Anteil der Vorsitzendentätigkeit zu 75 % selbst ausgeübt werden.[10] Gegebenenfalls muss durch das Präsidium ein (kleiner) Spruchkörper gebildet werden, dessen Größe sicherstellt, dass die Tätigkeit als Vorsitzender in diesem Umfang dem Präsidenten neben seinen weiteren Aufgaben möglich ist.[11] Seine Vertretung erfolgt nach § 21h durch den **Vizepräsidenten** des Oberlandesgerichts (§ 19a DRiG) und im Falle von dessen Verhinderung nach § 20 DRiG durch den dienstältesten Richter. 5

b) Weitere Richter. Weitere Richter am Oberlandesgericht sind die **Vorsitzenden Richter**, die einen richtungsweisenden Einfluss auf die Rechtsprechung des Senats ausüben müssen,[12] und die **Richter am Oberlandesgericht**, die als Richter auf Lebenszeit ernannt (§ 28 Abs. 1 DRiG) und in der Regel hauptamtlich und planmäßig endgültig angestellt sein müssen.[13] Zu weiteren Einzelheiten siehe hier bei § 59, 3 ff. 6

c) Abgeordnete Richter. Die Anzahl der insgesamt beim Oberlandesgericht tätigen abgeordneten Richter, die möglichst gleichmäßig auf alle Spruchkörper zu verteilen sind, ist auf das **notwendige Maß** zu beschränken.[14] Als Richter i.S.v. § 29 Satz 1 DRiG kommen im Fall der Besetzung der Senate des Oberlandesgerichts nur auf Lebenszeit bei einem Amts- oder Landgericht oder dem Gericht eines anderen Gerichtszweiges[15] angestellte Richter in Betracht, die zum Oberlandesgericht abgeordnet sind (§ 37 DRiG); die Verwendung von Richtern auf Probe und kraft Auftrags ist ausgeschlossen, da es an einer den § 22 Abs. 5, § 59 Abs. 3 entsprechenden Vorschrift fehlt.[16] Dies gilt nicht für Justizverwaltungsangelegenheiten.[17] Nach der ursprünglichen Fassung des § 29 DRiG konnte nur ein abgeordneter Richter in jedem Spruchkörper mitwirken. Vom 1.3.1993 bis zum 28.2.1998 erlaubte Art. 15 Abs. 3 des Gesetzes zur Entlastung der Rechtspflege vom 11.1.1993 (BGBl. I S. 50) den Einsatz von insgesamt zwei abgeordneten Richtern, wenn hierfür eine sachliche Notwendigkeit bestand.[18] In den neuen Bundesländern – mit Ausnahme von Berlin – galt die Vorschrift wie auch zahlreiche andere zunächst in abgeschwächter Form nach Maßgabe des Einigungsvertrages.[19] An dessen Stelle trat 1992 § 3 RpflAnpG.[20] Durch Art. 3 des 7

7 Zum Umfang der Vorsitzendentätigkeit BGHZ **49** 64.
8 SK/*Frister* 2; KK/*Feilcke* 3; Radtke/Hohmann/*Rappert* 3.
9 SSW/*Quentin* 1.
10 BGHZ **49** 64.
11 Kissel/*Mayer* 3; OK/*Conrad-Graf* 7.
12 BVerfG NJW **2004** 3482; BGH NJW **2009** 931.
13 BVerfG NJW **1962** 1495. Zu Ausnahmen vgl. Rn. 6.
14 BVerfG NJW **1962** 1495; BeckRS **2010** 48236; BGH NJW **1966** 352; MK/*Oglakcioglu/Bock* 8; KK/*Feilcke* 6; Radtke/Hohmann/*Rappert* 5; *Schmitt/Köhler* 2.
15 BGH NJW **1960** 676; Kissel/*Mayer* 6.
16 Radtke/Hohmann/*Rappert* 4.
17 KK/*Feilcke* 2.
18 BVerfG NJW **1998** 1053; BGH NJW **1995** 2791, 2792; BVerwG NJW **1997** 674.
19 Anl. I Kap. III Sachgeb. A Abschn. III Nr. 1 Buchst. d.
20 Rechtspflege-Anpassungsgesetz v. 26.6.1992 (BGBl. I S. 1147); s. 24. Aufl. Anh. Rn. 65; *Rieß* DtZ **1992** 228.

Gesetzes zur Stärkung der Unabhängigkeit der Richter und Gerichte vom 22.12.1999 (BGBl. I S. 2598, 2599) war § 3 Abs. 1 des RpflAnpG mit der Maßgabe geändert worden, dass bei den Oberlandesgerichten bis zum 31.12.2004 abweichend von § 29 Satz 1 DRiG zwei abgeordnete Richter an einer gerichtlichen Entscheidung mitwirken durften. Die Regelungen sind mittlerweile wieder außer Kraft getreten.[21] In Betracht kommt eine Abordnung zur Bewältigung eines vorübergehenden außergewöhnlichen Geschäftsanfalls, zur Vertretung verhinderter Richter, wenn dies etwa wegen einer Häufung von Vertretungsfällen nicht von den übrigen Richtern am Oberlandesgericht geleistet werden kann und – verfassungsrechtlich unbedenklich und überdies sinnvoll und notwendig – namentlich zum Zwecke der **Erprobung** für ein Beförderungsamt (sog. Drittes Staatsexamen).[22] Der Grund der Verwendung ist stets kenntlich zu machen (§ 29 Satz 2 DRiG).[23] Die Mitwirkung eines abgeordneten Richters, der erneut in dieser Eigenschaft tätig ist, weil eine allgemeine Beförderungssperre besteht, ist indessen unzulässig.[24] Wegen des **Umfangs der Verwendung** von abgeordneten Richtern in den Senaten des Oberlandesgerichts gelten sinngemäß auch die Ausführungen in § 59 Rd. 9 ff. und ergänzend die Erl. zu § 117.

8 **d) Professoren. Ordentliche Professoren** der Rechte an einer Universität können im Nebenamt als Richter auf Lebenszeit an Oberlandesgerichten tätig sein (§§ 7, 9 DRiG).[25] Hierdurch soll eine Verbindung von Wissenschaft und Praxis herbeigeführt werden. Beide Dienstverhältnisse stehen indessen völlig unabhängig nebeneinander. Voraussetzung für ihre Berufung ist ihre förmliche Ernennung zum Richter auf Lebenszeit.[26] Zwar wird vereinzelt ein bestimmtes Mindestmaß an von Hochschullehrern wahrzunehmen Rechtsprechungsaufgaben für sinnvoll erachtet,[27] geboten ist dies aber nicht.[28]

§ 115a

(weggefallen)

§ 116

(1) [1]Bei den Oberlandesgerichten werden Zivil- und Strafsenate gebildet. [2]Bei den nach § 120 zuständigen Oberlandesgerichten werden Ermittlungsrichter bestellt; zum Ermittlungsrichter kann auch jedes Mitglied eines anderen Oberlandesgerichts, das in dem in § 120 bezeichneten Gebiet seinen Sitz hat, bestellt werden.

(2) [1]Die Landesregierungen werden ermächtigt, durch Rechtsverordnung außerhalb des Sitzes des Oberlandesgerichts für den Bezirk eines oder mehrerer Landgerichte Zivil- oder Strafsenate zu bilden und ihnen für diesen Bezirk die gesamte Tätigkeit des Zivil- oder Strafsenats des Oberlandesgerichts oder einen Teil dieser

---

21 Vgl. auch *Kissel/Mayer* 7; KK/*Feilcke* 6.
22 BVerfG **1956** 137; DtZ **1996** 175; BVerwG DRiZ **1977** 117; BGH NJW **1966** 253.
23 MK/*Oglakcioglu/Bock* 9; OK/*Conrad-Graf* 18.
24 BGH NJW **1985** 2336; Radtke/Hohmann/*Rapert* 5; *Schmitt/Köhler* 2.
25 Vgl. im Einzelnen *Kissel/Mayer* 12.
26 KK/*Feilcke* 8.
27 Zöller/*Gummer* 3 geht von einem Viertel oder wenigstens einem Sechstel der gesamten Tätigkeit aus.
28 *Kissel/Mayer* 12; Radtke/Hohmann/*Rapert* 4.

 | https://doi.org/10.1515/9783110741315-157

Tätigkeit zuzuweisen. [2]Ein auswärtiger Senat für Familiensachen kann für die Bezirke mehrerer Familiengerichte gebildet werden.

(3) Die Landesregierungen können die Ermächtigung nach Absatz 2 auf die Landesjustizverwaltungen übertragen.

Entstehungsgeschichte

Durch das VereinhG 1950 wurde Absatz 2, durch Art. II Nr. 35 PräsVerfG wurde in Absatz 1 der Satz 2 eingefügt. Durch Art. 2 Nr. 26 des 1. StVRG 1974 wurden in Absatz 1 Satz 2 die früheren auf den Untersuchungsrichter bezüglichen Worte gestrichen. Absatz 2 Satz 2 ist durch Art. 2 Nr. 10 RpflVereinfG angefügt worden. Absatz 3 wurde eingefügt durch Art. 17 des Gesetzes über die Bereinigung von Bundesrecht im Zuständigkeitsbereich des Bundesministeriums der Justiz vom 19.4.2006 (BGBl. I S. 866). Durch dasselbe Gesetz wurde die bisher in Absatz 2 Satz 1 enthaltene Formulierung durch den jetzt geltenden Wortlaut ersetzt.

Übersicht

1. Anzahl der Senate. Die Vorschrift bestimmt lediglich die Ausstattung der Oberlan- 1
desgerichte mit Spruchkörpern für Zivil- und Strafsachen, woraus aber zugleich folgt, dass bei jedem Oberlandesgericht mindestens ein Zivilsenat sowie mindestens ein Strafsenat eingerichtet werden muss.[1] Eine der Vorschrift des § 60 Abs. 2 Satz 1 für Landgerichte entsprechende Regelung für Oberlandesgerichte gibt es nicht. Die **Bestimmung der Zahl der Senate (Absatz 1 Satz 1)** ist in gleicher Weise wie bei den Spruchkörpern der übrigen Kollegialgerichte Sache der **Justizverwaltung** (vgl. § 130 Abs. 1). In § 8 Abs. 2 GVGVO 1935 war diese Aufgabe den Präsidenten der Oberlandesgerichte übertragen. Diese Vorschrift galt nur, soweit sie nicht durch inhaltlich gleiche oder abweichende landesrechtliche Vorschriften ersetzt wurde.[2] So ist in Bayern (Art. 5 AGGVG), Sachsen (Art. 2 § 1 GerichtsordnungsG) und Thüringen (§ 3 AGGVG) das Justizministerium zuständig. In den übrigen Bundesländern trifft der Präsident des Oberlandesgerichts die Entscheidung; das Ministerium hat aber Weisungsbefugnis oder kann Herstellung des Einvernehmens verlangen (vgl. § 5 AGGVG Baden-Württemberg, § 5 AGGVG Berlin, § 7 Gerichtsneuordnungsgesetz Brandenburg, § 15 AGGVG Bremen, § 17 AGGVG Hamburg, § 5 Gerichtsorganisationsgesetz Mecklenburg-Vorpommern, § 2 AGGVG Niedersachsen, § 6 JustG Nordrhein-Westfalen, § 18 GerOrgG Rheinland-Pfalz, § 3 AGGVG Saarland, § 4 AGGVG Sachsen-Anhalt). In Hessen (§ 8 GVEinhVO) und Schleswig-Holstein (§ 8 GVRegV) gilt § 8 Abs. 2 GVGVO als Landesrecht fort. Aus **haushaltsrechtlichen Gründen** entscheiden über die Einrichtung neuer Senate **Parlament und Regierung** durch Bewilligen von Haushaltsmitteln und neuen Planstellen für die zur Besetzung erforderlichen Richter.[3] Auch die Beteiligungsrechte des Präsidiums sind unterschiedlich ausgestaltet. Die Bildung von Feriensenaten war Sache des Präsidiums.[4]

1 Kissel/*Mayer* 1; OK/*Conrad-Graf* 1.
2 Vgl. hierzu KK/*Feilcke* 2.
3 SK/*Frister* 2; MK/*Oglakcioglu*/*Bock* 3.
4 Vgl. § 60, 11.

Die Aufgaben des nach § 46 Abs. 7 OWiG zu bildenden **Senats für Bußgeldsachen** werden im Allgemeinen von einem Strafsenat wahrgenommen.[5]

2 **2. Spezialsenate.** Daneben bestehen kraft Gesetzes weitere Spezialsenate, die vom Präsidium nach § 21e personell zu besetzen sind.[6] Hierzu zählen u.a. der Kartellsenat (§ 91 GWB) sowie die Senate für ehren- und berufsgerichtliche Verfahren für Richter (§ 79 DRiG), Notare (§ 101 BNotO), Rechtsanwälte (§ 100 BRAO), Patentanwälte (§ 86 PatentanwaltsO), Steuerberater und Steuerbevollmächtigte (§ 96 StBerG) und Wirtschaftsprüfer (§ 73 WirtschaftsprüferO) sowie die Senate für Beschwerden in Rehabilitierungsverfahren bei den Oberlandesgerichten bzw. den Bezirksgerichten der Landeshauptstädte in den neuen Bundesländern (§ 13 Abs. 3 StrRehaG).[7]

3 **3. Hilfsstrafsenate.** Das Bilden nichtständiger Spruchkörper beim Oberlandesgericht ist gesetzlich zwar nicht vorgesehen, in der Praxis aber anzutreffen. Dies wird entsprechend den für das Einrichten von Hilfsstrafkammern geltenden Grundsätzen[8] in Fällen **vorübergehender Überlastung** eines ordentlichen Strafsenats für einen beschränkten Zeitraum in Literatur und Rechtsprechung überwiegend auch für zulässig erachtet;[9] nur vereinzelt wird dies kritisch gesehen.[10]

4 **4. Ermittlungsrichter.** Das Präsidium des in § 120 Abs. 1 bezeichneten OLG[11] bestellt den Ermittlungsrichter des OLG (§ 21e Abs. 1) für die richterliche Tätigkeit in Ermittlungsverfahren, wenn nicht mehr der Generalbundesanwalt, sondern die Landesstaatsanwaltschaft, also die Generalstaatsanwaltschaft **am Sitz des in** § 120 **Abs. 1 bezeichneten OLG**, die Ermittlungen führt (§ 169 StPO, §§ 120 Abs. 6; 142a). Hierbei muss es sich nicht um Richter eines Strafsenats handeln. Das Präsidium des Oberlandesgerichts bestimmt auch, wenn mehrere Ermittlungsrichter erforderlich sind, deren Zahl und verteilt die Geschäfte unter ihnen.[12] Der Umstand, dass die Zahl der Ermittlungsrichter des BGH, die zuständig sind, wenn der Generalbundesanwalt die Ermittlungen führt (§ 169 Abs. 1 Satz 2 StPO; § 142a), nach § 130 Abs. 1 Satz 2 durch den Bundesminister der Justiz bestimmt wird, rechtfertigt nicht den Schluss, dass die Zahl der Ermittlungsrichter des OLG durch die Landesjustizverwaltung bestimmt wird. Denn § 130 Abs. 1 Satz 2 trägt dem besonderen Umstand Rechnung, dass zu Ermittlungsrichtern des BGH, der selbst keine erstinstanzliche Zuständigkeit in Staatsschutzstrafsachen mehr besitzt, nur Richter am Bundesgerichtshof (§ 19a DRiG, früher „Bundesrichter") bestellt werden können und die Zahl der Ermittlungsrichter des BGH Auswirkungen hat auf den (nicht beliebig vermehrbaren) Umfang des Personalbedarfs beim BGH zur Bewältigung der ihm als Rechtsmittelgericht obliegenden Aufgaben.

5 Vgl. kritisch dazu *Göhler* NStZ **1988** 83; JR **1985** 124.

6 Vgl. Kissel/*Mayer* 2; SK/*Frister* 3; KK/*Feilcke* 4.

7 Zu weiteren (nicht strafrechtlich ausgerichteten) Spezialsenaten vgl. die Übersichten bei Kissel/*Mayer* 2 ff. oder OK/*Conrad-Graf* 3 ff.

8 Vgl. hierzu die Ausführungen zu § 60, 8 ff.

9 Vgl. Kissel/*Mayer* 12; ausf. SK/*Frister* 7; siehe auch BGH NStZ-RR **2016** 120; KK/*Feilcke* 3; Radtke/Hohmann 2.

10 MK/*Oglakcioglu*/*Bock* 9 f.

11 Gemeint sind die Oberlandesgerichte, in deren Bezirk die Landesregierungen ihren Sitz haben (sog. Hauptstadtgerichte). Zwar kann (nicht muss) der Ermittlungsrichter grundsätzlich einem von häufig mehreren Staatsschutzsenaten des betreffenden Oberlandesgerichts angehören (vgl. Kissel/*Mayer* 19; jetzt wohl auch MK/*Oglakcioglu*/*Bock* 8), zweckmäßig ist dies meist aber nicht. Aus gutem Grund gehören auch die Ermittlungsrichter des BGH regelmäßig nicht dem für Staatsschutzsachen zuständigen 3. Strafsenat an.

12 Ebenso *Schorn*/*Stanicki* 85; KK/*Feilcke* 5; SK-StPO/*Frister* 13; **a.A.** *Katholnigg* 2; Kissel/*Mayer* 19.

Diese Schwierigkeiten bestehen bei dem erstinstanzlich zuständigen OLG nicht, da ihm – neben der Vielzahl der in Zivil- und Familiensenaten beschäftigten Richter – nach Absatz 1 Satz 2, Hs. 2 als Ermittlungsrichter nicht nur die **Mitglieder der übrigen Oberlandesgerichte des Landes** zur Verfügung stehen, sondern als Mitglied eines OLG auch die zu einem OLG abgeordneten Richter (§ 37 DRiG) in Betracht kommen,[13] während es beim BGH keine „Hilfsrichter" in diesem Sinne gibt.[14] Das Präsidium bestellt auch den (oder die) Vertreter des Ermittlungsrichters (§ 21e Abs. 1). Wegen des räumlichen Tätigkeitsbereiches des Ermittlungsrichters vgl. § 169 Abs. 2 StPO.

5. Auswärtige Senate (Absatz 2). Diese Regelung ist der Vorschrift des § 78 Abs. 1 nachgebildet; das dort in Rn. 1 bis 4 Ausgeführte gilt hier grundsätzlich sinngemäß (vgl. auch § 130 Abs. 2), doch ist die Möglichkeit, außerhalb des Sitzes des OLG Senate zu bilden, im Gegensatz zu § 78 an keine besonderen Voraussetzungen gebunden.[15] Die Errichtung **detachierter Senate** ist in das pflichtgemäße Ermessen gestellt, bei dessen Ausübung neben den örtlichen Verhältnissen (Bürgernähe) die gesamte Bevölkerungs- und Infrastruktur, regionale Besonderheiten sowie eine sinnvolle Personallenkung zu berücksichtigen sind.[16] Die Tätigkeit in **Staatsschutzstrafsachen** nach § 120 kann einem auswärtigen Strafsenat indessen nur zugewiesen werden, wenn sichergestellt ist, dass dort ausreichend qualifizierte und einschlägig erfahrene Richter tätig sind; anderenfalls könnte dies dem Grundgedanken der Zuständigkeitskonzentration[17] widersprechen. Die Errichtung auswärtiger Senate setzt eine hinsichtlich der örtlichen wie auch der sachlichen Zuständigkeit hinreichend bestimmte **Rechtsverordnung** entweder der **Landesregierung** (Absatz 2 Satz 1) oder der nach Maßgabe von **Absatz 3** von dieser hierzu ermächtigten **Landesjustizverwaltung** voraus.[18] Die Zuständigkeit auswärtiger Senate kann sich auf einen oder mehrere Landgerichtsbezirke erstrecken, auf diese jeweils aber nur insgesamt; eine örtliche Aufteilung eines Landgerichtsbezirks ist nicht zulässig.[19] Möglich ist demgegenüber aber, nur Teile der Aufgaben des Oberlandesgerichts einem auswärtigen Senat zuzuteilen.[20] **Detachierte Senate** gibt es bei den Oberlandesgerichten Frankfurt a.M. (Zivil- und Familiensenate in Kassel und Darmstadt), München (Zivil- und Familiensenate in Augsburg) und Karlsruhe (Zivilsenate in Freiburg). Daneben gibt es auswärtige Strafsenate des Bayerischen Obersten Landesgerichts in Nürnberg und Bamberg. 5

Der **detachierte Senat** hat für die örtliche Zuständigkeit die Rechtsstellung eines selbständigen Gerichts,[21] doch bleiben die auswärtigen Senate Spruchkörper des Oberlandesgerichts, zu dem auch die im auswärtigen Senat tätigen Richter zählen. Über einen **Zuständigkeitsstreit** zwischen einem auswärtigen Senat und einem solchen am Sitz des Oberlandesgerichts, der nicht in die Regelungsbefugnis des Präsidiums fällt, entscheidet in entsprechender Anwendung der §§ 14, 19 StPO der BGH.[22] Für die **Besetzung** des auswärtigen Senats gelten keine Besonderheiten, es gelten die allgemeinen Vorschriften. Die 6

---

13 SK/*Frister* 13; KK/*Feilcke* 5; *Katholnigg* 2; **a.A.** Kissel/*Mayer* 19.
14 Keine „Hilfsrichter" in diesem Sinne sind die regelmäßig zum Zwecke der Erprobung an den BGH abgeordneten Richter.
15 KK/*Feilcke* 6.
16 *Kissel/Mayer* 15.
17 Vgl. § 78, 4.
18 OK/*Conrad-Graf* 13; zu deren Anfechtbarkeit vgl. Kissel/*Mayer* § 23d, 7.
19 KK/*Feilcke* 7.
20 OK/*Conrad-Graf* 13.
21 Vgl. § 78, 6.
22 *Schmitt/Köhler* 2; KK/*Feilcke* 6; Radtke/Hohmann/*Rappert* 3; OK/*Conrad-Graf* 16; *Katholnigg* 4.

Zuweisung von Richtern an den auswärtigen Senat ist weder eine Abordnung noch die Übertragung eines weiteren Richteramts, sondern eine Maßnahme nach § 21e.[23] Wegen der Beteiligung der auswärtigen Senate an der Wahl des Präsidiums vgl. § 4 Abs. 1 Satz 2, § 7 der WahlO vom 19.9.1972 (BGBl. I S. 1821).[24] Wegen der Bedeutung der Unversetzbarkeit für die Zuweisung der Richter mit Wohnsitz am Sitz des Oberlandesgerichts an die detachierten Senate vgl. die Ausführungen zu § 78, 14 und in der 23. Aufl. zu § 30, 4 DRiG.

§ 117

Die Vorschrift des § 70 Abs. 1 ist entsprechend anzuwenden.

Entstehungsgeschichte

Die Fassung des § 117 beruht auf Art. II Nr. 36 des PräsVerfG. Zuvor lautete die letzte, auf Art. 11 Nr. 4 des StPÄG 1964 beruhende Fassung: „Die Vorschriften der §§ 62 bis 69 und 70 Abs. 1 sind entsprechend anzuwenden." Da die §§ 62 bis 69 a.F. durch das PräsVerfG aufgehoben und durch die §§ 21a ff. n.F. ersetzt sind, blieb als Inhalt des § 117 nur die Verweisung auf den entsprechend anwendbaren § 70 Abs. 1 übrig.

1 **Bedeutung der Vorschrift.** Hierdurch wird bestimmt, dass entsprechend der in § 70 Abs. 1 getroffenen Regelung die Landesjustizverwaltung **Abhilfe in Vertretungsfällen** schaffen kann, wenn das OLG selbst intern durch andere Mitglieder auch vorübergehend nicht mehr in der Lage ist, in ausreichendem Maße Vertreter zu stellen. § 70 Abs. 1 wurde durch das VereinhG 1950 für entsprechend anwendbar erklärt. Die Begründung bemerkt dazu, dies sei geschehen, weil er „bisher in diesem Zusammenhang von der Praxis analog angewendet wurde". Absatz 2, 3 des § 70 haben keine Bedeutung, weil beim OLG neben Planstelleninhabern nur abgeordnete, also auf Lebenszeit ernannte Richter (§ 37 DRiG) tätig werden können,[1] woraus folgt, dass auch die vertretenden **Richter** solche **auf Lebenszeit** sein müssen.[2] Jedoch darf daraus, dass nur der Absatz 1 des § 70, der die Heranziehung von abgeordneten Richtern zur Vertretung verhinderter Mitglieder regelt, in § 117 angeführt ist, nicht gefolgert werden, dass ihre Verwendung beim OLG aus anderen Gründen[3] ausgeschlossen wäre.[4] Auch beim OLG ist es möglich, wegen vorübergehender Überlastung der Senate, aber auch zwecks Erprobung der Eignung zum „Richter am Oberlandesgericht" (§ 19a DRiG), **abgeordnete Richter** in einer dem aktuellen Bedürfnis entsprechenden Zahl einzuberufen, falls die Erprobung nicht schon im Rahmen einer aus sonstigem Anlass (Vertretung, Geschäftsandrang) zulässigen Einberufung möglich ist.[5] Wegen der Zahl der zur Mitwirkung an einer Entscheidung beteiligten abgeordneten Richter (§ 29 DRiG) s. § 115, 2. Dass die Verwendung von abgeordneten Richtern unzulässig ist, wenn sie nur dazu dient, einen dauern-

23 Kissel/*Mayer* 16.
24 Abdruck in der 24. Aufl. § 21b, 1.
1 Vgl. § 115, 1.
2 SK/*Frister* 1; Radtke/Hohman/Rappert 1; OK/*Conrad-Graf* 1.
3 S. § 70, 8.
4 So auch BGHZ **12** 1; Kissel/*Mayer* 2.
5 BVerfG DRiZ **1971** 27; BGH NJW **1966** 352; KK/*Feilcke* § 115, 7; *Schmitt/Köhler* § 115, 2; *Mösl* DRiZ **1967** 259; *Tiebing* DRiZ **1968** 120; *Keilholz* DRiZ **1972** 25; Bedenken gegen das sog. „Dritte Staatsexamen" bei *Schorn/Stanicki* 243 ff.; kritisch auch *Katholnigg* § 115, 2.

den personellen Bedarf zu befriedigen,[6] gilt für das OLG in besonderem Maße.[7] Auf die Vorschrift des **§ 10 EGGVG** betreffend die **Obersten Landesgerichte** ist hinzuweisen.[8]

§ 118 bis § 119b

(betr. Zuständigkeit in Zivilsachen bzw. Commercial Courts)

§ 120

(1) In Strafsachen sind die Oberlandesgerichte, in deren Bezirk die Landesregierungen ihren Sitz haben, für das Gebiet des Landes zuständig für die Verhandlung und Entscheidung im ersten Rechtszug
1. **(aufgehoben),**
2. **bei Hochverrat (§ 81 bis 83 des Strafgesetzbuches),**
3. **bei Landesverrat und Gefährdung der äußeren Sicherheit (§§ 94 bis 100a des Strafgesetzbuches) sowie bei Straftaten nach § 52 Abs. 2 des Patentgesetzes, nach § 9 Abs. 2 des Gebrauchsmustergesetzes in Verbindung mit § 52 Abs. 2 des Patentgesetzes oder nach § 4 Abs. 4 des Halbleiterschutzgesetzes in Verbindung mit § 9 Abs. 2 des Gebrauchsmustergesetzes und § 52 Abs. 2 des Patentgesetzes,**
4. **bei einem Angriff gegen Organe und Vertreter ausländischer Staaten (§ 102 des Strafgesetzbuches),**
5. **bei einer Straftat gegen Verfassungsorgane in den Fällen der §§ 105, 106 des Strafgesetzbuches,**
6. **bei einer Zuwiderhandlung gegen das Vereinigungsverbot des § 129a, auch in Verbindung mit § 129b Abs. 1 des Strafgesetzbuches,**
7. **bei Nichtanzeige von Straftaten nach § 138 des Strafgesetzbuches, wenn die Nichtanzeige eine Straftat betrifft, die zur Zuständigkeit der Oberlandesgerichte gehört, und**
8. **bei Straftaten nach dem Völkerstrafgesetzbuch.**

(2) [1]Diese Oberlandesgerichte sind ferner für die Verhandlung und Entscheidung im ersten Rechtszug zuständig
1. **bei den in § 74a Abs. 1 bezeichneten Straftaten, wenn der Generalbundesanwalt wegen der besonderen Bedeutung des Falles nach § 74a Abs. 2 die Verfolgung übernimmt,**
2. **bei Mord (§ 211 des Strafgesetzbuches), Totschlag (§ 212 des Strafgesetzbuches) und den in § 129a Abs. 1 Nr. 2 und Abs. 2 des Strafgesetzbuches bezeichneten Straftaten, wenn ein Zusammenhang mit der Tätigkeit einer nicht oder nicht nur im Inland bestehenden Vereinigung besteht, deren Zweck oder Tätigkeit die Begehung von Straftaten dieser Art zum Gegenstand hat, und der Generalbundesanwalt wegen der besonderen Bedeutung des Falles die Verfolgung übernimmt,**
3. **bei Mord (§ 211 des Strafgesetzbuchs), Totschlag (§ 212 des Strafgesetzbuchs), erpresserischem Menschenraub (§ 239a des Strafgesetzbuchs), Geiselnahme (§ 239b des Strafgesetzbuchs), schwerer und besonders schwerer Brandstiftung (§§ 306a und 306b des Strafgesetzbuchs), Brandstiftung mit Todesfolge (§ 306c des Strafge-**

6 Vgl. § 59, 7.
7 Vgl. dazu BGHZ **95** 22.
8 Siehe hierzu auch die Ausführungen bei LR/*Werner* § 10 EGGVG.

setzbuchs), Herbeiführen einer Explosion durch Kernenergie in den Fällen des § 307 Abs. 1 und 3 Nr. 1 des Strafgesetzbuchs, Herbeiführen einer Sprengstoffexplosion in den Fällen des § 308 Abs. 1 bis 3 des Strafgesetzbuchs, Missbrauch ionisierender Strahlen in den Fällen des § 309 Abs. 1 bis 4 des Strafgesetzbuchs, Vorbereitung eines Explosions- oder Strahlungsverbrechens in den Fällen des § 310 Abs. 1 Nr. 1 bis 3 des Strafgesetzbuchs; Herbeiführen einer Überschwemmung in den Fällen des § 313 Abs. 2 in Verbindung mit § 308 Abs. 2 und 3 des Strafgesetzbuchs, gemeingefährlicher Vergiftung in den Fällen des § 314 Abs. 2 in Verbindung mit § 308 Abs. 2 und 3 des Strafgesetzbuchs und Angriff auf den Luft- und Seeverkehr in den Fällen des § 316c Abs. 1 und 3 des Strafgesetzbuchs, wenn die Tat nach den Umständen geeignet ist,
a) den Bestand oder die Sicherheit eines Staates zu beeinträchtigen,
b) Verfassungsgrundsätze der Bundesrepublik Deutschland zu beseitigen, außer Geltung zu setzen oder zu untergraben oder
c) die Sicherheit der in der Bundesrepublik Deutschland stationierten Truppen des Nordatlantik-Pakts oder seiner nichtdeutschen Vertragsstaaten zu beeinträchtigen oder
d) den Bestand oder die Sicherheit einer internationalen Organisation zu beeinträchtigen,

und der Generalbundesanwalt wegen der besonderen Bedeutung des Falles die Verfolgung übernimmt,

4. bei Straftaten nach dem Außenwirtschaftsgesetz, dem Sanktionsdurchsetzungsgesetz sowie bei Straftaten nach dem Gesetz über die Kontrolle von Kriegswaffen, wenn die Tat oder im Falle strafbaren Versuchs auch ihre unterstellte Vollendung nach den Umständen
a) geeignet ist, die äußere Sicherheit oder die auswärtigen Beziehungen der Bundesrepublik Deutschland erheblich zu gefährden, oder
b) bestimmt und geeignet ist, das friedliche Zusammenleben der Völker zu stören,

und der Generalbundesanwalt wegen der besonderen Bedeutung des Falles die Verfolgung übernimmt.

[2]Eine besondere Bedeutung des Falles ist auch anzunehmen, wenn in den Fällen des Satzes 1 eine Ermittlungszuständigkeit des Generalbundesanwalts wegen des länderübergreifenden Charakters der Tat geboten erscheint. [3]Die Oberlandesgerichte verweisen bei der Eröffnung des Hauptverfahrens die Sache in den Fällen der Nummer 1 an das Landgericht, in den Fällen der Nummern 2 bis 4 an das Land- oder Amtsgericht, wenn eine besondere Bedeutung des Falles nicht vorliegt.

(3) [1]In den Sachen, in denen diese Oberlandesgerichte nach Absatz 1 oder 2 zuständig sind, treffen sie auch die in § 73 Abs. 1 bezeichneten Entscheidungen. [2]Sie entscheiden ferner über die Beschwerde gegen Verfügungen der Ermittlungsrichter der Oberlandesgerichte (§ 169 Abs. 1 Satz 1 der Strafprozeßordnung) in den in § 304 Abs. 5 der Strafprozeßordnung bezeichneten Fällen.

(4) [1]Diese Oberlandesgerichte entscheiden auch über die Beschwerde gegen Verfügungen und Entscheidungen des nach § 74a zuständigen Gerichts. [2]Für Entscheidungen über die Beschwerde gegen Verfügungen und Entscheidungen des nach § 74a Abs. 4 zuständigen Gerichts sowie in den Fällen des § 100e Absatz 2 Satz 6 der Strafprozessordnung ist ein nicht mit Hauptverfahren in Strafsachen befasster Senat zuständig.

(5) [1]Für den Gerichtsstand gelten die allgemeinen Vorschriften. [2]Die beteiligten Länder können durch Vereinbarung die den Oberlandesgerichten in den Absätzen 1 bis 4 zugewiesenen Aufgaben dem hiernach zuständigen Gericht eines Landes auch für das Gebiet eines anderen Landes übertragen.

(6) Soweit nach § 142a für die Verfolgung der Strafsachen die Zuständigkeit des Bundes begründet ist, üben diese Oberlandesgerichte Gerichtsbarkeit nach Artikel 96 Abs. 5 des Grundgesetzes aus.

(7) Soweit die Länder aufgrund von Strafverfahren, in denen die Oberlandesgerichte in Ausübung von Gerichtsbarkeit des Bundes entscheiden, Verfahrenskosten und Auslagen von Verfahrensbeteiligten zu tragen oder Entschädigung zu leisten haben, können sie vom Bund Erstattung verlangen.

Schrifttum

Backhaus Der gesetzliche Richter im Staatsschutzstrafrecht – zur Verfassungsmäßigkeit des § 120 Abs. 2 GVG, Diss. Frankfurt 2009; *Beckmann* Auswirkungen der Reform von § 129a StGB und § 120 Abs. 2 GVG, Diss. Tübingen 1989; *Bock* Der Generalbundesanwalt beim Bundesgerichtshof, Jura **2017** 897; *Dencker* Das „Gesetz zur Bekämpfung des Terrorismus", StV **1987** 117; *Eisenberg* Grundsätzliche erstinstanzliche Nichtzuständigkeit von Bundesanwaltschaft und Oberlandesgerichten in Jugendstrafverfahren (§ 120 GVG, § 102 JGG), NStZ **1996** 263; *Fischer* Die Einführung eines 2. Rechtszuges in Staatsschutz-Strafsachen, NJW **1969** 449; *Griesbaum* Die Zuständigkeit des Generalbundesanwalts zur Verfolgung von Völkermord und die Zusammenarbeit mit dem Jugoslawien-Gerichtshof, FS 50 Jahre BGH Bd. IV (2000) 663; *ders.* strafrechtliche Bekämpfung des Terrorismus auf nationaler und internationaler Ebene, DRiZ **2010** 365; *Jeßberger* Bundestrafgerichtsbarkeit und Völkerstrafgesetzbuch, HRRS **2013** 119; *Köhler/Gerards* Staatschutzverfahren gegen Jugendliche und Heranwachsende, NStZ **2023** 455; *Kohlhaas* Das Gesetz über die Einführung eines 2. Rechtszuges in Staatsschutzsachen, NJW **1970** 20; *Kühl* Neue Gesetze gegen terroristische Straftaten, NJW **1987** 737; *Lederer* Staatsschutz versus Jugendschutz!? StV **2016** 745; *Martin* Zur allgemeinen Einführung eines 2. Rechtszuges in Staatsschutz-Strafsachen, NJW **1969** 713; *ders.* Von der Bundesanwaltschaft, DRiZ **1974** 247; *Nehm* Föderalismus als Hemmnis für eine effektive Strafverfolgung der Organisierten Kriminalität? NStZ **1996** 513; *Rebmann* Inhalt und Grenzen des Straftatbestands „Werben für eine terroristische Vereinigung" nach § 129a StGB, NStZ **1981** 457; *ders.* Die Zuständigkeit des Generalbundesanwalts zur Verfolgung terroristischer Straftaten – Vorschläge zur notwendigen Ergänzung, NStZ **1986** 289; *Rieß* Die Bestimmung der sachlichen Zuständigkeit und verwandter Erscheinungen im Strafverfahren, GA **1976** 1; *ders.* Über Zuständigkeitskonzentrationen – eine Skizze, FS Böttcher (2007) 145; *Schmidt* Aus der Rechtsprechung des BGH in Staatsschutzstrafsachen, MDR **1979** 709; **1987** 184; *Schnarr* Irritationen um § 120 II S. 1 Nr. 2 GVG, MDR **1988** 89; *ders.* Gehören Vorbereitungshandlungen nach § 30 StGB zum Deliktsbereich von Katalogtaten? NStZ **1990** 257; *ders.* Innere Sicherheit – die Zuständigkeit des Generalbundesanwalts nach § 120 II 1 Nr. 3 GVG, MDR **1993** 589; *Safferling* Die Gefährdung der „auswärtigen Beziehungen" der Bundesrepublik Deutschland als strafwürdiges Verhalten im Außenwirtschaftsverkehr, NStZ **2009** 604; *Schaefer* Verfahrensübernehme durch den Generalbundesanwalt – nach der „Eggesin"-Entscheidung des BGH, NJW **2001** 1621; *Schoreit* Erstinstanzliche Zuständigkeit der Bundesanwaltschaft und der Oberlandesgerichte in Strafverfahren gegen Jugendliche und Heranwachsende gem. §§ 120, 142a GVG, § 102 JGG, NStZ **1997** 69; *Sowada* Zur erstinstanzlichen Zuständigkeit des Oberlandesgerichts bei Erweiterung des § 120 Abs. 2 GVG nach Eröffnung des Hauptverfahrens, FS Fezer (2016) 163; *ders.* Der gesetzliche Richter im Strafverfahren (2002); *Träger/Mayer/Krauth* Das neue Staatsschutzstrafrecht in der Praxis, in: 25 Jahre BGH (1975) 227; *Vogel* Strafverfahrensrecht und Terrorismus – eine Bilanz, NJW **1978** 1217; *Wagner* Die gerichtliche Zuständigkeit in Staatsschutzstrafsachen, FS Dreher (1977) 625. *Welp* Die Strafgerichtsbarkeit des Bundes, NStZ **2002** 1.

Entstehungsgeschichte

Der durch § 15 der VO vom 4.1.1924 (RGBl. I S. 17) – Emminger-VO – geschaffene § 120 a.F. betraf die erst- und letztinstanzliche Zuständigkeit des Oberlandesgerichts in Staatsschutzstrafsachen. Diese in der Folgezeit mehrfach geänderte Vorschrift (VO vom 18.3.1933, RGBl. I S. 131, Art. 3; Gesetz vom 24.4.1934, RGBl. I S. 341; GVGVO 1935, § 2 Nr. 5; ZuständigkeitsVO vom 21.2.1940, RGBl. I S. 405, § 38; Art. 143 Abs. 5 GG; VereinhG 1950; 1. StrÄndG 1951) wurde neu gefasst durch das Gesetz zur Einführung des zweiten Rechtszuges in Staatsschutzstrafsachen vom 8.9.1969 (BGBl. I S. 1582), das die bis dahin bestehende erst-

und letztinstanzliche Zuständigkeit des BGH in Staatsschutz-Strafsachen (§§ 134, 134a a.F.) beseitigte und die erstinstanzliche Zuständigkeit auf die Oberlandesgerichte des § 120 übertrug.[1] Die Neuregelung erfasste auch die Zuständigkeit für Wiederaufnahmeanträge gegen erstinstanzliche Strafurteile des Reichsgerichts.[2] Durch Art. 22 Nr. 8 EGStGB 1974 wurden die Nummern 4 und 6 in Anpassung an Änderungen des materiellen Rechts neu gefasst, durch Art. 2 Nr. 27 des 1. StVRG in der Klammerverweisung des Absatzes 3 Satz 2 „168a" durch „169" ersetzt und durch Art. 3 Nr. 1 StGBÄndG 1976 die Nummer 6 – mit Übergangsregelung in Art. 6 Abs. 3[3] – neu eingefügt (die bisherigen Nummern 6 und 7 erhielten dadurch die Bezifferung 7 und 8). Absatz 1 Nummer 3 wurde geändert durch Art. 3 Abs. 1 des Gebrauchsmuster-Änderungsgesetzes vom 15.8.1986 (BGBl. I S. 1446) und neu gefasst durch § 19 des Halbleiterschutzgesetzes vom 22.10.1987 (BGBl. I S. 2294). Durch Art. 2 Nr. 6 StVÄG 1987 vom 27.1.1987 (BGBl. I S. 475) wurden dem Absatz 3 Satz 2 die Worte „in den ... bezeichneten Fällen" angefügt. Das Gesetz zur Bekämpfung des Terrorismus vom 19.12.1986 (BGBl. I S. 2566) erweiterte die bisherige Zuständigkeit nach Absatz 2 (nunmehr Nummer 1) durch Einfügung der Nummern 2 und 3 mit Folgeänderungen in Absatz 2 Satz 2.[4] Die Änderungen in Absatz 2 Nummer 3 beruhen auf der durch das Sechste Gesetz zur Reform des Strafrechts (6. StrRG) vom 26.1.1998 (BGBl. I S. 164) erforderlich gewordenen Anpassung des Kreises der erfassten Katalogtaten. Dabei hat der Katalog einerseits eine sachliche Erweiterung durch die Aufnahme der schweren Brandstiftung (§ 306a StGB) erfahren, andererseits eine Beschränkung durch die auf besonders schwere Fälle eingeengte Verweisung bei der gemeingefährlichen Vergiftung (§ 314 Abs. 2 i.V.m. § 308 Abs. 3 Satz 2 StGB). Gleichzeitig glich das 6. StrRG durch die Streichung der Wörter „der im Land Berlin anwesenden Truppen der Drei Mächte" den Absatz 3 Satz 1 Nummer 3 Buchstabe c der durch die Herstellung der Einheit Deutschlands geschaffenen Situation an.[5] Art. 1 des 34. StRÄndG vom 22.8.2002 hat den neuen § 129b in das StGB eingefügt, sodass Absatz 1 Nummer 6 geändert werden musste (BGBl. I S. 3390). Nummer 8 ist eine durch das Gesetz zur Änderung des Völkerstrafgesetzbuches vom 26.6.2002 (BGBl. I S. 2254) erforderlich gewordene Folgeänderung. § 120 Abs. 2 Satz 1 Nr. 2 wurde durch Gesetz vom 22.12.2006 (BGBl. I S. 2836) mit Wirkung vom 28.12.2003 geändert. Absatz 4 Satz 2 wurde mit Art. 2 Nr. 2 des Gesetzes zur Umsetzung des Urteils des BVerfG vom 3.3.2004 (akustische Wohnraumüberwachung) vom 24.6.2005 mit Wirkung vom 1.7.2005 eingefügt (BGBl. I S. 1841) und durch Art. 8 Nr. 1 des Gesetzes zur Neuregelung der Telekommunikationsüberwachung vom 21.12.2007 (BGBl. I S. 3198) geändert. Durch das Erste Gesetz zur Bereinigung von Bundesrecht im Zuständigkeitsbereich des Bundesministeriums der Justiz vom 19.4.2006 (BGBl. I S. 866) wurde Absatz 7 (vormals Art. 3 des Gesetzes zur allgemeinen Einführung eines zweiten Rechtszuges in Staatsschutz-Strafsachen) in die Vorschrift eingefügt. Die Erweiterung des Zuständigkeitskatalogs durch Absatz 2 Nummer 4 geht auf das Zweite Justizmodernisierungsgesetz vom 22.12.2006 (BGBl. I S. 3416) zurück, ebenso die redaktionelle Änderung in Satz 2. Durch das Gesetz zur Verfolgung der Vorbereitung von schweren staatsgefährdenden Straftaten vom 30.7.2009 (BGBl. I S. 2437) wurde Absatz 2 Satz 1 Num-

1 Vgl. dazu *Fischer* NJW **1969** 449; *Martin* NJW **1969** 713; *Kohlhaas* NJW **1970** 20.

2 BGH NStZ **1982** 214; BGHSt **31** 365.

3 Wegen der Bedeutung dieser Übergangsvorschrift für vor dem Inkrafttreten des Gesetzes vom 18.8.1976 begangene Zuwiderhandlungen nach § 129 StGB, die zugleich die Voraussetzungen des neu geschaffenen § 129a StGB erfüllen, vgl. BGH MDR **1977** 156.

4 Dazu Gesetzesmaterial: Gesetzentwurf der Fraktionen der CDU/CSU und FDP BTDrucks. **10** 6268 vom 11.11.1986; Anl. z. Protokoll des Rechtsausschusses über die öffentliche Anhörung vom 14.11.1986 in der 101. Sitzung des Rechtsausschusses; Beschlussempfehlung und Bericht des Rechtsausschusses BTDrucks. **10** 6633.

5 BTDrucks. **13** 8587 S. 54.

mer 3 mit Wirkung vom 4.8.2009 neu gefasst. Absatz 2 Satz 2 mit der Erweiterung der besonderen Bedeutung des Falles wegen des länderübergreifenden Charakters der Tat wurde eingefügt durch Art. 1 Nr. 2 des Gesetzes zur Umsetzung von Empfehlungen des NSU-Untersuchungsausschusses des Deutschen Bundestages vom 12.6.2015 (BGBl. I S. 925); der bisherige Satz 2 wurde mit geändertem Eingangssatz nunmehr Satz 3. Überdies entfiel die Voraussetzung, die Tat müsse „bestimmt" sein, die unter lit. a bis d genannten Folgen herbeizuführen; ausreichend ist hiernach nunmehr, dass sie hierzu „geeignet" sind. Durch das Gesetz zur Änderung des Völkerstrafgesetzbuches vom 22.12.2016 (BGBl. I S. 3150) wurde Absatz 1 Nummer 1 (Friedensverrat in den Fällen von § 80 StGB) aufgehoben. Durch Gesetz zur effektiveren und praxistauglicheren Ausgestaltung des Strafverfahrens vom 17.8.2017 (BGBl. I S. 3202) wurde Absatz 4 Satz 2 geändert im Hinblick auf die dort vorgenommene Verweisung auf die seither in § 100e Abs. 2 Satz 6 StPO (zuvor § 100d Abs. 1 Satz 6 StPO) erfassten Maßnahmen. Durch das Gesetz zur Fortentwicklung der Strafprozessordnung und zur Änderung weiterer Vorschriften vom 25.6.2021 (BGBl. I S. 2099) wurden in Absatz 2 Satz 1 Nummer 4 in dem Satzteil vor Buchstabe a die Wörter „§ 19 Abs. 2 Nr. 2 und § 20 Abs. 1 des Gesetzes" durch die Wörter „dem Gesetz" und nach dem Wort „Tat" die Wörter „oder im Fall des strafbaren Versuchs auch ihre unterstellte Vollendung" eingefügt. Das Einfügen der Taten nach dem Sanktionsdurchsetzungsgesetz in Abs. 2 Nr. 4 erfolgte durch Art. 14 Nr. 2 des Gesetzes über die Digitalisierung des Finanzmarkts (FinmadiG) vom 27.12.2024 (BGBl. I Nr. 438).

Übersicht

Alphabetische Übersicht

1 **1. Geschichtliche Entwicklung der erstinstanzlichen Zuständigkeit.** Außer seinen Aufgaben als Revisions- und Beschwerdegericht (§ 121) und den ihm durch die StPO und andere Gesetze zugewiesenen Aufgaben (siehe hierzu die Ausführungen zu § 121 unter Rn. 23) hatte das Oberlandesgericht seit 1924 auch eine erst- und letztinstanzliche Zuständigkeit in Staatsschutzstrafsachen. Daneben bestand auch die erst- und letztinstanzliche Zuständigkeit des Reichsgerichts in Staatsschutzstrafsachen,[6] die während des „Dritten Reiches" auf den neueingerichteten Volksgerichtshof überging.[7] Nach dem Krieg begründete Art. 143 GG die Zuständigkeit des BGH für Hochverrat. Nach § 134 in der Fassung des VereinhG 1950, durch den Art. 143 GG gegenstandslos wurde, beschränkte sich die erst- und letztinstanzliche Zuständigkeit des BGH zunächst auf Hochverrat und Parlamentssprengung. Durch eine Reihe von Gesetzen wurde danach die erstinstanzliche Zuständigkeit des BGH erweitert. Das Verhältnis der erstinstanzlichen Zuständigkeit des BGH zu derjenigen des Oberlandesgerichts war in der Weise geregelt, dass die letztere nicht von vornherein katalogmäßig begründet war, sondern im Einzelfall dadurch entstand, dass der Generalbundesanwalt eine Sache, die an sich zur erstinstanzlichen Zuständigkeit des BGH gehörte, an die Landesstaatsanwaltschaft abgab oder dass der BGH, nachdem bei ihm Anklage erhoben war, bei der Eröffnung des Hauptverfahrens die Sache dem Oberlandesgericht zur Verhandlung und Entscheidung überwies (§ 134a Abs. 1, 3 a.F.). Hierbei sollte der Generalbundesanwalt grundsätzlich solche Sachen abgeben, die sich überwiegend gegen die Interessen eines Landes richteten; er konnte – zur Entlastung des BGH – auch Sachen, in denen diese Voraussetzung nicht gegeben war, abgeben, sollte dies aber nur bei Sachen von minderer Bedeutung tun.

2 Durch das **Gesetz zur allgemeinen Einführung eines zweiten Rechtszuges in Staatsschutz-Strafsachen** vom 8.9.1969 (BGBl. I S. 1582) wurde die erstinstanzliche Zuständigkeit des BGH beseitigt und wurden die §§ 134, 134a aufgehoben. Seitdem ist, soweit nicht Staatschutzkammern zuständig werden, in Staatsschutzstrafsachen ausschließlich das **Oberlandesgericht** erstinstanzlich zuständig, dessen Staatsschutzsenate im Wege der Organleihe[8] insoweit **Bundesgerichtsbarkeit** ausüben (Art. 95 Abs. 6 Nr. 5 GG); Revisions- und Beschwerdegericht ist der BGH (§ 135). Die Zuständigkeit des Oberlandesgerichts ist teils eine unbedingte (§ 120 Abs. 1), teils bedingt dadurch, dass der Generalbundesanwalt in Sachen, für die nach § 74a Abs. 1 die **Staatsschutzstrafkammer** zuständig ist, wegen der besonderen Bedeutung des Falles die Verfolgung übernimmt und Anklage zum Ober-

6 Über deren Entwicklung vgl. LR[21] Bd. II S. 697.
7 Gesetz v. 24.4.1934 (RGBl. I S. 241).
8 MüKo/*Oglakcioglu/Bock* 34.

landesgericht erhebt (§§ 120 Abs. 2 Nr. 1, 74a Abs. 2, 142a).[9] Eine weitere auf die besondere Bedeutung des Falles abstellende Zuständigkeit wurde geschaffen, als das Gesetz zur Bekämpfung des Terrorismus vom 12.12.1986 in den § 120 Abs. 2 die weiteren Nummern 2 und 3 einfügte.

Bejaht der **Generalbundesanwalt** beim BGH nach § 142a Abs. 1 i.V.m. § 120 Abs. 1 3
und 2 seine Zuständigkeit und führt das Oberlandesgericht nach Anklageerhebung das Strafverfahren durch, bedarf dies im Hinblick auf die **zwingende Kompetenzverteilung zwischen Bund und Ländern** im Grundgesetz einer ausdrücklichen verfassungsrechtlichen Legitimation. Die Generalklausel des Art. 30 GG enthält nämlich auch hinsichtlich der Ausübung der Recht sprechenden Gewalt als Bestandteil der staatlichen Befugnisse insgesamt eine – grundsätzlich unbegrenzte, wenn auch widerlegbare – Zuständigkeitsvermutung zugunsten der Bundesländer.[10] Das **Ermächtigungserfordernis** umfasst gleichermaßen das Ob und das Wie der Abgrenzung, also die nähere inhaltliche Ausgestaltung der sachlichen Zuständigkeiten und den Bereich der Gerichtsorganisation. An dem durch das 26. Änderungsgesetz zum Grundgesetz vom 26.8.1969[11] dem Art. 96 GG angefügten Absatz 5 muss sich daher nicht nur die Regelung von § 120 Abs. 6 über die Organleihe (Rn. 18) messen lassen, sondern auch und vor allem die der Absätze 1 und 2, soweit diese bestimmte Straftatbestände zu Staatsschutzdelikten erklären.[12] Besonders problematisch ist dabei, dass der Begriff des Staatsschutzes einerseits die Funktion einer immanenten Schranke der Bundeszuständigkeit hat, er andererseits in Art. 96 Abs. 5 GG vorausgesetzt und auch in anderen Vorschriften des Grundgesetzes und des einfachen Rechts jedenfalls für den Bereich der Strafverfolgung[13] nicht näher konkretisiert wird.[14] Das gilt auch für die entsprechenden Vorläuferregelungen (Rn. 1). Nach überwiegender Ansicht[15] wird im Grundgesetz indessen unausgesprochen vorausgesetzt, dass dem **Bund** auf dem Gebiet des Staatsschutzes eine **eigenständige Strafverfolgungskompetenz** zusteht. Dass der Verfassungsgeber von einer näheren Konkretisierung abgesehen hat, lässt erkennen, dass dem Gesetzgeber auch weiterhin die nähere Regelung durch einfaches Bundesgesetz überlassen bleiben sollte.[16] Dies eröffnet die gerade in jüngster Zeit aktuell gewordene Möglichkeit, Gefahren und Sachverhalte, die gewöhnlich dem Bereich der allgemeinen Kriminalität zuzuordnen sind, bei Hinzutreten besonderer Umstände, die zur Beeinträchtigung von Staatschutzbelangen führen können, der Strafverfolgungskompetenz des Bundes zu unterwerfen. Für den Bereich der Straftaten gegen die äußere Sicherheit ist dies vom BVerfG bereits gebilligt worden.[17] Im Fall der Beeinträchtigung der inneren Sicherheit kann nichts anderes gelten. Auslegung und Anwendung von § 120 müssen sich daher an dem Umstand orientieren, dass ein Gesetzesverstoß gleichbedeutend ist mit einem Eingriff in die im Grundgesetz als Regel-Ausnahmeverhältnis ausgestaltete Kompetenzverteilung zwischen Bundes- und Landesjustiz.[18] Das hat nicht nur sachlich-rechtliche (Rn. 6 ff.), sondern auch verfahrensrechtliche Auswirkungen (Rn. 11).

---

9 Über die Zuständigkeit nach § 120 bei Straftaten gegen die nichtdeutschen Vertragsstaaten des Nordatlantikpakts vgl. § 74a, 2.

10 *Jarass/Pieroth* Art. 30, 1 GG.

11 BGBl. I S. 1357.

12 BGHSt **46** 238, 242 ff.

13 Anhaltspunkte für die Auslegung geben §§ 3, 4 BVerfSchG.

14 KK/*Feilcke* 1a; *Schnarr* MDR **1993** 589, 590 spricht zutreffend von einer offenen Flanke der gerichtsverfassungsrechtlichen Zuständigkeitsregeln.

15 BGHR GVG § 120 Abs. 2 besondere Bedeutung 1; *Schnarr* MDR **1993** 589, 590.

16 BGHSt **46** 238, 243.

17 BVerfGE **100** 313, 392 f.

18 BGHSt **46** 238, 243.

2. Zuständigkeitskonzentration (Absatz 1)

4 **a) Zweck und Umfang.** Die Vorschrift regelt die absolute erstinstanzliche sowie örtliche **Zuständigkeit des OLG** für die dort aufgeführten **Staatsschutzdelikte** und für Straftaten nach dem Völkerstrafgesetzbuch. Die Vorschrift, die ihre verfassungsrechtliche Stütze in Art. 96 Abs. 5 GG findet, grenzt durch das Zusammenwirken der Regelungen der §§ 24, 74, 74a, 120 die **Strafverfolgungskompetenz** von Bund und Ländern auf den Gebieten des Artikels 26 Abs. 1 GG und des Staatschutzes gegeneinander ab.[19] Die in Absatz 1 vorgeschriebene Konzentration der örtlichen Zuständigkeit für das ganze Bundesland auf diejenigen Oberlandesgerichte,[20] in deren **Bezirk** (nicht notwendig an deren Ort) die **Landesregierungen** ihren **Sitz** haben, soll sicherstellen, dass in den in dem Zuständigkeitskatalog bezeichneten Verfahren, in denen meist schwierige tatsächliche Fragen zu entscheiden sind und in denen häufig besondere Rechtsprobleme auftreten, auch Richter mit **besonderer Sachkunde** und breiter Erfahrung auf diesem Gebiet zur Verfügung stehen.[21] Zur Möglichkeit der Konzentration für mehrere Bundesländer siehe die Ausführungen zu Absatz 5 Satz 2 unter Rn. 21.

4a Die Zuständigkeit gilt unabhängig von der **Teilnahmeform** und erfasst auch versuchte Delikte sowie Vorbereitungshandlungen nach § 30 StGB.[22] Das Oberlandesgericht ist im ersten Rechtszug auch zuständig für das Durchführen von Sicherungsverfahren nach § 414 StPO, wenn für das subjektive Verfahren dessen Zuständigkeit gegeben ist.[23] Ob ein bestimmter Tatbestand verwirklicht ist, obliegt nicht der Einschätzung der Strafverfolgungsbehörden, sondern richtet sich nach der objektiven Rechtslage.,[24] Soweit das Oberlandesgericht nach Absatz 1 sachlich zuständig ist, erstreckt sich bei Tateinheit oder **Sachzusammenhang** seine Zuständigkeit als die des Gerichts höherer Ordnung auch auf solche Sachen, die sonst vor ein Gericht niedrigerer Ordnung gehören und etwa nach § 74a in die Zuständigkeit der Staatsschutzstrafkammer oder nach § 74 Abs. 2 in die des Schwurgerichts fallen, z.B. bei einem Mord oder Totschlag aus politischen Gründen, der in Tateinheit oder im Zusammenhang mit einer Straftat nach Absatz 1 begangen wird; Voraussetzung aber ist, dass eine **einheitliche Tat** im verfahrensrechtlichen Sinne vorliegt.[25] Eine Ausnahme von diesem Grundsatz kommt indessen aber in Betracht bei Vorliegen einer selbstständigen Tat mit einem derart engen persönlichen und deliktsspezifisch-sachlichen Zusammenhang, dass eine getrennte Verfolgung und Aburteilung auch unter Beachtung der verfassungsrechtlichen Vorgaben für die Kompetenzverteilung zwischen Bund und Ländern als in hohem Maße sachwidrig erschiene.[26]

---

19 BGH NStZ **2007** 117; MüKo/*Oglakcioglu*/*Bock* 8; KK/*Feilcke* 7.

20 In praktischer Hinsicht entfaltet die Vorschrift Bedeutung in denjenigen Bundesländern, in denen mehr als ein Oberlandesgericht besteht (also Baden-Württemberg, Bayern, Niedersachsen und Nordrhein-Westfalen). Diese absolute Zuständigkeit des jeweiligen Oberlandesgerichts, in dessen Bezirk (nicht notwendig an dessen Ort) die Landesregierung ihren Sitz hat, ist eine gesetzlich bestimmte (missverständlich insoweit MüKo/*Oglakcioglu*/*Bock* 11, soweit dort ausgeführt wird, abweichend von anderen Bundesländern mit mehreren Oberlandesgerichten sei in Niedersachsen die Zuständigkeit dem OLG Celle „übertragen").

21 BGH NJW **1979** 55; MüKo/*Oglakcioglu*/*Bock* 2; OK/*Huber* 1; HK-GS/Duttge/*Kangarani* 1.

22 BGH v. 15.12.2016 – AK 63-65/16 (juris); *Schnaar* NStZ **1990** 257; Kissel/*Mayer* 1; SK/*Frister* 9; MüKo/*Oglakcioglu*/*Bock* 14; KK/*Feilcke* 3; Radtke/Hohmann/*Rappert* 5; OK/*Huber* 2.

23 LR/*Gaede* § 414, 13 StPO.

24 BGH NStZ-RR **2012** 76.

25 BGH NStZ **2007** 117.

26 BGH NJW **2009** 1681; Kissel/*Mayer* 1; KK/*Feilcke* 3; *Schmitt*/*Köhler* 2.

Auch die Zuständigkeit der **Jugendgerichte** tritt hinter die des Oberlandesgerichts zurück (§ 102 Satz 1, § 112 JGG).[27] Dies begegnet weder verfassungsrechtlichen Bedenken unter dem Gesichtspunkt der Gewährleistung des gesetzlichen Richters (Art. 101 Abs. 1 Satz 2 GG) noch im Hinblick darauf, dass die zur Entscheidung berufenen Staatsschutzsenate unter Umständen nicht über Richter mit besonderer erzieherischer Befähigung und Erfahrung in der Jugenderziehung (§ 37 JGG) verfügen.[28] **§ 37 JGG** enthält lediglich eine **Sollvorschrift**, die der Praxis nachvollziehbare Kriterien für die Feststellung der besonderen Qualifikation nicht an die Hand gibt und als bloße Ordnungsvorschrift nicht revisibel ist.[29] Mit der verfassungsrechtlichen Gewährleistung des gesetzlichen Richters ist Absatz 1 genauso vereinbar wie die in Absatz 2 normierte bewegliche Zuständigkeit, die ihre Parallele in § 24 Abs. 1 Nr. 3 hat.[30] Es ist auch nicht erkennbar, dass der Jugendliche und Heranwachsende durch die Zuständigkeitskonzentration in Absatz 1 und die durch Absatz 2 bewirkte Erweiterung der Zuständigkeit des Oberlandesgerichts in seinen Rechten stärker beeinträchtigt wird als der Erwachsene.[31] **4b**

Verneint das Oberlandesgericht im **Eröffnungsverfahren** den hinreichenden Verdacht der seine Zuständigkeit begründenden Straftat, hat es die Anklage mit der Maßgabe zur Hauptverhandlung zuzulassen, dass die Tat nur nach Strafvorschriften strafbar ist, welche die Zuständigkeit des Oberlandesgerichts nicht begründen, und das Hauptverfahren vor dem dann zuständigen **Gericht niedrigerer Ordnung** zu eröffnen.[32] Dies gilt auch dann, wenn die Strafverfolgung vor der Anklageerhebung oder spätestens gleichzeitig mit Zulassung der Anklage gemäß § 154a StPO auf Gesetzesverletzungen beschränkt wird, die keine Zuständigkeit des Oberlandesgerichts begründen.[33] **4c**

b) Der Staatsschutzsenat. Anders als § 74a („Bei den Landgerichten ... ist *eine Strafkammer* ...zuständig") bestimmt § 120 nicht ausdrücklich, dass ein Strafsenat des in Absatz 1 bezeichneten Oberlandesgerichts zuständig sei, sondern erklärt *das Oberlandesgericht* für zuständig. Das Errichten spezieller Spruchkörper sieht die Vorschrift zwar nicht vor,[34] indessen bedingt der der **Zuständigkeitskonzentration** zugrundeliegende Gedanke, dass Richter mit besonderer Sachkunde und breiter Erfahrung auf dem Gebiet der Staatsschutzstrafsachen zur Aburteilung zur Verfügung stehen sollen, eine Konzentration im Wege der **Geschäftsverteilung**, was allgemeiner Praxis bei den Oberlandesgerichten entspricht. Dies gilt dann sinngemäß auch für die dem Oberlandesgericht in § 120 Abs. 3, 4 zugewiesenen Aufgaben, die sinnvollerweise nicht nur bei *einem* Strafsenat, sondern gerade bei *dem* Strafsenat vereinigt werden, der für die Verhandlung und Entscheidung nach **5**

---

27 BGH NStZ **2002** 447; MüKo/*Oglakcioglu*/*Bock* 15; HK/*Schmidt*/*Temming* 4; *Schmitt*/*Köhler* 10; OK/*Huber* 10; *Köhler*/*Gerards* NStZ **2023** 455; Das Oberlandesgericht ist nach alledem also auch zuständig bei dem gegen Jugendliche gerichteten Tatvorwurf des versuchten Mordes bzw. dessen unterlassener Anzeige in Tateinheit mit dem Unterstützen einer terroristischen Vereinigung im Ausland.

28 So aber *Eisenberg* NStZ **1996** 263, 264.

29 BGH MDR **1958** 356; *Schoreit* NStZ **1997** 69, 70.

30 S. dazu BVerfGE **9** 223.

31 *Schoreit* NStZ **1997** 69, 70.

32 BGHSt **29** 341, 343.

33 BGHSt **29** 341 = NStZ **1981** 151 mit Anm. *Dünnebier* = LM Nr. 3 zu § 154a StPO 1975 mit Anm. *Schmidt*; h.M.; vgl. LR/*Mavany* § 154a StPO, 15. Bei der Überprüfung des die Eröffnung des Hauptverfahrens ablehnenden Beschlusses des erstinstanzlich zuständigen Oberlandesgerichts kann der BGH einen von diesem angelegten – rechtlich unbedenklichen – Maßstab tatrichterlicher Überzeugungsbildung nicht außer Betracht lassen (BGHSt **35** 39).

34 OLG Jena Beschl. v. 11.4.2025 – 1 St 2 BJs 153/23 (juris); Kissel/*Mayer* 24.

Absatz 1 zuständig ist. In diesem Sinn ist es zu verstehen, wenn im Folgenden statt vom „Oberlandesgericht" auch vom „Staatsschutzsenat" gesprochen wird.

5a **aa) Mehrere Staatsschutzsenate.** Hierbei kann es sich bei entsprechendem Geschäftsanfall auch um mehrere Staatsschutzsenate eines Oberlandesgerichts handeln.[35] Auch müssen Staatsschutzsenate nach der Geschäftsverteilung nicht ausschließlich mit entsprechenden Verfahren betraut sein; ausreichend, aber erforderlich ist insofern vielmehr, dass ein gewisser **Schwerpunkt ihrer Tätigkeit** bei diesen Delikten liegt. Insofern kann auf die hier zum Schwurgericht gemachten Ausführungen[36] grundsätzlich verwiesen werden. Hiernach kommt allein aufgrund des Konzentrationsgedankens die Einrichtung weiterer Staatsschutzsenate regelmäßig nur in Betracht, wenn die zuvor bereits eingerichteten Staatsschutzsenate nicht zumindest teilweise mit entsprechenden Verfahren belastet sind. Indessen wird man infolge der von §§ 74, 74a abweichenden Formulierung der Regelung in Absatz 1 (vgl. Rn. 5) hier nicht davon ausgehen müssen, dass (wie bei Schwurgericht und Staatsschutzkammer) bereits bestehende Senate zu wenigstens 75 % mit einschlägigen Verfahren belastet sind. Eine **nicht ausschließliche oder überwiegende Befassung mit Staatsschutzsachen** ist vor dem Hintergrund des gerade im Bereich des Staatsschutzes im Voraus nicht sicher absehbaren Geschäftsanfalls, der nicht selten erheblich differierenden, teilweise ganz erheblichen Dauer der jeweiligen Hauptverhandlungen, der erforderlichen Personalplanung hinsichtlich ausreichend qualifizierter und spezialisierter Richter und einer gleichmäßigen Auslastung der Senate insgesamt hiernach nicht nur zulässig, sondern vielmehr geboten. Dies entspricht auch überwiegender Praxis bei den Oberlandesgerichten.

5b **bb) Hilfsstaatsschutzsenate.** Ist bei entsprechendem Bedarf das Errichten eines weiteren Senats etwa aus haushaltsrechtlichen Gründen[37] nicht oder zumindest nicht kurzfristig möglich, kann es bei kurzfristig **gestiegenem Geschäftsanfall in Staatsschutzsachen** (namentlich bei Vorliegen von Haftsachen) vor dem Hintergrund des nach der Rechtsprechung des BVerfG stets zu berücksichtigenden, besonderen Beschleunigungsgebots auch geboten sein, notfalls unter Verteilung von dessen Aufgaben auf die übrigen Zivilsenate einen bestehenden Zivilsenat in einen weiteren Staatsschutzsenat umzuwandeln. Zur Möglichkeit von **Hilfsstrafsenaten** vgl. § 116, 3; dies schließt die Möglichkeit des Bildens von ‚Hilfsstaatschutzsenaten' mit ein.

5c **cc) Auffangsenate.** Die Zuständigkeit der Staatsschutzsenate gilt auch in Fällen, in denen der BGH als Revisionsgericht nach Maßgabe von **§ 354 Abs. 2 Satz 2 StPO** eine Sache an einen anderen Staatsschutzsenat des Oberlandesgerichts zurückverweist oder im Falle des **§ 210 Abs. 3 StPO** als Beschwerdegericht das Verfahren vor einem anderen Senat des Oberlandesgerichts eröffnet. Hierzu sind in der Geschäftsverteilung ein oder mehrere Auffangsenate vorzusehen.[38] Ist nicht bereits wegen des Anfalls einer entsprechenden Anzahl dieser Strafsachen im Wege der Geschäftsverteilung ein weiterer Staatsschutzstrafsenat gebildet worden, so muss der Gedanke, dass Richter mit Spezialerfahrungen auf dem Gebiet der Staatsschutzstrafsachen zur Verfügung stehen, durch Bildung eines

---

35 Kissel/*Mayer* 24; § 74, 12 ff. So waren etwa im Geschäftsjahr 2024 am Oberlandesgericht Stuttgart fünf, an den Oberlandesgerichten in Düsseldorf, München und Koblenz jeweils vier und an den Oberlandesgerichten in Hamburg, Frankfurt sowie am KG jeweils drei entsprechende Senate eingerichtet. Weitere Oberlandesgerichte haben zumindest mehr als einen Staatsschutzsenat.

36 Vgl. § 74, 13.

37 Vgl. hierzu bei § 116, 2.

38 MüKo/*Feilcke* 2.

entsprechenden „Auffangsenats" verwirklicht werden.[39] Der „Auffangsenat" übernimmt auch im Wiederaufnahmeverfahren die Aufgaben des „anderen Senats" i.S. des § 140a Abs. 6, wenn bei dem Oberlandesgericht nur ein Staatsschutzsenat gebildet ist.

3. Der Zuständigkeitskatalog des Absatz 1

a) Die allgemeinen Straftatbestände in Absatz 1. Bei den in Absatz 1 benannten Tatbeständen handelt es sich – in Abgrenzung zu den in Absatz 2 benannten Fallgruppen als sog. gekorene bzw. bedingte Staatsschutzsachen – um sog. **geborene bzw. unbedingte Staatsschutzsachen**, die allein aufgrund ihrer Deliktsnatur zur erstinstanzlichen Zuständigkeit der Oberlandesgerichte gehören. Soweit in Absatz 1 Straftatbestände des StGB benannt werden, sind diese infolge der Bezugnahme ausreichend konkretisiert.[40] Der Katalog in Absatz 1 blieb indessen nicht unverändert. Während Nummer 1 (Friedensverrat nach § 80 StGB) entfiel, wurden weitere Tatbestände eingefügt, die gegenwärtig infolge aktueller Entwicklungen des international aktiven Terrorismus die Tätigkeit der Staatsschutzsenate zu weiten Teilen prägen: 6

b) § 129b StGB (Nummer 6). Das früher geltende Recht setzte für die Strafbarkeit der Bildung einer kriminellen oder terroristischen Vereinigung im Sinne der §§ 129, 129a StGB voraus, dass die jeweilige Vereinigung zumindest in Form einer Teilorganisation im Bundesgebiet besteht.[41] Die Auslegung, die diese Vorschrift in der Rechtsprechung erfahren hatte, orientierte sich damit an dem völkerrechtlichen Grundsatz der Nichteinmischung. Der Gesetzgeber sah sich aber zum einen durch die Gemeinsame Maßnahme vom 21.9.1998 betreffend die Strafbarkeit der Beteiligung an einer kriminellen Vereinigung in den Mitgliedstaaten der Europäischen Union[42] zu einer **Erweiterung** der §§ 129, 129a StGB **auf das Gebiet der Europäischen Union** verpflichtet.[43] Diese Maßnahme diente der Umsetzung des vom Europäischen Rat aus Anlass seiner Sitzung im Juni 1997 in Amsterdam gebilligten Aktionsplans zur Bekämpfung der organisierten Kriminalität, wonach die Mitgliedsstaaten dafür Sorge zu tragen haben, dass die Beteiligung an einer kriminellen Vereinigung in ihrem Hoheitsgebiet unabhängig von dem Ort strafrechtlich geahndet werden kann, an dem die Vereinigung ihre Basis hat oder ihre strafbare Tätigkeit ausübt. Ebenso wie im Betäubungsmittelrecht eine völkerrechtliche Vereinbarung zu einer Ausdehnung des Anwendungsbereichs des § 129 StGB geführt hat,[44] geschieht dies hier durch eine europarechtliche Bestimmung. Zum anderen boten die Ereignisse des 11.9.2001 Anlass, den Anwendungsbereich der Vorschrift auf **kriminelle und terroristische Vereinigungen weltweit** auszudehnen.[45] Dadurch wurde in Absatz 1 Nummer 6 eine Folgeänderung nötig. 6a

c) Völkerstrafgesetzbuch (Nummer 8). Das Gesetz zur Einführung des Völkerstrafgesetzbuchs hat das materielle deutsche Strafrecht an das Römische Statut des Internationalen Strafgerichtshofs vom 17.7.1998 und an die anerkannten Regeln des Völkerrechts ange- 7

39 Vgl. § 74, 12.
40 Vgl. auch MüKo/*Oglakcioglu*/*Bock* 16.
41 BGHSt **30** 328, 329.
42 ABlEG Nr. L 351 v. 29.12.1998, S. 1.
43 BRDrucks. 725/01 S. 2.
44 Vgl. dazu *Franke*/*Wienroeder* § 30a, BtMG.
45 BRDrucks. 725/01 S. 3.

passt.[46] Die neu gefasste sachliche Zuständigkeitsregelung in Absatz 1 Nummer 8 geht insoweit über die bisherige Regelung hinaus, als sie nicht nur den Tatbestand des Völkermordes i.S.v. § 220a StGB a.F. umfasst, sondern auch die sonstigen Straftaten nach dem Völkerstrafgesetzbuch, also neben dem Völkermord nach § 6 VStGB die Tatbestände des Verbrechens gegen die Menschlichkeit nach § 7 VStGB, Kriegsverbrechen nach §§ 8 bis 12 VStGB, die vorsätzliche Verletzung der Aufsichtspflicht nach § 13 VStGB und das Unterlassen der Meldung einer Straftat nach § 14 VStGB. Da diese **sachliche Erweiterung** im Hinblick auf den Wortlaut von Art. 96 Abs. 5 GG i.V.m. Art. 26 Abs. 1 GG vom geltenden Verfassungsrecht nicht hinreichend gedeckt war, wurde Art. 96 Abs. 5 GG durch das Gesetz zur Änderung des Grundgesetzes vom 26.7.2002[47] durch eine enumerative Aufzählung so gefasst, dass neben den „klassischen" Staatsschutz-Straftaten und den Taten auf den Gebieten des Art. 26 Abs. 1 GG auch Strafverfahren aufgrund anderer völkerstrafrechtlicher Verbrechen gegen die Menschlichkeit und anderer Kriegsverbrechen in Bezug genommen werden.[48] Dementsprechend erweitert sich auch die Zuständigkeit des Generalbundesanwalts nach § 142a Abs. 1.

4. Erweiterte Zuständigkeit (Absatz 2)

8 **a) Besondere Bedeutung.** Die Zuständigkeit der in Absatz 1 bezeichneten Oberlandesgerichte ist ferner gegeben, wenn es sich um eine der in Absatz 2 Satz 1 Nummern 1 bis 4 und Satz 2 genannten (üblicherweise in die Zuständigkeit der Staatsschutzkammer beim Landgericht fallenden) Fallgestaltungen handelt und der Generalbundesanwalt wegen der besonderen Bedeutung des Falles vor Eröffnung des Hauptverfahrens die Verfolgung übernimmt (sog. **gekorene bzw. bedingte Staatsschutzsachen**). Mit dem Begriff der besonderen Bedeutung als gemeinsamer Voraussetzung für die **Evokationsbefugnis des Generalbundesanwalts** hat der Gesetzgeber an die Regelung der **„beweglichen Zuständigkeit"** des § 24 Abs. 1 Nr. 3 angeknüpft.[49] Die herrschende Ansicht versteht den Begriff der besonderen Bedeutung schon bei § 24 Abs. 1 Nr. 3 als eine verfassungsrechtlich zulässige Zuständigkeitsabgrenzung, die im Hinblick auf die Bedeutung von Art. 101 Abs. 1 Satz 2 GG aber als unbestimmter Rechtsbegriff angesehen werden muss.[50] Dies muss für die Auslegung des Begriffs bei § 120 Abs. 2 umso mehr gelten, als die Bejahung der besonderen Bedeutung durch die Anklagebehörde nicht nur die Person des **gesetzlichen Richters** beeinflusst, sondern gleichzeitig das verfassungsrechtliche Zuständigkeitsgefüge zwischen Landes- und Bundesgerichtsbarkeit. An das Bejahen der besonderen Bedeutung sind mit Blick auf die in der **Übernahmeerklärung** durch den Generalbundesanwalt liegenden Bestimmung des gesetzlichen Richters (Art. 101 GG) in die verfassungsrechtliche Kompetenzverteilung zwischen Bund und Ländern (vgl. Art. 96 Abs. 5 GG) **strenge Anforderungen** zu stellen.[51] Die Voraussetzung der „besonderen Bedeutung des Falles" hat demnach die Funktion eines Korrektivs, mit dem verhindert werden soll, dass sich die **Regelzuständigkeit der Landesjustiz** in eine Regelzuständigkeit des Bundes umkehrt. Die Einordnung des Begriffs der „besonderen Bedeutung" in den Kreis der unbestimmten Rechtsbegriffe hat nach Auffas-

---

46 So auch die Entwurfsbegründung; vgl. BTDrucks. **14** 8524 S. 1; zu den besonderen Einschränkungen des Legalitätsprinzips in diesen Fällen s. § 153f StPO und die Erl. hierzu bei LR/*Mavany* § 153f StPO, 4 ff.

47 BGBl. I S. 2863.

48 Vgl. BRDrucks. 222/02 S. 2.

49 Vgl. § 24 Rn. 17 ff.

50 Vgl. § 24, 24; Kissel/*Mayer* § 24, 11; MüKo/*Schuster* § 24, 8 ff.; KK/*Barthe* § 24, 11; *Katholnigg* § 24, 5; *Schmitt*/*Köhler* § 24, 5; **a.A.** OK/*Eschelbach* § 24, 16.

51 BGH v. 15.10.2013 – StB 16/13 (juris) und v. 22.9.2016 – AK 47/16 (juris); Kissel/*Mayer* 6.

sung des BGH deshalb nicht die Folge, dass dem Generalbundesanwalt bei der Prüfung der Übernahme eines Verfahrens unter Berücksichtigung aller Umstände des konkreten Falles ein Beurteilungsspielraum zustünde.[52]

Wann eine **„besondere Bedeutung des Falles"** danach zu bejahen ist, ist für die verschiedenen Fälle, die der Gesetzgeber unter Absatz 2 gefasst hat, gesondert darzustellen.[53] Für sich genommen nicht ausreichend sind jedenfalls die Schwere der Tat und das Ausmaß der von ihr hervorgerufenen Beeinträchtigung von Individualrechtsgütern. Maßgeblich ist vielmehr die von der Tat ausgehende Gefährdung bundesstaatlicher Belange. Es muss ein **staatsgefährdendes Delikt von erheblichem Gewicht** vorliegen, das die **Schutzgüter des Gesamtstaates** in derartiger Weise angreift, dass eine Aburteilung durch die Bundesgerichtsbarkeit geboten ist.[54] Hierbei sind auch die konkreten Auswirkungen für die **innere Sicherheit der Bundesrepublik** und ihr Erscheinungsbild gegenüber Staaten mit gleichen Wertvorstellungen sowie eine etwaige Signalwirkung von der Tat für potenzielle Nachahmer in den Blick zu nehmen.[55] Eine Katalogtat des § 120 Abs. 2 Satz 1 kann hiernach selbst dann, wenn sie nach Schwere oder Umfang erhebliches Unrecht verwirklicht und daher staatliche Sicherheitsinteressen in besonderer Weise beeinträchtigt, nicht allein aus diesem Grund das Evokationsrecht des Generalbundesanwalts begründen und ist die Zuständigkeit der die Bundesgerichtsbarkeit ausübenden Organe daher nur bei einem spezifischen, ausreichend gewichtigen Angriff auf **gesamtstaatliche Interessen** gegeben; hierbei kann aber auch von Bedeutung sein, ob aufgrund der Erheblichkeit des Delikts eine Verfolgung mit **besonderer Sachkunde** geboten und angesichts des Auslandsbezuges ein **spezieller Ermittlungsaufwand** erforderlich erscheint.[56] Werden bundesstaatliche Belange in diesem Sinne nicht tangiert, fallen die Taten nach Absatz 2 dann aber auch in die Zuständigkeit der Länder, wenn sie sich gegen die Bundesrepublik als Gesamtstaat richten. 8a

b) Evokationsrecht. Ist die besondere Bedeutung im Einzelfall zu bejahen, hat der Generalbundesanwalt die Sache an sich zu ziehen. Dem Evokationsrecht des Generalbundesanwalts, das in **§ 142a** näher ausgestaltet ist, entspricht eine **Evokationspflicht**; insoweit besteht weder ein Wahlrecht noch Ermessen.[57] War zunächst die landgerichtliche Staatsanwaltschaft mit den Ermittlungen befasst, so muss sie, wenn die besondere Bedeutung hervortritt, die Vorgänge an den Generalbundesanwalt abgeben. Sie kann aber noch solche Amtshandlungen vornehmen, bei denen Gefahr im Verzug ist (Nr. 202 Abs. 3 RiStBV). Das **Oberlandesgericht**, zu dem die Anklage erhoben wird, ist an die Beurteilung des Generalbundesanwalts über die Frage der besonderen Bedeutung nicht gebunden, sondern hat diese Frage **selbständig zu prüfen**.[58] Verneint es diese, hält es aber im Übrigen den hinreichenden Verdacht einer Straftat für gegeben, so eröffnet es zwar, verweist aber die Sache an das zuständige **Gericht niedrigerer Ordnung** (§ 120 Abs. 2 Satz 3).[59] Auch nach Eröffnung des Hauptverfahrens hat das Oberlandesgericht die Sache an das 9

52 BGHSt **46** 238; ebenso OLG Saarbrücken wistra **2002** 118; vgl. auch *Backhaus* 228.
53 Vgl. sogleich unter Rn. 10 ff.
54 BGHSt **46** 238; BGH NJW **2002** 1889 m. Anm. *Welp*; OLG Stuttgart NStZ **2009** 348 Kissel/*Mayer* 6; MüKo/*Oglakcioglu/Bock* 23; KK/*Feilcke* 3.
55 BGH v. 22.9.2016 – AK 47/16 (juris) und v. 10.11.2016 – StB 33/16 (juris); *Schmitt/Köhler* 3a.
56 BGH v. 15.10.2013 – StB 16/13 (juris); BGH NJW **2010** 385.
57 BGHSt **46** 238; OLG Saarbrücken wistra **2002** 118. Nach BTDrucks. **19** 3077 S. 11 f. soll indessen ein Beurteilungsspielraum bestehen.
58 BGH NStZ **2001** 265; **2002** 1889; MüKo/*Oglakcioglu/Bock* 27; OK/*Huber* 4.
59 BGH NStZ **2002** 447; Kissel/*Mayer* 12; KK/*Feilcke* 4e.

zuständige Gericht der Landesjustiz zu verweisen, wenn es nachträglich zu der Erkenntnis gelangt, dass es bei Zulassung der Anklage des Generalbundesanwalts seine sachliche Zuständigkeit zu Unrecht bejaht hat. Insoweit fehlt es zwar an einer ausdrücklichen gesetzlichen Regelung, die eine derartige Verweisung vorsieht; mit dem BGH ist hier jedoch von einer analogen Anwendung von § 209 Abs. 1 StPO auszugehen.[60] Gegen die Eröffnung unter Verweisung an ein Gericht niedrigerer Ordnung ist Beschwerde nach § 304 Abs. 4 Nr. 3 StPO zulässig;[61] vgl. dazu § 210 Abs. 3 Satz 2 StPO.

9a Unterschiedlich beurteilt wird, wie demgegenüber zu verfahren ist, wenn ein **Landgericht** wegen Annahme der besonderen Bedeutung im Sinne von **Absatz 2** Satz 1 die Sache nach §§ 209 Abs. 2, 225a Abs. 1 oder § 270 Abs. 1 StPO dem für zuständig erachteten Oberlandesgericht **vorlegen** oder an dieses **verweisen** will.[62] Die Beantwortung dieser Frage hängt letztlich davon ab, ob man die Annahme der besonderen Bedeutung durch den Generalbundesanwalt bzw. dessen Ausüben des **Evokationsrechts** in diesen Fällen für **konstitutiv** erachtet. Verneint man dies, wird als allein sachgerechter Lösungsweg vorgeschlagen, dass das Landgericht die Sache entsprechend § 209 Abs. 2 StPO – über Staatsanwaltschaft und Generalbundesanwalt – dem Oberlandesgericht zur Entscheidung vorlegt,[63] welches das Vorliegen der besonderen Bedeutung ohnehin eigenständig zu prüfen habe. Hiergegen wird eingewandt, dass im Falle der Nichtausübung des Evokationsrechts durch den Generalbundesanwalt die Justizorgane der Länder (letztlich durch Umgehung des § 142a) eigenständig die Gerichtsbarkeit des Bundes entgegen der verfassungsrechtlich gebotenen Kompetenzverteilung begründen könnten.[64] Richtigerweise wird man daher davon ausgehen müssen, dass in derartigen Konstellationen das Landgericht die Sache über die örtliche Staatsanwaltschaft dem **Generalbundesanwalt zur Entscheidung** vorlegt, ob er die Verfolgung wegen der besonderen Bedeutung des Falles übernimmt.[65] Verneint er dies, ist die Kammer hieran gebunden.[66] Bejaht der GBA die Annahme besonderer Bedeutung i.S.v. Absatz 2, teilt das sodann angerufene Oberlandesgericht nach eigener Prüfung diese Auffassung aber nicht und lehnt die Übernahme der Sache hiernach ab, kann eine Entscheidung des BGH im Rahmen einer Zuständigkeitsbestimmung nach Maßgabe der §§ 14 und 19 StPO in Betracht kommen.[67] Nach Auffassung des OLG Stuttgart soll das Oberlandesgericht auf eine entsprechende Vorlage durch ein Landgericht die Sache indessen auch ohne Einschaltung des GBA übernehmen können, wenn dieser die Verfolgung ursprünglich nicht übernehmen konnte, weil dessen Zuständigkeit erst nach dem Eröffnungsbeschluss begründet worden ist.[68] Soll eine Vorlage hinsichtlich der in **Absatz 1** aufgeführten Delikte erfolgen, geschieht dies ebenfalls durch Vorlage an das Oberlandesgericht über den Generalbundesanwalt zur Entscheidung, ob er das Amt des Staatsanwalts in dem Verfahren übernehmen will.[69]

10 **c) Absatz 2 Satz 1 Nr. 1.** Das Evokationsrecht aus Absatz 2 Satz 1 Nummer 1 bezieht sich auf die im Katalog des § 74a Abs. 1 genannten Straftaten, für die an sich die **Staats-**

60 BGHSt **46** 238; Kissel/*Mayer* 12.
61 OK/*Huber* 4.
62 Vgl. zum Meinungsstand etwa MüKo/*Oglakcioglu*/*Bock* 28 f. und KK/*Feilcke* 4e ff.
63 Kissel/*Mayer* 10; *Sowada* 674.
64 *Dencker* StV **1987** 118; *Kühl* NJW **1987** 747.
65 LR/*Stuckenberg* § 209, 50 StPO; KK/*Schneider* § 209, 16; *Rieß* GA **1976** 1, 11 f.; *Dencker* StV **1987** 117.
66 LR/*Krauß* § 142a, 19.
67 BGH NJW **1999** 1876 m. Anm. *Franke* in NStZ **1999** 524.
68 OLG Stuttgart NStZ **2009** 348.
69 LR/*Stuckenberg* § 209 StPO, 49; KK/*Schneider* § 209 StPO, 16.

schutzkammer zuständig ist. Zusätzlich zur besonderen Bedeutung muss es sich aber um Delikte auf dem Gebiet des Staatsschutzes handeln (Art. 96 Abs. 5 GG).[70] Straftaten allgemeiner Art scheiden hiernach auch dann als Anknüpfungspunkt für das Evokationsrecht des GBA aus, wenn sie ein erhebliches Ausmaß annehmen und damit staatliche Sicherheitsinteressen berühren.[71] Wenn die Voraussetzungen aber vorliegen, muss der Generalbundesanwalt das Verfahren übernehmen.[72]

d) Absatz 2 Satz 1 Nr. 2. Nach Absatz 2 Satz 1 Nummer 2 kann der GBA das Evokati- 11
onsrecht ausüben für die Straftaten des **Mordes** und des **Totschlags** sowie jenen des **Kataloges des § 129a Abs. 1 Nr. 1 bis 3 StGB**, wenn die Straftat im Zusammenhang mit der Tätigkeit einer jedenfalls auch im Ausland bestehenden Vereinigung begangen wird.[73] Gegen die Vorschrift, deren Fassung von der des Gesetzesentwurfes[74] wesentlich abweicht, sind im Schrifttum Bedenken[75] erhoben worden: sie begründe, indem sie im Gegensatz zu Absatz 2 Nummer 3 auf enge Umschreibung der Voraussetzungen des „Staatsschutzes" verzichte, die Gefahr einer Aushöhlung der Grundentscheidungen des Grundgesetzes über die Verteilung der Rechtsprechungsaufgaben zwischen Bund und Ländern; die generalklauselartig weite und nicht auf Inlandstaten beschränkte Vorschrift verschaffe dem GBA eine Art „Weltzuständigkeit" mit der Folge, dass sich bereits hieraus bei der Zuständigkeitsprüfung für das Oberlandesgericht schwierigste Tatfragen betreffend die „Tatbestandsmäßigkeit" einer ausländischen Vereinigung ergäben vor allem aber bei der Ausfüllung des unbestimmten Begriffs des „Zusammenhangs".[76] Gegen die damit behauptete „uferlose Verfolgungskompetenz" in der Hand des GBA sind bedenkenswerte Einwände erhoben worden,[77] doch greifen die verfassungsrechtlichen Bedenken nicht durch. Insoweit ist zutreffend darauf hingewiesen worden, dass Belange des Staatsschutzes (vgl. hierzu auch § 20 Abs. 1 Satz 2 BVerfSchG) die **immanente Schranke der Zuständigkeitsnorm** bilden und die Abgrenzung zwischen sog. kleinem und sog. großem Staatsschutz durch das Merkmal der besonderen Bedeutung des Falles hinreichend ermöglicht wird.[78]

e) Absatz 2 Satz 1 Nr. 3. Die Regelung bezieht sich nach der Intention des Gesetzgebers 12
bei seiner Einführung in erster Linie auf die sog. „Guerilla diffusa" (Terrorismus von Einzelpersonen, revolutionären Kleinstgruppen oder autonomen Gruppen).[79] Besondere Bedeutung gewonnen hat die Vorschrift indessen in jüngerer Zeit für die Begründung der Strafverfolgungszuständigkeit des Generalbundesanwalts in Fällen **rechtsradikal motivierter Straftaten**. Wie auch in § 89b StGB wurde durch das Gesetz zur Verfolgung der Vorbereitung von schweren staatsgefährdenden Gewalttaten vom 30.7.2009 (BGBl. I S. 2437) in lit. a die Beschränkung auf die Gefährdung allein der Sicherheit der Bundesrepublik Deutschland durch

---

70 Kissel/*Mayer* 2; KK/*Feilcke* 4a.

71 BGH NJW **1988** 1474; *Schnaar* MDR **1988** 91.

72 BGH NJW **2001** 1359; *Sowada* 669.

73 Als Vereinigung im Sinne der §§ 129, 129a StGB kommt nur eine solche in Betracht, die im räumlichen Geltungsbereich des Grundgesetzes besteht (BGHSt **30** 328 = NStZ **1982** 198 mit Anm. *Rudolphi*); zum Begriff der Vereinigung nach §§ 129, 129a StGB LK/*Krauß* § 129, 18 ff. StGB.

74 BTDrucks. **10** 6286.

75 Zu verfassungsrechtlichen Bedenken wegen der „beweglichen" Zuständigkeit vgl. *Dencker* StV **1987** 117, 118; *Kühl* NJW **1987** 737, 747; vgl. auch *Backhaus* 165 et passim.

76 *Schmidt* MDR **1987** 184.

77 *Schnarr* MDR **1988** 89.

78 KK/*Feilcke* 3 a.E.

79 Vgl. dazu *Rebmann* NStZ **1986** 291; BTDrucks. **10** 6635 S. 26 f.; *Schnarr* MDR **1993** 589.

lit. d erweitert im Hinblick auf **internationale Organisationen**.[80] Die früher häufig problematisierte Frage, ob die Taten auch dazu „bestimmt" sein müssen, eine der unter den Buchstaben a bis d aufgezählten Wirkungen herbeizuführen,[81] ist infolge der Änderung durch das Gesetz zur Umsetzung von Empfehlungen des NSU-Untersuchungsausschusses des Deutschen Bundestages[82] im Grunde obsolet, nachdem infolge des Wegfalls des Merkmals der Bestimmung für die Begründung der Zuständigkeit nunmehr ein den Umständen zu entnehmender **objektiv staatsschutzfeindlicher Charakter** der Tat („geeignet ist") genügt und es auf die innere Tatseite („bestimmt ist") zumindest im Hinblick auf die sachliche Zuständigkeit somit nicht mehr ankommt.[83] Die Vorschrift begegnet keinen verfassungsrechtlichen Bedenken.[84] Zusätzliche Abgrenzungsschwierigkeiten ergeben sich im Hinblick auf die weitere gemeinsame Voraussetzung, der Fall müsse besondere Bedeutung haben.

13 Auch die in Absatz 2 Nummer 3 Buchstaben a und b genannten **Rechtsbegriffe** werden vom BGH unter maßgeblicher Beachtung der verfassungsrechtlichen Grundentscheidung zur Abgrenzung der Zuständigkeit von Bund und Ländern ausgelegt. Damit soll auch verhindert werden, dass Katalogtaten i.S.v. § 120 Abs. 2 Satz 1 Nr. 3 zur Begründung der Strafverfolgungskompetenz des Bundes herangezogen werden, die zwar wegen ihrer länderübergreifenden Begehungsweise oder ihres bundesweiten Aufsehens **Auswirkung auf die innere Sicherheit der Bundesrepublik** haben können, wegen ihres ausschließlich allgemein kriminellen Charakters aber nicht als gegen den Gesamtstaat gerichtete Staatsschutzdelikte eingestuft werden können, sodass ihre Verfolgung weiter in die ausschließliche Kompetenz der Landesjustiz fällt.[85]

13a Hieran hat sich auch nach Einfügung von Absatz 2 Satz 2 (vgl. hierzu Rn. 15a) durch das Gesetz zur Umsetzung von Empfehlungen des **NSU-Untersuchungsausschusses** des Deutschen Bundestages vom 12.6.2015 (BGBl. I S. 925) im Grunde nichts geändert.[86] Gerade die zum **Fall „Eggesin"** ergangene Entscheidung des BGH zur Bundeskompetenz bei ausländerfeindlichen und rechtsradikalen Straftaten zeigt, dass die Abgrenzung im Einzelfall außerordentlich schwierig ist und die in den Buchstaben a und b genannten Voraussetzungen nicht immer trennscharf auseinandergehalten werden können.[87] Eine Beeinträchtigung der inneren Sicherheit der Bundesrepublik liegt nach Auffassung des BGH nämlich dann vor, wenn Belange des Bundes in vergleichbar schwerer Weise berührt werden, wie dies bei den anderen in § 120 Abs. 2 Satz 1 Nr. 1 bis 3 genannten Straftaten der Fall ist. Dies werde in der Regel, so der BGH, aber nur dann zutreffen, wenn die konkrete Tat nach den jeweiligen Umständen das innere Gefüge des Gesamtstaates beeinträchtigen kann oder sich gegen dessen Verfassungsgrundsätze richtet.[88] War die **Beeinträchtigung der inneren Sicherheit** der Bundesrepublik bislang also ausschließlich staatsgerichtet zu verstehen, richtete sich der Schutzgedanke der Vorschrift also auf die Aufrechterhaltung der Funktionsfähigkeit des Staates und seiner Einrichtungen,[89] kann eine solche Beeinträchtigung nunmehr auch dann zu bejahen sein, wenn die Tat durch den ihr innewohnenden Verstoß gegen Verfassungsgrundsätze ihren im Vergleich zu ähnlichen Straftaten

---

80 Kissel/*Mayer* 4: BTDrucks. 16/12428 S. 19.
81 *Schnaar* MDR **1993** 589.
82 BTDrucks. **18** S. 3007.
83 Kissel/*Mayer* 4; KK/*Feilcke* 4c.
84 BGH NStZ **2000** 161.
85 So schon BGHR GVG § 120 Abs. 2 Nr. 3a Sicherheit 1; vgl. auch BGHSt **46** 238.
86 Kissel/*Mayer* 6a.
87 BGHSt **46** 238; dazu *Schaefer* NJW **2001** 1621.
88 BGHSt **46** 238; vgl. auch BGH NStZ-RR **2010** 468.
89 BGHSt **28** 312, 316; BGH NStZ **1988** 215; *Schnarr* MDR **1993** 589, 593.

besonderen Charakter gewinnt.[90] Dieser „Brückenschlag" des BGH zu den Verfassungsgrundsätzen in Buchstabe b eröffnet somit den Weg zur Begründung der Strafverfolgungskompetenz des Bundes bei Taten mit ausländerfeindlichem und rechtsradikalem Hintergrund. Der spezifisch staatsgefährdende Charakter eines Katalogdelikts im Sinne von Absatz 2 Satz 1 Nummer 3 ist hiernach insbesondere dann gegeben, wenn die Tat der Feindschaft des Täters **gegen das freiheitlich-demokratische Staats- und Gesellschaftssystem** der Bundesrepublik Deutschland entspringt und er seine Opfer nur deshalb auswählt, weil sie dieses System als Amtsträger oder in sonstiger Weise repräsentieren. Das gleiche gilt, wenn der Täter seine Opfer nur deshalb auswählt, weil sie dieses System als Amtsträger oder in sonstiger Weise repräsentieren, oder ohne jeden persönlichen Bezug lediglich deshalb angreift, weil sie Bürger oder Einwohner der Bundesrepublik Deutschland sind oder sich im Bundesgebiet aufhalten.[91] Dies ist grundsätzlich dann anzunehmen, wenn es sich bei der Tat unter Beachtung des Ausmaßes der eingetretenen Rechtsgutverletzung um ein staatsgefährdendes Delikt von **erheblichem Gewicht** handelt, das die Schutzgüter des Gesamtstaats in einer derart spezifischen Weise angreift, dass ein Einschreiten des Generalbundesanwalts und eine Aburteilung durch ein die Bundesgerichtsbarkeit ausübendes Gericht geboten sind. Die Beurteilung der Bedeutung des Falles erfordert dabei eine **Gesamtwürdigung** der Umstände und Auswirkungen der Tat unter besonderer Berücksichtigung ihres Angriffs auf das jeweils betroffene Rechtsgut des Gesamtstaats, mithin der inneren Sicherheit der Bundesrepublik Deutschland.[92]

Zu den Verfassungsgrundsätzen im Sinne des Buchstaben b zählt nämlich auch der **13b**
Ausschluss jeder Gewalt- und Willkürherrschaft gegenüber Minderheiten (§ 92 Abs. 2 Nr. 6 StGB). Wird aber das friedliche Zusammenleben unterschiedlicher Bevölkerungsgruppen im Gesamtstaat durch die Täter in Frage gestellt, sieht der BGH – wohl zu Recht – das Vertrauen aller Bevölkerungsteile darauf erschüttert, in der Bundesrepublik vor gewaltsamen Einwirkungen geschützt zu sein; dadurch wird die **innere Sicherheit des Gesamtstaates** beeinträchtigt.[93] Während der Begriff der Eignung in diesem Zusammenhang als Element des objektiven Tatbestandes auszulegen ist, bezog sich der Begriff der Bestimmung der früheren Fassung der Vorschrift auf das voluntative Element. Voraussetzung war, dass der Täter die möglichen Folgen seiner Tat, also die Beeinträchtigung der inneren Sicherheit, in seinen Willen aufgenommen und gewollt haben muss. Im Hinblick auf den allein materiellrechtlich weiterhin erforderlichen **subjektiven Tatbestand** kann nichts anderes gelten. Dabei reicht es aus, dass der Täter die tatsächlichen Umstände, die die Eignung der Tat zur Beeinträchtigung des Schutzgutes ergeben, kannte und in seinen Willen einbezog. Zielgerichtetes Handeln zur Beeinträchtigung der inneren Sicherheit im Sinne einer Absicht ist dagegen nicht erforderlich.[94] Regelmäßig wird aus den objektiven Umständen der Tatbegehung und ihres Hintergrundes auf das Vorliegen des subjektiven Merkmals der Bestimmung geschlossen werden können.

Den in **Buchstaben b und c** genannten Voraussetzungen dürfte im Vergleich zur Re- **14**
gelung in Buchstabe a praktisch deutlich geringere Bedeutung zukommen. **Verfassungsgrundsätze** im Sinne von § 92 Abs. 2 StGB sind als beseitigt anzusehen, wenn sie rechtlich

---

90 BGHSt **46** 238.

91 BGH v. 15.1.2020 – AK 62/19, BeckRS **2020** 308 im Fall der Tötung des Kasseler Regierungspräsidenten.

92 BGH NStZ **2023** 58 (Taten u.a. des versuchten Mordes eines sog. Reichsbürgers betreffend). Eine besondere Bedeutung in diesem Sinne wurde vom GBA indessen nicht angenommen im Fall eines (mutmaßlich) ehemaligen Mitglieds der RAF bezüglich der mit ehemaligen Mitgliedern überregional begangenen Raubüberfälle.

93 BGHSt **45** 26.

94 BGHSt **45** 26.

nicht mehr bestehen. Sie werden außer Geltung gesetzt, wenn sie faktisch nicht mehr beachtet werden, obwohl sie rechtlich noch existent sind, das Wirken des Täters ist auf Untergrabung gerichtet, wenn ein einzelner Verfassungsgrundsatz in seiner Wirksamkeit trotz Weitergeltung in erheblichem Maße tatsächlich herabgesetzt wird.[95] Die Regelung in Absatz 2 Satz 1 Nummer 3 Buchstabe c ist als Sonderfall der äußeren Sicherheit anzusehen. Dem Schutz unterworfen sind auch Militärpersonen der Vertragsstaaten, die keine Truppen stationiert haben.[96]

15 **f) Absatz 2 Satz 1 Nr. 4.** Diese Regelung kann die erstinstanzliche Zuständigkeit der Oberlandesgerichte für Straftaten nach dem **AWG** und nach dem KrWaffKontrG begründen. Der früher auf die Tatbestände der § 19 Abs. 2 Nr. 2 und 20 Abs. 1 **KrWaffKontrG** beschränkte Anwendungsbereich erstreckt sich nunmehr auf sämtliche Delikte dieses Gesetzes und erfasst jetzt auch versuchte Straftaten. Zur Gewährleistung einer effektiven Strafverfolgung bei Delikten mit staatsschutzfeindlichem Charakter sowie beim Vorhandensein geheimdienstlicher Strukturen soll das Evokationsrecht des Generalbundesanwalts nunmehr auf alle Straftaten nach dem KrWaffKontrG erweitert werden. Daneben soll dem Generalbundesanwalt auch die Verfolgung von **versuchten Straftaten** ermöglicht werden, bei denen eine erhebliche Gefährdung der Sicherheit der Bundesrepublik Deutschland, des friedlichen Zusammenlebens der Völker oder der auswärtigen Beziehungen der Bundesrepublik Deutschland im Falle einer Vollendung vorgelegen hätte.[97] Durch die Erweiterung des Katalogs auf sämtliche Straftaten nach dem KrWaffKontrG soll sichergestellt werden, dass der Generalbundesanwalt auch im Bereich **konventioneller Waffen** geheimdienstliche Beschaffungsstrukturen aufdecken kann, wobei im Hinblick auf versuchte Taten eine hypothetische Betrachtungsweise vorzunehmen sein soll, ob die Tat im Falle ihrer Vollendung bei objektiver Betrachtung die genannten Rechtsgüter gefährden würde.[98] Hier ist – neben der **besonderen Bedeutung des Falles** – zusätzlich – und zwar alternativ – erforderlich, dass die Tat geeignet ist, die äußere Sicherheit oder die **auswärtigen Beziehungen** der Bundesrepublik Deutschland erheblich zu gefährden (Buchst. a) oder bestimmt und geeignet ist, das **friedliche Zusammenleben der Völker** zu stören (Buchst. b). Diese Ergänzung des erweiterten Zuständigkeitskatalogs soll nach dem Willen des Gesetzgebers insbesondere **Proliferationsstraftaten** erfassen, deren Verfolgung durch eine Strafverfolgungsbehörde mit zentraler Zuständigkeit zweckmäßig erscheint. Verfassungsrechtlichen Bedenken im Hinblick auf die Zuständigkeit des Bundes soll durch die Bezugnahme auf den Schutz des friedlichen Zusammenlebens der Völker (Art. 96 Abs. 5 Nr. 4 i.V.m. Art. 26 Abs. 1 GG) sowie den unmittelbaren Staatsschutz (Art. 96 Abs. 5 Nr. 5 GG) entgegen gewirkt werden.[99] Durchgreifende verfassungsrechtliche Bedenken gegen die Vorschrift bestehen zwar nicht,[100] auch wenn unter Hinweis auf den strafrechtlichen **Bestimmtheitsgrundsatz** von Verfassungs wegen die Vorschrift vereinzelt für nicht unproblematisch erachtet wird; dies gilt insbesondere für das Merkmal der Eignung, die auswärtigen Beziehungen der Bundesrepublik Deutschland zu gefährden.[101] Auch die

---

95 LK/*Laufhütte*[11] Vor § 80 StGB, 20; TK/*Sternberg-Lieben*/*Weißer* § 92 StGB, 6 ff.; *Schnarr* MDR **1993** 589, 593.

96 *Schnarr* MDR **1993** 589, 593.

97 BTDrucks. **19** 27654 S. 45.

98 BTDrucks. **19** 27654 S. 120.

99 Zu allem BTDrucks. **16** 3038 S. 31 ff.

100 Vgl. i.E. auch *Kissel*/Mayer 5; MüKo/*Oglakcioglu*/*Bock* 19 m.w.N. zur Rspr.: deshalb restriktive Auslegung geboten.

101 BGHSt **53** 128, 132 zu Taten nach dem AWG; BGHSt **53** 238, 248 für die Katalogtaten nach dem KrWaffKontrG; vgl. auch BGH v. 19.1.2010 – StB 27/09; dazu insgesamt *Safferling* NStZ **2009** 604.

Beschränkung auf *erhebliche* Gefährdungen vermag diese Bedenken kaum abzuschwächen, da sich das Tatbestandsmerkmal auf eine praktisch nicht überschaubare Vielfalt von Beziehungen erstrecken kann. Der BGH verlangt daher für die gebotene **restriktive Auslegung**, dass anhand konkreter tatsächlicher Umstände festgestellt werden muss, dass die Bundesrepublik Deutschland durch die Tat in eine Lage gebracht werden kann, die es ihr unmöglich macht oder ernsthaft erschwert, ihre Interessen an gedeihlichen Beziehungen zu anderen Staaten zu wahren. Indizien für diese Voraussetzungen können in der naheliegenden Erwartung starker diplomatischer Missbilligung, feindseliger Kampagnen führender Medien eines anderen Staates oder einer Verurteilung der Bundesrepublik durch internationale Gremien begründet sein.[102] Auch hier muss die **besondere Bedeutung** hinzukommen. Hierfür kann bei dieser Fallgruppe von Bedeutung sein, ob aufgrund der Erheblichkeit des Delikts eine Verfolgung mit besonderer Sachkunde geboten ist, ob angesichts des Auslandsbezuges ein spezieller Ermittlungsaufwand erforderlich erscheint und ob die konkrete Tat den Gesamtstaat etwa durch eine Schädigung des Ansehens Deutschlands in der Staatengemeinschaft zu beeinträchtigen vermag.[103] Die Rechtsbegriffe unterliegen auch hier voller gerichtlicher Kontrolle.[104]

g) Absatz 2 Satz 2. Diese Regelung umschreibt einen gesetzlich umschriebenen Sonderfall der besonderen Bedeutung des Falles, wenn in den Fällen des Satzes 1 eine Ermittlungszuständigkeit des GBA wegen des **länderübergreifenden Charakters** der Tat geboten erscheint. Die Vorschrift wurde ebenfalls eingeführt durch das Gesetz zur Umsetzung von Empfehlungen des NSU-Untersuchungsausschusses des Deutschen Bundestages vom 12.6.2015 (BGBl. I S. 925) und beruht letztlich auf den Erfahrungen im Umgang mit den Ermittlungen hinsichtlich der überregional tätigen **Terrorgruppe des NSU**, die als solche erst infolge länderübergreifender Bezüge aufgedeckt werden konnte. Eine hierdurch begründete Ermittlungszuständigkeit des GBA soll der Vorstellung des Gesetzgebers zufolge durch eine zentrale Ermittlungsführung mit einheitlichem Ermittlungs- und Fahndungskonzept, zentraler Informationssammlung und -bewertung, Erfahrungen und umfassendem Hintergrundwissen im Bereich terroristischer Straftaten und klaren Kommunikationsstrukturen zwischen GBA und BKA zu einer besseren Beurteilungsgrundlage führen und schnellere Aufklärung versprechen, als die selbst im Fall eines engen Informationsverbundes zwischen dem Generalbundesanwalt und den Staatsanwaltschaften der Länder erreicht werden könnte.[105] Indessen wird die Zuständigkeit des GBA nicht bereits durch einen länderübergreifenden Charakter der Tat und durch die Zweckmäßigkeit der zentral vom Generalbundesanwalt geführten Ermittlungen begründet; maßgeblich bleibt – auch zur von Verfassungs wegen gebotenen, erforderlichen Abgrenzung zwischen Bundes- und Landesgerichtsbarkeit – vielmehr auch hier die vom Tatgeschehen ausgehende **Gefährdung bundesstaatlicher Belange**, wonach die gesamtstaatlichen Interessen in einer Weise betroffen sein müssen, die eine zentrale Ermittlungstätigkeit geboten erscheinen lässt.[106] 15a

5. Nebenentscheidungen (Absatz 3)

a) Grundsatz. Die Zuständigkeit des Oberlandesgerichts, d.h. des Staatsschutzsenats 16
(oben Rn. 2), nach den Absätzen 1, 2 bezieht sich nicht nur auf die erstinstanzliche Ver-

102 BGHSt **53** 238, 250.
103 BGH v. 15.10.2013 – StB 16/13 (juris).
104 Kissel/*Mayer* 5.
105 BTDrucks. **18** 3007 S. 11.
106 BTDrucks. **18** 3007 S. 12; Kissel/*Mayer* 6a.

handlung und Entscheidung, sondern sie erstreckt sich auch auf die in § 73 Abs. 1 bezeichneten, im **Zusammenhang mit diesen Delikten** zu treffenden Entscheidungen, in der Regel also auf Beschwerden. Durch § 304 Abs. 5 StPO (i.d.F. des StVÄG 1987) ist zur Entlastung der Staatsschutzsenate die Beschwerde gegen Verfügungen des Ermittlungsrichters des Oberlandesgerichts (§ 169 Abs. 1 Satz 1 StPO), über die nach Absatz 3 Satz 2 das Oberlandesgericht entscheidet, in gleicher Weise beschränkt wie die Beschwerde gegen Verfügungen des Ermittlungsrichters des BGH (§ 169 Abs. 1 Satz 2 StPO), über die nach § 135 Abs. 2 der BGH entscheidet.[107] Mit Erhebung der Anklage durch den GBA entfällt diese **Beschwerdezuständigkeit**, weil die Anordnungskompetenz für Ermittlungsmaßnahmen mit Anklageerhebung auf das mit der Sache befasste Gericht übergeht.[108] Über die Zurückweisung von Verteidigern wegen Vorliegens der Voraussetzungen des § 137 Abs. 1 Satz 2 oder des § 146 StPO entscheidet nach § 146a Abs. 1 Satz 3 StPO im Vorverfahren nicht der Ermittlungsrichter, sondern das erkennende Gericht.

17 **b) Verfügungen des Richters beim Amtsgericht.** Dem Oberlandesgericht obliegt auch die Entscheidung über Beschwerden gegen Verfügungen des nach §§ 162, 165, 166 StPO im Ermittlungsverfahren tätig gewordenen Richters beim Amtsgericht, dessen Zuständigkeit auch in Staatsschutzstrafsachen weiterbesteht, soweit nicht der Ermittlungsrichte am Oberlandesgericht die entsprechenden Geschäfte wahrnimmt. Soweit der Richter beim Amtsgericht im Ermittlungsverfahren tätig wurde (also wenn das Oberlandesgericht mit der Sache noch nicht befasst war), wird eine Sache als zur Zuständigkeit des Oberlandesgerichts gehörig anzusehen sein, wenn entweder der GBA bereits eingeschritten ist oder der für ihn handelnde Staatsanwalt (vgl. Nr. 202 Abs. 1, 3 RiStBV) oder der von Amts wegen einschreitende Richter beim Amtsgericht (§ 165 StPO) die Sache als zur Zuständigkeit des Oberlandesgerichts gehörig bezeichnet hat. Über die Beschwerde gegen eine Verfügung des im **Überwachungsverfahren nach § 148a Abs. 1 StPO** zuständigen Richters am Amtsgericht hat hingegen das Landgericht zu entscheiden.[109]

18 **c) Weitere Zuständigkeiten.** Weitere Zuständigkeiten des Landeshauptstadt-Oberlandesgerichts ergeben sich im Klageerzwingungsverfahren aus § 172 Abs. 4 Satz 2 StPO,[110] bei der Einstellung wegen tätiger Reue aus § 153e StPO und bei Prüfung der Haftfortdauer über die Sechsmonatsgrenze hinaus in Staatsschutzstrafkammersachen aus § 121 Abs. 4 Satz 1 StPO. Nach § 121 Abs. 4 Satz 2 StPO entscheidet dagegen in Sachen, in denen das OLG selbst nach § 120 zuständig ist, der BGH. Dies gilt auch dann, wenn nur die Ermittlungen, nicht auch der Haftbefehl, eine der im Katalog des § 120 genannten Straftaten zum Gegenstand haben.[111] Die Zuständigkeit des BGH zur Entscheidung über Beschwerden gegen Haftanordnungen entfällt, wenn das Oberlandesgericht es ablehnt, die Anklage wegen einer Straftat, die seine Zuständigkeit nach § 120 begründen würde, zur Hauptverhandlung zuzulassen und das Hauptverfahren wegen anderer Anklagepunkte vor dem Landgericht eröffnet.[112]

---

107 Wegen der Gründe für die gleichmäßige Behandlung der Verfügungen der Ermittlungsrichter beim Oberlandesgericht und beim BGH vgl. BTDrucks. **10** 1313 S. 30 und BTDrucks. **8** 976 S. 57 f. – zu § 304 Absatz 5 StPO – und BTDrucks. **10** 1313 S. 44 – zu § 120 Abs. 3 Satz 3 GVG. Zur Lage bei dem Staatsschutzstrafsenat des BGH vor Änderung des § 304 Abs. 5 StPO vgl. *Schmidt* MDR **1979** 709 und *Löchner* DRiZ **1980** 100.

108 BGHSt **27** 253, 254.

109 BGHSt **29** 196, 198; Kissel/*Mayer* 13; SK/*Frister* 25.

110 Vgl. hierzu LR/*Graalmann-Scheerer*[27] § 172 StPO, 177.

111 BGHSt **28** 355, 356.

112 BGHSt **29** 196, 200.

d) Nachtragsentscheidungen im Vollstreckungsverfahren. Von großer praktischer Bedeutung ist schließlich, dass die Staatsschutzsenate bei den von ihnen erlassenen Urteilen nach § 462a Abs. 5 Satz 1 StPO als Strafvollstreckungssenate auch die Zuständigkeit für die **Nachtragsentscheidungen im Vollstreckungsverfahren**, die Bewährungsaufsicht und die Erteilung und Änderung von Weisungen im Rahmen der Führungsaufsicht behalten und insoweit die sonst zuständigen Strafvollstreckungskammern bei den Landgerichten verdrängen.[113] Der Gesetzgeber ging hierbei davon aus, dass bei dem OLG bei dem besonderen Täterkreis, über den es erstinstanzlich zu entscheiden hat, die für eine Resozialisierung relevanten Gesichtspunkte besser abschätzen könne.[114] Die Möglichkeit der Abgabe (etwa an die örtlich zuständige Strafvollstreckungskammer oder das Amtsgericht) wird hierdurch aber nicht ausgeschlossen. 18a

e) Zuständigkeitsüberschreitung. Das Reichsgericht sah, wenn im Ermittlungsverfahren eine sachlich unzuständige Strafkammer an Stelle des Reichsgerichts über eine Haftbeschwerde entschieden hatte, diese Entscheidung als unwirksam an, da sie einen unzulässigen Eingriff in die Gerichtsbarkeit des Reiches enthalte.[115] Diese Rechtsprechung – ihre Richtigkeit unterstellt – könnte indessen nicht auf den Fall übertragen werden, dass das Oberlandesgericht Gerichtsbarkeit des Bundes ausübt, denn es handelt sich nicht um eine Überschreitung der Gerichtsbarkeit, sondern um eine solche der funktionalen Zuständigkeit.[116] 19

6. Weitere Zuständigkeitskonzentration (Absatz 4). Absatz 4 **Satz 1** begründet die Zuständigkeit des Staatsschutzsenats für die Entscheidung über die Beschwerde gegen Verfügungen und Beschlüsse der Staatsschutzstrafkammern (§ 74a) des Landes. Diese Konzentration beruht auf den gleichen Erwägungen wie die Zuständigkeitskonzentration nach den Absätzen 1, 2. Eine weitere Zuständigkeitskonzentration enthält **Satz 2**. Diese Bestimmung erfasst die Entscheidung über Beschwerden gegen Verfügungen und Entscheidungen des nach § 74a Abs. 4 zuständigen Gerichts, also etwa Beschwerden gegen Anordnungen oder die Verlängerung der Anordnung einer akustischen Wohnraumüberwachung nach § 100c Abs. 1, § 100d Abs. 1 StPO. Zur Entscheidung berufen ist ein Strafsenat, der nicht mit Hauptverfahren in Strafsachen befasst sein darf.[117] 20

7. Gerichtsstand (Absatz 5). Absatz 5 wiederholt die früher schon in § 120 Abs. 2 Satz 1, 3 a.F. enthaltenen Vorschriften. Satz 1 verweist wegen der Frage, welches von mehreren in Betracht kommenden Oberlandesgerichten i.S. des Absatzes 1 örtlich zuständig ist, grundsätzlich auf **§§ 7 ff. StPO**. Vgl. dazu über Sammelverfahren Nr. 25 ff. RiStBV. Gleichwohl bleibt nach Maßgabe von Absatz 1 stets zuständig dasjenige Oberlandesgericht, in dessen Bezirk (nicht notwendig an dessen Ort) die Landesregierung ihren Sitz hat, und zwar für das Gebiet des gesamten Landes, mithin die sog. **Landeshauptstadtgerichte** (siehe hierzu auch die Ausführungen zu Abs. 1 unter Rn. 4). 21

Satz 2 eröffnet hierüber hinausgehend die Möglichkeit, durch Vereinbarung (**Staatsvertrag**) die Aufgaben nach § 120 auf das OLG eines anderen Bundeslandes zu übertragen. Staatsvertraglich begründet und durch Landesgesetze umgesetzt ist die Zuständigkeit des 21a

---

113 LR/*Graalmann-Scheerer* § 462a StPO 84.
114 KK/*Appl* § 462a StPO 28.
115 RG I Beschl. v. 5.12.1921 – VIII 2362/21; I Beschl. v. 23.1.1923 – VIII 84/23; IV Beschl. v. 19.12.1926 – I 289/26.
116 Vgl. § 121, 16.
117 *Schmitt/Köhler* 6; KK/*Feilcke* 6; MüKo/*Günther* § 100d StPO, 2.

OLG Hamburg für die Länder Hamburg, Bremen,[118] Schleswig-Holstein[119] und Mecklenburg-Vorpommern[120] sowie die des **OLG Koblenz** für die Länder Rheinland-Pfalz und Saarland.[121] Ein 2010 geschlossener Staatsvertrag zwischen den Ländern Berlin, Brandenburg und Sachsen-Anhalt mit einer Zuständigkeit des **Kammergerichts**[122] wurde 2018 (letztlich aufgrund von Differenzen wegen der Kostenbeteiligung) von Seiten des Landes Sachsen-Anhalt wieder aufgelöst. Seit Längerem verhandelt wurde ein Staatsvertrag zwischen den Ländern Niedersachsen und Thüringen mit einer gemeinsamen Zuständigkeit des **OLG Celle**; ein hierzu bereits abgeschlossener Staatsvertrag bedarf gegenwärtig noch der Ratifikation und steht unter dem Vorbehalt der Inbetriebnahme eines Hochsicherheitsgebäudes in Celle.[123] Die ursprünglich gehegte Erwartung, dass es zu einer weitergehenden Konzentration auf etwa drei bis vier Oberlandesgerichte kommen werde,[124] hat sich – trotz wiederholter Ansätze in diese Richtung – nicht erfüllt.[125] Diese Entwicklung erscheint vor dem Hintergrund der hochgradigen Spezialisierung in diesem Bereich, der hierfür erforderlichen besonderen Erfahrung und der besonderen Herausforderungen in personeller wie organisatorischer Hinsicht nicht unbedenklich.

21b In den fünf **neuen Bundesländern** war zunächst ein besonderer Senat bei dem Bezirksgericht am Sitz der Landesregierung als Strafsenat im ersten Rechtszug zuständig.[126] Bis die Länder durch Landesgesetz diese Zuständigkeit begründeten, was nicht geschehen ist, nahm die Aufgaben nach § 120 das Kammergericht in Berlin wahr. Die Zuständigkeit des Kammergerichts endet ohne besonderen Gesetzgebungsakt, sobald ein Land zum „normalen“ Aufbau der ordentlichen Gerichtsbarkeit übergeht.[127] Das ist inzwischen in allen neuen Bundesländern geschehen.

8. Gerichtsbarkeit des Bundes (Absatz 6)

22 **a) Reformforderungen und -vorschläge.** Die Forderung, in Staatsschutzstrafsachen, für die nach früherem Recht die erst- und letztinstanzliche Zuständigkeit des Reichsgerichts, später die des BGH und der Oberlandesgerichte begründet war, aus rechtsstaatli-

---

118 Abkommen zwischen den Ländern Freie Hansestadt Bremen und Freie und Hansestadt Hamburg über die Zuständigkeit des Hanseatischen Oberlandesgerichts Hamburg in Staatsschutz-Strafsachen v. 28.5.1970 (HmbGVBl. 1970, S. 271), Änderung durch Gesetz 13.3.1978 (HmbGVBl. S. 73, 325).

119 Staatsvertrag zwischen dem Land Schleswig-Holstein und der Freien und Hansestadt Hamburg über die Zuständigkeit des Hanseatischen Oberlandesgerichts Hamburg in Staatsschutz-Strafsachen v. 16.2.2012 (HmbGVBl. 2012, S. 196).

120 Staatsvertrag zwischen dem Land Mecklenburg-Vorpommern und der Freien und Hansestadt Hamburg über die Zuständigkeit des Hanseatischen Oberlandesgerichts Hamburg in Staatsschutz-Strafsachen v. 16.2.2012 (GVOBl. MV 2012, S. 250).

121 Staatsvertrag zwischen dem Land Rheinland-Pfalz und dem Saarland über die Übertragung der Zuständigkeit in Staatsschutz-Strafsachen v 16.8.1971 (RhPflGVBl. 304).

122 Staatsvertrag zwischen den Ländern Berlin, Brandenburg und Sachsen-Anhalt über die Übertragung der Zuständigkeit in Staatsschutz-Strafsachen vom 8.11.2010 (etwa in BRAVORIS).

123 Staatsvertrag zwischen dem Land Niedersachsen und dem Freistaat Thüringen über die Übertragung der Zuständigkeit in Staatschutz-Strafsachen vom 11.4.2023 (in NI-VORIS). Der Bau eines entsprechenden Gebäudes (gegenwärtig aber in Hannover) ist seit Längerem in Planung.

124 Vgl. auch *Kissel/Mayer* 22; SK/*Frister* 29.

125 Wegen der Schwierigkeiten, die sich aus der Zuständigkeit von damals neun (nach der Wiedervereinigung 14) Oberlandesgerichten für die Bundesanwaltschaft ergeben, vgl. *Martin* DRiZ **1974** 248 und *Rebmann* DRiZ **1979** 365; Kritik an der bestehenden Rechtslage auch bei *Wagner* FS Dreher 645 f.; Erklärung der Bundesregierung v. 29.9.1977, abgedr. DRiZ **1977** 380; *Vogel* NJW **1978** 1228.

126 Einigungsvertrag Anl. I Kap. III Abschn. III Nr. 1 Buchst. 1 Abs. 1.

127 Nachtrag II Teil B Rn. 124; s. auch § 21 RpflAnpG.

chen Gründen einen **zweiten Rechtszug** zu eröffnen, ist alt. Sie wurde, von früheren Bemühungen abgesehen, schon bei Verabschiedung des 1. StRÄndG vom 30.8.1951,[128] zuletzt anlässlich der Reform der Staatsschutzdelikte durch das 8. StRÄndG vom 25.6.1968 erhoben. Der Verwirklichung dieser Forderung in der Weise, dass die erstinstanzliche Zuständigkeit des BGH in vollem Umfang auf die Oberlandesgerichte übergehe und gegen ihre Entscheidungen die Revision an den BGH zugelassen würde, stellten sich zunächst Schwierigkeiten entgegen, die sich aus dem förderativen Aufbau der Bundesrepublik und der schon näher dargestellten (Rn. 3) Regelung der Gerichtsorganisation ergaben. In Staatsschutzstrafsachen von besonderer Bedeutung kann aber aus zwingenden praktischen Gründen nicht darauf verzichtet werden, dass das Ermittlungsverfahren und die Wahrnehmung des Amtes der Staatsanwaltschaft im gerichtlichen Verfahren in der Hand *einer* zentralen Verfolgungsbehörde mit einer über das gesamte Bundesgebiet sich erstreckenden räumlichen Zuständigkeit liegt.[129] Diese Voraussetzungen sind nur bei dem Generalbundesanwalt gegeben, der aber nicht Aufgaben der Landesstaatsanwaltschaft bei den Gerichten der Länder erfüllen kann. Unter diesen Umständen wurde zeitweise erwogen, einen **Rechtsmittelzug innerhalb des BGH** – etwa an den Großen Strafsenat oder an einen anderen Strafsenat – zu schaffen. In Betracht wäre auch gekommen, unter Änderung des Art. 95 GG ein erstinstanzliches Bundesgericht für das Sondergebiet (Art. 101 Abs. 2 GG) der Staatsschutzstrafsachen mit dem BGH als Revisionsgericht zu errichten.

b) Die Organleihe. Die vorgenannten, vom rechtsstaatlichen Standpunkt aus weniger 23
befriedigenden Lösungen wurden aufgegeben, als schließlich zwischen Bund und Ländern eine Einigung auf das Prinzip der sog. Organleihe erzielt wurde. Damit sollte ermöglicht werden, dass die Länder ihre Gerichte dem Bund zur Ausübung derjenigen Gerichtsbarkeit zur Verfügung stellen, die substantiell nach dem Herkommen als dem Bund zustehend angesehen wird, und es sollten dadurch die rechtlichen Bedenken ausgeschaltet werden, die der Verfolgung der in die Bundesgerichtsbarkeit fallenden Sachen durch den Generalbundesanwalt als ein Organ des Bundes entgegenstehen. Auf dieser Rechtsgrundlage beruhen die durch das Gesetz vom 8.9.1969[130] erfolgten Änderungen von StPO und GVG sowie die Ergänzung des § 120 Abs. 2 Satz 1 – neue Nummern 2 und 3 – durch das Gesetz zur Bekämpfung des Terrorismus vom 19.12.1986.[131] Danach üben die **Oberlandesgerichte** in den Fällen des § 120 Abs. 1, 2 **Gerichtsbarkeit des Bundes** aus, wenn und solange der Generalbundesanwalt das Amt der Staatsanwaltschaft ausübt (§§ 120 Abs. 6, 142a). Die Oberlandesgerichte bleiben zwar Gerichte der Länder. Die Ausübung von Bundesgerichtsbarkeit kommt aber darin zum Ausdruck, dass der GBA Strafverfolgungsbehörde ist, der neben den Ermittlungsrichtern des BGH (§ 169 Abs. 1 Satz 2 StPO) die Ermittlungen führt, wobei er das BKA in Anspruch nehmen kann (vgl. ergänzend die Erläuterungen zu § 142a), dass er die Anklage vor dem Oberlandesgericht erhebt und in der Hauptverhandlung auftritt, dass er die rechtskräftig erkannten Strafen vollstreckt (§ 451, 26 StPO) und schließ-

128 Vgl. 160. Sitzung des Bundestages v. 11.7.1951, Prot. S. 6485.

129 *Martin* NJW **1969** 715.

130 BGBl. I S. 1582.

131 An dieser Stelle ist kein Raum, den Begriff des Staatsschutzes i.S.d. Art. 96 Abs. 5 GG und damit die Voraussetzungen, unter denen der einfache Bundesgesetzgeber verfassungsmäßig ermächtigt ist, im Einzelnen die Zuständigkeit der Verfolgung durch den Generalbundesanwalt zu regeln, allgemein zu umreißen. Insoweit ist, soweit es sich um § 120 Abs. 2 Satz 1 Nr. 1 handelt, auf BGH NStZ **1988** 188 f. und, soweit es sich um Nr. 2 und 3 handelt, auf *Schnarr* MDR **1988** 89, 91 und MDR **1993** 589 zu verweisen; kritisch zur Vereinbarkeit von § 120 Abs. 2 mit Art. 96 Abs. 5 GG *Kühl* NJW **1987** 737, 746 f. und *Eisenberg* NStZ **1996** 263, 264; dagegen *Schoreit* NStZ **1997** 69, 70.

lich darin, dass das Begnadigungsrecht bzgl. dieser Strafen dem Bundespräsidenten zusteht (§ 452 StPO).

24 Die fein austarierte, dem föderativen Charakter der Bundesrepublik angepasste Struktur der Strafverfolgungskompetenzen wurde in der rechtspolitischen Diskussion namentlich vor dem Hintergrund neuerer Erscheinungsformen der Kriminalität in Frage gestellt. Zur Sicherung der Effektivität der Strafverfolgung etwa im Bereich der organisierten Kriminalität wird eine **Abkopplung** der Zuständigkeit des GBA **vom Begriff des Staatsschutzes gefordert**.[132] Solche Forderungen haben nicht zuletzt wegen der dann möglicherweise notwendigen Änderung des Grundgesetzes keine Gefolgschaft im politischen Raum gefunden. Auch die Rechtsprechung des BGH zur Zuständigkeit des GBA bei Straftaten mit rechtsradikalem und ausländerfeindlichem Hintergrund spricht für die Beibehaltung der geltenden Gesetzeslage.

25 **c) Beginn und Ende der Ausübung von Bundesgerichtsbarkeit.** In den Fällen des § 120 Abs. 1 endet die Ausübung von der Gerichtsbarkeit des Bundes, wenn der GBA das Verfahren gemäß § 142a Abs. 2 an die **Landesstaatsanwaltschaft** (die Staatsanwaltschaft bei dem nach § 120 Abs. 1 zuständigen Oberlandesgericht), also die Generalstaatsanwaltschaft am Sitz des Staatschutzsenats abgibt. In den Fällen des § 120 Abs. 2 beginnt die Ausübung von Bundesgerichtsbarkeit mit der Übernahme der Verfolgung wegen besonderer Bedeutung des Falles (§§ 74a Abs. 2, 120 Abs. 2) und endet mit der Wiederabgabe des Falles an die Landesstaatsanwaltschaft (§ 142a Abs. 4) oder mit der Verweisung der Sache an das Landgericht durch den das Hauptverfahren eröffnenden Staatsschutzstrafsenat (§ 120 Abs. 2 Satz 2). Vgl. ergänzend die Erl. zu § 142a.

26 **9. Kostentragung (Absatz 7).** Absatz 7 regelt die Frage, wer die **Kosten, Auslagen und ggf. die Entschädigungsleistung** zu tragen hat, wenn ein Oberlandesgericht in Staatsschutzsachen die Gerichtsbarkeit des Bundes ausübt. Die Bestimmung (vormals Art. 3 des Gesetzes zur allgemeinen Einführung eines zweiten Rechtszuges in Staatsschutz-Strafsachen) ist im Wege der Bereinigung von Bundesrecht im Jahr 2006 in das Gesetz übernommen worden.[133] Eine sachliche Änderung war mit dieser Rechtsbereinigung nicht verbunden. Die Regelung ist als Konsequenz aus dem Umstand zu verstehen, dass auf der Grundlage von Art. 96 Abs. 5 Nr. 5 GG die Länder in den Zusammenhängen des § 120 **„unmittelbare Bundesgerichtsbarkeit“** ausüben, wenn sie Staatsschutzsachen verhandeln. Nicht die Länder, sondern der Bund, dessen Gerichtsbarkeit sie ausüben, soll letztlich die bezeichneten Kosten tragen.[134] Danach hat zunächst die Landeskasse diese Kosten zu tragen; das Land kann indessen deren Erstattung durch den Bund verlangen. Da der **Begriff der Kosten** dem des § 464 StPO entspricht, sind vom Erstattungsanspruch Personal- und Gebäudekosten ausgenommen.[135] Erstattung kann aber nicht nur verlangt werden, wenn das Land nach der ergangenen Entscheidung die Kosten und Auslagen zu tragen hat, sondern auch, soweit die vom Angeklagten zu tragenden Kosten bei diesem uneinbringlich sind.[136] Die Einzelheiten der Erstattungspflicht des Bundes sind durch eine Vereinbarung der Justizverwaltungen des Bundes und der Länder über den Kostenausgleich in Staats-

---

132 So *Rebmann* FS Odersky 474 ff.; dagegen differenzierend *Nehm* NStZ **1996** 513, 516 ff.; zum Aufgabenwandel des Generalbundesanwalts auch *Müller/Fernholz* DRiZ **2000** 400, 405 f.

133 Erstes Gesetz über die Bereinigung von Bundesrecht im Zuständigkeitsbereich des Bundesministeriums der Justiz v. 19.4.2006, BGBl. I S. 866.

134 BRDrucks. 329/05.

135 KK/*Feilcke* 10.

136 Kissel/*Mayer* 30.

schutz-Strafsachen geregelt.[137] Im Fall einer länderübergreifenden Zuständigkeitskonzentration gibt es entsprechende staatsvertragliche Regelungen zwischen den beteiligten Bundesländern.

§ 120a

(1) Hat im ersten Rechtszug ein Strafsenat die Anordnung der Sicherungsverwahrung vorbehalten oder im Fall des § 66b des Strafgesetzbuches als Tatgericht entschieden, ist dieser Strafsenat im ersten Rechtszug für die Verhandlung und Entscheidung über die im Urteil vorbehaltene oder die nachträgliche Anordnung der Sicherungsverwahrung zuständig.

(2) Im Fall des § 66b des Strafgesetzbuches gilt § 462a Abs. 3 Satz 2 und 3 der Strafprozessordnung entsprechend.

Entstehungsgeschichte

Die Vorschrift wurde durch das Gesetz zur Einführung der nachträglichen Sicherungsverwahrung vom 23.7.2004 (BGBl. I S. 1838) in das Gesetz eingefügt. Durch das Gesetz zur Einführung der nachträglichen Sicherungsverwahrung bei Verurteilungen nach Jugendstrafrecht vom 8.7.2008 (BGBl. I S. 1212) wurde die Einbeziehung des JGG in Absatz 1 und 2 gestrichen. Zuletzt wurde die Vorschrift mit Wirkung vom 1.1.2011 geändert durch das Gesetz zur Neuordnung der Sicherungsverwahrung und zu begleitenden Regelungen (SiVerwNOG) vom 22.12.2010 (BGBl. I S. 2300 [Nr. 68]): in den Absätzen 1 und 2 wurde die bisherige Formulierung ‚*in den Fällen*' des § 66b StGB ersetzt durch die Wörter ‚*im Fall*' des § 66b StGB, nachdem ebenfalls durch das Gesetz zur Neuordnung der Sicherungsverwahrung und zu begleitenden Regelungen (SiVerwNOG) vom 22.12.2010 § 66b StGB dahingehend geändert wurde, dass dessen bisherigen Absätzen 1 und 2 aufgehoben wurden und infolgedessen eine redaktionelle Änderung der Zuständigkeitsregelung notwendig geworden war, da § 66b StGB statt in bisher drei Fällen nur noch in einem Fall die Möglichkeit der nachträglichen Sicherungsverwahrung vorsieht. Eine inhaltliche Änderung der Zuständigkeitsregelung des § 120a ist hiermit nicht erfolgt.

1. Zweck der Vorschrift. Nach § 74f ist die Strafkammer im ersten Rechtszug für die 1
Verhandlung und Entscheidung über eine im Urteil vorbehaltene oder die nachträgliche Anordnung der Sicherungsverwahrung zuständig, wenn der Vorbehalt der Anordnung oder die nachträgliche Anordnung von der Strafkammer des Landgerichts getroffen wurde.[1] Absatz 1 bestimmt in Abweichung von dieser Regelung die **fortbestehende Zuständigkeit des Strafsenats** des OLG, wenn dieser als Gericht des ersten Rechtszuges den Vorbehalt der Sicherungsverwahrung gemäß § 66a StGB oder die nachträgliche Sicherungsverwahrung angeordnet hat. Wie auch im Falle des § 74f (vgl. die Ausführungen dort) beruht die Regelung auf der Überlegung, dass die für die Anordnung der Sicherungsverwahrung erforderliche Gesamtwürdigung am besten von dem Gericht vorgenommen werden kann, dass sich bereits zuvor mit dem Verurteilten und seiner Tat auseinandergesetzt hat.[2] Dabei enthält die Vorschrift – wie auch § 74f – insoweit eine Besonderheit, als

137 VwV v. 5.11.2004, zul. geänd. durch VwV v. 16.2.2009; vgl. dazu Die Justiz **2004** 509; **2009** 97.

1 Vgl. dazu *Schmitt/Köhler* § 74f, 1, 6; KK/*Diemer* § 74f, 1.

2 BTDrucks. **15** 2887 S. 17; SK/*Frister* 2; *Schmitt/Köhler* 2, der die Vorschrift indessen für obsolet hält.

sie die Zuständigkeit desselben Spruchkörpers bestimmt und damit auf die gerichtliche Geschäftsverteilung gesetzlich einwirkt.

1a Die Zuständigkeit des OLG gilt nach § 81a JGG auch für die nachträgliche Anordnung der Unterbringung **Jugendlicher** in der Sicherungsverwahrung nach § 7 Abs. 2 und 3 JGG sowie für die Entscheidung über die vorbehaltene Unterbringung sowie über die nachträgliche Anordnung der Unterbringung **Heranwachsender** in der Sicherungsverwahrung nach § 106 Abs. 3, 5 und 6 JGG.

2 **2. Die Bedeutung von Abs. 2.** Absatz 2 bewirkt zum einen mit dem Verweis auf § 462a Abs. 3 Satz 2 StPO eine **Konzentration der örtlichen Zuständigkeit** bei Zusammentreffen von Verurteilungen durch verschiedene Oberlandesgerichte.[3] Zuständig für die nachträgliche Anordnung der Sicherungsverwahrung ist hiernach dasjenige OLG, das den Verurteilten mit der **schwersten bzw. höchsten Strafe** belegt hat.[4] Zum anderen bestimmt die Vorschrift mit ihrer Verweisung auf § 462a Abs. 3 Satz 3 Halbsatz 2 StPO bei einem Zusammentreffen eines oder mehrerer (erstinstanzlicher) Urteile anderer Gerichte mit einem solchen eines OLG eine sachliche Zuständigkeitskonzentration; in einem solchen Fall ist das OLG sachlich zuständig. Wie in § 74f Abs. 2 wird auch in Absatz 2 lediglich die Anordnung der nachträglichen Sicherungsverwahrung erfasst.[5] Für Fälle der **vorbehaltenen Sicherungsverwahrung** ist eine Zuständigkeitskonzentration nicht vorgesehen.[6]

§ 120b

[1]In Strafsachen sind die Oberlandesgerichte, in deren Bezirk die Landesregierungen ihren Sitz haben, zuständig für die Verhandlung und Entscheidung im ersten Rechtszug bei Bestechlichkeit und Bestechung von Mandatsträgern (§ 108e des Strafgesetzbuches) und unzulässiger Interessenwahrnehmung (§ 108f des Strafgesetzbuches). [2]§ 120 Abs. 3 und 5 gilt entsprechend.

Schrifttum

Braasch Reichweite der Strafbarkeit politischer Mandatsträger wegen korrupt die Verhandlungen, jurisPR-StrafR 11/15 Anm. 1; *Jäckle* Abgeordnetenkorruption und Strafrecht – eine unendliche Geschichte? ZRP **2012** 97; *Michalke* Der neue § 108e StGB – „Bestechlichkeit und Bestechung von Mandatsträgern", CB **2014** 215.

Entstehungsgeschichte

Die Vorschrift wurde mit Wirkung zum 1.9.2014 eingefügt durch Art. 2 Nr. 3 des 48. Strafrechtsänderungsgesetzes vom 23.4.2014 (BGBl. I S. 410). Hierdurch wurde der Tatbestand der Abgeordnetenbestechung an die in dem Strafrechtsübereinkommen des Europarates über Korruption vom 27.1.1999 sowie in dem von Deutschland ratifizierten Übereinkommen der Vereinten Nationen gegen Korruption vom 31.10.2003 enthaltenen Vorgaben angepasst und sein Anwendungsbereich auf kommunale Mandatsträger erwei-

3 Zur Zuständigkeitskonzentration allgemein *Rieß* FS Böttcher 145 ff.
4 SK/*Frister* 3; MüKo/*Oglakcioglu*/*Bock* 6.
5 Kissel/*Mayer* 3; KK/*Feilcke* 4.
6 So auch MüKo/*Oglakcioglu*/*Bock* 6.

tert, welche nach der Rechtsprechung des BGH keine Amtsträger im Sinne von § 11 Abs. 1 Nr. 2 StGB sind.[1] Durch Art. 2 des Gesetzes zur Änderung des Strafgesetzbuches – Strafbarkeit der unzulässigen Interessenwahrnehmung vom 12.6.2024 (BGBl. I Nr. 190) wurde in Satz 1 mit Wirkung zum 1.9.2024 der Tatbestand des § 108f StGB eingefügt.[2]

Übersicht

1. Gegenstand der Regelung. Die Vorschrift schafft außerhalb der Sonderzuständigkeit nach § 120 eine erstinstanzliche Zuständigkeit der Oberlandesgerichte für Verfahren, die Bestechlichkeit und Bestechung von politischen Mandatsträgern nach § 108e StGB sowie der unzulässigen Interessenwahrnehmung nach § 108f StGB zum Gegenstand haben. Die erst spät ins Gesetzgebungsverfahren eingeführte[3] **erstinstanzliche Zuständigkeit der Oberlandesgerichte** soll der Vorstellung des Gesetzgebers zufolge sicherstellen, dass die mit Vorwürfen der Bestechlichkeit und Bestechung von Mandatsträgern befassten Justizorgane über die erforderliche Erfahrung und die für den Umgang mit **Korruptionsvorwürfen gegen Mandatsträger** erforderliche Sensibilität verfügen, sowie dass den regelmäßig die Öffentlichkeit in besonderer Weise interessierenden Korruptionsvorwürfen gegen Mandatsträger mit dem erforderlichen Nachdruck nachgegangen wird.[4] Dieser Ansatz ist in der Literatur nicht unbestritten geblieben, wie gleichfalls die Frage aufgeworfen wurde, ob es überhaupt einer entsprechenden Sonderregelung für Abgeordnete bedarf und ob der erforderliche Nachdruck im allgemeinen Instanzenzug nicht ebenfalls vorhanden ist.[5] Die besondere Zuständigkeit des Oberlandesgerichts besteht indessen nur für Delikte nach § 108e StGB in der zum 1.9.2014 in Kraft getretenen Fassung, nicht hingegen für Altfälle.[6] Aus der erstinstanzlichen Zuständigkeit der Oberlandesgerichte folgt zugleich, dass im Hinblick auf einschlägige Straftaten weder das Durchführen eines beschleunigten Verfahrens noch ein Strafbefehlsverfahren möglich ist.[7] 1

2. Landesgerichtsbarkeit. Die Zuständigkeitskonzentration erfasst auch die Staatsanwaltschaften. Indessen ist hier – anders als bei den nach 120 Abs. 1 zur Zuständigkeit der Oberlandesgerichte im ersten Rechtszug gehörenden Strafsachen – keine Verfolgungszuständigkeit des Generalbundesanwalts begründet, dem hiernach auch dann kein Evokationsrecht zusteht, wenn durch die Tat gesamtstaatliche Belange betroffen sein sollten. Vielmehr sind für die Durchführung des Ermittlungsverfahrens nach §§ 141, 142 allein die **Generalsstaatsanwaltschaften der Länder** zuständig.[8] Die Oberlandesgerichte üben im Rahmen des § 120b daher auch keine Bundes-, sondern Landesgerichtsbarkeit aus.[9] 2

3. Örtliche Zuständigkeit. Örtlich zuständig ist wie bei § 120 auch hier das Oberlandesgericht, in dessen Bezirk (nicht notwendig an dessen Ort) die Landesregierung ihren 3

1 Vgl. hierzu SK/*Frister* 1.
2 Siehe zur Begründung BTDrucks. **20** 10376 S. 9.
3 *Michalke* CB **2014** 215; BTDrucks. **18** 607 S. 9.
4 BTDrucks. **18** 697 S. 9.
5 MüKo/*Müller* § 108e, 53 StGB; SK/*Frister* 5; *Fischer* § 108e, 57 StGB.
6 OLG Jena OLGSt GVG § 120 Nr. 1; vgl. auch OLG Jena OLGSt StPO § 270 Nr. 6 und BGH NStZ **2015** 451.
7 *Michalke* CB **2014** 215; MüKo/*Oglakcioglu/Bock* 3.
8 BTDrucks. **18** 607 S. 9; OK/*Huber* 2.
9 Kissel/*Mayer* 2; MüKo/*Oglakcioglu/Bock* 3; SK/*Frister* 2; KK/*Feilcke* 2.

Sitz hat, mithin das jeweilige sog. **Landeshauptstadtgericht**. Im Übrigen gelten auch hier – was durch den Verweis in Satz 2 i.V.m. § 120 Abs. 5 Satz 2 klargestellt wird – hinsichtlich der örtlichen Zuständigkeit die allgemeinen Vorschriften der §§ 7 ff. StPO. Nach Satz 2 i.V.m. § 120 Abs. 5 steht den Bundesländern auch hier die Möglichkeit offen, für Verfahren, die Straftaten nach §§ 108e, 108f StGB zum Gegenstand haben, durch **Staatsverträge** eine länderübergreifende Zuständigkeitskonzentration zu vereinbaren.

4 **4. Nebenentscheidungen.** Die besondere Zuständigkeit der Oberlandesgerichte besteht nach Satz 2 i.V.m. § 120 Abs. 3 Satz 1 auch für die in § 73 Abs. 1 bezeichneten **Beschwerdeentscheidungen**, also für Entscheidungen über Rechtsmittel gegen Beschlüsse und Verfügungen des (nach § 162 StPO als Ermittlungsrichter tätig gewesenen) Richters beim Amtsgericht, soweit diese mit den in § 108e StGB erfassten Delikten in Zusammenhang stehen. Ein Strafsenat ist als Beschwerdegericht ebenfalls zuständig, wenn der Ermittlungsrichter des Oberlandesgerichts als solcher nach § 169 Abs. 1 Satz 1 StPO tätig gewesen ist. Über Beschwerden gegen Entscheidungen des Strafsenats entscheidet hingegen der BGH; dies gilt nach § 121 Abs. 4 Satz 2 StPO auch bei einer Verlängerung der Untersuchungshaft über sechs Monate hinaus. Das nach § 120 zuständige Oberlandesgericht, also das Landeshauptstadtgericht, soll nach § 172 Abs. 4 Satz 2 StPO infolge dort erfasster „sinngemäßer Anwendung von § 120b" bei Verdacht einer Straftat nach §§ 108e, 108f StGB auch zuständig sein für ein entsprechendes **Klageerzwingungsverfahren**.[10]

§ 121

(1) Die Oberlandesgerichte sind in Strafsachen ferner zuständig für die Verhandlung und Entscheidung über die Rechtsmittel:

1. **der Revision gegen**
   a) **die mit der Berufung nicht anfechtbaren Urteile des Strafrichters;**
   b) **die Berufungsurteile der kleinen und großen Strafkammern;**
   c) **die Urteile des Landgerichts im ersten Rechtszug, wenn die Revision ausschließlich auf die Verletzung einer in den Landesgesetzen enthaltenen Rechtsnorm gestützt wird;**
2. **der Beschwerde gegen strafrichterliche Entscheidungen, soweit nicht die Zuständigkeit der Strafkammern oder des Bundesgerichtshofes begründet ist;**
3. **der Rechtsbeschwerde gegen Entscheidungen der Strafvollstreckungskammern nach den §§ 50 Absatz 5, 116, 138 Absatz 3 des Strafvollzugsgesetzes und der Jugendkammern nach § 92 Absatz 2 des Jugendgerichtsgesetzes;**
4. **des Einwands gegen die Besetzung einer Strafkammer im Fall des § 222b Absatz 3 Satz 1 der Strafprozessordnung.**

(2) Will ein Oberlandesgericht bei seiner Entscheidung

1. **nach Absatz 1 Nummer 1 Buchstabe a oder Buchstabe b von einer nach dem 1. April 1950 ergangenen Entscheidung,**
2. **nach Absatz 1 Nummer 3 von einer nach dem 1. Januar 1977 ergangenen Entscheidung oder**
3. **nach Absatz 1 Nummer 2 über die Erledigung einer Maßregel der Unterbringung in der Sicherungsverwahrung oder in einem psychiatrischen Krankenhaus oder**

10 Kissel/*Mayer* 5; zur Zuständigkeit des Staatsschutzsenats im Klagerzwingungsverfahren vgl. auch LR/*Graalmann-Scheerer*[27] §§ 172, 177 StPO.

über die Zulässigkeit ihrer weiteren Vollstreckung von einer nach dem 1. Januar 2010 ergangenen Entscheidung oder

4. nach Absatz 1 Nummer 4 von einer Entscheidung

eines anderen Oberlandesgerichtes oder von einer Entscheidung des Bundesgerichtshofes abweichen, so hat es die Sache dem Bundesgerichtshof vorzulegen.

(3) [1]Ein Land, in dem mehrere Oberlandesgerichte errichtet sind, kann durch Rechtsverordnung der Landesregierung die Entscheidungen nach Absatz 1 Nr. 3 einem Oberlandesgericht für die Bezirke mehrerer Oberlandesgerichte oder dem Obersten Landesgericht zuweisen, sofern die Zuweisung für eine sachdienliche Förderung oder schnellere Erledigung der Verfahren zweckmäßig ist. [2]Die Landesregierungen können die Ermächtigung durch Rechtsverordnung auf die Landesjustizverwaltungen übertragen.

Entstehungsgeschichte

VO vom 14.6.1932[1] Das VereinhG strich die frühere Nummer 1c („die Urteile der großen Strafkammer, wenn in erster Instanz das mit einem Richter und zwei Schöffen besetzte Schöffengericht entschieden hat") und fügte Absatz 2 ein. Durch Art. II Nr. 6 PräsVerfG wurde in Absatz 1 Nummer 1a „Amtsrichter" durch „Richter beim Amtsgericht" ersetzt. Durch das 1. StVRG wurden in Absatz 1 Nummer 1a „Richter beim Amtsgericht" durch „Strafrichter", in Absatz 1 Nummer 1c die Worte „der großen Strafkammer und des Schwurgerichts" durch „des Landgerichts im ersten Rechtszug" ersetzt. Durch § 179 Nr. 4 Buchst. a und b StVollzG wurden in Absatz 1 eine neue Nummer 3 (Verweisung auf § 116 StVollzG), in Absatz 2 hinter „nach dem 1. April 1950 ergangenen" die Worte „bei seiner Entscheidung nach Absatz 1 Nr. 3 von einer nach dem 1. Januar 1977 ergangenen" sowie der Absatz 3 eingefügt. Die Änderung der Verweisung in Absatz 1 Nummer 3 (Verweisung auch auf § 138 StVollzG) beruht auf Art. 2 Nr. 2 des Gesetzes vom 20.1.1984;[2] damit sollte die Zuständigkeit des Oberlandesgerichts bei Rechtsbeschwerden gegen Entscheidungen der „kleinen" Strafvollstreckungskammer entsprechend der Neuregelung in § 78b bestimmt werden.[3] Durch das Gesetz über elektronische Register und Justizkosten für Telekommunikation wurde Absatz 1 Nummer 3 neu gefasst,[4] die Verweisung auf § 92 Abs. 2 JGG ist eine Folge der durch die Entscheidung des BVerfG[5] veranlassten Neuregelung des gerichtlichen Rechtsschutzes im Jugendstrafvollzugsrecht. Die Neufassung des Absatzes 2 geht zurück auf das Vierte Gesetz zur Änderung des GVG (4. GVGÄndG) v. 24.7.2010.[6] Absatz 1 Nummer 4 und (hiermit korrespondierend) Absatz 2 Nummer 4 hinsichtlich des mit demselben Gesetz neugeregelten Einwands gegen die Besetzung einer Strafkammer im Fall des § 222b Abs. 3 Satz 1 StPO wurden eingefügt durch das Gesetz zur Modernisierung des Strafverfahrens vom 10.12.2019.[7]

---

1 RGBl. I S. 285 1. Teil, Kap. I Art. 1, 2, 9.
2 BGBl. I S. 97.
3 BTDrucks. **10** 267 S. 5.
4 BGBl. I S. 3422.
5 BVerfGE **116** 69.
6 BGBl. I 976.
7 BGBl. I S. 2121.

Übersicht

Alphabetische Übersicht

I. Zuständigkeit des Oberlandesgerichts als Revisions-, Rechtsbeschwerde- und Beschwerdegericht (Absatz 1)

1 **1. Geschichtliche Entwicklung der Zuständigkeit als Revisionsgericht.** Nach der ursprünglichen Fassung des GVG (§ 123 Nr. 3, 4) waren die Oberlandesgerichte in Strafsachen zuständig für die Revision gegen Berufungsurteile der Strafkammern und gegen deren erstinstanzliche Urteile, soweit die Revision ausschließlich auf Landesrecht gestützt war. Das RG entschied im Wesentlichen über die Revision gegen Urteile des Schwurgerichts sowie der Strafkammer im ersten Rechtszug (§ 136). Die EmmingerVO vom 4.1.1924, die erstinstanzliche, nur mit der Revision anfechtbare Urteile der Strafkammer nicht mehr vorsah, begründete die Revisionszuständigkeit des Oberlandesgerichts a) für die mit der Berufung nicht anfechtbaren Urteile des Amtsrichters (jetzt: Strafrichters), b) für die Berufungsurteile der kleinen Strafkammer (wenn im ersten Rechtszug der Amtsrichter geurteilt hatte), c) für die der großen Strafkammer, wenn im ersten Rechtszug das mit einem Richter und zwei Schöffen besetzte Schöffengericht entschieden hatte, und d) wenn die Revision gegen ein Urteil des Schwurgerichts oder ein Urteil der großen Strafkammer als Berufungsgericht über dem erweiterten Schöffengericht ausschließlich auf die Verletzung von Landesrecht gestützt war. Dagegen entschied das RG über die Revision, wenn im

ersten Rechtszug das erweiterte Schöffengericht (zwei Richter, zwei Schöffen, § 29 Abs. 2) oder das Schwurgericht geurteilt hatte (und nicht ausschließlich Verletzung von Landesrecht gerügt wurde). In diesen Rechtszustand griff die VO des Reichspräsidenten vom 14.6.1932 ein. Sie führte unter Aufhebung des erweiterten Schöffengerichts die erstinstanzliche Zuständigkeit der großen Strafkammer allgemein wieder ein und beschränkte die Rechtsmittel in der Weise, dass sie bei Urteilen des Amtsrichters und des Schöffengerichts an Stelle von Berufung *und* Revision dem Berechtigten nur noch *ein* Rechtsmittel, nämlich nach seiner Wahl entweder Berufung oder Revision, gestattete. Die Revision gegen erstinstanzliche Strafkammerurteile beschied nunmehr das RG (außer bei ausschließlicher Rüge von Landesrecht), während, wenn im ersten Rechtszug der Amtsrichter oder das Schöffengericht gesprochen hatte, die Revisionszuständigkeit dem Oberlandesgericht zukam. Bei dieser Verteilung der Revisionszuständigkeit beließ es das VereinhG, das die Rechtsmittelbeschränkung der VO vom 14.6.1932 wieder beseitigte. Es konnte sich dabei des Wortlauts des § 121 in der Fassung der VO vom 4.1.1924 bedienen, die es – unter Streichung der bisherigen Nummer 1 Buchst. c – vereinfachte, indem es von der Revisionszuständigkeit des Oberlandesgerichts gegenüber „Berufungsurteilen der kleinen und großen Strafkammer" spricht. Diese Fassungsvereinfachung trug der Tatsache Rechnung, dass das VereinhG nur das mit einem Richter und zwei Schöffen besetzte Schöffengericht kannte. Diese Fassung blieb aber auch unverändert, als das 3. StrÄG 1953 das erweiterte Schöffengericht wieder einführte (§ 29 Abs. 2). Dadurch wurde aus der ursprünglichen Fassungsvereinfachung eine sachliche Abweichung gegenüber dem Recht der VO vom 4.1.1924, indem das Oberlandesgericht auch Revisionsinstanz ist, wenn im ersten Rechtszug das erweiterte Schöffengericht geurteilt hat.

Fassungsangleichungen. In der Folgezeit führten terminologische Änderungen (Ersetzung von „Amtsrichter", wenn der Einzelrichter erkennender Richter im ersten Rechtszug ist, zunächst durch „Richter beim Amtsgericht", später durch „Strafrichter") zu sprachlichen Änderungen des Absatzes 1 Nummern 1 Buchst. a und 1 Buchst. c, ferner die Beseitigung des Schwurgerichts als eines beim Landgericht bestehenden Spruchkörpers eigener Art neben den Strafkammern durch das 1. StVRG zu einer entsprechenden Angleichung des Wortlauts des Absatzes 1 Nummer 1 Buchst. c. Sachliche Änderungen waren damit nicht verbunden. 2

2. Die Zuständigkeit des Oberlandesgerichts als Beschwerdegericht. Die Zuständigkeit des Oberlandesgerichts als Beschwerdegericht und – ausnahmsweise – als Gericht der weiteren Beschwerde (u. Rn. 28) entspricht dem hergebrachten Recht. Die Schaffung der Strafvollstreckungskammern durch Art. 22 Nr. 6 EGStGB (§§ 78a, 78b in der Fassung von § 179 StVollzG 1976) mit der aus § 462a StPO sich ergebenden Zuständigkeit erweiterte den Tätigkeitsbereich des Oberlandesgerichts als Beschwerdegericht. Die Begründung der Zuständigkeit der Strafvollstreckungskammern für die Nachprüfung von Vollzugsmaßnahmen (§§ 109 ff. StVollzG 1976) brachte als Rechtsmittel gegen deren Entscheidungen die revisionsähnliche Rechtsbeschwerde, über die das Oberlandesgericht entscheidet (§§ 116, 117 StVollzG); dementsprechend wurde der Zuständigkeitskatalog des § 121 durch Einfügung des Absatzes 1 Nummer 3 deklaratorisch ergänzt, später um die Verweisung auf §§ 50 Abs. 5, 138 Abs. 3 StVollzG sowie § 92 Abs. 2 JGG (Entscheidungen im Jugendstrafvollzug) nochmals erweitert (vgl. o. Entstehungsgeschichte). 3

3. Revisionszuständigkeit im jugendgerichtlichen Verfahren. Nach den in Rn. 1 dargestellten Grundsätzen beurteilt sich auch die Revisionszuständigkeit des Oberlandesgerichts und des BGH im jugendgerichtlichen Verfahren bei Straftaten Jugendlicher und Heranwachsender. Jugendgerichte sind nach § 33 JGG der Jugendrichter, das Jugendschöf- 4 fengericht und die Jugendkammer. Diese wird nach Änderung des JGG (§§ 33 bis 33b) durch das Rechtspflege-Entlastungsgesetz vom 11.1.1993[8] entweder als große Strafkammer in erstinstanzlichen Verfahren sowie in Berufungsverfahren gegen Urteile des Jugendschöffengerichts tätig oder als kleine Strafkammer in Berufungssachen gegen Urteile des Jugendrichters. Gemäß § 2 JGG sind daher die §§ 121, 135 unmittelbar anzuwenden, und es entscheidet, wenn im ersten Rechtszug der Jugendrichter oder das Jugendschöffengericht geurteilt haben, über die Revision (soweit sie nach § 55 JGG zulässig ist) das Oberlandesgericht, über die Revision gegen erstinstanzliche Urteile der Jugendkammer (§ 41 JGG) der BGH, sofern nicht ausschließlich Verletzung von Landesrecht gerügt wird.

5 **4. Bedeutung von Gesetzesänderungen, die den Aufbau der Gerichte, ihre Zuständigkeit und die Zulässigkeit von Rechtsmitteln betreffen.** Es gilt, wo es an einer ausdrücklichen Regelung fehlt, der allgemeine Grundsatz, dass Rechtsmittel gegen Entscheidungen, die vor dem Inkrafttreten der neuen Vorschriften erlassen sind, auch nach dem Inkrafttreten noch nach altem Recht und durch die nach bisherigem Recht zuständigen Gerichte zu erledigen sind.[9]

6 **5. Nicht mit der Berufung anfechtbare, aber revisible Urteile des Strafrichters (§ 121 Abs. 1 Nr. 1 Buchst. a).** Derartige Entscheidungen gibt es an sich, soweit die StPO Anwendung findet, nach Aufhebung des früheren § 313 StPO nicht mehr. Die Bedeutung der Vorschrift besteht nunmehr insoweit darin, bei der **Sprungrevision** gegen Urteile des Strafrichters den Sinn der Verweisung in § 335 Abs. 2 StPO klarzustellen.[10]

6a **a) Rechtsbeschwerden in Bußgeldsachen.** Im Übrigen ergibt sich aus der Verweisung in § 79 Abs. 3 OWiG auf die Vorschriften des GVG über die Revision, dass für die Entscheidung über die **Rechtsbeschwerde** im gerichtlichen **Bußgeldverfahren** gegen Urteile und Beschlüsse des Amtsgerichts (§ 72 OWiG) gemäß § 121 Abs. 1 Nr. 1 Buchst. a das Oberlandesgericht zuständig ist.

6b **b) Entscheidungen der Landgerichte nach § 41 BDSG.** Der BGH nimmt eine derartige Zuständigkeit des Oberlandesgerichts auch an bei einer **Rechtsbeschwerde** im Bereich der **Datenschutzgrundverordnung** gegen eine erstinstanzliche Bußgeldentscheidung des **Landgerichts** nach § 41 Abs. 1 Satz 3 BDSG (Bußgeld über 100.000 €):[11] Die gesetzliche Regelung ist wenig eindeutig und letztlich unbestimmt. Der BGH hat hierzu ausgeführt, zwar könne **§ 41 BDSG** bei einer eng am Wortlaut der in Bezug genommenen Normen (§ 121 Abs. 1 Nr. 1 Buchst. a, § 135 Abs. 1) orientierten Auslegung dahin verstanden werden, dass eine Verschiebung der erstinstanzlichen Zuständigkeit vom Amtsgericht auf das Landgericht zugleich zu einer Verschiebung der Rechtsbeschwerdezuständigkeit vom Oberlandesgericht auf den Bundesgerichtshof führe; jedoch greife eine solche Gesetzesauslegung methodisch zu kurz. Indessen kann diese Betrachtung im Hinblick auf den klar gegliederten Instanzenzug bei Rechtsmitteln gegen erstinstanzliche Urteile von Amts- bzw. Landgerich-

---

8 BGBl. I S. 50; vgl. dazu LR/*Rieß*[24] Anh. 42.

9 Vgl. BVerfG DVBl. **1992** 1531 = NVwZ **1992** 1182 zur Frage der Rechtsmittelsicherheit bei fehlender abweichender Regelung des Gesetzes; BGH NJW **1950** 877; vgl. auch BGHSt **10** 154, 155; **22** 321, 325 f.

10 *Katholnigg* 2 Fn. 3; KK/*Feilcke* 3; Kissel/*Mayer* 2.

11 BGH NJW **2025** 3646 m. krit. Anm. *Wybitul* (die Argumentation sei „zumindest stellenweise etwas abenteuerlich", a.a.O. S. 3649); **a.A.** *Adelberg/Spittka/Zapf* CB **2021**, 149, 154 m.w.N.

ten (OLG bzw. BGH) nicht wirklich überzeugen[12] (vgl. auch hier Rn. 22a) und steht hiernach der gesetzliche Richter in Frage.

6. Ausschluss der Revision in Sonderfällen. In Binnen-, Rhein- und Moselschifffahrtsstrafsachen findet gegen das Urteil des Binnenschifffahrts- und des Rhein- und Moselschifffahrtsgerichts (Amtsgericht) stets die Berufung (keine Revision) an das Binnenschifffahrts- und Rhein- oder Moselschifffahrtsgericht (Oberlandesgericht) statt. Nach § 3 EGStPO ist das Landesrecht ermächtigt, bei Forst- und Feldrügesachen sowohl die Berufung wie die Revision gegen Strafurteile des Amtsgerichts auszuschließen.[13] 7

7. Revision gegen Berufungsurteile (§ 121 Abs. 1 Nr. 1 Buchst. b). Die Vorschrift umfasst namentlich diejenigen Fälle einer amtsgerichtlichen Entscheidung 1. Instanz, in denen das Landgericht als Berufungsinstanz entschieden hat, und zwar als kleine Strafkammer bei Berufungen gegen Urteile des Strafrichters oder des Schöffengerichts (§§ 74 Abs. 3, 76 Abs. 1). Die Zuständigkeit des Oberlandesgerichts liegt hiernach ebenfalls vor in Fällen, in denen das Landgericht als kleine Jugendkammer gegen Urteile des Jugendrichters (§ 33b Abs. 2 JGG) oder als große Jugendkammer gegen Urteile des Jugendschöffengerichts (§ 41 Abs. 1 JGG) entschieden hat. 8

Nach der Neufassung des § 76 und des § 33b **JGG** durch das Rechtspflegeentlastungsgesetz[14] sind große Strafkammern nur noch (als Jugendkammern) für die Berufungen gegen Urteile des Jugendschöffengerichts zuständig. Damit entfällt weitestgehend das Problem, welche Revisionszuständigkeit gegeben ist, wenn das Berufungsgericht seine Strafgewalt überschritten hat[15] oder wenn bei der großen Strafkammer die Verbindung einer erstinstanzlichen Sache mit einer Berufungssache erfolgte. Lediglich bei den großen Jugendkammern ist die **Verbindung einer erstinstanzlichen Sache mit einer Berufungssache** noch denkbar. Die Auffassungen in dieser Frage gingen lange Zeit im Schrifttum und in der Rechtsprechung auseinander. Nach der vom 4. Strafsenat entwickelten Rechtsprechung des BGH sind folgende Grundsätze maßgeblich: Erfolgt die Verbindung entsprechend § 4 Abs. 1 StPO – bei Vorliegen der Voraussetzungen nach § 3 StPO –, so werden beide Verfahren zu einem einheitlichen Verfahren sachlich verbunden mit der Folge, dass insgesamt erstinstanzlich zu verhandeln ist;[16] durch die Verschmelzung beider Verfahren entfallen die Dispositionsmöglichkeiten der Beteiligten im Berufungsverfahren.[17] Für die Revision ist der BGH zuständig. Erfolgt die Verbindung dagegen nur nach § 237 StPO, so bleibt für jede der verbundenen Strafsachen die Selbständigkeit bestehen, sodass die Berufungssache zweitinstanzlich zu verhandeln ist. Insoweit bleibt es bei der Revisionszuständigkeit des Oberlandesgerichts, wenn sich das Rechtsmittel gegen das im Berufungsverfahren ergangene Urteil richtet.[18] 8a

Ob eine in die Zuständigkeit des Oberlandesgerichts fallende **Sprungrevision** auch im Falle der Annahmeberufung nach § 313 StPO überhaupt zulässig ist, bzw. dann, wenn die Berufung gegen ein amtsgerichtliches Urteil vom Landgericht nach §§ 313, 322a StPO nicht angenommen wurde oder wenn die Voraussetzungen einer Annahme nicht vorlie- 8b

---

12 So auch OLG Celle BeckRS **2025** 21437.

13 BGHSt **4** 138; BGH NJW **1960** 55.

14 LR/*Rieß*[24] Anh. 41 ff.

15 LR/*Rieß*[24] Anh. 55; LR/*Gollwitzer*[24] § 328 StPO, 33 ff.

16 BGHSt **36** 348; **37** 15, 18.

17 BGHR StPO § 4 Verbindung 7.

18 BGHSt **34** 159, 160; **36** 348, 351; **37** 42; vgl. auch BGHSt **38** 172; überholt BGHSt **35** 195; vgl. zum Ganzen: KK/*Feilcke* 4; *Meyer-Goßner* DRiZ **1990** 284; **1985** 241; NStZ **1989** 297, 301 jeweils m.w.N.

gen, wird nicht einheitlich beurteilt. Während teilweise unter Hinweis auf die prozessualen Folgen in Fällen einer nicht den Annahmeerfordernissen genügenden Berufung eines Verfahrensbeteiligten bei gleichzeitiger Sprungrevision eines anderen Beteiligten sowie den sonst verfehlten Zweck des Rechtspflegeentlastungsgesetzes eine Zulassung durch das Berufungsgericht für erforderlich erachtet und die Zulässigkeit einer Sprungrevision in diesen Fällen verneint wird,[19] geht die herrschende Meinung und namentlich die Rechtsprechung mit beachtlichen Argumenten und im Ergebnis zutreffend ganz überwiegend davon aus, dass die Annahmeberufung des § 313 StPO nicht zum Ausschluss oder zur Einschränkung der Sprungrevision führt.[20]

8. Ausschluss der Zuständigkeit des BGH, wenn die Revision nur auf Verletzung des Landesrechts gestützt wird (§ 121 Abs. 1 Nr. 1 Buchst. c)

9 **a) Begriff des Bundes- und Landesrechts.** Nach § 135 Abs. 1 entscheidet der BGH über die Revision gegen die Urteile der Landgerichte im ersten Rechtszug, „soweit nicht die Zuständigkeit der Oberlandesgerichte begründet ist"; **§ 135 Abs. 1** verweist damit auf § 121 Abs. 1 Nr. 1 Buchst. c. Bundesrecht ist das von den gesetzgebenden Körperschaften des Bundes gesetzte Recht, das einheitlich in der Bundesrepublik geltende Gewohnheitsrecht, Recht, das nach Art. 123, 124, 125, 127 GG Bundesrecht geworden ist oder als solches fort gilt sowie Recht, das nach Art. 125 Nr. 2 GG partielles Bundesrecht geworden ist. Bundesrecht, das in Berlin bis zum Inkrafttreten des Einigungsvertrages am 3.10.1990 durch Landesrecht übernommen worden ist, ist Bundesrecht i.S.v. Nummer 1 Buchst. c; dies gilt auch, wenn es sich nicht um förmlich übernommene Bundesgesetze, sondern um inhaltsgleiche Berliner Gesetze handelt.[21] **Partielles Bundesrecht** ist auch nach dem Einigungsvertrag fortgeltendes Recht der DDR, soweit es nach der Kompetenzordnung des GG Bundesrecht wäre, auch wenn es nur in den neuen Bundesländern gilt.[22] Landesrecht dagegen ist außer dem in die Gesetzgebungsbefugnis der Länder fallenden auch das von den Ländern auf Grund einer bundesgesetzlichen Ermächtigung gemäß Art. 80 Abs. 1 GG, zur Ausfüllung einer bundesrechtlichen Blankettvorschrift oder einer bundesrechtlichen Rahmenvorschrift (Art. 75 GG) gesetzte Recht, und zwar ohne Rücksicht darauf, ob es sich um verfahrens- oder materiellrechtliche Bestimmungen handelt.[23]

10 **b) Verletzung von Landes- und Bundesrecht.** Wird sowohl die Verletzung von Landes- wie von Bundesrecht behauptet, so ist der BGH zuständig.[24] Dass hiernach diesem als einem Gericht des Bundes auch kraft Bundesrechts die Nachprüfung von Landesrecht zusteht, verstößt nicht gegen das GG. Hiernach kann das Oberlandesgericht niemals zuständig sein, wenn die Verletzung einer Bestimmung der StPO gerügt wird. Eine Ausnahme von diesem Grundsatz gilt nur, wenn – was selten vorkommt – die Verfahrensrüge nur

---

19 KK/*Paul* § 313 StPO, 4 m.w.N.; *Schmitt/Köhler* § 335 StPO, 21; KK/*Feilcke* 4; KK/*Paul* § 313 StPO, 4.

20 BGHSt **40** 395; BayObLGSt **1993** 147; OLG Karlsruhe StV **1994** 292; OLG Zweibrücken StV **1994** 119; OLG Stuttgart NStZ-RR **1996** 75; KG NStZ-RR **1999** 146; OLG Celle NJW-Spezial **2008** 633; OLG Schleswig VRR **2008** 150; OLG Hamm NStZ **2011** 42; OLG Koblenz NStZ-RR **2012** 81; OLG Dresden v. 31.8.2015 – 2 OLG 21 Ss 210/15 (juris); *Tolksdorf* FS Salger (1995) 393; LR/*Franke*[26] § 335 StPO, 2 m.w.N.; KK/*Gericke* § 335 StPO, 16; OK/*Eschelbach* § 313 StPO, 17.

21 So zutr. *Sarstedt/Hamm*[5] 43, 44.

22 LR/*Rieß*[24] Nachtr. II Teil A 24 ff.

23 Ebenso KK/*Feilcke* 5; vgl. dazu BVerfGE **18** 407; BVerfG JZ **1965** 441; BayVerfGH **1963** 11; *Keidel* NJW **1961** 2334.

24 RGSt **33** 110; **57** 88; BGHSt **23** 370, 372; **25** 347, 348; **26** 40, 42; *Katholnigg* 3; Kissel/*Mayer* 4; SK/*Frister* 5; KK/*Feilcke* 10; SSW/*Quentin* 3; *Schmitt/Köhler* 2.

zum Schein erhoben ist[25] oder wenn neben der Rüge der Verletzung materiellen Landesrechts eine unzulässige – nicht nur offensichtlich unbegründete – Verfahrensrüge erhoben wird.[26] Im Übrigen ist es gleichgültig, ob die angeblich verletzte Rechtsnorm dem Strafrecht, dem sonstigen öffentlichen Recht oder dem Privatrecht angehört.

c) Divergierende Rügen mehrerer Rechtsmittelberechtigter. Stützt von mehreren Rechtsmittelberechtigten (mehrere Angeklagte oder Angeklagter und Staatsanwaltschaft) einer die Revision auf Verletzung bundesrechtlicher, der andere auf Verletzung landesrechtlicher Normen, so ist **nur der BGH** zuständig, weil dasselbe Urteil nicht der Prüfung verschiedener Revisionsgerichte unterbreitet werden kann.[27] Es entspricht dies dem Grundgedanken des § 335 Abs. 3 StPO (dort Rn. 23), wonach bei einer Verschiedenheit der von mehreren Rechtsmittelberechtigten zulässigerweise eingelegten Rechtsmittel (Berufung neben Sprungrevision) zunächst nur *ein* Gericht (das Berufungsgericht) einheitlich zur Entscheidung berufen ist. 11

d) Begriff der Stützung nur auf Verletzung von Landesrecht. Die Frage, auf welche Gesetzesverletzung die Revision „gestützt" und welche Rechtsnorm als verletzt bezeichnet ist, muss das Revisionsgericht, dem die Staatsanwaltschaft gemäß § 347 Abs. 2 StPO die Akten vorlegt, nach Lage des Falles prüfen und beantworten. Es kommt nicht nur auf die von dem Beschwerdeführer ausdrücklich bezeichneten Rechtsnormen an (vgl. §§ 344, 352 StPO und die dortigen Erl.). Der BGH ist also zuständig, wenn zwar ausdrücklich nur die Verletzung von Landesrecht gerügt wird, die Verurteilung insoweit jedoch in **Tateinheit mit Verletzung einer bundesrechtlichen Norm** erfolgt und die allgemeine Sachrüge erhoben ist.[28] Andererseits muss jede ausdrückliche Bezeichnung für die Zuständigkeit des Revisionsgerichts Berücksichtigung finden, und es sollte auch ohne Weiteres klar sein, dass nicht die bezeichnete, sondern nur eine andere Rechtsnorm verletzt sein kann. Rechtsnormen, die zwar bei der Entscheidung über die Revision in den Kreis der Beurteilung zu ziehen sind, deren Verletzung aber nicht in Frage steht, bleiben für die Frage der Zuständigkeit außer Betracht.[29] 12

e) Zusammenhang zwischen Bundes- und Landesrecht. Zwischen Bundes- und Landesrecht bestehen mannigfache Zusammenhänge. So gelten nach Art. 1 Abs. 2 EGStGB 1974 die Vorschriften des Allgemeinen Teils des StGB grundsätzlich auch für die in den Landesstrafgesetzen enthaltenen Straftatbestände. **Landesstrafgesetze** können ausdrücklich oder stillschweigend Verweisungen auf das Strafgesetzbuch enthalten, und umgekehrt können Bundesstrafvorschriften auch die Verletzung landesrechtlicher Rechtsnormen zum Gegenstand haben (Blankettstrafgesetze, z.B. § 106a StGB, der auch die Verletzung landesrechtlicher Bannmeilenvorschriften bedroht). Dann sind Meinungsverschiedenheiten möglich, ob die Revision ausschließlich auf die Verletzung landesrechtlicher Rechtsnormen gestützt wird. Es kommt im Wesentlichen auf die Revisionsbegründung an,[30] unter Um- 13

---

25 RGSt **40** 221.

26 *Eb. Schmidt* 6; SK/*Frister* 7, teilweise abweichend *Katholnigg* 3; Kissel/*Mayer* 4; KK/*Feilcke* 8; siehe auch SSW/*Quentin* 3.

27 RG GA **45** (1897) 29; BGHSt **4** 207; BGH LM Nr. 7 zu § 121 m. Anm. *Geier*; *Eb. Schmidt* 7; *Katholnigg* 3; Kissel/*Mayer* 4; KK/*Feilcke* 6.

28 KG JR **1957** 230; KK/*Feilcke* 9.

29 KK/*Feilcke* 9; *Schmitt*/*Köhler* 1; **a.A.** Kissel/*Mayer* 5.

30 BayObLG JW **1916** 502.

ständen auch auf den Wortlaut der angeblich verletzten Rechtsvorschrift.[31] Im Zweifel muss die Zuständigkeit des BGH Platz greifen, da sie die regelmäßige ist;[32] im Übrigen lassen sich keine allgemeinen Regeln aufstellen.

14 **f) Zuständigkeitsstreit.** Ein Zuständigkeitsstreit zwischen dem BGH und dem Oberlandesgericht ist durch § 348 Abs. 2 StPO ausgeschlossen.[33]

15 **g) Revisionszuständigkeit.** Dem Landesrecht ist es überlassen, **abweichend von** § 121 **Abs. 1 Nr. 1 Buchst. c** gemäß Art. 99 GG die Revisionszuständigkeit des BGH zu begründen (vgl. § 3, 2 EGGVG).

16 **9. Folgen der Zuständigkeitsüberschreitung.** Hat ein Oberlandesgericht über die Revision erkannt, obwohl der BGH sachlich zuständig gewesen wäre, so darf der BGH darüber nicht mehr entscheiden. Dem Urteil des Oberlandesgerichts wird durch den Mangel der funktionellen Zuständigkeit nicht die Eigenschaft eines der Rechtskraft fähigen Urteils entzogen; die Rechtskraft der Entscheidung verhindert eine erneute Prüfung durch das sachlich zuständige Gericht.[34]

17 **10. Instanzenzug.** Für die Entscheidung der Frage, **ob ein im ersten Rechtszug oder ein in der Berufungsinstanz erlassenes Urteil vorliegt**, kommt es nicht auf die Verpflichtung der Strafkammer, als Gericht erster oder zweiter Instanz zu erkennen, sondern nur darauf an, in welcher Eigenschaft sie tatsächlich erkannt hat.[35] Dieses Problem ist durch das Rechtspflege-Entlastungsgesetz weitestgehend überholt, vgl. o. Rn. 8.

11. Zuständigkeit als Beschwerdegericht (§ 121 Abs. 1 Nr. 2)

18 **a) Strafrichterliche Entscheidungen.** Hierunter fallen die mit der Beschwerde anfechtbaren Beschlüsse, Verfügungen und Urteile (z.B. § 464 Abs. 3 StPO), die ein Gericht in Strafsachen, gleichviel in welchem Abschnitt des Verfahrens, erlässt.

b) Bereich der Beschwerdezuständigkeit

18a **aa) Grundsatz.** Die Zuständigkeit des Oberlandesgerichts für Beschwerden ist ausgeschlossen, wenn die Zuständigkeit der Strafkammer nach §§ 73, 74a Abs. 3, 74b Satz 2, 74c Abs. 2 oder die des BGH nach §§ 304 Abs. 4 Satz 2 Halbsatz 2; 310 Abs. 1, 464 Abs. 3 Satz 3 StPO; §§ 135 Abs. 2, 159 GVG für die Entscheidung auf die Beschwerde begründet ist. Eine

---

31 RG JW **1911** 855.

32 Ebenso *Eb. Schmidt* 9; Kissel/*Mayer* 4; KK/*Feilcke* 6.

33 RGSt **67** 39.

34 RGSt **9** 14, 20 ff.; **9** 324, 330; **22** 113, 114; **32** 89, 93; **56** 351, 352; RG JW **1930** 1872. Vgl. auch RGSt **55** 100 betr. einen Fall des § 346 StPO, sowie für den Fall, dass ein Oberlandesgericht statt des BGH gegen die Versäumung der Revisionsfrist oder der Begründungsfrist Wiedereinsetzung in den vorigen Stand gewährt hat, RGSt **40** 271, 272, oder dass im Bußgeldverfahren statt des Oberlandesgerichts das Landgericht über eine Rechtsbeschwerde entschieden hat, KG JR **1955** 350 mit zustimmender Anm. *Sarstedt;* Kissel/*Mayer* 6; KK/*Feilcke* 10; *Katholnigg* 3; **a.M.** OLG Hamm NJW **1971** 1623 mit der (unzutreffenden) Begründung, dass dem zu Unrecht statt des BGH über die Revision entscheidenden Oberlandesgericht die Gerichtsbarkeit gefehlt habe und die Entscheidung unwirksam sei; dazu abl. auch *Jauernig* NJW **1971** 1819; *Geppert* GA **1972** 165.

35 Vgl. auch KK/*Feilcke* 4; *Sarstedt/Hamm*[6] 85.

Zuständigkeit des Oberlandesgerichts für Beschwerden in Strafsachen besteht danach – von § 120 Abs. 3, 4 abgesehen – in folgenden Fällen:

bb) Entscheidungen erster Instanz. Das OLG ist zuständig zur Entscheidung über Beschwerden gegen die **Kosten- und Auslagenentscheidung** eines **Urteils** nach Maßgabe des § 464 Abs. 3 Satz 1, 3 StPO[36] und gegen **Beschlüsse und Verfügungen** des Landgerichts im ersten Rechtszug, gleichviel, ob die Strafkammer oder der Vorsitzende oder ein beauftragter Richter die angefochtene Entscheidung erlassen hat. Die Entscheidung über Beschwerden gegen Entscheidungen der Richter beim Amtsgericht und der Schöffengerichte steht dem Oberlandesgericht nur im Falle des § 181 (Sitzungspolizei), gegen Entscheidungen der Richter beim Amtsgericht außerdem im Falle des § 159 (Rechtshilfe) zu; ferner, wenn das Oberlandesgericht selbst anstelle des Amtsgerichts für die Erstentscheidung zuständig gewesen wäre.[37] Hat das Landgericht die Anordnung eines dinglichen Arrests zur Sicherung der Verfahrenskosten rechtsfehlerhaft in den Urteilstenor aufgenommen, unterliegt dies nicht der Nachprüfung durch den BGH als Revisionsgericht. Strafrechtliche Arrestanordnungen ergehen durch Beschluss, gegen den eine Beschwerde statthaft ist, über die zu entscheiden die Oberlandesgerichte berufen sind.[38] 19

cc) Entscheidungen der Berufungsinstanz. Eine Zuständigkeit besteht ferner zur Entscheidung über Rechtsmittel gegen **Beschlüsse und Verfügungen**, die von den Strafkammern **in der Berufungsinstanz**, also aus Anlass der Berufung gegen ein schöffengerichtliches oder strafrichterliches Urteil, nicht aus Anlass einer Beschwerde, erlassen werden. Selbstverständlich wird auch hier vorausgesetzt, dass die Entscheidung überhaupt durch Beschwerde anfechtbar ist; hierüber s. die Erl. zu § 305 StPO. Die Beschwerde steht z.B. einem Zeugen zu, gegen den die Strafkammer wegen Verweigerung des Zeugnisses ein Ordnungsmittel (§ 70 StPO) festsetzt, ebenso einem Angeklagten, gegen den sie einen Haftbefehl erlassen hat, usw. Auch Verfügungen des Vorsitzenden der Strafkammer, soweit sie anfechtbar sind, fallen unter § 121 Abs. 1 Nr. 2.[39] 20

dd) Weitere Beschwerde. Das OLG entscheidet schließlich auf **weitere Beschwerden** gegen die Entscheidungen, die von den Strafkammern in der Beschwerdeinstanz erlassen sind, wenn sie Verhaftungen oder die einstweilige Unterbringung betreffen (§ 310 StPO). 21

12. Zuständigkeit als Rechtsbeschwerdegericht (§ 121 Abs. 1 Nr. 3). Nach Absatz 1 Nummer 3 ist das Oberlandesgericht zuständig für Rechtsbeschwerden gegen Entscheidungen der **Strafvollstreckungskammern** nach § 50 Abs. 5 (Haftkostenbeitrag), §§ 116, 117 (Anträge auf gerichtliche Entscheidung in **Strafvollzugssachen** nach § 109 StVollzG[40] einschließlich entsprechender Kosten- und Streitwertbeschwerden) sowie § 138 Abs. 3 StVollzG (Erhebung der Kosten bei Unterbringung nach §§ 63 und 64 StGB) und der Jugendkammern bei Entscheidungen über Maßnahmen zur Regelung einzelner Angelegenheiten auf dem Gebiet des Jugendarrestes, der Jugendstrafe und der Maßregel der Unterbringung in einem psychiatrischen Krankenhaus, einer Entziehungsanstalt oder in der Sicherungsverwahrung nach § 92 Abs. 2 JGG (s. dazu o. Rn. 3). Die Zuständigkeit des Oberlandgerichts zur Entscheidung über Beschwerden in **Strafvollstreckungssachen** richtet sich demge- 22

36 Vgl. BGH bei *Holtz* MDR **1977** 640.
37 KG JR **1983** 214; *Schmitt/Köhler* 3.
38 BGH StraFo **2017** 240.
39 OLG Dresden SächsOLG **4** 483.
40 Vgl. zur möglichen Zuständigkeitskonzentration nach Abs. 3 Rn. 86.

genüber allein nach Absatz 1 Nummer 2. Das Oberlandesgericht entscheidet auch auf eine Beschwerde (sui generis) gegen eine Entscheidung über eine **strafvollzugsbegleitende gerichtliche Kontrolle bei angeordneter oder vorbehaltener Sicherungsverwahrung** nach § 119a Abs. 5 und 6 StVollzG.[41] Zur Zuständigkeit des Oberlandesgerichts gehören nach **§ 79 OWiG** auch die Rechtsbeschwerden gegen Urteile des Amtsgerichts in **Bußgeldsachen**.[42] Das Oberlandesgericht (und nicht das Landgericht) entscheidet hierbei über eine Beschwerde auch, wenn das dafür unzuständige Amtsgericht einen Antrag des Betroffenen auf Wiedereinsetzung gegen die Versäumung der Rechtsbeschwerdefrist verworfen hat.[43]

22a Bislang ungeklärt[44] war die Frage der Zuständigkeit der Straf- bzw. Bußgeldsenate zur Entscheidung über eine **Rechtsbeschwerde** im Bereich der **Datenschutzgrundverordnung**, wenn in erster Instanz bei einer Geldbuße von mehr als 100.000 Euro nach Maßgabe von **§ 41 Abs. 2 Satz 3 BDSG** nicht das Amtsgericht, sondern das **Landgericht** eine Entscheidung getroffen hat. Hier ist die Frage der hinreichenden Bestimmtheit des gesetzlichen Richters im Sinne von Art. 101 Abs. 2 GG betroffen; eine eindeutige und hinreichend bestimmte gesetzliche Regelung liegt insoweit nicht vor. Während teilweise, indessen ohne vertiefende Begründung und letztlich aus Zweckmäßigkeitserwägungen heraus angenommen wird, trotz einer erstinstanzlichen Entscheidung eines Landgerichts bleibe nach § 79 Abs. 3 Satz 1 OWiG, § 121 Abs. 1 Nr. 1 Buchst. a GVG ein Senat des Oberlandesgerichts zuständig,[45] sprechen erhebliche Gründe für die Annahme, dass in derartigen Fällen entsprechend der Systematik zur Anfechtbarkeit von erstinstanzlichen Entscheidungen des Landgerichts nach § 135 Abs. 1 GVG i.V.m. § 79 Abs. 3 Satz 1 OWiG der **Bundesgerichtshof** zur Entscheidung berufen ist.[46] Der BGH hat nunmehr aber entschieden, dass die **Oberlandesgerichte** auch zur Entscheidung über eine Rechtsbeschwerde gegen eine erstinstanzliche Bußgeldentscheidung des Landgerichts nach § 41 Abs. 1 Satz 3 BDSG (Bußgeld über 100.000 €) zuständig sind (vgl. zur Begründung auch hier Rn. 6b).[47] Indessen kann diese Betrachtung im Hinblick auf den klar gegliederten Instanzenzug bei Rechtsmitteln gegen erstinstanzliche Urteile von Amts- bzw. Landgerichten (OLG bzw. BGH) und den Wortlaut der Vorschriften in § 135 Abs. 1 GVG i.V.m. § 79 Abs. 3 Satz 1 OWiG nicht wirklich überzeugen und steht hiernach der gesetzliche Richter in Frage.

22b **13. Zuständigkeit zur Entscheidung über einen Besetzungseinwand (§ 121 Abs. 1 Nr. 4).** Das Oberlandesgericht ist infolge des mit dem Gesetz zur Modernisierung des Strafverfahrens vom 10.12.2019 (BGBl. I S. 2121) neugeregelten **Einwands gegen die Besetzung einer Strafkammer nach § 222b StPO** auch zuständig zur Entscheidung über das Rechtsmittel gegen die Entscheidung über den Besetzungseinwand des Landgerichts (sog. **Vorabentscheidungsverfahren**). Während nach bislang geltendem Recht die als fehlerhaft gerügte Besetzung der Strafkammer lediglich nach Abschluss der Hauptverhandlung mit einer entsprechenden Verfahrensrüge im Rahmen der Revision zum BGH geltend gemacht

---

41 *Arloth/Krä* § 119a, 19 StVollzG; OK-Strafvollzug/*Euler* 119a, 11 StVollzG. Die Möglichkeit der Zuständigkeitskonzentration aus Absatz 3 greift hierbei nicht.

42 Kissel/*Mayer* 9; MüKo/*Oglakcioglu/Block* 5.

43 KG JR **1983** 214; KK/*Feilcke* 12.

44 Vgl. auch *Krennberger/Krumm* § 79 OWiG 123.

45 Vgl. etwa OK-Datenschutzrecht/*Brodowski/Nowak* § 41 BDSG Rn. 38; Klaas/Momsen/Wybitul/*Thiel* Datenschutzsanktionsrecht (2023) § 4 Rn. 29.

46 OLG Celle BeckRS **2025** 21437; *Adelberg/Spittka/Zapf* CB **2021** 149, 153 f.; Specht/Mantz/*Born* Handbuch europäisches und deutsches Datenschutzrecht (2019) § 8 Rn. 95.

47 BGH NJW **2025** 3646 m. krit. Anm. *Wybitul*.

werden konnte (mit der Konsequenz, dass eine abschließende Entscheidung über einen Besetzungseinwand vor Abschluss einer möglicherweise langfristigen Hauptverhandlung nicht zu erwarten war), entscheidet hierüber nunmehr zeitnah und – soweit möglich – noch während laufender Hauptverhandlung und abschließend das dem Landgericht übergeordnet Oberlandesgericht.[48] Durch die Zuständigkeit des Oberlandesgerichts in erstinstanzlichen Verfahren vor dem Landgericht soll eine – gegenüber dem nachgeschalteten Revisionsverfahren – **zeitnahe Entscheidung** über den Besetzungseinwand gewährleistet werden, wobei die Eilbedürftigkeit der Entscheidung aus der zulässigen Höchstdauer einer Unterbrechung der Hauptverhandlung von in der Regel 3 Wochen gemäß § 229 Abs. 1 StPO herrührt.[49] Um gleichwohl eine einheitliche Rechtsprechung im Hinblick auf den Besetzungseinwand zu gewährleisten, ist korrespondierend zur Zuständigkeit der Oberlandesgerichte eine **Vorlegungspflicht** an den Bundesgerichtshof nach Maßgabe von Absatz 2 Nummer 4 eingeführt worden (vgl. hier Rn. 85a).

II. Weitere Zuständigkeiten des Oberlandesgerichts (Strafsenats)

Die Zuständigkeit des Oberlandesgerichts in Strafsachen (i.w.S.) ist in §§ 120, 121 nicht abschließend aufgeführt; es fehlt auch eine dem § 73 Abs. 2 entsprechende Verweisung auf andere Zuständigkeiten. Solche ergeben sich hauptsächlich 23

1. aus §§ 121, 138c, 172 Abs. 4 StPO, sowie aus den Aufgaben, die dem Oberlandesgericht als zunächst oberem oder gemeinschaftlichem oberen Gericht nach §§ 4, 12, 13, 14, 15, 19, 27 StPO obliegen,
2. aus §§ 13 Abs. 1, 44 Abs. 1, 61 Abs. 1, 65 IRG
3. aus § 79 OWiG: Entscheidung über die revisionsartige Rechtsbeschwerde gegen Entscheidungen des Amtsgerichts, wenn der Betroffene gegen den Bußgeldbescheid der Verwaltungsbehörde Einspruch eingelegt hatte.
4. Wegen der Zuständigkeit des Oberlandesgerichts bei Kartellordnungswidrigkeiten vgl. §§ 82 ff. GWB in der Fassung vom 20.2.1990 (BGBl. I S. 235);
5. aus § 25 EGGVG;
6. aus § 37 EGGVG;
7. aus § 9 StrEG: Entscheidung über die Entschädigung für Strafverfolgungsmaßnahmen, wenn der Generalbundes- oder Generalstaatsanwalt ein Ermittlungsverfahren in einer Strafsache eingestellt hat, für die das Oberlandesgericht im ersten Rechtszug zuständig ist; die Entscheidung ist unanfechtbar;[50]
8. aus § 13 Abs. 3 StrRehaG.
9. aus § 42 RVG für das Bewilligen einer Pauschvergütung.
10. Die Entscheidung über die Wahlanfechtung (§ 21b Abs. 6 Satz 2) kann durch die Geschäftsverteilung auch einem Strafsenat zugewiesen werden.
11. Das Oberlandesgericht entscheidet auch auf eine Beschwerde (sui generis) gegen eine Entscheidung über eine strafvollzugsbegleitende gerichtliche Kontrolle bei angeordneter oder vorbehaltener Sicherungsverwahrung nach § 119a Abs. 5 und 6 StVollzG (vgl. auch Rn. 22).

Ob die **Zuständigkeit des Kartellsenats** des Oberlandesgerichts auch dann erhalten bleibt, wenn sich im Bußgeldverfahren herausstellt, dass die Tat nicht nach dem GWB als Ordnungswidrigkeit, sondern als **Straftat** nach allgemeinem Strafrecht zu beurteilen ist 23a

48 OLG Celle v. 27.1.2020 – 3 Ws 21/20, BeckRS **2020** 971; *Claus* jurisPR-StrafR 1/2020 Anm. 1.
49 BTDrucks. **19** 14747 S. 42; OK/*Huber* 3a.
50 BGH NJW **1976** 523, 525.

(§ 81 OWiG), ist im Gesetz nicht geregelt. Es spricht viel dafür, den Kartellsenat nicht anders zu behandeln als jeden anderen Bußgeldrichter, der mit einer Sache erstinstanzlich befasst wird und dessen örtliche und sachliche Zuständigkeit erst aus seiner Zuständigkeit nach § 46 Abs. 7 OWiG folgt. Zwar ist eine erstinstanzliche Zuständigkeit des Oberlandesgerichts in Strafsachen außer in den Fällen des § 120 nicht vorgesehen; auch trifft es zu, dass für eine solche Zuständigkeit die Besetzung des Kartellsenats mit drei Berufsrichtern (§ 83 Abs. 2 GWB) nicht der in § 122 Abs. 2 vorgesehenen erstinstanzlichen Besetzung entspricht. Andererseits ist der **Übergang vom Bußgeldverfahren zum Strafverfahren** in § 81 OWiG für den Bußgeldrichter ausdrücklich vorgesehen, während es an einer gesetzlichen Grundlage für die Verweisung an Gerichte niederer Ordnung fehlt; einer Verweisung an einen Strafsenat desselben Oberlandesgerichts steht der Katalog des § 120 entgegen. Einer solchen Verweisung bedarf es allerdings auch nicht, wenn man den Bußgeldrichter als einen besonderen Spruchkörper versteht, dessen Zuständigkeit durch das Bußgeldverfahren begründet wird und dem als Besonderheit die Möglichkeit an die Hand gegeben ist, das nach dem OWiG begonnene Verfahren nach den strengeren Grundsätzen der StPO – unter Verwertung der bisherigen Beweisaufnahme – zu beenden (§ 81 Abs. 3 OWiG). Damit würde keine besondere erstinstanzliche Zuständigkeit des Kartellsenats in Strafsachen begründet. Eine rechtsstaatlich bedenkliche Verkürzung des Rechtsweges liegt nicht vor; denn die Revision richtet sich nach den allgemeinen Grundsätzen der StPO, sodass die Strafsenate des BGH nach § 135 zuständig wären.[51] Indessen hat der Kartellsenat des BGH mit Beschluss vom 20.4.1993 (KRB 15/92) entschieden, dass in diesem Fall eine Verweisung an die zuständige Strafkammer des Landgerichts mit bindender Wirkung analog § 270 StPO zu erfolgen hat.[52] Für den Regelfall des amtsgerichtlichen Bußgeldverfahrens brauche § 81 OWiG eine Erweiterung der Rechtsfolgenkompetenz nicht vorzusehen, da der Richter am Amtsgericht diese nach Überleitung in das Strafverfahren gemäß §§ 24, 25 bereits habe oder aber nach § 225a StPO bzw. § 270 StPO verfahren müsse.[53] Dies müsse auch in den Fall gelten, in dem der Bußgeldsenat des Oberlandesgerichts gemäß §§ 82, 92 GWB zuständig sei.[54]

III. Divergenzausgleich (Absatz 2)

Schrifttum

Bauer Der Gedanke der Einheitlichkeit der Rechtsprechung im geltenden Prozeßrecht, JZ **1953** 326; *Doller* Mangelnde Rechtseinheit, Das Ärgernis divergierender Entscheidungen, ZRP **1976** 34; *Hanack* Der Ausgleich divergierender Entscheidungen in der oberen Gerichtsbarkeit (1962); *M. Herdegen* Der Vorrang des Europäischen Gemeinschaftsrechts und innerstaatliche Vorlagepflichten, MDR **1985** 542; *Jagusch* Über das rechtliche Gehör im Strafverfahren, NJW **1959** 265; *Kuhlen* Die Abweichung einer Entscheidung von einer anderen und die Betrachtung des Einzelfalles, JA **1986** 589; *Leisner* Urteilsverfassungsbeschwerde wegen Nicht-Vorlage bei Abweichung, NJW **1989** 2446; *Lilie* Obiter dictum und Divergenzausgleich in Strafsachen (1993); *Müller* Abweichen von einer Entscheidung, NJW **1963** 2660; *Prütting* Die Zulassung der Revision (1977); *Rieß* Revisionsverfahren in Strafsachen: Beginn der Frist zur Ergänzung der abgekürzten Urteilsgründe nach Wiedereinsetzung in die versäumte Revisionseinlegungsfrist, NStZ **2009** 229; *Schalscha* Die Aushöhlung der Vorlegungspflicht nach §§ 121, 136 GVG, MDR **1959** 90; *Schefhold* Zweifel des erkennenden Gerichts

51 KG ZIP **1992** 1109; vgl. auch *Niederleithinger* EWIR § 266 StGB 1/92, 697 f.

52 BGHSt **39** 202.

53 BGHSt **39** 202, 205.

54 BGHSt **39** 202, 205 f.; zum Ganzen auch *Rieß* NStZ **1993** 513 ff.; vgl. auch LR/*Stuckenberg* § 207 StPO, 19 m.w.N.

(1971); *Schröder* Rechtseinheit und richterliche Entscheidungsfreiheit, NJW **1959** 1517; *Schröder* Der tragende Rechtsgrund einer Entscheidung, MDR **1960** 809; *Schroth* Der Ausgleich divergierender obergerichtlicher Entscheidungen – eine Untersuchung zur Vorlegungspflicht der oberen Gerichtsbarkeit im Rahmen des Straf- und Strafzumessungsrechts, JR **1990** 93; *Tiedtke* Die innerprozessuale Bindungswirkung von Urteilen der obersten Bundesgerichte (1976); *Weyreuther* Revisionszulassung und Nichtzulassungsbeschwerde in der Rechtsprechung der obersten Bundesgerichte (1971).

1. Erweiterung des Absatz 2. Die Vorlegungspflicht nach § 121 Abs. 2 ist inhaltlich mehrfach erweitert worden, zunächst durch § 18 Abs. 2 des Gesetzes zur Wahrung der Einheitlichkeit der Rechtsprechung der obersten Gerichtshöfe des Bundes vom 19.6.1968 (BGBl. I S. 661): „Hat ein Gericht eine Sache einem obersten Gerichtshof vorzulegen, wenn es von dessen Entscheidung abweichen will, so hat das Gericht dem obersten Gerichtshof auch vorzulegen, wenn es von einer Entscheidung des Gemeinsamen Senats abweichen will." Eine weitere Ausdehnung der Vorlagepflicht ist durch das 4. GVGÄndG v. 24.7.2010 eingeführt worden. Sie betrifft Entscheidungen im Zusammenhang mit der Erledigung oder der weiteren Vollstreckung einer **Maßregel der Unterbringung in der Sicherungsverwahrung oder in einem psychiatrischen Krankenhaus**. Aktueller Anlass für diese gesetzliche Änderung war das Urteil des EGMR zur Unzulässigkeit der rückwirkenden Aufhebung der zehnjährigen Befristung in der Sicherungsverwahrung.[55] Daraufhin hat sich im Recht der Maßregelvollstreckung hinsichtlich der Bindungswirkung dieser Entscheidung eine uneinheitliche Praxis der Oberlandesgerichte ergeben. Wegen der letztinstanzlichen Entscheidungsbefugnis der Oberlandesgerichte hat sich daraus eine unterschiedliche Behandlung Sicherungsverwahrter abhängig von der Rechtsauffassung des jeweiligen Oberlandesgerichts ergeben.[56] Dem soll durch eine Vorlagepflicht an den BGH entgegengewirkt werden. Entsprechendes gilt hinsichtlich der durch das Gesetz zur Modernisierung des Strafverfahrens vom 10.12.2019 mit Absatz 2 Nummer 4 eingeführten Vorlagepflicht, nachdem mit Absatz 1 Nummer 4 i.V.m. § 222b Abs. 3 Satz 1 StPO die **Entscheidung über einen Besetzungseinwand** nach § 222b Abs. 1 StPO, über den bis dahin der BGH im Rahmen einer Revision zu entscheiden hatte, nunmehr in die Zuständigkeit der Oberlandesgerichte übergegangen ist (vgl. hierzu auch Rn. 85a). 24

Das Präsidium des BGH hat dem 5. Strafsenat die Entscheidung über Divergenzvorlagen der Oberlandesgerichte nach § 121 Abs. 2 und 3 übertragen. Im Übrigen werden nach dem Geschäftsverteilungsplan Vorlegungssachen wie Revisionen behandelt, so dass sie den Senaten zugewiesen sind, die örtlich oder sachlich für eine entsprechende Revision zuständig wären. 24a

2. Allgemeines zum Divergenzausgleich

a) Zur Entstehungsgeschichte des § 121 Abs. 2. Als Maßnahme von großer praktischer Bedeutung hat sich die durch Absatz 2 (eingefügt durch das VereinhG) begründete Vorlegungspflicht erwiesen. Eine solche sah bereits, allerdings in nicht so weitgehendem Umfang, Art. 68 Nr. 30 EntwEGStGB 1930 vor. Die Vorlegungspflicht ist ein wesentlicher Bestandteil der Maßnahmen, die die Gesetzgebung ergriffen hat, um im Interesse der Rechtssicherheit die Einheitlichkeit der Rechtsprechung sicherzustellen, d.h. eine verschiedenartige Beantwortung der gleichen Rechtsfrage durch die letztinstanzlich entscheiden- 25

55 EGMR M/Deutschland, EuGRZ **2010** 25; dazu *Kinzig* NStZ **2010** 233 ff.

56 Vgl. dazu *Peglau* jurisPR-StrafR 13/2010 Anm. 3; *ders.* jurisPR-StrafR 17/2010 Anm. 1; *Lampe* jurisPR-StrafR 15/2010 Anm. 2; *Boetticher* jurisPR-StrafR 15/2010 Anm. 4.

den oberen Gerichte auszuschließen.[57] Gesetzgeberische Maßnahmen zur Erhaltung einer einheitlichen Rechtsauslegung sind besonders dringlich, seitdem die Rechtsentwicklung dazu geführt hat, dass in beträchtlichem Umfang die Rechtsprechung durch Lückenausfüllung neben den Gesetzgeber und an seine Stelle getreten ist. Die Setzung einheitlichen Rechts durch den Gesetzgeber verbürgt noch nicht die Rechtseinheit; sie lässt sich nicht erzielen ohne gleichzeitige Vorkehrungen zur Herbeiführung und Erhaltung einheitlicher Rechtsauslegung. § 136 a.F. konnte nicht mehr genügen, es musste für das Gesamtgebiet der Rechtsprechung ein System solcher Erhaltungsmaßnahmen geschaffen werden.[58]

26 **b) Divergenzausgleichsmaßnahmen im Bereich der (ordentlichen) Gerichtsbarkeit.** Um die Einheitlichkeit der Rechtsprechung zwischen den obersten Bundesgerichten (BGH, BAG, BVerwG, BFH und BSG) zu wahren, ist gemäß Art. 95 Abs. 3 GG durch Gesetz vom 19.6.1968 (BGBl. I S. 661) ein Gemeinsamer Senat der obersten Gerichtshöfe des Bundes gebildet worden.[59] Um die Einheitlichkeit der Rechtsprechung innerhalb des BGH, also zwischen den verschiedenen Senaten, zu wahren, ordnet § 132 die Pflicht zur Anrufung der Großen Senate für Zivil- oder Strafsachen oder der Vereinigten Großen Senate an, wenn die Senate in einer Rechtsfrage voneinander abweichen wollen. Entsprechende Vorschriften bestehen für die übrigen obersten Bundesgerichte (§ 132, Entstehungsgeschichte). Die **Einheitlichkeit der Rechtsprechung** zwischen den verschiedenen Oberlandesgerichten, wenn sie in Strafsachen letztinstanzlich entscheiden, und zwar untereinander und zwischen dem BGH, zu gewährleisten, ist der Zweck des § 121 Abs. 2.[60] In gleicher Weise ist Vorsorge zur Erhaltung einheitlicher Gesetzesauslegung getroffen, wenn die Oberlandesgerichte auf dem dem Kriminalunrecht aufs engste verwandten Gebiet des Ordnungswidrigkeitsrechts letztinstanzlich auf Rechtsbeschwerde im Bußgeldverfahren zur Entscheidung berufen sind (unten Rn. 87). Außerhalb des Strafverfahrens (i.S.d. Absatz 2) und des Bußgeldverfahrens finden sich Vorschriften, die durch Begründung einer Pflicht zur Vorlegung oder Zulassung der (sonst nicht gegebenen) Revision eine Abweichung des entscheidenden Oberlandesgerichts von Entscheidungen anderer Oberlandesgerichte oder wenigstens des BGH ausschließen wollen.[61]

27 **c) Rechtsprechung in anderen Gebieten.** Wegen der Wahrung einheitlicher Rechtsprechung auf anderen Rechtsprechungsgebieten vgl. § 132, Entstehungsgeschichte sowie u.a. § 219 Abs. 2 BEG, §§ 47 Abs. 5, 132 VwGO, § 73 GWB, §§ 45, 69, 72, 72a ArbGG, § 145 Abs. 2 BRAO und für die Verfassungsgerichtsbarkeit Art. 100 Abs. 3 GG.

28 **d) Recht der Europäischen Union.** Besonderheiten für das Recht der Europäischen Union. Die Kompetenz zu dessen – für das vorlegende Gericht – verbindlicher Auslegung liegt allein beim EuGH (Art. 267 AEUV). Hängt die Entscheidung eines nationalen Gerichts von der **Auslegung der Verträge** (EUV/AEUV), Art. 267 Abs. 1 lit. a AEUV, oder von der **Gültigkeit oder der Auslegung der Handlung eines Organs, einer Einrichtung oder einer sonstigen Stelle der Union** ab, Art. 267 Abs. 1 lit. b AEUV, so kann (Art. 267 Abs. 2 AEUV) oder, wenn gegen die Entscheidung des nationalen Gerichts kein Rechtsmittel mehr vorgesehen ist, muss (Art. 267 Abs. 3 AEUV) das nationale Gericht die Frage dem Gerichts-

57 BGH LM § 121 Nr. 12; KK/*Feilcke* 13.

58 Vgl. dazu insbesondere die umfassenden Darstellungen von *Hanack* und *Lilie*, auf die zur Ergänzung der folgenden Ausführungen verwiesen wird.

59 Dazu *Schmidt-Räntsch* DRiZ **1968** 325 und o. Rn. 24.

60 Kissel/*Mayer* 13; KK/*Feilcke* 13; *Schmitt*/*Köhler* 5.

61 Vgl. nur § 42 IRG, § 29 EGGVG, § 79 Abs. 2 GBO.

hof vorlegen.[62] So ist z.B. der Bußgeldsenat eines Oberlandesgerichts in einem Rechtsbeschwerdeverfahren als letztinstanzliches nationales Gericht verpflichtet, beim Auftauchen solcher unionsrechtlicher Fragestellungen diese dem EuGH vorzulegen. Der Gerichtshof ist insoweit gesetzlicher Richter i.S.d. Art. 101 Abs. 1 Satz 2 GG;[63] ein Verstoß gegen die Vorlagepflicht kann auf nationaler Ebene zur Aufhebung der Entscheidung durch das BVerfG[64] führen. Im Bereich des europäischen Rechts steht dem EuGH auch der **Schutz der Grundrechte** zu.[65] Im Hinblick auf die Entscheidungskompetenz des Gerichtshofs der Europäischen Union (s.o.) entfällt in diesem Bereich die Divergenzvorlage gemäß § 121 Abs. 2 an den BGH.[66] Das Oberlandesgericht darf auf dem Gebiet des Rechts der Europäischen Union von der Entscheidung eines anderen Oberlandesgerichts ohne Vorlage an den BGH abweichen,[67] indem es beispielsweise die Vorabentscheidung des EuGH einholt oder sich einer dazu bereits ergangenen Entscheidung des Gerichtshofs anschließt; gleiches gilt, wenn auf der Hand liegt, dass nur eine -Entscheidung in Betracht kommt.[68] Geht es um die Auslegung von Unionsrecht auf dem Gebiet der **polizeilichen oder justiziellen Zusammenarbeit in Strafsachen** (Dritter Teil, Titel V, Kapitel 4 u. 5, Art. 82–89 AEUV), ergibt sich die Möglichkeit (Absatz 2) bzw. Pflicht (Absatz 3) zur Vorlage an den EuGH nun ebenfalls aus Art. 267 AEUV (früher Art. 35 EUV a.F. i.V.m. § 1 EuGHG). Die vorstehend dargelegten Grundsätze gelten entsprechend.[69]

e) Systematisierung der Divergenzausgleichsmaßnahmen. Die Ausformungen des gesetzgeberischen Willens in den einzelnen Vorschriften des nationalen Rechts weisen, namentlich in der Formulierung, Unterschiede auf, die in der Sache nicht begründet sind. Die Bemühungen des Schrifttums sind darauf gerichtet, aus einer Gesamtschau einheitliche Auslegungsmaßstäbe zu gewinnen, die eine möglichst gleichförmige Handhabung der Vorschriften über den Divergenzausgleich in seinen verschiedenen Erscheinungsformen und innerhalb der einzelnen Gerichtsbarkeitszweige bezwecken. I.S.d. Bemühungen liegt auch eine möglichst übereinstimmende Handhabung der Vorlegungspflicht nach § 121 Abs. 2 und der Anrufungspflicht nach § 132, sofern nicht durch die Sache gebotene Unterschiede dem entgegenstehen. 29

f) Innendivergenz bei Oberlandesgerichten. Allgemeine ausdrückliche gesetzliche Vorschriften zur Gewährleistung einer einheitlichen Gesetzesauslegung innerhalb desselben Oberlandesgerichts, also bei Abweichungen zwischen seinen verschiedenen Senaten (sog. Innendivergenz), kennt das GVG nicht. Nur bei dem Bayerischen Obersten Landesgericht besteht (nach dessen Wiedereinrichtung 2018) nach Art. 11 Abs. 2 BayAGGVG und gemäß § 10 Abs. 1 EGGVG, der § 132 für entsprechend anwendbar erklärt, erneut (u.a.) ein Großer Senat für Strafsachen[70] zur Bereinigung von Auslegungsdifferenzen zwischen den Strafsenaten dieses Gerichts.[71] Für die übrigen Oberlandesgerichte entsprechende Bindungen vorzuschreiben, würde einen die **Befugnisse des Landesgesetzgebers** überschreiten- 30

62 Vgl. BVerfGE **75** 223, 233 ff.; *Kirchhof* DStR **1989** 551; vgl. auch ergänzend LR/*Gollwitzer*[25] § 262 StPO, 60 ff.
63 BVerfGE **73** 339.
64 BVerfGE **73** 339.
65 BVerfGE **73** 339 („Solange II").
66 BGHSt **36** 92; BGH wistra **2000** 267; § 132, 5.
67 BGHSt **33** 76.
68 BGH NJW **2002** 2653; KK/*Feilcke* 13; Kissel/*Mayer* 11.
69 BGH NJW **2002** 2653 m. Anm. *Hecker* NStZ **2002** 663.
70 OK/*Meyberg* § 10 EGGVG, 3.1.
71 Siehe dazu LR/*Werner* § 10 EGGVG, 1.

den Eingriff in die bundesrechtlich geregelte Materie des Gerichtsverfassungsrechts bedeuten. Eine andere Frage ist, ob nicht bereits § 121 Abs. 2 unmittelbar auch den Fall erfasst, dass bei einem Oberlandesgericht mehrere Strafsenate bestehen und einer von dem anderen abweichen will, ohne dass darin (bei einer vom BGH noch nicht behandelten Rechtsfrage) zugleich eine Abweichung vom BGH läge (**Näheres zur Frage der Innendivergenz** u. **Rn. 43**).

g) Zu den Beschränkungen der Vorlegungspflicht

31 **aa) Divergenzausgleich bei Beschwerdeentscheidungen.** Nach § 121 Abs. 2 i.V.m. § 18 des Gesetzes vom 19.6.1968 (o. Rn. 24) ist die Vorlegungspflicht auf den Fall beschränkt, dass ein Oberlandesgericht von einer Entscheidung des Gemeinsamen Senats der obersten Gerichtshöfe des Bundes, von einer Entscheidung des BGH oder von der Entscheidung eines anderen Oberlandesgerichts, die dieses als **Revisionsgericht** erlassen hat, abweichen will. Den weitergehenden Schritt, die Vorlegungspflicht auch da einzuführen, wo ein Oberlandesgericht als letztinstanzliches **Beschwerdegericht** von der Entscheidung eines anderen Oberlandesgerichts als Revisions- oder Beschwerdegericht abweichen will, hat das Gesetz nicht getan. Das ist insofern nicht verwunderlich, als schon § 121 Abs. 2 im Jahre 1950 einen kühnen Schritt vorwärts bedeutete, der noch längere Zeit nach dem Inkrafttreten der Vorschrift im Schrifttum als bedenklich oder gar verfehlt kritisiert wurde (u. Rn. 34). Es lag deshalb nahe, dass der Gesetzgeber zunächst abwartete, wie sich § 121 Abs. 2 in der Praxis bewähren würde. Hinzu trat die Erwägung, dass eine vielfach bestehende Eilbedürftigkeit bei Beschwerdeentscheidungen Verzögerungen durch Vorlegung ausschließe, und dass sich aus praktischen Gründen die Beschränkung auf die Revisionsentscheidungen empfehle, die auf einer umfassenden und vertieften rechtlichen Prüfung beruhen. Zu der Frage, inwieweit die Ausdehnung des § 121 Abs. 2 auch auf Beschwerdeentscheidungen der Oberlandesgerichte in den Blickpunkt gesetzgeberischer Überlegungen getreten ist, vgl. u. Rn. 88.

31a Eine **Ausnahme** gilt für Beschwerdeentscheidungen des Oberlandesgerichts (oder vorübergehend des Bezirksgerichts) in **Rehabilitierungsverfahren** nach dem Strafrechtlichen Rehabilitierungsgesetz vom 29.10.1992.[72] Nach dessen § 13 Abs. 3 Satz 2 hat hier das Beschwerdegericht nach § 121 Abs. 2 zu verfahren, wenn es in einer Rechtsfrage von einer Entscheidung eines anderen Bezirksgerichts oder Oberlandesgerichts oder des BGH abweichen will.[73]

32 **bb) Alsbaldige Klärung grundsätzlicher Fragen.** Das Gesetz kennt auch nicht die Möglichkeit, dass ein Amts- oder Landgericht, wenn eine Rechtsfrage zwischen verschiedenen Oberlandesgerichten streitig ist, sich der ihm obliegenden Entscheidung enthält und die Sache dem Oberlandesgericht vorlegt.[74] Allerdings würde es dem Gedanken der Sicherung einer einheitlichen Rechtsauslegung entsprechen, dass – etwa wenn ein neues Gesetz tiefgehende Auslegungsstreitigkeiten im Schrifttum und in der Rechtsprechung der Instanzgerichte hervorruft – schon in einem frühen Stadium die Möglichkeit einer verbindlichen **Bereinigung von Kontroversen** ohne Durchlaufen des zeitraubenden Instanzenzugs bestünde. Ein Divergenzausgleichsbedürfnis besteht insbesondere, wenn der Instanzenzug nicht über das Landgericht hinausgeht, so wenn in Zivilsachen das Landgericht letztinstanzlich über die Berufung gegen amtsgerichtliche Urteile entscheidet und es sich dabei

72 BGBl. I S. 1814.

73 Vgl. dazu *Bruns/Schröder/Tappert* StrRehaG (1993) § 13, 29 ff.

74 Vgl. dazu den Fall BGHSt **13** 303.

um Fragen von grundsätzlicher Bedeutung handelt, die unterschiedlich beantwortet werden. Reformerörterungen gingen u.a. dahin, ob nicht in solchen Fällen ausnahmsweise der Weg einer Revision an das Oberlandesgericht eröffnet werden solle.[75]

Im geltenden Recht finden sich nur **Ansätze einer solchen Entwicklung**. So kann nach § 42 Abs. 1 IRG das Oberlandesgericht eine Entscheidung des BGH auch dann einholen, wenn es dies für geboten hält, um eine Rechtsfrage von grundsätzlicher Bedeutung zu klären. Allerdings gilt dies nur insoweit, als die Rechtsfrage gerade für das beim Oberlandesgericht anhängige Verfahren rechtlich bedeutsam sein kann.[76] Dies ist in der Regel zu verneinen, wenn es im Zeitpunkt der Entscheidung des BGH wegen **prozessualer Überholung** auf diese Frage nicht mehr ankommt.[77] Von dieser Regel gibt es eng umgrenzte Ausnahmen.[78] Ein solcher Ausnahmefall ist z.B. gegeben, wenn die Rechtsfrage zwar zur Zeit der Entscheidung prozessual überholt ist (z.B. Versäumung einer Frist), aber damit zu rechnen ist, dass sie sich jederzeit wieder stellen kann und auch in künftigen Fällen eine rechtzeitige Entscheidung durch den BGH voraussichtlich nicht ergehen kann.[79] 32a

Ferner kann nach § 18 Abs. 4 der Wehrbeschwerdeordnung das Truppendienstgericht dem BVerwG **Rechtsfragen von grundsätzlicher Bedeutung** vorlegen, wenn dies nach seiner Auffassung zur Fortbildung des Rechts oder zur Sicherung einer einheitlichen Rechtsprechung erforderlich ist. Eine ähnliche Vorschrift enthält **§ 80 OWiG**, wonach das Oberlandesgericht eine Rechtsbeschwerde auf Antrag zulässt, wenn es geboten ist, die Nachprüfung der angefochtenen Entscheidung zur Fortbildung des Rechts oder zur Sicherung einer einheitlichen Rechtsprechung zu ermöglichen.[80] Dies ergibt sich etwa auch aus **§ 42 Abs. 2 IRG**, der dem Generalbundesanwalt und dem Generalstaatsanwalt das Recht gibt, in einer Auslieferungssache den BGH zur Klärung einer Rechtsfrage anzurufen, ohne dass ein Oberlandesgericht mit der Frage befasst ist oder gewesen ist und nach irgendeiner Richtung rechtliche Bedenken zu erkennen gegeben hat.[81] In verallgemeinerter Form hätte ein solches Verfahren, Kontroversen schon in einem Frühstadium verbindlich zu klären, freilich auch gewichtige Nachteile, wenn die Kontroverse zwar im Keim erstickt würde, aber zu einer Zeit, in der es noch an genügend praktischen Erfahrungen fehlt, um einigermaßen abschließend die Auswirkungen in diesem oder jenem Sinn zu übersehen. 32b

h) Verfolgungspflicht der Staatsanwaltschaft. Über die Bedeutung des § 121 Abs. 2 für die Frage, wie sich streitige Rechtsfragen auf die **Verfolgungspflicht der Staatsanwaltschaft** auswirken, vgl. § 170, 25 ff. StPO. 33

i) Zu kritischen Einwendungen gegen § 121 Abs. 2

aa) Vorbemerkung. Der Divergenzausgleich nach § 121 Abs. 2 ist aus der Strafrechtspraxis nicht mehr wegzudenken; die Vorschrift hat sich bewährt. Die vor allem in der ersten Zeit nach Inkrafttreten der Vorschrift gegen sie vorgebrachte Kritik ist nicht überzeugend. 33a

---

75 Dazu etwa *Vollkommer* NJW **1973** 159; *Kissel* ZRP **1976** 10.

76 BGHSt **30** 55, 58 f. m.w.N.; **33** 310, 314; **35** 67 = NStZ **1988** 277, 278 mit Anm. *Meyer*; BGH NStZ **1988** 505.

77 BGHSt **33** 310 = NStZ **1986** 123 mit Anm. *Walter*; BGH NStZ **1988** 505.

78 BGHSt **27** 222, 226.

79 BGHSt **33** 310; SLGH/*Schierholt* § 42, 7 IRG.

80 Dazu BGHSt **24** 15, 21; *Demuth* und *Schneider* NJW **1970** 1999; *Weidemann* NStZ **1985** 1 ff. sowie *Göhler* § 80 OWiG, 3 ff.

81 BGHSt **20** 152.

34 **bb) Grundsätzliche Bedenken.** Grundsätzliche Bedenken wurden in der Gefahr gesehen, dass abstrakte Rechtssätze aufgestellt würden, die den konkreten Sachverhalt, aus dem die Rechtslage erwachsen ist, nicht genügend berücksichtigen.[82] Die Vorlagepflicht widerspreche auch der Würde des vorlegungspflichtigen Richters, jeder Richter müsse sein Urteil selbst verantworten. Eine Vorlegungspflicht sollte nur in den seltenen Fällen einer grundsätzlichen Abweichung in strafrechtlichen Hauptfragen in Betracht kommen. Darauf ist nur zu erwidern, dass die gleichen Bedenken auch gegen die Anrufungspflicht nach § 132, aber auch gegen die Revision in ihrer heutigen Gestalt erhoben werden könnten. *Sarstedt/Hamm*, der noch 1983[83] in der Vorlagepflicht eine „Übertreibung“ und eine dem deutschen Verfahrensrecht systemfremde **Einschränkung des Grundsatzes der richterlichen Entscheidungsfreiheit** sah, die zudem das Suchen nach eigenen Lösungen entmutige und einen gedankenlosen Leitsatzkult begünstige, hat diese Kritik in der Folgezeit abgeschwächt: Im Laufe der Zeit sei eine Reihe von wichtigen Entscheidungen gerade auch durch den Großen Senat für Strafsachen des BGH ergangen, die ohne die Vorlagepflicht nicht möglich gewesen wären.[84] Die anfängliche Kritik hat zudem übersehen, dass für ein prozessuales Institut zur Sicherung der Einheitlichkeit der Rechtsprechung von Anfang an ein Bedürfnis bestand. Schon die Begründung zu Art. 68 Ziff. 30 EGStGB 1930 wies auf häufige Abweichungen der Oberlandesgerichte von der Rechtsprechung des RG oder anderer Oberlandesgerichte hin. Was die angeblich systemwidrige Einschränkung des Grundsatzes richterlicher Entscheidungsfreiheit anbelangt, so waren solche Einschränkungen schon Jahrzehnte früher durch §§ 28 FGG, 59 GBO erfolgt; das VereinhG 1950 zog nur auf dem Gebiet der Strafrechtspflege nach. Die Berufung auf die Beschränkung des Grundsatzes der richterlichen Entscheidungsfreiheit übersieht auch – bei allem Respekt vor diesem Grundsatz –, dass **Rechtssicherheit**, ein immanentes Postulat des Rechtsstaatsprinzips,[85] nicht gegeben ist, wenn einheitlich geltende Gesetze nicht auch von den Gerichten möglichst einheitlich ausgelegt werden. Wie es heute aussähe, wenn die Vorlegungspflicht nicht bestünde, zeigt ein Blick in die „Amtliche“ Sammlung der Entscheidungen des BGH, die zu einem beträchtlichen Teil Entscheidungen enthält, die auf Vorlegung nach § 121 Abs. 2 ergangen sind. Ferner könnte der BGH die Oberlandesgerichte nicht in Rechtsfragen „überzeugen“, zu denen er (ohne die Vorlegungspflicht) nur selten oder überhaupt nicht (Bußgeldverfahren) Gelegenheit zu Entscheidungen hat. Auch lassen sich die Oberlandesgerichte nicht immer durch Entscheidungen des BGH „überzeugen“; von den 188 Vorlagen etwa in der Zeit von 1950 bis Ende 1961 entfiel etwa ein knappes Drittel auf beabsichtigte Abweichungen von der Rechtsprechung des BGH.[86] Außerdem gibt es Kontroversen bei denen gleich gute Gründe für die eine wie für die andere Auffassung sprechen und wirklich überzeugende Gründe für ein Übergewicht der einen gegenüber der anderen Auslegung kaum zu finden sind. Hier bleibt gar nichts anderes übrig, als die Kontroverse durch ein **„Machtwort“** zu beseitigen, das rascher vom ranghöchsten Revisionsgericht als vom Gesetzgeber gesprochen wird. Schließlich kann von einem systemwidrigen Eingriff in die Entscheidungsfreiheit der Oberlandesgerichte längst nicht mehr gesprochen werden, nachdem der Ausgleich divergierender letztinstanzlicher Entscheidungen der obersten Gerichte zu einem tragenden Grundsatz des modernen Verfahrensrechts auf allen bedeutsamen Rechtsprechungsgebieten erhoben und das Prinzip des Divergenzausgleichs hier fast lückenlos durchgeführt worden ist.[87] Der Weg des § 121 Abs. 2 ist endlich nicht nur

82 *Peters* 58.
83 Revision[5] 47.
84 Revision[6] 91.
85 BVerfGE **25** 269.
86 *Hanack* 43; vgl. auch *Sarstedt* DRiZ **1960** 352.
87 Vgl. auch Rn. 25; LR/*Mosbacher* § 132 Entstehungsgeschichte.

viel rascher, sondern auch viel elastischer als eine Inanspruchnahme des Gesetzgebers zur Bereinigung von Kontroversen; ermöglicht er doch, durch erneutes Beschreiten dieses Wegs wiederum rasch Abhilfe zu schaffen, wenn die praktische Erprobung der Auslegung des BGH oder veränderte Umstände zu erneuter Überprüfung Veranlassung geben.[88]

cc) Kenntnis der Vorlageentscheidung. Mängel eher praktischer Natur der Vorschrift wurden schon früh darin gesehen, dass § 121 Abs. 2 zwar eine Vorlegung bei jeder beabsichtigten Abweichung fordere, praktisch aber die Vorlegungspflicht – in Ermangelung einer amtlichen Sammlung – von dem Zufall abhänge, ob die Vorentscheidung überhaupt veröffentlicht worden sei.[89] Diese Kritik war unberechtigt. Das VereinhG 1950 fand als Vorbilder die bereits seit Jahrzehnten bestehenden und durchaus bewährten § 28 FGG, § 79 GBO vor und tat klug daran, sie unverändert zu übernehmen.[90] Die Erfahrung hat übrigens gezeigt, dass alle bedeutsameren Entscheidungen auf diesem oder jenem Weg **veröffentlicht** werden,[91] und im Übrigen findet auf bestimmten Rechtsgebieten auch ein Austausch der Entscheidungen zwischen den Oberlandesgerichten statt. Damit ist dem praktischen Bedürfnis, sichtbar gewordene Kontroversen im Interesse einer einheitlichen Rechtsauslegung rasch und elastisch zu bereinigen, vollauf Genüge getan. Perfektionismus anzustreben wäre verfehlt und hieße Wohltat in Plage verwandeln. 35

3. Vorlegungspflicht bei der Entscheidung über die Revision. Die Vorlegungspflicht besteht für das Oberlandesgericht nur, wenn es bei der Entscheidung über die Revision, also bei einer die **Revisionsinstanz abschließenden Entscheidung**, abweichen will. 36

a) Abgrenzung der Entscheidungen über die Revision. Soweit das Oberlandesgericht als **Beschwerdeinstanz** tätig wird (Absatz 1 Nummer 2) oder andere ihm nach der StPO obliegende Aufgaben erfüllt (z.B. nach § 172 StPO oder als gemeinschaftliches oberes Gericht nach §§ 14, 19 StPO), entfällt schon nach dem Wortlaut des Absatzes 2 die Pflicht zur Vorlegung. Dies gilt z.B. bei Kosten- und Auslagenbeschwerden nach § 464 Abs. 3 StPO,[92] ferner auch im Fall des § 305a Abs. 2 StPO und bei Entscheidungen über Beschwerden gegen die Nichteröffnung nach § 210 Abs. 2 StPO.[93] Sie ist aber auch dann nicht gegeben, wenn das Revisionsgericht nicht über die Revision, sondern über ein Gesuch um Wiedereinsetzung gegen die Versäumung der Revisionseinlegungsfrist (§ 46 Abs. 1 StPO) entscheidet.[94] Zu einer **Ausnahme** hiervon s. unten Rn. 52f. Das gleiche gilt, wenn das Revisionsgericht nur zusammen mit der Revisionsentscheidung ein Ordnungsmittel wegen Ungebühr festsetzt (§ 176). Dagegen ist es für das Vorliegen einer Entscheidung „über die Revision“ ohne Bedeutung, ob über die Zulässigkeit oder die Begründetheit des Rechtsmittels entschieden wird, ob das Oberlandesgericht nach durchgeführter Hauptverhandlung durch Urteil entscheiden oder außerhalb der Hauptverhandlung durch Beschluss, z.B. gemäß § 349 Abs. 1, 2, 4 oder § 206b StPO oder gemäß § 346 Abs. 2 StPO die Revisionsinstanz 36a

88 Gegen *Sarstedt* auch *Hanack* 353 ff., 362 ff.

89 So schon *Sarstedt*[1] 37; *Sarstedt/Hamm*[5] 48; *Eb. Schmidt* 13, 14.

90 Ebenso *Hanack* 380, der auch darauf hinweist, dass bei Schaffung der § 28 FGG, § 79 GBO die gleichen Einwendungen erhoben wurden wie von *Sarstedt* und *Eb. Schmidt* gegenüber § 121 Abs. 2.

91 So auch zunehmend in elektronischen Rechtsprechungsdokumentationen, worauf bereits *Sarstedt/Hamm*[6] 91 ebenfalls hingewiesen haben.

92 BayObLGSt **1975** 143; KK/*Feilcke* 15.

93 Zu § 305a Abs. 2 StPO vgl. *Eb. Schmidt* 17; **a.M.** *Hanack* 223; zu § 210 Abs. 2 StPO vgl. BGHSt **13** 46, 47.

94 BayObLGSt **1950/51** 556; **1966** 10, 12 GA **1971** 115; *Eb. Schmidt* 17; KK/*Feilcke* 15; **a.M.** *Hanack* 222 unter Hinweis auf BGHZ **8** 310.

abschließen will.[95] Hierher gehören auch Beschlüsse gemäß § 206a StPO.[96] Denn da die Vorlegungspflicht bei beabsichtigter Einstellung des Verfahrens durch Urteil wegen eines Verfahrenshindernisses besteht, kann ein entsprechender Beschluss außerhalb der Hauptverhandlung, soweit er zulässig ist, nicht anders behandelt werden. Dabei ist es gleichgültig, ob das Verfahrenshindernis, das zur Beendigung der Revisionsinstanz zwingt, schon vor Erlass des angefochtenen Urteils oder – wie eine Amnestie – erst nach diesem Zeitpunkt entstanden ist; in beiden Fällen ist der Einstellungsbeschluss eine Entscheidung über die Revision, d.h. eine die Revisionsinstanz abschließende Entscheidung.[97]

37 **b) Sprungrevision.** Vorzulegen hat das Oberlandesgericht auch, wenn die zu bescheidende Revision eine Sprungrevision (§ 335 Abs. 1 StPO) ist. Dieser Fall ist zwar in § 121 Abs. 2 nicht deutlich erfasst, weil es mit der Berufung nicht anfechtbare Urteile des Strafrichters (Nummer 1 Buchst. a) nicht mehr gibt. Es kann aber nicht zweifelhaft sein, dass nach Sinn und Zweck des Absatzes 2 die Vorlegungspflicht, wenn statt der Berufung Revision eingelegt ist, genauso besteht, wie wenn nach vorgängigem Berufungsverfahren Revision eingelegt ist.[98]

38 **c) Keine Vorlegungspflicht.** Eine Pflicht zur Vorlage besteht nicht im Fall des **Absatzes 1 Nummer 1 Buchst. c**, auch wenn die Entscheidung über die ausschließlich auf die Verletzung von Landesrecht gestützte Revision unter Anwendung von Bundesrecht ergeht und dabei eine Abweichung von früheren oberstgerichtlichen Entscheidungen zur gleichen Rechtsfrage erfolgt. Über die Gründe für diese Beschränkung der Vorlegungspflicht ist aus der Begründung nichts zu entnehmen. Möglicherweise liegt ihr der Gedanke zugrunde, dass es sich in solchen Fällen um Nebenpunkte handele und dass es nicht angebracht sei, den Abschluss des Verfahrens durch die Klärung von Rechtsfragen zu verzögern, die meist für den Bestand des erstinstanzlichen Urteils im Übrigen von geringerer Bedeutung sein dürften. Jedenfalls kann der Grund der Beschränkung nicht darin liegen, dass der BGH nicht zur Bescheidung von Streitfragen, die auf dem Boden des Landesrechts erwachsen sind, herangezogen werden solle, denn in den Fällen des Absatzes 1 Nummer 1 Buchst. a und Buchst. b ist die Vorlegungspflicht unabhängig davon, ob die beabsichtigte Abweichung Bundes- oder Landesrecht betrifft (vgl. u. Rn. 54).

4. Beabsichtigte Abweichung von einer Entscheidung des BGH

39 **a) Begriff der Entscheidung des BGH.** Die Vorlegungspflicht besteht nicht, wenn das Oberlandesgericht von einer nach dem 1.4.1950 ergangenen Entscheidung des früheren Obersten Gerichtshofs für die britische Zone oder des früheren Deutschen Obergerichts für das Vereinigte Wirtschaftsgebiet abweichen will, aber auch nicht bei beabsichtigter Abweichung von der Entscheidung des **obersten Bundesgerichts eines anderen Gerichtsbarkeitszweiges** (der Verwaltungsgerichtsbarkeit usw.). Sie besteht dagegen aber, wenn der Senat des BGH, der die Entscheidung erlassen hat, nicht mehr besteht, denn dadurch hat die Entscheidung ihre Bedeutung für die Rechtsauslegung nicht verloren.[99]

---

95 BGHSt **11** 152; **15** 203, 204; **22** 213, 215; **40** 395, 397; NJW **1977** 964.

96 **H.M.**; vgl. auch BGH NJW **1971** 106; zur Bejahung neigend auch BGHSt **12** 213, 216; offen gelassen von OLG Celle NJW **1970** 720; Kissel/*Mayer* 20; OK/*Huber* 5.

97 **A.M.** *Eb. Schmidt* 18.

98 BGHSt **2** 63; **13** 388, 389; **17** 280, 283; **17** 399, 401; **29** 305, 307; **35** 14, 16 und zur Bedeutung der Nr. 1 Buchst. a o. Rn. 6; Kissel/*Mayer* 20.

99 BGHSt **13** 46, 48; **17** 360; **24** 209; **25** 124; *Eb. Schmidt* 24; **a.M.** OLG Neustadt MDR **1958** 538.

Das gleiche galt, wenn es sich um die Entscheidung eines früheren Feriensenats handelte.[100] Da das Gesetz von einer Entscheidung „des Bundesgerichtshofs" spricht, vermag die Abweichung von einer Entscheidung des **Ermittlungsrichters des BGH** nach inzwischen wohl gefestigter Auffassung die Vorlagepflicht nicht auszulösen.[101]

b) Gutachtliche Stellungnahmen. Stellungnahmen des BGH gutachterlicher Natur, 40
die er früher abgab, wenn ein Gericht der ordentlichen Gerichtsbarkeit die Entscheidung des BVerfG gemäß Art. 100 Abs. 1 GG i.V.m. § 80 a.F. BVerfGG einholte, waren keine Entscheidungen i.S.d. § 121 Abs. 2.[102]

c) Voneinander abweichende Entscheidungen des BGH. Wenn zu der Rechtsfrage, 41
mit der sich das Oberlandesgericht zu befassen hat, untereinander abweichende Entscheidungen des BGH vorliegen, so kann, falls sie von dem **gleichen Senat** des BGH stammen, das Oberlandesgericht, auch wenn dies in der zuletzt ergangenen Entscheidung nicht ausdrücklich hervorgehoben wird, sich darauf verlassen, dass der betreffende Senat des BGH seine **frühere Rechtsprechung** damit aufgegeben hat. Liegen abweichende Entscheidungen **verschiedener Senate** des BGH vor, so ist die Vorlagepflicht selbstverständlich, wenn das Oberlandesgericht von beiden abweichen und sich zu einer dritten Meinung bekennen will. Aber auch wenn es sich einer der Auffassungen des BGH anschließen und damit von der anderen abweichen will, ist das Oberlandesgericht zur Vorlegung verpflichtet, auch wenn beim BGH die Anrufung des Großen Senats unterblieben ist.[103] Denn die Vorlegung zwingt nunmehr den zur Entscheidung nach § 121 Abs. 2 zuständigen Senat des BGH, erforderlichenfalls seinerseits den **Großen Senat** nach § 132 anzurufen. Die frühere Auffassung, dass beim BGH die Abweichung von einer Entscheidung keine Anrufung nach § 136 a.F. erforderlich mache, wenn diese Entscheidung ihrerseits von einer früher ergangenen abweicht und der zuletzt erkennende Senat sich der ersten Entscheidung anschließt,[104] ist aufgegeben worden.[105] Wenn allerdings ein Senat zwar erkennbar von der Rechtsprechung eines anderen Senats abgewichen ist, alle später ergangenen Entscheidungen der übrigen Senate jedoch die Rechtsansicht der zuerst ergangenen Entscheidung teilen, so kann das Oberlandesgericht davon ausgehen, dass auch der dissentierende Senat seinen Standpunkt inzwischen aufgegeben hat.[106]

5. Beabsichtigte Abweichung von der Entscheidung eines anderen Oberlandesgerichts

a) Begriff des anderen Oberlandesgerichts. Dazu gehört auch das 2018 wieder ein- 42
gerichtete **Bayerische Oberste Landesgericht**, das auf seinem Zuständigkeitsgebiet die Aufgaben wahrnimmt, die sonst den bayerischen Oberlandesgerichten zustehen würden (§ 9 EGGVG). Entsprechend dem Zweck der Vorschrift, die einheitliche Rechtsauslegung im Geltungsbereich des § 121 Abs. 2 zu gewährleisten, kommen nur die in diesem Gebiet

---

100 Kissel/*Mayer* 10; KK/*Feilcke* 18.
101 Wie hier *Schmitt/Köhler* 8; KK/*Feilcke* 18; MüKo/*Oglakcioglu/Bock* 23; Radtke/Hohmann 13; OK/*Huber* 6; offen gelassen in BGH NJW **1998** 3653.
102 BGHSt **17** 369, 371.
103 BGHSt **5** 136; **10** 94; Kissel/*Mayer* 17.
104 Vgl. LR/*Mosbacher* § 132, 14.
105 BGHSt **10** 94.
106 OLG Frankfurt NJW **1976** 985 mit Anm. *Geisler* NJW **1976** 1186; vgl. auch BGHR StPO § 338 Nr. 5 Angeklagter 11.

bestehenden Oberlandesgerichte in Betracht, also nicht ein dem Oberlandesgericht entsprechendes Gericht der früheren Deutschen Demokratischen Republik.[107] Vorlagepflicht besteht dagegen im Verhältnis zu den **besonderen Senaten der Bezirksgerichte** für deren Tätigkeit seit dem 3.10.1990, und zwar auch heute noch, obwohl diese Senate nicht mehr bestehen, weil Oberlandesgerichte gebildet sind. Im Übrigen gelten insoweit die gleichen Grundsätze wie bei der territorialen Nachfolge bei Oberlandesgerichten.

43 **b) Innendivergenz.** Ob auch ein **anderer Senat des gleichen Oberlandesgerichts** ein „anderes" Oberlandesgericht ist, wird für andere Gesetze, die eine ähnliche Vorlegungspflicht begründen, vielfach verneint.[108] Für § 121 Abs. 2 wurde die Frage lange kontrovers beurteilt. So war einer früher in der Literatur vertretenen Auffassung zufolge eine Vorlage entsprechend § 121 Abs. 2 geboten, um die Folgen einer **ungleichmäßigen Rechtsauslegung** zwischen zwei Strafsenaten des gleichen Oberlandesgerichts – die Zerstörung der Rechtssicherheit, die der Divergenzausgleich verhindern soll (o. Rn. 34) – geboten,[109] was einem „dringenden Bedürfnis" entspreche.[110] Das Fehlen einer entsprechenden Regelung sei eine „seltsame Lücke", die geschlossen werden müsse.[111] Beklagt wurde das Vorliegen eines „eklatanten und krassen Widerspruchs" zu dem Zweck des § 121 Abs. 2, der durch eine zulässige berichtigende Auslegung des unvollkommenen Gesetzeswortlauts in Übereinstimmung mit der gesetzgeberischen Grundtendenz zu beseitigen sei.[112] Der Wortlaut des § 121 Abs. 2 stehe einer seinem Sinn entsprechenden Auslegung nicht entgegen, da ohne Zwang die Worte „Entscheidung eines anderen Oberlandesgerichts" i.S.v. „anderen oberlandesgerichtlichen Entscheidungen" würden verstanden werden können. Und in der Tat mag es im Einzelfall wenig befriedigend erscheinen, wenn in entscheidungserheblichen Fragen die Rechtsprechung eines Strafsenats von jener eines anderen desselben Oberlandesgerichts abweicht. Gleichwohl geht die **heute wohl überwiegende Auffassung** (schon vor dem Hintergrund des eindeutigen Wortlauts der Regelung) davon aus, dass insoweit das System des Divergenzausgleichs eine **bewusste Lücke** aufweist, die nicht im Wege richterlicher Rechtsfortbildung [113] sondern nur vom Gesetzgeber geschlossen werden kann.[114] Zudem zeigt die **Praxis**, dass Strafsenate eines Oberlandesgerichts häufig bemüht sind, zum Vermeiden nur schwer verständlicher Abweichungen innerhalb desselben Gerichtsbezirks ihre Spruchpraxis zu vereinheitlichen, was aber auch nicht immer gelingt. In einem solchen Fall bleibt jedenfalls de lege lata nur die Möglichkeit, dass ein anderes Oberlandesgericht, das von der Rechtsprechung entweder des einen oder des anderen Senats desselben Oberlandesgerichts abweichen will, seinerseits verpflichtend die Sache nach § 121 Abs. 2 dem BGH zur Entscheidung vorlegt und letztlich hierdurch die bestehende Innendivergenz beseitigt.[115] Zeitliche Verzögerungen durch ein solches Verfahren müssen mangels Vorliegens anderer gesetzlicher Regelungen hingenommen werden.

---

107 OLG Hamm NJW **1954** 724 betr. § 28 FGG a.F.; KK/*Feilcke* 17.

108 Z.B. von OGHZ **1** 13 = NJW **1947/48** 554; *Baur* JZ **1953** 327 Anm. 12; die Frage wurde offengelassen von BVerwG **1954** 852 betr. die Oberverwaltungsgerichte. Weitere Nachweise über die Behandlung der Frage in anderen Gerichtsbarkeitszweigen bei *Hanack* 29 Fn. 20, 21.

109 *Kern* ZStW **71** (1959) 434; *Nüse* JR **1956** 437; DRiZ **1968** 87; *Schröder* NJW **1959** 1520 Fn. 30; *Hanack* 311 f.; s.a. *K. Schäfer* NJW **1958** 51; *Doller* ZRP **1976** 34; *Lilie* 44 ff.

110 Dazu mit zahlreichen Beisp. *Doller* ZRP **1976** 34.

111 *Sarstedt/Hamm*⁶ 90.

112 So auch hier noch in der 26. Auflage. An dieser Auffassung wird nicht festgehalten.

113 So im i.E. auch OLG Stuttgart Justiz **2021** 200; Kissel/*Mayer* 10; *Katholnigg* 14; MüKo/*Kotz/Oglakcioglu* 25; Radtke/Hohmann/*Rappert* 23; *Schmitt/Köhler* 9.

114 KK/*Feilcke* 21.

115 Vgl. hierzu auch BGH NJW **1963** 820.

Keine Vorlegungspflicht besteht, wenn bei einer Verteilung der Senatszuständigkeit nach Materien (Verkehrsdelikte, Rechtsbeschwerden im Bußgeldverfahren usw.) die Zuständigkeit zwischen mehreren Strafsenaten gewechselt hat und der jetzt zuständige Senat von einer **Entscheidung seines Vorgängers** in der Zuständigkeit abweichen will; dieser Fall liegt nicht anders, als wenn ein Senat seine eigene Rechtsprechung ändert (dazu § 132, 12).[116] 43a

c) Aufgelöste Oberlandesgerichte. Auch die nach dem 1.4.1950 ergangene Entscheidung eines **nicht mehr bestehenden Oberlandesgerichts** – seitdem sind die Oberlandesgerichte Tübingen und Freiburg (sowie vorübergehend das BayObLG) aufgehoben worden – ist zu beachten, denn die Entscheidungen haben auch nach Wegfall der Gerichte für die Auslegung des Gesetzes ihre Bedeutung behalten,[117] wie denn ja auch Entscheidungen eines nicht mehr bestehenden Senats des BGH vorlegungsbedeutsam bleiben. Anders liegt es nur, wenn das Oberlandesgericht, das territorial die Nachfolge des aufgehobenen Oberlandesgerichts übernommen hat, sich von der Rechtsansicht des aufgehobenen Oberlandesgerichts abkehrt; das entspricht dann der in Rn. 4d erörterten Rechtslage. Entsprechendes gilt für den Übergang der Revisionszuständigkeit von den besonderen Senaten der Bezirksgerichte auf die neuerrichteten Oberlandesgerichte in den durch den Einigungsvertrag beigetretenen Ländern. Ganz unproblematisch ist die Rechtslage, wenn das Oberlandesgericht lediglich seinen Sitz gewechselt hat (wie das OLG Neustadt nach Zweibrücken). 44

6. Wegfall der Vorlegungspflicht

a) Aufgabe seiner Rechtsprechung durch das andere Oberlandesgericht. Die Vorlegungspflicht entfällt, wenn das andere Oberlandesgericht seine Rechtsprechung aufgegeben hat.[118] Eine Entscheidung gilt in diesem Sinne als aufgegeben, wenn der **gleiche Spruchkörper** (nicht ein anderer Spruchkörper desselben Gerichts) abgewichen ist; etwas anderes soll aber dann gelten, wenn der die Abweichung beabsichtigende Senat für diese Entscheidungen nunmehr allein zuständig ist.[119] Der Wegfall der Vorlegungspflicht gilt auch, wenn die Änderung der Rechtsprechung erst nach der Vorlage an den BGH durch das zweite (abweichende) Oberlandesgericht erfolgt.[120] Das gleiche gilt, wenn es auf **Anfrage** (des Oberlandesgerichts, das abweichen will, oder des BGH, dem vorgelegt ist) erklärt, dass es an seiner früheren Entscheidung nicht mehr festhalte. Die Übernahme dieser im Fall des § 136 a.F. geübten Praxis, die nunmehr in § 132 Abs. 2 eine gesetzliche Grundlage erhalten hat (dort Rn. 16 ff.), hat sich nach den bisherigen Erfahrungen bewährt und widerspricht weder dem Wortlaut noch dem Sinn des § 121 Abs. 2.[121] Der Fall, dass ein Oberlandesgericht beim **BGH anfragt**, ob er an seiner Rechtsprechung festhalte, wird demgegenüber aber für untunlich gehalten.[122] 45

116 Ebenso *Lilie* 40; KK/*Feilcke* 23 – auch zu etwaigen Reformvorschlägen (vgl. hier Rn. 88).

117 RGZ **148** 207, 209; BGHSt **52** 364, 369 f.; zu dieser Entscheidung *Rieß* NStZ **2009** 229, 230; OLG Hamm NJW **1970** 1936; *Eb. Schmidt* 23 und MDR **1958** 815; *Hanack* 294; Meyer-Goßner/*Schmidt* 6; KK/Feilcke 17; MüKo/*Oglakcioglu/Bock* 25; SK/*Frister* 18; *Katholnigg* 14; **a.M.** *Nüse* JR **1956** 437.

118 BGHSt **26** 42; **37** 79, 81 f.

119 Kissel/*Mayer* 16.

120 BGHSt **37** 79, 81.

121 So auch BGHSt **14** 319; **17** 399, 401; **18** 269; BGH NJW **1996** 3219; BayObLGSt **1975** 15; KG NJW **1972** 1531; OLG Schleswig NJW **1963** 1935; *Schröder* NJW **1959** 1520; KK/*Feilcke* 25, 30; *Schmitt/Köhler* 7; **a.M.** *Kissel/Mayer* 16 der hierzu ausführt, die Wirkung eines Urteils könne nicht durch eine schlichte Auskunft beseitigt werden; *Katholnigg* 15; *Kleinknecht* JZ **1959** 182; *Eb. Schmidt* 25; *Hanack* 309 ff.

122 MüKo/*Oglakcioglu/Bock* 25; KK/*Feilcke* 30.

46 **b) Spätere höherrangige Entscheidungen.** Eine zur Vorlage zwingende Abweichung von der Entscheidung eines anderen Oberlandesgerichts liegt nicht vor, wenn nach dieser eine abweichende Entscheidung des BGH – gleichviel, ob eines Straf- oder eines Zivil- oder sonstigen Senats,[123] **gleichgültig in welcher Verfahrensart, in welchem Verfahrensstadium und auf welchem Rechtsgebiet**[124] – ergangen ist und das jetzt entscheidende Oberlandesgericht sich dem BGH anschließt; mit dem Ergehen einer Entscheidung des BGH verlieren die zeitlich vorangegangenen Entscheidungen der Oberlandesgerichte zu der gleichen Rechtsfrage ihre Bedeutung für die Frage der Vorlegungspflicht.[125] Der Zweck des § 121 Abs. 2, die Einheitlichkeit der Rechtsprechung zu sichern, ist erreicht, wenn eine zwischen den Oberlandesgerichten streitige Rechtsfrage durch den **BGH entschieden** ist.[126] Entsprechendes gilt beim Ergehen einer Entscheidung des BVerfG, die auch die Vorlegungspflicht gegenüber abweichenden Entscheidungen des BGH aufheben würde.[127] Es besteht also auch keine Vorlagepflicht, wenn ein Oberlandesgericht von der veröffentlichten Entscheidung eines anderen Oberlandesgerichts abweichen will, wenn nach der letzten Entscheidung eine die gleiche Auffassung vertretende, wenn auch unveröffentlichte Entscheidung des BGH ergangen ist.[128] Dasselbe gilt, wenn die Rechtsfrage zwischenzeitlich vom Gemeinsamen Senat der Obersten Gerichtshöfe des Bundes entschieden worden ist.[129]

47 **c) Bedeutung einer späteren, von einer vorangegangenen höherrangigen Entscheidung abweichenden Entscheidung.** Die Vorlegungspflicht entfällt auch, wenn nach dem Ergehen einer Entscheidung des BGH – auch einer unveröffentlichten[130] – ein Oberlandesgericht (in Unkenntnis dieser Entscheidung oder Übersehung der Vorlegungspflicht) abweichend entschieden hat; ein anderes Oberlandesgericht, das **sich dem BGH anschließen** und damit von dem anderen Oberlandesgericht abweichen will, braucht nicht vorzulegen.[131] Denn die Bedeutung einer oberlandesgerichtlichen Entscheidung gegenüber einer solchen des BGH in Ansehung der Vorlegungspflicht kann nicht verschieden sein, je nachdem sie vor oder nach Ergehen der Entscheidung des BGH erlassen worden ist.[132] Auch das Schrifttum[133] vertritt überwiegend diese Auffassung. Nach anderer Auffassung soll eine Vorlegungspflicht bestehen, denn die abweichende Oberlandesgerichts-Entscheidung **könne neue Gesichtspunkte** bringen, die in der vorangegangenen Entscheidung des BGH noch nicht gewürdigt seien.[134] Dem BGH müsse deshalb Gelegenheit gegeben werden, sich mit diesen neuen Argumenten auseinanderzusetzen, also das nachzuholen, was infolge der früheren Nichtvorlegung unterblieben sei. Indessen lässt sich mit dieser Erwägung eine generelle Vorlegungspflicht nicht rechtfertigen; sie wäre auf den Fall zu beschränken, dass die abweichende Entscheidung neue, bisher nicht gewürdigte Argumente enthält. Aber dem praktischen Bedürfnis ist genügt, wenn das jetzt zur Entscheidung berufene Oberlandesgericht das Gewicht dieser neuen Gesichtspunkte prüft und zur Vorlegung ver-

123 BGHSt **13** 373; BGH NJW **1977** 964.
124 Vgl. BGHSt **16** 7, 9; KK/*Feilcke* 18.
125 Ebenso BGHSt **13** 149, **13** 373; **21** 314; **27** 228, 230; OLG Hamm VRS **51** (1976) 54.
126 BGH NStZ-RR **2019** 110.
127 BGHSt **44** 171; BGH NJW **1977** 686; OLG Hamm NJW **1976** 762; KK/*Feilcke* 28; Kissel/*Mayer* 18.
128 BGHSt **34** 79, 80; BGH NJW **1977** 964.
129 KK/*Feilcke* 28.
130 BGHSt **19** 387; **34** 79, 80.
131 BGHSt **43** 277 = NJW **1998** 321, 322; BayObLG v. 2.12.2025 – 206 StRR 359/25.
132 So auch BGHSt **13** 149; **17** 362; BayObLGSt **1957** 388; **1974** 145; NJW **1977** 261 und – zu § 28 FGG – BGHZ **15** 151.
133 *Eb. Schmidt* 28; KK/*Feilcke* 26; Kissel/*Mayer* 19; *Katholnigg* 14.
134 So *Dallinger* MDR **1959** 529, 530.

pflichtet ist, falls sie ihm so überzeugend erscheinen, dass es von der Entscheidung des BGH abweichen möchte.

d) Streit über die Bedeutung einer vorangegangenen Entscheidung. Liegt eine Entscheidung des BGH vor und beruft sich das später entscheidende Oberlandesgericht A auf diese Entscheidung, so darf das demnächst entscheidende Oberlandesgericht B nicht deshalb ohne vorzulegen von A abweichen, weil dieses nach Meinung von B die Entscheidung des BGH falsch verstanden hat, während B das richtige Verständnis für sich in Anspruch nimmt; bei solchen Zweifeln ist nach dem Sinn des § 121 Abs. 2 nur der BGH berufen, die zweifelhafte Bedeutung seiner Entscheidung zu klären.[135] 48

e) Abweichung von einem anderen Oberlandesgericht unter Nichtbeachtung der Vorlegungspflicht. Dagegen entfällt die Vorlegungspflicht des später entscheidenden Oberlandesgerichts nicht deshalb, weil ein Oberlandesgericht von der **vorher ergangenen Entscheidung** eines anderen Oberlandesgerichts abgewichen ist, ohne die Vorlegungspflicht zu erkennen oder zu beachten. Vielmehr ist jedes Oberlandesgericht, das von neuem über die Rechtsfrage zu entscheiden hat, zur Vorlegung verpflichtet, gleichviel, ob es sich der einen oder der anderen der vorausgegangenen Entscheidungen anschließen will.[136] Auch das Oberlandesgericht, das zuerst entschieden hat, muss vorlegen, wenn es bei seiner Auffassung bleiben und damit von der zeitlich späteren Entscheidung des anderen Oberlandesgerichts abweichen will.[137] Es gilt hier nichts anderes, als wenn ein Senat des BGH, ohne nach § 132 Abs. 2, 3 zu verfahren, von der Entscheidung eines anderen BGH-Senats abgewichen ist.[138] 49

7. Die Vorlegungspflicht begründende Vorentscheidungen

a) Vorangegangene Entscheidung des BGH. Für die Frage, ob eine Abweichung von einer vorangegangenen Entscheidung des BGH vorliegt, ist ohne Bedeutung, ob die frühere Entscheidung die eines Straf- oder eines Zivil- oder eines anderen Senats des BGH ist,[139] ob die Entscheidung als **Urteil oder Beschluss** ergangen ist und ob die beabsichtigte Abweichung sich auf die Auslegung einer **strafrechtlichen Norm** oder einer irgendeinem **anderen Rechtsgebiet** angehörenden Vorschrift bezieht. Bedeutungslos ist auch, ob die beabsichtigte Abweichung von einer Entscheidung des BGH die Auslegung von Bundes- oder von Landesrecht betrifft.[140] Denn der BGH entscheidet, von dem Ausnahmefall des § 121 Abs. 1 Nr. 1 Buchst. c abgesehen, als Revisionsgericht auch über Verletzung von Landesrecht, sodass der Grundgedanke des § 121 Abs. 2, Auslegungsdifferenzen zwischen dem BGH und den Oberlandesgerichten (oder zwischen mehreren Oberlandesgerichten untereinander) zu vermeiden, auch bei Abweichungen, die Landesrecht betreffen, uneingeschränkt zutrifft. Das muss auch schon deshalb gelten, weil die Auslegung des Landesrechts für die des Bundesrechts bedeutsam sein kann, z.B. wenn das Landesrecht auf Bundesrecht verweist[141] oder Begriffe verwendet, die sich mit gleichem Sinn im Bundesrecht finden.[142] 50

---

135 Vgl. BGHSt **34** 90, 92; **34** 94, 97; Kissel/*Mayer* 19; KK/*Feilcke* 29; **a.M.** OLG Oldenburg NJW **1964** 1333.
136 BGHSt **9** 272, 274; **13** 149, 152.
137 BGHSt **35** 208, 210; Kissel/*Mayer* 19; KK/*Feilcke* 27.
138 Vgl. LR/*Mosbacher* § 132, 15.
139 BGHSt **13** 373; **16** 7, 9; **16** 19, 21; **34** 79.
140 BGHSt **4** 138; **11** 228, 229; **21** 292, 293; **23** 370, 372; **25** 347; **26** 40, 42; **37** 366, 368; NJW **1963** 1214 (Ls.).
141 BGHSt **11** 228, 229.
142 KK/*Feilcke* 34.

51 **b) Vorangegangene Entscheidung eines anderen Oberlandesgerichts.** Abweichend von Rn. 50 zwingt die beabsichtigte Abweichung von der Entscheidung eines anderen Oberlandesgerichts oder eines besonderen Senats eines Bezirksgerichts (vgl. Rn. 42; 44) nur dann zur Vorlegung, wenn letzteres in einer Revisionssache i.S. von § 121 Abs. 1 Nr. 1 Buchst. a oder Buchst. b entschieden hat.[143] Auch hier (s.o. Rn. 36) kommt es aber nicht darauf an, ob die Entscheidung in der Revisionssache **als Urteil oder als Beschluss** ergangen ist.[144] Der Wortlaut des § 121 Abs. 2 enthält zwar eine solche Einschränkung nicht. Aber wenn ein Oberlandesgericht bei Beschlüssen nach § 121 Abs. 1 Nr. 2 nicht an Urteile eines anderen Oberlandesgerichts gebunden ist, so kann umgekehrt ein Oberlandesgericht bei einer Revisionssache nicht an Beschlüsse eines anderen Oberlandesgerichtes, die dieses gemäß § 121 Abs. 1 Nr. 2 erlassen hat, und noch weniger an Urteile oder Beschlüsse eines anderen Oberlandesgerichts gebunden sein, die außerhalb eines Strafverfahrens ergangen sind. In gleicher Weise beschränken § 28 FGG, § 79 GBO die Vorlegungspflicht des zur Entscheidung über eine weitere Beschwerde (Rechtsbeschwerde) berufenen Oberlandesgerichts auf den Fall, dass es von der auf weitere Beschwerde ergangenen Entscheidung eines anderen Oberlandesgerichts abweichen will; eine entsprechende Beschränkung enthält auch § 29 Abs. 1 Satz 2 EGGVG.

52 **c) Ausnahme.** Eine Ausnahme von dem Grundsatz Rn. 51 muss aber gelten, d.h. die zu erlassende Entscheidung steht einer Revisionsentscheidung nach § 121 Abs. 1 Nr. 1 Buchst. a und b gleich:

52a **aa) Vorliegen einer Revision.** Bei **Streit**, ob das Rechtsmittel der Revision und nicht ein anderes, zur Entscheidungszuständigkeit eines anderen Gerichts gehörendes Rechtsmittel gegeben ist;[145]

53 **bb) Präjudizielle Entscheidungen.** Bei präjudiziellen Entscheidungen, d.h., wenn das andere Oberlandesgericht vor der Entscheidung über die Revision zu einer Rechtsfrage durch Beschluss in einer Weise Stellung genommen hat, dass dadurch die sonst in der späteren Entscheidung über die Revision erforderliche Stellungnahme vorweggenommen wurde, z.B. wenn das Revisionsgericht über die Rechtzeitigkeit der Revision vorweg dadurch entschied, dass es den wegen vermeintlicher Verspätung gestellten Wiedereinsetzungsantrag für gegenstandslos erklärte.[146]

54 **d) Auslegungsdivergenz betr. Landesrecht.** Auch bei beabsichtigter Abweichung von der Entscheidung eines anderen Oberlandesgerichts besteht Vorlegungspflicht nicht nur, wenn die Auslegungsdivergenz Bundesrecht betrifft. Zunächst genügt es, wenn ein Oberlandesgericht bei Auslegung einer landesrechtlichen Vorschrift, die einer bundesrechtlichen Vorschrift nachgebildet ist, von der Entscheidung eines anderen Oberlandesgerichts zu dieser bundesrechtlichen Vorschrift abweichen will. Es genügt ferner, dass Oberlandesgerichte desselben Landes in der Auslegung der gleichen Vorschrift ihres Landes voneinander abweichen;[147] denn der Fall kann nicht anders behandelt werden als eine

---

143 Ebenso BGHSt **9** 272, 274; BGH MDR **1955** 754; OLG Hamburg NJW **1955** 1729; **1975** 1750; OLG Düsseldorf NStZ **1985** 509; OLG Karlsruhe Justiz **1988** 73; *Eb. Schmidt* 22; KK/*Feilcke* 19; *Kissel/Mayer* 14; **a.M.** früher OLG Braunschweig NJW **1954** 344; krit. *Katholnigg* 14.

144 BGHSt **11** 152; **12** 213, 216; **13** 390.

145 BGHSt **9** 272, 274; s. auch BGHSt **13** 388, 389.

146 BGHSt **14** 233, 235.

147 Vgl. BGHSt **37** 366.

Auslegungsdivergenz zwischen dem BGH und einem Oberlandesgericht bei Auslegung der gleichen landesrechtlichen Vorschrift (s.o. Rn. 50). Vorlegungspflicht besteht aber auch bei einem **Streit** zwischen Oberlandesgerichten verschiedener Länder **über die Auslegung** inhaltlich oder gar wörtlich übereinstimmender **Landesgesetze.**[148] Denn es kann, wenn es sich etwa um einen in die konkurrierende Gesetzgebungszuständigkeit des Bundes (Art. 74 GG) fallenden Gegenstand handelt, für das Interesse an der Erhaltung oder Herbeiführung einheitlicher Rechtsanwendung keinen Unterschied machen, ob der Bund von seiner Gesetzgebungsbefugnis Gebrauch macht oder sich dies dadurch erübrigt hat, dass die Länder inhaltlich übereinstimmende Vorschriften erließen. Es bedarf also in diesen Fällen nicht einer auf Art. 99 GG gestützten, die Vorlegungspflicht erst begründenden Anordnung des Landesgesetzgebers. Von diesem Grundsatz weicht – betr. die Vorlegungspflicht nach § 29 EGGVG – der BGH ohne überzeugende Gründe ab.[149] Es ist nicht einzusehen, weshalb für § 29 EGGVG andere Grundsätze gelten sollten als für § 121 Abs. 2.[150]

e) Auslegungsdivergenzen betreffend Unionsrecht und ausländisches Recht. Keine Vorlage nach § 121 Abs. 2 löst der Fall aus, dass ein Oberlandesgericht eine Vorschrift des **Rechts der Europäischen Union** zwar abweichend von einem anderen (nationalen) Oberlandesgericht, aber im Einklang mit der Rechtsprechung des Gerichtshofs der Europäischen Union (EuGH) auslegen will.[151] Ist die entscheidungserhebliche Rechtsfrage des Unionsrechts vom EuGH noch nicht beantwortet, so hat das Oberlandesgericht, das von einer vorangehenden Entscheidung eines anderen Oberlandesgerichts abweichen will, die Sache nach Art. 267 Abs. 3 AEUV dem EuGH vorzulegen; für eine Vorlage an den BGH nach § 121 Abs. 2 ist dann kein Raum.[152] Eine Abweichung in der Anwendung **ausländischen Rechts** führt nach dem Wortlaut des § 121 indessen zur Vorlagepflicht.[153] Denkbar wäre eine solche Konstellation bei der Anwendung ausländischer materieller Vorschriften, die zur Ausfüllung von inländischen Blankettvorschriften (wie z.B. § 370 Abs. 6 AO) herangezogen werden müssen.[154] 55

f) Streit um die Verfassungsmäßigkeit eines Gesetzes. Keine Vorlegungspflicht besteht, wenn die streitige Rechtsfrage die Verfassungsmäßigkeit eines Bundesgesetzes betrifft. Wenn also das Oberlandesgericht eine Vorschrift als grundgesetzwidrig ansieht und damit von einer Entscheidung des BGH oder eines anderen Oberlandesgerichts abweichen will, in der das Gesetz als grundgesetzgemäß angesehen worden ist, so muss es selbst nach Art. 100 Abs. 1 GG verfahren.[155] Entsprechendes gilt, wenn es sich um die Vereinbarkeit von Landesrecht mit der Landesverfassung handelt oder um die Weitergeltung von altem Recht als Bundesrecht (Art. 126 GG, § 86 BVerfGG).[156] Wenn aber die Vereinbarkeit **vorkonstitutionellen Rechts** mit dem Grundgesetz oder einer Landesverfassung oder die Verfassungsmäßigkeit von Verordnungen in Frage steht, so ist, da hier das negative 56

148 BGHSt **23** 370, 372; **25** 348; **26** 42; BGH bei *Herlan* GA **1959** 49.

149 BGHSt **19** 240, 241.

150 Gegen BGHSt **19** 240, 241 auch *Altenhain* NJW **1963** 1463; s. auch LR/*Böttcher*[25] § 29, 2 ff. EGGVG.

151 BGHSt **33** 76 = MDR **1985** 341 mit Anm. *Herdegen* S. 542; BGHR GVG § 121 Abs. 2 Europarecht 1, ergangen auf den Vorlagebeschluss des BayObLG NStZ **1984** 415.

152 Vgl. o. Rn. 28; BGHSt **36** 92, 95; *Katholnigg* 14; KK/*Feilcke* 19.

153 Kissel/*Mayer* 15; vgl. auch BGH NJW **1980** 532; *Schröder* NJW **1959** 1517, 1519.

154 Vgl. den Fall in BGHR AO § 370 VI Eingangsabgaben 2.

155 BVerfGE **6** 222; BGHSt **14** 175; **15** 297, 305; **30** 55, 61; BGH NStZ **1986** 514.

156 BGHSt 7 44.

Entscheidungsmonopol der Verfassungsgerichte entfällt, bei Abweichungen nach § 121 Abs. 2 zu verfahren.[157]

57 **8. Begriff des Ergehens einer Entscheidung.** § 121 Abs. 2 setzt lediglich voraus, dass die frühere Entscheidung „ergangen" ist. Veröffentlicht braucht sie nicht zu sein.[158] In der Regel sind freilich Entscheidungen nur durch Veröffentlichung bekannt. Doch sind **auch unveröffentlichte** Entscheidungen, gleichviel auf welchem Wege sie dem zur Entscheidung berufenen Revisionsgericht bekannt geworden sind (z.B. durch Mitteilung eines Verfahrensbeteiligten, durch Anfrage bei dem anderen Oberlandesgericht), zu beachten.[159] Zuverlässige Zeitungsnachrichten über vorangegangene Entscheidungen oder deren Anführung im Schrifttum müssen daher, wenn sie dienstlich bekannt werden und sofern sie eine abweichende Auffassung genügend deutlich erkennbar machen, den jetzt entscheidenden Strafsenat zur Einforderung einer Abschrift der Entscheidung veranlassen.[160] Erst recht gilt dies, wenn ein Teilabdruck in einer Fachzeitschrift, in einer Datenbank oder sonst im Internet die Abweichung wahrscheinlich macht, aber nicht zweifelsfrei erkennen lässt.[161] Bedeutungslos ist, ob die frühere Entscheidung im Einzelfall hinfällig geworden ist (etwa durch Wiederaufnahme des Verfahrens oder dadurch, dass der Angeklagte, dem Revisionsgericht unbekannt, vor Erlass des Revisionsurteils verstorben ist).[162] Denn bei einer veröffentlichten Entscheidung bleiben solche Mängel Dritten unbekannt, und andere Oberlandesgerichte können sich der Rechtsauffassung in nicht veröffentlichten Entscheidungen angeschlossen haben.

9. Begriff der Abweichung

58 **a) Entscheidungserhebliche Rechtsfrage.** Die Pflicht zur Vorlage ist davon abhängig, ob die beabsichtigte Entscheidung des Oberlandesgerichts in einer Rechtsfrage von einer berücksichtigungspflichtigen Entscheidung abweichen will und ob diese Frage für die beabsichtigte Entscheidung erheblich ist. Die beabsichtigte Abweichung muss sich, da die Oberlandesgerichte als Revisionsgerichte nur über Rechtsfragen zu entscheiden haben (§ 337 StPO), auf eine Rechtsfrage beziehen, und zwar auf eine die zu treffende Entscheidung **tragende Rechtsfrage**. Dies ist eine Frage, die sich auf die Auslegung einer Rechtsnorm oder auf die Formulierung von allgemeinen rechtlichen Grundsätzen und Anforderungen bezieht, deren Geltung sich aus einer Rechtsnorm oder einem Normgefüge ableitet und über die im Revisionsrechtszug bei der Nachprüfung des für die Entscheidung maßgeblichen Rechts mit zu entscheiden wäre.[163] Entscheidungserheblich ist z.B., wenn das vorlegende Gericht über eine Revision sachlich entscheiden will, auch die Vorfrage,[164] ob die Revision zulässig ist, auch wenn nach Sachlage kein Zweifel besteht, dass bei Zulässigkeit die Revision als sachlich unbegründet verworfen werden muss.[165] Die Vorlegung kann daher auch Rechtsfragen beinhalten, die die form- und fristgerechte Einlegung der Revisi-

---

157 BGHSt **11** 31, 35; **16** 282; **18** 279.

158 BGHSt **34** 79, 82.

159 *Kohlhaas* NJW **1959** 398; *Hanack* 134 ff., s.a. BGHSt **19** 387.

160 Dazu BayObLGSt **1974** 145.

161 Ebenso *Schröder* NJW **1959** 1520; *Kohlhaas* NJW **1959** 397.

162 Vgl. dazu BGHSt **13** 5, 6.

163 BGH NStZ **2018** 367 hins. der Zulässigkeit der Berufungsbeschränkung auf den Rechtsfolgenausspruch bei einer Verurteilung wegen Fahrens ohne Fahrerlaubnis.

164 Zur Entscheidungserheblichkeit von Vorfragens. auch Rn. 61.

165 BGHSt **26** 106; **30** 335; KK/*Feilcke* 31.

on betreffen, z.B. ob die in der Hauptverhandlung erklärte und zu Protokoll genommene Einlegung eines Rechtsmittels den Erfordernissen einer Einlegung „zu Protokoll der Geschäftsstelle" entspricht.[166] Eine Rechtsfrage ist z.B. auch die der Anwendbarkeit des § 264 StPO auf das gleiche Tatgeschehen.[167] Eine **nur anlässlich** eines Verfahrens aufgetretene, für die vom Oberlandesgericht in dem bestimmten Fall zu treffende Entscheidung aber nicht entscheidungserhebliche Rechtsfrage kann auch dann nicht Gegenstand einer Vorlegung sein, wenn im Interesse der Einheitlichkeit der Rechtsprechung, des Verkehrsbedürfnisses und der Rechtssicherheit eine alsbaldige Entscheidung des BGH dringend erwünscht wäre.[168]

Da zu den Rechtsnormen im revisionsrechtlichen Sinn auch die **festen Erfahrungssätze** gehören, ist ein Vorlegungsfall auch gegeben, wenn ein Gericht von einem anderen in der Frage, ob und in welchem Umfang ein fester Erfahrungssatz besteht, abweichen will.[169] Von den festen allgemeinen Erfahrungssätzen zu unterscheiden sind die bloßen **Wahrscheinlichkeitsaussagen**, d.h. Einsichten, die ein bestimmtes Ergebnis als naheliegend erscheinen lassen, bei denen es aber weiterer Prüfung bedarf, ob sie ausreichen, um die Wahrscheinlichkeit zur Gewissheit werden zu lassen.[170] Solche Wahrscheinlichkeitsaussagen liefert z.B. das Traffipax-Abstandsmessverfahren zur Feststellung des Abstandes zwischen fahrenden Kraftfahrzeugen. Die Frage der Zuverlässigkeit der damit gewonnenen Ergebnisse ist eine Tatfrage; die vom Tatrichter zu beurteilen ist. Sie kann nicht Gegenstand einer Vorlage nach § 121 Abs. 2 sein.[171] Eine Divergenz in einer Rechtsfrage liegt auch vor bei unterschiedlicher Bewertung mehr oder weniger **„unbestimmter" Rechtsbegriffe**, z.B. bei unterschiedlicher Beantwortung, ob bei gleicher tatsächlicher Sachlage der Rechtsbegriff der „konkreten Gefährdung" verwirklicht ist[172] oder das gesetzliche Merkmal der „Verwerflichkeit" nach § 240 Abs. 2 StGB erfüllt ist.[173] Keine Rechtsfragen i.S.v. von § 121 Abs. 2 folgen aus Verwaltungsvorschriften; ihre Wirksamkeit ist keine entscheidungserhebliche Rechtsfrage.[174] Eine die Vorlegung nach § 121 Abs. 2 rechtfertigende Abweichung in einer Rechtsfrage liegt auch dann nicht vor, wenn die Anwendung eines Rechtsbegriffs von den **tatsächlichen Umständen des Einzelfalles** abhängt und die Auffassungen darüber auseinandergehen, welche Umstände zu berücksichtigen sind, insoweit aber das richterliche Ermessen nicht durch allgemein geltende Regeln eingeengt ist. Der Tatrichter ist gehalten, ausreichende Feststellungen zu treffen, die im Sachverhalt liegenden Möglichkeiten der Auslegung sind auszuschöpfen; andernfalls fehlt es an der Grundlage für eine Entscheidung im Vorlageverfahren, weil eine bestimmte Rechtsauffassung damit nicht vertretbar ist. Die Sache ist deshalb dem vorlegenden Oberlandesgericht zurückzugeben.[175] 58a

---

166 BGHSt **31** 109 = JR **1983** 383 m. krit. Anm. *Fezer.*

167 BGHSt **23** 141, 144; **35** 14, 16.

168 BGH NJW **1961** 1487.

169 Vgl. BGHSt **31** 86, 88 = JR **1983** 129 m. Anm. *Katholnigg*; BGH JZ **1963** 645 und BGHSt **36** 341, 343; **37** 89 betr. absolute Fahruntüchtigkeit bei einem bestimmten Blutalkoholgehalt; BGHSt **23** 156 betr. die Frage, ob bei einem Kraftfahrer ein starker Ermüdungszustand plötzlich und für ihn unvorhersehbar eintreten kann; s. auch BGHSt **23** 213 betr. Verwertbarkeit der Aussage eines Polizeibeamten, der sich an den angezeigten Vorfall nicht erinnert.

170 BGHSt **31** 86.

171 BGHSt **31** 86.

172 BGHSt **22** 341, 343; s. dazu auch BGHSt **22** 192.

173 Vgl. BGHSt **34** 71, 74 m. krit. Anm. *Kuhlen* JA **1986** 589; BGHSt **35** 270.

174 BGHSt **35** 101, 103.

175 BGHSt **28** 72, 74; **36** 389, 391; KK/*Feilcke* 35.

58b Die **Abgrenzung zwischen Tat- und Rechtsfrage** ist oftmals schwierig.[176] Dabei kommt es nicht darauf an, ob die beteiligten Gerichte die Frage als Rechtsfrage behandeln.[177] Entscheidend ist vielmehr, ob im Einzelfall **tatrichterliche Wertungen über tatsächliche Umstände** gefordert werden, die dem Revisionsgericht verschlossen und damit dem Divergenzausgleich nicht zugänglich sind.[178] Das Vorliegen der tatsächlichen Umstände hat allein der Tatrichter festzustellen. Die Abgrenzung erfolgt zunehmend nach kasuistischen Kriterien.

59 **b) Kasuistik betr. Rechtsfrage und Entscheidungserheblichkeit.** § 121 Abs. 2 ist unanwendbar, wenn in Fällen fahrlässiger Tötung, die in tatsächlicher Hinsicht ähnlich gelagert sind, zwei Oberlandesgerichte zwar den Rechtsbegriff der Fahrlässigkeit in gleicher Weise verstehen, aber darin abweichen, mit welchen Umständen der Angeklagte bei gehöriger Aufmerksamkeit habe rechnen müssen; die Frage, ob der Erfolg bei gehöriger Aufmerksamkeit voraussehbar und vermeidbar war, ist keine allgemein beantwortbare Rechtsfrage i.S.d. § 121 Abs. 2, sondern hat die Würdigung des Einzelfalles nach Maßgabe seiner tatsächlichen Umstände und Besonderheiten zum Gegenstand.[179] Dasselbe gilt für die Abgrenzung vom vollendeten zum versuchten Diebstahl in Fällen, in denen der Täter bei seinem Vorgehen beobachtet, alsbald verfolgt und in unmittelbarer Nähe des Tatortes gestellt wird; denn es kommt auf die Umstände im Einzelfall an. Einer Entscheidung i.S.e. **allgemeinen Rechtssatzes** im Vorlegungsverfahren nach § 121 Abs. 2 ist diese Frage nicht zugänglich.[180] Auch der Inhalt eines Verwaltungsakts ist Tatfrage; die entsprechenden Feststellungen zu treffen, obliegt dem Tatrichter.[181] Ebenso liegt eine Abweichung in einer Rechtsfrage nicht vor, wenn zwischen zwei Oberlandesgerichten unterschiedliche Auffassungen bestehen, inwieweit bei der Bemessung der Höhe des Tagessatzes einer Geldstrafe (§ 40 StGB), bei der „in der Regel" vom Nettoeinkommen auszugehen ist, im Übrigen aber die persönlichen und wirtschaftlichen Verhältnisse des Täters zu berücksichtigen sind, bestimmte Erwerbsmöglichkeiten oder Familienverhältnisse eine Rolle spielen, z.B. wenn es sich darum handelt, ob bei einem Studenten auch abstrakt das Einkommen zu berücksichtigen ist, das er durch Nebenarbeit während der Semesterferien erzielen könnte,[182] oder ob das Einkommen des allein verdienenden angeklagten Ehegatten allgemein für die Bemessung des Tagessatzes gleichmäßig auf beide Ehegatten zu verteilen ist.[183] Ganz allgemein gilt für den Bereich der **Strafzumessungs- und Strafaussetzungsentscheidungen**, dass die **tatrichterliche Wertung** von tatsächlichen Umständen nicht Gegenstand einer zulässigen Vorlegung sein kann.[184] Hält das vorlegende Oberlandesgericht die tatrichterlichen Feststellungen und Erwägungen allerdings in vertretbarer Weise für ausreichend, so hat der BGH diese bei der Prüfung der Vorlegungsvoraussetzungen zugrunde

---

176 Vgl. BGHSt **27** 212, 214 = JR **1978** 162 m. Anm. *Zipf*; **29** 18; **31** 86, 89 = JR **1983** 128 m. Anm. *Katholnigg*; BGH NStZ **1983** 261 f.; zur Abgrenzung zwischen Tat- und Rechtsfrage *Schroth* JR **1990** 94; *May* DRiZ **1983** 305.

177 BGHSt **31** 314, 316.

178 *Lilie* 51; KK/*Feilcke* 35.

179 BGHSt **1** 358; *Eb. Schmidt* 30; **a.M.** *Hanack* 149.

180 BGH NStZ **1988** 270 f.; vgl. auch zur Bedeutung tatsächlicher Verhältnisse bei der Beurteilung von Rechtsfragen: BGHSt **28** 165.

181 BGHSt **31** 314 = StV **1983** 366 m. Anm. *Müller*.

182 BGHSt **27** 212.

183 BGHSt **27** 228.

184 BGHSt **52** 84, 87 m. ausf. N.; KK/*Feilcke* 36 unter Hinweis auf BGHSt **27** 212, 215; BGHSt **34** 345, 349; vgl. dazu auch BGHSt **30** 320 = JR **1983** 38 m. Anm. *Müller-Dietz*.

zu legen.[185] Eine Abweichung von entscheidungstragender Bedeutung liegt vor, wenn streitig ist, ob das Gesetz ein **Verfahrenshindernis** oder ein dem sachlichen Strafrecht zuzurechnendes Merkmal aufstellt und es davon abhängt, ob das Revisionsgericht im Wege des Freibeweises selbst den Sachverhalt aufklären und abschließend entscheiden kann oder das Urteil aufheben und zur Nachholung fehlender tatsächlicher Feststellungen zurückverweisen muss.[186] Dagegen ist eine entscheidungstragende Abweichung nicht gegeben, wenn sich die Abweichung nicht auf das Ergebnis, sondern nur auf die **Begründung einer Auslegung** bezieht, wenn also das Revisionsgericht zwar die Erwägungen, mit denen der BGH oder ein anderes Oberlandesgericht ihre Auslegung der Vorschrift begründen, verwirft, aber aus anderen Gründen zu der gleichen Auslegung kommt.[187]

Ebenso wenig besteht eine Vorlagepflicht, wenn das Revisionsgericht bei einer Aufhe- 59a
bung aus anderen Gründen lediglich in (rechtlich unverbindlichen) **Empfehlungen für die weitere Behandlung** durch das Untergericht sich mit einer Entscheidung des BGH oder eines anderen Oberlandesgerichts in Widerspruch setzt; auch hier fehlt es an einer Abweichung in den die aufhebende Entscheidung tragenden Gründen.[188] Allgemein gilt insoweit der Grundsatz, dass nur solche **Rechtsmeinungen** eines vorlegenden Oberlandesgerichts die Vorlegungspflicht auslösen können, die den **Tatrichter nach § 358 Abs. 1 StPO binden**.[189] An den Vorlegungsvoraussetzungen fehlt es, wenn es für die Beantwortung der Vorlegungsfrage entscheidend auf tatsächliche Verhältnisse ankommt, diese aber im angefochtenen Berufungsurteil des Landgerichts nicht enthalten sind, sodass das Revisionsgericht auch nicht gebunden sein kann.[190]

Schließlich kann die **Entscheidungserheblichkeit** für das vorlegende Oberlandesge- 59b
richt dadurch **entfallen**, dass die vorgelegte Rechtsfrage aus **prozessualen Gründen** – etwa durch Rücknahme des Rechtsmittels – nicht mehr entschieden zu werden braucht.[191]

c) Wegfall der Entscheidungserheblichkeit durch Veränderung der Grundlage 60
der früheren Entscheidung. Die Vorlagepflicht entfällt ferner, wenn das Revisionsgericht zwar von einer anderen Entscheidung abweichen will, aber nur deshalb, weil eine spätere **Änderung der Gesetzgebung** oder eine allgemeine Änderung der Rechtsprechung eine neue Lage geschaffen hat, dergestalt, dass dadurch die tragende Grundlage der früheren abweichenden Entscheidung weggefallen ist, und keine Zweifel bestehen, dass zwangsläufig das andere Gericht, heute zur Entscheidung berufen, anders entscheiden müsste.[192] Dass bei der Annahme dieser Voraussetzungen Vorsicht geboten ist, zeigt BGHSt **15** 361, 363: Sobald Zweifel oder sogar **Meinungsverschiedenheiten über die Reichweite** einer Gesetzesänderung oder einer obergerichtlichen Entscheidung[193] auftreten, ist die Rechtsfrage vorzulegen,[194] es sei denn, die Rechtsänderungen lassen es völlig ausgeschlossen

---

185 BGHSt **22** 385 f.; KK/*Feilcke* 35.

186 BGHSt **16** 399.

187 BGHSt **27** 5, 6; BGH NStZ **2000** 222; BGH NJW **1977** 1014 zu § 29 EGGVG; *Schmitt/Köhler* 10; *Katholnigg* 13.

188 BGHSt **3** 234; **27** 212; BGH NJW **1954** 1933 – letztere zu § 28 FGG a.F.; KK/*Feilcke* 37.

189 KK/*Feilcke* 37; *Schroth* JR **1990** 93, 99.

190 BGH NStZ **1987** 239; vgl. auch BGHSt **36** 389, 396.

191 BGH NJW **1979** 664; vgl. auch BGHSt **33** 310, 314.

192 BGHSt **21** 125, 130; **23** 377, 378; **27** 5, 10; BGHR GVG § 121 Abs. 2 Abweichung 5 = NJW **2000** 1880; OLG Dresden BeckRS **2021** 8320; OLG Stuttgart Justiz **1977** 276; vgl. auch BVerfG NStZ **1993** 90, 91; Kissel/*Mayer* 16; KK/*Feilcke* 28; *Schmitt/Köhler* 8.

193 Vgl. BGHSt **34** 94, 97.

194 KK/*Feilcke* 29.

erscheinen, anders als beabsichtigt zu entscheiden.[195] Dagegen erübrigt sich die Vorlegung nicht deshalb, weil – ohne dass eine solche wesentliche Änderung der maßgeblichen Verhältnisse eingetreten wäre – das Oberlandesgericht seine abweichende Auffassung auf einen rechtlichen Gesichtspunkt stützen will, den die frühere Entscheidung nicht gewürdigt hat.[196] Wollte man § 121 Abs. 2 auf die Fälle beschränken, in denen sich das später entscheidende Gericht lediglich mit den bereits in der früheren Entscheidung gewürdigten Gesichtspunkten auseinandersetzt, ohne neue, nach seiner Meinung maßgebliche und bisher nicht gewürdigte Gesichtspunkte für seine abweichende Meinung ins Feld zu führen, so würde dies das Anwendungsgebiet des § 121 Abs. 2 in einem Maße einengen, wie es den gesetzgeberischen Absichten nicht entspricht, denn über die Tragweite eines neuen Gesichtspunktes – soweit er nicht in einer wesentlichen, die Grundlage der bisherigen Auslegung aufhebenden Änderung der Rechtslage besteht – lässt sich oft streiten.

61 **d) Mit zu entscheidende Rechtsfragen.** Die Vorlegungspflicht ist auch gegeben, wenn das Oberlandesgericht das angegriffene Urteil zwar nicht aus dem von der Revision geltend gemachten rechtlichen Gesichtspunkt, sondern ohnehin (d.h. aus einem anderen rechtlichen Grund, der mit der Vorlegungsfrage unmittelbar nichts zu tun hat) aufheben und zurückverweisen will, dabei aber die strittige Rechtsfrage in Beantwortung des Revisionsvorbringens mitentscheiden muss.[197] Rügt also z.B. die Revision der Staatsanwaltschaft, dass der wegen Diebstahls verurteilte Angeklagte nicht auch wegen Betruges bestraft sei, und will das Oberlandesgericht aufheben, weil es zwar Betrug – in Abweichung von einer Entscheidung des BGH oder eines anderen Oberlandesgerichts – verneinen will, aber die Verurteilung wegen Diebstahls für fehlerhaft hält, so wird zwar die zunächst zu treffende Entscheidung (die Aufhebung des angefochtenen Urteils) als solche nicht durch die Abweichung in der streitigen Rechtsfrage beeinflusst. Im praktischen Ergebnis entspricht aber auch die Aufhebung, soweit der Revisionsangriff für unbegründet erklärt wird, einer Bestätigung des Urteils in diesem Punkt, und auch dies begründet nach dem Sinn und Zweck des § 121 Abs. 2 die Vorlegungspflicht. Für die Vorlegungspflicht genügt also, dass auch die Rechtsansicht des anderen Oberlandesgerichts zur Aufhebung des Urteils – allerdings mit einer anderen Begründung – führen müsste.

62 **e) Art der Behandlung der Rechtsfrage in der vorangegangenen Entscheidung.** Es ist nicht erforderlich, dass das Gericht, von dem das Oberlandesgericht abweichen will, sich ausdrücklich mit der Rechtsfrage auseinandergesetzt hat. Es genügt, wenn es stillschweigend („mittelbar"), aber als Prämisse erkennbar von einer bestimmten Rechtsansicht über diese Frage ausgegangen ist.[198] Lässt der Wortlaut der Entscheidung nicht erkennen, ob die verallgemeinert geäußerte Rechtsauffassung eine bestimmte tatsächliche Lage mit umfasst, so ist die Vorlegungspflicht gegeben, wenn dem Gericht, das abweichen will, durch Beiziehung der Sachakten oder auf andere Weise bekannt ist, dass gerade diese Fallgestaltung der früheren Entscheidung zugrunde lag.[199]

63 **f) Anstehende Gesetzesänderung.** Eine Gesetzesänderung, die die Rechtsfrage für die Zukunft erledigt, macht eine Vorlegung und, wenn sie nach Vorlegung eintritt, eine Entscheidung des BGH nicht entbehrlich, wenn in dem zu entscheidenden Fall das bisheri-

195 BGHSt **33** 394, 396.
196 So auch BGHSt **1** 31, 34, im Ergebnis auch *Hanack* 269; *Eb. Schmidt* 37; **a.M.** OLG Köln NJW **1953** 1156.
197 BGHSt **17** 205; **22** 129, 131; **24** 115, 117; **34** 127, 129; BGH NJW **1963** 1628; KK/*Feilcke* 31.
198 BGHSt **11** 311; **13** 66, 68; **17** 21, 27; *Katholnigg* 13; KK/*Feilcke* 31.
199 BGHSt **11** 335, 336 f.

ge Recht trotz seines Außerkrafttretens noch anzuwenden ist.[200] Andererseits kann eine Gesetzesänderung eine bereits entschiedene Frage erneut vorlagepflichtig machen.[201]

g) Identität der Rechtsfrage. Der Begriff der Abweichung in einer Rechtsfrage ist der gleiche wie in § 132 (vgl. dort Rn. 27 ff.).[202] Eine Abweichung setzt also nicht voraus, dass der Streit um die Auslegung ein und derselben Norm geht und ihre Anwendung auf den gleichen Sachverhalt betrifft. Vielmehr genügt ein Streit über einen Rechtsbegriff, der in **verschiedenen Vorschriften eines Gesetzes**, aber mit gleichem Sinn verwendet wird,[203] z.B. über das Merkmal der Geringwertigkeit in §§ 248a, 263 Abs. 4, § 265a Abs. 3, § 266 Abs. 3 StGB. Es genügt ferner eine Divergenz über die Auslegung **inhaltsgleicher Vorschriften verschiedener Gesetze**[204] und ihre Auswirkung auf ähnliche Sachverhalte.[205] Darüber hinaus genügt eine Divergenz über den gleichen, in verschiedenen Gesetzen ausgeprägten Rechtsgrundsatz; dies gilt auch für Rechtsgrundsätze, die zu inzwischen abgeänderten Gesetzen herausgebildet sind, wenn sie durch die Änderung nicht überholt sind.[206] Die Identität der Rechtsfrage ist immer schon dann zu bejahen, wenn wegen Gleichheit des Problems die Entscheidung ohne Rücksicht auf die Verschiedenheit der Fälle oder der anwendbaren Vorschriften nur einheitlich ergehen kann.[207] 64

Allerdings bedarf die Identität der Rechtsfrage dann besonders sorgfältiger Prüfung, wenn die **Sachverhalte** der abweichenden Entscheidungen im Tatsächlichen nicht nur geringfügig voneinander abweichen, sondern **wesentlich anders gelagert** sind. Die Rechtsprechung des BGH lässt insoweit keine ganz klare Linie erkennen, sondern entscheidet eher fallbezogen. Unter Berufung auf den Grundsatz, dass jede Revisionsentscheidung nur eine Antwort auf den Einzelfall geben kann, zieht sie im wesentlichen als Abgrenzungskriterien die Gesichtspunkte heran, ob die Sachverhalte „gleichartig" oder „in den wesentlichen Beziehungen gleichkommen" oder „die gleichen tatsächlichen Elemente", lediglich „nicht rechtserhebliche" Unterschiede aufweisen.[208] Dabei kommt es auf das Gewicht tatsächlicher Unterschiede im Zusammenhang mit der Art der Rechtsfrage an, die es zu entscheiden gilt.[209] Dieser Maßstab führt bei unterschiedlicher zugrunde liegender Fallgestaltung regelmäßig zu einer Verneinung der Identität der Rechtsfrage.[210] 64a

h) Abhängigkeit der Vorlegungspflicht von der Entscheidungserheblichkeit der Rechtsfrage in der Vorentscheidung? Bedeutung von obiter dicta

aa) Problemstellung. Die Rechtsfrage, in der das Oberlandesgericht abweichen will, muss für seine eigene Entscheidung entscheidungstragend sein; das ist unstreitig. Nicht einheitlich wird dagegen beurteilt, ob der Rechtsfrage die gleiche Bedeutung wie auch in der 65

200 BGHSt **17** 76, 77; **18** 279, 281; **21** 125.
201 BGHSt **32** 152, 154; *Katholnigg* 13.
202 *Schröder* MDR **1960** 309.
203 BGHSt **6** 42; **31** 195, 198 m.w.N.; **34** 94, 96; *Katholnigg* 13; Kissel/*Mayer* 21; KK/*Hannich* 34; *Schroth* JR **1990** 93, 97.
204 BGHSt **15** 47, 48; **24** 144; **34** 94, 96.
205 Vgl. BGHSt **16** 343, 345; **36** 74, 77; **38** 106, 108 f.
206 BGHSt **24** 222, 224.
207 BGHSt **13** 5, 6; **18** 279, 281; **24** 6, 8; **29** 252, 254; NJW **1977** 858; vgl. auch unten Rn. 75.
208 BGHSt **34** 71, 76.
209 BGHSt **38** 106, 108; **28** 165, 167; KK/*Hannich* 34.
210 Vgl. z.B. BGHSt **28** 165; **24** 71; **37** 176; BGH NStZ **1983** 261; **1988** 270 sowie die bei KK/*Hannich* 34 aufgeführten Entscheidungen; hierzu krit. und abl. mangels Objektivierbarkeit: *Kuhlen* JA **1986** 589; *Lilie* 54; *Schroth* JR **1990** 93.

vorangegangenen Entscheidung zukommen muss, von der das Oberlandesgericht abweichen will. Vereinzelt wird davon ausgegangen, dass auch eine in der vorangegangenen Entscheidung **nicht tragende Rechtsfrage** eine Pflicht zur Vorlage im Hinblick auf die beabsichtigte Entscheidung begründe. Begründet wird das im Wesentlichen mit der Erwägung, dass – anders als etwa beim BGH, bei dem jeder Senat ohne Weiteres in der Lage sei, sich Kenntnis vom vollen Wortlaut der früheren Entscheidungen zu verschaffen und die Bedeutung der Rechtsfrage für diese Entscheidung zu überblicken, gegebenenfalls auch durch Anfrage bei dem betreffenden Senat – bei den Oberlandesgerichten in vielen Fällen gar nicht zu übersehen sei, ob die Rechtsfrage für die andere Entscheidung entscheidungstragende Bedeutung hatte, denn namentlich oberlandesgerichtliche Entscheidungen würden in Fachzeitschriften meist in mehr oder weniger gekürzter Form abgedruckt, sodass aus den Ausführungen zu der betreffenden Rechtsfrage nicht ohne Weiteres die Bedeutung der behandelten Rechtsfrage für die zu treffende Entscheidung erkennbar sei.[211]

66 **bb) Herrschende Meinung.** Der **Standpunkt der h.M.** Demgegenüber geht heute die ganz herrschende Meinung und namentlich die als gefestigt zu betrachtende Rechtsprechung des BGH davon aus, dass eine Pflicht zur Vorlage in derartigen Fällen nur dann besteht, wenn die entsprechenden Ausführungen in dem vorangegangenen Urteil geeignet waren, den Tatrichter i.S.v. **§ 358 Abs. 1 StPO** zu binden.[212] Dem ist zuzustimmen. Zwar mag es im Einzelfall durchaus schwierig sein, die Entscheidungserheblichkeit einer in der Vorentscheidung geäußerten Rechtsfrage festzustellen; indessen kann allein hieraus die Pflicht zu einer Vorlage einer Rechtsfrage an den BGH nicht hergeleitet werden. Dies gilt umso mehr, als Entscheidungen der Oberlandesgerichte mittlerweile nicht mehr nur in gekürzter Form Eingang in Fachzeitschriften und mittlerweile in allgemein zugängliche elektronische Datenbanken finden. Hiernach gilt, dass **rechtlich unverbindliche**, d.h. nicht i.S.d. § 358 Abs. 1 StPO bindende **Hinweise**[213] und Wendungen, die verallgemeinernd über den zu entscheidenden Fall hinausgehen, nicht zur Vorlegung zwingen,[214] und zwar selbst dann nicht, wenn sie in einem Teil der Gründe stehen, auf dem die Entscheidung beruht.[215] Hierbei ist in der Regel davon auszugehen, dass sich Rechtsaufführungen nur auf den der konkreten Entscheidung zu Grunde liegenden Einzelfall beziehen, selbst wenn sie in obergerichtlichen Urteilen gelegentlich so formuliert sein mögen, dass sie als grundsätzliche Aussage aufgefasst werden können.[216] Dies gilt selbst im Hinblick auf den einer Entscheidung eines anderen Gerichts vorangestellten **Leitsatz**, wenn dieser oder eine in den Gründen enthaltene Formulierung die Entscheidung des Einzelfalls nicht unmittelbar trägt.[217]

67 **cc) Obiter dicta.** Entsprechendes – also keine Vorlegungspflicht – gilt hinsichtlich nur beiläufig eingeflossener und nicht begründeter – obiter dicta und allen (per nefas) **verallgemeinernden Formulierungen**. Hierbei gilt, dass eine Frage, die in dem entschie-

---

211 *Hanack* 266; *Lilie* 63 ff.; *Schröder* NJW **1959** 1521; auch hier noch in der 26. Auflage. An dieser Auffassung wird nicht festgehalten.

212 BGHSt 7 314; **11** 31, 34; **15** 78, 81; **18** 324; **27** 212; **28** 165; **30** 160, 163; **33** 172, 174; **35** 101, 104; **37** 350, 352; BGHR GVG § 121 II Abweichung 1; BGH NStZ **1983** 261; NJW **1961** 218; **1977** 1459; BayObLG NJW **1969** 1936; **1972** 302; BayObLGSt **1975** 19; JZ **1977** 312; OLG Oldenburg NJW **1971** 820; OLG Stuttgart NJW **1976** 1904; *Eb. Schmidt* 31; Kissel/*Mayer* 22; *Schmitt/Köhler* 10 f.; KK/*Feilcke* 38.

213 BGHSt **3** 234; 27 212; **33** 61.

214 BGHSt **28** 165.

215 BGHSt **18** 324.

216 BGH VRS **55** 450.

217 KK/*Feilcke* 38.

denen Fall gar nicht zur Erörterung stand, nicht deshalb mitbeantwortet ist, weil verallgemeinernde Wendungen der Entscheidungsgründe auch sie zu umfassen scheinen.[218] Auch wird, wo verschiedenen Vorschriften der gleiche Rechtsgedanke zugrunde liegt, Zurückhaltung bei der Annahme einer Vorlegungspflicht geboten sein, wenn es sich darum handelt, ob alle Folgerungen, die aus der einen Vorschrift gezogen sind, zwangsläufig auf die andere Vorschrift übertragen werden müssen.[219] Dieser Grundsatz wird allenfalls infrage zu stellen sein bei ausführlichen und sorgfältig begründeten Erwägungen, die auch als obiter dicta **die Rechtsprechung beeinflussen**. Wird hingegen trotz fehlender Entscheidungserheblichkeit vorgelegt, wird es letztlich dem BGH überlassen bleiben, die Vorlegungspflicht zu verneinen und bei der Rückgabe die Gründe darzulegen, weshalb eine Abweichung nicht vorliegt.

i) Notwendigkeit fester, endgültiger Stellungnahme in der Vorentscheidung. Nach 68
alledem muss, um eine Vorlagepflicht auszulösen, erkennbar sein, dass es sich um eine feste, endgültige Stellungnahme des anderen Gerichts zu der Rechtsfrage handelt.[220] Das ist nicht der Fall, wenn das andere Gericht nur **zu einer Auffassung „neigt"** oder zwar die Gründe für eine bestimmte Auffassung darlegt, aber erklärt, dass „abschließend" dazu nicht Stellung genommen zu werden brauche, oder es **„nicht entscheidend darauf ankomme"**, weil die Entscheidung sich aus anderen Erwägungen rechtfertige. Denn mit solchen Wendungen gibt das Gericht zu erkennen, dass es eine endgültige Stellungnahme, die es zur Grundlage seiner Entscheidung machen würde, noch nicht bezogen hat. Etwas anderes kann allenfalls dann gelten, wenn das andere Gericht seine Entscheidung auf verschiedene Erwägungen stützt, also sowohl auf eine bestimmte Auslegung einer Vorschrift als auch auf eine andere Vorschrift (etwa: „Unabhängig davon rechtfertigt sich die Entscheidung aus folgendem Grunde"); und wenn es gar diese Unabhängigkeit in der Weise zum Ausdruck bringt, die Entscheidung müsse aus einem anderen Grunde im gleichen Sinn ergehen, wenn man der von ihm vertretenen Auslegung nicht folge.[221]

j) Bedeutung von Leitsätzen. Ein über die entschiedene Rechtsfrage hinausgehender 69
verallgemeinernder Leitsatz bindet auch dann nicht i.S.d. § 121 Abs. 2, wenn er von dem erkennenden Gericht selbst der Entscheidung vorangestellt und in einer „amtlichen Sammlung" veröffentlicht ist.[222]

10. Wirkung verfahrensrechtlicher Bindung für die Vorlegungspflicht. Keine Vor- 70
legungspflicht besteht nach h.M., wenn das Oberlandesgericht an seine abweichende Auffassung verfahrensrechtlich gebunden ist. Hat also ein Oberlandesgericht, ohne die Abweichung zu erkennen oder zu beachten, auf auf eine Revision hin seine Entscheidung aufgehoben und zurückverwiesen, so ist es bei erneuter Revision an seine **Rechtsauffassung gebunden**, auch wenn es jetzt erst die Abweichung erkennt. Diese Bindung an die frühere Auffassung, die eine Vorlegung ausschließt, besteht auch dann, wenn zwischen der Aufhebung und der zweiten Revisionsentscheidung eine abweichende Entscheidung eines höherrangigen Gerichts ergangen ist. Die **Selbstbindung des Revisionsgerichts** geht der Vorlegungspflicht im Strafverfahren stets vor.[223]

---

218 BGHSt **18** 324; OLG Köln NJW **1974** 378; beispielhaft auch BGHR StPO § 328 Abs. 2 Revisibilität 2.
219 Vgl. den Fall BGH NJW **1963** 2085.
220 Ebenso *Schroth* JR **1990** 99.
221 Ebenso BGHSt **37** 350, 352; *Hanack* 262 f.
222 BGHSt **30** 160, 163; BayObLG NJW **1972** 302, 303; *Katholnigg* 13; Kissel/*Mayer* 22; KK/*Feilcke* 38 m.w.N.
223 BGHSt **33** 356, 360 abw. von den Grundsätzen des GmS-OGB in BGHZ **60** 392; KK/*Feilcke* 37.

71 **11. Zurücknahme der Vorlage.** Eine Vorlage kann das Oberlandesgericht zurücknehmen, wenn es nachträglich erkennt, dass die vorbezeichneten Voraussetzungen der Vorlegung nicht gegeben sind. Das bedarf keiner weiteren Begründung. Die Zurücknahme ist aber auch **möglich**, wenn es sich nachträglich, z.B. bei erneuter Befassung mit der gleichen Rechtsfrage in einer anderen Sache, entschließt, von seiner abweichenden Auffassung abzugehen. Denn die Vorlegung (der „Vorlagebeschluss") ist keine Sachentscheidung, an die das vorlegende Gericht gebunden wäre. Auch wird durch die (zulässige) Vorlegung nicht die Zuständigkeit einer höheren Instanz begründet, in die nicht mehr eingegriffen werden könnte. Der BGH *kann* zwar nach erfolgter Vorlegung an Stelle des Oberlandesgerichts über die Revision selbst entscheiden; er braucht sich nicht auf die Beantwortung der Rechtsfrage zu beschränken (u. Rn. 81). Aber es handelt sich, wenn er von dieser Möglichkeit Gebrauch macht, lediglich um eine aus Zweckmäßigkeitsgründen erfolgende Verfahrensvereinfachung und bleibt, solange er die Entscheidung in der Sache selbst nicht an sich gezogen hat, die Sache beim Oberlandesgericht anhängig (sie wird ja auch nicht „zurückverwiesen"). Im Übrigen besteht kein Bedürfnis für eine Entscheidung zur Herbeiführung einheitlicher Gesetzesauslegung, wenn ein Streit über die Auslegung nicht mehr besteht.[224]

72 **12. Erledigung der Vorlage ohne Entscheidung.** Legt ein Oberlandesgericht wegen beabsichtigter Abweichung von einem anderen Oberlandesgericht vor und ergeht nach erfolgter Vorlegung, aber unabhängig von ihr eine **einschlägige Entscheidung des BGH**, so erledigt sich die Vorlage ohne Entscheidung.[225] Soweit in dem Vorlegungsbeschluss Argumente enthalten sind, mit denen sich die Entscheidung des BGH noch nicht befasst hatte, wird der zur Entscheidung über die Vorlegung zuständige Senat sich bei der Rückgabe der Sache an das Oberlandesgericht mit dessen Begründung zusätzlich auseinandersetzen, da andernfalls die Gefahr besteht, dass das Oberlandesgericht, von den Gründen der Entscheidung des BGH nicht überzeugt, von neuem wegen beabsichtigter Abweichung von dessen Entscheidung vorlegt.

73 **13. Folgen der Nichtbeachtung der Vorlegungspflicht.** Ergeht eine Revisionsentscheidung, ohne dass § 121 Abs. 2 beachtet wurde, so wird ihre **Wirksamkeit dadurch nicht beeinträchtigt**. Die Nichtvorlage ist ein Verfahrensverstoß, der keine weitergehende Wirkung haben kann als jeder andere Gesetzesverstoß in einem letztinstanzlichen Verfahren. Insbesondere ist bei einer Aufhebung des Urteils und Zurückverweisung der Tatrichter ebenso an die Rechtsauffassung des Oberlandesgerichts gebunden (§ 358 StPO), wie er es ist, wenn ein Senat des BGH bei der Aufhebung und Zurückverweisung von der Rechtsauffassung eines anderen Senats abweicht, ohne nach § 132 zu verfahren. Auch der Umstand, dass ein später entscheidendes Oberlandesgericht nunmehr vorlegt und der BGH die Rechtsfrage anders beantwortet als das Oberlandesgericht, das ohne Vorlegung entschieden hat, kann nur dazu führen, dass die Gnadeninstanz zu Maßnahmen Veranlassung findet, wenn ein verurteilendes Erkenntnis auf der vom BGH abgelehnten Rechtsauffassung beruht. Zu einer Wiederaufnahme des Verfahrens besteht ebenfalls kein Anlass; ein Ausnahmefall wie der des § 359 Nr. 6 StPO oder des § 79 Abs. 1 BVerfGG liegt nicht vor, vielmehr hat das Revisionsgericht aufgrund eines gültigen Gesetzes entschieden und lediglich einen Verfahrensverstoß begangen, der, wie jeder andere, durch die Rechtskraft geheilt wird. Eine **willkürliche Verletzung der Vorlegungspflicht**, eine Nichtvorlage trotz zweifelsfrei vorliegender Vorlegungsvoraussetzungen kann aber, da zur Entschei-

---

224 Ebenso KK/*Feilcke* 40; einschränkend *Katholnigg* 15.

225 BGHSt **34** 79 f.; BGH NJW **1977** 964; KK/*Feilcke* 45; *Hanack* 327.

dung über die streitige Rechtsfrage nicht das Oberlandesgericht, sondern der BGH zuständig war, wegen Verstoßes gegen den Grundsatz des gesetzlichen Richters – Art. 101 Abs. 1 Satz 2 GG – die **Verfassungsbeschwerde** nach Art. 93 Abs. 1 Nr. 4a GG, § 90 BVerfGG begründen.[226] Indessen ist bei der Annahme eines hierfür erforderlichen „krassen Verstoßes gegen rechtsstaatliche Grundsätze" Zurückhaltung geboten.[227]

14. Vorlegungsverfahren

a) Vorlagebeschluss. Die Vorlegung, über deren Förmlichkeiten das Gesetz schweigt, 74 erfolgt durch einen Vorlagebeschluss, der über den Generalstaatsanwalt dem Generalbundesanwalt zugeleitet wird; dieser leitet ihn mit seiner Stellungnahme zur Zulässigkeit der Vorlegung und zum Inhalt der Vorlegungsfrage dem BGH zu. In dem Vorlagebeschluss hat das Oberlandesgericht die zur Entscheidung gestellte Rechtsfrage zu formulieren, die **Vorlegungsvoraussetzungen**, insbesondere die Divergenz, nachvollziehbar darzulegen[228] und der Natur der Sache entsprechend, die Gründe darzustellen, aus denen es abweichen will. Eine solche Darlegung erübrigt sich, wenn bereits sich widersprechende Entscheidungen anderer Oberlandesgerichte vorliegen und das vorlegende Gericht, wie es sich auch entscheiden würde, entweder von der einen oder der anderen Rechtsauffassung abwiche.[229] Hat das Oberlandesgericht die Rechtsfrage, gemessen an ihrer Entscheidungserheblichkeit für das vorlegende Gericht, zu weit gefasst, so schränkt sie der BGH entsprechend ein[230] oder er fasst sie neu, wenn im Vorlagebeschluss die **Rechtsfrage ungenau gefasst** ist und nicht die entscheidungserheblichen Gesichtspunkte enthält.[231] Hat das Gericht die ausdrückliche Formulierung der Streitfrage unterlassen, so übernimmt der BGH diese Aufgabe.[232] Der Vorlagebeschluss setzt eine **Hauptverhandlung** voraus, wenn das Oberlandesgericht die beabsichtigte Entscheidung nur durch Urteil treffen kann.[233] Das ist nicht der Fall, wenn die Staatsanwaltschaft eine Entscheidung nach § 349 Abs. 2 StPO durch Beschluss beantragt hat und die Voraussetzungen nach § 349 Abs. 2, 4 StPO vorliegen.[234] Der Angeklagte ist auf eine beabsichtigte Vorlegung hinzuweisen; der Vorlegungsbeschluss ist ihm bekanntzugeben (§ 35 StPO). Die Stellungnahme des Generalbundesanwalts ist den **Verfahrensbeteiligten** mitzuteilen. Der BGH prüft, ob die in den vorangegangenen Erläuterungen dargelegten Voraussetzungen der Vorlegung gegeben sind. Verneint er dies, gibt er die Sache dem Oberlandesgericht zur Entscheidung in eigener Zuständigkeit zurück.[235]

b) Prüfung der Vorlegungsvoraussetzungen

aa) Grundsätzliches. Im **Regelfall** hat der BGH die Auffassung des Oberlandesge- 75 richts, die zur Vorlegung geführt hat, hinzunehmen.[236] So reicht es zur Bejahung der Vorle-

---

226 BVerfG DRiZ **1965** 237; BVerfGE **42** 237; vgl. auch die N. bei *Leisner* NJW **1989** 2446; *Kissel/Mayer* 24; *Schroth* JR **1990** 93; *Stree* NJW **1959** 2051; *Schröder* NJW **1959** 1521; *Rinck* NJW **1964** 1651; § 132, 32.
227 BVerfG v. 9.11.2010 – 2 BvR 2553/09 (juris).
228 BGHSt **12** 166, 168; BGHR StPO § 267 Abs. 1 Satz 1 Bezugnahme 4.; Kissel/*Mayer* 23; MüKo/*Oglakcioglu/Bock* 18; KK/*Feilcke* 39; Radtke/Hohmann/*Rappert* 24; *Schmitt/Köhler*1; OK/*Huber* 8.
229 BGHSt **26** 385; **30** 93, 95.
230 BGHSt **26** 111, 112; **29** 220, 222; **33** 370, 372; **34** 90, 92; **36** 59, 60.
231 BGHSt **30** 320 = JR **1983** 38 m. Anm. *Müller-Dietz*; **38** 214, 217.
232 BGHSt **20** 259; **21** 197; **23** 167, 169; **24** 208, 210; **32** 335, 337; **35** 238.
233 BGHSt **29** 310; **31** 55, 57.
234 BGHSt **31** 55.
235 Z.B. BGH NJW **1977** 114; BGHSt **28** 72; **36** 389, 396; KK/*Feilcke* 44.
236 BGHSt **22** 94, 100.

gungsvoraussetzungen aus, wenn die Auffassung des vorlegenden Oberlandesgerichts, es weiche bei der von ihm beabsichtigten Entscheidung von einer Entscheidung des BGH oder eines anderen Oberlandesgerichts ab, vertretbar, wenn auch nicht zwingend ist,[237] z.B. wenn die Entscheidung des anderen Gerichts nach den Folgerungen, die sich daraus ergeben, zwar so verstanden werden kann, aber nicht so verstanden werden muss, wie das vorlegende Gericht sie auffasst,[238] namentlich wenn die Entscheidung auch schon von einem anderen Gericht so verstanden worden ist.[239]

75a Die Vorlegungsvoraussetzungen sind demnach schon dann zu bejahen, wenn **Zweifel** vorliegen, ob der beabsichtigten Entscheidung eine vom BGH oder von einem anderen Oberlandesgericht erlassene Entscheidung entgegensteht.[240] Der BGH muss die Vorlegungsvoraussetzungen auch dann als gegeben ansehen, wenn die **Entscheidungserheblichkeit** der gestellten Rechtsfrage nur auf der Grundlage einer Rechtsauffassung verneint werden kann, die bei seiner Revisionsentscheidung zu übernehmen das vorlegende Gericht nicht verpflichtet wäre.[241] Legt z.B. das Oberlandesgericht vor, weil es in der Auslegung des Begriffs der Zueignung beim Diebstahl (§ 242 StGB) abweichen will, so kann der BGH die Entscheidungserheblichkeit der vorgelegten Frage nicht deshalb verneinen, weil nach seiner Auffassung das vorlegende Gericht zu Unrecht das Merkmal der Fremdheit der Sache als rechtlich gegeben ansieht, denn diese Rechtsauffassung wäre als außerhalb der Vorlegungsfrage liegend für den vorlegenden Senat nicht verbindlich (und zwar auch nicht in dem Sinn, dass das Oberlandesgericht nach Freigabe der Entscheidung gemäß § 121 Abs. 2 vorlegen müsste, wenn es von der die Vorlegungsvoraussetzungen verneinenden Rechtsauffassung abweichen wollte). Oder: wenn die Vorlegungsfrage nur für den Fall eines gutgläubigen Erwerbs praktisch wird, so kann sich der BGH nicht über die Auffassung des Oberlandesgerichts, der Tatrichter habe Gutgläubigkeit rechtlich einwandfrei festgestellt, hinwegsetzen und die Vorlegungsvoraussetzungen verneinen, weil Bösgläubigkeit anzunehmen sei.[242] Hält das Oberlandesgericht die **Revision für zulässig**, so kann der BGH die Sache nicht deshalb zurückgeben, weil er sie für unzulässig hält, denn das Oberlandesgericht wäre daran nicht gebunden; der BGH kann dann aber, indem er die Sachentscheidung übernimmt (Rn. 81), die Revision selbst als unzulässig verwerfen, ohne auf die ihm vorgelegte materiellrechtliche Frage einzugehen.[243] Es kommt also nur darauf an, ob die Streitfrage von dem (i.Ü. eingenommenen) rechtlichen Standpunkt des vorlegenden Gerichts aus gesehen entscheidungswesentlich ist.[244]

76 **bb) Abweichende Behandlung geboten.** Eine abweichende Behandlung ist geboten, wenn die Vorlegungsfrage einen untrennbaren Bestandteil eines umfassenden Tatbestandsmerkmals betrifft. Besagt also z.B. die Vorschrift, dass Fahrzeuge nur auf der rechten Straßenseite halten dürfen, und betrifft der Streit die Frage, was „auf der rechten Seite" bedeutet, so prüft der BGH auch, ob das festgestellte Verhalten rechtlich überhaupt ein „Halten" darstellt.[245] Oder: steht zur Entscheidung, ob ein bestimmtes Verhalten recht-

---

237 BGHSt **9** 390, 392; **16** 166, 168; **22** 180, 182; **25** 189; **26** 170; **34** 101, 105; **36** 341, 343; **38** 106, 109; BGH NJW **1975** 2214.
238 BGHSt **17** 194, 197.
239 BGHSt **17** 309, 310; **18** 393, 394.
240 BGHSt **13** 129, 133; **16** 321, 324; **38** 106, 108 f.; s. aber o. Rn. 65 ff.
241 BGHSt **16** 99, 101.
242 BGHSt **15** 83, 85.
243 BGHSt **19** 242.
244 BGHSt **16** 343, 345.
245 BGHSt **14** 149.

lich als Belästigung der Allgemeinheit (§ 118 OWiG) zu bewerten ist, und legt das Oberlandesgericht vor, weil es in der Beurteilung des Teilmerkmals der Eignung zur Belästigung oder Gefährdung der Allgemeinheit durch die Handlungsweise von einem anderen Oberlandesgericht abweichen will, so ist Raum zum Eingehen auf die Vorlegungsfrage erst, wenn rechtlich einwandfrei feststeht, dass die Handlungsweise das weitere Teilmerkmal erfüllt, nämlich grob ungehörig ist.[246]

cc) Tatsächliche Feststellungen. Ob die tatsächlichen Feststellungen des Tatrichters, von denen die rechtliche Auffassung des vorlegenden Oberlandesgerichts ausgeht, eine ausreichende Grundlage für die beabsichtigte Entscheidung bilden, hat der BGH grundsätzlich nicht zu prüfen; es genügt, dass die Auffassung des Oberlandesgerichts hierüber jedenfalls vertretbar ist.[247] 77

dd) Rückgabe der Sache ohne Bescheidung. Ausnahmsweise gibt der BGH die Sache ohne Bescheidung dem vorlegenden Oberlandesgericht **zurück**, wenn er dessen Auffassung, die zur Vorlegung führt, für **schlechthin unvertretbar** hält.[248] Hält der BGH entgegen der Auffassung des vorlegenden Oberlandesgerichts die zugrunde liegenden tatsächlichen Feststellungen für **völlig unzureichend**, z.B. weil der Sachverhalt nicht aufgeklärt ist oder die im Sachverhalt liegenden Möglichkeiten der Auslegung nicht erschöpft sind, so wird die Rechtsauffassung des Oberlandesgerichts als unvertretbar angesehen.[249] Dasselbe gilt, sofern die entscheidungserhebliche Frage im vorgelegten Verfahren mangels einer **zulässigen Verfahrensrüge** nicht berücksichtigt werden darf[250] oder andere schwerwiegende Verstöße gegen elementare Grundsätze des Verfahrensrechts oder des materiellen Rechts vorliegen.[251] In gleicher Weise verfährt der BGH, wenn er die Auffassung des Oberlandesgerichts in einer **verfassungsrechtlichen Frage** (dazu o. Rn. 56) für verfehlt hält, insbesondere wenn die Bejahung der Vorlegungsvoraussetzungen zu einer Entscheidung führen könnte, die nach Auffassung des BGH nur noch im Wege einer Verfassungsbeschwerde zu berichtigen wäre.[252] 78

15. Weitere Behandlung der Sache nach Bejahung der Vorlegungsvoraussetzungen

a) Grundsatz. Die weitere Behandlung überlässt § 121 Abs. 2 stillschweigend dem Ermessen des BGH, der nach den Erfordernissen der Prozessökonomie und unter Berücksichtigung der Belange des Angeklagten an einer raschen, durch das Vorlegungsverfahren nicht mehr als notwendig verzögerten Erledigung des Strafverfahrens verfährt.[253] Der BGH kann dem Oberlandesgericht, von dem das vorlegende Oberlandesgericht abweichen will, **Gelegenheit zur Stellungnahme** geben. Gibt letzteres seine bisherige Auffassung auf, so erübrigt sich eine Entscheidung.[254] 79

---

246 BGHSt **13** 242.
247 BGHSt **22** 385, 386; NJW **1971** 1096; BGHSt **46** 178; NStZ-RR **2019** 60.
248 BGHSt **22** 94, 100; **25** 179, 180; **35** 238, 240; **36** 389, 393; NJW **1977** 1598: NStZ-RR **2019** 60.
249 BGHSt **28** 72; **36** 389 m.w.N.
250 BGHSt **35** 238.
251 BGH NJW **1979** 936; NStZ **1985** 217 f.; KK/*Feilcke* 44.
252 BGHSt **22** 94, 100.
253 *Hanack* JR **1972** 472.
254 BGHSt **14** 319; **17** 188, 189; o. Rn. 45.

80 **b) Beschränkung auf die Rechtsfrage.** Der BGH kann sich **auf die Beantwortung der Rechtsfrage beschränken** und entscheidet darüber in Beschlussform. Dabei beantwortet er die vorgelegte Rechtsfrage nur in dem Umfang, in dem es zur Entscheidung des Falles, der zur Vorlegung führte, notwendig ist.[255] Der Generalbundesanwalt ist zu hören. Für die Anhörung des Angeklagten, der von dem Vorlegungsbeschluss nach § 35 StPO Kenntnis erhält, gilt das in § 132, 29 Ausgeführte entsprechend.

81 **c) Entscheidung in der Sache.** Der BGH kann aber auch **selbst an Stelle des Oberlandesgerichts die Revisionsentscheidung treffen.**[256] Auch hierbei braucht er die Vorlegungsfrage nicht allgemein zu beantworten.[257] Im Schrifttum wurden vereinzelt gegen das Wahlrecht des BGH zwischen Beschränkung auf die Beantwortung der Vorlegungsfrage und **Übernahme der Revisionsentscheidung** Bedenken erhoben worden; sie haben keine Resonanz gefunden. Nach einer Ansicht[258] muss der BGH stets selbst in der Sache entscheiden, weil er nach der Vorlage wieder „seine" Revisionszuständigkeit wahrnehme, die nur zu seiner Entlastung auf die Oberlandesgerichte übertragen worden sei; dabei wird übersehen, dass die Aufteilung der Revisionszuständigkeit nichts mit einer „Entlastung" des BGH von den Aufgaben nach § 135 zu tun hat. Nach anderer Auffassung[259] stellt die **abschließende Entscheidung des BGH** einen Eingriff in die Gerichtsbarkeit des vorlegenden Oberlandesgerichts dar; die Regelung des § 354 Abs. 1 StPO zeigt aber, dass dem Gesetz der Gedanke eines solchen „Eingriffs" aus Zweckmäßigkeitsgründen nicht fremd ist. Der BGH kann daher auch selbst das Urteil des Tatrichters aufheben und an ihn zurückverweisen.[260]

82 **d) Umfang des Rechts zur Entscheidung über die Revision.** Hat das Oberlandesgericht die Revision stillschweigend als zulässig angesehen und der BGH diese Auffassung bei Prüfung der Vorlegungsvoraussetzungen zugrunde gelegt (Rn. 74, 75), so kann er die Revision selbst als unzulässig verwerfen, wenn sich ergibt, dass diese nicht ordnungsgemäß eingelegt ist.[261] Erledigt die völlige oder teilweise Beantwortung der Vorlegungsfrage die Revision in vollem Umfang, so verwirft sie der BGH selbst, denn die Rückgabe der Sache an das Oberlandesgericht, das keine andere Entscheidung treffen könnte, wäre eine vermeidbare Verzögerung. Bleiben nach Beantwortung der Vorlegungsfrage noch **weitere Revisionsangriffe** zu bescheiden oder sind von Amts wegen noch Verfahrenshindernisse zu berücksichtigen, so übernimmt der BGH im Interesse der Verfahrensbeschleunigung diese Aufgabe, wenn insoweit die Voraussetzungen des § 349 Abs. 2, 4 StPO gegeben sind.[262]

83 **e) Beschränkung auf die Bescheidung einer Rechtsfrage. Bei Beschränkung auf die Bescheidung der Rechtsfrage** richtet sich das weitere Verfahren des Oberlandesgerichts nach den allgemeinen Vorschriften (grds. Entscheidung durch Urteil aufgrund neuer Hauptverhandlung). Eine **Bindung** des Oberlandesgerichts an die Rechtsauffassung des BGH spricht § 121 Abs. 2 nicht ausdrücklich aus. Sie entspricht aber der Natur der Sache

---

255 BGHSt **17** 194, 200; **36** 59, 60; **36** 378, 380.
256 BGHSt **2** 63; **3** 72; **4** 33; **13** 241, 243, 245; **17** 14; **18** 114, 123; **22** 180, 182; **23** 141, 144; **24** 6, 10, 316; **38** 106, 109; KK/*Feilcke* 48; *Schmitt/Köhler* 14; *Jagusch* NJW **1962** 1647; *Eb. Schmidt* JR **1962** 290; *Hanack* JR **1972** 472.
257 BGHSt **17** 14, 17; **24** 315, 316.
258 *Baur* JZ **1953** 326; **1964** 596.
259 *Jescheck* GA **1956** 116.
260 BGHSt **13** 242.
261 BGHSt **19** 242; o. Rn. 75.
262 Vgl. BGHSt **34** 101, 105; *Hanack* JR **1972** 472; KK/*Feilcke* 48; Kissel/*Mayer* 27.

und ergäbe sich unabhängig davon auch daraus, dass das Oberlandesgericht, wenn es abweichen wollte, erneut vorlegen müsste.[263]

f) Erledigung infolge Gesetzesänderung. Eine **Entscheidung des BGH erübrigt sich** – abgesehen von dem Fall, dass das Oberlandesgericht, von dem das vorlegende Oberlandesgericht abweichen will, auf Anfrage des BGH erklärt, es halte an seiner früheren Auffassung nicht fest (Rn. 45) –, wenn sich durch eine nach der Vorlegung erfolgende Gesetzesänderung die **Streitfrage erledigt.**[264] Von einer solchen Erledigung kann aber nur die Rede sein, wenn Fälle, die nach bisherigem Recht zu beurteilen sind, künftig nicht mehr in Betracht kommen, also auch in bereits anhängigen Fällen (wie dem vorgelegten) nach neuem Recht zu entscheiden ist (Rn. 63). Wegen des Falles, dass *nach* der Vorlegung eine die vorgelegte Rechtsfrage erledigende Entscheidung des BGH ergeht, vgl. Rn. 46, 72. Weil kein Raum ist für eine wiederholte Entscheidung derselben Rechtsfrage, erübrigt sich eine Entscheidung des BGH auch, wenn – dem vorlegenden Oberlandesgericht unbekannt – der zur Entscheidung über die Vorlage zuständige Senat **schon** vor der Vorlage über die Rechtsfrage aufgrund einer früheren Vorlage **entschieden hatte**[265] oder wenn eine – wenn auch nicht veröffentlichte und deshalb dem vorlegenden Oberlandesgericht unbekannte – Entscheidung des BGH vorliegt, die die Rechtsfrage in gleichem Sinn beantwortet wie das Oberlandesgericht, von dessen Rechtsauffassung das vorlegende Gericht abweichen will.[266] Die Rechtslage ist dann die gleiche, als wenn der BGH erst auf die Vorlegung hin die Rechtsfrage entschieden hätte, und es gelten für die weitere Behandlung der Revision die o. Rn. 81 bis 83 dargestellten Grundsätze.[267] 84

16. Fehlende Präklusion der Vorlage. Solange über eine Vorlegung nicht entschieden ist, ist ein mit der gleichen Rechtsfrage befasstes drittes Oberlandesgericht rechtlich nicht gehindert, sich der Entscheidung des BGH oder des Oberlandesgerichts, von der das vorlegende Oberlandesgericht abweichen will, trotz Kenntnis der Vorlegung anzuschließen, denn der Vorlegungsbeschluss ist als Zwischenmaßnahme keine die Revisionsinstanz abschließende Entscheidung i.S. des § 121 Abs. 2.[268] Der Vorlegungsbeschluss entfaltet **keine Sperrwirkung.**[269] Eine andere Frage ist, ob es zweckmäßig ist, verfahrensabschließende Entscheidungen zu treffen, solange der Ausgang des Vorlegungsverfahrens offen ist. Aus prozessökonomischen Gründen erscheint es eher angeraten, die Entscheidung des BGH abzuwarten, die nach der bisherigen Praxis etwa nach sechs Monaten ergeht.[270] Gegebenenfalls kann eine **Aussetzung** des Verfahrens angeraten sein.[271] 85

17. Vorlage beim Besetzungseinwand (Absatz 2 Nr. 4). Nachdem mit dem Gesetz zur Modernisierung des Strafverfahrens vom 10.12.2019 (BGBl. I S. 2121) das Rechtsinstitut des **Einwands gegen die Besetzung einer Strafkammer nach § 222b StPO** neu geregelt, hiermit auch die Zuständigkeit des Oberlandesgerichts für den hiergegen gerichteten Rechtsbe- 85a

263 Davon geht auch BGHSt **17** 205, 208 aus.
264 BGH NJW **1955** 304 zu § 79 Abs. 2 GBO.
265 BGHSt **25** 42; **34** 79, 82; BGH LM Nr. 11; GA **1982** 126; KK/*Feilcke* 45.
266 BGH NJW **1977** 964; BGH bei *Holtz* MDR **1977** 461 – zu § 346 Abs. 2 StPO.
267 Vgl. auch BGH LM Nr. 3 zu § 121 mit zust. Anm. *Jagusch*.
268 OLG Hamm NJW **1970** 1936, 1937; NStZ **1988** 47, erledigt durch BGHSt **35** 112 auf Vorlage des OLG Zweibrücken; BVerwG NJW **1976** 1420; *Kissel/Mayer* 25; KK/*Feilcke* 41.
269 OLG Hamburg BeckRS **2011** 2876; Kissel/*Mayer* 25; MüKo/*Oglakcioglu/Bock* 48; SK/*Frister* 31.
270 KK/*Feilcke* 41.
271 OLG Stuttgart StV **2004** 142; OLG Karlsruhe BeckRS **2017** 102231.

helf (Absatz 1 Nummer 4) begründet wurde (vgl. Rn. 22a) und somit auch die Zuständigkeit des BGH über die nach bislang geltendem Recht mögliche Verfahrensrüge nach entsprechendem Besetzungseinwand entfallen ist, wurde mit demselben Gesetz die Pflicht zur Divergenzvorlage bei möglichem Abweichen von der Rechtsprechung des BGH zur Frage fehlerhafter Besetzung eingeführt. Hierdurch soll die **Einheitlichkeit der Rechtsprechung** zu der bislang allein in die Zuständigkeit des BGH fallenden Frage der Besetzung der Strafkammer ebenso gewahrt werden wie nachfolgend im Hinblick auf abweichende Entscheidungen anderer Oberlandesgerichte.

86 **18. Zuständigkeitskonzentration für Rechtsbeschwerden in Vollzugsangelegenheiten (Absatz 3).** § 25 Abs. 2 EGGVG enthält eine Ermächtigung für Länder, in denen mehrere Oberlandesgerichte errichtet sind, die Zuständigkeit des Strafsenats zur **Nachprüfung der Rechtmäßigkeit von Maßnahmen der Vollzugsbehörden im Vollzug von Freiheitsstrafen und freiheitsentziehenden Maßregeln der Besserung und Sicherung** (vorzugsweise im Interesse einheitlicher Rechtsauslegung und Rechtshandhabung innerhalb des Landes) einem der Oberlandesgerichte oder dem Obersten Landesgericht zuzuweisen. Nachdem die Nachprüfungszuständigkeit im Wesentlichen mit dem 1.1.1977 auf die Strafvollstreckungskammern übertragen wurde (§§ 109, 110 StVollzG) und dem Strafsenat des Oberlandesgerichts die Entscheidung über die Rechtsbeschwerde gegen Entscheidungen der Strafvollstreckungskammer zusteht (§ 116 StVollzG; § 121 Abs. 1 Nr. 3 GVG), musste zur Ermöglichung einer Zuständigkeitskonzentration bei diesen Rechtsbeschwerdeentscheidungen eine neue gesetzliche Grundlage geschaffen werden; das ist in § 121 Abs. 3 geschehen. Dabei unterscheidet sich § 121 Abs. 3 von § 25 Abs. 2 EGGVG dadurch, dass nach der letzteren Vorschrift nur eine vollständige Konzentration, d.h. eine Übertragung der Zuständigkeit aller übrigen Oberlandesgerichte auf ein Oberlandesgericht (das Oberste Landesgericht) möglich ist, während § 121 Abs. 3 auch eine Teilkonzentration zulässt; das entspricht einer Anregung des Bundesrats.[272] Von dieser Möglichkeit ist etwa in Niedersachsen[273] und Nordrhein-Westfalen[274] Gebrauch gemacht worden. Eine **landesrechtliche Zuständigkeitskonzentration** in diesem Sinne macht das zuständige Gericht zum gemeinsamen oberen Gericht i.S.v. § 14 StPO.[275] Von der Zuständigkeitskonzentration erfasst sind auch **Nebenentscheidungen** wie etwa die Entscheidung über eine Wiedereinsetzung in den vorigen Stand.[276] Für Kostenentscheidungen nach Erledigung der Hauptsache gilt diese Zuständigkeit nicht.[277]

87 **19. Vorlage in Bußgeldsachen. § 79 Abs. 3 OWiG** erklärt für die Rechtsbeschwerde die Vorschriften des GVG über die Revision und damit auch den § 121 Abs. 2 für entsprechend anwendbar. Danach ist das **Oberlandesgericht als Rechtsbeschwerdegericht** in Bußgeldsachen in gleicher Weise vorlegungspflichtig wie als Revisionsgericht in Strafsachen (eine entsprechende Vorschrift enthielt bereits § 56 Abs. 4 OWiG 1952). Es ist dabei nicht nur **vorlegungspflichtig**, wenn es von einer Entscheidung abweichen will, die ein anderes Oberlandesgericht als Rechtsbeschwerdeinstanz oder der BGH nach Vorlegung gemäß § 79 Abs. 2 OWiG, § 121 Abs. 2 erlassen hat, vielmehr löst, in gleicher Weise wie bei dem Oberlandesgericht als Revisionsgericht in Strafsachen (o. Rn. 50, 51), jede beabsichtig-

---

272 BTDrucks. 7 918 S. 128.

273 § 19 Abs. 4 NdsZustVO-Justiz, Nds. GVBl. 2009, 506: OLG Celle.

274 VO vom 8.1.1985, GV NW 46: OLG Hamm.

275 BGH StraFo **2013** 375.

276 OLG Celle NStZ **2016** 244; Kissel/*Mayer* 29.

277 BGH NStZ **1983** 44.

te Abweichung von der Entscheidung eines anderen Oberlandesgerichts als Revisionsgericht in Strafsachen oder des BGH, gleichviel welches Rechtsgebiet sie betrifft, die Vorlegungspflicht aus.[278] Auch hier kann der BGH, wenn nach Bescheidung der Vorlegungsfrage die Rechtsbeschwerde entscheidungsreif ist, selbst über die Rechtsbeschwerde entscheiden.[279] § 79 Abs. 3 OWiG gilt sinngemäß auch für **Entscheidungen im Zulassungsverfahren** (§ 80 OWiG); sie betreffen mittelbar die Rechtsbeschwerde, soweit es darum geht, ob der Antrag auf deren Zulassung möglicherweise verworfen werden muss.[280] Da § 80a Abs. 3 OWiG den Einzelrichter verpflichtet, die Sache dem mit drei Berufsrichtern besetzten Bußgeldsenat zu übertragen, wenn dies zur Fortbildung des Rechts oder zur Sicherung der Einheitlichkeit der Rechtsprechung geboten ist, kann der **Einzelrichter** dem BGH nicht selbst eine Rechtsfrage gemäß § 121 Abs. 2 i.V.m. § 79 Abs. 3 Satz 1 OWiG vorlegen; der **Bußgeldsenat** hat vielmehr nach Übertragung der Sache in eigener Verantwortung über die Vorlegung zu entscheiden.[281]

20. Reformvorschläge. Reformvorschläge, die Vorlegungspflicht dahin auszudehnen, 88
dass auch die Innendivergenz zwischen zwei oberlandesgerichtlichen Senaten (vgl. o. Rn. 43), der Bereich des § 121 Abs. 1 Nr. 2[282] und obiter dicta in allen höchstrichterlichen Entscheidungen im Interesse der Rechtseinheit und Rechtssicherheit[283] erfasst werden, haben bisher nur zu Reformentwürfen in Teilbereichen geführt; ein Erfolg ist ihnen bisher – zu Recht – versagt geblieben. Die Frage, ob eine Erweiterung der Vorlegungspflicht notwendig oder wünschenswert ist, wird allerdings bis zum heutigen Tag kontrovers diskutiert. Während sich der BGH gegen eine Erweiterung ausgesprochen hat[284] und sich in seiner Rechtsprechung bemüht, an die Zulässigkeit einer Vorlage hohe Anforderungen zu stellen und dadurch die Zahl der Vorlagen zu begrenzen, wurde im Schrifttum u.a. an dieser Stelle[285] mit großem Nachdruck eine **Erweiterung der** bisherigen **Vorlegungspflicht** befürwortet. Dieser Standpunkt hat neben Kritik[286] auch starke Unterstützung erfahren.[287] Ob allerdings die tatsächlichen Verhältnisse, wie sie sich heute darstellen, eine Erweiterung der Vorlagen an den BGH noch als realisierbar erscheinen lassen, muss nach dem Beitritt der neuen Bundesländer und vor dem Hintergrund ständig steigender Arbeitsbelastung trotz der Errichtung eines weiteren (6.) Strafsenats beim BGH im Jahre 2020 und nunmehr sogar 7. Strafsenats im Jahre 2026 indessen bezweifelt werden. Zuzustimmen ist daher zurückhaltenden Stellungnahmen im Schrifttum, die sich gegen eine Ausdehnung der Vorlagepflicht aussprechen;[288] die aus ihnen erkennbare Sorge, die Güte der Rechtsprechung des BGH könne bei einem weiteren vermehrten Arbeitsanfall durch Vorlageverfahren Schaden nehmen, ist nicht von der Hand zu weisen. Insbesondere wäre eine über die Frist von wenigen Monaten hinausgehende Dauer des Vorlageverfahrens im Blick auf Art. 6 Abs. 1 EMRK in Strafsachen nicht vertretbar.

---

278 BGHSt **9** 272, 274; **30** 335, 337; **32** 335, 337; **33** 394; **34** 79; BGH NJW **1971** 1278.
279 BGHSt **18** 156, 160; **38** 106, 109; NJW **1964** 781; KK/*Feilcke* 49; Kissel/*Mayer* 28.
280 BGHSt **23** 366; **24** 209; **26** 341, 349; **38** 251, 254; BayObLG VRS **51** (1976) 42; Kissel/*Mayer* 28; KK/*Feilcke* 28; **a.M.** OLG Celle NJW **1970** 720; OLG Hamm NJW **1970** 2040.
281 BGHSt **44** 144, 145; Kissel/*Mayer* 28.
282 Vgl. *Doller* ZRP **1976** 34.
283 Vgl. *Lilie* 239 ff.
284 Vgl. KK/*Feilcke* 14.
285 LR/*Schäfer*[23] 88.
286 Vgl. KK/*Feilcke* 14.
287 Vgl. *Lilie* a.a.O.; *Kuhlen* JA **1986** 598; *Schroth* JR **1990** 94; *Katholnigg* JR **1983** 129 f., diff. *Katholnigg* 8.
288 Vgl. KK/*Feilcke* 14.

§ 122

(1) Die Senate der Oberlandesgerichte entscheiden, soweit nicht nach den Vorschriften der Prozeßgesetze an Stelle des Senats der Einzelrichter zu entscheiden hat, in der Besetzung von drei Mitgliedern mit Einschluß des Vorsitzenden.

(2) [1]Die Strafsenate entscheiden über die Eröffnung des Hauptverfahrens des ersten Rechtszuges mit einer Besetzung von fünf Richtern einschließlich des Vorsitzenden. [2]Bei der Eröffnung des Hauptverfahrens beschließt der Strafsenat, daß er in der Hauptverhandlung mit drei Richtern einschließlich des Vorsitzenden besetzt ist, wenn nicht nach dem Umfang oder der Schwierigkeit der Sache die Mitwirkung zweier weiterer Richter notwendig erscheint. [3]Über die Einstellung des Hauptverfahrens wegen eines Verfahrenshindernisses entscheidet der Strafsenat in der für die Hauptverhandlung bestimmten Besetzung. [4]Ist eine Sache vom Revisionsgericht zurückverwiesen worden, kann der nunmehr zuständige Strafsenat erneut nach Satz 2 über seine Besetzung beschließen.

Entstehungsgeschichte

Art. 3 Nr. 4 des 1. StRÄndG 1951 fügte den Satz 2 des Absatzes 2 an. Die dort früher hinter „das Hauptverfahren zu eröffnen" folgenden Worte „oder den Angeklagten außer Verfolgung zu setzen" sind durch Art. 2 Nr. 29 des 1. StVRG 1974 gestrichen worden. Artikel 8 des Verbrechensbekämpfungsgesetzes v. 4.11.1994 (BGBl. I S. 3186, 3193) hat Absatz 2 umgestaltet. Der diesbezügliche Änderungsvorschlag war im ursprünglichen Gesetzentwurf nicht enthalten, sondern wurde erst auf der Grundlage einer entsprechenden Beschlussempfehlung des Rechtsausschusses in das Gesetz aufgenommen.[1] Die obligatorische Besetzung des Senats mit fünf Berufsrichtern bei der Entscheidung über die Eröffnung des Hauptverfahrens nach Satz 1 sollte nach Auffassung des Gesetzgebers auch wegen des gerichtsverfassungsrechtlichen Status der Staatsschutzsenate aufrechterhalten bleiben.[2] Der neu eingefügte Satz 2 schreibt in Anlehnung an § 76 Abs. 2 in der seinerzeit geltenden Fassung vor, dass der Senat bei Eröffnung des Hauptverfahrens über seine Besetzung in dieser mit drei oder fünf Berufsrichtern beschließt. Angestrebt wurde dadurch in Anlehnung an das allgemeine Ziel des Gesetzes, Strafverfahren zu konzentrieren und zu beschleunigen,[3] eine personelle Flexibilisierung; Einbußen in der Qualität der Rechtsprechung seien, so der Gesetzentwurf, hierbei nicht zu erwarten.[4] Durch das Gesetz zur Verlängerung der Besetzungsreduktion bei Strafkammern vom 19.12.2000 (BGBl. I S. 1756) hat Absatz 2 der Vorschrift einen neuen Satz 4 erhalten, wonach im Fall der Zurückverweisung einer Sache vom Revisionsgericht der nunmehr zur Entscheidung berufene Senat erneut nach Satz 2 über seine Besetzung entscheiden kann. Hinsichtlich des Zwecks der Regelung beschränken sich die Materialien auf den bloßen Hinweis, wie bei § 76 Abs. 2 und bei § 33b Abs. 2 JGG solle auch für den Bereich der Oberlandesgerichte die Unabänderlichkeit der Besetzungsentscheidung entfallen, also eine neue Entscheidung über die Besetzung ermöglicht werden.[5]

1 BTDrucks. **12** 7584 S. 6.
2 BTDrucks. **12** 8588 S. 9: „Grundbesetzung".
3 BTDrucks. **12** 6853 S. 18.
4 BTDrucks. **12** 8588 S. 9.
5 BTDrucks. **14** 370 S. 3; **14** 4542 S. 4.

Übersicht

1. Einzelrichter am OLG (Absatz 1). Das Oberlandesgericht entscheidet **in Rechtsmitteln** grundsätzlich in der Besetzung mit drei Richtern einschließlich des Vorsitzenden,[6] soweit nicht „nach den Vorschriften der Prozeßgesetze" an Stelle des Senats der Einzelrichter zu entscheiden hat. Die früher auch hier in der Vorauflage noch vertretene Auffassung, die Einschränkung in Absatz 1 für den Einzelrichter gelte nicht für die Strafsenate, sondern nur für die Zivilsenate und – gemäß § 80a Abs. 1 OWiG – für die Bußgeldsenate, kann zumindest in dieser Allgemeinheit nicht mehr aufrechterhalten werden, nachdem im Laufe der Jahre neben dem **Einzelrichter in Bußgeldverfahren** (Rechtsbeschwerden und Verfahren auf deren Zulassung) weitere Zuständigkeiten des Einzelrichters am Oberlandesgericht gesetzlich begründet wurden, so etwa in § 33 Abs. 8 RVG (**Beschwerden über die Wertfestsetzung für die Rechtsanwaltsgebühren**) oder in §§ 51, 42 Abs. 3 RVG (Feststellung bzw. Festsetzung einer Pauschgebühr u.a. in Strafsachen). Der Senat entscheidet in der Besetzung mit drei Richtern in diesen Fällen nur und erst dann, wenn der gesetzlich zunächst zur Entscheidung berufene Einzelrichter die Sache zur Sicherung einer einheitlichen Rechtsprechung auf den Senat in dieser Besetzung überträgt. Gleichwohl bleibt zutreffend, dass es in Strafsachen im eigentlichen Sinne eine Zuständigkeit des Einzelrichters eines Strafsenats nicht gibt. Ist der Einzelrichter – namentlich in Bußgeldsachen – aber zuständig, gilt dies auch für alle damit zusammenhängenden Entscheidungen wie Kostenentscheidungen nach Rücknahme oder Entscheidungen nach § 346 Abs. 2 StPO.[7] In der Besetzung mit drei Richtern entscheidet demgegenüber der Senat über **Beschwerden gegen einen Ordnungsgeldbeschluss** wegen Ungebühr nach § 181 Abs. 1 und 3, den der Einzelrichter erster Instanz in der Hauptverhandlung erlassen hat, und zwar nach überwiegender Auffassung auch dann, wenn über die Rechtsbeschwerde nach § 80a Abs. 2 Satz 1 OWiG der Einzelrichter am Oberlandesgericht zu entscheiden hat.[8] Soweit dem teilweise das mit der Neufassung des § 80a OWiG eingeführte Einzelrichterprinzip in Bußgeldsachen entgegengehalten wird,[9] bleibt hierbei außer Acht, dass weder ein Verfahren über eine Rechtsbeschwerde vorliegt noch überhaupt ein innerer Zusammenhang mit einer Bußgeldsache besteht.[10] 1

Ebenfalls in der Besetzung mit drei Richtern entscheidet der Strafsenat über **Beschwerden gegen die strafprozessuale Kostenfestsetzung nach § 464b Satz 3 StPO**. Auch wenn § 464b Satz 3 StPO im Hinblick auf das Verfahren die Vorschriften der Zivilprozessordnung entsprechend anwendbar erklärt, findet nach inzwischen ganz überwiegender Auffassung die Regelung des § 568 Satz 1 ZPO auf Kostenbeschwerden in Strafsachen 2

6 Nach Maßgabe von § 115 müssen der Vorsitzende Richter und mind. ein weiteres Senatsmitglied Richter an diesem Oberlandesgericht und zugleich Richter auf Lebenszeit sein. Ein Richter des entscheidenden Senats kann auch abgeordneter Richter, muss aber ebenfalls zugleich Richter auf Lebenszeit sein, vgl. auch Kissel/*Mayer* 2; KK/*Feilcke* 1; OK/*Huber* 1.

7 OLG Hamm NJW **2000** 451; Kissel/*Mayer* 3.

8 OLG Stuttgart Justiz **2017** 95; OLG Hamm VRS **100** 29; Kissel/*Mayer* 3; KK/*Feilcke* 2a; SK/*Frister* 3.

9 OLG Jena VRS **100** 20; OLG Köln NJW **2006** 3298; *Schmitt/Köhler* § 181, 8.

10 Kissel/*Mayer* 3; KK/*Feilcke* 2a.

keine Anwendung. Während die Rechtsprechung der Oberlandesgerichte infolge dieser Verweisung zunächst zumindest teilweise von der Zuständigkeit des Einzelrichters am Strafsenat ausging,[11] hat sich inzwischen die Auffassung durchgesetzt, dass die Vorschriften der ZPO nur dort entsprechend angewendet werden können, wo sie strafprozessualen Grundsätzen nicht widersprechen[12] mit der Folge der Zuständigkeit des Senats in der Besetzung mit drei Richtern.[13] Anderes gilt hingegen für Beschwerden und Erinnerungen nach Maßgabe von **§ 66 Abs. 6 GKG** und **§ 33 Abs. 8 RVG**, über die letztlich auch infolge des in § 1 Abs. 5 GKG bestimmten Vorrangs der kostenrechtlichen Vorschriften der Einzelrichter entscheidet.[14]

3 **2. Eröffnungsentscheidung (Absatz 2 Satz 1).** Über die Eröffnung des Hauptverfahrens nach § 203 StPO entscheidet der Strafsenat dem Wortlaut des Gesetzes zufolge zwingend und ohne Ausnahme in der Besetzung mit **fünf Berufsrichtern** einschließlich des Vorsitzenden, von denen nach § 27 Abs. 1 DRiG alle Richter auf Lebenszeit sein und mindestens vier ein Richteramt am Oberlandesgericht innehaben müssen – wobei nach Maßgabe von § 29 DRiG höchstens ein abgeordneter Richter auf Lebenszeit mitwirken kann.[15] Mit der Eröffnungsentscheidung ist darüber zu beschließen, ob die Hauptverhandlung nach Absatz 2 Satz 2 mit drei oder mit fünf Richtern durchgeführt wird; bei **Fehlen** einer solchen Entscheidung soll, da – was zutreffend ist[16] – die Dreierbesetzung des Staatsschutzsenats als Normalfall und die Besetzung mit fünf Richtern als Ausnahme zu betrachten sei, für das gesamte Verfahren unabänderlich eine Besetzung mit drei Richtern maßgeblich sein.[17] Der Eröffnung vorausgehende Entscheidungen wie jene nach §§ 201, 202 StPO werden hingegen in der Besetzung mit drei Richtern getroffen.[18]

4 **3. Reduzierte Besetzung in der Hauptverhandlung (Absatz 2 Satz 2).** Dem Wortlaut der Regelung zufolge ist der Senat in der Hauptverhandlung mit drei Richtern einschließlich des Vorsitzenden besetzt, wenn nicht nach dem Umfang oder Schwierigkeit der Sache die Mitwirkung zweier weiterer Richter notwendig erscheint. Aus dieser Formulierung bzw. Systematik wird allgemein hergeleitet, dass in Staatsschutzverfahren vor den Oberlandesgerichten die **Dreierbesetzung als Regelfall** zu betrachten und die Besetzung mit fünf Richtern als Ausnahmefall nur bei entsprechender Notwendigkeit erforderlich ist.[19] Was den nach Ab-

---

11 So etwa OLG Düsseldorf NStZ **2003** 124 (aufgegeben in NStZ-RR **2012** 160); OLG Rostock JurBüro **2009** 541 (aufgegeben in NStZ-RR **2017** 126); OLG Celle StraFo **2013** 41 (aufgegeben in NdsRpfl. **2017** 75).

12 BGH NJW **2003** 763.

13 BGH NStZ **2007** 663; BGH NJW-RR **2005** 584; OLG Koblenz NJW **2005** 117; OLG Hamm BeckRS **2010** 02547; OLG Nürnberg NStZ-RR **2011** 127; OLG Düsseldorf NStZ-RR **2012** 160; OLG Köln BeckRS **2013** 17038; OLG Karlsruhe BeckRS **2015** 19968 und BeckRS **2017** 120182; OLG Celle NdsRpfl. **2016** 246 und NdsRpfl. **2017** 75; OLG Stuttgart Justiz **2018** 517; OLG Bremen OLGSt § 464b Nr. 7; OLG Brandenburg Beschl. v. 29.11.2022 – 6 W 60/22 (juris); Kissel/*Mayer* 3; MüKo/*Oglakcioglu/Bock* 7; KK/*Gieg* § 464b StPO, 4b; *Schmitt/Köhler* § 464b StPO, 7; vgl. auch hier bei § 73, 6.

14 BGH NJW **2021** 3191; BGH BeckRS**2025** 27240; Toussaint, Kostenrecht, § 66 GKG Rn. 67.

15 Kissel/*Mayer* 5; OK/*Conrad-Graf* 8.

16 Kissel/*Mayer* 6; SK/*Frister* 4; KK/*Feilcke* 3; Radtke/Hohmann/*Rappert* 5; *Schmitt/Köhler* 3; vgl. hierzu im Übrigen Rn. 3.

17 Kissel/*Mayer* 7; KK/*Feilcke* 3; **a.A.** OK/*Conrad-Graf* 9.

18 LR/*Stuckenberg* § 201, 34.

19 Kissel/*Mayer* 6; SK/*Frister* 4; KK/*Feilcke* 3; Radtke/Hohmann/*Rappert* 5; *Schmitt/Köhler* 3; HK-GS/*Kangarani* 1; **a.A.** OK/*Conrad-Graf* 9 – indessen dürfte die dortige Annahme, de facto sei die Besetzung in den hier angesprochenen Staatsschutzfällen mit fünf Richtern ohnehin der Regelfall, in tatsächlicher Hinsicht nicht zutreffen.

satz 2 Satz 2 anzulegenden Maßstab für die Besetzungsentscheidung bei Eröffnung des Hauptverfahrens angeht, sind die vom BGH zu § 76 Abs. 2 (in der bis zum 31.12.2011 geltenden Fassung) aufgestellten Grundsätze entsprechend heranzuziehen. Danach steht dem eröffnenden Senat bei der Entscheidung über die Besetzung kein Ermessen zu; er verfügt jedoch bei der Auslegung der Tatbestandsmerkmale „Umfang und Schwierigkeit der Sache" über einen weiten Beurteilungsspielraum.[20] Während in § 76 in der seit dem 1.1.2012 geltenden Fassung die Merkmale **„Umfang und Schwierigkeit der Sache"** in Absatz 2 und 3 durch Regelbeispiele ersetzt bzw. konkretisiert wurden, hat der Gesetzgeber von einer entsprechenden Klarstellung in § 122 Abs. 2 indessen abgesehen. Hieraus wird man herleiten können, dass etwa das in § 76 Abs. 3 benannte Kriterium der **Dauer der Hauptverhandlung** von voraussichtlich länger als zehn Tagen für die Entscheidung über die Besetzung des Strafsenats in erstinstanzlich zu verhandelnden Strafsachen nicht entsprechend, sondern allenfalls als eines von mehreren Kriterien, indessen nicht in Form eines Regelbeispiels in die insgesamt vorzunehmende **Abwägung** einzufließen hat und eine Besetzung mit drei Richtern auch bei einer voraussichtlich länger als zehn Tage dauernden Hauptverhandlung, was in Staatsschutzverfahren vor den Strafsenaten ohnehin eher der Regelfall sein dürfte, durchweg möglich ist. Entsprechendes dürfte im Hinblick auf die in § 122 nicht benannten Merkmale der Zuständigkeit als **Schwurgericht** oder für den Fall der Anordnung der Unterbringung in der **Sicherungsverwahrung** oder in einem **psychiatrischen Krankenhaus** gelten. Insoweit gelten die zu § 76 Abs. 2 in der bis zum 31.12.2011 geltenden Fassung entwickelten Grundsätze[21] hier grundsätzlich fort, indessen mit der Maßgabe, dass die Tatsache des Vorliegens einer Staatsschutzsache für sich genommen noch nicht diese Voraussetzungen erfüllt.[22] Vor diesem Hintergrund können die zu § 76 Abs. 2 aufgestellten Grundsätze auch nicht uneingeschränkt auf Staatsschutzverfahren vor den Oberlandesgerichten übertragen werden, zumal auch in einem in reduzierter Besetzung tätigen Senat immerhin drei (in der Regel erfahrene und versierte) Richter an der Entscheidung beteiligt sind und schon triftige Gründe vorliegen müssen, die eine Hauptverhandlung in der Besetzung mit zwei weiteren Richtern erforderlich machen.

Dass Umfang oder Schwierigkeit der Sache das Hinzuziehen von zwei weiteren Rich- **4a**
tern erfordert hätten, kann mit der **Revision** als solches grundsätzlich nicht gerügt werden. Verstöße gegen Absatz 2 Satz 2 können in der Revision indessen mit der **Besetzungsrüge** nach § 338 Nr. 1 StPO i.V.m. §§ 222a, 222b StPO geltend gemacht werden.[23] Die Revision ist hierbei aber nur dann begründet, wenn der Senat bei seiner Besetzungsentscheidung objektiv **willkürlich** den ihm zustehenden, weiten Beurteilungsspielraum in unvertretbarer Weise überschritten hat.[24] Selbständig anfechtbar ist die Entscheidung nach Satz 2 nicht.[25] Die Entscheidung über die Notwendigkeit der Fünferbesetzung ist ebenso wie ihr Unterbleiben mit der Folge, dass die Dreierbesetzung zum Tragen kommt, für das weitere Verfahren grundsätzlich nicht mehr abänderbar.[26] Zu Ausnahmen vgl. hier Rn. 7.

4. Sonstige Entscheidungen außerhalb der Hauptverhandlung. In welcher Beset- **5**
zung Entscheidungen des **erstinstanzlich** tätigen Strafsenats außerhalb der Hauptverhandlung zu treffen sind, ist gesetzlich nicht geregelt. Vereinzelt wurde daher angenommen, die Fünferbesetzung gelte außerhalb der Hauptverhandlung nicht nur in Fällen der

20 BGHSt **44** 328, 334 = JR **1999** 302 mit Anm. *Katholnigg* = NStZ **1999** 367 mit Anm. *Rieß*.
21 Vgl. etwa LR/*Siolek*[26] § 76, 3 ff.
22 Radtke/Hohamnn/Rappert 8.
23 Zum notwendigen Revisionsvorbringen vgl. nur *Schmitt/Köhler* § 338 StPO, 21 m.w.N.
24 Vgl. BGHSt **44** 328; *Oglakcioglu/Bock* 11; Einzelheiten bei § 76, 37 f.
25 *Kissel/Mayer* 8.
26 KK/*Feilcke* 3.

Eröffnungsentscheidung und – gegebenenfalls – der Entscheidung über die Einstellung wegen eines Verfahrenshindernisses nach § 206a StPO, sondern auch – über den Wortlaut des Absatzes 2 hinaus – bei Einstellung wegen Gesetzesänderung nach § 206b StPO, bei Entscheidungen im Wiederaufnahmeverfahren nach § 370 StPO sowie in den Fällen der §§ 441, 442 StPO.[27] Die herrschende Auffassung ist einer solchen ausdehnenden Anwendung schon unter Hinweis auf den klaren Gesetzeswortlaut von Absatz 2 a.F. entgegengetreten. Auch unter Berücksichtigung der Neufassung der Bestimmung durch das Verbrechensbekämpfungsgesetz 1994 ist dieser Auffassung zuzustimmen.[28] Das Argument der Gleichwertigkeit der Einstellung des Verfahrens nach § 206b StPO sowie des Beschlusses nach § 370 StPO mit der Entscheidung über die Einstellung des Verfahrens wegen eines Verfahrenshindernisses kann gerade nach der Neufassung nicht mehr überzeugen: Der Gesetzgeber hat in Kenntnis der Streitfrage in Satz 3 von Absatz 2 für die Entscheidung über die Einstellung des Hauptverfahrens wegen eines Verfahrenshindernisses ausdrücklich auf Satz 2 Bezug genommen und damit die Möglichkeit einer Entscheidung durch nur **drei Berufsrichter** eröffnet. Entsprechendes gilt deshalb auch für Entscheidungen nach § 225a Abs. 1 Satz 2 StPO.[29]

6 **5. Haftentscheidungen.** In welcher Besetzung über die Fortdauer der Untersuchungshaft zu entscheiden ist, ist seit Langem Gegenstand kontroverser Erörterung. Der für Staatsschutzverfahren zuständige 3. Strafsenat des BGH hat sich auf den Standpunkt gestellt, dass Haftentscheidungen immer in der „Hauptverhandlungbesetzung“ zu erfolgen hätten, weil eine andere Praxis mit dem Gebot des gesetzlichen Richters nicht zu vereinbaren sei.[30] Demgegenüber hat der 1. Strafsenat des BGH im Rahmen einer nachfolgenden Entscheidung ausgeführt, über Haftfragen auch während der laufenden Hauptverhandlung sei, um Zufälligkeiten bei der Besetzung zu vermeiden, immer in der Besetzung außerhalb der Hauptverhandlung (sog. „Beschlussbesetzung“) zu entscheiden.[31] Beide Entscheidungen sind im Schrifttum überwiegend kritisch aufgenommen worden. Hiernach werden im Wesentlichen drei Positionen für zutreffend erachtet: Entscheidung in der sog. **Hauptverhandlungbesetzung**, Entscheidung in der sogenannten **Beschlussbesetzung** sowie ein eher praxisorientierter, differenzierender Ansatz je nach Anwesenheit der an der Hauptverhandlung beteiligten Personen. Insoweit kann auf die hier zu § 30 gemachten Ausführungen und die dortigen Nachweise grundsätzlich verwiesen werden.[32] Nach dem auch hier vertretenen Ansatz ist, insbesondere um dem in Haftsachen zu berücksichtigenden besonderen Beschleunigungsgebot gerecht werden zu können, während laufender Hauptverhandlung in der dort vorzufinden Besetzung und außerhalb laufender Hauptverhandlung in der sogenannten **Beschlussbesetzung** zu entscheiden.[33] Indessen stellt sich die Frage für erstinstanzliche **Staatsschutzverfahren** vor dem Oberlandesgericht anders als für Schöffengerichte und Strafkammern, weil in Verfahren vor dem Oberlandesgericht **Schöffen** von vornherein nicht beteiligt sind und vor dem Hintergrund des Beschleunigungsgebots auf deren Abwesenheit außerhalb der Hauptverhandlung hier nicht abge-

27 LR/*Schäfer*/*Harms*[24]; *Katholnigg* 5.

28 *Kissel*/*Mayer* 9; KK/*Feilcke* 3; Radtke/Hohmann 7; SK/*Frister* 9; *Schmitt*/*Köhler* 4; vgl. auch LR/*Stuckenberg* § 206b StPO, 16.

29 **A.A.** unter Hinweis darauf, dass eine solche Entscheidung eine materielle Ergänzung des Eröffnungsbeschlusses darstellt OLG Stuttgart NStZ **2009** 348; vgl. dazu LR/*Jäger* § 225a StPO, 19.

30 BGHSt **43** 91.

31 BGH NStZ **2011** 295.

32 Vgl. hier § 30, 19 ff.

33 Vgl. hier § 30, 22 ff.

stellt werden kann[34] Vor diesem Hintergrund wird man im Anwendungsbereich des § 122 die Frage nach der Beteiligung an Haftentscheidungen aber ebenfalls dahingehend zu beantworten haben, dass im Falle einer reduzierten Hauptverhandlungsbesetzung außerhalb derselben ebenfalls mit drei Richtern zu beschließen ist; eine andere Besetzung sieht § 122 in diesen Fällen nicht vor.[35] Im Falle einer Hauptverhandlungsbesetzung mit fünf Richtern wird auf der Grundlage der Entscheidung des 3. Strafsenats des BGH und entsprechend verbreiteter Praxis der Staatsschutzsenate auch außerhalb der Hauptverhandlung eine Besetzung mit fünf Richtern – die anders als Schöffen ja auch vertreten werden können – angezeigt sein.

6. Veränderte Besetzung nach Zurückverweisung (Absatz 2 Satz 4). Satz 4 ermög- 7
licht für den Fall der Zurückverweisung durch das Revisionsgericht eine neue Beschlussfassung des nunmehr zur Entscheidung berufenen Senats über seine Besetzung. Dem Wortlaut des Gesetzes ist eindeutig nur zu entnehmen, dass eine solche Entscheidung der Zurückverweisung nicht zwingend zu folgen hat, sondern im pflichtgemäßen Ermessen des Senats liegt. Die Vorschrift enthält keine Antwort auf die Frage, in welcher Besetzung der neue Senat zu entscheiden hat, bis wann und in welcher Form die Entscheidung nach Zurückverweisung getroffen werden muss und ob auch eine Dreierbesetzung im ersten Rechtsgang in eine Fünferbesetzung nach Zurückverweisung umgewandelt werden kann, wenn der Senat nunmehr zu der Auffassung gelangt, die Sache sei umfangreich oder schwierig geworden.

a) Besetzungsmöglichkeiten. Bei der **Besetzung des Senats** für die nach Zurückver- 8
weisung gemäß Satz 4 notwendige Entscheidung gibt es grundsätzlich drei Möglichkeiten: Der Senat entscheidet entweder immer in der Besetzung mit drei oder mit fünf Berufsrichtern; zusätzlich kommt auch die jeweils für die Hauptverhandlung im ersten Rechtsgang beschlossene Besetzung in Betracht. Maßgebend für das Prozedere sind Sinn und Zweck der neugeschaffenen Vorschrift, die es dem erkennenden Gericht im zweiten Rechtsgang ermöglichen soll, die Unabänderlichkeit der ursprünglichen Besetzungsentscheidung zu beseitigen, und dies grundsätzlich in beiderlei Richtungen (Rn. 10). Die Rechtslage nach Zurückverweisung soll demnach der nach Anklageerhebung entsprechen. In diesem „Normalfall“ entscheidet der Senat aber – über Besetzung und Eröffnung gleichermaßen – in der Fünferbesetzung. Hiernach spricht einiges für die Annahme, dass dies auch für die nach Satz 4 zu treffende Entscheidung Geltung beansprucht.

b) Zeitpunkt der Besetzungsentscheidung. Ebenso unklar ist der **Zeitpunkt**, in dem 9
die neue Besetzungsentscheidung getroffen werden muss, fällt doch der für den Normalfall maßgebende Bezugspunkt der Eröffnungsentscheidung hier weg. Vergleichbar mit der vorliegenden Konstellation ist der Fall der Verweisung nach § 270 StPO.[36] Auch hier fehlt es jeweils an der „akzessorischen“ Eröffnungsentscheidung. Wie bei einer Verweisung nach § 270 StPO kommt im Fall des Absatzes 2 Satz 4 ein zeitlich mit der Terminsbestimmung zu verbindender Beschluss in Betracht, wodurch auch die Rechte des Angeklagten gewahrt werden.[37]

34 Vgl. hier § 30, 20; *Katholnigg* 5; letztlich auch MüKo/*Oglakcioglu*/*Bock* 10.
35 So auch Kissel/*Mayer* 10; KK/*Feilcke* 3; Radtke/Hohmann/*Rappert* 6; *Schmitt*/*Köhler* 3; OK/*Conrad-Graf* 12.
36 Bei der Vorlage nach § 225a StPO gibt es als Bezugspunkt den nach § 225a Abs. 1 Satz 2 StPO erforderlichen Beschluss.
37 BGHSt **44** 361, 362; BGHR GVG § 76 Abs. 2 Besetzungsbeschluss 2; KK/*Feilcke* 3a.

10 **c) Erstmalige Fünferbesetzung.** Absatz 2 Satz 4 steht ersichtlich im Zusammenhang mit den Bemühungen des Gesetzgebers um **Straffung und Beschleunigung des Strafverfahrens**. Die Regelung hat daher den Fall im Blick, in dem im ersten Rechtsgang eine Fünferbesetzung entschieden hat, nach Zurückverweisung aber Umfang und Schwierigkeit der Sache etwa wegen eingetretener Teilrechtskraft im Schuldspruch, nunmehr anders zu beurteilen sind, sodass eine Dreierbesetzung ausreicht.[38] An den umgekehrten und praktisch selten vorkommenden Fall mag der Gesetzgeber daher kaum gedacht haben, der Wortlaut der Vorschrift schließt ihn indessen ebenso wenig aus wie deren Intention, die Unabänderlichkeit der Besetzungsentscheidung schlechthin abzuschaffen.[39] Korrektiv ist hier in jedem Fall der auch dem neuen Senat bei der Entscheidung eingeräumte weite Beurteilungsspielraum, der die Berücksichtigung aller Umstände des Einzelfalles ermöglicht (Rn. 4). Ob und in welchem Umfang Absatz 2 Satz 4 einer ausdehnenden Anwendung zugänglich ist, wird in der Rechtsprechung unterschiedlich beantwortet.[40] Wegen Art. 101 Abs. 1 Satz 2 GG ist hier schon wegen des Wortlauts „in diesen Fällen" Zurückhaltung geboten.

---

38 BGHSt **53** 169, 173.

39 BGHSt **53** 169, 173; KK/*Feilcke* 3a.

40 Für eine Anwendbarkeit im Fall Verfahrensverbindung BGHSt **53** 169, 173, gegen eine solche bei Änderung des Geschäftsverteilungsplans BGHR GVG § 76 Abs. 2 Besetzungsbeschluss 5.

NEUNTER TITEL
Bundesgerichtshof

Vorbemerkungen

1. Entstehung des Bundesgerichtshofs. Nach dem Ende des Zweiten Weltkrieges wurde dem Reichsgericht seine Rechtsprechungsbefugnis durch Anordnung der Besatzungsbehörden (Art. I Abs. 2 MilRegGes. Nr. 2) entzogen. Art. I des Kontrollratsgesetzes Nr. 4 vom 10.10.1945 stellte lediglich die Amts-, Land- und Oberlandesgerichte als Gerichte der ordentlichen Gerichtsbarkeit wieder her. Bemühungen um die Errichtung einer gemeinsamen obersten Gerichtsinstanz für die Besatzungszonen blieben ohne Erfolg.[1] Durch die Militärregierungs-Verordnung Nr. 98 konstituierte Großbritannien für seine Zone 1947 den Obersten Gerichtshof (OGH) mit Sitz in Köln, dessen einer Strafsenat allgemein über Revisionen gegen Urteile der Schwurgerichte zu entscheiden hatte, bei allgemeinen Strafkammersachen indessen nur in Fällen der Divergenz.[2] An die Stelle des Reichsgerichts trat dann endgültig am 1.10.1950 das nach Art. 95 GG für das Gebiet der ordentlichen Gerichtsbarkeit zu errichtende oberste Bundesgericht, das durch das **VereinhG 1950** die Bezeichnung „Bundesgerichtshof" erhielt.[3] Gesetzlich dem Reichsgericht und dem OGH zugewiesene Aufgaben wurden nach Art. 8 Nr. 88 Abs. 1 VereinhG dem BGH übertragen. Mit dem Beitritt der Deutschen Demokratischen Republik zur Bundesrepublik Deutschland am 3.10.1990 wurde der BGH nach den Regelungen des **Einigungsvertrages** vom 31.8.1990 auch für das Beitrittsgebiet zuständig.[4] Der 9. Titel des GVG wurde unmittelbar und in vollem Umfang anwendbar.[5] Beim Obersten Gericht der Deutschen Demokratischen Republik anhängige Revisionsverfahren gingen auf den BGH über.[6] 1

2. Zuständigkeit. Die **Zuständigkeit des Bundesgerichtshofs in Strafsachen**[7] ergibt sich **in erster Linie aus** § 135, wonach der BGH über Revisionen gegen erstinstanzliche Urteile der Landgerichte und Oberlandesgerichte (§ 135 Abs. 1) sowie in näher bezeichneten Fällen über Beschwerden gegen Beschlüsse und Verfügungen der Oberlandesgerichte und des Ermittlungsrichters des BGH (§ 135 Abs. 2) zu entscheiden hat. Aber auch andere Vorschriften des GVG und der strafrechtlichen Prozessordnungen (s. z.B. § 121 Abs. 2 GVG, § 4 Abs. 2, § 12 Abs. 2, § 13 Abs. 2, 3, §§ 13a, 14, 15, 19, § 27 Abs. 4, § 121 Abs. 4 Satz 2, § 122 Abs. 7, § 138c Abs. 1, § 210 Abs. 3 Satz 2 StPO, § 42 Abs. 3 JGG) sowie zahlreiche weitere gesetzliche Bestimmungen der **gesamten Rechtsordnung**[8] sehen die Zuständigkeit des BGH vor. Dabei wird zuweilen ausdrücklich angeordnet, dass ein Strafsenat zu entscheiden hat (z.B. § 35 EGGVG), in anderen Fällen folgt dies aus der zugrundeliegenden Rechtsmaterie (z.B. § 29 EGGVG, § 33 IStGHG, § 36 Abs. 1 PUAG, § 63 WpÜG, § 19 Abs. 2 Zuständigkeits- 2

---

1 *Rüping* NStZ **2000** 355.
2 *Rüping* NStZ **2000** 355.
3 Gesetz vom 12.9.1950, BGBl. S. 455. Zur geschichtlichen Entwicklung vor 1945 KK/*Feilcke* Vor § 123, 1 f.; zur Personal- und Geschäftsentwicklung des BGH vgl. die Festschriften zum 50- und 75-jährigen Bestehen des BGH (2000, S. 787 ff., 2025, S. 587 ff.).
4 Anl. I Kap. III Sachgeb. A Abschn. III Nr. 1.
5 Zu Einzelheiten s. LR/*Rieß*[24] Nachtrag II Teil B Rn. 10.
6 Anl. I Kap. III Sachgeb. A Abschn. III Nr. 1 Buchst. y zum EinigungsV.
7 Näher dazu Erl. zu § 135.
8 Zur Zuweisung durch Landesrecht s. Art. 99 GG.

ergänzungsG[9]). Das Gerichtspräsidium weist die gesetzlich dem BGH übertragenen Aufgaben im Rahmen der Geschäftsverteilung den Spruchkörpern zu (§ 21e Abs. 1).

§ 123

Sitz des Bundesgerichtshofes ist Karlsruhe.

Entstehungsgeschichte

In ihrer ursprünglichen Fassung (bis 1924 als § 125) besagte die Vorschrift, dass der Sitz des Reichsgerichts durch besonderes Gesetz bestimmt werde. § 2 des Gesetzes über den Sitz des Reichsgerichts vom 11.4.1877 (RGBl. S. 415) legte Leipzig als Sitz fest. Die jetzige Fassung beruht auf Art. 1 I Nr. 52 des VereinhG vom 12.9.1950 (BGBl. S. 455).

1 **1. Gerichtssitz.** Der **Sitz des Bundesgerichtshofes** wurde durch das VereinhG unmittelbar im GVG festgelegt. Aus dem Kreis zahlreicher Bewerberstädte fiel die Wahl des Gesetzgebers auf Karlsruhe. Die Überlegungen aus Anlass der Wiederherstellung der Einheit Deutschlands im Oktober 1990, in Anknüpfung an den Sitz des Reichsgerichts den Sitz des BGH nach Leipzig zu verlegen,[1] fanden letztlich keine politische Mehrheit. Der Bundestag schloss sich am 26.6.1992 der Empfehlung der Unabhängigen Föderalismuskommission an, lediglich den gemäß § 130 Abs. 2 eingerichteten auswärtigen Berliner Senat nach Leipzig zu verlegen und bei Errichtung neuer Zivilsenate je Senat einen bestehenden Strafsenat folgen zu lassen („Rutschklausel").[2] Auf dieser Grundlage und entsprechender Anordnungen des Bundesjustizministers haben der 5. Strafsenat seit 1997 und der im Jahr 2020 neu entstandene 6. Strafsenat ihren Sitz in Leipzig; zum 1.7.2026 wurde ein weiterer (7.) Strafsenat in Leipzig eingerichtet (näher § 130, 3).

2 **2. Grundsätzliche Bedeutung des Gerichtssitzes.** Die Bestimmung des Sitzes sowie deren Änderung erfolgen durch Gesetz. Die Einheitlichkeit der Rechtsprechung, aber auch Wirtschaftlichkeitsgründe sprechen gegen die Aufteilung des Sitzes eines obersten Bundesgerichtes auf mehrere Standorte. Demgegenüber sollten weder Bemühungen um einen föderativen Ausgleich bei der Verteilung von Bundeseinrichtungen noch – die angesichts der Eigenart von Revisionssachen ohnehin fernliegenden – Überlegungen zur Ortsnähe der einzelnen Spruchkörper eine Aufteilung des Sitzes rechtfertigen. Im Einklang damit haben alle obersten Bundesgerichte nur einen Sitz. Einer hiervon abweichenden gesetzgeberischen Entscheidung dürften freilich zwingende (verfassungsrechtliche) Gründe nicht entgegenstehen.

3 Das Gesetz (§ 130 Abs. 2) lässt die Bildung **auswärtiger Senate** durch den Bundesjustizminister ausdrücklich zu (vgl. dazu o. Rn. 1 und § 130, 3). Die Verlagerung einer erheblichen Anzahl der Spruchkörper (etwa aller Strafsenate) würde indes zu einer faktischen Sitzaufteilung führen, die einer gesetzlichen Absicherung bedürfte.

9 Gesetz vom 7.8.1952, BGBl. I S. 407.

1 Vgl. *Wassermann* NJW **1990** 2530; *Franzki* Verh. 59. DJT 1992, Teil K; S. II; sowie Entschließungsantrag von Abgeordneten aller Fraktionen (BTDrucks. **12** 2933), mit dem auf lange Sicht eine Verlegung des BGH nach Leipzig angestrebt wurde.

2 PlenarProt. 12/100, 8519; Empfehlungen der Kommission vom 27.5.1992, Anlage zu BTDrucks. **12** 2853 (neu).

§ 124

Der Bundesgerichtshof wird mit einem Präsidenten sowie mit Vorsitzenden Richtern und weiteren Richtern besetzt.

Entstehungsgeschichte

Ursprünglicher Text (bis 1924 als § 126): „Das Reichsgericht wird mit einem Präsidenten und der erforderlichen Anzahl von Senatspräsidenten und Räten besetzt." Das VereinhG ersetzte das Wort „Räten" durch „Bundesrichter", Art. II Nr. 37 PräsVerfG die Worte „und der erforderlichen Zahl von Senatspräsidenten und Bundesrichtern" durch die Worte „sowie mit Vorsitzenden Richtern und weiteren Richtern".

Die Vorschrift bestimmt – wie § 59 für die Landgerichte und § 115 für die Oberlandes- 1
gerichte – die am BGH vorgesehenen Richterämter. Zur Berufung und Ernennung der Richter s. § 125. Dem **Präsidenten** kommt eine Doppelfunktion zu.[1] Einerseits nimmt er als Behördenleiter Aufgaben der Justizverwaltung einschließlich der Dienstaufsicht über die Mitarbeiter des Gerichts wahr (vgl. § 3 Abs. 3 GeschOBGH), wobei er der Dienstaufsicht des Bundesjustizministers unterliegt (§ 125, 1). Andererseits ist er als Senatsvorsitzender (vgl. § 21f Abs. 1, § 132 Abs. 6 Satz 2 GVG, § 106 Abs. 2 BRAO) rechtsprechend tätig und im Übrigen an der richterlichen Selbstverwaltung (vgl. § 21a) beteiligt. Zur Vertretung des Präsidenten s. die Erl. zu § 21h sowie § 5 GeschOBGH. Die **Vorsitzenden Richter** führen den Vorsitz in den Senaten (§ 21f), die mit **weiteren** am BGH ernannten **Richtern** besetzt sind.

Die Ausübung des Richteramts durch **abgeordnete Richter** („Hilfsrichter") ist beim 2
BGH nicht zulässig. Das ist zwar weder im GVG noch im DRiG (vgl. §§ 29, 37) ausdrücklich ausgesprochen, ergibt sich aber daraus, dass nach Art. 95 Abs. 2 GG, § 1 des Richterwahlgesetzes vom 25.8.1950[2] bei den obersten Bundesgerichten nur Richter mitwirken, die gem. § 125 Abs. 1 vom zuständigen Bundesminister gemeinsam mit dem Richterwahlausschuss berufen und vom Bundespräsidenten ernannt sind.[3] Nicht zu verwechseln mit abgeordneten Richtern sind die beim BGH verwendeten **wissenschaftlichen Mitarbeiter** (jüngere, planmäßig in einem Bundesland angestellte Richter und Staatsanwälte, die befristet an den BGH abgeordnet sind). Sie nehmen keine richterlichen Aufgaben wahr, sondern unterstützen die Richter am BGH durch vorbereitende Tätigkeit und dürfen bei den Beratungen und Abstimmungen – im Unterschied zu den Mitarbeitern beim BVerfG (§ 25 GeschOBVerfG) – anwesend sein.[4]

§ 125

(1) Die Mitglieder des Bundesgerichtshofes werden durch den Bundesminister der Justiz und für Verbraucherschutz gemeinsam mit dem Richterwahlausschuß gemäß dem Richterwahlgesetz berufen und vom Bundespräsidenten ernannt.

---

1 KK/*Feilcke* 2; MüKo/*Cierniak*/*Pohlit* 3.
2 BGBl. S. 368.
3 *Schmidt-Räntsch* § 37, 12 DRiG; zur Verwendung von Hilfsrichtern beim früheren Reichsgericht vgl. LR/*Schäfer*[20] 1.
4 Dazu die Erl. zu § 193.

(2) Zum Mitglied des Bundesgerichtshofes kann nur berufen werden, wer das fünfunddreißigste Lebensjahr vollendet hat.

Entstehungsgeschichte

Die Vorschrift (bis 1924 § 127) bestimmte ursprünglich in Absatz 1, dass der Präsident, die Senatspräsidenten und die Räte auf Vorschlag des Bundesrats vom Kaiser ernannt wurden, und in Absatz 2, dass nur ernannt werden kann, „wer die Fähigkeit zum Richteramte in einem Bundesstaate erlangt und das fünfunddreißigste Lebensjahr vollendet hat". Durch Art. I Nr. 4 des Gesetzes vom 27.3.1923 (RGBl. I S. 218) wurde in einem Absatz 3 das Dienstalter der Mitglieder des Reichsgerichts geregelt; die Bestimmung wurde durch § 28 der VO vom 28.2.1939 (RGBl. I S. 359) wieder aufgehoben. Die EmmingerVO vom 4.1.1924 (RGBl. I S. 299) übertrug das Vorschlagsrecht auf den Reichsrat und das Ernennungsrecht auf den Reichspräsidenten. Ohne Änderung des GVG ging das Vorschlagsrecht mit der Aufhebung des Reichsrats durch Gesetz vom 14.2.1934 (RGBl. I S. 89) auf den zuständigen Reichsminister und das Ernennungsrecht gemäß § 1 des Gesetzes über das Staatsoberhaupt des Deutschen Reichs vom 1.8.1934 (RGBl. I S. 747) auf den „Führer und Reichskanzler" über.[1] Seine jetzige Fassung erhielt Absatz 1 (abgesehen von dem Zusatz „und für Verbraucherschutz") durch das VereinhG. Die in Absatz 2 noch enthaltene (durch die EmmingerVO umformulierte) Ernennungsvoraussetzung der „Fähigkeit zum Richteramt in einem deutschen Lande" wurde durch § 85 Nr. 11 DRiG vom 8.9.1961 (BGBl. I S. 1665) im Hinblick auf die Regelung in § 6 Abs. 2 DRiG gestrichen.

1 **1. Grundsatz.** Nach Wortlaut und Entstehungsgeschichte regelt die Vorschrift die Berufung und Ernennung der Mitglieder des BGH. In Verbindung mit § 130 kann die Bestimmung aber auch als indirekte Regelung der **Dienstaufsicht über den BGH** herangezogen werden. Eine ausdrückliche Vorschrift dazu enthalten weder das GVG noch andere Gesetze;[2] auch fehlt ein entsprechender Organisationserlass des Bundeskanzlers. Aus der Befugnis des Bundesjustizministers, die Richter des BGH zu berufen, die Zahl der Senate zu bestimmen und auswärtige Senate einzurichten, ergibt sich daher – im Unterschied zur Regelung beim Generalbundesanwalt beim BGH (§ 147 Nr. 1) – die Befugnis, auch die allgemeine Dienstaufsicht auszuüben.[3]

2 **2. Auswahlverfahren.** Die **Wahl der Richter** der obersten Gerichtshöfe des Bundes, deren Ernennung nach Art. 60 Abs. 1 GG dem Bundespräsidenten obliegt, ist in Art. 95 Abs. 2 GG vorgeschrieben. Danach entscheidet über die Berufung dieser Richter der für das jeweilige Sachgebiet zuständige Bundesminister, beim BGH also der Bundesjustizminister, gemeinsam mit einem Richterwahlausschuss, der sich aus den zuständigen Ministern aller Länder (**Mitglieder kraft Amtes**) und der gleichen Zahl vom Bundestag gewählter Mitglieder zusammensetzt. Derzeit besteht der Richterwahlausschuss also aus 32 Personen.

3 Die Einzelheiten regelt das **Richterwahlgesetz (RiWG)** vom 25.8.1950.[4] Die 16 **Mitglieder kraft Wahl** werden vom Bundestag grundsätzlich für die Dauer seiner Legislaturperiode gewählt; sie müssen zum Bundestag wählbar, nicht aber dessen Mitglieder sein. Der

1 19. Aufl., Nachtr. I S. 155. Zum Rechtszustand zwischen Kriegsende und VereinhG s. Vor § 123, 1.

2 Näher *Schmidt-Räntsch* § 26 DRiG, 11.

3 *Schäfke* ZRP **1983** 165, 166.

4 BGBl. S. 368, zuletzt geändert durch Art. 133 der VO vom 31.8.2015 (BGBl. I S. 1474); abgedr. mit Erl. bei *Schmidt-Räntsch*, Teil G.

Ausschuss wird vom Bundesjustizminister einberufen, der auch den Vorsitz führt. Alle Mitglieder des Richterwahlausschusses unter Einschluss des Bundesjustizministers sind **vorschlagsberechtigt**, letzterer hat indessen kein Stimmrecht. Der Ausschuss prüft, ob der Vorgeschlagene die sachlichen und persönlichen Voraussetzungen für das Amt besitzt (§ 11 RiWG), und entscheidet in geheimer Abstimmung mit der Mehrheit der abgegebenen Stimmen (§ 12 RiWG). Vor der Wahl ist der Präsidialrat des Bundesgerichtshofs zu beteiligen (§ 55 DRiG). Stellungnahmen des Präsidialrates sind für den Richterwahlausschuss aber nicht bindend[5] und für einen Kandidaten nicht isoliert anfechtbar.[6] Nach § 13 RiWG hat der Bundesjustizminister die Ernennung des Gewählten beim Bundespräsidenten zu beantragen, sofern er der Wahl zustimmt. Für die Berufung eines Richters am BGH ist also stets das übereinstimmende Votum des Bundesjustizministers und des Richterwahlausschusses erforderlich.

4 In einer grundlegenden Entscheidung aus dem Jahr 2016 anlässlich eines Konkurrentenstreits hat das BVerfG die Besonderheit des Berufungsverfahrens nach Art. 95 Abs. 2 GG gegenüber sonstigen exekutiven Auswahlentscheidungen betont und die für das Zusammenwirken von Richterwahlausschuss und zuständigem Bundesminister geltenden Regeln präzisiert:[7] Aus dem zwischen beiden Organen bestehenden institutionellen Treueverhältnis folge einerseits die Pflicht des Richterwahlausschusses, bei seiner Entscheidung die Bindung des zuständigen Ministers an die **Kriterien des Art. 33 Abs. 2 GG** zu berücksichtigen. Andererseits müsse der Minister sich, wenn die formellen Ernennungsvoraussetzungen vorliegen, die Verfahrensregeln eingehalten wurden und das Ergebnis nach Abwägung aller Umstände und insbesondere vor dem Hintergrund der Wertungen des Art. 33 Abs. 2 GG nachvollziehbar sei, die Wahl zu eigen machen. Das an den Kriterien der Eignungsklausel orientierte Berufungsverfahren sei durch die (zu dokumentierende) Ausgestaltung des Verfahrens sowie durch Begründungspflichten, die zwar nicht den Richterwahlausschuss, aber in bestimmten Konstellationen den Bundesminister treffen, abzusichern. Insgesamt werde der **Grundsatz der Bestenauslese** durch die Besonderheiten des Wahlverfahrens nach Art. 95 Abs. 2 GG **modifiziert**[8] und die ohnehin schon begrenzte gerichtliche Kontrolle exekutiver Auswahlentscheidungen weiter eingeschränkt.

5 Das Verfahren zur Wahl der Richter der obersten Gerichtshöfe des Bundes wurde insbesondere wegen des Einflusses der politischen Parteien und fehlender Transparenz **kritisiert**,[9] in jüngerer Zeit auch im Hinblick auf die vermisste Chancengleichheit von Juristinnen.[10] Heftige Diskussionen entzündeten sich auch an Einzelfällen, in denen ein nach Ansicht des Präsidialrats „fachlich ungeeigneter" Kandidat gewählt worden war.[11] Reformvorschläge, die etwa für eine Ergänzung des Richterwahlausschusses um Vertreter der Richterschaft,[12] für das Erfordernis eines Ausschreibungsverfahrens[13] oder für die Erhöhung des Zustimmungsquorums eintraten,[14] konnten sich bisher nicht durchsetzen.

---

5 Im Einzelnen dazu *Bowitz* DÖV **2016** 638.

6 BVerwGE **167** 77.

7 BVerfGE **143** 22, 32 ff. (Rn. 29 ff.) mit Anm. *Gärditz* NJW **2017** 3429.

8 Krit. *Sachs* JuS **2017** 89, 90: Die genaue Reichweite der Bindung an Art. 33 Abs. 2 GG bleibe unklar.

9 Vgl. *Gärditz* ZBR **2015** 325; zur älteren Literatur siehe LR/*Franke*[26] 4.

10 *Schübel* NJW **2014** 1355.

11 Vgl. OVG Schleswig NJW **2001** 3495; *Bertram* NJW **2001** 3167.

12 *Mackenroth* DRiZ **2001** 214; vgl. auch *Schmidt-Räntsch* Teil G, Vor 6.

13 *Gärditz* ZBR **2015** 325, 333 f.; *Mackenroth* DRiZ **2001** 214; krit. *Schmidt-Räntsch* Teil G Vor 11.

14 Gesetzentwurf der SPD-Fraktion vom 7.5.1986 (BTDrucks. **10** 5446); zu weiteren Vorschlägen Maunz/Dürig/*Jachmann-Michel* Art. 95, 135 GG; s. auch die Verhandlungen und Beschlüsse des DJT 2022 („Empfehlen sich Regelungen zur Sicherung der Unabhängigkeit der Justiz bei der Besetzung von Richterpositionen?").

Ob die vom BVerfG (Rn. 4) aufgestellten Anforderungen an das Wahlverfahren das Streitfeld beruhigen werden, bleibt abzuwarten.

6 **3. Vorsitzende Richter.** Die **Ernennung** (§ 17 Absatz 2 Nr. 3 DRiG) eines Richters am BGH zum **Vorsitzenden Richter** oder zum Präsidenten unterliegt nicht den Bestimmungen des Art. 95 Abs. 2 GG und des RiWG.[15] Anders als beim Generalbundesanwalt und den Bundesanwälten (§ 149) ist auch die Zustimmung des Bundesrates nicht vorgesehen. Zuständig für die Ernennung eines Richters zum Vorsitzenden Richter am BGH ist nach Art. 60 Abs. 1 GG, § 17 DRiG der Bundespräsident. Die Ernennung erfolgt auf Vorschlag des Bundesjustizministers.[16] Dem Vorschlag geht regelmäßig ein Kabinettsbeschluss voraus, der Außenwirkung nicht entfaltet.[17] Verwaltungsgerichtlicher Kontrolle unterliegt indessen der konkrete Ernennungsvorschlag, dem ein Besetzungsbericht des Präsidenten des BGH vorausgeht. Ebenso wie bei Beamten liegt die Entscheidung über eine Beförderung von Richtern im pflichtgemäßen Ermessen des Dienstherrn; der Bundesminister der Justiz hat sich gemäß Art. 33 Abs. 2 GG, § 46 DRiG, §§ 23, 9 BeamtStG (analog) an Eignung, Befähigung und fachlicher Leistung zu orientieren.[18] Dabei verfügt der Dienstherr über eine Beurteilungsermächtigung; die gerichtliche Kontrolle beschränkt sich darauf, ob er den rechtlichen Rahmen und die anzuwendenden Begriffe zutreffend gewürdigt, ob er richtige Sachverhaltsannahmen zugrundegelegt und ob er allgemeingültige Wertmaßstäbe beachtet und sachfremde Erwägungen unterlassen hat.[19] Das danach auszuübende Auswahlermessen erweitert sich zu einem weiten Ermessen hinsichtlich der Bestimmung geeigneter Auswahlkriterien, wenn für die Besetzung eines Beförderungsamtes im Wesentlichen gleich geeignete Bewerber zur Verfügung stehen.[20] Zur Gewährleistung des effektiven Rechtsschutzes sind die Auswahlerwägungen schriftlich zu fixieren.[21]

§§ 126 bis 129

(aufgehoben durch das Deutsche Beamtengesetz vom 26.1.1937, RGBl. I S. 39)

§ 130

(1) [1]Bei dem Bundesgerichtshof werden Zivil- und Strafsenate gebildet und Ermittlungsrichter bestellt. [2]Ihre Zahl bestimmt der Bundesminister der Justiz und für Verbraucherschutz.

---

15 VGH Mannheim NJW **1996** 2525, 2526; *Schmidt-Räntsch* Teil G, § 1 RichterwahlG, 1.

16 Zum Verfahren s. auch die Anordnung des Bundespräsidenten über die Ernennung und Entlassung von Bundesbeamten und Richtern im Bundesdienst vom 23.6.2004 (BGBl. I S. 1286).

17 VGH Mannheim NJW **1996** 2525, 2526.

18 VGH Mannheim NJW **1996** 2525. Zum von den zuständigen Ministerien und den Präsidenten der obersten Bundesgerichte zugrunde gelegten „Anforderungsprofil" für das Amt des Vorsitzenden s. *Loose* DRiZ **2020** 390, 391; zur Besetzung des Amtes des Vizepräsidenten s. VGH München NVwZ **2022** 1143 und *Domgörgen* NVwZ **2022** 1073; zu den Anforderungen an die Erstellung der dienstlichen Beurteilungen s. VG Karlsruhe NVwZ-RR **2013** 233.

19 VGH Mannheim NJW **1996** 2525, 2526.

20 BVerwGE **80** 123, 126; VGH Mannheim NJW **1996** 2525, 2526.

21 BVerfG NJW **2016** 309.

(2) Der Bundesminister der Justiz und für Verbraucherschutz wird ermächtigt, Zivil- und Strafsenate auch außerhalb des Sitzes des Bundesgerichtshofes zu bilden und die Dienstsitze für Ermittlungsrichter des Bundesgerichtshofes zu bestimmen.

Entstehungsgeschichte

Die ursprüngliche Gesetzesfassung (bis 1924 § 132) lautete: „Bei dem Reichsgerichte werden Civil- und Strafsenate gebildet. Die Zahl derselben bestimmt der Reichskanzler." Die EmmingerVO vom 4.1.1924 (RGBl. I S. 299) ersetzte „Reichskanzler" durch „Reichsminister der Justiz". Das VereinhG passte das Gesetz den Gegebenheiten an („Bundesgerichtshof", „Bundesminister") und fügte Absatz 2 hinzu, der den Bundesminister der Justiz zur Bildung auswärtiger Senate ermächtigte. Damit sollte die Einrichtung von Senaten in Berlin ermöglicht werden.[1] Durch das StaatsschStrafsG vom 8.9.1969 (BGBl. I S. 1582) wurde die Ermächtigung in Absatz 2 auf die Dienstsitze der Ermittlungsrichter erstreckt. Art. II Nr. 38 PräsVerfG vom 26.5.1972 (BGBl. I S. 841) fügte im Rahmen der Überführung der in § 168a StPO a.F. enthaltenen gerichtsverfassungsrechtlichen Regelungen in das GVG (s. Entstehungsgeschichte zu § 169 StPO) in Absatz 1 Satz 1 die Worte „und Ermittlungsrichter bestellt" hinzu.

1. Senate beim Bundesgerichtshof. Der BGH ist mit **Zivil- und Strafsenaten** sowie **Ermittlungsrichtern** ausgestattet. Die Bestimmung ihrer Zahl nimmt der Bundesjustizminister durch Verwaltungsanordnung vor. Sie ist demnach keine Angelegenheit der gerichtlichen Selbstverwaltung, sondern der Justizverwaltung.[2] Gegenwärtig gibt es 13 Zivil- und sieben Strafsenate. Darüber hinaus ist im Lauf der Zeit aufgrund besonderer gesetzlicher Anordnungen eine Reihe von **Spezialsenaten** hinzugetreten, z.B. der Kartellsenat gemäß § 94 GWB, der Senat für Anwaltssachen gemäß § 106 BRAO, ein besonderer Senat als Dienstgericht des Bundes (§ 61 DRiG) und Senate für Bußgeldsachen gemäß § 46 Abs. 7 OWiG. Ob die Spezialspruchkörper als Zivil- oder Strafsenate i.S. des § 132 anzusehen sind, ergibt sich aus gesetzlicher Anordnung (etwa § 61 Abs. 4 DRiG, § 94 Abs. 2 GWB, § 106 Abs. 1 BRAO) oder der jeweiligen Rechtsmaterie (vgl. § 132, 21). Wie bei den Land- und Oberlandesgerichten kann in Fällen der Überlastung eines Spruchkörpers ein vorübergehend bestehender **Hilfsspruchkörper (Hilfssenat)** errichtet werden. Dabei handelt es sich um den Sonderfall einer Vertretungsregelung, die nicht von der Justizverwaltung, sondern vom Präsidium zu treffen ist.[3] 1

2. Ermittlungsrichter. Auch die Zahl der **Ermittlungsrichter des Bundesgerichtshofs** (vgl. § 169 Abs. 1 Satz 2 StPO) legt der Bundesjustizminister fest. Sie werden insoweit (wenig flexibel) wie Spruchkörper behandelt, ohne dass ein sachliches Bedürfnis für diese Abweichung von der bis zum PräsVerfG vom 26.5.1972 geltenden Rechtslage erkennbar wäre. Der Gesetzgeber sah die mit der Ergänzung des Absatzes 1 Satz 1 einhergehende Begründung der Zuständigkeit des Bundesjustizministers als „folgerichtig" an, ohne ihre inhaltliche Notwendigkeit darzulegen.[4] Zurzeit sind sechs Ermittlungsrichter bestimmt. Die personelle Besetzung erfolgt jedoch durch das Präsidium des BGH 2

---

1 Vgl. KK/*Feilcke* 5 unter Hinweis auf Prot. S. 23, 77 und Drucksache Nr. 8 des (23.) Ausschusses für Rechtspflege und Verfassungsrecht sowie BTProt. I S. 2871.

2 Allg. dazu § 60, 7 und BGHSt **20** 132.

3 Vgl. § 60, 13 ff., § 116, 3 und Kissel/*Mayer* § 60, 13.

4 BTDrucks. **VI** 557 S. 19.

(§ 21e Abs. 1) und richtet sich nach dem tatsächlichen Geschäftsanfall. Aktuell sind drei Bundesrichter hauptsächlich („hauptamtlich") als Ermittlungsrichter und drei weitere als deren Vertreter eingesetzt.[5] Bestellt werden können nur Richter am BGH (anders § 168a Abs. 2 Satz 2 StPO i.d.F. bis zum StaatsschStrafsG vom 8.9.1969, wonach „jedes Mitglied eines deutschen Gerichtes" bestellt werden durfte). Die Ermittlungsrichter müssen nicht zugleich ständiges Mitglied eines Senats sein (§ 1 Abs. 3 GeschOBGH[6]), sind es aber regelmäßig. Absatz 2 ermächtigt den Bundesjustizminister, den Dienstsitz der Ermittlungsrichter zu bestimmen; bisher lag dieser stets in Karlsruhe. Zur Situation bei den Oberlandesgerichten s. § 116, 4.

3 **3. Auswärtige Senate.** Die **Ermächtigung zur Bildung auswärtiger Senate** (Absatz 2) umfasst deren Errichtung und Aufhebung. Beides erfolgt nicht wie bei § 78 Abs. 1, § 116 Abs. 2 durch RVO, sondern durch Verwaltungsanordnung des Bundesjustizministers.[7] Hierbei besteht ein weiter Ermessensspielraum,[8] dessen Ausübung allerdings den gesetzlich bestimmten Gerichtssitz nicht in Frage stellen darf (§ 123, 3). Hätte der Gesetzgeber die Exekutivkompetenz enger fassen wollen, hätte er dies zum Ausdruck gebracht. Mit Anordnung vom 8.12.1951 (BAnz Nr. 240) errichtete der Bundesjustizminister einen auswärtigen Senat in Berlin, den 5. Strafsenat, der auf Grundlage der Empfehlungen der Unabhängigen Föderalismuskommission durch Anordnung des Bundesjustizministers vom 2.7.1997 (BAnz Nr. 125) nach Leipzig verlegt wurde. Auch der im Jahr 2020 neben einem Zivilsenat neu errichtete (6.) Strafsenat erhielt seinen Sitz in Leipzig.[9] Dem Wortlaut der „Rutschklausel" (vgl. § 123, 1) wird hierdurch zwar nicht vollständig entsprochen, da kein „bestehender" Strafsenat verlegt wird; andererseits dürfte die sinngemäße Anwendung der Klausel in dieser Konstellation nur die Ansiedlung eines weiteren Strafsenats in Leipzig verlangen.[10] Im Übrigen entfaltet der (einfache) Beschluss des Bundestags vom 26.6.1992 angesichts der im Gesetz ausdrücklich angeordneten Zuständigkeit des Bundesjustizministers für die Errichtung auswärtiger Senate ohnehin keine rechtliche Bindungswirkung.[11] Zum 1.7.2026 wurde ein weiterer (7.) Strafsenat in Leipzig eingerichtet.[12]

4 Die **Besetzung der detachierten Senate** ist Sache des Präsidiums, das Gleiche gilt für die Geschäftsverteilung.[13] Für die (praktisch wenig relevante) Frage der **Fristwahrung** von Rechtsbehelfen bei Zuständigkeit der auswärtigen Senate gelten die zu § 116 entwickelten Grundsätze entsprechend.[14]

---

5 S. den Geschäftsverteilungsplan des BGH für 2026 auf dessen Homepage und (zur früheren Situation) *Wimmer* StraFo **2018** 221, 223.

6 I.d.F. der Änderung vom 15.4.1970, BAnz Nr. 74.

7 Krit. dazu *Schäfke* ZRP **1983** 165, 168.

8 Kissel/*Mayer* 4; enger im Hinblick auf die Entstehungsgeschichte LR/*Franke*[26].

9 Bekanntmachung vom 7.1.2020, BAnz v. 15.1.2020.

10 Zur Ansicht der Bundesregierung s. BTDrucks. **19** 6672; für Streichung der Klausel *Tombrink* DRiZ **2018** 408 f.

11 Wissenschaftlicher Dienst des BT, Information v. 16.3.2018, WD3-3000-076/18.

12 Pressemeldung des BGH vom 1.7.2026 (Nr. 120/2026).

13 KK/*Feilcke* 5; Kissel/*Mayer* 4; zum Austausch von Mitgliedern des BGH zwischen Karlsruhe und Leipzig (damals Berlin) vgl. LR/*Schäfer*[23] § 30 DRiG, 4; zur Beteiligung des Richterrats bei Anordnungen nach Abs. 2 *Schmidt-Räntsch* § 52 DRiG, 71.

14 Vgl. Kissel/*Mayer* § 116, 16a, aber auch *Dietlein* Berl. Anwaltsblatt **2018** 372.

§ 131

[1]Die Vorschrift erklärte die §§ 62 bis 69 a.F. für entsprechend anwendbar und regelte die Zusammensetzung des Präsidiums. [2]Sie wurde durch Art. II Nr. 39 PräsVerfG aufgehoben, da sie durch die neu eingefügten §§ 21a ff. gegenstandslos wurde.

§ 131a

[1]Die Vorschrift wurde eingefügt durch Gesetz vom 28.6.1935 (RGBl. I S. 844). [2]Sie enthielt die Vorschriften über die Großen Senate und die Vereinigten Großen Senate. [3]Durch das VereinhG 1950 wurde sie als § 132 eingesetzt und ist in der ursprünglichen Bezeichnung weggefallen.

§ 132

(1) [1]Beim Bundesgerichtshof werden ein Großer Senat für Zivilsachen und ein Großer Senat für Strafsachen gebildet. [2]Die Großen Senate bilden die Vereinigten Großen Senate.

(2) Will ein Senat in einer Rechtsfrage von der Entscheidung eines anderen Senats abweichen, so entscheiden der Große Senat für Zivilsachen, wenn ein Zivilsenat von einem anderen Zivilsenat oder von dem Großen Zivilsenat, der Große Senat für Strafsachen, wenn ein Strafsenat von einem anderen Strafsenat oder von dem Großen Senat für Strafsachen, die Vereinigten Großen Senate, wenn ein Zivilsenat von einem Strafsenat oder von dem Großen Senat für Strafsachen oder ein Strafsenat von einem Zivilsenat oder von dem Großen Senat für Zivilsachen oder ein Senat von den Vereinigten Großen Senaten abweichen will.

(3) [1]Eine Vorlage an den Großen Senat oder die Vereinigten Großen Senate ist nur zulässig, wenn der Senat, von dessen Entscheidung abgewichen werden soll, auf Anfrage des erkennenden Senats erklärt hat, daß er an seiner Rechtsauffassung festhält. [2]Kann der Senat, von dessen Entscheidung abgewichen werden soll, wegen einer Änderung des Geschäftsverteilungsplanes mit der Rechtsfrage nicht mehr befaßt werden, tritt der Senat an seine Stelle, der nach dem Geschäftsverteilungsplan für den Fall, in dem abweichend entschieden wurde, zuständig wäre. [3]Über die Anfrage und die Antwort entscheidet der jeweilige Senat durch Beschluß in der für Urteile erforderlichen Besetzung; § 97 Abs. 2 Satz 1 des Steuerberatungsgesetzes und § 74 Abs. 2 Satz 1 der Wirtschaftsprüferordnung bleiben unberührt.

(4) Der erkennende Senat kann eine Frage von grundsätzlicher Bedeutung dem Großen Senat zur Entscheidung vorlegen, wenn das nach seiner Auffassung zur Fortbildung des Rechts oder zur Sicherung einer einheitlichen Rechtsprechung erforderlich ist.

(5) [1]Der Große Senat für Zivilsachen besteht aus dem Präsidenten und je einem Mitglied der Zivilsenate, der Große Senat für Strafsachen aus dem Präsidenten und je zwei Mitgliedern der Strafsenate. [2]Legt ein anderer Senat vor oder soll von dessen Entscheidung abgewichen werden, ist auch ein Mitglied dieses Senats im Großen Senat vertreten. [3]Die Vereinigten Großen Senate bestehen aus dem Präsidenten und den Mitgliedern der Großen Senate.

(6) [1]Die Mitglieder und die Vertreter werden durch das Präsidium für ein Geschäftsjahr bestellt. [2]Dies gilt auch für das Mitglied eines anderen Senats nach Ab-

satz 5 Satz 2 und für seinen Vertreter. [3]Den Vorsitz in den Großen Senaten und den Vereinigten Großen Senaten führt der Präsident, bei Verhinderung das dienstälteste Mitglied. [4]Bei Stimmengleichheit gibt die Stimme des Vorsitzenden den Ausschlag.

Schrifttum

Amberg Divergierende höchstrichterliche Rechtsprechung (1998); *Bechtel* Das obiter dictum im Rahmen der revisionsgerichtlichen Aufgabenwahrnehmung durch die Strafsenate des BGH, NStZ **2022** 1; *Beisse* Von der Aufgabe des Großen Senats, FS Hugo von Wallis (1985) 45; *Bertheau* Rügeverkümmerung – Verkümmerung der Revision in Strafsachen, NJW **2010** 973; *Dölp* Umgang mit Binnendivergenzen, StraFo **2018** 379; *Fischer* Das obiter dictum – aus revisionsrichterlicher Sicht – in: Gesammelte Schriften (1985) 79; *ders.* Hemmschwellen auf dem Weg zu Entscheidungen des Großen Senats für Strafsachen, StraFo **2014** 309; *ders.* Binnendivergenzen, FS Schlothauer (2018) 471; *Gelhaar* Die Besetzung der Großen Senate bei den oberen Bundesgerichten, DRiZ **1965** 73; *Globke* „Verbot der Rügeverkümmerung": Rechtsfortbildung vor dem Bundesverfassungsgericht, GA **2010** 399; *Groß/Pamp* Die Grundsatzvorlage an die Großen Senate für Zivil- bzw. Strafsachen gemäß § 132 Abs. 1 Satz 1, Abs. 4 GVG, ZZP **113** (2000) 467; *Hahn* Die gesammelten Materialien zu den Reichsjustizgesetzen, 2. Aufl. (1883 ff.); *Hanack* Der Ausgleich divergierender Entscheidungen in der oberen Gerichtsbarkeit (1962); *Heußner* Das Anfrageverfahren des Großen Senats, DRiZ **1972** 119; *Ignor/Bertheau* Die so genannte Vollstreckungslösung des Großen Senats für Strafsachen, NJW **2008** 2209; *Jaeger/Broß* Die Beziehungen zwischen dem Bundesverfassungsgericht und den übrigen einzelstaatlichen Rechtsprechungsorganen – einschließlich der diesbezüglichen Interferenz des Handelns der europäischen Rechtsprechungsorgane, EuGRZ **2004** 1; *Jahn/Kudlich* Rechtsstaatswidrige Tatprovokation als Verfahrenshindernis: Spaltprozesse in Strafsachen beim Bunddesgerichtshof, JR **2016** 54; *Jungmann* Ein neuer „horror pleni" in den Zivilsenaten des BGH? JZ **2009** 380; *Kanzler* Beiläufiges über Beiläufiges – Das obiter dictum in der Rechtsprechung des Bundesfinanzhofs, DStR **2013** 1505; *Kapp* Nichtanrufung des Großen Senats des Bundesfinanzhofs als verfassungswidrige objektive Willkür, FS Felix (1989) 153; *Kehrberger/Roggenkemper* Prozessleitung oder Anleitung für die Instanzgerichte? JR **2019** 547; *Kempf/Schilling* Revisionsrichterliche Rechtsfortbildung in Strafsachen, NJW **2012** 1849; *Kissel* Neues zur Gerichtsverfassung, NJW **1991** 945; *Köhler* Plenarentscheidungen in Strafsachen, Festgabe der juristischen Fakultäten zum 50jährigen Bestehen des Reichsgerichts, Bd. 5 (1929) 159; *Kokott* Die Pflicht zur Vorlage an den Gerichtshof und die Folgen ihrer Verletzung, JZ **2006** 633; *Kondert* Wer hat Angst vor dem Großen Senat? BKR **2024** 101; *Kuhlen* Die Abweichung einer Entscheidung von einer anderen und die Betrachtung des Einzelfalles, JA **1986** 589; *Lamprecht* Obiter dictum – Arabeske oder Ballast? NJW **1998** 1039; *Lauterjung* Die Einheit der Rechtsprechung innerhalb der höchsten Gerichte, Diss. Freiburg 1932; *Leisner* Urteilsverfassungsbeschwerde wegen Nichtvorlage bei Abweichung, NJW **1989** 2446; *Lilie* Obiter dictum und Divergenzausgleich in Strafsachen (1993); *Lorenz* Turbulenzen um die Binnendivergenzen im 2. Strafsenat des Bundesgerichtshofs, JR **2018** 128; *Lorenz/Pschorr* Eine unerkannte Divergenz zwischen Karlsruhe und Leipzig zur gefährlichen Körperverletzung durch Unterlassen, StV **2024** 134; *de Lousanoff* Die „grundsätzliche Bedeutung" der Rechtssache im neuen Revisionsrecht, NJW **1977** 1042; *Lundmark* Präjudizien im europäischen Vergleich, ZfRV **2012** 272; *Maetzel* Prozessuale Fragen zum Verfahren vor dem „Großen Senat", MDR **1966** 453; *ders.* Bemerkungen zum gemeinsamen Senat der obersten Gerichtshöfe, MDR **1968** 797; *May* Verfahrensfragen bei der Divergenzanrufung des Großen Senats, DRiZ **1983** 305; *Meier* Was ist eigentlich... obiter dictum? JuS **2020** 636; *Ch. Meyer* Die Sicherung der Einheitlichkeit höchstrichterlicher Rechtsprechung durch Divergenz- und Grundsatzvorlage. Zur Anrufung der Großen Senate bei den obersten Gerichtshöfen des Bundes (1994); *Meyer-Goßner* Zur Aktenkenntnis der Senatsmitglieder und zu Formalien bei den Entscheidungen des Bundesgerichtshofs in Strafsachen, FS Tolksdorf (2014) 323; *Miebach* Der Gemeinsame Senat der obersten Gerichtshöfe des Bundes (1971); *Möllers* Nachvollzug ohne Maßstabbildung: richterliche Rechtsfortbildung in der Rechtsprechung des Bundesverfassungsgerichts, JZ **2009** 668; *Mosbacher* Aktuelles Strafprozessrecht, JuS **2017** 127, JuS **2022** 726, JuS **2024** 226; *ders.* Aktuelle Rechtsprechung des BGH mit Compliance-Bezug, CCZ **2022** 1; *Müller* Die grundsätzliche Bedeutung der Rechtssache, FS Herschel (1955) 159; *Offerhaus* Die Großen Senate der obersten Gerichtshöfe des Bundes, Festschrift 75 Jahre Reichsfinanzhof – Bundesfinanzhof (1993) 623; *Rieble* Richterliche Gesetzesbindung und BVerfG, NJW **2011** 819; *Paulus* Prozessuale Wahrheit und Revision, FS Spendel (1992) 687; *Rieß* Hinweise an den Tatrichter bei der Zurückverweisung durch das Revisionsgericht, Hanack-Symp. (1991) 117; *ders.* Zur Tätigkeit des Großen Senats in Strafsachen – ein Überblick, NStZ-Sonderheft Miebach **2009** 30; *Rissing-van*

Saan Divergenzausgleich und Fragen von grundsätzlicher Bedeutung, FS Widmaier (2008) 505; *Schalscha* Die Aushöhlung der Vorlegungspflicht nach §§ 121, 136 GVG, MDR **1959** 90; *Rönnau* Aktuelles zum Wirtschaftsstrafrecht in der Revision – oder: Zum sachgerechten Umgang der Straf- und Zivilsenate mit Divergenzen auf dem Feld des Wirtschaftsstrafrechts, StraFo **2014** 265; *Roesener* Reichsgericht und horror pleni (1912); *Rüthers* Klartext zu den Grenzen des Richterrechts, NJW **2011** 1856; *Schefold* Zweifel des erkennenden Gerichts (1971); *Schirmer* Rechtsfragen des Anfrageverfahrens und Anrufung des Großen Senats, Sozialgerichtsbarkeit **1980** 413; *Schlothauer* Gesetzesrecht – Richterrecht, StraFo **2011** 459; *Schlüter* Das Obiter Dictum (1973); *Eb. Schmidt* Zur Auslegung des § 136 GVG, MDR **1958** 815; *Schneider* Verletzung der Vorlagepflicht, MDR **2000** 10; *Schroth* Der Ausgleich divergierender obergerichtlicher Entscheidungen, JR **1990** 93; *Schröder* Rechtseinheit und richterliche Entscheidungsfreiheit, NJW **1959** 1517; *Schulte* Rechtsprechungseinheit als Verfassungsauftrag. Dargestellt am Beispiel des gemeinsamen Senats der obersten Gerichtshöfe des Bundes (1986); *Schulz* Funktionen des obiter dictum, ZIS **2008** 403; *Stam* Verletzung des Rechts auf den gesetzlichen Richter durch Nichtvorlage an den Großen Senat, HRRS **2011** 79; *Tiedemann* Die abweichende Judikatur oberster Gerichte als Revisionszulassungsgrund, MDR **1977** 813; *Wiedemann* Richterliche Rechtsfortbildung, NJW **2014** 2407; *Zimmermann/Bales* Der Umgang mit Divergenzen im Recht am Beispiel des Strafverfahrens, JuS **2019** 1137; *dies.* Binnendivergenzen im Strafverfahren, JuS-Extra **2019** 8.

Entstehungsgeschichte

Mit der Errichtung des Reichsgerichts zum 1.10.1879 in Leipzig als höchstem deutschen Gerichtshof entstand das Bedürfnis nach einer Einrichtung, welche die denkbar größte Gewähr für eine einheitliche Rechtsprechung zur Herstellung von Rechtseinheit und -sicherheit bieten sollte.[1] Damals gab es im europäischen Raum zwei verschiedene Möglichkeiten: Die strenge Bindung an Präjudizien, wie sie sich im englischen Recht ausgebildet hatte, oder die Einrichtung einer höchsten Instanz mit Schaffung einer Schlichtungsmöglichkeit bei Streit innerhalb der dort angesiedelten Spruchkörper.[2] Das Gerichtsverfassungsgesetz vom 27.1.1877 (RGBl. S. 41) ging den zweiten Weg und enthielt von Beginn an in § 137 GVG a.F. eine Regelung zur Beilegung von Divergenzen zwischen verschiedenen Zivil- und Strafsenaten des Reichsgerichts. Die Regelung hatte folgenden Wortlaut: „Will ein Civilsenat in einer Rechtsfrage von einer früheren Entscheidung eines anderen Civilsenats oder der der vereinigten Civilsenate abweichen, so hat derselbe die Verhandlung und Entscheidung der Sache vor die vereinigten Civilsenate zu verweisen. Die Verweisung erfolgt an die vereinigten Strafsenate, wenn ein Strafsenat in einer Rechtsfrage von einer früheren Entscheidung eines anderen Strafsenats oder der vereinigten Strafsenate abweichen will“ (RGBl. 1877 S. 66). Zudem bestimmte § 139 GVG a.F.: „Zur Fassung von Plenarentscheidungen und von Entscheidungen der vereinigten Civil- oder Strafsenate, sowie der beiden vereinigten Strafsenate ist die Theilnahme von mindestens zwei Dritteln aller Mitglieder mit Einschluss des Vorsitzenden erforderlich. Die Zahl der Mitglieder, welche eine entscheidende Stimme führen, muß eine ungerade sein. Ist die Zahl der anwesenden Mitglieder eine gerade, so hat derjenige Rath, welcher zuletzt ernannt ist, und bei gleichem Dienstalter derjenige, welcher der Geburt nach der jüngere ist, oder, wenn dieser Berichterstatter ist, der nächst ältere kein Stimmrecht“ (RGBl. 1877 S. 67).

Diese Regelung ging auf eine preußische Kabinettsorder für das Preußische Obertribunal vom 1.8.1836 zurück, die Folgendes bestimmte: „3. Falls ein Senat durch Stimmenmehrheit beschließt, von einem bisher behaupteten Rechtsgrundsatze oder von der durch ihn

1 Vgl. *Roesener* 13; zur Entstehungsgeschichte ausführlich *Hanack* 7 ff.; SK/*Frister* 1 ff.; *Rissing-van Saan* FS Widmaier 505, 507 ff.

2 Vgl. *Roesener* 18 ff. m.w.N.; rechtsvergleichend zu den damaligen Obersten Gerichtshöfen der anderen Europäischen Staaten *Lauterjung* 22 ff.; vgl. dazu aus jüngerer Perspektive auch *Lundmark* ZfRV **2012** 272.

selbst oder durch einen anderen Senat bis dahin befolgten Auslegung und Anwendung einer gesetzlichen Vorschrift abzugehen, so ist die dadurch zweifelhaft gewordene Rechtsfrage an das Plenum des geheimen Obertribunals zu bringen. 4. Das Plenum entscheidet darüber auf den Antrag zweier neuen, aus den anderen Senaten gewählten Referenten, und seine Entscheidung dient in der vorliegenden Rechtssache dem betreffenden Senate zur Norm."[3] Die weitere Entwicklung in Preußen war wie folgt: Während ab 1846 das Plenum nicht nur mit der Entscheidung über die Rechtsfrage, sondern auch über die Sache befasst war, wurde diese Änderung 1855 wieder aufgehoben.[4] Im Jahr 1856 wurde die Notwendigkeit der Vorlage beim Abweichen von einer eigenen Entscheidung gestrichen, diese Möglichkeit wurde den Senaten aber belassen.[5] Mit Gesetz vom 12.6.1869 beschloss der Norddeutsche Bund im Gesetz zur Errichtung eines obersten Gerichtshofs für Handelssachen in § 9 Folgendes:[6] „Wenn die Ansicht eines Senats über eine Rechtsfrage von einer früheren Entscheidung desselben Senats oder eines anderen Senats oder des Plenums abweicht, so muss vor der Sachentscheidung die Rechtsfrage vor das Plenum gebracht werden. Die Ansicht des letzteren ist für die Entscheidung der Sache, welche zu der Plenarberatung Anlass gegeben hat, maßgebend."

Bei den Beratungen zum GVG entsprach § 108 des Entwurfs dem später Gesetz gewordenen § 137 GVG a.F. Als zentrales Motiv wurde die Sicherung der Einheit der Rechtsprechung genannt:[7] Aus der notwendigen Bildung mehrerer Senate dürften keine „Ungleichheiten in der Auffassung von Rechtssätzen" entstehen; solches sei für das Ansehen des obersten Gerichts wie für die einheitliche Entwicklung des Rechts schädlich. Die Gefahr solcher Widersprüche werde umso größer sein, je größer die Anzahl der einzelnen Senate des Gerichtshofs sei. Ursprünglich war eine Entscheidung des Plenums bei Streitigkeiten zwischen Zivil- und Strafsenaten nicht vorgehsehen. Bereits durch Gesetz vom 17.3.1886 wurde § 137 GVG a.F. grundlegend reformiert und wesentlich erweitert.[8] Er lautete anschließend: „Will in einer Rechtsfrage ein Civilsenat von der Entscheidung eines anderen Civilsenats oder der vereinigten Civilsenate, oder ein Strafsenat von der Entscheidung eines anderen Strafsenats oder der vereinigten Strafsenate abweichen, so ist über die streitige Rechtsfrage im ersten Falle die Entscheidung der vereinigten Civilsenate, im letzteren eine solche der vereinigten Strafsenate einzuholen. Einer Entscheidung über die Rechtsfrage durch das Plenum bedarf es nur, wenn ein Zivilsenat von der Entscheidung eines Strafsenats oder der vereinigten Strafsenate, oder ein Strafsenat von der Entscheidung eines Civilsenats, oder ein Senat von der früher eingeholten Entscheidung des Plenums abweichen will. Die Entscheidung der Rechtsfrage durch die vereinigten Senate oder das Plenum ist bindend. Sie erfolgt in allen Fällen ohne vorgängige mündliche Verhandlung. Vor der Entscheidung der vereinigten Strafsenate oder derjenigen des Plenums, sowie in Ehe- und Entmündigungsverfahren und in Rechtstreitigkeiten, welche die Feststellung des Rechtsverhältnisses zwischen Eltern und Kindern oder die Anfechtung einer Todeserklärung zum Gegenstande haben, ist der Ober-Reichsanwalt mit seinen schriftlichen Anträgen zu hören. Soweit die Entscheidung der Sache eine vorgängige mündliche Verhandlung erfordert, erfolgt diese durch den erkennenden Senat auf Grund einer erneuten mündlichen Verhandlung, zu welcher die Prozessbeteiligten von Amts wegen unter Mitteilung der ergangenen Entscheidung der Rechtsfrage zu laden sind." In späteren Jahren erfolgte die Umbenennung in § 136 GVG a.F. Die Neigung der Senate des Reichsgerichts, die vereinigten Ci-

3 *Roesener* 20 ff. (auch zum Folgenden) m.w.N.; VO v. 1.8.1836, Ges. Sammlung S. 218.
4 VO v. 21.7.1846, Ges. Sammlung S. 291; Gesetz v. 26.3.1955, Ges. Sammlung S. 189.
5 Gesetz v. 7.5.1856, Ges. Sammlung S. 293.
6 BGBl. S. 201; hierzu auch BGH NStZ-RR **2017** 112 Rn. 7.
7 *Hahn* Materialien zum GVG, Bd. I, 138 ff.
8 Dazu näher *Rissing-van Saan* FS Widmaier 505, 507 ff.

vil- oder Strafsenate anzurufen, war nach allgemeiner Auffassung gering, was auf eine einschränkende Auslegung von § 137 bzw. § 136 GVG a.F. zurückgeführt wurde. Vielfach war deshalb vom sog. horror pleni die Rede.[9] Dies hing vor allen Dingen mit der Größe des zur Entscheidung berufenen Gremiums und der damit einhergehenden Umständlichkeit des Verfahrens bei ansonsten hoher Belastung zusammen.[10] Das nähere Verfahren regelte die aufgrund § 141 GVG a.F. erlassene Geschäftsordnung des Reichsgerichts in § 13.[11]

Nach entsprechenden Reformvorschlägen des Oberreichsanwalts und der Literatur in den 1920er Jahren[12] und dem Vorbild des 1919 durch § 46 der Reichsabgabenordnung beim Reichsfinanzhof eingerichteten „Großen Senats"[13] wurde durch Gesetz vom 28.6.1935 (RGBl. I S. 844) die Einrichtung eines Großen Senats für Zivilsachen und eines Großen Senats für Strafsachen anstelle der jeweiligen vereinigten Senate beschlossen. Die bisherigen Aufgaben des Plenums wurden den Vereinigten Großen Senaten auferlegt. Die Zusammensetzung dieser drei Spruchkörper wurde in § 131a GVG a.F. neu geregelt. Aufgabenbereich und Verfahren ergaben sich aus den durch das gleiche Gesetz neu gefassten §§ 136 bis 138 GVG a.F. Eine Entscheidung des Großen Senats für Strafsachen hatte nach § 136 GVG a.F. – wie zuvor – bei Divergenz in einer Rechtsfrage zu erfolgen; allerdings wurde eine Abweichung von vor dem 1.9.1935 ergangenen Entscheidungen unbeschränkt zugelassen. Zudem sah der neue § 137 GVG a.F. eine Anrufung der Großen Senate auch bei einer Frage von grundsätzlicher Bedeutung vor, wenn dies zur Fortbildung des Rechts oder zur Sicherung einer einheitlichen Rechtsprechung erforderlich war. Schließlich bestimmte § 137 Abs. 2 GVG a.F., dass in Strafsachen ein Senat auf Antrag des Oberreichsanwalts die Verweisung an den Großen Senat auszusprechen hatte, wenn der Oberreichsanwalt die Entscheidung durch den Großen Senat für erforderlich hielt. Diese 1935 eingeführten Vorschriften galten auch nach Gründung der Bundesrepublik Deutschland 1949 überwiegend unverändert weiter. Durch das VereinhG vom 12.9.1950 (BGBl. I S. 455) wurde allerdings § 137 GVG Abs. 2 a.F. (Einflussmöglichkeit des Oberreichsanwalts) gestrichen.

In der DDR wurde nach dem GVG von 1952 (G. v. 2.10.1952, GBl. 983) die Entscheidung über Divergenzen innerhalb des Obersten Gerichts dem Plenum übertragen. Nach § 57 Abs. 1 GVG/DDR (1952) hatte ein Senat die Rechtsfrage dem Plenum des Obersten Gerichts vorzutragen, wenn er bei der Entscheidung einer grundsätzlichen Rechtsfrage von der ihm bekannten Entscheidung eines anderen Senats oder des Plenums abweichen wollte. Jenseits solcher Divergenzvorlagen konnte das Plenum im Interesse der einheitlichen Anwendung und Auslegung der Gesetze mit bindender Wirkung für alle Gerichte Richtlinien erlassen, wenn der Präsident des Obersten Gerichts, der Generalstaatsanwalt der DDR oder der Minister für Justiz dies beantragten (§ 58 GVG/DDR 1952). Nach dem GVG der DDR von 1974 (Gesetz v. 27.9.1974, GBl. I S. 457) war dagegen einerseits das regelmäßig tagende Plenum als höchstes Organ des Obersten Gerichts für den Erlass von Richtlinien zuständig, die für alle Gerichte verbindlich waren (§ 39 Abs. 1 Satz 2 GVG/DDR, vgl. dazu auch näher BGHSt 40, 30 ff.); das dem Plenum verantwortliche Präsidium leitete hingegen die Rechtsprechung mit Richtlinien zwischen den Plenumssitzungen an und entschied zudem, wenn ein Senat des Obersten Gerichts in einer grundsätzlichen Rechtsfrage von der Entscheidung eines anderen Senats oder des Präsidiums abweichen wollte, sofern nicht die Kollegien zuständig waren (§ 40 Abs. 1 GVG/DDR). Die für einzelne Rechtsgebiete wie Strafrecht, Zivilrecht, Familien- und Arbeitsrecht gebildeten Kollegien bestanden aus den auf diesen

9 Vgl. den Titel der Schrift von *Roesener* (1912); *Köhler* 171.

10 *Köhler* 170 f.

11 Zeitschrift für deutschen Zivilprozeß, Band **10** (1887) 442, 444 f.

12 Vgl. dazu näher *Kitzinger* 258; *Hanack* 31.

13 Dazu näher *Beisse* FS von Wallis 45 ff.

Rechtsgebieten tätigen Richtern und den Leitern der Kassationsantragsabteilungen (§ 41 Abs. 1 GVG/DDR). Die Kollegien waren nach § 41 Abs. 1 GVG/DDR zur einheitlichen Durchführung der Festlegungen des Plenums und des Präsidiums für die Herausarbeitung der Aufgaben der Rechtsprechung auf ihren Sachgebieten verantwortlich und entschieden, wenn ein Senat des Kollegiums in einer grundsätzlichen Rechtsfrage von der Entscheidung eines anderen Senats desselben Kollegiums abweichen wollte. Der durch Gesetz v. 18.12.1987 (GBl. I S. 302) gegründete „Große Senat" des Obersten Gerichts war nach § 40a GVG/DDR hingegen ausschließlich als Rechtsmittelgericht gegen erstinstanzliche Entscheidungen der Senate des Obersten Gerichts zuständig.

Kurz nach der Wiedervereinigung kam es zu einer umfassenden Neuregelung der Vorschriften durch das Rechtspflege-Vereinfachungsgesetz vom 17.12.1990 (BGBl. I S. 2847, 2854).[14] Die bisherigen §§ 132, 136, 137 und 138 GVG a.F. wurden in § 132 und § 138 mit Wirkung zum 1.1.1992 zusammengefasst und ergänzt. Auch die Besetzung der Großen Senate und die Verfahrensweise wurden neu geregelt, um rechtsstaatlichen Bedenken u.a. gegen das bisher geübte Anfrageverfahren innerhalb der Senate und gegen die unbestimmte Zusammensetzung der Großen Senate Rechnung zu tragen.[15] Diese Fassung von § 132 gilt unverändert noch heute. Zugleich wurden die teilweise divergierenden Regelungen über die Großen Senate bei den übrigen obersten Gerichtshöfen des Bundes vereinheitlicht und nahezu wortgleich in die jeweiligen Verfahrensordnungen integriert (vgl. § 11 VwGO und § 11 FGO sowie – mit Besonderheiten für die Beteiligung ehrenamtlicher Richter – § 45 ArbGG und § 41 SGG). Zur Vermeidung divergierender Entscheidungen der obersten Gerichtshöfe wurde durch das Gesetz zur Wahrung der Einheitlichkeit der Rechtsprechung der obersten Gerichtshöfe des Bundes vom 19.6.1968 (BGBl. I S. 661) ein Gemeinsamer Senat der obersten Bundesgerichte gebildet, dessen Zusammensetzung in §§ 3 und 4 RsprEinhG geregelt ist.[16]

Übersicht

14 Vgl. dazu *Kissel* NJW **1991** 945, 951 m.w.N.

15 Vgl. BTDrucks. **11** 3621 S. 29 ff., 54.

16 Hierzu näher *Miebach* 1 ff.

I. Allgemeines

1. Normzweck. Die Vorschriften über Anrufung und Entscheidung der Großen Senate und der Vereinigten Großen Senate[17] dienen der Wahrung des verfassungsrechtlichen Gebots einer **einheitlichen Rechtsprechung**.[18] Die einheitliche Auslegung bundesweit geltender Gesetze erfüllt mehrere Funktionen: Sie sichert nicht nur die Gleichbehandlung der Rechtsunterworfenen durch gleiche Handhabung des Rechts, sondern dient auch der Steuerungsfunktion des Rechts durch Vorhersehbarkeit der Auslegungsergebnisse.[19] Mangels einer formellen Bindung der Gerichte an Präjudizien[20] bedarf es einer Regelung zur Auflösung von Divergenzen in der Rechtsprechung, wenn diese auf einem Sachgebiet von mehreren Spruchkörpern eines obersten Gerichts ausgeübt wird.[21] Der Große Senat für Strafsachen ist aber nicht nur eine Art Schiedsrichter beim Streit über unterschiedliche Rechtsauffassungen. Durch die Möglichkeit seiner Anrufung auch bei Fragen grundsätzlicher Bedeutung zur Fortbildung des Rechts oder zur Sicherung einer einheitlichen Rechtsprechung wird seine besondere Rolle im Rahmen richterlicher Auslegung und Rechtsfortbildung betont.[22] § 132 regelt die Zuständigkeit des Großen Senats abschließend.[23] 1

Entsprechende (teils leicht abweichende) **Regelungen** gibt es auch für die anderen obersten Gerichte des Bundes (§ 11 VwGO, § 11 FGO, § 45 ArbGG, § 41 SGG). Eine Divergenzvorlagepflicht an den BGH enthält § 121 Abs. 2 für Oberlandesgerichte, falls diese in bestimmten Fällen von der Rechtsprechung eines anderen OLG oder des BGH abweichen wollen (näher LR/Gittermann § 121, 24 ff.). Eine besondere Möglichkeit für ein OLG, den BGH wegen Divergenz oder der Klärung einer Rechtsfrage von grundsätzlicher Bedeutung 2

17 Die Kommentierung beschränkt sich auf den Großen Senat für Strafsachen und die Vereinigten Großen Senate; soweit im Folgenden aus Vereinfachungsgründen teilweise lediglich vom Großen Senat die Rede ist, gilt regelmäßig für die Vereinigten Großen Senate nichts anderes.
18 BTDrucks. **11** 3621 S. 29; MüKo/*Cierniak/Pohlit* 1; Kissel/*Mayer* 1; vgl. dazu insgesamt auch *Schulte* 1 ff.
19 Vgl. MüKo/*Cierniak/Pohlit* 1.
20 Vgl. dazu näher *Hanack* 354 ff. m.w.N.
21 Grundlegend hierzu auch *Amberg* 248 ff.
22 Kissel/*Mayer* 37; *Beisse* FS von Wallis 45, 47; *Rissing-van Saan* FS Widmaier 505.
23 MüKo/*Cierniak/Pohlit* 3; Kissel/*Mayer* 2.

anzurufen, enthält § 41 Abs. 1 IRG für Rechtsfragen in Auslieferungssachen.[24] Eine derartige Entscheidung des BGH wird nach § 41 Abs. 2 IRG auch eingeholt, wenn der Generalbundesanwalt oder die Generalstaatsanwaltschaft beim betreffenden OLG dies zur Klärung der Rechtsfrage beantragen. Für das BVerfG ist eine § 132 Abs. 2 entsprechende Regelung in § 16 BVerfGG enthalten, der bei Divergenzen zwischen den Senaten eine Entscheidung des Plenums vorsieht. Eine Kammer (§§ 15a, 93b BVerfGG) darf von einem Senat nicht abweichen; Abweichungen von Kammern untereinander sind nicht geregelt. Weicht ein Senat des BVerfG von der Rechtsauffassung einer Kammer ab, so entsteht ebenfalls kein Fall der vorlagepflichtigen Rechtsprechungsdivergenz.[25]

3 Zur Wahrung der Einheitlichkeit der Rechtsprechung der in Art. 95 Abs. 1 GG genannten obersten Gerichtshöfe des Bundes besteht seit 1968 der **Gemeinsame Senat der Obersten Bundesgerichte** (GmS-OBG, vgl. § 1 Abs. 1 RsprEinhG).[26] Er entscheidet, wenn ein Oberster Gerichtshof in einer Rechtsfrage von der Entscheidung eines anderen Gerichtshofs oder des Gemeinsamen Senats abweichen will (§ 2 Abs. 1 RsprEinhG).[27] Liegen in einem solchen Fall zugleich die Voraussetzungen einer Anrufung des Großen Senats oder der Vereinigten Großen Senate nach § 132 Abs. 2, 3 vor, sind zunächst diese mit der Frage zu befassen (§ 2 Abs. 2 RsprEinhG).[28] Der Gemeinsame Senat, der seinen Sitz in Karlsruhe hat (vgl. § 1 Abs. 2 RsprEinhG), besteht aus den Präsidenten der obersten Gerichtshöfe, den Vorsitzenden der beteiligten Senate und je einem weiteren Richter der beteiligten Senate (§ 3 Abs. 1 RsprEinhG).[29] Er kann nur mit Divergenzfällen, nicht lediglich mit Rechtsfragen grundsätzlicher Bedeutung befasst werden. Die Verfahrensfragen sind insoweit weitaus detaillierter als in §§ 132, 138 geregelt (vgl. §§ 10 ff. RsprEinhG).[30] Es gilt etwa, dass die Zustimmung zu einer Vorlage binnen eines Monats zu erklären ist (§ 14 RsprEinhG). Eine ähnliche (etwas weiter gefasste) Fristbestimmung könnte auch dem Verfahren nach § 132 Abs. 2, 3 förderlich sein, bei dem es immer wieder zu erheblichen Verzögerungen im Anfrageverfahren kommt.[31]

4 **2. Großer Senat als besonderer Spruchkörper (Absatz 1).** Die Bildung eines Großen Senats für Strafsachen ist durch § 132 Abs. 1 Satz 1 zwingend vorgeschrieben. Damit handelt es sich um einen kraft Gesetzes vorgesehenen **Spruchkörper**,[32] der personell durch das Präsidium besetzt werden muss (Absatz 6).[33] Gleiches gilt für die Vereinigten Großen Senate, die nach der gesetzlichen Konzeption ebenfalls einen selbständigen Spruchkörper innerhalb des Gerichts darstellen,[34] und den Gemeinsamen Senat der Obersten Bundesgerichte.[35] Lässt der Senat eines obersten Bundesgerichts die Verpflichtung zur Vorlage an den Großen Senat außer Acht, kann ein Angeklagter dadurch seinem **gesetzlichen Richter** entzogen werden,

---

24 Vgl. dazu näher BGHSt **33** 310.
25 Vgl. BVerfGE **23** 191, 206 f.
26 Ausführlich dazu *Miebach* 1 ff.; *Schulte* 1 ff.; *Maetzel* MDR **1968** 797.
27 Näher *Miebach* 113 ff.; kritisch zur Praxis und zu Umgehungstendenzen *Schulte* 114 ff.
28 Näher *Miebach* 120 ff.
29 Näher *Miebach* 90 ff.; *Schulte* 70 ff.
30 Näher *Schulte* 83 ff.; vgl. zur Auflösung der Divergenz in einem solchen Verfahren BGH MDR **2016** 697 und BAG NZA **2016** 1296.
31 Vgl. etwa BGH NStZ-RR **2018** 199; näher *Rieß* NStZ-Sonderheft **2009** 30, 32 f.
32 MüKo/*Cierniak*/*Pohlit* 3; Kissel/*Mayer* 2; *Rissing-van Saan* FS Widmaier 505, 509.
33 Vgl. Kissel/*Mayer* 2.
34 Vgl. BTDrucks. **11** 3621 S. 54.
35 Vgl. *Schulte* 157.

selbst wenn der Große Senat nur über eine bestimmte Rechtsfrage zu entscheiden hat.[36] Dies gilt allerdings nur in Fällen der Divergenz nach Absatz 2. Nicht erfasst wird hiervon die Vorlage wegen grundsätzlicher Bedeutung nach Absatz 4, die im pflichtgemäßen Ermessen des vorlegenden Senats steht. Zudem bietet Art. 101 Abs. 1 Satz 2 GG nur Schutz gegen Willkür, nicht gegen Irrtum.[37] Auf eine zulässige Verfassungsbeschwerde hin prüft das BVerfG, ob ein Strafsenat des BGH trotz Divergenz willkürlich von der Anrufung des Großen Senats (oder der Vereinigten Großen Senate) abgesehen hat.[38] Entscheidungen des Großen Senats (oder der Vereinigten Senate) können als nicht unmittelbar beschwerende Zwischenentscheidungen nicht mit der Verfassungsbeschwerde angegriffen werden.[39]

3. Besetzung (Absätze 5 und 6). Die Besetzung des Großen Senats für Strafsachen 5
und der Vereinigten Großen Senate richtet sich nach den Absätzen 5 und 6. Diese gesetzlichen Regelungen hielt der Gesetzgeber für erforderlich, um rechtsstaatlichen Bedenken gegen die zuvor nur durch Geschäftsordnung bestimmte Besetzung zu begegnen.[40] Anders als früher entscheidet der Große Senat über Divergenzvorlagen und solchen wegen grundsätzlicher Bedeutung in derselben Besetzung, was einen Übergang zwischen diesen Verfahren ermöglicht.[41] Den Vorsitz führt die Präsidentin/der Präsident des BGH, bei Verhinderung das dienstälteste Mitglied des Spruchkörpers (Absatz 6 Satz 3).[42] Eine Vertretung der Präsidentin/des Präsidenten in ihrer Mitgliedschaft erfolgt nicht,[43] sodass der Große Senat in diesem Fall mit einem Mitglied weniger besetzt ist.[44] Hinzu kommen beim Großen Senat aus jedem der inzwischen sechs Strafsenate (ab 1.7.2026 sieben Strafsenate) zwei Mitglieder, sodass im Großen Senat für Strafsachen derzeit insgesamt 13 Personen (ab 1.7.2026 15 Personen) zur Entscheidung bestimmt sind (Absatz 5 Satz 1). Legt ein anderer Senat (etwa der Kartellsenat in einer Bußgeldsache) vor, tritt von diesem Senat das hierzu vom Präsidium bestimmte Mitglied hinzu (Absatz 5 Satz 2). Aus der gesetzlichen Systematik folgt, dass unter „Strafsenat" im Sinne von Absatz 5 Satz 1 – wie stets praktiziert – nur ein originärer Strafsenat zu verstehen ist, nicht ein solcher, der im Verfahren nach § 132 lediglich als „Strafsenat" gilt und nur dann hinzutritt, wenn von seiner Rechtsprechung abgewichen werden soll oder er von der Rechtsprechung der Strafsenate abweichen will. Der Große Senat für Strafsachen besteht in seiner ordentlichen Besetzung deshalb nur aus Mitgliedern originärer Strafsenate, deren Anzahl das BMJ bestimmt (vgl. § 130 Abs. 1 Satz 2). Im Großen Senat für Zivilsachen wird jeder der derzeit 13 Zivilsenate nur durch ein Mitglied vertreten (Absatz 5 Satz 1). Dieser Unterschied beruht darauf, dass in den Vereinigten Großen Senaten ein gewisses Gleichgewicht zwischen Zivil- und Strafrichtern geschaffen werden sollte.[45] Die **Mitglieder der einzelnen Strafsenate** sind für jeweils ein Geschäftsjahr durch das Präsidium zu berufen (Absatz 6 Satz 1), wobei die Entscheidung – auch wenn das Präsidium in seiner Auswahl im Rahmen von Absatz 6 Sätze 1 und 2 völlig

36 Vgl. BVerfG NStZ **1995** 76 m.w.N.; dazu näher auch *Schneider* MDR **2000** 10; *Leisner* NJW **1989** 2446; *Kapp* FS Felix 153; *Stam* HRRS **2011** 79.

37 BVerfG NStZ **1995** 76; NStZ **1998** 347.

38 Vgl. BVerfGE **3** 359, 363; **9** 213, 215 f.; **13** 132, 143; **19** 38, 43; BVerfG NStZ **1995** 76; NJW **1996** 512, 513; NStZ **1998** 347; StV **2009** 673; ausführlich zur „Abweichungs-Verfassungsbeschwerde" *Leisner* NJW **1989** 2446.

39 BVerfGE **31** 55; Kissel/*Mayer* § 138, 17.

40 BTDrucks. **11** 3621 S. 29 ff.; OK/*Graf* 33; vgl. zum früheren Recht *Gelhaar* DRiZ **1965** 73.

41 MüKo/*Cierniak/Pohlit* 39.

42 Hierbei ist nach § 20 Satz 1 DRiG allein auf die Mitgliedschaft beim BGH abzustellen, vgl. MüKo/*Cierniak/Pohlit* 43; Kissel/*Mayer* 12.

43 MüKo/*Cierniak/Pohlit* 4; Kissel/*Mayer* 9; SK/*Frister* 7.

44 MüKo/*Cierniak/Pohlit* 44.

45 Vgl. BTDrucks. **11** 3621 S. 55.

frei ist[46] – regelmäßig den intern zuvor abgesprochenen Wünschen des jeweiligen Senats entspricht.[47] Eine Wiederholung der Berufung ist unbeschränkt möglich und im Interesse der Etablierung entsprechender Erfahrung regelmäßig der Fall.[48] Traditionell wirken – trotz großer Arbeitsbelastung – die Vorsitzenden der Strafsenate im Großen Senat für Strafsachen mit; dies entspricht ihrer durch § 21f Abs. 1 besonders hervorgehobenen Verantwortung.[49] Neben den zwölf (ab 1.7.2026 14) aus den einzelnen Senaten stammenden Mitgliedern werden nach der derzeitigen **Geschäftsverteilung** vom Präsidium pro Senat zwei Vertreter bestimmt, die im Vertretungsfall in der vom Präsidium vorgesehenen Reihenfolge zum Einsatz kommen. Sind auch diese verhindert, treten aus dem jeweiligen Senat weitere Mitglieder nach der Reihenfolge ihres Dienstalters ein. Der Geschäftsverteilungsplan enthält entsprechende Regelungen für die Mitwirkung von Mitgliedern anderer vorlegender Senate sowie für den Gemeinsamen Senat der Obersten Gerichtshöfe des Bundes. Fallen während des laufenden Geschäftsjahrs Senate weg oder kommen welche hinzu (wie im Februar 2020 der 6. Strafsenat oder zum 1.7.2026 der 7. Strafsenat), muss der Geschäftsverteilungsplan entsprechend angepasst werden.[50] Die Vereinigten Großen Senate werden durch die beiden Großen Senate gebildet (Absatz 1 Satz 2). Die gesetzlichen Regelungen über die Ausschließung von der Ausübung des Richteramtes kraft Gesetzes (§§ 22, 23 StPO) und über die Ablehnung wegen der Besorgnis der Befangenheit (§§ 24 ff. StPO) gelten auch für die Mitglieder des Großen Senats.[51] Dieser ist allerdings keine Rechtsmittelinstanz i.S.d. Ausschließungsvorschrift des § 23 Abs. 1 StPO.[52]

6 **4. Entscheidungspraxis.** Die **Entscheidungspraxis** des Großen Senats für Strafsachen als des höchsten Spruchkörpers der ordentlichen Gerichtsbarkeit im Strafrecht ist für die Rechtswirklichkeit von besonderer Bedeutung. Nicht selten werden dadurch Gesetzesänderungen angestoßen.[53] Manche Entscheidungen sind zu Klassikern geworden, manche bis heute umstritten, viele prägen Rechtsprechung und wissenschaftlichen Diskurs bis heute. Ein Blick auf die Entscheidungen des Großen Senats für Strafsachen und seiner Vorgängergremien macht deutlich, welche Themen in ihrer Zeit besonders umstritten waren und welchen Rechtsfragen besondere Bedeutung zugemessen wurde. In den ersten **75 Jahren** seines Bestehens (1.10.1950 bis 30.9.2025) hat der Große Senat für Strafsachen insgesamt **62 Entscheidungen** getroffen, davon die Mehrzahl zu materiell-rechtlichen Fragestellungen.[54] In zwei Fällen wurde die Vorlage als unzulässig behandelt und die Sache an den vorlegenden Senat zurückgegeben (BGHSt **33** 356 und BGHSt **61** 14), in einem Fall wurden mehrere Vorlagen zur gemeinsamen Entscheidung verbunden (BGHSt **40** 138: fortgesetzte Handlung). Die Entscheidungen werden alle in der Entscheidungssammlung

---

46 Vgl. MüKo/*Cierniak*/*Pohlit* 42; Kissel/*Mayer* 7.

47 *Rissing-van Saan* FS Widmaier 505, 510; vgl. zum Prozedere auch *Fischer* StraFo **2014** 309.

48 Vgl. dazu auch *Rissing-van Saan* FS Widmaier 505, 510.

49 Vgl. dazu näher Kissel/*Mayer* 7 und § 21f, 4; zweifelnd SK/*Frister* 7; vgl. zur Besetzung der Großen Senate vergleichend auch *Offerhaus* FS 75 Jahre Reichsfinanzhof – Bundesfinanzhof 623, 631.

50 SK/*Frister* 7.

51 MüKo/*Cierniak*/*Pohlit* 45; KK/*Feilcke* 26; Kissel/*Mayer* 2; *Schmitt*/Köhler 12; *Rissing-van Saan* FS Widmaier 505, 510.

52 *Schmitt*/Köhler 12; HK/*Schmidt* 17.

53 Näher *Rieß* NStZ-Sonderheft **2009** 30, 33, 37 m.w.N.

54 Vgl. die Übersicht und Analyse bei *Rieß* NStZ-Sonderheft **2009** 30; vgl. zur Praxis des Großen Senats auch den Erfahrungsbericht von *Fischer* StraFo **2014** 309 ff.; zur Tätigkeit des Großen Senats für Zivilsachen *Jungmann* JZ **2009** 380; vergleichend zu allen Großen Senaten *Offerhaus* FS 75 Jahre Reichsfinanzhof – Bundesfinanzhof 623, 624 ff.

BGHSt veröffentlicht.[55] Vier Vorlegungssachen wurden zurückgenommen (3 StR 26/59 = GSSt 2/59, 2 StR 204/60 = GSSt 2/63, 4 StR 320/63 = GSSt 2/63, 2 StR 656/13 = GSSt 1/15), teils nach einem Hinweis des Großen Senats (vgl. BGH Beschl. v. 24.2.2016 – 2 StR 656/13 und BGHSt **61** 221, 224). Inhaltlich entschied der Große Senat für Strafsachen über folgende Vorlagen:

a) Vorlagen 1950 bis 1959 (21 Entscheidungen). Umschlossene Abteilungen eines Gebäudes und Wohnwagen als umschlossene Räume i.S.v. § 243 Abs. 1 Satz 2 Nr. 2 StGB (GSSt 1/51, BGHSt **1** 158), Bewusstsein der Rechtswidrigkeit bei der Nötigung (GSSt 2/51, BGHSt **2** 194), Begriff der Haft bei § 140 Abs. 1 Nr. 5 StPO (GSSt 1/53, BGHSt **4** 308), Verbot mehrmaliger Aburteilung in derselben Sache (GSSt 2/53, BGHSt **5** 324), Kuppelei gegenüber Verlobten (GSSt 3/53, BGHSt **6** 47), Selbsttötungsversuch als Unglücksfall (GSSt 4/53, BGHSt **6** 147), Strafbarkeit der Teilnehmer an der Vortat wegen Hehlerei (GSSt 1/54, BGHSt **7** 134), Verhältnis § 153 zu § 154 StGB, Voraussetzungen des § 157 StGB (GSSt 1/55, BGHSt **8** 301), Begriff der Heimtücke bei § 211 StGB (GSSt 1/56, BGHSt **9** 385), Vollrausch bei Zweifeln, ob Schuldfähigkeit nur erheblich vermindert oder ausgeschlossen war (GSSt 2/56, BGHSt **9** 390), selbständige Sperrfrist gegen erstmalige Erteilung der Fahrerlaubnis; Anrufung des Großen Senats bei Abweichung von Rechtsprechung, die ihrerseits ohne Anrufung des Großen Senats unzulässig von früherer Rechtsprechung abgewichen ist (GSSt 2/55, BGHSt **10** 94), Berücksichtigung außertatbestandsmäßiger Schadensfolgen bei der Strafzumessung (GSSt 3/56, BGHSt **10** 259), bei Wirtschaftsstraftat nach WiStG kein Vorsatz erforderlich, dass das Tun geeignet ist, die Leistungsfähigkeit der staatlich geschützten Wirtschaftsordnung zu beeinträchtigen (GSSt 1/57, BGHSt **11** 263), unverlangte Zusendung von Werbeschriften zur sexuellen Reizsteigerung als Beleidigung (GSSt 2/57, BGHSt **11** 67), heimtückische Tötung nicht durch Affekt ausgeschlossen (GSSt 3/57, BGHSt **11** 139), Rechtskreis des Angeklagten von Verstößen gegen Belehrungspflicht nach § 55 Abs. 2 StPO nicht betroffen (GSSt 4/57, BGHSt **11** 213), Bandenmäßiger Schmuggel und Teilnahme daran (GSSt 1/58, BGHSt **12** 220), Unterlassen einer Gesamtstrafenbildung als materiell-rechtlicher Revisionsgrund (GSSt 2/58, BGHSt **12** 1), Verweigerung der körperlichen Untersuchung bei geistig unreifen Beweispersonen (GSSt 3/58, BGHSt **12** 235), Amtsunterschlagung an durch Betrug erlangten Sachen (GSSt 1/59, BGHSt **14** 38), Besetzung der Strafkammer mit Hilfsrichtern (GSSt 2/59, BGHSt **14** 321). 7

b) Vorlagen 1960 bis 1969 (6 Entscheidungen). Irrtum über Rechtspflicht zur Erfolgsabwendung ist Verbotsirrtum (GSSt 1/61, BGHSt **16** 155), Zuständigkeitsprüfung der Jugendgerichte nur auf Verfahrensrüge (GSSt 1/62, BGHSt **18** 79), Rechtsmittelbefugnis des Einziehungsbetroffenen (GSSt 2/62, BGHSt **19** 7), Betrug durch Zeichnung von VW-Aktien (GSSt 1/63, BGHSt **19** 206), Ausschluss der deutschen Gerichtsbarkeit durch Überleitungsvertrag (GSSt 1/65, BGHSt **21** 29), Kraftfahrzeugschein als öffentliche Urkunde (GSSt 1/68, BGHSt **22** 201). 8

c) Vorlagen 1970 bis 1979 (1 Entscheidung). Mildestes Gesetz nach § 2 Abs. 3 StGB (GSSt 1/75, BGHSt **26** 167). 9

d) Vorlagen 1980 bis 1989 (4 Entscheidungen). Heimtückische Tötung ist auch bei außergewöhnlichen Umständen Mord, Rechtsfolgenlösung (GSSt 1/81, BGHSt **30** 105), kein Ausschluss des Verteidigers von kommissarischer Zeugenvernehmung (GSSt 1/83, BGHSt **32** 115), Voraussetzungen einer Vorlage nach § 137 GVG a.F. – Zurückweisung der Vorlage 10

55 Vgl. auch § 18 der Geschäftsordnung des BGH v. 3.3.1952, BAnz. Nr. 83 S. 9.

(GSSt 1/85, BGHSt **33** 356), erschwerende Berücksichtigung des Umstandes, dass jemand nicht aus Geldnot gestohlen hat, im Einzelfall möglich (GSSt 1/86, BGHSt **34** 345).

11 **e) Vorlagen 1990 bis 1999 (8 Entscheidungen).** Tateinheit zwischen Mord und Raub mit Todesfolge (GSSt 1/92, BGHSt **39** 100), strafbefreiender Rücktritt auch beim Erreichen des außertatbestandsmäßigen Handlungszieles möglich (GSSt 1/93, BGHSt **39** 221), Aufgabe der fortgesetzten Handlung (GSSt 2 und 3/93, BGHSt **40** 138), Geiselnahme nach § 239b StGB bei beabsichtigter Vergewaltigung/sexueller Nötigung (GSSt 1/94, BGHSt **40** 350), Feststellung der besonderen Schuldschwere nach § 57a Abs. 1 Satz 1 Nr. 2 StGB (GSSt 2/94, BGHSt **40** 360), keine Unterschlagung durch staatlich veranlasste Geldentnahme aus Briefen in der DDR (GSSt 1/95, BGHSt **41** 187), Deutsche Einheit und Nummer 53 Art. VIII Militärregierungsgesetz (GSSt 2/95, BGHSt **42** 113), polizeilich veranlasstes Telefongespräch mit dem Tatverdächtigen, „Hörfalle" (GSSt 1/96, BGHSt **42** 139).

12 **f) Vorlagen 2000 bis 2009 (10 Entscheidungen).** Begriff der Bande (GSSt 1/00, BGHSt **46** 321), Zurechnung der Bewaffnung bei § 30a BtMG (GSSt 1/02, BGHSt **48** 189), Schreckschusswaffe als Waffe nach § 250 Abs. 2 Nr. 1 StGB (GSSt 2/02, BGHSt **48** 197), Urteilsabsprache und Rechtsmittelverzicht (GSSt 1/04, BGHSt **50** 40), Entziehung der Fahrerlaubnis nur aus Gründen der Verkehrssicherheit (GSSt 2/04, BGHSt **50** 93), Eintritt in ernsthafte Verkaufsverhandlungen reicht für vollendetes Handeltreiben mit BtM aus (GSSt 1/05, BGHSt **50** 252), Protokollberichtigung kann Verfahrensrüge den Boden entziehen, „Rügeverkümmerung" (GSSt 1/06, BGHSt **51** 298), Kompensation rechtsstaatswidriger Verfahrensverzögerung (GSSt 1/07, BGHSt **52** 124), Voraussetzungen der nachträglichen Sicherungsverwahrung (GSSt 1/08, BGHSt **52** 379), absoluter Revisionsgrund nach § 338 Nr. 5 StPO bei Verhandlung über Entlassung eines Zeugen in Abwesenheit des nach § 247 StPO entfernten Angeklagten (GSSt 1/09, BGHSt **55** 87),

13 **g) Vorlagen 2010 bis 2019 (8 Entscheidungen).** Umfang des zu verlesenden Anklagesatzes (GSSt 1/10, BGHSt **56** 109), Kassenarzt kein Amtsträger nach §§ 331 ff. StGB und kein Beauftragter nach § 299 StGB (GSSt 2/11, BGHSt **57** 202), Zulässigkeit einer Vorlegung an den Großen Senat – Zurückgabe (GSSt 1/14, BGHSt **61** 14), Belehrung über Zeugnisverweigerungsrecht reicht für Vernehmung polizeilicher Verhörsperson, wenn zeugnisverweigernder Zeuge dies gestattet (GSSt 1/16, BGHSt **61** 221), Wahlfeststellung zwischen Diebstahl und Hehlerei zulässig (GSSt 1/17, BGHSt **62** 164), zeitlicher Abstand zwischen Tat und Urteil beim sexuellen Kindesmissbrauch wie bei anderen Taten strafzumessungsrechtlich beachtlich (GSSt 2/17, BGHSt **62** 184), selbstverschuldete Trunkenheit kann für sich genommen gegen Strafrahmenverschiebung nach §§ 21, 49 Abs. 1 StGB sprechen (GSSt 3/17, BGHSt **62** 247), natürliche Handlungseinheit beim Handeltreiben mit Betäubungsmitteln „auf Kommission" (GSSt 4/17, BGHSt **63** 1).

14 **h) Vorlagen ab 2020 (2 Entscheidungen bis 2022).** Notwendigkeit eines Hinweises nach § 265 Abs. 2 Nr. 1 StPO auf die Rechtsfolge der Einziehung auch ohne neue Tatsachen in der Hauptverhandlung (GSSt 1/20, BGHSt **66** 20), zwingende Anwendung der Einziehungsvorschriften im Jugendstrafverfahren (GSSt 2/20, BGHSt **65** 242), selbständige Einziehung des durch eine Straftat Erlangten oder dessen Wertes nach § 76a Abs. 2 Satz 1 StGB im subjektiven Verfahren bei gleichzeitiger Einstellung wegen Verjährung im Urteil möglich (GSSt 1/23, BGHSt **67** 295), keine Zusammenrechnung von zum Handel und straflos zum Eigenkonsum besessenen Cannabismengen, aber Möglichkeit der Einziehung von allem (GSSt 1/24, NJW **2025** 2492).

i) Vereinigte Große Senate. Diese werden weit **seltener** tätig, die Entscheidungen betrafen bislang folgende Themen: Rechte und Pflichten der Vorfahrtberechtigten (VGS 1/54, BGHSt 7 118), Fahrgeschwindigkeit auf der Autobahn bei Nacht (VGS 1/60, BGHSt **16** 145), Mitwirkungsgrundsätze nach § 21g Abs. 2 bei einem überbesetzen Zivilsenat des BGH (VGS 1-4/93, BGHSt **40** 168 [Ls.]), Berücksichtigung der wirtschaftlichen Verhältnisse des Schädigenden und des Geschädigten beim Schmerzensgeld (VGS 1/16, BGHZ **212** 48). 15

j) Vereinigte Strafsenate des Reichsgerichts (1879 bis 1935, 31 Entscheidungen). Nicht nur für den historischen Vergleich interessant, sondern auch für die heutige Rechtsanwendung noch von Interesse ist die Tätigkeit des Reichsgerichts auf diesem Gebiet. Zwischen 1879 und 1935 ergingen in Strafsachen **31 Plenarentscheidungen** durch die Vereinigten Strafsenate des Reichsgerichts,[56] dabei viele in der Frühzeit des Reichsgerichts (die erste Entscheidung stammt vom 24.5.1880, RGSt **1** 439). Im Einzelnen entschieden die Vereinigten Strafsenate des Reichsgerichts in folgenden Fällen: Strafbarkeit des womöglich untauglichen Versuchs (RGSt **1** 439), Vernehmung des Nebenklägers als Zeuge (RGSt **2** 384), Verhältnis von Betrug und Steuerhinterziehung bei Täuschung (RGSt **4** 50), Sachhehlerei bei erbettelten Sachen (RGSt **6** 218), öffentliche Bekanntmachung der Verurteilung wegen öffentlicher Beleidigung bei Tateinheit mit schwererem Delikt (RGSt **6** 180), Begriff der tödlichen Waffen beim Zweikampf (RGSt **8** 87; vgl. dazu auch RGSt **60** 257), Urkundenfälschung bei mit falschem Namen unterzeichneter Postdepesche (RGSt **8** 92), bei Bilanz Unterschrift des Kaufmanns nötig? (RGSt **8** 424), Berechnung der Strafantragsfrist bei mehreren Tätern, die nach und nach bekannt werden (RGSt **9** 390), Auslegung des Reichsstempelgesetzes (RGSt **12** 22), Herkunft der Pflicht einzelner Vorstandsmitglieder einer AG zur Buchführung und Bilanzierung (RGSt **13** 235), Abgrenzung Mundraub und Diebstahl (RGSt **14** 312), Strafbarkeit des Standesbeamten, der Militärpersonen ohne erforderliche Genehmigung verheiratet (RGSt **15** 47), Vermögensschaden beim Betrug, insb. beim täuschungsbedingten Abschluss eines Versicherungsvertrages (RGSt **16** 1), Notar als Behörde und zur Abnahme eidesstattlicher Versicherungen zuständige Stelle (RGSt **18** 246), eidesstattliche Versicherung: Voraussetzungen der zuständigen Behörde, Abgabe im Zivilprozess (RGSt **19** 414), Anwendung von § 193 StGB auf Pressevergehen des verantwortlichen Redakteurs (RGSt **22** 65), Verstrickungsbruch bei Forderungen (RGSt **24** 40), Aufhebung aller Einzelstrafen, wenn Revision nur bezüglich einzelner Taten Erfolg hat? (RGSt **25** 297), Gewerbs- und Gewohnheitsmäßigkeit als persönliche Eigenschaften (RGSt **25** 266), Gebührenfestsetzung bei teilweise erfolgloser Urteilsanfechtung (RGSt **27** 58), § 216 StGB als selbständiger Tatbestand, Verhältnis zur Körperverletzung (RGSt **28** 200), Begriff der unzulässigen Eintragungen in Quittungskarten (RGSt **32** 263), Meineid bei unter 16jährigen? (RGSt **36** 278), Verstoß auch gegen gesetzliche Viehseuchenregeln oder nur gegen behördliche Entscheidungen nach § 328 RStGB strafbar? (RGSt **37** 178), Unbeachtlichkeit der Protokollberichtigung für erhobene Verfahrensrüge, keine „Rügeverkümmerung" (RGSt **43** 1), Schutz von Markenbezeichnungen bei Befüllung mit anderer Ware zum Privatgebrauch (RGSt **43** 87), Betrugsschaden beim Erwerb eines untauglichen Abtreibungsmittels (RGSt **44** 230), Privatunterricht der Jugend in Preußen (RGSt **46** 312), Zusammentreffen von Konterbande mit besonders verbotener Einfuhr (RGSt **49** 127), studentische Schlägermensur als Zweikampf? (RGSt **60** 257; vgl. dazu auch RGSt **8** 87), Zulässigkeit der Wahlfeststellung (RGSt **68** 257). 16

k) Großer Senat für Strafsachen des Reichsgerichts (1935 bis 1945, 8 Entscheidungen). Der Große Senat für Strafsachen des Reichsgerichts traf in der **Unrechtszeit** zwischen 1935 und 1945 insgesamt 8 in der Entscheidungssammlung RGSt veröffentlichte Entscheidun- 17

56 Näher *Köhler* 171 m.w.N.; *Busch* DRiZ **1960** 347.

gen zu folgenden Themen: Rügeverkümmerung durch nachträgliche Protokollberichtigung (RGSt **70** 241), Begriff des Geschlechtsverkehrs im Sinne des Blutschutzgesetzes (RGSt **70** 375), Strafbarkeit nach dem Blutschutzgesetz auch bei „Rassenschande“ im Ausland (RGSt **72** 91), mehrere Abtreibungshandlungen werden nicht durch gewerbsmäßige Begehung zu einer Tat (RGSt **72** 165), Sperrwirkung von Mindeststrafe und Strafart des tateinheitlich verwirklichten milderen Gesetzes, Nebenstrafen bei Tateinheit (RGSt **73** 148), Anwendung von § 4 Volksschädlingsverordnung als eigener Tatbestand (RGSt **75** 210), der Dieb bezugsbeschränkter Waren ist nicht deren „Bezieher“ im Sinne der VerbrauchsregelungsstrafVO (RGSt **77** 225), Strafschärfung für mehrfachen Schwangerschaftsabbruch auch, wenn frühere Taten mehrheitlich vor Inkrafttreten der Strafschärfung begangen wurden (RGSt **78** 65). Die Hälfte der Entscheidungen erfolgte auf Antrag des Oberreichsanwalts nach § 137 Abs. 2 GVG a.F.

II. Divergenzvorlage (Absätze 2 und 3)

18 **1. Bedeutung und Inhalt der Vorschrift.** Die Divergenzvorlage ist der historisch gewachsene **Hauptanwendungsbereich** der Vorschriften über die Anrufung des Großen Senats für Strafsachen. Er entspricht dem früheren § 136 a.F. und dient der Sicherung einer einheitlichen Rechtsprechung innerhalb des BGH.[57] Zugleich ermöglicht das Anfrageverfahren die Anpassung tradierter Rechtsprechung an neue Entwicklungen und Erkenntnisse und wirkt damit einem Verharren in überkommenen Rechtsauffassungen entgegen.[58] Aufgrund des Zwangs zur Vorlage bei einer relevanten Divergenz wird dem mit der Sache befassten Senat die abschließende Entscheidung über die Rechtsfrage entzogen.[59] In derartigen Fällen ist der Große Senat für Strafsachen der zur Entscheidung der Rechtsfrage berufene gesetzliche Richter.[60] Deshalb ist auch bei Zweifeln am Vorliegen einer Divergenz das Verfahren nach den Absätzen 2, 3 zu beschreiten.[61]

19 Die Pflicht zur Anfrage und Vorlage bei Divergenzen hat weitgehende **Konsequenzen** für die **Arbeitsweise** und **Rechtsprechungspraxis** der Strafsenate des BGH. Denn hierdurch wird die Entscheidungsunabhängigkeit des mit der Sache befassten Senats zugunsten der Rechtseinheitlichkeit eingeschränkt.[62] Dies nötigt die Richter, vor der Entscheidung einer Rechtsfrage die dazu ergangene aktuelle und frühere Rechtsprechung der anderen Senate wahr- und ernstzunehmen, um unbeabsichtigte Abweichungen (die gleichwohl immer wieder vorkommen) und damit einen Verstoß gegen § 132 Abs. 2, 3 zu verhindern. Die BGH-Richter müssen deshalb die Entscheidungen der anderen Senate sorgfältig lesen, was seit jeher durch die wöchentliche Lektüre der sog. „Montagspost“ (der am Montag bei Gericht elektronisch oder früher gedruckt verteilten Entscheidungen der anderen Strafsenate) oder der elektronisch auf der Webseite des Bundesgerichtshofs veröffentlichten Entscheidungen geschieht. Die Vermeidung von Divergenzen durch die Lektüre anderer Entscheidungen gelingt nicht, wenn es zu nahezu gleichzeitigen Entscheidungen einer Rechtsfrage durch verschiedene Strafsenate kommt, ohne dass diese wegen der Verzögerung durch Absetzung und Veröf-

57 Kissel/*Mayer* 1.
58 MüKo/*Cierniak*/*Pohlit* 6.
59 KK/*Feilcke* 3.
60 BVerfG NStZ **1995** 76.
61 *Katholnigg* 2; MüKo/*Cierniak*/*Pohlit* 6.
62 MüKo/*Cierniak*/*Pohlit* 1 m.w.N.; vgl. auch *Schröder* NJW **1959** 1517.

fentlichung der Entscheidungen voneinander wissen.[63] Für Leitsatzentscheidungen hat sich deshalb die Praxis entwickelt, die vom Senat beschlossenen Leitsätze den anderen Senaten gesondert möglichst zügig zur Kenntnisnahme zukommen zu lassen (auf sog. „Rotzetteln", seit 2025 auch elektronisch per E-Mail); an Grenzen stößt dies, wenn der Leitsatz nach der Entscheidung (es gilt das Beschluss- oder Urteilsdatum) erst sehr spät mit endgültiger Entscheidungsabsetzung (oder gar erst danach) formuliert wird, zuvor aber schon eine abweichende Entscheidung in Unkenntnis der früheren getroffen wurde. Zu weiteren unbeabsichtigten Divergenzen kommt es, wenn eine unterschiedliche Rechtsanwendung gleichsam aus Versehen erfolgt, etwa weil bei gleichem rechtlichem Obersatz eine Fristberechnung mal so und mal so ausfällt (etwa bei § 229 StPO).[64] Zu den Divergenzen, die eher aus Versehen geschehen, gehören kleinere Fragen wie Kostenentscheidungen im Zusammenhang mit der Wiedereinsetzung[65] oder weil entgegenstehende Rechtsprechung anderer Strafsenate wohl übersehen worden ist[66] (besonders misslich bei entgegenstehenden BGHSt-Entscheidungen).[67] Divergenzen kommen auch vor, wenn ein Strafsenat ohne Rücksicht auf bisher abweichende Rechtsprechung ganz bewusst eine ganz neue Rechtsprechung beginnt, der die anderen Senate nicht folgen.[68] Eher in den Bereich der nicht versehentlichen Divergenzen gehören auch graduelle Auslegungsunterschiede wie etwa zum Thema der „gravierenden Pflichtverletzung" bei der Untreue oder zu den Anforderungen an die Begründung des Eventualtötungsvorsatzes bei ersichtlich höchstgefährlichem Vorgehen.[69] Zudem kommt es zu in der Regel unbeabsichtigt divergierenden Entscheidungen, wenn ein neues komplexes Rechtsgebiet wie das Einziehungsrecht von allen Strafsenaten neu ausgelegt werden muss.[70] Besonders bei grundlegenden Rechtsänderungen wie der Neuregelung des Rechts der Vermögensabschöpfung oder den StPO-Reformgesetzen 2017 und 2019 kann derjenige Senat, dem eine Rechtsfrage das erste Mal zur Entscheidung vorliegt, weitreichende Festlegungen treffen (Windhundprinzip). Manche Entscheidungen der Strafsenate, denen bei äußerer Betrachtung die dogmatische Stringenz fehlen mag, erweisen sich erst vor dem Hintergrund des durch § 132 Abs. 2, 3 angelegten „Korsetts" als verständlich, nämlich als Versuch, sich in eine nicht mehr ganz einheitliche Rechtspraxis einzupassen, ohne schon in eine vorlegungspflichtige Divergenz zu geraten.[71]

---

63 Vgl. zur Problematik etwa BGH NStZ **2016** 52, 57; *Jahn/Kudlich* JR **2016** 54, 56; prominente Beispiele aus jüngerer Zeit sind die Frage der Anwendungsvoraussetzungen von § 30 Abs. 2a OWiG in Altfällen, vgl. BGH NJW **2021** 3543 (Kartellsenat) einerseits und konträr nur 15 Tage später BGHSt **66** 60 (6. Strafsenat) andererseits, hierzu näher auch *Mosbacher* CCZ **2022** 1, 6 f., sowie die Frage, ob eine gemeinschaftliche Körperverletzung nach § 224 Abs. 1 Halbsatz 1 Nr. 4 StGB durch Unterlassen begangen werden kann, vgl. bejahend BGHSt **67** 290 (Urt. v. 17.5.2023), verneinend BGHSt **67** 229 (Beschl. v. 17.1.2023), hierzu näher *Mosbacher* JuS **2024** 226, 227; *Krehl* NStZ **2023** 609; *Moslehi* HRRS **2023** 267.

64 BGH NStZ **2020** 622; NStZ-RR **2020** 285; NStZ **2017** 424; NStZ **2014** 469.

65 BGH NStZ **2024**, 124 (Wiedereinsetzungsgesuch wird gegen die st. Rspr. der anderen Senate auf Kosten des Antragstellers verworfen).

66 Vgl. etwa zur Anwendung von § 243 Abs. 4 StPO auf Verständigungsgespräche in einer ausgesetzten Hauptverhandlung BGH NStZ **2022** 371 einerseits und BGH NStZ **2017** 299 sowie BGH wistra **2017** 446 andererseits, hierzu näher *Mosbacher* JuS **2022** 726, 730.

67 Vgl. zur Anwendung neuer Einziehungsmöglichkeit bei Geldwäsche (§ 261 X StGB) auf Altfälle einerseits BGHSt **67** 130 und andererseits BGH StV-S **2023** 137 sowie BGH NZWiSt **2023** 469 m. Anm. *Bittmann*.

68 Vgl. BGH NJW **2021** 1829 und StS-V **2023** 37 einerseits, BGH NStZ-RR **2022** 109; NStZ-RR **2021** 229, andererseits.

69 Vgl. etwa BGH NStZ **2019** 208; NStZ **2022** 40 und 224, NStZ **2024**, 410 m. Anm. *Puppe* (5. Strafsenat) einerseits und BGHSt **65** 42 (4. Strafsenat) sowie BGH NStZ **2015** 516 (2. Strafsenat) andererseits.

70 Hierzu näher *Bittmann* NStZ **2023** 465.

71 Vgl. etwa BGHSt **64** 111; **64** 121.

20 **2. Voraussetzungen.** Eine **Divergenzvorlage** an den Großen Senat für Strafsachen nach Absatz 2 setzt voraus, dass ein Strafsenat (a) von der Entscheidung (b) eines anderen Strafsenats (c) in einer Rechtsfrage (d) in einem tragenden Teil abweichen will (e), die Divergenz nicht durch neuere Rechtsentwicklungen überholt ist (f), das Anfrageverfahren nach Absatz 3 ohne Beilegung der Divergenz abgeschlossen wurde (g), die Entscheidung der Rechtsfrage im konkreten Fall entscheidungserheblich ist (h) und es sich nicht um eine unstatthafte wiederholte Vorlage handelt (i).

21 **a) Begriff des Strafsenats. Strafsenate** sind zunächst die derzeit sechs (ab 1.7.2026 sieben) in Karlsruhe und Leipzig eingerichteten Spruchkörper des BGH, die nach dem Geschäftsverteilungsplan mit der Erledigung von Strafsachen befasst sind. Hierbei ist unerheblich, ob diese in der Besetzung mit 5 (§ 139 Abs. 1), mit 3 Richtern (§ 139 Abs. 2 Satz 1) oder durch den Einzelrichter (etwa nach § 1 Abs. 5, § 66 Abs. 6 GKG)[72] entscheiden. Ebenfalls als Strafsenat i.S. des § 132 gelten: der **Wirtschaftsprüfersenat** (§ 74 Abs. 1 Satz 2 Wirtschaftsprüferordnung); der **Kartellsenat** des BGH, wenn er in Bußgeldsachen entscheidet (§ 94 Abs. 2 GWB); soweit für das Verfahren die Vorschriften der StPO entsprechend gelten der **Senat für Anwaltssachen** (§ 106 Abs. 1 Satz 2 BRAO) und der Senat für **Patentanwaltssachen** (§ 90 Abs. 3 Patentanwaltsordnung) sowie der **Notarsenat** (vgl. § 109 BNotO), zudem der **Steuerberater- und Steuerbevollmächtigtensenat** (vgl. §§ 97, 153 Steuerberatungsgesetz). Für den nach § 46 Abs. 7 OWiG beim BGH zu bildenden Senat für Bußgeldsachen fehlt es an einer entsprechenden Vorschrift. Praktische Folgen ergeben sich daraus nicht, da den Strafsenaten durch die Geschäftsverteilung auch die (wie Revisionen zu behandelnden) Bußgeldsachen zugewiesen sind. Das Dienstgericht des Bundes gilt seit 1.1.2003 (Gesetz v. 9.7.2001, BGBl. I S. 1510) als Zivilsenat i.S.v. § 132,[73] auch wenn es über Disziplinarsachen entscheidet (§ 61 Abs. 4 DRiG). Kein Strafsenat ist der Ermittlungsrichter des BGH, von dessen Rechtsauffassung deshalb auch ohne Divergenzanfrage abgewichen werden kann.[74] Gleiches gilt für die allein dem Vorsitzenden obliegenden Entscheidungen wie etwa die Bestellung eines Pflichtverteidigers für die Revisionshauptverhandlung, denn eine solche Entscheidung ist gerade keine des vom Gesetz allein benannten Senats. Zu einer der Vereinheitlichung der Rechtsprechung dienenden Leitsatzbildung eignen sich die Entscheidungen von Ermittlungsrichtern und Vorsitzenden deshalb weniger.[75]

22 **b) Entscheidung.** Eine Divergenzanrufung kommt nur in Betracht, wenn ein Strafsenat von der Entscheidung eines anderen Strafsenats, des Großen Senats (in Zivil- oder Strafsachen) oder der Vereinigten Großen Senate abweichen will; entsprechendes gilt für Senate, die als Strafsenate gelten. In Frage kommt nur ein Strafsenat (oder der Große Senat) des Bundesgerichtshofs; die Abweichung von der Rechtsprechung des Reichsgerichts, des Obersten Gerichtshofs der Britischen Zone oder des Obersten Gerichts der DDR ist ohne weiteres möglich.[76] **Entscheidung** ist jede gesetzlich vorgesehene Entscheidung des Spruchkörpers in einer ihm zugewiesenen Sache. Dazu zählen also sämtliche Urteile und Beschlüsse der Strafsenate, unabhängig davon, ob sie in Revisionsverfahren (§ 135 Abs. 1), Beschwerde- oder Besetzungsverfahren (§ 135 Abs. 2), Justizverwaltungsverfahren (§ 29 EGGVG) oder auf Vorlage eines OLG (§ 121 Abs. 2) ergangen sind.[77] Entscheidungen

72 Vgl. BGH Beschl. v. 27.8.2020 – 3 StR 158/20; NJW **2021** 3191.
73 Vgl. BGH Beschl. v. 13.6.2024 – RiZ 2/16.
74 MüKo/*Cierniak*/*Pohlit* 7; SK/*Frister* 12.
75 Vgl. demgegenüber etwa die Leitsatzentscheidungen BGH NJW **2014** 3527 und BGH NJW **2015** 3383.
76 SK/*Frister* 13; vgl. als Beispiel etwa BGHSt **64** 314; vgl. auch BFH NJW **1997** 831.
77 MüKo/*Cierniak*/*Pohlit* 7.

in Kostensachen, auch durch den Einzelrichter (etwa nach § 1 Abs. 5, § 66 Abs. 6 GKG),[78] gehören ebenfalls dazu, nicht aber solche des Ermittlungsrichters.[79] Nicht erfasst werden sonstige Formen der Äußerung über Rechtsfragen, etwa bei Anfragen des BVerfG (vgl. § 94 BVerfGG) oder Stellungnahmen zu Gesetzgebungsverfahren.[80] Auch Hinweisbeschlüsse eines Senats an die Verfahrensbeteiligten (wie im sog. „Diesel-Skandal" nach kurz zuvor erfolgter Revisionsrücknahme), stellen keine verbindlichen Entscheidungen i.S.v. § 132 Abs. 2 dar.[81] Gleiches gilt für Zwischenentscheidungen wie im Rahmen einer Haftprüfung geäußerte Rechtsansichten.[82] Ob die Entscheidung die Schuld- oder Rechtsfolgenfrage oder nur Nebenfragen wie Kosten und Auslagen betrifft, ist unerheblich.[83]

Keine Entscheidung in diesem Sinne ist eine **Anfrage** nach Absatz 3 selbst, auch wenn sie in Form eines Beschlusses ergeht (Absatz 3 Satz 3).[84] Die Anfrage soll eine Entscheidung der Rechtsfrage durch den Senat oder den Großen Senat nur vorbereiten, stellt diese aber selbst nicht dar. Deshalb ist es jedem Senat unbenommen, während eines Anfrageverfahrens auf der Grundlage der bisherigen Rechtsprechung zu entscheiden.[85] Dies gilt auch für den anfragenden Senat selbst, etwa bei Divergenzen zwischen verschiedenen Spruchgruppen.[86] Da der anfragende Senat seine Anfrage jederzeit zurücknehmen kann, stellt die Entscheidung eines Senats, entgegen einer selbst zuvor gestellten Anfrage auf der Grundlage der bisherigen Rechtsprechung zu entscheiden, eine (mindestens konkludente) Rücknahme der Anfrage dar.[87] Das Anfrageverfahren hat sich damit erledigt. Keine zur Divergenzvorlage zwingende Entscheidung ist auch ein (zulässiger) **Vorlegungsbeschluss**.[88] Denn dieser soll wie die Anfrage eine Änderung der Rechtsprechung nur vorbereiten, stellt diese aber nicht selbst dar, und bindet andere Senate deshalb nicht.[89] Dafür spricht, dass der vorlegende Senat seine Vorlage bis zur Entscheidung des Großen Senats jederzeit zurücknehmen kann[90] und deshalb in gewisser Weise die Dispositionsbefugnis über die Entscheidung der Rechtsfrage behält, sodass nicht sicher ist, ob vom Großen Senat überhaupt entschieden werden wird. Eine Entscheidung ist aber eine Antwort auf eine Anfrage, wenn sie unter Aufgabe bisheriger Rechtsprechung dem Anfragebeschluss zustimmt.[91] Zu den näheren Konsequenzen einer zustimmenden Antwort siehe Rn. 51. 23

c) Anderer Senat, Binnendivergenzen. Anderer Senat ist zunächst jeder Senat des BGH mit einer anderen Bezeichnung,[92] unabhängig von etwaigen personellen Überein- 24

---

78 Vgl. BGH Beschl. v. 27.8.2020 – 3 StR 158/20; NJW **2021** 3191.

79 MüKo/*Cierniak*/*Pohlit* 7; SK/*Frister* 12.

80 Vgl. näher *Meyer* 50 ff. m.w.N.

81 Vgl. *Kehrberger*/*Roggenkemper* JR **2019** 547, 552.

82 *Schmitt*/Köhler 14; MüKo/*Cierniak*/*Pohlit* 14.

83 MüKo/*Cierniak*/*Pohlit* 7.

84 MüKo/*Cierniak*/*Pohlit* 7; SK/*Frister* 12.

85 Vgl. BGHSt **61** 263, 265; BGH NStZ-RR **2017** 112; NJW **1994** 2299; Beschl. v. 24.8.2000 – 1 StR 349/00; Beschl. v. 19.10.2004 – 1 StR 427/04; Urt. v. 21.4.2004 – 1 StR 522/03; Beschl. v. 22.1.2004 – 1 StR 561/03; Beschl. v. 20.1.2011 – 4 StR 650/11; Beschl. vom 4.2.2011 – 4 StR 553/10.

86 BGHSt **61** 263, 265; BGH NStZ-RR **2017** 112.

87 *Mosbacher* JuS **2017** 127, 130; dem folgend BGH NStZ-RR **2017** 112.

88 Vgl. BAGE **52** 394, 396; BVerwG NJW **1976** 906, 907; SK/*Frister* 12; Kissel/*Mayer* 15; zur Problematik näher *Meyer* 48 ff.

89 BGH NStZ **2010** 227; vgl. auch BGHSt **61** 263, 265; anders (nicht tragend) wohl BGH NJW **1994** 2299.

90 Vgl. BGH NStZ-RR **2018** 47.

91 Näher *Meyer* 49 ff. m.w.N.

92 Kissel/*Mayer* 17.

stimmungen.[93] Dazu zählen nach Absatz 2 auch die Großen Senate und die Vereinigten Großen Senate. Will ein Strafsenat dagegen von der Rechtsprechung des Senats eines anderen Bundesgerichts abweichen, bestimmt sich das Vorgehen nach §§ 2 ff. RsprEinhG. Ob auch inzwischen **aufgelöste Spruchkörper** als „anderer Senat" gelten, ist umstritten.[94] Die Rechtsprechung hat dies früher verneint; die Entscheidungen ergingen nicht nur zu den ansonsten nicht mit originärer Zuständigkeit versehenen früheren „Feriensenaten",[95] sondern auch zum damals zwischenzeitlich aufgelösten 3. Strafsenat des BGH.[96] Der Gesetzgeber hat in Absatz 3 Satz 2 diese Frage ausweislich der Gesetzesbegründung nunmehr abweichend geregelt.[97] Absatz 3 Satz 2 erfasst danach auch den Fall, dass der Senat, von dem abgewichen werden soll, nicht mehr besteht.[98] In diesem Fall tritt im Anfrageverfahren der Senat an seine Stelle, der für den abweichend entschiedenen Fall nach der jetzigen Geschäftsverteilung hypothetisch zuständig wäre. Das beinhaltet, dass auch die abweichende Rechtsprechung des aufgelösten Senats für die Frage der Divergenz weiter von Belang sein muss, ansonsten wäre die Einbindung des „Nachfolgers" in das Anfrageverfahren obsolet. Die frühere Rechtsprechung zu der Frage ist damit überholt.[99] Lediglich wenn die Anwendung von Absatz 3 Satz 2 ins Leere ginge, weil für die frühere Entscheidung, von der abgewichen werden soll, überhaupt keine Zuständigkeit eines BGH-Senats mehr besteht und deshalb nach dem Geschäftsverteilungsplan kein zuständiger Senat gefunden werden kann, liegt nach dem systematischen Konzept des Absatzes 3 keine auflösungsbedürftige Divergenz mehr vor.[100] Insoweit ist auf die frühere Rechtsprechung zu aufgelösten Spruchkörpern zurückzugreifen.

25 Die gesetzliche Systematik des Absatzes 3 macht durch die Etablierung eines divergenzauflösenden Anfrageverfahrens deutlich, dass ein Senat (jederzeit und mit sofortiger Wirkung)[101] ohne Weiteres von seiner **eigenen früheren Rechtsprechung** abweichen, diese also aufgeben kann, sofern sich kein anderer Senat dieser Entscheidung tragend angeschlossen hat.[102] Eine Bindung des Senats an seine eigene Rechtsprechung gibt es demnach nicht.[103] Ist eine **spezielle Rechtsmaterie** durch Geschäftsverteilungsplan einem Senat alleine zugewiesen, ergibt sich aus der Systematik von Absatz 3 Satz 2, dass er im Rahmen dieser Zuständigkeit auch von früheren Judikaten anderer Senate ohne Divergenzvorlage abweichen kann.[104] Dies gilt unabhängig davon, ob bisher die Zuständigkeit aller (allgemeinen) Senate oder die Spezialzuständigkeit eines (anderen) Senates gegeben war. Der nunmehr zuständige Spezialsenat wird in diesem Bereich so behandelt, als ob er seine eigene Rechtsprechung ändert.[105] Zeitlich spätere Entscheidungen eines Spruchkör-

---

93 Vgl. näher dazu *Meyer* 59 ff. m.w.N.
94 Vgl. Kissel/*Mayer* 23; näher dazu *Meyer* 66 ff. m.w.N.
95 BGHSt **17** 280.
96 BGHSt **18** 200; **20** 77, 79; **22** 113, 114.
97 Vgl. BTDrucks. **11** 3621 S. 54.
98 MüKo/*Cierniak*/*Pohlit* 8; SK/*Frister* 15; *Meyer* 67.
99 Vgl. auch Kissel/*Mayer* 23; SK/*Frister* 15; KK/*Feilcke* 7; MüKo/*Cierniak*/*Pohlit* 8.
100 Ähnlich bereits *Lauterjung* 69.
101 Vgl. BGH StV **2012** 209; HK/*Schmidt* 5.
102 Vgl. BGH NJW **1972** 1893; BGHSt **65** 155; BGHSt **65** 15; SK/*Frister* 14; *Schmitt*/*Köhler* 14; *Rissing-van Saan* FS Widmaier 505, 511; dies war auch schon zu Zeiten des RG anerkannt, vgl. *Lauterjung* 67.
103 BGHSt **61** 263, 265.
104 Vgl. BGHSt 7 109; **8** 59, 66; **8** 203; **11** 199, 205; **12** 75, 79, 84; **13** 169, 171; **19** 177, 184; **49** 8; **55** 180, 183; **56** 73, 90 f.; BGH NStZ **2017** 146; BGHZ **28** 16; **34** 283, 293; Kissel/*Mayer* 17.
105 Vgl. BGHSt 7 109; **8** 59, 66; **8** 203; **11** 199, 205; **12** 75, 79, 84; **13** 169, 171; **19** 177, 184; BGHZ **28** 16; **34** 283, 293.

pers machen eigene zeitlich frühere Entscheidungen obsolet,[106] sodass es an einer Divergenz mangelt, wenn der betreffende Senat seine frühere abweichende Auffassung – sei es auch unbeabsichtigt – aufgegeben hat.[107] Dieses an sich unproblematische Verfahren gerät an Grenzen, wenn ein überbesetzter Senat aufgrund der unterschiedlichen Zusammensetzung verschiedener Spruchgruppen Meinungsverschiedenheiten in entscheidungserheblichen Rechtsfragen hat.[108] Im Extremfall kann dies (gerade in Urteilsverfahren, die mit einfacher Mehrheit entschieden werden) dazu führen, dass morgens eine Spruchgruppe des Senats eine grundlegende Rechtsfrage anders entscheidet als eine andere Spruchgruppe desselben Senats am Mittag.[109]

Wie mit derartigen **Binnendivergenzen innerhalb eines Senats** umzugehen ist, ist 26
umstritten. Eine derartige Divergenz kann Anlass sein, den Großen Senat für Strafsachen wegen der grundsätzlichen Bedeutung der Sache anzurufen.[110] Eine direkte Anwendung von § 132 Abs. 2 und 3 auf derartige Konstellationen kommt nicht in Betracht, weil hier lediglich von Divergenzen zwischen Senaten die Rede ist, nicht innerhalb eines Senats,[111] und durch eine spätere Entscheidung eine am gleichen Tag früher geäußerte Rechtsauffassung desselben Senats rechtswirksam aufgegeben wird.[112] Der Gesetzgeber geht davon aus, dass ein Senat immer nur eine Rechtsauffassung vertritt;[113] dies trifft bei Beachtung des Zeitmoments zu.[114] Es gibt demnach nur ein „Nacheinander", nicht ein „Nebeneinander" abweichender Auffassungen innerhalb eines Senats.[115] Würde man dieses außer Acht lassen, könnte sich ein Senat nie von selbst von seiner eigenen früheren Rechtsauffassung lösen. Dies würde aber Absatz 3 widersprechen, denn dieser bestimmt ausdrücklich, dass Divergenzen in einem Anfrageverfahren aufgelöst werden können. Eine Anfrage eines Senats bei sich selbst ist dabei nicht vorgesehen. Eine Pflicht zur Vorlage bei Abweichung von einer eigenen Entscheidung des Senats hat der Gesetzgeber in Abweichung von früheren Vorbildern gerade nicht normiert.[116] Dies und die Etablierung des divergenzvermeidenden Anfrageverfahrens sprechen mangels Regelungslücke gegen eine entsprechende Anwendung von § 132 Abs. 2, 3 auf Spruchgruppendivergenzen.[117] Auch das Plenum eines Senats ist, da vom Gesetz nicht als eigener Spruchkörper mit diesbezüglichen Kompetenzen versehen, kein geeignetes Gremium, um derartige Divergenzen aufzulösen.[118] Hiervon unberührt bleibt die legitime Praxis, grundlegende Fragen im Plenum eines Senats zu diskutieren, um eine einheitliche Spruchpraxis in Rechtsfragen anzustreben und damit der gesetzlichen Aufgabe des BGH, für Rechtseinheit und Rechtssicherheit zu sorgen, gerecht zu werden. In dem unwahrscheinlichen Extremfall, dass ein Senat völlig uneinheitliche Spruchgruppen vereint, die häufiger eine Rechtsfrage morgens anders als abends

106 BGH StV **2012** 209; **a.A.** ohne nähere Begründung *Dölp* StraFo **2018** 379, 381.

107 Vgl. RGSt **49** 137; **53** 189, 190; BGHSt **20** 77, 79; BGH StV **2012** 209.

108 Vgl. zum Problem näher *Lorenz* JR **2018** 128; *Fischer* FS Schlothauer 471; *Dölp* StraFo **2018** 379; *Mosbacher* JuS **2017** 127, 129 f., *Zimmermann/Bales* JuS-Extra **2019** 8, je m.w.N.

109 Vgl. BGH NStZ **2012** 406 (11.1.2012, 10 Uhr) und BGH StV **2012** 272 (11.1.2012, 12 Uhr), dazu näher BGH StV **2012** 209; *Fischer* FS Schlothauer 471, 479; *Mosbacher* JuS **2012** 705, 709 f.

110 Vgl. BGH StV **2012** 273.

111 Vgl. MüKo/*Cierniak/Pohlit* 8; OK/*Graf* 19.

112 Vgl. BGH StV **2012** 209; NStZ-RR **2017** 112.

113 Näher BGH NStZ-RR **2017** 112 Rn. 7; *Mosbacher* JuS **2017** 127, 130.

114 BGH StV **2012** 209.

115 *Mosbacher* JuS **2017** 127, 130; *Lorenz* JR **2018** 128, 134.

116 Vgl. *Dölp* StraFo **2018** 379, 380; *Lorenz* JR **2018** 128, 134.

117 **A.A.** *Fischer* FS Schlothauer 471, 483.

118 Näher BGHSt **61** 263; *Mosbacher* JuS **2017** 127, 130; *Dölp* StraFo **2018** 379, 382; *Fischer* FS Schlothauer 471, 482.

entscheiden, ohne die Gebote der Rechtssicherheit und Rechtseinheit zu bedenken, wäre das für diese Fragen zuständige Präsidium in richterlicher Selbstverwaltung aufgerufen, derart dysfunktionale Spruchkörper neu zusammenzusetzen.[119]

27 **d) Rechtsfrage.** Die Divergenzanrufung ist nur bei Rechtsfragen statthaft und geboten. Damit korrespondiert die **Entscheidungsbefugnis** des Großen Senats, der nach § 138 Abs. 1 Satz 1 nur über die vorgelegte Rechtsfrage entscheidet. Welchem Rechtsgebiet die Rechtsfrage angehört, ist unerheblich.[120] Rechtsfragen sind das Gegenteil von Tatfragen.[121]

28 Eine **Rechtsfrage** liegt vor, wenn es um die Auslegung des Rechts durch Bildung abstrakter Obersätze (etwa: Voraussetzungen der Wahlfeststellung) und die Subsumtion unter diese Rechtssätze (etwa: ein Wohnwagen ist ein umschlossener Raum i.S.v. § 243 StGB) geht. Zu den Rechtsfragen gehören auch Fragen, die Inhalt und Tragweite allgemeiner Erfahrungssätze betreffen, sodass ein Vorlegungsfall auch dann gegeben ist, wenn ein Gericht von einem anderen bei der Beurteilung, ob ein allgemeiner Erfahrungssatz besteht, abweichen will.[122] Die Rechtsprechung hat (insb. im Rahmen von § 121, für § 132 kann aber aus systematischen Gründen nichts anders gelten) seit jeher für den Begriff der Rechtsfrage auf § 337 StPO und die Abgrenzung der Verantwortungsbereiche von Tat- und Revisionsgericht verwiesen, weil Revisionsgerichte nur über Rechtsfragen, nicht aber über Tatfragen entscheiden.[123] Zu den Rechtsfragen können auch strafprozessuale Fragen gehören, etwa solche, die die Zulässigkeit eines Rechtsmittels betreffen.[124] Folgende Fragen wurden von der höchstrichterlichen Rechtsprechung etwa als Rechtsfragen angesehen: ob das Rechtsbeschwerdegericht auf ein Radarfoto zur Prüfung der Frage zugreifen kann, dieses sei unergiebig;[125] ob bei bestimmten Deliktsbegehungen die Strafaussetzung zur Bewährung regelmäßig abzulehnen ist;[126] ob in der Regel eine konkrete Gefährdung des vorausfahrenden Fahrzeugs vorliegt, wenn das verfolgende Fahrzeug bei einer Geschwindigkeit von 100 km/h über längere Zeit lediglich einen Abstand von 5 m hält;[127] ob ein Sitzstreik, der eine Verkehrsbehinderung bezweckt, stets rechtswidrig i.S.v. § 240 Abs. 2 StGB ist;[128] die rechtlichen Maßstäbe, an denen sich das durch § 21 StGB den Tatgerichten eingeräumte Ermessen auszurichten hat.[129]

29 **Tatfragen** sind solche, die das Vorliegen tatsächlicher Umstände betreffen oder von diesen abhängen. Ermessensentscheidungen wie die Strafzumessung im Einzelfall,[130] Wahrscheinlichkeitsurteile wie die Frage einer positiven Legalprognose, dem Tatgericht obliegende Auslegungsfragen wie die Auslegung eines Verwaltungsakts oder einer Urkunde,[131] eine dem Tatgericht zustehende Gesamtwürdigung im Rahmen einer Abwägung tatsächlicher Umstände[132] und die Beweiswürdigung zählen dazu. Hierzu gehören auch tat-

---

119 *Mosbacher* JuS **2017** 127, 131; vgl. auch *Lorenz* JR **2018** 128, 135.
120 MüKo/*Cierniak*/*Pohlit* 10.
121 BGHSt **46** 358, 361; vgl. zur Problematik näher *Schroth* JR **1990** 94; *Paulus* FS Spendel 687, 705 ff.; *May* DRiZ **1983** 305.
122 BGHSt **31** 86, 89.
123 Vgl. nur BGHSt **1** 358, 359; **27** 212, 214 f.; **31** 86, 89; **31** 314, 316; SK/*Frister* 21.
124 Vgl. BGHSt **31** 109.
125 BGHSt **29** 18, teilweise aufgegeben durch BGHSt **41** 377.
126 BGHSt **22** 192.
127 BGHSt **22** 341.
128 BGHSt **34** 71, 75.
129 BGHSt **62** 247, 253.
130 Vgl. BGHSt **27** 212, 214 f.
131 Vgl. BGHSt **30** 314, 315.
132 Vgl. BGHSt **27** 212, 215; **52** 84, 86.

sächliche Annahmen der Revisionsgerichte zum regelmäßigen Ablauf bestimmter Vorgänge, etwa zur Möglichkeit Transitreisender, auf ihr Gepäck zuzugreifen.[133] Eine Tatfrage wird nicht dadurch zur Rechtsfrage, dass die beteiligten Gerichte sie als solche behandeln.[134] Folgende Fragen wurden von der höchstrichterlichen Rechtsprechung etwa als Tatfragen angesehen: die Frage, ob ein Kraftfahrer mit dem unerwarteten Verhalten eines anderen Wegenutzers rechnen musste;[135] die Auslegung des Inhalts eines Verwaltungsakts (Duldungsbeschränkung);[136] die Frage der Zuverlässigkeit eines Messverfahrens zur Abstandsmessung;[137] Bestimmung der Höhe eines Tagessatzes;[138] die tatgerichtliche Wertung von für die Strafzumessung bedeutsamen Tatsachen.[139] Ändern sich tatsächliche Verhältnisse, auf denen rechtliche Anforderungen beruhen, bleiben aber die abstrakten Obersätze erhalten, wird dies vom BGH nicht als Divergenz in einer Rechtsfrage angesehen (etwa veränderte Anforderungen an die Darstellung von Gutachten zu DNA-Spuren im Urteil aufgrund Fortschreitens der wissenschaftlichen Standards).[140]

Keine zulässige Rechtsfrage in diesem Sinne ist die Annahme, nachkonstitutionelles 30
Recht, auf das es bei der Entscheidung ankommt, sei **verfassungswidrig**. In diesem Fall hat der einzelne Senat selbst das BVerfG nach Art. 100 Abs. 1 GG anzurufen, der als höherrangiges Recht § 132 verdrängt.[141] Dies schließt indes nicht aus, dass auch der Große Senat eine Entscheidung des BVerfG nach Art. 100 Abs. 1 GG einholt, wenn erst er (mit Stimmenmehrheit) durchgreifende Zweifel an der Verfassungsmäßigkeit eines entscheidungserheblichen Gesetzes hat.[142] Dasselbe gilt in Fällen, in denen es um die Auslegung oder die Gültigkeit einer Vorschrift des Rechts der Europäischen Union geht. Hier ist der erkennende Senat nach Art. 267 Abs. 3 AEUV verpflichtet, dem **Gerichtshof der Europäischen Union** (EuGH) die Sache zur Vorabentscheidung unmittelbar vorzulegen,[143] es sei denn, die richtige Anwendung des Unionsrechts ist offenkundig.[144] Trifft die Vorlegungspflicht mit einer nach § 132 beachtlichen Divergenz zusammen, sprechen für den Vorrang des Vorabentscheidungsverfahrens neben Zweckmäßigkeitserwägungen der Anwendungsvorrang des Unionsrechts und das Auslegungsmonopol des EuGH.[145]

e) Entscheidungserhebliche Abweichung von geltender tragender Rechtsprechung. 31
Anfrage und Vorlage im Divergenzverfahren kommen nur bei entscheidungserheblichen Abweichungen in Betracht. **Abweichung** meint, dass eine Rechtsvorschrift oder ein Rechtsbegriff auf einen vergleichbaren Sachverhalt in anderer Weise angewandt werden

---

133 BGH NStZ **1986** 273, 274.
134 BGHSt **31** 314, 316; **52** 84, 87.
135 BGHSt **1** 358.
136 BGHSt **30** 314, 315.
137 BGHSt **31** 86, 88.
138 BGHSt **27** 212, 214.
139 BGHSt **62** 184, 189; vgl. BGHSt **52** 84, 86 ff.
140 Vgl. BGHSt **63** 187, 191; BGH NJW **2014** 2454, 2456.
141 BVerfGE **6** 222, 230; **22** 311, 316; BVerfG NJW **1962** 459; BGHSt **14** 175, 177 f.; Kissel/*Mayer* 24; KK/*Feilcke* 22; vgl. zu Art. 100 Abs. 1 GG auch BGH NJW **2019** 1891 (nachfolgend BVerfG Beschl. v. 10.2.2021 – 2 BvL 8/19).
142 Vgl. etwa BGHZ **13** 2; BGHSt **56** 73, 93.
143 Vgl. BGH wistra **2000** 267 (Umsatzsteuerrichtlinie); BVerfG EuGRZ **2010** 247, 248 f.; NJW **2008** 209, 211 f.; allgemein dazu *Kokott* JZ **2006** 633 ff.; grundlegend EuGH EuGRZ **2010** 452, 457.
144 BGH JR **2010** 130.
145 Vgl. BGH wistra **2000** 267; BGHSt **33** 76, 78; **36** 92; **37** 168, 175; SK/*Frister* 29; *May* DRiZ **1983** 305, 310; vgl. hierzu auch *Kuhlen* JA **1986** 589.

soll.[146] Die Vorlagepflicht setzt voraus, dass ein anderer Senat in einer zeitlich vorausgegangenen Entscheidung einen Rechtssatz aufgestellt hat, der für diese Entscheidung tragend gewesen ist, und dass der vorlegende Senat von dieser Rechtsauffassung abweichen will, sowie dass die von ihm zu treffende Entscheidung auf der abweichenden Rechtsansicht beruht.[147] Die Beantwortung der Rechtfrage muss demnach ein unerlässliches Glied in der Argumentationskette des jetzt entscheidenden Senats darstellen und dies auch in der Begründung des Ergebnisses des früher entscheidenden Senats gewesen sein.[148] Die Rechtsauffassung muss Grundlage (Aufhebungs- oder Verwerfungsgrund) der damaligen Entscheidung gewesen sein, woran es fehlt, wenn die frühere Entscheidung auch unter Zugrundelegung der später vertretenen Auffassung zum gleichen Ergebnis gekommen wäre.[149] Die Abweichung zu einem Begründungsteil der früheren Entscheidung reicht nicht aus, wenn deren Ergebnis in gleichem Umfang von einem anderen Begründungsteil getragen wird.[150] Für die Frage der Divergenz kommt es aber nicht darauf an, ob die frühere Entscheidung hypothetisch auf eine andere Begründung hätte gestützt werden können.[151] Umgekehrt liegt keine Divergenz vor, wenn die neue Entscheidung tragend tatsächlich auch auf einen anderen rechtlichen Gesichtspunkt als denjenigen, von dem abgewichen wird, gestützt wird.[152]

31a Keine relevante Abweichung liegt vor, wenn ein Senat im zweiten Durchgang einer Revisionssache von einer Rechtsauffassung abweichen will, die er im ersten Durchgang vertreten hat; weil seine erste Auffassung bindend geworden ist, muss die zweite Meinung wegen des Vorrangs von § 358 Abs. 1 StPO unbeachtlich bleiben.[153] Eine Vorlegung an den Großen Senat erst im zweiten Durchgang wäre wegen des Vorrangs der Selbstbindung unzulässig.[154] Hieraus ergibt sich ein **Spannungsverhältnis zwischen § 358 Abs. 1 StPO und § 132**. Nach § 358 Abs. 1 StPO hat das Gericht, an das die Sache zur anderweitigen Verhandlung und Entscheidung verwiesen wird, die rechtliche Beurteilung, die der Aufhebung des Urteils zugrunde gelegt ist, auch seiner Entscheidung zugrunde zu legen.[155] Weil Revisionsgerichte in der Regel nicht in der Sache selbst entscheiden, könnte das Rechtsmittel ohne Bindungswirkung seine Funktion kaum erfüllen.[156] Die Reichweite der Bindungswirkung ist auf das konkrete Verfahren, nach allgemeiner Ansicht aber nicht auf das zur neuen Entscheidung berufene Tatgericht beschränkt. Auch das Revisionsgericht darf im zweiten Rechtsgang von den Aufhebungsgründen nicht abweichen, es gilt vielmehr die Selbstbindung des Revisionsgerichts.[157] Dies gilt für den BGH sogar, wenn zuvor ein OLG als Revisionsgericht entschieden hat.[158] Die Selbstbindung des Rechtsmittelgerichts in derselben Sache ist ein ungeschriebener, durch ständigen Gerichtsgebrauch anerkannter

---

146 Kissel/*Mayer* 16; MüKo/*Cierniak/Pohlit* 10.
147 BAG NZA **1992** 749.
148 *May* DRiZ **1983** 305, 309; *Rissing-van Saan* FS Widmaier 505, 512; SSW/*Quentin* 2.
149 BGHSt **67** 7, 12; **7** 314 f.; *Rönnau* StraFo **2014** 265 f.
150 MüKo/*Cierniak/Pohlit* 12 m.w.N.
151 MüKo/*Cierniak/Pohlit* 12 m.w.N.
152 BGH NStZ **2024** 474.
153 BGHSt **33** 356, 360; MüKo/*Cierniak/Pohlit* 9; offen gelassen von GmS-OGB BGHZ **60** 392, 399.
154 MüKo/*Cierniak/Pohlit* 9, 32.
155 Vgl. BGH StraFo **2000** 308; wistra **2013** 153; NStZ-RR **2018** 172; OLG Bamberg SpuRt **2017** 247 m. Anm. *Kulhanek*.
156 *Eisenberg* StraFo **1997** 129 und 131 m.w.N., auch zur historischen Entwicklung.
157 Vgl. BGHSt (GS) **33** 356, 360 ff.; BGHSt **51** 202, 204 f.; BGH wistra **2011**, 27; vgl. bereits RGSt **6** 357; **22** 156; **59** 31, 34; RG JW **1935** 2380; BGH NJW **1951** 970; BVerfGE **4** 1, 6; KG JR **1958** 268; OLG Nürnberg StV **2000** 573, 574; KG NStZ-RR **2010** 346, 347 f.
158 BGH NJW **1953** 1880.

Grundsatz des Verfahrensrechts, dessen rechtliche Grundlage sich aus dem Rechtsstaatsprinzip (Art. 20, 28 GG) ergibt.[159] Umstritten ist, ob diese Bindungswirkung für das Revisionsgericht im zweiten Rechtsgang entfällt, wenn es zwischenzeitlich seine Rechtsauffassung geändert hat.[160] Dies dürfte im Strafverfahren zu verneinen sein.[161] Auf jeden Fall ist eine Bindungswirkung anzunehmen, wenn das Revisionsgericht erst anlässlich seiner zweiten Befassung mit dem konkreten Fall seine in der ersten Revisionsentscheidung vertretene Auffassung ändern möchte; das geht nicht.[162] Die Bindungswirkung für das Revisionsgericht im zweiten Durchgang kann allenfalls wegen einer Gesetzesänderung[163] oder aus ähnlichen Gründen entfallen,[164] sie wird aber nicht dadurch in Frage gestellt, dass der Revisionssenat im ersten Durchgang fehlerhaft entschieden oder eine Divergenzvorlagepflicht verletzt hat.[165] Aufgrund dieses Vorrangs der Selbstbindung muss sich der BGH immer schon dann die Frage einer Divergenzanfrage stellen, wenn er eine angegriffene Entscheidung aus Gründen aufhebt, die von bisheriger Rechtsprechung abweichen und aufgrund der Selbstbindung des Senats auch im 2. Rechtsgang verbindlich sind. Entscheidend für die Selbstbindung ist, ob eine (neue, abweichende) Rechtsansicht der Aufhebung des Urteils tatsächlich zugrunde gelegt wird, nicht ob das Urteil hypothetisch auch nach der bisherigen Rechtsauffassung aufzuheben wäre. Deshalb hätte der 6. Strafsenat des BGH in seiner Entscheidung zur Abkehr von der bislang vom BGH vertretenen „weiten Manifestationstheorie" bei § 246 StGB[166] das Verfahren nach § 132 Abs. 2, 3 beschreiten müssen, denn er hat diese neue Rechtsauffassung der Aufhebung zugrunde gelegt; dem durfte er sich nicht mit der Begründung verweigern, die bisherige Rechtsauffassung des BGH käme zum gleichen Ergebnis, denn auf diese Rechtsauffassung wurde die Aufhebung nicht gestützt. Es ist deshalb stets erforderlich, in einer Entscheidung klar zu machen, auf welchen rechtlichen Gesichtspunkt sie tragend gestützt wird.[167]

Entscheidend für die Frage der Abweichung ist die **Identität** der **Rechtsfrage**.[168] Hierzu hat das BVerfG ausgeführt: Dieselbe Rechtsfrage liegt immer dann vor, wenn wegen der Gleichheit des Rechtsproblems die Entscheidung ohne Rücksicht auf die Verschiedenheit der Fälle oder der anwendbaren Vorschriften nur einheitlich ergehen kann. An der Identität der Rechtslage kann es hingegen fehlen, wenn der zwei voneinander abweichenden Entscheidungen zugrundeliegende Sachverhalt im Tatsächlichen wesentlich anders gelagert ist. Denn ein von einem Revisionsgericht zur Beurteilung des von ihm unterbreiteten Falles aufgestellter Rechtssatz gilt für andere Fälle nur, wenn diese der entschiedenen Sache in den wesentlichen Beziehungen gleichkommen. Ein Revisionsurteil kann nur eine Antwort auf den zu entscheidenden Fall geben. Er bestimmt auch da, wo es dem Revisionsgericht nicht gelingt, sich in seiner Ausdrucksweise auf ihn zu beschränken, die Tragweite des Urteils für künftige Fälle.[169] Dieselbe Rechtsfrage ist auch betroffen, wenn zwei oder mehr Normen bei im Wesentlichen identischem Wortlaut denselben Regelungs- 32

159 BVerwG HFR **1974** 122.

160 Ausführlich hierzu BGHSt (GS) **33** 356 m.w.N.; *Eisenberg* StraFo **1997** 129, 130.

161 BGHSt (GS) **33** 356, 358 unter zutreffender Interpretation von BGHZ (GmS-OGB) **60** 392.

162 BGHSt (GS) **33**, 356, 358.

163 Vgl. BGH Beschl. v. 2.7.2024 – 5 StR 273/24.

164 Vgl. MüKo/*Knauer*/*Kudlich* § 358 StPO, 13 m.w.N.

165 Näher MüKo/*Knauer*/*Kudlich* § 358 StPO, 13; KG NStZ-RR **2010** 346, 347; KG JR **1984** 269 m. Anm. *Sarstedt*; vgl. auch *Becker* NJW **1955** 1262; *Sarstedt* NJW **1955** 1629.

166 BGHSt **68** 113; das von der Zurückverweisung betroffene LG Neuruppin hat im 2. Durchgang den Unterschlagungsfall nach § 154 Abs. 2 StPO behandelt, vgl. BGH Beschl. v. 12.11.2024 – 6 StR 516/24.

167 Nicht ganz klar etwa BGH NStZ **2024** 474.

168 MüKo/*Cierniak*/*Pohlit* 11.

169 Vgl. BVerfG NStZ **1993** 90; StV **2009** 673, 675.

gehalt haben und auf vergleichbare Sachverhalte nach denselben Prinzipien anzuwenden sind.[170] Ob die einheitliche Auslegung gleichlautender Rechtsbegriffe in unterschiedliche Normen geboten ist und dadurch eine Identität der Rechtsfrage (oder einer bereits vom Großen Senat gegebenen Antwort) besteht, lässt sich nur jeweils von Fall zu Fall entscheiden.[171] Die Identität der Rechtsfrage kann bei unterschiedlichen Begründungsansätzen auch durch die Identität einer gleichermaßen bedeutsamen Vorfrage begründet werden.[172]

33 Kommt es für die Beantwortung der Rechtsfrage entscheidend auf die zugrunde liegenden **tatsächlichen Umstände** an, liegen die Vorlegungsvoraussetzungen nicht vor, wenn die Sachverhalte in den zu vergleichenden Entscheidungen in wesentlichen Punkten voneinander abweichen.[173] Bei unterschiedlichen Lebenssachverhalten kann eine Abweichung allerdings auch dann bestehen, wenn die Entscheidung der Rechtsfrage wegen der Gleichheit des Rechtsproblems unabhängig von den verschiedenen Sachverhalten nur einheitlich ergehen kann.[174] Die Divergenz muss sich eindeutig aus den Entscheidungsgründen ergeben; daran kann es etwa fehlen, wenn die möglicherweise entgegenstehende Entscheidung keinen Sachverhalt enthält.[175] Besteht zwischen den Senaten Einigkeit über die rechtlichen Obersätze und kommt es lediglich bei deren Anwendung zu (irrtümlichen) Abweichungen (etwa Fristberechnung im Rahmen von § 229 Abs. 1 StPO),[176] besteht ebenfalls keine zur Vorlegung verpflichtende Divergenz.[177] Dies gilt auch, soweit sich in Anwendung gleicher Obersätze die Anforderungen aufgrund tatsächlicher Entwicklungen wie etwa dem wissenschaftlichen Fortschritt in einem bestimmten Gebiet ändern, wenn die Rechtssätze auf einen bestimmten tatsächlichen Sachverhalt verweisen.[178] Nicht entscheidungserheblich ist eine Abweichung, wenn die jetzt in Rede stehende Aufhebung des Urteils in gleichem Umfang auf einen anderen Rechtsfehler gestützt werden müsste (Fall der **Mehrfachbegründung**).[179]

34 Rechtlich unverbindliche Abweichungen in einer Entscheidung begründen Vorlegungspflicht und -recht nicht.[180] Die Rechtsauffassung, von der abgewichen werden soll, muss also **tragend** für die Entscheidung der Sache gewesen sein (ratio decidendi).[181] Dies bedeutet, dass die vorherige Entscheidung ohne sie anders hätte ausfallen müssen.[182] Ein nichttragender Entscheidungsteil, sog. **obiter dictum**,[183] löst weder beim entscheidenden Senat noch bei einem hiervon abweichenden Senat eine Anfrage- oder Vorlegungspflicht aus,[184] kann aber Anlass zu einer Vorlage nach Absatz 4 geben.[185] Obiter dicta können im

---

170 MüKo/*Cierniak*/*Pohlit* 11; vgl. auch GmS-OGB BGHZ **60** 392; BGHSt **34** 94, 96; BGHZ **9** 179; BFHE **101** 247.
171 Vgl. zur Problematik etwa BSG NJW **1973** 344 m. Anm. *Müller-Helle* NJW **1973** 1063.
172 MüKo/*Cierniak*/*Pohlit* 11.
173 BGHSt **34** 71, 74.
174 BGHSt **34** 71, 76; **38** 106, 109; **47** 181, 184; BGH NStZ **1995** 38 f.
175 Vgl. BGH NStZ-RR **2024** 313.
176 Dazu näher BGH NStZ **2020** 622; NStZ-RR **2020** 285; NStZ **2017** 424; NStZ **2014** 469.
177 Zutreffend *Dietsch* StV **2020** 825; **a.A.** *Gräbener* NStZ **2020** 514, 517.
178 Vgl. BGHSt **63** 187, 191; BGH NJW **2014** 2454, 2456.
179 BGHSt **61** 221, 227 f.
180 Vgl. BGHSt **3** 234; **27** 212, 213; **39** 239, 242; **42** 170, 175; BGH NStZ **2000** 439.
181 Vgl. näher, auch zur Entwicklung *Lilie* 65 ff. m.w.N.; Beispiel für einen nichttragenden Entscheidungsteil bei BGH NStZ **2025** 37.
182 MüKo/*Cierniak*/*Pohlit* 12.
183 Vgl. dazu ausführlich *Lilie* 63 ff.; *Schlüter* 1 ff.; *Meier* JuS **2020** 636; *Kanzler* DStR **2013** 1505; *Lamprecht* NJW **1998** 1039; *Schulz* ZIS **2008** 403; *Bechtel* NStZ **2022** 1.
184 SK/*Frister* 18; *Rissing-van Saan* FS Widmaier 505, 513; vgl. zur Problematik näher auch *Meyer* 52 ff. m.w.N.
185 Vgl. OK/*Graf* 28.

Einzelfall sinnvoll sein, wenn ein Senat die Diskussion über eine bestimmte Rechtsfrage in Rechtsprechung und Literatur anstoßen möchte oder der Rechtsgemeinschaft aufzeigen will, dass sich die Rechtsprechung in eine andere Richtung entwickeln könnte.[186] Grundlegende Änderungen der Rechtsprechung werden auf diese Weise nicht selten sinnvoll vorbereitet.[187] Von dieser Möglichkeit ist indes zur Wahrung von Rechtseinheit und Rechtssicherheit sparsam Gebrauch zu machen, um die Instanzgerichte nicht zu verwirren und die Einheit der höchstrichterlichen Rechtsprechung nicht in Gefahr zu bringen. Deshalb ist besondere Zurückhaltung dabei geboten, amtliche Leitsätze für nichttragende Entscheidungsteile zu formulieren oder nichttragende Entscheidungsteile in der Sammlung BGHSt zu veröffentlichen,[188] denn gerade diesen Leitsatzentscheidungen des BGH kommt eine besondere Vorbild- und Lenkungsfunktion für die Instanzgerichte zu.

Ob ein Entscheidungsteil tragend ist oder nicht, ist nicht immer einfach festzustel- 35
len.[189] Hat ein Senat in einer Entscheidung etwa die Frage der Zulässigkeit einer Verfahrensrüge offengelassen, um sie mangels Begründetheit zurückzuweisen, trägt nur der zweite Teil die Entscheidung und bindet die übrigen Strafsenate. Wird umgekehrt die Zulässigkeit verneint, sind nur die dazu herangezogenen Rechtsargumente, nicht aber hilfsweise Erwägungen zur Begründetheit einer Verfahrensrüge tragend. Werden bei der revisionsrechtlichen Überprüfung Rechtsfehler bemängelt, auf denen das Urteil nicht im Sinne von § 337 Abs. 1 StPO „beruht“, sind alle Ausführungen zum Rechtsfehler nicht tragend, denn die Revision muss unabhängig davon verworfen werden. Nicht tragend sind Hinweise an den neuen Tatrichter für die neue Verhandlung nach Aufhebung (sog. „Segelanweisung“).[190] Die Entscheidungserheblichkeit kann auch fehlen, soweit Auslegungsregeln über den entschiedenen Fall hinaus verallgemeinert werden, ohne dass dies zur Fallentscheidung notwendig gewesen wäre.[191]

Tragende Rechtsausführungen, die ein Verfahren nach § 132 Abs. 2, 3 erzwingen, kön- 36
nen sich nur in begründeten Entscheidungen befinden.[192] Bei Beschlüssen, mit denen **nach § 349 Abs. 2 StPO ohne nähere Begründung** eine Revision als offensichtlich unbegründet verworfen wird (sog. „ou-Beschlüsse“), gibt es keine die Entscheidung tragenden Rechtserwägungen. Die Gründe, die den Generalbundesanwalt dazu bewogen haben, einen Verwerfungsantrag nach § 349 Abs. 2 StPO zu stellen, werden nicht etwa inzident zur Begründung des Senats, denn dessen Entscheidung bedeutet nur, dass er dem Antrag im Ergebnis folgt.[193] Derartige Entscheidungen nach § 349 Abs. 2 StPO begründen deshalb keinen Abweichungsfall nach § 132 Abs. 2, 3.[194] Dagegen kommt es nicht darauf an, ob die frühere Entscheidung veröffentlicht ist oder nicht.

Die bisherige Rechtsprechung muss von der beabsichtigten Entscheidung auch noch 37
im Zeitpunkt der Anfrage abweichen. Hat der betreffende Senat seine frühere abweichende Auffassung inzwischen aufgegeben, fehlt es an der Divergenz.[195] Dies gilt auch,

---

186 Vgl. *Rissing-van Saan* FS Widmaier 505, 513; *Meier* JuS **2020** 636 f.

187 *Rissing-van Saan* FS Widmaier 505, 514.

188 Vgl. etwa BGHSt **56** 262; **57** 306; **68** 113.

189 Zu den Problemen bei dieser Unterscheidung ausführlich *Lilie* 51 ff., auch mit wenig überzeugenden Beispielen aus der Rspr. des BGH.

190 Vgl. BGHSt **11** 319, 322 f.; BGH NStZ **1994** 554; HK/*Schmidt* 4; dazu näher *Rieß* Hanack-Symp. 117 m.w.N.

191 Vgl. BGHSt **11** 159, 162; KK/*Feilcke* 4.

192 Vgl. BGHSt **34** 184, 189 f.

193 Vgl. BGH NStZ-RR **2009** 252 m.w.N.

194 BGHSt **35** 60, 65; vgl. auch BGHSt **34** 184, 189 f.; BGH NStZ **1993** 36; MüKo/*Cierniak/Pohlit* 7; SK/*Frister* 12; unklar deshalb BGH NStZ-RR **2017** 110.

195 Vgl. RGSt **49** 137; **53** 189, 190; BGHSt **20** 77, 79; SK/*Frister* 16; *Rissing-van Saan* FS Widmaier 505, 512; SSW/*Quentin* 3.

wenn der anfragende Senat von seiner im Anfragebeschluss vertretenen Rechtsauffassung abweicht und anschließend wieder im Sinne der früher geltenden Rechtsprechung judiziert; das Anfrageverfahren findet damit seine Erledigung.[196] Stimmen die angefragten Senate der beabsichtigten Rechtsprechungsänderung unter Aufgabe entgegenstehender früherer Rechtsprechung zu, ist die bisherige Divergenz entfallen und eine Vorlage nunmehr nach Absatz 3 Satz 1 unzulässig. Ergeben die Antwortbeschlüsse dagegen kein einheitliches Bild, ist die Divergenz (und damit die Notwendigkeit der Anrufung des Großen Senats) nicht ohne Weiteres dadurch beseitigt, dass das Verfahren „deutliche Anzeichen für eine Annäherung der gegensätzlichen Standpunkte" ergeben hat.[197]

38 Eine Divergenz liegt auch vor, wenn ein Strafsenat **ohne die gebotene Anrufung des Großen Senats** von bisheriger Rechtsprechung anderer Senate tragend **abgewichen** ist und diese Rechtsauffassung nunmehr der beabsichtigten Entscheidung (die früherer Rechtsprechung entsprechen soll) entgegensteht.[198] Das Reichsgericht und zunächst auch der BGH hatten dazu vertreten, dass die Anfrage- und Vorlagepflicht entfällt, wenn sich der zur Entscheidung berufene Senat unter Abweichung von dem neueren Judikat lediglich der früheren Rechtsprechung anschließen will.[199] Da ein solcher Ansatz eine erhebliche Rechtsunsicherheit nach sich zieht, hat der Große Senat für Strafsachen diese Rechtsprechung zu Recht aufgegeben.[200] Allerdings sind auch insoweit Grenzen gesetzt: Beruht die Abweichung in tragenden Entscheidungsteilen auf Absicht oder objektiver Willkür und nicht auf einem Versehen, vertretbarer Auslegung oder zeitlicher Überschneidung, kann diese bewusste bzw. willkürliche Umgehung des Großen Senats für Strafsachen nicht ohne Konsequenzen bleiben. In derart extremen Fällen ist vielmehr davon auszugehen, dass der bewusst abweichenden Entscheidung wegen willkürlicher Nichtanrufung des Großen Senats (und wegen des damit einhergehenden willkürlichen Verstoßes gegen das Gebot des gesetzlichen Richters) keine Bindungswirkung zukommt.[201] Die übrigen Senate des BGH sind dann nicht gehindert, auch ohne Anfrage bzw. Anrufung des Großen Senats im Sinne der bisherigen Rechtsprechung zu entscheiden. Gibt es unbeabsichtigte Divergenzen in einer wichtigen Rechtsfrage, etwa wegen zeitlicher Überscheidung, ist stets die ausweislich des Entscheidungsdatums spätere Entscheidung für die Frage einer Divergenz maßgebend.[202] Wer von ihr abweichen will, muss dann wieder nach § 132 Abs. 2, 3 vorgehen. Die zeitlich spätere Entscheidung gilt also als aktuelle Rechtsprechung des BGH, auf den Zeitpunkt der Veröffentlichung kommt es nicht an.[203]

39 **f) Überholung durch neuere Rechtsentwicklung.** Ist ältere Rechtsprechung durch neuere gesetzliche Entwicklungen (sei es durch nationale oder supranationale Rechtssetzung) überholt, **entfällt** die **Vorlegungspflicht** mangels Identität der Rechtsfrage.[204] Dies gilt allerdings nicht, wenn auf den der Vorlegung zugrundeliegenden Fall noch das alte Recht anzuwenden ist, denn auch hinsichtlich derartiger Übergangsfälle besteht ein Be-

196 BGH NStZ-RR **2017** 112; SSW/*Quentin* 6; OK/*Graf* 19; offen gelassen von BGH NStZ-RR **2017** 110.

197 Vgl. MüKo/*Cierniak*/*Pohlit* 20; KK/*Feilcke*, **a.A.** BGHSt **49** 342, 343.

198 Vgl. SK/*Frister* 23.

199 RGSt **45** 97; **49** 180; **55** 45; **55** 184; **57** 85, 95; **57** 136; **58** 19, 24; **60** 269; **61** 242; **64** 202; **65** 411; BGHSt **4** 35; **5** 136; **8** 226, 234.

200 BGHSt **10** 94; vgl. auch BGHSt **13** 149, 153.

201 *Mosbacher* JuS **2022** 226, 228 f.

202 *Mosbacher* JuS **2022** 226, 229; **a.A.** *Krehl* NStZ **2023** 609, 612.

203 *Mosbacher* JuS **2022** 226, 229.

204 BGHSt **68** 146 Rn. 31; BGH NJW **2021**, 3404; BGHSt **46** 17, 19; BVerfG NStZ **1993** 90; vgl. auch BGHSt **23** 377, 378; **27** 5, 10; **43** 237, 239; **44** 121, 124; BGH NStZ **2002** 160 f.; NJW **2008** 2723, 2726; BGHZ **15** 207; *Hanack* 166; *Rissing-van Saan* FS Widmaier 505, 511 f.

dürfnis nach einheitlicher Rechtsanwendung.[205] Ein allgemeiner Wandel der Rechtsauffassung jenseits dieser Voraussetzungen reicht für eine Überholung einer Divergenz nicht aus. Vielmehr ist im Vorlegungsverfahren zu klären, ob die Änderung der Rechtsanschauungen zu einem gewandelten Normverständnis geführt hat und wie weit dies geht.[206] Die Vorlegung wird unzulässig, wenn der Gesetzgeber während des Vorlegungsverfahrens den Inhalt einer bis dahin unterschiedlich ausgelegten Vorschrift durch einen neuen Gesetzgebungsakt klargestellt hat, aus dem sich hinreichend sicher und offenkundig ergibt, in welchem Sinn der Gesetzgeber die in Rede stehende Norm verstanden wissen will.[207]

Durch **neue Gesetze** überholt ist eine Divergenz etwa, wenn durch eine Gesetzesänderung die rechtliche Grundlage der früheren Entscheidung entfallen ist.[208] Die Rechtslage muss sich dadurch im dem für die frühere Entscheidung wesentlichen Punkt geändert haben,[209] unabhängig davon, ob die Gesetzesänderung nur die entscheidungserhebliche Norm oder eine damit zusammenhängende Vorschrift betroffen hat.[210] Ob eine relevante Änderung vorliegt, ist nicht formal, sondern nach dem Inhalt der jeweiligen Rechtsmaterie zu bestimmen. Insbesondere bei einer grundlegenden Neukonzeption einer Rechtsmaterie (vgl. etwa das Gesetz zur Reform der strafrechtlichen Vermögensabschöpfung)[211] oder einer Gesetzesänderung an anderer Stelle, die einer früheren Auslegung die Begründung entzieht, können u.U. auch im Wortlaut unverändert gebliebene Normteile einer veränderten Auslegung zu unterziehen sein, sodass insoweit eine relevante Gesetzesänderung und ein Entfallen der Divergenzanfragepflicht anzunehmen sein kann.[212] 40

Auf **Entscheidungen des BVerfG**, denen nach § 31 BVerfGG Gesetzeskraft zukommt, sind die eben genannten Grundsätze ebenfalls anzuwenden.[213] Gleiches gilt, wenn das BVerfG (wie etwa in der Entscheidung zum Verständigungsgesetz, BVerfGE 133, 168) den Fachgerichten aufgegeben hat, einen bestimmten rechtlichen Komplex insgesamt anhand der von ihm entwickelten Maßstäbe neu zu gestalten.[214] Verbindliche Rechtsprechung des **EuGH** im Rahmen seiner Auslegungskompetenzen ist ebenso zu behandeln, wenn es also um die Auslegung oder Gültigkeit einer Vorschrift des Unionsrechts geht (vgl. Art. 267 AEUV).[215] 41

Bei der **Rechtsprechung des EGMR** gilt Folgendes: Den Urteilen des EGMR kommt eine vergleichbare Bindungswirkung wie Entscheidungen des BVerfG oder des EuGH nicht zu, sondern die Vertragsstaaten der EMRK haben sicherzustellen, dass ihre innerstaatlichen Rechtsordnungen mit der Konvention übereinstimmen (vgl. Art. 46 Abs. 1 EMRK).[216] Nach Auffassung des BVerfG[217] gehört allerdings zur Bindung an Gesetz und Recht (Art. 20 Abs. 3 GG) auch die Berücksichtigung der Gewährleistungen der EMRK und der Urteile des EGMR im Rahmen methodisch vertretbarer Gesetzesauslegung. Bei der Berücksichtigung von Entscheidungen des EGMR haben die Gerichte die Auswirkungen auf die natio- 42

---

205 BGHSt **46** 17, 19.
206 BGHSt **46** 17, 20.
207 BGHSt **46** 17, 21; vgl. auch BGHSt **43** 237, 239.
208 BVerfG NStZ **1993** 90; zur Problematik ausführlich *Hanack* 169 ff.
209 Vgl. BGH NStZ **2002** 160.
210 HK/*Schmidt* 6.
211 Gesetz v. 13.4.2017, BGBl. I S. 872.
212 Vgl. auch BGH wistra **1989** 301.
213 BGHSt **56** 248, 251; **46** 17, 20; NJW **1977** 686; *Schmitt*/Köhler 14a.
214 BGHSt **46** 17, 21; **44** 171, 173; **45** 183 ff.
215 Vgl. BGH NStZ **2025** 371; **2016** 52, 57; vgl. auch BGH wistra **2000** 267; *Schmitt*/Köhler 14a; HK/*Schmidt* 6; MüKo/*Cierniak*/*Pohlit* 8.
216 BGH NStZ **2016** 52, 57; *Schmitt*/Köhler 14a; MüKo/*Cierniak*/*Pohlit* 16.
217 BVerfGE **111** 307, insb. Rn. 47, 53, 57; BVerfGE **128** 326, insb. Rn. 89, 93; vgl. dazu auch BGHSt **56** 73, 83 ff.

nale Rechtsordnung in ihre Rechtsanwendung einzubeziehen. Bei der Interpretation der EMRK kommt der Rspr. des EGMR faktisch eine **Orientierungs- und Leitfunktion** über den konkret entschiedenen Einzelfall hinaus zu. Vor dem Hintergrund der zumindest faktischen Präzedenzwirkung der Urteile des EGMR sind Konflikte zwischen den völkerrechtlichen Verpflichtungen und dem nationalen Recht nach Möglichkeit zu vermeiden. Die Möglichkeiten einer konventionsfreundlichen Auslegung enden erst dort, wo diese nach den anerkannten Methoden der Gesetzesauslegung nicht mehr vertretbar erscheint; dann ist der Gesetzgeber zur Abhilfe berufen.[218] Dies lässt es legitim erscheinen, eine Änderung oder Präzisierung der Vorgaben der EMRK durch den hierzu berufenen EGMR als Überholung der bisherigen Rechtslage einzustufen und infolge dessen von einer Anfrage und Vorlage abzusehen.[219] Dies kann aber nur in eindeutigen und klaren Fällen gelten, in denen die Bundesrepublik Deutschland Verfahrensbeteiligte der betreffenden Entscheidung war[220] und die Rechtsprechung den Vorgaben im Rahmen legitimer Gesetzesauslegung nachkommen kann.[221] Greift dagegen das Urteil des EGMR aufgrund eines abweichenden dogmatischen Ansatzes grundlegend in die Verfahrensbalance des deutschen Strafprozesses ein,[222] obliegt die Umsetzung solcher Entscheidungen nicht einem einzelnen Strafsenat, sondern dem nach Absatz 4 besonders zur Rechtsfortbildung aufgerufenen Großen Senat für Strafsachen oder dem Gesetzgeber.

43 **Entscheidungen des Großen Senats für Strafsachen** machen entgegenstehende frühere Rechtsprechung der Strafsenate und auch des Großen Senats selbst zu der Rechtsfrage obsolet.[223] Dies gilt auch für Entscheidungen der Vereinigten Großen Senate oder des Gemeinsamen Senats der Obersten Bundesgerichte. Will sich anschließend ein Strafsenat der durch den Gemeinsamen Senat der Obersten Bundesgerichte etablierten neuen Rechtsprechung anschließen, muss er nicht seinerseits wieder den Großen Senat für Strafsachen anrufen.[224]

g) Abschluss des Anfrageverfahrens

44 **aa) Allgemeines.** Zulässig ist eine Vorlage an den Großen Senat für Strafsachen nur, wenn das **Anfrageverfahren** nach Absatz 3 mit divergierendem Ergebnis **abgeschlossen** ist.[225] Zweck des Anfrageverfahrens ist die Klärung der Frage, ob im Zeitpunkt der Vorlegungsentscheidung noch eine entscheidungserhebliche Divergenz besteht.[226] Es kann auch dazu genutzt werden, um bei einem Senat anzufragen, ob dessen abweichende Ansicht in einer früheren Entscheidung tragend war.[227] Stimmen die angefragten Senate der beabsichtigten Rechtsprechungsänderung im Anfrageverfahren zu, bedarf es keiner Vorlage

---

218 Vgl. näher *Mosbacher* NStZ **2013** 312 m.w.N.

219 Vgl. BGH NStZ **2016** 52, 57; zustimmend *Jahn/Kudlich* JR **2016** 54, 62; vgl. zur Problematik auch *Conen* StV **2022** 182.

220 Vgl. BGH NStZ **2016** 52, 57.

221 Ähnlich *Schmitt*/Köhler 14a; MüKo/*Cierniak/Pohlit* 16.

222 Vgl. etwa die Entscheidung zum Abwesenheitsrecht bei Berufungsverhandlungen, dazu näher *Mosbacher* NStZ **2013** 312 m.w.N.; zu erwägen auch im Fall BGH NStZ **2016** 52, 57 (Verfahrenshindernis bei rechtsstaatswidriger Tatprovokation).

223 Vgl. als Beispiel BGHSt **30** 105 (Rechtsfolgenlösung bei Heimtückemord).

224 Vgl. BSGE **34** 269.

225 MüKo/*Cierniak/Pohlit* 17; *Meyer* 80.

226 BGH Beschl. v. 24.2.2016 – 2 StR 656/13, Rn. 34; KK/*Feilcke* 13.

227 BGH NStZ **2015** 568, 571; SSW/*Quentin* 4.

mehr nach Absatz 2; der anfragende Senat kann nunmehr seiner Entscheidung die neue Rechtsauffassung zugrunde legen.[228]

bb) Form von Anfrage und Antwort. Der **Gang des Anfrageverfahrens** zur Klärung und etwaiger Auflösung entscheidungserheblicher Divergenzen ist seit 1.1.1992 in Absatz 3 normiert. Bis dahin gab es entsprechende Regelungen lediglich in § 9 der Geschäftsordnung des BGH,[229] der mit wenigen Anpassungen § 13 der Geschäftsordnung des Reichsgerichts in der Fassung der Bekanntmachung vom 25.7.1886 entspricht[230] (und trotz der Gesetzesänderung vor 30 Jahren unverändert in Kraft ist). Auf dieser Grundlage hatte das Reichsgericht (und ihm folgend der BGH) in ständiger Rechtsprechung entschieden, dass die Vorlegungspflicht wegen Divergenz entfällt, wenn der Senat, von dessen Rechtsauffassung abgewichen werden soll, auf Anfrage erklärt, dass er an seiner früheren Rechtsansicht nicht mehr festhalte.[231] 45

Nach Absatz 3 Satz 3 Hs. 1 entscheidet der Senat über die Anfrage und eine etwaige Antwort durch **Beschluss** in der für Urteile erforderlichen **Besetzung**, also mit fünf Richtern (§ 139 Abs. 1). Die Entscheidung ergeht mit einfacher Mehrheit.[232] Weil es sich um eine Zwischenentscheidung handelt, gilt § 349 Abs. 2 bis 5 StPO insoweit nicht. Der Hinweis auf die Besetzung der beim BGH gebildeten Senate für Steuerberater- und Steuerbevollmächtigtensachen und für Wirtschaftsprüfersachen in Absatz 3 Satz 3 Hs. 2 geht ins Leere, da § 97 Abs. 2 Satz 1 StBerG und § 74 Abs. 2 Satz 1 WirtschaftsprüferO bereits zum 1.7.1994 bzw. 1.1.1995 aufgehoben wurden;[233] diese Senate entscheiden also in der Besetzung mit drei Berufsrichtern und zwei Beisitzern (vgl. § 97 Abs. 2 StBerG und § 74 Abs. 2 WirtschaftsprüferO). Auch wenn über Anfrage, Antwort und Vorlage nach Absatz 3 Satz 3 in der Besetzung mit fünf Richtern (§ 139 Abs. 1) zu entscheiden ist, werden solche die Entscheidung des Einzelfalls übergreifenden grundsätzlichen Fragen häufig im Senatsplenum (vgl. § 21g Abs. 1 Satz 1) besprochen.[234] Zwingend ist dies indes nicht, da (nur) der zuständigen Spruchgruppe die Entscheidungskompetenz zukommt und sie sich deshalb auch gegen eine Mehrheitsmeinung im Senat durchsetzen kann.[235] Die Entscheidung ergeht stets durch Beschluss (Absatz 3 Satz 3 Hs. 1), auch nach mündlicher Verhandlung; diese ist ggf. zu unterbrechen[236] oder auszusetzen.[237] Wird das Revisionsverfahren nach mündlicher Verhandlung durch Beschluss zwecks Durchführung des Verfahrens nach § 132 Abs. 2, 3 oder 4 unterbrochen oder ausgesetzt, ist nach dem Abschluss dieses Zwischenverfahrens (durch Beschluss des Großen Senats für Strafsachen, Zustimmung der anderen Senate oder Rücknahme der Anfrage oder des Vorlegungsbeschlusses) und der Mitteilung des Ergebnisses an die Verfahrensbeteiligten mündlich weiter zu verhandeln, um das Verfah- 46

---

228 Vgl. *Rissing-van Saan* FS Widmaier 505, 514 f. mit Beispielen.

229 Vom 3.3.1952, BAnz Nr. 83 v. 30.4.1952; vgl. dazu auch BGHSt **14** 319, 320; *Rissing-van Saan* FS Widmaier 505, 515 f.

230 Zeitschrift für deutschen Zivilprozeß, Band **10** (1887) 442, 444 f.; zur Entwicklung des Anfrageverfahrens näher *Meyer* 69 ff. m.w.N.

231 RGSt **48** 389, 400; **53** 81, 89; **55** 12, 13; **55** 257, 261; **57** 347, 349; **61** 388, 391; **63** 139, 144; **65** 263, 265 f.; RGZ **93** 142, 143 f.; BGHSt **4** 316, 319; **14** 319, 320; dazu näher auch *Köhler* 159, 166 f. m.w.N. zur damaligen Kritik an dem gesetzlich nicht normierten Verfahren.

232 MüKo/*Cierniak/Pohlit* 19.

233 Gesetz v. 24.6.1994 (BGBl. I S. 1387) und Gesetz v. 15.7.1994 (BGBl. I S. 1569).

234 Vgl. MüKo/*Cierniak/Pohlit* 21; OK/*Graf* 15; *Rissing-van Saan* FS Widmaier 505, 516; vgl. auch Radtke/Hohmann/*Rappert* 13.

235 Vgl. OK/*Graf* 15; *Fischer* StraFo **2014** 309.

236 BGH Beschl. v. 1.6.2016 – 2 StR 150/15.

237 Vgl. BGH NStZ **1992** 230; MüKo/*Cierniak/Pohlit* 19; *May* DRiZ **1983** 307; KK/*Feilcke* 14.

ren durch ein Urteil abzuschließen (vgl. § 138 Abs. 3), sofern der noch offene Verfahrensteil nicht anderweitig erledigt wird (§ 154 Abs. 2 StPO, § 421 StPO). Für die Vorlage gilt das Gleiche wie für die Anfrage, auch wenn dies in Absatz 2, 3 nicht gesondert geregelt ist.

47 **Welche Richter** eines Senats bei überbesetzten Spruchkörpern im Einzelfall mit der Entscheidung über einen Anfrage zu befassen sind, richtet sich nach der Zuständigkeit für die Entscheidung des konkreten Falls gemäß der senatsinternen Geschäftsverteilung (§ 21g Abs. 2).[238] Diese muss ggf. auch klären, wer im Falle drohender Divergenz bei der Entscheidung über den Anfragebeschluss hinzutreten muss, wenn zuvor nach § 139 Abs. 2 Satz 1 zu dritt entschieden wurde (betrifft derzeit nur den 3. Strafsenat des BGH). Entscheidet ein Senat durch einen Richter als Einzelrichter (vgl. § 1 Abs. 5, § 66 Abs. 6 GKG),[239] hat dieser das Verfahren zunächst dem Senat zu übertragen (§ 66 Abs. 6 Satz 2 GKG). Auch hinsichtlich der Zuständigkeit für die Entscheidung über eine eingehende Anfrage bedarf es einer Regelung im Geschäftsverteilungsplan, weil es sich auch insoweit um eine Frage des gesetzlichen Richters handelt.[240] Eine besondere Regelung nur für Anfrageverfahren ist dafür nicht erforderlich. Regelmäßig werden für eingehende Anfragen bei den Senaten ARs-Aktenzeichen vergeben, für deren Bearbeitung in den senatsinternen Geschäftsverteilungsplänen die Zuständigkeit abstrakt-generell geregelt ist.[241] Eine etwa fehlerhafte Besetzung des Senats bei der Entscheidung über Anfrage, Antwort oder Vorlage ist – wie auch sonst bei Entscheidungen der BGH-Senate – auf deren Wirksamkeit ohne Einfluss.[242] Allerdings kann bei Willkür ein Verstoß gegen den gesetzlichen Richter vorliegen.[243]

48 Der **Anfragebeschluss richtet sich** an diejenigen **Strafsenate** (oder Großen Senate bzw. die Vereinigten Großen Senate), von deren Rechtsprechung abgewichen werden soll.[244] Ist unklar, ob die beabsichtigte Entscheidung zu Entscheidungen eines anderen Senats in Widerspruch stehen, ist dieser Senat ins Anfrageverfahren einzubinden.[245] Eine vorsorgliche Anfrage bei anderen Senaten ist auch zulässig, wenn keine abweichenden Entscheidungen ersichtlich sind, um mögliche versteckte Divergenzen aufzudecken und ggf. die Chancen in einem Vorlageverfahren zu klären.[246] Nimmt während des Anfrageverfahrens ein neuer Strafsenat seine Arbeit auf (wie etwa Anfang 2020 der 6. Strafsenat oder zum 1.7.2026 der 7. Strafsenat), ist dieser – wenn nötig – in laufende Anfrageverfahren einzubeziehen, wobei regelmäßig leicht zu klären sein wird, ob dessen Rechtsprechung der beabsichtigten Entscheidung entgegensteht. Ist die Zuständigkeit für die fragliche Rechtsmaterie auf einen anderen Senat übergegangen, ist dieser, nicht der früher damit befasste ins Anfrageverfahren einzubinden (Absatz 3 Satz 2; eher bei den Zivilsenaten von Relevanz). Kann der früher zuständige Senat aber weiterhin mit der Rechtsfrage befasst werden, ist auch er ins Anfrageverfahren einzubinden.[247] Besteht der Senat, von dessen Rechtsprechung abgewichen werden soll, nicht mehr, tritt nach Absatz 3 Satz 2 derjenige an seine Stelle, der nach dem im Zeitpunkt der Anfrage geltenden Geschäftsverteilungs-

---

238 OK/*Graf* 15; KK/*Feilcke* 13.

239 Vgl. BGH Beschl. v. 27.8.2020 – 3 StR 158/20; NJW **2021** 3191.

240 Vgl. auch *Leisner* NJW **1989** 2446, 2447 m.w.N.

241 Vgl. auch MüKo/*Cierniak*/*Pohlit* 21.

242 Vgl. MüKo/*Cierniak*/*Pohlit* 6; Kissel/*Mayer* 16; *Katholnigg* 10; KK/*Feilcke* 13; OK/*Graf* 16; **a.A.** *Schirmer* Sozialgerichtsbarkeit 1980, 413, 420, unter Hinweis auf die allerdings insoweit durch die Gesetzesänderung 1990 überholte Entscheidung BSGE **48** 146.

243 Vgl. näher *Leisner* NJW **1989** 2446.

244 SSW/*Quentin* 4; MüKo/*Cierniak*/*Pohlit* 18; SK/*Frister* 21.

245 KK/*Feilcke* 13.

246 Vgl. BGH NStZ **2019** 748, 752; MüKo/*Cierniak*/*Pohlit* 18; *Rissing-van Saan* FS Widmaier 505, 515 m. Fn. 40.

247 Vgl. BFH DStRE **2015** 371.

plan den früheren Fall hypothetisch zu entscheiden hätte.[248] Bei Zweifeln über die Auslegung des Geschäftsverteilungsplans insoweit entscheidet – wie auch sonst – das Präsidium.[249]

Der **Anfragebeschluss** ist zu **begründen**, um die tragenden Erwägungen für die beabsichtigte Rechtssprechungsänderung deutlich zu machen und eine Antwort darauf zu ermöglichen.[250] Die Begründung kann auch im Verweis auf eine frühere Entscheidung bestehen, die eine nähere Begründung enthält. Der **Antwortbeschluss** bedarf keiner Begründung.[251] Insbesondere bei Zustimmung reicht etwa die Wendung: „Der Senat schließt sich der Rechtsauffassung des anfragenden Senats unter Aufgabe eigener entgegenstehender Rechtsprechung an."[252] Die Zustimmung muss nur zum Ergebnis, nicht zur Begründung erfolgen.[253] Erfolgt die Antwort, Rechtsprechung des angefragten Senats stehe der beabsichtigten Entscheidung des anfragenden Senats nicht entgegen (dies macht eine Divergenzvorlage unzulässig),[254] kann dies mit Erwägungen zur Sache verbunden werden. Eine solche Meinungsäußerung des angefragten Senats ist etwa dann sinnvoll, wenn er dem anfragenden Senat argumentativ entgegen- oder beitreten und damit das Meinungsbild im Anfrageverfahren komplettieren will. Gleichzeitig kann der anfragende Senat dann leichter einschätzen, wie seine Chancen im Großen Senat für Strafsachen stehen und ob eine Vorlage dort Erfolg verspricht.[255] Die Ablehnung der Anfrage ist zu begründen, hierzu reicht aber auch der Verweis auf die Gründe der bisherigen Rechtsprechung.[256] Zur Prüfung der Vorlegungsvoraussetzungen ist der angefragte Senat nicht befugt,[257] er kann aber auf etwaige Bedenken hinweisen.[258] Eine Pflicht zur vorherigen Anhörung der Verfahrensbeteiligten zu einer beabsichtigten Anfrage besteht nicht.[259] Ihnen wird durch die Bekanntgabe des (noch keine Rechtswirkungen zeitigenden) Anfragebeschlusses[260] und die weitere Einbindung ins Verfahren ausreichend rechtliches Gehör gewährt und die Möglichkeit zur argumentativen Einflussnahme gegeben. Bekanntzugeben sind ihnen daher auch die Antwortbeschlüsse,[261] durch die eine mögliche Bindung für das weitere Verfahren eintreten kann, sowie der Vorlagebeschluss und der Beschluss des Großen Senats.[262] Eine förmliche Beteiligung der Verfahrensbeteiligten darüber (und über § 138 Abs. 3) hinaus ist vom Gesetz nicht vorgesehen. Die Zustimmung zur Anfrage ist auch noch nach Eingang der Vorlage beim Großen Senat möglich; dessen Verfahren ist bei einem dadurch bewirkten Wegfall der Divergenz in Vorlegungssachen nach § 132 Abs. 2 einzustellen und das Ausgangsverfahren weiterzubetreiben.[263] Anfechtbar sind Anfrage-, 49

248 MüKo/*Cierniak/Pohlit* 18; KK/*Feilcke* 13.
249 BTDrucks. **11** 3621 S. 54; MüKo/*Cierniak/Pohlit* 18; SK/*Frister* 21.
250 MüKo/*Cierniak/Pohlit* 19; SK/*Frister* 19; OK/*Graf* 17; KK/*Feilcke* 14; HK/*Schmidt* 11; *Rissing-van Saan* FS Widmaier 505, 516 f.
251 OK/*Graf* 17; KK/*Feilcke* 14; HK/*Schmidt* 11; **a.A.** wohl SSW/*Quentin* 5.
252 Vgl. auch die leicht abweichende knappe Formulierung bei BGH medstra **2023** 114.
253 MüKo/*Cierniak/Pohlit* 19; *May* DRiZ **1983** 305, 307.
254 Vgl. SSW/*Quentin* 4.
255 MüKo/*Cierniak/Pohlit* 18.
256 MüKo/*Cierniak/Pohlit* 19; SK/*Frister* 20.
257 MüKo/*Cierniak/Pohlit* 19.
258 BGH NStZ-RR **2020** 25, 27.
259 *Schmitt*/Köhler 11; HK/*Schmidt* 10; **a.A.** MüKo/*Cierniak/Pohlit* 19; KK/*Feilcke* 14; Radtke/Hohmann/*Rappert* 10; SK/*Frister* 19; OK/*Graf* 23.
260 Vgl. MüKo/*Cierniak/Pohlit* 19; HK/*Schmidt* 10; KK/*Feilcke* 14.
261 Vgl. auch OK/*Graf* 22; MüKo/*Cierniak/Pohlit* 19: jedenfalls begründete Beschlüsse.
262 Kissel/*Mayer* 28; **a.A.** KK/*Feilcke* 14.
263 MüKo/*Cierniak/Pohlit* 20.

Antwort- oder Vorlagebeschlüsse nicht.[264] Sie werden in aller Regel auf der Homepage des BGH veröffentlicht und sind damit auch für interessierte Fachkreise verfügbar.[265]

50 Eine Auflösung von Divergenzen **außerhalb** des nach Absatz 3 vorgeschriebenen **Anfrageverfahrens** ist vom Gesetz nicht vorgesehen und deshalb nicht statthaft. Wie Absatz 3 Satz 3 deutlich macht, können Anfrage und Antwort nur durch Senatsbeschluss ergehen, nicht in informellem Wege. Irritierend sind deshalb Formulierungen in BGH-Entscheidungen, in denen jenseits eines formellen Anfrageverfahrens erklärt wird, bestimmte Strafsenate hätten „mitgeteilt", sie würden an abweichenden Rechtsauffassungen oder entgegenstehender Rechtsprechung „nicht mehr festhalten".[266] Solche **informellen** Meinungsäußerungen sind rechtlich gesehen unbeachtlich und entfalten keine Bindungswirkung, sie können das gesetzlich vorgesehene Verfahren nicht ersetzen.

51 **cc) Folgen zustimmender Antwort.** Anfrage und Vorlage entfalten keine Bindungswirkung, solange ihnen kein Senat unter Aufgabe eigener Rechtsprechung zugestimmt hat (näher oben Rn. 23).[267] Eine **zustimmende Antwort** eines Senats im Rahmen des Anfrageverfahrens unter Aufgabe bisheriger Rechtsprechung nach Absatz 3 Satz 3 hat nach h.M. folgende **Konsequenzen**:[268] Zum einen kann der anfragende Senat jetzt nicht mehr ohne Anrufung des Großen Senats zu seiner ursprünglichen Rechtsprechung tragend zurückkehren, da er ansonsten in Divergenz zu dem Antwortbeschluss geraten würde, der die gleiche Bedeutung wie eine Revisionsentscheidung hat.[269] Zum anderen bindet eine zustimmende Antwort unter Aufgabe früherer entgegenstehender Rechtsprechung auch den antwortenden Senat; als seine Rechtsauffassung gilt nach der Zustimmungserklärung diejenige, der er zugestimmt hat.[270] Ab diesem Zeitpunkt ist ihm eine Rückkehr zur „alten" Rechtsprechung versagt, sofern er nicht vorher seinerseits den Großen Senat anruft.[271] Davon unbeeinträchtigt bleiben indes die übrigen Senate, die weiter auf der Grundlage der bis zur Entscheidung des Großen Senats gültigen Rechtsprechung entscheiden können.[272] Ist allerdings absehbar, dass eine umstrittene und in mehreren anhängigen Verfahren entscheidungserhebliche Frage demnächst vom Großen Senat für Strafsachen oder den Vereinigten Großen Senaten womöglich abweichend zur bisherigen Rechtsprechung entschieden wird, hat sich die Praxis bewährt, die Entscheidung in diesen Fällen zurückzustellen, ggf. unter Abtrennung der davon betroffenen Entscheidungsteile zu Beschleunigungszwecken bei Entscheidungsreife des Restes.[273] Denn für einen Revisionsführer wäre es wenig verständlich, wenn seine Revision eine Woche vor der Entscheidung des Großen Senats verworfen würde, eine Woche später aber Erfolg gehabt hätte. Solange es keine zustimmende Antwort gibt, kann der anfragende Senat jederzeit die Anfrage (oder Vorla-

---

264 Vgl. HK/*Schmidt* 10.

265 Früher erfolgte oft keine Veröffentlichung, vgl. die Dokumentation von *Widmaier* NStZ **1992** 195, 196 ff.

266 Vgl. BGH Beschl. v. 19.12.2018 – 4 StR 129/18; Beschl. v. 4.9.2019 – 4 StR 294/19; NStZ-RR **2019** 96; dies gilt nach Absatz 3 auch für die Vereinigten Großen Senate, weshalb der Große Senat für Zivilsachen keine auch abweichende Strafsenatsrechtsprechung betreffende Streitfrage entscheiden kann, ohne zuvor förmlich bei divergierenden Strafsenaten anzufragen; anders aber BGH NJW **2021** 3191, 3193: ausreichend sei eine „informatorische Anhörung".

267 MüKo/*Cierniak/Pohlit* 20.

268 Vgl. dazu näher *Lorenz* JR **2018** 128, 129; MüKo/*Cierniak/Pohlit* 22; SSW/*Quentin* 6; OK/*Graf* 19 f.

269 Vgl. BGHSt **61** 263, 265; BGH NStZ-RR **2017** 112; BGH Beschl. v. 24.8.2000 – 1 StR 349/00; *Heußner* DRiZ **1972** 119, 121 f.; SSW/*Quentin* 6.

270 Vgl. BGH NStZ-RR **2017** 112; BSGE **48** 146.

271 BGH NStZ-RR **2017** 112.

272 Vgl. BGHSt **61** 263, 265.

273 Vgl. BGH Beschl. v. 20.1.2011 – 4 StR 650/11.

ge) zurücknehmen.[274] Dies kann entweder ausdrücklich oder konkludent dadurch geschehen, dass er seine divergierende Rechtsauffassung wieder aufgibt.[275] Das Anfrage- oder Vorlegungsverfahren wird damit hinfällig und hat sich erledigt.[276]

h) Entscheidungserheblichkeit. Die Entscheidungserheblichkeit der Rechtsfrage ist 52
über den Gesetzeswortlaut hinaus Zulässigkeitsvoraussetzung für eine Vorlage nach Absatz 2 oder Absatz 4.[277] Dabei kommt es darauf an, ob das Ergebnis des konkreten Revisionsverfahrens als solches durch die Beantwortung der Vorlagefrage durch den Großen Senat für Strafsachen beeinflusst wird.[278] **Entscheidungserheblichkeit** liegt vor, wenn der anfragende Senat bei Beachtung der abweichenden (tragenden) Rechtsauffassung zu einem anderen Ergebnis im konkreten Einzelfall käme, nicht nur zu einer abweichenden Begründung.[279] Ist ein Urteil etwa auf die erhobene Sachrüge aufzuheben, kann nicht eine Rechtsfrage aus einer Verfahrensrüge vorgelegt werden, damit diese im gleichen Umfang zur Aufhebung führen soll.[280] An ein vertretbares Verständnis von relevanten Prozesshandlungen[281] oder der Urteilsgründe durch den vorlegenden Senat ist der Große Senat für Strafsachen dabei gebunden.[282] Wird durch prozessuale Ereignisse (etwa Revisionsrücknahme oder -beschränkung) nach Eingang der Vorlage der Umfang der Sachprüfung in einem Maß beschränkt, dass es auf die Vorlagefragen nicht mehr ankommen kann, wird die Zuständigkeit des Großen Senats beendet und die Sache an den nunmehr allein für die weitere Entscheidung zuständigen vorlegenden Senat zurückgegeben.[283] An der Entscheidungserheblichkeit fehlt es auch, wenn die Rechtsfrage erst im nächsten Rechtsgang, etwa nach Zurückverweisung, Bedeutung gewinnen kann (vgl. aber auch oben Rn. 31a).[284] Die Entscheidungserheblichkeit entfällt indes nicht alleine dadurch, dass sich die rechtlichen Rahmenbedingungen der Entscheidung, etwa durch eine Entscheidung des BVerfG, geändert haben.[285] Die Frage, ob ein angefochtenes Urteil auf dem in Rede stehenden Rechtsfehler **beruht** (§ 337 Abs. 1 StPO), hat der vorlegende Senat in eigener Zuständigkeit zu entscheiden; an die vertretbare Annahme des Beruhens ist der Große Senat gebunden.[286]

i) Keine unzulässige Wiederholung. Hat der Große Senat (oder die Vereinigten Gro- 53
ßen Senate) eine Rechtsfrage entschieden, ist diese Entscheidung nach § 138 Abs. 1 Satz 2 nur für den erkennenden Senat im konkreten Fall förmlich bindend. Im Übrigen steht es den Senaten eigentlich frei, erneut den Großen Senat nach Absatz 2, 3 anzurufen, wenn sie von dessen Entscheidung tragend abweichen wollen.[287] Allerdings würde eine **erneute Befassung des Großen Senats mit derselben Rechtsfrage** binnen kurzer Frist dem Sinn und Zweck des § 132, innerhalb eines obersten Gerichtshofs die Rechtseinheit zu wahren,

274 Vgl. HK/*Schmidt* 12.
275 Vgl. BGHSt **61** 263, 265; BGH NStZ-RR **2017** 112; HK/*Schmidt* 15; vgl. auch oben Rn. 23.
276 Vgl. BGH NStZ-RR **2017** 112; *Mosbacher* JuS **2017** 127, 130; SSW/*Quentin* 6; OK/*Graf* 19.
277 BGHSt **46** 321; **52** 124, 128; **61** 221, 227; **66** 20.
278 BGHSt **16** 271, 278; **39** 100, 102; **43** 53, 58; **52** 124, 128; **61** 14, 18; **61** 221, 227.
279 Vgl. BGH NJW **2000** 1185 f. m.w.N.; MüKo/*Cierniak/Pohlit* 12.
280 Vgl. BGHSt **61** 221, 227 f.; *Schmitt*/Köhler 21.
281 BGHSt **67** 295.
282 BGHSt **41** 187, 194; **51** 298, 302; **62** 184, 190; MüKo/*Cierniak/Pohlit* 27.
283 BAGE **56** 95.
284 MüKo/*Cierniak/Pohlit* 12.
285 Vgl. BGHZ **13** 265, 270; BSGE **54** 223, 225.
286 Vgl. BGHSt **66** 20.
287 So MüKo/*Cierniak/Pohlit* 36; SK/*Frister* 9.

entgegenlaufen. Deshalb gibt es Grenzen der Anrufungsbefugnis:[288] Die erneute Vorlage einer vom Großen Senat bereits entschiedenen Rechtsfrage ist nur zulässig, wenn in der Zwischenzeit neue rechtliche Gesichtspunkte aufgetreten sind, die bei der ursprünglichen Entscheidung nicht berücksichtigt werden konnten, neue Rechtserkenntnisse eine andere Beurteilung der entschiedenen Rechtsfrage rechtfertigen können oder die ursprüngliche Entscheidung schon lange zurückliegt und an ihr gewichtige Kritik geübt worden ist.[289]

III. Vorlage wegen grundsätzlicher Bedeutung (Absatz 4)

54 **1. Allgemeines.** Die Möglichkeit einer Befassung des Großen Senats für Strafsachen mit einer Frage von grundsätzlicher Bedeutung besteht seit Einführung von § 137 GVG a.F. durch Gesetz v. 28.6.1935 (RGBl. I S. 844). Die Vorgängervorschrift von Absatz 4 lautete bis 31.12.1991 wie folgt: „Der erkennende Senat kann in einer Frage von grundsätzlicher Bedeutung die Entscheidung des Großen Senats herbeiführen, wenn nach seiner Auffassung die Fortbildung des Rechts oder die Sicherung einer einheitlichen Rechtsprechung es erfordert." Die Neufassung sollte durch die Umformulierung klarstellen, dass die Prüfung der Zulässigkeitsvoraussetzungen dem Großen Senat obliegt.[290] Wortgleiche Regelungen finden sich in § 45 Abs. 4 ArbGG, § 41 Abs. 4 SGG, § 11 Abs. 4 VwGO und § 11 Abs. 4 FGO. Die Vorschrift ermöglicht es insbesondere, den Großen Senat mit Rechtsfragen zu befassen, zu denen sich noch kein Senat des Bundesgerichtshofs bislang geäußert hat.[291] Die Vorlagemöglichkeiten nach Absatz 2 und Absatz 4 stehen nach Gesetzeswortlaut und -systematik **gleichberechtigt nebeneinander**, die Divergenzvorlage genießt keinen Vorrang.[292] Liegen die Voraussetzungen vor, unter denen nach Absatz 4 der Große Senat angerufen kann, steht die Entscheidung hierüber im pflichtgemäßen Ermessen des Senats („kann").[293] Eine Ermessensreduktion auf null ist allenfalls in Extremfällen denkbar.[294] Die Vorlage wegen grundsätzlicher Bedeutung kann mit einer Divergenzvorlage verbunden werden.[295] Eine Alternativvorlage ist aber nicht statthaft.[296] Eine Vorlage an die Vereinigten Großen Senate wegen grundsätzlicher Bedeutung ist vom Gesetz nicht vorgesehen, auch nicht durch den Großen Senat selbst.[297]

55 **2. Grundsätzliche Bedeutung.** Eine Rechtsfrage hat **grundsätzliche Bedeutung**, wenn sie sich in unterschiedlichen Konstellationen jederzeit wieder stellen kann und ihre einheitliche Beantwortung deshalb für eine Vielzahl von Fällen relevant ist.[298] Der Große

---

288 BFHE **101** 3; BFH DStRE **2015** 371; Kissel/*Mayer* 15; **a.A.** Stein/Jonas/*Jacobs* 10; Zöller/*Lückemann* 4; MüKo-ZPO/*Zimmermann* 11.

289 Vgl. als Beispiel RGSt **60** 257 und RGSt **8** 87.

290 BTDrucks. **11** 3621 S. 55.

291 MüKo/*Cierniak/Pohlit* 24.

292 Vgl. (inzident) BGHSt **62** 164, 168; **61** 221, 228 f.; Radtke/Hohmann/*Rappert* 19; anders noch zur alten Gesetzeslage BGHSt **33** 356, 359 f.; **a.A.** OK/*Graf* 25; *Schmitt/Köhler* 16; SSW/*Quentin* 7; HK/*Schmidt* 22; vgl. auch BGHSt **52** 124; BGH NJW **2007** 3294, 3298.

293 MüKo/*Cierniak/Pohlit* 24; Kissel/*Mayer* 38; KK/*Feilcke* 16; OK/*Graf* 26.

294 Vgl. zur Problematik (in Zivilsachen) auch *Jungmann* JZ **2009** 380.

295 Vgl. BGHSt **40** 360, 366; **46** 321; **50** 40, 45; **56** 73, 91; **62** 247; **66** 20.

296 Vgl. KK/*Feilcke* 16 m.w.N.

297 *Katholnigg* 16; SK/*Frister* 28; **a.A.** OK/*Graf* 32; MüKo/*Cierniak/Pohlit* 5; MüKo/*Cierniak/Pohlit* 5; offengelassen von den Vereinigten Großen Senaten, vgl. BGHZ **212** 48.

298 Vgl. BGHSt **52** 124, 128; **62**, 247; **65** 242; **66**, 20; zum Begriff näher auch *Müller* FS Herschel 159 ff.; *de Lousanoff* NJW **1977** 1042.

Senat formuliert dies wie folgt: Eine vorgelegte Rechtsfrage ist von grundsätzlicher Bedeutung, wenn sie eine im Strafverfahren häufig gegebene Fallgestaltung betrifft, sodass die Entscheidung über sie richtungsweisend für eine Vielzahl vergleichbarer Fälle und somit für die Rechtsanwendung von zukunftsweisender Bedeutung ist.[299] Gleiches gilt, wenn es um eine umstrittene Frage von wesentlichem Gewicht für die Rechtsordnung und das Rechtsleben geht,[300] die Entscheidung also weitreichende Auswirkungen für die jeweils Betroffenen hat.[301] Keine grundsätzliche Bedeutung kommt Rechtsfragen zu, die bereits entschieden sind oder deren Beantwortung nahezu unbestritten oder selbstverständlich ist.[302] Der Große Senat für Strafsachen hat eine grundsätzliche Bedeutung etwa in folgenden Fällen angenommen: Umschlossene Abteilungen und Wohnwagen als umschlossene Räume i.S.v. § 243 StGB (BGHSt **1** 158), Begriff der Heimtücke bei § 211 StGB (BGHSt **9** 385), Rücktritt vom Versuch bei außertatbestandlicher Zielerreichung (BGHSt **39** 221), Aufgabe der fortgesetzten Handlung (BGHSt **40** 360), Deutsche Einheit und Nummer 53 Art. VIII Militärregierungsgesetz (BGHSt **42** 113), Hörfalle (BGHSt **42** 139), Begriff der Bande (BGHSt **46** 321), Rechtsmittelverzicht nach Verständigung (BGHSt **50** 40), Rügeverkümmerung durch Protokollberichtigung (BGHSt **51** 298), Kompensation rechtsstaatswidriger Verfahrensverzögerung (BGHSt **52** 124), Voraussetzungen der nachträglichen Sicherungsverwahrung (BGHSt **52** 379), Kassenarzt kein Amtsträger nach §§ 331 ff. StGB und kein Beauftragter nach § 299 StGB (BGHSt **57** 202), Belehrung über Zeugnisverweigerungsrecht ausreichend für Verwertungsgestattung (BGHSt **61** 221), Wahlfeststellung zwischen Diebstahl und Hehlerei (BGHSt **62** 164), Strafrahmenverschiebung nach §§ 21, 49 Abs. 1 StGB bei selbstverschuldeter Trunkenheit (BGHSt **62** 247), obligatorische Einziehung auch im Jugendstrafverfahren (BGHSt **65** 242), Hinweispflicht nach § 265 Abs. 2 Nr. 1 StPO bei der Einziehung auch ohne neue Tatsachen (BGHSt **66** 20). Die Frage, ob die vorgelegte Rechtsfrage grundsätzliche Bedeutung hat, prüft der Große Senat unabhängig von der Einschätzung des vorlegenden Senats selbständig in eigener Kompetenz.[303]

3. Fortbildung des Rechts. Die Entscheidung des Großen Senats über die vorgelegte 56 Rechtsfrage von grundsätzlicher Bedeutung muss nach Auffassung des vorlegenden Senats entweder zur **Fortbildung des Rechts** oder zur **Sicherung einer einheitlichen Rechtsprechung** erforderlich sein. Nach dem insoweit eindeutigen Gesetzeswortlaut („nach seiner Auffassung") liegt die Einschätzungsprärogative insoweit beim vorlegenden Senat; diese kann allenfalls auf grobe Ermessensfehler geprüft werden.[304] Die Fortbildung des Rechts erfordert eine Entscheidung des Großen Senats, wenn der Einzelfall Veranlassung gibt, Leitsätze für die Auslegung von Gesetzesbestimmungen des materiellen oder des Verfahrensrechts aufzustellen oder Gesetzeslücken rechtsschöpferisch auszufüllen.[305] Eine Fortbildung des Rechts kommt insbesondere auch in Betracht, wenn (etwa wegen neuer gesellschaftlicher oder technischer Entwicklungen) mit einer hergebrachten Rechtsauslegung gebrochen werden oder der Rechtsanwendung eine neue Richtung gegeben werden soll.[306] Die Formulierung von Absatz 4 zeigt, dass der Große Senat für Strafsachen ganz

299 BGHSt **61** 221, 229; **66** 20.
300 Vgl. BAG NZA **1992** 749 m.w.N.
301 Vgl. BGHSt **52** 379; SSW/*Quentin* 9.
302 MüKo/*Cierniak/Pohlit* 28 m.w.N.
303 BTDrucks. **11** 3621 S. 55; *Rissing-van Saan* FS Widmaier 505, 519.
304 Vgl. BAG NZA **1992** 749; Kissel/*Mayer* 38; KK/*Feilcke* 20; *Rissing-van Saan* FS Widmaier 505, 519; **a.A.** MüKo/*Cierniak/Pohlit* 30.
305 BGHSt **24** 15, 21 (zu § 80 OWiG); OK/*Graf* 27.
306 Vgl. BGHSt **1** 158; **2** 292; **9** 385; KK/*Feilcke* 20; Radtke/Hohmann/*Rappert* 21.

besonders zur Fortbildung des Rechts berufen ist.[307] Allerdings darf er dies selbstverständlich nur in den den Gerichten insgesamt vorgegebenen verfassungsrechtlichen Grenzen.[308] Nicht zur Fortbildung des Rechts soll eine Befassung des Großen Senats mit einer Grundsatzfrage nach Absatz 4 erforderlich sein, wenn die übrigen Senate in einem Anfrageverfahren erklärt haben, an abweichender Rechtsprechung nicht mehr festzuhalten.[309] Dies ist fraglich, weil die Frage der Divergenz jedenfalls in Fällen der Fortbildung des Rechts nach der Systematik von § 132 Abs. 2, 4 eigentlich keine Rolle spielt.

57 **4. Sicherung einer einheitlichen Rechtsprechung.** Die Sicherung einer einheitlichen Rechtsprechung durch Befassung des Großen Senats mit einer Rechtsfrage von grundsätzlicher Bedeutung ist erforderlich, wenn vermieden werden soll, dass **schwer erträgliche Unterschiede** in der diese Frage betreffenden Rechtsprechung entstehen oder fortbestehen.[310] Dies kann insbesondere der Fall sein, wenn eine noch nicht vom Bundesgerichtshof entschiedene Rechtsfrage für die Rechtsentwicklung besondere Bedeutung besitzt und gegensätzliche Entscheidungsmöglichkeiten die Gefahr einer uneinheitlichen Rechtsprechung begründen.[311] Auch das Infragestellen bisheriger Rechtsprechung durch nichttragende „obiter dicta" und die dadurch bewirkte Verunsicherung der Rechtsanwender kann die Vorlage zur Sicherung einer einheitlichen Rechtsprechung erforderlich machen.[312] Gleiches gilt, wenn ein Strafsenat ohne das nach § 132 Abs. 2, 3 gebotene Verfahren tragend von bisheriger verbindlicher Rechtsprechung anderer Senate abgewichen ist. Im Einzelfall getroffene offensichtliche Fehlentscheidungen sollten dagegen insoweit keine Rolle spielen.[313]

58 **5. Weitere Zulässigkeitsvoraussetzungen.** Die **Entscheidungserheblichkeit** (vgl. oben Rn. 52) ist auch bei Vorlagen nach Absatz 4 Zulässigkeitsvoraussetzung.[314] Unzulässig wäre ebenso eine wiederholte Befassung mit einer bereits vom Großen Senat entschiedenen Rechtsfrage von grundsätzlicher Bedeutung ohne sachlichen Grund hierfür (oben Rn. 53). Der Vorrang der Selbstbindung nach § 358 StPO hindert auch eine Vorlage nach Absatz 4 (vgl. zu Absatz 2 oben Rn. 31 f.).[315] Nach dem Wortlaut des § 132 bedarf es bei einer Vorlage wegen grundsätzlicher Bedeutung nach Absatz 4 **keines Anfrageverfahrens** nach Absatz 3.[316] Dies gilt auch, wenn gleichzeitig ein solches wegen Divergenz nach den Absätzen 2, 3 möglich wäre.[317] Deshalb ist eine Vorlage nach Absatz 4 auch isoliert möglich,

307 Vgl. auch Kissel/*Mayer* 37.

308 Hierzu näher BVerfGE **122** 248 (zur Entscheidung des Großen Senats zur Rügeverkümmerung bei Protokollberichtigung); vgl. auch BVerfGE **65** 182; *Ignor*/*Bertheau* NJW **2008** 2209, 2211 f.; *Beisse* FS von Wallis 45, 49 ff.; zu den Grenzen richterlicher Rechtsfortbildung insoweit näher *Möllers* JZ **2009** 668; *Bertheau* NJW **2010** 973; *Globke* GA **2010** 399; *Rieble* NJW **2011** 819; *Schlothauer* StraFo **2011** 459; *Rüthers* NJW **2011** 1856; *Kempf*/*Schilling* NJW **2012** 1849; *Wiedemann* NJW **2014** 2407.

309 BGH NJW **2002** 1208 zur Parteifähigkeit der GbR.

310 Vgl. BGHSt **24** 15, 22.

311 BGHSt **32** 115, 119.

312 Vgl. Kissel/*Mayer* 36.

313 Vgl. BGHSt **24** 15, 22; OK/*Graf* 28.

314 BGHSt **61** 221, 227 m.w.N.

315 MüKo/*Cierniak*/*Pohlit* 28.

316 MüKo/*Cierniak*/*Pohlit* 33; SK/*Frister* 28; OK/*Graf* 24.

317 BGHSt **62** 164, 168; **61** 221, 228 f.; **40** 360, 365 f.; BGH Beschl. v. 24.2.2016 – 2 StR 656/13, Rn. 39; BGH NJW **2007** 3294, 3298; *Schmitt*/Köhler 16; abweichend, allerdings zur alten Gesetzeslage und deshalb überholt, BGHSt **33** 356, 359 f.; **a.A.** – nicht tragend – BGHZ **128** 85; ebenso Kissel/*Mayer* 30; MüKo/*Cierniak*/*Pohlit* 37; OK/*Graf* 25; *Rissing-van Saan* FS Widmaier 505, 517; KK/*Feilcke* 19; Radtke/Hohmann/*Rappert* 19; SK/*Frister* wenn eine solche nach Absatz 2 in Frage kommt.[318] Wird – was zulässig ist[319] – eine Vorlage wegen Divergenz mit einer solchen wegen grundsätzlicher Bedeutung verbunden, kann wegen Divergenz allerdings nur vorgelegt werden, wenn zuvor ein Anfrageverfahren durchgeführt worden ist.[320] Ansonsten kann nicht beurteilt werden, ob wirklich noch eine Divergenz zwischen den Strafsenaten besteht. Gerade eine Fortbildung des Rechts in Fragen grundsätzlicher Bedeutung sollte dem Großen Senat für Strafsachen vorbehalten bleiben, unabhängig davon, ob etwa im Wege des Anfrageverfahrens zwischen den Strafsenaten Konsens über einen grundlegenden Rechtsprechungswandel herbeigeführt werden kann.[321] Ein Anfrageverfahren, das dann alle Senate umfassen muss, kann auch vor einer geplanten Vorlage nach Absatz 4 erfolgen.[322]

IV. Weiteres Verfahren

1. Vorlegungsbeschluss. Für den Vorlegungsbeschluss enthält das Gesetz keine beson- 59
dere Regelung. Da er in der **Form** nicht hinter dem Anfrage- und Antwortbeschluss zurückstehen kann, ergeht er wie diese entsprechend Absatz 3 Satz 3 Hs. 1 durch begründeten Beschluss in der hierfür erforderlichen **Besetzung**, also mit den fünf Richtern (§ 139 Abs. 1), die nach dem senatsinternen Geschäftsverteilungsplan (§ 21g Abs. 1) mit dem zugrundeliegenden Fall befasst sind. Sind nur drei Richter zur Entscheidung des Falls berufen (§ 139 Abs. 2 Satz 1), muss der senatsinterne Geschäftsverteilungsplan Regelungen dazu enthalten, welche zwei Richter – ebenso wie bei der Anfrage – hinzutreten. Der Vorlegungsbeschluss muss insbesondere die dem Großen Senat zur Entscheidung vorgelegte Rechtsfrage präzise bezeichnen[323] und Rechenschaft darüber ablegen, weshalb die Voraussetzungen nach den Absätzen 2, 3 oder Absatz 4 vorliegen.[324] Mit ihm wird das Zwischenverfahren beim Großen Senat eingeleitet,[325] das durch den mit Entscheidungsgründen versehene Beschluss des Großen Senats abgeschlossen wird.[326] Die Vorlegungsfrage ist auf den entscheidungserheblichen Teil zu beschränken.[327] Der Beschluss ist zu begründen, wobei der Senat zweckmäßiger Weise auf die im Anfrageverfahren vorgebrachten Gegenargumente einzugehen hat.[328] Die Verfahrensbeteiligten müssen zuvor nicht angehört werden,[329] der Beschluss ist ihnen aber bekannt zu geben.[330] Anfrage- und Vorlegungsbeschluss müssen im Fall der Divergenzvorlage inhaltlich, aber nicht sprachlich übereinstimmen; an einer präziseren Fassung der Rechtsfrage in der Vorlage ist der Senat nicht gehindert, solange die Identität der Rechtsfrage beste-

---

27; *Ignor/Bertheau* NJW **2008** 2209, 2211 f.; vgl. auch BGH NJW **2000** 1185, dagegen zutreffend *Groß/Pamp* ZZP **113** (2000) 467.

318 Vgl. (inzident) nur BGHSt **62** 164, 168; **61** 221, 228 f.; anders, wegen unterschiedlicher Besetzung des Großen Senats, noch die frühere Gesetzeslage, dazu BGHSt **33** 356, 359 f. (aufgegeben durch BGHSt **61** 221 und **62** 164); OK/*Graf* 25.

319 BGHSt **40** 360, 366; **50** 40, 45; **62** 247.

320 SSW/*Quentin* 7; SK/*Frister* 28; *Ignor/Bertheau* NJW **2008** 2209, 2211.

321 BGH NJW **2007** 3294, 3298, bestätigt durch BGHSt **52** 124; vgl. aber auch BGH NJW **2002** 1208.

322 BGHSt **56** 73, 91; MüKo/*Cierniak/Pohlit* 33: bei Zustimmung wird Vorlage entbehrlich.

323 *Schmitt*/Köhler 11; Radtke/Hohmann/*Rappert* 15.

324 Vgl. SK/*Frister* 22.

325 Radtke/Hohmann/*Rappert* 15.

326 *Schmitt*/Köhler 11.

327 Vgl. BGHSt **59** 94, 97; MüKo/*Cierniak/Pohlit* 27.

328 SSW/*Quentin* 12.

329 SSW/*Quentin* 12; *Schmitt*/Köhler 11.

330 Kissel/*Mayer* 27; SK/*Frister* 22; Radtke/Hohmann/*Rappert* 15.

hen bleibt.[331] Eine inhaltliche Änderung der Rechtsfrage im Vorlegungsbeschluss im Vergleich zum Anfragebeschluss ist hingegen nicht zulässig, weil es dann am Abschluss eines vorherigen Divergenzanfrageverfahrens in Bezug auf die gesamte vorgelegte Rechtsfrage fehlt. Ob dies der Fall ist, entscheidet der Große Senat eigenständig.[332] Eine Erweiterung der Rechtsfrage nach Durchführung des Divergenzanfrageverfahrens ist nur möglich, wenn der vorlegende Senat bezüglich des überschießenden Teils wegen grundsätzlicher Bedeutung nach § 132 Abs. 4 vorlegt, da insoweit kein Anfrageverfahren vorhergehen muss (näher Rn. 54). Auch dann muss die aufgeworfene Rechtsfrage aber insgesamt entscheidungserheblich sein (näher Rn. 58).

60 Ob ein Senat nach Durchführung eines Anfrageverfahrens wegen Divergenz vorlegt, bestimmt sich danach, ob er mit seiner Entscheidung von bindenden Entscheidungen anderer Senate abweichen will. Eine **Pflicht zur Vorlage** darüber hinaus besteht **nicht**.[333] Bisweilen führt die Durchführung des Anfrageverfahrens auch dazu, dass der anfragende Senat – von abweichenden Argumenten (oder der Erwartung einer Niederlage im Großen Senat) überzeugt – sein Vorhaben aufgibt, ohne Vorlage das Verfahren weiter betreibt und im Sinne der bisherigen Rechtsprechung entscheidet.[334] Dies ist allerdings nur möglich, wenn sich noch kein anderer Senat der beabsichtigten Rechtsprechungsänderung angeschlossen hat (vgl. oben Rn. 51) oder es wider Erwarten auf einmal auf die umstrittene Rechtsfrage nicht mehr ankommt, sei es durch prozessökonomische Beschränkung[335] oder durch gewandelte Überzeugung etwa zum Beruhen i.S.v. § 337 Abs. 1 StPO. Eines Beschlusses bedarf es beim Unterlassen einer Vorlage nicht, dem Verfahrens wird einfach Fortgang gegeben.[336] Der insoweit seit fast 70 Jahren gleichlautende § 9 der Geschäftsordnung des BGH[337] bestimmt in Absatz 1 Satz 1, dass der vorlegende Senat die zu entscheidende Rechtsfrage in einem Beschluss festzustellen und mit diesem Beschluss auch die Akten der Rechtssache dem Vorsitzenden des Großen Senats oder der Vereinigten Großen Senate zuzustellen hat. Ob diese (zu den seit 30 Jahren aufgehobenen Vorgängervorschriften erlassenen) Regelungen noch gültig sind, ist unklar. Eine förmliche Zustellung nach §§ 36 ff. StPO ist offensichtlich nicht gemeint.

61 **2. Vorbereitung der Entscheidung.** Mit dem Eingang des Vorlegungsbeschlusses beim Großen Senat für Strafsachen oder bei den Vereinigten Großen Senaten wird die Sache dort **anhängig**. Sie kann bis zur Entscheidung des Großen Senats auch zurückgenommen werden; dann ist das Zwischenverfahren erledigt.[338] Dies hindert eine erneute Vorlage nicht.[339] Nach § 9 Abs. 2 der Geschäftsordnung des BGH leitet der Vorsitzende des Großen Senats oder der Vereinigten Großen Senate den Beschluss und die Akten dem „Oberbundesanwalt" (gemeint: Generalbundesanwalt) zur schriftlichen Stellung seiner Anträge vor der Berichterstattung zu, wenn dieser zu hören ist (vgl. dazu § 138 Abs. 2). Anschließend bestimmt der oder die Vorsitzende zwei **Berichterstatter**, von denen einer dem Senat angehören muss, der die Vorlage verantwortet (§ 9 Abs. 3 Satz 1 GeschOBGH); typischer Weise ist dies der Erstberichterstatter. Der Zweitberichterstatter wird häufig aus

331 BGHSt **67** 295.
332 BGHSt **67** 295.
333 MüKo/*Cierniak/Pohlit* 20; KK/*Feilcke* 16; SSW/*Quentin* 11.
334 Vgl. MüKo/*Cierniak/Pohlit* 20.
335 Vgl. BGH wistra **1999** 262.
336 MüKo/*Cierniak/Pohlit* 20.
337 Vom 3.3.1952, BAnz Nr. 83 v. 30.4.1952.
338 Vgl. BGHSt **61** 221, 224; MüKo/*Cierniak/Pohlit* 20; *Schmitt*/Köhler 11; Radtke/Hohmann/*Rappert* 17.
339 BGHSt **61** 221, 224; MüKo/*Cierniak/Pohlit* 20.

dem Senat ausgesucht, der der beabsichtigten Rechtsprechungsänderung am ausführlichsten oder vehementesten widersprochen hat, um beide Positionen idealtypisch zu beteiligen. Geht es um die Entscheidung der Vereinigten Großen Senate müssen Berichterstatter aus dem Zivil- und Strafrecht benannt werden. Die Berichterstatter erstatten ihre Berichte nach § 9 Abs. 4 Satz 1 GeschOBGH schriftlich, regelmäßig als Voten in Form von Beschlussentwürfen. Abschriften dieser Voten und der Stellungnahme des Generalbundesanwalts werden den Mitgliedern des Großen Senats (oder der Vereinigten Großen Senate) vor der Sitzung mitgeteilt (§ 9 Abs. 4 GeschOBGH). Bei den Voten handelt es sich um interne Arbeitsgrundlagen des Großen Senats, die weder veröffentlicht noch den Verfahrensbeteiligten zur Kenntnis gebracht werden. Regelungen über das weitere Verfahren enthält § 138 (siehe Kommentierung dort).

3. Entscheidung des Großen Senats für Strafsachen

a) Prüfungskompetenz. Der Große Senat prüft seine Zuständigkeit und die **Zulässigkeit** der Vorlage eigenständig,[340] insbesondere ob die vorgelegte Rechtsfrage im Fall von Absatz 4 grundsätzliche Bedeutung hat,[341] sowie in beiden Fällen des Absatzes 2 und des Absatzes 4, ob sie entscheidungserheblich ist, also das Ergebnis des konkreten Revisionsverfahrens durch die Beantwortung der Vorlagefrage durch den Großen Senat beeinflusst wird.[342] Bei seiner Prüfung legt der Große Senat die rechtliche Wertung des Sachverhalts durch den vorlegenden Senat zugrunde, wenn diese nicht unvertretbar ist.[343] Ist das Verständnis einer Prozesshandlung oder der Gründe des überprüften landgerichtlichen Urteils durch den vorlegenden Senat vertretbar, nimmt der Große Senat es hin.[344] Dies gilt gleichermaßen für die Einschätzung, ob der Ausgang des konkreten Revisionsverfahrens durch die Beantwortung der Rechtsfrage beeinflusst wird,[345] also auch für das (dem in dieser tatsächlichen Frage entscheidungsbefugten Strafsenat zustehende) hypothetische Wahrscheinlichkeitsurteil,[346] ob das Urteil auf dem Rechtsfehler i.S.d. § 337 Abs. 1 StPO „beruht".[347] Wenn der Vorlagebeschluss eine Auseinandersetzung mit einem sich aufdrängenden anderen Sachverhaltsverständnis nicht erkennen lässt, dessen Berücksichtigung die angenommene Divergenz beseitigen würde, soll die Vorlage unzulässig sein.[348] Die Entscheidung des konkreten Rechtsstreits ist hingegen allein Sache des vorlegenden Senats, dem auch die Begründung seiner Entscheidung zukommt.[349] 62

Ist die **Vorlage zulässig**, kann der Große Senat sie **nicht** einfach **zurückgeben**, auch wenn sich die Rechtslage verändert hat, etwa durch zwischenzeitliche Entscheidungen des BVerfG, denn durch die Vorlage wird eine der Rechtshängigkeit ähnliche Lage geschaffen.[350] Allerdings kann der Große Senat (nach Beratung der Sache) den vorlegenden Senat auf Zulässigkeitsbedenken hinweisen, um diesem Gelegenheit zur Rücknahme zu geben.[351] 63

340 BGHSt **61** 14, 18; *Schmitt*/Köhler 21; KK/*Feilcke* 19.
341 Vgl. BTDrucks. **11** 3621 S. 55; Kissel/*Mayer* 38; *Schmitt*/Köhler 21; OK/*Graf* 30.
342 Vgl. BGHSt **61** 221, 227 m.w.N.
343 BGHSt **41** 187, 194; **42** 139, 144; **42** 205, 207; **61** 14, 18.
344 Vgl. BGHSt **62** 184, 190; **62** 247, 253; **67** 295.
345 BGHSt **51** 298, 302; **62** 184, 190; **66** 20.
346 Vgl. *Niemöller* NStZ **2015** 489.
347 **A.A.** offensichtlich BGH NStZ-RR **2020** 25, 27.
348 BGHSt **61** 14, 19, zweifelhaft.
349 *Rissing-van Saan* FS Widmaier 505, 512.
350 Vgl. BGHZ **13** 265, 270; BSGE **54** 223, 225.
351 BGHSt **61** 221, 224.

Legen zwei Senate die gleiche Rechtsfrage vor,[352] kann der Große Senat die Entscheidung über eine der beiden Vorlagen auch zurückstellen.[353] Liegen die Voraussetzungen für eine Entscheidung des Großen Senats nicht vor, lehnt dieser die Entscheidung nach § 9 Abs. 6 Satz 2 der Geschäftsordnung ab[354] und gibt die Sache an den vorlegenden Senat zurück.[355] Entfällt durch prozessuale Ereignisse (Revisionsrücknahme oder -beschränkung, Tod des Revisionsführers) während des Verfahrens die Möglichkeit einer Entscheidung über die vorgelegte Rechtsfrage, endet die Zuständigkeit des Großen Senats automatisch und die Sache ist an den vorlegenden Senat zur weiteren Sachbehandlung zurückzugeben.[356] Eine Ausnahme hat der BGH bei einer Vorlage nach § 41 Abs. 1 IRG in besonders eilbedürftigen Auslieferungsfällen anerkannt, wenn es um eine Rechtsfrage von grundsätzlicher Bedeutung geht, die sich jederzeit wieder stellen kann und bei der auch in künftigen Fällen aufgrund gesetzlicher Fristen eine Entscheidung des BGH voraussichtlich nicht rechtzeitig eingeholt werden kann.[357]

64 **b) Entscheidungskompetenz.** Der Große Senat entscheidet durch Beschluss mit **einfacher Mehrheit**,[358] Stimmenthaltung ist nach § 193 nicht erlaubt.[359] Bei Stimmengleichheit, die in Strafsachen durch das Hinzutreten eines anderen vorlegenden Senats (etwa des Kartellsenats in Bußgeldsachen) oder Verhinderung der Präsidentin/des Präsidenten entstehen kann (vgl. Absatz 5 Satz 2, Absatz 6 Satz 3),[360] gibt die Stimme des oder der Vorsitzenden den Ausschlag (Absatz 6 Satz 4). Die Entscheidung ergeht nur über die Rechtsfrage (vgl. § 138 Abs. 1 Satz 1).[361] Die vorgelegte Rechtsfrage kann der Große Senat einschränken, etwa wenn sie zu weit gefasst ist[362] oder Tatfragen enthält,[363] allgemeiner fassen[364] oder neu formulieren, wenn sie sprachlich nicht eindeutig die Rechtsfrage erfasst.[365] Die vorgelegte Rechtsfrage kann auch unter Berücksichtigung des Sachverhalts ausgelegt werden.[366] Insoweit kommt dem Großen Senat ein gewisser Spielraum zu, der allerdings dadurch begrenzt ist, dass er den Streitgegenstand des Verfahrens nicht erheblich verändern darf. Er hat nur die Entscheidungskompetenz über die Rechtsfrage, während die Kompetenz, die Frage zu formulieren und damit den Entscheidungsgegenstand zu bestimmen, zunächst dem vorlegenden Senat zukommt.[367] Insbesondere bei Vorlagen nach Absatz 4 ist der Große Senat aber befugt, weitere Fragen in seine Entscheidung einzubeziehen, die mit der vorlegten Frage in untrennbar engem Zusammenhang stehen, wenn ihnen ebenfalls grundsätzliche Bedeutung zukommt und eine einheitliche Auslegung zur Fortbildung des Rechts erforderlich ist.[368] Gleiches gilt bei Vorlagen nach Absatz 2, wenn die vorlegte Rechtsfrage nicht ohne Beantwortung einer vorgelager-

352 Vgl. BGH NStZ-RR **2011** 303 und BGH NStZ **2012** 35.
353 Vgl. BGHSt **57** 202, 204.
354 Vgl. BGHSt **33** 356, 362.
355 BGHSt **61** 14, 18.
356 BAGE **56** 95.
357 BGHSt **33** 310, 314.
358 In der Praxis gleichbedeutend mit absoluter Mehrheit, vgl. SK/*Frister* 9.
359 MüKo/*Cierniak*/*Pohlit* 44.
360 Vgl. MüKo/*Cierniak*/*Pohlit* 44; HK/*Schmidt* 2.
361 Vgl. zum Entscheidungsstil *Beisse* FS von Wallis 45, 53 f.
362 Vgl. BGHSt **19** 7, 9; **40** 350, 359; **59** 94, 97; **61** 221, 226 f.
363 Vgl. BGHSt **46** 358, 361.
364 Vgl. BGHSt **21** 29, 31; **34** 171, 175.
365 Vgl. BGHSt **62** 247, 252; vgl. zur Thematik insgesamt auch *Rieß* NStZ-Sonderheft **2009** 30, 31 f. m.w.N.
366 Vgl. BGHSt **30** 320, 323.
367 Vgl. *Herdegen* NStZ **1984** 200.
368 Vgl. BGHSt **32** 115, 119; MüKo/*Cierniak*/*Pohlit* 35.

ten Rechtsfrage geklärt werden kann.[369] Der Große Senat kann bei einer Vorlage nach Absatz 2 die Rechtsfrage zudem auf solche Konstellationen ausweiten, gegenüber denen die Rechtsfrage nur einheitlich mit der Vorlegungsfrage entschieden werden kann.[370] Eine solche Erweiterung des Verfahrensgegenstandes ist aufgrund der Aufgabe des Großen Senats zulässig, soweit – was der Große Senat zu entscheiden hat – die Entscheidung über verschiedene Konstellationen aus Rechtsgründen nur einheitlich ergehen kann und eine einheitliche Entscheidung zur Fortbildung des Rechts und zur Sicherung einer einheitlichen Rechtsprechung geboten ist.[371] Der vorlegende Senat kann eine solche Ausweitung des Verfahrensgegenstandes in seinem Vorlegungsbeschluss anregen, wenn in seinem konkreten Fall etwa nur eine Rechtsfrage entscheidungserheblich (und damit vorlegungstauglich) ist, diese aber aus Gründen der Klarheit und Praktikabilität für mehrere Konstellationen einheitlich geklärt werden sollte. Die Mitglieder des Großen Senats für Strafsachen entscheiden die Vorlegungssachen in eigener **richterlicher Unabhängigkeit**.[372] Sie sind weder Abgesandte ihrer Senate noch an deren im Anfrage-, Antwort- oder Vorlegungsbeschluss geäußerte Rechtsauffassung gebunden.[373] Bisweilen entscheidet der Große Senat weder im Sinne des vorlegenden Senats noch im Sinne der übrigen Senate.[374] Die §§ 22 ff. StPO gelten auch für die Mitglieder des Großen Senats für Strafsachen.[375] Eine bloße Vorbefassung mit dem Verfahrensgegenstand im vorlegenden oder einem anderen Senat rechtfertigt, da gesetzlich vorgesehen, für sich gesehen nicht die Besorgnis der Befangenheit nach § 24 Abs. 2 StPO.

c) Verfahrensverzögerung durch Anrufung des Großen Senats. Die Durchführung eines Vorlageverfahrens zum Großen Senat für Strafsachen, das durchaus Zeit benötigt,[376] begründet als solche **grundsätzlich keine rechtsstaatswidrige Verfahrensverzögerung**.[377] Das BVerfG hat dazu ausgeführt:[378] Der aus der Durchführung eines Vorlageverfahrens folgende Zeitbedarf ist Folge einer rechtsstaatlichen Ausgestaltung des Rechtsmittelrechts. Denn die Aufgabe des BGH besteht nicht nur darin, die Richtigkeit der angefochtenen Entscheidung zu überprüfen; der BGH soll vielmehr auch zur Einheitlichkeit der Rechtsprechung und zu einer geordneten Fortentwicklung des gesetzten Rechts beitragen. Im Übrigen erhöht das Vorlageverfahren – vergleichbar einem weiteren Rechtsmittel – das rechtsstaatliche Schutzniveau zugunsten des jeweiligen Revisionsführers. Denn mit dem Großen Senat für Strafsachen wird in einem Vorlageverfahren ein weiterer Spruchkörper mit der jeweiligen für die Sache des Revisionsführers entscheidungserheblichen Rechtsfrage befasst. Allerdings kann eine zögerliche Durchführung des Verfahrens im Anfrageverfahren oder beim Großen Senat für Strafsachen selbst eine kompensationspflichtige rechtsstaatswidrige Verfahrensverzögerung bewirken (etwa: Antwort auf einen Anfragebeschluss erst nach über 1 Jahr; 7 Monate zwischen Beschlussfassung im Großen Senat und endgültiger Absetzung des Beschlusses).[379] Zudem ist nicht zu verkennen, dass 65

---

369 Vgl. etwa BGHSt **32** 115; **39** 100; **40** 138, 145; KK/*Feilcke* § 138 Rn. 9; ablehnend *Herdegen* NStZ **1984** 200.
370 BGHSt **67** 295; bei Vorlegung nach § 132 Abs. 2 und 4 BGHSt **51** 298, 302.
371 Vgl. BGHSt **51** 298, 302; **67** 295.
372 OK/*Graf* 38.
373 MüKo/*Cierniak*/*Pohlit* 44; SK/*Frister* 9; *Schmitt*/Köhler 12; *Rissing-van Saan* FS Widmaier 505, 510.
374 Vgl. etwa BGHSt **40** 360, 366 (zur besonderen Schuldschwere nach § 57a Abs. 1 S. 1 Nr. 2 StGB) und BGHSt **57** 202 (Kassenarzt weder Amtsträger noch Beauftragter); ergänzend SK/*Frister* 9.
375 Vgl. MüKo/*Cierniak*/*Pohlit* 45.
376 Vgl. die Auswertung von *Rieß* NStZ-Sonderheft **2009** 30, 32 f. m.w.N.
377 BVerfGE **122** 248 Rn. 92; vgl. auch BGH NStZ-RR **2007** 293 (bei *Becker*); NStZ-RR **2018** 47; 199.
378 BVerfGE **122** 248 Rn. 92.
379 BGH NStZ-RR **2018** 199; vgl. auch BGH NStZ-RR **2018** 47; vgl. zudem BGHSt **66** 20: über 1 Jahr zwischen Beschlussfassung und -absetzung bzw. -veröffentlichung, näher *Mosbacher* JuS **2022** 126.

das langwierige Zwischenverfahren des § 132 gerade in Fällen länger vollzogener Untersuchungshaft zu erheblichen Belastungen des Angeklagten führen kann. In derartigen Fällen haben Senate wiederholt von Einstellungsmöglichkeiten Gebrauch gemacht, um eine Divergenzvorlage zu umgehen.[380] Sind Schuld- und Straffrage von der umstrittenen Rechtsfrage nicht betroffen, kann sich zur Vermeidung von Verzögerungen auch eine Teilentscheidung unter Abtrennung des Restes anbieten.[381]

V. Reform

66 Durch die einheitliche Neufassung der Regelungen über die Anrufung der Großen Senate der fünf obersten Bundesgerichte 1990 hat sich ein **bewährtes Verfahren** etabliert, Divergenzen innerhalb der Bundesgerichte beizulegen und Rechtsfragen von grundsätzlicher Bedeutung durch ein höchstes Fachgremium zu klären.[382] Dass dieses Verfahren oder dessen tatsächliche Umsetzung von den mitwirkenden Richtern selbst bisweilen kritisiert wird[383] oder wenig beliebt erscheint,[384] ändert nichts an seiner normativen Berechtigung. Grundsätzlicher Reformbedarf besteht dabei nicht. Entscheidend für das Funktionieren des gesetzlichen Konzepts ist aber, dass sich die Strafsenate des BGH in Divergenzfällen an die Pflicht zur Vorlegung nach Absatz 2, 3 halten.[385] Allerdings sollte § 132 Abs. 3 Satz 3 Hs. 2 aufgehoben werden, weil die in Bezug genommenen Vorschriften seit 1994 bzw. 1995 weggefallen sind (siehe Rn. 46). Zudem ist zu erwägen, eine angemessene Frist (3 Monate) für die Antwort auf eine Anfrage nach Absatz 3 zu etablieren (vgl. auch § 14 RsprEinhG).

67 Reformüberlegungen zu einer **Erweiterung der Kompetenzen** des Großen Senats wurden etwa im Rahmen der Verhandlungen zum 72. Deutschen Juristentag 2018 in Leipzig angestellt. Dort wurde in der strafrechtlichen Abteilung intensiv über die Frage diskutiert, inwieweit sich gravierende regionale Unterschiede bei der Strafzumessung (insb. hinsichtlich der §§ 29 ff. BtMG) vermeiden lassen.[386] Ein Vorschlag, der allerdings bei der Abstimmung knapp unterlag,[387] ging dahin, in derartigen Fällen die Anrufung des Großen Senats für Strafsachen zu ermöglichen:[388] Dieser könnte dann nach dem Vorbild der Entscheidung des 1. Strafsenats des BGH zur Strafzumessung im Steuerstrafrecht[389] in geeigneten Fällen entsprechende Leitlinien etablieren. § 132 Abs. 4 könnte dazu um folgenden Satz 2 ergänzt werden: „Gleiches gilt, wenn die Vorlage zur Wahrung einer einheitlichen Strafzumessungspraxis notwendig ist." Dieses durch die Art der Bundesrichterwahl jedenfalls mittelbar demokratisch legitimierte Gremium wäre eher als eine etwaige Expertenkommission dazu berufen, Strafzumessungsleitlinien für geeignete Konstellationen zu erarbeiten. Durch seine Besetzung mit je zwei Mitgliedern aus jedem

---

380 Vgl. BGH wistra **1999** 262; Beschl. v. 1.12.2020 – 4 StR 213/20, Rn. 5.

381 Vgl. BGHSt **49** 209; BGH Beschl. v. 8.10.2014 – 2 StR 337/14; Beschl. v. 8.10.2014 – 2 StR 137/14; MüKo/*Cierniak/Pohlit* 22.

382 *Rieß* NStZ-Sonderheft **2009** 30, 37.

383 Vgl. *Fischer* StraFo **2014** 309.

384 Vgl. *Meyer-Goßner* FS Tolksdorf 323, 352: Das Verfahren sei deswegen wenig beliebt, weil sich in der Beratung jedes Mitglied, meist sogar mehrfach, zu Wort melde.

385 Vgl. etwa die Kritik von *Rönnau* StraFo **2014** 265 m.w.N.; vgl. zu den Zivilsenaten kritisch *Seibel* MDR **2019** 263; allgemeine Gründe für die Nichtanrufung benennt *Offerhaus* FS 75 Jahre Reichsfinanzhof – Bundesfinanzhof 623, 632 ff.

386 Vgl. Verhandlungen des 72. DJT, Abteilung Strafrecht.

387 Vgl. Verhandlungen des 72. DJT, Abteilung Strafrecht, Bd. II/2 M 190 (28:34).

388 Vgl. *Mosbacher* Referat zum 72. DJT, in: Verhandlungen des 72. DJT, Bd. II/1 M 23, 37.

389 BGHSt **53** 71.

Strafsenat gewährleistet der Große Senat für Strafsachen eine ausreichende Wertungspluralität. Die Mitglieder verfügen aufgrund ihrer unterschiedlichen Zuständigkeit zudem regelmäßig über jahrelange Erfahrungen im Bereich der Strafzumessung in unterschiedlichen Regionen und können so am ehesten abschätzen, in welchen Bereichen es erforderlich sein kann, zu weite Abweichungen bei der Strafzumessung zu verhindern. Durch die im Vergleich zu Absatz 4 (Satz 1) abweichende Fassung würde deutlich gemacht, dass der Große Senat die Notwendigkeit einer Entscheidung in eigener Kompetenz prüft.

§ 133

(betr. Zuständigkeit in Zivilsachen)

§§ 134 und 134a

(aufgehoben durch Gesetz vom 8.9.1969, BGBl. I S. 1582)

§ 135

(1) In Strafsachen ist der Bundesgerichtshof zuständig zur Verhandlung und Entscheidung über das Rechtsmittel der Revision gegen die Urteile der Oberlandesgerichte im ersten Rechtszug sowie gegen die Urteile der Landgerichte im ersten Rechtszug, soweit nicht die Zuständigkeit der Oberlandesgerichte begründet ist.

(2) Der BGH entscheidet ferner über

1. **Beschwerden gegen Beschlüsse und Verfügungen der Oberlandesgerichte in den in § 138d Absatz 6 Satz 1, § 304 Absatz 4 Satz 2 und § 310 Absatz 1 der Strafprozessordnung bezeichneten Fällen,**
2. **Beschwerden gegen Verfügungen des Ermittlungsrichters des Bundesgerichtshofes (§ 169 Absatz 1 Satz 2 der Strafprozessordnung) in den in § 304 Absatz 5 der Strafprozessordnung bezeichneten Fällen sowie**
3. **Einwände gegen die Besetzung eines Oberlandesgerichts im Fall des § 222b Absatz 3 Satz 1 der Strafprozessordnung.**

Schrifttum

Trunk Der Zuständigkeitswechsel nach § 126 Abs. 2 Satz 1 der Strafprozessordnung (2021).

Entstehungsgeschichte

Die ursprüngliche Fassung der Vorschrift (bis 1924 § 136) behandelte die Zuständigkeit des Reichsgerichts in Strafsachen, die für bestimmte erstinstanzliche Staatschutzverfahren und in Revisionssachen bestand. Mit der EmmingerVO vom 4.1.1924 (RGBl. I S. 299) wurde die Zuständigkeit des RG getrennt in § 134 (erstinstanzliche Zuständigkeit) und § 135 (Revisionssachen) geregelt. Mit Gesetz vom 24.4.1934 (Art. III § 1, RGBl. I S. 341) wurden die erstinstanzlichen Verfahren auf den Volksgerichtshof übertragen. Das VereinhG 1950 knüpfte für den

BGH wieder an die Regelungen von 1924 an.[1] Zu einer wesentlichen Umgestaltung kam es durch das Gesetz zur Einführung eines zweiten Rechtszuges in Staatsschutz-Strafsachen vom 8.9.1969 (BGBl. I S. 1582), das die erstinstanzliche Zuständigkeit des BGH (§ 134) beseitigte. In § 135 Abs. 1 wurde die Zuständigkeit für Revisionen gegen „Urteile der Oberlandesgerichte im ersten Rechtszug" ergänzt. Absatz 2 wurde angefügt. Die Ersetzung der Worte in Absatz 1 „die Urteile der Schwurgerichte und gegen die Urteile der großen Strafkammern" durch „die Urteile der Landgerichte" und die Änderungen des Absatzes 2 (Einfügung von „§ 138d Abs. 6 Satz 1" und Anfügung der Worte „sowie über Anträge ... Fällen") beruhen auf Art. 2 Nr. 30 des 1. StVRG 1974 und Art. 5 Nr. 2 des Ergänzungsgesetzes vom 20.12.1974. Weitere Änderungen des Absatzes 2 (Einfügung von „in den in § 304 Abs. 5 ... Fällen" sowie geringfügige stilistische Änderungen) erfolgten durch Art. 2 Nr. 11 StVÄG 1979; diese bewirkten eine Einschränkung der Beschwerde gegen Verfügungen des Ermittlungsrichters. Mit dem 2. OpferRRG vom 29.7.2009 (BGBl. I S. 2280) entfiel Absatz 2 Halbsatz 2, der die Zuständigkeit des BGH für Anträge gegen Maßregeln des Generalbundesanwalts nach den §§ 51, 70, 77 StPO vorsah; es gelten insoweit die allgemeinen Zuständigkeitsregelungen.[2] Durch Gesetz vom 10.12.2019 (BGBl. I S. 2121) wurde dem BGH die Zuständigkeit für Besetzungsrügen in erstinstanzlichen Verfahren der Oberlandesgerichte übertragen (Absatz 2 Nummer 3) und dabei Absatz 2 mit einer Aufzählung versehen.

Übersicht

I. Zuständigkeit für Revisionen (Absatz 1)

1 Die Zuständigkeit des BGH als Revisionsgericht richtet sich allein danach, ob das angefochtene Urteil von einem der in Absatz 1 genannten Gerichte erlassen worden ist; ob diese jeweils sachlich zuständig waren, ist ohne Bedeutung.[3] Zur Entscheidung über die Revision gegen erstinstanzliche Urteile des Landgerichts (d.h. der großen Strafkammern) ist das Oberlandesgericht im Fall des § 121 Abs. 1 Nr. 1 Buchst. c zuständig (dazu § 121, 9 ff.). Zu Einzelfragen betr. die Revisionszuständigkeit der Oberlandesgerichte s. die Erl. zu § 121. Hat das Landgericht eine im ersten Rechtszug anhängige Sache **mit einer Berufungssache** zur gemeinsamen Verhandlung und Entscheidung **verbunden**, so richtet sich der Umfang der Zuständigkeit des BGH nach der Art der Verbindung. Liegen die Voraussetzungen nach § 3 StPO vor und hat das Landgericht die Verfahren in entsprechender Anwendung von § 4 Abs. 1 StPO verbunden, verschmelzen beide Verfahren miteinander, sodass insgesamt erst-

1 Zur weiteren Entwicklung des § 134 s. LR/*Schäfer*[21].
2 Näher dazu LR/*Franke*[26] 6a; SK/*Frister* 9.
3 BGHSt **22** 48; KK/*Feilcke* 2; *Schmitt*/Köhler 1.

instanzlich zu verhandeln ist. Dies hat die Zuständigkeit des BGH für das gesamte Verfahren in der Revisionsinstanz zur Folge.[4] Hat das Landgericht die Verfahren allerdings nur nach § 237 StPO verbunden, was seit Änderung des § 76 GVG durch das Rechtspflege-Entlastungsgesetz im Jahr 1993 lediglich bei der Jugendkammer in Betracht kommt,[5] so bleibt die verfahrensrechtliche Selbständigkeit des Berufungsverfahrens trotz der Verbindung und gemeinsamen Verhandlung mit dem erstinstanzlichen Verfahren erhalten.[6] Der BGH ist in diesen Fällen für die Revision nur zuständig, soweit der erstinstanzliche Teil des Urteils angefochten wird. Soweit sich das Rechtsmittel gegen das im Berufungsverfahren ergangene Urteil richtet, verbleibt es bei der Zuständigkeit des Oberlandesgerichts (§ 121 Abs. 1 Nr. 1 Buchst. b).

Darüber, dass nach Vorlegung gemäß § 121 Abs. 2 der **BGH anstelle des Oberlandes-** 2
gerichts über die Revision entscheiden kann, vgl. § 121, 81. Der BGH ist ferner nach Art. 96 Abs. 3 GG oberstes Bundesgericht (i.S.d. Art. 95 Abs. 1 GG) für die Wehrstrafgerichte, die der Bund für Angehörige der Bundeswehr unter den in Art. 96 Abs. 2 GG bezeichneten Voraussetzungen als Bundesgerichte errichten kann (bisher nicht geschehen). Der BGH war ferner infolge der Gleichstellungsklausel in Anl. I Kap. III Sachgeb. A Abschn. III Nr. 1 Buchst. b zum EinigungsV für die Revision gegen die erstinstanzlichen Urteile der Bezirksgerichte der neuen Bundesländer zuständig.[7]

II. Zuständigkeit für andere Entscheidungen (Absatz 2)

1. Überblick. Absatz 2 bestimmt die Zuständigkeit des BGH für Beschwerden, die sich 3
gegen Entscheidungen der Oberlandesgerichte (Nummer 1) und gegen Verfügungen des Ermittlungsrichters des BGH (Nummer 2) richten, sowie für Einwände gegen die Besetzung der Oberlandesgerichte in erstinstanzlichen Verfahren (Nummer 3).

2. Beschwerden gegen Entscheidungen der Oberlandesgerichte (Absatz 2 Nr. 1). 4
Der BGH entscheidet nach Nummer 1 Alt. 1 über die sofortige Beschwerde in den Fällen des § 138d Abs. 6 Satz 1 StPO, also gegen Ausschließungen von Verteidigern durch die Oberlandesgerichte gemäß §§ 138a, 138b StPO.

Von größerer Bedeutung ist die Zuständigkeit für (sofortige) Beschwerden gegen die 5
von den Oberlandesgerichten im **ersten Rechtszug** getroffenen Verfügungen und Beschlüsse (Nummer 1 Alt. 2). § 304 Abs. 4 Satz 2 Halbsatz 2 StPO beschränkt die Anfechtbarkeit allerdings auf einzeln aufgeführte Fälle von besonderer Tragweite wie etwa Verhaftung und Durchsuchung. Die Rechtsprechung des BGH hat stets den Ausnahmecharakter des § 304 Abs. 4 Satz 2 StPO betont und eine enge Auslegung für geboten erachtet,[8] in Einzelfällen aber durchaus eine entsprechende Anwendung zugelassen.[9] Wegen weiterer Einzelheiten vgl. die Erl. zu § 304 StPO. Die **Zuständigkeit des BGH entfällt**, wenn das Oberlandesgericht die Eröffnung des Hauptverfahrens wegen der Straftaten, die seine Zuständigkeit begründen würden, ablehnt und das Hauptverfahren wegen anderer Anklage-

4 BGHSt **36** 348, 350 f.; **37** 15, 17 f.
5 Näher LR/*Becker* § 237 StPO, 6.
6 BGHSt **36** 348, 351; **37** 42, 43; BGH bei *Holtz* MDR **1990** 890.
7 S. LR/*Rieß*[24] Nachtr. II Teil B Rn. 33 f., 100.
8 BGHSt **30** 168, 170; **30** 250; **32** 365 f.; **34** 34 f. jeweils m.w.N.; krit. zur Handhabung der Auslegungsregel durch den BGH *Simon* Gesetzesauslegung im Strafrecht (2005) 410 ff.
9 BGHSt **30** 168; vgl. auch BGHSt **27** 96, 97 („allenfalls im engsten Raum gegeben").

punkte vor einem Gericht niederer Ordnung eröffnet. Die Haftanordnung des Oberlandesgerichts gilt in diesem Fall als eine solche des nunmehr zuständigen Haftgerichts.[10]

6 Die **weitere Beschwerde** an den BGH (Nummer 1 Alt. 3) findet in den Fällen des § 310 Abs. 1 StPO statt, wenn das Oberlandesgericht nach § 120 Abs. 3 über die Beschwerde entschieden hat. Die Beschwerde ist auch gegen einen nicht vollzogenen Haftbefehl zulässig.[11] Bei Entscheidungen nach § 120 Abs. 4, etwa bei einer Beschwerde über einen von der Staatsschutzkammer (§ 74a) erlassenen Haftbefehl, scheidet die weitere Beschwerde hingegen nach dem eindeutigen Wortlaut aus.

3. Beschwerden gegen Verfügungen des Ermittlungsrichters des BGH (Absatz 2 Nr. 2)

7 **a) Grundsatz.** Der Begriff Verfügung umfasst alle richterlichen Entscheidungen im Vorverfahren, also auch die als „Beschluss" bezeichneten.[12] Durch das StVÄG 1979 wurde die **Zuständigkeit des BGH** zur Entscheidung über Beschwerden gegen Verfügungen des Ermittlungsrichters des BGH (§ 169 Abs. 1 Satz 2 StPO) **auf die in § 304 Abs. 5 StPO ausdrücklich bezeichneten Fälle beschränkt**. Die Beschwerde ist danach nur noch gegen solche Verfügungen statthaft, die die Verhaftung, einstweilige Unterbringung, Beschlagnahme und Durchsuchung betreffen, und zwar auch dann, wenn ein Antrag auf Anordnung einer solchen Maßnahme abgelehnt worden ist.[13] Wie bei § 304 Abs. 4 Satz 2 StPO hält der BGH eine restriktive Auslegung der Vorschrift für geboten.[14] Eine „erweiternde" oder „analoge Anwendung" komme indes in Betracht, „wenn dies aus verfassungsrechtlichen Gründen und/oder nach dem Regelungszweck unausweichlich gefordert" sei[15] oder wenn „in mit den Ausnahmetatbeständen vergleichbarer schwerwiegender Weise in die Rechtssphäre des Betroffenen" eingegriffen werde.[16]

8 **b) Abhängigkeit von der Zuständigkeit des Ermittlungsrichters.** Die Zuständigkeit des BGH zur Entscheidung über Beschwerden gegen Verfügungen des Ermittlungsrichters des BGH ist von dessen Zuständigkeit für die angegriffenen Maßnahmen abhängig. Andernfalls bestünde die Gefahr, dass zwei Gerichte (der BGH als Beschwerdegericht und ein inzwischen zuständig gewordenes Gericht) nebeneinander in der gleichen Sache abweichend entscheiden.[17]

9 **aa) Entfallen der Zuständigkeit.** Demnach **endet die Zuständigkeit des BGH als Beschwerdegericht zum einen, sobald Anklage beim Oberlandesgericht erhoben ist**, da hierdurch die Zuständigkeit des Haft- und Ermittlungsrichters auf das mit der Sache befasste Oberlandesgericht übergeht (§ 126 Abs. 2 Satz 1, § 162 Abs. 3 Satz 1 StPO).[18] Dabei wird eine bereits anhängige Haftbeschwerde von der ganz h.M. in einen Antrag auf Haftprüfung umge-

---

10 BGHSt **29** 200, 202.

11 BGHSt **29** 200, 201.

12 BGHSt **29** 13.

13 *Schmitt*/Köhler § 304 StPO, 19.

14 BGHSt **29** 13 f.; **43** 262, 264.

15 BGHSt **43** 262, 264 (im konkreten Fall aber verneint); vgl. auch (zur Erzwingungshaft) BGHSt **36** 192, 195 (gegen BGHSt **30** 52).

16 BGH NStZ-RR **2024** 84 (verneint für Ablehnungsgesuch).

17 Grundsätzlich BGH NJW **1973** 477; BGHSt **27** 253.

18 BGHSt **27** 253 (bereits vor Einführung des § 162 Abs. 3 Satz 1 StPO); BGH Beschl. v. 12.11.2015 – StB 9/15, BeckRS **2015** 19985, Rn. 4.

deutet, sodass die **Beschwerde gegenstandslos** wird.[19] Erst über die Beschwerde gegen eine die Haft aufrechterhaltende Entscheidung des Oberlandesgerichts befindet wiederum der BGH. Auch **Beschwerden** gegen andere Anordnungen des Ermittlungsrichters wie etwa Beschlagnahmen[20] und gegen ablehnende Entscheidungen **sind in Anträge an das nunmehr zuständige Gericht auf Aufhebung der angegriffenen oder Erlass der begehrten Maßnahme umzudeuten.**[21] Hatte der Ermittlungsrichter des BGH die Bestellung eines Pflichtverteidigers abgelehnt, erledigt sich nach Ansicht des BGH nach Anklageerhebung auch eine eingelegte *sofortige* Beschwerde; diese ist als Antrag auf Neubescheidung zu verstehen, über den der Vorsitzende des Oberlandesgerichts zu befinden hat.[22]

10 **Ferner endet die Beschwerdezuständigkeit des BGH, sobald der Generalbundesanwalt nicht mehr die Ermittlungen führt** und damit auch gemäß § 169 Abs. 1 Satz 2 StPO der Ermittlungsrichter des BGH nicht mehr für die im vorbereitenden Verfahren anfallenden richterlichen Geschäfte zuständig ist.[23] Dies gilt auch, wenn die Beschwerde vor der Abgabe eingegangen war und der Ermittlungsrichter des BGH bereits eine negative Abhilfeentscheidung getroffen hatte.[24] Gibt der Generalbundesanwalt eine Sache gemäß § 142a Abs. 2 an die Landesstaatsanwaltschaft ab, so kommen hinsichtlich der Konsequenzen für die Beschwerde **zwei Lösungswege** in Betracht:

11 Die auch hier vertretene Lösung besteht in der **Fortführung des Beschwerdeverfahrens** in einem neuen Instanzenzug: Vom Zeitpunkt der Abgabe wird die vorher getroffene Verfügung des Ermittlungsrichters des BGH wie eine Verfügung des Ermittlungsrichters des Oberlandesgerichts (oder Amtsgerichts[25]) behandelt,[26] dem die Sache zur Prüfung der Abhilfe gemäß § 306 Abs. 2 StPO vorgelegt wird.[27] Über die Beschwerde befindet sodann im Fall der Nichtabhilfe (oder im Fall der sofortigen Beschwerde unmittelbar) das Oberlandesgericht nach § 120 Abs. 3 Satz 2. Entsprechendes gilt für Beschwerden gegen Verfügungen des Ermittlungsrichters des BGH, die dieser in der Zeit nach Übernahme einer (Staatsschutzkammer-)Sache gemäß § 74a Abs. 2, § 120 Abs. 2 bis zur Rückgabe an die Landesstaatsanwaltschaft gemäß § 142a Abs. 4 getroffen hat; von der Rückgabe ab werden die noch nicht vom BGH beschiedenen Beschwerden gegen Verfügungen des Ermittlungsrichters des BGH wie solche des Richters beim Amtsgericht[28] im vorbereitenden Verfahren behandelt, und über die Beschwerde entscheidet (nach Durchführung des Abhilfeverfahrens) gemäß § 73 Abs. 1 Halbsatz 2, § 74a Abs. 3 die Staatsschutzkammer.[29] Nichts anderes gilt grundsätzlich für die weiteren **Haftentscheidungen** i.S.v. § 126 Abs. 1 StPO, für die der Ermittlungsrichter des BGH nach Abgabe der Sache nicht mehr zuständig ist.[30] Über anhängige Beschwerden entscheidet

---

19 LR/*Lind* § 114 StPO, 51 m.w.N.; abl. *Trunk* 294 ff.

20 BGHSt **27** 253.

21 Vgl. (außerhalb des Anwendungsbereichs von § 135) OLG Frankfurt NStZ-RR **2014**, 217 (Beschränkungen nach § 119 Abs. 1 StPO); OLG Stuttgart NStZ-RR **2003** 142; LR/*Matt*[26] § 306 StPO, 9.

22 BGH NJW **2021** 1478.

23 BGH NJW **1973** 477.

24 BGH NJW **1973** 477.

25 Die Zuständigkeiten nach §§ 162, 169 StPO bestehen nebeneinander, sodass die Landesstaatsanwaltschaft wählen kann, vgl. unten Rn. 13.

26 Kissel/*Mayer* 10; NK/*Bock* 7; SK/*Frister* 8.

27 Vgl. OLG Karlsruhe NStZ **1984** 184; LR/*Lind* § 114 StPO, 49.

28 Eine Zuständigkeit des Ermittlungsrichters des Oberlandesgerichts gemäß § 169 Abs. 1 Satz 1 StPO besteht hier nicht, da keine Sache nach § 120 vorliegt.

29 SK/*Frister* 8.

30 BGH NJW **1977** 477, 478; *Schmitt*/Köhler § 169 StPO, 7. Der Ermittlungsrichter des BGH kann die weiteren Haftentscheidungen entsprechend § 126 Abs. 1 Satz 3 StPO übertragen, vgl. BGH NJW **1973** 475 und LR/*Gärtner* § 126 StPO, 14.

(nach Durchführung des Abhilfeverfahrens) das dem nunmehr zuständigen Haftrichter übergeordnete Beschwerdegericht.[31] Angesichts der umfassenden Zuständigkeit des neuen Haftrichters hat dieser allerdings von Amts wegen eine Haftprüfung vorzunehmen;[32] die daraufhin ergehende Entscheidung kann der anhängigen Beschwerde die Grundlage entziehen. Die **andere Lösung** geht dahin, wie im Fall der Anklageerhebung (Rn. 9) anhängige **Beschwerden** generell in Anträge auf gerichtliche Entscheidung durch den nunmehr mit der Sache befassten Haft- oder Ermittlungsrichter **umzudeuten**. Erst gegen dessen Entscheidung wäre wiederum eine eigenständige Beschwerde möglich. Dies vertritt der 3. Strafsenat des BGH jedenfalls für den Fall einer Beschwerde gegen Anordnungen zum Vollzug der Untersuchungshaft.[33]

12 Auch wenn die erstgenannte Ansicht dazu führt, dass ggf. zwei Abhilfeentscheidungen getroffen werden (durch den früher und den nunmehr zuständigen Ermittlungsrichter), erscheint sie als vorzugswürdig, weil sich der Fall der zur umfassenden Zuständigkeit des Tatgerichts führenden Anklageerhebung von der Konstellation der bloßen Änderung der Ermittlungszuständigkeit grundsätzlich unterscheidet und auch im Übrigen eine Rechtfertigung für den Wegfall des Rechtsmittels nicht erkennbar ist. Die Gefahr widersprüchlicher Entscheidungen (Rn. 8) besteht nicht,[34] weil die Zuständigkeit des BGH als Beschwerdegericht in jedem Fall entfällt und der nunmehr zuständige Richter vor der Entscheidung des ihm übergeordneten Beschwerdegerichts Gelegenheit zur Abhilfe erhält.

13 **bb) Begründung der Zuständigkeit. Übernimmt der Generalbundesanwalt die Ermittlungen** in den Fällen der evokativen Zuständigkeit gemäß § 120 Abs. 2 **wegen ihrer besonderen Bedeutung** geht die Zuständigkeit für Beschwerden gegen bereits ergangene Verfügungen des Ermittlungsrichters des Amtsgerichts nicht automatisch auf den BGH über. Denn die Zuständigkeit des Ermittlungsrichters des BGH nach § 169 Abs. 1 Satz 2 StPO besteht grundsätzlich nur *neben* derjenigen des Amtsrichters nach §§ 125, 162 StPO.[35] Somit ist ein Wahlrecht des Generalbundesanwalts gegeben, der in der Praxis die Sache freilich in aller Regel dem Ermittlungsrichter des BGH vorlegen wird. Auch hier stellt sich die in Rn. 11 aufgeworfene Frage, ob dieser in Fortführung des Beschwerdeverfahrens lediglich gemäß § 306 Abs. 2 StPO über die Abhilfe entscheidet oder eine eigene Sachentscheidung zu treffen hat, die ggf. selbständig mit einer neuen Beschwerde anfechtbar ist. In mehreren Fällen haben die Ermittlungsrichter des BGH in dieser Konstellation der Beschwerde (auch einer Haftbeschwerde) nicht abgeholfen und diese dem 3. Strafsenat vorgelegt,[36] was im Einklang mit der hier vertretenen Ansicht (Rn. 12) steht. Wenn der 3. Strafsenat die Nichtabhilfe des Ermittlungsrichters indes dahin interpretiert, dass dieser sich damit die Ausgangsentscheidung „zu eigen gemacht" hat,[37] dürfte er damit eher der Gegenansicht zuneigen. Durch die Umdeutung der Nichtabhilfe in eine eigene Entscheidung des

31 So allg. für Abgaben nach § 126 Abs. 1 Satz 3 StPO: BGHSt **14** 179; KK/*Gericke* § 126, 7 StPO; MüKo/*Böhm* § 126 StPO, 7; OK/*Krauß*, § 126 StPO, 3 m.w.N.; **a.A.** LR/*Gärtner* § 126 StPO, 22 (Instanzenzug ist beendet und der nunmehr zuständige Haftrichter entscheidet neu).

32 Vgl. OLG Karlsruhe Beschl. v. 10.11.2020 – 2 Ws 249/20 (juris); MüKo/*Böhm* § 126 StPO, 6.

33 BGH Beschl. v. 3.2.2021 – StB 5/21, BeckRS **2021** 1983.

34 Ohne nähere Begründung **a.A.** BGH Beschl. v. 3.2.2021 – StB 5/21, BeckRS **2021** 1983.

35 KK/*Schmitt* § 169 StPO, 1; LR/*Erb* § 169 StPO, 7 m.w.N.

36 BGH Beschl. v. 12.11.2015 – StB 9/15, BeckRS **2015** 19985, Rn. 2; Beschl. v. 19.7.2022 – StB 30/22, BeckRS **2022** 18925, Rn. 4 (die Haftbeschwerde wurde letztlich durch einen neuen Haftbefehl des Ermittlungsrichters gegenstandslos); BGH NStZ **2024** 760.

37 BGH NStZ **2024** 760; BGH Beschl. v. 26.5.2026 – StB 27-34/26, BeckRS **2026** 13227, Rn. 4.

Ermittlungsrichters[38] wird die gesamte Problematik freilich hinsichtlich ihrer praktischen Auswirkungen entschärft.

14 **4. Besetzungseinwände gemäß § 222b Abs. 3 Satz 1 (Absatz 2 Nr. 3).** Durch Gesetz vom 10.12.2019 hat der Gesetzgeber die Behandlung von Einwänden gegen die Besetzung des Gerichts grundlegend umgestaltet.[39] Nach früherem Recht[40] unterlag der den **Besetzungseinwand zurückweisende Gerichtsbeschluss** nicht der Beschwerde, sondern (auf entsprechende Rüge hin) der Überprüfung im Revisionsverfahren. Nunmehr wird über Besetzungseinwände abschließend vorab entschieden, um zeitnah Rechtssicherheit über die ordnungsgemäße Besetzung des Gerichts zu schaffen.[41] Der BGH entscheidet als Rechtsmittelgericht über die vom Oberlandesgericht im ersten Rechtszug zurückgewiesenen Besetzungseinwände. Zum Verfahren siehe § 222b Abs. 3 StPO. Schließt das erstinstanzliche Gericht die Hauptsache ab, bevor eine Entscheidung des Rechtsmittelgerichts über den Besetzungseinwand ergeht, erledigt sich das Vorabentscheidungsverfahren; der Besetzungseinwand kann dann wie bisher mit der Revision geltend gemacht werden.[42] Wird bereits im Zwischenverfahren vorsorglich die unzulässige Besetzung des erstinstanzlich zuständigen OLG-Senats gerügt, handelt es sich nicht um einen (erst nach Besetzungsmitteilung möglichen) Besetzungseinwand i.S.v. § 222b Abs. 1 Satz 1 StPO, so dass der BGH auch nicht nach § 222b Abs. 3 Satz 1 StPO i.V.m. § 135 Abs. 2 Nr. 3 zur Entscheidung hierüber berufen ist.[43]

III. Weitere Zuständigkeiten

15 **1. Als Beschwerdeinstanz.** § 135 regelt die Zuständigkeit des BGH in Strafsachen **nicht abschließend**. Aus dem GVG, der StPO und anderen Gesetzen ergeben sich zahlreiche weitere Zuständigkeiten. Aus Effizienzgründen weist das Gesetz dem Revisionsgericht nicht selten die Zuständigkeit für neben der Revision eingelegte (sofortige) **Beschwerden** zu, die sich **gegen** die durch dasselbe Ausgangsgericht ausgesprochenen **Nebenentscheidungen** richten, wie etwa Strafaussetzungsbeschlüsse (§ 305a Abs. 2 StPO, § 59 Abs. 5 JGG), Kostenentscheidungen (§ 464 Abs. 3 Satz 3 StPO) und die Entscheidung über eine Entschädigung (§ 8 Abs. 3 Satz 2 StrEG). Die Rechtsprechung verlangt allerdings einen Zusammenhang zwischen Haupt- und Nebenentscheidung, der z.B. bei fehlender Identität von Revisions- und Beschwerdeführer nicht gegeben sei.[44] Nach Abschluss des Revisionsverfahrens entfällt die Zuständigkeit für das Beschwerdeverfahren. Wird die Revisionssache vom BGH abgeschlossen, bevor die Beschwerdesache entscheidungsreif ist, so ist diese dem dann zuständigen Oberlandesgericht als Beschwerdegericht vorzulegen.[45] Dies gilt nicht, wenn über die Beschwerde nur versehentlich nicht mitbefunden wurde, obwohl die Voraussetzungen für eine Entscheidung vor Abschluss

---

38 Vgl. auch BGH NJW **1977** 2175 (Nichtabhilfe als Bestätigung der Beschlagnahme) und LR/*Lind* § 117 StPO, 40.
39 Näher, auch zu den Vor- und Nachteilen der komplizierten Regelung, *Claus* NStZ **2020** 57 f.
40 Vgl. LR/*Jäger*[27] § 222b StPO, 41 ff.
41 BTDrucks. **19** 14747 S. 1.
42 Vgl. § 338 Nr. 1 Buchst. b StPO; *Claus* NStZ **2020** 57 f.
43 BGH NStZ-RR **2025** 348.
44 Vgl. KK/*Feilcke* 11; LR/*Kurtze* § 464 StPO, 67, jeweils m.w.N.
45 BGHSt **34** 392 m.w.N.

des Revisionsverfahrens vorlagen.[46] Eine Zuständigkeit des BGH als Beschwerdegericht ergibt sich außerdem unter anderem aus § 102 Satz 2 JGG, § 36 Abs. 3 PUAG sowie § 29 Abs. 1 EGGVG, 84 GWB (Rechtsbeschwerde). Über Rechtsbeschwerden gegen Entscheidungen des Landgerichts in Bußgeldsachen nach § 41 Abs. 1 Satz 3 BDSG befindet nicht der BGH, sondern das Oberlandesgericht.[47] Ohne ausdrückliche gesetzliche Grundlage kommt eine Beschwerdezuständigkeit des BGH zwar in der Regel nicht in Betracht.[48] Gleichwohl scheidet die Begründung der Zuständigkeit im Weg **analoger Rechtsanwendung**, wie einzelne Entscheidungen des BGH zum Anwendungsbereich von § 304 Abs. 4 und 5 StPO belegen,[49] nicht prinzipiell aus.[50]

16 **2. Sonstige.** Darüber hinaus[51] entscheidet der BGH über Divergenzvorlagen der Oberlandesgerichte (§ 121 Abs. 2 GVG, § 42 Abs. 1 IRG, § 33 Abs. 1 IStGHG), über vorgelegte Rechtsfragen von grundsätzlicher Bedeutung (§ 42 Abs. 1 und 2 IRG, § 33 Abs. 1 IStGHG) über den Ausschluss des Verteidigers gemäß § 138c Abs. 1 Satz 2 StPO, über die Fortdauer der Untersuchungshaft nach § 121 Abs. 4 Satz 2 StPO, über die Bestätigung einer vom Bundesjustizminister festgestellten Kontaktsperre (§ 35 Satz 2 EGGVG) und im Fall eines beschlussunfähigen Oberlandesgerichts nach § 27 Abs. 4 StPO. Ferner kann er nach zahlreichen Vorschriften zur Bestimmung des zuständigen Gerichts aufgerufen sein (§ 4 Abs. 2, § 12 Abs. 2, § 13 Abs. 2 und 3, §§ 13a, 14, 15, 19 StPO, § 42 Abs. 3 JGG).

§§ 136, 137

Aufgehoben durch Art. 2 Nr. 12 Rechtspflege-Vereinfachungsgesetz vom 17.12.1990, BGBl. I S. 2847, 2855; eingefügt in § 132 Abs. 2 und 4.

§ 138

(1) [1]Die Großen Senate und die Vereinigten Großen Senate entscheiden nur über die Rechtsfrage. [2]Sie können ohne mündliche Verhandlung entscheiden. [3]Die Entscheidung ist in der vorliegenden Sache für den erkennenden Senat bindend.

(2) [1]Vor der Entscheidung des Großen Senats für Strafsachen oder der Vereinigten Großen Senate und in Rechtsstreitigkeiten, welche die Anfechtung einer Todeserklärung zum Gegenstand haben, ist der Generalbundesanwalt zu hören. [2]Der Generalbundesanwalt kann auch in der Sitzung seine Auffassung darlegen.

(3) Erfordert die Entscheidung der Sache eine erneute mündliche Verhandlung vor dem erkennenden Senat, so sind die Beteiligten unter Mitteilung der ergangenen Entscheidung der Rechtsfrage zu der Verhandlung zu laden.

---

46 BGHSt NStZ **1986** 423.

47 BGH NJW **2025** 3646; näher § 121, 22a.

48 Abgelehnt z.B. in BGHSt **26** 250 (zu § 9 StrEG); **27** 96 (zu § 28 Abs. 2 StPO); **48** 108 (zu § 464b StPO); **54** 30 (zu § 101 Abs. 7 Satz 3 StPO).

49 BGHSt **27** 96, 97; **30** 168, 170 f.; **36** 192, 195; **43** 262, 264.

50 **A.A.** LR/*Franke*[26] 7; KK/*Feilcke* 12.

51 Vgl. auch MüKo/*Cierniak*/*Pohlit* 14 f.

Schrifttum

Siehe bei § 132.

Entstehungsgeschichte

§ 138 enthält Regelungen, die seit dem Gesetz vom 17.3.1886 (RGBl. S. 61) für das Verfahren der vereinigten Zivil- und Strafsenate und des Plenums zunächst in § 137 Abs. 3 bis 5 (seit 1924 § 136) enthalten waren. Das Gesetz vom 17.8.1898 (RGBl. S. 369) erweiterte die Themen, zu denen der Oberreichsanwalt gemäß Absatz 4 (heute Absatz 2) zu hören war. Durch Gesetz vom 28.6.1935 (RGBl. I S. 844), welches das Vorlageverfahren insgesamt neu gestaltete (s. Entstehungsgeschichte zu § 132), wurde der Regelungsinhalt des § 136 Abs. 3 bis 5 in § 138 verlagert. Absatz 2 Satz 2 räumte dem Oberreichsanwalt nunmehr das Recht zur mündlichen Darlegung seiner Auffassung in der Sitzung ein, während eine „mündliche Verhandlung" vor dem Großen Senat und den Vereinigten Großen Senaten nach wie vor nicht vorgesehen war. Das VereinhG behielt die Vorschrift unter redaktioneller Anpassung bei. Durch Art. 5 Nr. 6 des Gesetzes zur Reform des Ehe- und Familienrechts vom 14.6.1976 (BGBl. I S. 1421) erhielt Absatz 2 Satz 1 im Wesentlichen seine jetzige Fassung. Das Rechtspflege-Vereinfachungsgesetz vom 17.12.1990 (BGBl. I S. 2847, 2855) führte mit Wirkung vom 1.1.1992 als wesentliche Verfahrensänderung die Regelung ein, dass der Große Senat und die Vereinigten Großen Senate ohne mündliche Verhandlung entscheiden können. Damit wurde abweichend von § 138 Abs. 1 in seiner bisherigen Fassung („ohne mündliche Verhandlung") – übereinstimmend für alle obersten Gerichtshöfe des Bundes – die bereits im BFH-EntlG vom 8.7.1975 (BGBl. I S. 1861) vorgesehene Verfahrensweise auch für den BGH gesetzlich normiert, wonach die Durchführung einer mündlichen Verhandlung im Ermessen des Großen Senats steht. Ferner wurde der bisherige Absatz 3 zur Frage der Bindungswirkung der Entscheidung in der Vorlegungssache unverändert in Absatz 1 als Satz 3 übernommen; Absatz 4 wurde damit zu Absatz 3. Die Abschaffung der Entmündigung durch das Betreuungsgesetz vom 12.9.1990 (BGBl. I S. 2002) führte zudem zur Streichung der Anhörung des Generalbundesanwalts nach Absatz 2 „in Entmündigungssachen" (Art. 2 Nr. 2 BtG). Die die Ehenichtigkeit betreffende Passage des Absatzes 2 ist durch das Gesetz zur Beendigung der Diskriminierung gleichgeschlechtlicher Lebensgemeinschaften vom 16.2.2001 (BGBl. I S. 266) entfallen.

Übersicht

1. Rechtsnatur des Verfahrens. Der Große Senat wird nur tätig, wenn er nach § 132 Abs. 2, 4 angerufen wird. Mit der Vorlage durch den erkennenden Senat wird vor dem Großen Senat ein Zwischenverfahren anhängig, das der Rechtshängigkeit bei einer höheren Instanz vergleichbar ist.[1] Der Große Senat entscheidet nur über die vorgelegte Rechtsfrage, aber nicht in der Sache selbst. 1

1 BGHZ **13** 265.

2. Reichweite der Entscheidung des Großen Senats

2 **a) Entscheidungskompetenz.** Die **Entscheidungskompetenz des Großen Senats** ist auf die vorgelegte Rechtsfrage oder ihren Sinngehalt beschränkt.[2] Er kann die Rechtsfrage einengen[3] oder präzisieren,[4] seine Antwort auf den für die Sachentscheidung erheblichen Inhalt beschränken[5] und sie – falls erforderlich – allgemeiner[6] oder differenzierter[7] fassen. Im Einzelfall kann es erforderlich sein, notwendige Vorfragen[8] oder in untrennbarem Zusammenhang[9] zur vorgelegten Frage stehende Rechtsfragen mitzubeantworten. So hing etwa die Klärung der begrifflichen Voraussetzungen der „fortgesetzten Tat" davon ab, ob dieses Institut überhaupt anzuerkennen sei.[10] Hingegen ist der Große Senat nicht befugt, interessierende **weitere Rechtsfragen** aufzuwerfen und zu beantworten,[11] auch wenn es zur Fortbildung des Rechts oder aus verfahrensökonomischen Gründen wünschenswert erschiene. Die Abgrenzung kann im Einzelfall schwierig sein. An einem untrennbaren Zusammenhang dürfte es gefehlt haben, als der Große Senat die ihm vorgelegte Frage, ob die kommissarische Zeugenvernehmung einer Vertrauensperson der Polizei gegen den Willen des Verteidigers in dessen Abwesenheit durchgeführt werden darf, weil die oberste Dienstbehörde den Zeugen aus Sorge vor dessen Enttarnung nur unter dieser Voraussetzung freigibt, zur Beantwortung der weiteren Frage nach der Anwendbarkeit des § 68 StPO bei kommissarischen Zeugenvernehmungen nutzte.[12]

3 **b) Bindungswirkung.** Die Entscheidung des Großen Senats ist nur **in der vorliegenden Sache** und nur für den **erkennenden Senat** bindend (Absatz 1 Satz 3).[13] Die Bindung besteht nur in dem zu Rn. 2 beschriebenen Umfang; darüber hinausgehenden Äußerungen kommt nur die Bedeutung unverbindlicher obiter dicta zu.[14] Der erkennende Senat kann nach Durchführung einer weiteren Hauptverhandlung in derselben Sache (Absatz 3) erneut den Großen Senat anrufen, wenn sich dabei neue, erhebliche, im Beschluss des Großen Senats nicht gewürdigte rechtliche Umstände ergeben haben.[15] Für die **übrigen Senate** entsteht zwar keine Bindungswirkung; diese haben die Entscheidung des Großen Senats jedoch im Hinblick auf eine mögliche Divergenz zu beachten.

4 Solange der **Große Senat noch nicht entschieden** hat, sind die übrigen Senate – solange sie nicht einer von der bisherigen Rechtsprechung abweichenden Anfrage zugestimmt haben (vgl. § 132, 51 m.w.N.) – in der Entscheidung der der Anfrage zugrunde liegenden Rechtsfrage frei; sie können judizieren wie bisher, sie können sich aber auch der Vorlage des erkennenden Senats anschließen, wenn sie ihrerseits abweichen wollen.

---

2 KK/*Feilcke* 8 m.w.N.

3 BGHSt **61** 221, 226 f.

4 BGHSt **41** 187, 192; **42** 139, 145; **62** 247, 252.

5 BGHSt **19** 206, 209.

6 BGHSt **51** 298, 302; BGHSt **67** 295, 301; SSW/*Quentin* 2 (Erweiterung möglich).

7 KK/*Feilcke* 8; i.d.S. auch BGHSt **30** 105, 121.

8 BGHSt **48** 197, 200; **50** 40, 46.

9 SK/*Frister* 5; HK/*Schmidt*/*Schiemann* 3; für „unmittelbaren" Zusammenhang KK/*Feilcke* 9; *Schmitt*/Köhler 1; MüKo/*Cierniak*/*Pohlit* 3 (für restriktive Anwendung); abl. NK/*Bock* 3.

10 BGHSt **40** 138.

11 Vgl. BGHSt **33** 356, 359; *May* DRiZ **1983** 305, 311.

12 BGHSt **32** 115, 119 (ohne die Erweiterung der Vorlegungsfrage zu problematisieren); dem Großen Senat zust. KK/*Feilcke* 9; abl. *Herdegen* NStZ **1984** 200; krit. SK/*Frister* 5.

13 Wegen der Vereinbarkeit dieser Vorschriften mit Art. 97 GG vgl. BGH JR **1952** 105.

14 Vgl. *Herdegen* NStZ **1984** 200; *May* DRiZ **1983** 305, 311.

15 *Eb. Schmidt* 5.

Aus Absatz 1 Satz 3 ergibt sich auch keine Sperrwirkung, die alle angefragten, an der bisherigen Rechtsprechung festhaltenden Senate hindern würde, weiterhin auf dieser Grundlage zu judizieren.[16] Das Verfahren bis zu einer Entscheidung des Großen Senats beansprucht nicht selten eine längere Zeit. Nach Ansicht des BGH kann es daher aus Gründen der Beschleunigung zulässig sein, während des laufenden Verfahrens vorab über Teile der Revision abschließend zu entscheiden.[17]

3. Rücknahme der Vorlage. Eine Rücknahme des Vorlegungsbeschlusses durch den 5
erkennenden Senat ist bis zur Entscheidung durch den Großen Senat jederzeit möglich, sei es, dass neu hervorgetretene Gesichtspunkte eine solche Entscheidung entbehrlich machen, sei es, dass der Senat bei nochmaliger Würdigung das Bedürfnis für eine Entscheidung des Großen Senats verneint.[18] Dies gilt sowohl für die Grundsatzanrufung nach § 132 Abs. 4 als auch grundsätzlich für die Divergenzanrufung nach § 132 Abs. 2, falls der vorlegende Senat sich nachträglich doch der Rechtsauffassung der anderen Senate anschließt. Hat sich indes ein anderer Senat der Ansicht des vorlegenden Senats angeschlossen, kann dieser nicht mehr ohne Durchführung des Divergenzverfahrens zu seiner früheren Rechtsprechung zurückkehren (vgl. § 132, 51). Wird die Vorlage zurückgenommen, ist das Verfahren beim Großen Senat einzustellen.

4. Wiederholte Vorlage derselben Rechtsfrage. Eine erneute Vorlage derselben 6
Rechtsfrage muss bei Respektierung der richterlichen Unabhängigkeit zur Wahrung einer lebendigen Fortentwicklung des Rechts allerdings auch dann uneingeschränkt zulässig sein, wenn in der Zwischenzeit keine neuen rechtlichen Gesichtspunkte aufgetreten sind, die vom Großen Senat noch nicht berücksichtigt worden sind.[19] Ob eine solche wiederholte Anrufung des Großen Senats sinnvoll ist, ohne dass neue Rechtserkenntnisse vorliegen, und in welcher Ausführlichkeit der Große Senat sodann eine erneute Vorlage unter Berücksichtigung der Verfahrensökonomie zu bescheiden hat, sind Fragen der Zweckmäßigkeit, nicht der Zulässigkeit des Verfahrens. Eine rechtsmissbräuchliche Ausnutzung des Vorlageverfahrens durch die Senate des BGH ist ohnehin nicht zu erwarten.

5. Verfahren. Die Entscheidung der Großen Senate und der Vereinigten Großen Sena- 7
te kann nach Absatz 1 Satz 2 ohne mündliche Verhandlung ergehen. Demnach ist grundsätzlich eine **mündliche Verhandlung** vorgesehen, der Große Senat kann jedoch nach pflichtgemäßem Ermessen davon absehen, ohne dass es eines Einverständnisses der Verfahrensbeteiligten bedarf.[20] Auch bei einer Entscheidung ohne mündliche Verhandlung erfordert es das Gebot des rechtlichen Gehörs, dass den Beteiligten zuvor Gelegenheit zur Stellungnahme gegeben wird. Dies gilt unabhängig davon, ob sie bereits vor dem erkennenden Senat Gelegenheit hatten, ihre Rechtsauffassung darzulegen. Denn der Große Senat ist ein anderer Spruchkörper, der mit einer für das Ausgangsverfahren bindenden Wirkung (Absatz 1 Satz 3) selbständig in den Entscheidungsprozess eingeschaltet wird.[21] Diesem Anspruch ist insbesondere dann zu genügen, wenn nach dem Vorlagebeschluss

16 BGHR GVG § 132 Anfrageverfahren 1.

17 BGHSt **49** 209, 213 – Fall der sog. horizontalen Teilrechtskraft.

18 Vgl. *Hanack* 332; Kissel/*Mayer* 15; zu einem Fall der Rücknahme und erneuter Vorlage s. BGHSt **62** 164.

19 Ebenso MüKo-ZPO/*Pabst* § 132, 11; SSW/*Quentin* 4; Zöller/*Lückemann* § 132, 4; **a.A.** BFH GS BStBl. II **1971** 207; LR/*Mosbacher* § 132, 53; NK/*Bock* 6; SK/*Frister* 9; zu § 121 Abs. 2 s. BGH NJW **1977** 964.

20 *Katholnigg* 2; Kissel/*Mayer* 8.

21 Kissel/*Mayer* 9.

neue für die Entscheidung erhebliche Umstände eintreten, zu denen die Verfahrensbeteiligten bisher noch nicht Stellung nehmen konnten.[22]

8 Die **Entscheidung** der Großen Senate ergeht **durch** schriftlich begründeten **Beschluss**, der die Rechtsfrage entweder in Form eines Rechtssatzes beantwortet oder auch dahin lauten kann, dass die Entscheidung mangels der Voraussetzungen nach § 132 Abs. 2, 4 abgelehnt wird[23] (§ 9 Abs. 6 GeschOBGH). Der Beschluss ist den Verfahrensbeteiligten zuzustellen.

9 **6. Anhörung des Generalbundesanwalts (Absatz 2).** In dem Verfahren, das nur die Entscheidung der vorgelegten Rechtsfrage zum Gegenstand hat (Absatz 1), ist in Strafsachen, Bußgeldsachen (§ 46 Abs. 1 OWiG) und in den außerstrafrechtlichen Angelegenheiten des Absatzes 2, in denen die Staatsanwaltschaft zur Mitwirkung berufen ist, die Anhörung des Generalbundesanwalts zwingend vorgeschrieben, sodass diesem Gelegenheit zur schriftlichen Äußerung zu geben ist. Dem Angeklagten und seinem Verteidiger ist insoweit wiederum rechtliches Gehör im schriftlichen Verfahren zu gewähren. Der Generalbundesanwalt hat darüber hinaus nach Absatz 2 Satz 2 das Recht, seine Auffassung „in der Sitzung“ darzulegen. Aus der (wenig gelungenen) Gesetzesformulierung dürfte folgen, dass der Große Senat eine mündliche Verhandlung anzuberaumen hat, wenn der Generalbundesanwalt von seiner Befugnis zur mündlichen Stellungnahme in der Sitzung Gebrauch machen will.[24] Zu dieser Verhandlung sind die übrigen Verfahrensbeteiligten zu laden, um ihnen so rechtliches Gehör zu den Ausführungen des Generalbundesanwalts zu gewähren.[25]

10 **7. Verfassungsbeschwerde.** Eine Entscheidung des Großen Senats kann nicht unmittelbar mit der Verfassungsbeschwerde angegriffen werden, sondern nur die vom erkennenden Senat getroffene Entscheidung, soweit sie auf der Entscheidung des Großen Senats beruht.[26]

§ 139

(1) Die Senate des Bundesgerichtshofes entscheiden in der Besetzung von fünf Mitgliedern einschließlich des Vorsitzenden.

(2) [1]Die Strafsenate entscheiden über Beschwerden in der Besetzung von drei Mitgliedern einschließlich des Vorsitzenden. [2]Dies gilt nicht für die Entscheidung über Beschwerden gegen Beschlüsse, durch welche die Eröffnung des Hauptverfahrens abgelehnt oder das Verfahren wegen eines Verfahrenshindernisses eingestellt wird.

Entstehungsgeschichte

Die Vorschrift bestimmte in der ursprünglichen Fassung (als § 140), dass die Senate des RG in der Besetzung von sieben Mitgliedern entschieden. Durch Gesetz vom 27.3.1923 (RGBl. I S. 218) und vom 1.3.1926 (RGBl. I S. 190) wurde die Besetzung auf fünf Mitglieder

---

22 Vgl. BGHZ **13** 265, 270.
23 BGHSt **33** 356, 362; **61** 14, 18 (Rückgabe an den vorlegenden Senat).
24 *Schmitt*/Köhler 3; SK/*Frister* 7.
25 KK/*Feilcke* 5; *Schmitt*/Köhler 2.
26 BVerfGE **31** 55.

reduziert und durch einen Satz 2 bestimmt, dass sie in erster Instanz außerhalb der Hauptverhandlung durch drei Mitglieder zu entscheiden hatten. Das VereinhG 1950 strich diesen Satz 2. Art. 3 des 1. StrÄndG 1951 stellte den früheren Satz 2 des § 139 als Absatz 2 wieder ein, schränkte aber den Grundsatz ein, dass die erstinstanzlichen Strafsenate außerhalb der Hauptverhandlung mit drei Mitgliedern besetzt sind. Die jetzige Fassung des Absatzes 2 beruht im Wesentlichen auf Art. 1 Nr. 7 des Gesetzes vom 8.9.1969 (BGBl. I S. 1582); sie zieht die Folgerungen aus der Übertragung der bis dahin bestehenden erstinstanzlichen Zuständigkeit des BGH in Staatsschutzstrafsachen auf die in § 120 bezeichneten Oberlandesgerichte und der Neuordnung der Zuständigkeit des BGH als Revisions- und Beschwerdegericht (§ 135). Die Streichung der in Absatz 2 Satz 2 hinter „abgelehnt" folgenden Alternative: „der Angeschuldigte außer Verfolgung gesetzt" erfolgte durch Art. 2 des 1. StVRG 1974. Mit dem 2. OpferRRG vom 29.7.2009 (BGBl. I S. 2280) entfiel die Zuständigkeit des BGH für Anträge nach § 161a Abs. 3 StPO a.F. und damit die Grundlage für die in Absatz 2 Satz 1 insoweit angeordnete Gerichtsbesetzung.

1. Besetzung der Strafsenate. Die Revisionssenate entscheiden nach Absatz 1 in wie außerhalb der Hauptverhandlung (§§ 206a, 206b, 349 StPO) in der Besetzung mit fünf Mitgliedern. Als Beschwerdegericht (§ 135 Abs. 2) entscheidet der BGH in den in § 304 Abs. 4 Satz 2 Nr. 2 StPO bezeichneten Fällen in der Besetzung mit fünf, im Übrigen in der Besetzung mit drei Mitgliedern. Der Sinn des § 139 Abs. 2 Satz 2 ist, dass wegen der besonderen Bedeutung der in Frage stehenden Entscheidungen das Beschwerdegericht in gleicher Weise besetzt sein soll wie das erstinstanzliche Oberlandesgericht nach § 122 Abs. 2. 1

Da die sieben Strafsenate des BGH nach der vom Präsidium getroffenen Geschäftsverteilung jeweils überbesetzt sind, bedarf es für die Bestimmung der an einer Entscheidung beteiligten Richter **senatsinterner Mitwirkungspläne**. Über diese beschließen die einzelnen Senate gemäß § 21g vor Beginn des Geschäftsjahres unter Beteiligung aller ihrer Mitglieder. Zu den Anforderungen an die Mitwirkungspläne und ihre Vereinbarkeit mit Art. 101 Abs. 1 Satz 2 GG wird auf die Erl. zu § 21g verwiesen. Die Mitwirkung von abgeordneten Richtern ist unzulässig (s. § 124, 1). 2

2. Abweichende Vorschriften. Von Absatz 1 abweichende Besetzungsregeln finden sich u.a. in § 106 BRAO (Senat für Anwaltssachen), § 106 BNotO (Notarsenat) und § 61 Abs. 2 DRiG (Richterdienstgericht). Über Erinnerungen in Kostensachen nach § 66 Abs. 6 Satz 1 GKG[1] sowie über Anträge nach § 33 Abs. 1 RVG auf Festsetzung des Gegenstandswertes[2] entscheidet ein Mitglied des Senats als Einzelrichter. 3

§ 140

Der Geschäftsgang wird durch eine Geschäftsordnung geregelt, die das Plenum beschließt.

Schrifttum

Mellwitz Die Geschäftsordnungen des Bundesverfassungsgerichts und der oberen Bundesgerichte, NJW **1962** 778; *Mosbacher* Die Geschäftsordnung des BGH – Besuch einer alten Dame, NJW **2022** 1660.

1 BGH NJW **2015** 2194; Beschl. v. 25.10.2018 – 1 StR 240/18, BeckRS **2018** 28433, Rn. 6; Kissel/*Mayer* 1.
2 BGH NJW **2021** 3191; BGH NStZ-RR **2023** 31.

Entstehungsgeschichte

Der zweite Halbsatz der Vorschrift (bis 1924 § 141) lautete ursprünglich: „welche das Plenum auszuarbeiten und dem Bundesrath zur Bestätigung vorzulegen hat". Die EmmingerVO vom 4.1.1924 (RGBl. I S. 299) und das VereinhG 1950 passten die Vorschrift vor allem den staatsrechtlichen Verhältnissen an (Reichsrat, Bundesrat). Durch Gesetz vom 30.7.2009 (BGBl. I S. 2449, Art. 9 Abs. 1 Nr. 2) entfiel das Erfordernis der Bestätigung durch den Bundesrat.

1 Es gilt die **Geschäftsordnung des BGH** vom 3.3.1952[1] mit Änderungen durch Bek. v. 15.4.1970[2] und v. 21.6.1971.[3] Es handelt sich hier um den einzigen Fall, in welchem dem Plenum des BGH gesetzlich eine Aufgabe zugewiesen ist. Die Geschäftsordnung stellt eine autonom getroffene Verwaltungsanordnung über die innere Arbeitsweise des Gerichts dar.[4] Da sie für die Bediensteten des Gerichts (unter Beachtung vorrangiger gesetzlicher Regelungen und der richterlichen Unabhängigkeit) Verbindlichkeiten begründet,[5] kann sie als (Innen-)Rechtssatz, mangels Außenwirkung aber nicht als Rechtsnorm qualifiziert werden.[6] Sie ist vom Geschäftsverteilungsplan strikt zu unterscheiden und darf diesen nicht ersetzen.[7] Inhaltlich bedürfte die geltende Geschäftsordnung des BGH teilweise einer Aktualisierung.[8] Für die übrigen obersten Bundesgerichte finden sich ausdrückliche Regelungen über eine Geschäftsordnung nur in § 44 Abs. 2 ArbGG und § 50 SGG, ansonsten gilt § 140 über entsprechende Verweisungsnormen (§ 173 VwGO, § 155 FGO); für das BVerfG s. § 1 Abs. 3 BVerfGG.

---

1 BAnz Nr. 83 vom 30.4.1952; abgedr. auch in DRiZ **1963** 152.

2 BAnz Nr. 74.

3 BAnz Nr. 114.

4 SK/*Frister* 2.

5 Für Bindungswirkung der Geschäftsordnung des BSG auch für den richterlichen Dienst BeckOGK-SGG/*Roos* § 50, 5; entsprechend für das BAG Germelmann/Matthes/*Prütting* ArbGG, § 44, 9.

6 Zur Terminologie *Maurer*/*Waldhoff*, Allg. VerwR § 24 Rn. 2 f.; vgl. aber auch Kissel/*Mayer* 1 (kein Rechtssatz), *Mellwitz* NJW **1962** 778, 779 („kein objektives Recht").

7 *Katholnigg* 1.

8 Näher *Mosbacher* NJW **2022** 1660, 1661.

Sachregister

B